Zhongguo Jinrong
Gaige Kaifang Dashiji

中国金融改革开放大事记

1978—2018

下册

中国人民银行◎编著

中国金融出版社

目　　录

2003 年

1 月

2 月

3 月

4 月

5 月

6月

7月

8月

9 月

10 月

11月

12月

2004 年

1 月

2 月

5月

6月

7月

8月

9月

10月

11 月

12 月

2005年

1月

2月

3 月

4 月

5月

6月

7月

8月

9 月

10 月

11月

12月

2006年

1月

2月

3月

4月

5月

6月

7月

8月

9月

10月

11月

12 月

2007 年

1 月

2 月

3 月

4 月

5月

6月

7月

8月

9 月

2008 年

1 月

2 月

3月

4月

5 月

6 月

7月

8月

9月

10月

11 月

12 月

2009 年

1 月

2 月

3月

4月

5月

6月

7月

8月

9月

10月

11月

12月

2010 年

1 月

2 月

3 月

4 月

5 月

6 月

7 月

8 月

9月

10月

11 月

12 月

2011 年

1 月

2 月

3 月

4 月

5 月

6月

7月

8 月

9 月

10 月

11 月

12 月

2012 年

1 月

2 月

3 月

4月

5月

6 月

7 月

8 月

9 月

10 月

11 月

12 月

2013年

1月

2月

3月

4月

5月

6 月

7 月

8 月

9 月

10 月

11 月

12 月

2014年

1月

2月

3月

4月

5 月

6 月

7 月

8 月

9 月

10 月

11 月

12 月

2015年

1月

2月

3 月

4 月

5 月

6 月

7 月

8 月

9 月

10 月

11 月

12月

2016年

1月

2月

3月

4月

5月

6月

7 月

8 月

9 月

10 月

11 月

12 月

2017 年

1 月

2月

3月

4月

5 月

6 月

7 月

8 月

9 月

10 月

11 月

12 月

2018 年

1 月

2 月

3 月

4 月

5 月

6月

7月

8 月

9 月

10月

11月

12 月

2003 年

1 月

3 日 中国人民银行发布《金融机构反洗钱规定》《人民币大额和可疑支付交易报告管理办法》《金融机构大额和可疑外汇资金交易报告管理办法》。

《金融机构反洗钱规定》明确，洗钱是指将毒品犯罪、黑社会性质的组织犯罪、恐怖活动犯罪、走私犯罪或者其他犯罪的违法所得及其产生的收益，通过各种手段掩饰、隐瞒其来源和性质，使其在形式上合法化的行为。该规定要求，在中国境内依法设立和经营金融业务的机构，包括政策性银行、商业银行、信用合作社、邮政储汇机构、财务公司、信托投资公司、金融租赁公司和外资金融机构应建立客户身份登记制度，审查在本机构办理存款、结算等业务的客户的身份，不得为客户开立匿名账户或假名账户，不得为身份不明确的客户提供存款、结算等服务，并将大额、可疑资金交易情况报送人民银行或者外汇管理局。中国人民银行是金融机构反洗钱工作的监督管理机关。国家外汇管理局负责对大额、可疑外汇资金交易报告工作进行监督管理，并制定大额、可疑外汇资金交易报告制度。

《人民币大额和可疑支付交易报告管理办法》规定，法人、其他组织和个体工商户之间金额100万元以上的单笔转账支付；金额20万元以上的单笔现金收付；个人银行结算账户之间以及个人银行结算账户与单位银行结算账户之间金额20万元以上的款项划转，属于大额支付交易。属于可疑支付交易的有：短期内资金分散转入、集中转出或集中转入、分散转出；资金收付频率及金额与企业经营规模明显不符；资金收付流向与企业经营范围明显不符；企业日常收付与企业经营特点明显不符；周期性发生大量资金收付与企业性质、业务特点明显不符；相同收付款人之间短期内频繁发生资金收付；长期闲置的账户原因不明地突然启用，且短期内出现大量资金收付；短期内频繁地收取来自与其经营业务明显无关的个人汇款；存取现金的数额、频率及用途与其正常现金收付明显不符；个人银行结算账户短期内累计100万元以上现金收付；与贩毒、走私、恐怖活动严重地区的客户之间的商业往来活动明显增多，短期内频繁发生资金支付；频繁开户、销户，且销户前发生大量资金收付；有意化整为零，逃避大额支付交易监测；中国人民银行规定或金融机构经判断认为的其他可疑支付交易行为。该办法要求金融机构的营业机构应设立专门的反洗钱岗位，建立岗位责任制，明确专人负责对大额支付交易和15种可疑支付交易进行记录、分析和报告。

《金融机构大额和可疑外汇资金交易报告管理办法》规定，大额外汇资金交易是指交易主体通过金融机构以各种结算方式发生的规定金额以上的外汇交易行为。可疑外汇资金交易是指外汇交易的金额、频率、来源、流向和用途等有异常特征的交易行为。该管理办法规定，境内经营外汇业务的金融机构应向国家外汇管理部门报告大额和可疑外汇交易情况。国家外汇管理局及其分支局负责大额和可疑外汇资金交易报告工作的监督和管理。金融机构为客户开立外汇账户，应当遵守《个人存款账户实名制规定》和《境内外汇账户管理规定》，不得为客户设立匿名外汇账户或明显以假名开立外汇账户。金融机构应当将所有大额和可疑外汇资金交易记录，自交易日起至少保存5年；建立和完善内部反洗钱工作岗位责任制，制定内部反洗钱工作操作程序，明确专人负责对大额和可疑外汇资金交易进行记录、分析和报告；法律另有规定的除外，不得向任何单位或个人泄露大额和可疑外汇资金交易信息。

金融机构对大额和可疑外汇资金交易进行审核、分析，发现涉嫌犯罪的，应于发现之日起3个工作日内报当地公安部门并报送外汇局分支局。情节严重造成重大损失的，外汇局可以暂停或停止其部分或全部结售汇业务。2004年10月12日，国家外汇管理局发布《金融机构大额和可疑外汇资金交易报告管理办法实施细则》。

上述法规自2003年3月1日起施行。这是我国首次在金融领域确立专门的反洗钱法律制度。

国务院总理朱镕基视察国家外汇管理局，对外汇管理部门提出了几点要求：一是完善经常项目外汇管理，审慎对待资本项目可兑换。加强国际收支监测和预警，增强抵御风险的能力。二是进一步转换职能，简化手续，提高效率，加强监管，继续整顿和规范外汇市场秩序，依法严厉打击逃骗汇和非法买卖外汇等违法行为。三是加快建立集管理、统计、监测、预警和决策支持为一体的外汇收支信息管理体系，推进与银行、海关等部门的联网。四是切实抓好队伍建设，努力造就一支思想过硬、作风过硬、本领过硬的专业外汇管理队伍。

4日　经中国人民银行批准，汇丰银行、恒生银行、东亚银行推出其针对中国内地客户的网上银行，成为首批正式涉足网上银行业务的在华外资银行。

7日　国家税务总局发布《关于外商投资企业和外国企业从事金融资产处置业务有关税收问题的通知》。该通知规定：外资企业和外国企业处置债权重置资产，不予征收营业税；处置股权重置资产（包括债转股方式处置）所取得的收入，不予征收营业税；处置其所拥有的实物重置资产所取得的收入，该项资产属于不动产的，征收营业税。

8日　国家发展计划委员会、财政部、国家外汇管理局发布《外债管理暂行办法》。该办法规定，外债是指境内机构对非居民承担的以外币表示的债务。国家对各类外债和或有外债实行全口径管理，根据外债类型、偿还责任和债务人性质，对举借外债实行分类管理。这是我国首部从全口径角度规范各类外债管理的规章，自2003年3月1日起实施。

9日　中国人民银行发布《关于民族贸易和民族用品生产贷款利率事宜的通知》。为落实民族贸易和民族特需用品生产贷款优惠利率政策，中国人民银行决定，增加中国银行、中国建设银行为执行优惠利率政策的承贷银行。从2003年1月1日起，中国银行、中国建设银行对民族贸易和民族用品生产一年期贷款实行比正常的一年期贷款利率低2.88个百分点的优惠利率政策。优惠贷款利率一律不准上浮。享受优惠利率贷款政策的企业，其利息优惠部分的70%以上应用于补充企业自有流动资金，对不按规定补充自有流动资金和有弄虚作假行为的企业，不再对其贷款实行优惠利率。中国人民银行对中国银行、中国建设银行2003年1月1日以后发放的上述贷款按年利率2.88%给予补贴。

最高人民法院公布《关于审理证券市场因虚假陈述引发的民事赔偿案件的若干规定》。该规定对证券市场“虚假陈述”界定为：信息披露义务人违反证券法律规定，在证券发行或交易过程中，对重大事件作出违背事实真相的虚假记载、误导性陈述，或者在披露信息时发生重大遗漏、不正当信息披露的行为。该规定明确原告可以选择单独诉讼或者共同诉讼方式提起诉讼。按照《民法通则》关于侵权赔偿的一般原则，在排除投资人因证券市场系统性风险等所造成的亏损的基础上，规定虚假陈述行为人在证券发行市场导致投资人损失承担民事赔偿责任的范围，是返还和赔偿投资人所缴股款及银行同期活期存款利息；在证券交易市场导致投资人损失承担民事赔偿责任的范围，是投资人因虚假陈述实际发生的损失，包括投资差额损失、投资差额损失部分的佣金和印花税以及该两项资金自买入至卖出证券日或者基准日，按银行同期活期存款利率计算的利息损失。如果证券发行市场被虚假陈述的证券得以上市交易，并且证券发行市场投资人持续持有该证券，其有权选择证券交易市场民事赔偿范围请求赔偿损失。该规定分为8部分，即一般规定、受理与管辖、诉讼方式、虚假陈述的认定、归责与免责事由、共同侵权责任、损失认定、附则，共有37条，于2003年2月1起施行。这是最高人民法院公布的审理证券民事赔偿案件适用法律的第一个系统司法解释，被称为“1·9规定”。

10日 中国保监会发布公告，将《航空旅客意外伤害保险》条款列为行业性指导条款。《航空旅客意外伤害保险》由中国人寿保险公司、中国太平洋人寿保险股份有限公司、中国平安保险股份有限公司联合设计。该条款中每份保单的保险金额由原来的20万元提高为40万元，每份保险的保费仍为20元；同一被保险人最高保险金额为200万元人民币。该条款规定，合同保险期间为自被保险人持合同约定航班班机的有效机票到达机场通过安全检查时始，至被保险人抵达目的港走出所乘航班班机舱门时止。如果被保险人改乘因各种原因由航空公司为约定航班所有旅客调整的班机或被保险人经航空公司同意对约定航班改签，且起始港和目的港与原约定航班相同的班机，合同继续有效。

13日 中国人民银行首次在统计报表中公布本外币并表的信贷收支统计数字。此次公布的统计报表除原公布的“金融机构人民币信贷收支表”“国家银行人民币信贷收支表”“其他银行人民币信贷收支表”“货币供应量表”和“汇率、黄金和外汇储备报表”外，增加了“金融机构本外币信贷收支报表”和“金融机构外汇信贷收支报表”。从此期开始，人民银行将定期向社会公布本外币、人民币、外币的信贷收支统计数字。

14日 财政部调整国债发行招标规则。财政部发布《关于2003年记账式国债发行招标规则的通知》规定：记账式国债采用单一价格即“荷兰式”或多种价格即“美国式”方式招标发行，招标标的为利率、利差或价格。全国银行间债券市场2003年国债承购包销团成员有权参加财政部通过全国银行间债券市场以及跨市场发行的记账式国债的招投标活动；证券交易所市场2003年国债承购包销团成员有权参加财政部通过证券交易所市场以及跨市场发行的记账式国债的招投标活动。

中国证监会发布《关于期货经纪公司接受出资有关问题的通知》。该通知对参股期货经纪公司股权比例超过10%的出资人，要求其注册资本、净资产的最低限额均达到1 000万元人民币；期货经纪公司的出资人注册资本、净资产的最低限额均应为1 000万元人民币；连续经营和连续盈利两年以上；注册资本、净资产均超过5 000万元人民币的，连续经营一年以上，对盈利不作要求。

16日 中共中央、国务院发布《关于做好农业和农村工作的意见》。该意见指出，要加快农村金融体制改革，加强对农业和农村经济的信贷支持。对农户小额信用贷款和农户联保贷款，要进一步扩大规模，简化手续，加强管理。

17日 中国保监会发布修订的《保险公司购买中央企业债券管理办法》。新办法规定：保险公司购买的各种企业债券余额按成本价格计算不得超过本公司上月末总资产的10%。保险公司同一期单品种企业债券持有量不得超过该期单品种企业债券发行额的15%（原为10%）或保险公司上月末总资产的2%，两者以低者为准。保险公司经批准开办的投资连结保险可以设立投资企业债券比例最高为该账户总资产100%的投资账户，万能寿险可以设立投资企业债券比例最高为该账户总资产80%的投资账户。投资账户的设立、合并、撤销、变更应符合中国保监会的有关规定。分红保险或其他独立核算的保险产品，投资企业债券的比例不得超过本产品上月末资产的10%。

21日 国家发展计划委员会、国家经贸委、财政部、农业部、外经贸部、中国人民银行、海关总署、国家粮食局、中国农业发展银行联合发布《关于落实进一步扶持我国大豆产业发展有关措施的通知》。该通知要求：把大豆种子企业收购种用大豆列入农业发展银行贷款范围，对其收购种用大豆所需资金，由农业发展银行按“以销定贷、以效定贷”的原则，在保证资金封闭运行的前提下择优选贷。

中国银联股份有限公司在北京、上海、广州、深圳、厦门5个试点城市开通银行卡（ATM）跨行转账业务。持卡人不仅能在银行的ATM上提款、在商场的POS机上消费，还可以实现在同城或异地的跨行转账。银行将从转出卡中扣除手续费。

22日 中国人民银行发布最新统计数据：截至2002年年底，四家金融资产管理公司累计处置不良资产3 014.42亿元，回收资产1 013.18亿元，其中，回收现金674.82亿元，资产回收率和现金回收率分别为33.61%和22.39%。

23～25日 中国人民银行工作会议在北京召开。会议总结了2002年人民银行执行稳健的货币政策取得的明显成效，并从以下方面阐述了2003年人民银行的主要工作：继续实行稳健的货币政策，大力优化金融资源配置；继续把监管作为金融工作的重中之重，全面提高金融监管水平；加快现代支付体系建设，提高金融服务水平；加强和完善外汇管理，维护国际收支平衡；切实加强队伍建设，进一步提高人民银行职工素质。

23日 国家发展计划委员会、财政部、中华全国供销合作总社、中国人民银行、中国农业发展银行联合发布《关于2002年度国家财政贴息储存部分国产羊毛的通知》。国家财政贴息储存羊毛贷款利息由中央财政负担。

中国信达资产管理公司（以下简称信达公司）与德意志银行签署资产证券化和分包“一揽子”协议。这组不良资产涉及债权余额25.52亿元人民币，信达公司购入债权合计20.15亿元。信达公司与德意志银行选定了分布在天津、广州、武汉、南京等10个地区、不同行业的20个项目通过资产证券化的方式合作处置：第一步是以资产证券化方式加快现金的回收。债权本金回收优先用于支持证券化的投资者，在达到一定的回收比例后，剩余部分由德意志银行分包处置。第二步是信达公司把证券化后的资产池处置工作分包给德意志银行，德意志银行承诺对20个项目实施寻求战略投资人，提升整个资产池的价值，最大限度地回收不良资产，信达公司根据资产回收情况向德意志银行支付相关费用，双方争取在未来3～5年完成该项目的全部回收工作。这是我国第一个境外资产证券化项目，也是我国首次以资产证券化方式利用外资处置国内不良资产的尝试。2004年2月6日，国家发展和改革委员会正式批复信达公司以境外投资的形式处置部分不良资产项目的申请。

24日 全国银行、证券、保险工作会议在北京召开。中共中央政治局常委、国务院副总理温家宝在会上提出：当前国际经济金融形势出现的新变化，国内改革开放和经济建设新的任务，都要求我们进一步做好金融工作，提高我国金融竞争力和抗风险能力，维护国家经济金融稳定和安全。2003年金融工作的主要任务是：第一，继续降低银行不良贷款比例。第二，稳步推进金融改革。一是深化国有独资商业银行改革；二是加快农村金融体制改革；三是继续推进证券业、保险业改革和发展。第三，改进和加强金融监管。一是完善金融监管体系，充实监管力量，建立有效的监管机制，提高监管机构的权威性；二是完善监管法规，严格监管制度；三是改进监管方式，加大监管力度；四是继续整顿和规范金融秩序，加快社会信用体系建设。第四，逐步扩大金融对外开放。第五，切实提高金融服务水平。

24～26日 全国证券期货监管工作会议在北京召开。中国证监会主席尚福林作了《全面贯彻落实十六大精神，做好证券期货监管工作，推进资本市场的改革开放和稳定发展》的工作报告。报告提出“五个坚持”：坚持证券期货市场的发展要服务和服从于国民经济的全局；坚持把保护投资者的合法权益作为工作的重中之重；坚持证券期货市场规范与发展的统一；坚持改革的力度、发展的速度与市场的承受程度的统一；

坚持监管职能和监管方式要适应市场发展的要求。2003 年要重点抓好以下几方面的工作：一是要继续加强证券期货法治工作。二是大力推动诚信建设。三是要防范和化解市场风险。四是要提高上市公司规范化运作水平。五是要不断改善市场结构。截至 2002 年年底，境内上市公司 1 224 家，累计筹资 7 071 亿元。期货市场交易额达39 500 亿元。

24 日 全国保险工作会议在北京召开。会议认为，目前，保险资金投资于政府债券和银行存款的比例太高，对企业债和金融债的投资也受到限制，也不能直接投资于证券市场，对于这些问题，国务院有关领导已经表示要认真研究。2003 年，要以国有保险公司股份制改革为重点，大力推进以市场为取向的改革，继续扩大对外开放、调整结构，加强和改善保险监管，防范风险，保持保险业快速发展，实现速度和结构、质量、效益的统一。截至2002 年年底，我国保险资金运用余额达 5 799. 3 亿元，但保险资金运用收益率却创下近年来的新低，仅达3. 14%，保险公司持续经营能力和偿付能力都因此受到影响。

中国平安保险股份有限公司完成分业重组，更名为中国平安保险（集团）股份有限公司（以下简称集团控股）。集团控股设立中国平安人寿保险股份有限公司、中国平安财产保险股份有限公司、中国平安保险海外（控股）公司、平安信托投资有限责任公司。分业重组后，原由中国平安保险股份有限公司经营和拥有的人身保险业务、财产保险业务、资产以及相关的债权债务，分别由中国平安人寿保险股份有限公司中国平安财产保险股份有限公司拥有或承担；原中国平安保险股份有限公司人身保险业务、财产保险业务和资产及其相关债权债务以外的其他业务、债权债务和资产，由中国平安保险（集团）股份有限公司继续拥有或承担。

31 日 外经贸部颁布《关于设立中外合资对外贸易公司暂行办法》。新办法规定，合资外贸公司为有限责任公司，外方投资者占注册资本的比例在 25% 以上。新办法降低了外资进入中国进出口领域的界限，并鼓励向中西部地区投资。其中注册资本从不得低于 1 亿元人民币降至不低于 5 000 万元人民币，注册地在中西部地区的更降至不低于 3 000 万元人民币。对于投资者的资格，新办法规定，年平均对华贸易额连续三年在 3 000 万美元以上的外国投资者可申请在中国设立合资外贸公司，注册地在中西部地区的可放宽至 2 000 万美元以上。申请设立合资外贸公司的中方投资者应具有外贸经营权，连续三年的年均进出口额在 3 000 万美元以上，注册地在中西部地区的可放宽至 2 000 万美元以上。新办法于 2003 年 3 月 2 日实施，1996 年颁布的暂行办法同时废止。

2 月

8 日 经国家外汇管理局批准，即日起，延长中国外汇交易中心银行间外汇市场交易时间。从过去的上午 9：30 至 11：00 延长为上午 9∶30 至下午 15∶30，午间不休市。

9 日 中国人民银行行长周小川出席在悉尼召开的国际清算银行亚太地区中央银行特别行长会议。周小川行长建议国际清算银行投入更多的资源研究、跟踪亚洲债券市场，争取在条件成熟时推出专门投资于亚洲国家本币债券的基金。

12 日 财政部召开 2003 年国债承销团工作会议。会议决定，在国债发行中陆续推出新举措。主要包括：一是采取将记账式国债的承销团成员划分为甲、乙两个类别管理的办法，根据机构综合实力和国债业务能力的差异分别赋予不同的权利和义务。二是按年公布部分关键品种国债发行计划时间表，提高国债市场信息披露透明度，对基准国债采取续发行等方式实现定期、均衡、滚动发行，逐步形成关键期限国债的收益率基准。三是根据市场需要，研究推出诸如开放式回购、远期交易等操作相对简单、风险相对容易控制的交易方式。四是择机扩大柜台交易的试点范围。

17 日 经中国人民银行总行批准，中国人民银行上海分行在温州市实行金融体制改革试点。改革的主要内容：建立小额贷款营销制度；引导符合条件的民营、私营企业投资入股城市商业银行；试点组建股份制性质的农村商业银行；加大各类存贷款利率浮动幅度；成立中小企业投资（担保）公司；开展个人委托贷款业务。1987 年 9 月，温州被列为中国第一个进行利率改革的试点城市。

19 日 国家经贸委、国家发展计划委员会、财政部、国家统计局联合发布《中小企业标准暂行规定》。中小企业标准根据企业职工人数、销售额、资产总额等指标，结合行业特点制定，见下表。

中小企业标准

行业	中小企业	中型企业	小企业
工业	职工人数 2 000 人以下，或销售额 30 000 万元以下，或资产总额为 40 000 万元以下	须同时满足职工人数 300 人及以上，销售额 3 000 万元及以上，资产总额 4 000 万元及以上	其余均为小型企业
建筑业	职工人数 3 000 人以下，或销售额 30 000 万元以下，或资产总额 40 000 万元以下	须同时满足职工人数 600 人及以上，销售额 3 000 万元及以上，资产总额 4 000 万元及以上	其余均为小型企业
批发和零售业	零售业	零售业	其余均为小型企业
	职工人数 500 人以下，或销售额 15 000 万元以下	须同时满足职工人数 100 人及以上，销售额 1 000 万元及以上	
	批发业	批发业	
	职工人数 200 人以下，或销售额 30 000 万元以下	须同时满足职工人数 100 人及以上，销售额 3 000 万元及以上	
交通运输和邮政业	交通运输业	交通运输业	其余均为小型企业
	职工人数 3 000 人以下，或销售额 30 000 万元以下	须同时满足职工人数 500 人及以上，销售额 3 000 万元及以上	
	邮政业	邮政业	
	职工人数 1 000 人以下，或销售额 30 000 万元以下	须同时满足职工人数 400 人及以上，销售额 3 000 万元及以上	
住宿和餐饮业	职工人数 800 人以下，或销售额 15 000 万元以下	须同时满足职工人数 400 人及以上，销售额 3 000 万元及以上	其余均为小型企业

20 日 中国人民银行发布《2002 年第四季度中国货币政策执行报告》。该报告指出，2002 年中国经济远好于预期。中国人民银行继续执行稳健的货币政策：一是加大公开市场操作力度，适时调节基础货币投放；二是灵活利用利率手段，稳步推进利率市场化改革；三是运用信贷政策，促进经济结构调整，积极支持中小企业、农业发展，扩大消费信贷；四是积极推进货币市场制度建设；五是发挥货币政策促进改革、维护金融与社会稳定的作用；六是货币政策实施的透明度进一步提高。2002 年年末，广义货币 M_2 余额为 18.5 万亿元，增长 16.8%；狭义货币 M_1 余额为 7.1 万亿元，增长 16.8%；全部金融机构人民币贷款增加 18 475 亿元，同比多增 6 036 亿元；金融机构不良贷款额比上年减少 951 亿元，不良贷款率下降 4.5 个百分点。该报告指出，2003 年是全面建设小康社会的第一年，要继续实行稳健的货币政策，保持政策的连续性和稳定性，加强预调和微调。充分发挥金融支持经济增长的重要作用：一是完善和运用多种货币政策工具，保持货币信贷适度增长；二是保持利率、汇率政策的基本稳定，稳步推进利率市场化改革；三是继续实施信贷政策，支持经济结构调整；四是密切关注一些地区房地产投资与贷款增长过快的问题，防范房地产信贷的潜在风险；五是大力发展货币市场，优化金融资源配置。

23 日 国务院办公厅转发国家经贸委、财政部、中国人民银行《关于进一步做好国有企业债权转股权工作的意见》。该意见规定，经国务院批准实施债转股的企业，应当按照《公司法》等有关法律法规的规定，建立现代企业制度；新公司进行工商注册登记时不得有职工持股；在新公司设立时，要依法进行资产评估和产权登记；属国务院确定的580 户债转股企业范围内的，从2000 年4 月1 日起停止支付转股债务的利息；其他企业从国务院批准实施债转股之日起停止支付转股债务利息。金融资产管理公司从停息之日起按照股权比例参与原企业的利润分配，债转股新公司设立后享有相应的股东权益；在新公司设立后，金融资产管理公司作为股东，依据法律和公司章程，可派员参加新公司董事会、监事会，其向境内外投资者协议转让股权（不含上市公司国有股权）时，其股权定价须经符合资质条件的资产评估机构进行评估，按照公正、公平、公开的原则，采取招标、拍卖等方式确定受让人和受让价格，同等条件下原企业享有优先购买权。

24 日 中国证监会批复首批合格境外机构投资者（QFII）托管任职资格。获得首批 QFII 托管任职资格的有：中国工商银行、中国银行、中国农业银行、交通银行、中国建设银行。2003 年1 月中旬，经中国人民银行批准，9 家商业银行获准开办 QFII 境内证券投资托管业务，除上述5 家外，还有招商银行以及渣打银行、汇丰银行、花旗银行三家外资银行的上海分行。获准开办此项业务后，这9 家银行即开始向中国证监会申请获得托管人资格。商业银行作为托管人，不仅能为 QFII 投资中国证券市场提供开立账户、资产保管、资金清算、信息咨询等服务，还可向监管机构提供必要的监管信息。

25 日 中国人民银行增加公开市场业务交易日。公开市场业务交易由每周二一个交易日增加为每周二、周四两个交易日。根据历年规律，春节后现金大量回笼，储蓄存款大量增加，商业银行头寸增加较多；同时，外汇市场一直维持供大于求的格局，导致中央银行基础货币投放大量增加。为此，中国人民银行于2 月11 日起通过正回购操作收回商业银行流动性，同时将公开市场业务一级交易商由40 家增加到43 家，进一步加大基础货币回笼力度。

中国农业银行完成资金信托产品代理业务。中信信托投资有限责任公司于当年2 月18 日起推出“康居工程”系列首个集合资金信托计划，名为“北京市国土资源和房屋管理局住宅合作社贷款项目”。该信托计划将用于合作建房的开发建设，预计募集资金规模不超过5 000 万元，预期年收益率为3.75%。信托计划期限为一年，信托计划推介期为14 天。此前，中国人民银行曾批准中国农业银行开办代理资金信托产品的资金收付业务，信托公司可以利用农业银行网点、网络、各种清算手段和客户资源，公开对外发售资金信托产品。在四大国有商业银行中，农业银行是首家获得该项资格的银行，该项信托计划也是信托公司和银行业的首次合作。2004 年3 月4 日，该信托产品按期终止。信托贷款本息已全额回收，投资者（受益人）信托收益率为3.75%。

26 日 经中国人民银行批准，广东省顺德市农村信用社向美的、碧桂园、新协力等优秀民营企业开出了全国农信社第一批银行承兑汇票，顺德农村信用社因此成为全国首批获准开办银行承兑汇票业务的农村信用社。

27 日 国务院决定取消第二批406 项行政审批项目，另将92 项行政审批项目移交行业组织或社会中介机构管理，其中取消人民银行的项目共26 项。国务院还将中国证监会的7 项行政审批项目改变管理方式，分别移交给中国证券业协会、中国期货业协会行使自律管理。同年4 月1 日，中国证监会又将 A 股结算银行资格核准、证券公司与存管银行及主办存管银行签订的合同备案等27 项行政审批项目予以取消。

3 月

3 日 国家外汇管理局发布《关于完善外商直接投资外汇管理工作有关问题的通知》。该通知主要对外国投资者账户和出资管理、外商投资企业验资询证及外资外汇登记，外资投资企业减资管理以及部分业务的调整等有关问题作了详细规定，于2003年4月1日起实施。

国家外汇管理局发布《关于境内机构对外贸易中以人民币作为计价货币有关问题的通知》。该通知明确：境内机构在签订进出口合同时，可以采用人民币作为计价货币。以人民币签订出口或进口合同的，应当按照结算当日银行挂牌汇价折算成外币办理收汇或付汇。

经中国人民银行批准，台湾中国信托商业银行北京代表处成立。中国信托商业银行是台湾主要民营金融机构之一，在海外有60个分支机构，也是岛内最大的发卡银行。至此，中国人民银行已批准在祖国大陆设立代表处的台湾金融机构共有七家：其中两家在北京设代表处，分别是合作金库银行和中国信托商业银行；三家在上海设代表处，分别是土地银行、第一银行和世华联合银行；一家在深圳设代表处，为华南银行；一家在江苏昆山设代表处，为彰化银行。

5～10日　第十届全国人民代表大会第一次会议在北京召开。国务院总理朱镕基作《政府工作报告》。该报告指出，我国国民经济保持良好的发展势头，经济结构战略性调整迈出重要步伐。与社会主义市场经济发展相适应的金融体系初步形成，逐步完善了金融调控方式。改革了中国人民银行管理体制，建立了全国集中统一的证券、保险监管体制。国有独资商业银行和政策性银行改革不断推进，中小商业银行组织结构得到优化。整顿和规范非银行金融机构取得了重要进展。坚持“法制、监管、自律、规范”的方针，证券业在逐步规范中发展。保险业改革不断深化。清理和撤销了农村合作基金会。依法取缔社会乱办金融等违法活动。金融监管逐步加强，防范和化解金融风险取得了成效，银行不良资产比例逐步降低。该报告指出，这几年宏观调控的成功，还在于高度重视做好金融工作，坚持实行稳健的货币政策。既保持金融对经济发展的必要支持，又防止盲目放松银行信贷。银行优先为国债项目提供配套贷款，支持有市场、有效益、有信用的企业的流动资金和技术改造贷款的需要。根据资金供求变化和经济发展需要，1998年以来五次降低银行存贷款利率。发展居民住房、助学等消费信贷，2002年年末消费贷款余额达1.07万亿元。这些措施对增加企业投资、扩大居民消费起到了重要作用。

中国人民银行建立公开市场业务一级交易商流动性日报制度。中国人民银行于3月3日发布《关于建立公开市场业务一级交易商流动性日报制度的通知》规定：各公开市场业务一级交易商于每个工作日的11：30以前向中国人民银行公开市场业务操作室传送流动性日报。在规定时间内未能按时传送流动性日报，则取消当周的公开市场业务交易资格，并记录在案。一年内五次未报者，取消公开市场业务一级交易商资格。

国家外汇管理局下发《关于取消部分进口付汇备案类别有关问题的通知》。自2003年4月1日起，取消先支后收转口贸易、境外工程使用物资和超比例、超金额预付货款三种类别的备案登记。今后，进口单位在办理上述贸易方式项下购付汇时，可持规定的付款凭证和商业单据直接到银行办理购付汇手续。付汇后按规定办理进口付汇核销手续。

7日　外经贸部、国家税务总局、国家工商行政管理总局、国家外汇管理局联合颁发《外国投资者并购境内企业暂行规定》。该暂行规定明确，外国投资者并购境内企业设立外商投资企业，应按规定经外经贸主管部门批准，并向工商行政主管部门办理变更登记或设立登记。外国投资者的出资比例一般不低于并购后所设企业注册资本金的25%。低于25%的，要在由外经贸部颁发的外商投资企业批准证书和工商局颁发的营业执照上加注“外资比例低于25%”的字样。外国投资者应自并购后所设企业营业执照颁发之日起3个月内向转让股权的股东，或出售资产的企业支付全部对价并按实际交付的出资比例分配收益。外国投资者股权并购，注册资本在210万美元以下的，投资总额不得超过注册资本的

10/7；注册资本在210万～500万美元的，投资总额不得超过注册资本的2倍；注册资本在500万～1 200万美元的，投资总额不得超过注册资本的2.5倍；注册资本在1 200万美元以上的，投资总额不得超过注册资本的3倍。该暂行规定自2003年4月12日起施行。

9日 中国人民银行批准中国工商银行、中国银行、中国农业银行和中国建设银行担当黄金进出口代理行，从事黄金寄售业务。四家国有独资商业银行获得黄金进出口权后，被买入的海外黄金可通过上海黄金交易所流入国内市场。

14日 外经贸部、财政部、中国人民银行联合下发《关于支持我国企业带资承包国外工程的若干意见》。主要内容包括：国家支持带资承包国外工程的企业条件是具有外经贸部颁发的“对外经济合作经营资格证书”；经营状况良好，能够提供必要的担保；有良好的银行信用记录；金融机构要求的其他条件。凡符合项目条件的工程项目的外经贸企业，可以向金融机构申请人民币、外汇贷款，银行根据有关规定审核发放，带资承包国外工程的贷款利率按照国家规定的利率执行，对资信状况良好的企业，其带资承包的国外工程项目如果效益好且还本付息有保障，金融机构可在国家规定的范围内适当下浮贷款利率。

据商务部统计，2003年，我国对外承包工程完成营业额138.4亿美元，同比增长23.6%；新签合同额176.7亿美元，同比增长17.4%。

15日 天同180指数证券投资基金（基金简称：天同180；交易代码：519180）成立。天同180自2003年2月10日起向社会公开发行，截至2003年3月10日完成募集工作，共募集1 929 789 525.65份基金单位，有效认购户数为50 555户。托管人是中国银行。该基金自成立日起，由基金管理人——天同基金管理有限公司正式管理。天同180通过运用指数化投资方法，力求基金的股票组合收益率拟合上证180指数增长率。其投资组合为：以不少于基金资产净值的20%投资于国债，以不少于基金资产净值的70%投资于组成上证180指数的成分股票，并尽量用基金净值的80%资金进行标准指数化投资，追求与目标指数的最大拟合程度。投资范围是：基金资产的股票指数化投资部分主要投资于组成上证180指数的成分股票，基金资产的债券部分投资于国债、优质企业债以及金融债。天同180指数证券投资基金是我国首只标准指数型基金。

17日 上海期货交易所与芝加哥商业交易所（CME）签订合作备忘录。双方将在风险管理、金融品种和衍生产品开发、教育与培训、市场推介与服务等方面开展培训合作。

18日 中德财政合作中小企业第三期信贷规划贷款协议及财政部与中国民生银行委托代理协议在北京签署。中德财政合作中小企业第三期信贷规划贷款是财政部以中国政府名义借入的条件较为优惠的德国政府贷款，目的是支持中国非国有中小企业的固定资产投资。本次由民生银行承办的贷款规模为1 920万欧元，其中，2/3为40年期软贷款，1/3为10年期商业贷款。该项贷款属于中间信贷，与以往外国政府贷款有两大不同：一是承办行民生银行将自担风险、自主选择信贷支持项目、自主决策，没有国家或地方财政提供担保；二是提供的融资不限制必须使用德国设备或必须从国外进口，民生银行可以向企业提供人民币贷款用于国内设备采购。

中瑞创业投资基金管理有限公司在北京开业。该公司由国家开发银行和瑞士联邦对外经济事务秘书处共同出资组建，注册资本为1 000万元人民币，双方分别持有67%和33%的股权。经营范围包括管理中瑞合作基金及提供相关咨询服务。这是中国首家中外合资产业投资基金管理公司。

19日 国家外汇管理局发布《关于外资参股基金管理公司有关外汇管理问题的通知》。该通知规定，经中国证监会批准设立的外资参股基金管理公司可向所在地外汇局申请在外汇指定银行开立外汇资本金账户；收入范围为境外股东汇入的出资资金；支出范围为经常项下对外支付和外汇局核准的其他外汇支出；如需将外汇资本金结汇须经所在地外汇局批准；股权变更、转让应持批准件向外汇局备案。经批准外方股东减（撤）资应持规定的文件和材料向外汇局申请购付汇标准。上述规定自2003年5月1日起施行。

24日 中共中央决定成立中国银监会党委和纪委，调整中国证监会、中国保监会党委职责；撤销中共中央金融工作委员会；已经实行的银行、证券和保险机构垂直领导本系统党组织的体制不变。1998年6月22日，经中共中央批准，中共中央金融工作委员会正式成立。金融工委撤销后，原中央金融工委管理的金融机构领导班子和领导人员，按照银行业、证券业、保险业的分类，分别划归中国银监会、中国证监会和中国保监会党委管理。国家开发银行、中国进出口银行、中国农业发展银行、中国工商银行、中国农业银行、中国银行、中国建设银行、交通银行、中信集团、光大集团的领导班子由中央管理；华融、长城、东方、信达四大资产管理公司和招商银行、民生银行、中央国债登记结算公司、中煤信托公司的领导班子由中国银监会党委管理；银河、民族、科技证券的领导班子由中国证监会党委管理；人保公司、人寿公司、中国再保险公司、中保集团、出口信用保险公司、民生人寿公司的领导班子由中国保监会党委管理。

中国保监会发布《保险公司偿付能力额度及监管指标管理规定》。该管理规定明确，财产保险公司应具备的最低偿付能力额度为下述两项中数额较大的一项：最近会计年度公司自留保费减营业税及附加后1亿元人民币以下部分的18%和1亿元人民币以上部分的16%；公司最近三年平均综合赔款金额7 000万元以下部分的26%和7 000万元以上部分的23%。人寿保险公司最低偿付能力额度为长期人身险业务最低偿付能力额度和短期人身险业务最低偿付能力额度之和。长短期限分别指超过一年或一年以内（含1年）。保险公司应于每年4月30日前将注册会计师审计后的上一会计年度的偿付能力和监管指标报告一式两份送达中国保监会。保险公司在任何时点实际偿付能力额度低于最低偿付能力额度，公司应及时向中国保监会报告，并采取有效的措施，使其实际偿付能力额度达到最低偿付能力额度。对偿付能力充足率（实际偿付能力额度除以最低偿付能力额度）小于100%的保险公司被列为重点监管对象，中国保监会根据其严重程度区别对待。该管理规定对财险公司和人寿险公司分别制定了不同的监管指标。

25日 中国人民银行发布《关于全国银行间债券市场债券上市交易的通知》。该通知明确，为了简化行政审批程序，增强市场透明度，对在全国银行间债券市场发行的国债、政策性银行债券，中国人民银行不再逐期审批其在全国银行间债券市场上市交易；在全国银行间债券市场发行的债券，发行后可上市交易，并授权中央国债登记公司和全国银行间同业拆借中心公布每期债券的上市日期。

27日 财务公司进入全国银行间同业拆借市场。中国人民银行批准中纺机集团财务有限责任公司、中船重工财务有限责任公司、中船财务有限责任公司、西门子财务服务有限责任公司、中国电子财务有限责任公司、南航集团财务有限公司、四川东方电气集团财务公司七家财务公司成为全国银行间同业拆借市场成员，并制订了《全国银行间同业拆借中心财务公司信息披露管理办法》。该办法规定，财务公司经批准成为全国银行间同业拆借市场成员后60日内，须向同业拆借市场成员披露公司基本情况、历史沿革和最近一次经过审计的资产负债表、净资本计算表和损益表。此外，还须定期披露年中与年末的资产负债表、净资本计算表和损益表，以及年度财务报表和审计报告等。

4月

2日 上海证券交易所、深圳证券交易所发布《关于对存在股票终止上市风险的公司加强风险警示等有关问题的通知》。该通知规定：存在股票终止上市风险的公司，交易所对其股票交易实行警示存在终止上市风险的特别处理，在公司股票简称前冠以“＊ST”标记，以区别于其他公司股票。在退市风险警示期间，股票报价的日涨跌幅限制为5%。在股票交易被实施退市风险警示的情形消除之后，上市公司应当向交易所申请撤销特别处理，并在撤销前一交易日作出公告，公告当日其股票及衍生品种停牌一天，自复牌之日起交易所撤销其股票简称中的“ST”。

4日 国务院审议通过国有资产监督管理委员会、中国银监会两个新设正部级机构的主要职责、内设机构和人员编制的规定。同时，决定将中国保监会调整为国务院直属正部级事业单位。国务院任命刘明康为中国银监会主席、吴定富为中国保监会主席。

5日 宁波鄞州农村合作银行挂牌。宁波鄞州农村合作银行是由浙江省鄞州农村信用合作联社改制而成的我国第一家农村合作银行。鄞州农村信用合作联社成立于1987年，是全国最早与农业银行脱离行政隶属关系的试点农村信用联社之一。2001年10月，中国人民银行批准鄞州农村信用联社为农村合作银行的改革试点单位，同意其在原有基础上组建宁波鄞州农村合作银行。宁波鄞州农村合作银行总股本金为2.2亿元，分资格股和投资股两种。资格股主要针对自然人，股东可享受合作银行的优惠服务，三年后可按规定退股；投资股主要针对企业法人和其他经济组织，可转让，但不得退股。股东大会实行一人一票制。股东由辖内自然人、企业法人和其他经济组织自愿入股组成。该行新的股权结构中，1 000多名内部职工股占比2/8，600多家中小企业股占比3/8，1万多名农民和个体工商户股占比3/8。改制前股东召开了66次座谈会，股东坚持的一个条件就是政府财政不能有一分钱投资，要“完全民营化”。

中国证监会取消大连证券有限责任公司（以下简称大连证券）的证券业务许可并责令其关闭。大连证券成立于1988年，注册资本金1亿元。由于公司法人治理结构不健全，被内部人控制，在经营期间，出现了挪用客户保证金、为客户融资买入证券、非法融资、以个人名义进行证券自营等严重违法行为，导致了公司经营混乱和严重的资不抵债。2002年9月7日被责令停业整顿。大连证券成为第一家被中国证监会作出取消证券业务许可并责令关闭的证券经营机构。

8日 中国人民银行发布《关于进一步做好农村信用社支农服务工作的通知》。该通知要求：1. 力争实现2003年存款增加2 600亿元以上，2003年农村信用社贷款增长15%以上，其中农业贷款要增长20%以上的目标。2. 按照农民生产的需要，灵活确定农户小额信用贷款的对象、额度和期限；要结合本地实际，积极拓宽农户小额信用贷款的服务范围，增强贷款适用性。3. 要贯彻国家产业政策要求，坚决禁止向小钢铁、小电镀、小造纸等国家明令禁止的“十五小”企业发放贷款。4. 改善服务作风，拓宽服务范围。5. 加强贷款管理，严格控制和防范风险。

9日 中国人民银行公布《假币收缴、鉴定管理办法》。该办法规定，商业银行、城乡信用社和邮政储蓄的业务机构在办理货币存取款和外币兑换业务时，发现伪造、变造的假币，由两名以上业务人员当面予以收缴，并向持有人出具中国人民银行统一印制的“假币收缴凭证”。收缴的假币，不得再交给持有人。持有人对被收缴货币的真伪有异议的可以持“假币收缴凭证”向中国人民银行当地分支机构或中国人民银行授权的当地鉴定机构提出书面鉴定申请。金融机构收缴的假币，每季度末解缴中国人民银行当地分支行，由中国人民银行统一销毁，任何部门不得自行处理。对违反规定的金融机构分别给予处罚。该办法于2003年7月1日起施行。为配合这一办法的出台，人民银行同时部署自6月29日至7月5日在全国开展为期一周的反假货币宣传活动。

10日 中国人民银行颁布《人民币银行结算账户管理办法》。该管理办法包括总则、银行结算账户的开立、银行结算账户的使用、银行结算账户的变更与撤销、银行结算账户的管理、罚则和附则共7章71条，对单位和个人银行结算账户的种类、开立方法、使用方式、变更撤销程序等作出明确规定。存款人在中国境内的银行开立的人民币银行结算账户适用本办法，外币存款账户、个人储蓄账户、单位定期存款账户、非银行金融机构为投资者或委托人开立的内部账户不纳入本办法管理。

该管理办法规定：银行结算账户是指银行为存款人开立的办理资金收付结算的人民币活期存款账户。人民币银行结算账户按存款人分为单位银行结算账户和个人银行结算账户，单位银行结算账户按用途又分为基本存款账户、一般存款账户、专用存款账户、临时存款账户。单位银行结算账户的存款人只能在银行开立一个基本存款账户。开立基本存款账户、临时存款账户和预算单位开立专用存款账户实行核准制度。个人因投资、消费使用各种支付工具，包括借记卡、信用卡在银行或邮政储蓄机构开立的银行结算账户，纳入个人银行结算账户管理。使用支票、信用卡等信用支付工具办理汇兑、定期借记、定期贷记、借记卡等结算业务可以申请开立个人银行结算账户。自然人可根据需要申请开立个人银行结算账户，也可以在已开立的储蓄账户中选择并向开户银行申请确认为个人银行结算账户。个人银行结算账户用于办理个人转账收付和现金存取。

对于证券交易结算资金、期货交易保证金、信托基金、金融机构存放同业资金、社会保障基金等资金的管理和使用，存款人可以申请开立专用存款账户。开立时应向银行出具其开立基本存款账户规定的证明文件、基本存款账户开户登记证和其他证明文件，其中证券交易结算资金应出具证券公司或证券管理部门的证明，期货交易保证金应出具期货公司或期货管理部门的证明。合格境外机构投资者在境内从事证券投资开立的人民币特殊账户和人民币结算资金账户纳入专用存款账户管理。其开立人民币特殊账户时应出具国家外汇管理部门的批复文件，开立人民币结算资金账户时应出具证券管理部门的证券投资业务许可证。专用存款账户用于办理各项专用资金的收付。存款人应在注册地或住所地开立银行结算账户，符合本办法规定也可以在异地（跨省、市、县）开立。该管理办法自2003年9月1日起施行。1994年10月9日中国人民银行发布的《银行账户管理办法》同时废止。

国家外汇管理局发布2003年第1号公告，取消国内外汇贷款专用账户的开立、变更和撤销的审批；还包括证券公司在境内外资银行B股保证金账户的开立、变更和撤销的审批等共26项行政审批项目。

21日 中国人民银行成立以周小川为组长的防治非典型肺炎工作领导小组，并召开领导小组会议，部署人民银行非典型肺炎防治工作措施。领导小组提出近期要认真履行中央银行职责，突出抓好四项工作。一是要做好中央银行发行基金的调拨工作，指导商业银行做好系统内现金调运和向社会的现金供应工作。二是指导和督促商业银行切实加强围绕“非典”的金融服务，提高贷款审批效率。三是中央银行回笼的现金至少在发行库内存放24小时以上，方可调出使用；增加原封新券的投放；指导和督促商业银行做好现金回收和支付环节的卫生管理工作。同时要加大宣传力度，鼓励居民使用银行卡。四是采取得力措施，做好相应预案准备，确保支付、清算系统的正常运行。

22日 中国人民银行开始在全国银行间债券市场连续滚动发行中央银行票据，并首次在公开市场中直接发行了金额50亿元、期限为六个月的中央银行票据。同年4月28日，中央银行公开市场操作室发布通告：中央银行将自4月29日起暂停每周二和周四的正回购操作，代之以固定于每周二贴现发行中央银行票据的方式。

为回笼商业银行手中的富余资金，保持基础货币的平稳增长和货币市场利率的相对稳定，自2003年2月11日起，中国人民银行已连续进行了11周共计20次正回购交易，累计回笼资金达2 140亿元。截至2003年年底，中国人民银行在公开市场上连续滚动发行三个月、六个月及一年期中央银行票据共63期，发行总量为7 226.8亿元，发行余额为3 376.8亿元。

24日 中国保监会表示，由于非典型肺炎是新发病种，在保单签发时并不在传染病行列，现有保单的被保险人如果因为非典型肺炎遭受损失，保险受益人可以依据合同条款申请保险赔付。根据中国保监会公布的最新数据，截至5月8日，国内各寿险公司累计受理“非典”索赔案件163例，已办结赔案90例，累计给付金额52.21万元，其中身故给付24.28万元，住院医疗给付27.93万元。

28日 中国银监会发布2003年第1号公告，宣布中国银监会正式履行职责。中国银监会是国务院直属事业单位，负责制定有关银行业金融机构监管的规章制度和办法；草拟有关的法律和行政法规，提出制定和修改的建议；审批银行业金融机构及分支机构的设立、变更、终止及其业务范围；对银行业金融机构实行现场和非现场监管，依法对违法、违规行为进行查处；审查银行业金融机构高级管理人员任职资格；负责统一编制全国银行数据、报表，并按照国家有关规定予以公布；会同有关部门提出存款类金融机构紧急风险处置的意见和建议；负责国有重点银行业金融机构监事会的日常管理工作；承办国务院交办的其他事项。

中国银监会下设15个部门，其中，银行监管一部负责承办对国有商业银行及资产管理公司等的监管工作；银行监管二部负责承办对股份制商业银行、城市商业银行的监管工作；银行监管三部负责承办对政策性银行、邮政储蓄机构以及外资银行等的监管工作；非银行金融机构监管部负责承办对非银行金融机构（证券、期货和保险类除外）的监管工作；合作金融机构监管部负责承办对农村和城市存款类合作金融机构的监管工作；其他部门也将按规定各司其职。

2003年3月10日，第十届全国人大一次会议通过《关于国务院机构改革方案的决定》，国务院机构改革重点之一是健全金融监管体制，设立中国银行业监督管理委员会。同年4月25日，国务院办公厅印发《关于中国银行业监督管理委员会主要职责、内设机构和人员编制规定的通知》。4月26日，十届全国人大常委会第二次会议通过《关于中国银行业监督管理委员会履行原由中国人民银行履行的监督管理职责的决定》。上述文件明确规定：中国银监会根据授权，统一监督管理银行、金融资产管理公司、信托投资公司及其他存款类金融机构，维护银行业的合法、稳健运行。中国人民银行对银行业金融机构的监管职责、原中共中央金融工作委员会的相关职责划入银监会。中国银监会与中国人民银行在金融监管方面的职责分工，遵循宏观调控与金融监管互相补充、互相促进和信息实时共享的原则，通过制定分工合作的工作制度，建立互相配合的机制。中国银监会在省一级设监管局，地（市）一级设监管分局，县（市）一级视监管对象和任务设置必要的办事机构。

中国人民银行发布《关于加强非典型肺炎防治工作中金融服务的紧急通知》。该通知要求：1. 主持与防治非典型肺炎相关的金融服务工作，人民银行各分支行和各金融机构要实行“一把手”负责制。2. 各商业银行要制订具体的计划，及时提供必要的各项金融服务，做好各项应急准备工作，防止由于疫情变化对金融机构的冲击，保证金融机构业务正常开展。3. 各商业银行要主动与防治非典型肺炎的药品、医疗器械及消毒用品等相关的企业联系，加快对这类企业生产所需的流动资金的审贷工作，保证企业的资金需求。如金融机构对这类企业发放贷款而出现资金不足时，人民银行当地分支行要做好资金协调工作，以保证防治工作的顺利进行。4. 人民银行各分支行要切实做好发行基金调拨工作，指导商业银行做好系统内现金调运，确保市场现金供应。密切注意现金投放、回笼的新情况，发现异常情况及时上报。遇有紧急情况，各商业银行在人民银行发行库提款可不受次数限制，可适当增加业务库的库存现金。人民银行各发行库要尽可能多地投放发行基金原封新券，提高流通中现钞的整洁度。5. 对于商业银行交存的回笼款要进行相应的卫生处理，至少存放24小时后，方可拨出使用。各商业银行要切实加强现金收付环节的卫生管理，人民银行各分支行对此要加强监督和指导；保障支付清算系统的稳定运行，确保资金及时清算。6. 加强对金融市场的监测，保持市场正常交易。7. 做好非典型肺炎防治工作中有关金融服务的同时，特别要注意做好当前的其他各项金融工作，努力保持货币信贷的平稳运行，支持经济发展。

财政部决定增发2003年记账式（一期）国债。该期国债拟定于2003年5月21日增发，5月22日在银行间债券市场和证券交易所市场与2003年记账式（一期）国债合并上市。这是国债发行历史上首次引入增发模式。其700亿元的发行总量，成为有史以来中国国债市场上发行量最大的一只国债。

国家外汇管理局发布《关于部分银行试行办理个人外汇预结汇汇款业务有关问题的通知》。该通知所称预结汇汇款是指国有银行的境外分行办理境外个人向境内汇入外汇时，如汇款人要求以人民币交付收款人，境外分行先按其总行买入外汇牌价将外汇折成人民币，告知汇款人所汇的人民币金额，再将外汇汇往境内收款行，收款行直接解付人民币的特定汇款方式。该通知决定允许中国工商银行、中国农业银行、中国银行和中国建设银行有条件的境外分行试办，并对办理此项业务的基本管理原则、申请程序和操作程序做了具体规定。

5月

12日 国家外汇管理局发布《关于银行外币卡管理有关问题的通知》。该通知规范了境内金融机构发行的外币卡（境内卡）的各项业务及境外金融机构发行的银行卡（境外卡）的收单业务的管理，规定持卡人在境外使用境内卡，限于服务贸易项下支付，不得用于资本项下投资及贸易支付，也不得用于非法交易和行为。当日内累计提现金额不得超过1 000美元，当月内累计提现金额不得超过5 000美元。并具体规定了持卡人持境内卡在境外使用的外汇收支大额报备制度。该项规定自2003年6月1日起施行。

13日 中国人民银行首次在一天之内发行两期票据。中国人民银行5月12日发布公告决定：在银行间债券市场贴现发行2003年第四期和第五期央行票据，其中，第四期央行票据发行总量为100亿元，期限三个月；第五期央行票据发行总量也为100亿元，期限为六个月。这两期票据的缴款日均为5月14日。

14日 中国人民银行发布《2003年第一季度中国货币政策执行报告》。该报告指出，2003年第一季度国民经济开局良好，国内生产总值增长9.9%，比上年同期加快2.3个百分点；货币信贷呈现加速增长态势，货币信贷增长与经济增长的趋势基本一致，有力地支持了国民经济发展。3月末，广义货币M_2余额为19.4万亿元，同比增长18.5%；狭义货币M_1余额为7.1万亿元，同比增长20.1%。2003年，突如其来的非典型肺炎对我国经济发展提出了严峻的挑战，对于我国旅游、消费甚至生产等产生了一定的负面影响。下一阶段货币政策趋势：一是坚持稳健的货币政策，保持货币信贷平稳增长。二是保持利率和汇率政策的基本稳定，稳步推进利率市场化。三是改善金融服务，促进经济结构调整。四是进一步发展货币市场，优化金融资源配置。五是切实加强抗“非典”期间的信贷工作。六是搞好防治“非典”工作中的各项金融服务。

15日 中国证监会发布《关于证券公司从事集合性受托投资管理业务有关问题的通知》。该通知指出，集合性受托投资管理业务涉及的当事人较多，当事人之间的权利义务关系比较复杂，管理要求较高、难度较大，如处理不当，极易引发金融风险和社会风险。在新办法出台实施之前，证券公司不得向特定或不特定的多数投资者募集资金设立集合投资计划，从事集合性受托投资管理业务；正在募集的集合投资计划，必须立即停止募集。已经开展该项业务的证券公司，应在该通知发布之日起5日内，将与集合投资计划有关的合同、产品说明书、宣传材料等报送中国证监会审查，并立即按照规定对已经开展的集合性受托投资管理业务中的不规范做法进行纠正。

16日 中国保监会发布《人身保险新型产品精算规定》。该规定明确，人身保险新型产品是指包括分红保险、投资连结保险、万能保险在内的不保证保险利益的人身保险产品。该规定主要包括产品设计与定价、保单负债（责任准备金）评估、分红保险的分红、投资连结保险投资单位定价、万能保险结算利率等内容，是建立人身保险新型产品精算标准的规范性文件。自2003年7月1日起执行。

18日 中国人寿保险股份有限公司获得“神舟五号”宇航员的独家承保权。通过中标，中国人寿独家为杨利伟提供了500万元人民币的人寿保险。此外，为所有入选的宇航员及其配偶和子女，以及宇航专家提供了高达1 390.8万元的人身保险。

19日 中国人民银行制定《关于应对非典型肺炎影响，全力做好当前货币信贷工作的意见》。该意见提出：1. 保持货币信贷总量适度增长，防止货币信贷出现大幅度波动。2. 各金融机构对与防治非典型肺炎有关的信贷资金需求，要按照特事特办、急事急办原则，切实提高审贷效率，及时、足额地提供必要的信贷支持。3. 对受非典型肺炎疫情影响较大的行业和地区实施适当的信贷倾斜。4. 积极培育新的消费热点和经济增长点，包括保健卫生产品、汽车消费信贷、信息和互联网行业、电子商务、外贸出口等。5. 管好用好支农再贷款。6. 各金融机构要采取提高非经济适用房银行贷款利率、项目资本金比例、商品房预售条件等多种措施，严格控制对高档房地产开发项目和“五小”企业的贷款。7. 人民银行各分行和各金融机构要加强对贷款投向和投量的跟踪监测，加强对贷款企业产品库存和市场销售信息的跟踪监测分析，建立有效的贷款预警监测体系，提高金融风险意识。

20日 中国证监会发布《关于要约收购涉及的被收购公司股票上市交易条件有关问题的通知》。该通知规定，要约收购的期限届满，被收购公司的股权分布不符合《公司法》规定的上市条件，且收购人以终止被收购公司股票上市交易为目的的，被收购公司的股票应当在证券交易所终止上市交易。对于要约收购的期限届满，收购人不以终止被收购公司股票上市交易为目的的，被收购公司股票交易则按不同情形分别处理。

23日 经中国证监会批准，瑞士银行有限公司、野村证券株式会社成为首批取得证券投资业务许可证的合格境外机构投资者（QFII）。申请人在取得证券投资业务许可证后，应当通过托管人向国家外汇管理局申请投资额度。国家外汇管理局自收到完整的申请文件之日起15个工作日内作出批准或者不批准的决定。根据有关规定，合格境外机构投资者在经批准的投资额度内可以投资在证券交易所挂牌交易的除境内上市外资股以外的股票、在证券交易所挂牌交易的国债、在证券交易所挂牌交易的可转换债券和企业债券以及中国证监会批准的其他金融工具。单个合格境外机构投资者对单个上市公司的持股比例不超过该上市公司股份总数的10%；所有合格境外机构投资者对单个上市公司的持股比例总和不超过该上市公司股份总数的20%。

27日 国务院公布《企业国有资产监督管理暂行条例》。该暂行条例规定，企业国有资产属于国家所有。国务院，省、自治区、直辖市人民政府，设区的市、自治州级人民政府，分别设立国有资产监督管理机构，依法履行出资人职责，对企业国有资产进行监督管理。该暂行条例还规定，造成国有资产重大损失或者被判处刑罚的国有及国有控股企业负责人，终身不得担任任何国有及国有控股企业的企业负责人。对企业国有资产损失负有责任受到撤职以上纪律处分的国有及国有控股企业的企业负责人，5年内也不得担任任何国有及国有控股企业的企业负责人。国有及国有控股企业的企业负责人滥用职权、玩忽职守，造成企业国有资产损失的，应负赔偿责任，并对其依法给予纪律处分；构成犯罪的，依法追究刑事责任。

中国人民银行首次发行一年期票据。中国人民银行以价格招标方式贴现发行了2003年第八期（三个月期）和2003年第九期（一年期）两期中央银行票据。其中第九期一年期中央银行票据发行总量为200亿元，最低中标价格即发行价格为97.71元，参考收益为2.3436%。此前，中央银行共发行了七期票据，期限最长不过半年。

28 日　国家税务总局《关于外国投资者并购境内企业股权有关税收问题的通知》。该通知规定，自 2003 年 1 月 1 日起，外国投资者并购境内企业股东的股权，使境内企业变更设立为外商投资企业，若该企业的外国投资者的股权比例超过 25%，应依照外商投资企业所适用的规定缴纳各项税收。

蒙特利尔银行参股富国基金管理公司。经中国证监会批准，蒙特利尔银行以增加富国基金管理公司注册资本的形式进行参股，参股完成以后，富国基金的注册资本将从 1 亿元增加到 1.2 亿元。蒙特利尔银行将与富国基金原来的 5 个股东持有相同比例的股权，各占 16.7%，并派出 1 名董事加入富国基金的董事会。这是外资首次以参股的形式加入我国的基金管理公司。具有 200 多年历史的蒙特利尔银行是加拿大 BMO 金融集团的主要成员之一，也是北美地区最老的银行之一。富国基金管理公司是我国首批成立的基金管理公司之一。

29 日　国务院新闻办举行记者招待会。中国银监会主席刘明康介绍中国银监会的主要职责和对银行业金融机构的监督管理工作。刘明康指出，中国银监会的监督工作的目的有四个：通过审慎有效的监管，保护广大存款人和金融消费者的利益；通过审慎有效的监管，增进市场信心；通过金融、金融相关知识的宣传教育工作和相关信息的披露，增进公众对现代金融的了解；努力减少金融犯罪，维护金融稳定。

中国银监会公布成立后的 1 号令——《关于调整银行市场准入管理方式和程序的决定》。该决定首先调整了新设分支机构审批权限。银行新设分支机构由各地银监局或直属分局受理并审核；外资银行新设分行的审批方式及程序不变。其次，调整新业务审批方式。取消对中资商业银行部分业务的审批，包括国内保理、代理证券资金清算（银证转账）、代理保险、证券公司受托投资托管、信托资产托管、企业年金托管；取消对中资商业银行部分业务的备案，包括买方或协议付息票据贴现、法人账户透支、代理信托产品资金收付；取消对外资银行部分业务的备案，包括国内保理、买方或协议付息票据贴现、法人账户透支。银行在开办上述业务后的 10 个工作日内，向中国银监会、中国银监局等相关机构提交书面报告。各银行对于已获准开办的新业务，可授权符合条件的下辖分支机构开办。最后，调整高级管理人员任职资格核准方式。银行高级管理人员平行调动改为事后书面报告，提交离任稽核报告的时间为离任后 1 个月内。取消外资银行支行副行长任职资格的备案。城市信用社、农村信用社、邮政储蓄机构市场准入管理的现有方式和程序不变。该决定自 2003 年 7 月 1 日起施行。

30 日　中国保监会发布《保险公司投资企业债券管理暂行办法》。该暂行办法规定我国保险业投资企业债券的范围，由只允许投资三峡、铁路、电力、移动通信等中央企业债券扩大到自主选择购买经国家主管部门批准发行，并经监管部门认可的信用评级在 AA 级以上的企业债券，投资企业债券比例由目前不得超过总资产的 10% 提高到 20%。中国保监会认可的信用评级机构为中诚信国际信用评级有限公司、大公国际资信评估有限公司。2003 年 1 月 17 日中国保监会发布的《保险公司购买中央企业债券管理办法》同时废止。

31 日　中国银监会发布《金融许可证管理办法》。金融许可证制度自 1994 年开始实施。该管理办法修订了“金融许可证”承载的内容，包括机构编码、机构名称、依据的法律、法规、机构批准成立日期、营业地址、颁发许可证日期、银监会或其派出机构的公章；统一了许可证的格式；“金融许可证”一次颁发，长期有效，并明确了“金融许可证”的颁发权限。“金融许可证”及相关信息由中国银监会提供网上公开查询。该管理办法于 2003 年 7 月 1 日起施行。现行的“金融机构法人许可证”和“经营金融业务许可证”年检制度同时取消。

6 月

2 日　亚洲债券基金正式启动。东亚及太平洋地区中央银行行长会议组织（EMEAP）的 11 个中央银行与国际清算银行（BIS）同时发布公告：正式启动亚洲债券基金（1 期 ABF1），初始规模 10 亿美元，由各国中央银行动用储备以美元分摊认购，主要投资于包括中国在内的 8 个成员（日本、澳大利亚和新西兰除外）的主权与准主权美元债券。该基金将以国际清算银行为基金管理人，同时 EMEAP 将建立管理委员会监督运作。

5 日　中国人民银行制定并发布《关于进一步加强房地产信贷业务管理的通知》（通称“121 号文件”）。该通知的主要内容是：1. 加强房地产开发贷款管理、引导规范贷款投向；2. 严格控制土地储备贷款的发放；3. 规范建筑施工企业流动资金贷款用途；4. 加强个人住房贷款管理，重点支持中低收入家庭购买住房的需要；5. 强化个人商业用房贷款管理；6. 充分发挥利率杠杆对个人住房贷款需求的调节作用；7. 加强个人住房公积金委托贷款业务的管理；8. 切实加强房地产信贷业务的管理。

全国社保基金理事会与 6 家基金公司签订投资协议。这 6 家基金公司是：南方、博时、华夏、鹏华、长盛、嘉实。6 家公司此次获得授权额度各不相同，每家为 20 亿～30 亿元。投资对象暂为股票与债券。投资协议明确规定社保基金不能投资以下 5 种股票：ST 股票和严重违规的上市公司的股票；购买时近两年涨幅超过 100% 的股票；涉嫌违规的上市公司股票；流通市值小于 3 亿元的上市公司股票；流通股小于3 000万股的上市公司股票。

6 日　国务院任命中国人民银行货币政策委员会新一届组成人员。中国人民银行行长周小川任货币政策委员会主席。新一届货币政策委员会组成人员有三个特点，一是增加国务院分管金融业务工作的副秘书长为货币政策委员会委员；二是增加中国银监会为货币政策委员会组成单位；三是为更全面、充分地反映银行业对货币政策制定和实施的意见，由中国银行业协会代替原来的国有独资商业银行作为货币政策委员会组成单位。

8 日　经中国银监会批准，中国建设银行成为首家获得保险资金托管和住房公积金托管业务资格的单位。中国建设银行将对保险公司的投资资金进行托管，独立保管投资账户，监督保险公司的投资运作；同时作为住房公积金投资资产的托管人，将履行保管投资资产、监督投资管理人的投资运作、办理投资资产的会计核算、资金清算和资产估值等职能。

10 日　南京市商业银行与中信证券股份有限公司签署《上市辅导协议》和《业务合作备忘录》。同年 7 月 10 日，南京市商业银行正式进入上市辅导阶段，成为国内第一家启动上市辅导工作的城市商业银行。成立于 1996 年 2 月的南京市商业银行历过两次资本扩充，实收资本增至 12. 06 亿元。2004 年年底，南京市商业银行正式申请上市。

11 日　财政部、中国人民银行、劳动和社会保障部联合下发《下岗失业人员从事微利项目小额担保贷款财政贴息资金管理办法》。微利项目小额担保贷款财政贴息是指国家对下岗失业人员用于从事微利项目的小额担保贷款给予的财政据实全额贴息。该办法规定，微利项目贷款财政贴息的对象是具有当地城镇居民户口，持有“再就业优惠证”，从事微利项目的下岗失业人员。微利项目贷款展期和逾期不贴息。微利项目贷款贴息，在规定的借款额度和贴息期限内，按实际借款额度和计息期限计算。该办法自 2003 年 1 月 1 日起施行。

13 日　国家外汇管理局和公安部联合发布《关于严厉打击外汇领域违法犯罪活动的通知》。该通知指出，当前外汇领域违法犯罪活动呈现手段多样、手法隐蔽、交易迅速等特点，尤其是跨境洗钱活动日渐抬头。面对这种新形势，外汇局和公安机关要进一步完善工作机制，切实加强两部门的沟通，形成务实高效、灵活多样的合作机制。为促进具体案件的查处，实现信息共享，各级外汇管理部门和公安机关要建立定期联席会议制度和重大事项及时沟通制度。

招商银行推出“两岸通”新业务。“两岸通”业务涵盖目前所有对台湾的往来业务，包括“汇款通”“单证通”“融资通”“资信通”四大产品。其中“汇款通”指汇入、汇出款业务，包括台湾地区和祖国大陆两岸双向的所有对公和对私直接汇出或汇入的汇款业务。祖国大陆和台湾地区两岸间的金融业务不再需要第三地银行中转，客户使用该产品，过去需要3~5天才能到账的资金现在1~2天就能到账。

15日 国家外汇管理局公布允许经营外汇保险的24家中外保险公司（见下表）。根据有关规定，符合条件的境内居民和企业可向上述保险公司以外汇形式办理人身及财产保险。

中国人寿保险公司	美亚保险公司佛山支公司
皇家太阳联合保险公司上海分公司	信诚人寿保险有限公司
新华人寿保险股份有限公司	三星火灾海上保险公司上海分公司
三井海上火灾保险公司上海分公司	美亚保险公司深圳分公司
中国出口信用保险公司	三井住友海上火灾保险公司
中保康联人寿保险有限公司	中国太平洋财产保险股份有限公司
中国太平洋保险（集团）股份有限公司	华泰财产保险股份有限公司
美国联邦保险股份有限公司上海分公司	东京海上火灾保险株式会社上海分公司
中国人民保险公司	美亚保险公司上海分公司
光大永明人寿保险有限公司	美国友邦保险有限公司深圳分公司
中国太平洋人寿保险股份有限公司	天安保险股份有限公司
香港民安保险有限公司深圳分公司	丰泰保险（亚洲）有限公司上海分公司

17日 中国银监会下发《关于加强贷款管理防范新的金融风险的通知》。该通知针对货币信贷投放过快、信贷结构不合理等问题发出预警信号。对房地产、汽车、钢铁、电解铝、水泥等行业贷款进行了风险提示，并要求国有商业银行和股份制商业银行对上述行业贷款情况进行自查，防范新的金融风险。

18日 民生人寿保险股份有限公司在北京开业。民生人寿是一家以民营资本为投资主体的全国性专业寿险公司，由万向集团、东方希望集团和四川新希望等民营企业作为发起人而设立。在21家股东中，民营企业占比90%以上，公司8.3亿元注册资本中，民营资本占比超过80%。

最高人民法院颁布《关于审理期货纠纷案件若干问题的规定》。该规定明确了审理期货纠纷案件的三个基本原则：1. 人民法院审理期货纠纷案件应当依法平等地保护各方当事人的合法权益，正确确定各方当事人应承担的风险责任，维护期货市场的秩序。2. 严格按照当事人在合同中的约定确定违约方承担的责任，当事人的约定违反法律、行政法规强制性规定的除外。3. 根据各方当事人的过错（有无或大小）确定各方当事人应承担的民事责任。该规定自2003年7月1日起施行。

19日 中国人民银行货币政策委员会召开2003年第二季度例会。会议深入分析了当前国际国内经济金融形势，讨论了下一阶段货币政策应采取的措施。会议强调，要注意防范货币信贷较快增长时在房地产和低水平重复建设中潜在的金融风险，加强贷款风险预警和监测，进一步优化贷款结构，切实防范出现新的贷款风险，加快国有商业银行改革。会议认为，根据当前国内外经济形势，应继续保持人民币存贷款利率及人民币汇率的稳定，稳步推进利率市场化改革。

20日 财政部在全国银行间债券市场进行2003年记账式（五期）国债的发行招投标。本期国债发行面值总额260亿元，为三年期固定利率附息债，票面年利率2.32%，利息每年支付一次。经投标确定每百元面值承销价格为100.34元。本期国债采用单一价格（荷兰式）竞争性招标方式，49家全国银行间债券市场2003年国债承销团成员参加了投标。本期国债于6月23日开始发行并计息，6月27日发行结束，从7月3日起在全国银行间债券市场同时以现券和回购的方式流通。为探索国债发行与国库管理有效衔接的新途径，本期国债采用即期计息并注册债权，中标的国债承销团成员于9月23日缴纳发行款的方式发行。分销期结束后，承销团成员须提供本机构持有的待偿期三个月以上的各类国债进行质押，以保证履行按期缴款的义务。

国家外汇管理局、中国保监会联合发布《关于境外再保险分出业务售付汇管理有关问题的通知》。该通知规定，境内保险公司将境内外汇保险进行境外再保险分出的，应当持分保账单或分保支付清单等有效凭证到境内商业银行办理从其外汇经营账户中对外支付分保款项，不得购汇支付。该通知自2003年7月1日起施行。

25日 审计署审计长李金华在全国人大常委会上作《关于2002年度中央预算执行和其他财政收支的审计工作报告》。李金华汇报了中国建设银行和中国农业发展银行经营管理中存在的主要问题：审计建设银行及其20个分行2001年资产负债损益情况，查出隐瞒收入、盈亏不实、私设“小金库”等问题；违规经营问题比较突出，主要是违规放贷、违规签发及贴现承兑汇票、高息揽存和违规拆借。

审计中国农业发展银行及其34个分行2001年资产负债损益情况，发现财务管理中存在一些比较突出的问题。这次审计，共发现建设银行、中国农业发展银行系统经济犯罪案件线索52起，涉案责任人75人。这些案件已全部移交司法机关及有关部门立案查处。

26日 中国银监会、国家发展改革委颁布《商业银行服务价格管理暂行办法》。该暂行办法规定，商业银行服务价格分别实行政府指导价和市场调节价。实行政府指导价的项目主要是涉及广大居民和企业利益的收费项目，具体项目包括办理银行汇票、银行承兑汇票、本票、支票、汇兑、委托收款、托收承付等业务。具体服务项目及其基准价格和浮动幅度由国家发展改革委会同中国银监会制定、调整。市场调节价由商业银行总行、外国银行分行自行制定和调整。该暂行办法规定，商业银行办理收付类业务实行“谁委托、谁付费”的收费原则，不得向委托方以外的其他单位或个人收费。不得对人民币储蓄开户、销户、同城的同一银行内发生的人民币储蓄存款及大额以下取款业务收费。该暂行办法自2003年10月1日起施行。

2002年，交通银行深圳分行因收取某位客户的5元钱“现金清点费”而引发争议，银行服务收费问题一时广受关注。2003年4月，工商银行深圳市分行率先对跨行ATM取款收取2元手续费。随后，6家金融机构相继对ATM跨行取款收取费用。《商业银行服务价格管理暂行办法》正式生效后，2003年12月，工商银行深圳分行对外宣布对牡丹灵通借记卡的客户收取每年10元的服务费，成为深圳银行业中首家收取借记卡年费的银行。

27日 国务院印发《深化农村信用社改革试点方案》。该方案的主要内容是：以法人为单位，改革信用社产权制度，明晰产权关系，完善法人治理结构，区别各类情况，确定不同的产权形式；改革信用社管理体制，将信用社的管理交由地方政府负责。

2003年12月15日，中国银监会对外公布最新统计数据：截至2003年11月底，全国农村信用社（包括农村商业银行）结束了自1994年以来持续9年的亏损局面，实现全行业扭亏为盈。2003年前11个月全国农村信用社利润总额为1.48亿元。其中，全国有17个省的农村信用社实现盈利，盈利金额达35.05亿元。

中国人民银行发布《关于建立下岗失业人员小额担保贷款临时统计制度的通知》。该通知指出：为全面反映下岗失业人员小额担保贷款业务的发展状况，人民银行决定，在2003年年底，将下岗失业人员小额担保贷款业务统计工作纳人人民银行综合信贷统计制度之前，建立下岗失业人员小额担保贷款临时统计报告制度。每月10日前，统计报告上月的情况。

27～30 日 中国人民银行行长周小川出席在瑞士巴塞尔召开的国际清算银行第 73 届年会。应会议主席的要求，周小川在会上就汇率政策和中国经济形势做了发言。周小川指出，2003 年以来中国的对外贸易基本是平衡的，外汇储备的大幅增加主要是资本净流入。以往中国在资本项目管制下仍有不少资本外流，现在这一趋势已发生变化，部分资本逐步回流，对中国的资本账户管理提出了新的挑战。面对这种新的形势，中国将不断完善汇率形成机制，继续保持人民币汇率稳定。他指出，非典型肺炎的传播对中国经济金融主要指标的影响不是很大。尽管 5 月社会消费品零售额增幅有所下降，但投资和出口依然强劲，预计中国经济上半年的增长会在 8% 或略多。下半年的出口是否会受到影响还有待观察。总体而言，中国经济稳定发展，为世界经济注入了希望。

27 日 西安市商业银行与国际金融公司和加拿大丰业银行签订《股权认购协议》。按照协议，外方将在四年内足额认购西安市商业银行 24.9% 的股份，其中加拿大丰业银行持股 12.5%，国际金融公司 12.4%。两家机构首期入股比例各为 2.5%。两家机构入股后，西安市商业银行成为中国中西部地区第一家外资入股的城市商业银行。成立于 1997 年 5 月的西安市商业银行，是由 42 家城市信用社合并组建而成，西安市政府和当地国有企业占股 22%，其余 78% 的股份归 450 家中小企业和 12 800 位个人股东，包括西安市商业银行大部分员工所有。

28 日 海南证券交易中心关闭。1998 年国务院决定清理地方证券交易中心，各种挂牌交易均被停止，但由于海南非上市的定向募集股份公司达 130 多家，“内部职工股外部化，法人股个人化”已经非常普遍，海南证券交易中心的清理关闭一直没有完成。直到 2003 年 6 月 28 日，按照海南证券交易中心清算组的安排，由海南非上市公司股权登记服务有限公司正式承接海南证券交易中心的业务，海南证券交易中心的清理整顿终于在落后全国地方证券交易中心清理整顿 5 年之后有了一个结果。至此，全国所有的地方证券交易中心全部关闭。

29 日 《内地与香港关于建立更紧密经贸关系的安排》（CEPA）正式签署。双方从 2004 年 1 月 1 日起开始实施该安排下货物贸易和服务贸易自由化的具体承诺，并将通过不断扩大相互间的开放，增加和充实 CEPA 的内容。

CEPA 中关于银行业方面的内容有：1. 降低香港银行和财务公司进入内地市场的资产规模要求：将设立分行和设立法人机构的资产规模要求同时降至 60 亿美元。银行可选择设立分行或法人机构，财务公司只可设立法人机构。2. 香港银行在内地设立中外合资银行或中外合资财务公司，或香港财务公司在内地设立中外合资财务公司无须先设立代表机构。3. 降低香港银行内地分行申请经营人民币业务的资格条件，将须在内地开业 3 年以上的要求降为开业两年以上；在审查有关营利性资格时，改内地单家分行考核为多家分行整体考核。

证券业方面：1. 香港交易及结算所有限公司可在北京设立办事处，并比照境外证券机构在内地设立代表处的程序办理；2. 香港证券专业人员可依据相关程序在内地申请从业资格。

保险业方面：1. 香港居民中的中国公民在取得中国精算师资格后，无须获得预先批准，可在内地执业；2. 对香港保险公司经过整合或战略合并组成的集团，可以按照市场准入的申请条件（集团总资产 50 亿美元以上，其中任何一家香港保险公司的经营历史在 30 年以上，以及任何一家香港保险公司在内地设立代表处两年以上）批准其进入内地保险市场；3. 允许香港居民在获得内地保险从业资格后，在内地执业；4. 将香港保险公司参股内地保险公司的最高股比限制从现行的 10% 提高到 15%。

关于金融合作方面：1. 内地支持国有独资商业银行和部分股份制商业银行将其国际资金外汇交易中心移至香港；2. 支持内地银行在香港以收购方式发展网络和业务活动；3. 内地在金融改革、重组和发展中支持充分利用和发挥香港金融中介的作用；4. 双方将加强金融监管部门的合作和信息共享；5. 内地将本着尊重市场规律、提高监管效率的原则，支持符合条件的内地保险企业以及包括民营企业在内的其他企业到香港上市。

30 日 经国务院同意、中国保监会批准，中国人寿保险公司重组为中国人寿保险（集团）公司和中国人寿保险股份有限公司，并由中国人寿保险（集团）公司和中国人寿保险股份有限公司共同发起设立中国人寿资产管理有限公司。改革重组后的集团公司代表国家控股股份公司。集团公司和股份公司分别负责 1999 年以前和以后寿险、健康险、意外险保单等。原中国人寿保险公司总经理王宪章出任集团总经理和股份公司董事长、总经理。

中国票据网正式开通（http：//www. chinacp. com. cn）。中国票据网由中国外汇交易中心暨全国银行间同业拆借中心承建，向金融机构提供票据转贴现和票据回购的报价、查询、在线业务洽谈、与票据市场有关的财经信息、政策法规、可以作为票据交易定价参考的银行间拆借市场和债券市场行情，以及网站可以承载的其他服务便利。全国 309 家金融机构法人及其分支机构和票据专营机构成为中国票据网成员。

7 月

1 日 国家外汇管理局发布《关于出口保付代理业务项下收汇核销管理有关问题的通知》。该通知对出口保付代理项下收汇核销的操作予以规范，同时规定，银行和企业在办理出口保理业务时，应在银行从境外为企业收回货款后，按规定进行国际收支统计申报。此外，对发生融资损失的保理业务，银行应当使用自有外汇资金或者营运资金冲抵，不得自行购汇或以客户结汇资金冲抵。

2 日 经国务院批准，中国人民银行下调美元等外币小额存款利率。中国人民银行于 6 月 30 日发布《关于调整美元等外币小额存款利率的通知》。该通知规定，调整美元、欧元、港元、英镑和瑞士法郎等外币小额存款利率。今后，人民银行将只公布美元、欧元、港元和日元小额存款利率，英镑、瑞士法郎、加拿大元等外币小额存款利率改由各商业银行确定并公布。至此，由人民银行制定并公布小额存款利率的外币币种由 7 种减少为 4 种。

中国人民银行发布《关于进一步做好银行卡联网通用工作的通知》。该通知要求各商业银行和邮政储汇局切实采取措施，力争在 2003 年内使银行卡异地跨行交易成功率平均达到 80% 以上，并实现全国地市级以上城市各类非专用银行卡的联网运行和跨地区使用，在全国范围内普及推广“银联”标识卡。

4 日 国家外汇管理局、公安部公布在山东威海破获的一起特大非法买卖外汇案件（“11 · 14 案”），涉案金额超过 4 000 万美元。犯罪团伙从 2000 年开始在威海以做土特产生意为幌子，在中韩两国间频繁倒汇，倒汇范围涉及青岛、烟台、沈阳、延吉等近 10 个地市。法律规定，非法买卖外汇超过 20 万美元就要追究刑事责任。此案的 6 名犯罪嫌疑人分别被判处十年、七年、三年有期徒刑。该案是迄今为止中国查处的最大一起跨境非法买卖外汇案。

7 日 国务院办公厅印发《中国保险监督管理委员会主要职责、内设机构和人员编制规定》。该规定明确：中国保监会是国务院直属正部级事业单位，根据国务院授权履行行政管理职能，依照法律、法规统一监督管理全国保险市场，维护保险业的合法、稳健运行。中国保监会主要职责：1. 拟定保险业发展的方针政策，制订行业发展战略和规划；起草保险业监管的法律、法规；制定业内规章。2. 审批保险公司及其分支机构、保险集团公司、保险控股公司的设立；会同有关部门审批保险资产管理公司的设立；审批境外保险机构代表处的设立；审批保险代理公司、保险经纪公司、保险公估公司等保险中介机构及其分支机构的设立；审批境内保险机构和非保险机构在境外设立保险机构；审批保险机构的合并、分立、变更、解散，决定接管和指定接受；参与、组织保险公司的破产、清算。3. 审查、认定各类保险机构高级管理人员的任职资格；制定保险从业人员的基本资格标准。4. 审批关系社会公众利益的保险险种、依法实行强制保险的险种和新开发的人寿保险险种等的保险条款和保险费率，对其他保险险种的保险条款和保险费率实施备案管理。5. 依法监管保险公司的偿付能力和市场行为；负责保险保障基金的管理，监管保险保证金；根据法律和国家对保险资金的运用政策，制定有关规章制度，依法对保险公司的资金运用进行监管。6. 对政策性保险和强制保险进行业务监管；对专属自保、相互保险等组织形式和业务活动进行监管。归口管理保险行业协会、保险学会等行业社团组织。7. 依法对保险机构和保险从业人员的不正当竞争等违法、违规行为以及对非保险机构经营或变相经营保险业务进行调查、处罚。8. 依法对境内保险及非保险机构在境外设立的保险机构进行监管。9. 制定保险行业信息化标准；建立保险风险评价、预警和监控体系，跟踪分析、监测、预测保险市场运行状况，负责统一编制全国保险业的数据、报表，抄送中国人民银行，并按照国家有关规定予以发布。10. 按照中央有关规定和干部管理权限，负责本系统党的建设、纪检和干部管理工作；负责国有保险公司监事会的日常工作。11. 承办国务院交办的其他事项。

8 日　国家外汇管理局发布《关于退还境外投资汇回利润保证金有关问题的通知》。为贯彻实施“走出去”发展战略，2002 年国家外汇管理局取消了境外投资汇回利润保证金制度，并决定将已收取的保证金退还给相应的投资主体。现规定从本通知发布之日起到 2004 年 3 月 31 日，各外汇局集中为投资主体办理退还保证金手续。逾期未办理的，视为投资主体自动放弃。

9 日　合格境外机构投资者（QFII）正式入市。上午 10 时 18 分，瑞士银行率先通过申银万国证券公司的 QFII 专用席位完成了第一笔 A 股买入交易。同年 5 月 26 日，瑞士银行和野村证券成为首批 QFII；6 月 6 日，瑞士银行获国家外汇管理局批准 3 亿美元的初步投资额。截至 2003 年年末，共有 10 家 QFII，17 亿美元资金获准入市。

10 日　亚洲开发银行任命中国财政部副部长金立群为该行副行长，主管亚洲开发银行南亚、湄公河区域及私人部门贷款业务。金立群是亚洲开发银行自 1966 年成立以来的第一位中国籍副行长。

15 日　两只准货币市场基金设立。南京市商业银行、杭州市商业银行、大连市商业银行、贵阳市商业银行、武汉市商业银行和深圳市商业银行六家银行进行跨区合作，共同发起设立银行间债券市场资金联合投资项目，运作资金规模为 8 亿元。此前，南京市商业银行在 2003 年 5 月 10 日与江苏省内其他 10 家商业银行共同发起成立了银行间债券市场资金联合投资项目，运作资金总额为 3. 8 亿元。

这两只债券市场资金联合投资项目运作期限均为一年，并不承诺保底收益，项目的投资范围仅限于银行间债券市场和货币市场，投资业务主要包括债券分销、买卖、回购以及人民银行认可的其他业务方式，投资工具为在中央国债登记结算有限责任公司托管的债券、票据等品种。

16 日　中国人民银行、财政部、国家发展改革委、劳动和社会保障部联合下发关于《下岗失业人员小额担保贷款管理办法》有关问题的补充通知。该通知规定，开办下岗失业人员小额担保贷款的金融机构由国有商业银行、股份制商业银行扩大到城市商业银行、城乡信用社。中央财政用于微利项目的小额担保贷款贴息时间，由按年贴息改为按季贴息。

18 日　中国人民银行召开第一次“窗口指导”会议，要求金融机构注意防止资本充足率下降，防范各类信贷及流动性风险，改进和健全内部考核制度，适度控制贷款总量。

19 日　经国务院同意，中国保监会批准，中国人民保险公司更名为中国人保控股公司，并由控股公司发起设立中国人民财产保险股份有限公司和中国人保资产管理有限公司。至此，中国人民保险公司的股份制改造正式完成，中国人保控股公司也成为中国内地首家完成股份制改造的国有金融机构。

23 日　中国保监会发布《保险公司高级管理人员任职资格管理规定》。该规定对 2002 年的同名文件进行了修改，在从业领域限制、学历或从业年限要求、董事长兼职、外方人员汉语水平等方面放宽了对保险公司高管人员任职的要求。

27 日 民营企业入股商业银行。温州市商业银行股份公司召开临时股东代表大会，正式表决通过9家民营企业入股商业银行，浙江新湖控股有限公司等9家民营企业的股比合计占到57.8%。政府财政股本在部分“退出”后由原来的1亿股减少为4 050万股，占总股比的7.96%。这些新入股的强优民企是根据企业业绩良好、最近三年连年盈利、对外投资不超过净资产的50%等三大综合招股条件严格挑选的，涉及工业、房产、贸易、电力、金融租赁、三产等行业，体现了多领域、多行业的优势。其中有7家股东进入董事会，有两家进入监事会。

30 日 国务院办公厅发布《关于清理整顿各类开发区加强建设用地管理的通知》。该通知指出：近一个时期以来，一些地方和部门擅自批准设立名目繁多的各类开发区，包括园区、度假区，随意圈占大量耕地和违法出让、转让土地，越权出台优惠政策，导致开发区过多过滥，明显超出了实际需要，严重损害了农民利益和国家利益，对此，必须进行全面清理整顿。清查的重点是省及省级以下人民政府和国务院有关部门批准设立的各类开发区，以及未经批准而扩建的国家级开发区。要在检查清理的基础上进行整顿规范。

同年7月18日，国务院办公厅下发《关于暂停审批各类开发区的紧急通知》，要求一律暂停审批新设立和扩建各类开发区，包括经济技术开发区、高新技术产业开发区、旅游度假区、商贸开发区、工业园、创业园、软件园、环保产业园和物流产业园等各级各类开发区（园区）。国家级开发区确需扩建的，须报国务院审批。对于突击审批和突击设立开发区的行为，要严肃追究有关行政领导和当事人的责任。

11月3日，国务院又发布了《关于加大工作力度进一步治理整顿土地市场秩序的紧急通知》，要求加快对各类开发区的清理进度。坚决纠正违规擅自设立开发区、盲目扩大开发区规模的现象。该撤销的要坚决予以撤销，该核减面积的要坚决予以核减，该缩小范围的要坚决予以缩小，该扣回用地指标的要坚决予以扣回。对违规下放的土地管理权、规划管理权，要坚决收回。对开发区占而不用的耕地，要限期恢复农业用途。对突击审批和突击设立的开发区，以及违规设立又不纠正的，要追究有关领导和责任人的责任。

根据国务院通知精神，2003年9月4日，中国银监会发布通知要求，银行业金融机构要加强风险预警与监控，严格执行清理整顿各类开发区的政策规定，合理确定对开发区的贷款投向，规范银行授信业务，加强银行机构对开发区授信业务的监管。

经中国人民银行、中国银监会批准，烟台住房储蓄银行更名改制为恒丰银行股份有限公司（Evergrowing Bank Co., Ltd.），注册资本为10亿元人民币。恒丰银行继承原烟台住房储蓄银行全部业务。烟台住房储蓄银行成立于1987年。2002年7月，人民银行批准该行改为股份制商业银行。同年12月，山东境内30家股东共同出资的10亿元人民币全部到位。

上海黄金交易所（以下简称上海金交所）成功进行铂金首次试交易。当日在上海金交所交易的铂金品种为Pt99.95，是上海金交所第三个交易品种。

8月

1 日 经国务院批准，即日起邮政储蓄新增存款转存人民银行的部分，按照金融机构准备金存款利率（目前年利率为1.89%）计息。2003年8月1日以前的邮政储蓄老转存款暂按现行转存款利率计息（目前年利率为4.131%）。从2003年8月1日起，邮政储蓄新增存款由邮政储蓄机构自主运用。国家邮政局应向相关部门提出申请，经相关部门批准，邮政储蓄机构可以进入银行间市场参与债券买卖，也可与中资商业银行、农村信用社办理大额协议存款，与政策性银行进行业务合作开展部分中间业务。此外，邮政储蓄机构可依程序申请成为国债、政策性金融债承销团成员。

4日　中国人民银行转发《国家发展改革委办公厅关于进一步加强宏观引导促进电解铝行业有序发展的意见的通知》。国家发展改革委于2003年5月6日下发的通知指出："九五"以来，我国电解铝工业年均递增率达到16%，已经成为世界第一大电解铝生产国，但是电解铝工业整体素质不高、产品竞争力不强、产业结构不合理等问题依然十分突出。近期电解铝无序盲目发展，有可能成为银行新的不良资产潜在因素。电解铝单位投资一般在0.6万~1万元/吨，已投产和在建项目的投资大部分是使用银行贷款。一旦市场发生变化，或者出现氧化铝和电力供应紧张，相当一部分成本高的电解铝企业将不得不减产甚至倒闭，酿成银行新的不良资产。为此，国家发展改革委提出"加强监管，防范金融风险"的建议：有关金融管理部门和商业银行要积极配合国家发展规划和产业政策的实施，加强对电解铝项目的审贷，防范投资风险。金融机构的贷款，上市公司增发、配股和发行可转换债券募集的资金，也不应用于违规审批的电解铝项目建设。

中国人民银行在转发该通知时要求：人民银行各分行、营业管理部，各国有独资商业银行、股份制商业银行对电解铝项目的贷款严格审查、加强管理，防范信贷风险。对违反国家产业政策，违规审批或未经审批扩大电解铝生产能力的建设项目（包括外商投资项目），以及化整为零变相上新项目的，一律不予贷款支持，已发放贷款的要限期收回。

5日　国家外汇管理局发布修订的《出口收汇核销管理办法》。为适应我国加入世界贸易组织后出口贸易发展的新局面，2002年国家外汇管理局设计开发了"出口收汇核报系统"，并于2003年10月1日起在全国分期分批推广。该系统能够通过国际收支申报等渠道从银行获取出口收汇电子数据信息，从"中国电子口岸出口收汇系统"获得出口报关单和出口收汇核销单数据信息。为了配合该系统的推广运行，外汇管理局制定了该办法，对建立于1991年1月1日的出口收汇核销制度进行了修改和完善。首先是转变出口核销监管模式，由企业自行报告，外汇局通过电子数据核对进行监管；其次是根据出口单位的出口收汇核销考核、国际收支申报等情况以及不同的贸易方式，对出口单位分别实行自动核销、批次核销和逐笔核销管理。同年9月8日，国家外汇管理局发布了《出口收汇核销管理办法实施细则》和《出口收汇核销管理操作规程》，对出口核销工作的管理和操作作出具体规定。上述文件均自2003年10月1日起实施。

国家外汇管理局发布《关于调整境内居民个人经常项目下购汇政策的通知》。将境内居民个人出境购汇指导性限额由原来的等值2 000美元（港澳地区等值1 000美元）调整为，出境时间在半年以内的，每人每次可向银行购汇等值3 000美元，出境时间在半年以上（含半年）的，每人每次可向银行购汇等值5 000美元。因缴纳国际组织会费、境外直属亲戚救助、境外邮购等事由需购外汇的，其购汇指导性限额统一调整为每人每次等值3 000美元。该通知还放宽了对自费出国（境）学习人员的供汇范围，由原来的大学预科以上人员扩大到所有自费出国（境）学习人员。上述规定自2003年10月1日起执行。

6日　中国人民银行发布《2003年第二季度中国货币政策执行报告》。该报告指出，2003年上半年，中国人民银行继续执行稳健的货币政策，积极采取防治"非典"的各项金融服务措施，运用多种货币政策工具，努力保持货币信贷的稳定增长。金融运行总体平稳，但货币供应量增长较快。6月末，广义货币M_2余额为20.5万亿元，同比增长20.8%；狭义货币M_1余额为7.6万亿元，同比增长20.2%；流通中现金M_0余额为1.7万亿元，同比增长12.3%，上半年现金累计净回笼321亿元，同比少回笼270亿元。广义货币M_2和狭义货币M_1增速比上年同期高6.1个和7.4个百分点，比经济增长（GDP）加消费物价（CPI）涨幅之和高12个百分点。货币供应量M_2增长已处于1998年以来的最高水平。该报告提出下半年货币政策取向：一是坚持执行稳健的货币政策，保持货币信贷稳定增长；二是继续改善金融服务，支持增加就业和增加农民收入；三是防止重复建设，防范金融风险；四是保持人民币存贷款利率的基本稳定，稳步推进利率市场化改革；五是保持人民币汇率基本稳定，进一步完善人民币汇率形成机制，促进国际收支平衡；六是大力加强社会信用制度建设，加快建立全国企业和个人征信体系。

台湾当局宣布，为了协助台商规避汇率风险，自即日起开放岛内国际金融业务分行（OBU）办理以美元交割人民币 NDF（无本金交割远期外汇交易）和 NDO（无本金交割远期外汇选择权）业务。这是台湾当局首次开放人民币相关业务。

2002 年 7 月，中国人民银行正式核准大陆中资银行与台湾的银行的密押交换，进行直接通汇，使两地汇款成本节约 15 ~ 20 美元，到户时间提速至少 24 小时；2003 年 2 月，台湾“央行”表示正在研究开放人民币在岛内银行挂牌，实现人民币与台币之间的合法兑换。而在台湾旅游景区内已出现人民币与台币的民间兑换，通常以 1:4.4 的比例进行兑换；同年 4 月，台湾当局正式开放当地外汇指定银行与大陆银行的直接业务往来。

7 日　第六届东盟和中国、日本、韩国“10 + 3”财长会议在菲律宾首都马尼拉举行。会议发表了联合声明，财长们表示将继续推进在执行《清迈倡议》、加强资本流动监控、建立早期预警机制和加强经济评估与政策对话等领域的合作。会议决定设立“10 + 3”金融合作基金，为经济评估和政策对话提供支持。同时，财长们讨论了发展亚洲债券市场的有关问题，同意自愿成立工作组，研究资产证券化、信用担保、推动本币债券发行、信用评级、外汇交易和清算等有关市场建设的重要问题。“10 + 3”财长会议自 1999 年 4 月在马尼拉举行首次会议，2000 年 5 月在泰国举行的第二届“10 + 3”财长会议通过的《清迈倡议》决定，建立以双边协议为基础的区域货币互换机制，以帮助成员国应对国际收支方面出现的困难。

8 日　中国人民银行发布《关于下达 2003 年度国家助学贷款指导性贷款计划的通知》。该通知规定：四家国有商业银行 2003 年国家助学贷款指导性计划合计为 50 亿元，其中中国工商银行 23 亿元，中国农业银行 11 亿元，中国银行 6 亿元，中国建设银行 10 亿元。四家银行总行在编制、下达本行系统内基层经办银行国家助学贷款信贷计划时，对于借款人违约比例达到 20%（违约率指借款毕业生连续 90 天还本付息违约人数/进入还款期人数）且违约毕业生人数达到 20 人的高等院校，可以暂不列入编制范围。待学校通过加强管理或代偿措施后，使其违约比例降到 20% 以内时再及时补充下达贷款计划。

11 日　中国人民银行再次召开“窗口指导”会议，要求金融机构防范各类信贷及流动性风险。

12 日　国务院下发《关于促进房地产市场持续健康发展的通知》。该通知明确指出，当前中国房地产市场发展还不平衡，一些地区住房供求的结构性矛盾较为突出，房地产价格和投资增长过快，房地产市场监管和调控有待完善。在规范住房信贷方面，该通知强调：1. 要加强住房公积金归集工作，大力发展住房公积金委托贷款，简化手续，取消不合理收费，改进服务，方便职工贷款。2. 要加强对住房置业担保机构的监管，规范担保行为，建立健全风险准备金制度，鼓励其为中低收入家庭住房贷款提供担保。对无担保能力和担保行为不规范的担保机构，要加快清理，限期整改。加快完善住房置业担保管理办法，研究建立全国个人住房贷款担保体系。3. 对符合条件的房地产开发企业和房地产项目，要继续加大信贷支持力度。同时要加强房地产开发项目贷款审核管理，严禁违规发放房地产贷款；加强对预售款和信贷资金使用方向的监督管理，防止挪作他用。要加快建立个人征信系统，完善房地产抵押登记制度，严厉打击各种骗贷骗资行为。要妥善处理过去违规发放或取得贷款的项目，控制和化解房地产信贷风险，维护金融稳定。此外，该通知还在完善市场监管制度、建立健全房地产市场信息系统和预警预报体系、整顿和规范房地产市场秩序方面做了具体规定。

中国人民银行发布《关于统一同业拆借市场中证券公司信息披露规范的通知》。该通知规定：经批准成为全国银行间同业拆借市场成员的证券公司必须通过全国银行间同业拆借中心的电子信息系统定期披露以下信息：年中与年末的资产负债表、净资本计算表、利润表及利润分配表、年度财务报表和审计报告等。

18 日 国务院在北京召开八个省（市）农村信用社改革座谈会，黄菊副总理发表了重要讲话。黄菊高度评价了农村信用社在促进农业和农村经济发展，帮助农民发展生产、增加收入等方面作出的重要贡献，要求各有关方面要从支持农村经济发展和全面建设小康社会的战略高度充分认识深化农村信用社改革的重要性；要从完善农村金融服务体系、改进农村金融服务的现实需要出发，充分认识深化农村信用社改革的必要性；要从加快农村信用社改革、改善经营管理、增强自我发展能力的角度，充分认识深化农村信用社改革的紧迫性。黄菊在会上提出改革试点工作的基本原则，一是要坚持按照市场经济规则进行改革；二是必须坚持为“三农”服务的方向；三是要坚持因地制宜、分类指导的原则；四是坚持责权利相结合的原则。

同日，中国银监会和中国人民银行联合召开深化农村信用社改革试点工作会议。会议对改革试点实施的具体工作进行了部署，八省（市）深化农村信用社改革试点工作正式启动。中国银监会副主席李伟主持会议并作了总结发言：此次会议大家提出的包括建议在内的大大小小的问题共有 37 个。除 4 条建议以外，其余 33 个问题都是反映各地的具体困难和要求。这些要求概括起来即“扩大政策，放宽标准”。

国家外汇管理局发布《关于调整国际承包工程等项下经常项目外汇账户管理政策有关问题的通知》。该通知将国际承包工程及国际劳务项下、国际海运及船务运输代理和货物运输代理项下、国际招标项下、从境外收入外汇后需向其他境内机构或个人划转的暂收暂付项下的经常项目外汇账户，纳入有特殊来源和指定用途的经常项目外汇账户进行管理，账户限额按照其外汇收入的 100% 核定，即允许其外汇收入全额保留在外汇账户内。该通知自 9 月 1 日起实施。

20 日 即日起，中国人民银行将四大国有商业银行开办记账式国债柜台交易业务的地区由北京、上海扩大到江苏、浙江、福建、广东四省；同时，将 2003 年记账式（一期）国债和 2003 年记账式（七期）国债纳入商业银行柜台交易试点范围。同年 11 月，财政部又同意 2003 年记账式（十一期）国债面向柜台分销，至此，可在商业银行柜台流通的国债扩大到 5 只，柜台可交易国债初具规模。截至 2003 年年底，开设柜台国债交易的商业银行网点已有 6 000 多家，四家银行的累计净开户数为 48 000 多个。商业银行柜台记账式国债交易于 2002 年开始试行。

上海证券交易所正式启用大宗交易系统。上海证券交易所大宗交易系统启用后，大宗交易将采用远程信息交互模式，通过互联网，以电子交易方式接受大宗交易申请，买卖双方达成大宗交易协议后，委托会员通过大宗交易系统进行报价，由系统确认成交。每日大宗交易结束后，参与大宗交易的会员或代理客户可通过上海证券交易所大宗交易电子系统操作界面获取当日成交的交易记录，也可通过上海证券交易所宽带广播系统接收当日成交的交易记录。在网络安全性方面，上海证券交易所采用对参与大宗交易的各证券营业部实行 CA 认证的做法，以保证交易的安全。

深圳证券交易所大宗交易系统于 2004 年 8 月 2 日正式启用。

22 日 中国银监会与香港金融管理局在北京签署“双边监管谅解备忘录”。备忘录包括监管当局的定期磋商和定期交流信息机制等内容。这是银监会成立后对外签订的第一个监管合作谅解备忘录。同年 8 月 25 日，中国银监会与澳门金融管理局签署了“双边监管谅解备忘录”。

25 日 中国银监会在上海召开在华外资银行负责人会议。中国银监会主席刘明康强调，外资银行监管要强化以风险监管为核心，实现五个方面转变：合规监管向风险监管转变、“头尾分割”式监管向法人整体风险监管转变、“一次性”监管向持续性监管转变、业务监管向法人治理结构和内控有效性监管转变、定性监管为主向定性监管与定量监管相结合转变。

当日，中国银监会还在其网站上就部分外资银行就我国有关政策规定和监管制度提出的问题进行答复，内容包括政策法规、市场准入、持续监管和有关主管部门之间的协调4个方面共15个问题。中国银监会表示，在颁布规章制度前，会采取召开座谈会和在网站上公布草案等形式，广泛征求中外资银行等各方面的意见，并会向相关监管单位反映外资银行的需求。

26日 中国人民银行重新启动公开市场业务逆回购操作，这是4个月来中央银行首次进行逆回购操作，期限为七天，招标量为600亿元，采用固定利率数量招标，招标利率为2.24%，清算方式为“T+0”。人民银行于前一日（25日）发表公告表示：逆回购操作是为适应近日银行体系临时性的流动性需要，保持货币市场利率的相对稳定。当年4月22日至8月19日，人民银行共发行中央银行票据34期，回笼资金4 250亿元。

27日 十届全国人大常委会第四次会议通过《中华人民共和国行政许可法》。该项法律规定六事项可以设定行政许可：1. 直接涉及国家安全、公共安全、经济宏观调控、生态环境保护以及直接关系人身健康、生命财产安全等特定活动，需要按照法定条件予以批准的事项；2. 有限自然资源开发利用、公共资源配置以及直接关系公共利益的特定行业的市场准入等，需要赋予特定权利的事项；3. 提供公众服务并且直接关系公共利益的职业、行业，需要确定具备特殊信誉、特殊条件或者特殊技能等资格、资质的事项；4. 直接关系公共安全、人身健康、生命财产安全的重要设备、设施、产品、物品，需要按照技术标准、技术规范，通过检验、检测、检疫等方式进行审定的事项；5. 企业或者其他组织的设立等，需要确定主体资格的事项；6. 法律、行政法规规定可以设定行政许可的其他事项。公民、法人或者其他组织能够自主决定的；市场竞争机制能够有效调节的；行业组织或者中介机构能够自律管理的；行政机关采用事后监督等其他行政管理方式能够解决的事项不设行政许可。行政许可由具有行政许可权的行政机关在其法定职权范围内实施。该项法律对行政许可的实施机关、行政许可的实施程序、行政许可的费用、监督检查、法律责任等做了具体规定。该法律自2004年7月1日起实施。

全国人大常委会正式批准中国加入《联合国打击跨国有组织犯罪公约》（*U. N. Convention Against Transnational Organized Crime*）。该公约于2000年11月15日经第55届联合国大会通过，将于2003年9月29日生效。中国政府在2000年12月12日签署了这一公约。此项公约涉及参加有组织犯罪集团、洗钱、腐败和妨碍司法四大类犯罪。其中洗钱行为的刑事定罪条款规定：明知财产为犯罪所得，为隐瞒或掩饰该财产的非法来源，或为协助任何参与实施上游犯罪者逃避其行为的法律后果而转换或转让财产；明知财产为犯罪所得而隐瞒或掩饰该财产的真实性质来源、所在地、处置、转移、所有权或有关的权利；在得到财产时，明知其为犯罪所得而仍获取、占有或使用；参与、合伙或共谋实施，实施未遂，以及协助、教唆、促使和参谋实施本条所确立的任何犯罪。

南京商业银行梅花贷记卡发行，这是中国大陆地区第一张使用中国银联国际BIN号—“6”字开头的银行信用卡，标志着银联标准的国际卡正式问世。

28日 国家外汇管理局、海关总署联合发布《携带外币现钞出入境管理暂行办法》。该办法规定：出境人员携带外币现钞不超过等值5 000美元的，海关予以放行，携带金额在等值5 000美元以上至10 000美元的，海关凭银行出给的携带证验收，金额在等值10 000美元的，海关凭外汇局出给的携带证验收。入境人员携带外币现钞，超出等值5 000美元，应当向海关申报。该办法自2003年9月1日起施行，在此之前发布的有关携带外汇进出境管理的规定同时废止。

中国证监会和国有资产监督管理委员会联合发布《关于规范上市公司与关联方资金往来及上市公司对外担保若干问题的通知》。该通知规定：1. 控股股东及其他关联方与上市公司发生的经营性资金往来中，应当严格限制占用上市公司资金。控股股东及其他关联方不得要求上市公司为其垫支工资、福利、保险、广告等期间费用，也不得互相代为承担成本和其他支出。上市公司不得以下列方式将资金直接或间接地提供给控股股东及其他关联方使用：有偿或无偿地拆借公司的资金给控股股东及其他关联方使用；通过银行或非银行金融机构向关联方提供委托贷款；委托控股股东及其他关联方进行投资活动；为控股股东及其他关联方开具没有真实交易背景的商业承兑汇票；代控股股东及其他关联方偿还债务；中国证监会认定的其他方式。2. 控股股东及其他关联方不得强制上市公司为他人提供担保。上市公司不得为控股股东及本公司持股50%以下的其他关联方、任何非法人单位或个人提供担保。上市公司对外担保总额不得超过最近一个会计年度合并会计报表净资产的50%。对外担保应当取得董事会全体成员2/3以上签署同意，或者经股东大会批准；不得直接或间接为资产负债率超过70%的被担保对象提供债务担保。上市公司对外担保必须要求对方提供反担保，且反担保的提供方应当具有实际承担能力。3. 上市公司对其与控股股东及其他关联方已经发生的资金往来、资金占用以及对外担保情况进行自查。违反本通知规定的资金占用量、对外担保形成的或有债务，在每个会计年度至少下降30%。严格控制关联方以非现金资产清偿占用的上市公司资金。4. 依法追究违规占用资金和对外担保行为的责任。

29日 中国证监会公布《证券公司债券管理暂行办法》。该暂行办法规定：证券公司债券可以向社会公开发行，也可以向合格投资者定向发行；定向发行的债券只能向合格投资者发行，不得公开发行或者变相公开发行。证券公司累计债券总额不得超过公司净资产额的40%。公开发行的债券，在销售期内售出的债券面值总额占拟发行债券面值总额的比例不足50%的，或未能满足债券上市条件的，如实际发行债券的面值总额少于2亿元，视为发行失败。如果发行失败，发行人应当按发行价并加算银行同期存款利息返还认购人。该暂行办法对发行债券须提供的担保、对证券公司债券的信用评级、证券公司债券的上市交易和转让、债券的偿还措施以及信息披露、法律责任等内容作了具体规定，共有7章59条。自2003年10月8日起施行。

30日 国家外汇管理局下发《关于跨国公司非贸易售付汇管理的通知》。该通知对跨国公司及其境内关联公司向境外支付由境外总公司或境外关联公司代垫的或本公司分摊的各类非贸易费用的售付汇分别做了具体规定，并决定在北京、上海、深圳先予试行。

9月

1日 中国人民银行发布《关于外资银行开立结售汇人民币现金专用账户有关问题的通知》。该通知允许已具有办理结售汇业务资格尚未获准开办人民币业务的外资银行，可选择所在地的商业银行开立一个结售汇人民币现金专户。该通知还限定了对外资银行的结售汇人民币现金专户的收支范围。

中国银监会召开全国农村信用社监管工作会议。会议指出，中国银监会对农村信用社监管将逐步实现“六个转变”：合法合规性监管要与风险监管相结合，并逐步由合法合规性监管为主转变为以风险审慎监管为主；行业监管要与法人监管相结合，并逐步由行业监管为主转变为以法人监管为主；业务监管要与内控制度监管相结合，并逐步由业务监管为主过渡到以内控制度监管为主；对高管人员的资格监管要与行为监管相结合，并逐步由资格监管为主转变为以行为监管为主；专项检查与序时性全面检查相结合，并逐步由专项检查为主转变为以序时性全面检查为主；

事后处置与事前、事中预警防范相结合，并逐步由事后处置为主转变为以事前、事中预警防范为主。

国家外汇管理局发布《关于保险公司开办境内外汇同业拆借业务有关问题的通知》。该通知规定，符合资格的境内保险公司可以通过中国外汇交易中心进行境内外汇同业拆借，期限不得超过四个月。拆入和拆出的资金总额均不得超过公司外汇资本金的50%。单笔拆入资金不得超过公司外汇资本金的10%，单笔拆出资金不得超过公司外汇资本金的15%。该规定自2003年10月1日起施行。

经国家外汇管理局批准，上海在全国率先实施外资银行外汇贷款管理改革试点，即授权在沪经营的外资银行自行审核办理外汇贷款利息和费用的收付。

中国保监会发出通知，从2003年10月1日起，将进一步放宽保险公司经营区域的限制，凡在省、自治区、直辖市设有分支机构的，可以通过专业保险中介公司或者设立营销服务部的方式在该省、自治区、直辖市全境内开展业务。此次进一步放宽保险公司经营区域的限制后，保险公司及其分支机构不得委托注册地以外的保险兼业代理机构开展异地业务；分支机构变更经营区域范围应凭总公司的授权书到当地保监办变更许可证经营区域范围；在2004年12月11日前，外资和合资保险公司的经营区域只限于加入世界贸易组织协议规定的开放城市。

3日 中国人民银行发布并实施《农村信用社改革试点专项中央银行票据操作办法》和《农村信用社改革试点专项借款管理办法》。

专项中央银行票据是指人民银行向信用社定向发行、用以置换其不良贷款和历年挂账亏损的债券，期限为两年，年利率为1.89%，按年付息。不能流通、转让和质押。专项票据的发行对象为信用社县（市）联社（包括农村商业银行、农村合作银行）。专项借款是指人民银行并通过国家开发银行向国务院批准的农村信用社改革省级人民政府的融资，专项用于帮助资不抵债的农村信用社消化历史包袱。专项借款由省级政府统借统还，信用社省级联社代表省级政府承贷。专项借款数额核定与专项票据相同。专项借款期限最长为八年，还本宽限期为四年，第五年开始逐年等额还本。专项借款年利率为0.945%，按季结息。

8日 经中国保监会批准，招商信诺人寿保险有限公司开业。这家总部设在深圳的首家中外合资寿险公司，由美国信诺北美人寿保险公司与深圳市鼎尊投资咨询有限公司合资组建，注册资本为2亿元人民币，双方各占50%的股份。投资双方股东分别是美国信诺集团与招商局集团下属子公司。美国信诺集团源于1792年成立的北美人寿保险公司，是美国历史最悠久、最大的保险和金融服务公司之一。早在1897年4月15日，该公司就成为一家获得清政府批准，在中国从事保险业务的外国保险公司。招商局创办于1872年，是中国近代民族商业现代化进程中最早的企业之一。

9日 中国建设银行与香港上海汇丰银行在北京举行QFII托管协议签字仪式，正式确定了双方在QFII业务领域的合作关系。此份QFII托管协议是香港上海汇丰银行委托中国建设银行托管该行在中国境内投资的重要法律文件，是我国推行QFII投资制度以来，中资银行与境外QFII机构签署的第一份托管协议。

国家外汇管理局发布《关于完善境外上市外汇管理有关问题的通知》。该通知对境外上市的外汇登记工作实施过程中的问题作出进一步明确和规范，对境外上市外汇登记管理的范围做了具体规定，并明确境外上市外资股公司、境外中资控股上市公司的境内股权持有单位办理境外上市股票外汇登记及境内股票账户的开立、募股资金的结汇、汇出境外上市费用，由省市一级外汇分局或授权下一级分局办理。办理境外开户、汇出回购所需外汇资金，须经一级分局审批。同时发送了《境外上市外汇管理操作规程》和新的境外上市股票外汇登记表。

国家外汇管理局发布《关于银行间外汇市场开展双向交易的通知》。该通知决定：中国外汇交易中心自2003年10月1日起，允许各会员单位通过银行间外汇市场交易系统在同场交易中进行买卖双向交易，中国外汇交易中心对会员交易按同币种买卖轧差净额收取手续费。各外汇指定银行可在规定的头寸限额内自行调整结售汇周转头寸。

10月8日是银行间外汇市场实行双向交易的第一天，共有四家金融机构发送了双向交易报价，各家金融机构共发送了763笔报价，较1～9月日平均报价笔数增长6.7%，全天共成交215笔，市场总成交易量折合美元为6.17亿美元。当天人民币兑美元的加权平均价收于8.2771。

10日 中国保监会依法取消49家保险中介机构的筹建资格。由于37家保险代理机构、6家保险公估机构、6家保险经纪公司筹备组在规定的期限内未完成筹建工作或未达到开业标准，中国保监会根据《保险代理机构管理规定》《保险公估机构管理规定》《保险经纪公司管理规定》，依法取消其筹建资格。

12日 中国人民银行召开第三次“窗口指导”会议，要求金融机构防范各类信贷及流动性风险。

中国银监会发布《农村商业银行管理暂行规定》和《农村合作银行管理暂行规定》。这两个规定明确：辖内农民、农村工商户、企业法人和其他经济组织可入股设立农村商业银行或农村合作银行，主要以农村信用社和农村信用社县（市）联社为基础组建。设立农村商业（合作）银行，发起人不得少于500（1 000）人，注册资本金不得低于5 000（2 000）万元人民币，资本充足率须达8%（4%），不良贷款比率低于15%。其中，农村商业银行以发起方式设立，实行股份有限公司形式，由发起人认购农村商业银行发行的全部股份，发起人以原农村信用社的社员为基础，并吸收农民、农村工商户、企业法人和其他经济组织参加。筹建农村商业银行和农村合作银行均向所在地中国银监会地区（市、州）分局提出申请，由地区（市、州）分局及省、自治区、直辖市、计划单列市局逐级审核后，报中国银监会在3个月内作出审批决定。

在股权设置上：两种银行均根据股本金来源和归属设置自然人股、法人股。其中：农村商业银行的股本划分为等额股份，同股同权，同股同利；农村合作银行的自然人股和法人股则分别设定资格股和投资股两种股权，资格股是股东必须按规定数额交纳的基础股金，实行一人一票；投资股是在资格股之外自主交纳，凭投资份额大小取得相应分红的股份。两种银行每股金额均为1元人民币，单个自然人股东持股比例不得超过总股本的5‰，单个法人及其关联企业持股总和不得超过总股本的10%，本行职工持股总额不得超过总股本的25%。其中农村合作银行单个法人及其关联企业持股比例超过5%须报当地银行监管机构审批，职工之外的自然人股东持股总额不得低于股本总额的30%；农村商业银行前10名股东的名单须向当地银行监管机构及时报送。这两个规定分别对农村商业银行和农村合作银行的组织机构、经营管理、机构变更与终止、罚则等做了具体规定。

华夏银行10亿股A股（股票代码：600015）在上海证券交易所挂牌交易。华夏银行是继深圳发展银行、浦东发展银行、中国民生银行和招商银行之后上市的第五只银行股，总股本35亿股，每股发行价5.6元，发行中签率为0.64%。其主承销商南方证券包销了627万股。当日，该股票以7.48元开盘，全天最高价为7.60元，最低价为7.10元，收盘价为7.15元。华夏银行是当年发行募集资金最大的一家公司。

15日 中国银监会发布《关于农村信用社以县（市）为单位统一法人工作的指导意见》。该指导意见提出，在人口相对稠密或粮棉商品基地县（市），可以县（市）为单位将信用社和县（市）联社各为法人改为统一法人，具体条件是：全辖农村信用社统算，账面资能抵债；基层农村信用社自愿；县（市）联社有较强的管理能力；统一法人后股本金达到1 000万元以上，并使核心资本充足率在任何时点都不低于2%。

18日 中国银监会、中国证监会、中国保监会在北京召开首次监管联席会议。会议讨论通过了《中国银行业监督管理委员会、中国证券监督管理委员会、中国保险监督管理委员会在金融监管方面分工合作的备忘录》，包括指导原则、职责分工、信息收集与交流和工作机制等几方面内容。中国银监会、中国证监会、中国保监会任何一方需要对他方的监管对象收集必要的信息，可委托他方进行。对金融控股公司的监管应坚持分业经营、分业监管的原则，对金融控股公司的集团公司依据其主要业务性质，归属相应的监管机构，对金融控股公司内相关机构、业务的监管，按照业务性质实施分业监管。该备忘录还明确了三家监管机构对其监管对象的信息收集与交流制度。

中国银监会发布《农村信用社省（自治区、直辖市）联合社管理暂行规定》。该暂行规定包括总则，机构的设立、变更和终止，股权设置，组织结构，基本职能，附则共6章41条。该暂行规定明确，省联社是由所在省（自治区、直辖市）内的农村信用合作社市（地）联合社、县（市、区）联合社、县（市、区）农村信用合作联社、农村合作银行自愿入股组成，实行民主管理，主要履行行业自律管理和服务职能，具有独立企业法人资格的地方性金融机构。农村商业银行在自愿的前提下可向省联社入股，并取得有关服务。设立省联社注册资本金应不低于500万元人民币，并向省（自治区、直辖市）监管局提出申请，经审核同意后报中国银监会批准。省联社每股股金10万元人民币，单个社员社出资比例不得超过省联社总股本的10%，社员社入股金额不得超过其实收资本的30%。由社员代表组成的社员大会是省联社权力机构，理事会是社员大会的执行和监督机构。

19日 国家开发银行发行美元债券。经国务院批准，该只债券通过人民银行债券发行系统发行，总额5亿美元，为五年期固定利率形式。利率由承销团成员投标确定。投资者为银行间市场具有外汇业务经营资格的中资金融机构。这是我国境内第一只美元债券。2005年2月3日，中国银行与中央国债登记结算公司签署“美元资金往来账户协议”。根据该协议，中国银行将承担国家开发银行发行的5亿美元金融债券的清算业务，并由中央国债登记结算公司进行登记、托管。中国银行成为获得中国内地美元债券清算行资格的首家银行。

中国证监会公布《关于进一步规范股票首次发行上市有关工作的通知》。该通知规定，自2004年1月1日起，除国有企业整体改制、有限责任公司整体变更和国务院批准豁免的情况外，申请首次公开发行股票并上市的发行人，应当自设立股份有限公司之日起不少于三年，筹资额不得超过发行人上年度末经审计的净资产值的两倍。该通知自2003年10月1日起施行。

花旗银行参股浦发银行。浦发银行（股票代码：600000）公告显示：根据国资委有关批复，上海国有资产经营公司将其所持29 850万股国家股中的10 845万股、上海久事将其所持22 950万股国有法人股中的7 230万股转让给花旗银行海外投资公司。花旗银行海外投资公司首期受让上述股权后，将持有浦发银行股份18 075万股，占总股本的4.62%，为公司第四大股东。这是A股市场首例外资成功受让银行上市公司股权案。

21日 经国务院批准，中国人民银行决定提高法定存款准备金率1个百分点，即存款准备金率由现行的6%调高至7%。此次存款准备金率调整的金融机构范围为国有独资商业银行、股份制商业银行、城市商业银行、农村商业银行（农村合作银行）、中国农业发展银行、信托投资公司、财务公司、金融租赁公司、有关外资金融机构等。农村信用社和城市信用社暂时执行6%的存款准备金率不变。这次存款准备金率调整有三个特点：一是提前一个月（8月23日）宣布，给金融机构流动性管理提供了缓冲时间；二是上调一个百分点的法定存款准备金率大体冻结商业银行1 500亿元的超额准备金，约占金融机构手持国债、金融债、中央银行票据的6%，这是一项温和的政策措施；三是作为准备金调整政策的一部分，在收紧总量的同时，对有短期流动性困难的金融机构给予了必要的资金支持。

22日 国家外汇管理局发布《边境贸易外汇管理办法》。该办法明确了三个方面的政策：第一，边贸企业与境外贸易机构进行边境贸易时，可以采用可自由兑换货币、毗邻国家货币或者人民币，并增加了易货贸易结算和境内转账结算等方式。第二，允许以可兑换货币、毗邻国家货币、人民币以及境内转账支付等结算方式办理核销手续。第三，边境地区的商业银行应按照有关规定，与毗邻国家边境地区的商业银行建立代理行关系，开通银行直接结算渠道。边境地区商业银行还可以根据相关法律、法规，增加结售汇网点，设立外币代兑点，并加挂人民币与毗邻国家货币的汇价。该办法对边境贸易的外汇账户，外汇收支、进出口核销、外币兑换与结算作了具体规定，自2003年10月1日起正式实施。1997年《边境贸易外汇管理暂行办法》及2002年《关于我国与俄罗斯等独联体国家边境小额贸易外汇管理有关问题的通知》同时废止。

昌九生化股票崩盘。即日之后（2003年9月22日至2003年10月9日）江西昌九生物化工股份有限公司股票（股票简称：昌九生化；股票代码：600228SH）连续出现8个跌停板。2003年10月10日，昌九生化再跌6.82%，由崩盘前的16元跌至6.42元。

1999年至2003年9月，湖北中融公司利用其控股的武汉中融等多家公司，以受托理财、借款、借国债、借股票等形式，累计融资167 891万元，分别在全国49家证券营业部，采用自买自卖手段操纵昌九生化交易价格。其中2003年9月23日，持股数量达到最大值7 459.9931万股，占流通股比例77.71%。在湖北中融实业有限公司原董事长、总裁葛建飞等人的操作下，自2003年9月22日起，昌九生化发生了连续8个跌停板的异动。2005年8月5日，湖北省武汉市中级人民法院公开作出一审宣判，以合同诈骗罪、操纵证券交易价格罪判处葛建飞无期徒刑，剥夺政治权利终身，并处没收个人全部财产；同时，法庭以湖北中融实业有限公司和武汉市中融贸易发展有限公司构成合同诈骗罪、操纵证券交易价格罪，分别判处罚金100万元和40万元人民币。

23日 中央编制委员会办公室印发《关于中国人民银行主要职责内设机构和人员编制调整意见的通知》。该通知明确，中国人民银行为国务院组成部门，是中华人民共和国的中央银行，是在国务院领导下制定和执行货币政策、维护金融稳定、提供金融服务的宏观调控部门。原由公安部承担的组织协调国家反洗钱工作的职责，转由中国人民银行承担。对银行业金融机构的监管职责，转由中国银监会承担。

30日 TCL集团吸收合并TCL通讯。TCL集团股份有限公司发布公告：1. TCL集团以吸收合并方式合并TCL通讯（股票代码：000542），合并完成后以TCL集团为存续公司，TCL通讯注销独立法人地位。2. 持有TCL通讯流通股股票的股东以一定比率换取TCL集团发行的流通股股票，换股价格为每股21.15元。3. TCL集团以1元人民币的价格受让其全资子公司TCL通讯设备（香港）有限公司持有的TCL通讯25%股票。这些股票连同集团公司现已持有的TCL通讯31.7%股票在本次合并换股时一并予以注销。4. TCL集团本次公开发行的股票及向TCL通讯流通股股东发行的全部流通股股票将在深圳证券交易所上市交易。2004年1月30日，TCL集团（股票代码：000100）替代其前身TCL通讯（股票代码：000542）在深交所挂牌上市。这是我国证券市场首例集团公司吸纳合并子公司从而整体上市的案例。

10月

3日 中国银监会颁布《汽车金融公司管理办法》。该管理办法包括总则，机构的设立、变更与终止，业务范围和监督管理，法律责任，附则共5章42条。汽车金融公司是指为中国境内的汽车购买者及销售者提供贷款的非银行金融企业法人。该管理办法规定：设立汽车金融公司须经中国银监会批准，未经批准，任何单位和个人不得擅自设立汽车金融公司或者变相从事汽车金融业务，不得在机构名称中擅自使用“汽车金融”“汽车信贷”等表明从事汽车金融业务的字样。汽车金融公司注册资本的最低限额为5亿元人民币或等值的自由兑换货币，并对出资人条件和设立汽车金融公司条件做了具体规定。汽车金融公司不得设立分支机构。

同年11月12日，中国银监会又颁布了《汽车金融公司管理办法实施细则》，对机构、人员、业务市场准入和金融监管作出了具体要求和规定。2003年12月29日，中国银监会批准上汽通用汽车金融有限责任公司、丰田汽车金融（中国）有限公司和大众汽车金融（中国）有限公司进行筹建。

8日 中国人民银行发布《外币代兑机构管理暂行办法》。该暂行办法规定外币兑换业务的品种限于可自由兑换货币的现钞及旅行支票。非居民个人若将在外币代兑机构兑换所得的人民币兑回外币，须到为其办理外币兑换业务的代兑机构的授权银行办理，兑回金额不得超过原兑换的外币金额。兑回有效期为自兑换之日起六个月内。居民个人不得办理兑回业务。国家外汇管理局依法对银行授权的外币代兑机构的外币兑换业务进行监督、管理。该暂行办法自2003年11月1日起施行。

11～14日 中国共产党第十六届中央委员会第三次全体会议在北京召开。会议通过了《中共中央关于完善社会主义市场经济体制若干问题的决定》。针对当前我国经济体制改革面临的存在经济结构不合理、分配关系尚未理顺、农民收入增长缓慢、就业矛盾突出、资源环境压力加大、经济整体竞争力不强等问题，该决定提出：完善社会主义市场经济体制的主要任务是完善公有制为主体、多种所有制经济共同发展的基本经济制度；建立有利于逐步改变城乡二元经济结构的体制；形成促进区域经济协调发展的机制；建设统一开放、竞争有序的现代市场体系；完善宏观调控体系、行政管理体制和经济法律制度；健全就业、收入分配和社会保障制度；建立促进经济社会可持续发展的机制。

关于深化金融改革，该决定提出：1. 商业银行和证券公司、保险公司、信托投资公司等要成为资本充足、内控严密、运营安全、服务和效益良好的现代金融企业。选择有条件的国有商业银行实行股份制改造，加快处置不良资产，充实资本金，创造条件上市。深化政策性银行改革。完善金融资产管理公司运行机制。鼓励社会资金参与中小金融机构的重组改造。在加强监管和保持资本金充足的前提下，稳步发展各种所有制金融企业。完善农村金融服务体系，国家给予适当政策支持。通过试点取得经验，逐步把农村信用社改造成为农村社区服务的地方性金融企业。2. 稳步推进利率市场化，建立健全由市场供求决定的利率形成机制，中央银行通过运用货币政策工具引导市场利率。完善人民币汇率形成机制，保持人民币汇率在合理、均衡水平上的基本稳定。在有效防范风险的前提下，有选择、分步骤地放宽对跨境资本交易活动的限制，逐步实现资本项目可兑换。建立和完善统一、高效、安全的支付清算系统。改进中央银行的金融调控，建立健全货币市场、资本市场、保险市场有机结合、协调发展的机制，维护金融运行和金融市场的整体稳定，防范系统性风险。3. 依法维护金融市场公开、公平、有序竞争，有效地防范和化解金融风险，保护存款人、投资者和被保险人的合法权益。健全金融风险监控、预警和处置机制，依法严格实行市场退出制度。强化金融监管手段，防范和打击金融犯罪。增强监管信息透明度并接受社会监督。处理好监管和支持金融创新的关系，鼓励金融企业探索金融经营的有效方式。建立健全银行、证券、保险监管机构之间以及同中央银行、财政部门的协调机制，提高金融监管水平。

该决定还提出要积极推进资本市场的改革开放和稳定发展，扩大直接融资。建立多层次资本市场体系，完善资本市场结构，丰富资本市场产品。规范和发展主板市场，推进风险投资和创业板市场建设。积极拓展债券市场，完善和规范发行程序，扩大公司债券发行规模。大力发展机构投资者，拓宽合规资金入市渠道。建立统一互联的证券市场，完善交易、登记和结算体系。规范发展产权交易。积极发展财产、人身保险和再保险市场。稳步发展期货市场。

13日 国务院发布《关于改革现行出口退税机制的决定》。改革的具体内容是：1. 适当降低出口退税率。调整后的出口退税率为17%、13%、11%、8%、5%五档。平均水平将降低3个百分点左右。2. 加大中央财政对出口退税的支持力度。从2003年起，中央进口环节增值税、消费税收入增量首先用于出口退税。3. 建立中央和地方共同负担出口退税的新机制。从2004年起，以2003年出口退税实退指标为基数，对超基数部分的应退税额，由中央和地方按75:25的比例共同负担。4. 推进外贸体制改革，调整出口产品结构。5. 累计欠退税由中央财政负担。我国从1985年开始实行出口退税政策，1994年财税体制改革以后继续对出口产品实行退税。

15日 国家外汇管理局发布《关于进一步深化境外投资外汇管理改革有关问题的通知》。该通知规定，进行境外投资外汇管理改革试点分局可以直接出具中方外汇投资额不超过300万美元的境外投资项目外汇资金来源审查意见；可授权辖内境外投资业务量较大的支局直接出具中方外汇投资额不超过100万美元的境外投资项目外汇资金来源审查意见。对试点地区境外投资项目前期资金的管理原则和相关操作规程、境外投资收购和境外投资增资类项目的外汇管理等内容都做了明确规定。该通知自2003年11月1日起执行。

招商银行百亿元转债风波。招商银行临时股东大会通过发行100亿元可转债方案。早在2003年8月26日，招商银行在公布中报的同时，公布了拟发行不超过100亿元可转债的董事会决议，该融资方案受到了包括数十只基金在内的众多流通股东的强烈反对。9月12日，在招商银行召开的中期业绩推介会上，以华夏、长盛等基金公司经理为代表的流通股股东提交一份名为《坚决反对股权割裂下掠夺式再融资》文章，指责招商银行“不顾流通股东利益，恶意圈钱”的行为，部分投资者开始抛售招商银行股票，使招商银行股价下跌11%，市值损失超过70亿元。在此次的招商银行临时股东大会上，虽然流通股股东提交了《关于否决招商银行发行100亿可转债发行方案的提案》和《关于对招商银行董事会违背公司章程关于“公平对待所有股东”问题的质询》《对招商银行本次可转债发行方案合法性的质询》两个质询案，但可转债发行方案最终以88.43%的同意票获得通过，并上报至中国证监会等待批准。会后，合计持有招商银行5%以上的流通股股东发表了《部分流通股股东关于招商银行股东大会通过发债议案的联合声明》，呼吁全社会都来关注并谴责招商银行这一违反《中华人民共和国公司法》并严重侵犯流通股股东利益的行为。

2004年2月18日，招商银行对融资方案做了修改：总计发行债券100亿元，其中拟发行65亿元可转债，并定向发行35亿元次级债。在中国证监会发审委2004年7月13日召开的第48次会议上，招商银行发行65亿元可转债的申请获得通过。2004年11月29日，在众多的市场议论中，招商银行65亿元可转换公司债券在上海证券交易所上市。可转债风波引起了人们对中国股市制度的深刻反思。

16日 中国人民银行发布《关于分行及其金融监管办事处、营业管理部、省会（首府）城市中心支行、副省级城市中心支行有关机构撤销等问题的通知》。根据改革方案，中国人民银行将金融监管办事处及其分行（含分行营业管理部）、营业管理部、省会（首府）城市中心支行、副省级城市中心支行内设的监管处室、纪委内设的其他金融机构纪检监察处、农村信用合作管理机构（以下简称人民银行分支行的整体划转处室）的所有职能和全部人员划转银监会省级派出机构。为做好职能调整和机构分设中的衔接工作，该通知规定：自人民银行分支行与银监会省级派出机构筹备组协商一致，上报人员、财产和财务划转方案之日起，其所在城市的金融监管办事处和对应的人民银行分支行的整体划转处室即自动撤销，不再以中国人民银行金融监管办事处和中国人民银行分支行内设机构的名义履行职责。

17 日 《内地与澳门关于建立更紧密经贸关系的安排》正式签署。双方自 2004 年 1 月 1 日起开始实施该安排下货物贸易和服务贸易自由化的具体承诺。该安排规定，双方采取以下措施，进一步加强在银行、证券和保险领域的合作：支持内地金融机构到澳门开展业务；支持内地银行在澳门以收购方式发展网络和业务活动；鼓励、协助和支持澳门与内地银行、证券和保险机构之间的业务交流；加强金融监管部门之间的合作和信息共享。

中国银监会下发《关于农信社实行贷款五级分类的通知》。该通知对推行五级分类的试点农村信用社进行了总体安排和部署，按照“先非农户后农户、先表内后表外”的原则设计了三个阶段：2003 年第四季度为准备阶段。各省市做好选定试点单位、组织培训、完善信贷档案、清理信贷资产等试点准备工作。2004 年为试点阶段。年初，试点单位开展贷款五级分类试点，对除农户贷款以外的所有表内信贷资产进行分类；下半年，各省市逐步增加试点单位，并将试点单位贷款分类的范围扩大到所有表内信贷资产。2005 年为全面推行阶段。全国农村信用社全面试行贷款五级分类，争取从 2006 年开始，停止执行四级期限管理的分类制度，实现农信社对表内、表外信贷资产的五级分类，并按照贷款的风险状况合理计提专项贷款损失准备金。试点农村信用社（包括农村商业银行和农村合作银行）试行的贷款五级分类，是将贷款风险分类为正常、关注、次级、可疑、损失 5 个档次，后 3 个档次为不良贷款。

同年 12 月 29 日，中国银监会颁布了《农信社贷款五级分类实施方案（试行）》，为农信社贷款五级分类制定了大致的实施方案。其中在适用的范围方面规定：目前五级分类应囊括表内所有信贷类资产，包括各项贷款科目、各项贴现科目、或有资产负债科目中核算的资产，但暂不包括信用证、承兑、担保和贷款承诺等表外业务。中国银监会要求，农村信用社应当根据不同的借款对象，使用不同的分类方式。

18 日 中国人民银行货币政策委员会在北京召开 2003 年第三季度例会。会议认为，第一至第三季度，我国国民经济克服了多种困难，保持了快速发展的良好势头。中国人民银行认真执行稳健的货币政策，加大公开市场操作力度，上调存款准备金率一个百分点，综合运用多种货币政策工具，努力保持货币信贷的稳定增长。会议分析了当前国际国内经济金融形势，一致认为货币信贷增长明显偏快。下一步应继续执行稳健的货币政策，灵活运用多种货币政策工具，保持前一阶段货币政策的调控力度，促进货币信贷总量稳定增长。

19 日 中国银监会 36 个省级派出机构全部挂牌，正式履行职责，标志新的银行监管体系形成，确立了我国“一行”（人民银行）、“三会”（中国银监会、中国证监会、中国保监会）、“一局”（国家外汇管理局）的金融管理体制。

23 日 中国银监会发布《商业银行集团客户授信业务风险管理指引》。该指引所称集团客户授信业务风险是指由于商业银行对集团客户多头授信、过度授信和不适当分配授信额度，或集团客户经营不善以及集团客户通过关联交易、资产重组等手段在内部关联方之间不按公允价格原则转移资产或利润等情况，导致商业银行不能按时收回由于授信产生的贷款本金及利息，或给商业银行带来其他损失的可能性。商业银行对集团客户授信遵循统一、适度和预警三项原则。

该指引规定：商业银行须制定集团客户授信业务风险管理制度报银监会备案。当一个集团客户授信需求超过一家银行风险的承受能力时，商业银行应采取组织银团贷款、联合贷款和贷款转让等措施分散风险。超过风险承受能力是指一家商业银行对单一集团客户授信总额超过商业银行资本余额 15% 以上或商业银行视为超过其风险承受能力的其他情况。

24 日 中国银监会发布《关于向外资金融机构进一步开放人民币业务的公告》。根据我国加入世界贸易组织的承诺，我国将在加入世界贸易组织后两年内，将外资金融机构经营人民币业务的地域扩大到济南、福州、成都、重庆，并在已开放人民币业务的地域，允许外资金融机构向中国企业提供人民币服务。

慕尼黑再保险公司（Munich Re）北京分公司开业。公司营运资金为3亿元人民币，主要经营财产及人身险再保险业务。慕尼黑再保险公司的进入打破了中国再保险的专业垄断局面。德国慕尼黑再保险公司创立于1880年，在全世界150多个国家从事经营非人寿保险和人寿保险两类保险业务，并拥有60多家分支机构，1997年在北京和上海分别成立了代表处。

27日 中国人民银行发布《2003年第三季度中国货币政策执行报告》。该报告指出，2003年第一季度至第三季度，我国国民经济克服了多种困难，保持了快速发展的良好势头，国内生产总值增长了8.5%，居民消费价格水平上涨了0.7%，货币信贷增长偏快的趋势开始得到控制。9月末，广义货币 M_2 余额为21.4万亿元，同比增长20.7%；狭义货币 M_1 余额为7.9万亿元，同比增长18.5%。金融机构本外币贷款余额为16.7万亿元，比年初增加2.7万亿元，同比多增加1.3万亿元。其中第三季度金融机构人民币贷款增加6 905亿元，比第二季度少增2 823亿元。人民币利率、汇率保持基本稳定，金融运行总体平稳。下一阶段，人民银行要继续执行稳健的货币政策，灵活运用多种货币政策工具，保持前一阶段货币政策的调控力度，引导货币信贷总量稳定增长。

28日 《中华人民共和国证券投资基金法》（以下简称《证券投资基金法》）由十届全国人大常委会第五次会议表决通过。主要内容如下：1. 基金管理人由经国务院证券监督管理机构核准、符合规定条件的基金管理公司担任；基金托管人由经国务院证券监管理机构和国务院银行业监管机构核准取得基金托管资格，并符合规定条件的商业银行担任，并相应规定基金管理公司的准入条件和主要股东的条件、基金管理人、托管人各自履行的职责。2. 基金管理人发售基金份额，募集基金，须向国务院证券监管机构提交规定文件，该机构于六个月内作出核准决定，基金管理人自收到核准文件之日起六个月内进行基金募集；投资人缴纳认购的基金份额款项，且基金管理人依照规定向证券监督管理机构办理基金备案手续之后，基金合同生效。3. 封闭式基金的基金份额，经基金管理人申请，国务院证券监管机构核准，可以在证券交易所上市交易。4. 开放式基金的基金份额的申购、赎回和登记，由基金管理人办理；也可以委托经证券监管机构认定的其他机构代为办理。5. 基金管理人运用基金财产进行上市交易的股票、债券以及规定内的其他证券的证券投资须采用资产组合的方式。

除上述基金管理人、基金托管人、基金的募集、基金份额的交易、基金份额的申购与赎回、基金的运作与信息披露等相关内容之外，《证券投资基金法》对基金合同的变更、终止与基金财产清算，基金份额持有人权利及其行使，监督管理，法律责任等也做了具体规定。《证券投资基金法》共有12章103条，于2004年6月1日起施行。

《证券投资基金法（草案）》的起草始于1999年4月，曾于2002年8月23日提交九届全国人大常委会第二十九次会议进行初审，一年之后的6月23日再次提交十届全国人大常委会第三次会议进行第二次审议，经过10月23日召开的十届全国人大常委会第五次会议的第三次审议，于28日提交常委会表决获得通过。《证券投资基金法》的颁布以法律形式确认了基金业在证券市场中的地位和作用，是继《中华人民共和国证券法》之后规范我国证券市场的又一部重要法律。到2003年9月底，我国已经开业的基金管理公司有32家，有8家商业银行获得基金托管资格，已经设立证券投资基金87只，总规模超过了1 600亿份。

国家外汇管理局批准香港上海汇丰银行有限公司（HSBC）在5 000万美元的QFII投资额度上增加5 000万美元，使其投资总额扩大到1亿美元。这是外汇局批准的首个QFII增资申请。

11 月

3 日 中国人民银行发布《关于商业银行办理邮政储蓄协议存款事宜的通知》。该通知规定：邮政储蓄协议存款的期限为三年以上（不含3 年），最少起存金额为3 000 万元人民币。邮政储蓄协议存款的利率水平、存款期限、结息和付息方式、违约处罚标准等由双方协商确定。邮政储蓄协议存款在存期内不得提前支取，存款凭证可用作国家邮政局邮政储汇局向商业银行融资的质押物，并按中国人民银行有关办法执行。经国务院批准，中国银监会于2003 年10 月3 日批复国家邮政局邮政储汇局与中资商业银行、农村信用社办理协议存款业务。

中国银监会下发《关于推进和完善贷款风险分类工作的通知》。该通知要求各政策性银行、国有独资商业银行、股份制商业银行、信托投资公司、企业集团财务公司、金融租赁公司，从2004 年起，实施贷款质量五级分类的资产范围将从各类信贷资产扩大到开出信用证、承兑、担保和贷款承诺等表外业务。五级分类的实施范围扩大到所有的银行业金融机构。已经全面实施五级分类的政策性银行、国有独资商业银行和股份制商业银行，可停止执行“一逾两呆”分类制度，但应按季报送逾期90 天、180 天、270 天、360 天和360 天以上五个档次的贷款数据。

在上海证券交易所上市的新疆啤酒花股份有限公司（股票简称：啤酒花；股票代码：600090）发布重大事项公告：公司董事长艾克拉木·艾沙由夫突然失踪，同时通过自查发现，公司有近10 亿元的对外担保决议未按规定履行信息披露义务。在啤酒花股票连续十几个跌停之后，同年11 月19 日，中国证监会决定对啤酒花公司“因涉嫌重大事项信息披露不实”事项立案调查。啤酒花涉及诸多新疆企业的担保事项总额接近18 亿元，没有及时披露的担保额度近10 亿元，而公司2003 年的净资产不足6 亿元，严重违反了“担保额度不得超过公司净资产50%”的相关规定。11 月24 日，啤酒花被上海证券交易所宣布实行特别处理，公司股票简称变为ST 啤酒花。

2004 年3 月18 啤酒花与四川蓝剑（集团）有限责任公司签订“资产重组意向书”。2005 年12 月13 日，啤酒花与14 家债权机构签署债务和解协议，啤酒花及控股子公司须承担的全部负债由15.76 亿元减至4.44 亿元，实际债务减免数达到11.32 亿元。至此，啤酒花的股权重组及债务重组工作全部完成。

5 日 公安部、国家外汇管理局联合发布《公安部、国家外汇管理局外汇领域反洗钱合作规定》。该规定对公安部和国家外汇管理局在外汇领域反洗钱的职责做了分工，并确定了双方合作的内容，包括移送和查处外汇领域涉嫌洗钱的违法犯罪案件及线索；通报反洗钱工作信息；研究打击外汇领域洗钱犯罪的工作部署；研究打击外汇领域洗钱犯罪的对策；研究完善反洗钱法规；共同组织培训；共同组织宣传工作双方应及时沟通、商定宣传内容，并共同组织参与查处重大洗钱犯罪案件的对外宣传报道及法律、政策宣传工作。

6 日 中国人民财产保险股份有限公司股票（股票简称：中国财险；股票代码：2328）在香港联合证券交易所挂牌交易。中国财险首日开盘价为2.425 港元，成交额达42.26 亿港元，占当日股票成交量的1/5。在本次发行中，中国人民财产保险股份有限公司共募集资金54 亿港元。中国人民财产保险股份有限公司是内地第一家完成股份制改革的国有金融机构，也是内地第一家在海外上市的中资金融机构。

14 日 中国人民银行发布《关于信托投资公司人民币银行结算账户开立和使用有关事项的通知》。该通知规定：自2003 年12 月1 日起，信托投资公司的固有财产应与信托财产分别管理，其业务人员、资金账户均应分开，不得混合操作。信托投资公司办理固有财产业务，按照《人民币银行结算账户管理办法》的有关规定设置银行结算账户；对受托的信托财产，应在商业银行设置专用存款账户。该通知自2003 年12 月1 日起执行。

财政部制定并发布《农村信用社保值储蓄补贴办法》。该办法决定，对农村信用社1994—1997年实付的保值贴补息由国家财政给予补贴。对原城市信用社改制、合并、重组而成的农村信用社以及根据改革实施方案拟撤销的农村信用社不再给予保值储蓄补贴。从国务院批准各试点省（区、市）农村信用社改革试点方案起，分三年对保值储蓄贴补息给予补贴。财政部通过中央对地方的补助专款将补贴资金拨付各试点省（区、市）。各试点省（区、市）财政厅（局）对补贴资金要设立专户管理，并保证补贴资金的及时拨付。

同年12月12日，中国银监会转发了上述文件，并要求吉林、江苏、浙江、山东、江西、重庆、贵州、陕西银监局指导辖内农村信用社做好1994—1997年亏损年度实际支付保值贴补息金额的统计工作，确保数字准确，无漏报错报。对于因改制、合并、重组等原因已取消法人资格的农村信用社，其在1994—1997年亏损年度实际支付的保值贴补息金额，应计入现在所属农村信用社的保值贴补息金额内。加强保值储蓄补贴资金使用情况的监督管理，确保专款专用。

16日　中国人民银行发布《关于外币利率管理问题的通知》。该通知决定：从2003年11月20日起，金融机构外币小额存款（300万美元以下）利率，以人民银行公布的外币小额存款利率为上限，根据国际金融市场利率变化情况由中资商业银行（含开办外汇业务的城市信用社、农村信用社）法人、外资银行分行（有主报告行的，由其主报告行）自主确定。各金融机构要完善外币存贷款定价、风险管理和利率浮动的管理办法和操作规程。各金融机构要在外币利率备案表中增加外币小额存款利率的内容，即本系统外币小额存款各币种、各期限的最高利率、最低利率和加权平均利率及金额等，并于月后10日上报人民银行。

18日　中国人民银行发布《关于为香港银行办理个人人民币业务提供清算安排的公告》。根据该公告，人民银行将商香港金融管理局选择一家香港持牌行作为香港人民币业务清算行，授权其集中办理香港人民币头寸的存取、人民币现钞运送及符合规定的个人人民币业务的清算（即清算行）。同时，人民银行将授权清算行，与自愿接受清算条件和安排的香港持牌银行（即参加行）签订人民币业务清算协议，按协议为参加行办理清算业务。人民银行为香港银行办理个人人民币各项业务所设计的清算条件与安排主要包括：人民币存款业务、人民币兑换业务、人民币银行卡业务、人民币汇款业务。同年12月24日，中国人民银行发布2003年第20号公告，授权中国银行（香港）有限公司作为香港银行个人人民币业务清算行。

19日　中国银行在上海试点推出“纸黄金”业务。个人黄金业务包括凭证式黄金交易和实物黄金交易两种，凭证式黄金业务俗称“纸黄金”。这一名为“黄金宝”的个人“纸黄金”业务跟随国际黄金市场波动情况进行报价，个人通过把握市场走势赚取黄金价格的波动差价。该业务交易以克为单位，交易门槛在10克黄金以上。投资中国银行“黄金宝”业务的客户均通过中国银行活期一本通存折账户进行买卖交易，不进行黄金实物交割，也无须交付手续费。截至2004年11月底，该业务交易量达到2亿多元人民币，每笔交易金额平均为近1.8万元。2005年1月，中国银行在北京、广东、海南、江苏等地全面推出“纸黄金”买卖业务。

20日　中国人民银行决定，从即日起，放开金融机构外币小额存款（300万美元以下）利率下限。金融机构法人可以以人民银行于2003年7月2日公布的利率标准为上限，自主确定美元、日元、欧元、港元、英镑、瑞士法郎和加拿大元7个币种的外币小额存款利率。外币小额存款是指额度在300万美元以下或等值其他外币存款。根据2000年中国人民银行公布的政策，金融机构可与客户自行协商确定300万美元以上的大额外币存款利率。

21～22日　中国银监会成立国际咨询委员会并召开第一次会议。会议选举产生了国际咨询委员会主席、秘书长等，讨论通过了国际咨询委员会章程。会议主要讨论了国有银行改革发展和监管、巴塞尔核心原则自我评估情况及资本市场等方面的问题。根据《中国银监会国际咨询委员会章程》，国际咨询委员会将每年召开一次会议，对中国银行业监管的发展和长期战略问题提供咨询意见；在国际咨询委员会闭会期间，各位委员也将对中国银监会即将出台的重大政策和法规以书面或口头形式进行咨询。该委员会六名成员是：香港证券与期货委员会主席沈联涛先生、国际清算银行前总经理安德鲁·克罗克特先生、英国英格兰银行前行长爱德华·乔治先生、英国金融服务局前局长霍华德·戴维斯先生、美国纽约联邦储备银行前主席杰拉尔德·科雷根先生、香港金融管理局前副总裁简达恒先生。国际咨询委员会的成立标志着中国银监会的监管工作将向国际最佳做法靠拢。

26日 中国银监会发布《关于将次级定期债务计入附属资本的通知》。根据巴塞尔银行监管委员会关于"统一资本计量与资本标准的国际协议"的原则，该通知决定增补我国商业银行的资本构成，允许商业银行申请发行次级定期债务，并可将符合规定条件的次级定期债务计入银行附属资本。次级债务计入资本的条件是：不得由银行或第三方提供担保，并且不得超过商业银行核心资本的50%。商业银行应在次级定期债务到期前的五年内，按规定比例折算计入资产负债表中的"次级定期债务"项下：剩余期限在四年（含四年）以上按100%折算；3～4年按80%折算；2～3年按60%折算；1～2年按40%折算；一年以内按20%折算。

经中国银监会批准，法国巴黎银行（中国）有限公司在上海开业。法国巴黎银行（中国）有限公司是从合资转为外商独资并在当地注册的银行，其前身为1992年由法国巴黎银行和中国工商银行合资成立的上海巴黎国际银行，当时双方分别拥有合资银行50%的股权。2003年10月，经协商同意，中国工商银行将其所持有的上海巴黎国际银行全部股权转让给法国巴黎银行。法国巴黎银行（中国）有限公司资本由原来的2.72亿元人民币增加至5.55亿元人民币。

中国外汇交易中心暨全国银行间同业拆借中心与国际信息供应商——路透集团签订信息合作协议，由外汇交易中心向路透提供银行间外汇市场、拆借市场和债券市场的实时行情信息，路透集团向外汇交易中心提供国际外汇、债券及相关市场的行情信息、新闻和市场报告。

国内12家银行获标准普尔评级。标准普尔信用评级公司在北京发表了"中国金融服务业展望2004"的评论，向8家中国内地的银行授予了长期本地货币公开资讯评级：中国农业银行（BBpi）、中国招商银行（BBpi）、上海浦东发展银行（BBpi）、中国民生银行（Bpi）、深圳发展银行（Bpi）、华夏银行（Bpi）、中国光大银行（Bpi）、广东发展银行（CCCpi）。加上1999年已经被授予评级的中国银行（BB+）、中国建设银行（BB+）、中国工商银行（BB+）和中国交通银行（BB），中国大陆包括4家国有商业银行、8家股份制商业银行在内的十二家银行获标准普尔评级。

2003年11月29日，经过3个多月的多方面考察和评估，另一国际知名评级机构——穆迪信用评级公司对外公布了其对中国工商银行、中国农业银行、中国银行、中国建设银行四大国有银行的评级，四家国有银行的信用级别从Baa1都调高为A2级（投资安全性良好等级）。这是从1988年穆迪信用评级公司对中国的银行评级以来，第二次调高中国四大国有银行的评级等级，第一次是2000年，对四大国有银行评级等级由Baa2调高为Baa1。

27～29日 中央经济工作会议在北京举行。会议指出，2003年以来，国际形势复杂多变，国内遭遇突如其来的"非典"疫情和地震、洪涝、干旱等多种自然灾害。在严峻挑战和困难面前，全党全国各族人民在邓小平理论和"三个代表"重要思想指引下，认真贯彻十六大精神，万众一心，奋力拼搏，改革开放和现代化建设取得新成就。会议指出，2004年经济工作的总体要求是：坚持扩大内需的方针，继续实施积极的财政政策和稳健的货币政策，保护好、引导好、发挥好各方面加快发展的积极性，切实把工作重点转到调整经济结构、转变增长方式、提高增长质量和效益上来，实现国民经济持续、快速、协调、健康发展和社会全面进步。会议强调，实施稳健的货币政策，必须把握好货币供应量的调节力度，综合运用各种货币政策工具，发挥货币政策和财政政策、产业政策协调配合的综合效应，适当控制货币信贷的投放，调整货币信贷结构，保持货币供应量的适度增长。

北京市检察院第二分院首次披露北京新国大期货公司系列渎职案，并公布了一份涉及证监、工商、银行等部门的渎职、受贿官员名单。1998年7月，“新国大”集资诈骗案案发。台湾人曹予飞自1997年4月至1998年7月先后以新亚东投资咨询公司等公司名义，以代理期货交易为手段，以高额回报为诱饵，在北京疯狂进行集资诈骗活动，骗取3 000余名客户5亿余元人民币，并将大部分资金转移境外，造成大部分资金无法追回。2000年3月，北京市第二中级法院以集资诈骗罪判处主犯曹予飞死刑。北京市检察院第二分院“新国大”专案组在完成关于诈骗罪的公诉任务后发现，在“新国大”集资诈骗案的背后隐藏着相关部门监管人员严重的渎职行为，专案组由此进行了调查。相关部门监管人员以玩忽职守罪、受贿罪判处有期徒刑3～5年不等。此案成为中国首例期货监管渎职案。宋远玩忽职守案被评为最高人民检察院“十佳渎职侵权查处案件”。

28日　中国银行澳门分行、珠海市分行和中银信用卡（国际）有限公司签订协议，联合推出澳门首张人民币信用卡。该卡特别为经常来内地消费的澳门居民而设，客户在内地消费后直接以人民币签账，既可避免携带大量现金往返内地的不便和风险，又可节省额外支付的澳门元或港元信用卡跨境签账兑换费用。在结算方面，客户既可在澳门以澳门元或港元还款，也可在内地以人民币还款，免息还款期最长可达50天。

12月

1日　国务院新闻办公室召开记者招待会。招待会主题是“中国银行业对外开放的新里程碑”。中国银监会主席刘明康在会上介绍了中国银行业对外开放的五大最新举措和措施。第一，从2003年月12月1日起，允许外资银行将经营人民币业务的地域由上海、深圳、天津、大连、广州、珠海、青岛、南京、武汉9个城市扩大到济南、福州、成都、重庆，开放人民币业务的城市增加到13个。第二，在已经开放人民币业务的地域，允许外资金融机构向中国企业提供人民币服务。第三，降低对外资银行的营运资金要求，进一步简化市场准入程序。第四，将单个的外资机构入股中国银行业金融机构的比例由原来规定的15%提高到20%，如果外资投资的总量占比低于25%的，被入股的国内金融机构的性质和所有业务范围不发生改变。第五，履行中国加入世界贸易组织的相关承诺，规范汽车消费信贷业务，开放汽车金融业。

3日　中国银监会向各分局、各银行业金融机构通报了在国有独资商业银行信贷资产、非信贷资产和表外业务“三项检查”中发现的大量票据案件。通报的5起案件共牵涉10亿元人民币，其中尤以工商银行河南华信支行的1.3亿元的票据诈骗大案令人关注。通报特别强调各银行必须依法依规经营，坚持真实贸易背景原则，将真实合法的商品交易行为作为签发银行承兑汇票的前提，严禁虚开和滚动签发银行承兑汇票。严格防范市场上违法犯罪分子利用银行票据诈骗银行资金。对违法违规办理票据业务的银行机构，一经发现，将予严肃查处，并追究有关人员的责任。涉嫌犯罪的，移交司法机关依法惩处。据中国人民银行统计，2003年前三个季度银行票据贴现余额达4 579亿元，较前年同期净增2 900余亿元，增幅高达1.8倍。

4 日 经中国银监会批准，韩国银行（韩文：한국은행；英文：Bank of Korea）北京代表处成立，这是在中国设立的首家外国中央银行驻华代表处。

5 日 中国证监会发布《股票发行审核委员会暂行办法》。该办法规定：中国证监会设立股票发行审核委员会（以下简称发审委），依照相关规定，对发行人的股票发行申请文件和中国证监会有关职能部门的初审报告进行审核。发审委委员由有关行政机关、行业自律组织、研究机构和高等院校等推荐，由中国证监会聘任。发审委委员为25 名，部分发审委委员可以为专职。其中中国证监会的人员 5 名，中国证监会以外的人员 20 名。每届任期 1 年。12 月 11 日，中国证监会制定并发布了《股票发行审核委员会工作细则》。

首批货币市场基金获准设立并开始试点。首批货币市场基金分别是博时现金收益基金、华安富利基金和招商现金增值基金。这三只基金主要投资于国内发行的高信用等级短期债券、中央银行票据、回购，以及法律、法规允许投资的其他金融工具。三只基金都采取国际通行货币市场基金设计模式：一是以 1 元计价，零交易费。二是每日计利、每月分红。三只基金在收取以往的管理费与托管费的基础上增加销售服务费，三项费率分别为 0. 33% 、0. 10% 和 0. 25% 。

鉴于新华证券有限公司严重违规经营，中国证监会决定撤销新华证券。中国证监会发布的公告指出，新华证券撤销后，新华证券的证券业务及所属证券营业部由东北证券有限责任公司托管，证券营业部托管后继续经营。新华证券自然人债务合法本金及合法利息将依法偿付。新华证券撤销后，由中国证监会成立撤销工作组，负责清理新华证券的证券业务。由吉林省人民政府组织有关部门成立清算组，负责清算。吉林省三大券商之一的新华证券，是 2000 年在原长春证券有限责任公司的基础上，通过收购兼并增资扩股更名设立。

6 日 财政部颁布《国债跨市场转托管业务管理办法》。跨市场国债为财政部在中国境内发行并核准可跨市场交易的国债。该管理办法明确，财政部是国债托管及转托管业务的主管部门，负责国债托管及转托管业务的政策制定和监督管理，中央国债登记结算有限责任公司为其提供必要的协助，并定期向财政部报告。国债实行分级托管体制，财政部授权中央国债登记结算有限公司承担国债的总登记职责；授权各托管机构分别承担在特定市场交易国债的登记、托管职责。国债转托管应最迟于两个工作日内完成。可流通国债最迟于转托管完成后的下一工作日恢复交易。

8 日 中国银监会发布《境外金融机构投资入股中资金融机构管理办法》。境外金融机构包括国际金融机构和外国金融机构。该管理办法规定：投资入股中资金融机构应当以货币出资；单个境外金融机构向中资金融机构投资入股比例不得超过 20% ；多个境外金融机构对非上市中资金融机构投资入股比例合计达到或超过 25% 时，对非上市金融机构按外资金融机构实施监管；多个境外金融机构对上市中资金融机构投资入股比例合计达到或超过 25% 时，对上市金融机构仍按中资金融机构实施监管。境外金融机构投资入股中资金融机构，由吸收投资的中资金融机构作为申请人，向中国银监会提出申请，中国银监会在三个月内作出批准或不批准的决定。已向中资金融机构投资入股的境外金融机构增加持股比例及香港、澳门和台湾地区的金融机构投资入股中资金融机构时都要符合该管理办法的有关规定；合格境外机构投资者购买上市中资金融机构流通股不在该管理办法管理范围之列。该管理办法自 2003 年 12 月 31 日起实施。

中国人民银行和国家统计局决定联合建立银行家问卷调查制度。该项调查由中国人民银行负责组织和实施，实行二级管理的模式。调查范围是：我国各类银行机构和在我国境内的外资商业银行机构；包括地市级以上的国有独资商业银行机构、政策性银行；相当于地市级的股份制商业银行机构；我国境内的外资商业银行机构和部分农村信用联社。调查对象是：全国各类银行机构和外资商业银行机构的总部负责人及其一级分支机构、二级分支机构的行长或主管信贷业务的副行长。调查内容是：银行基本情况，包括银行名称、行长姓名、联系电话、详细地址等；银行家对宏观经济形势和货币政策实施状况的本季度的判断和下季度的预测；银行家对银行业景气状况的本季度的判断和下季度的预测。该项调查设置银行基本状况调查表和银行家问卷调查表。调查方式是：对我国境内地市级以上的各类银行机构采取全面调查（按2003年年末统计数据，符合调查条件的银行机构共3 049家，其中，总行18家，一级分支机构339家，二级分支机构2 692家），对农村信用合作社联合社采用PPS的方法进行抽样调查（按2002年年末统计数据，符合抽样条件的农村信用社有2 449家，从中抽出农村信用联社约500家）。调查时间为：银行基本状况调查时间为每年1月至3月10日前；银行家问卷调查的现场调查时间为每年3月、6月、9月、12月的13～15日。该项调查制度与统计局《全国企业景气调查制度》相互连接，互为补充，构成全面反映国民经济各个行业景气状况的问卷调查制度。

中国银监会与美国货币监理署签署“监管信息交换协议”。该协议是中国银监会与美国货币监理署之间关于中美之间银行监管信息交流以及对双方所提供的监管信息保密的书面约定，包括就双方监管机构相互提供信息以及向第三方提供监管信息等方面内容共同达成的谅解。12月10日，中国银监会与英国金融服务局签署了正式的“双边监管谅解备忘录”。

香港交易所推出恒生中国企业指数期货（H股指数期货）。H股指数期货是以国企指数作为相关资产，其价格每升跌1点，代表每手H股指数期货合约盈或亏50港元。换言之，H股指数期货的合约乘数以及买卖程序和交易时间和恒生指数（恒指）期货一样。H股指数期货的交易费用及征费为每张每边5港元，比恒指期货的11.5港元为低。

国企指数创于1994年8月8日，以同年7月8日为基准日，订该日收市价为1 000点。2001年10月3日，恒指服务有限公司将其基准日更改为2000年1月3日，并将收市价基准定为2 000点。国企指数是以市值加权法编纂的股票指数，反映主要H股的走势。截至11月13日，国企指数成分股共32只，总市值为2 330亿港元。其中市值最大的五只H股，占指数市值比重达58.7%。

10日 中国人民银行发布《关于人民币贷款利率有关问题的通知》。该通知规定：1. 人民币各项贷款（不包括个人住房贷款）的计息和结息方式，由借贷双方协商确定。2. 人民币中长期贷款利率由原来的一年一定改为由借贷双方按商业原则确定。3. 逾期贷款（借款人未按合同约定日期还款的借款）罚息利率由现行按日0.21‰计收利息，改为在借款合同载明的贷款利率水平上加收30%～50%；借款人未按合同约定用途使用借款的罚息利率由现行按日0.5‰计收利息改为在借款合同载明的贷款利率水平上加收50%～100%。4. 对2004年1月1日（含）以后新发放的贷款按该通知执行。对2004年1月1日以前发放的未到期贷款仍按原借款合同执行，经借贷双方当事人协商一致的，也可执行该通知。该通知自2004年1月1日起执行。

王雪冰受贿案一审宣判。北京市第二中级人民法院对中国建设银行原行长王雪冰受贿一案作出一审判决、以受贿罪判处被告人王雪冰有期徒刑12年。法庭经审理查明，被告人王雪冰原系中国建设银行行长，曾任中国银行董事长、行长，中国银行纽约分行总经理。1993—2001年，王雪冰利用上述职务上的便利为华晨（中国）控股有限公司、北京再东方广告有限公司等企业谋取利益，并为此非法收受这些公司给予的钱款、艺术品、名牌手表等贵重礼品，共计折合人民币115.14万元。案发后赃款、赃物已全部追缴。

王雪冰1976年大学毕业，随后进入中国银行，1990年王雪冰被提升为中国银行纽约分行总经理。1993年，担任中国银行行长。2000年2月出任中国建设银行行长。2002年1月11日，因“纽约分行”事件被审查。2002 年 1 月 15 日，中共中央、国务院免去王雪冰中国建设银行行长职务。2002 年 11 月 3 日，中共十五届七中全会审议并通过了《中共中央纪律检查委员会关于王雪冰问题的审查报告》。全会决定，撤销王雪冰中央委员会候补委员职务，给予其开除党籍处分。2004 年 1 月 14 日，北京市高级人民法院二审裁定驳回王雪冰的上诉，维持原判。

11 日 中国保监会发布关于履行有关加入世界贸易组织承诺的公告。自即日起，允许外资财产保险公司经营除法定保险业务以外的全部非寿险业务。同时，增加福州、厦门、宁波、沈阳和武汉 5 个城市为保险业对外开放城市。

16 日 中央汇金投资有限公司成立。汇金公司是国务院批准设立的国有独资投资控股公司，注册资本金 3 724.65 亿元人民币。主要职能是代表国家行使对中国银行、中国建设银行等重点金融企业的出资人的权利和义务，支持国有商业银行落实各项改革措施，完善公司治理结构，保证国家注资的安全并获得合理的投资回报。公司董事长为国家外汇管理局局长郭树清。

17 日 外资入股兴业银行。兴业银行与香港恒生银行、国际金融公司（IFC）、新加坡政府直接投资有限公司（GIC）在福州正式签订投资入股协议。根据协议，三家境外战略投资者投资入股兴业银行 9.99 亿股，占兴业银行扩股后全部股本的 24.98%。兴业银行股份有限公司成立于 1988 年 8 月，是经国务院、中国人民银行批准成立的首批股份制商业银行，注册资本 15 亿元。截至 2004 年年末，兴业银行注册资本为 39.99 亿元，股东总数 153 家。

17～18 日 17 日，中国人寿保险股份有限公司在纽约证券交易所成功上市。中国人寿是迄今首家在美国上市的中国国有金融企业，其首次公开募股达 30 亿美元，是 2003 年全球最大的上市集资行动。中国人寿（纽约股票代码：LFC）的发行价为 18.68 美元，经过集合竞价，第一天开盘价为 23.25 美元，上涨近 25%，收于 23.72 美元，比发行价上涨了 27%。全天交易量接近 4 000 万股。

18 日，中国人寿在香港交易所挂牌交易。该股上市日收盘报于 4.525 港元，较发行价 3.625 港元高 26%。作为内地首家在美国和香港两地同时上市的金融企业，中国人寿此次共发行 64.7 亿股 H 股，超额配售前融资规模为 30 亿美元，超额配售后达 35 亿美元，成为当年全球新股之冠。中国人寿是内地最大的寿险公司，2002 年保费收入达 1 287 亿元人民币，占全国寿险市场份额的 57%。

18 日 中国证监会公布《证券公司客户资产管理业务试行办法》。该试行办法包括总则、业务范围和业务资格、基本业务规范、风险控制和客户资产托管、监管措施、法律责任和附则共 6 章 73 条。

该试行办法规定，经中国证监会批准，符合条件的证券公司可以从事三种客户资产管理业务：定向资产管理业务、集合资产管理业务和专项资产管理业务。

该试行办法规定：证券公司将其所管理的客户资产投资于一家公司发行的证券，按证券面值计算，不得超过该证券发行总量的 10%。一个集合资产管理计划投资于一家公司发行的证券不得超过该计划资产净值的 10%。证券公司办理集合资产管理业务，单个集合资产管理计划投资于前款所述证券的资金不得超过该集合资产管理计划资产净值的 3%。该试行办法还对证券公司开展客户资产管理业务中的违法、违规行为制定了相应的罚则，除了取消责任者的相关业务资格外，还将依法追究刑事、民事责任。该试行办法自 2004 年 2 月 1 日起施行。证监会 2001 年《关于规范证券公司受托投资管理业务的通知》、2003 年《关于证券公司从事集合性受托投资管理业务有关问题的通知》同时废止。

19 日 中国人民银行货币政策委员会在北京召开 2003 年第四季度例会。会议认为，2003 年以来，我国国民经济克服了多种困难，保持了持续、快速增长的良好势头。中国人民银行认真执行稳健的货币政策，主要依靠经济手段对货币信贷过快增长进行调控。会议深入分析了国际、国内经济金融形势和物价变动情况，研究了下一步货币政策取向和措施，认为应继续执行稳健的货币政策，要着力调整信贷结构，控制信贷资金流向盲目投资、低水平重复建设的行业，鼓励和引导商业银行加大对农业和中小企业、扩大消费、增加就业方面的贷款支持。要积极推进货币市场、资本市场和保险市场的协调发展。

中国人民银行批复《中国银联入网机构银行卡跨行交易收益分配办法》。该分配办法规定：ATM跨行取款交易收益分配采用固定代理行手续费和银联网络服务费方式。持卡人在他行ATM上取款时，无论同城或异地，发卡行均按每笔3.0元的标准向代理行支付代理手续费，同时按每笔0.6元的标准向银联支付网络服务费。POS机跨行交易的商户结算手续费收益分配采用固定发卡行收益和银联网络服务费方式，即每笔商户结算手续费，发卡行获得的固定收益和银联收取的网络服务费执行如下标准：对宾馆、餐饮、娱乐、珠宝金饰、工艺美术品类的商户，发卡行的固定收益为交易金额的1.4%，银联网络服务费标准为交易金额的0.2%；对一般类型的商户，分别为0.7%和0.1%；对航空售票、加油、超市等类型的商户，分别为0.35%和0.05%；对房地产、汽车销售类商户，比照一般类型商户的办法和标准收取，但发卡行收益每笔最高不超过40元，银联网络服务费最高不超过5元；对批发类的商户，比照一般类型商户的办法和标准收取，但发卡行收益每笔最高不超过16元，银联网络服务费最高不超过2元。对公立医院和公立学校，发卡行和银联暂不参与收益分配。该分配办法自2004年3月1日起施行。2001年5月17日《中国人民银行关于调整银行卡跨行交易收费及分配办法的通知》中的有关规定同时废止。

21日 中国人民银行下调超额存款准备金利率。2003年12月10日中国人民银行发布《关于扩大金融机构贷款利率浮动区间有关问题的通知》决定：经国务院批准，中国人民银行将金融机构在人民银行的超额存款准备金利率由1.89%下调至1.62%。法定存款准备金利率仍为1.89%。

全国41家保险经纪公司联合签署《中国保险经纪共同宣言》。这是中国保险经纪市场正式启动三年以来的第一个共同宣言。该共同宣言向社会各界承诺：在投保业务过程中，如果由于保险经纪人自身的过错而给投保人或被保险人造成损失，经纪公司会依法承担赔偿责任。

22日 中国人民银行、海关总署发布第19号公告。自2004年1月1日起，对黄金及其制品的加工贸易进出口，人民银行不再审批，海关不再凭人民银行的批件验放，但进口后不能再出口的黄金及其制品经批准内销的，仍按一般贸易进口管理，仍由人民银行审批，海关凭人民银行的批件并按内销有关规定办理核销手续。

中国再保险（集团）公司（以下简称中再集团）及下属两家新公司——中国财产再保险股份有限公司和中国人寿再保险股份有限公司在京挂牌。重组后的中再集团注册资本为30亿元，代表国家持有子公司股份并依法行使股东权利，同时负责法定分保存续业务、经营非主营业务及其他管理职能。中再集团对3家子公司（中国财产再保险股份有限公司、中国人寿再保险股份有限公司，以及于同年10月成立的中国大地财产保险股份有限公司）分别控股45%、45.1%和60%。中国财产再保险股份有限公司主营财产险再保险业务，注册资本8亿元，其中境外股东占16.25%，境内股东占38.75%。中国人寿再保险股份有限公司主营寿险再保险业务，注册资本8亿元，境外股东占24.9%，境内股东占30%。

中国最大一笔不良贷款国际招标结束。中国华融资产管理公司在北京宣布不良贷款国际招标结果。12月17日，华融公司将账面价值近250亿元人民币的不良贷款，分成22个资产单元分别进行招标，共有11家国内外投资者递交了10份标书。经过评审，花旗集团、JP摩根投标团、高盛公司、瑞银华宝、摩根士丹利和国内的奥伊尔投资管理有限责任公司分别夺得了3个资产单元的直接买断权，或在支付相当比例现金的前提下，就14个资产单元与华融谈判设立合作公司对有关资产进行合作处置。此次中标资产账面额222.2亿元人民币，涉及1 048户企业，分布于全国17个省市。中标金额和涉及企业户数分别占招标金额和户数的89%和83.4%。另有5个资产单元，由于投资者的报价低于华融公司的目标价，华融决定在此次招标中不出售这5个资产单元。这5个资产单元金额为27.8亿元，占总招标金额的11%。

23日 国务院办公厅转发国家发展和改革委员会等部门《关于制止钢铁电解铝水泥行业盲目投资的若干意见》和《关于制止电解铝行业违规建设盲目投资的若干意见》。国家发展改革委、国土资源部、商务部、环保总局、中国银监会《关于制止钢铁电解铝水泥行业盲目投资的若干意见》提出，近年来，我国钢铁工业出现了盲目投资、低水平扩张的现象。如不加以引导和调控，将导致一些品种产量严重过剩和市场过度竞争，造成社会资源极大浪费，并易引发有关经济和社会问题。为此，该意见提出了六点建议：加强产业政策和规划导向；严格市场准入管理；强化环境监督和执法；加强用地管理；加强和改进信贷管理；认真做好项目的清理工作。

国家发展改革委、财政部、国土资源部、商务部、人民银行、国家环保总局、国家工商总局《关于制止电解铝行业违规建设盲目投资的若干意见》提出：国家和地方政府有关部门要严格履行职责，依法加强监管。

国务院在转发上述两则意见的通知中指出，钢铁、电解铝、水泥3个行业的在建项目生产能力大大超过了预期需求，必将导致生产能力过剩、市场无序竞争、浪费资源和污染环境，甚至造成金融风险和经济社会其他方面的隐患。各地区、各部门要尽快组织力量，对各地钢铁、电解铝、水泥等投资建设项目进行认真清理，并将清理结果于2004年2月底前报国务院。

2004年8月26日，国家发展改革委公布了对全国钢铁、电解铝、水泥行业的清理结果：2003年年底已建成的炼铁能力中，不符合产业政策准入标准的炼铁、炼钢能力占总能力的70%左右；电解铝产能中，落后的自焙槽能力还占一定比重；在10亿吨水泥产能中，新型干法水泥生产能力只占25%。

公安部和国家外汇管理局联合下发《公安部、国家外汇管理局外汇领域反洗钱合作规定》。根据该合作规定，公安机关和外汇管理部门将按照“防范在先，严格保密，依法办案，分工负责，密切配合”的原则，通过建立信息交流渠道、定期召开联席会议、实施联络员制度、跟踪核查大额和可疑外汇资金交易等形式，发挥各自的职能优势，将双方的力量有机地整合在一起，逐渐形成务实高效、灵活多样的合作机制。

24日 中国人民银行发布《残缺污损人民币兑换办法》。该办法对残缺人民币兑换标准做了重要调整。残缺、污损人民币兑换分“全额”“半额”两种情况：能辨别面额，票面剩余3/4（含）以上，其图案、文字能按原样连接的残缺、污损人民币，金融机构应向持有人按原面额全额兑换；能辨别面额，票面剩余1/2（含）至3/4以下，其图案、文字能按原样连接的残缺、污损人民币，金融机构应向持有人按原面额的一半兑换。纸币呈正“十”字形缺少1/4的，按原面额的一半兑换。兑付额不足1分的，不予兑换；5分按半额兑换的，兑付2分。该办法同时将兑换机构由“中国人民银行”变为“办理人民币存取款业务的金融机构”。该办法自2004年2月1日起施行。

25日 中国人民银行在2003年金融统计制度的基础上，修改了2004年的金融统计制度，增加了建立助学贷款专项统计、下岗失业人员小额贷款专项统计制度等内容；增设了特种票据、特种资产、专项票据转换的不良贷款等19项统计指标，综合反映农村信用社改革的进展情况。

27日 十届全国人大常委会第六次会议表决通过了《中华人民共和国银行业监督管理法》、全国人大常委会《关于修改〈中华人民共和国中国人民银行法〉的决定》《关于修改〈中华人民共和国商业银行法〉的决定》。国家主席胡锦涛分别签署第11号、第12号、第13号主席令，予以公布。

修改后的《中华人民共和国中国人民银行法》对原法律的25处进行了修改，共有8章53条，包括总则、组织机构、人民币、业务、金融监督管理、财务会计、法律责任和附则。修改后的《中华人民共和国中国人民银行法》将中国人民银行的职责调整为制定和执行货币政策、维护金融稳定和提供金融服务三个方面，集中体现为“一个强化、一个转换和两个增加”：强化了中国人民银行与制定和执行货币政策有关的职责；由过去主要是直接监管的职能转换为维护金融稳定职能；增加反洗钱和管理信贷征信业两项职能。修改后的《中华人民共和国中国人民银行法》将中国人民银行的职责由原来的11项调整为13项，除了仍保留的制定和执行货币政策；发行人民币、管理人民币流通；经理国库，持有、管理、经营国家外汇储备、黄金储备；维护支付清算系统的正常运行；负责金融业的统计、调查、分析和预测等职责外，增加了“指导、部署金融业反洗钱工作，负责反洗钱的资金监测”职责，规定了“监督管理银行间同业拆借市场和银行间债券市场”“实施外汇管理，监督管理银行间外汇市场”“监督管理黄金市场”等职责。

修改后的《中华人民共和国商业银行法》包括总则、商业银行的设立和组织机构、对存款人的保护、贷款和其他业务的基本规则、财务会计、监督管理、接管和终止、法律责任、附则共9章95条。该法律只将个别与加入世界贸易组织承诺不相适应的规则做了修改。该法律借鉴了巴塞尔银行监管委员会制定的有效银行监管核心原则，增加了对商业银行加强监管的内容，同时对有关条文作出修改；适当增加了商业银行的业务种类，主要包括办理票据承兑、买卖金融债券、从事银行卡业务，以及商业银行经中国人民银行批准，可以经营结汇、售汇业务等内容。修改前的法律规定，经国务院批准的特定贷款项目，国有独资商业银行应当发放贷款。因贷款造成的损失由国务院采取相应补救措施，修改后的法律删去了这一规定。另外，修改前的法律对商业银行经营范围的规定是：“商业银行在中华人民共和国境内不得从事信托投资和股票业务，不得投资于非自用不动产，不得向非银行金融机构和企业投资。”修改后的规定增加了“不得违反国家规定”，为银行将来走向混业经营预留了空间。

《中华人民共和国银行业监督管理法》包括总则、监督管理机构、监督管理职责、监督管理措施、法律责任、附则共6章50条。该法规定：国务院银行业监督管理机构负责对全国银行业金融机构及其业务活动监督管理的工作。本法所称银行业金融机构是指在中华人民共和国境内设立的商业银行、城市信用合作社、农村信用合作社等吸收公众存款的金融机构以及政策性银行。对金融资产管理公司、信托投资公司、财务公司、金融租赁公司以及其他金融机构的监督管理，适用本法对银行业金融机构监督管理的规定。国务院银行业监督管理机构依照本法有关规定，对经其批准在境外设立的金融机构以及上述金融机构在境外的业务活动实施监督管理。国务院银行业监督管理机构根据履行职责的需要设立派出机构，并对其实行统一领导和管理。国务院银行业监督管理机构应当公开监督管理程序，建立监督管理责任制度和内部监督制度。国务院银行业监督管理机构的监督管理职责为：国务院银行业监督管理机构依照法律、行政法规制定并发布对银行业金融机构及其业务活动监督管理的规章、规则；依照法律、行政法规规定的条件和程序，审查批准银行业金融机构的设立、变更、终止以及业务范围。未经国务院银行业监督管理机构批准，任何单位或者个人不得设立银行业金融机构或者从事银行业金融机构的业务活动。《中华人民共和国银行业监督管理法》是我国第一部关于银行业监督管理行为的专门法律，该法与《中华人民共和国中国人民银行法》《中华人民共和国商业银行法》相互联系，相互补充，构成中国银行业法律体系的三部基本大法。这三部法律均自2004年2月1日起施行。

28日　中国证监会发布《证券发行上市保荐制度暂行办法》。该办法包括总则、保荐机构和保荐代表人的注册登记、保荐机构的职责、保荐工作规程、保荐工作的协调、监管措施和法律责任、附则共 7 章 76 条。该办法规定，中国证监会建立保荐信用监管系统，对保荐机构和保荐代表人进行持续动态的注册登记管理，将其执业情况，违法、违规行为，其他不良行为以及对其采取的监管措施等记录予以公布。自保荐机构向中国证监会提交推荐文件之日起，保荐机构及其保荐代表人承担相应的责任。2004 年 2 月 1 日，保荐制度正式启动。

30 日　中央汇金投资有限公司代表国家向中国银行、中国建设银行注资 450 亿美元。450 亿美元的外汇和黄金储备的划拨采取“资产划拨，一次到位”的方式，两家各获得 225 亿美元，这部分外汇注资不再计入国家外汇储备规模。国有独资商业银行股份制改革试点工作正式启动。2004 年 1 月 6 日凌晨，新华社向社会发布了这则消息。

中国人民银行与印度尼西亚银行（印度尼西亚的中央银行）在北京签署双边货币互换协议。根据此项协议，中国人民银行可在必要时向印度尼西亚银行提供最多达 10 亿美元的信贷资金，作为其接受国际金融机构援助资金的补充，以支持印度尼西亚解决国际收支困难和维护金融稳定。

贵州省农村信用社联合社挂牌。贵州省农村信用社联合社是具有独立企业法人资格的地方性金融机构，由辖区内 87 家农信社自愿入股组成，注册资本金为 2 580 万元人民币。经贵州省人民政府授权，贵州省联社承担对辖区内农信社的管理、指导、协调和服务职能，不对公众办理存贷款业务，依法接受中国银监会及其他有关部门的监督管理。将农村信用社的管理权由中国人民银行转移到省级人民政府，是农村信用社改革的核心内容。贵州省是全国 8 个农村信用社改革试点省（市）之一。贵州省农村信用社联合社是深化农村信用社改革试点以来成立的第一家省级联社，也是全国第 7 家省级联社。

31 日　2003 年中国银行间外汇市场和货币市场分别成交折合 1 511 亿美元和 17.2 万亿元人民币，创下历史新高。

国有资产监督管理委员会、财政部发布《国有企业产权转让管理暂行办法》。该办法规定：企业国有产权转让应当在依法设立的产权交易机构中进行。转让企业国有产权可以采取拍卖、招投标、协议转让以及国家法律、行政法规规定的其他方式进行。金融类企业国有产权转让和上市公司的国有股权转让，按照国家有关规定执行。该办法自 2004 年 2 月 1 日起施行。

中国银行黑河市分行与俄罗斯布拉戈维申斯克远东外贸银行合作委员会将黑河市确定为边境贸易本币结算业务的唯一试点城市，在全国首家推出两国本币运钞业务：卢布可在中国境内由俄运钞公司直接运送回国，人民币可在俄境内由中方押运公司运送回国。

2004 年

1 月

1 日 中国人民银行进一步扩大金融机构贷款利率浮动区间。2003 年 12 月 10 日中国人民银行发布《关于扩大金融机构贷款利率浮动区间有关问题的通知》，决定在人民银行制定的贷款基准利率基础上，商业银行、城市信用社贷款利率的浮动区间上限扩大到贷款基准利率的 1.7 倍，农村信用社贷款利率的浮动区间上限扩大到贷款基准利率的 2 倍；金融机构贷款利率的浮动区间下限保持为贷款基准利率的 0.9 倍不变。贷款利率浮动区间不再根据企业所有制性质、规模大小分别制定。1998 年、1999 年人民银行连续三次扩大金融机构贷款利率浮动区间。

2 日 财政部、国家税务总局发布《关于试点地区农村信用社税收政策的通知》。该通知规定，从 2003 年 1 月 1 日起至 2005 年年底，对西部地区和江西省、吉林省实行改革试点的农村信用社暂免征收企业所得税；对其他地区实行改革试点的农村信用社，按其应纳税额减半征收企业所得税。从 2003 年 1 月 1 日起，对改革试点地区所有农村信用社的营业税按 3% 的税率征收；文到之日前多征收的税款可退库处理或在以后应交的营业税中抵减。

1998 年以来农村信用社营业税调整情况：1998 年 1 月 1 日起至 12 月 31 日止，农村信用社营业税为 6%；1999 年 1 月 1 日起至 12 月 31 日止为 7%；2000 年 1 月 1 日起恢复为 8%；1999 年 1 月 1 日至 2000 年 12 月 31 日为 6%；2001 年 1 月 1 日至 2001 年 9 月 30 日为 6%；2001 年 10 月 1 日起为 5%。

3 日 建设部、国家发展改革委、财政部、劳动和社会保障部、中国人民银行、中国银监会、中国保监会、最高人民法院八部门联合发布《关于贯彻〈国务院办公厅关于切实解决建设领域拖欠工程款问题的通知〉的实施意见》。该实施意见对金融系统提出的要求是：金融系统要加强对房地产开发企业的信用审查，将不按合同支付工程款的企业和投资人列为信用不良单位，减少其授信额度或不予授信；加快工程款结算速度，确保支付农民工工资的现金供应。

5 日 中国人民银行发布《农村信用社改革试点资金支持方案实施与考核指引》。该指引要求：人民银行按属地原则组织信用社改革试点资金支持方案的实施与考核工作。试点省（市）所在地人民银行各分支行要成立考核工作组，全面负责本辖区内资金支持方案的实施与考核工作。该指引对专项票据发行、兑付考核，专项借款发放考核以及有关考核指标的解释及其计算方法做了具体规定。

6 日 中国银监会下发《农村合作金融机构风险评价和预警指标体系（试行）》。农村合作金融机构风险预警体系是监管部门在综合分析非现场监管和现场检查信息的基础上，通过定量指标的监测和监管者的定性判断来综合评价农村合作金融机构风险状况的方法和过程。风险评价和预警指标分别是：资本充足性、流动性、安全性、效益性、综合发展能力及管理能力各项。根据综合得分，农村合作金融机构风险划分为：经营稳健、比较稳健、基本稳健三个 A 级；经营状况正常和存在一定风险两个 B 级；经营状况很差和非常差两个 C 级。根据不同等级与其风险的不同特点，采取不同的监管措施。该文件自 2004 年 1 月 1 日起执行，1997 年《农村信用合作社资产负债比例管理暂行办法》和1998年《关于修改农村信用合作社资产负债比例管理指标的通知》同时废止。

劳动和社会保障部公布《企业年金试行办法》。该办法规定：企业年金所需费用由企业和职工个人共同缴纳；企业缴费每年不超过本企业上年度职工工资总额的1/12；企业和职工个人缴费合计一般不超过本企业上年度职工工资总额的1/6。该办法自2004年5月1日起实施。原劳动部1995年12月29日发布的《关于印发〈关于建立企业补充养老保险制度的意见〉的通知》同时废止。

7日 中国证监会发布《关于规范上市公司实际控制权转移行为有关问题的通知》。该通知规定：上市公司控股股东不得通过所谓的“股权托管”“公司托管”等任何方式，违反法定程序，规避法律义务，变相转让上市公司控制权；以协议方式进行上市公司收购的，控股股东和收购人应当在收购协议中明确约定双方在签订收购协议后至相关股份过户前的过渡期间各自的权利、义务，并采取切实有效的措施保证控制权转移期间上市公司经营管理的平稳过渡；在过渡期间，控股股东或者收购人不得利用收购行为损害上市公司和中小股东的权益。

瑞泰人寿保险有限公司开业。该公司于2003年3月由瑞典斯堪的亚公共保险公司（Skandia Insurance Company Ltd.）与北京市国有资产经营有限责任公司合资成立，双方各拥有50%的股份，注册资金为2亿元人民币，总部设在北京，是国内唯一一家专门从事长期投资理财服务的合资寿险公司。

12日 湘财荷银基金管理有限公司成立。该公司前身为湘财合丰基金管理有限公司，成立于2002年7月。此次，荷兰银行有限公司通过收购原有股东股权的方式参股，使湘财合丰基金管理有限公司成为中国首家通过存量股权转让方式合资的基金管理公司，并更名为湘财荷银基金管理有限公司。公司注册资本金为1亿元人民币，股东分别为湘财证券有限责任公司（占67%）、荷银投资管理（亚洲）有限公司（占33%）。股权存量转让是指在不发行新股的前提下现有股权的转让，通常是交易双方之间通过协议达成大宗股权的转让交易。

15日 中国保监会发布修订的《外国保险机构驻华代表机构管理办法》。与中国保监会1999年11月26日发布的《外资保险机构驻华代表机构管理办法》相比，新办法中将原“外资保险机构驻华代表机构”改为“外国保险机构驻华代表机构”。新办法规定：在中国保监会授权范围内，中国保监会派出机构对本辖区的代表机构实施日常监管。申请者应当向中国保监会提交申请材料。保监会应当自受理申请之日起20日内，作出批准或者不予批准的决定。20日内不能作出决定的，经中国保监会主席批准，可以延长10日。除机构撤销、变更名称和更换总代表或首席代表需要审批外，变更地址、更换或增减代表与外籍工作人员等事项，均改为事后报告。新办法对处罚规定进行了细化。新办法自2004年3月1日起施行。1999年的办法同时废止。

中国保监会发布《关于规范汽车消费贷款保证保险业务有关问题的通知》。该通知规定：各保险公司应严格依据保险法律、法规，规范车贷险业务的经营管理；尽快规范车贷险条款费率，严格控制经营风险；强化车贷险管理，规范车贷险经营行为；加强对车贷险业务的考核监督，有效防范和化解经营风险；各地保险行业自律组织应探索建立车贷险信息共享机制。各保险公司现行车贷险条款费率截至2004年3月31日一律废止。

18日 中国人民银行批准，中国银联开办中国内地“银联”人民币卡在香港地区使用的业务。内地居民持内地银行发行的带有“银联”标识的人民币信用卡和借记卡，可以在香港贴有“银联”标识的POS机上使用，用于购物、餐饮、住宿等旅游消费支付；也可以在香港贴有“银联”标识的自动取款机上提取每日不超过等值5 000元人民币的港元现钞。人民币卡在港取现的手续费为每笔15元人民币。上述业务的开办是香港银行获准办理人民币业务的一部分。根据中国人民银行的安排，内地人民币银行卡在香港的使用，由发卡机构与内地银行卡联合组织以人民币清算，中国银联统一购汇，对香港特约商户以港元清算。

19日 中国人民银行、教育部、中国银监会发布《关于加强和改进国家助学贷款工作的通知》。该通知指出，国家助学贷款业务不能擅自停办，已经停办的要尽快恢复。从2004年2月起，各经办银行对新发放的国家助学贷款，要根据各高校借款毕业生还款违约率和违约人数，与高校协商，制定切实有效的措施，防范信贷风险，进一步完善国家助学贷款风险防范和补偿机制。

中国人民银行对银行间债券市场债券上市交易时间作出调整。在银行间债市发行的、可交易的且期限在366天（含）以下的债券（包括政府债券、中央银行票据、政策性银行金融债券），于当期债券债权债务登记日的次一个工作日即可上市交易；366天以上的债券，上市交易时间仍为当期发行债券的债权债务登记日后的第三个工作日。违反上市交易时间的规定，安排债券上市交易的，中国人民银行按照有关规定进行处罚。

31日 国务院发布《关于推进资本市场改革开放和稳定发展的若干意见》（俗称“国九条”）。“国九条”提出了促进资本市场稳定发展的相关政策措施：1. 完善证券发行上市核准制度。2. 重视资本市场的投资回报，提高上市公司的整体质量。3. 鼓励合规资金入市。继续大力发展证券投资基金。支持保险资金以多种方式直接投资资本市场，逐步提高社会保障基金、企业补充养老基金、商业保险资金等投入资本市场的资金比例，使基金管理公司和保险公司为主的机构投资者成为资本市场的主导力量。4. 拓宽证券公司融资渠道，继续支持符合条件的证券公司公开发行股票或发行债券筹集长期资金。完善证券公司质押贷款及进入银行间同业市场管理办法，制定证券公司收购兼并和证券承销业务贷款的审核标准，稳步开展基金管理公司融资试点。5. 积极稳妥解决股权分置问题。规范上市公司非流通股股份的转让行为，防止国有资产流失，稳步解决目前上市公司股份中尚不能上市流通股股份的流通问题。6. 完善资本市场税收政策，研究制定鼓励社会公众投资的税收政策，完善证券、期货公司的流转税和所得税征收管理办法，对具备条件的证券、期货公司实行所得税集中征管。

2月

2日 美国花旗银行、香港汇丰银行、香港东亚银行和日本瑞穗银行四家外资银行的分行获得中国银监会批准，首批经营中资企业人民币对公业务，并先期在上海试点。

4日 中国银监会发布《金融机构衍生产品交易业务管理暂行办法》。该暂行办法共分5章34条，主要内容包括：1. 明确了衍生产品的定义和金融机构衍生产品交易业务的分类。该暂行办法规定，金融衍生产品是包括远期、期货、掉期和期权的金融合约，其价值取决于一种或多种基础资产或指数。衍生产品交易业务分为两大类：第一类是金融机构为规避自有资产、负债的风险或为套利进行的衍生产品交易，第二类是向客户（包括金融机构）提供服务。2. 明确了金融机构衍生产品交易业务的市场准入条件和标准。3. 明确了金融机构衍生产品交易业务的风险管理和监管规定。该暂行办法要求金融机构根据经营目标、资本实力、管理能力和衍生产品的风险特征，确定能否从事衍生产品交易及所从事的衍生产品交易品种和规模；按照衍生产品交易业务的分类，建立与之相适应的风险管理制度、内部控制制度和业务处理系统。

该暂行办法是中国第一部针对金融衍生产品的专门法规，自2004年3月1日起正式施行。2004年，中国民生银行、中信实业银行、招商银行、中国光大银行、兴业银行、中国进出口银行、中国建设银行相继获得衍生产品交易业务资格；渣打银行、花旗银行、香港南洋商业银行和日本三菱银行成为首批获此资格的外资银行。

5 日 中国银监会发布《关于非银行金融机构全面推行资产质量五级分类管理的通知》。中国银监会决定：从 2004 年起在非银行金融机构全面试行资产质量五级分类。试行范围包括企业集团财务公司、金融租赁公司、汽车金融公司的全部资产；信托投资公司只对其自营业务部分进行五级分类。随该通知下发的还有《非银行金融机构资产风险分类指导原则（试行）》，明确提出对非银行金融机构资产采用以风险为基础的分类方法，即把资产按照类似商业银行贷款分类标准划分为正常级、关注级、次级、可疑级和损失级五级。后三级合称为不良资产。通过资产质量五级分类应达到的目标是：揭示资产的实际价值和风险程度，真实、全面、动态地反映资产的质量；发现资产使用、管理、监控、催收以及不良资产管理中存在的问题；为判断资产损失准备金是否充足提供依据。

中国证监会发布《关于做好股份有限公司终止上市后续工作的指导意见》。该意见明确：上市公司股票终止上市后，仍然是合法存续、公众投资者持股的股份有限公司，应当保证公司股东依法享有的资产受益、重大决策和选择管理者等权利，保证公众投资者合法享有的知情权。股份有限公司终止上市后，其所发行的股份仍可以依法转让。公司终止上市前向社会公众发行的股份，由代办机构代为办理转让手续；非挂牌交易股份的转让仍以协议转让方式进行。该意见要求建立对退市公司高管人员失职的责任追究机制，严格审查有诚信污点记录的退市公司控股股东、实际控制人的市场准入条件。股份有限公司终止上市后重新符合上市条件的，可以直接向证券交易所提出再次上市的申请。证券交易所根据中国证监会授权作出核准决定。

6 日 经国务院批准，中国保监会在全国各省、自治区、直辖市和计划单列市设立监管局（以下简称保监局），原保监会驻各地派出机构统一更名为“保监局”。保监局的主要职责为：根据中国保监会的授权，对辖区内保险机构的经营活动进行监督管理；依法查处辖区内保险违法、违规行为，维护保险市场秩序，依法保护被保险人利益；监测、分析辖区内保险市场运行情况，预警与防范辖区内保险风险，并将有关重大事项及时上报。中国保监会 1998 年 11 月成立后，相继在全国各省、自治区、直辖市以及深圳市设立了 31 个派出机构，此次还新设立了大连、青岛、宁波、厦门 4 个计划单列市及西藏自治区保监局。

8 日 中共中央国务院发布《关于促进农民增加收入若干政策意见》（即关于农业问题的第六个一号文件）。关于改革和创新农村金融体制，该意见要求：建立金融机构对农村社区服务的机制，扩大农村贷款利率浮动幅度，进一步完善邮政储蓄的有关政策，缓解农村资金外流。农业银行等商业银行要创新金融产品和服务方式，拓宽信贷资金支农渠道。中国农业发展银行等政策性银行要调整职能，合理分工，扩大对农业、农村的服务范围。继续扩大农户小额信用贷款和农户联保贷款。鼓励有条件的地方通过吸引社会资本和外资，积极兴办直接为“三农”服务的多种所有制的金融组织。有关部门要针对农户和农村中小企业的实际情况，研究提出多种担保办法，探索实行动产抵押、仓单质押、权益质押等担保形式。鼓励政府出资的各类信用担保机构积极拓展符合农村特点的担保业务，有条件的地方可设立农业担保机构，鼓励现有商业性担保机构开展农村担保业务。加快建立政策性农业保险制度，选择部分产品和部分地区率先试点，有条件的地方可对参加种养业保险的农户给予一定的保费补贴。

10 日 全国银行、证券、保险工作会议在北京召开。中共中央政治局常委、国务院总理温家宝在讲话中指出，在经济加快发展中出现了一些新问题，特别是投资规模偏大，部分行业和地区盲目投资、低水平重复建设严重，一些城市建设规模过大、标准过高，能源、交通和部分原材料供求关系紧张。货币信贷增长过快，贷款结构不合理，金融系统存在不少问题和风险隐患。全面提高我国金融业素质和竞争力，必须加快金融改革，建立现代金融企业制度。一要深化国有银行改革，重点做好中国银行和中国建设银行的股份制改造试点工作，其他商业银行和政策性银行也要深化改革；二要推进农村信用社改革，逐步健全农村金融体系；三要继续办好金融资产管理公司，加快有效处置不良资产；四要推进资本市场改革开放和稳定发展；五要深化保险体制改革，大力发展保险市场；六要认真履行加入世界贸易组织的承诺，扩大银行业、证券业、保险业的对外开放，努力提高金融对外开放水平。

2004年中国人民银行工作会议在北京召开。会议指出：2004年是实现“十五”计划的关键一年，也是全面落实党的十六大和十六届三中全会精神，深化改革、扩大开放、促进发展的重要一年。人民银行必须进一步切实加强和改善金融调控，既要防止通货膨胀和金融风险，又要支持经济增长，防止经济出现大起大落。2004年人民银行的主要工作任务是：继续执行稳健的货币政策，保持货币信贷总量的适度增长；加强和改进外汇管理，完善人民币汇率形成机制，维护国际收支平衡；加快发展金融市场，建立健全各类市场有机结合、协调发展的机制；高度重视金融安全问题，维护金融体系稳定；全面促进金融企业微观机制改造，提高竞争力；统筹研究制定中国支付体系的改革发展规划，加快支付系统建设，确保支付体系安全、稳定、高效的运行；建立和完善反洗钱工作机制，加快推进中国信贷征信体系建设；继续做好其他金融服务工作，提高服务质量和水平；提高金融对外交流合作的层次和水平，做好金融对外开放的协调工作，提高中国在国际经济金融合作中的地位；加强内部管理，提高依法行政水平。

10~12日 中国银监会2004年工作会议在北京召开。中国银监会主席刘明康在会上指出，2003年是银监会工作开局之年，各项工作有了良好开端，为开创监管工作新局面奠定了基础。2004年银监会的主要工作是：1. 认真学习贯彻《银行业监督管理法》，进一步提高银行业依法监管水平。2. 积极推进金融改革和开放，不断提高中国银行业整体市场竞争力。一是全面推进国有商业银行综合改革；二是继续做好农村信用社改革试点和推广工作；三是深化股份制商业银行改革；四是统筹做好其他各类银行业金融机构改革；五是进一步做好银行业对外开放工作。3. 围绕完善公司治理和建立健全风险内控制度，加大银行审慎监管力度。一是继续狠抓降低银行不良资产；二是严格市场准入监管；三是继续做好高风险机构风险监控、预警和处置工作。4. 抓紧落实好各项支持保障措施。中国银监会公布，2003年共查处违规经营机构1 242家，直接或责令有关单位对3 251名违规人员进行了处分。

全国证券期货工作会议在北京召开。中国证监会主席尚福林做了《抓住机遇，开拓进取，努力开创资本市场改革和发展新局面》的工作报告。报告提出，今后一个时期工作的思路是：抓住一条主线，即促进资本市场持续稳定健康发展；强化两种意识，即加强监管和服务；搞好三方面建设，即完善市场功能，健全市场体系，推动法制诚信；深化四项改革，即发行上市及再融资体制改革，风险防范与处置机制改革，市场运行机制改革和证券期货监管体制改革。2004年重点做好的八项工作：逐步完善市场结构；继续深化发行上市及再融资体制改革；切实提高上市公司规范化运作水平；积极促进证券公司和期货公司的规范发展；进一步发挥机构投资者的作用；全面增强监管合力；不断健全证券期货法规体制；努力加强人才和队伍建设。

报告披露，截至2003年年底，我国境内上市公司总数达1 287家，总市值为42 457.71亿元，流通市值为13 178.51亿元；证券公司共133家，总资产为5 618亿元，营业网点有3 000个；基金管理公司有34家，证券投资基金有95只，基金规模为1 650.09亿份，基金总净值为1 744.31亿元。

全国保险工作会议在北京召开。会议总结了过去一年来中国保险业取得的成绩：2003年全国保费收入为3 880.4亿元，同比增长27.1%。保险公司的总资产达到9 122.8亿元，同比增长41.5%。会议指出，2004年主要抓好以下几方面工作：一是进一步推动保险业快速发展，继续深化保险企业改革，巩固国有保险公司股份制改革成果，全面完成国有保险公司股份制改革任务；研究制订《保险公司治理结构指引》，修订《保险公司内部控制制度建设指导原则》，鼓励和支持保险公司经营方式的创新。二是完善保险市场体系，对保险公司的发展实施分类指导，培育和发展具有国际竞争力的大型保险企业集团；积极培育再保险；鼓励和促进现有专业保险中介机构积极创新经营模式；鼓励保险公司开发个性化产品，积极推行保险条款的通俗化和标准化；加强保险诚信体系建设，积极培育保险诚信文化。三是扩大开放，促进我国保险业的产品结构和区域结构的调整。在此次会议上，中国保监会主席吴定富首次披露：人保财险和中国人寿的偿付能力分别是国家监管标准的 1.9 倍和 5.6 倍。

15 日　中德住房储蓄银行在天津开业。该行注册资本为 1.5 亿元人民币，中国建设银行持股比例占 75.1%，德国施豪银行持股比例占 24.9%。住房储蓄银行是我国首家中外合资住房储蓄银行。

16 日　国家外汇管理局发布《关于规范非居民个人外汇管理有关问题的通知》。该通知对非居民个人在境内办理外汇收支、外汇划转、结汇、购汇、开立外汇账户做了具体规定，并规定非居民个人从汇入外汇或其外汇存款账户中提出外钞超过等值 1 万美元的、把其外汇资金向银行结汇的、办理境内外汇资金划转的、需将存款汇出境外的，都应填写“非居民个人外汇收支情况表”，以便银行进行真实性审核和外汇局事后核查。该通知自 2004 年 3 月 1 日起施行。

18 日　中国银监会发布《关于非银行金融机构开办新业务有关审批事项的通知》。该通知规定，非银行金融机构申请开办新业务的条件是：现行业务经营状况良好，近三年内无重大违规经营行为；具有健全的内部控制机制和制度；具有有效识别和控制新业务风险的管理制度；具有开办新业务所需的合格的管理人员和业务人员；中国银监会要求的其他条件。

标准普尔信用评级公司宣布，将中国的长期和短期外币评级调高一级，分别为 BBB + 级和 A – 2 级，这两项评级在调整前分别为 BBB 级和 A – 3 级，中国的评级展望为正面。标准普尔信用评级公司表示：该评级的调升反映了中国持续的结构改革已有成效，使国家经济具有更强的韧力，而且政府的税基扩大，使政府的开支压力得以舒缓，并令国家更有能力继续进行长远的改革，而正面的评级展望则反映了标准普尔信用评级公司预期中国经济改革的步伐将会加快。标准普尔信用评级公司此前对中国长期外币评级共进行三次：1988 年评级为 BBB 级，1997 年调升一级至 BBB + 级，1999 年降回 BBB 级。

21 日　中国人民银行发布《关于内地银行与香港银行办理个人人民币业务有关问题的通知》。该通知规定：1. 内地银行发行的个人人民币银行卡（包括借记卡和贷记卡），可在香港用于购物、餐饮、住宿等旅游消费支付，但不得用于旅游消费外的经营性交易、证券投资和房地产等资本和金融项目交易，以及博彩等内地法律、法规禁止交易的支付；可在香港自动取款机（ATM）上提取港元现钞，提钞限额为每日不超过等值 5 000 元人民币，但不得在香港银行柜台转账、提现或通过客户受理终端（POS 机）提现。2. 香港银行发行的人民币银行卡（包括借记卡和贷记卡），可在规定的授信额度内在内地用于个人消费支付、在 ATM 上提取人民币现钞，但不得在内地银行柜台办理转账、提现。3. 内地银行接受的香港人民币汇款限于：香港汇款人经由香港清算行汇入且以汇款人为收款人的汇款，每一汇款人每天汇入的最高限额为 50 000 元人民币。如收款人与汇款人不是同一客户或不是联名账户开户人之一，或者同一汇款人当天汇入的人民币金额超过 50 000 元的，内地银行应将相应的人民币款项原路退回香港汇出行，不得为收款人办理解付。内地银行为香港汇款人解付人民币现钞，应当按照储蓄管理的有关规定办理。对一次性提取现钞超过 50 000 元的，应办理登记手续。

22日 中国银监会发布《股份制商业银行风险评级体系（暂行）》。股份制商业银行风险评级主要是对银行经营要素的综合评价。该评级体系先对资本充足状况、资产安全状况、管理状况、盈利状况、流动性状况、市场风险状况六要素分别按照百分进行计算，然后对各要素评价分值乘以相应权重后进行相加，其总和为综合评分。其中各要素的权重分为：资本充足状况20%，资产安全状况20%，管理状况25%，盈利状况20%，流动性状况15%。股份制商业银行的综合评级根据评分分值，分为良好、一般、关注、欠佳、差等五级。评级结果作为监管的基本依据，并作为股份制商业银行市场准入和高级管理人员任职资格管理的重要参考。

23日 经国务院批准，中国银监会发布《商业银行资本充足率管理办法》。该办法包括总则、资本充足率计算、监督检查、信息披露和附则共5章55条。资本充足率是指商业银行持有的、符合该办法规定的资本与商业银行风险加权资产之间的比率。该办法要求商业银行资本充足率的计算建立在贷款损失准备足额提取的基础之上，资本充足率不得低于8%，其中核心资本充足率不得低于4%。商业银行按照规定设立的交易账户，其总头寸高于表内外总资产的10%或超过85亿元人民币须计提市场风险资本。商业银行根据资本充足率和核心资本充足率的高低分为三类：即资本充足（资本充足率不低于8%，核心资本充足率不低于4%）、资本不足（两项指标不达到上述标准）和资本严重不足（资本充足率不足4%，或核心资本充足率不足2%）。对此，银监会分别采取干预、纠正和调整高级管理人员、接管或重组、撤销等相应的监管措施。2007年1月1日为商业银行资本充足率的最后达标期限。在过渡期内，未达标的商业银行要制订切实可行的资本补充计划。该办法适用于在中国境内设立的中资银行、外资独资与全资银行，自2004年3月1日起施行。

中国人民银行发布《2003年第四季度中国货币政策执行报告》。该报告指出，2003年，我国克服“非典”疫情等多种困难，经济呈现出增长加快、效益提高、活力增强的良好发展态势。中国人民银行继续执行稳健的货币政策，对货币信贷过快增长的趋势及时进行“预调”和“微调”，采取了必要的调控措施：一是发行中央银行票据，加大公开市场“对冲”力度；二是对房地产信贷进行风险提示，加强对商业银行贷款的“窗口指导”；三是将金融机构存款准备金率由6%上调为7%，冻结商业银行约1 500亿元的超额准备金；四是扩大贷款利率浮动区间，同时下调了超额存款准备金利率。这些措施取得了积极的成效，信贷增长偏快的趋势得到了有效控制。2003年年末，广义货币 M_2 余额为22.1万亿元，同比增长19.6%。金融机构贷款前三个季度增加较多，第四季度得到了有效控制。2003年年末，全部金融机构本外币贷款余额为17万亿元，比年初增加3万亿元；本外币存款余额为22万亿元，比上年年末增加3.7万亿元。基础货币余额为5.23万亿元，同比增长16.7%。金融机构超额准备金率为5.38%。利率总水平和货币市场利率基本稳定。2003年年末，国家外汇储备为4 032.5亿美元，比年初增加1 168.4亿美元，是我国外汇储备增长最多的一年。年末人民币汇率为1美元兑换8.2767元人民币。

该报告提出2004年货币政策取向：保持货币信贷总量平稳增长；稳步推进利率市场化进程；保持人民币汇率在合理、均衡水平上的基本稳定；着力调整信贷结构，促进产业结构调整；加快发展金融市场，扩大直接融资；加快推进国有商业银行股份制改造，做好农村信用社改革资金支持工作。

25日 中国人民银行决定扩大公开市场业务一级交易商机构范围。除商业银行外，增加证券公司、保险公司、农村信用合作联社为公开市场业务一级交易商。同时建立公开市场业务一级交易商考评调整机制，包括制定评审指标体系；设置指标权重、记分标准和计算分值；按评审指标体系、权重和记分标准计算分值确定公开市场业务一级交易商。公开市场业务一级交易商指经中国人民银行审定的具有直接与中国人民银行进行债券交易资格的商业银行、保险机构、证券公司和信托投资公司。

27 日 中怡保险经纪有限责任公司在上海开业。该公司由中国保监会于 2003 年 10 月 14 日批准成立，由中国粮油食品进出口（集团）有限公司和美国怡安保险集团公司合资组建，注册资本金为 3 000 万元人民币，合资双方各占 50%股份。这是中国首家合资保险经纪公司。《中国保险报》资料显示：2000 年 6 月，中国开始建立保险经纪市场，至此，共有 88 家保险经纪公司获得中国保监会批准。2002 年，中国保险经纪业营业收入为 3 亿元，但保险经纪业达成的保费仅占保险总保费收入的近 1%。

3 月

1 日 中国银监会发布《外资银行并表监管管理办法》。该办法规定，设立营业性分支机构或附属机构的独资、合资银行，以及在华设立两家以上营业性分支机构的外国银行应确定主报告行。主报告行是外资银行合并财务报表和综合信息汇总机构，主要职责是向并表监管局报送或备案监管资料和沟通信息。主报告行须每半年度提交一份“外资银行经营情况汇总报告”，包括基本信息、授信集中度说明、贷款损失准备金分析、大额资产划转情况、资金流出入分析、关联交易情况、境外贷款、投资清单，以及营业性分支机构经营动态等内容。该办法自 2004 年 4 月 1 日起实施。

中国建设银行与台湾 17 家本地银行、23 家外资银行在台分支机构合作，正式推出“两岸汇款即时通”业务，提供美元、港元、日元、欧元四个清算币种的对台汇出汇款和台湾汇入汇款双向即时通汇服务。

国家外汇管理局发布《关于外币旅行支票代售管理等有关问题的通知》。该通知规定，外币旅行支票是指境内商业银行代售的、由境外银行或专门金融机构印制、以发行机构作为最终付款人、以可自由兑换货币作为计价结算货币、有固定面额的票据。外币旅行支票的代售对象是境内机构、驻华机构，也可以是境内的居民个人或非居民个人。其用途原则上应限于境外旅游、朝觐、探亲会亲、境外就医、留学等非贸易项下的对外支付，不得用于贸易项下或资本项下的对外支付。该通知自 2004 年 4 月 1 日起施行。

经中国证监会核准，中信证券、海通证券、长城证券三家证券公司成为首批发行公司债的券商。三家公司发债规模都严格限制在净资产的 40%以内，分别为 10 亿元、30 亿元和 2.3 亿元。债券期限均为 5 年，全部由债券担保人出具全额、不可撤销连带责任的保证担保。海通证券、长城证券发行的是浮动利率债，以人民币现行 1 年期 1.98%的存款利率为基准，每年上浮 1.75 个基点；中信证券发行的是 3.9%固定利率债，与 5 年期国债收益率相同。同年 4 月 29 日，长城证券和中信证券分别发行了公司债 2.3 亿元和 4.5 亿元；海通证券则最终取消了发行计划。

中国证监会在各省、自治区、直辖市、计划单列市的派出机构，统一更名为“中国证监会××监管局”，简称“××证监局”。证监会天津、沈阳、上海、济南、武汉、广州、深圳、成都、西安稽查局名称不变。

2 日 国务院第 42 次常务会议召开，研究部署中国银行、中国建设银行股份制改造试点的有关工作。会议提出，国有独资商业银行股份制改造的核心是建立法人治理结构。试点银行重点抓好以下工作：一要建立规范的股东大会、董事会、监事会，建立对高级管理层授权经营的目标制度和问责制度；二要建立科学的决策体系、内部控制机制和风险管理体制，加强管理，实现自主经营，自负盈亏，自担风险，自我发展；三要稳步推进资本重组，公开、公平、公正地选择境内外战略投资者；四要建立市场化人力资源管理体制和有效的激励约束机制，引进人才，提高队伍素质；五要认真做好不良资产处置工作，严肃查处违法、违规案件，依法追究有关人员的责任；六要确保国家注资的安全，实现保值增值。

中国人民银行发布《关于城市信用合作社和农村信用合作社开办银行承兑汇票业务有关事项的通知》。该通知规定，城乡信用社开办银行承兑汇票业务，不再报经人民银行审批，但须使用人民银行统一规定的票据凭证和汇票专用章。承兑申请人开户行如不办理全国或省辖联行业务，应通过代理转汇行办理票款的划款。

4日 中国人民银行价格监测分析小组召开第一次会议。会议确定，价格监测分析小组按季度向货币政策委员会提供《价格监测分析报告》，旨在长期跟踪、研究物价变动趋势，全面分析居民消费价格指数、生产者价格指数、资产价格指数等一篮子价格指标，深入探讨国内价格与国际价格的互动关系，总体把握宏观经济运行态势，准确判断整体经济形势，为货币政策决策提供更好的理论依据。价格监测分析小组于2004年3月初成立，由中国人民银行研究局、货币政策司、金融市场司、调查统计司、金融稳定局、国际司等有关司局组成，并邀请国家统计局、国家发展改革委、商务部、海关总署、农业部、国土资源部、国家物流中心等相关部门的专家参加。

5日 第十届全国人民代表大会第二次会议在北京开幕。国务院总理温家宝作《政府工作报告》。该报告指出，2004年要坚持扩大内需的方针，继续实施积极的财政政策和稳健的货币政策。在推进金融体制改革方面，要加快国有独资商业银行改革，重点做好中国银行和中国建设银行股份制改造试点工作。其他商业银行和政策性银行也要深化改革。继续搞好农村信用社改革试点，总结经验，逐步扩大范围。推进资本市场改革开放和稳定发展，扩大企业债券发行规模，逐步提高企业直接融资比重。继续推进保险业改革，大力发展保险市场。完善银行、证券、保险监管体制，加强相互配合，强化金融监管，维护金融稳健运行。

8日 国务院颁布《基金会管理条例》。该条例包括总则，设立、变更和注销，组织机构，财产的管理和使用，监督管理，法律责任和附则共7章48条。基金会是指利用自然人、法人或者其他组织捐赠的财产，以从事公益事业为目的，按照该条例规定成立的非营利性法人。基金会分为公募和非公募两类。该条例规定，公募基金会须为特定的公益目的而设立，须有规范的名称、章程、组织机构以及与其开展活动相适应的专职工作人员；有固定的住所；能够独立承担民事责任。公募基金会分为全国性和地方性两类，原始基金分别不低于800万元和400万元；非公募基金会的原始基金不低于200万元。原始基金均须为到账货币资金。公募基金会每年用于从事公益事业支出不得低于上一年总收入的70%，非公募基金会不得低于上一年基金余额的8%。国务院民政部门负责基金会、基金会代表机构的登记管理工作。该条例自2004年6月1日起施行，1988年9月27日国务院颁布的《基金会管理办法》同时废止。

申万巴黎基金管理有限公司（SYWG BNP Paribas Asset Management Co., Ltd.）在上海开业。该公司是由申银万国证券股份有限公司和法国巴黎资产管理有限公司（BNP Paribas Asset Management SAS）共同发起设立的一家中外合资基金管理有限公司。公司注册地在中国上海，注册资本金为1亿元人民币。其中，申银万国证券股份有限公司持有67%的股份，法国巴黎资产管理有限公司持有33%的股份。申银万国证券股份有限公司是一家大型综合类券商，注册资本42.16亿元；法国巴黎资产管理有限公司为全球最大银行集团之一——法国巴黎银行的全资附属公司，管理资产规模超过1 820亿美元。

11日 国务院颁布《关于进一步推进西部大开发的若干意见》。该意见指出：建立长期稳定的西部开发资金渠道，是持续推进西部大开发的重要保障。要继续保持利用长期建设国债等中央建设性资金支持西部开发的投资力度，采取多种方式筹集西部开发专项资金。鼓励各金融机构采取银团贷款、混合贷款、委托理财、融资租赁、股权信托等多种方式，加大对西部地区的金融支持。加快商业银行对西部地区国债配套贷款项目的评估审贷速度，提高贷款审核效率。支持国家政策性银行扩大贷款规模，延长贷款期限，支持西部地区基础设施建设、进出口贸易。进一步推进西部地区农村金融体系建设，加大农村信用社改革力度，继续扩大农户小额贷款和农户联保贷款，支持有生产能力、守信用的贫困农户尽快脱贫致富。加强扶贫贴息贷款管理，增加对西部地区信贷投入。积极支持西部地区符合条件的企业优先发行企业债券，支持西部地区符合条件的企业发行股票。修改、完善并适时出台产业投资基金管理暂行办法，优先在西部地区组织试点，支持西部地区以股权投资方式吸引内外资。提高西部地区利用国际组织和外国政府赠款及国外优惠贷款的比例。

据国务院西部地区开发领导小组办公室统计数字：2003 年我国西部地区开发基础设施累计开工 76 个重点单项工程，总投资 3 635 亿元，到年底累计完成投资 2 008 亿元，占总投资的 55.2%。2003 年中国西部地区的 12 个省、自治区、直辖市的经济增长速度继续加快，与上年相比，国内生产总值增长速度提高 1.3 个百分点，固定资产投资增速提高 8.3 个百分点，工业增加值增速提高 3.9 个百分点，进出口总额增速提高 13.2 个百分点。

中国银监会发布《关于中国银行、中国建设银行公司治理改革与监管指引》。该指引规定两家试点银行股份制改革的总目标是：用 3 年左右的时间改造成资本充足、内控严密、运营安全、服务和效益良好、具有国际竞争力的现代化股份制商业银行。在公司治理结构和国际通行的财务指标方面，达到并保持国际排名前 100 家大银行中等以上的水平。该指引对两家试点银行规定了具体的考核指标：总资产净回报率在 2005 年度应达到 0.6%，在 2007 年度应达到国际良好水准。股本净回报率在 2005 年度应达到 11%，在 2007 年度应提高到 13% 以上。两家试点银行从 2005 年起成本收入比应控制在 35% ~ 45%，并从 2004 年起对非信贷类资产实行五级分类，并按五级分类口径对全部资产的质量进行考核，将不良资产比率持续控制在 3% ~5%，资本充足率在任何时点上保持 8% 以上。从 2005 年起两家试点银行对同一借款人的贷款余额与商业银行资本余额的比例不得超过 10% 的风险指标；2005 年年底不良贷款拨备覆盖率，中国银行应达到 60%，建设银行应达到 80%，2007 年年底应继续有所增长。

14 日 国务院总理温家宝就国有独资商业银行股份制改造答记者问。十届全国人大二次会议在北京闭幕之后，国务院总理温家宝举行记者招待会。温家宝表示，这些年国有商业银行的经营状况有所改善，但是存在的问题依然是严重的，主要是不良资产的比重较高，四家国有商业银行的不良资产高达 20%，接近 2 万亿元；资本充足率比较低；实现盈利状况不够好。根本原因在机制、在体制。这次中央决定要对中国银行和中国建设银行实行股份制改造，并且注资 450 亿美元。我们这次改革，第一，确立了一个明确的目标，就是要使国有商业银行走市场化的道路，推进产权制度的改革，推进公司治理结构的改革，真正把国有商业银行变成现代商业银行。第二，我们制定了保全措施和明确的责任。也就是说，实行这项改革，两个银行必须对国家的注资实行保全，也就是保值增值，同时，要担负起降低不良资产的责任。第三，关键在管理和队伍。这次改革是背水一战，只能成功，不能失败。我们必须下大决心来保证这次改革成功。

15 日 中国证监会发布《期货经纪公司治理准则（试行）》。该准则提出：期货经纪公司应建立相对均衡的股权结构和最终权益持有人结构，防止股权过于集中和过度分散。期货经纪公司的章程应当规定单独或者合并拥有期货经纪公司 10% 以上表决权的股东，有权向股东会提出审议事项。期货经纪公司不得直接或间接为股东出资提供融资或担保；股东不得以任何形式占用或转移期货经纪公司的资产，股东特别是控股股东及其关联方不得通过关联交易和资产重组等方式损害期货经纪公司、其他股东和期货投资者的合法权益。

中国保监会发布《关于加强保险行业协会建设的指导意见》。该意见明确，保险行业协会的工作宗旨是：为会员提供服务，维护行业利益，促进行业发展。工作核心是服务，其基本职责为：自律、维权、协调、交流、宣传。中国保监会及其派出机构依法对保险行业协会进行管理、指导和监督。该意见对组织管理、体系建设、自身建设做了具体规定。

16 日 中国人民银行、财政部、劳动和社会保障部联合下发《关于进一步推进下岗失业人员小额担保贷款工作的通知》。该通知要求：各省、自治区、直辖市以及地级以上城市都应尽快将下岗失业人员小额担保贷款基金筹集到位，同时建立担保基金的风险补偿机制，省级政府设立的下岗失业人员小额担保基金应至少承担地市贷款担保基金代偿损失的 10%。对要求借款人提供反担保的，其风险控制金额原则上不超过下岗失业人员实际贷款额的 30%；对尚未落实贷款担保机构的地区，允许将贷款担保基金直接存入同级财政部门指定的商业银行，由经办银行按照不超过贷款担保基金 5 倍的数额发放下岗失业人员小额贷款，贷款担保基金自动提供相应担保，同时，为防止经办银行的道德风险，对以此方式发放贷款出现的损失由经办银行分担 20%。

对中小企业特别是小企业，该通知提出，银行要加大信贷支持，财政给予优惠政策。具体包括：1. 银行对符合条件的小企业发放贷款可由财政部门按人民银行公布的贷款基准利率（不含利率上浮部分）的 50% 给予贴息（展期不贴息），贴息资金由中央和地方财政各负担一半。银行开办此项业务如发生贷款呆账损失，由财政部门按相关规定核定后承担 10% 的补偿，中央和地方财政各承担一半。2. 为鼓励经办银行的积极性，地方财政对开办符合条件的小企业贷款的经办银行按季度给予其贷款实际发放金额 0.5% 的手续费补助。3. 发放这类贷款，规模最高不超过 100 万元人民币，期限不超过 2 年，可展期一次。但对这类贷款，政府将不再提供担保形式的支持。

中国人寿保险股份有限公司（股票简称：中国人寿；纽交所代码：LFC；港交所代码：2628）在美国纽约州南区法院被起诉。美国律师行 Milberg Weiss Bershad Hynes Lerach LLP 以“未适当披露审计信息、违反《1934 年美国证券法》”为由，对中国人寿提起集体诉讼，并号召 2004 年 2 月 3 日前持有中国人寿股票的美国投资者进行集体诉讼登记。同年 3 月 25 日，另一家美国律师事务所 Cauley Geller 也因同一事由，组织股民向中国人寿提出“集体诉讼”。截至 2004 年 8 月 27 日，已有 9 份起诉状被呈交至美国纽约南区联邦法院。这些诉状被美国法院合并为一个案件。美国律师认为：中国人寿为了实现顺利上市和维持股价处于高位，有意隐瞒正在接受中国国家审计署审计的信息，投资者在不知情的情况下，高价买入了中国人寿的股票。但在上市后不久，这一重大负面消息被披露，引发股价大幅下跌，造成投资者损失。因此，美国律师认为，中国人寿违反了美国《1934 年证券交易法》的有关条款。

中国人寿 2003 年 12 月 17 日、18 日先后在纽约、香港上市，以 30 亿美元的规模进行首次公开募股。2004 年 1 月 30 日，在全国审计工作会议发表的审计工作报告中提到，重组前的中国人寿保险公司涉嫌违规资金约 54 亿元。2004 年 4 月 27 日，中国人寿接到美国证券交易委员会（SEC）通知，开始接受 SEC 非正式调查。

17 日 中国银监会发布《关于加强银行卡安全管理有关问题的通知》。该通知要求各商业银行必须建立银行卡违法犯罪案件的内部案情适时通报制度和案件及时报告制度。自 2004 年 5 月 1 日起，禁止向持卡人发放统一的初始密码。对于同一银行卡账户进行密码输入操作，一天内连续 3 次输入交易密码不正确的，应立即实施账户锁定，冻结任何资金交易。

18 日 中国银监会、中国证监会、中国保监会监管联席会议在北京召开。会议认为，大力发展资本市场是一项重要的战略任务，对支持中国经济社会的全面发展具有重要意义。三家监管机构将加强协调，共同支持和促进资本市场发展。在建立有效的防范风险机制的前提下，银行为符合条件的证券中介机构提供融资服务。要健全相应的监管法规制度，保证保险资金审慎有序地进入资本市场。进一步完善相关政策和办法，为资本市场健康发展营造良好环境。

国家外汇管理局发布《关于规范居民个人外汇结汇管理有关问题的通知》。该通知规定：居民个人一次性结汇金额在等值1万美元以下的，凭真实身份证明直接到银行办理；一次性结汇金额在等值1万美元以上、5万美元以下的，由银行审核有关收入合法性的证明材料后予以办理；一次性结汇金额在等值5万美元以上的，向所在地外汇局申请，经审核真实性后到银行办理。银行在办理居民个人结汇业务时，对大额和可疑的外汇资金交易信息要及时报告。该规定自2004年4月1日起施行。

22日　中国人民银行货币政策委员会召开2004年第一季度例会。会议认为，当前经济运行中的一些矛盾还没有得到有效的缓解。固定资产投资增势不减，全社会需求依然十分旺盛，2003年下半年以来居民消费价格保持上涨的趋势。会议认为下一步应继续执行稳健的货币政策，进一步增强货币政策的前瞻性、科学性和有效性，适当控制货币信贷规模，优化信贷结构，稳步推进直接融资的发展，既要支持经济增长，又要防止通货膨胀和金融风险。

23日　太原特大票据诈骗案一审结案。山西省太原市中级人民法院一审宣判：原太原市商业银行南内环街支行行长张原清犯票据诈骗罪、贷款诈骗罪被判处死刑。1999年5月至2002年4月，张原清利用提供客户开户资料复印件、私刻印章、伪造担保证明文件等手段，多次诈骗太原市商业银行南内环支行存贷款分别为1.3321亿元和4 385万元。据法院宣布，该案4名被告人共挪用社保基金7 659万元，金融诈骗涉案金额近1.8亿元，给国家造成5 299万元无法追回的损失。

25日　再贷款浮息制度开始实行。中国人民银行于2004年3月24日发布《关于实行再贷款浮息制度的通知》。该通知规定：从即日起，对期限在1年以内、用于金融机构头寸调节和短期流动性支持的各档次再贷款利率，在现行再贷款基准利率基础上加0.63个百分点。再贴现利率在现行再贴现基准利率2.97%的基础上加0.27个百分点，加点浮息后利率为3.24%。农村信用社再贷款浮息分3年逐步到位：2004年保持现行农村信用社再贷款利率政策不变，即在再贷款基准利率基础上下浮动0.99个百分点；2005年1月1日起，农村信用社再贷款利率执行再贷款基准利率；2006年1月1日起，农村信用社再贷款利率在再贷款基准利率基础上加点，加点幅度按同期人民银行确定的流动性再贷款利率加点幅度减半执行。农村信用社再贷款按合同利率执行到期，合同期内不分段计息。专项政策性再贷款以2003年12月31日为界，实行新老划断、区别对待。金融稳定再贷款利率在原定期限内按照国务院批准的水平执行；申请延期的，在延期期间按照专项政策性再贷款浮息办法执行。再贷款浮息制度是指中国人民银行在国务院授权的范围内，根据宏观经济金融形势，在再贷款（再贴现）基准利率基础上，适时确定并公布中央银行对金融机构贷款利率加点幅度的制度。

差别存款准备金率制度开始实行。2004年3月24日，中国人民银行发布《关于实行差别存款准备金率制度的通知》决定：将资本充足率低于4%的金融机构存款准备金率提高0.5个百分点，执行7.5%的存款准备金率，资本充足率不低于4%的金融机构仍执行现行存款准备金率。尚未进行股份制改革的国有独资商业银行和城市信用社、农村信用社暂缓执行差别存款准备金率制度，仍执行现行存款准备金率。

从4月25日起，38家金融机构开始执行8%的差别存款准备金率，主要是股份制商业银行和城市商业银行。

中国人民银行发布《关于结售汇业务管理工作的通知》。该通知规定，凡申请经营结汇、售汇业务的政策性银行、国有独资商业银行、股份制商业银行总行和其他金融机构报所在地外汇局出具初审意见后由所在地外汇局报国家外汇管理局审批；上述银行的分支机构、城市和农村商业银行以及外资银行及其分支机构的申请由所在地外汇局审批。其中，商业银行支行以下的分支机构申请经营结汇、售汇业务，统一由其所属支行向所在地外汇局申请和报批。

中国银监会发布《商业银行不良资产监测和考核暂行办法》。该暂行办法规定：商业银行不良资产的监测和考核包括对不良贷款、非信贷资产和表外业务风险的全面监测和考核。商业银行应严格按照贷款五级分类标准，做到对不良贷款的逐笔、实时监控，以及非信贷资产、表外业务风险变化情况的监测，并对重点机构和客户进行直接监测。

27 日　中国人民银行发布《关于适当增加粮食主产区农村信用社再贷款的通知》。经国务院批准，中国人民银行决定增加 50 亿元再贷款，专门用于支持粮食主产区资金紧张的农村信用社发放农户春耕生产贷款。此项再贷款限额调剂不得用于其他地区。

1999—2003 年，中国人民银行共安排农村信用社再贷款 1 238 亿元，重点支持中西部、灾区、粮食主产区及其他资金紧张地区的信用社发放农户贷款，引导全国农村信用社的农业贷款分别增长 14.3%、18.5%、22.4% 和 26.4%、26.8%。

29 日　中国保监会发布《关于保险公司投资银行次级定期债务有关事项的通知》。该通知规定：保险公司投资次级债的余额按成本价格计算不得超过本公司上月末总资产的 8%，投资一家银行发行的次级债券比例累计不得超过该保险公司上月末总资产的 1%，投资一期次级债券的比例不得超过该期次级债券发行量的 20%。保险公司不得投资期限超过 6 年的次级债，只能投资国有独资商业和全国性股份制商业银行发行的次级债。

QFII 基金入市。由日本日兴资产管理有限公司管理的“日兴中国人民币国债母基金”是第一个以基金形式进入中国资本市场的合格境外投资者（QFII），其持有人为日本的机构投资者，包括生命保险公司、财产保险公司和一些企业财团。该基金将获得批准的 5 000 万美元额度全部购买了在上海证券交易所挂牌的 1 ~ 3 年期记账式人民币短期国债。该基金的持有期为三年九个月。交通银行作为该基金的境内托管人，办理了基金在中国开立证券交易账户、行使收益人权利、负责外汇汇划及清算等各项事宜。银河证券和海通证券被聘为沪深证券交易所的交易经纪商。在获得 QFII 资格、外汇投资额度和开设人民币特殊账户后，当年 3 月 1 ~ 5 日，该公司的“日兴中国人民币国债母基金”在日本募集成功，基金规模达 5 000 万美元。日本日兴资产管理公司成立于 1959 年，是日本三大资产管理机构之一，管理的资产达 800 亿美元。

30 日　国家外汇管理局发布《关于调整经常项目外汇账户限额核定标准有关问题的通知》。该通知分档次核定经常项目外汇账户限额。将经常项目外汇账户可保留外汇的比例由上年度的 20% 提高到 30% 或 50%。30% 适用于上年度经常外汇支出占经常项目外汇收入的比例为 80% 以下的境内机构，50% 适用于上年度经常外汇支出占经常项目外汇收入的比例为 80% 以上的境内机构。如上年度没有经常项目外汇收入，其开立经常项目外汇账户的初始限额不超过等值 10 万美元，同时取消经常项目外汇账户地区总限额。上述规定自 2004 年 5 月 1 日起执行。

4 月

1 日　四家财产保险公司推出新车贷险。2004 年 3 月 31 日，中国保监会的官方网站（http://www.circ.gov.cn）公布：中国人民财产保险股份有限公司、中国太平洋财产保险股份有限公司、天安保险股份有限公司和永安财产保险股份有限公司于 4 月 1 日推出六款新车贷险产品。新车贷险产品中明确，保险公司承担保险责任以被保险人（贷款机构）向投保人（贷款购车人）取得有效的抵（质）押为前提；保险公司的保障范围为被保险人行使抵（质）押权后不足以弥补未偿还贷款本金及利息的差额部分。新车贷险免赔率不低于 10%，期限不超过 3 年，首付款不得低于 30%，且投保人（贷款购车人）必须是贷款车辆的最终使用人。新车贷险产品还增加了对投保人因疾病或意外事故所致死亡或残疾的保障，设定了多个保险费调整系数。

2日 中国银监会公布《商业银行与内部人和股东关联交易管理办法》。该管理办法规定商业银行的关联方包括关联自然人、关联法人或其他组织；关联交易是指商业银行与关联方之间发生的转移资源和义务的交易行为，包括授信、资产转移、提供服务等。该管理办法规定：商业银行与一个关联方之间单笔交易金额占商业银行资本净额1%以下，且该笔交易发生后商业银行与该关联方的交易余额占商业银行资本净额5%以下的交易为一般关联交易，超过1%和5%这两个标准的为重大关联交易。商业银行对一个关联方的授信余额不得超过资本净额的10%，对一个关联法人或其他组织所在集团客户的授信余额总数不得超过商业银行资本净额的15%，对全部关联方的授信余额不得超过商业银行资本净额的50%。该管理办法自2004年5月1日起施行。

5日 中国银监会发布《股份制商业银行非现场监管规程（试行）》。该规程将非现场监管分为信息收集与核实、信息分析与处理、信息反馈与使用、信息归档与管理等四个阶段，是监管部门开展非现场监管工作的指导性文件。

6日 十届全国人大常委会第八次会议通过修订后的《中华人民共和国对外贸易法》。其中新增加的一项内容是："国家通过进出口信贷、出口信用保险、出口退税及其他促进对外贸易的方式，发展对外贸易。"

7日 中国人民银行建立中国反洗钱监测分析中心。中国反洗钱监测分析中心（Chinese Anti-Money Laundering Monitoring and Analysis Center，CAMLMAC）是中国人民银行总行直属的、不以营利为目的的独立的事业法人单位，是为人民银行履行组织协调国家反洗钱工作职责而设立的收集、分析、监测和提供反洗钱情报的专门机构。据《中国反洗钱报告2004》统计：截至2004年12月31日，中国反洗钱监测分析中心共接收本外币数据3 217 227笔、可疑交易报告10 740份。

公安部、中国人民银行、国家外汇管理局发布《关于联合开展打击地下钱庄违法犯罪活动的通知》。三部门决定，于2004年4～12月在全国范围内联合开展打击地下钱庄违法犯罪活动，打击重点是从事非法买卖外汇等违法犯罪活动及协助进行洗钱和跨境资金转移的地下钱庄。该通知要求：中国人民银行和国家外汇管理局要加强对人民币和外汇大额与可疑资金交易的监测工作，并指定专人负责，各地要适时组织人员对本地区地下钱庄的现状、规模运营方式进行摸底，发现涉嫌犯罪的，要及时向公安机关移送；金融机构对发现的涉嫌洗钱和非法买卖外汇等违法犯罪活动交易线索要及时向公安机关报告，并积极协助、配合公安机关开展案件侦办工作。

据2005年2月24日公安部、中国人民银行和国家外汇管理局"打击地下钱庄违法犯罪联合行动总结表彰大会"资料：联合行动期间，各地共组织专项打击行动479次，打掉地下钱庄及非法买卖外汇交易窝点155个，涉案金额为125亿元人民币，缴获现金折合1.1亿元人民币，冻结存折及银行账户460个，冻结资金4 200多万元人民币，抓获违法犯罪嫌疑人274名，罚款金额为1 943万余元人民币。

8日 财政部、中国人民银行、中国证监会联合发布《关于开展国债买断式回购交易业务的通知》。该通知规定，全国银行间债券市场成员和证券交易所债券市场的机构投资者可以在这两个场所开展国债买断式回购交易业务。国债买断式回购交易的基本要素包括国债品种、交易方向、价格、回购期限、回购数量等，并以净价价格报价、全价价格结算。该项交易的最长期限为1年，交易规模不得超过控制上限。国债买断式回购交易，是指国债持有人将国债卖给购买方的同时，交易双方约定在未来某一日期，卖方再以约定价格从买方买回相等数量同种国债的交易行为。

2004年5月20日，15家金融机构首批获得从事买断式回购交易业务资格。同年12月6日，首只可用于买断式回购交易的国债品种——2004年记账式（10期）国债在上海证券交易所上市。买断式回购交易只通过上海证券交易所大宗交易系统进行，交易品种为7天、28天和91天，证券简称分别为0410 R007、0410 R028和0410 R091，证券代码分别为203001、203002和203003。

8～10日 全国非银行金融机构监管工作会议在合肥召开。会议指出，2004年非银行金融机构监管工作的具体目标是：要以风险监管为重点，以资本充足率为核心，依法加强合规监管，做好资产质量的监管，把非现场监管与现场监管有机结合起来。当前要特别注意查处信托公募、保底、挪用和关联交易行为。据中国新闻网（http：//www.chinanews.com.cn）资料：截至2003年年底，中国银监会负责监管的信托投资公司、企业集团财务公司和金融租赁公司等三类非银行金融机构总资产8 250亿元，比2002年增长1 666亿元；总负债7 324亿元，比2002年增长1 559亿元；所有者权益926亿元，比2002年增长107亿元；利润57亿元，比2002年增长17亿元。不良资产绝对额385亿元，占资产总额的4.7%。

8日 中国工商银行分别与瑞士信贷第一波士顿、中信证券、中诚信托投资公司签署工商银行宁波市分行不良资产证券化项目的相关协议。根据协议，工商银行宁波市分行以其26亿元贷款资产产生的未来现金流为支持，设计证券化产品，向投资者进行转让。瑞士信贷第一波士顿担任财务顾问，主要是从交易结构上要求符合国际惯例，制订资产管理和资产处置计划，对投资者进行指导；中信证券作为前期的联合顾问和后期的承销人，主要参与资产管理和资产处置计划的编制和后期的承销；中诚信托作为受托人搭建平台。工商银行总行从法律、财务、会计核算等角度为项目提供全面支持。

工商银行宁波市分行账面价值26亿元的资产包，经过调查与评估，设立了价值约8亿元3年期的特殊目的信托，并从签约日起开始推介。根据现金流的不同信用等级，工商银行将产品的受益权分为A级、B级、C级三级。A级受益权产品2亿元、一年期、5.01%、优先受偿权；B级受益权产品4亿元、三年期、5.10%、工商银行回购承诺；C级受益权产品2.2亿元、三年期、工商银行保留。购买这一信托产品的全部是境内的机构投资者。这是我国国有商业银行首次采用证券化方式处置不良贷款。

中国人寿母公司——中国人寿保险（集团）公司审计事件结案。中国人寿在香港联合交易所发布公告表示：审计署2004年3月30日向公司控股股东中国人寿保险（集团）公司作出审计决定书，原中国人寿保险公司［中国人寿保险（集团）公司的前身］应缴纳税金和罚金总计约为6 749万元人民币（约815万美元），其中罚金为1 109万元。根据公司与集团公司2003年9月30日订立的重组协议，集团公司将承担审计署审计决定中涉及原中国人寿保险公司的一切责任。

在当年1月30日召开的全国审计工作会议上，审计署审计长李金华发表了《求真务实、开拓创新，进一步提高审计工作质量和水平》的报告。报告指出：2002年全国统一组织对工商银行总行及21个分行和中国人寿保险公司系统进行了审计。对人寿保险公司资产负债损益情况的审计，查出非法代理、超额退保等不正当竞争问题金额23.74亿元；以出借、投资等方式违规运用保险资金24.82亿元；私设“小金库”3 179万元。审计还发现违法犯罪案件线索28件，涉案金额为4.89亿元。

12日 中国人民银行发布《全国银行间债券市场债券买断式回购业务管理规定》。该规定明确，买断式回购的债券券种范围与用于现券买卖的相同。市场参与者从事该项业务应在买断式回购主协议中写明履约保证条款。买断式回购期间，交易双方不得换券、现金交割和提前赎回，到期交割时应具有足额的债券和资金，以净价交易，全价结算。回购期限由交易双方确定，但最长不得超过91天。任何一家市场参与者单只券种的待返售债券余额应小于该只债券流通量的20%，待返售债券总余额应小于自营债券总量的200%。该规定自2004年5月20日起施行。

14 日 德隆危机爆发。"德隆系"的新疆屯河（600737）、湘火炬（0549）、合金投资（000633）三只股票跌停。自 2004 年 3 月初以来，在资金链断裂、债权人不断上门逼债的压力下，"德隆系"股价开始暴跌，湘火炬 A 从 2003 年年末的 16.07 元跌到了 8.4 元，新疆屯河从 14.62 元跌到了 8.88 元，合金投资从 29.11 元跌到了 20.72 元。1997 年 3 月以来，在德隆国际战略投资有限公司总裁唐万新决策和指挥下，新疆德隆、德隆国际利用自有资金和部分委托理财资金，使用 24 705 个股东账号，采取连续买卖、自买自卖等手法，长期大量买卖新疆屯河、合金投资、湘火炬 A 股票，造成 3 只股票价格异常波动。截至当日，新疆德隆、德隆国际累计买入上述 3 只股票 678 亿元，共非法获利 98.61 亿元。其间，3 只股票的最高持仓比例全部高达 91.5% 以上，自买自卖量占总交易量的最高比例全部在 99.83% 以上。

德隆国际战略投资有限公司（以下简称德隆）是中国民营资本中的"超级航母"，1986 年创立于新疆乌鲁木齐，2000 年年初在上海浦东新区注册，控股新疆德隆集团和新疆屯河集团，注册资本为 5 亿元人民币。德隆形成规模投资的领域有：制造业，包括汽车零配件、重型车、电动工具、番茄酱及经济作物深加工、水泥等；流通业，包括城市商品流通业、农村农资超市等；服务业，包括金融和旅游文化服务等。"德隆系"的资产主要分为两大部分：一是实业企业，二是金融企业，是一个跨地区、跨产业的大型公司。德隆正式控股的上市公司一度达到 6 家，除了上述"老三股"以外，还有北京中燕（600763）、重庆实业（000736）和天山股份（000877）成为"新三股"，而曾与其密切合作的上市公司有 40 余家。这些上市公司被德隆占用的资金总额超过 40 亿元。与此同时，德隆还将相当多的流通股进行质押以获得资金。德隆获得银行贷款的方式是：先由上市公司贷出用于下一步并购所需资金，并购完成后，再由下一级被并购企业向银行贷款，反过来由上市公司担保。这些资金虽然不直接归德隆使用，但是德隆通过层层控股，对这些资金拥有绝对的支配权。

"德隆系"是市场上对以德隆集团、新疆德隆、屯河集团三家控股集团为核心，以其下属新疆屯河、天山股份、湘火炬、合金投资四家上市公司为支柱的企业集团的称谓。截至 2004 年年末，"德隆系"控股、参股企业有 200 家左右；"德隆系"控制和关联的金融机构有：证券公司 7 家、信托投资公司 3 家、租赁公司 2 家、城市商业银行 4 家、保险公司 2 家。

15 日 中国人民银行发布《关于中国人民银行停止代理商业银行兑付跨系统银行汇票的通知》。该通知明确：从 2004 年 4 月 1 日起，人民银行停止办理股份制商业银行签发的跨系统银行汇票的代理兑付业务。汇票的代理兑付业务，由商业银行按照 2000 年 6 月 17 日中国人民银行发布《支付结算业务代理办法》的有关规定相互代理。

中国保监会下发《关于实施财产保险公司条款费率事后备案制度有关问题的通知》。该通知决定改革现行财产保险公司条款费率管理制度。财产保险总公司开发、引用或修订的保险产品，除规定需要审批或事前备案的保险产品外，总公司应当在批准销售后的 7 个工作日内向中国保监会进行事后备案。省级分公司、外资财产保险公司分公司向所在地保监局进行事后备案。该通知自 2004 年 5 月 1 日起执行。

19 日 首次全国范围商业银行反洗钱专项检查正式启动。中国人民银行印发《关于专项检查商业银行反洗钱工作的通知》决定，对全国范围商业银行反洗钱工作进行专项检查。此次专项检查共历时 4 个多月，中国人民银行成立检查组 752 个，动用检查人员 3 906 名，77 家主报告行受到处罚，金额达 170 余万元。截至 2004 年 7 月，国内各商业银行全部成立了反洗钱工作领导小组和相关办事机构，全国金融机构共有反洗钱岗位 91 313 个，反洗钱专（兼）职人员92 743 人。

同年 12 月 24 日，中国人民银行反洗钱局公布对商业银行反洗钱工作专项检查结果。2004 年 1 ~ 9 月，人民银行各分支行对 13.17 万笔本外币可疑交易进行了分析和筛选，涉及金额达到776.8亿元人民币和90.35亿美元，向各级公安机关移交涉嫌洗钱案件900多件。反洗钱局表示，证券、保险等领域也存在可疑交易，也将成为监控的重点；新疆、云南、上海、深圳等地是反洗钱的重点区域。

金融监管部门反洗钱工作协调机制正式建立。金融监管部门反洗钱工作协调机制由中国人民银行牵头，中国银监会、中国证监会、中国保监会和国家外汇管理局参加，以规划、统筹、协调金融业的反洗钱工作，统一协调银行、证券、保险、外汇等金融监管部门的反洗钱职责，减少重复监管，避免监管盲区。

中国保监会出台《推进人身保险条款通俗化工作指导意见》。该指导意见要求，寿险公司制定的人身保险条款应语言流畅、语句通顺、文字浅显易懂、内容完整，便于理解。从方便消费者理解的角度出发，合理安排人身保险条款顺序、设计版面、格式及字体，并通过增加目录、索引、提示等，方便消费者阅读。

21日 中国银监会发布《关于规范向农村合作金融机构入股的若干意见》。该文件明确了向农村合作金融机构入股的原则和条件：向农村合作金融机构入股，应坚持入股自愿、风险自担、服务优惠、利益共享的原则。向农村合作金融机构入股，应由入股人自主决定，任何单位和个人均不得强制。自然人、企业法人和其他经济组织符合向金融机构入股条件的，均可申请向其户口所在地或注册地的农村合作金融机构入股，成为农村合作金融机构社员（股东）。股东须以货币资金和自有资金入股，不得以实物资产、债权、有价证券等形式作价入股，不得以金融机构贷款入股。农村合作金融机构不得与工商企业以换股形式相互入股，不得接受各级人民政府财政资金直接入股。金融机构向农村合作金融机构入股，应报经银行业监督管理机构批准。该文件对股权设置、股金管理、股金证管理和其他事宜做了具体规定。

中国银监会发布《关于加强对金融租赁公司关联交易业务监管的通知》。该通知指出：金融租赁公司通过关联交易向股东及其关联企业大量融资，潜在风险很大。该通知要求：各金融租赁公司要明确股东大会、董事会、经营管理层的权限，涉及公司关联交易业务时必须经董事会集体研究决定；金融租赁公司必须按月、季、半年向监管部门报送关联交易业务报表和关联交易情况的报告，并在会计报表附注中披露有关关联交易事项；金融租赁公司对单一股东及其关联企业通过各种形式的融资余额不得超过该股东在金融租赁公司投资额的50%；违反上述规定的金融租赁公司，按照相关规定处理。

23日 劳动和社会保障部、中国银监会、中国证监会和中国保监会联合发布《企业年金基金管理试行办法》。该试行办法规定，企业年金基金财产的投资范围，限于银行存款、国债和其他具有良好流动性的金融产品，包括短期债券回购、信用等级在投资级以上的金融债和企业债、可转换债、投资性保险产品、证券投资基金、股票等。

该试行办法规定，单个投资管理人管理的企业年金基金财产，投资于一家企业所发行的证券或单只证券投资基金，按市场价计算，不得超过该企业所发行证券或该基金份额的5%；也不得超过其管理的企业年金基金财产总值的10%。企业年金基金财产不得相互出资或相互持有股份。企业年金基金必须进行专户管理。该试行办法自2004年5月1日起施行。

25日 中国人民银行提高存款准备金率。中国人民银行于2004年4月12日发布的《关于提高存款准备金率的通知》规定：执行7%存款准备金率的中国农业发展银行、国有独资商业银行、股份制商业银行、城市商业银行、农村商业银行、农村合作银行、信托投资公司、财务公司、金融租赁公司和有关外资金融机构，将执行7.5%的存款准备金率。执行7.5%存款准备金率的金融机构，将执行8%的存款准备金率。农村信用社和城市信用社暂缓执行提高0.5个百分点存款准备金率的规定，仍执行6%的存款准备金率。

中国保监会发布《保险资产管理公司管理暂行规定》。该暂行规定包括总则，设立、变更和终止，经营范围和经营规则，风险控制和监督管理以及附则共 5 章 53 条。该暂行规定要求，设立保险资产管理公司，应当至少有一家股东或者发起人为保险公司或者保险控股（集团）公司。境内保险公司合计持有保险资产管理公司的股份不得低于 75%；保险资产管理公司的注册资本最低限额为 3 000 万元人民币或者等值的自由兑换货币。保险资金的管理运用限于银行存款、买卖政府债券、金融债券等；开展外汇资金运用业务和其他外汇业务，应当经国家外汇管理部门批准。保险公司和其委托的保险资产管理公司应当约定独立的托管人，托管人应当是符合中国保监会规定条件的商业银行或者其他专业金融机构。保险资产管理公司依照合同约定取得资产管理费，并将其情况向中国保监会报告。中国保监会可以制定保险资产管理费率的标准。中国保监会对保险资产管理公司实施监督管理。该暂行规定于2004 年6 月1 日起施行。

26 日　国务院发布《关于调整部分行业固定资产投资项目资本金比例的通知》。针对投资增长过快、新开工项目过多、在建规模过大，投资结构不合理，钢铁、电解铝、水泥行业盲目投资、低水平重复建设现象严重，房地产开发投资增幅过高，开发资金过多依赖银行贷款等问题，国务院决定对 1996 年实行的有关钢铁、电解铝、水泥、房地产开发行业建设项目资本金比例进行调整：钢铁项目资本金比例由 25% 及以上提高到 40% 及以上；水泥、电解铝、房地产开发项目（不含经济适用房项目）资本金比例由 20% 及以上提高到 35% 及以上。

中国人民银行召开全国支付结算工作会议。会议提出当前的工作重点：一是规范和推行商业汇票、支票、贷记卡、信用证等信用支付工具的使用；二是确立电子签名在支付业务中的合法地位，规范和促进网上支付等电子支付业务的发展；三是积极改善个人支付结算服务，推广转账结算，减少现金使用；四是研究试行融资性票据，拓宽企业直接融资的渠道；五是加快建设推广大额支付系统，同时抓紧开发建设小额支付系统。这是中国人民银行职能调整之后首次召开全国支付结算工作会议。

28 日　国务院第 49 次常务会议召开，监察部、国家发展和改革委员会等部门汇报了对江苏铁本钢铁有限公司违规建设钢铁项目查处情况。铁本事件是一起典型的地方政府及金融机构重复建设、布局失控、越权贷款的重大案件。其中有关金融机构存在贷前审查不严、贷后监控不力，严重违反国家固定资产贷款审贷和现金管理规定等问题。截至 2004 年 2 月末，当地六家金融机构对铁本公司及其关联企业合计授信余额折合人民币 43.39 亿元。六家金融机构包括常州的中国银行、农业银行、建设银行、广发银行、浦发银行和常州武进农村信用社联社。

中国保监会发布《保险资金运用风险控制指引（试行）》。该指引包括总则，风险控制的基本原则，组织环境控制，风险控制的主要内容，检查、监督与评价，附则共 6 章 80 条，风险控制的主要内容包括：1. 资产负债管理；2. 投资决策管理；3. 投资交易管理；4. 风险技术系统管理；5. 信息技术系统管理；6. 会计核算管理；7. 人力资源管理。该指引自 2004 年 6 月 1 日起施行。

29 日　中国银监会发表三条“窗口指导”。针对“银行从 4 月 27 日到‘五一’期间停止发放任何企业和个人贷款”的传言，中国银监会指出：1.“五一”长假前不要突击发放 5 月的贷款，但对于已经签订贷款合同的，要严格按照贷款合同要求发放贷款。2. 对于符合国家产业政策和市场准入条件的项目，要继续给予大力支持；对煤炭、电力、石油、运输、供水等公共设施、基础设施项目，要给予重点倾斜。3. 各商业银行要树立资本充足和充足拨备的审慎管理理念，修改完善对分支机构的考核指标，强化资本约束机制。

30 日　国家发展改革委、中国人民银行、中国银监会联合下发《关于进一步加强产业政策和信贷政策协调配合，控制信贷风险有关问题的通知》和《当前部分行业制止低水平重复建设目录》。

为切实解决当前部分行业低水平盲目扩张和信贷增长过快，产业结构失衡等突出问题，该通知规定：对属于禁止类目录的国家明令淘汰的生产能力、工艺和产品建设项目，一律停止建设，对已建成的项目要坚决限期淘汰、依法关闭；各金融机构要立即停止各种形式的新增授信支持，对已实施的项目授信要采取妥善措施予以收回。对于限制类目录所涉及的建设项目，各级投资主管部门要立即停止审批，拟建项目一律停止建设；在建项目暂停建设，由各级投资主管部门牵头进行清理整顿，区别对待，分类处理；在清理整顿期间，各金融机构要停止给予新的各种形式授信支持。

该目录分为禁止类和限制类，主要涉及钢铁、有色金属、机械、建材、石化、轻工纺织、医药、印刷等行业。

中国银监会下发《关于认真落实国家宏观调控政策，进一步加强贷款风险管理的通知》。该通知规定：1. 严格执行贷款损失足额拨备和资本充足率达标的要求，切实提高抵御风险能力。2. 认真做好贷款五级分类工作，切实加强对不良资产的监测和考核。3. 加强对集团客户授信业务的风险管理，注意控制贷款集中度风险和关联交易。4. 加强信贷政策与产业政策的配合，着力推进资产结构调整。5. 中国银监会要建立重大违约情况通报制度，提高对恶意违约风险的整体防范能力。6. 各商业银行要建立和完善科学的管理信息系统，提升内部管理和控制水准。7. 各商业银行要建立授信业务尽职调查制度，全面落实信贷风险管理的岗位职责。

财政部发布《金融资产管理公司资产处置管理办法（修订）》。该管理办法规定：公司可通过追偿债务，租赁或者以其他形式转让、重组，债权转股权等方式处置资产。公司转让不良资产应采取竞标、竞价方式，至少有3家以上（含3家）投标人投标方为有效。公司拍卖处置资产，应采取公开方式选择有资质的拍卖中介机构，拍卖底价的确认按资产处置程序办理。公司可对债权资产进行打包转让，打包转让的单包资产账面原值合计1亿元（含1亿元）以下、完全由呆账类债权构成的单包资产账面原值的合计5亿元（含5亿元）以下时，转让方式和价格由公司按资产处置程序自行确定；超过上述数额时，公司应先征求债权所在地专员办意见后，再由公司资产处置专门审核机构审议决定，并报财政部备案。公司要对“债转股”企业改制实行限期管理，对“债转股”方案批准后超过规定期限仍未注册新公司的要恢复计息，对不具备实施“债转股”条件的要及时恢复行使债权，按规定进行处置。公司所持“债转股”企业股权实行转让，转让方式和价格由公司自主确定。该管理办法对处置机构、处置审批、处置管理、处置损失和监督检查做了具体规定，自发布之日起施行。财政部于2000年11月8日发布的《关于印发〈金融资产管理公司资产处置管理办法〉的通知》同时废止。

5月

1日 国务院办公厅转发国家发展和改革委员会、国土资源部、国家工商总局、国家质检总局、国家环保总局、中国银监会、中国电监会等部门《关于对电石和铁合金行业进行清理整顿的若干意见》。该文件提出：1. 对现有电石、铁合金生产企业和在建（拟建）电石、铁合金项目进行全面清理整顿。2. 对违反国家产业政策和有关规定的在建及已批准立项的电石、铁合金生产项目要停止建设，根据具体情况，再行处理。3. 地方各级人民政府要全面清理并取消电石、铁合金企业享受的优惠电价、优惠税收、优惠供地等政策。银行业监管部门要加强对银行等金融机构执行国家政策情况的监管。4. 尽快制定电石、铁合金行业准入条件，对工艺、技术、装备、规模、能源、资源消耗和环境保护提出明确的指标要求。5. 充分发挥行业协会等社会中介组织的作用。

同年5月13日，中国人民银行转发了这份文件，要求人民银行各分支机构于2004年5月28日前，完成对辖区内各金融机构向电石、铁合金行业贷款投放情况的摸底调查及清理整顿工作。

10 日　中国保监会发布《关于外国财产保险分公司改建为独资财产保险公司有关问题的通知》。该通知规定，外资财产保险公司分公司只要开业满 1 年，达到最低 2 亿元的注册资本要求，偿付能力符合所在国或地区偿付能力标准，无重大违法、违规行为，均可提出将分公司改建为外商独资子公司的申请。需要提交的申请材料包括改建申请、改建报告、母公司的担保书等。此前，外资财产保险公司只能以分公司的形式在中国展业。

中国证监会公布我国证券市场首批保荐机构和保荐代表人的名单。经过审核，有 67 家证券公司和 609 名考试成绩合格者被分别注册登记为保荐机构和保荐代表人，这标志着我国证券市场上的保荐制度将得到全面实施。

11 日　中国人民银行发布《2004 年第一季度中国货币政策执行报告》。该报告指出：2004 年第一季度全球经济增长开局良好，越来越多的国家和地区加入经济恢复和增长行列。我国国内生产总值增长 9.7% 。2004 年第一季度，人民银行不断加强和改进金融调控，综合运用多种货币政策手段，对货币信贷总量及结构进行调控，高度重视防止通货膨胀，同时抓紧金融调控制度性建设。3 月末，广义货币 M_2 余额为 23.2 万亿元，同比增长 19.1%。第一季度金融机构实际增加贷款 8 351 亿元，占全年预期目标 2.6 万亿元的 32%，同比多增 247 亿元；金融机构“短存长贷”现象隐含的系统性风险也应给予关注。3 月末，金融机构本外币各项存款余额为 23.3 万亿元，增长 19.6%。人民银行基础货币余额为 5.05 万亿元，比年初减少 1 788 亿元。金融机构超额准备金率平均为 4.28%，比上年同期低 0.84 个百分点。3 月末，国家外汇储备达 4 398 亿美元，比 2003 年年底增加 365 亿美元；人民币汇率为 1 美元兑换 8.2771 元人民币，继续保持稳定。该报告提出下一阶段稳健货币政策的取向是适度从紧，要防止“急刹车”，避免大起大落，促进经济平稳发展。

中国人民银行发布《关于专项检查风险处置类再贷款的通知》。该通知决定：中国人民银行将组织 10 个检查组，对 16 家高风险金融机构占用风险处置类再贷款资金进行专项检查。被检查的机构是：海南赛格国际信托投资公司停业整顿工作组、海南华银国际信托投资公司停业整顿工作组、三亚中亚信托投资公司停业整顿工作组、海南国际租赁有限公司停业整顿工作组、鞍山证券公司清算组、佳木斯证券有限责任公司撤销清算组、中国人民银行关闭中国新技术创业投资公司清算组、中国华阳金融租赁有限责任公司清算组、山西华康信托投资有限责任公司清算组；撤销海南港澳国际信托投资公司清算组（中国东方资产管理公司），以及与上述清算组（工作组）使用再贷款资金兑付自然人债务和外债合法本息、弥补股民保证金有关的人民银行分行、营业管理部、商业银行、证券公司、信托公司等金融机构。

截至 2005 年 6 月，16 家市场退出机构当中，已有 10 家机构经国务院批准破产，其中有 2 家已进入法院的破产审查程序，有 5 家正在准备进入破产审查程序。

13 日　中国保监会发布修订的《保险公司管理规定》。与 2000 年 1 月 3 日公布的《保险公司管理规定》相比，修订的主要内容有：1. 关于设立保险公司。新规定删除了将保险公司分为全国性和区域性的规定，将设立保险公司的最低资本金要求统一规定为 2 亿元人民币。将原规定中分业经营原则删除。2. 新规定要求保险公司在总公司住所地以外的省、自治区、直辖市开展业务应当设立分公司。是否设立分公司以及分公司以下是否设立分支机构由公司决定。设立分公司应当增加一定资本金。保险公司以法定最低资本金额即 2 亿元人民币设立的，在每一省级区域内首次申请设立分公司，应当增加资本金至少人民币 2 000 万元。如果申请设立分公司时，保险公司资本金额已达到前述规定的资本金增加后的额度的，可不再增加相应的资本金。保险公司资本金总额达到 5 亿元人民币，在偿付能力充足的情况下，增设分公司不需要增加资本金。3. 关于保险公司变更事项，除改变组织形式、变更资本金、变更10%以上股权和分立、合并事项规定须报经批准外，其他变更名称、修改章程、调整业务范围、变更营业场所等事项统一由批准修改为核准，变更10%以下股权改为备案。保险公司分支机构变更事项中，除撤销仍然要批准外，变更营业场所由审批改为备案，变更名称、合并、调整业务范围的审批改为事后报告。保险公司申请撤销分支机构的必须向中国保监会说明理由，并且提交业务后续处理方案。保险分支机构撤销、合并的应当进行公告，并书面通知投保人和被保险人，就有关事项充分告知。4. 新规定将中国保监会《向保险公司投资入股暂行规定》的主要内容充实了进来，同时将保险公司单一法人股东（包括其关联方）持股比例上限提高到20%。境内上市的保险公司，同样遵守有关单一股东投资比例限制的规定。参股保险公司的境外股东原则上应为境外金融机构，全部参股比例应当低于25%。达到或超过25%的适用于外资保险公司管理规定。新规定自2004年6月15日起施行，原规定同时废止。

14日　上海金茂大厦投保“恐怖主义责任险”。上海金茂大厦与中国人民财产保险股份有限公司中山市分公司和中国平安财产保险股份有限公司上海分公司签订2004年的财产保险单，两家保险公司以6:4的比例共同承保，承保金额为6.3亿美元，其中关于恐怖主义责任险的附加保险金额达1.5亿美元，签订为期1年。金茂大厦高度仅次于马来西亚吉隆坡的双塔大厦和美国芝加哥的西尔斯大厦，是目前国内第一、世界第三高楼。“恐怖主义责任险”是在美国“9·11”事件之后出现的新险种，其保障范围是在恐怖主义事件中发生的损失，包括人身、财产、住宅等方面的赔偿，但保费较一般险种要高几倍甚至是几十倍。在此之前，世界上大多数国家的保险公司都在保险条款中将恐怖袭击和战争列为“例外责任”，不予理赔。

17日　国家外汇管理局发布《关于改进外商投资企业资本项目结汇审核与外债登记管理工作的通知》。该通知规定：外商投资企业申请资本项目结汇，一次结汇金额在20万美元以上的，须提供有关结汇资金用途的书面支付命令。不准其以外债资金结汇偿还人民币债务。外商投资企业举借的中长期外债实行支付结汇制度，对资本项目一次结汇金额在20万美元以上的，企业须提供有关结汇资金用途的书面支付命令；将外资企业举借的中长期外债累计发生额和短期外债余额之和，严格控制在审批部门批准的项目投资总额和注册资本之间的差额以内。该通知自2004年7月1日起实施。

《深圳证券交易所设立中小企业板块实施方案》公布。中小企业板块的总体设计是在现行法律、法规不变，发行上市标准不变的前提下，在深圳证券交易所主板市场中设立的一个运行独立、监察独立、代码独立、指数独立的板块。

18日　中国人民银行印发《全国银行间债券市场债券买断式回购主协议》，授权全国银行间同业拆借中心会同中央国债登记结算有限责任公司向银行间债券市场参与者公布并组织签署。中国人民银行货币政策司于2000年7月28日公告的“全国银行间债券市场债券回购主协议”更名为“全国银行间债券市场债券质押式回购主协议”，协议内容不变。当日，中国工商银行、中国农业银行、中国银行、中国建设银行、交通银行、招商银行、上海银行、杭州市商业银行、汇丰银行上海分行、鄞州农村合作银行、东莞农村信用合作联社、国泰君安证券股份有限公司、中信证券股份有限公司、华安基金管理有限公司、华泰财产保险服从有限公司等18家机构，首批签署了《全国银行间债券市场债券买断式回购主协议》。自5月20日中国工商银行与上海银行通过交易系统达成首笔买断式回购成交起，截至6月2日，10个交易日共有18家机构成交21笔、金额17.14亿元。6月3日，全国银行间同业拆借中心与中央国债登记公司共同组织的国债买断式回购主协议签约仪式在上海举行。至此已有200多家市场参与者签署了主协议。

19 日　国务院取消和调整第三批 495 项行政审批项目。其中取消中国证监会、中国保监会和中国银监会的行政审批项目共 68 项、国家外汇管理局的 8 项。

深圳证券交易所发布《中小企业板块交易特别规定》和《中小企业板块上市公司特别规定》。《中小企业板块交易特别规定》明确：中小企业板块股票的开盘集合竞价将以开放式集合竞价的方式进行，并采用集合竞价的方式确定收盘价。中小企业股票交易属于异常波动的，应当停牌，交易所公布该股票交易异常波动期间累计成交金额最大的 5 家会员营业部或席位的名称及其买入金额、卖出金额。中小企业股票交易出现下列情况之一的，属于异常波动：连续 3 个交易日内日收盘价格涨跌幅偏离值累计达到 ±20% 的；ST 和 * ST 股票连续 3 个交易日内日收盘价格涨跌幅偏离值累计达到 ±15% 的；连续 3 个交易日内日均换手率与前 5 个交易日的日均换手率的比值达到 30 倍，并且该股连续 3 个交易日内的累计换手率达到 20% 的。另外，深交所将推出中小企业板块指数，并改进交易公开信息披露制度以及异常波动停牌制度。

《中小企业板块上市公司特别规定》明确：中小企业板块上市公司应当在股票上市后 6 个月内建立内部审计制度，监督、核查公司财务制度的执行情况和财务状况；应当在定期报告中新增披露截至报告期末前 10 名流通股股东的持股情况以及公司开展投资者关系管理的具体情况；应当在每年年度报告披露后举行年度报告说明会，向投资者介绍公司的发展战略、生产经营、新产品和新技术开发、财务状况和经营业绩、投资项目等各方面的情况；小企业板块上市公司当年存在募集资金运用的，公司应当在进行年度审计的同时，聘请会计师事务所对募集资金使用情况，包括对实际投资项目、实际投资金额、实际投入时间和完工程度进行专项审核，并在年度报告中披露专项审核的情况。

为规范中小企业板块公司证券上市行为，深圳证券交易所于 5 月 20 日出台了《中小企业板块证券上市协议》，深圳证券交易所依据有关规定，对企业提交的全部上市申请文件进行审查，认为符合上市条件的，接受其证券上市。

20 日　中国人民银行第一次征信管理工作会议在上海召开。会议提出，要按照完善法规、特许经营、商业运作、专业服务的方向，争取在 1 ~2 年内，初步建成我国企业和个人征信体系的基本框架，建立信用监督和失信惩戒制度，逐步开放信用服务市场。要加快制定征信法规，对征信业管理和政务、企业信息披露、个人隐私保护等两个方面内容进行规范。特别要处理好企业和个人信息披露、使用与保护企业商业秘密、个人隐私的关系。近几年，我国企业和个人征信体系有一定发展，银行信贷登记咨询系统已全国联网。截至当年 3 月末，已录入企业、机构借款人 427 万户，录入人民币贷款余额 13. 7 万亿元，第一季度月均查询已达 172 万次。

21 日　国务院第 51 次常务会议召开。会议认为：由于经济运行的惯性作用，目前固定资产投资增幅仍然过大，货币信贷还在高位运行，煤电油运依然紧张，价格总水平继续上涨，经济运行中的突出矛盾和问题还没有根本解决。会议提出，当前要重点做好以下工作：一是继续加强货币信贷调控，实施稳健的货币政策要采取适度从紧的取向。二是加强经济运行协调，运用价格杠杆有效地缓解煤电油运供求矛盾。三是深入开展土地市场治理整顿，严格控制建设用地。四是认真做好固定资产投资项目清理工作，坚决纠正违法、违规行为。五是加快结构调整，加大对农业、高技术产业、交通、能源等薄弱环节和教育、科技、卫生、生态环境等社会事业的支持力度；继续支持西部大开发和东北等老工业基地振兴；充分利用现有企业基础，积极引导社会投资参与国有企业改组改造，防止盲目铺新摊子。六是不失时机地推进各项改革，进一步做好对外开放工作。

23 日　国务院发布《关于进一步深化粮食流通体制改革的意见》。该文件提出：结合农村税费改革，从 2004 年起，全面实行对种粮农民的直接补贴。粮食主产省、自治区实行直接补贴的粮食数量，原则上不低于前三年平均商品量的 70%。2004 年，粮食主产省、自治区从粮食风险基金中安排100亿元（占主产区粮食风险基金规模的40%）对种粮农民补贴，以后年度对种粮农民的直接补贴资金要逐年有所增加，经过三年，将现有粮食风险基金的一半用于对种粮农民直接补贴。

“十五”期间，我国粮食购销市场化改革取得了重大突破，初步形成了市场主体多元化的格局，初步建立了以直接补贴和最低收购价为主要内容的政策支持体系。从2001年率先开放主销区粮食收购市场，到2004年全面放开粮食购销市场，粮食流通体制改革稳步推进，取得重大突破。国家粮食局统计显示，国有粮食购销企业从2000年的26 010个减少到目前的17 714个，多种所有制的市场主体超过10万个。

25日 中国证监会发布《国有涉棉企业期货套期保值业务管理制度指引》。该指引规定：国有涉棉企业进入期货市场，仅限于开展套期保值业务，不得从事其他期货交易活动。

27日 国家发展改革委、中国人民银行和中国银监会联合发布《境内外资银行外债管理办法》。该管理办法规定：国家对境内外资银行的外债实行总量控制。境内外资银行外债总量以及中长期和短期外债结构调控目标，由国家发展改革委、中国银监会、外汇局根据相关情况合理确定。境内外资银行借用外债，签约期限在1年期以上（不含1年）的中长期外债，由国家发展改革委按年度核定发生额；签约期限在1年期以下的短期外债，由外汇局核定余额。境内外资银行借用的外债资金不得结汇，还本付息不得购汇。境内外资银行办理其外债项下还本付息不需要外汇局核准，向境内机构发放外汇贷款按照国内外汇贷款方式管理，除出口押汇外不得结汇。该管理办法自颁布之日起30日后施行。

北京市检察院第二分院成立金融犯罪公诉组。公诉组由7人组成，是中国首个以专门型犯罪为对象的公诉组。公诉组成立后，第二分院还将与北京市公安局、北京银监局、北京证监局、北京保监局等单位协调建立联席会议制度，形成打击金融证券犯罪的合力，提高诉讼效率。此外，第二分院还将采取多种形式对公诉组成员进行系统培训；建立金融证券犯罪电子资料库；加强与专家咨询委员会沟通；加强国内外交流；密切关注其他省市正在审理的重特大金融证券犯罪案件。

28日 中国银行通过新闻发布会披露2003年年度报告。2003年，中国银行集团实现计提准备前营业利润472亿元；如剔除冲减以前年度应收未收利息86亿元、向中国东方资产管理公司划转投资产生的损失27亿元，拨备及消化历史包袱前营业利润达到585亿元，比上年增加55亿元，增长10.3%；如剔除减持中银香港（控股）有限公司部分股权的净收益73亿元，集团2003年实现营业利润512亿元，比上年增加37亿元，同比增长7.8%。2003年全年，集团共提取呆账准备金245亿元，消化非信贷资产损失230亿元。由于营业利润用于提取准备金和消化非信贷资产损失，集团的税后利润为69亿元。受此影响，集团净利润、资产回报率、权益回报率均较上年有所下降。在营运效率方面，集团收入费用率为46.7%，与上年基本持平。截至2003年年末，按照五级分类口径，集团的不良授信资产比率为16.3%，比上年年末下降7.1个百分点。

贵州花溪农村合作银行开业。花溪农村合作银行成立于2004年5月24日，是在原农村信用社的基础上，通过向农户、企业、信用社职工进行增资扩股，按照股权结构多样化、投资主体多元化的原则组建起来的股份合作制社区性地方金融机构。注册资本金为3 447万元，实行一级法人、统一核算、分级管理、授权经营的管理方式。贵州银监局要求，花溪农村合作银行开业后，当年新增贷款中农业贷款比例不得低于50%，2005年不得低于40%。2003年8月，贵州等8个省市开始农村信用社改革试点。根据改革试点方案，8个试点省市中条件较好的数十家农村信用社可选择组建农村合作银行，其中包括贵州花溪、云岩、湄潭、兴义4家。贵州花溪农村合作银行是农村信用社改制后成立的第一家农村合作银行。

31 日 中国建设银行成功出售不良资产。中国建设银行推出“公开竞争性出售”抵债资产交易项目，出售总价值约 40 亿元的不良资产包，按地区分成北部、中部和南部三个资产包。该笔不良资产绝大部分是建设银行近年来收回的抵债房地产，包含了 153 个项目，分布于全国 18 个省市 50 多座城市。德意志银行与摩根士丹利两家投资银行成功竞购了该笔资产包，出价为 14 亿元，回收现金率为 34.75%。2005 年 6 月 6 日，德意志银行与建设银行就该笔资产完成交割，共计 3.27 亿元，标志着国内不良资产处置领域第一个实物资产包项目取得成功。

中国银监会发布《关于全面清理在建和拟建项目固定资产贷款的通知》。清理的重点是银行业金融机构对在建、拟建的钢铁、电解铝、水泥、党政机关办公楼和培训中心、城市快速轨道交通、高尔夫球场、会展中心、物流园区、大型购物中心、城市建设等重点项目及 2004 年新开工项目固定资产贷款。清理工作采取各银行业金融机构自查、各银监局抽查和中国银监会督查相结合的方式进行。

4 月 27 日，国务院办公厅发布《关于清理固定资产投资项目的通知》。针对固定资产投资增长过快、规模过大，同时煤电油运和重要原材料供求紧张的矛盾突出等问题，国务院决定开展固定资产投资项目清理工作。清理重点为：钢铁、电解铝、水泥以及党政机关办公楼和培训中心、城市快速轨道交通、高尔夫球场、会展中心、物流园区、大型购物中心等项目及 2004 年以来新开工的所有项目。

6 月

1 日 国务院任命蒋超良为交通银行董事长，张建国任交通银行行长、副董事长，同时免去方诚国交通银行行长、副董事长职务；免去殷介炎交通银行董事长职务。

棉花期货合约在郑州商品交易所上市交易。该合约分为 1 号、2 号两种，保证金为 7%，涨跌板为 ±4%，交易单位为 5 吨/手，交割月份为 1～12 月（2 月除外)、交易标的为内地棉和新疆棉。这是期货市场自 1995 年清理整顿以来开始交易的第一个新品种。同年 8 月 25 日，燃料油期货合约在上海期货交易所上市交易；9 月 22 日和 12 月 22 日，玉米、大豆 2 号期货合约相继在大连商品交易所上市交易。至此，中国期货已经拥有铜、铝、天胶、1 号大豆、2 号大豆、豆粕、玉米、强筋小麦、普通硬麦、1 号棉花 10 个品种，60 余个期货合约。

上海市第一中级人民法院对周正毅案作出判决。被告单位上海农凯发展集团有限公司（以下简称农凯集团）犯操纵证券交易价格罪，判处罚金 3 300 万元；犯虚报注册资本罪，判处罚金 700 万元，决定执行罚金共 4 000 万元。周正毅犯操纵证券交易价格罪，判处有期徒刑 2 年 6 个月；犯虚报注册资本罪，判处有期徒刑 1 年，决定执行有期徒刑 3 年。周正毅案的另外两名同案被告人也被定罪处罚。

2003 年 9 月 5 日，农凯集团董事长、法定代表人周正毅因涉嫌虚报注册资本和操纵证券交易价格，被上海市公安机关依法逮捕。5 月 19～20 日上海市第一中级人民法院依法公开审理此案。周正毅于 1999 年 6 月至 2003 年 5 月，指使他人通过融资方式，集中巨额资金，连续买卖或者不转移股票所有权地自买自卖徐工科技流通股，持股量最高时占这一股票流通股的 95.93%，导致股价格上涨 402% 的异常波动，从中获取非法利益。周正毅还于 1998 年 10 月至 2000 年 9 月，采用将虚增的 7 亿余元资本公积金转为实收资本的手法，使用虚假验资报告，欺骗公司登记主管部门，取得公司登记，把农凯集团的注册资本从 1 亿元增至 8 亿元人民币，虚报注册资本 7 亿元人民币。据上市公司年报资料显示，到 2002 年为止，农凯集团共有 4 家上市公司，其中上海商贸控股有限公司和上海地产控股有限公司在香港上市，股票简称和代码为上海商贸控股（1104）和上海地产控股（0067），上海英雄股份有限公司和上海海鸟企业发展股份有限公司在上海上市，股票简称和代码为英雄股份（600844）和海鸟发展（600634）。

2 日　中国人民银行发布《关于全国银行间债券市场债券到期收益率计算标准有关事项的通知》。为完善债券市场价格发现功能、促进我国债券市场收益率曲线的合理形成，人民银行决定，在银行间债券市场实行统一的到期收益率计算标准。新的计算标准规定，银行间债券市场（包括债券回购交易）的日计数基准为“实际天数/365”，即应计利息天数算头不算尾，一年按365天计算。新标准对于债券全价中内含应计利息的计算、债券全价与到期收益率的互算均给出明确的计算标准。

中国银监会召开贯彻落实国家宏观调控政策电视电话会议。会议认为：当前各银行业金融机构要集中力量控制贷款集中度风险和关联企业贷款风险、房地产和汽车行业贷款风险、短期贷款挪作长期使用的风险、固定资产投资项目清理等引发的贷款风险。会议强调，商业银行要区别情况合理确定公司贷款和项目融资的资本金具体要求，严禁企业将银行贷款借给关联企业作为项目资本金，严禁将流动性贷款用于固定资产投资，严格控制城市建设等各类打捆贷款。对符合国家产业政策和市场准入条件、产品有市场、具有还款能力的项目和企业，要继续给予大力支持。

2～3 日　深圳发生“刷卡风波”。46家商业企业不满于中国银联刷卡手续费过高，在多次协商未果之后，深圳零售商业行业协会牵头，宣布暂停刷卡两天。之后浙江、上海、重庆、广东等地也发生类似情况。早在2月27日，深圳市零售商业行业协会向中国银联深圳分公司送达《关于要求降低刷卡消费结算手续费标准的函》，要求刷卡手续费率在原基础上降低0.5个百分点，由发卡银行分别与商家协商签约，银联仅负责提供公共技术平台支持服务。4月27日，零售商业行业协会发布《致深银联及深圳国内银行同业公会的通告》，要求5月10日以前给予明确的书面答复，否则将保留不少于50家大型连锁企业联合采取进一步行动的权利。5月20日，深圳零售商业行业协会与深圳银行业代表进行谈判，最终因谈判双方分歧过大而宣告失败。5月25日，46家商家商定，如果银行收费不降低，商家将在6月2日、3日同时拒绝刷卡。同年6月5日起，商家恢复刷卡消费，但深圳个别商家酝酿推出现金价、刷卡价的双轨价格方案，刷卡价比现金价贵1%。同年7月5日，中国银联首次就刷卡事件公开表态，建议政府将银行卡手续费计入商家的经营成本，从而减免税收。同年10月25日，深圳市国内银行同业公会第四届会员大会决定，刷卡费率保持不变。

4 日　财政部发布《中国银行和中国建设银行改制过程中可疑类贷款处置管理办法》。该管理办法规定：可疑类贷款是指中国银行、中国建设银行风险分类为可疑类的贷款本金及相应的利息。中国银行、中国建设银行可疑类贷款招标批发的范围是风险分类为可疑类贷款（包括垫款，不包括拆借），规模以2002年年底数据为准，其中，中国银行1 498亿元，中国建设银行1 289亿元。可疑类贷款处置程序包括向资产管理公司招标批发、一级市场打包出售和二级市场处置三个阶段。

5 日　国务院办公厅转发中国银监会、中国人民银行《关于明确对农村信用社监督管理职责分工指导意见》。该指导意见规定，省级人民政府全面承担对当地信用社的管理和风险处置责任，省级联社对指导、督促信用社完善内控制度和经营机制负主要责任。银监会及其派出机构依法行使对信用社的金融监管职能，承担监管责任。人民银行则对信用社执行有关存款准备金管理规定、人民银行特种贷款管理规定、人民币管理规定、银行间同业拆借市场和银行间债券市场管理规定、外汇管理规定、清算管理规定以及反洗钱规定的情况等进行监督检查，督促其依法经营。

8 日　教育部、财政部、中国人民银行、中国银监会联合发布《关于进一步完善国家助学贷款工作的若干意见》。该文件的主要内容是：1. 对学生贷款利息给予50%财政补贴改为全部由财政补贴，毕业后全部自付，并开始计付利息。学生自毕业之日起4年内还清贷款本金，改为毕业后视就业情况在1～2年后开始还贷，6

年内还清。对毕业后自愿到国家需要的艰苦地区、艰苦行业工作的学生可以奖学金方式代偿其贷款本息。2. 办理国家助学贷款业务的商业银行，由国家指定改为招投标确定。普通高校每年的借款总额原则上按在校生总数20%的比例、每人每年6 000元的标准计算确定。3. 建立和完善贷款偿还的风险防范与补偿机制，包括由国家金融管理部门建立的全国个人资信系统和由经办银行建立的还贷监测系统，以及高校建立的借款学生信息查询管理系统。该文件于2004年秋季开学后在全国普通高等学校实施。

中国证监会发布《证券投资基金信息披露管理办法》。该办法共有8章38条。其中规定，基金信息披露义务人应当在中国证监会规定时间内将应予披露的基金信息通过指定报刊和基金管理人、基金托管人的互联网网站等媒介披露。披露的基金信息包括：基金招募说明书；基金合同；基金托管协议；基金份额发售公告、基金资产和基金份额净值；基金份额申购、赎回价格等16项。公开披露基金信息不得有下列行为：虚假记载、误导性陈述或者重大遗漏；对证券投资业绩进行预测；违规承诺收益或者承担损失等行为；诋毁其他基金管理人、基金托管人或者基金份额发售机构；登载任何自然人、法人或者其他组织的祝贺性、恭维性或推荐性的文字。该办法对基金募集信息披露、基金运作信息披露、基金临时信息披露、信息披露事务管理以及法律责任作了具体规定。该办法自2004年7月1日起施行。

9日　中国人民银行发布公开市场业务公告。中国人民银行决定：公开市场业务一级交易商中的非存款类金融机构，即证券公司、保险公司从2004年6月10日起可以参加中国人民银行公开市场业务的正回购操作。

10日　财政部首次发行电子记账凭证式国债。本期国债为财政部利用计算机网络系统，通过承办银行营业网点柜台，直接面向个人投资者发行的、以电子记账方式记录债权的凭证式国债，期限为2年，到期年利率为2.40%，计划发行额为300亿元，最大发行额为500亿元，发行对象为城乡居民个人。

中国建设银行在主要报刊上刊登分立公告。公告表示：根据国务院的决定和中国银监会的批复，中国建设银行将以分立的形式设立中国建设银行股份有限公司（暂定名）和中国建设银行集团有限公司（暂定名）。在此后的90天异议期内，接受其所有债权人、债务人和其他关系人对公告分立的内容提出相关意见。

14日　南方证券在上海率先实施保证金第三方存管。作为中国证监会批准的首家保证金存管试点券商，南方证券上海地区的7家营业部将全面实行保证金的第三方存管。即日起，南方证券上海地区的客户只能通过建设银行进行保证金的存取，营业部撤销以往的资金柜台，为了方便客户进行资金存取，中国建设银行将向营业部派出柜台办理相关的业务。南方证券按获取客户交易结算资金利差收入的30%比例向中国建设银行支付手续费。

2004年2月，中国人民银行和中国证监会委托中国建设银行与南方证券公司联合试点证券保证金“第三方托管”方案，要求从源头上切断证券公司挪用客户保证金的通道，从制度上杜绝证券公司挪用客户保证金的现象发生。7月，中国建设银行与南方证券公司签署《南方证券客户交易结算资金委托建设银行存管协议》。根据协议，中国建设银行将陆续在国内各营业网点推广“保证金银行独立存管”业务。南方证券公司负责投资者证券交易、股份管理以及根据交易所的交易结算数据计算投资者的交易买卖差数和投资者证券交易结算资金存款利息等；中国建设银行负责投资者证券交易结算资金账户管理、资金存取、南方证券公司与登记公司和投资者之间的资金交收，以及接受南方证券公司的指令划拨佣金、支付利息等。

17日　中国人民银行和中国银监会制定并公布《商业银行次级债券发行管理办法》。该办法分为总则，次级债券发行申请及批准，次级债券的发行，登记、托管与兑付，信息披露和附则共6章42条。该办法规定：商业银行次级债券可在全国银行间债券市场公开发行或私募发行。在银行间债券市场发行的次级债券，其投资人范围为银行间债券市场的所有投资人。次级债券发行结束后，经人民银行批准可在银行间债券市场上市交易。私募发行的次级债券只能在认购人之间进行转让。根据分工，中国银监会负责对商业银行发行次级债券资格进行审查，并对次级债券计入附属资本的方式进行监督管理；中国人民银行对次级债券在银行间债券市场的发行和交易进行监督管理。该办法对于政策性银行发行次级债券同样适用。该办法发布以后，截至2004年年底，中国银行、中国建设银行和中国民生银行在银行间债券市场共发行了9期次级债券，累计发行额达718.8亿元。

18日　中国人民银行货币政策委员会2004年第二季度例会在北京召开。会议认为我国经济形势总体是好的，宏观调控取得明显成效。会议强调，要研究运用货币政策工具组合进行预调和微调的最优策略，进一步提高金融调控的前瞻性、科学性和有效性。综合运用货币政策工具，适时适度地调控金融体系流动性，要防止“急刹车”，避免大起大落。

21日　中国信达资产管理公司（以下简称信达公司）成为可疑类贷款一级批发商。通过封闭式招标竞价方式，信达公司以账面资产50%的名义价格获得了中国银行、中国建设银行2 787亿元可疑类不良资产（其中，建设银行1 289亿元，中国银行1 498亿元）的批发商资格。2004年11月29日，信达公司与东方资产管理公司（以下简称东方公司）签署《债权转让协议》，将建设银行的1 289亿元全部转让给东方公司，而对剩下的中国银行1 498亿元不良资产进行分拆打包，拟在2005年年内通过竞标方式收购面向国内外投资人公开出售。这是两家股份制试点银行第二次剥离不良资产。2004年5月22日，信达公司和东方公司两资产公司分别接受建设银行和中国银行的损失类不良资产569亿元和1 400亿元。同年6月30日，人民银行又向中国银行、建设银行发行了近2 000亿元的3年期和5年期定向票据，用来配合两家银行对不良资产的剥离。

中国证监会国际顾问委员会成立。顾问委员会是证监会的专家咨询机构，由来自国际金融界的12位著名专家、学者，国际金融机构知名人士及港台地区的有关专家组成。尚福林任主席，史美伦任副主席；首届委员为：艾伦·卡梅伦、霍华德·戴维斯、戴立宁、斯坦利·费希尔、盖瑞·林奇、梁定邦、路易奇·斯潘万塔、约翰·桑顿、杰克·威德斯沃思、格奥尔格·威提希。国际顾问委员会委员每届任期2年，由中国证监会聘任。国际顾问委员会每年召开1～2次咨询会议，也可以临时召开专题咨询会议，必要时也可以其他方式向委员咨询。

中国证监会基金监管部发布《关于严格执行基金参与新股发行申购等有关投资规定的紧急通知》。针对基金违规申购新股及将国债回购资金违规用于股票投资的行为，该紧急通知规定，单只基金所申购股票发行的金额不得超过该基金的总资产，所申报的股票数量不得超过发行股票本次的股票发行总量。基金管理公司应采取切实有效的措施，保证基金申购股票后，单只基金持有1家公司发行的股票不得超过该基金资产净值的10%；同一基金管理公司管理的全部基金持有1家公司发行的股票不得超过该公司总股本的10%。基金参与国债回购交易融入的资金不得用于二级市场的股票投资，股票投资额不得超过基金资产净值的80%。

23日　十届全国人大常委会第十次会议在北京人民大会堂举行。审计署审计长李金华作《关于2003年度中央预算执行和其他财政收支的审计工作报告》。对于金融机构资产负债损益情况的审计主要包括：

1. 审计工商银行总行及21个分行的资产负债损益情况，查出的主要问题是：违规发放贷款，违规办理票据承兑和贴现。同时发现各类案件线索30起，涉案金额69亿元。一是信贷业务中出现了一些新的风险点，主要表现在个人消费贷款上。一些房地产开发商、汽车经销商和个人采取弄虚作假的手法骗取住房和汽车等个人消费贷款，有的甚至内外勾结，合谋骗取银行资金。二是票据市场管理混乱。三是民营关联企业骗贷问题突出。2. 审计原中国人寿保险公司资产负债损益情况，发现的主要问题：一是擅自改变保险费率、超额退保、非法代理保险业务等不正当竞争问题的金额达 23.74 亿元。二是将保险资金违规出借、投资和兴建办公楼等共计 24.82 亿元。审计还发现各类案件线索 28 起，涉案金额 4.89 亿元。这些问题发生在中国人寿保险公司改制前。3. 对交通银行锦州分行进行专项审计调查，发现 2000—2002 年，锦州分行与锦州市中级法院、古塔区和凌河区法院联手作假，用伪造的法律文书上报交通银行总行核销 175 户企业的不良贷款 2.21 亿元。实际上，这些被核销贷款的企业根本不知情，有的还在继续归还贷款，归还的贷款本金及抵押资产的变现收入，被该行全部存入“小金库”。

全国人大财经委员会主任委员傅志寰向十届全国人大常委会第十次会议作《全国人大常委会金融支农问题调研组关于金融支农问题的调研报告》。该调研报告指出：近年来，农民贷款难得到一定缓解。1999—2003 年，中国人民银行共安排农村信用社再贷款 1 238 亿元，重点支持中西部、灾区、粮食主产区及其他资金紧张地区的信用社发放农户贷款，2004 年又增加安排 50 亿元再贷款，用于粮食主产区发放春耕生产贷款。到 2004 年 3 月末，农户小额信用贷款和联保贷款余额分别达到 1 365 亿元和 652 亿元。

该调研报告指出：金融机构提供的金融服务与农民对金融的需求相比还有很大的差距。首先，信贷资金投入不足，农村资金外流严重。其次，农户从金融机构获得贷款难，贷款满足率不高。再次，小额信用贷款的还款期限和额度不完全满足农户需要。最后，金融机构提供的服务比较单一，突出的问题是农业保险严重滞后。

该调研报告建议：加大财政支持力度，进一步明确和强化政策性金融支农作用；加大政策和法律引导，发挥商业金融的支农作用；深化农村信用社改革，完善农户小额信贷机制；组织和引导各种民间资金更好地为“三农”服务；建立和完善农村金融风险规避机制，培育良好的农村信用环境；建议国务院研究出台关于金融支农的政策文件。

中国银监会发布《关于加强土地储备贷款和城市基础设施建设贷款风险提示的通知》。该通知提示金融机构高度关注有可能面临的法律风险、信用风险和市场风险，要求金融机构要密切关注由于政策变化带来的政策风险；依法审查贷款担保主体、承贷主体的资格与履约能力，切实防范此类贷款可能带来的法律风险；准确评估权利质押或资产抵押的实际可实现价值，关注土地价格的周期性变化可能带来的评估风险。

中国银监会发布《关于进一步加强信托投资公司监管的通知》。该通知以 11 条监管规定严控信托业不断升级的风险。该通知的主要内容是：1. 按照属地原则，由当地银监局对信托投资公司是否设立分支机构、是否有参股或者控股的子公司办理信托业务进行清查。2. 信托投资公司办理信托业务必须严格实行分账管理，认真履行信息披露义务，未经相关委托人同意，不得将不同信托账户下的信托财产进行相互交易。3. 所有新设立的由信托投资公司代为确定管理的有价证券投资集合信托计划，1 个集合信托计划持有 1 家上市公司股票最高不得超过该计划资产净值的 10%；由信托投资公司代为确定管理的资金信托，1 个资金信托持有 1 家上市公司股票最高不得超过该信托资产净值的 10%；同一信托投资公司管理的所有代为确定管理方式的有价证券投资信托，持有 1 家公司发行的证券，最高不得超过该公司发行证券额的 10%。4. 对异地集合信托资金业务，由当地银监局负责对辖内信托投资公司的异地业务进行现场和非现场监管，并负责对异地集合资金信托业务的风险状况进行监控。5. 加强信托投资公司关联交易监管，严防信托财产与自有财产混用、交易。

25 日 中小企业板块在深圳证券交易所开盘交易。首批上市交易 8 只股票：新和成（002001）、江苏琼花（002002）、伟星股份（002003）、华邦制药（002004）、德豪润达

（002005）、精工科技（002006）、华兰生物（002007）、大族激光（002008）。当日，8只股票平均涨幅近130%，平均换手率近70%。中小企业板块是深圳证券交易所主板市场的一个组成部分，它将主要安排主板市场拟上市公司中具有较好成长性和较高科技含量的中小企业发行股票和上市，并根据市场需求，确定适当的发行规模和发行方式。

中国证监会公布《证券投资基金销售管理办法》。该管理办法明确，基金销售由基金管理人负责办理；基金管理人可以委托取得基金代销业务资格的其他机构代为办理，未取得基金代销业务资格的机构不得接受基金管理人委托代为办理基金的销售。商业银行、证券公司、证券投资咨询机构和专业基金销售公司可以申请基金代销业务资格，但须符合规定的条件。该管理办法自2004年7月1日起施行。中国证监会《关于代理证券投资基金销售业务的商业银行完善内部合规控制制度和员工行为规范的指导意见》（证监发〔2001〕150号）、《关于证券公司办理开放式基金代销业务有关问题的通知》（证监基金字〔2002〕33号）、《证券投资基金销售管理暂行规定》（证监基金字〔2002〕66号）同时废止。

中国保监会发布《关于调整保险公司投资银行次级债券、银行次级定期债务和企业债券比例的通知》。该通知规定：保险公司投资次级债券的余额按成本价格计算不得超过该保险公司上月末总资产的15%，投资一家银行发行的次级债券比例累计不得超过该保险公司上月末总资产的3%，投资一期次级债券的比例不得超过该期次级债券发行量的20%。保险公司投资一家银行发行的次级定期债务累计占该保险公司上月末总资产的比例由1%调整为2%；保险公司对同一期单品种企业债券持有量不得超过该期单品种企业债券发行额占该保险公司上月末总资产的比例由2%调整为3%。

28日　中国人寿资产管理有限公司在北京开业。该公司成立于2003年11月23日，注册资本为8亿元人民币，其中中国人寿保险（集团）公司和中国人寿保险股份有限公司分别出资3.2亿元和4.8亿元人民币，管理资产4 100亿元，占中国保险业总资产的39.6%，占据国内寿险市场超过一半的份额，是我国最大的保险资产管理公司。

上海8家股份制银行推出“柜面通”业务。为转变股份制银行网点少的弱势，招商银行上海分行、中信实业银行上海分行、中国光大银行上海分行、华夏银行上海分行、中国民生银行上海分行、广东发展银行上海分行、深圳发展银行上海分行、兴业银行上海分行8家银行联合实施“柜面通”业务。不同银行的柜面通存简称“柜面通”，指上海各联网金融机构发行的银行卡通过其在中国银联上海分公司交换中心主机系统注册的银行终端（包括银行柜面终端、自助终端或存款POS机）所进行的人民币存取款交易，包括跨行存款、跨行取款和跨行转账类交易。试行阶段存款交易最高限额为每笔5 000元人民币，业务手续费为每笔2元；正式运行期间分别调整为5万元和3元。上述8家银行在上海合计拥有约200个网点。早在2003年5月，民生银行和南京市商业银行合作在国内首次实现存折“跨行通存通兑”。两家银行的个人客户可在民生银行8家网点和南京市商业银行58家网点就近办理存取款业务，且无须支付手续费。

东方基金管理公司在北京开业。该公司于2004年6月11日成立，注册资本为1亿元人民币，由东北证券等4家公司共同发起设立，其中东北证券占股46%，四川南方希望实业有限公司、上海市原水股份有限公司和河北宝硕股份有限公司各占股18%。该公司是《中华人民共和国证券投资基金法》正式实施后首家获准开业的基金管理公司。

上海黄金交易所进行50克金条试交易。金条交易实行现货全额和T+1交易方式，参加者限于该所128家会员及其代理客户。金条可根据需要提取或不提取实物金。客户提取实物金只能由会员统一代理提取。客户未提取的买入金条实物由交易所代为托管。金条提取实物后，不得再入库上市交易。交易所金条交易手续费暂定为0.6‰，代理手续费最高不得超过1.5‰。据上海黄金交易所统计，截至6月21日，上海黄金交易所2004年黄金交易量已达到130.8吨，交易金额为141亿元；铂金交易量为7 351千克，交易金额达17亿元。

29日 中国证监会公布《证券投资基金运作管理办法》。该管理办法包括总则、基金的募集、基金份额的申购和赎回、基金的投资和收益分配、基金份额持有人大会、监督管理和法律责任以及附则共7章54条。该管理办法规定，拟任基金管理人为依法设立的基金管理公司，拟任基金托管人为具有基金托管资格的商业银行；拟募集的基金须有明确、合法的投资方向和明确的基金运作方式。基金募集期限不得超过3个月。基金募集期限届满，募集总份额不少于2亿份，募集金额不少于2亿元人民币的，基金管理人应当按照规定办理验资和基金备案手续。基金管理人不得在非交易日和交易时间办理基金份额的申购、赎回或者转换。基金合同和基金招募说明书应当按照下列规定载明基金的类别：60%以上的基金资产投资于股票的为股票基金；80%投资于债券的为债券基金；仅投资于货币市场工具的为货币市场基金；同时投资于上述三种的为混合基金。封闭式基金的收益分配，每年不得少于一次，分配比例不得低于年度已实现收益的90%；开放式基金应当约定每年基金收益分配的最多次数和基金收益分配的最低比例。中国证监会及其派出机构对基金管理人、基金托管人从事基金运作活动的情况进行定期或者不定期检查。该管理办法自2004年7月1日起施行。

国家外汇管理局发布《关于规范银行外币卡管理的通知》。该通知对境内金融机构发行的外币卡（境内卡）和境外金融机构发行的银行卡（境外卡）在境内外提现做了规定。境外卡在境内金融机构可以提取人民币或外币现钞，但不得在自动柜员机（ATM）上提取；在境内提取人民币现钞未用完部分，允许在6个月内到银行兑回。境内卡在境外只用于经常项目下的消费支付，个人境内卡在境内金融机构可以提取人民币或外币现钞；单位个人卡不得提取现钞。对境内卡在境外提现实行限额管理。境内卡在境内消费或提现形成的透支应以人民币偿还。同时对银行外币卡项下的清算、还款及购汇做了具体规定。该通知自2004年8月1日起实施。

30日 交通银行完成财务重组工作。根据2004年6月14日国务院批准的《交通银行深化股份制改革整体方案》，交通银行深化股份制改革分为财务重组、引进外资、公开上市三个阶段。财务重组的核心内容是重组不良资产和补充资本金。以2004年6月30日为财务重组基准日，财务重组工作顺利完成。财政部和中央汇金公司分别以每股1元向交通银行注资50亿元和30亿元；社保基金理事会以每股1.80元购入交通银行55.56亿股股份，共投资100亿元；向老股东发行并出售了631 410 570股股份，获得11.36亿元资本金。成功发行120亿元次级定期债务。以账面价值50%的价格向信达资产管理公司出售了414亿元可疑类贷款。对可疑类贷款出售后的损失及损失类贷款进行了一次性集中核销。财务重组完成后，交通银行不良贷款余额为198亿元，不良贷款占比为3.43%；按监管标准提足各项准备，拨备覆盖率为72.77%；按国际会计准则，核心资本充足率为5.89%，资本充足率为8.82%。

中国保监会发布《中国保险监督管理委员会派出机构监管职责规定》。该规定包括总则、机构管理、保险从业资格管理、保险条款费率管理、现场监管与非现场监管、其他职责、行政处罚和附则共8章39条。该规定自2004年8月1日起施行。中国保监会2001年4月30日发布的《中国保险监督管理委员会派出机构监管职责暂行规定》同时废止。

7月

1日 中国银监会发布《信托投资公司行政许可事项实施规定》。该规定明确：信托投资公司为有限责任公司的，其股东的投资入股资格及所有股权变更均应经过审批；信托投资公司为股份有限公司的，拟投资入股比例超过5%（包括原持有的股份）的股东的投资入股资格及相应的股权变更须经过审批。

中国证监会发布《行政许可实施程序规定（试行）》。该程序规定包括总则、一般程序、简易程序、特殊程序、期限与送达、公示、档案管理和统计、附则共8章，分别就从行政许可申请的受理、审查到决定等各个环节上受理部门和审查部门应承担的工作等方面做了规定。该程序规定中要求建立行政许可实施制度主要有：统一受理制度，由中国证监会设立的专门机构负责办理行政许可申请材料的受理及行政许可文件的送达事宜。当场告知制度，对于申请事项依法不需要取得行政许可或者申请事项依法不属于中国证监会职权范围的，受理部门应当即时告知申请人不予受理。一次书面反馈意见制度，审查部门在审查申请材料过程中，认为需要申请人作出书面说明、解释的，原则上应当将问题一次汇总成书面反馈意见。说明理由制度，作出不予受理决定、不予行政许可决定的，应当在不予受理通知、不予行政许可决定中说明理由。行政许可决定公示制度，除涉及国家秘密、商业秘密、个人隐私外，中国证监会作出的准予行政许可决定定期在中国证监会互联网站和公告上公布。

6日　中国人民银行、财政部、劳动和社会保障部、中国银监会联合召开推进小额担保贷款政策落实工作电视电话会议。2004年下半年将在全国100个大中城市普遍推广创业培训加小额信贷的工作模式，还将在北京、天津、河北、内蒙古、吉林、青岛、成都等13个国家创业培训示范城市和地区启动创建信用社区促进小额担保贷款试点工作，充分发挥小额担保贷款与建立信用社区的联动效应，有效提高小额担保贷款质量和再就业成功率。截至2004年5月末，全国各金融机构发放下岗失业人员小额担保贷款余额12.2亿元，其中，1~5月新增5.9亿元。

国际金融公司（International Finance Corp，IFC）收购中国民生银行1.08%的股权。IFC受让的股权原为东方集团持有，股本约计5 600万股。完成股权过户后，东方集团降为第四大股东，但仍持有民生银行约2.85亿股，占总股本的5.5%。根据IFC的年报，该公司参股民生银行的成本为2 600万美元。这是我国首次批准外国公司投资国内的民营银行。

中国农业银行广西区分行与越南农业与农村发展银行联合推出人民币或越南盾电汇及信用证等边贸金融新产品。两国银行间通过环球银行金融电信协会（SWIFT）系统为客户办理边贸结算业务，实现了边贸结算从手工到电子化的转变。早在1996年7月22日，中国农业银行广西区分行就与越南农业与农村发展银行广宁省分行签订了边贸结算业务合作协议，开通了中国东兴—越南芒街口岸的边贸结算业务。2004年6月18日和22日，中国农业银行广西区分行分别和越南农业与农村发展银行广宁省分行、谅山省分行签署边贸结算合作补充协议，联合推出人民币或越南盾电汇及信用证等边贸结算新业务。当年1~9月，中国农业银行广西区分行累计办理边贸结算2.8亿美元，同比增长22.13%，占当地同业市场份额的70%。其中，与越南农业与农村发展银行发生的边贸结算达2.7亿美元，占比96%。1~9月，中国农业银行广西区分行共收到越南农业与农村发展银行开来信用证14笔，金额为95.27万美元；议付越南农业与农村发展银行信用证项下单据11笔，金额为77.18万美元。

7日　中国银行成功发行首期140.7亿元次级债券。本期债券名称为2004年中国银行债券（第一期），期限10年，计划发行额100亿元，最终发行额为104.7亿元，票面利率4.87%。此次发行是以组建债券承销团方式，通过中国人民银行金融债券发行系统进行市场化招标，投标机构35家，认购倍率达到1.79倍。根据本次债券的募集说明书显示，如果本次100亿元债券发行完毕，中国银行的资本充足率将由2003年年底的6.98%提高到7.38%，中国银行债券是我国资本市场上首只公开发行的次级债券，获准发行总额为600亿元。同年8月27日，中国银行次级债券（第一期）在全国银行间债券市场交易流通。

9日 中国人民银行公开市场业务操作室发布《关于加强公开市场业务一级交易商信息报告制度的通知》。该通知要求从公开市场业务一级交易商中选取部分机构作为中央银行重点联系机构，自2004年7月12日起，在每周一、周三向中央银行公开市场业务操作室电话报告有关情况并对其报告情况实行奖罚制度。

上海发生“金新乳品信托事件”。金新信托投资股份有限公司（以下简称金新信托）前身为中国工商银行新疆信托投资公司，成立于1988年。2002年5月，经中国人民银行乌鲁木齐中心支行批复同意，公司获准重新登记，取得信托市场准入资格。2003年5月，金新信托在上海推出名为“乳制品行业战略并购资金信托计划”的新产品。规模设定为8 000万元，期限1年，预计收益率为5.2%。在一个月的推介期内，通过向该公司的VIP客户及关系户推销，该项目共募集资金8 720万元，实际到账8 600万元，有197名投资者购买。2004年7月2日该信托计划到了偿付的最后期限，受“德隆事件”影响，导致该信托到期无法偿付，197名投资者在代销该信托计划的交通银行上海分行静坐抗议。金新信托乳品计划成为信托机构重新登记注册后第一个不能顺利兑付的信托计划。

2004年8月29日，金新信托被监管部门责令停业整顿，华融资产管理公司成立金新信托停业整顿工作组进驻金新信托。同年11月14日，该工作组发布公告：由新疆维吾尔自治区审计厅、监察厅、财政厅、税务局、人民银行乌鲁木齐中心支行、银监局、高级法院、公安厅等单位组成金新信托债务甄别办公室，负责对金新信托的债务进行甄别（仅限于新疆的投资者）。2005年1月20日，个人债权收购工作开始启动。

13日 中国证监会设计完成期货公司监管报表和指标体系。该体系通过实施以世界银行赠款项目完成的期货公司监管系统，采纳了美国商品期货交易委员会（Commodity Futures Trading Commission，CFTC）的概念，即用经调整的净资本（Ajusted Net Capital，ANC）作为衡量期货公司财务安全状况和对期货公司实施监管的核心指标。监管系统分为报表体系和指标体系两部分，报表体系是指反映期货公司财务安全状况和满足监管需要的一系列报表；指标体系是指以净资本为核心的期货公司监管指标，如经调整净资本充足率、客户权益保障率、代理客户盈亏率等。该体系于同年9月开始试运行。

14日 国务院第58次常务会议召开。会议指出，加强宏观调控已取得明显成效，但经济运行中的突出矛盾和问题还没有从根本上解决，固定资产投资规模仍然偏大，投资结构还不尽合理，煤电油运供求紧张的矛盾尚未有效缓解。下半年经济工作实行“稳定政策，冷静观察；巩固成果，防止反复；区别对待，调整结构；深化改革，加强法治；统筹兼顾，远近结合；统一思想，形成合力”的方针。

15日 中国人民银行、中国银监会发布《关于进一步做好城市信用社市场退出工作有关问题的通知》。该通知规定：1. 对于停业整顿期满但仍无法恢复正常营业的城市信用社，中国银监会应尽快依法予以撤销。2. 中国银监会和人民银行各派出机构应继续在当地人民政府的统一组织领导下，分工协作，密切配合，加快城市信用社市场退出工作进度。3. 人民银行相关分支机构要依法维护再贷款债权，做好被撤销城市信用社占用的再贷款债权登记工作，确保再贷款资金安全。由人民银行有关分支机构直接发放再贷款给被救助城市信用社的，可直接登记债权；通过其他金融机构转贷的，应要求其他金融机构将对被救助城市信用社的债权让渡给人民银行，由人民银行进行债权登记。人民银行的债权应与其他其法人债权人在同一顺序，按照比例受偿。4. 被撤销城市信用社清算组制定的清算方案，在与债权人协商并经撤销工作领导小组同意后，由所在地银监局和人民银行有关分支行共同确认。

国家外汇管理局印发《关于汽车金融公司有关外汇管理问题的通知》。该通知规定：汽车金融公司为外商独资或中外合资的可向所在地外汇局申请在外汇指定银行开立外汇资本金账户；

收入范围为外国投资者汇入的注册资金，支出范围为银行存款、经常项下的对外支付和经批准的其他外汇支出；如需将其外汇资本金的资金结汇，应经外汇局批准后到外汇指定银行结汇；结汇所得人民币资金限于提供购车贷款、支付日常经营费用以及经批准的其他用途；公司如需支付外方股东利润，应经外汇局核准后到外汇指定银行办理购付汇。公司只能发放人民币贷款，不得吸收境内外汇存款，不得举借外债，不得办理对外担保。该通知自 2004 年 8 月 20 日起施行。

中国证监会调查江苏琼花事件。在深圳中小企业板上市只有 11 个交易日的江苏琼花高科技股份有限公司（股票简称：江苏琼花；股票代码：002002），因招股说明书涉嫌虚假记载和重大遗漏被证监会立案稽查，3 个月内不受理其保荐人推荐的项目。7 月 9 日江苏琼花发布公告，表明其招股说明书中披露的 3 453 万元（截至 2003 年年末的账面价值）自营国债投资的实际情况。经中国证监会有关部门初步核实，江苏琼花披露的国债投资信息与其在招股说明书中披露的信息不符，违反了《中华人民共和国公司法》《中华人民共和国证券法》及中国证监会有关的信息披露规定。深圳证券交易所于 7 月 9 日对江苏琼花及相关人员进行了公开谴责，中国证监会则依据《证券发行上市保荐制度暂行办法》的规定，对签字保荐代表人进行了初步处理。江苏琼花是中小企业板上市以来受到谴责的第一家上市公司，也是保荐人制度推行以来首家被处罚的公司。

19 日 中国银监会发布《关于农村信用社改革过渡时期保持稳定的通知》。该通知要求在农村信用社改革过渡时期，要以稳定为主，严禁突击进人、突击提干、突击花钱，防范各类道德风险，要保持管理和服务工作的连续性，防范交付风险和各类案件的发生。

中国证监会发布《关于期货经纪公司股东资格有关问题的通知》。该通知规定：变更公司股东或者股权结构，拟持有公司 10% 以上股权或者拥有实际控制权的股东，其股东资格应当事先经中国证监会核准。

20 日 中国证监会发布《期货经纪公司客户保证金封闭管理暂行办法》。期货经纪公司客户保证金指期货经纪公司客户为了进行期货交易、交割、结算而存放于期货经纪公司的资金。该暂行办法规定：期货经纪公司客户保证金必须全额存入从事期货交易结算业务的商业银行，与期货经纪公司自有资金分户存放，封闭管理，严禁挪用客户保证金。根据需要，客户保证金只能在期货经纪公司保证金专用账户、期货经纪公司在期货交易所所在地开设的专用资金账户、期货经纪公司在交易所的资金账户共同构成的保证金封闭圈内划转，封闭运行。期货经纪公司不得将资金划出封闭圈，严禁以质押等方式变相挪用占用客户保证金。期货经纪公司保证金封闭管理实行责任追究制度。客户保证金封闭管理是严禁期货经纪公司挪用客户保证金的一项重要措施，自 2003 年开始在全国推行，此次发布的该暂行办法成为监管部门、结算银行和期货经纪公司多方合作管理的重要标志。

中国证监会发布《关于期货经纪公司设立、解散、合并有关问题的通知》。该通知规定：申请设立期货经纪公司注册资本不低于3 000 万元实缴人民币；申请解散期货经纪公司须结清受委托的业务，并依法返还客户的保证金。申请合并期货经纪公司须按照平等自愿的原则，妥善处理被吸收合并的公司全体期货投资者的保证金和持仓，合并后存续的公司符合中国证监会有关期货经纪公司持续经营的条件，对被吸收合并的公司的营业部有妥善的处理方案。上述情况均应向当地中国证监会派出机构提出申请。

21 日 中国银监会颁布《商业银行授信工作尽职指引》。该指引包括总则、客户调查和业务受理尽职要求、分析与评价尽职要求、授信决策与实施尽职要求、授信后管理和问题授信处理尽职要求、授信工作尽职调查要求和附则共 7 章 57 条，从授信的客户调查和业务受理、授信分析和评价、授信决策与实施、授信后管理和问题授信管理四个方面对授信尽职做了详细的规定，基本覆盖了商业银行授信过程的各个主要业务环节，对尽职调查和问责制提出了明确要求。该指引规定：商业银行不得对以下用途的业务进行授信：国家明令禁止的产品或项目；违反国家有关规定从事股本权益性投资，以授信作为注册资本金、注册验资和增资扩股；违反国家有关规定从事股票、期货、金融衍生产品等投资；其他违反国家法律、法规和政策的项目。该指引特别强调对八类不尽职行为按照有关规定予以责任追究，即进行虚假记载、误导性陈述或重大疏漏的；未对客户资料进行认真、全面和准确核实的；授信决策过程中超越权限、违反程序审批的；未按照规定时间和程序对授信和担保物进行授信后检查的；授信客户发生重大变化和突发事件，未派员及时实地调查的；未根据预警信号及时采取必要保全措施的；故意隐瞒真实情况的；不配合授信尽职调查人员工作或提供虚假信息的。这是中国银行监管部门首次对商业银行征信、授信和授信尽职调查提出详尽的尽职要求和评价标准。

中国证监会发布《关于规范境内上市公司所属企业到境外上市有关问题的通知》。该通知规定：上市公司有控制权的所属企业申请到境外上市应当符合下列条件：最近三年连续盈利；最近三个会计年度内发行股份及募集资金投向的业务和资产不得作为对所属企业的出资申请境外上市；企业的净利润不得超过上市公司合并报表净利润的50%；净资产不得超过上市公司合并报表净资产的30%；上市公司与所属企业不存在同业竞争，且资产、财务独立，经理人员不存在交叉任职；企业董事、高级管理人员及其关联人员持有所属企业的股份，不得超过所属企业到境外上市前总股本的10%；不存在资金、资产被具有实际控制权的个人、法人或其他组织及其关联人占用的情形，或其他损害公司利益的重大关联交易；上市公司最近三年无重大违法、违规行为。上市公司应当及时向境内投资者披露所属企业向境外投资者披露的任何可能引起股价异常波动的重大事件。

22日 中国人民银行批准招商银行、中国民生银行、上海银行、杭州市商业银行、国泰君安证券股份有限公司、中信证券股份有限公司为银行间债券市场做市商。至此，银行间债券市场做市商共有15家金融机构，增幅为66%。同时，人民银行要求将“双边报价商”统一改称为“做市商”，意味着银行间债券市场的做市商制度正式确立。2001年8月，人民银行批准了9家商业银行为双边报价商，并指定了20个报价券种，构建了初步意义上的中国债券市场做市商制度。

25日 《国务院关于投资体制改革的决定》正式颁布。该决定的基本内容是：对于企业不使用政府投资建设的项目，一律不再实行审批制，区别不同情况实行核准制和备案制。《政府核准的投资项目目录》将由国务院投资主管部门会同有关部门研究提出，报国务院批准后实施。未经国务院批准，各地区、各部门不得擅自增减此目录规定的范围。放宽社会资本的投资领域，允许社会资本进入法律、法规未禁入的基础设施、公用事业及其他行业和领域。对非经营性政府投资项目加快推行“代建制”，即通过招标等方式，选择专业化的项目管理单位负责建设实施，严格控制项目投资、质量和工期，竣工验收后移交给使用单位。改进投资宏观调控方式。综合运用经济的、法律的和必要的行政手段，对全社会投资进行以间接调控方式为主的有效调控。建立政府投资责任追究制度，对不遵守法律、法规给国家造成重大损失的，要依法追究有关责任人行政和法律责任。

26日 中国银监会颁布《中华人民共和国外资金融机构管理条例实施细则》。该实施细则将外国银行分行经营对中资企业人民币业务、对中国居民个人人民币业务的最低营运资金要求，分别由原来的4亿元人民币和6亿元人民币调减至3亿元人民币和5亿元人民币。对分行营运资金的档次也由原来的6档简化为3档，并降低营运资金要求。该细则增加了审慎性监管要求以及非行政性监管措施，包括监测外资金融机构授信集中度情况、异常资金流出情况、对外国银行分行侵蚀营运资金情况等。对外资金融机构的非审慎性经营行为视情况采取特别监管措施，包括约见负责人警戒谈话、要求定期就有关问题提交报告、对业务开展或资金流出入提出限制性措施等。该实施细则自 2004 年 9 月 1 日起施行，2002 年 1 月 25 日发布的实施细则同时废止。

27 日 中国银监会颁布修订的《企业集团财务公司管理办法》。该管理办法规定：财务公司是指以加强企业集团资金集中管理和提高企业集团资金使用效率为目的，为成员单位提供财务管理服务的非银行金融机构。申请成立财务公司前一年母公司的注册资本金不低于 8 亿元人民币；按规定并表核算的成员单位资产总额不低于 50 亿元人民币，净资产率不低于 30%；申请前连续两年，按规定并表核算的成员单位营业收入总额每年不低于 40 亿元人民币，税前利润总额每年不低于 2 亿元人民币。外资投资性公司申请前一年其净资产应不低于 20 亿元人民币，申请前连续两年每年税前利润总额不低于 2 亿元人民币。设立财务公司的注册资本金最低为 1 亿元人民币。经营外汇业务的财务公司，其注册资本金中应当包括不低于 500 万美元或者等值的可自由兑换货币。申请筹建财务公司，应当由母公司向中国银监会提出申请，由中国银监会对其设立与开业进行核准、审批。

符合规定条件的财务公司可以在成员单位集中且业务量较大的地区设立分公司或代表处。分公司营运资金不少于 5 000 万元人民币，财务公司拨付各分公司的营运资金总计不得超过其注册资本金的 50%。

财务公司经营业务，应当遵守下列资产负债比例的要求：资本充足率不得低于 10%；拆入资金余额不得高于资本总额；担保余额不得高于资本总额；短期证券投资与资本总额的比例不得高于 40%；长期投资与资本总额的比例不得高于 30%；自有固定资产与资本总额的比例不得高于 20%。该管理办法规定，如果财务公司出现严重支付困难或被撤销时，集团公司负有救助、组织清算等义务。该管理办法自 2004 年 9 月 1 日起施行。2000 年 6 月 30 日发布的《企业集团财务公司管理办法》同时废止。

28 日 中国建设银行发生“7·28”系列诈骗案。2004 年 7 月 26 日，山西证券控股的山西智信网络公司到该公司开户行——中国建设银行山西省太原市万柏林支行提取一笔上亿元的资金。虽然该公司于前一天将提款事宜电话通知了万柏林支行，但是 26 日该笔款项没有按时提取。当天晚上，银企双方对账发现，拥有 1.5 亿元存款的账户内，只剩下 20 多万元。2004 年 7 月 28 日，建设银行山西省太原市万柏林支行首先发现伪造山西证券公司控股的山西智信网络公司印鉴诈骗并向公安机关报案，公安机关正式对“7·28”金融大案展开调查，并由此发现一系列诈骗案情：8 月 3 日，交通银行山西省太原市分行晋安、并东、府西 3 家分理处发现银企账单不符案件；8 月 5 日，农业银行山西省太原市分行营业部所辖旱西关分理处发现伪造山西智信网络公司印鉴诈骗资金案件；8 月 7 日，建设银行太原市并州支行胜利桥东分理处发现银企账单不符案件；8 月 11 日，农业银行太原市水南、双塔、漪汾街 3 家分理处各发现银企账单不符案件。

2004 年 11 月初，“7·28”系列案基本清晰，案件共涉及山西省辖内银行分支机构近 20 家，涉案银行主要为农业银行、建设银行、交通银行、中国银行，被卷入转账等非涉案业务的银行则更多；涉案金额近 10.38 亿元，其中山西证券公司、山西智信网络公司、深圳广赢投资公司、山西万通资产公司四家“山西证券系”企业共丢失银行存款本金约 8.8 亿元；另有数家企事业单位超过 1 亿元的银行存款丢失。2004 年 4～6 月，原农业银行太原分行漪汾街分理处主任张建国利用职务之便，通过该案主犯胡吉贤私刻的印鉴，从会计处索要空白转账支票，挪用山西智信网络有限公司和深圳广赢投资管理有限公司共 3 000 万元公款供同案犯等人使用，还款中的 1 500 万元打入张建国自己控制的账户，张建国获取了超过 153.5 万元的高额利息用于归还个人债务。2005 年 5 月 31 日“7·28”特大金融诈骗案开庭。8 月 8～10 日，张建国及三名同案犯在太原市中级人民法院接受庭审。

“以股抵债”试点正式启动。作为“以股抵债”的第一家试点——湖南电广传媒股份有限公司（股票简称：电广传媒；股票代码：

000917）发布经公司董事会通过的“以股抵债”方案：“以股抵债”的总股数为 7 542.10 万 A 股，金额为 5.39 亿元人民币，即控股股东湖南广播电视产业中心按每股单价 7.15 元的价格，一次性清偿公司 5.39 亿元债务。2004 年 8 月 10 日，国资委批准通过该方案。同年 9 月 22 日，电广传媒发表公告声明：控股股东“以股抵债”方案（即公司控股股东——湖南广播电视产业中心以其所持有电广传媒 75 421 022 股抵偿其所欠电广传媒的债务及利息合计 539 260 310.8 元）实施完毕，电广传媒对抵债股份进行了核销，湖南广播电视产业中心持有电广传媒股份数量由 16 900 万股减少为 93 578 978 股，持股比例由 50.31% 下降为 35.92%，仍为该公司第一大股东。“以股抵债”后，电广传媒总股本从 33 592 万股下降为 26 049.9 万股。

9 月 14 日，张卫星以持有电广传媒 100 股 A 股的小股东身份，向北京市第一中级法院起诉国资委，要求撤销被告国资委在电广传媒“以股抵债”事件中的严重不当和非法的具体行政行为。9 月 28 日，北京市第一中级人民法院行政向张卫星发出裁决书：由于国资委不具备行政主体资格，对于张卫星的起诉不予受理。

中银国际基金管理有限公司在上海开业。中银国际基金管理有限公司（BOC International Investment Managers）是由中银国际证券有限责任公司、中银国际控股有限公司和美林投资管理有限公司联合发起设立的中外合资基金管理公司，注册资本金为 1 亿元人民币。三家公司分别占有 67%、16.5% 和 16.5% 的股权。

中国人民银行发布《关于变更中央银行票据上市时间的通知》。中国人民银行决定自 2004 年 8 月 4 日起，中央银行票据在银行间债券市场上市流通和作为公开市场业务操作工具的时间变更为“T + 1”，即自发行日起的第二个工作日（周三）。7 月 27 日，人民银行宣布每周二新增一次短期正回购操作，8 月 5 日起又在每周四增加一次中央银行票据发行，从而使市场操作的频率提升至每周四次。

8 月

3 日 中国人民银行发布《关于为澳门银行办理个人人民币业务提供清算安排的公告》，宣布为澳门银行办理个人人民币业务提供清算渠道和回流机制。根据人民银行提出的清算条件与安排，两地居民个人可享受的服务包括：澳门居民个人可以在澳门银行开立人民币存款账户；任何个人可在澳门银行柜台，每人每次兑换不超过等值 6 000 元人民币的现钞，有存款户的每人每天可以兑换不超过等值 20 000 元人民币的现钞；在澳门提供个人购物、餐饮、住宿、交通、医疗等服务的指定商户收取的人民币现钞可以兑换成澳门元；内地居民可持内地银行发行的个人人民币银行卡在澳门消费支付，或在自动取款机上提取小额现钞，但不得提取人民币现钞；澳门居民可持澳门参加行或其附属机构发行的人民币银行卡在内地消费支付，或在自动取款机上提取小额人民币现钞；澳门居民个人可通过澳门银行向内地汇入以汇款人为收款人的人民币款项，每人每天汇款的最高限额为 50 000 元人民币，未提用的人民币汇入款经审核后可汇回澳门。同年 9 月 17 日，中国人民银行宣布选定中国银行澳门分行作为澳门银行个人人民币业务清算行。

首例股民诉上市公司虚假陈述案原告败诉。济南市中级人民法院驳回原告张鹤要求银座渤海集团股份有限公司（股票简称：ST 渤海；股票代码：600858）赔偿各项费用支出 9 930 元的诉讼请求。2000 年 3 月 31 日至 2001 年 11 月 19 日，渤海集团因虚假信息披露而受到中国证监会查处。根据规定，股民可以对其进行起诉。山东省枣庄市股民张鹤于 2001 年先后 3 次购进渤海集团股票 1 500 股，共计 18 435 元人民币。此后，该股票价格一路下跌，他于 2002 年 1 月将 1 500 股股票低价卖出，共损失 9 420 元。原告认为其损失是被告的信息虚假陈述所致，遂诉至法院要求被告赔偿差价损失、交易费用、利息等共计 9 930 元。2002 年 4 月 19 日，济南市中级人民法院开庭审理了这一案件。一审判决书认为，虽然上市公司渤海集团存在虚假陈述的违法行为，股民张鹤也存在投资受损的事实，但两者之间并无因果关系，因此上诉被济南市中级人民法院驳回。

4日 中国建设银行发行第一期次级债券。本期债券计划发行100亿元人民币，最终发行150亿元人民币，其中10年期固定利率品种111.4亿元，10年期浮动利率品种38.6亿元，此次债券发行是目前国内单期发行规模最大的次级债券的发行。次级债券所募集的资金全部用于补充建设银行的附属资本，提高资本充足率。中国建设银行2004—2005年次级债券发行总额为400亿元。

中国银监会对国有商业银行两起重大票据诈骗案件进行严肃查处。这两起票据案件涉及河南、广东、贵州三省的多个城市，以及工商银行、农业银行和建设银行的5家分支机构。诈骗分子利用商业承兑汇票回购和贴现方式，并收买银行工作人员，骗取银行资金2.58亿元，中国银监会责成有关商业银行和银行监管部门对涉案人员和相关责任人员进行了严肃处理。三家银行共处理工作人员35名，分别给予开除党籍、行政开除和其他党纪、政纪处分。对涉嫌经济犯罪的有关人士分别移送司法机关，并分别对其作出了取消金融机构任职资格终身和10年、8年、5年的决定。

6日 交通银行与汇丰银行在京签署战略合作协议。根据协议：汇丰银行以“香港上海汇丰银行”名义入股交通银行，入股比例为19.9%，持有77.75亿股，投资总金额为144.61亿元人民币，折合约17.47亿美元。汇丰银行入股后，按照国际会计准则计算的交通银行的核心资本充足率将达到8.43%，资本充足率将达到11.62%。汇丰银行也由此成为交通银行第二大股东。引进外资是交通银行深化股份制改革整体方案的第二步，也是迄今为止外资入股我国商业银行的最大宗交易。

9日 中国人民银行发布《2004年第二季度中国货币政策执行报告》。报告指出：2004年上半年，国内生产总值为5.9万亿元，同比增长9.7%，比2003年同期提高0.9个百分点。6月末，广义货币M_2余额为23.8万亿元，同比增长16.2%，增幅比上年同期低4.6个百分点。全部金融机构人民币贷款增加1.43万亿元，同比少增3 536亿元，比2002年同期多增6 000亿元。人民币各项存款增加2.17万亿元，同比少增1 784亿元。基础货币余额为5.13万亿元，增长19.2%，增幅比上年年末提高2.4个百分点。国家外汇储备为4 706亿美元，比上年年末增加674亿美元；人民币汇率为1美元兑换8.2766元人民币，人民币汇率继续保持稳定。

2004年下半年，中国人民银行继续实施稳健的货币政策，并根据经济金融运行的变化适时加以完善。一是灵活运用数量型工具，适度调节金融体系流动性。二是稳步推进利率市场化，更大程度地发挥市场在资源配置中的基础作用。三是加强“窗口指导”，优化信贷结构和产业结构。四是加快金融市场建设，提高货币政策传导效率。五是推进金融企业改革，促进金融业可持续发展。六是保持人民币汇率在合理、均衡水平上的基本稳定。

经国务院批准，中国保监会、中国人民银行颁布《保险外汇资金境外运用管理暂行办法》。该暂行办法包括总则、资格条件、投资范围和比例、投资管理、资产托管、监督管理、附则共7章42条。该暂行办法规定，保险外汇资金的境外运用限于下列投资品种或者工具：银行存款；国际公认评级机构评定的信用级别在A级或者相当于A级以上的外国政府债券、国际金融组织债券、公司债券；中国的政府和国内企业在境外发行的债券；信用级别在AAA级（含）以上的银行票据、大额可转让存单等货币市场产品。同时规定，保险外汇资金境外运用的可投资总额不得超过该保险公司上年年末外汇资金余额的80%，并对不同信用级别投资品种、单个发行体所发行证券的投资比例也分别进行了限制。

8月18日，中国保监会公布，截至2004年6月底，我国保险业共有外汇资金97.75亿美元。2005年1月10日，国家外汇管理局批准中国平安（集团）保险公司外汇资金境外运用额度17.5亿美元，这是国家外汇管理局依据该暂行办法所批准的首笔保险外汇资金境外运用额度。

10日 国家外汇管理局发布《关于个人对外贸易经营有关外汇管理问题的通知》。该通知比照境内机构贸易外汇管理的框架和原则，规范了个人从事货物贸易的外汇收付行为和个人外贸经营者申领出口收汇核销单、办理国际收支申报等事项。

12日 中国证监会发布《关于推进证券业创新活动有关问题的通知》。该通知提出，证券公司只要符合规定的条件和标准，就可以按程序提出申请并经评审通过，被确定为试点证券公司。试点证券公司可根据市场需要和自身实际，进行法律、法规未禁止或未明确限制的、市场条件具备的业务创新、经营方式创新和组织创新，提高服务质量，改善盈利模式。

根据该通知，中国证券业协会于8月13日公布了《关于从事相关创新活动证券公司评审暂行办法》。该暂行办法规定，中国证券业协会负责对试点证券公司的评审与持续评价。

中国银行推出首款欧元理财产品。欧元“稳健进取”投资期限仅为半年，收益率确定方式为：以前三个月为观察期（2004年8月26日至11月26日），欧元兑美元即期汇率的观察区间被设定为1.1835~1.2715。观察期内如果欧元兑美元即期汇率没有超出设定的观察区间，则收益率为4.00%；如果欧元兑美元即期汇率在任意一天超出了设定的观察区间，则收益率为0.10%。

16日 中国人民银行、中国银监会联合发布《汽车贷款管理办法》。该管理办法包括总则、个人汽车贷款、经销商汽车贷款、机构汽车贷款、风险管理和附则共6章35条。该管理办法所称贷款人是指商业银行、城乡信用社及获准经营汽车贷款业务的非银行金融机构；借款人分为个人、汽车经销商和机构借款人。

该管理办法规定：汽车贷款的贷款期限（含展期）不得超过5年，其中，二手车贷款的贷款期限（含展期）不得超过3年，经销商汽车贷款的贷款期限不得超过1年。贷款人发放自用车贷款的金额不得超过借款人所购汽车价格的80%；发放商用车贷款的金额不得超过借款人所购汽车价格的70%；发放二手车贷款的金额不得超过借款人所购汽车价格的50%。该管理办法要求贷款人建立借款人资信评级系统和汽车贷款预警监测体系，完善审贷分离制度，对汽车贷款实行分类监控以及建立汽车贷款信息交流制度等。该管理办法自2004年10月1日起施行，中国人民银行1998年9月1日颁布的《汽车消费贷款管理办法》同时废止。

据中国人民银行和中国银监会统计：截至2004年6月末，金融机构全部消费贷款余额为17 952亿元，占金融机构各项贷款余额的10.6%。其中，汽车消费贷款余额为1 833亿元，占金融机构全部消费贷款余额的10.2%。

中国证监会、中国人民银行联合发布《货币市场基金管理暂行规定》。该暂行规定明确，货币市场基金是指仅投资于货币市场工具的基金。货币市场基金投资于以下金融工具：现金；1年以内（含1年）的银行定期存款、大额存单；剩余期限在397天以内（含397天）的债券；期限在1年以内（含1年）的债券回购和中央银行票据；其他具有良好流动性的货币市场工具。不得投资于股票、可转换债券、剩余期限超过397天的债券、信用等级在AAA级以下的企业债券以及证监会、人民银行禁止投资的其他金融工具。货币市场基金的投资组合为：投资于同一公司发行的短期企业债券的比例，不得超过基金资产净值的10%；存放在具有基金托管资格的同一商业银行的存款，不得超过基金资产净值的30%；存放在不具有基金托管资格的同一商业银行的存款，不得超过基金资产净值的5%；在全国银行间债券市场债券正回购的资金余额不得超过基金资产净值的40%及中国证监会、中国人民银行规定的其他比例限制。货币市场基金投资组合的平均剩余期限不得超过180天。

中国反洗钱监测分析中心正式接收、分析大额和可疑交易报告。随后，中央银行向金融机构印发了《反洗钱监测分析系统本外币数据报送标准》，要求工商银行、农业银行、中国银行和建设银行等18家金融机构根据数据标准开发数据生成工具。截至2004年12月31日，中国反洗钱监测分析中心共接收本外币数据3 217 227笔、可疑交易报告10 740份。2004年9月初步实现了本外币交易数据的统一监测分析。通过分析筛选，中国反洗钱监测分析中心将判定可疑的报告移交给反洗钱局。经反洗钱局调查，对一般性违规行为，由反洗钱局视情况进行处理；对确实涉嫌犯罪的案件，由反洗钱局移交执法部门处理。截至2004年12月31日，中国反洗钱监测分析中心已向反洗钱局移交经分析筛选、初步判定为可疑的交易报告150份。

17日 国务院办公厅下发《关于进一步深化农村信用社改革试点的意见》。为加快推进农村信用社改革，深化8省（市）改革试点，进一步扩大试点范围，该意见提出：

1. 进一步深化农村信用社改革试点的指导原则是：以邓小平理论和“三个代表”重要思想为指导，认真贯彻党的十六大和十六届三中全会精神，坚持市场化的改革取向，以服务农业、农村和农民为宗旨，按照“明晰产权关系、强化约束机制、增强服务功能、国家适当支持、地方政府负责”的总体要求，围绕不断改善农村金融服务，加大金融支农力度这一首要目标，逐步推进和完善管理体制和产权制度改革，促进农村信用社加强内部控制，转换经营机制，使农村信用社真正成为自主经营、自我约束、自我发展和自担风险的市场主体，真正成为服务农民、农业和农村经济的社区性地方金融企业。

2. 进一步做好8个试点省（市）深化改革试点工作。一是明确职责分工，落实监督管理责任。二是深化产权制度改革，完善农村信用社法人治理结构。三是转换经营机制，提高经营管理水平。四是改善农村金融服务，加大金融支农力度。五是认真落实扶持政策，形成政策合力。

3. 进一步扩大农村信用社改革试点范围。国务院决定，将北京、天津、河北、山西、内蒙古、辽宁、黑龙江、上海、安徽、福建、河南、湖北、湖南、广东、广西、四川、云南、甘肃、宁夏、青海、新疆21个省（自治区、直辖市市）作为进一步深化农村信用社改革的试点地区。

根据中国人民银行副行长吴晓灵2005年2月27日在深化农村信用社改革试点工作座谈会上的讲话：截至2004年年末，人民银行对先行试点8省市辖内的620个县（市）农村信用社发行了4期专项票据，共计355.5亿元，分别占8省市选择专项票据县（市）的99.2%和拟发行专项票据总额的98.5%。8省市改革试点工作取得明显的阶段性成果。2003年和2004年，8省市共增资扩股367亿元，2004年年末资本净额604亿元，资本充足率达到8.7%，不良贷款比2002年年末减少391亿元（剔除票据置换因素，实际减少83亿元），不良贷款占比下降13.3个百分点。2004年8省市农村信用社全部实现盈利，盈利总额68.8亿元，占全国农村信用社盈利总额的66.9%，存贷款增幅大大高于全国平均水平。

根据中国银监会2005年1月18日公布的统计数字：2004年度全国农村信用社（包括农村商业银行、农村合作银行）全行业首次实现了年度统算盈余，盈余金额达104.62亿元。其中，有26 245家农村信用社实现盈余，盈余面为81%；全国有25个省份的农村信用社以省统算实现盈余。截至2004年年底，全国农村信用社各项存款余额达27 840.97亿元，比年初净增3 777.07亿元，增长15.70%；各项贷款余额达19 551.25亿元，比年初增加2 629.30亿元，增长15.54%。2004年度全国农村信用社共累计发放各项贷款23 623.8亿元，比上年多放4 046.9亿元。全年共实现利息收入1 122.27亿元，比上年增加264.63亿元，增长30.86%，其增加额占同期总收入增加额的87.62%。全国农村信用社2004年全年共清收盘活不良贷款1 370亿元。截至2004年年末，全国农村信用社不良贷款余额比上年年初下降544.64亿元，不良贷款率为23.1%，比年初下降6.27个百分点。全国农村信用社农业贷款余额达8 490.29亿元，比年初净增加 1 557.30 亿元，增长 22.5%，其中，农户贷款余额为 6 795.56 亿元，比年初增加 1 218.73亿元，增长 21.86%；全年累计收回各项贷款 20 974.08 亿元，比上年多收 4 668.09 亿元，贷款收息率达 5.35%，比上年增加 0.09 个百分点。2004 年度全国农村信用社经营收入达 1 522.55亿元，比上年增加 302.04 亿元，增幅达 24.75%；各项业务支出和营业费用合计达 1 417.93亿元，比上年增加 191.73 亿元，增幅为 15.64%。总收入增幅超过总支出增幅 9.11 个百分点。

18 日 国务院第 61 次常务会议召开。研究部署进一步做好当前金融工作，会议指出，一年多来，银行、证券、保险系统坚决贯彻中央关于加强宏观调控的决策和部署，做了大量很有成效的工作，在遏制固定资产投资过快增长，加强经济社会发展薄弱环节，促进经济平稳、较快发展中发挥了重要作用。

当前要着力做好以下几项工作：1. 进一步做好货币信贷工作。要按照加强和改善宏观调控的要求，继续合理控制货币信贷规模，着力优化信贷结构，把好信贷“闸门”。要强化金融企业内控机制，加强对商业银行的“窗口指导”，准确把握调控的力度和节奏。坚持有保有压、区别对待，防止“一刀切”。各金融机构都要围绕实现宏观调控预期目标和促进经济平稳较快发展，积极探索新形势下改进金融服务的机制和方法，加快金融业务和产品创新，提高金融服务水平。2. 高度重视防范和化解金融风险。要加快处理历史遗留的金融风险问题，积极防范和化解新的风险。对清理固定资产投资项目中停建、缓建项目的贷款，要认真做好善后处理工作。要以加强宏观调控为契机，加快建立金融企业风险管理机制，强化资本约束机制，完善信贷管理制度。3. 不失时机地推进金融改革。加快国有商业银行改革步伐，做好扩大农村信用社改革试点的工作。认真落实国务院关于推进资本市场改革开放和稳定发展的意见。加快推进保险业改革。深化投资体制改革，提高银行自主审贷能力。4. 进一步做好金融对外开放工作。要继续认真履行加入世界贸易组织的承诺，有步骤地扩大金融对外开放的地域和业务范围。抓紧修改和完善有关政策规定，加强对外资金融机构的引导、服务和管理，逐步形成内外资金融企业公平竞争的市场环境。5. 继续加强和改进金融监管。金融监管部门要加强协调合作，突出监管重点，着重加强对市场准入、公司治理结构、内部控制、重要金融业务和高级管理人员的监管。抓紧修订、完善金融监管法规制度。加快社会信用体系建设，创造良好的社会信用环境。6. 切实做好防范和打击金融犯罪活动工作。要按照综合治理、整体部署、分工合作、多管齐下、以防为主、防打结合的原则，防范和打击各类金融犯罪活动。积极采用先进手段和装备，提高防范金融犯罪的技术水平。进一步加强防范和打击金融犯罪的法律制度建设。加强国际合作与交流，防范和打击跨国金融犯罪。

上汽通用汽车金融有限责任公司开业。该公司经中国银监会批准，由通用汽车金融服务公司和上海汽车集团财务有限责任公司共同组建，注册资本为 5 亿元人民币，两家公司分别出资 3 亿元和 2 亿元人民币。这是中国第一家汽车金融公司和至今唯一的合资汽车金融服务公司。

19 日 财政部、中国人民银行、中国银监会联合发布《关于加强国有商业银行不良贷款剥离过程中责任追究工作的通知》。为加强不良资产责任追究工作，减少资产损失，防范道德风险，该通知要求：1. 国有商业银行应加强内部责任追究工作，建立问责制，加强内部审计和稽核，对贷款发放、管理、处置、剥离过程中的违规、违纪行为，按处理事与处理人结合的原则，严肃查处，特别要注意查办因决策失误、内控机制不健全等形成损失的案件。2. 国有商业银行和金融资产管理公司应严格按交接程序，相互配合做好不良资产剥离和接收工作，防止一剥了之，防止少数企业借改革之机逃废债务，切实防范道德风险。3. 国有商业银行应及时向各监管部门报告责任追究工作，并通过媒体向社会公布责任处理情况。该通知对责任人的处理情况也做了规定。

20 日 中国城市商业银行汇票资金清算业务正式开通。首批 69 家城市商业银行开始办理银行汇票签发和互为代理兑付业务，其他 42 家城市商业银行经人员培训、系统上线后，也将陆续开办该业务。从此，全国 111 家城市商业银行有了自己安全、便捷、快速的汇路和汇票。城市商业银行间的银行汇票使用经中国人民银行批准的，由城市商业银行资金清算中心颁布的统一标识的银行汇票凭证、统一印模的汇票专用章和统一的密押系统。清算中心负责城市商业银行汇票业务的资金清算。当日上午，上海银行签发了全国城市商业银行系统编号为 00000001 的第一张银行汇票。

美国雷曼兄弟（欧洲）公司取得国家外汇管理局批准的 7 500 万美元投资额度，正式成为合格境外机构投资者。2004 年 7 月 8 日，该公司取得中国证监会批准的 QFII 投资许可证。

22 日 财政部提前赎回部分国债。8 月 20 日，财政部以混合式招标方式提前兑付将于当年 12 月到期、发行总量为 886 亿元的三期记账式国债。根据招标结果，原始期限 3 年、总额为 263.53 亿元的 2001 年记账式（十六期）国债，本次提前兑付总量为 31.47 亿元，加权平均投标价格为 101.787 元，参考收益率为 2.2545%；期限 2 年、总额为 368.1 亿元的 2002 年记账式（十六期）国债，提前兑付总量为 42.32 亿元，加权平均投标价格为 101.605 元，参考收益率为 2.2493%；2003 年记账式（十二期）国债发行总额为 255 亿元，本次提前兑付量为 27.57 亿元，加权平均投标价格为 99.34 元，参考收益率为 2.2877%。当日，财政部公布提前赎回部分国债的招标结果：经投标确定的提前兑付总量共计 101.36 亿元，占这三期国债 886 亿元发行总额的 11.43%。这是财政部首次以市场化方式赎回国债。

25 日 中国人民银行发布《关于 2004 年十年期中国铁路建设债券在全国银行间债券市场交易流通的批复》。中国铁路建设债券发行总额为 35 亿元人民币，期限为十年，平价发行，认购单位为 1 000 元人民币。本期债券的年利率为基准利率与基本利差之和：基准利率为发行首日和其他各计息年度起息日适用的中国人民银行公布的一年期整存整取定期储蓄存款利率；基本利差为 2.6%，债券存续期内固定不变。全国银行间市场从 2001 年开始就有中信债券交易流通，但由于中信集团本身为金融企业，因此市场还是将其视作金融债。该期铁路债券的上市流通，被认为是真正意义上的企业债进入银行间债券市场。

燃料油期货合约在上海期货交易所挂牌上市。燃料油交易单位为 10 吨/手，报价单位为元（人民币）/吨，最小变动价位为 1 元（人民币）/吨，每日价格最大波动限制为上一交易日结算价的 ±5%，最低交易保证金为合约价值的 8%，交易手续费不高于成交金额的 0.2‰（含风险准备金）。交割月份为除春节月份以外的其他月份，合约交割月份前一月份的最后一个交易日为最后交易日，最后交易日后连续 5 个工作日为交割日期，交割品级为 180CST 燃料油或质量优于该标准的其他燃料油，交割单位为 10 手（100 吨），交割数量必须是交割单位的整倍数，交割采用实物交割方式。

燃料油贸易是国内最为市场化的能源品种，价格基本上不会受到来自政策的硬性干预。2003 年，中国燃料油的消费量为 4 400 万吨，其中进口量为 2 378 万吨，进口数量占消费总量的 55%，2004 年预计进口比例将接近 70%。国内进口的燃料油价格是在新加坡普氏系统产生的价格基础上加升贴水的方法制定的，国内的贸易商只能被动地接受价格，其利益经常遭到外国贸易商的压榨，国内正是在这个背景下推出燃料油期货合约的。

26 日 经国务院批准，中国银行股份有限公司在北京成立。经中国政府批准，中国银行整体改建为中国银行股份有限公司（简称：中国银行，英文名称：Bank of China Limited；简称 Bank of China），注册资本 1 863.90 亿元，折股 1 863.90 亿元。其中中央汇金投资有限责任公司代表国家持有中国银行 100% 的股权，依法行使中国银行股份有限公司出资人的权利和义务。中国银行股份有限公司是由中国银行整体改建而来，股份公司完整承继中国银行资产、负债和所有业务，按照原有的营业执照和业务许可批准、核准的经营范围继续经营业务。营业机构、商号、商标、互联网域名和咨询服务电话等保持不变。肖钢任中国银行股份有限公司董事长，李礼辉任副董事长、行长，另有 11 名董事和 3 名监事。

根据2005 年5 月31 日中国银行公布的2004 年年度报告：2004 年，中国银行集团实现营业利润578 亿元，净利润为209 亿元。如剔除2003 年出售中银香港部分股份获得净投资收益因素的影响，集团 2004 年营业利润比 2003 年增长 21.3%，净利润基本与2003 年持平。2004 年总资产净回报率和权益净回报率分别达到 0.61% 和 10.04%。2004 年年末，集团资本充足率达到 10.04%，不良贷款比率为 5.12%，拨备覆盖率为 68.02%。2004 年，集团实现营业收入 1 047 亿元，剔除 2003 年出售中银香港部分股份获得净投资收益的影响，比上年增长 22.2%。2004 年集团实现净利息收入 850 亿元，比上年增加 131 亿元，增长 18.2%。截至 2004 年年末，集团资产总额为 42 704 亿元，比上年年末增长 7.3%。各类贷款余额为 21 465 亿元，剔除股改资产处置因素，各类贷款比上年年末增长 11.3%；集团客户存款余额为 33 425 亿元，比上年年末增长 10.1%。中国银行此次披露的 2004 年年报，执行了更加审慎的会计制度，普华永道会计师事务所出具了标准无保留的审计意见，并基本上按照上市银行的信息披露要求披露了更加翔实的经营和财务信息。

国家发展和改革委员会公布对全国钢铁、电解铝、水泥行业的清理结果：2003 年年底已建成的炼铁能力中，不符合产业政策准入标准的炼铁、炼钢能力占总能力的 70% 左右；在电解铝产能中，落后的自焙槽能力还占一定比重；在 10 亿吨水泥产能中，新型干法水泥生产能力只占 25%。从布局看，有个别中型城市钢铁企业竟达 50 多家，个别省份电解铝企业超过 20 家，造成了这些地区严重的环境污染和能源短缺。从清理结果看，已建和在建项目中，绝大部分钢铁、电解铝和水泥项目不同程度地存在着违规审批问题，建设资金大部分来自银行贷款，给银行不良贷款增加埋下了隐患。违法、违规占用土地现象普遍，相当部分项目未进行环境评估。为此，国家发展改革委决定对钢铁、电解铝、水泥三个行业采取以下处理措施：一是对未经国家批准违规建设的钢铁项目，正在进行土地平整、征地拆迁、设备订货和正在开展前期工作的，要坚决停下来。二是对不符合电解铝产业发展政策、市场准入条件和未经国家审批的电解铝和氧化铝项目，要坚决停止建设；对有淘汰自焙槽或小预焙槽落后能力的违规在建项目，由省级投资管理部门从严把关，按国家有关规定重新报批。三是要重点支持在资源有保证的地区建设日产 4 000 吨及以上新型干法水泥熟料项目，不鼓励日产 2 000吨以下新型干法水泥项目，坚决遏制落后工艺的水泥项目建设。2003 年 12 月 23 日，国务院办公厅转发《关于制止钢铁电解铝水泥行业盲目投资若干意见的通知》，要求对各地钢铁、电解铝、水泥等投资建设项目进行认真清理。

中国华融资产管理公司正式介入“德隆”重组。德隆国际战略投资有限公司（以下简称德隆国际）、新疆德隆（集团）有限责任公司（以下简称新疆德隆）及新疆屯河（集团）有限责任公司（以下简称新疆屯河）与中国华融资产管理公司共同签订资产托管协议。根据协议的规定，德隆国际、新疆德隆及新疆屯河三家公司将其拥有的全部资产不可撤回地全权托管给中国华融资产管理公司，由其全权行使三家公司全部资产的管理和处置权利。新疆德隆、德隆国际、新疆屯河合法拥有所有权的全部资产范围以协议各方当事人确认的托管资产清单为准，包括但不限于货币资金、有价证券、债权资产、无形资产、实物资产、股权资产等各项资产。8 月 19 日，国务院批复了中国人民银行市场化解决德隆危机的整体方案——德隆共计 200 多亿元的股权和实物资产，已不能抵偿德隆超过 300 亿元的债务，德隆将被一并交由华融资产管理公司进行整体托管，但这种托管为偿债式托管，而非清算式托管，也不等于重组。

27日 由中国人民银行牵头的反洗钱工作部际联席会议第一次工作会议在北京召开。部际联席会议召集人、中国人民银行行长周小川做了《中国反洗钱的现状与未来》的主题发言。周小川在发言中阐述了开展反洗钱工作的重要意义，系统介绍了当前国际反洗钱形势，总结了我国反洗钱工作开展情况，并提出了下一阶段的反洗钱工作思路和工作任务。周小川强调，反洗钱工作部际联席会议的成立，将在有效遏制和打击洗钱犯罪方面发挥重要作用，将充分体现资源整合的优势，大大提高我国反洗钱工作的效率和效果。各部门应该继续积极借助部际联席会议这一制度和机制，各司其职，在机构设置、制度建设、人员配备、信息交流和社会宣传等方面切实开展工作，加强协调和沟通，全面推进我国反洗钱工作。

28日 十届全国人大常委会第十一次会议表决通过《中华人民共和国证券法》《中华人民共和国票据法》修正案，并以主席令的形式正式公布。《中华人民共和国证券法》中有关条例修改为："股票发行采取溢价发行的，其发行价格由发行人与承销的证券公司协商确定。""公司申请其发行的公司债券上市交易，由证券交易所依照法定条件和法定程序核准。"《中华人民共和国票据法》删去了"本票出票人的资格由中国人民银行审定，具体管理办法由中国人民银行规定"一条。

江苏吴江农村商业银行股份有限公司开业。江苏吴江农村商业银行成立于2004年8月13日，注册资本为3亿元人民币，资本充足率为10.46%，是深化农村信用社改革试点启动后成立的第一家农村商业银行。

30日 中国银监会发布《商业银行房地产贷款风险管理指引》。该指引包括总则、风险控制、土地储备贷款的风险管理、房地产开发贷款的风险管理、个人住房贷款的风险管理、风险监管措施和附则共7章47条。主要规定是：1. 商业银行对资本金没有到位或资本金严重不足、经营管理不规范的借款人不得发放土地储备贷款。发放土地储备贷款应避免由于土地价值虚增等情况而导致的贷款风险。2. 商业银行对未取得国有土地使用证、建设用地规划许可证、建设工程规划许可证、建筑工程施工许可证的项目不得发放任何形式的贷款。申请贷款的房地产开发企业，其开发项目资本金比例不低于35%。3. 商业银行对发放个人住房贷款，应统一"个人住房贷款申请表"，并将借款人以及风险审核信息以"风险评估书"的形式记录在案。商业银行应根据各地市场情况的不同制定合理的贷款成数上限，但所有住房贷款的贷款成数不超过80%。同时，应将借款人住房贷款的月房产支出与收入比控制在50%以下（含50%），月所有债务支出与收入比控制在55%以下（含55%）。该指引还要求银监会根据非现场监管情况，每年至少选择两家商业银行，对房地产贷款进行全面或者专项检查，对管理存在严重问题的商业银行要组织跟踪检查。

据中国银监会负责人就该指引答记者问：从1998年到2002年商业银行房地产开发贷款余额年均增长25.3%，从1997年到2002年个人住房贷款余额年均增长113%。从2003年到2004年上半年，商业银行房地产开发贷款余额和个人住房贷款余额仍然保持了较快的增长势头。

31日 中国人民银行和教育部、财政部联合召开新闻发布会。中国人民银行副行长吴晓灵介绍了国家对助学贷款将实行的三项政策调整。1. 引进市场化的方法，用招投标的方法来确定对商业银行的风险补偿率。2. 成立全国和省两级的助学贷款管理中心，加大银行和高校合作的力度。3. 对于助学贷款，学生在校期间全额贴息，学生毕业以后所有的利息由学生来承担。原来的还款期限规定学生毕业以后第1年开始还款，这次调整为如果学生没有找到工作，可以在毕业以后1～2年内开始还款，最长的还款期限从原来的4年延长到6年。

9 月

6~7 日 周小川阐述中国黄金市场三个转变。中国人民银行行长周小川在上海举行的“伦敦金银市场协会（London Bullion Market Association，LBMA）2004 年全球贵金属年会（第 5 届）”上表示，中国黄金市场将逐步实现三个转变：一是实现从商品交易为主向金融交易为主的转变；二是实现由现货交易为主向期货交易为主的转变；三是实现由国内市场向国际市场的转变。具体措施包括发展个人黄金投资业务，推出黄金远期衍生交易品种等。本次会议由伦敦金银市场协会（LBMA）主办，上海黄金交易所协办，这也是伦敦金银市场协会年会首次在中国举办。

8 日 澳洲联邦银行参股济南市商业银行。济南市商业银行与澳洲联邦银行（Commonwealth Bank of Australia，CBA. AU）在济南市山东大厦举行战略合作协议签字仪式。经中国银监会批准，澳洲联邦银行首期购买济南市商业银行 11% 的股份，使济南市商业银行资本充足率达到 10. 26%；截至 2008 年 5 月 14 日，澳洲联邦银行持股总量可达 20%。济南市商业银行是 1996 年成立的地方性股份制商业银行。澳洲联邦银行是澳大利亚金融市场上个人金融产品的最大供应者，个人业务市场份额占 60%。

大众汽车金融（中国）有限公司在北京开业。2004 年 8 月 12 日，大众汽车金融（中国）有限公司获得中国银监会批复，允许该公司在中国汽车金融领域内开展人民币业务。公司注册资本为 5 亿元人民币，开业初期首先将业务重点放在为北京的私人购车者提供汽车金融服务产品上。大众汽车金融（中国）有限公司是大众汽车金融服务股份公司的全资子公司，也是中国首家外商独资汽车金融公司。

9 日 中国银监会决定对纳入监管范围的各类银行业金融机构收取监管费。当日，中国银监会发布的《关于收取银行业机构监管费和业务监管费的通知》规定：从 9 月 20 日起对纳入监管范围的各类银行业金融机构收取监管费，机构监管费按照被监管机构实收资本的 0. 08% 计收，外资银行分行按中国银监会核定的营运资金的相同比例计收。业务监管费按照被监管机构的资产规模分档递减，分段计收。具体比例是：资产在 3 万亿元人民币以下，按资产的 0. 02% 收取；3 万亿 ~4 万亿元人民币部分，按 0. 015% 收取；4 万亿 ~5 万亿元人民币部分，按 0. 01% 收取；超过 5 万亿元人民币部分不计收。监管收费标准的有效期为 3 年，收费期满后将重新核定。根据被监管机构 2003 年 12 月 31 日的实收资本和资产总额，中国银监会 2004 年监管收费总额约为 50 亿元人民币。

10 日 中国银监会、中国证监会联合下发《关于信托投资公司开设信托专用证券账户和信托专用资金账户有关问题的通知》。该通知要求信托投资公司在运用信托资金进行证券投资时，使用单独开设的信托专用证券账户和信托专用资金账户。信托终止的，信托投资公司应当及时将信托专用证券账户中的证券资产予以变现，并及时到中国证券登记结算公司和有关证券公司办理信托专用证券账户和信托专用资金账户的注销手续，并妥善保存账户的全部会计资料。该通知自 2004 年 10 月 1 日起施行。

15 日 国家发展和改革委员会、国家开发银行发布《关于合作开展中小企业贷款与信用担保体系建设工作的通知》。该通知规定：国家发展和改革委员会和国家开发银行合作开展中小企业贷款与中小企业信用担保体系建设工作。贷款对象为《中小企业标准暂行规定》（2003 年 2 月 19 日发布）所指的企业，重点是符合国家产业政策的科技型、就业型、资源综合利用型、农副产品加工型、出口创汇型和社区服务型企业。单笔贷款额度控制在 3 000 万元以内，贷款利率执行中国人民银行公布的同期贷款利率，原则上不浮动。贷款期限最短为一年，一般为三年，最长为五年，操作程序是由各地中小企业管理部门依据贷款标准，选择推荐符合条件的中小企业名单，并由政府出资的中小企业信用担保机构或商业性担保机构担保或由企业联保，也可以由国家开发银行与现有的担保机构联合担保；国家开发银行与担保机构实行风险分担比例，并可为重点担保机构提供部分软贷款，以补充担保机构资本金的不足。合作工作在国家发展改革委和国家开发银行总行的领导下进行。

中国银监会发布《银行业监管统计管理暂行办法》。该暂行办法包括总则、统计制度与报表管理、统计资料管理与信息披露、统计机构、统计人员、统计监督与检查、奖励与惩罚以及附则共8章42条。该暂行办法规定，对银行业金融机构的统计活动进行监督检查是法律赋予银行业监督管理机构的权利。银行监管机构派出监管人员到被监管机构进行实地检查，通过询问被检查机构有关人员或查阅其凭证、账表、文件等各种资料，对银行业金融机构统计制度执行情况和数据真实性进行分析和评价，统计检查结果将纳入对被监管机构及相关高级管理人员的综合评价、考核之中。该暂行办法自2004年11月1日起施行。

16日 中国证监会发布《证券投资基金管理公司管理办法》。该管理办法包括总则，基金管理公司的设立，基金管理公司的变更、解散，基金管理公司分支机构的设立、变更、撤销，基金管理公司的治理和经营，监督管理和附则共7章69条。该管理办法规定：设立基金管理公司注册资本应不低于1亿元人民币，且股东必须以货币资金实缴，境外股东以可自由兑换货币出资；拟任高级管理人员、业务人员不少于15人；有符合规定的监察稽核、风险控制等内部监控制度。申请设立基金管理公司应当向中国证监会报送申请材料，由中国证监会审查批准。该管理办法自2004年10月1日起施行，中国证监会于2002年6月1日发布的《外资参股基金管理公司设立规则》同时废止。

17日 《中国人民银行行政许可实施办法》颁布。该实施办法包括总则、行政许可的实施机关、行政许可的实施程序、行政许可的费用、监督检查和附则共6章53条。该实施办法规定：中国人民银行总行应当在法定职权范围内依法实施行政许可，其分支机构须在中国人民银行总行授权范围内实施行政许可。公民、法人或者其他组织从事特定活动，依法需要取得中国人民银行或其分支机构行政许可的，应当向中国人民银行或其分支机构提出申请，中国人民银行及其分支机构对其进行审查。在审查申请中发现行政许可事项直接关系他人重大利益的，应当告知该利害关系人，并应当及时听取申请人、利害关系人的意见。实施行政许可应当或需要听证的事项应当向社会公告，并举行听证。该实施办法自2004年11月1日起实施。

上海安信农业保险股份有限公司开业。该公司是经中国保监会批准，在原中国人民保险公司上海分公司农业保险业务的基础上，由上海市、区（县）等11家国有资产经营公司募集筹建的我国第一家专业性股份制农业保险公司，注册资本为2亿元人民币。作为探索建立中国政策性农业保险制度的试点之一，该公司主要经营农村种植业、养殖业保险，对参加符合农业产业发展导向的投保农户，市、区（县）两级财政将给予一定比例的保费补贴。为体现专业化特色，中国保监会规定该公司农业保险业务占全部业务的比例不得低于60%。

航联保险经纪有限公司开业。该公司由中国航空集团、中国东方航空集团、中国南方航空集团、中航油集团、中航信集团、中航材集团等13家民航大型企业出资组建。该公司是于2004年8月经中国保监会批准成立的国内第一家特殊风险保险经纪公司，注册资本金为5 000万元人民币，总部设在北京。

20日 国家外汇管理局在其网站（http：//www. safe. gov. cn/）上公布一起重大境外赌资洗钱案。2003年年初，浙江省外汇分局在大额可疑外汇资金交易监控中，发现一些社会人员以居民名义利用银行通存通兑系统进行异地资金划拨的现象，且外汇交易量迅速放大。国家外汇管理局浙江省外汇分局当即将其中8人的情况向杭州市公安局移交。杭州市公安局收到国家外汇管理局浙江省外汇分局移交的案件后很快立案，并与外汇局联合对8名当事人非法买卖外汇的基本事实、团伙网络、资金渠道和活动规模进行侦查。2003年12月19日，杭州市公安局现场抓获正在进行非法买卖外汇交易的犯罪嫌疑人。该案是我国第一起通过对大额和可疑外汇资金交易进行跟踪、分析发现并破获的大案；涉案当事人陈志方被罚款495万元人民币，也是国家外汇管理局对单个自然人处以行政罚款金额最高的一起案件。

21日 中国建设银行股份有限公司（China Construction Bank Corporation，CCB，以下简称建行股份公司）在北京挂牌成立。建行股份公司由中央汇金投资有限责任公司、中国建银投资有限责任公司、国家电网公司、上海宝钢集团公司和中国长江电力股份有限公司5家公司共同发起设立。5家发起人共出资1 942.3025亿元人民币，按每股面值人民币1元折成1 942.3025亿股。其中：2003年12月31日，代表国家注资的中央汇金投资有限责任公司，将225亿美元折合成人民币出资1 655.38亿元，占公司股份总数的85.228%，成为第一大股东（其中直接注入建行股份公司的金额为200亿美元；另外25亿美元则注入中国建银投资有限责任公司）。中国建银投资有限责任公司（也就是原定分拆后的集团公司）出资206.9225亿元，占10.653%；国家电网公司出资和上海宝钢集团公司各出资30亿元，分别占1.545%；中国长江电力股份有限公司出资20亿元，占1.030%。至此，成立于1954年10月1日的原中国建设银行由国有独资商业银行改制为国家控股的股份制商业银行，改制后的名称为中国建设银行股份有限公司，简称仍为中国建设银行，并继承原中国建设银行商业银行业务及相关资产、负债和权益。张恩照任董事长、党委书记（2005年6月，因涉嫌违纪的个人原因辞去建行股份公司董事和董事长职务，并接受党的纪律检查机关审查），常振明任副董事长、行长。

2005年6月9日，建行股份公司公布成立后的首份年度（2004年）报告。年报显示，2004年建行股份公司实现税前利润502.16亿元，较上年增加127.43亿元，增幅34.01%。其中，利息收入净值为1 002.96亿元，较上年增加113.49亿元，计提资产减值准备支出88.30亿元，较上年增加6.61亿元。资产利润率为1.30%，净资产收益率为25.40%。除当年股份制改造所得税税收优惠政策因素，资产利润率和净资产收益率分别达到0.88%和17.28%。基于有效的成本控制，成本收入比下降至39.17%，同比较上年下降1.97个百分点。

中国建银投资有限责任公司成立。2004年9月17日，中国建设银行分立为中国建设银行股份有限公司（以下简称仍为中国建设银行）和中国建银投资有限责任公司（以下简称建银投资公司）。建银投资公司总资产为207亿元人民币，主要是从中国建设银行剥离出来的非商业银行资产，其中包括原中国建设银行持有的中金公司43.35%的股份。

22日 公安部举行新闻发布会，通报联合整治金融票证违法犯罪情况。据不完全统计，自2004年3月由公安部、中国银监会、中国人民银行联合组织开展整治金融票证违法犯罪活动以来至8月底，全国公安机关共立金融票证类犯罪案件3 000余起，涉案金额24.8亿元；侦破案件2 000余起，挽回经济损失达1.77亿元。2003年，全国公安机关经济犯罪侦查部门共立金融票证类犯罪案件3 800余起，涉案金额高达34亿元。

中国证监会发布《证券投资基金行业高级管理人员任职管理办法》。该管理办法包括总则、任职条件和审核程序、基本行为规范、监督管理、法律责任和附则共6章48条。该管理办法规定，申请高级管理人员任职资格，应当具备下列条件：取得基金从业资格；通过高级管理人员证券投资法律知识考试；具有3年以上基金、证券、银行等金融相关领域的工作经历及与拟任职务相适应的管理经历，督察长还应当具有法律、会计、监察、稽核等工作经历；没有《中华人民共和国公司法》《中华人民共和国证券投资基金法》等法律、行政法规规定的不得担任公司董事、监事、经理和基金从业人员的情形；最近三年没有受到证券、银行、工商和税务等行政管理部门的行政处罚。该管理办法自2004年10月1日起施行。中国证监会1999年发布的《基金从业人员资格管理办法暂行规定》同时废止。

24日 中俄扩大银行合作范围。中俄总理签署《2002年8月22日签署的中国人民银行和俄罗斯联邦中央银行关于边境地区贸易的银行结算协定的纪要》。这是中俄总理在第9次定期会晤期间签署的7份文件之一。双方宣布扩大银行合作规模，将2002年8月22日中国人民银行与俄罗斯中央银行签署的《中俄边境地区贸易的银行结算协定》适用范围（黑龙江省黑河市和俄罗斯阿穆尔州布拉格维申斯克市）扩大至中俄所有边境地区，并确保全面准确地执行该协定的所有条款，继续在反洗钱和打击恐怖主义融资领域开展合作。

27日 中国人民银行货币政策委员会2004年第三季度例会在北京召开。会议认为，当前我国国民经济运行平稳，所采取的货币信贷政策措施已见成效，货币信贷运行态势总体上符合货币信贷平稳增长的取向。下一阶段要按照加强和改善宏观调控的要求，灵活运用多种货币政策工具，掌握好调控力度，进一步发挥市场机制对资源配置的基础性作用，继续合理调控货币信贷总量，努力改进金融服务，着力优化信贷结构。

28日 国务院总理温家宝会见美国花旗集团首席执行官普林斯（Prince）和美国前财长鲁宾（Rubin）。温家宝指出，中国实行的是以市场供求为基础的、有管理的浮动汇率制度。完善人民币汇率形成机制，保持人民币汇率在合理、均衡水平上的基本稳定，是人民币汇率制度改革的方向和目标。中国将进一步推进改革，形成更加适应市场供求变化、更为灵活的人民币汇率形成机制。

29日 劳动和社会保障部、中国证监会联合发布《关于企业年金基金证券投资有关问题的通知》。该通知分别从企业年金基金账户开设、清算模式、备付金账户管理、交易席位、交易结算数据获取、信息披露等方面对企业年金基金证券投资管理全过程进行具体规定。该通知规定，企业年金由托管人根据受托人委托，为企业年金基金申请代理开立证券账户。证券账户按企业年金基金投资管理人管理的每个组合开立，账户名称则采用企业年金计划和托管人的联名方式。托管人负责所托管企业年金基金的资金清算和交收。投资管理人对投资过程中产生的超买、卖空行为的交收承担责任。劳动和社会保障部将对受托人、托管人和投资管理人执行规定的情况进行监督检查。其他按规定可以进行证券投资的社会保障基金，参照该通知办理。《企业年金基金证券投资登记结算业务指南》作为附件随该通知下发。

中国保监会发布《保险公司次级定期债务管理暂行办法》。该暂行办法包括总则、定向募集、债务偿还、监督管理和附则共5章33条。该暂行办法所称保险公司次级债是指保险公司经批准定向募集的、期限在五年以上、本金和利息的清偿顺序列于保单责任和其他负债之后并且先于保险公司股权资本的保险公司债务。该暂行办法规定：募集人的单个股东和股东的控制方持有的次级债不得超过单次或者累计募集额的10%，并且单次或者累计募集额的持有比例不得为最高；募集人的全部股东和所有股东的控制方累计持有的次级债不得超过单次或者累计募集额的20%。保险公司募集次级债所获取的资金可以计入附属资本，但不得用于弥补保险公司日常经营损失。保险公司只有在确保偿还次级债本息后偿付能力充足率不低于100%的前提下，才能偿付次级债的本息。对于违反该暂行办法规定的保险公司，中国保监会可以根据情况采取三年内不再受理该保险公司的次级债募集申请、对保险公司实施接管等监管措施。

同年11月3日，国内第一家发行次级债的保险企业——泰康人寿成功发行总额为13亿元的次级债券，期限为6年，年利率为固定利率5.1%，浮动利率为中国人民银行公布的1年期整存整取定期储蓄存款利率上浮272个基点（一个基点即0.01%），募集对象为境内外合格投资者。

10月

1日 中国与西方七国（G7）举行首次财政中央银行部长级非正式对话。G7会议在华盛顿举行，财政部部长金人庆、中国人民银行行长周小川应邀出席。与会各方就全球重大经济问题、主要发达国家的宏观经济政策和中国宏观经济形势等问题坦诚地交换意见。在此次会议上，人民币汇率依旧是最主要的话题。西方七国认为，随着中国经济愈显重要，人民币汇率的机制正在对全球经济产生重要的影响，美国希望此次会议能够确立中国的汇率改革的时间表。金人庆和周小川一致表示，中国的汇率改革没有时间表，人民币汇率需要保持稳定。

美国新桥投资集团公司（Newbridge Asia AIV Ⅲ，L. P.）入股深圳发展银行（股票简称：深发展；股票代码：000001）。深圳发展银行于9月21日发布公告表示：深圳市投资管理公司、深圳国际信托投资有限责任公司、深圳市城市建设开发（集团）公司、深圳市劳动和社会保障局四家股东以转让非流通股方式吸收美国新桥投资集团公司投资入股深圳发展银行。美国新桥投资集团公司于2004年12月30日完成股份过户手续，分别受让上述四家股东持有的13 170.5685万股国有股、11 230.1783万股国有法人股、2 575.7220万股国有法人股和7 833.8617万股国有法人股。本次股份转让后，美国新桥投资集团公司持有深发展股份348 103 305股，股份性质是外资法人股，占公司总股本的17.89%，为公司第一大股东。深圳中电投资股份有限公司持有公司股份3.2%，是公司的第二大股东；海通证券股份有限公司持有公司股份1.74%，是公司的第三大股东。

6日 欧亚反洗钱与反恐怖融资小组（the Eurasian Group on Combating Money and Financing of Terrorism，EAG）在莫斯科宣布成立。中国与俄罗斯、哈萨克斯坦、塔吉克斯坦、吉尔吉斯斯坦、白俄罗斯共同成为该组织创始成员国。中国人民银行副行长李若谷率中国代表团出席，并代表中国政府签署成立宣言。欧亚反洗钱与反恐怖融资小组被金融行动特别工作组（Financial Action Task Force on Anti - Money Laundering，FATF）确认为7个地区性反洗钱与反恐怖融资国际组织之一，包括上述6个创始成员国，以及格鲁吉亚、乌兹别克斯坦、乌克兰、意大利、法国、英国、美国、日本、德国、摩尔多瓦及金融行动特别工作组、世界银行、国际货币基金组织、集体安全条约组织、欧亚经济共同体、上海合作组织、独立国家联合体、国际刑警组织、联合国毒品与犯罪办公室等19个观察员，该组织是目前世界上覆盖面积最大、涉及人口最多的地区性反洗钱和反恐怖融资组织。1989年成立于巴黎的金融行动特别工作组是反洗钱和反恐怖融资领域最著名的国际组织，其制定的反洗钱40项建议和反恐怖融资9项特别建议是反洗钱和反恐怖融资的权威性文件。2005年1月21日，中国被邀请成为该组织观察员。

2004年12月8日，欧亚反洗钱与反恐怖融资小组第一次全体会议在俄罗斯首都莫斯科举行。全会讨论了该组织的机构设置等问题，听取了世界银行有关情况通报，批准了2005年工作计划。2005年的工作重点是促进成员国推广“金融行动特别工作组”在反洗钱和反恐怖融资方面确定的有关标准，制定和实施金融情报部门职权范围内共同的行动措施，评估打击洗钱和恐怖融资措施的效力，同有关国际组织、工作小组和有关国家协调合作计划，分析洗钱和恐怖融资的发展趋势，以及交流反洗钱和反恐怖融资的相关经验。会议决定成立秘书处及法律、技术协助等3个工作小组，并新吸收德国、摩尔多瓦和日本为该组织观察员。

9日 中国证监会颁布经修订的《证券公司高级管理人员管理办法》。该管理办法共6章46条，分别对证券公司高管人员范围、申请高管人员任职资格的条件和程序、高管人员的基本行为规范以及中国证监会对高管人员监督管理的主要内容、方式、手段、相应程序及监管要求等作出了规定。

该管理办法规定，高管人员不得利用职权收受贿赂或者获取其他非法收入，不得挪用公司或者客户资产，不得将公司或者客户资金借贷给他人，不得以客户资产为本公司、公司股东或者其他机构、个人债务提供担保。证券公司的总经理、副总经理、财务负责人、合规负责人不得在除证券公司参股公司以外的其他营利性单位兼职或者从事本职工作以外的其他经营性活动。该管理办法自 2004 年 11 月 15 日起施行。

10 日　财政部、中国人民银行、中国银监会联合发布《加强国有商业银行不良贷款剥离过程中责任追究工作的通知》。该通知要求：国有商业银行应加强内部责任追究工作，建立问责制，加强内部审计和稽核，对贷款发放、管理、处置、剥离过程中的违规、违纪行为，按处理事与处理人结合的原则，严肃查处，特别要注意查办因决策失误、内控机制不健全等形成损失的案件。对不良资产剥离中发现的原贷款发放中的违法、违规、渎职损失等行为，包括违规发放贷款、贷后跟踪和管理失职、资产保全和处置不当等，以及不良资产剥离中操作不规范、弄虚作假、掩盖违法、违规犯罪行为、隐瞒损失等行为，按不同情形和性质，严肃追究直接责任人和相关领导责任，从严处罚；涉嫌违法犯罪的移交司法机关处理。

12 日　国家外汇管理局新闻发言人就人民币汇率有关问题答记者问。新闻发言人表示，社会上出现的人民币汇率即将调整升值的传言缺乏根据，是对中国现行汇率政策的误解。中国不可能采取一次性重估人民币汇率的不明智做法，单边豪赌人民币升值是一种不明智的投机冒险行为。发言人认为，自 1994 年起实行的以市场供求为基础的、有管理的浮动汇率制度符合中国国情。从长远来讲，增加汇率弹性后人民币汇率既可能上升，也可能下降，不可能只是单向变化。发言人最后强调，中国现阶段资本账户交易还存在较为严格的管制，资金的大进大出将会受到严密的监控和管理。外汇管理部门将在推进贸易和投资便利化的同时，进一步加强对资金流出和流入的管理，严厉打击无真实合法贸易和投资背景的非法外汇交易，进一步整顿和规范外汇市场经济秩序。

中国外汇交易中心暨全国银行间同业拆借中心在中国货币网（www. chinamoney. com. cn）开始正式发布债券七天回购数据指标，作为货币市场基准利率的参考指标。当天，银行间市场七天回购利率指标 B6、B4、B2 和 B1（分别为最近六个月、四个月、二个月和一个月的加权利率）的数值分别为 2. 2065%、2. 1883%、2. 1772% 和 2. 1807%。

银行间市场上七天回购交易量最大、流动性最强，并具有较强的波动性，在所有回购品种当中代表性最强，由此产生的基准利率具有较高的参考依据。截至 2004 年 6 月 30 日，银行间债券市场 7 年来回购交易总额达到 33. 17 万亿元，其中七天回购累计成交 21. 49 万亿元，占全部回购交易量的 64. 78%。长期以来，我国一直把银行一年定期存款利率作为市场基准利率，该指标数据的推出在市场寻找新基准利率方面迈出了重要一步。

13 日　中国人民银行颁布《关于调整票据、结算凭证种类和格式的通知》。该通知决定对现行票据和结算凭证的种类和格式进行调整。调整遵循的原则是：通用性与专用性相结合、有利于提高工作效率、保持票证的相对稳定性、简洁直观和实行开放式管理。调整后由中国人民银行统一规范管理的票证共有 15 种，分别是：银行汇票、粘单、商业承兑汇票、银行承兑汇票、本票、转账支票、现金支票、支票（普通支票）、进账单、信汇凭证、电汇凭证、支付结算通知查询查复书、银行承兑汇票查询（复）书、托收凭证、拒绝付款理由书。调整后的票证自 2005 年 1 月 1 日起陆续启用。

国家外汇管理局印发《关于扩大远期结售汇业务试点的通知》。该通知规定：符合本规定条件的外汇指定银行可向外汇局申请开办远期结售汇业务；境内机构的贸易项下的外汇收支，服务贸易和收益项下的收支，偿还银行的外汇贷款，偿还境外借款可向银行申请办理远期结售汇业务；外汇指定银行须遵循实需原则对远期结售汇合约进行审核；远期结售汇的汇率，由开办远期结售汇业务的银行协商统一定价；远期结售汇业务合约的最长期限为一年。国家外汇管理局对外汇指定银行实行综合头寸管理。该通知自2004年11月1日起实施。

14日 财政部、国家发展改革委联合发布《中小企业发展专项资金管理暂行办法》。该暂行办法规定，专项资金的支持方式采用无偿资助或贷款贴息方式。企业以自有资金为主投资的项目，一般采取无偿资助方式。企业以银行贷款为主投资的项目，一般采取贷款贴息方式。专项资金无偿资助的额度，每个项目一般控制在200万元以内。无偿资助的额度不超过企业自有资金的投入额度。专项资金贷款贴息的额度根据项目贷款额度及人民银行公布的同期贷款利率确定。每个项目的贴息期限一般不超过两年，贴息额度最多不超过150万元。

18日 中国人民银行发布《证券公司短期融资券管理办法》。该管理办法包括总则，发行，交易、托管、结算与兑付，信息披露，监督管理和附则共6章41条。该管理办法规定：证券公司须先经过中国证监会审查认可，具备发行资格的证券公司，向中国人民银行备案后，按照规定程序提交必要的材料，可在银行间债券市场发行短期融资券。发行短期融资券实行余额管理，在待偿还债券余额不超过净资本的60%的范围内，自主确定每期的发行规模。短期融资券期限最长不得超过91天，发行利率或价格由供求双方自行确定。证券公司短期融资券不得用于固定资产投资和营业网点建设、股票二级市场投资、为客户证券交易提供融资、长期股权投资等用途。发行人必须通过相关中介机构进行信息披露；对于有违规行为或者违约行为的发行人，通过中介机构公告市场，并视情节适当核减其发行限额直至停止其发行短期融资券。中国人民银行有权随时对证券公司短期融资券的发行、交易和募集资金的使用等情况进行动态检查。该管理办法自2004年11月1日起施行。

中国证监会发布修订的《证券公司债券管理暂行办法》。新的暂行办法包括总则、发行与承销、托管与转让、信息披露、偿债措施、法律责任、附则共7章59条。与2003年8月29日发布的暂行办法相比，新的暂行办法有以下四点变动：将“债券的期限最短为一年，最长不超过五年”修改为“债券的期限最短为一年”；将原有“公开发行债券的担保金额应不少于债券本息的总额，定向发行债券的担保金额应不少于债券本息总额的50%”的规定，调整为定向发行债券的担保金额原则上不少于债券本息的50%，担保金额不足50%或未提供担保定向发行债券的，应当在发行和转让时向投资者作特别风险提示，并由投资者签字；取消了拟公开发债发行公司“最近一年盈利”的要求；将债券上市的最低面值由2亿元改为5 000万元。新的暂行办法自2004年10月8日起施行。

美国芝加哥期权交易所（Chicago Board Options Exchange，CBOE）正式推出中国股指期货（CX. CBOE）。CBOE推出的中国指数以16只在纽约证券交易所、纳斯达克证券交易所或美国证券交易所交易的股票，按照等值美元加权平均计算而成。这些股票包括中国铝业（ACH. NYSE）、中国人寿（LFC. NYSE）、中国电信（CHA. NYSE）、中国移动（CHU. NYSE）、中海油（CEO. NYSE）、中国玉柴国际（CYD. NYSE）、华能国际（HNP. NYSE）、南太电子（NTE. NYSE）、中石油（PTR. NYSE）、新浪网（SINA. NASDAQ）、中石化（SNP. NYSE）、搜狐网（SOHU. NASDAQ）、网易（NTES. NASDAQ）、中华网（CHINA. NASDAQ）、UT斯达康（UTSI. NASDAQ）。CBOE中国指数期货的代号为CX，交易时间为芝加哥时间每天8:30至15:15，交易平台为CBOEdirect电子交易平台，合约标准为每点100美元，即如果目前的指数在300.50，则一手CBOE中国指数期货合约的价值为30 050美元。最小变动价位为0.05点，合约结算日为到期月的第三个星期五。纽约证券交易所规模最大和最富经验之一的做市商LaBranche & Co. 的下属公司 LaBranche Structured Products，被 CBOE 指定为该指数的做市商，将为该产品提供持续的流动性。

国家外汇管理局发布《关于跨国公司外汇资金内部运营管理有关问题的通知》。该通知规定：跨国公司外汇资金内部运营是指跨国公司的境内成员公司之间或境内成员公司与境外成员公司之间相互拆放外汇资金的投资理财方式。跨国公司之间拆放外汇资金可通过经批准设立的财务公司进行，也可通过外汇指定银行以委托放款的方式进行。境内成员公司向境外成员公司拆放外汇资金，也可以直接办理。中资跨国公司的境内成员从事境外外汇放款的余额不得超过其所有者权益的20%，外资跨国公司的境内成员从事境外外汇放款余额不得超过其上一年度对外国投资者已分配未汇出利润与外国投资者按投资比例享有未分配利润之和。该通知还对跨国公司境内成员公司之间从事外汇资金境内委托放款、跨国公司境内成员公司向境外成员公司进行外汇资金境外放款应具备的条件做了规定。该通知自 2004 年 11 月 1 日起实施。

19 日 中国银监会发布《信托投资公司房地产信托业务管理暂行办法（征求意见稿）》。该办法规定，信托投资公司开办不受信托合同份数限制的房地产信托业务须具备以下条件：净资产不低于 5 亿元人民币；过去两年连续盈利且信托业务收入占公司总收入的 60% 以上；公司已累计发行房地产集合信托计划 3 次以上，且信托计划已经结束并实现预期收益等条件。不受信托合同份数限制的房地产集合信托计划存续期限不得少于 3 年，最低募集金额不得少于 5 亿元。运用该种资金应当进行组合投资，不得将其运用于单个不动产或其经营企业。信托投资公司给不完全具备“四证”的房地产项目发放贷款须具备一定条件，并按照房地产项目价值的 5% 提取额外风险准备金。该办法还针对各种情况制定了 5 万 ~50 万元罚款等具体规则。

21 日 财政部在伦敦成功发行 10 亿欧元和 5 亿美元的国家主权债券。其中欧元债券的偿还期为十年，票面利率为 4.25%；美元债券的偿还期则为五年，票面利率为 3.75%。债券的评级为 BBB +/A2。负责承销欧元债券的是德意志银行、法国巴黎银行和瑞士银行，负责承销美元债券的是美林公司、高盛公司、摩根士丹利公司和摩根大通银行。此次发行的欧元债券获得了超过发行面值总额 4 倍认购，美元债券获得了 2.7 倍的认购。中国政府在国际资本市场发行债券最早开始于 1994 年。此次是中国政府首次发行十年期长期欧元债券。

中国证监会发布《关于证券公司开展集合资产管理业务有关问题的通知》。该通知规定，券商应对集合资产管理业务实行集中统一管理，建立严格的业务隔离制度。在计划说明书、集合资产管理合同等有关材料中向投资者进行明确的风险提示；以自有资金参与所设立的集合资产管理计划，应根据投入资金所承担的责任如实扣减公司净资本额。证券公司应当在集合资产管理计划开始投资运作之日起 6 个月内使集合资产管理计划的投资组合比例符合集合资产管理合同的约定。集合资产管理计划申购新股不设上限，但所申报的金额不得超过该计划的总资产，所申报的数量不得超过拟发行股票公司本次发行股票的总量。证券公司应当根据集合资产管理计划的情况，保持必要的现金或到期日在 1 年以内的政府债券，以备支付客户的分红或退出款项。该通知指出，在集合资产管理业务开展初期，中国证监会仅允许创新试点类证券公司试行办理此项业务。在试点阶段，证券公司应当选择有证券投资基金托管业务资格的商业银行对集合资产管理计划的资产进行托管。

22 日 全国人大常委会法制工作委员会主任胡康生在十届全国人大常委会第十二次会议上作关于《中华人民共和国刑法修正案（五）（草案）》的说明。该草案对妨害清算罪和伪造、变造金融票证的犯罪等内容进行如下修订：拟在《中华人民共和国刑法》第一百六十二条之一后增加一条：“公司、企业隐匿财产、承担虚构的债务，或者以其他方法非法转移、分配财产，意图通过破产逃避债务，严重损害债权人或者其他人利益的，对其直接负责的主管人员和其他直接责任人员，处五年以下有期徒刑或者拘役，并处或者单处2万元以上20万元以下罚金。”拟在《中华人民共和国刑法》第一百七十七条后增加一条，作为第一百七十七条之一：“有下列情形之一的，处三年以下有期徒刑或者拘役，并处或者单处1万元以上10万元以下罚金；数量巨大或者情节严重的，处三年以上十年以下有期徒刑，并处2万元以上20万元以下罚金：明知是伪造的信用卡而持有、运输的，或者明知是伪造的空白信用卡而持有、运输，数量较大的；非法持有他人信用卡，数量较大的；使用虚假的身份证明骗领信用卡的；出售、购买、为他人提供伪造的信用卡或者以虚假的身份证明骗领的信用卡的。窃取、收买或者非法提供他人信用卡信息资料的，依照前款规定处罚。银行或者其他金融机构的工作人员利用职务上的便利，犯第二款罪的，从重处罚。同时，对刑法第一百九十六条信用卡诈骗罪的规定作出修改，增加“使用以虚假的身份证明骗领的信用卡”进行诈骗的情形。

24日 中国保监会会同中国证监会制定《保险机构投资者股票投资管理暂行办法》。该暂行办法包括总则、资格条件、投资范围和比例、资产托管、保险机构投资者的禁止行为、风险控制、监督管理和附则共8章81条。该暂行办法允许保险机构投资者在严格监管的前提下直接投资股票市场，参与一级市场和二级市场交易。投资范围限于人民币普通股股票、可转换公司债券及中国保监会规定的其他投资品种。投资股票的具体比例由中国保监会另行规定，但持有一家上市公司的股票不得达到该上市公司人民币普通股股票的30%。保险机构投资者不得投资下述7种类型的人民币普通股股票：被交易所实行“特别处理”“警示存在终止上市风险的特别处理”或者已终止上市的；其价格在过去12个月中涨幅超过100%的；存在被人为操纵嫌疑的；其上市公司最近一年年度内财务报表被会计师事务所出具拒绝表示意见或者保留意见的；其上市公司已披露业绩大幅下滑、严重亏损或者未来将出现严重亏损的；其上市公司已披露正在接受监管部门调查或者最近一年内受到监管部门严重处罚的；中国保监会规定的其他类型股票。保险资产管理公司不得运用自有资金进行股票投资。保险机构投资者为投资连结保险设立的投资账户，投资股票的比例可以为100%；为万能寿险设立的投资账户，投资股票的比例不得超过80%。据中国保监会统计：截至2004年8月末，保险资金运用余额已达10 012亿元，比上年同期增长39%。

经中国证监会批准，安盟保险公司（Gan S. A.）成都分公司开业。开业初期将在成都及周边地区开展包括农业保险在内的财产保险业务。这是外资保险公司首次在华开售农业保险。法国第一大农业保险公司安盟保险公司是一家拥有上百年历史的大型综合性保险集团。它是欧洲最大的相互保险和农业保险公司，也是全球500强企业之一。

27日 国家外汇管理局发布《外汇领域反洗钱信息分类管理和核查工作管理规定》。该管理规定明确，外汇局应建立并维护自身的“关注名单”“黑名单”“白名单”反洗钱信息分类管理数据库，加强反洗钱信息分类管理。“关注名单”数据库用于存放存在异常活动、需进一步核查的主体的信息。“黑名单”数据库用于存放涉嫌违法犯罪活动、需重点监测的主体的信息。包括：涉嫌违法，需移交其他行政执法、司法部门继续检查的主体的信息；已经移交有关部门，外汇局在今后工作中仍应对有关主体予以重点关注、核查的主体的信息；由“关注名单”数据库直接转入，需加强监测的主体的信息，并对列入“关注名单”和“黑名单”的交易主体各自罗列了不同情形。“白名单”数据库用于存放经过核查未发现涉嫌违法犯罪活动的主体的信息。数据库以身份证件号码或企业代码为唯一标识。同一主体不能同时存在于三种名单，但可以因实际情况在数据库中转移，并对转移的具体情形和方式做了规定。外汇局核查发现违反外汇管理规定行为的，应立即移交外汇检查部门查处；发现涉嫌犯罪行为的，应按规定移交相关部门查处。同时，对反洗钱信息分类管理数据库进行相应调整。

28日 中国人民银行发布《关于内地银行与香港、澳门银行办理个人人民币业务有关问题的通知》。该通知规定：内地居民持内地商业银行发行的个人人民币银行卡（包括借记卡和贷记卡），可在香港或澳门用于购物、餐饮、住宿、交通、医疗等旅游、消费支付，但不得用于旅游、消费以外的经营性交易、证券投资和房地产等资本和金融项目交易，以及博彩等内地法律、法规禁止交易的支付；在自动取款机（ATM）上提取港元或澳门元现钞限额为每日累计不超过等值5 000元人民币，但不得在香港或澳门银行柜台转账、提现或通过客户受理终端（POS机）提现。香港持牌银行及其附属机构发行个人人民币银行卡不超过10万元人民币信用额度。内地银行接受的香港或澳门人民币汇款分别限于：持香港居民身份证件的个人经由清算行汇入内地银行且以汇款人为收款人的汇款，每一汇款人每天汇入的最高限额为50 000元人民币。如同一汇款人同一天从香港汇入的人民币金额超过50 000元人民币的，内地银行应将相应的人民币款项原路退回香港汇出行，不得为收款人办理解付。该通知自发布之日起施行，《中国人民银行关于内地银行与香港银行办理个人人民币业务有关问题的通知》同时废止。

中国保监会、公安部联合下发《关于严厉打击非法销售境外保单活动的通知》。该通知指出，近年来，设立于香港、澳门等地区的一些境外保险机构及其代理人，非法在广东、福建、上海、江苏等沿海地区销售境外保险产品，并逐步向内地省市蔓延。这些非法经营活动游离于我国保险市场监管之外，严重扰乱我国的金融秩序，给投保人的资金安全和生活保障带来隐患，也给一些不法分子洗钱提供了便利条件。该通知要求，各级保险监管机构和公安机关要加强协作，密切配合，严厉查处非法销售境外保单的违法犯罪活动。

29日 中国人民银行上调金融机构存贷款基准利率，并放宽人民币贷款利率浮动区间和允许人民币存款利率下浮。中国人民银行于10月28日发布《关于调整金融机构存贷款利率的通知》决定：金融机构一年期存款利率上调0.27个百分点，由1.98%提高到2.25%；一年期贷款利率上调0.27个百分点，由5.31%提高到5.58%。这是我国自1994年后首次上调银行存贷款利率。同时，不再设定金融机构（不含城乡信用社）人民币贷款利率上限。对金融竞争环境尚不完善的城乡信用社贷款利率仍实行上限管理，最高上浮系数为贷款基准利率的2.3倍。所有金融机构的贷款利率下浮幅度不变。所有存款类金融机构对其吸收的人民币存款的利率，可在不超过各档次存款基准利率的范围内浮动，但存款利率不能上浮。

1998—1999年，中国人民银行三次扩大了金融机构贷款利率浮动区间。2004年1月1日，经国务院批准，人民银行进一步扩大了金融机构贷款利率浮动区间。金融机构不再根据企业规模和所有制性质，而是根据企业的信誉、风险等因素确定合理的贷款利率，逐步形成了按照贷款风险成本差别定价的格局。放开金融机构贷款利率上限（城乡信用社除外）和存款利率下限是我国利率市场化改革进程中具有里程碑意义的重要举措，标志着我国利率市场化顺利实现了“贷款利率管下限、存款利率管上限”的阶段性目标。

中国人民银行发布《金融机构外汇存款准备金管理规定》。从2005年1月15日起，金融机构外汇存款准备金率统一调整为3%。金融机构应交存外汇存款准备金的外汇存款范围包括：金融机构吸收的个人外汇储蓄存款、单位外汇存款、发行外币信用卡的备用金存款及其他中国人民银行核定的外汇存款或负债；金融机构的委托、代理外汇业务负债项目与资产项目轧减后的贷方余额。凡轧减后为借方余额的，视同该应交存的负债项目余额为零。不得以某项借方余额抵减其他应交存的外汇负债项目余额。美元、港元存款按原币种计算交存外汇存款准备金，其他币种的外汇存款折算成美元交存。各种货币之间的折算率按每月国家外汇管理局公布的《各种货币对美元折算率》计算。该规定要求，金融机构应在每月15日前将准备金存款划至中国人民银行指定的账户。当月15日至下月14日，未经中国人民银行批准，金融机构的外汇存款准备金余额与其上月末外汇存款余额之比，不得低于外汇存款准备金率。如金融机构在中国人民银行的外汇准备金存款大于其当月应交存外汇存款准备金的，中国人民银行在当月15日前，将多余资金划到该金融机构账户。当金融机构出现严重支付困难申请动用外汇存款准备金，应当报经中国人民银行或中国人民银行授权的分支行批准。在其批准期限内，其交存的外汇存款准备金应当扣除批准可动用的外汇存款准备金数额。该规定自2005年1月1日起实施。中国人民银行1996年4月30日发布的《外资金融机构存款准备金缴存管理办法》和1996年12月1日发布的《外汇存款准备金管理规定》同时废止。

国家发展改革委发布《关于金融资产管理公司对外转让不良债权有关外债管理问题的通知》。该通知规定，外资收购金融资产管理公司不良债权，形成中国境内企业对外负债，应纳入外债管理。收购协议签订后20日内，金融资产管理公司应将对外转让债权有关情况报送国家发展和改革委员会备案，同时抄报财政部和中国银监会。鉴于此类债务的特殊性及偿还的困难性，外国投资者应承诺不得恶意对外披露及作出有损于中国外债偿还信誉的行为，并不得以任何方式向我国各级政府追索债务。今后金融资产管理公司向外资出售不良资产的卖断交易，如交易额度在其向国家发展和改革委员会上报的年度对外转让不良债权计划内，单笔交易只需向国家发展和改革委员会报备。

11月

2日 中国人民银行、中国银监会、中国证监会发布修订的《证券公司股票质押贷款管理办法》。该办法包括总则，贷款人、借款人，贷款的期限、利率、质押率，贷款程序，贷款风险控制，质物的保管和处分，罚则以及附则共8章44条。该办法规定，质物是指在证券交易所上市流通的、证券公司自营的人民币普通股股票（A股）、证券投资基金券和上市公司可转换债券（以下统称股票）。股票质押贷款期限由借贷双方协商确定，但最长为一年。借款合同到期后，不得展期，新发生的质押贷款按本办法规定重新审查办理。借款人提前还款，须经贷款人同意。股票质押贷款利率水平及计结息方式按照中国人民银行利率管理规定执行。警戒线比例为135%（原为130%），平仓线比例最低为120%。用于质押股票的市值处于规定的平仓线以下（含平仓线）的，贷款人有权无条件处分该质押股票，所得的价款直接用于清偿所担保的贷款人债权。贷款人发放的股票质押贷款余额不得超过其资本净额的15%；贷款人对一家证券公司发放的股票质押贷款余额不得超过贷款人资本净额的5%。该办法自发布之日起执行，2000年2月2日由人民银行和中国证监会颁布的《证券公司股票质押贷款管理办法》同时废止。

国家外汇管理局发布《2003年中国外汇领域反洗钱报告》。这是由我国反洗钱行政部门发布的第一份工作年报。据报告统计，自2003年3月《金融机构反洗钱规定》实施至12月，全国各银行类金融机构报告的可疑交易跨境外汇资金流入额为9.7亿美元，流出额为5.99亿美元，净流入额为3.7亿美元；报告大额和可疑外汇资金交易264.95万笔，交易金额累计6 617.92亿美元。报告分析，可疑交易跨境外汇资金主要来源和流向均为中国香港、美国、中国台湾、日本、德国、英国、韩国、新加坡等国家和地区。其中香港是我国内地可疑交易跨境外汇资金的首要来源地区，交易金额为61 651.63万美元，占总交易金额的63.59%。来源于美国的可疑交易跨境外汇资金为8 220.23万美元，占总交易金额的8.48%。流向中国香港的可疑交易跨境外汇资金为29 982.15万美元，占总交易金额的50.04%，流向美国的可疑交易跨境外汇资金为7 403.24万美元，占总交易金额的12.36%。

4日 中国人民银行、财政部、中国银监会、中国证监会联合发布《个人债权及客户证券交易结算资金收购意见》。该意见指出：为了保护小额投资者利益，防范道德风险，培养投资者的风险意识，在存款保险和证券投资者保护制度建立之前，按照“依法清偿、适当收购”的原则处理停业整顿、托管经营、被撤销金融机构（以下简称被处置金融机构，不包括期货经纪公司、保险公司）中的个人债权及客户证券交易结算资金问题。该意见规定收购的个人债权范围是：1. 个人储蓄存款。2. 居民个人持有的金融机构发行的各类债权凭证。3. 居民个人委托金融机构运营的财产，即委托财产，包括委托理财、信托。权属不清晰或被挪用的委托财产（含信托）形成对金融机构的个人债权，纳入收购范围；权属清晰未被受托金融机构挪用的委托财产，不纳入收购范围。4. 居民个人持有的存放于金融机构相关账户上的被金融机构挪用的有价证券（含国债、股票、其他债券）形成的对金融机构的个人债权。收购标准是：个人储蓄存款及客户证券交易结算资金的本息全额收购；2004 年 9 月 30 日（含 30 日）以前的其他个人债权本金 10 万元（含 10 万元）以内的全额收购；超过 10 万元的，超过部分九折收购。个人债权人可以选择接受收购，也可以选择参加被处置金融机构的最后清算。该意见对债权计算标准、收购资金的筹集以及各方责任做了具体规定。

5 日 国际货币基金组织发布《2004 年与中国第四条款磋商的工作人员报告》。该报告认为，国际货币基金组织把汇率制度调整与人民币升值看成是两个问题。尽管中国一直承受着西方国家要求人民币升值的压力，但难以找到证明人民币被大大低估的有说服力的证据。报告指出，中国主要的忧虑是：调整汇率开始迈出的一小步可能会加剧国际资本的流入，同时汇率大幅变化可能严重打击国内就业。国际货币基金组织建议，最初可采取扩大汇率浮动区间的做法，而不是简单的一次性重估人民币。当日，中国人民银行以答记者问的形式对该报告作出回应。中国人民银行指出：根据国际货币基金组织协定第四条款的规定，国际货币基金组织定期与各成员国政府举行磋商，以了解成员国的宏观经济运行情况，并对成员国宏观经济政策进行监督。国际货币基金组织工作人员的这份报告对中国经济和金融形势进行了比较全面的分析，对中国政府下一步应采取的措施提出了建议。由于报告中使用的相关数据是中国 2004 年 6 月以前的经济数据，因此一些分析和判断可能需要更新。这是我国 1980 年恢复在国际货币基金组织的合法地位以来国际货币基金组织首次公布中国磋商报告。

中国银监会发布《城市商业银行监管与发展纲要》。该纲要确立了今后一个时期内城市商业银行监管工作和改革发展的思路、重点和目标。共分为九个部分：一是认真研究城市商业银行发展与监管中面临的新情况，为其可持续发展创造良好条件；二是按“防险、管理、改革、发展”的方针和实事求是、开拓创新的原则，做好城市商业银行监管工作；三是完善监管体系，明确职责分工，科学使用监管资源，实现向风险监管、持续监管的根本转变；四是以“分级管理、突出重点、缩小差距、科学发展”为原则，建立风险识别机制，继续推进分类监管政策，促进城市商业银行的总体发展和区域联合；五是以公司治理为重点，进一步完善城市商业银行的治理机制；六是强化内部控制，建立持续发展和风险防范的制度保障；七是加强对城市商业银行资本金的监管，建立及时有效的资本金补充机制；八是推行贷款质量五级分类，按照审慎监管原则促进城市商业银行资产质量的全面改善；九是规范信息披露，加强对城市商业银行的社会监督。

8 日 中国人民银行发布《个人财产对外转移售付汇管理暂行办法》。该暂行办法明确，个人财产转移包括移民对财产转移和继承财产转移。申请对外转移的财产应是申请人所有的无权益争议的合法财产。申请财产对外转移总金额在等值 50 万元人民币以下（含 50 万元）的，由所在地外汇局审批。超过 50 万元的由所在地外汇局初审后，报国家外汇管理局审批。申请人一次性申请拟转移出境的全部财产，经批准后，可先汇出一半；一年后，汇出剩余部分的一半；满两年后，方可汇出全部剩余部分。全部申请转移财产在等值 20 万元人民币以下的，经批准后可一次性汇出。从同一被继承人继承的全部财产，只需一次性申请，可一次或分次汇出。但对同一继承人从不同被继承人处继承的财产应分别申请、分别汇出。该暂行办法自2004年12月1日起施行。

中央债券综合业务系统与中国人民银行大额支付系统实现连接。两个系统的联接使债券市场实现高效率、低风险的"券款对付"（DVP）结算。翌日，公开市场操作首次采用DVP的方式进行结算，资金和债券实现同步划拨。即时转账业务主要包括三部分：一是中国人民银行公开市场操作室发起公开市场操作业务的资金清算和自动质押融资业务；二是中央国债登记结算公司发起债券发行缴款、债券兑付和收益款划拨、银行间债券市场资金清算业务；三是中国人民银行规定的其他即时转账业务。DVP结算系统推出后，金融机构不必在法定存款准备金外，再保留大量超额存款准备金以备不时之需，从而将对今后的中央银行货币政策产生重要影响。同年12月14日，中国人民银行清算总中心和中央国债登记结算有限责任公司签署了《中国现代化支付系统与中央债券综合业务系统联合运行协议》。这是继中央债券综合业务系统成功接入中国现代化支付系统，实现债券交易的DVP清算后两大系统正式联合、协调运行的标志。

9日 国家外汇管理局发布《关于调整境内居民个人自费出国（境）留学购汇指导性限额的通知》。该通知将境内居民个人自费留学的供汇指导性限额由每人每年等值2万美元调整为学费按照境外学校录取通知书或学费证明上所列明的每年度学费标准进行供汇；生活费的供汇指导性限额为每人每年等值2万美元，其中生活费购汇金额每人每年在等值2万美元（含2万美元）以下的，到外汇指定银行办理；等值2万美元以上的，经外汇局核准后到外汇指定银行办理。购买用于支付学费的外汇，事后须按规定办理核销，生活费购汇不需办理核销。该通知于2005年1月1日起施行。

16日 中国人民银行发布《2004年第三季度中国货币政策执行报告》。报告指出，2004年以来，我国宏观调控取得了阶段性成效，固定资产投资增长过快的势头得到初步遏制，货币信贷运行继续向金融调控预期的方向发展。前三个季度国内生产总值为9.3万亿元人民币，同比增长9.5%，比上年同期提高了0.6个百分点。9月末，广义货币M_2余额为24.4万亿元人民币，同比增长13.9%，增幅比上月末提高0.3个百分点，比上年同期低6.7个百分点。报告指出，宏观调控仍处于关键阶段，要继续密切关注各类价格指数的走势，注意防止投资反弹，努力巩固和发展宏观调控的成果。下一阶段，人民银行将继续执行稳健的货币政策，按照改进和加强金融调控的要求，合理控制货币信贷总量，着力优化信贷结构，进一步发挥好金融在宏观调控中的重要作用。

中国银监会下发《关于规范信托投资公司证券业务经营与管理有关问题的通知》。该通知规定，信托投资公司必须将信托资金与固有资金分别管理、分别记账，将不同委托人交付的资金分别管理、分别记账；信托投资公司运用固有资金或者信托资金进行证券投资，必须事先制定投资比例和投资策略，确立风险止损点。其投资于上市流通的股票、企业债和证券投资基金的日均市值总余额之和不得超过净资产的50%。各级银行业监管部门应加强对辖内信托投资公司所从事证券业务的监管。对未按本通知和有关法规要求从事证券业务的信托投资公司，责令改正，并限制其开办新的证券业务；情节严重的，暂停其证券投资业务。

该通知与中国银监会与中国证监会2004年9月联合下发的《关于信托投资公司开设信托专用证券账户和信托专用资金账户有关问题的通知》、2003年年底人民银行《关于信托投资公司人民币银行结算账户开立和使用有关事项的通知》和2004年2月中国银监会《关于信托投资公司人民币银行结算账户开立和使用有关问题的通知》一起构成我国信托财产专户管理基础制度。

17日 国务院办公厅转发《国家统计局关于改进地区GDP核算工作的意见》。该意见指出：自1985年我国建立GDP核算制度以来，

GDP 作为反映国家和地区经济发展情况的综合指标，已成为各级政府进行宏观经济决策的重要参考依据。但是，由于在 GDP 核算中国家和地区采取分级核算的形式，国家 GDP 和地区生产总值汇总数据一直存在着差距。特别是近年来，由于地区生产总值核算中基础数据缺口较大、核算方法不完善、统计体制不健全，特别是某些地方片面追求经济增长速度等方面的原因，两者之间的差距有逐步扩大的趋势。为了规范地区生产总值核算方法，提高地区生产总值数据的准确性和权威性，该意见提出：1. 规范地区生产总值核算方法。2. 建立地区生产总值数据联审制度。在每季季后，由国家统计局组织对地区生产总值数据进行联审，并对相关数据进行必要的修正。3. 进一步规范行业数据的计算方法。国家统计局首先制定农业、工业、建筑业和批发零售贸易、餐饮业的全国统一、可比的计算方法，在此基础上，建立对省（自治区、直辖市）相应主要统计数据的审核评估管理制度，逐步实现上述行业的全国数据与地区汇总数据的协调衔接。在条件成熟时，国家对省（自治区、直辖市）的生产总值核算全面实行下算一级，由国家统计局直接计算各省（自治区、直辖市）的生产总值。4. 各省（自治区、直辖市）要逐步建立地区生产总值核算下算一级的制度。5. 进一步规范国家 GDP 数据和地区生产总值数据的发布时间和发布方式。今后各省（自治区、直辖市）的季度生产总值数据不再由各地统计局自行公布，而是经国家统计局联审后统一对外发布，并以此作为法定数据。在时间上，将国家和地区生产总值数据在每季季后 15 日前后公布推迟到 18 日公布，以保证联审工作所需的时间。地区生产总值数据联审制度和统一发布制度自 2005 年 1 月 1 日起正式实施。

18 日　中国人民银行上调境内商业银行美元小额外币存款利率。一年期美元存款利率上限提高 0.3125 个百分点，调整后利率上限为 0.875%。自即日起，人民银行不再公布美元、欧元、日元、港元两年期小额外币存款利率上限，改由商业银行自行确定并公布两年期小额外币存款利率。

国家开发银行在中国西部论坛上披露支持西部开发信贷政策。国家开发银行副行长姚中民介绍：2004 年国家开发银行安排西部地区贷款 755 亿元，占开发银行 2004 年贷款规模的 30%，比 2003 年提高 3.1 个百分点。在贷款期限上，西部的公路项目可以延长到 25 年，城市收费道路可以延长到 18 年，不收费的道路和桥梁可以延长到 12 年。在贷款利率上，国家开发银行对西部的贷款利率不上浮，有些经济社会效益较好、政策性较强的项目可适当下浮利率。根据西部地区投资项目缺少资本金的问题，国家开发银行还将通过提供软贷款的方式，为西部地区的重点基础设施项目补充资本金。国家开发银行下一步将向各省区的西部办提供 3 300 万元的技援贷款，支持开展基础设施规划、产业发展规划和生态环境规划，发挥各地的区位优势和产业优势，进一步推动重大项目建设。技援贷款为零利率，仅在发放贷款时一次收取贷款发行额 0.5% 的手续费。截至 2003 年年底，国家开发银行已向西部地区承诺技援贷款 38.8 亿元，占全部技援贷款承诺额的 52%。

24 日　城市商业银行首次发行次级债。上海银行采取私募方式，成功发行了 30 亿元次级定期债务，期限为五年零三个月。上海银行因此成为全国城市商业银行中发行次级定期债务的第一家。根据中国银监会的有关规定，上海银行此次发行的 30 亿元次级债将全额计入附属资本。根据上海银行 2003 年年报，该行总资产已达到 1 934 亿元，资本充足率达 10.79%；五级分类中后三类的不良贷款占比为 5.97%，而截至 2004 年 6 月末全国城市商业银行不良贷款的平均比例为 14.08%。

28 日　国务院总理温家宝出席东盟与中国、日本、韩国领导人会议。温家宝重申，中国不会迫于外界压力而对人民币重新估值。人民币汇率升值与否是重大的经济政策问题，在时间恰当的时候，中国才会考虑对人民币重新估值。人民币汇率的调整，还需要有一定的条件。最重要的是要有一个稳定的宏观调控环境、健全的市场机制及健康的金融体系。还必须考虑人民币汇率变动对中国经济及社会产生的影响，以及对周边地区乃至世界的影响。

29 日 中国正式入股西非开发银行（West African Economic Community，WADB）。中国人民银行与西非开发银行在北京签署《谅解备忘录》《中国人民银行代表中华人民共和国与西非开发银行关于中华人民共和国入股西非开发银行的协议》和《认缴书》。《谅解备忘录》写明“西非行遵循西非经货联盟首脑会议决议，不以台湾为合作伙伴”。我国认购西非开发银行股本160股，成为该行B类（区外）最大股东。西非开发银行成立于1973年，是西非经济与货币联盟下属次区域政府间开发性金融机构，总部设在多哥共和国首都洛美。该行宗旨是促进成员国经济平衡发展和推动西非经济一体化进程。该行成员分为A、B两类。A类为区内国家和机构，成员包括西非经货联盟8国及西非国家中央银行；B类成员包括中国、法国、比利时、印度、德国开发协会、欧洲投资银行和非洲开发银行。根据该行章程，B类成员股本总数不得超过该行全部资本的1/3。

中国证监会、中国银监会联合发布《证券投资基金托管资格管理办法》。该管理办法规定，商业银行从事基金托管业务，须经中国证监会和中国银监会核准，依法取得基金托管资格，同时符合最近3个会计年度的年末净资产均不低于20亿元人民币，资本充足率符合监管部门的有关规定等条件。取得基金托管业务资格的商业银行为基金托管人。该管理办法对申请人须具备安全保管基金财产的条件和能力，具有健全的清算、交割业务制度和清算、交割系统，申请人的基金托管营业场所、安全防范设施、与基金托管业务有关的其他设施和相关制度等做了具体规定。中国证监会自收到申请材料之日起5个工作日内作出是否受理的决定，20个工作日内作出行政许可决定。中国证监会、中国银监会依法对商业银行基金托管业务活动进行监督管理。该管理办法只适用于境内中资商业银行，自2005年1月1日起施行。

12 月

1 日 中国银监会宣布中国继续履行加入世界贸易组织的相关承诺的措施。根据中国加入世界贸易组织的相关承诺，中国银监会决定：1. 即日起，允许外资金融机构将经营人民币业务的地域扩大到昆明、北京、厦门、西安、沈阳。至此，开放人民币业务的城市增加到18个。2. 即日起，对设在西部和东北地区的外国银行分行经营人民币业务的申请，中国银监会将放宽审核其盈利的资格条件，即从目前考核单家分行盈利，改为合并考核申请人在华所有分行的盈利。3. 对外资银行在西部和东北地区设立机构和开办业务的申请，中国银监会在审理时设立绿色通道，在同等条件下优先审批。4. 自即日起，外资金融机构申请在华设立代表处，可将申请资料直接报送中国银监会，同时抄报拟设机构所在地中国银监会的派出机构。同时，中国银监会授权各银监局对本辖区内外资金融机构代表处更换首席代表进行任职资格审查和核准。

中国保监会颁布修订的《保险代理机构管理规定》。该规定包括总则、机构管理、资格管理、保险代理关系管理、经营规则、监督管理、法律责任和附则共8章151条。根据该规定，保险代理机构以合伙企业或者有限责任公司形式设立的，其注册资本或者出资不得少于50万元人民币；以股份有限公司形式设立的，其注册资本不得少于1 000万元人民币。按此最低限额或者出资最低限额设立的保险代理机构可以设立3家分支机构。每申请增设一家分支机构应当至少增加注册资本或者出资10万元人民币。保险代理机构注册资本或者出资达到200万元人民币的，设立保险代理分支机构不需要增加注册资本或者出资。保险代理机构应当缴存20%的保证金或者投保职业责任保险。中国保监会对保险代理机构及其分支机构实行现场检查。该规定自2005年1月1日起施行，2001年11月16日颁布的规定同时废止。

3～5 日　中央经济工作会议在北京举行。会议提出2005年经济工作的主要任务是：1. 继续加强和改善宏观调控，确保经济平稳较快发展。要实行稳健的财政政策和货币政策，继续控制固定资产投资规模的过快增长。在落实加强和改善宏观调控的各项政策措施时，要充分体现区别对待、有保有压的原则；要发挥市场配置资源的基础性作用，更加注重运用经济手段和法律手段；要不断调整投资和消费的关系，提高城乡居民消费能力，增强消费对经济增长的拉动作用。2. 继续加大对“三农”的支持力度，保持农业和农村发展的好势头。各项支农措施的力度只能加大，不能减弱。已经实行的政策不能变，已经给农民的实惠不能减，随着国家财力物力的增强，还要逐步加大支农力度。3. 大力推进结构调整，促进经济增长方式转变。4. 着力推进经济体制改革，建立健全全面协调可持续发展的制度保障。继续深化财税体制改革、金融体制改革、行政管理体制改革，落实投资体制改革方案。5. 统筹国内发展和对外开放，增强国际竞争力。6. 坚持以人为本，努力构建社会主义和谐社会。

6 日　中国银监会发布《严禁信托投资公司信托业务承诺保底的通知》。针对部分信托投资公司在办理信托业务时存在向委托人承诺保底的做法，该通知重申：信托投资公司办理信托业务时必须严格执行分账管理的原则，不得以信托合同、补充协议或其他任何方式向信托当事人承诺信托财产本金不受损失或者保证最低收益，并在其营业场所显著位置对不得承诺保底的有关规定进行公示。

中国东方资产管理公司与中国信达资产管理公司签署批量处置资产协议。中国东方资产管理公司（以下简称东方公司）与中国信达资产管理公司（以下简称信达公司）就批量处置不良贷款达成协议。根据协议，东方公司从信达公司手中收购原建设银行剥离的可疑类不良贷款约1 300亿元人民币。这是我国金融资产管理公司首次大规模地以商业化手段打包处置国有商业银行不良资产，是资产管理公司按照市场化原则批量处置不良资产的一项新探索。2004年6月21日，信达公司通过公开竞标，成为中国银行和中国建设银行两家共计2 787亿元可疑类贷款的一级批发商。按照承诺，信达公司要在2005年年底前将2 787亿元可疑类贷款全部处置完毕。

7 日　中国人民银行发布《全国银行间债券市场债券交易流通审核规则》。根据该规则，申请债券交易流通的发行人，应符合债券公开发行额不少于5亿元人民币、单个投资人持有量不超过该期债券发行量的30%等条件。该规则强调，中国人民银行同意申请债券的交易流通，并不表明对该期债券的投资价值和投资风险作出了任何判断，投资者应关注发行人的基本状况和披露的信息，进行独立的投资判断，并自行承担投资风险。在债券交易流通期间，发行人应按中国人民银行的规定向市场参与者进行持续的信息披露，不得以自己发行的债券为标的资产进行债券交易。该规则对信息披露的基本要求、发生重大事件须及时向人民银行报告以及违反规定的处罚标准做了具体规定。该规则自2004年12月15日起施行。

中国证监会发布《关于加强社会公众股股东权益保护的若干规定》。该若干规定的主要内容是：1. 试行公司重大事项社会公众股股东表决制度。公司重大事项包括上市公司再融资、重大资产重组、股东以股抵债、附属企业到境外上市、对公众股东利益有重大影响的相关事项，须经参与表决的社会公众股股东所持表决权的半数以上通过。2. 完善独立董事制度。重大关联交易、聘用或解聘会计师事务所，应由1/2以上独立董事同意后，方可提交董事会讨论。3. 加强投资者关系管理，提高上市公司信息披露质量。4. 实施积极的利润分配办法。上市公司最近3年未进行现金利润分配的，不得向社会公众增发新股、发行可转换公司债券或向原有股东配售股份。存在股东违规占用上市公司资金情况的，上市公司应当扣减该股东所分配的现金红利，以偿还其占用的资金。5. 加强对上市公司和高级管理人员的监督。上市公司控股股东及实际控制人对上市公司和社会公众股股东负有诚信义务。控股股东及实际控制人不得违规占用上市公司资金，不得违规为关联方提供担保，不得利用关联交易、利润分配、资产重组、对外投资等方式损害上市公司和社会公众股股东的合法权益。

假中国银行网站被查封。中国银行通过自己的官方网站，对试图骗取该银行用户账号和密码的仿冒网站发表声明，并公布自己唯一使用的国际互联网门户网站地址为 www. bank-of-china. com。12 月 7 日，中国银行接到客户反映发现疑似假冒的中国银行门户网站，经查后确认此网站为不法分子假冒，假网站外观与中国银行网站非常相似，中国银行马上向公安机关报案，当晚假网站已被关闭，从发现到关闭仅 7 个小时。仿冒网页为 www . bank-off-china. com，只有一个“f”字母之差。

中国证监会公布《关于首次公开发行股票试行询价制度若干问题的通知》。该通知规定，首次公开发行股票的公司及其保荐机构应通过询价的方式确定股票发行价格。询价对象包括证券投资基金管理公司、证券公司、信托投资公司、财务公司、保险机构投资者和合格境外机构投资者（QFII）等。询价分为初步询价和累计投标询价两个阶段。发行人及其保荐机构应通过初步询价确定发行价格区间，通过累计投标询价确定发行价格。发行人及其保荐机构应向不少于 20 家询价对象进行初步询价；公开发行股数在 4 亿股以上的，询价对象应不少于 50 家。发行人及其保荐机构应向参与累计投标询价的询价对象配售股票：公开发行数量在 4 亿股以下的，配售数量应不超过发行总量的 20%；4 亿股以上（含 4 亿股）的不超过 50%。累计投标询价及配售完成后，发行人及其保荐机构应刊登配售结果公告，并将其余股票以相同价格按照发行公告规定的原则和程序向社会公众投资者公开发行。询价对象应承诺将参与累计投标询价获配的股票锁定 3 个月以上，锁定期自向社会公众投资者公开发行的股票上市之日起计算。保荐机构负责组织推介、询价和配售工作。该通知自 2005 年 1 月 1 日起施行。

中国证监会公布《对首次公开发行股票询价对象条件和行为的监管要求》。该监管要求规定：询价对象应以其自营业务或其管理的证券投资产品分别独立参与累计投标询价和股票配售，其范围限于证券投资基金、社保基金、证券公司自营业务、证券公司集合资产管理计划、信托投资公司自营业务、信托投资公司依据信托合同可投资于证券市场的信托产品、财务公司自营业务、保险机构投资者、保险机构投资者经批准的保险产品、合格境外机构投资者（QFII）、企业年金基金。询价对象按照规定参与询价时须提交报价结果和报价依据，并为其自营业务或其管理的单一投资产品分别指定一个证券账户和一个资金账户专门用于累计投标询价和股票配售，指定账户在中国证监会、中国证券业协会和中国证券登记结算公司备案。询价对象通过上述指定账户参与累计投标询价和股票配售；保荐机构对此应承担核查责任。询价对象参与询价时，其报价区间的上限不得高于下限的 20%。发行人及其保荐机构根据询价结果确定发行价格区间（询价区间）的上限不得高于区间下限的 20%。与发行人或其保荐机构之间存在控股关系，或存在影响其作出独立投资决策的其他重大利害关系的询价对象，不得参与本次首次公开发行股票的询价和配售；本次公开发行股票的保荐机构和承销商不得参与本次公开发行股票的询价和配售。该监管要求对询价对象条件的监管要求、询价对象的监管做了具体规定，自 2005 年 1 月 1 日起施行。

中国银监会下发《关于进一步规范集合资金信托业务有关问题的通知》。集合资金信托业务是指信托投资公司根据委托人意愿、将两个以上（含两个）委托人交付的资金集中管理、运用和处分的资金信托业务。该通知主要规定如下：1. 信托投资公司办理集合资金信托业务时，应设立集合信托计划，并在该计划开始推介前 5 日，逐一向注册地银监局报告。2. 信托投资公司对参与集合信托计划的委托人资格和信托资金拟投向的项目实施尽职调查，并出具独立的尽职调查报告。3. 集合资金信托业务逐步试行托管制，对拟投向的项目涉及关联方交易的或者投资于有价证券的，必须引入托管机制，必须将该集合信托计划项下的资金交由合格的商业银行或其他合格的信托投资公司托管。该通知还规定了托管人的基本条件和职责。4. 信托投资公司办理集合资金信托业务时，在任何一个会计年度与任何一个关联方交易的发生额不得超过集合信托计划的50%，并且交易条件不得劣于非关联交易情形下的一般条件。商业银行只限于向信托投资公司提供代理收付服务，不得代签信托合同。

8日 中国银监会下发《关于信托投资公司集合资金信托业务信息披露有关问题的通知》。该通知规定：信托投资公司办理集合资金信托业务时，应当制作信息备忘录，其中至少披露以下内容：1. 最近两年经审计的年度报告；2. 信托投资公司及相关工作人员的责任和义务；3. 信托资金的运用范围以及信托财产评估的程序和方法；4. 信托资金拟投向的项目的尽职调查报告(适用时)；5. 集合信托计划的潜在风险和风险出现时的可能损失程度；6. 计划所遵循的风险投资政策、拟采取的风险管理策略和监控手段及其理由；7. 影响计划收益的因素和敏感度分析；8. 信托财产第三方委托管理人的相关信息；9. 涉及证券投资所使用的经纪公司的相关信息；10. 涉及利益冲突或关联交易的，须披露其性质、金额、占集合信托计划的比例等信息，并阐明其对委托人和受益人利益可能产生的影响，以及拟采取的隔离措施；11. 为信托财产提供担保方的财务状况和担保理由；12. 在信托资金使用方出现财务状况严重恶化、对合同约定的责任有争议、担保方不能继续提供有效担保等重大变故时，信托投资公司拟采取的保护信托受益人利益的措施，以及有关信息披露的具体时限和方式；13. 信托投资公司最近一年来结束的其他集合信托计划的资金规模、运用范围、收益状况和按期支付情况。该通知规定，推介结束后5日内，信托投资公司应当就该集合信托计划下的信托合同数与信托资金总额向信托文件中规定的人和监管部门披露。集合信托计划发生信托资金使用方的财务状况严重恶化、担保方不能继续提供有效的担保等重大变故时，信托投资公司应当在获知有关情况后3个工作日内向信托文件规定的人和监管部门披露，并自披露之日起7个工作日内向信托文件规定的人和监管部门书面提出信托投资公司采取的应对措施。

中国银行和VISA国际组织在北京举行“中银VISA奥运信用卡”首发仪式。作为全球首张专门为北京2008年奥运会设计的标准贷记卡产品，中银VISA奥运信用卡除具有循环信用、预借现金、消费支付等贷记卡基本功能外，还在卡面颜色、还款方式、结算币种、使用区域等方面为持卡人提供了诸多个性化选项。该卡与同年7月22日发行的亚洲首张欧元信用卡——中银长城VISA奥运欧元卡，构成了中国银行有关奥运会主题的银行卡系列。中国银行于同年7月14日正式成为2008年北京奥运会银行合作伙伴。

9日 中国人民银行首次发行三年期远期中央银行票据。人民银行发布公告：以利率招标的方式发行2004年第94期和第95期中央银行票据。其中第94期中央银行票据，期限3年，发行量为100亿元，中标利率为4.11%。

中国保监会公布包头“11·21”空难承保情况。此次空难事故相关风险由中国人保、中国人寿、太平洋保险、平安保险等公司分别承保。中国人保承保飞机机身一切险和航空承运人法定责任险共14.23亿美元，其中86%的保险责任已分保至境内外再保险公司。中国人寿承保遇难乘客中25人的共26份航意险，保额为1 040万元，以及乘客中9人的其他人寿保险。太平洋人寿承保遇难6名机组人员的团体人身意外伤害保险，保额为90万元，其中1人购买了保额为1.14万元的该公司“老来福”“步步高”寿险。平安人寿承保遇难乘客中3人的个人寿险，保额约为18万元；2人的团体寿险，保额共计8万元；3人的外来从业人员工伤保险。

2004年11月21日晨，由包头飞往上海的Mu5210航班刚起飞不久即坠毁在机场附近，机上47名乘客6名机组售货员全部遇难。在发生“11·21”空难的航班中，47名遇难乘客中有25人购买了航意险，每份航意险可获得40万元赔付金。截至2005年2月24日，25位投保乘客中已有24位乘客家属拿到了航意险赔付金，共960万元。在其他22位没有购买航意险的乘客中，一名徐姓的上海籍乘客由于是招商银行信用卡金卡持卡人，并于11月20日刷卡支付了机票款，因此根据招商银行“刷卡购买机票或支付旅游费用即赠送航空意外险”的有关规定，该客户自动获得由招商银行免费赠送、由泰康人寿承保的航空意外险，保险金额100万元，成为我国第一例信用卡航意险理赔。

11日 中国加入世界贸易组织届满三年。按照我国加入世界贸易组织的有关承诺，自即日起，中国取消所有保险及相关服务业地域限制，并允许外国保险公司向外国人和中国公民提供健康险、团体险和养老金（年金险）服务。证券业中允许外资基金管理公司在合资公司中的股权增至49%，允许设立合资证券公司，外资比例不超过33%。

13日 中国银监会发布《关于加强银行已核销贷款管理工作的通知》。该通知强调贷款核销后必须坚持“账销案存”的管理原则，即核销后的贷款虽不继续在银行资产负债表上进行会计确认和计量，但银行与借款人之间的借贷关系仍然存续。银行对贷款核销过程和结果应进行详细记录，建立健全贷款核销档案。在贷款没有最终收回之前，应当一直作为未结交易档案指定专人妥善保管，不得随意丢失或自行销毁。贷款收回之后，银行再按照档案管理办法的有关规定进行处理。

15日 中国银监会发布《关于加强信托投资公司风险监管防范交易对手风险的通知》。该通知指出，最近一些信托投资公司因交易对手的风险造成固有财产和信托财产损失，给公司和信托当事人造成较大风险，信托投资公司要将防范该类风险作为其受托人尽职管理的重要内容。该通知强调，信托投资公司不得以任何形式将信托财产委托给证券公司或其他机构进行证券投资，不得用信托为证券公司等机构进行证券投资类的融资。信托投资公司从事自营和信托证券投资业务必须审慎选择市场信誉好的证券公司作经纪机构，并向信托当事人披露尽职调查情况，定期跟踪经纪机构的资信状况、收集充分信息，防范相关风险。信托投资公司将资金运用于房地产、能源、基础设施等领域时，应重点关注交易对手风险、信用风险、市场风险和政策风险，并防止交易对手将资金用于非约定用途，造成风险失控；以信托财产从事贷款业务，应亲自履行风险审查、贷后跟踪管理、贷款资金的监督使用和客户还款能力动态检测、贷款回收等管理职责，不得将主要信托事务管理职责委托给其他机构。

中国保监会颁布修订的《保险经纪机构管理规定》。该规定包括总则、机构管理、资格管理、经营规则、监督管理、法律责任和附则共7章142条。新规定降低了原有规章中有限责任公司需要1 000万元人民币注册资本的要求，规定合伙制及有限责任公司制保险经纪机构的资本金为500万元人民币。按规定条件设立的保险经纪机构可以设立3家分支机构。每申请增设一家分支机构应当至少增加注册资本或者出资100万元人民币；保险经纪机构注册资本或者出资达到2 000万元人民币的，设立分支机构不需要增加注册资本或者出资。保险经纪机构应当缴存20%的保证金或者投保职业责任保险。中国保监会依法对保险经纪机构及其分支机构进行现场检查。保险经纪机构或者保险经纪分支机构涉嫌严重违反保险法律、行政法规及本规定的，在被调查期间，中国保监会有权责令其停止开展新业务或者停止部分业务。该规定自2005年1月1日起施行，2001年11月16日颁布的规定同时废止。

中国保监会发布《保险公司非寿险业务准备金管理办法（试行）》。该管理办法主要规定：1. 非寿险业务准备金包括未到期责任准备金、未决赔款准备金和中国保监会规定的其他种类责任准备金。2. 保险公司应当主要采用1/24法或者1/365法提取未到期责任准备金；采用逐案估计法、案均赔款法等方法提取已发生已报案未决赔款准备金；采用链梯法、案均赔款法、准备金进展法和B－F法等至少两种方法谨慎提取已发生未报案未决赔款准备金。保险公司还应对未到期责任准备金的充足性进行测试，如果未到期责任准备金不足，应当提取保费不足准备金。3. 保险公司建立非寿险精算制度，指定精算责任人负责非寿险业务准备金的评估工作。4. 保险公司定期向保监会报送非寿险业务准备金评估报告，并规定了准备金评估报告的内容。该管理办法自2005年1月15日起施行，是我国第一部与国际通行做法保持一致的非寿险责任准备金计提标准。此前，保险公司非寿险业务的责任准备金按照财政部1999年1月13日发布的《保险公司财务制度》的有关规定计提（按当期自留保费收入的50%提取）。

个人信用信息基础数据库试运行。由中国人民银行组织商业银行建设的个人信用信息基础数据库，首先实现15家全国性商业银行和8家城市商业银行在北京、重庆、深圳、西安、南宁、绵阳、湖州7个城市试运行，成为各商业银行信用数据信息共享的平台。该数据库主要采集和保存个人在商业银行的借还款、信用卡、担保等信用信息，以及相关身份识别信息，并向商业银行提供个人信用信息联网查询服务。个人信用信息基础数据库于2005年8月底完成与全国所有商业银行和部分有条件的农村信用社的联网运行，2006年1月正式运行。

16日 上海证券交易所、深圳证券交易所和中国证券登记结算公司联合发布《上市公司非流通股股份转让业务办理规则》。该规则主要规定如下：1. 上市公司非流通股转让由上海证券交易所、深圳证券交易所和中国证券登记结算公司集中统一办理。严禁进行场外非法股票交易活动。2. 股份转让双方既可以通过公开股份转让信息方式达成转让协议，也可以通过非公开方式达成协议。其中，拟通过公开股份转让信息方式转让股份的股份持有人须由证券交易所统一安排公开股份转让信息发布。3. 股份持有人或受让人申请出让或受让的股份数量不得低于一个上市公司总股本的1%；持股数量不足1%的股份转让申请，出让人应全额转让给单一的受让人。4. 股份过户完成后的一个月内，证券交易所和结算公司不受理同一股份受让人就其所受让的相同股份再次进行转让的申请。该规则自2005年1月1日起实施。2005年1月3日，上海证券交易所、深圳证券交易所、中国证券登记结算有限责任公司颁布了《上市公司非流通股股份转让业务办理实施细则》。

17日 国家外汇管理局发布《关于金融资产管理公司利用外资处置不良资产有关外汇管理问题的通知》。该通知规定：金融资产管理公司对外出售或转让不良资产，交易方案经主管部门批准后，应在批准之日起15个工作日内就外汇收支及汇兑问题报国家外汇管理局批准，购买或受让金融资产管理公司不良资产的外国投资者或其代理人，应在交易完成后的15个工作日内到资产所在地外汇局分局或国家外汇管理局指定的分局办理不良资产出售或转让备案登记手续，外国投资者或其境内代理人可（购汇）汇出不良资产再出售、再转让的收益或经营的收益。金融资产管理公司以其拥有的不良资产作价出资组建外商投资企业的，到外商投资企业注册地外汇分局办理相关手续。利用外资处置的不良资产中含有第三方担保的，金融资产管理公司应通知原债权债务合同的担保人。金融资产管理公司利用外资处置资产后，除原有担保外，债务人或第三人不得为所出售或转让的债权提供其他担保。因回购、出售（让）、清收、转股或其他原因导致外国投资者对备案资产的所有权灭失时，外国投资者或其代理人应在所有权灭失后的15个工作日内到备案地外汇局分局办理债权、实物资产或股权备案的注销手续。该通知自2005年1月1日起施行。

19日 首只上市型开放式基金（Listed Open－end Fund，LOF）在深圳证券交易所上市交易。本次南方积极配置基金（基金代码：160105；基金简称：南方积配）上市交易的份额为1 170 322 349份，未上市交易的份额托管在场外，投资者可将其转托管至深圳证券交易所场内上市流通。上市首日的开盘参考价为上一个交易日（12月17日）的基金份额净值，并以此为基准设置10%的涨跌幅限制。当日，该基金以0.95元的价位开盘，以全天最高价0.98元收盘，共成交基金份额2 710.82万份，金额为

2 632万元，占 LOF 首日可交易份额约 2%。南方积极配置基金于 2004 年 10 月 14 日成立，基金管理人为南方基金管理有限公司；基金托管人为中国工商银行。

25 日　中国银监会颁布《商业银行内部控制评价试行办法》。该试行办法规定，内部控制评价从充分性、合规性、有效性和适宜性四个方面进行：过程和风险是否已被充分识别；其控制措施是否明确规定并得以实施和保持；是否有效；是否适宜。内部控制目标的实现情况为内部控制的结果评价，主要包括十项指标：资本利润率、资产利润率、成本收入比、大额风险集中度指标、关联方交易指标、资产质量指标、不良贷款拨备覆盖率、资本充足指标、流动性指标、案件指标等。结果评价定级标准为五级：一级指被评价机构有健全的内部控制体系，在各个环节均能有效执行内部控制措施，能对所有风险进行有效识别和控制，无任何风险控制盲点，控制措施适宜，经营效果显著；以下级别的各项指标依次为较好、一般、较差、很差。该试行办法自 2005 年 2 月 1 日起施行。

27 日　中国人民银行货币政策委员会 2004 年第四季度例会在北京召开。会议认为，2004 年以来，中国人民银行继续执行稳健的货币政策，加强和改进金融调控，合理控制货币信贷总量，着力优化信贷结构，货币信贷政策措施已初见成效，货币信贷增长总体合理，金融运行平稳。会议认为下一阶段中央银行应继续执行稳健的货币政策，进一步提高金融调控的前瞻性、科学性和有效性；综合运用多种货币政策工具，适时适度调控金融体系流动性；稳步推进利率市场化改革，进一步完善人民币汇率形成机制，保持人民币汇率在合理、均衡水平上的基本稳定，促进国际收支平衡；积极推动金融企业改革，鼓励金融创新，改进金融服务，大力发展金融市场，促进直接融资和间接融资的协调发展，提高货币政策传导效率。

28 日　中国人民银行发行一年期远期票据。中国人民银行发布公告，以价格招标方式发行 2004 年第 102 期、第 103 期中央银行票据。发行量各为 200 亿元。其中，第 103 期票据是缴款日和起息日都在 2005 年 2 月 21 日的远期品种。该远期中央银行票据的中标利率为 3.2418%。

2004 年中国人民银行共开展 110 次人民币公开市场操作，累计回笼基础货币 19 971 亿元，累计投放基础货币 13 281 亿元，投放和回笼相抵，通过人民币公开市场操作净回笼基础货币 6 690 亿元。全年共发行 105 期中央银行票据，发行总量为 15 072 亿元，年末中央银行票据余额为 9 742 亿元；开展正回购操作 43 次，收回基础货币 3 330 亿元；开展逆回购 5 次，投放基础货币 1 490 亿元。

中国人民银行公布《2005 年金融统计数据时间表》。根据该时间表，有关金融数据将在中国人民银行网页及《金融时报》《中国人民银行季报》《中国人民银行年报》《金融年鉴》上公布。在中国人民银行网页上，金融机构信贷收支表、货币供应量统计表将于月后 15 日公布，黄金储备统计表、外汇储备统计表、汇率统计表于季后 15 日公布，货币当局资产负债表、货币概览、银行概览于月后 4 周公布。

国家开发银行在银行间债券市场发行境内美元债券。该期债券发行总量为 5 亿美元。其中 4 亿美元浮动利率债券为首次发行的品种，中标利率为 6 个月伦敦银行间同业拆借利率 LIBOR +40bps，超额认购倍数为 1.5 倍；1 亿美元固定利率债券中标利率为 3.95%，超额认购倍数为 1.3 倍。该债券发行对象范围扩大到银行间债券市场银行类和非银行类金融机构，包括国有银行、股份制商业银行、城市商业银行、农村信用社、保险公司（含外资）、证券公司、企业财务公司和外资银行在华分支机构等，承销团成员的类型和数量均有所增加。同时，该期美元债券基准利率为 6 个月伦敦银行间同业拆借利率，而该利率是国际短期资金市场的指标性利率，也是国际上通用的银行间借贷和商业借贷利率定价和标价的基础。国家开发银行此次以 LIBOR 为基准发行浮息美元债券，为国内债券市场与国际市场接轨做了有益尝试。

《中国银行业监督管理委员会行政处罚办法》（以下简称《行政处罚办法》）颁布。《行政处罚办法》包括总则、管辖和适用、立案调查取证和审查、听证、决定与执行、法律责任和附则共7章48条，对银行业金融机构、其他单位和个人违反法律、行政法规和规章行为的行政处罚办法进行了详细规定。《行政处罚办法》自2005年2月1日起施行。

《中国银行业监督管理委员会行政复议办法》（以下简称《行政复议办法》）颁布。《行政复议办法》对银行业金融机构、其他单位和个人实施行政复议的适用范围、申请程序、行政复议机关如何履行行政复议职责以及责任追究等做了详细规定。《行政复议办法》自2005年2月1日起施行。

大庆联谊虚假陈述案终审判决。黑龙江省最高人民法院对大庆联谊因虚假陈述判公司赔偿的456起案件全部作出终审判决，有3起案件改判，其余均维持原判，判决公司赔偿金额约为883.7万元，承担受理费20.6万元，申银万国对433起案件承担连带责任，赔偿金额为608万元。根据终审判决，股民将得到不同程度的赔偿，最低获赔金额为1 900多元，最高获赔金额为20万元，其中有5例获得了全额赔偿（买入价与卖出价之间的损失）。

2002年1月25日，北京、上海的3名投资者起诉大庆联谊虚假陈述案，被哈尔滨市中级人民法院正式受理，成为2002年1月15日最高人民法院出台《关于受理证券市场因虚假陈述引发的民事侵权纠纷案有关问题的通知》后，首例被法院受理的虚假陈述证券民事赔偿案，同时也是首例共同诉讼民事赔偿案。2003年9月18～19日，由国浩律师集团（上海）事务所代理的共381位投资者诉大庆联谊案开庭审理。投资者认为公司欺诈上市和虚假年报业绩等虚假陈述行为造成了投资者巨额损失，要求哈尔滨中院判决被告赔偿总计为1 022万元损失。381名投资者分为107人与274人两起诉讼案，先后在2003年1月17日与2003年2月27日被哈尔滨中院受理，是我国第一起以共同诉讼形式的立案。黑龙江省高级人民法院的终审判决，使曾经因“证券民事赔偿第一案”而备受关注的大庆联谊案成为中国证券市场第一例终审的民事赔偿案。2005年6月9日，大庆联谊案首笔赔款交付于55位投资者，赔付金额达98.85万元。

29日 国务院第75次常务会议召开，研究推进国有商业银行股份制改革。会议要求：继续完善公司治理结构，确保新机制的有效运行；加快完善内控机制和风险防范机制，强化资本约束，防止不良资产反弹；建立健全问责制，加大对不良资产责任人的追究，有效地防止新的违规经营；引进战略投资者，引进先进的经营管理机制和各类人才；加强队伍建设。

中国银监会发布《商业银行市场风险管理指引》。该指引共4章44条，分别规定了市场风险管理和市场风险监管应当遵循的基本原则。市场风险是指存在于银行的交易和非交易业务中，因市场价格（利率、汇率、股票价格和商品价格）的不利变动而使银行表内和表外业务发生损失的风险。该指引规定：商业银行应建立包括董事会和高级管理层的有效监控；完善的市场风险管理政策和程序；完善的市场风险识别、计量、监测和控制程序；完善的内部控制和独立的外部审计，以及适当的市场风险资本分配机制等内容的市场风险管理体系。同时应考虑信用风险、流动性风险、操作风险、法律风险、声誉风险等风险的相关性，并协调市场风险管理与其他类别风险管理的政策和程序。商业银行须按照规定向中国银监会报送与市场风险有关的财务会计、统计报表和其他报告，中国银监会定期对商业银行的市场风险管理状况进行现场检查。该指引要求国有商业银行和股份制商业银行最迟应于2007年年底前，城市商业银行和其他商业银行最迟应于2008年年底前达到该指引的要求。该指引自2005年3月1日起实施。

30日 国务院办公厅转发财政部、国资委、中国银监会《关于推进和规范国有企业债权转股权工作的意见》。该意见提出：加快完成债转股新公司注册等后续工作。1. 对具备债转股条件、国务院已在2004年6月30日前批准债转股协议和方案的，原则上应在2005年3月31日前完成新公司注册；对2004年6月30日后批准债转股协议和方案的，包括部分新增项目，应在国务院批准后9个月内完成新公司注册。逾期未注册的，即自动停止实施债转股。2. 对已列入原国家经贸委推荐实施债转股580户企业名单，但由于情况发生变化，已不具备债转股条件的，不再实施债转股。3. 对净资产评估结果为负值的项目，由债转股企业原出资人与资产公司充分协商调整债转股方案或停止实施债转股。4. 对停止实施债转股的企业，按照原债权归属，分别由资产管理公司、国家开发银行和国有商业银行依法行使债权人的权利，并由国资委、财政部、中国银监会书面通知资产管理公司、银行和企业，自原停息日起恢复计息，严防逃废债务；并以稳妥有效的方式继续支持企业改革发展。该意见还提出了妥善处理债转股新公司改制发展中的相关问题，以及按照现代企业制度要求促进债转股新公司健康发展、规范债转股股权转让行为的具体建议。

中国保监会发布《保险保障基金管理办法》。该管理办法包括总则、缴纳、管理和监督、使用、法律责任和附则共6章25条。保险保障基金是根据《中华人民共和国保险法》的要求，由保险公司缴纳形成，按照“集中管理、统筹使用”的原则，在保险公司被撤销、被宣告破产等情形下，用于向保单持有人或者保单受让公司等提供救济的法定基金。该管理办法规定，除保险公司在境外直接承保的业务和从境外分入的业务、政策性保险业务和中国保监会认定不属于保险保障基金救济范围的其他保险业务外，保险公司应当缴纳保险保障基金的比例为：财产保险、意外伤害保险和短期健康保险业务自留保费的1%，有保证利率的长期人寿保险和长期健康保险业务自留保费的0.15%，无保证利率的长期人寿保险业务自留保费的0.05%缴纳保险保障基金。当财产保险公司、综合再保险公司和财产再保险公司的保险保障基金余额达到公司总资产的6%，人寿保险公司、健康保险公司和人寿再保险公司的保险保障基金余额达到公司总资产的1%时可暂停缴纳。该管理办法还规定，保险公司被撤销或被宣告破产，其清算财产不足以偿付保单责任的，保险保障基金按照比例补偿限额与绝对数补偿限额相结合的方式对保单持有人或保单受让公司进行救济。

中国保监会发布《关于保险公司、保险资产管理公司投资保险公司次级定期债务的通知》。投资次级债的余额按成本价格计算不得超过本公司上月末净资产的20%；投资一家保险公司发行的次级债比例累计不得超过本公司上月末净资产的4%；投资一期次级债的比例不得超过该期次级债发行量的20%。保险公司投资次级债应由保险公司总公司统一进行，保险公司分支机构不得投资次级债。保险资产管理公司自有资金投资次级债，外资保险公司在华一级分公司投资境内次级债，按该通知执行。

31日 国务院批准《反洗钱工作部际联席会议制度》。根据国务院批示，人民银行、最高人民法院、最高人民检察院、国务院办公厅、外交部、公安部、安全部、监察部、司法部、财政部、建设部、商务部、海关总署、税务总局、工商行政管理总局、广电总局、法制办、中国银监会、中国证监会、中国保监会、邮政局、外汇局、解放军总参谋部等23个部门为反洗钱工作部际联席会议成员单位。经国务院批准，人民银行为反洗钱工作部际联席会议牵头单位。反洗钱工作部际联席会议下设办公室，组织开展反洗钱工作部际联席会议日常工作。办公室设在人民银行反洗钱局，办公室主任由反洗钱局局长兼任，各成员单位指定一名联络员为办公室成员。反洗钱工作部际联席会议在党中央、国务院的领导下，指导全国反洗钱工作，制定国家反洗钱的重要方针、政策，制定国家反洗钱国际合作的政策措施，协调各部门、动员全社会开展反洗钱工作。各成员单位在国务院确定的反洗钱工作机制框架内开展工作。反洗钱工作部际联席会议原则上每年召开1~2次全体会议。

中国人民银行发布《关于2005年再贷款浮息有关问题的通知》。该通知决定自2005年1月1日起，农村信用社发放的再贷款执行加点浮息前的再贷款基准利率，其中一年期利率为3.24%。对中国农业发展银行发放的再贷款超过人民银行核定再贷款基数的部分，利率按发放日前一年的七年期国债加权平均发行利率加0.5个百分点确定。按照这一原则，该类再贷款2005年加点浮息后利率为5.32%（2004年七年期国债加权平均发行利率为4.82%）。金融资产管理公司截至2004年年末的再贷款余额，2005年仍执行原再贷款利率。2005年1月1日后发放国有独资商业银行专项政策性再贷款按2005年加点浮息后的利率5.32%执行。自2005年1月1日起，金融稳定再贷款在延期期间按照专项政策性再贷款浮息利率执行。

据中国人民银行《2004年第四季度中国货币政策执行报告》统计，2004年我国外汇储备创历史纪录，达6 099.32亿美元，一年增长了2 067亿美元，年增幅超过50%，居全球第二，仅次于8 450亿美元的日本。

财政部与国家税务总局联合发布《关于资本市场有关营业税政策的通知》。该通知规定，自2005年1月1日起，对证券交易所、期货交易所、证券公司、期货经纪公司减征有关营业税。

中国银监会发布《农村信用合作社农户联保贷款指引》。该指引规定：农户联保贷款是指社区居民依照本指引组成联保小组，贷款人对联保小组成员发放的，并由联保小组成员相互承担连带保证责任的贷款。农户联保贷款实行个人申请、多户联保、周转使用、责任连带、分期还款的管理办法。联保小组由居住在贷款人服务区域内的借款人组成，一般不少于5户。贷款期限由贷款人根据借款人生产经营活动的周期确定，但最长不得超过联保协议的期限。期限超过一年的，从贷款期限满一年起，应分次偿还本金。联保贷款利率及结息方式由贷款人在适当优惠的前提下，根据小组成员的存款利率、费用成本和贷款风险等情况与借款人协商确定，但利率不得高于同期法定的最高浮动范围。农户联保贷款按季结息。分次偿还本金的，按贷款本金余额计收利息。联保小组任何成员不得以任何方式，将贷款转让、转借给他人或集中使用贷款人贷给联保小组其他成员的贷款。

劳动和社会保障部公布《企业年金基金管理机构资格认定暂行办法》。该暂行办法规定：企业年金基金管理机构是指从事企业年金基金管理业务的法人受托机构、账户管理人、托管人和投资管理人等补充养老保险经办机构。从事企业年金基金管理业务的机构，必须获得劳动和社会保障部的资格认定。劳动和社会保障部根据专家评审委员会评审结果及现场检查情况，会商中国银监会、中国证监会、中国保监会后，认定企业年金基金管理机构资格，并于认定之日起10个工作日内，向申请人颁发企业年金基金管理资格证书。证书有效期为3年，期限届满前3个月应当向劳动和社会保障部提出延续申请。取得企业年金基金管理资格的机构在全国性报刊上公告。劳动和社会保障部建立健全企业年金基金监管制度，定期或者不定期对有关机构企业年金基金管理运营情况进行监督检查。该暂行办法对法人受托机构、账户管理人、托管人以及投资管理人应当具备的条件做了具体规定，于2005年3月1日起施行。2005年8月1日，劳动和社会保障部公布了第一批企业年金基金管理机构，共37家。

2005 年

1 月

1 日　国务院调整出口退税政策。具体内容包括：1. 国务院批准核定的各地出口退税基数不变，超基数部分中央与地方按照 92.5:7.5 的比例共同负担。2. 各省（自治区、直辖市）根据实际情况，自行制定省以下出口退税分担办法，但不得将出口退税负担分解到乡镇和企业；不得采取限制外购产品出口等干预外贸正常发展的措施。所属市县出口退税负担不均衡等问题，由省级财政统筹解决。3. 出口退税改由中央统一退库，相应取消中央对地方的出口退税基数返还，地方负担部分年终专项上解。

中国人民银行调整国家货币出入境限额。中国人民银行于 2004 年 11 月 29 日发布《国家货币出入境限额调整的公告》：从即日起，中国公民出入境、外国人入出境每人每次携带的人民币限额由现行的 6 000 元调整为 2 万元。1993 年 2 月 5 日发布的《中国人民银行关于国家货币出入境限额的公告》同时废止。

我国人民币出入境限额经过历次调整：1987 年公民携带人民币出入境限额调整为 200 元。1990 年，北京举办亚运会，考虑到个人特别是外国人入出境的需要，将携带人民币的限额调整为 2 000 元，此规定在亚运会结束后即取消。1993 年，《中华人民共和国国家货币出入境管理办法》规定对货币出入境实行限额管理制度，同年，中国人民银行将人民币出入境限额调整到每人每次 6 000 元。

中国银监会发布《信托投资公司信息披露管理暂行办法》。该暂行办法规定：信托投资公司应当遵循真实性、准确性、完整性和可比性原则，规范、及时地披露信息，包括年度报告；重大事项临时报告；法律、行政法规以及中国银监会规定应予披露的其他信息。该暂行办法自 2005 年 1 月 1 日至 2008 年 1 月 1 日分步实施。

证券发行“通道制”废止。2001 年 3 月 29 日中国证券业协会发布《关于证券公司推荐发行申请有关工作方案的通知》，提出了证券公司推荐企业发行股票实行“证券公司自行排队，限报家数”（俗称“通道制”）的方案。2004 年以来，随着保荐制度的实施，中国证券业协会发布《关于废止证券公司推荐发行申请有关工作方案规定的通知》，决定即日起正式废止“通道制”。截至 2005 年 1 月，共有 83 家证券公司拥有通道 318 个。

4～6 日　2005 年中国人民银行工作会议在南宁召开。会议回顾了 2004 年人民银行的各项工作，同时强调，2005 年的工作要突出两个方面：一是继续加强和改善金融调控，在进一步搞好总量调控的同时，引导金融机构加大信贷结构调整力度，继续防止经济出现大的波动和物价过快上涨；二是坚持以改革为动力推动各项金融工作，注重用改革的办法解决阻碍金融业发展和影响金融稳定的体制机制问题，不失时机地推进改革。会议部署了 2005 年的十项主要任务。

4 日　中国人民银行公布 2005 年中央银行票据发行时间表。根据中国人民银行发布的公告显示，除节假日外，公开市场业务操作室原则上定于每周二和周四发行中央银行票据。其中一年期中央银行票据将固定于每周二发行，三个月期中央银行票据将固定在每周四发行，其他期限品种中央银行票据发行时间不固定。这是中央银行公开市场操作建立以来，首度就中央银行票据发行公布时间表。2004 年中央银行票据发行量达 1.45 万亿元。

上海证券交易所发布上证红利指数。该指数是反映高回报率股票群体整体状况的指标，指数基日为2004 年12 月31 日，基点为1 000 点，指数代码 000015，简称红利指数。红利指数样本股基于以下选择标准：过去两年内连续现金分红而且每年的现金股息率（税后）均大于零；过去一年内日均流通市值以及日均成交金额均排名在沪市 A 股的前 50%。对样本空间的股票，按照过去两年的平均现金股息率（税后）进行排名，挑选排名最靠前的 50 只股票组成样本股。首批样本中有中国石化、宝钢股份、上海汽车等一批大盘蓝筹股，也有莱钢股份、厦门建发等一批股息率较高的中等规模股票。上证红利指数每年年末调整一次样本，一般情况下调整数量不超过 20%。

5 日 中国人民银行发布《银行业金融机构进入全国银行间同业拆借市场审核规则》。该规则要求，银行业金融机构申请加入同业拆借市场应当具备四个条件：有健全的组织结构和管理制度；近两年未因违法、违规经营受到中国人民银行、国务院银行业监督管理机构及其他主管部门处罚；近两年未出现资不抵债情况；中国人民银行规定的其他条件。国有商业银行、股份制商业银行、政策性商业银行申请加入同业拆借市场应报中国人民银行总行批准。

中央汇金公司于 2005 年 1 月 5 日、1 月 12 日和 4 月 30 日分别与中国银行、中国建设银行、中国工商银行签订外汇期权交易协议。该交易协议规定：1. 交易标的和协议金额，在不超过中央汇金公司注入的资本金的总额内，3 家银行可以选择需要套期保值的初始协议金额。其中，中国银行的外汇期权交易金额是 180 亿美元，中国建设银行的外汇期权交易金额是 225 亿美元，中国工商银行的外汇期权交易金额是 120 亿美元。2. 中央汇金公司承诺从 2007 年 1 月 1 日起，分批从 3 家银行购入美元，中国银行和中国建设银行的期权执行价格定在 1 美元兑 8.2769 元人民币，中国工商银行的执行价格定在 1 美元兑 8.2765 元人民币。3. 3 家银行要分月向中央汇金公司支付期权费，期权费总额为初始协议金额的 3%（即每年 1%）。

6～7 日 全国证券期货监管工作会议在京召开。会议提出 2005 年重点抓好以下十项工作：做好 2005 年落实“国九条”的工作安排；继续推进多层次市场体系建设，完善市场功能；深化发行制度改革，提高市场融资效率；推动上市公司完善法人治理结构，维护公众股东合法权益；促进证券公司规范发展，做好高风险证券公司的处置工作；大力发展机构投资者，加快投资者结构改善步伐；推动期货市场健康发展，提高市场运行质量；加强法制建设，进一步提高稽查办案水平；稳步扩大对外开放，积极开展国际交流与合作；加强自律管理，发挥自律组织的功能与作用。2004 年，共有 133 家企业发行股票，16 家企业发行可转债和公司债，境内市场筹资 866.6 亿元，增长 5.28%；新增上市公司 97 家，上市公司总数已达 1 377 家。发行证券投资基金 55 只，募集金额 1 862.5 亿元，同比增长 168.7%，基金发行规模超过了过去历年的总和。期货市场全年总成交金额为 14 万亿元，交易手数为 2.77 亿手，同比分别增长了 45% 和 12.7%。

全国保险工作会议在京召开。会议确定了中国保险业 2005 年的工作重点：1. 不断完善保险公司治理，促使保险公司真正建立起现代企业制度。2. 加强保险业发展的薄弱环节，注重发展保障型保险产品，积极发展直接关系人民群众生产、生活安全的责任保险，努力发展农业保险；推动县域保险市场发展，支持开发适合县域消费、保费低廉、保障适度的保险产品；促进不同区域保险市场协调发展，实施分类指导，加大对欠发达地区保险业的支持力度。3. 制定保险业“十一五”规划；启动修改《中华人民共和国保险法》的各项准备工作；加快信息化建设，建立能够科学反映行业发展整体状况的评价指标体系，建立健全信息披露制度；

加强人才工作，树立人尽其才的用人观念，坚持培养与使用相结合，积极引进人才。4. 强化对保险公司治理和内控建设的监管；进一步完善财务分析制度和精算制度，逐步推动我国偿付能力监管向以风险为基础的动态监管模式转变；加强市场行为监管，加大合规性检查力度，并定期披露违规处罚信息；落实《保险保障基金管理办法》，尽快将保障基金提缴到位；建立监管责任制。5. 保险资金运用工作的重点要放到防范风险、提高收益上，深化保险资金运用管理体制改革，加强资产负债匹配管理和资金运用监管。6. 研究制定行业服务标准，推行保单标准化；加强社会监督，建立保险营销员信用信息查询系统。7. 信守加入世界贸易组织的承诺，不断完善对外开放的制度保障；积极引进在健康险、责任险和农业险等方面有专长的外资保险公司，鼓励外资保险公司到中西部和东北地区设立营业机构；对中外资保险公司实施统一监管，创造公平竞争的环境；加强国际交流与合作，扩大中国保险业的国际影响。

10 日　中国人民银行发布《关于商业银行对外资保险公司办理人民币协议存款业务的利率等相关问题的通知》。该通知规定：中资商业银行法人及其授权的分支机构，可遵循自愿和市场化原则对外资保险公司开办协议存款业务。获得经营人民币业务许可的外资独资商业银行、中外合资银行和外国银行分行，可在已开放人民币业务的地域对外资保险公司开办人民币协议存款业务。商业银行对外资保险公司办理人民币协议存款业务，每笔起存金额须在 3 000 万元人民币以上（含 3 000 万元），存款期限须在 5 年以上（不含 5 年），其利率水平、存款期限、结息付息方式、违约处罚标准等由双方协商确定并在协议存款合同中载明。外资保险公司协议存款凭证可作为向商业银行融资的质押物。

中国银联股份有限公司开通人民币银联卡在韩国、泰国和新加坡的受理业务。经中国人民银行批准，即日起，中国国内银行发行的带有“银联”标识的人民币银行卡，均可在上述 3 国贴有“银联”标识的自动柜员机（ATM）和商户销售终端（POS 机）上使用。银联卡在泰国、韩国及新加坡交易时的计价货币为当地货币，交易完成后，中国银联将根据交易当日的市场汇率将交易金额转换成人民币金额向发卡银行清算，发卡银行即时扣除持卡人的人民币账户资金。银联持卡人在境外特约商户 POS 机刷卡消费时，无须支付手续费；通过 ATM 查询或取款时，根据各发卡行的收费标准支付一定金额的手续费。这是人民币银联卡继 2004 年 1 月 18 日和 9 月 8 日分别在中国香港和澳门地区实现受理后，首次真正意义上的“走出国门”。

中国证券业协会发布《主办券商尽职调查工作指引（试行）》。该指引规定：尽职调查的主要内容是公司可持续经营能力调查、公司财务状况调查、公司治理结构调查和公司合法合规事项调查。尽职调查的方法包括与公司管理层交谈；列席公司董事会、股东大会会议；查阅公司营业执照、公司章程、重要会议记录、重要合同、账簿、凭证等；实地察看或监盘重要实物资产（包括物业、厂房、设备和存货等）；通过比较、重新计算等方法对数据资料进行分析，发现重点问题；询问公司相关业务人员等。该指引要求：主办券商应针对每一公司设立专门的项目小组，负责尽职调查等工作。

11 日　阳光农业相互保险公司在黑龙江开业。于 2004 年 11 月 16 日获中国保监会批准筹建，由黑龙江垦区 20 万农户发起设立、以投保人作为法人组织成员的阳光农业相互保险公司，是中国首家相互制农业保险公司，公司总部设在哈尔滨市。

12 日　国内首张外资团险保单签约。中英人寿保险有限公司分别与北京的中粮集团、成都的白家食品有限公司、广州的国网科技有限公司签订团险保单，保费为 100 万元人民币，成为中国团险市场开放以来，外资保险签下的国内首张外资团险保单。根据我国加入世界贸易组织的承诺，2004 年 12 月 11 日之后，寿险业全面对外资开放。外资寿险公司可以向我国居民提供健康保险、团体保险和养老金年金保险服务，并不再受经营地域限制。中英人寿由世界第六大保险集团英国英杰华集团（Aviva）与中粮集团合资组建，注册资本为5亿元人民币，于2003年1月1日在广州正式开业。

14日 中国证监会宣布自即日起恢复新股发行。自中国证监会2004年8月30日发布《关于首次公开发行股票试行询价制度若干问题的通知（征求意见稿）》之后，国内停止了新股发行。1月17日，华电国际电力股份有限公司（股票简称：华电国际；股票代码：600027）发布招股意向书，成为在新股发行询价制度于2005年1月1日正式生效后，第一家实行询价制度的IPO公司。2月3日，华电国际上市发行，发行价为2.52元，总发行量为19 600万股，成为2005年第一只新发行的股票。

经中国证监会和中国银监会核准，长城证券、博时基金、巴克莱银行、北方国际信托公司等134家机构成为首次公开募股（Initial Public Offerings，IPO）询价对象，包括38家基金公司、10家QFII、52家证券公司、13家信托公司和21家财务公司，涵盖六类询价对象中的五类。询价对象是开放式的，随时可以申请注册，如果违规也可以随时除名。

国家税务总局发布《关于调整金融企业呆账损失税前扣除审批权限的通知》。该通知规定：银行、城乡信用社和其他金融企业发生的单笔（项）5 000万元以上的呆账损失由国家税务总局负责审批，下放至省级税务机关审批。2004年及以前年度发生、尚未经国家税务总局审批的银行、城乡信用社和其他金融企业发生的单笔（项）5 000万元以上的呆账损失，按调整后的审批权限处理。

19～21日 中国银监会2005年工作会议在京召开。会议指出，2004年是中国银监会各级派出机构全部组建到位后全面履行职责的第一个完整年度，各级监管机构按照“提高贷款分类准确性—提足拨备—做实利润—资本充足率达标”的持续监管新思路，明确把完善公司治理和内控机制作为实施监管的着眼点和着力点，监管新理念开始逐步深入人心，监管方式和手段发生了五个方面的重大转变。一是对主要银行全面推行了贷款五级分类制度，及时总结和推广农村信用社贷款五级分类试点工作；二是促进银行在加强贷款准确分类、加大损失拨备及核呆力度、提高利润真实性、制订并落实资本充足率达标计划等方面取得了进步；三是建立了《股份制商业银行风险评级体系》和《农村合作金融机构风险评价和预警指标体系》，推行对各类机构的专项考核和综合评价，非现场监管工作逐步规范；四是以真实披露年报信息为重点，督促商业银行和信托投资公司改进信息披露内容和质量，市场约束有所增强；五是围绕贯彻落实国家宏观调控措施，积极开展对商业银行经营合规性检查，加强对三项业务大检查发现问题整改情况的持续跟踪，完成了对股份制商业银行内控情况的专项检查，对信托投资公司进行了交叉检查。全系统全年共派出现场检查组16 700次，检查各类各级机构74 911个；共查出银行业金融机构违规金额5 840亿元，处罚违规机构2 202个，处分相关责任人4 538人，取消高管人员任职资格244人；现场检查机构覆盖率达36%，后续跟踪确认整改合格率为87.3%，通过检查发现涉嫌案件274起。

经中国银监会和国资委批准，中国中煤能源集团公司将持有的全部民生银行23 613.53万股国有法人股（占总股本的4.55%），转让给新加坡淡马锡控股的全资子公司——新加坡亚洲金融控股私人有限公司（Asia Financial Holding Pte.，Ltd.）。亚洲金融控股私人有限公司受让该项股权后，将替代中煤能源集团成为民生银行第7大股东。

21日 中国人民银行召开“窗口指导”会议。会议有国有商业银行、股份制商业银行、政策性银行，以及中国人民银行分行、省会城市中心支行参加，旨在贯彻落实中央农村工作会议精神、国务院常务会议通过的《国务院关于鼓励支持和引导非公有制经济发展的若干意见》有关精神，指导金融机构进一步做好支持“三农”、非公有制经济和中小企业工作。

中国人民银行公布《银行业金融机构进入全国银行间同业拆借市场审核规则》。该规则要求，商业银行、城市信用合作社、农村信用合作社等吸收公众存款的金融机构以及政策性银行申请加入同业拆借市场应当具备的条件是：有健全的组织结构和管理制度；近两年未因违法、违规经营受到处罚；近两年未出现资不抵债情况；中国人民银行规定的其他条件。外资商业银行申请加入同业拆借市场还应经国务院银行业监督管理机构批准获得经营人民币业务资格；城市信用合作社申请加入同业拆借市场应完成改制；农村信用合作社申请加入同业拆借市场应以县联社为单位；政策性银行申请加入同业拆借市场应已按市场化方式在银行间债券市场发债；国有商业银行和股份制商业银行授权其一级分支机构加入同业拆借市场时，其总行应当是同业拆借市场成员。国有商业银行、股份制商业银行、政策性商业银行申请加入同业拆借市场应报人民银行总行批准。

24 日 财政部决定调整证券（股票）交易印花税税率。由现行 2‰调整为 1‰，即对买卖、继承、赠与的 A 股、B 股股权转让书据，由双方当事人分别缴纳证券（股票）交易印花税。

我国证券交易印花税税率变动情况

1990 年 6 月 28 日	深交所开征股票交易印花税，由卖出股票者按成交金额的 6‰缴纳。不久，对股票的买方也开征 6‰的印花税。次年 6 月，税率调整到 3‰
1991 年 10 月 23 日	上交所对股票买方、卖方实行双向征收，税率为 3‰
1992 年 6 月 12 日	国家税务总局和国家体改委明确规定交易双方分别按 3‰的税率缴纳印花税
1997 年 5 月 10 日	国务院将证券交易印花税税率由 3‰提高到 5‰
1998 年 6 月 12 日	国家税务总局将税率由 5‰调低至 4‰
1999 年 6 月 1 日	国家税务总局将 B 股证券（股票）交易印花税税率降低为 3‰
2001 年 11 月 16 日	财政部将 A 股、B 股交易税税率降为 2‰
2005 年 1 月 24 日	财政部将 A 股、B 股交易税税率调整为 1‰

大鹏证券有限责任公司关闭。中国证监会宣布，因挪用巨额客户交易结算资金，取消大鹏证券有限责任公司（以下简称大鹏证券）业务许可并责令关闭，1 月 25 日开始债权登记工作。1 月 17 日，中国证监会委托中审会计师事务所成立清算组，负责大鹏证券关闭后的清算工作；5 月 31 日，中审会计师事务所出具的专项审计报告显示，截至 2005 年 1 月 14 日，大鹏证券的资产总额为 323 572.19 万元人民币，负债总额为 601 424.68 万元人民币，资不抵债金额为 277 852.49 万元，资产负债率高达 185.87%。2006 年 1 月 24 日，深圳市中级人民法院正式宣告，大鹏证券破产还债。大鹏证券于 1995 年 12 月经中国人民银行批准正式成立，注册资本为 5 亿元人民币；1999 年 9 月经中国证监会批准，大鹏证券增资扩股到 15 亿元人民币。

国家外汇管理局发布《关于完善外资并购外汇管理有关问题的通知》。该通知规定，境内居民境外投资直接或间接设立、控制境外企业，须办理审批、登记手续。境内居民为换取境外公司股权凭证及其他财产权利而出让境内资产和股权的应取得外汇管理部门的核准。未经核准，境内居民不得以其拥有的境内资产或股权为交易对价取得境外企业股权及其他财产权利。各分局、外汇管理部门在办理由外资并购设立的外商投资企业外汇登记时，应重点审核该境外企业是否为境内居民所设立或控制，是否与并购标的企业拥有同一管理层。对于境内居民通过境外企业并购境内企业设立的外商投资企业，各分局、外汇管理部应将其外汇登记申请上报国家外汇管理局批准。

随该通知下发的《外资并购设立外商投资

企业的外汇登记操作规程》规定，境内企业在向外汇管理局的书面申请中应包含下列文字：“本公司的外资新股东与出让股权（或资产）的原中方股东之间无任何直接或间接的股权和资产关联，也不存在其他违反外汇管理规定的内部交易行为，本次交易的相关支付结算安排均遵守了《外国投资者并购境内企业暂行规定》的规定。如存在虚假陈述，本公司愿意承担相应法律责任。”

26日 国务院召开第79次常务会议，审议并原则通过了《国家突发公共事件总体应急预案》（以下简称《总体预案》）。会议指出，经过一年多时间的努力，国家突发公共事件总体应急预案、105个专项和部门预案，以及绝大部分省级应急预案编制基本完成，全国应急预案框架体系初步建立。预案所称突发公共事件是指突然发生，造成或者可能造成重大人员伤亡、财产损失、生态环境破坏和严重社会危害，危及公共安全的紧急事件，分为自然灾害、事故灾难、公共卫生事件、社会安全事件4类和Ⅰ级（特别重大）、Ⅱ级（重大）、Ⅲ级（较大）和Ⅳ级（一般）4个级别。《总体预案》对突发公共事件的预测、预警、信息报告、应急响应、应急处置、恢复重建及调查评估等机制做了详细规定，是全国应急预案体系的总纲，对于指导地方各级政府和各部门有效处置突发公共事件，保障公众生命财产安全，减少灾害损失，具有重要作用。《国家金融突发事件应急预案》是《总体预案》的组成部分，包括总则，组织指挥体系与职责，预防、预警，金融突发事件的分级，应急响应，后期处置，应急保障，附则共8部分内容。金融突发事件包括银行挤兑、股市暴跌、金融机构倒闭、境外金融冲击、金融危机等情况。

赛富成长（天津）创业投资基金成立。该基金是中国第一家非法人制中外合资创业投资基金，于2004年12月29日获中国商务部正式批准，首期注册资本为2 000万美元，天津创业投资有限公司与软银亚洲信息基础投资基金各出资1 000万美元，软银亚洲信息基础投资基金在境外至少以1 000万美元与合资基金进行匹配投资。合资基金注册在天津经济技术开发区，经营期限为十年，投资领域主要集中于宽带网络、无线通信、数字电视、汽车电子、集成电路等。软银亚洲信息基础投资基金归属日本软银投资集团（Soft Bank Corp）。

CMC Markets英国公共有限公司北京代表处成立。这是经中国银监会批准成立代表处的第一家非银行保证金外汇交易公司。CMC集团始创于1989年，总部设在英国，1996年其在全球首家推出互联网实时外汇交易，通过低成本的在线交易平台为客户提供外汇、金融衍生产品等多种产品的投资服务，是世界领先的即时互联网交易公司。

27日 中国人民银行发行第14期中央银行票据50亿元。该期中央银行票据以价格招标方式发行，期限为三个月（91天）。经公开市场业务一级交易商公开竞标，最终确定该期中央银行票据价格为99.41元，参考收益率为2.3805%。这是自2004年12月28日中央银行在公开市场业务操作中引入远期票据发行机制以来，首次在短期中央银行票据品种中引入远期发行机制。

30日 中共中央、国务院公布《关于进一步加强农村工作提高农业综合生产能力若干政策的意见》（即关于农业问题的第7个一号文件）。该意见指出：2004年，农村呈现出良好的发展局面，但是农业依然是国民经济发展的薄弱环节。2005年要坚持“多予少取放活”的方针，稳定、完善和强化各项支农政策。在推进农村金融改革和创新方面，该意见提出：要针对农村金融需求的特点，加快构建功能完善、分工合理、产权明晰、监管有力的农村金融体系。抓紧研究制定农村金融总体改革方案。继续深化农村信用社改革，要在完善治理结构、强化约束机制、增强支农服务能力等方面取得成效，进一步发挥其农村金融的主力军作用。抓紧制定县域内各金融机构承担支持“三农”义务的政策措施，明确金融机构在县及县以下机构、网点新增存款用于支持当地农业和农村经济发展的比例。采取有效的办法，引导县及县以下吸收的邮政储蓄资金回流农村。加大政策性金融支农力度，增加支持农业和农村发展的中长期贷款，在完善运行机制基础上强化农业发展银行的支农作用，拓宽业务范围。中国农业银行要继续发挥支持农业、服务农村的作用。培育竞争性的农村金融市场，有关部门要抓紧制定农村新办多种所有制金融机构的准入条件和监管办法，在有效防范金融风险的前提下，尽快启动试点工作。有条件的地方可以探索建立更加贴近农民和农村需要、由自然人或企业发起的小额信贷组织。加快落实对农户和农村中小企业实行多种抵押担保形式的有关规定。扩大农业政策性保险的试点范围，鼓励商业性保险机构开展农业保险业务。

到2005年年末，中国人民银行各分支行累计发放支农再贷款10 224亿元，年均发放1 460多亿元，期末余额为597亿元。其中超过90%的支农再贷款用于支持农村信用社发放农户贷款。农业贷款占其各项贷款的比重已从1999年的40.3%提高到2005年的46.7%。

31日　中国人民银行发布《稳步推进利率市场化报告》。该报告回顾了我国利率市场化进程。1996年以后，先后放开了银行间拆借市场利率、债券市场利率和银行间市场国债和政策性金融债的发行利率；放开了境内外币贷款和大额外币存款利率；试办人民币长期大额协议存款；逐步扩大人民币贷款利率的浮动区间。尤其是2004年，利率市场化迈出了重要步伐：1月1日再次扩大了金融机构贷款利率浮动区间；3月25日实行再贷款浮息制度；10月29日放开了商业银行贷款利率上限，城乡信用社贷款利率浮动上限扩大到基准利率的2.3倍，实行人民币存款利率下浮制度。该报告提出我国利率市场化改革的总体思路为：先放开货币市场利率和债券市场利率，再逐步推进存贷款利率的市场化。存贷款利率市场化按照“先外币、后本币；先贷款、后存款；先长期、大额，后短期、小额”的顺序进行。该报告提出下一步利率市场化改革的初步设想是：统一金融机构贷款利率浮动政策；修改相关法规；完善金融机构存贷款定价机制、提高定价水平；丰富金融产品，推动金融市场向纵深化发展；逐步建立健全中央银行利率调控体系，在更大程度上发挥市场在资源配置中的作用。具体措施有：统一金融机构贷款利率浮动政策，进一步简化贷款利率的管理档次和种类，逐步扩大金融机构贷款利率定价权；逐步形成完整合理的收益率曲线；简化小额外币存款利率管理。

太平养老保险股份有限公司在上海开业。该公司是经中国保监会批准的国内首家专业养老保险公司，注册资本金为2亿元人民币，股东为太平人寿保险有限公司、中国保险（控股）有限公司、中保集团资产管理有限公司、富通国际股份有限公司和太平保险有限公司。公司将专业经营企业年金，为客户提供以受托管理和投资管理为核心的包括精算咨询、计划设计、资产管理、风险控制、投资决策等各项企业年金服务。2005年8月2日，太平养老保险首批获得劳动和社会保障部企业年金基金法人受托机构资格和企业年金基金投资管理人资格，成为中国首批企业年金基金管理机构。

2月

1日　中国银行总行召开党风廉政建设暨纪检监察工作电视电话会议，通报中国银行黑龙江省分行哈尔滨河松街支行发生的内外勾结的票据诈骗案件。中国银行要求案发行迅速组织力量，查清全部案情，对违规、违纪犯罪严惩不贷。

1月15日，长春市的东北高速公路股份有限公司公告宣布：该公司在中国银行黑龙江省分行哈尔滨河松街支行设有两个存款账户，至2004年11月30日，银行确认在河松街支行两个账户中有存款余额2.93亿元。2005年1月4日，该公司到河松街支行对账，发现账面仅剩7.31万元，其余存款去向不明。同时，其子公司黑龙江东高投资开发有限公司存于河松街支行的530万元资金也去向不明。1月17日，该公司向吉林省高级人民法院起诉中国银行黑龙江省分行哈尔滨河松街支行，要求后者立即支付失踪的巨款。1月31日，中国银监会向中国银行发出案件风险提示，要求中国银行加强管理，防范案件风险。2005年10月14日，中国银行新闻发言人表示：中国银行黑龙江省分行哈尔滨河松街支行的涉嫌内外勾结的特大金融诈骗案件已经受到严肃处理，包括涉嫌参与诈骗案的河松街支行原行长高山在内的 4 名相关责任人被开除公职，另外 8 人被辞退，6 人被撤职、免职，22 名相关责任人被给予行政处分。

国家外汇管理局发布《关于境外上市外汇管理有关问题的通知》。该通知规定自 3 月 1 日起，境外上市外资股公司和中资控股上市公司的境内股权持有单位调回资金的时间延长至募集资金到位后 6 个月内，境外专用外汇账户的期限延长至开立之日起两年内。境外上市外资股公司和境外中资控股上市公司的境内股权持有单位应按季度向所在地外汇局报告境外专用外汇账户的使用情况，报告的内容应至少包括账户的余额、购买保本型结构性产品的有关情况及该账户发生的其他收支情况。境外上市外资股公司和中资控股上市公司的境内股权持有单位将减持上市公司股票或通过上市公司出售其资产（或权益）所得外汇资金调回境内的，可以向所在地外汇局申请开立专户（或使用已有专户）保留外汇。未经所在地外汇局批准不得结汇。

上海爱建股份有限公司（股票简称：爱建股份；股票代码：600643）发布公告，香港名力集团（Mingly Corporation）所属的两家公司 Mingly（China）Holdings Ltd. 和 Mingly Capital Holdings（BVI）Ltd. 通过具有 QFII 资格的恒生银行购买并持有爱建股份流通股 2 333.8 万股，占总股本的 5.066%。这是海外投资者第一次通过 QFII 持股 A 股上市公司。名力集团是查氏集团的子公司，由香港知名人士查济民先生于 1988 年创立，同时在香港联交所上市，注册资本为 5.21 亿港元。爱建股份是上海一家民营企业，原名“上海市工商办爱国建设公司”，1979 年由上海工商界和部分境外人士以民间集资方式创建，总资产约为 31 亿元。

2 日　中国银监会公布《银行业协会工作指引》。该指引包括总则、组织体系、组织结构、职责任务、人员管理、经费来源、指导与监督以及附则共 8 章 48 条。该指引明确，中国银行业协会是全国性银行业自律组织，凡经中国银监会批准设立的、具有独立法人资格的全国性银行业金融机构以及在华外资金融机构均可自愿加入协会。中国银行业协会的最高权力机构是会员大会。中国银行业协会应认真履行自律、维权、协调、服务四大职能。中国银行业协会可通过收取会费、接受捐赠和资助、开展服务或承办政府有关部门委托事项获取收入等途径，筹措经费。银监会负责对中国银行业协会的指导和监督工作。

4 日　国家外汇管理局发布《关于调整经常项目外汇账户限额管理办法的通知》。该通知规定，自 3 月 1 日起经常项目外汇账户将超限额结汇期限由现行的 10 个工作日延长至 90 个工作日。境内机构经常项目外汇账户余额超出核定限额后，超限额部分外汇资金仍可在外汇账户内存放 90 日；对于超过 90 日后仍未结汇或对外付汇的，开户金融机构须在 90 日期满之后的 5 个工作日内，为境内机构办理超限额部分外汇资金结汇手续并通知该境内机构。对于因实际经营需要而确需全额保留经常项目外汇收入的进出口及生产型企业，按其实际外汇收入的 100% 核定其经常项目外汇账户限额。

5 日　中国银监会发布《关于停止信托投资公司办理卖出国债回购业务有关问题的通知》。该通知规定：信托投资公司暂时停办新的卖出国债回购业务，对已办理的国债回购进行清理。禁止信托投资公司从事一切借券、租券等融券交易；禁止信托投资公司挪用代客户保管的国债进行回购及抵押。信托投资公司已经挪用代保管的所有权属于客户的国债进行一切交易和抵押等造成的损失，一律由信托投资公司自行承担。各银监局对公司的国债回购业务进行一次现场检查，根据检查结果及公司风险状况和运行情况，再逐一放行该项业务。信托投资公司恢复该业务后，其拆入资金和卖出国债回购资金总额在任何时点上不得超过其注册资本金。

7 日　中国保监会发布《关于保险资金股票投资有关问题的通知》。该通知规定：1. 保险机构投资者股票投资的余额，传统保险产品按成本价格计算，不得超过本公司上年年末总资产扣除投资连结保险产品资产和万能保险产品资产后的5%；投资连结保险产品投资股票比例，按成本价格计算最高可为该产品账户资产的100%；万能寿险产品投资股票的比例，按成本价格计算最高不得超过该产品账户资产的80%。2. 保险机构投资者投资流通股本低于1亿股上市公司的成本余额，不得超过本公司可投资股票资产（含投资连结、万能寿险产品，下同）的20%。3. 保险机构投资者投资同一家上市公司流通股的成本余额，不得超过本公司可投资股票资产的5%。4. 保险机构投资者投资同一上市公司流通股的数量，不得超过该上市公司流通股股本的10%，并不得超过上市公司总股本的5%。5. 保险机构投资者持有可转换债券转成上市公司股票，应当转入本公司股票投资证券账户，一并计算股票投资的比例。6. 保险机构投资者委托保险资产管理公司投资股票，应当在委托协议中明确股票投资的资产基数和投资比例。该通知还规定：保险机构投资者股票资产市场价值发生大幅波动，亏损超过本公司股票投资成本10%的，或者盈利超过本公司股票投资成本20%的，应当于3日内向中国保监会报送《股票投资风险控制报告》。

中国保监会、中国银监会联合发布《保险公司股票资产托管指引（试行）》。该指引规定：保险公司股票资产托管是指保险公司与商业银行或者其他专业金融机构签订托管协议，委托其保管股票资产、负责清算交割、资产估值、投资监督等事务的行为。

《保险公司股票资产托管指引（试行）》《关于保险资金股票投资有关问题的通知》和2月15日中国保监会与中国证监会联合下发的《关于保险机构投资者股票投资交易有关问题的通知》《保险机构投资者股票投资登记结算业务指南》共同构成了保险机构投资者股票投资的基本制度和运作框架。

9～11日 中国政府代表团参加在巴黎召开的反洗钱金融行动特别工作组（Financial Action Task Force on Money Laundering，FATF）全会。参会的中国政府代表团由中国人民银行、最高人民法院、最高人民检察院、外交部、公安部等部门组成。此次会议就反洗钱犯罪的最新特征、反洗钱评估方法、反洗钱领域的全球合作等问题进行了深入探讨。反洗钱金融行动特别工作组是反洗钱领域最具权威性的国际组织之一，拥有33个成员以及20多名观察员。该组织关于反洗钱的《40+9项建议》是国际反洗钱领域中的重要文件，已得到国际货币基金组织和世界银行的认可，也成为联合国《反腐败公约》的重要内容，对各国立法以及国际反洗钱法律制度的发展发挥了指导作用。2004年10月，中国人民银行行长周小川代表中国政府向该组织提交了政治承诺函，承诺执行其《40+9项建议》。中国于2005年1月成为反洗钱金融行动特别工作组观察员。此次FATF全会是中国首次派代表团参加。

15日 中国保监会、中国证监会联合发布《关于保险机构投资者股票投资交易有关问题的通知》。该通知规定，保险资金投资托管人应当根据保险机构投资者委托，为其申请代理开立证券账户，保险机构投资者应当通过独立席位进行股票交易。保险机构投资者证券账户申购新股，不设申购上限。保险机构投资者的所有传统保险产品和分红保险产品，申报的金额不得超过该保险机构投资者上年年末总资产的10%，申报的股票数量不得超过发行股票公司本次股票发售的总量；保险机构投资者的单个投资连结保险产品和万能保险产品，申报的金额分别不得超过该产品账户资产的总额，申报的股票数量分别不得超过发行股票公司本次股票发售的总量。保险机构投资者应当采取有效措施，保证申购股票后，持有一家公司发行的股票不得超过中国保监会规定的比例。

中国保监会、中国证监会联合发布《保险机构投资者股票投资登记结算业务指南》。根据该指南，保险机构投资者的股票资产托管人受保险机构投资者委托申请开立证券账户须直接到中国结算公司上海、深圳分公司办理。托管人为保险机构投资者开立证券账户时应当提供规定的材料，并且按中国结算公司有关机构账户的收费标准交纳相应费用。托管人作为中国结算公司的结算参与人，应当以一个净额完成其所托管包括保险机构投资者、基金等全部证券交易的资金清算与交收。保险机构投资者投资运作中出现的证券超买、卖空等行为，托管人应当追究相关责任人的交收责任，并向相关监管部门报告。保险机构投资者应当通过独立席位进行证券交易。每个交易日（T日）闭市后，中国结算公司根据证券交易所保险机构投资者独立席位证券账户T日的成交数额及其他数据，计算保险机构投资者证券账户买卖相关证券的应收、应付数量，生成证券交易清算数据。结算参与人根据所托管全部保险机构投资者、基金等全部资金和证券T日的成交数额及其他数据，计算结算参与人的资金应收或应付净额，确定相关交收责任。结算参与人应当按中国结算公司的证券、资金交收指令，按时履行交收义务。

16日 保险资金进入股市。中国保监会、中国银监会、中国证监会联合发文，宣布2005年2月16日为保险资金直接投资股票市场的起始日。经中国保监会批准，9家保险公司获得直接进行股票投资的入市资格。9家保险公司资产总额约占全国保险业总资产的95%。同日，华泰财产保险公司投资资金正式进入托管人中国工商银行为其开设的托管专户并开始运作，成为中国保监会发布保险资产入市规则以来国内首笔直接投资股市的保险资金。

据中国保监会统计，截至2005年11月28日，保险资金已间接入市1 060亿元，直接入市金额达135.7亿元。截至2005年12月，中国保险业资产总额为15 226亿元，同比增加28.45%。保险资金用于银行存款的资金为5 241.43亿元，用于国债投资的资金总量为3 588.3亿元。保险资金全年投资总收益率为3.6%，股票投资平均收益率超过6%。

18日 中国人民银行、财政部、国家发展改革委、中国证监会联合发布《国际开发机构人民币债券发行管理暂行办法》。该暂行办法规定：申请在中国境内发行人民币债券的国际开发机构，人民币债券信用级别须为AA级以上，且已为中国境内项目或企业提供10亿美元以上的贷款和股本资金的。人民币债券发行利率由发行人参照同期国债收益率水平确定，并由中国人民银行核定。发行债券所筹集的资金，不得换成外汇转移至境外。该资金的主要用途是向中国境内的建设项目提供中长期固定资产贷款，或提供股本资金。人民币债券发行结束后，经相关市场监督管理部门批准，可以交易流通。

19日 国务院发布《关于鼓励支持和引导个体私营等非公有制经济发展的若干意见》。该若干意见明确提出：允许非公有资本进入法律、法规未禁入的行业和领域。允许外资进入的行业和领域，也允许国内非公有资本进入，并放宽股权比例限制等方面的条件。在加大对非公有制经济的财税金融支持方面，该若干意见提出：1. 逐步扩大国家有关促进中小企业发展专项资金规模，省级人民政府及有条件的市、县应在本级财政预算中设立相应的专项资金。加快设立国家中小企业发展基金。研究完善有关税收扶持政策。2. 有效发挥贷款利率浮动政策的作用，引导和鼓励各金融机构从非公有制经济特点出发，开展金融产品创新，完善金融服务，切实发挥银行内设中小企业信贷部门的作用，改进信贷考核和奖惩管理方式，提高对非公有制企业的贷款比重。城市商业银行和城市信用社要积极吸引非公有资本入股；农村信用社要积极吸引农民、个体工商户和中小企业入股，增强资本实力。政策性银行要研究改进服务方式，扩大为非公有制企业服务的范围，提供有效的金融产品和服务。鼓励政策性银行依托地方商业银行等中小金融机构和担保机构，开展以非公有制中小企业为主要服务对象的转贷款、担保贷款等业务。3. 非公有制企业在资本市场发行上市与国有企业一视同仁。在加快完善中小企业板块和推进制度创新的基础上，分步推进创业板市场，健全证券公司代办股份转让系统的功能，为非公有制企业利用资本市场创造条件。鼓励符合条件的非公有制企业到境外上市。规范和发展产权交易市场，推动各类资本的流动和重组。鼓励非公有制经济以股权融资、项目融资等方式筹集资金。建立健全创业投资机制，支持中小投资公司的发展。允许符合条件的非公有制企业依照国家有关规定发行企业债券。4. 改进对非公有制企业的资信评估制度，对符合条件的企业发放信用贷款。对符合有关规定的企业，经批准可开展工业产权和非专利技术等无形资产的质押贷款试点。鼓励金融机构开办融资租赁、公司理财和账户托管等业务。改进保险机构服务方式和手段，开展面向非公有制企业的产品和服务创新。支持非公有制企业依照有关规定吸引国际金融组织投资。5. 支持非公有制经济设立商业性或互助性信用担保机构。鼓励有条件的地区建立中小企业信用担保基金和区域性信用再担保机构。建立和完善信用担保的行业准入、风险控制和补偿机制，加强对信用担保机构的监管。建立健全担保业自律性组织。

20日 中国人民银行、中国银监会、中国证监会联合发布《商业银行设立基金管理公司试点管理办法》。该管理办法规定，申请投资基金管理公司的商业银行，应按照中国银监会的有关规定报送材料，在试点期间应同时抄报中国人民银行。经中国银监会审查并出具同意投资基金管理公司监管意见的商业银行，向中国证监会报送申请设立基金管理公司的有关材料，中国证监会依法进行审批。鼓励商业银行采取股权多元化方式设立基金管理公司。试点初期，商业银行设立的基金管理公司，既可以募集和管理货币市场基金和债券型基金，投资固定收益类证券，也可以募集和管理其他类型的基金。

22日 中国建设银行吉林省分行3.2亿元金融诈骗案一审判决。长春市中级人民法院对“中国建设银行吉林省分行营业部朝阳支行、铁路支行金融诈骗案”作出一审判决。原铁路支行副行长郭强、朝阳支行营业部原主任于文辉等6名内部涉案人员分别被判处无期徒刑、有期徒刑。此案发生在1999年12月至2001年4月，当时诈骗团伙以长春市铭雨集团为掩护，拉拢腐蚀银行工作人员，采取私刻印鉴、印章，制作假合同、假存款证明书，伪造资信材料、担保文件等手段，进行贷款、承兑汇票的诈骗，诈骗总金额为32 844万元。建设银行吉林省分行在自查中发现案件后，立即报告司法机关。2003年年初，建设银行总行在全行范围内对吉林省分行予以通报批评，并对内部涉案人员及相关责任人员36人作出了严肃处理。

国家外汇管理局发布《关于加强进口延期付汇、远期付汇管理有关问题的通知》。该通知规定，对于货到汇款项下凭进口日期为2005年3月1日以前、单笔报关单未付汇金额在等值50万美元以上（含50万美元）、预计付汇日期超过报关单进口日期90天（含90天）的进口货物报关单办理付汇的，进口单位应当于2005年5月1日前办理延期付汇登记手续。进口延期付汇和远期付汇是贸易融资行为，构成我国事实外债，属于资本项目范畴，应当加强管理。以防止经常项下进口付汇资金滞留境内转化为资本项下短期外债。

23日 中国人民银行、中国银监会联合发布《关于加快落实国家助学贷款新政策有关事宜的通知》。该通知要求，各商业银行要充分认识到国家助学贷款工作不仅是利用财政杠杆撬动金融资金资助高校贫困家庭学生、维护教育公平的重要举措，也是商业银行面临的商机，应积极参加招投标。人民银行各分行、营业管理部、各省会（首府）城市中心支行，各银监局要结合辖区实际特点，积极采取多种有效方式，加强与教育、财政部门的协调配合，全力推进国家助学贷款按照新机制运行。各金融机构要坚持“方便贷款、防范风险”的原则，在及时发放各项助学贷款的同时，要注重加强助学贷款的贷前审查和贷后跟踪催收工作，有效地防范风险。

国家助学贷款制度于1999年开始试点，2000年正式实施。据教育部统计：截至2005年12月底，全国累计已审批国家助学贷款合同金额172.7亿元，资助了206.8万名高校贫困家庭学生。

上证50ETF在上海证券交易所交易。上证50ETF（交易代码：510050）首日上市份额为643 456.6757万份，以0.881元开盘，0.876元收盘，下跌1.24%，全天共成交了126 900万个基金单位。上证50ETF于2004年12月30日正式设立，基金管理人为华夏基金管理有限公司，是我国内地首只交易型开放式指数证券投资基金产品，投资范围是上证 50 指数成分股、备选成分股及新股。投资者购买上证 50ETF 需要开设上交所的股票账户或基金账户。上证 50ETF 在交易中的申购、赎回简称为 50 申赎，只能通过 14 家一级交易商和 4 家临时一级交易商进行，不能进行 T+0 交易。

24 日 公安部、中国人民银行和国家外汇管理局联合举行记者发布会，通报 4 起重特大地下钱庄案。1. 海南“3·12”李奎德地下钱庄案。2004 年 3 月，公安部经侦局与中国人民银行、国家外汇管理局等有关部门查处李奎德地下钱庄案。自 1993 年来，犯罪嫌疑人李奎德（台湾嘉义人）利用三亚嘉鸿房地产开发有限公司作掩护，设立地下钱庄并雇佣他人非法经营台币、港元、美元与人民币兑换业务，其非法买卖外汇金额折合人民币达 5.2 亿元。2. 新疆“8·19”非法买卖外汇案。2004 年 6 月，浙江省外汇管理部门、浙江省公安厅经侦部门立案侦查多名新疆人在浙江进行非法巨额外汇交易的案件。自 2004 年 4 月至 11 月，阿布里米提、湖达拜尔地等人在浙江、新疆等地进行非法买卖外汇活动，涉案金额折合人民币达 30 亿元。3. 山东金权在地下钱庄案。2004 年 4 月，山东省青岛市公安机关经侦部门发现一个以金权在（韩国人）为首的地下钱庄从事非法买卖外汇活动。经查，2001 年以来，金权在非法为中韩两国企业及个人跨境转移资金，每年非法经营数额达 2.4 亿元人民币。其以在华韩资企业和韩国籍人员为主要交易对象，并提供借款和存款服务，业务范围覆盖青岛、威海、烟台、济南以及上海、吉林等省市。此案是公安机关破获的首起外国人非法经营地下钱庄案件。4. 浙江封伟龙地下钱庄案件。2003 年 8 月，浙江省杭州市公安局对封伟龙地下钱庄案件进行查处。封伟龙长期从事非法买卖外汇交易活动，其在银行开立多个银行账户，以现取现存、现金不出柜台的方式进行外汇交易。在中国人民银行、国家外汇管理局的支持和配合下，公安机关在 2004 年 4 月至 12 月进行了对地下钱庄的专项整治，共捣毁 155 个地下钱庄及非法买卖外汇交易窝点，共缴获现金折合人民币达 1.1 亿元，冻结存折及银行账户 460 个，冻结资金 4 200 万元人民币。涉案金额高达 125 亿元人民币。

25 日 中国人民银行发布《2004 年第四季度中国货币政策执行报告》。该报告指出，2004 年全年居民消费价格指数（CPI）上涨 3.9%，比 2003 年加快 2.7 个百分点。全年 CPI 上涨 3.9%。2004 年中国全部金融机构（含外资金融机构）本外币各项存款余额为 25.3 万亿元，同比增长 15.3%；余额比年初增加 3.37 万亿元，同比少增 3 376 亿元。其中，人民币各项存款余额为 24.1 万亿元，比年初增加 3.33 万亿元，同比少增 3 871 亿元；外汇存款余额 1 530 亿美元，比年初增加 44.5 亿美元，同比多增 59.8 亿美元。2004 年金融机构贷款增长适度，中长期贷款增加相对较多。2004 年年末，金融机构本外币贷款余额合计 18.9 万亿元，同比增长 14.4%，比 2003 年年末回落 7.1 个百分点；余额比 2004 年年初增加 2.41 万亿元，同比少增 5 785 亿元。

该报告指出，经济运行中的一些不健康、不稳定因素虽然得到抑制，投资增幅回落，货币信贷增长放缓，总体经济正朝宏观调控的预期方向发展，但加强和改善宏观调控取得的成效还是阶段性的，经济金融运行中的矛盾和问题仍然比较突出，农业基础还不稳固，固定资产投资反弹的压力依然较大，货币政策有效性面临严峻挑战，金融体系稳定运行的基础不够牢固。物价上涨的压力仍未根本缓解。生产资料价格持续高位运行，对下游产品价格上涨的传导作用已经开始显现；公用事业和服务价格调价压力加大；国际油价和一些重要原材料价格仍将处于较高水平，也会影响国内价格。2005 年，中国人民银行将继续执行稳健的货币政策，全面落实科学发展观，既要支持经济平稳发展，又要注意防止通货膨胀和防范系统性金融风险。

28 日 《中华人民共和国刑法》增加规定“妨害信用卡管理罪”。第十届全国人民代表大会常务委员会第十四次会议通过《中华人民共和国刑法修正案（五）》，其中对常见的持有、运输伪造的信用卡；非法持有他人信用卡，数量较大；使用虚假的身份证明骗领信用卡；出售、购买、为他人提供伪造的信用卡或者以虚假的身份证明冒领的信用卡的；窃取、收买或者非法提供他人信用卡磁条信息这5种行为直接定为“妨害信用卡管理罪”，并将使用以虚假的身份证明骗领的信用卡的行为也补充认定为“信用卡诈骗罪”。《中华人民共和国刑法》还规定了相应的处罚标准。

中国人民银行发布《2004年公开市场业务报告》。该报告披露，2004年，面对银行体系流动性剧烈波动和第一季度出现的投资过热、信贷增长过快的新情况，公开市场操作在流动性总量控制和结构调节方面经受了新的考验。根据货币政策调控的总体要求，中国人民银行密切监测经济金融形势变化，不断加强对银行体系流动性情况的滚动分析与预测，动态监测外汇占款、财政收支和现金投放回笼的变化，灵活掌握公开市场操作的力度和节奏，在不同时期适应不同调控要求和市场形势采取相应的操作取向。2004年中央银行共开展了110次人民币公开市场操作，累计回笼基础货币19 971亿元，累计投放基础货币13 281亿元，投放、回笼相抵，通过人民币公开市场操作净回笼基础货币6 690亿元。本外币对冲操作比率为42%，比2003年的25%提高了17个百分点。全年共发行105期中央银行票据，发行总量为15 072亿元，年末中央银行票据余额为9 742亿元；开展正回购操作43次，收回基础货币3 330亿元；开展逆回购操作5次，投放基础货币1 490亿元。全年货币市场利率保持基本稳定。同时，金融机构超额准备金率基本在3.50%左右波动。2004年中央银行票据占银行间二级市场现券交易总量的40%以上。这是中央银行首次发布公开市场业务年度报告。

外资银行发放无抵押信用贷款。由18家外资银行组成的外资银团向上海港集装箱股份有限公司发放一笔10亿元人民币的无抵押信用贷款，该项贷款期限为三年，年利率在同期银行贷款基准利率的基础上下浮10%，为5.184%。这是全部由外资银行组成的银团首次向国内企业发放贷款。花旗银行上海分行是该银团贷款的牵头行，其他17家贷款银行包括美国银行、法国巴黎银行、荷兰商业银行等，参与的外资银行均具有开展人民币业务的资格。

中再资产管理股份有限公司在京挂牌。该公司是由中国再保险（集团）公司发起设立，由民营企业福禧投资控股有限公司和瑞士再保险资产管理（亚洲）有限公司参资入股，注册资金为2亿元人民币。股权结构为：中国再保险（集团）公司持股50.1%，中国财产再保险股份有限公司持股10%，中国人寿再保险股份有限公司持股10%，中国大地财产保险股份有限公司持股10%，瑞士再保险资产管理（亚洲）有限公司持股10%，以及福禧投资控股有限公司持股9.9%。中再资产管理股份有限公司在2004年9月下旬正式获批准筹建，是继中国人保资产管理公司、中国人寿资产管理公司、华泰保险资产管理公司之后，获得中国保监会批准筹建的国内第4家保险资产管理公司。

国家发展改革委发布《国际金融组织和外国政府贷款投资项目管理暂行办法》。根据该暂行办法，国外贷款属于国家主权外债，按照政府投资资金进行管理，主要用于公益性和公共基础设施建设，保护和改善生态环境，促进欠发达地区经济和社会发展。借用国外贷款的项目必须先纳入国外贷款备选项目规划，完成审批、核准或备案手续后，项目用款单位向所在地省级发展改革部门提出项目资金申请报告。该暂行办法自2005年3月1日起施行。

四大国有商业银行全部介入人民币理财市场。中国农业银行在全国8个省市分行内同时发售总额为30亿元的全新人民币理财产品——本利丰。2005年2月1日，中国工商银行和中国建设银行人民币理财产品“稳得利”“利得盈”同时上市；2月2日，中国银行推出“05一期”理财产品。三种产品均在发售当天销售一空。上述三家银行的人民币理财产品起点金额均为5万元，预期收益率各不相同，投资期限有3个月、6个月和1年三种。针对人民币理财市场过热的局面，3 月，中国银监会向各大银行下发内部通报，为人民币理财产品“约法三章”：提出了“产品收益率不能盲目攀比”“人民币理财产品不能搭售存款”“明确风险提示”三方面要求。

3 月

2 日 中国银监会发布《重大突发事件报告制度》。该文件要求中国银监会和下属机构、监管对象之间建立起快速预警机制，并要求各地银监局和中国银监会直接监管的银行业金融机构总部在重大金融事件接报后 4 小时内，事发后 24 小时内将有关情况报中国银监会。该文件中还明确实行问责制，并指定各单位主要负责人为重大突发事件报告的第一责任人。该文件自 2005 年 4 月 1 日起实行。

14 日 中国银监会发布《关于在华外资银行从事保险公司股票资产托管业务市场准入程序的公告》。该公告规定：申请从事保险公司股票资产托管业务的外资银行须向所在地银监会派出机构备案。银监会派出机构收到在华外资银行的申请资料后，将在 5 日内一次性告知申请人需要补正的全部内容，并自收到完整申请资料之日起 3 个月内作出批准或不批准备案的决定，书面回复申请人，同时报抄中国银监会。

中国人民银行调整商业银行住房信贷政策和超额准备金存款利率。中国人民银行于 2 月 16 日发布的《关于调整商业银行住房信贷政策和超额准备金存款利率的通知》规定：经国务院批准，自 17 日起，金融机构在人民银行的超额准备金存款利率由现行年利率 1.62% 下调到 0.99%，法定准备金存款利率维持 1.89% 不变。同时调整商业银行自营性个人住房贷款政策：一是将现行的住房贷款优惠利率回归到同期贷款利率水平，实行下限管理，下限利率水平为相应期限档次贷款基准利率的 0.9 倍，商业银行法人可根据具体情况自主确定利率水平和内部定价规则；二是对房地产价格上涨过快城市或地区，个人住房贷款最低首付款比例可由现行的 20% 提高到 30%；具体调整的城市或地区，可由商业银行法人根据国家有关部门公布的各地房地产价格涨幅自行确定，不搞“一刀切”。

中国人民银行上调房贷利率

调整时间	2004 年 10 月 29 日	2005 年 3 月 17 日	
项　目	贷款基准利率	个人房贷利率	房贷利率下限
1～3 年	5.76	4.95	5.18
3～5 年	5.85	4.95	5.27
5 年以上	6.12	5.31	5.51

韩国金融监督院（Financial Supervisory Service，FSS）北京代表处开业。该代表处是 2004 年 12 月 10 日经中国银监会批准设立的，是第一家在中国设立的外国金融监管机构代表处。自 1993 年 12 月韩国外换银行在北京开设第一家分行以来，总共有 9 家韩国银行在中国开设了 14 家分行和 4 家代表处，以及 1 家合资银行；目前，5 家韩国证券经营机构在华设立了代表处，8 家韩国保险公司在中国设立了 13 家代表处或营业性机构。韩国金融监督委员会（Financial Supervisory Commission，FSC）成立于 1998 年，其执行机构为金融监督院。

18 日 公安部、中国人民银行联合发布《关于可疑交易线索核查工作的合作规定》。该文件明确：公安机关与中国人民银行将建立联合督办制度，跨地区和重大、复杂的可疑交易案件，由公安部经济犯罪侦查局、中国人民银行反洗钱局联合督办；各省、自治区、直辖市公安厅、局经济犯罪侦查部门和中国人民银行反洗钱部门对本辖区内重大、复杂的可疑交易案件联合督办。

21 日 信贷资产证券化试点工作正式启动。由中国人民银行牵头，国家发展和改革委员会、财政部、劳动和社会保障部、建设部、国家税务总局、国务院法制办、中国银监会、中国证监会、中国保监会参加的信贷资产证券化试点工作协调小组在京召开第一次工作会议。会议决定国家开发银行和中国建设银行作为试点单位，分别进行信贷资产证券化和住房抵押贷款证券化的试点。会议讨论并确定了协调小组议事规则、试点工作启动后的任务及日程安排。信贷资产证券化是指将缺乏流动性但具有可预期收入的银行信贷资产，通过在资本市场上发行证券的方式予以出售，获取融资。通过证券化，银行可使贷款在资本市场上变现，提前收回贷款，在负债不变的情况下改善信贷资产结构，提高信贷资产质量，分散经营风险，并由此推进资本市场的规范化发展。

中国银监会在京召开非银行金融机构监管工作会议。会议提出要从七个方面做好2005年非银行金融机构的监管工作：一是抓紧实施分类监管，对不同的公司分清良莠，区别对待，鼓励先进，鞭笞后进；二是做好信托投资公司信息披露工作，充分发动全社会的监管力量；三是进一步加强现场检查工作力度，2004年没有进行现场检查的2005年要补课，已经检查过的要进行持续监管；四是加强法人治理，要结合中国国情探索适合我国非银行金融机构特点的法人治理结构；五是要加强对重点机构的监管，主要是高风险机构的监管；六是进一步完善非现场监管体系和非现场监管手段，及时发现问题，充分发挥非现场监管与现场检查相辅相成的作用；七是加快处理解决历史遗留问题。

22日 中国银监会发布《关于加大防范操作风险工作力度的通知》。该通知提出了13条意见（通称“内控13条”），要求银行有效防范和控制操作风险。1. 高度重视防范操作风险的规章制度建设。2. 不断完善稽核体制，充实稽核力量，加强对稽核队伍的培训，提高政治业务素质。3. 加强对基层行的合规性监督。4. 订立职责制，明确总行及各级分支机构的责任，形成明确的制度保障。5. 坚持相关的行务管理公开制度。对薄弱环节要定期自我评估，并请外审机构进行独立评估。6. 建立和实施基层主管轮岗轮调和强制性休假制度，并确保这一安排纳入总行及各级分支机构的人事管理制度。7. 严格规范重要岗位和敏感环节工作人员8小时内外的行为，建立相应的行为失范监察制度。8. 对举报查实的案件，举报人属于来自基层的员工（包括合同工、临时工）的，要予以重奖；对坚持规章制度、勇于斗争而制止案件发生的，要有特别的激励机制和规定。9. 加强和完善银行与客户、银行与银行以及银行内部业务台账与会计账之间的适时对账制度，对对账频率、对账对象、可参与对账人员等作出明确规定。10. 加强未达账项和差错处理的环节控制，记账岗位和对账岗位必须严格分开，坚决做到对未达账和账款差错的查核工作不返原岗处理。11. 严格印章、密押、凭证的分管与分存及销毁制度，坚决执行制度规定，并对此进行严格检查，对违规者进行严厉惩处。12. 加强对可能发生的账外经营的监控。13. 迅速改进科技信息系统，提高通过技术手段防范操作风险的能力，支持各类管理信息的适时、准确生成，为业务操作复核和稽核部门的稽查提供坚实基础。

中国银监会发布《关于对中资银行衍生产品交易业务进行风险提示的通知》。该通知指出，2004年10月，中航油新加坡公司在从事衍生产品交易时造成了5.54亿美元巨额亏损，反映了衍生产品交易存在巨大风险。为认真从中吸取教训，就衍生产品交易风险管理作出规定：银行应严格执行授权和止损制度，严格执行既定的分级授权和敞口风险管理制度；健全内部控制，完善公司治理，实行严格的问责制；提高“逐日盯市”原则对衍生产品敞口头寸进行市值重估，并建立衍生产品市值重估准备金；加强检查，建立风险报告制度，定期对衍生产品交易业务风险管理制度的执行情况进行检查。

24日 中国人民银行货币政策委员会2005年第一季度例会在京召开。会议认为加强和改善宏观调控已取得明显成效，但经济运行中固定资产投资反弹的基础依然存在，通货膨胀压力尚未根本缓解，货币政策传导机制有待进一步完善。下一阶段应继续执行稳健的货币政策，进一步提高金融调控的前瞻性、科学性和有效性。灵活运用多种货币政策工具，适时适度调控金融体系流动性，引导金融企业优化信贷结构，合理控制中长期贷款比重，逐步实现投资与消费比例关系合理化。稳步推进利率市场化改革，进一步完善人民币汇率形成机制，保持人民币汇率在合理、均衡水平上的基本稳定，促进国际收支平衡。大力培育和发展金融市场，加快推进金融改革，推动直接融资和间接融资的协调发展，提高货币政策传导效率。

中国银监会公告中国农业银行重大违法经营案。从 2003 年 7 月 2 日到 2004 年 6 月 4 日，农业银行包头市汇通支行市府东路分理处、东河支行，包头市达茂旗农村信用社联社所辖部分信用社的人员与社会人员相互串通，挪用联行资金、虚开大额定期存单、办理假质押贷款、违规办理贴现、套取银行信贷资金，谋取高息，涉案金额 11 498.5 万元。内蒙古银监局对涉案机构进行了严肃查处，同时对案件相关责任人提出纪律处分意见，责成有关单位对 43 名责任人进行处理。

25 日 中国证监会发布《关于货币市场基金投资等相关问题的通知》。该通知对货币市场基金的投资作出限制：1. 要求组合平均剩余期限在每个交易日均不得超过 180 天；2. 限制货币市场基金与其管理人的股东进行交易，防止基金通过其关联方的配合操纵收益；3. 除巨额赎回的情况外，债券正回购的比例不得超过 20%；4. 将剩余期限小于 397 天但剩余存续期超过 397 天的浮动利率债券的投资比例控制在资产净值的 20% 以内，禁止投资以定期存款利率为基准的浮动利率债；5. 买断式回购融入基础债券的剩余期限不得超过 397 天。在货币市场基金对持有的投资组合进行会计核算时，该通知要求采用“影子定价”对“摊余成本法”确定的资产净值的公允性进行评估。当两者偏离 0.25% 以上时，须根据风险控制的需要调整组合，并要求在定期报告中披露此类情况的次数、报告期内平均偏离度、偏离度的最高值、最低值，对偏离度超过 0.5% 的，则应编制和披露临时报告。鉴于目前银行间市场债券缺乏公允的收益率曲线，该通知仅以附件形式列示影子定价的处理流程，而将影子定价的技术问题交由业界自发成立的影子定价工作小组统一解决。该通知自 2005 年 4 月 1 日起施行。

经全国金融标准化技术委员会审查及国家标准化管理委员会批准，中国证监会颁布并实施八项证券期货行业标准。这八项标准分别是：期货交易数据交换协议、开放式基金业务数据交换协议、证券登记结算业务数据交换协议、银证业务数据交换消息体结构和设计规则、上市公司分类与代码、上市公司信息披露电子化规范、证券交易数据交换协议、证券公司信息技术管理规范。

31 日 中国人民银行对纳入农村信用社改革扩大试点范围的 21 个省（自治区、直辖市）的 291 个县（市）发行农村信用社改革试点专项中央银行票据 234 亿元。

财政部、国家税务总局发布《关于个人股票期权所得征收个人所得税问题的通知》。该通知规定，员工接受实施股票期权计划的企业授予的股票期权时，除另有规定外，一般不作为应税所得征税。员工行权（员工根据股票期权计划选择购买股票的过程）时，其从企业取得股票的实际购买价（施权价）低于购买日公平市场价（指该股票当日的收盘价）的差额，是因员工在企业的表现和业绩状况而取得的与任职、受雇有关的所得，应按“工资、薪金所得”适用的规定计算缴纳个人所得税。对因特殊情况，员工在行权日之前将股票期权转让的，以股票期权的转让净收入，作为工资薪金所得征收个人所得税。

4 月

1 日 中国银监会核准韦杰夫（Jeffrey R. Williams）深圳发展银行行长的任职资格、蓝德彰（John D. Langlois）深圳发展银行董事长的任职资格。2004 年 12 月 15 日，深圳发展银行第六届董事会召开第一次会议选举蓝德彰为深圳发展银行第六届董事会董事长，接受何如先生辞去行长职务的请求，聘任韦杰夫为深圳发展银行行长。

韦杰夫是中国国内银行的第一位洋行长，拥有美国哈佛大学工商管理硕士学位，会讲流利的中文，在花旗银行和渣打银行有过二十多年从业经验，于1988年为花旗银行在深圳成立了中国第一家分行，成为美资银行在中国的第一任行长。他在被任命为深圳发展银行行长之前，担任新桥投资集团进驻深圳发展银行前的过渡期风险控制委员会主席。

蓝德彰获有美国普林斯顿大学学士学位、哈佛大学文学硕士学位、普林斯顿大学东亚研究系博士学位以及纽约大学工商管理硕士学位。曾任波士顿大学历史系准教授兼系主任、普林斯顿大学东亚研究系教授。1982—1999年，蓝德彰受雇JP摩根，先后在纽约、日本、伦敦、香港、北京等地任高职。2002年9月起担任摩根士丹利资产服务咨询（中国）公司主席。从2002年起，蓝德彰分别担任上海银行董事、南京市商业银行董事。

4日 国务院颁布《关于2005年深化经济体制改革的意见》。该文件提出：1. 按照建立现代金融企业制度的要求，进一步深化中国银行、中国建设银行股份制改革，着力完善公司法人治理结构，健全内控制度，转换经营机制，并建立相关监测与考评机制。加快制定和实施其他国有商业银行股份制改革方案。研究促进金融资产管理公司改革发展、提高不良资产回收率的政策措施。抓紧实施邮政储蓄体制改革。研究政策性银行的职能和定位。择机出台政策性银行条例。继续深化非银行金融机构改革。整合并规范发展地方中小金融机构，鼓励社会资金参与城市信用社和城市商业银行等金融机构的重组改造。深化保险业改革，继续推进国有保险公司股份制改造。健全管理制度，规范保险市场秩序。2. 稳步推进利率市场化和人民币汇率形成机制改革，保持人民币汇率在合理、均衡水平上基本稳定。继续加强对资本流入的引导和管理，建立有序可控的资本流出机制。研究建立调节国际收支的市场机制和管理体制。建立健全货币市场、资本市场、保险市场有机结合和协调发展的机制，防范跨市场、跨系统风险。建立健全金融机构市场退出机制。加大对商业银行资产负债匹配的监管力度，推进信贷资产证券化试点。加快建立金融风险预警体系和化解系统性风险的长效机制。进一步完善反洗钱工作机制。3. 改善监管方式和手段，加强市场准入、治理结构、内部控制、资本充足率、重点业务和高级管理人员监管。全面推行贷款质量五级分类制度，落实贷款损失准备金拨备制度。进一步增强监管信息透明度，形成对监管机构和工作人员的监督制约和问责机制。加强金融监管的合作与协调，逐步形成专业金融监管机构和宏观调控部门共同组成的金融稳定协调机制。该文件还提出，要大力发展资本市场，尽快出台配套政策措施，加强资本市场基础建设，建立健全促进资本市场发展的各项制度。进一步完善证券发行上市核准机制。研究建立股东代表诉讼制度、证券投资者保护基金和其他对投资者提供直接保护的机制。稳步推进期货市场规范发展和产品创新。继续推进资本市场对内对外开放。规范发展产权交易市场。

6日 商业银行投资设立基金管理公司试点工作正式启动。中国人民银行、中国银监会和中国证监会共同确定中国工商银行、中国建设银行和交通银行为首批直接投资设立基金管理公司的试点银行。2004年9月15日，中国人民银行召集国有商业银行负责人，讨论商业银行发展基金业务和设立基金公司的问题。2005年2月20日，《商业银行设立基金管理公司试点管理办法》的出台，标志着商业银行设立基金管理公司试点工作进入了实质性操作阶段。

8日 国家外汇管理局发布《关于境内居民个人境外投资登记及外资并购外汇登记有关问题的通知》。该通知规定，境内居民个人将境内资产、股权注入境外企业并直接或间接持有境外企业股份、股票的，如境内被并购企业（或为并购而设立的企业）2005年1月24日之前发生的最近一期关联外资并购交易已于该日期之前办妥外商投资企业批准证书，境内居民个人应按照附件格式到被并购企业所在地外汇局分局补办境外投资外汇登记。新设外商投资企业在办理外汇登记时，应向所在地外汇局分局提交登记申请书，企业应在申请书中详细说明外国投资者的最终控制人和主要经营业绩。除境外上市企业外，特殊目的公司不得保留外汇收入，境内居民个人直接获得或通过特殊目的公司间接获得的外汇收入，应于获得之日起30日内全额调回境内结汇，违者按照逃汇行为予以处理。

沪深300指数（指数简称：沪深300；指数代码：沪市000300、深市399300）发布。沪深300指数以2004年12月31日为基日，基日点位1 000点，由上海和深圳的证券市场中选取300只规模大、流动性好、覆盖沪深市场60%左右市值的A股股票作为样本（见表1），其中沪市179只，深市121只，原则上每半年调整一次，每次调整的比例不超过10%。沪深300指数是沪深两个市场首次联合发布的覆盖A股市场的指数形式。截至2005年3月末，该指数总市值21 817亿元，占沪深市场比例达64.55%，流通市值5 934亿元，占沪深市场比例达58.29%。7月1日，上海、深圳证券交易所首次调整14只沪深300指数样本股（见表2）。

表1　沪深300指数中权重最大的20只股票

序号	股票代码	股票名称	序号	股票代码	股票名称
1	600050	中国联通	11	000039	中集集团
2	600900	长江电力	12	600018	上港集箱
3	600036	招商银行	13	600000	浦发银行
4	600009	上海机场	14	000001	深发展A
5	600028	中国石化	15	600519	贵州茅台
6	600019	宝钢股份	16	000858	五粮液
7	600016	民生银行	17	600642	申能股份
8	000002	万科A	18	000088	盐田港A
9	600005	武钢股份	19	600029	南方航空
10	000063	中兴通讯	20	000983	西山煤电

表2　7月1日调整的14只样本股

调入样本		调出样本	
股票代码	股票名称	股票代码	股票名称
000422	湖北宜化	000096	广聚能源
000599	G双星	000420	吉林化纤
000652	G泰达	000498	丹东化纤
000707	双环科技	000612	焦作万方
000768	西飞国际	000618	吉林化工
000969	G安泰A	000763	锦州石化
600027	华电国际	000817	辽河油田
600062	双鹤药业	000823	超声电子
600331	宏达股份	000831	关铝股份
600339	天利高新	600074	中达股份
600383	金地集团	600135	乐凯胶片
600399	抚顺特钢	600630	龙头股份
600418	G江汽	600638	新黄浦
600550	G天威	600961	G株冶

中国人民健康保险股份有限公司开业（以下简称人保健康）。该公司是我国首家专业化的健康保险公司，由中国人保控股公司发起设立，总部设在北京，注册资本金为10亿元人民币。

11日　国泰君安短期融资券在银行间债券市场发行。此次获批发行的2005年第一期短期融资券是我国第一只券商短期融资券，发行额为6亿元，期限为91天，采取贴现发行、单一价格（荷兰式）招标的发行方式。

12日　欧亚反洗钱与反恐怖融资小组（the Eurasian Group on Combating Money Laundering and Financing of Terrorism，EAG）第二次全体会议在上海召开。来自EAG成员和观察员的120余名代表、官员、专家和学者，围绕EAG内部沟通和工作机制、工作支持机制、互评估、反洗钱立法和设立金融情报中心建议、欧亚地区洗钱和恐怖融资趋势、技术援助、捐助者会议等诸多议题进行讨论。

中国证监会负责人就证券投资者关心的重大问题答记者问。中国证监会负责人表示：目前解决股权分置已经具备启动试点的条件。我国股市上存在的股权分置问题，被普遍认为是困扰股市发展的头号难题。由于历史原因，我国股市上有2/3的股权不能流通。由于股权分置而产生的同股不同权、同股不同利等弊端，严重影响着股市的发展。股权分置问题的产生主要根源于早期对股份制的认识不统一，对证券市场的功能和定位的认识不统一，以及国有资产管理体制的改革还处在早期阶段，那时主要强调国有企业管理，国有资本运营的观念还没有完全建立。股权分置作为历史遗留问题，影响证券市场预期的稳定，使公司治理缺乏共同的利益基础，也不利于国有资产管理体制改革的深化，已经成为完善资本市场基础制度的一个重大障碍，需要积极稳妥地加以解决。4 月 13 日，沪深股市受此利好刺激强劲反弹，沪深 300 指数以 1 000.90 点报收，涨幅达 2.27%；上证综指、深成指数则分别报收于 1 248.20 点和 3 371.49 点，分别上涨 2.35% 和 1.8%。

13 日 国务院第 86 次常务会议召开，会议分析第一季度经济形势，讨论《中华人民共和国证券法》实施情况及修改等有关问题，强调坚持搞好宏观调控，保持基本政策的连续性和稳定性，注重运用经济手段调控经济运行。关于做好金融工作，会议提出：要调整信贷结构，继续控制中长期贷款过快增长，加大对农业和中小企业信贷支持力度。抓紧采取有力措施促进证券市场稳定健康发展。进一步强化金融监管。会议提出，《中华人民共和国证券法》的修改应突出保护社会公众投资者特别是中小投资者合法权益，加强和完善对上市公司及证券公司的监管，防范和化解证券市场风险，同时要为资本市场制度创新和产品创新提供发展的空间。

18 日 国务院批准中国工商银行股份制改革方案。国务院要求，中国工商银行要全面推进各项改革，以建立现代产权制度和现代公司治理结构为核心，转换经营机制，建立现代金融企业制度，成为一个资本充足、内控严密、运营安全、服务与效益良好、主要经营管理指标达到国际水准、具有较强国际竞争力的现代化大型商业银行。为此，要按照国家支持与自身努力相结合，改革与管理、发展并重的原则，稳步推进整体改制工作。通过运用外汇储备 150 亿美元补充资本金，使核心资本充足率达到 6%，通过发行次级债补充附属资本，使资本充足率超过 8%。要实行更加严格的外部监管和考核，确保国家资本金的安全并获得合理回报。要建立规范的公司治理结构，加快内部改革，全面加强风险控制。在处置不良资产时，要严肃追究银行内部有关人员的责任，严厉打击逃废银行债务的不法行为。根据国有商业银行改革实行“一行一策”的原则，中国工商银行股份制改造按照国家支持与工商银行自身相结合的方式进行。中央汇金公司为其注入新的资本金 150 亿美元（折合人民币 1 240 亿元），保留财政部在工商银行的资本金 1 240 亿元人民币，从而工商银行的核心资本达到 2 480 亿元人民币。同年 4 月 21 日，中央汇金公司 150 亿美元外汇注资入账。

20 日 中国人民银行、中国银监会联合颁布《信贷资产证券化试点管理办法》。该管理办法规定：在中国境内，银行业金融机构作为发起机构，将信贷资产信托给受托机构，由受托机构以资产支持证券的形式向投资机构发行受益证券，以该财产所产生的现金支付资产支持证券收益的结构性融资活动，适用该管理办法。该管理办法规定，资产支持证券可通过内部或外部信用增级方式提升信用等级。资产支持证券的发行可采取一次性足额发行或限额内分期发行的方式。分期发行资产支持证券的，在每期资产支持证券发行前 5 个工作日内，受托机构应将最终的发行说明书、评级报告及所有最终的相关法律文件报中国人民银行备案，并按其要求披露有关信息。资产支持证券的承销可采用协议承销和招标承销等方式。资产支持证券在全国银行间债券市场发行结束后 10 个工作日内，受托机构应当向人民银行和银监会报告资产支持证券发行情况。资产支持证券可以向投资者定向发行。资产支持证券在全国银行间债券市场发行结束之后两个月内，受托机构可申请在全国银行间债券市场交易资产支持证券。受托机构应当在资产支持证券发行前和存续期间通过中国人民银行指定媒体依法披露信托财产和资产支持证券信息。

21 日 中国银监会发布《商业银行风险预警操作指引（试行）》。根据该指引要求，自 2005 年起，中国银监会内部将按季度对商业银行法人机构进行风险预警的试运行。该套风险预警指标体系包括定量指标和定性指标两部分。定量指标由资本充足度、信用风险、市场风险、经营风险和流动性风险 5 项分类指标组成，共 22 个指标。同时，定性指标包括 6 项分类指标，分别为管理层评价、经营环境、公司治理、风险管理与内控、信息披露和重大危机事件。风险预警体系根据金融风险的历史数据和银行监管经验，确定各指标的预警阈值和权重系数，对每个定量指标设置了蓝色预警值和红色预警值。银行监管部门通过对单个商业银行的各项预警指标进行连续观测，并将数据导入模型，计算其综合风险分值，并获取相应的预警信号。在此基础上，按照一定的风险转换矩阵，综合判断商业银行的风险预警等级，分别给出正常、蓝色预警、橙色预警和红色预警信号。

24 日 九部委联合发布《关于促进银行卡产业发展的若干意见》。中国人民银行、国家发展改革委、财政部、商务部、公安部、信息产业部、国家税务总局、中国银监会和国家外汇管理局的意见指出，从总体上看，银行卡产业尚处于初级阶段，还存在着整体规划不够、法规建设滞后、产业扶持政策缺位、受理市场不规范等深层次问题。为此，九部委提出 2008 年受理市场建设目标，即至 2008 年年营业额在 100 万元人民币以上的商户受理银行卡的比例达到 60% 左右，大中城市重点商务区和商业街区、星级饭店、重点旅游景区要全部可以受理银行卡。全国大中城市持卡消费额占社会消费零售总额比例达到 30% 左右。全国跨行交易成功率达到 96% 以上。

海南汇通国际信托投资公司（以下简称海南汇通）宣告破产。根据海口市中级人民法院裁定书：海南汇通是海南省工商行政管理局核准登记注册的股份制非银行金融机构，其注册资金为 11 270 万元人民币。海南汇通创建于 1988 年 4 月，原企业名称为海口汇通金融公司，1990 年 11 月更名为海南汇通信托投资公司，1991 年 6 月再次更名为海南汇通国际信托投资公司。海南汇通大部分的投资及贷款均用于房地产业。随着海南房地产泡沫的破灭，其用于房地产项目的投资及贷款因房地产的贬值而形成亏损或呆坏账，大部分贷款无法收回，投资项目搁浅，资产损失极为严重。因海南汇通违规经营，中国人民银行于 2001 年 11 月 21 日决定对其实施停业整顿，并停止其有关金融业务。截至 2004 年 6 月 30 日，海南汇通账面资产总额为2 964 419 245. 88 元，负债总额为 31 156 903 348. 69 元，有效资产总额为 587 937 497. 91 元，有效资产的负债率为 536. 95%。因经营管理不善，企业严重亏损，不能清偿巨额到期债务，已呈连续亏损状态，符合法定破产条件，依法宣告其破产。

27 日 国务院第 88 次常务会议召开，研究进一步加强房地产市场宏观调控。会议认为：目前房地产市场存在主要问题是：房地产投资规模过大，商品房价格上涨过快，商品房结构不合理，房地产市场秩序比较混乱。会议强调，必须把解决房地产投资规模和价格上升幅度过大的问题，作为当前加强宏观调控的一个突出任务。

中国人民银行发布《全国银行间债券市场金融债券发行管理办法》。该管理办法包括总则、申请与核准、发行、登记托管与兑付、信息披露、法律责任、附则共 7 章 44 条。该管理办法规定：中国人民银行依法对金融债券的发行进行监督管理。未经中国人民银行核准，任何金融机构不得擅自发行金融债券。该管理办法自 2005 年 6 月 1 日起施行。中国人民银行 1998 年 11 月 28 日发布的《政策性银行金融债券市场发行管理暂行规定》同时废止。

28 日 中国银监会发布《商业银行外部营销业务指导意见》。该指导意见要求，商业银行外部营销业务摊位使用或租用时间应在规定时限内；外部营销的业务范围仅限于银行综合信息的介绍，推介银行产品，寻找和开拓客户资源，分发空白的金融产品与服务的申请文件；银行应加强对外部营销人员资质的管理，应建立充分的对外部营销人员培训的机制，应强化外部营销内部管理及控制制度的建设，应加强保护消费者权益的管理措施等。

29 日 上市公司股权分置改革试点工作正式启动。中国证监会发布《关于上市公司股权分置改革试点有关问题的通知》，正式启动上市公司股权分置改革试点工作。该通知主要规定：1. 中国证监会根据上市公司股东的改革意向和保荐机构的推荐，协商确定试点公司。试点上市公司股东自主决定股权分置问题解决方案。2. 试点上市公司应当及时履行信息披露义务，真实、准确、完整地披露信息，并做好申请股票停复牌工作。3. 试点上市公司为表决股权分置改革方案召开临时股东大会，应当为流通股股东参加股东大会行使权利作出相关安排。4. 试点上市公司董事会应当聘请保荐机构协助制定股权分置改革方案，对相关事宜进行尽职调查，对相关文件进行核查，出具保荐意见，并协助实施股权分置改革方案。保荐机构应当指定 3 名保荐代表人具体负责保荐事宜。5. 试点上市公司的非流通股股东通过证券交易所挂牌交易出售获得流通权的股份，应当作出分步上市流通承诺并履行相关信息披露义务。

南方证券股份有限公司被行政关闭。1992 年 12 月 21 日，南方证券股份有限公司经中国人民银行批准，由中国工商银行、中国农业银行、中国银行、中国建设银行、交通银行和中国人民保险公司联合发起，注册资本为 10 亿元人民币。2000 年年底完成增资扩股，股本达到 34.5 亿元人民币。2002 年 3 月改制成功，南方证券股份有限公司正式挂牌。2004 年 1 月 2 日，由于挪用客户保证金高达 80 亿元以及自营业务的巨额亏损，中国证监会、深圳市政府宣布对南方证券股份有限公司实施行政接管。2005 年 2 月中国人民银行提供 80 亿元再贷款帮助南方证券股份有限公司偿付保证金。

最高人民法院发布《关于证券监督管理机构申请人民法院冻结资金账户、证券账户的若干规定》。该若干规定明确：1. 中国证监会及其下属各省、自治区、直辖市、计划单列市证券监督管理局作为申请人，在履行证券、期货监督管理职责中，对有证据证明被申请人有转移或者隐匿违法资金、证券或者其他财产迹象，依法向人民法院申请冻结资金账户、证券账户的，人民法院应当依法受理。2. 人民法院冻结资金账户、证券账户的期限为 3 个月，期满未申请继续冻结的，冻结自动解除。3. 申请冻结资金账户、证券账户违法或者不当，给被申请人合法权益造成损失的，由申请人依法承担行政赔偿责任。该若干规定自 5 月 1 日起施行。

中国人民银行与中国银监会联合下发《关于进一步加强农村信用社改革试点专项中央银行票据发行兑付考核工作的通知》。该通知要求：进一步增强做好改革试点专项票据发行兑付考核工作的紧迫感、责任感和使命感，认真履行工作职责；进一步完善改革试点专项票据发行兑付考核工作制度；切实加强对信用社增资扩股和处置不良资产的真实性和合规性审查；督促信用社切实从加强内部管理入手，完善法人治理结构、强化约束机制，并在申请兑付专项票据时取得实质性进展；建立健全对各分支机构专项票据考核工作的考评机制。

30 日 七部委联合发布《关于做好稳定住房价格工作意见》。针对一些地区存在房地产投资规模过大，商品住房价格上涨过快，供应结构不合理，市场秩序比较混乱等突出问题，建设部、国家发展改革委、财政部、国土资源部、中国人民银行、国家税务总局和中国银监会在发布的此文件中提出：1. 各地要根据本地房地产市场需求情况，尽快明确今明两年普通商品住房和经济适用住房建设规模、项目布局以及进度安排。住房建设要以中低价位普通商品住房和经济适用住房项目为主，并明确开工、竣工面积和占住房建设总量的比例，尽快向社会公布。2. 对居住用地和住房价格上涨过快的地方，适当提高居住用地在土地供应中的比例，着重增加中低价位普通商品住房和经济适用住房建设用地供应量。继续停止别墅类用地供应，严格控制高档住房用地供应。进一步完善土地收购储备制度，积极引入市场机制，进行土地开发整理。严格土地转让管理，依法制止“炒买炒卖”土地行为；加大对闲置土地的清理力度，切实制止囤积土地行为。3. 自 2005 年 6 月 1 日起，对个人购买住房不足两年转手交易的，销售时按其取得的售房收入全额征收营业税；个人购买普通住房超过两年（含两年）转手交易的，销售时免征营业税；对个人购买非普通住房超过两年（含两年）转手交易的，销售时按其售房收入减去购买房屋的价款后的差额征收营业税。4. 人民银行及其分支机构要加大“窗口指导”力度，加强对房地产开发贷款和个人住房抵押贷款的信贷管理，调整和改善房地产贷款结构。5. 大力发展省地型住房，在规划审批、土地供应以及信贷、税收等方面，对中小套型、中低价位普通住房给予优惠政策支持。6. 各地要落实经济适用住房项目招投标的制度，加强经济适用住房建设，严格实行政府指导价，控制套型面积和销售对象，切实降低开发建设成本，建设单位利润要控制在3%以内。要根据廉租住房需求，切实落实以财政预算安排为主、多渠道筹措廉租住房资金，着力扩大廉租住房制度覆盖面，加快解决最低收入家庭基本住房需要。

中国人民银行发布《关于对签发空头支票行为实施行政处罚有关问题的通知》。该通知规定：1. 人民银行及其分支机构实施对签发空头支票出票人的行政处罚，签发空头支票或者签发与其预留的签章不符的支票，不以骗取财物为目的的，由人民银行处以票面金额5%但不低于1 000元的罚款。2. 建立空头支票违规行为的“黑名单”制度，并将有关违规信息定期向同一票据交换区域内的银行进行通报。3. 罚款代收机构对空头支票罚款收入占压、挪用的，人民银行及其分支机构可给予警告，没收违法所得，并处违法所得1倍以上3倍以下的罚款；没有违法所得的，处5万元以上30万元以下的罚款；情节严重的，建议出票人开户银行或其上级行按规定对出票人开户银行的高级管理人员及直接责任人给予纪律处分。

5 月

8 日 汇丰集团全资附属公司汇丰保险集团有限公司（HSBC Insurance Holdings Limited）宣布，按每股13.2港元（1.69美元）的价格购入613 929 279股平安保险公司股份。收购完成后，汇丰控股持有的平安股份将会占其已发行股本的19.9%。2002年10月8日，汇丰集团在上海与中国平安保险股份有限公司签署认购协议，以6亿美元（约50亿元人民币）认购平安保险股份，持股比例为10%；2005年8月，汇丰与平安人寿达成代理保险合作协议，开始在内地代理平安的寿险产品。

中国证监会确定金牛能源（000937）、三一重工（600031）、清华同方（600100）、紫江企业（600210）为首批股权分置改革试点单位，四家公司的股票及可转债即日起停牌。经过反复研究、修改，四家公司基本确定了试点方案：清华同方流通股通过资本公积转增进行1:1扩股，而非流通股股东放弃；三一重工流通股股东每10股获非流通股股东送3.5股和8元现金对价；金牛能源拟采用非流通股股东向流通股股东10股送2.5股的方案；紫江企业则采用非流通股股东向流通股股东10股送3股的方案。四家公司股权分置改革试点工作按照“统一组织、分散决策”的总体思路进行，保荐机构参与方案设计，上市公司股东充分协商，公众投资者积极参与，并对方案依法进行了表决。三一重工、清华同方、紫江企业和金牛能源参与投票的流通股份比例分别达到76.72%、32.72%、54.90%和69.33%。

11 日 中国人民银行发布《全国银行间债券市场债券远期交易管理规定》。该管理规定明确，债券远期交易是指交易双方约定在未来某一日期，以约定价格和数量买卖标的债券的行为，债券券种包括已在全国银行间债券市场进行现券交易的中央政府债券、中央银行债券、金融债券和经中国人民银行批准的其他债券券种。远期交易的市场参与者应为进入全国银行间债券市场的机构投资者。远期交易从成交日至结算日的期限（含成交日不含结算日）由交易双方确定，但最长不得超过365天，实行净价交易，全价结算，到期实际交割资金和债券。任何一家市场参与者单只债券的远期交易卖出与买入总余额分别不得超过该只债券流通量的20%，远期交易卖出总余额不得超过其可用自有债券总余额的200%。

市场参与者中，任何一只基金的远期交易净买入总余额不得超过其基金资产净值的100%，任何一家外资金融机构在中国境内的分支机构的远期交易净买入总余额不得超过其人民币营运资金的100%，其他机构的远期交易净买入总余额不得超过其实收资本金或者净资产的100%。该管理规定自2005年6月15日起施行。

6月3日，中国人民银行又发布了两个重要的配套性文件。一是《中国人民银行关于印发〈全国银行间债券市场债券远期交易主协议〉的通知》，要求全国银行间同业拆借中心会同中央国债登记结算有限责任公司，向银行间债券市场参与者公布并组织签署债券远期交易主协议，并将签署信息通过中国货币网和中国债券信息网向市场参与者公告。全国银行间债券市场远期交易主协议和债券远期交易主协议签署页两个范本文件同时公布。二是《中国人民银行关于全国银行间债券市场债券远期交易信息披露风险监测有关事项的通知》，对全国银行间同业拆借中心和中央国债登记结算有限责任公司就日常信息披露和风险监测预警提出了明确要求。

12日 中国人民银行批准泛亚债券指数基金（Pan-Asian Bond Index Fund，PAIF）进入银行间债券市场。这是银行间债券市场引入的第一家境外机构投资者。东亚及太平洋中央银行行长会议组织（EMEAP）宣布对第二期亚洲债券基金（ABF2）管理人、托管人及指数提供商的任命：在这个由泛亚债券指数基金与8只单一市场（除日本、澳大利亚、新西兰以外的8个成员市场，包括中国、韩国、中国香港、泰国、马来西亚、菲律宾、新加坡、印度尼西亚）指数基金组成的基金中，道富环球新加坡有限公司(SSgA)受命管理10亿美元的泛亚基金，8只单一市场指数基金分别由华夏基金管理有限公司、汇丰投资基金（香港）有限公司、PT Bahana TWC投资管理公司（印度尼西亚）、三星投资信托管理有限公司（韩国）、AM投资管理有限公司（马来西亚）、菲律宾群岛银行、新加坡发展银行资产管理公司、Kasikorn资产管理有限公司（泰国）管理，汇丰银行担任泛亚指数基金及8只单一市场指数基金的总托管人。

13日 中国银联与泰国PCC（Processing Center Co.，Ltd.）公司签署银联卡联网合作协议。从即日起，中国银联卡可正式在泰国贴有银联标识的ATM上提现，持卡人每天最高可提取相当于5 000元人民币的泰铢。泰国PCC公司是泰国唯一的ATM网络运营商，负责泰国ATM跨行交易转接和信息处理，所服务的银行包括泰国14家本地银行和4家外资银行。PCC公司首批开通了泰国两大主要银行盘古银行和泰华农民银行的3 500台ATM受理银联卡，基本遍及泰国主要旅游和商业场所。

14日 经中国银监会和民政部批准，中国信托业协会成立。中国信托业协会将依据章程履行职责，围绕“协调、自律、服务、维权”的宗旨开展工作。该协会拥有会员55家。截至2004年年底，全国信托投资公司固有资产770.7亿元，负债291.4亿元，所有者权益479.3亿元；管理各类信托资产2 102亿元，营业收入45.8亿元，其中自营收入24.7亿元，盈亏相抵后的净利润8.7亿元，12家公司亏损。至此，中国四大金融行业——银行、证券、保险、信托均有了行业自律组织。

16日 温家宝阐明中国政府关于人民币汇率的基本立场。国务院总理温家宝在北京会见美国商会代表团时强调：第一，实行人民币汇率制度改革，是建立社会主义市场经济体制的必然要求，是金融改革的重要内容，是我们一贯的方针，我们将坚定不移地推进这项改革。第二，推进人民币汇率制度改革，要从中国的实际出发，考虑宏观经济环境，考虑企业承受能力，考虑金融改革的进度，考虑对国际贸易的影响。近年来，我们从多方面为汇率改革积极创造条件，并进行改革方案的研究，为此做了大量准备工作。同时，中国是负责任的国家，汇率改革也要考虑对周边国家、地区以至世界经济金融的影响。第三，人民币汇率改革是中国的主权，每个国家完全有权选择适合本国国情的汇率制度和合理的汇率水平。我们遵循市场经济规律，但不屈从外界的压力，任何压力和炒作，把经济问题政治化，都无助于问题的解决。我们的态度很明确，只要条件具备，没有外界压力我们也会主动推进汇率改革；如果条件不具备，即使外界施加巨大压力，我们也不会贸然行事。

财政部发布《信贷资产证券化试点会计处理规定》。该规定明确：发起机构已将信贷资产所有权上几乎所有（通常指95%或者以上的情形，下同）的风险和报酬转移时，应当终止确认该信贷资产，并将该信贷资产的账面价值与因转让而收到的对价之间的差额，确认为当期损益。在发起机构仍保留部分重大风险和报酬的情况下，应进一步判断是否能对资产证券化的信贷资产保留控制权。如果仍保留控制权，要视发起机构继续涉入信贷资产的程度继续确认相关资产和负债。如果放弃对信贷资产的控制，就可以将其终止确认。该规定还要求发起机构应当就信贷资产证券化作出详细披露，如所转让信贷资产的账面价值、因转让信贷资产而确认资产的性质、发起机构仍保留的信贷资产所有权上风险和报酬的性质、相关负债的账面价值等。

国家外汇管理局召开外汇违规（负面）信息披露试点工作座谈会。座谈会决定自5月起在辽宁、河北、深圳三省（市）进行外汇违规（负面）信息披露试点。外汇违规（负面）信息披露主要采取三种方式，即公开披露，向监管部门及政府相关部门提供，供信用管理公司及相关企业、个人查询；对于违规金额巨大、性质恶劣、影响面广的涉汇主体的违规案件，将在有关媒体公开披露；对于其他违规案件，向监管部门及政府相关部门提供，也可供信用管理公司及相关企业、个人查询。

17日 财政部发布《金融企业呆账准备提取管理办法》。该管理办法规定：金融企业承担风险和损失的资产应提取呆账准备，并于每年年度终了根据承担风险和损失的资产余额的一定比例提取一般准备。一般准备是银行根据全部贷款余额的一定比例计提的、用于弥补尚未识别的可能性损失的准备；一般准备应按季度计提，年末一般准备余额应不低于年末贷款余额的1%。金融企业按规定提取的一般准备作为利润分配处理。银行提取的贷款损失准备还包括专项拨备，根据贷款的五级分类情况对于正常类贷款之外的贷款按类别提取贷款损失准备，允许在所得税前列支。该管理办法包括总则、呆账准备的提取、账务处理、附则共4章17条，自2005年7月1日起施行。

财政部、中国银监会发布《金融资产管理公司资产处置公告管理办法》。该管理办法规定：1. 资产管理公司资产处置公告适用的资产范围为资产管理公司收购（含附带无偿划转）的各类不良资产及依法享有处置权的其他资产，包括但不限于以下资产：资产管理公司收购的不良贷款及相应利息；资产管理公司持有的债转股企业股权，通过资产置换、资产抵债等其他方式持有的各类企业股权；资产管理公司拥有所有权及依法享有处分权的各种实物资产，包括以物抵债实物资产、处置抵（质）押贷款等收回的实物资产等；无形资产等。2. 资产处置公告应至少包括以下内容：资产描述，包括资产的名称、种类、所在地、标的金额、数量、涉及的企业、抵押和担保情况、当前状况等；进行资产处置的意思表示；提请对资产处置项目征询或异议的意思表示；对交易对象和交易条件的要求；联系人及联系方式；对排斥、阻挠征询或异议的举报方式；其他需要说明的情况。3. 对已形成资产处置方案的项目，在资产管理公司资产处置审核机构审核前，除在资产管理公司对外网站进行公告外，资产处置标的（即资产整体账面价值）超过1 000万元的资产处置项目还应当在相应级别的报纸上公告。4. 对打包处置的资产项目，应当在公告中作总体介绍，披露资产包的户数、金额、资产形态、债务分布地区，投资者向债权人了解债权具体情况的途径和方法，同时将资产包的逐户逐笔信息刊登在资产管理公司对外网站上，或以适当方式向投资者提供详细的资产包书面介绍资料。5. 以拍卖、招投标等方式处置资产时，按相关法律、法规的规定进行公告。

国家外汇管理局发布《关于现阶段完善出口预收货款和转口贸易收汇管理有关问题的通知》。该通知要求，对于单笔等值20万美元以上（含20万美元）的四类境外汇款，银行应将其转入收汇单位开立的待结汇账户。

18日 中国人民银行批准银行间外汇市场开办外币买卖业务。外币买卖业务的交易主体分为做市商和会员银行两类，实行做市商报价驱动的竞价交易模式。会员银行以点击报价、订单报价或RFQ询价方式等成交。银行间外币交易时间暂定为每周一至周五北京时间7:00～19:00，国内法定假日不开市。首批推出的外币对为美元/港元、美元/日元、美元/英镑、美元/瑞士法郎、美元/澳大利亚元、美元/加拿大元、美元/欧元、欧元/日元8种。据《2005年中国国际收支报告》统计，截至2005年年底，银行间市场有外币买卖做市商银行11家，会员银行41家。全年共有159个交易日，8个外币对累计达成交易24 243笔，累计成交量折合521.33亿美元，日均成交量3.28亿美元。

19日 国家外汇管理局发布《关于扩大境外投资外汇管理改革试点有关问题的通知》。该通知决定将境外投资外汇管理改革试点从现有的24个省、自治区、直辖市扩展到全国；境外投资用汇总额度从33亿美元增至50亿美元；试点地区外汇局的审查权限从300万美元提高至1 000万美元。

国家外汇管理局自2002年10月1日起，先后批准了浙江、江苏、上海、山东、广东、福建、北京、天津、四川、黑龙江、重庆、广西、湖北、海南14个省市进行境外投资外汇管理改革试点。截至2005年9月底，除重庆、广西、湖北和海南4个新批试点地区以外，原批准的10个试点省、自治区、直辖市已通过外汇资金来源审查的境外投资项目为327个，中方协议投资总额为13.32亿美元，其中已办理外汇登记的境外投资项目为172个，中方协议投资总额为4.96亿美元；已通过外汇资金来源审查的购汇金额为5.73亿美元，其中已办理了境外投资外汇登记手续的购汇金额为2.39亿美元，已实际购汇汇出金额为1.21亿美元。

20日 中国向国际货币基金组织“冲突后和自然灾害紧急援助贴息账户”捐款200万美元。国际货币基金组织执董会于2005年1月21日通过了对该组织“减贫与增长贷款”项目受益国提供自然灾害紧急援助的决议。根据该决议，国际货币基金组织将原有的“紧急援助贴息账户”扩展为“冲突后和自然灾害紧急援助贴息账户”，对遭受印度洋海啸等自然灾害的低收入国家提供低息贷款，并动员成员国捐款以提供贴息。至此，除中国以外，已经承诺捐款的国家还有法国、英国、加拿大、俄罗斯、印度等。

深圳证券交易所发布并实施《独立董事备案办法》。该备案办法规定，在上市公司披露独立董事候选人资料后5个交易日内，深圳证券交易所将在网站上对候选人的相关情况予以公示，任何单位和个人可通过多种渠道就可能影响独立董事候选人任职资格和独立性两个方面的情况（包括独立性、专业能力、以往任职期间诚信勤勉情况、是否受过各类处分等）向深圳交易所提出反馈意见。深圳交易所将结合所反馈的意见，对独立董事候选人的任职资格和独立性进行审核。在上市公司披露独立董事候选人资料5个交易日后，任何单位和个人仍可通过以上方式反馈意见，深圳交易所将在持续监管中予以关注。

23日 中国人民银行发布《短期融资券管理办法》。该管理办法规定：1. 中国人民银行依法对融资券的发行、交易、登记、托管、结算、兑付进行监督管理，发行短期融资券须报中国人民银行备案。2. 融资券对银行间债券市场的机构投资人发行，只在银行间债券市场交易。融资券不对社会公众发行。3. 企业应在每期融资券发行日前5个工作日，将当期融资券的相关发行材料报中国人民银行备案。4. 企业发行融资券实行余额管理。待偿还融资券余额不超过企业净资产的40%。期限实行上限管理（最长不超过365天），发行利率或发行价格由企业和承销机构协商确定，短期融资券在中央结算公司无纸化集中登记托管。5. 发行人应进行信用评级，应聘请注册会计师进行审计，应聘请律师出具法律意见书。6. 发行人应按有关规定向银行间债券市场披露信息。该管理办法共有6章41条，同时下发的还有《短期融资券承销规程》《短期融资券信息披露规程》，均自公布之日起施行。

亚洲区域保险监管合作会议在北京召开，通过《亚洲区域保险监管合作北京宣言》。会议由中国保监会主办，来自中国、中国香港、印度、日本、约旦、韩国、中国澳门、马来西亚、尼泊尔、巴基斯坦、菲律宾、新加坡、泰国和越南14个国家和地区的保险监管官员参加。该宣言提出：为确保合作机制持续、有效地发挥作用，亚洲各国和地区保险监管当局在平等自愿的基础上，将采用适当的形式召开亚洲区域保险合作会议。在合作机制框架内，开展多层次、多领域的保险监管合作活动。

26日　中国人民银行发布《2004年中国区域金融运行报告》。该报告分为金融运行情况、经济运行情况、预测与展望三部分。主要内容：1. 2004年，东部、中部、西部地区经济均保持了平稳、较快发展势头，经济发展中的不稳定、不健康因素得到了一定抑制，经济活力有所增强，区域经济一体化进程加快。2. 投资需求高位回落，消费需求趋于活跃，国内需求总体上保持较快增长。进出口继续快速增长，特别是西部地区进口和利用外资明显加快。3. 各地区三大产业全面发展。河南、黑龙江、内蒙古等农业大省的农业增加值增速高达10%以上；工业增加值增速在20%以上的省份多达20个；各地第三产业发展增速在9%～14%，浙江、江苏、内蒙古分别列增速的前三位。4. 通货膨胀压力加大，14个省份的居民消费价格上涨幅度超过4%。涨幅最高的分别是云南（6%）、河南（5.4%）和湖南（5.1%）。北京（1%）、上海（2.2%）和天津（2.3%）涨幅最低。原材料购进价格与工业品出厂价格之间的差距逐步拉大。5. 多数地区房地产开发投资和房地产信贷增幅逐步回落，但仍在高位运行，房地产价格趋升。2004年，房地产开发投资增速在50%以上的省份有3个，增速在30%～40%的省份有15个。35个大中城市中，房屋销售价格增幅超过10%的城市有9个，分别为沈阳、上海、南京、青岛、宁波、重庆、天津、杭州和济南。

27日　中国、日本、韩国三国中央银行签署货币互换协议。根据协议，中韩之间的互换规模由20亿美元增加到40亿美元，韩日则达成了30亿美元的互换协议，允许双方在缺少日元或韩圆时互相借贷，此前两国协议的规模为20亿美元。

上海证券交易所正式获准成为“可扩展商业报告语言”国际组织的会员。“可扩展商业报告语言”（Extensible Business Reporting Language，XBRL）是一种国际通行的公司财务报告语言，能够将公司财务报表内的数据和表外说明进行语言统一，实现财务报表数据钩稽关系的自动化处理，从源头上保证上市公司数据的准确性和可靠性。

中国人民银行调整人民币存贷款计结息规定。《中国人民银行关于人民币存贷款计结息问题的通知》规定：从9月21日起，活期存款由按年计结息改为按季度计结息（部分农村信用社和邮政储蓄基层机构执行个人活期存款按季度结息的时间最迟是2006年1月21日）；除活期存款和定期整存整取存款外，通知存款、协定存款、定活两便、存本取息、零存整取和整存零取等六种存款的计结息方式由银行自主选择。

30日　国家税务总局会同财政部、建设部联合下发《关于加强房地产税收管理的通知》。该通知规定：1. 2005年5月31日以前，各地要公布本地区享受优惠政策的普通住房标准。2. 2005年6月1日后，个人将购买不足两年的住房对外销售的，应全额征收营业税；个人将购买超过两年的符合当地公布的普通住房标准的住房对外销售，可以向地方税务部门申请办理营业税手续，如果不能提供属于普通住房的证明材料，则一律按非普通住房的有关政策征收营业税，即按其售房收入减去购买房屋价款后的差额缴纳营业税。3. 个人对外销售住房应持依法取得的房屋权属证书，并到地方税务部门申请开具发票。4. 对不符合规定条件的个人对外销售住房不得减免营业税；对个人承受不享受优惠政策的住房不得减免契税。对擅自变通政策、违反规定对不符合规定条件的个人住房给予税收优惠，影响调整后的税收政策落实的，要追究当事人的责任。

中国证监会、国有资产监督管理委员会发布《关于做好股权分置改革试点工作的意见》。该意见提出：1. 要通过股权分置改革，优化公司治理结构，巩固全体股东的共同利益基础，促进上市公司有效利用各项金融创新工具提高资本运作效率，优化资产结构，增加投资回报。要鼓励改革后的公司进行并购重组、资本运营等方面的创新试点。2. 试点上市公司进行股权分置改革，要维护投资者特别是公众投资者的知情权、参与权和表决权；采取有效的措施，使改革方案具有广泛的股东基础，保障股东充分行使权利。公众投资者也要珍视自己的权利，积极参与股权分置改革。3. 大中型上市公司要积极利用股权分置改革进一步健全现代企业制度，使资产的保值增值具有更加公开、公平、公正的价值评判基础。4. 保荐机构要发挥协调平衡作用，履行好组织、引导、说明、解释的职责，起到桥梁和纽带作用，做好非流通股股东和流通股股东沟通协调工作。5. 保险公司及其资产管理公司、基金公司、证券公司为代表的机构投资者，要切实履行所承担的职责。依法合规地买卖试点公司股票，参与试点公司的改革。对于凭借持股优势与其他股东合谋操纵股东大会表决结果，干扰其他投资者正常决策的，证监会将会同相关行业监管机构予以严肃查处。6. 新闻媒体要坚持正确的舆论导向，多做正面引导工作。7. 依法维护改革的正常秩序。8. 加快落实提高上市公司质量、化解证券公司风险、扩大合规资金入市渠道、加强资本市场法制诚信建设等各项资本市场治本措施，形成改革的综合配套效应，协调推进股权分置改革。

最高人民法院发布《关于金融资产管理公司收购、处置银行不良资产有关问题的补充通知》。该补充通知明确：1. 国有商业银行（包括国有控股银行）向金融资产管理公司转让不良贷款，或者金融资产管理公司收购、处置不良贷款的，担保债权同时转让，无须征得担保人的同意，担保人仍应在原担保范围内对受让人继续承担担保责任。担保合同中关于合同变更须经担保人同意的约定，对债权人转让债权有约束力。2. 金融资产管理公司转让、处置已经涉及诉讼、执行或者破产等程序的不良债权时，人民法院应当根据债权转让协议和转让人或者受让人的申请，裁定变更诉讼或者执行主体。

31 日　中国证监会发布《关于做好第二批上市公司股权分置改革试点工作有关问题的通知》。该通知要求试点上市公司应当聘请内控完善、运作规范、保荐代表人不少于 3 人的保荐机构保荐。保荐机构与其保荐的试点上市公司及其主要股东不得存在影响其公正履行保荐职责的关联关系，还应聘请律师事务所就公司股权分置改革发表法律意见。

6 月 19 日，中国证监会公布了第二批股权分置改革试点上市公司名单，有 42 家上市公司进入第二批试点。其中，上海证券交易所 28 家，深圳证券交易所 14 家。中小企业板有 10 家上市公司进入试点名单，占中小板上市企业的 1/5。42 家企业涵盖了大型中央企业、地方国有企业、民营企业和中小企业等不同类型和不同层面的企业，有长江电力、宝钢股份等蓝筹股参与改革，试点公司更具代表性。

6 月

2 日　经国务院批准，中国银监会决定对青海省格尔木市昆仑等 8 家改制社（由城市信用社改制更名的农村信用社）实施撤销，并与当地政府联合公告。

平安资产管理有限责任公司开业。平安资产管理有限责任公司是经中国保监会批准设立的专业资产管理公司，中国平安保险集团股份有限公司控股，注册资本为 2 亿元人民币，公司所在地为上海，是国内债券市场、银行协议存款市场和基金市场最大的机构投资者之一，也是财政部国债承销团成员和国家开发银行金融债券承销团成员。公司管理的资产规模达2 300亿元人民币。

7～8日 国际货币会议（International Monetary Congress，IMC）2005年年会首次在京举办。会议的主要议题是：中国与金融服务业、全球金融服务业的发展战略、重塑银行业的外部力量。

8日 中国证监会发布《关于基金管理公司运用固有资金进行基金投资有关事项的通知》。该通知规定：1. 基金管理公司不得对外融资和向其他机构拆借资金，不得从事其他不正当关联交易和利益输送行为，不得损害基金份额持有人的合法权益。基金管理公司运用固有资金，不得投资于交易型开放式指数基金。2. 基金管理公司净资产在5 000万元以上方可进行基金投资，且其持有的基金份额总金额不得超过该公司净资产的60%。3. 基金管理公司运用固有资金投资封闭式基金，持有比例不得超过该基金总份额的10%，持有的基金份额在基金合同终止前原则上不得出售。确因资产流动性问题严重影响公司正常经营的，可以出售其购买的封闭式基金，但须经董事会批准，并向中国证监会报告。基金管理公司运用固有资金投资封闭式基金的，应当在相关基金季度报告中将所持有份额及变化等情况予以披露；持有该基金份额的比例超过该基金总份额的5%时，应当在两个交易日内将相关情况登载在中国证监会指定的报刊和本公司网站上；此后持有该基金份额的比例每增加2%时，应当在两个交易日内将相关情况予以公开披露。4. 投资本公司管理的开放式基金须遵守相关规定，持有基金份额的期限不少于6个月，持有该基金份额的比例不超过该基金总份额的10%；投资其他公司管理的开放式基金后，须在两个交易日内将所投资品种、投资日期、购买份额、适用费率等情况登载在中国证监会指定的报刊和本公司网站上。

国投瑞银基金管理有限公司（UBS SDIC Fund Management Co.，Ltd.）成立。公司前身为成立于2002年6月的中融基金管理有限公司。经公司2005年临时股东会审议通过，并报经中国证监会、商务部和国务院国资委批准，瑞士银行股份有限公司（UBS AG）受让公司股东国家开发投资公司持有的公司4%的出资和国投电力公司持有的公司45%的出资。转让完成后，公司股东及其出资比例为：国投弘泰信托投资有限公司持股51%，瑞士银行股份有限公司持股49%。中国证监会同时批准中融基金管理有限公司更名为国投瑞银基金管理有限公司。国投瑞银基金管理有限公司是中国第一家外方持股比例达到最高上限（49%）的合资基金管理公司。国投弘泰信托投资公司是国家开发投资公司开展金融业务的平台。国家开发投资公司是中国最大的投资控股公司，隶属国务院国有资产管理委员会，成立于1995年5月，注册资本为58亿元人民币。瑞银集团是世界领先的金融财团，服务全球客户。

9日 中国人民银行发布《关于债券结算代理业务有关事项的公告》。该公告允许非金融机构投资者与银行间债券市场上所有具备做市商资格或债券结算代理业务资格的金融机构进行债券交易。非金融机构投资者可以开展债券逆回购交易业务。中央国债登记结算有限责任公司应于每月后5个工作日内向中国人民银行报送上月的债券结算代理业务统计报表。债券结算代理人应根据属地原则，于每季度后10个工作日内向中国人民银行或中国人民银行当地分行、营业管理部、省会（首府）城市中心支行提交结算代理业务开展情况报告。从2006年开始，人民银行将于每年的1月下旬在人民银行网站、中国债券网和中国货币网公布上一年度债券结算代理人的代理丙类账户开户数、代理丙类账户债券托管量、代理丙类账户债券结算量和代理结算笔数等指标。

10日 京、津、冀跨区域票据自动清分系统正式运行。这一系统是人民银行推动票据跨同城区域交换的一个重大探索，在“三方联网”后，河北省廊坊票据清算中心作为独立清算机构，具有与北京、天津票据清算中心同等的清算功能，廊坊支票可以在北京、天津流通使用。廊坊的企业提交的票据，金融机构当日即可受理，当日即可参加京津廊票据清分，资金次日即可到达企业账户，到账时间比原来提前2～3天。

11日 全国银行间债券市场债券远期交易主协议签约仪式在甘肃敦煌举行。中国农业银行、招商银行、上海银行、长沙市农村信用合作社联合社、国泰君安证券股份有限公司、平安保险集团公司、上海汽车集团财务有限责任公司、平安信托投资有限责任公司等36家机构签署了主协议，成为首批签署债券远期交易主协议的金融机构。6月15日，已签署主协议并制定远期交易内部管理办法的市场参与者即可通过交易中心提供的交易系统进行债券远期交易。

13日 中国人民银行公布《资产支持证券信息披露规则》。该规则主要内容包括：1. 资产支持证券受托机构（以下简称受托机构）的信息披露应通过中国货币网、中国债券信息网以及中国人民银行规定的其他方式进行。受托机构应保证信息披露真实、准确和完整，不得有虚假记载、误导性陈述和重大遗漏。2. 受托机构应在资产支持证券发行前的第五个工作日，向投资者披露发行说明书、评级报告、募集办法和承销团成员名单；受托机构应在发行说明书中说明资产支持证券的清偿顺序和投资风险。3. 受托机构应在每期资产支持证券发行结束的当日或次一工作日公布资产支持证券发行情况；资产支持证券存续期内，受托机构应在每期资产支持证券本息兑付日的3个工作日前公布受托机构报告，反映当期资产支持证券对应的资产池状况和各档次资产支持证券对应的本息兑付信息；每年4月30日前公布经注册会计师审计的上年度受托机构报告。4. 受托机构应与信用评级机构就资产支持证券跟踪评级的有关安排作出约定，并应于资产支持证券存续期内每年的7月31日前向投资者披露上年度的跟踪评级报告。在发生可能对资产支持证券投资价值有实质性影响的临时性重大事件时，受托机构应在事发后的3个工作日内向同业中心和中央结算公司提交信息披露材料，并向中国人民银行报告。

财政部、国家税务总局发布《关于股权分置试点改革有关税收政策问题的通知》。该通知规定，股权分置改革过程中因非流通股股东向流通股股东支付对价而发生的股权转让，暂免征收印花税。股权分置改革中非流通股股东通过对价方式向流通股股东支付的股份、现金等收入，暂免征收流通股股东应缴纳的企业所得税和个人所得税。

财政部、国家税务总局发布《关于股息红利个人所得税有关政策的通知》。该通知规定，对个人投资者从上市公司取得的股息红利所得，暂减按50%计入个人应纳税所得额，依照现行税法规定计征个人所得税。

14日 中国人民银行发布《关于债券远期交易结算保证金专户核算问题的批复》。该批复同意中央国债登记结算有限责任公司使用在人民银行营业管理部开立的特许参与者清算账户，通过大额支付系统办理债券远期交易结算保证金的汇划，要求中央国债登记结算有限责任公司为各结算成员单独开立债券远期交易结算保证金二级核算专户，分户核算管理，不得挪用专户保证金及其孳息归保证金。

15日 中国首个利率衍生产品——人民币债券远期交易业务在全国银行间同业拆借中心交易系统正式开盘。第一笔远期交易在中国工商银行和兴业银行之间完成。成交券种是剩余期限为4.86年的国债，期限品种为两个月，远期收益率为3.3908%。截至当日收盘，债券远期交易系统运行平稳，交易顺畅。参与交易的机构共11家，其中8家达成交易。在达成交易的机构中，包括国有商业银行3家、股份制商业银行2家、城市商业银行1家、外资银行1家、证券公司1家。当日成交总量为5亿元，成交笔数为13笔，成交期限品种以七天期的短期品种为主。成交券种均为中短期的国债和中央银行票据，包括国债和中央银行票据各4只。当日交易量居于前3名的机构依次为中国工商银行、兴业银行和中国银行。当日公开报价发送13笔，确认报价13笔。

中国人民银行发布《关于就资产支持证券在银行间债券市场的登记、托管、交易和结算等有关事项的公告》。该公告明确，受托机构在中央国债登记结算有限责任公司办理资产支持证券登记托管，同期各档次的资产支持证券应作为独立券种分别注册。受托机构申请为企业发行的资产支持证券在银行间债券市场交易流通，其每期资产支持证券的实际发行额应不少于5亿元人民币，同期各档次资产支持证券的实际发行额应不少于2亿元人民币。资产支持证券应以现券买卖的方式在银行间债券市场交易流通。资产支持证券的发起机构和受托机构不得认购、买卖其发起或发行的资产支持证券，但受托机构依据有关规定（或合同）进行提前赎回的除外。

16日 财政部发布《禁止金融机构设置“小金库”的财务管理规定》。该管理规定明确：金融机构设置的“小金库”是指违反国家财经法规及其他有关规定，侵占、截留国家和金融机构的收入，未纳入金融机构法定会计账簿内核算的资产，私存私放的各项资金。金融机构财会部门应当统一负责金融机构银行账户的开设和管理工作，做好财务会计管理的各项基础工作，根据实际发生的经济业务事项进行会计核算，做到原始记录准确、完整，禁止以虚假的经济业务事项和资料进行会计核算。金融机构财会部门应当严格遵守财务会计管理制度，将各项收支纳入账内管理和核算，做到账账、账证、账款、账实、账表相符，严禁设置“小金库”。该管理规定共有6章29条，自2005年7月1日起施行。

中国证监会发布《上市公司回购社会公众股份管理办法（试行）》。该管理办法规定上市公司回购股份应当符合的条件，并提出上市公司在回购股份期间不得发行新股，在年度报告和半年度报告披露前5个工作日或者对股价有重大影响的信息公开披露前，上市公司不得通过集中竞价交易方式回购股份。

6月17日，邯郸钢铁（600001）首家发布公告，公司拟以不超过5.8元/股的价格，回购不高于6 000万股流通股，回购比例占总股本不超过4.027%，占流通股本的12.161%；回购资金总额预计不超过3.5亿元；回购资金为自有资金；回购期限为回购报告书公告之日起6个月内。邯郸钢铁6月16日的收盘价为5.08元。

中国证监会发布《关于上市公司控股股东在股权分置改革后增持社会公众股份有关问题的通知》。该通知规定：上市公司控股股东可以在股东大会通过股权分置改革方案后，通过二级市场增持流通股。

中国证监会公布《关于进一步完善证券投资基金募集申请审核程序有关问题的通知》。该通知规定，中国证监会受理基金募集申请后，根据拟募集基金的有关具体情况决定是否组织基金专家评审会对基金募集申请进行评审。对提交基金专家评审会的基金募集申请，评审专家重点就基金的投资管理、风险控制等方面进行评审，独立发表评审意见，供中国证监会参考。行为规范、投资研究能力强、市场评价良好的基金管理公司提交的基金募集申请，可以不提交基金专家评审会评审。基金产品设计有较大创新的，中国证监会优先安排基金专家评审会评审和申报材料审核等工作。基金产品有重大创新的，基金募集申请获证监会核准后，基金公司在中国证监会规定期限内不得复制模仿。

中国金币总公司直销中心在京挂牌运营。直销中心的成立是我国贵金属纪念币发售体制的改进和完善的重要一步，标志着我国贵金属纪念币的营销体制朝着分销、直销和代销相结合的改革目标稳步推进。

17日 国有资产监督管理委员会公布《关于国有控股上市公司股权分置改革的指导意见》。该指导意见提出：股权分置是制约我国资本市场稳定发展的基本制度问题，也是影响市场配置资源效率和国有资本有序流转的重要因素，必须采取切实有效的措施，积极稳妥地加以解决。股权分置改革工作要着眼于上市公司长远发展，切实保护投资者特别是公众投资者的合法权益。国有控股上市公司的控股股东要根据调整国有经济布局和结构、促进资本市场稳定发展的原则，结合企业实际情况，确定股权分置改革后在上市公司中的最低持股比例。

世界银行执行董事会批准向中国可再生能源规模扩大项目提供8 700万美元贷款，此外，全球环境基金（Global Environment Facility，GEF）向该项目提供4 022万美元赠款。可再生能源规模扩大项目是世界银行和全球环境基金近年来所支持的最大的可再生能源项目，项目的目标是帮助中国以经济、高效的方式大规模地扩大可再生电力供应，项目在实施期间，预期将把可再生能源发电能力提高20万千瓦以上。该项目将在福建、内蒙古、江苏和浙江4个试点省区实施。

中国保监会发布《关于保险外汇资金投资境外股票有关问题的通知》。该通知规定：经国务院批准，允许保险外汇资金投资境外成熟资本市场证券交易所上市的股票，包括参与境外上市配售、定向配售等方式。保险外汇资金投资境外股票，目前仅限于中国企业在境外发行的股票，投资总额按成本计算不超过国家外汇管理局核准投资付汇额度的10%；投资一家机构发行的股票不超过该机构发行股票总额的5%。保险公司应将投资境外股票方案报中国保监会。

21日 国务院常务会议召开，批准上海浦东新区进行综合配套改革试点。会议认为，我国改革正处于攻坚阶段，在继续做好有关专项改革试点的同时，选择具备条件的地区，进行完善社会主义市场经济体制综合配套改革试点，提供相关经验，对于实现党的十六届三中全会提出的改革目标具有重要意义。会议要求，浦东综合配套改革试点要着力转变政府职能，着力转变经济运行方式，着力改变二元经济与社会结构。

2004年年底，上海市发展改革委、浦东新区政府报送国家发展改革委的《上海浦东综合改革试验区框架方案》提出要将浦东建设成为国际金融中心。浦东要配合国家金融监管部门完善风险防范和处置的协调机制，进一步扩大在沪金融监管机构的权限，稳步推进金融领域的改革开放。

23日 交通银行股份有限公司（股票简称：交通银行；股票代码：3328. HK）在香港联交所挂牌上市，成为中国内地第一家在海外公开发行上市的商业银行。上市首日，交通银行股价以2. 8港元开盘，全日最高为2. 90港元，收市时报2. 825港元，较其每股招股价2. 5港元上升了13%。首日总成交股数为18. 19亿股，总成交额约51. 39亿港元。交通银行于2005年8月22日收盘后公布了其上市后的首份中期业绩报告，上半年每股盈利0. 12元。截至2005年6月30日，交行H股共募集资金142. 61亿港元，资本充足率为11. 29%，核心资本充足率8. 68%。上半年实现税前利润68. 84亿元人民币，比2004年同期增加43. 67亿元人民币，增幅达173. 50%；净利息收入为149. 42亿元人民币，比2004年同期增加35. 56亿元人民币，增幅达31. 23%。银行上半年实现净利润46. 05亿元，每股盈利0. 12元。中报披露，在7月4日行使超额配售权后，交通银行前几大股东的持股情况为：财政部持股占总股本的21. 78%；香港上海汇丰银行有限公司持股占总股本的19. 90%；全国社保基金理事会持股占总股本的12. 13%；香港中央结算（代理人）有限公司持股占总股本的11. 32%；中央汇金投资有限责任公司持股占总股本的6. 55%。

中国海洋石油总公司（以下简称中海油）并购尤尼科（UNOCAL）公司事件。中海油宣布，以全现金收购方式（总价185亿美元）收购美国第九大石油公司UNOCAL。同时，美国第二大石油公司雪佛龙宣布以25%的现金（65亿美元）、75%的股票（1. 03股雪佛龙股票换1股尤尼科股票）收购尤尼科公司。按照雪佛龙公司4月1日股票59. 31美元的收盘价，收购价约为62. 07美元/股，总价为165亿美元，但在收购过程中美国国会对中海油竞购施加了极大的政治压力。6月27日，52位众议员联名致信总统布什和财政部部长斯诺，要求财政部外国投资审查委员会依据《埃克松—弗洛里奥修正案》严格审查中国政府在这一收购案中扮演的角色，并在7月30日美国参众两院通过了能源法案新增条款，要求政府在120天内对中国的能源状况进行研究，待该研究报告出台21天后，才能够批准中海油对尤尼科的收购。这一法案的通过基本排除了中海油竞购成功的可能，因为8月10日是尤尼科董事会投票决定谁是买家的最后日子。8月2日，中海油宣布撤回对尤尼科的收购要约。

25日 中国工商银行转移可疑类贷款。在中国人民银行、财政部、中国银监会的组织下，通过公开竞标，中国工商银行与中国华融资产管理公司、中国信达资产管理公司、中国东方资产管理公司、中国长城资产管理公司在京分别签订了总额4 590亿元的可疑类贷款（截至2005年4月30日）的转让协议，平均转让价格为资产面值的26.38%。其中，中国华融资产管理公司中标227.1亿元，中国信达资产管理公司中标581亿元，中国东方资产管理公司中标1 212亿元，中国长城资产管理公司中标2 569.9亿元。中国工商银行的可疑类贷款分布在除上海、浙江、江苏和宁波4个分行以外的35个工商银行分行，分为35个资产包。根据计划，从6月27日开始，中国工商银行与四大资产管理公司开始进行资产交接和公告工作；6月30日之前，完成资产转让。至此，中国工商银行财务重组基本完成。

26日 第六届亚欧财长会议在天津举行。国务院总理温家宝在第六届亚欧财长会议上发表题为“加强亚欧财金合作促进各国共同发展”的讲话，并就人民币汇率问题提出三个观点：每个国家都有权选择适合本国国情的汇率制度和汇率政策，这是国际上的共识；保持人民币汇率在合理、均衡水平上的基本稳定，有利于中国经济的发展，有利于周边国家和地区经济的发展，有利于国际金融稳定和贸易发展；人民币汇率改革必须坚持主动性、可控性和渐进性的原则。

首批企业短期融资券发行。华能国际、振华港机、国航股份、五矿集团、国家开发投资公司5家企业，按照《短期融资券管理办法》规定的条件和程序提交备案材料后，在银行间债券市场向合格机构投资人成功发行了7只短期融资券，总面额共109亿元。工商银行、中国银行、建设银行、光大银行分别担任7只短期融资券的主承销商，中国农业银行、中信证券等8家金融机构参加了承销团。7只短期融资券分布在三个月、六个月、九个月和一年共四个期限品种上，经过此次发行，短期融资券的利率期限结构初步确定，其中一年期短期融资券的参考收益率为2.92%。

截至2005年年底，近60家企业在银行间市场共发行了74批次、总额1 491亿元的短期融资券。1989年2月27日，《中国人民银行关于发行短期融资券有关问题的通知》规定，允许企业发行短期融资券，1997年停止发行。

28日 国务院扶贫开发领导小组办公室、财政部、中国人民银行、中国银监会联合下发《关于开展建立“奖补资金”推进小额贷款到户试点工作的通知》，在江西、重庆、贵州和陕西4省（直辖市），各选择两个县，开展建立“奖补资金”推进小额贷款到户的试点，将部分中央财政扶贫资金作为“奖补资金”，用于贫困户贷款的利息补贴、亏损补贴或奖励；继续探索扶贫贷款到户的有效机制，进一步扩大扶贫贷款到户的规模。

审计署审计长李金华向十届全国人大常委会第十六次会议报告2004年度中央预算执行和其他财政收支的审计情况。该报告指出：2004年，审计署统一组织对中国华融资产管理公司、中国长城资产管理公司、中国东方资产管理公司、中国信达资产管理公司及其各分支机构的资产负债损益情况进行了审计，共抽查这些资产管理公司收购的金融不良资产5 544亿元，占其收购总额的39%。截至2004年年末，4家资产管理公司累计处置不良资产6 750亿元，处置进度为53.9%；累计回收现金1 370亿元，现金回收率为20.2%。此次审计共查出各类违规、管理不规范问题和案件线索金额715.49亿元，占审计抽查金额的13%。对金融资产管理公司审计发现的主要问题是：违规剥离和收购不良资产；违规低价处置不良资产；一些资产管理公司财务管理混乱，违规挪用资产处置回收资金为职工谋利或公款私存，造成回收资金损失；对抵债资产管理不严，大量账外存放或违规自用。该报告针对金融资产管理公司审计发现的主要问题提出以下意见：完善制度，建立科学规范的金融资产管理公司运行机制。改革资产管理公司现行体制，加大对资产处置环节的监管力度，尽快完善相关法律、法规和规章制度；要整顿规范中介服务市场，规范地方政府和法院的行为，为资产管理公司创造更为有利的外部环境。

根据2006年3月29日审计署发布“2004年度中央预算执行和其他财政收支审计查出问题的纠正结果”的公告：4家资产管理公司共对191名责任人给予开除、降职、警告、罚款等处分。审计发现的各类违法犯罪案件线索40起移交有关部门立案查处。

中国金币特许零售商试点单位签约授牌仪式在京举行。试行特许零售制度是继6月16日中国金币总公司直销中心挂牌运营之后，中国贵金属纪念币营销体制的又一次重要改革。

29日 中国人民银行货币政策委员会召开2005年第二季度例会。会议认为：当前，我国国民经济延续了2005年以来平稳较快发展的良好势头，新的人民币汇率形成机制运行平稳，人民币汇率在合理均衡的水平上保持基本稳定。下一阶段货币政策取向和措施，应继续执行稳健的货币政策，在总量上保持连续性和稳定性的同时，加强预调和微调，提高货币政策的前瞻性。加强本外币政策的协调，增强货币政策的主动性和有效性。大力推动金融市场制度性建设，扩大直接融资渠道，推进金融市场的整体协调发展。进一步完善人民币汇率形成机制，扩大外汇市场，增加人民币汇率的浮动弹性，保持人民币汇率在合理、均衡水平上的基本稳定。深化外汇管理体制改革，促进国际收支基本平衡。

30日 中国证监会、财政部、中国人民银行联合发布《证券投资者保护基金管理办法》。该管理办法规定，证券投资者保护基金是指在防范和处置证券公司风险中用于保护证券投资者利益的资金。基金的来源主要有：一是上海证券交易所、深圳证券交易所在风险基金分别达到规定的上限后，交易经手费的20%纳入基金。二是证券公司按其营业收入的0.5%～5%缴纳基金。三是发行股票、可转债等证券时，申购冻结资金的利息收入。四是依法向有关责任方追偿所得和从证券公司破产清算中的受偿收入。五是国内外机构、组织及个人的捐赠以及其他合法收入。但在基金公司设立时，财政部专户储存的历年认购新股冻结资金利差余额，一次性划入，作为基金公司的注册资本；人民银行安排发放专项再贷款，垫付基金的初始资金。根据防范和处置证券公司风险的需要，基金公司可以采用多种形式进行融资。必要时，经国务院批准，基金公司可以通过发行债券等方式获得特别融资。

该管理办法要求，基金公司使用基金偿付证券公司债权人后，取得相应的受偿权，依法参与证券公司的清算。基金的资金运用限于银行存款、购买国债、中央银行债券（包括中央银行票据）和中央级金融机构发行的金融债券以及国务院批准的其他资金运用形式。该管理办法自7月1日起施行。

中国人民银行、财政部、中国银监会联合发布《关于证券公司个人债权及客户证券交易结算资金收购有关问题的通知》。该通知规定，权属不清晰或资产被挪用的三方监管委托理财中的个人债权部分，纳入收购范围，由监管方证券营业部所在地政府负责甄别确认和收购。对于挪用的正常经纪类个人客户的证券，由托管清算机构负责甄别确认，报中国证监会审查后向人民银行申请再贷款，按照《个人债权及客户证券交易结算资金收购意见》（2004年11月4日发布）中关于个人债权的规定予以收购。未按时登记的个人债权，可以在托管清算机构确定的延长期内补充登记。该通知强调，各地政府在坚持“谁集资、谁负责”，集资机构在承担相应责任的基础上，可根据实际情况决定是否帮助集资企业筹措资金收购机构名义个人债权。在帮助筹措资金收购机构名义个人债权时，要进行严格的甄别，同时要严肃处理集资机构的违法行为，追究集资机构和证券公司主要负责人及相关责任人的法律责任。对机构债权人弄虚作假，将机构债权虚报为机构名义个人债权并要求收购的，地方政府在查实后要严厉追究其法律责任。

中国人民银行大额支付系统顺利完成在全国的建设和推广应用。大额支付系统连接全国61 768家银行业金融机构，其中，直接参与者1 503 个，间接参与者 60 265 个；日均处理业务笔数 40 多万笔，金额 4 700 多亿元，每笔支付业务不到 1 分钟即可到账。

大额实时支付系统是中国现代化支付系统的重要组成部分，处理跨行同城和异地的金额在规定起点以上的大额贷记支付业务和紧急的小额贷记支付业务。大额实时支付系统采取逐笔发送支付指令，全额实时清算资金。

天津农村合作银行开业。天津农村合作银行是在原天津市农村信用联社的基础上按照股份合作模式组建的，这种模式既具有合作制中一人一票的特点，又具有“按股表决”的股权特征。在这次改制中，该银行引入了 40 多家民营企业的股份，占总股份的 48% 左右。此外，12 个区县合作银行（联社）持有 50% 的股份，另有 2% 为内部员工股。天津农村信用社体制改革全部完成后，将建立天津农村合作银行和区县农村合作金融机构两级法人架构。

截至 2005 年 5 月末，天津市农村信用社系统拥有区县联社 12 个，农村信用社 150 个，全部盈利，2004 年人均揽存额超 1 000 万元，人均创税利 10 万元，资产总额 800.9 亿元。天津农村信用社的改革模式被称为“天津模式”。

中国人民银行与中国华融资产管理公司、中国长城资产管理公司、中国东方资产管理公司、中国信达资产管理公司、中国工商银行分别签订专项再贷款和专项中央银行票据协议书。中国人民银行向上述四家资产管理公司共发放专项再贷款 4 587.9 亿元，用于认购中国工商银行的可疑类贷款，中国工商银行以其出售可疑类贷款所得，归还 283.25 亿元再贷款，余额4 304.65 亿元认购专项中央银行票据。

7 月

深圳对小额账户收取年费并降息。4 月 30 日，中国建设银行深圳市分行发布公告，从 2005 年 7 月 1 日起，对所有日均存款余额在 500 元以下的人民币个人活期存款账户，执行 0.01% 的活期存款利率，同时每年收取 10 元管理费。该行目前约有 563 万个人民币个人活期存款账户，其中日均存款 500 元以下账户占全部账户数的 80%，这些账户大多是长期不使用的睡眠账户或低效账户，占用了超过 80% 的系统资源和大部分柜面资源。

2002 年 3 月，花旗银行在中国境内首次宣布对存款余额在 5 000 美元以内的账户每月收取 6 美元或 50 元人民币。自 2004 年年底开始，将原来的收取管理费的存款余额由 5 000 美元提高到 1 万美元。

2 日　国务院发布《关于加快发展循环经济的若干意见》。该文件提出了发展循环经济的重点工作和重点环节，同时要求，对发展循环经济的重大项目和技术开发、产业化示范项目，政府要给予直接投资或资金补助、贷款贴息等支持，并发挥政府投资对社会投资的引导作用。各类金融机构应对促进循环经济发展的重点项目给予金融支持。

中国平安保险（集团）股份有限公司所属平安银行有限责任公司（以下简称平安银行）在上海开业。平安银行前身是设立在福州市的福建亚洲银行，福建亚洲银行于 1992 年 12 月由中国银行福建信托咨询公司与香港中亚财务有限公司合资创办，注册资本为 3 000 万美元，中外股东各持股 50%，于 1993 年 6 月 26 日正式开业，其唯一的机构就是在福州市设立的总行。2003 年 12 月 29 日，经中国银监会批准，中国平安保险（集团）股份有限公司的子公司平安信托和汇丰银行一起收购了福建亚洲银行 100% 的股份，根据收购协议，收购结束后，平安保险公司增资 2 300 万美元，使其持股比例达到 73%，汇丰持股比例变为 27%。

6 日　国家税务总局发布《个人所得税管理办法》。该管理办法规定：税务机关应重点加强与银行、外汇管理等部门的协调配合，着重掌握纳税人的相关收入信息，并应将金融、保险、证券等从业人员纳入重点纳税人范围，对金融、保险、证券等行业实行重点税源管理。该管理办法自2005年10月1日起执行。

8日 四川南充市商业银行与三家德国金融机构签署战略合作协议。德国投资与开发有限公司（German Investment and Development Company，DEG）、德国储蓄银行国际发展基金（SIDT）分别认购南充市商业银行300万欧元和100万欧元的股份，占南充市商业银行增资扩股后总股本的10%和3.3%。同时，德国储蓄银行国际合作基金（SBFIC）将对南充市商业银行提供技术援助。南充市商业银行成立于2001年12月27日，是在南充市原10家城市信用社的基础上成立的，总股本1.007亿元，其中，国资持股比例为22.17%，几家民企持股比例为61.2%，自然人持有1.63%的股权。

11日 中国人民银行通过《财经》杂志公布《中国反洗钱报告（2004）》。该报告指出，2004年4~8月，中国人民银行组织开展了履行反洗钱职能以后的第一次全国范围内的检查活动。对国有独资商业银行、股份制商业银行和城市商业银行2003年3月1日至2004年2月29日的反洗钱工作情况进行了全面检查，检查的重点是反洗钱内控制度和组织机构建设、客户尽职调查、账户资料和交易记录保存、本外币可疑交易报告等。在检查过程中，18个省（自治区、直辖市和计划单列城市）的人民银行分支行对80家商业银行进行了处罚，其中，对49家商业银行进行了罚款处罚，罚款总金额为173.1万元，对31家商业银行进行了警告处罚。另外，18个省（自治区、直辖市和计划单列城市）人民银行分支行也对违规金融机构进行了通报批评，并要求限期整改。截至2004年12月31日，中国人民银行、国家外汇管理局配合公安机关破获洗钱及其相关案件50起，涉案金额达5.7亿元人民币和4.47亿美元。

该报告显示，中国的洗钱活动具有很强的本土特征，其中以地下钱庄的洗钱活动最为典型。地下钱庄是一种特殊的非法金融组织，游离于金融监管体系之外，利用或部分利用金融机构的资金结算网络，从事非法买卖外汇、跨国（境）资金转移、资金存储及借贷等非法金融业务。地下钱庄通过从事洗钱、非法买卖外汇等各种非法活动，协助不法分子将资金转移出境，日益成为贪污、逃税、走私、偷渡等各种犯罪活动的伴生物。该报告是中国人民银行成立中国反洗钱监测分析中心后公布的首份反洗钱报告，之前，此项工作主要由国家外汇管理局负责。

12日 中国证监会发布《上市公司与投资者关系工作指引》。该指引规定投资者关系工作的基本原则是：充分披露信息原则；合规披露信息原则；投资者机会均等原则；诚实守信原则；高效低耗原则；互动沟通原则。投资者关系工作中公司与投资者沟通的内容主要包括：公司的发展战略；定期报告和临时公告；公司依法可以披露的经营管理信息；公司依法可以披露的重大事项和企业文化建设。公司应确定由董事会秘书负责投资者关系工作，并结合本公司实际制定投资者关系工作制度和工作规范。

由中国保险业协会牵头制定的《机动车辆保险服务承诺》和《个人意外伤害保险、健康保险服务承诺》正式公布。中国人民财产保险股份有限公司、中国太平洋财产保险股份有限公司、中国平安财产保险股份有限公司等全国45家保险公司共同在承诺书上签字。这是中国保险行业第一份全国性、全行业的内部服务标准类文件。

13日 中国银监会发布《城市信用社监管与发展规划》。该规划提出城市信用社监管与发展的基本原则和总体目标是：本着有利于防范化解地方金融风险，有利于促进地方经济发展，有利于城市信用社持续、稳定、健康发展的监管思路，按照“整体规划，具体指导，标本兼治，分类处置”的风险处置原则，坚持“一社一策”，力争用三年左右的时间，通过整顿、规范改造和扶持发展，基本消除城市信用社的风险隐患，将城市信用社逐步发展成为产权关系清晰、治理结构完善、经营管理规范的股份制金融企业。

15 日 中国证券业协会发布《关于保荐机构从事股权分置改革业务有关问题的通知》。该通知明确：保荐机构应以服务的质量、承担的工作量和保荐的责任及风险为基础，合理收取相关费用，费用原则上可以包括财务顾问费和保荐费两部分，财务顾问费是保荐机构制定并协助实施股权分置改革方案收取的费用，保荐费是保荐机构履行尽职调查职责、出具保荐意见、履行持续督导职责收取的费用；财务顾问费以不低于 100 万元的标准收取，保荐费以不低于 150 万元的标准收取。保荐机构应当在上市公司股权分置改革方案实施后 15 个工作日内向中国证券业协会报送股权分置改革保荐工作总结报告。

18 日 《上海证券交易所权证管理暂行办法》《深圳证券交易所权证管理暂行办法》分别发布。两个暂行办法规定：权证是指标的证券发行人或其以外的第三人发行的，约定持有人在规定期间内或特定到期日，有权按约定价格向发行人购买或出售标的证券，或以现金结算方式收取结算差价的有价证券。具有交易所会员资格的证券公司可以自营或代理投资者买卖权证。权证采用竞价方式进行交易的，权证买卖单笔申报数量不超过 100 万份，申报价格最小变动单位为 0. 001 元人民币。权证买入申报数量为 100 份的整数倍，交易实行价格涨跌幅限制。权证行权采用现金方式结算的，投资者行权时，按行权价格与行权日标的证券结算价格及行权费用的差价，收取现金；权证行权采用证券给付方式结算的，投资者行权时，应支付依行权价格及标的证券数量计算的价款，并获得约定数量的标的证券；认沽权证的持有人行权时，应交付约定数量的标的证券，并获得依行权价格及标的证券数量计算的价款。

20 日 国务院第 99 次常务会议召开，批准邮政体制改革方案。会议认为，随着经济体制改革的不断深化，我国邮政业现行管理体制已不能适应市场经济需要，进一步深化邮政体制改革已成为当前一项重要而紧迫的任务。会议确定邮政体制改革的基本思路是：实行政企分开，加强政府监管，完善市场机制，保障普遍服务和特殊服务，确保通信安全；改革邮政主业和邮政储蓄管理体制，促进向现代邮政业方向发展。重新组建国家邮政局，作为国家邮政监管机构；组建中国邮政集团公司，经营各类邮政业务；加快成立邮政储蓄银行，实现金融业务规范化经营。据新华社资料：截至 2005 年 6 月末，全国邮政储蓄存款余额 12 285 亿元，储蓄市场占有率达 9. 25%，储蓄规模仅次于 4 家国有商业银行和农村信用社。全国邮政储蓄营业网点已超过 36 000 个（其中县及县以下农村网点占 2/3 以上），成为国内网点数量最多的金融机构。

21 日 中国人民银行发布《关于完善人民币汇率形成机制改革的公告》。1. 自 2005 年 7 月 21 日起，我国开始实行以市场供求为基础、参考“一篮子”货币进行调节、有管理的浮动汇率制度。人民币汇率不再盯住单一美元，形成更富弹性的人民币汇率机制。2. 人民银行于每个工作日闭市后公布当日银行间外汇市场美元等交易货币对人民币汇率的收盘价，以此作为下一个工作日该货币对人民币交易的中间价格。3. 2005年7月21日19:00，美元对人民币交易价格调整为1美元兑8. 11 元人民币，作为次日银行间外汇市场上外汇指定银行之间交易的中间价，外汇指定银行可自此时起调整对客户的挂牌汇价。4. 现阶段，每日银行间外汇市场美元对人民币的交易价仍在人民银行公布的美元交易中间价上下 3‰的幅度内浮动，非美元货币对人民币的交易价在人民银行公布的该货币交易中间价上下一定幅度内浮动。中国人民银行将根据市场发育状况和经济金融形势，适时调整汇率浮动区间。

中国人民银行发布《关于银行间外汇市场交易汇价和外汇指定银行挂牌汇价管理有关事项的通知》。该通知规定：每日银行间外汇市场美元对人民币的交易价仍在中国人民银行公布的美元交易中间价上下 3‰的幅度内浮动，非美元货币对人民币的交易价在中国人民银行公布的该货币交易中间价上下 15‰的幅度内浮动。外汇指定银行对客户挂牌的美元对人民币现汇买卖价不得超过中国人民银行公布的美元交易中间价上下 2‰，现钞买卖价不得超过现汇买卖中间价上下 10‰。

22 日 以市场供求为基础、参考“一篮子”货币进行调节、有管理的浮动汇率制度正式实行。中国人民银行宣布，将于每个工作日闭市后在中国人民银行网站发布《人民币汇率交易收盘价公告》，公布当日银行间外汇市场美元等交易货币对人民币汇率的收盘价。当日，银行间外汇市场美元等交易货币对人民币汇率的收盘价为：1 美元兑换人民币 8.1111 元，1 欧元兑换人民币 10.0141 元，100 日元兑换人民币 7.3059 元，1 港元兑换人民币 1.0478 元。

中国人民银行、财政部、中国银监会、中国证监会联合发布《个人债权及客户证券交易结算资金收购实施办法》。该实施办法规定三种资金不能界定为客户证券交易结算资金：客户与券商间存在经纪业务以外的书面形式违规委托理财或借贷类关系的；客户承诺资金或证券存入或托管一定期限不提取或不动用的；券商已直接向客户支付过返还佣金以外收益的。该实施办法强调，凡个人债权人与被处置金融机构分支机构直接发生业务的，收购工作由该金融机构分支机构所在地的政府负责；与被处置金融机构分支机构未直接发生业务活动的，收购工作由该金融机构注册地政府负责。

28 日 中国银监会发布《银行开展小企业贷款业务指导意见》。该指导意见明确：小企业泛指各类所有制和组织形式的小型企业及个体经营户，贷款泛指各类贷款、贸易融资、贴现、保理、贷款承诺、保证、信用证、票据承兑等表内外授信和融资业务。贷款主要以借款人经营活动所形成的现金流量和个人信用为基础，并可以以其已有可抵押资产和未来融资项下形成的资产和权益进行抵押、质押；只有在确认第一还款来源不足时，方可要求借款人提供有效的担保；银行在小企业贷款上必须引入贷款利率的风险定价机制；贷款期限和偿还方式应符合小企业借款人现金流量的特点；采取符合小企业贷款流程特点的信贷风险控制措施。

为推动银行业金融机构贯彻落实该指导意见，中国银监会确定国家开发银行、中国工商银行、浙江省商业银行以及一批城市商业银行作为重点联系银行，以点带面，逐步推进小企业金融服务。

国家邮政局宣布邮政外币储蓄系统在广东试行，首批开办外币储蓄业务的是广州、深圳、江门三个市局的 14 个邮政网点。随后在北京、福建等地陆续试行。试点的邮储网点可为客户开立现钞账户和现汇账户，提供活期存款、定期存款，此前只能办理美元储蓄。

29 日 国务院办公厅转发中国证监会《关于证券公司综合治理工作方案》。该方案提出，综合治理工作的基本原则是：多管齐下，分类处置；标本兼治，重在治本；统筹兼顾，确保稳定；依法行政，完善机制。该方案还提出了综合治理工作的近期目标和远期目标。

国务院办公厅在转发该方案的通知中指出：随着证券市场的结构性调整和改革力度加大，近年来，证券公司存在的问题逐渐暴露，风险集中爆发，经营和发展遇到了很大困难，迫切需要采取措施进行综合治理。证券公司综合治理工作敏感度高、涉及面广，事关证券市场的健康发展和社会稳定。该通知要求：要进一步加强对证券公司的监管，积极推进各项基础制度改革，稳妥处置证券公司风险，推进证券公司重组，并采取切实、有效的措施解决证券公司流动性问题，支持、引导证券公司创新发展、做优做强。要严肃法纪，加大对证券犯罪行为的打击和涉案资产的追缴力度。要加强舆论宣传和引导，做好解疑释惑工作，为证券公司综合治理工作创造有利的舆论环境。地方各级人民政府要切实承担起维护社会稳定的职责，对行政区域内证券公司的风险状况要做到心中有数，制定好应急预案。要按照国家的有关规定认真做好破产关闭证券公司的个人债权甄别和收购资金筹措等工作，及时、妥善地解决好行政区域内机构名义个人债权等敏感问题。对可能引发群体性事件或恶性个案的不稳定因素，要及时采取措施，果断予以化解。

中国银监会金融资产管理公司现场检查暨查处工作会议在合肥召开。会议指出，在上半年金融资产管理公司接收中国银行、建设银行、交通银行三家银行第二次剥离不良贷款（即二次剥离）的过程中存在较多的问题，包括超范围剥离、违规剥离、剥离资料严重不全、剥离过程中银行擅自处置剥离资产、擅自释放担保权、个人消费信贷问题严重、剥离交接期间维权不力丧失诉讼时效等。会议提出下一步将重点做好六个方面的工作：一是全面开展对四家资产管理公司2004年以及2005年上半年完成的终极处置项目检查，重点查处资产处置过程中的违法、违规行为。二是巩固和扩大查处工作成果，严格责任追究，对重点项目要根据资产处置活动的轨迹进行持续跟踪，典型项目要形成案例研究报告。三是将二次剥离中发现的重大问题线索一查到底，从体制、机制上研究解决问题的措施。四是对资产管理公司实行全方位监管。五是加强对资产管理公司改革、发展与监管的重大课题研究。六是配合有关部门，不断推动不良金融资产处置环境的持续改善。

8月

1日 劳动和社会保障部公布第一批企业年金基金管理机构。其中，企业年金基金法人受托机构共5家，企业年金基金账户管理人共11家，企业年金基金托管人共6家，企业年金基金投资管理人共15家。随着企业年金基金管理机构的产生，企业年金基金入市正式启动。

2日 中国人民银行发布《关于扩大外汇指定银行对客户远期结售汇业务和开办人民币与外币掉期业务有关问题的通知》。该通知规定：1. 只要银行具有即期结售汇业务和衍生产品交易业务资格，备案后均可从事远期结售汇业务。2. 实行备案制的市场准入方式，加强银行的内部控制和自律管理。3. 银行可根据自身业务能力和风险管理能力对客户报价，增强市场价格发现功能，促进交易，为客户提供更好的服务。4. 放开交易期限限制，由银行自行确定交易期限和展期次数。5. 在现有的贸易、服务、收益三大类经常项目交易基础上，放开包括经常转移在内的全部经常项目交易，另外增加部分资本与金融项目交易。该通知还允许银行对客户办理不涉及利率互换的人民币与外币掉期业务，并明确了银行对客户办理远期结售汇业务和人民币与外币掉期业务的相关交易应遵守外汇管理规定，保证外汇收支的真实性和合规性。管理部门将通过对市场的非现场监管，提升防范市场风险的能力。

中国人民银行于1997年允许中国银行成为首家试点办理远期结售汇业务的银行。据《2005年中国国际收支报告》统计，截至2005年年底，新增39家中外资银行开办远期结售汇业务，使得具有远期结售汇业务资格的银行达到46家。其中，中资银行15家，外资银行31家（同一外资银行的不同分行合并计算）。远期结售汇业务的范围扩大到所有经常项目外汇收支，以及外债、直接投资、境外上市等部分资本项下的外汇收支活动。远期结售汇业务的期限结构、合约展期次数和汇率由银行自行确定。截至2005年年底，核准7家银行（均为中资银行）开办人民币对外币的掉期业务。

国家外汇管理局发布《关于放宽境内机构经常项目外汇收入有关问题的通知》。该通知作出以下调整：境内机构上年度经常项目外汇支出占经常项目外汇收入的比例为80%以下的，其经常项目外汇账户可保留现汇的比例由其上年度经常项目外汇收入的30%调整为50%；境内机构上年度经常项目外汇支出占经常项目外汇收入的比例为80%（含80%）以上的，其经常项目外汇账户可保留现汇的比例由其上年度经常项目外汇收入的50%调整为80%；新开立经常项目外汇账户的初始限额，由以前的不超过等值10万美元调整为不超过等值20万美元。

3日 国家外汇管理局发布并施行《关于调整境内居民个人经常项目下因私购汇限额及简化相关手续的通知》。该通知规定：对于持因私护照的境内居民个人出境旅游、探亲、考察等有实际出境行为的购汇指导性限额，出境时间在半年以下的，由等值3 000美元提高为等值5 000美元；在半年（含半年）以上的，由等值5 000美元提高到等值8 000美元。对于境内居民持境内金融机构发行的外币卡在境外进行的经常项目下的消费支付所形成的投资，持卡人可以在发卡金融机构购汇偿还。对于自费留学人员只有在汇出或在境内银行预交签证保证金后才能取得有效入境签证的特殊情况，允许其在银行交纳2 000元人民币保证金后，持规定的证明材料办理购汇手续。

4日 中国人民银行发布《2005年第二季度中国货币政策执行报告》。该报告指出，2005年上半年宏观调控的成效进一步显现，国民经济保持了平稳、较快增长。投资过快增长的势头继续得到了抑制，消费需求增长较快，各种价格指数平稳回落，城乡居民收入和财政收入有较大幅度增加。2005年上半年，国内生产总值增长9.5%，居民消费价格同比上涨2.3%。6月末，广义货币供应量M_2的余额为27.6万亿元，同比增长15.7%；基础货币余额为5.7万亿元，同比增长11.8%。上半年，金融机构人民币贷款余额为18.6万亿元，同比增长13.3%。货币市场利率平稳下行。6月末，外汇储备余额为7 109.7亿美元，比上年年末增加1 010.4亿美元。下半年，中国人民银行将继续执行稳健的货币政策，总量上保持连续性和稳定性，加强预调和微调，保持货币信贷稳定增长，注重发挥市场本身的调节作用，巩固宏观调控成果。一是综合运用各种货币政策工具，保持货币信贷合理增长；二是继续贯彻落实利率市场化的政策；三是坚持“区别对待，有保有压”，发挥信贷政策引导结构调整的作用；四是大力培育和发展金融市场；五是加快推进金融企业改革；六是进一步完善人民币汇率形成机制，促进国际收支平衡，保持人民币汇率在合理、均衡水平上的基本稳定。

《中国人民银行突发事件应急预案管理办法》发布实施。该管理办法规定：人民银行系统应急预案的制定和管理实行分类指导、分级负责的原则。各司局、分支行和企事业单位的各项应急预案工作，应贯彻依法行政的要求，使突发事件的应急处置规范化、制度化和法制化。因突发事件可能形成下列一个或多个风险的必须制定突发事件应急预案：无法正常、全面、充分地履行法定职责或开展正常的生产、经营管理活动；人员伤亡；较大财产损失或依法须由本单位承担法律责任的他人较大财产损失；危害县（市）以上区域的经济正常运行、金融稳定；危害人民银行的公共关系和形象，造成不良社会影响。人民银行的应急预案体系包括总体应急预案、部门应急预案、专项应急预案、内部应急预案、分支机构预案五个层次。该管理办法对应急预案的制定、应急预案的内容标准、应急预案的管理等做了具体规定。

5日 中国人民银行公布《2004中国房地产金融报告》。该报告指出，当前我国房地产金融面临六大风险：部分地区房地产市场过热，存在市场风险；房地产开发企业高负债经营，隐含财务风险；“假按揭”凸显道德风险；基层银行发放房地产贷款存在操作风险；土地开发贷款有较大信用风险；房地产贷款法律风险加大。该报告显示，境外资金流入热点地区房地产市场的形式主要有四种：一是直接设立外资房地产投资公司或参股境内房地产开发企业。二是间接投资，购买房地产开发企业的债券或外资房地产中介公司以包销的方式批量买入楼盘，再进行商业性销售。三是外资银行对房地产开发企业和个人发放贷款。四是非居民外汇流入，结汇购买房产。该报告指出，房价上涨过快暴露了房地产市场五大制度缺陷：住房制度改革衔接不好诱发新的住房需求；对地方政府经营土地缺乏有效制约；缺乏有效控制土地供应结构的开发规划制度；缺乏合理引导居民住房需求，有效调控投资、投机行为的税收政策；缺乏发达的多层次房地产融资市场。该报告建议取消现行的房屋预售制度，改期房销售为现房销售，同时提倡节约使用住房的消费理念，鼓励中小户型住房消费。

昌九生化庄家操纵股市案结案。湖北省武汉市中级人民法院公开作出一审宣判，以合同诈骗罪、操纵证券交易价格罪判处湖北中融实业有限公司原董事长、总裁葛建飞无期徒刑，剥夺政治权利终身，并处没收个人全部财产。2000年，葛建飞控股的武汉中融公司持有江西昌九生物化工股份有限公司股票（股票简称：昌九生化；股票代码：600228），并选定以该股票作为交易对象。8月，葛建飞聘用操盘手操作昌九生化股票。为拉升昌九生化股票的价格，葛建飞指使武汉中融公司等公司向外大量融资，以武汉中融公司的名义向银行申请银行承兑汇票，骗取3家银行资金共1.93亿元。审理查明，截至2003年9月，湖北中融实业公司利用其控股的武汉中融公司等多家公司，以受托理财、借款、借国债、借股票等形式，累计融资16.7891亿元，分别在全国49家证券营业部，采用自买自卖手段操纵昌九生化的交易价格。其中2003年9月23日，持股数量达到最大值7 459.9931万股，占流通股比例的77.71%，严重破坏了证券交易市场管理秩序。

8日 中国人民银行发布《关于加快发展外汇市场有关问题的通知》。该通知决定：1.符合上年度经常项目跨境外汇收支25亿美元或者货物贸易进出口总额20亿美元以上等条件的非金融企业可以向中国外汇交易中心（以下简称交易中心）申请会员资格，进入银行间即期外汇市场进行自营性交易；保险公司注册资本金不低于10亿元人民币或等值外汇，证券公司、信托公司、财务公司等注册资本金不低于5亿元人民币或等值外汇，基金管理公司注册资本金不低于1.5亿元人民币或等值外汇的非银行金融机构可以向交易中心申请会员资格，进入银行间即期外汇市场交易。非金融企业在银行间外汇市场的即期交易以实需为原则，除现行外汇管理法规规定须经外汇管理局批准的交易外，均可入市交易。非银行金融机构在银行间外汇市场的即期交易，除按现行外汇管理法规规定须经外汇管理局批准并出具结汇或者售汇批准文件方可交易外，其他交易可在市场内进行。2.在银行间外汇市场引入询价交易系统，采取询价交易方式的会员应当在双边授信基础上，通过交易中心询价交易系统进行交易，交易的币种、汇率、金额等由交易双方协商议定。3.政策性银行、商业银行、信托投资公司、金融租赁公司、财务公司和汽车金融公司会员参与银行间远期外汇交易，须获得中国银监会颁发的金融衍生产品交易业务资格；其他非银行金融机构会员须获得其监管部门的批准；非金融企业会员须经国家外汇管理局批准。外汇管理局对银行间远期外汇市场参与主体实行法人备案管理。另外，取得远期交易备案资格六个月以上的市场会员可以开展银行间即期与远期、远期与远期相结合的人民币对外币掉期交易。4.中国人民银行授权国家外汇管理局对银行间即期外汇市场和远期外汇市场进行监督管理。

中国银监会发布《货币经纪公司试点管理办法》。该管理办法规定，在我国进行试点的货币经纪公司是指经批准在中国境内设立的，通过电子技术或其他手段，专门从事促进金融机构间资金融通和外汇交易等经纪服务，并从中收取佣金的非银行金融机构。货币经纪公司及其分公司仅限于向境内外金融机构提供经纪服务，不得从事任何金融产品的自营业务。主要业务是：境内外外汇市场交易；境内外货币市场交易；境内外债券市场交易；境内外衍生产品交易。货币经纪公司从事证券交易所相关业务的经纪服务，须报经中国证监会审批。该管理办法要求货币经纪公司建立健全各项业务管理制度与内部控制制度，建立定期外部审计制度，重点要防范操作风险等。该管理办法共有6章65条，于9月1日起实施。

11月18日，中国银监会发布《货币经纪公司试点管理办法实施细则》，其中规定：货币经纪公司首年亏损额不得超过公司注册资本的50%，前三年亏损总额不得超过注册资本的30%。货币经纪公司董事长不得兼任本公司总经理，董事不得兼任与本公司有利益冲突的其他营业性机构的高级管理人员。

中国银河金融控股有限责任公司（以下简称银河控股）成立。该公司是经国务院批准第一家正式冠以“金融控股”名称的公司。该公司注册资本为70亿元，其中，中央汇金公司出资55亿元持有78.57%的股权，财政部出资15亿元持有21.43%的股权。6月14日，银河证券股份有限公司发布公告，经国务院批准，中央汇金公司拟出资对银河证券股份有限公司进行重组。银河控股将控制三家子公司，分别是银河证券股份有限公司、银河投资有限公司、银河基金公司。银河控股将承接原银河证券有限责任公司的证券类资产。

9日 中国工商银行成为境内首家获批办理韩元现钞兑换业务的银行。中国工商银行宣布，首批在北京、辽宁、吉林、上海、江苏、浙江、湖南、广东等11家国内分行的54个网点开始办理韩元现钞兑换业务。企业和个人可参考国际外汇牌价，将手中的韩圆兑换成人民币。

中国人民银行上海总部成立。上海总部主要以现有的人民银行上海分行为基础进行组建，作为人民银行总行的有机组成部分，在总行的领导和授权下开展工作，将主要承担部分中央银行业务的具体操作职责，同时履行一定的管理职能。上海总部的主要职责包括：根据总行提出的操作目标，组织实施中央银行公开市场操作；承办在沪商业银行及票据专营机构再贴现业务；分析市场工具对货币政策和金融稳定的影响，监测分析金融市场的发展，防范跨市场风险；密切跟踪金融市场，承办有关金融市场数据的采集、汇总、分析工作，定时报送各类动态信息和研究报告；研究并引导金融产品的创新，促进金融市场协调、健康、规范发展；承办有关区域金融交流与合作工作等。上海总部成立初期与中国人民银行上海分行合署办公，并逐步与上海分行整合。上海总部根据总行授权，还承担对中国外汇交易中心（全国银行间同业拆借中心）等总行直属在沪单位的管理工作，以及上海黄金交易所、中国银联等有关机构的协调、管理工作。人民银行副行长项俊波任上海总部主任。

12日 中信证券股份有限公司（以下简称中信证券）、中国建银投资有限责任公司（以下简称建银证券）出资重组华夏证券。中信证券（证券简称：G中信；证券代码：600030）发布公告：该公司和建银证券共同出资46亿元设立中信建投证券公司（以下简称中信建投）和建投中信资产管理公司（以下简称建投中信），分别受让华夏证券的证券类资产和非证券类资产。中信建投注册资本为27亿元人民币，其中中信证券出资16.2亿元，占60%，建银投资出资10.8亿元，占40%。建投中信注册资本为19亿元人民币，中信证券出资5.7亿元，占30%，建银投资出资13.38亿元，占70%。

华夏证券有限公司、南方证券有限公司和国泰证券有限公司三家券商组建于1992年，注册资本金均为10亿元，注册地分别为北京、深圳和上海，由中国工商银行、中国农业银行和中国人民建设银行分别牵头组建，是内地首批成立的全国性证券公司，并称为三大中央级证券公司。截至2004年6月30日，华夏证券有限公司受托投资管理业务累计亏损16.88亿元，持有股票浮动亏损7.43亿元，并且违规开展B股自营业务，亏损折合人民币4 048.27万元。而自营股票为上市公司贷款提供质押反担保，无协议及相关审批手续，收回后减值1 041.39万元，卖出股票亏损5 080.45万元。另外，华夏证券有限公司还存在不良资产比例高、投资收益率低等问题。截至2004年6月30日，华夏证券有限公司全系统不良资产余额为415 976.26万元，是实收资本的1.54倍，占总资产的26%。此外，华夏证券有限公司还存在财务核算造假的情况，2002年12月，通过将21家上市公司法人股转让给下属公司，虚增年度利润51 542.89万元，2003年虚增利润45 030.67万元。中信证券的前身系中信证券有限责任公司，于1995年10月25日在北京成立。1999年10月27日经中国证监会批准，同年12月29日经国家工商行政管理总局变更注册，增资改制为中信证券股份有限公司，注册资本为24.815亿元人民币，注册地为深圳市。

15日 中国外汇交易中心推出银行间远期外汇交易品种，同时升级外汇交易系统。当日，中国工商银行和中国建设银行成交两笔美元/人民币远期交易，期限分别为一个月和一年，成交价格分别为8.0778元人民币/美元和7.8140元人民币/美元。全天系统运行平稳，交易顺畅。美元对人民币远期交易最新报价为：一个月为8.0778元人民币/美元，三个月为8.0370元人民币/美元，六个月为7.9417元人民币/美元，九个月为7.8609元人民币/美元，一年为7.8140元人民币/美元。远期外汇交易是指外汇买卖双方预先签订远期外汇买卖合同，规定买卖的比重、金额、汇率及未来交割的时间，在约定的到期日由买卖双方按约定的汇率办理收付交割的外汇交易。截至2005年10月24日，中国外汇交易中心公布获得外汇远期交易的会员共54家。

中国证监会发布《关于股权分置改革中证券投资基金投资权证有关问题的通知》。该通知规定：基金可以持有在股权分置改革中被动获得的权证，并可根据交易所的有关规定卖出该部分权证或行权；基金可以主动投资在股改中发行的权证。基金投资权证应当遵照有关法律、法规，符合基金合同的有关约定，基金管理人根据基金的投资策略和风险收益特征，制定切实可行的权证投资方案，约定该基金投资权证的具体比例，并将权证投资方案报告中国证监会并公告。权证投资方案应当列明基金投资权证的比例限制、投资策略、信息披露方式、风险控制措施等，并充分揭示相关投资风险。基金管理人运用基金财产进行权证投资，不得有下列情形：一只基金在任何交易日买入权证的总金额，超过上一交易日基金资产净值的5‰；一只基金持有的全部权证，其市值超过基金资产净值的3%；同一基金管理人管理的全部基金持有的同一权证，超过该权证的10%。因证券市场波动、基金规模变动、股改中支付对价等基金管理人之外的因素致使基金投资不符合上述规定及基金合同或基金权证投资方案约定的投资比例的，基金管理人应当在10个交易日之内调整完毕。

16日　余振东涉嫌贪污挪用公款案在广东省江门市中级法院开庭审理。余振东被指控贪污公款8 247万美元，挪用巨额资金1.32亿美元、2.73亿元人民币、2 000万港元。此次开庭，美方派员列席旁听。该案是我国政府签署《联合国反腐败公约》及《中美关于刑事司法协助协定》后，首个贪污外逃人员被从国外押解回国的案例。余振东也是第一个由美方人员押送移交中方的外逃贪官，以往美方对中国贪官最多是驱逐出境。

中国银行开平支行特大贪污挪用公款案件是中国银行在2001年10月12日进行全行数据信息科技大集中时，发现的一起重大违法、违规案件。开平支行三任行长许超凡、余振东、许国俊等人内外勾结，利用当时联行资金汇划系统存在的漏洞，大肆贪污挪用巨额银行资金约7亿多美元，并在案件败露后经中国香港、加拿大逃往美国。案发后，中国银行及时向警方报案，同时采取各种措施，追查和堵截被犯罪嫌疑人转移的涉案资金，并依法在香港特区和美国、加拿大等地对涉案人员提起民事诉讼，全力协助执法机关对涉案外逃人员进行追捕。2004年4月14日，美国将外逃美国被拘押的中国银行开平支行特大贪污挪用公款案主犯之一余振东移交中国警方。余振东被押解回国后不久，许国俊于2004年9月下旬在美国堪萨斯州的一个小镇上被捕。同年10月初，许超凡也在美国俄克拉何马州的一个小镇上被捕。2006年1月31日，美国司法部表示，中国银行两名前管理者许超凡、许国俊及其同伙共五人被指控盗窃了超过4.85亿美元的资金，并通过拉斯维加斯赌场洗钱。美国司法部宣布以犯有诈骗、洗钱、护照和签证欺诈等15项罪名对中国银行开平支行前行长许超凡、许国俊及其亲属提起诉讼。

国家外汇管理局发布《关于调整境内银行为境外投资企业提供融资性对外担保管理方式的通知》。该通知明确：国家外汇管理局对银行为境外投资企业提供融资性对外担保实行余额管理，并依据银行的外汇实收资本或营运资金、上年度对外担保及履约状况等指标按年度为银行核定余额指标；银行可在该指标范围内，自行为境外投资企业提供融资性对外担保。银行对外担保余额、境内外汇担保余额及外汇债务余额之和不得超过其自有外汇资金的20倍；对一家企业法人的外汇放款余额、外汇担保余额（按50%计算）及外汇投资（参股）之和不得超过其自有外汇资金的30%。该通知自2005年9月1日起施行。

18日　中国人民银行公布《个人信用信息基础数据库管理暂行办法》。该暂行办法规定：个人信用信息基础数据库是中国人民银行组织商业银行建立的全国统一的个人信用信息共享平台，其目的是防范和降低商业银行信用风险，维护金融稳定，促进个人消费信贷业务的发展。商业银行、征信服务中心应当建立严格的内控制度和操作规程，保障个人信用信息的安全。个人信用信息基础数据库采集的信息是个人信用交易的原始记录，商业银行和征信服务中心不增加任何主观判断。信息涵盖个人基本信息、结算账户开立信息、银行信贷信息和来自银行系统以外的住房公积金缴存信息等，基本实现了为城市和部分农村每一个有经济活动的个人建立一套信用档案的目标。该暂行办法还规定了个人信用信息基础数据库采集个人信用信息的范围和方式、数据库的使用用途、个人获取本人信用报告的途径和异议处理方式；规定了个人信用信息的客观性原则，共有7章45条，自10月1日起实施。

中国银行与苏格兰皇家银行集团（Royal Bank of Scotland，RBS）签署战略性投资与合作协议。根据该协议，苏格兰皇家银行集团将出资31亿美元，购入中国银行10%的股权，成为中国银行第一家境外战略投资者。作为双方战略合作的重要组成部分，双方同意在信用卡、理财、公司业务以及个人保险等业务领域进行广泛的合作。根据该协议，双方还将在公司治理、风险管理、财务管理、人力资源管理以及信息技术等银行营运的基础设施领域建立密切的合作关系。苏格兰皇家银行集团是欧洲第二大、全球第六大的银行集团。

19日　中国工商银行首次发行350亿元次级债。为补充附属资本，提高资本充足率，中国工商银行拟分批分期发行总额为1 000亿元的2005—2007年中国工商银行次级债。首期计划发行总额为350亿元人民币，分为十年期固定利率、十五年期固定利率和十年期浮动利率3个品种。此次债券发行以组建承销团的方式，通过中国人民银行债券发行系统进行招标。共有41家机构参与此次投标认购，投标总量达到855.25亿元，有效认购倍数达到2.44倍。这是工商银行首次发行次级债券，也是迄今为止中国单期规模最大的商业银行次级债。

汇达资产托管有限责任公司（以下简称汇达公司）成立。汇达公司前身是光大资产托管有限责任公司，1998年12月9日在广州注册成立。2005年，经有关部门批准，变更为中国信达资产管理公司的控股子公司，并更名为汇达资产托管有限责任公司，注册资本为1亿元人民币，中国信达资产管理公司及其所属的中润经济发展有限责任公司分别占90%和10%的股份。汇达公司的业务范围为接收、管理和处置中国人民银行历史遗留的资产，即中国人民银行原广东省分行系统的历史遗留资产，以及人民银行系统在广东、海南和广西北海投资的房地产项目。汇达公司将采用市场化处理方式对承接资产进行债务领导追偿、债务重组、资产置换、转让与销售，以实现承接资产处置回收价值最大化，最大限度地保全国有资产，减少损失。

21日　中国保监会发布《保险机构投资者债券投资管理暂行办法》。该暂行办法包括总则、政府债券投资、金融债券投资、企业（公司）债券投资、风险控制、监督管理、附则共7章68条。该暂行办法规定：保险机构可投资债券，包括政府债券、金融债券、企业（公司）债券及有关部门批准发行的其他债券。保险机构投资同一发行人发行或者提供担保的各类债券（不含政府债券、中央银行票据、政策性银行金融债券、政策性银行次级债券）的余额，按成本价格计算，合计不得超过该保险机构上季度末总资产的20%。保险机构为投资连结保险产品设立的投资账户，投资商业银行金融债券、次级债券和企业（公司）债券的比例，可以为该账户上季度末总资产的100%；保险机构为万能寿险产品设立的投资账户，投资商业银行金融债券、次级债券和企业（公司）债券的比例，不得超过该账户上季度末总资产的80%；保险机构为其他保险产品设立的独立核算账户，投资商业银行金融债券、次级债券和企业（公司）债券的比例，不得超过保险条款具体约定的比例和中国保监会的有关规定。保险机构开立证券账户、租用席位，应向中国保监会提交证券账户申请书和席位申请书，取得中国保监会资金运用监管部确认函后，办理相关手续。

22日　权证交易在沪深股市重新启动。2005年8月18日宝钢股份发布《上海宝钢集团公司认购权证上市公告书》，上海宝钢集团公司支付的3.88亿认购权证于2005年8月22日在上海证券交易所上市流通，认购权证交易简称为"宝钢JTB1"，权证交易代码为"580000"。根据宝钢股份股权分置改革方案，作为对价的组成部分，宝钢股份流通股股东每持有10股股份就获得上海宝钢集团公司支付的1份认购权证，共计38 770万份。此次上市交易的宝钢股份认购权证行权价为4.50元。权证存续期为2005年8月18日至2006年8月30日，共计378天。1份认购权证可在行权日（2006年8月30日），按行权价向上海宝钢集团公司购买1股宝钢股份A股股票。宝钢权证实行T+0交易。根据《上海证券交易所权证管理暂行办法》，经上海证券交易所认可的具有上海证券交易所会员资格的证券公司可以自营或代理投资者买卖权证。单笔权证买卖申报数量不得超过100万份，申报价格最小变动单位为0.001元人民币。权证买入申报数量为100份的整数倍。

2005年，沪深两市共有6只权证产品先后上市，包括上海证券交易所的武钢认股权证、武钢认沽权证和白云机场认沽权证，以及12月5日首批在深圳证券交易所上市的钢钒PGP1、万科HRP1、鞍钢JTC1。

23日 中国证监会、国有资产监督管理委员会、财政部、中国人民银行和商务部发布《关于上市公司股权分置改革的指导意见》。该指导意见包括正确认识股权分置改革；股权分置改革的指导思想；股权分置改革的总体要求；严格规范股权分置改革秩序；调动积极因素，促进资本市场稳定发展共5部分内容。

该指导意见提出：股权分置是指A股市场的上市公司股份按能否在证券交易所上市交易被区分为非流通股和流通股，这是我国经济体制转轨过程中形成的特殊问题。股权分置改革是一项完善市场基础制度和运行机制的改革。股权分置改革的总体要求是：要坚持统一组织；要实行分散决策，上市公司非流通股股东要广泛征求A股市场相关流通股股东意见；上市公司股权分置改革方案要有利于市场稳定和上市公司的长远发展；坚持改革的市场化导向，注重营造有利于积极稳妥解决股权分置问题的市场机制，择机实行"新老划断"（"新老划断"是指对首次公开发行的公司不再区分上市和暂不上市流通的股份，对存量上市公司分步解决股权分置问题）；妥善处理存在特殊情况的上市公司股权分置改革问题。该指导意见还对严格规范股权分置改革秩序提出了要求。

上海农村商业银行股份有限公司成立。上海农村商业银行是全国第一家由农村信用社改制而成的省级农村商业银行，注册资本金为30亿元，资本金充足率达到9.85%。其中，上海国际集团等5家企业成为上海农村商业银行的大股东，国有资本在股权结构中占比约为50%。改制后的上海农村商业银行改变了以前"总社—分社—营业网点"的三级结构、三级独立法人的架构，代之以"总行—分行—支行"的一级法人体系，形成由总行统一制定政策，各分行和各支行贯彻执行的垂直管理体系。新创立的上海农村商业银行，明确其市场定位为"零售银行"，主要服务于上海郊区的客户，是一家地区性商业银行。

2001年，上海市农村信用联社成立，共有法人机构234家，由1家市（省）联社、14家区（县）联社和219家基层农村信用社组成。截至2005年6月底，原农村信用社存款余额为938亿元，贷款余额为526亿元，总资产近1 155亿元。

财政部发布《金融工具确认和计量暂行规定》。该暂行规定明确，金融资产应当在初始确认时划分为以下四类：交易性金融资产、持有到期投资、贷款和应收款项以及可供出售的金融资产。金融负债应当在初始确认时划分为以下两类：交易性金融负债和其他金融负债。金融资产分类和金融负债分类一经确定，不得随意变更。该暂行规定要求金融企业将衍生金融工具纳入表内核算，而不是仅在表外披露；同时要求在会计期末采用公允价值计量衍生金融工具，以便及时反映交易的盈亏状况；要求采用未来现金流量折现法确认和计量金融资产减值损失。该暂行规定包括总则、金融资产和金融负债的分类、嵌入衍生金融工具、金融工具确认和计量、金融资产减值、公允价值确定、附则共7章48条，自2006年1月1日起在上市和拟上市的商业银行范围内试行。

28日 中国银监会发布《关于加强信托投资公司部分业务风险提示的通知》。该通知指出，上半年少数信托项目主要是证券和房地产类业务存在一些问题，个别地方甚至出现了利用信托财产受益权转让变相违规募集资金的现象。截至5月末，已有部分信托项目到期未能按时清算，其中，股票投资业务占比11%，房地产类业务占比61%。该通知要求各银监局要提示信托投资公司密切关注存量的证券和房地产业务风险变化情况，对资金的分布、结构、安全、收益和风险情况认真分析，特别要关注资金有无被交易对手挪用的情况；要密切关注交易对手风险变化情况，防止交易对手风险向信托投资公司转移；证券业务要制定逐日盯市、适时监控的风险防范措施，并确定风险止损点，且须保证能有效斩仓操作。

该通知还要求在下半年的监管报告中，要重点分析五类风险：一是以原有资产难以清收、贷款信托无法按时收回、证券交易对手违约为主的信用风险；二是以证券市场波动为主的市场风险；三是因清偿原有负债和到期集合信托无法偿还而导致的流动性风险；四是因股东或关联方圈套资金、公司的高管或工作人员违规经营而带来的操作风险、道德风险；五是因单个集合信托计划不能归还而引起的公司以及全行业的声誉风险。

30日 中国银行宣布，由中银国际、高盛公司与瑞士银行担任境外IPO项目的财务顾问、主承销商。中国银行新闻发言人介绍，中国银行IPO的规模在50亿美元左右，按照3%的承销费计算，3家被选中的承销商预计将分享1.5亿美元的承销费用。

中央汇金公司与申银万国证券股份有限公司（以下简称申银万国）签署注资备忘录，中央汇金公司将向申银万国注资25亿元，并提供15亿元的流动性支持。中央汇金公司在确保适时退出的前提下，实施阶段性持股计划，补充申银万国资本金，增强其抵御风险的能力。注资后，申银万国的注册资本金将增加到67亿元人民币，中央汇金公司持股37%，原第一大股东光大集团的持股比例由约19%下降到12%。

中央汇金公司与国泰君安证券股份有限公司（以下简称国泰君安）签署增资扩股合作备忘录，中央汇金公司将采用市场化方式对国泰君安进行股权增资并提供流动性借款。据合作备忘录，国泰君安将向中央汇金公司定向发行10亿股股票，发行价每股定价1元人民币。增资后，中央汇金公司成为国泰君安第二大股东，第一大股东仍为上海国有资产经营有限公司，中央汇金公司持股期限暂定为3年，持股期满后，中央汇金公司将在投入资本保值增值的前提下择机退出。另外，国泰君安拟将部分自有资产质押给中央汇金公司从而获得15亿元借款。中央汇金公司对国泰君安实施注资，代表了国家和有关部门对创新试点类证券公司的重大支持。

中国银行黑河分行与俄罗斯进出口银行布拉戈维申斯克市分行建立本币结算账户，签约仪式在黑龙江省黑河市举行。根据合作协议，中国银行黑河分行和俄罗斯进出口银行布拉戈维申斯克市分行将分别在对方设立卢布和人民币账户。今后，中国和俄罗斯客商间的经贸往来可以使用各自国家的本币结算，这为交易双方提供了除美元之外新的结算货币，同时还有效地降低了交易成本，规避了汇率风险。

31日 经国务院批准，中国人民银行发行2005年版第五套人民币。该套人民币共为100元、50元、20元、10元、5元纸币和1角硬币6个券别。2005年版第五套人民币与1999年版第五套人民币相比，一是通过改进印制生产工艺和技术，提高了人民币整体印制质量。二是通过防伪措施整合，实现防伪技术应用系统化，提高了人民币整体防伪水平。三是2005年版第五套人民币各券别背面主景图案下方的面额数字后面，增加人民币单位元的汉语拼音“YUAN”，以适应人民币国际化需求。四是第五套人民币1角硬币，在正背面图案、规格、外形与现行流通的第五套人民币1角硬币相同的基础上，材质由铝合金改为不锈钢，以适应防伪、机读需要。

淡马锡控股（私人）有限公司（Temasek）（以下简称淡马锡）入股中国银行。中国银行与淡马锡签署战略投资协议声明，新加坡淡马锡通过其下属的全资子公司亚洲金融控股私人有限公司投资中国银行31亿美元，购买10%的股份。淡马锡同时承诺，在中国银行公开募股时再认购5亿美元的股份。这是中国银行自8月18日引入苏格兰皇家银行集团之后的第二家战略投资者。2006年2月17日，中国银行新闻发言人表示，淡马锡入股比例由10%缩减为5%，交易金额也由原来协定的31亿美元（50.5亿新加坡元）缩减为15.2亿美元。

9月

1日 经国家外汇管理局批准，中国银行对机构客户开展外币兑人民币的掉期业务，成为首家获得开办不涉及利率互换的外币兑人民币掉期交易业务的商业银行。中国银行开办的外币兑人民币掉期业务最长期限为一年，掉期交易价格是根据本外币利率预期、产品风险等级和利率平价公式得出的。中国银行确定其北京、浙江、上海、江苏、广东和深圳6家分行进行掉期业务试点。9月14日，中国银行江苏省分行办理了国内第一笔外币兑人民币的掉期业务。办理此项业务的企业是江苏省一家纺织品出口企业，金额为30万美元，是美元兑人民币的掉期业务。

2日 反洗钱工作部际联席会议第二次工作会议在北京召开。会议总结了联席会议运作一年来的工作情况，讨论部署今后一段时期的工作任务，重点研究部署我国接受反洗钱金融行动特别工作组（FATF）评估的准备工作。会议指出：截至2005年6月，我国已有12个省、自治区、直辖市以及计划单列市参照反洗钱工作部际联席会议建立了各有关政府部门之间的反洗钱工作协调机制。金融监管部门应认真总结在银行业反洗钱监管工作中取得的经验，有步骤地将反洗钱监管领域扩大到证券、保险行业，督促、引导相关机构建立和完善内部控制制度，改进操作规程，切实履行反洗钱义务，逐步探索符合我国国情、覆盖整个金融领域的行之有效的反洗钱监管体系。有关成员单位应抓紧研究在律师、会计师、房地产、拍卖等洗钱高风险行业建立反洗钱监管制度。通过制定行业规章和指引，督促和指导被监管机构按照国际标准完善反洗钱工作的操作规程，切实履行反洗钱义务，为预防和打击各类洗钱活动提供支持。

4日 中国证监会发布《上市公司股权分置改革管理办法》。该管理办法规定：公司股权分置改革动议，原则上应当由全体非流通股股东一致同意提出；未能达成一致意见的，也可以由单独或者合并持有公司2/3以上非流通股股份的股东提出。自改革方案实施之日起，在12个月内不得上市交易或者转让；持有上市公司股份总数5%以上的原非流通股股东，在前项规定期满后，通过证券交易所挂牌交易出售原非流通股股份，出售数量占该公司股份总数的比例在12个月内不得超过5%，在24个月内不得超过10%；原非流通股股东出售所持股份数额较大的，可以采用向特定投资者配售的方式。该办法自发布之日起施行，4月29日发布的《关于上市公司股权分置改革试点有关问题的通知》和5月31日发布的《关于做好第二批上市公司股权分置改革试点工作有关问题的通知》同时废止。同年9月6日，上海证券交易所、深圳证券交易所和中国证券登记结算有限责任公司联合发布《上市公司股权分置改革业务操作指引》，对该管理办法中的操作程序、改革方案、信息披露等内容做了进一步的程序性规定和细化。

5日 中国人民银行发布《人民币图样使用管理办法》。该管理办法规定：人民币图样的使用实行一事一批的审批制度。中国人民银行是使用人民币图样的审批机关，中国人民银行各分支机构是使用人民币图样申请的受理机构。使用与人民币同样大小的人民币图样，必须加盖“图样禁止流通”的非隐形文字字样，字样大小应覆盖图样幅面的1/3以上；使用放大和缩小的人民币图样，其比例必须分别不低于25%。获得使用人民币图样许可的法人，应将使用人民币图样样品报中国人民银行当地分支机构备案。未经审批，在宣传品、出版物、网络或者其他商品上使用人民币图样的，被处以最高5万元的罚款。该管理办法自2005年10月10日起施行。

中国人民银行发布《经营、装帧流通人民币管理办法》。该管理办法规定：经营流通人民币实行许可证管理制度；装帧流通人民币实行一事一批的审批制度。中国人民银行是经营、装帧流通人民币申请的受理机构和审批机关。申请经营流通人民币的企业注册资本金不得低于50万元人民币，并向中国人民银行当地分支机构提出申请；申请装帧流通人民币1万枚（套）以上的法人，须获得经营流通人民币许可，并连续经营三年以上，注册资本金不得低于500万元人民币。获得装帧流通人民币许可的法人，应将装帧样品报中国人民银行备案。未经中国人民银行批准，擅自经营、装帧流通人民币的，依照《中华人民共和国人民币管理条例》第44条进行处罚。该管理办法自2005年10月10日起施行。

中国人民银行发布《关于完善票据业务制度有关问题的通知》。该通知规定：1. 银行承兑汇票的承兑行负责对出票人的资格、资信、交易合同和汇票记载的内容等进行审查。2. 票据质押时，须按有关规定作成质押背书。3. 对银行承兑汇票的查询查复还可以采用以下方式：通过大额支付系统查询查复；传真查询；利用中国外汇交易中心暨全国银行间同业拆借中心的中国票据网进行查询查复；实地查询。该通知自2005年10月1日起执行。

6日　华夏银行股份有限公司（股票简称：华夏银行；股票代码：600015）的2.89亿国有法人股整体拍卖。新加坡磐石投资基金公司（Pangaea Capital Management Singapore Co., Ltd.）以每股3.5元人民币、总价10.115亿元人民币的价格竞得。这是上市银行国有法人股首次以拍卖的形式进行转让。此次拍卖所得主要用于偿还兖州煤业股份有限公司6.4亿元委托贷款。磐石投资基金公司的注册地在新加坡，是一家全球投资基金公司，投资范围涉及证券、实业等多个领域。

8日　中央汇金公司售出中国建设银行14.1%股份。中国建设银行宣布，美国银行和新加坡淡马锡控股（私人）有限公司的全资子公司亚洲金融控股私人有限公司完成了所购中央汇金投资有限责任公司持有的中国建设银行股份的首次交割。交割完成后，美国银行和亚洲金融控股私人有限公司分别持有中国建设银行9.0%和5.1%的股份。此次交割中，中央汇金公司共收到39.66亿美元的购股款，其中，美国银行支付25亿美元，亚洲金融控股私人有限公司支付14.66亿美元。按照2005年6月17日和7月1日分别签署的认购协议，美国银行和亚洲金融控股私人有限公司均计划分阶段对建设银行投资：第一阶段购买中央汇金公司所持股份；第二阶段在中国建设银行海外首次发行时进行公开认购。

9日　国有资产监督管理委员会公布《关于上市公司股权分置改革中国有股股权管理有关问题的通知》。该通知要求，各级国有资产监督管理机构和中央企业要按照“积极、稳妥、有序”的基本原则，把握好改革的力度、发展的速度和市场的可承受程度，成熟一家，推出一家，对于条件暂不成熟的上市公司，也要积极创造条件，探索有效改革方式。该通知规定，上市公司的国有控股股东在与其他非流通股股东及A股市场流通股股东协商确定股权分置改革方案时，要注意充分保护流通股股东的合法权益，综合考虑国有股股东的实际情况、上市公司盈利能力及发展后劲，兼顾即期利益和长远利益。同时，要注意平衡其他非流通股股东的利益。上市公司股权分置改革中涉及地方国有企业及其他地方单位所持上市公司国有股股权管理事项的审核职责，改由省级（或计划单列市）国有资产监督管理机构行使。

12 日 股权分置改革工作全面启动。上海证券交易所和深圳证券交易所共同推出 40 家股改公司名单，其中上海证券交易所的上市公司 12 家，深圳证券交易所主板的上市公司 8 家，中小企业板的上市公司 20 家。上海证券交易所 12 家股改公司中有 9 家采用了送股方式，所占比重达到 75%，综合对价水平平均约为每 10 股送 3.2 股，高于股改试点阶段平均每 10 股约送 3 股的综合对价水平。不同公司还分别就维持股价和减持价格、时间、比例以及分红比例等作出了承诺。深圳证券交易所 25 家公司送股，1 家采用“送股 + 派现”的方式，1 家非流通股单向缩股，1 家以送股结合公积金转增作为对价安排。截至 9 月 13 日，首批 40 家公司全部公布了初步股改方案。截至 2005 年 12 月底，共有 15 批 407 家上市公司完成改革或正在进入改革程序。

13 日 中国银联与花旗银行在上海签署 ATM 双向代理合作协议。协议生效后，花旗银行在全球 50 多个国家的 ATM 网络将可以受理银联卡。同样，花旗银行的国际卡持卡人也可以在中国银联的近 8 000 台外卡 ATM 网络上使用花旗卡。

15 日 中油股份成功实施首次境外后续发行。中国石油天然气股份有限公司（股票名称：中油股份；股票代码：0857. HK）发布公告，以每股 6 港元的最高定价，成功实施上市以来的首次境外后续发行，融资规模达到 210.99 亿港元（约合 27.15 亿美元）。实施超额配售后，中国石油天然气股份有限公司总计发行 35.16 亿股，其中增发 31.97 亿新股，所筹资金用于公司海外油气业务收购与发展。同时，公司按规定减持 3.19 亿股老股，所筹资金上缴社保基金。中油股份是在中国石油天然气集团公司 1999 年重组改制的基础上设立的，2000 年 4 月在香港和纽约实现了首次境外上市，发行了 10% 的流通股。

19 日 中国人民银行货币政策委员会 2005 年第三季度例会在北京召开。会议认为，当前我国国民经济继续保持平稳较快增长。按照党中央、国务院加强和改善宏观调控的统一部署，中国人民银行综合运用多种货币政策工具，引导商业银行优化信贷结构，保持货币信贷合理、稳定增长。从总体上看，当前金融运行良好，汇率形成机制改革平稳实施，人民币汇率实现双向浮动，远期市场升值预期幅度有缩小的迹象。会议深入分析了当前国内外经济金融形势，认为 2005 年以来，在宏观调控政策的作用下，总体经济增速有所放缓，但拉动经济增长的内在动力仍然较强，同时经济运行中依然存在着部分行业固定资产投资增速高位运行、煤电油运总体形势偏紧、贸易顺差较大等问题。会议认为，应协调各项宏观政策，积极扩大消费需求，加快经济结构和国际贸易结构调整，提高经济增长效率，促进经济增长方式的转变，实现经济可持续增长和物价基本稳定。会议研究了下一阶段货币政策取向和措施，认为应继续执行稳健的货币政策，进一步提高金融宏观调控的前瞻性、科学性和有效性。在总量上保持连续性和稳定性的同时，加强预调和微调，注重发挥市场本身的调节作用。要继续贯彻落实利率市场化的政策，研究并完善利率的形成和传导机制。进一步完善有管理的浮动汇率制度，保持人民币汇率在合理、均衡水平上的基本稳定。大力推动金融市场建设和金融工具创新，加快外汇市场发展，不断改进外汇管理，引导企业、居民提高汇率风险管理能力。加快推进金融改革，推动直接融资和间接融资的协调发展，提高货币政策传导效率。

上海证券交易所和深圳证券交易所发布股权分置改革备忘录。备忘录明确规定承诺人应该补充承诺：如果不履行或者不完全履行股改承诺的，赔偿其他股东因此而遭受的损失。

21 日 中国银监会公布《股份制商业银行董事会尽职指引（试行）》。该指引规定，董事会承担商业银行经营和管理的最终责任，依法履行以下职责：确定商业银行的经营发展战略；聘任和解聘商业银行的高级管理层成员；制定商业银行的年度财务预算方案、决算方案、风险资本分配方案、利润分配方案和弥补亏损方案；决定商业银行的风险管理和内部控制政策；监督高级管理层的履职情况；负责商业银行的信息披露；

定期评估并完善商业银行的公司治理状况。董事会和高级管理层的权力和责任应当以书面形式清晰界定，并作为董事会和高级管理层有效履行职责的依据。董事会会议应当由1/2以上的董事出席方可举行；董事会作出决议，应当经全体董事过半数通过。董事会可以根据需要，设立专门委员会，专门委员会经董事会明确授权，向董事会提供专业意见或根据董事会授权就专业事项进行决策。董事会中应当有一定数目的非执行董事；注册资本在10亿元人民币以上的商业银行，独立董事的人数不得少于3人。商业银行股东大会和监事会依法对董事会的履职情况进行监督。该指引包括总则、董事会的职责、董事会会议的规则与程序、董事会专门委员会、董事、董事会尽职工作的监督、附则共7章68条。

中国证券业协会发布《中国证券业协会证券分析师职业道德守则》。该守则要求证券分析师要接受证券监管机构和自律组织的监督和管理，恪守独立诚信、谨慎客观、勤勉尽责和公正公平四项原则，不得从事法律、法规、规章制度禁止从事的活动或对证券分析师形象有不良影响的活动。对于违反该守则规定的证券分析师，将视情节轻重给予书面批评、通报批评、公开谴责，直至移交中国证监会给予行政处罚。

深圳对储户超过20万元大额提现收费。根据深圳市国内银行同业公会发布对人民币大额提现将收费的公告，深圳对“人民币大额提现收费制”的定义是，公司或者个人在商业银行各营业柜台提取大额人民币现金超出某一金额时，商业银行将对超出的部分按照一定费率标准收取提现手续费。深圳银行将对个人客户和机构客户分别对待：对个人储蓄户的大额提现起收点定为20万元，对机构账户的大额提现起收点定为50万元，提供的参考收费费率区间为0.07%至0.1%。深圳市国内银行同业公会于1998年5月26日经中国人民银行深圳经济特区分行批准正式成立，是由深圳市国内银行业金融机构自愿组成的银行业自律性非营利性社会团体。

中国建设银行在全国建设银行系统（除西藏外）实行小额活期账户收费。中国建设银行是我国银行业最早宣布并实施小额活期存款账户收费的银行。2005年7月1日起，中国建设银行已经在深圳市和四川省试点，对小额活期存款账户开收每年10元的账户管理费，此举引起社会广泛关注。

22日 国家外汇管理局发布《关于调整银行结售汇头寸管理办法的通知》，决定实行结售汇综合头寸管理。该通知明确结售汇周转头寸包括由银行办理符合外汇管理规定的对客户结售汇业务、自身结售汇业务和参与银行间外汇市场交易而形成的外汇头寸。现阶段结售汇综合头寸限额的管理区间下限为零、上限为国家外汇管理局核定的限额。

中国证监会发布《关于货币市场基金投资短期融资券有关问题的通知》。该通知规定：货币市场基金投资的短期融资券的信用评级，应不低于国内信用评级机构评定的A-1级或相当于A-1级的短期信用级别；根据有关规定予以豁免信用评级的短期融资券，其发行人最近三年的信用评级和跟踪评级具备下列条件之一：1. 国内信用评级机构评定的AAA级或相当于AAA级的长期信用级别；2. 国际信用评级机构评定的低于中国主权评级一个级别的信用级别（例如，若中国主权评级为A-级，则低于中国主权评级一个级别的为BBB+级）。同一发行人同时具有国内信用评级和国际信用评级的，以国内信用级别为准。货币市场基金投资于同一公司发行的短期融资券及短期企业债券的比例，合计不得超过基金资产净值的10%。因市场波动、基金规模变动等基金管理人之外的因素致使基金投资不符合上述比例的，基金管理人应当在10个交易日内调整完毕。货币市场基金持有短期融资券期间，如果其信用等级下降、不再符合投资标准，应在评级报告发布之日起20个交易日内予以全部减持。

23日 中国人民银行发布《关于进一步改善银行间外汇市场交易汇价和外汇指定银行挂牌汇价管理的通知》。该通知规定：1. 银行间即期外汇市场欧元、日元、港元等非美元货币对人民币交易价的浮动幅度，由原来的上下 1.5% 扩大为上下 3%。2. 外汇指定银行对客户挂牌的美元对人民币现汇卖出价与买入价之差不得超过中国人民银行公布的美元交易中间价的 1%，现钞卖出价与买入价之差不得超过美元交易中间价的 4%。在上述规定的价差幅度范围内，外汇指定银行可自行调整当日美元现汇和现钞买卖价。3. 取消银行对客户的非美元货币挂牌汇价的价差幅度限制，银行可以根据经营成本和国际市场波动情况合理制定非美元货币对人民币的挂牌买卖价。4. 外汇指定银行可与客户议定现汇和现钞的买卖价。美元对人民币现汇和现钞的议定价格不得超过规定的价差范围。5. 银行在每个工作日上午 9 时之前向国家外汇管理部门报送上一工作日主要挂牌货币的初始挂牌汇价、最高价、最低价、结束挂牌汇价以及当日营业初始挂牌汇价。6. 银行应建立健全有关挂牌汇价的内部管理制度和风险防范机制。

中证指数有限公司在上海成立。中证指数公司由上海证券交易所和深圳证券交易所共同发起设立，将在沪深 300 指数的基础上，充分依托沪深证券交易所资源优势，设立指数专家委员会，本着“科学、客观、公正、透明”的原则，陆续编制、开发适应中国证券市场发展需求，有利于金融创新的中证系列指数，并将提供更为广泛的指数定制、研究咨询等相关服务。

24 日　中国银监会颁布《商业银行个人理财业务管理暂行办法》和《商业银行个人理财业务风险管理指引》。该暂行办法规定：商业银行在新产品的开发设计过程中进行全面的风险评估；向客户销售产品时，了解客户的风险偏好、风险认知能力和承受能力，评估客户的财务状况，提供合适的投资产品由客户自主选择，向客户销售适宜的投资产品，并为每一个理财计划制作明细记录；商业银行要向客户解释相关投资工具的运作市场及方式，进行充分风险揭示，并以明确、醒目、通俗的文字表达；及时向客户提供其所持有的所有相关资产的账单和其他有关报表与报告。该暂行办法规定：商业银行不得无条件地向客户承诺高于同期储蓄存款利率的保证收益率，不得承诺或变相承诺除保证收益以外的任何可获得收益等。该指引规定，保证收益理财计划的起点金额，人民币应在 50 000 元以上，外币应在 5 000 美元（或等值外币）以上；其他理财计划和投资产品的销售起点金额应不低于保证收益理财计划的起点金额，并依据潜在客户群的风险认识和承受能力确定。该管理办法和该指引均自 2005 年 11 月 1 日起实施。

26 日　中国银行结售汇实行“一日多价”制。7 月 21 日，中国人民银行调整了人民币汇率形成机制，并允许商业银行可以对结售汇牌价实行一日多价。中国银行根据自身安排，决定从即日起开始实行结售汇一日多价，并终止 1994 年以来执行的结售汇一日一价制度。一日多价是指在一个营业日内结售汇牌价跟随市场汇率的变动而变动。其中，美元兑人民币牌价跟随我国银行间外汇市场美元兑人民币的交易价格变动；非美元兑人民币汇率跟随美元兑人民币汇率和国际外汇市场上非美元兑美元的交易价格而变动。

瑞银集团入股中国银行。中国银行与瑞银集团在北京签署战略投资协议。根据协议，瑞银集团将投资中国银行 5 亿美元，获得中国银行约 1.61% 的股份。这是继苏格兰皇家银行集团和新加坡淡马锡控股（私人）有限公司后，中国银行引入的第三家海外投资者。

瑞士友邦银行上海代表处开业，成为首家进入中国市场的外资私人银行。瑞士友邦银行为美国国际集团（AIG）的全资附属机构，成立于 1965 年，总部位于瑞士苏黎世，在其他国家和地区，瑞士友邦银行最低开户金额为 100 万美元。

28 日　国务院常务会议召开，研究部署第四季度经济社会发展工作，讨论并原则通过《国务院关于加快振兴装备制造业的若干意见》。会议指出，第四季度要着力抓好八项重点工作：一是加强农业和农村工作；二是控制固定资产投资规模，坚持严把土地、信贷两个闸门，严格控制新开工项目，着力优化投资结构，认真落实对房地产发展调控的政策措施；三是做好油品供应和价格调控的工作；四是提高对外经贸工作水平；五是保持财政金融稳定，抓好财政增收节支，保障重点支出，严格控制一般性开支，坚决防止年底突击花钱，合理调控货币供应量，优化贷款结构，加强和改进金融监管；六是推进经济体制改革；七是加快社会事业发展，做好科技、教育、卫生和环保等方面的工作；八是解决好直接涉及人民群众切身利益的问题。

中国建银投资证券有限责任公司（以下简称中投证券）在深圳开业。中投证券是中国建银投资有限责任公司通过竞拍购买南方证券股份有限公司（以下简称南方证券）的相关证券类资产基础上设立的一家全新的“银行系”证券公司，承接原南方证券的74家营业部和投行业务，注册资本金为15亿元人民币（其中的3.1413亿元原则上用于竞拍购买原南方证券的相关证券类资产）。该公司成立的同时，南方证券营业部将于2005年11月4日收市后依法关闭，南方证券的正常客户自该日交接完成之后起自动转入中投证券。中投证券的业务范围：证券（含境内上市外资股）的代理买卖；代理证券的还本付息、分红派息；证券的代保管、鉴证；代理登记开户；证券的自营买卖；证券（含境内上市外资股）的承销（含主承销）和上市推荐；客户资产管理；证券投资咨询（含财务顾问）。

2004年1月，因挪用客户保证金等违法、违规经营行为，南方证券被监管当局行政接管。其后中央银行注入80亿元再贷款，南方证券客户保证金的安全得到了保障。2005年4月，南方证券进入清算阶段，其经纪投行业务被剥离出来独立营运，并整体打包进行招标重组。中投证券的成立是我国资本市场通过市场化方式对券商风险进行处置的成功尝试。

中国建银投资公司由原中国建设银行分立，是经国务院批准的投资性公司，也是处置金融资产的公司，注册资本为206.9225亿元。

29日 中国证券投资者保护基金有限责任公司开业。该公司注册资本为63亿元。其经营范围包括监测证券公司风险，参与证券公司风险处置工作，并在证券公司被撤销、关闭和破产或被中国证监会采取行政接管、托管经营等强制性监管措施时，按照国家有关政策规定对债权人予以偿付；组织、参与被撤销、关闭或破产证券公司的清算工作等。

10月

10日 亚洲开发银行（Asian Development Bank，ADB）入股中国银行。中国银行宣布，亚洲开发银行将斥资7 500万美元入股中国银行，持股比例为0.24%，并承诺3年内不予转让。亚洲开发银行是在苏格兰皇家银行集团、淡马锡控股（私人）有限公司、瑞银集团后，中国银行引入的第四家海外投资者。中国银行向四个机构共出让16.85%股份。在中国银行、建设银行和工商银行引入境外战略投资者的历程中，亚洲开发银行是第一家被引入的国际多边金融机构。中国是该行的会员国，也是第三大认股国。

10～13日 国际开发机构首次在华成功发行“熊猫债券”。2005年10月10日，中国人民银行批准国际金融公司（International Finance Corporation，IFC）和亚洲开发银行（Asian Development Bank，ADB）在全国银行间债券市场分别发行十年期人民币债券（即“熊猫债券”）11.3亿元和10亿元，利率分别确定为3.4%和3.34%。两只债券分别由主承销商中国国际金融公司、中信证券和中银国际实行全额包销。国际金融公司“熊猫债券”的信用级别被标准普尔评定为AAA级，被穆迪公司评定为Aaa级。亚洲开发银行“熊猫债券”在惠誉、穆迪和标准普尔的信用评级均为最高的3A级。两只“熊猫债券”的利息税收均无减免优惠。IFC将此次发债募集的资金投向三个项目：4.06亿元贷给广州发展实业控股集团股份有限公司，6 500万元贷给美国美中互利工业公司旗下的和睦家医院，另外6.5亿元贷给安徽海螺水泥股份有限公司。

“熊猫债券”即外资机构在华发行的人民币债券，属于外国债券的一种。外国债券是指某一国借款人在本国以外的国家和地区发行以该国货币为面值的债券。根据2005年2月18日公布的

《国际开发机构人民币债券发行管理暂行办法》规定，符合人民币债券信用级别为AA级以上、已为中国境内项目或企业提供的贷款和股本资金在10亿美元以上等条件的国际开发机构，有资格发行人民币债券，所筹集资金应用于中国境内项目，不得换成外汇转移至境外。

12日 南京市商业银行与法国巴黎银行（BNP Paribas）在江苏南京举行战略合作暨投资入股签约仪式。法国巴黎银行将于2006年1月16日完成出资8 700万美元收购南京市商业银行19.2%股权的交易，成为南京市商业银行第二大股东（第一大股东是南京市政府）。根据中国银监会统计，截至2005年年末，共有10家境外金融机构以及国际金融公司，先后与上海、南京、西安、济南、北京、杭州、南充、天津、宁波共9家城市商业银行实现战略合作，外资股已占到城市商业银行所有股权的5%左右。

14日 中国保监会发布《再保险业务管理规定》。该管理规定明确：再保险业务分为寿险再保险和非寿险再保险。保险公司确定自留保险费和每一危险单位自留风险；超过的部分应当办理再保险。该管理规定自2005年12月1日起施行。

15～16日 第七届20国集团财长和中央银行行长会议（G－20 Finance Ministers and Central Bank Governors Meeting）在河北香河经济技术开发区召开。此次会议围绕“全球合作：推动世界经济平衡有序发展”的主题，讨论了当前国际经济形势、布雷顿森林机构60年回顾与改革、国际发展援助和发展融资机制创新、老龄化与移民问题、发展理念创新等涉及全球发展的几个重要议题。会议形成了四个重要文件：《联合公报》《关于布雷顿森林机构改革的联合声明》《关于全球发展问题的联合声明》《20国集团2005年改革议程》。这些重要文件重申了20国集团各成员在实现平衡和可持续发展方面的共同目标和责任，向国际社会表明了与会各方促进全球经济平衡、有序发展的共同愿望和政策主张，特别是为布雷顿森林机构改革和扩大发展融资提供了重要的政治推动力。

18日 中国银联新标识启用暨银联品牌人民币信用卡首发式在北京举行。银联新标识在保持银联老标识基本形象不变的基础上，增加了英文“UnionPay”，并对三色块面积和倾斜度等局部要素进行了微调。银联新标识体现了全球化特征，体现了新老标识之间的延续性和继承性，在整体构图上改善了视觉效果。

刘志远操纵证券交易价格案结案。贵阳市中级人民法院作出一审判决，世纪中天投资股份有限公司（股票简称：世纪中天；股票代码：000540）大股东世纪兴业投资公司（以下简称世纪兴业）原董事长刘志远因操纵证券交易价格，被判处有期徒刑三年，缓刑三年。同案中，公司已离任董事、世纪兴业原常务副总刘炼因同一罪名被判处有期徒刑一年，缓刑一年。世纪兴业投资有限公司因操纵股价被判处罚金100万元。从1998年6月起，世纪兴业原董事长刘志远及副总经理刘炼通过“收购上市公司，控制董事会，建仓坐庄操纵上市公司股票，发布虚假盈利，拉升股价，再高价出仓”等一系列动作，使世纪中天的收盘价自1999年5月10日至2003年4月16日，由每股9.08元拉升到每股65.07元，涨幅达7.16倍。刘志远、刘炼曾指使他人在全国104家证券营业部累计开设545个资金账户，以此来操纵股价。刘炼还曾积极协助刘志远收购世纪中天，同时协助进行操盘。2003年3月26日，刘志远被监视居住后不久，世纪中天的股票从4月16日开始至5月12日连续出现10个跌停板，从4月15日收盘价21.58元，下跌到5月12日收盘时的7.52元，10个交易日内跌幅高达65%。

19日 国务院批转中国证监会《关于提高上市公司质量的意见》。国务院指出：上市公司是资本市场发展的基石。地方各级人民政府要承担起处置本地区上市公司风险的责任，有效防范和化解上市公司风险，必要时可对陷入危机、可能对社会稳定造成重大影响的上市公司组织实施托管。证券监管部门要强化对上市公司的监管，及时查处违法、违规行为，对负有责任的人员，视情节轻重，责成上市公司予以撤换或实行市场禁入，涉嫌犯罪的，及时移交公安、司法机关。

11 月 3 日，中国证监会召开证券监管系统干部视频会议，中国证监会主席尚福林在会上就落实《关于提高上市公司质量的意见》提出 8 点意见：一要加强证券法规建设，为促进上市公司规范运作和健康发展提供法制保障；二要加大工作力度，积极稳妥地推进股权分置改革；三要促进上市公司进一步完善法人治理结构；四要强化对上市公司控股股东和高级管理人员的监管；五要进一步促进上市公司提高透明度；六要努力解决上市公司资金占用和违规担保问题；七要采取有效的措施支持上市公司做优做强；八要加强监管协作，防范和化解上市公司风险。

北京农村商业银行股份公司在京挂牌。北京农村商业银行由 1951 年创建的北京农村信用社改制而成，注册资本金达 50.75 亿元，其中，原农村信用社股东作为发起人转入股份 16 亿元，新募股份 34 亿元。在其股权结构中，企业法人有 387 家，认购股份为 28.5 亿元，占 56.2%；自然人有 27 893 人，认购股份为 22.25 亿元，占 43.8%。截至 2005 年年底，北京农村商业银行资产总额为 1 328 亿元，比年初增长 18.8%；存款余额为 1 089 亿元，比年初增长 17%；贷款余额为 545 亿元，比年初增长 12.4%，其中涉农贷款余额占全部贷款的 67%。2005 年全行实现总收入 58 亿元，比年初增长 20%，实现经营利润 12.7 亿元，比年初增长 21%。

21 日　中国银监会发布《对部分股份制商业银行实施联动监管与职责分工的指导意见(暂行)》，对部分股份制商业银行的监管职责进行了调整。此次调整主要包括上海、浙江、山东、广东、深圳、天津 6 家银监局。调整后，部分股份制商业银行总行所在地监管局除负责监管银行机构的属地分行外，还须承担部分股份制商业银行法人机构的属地监管职责。在市场准入方面，当地银监局负责股份制商业银行法人机构董事和总行高级管理人员任职资格、章程修改、业务范围调整及开办新业务的初审工作；负责组织对股份制商业银行总行高级管理人员履职情况进行监督、评价和考核。在非现场监管方面，当地银监局负责向银监会提出对股份制商业银行法人机构的中长期包括年度监管建议等。在现场检查方面，当地银监局负责制订对股份制商业银行法人机构及其所在地分支机构的年度现场检查计划等。在处罚权限方面，当地银监局负责提出对涉及股份制商业银行董事、监事和高级管理人员的处罚建议，报中国银监会实施处罚，或征求中国银监会意见后直接对股份制商业银行董事、监事和高级管理人员进行处罚。

国家外汇管理局发布《关于境内居民通过境外特殊目的公司境外融资及返程投资外汇管理有关问题的通知》。该通知规定：境内居民设立或控制境外特殊目的公司之前，应持规定材料向外汇管理局申请办理境外投资外汇登记手续。境内居民将其拥有的境内企业的资产或股权注入特殊目的公司，或在向特殊目的公司注入资产或股权后进行境外股权融资，应就其持有特殊目的公司的净资产权益及其变动状况办理境外投资外汇登记变更手续并提供规定材料。特殊目的公司完成境外融资后，境内居民可以将应在境内安排使用的资金调回境内。特殊目的公司使用境外融资所得资金返程投资或向境内企业提供股东贷款及其他债务资金，相关境内企业应按照现行利用外资、外债管理法律、法规办理有关外汇管理手续。境内居民从特殊目的公司获得的利润、红利及资本变动外汇收入应于获得之日起 180 日内调回境内，利润或红利可以进入经常项目外汇账户或者结汇，资本变动外汇收入经外汇管理局核准，可以开立资本项目专用账户保留，也可经外汇管理局核准后结汇。境内创业投资企业可参照该通知在境外设立特殊目的公司并从事创业投资活动。该通知自 2005 年 11 月 1 日起实施，1 月 24 日发布的《关于完善外汇并购外汇管理有关问题的通知》和 4 月 8 日发布的《关于境内居民个人境外投资登记和外资并购外汇登记有关问题的通知》同时停止执行。

国家外汇管理局发布《关于完善外债管理有关问题的通知》。该通知规定：1. 其未付汇金额在等值 20 万美元（含 20 万美元）以上，且约定或实际付款期限在 180 天（含 180 天）以上的延期付款纳入外债登记管理和额度控制。2. 外资比例在 25% 以下的外商投资企业其举借外债按照境内中资企业举借外债的有关规定办理；投资总额与注册资本相等或未明确投资总额的外商投资企业应向原审批部门申请重新核定投资总额和注册资本，然后按照“投注差”（即投资总额与注册资本的差额）管理原则借用外债；外商投资性控股公司的外债规模按以下原则管理：注册资本不低于 3 000 万美元的，其短期外债余额与中长期外债累计发生额之和不得超过已缴付注册资本的 4 倍；注册资本不低于 1 亿美元的，其短期外债余额与中长期外债累计发生额之和不得超过已缴付注册资本的 6 倍；外商投资租赁公司的风险资产总额不得超过其净资产总额的 10 倍，其借入外债形成的资产应全部计为风险资产。3. 境内注册的跨国公司进行资金集中运营的，其吸收的境外关联公司资金如在岸使用则纳入外债管理。4. 境内贷款项下接受境外担保由债务人逐笔登记改为债权人定期登记；境内贷款项下境外担保由按签约额改为按履约额纳入外债管理；该通知施行前签订的境外担保项下贷款，债务人可以在担保履约后，到所在地外汇管理局办理外债登记，这部分履约额不计入该债务人的“投注差”；未经国家外汇管理局批准，境内中资企业向境内金融机构借用贷款不得接受境外机构或个人提供的担保。该通知还要求银行认真审核办理外商投资企业的资本金和外债资金结汇。该通知自 2005 年 12 月 1 日起施行。

22 日 跨国公司外汇资金管理方式改革在上海浦东试行。根据 6 月 21 日国务院常务会议批准上海浦东进行综合配套改革试点有关批复精神，国家外汇管理局、国家外汇管理局上海市分局和上海浦东新区人民政府联合宣布跨国公司外汇资金管理方式改革 9 项措施：1. 符合条件的跨国公司可以在先行委托贷款的法律框架下，以外汇头寸日内集中方式，对境外成员公司的外汇进行集中管理；2. 允许在上海浦东设立财务中心或资金中心的跨国公司地区总部，在境内银行开设离岸账户；3. 允许符合条件的中外资跨国公司以外国投资者已分配未汇出的人民币利润与外国投资者按投资比例享有的人民币未分配利润购汇从事境外放款，允许进行该境外放款项下的人民币远期结售汇和人民币与外汇掉期交易；4. 对确有实际需求的试点企业适度放宽中资跨国公司进行外汇资金境外放款的资格条件限制，扩大资金跨境运作的试点范围，支持企业贯彻“走出去”战略；5. 允许中外资跨国公司地区总部受境内子公司和关联公司委托，集中办理与境外母公司资金管理中心的进出口收付汇手续；6. 简化非贸易项下售付汇的业务手续，探索高效、合理的非贸易监管方式；7. 支持符合条件的企业进入银行间外汇市场，允许合并计算其境内各成员公司的上一年度经常项目跨境外汇收支或货物贸易进出口总额；8. 支持中外资银行开展人民币兑外汇的金融衍生产品创新，经银行监督管理部门批准有衍生交易资格的银行，可以开办经国家外汇管理局审核符合外汇管理要求的人民币与外币交叉理财产品；9. 建立健全对跨国公司地区总部的外汇管理评估监测体系，对所有参与试点的中外资跨国公司的出口换汇成本、资本跨境流动以及试点效果进行评估监测。

加入试点的有 14 家单位，其中包括十二家企业和两家银行。12 月 29 日，经国家外汇管理局批复同意，国家外汇管理局上海市分局印发了上海浦东新区跨国公司外汇资金管理方式改革试点 9 条政策措施的实施细则，被称为“新 9 条 ”，包括：跨国公司外汇资金境内集中管理试点方案实施细则、跨国公司借助离岸账户进行外汇资金集中管理试点方案实施细则、跨国公司购汇境外放款试点方案实施细则、放宽跨国公司境外放款条件限制试点方案实施细则、跨国公司集中办理贸易收付汇手续试点方案实施细则、跨国公司非贸易外汇管理改革试点方案实施细则、放宽跨国公司进入外汇市场条件限制试点方案实施细则、支持外汇产品创新试点方案实施细则、跨国公司外汇资金管理方式改革试点综合评估监测实施细则。

24 日 中国保监会、中国证监会联合发布《保险机构投资者股票投资管理暂行办法》。该暂行办法规定：保险机构投资者的股票投资限于人民币普通股和可转换公司债券。保险机构投资者持有一家上市公司的股票不得达到该上市公司人民币普通股的 30%。保险资产管理公司不得运用自有资金进行股票投资。保险公司持有的可转换公司债券转股的，应当按成本价格计入人民币普通股的投资余额，并应当符合中国保监会有关股票投资比例的规定。保险机构投资者为投资连结保险设立的投资账户，投资股票的比例可以为 100%；为万能寿险设立的投资账户，投资股票的比例不得超过 80%。保险公司选择股票资产托管人，应当选择符合《保险公司股票资产托管指引》规定条件的商业银行或者其他专业金融机构。保险机构投资者应当建立完善的股票投资风险控制制度。中国保监会、中国证监会依据各自职责对保险机构投资者的股票投资业务实施检查。

25 日 中国银行业协会 40 家会员单位共同签署《中国银行业自律公约》《中国银行业维权公约》《中国银行业文明服务公约》。《中国银行业自律公约》共有 18 条，其核心内容是：严格执行国家有关法律、法规和规章，在平等、自愿、公平和诚实信用的原则下开展业务，不得损害国家利益、社会公共利益、客户利益和行业利益；遵循公平竞争原则，维护正常的市场秩序，遵守商业道德，不得以诋毁行业内其他单位的商业声誉、泄露其商业秘密等不正当手段争揽业务。

《中国银行业维权公约》共有 14 条。维权的范围包括：金融债券受到损害的，经营权受到损害的，物权和知识产权受到损害的，名誉权受到损害的，其他权益受到损害的。联合维权措施包括：内部通报、警示通知、实行同业制裁、实施公开曝光或投诉等。

中国证券业协会发布《创新试点类（规范类）证券公司信息披露指引（试行）》。该指引指出，证券公司在通过创新试点类和规范类评审后应当对外披露公司概况、高管人员及董事、前十大股东、财务信息、创新动态、年度报告和公司章程等信息。

在 2005 年 7 月 29 日国务院转发的《证券公司综合治理工作方案》中，对证券公司信息披露制度的建立和完善提出了明确的时间表：2005 年年底前，做到优质、规范类证券公司公开披露财务信息；在 2007 年年底前，证券公司全面实施公开信息披露制度。

国家发展改革委发布《关于进一步加强国家物资储备系统投资管理的通知》。该通知规定：严禁以储备物资、储备资金、财政补助收入和上级补助收入进行投资，严禁从事期货交易、买卖股票、外汇、企业债券、各类投资基金和其他金融衍生产品或进行金融风险投资和境外投资。事业单位使用自有资金进行投资，必须申请投资项目立项和投资支出预算，严格履行投资申报审批程序。100 万元以下的项目要报省局批准后报国家局备案；100 万元以上的项目由省局审核同意后报国家局批准。严禁行政、事业单位使用固定资产进行投资；严禁使用银行贷款进行投资，严禁为其他单位进行抵押担保。对违反上述规定，不按程序申报、未经审批自行决策进行投资的要进行严肃处理。对相关职能部门审核监管不严，自行决策投资给国家和单位造成财产损失的，按有关规定追究相关人员的责任；涉嫌犯罪的，追究相关人员的法律责任。

26 日 中国人民银行发布《电子支付指引（第一号）》。该指引规定：电子支付是指单位、个人（以下简称客户）直接或授权他人通过电子终端发出支付指令，实现货币支付与资金转移的行为。电子支付的类型按电子支付指令发起方式分为网上支付、电话支付、移动支付、销售点终端交易、自动柜员机交易和其他电子支付。银行通过互联网为个人客户办理电子支付业务，除采用数字证书、电子签名等安全认证方式外，单笔金额不应超过 1 000 元人民币，每日累计金额不应超过 5 000 元人民币。银行为客户办理电子支付业务，单位客户从其银行结算账户支付给个人银行结算账户的款项，其单笔金额不得超过 5 万元人民币，但银行与客户通过协议约定，能够事先提供有效付款依据的除外。银行应在客户的信用卡授信额度内，设定用于网上支付交易的额度供客户选择，但该额度不得超过信用卡的预借现金额度。该指引包括总则、电子支付业务的申请、电子支付指令的发起和接收、安全控制、差错处理，以及附则共6章49条。

商务部、中国证监会发布《关于上市公司股权分置改革涉及外资管理有关问题的通知》。该通知规定，外商投资上市公司股权分置改革方案报送商务部备案，商务部征求中国证监会意见，中国证监会在两个工作日内向商务部书面确认无异议后，商务部在五个工作日内依法就外商投资上市公司股权变更事项作出批复。外商投资上市公司股权分置改革方案实施后，在原外资法人股股东承诺不出售股票的期限内，上市公司可继续持有外商投资企业批准证书，所享受的外商投资企业优惠待遇不变。限售期满后，原外资法人股股东不出售其股份的，上市公司可继续持有外商投资企业批准证书，所享受的外商投资企业待遇不变。限售期满后，对于原外资法人股股东出售其股份的，该通知规定：原外资法人股股东出售股份后外资法人股的比例不低于25%的，上市公司可继续持有外商投资企业批准证书，所享受的外商投资企业待遇不变；原外资法人股股东出售股份导致公司外资法人股的比例低于25%但高于10%的，上市公司可继续持有外商投资企业批准证书，公司已享受的外商投资企业优惠分别按税务、海关、外汇管理等部门的有关规定办理相关手续；原外资法人股股东出售股份导致上市公司外资法人股的比例低于10%的，上市公司须在三个工作日内到商务部和工商管理部门等相关单位依法办理相关变更手续，上市公司不再持有外商投资企业批准证书。

27日 中国建设银行在香港联合交易所正式挂牌上市，发售价为每股H股2.35港元。上市首日，建设银行股票以2.35港元招股价位开盘，最高股价为2.375港元，平收于2.35港元，全天成交额达85.83亿港元。建设银行面向全球发售264.86亿股H股，发行比例为12%，全上市，全流通。其中，在香港发售19.86亿股，占比为7.5%；国际配售为244.99亿股，占比为92.5%，发行总金额约为622亿港元，折合约80亿美元。10月5日，建设银行正式在香港展开上市路演，将IPO价格指导区间由1.80～2.25港元调高至1.90～2.40港元。到10月19日公开认购结束，香港公开发行部分超额认购达42倍，国际配售部分超额认购达9.2倍，发行市净率为1.96倍。

十届全国人大十八次会议表决通过新修订的《中华人民共和国证券法》（以下简称《证券法》）和《中华人民共和国公司法》（以下简称《公司法》）。

《证券法》修订工作历时近两年，修订面涉及原《证券法》40%的条款。修订后的《证券法》共有12章240条，除总则、附则外，对证券发行、证券交易的一般规定、证券上市、持续信息公开、禁止的交易行为、上市公司收购、证券交易所、证券公司、证券登记结算机构等内容均分章做了明确规定。修订的主要内容有：1. 原《证券法》规定不允许证券公司给客户提供融资、融券，新《证券法》改为证券公司要进行融资、融券，必须要按照国务院的有关规定办理。2. 原《证券法》规定：国有企业和国有资产控股的企业，不得炒作上市交易的股票。新《证券法》规定，“国有企业和国有资产控股的企业买卖上市交易的股票，必须遵守国家有关规定”，同时删除了“禁止银行资金违规流入股市”一条。3. 原《证券法》要求严格分业经营、分业管理。新《证券法》在关于分业经营的后面加了一句，即“国家另有规定的除外”。4. 原《证券法》只允许现货交易，现在修订为“证券交易要以现货和国务院规定的其他方式”进行，而且在总则中加了一条，即“证券衍生品种发行、交易的管理办法，由国务院依照本法的原则规定”。5. 对上市公司的信息披露做了进一步的规范。只要提供的信息有虚假，提供信息的法人负责人、董事、监事、高管人员都要承担相应的责任。处罚条款增加了1/3，达到了47条。6. 新《证券法》强调新闻媒体做新闻报道一定要真实，不能散布虚假信息，扰乱证券市场。同时服务机构中的咨询机构应该规范自身的工作，如果是带有广告性地进行误导的话，投资者可以起诉。

修订后的《公司法》共有13章219条，除总则、附则外，对有限责任公司的设立和组织机构，有限责任公司的股权转让，股份有限公司的设立和组织机构，股份有限公司的股份发行和转让，公司董事、监事、高级管理人员的资格和义务，公司债券等内容都作出了详细规定。此次《公司法》的修订，对于规范公司的组织和行为，保护公司、股东和债权人的合法权益，严格公司股东责任，维护社会经济秩序，促进社会主义市场经济的发展将产生积极作用。两部法律均自2006年1月1日起正式实施。

28日　中国工商银行股份有限公司在北京挂牌成立。中国工商银行股份有限公司由财政部和中央汇金公司共同发起设立，注册资本为2 480亿元，财政部和中央汇金公司分别持有50%的股权，依法行使中国工商银行股份有限公司出资人的权利和义务。中国工商银行股份有限公司业务范围包括：办理人民币存款、贷款，统一财经业务，国内外结算，办理票据承兑，代理执行清算、提供担保、代理发行、代理兑付政府债权、代理证券清算业务，代理保险业务，代理政策性银行、外国政府和国际金融机构贷款业务，保险业务，发行金融债券、开放式基金的注册登记、认购和申购业务，咨询调查业务，贷款承诺、组织和承担银行贷款、外汇存款、外汇贷款、外币兑换、出口代收及进口代收、外汇担保、代理发行和代理买股票、外汇金融延伸业务，电话银行，网上银行业务，办理国务院银行监督管理机构批准的其他业务。

此前在10月25日，中国工商银行股份有限公司召开了创立大会，审议通过了关于设立中国工商银行股份有限公司、《中国工商银行股份有限公司章程》、股东大会、董事会、监事会议事规则及董事会、监事会组成人员等有关议案。创立大会之后，随即召开了中国工商银行股份有限公司第一届董事会第一次会议和第一届监事会第一次会议。经规定程序批准，姜建清任中国工商银行股份有限公司董事长、党委书记，杨凯生任中国工商银行股份有限公司行长、副董事长、党委副书记。

30日　中国石油天然气股份有限公司（以下简称中石油）要约收购3家子公司。辽河金马油田股份有限公司、锦州石化股份有限公司、吉林化学工业股份有限公司发布公告，中石油出资61.5亿元回购以上3家子公司的流通A股、H股和美国存托凭证。中石油在吉林化工、辽河油田和锦州石化的持股比例分别为67.29%、81.82%和80.95%。在中石油完成全部收购后，三公司因不具备上市条件而终止上市。中石油由此创造了A股市场上因母公司全面收购流通股而导致上市公司终止上市的首个案例。

11月

1日　经国务院批准，中国人民银行决定扩大为香港银行办理人民币业务提供平盘及清算安排的范围。1. 中国人民银行深圳市中心支行接受香港人民币业务清算行的存款。2. 人民银行授权清算行为参加行人民币与港元兑换业务提供平盘服务的有关要求放宽如下：个人人民币现钞兑换的限额由每人每次不超过等值6 000元人民币提高至每人每次不超过等值20 000元人民币；为其持有的人民币现钞提供兑换服务的香港指定商户的范围扩大至包括在香港提供交通、通信、医疗及教育服务等行业的商户；指定商户可将其在参加行存款账户的人民币存款单向兑换成港元。3. 具有个人人民币业务经营资格的内地银行接受经由清算行汇入的收款人与汇款人同名的香港居民个人人民币汇款的最高限额，由每人每天50 000元人民币提高至每人每天80 000元人民币。4. 人民银行授权清算行为香港居民个人签发的人民币支票提供清算服务。香港居民个人可用人民币支票在每个账户每天80 000元人民币的限额内支付在广东省的消费性支出，该人民币支票不得转让。5. 取消香港银行发行人民币卡每张最高授信100 000元人民币的限额。

3日 国务院批转国家发展改革委、财政部、国土资源部、中国人民银行、国家环保总局《关于制止铜冶炼行业盲目投资的若干意见》。该意见指出，近几年铜冶炼能力过快增长。远远超过全国铜精矿预计保障能力和国际市场可能提供的铜精矿量。市场无序、过度竞争，相互争夺原料，铜冶炼利润将大幅下降甚至会出现全行业亏损，造成技资浪费和金融风险隐患。除对铜冶炼行业的限制、整顿之外，该意见对金融机构的要求是：根据国家宏观调控和产业政策的要求，合理配置信贷资金，不断优化信贷投向，规避信贷风险。对符合国家产业政策和市场准入条件的铜冶炼项目，继续给予支持。对不符合国家产业政策和市场准入条件，以及未按规定程序备案的铜冶炼项目，一律不予授信；已实施的项目授信，要采取妥善措施予以收回。

中国人民银行发布《自动质押融资业务管理暂行办法》。该暂行办法规定：成员行办理自动质押融资业务应与人民银行签署《自动质押融资主协议》。自动质押融资在金融机构清算账户资金不足清算时方可使用。人民银行根据金融机构资质条件自主选择和确定成员行。人民银行公开市场一级交易商可优先成为成员行。成员行是全国性商业银行的，申请办理自动质押融资业务由人民银行总行受理，其他成员行申请办理自动质押融资业务应向法人机构所在省市的人民银行分行或省会（首府）城市中心支行提出申请，由人民银行分支行初审后报人民银行总行受理。

该暂行办法规定，人民银行根据成员行法人机构实收资本金、信用状况及流动性管理情况设定和调整单日任何时点各成员行自动质押融资的最高余额。暂定国有商业银行、股份制商业银行自动质押融资的最高额度不超过其实收资本金的2%；城市商业银行、城乡信用社的自动质押融资的最高额度不超过其实收资本金的5%。在此比例范围内，人民银行根据成员行的资信情况，按照不同的比例档次核定自动质押融资的最高限额。另外，人民银行可根据金融宏观调控需要，直接设定成员行办理自动质押融资业务的额度。暂定人民银行为成员行提供自动质押融资的单笔融资资金最低金额为50万元人民币，不足50万元的按照50万元融资。债券质押率由人民银行确定，各类债券质押率最高不超过90%。成员行可根据自身情况和需要向人民银行申报单笔自动质押融资资金的最低金额，并按照单笔自动质押融资的最低金额和相应债券质押率换算单笔质押债券面额的最低值。该暂行办法自2005年12月8日起施行。

4日 财政部发布《中央预算内固定资产投资贴息资金财政财务管理暂行办法》。该暂行办法规定，贴息资金主要适用于需要政府鼓励和引导社会投资的竞争性、经营性项目。主要包括：公共基础设施项目；保护和改善生态环境项目；促进欠发达地区的经济和社会发展项目；推进科技进步和高新技术产业化项目；符合国家有关规定的其他项目。贴息资金贴补率不得超过当期银行中长期贷款利率。贴息资金总额根据符合贴息条件的项目银行贷款总额、当年贴补率和贴息年限计算确定，不得超过项目建设期实际支付的银行中长期贷款利息总额。对中央项目的贴息资金，由财政部拨付到主管部门（含中央企业），各主管部门应及时将资金拨付到项目单位；对地方项目的贴息资金，通过中央财政补助地方财政部门，由地方财政部门拨付到项目单位。实行国库集中支付管理的项目按有关规定执行。贴息资金必须专款专用，单独核算。国务院有关主管部门和省级财政主管部门要加强对贴息资金使用的监督和检查。

6日 广东证券股份有限公司（以下简称广东证券）被行政关闭。中国证监会发布针对广东证券的行政处罚决定书指出，广东证券严重违法、违规经营，风险巨大，且一直未采取措施整改自救，不再具备持续经营能力，故作出取消证券业务许可，并责令其关闭的行政处罚，同时委托中国证券投资者保护基金公司组织成立托管清算组，对广东证券实施托管清算。这是中国证券投资者保护基金公司自9月29日挂牌成立以来，首次尝试对问题券商的托管清算工作，由此也开启了一种券商托管清算的新模式。此前被撤销、关闭或破产的证券公司一般由中国证监会委托另一家证券公司或资产管理公司组成的托管组进行托管，而清算则有两种模式：一种是托管、清算合一的模式，由托管经营的资产管理公司或证券公司担任；另一种是托管、清算分离的模式，由会计师事务所、律师事务所等中介机构组成的专门清算组来负责清算工作。

2005 年，中国证监会共发出 43 个行政处罚决定，涉及证券公司、期货公司、上市公司及中介机构 39 家，涉案人员超过 150 人。其中，有 17 家证券公司因挪用客户保证金、超范围经营委托理财业务等违法、违规行为而被责令关闭。17 家被关闭的证券公司分别是大鹏证券股份有限公司、南方证券股份有限公司、亚洲证券股份有限公司、北方证券股份有限公司、汉唐证券股份有限公司、五洲证券股份有限公司、民安证券股份有限公司、闽发证券股份有限公司、德恒证券股份有限公司、恒信证券股份有限公司、武汉证券股份有限公司、甘肃证券股份有限公司、昆仑证券股份有限公司、广东证券股份有限公司、天勤证券股份有限公司、西北证券股份有限公司和兴安证券股份有限公司。其中，大鹏证券股份有限公司和南方证券股份有限公司被关闭，对证券业产生了极大的震动。上海万向期货经纪有限公司、重庆港九期货经纪有限公司、璐通期货公司等 3 家期货公司或期货经纪公司因违反期货法规而被予以警告或警告并没收违法所得。包括上海丰华集团股份有限公司、重庆东源产业发展股份有限公司、深圳石化工业集团股份有限公司、西安达尔曼实业股份有限公司等 15 家上市公司因违反信息披露行为、关联交易、违规担保等而被行政处罚，共有 126 名上市公司高管、独立董事分别被处以警告、警告并罚款等处罚。此外，还有一些中介机构及相关人员在对上市公司审计程序中违规而被中国证监会行政处罚。

7 日　中国人民银行发布《中国金融稳定报告（2005）》。该报告提出，金融稳定的定义是：金融体系处于能够有效地发挥其关键功能的状态。在这种状态下，宏观经济健康运行，货币和财政政策稳健有效，金融生态环境不断改善，金融机构、金融市场和金融基础设施能够发挥资源配置、风险管理、支付结算等关键功能，而且在受到内外部因素冲击时，金融体系整体上仍然能够平稳运行。

该报告指出，2004 年中国金融总体稳定。具体表现为政治经济环境良好；金融市场平稳运行；积极探索建立处置金融机构风险的有效机制，基本化解了历史遗留的金融风险，并初步形成了市场化风险补偿和市场退出机制；金融机构改革成效显著，金融机构总体稳健；金融基础设施和金融生态环境日益改善，金融稳定机制正在形成和完善。当前中国维护金融稳定须重点关注十大问题：经济增长方式的转变；直接融资和间接融资的协调发展；隐性财政赤字问题；资金价格的管制与放松；金融机构公司治理的完善；交叉性金融业务的风险监测和监管；金融机构风险处置中的资金筹措与道德风险防范；加强金融基础设施建设；完善金融生态环境；经济和金融全球化的“溢出效应”。建立具有中国特色的金融稳定长效机制须从八个方面入手：贯彻落实方针政策、完善宏观调控体系、加快推进金融机构改革、大力推进资本市场改革开放和稳定发展、以市场化方式处置金融风险、促进金融基础设施建设、改善金融生态环境、建立应对金融风险的快速反应机制。

该报告提出，今后一段时期，中国金融业将按照完善社会主义市场经济体制的要求，深化金融企业改革，明晰产权主体，完善公司治理，转换经营机制，加强内部管理，把商业银行、证券公司和保险公司等金融机构建设成为资本充足、内控严密、运营安全、服务和效益良好的现代金融企业；提升金融创新水平，加强金融机构的产品定价能力，重视发展银行业的中间业务，开发证券公司的卖方业务，加快保险产品结构调整，培育可持续的盈利模式，提高金融机构的竞争力；优化融资结构，提高直接融资比例，扩大居民投资渠道，有效分散和管理金融风险；加强审慎监管，建立健全监管协调机制，推动金融业的稳健发展。这是中国人民银行首次发布《中国金融稳定报告》，今后将按年度编写和发布。这一报告将与《中国人民银行年报》《中国货币政策执行报告》共同成为中国人民银行对外发布的三大重要报告。

中国银监会发布《金融机构信贷资产证券化试点监督管理办法》。该监管办法规定，信贷资产证券化发起机构是指通过设立特定目的信托转让信贷资产的金融机构。特定目的信托受托机构是指在信贷资产证券化过程中，因承诺信托而负责管理特定目的信托财产并发行资产支持证券的机构。受托机构由依法设立的信托投资公司或者中国银监会批准的其他机构担任。对发起机构和受托机构实行市场准入管理。信托投资公司担任受托机构，首先需要获得特定目的信托受托机构资格，然后还须向中国银监会报送证券化方案；对发起机构的审批重点则是证券化方案设计的科学性与合理性。发起机构和受托机构须向中国银监会联合提出申请，并报送规定文件和资料。

该监管办法要求，金融机构应当根据本机构的经营目标、资本实力、风险管理能力和信贷资产证券化业务的风险特征，确定是否从事信贷资产证券化业务以及参与的方式和规模；建立、实施内部的新业务审批政策和程序；制定、实施证券化业务的风险管理政策和程序，并将其纳入总体的风险管理体系；董事会和高级管理层须制定开展证券化业务的总体战略和政策。该监管办法还分别对发起机构、受托机构、信用增级机构、贷款服务机构、资金保管机构、资产支持证券投资机构制定了具体的业务规则，提出了相应的风险管理要求。

该监管办法强调，参与证券化交易的金融机构应建立有效的内部风险隔离机制，避免因担任多种角色而产生利益冲突，如受托机构应当将作为信托财产的信贷资产与其固有财产和其他信托财产分别记账，分别管理；贷款服务机构应当对证券化资产单独设账，将其与自身的信贷资产分开管理等。同时，该监管办法还要求金融机构向投资者充分揭示在证券化交易中所承担的义务、责任及其限度，以便投资者在充分知晓、正确评估风险的情况下，作出理性的投资决策。

该监管办法共有 7 章 88 条，分别为总则、市场准入管理、业务规则与风险管理、资本要求、监督管理、法律责任、附则，自 2005 年 12 月 1 日起实施。

9 日　中国人民银行发布《2005 年第三季度中国货币政策执行报告》。该报告指出，2005 年前三个季度，国民经济平稳、较快发展，物价基本稳定，城乡居民收入、企业利润和财政收入均有较大幅度提高。前三个季度，国内生产总值同比增长 9.4%，居民消费价格同比上涨 2.0%。7 月 21 日以来，新的人民币汇率形成机制运行平稳，人民币汇率在合理、均衡水平上保持基本稳定。人民币兑美元汇率有降有升，弹性逐渐增强。随着人民币汇率在合理、均衡水平上保持基本稳定并正常浮动，人民币升值预期初步呈现弱化迹象。对企业、居民和金融机构的专题调查结果显示，本次汇率机制改革的影响基本处于市场主体的可承受范围之内，相关各方对此次改革反应积极。9 月末，广义货币供应量 M_2 余额为 28.7 万亿元，同比增长 17.9%；基础货币余额为 6.1 万亿元，同比增长 14.3%。金融机构人民币贷款余额为 19.1 万亿元，同比增长 13.8%。货币市场利率止跌企稳。9 月末，外汇储备余额为 7 690 亿美元，比上年年末增加 1 591 亿美元。9 月 30 日，人民币兑美元汇率为 8.0920 元人民币/美元，较上年年末升值 2.28%。

2005 年第四季度，中国人民银行将按照党中央、国务院的统一部署，继续执行稳健的货币政策，总量上保持连续性和稳定性，注意加强预调和微调。一是灵活运用货币政策工具组合，保持货币信贷合理增长；二是继续贯彻落实利率市场化的政策；三是发挥信贷政策在促进经济增长方式转变及经济结构调整中的作用；四是加快推动金融市场建设和金融工具创新；五是加快推进金融体制改革；六是促进国际收支平衡，保持人民币汇率在合理、均衡水平上的基本稳定。

10 日　中国保监会发布《财产保险公司保险条款和保险费率管理办法》。该管理办法规定，保险公司应当将下列险种的保险条款和保险费率报中国保监会审批：依法实行强制保险的险种；中国保监会认定的其他关系社会公众利益的险种。上述两条规定以外的其他险种的保险条款和保险费率，应当在经营使用后 10 个工作日内报中国保监会或者派出机构备案。保险机构经营使用组合式保险条款和保险费率，对已经审批或者备案的保险条款和保险费率作出修改的，应当按照该管理办法的规定重新报送审批或者备案。保险公司应当指定一名法律责任人和一名精算责任人，分别负责保险条款和保险费率的法律和精算事务，并须经过中国保监会核准。对违反该管理办法规定的，由中国保监会酌情予以处罚。该管理办法包括总则、审批、备案、组合式保险条款和保险费率的管理、法律责任人和精算责任人、监督管理、法律责任和附则共 8 章 45 条，自 2006 年 1 月 1 日起实施。

11 日 中国证监会转发中国证券业协会制定的《证券公司证券自营业务指引》。该指引包括总则、决策与授权、自营业务的操作、风险监控、信息报告、附则共 6 章 32 条。该指引明确，证券公司可在风险可测、可控、可承受的前提下从事自营业务。自营业务必须以证券公司自身名义、通过专用自营席位进行，并由非自营业务部门负责自营账户的管理，严禁出借自营账户、使用非自营席位变相自营、账外自营。

14 日 中国证监会、中国银监会联合发布《关于规范上市公司对外担保行为的通知》。该通知规定：上市公司对外担保必须经董事会或股东大会审议，并须在《公司章程》中明确股东大会、董事会审批对外担保的权限及违反审批权限、审议程序的责任追究制度。上市公司及其控股子公司的对外担保总额，超过最近一期经审计净资产 50% 以后提供的任何担保；为资产负债率超过 70% 的担保对象提供的担保；单笔担保额超过最近一期经审计净资产 10% 的担保；对股东、实际控制人及其关联方提供的担保须经出席董事会的 2/3 以上的董事审议通过后，提交股东大会审批，并在中国证监会指定信息披露报刊上及时披露。各银行业金融机构须加强对由上市公司提供担保的贷款申请的审查，切实防范相关信贷风险，并应及时将贷款、担保信息登录征信管理系统。同时加强监管协作，加大对涉及上市公司违规对外担保行为的责任追究力度。该通知自 2006 年 1 月 1 日起施行。

15 日 中国反洗钱监测分析中心与韩国金融情报分析院在北京签署《反洗钱和反恐怖融资金融情报交流合作谅解备忘录》。根据该谅解备忘录达成的协议，中韩两国金融情报机构将在所掌握的情报范围内，就涉嫌洗钱和恐怖主义融资及其他相关犯罪的金融交易情报的收集、利用和分析方面进行合作。

17 日 中国银监会、中国人民银行、财政部、国家税务总局联合发布《关于进一步推进城市信用社整顿工作的意见》。该意见提出：1. 城市信用社整顿工作由有关省（自治区、直辖市）人民政府统一组织领导，形成中国银监会、人民银行和财政部等有关部门分工明确、密切配合的有效工作机制，切实推进城市信用社整顿工作。2. 由城市信用社更名改制的农村信用社享受有关扶持政策，尚未完成更名改制工作的城市信用社，待完成更名改制工作后，再享受农村信用社改革的各项扶持政策。3. 地方人民政府在城市信用社整顿工作过程中，使用中央专项借款垫付自然人合法债务后取得的债权，与人民银行再贷款和其他机构债权列在同一顺序，按比例受偿。要加大资产保全处置力度，最大限度地提高清偿率。对于停业整顿、清算工作中发现的违法犯罪行为，要配合司法部门予以坚决打击。4. 鼓励外资和优质的民营企业入股整顿后的城市信用社。5. 对于整顿后仍存在风险的城市信用社，地方人民政府和中国银监会、人民银行等部门要各负其责，共同研究制定处置方案，通过救助、收购、重组、依法实施市场退出等方式化解风险。

18 日 国务院办公厅发布《关于扶持家禽业发展的若干意见》。2005 年入秋以来，中国局部地区又发生高致病性禽流感疫情，为此，国务院提出财政补贴、免征所得税等 9 条意见。该意见要求，对重点家禽养殖、加工企业和疫苗定点生产企业已经发放但尚未到期的流动资金贷款，可视其具体困难情况，适当延长还款期限，具体条件由贷款银行决定。在疫情发生期间，对已到期并发生流动资金贷款拖欠的受损企业，贷款银行免收贷款罚息。各商业银行要在防范信贷风险的基础上，确保在疫情发生期间重点受损企业、疫苗定点生产企业必要的授信额度和新增贷款需要，加强信贷管理和资金调配，防止资金挪用，努力改善金融服务，提高工作效率，并将工作情况及时汇总报当地人民银行中心支行和银行业监督管理机构备案。

中国人保寿险公司在北京揭牌成立。中国人保寿险公司是由中国人保控股公司、日本住友生命保险公司、亚洲金融集团（控股）有限公司和泰国盘谷银行共同发起成立的全国性合资寿险公司，注册资本金为10亿元人民币，其中，中国人保持股51%，日本住友生命持股29%，其他两家各持股10%。公司的经营范围包括人寿保险、健康险、意外伤害险等保险业务及上述业务的再保险业务。

中国保监会发布《人身保险保单标准化工作指引（试行）》。该指引要求，各保险公司在制定条款时，应当为消费者提供准确的信息，从方便消费者阅读并全面理解产品的角度出发，积极推进条款通俗化工作，尽量避免使用生僻术语，必须使用的专业术语，应在条款释义中以浅显的非专业语言进行解释。一般人身保险条款的有关合同事项为方便消费者对照阅读，保险责任条款和责任免除条款应前后相邻，后者应以特殊字体显著表示。在描述保险事故、责任免除情形时，应尽量使用有明确认定标准的用语，认定标准不明确的用语，应在条款释义中进行解释。

21日 中国证监会发布《关于货币市场基金投资银行存款有关问题的通知》。该通知规定，货币市场基金可以投资于现金、通知存款、1年以内（含1年）的存款。货币市场基金的存款银行应当是具有证券投资基金托管人资格、证券投资基金代销业务资格或合格境外机构投资者托管人资格的商业银行。货币市场基金投资于定期存款的比例，不得超过基金资产净值的30%。货币市场基金投资银行存款时，既应当与存款银行总行或其授权分行签订总体合作协议，并将资金存放于存款银行总行或其授权分行指定的分支机构；又应当与存款银行签订具体存款协议，明确存款的类型、期限、利率、金额、账号、对账方式、支取方式、账户管理等细则；定期存款协议中应当约定提前支取条款。基金管理人、基金托管人应当与存款银行建立定期对账机制，确保货币市场基金银行存款业务账目及核算的真实、准确。

50家中小板公司全部完成股权分置改革。贵州黔源电力股份有限公司（股票简称：黔源电力；股票代码：002039）以96.874%的赞成率通过了10送3.2对价的股改方案，至此，整个深圳中小板50家上市公司全部完成股改。此前，已完成股改的49家中小板公司，平均投票赞成率为98.01%，其中流通股股东投票赞成率平均为86.40%，流通股股东参与投票率为41.32%。50家中小板公司的平均对价水平为流通股股东每10股获送3.38股，比主板前八批股改公司平均对价高5%左右。

24日 国家外汇管理局发布《银行间外汇市场做市商指引（暂行）》。该指引所称银行间外汇市场做市商，是指经国家外汇管理局核准，在我国银行间外汇市场进行人民币与外币交易时，承担向市场会员持续提供买卖价格义务的银行间外汇市场会员。银行间外汇市场做市商应具备以下基本条件：在提交申请的前两年内，无结售汇业务和外汇市场交易违法、违规记录；具备健全的外汇业务风险管理系统、内部控制制度和较强的本外币融资能力；集中管理结售汇综合头寸；取得银行间外汇市场会员资格两年（含两年）以上；上一半年期全行在银行间即期外汇市场人民币与外币交易规模排名在前30名（含30名）以内，境内代客跨境收支规模排名在前50名（含50名）以内；上年度全行资本充足率达到8%或外汇资本金在等值1亿美元（含1亿美元）以上。符合上述条件并愿意承担银行间外汇市场做市义务的市场会员，由其总行或有头寸集中管理权的授权分行向外汇局提出申请，经外汇局核准后成为银行间外汇市场做市商。外汇局对做市商结售汇综合头寸实行统一核定和调整。该指引对做市商享有的权利和应履行的义务做了规定。

2005年12月26日和29日，共有13家银行获准成为银行间即期外汇市场人民币交易做市商。这13家银行是：中国银行、中国建设银行、中信银行、招商银行、加拿大蒙特利尔银行有限公司广州分行、美国花旗银行有限公司上海分行、中国工商银行、交通银行、中国农业银行、兴业银行、香港上海汇丰银行有限公司上海分行、英国渣打银行有限公司上海分行、荷兰银行有限公司上海分行。

国家外汇管理局发布《关于在银行间外汇市场推出即期询价交易有关问题的通知》。国家外汇管理局决定从2006年起，在即期外汇交易中推出询价交易方式。银行间外汇市场参与主体可在原有集中授信、集中竞价交易方式的基础上，自主选择双边授信、双边清算的询价交易方式，按照中国人民银行规定的银行间市场交易汇价浮动幅度和国家外汇管理局批复中国外汇交易中心的《银行间外汇市场人民币外汇即期交易规则》等规定，在银行间外汇市场询价交易系统上进行双边询价外汇交易。为了方便竞价系统收市后银行及时平补柜台头寸，从2006年起，询价交易时间从原先的15:00延长至17:30。

25日　中国人民银行进行首批外汇掉期操作。当日，中国人民银行将60亿美元（约470亿元人民币）以1:8.0805的价格向包括四家国有商业银行、交通银行、中信银行、上海浦东发展银行、招商银行、国家开发银行和中国进出口银行在内的国内10家主要商业银行招标买入人民币，卖出美元，同时约定一年后再以1:7.85的价格用人民币购回60亿美元。此次商业银行通过中央银行货币掉期业务换入的美元不能进行结汇，只能用于投资外汇资产。

中国人民银行发布《关于积极做好防控禽流感疫情相关金融服务工作的通知》。该通知要求：1. 要把做好防控高致病性禽流感疫情相关金融服务工作作为当前加强和改进金融服务工作的重要组成部分，积极配合政府相关部门，全面落实疫情防控的有关政策规定。2. 在疫情发生期间视企业实际困难适当延长还款期限；对已经到期并发生流动资金贷款拖欠的受损企业，贷款银行免收贷款罚息。3. 人民银行各分行、营业管理部、各省会（首府）城市中心支行对遭受禽流感疫情损失严重的地区，根据实际需要适当调增再贷款、再贴现限额；人民银行总行将根据实际需要对禽流感疫区内已经加入全国同业拆借市场的各商业银行授权分行持有的有价证券加大证券回购操作力度，及时满足其防控疫情的资金头寸调剂需求。各商业银行总行对禽流感疫区内的分支机构，要在防范信贷风险的基础上根据实际需要适当调整存贷比例和授信额度，并加强系统内贷款规模和资金调剂，保证基层机构不因贷款规模和资金头寸限制影响防疫贷款的发放。4. 加强疫情信息及贷款投向的动态跟踪监测。

中国保监会发布《关于实施〈财产保险公司保险条款和保险费率管理办法〉的通知》。该通知要求财产保险公司积极推动保险条款、保险费率的通俗化和标准化改革工作。中国保监会依法认定下列险种的保险条款和保险费率，应报送审批：依法实行强制的保险；机动车辆保险；投资型保险；保险期间超过1年的保证保险和信用保险。其他保险条款和保险费率应报送备案。财产保险公司分公司调整其总公司报经审批的保险费率超过30%的，应当由其总公司报送中国保监会审批。该通知自2006年1月1日起实施。

27日　国家外汇管理局首次发布2005年上半年《中国国际收支报告》。该报告介绍了2005年上半年我国国际收支变化的主要特点，分析了国际国内经济形势与国际收支的相互影响，对当前国际收支运行的总体情况和存在问题进行了评价，对国际收支趋势和下一阶段政策取向进行了预测。该报告显示，我国上半年经常项目顺差达到673亿美元，外汇储备充足，我国国际收支总体运行平稳。国际收支交易总规模达1.14万亿美元，同比增长25.3%，占到GDP的139%。国际收支交易规模的持续扩大促进了国民经济发展，增强了我国抵御外来冲击的能力。自1985年我国开始公布年度国际收支平衡表，2001年以来按半年度公布。国家外汇管理局决定今后将每半年公布一次国际收支报告。

11月29日至12月1日 中共中央、国务院在北京召开中央经济工作会议。会议指出，2005年是“十五”时期的最后一年，在充分肯定经济社会发展取得巨大成绩的同时，我们必须清醒地看到，经济发展中长期积累的矛盾和问题还很多，同时又出现一些新情况、新问题，主要是：经济增长方式比较粗放，发展不平衡的矛盾还比较突出，体制、机制还不完善，影响经济安全的因素还较多，关系群众切身利益的许多问题还需要进一步解决。会议指出，2006年是实施“十一五”规划的开局之年，要具体抓好以下工作：继续实施稳健的财政政策和稳健的货币政策；着力扩大消费需求和加强固定资产投资调控，努力增加城乡居民收入，大力开拓农村消费市场；保持合理投资规模，优化投资结构，坚持控制新开工项目；加大投入和改革力度，切实加强农业和农村基础设施建设，全面深化农村改革，推进社会主义新农村建设；加快产业结构调整和推动区域经济协调发展，提高产业层次和技术水平，推动部分产能过剩行业调整；加大资源节约和环境保护力度；深化经济体制改革和提高对外开放水平；加快科技、教育、卫生、文化等社会事业发展；着力解决关系人民群众切身利益的问题。

12月

1日 中小企业板指数发布。中小企业板指数由深圳证券交易所编制，简称中小板指，股票代码为399101。上市首日，中小企业板指数以1 436.46开盘（为当日最高点），最低1 394.96点，收报1 403.15点，较前日收盘的1 438点下跌2.43%，成交金额为81 610万元。50只样本股中仅有两只股票小幅上涨，其余均以下跌报收。中小企业板指数是以中小企业板正常交易的股票为样本股的综合指数，首批样本股包括已在中小企业板上市的全部50只股票。该指数以自由流通股数为权重，采取派氏加权法计算。基日为中小企业板第50家上市公司的上市日，即2005年6月7日，基日点位为1 000点。中小企业板股票合计流通市值近183亿元，总市值493亿元，分别占深圳主板市场的5.47%和5.62%。

2日 国务院发布实施《促进产业结构调整暂行规定》。该暂行规定共有4章21条，其主要内容为产业结构调整的目标、原则，产业结构调整的方向和重点以及产业结构调整指导目录。产业结构调整的方向和重点是：巩固和加强农业基础地位，加快传统农业向现代农业转变；加强能源、交通、水利和信息等基础设施建设，增强对经济社会发展的保障能力；以振兴装备制造业为重点发展先进制造业，发挥其对经济发展的重要支撑作用；加快发展高技术产业，进一步增强高技术产业对经济增长的带动作用；提高服务业比重，优化服务业结构，促进服务业全面快速发展；大力发展循环经济，建设资源节约和环境友好型社会，实现经济增长与人口资源环境相协调；优化产业组织结构，调整区域产业布局；实施互利共赢的开放战略，提高对外开放水平，促进国内产业结构升级。

产业结构调整指导目录由鼓励、限制和淘汰三类目录组成。不属于鼓励类、限制类和淘汰类，且符合国家有关法律、法规和政策规定的，为允许类。允许类不列入该目录。

3日 国务院发布《关于完善企业职工基本养老保险制度的决定》。该决定提出，完善企业职工基本养老保险制度的主要任务是：确保基本养老金按时足额发放，保障离退休人员基本生活；逐步做实个人账户，完善社会统筹与个人账户相结合的基本制度；统一城镇个体工商户和灵活就业人员参保缴费政策，扩大覆盖范围；改革基本养老金计发办法，建立参保缴费的激励约束机制；根据经济发展水平和各方面承受能力，合理确定基本养老金水平；建立多层次养老保险体系，划清中央与地方、政府与企业及个人的责任；加强基本养老保险基金征缴和监管，完善多渠道筹资机制；进一步做好退休人员社会化管理工作，提高服务水平。该决定提出：从2006年1月1日起，个人账户的规模统一由本人缴费工资的11%调整为8%。《国务院关于建立统一的企业职工基本养老保险制度的决定》（1997年7月16日发布）实施后参加工作、缴费年限累计满15年的人员，退休后按月发给其基本养老金。基本养老金由基础养老金和个人账户养老金组成。退休时的基础养老金月标准以当地上年度在岗职工月平均工资和本人指数化月平均缴费工资的平均值为基数，缴费每满1年发给1%。个人账户养老金月标准为个人账户储存额除以计发月数，计发月数根据职工退休时城镇人口平均预期寿命、本人退休年龄、利息等因素确定。根据国家统计局统计，2005年年末全国参加城镇基本养老保险人数为17 444万人，比上年年末增加1 091万人。

中国银监会发布《关于进一步对外开放银行业相关事项的公告》。该公告指出，为履行我国加入世界贸易组织承诺，提高对外开放水平，中国银监会将实施以下进一步对外开放银行业的政策措施：1. 自2005年12月5日起，将外资金融机构经营人民币业务的地域扩大到汕头、宁波。同时为鼓励外资金融机构参与实施我国西部大开发和振兴东北老工业基地战略，经国务院批准，将提前向外资金融机构开放哈尔滨、长春、兰州、银川和南宁五个城市的人民币业务（使开放人民币业务的城市从18个增加到25个）。2. 将外国银行分行对各类客户（包括中国居民个人，下同）人民币业务营运资金最高一档由目前的5亿元人民币降低为4亿元人民币。将外资独资、合资银行在华分行对各类客户人民币业务营运资金由目前的3亿元人民币降低为2亿元人民币。3. 中国银监会将积极研究对中部、西部和东北地区外资银行经营人民币业务实行更加优惠的准入政策，继续支持外资银行在以上地区设立机构、开展业务。4. 中国银监会将在2006年适时调整外资金融机构从中国境内吸收的外汇存款占其境内外汇总资产的比例。

5日 中国银监会主席刘明康在国务院新闻办公室举办的新闻发布会上表示，截至2005年9月末，全部商业银行（包括国有商业银行、股份制商业银行、城市商业银行、农村商业银行和外资银行）不良贷款余额比年初减少了5 502亿元，不良贷款比率下降到8.6%，比年初下降了4.3个百分点，不良贷款余额和比例持续保持了“双下降”。资本充足率达到8%要求的商业银行已达35家，其资产占全部商业银行总资产的68.1%。

国家外汇管理局发布《关于农村合作金融机构开办结售汇业务有关问题的通知》。该通知规定：农村合作金融机构申请开办结售汇业务，申请前最近一个会计年度末应同时满足核心资本充足率不低于4%（含4%）、不良贷款率不高于10%（含10%）两项指标，并向所在地国家外汇管理局分支局提出申请，由外汇局分局审核批准。

9日 王小石受贿案结案。王小石涉嫌受贿案在北京市第一中级人民法院一审宣判。被告人王小石因犯受贿罪，被判处有期徒刑十三年，并处没收个人财产12万元人民币。与王小石一同受审的另一名被告人林碧，因犯公司人员受贿罪和介绍贿赂罪，数罪并罚，被判处有期徒刑十年，并处没收个人财产10万元人民币。北京市一中院审理认为，被告人王小石身为国家工作人员，利用本人职权或地位形成的便利条件，通过其他国家工作人员职务上的行为，为请托人谋取不正当利益，收受请托人通过他人给予的贿赂款72.6万元人民币，其行为已构成受贿罪。被告人林碧身为东北证券公司工作人员，利用职务上的便利，在为与东北证券公司签订承销协议的企业谋取利益的过程中，向企业索要、收受贿赂款99.2万元人民币，其行为已构成公司人员受贿罪；在凤竹公司申请上市过程中，帮助凤竹公司向王小石介绍贿赂，情节严重，其行为又已构成介绍贿赂罪，应与其所犯公司人员受贿罪并罚。王小石于2004年11月4日被北京西城区检察院以涉嫌受贿罪逮捕，2005年10月26日在北京市一中院被提起公诉。2004年发生的“王小石事件”曾经导致了市场对股票发行制度的质疑。

12日 中国银监会主席刘明康对“国储铜”事件市场风险作出回应。刘明康在出席《财经》杂志年会时承认：“由于缺乏对市场风险的有效控制，‘国储铜’事件代价惨重。”从11月13日开始，外电纷纷披露，中国国家物资储备局交易员刘其兵于2004年8~9月在伦敦金属交易所（LME）铜期货市场上通过伦敦金属交易所场内会员SEMPRA，在每吨3 000多美元的价位附近抛空，建立空头头寸15万~20万吨。这批头寸交割日在12月21日，但自9月中旬以来，铜价每吨上涨600多美元，这些空单造成巨额亏损，交易员刘其兵神秘失踪。11月17日，国家物资储备局表示，中国交易员刘其兵在伦敦市场上所持有20万吨空头头寸属于个人行为，该人也不再是政府雇员。12月21日，在这批头寸交割日之时，国家物资储备局选择了部分交割，即向伦敦交易所交付5万吨现货铜，其余15万吨的空单展期到远期。当天期铜市场没有发生大的波动。

中国证监会发布《会员制证券投资咨询业务管理暂行规定》。该暂行规定明确，严禁会员制机构及人员在开展会员制业务时的13种行为。该暂行规定要求，会员制投资咨询机构实收资本不得低于500万元，每设立1家分支机构，应追加不低于250万元的实收资本。机构取得的咨询服务费用必须全额进入已报备的收费专用银行账户；每笔咨询服务收入应按10%的比例计提风险准备金，按月归集并存入风险准备金专用银行账户。证监会要求已开展会员制业务的机构，应在该暂行规定发布之日起15个工作日内，提交报备材料，履行报备程序。该暂行规定自2006年1月1日起施行。

中国证券业协会统计数据显示，目前全国共有专业备案的证券投资咨询公司79家，其中绝大多数公司以“会员制”为主要收入来源。这其中的很多公司在全国数十家卫星电视频道或广播电台中的股评栏目中有“黑马推荐”等类似栏目。

13日 中国人民银行发布《公司债券进入银行间债券市场交易流通的有关事项公告》。符合依法公开发行；债权债务关系确立并登记完毕；近两年没有违法和重大违规行为；实际发行额不少于5亿元人民币；单个投资人持有量不超过该期公司债券发行量的30%条件的公司债券可以进入银行间债券市场交易流通。中央结算公司和银行间同业拆借中心对公司债券进行甄选，发行人须在中央结算公司和同业中心安排其发行的债券交易流通时，向中央结算公司提交公司债券募集办法等相关材料，并于交易流通后的3个工作日内通过规定媒体向市场投资者披露。银行间债券市场做市商应至少对1只公司债券进行双边报价，公司债券承销商要积极开展对公司债券的双边报价，促进公司债券交易流通的活跃。中央结算公司应在安排公司债券交易流通后的5个工作日内，向中国人民银行书面报告公司债券交易流通审核情况。在每季度结束后的10个工作日内，向中国人民银行提交该季度公司债券托管结算情况的书面报告。

中国证监会发布《关于证券公司借入次级债务有关问题的通知》。该通知所称次级债务，是指证券公司向股东或其他符合条件的次级债务机构投资者定向借入的、期限在三年以上（含三年）、清偿顺序列于证券公司一般负债之后，先于证券公司股权资本清算而受偿的定期债务。符合条件的次级债务机构投资者是指依法设立的、经审计的净资产在2 000万元以上（含2 000万元）的法人或投资组织。除股东和符合条件的次级债务机构投资者之外，严禁证券公司向其他机构或个人借入次级债务。该通知规定：证券公司借入次级债务应当由董事会制定方案，股东会对次级债务的规模、期限、利率，借入资金的用途，决议有效期及其他与借入次级债务相关的重要事项作出专项决议。在次级债务存续期间，未经次级债务债权人同意，不得向股东分配利润；不得为股东及其关联方提供融资或担保；不得与股东及其关联方进行损害公司利益的关联交易；提高任意盈余公积金和一般风险准备金的提取比例；未经次级债务债权人同意，不得实施重大对外投资、收购兼并等资本性支出项目；未经次级债务债权人同意，不得变更持有5%以上股权的股东、实际控制人。证券公司应为偿付次级债务的本金和利息设立专项偿债账户，并将借入的次级债务按一定比例计入净资本。证券公司在归还到期的次级债务时，必须事先向注册地证监局和中国证监会机构监管部报告。

15日 首批资产证券化产品在北京成功发行。其中一项是国家开发银行作为发起人，委托中诚信托获准发行不超过43亿元的信贷资产支持证券（Asset-backed Securities，ABS）；另一项是中国建设银行作为发起人，委托中信信托发行不超过31亿元的个人住房抵押贷款支持证券（Mortgage－backed Securities，MBS）。

中国保监会公布保险中介机构市场退出情况表（见下表）。

保险中介机构市场退出情况（公司性质均为代理法人机构）

机构名称	注册地	批准设立时间	终止时间
山东鲁能英大保险代理有限公司	山东	2001年4月	2003年7月
黑龙江振富保险代理有限公司	黑龙江	2002年3月	2004年3月
上海环亚保险代理有限公司	上海	2002年1月	2004年3月
湖北泰安福保险代理有限公司	湖北	2002年1月	2004年5月
上海国泰保险代理有限公司	上海	2002年3月	2004年5月
河南中大保险代理有限公司	河南	2002年4月	2004年5月
山东通泰保险代理有限责任公司	山东	1999年12月	2004年6月
陕西华龙安泰保险代理有限公司	陕西	2003年8月	2004年6月
江苏信联保险代理有限公司	江苏	2001年6月	2004年6月
大连国安保险代理有限公司	大连	2003年8月	2004年6月
江苏永安保险代理有限公司	江苏	2004年1月	2004年6月
广州美邦保险代理有限公司	广东	2003年7月	2004年7月
陕西安诺保险代理有限公司	陕西	2003年6月	2004年9月
济南鼎诺保险代理有限公司	山东	2003年8月	2004年10月
贵州华邦保险代理有限公司	贵州	1999年12月	2004年11月
山东集天保险代理有限公司	山东	2004年6月	2004年11月
重庆华新保险代理有限公司	重庆	2001年6月	2004年12月
吉林省盛祥保险代理有限公司	吉林	2003年4月	2004年12月
吉林民盛保险代理有限公司	吉林	2003年6月	2004年12月
上海美华保险代理有限公司	上海	2003年8月	2004年12月
安徽吉安保险代理有限公司	安徽	2001年9月	2005年1月
浙江瑞康保险代理有限公司	浙江	2002年4月	2005年1月
河南中州保险代理有限公司	河南	2003年8月	2005年1月
吉林省联安保险代理有限公司	吉林	2002年1月	2005年3月
江西志诚保险代理有限公司	江西	2003年5月	2005年3月
贵州泰和保险代理有限公司	贵州	2001年7月	2005年4月
山东华信保险代理有限公司	山东	2004年1月	2005年5月
北京宏安保险代理有限公司	北京	2003年8月	2005年6月
广州忠诚创展保险代理有限公司	广东	2003年7月	2005年7月
黑龙江竞成保险代理有限公司	黑龙江	2002年2月	2005年8月
黑龙江融宝保险代理有限公司	黑龙江	2002年4月	2005年8月
吉林华通保险代理有限公司	吉林	2003年3月	2005年8月
吉林省金安保险代理有限公司	吉林	2003年8月	2005年8月
湖南湘财保险代理有限公司	湖南	2001年5月	2005年9月
吉林华泰保险代理有限公司	吉林	2003年5月	2005年9月

续表

机构名称	注册地	批准设立时间	终止时间
北京合盟保险代理有限公司	北京	2000年8月	2005年9月
北京康平保险代理有限责任公司	北京	2000年9月	2005年9月
北京铭泰保险代理有限公司	北京	2004年7月	2005年9月
北京厚泽保险代理有限公司	北京	2004年9月	2005年9月
江苏华银保险代理有限公司	江苏	2003年5月	2005年10月
北京普泰保险代理有限公司	北京	2004年1月	2005年10月
青岛力天保险代理有限公司	山东	2004年2月	2005年10月
辽宁好泊保险代理有限公司	辽宁	2003年7月	2005年10月
江西诚益保险代理有限公司	江西	2004年1月	2005年11月
新疆福康保险代理有限公司	新疆	2003年7月	2005年11月
乌鲁木齐怡安保险代理有限公司	新疆	2003年8月	2005年11月
新疆拓保保险代理有限公司	新疆	2005年6月	2005年11月

16日　十届全国人大常委会第四十次委员长会议通过全国人大常委会预算工作委员会《关于实行国债余额管理的意见》。

该意见提出，自2006年起，我国将参照国际通行做法，采取国债余额管理方式管理国债发行活动，并同意了国务院提出的五条建议：一是在每年向全国人民代表大会作预算报告时，报告当年年度预算赤字和年末国债余额限额，全国人民代表大会予以审批；在一般情况下，年度预算赤字即为当年年度新增国债限额。二是在年度预算执行中，如出现特殊情况需要增加年度预算赤字或发行特别国债，由国务院提请全国人大常委会审议批准，相应追加年末国债余额限额。三是当年期末国债余额不得突破年末国债余额限额。四是国债借新还旧部分由国务院授权财政部自行运作。财政部每半年向全国人大有关专门委员会书面报告一次国债发行和兑付等情况。五是每年第一季度在中央预算批准前，由财政部在该季度到期国债还本数额以内合理安排国债发行数额。

19日　劳动和社会保障部发布《关于企业年金方案和基金管理合同备案有关问题的通知》。该通知规定，企业建立企业年金须由集体协商，双方首席代表签字后，形成拟报备案的企业年金方案。中央企业的企业年金方案由集团公司统一建立的报送劳动和社会保障部备案，并抄送子公司所在社会保险统筹地区劳动和社会保障行政部门；由子公司单独建立的报送所在社会保险统筹地区县以上地方人民政府劳动和社会保障行政部门备案。企业可以按企业年金方案的规定，代表集体协商双方作为委托人，或由企业及其职工作为委托人，与法人受托机构或企业年金理事会签订受托管理合同。委托人为中央企业集团公司的，报送劳动和社会保障部备案，并抄送子公司所在省或计划单列市劳动和社会保障行政部门；委托人为其他企业的（包括中央企业子公司），报送企业年金方案备案所在地省级或计划单列市劳动和社会保障行政部门备案。

中国保监会发布《中国人寿保险业经验生命表（2000—2003）》（*China Life Insurance Mortality Table* 2000－2003，CL 2000－2003）。该生命表是自1995年以后中国第二张寿险业生命表，其中，非养老金业务表两张，养老金业务表两张，分别是：非养老金业务男表，非养老金业务女表，养老金业务男表，养老金业务女表。此次非养老金业务表男性平均寿命为76.7岁，较原生命表提高了3.1岁；女性平均寿命为80.9岁，较原生命表提高了3.1岁。养老金业务表男性平均寿命为79.7岁，较原生命表提高了4.8岁；女性平均寿命为83.7岁，较原生命表提高了

4.7岁。制定生命表的样本数据选自中国人寿保险股份有限公司、平安人寿保险股份有限公司、太平洋人寿保险股份有限公司、新华人寿保险股份有限公司、泰康人寿保险股份有限公司、友邦保险有限公司的上亿条数据，占行业数据量的98%以上，其中基础保单数据42 102 355条，理赔保单数据59 894条。

中国保监会同时下发的《关于修订精算规定中生命表使用有关事项的通知》规定了有关新生命表使用的一些政策问题，主要内容为：保险公司自行决定定价用生命表；保单现金价值计算用生命表采用定价生命表；保险公司进行法定准备金评估，必须采用新生命表；新生命表使用政策于2006年1月1日起生效。

20日 上海国利货币经纪有限公司在上海浦东开业。该公司是中国银监会批准筹建的全国首家合资货币经纪公司，由上海国际信托投资有限公司与英国德利万邦有限公司共同发起成立。注册资本金为4 000万元人民币，中方持股67%，英国德利万邦有限公司持股33%。公司获准开办的业务包括：境内外外汇市场交易、境内外货币市场交易、境内外债券市场交易、境内外衍生产品交易等经纪业务。货币经纪公司是在金融市场上为金融产品交易提供信息、促进交易达成的专业化机构。

21日 中国人民银行货币政策委员会2005年第四季度例会在北京召开。例会指出，新的人民币汇率形成机制运行平稳，人民币汇率弹性逐渐增强。会议还提出，将继续贯彻落实利率市场化的政策，引导商业银行和农村信用社提高风险定价和负债管理的能力。会议认为，应继续执行稳健的货币政策，在总量上保持连续性和稳定性的同时，注意加强预调和微调。发挥市场供求在汇率形成中的基础性作用，保持人民币汇率在合理均衡水平上的基本稳定。会议提出，固定资产投资增长反弹的压力较大、国际收支不平衡等问题依然存在。应加强各项宏观政策的协调配合，积极扩大国内消费需求，促进产业结构和国际贸易结构调整，加快经济增长方式的转变，实现经济可持续增长和价格基本稳定。

国家开发银行和国务院台湾事务办公室公布《台资企业国家开发银行贷款暂行办法》。根据该暂行办法规定，台商在大陆注册的合作经营企业、合资经营企业、独资经营企业（包括大型企业和中小企业），经国务院批准的台商投资区以及经国务院有关部门批准的海峡两岸农业合作试验区、海峡两岸科技工业园区基础设施建设项目都可申请贷款。

2005年9月7日，国务院台湾事务办公室和国家开发银行签署了《关于支持台湾同胞投资企业发展开发性金融合作协议》。此次协议合作期限为五年，由国家开发银行向台资企业提供开发性贷款额度共300亿元人民币。

22日 中国人民银行印发《对中国证券投资者保护基金有限责任公司再贷款操作规程》。该操作规程规定，对中国证券投资者保护基金有限责任公司（以下简称保护基金公司）再贷款在国务院批准额度内，由中国人民银行对保护基金公司分批安排发放、垫付，用作证券投资者保护基金初始资金来源。该项贷款分类为金融稳定再贷款。再贷款开立专用账户，单独核算。每笔再贷款期限为一年，保护基金公司应从每笔借款的第三年起归还本金，在最长使用期限不得超过十三年之内还清本息。再贷款利率按一年期流动性再贷款利率优惠165个基点执行，按季度结息，收取复利。保护基金公司董事会对合规使用再贷款和按期偿还本息承担最终责任；中国证监会对保护基金公司承担监督管理责任。

23日 国务院发布《关于贯彻新〈公司法〉和新〈证券法〉的通知》。该通知规定：依照修订后的《中华人民共和国公司法》《中华人民共和国证券法》，股份有限公司的设立不再需要经过国务院授权的部门或者省级人民政府批准，但涉及公开发行股票的，须经中国证监会核准。中国证监会除继续正常受理公开发行股票并上市交易的申请外，暂不受理其他公开发行股票的申请，各级工商登记机关也暂不受理相应的登记注册申请。依照修订后的《中华人民共和国证券法》，依法公开发行的证券除在上海证券交易所、深圳证券交易所上市交易外，还可以在经国务院批准的其他证券交易场所转让；基于以往的经验教训，推进多层次资本市场体系建设，必须在国务院统一领导下有组织、有步骤地稳妥推进，未经国务院批准，地方各级人民政府、国务院有关部门不得擅自设立证券交易场所或者利用现有交易平台提供证券转让服务。

中国银监会发布《关于商业银行发行混合资本债券补充附属资本有关问题的通知》。该通知规定，允许符合条件的商业银行发行混合资本债券，并按照规定计入附属资本。该通知规定混合资本债券的主要特征为：债券期限在十五年或十五年以上；银行倒闭或清算时，索偿权列于长期次级债之后，先于股权资本；可用于弥补日常经营损失；可延期支付利息；发行之日起十年后银行可有一次赎回权。计入附属资本的条件为：不得由银行或第三方提供担保；计入附属资本的理论上限可达到核心资本的100%；若未行使赎回权，在债券到期前最后五年，其可计入附属资本的数量每年累计折扣20%。混合资本债券是对于混合债务、股权等资本工具的要求而设计的一种债券形式。商业银行发行混合资本债券应符合下列条件：实行贷款五级分类，贷款五级分类偏差小；核心资本充足率不低于4%；贷款损失准备计提充足；具有良好的公司治理结构和机制；最近三年没有重大违法、违规行为。该通知还规定，商业银行持有的其他银行发行的混合资本债券与长期次级债券之和不得超过核心资本的20%；混合资本债券在银行市场发行和交易；商业银行发行混合资本债券须向中国银监会提出申请，发行和交易须接受中国人民银行的监督管理。

社保基金信托投资项目启动。全国社保基金理事会、中国海洋石油总公司控股的中海信托投资有限责任公司（以下简称中海信托）、铁道部与交通银行在北京举行签约仪式。根据协议，由中海信托定向向全国社保基金理事会发行一年期银信合作结构化信托融资产品，为铁道部募集30亿元低成本资金，该产品由交通银行提供不可撤销连带责任担保。这是全国社保基金首次运用信托方式大规模投资大型基础设施的试点项目。根据国务院审议通过的《中长期铁路网规划》，到2020年，中国铁路建设总投资要超过2万亿元，平均每年投资在1 000亿元以上。中海信托是中国银监会监管的金融信托机构，管理的信托财产规模已逾100亿元。

26日　平遥县小额贷款有限公司成立。山西省平遥县试点设立的“日升隆”和“晋源泰”两家以明清票号方式命名的小额贷款公司注册资本分别为1 700万元和1 600万元，资金来源全部为发起人自有资金，公司采用抵押、质押、信用、担保等多种形式，按照市场化运作只贷不存。在放款对象和运作上，用于当地农村经济的比例不能低于70%，每户贷款总额不超过10万元人民币。12月28日，山西省平遥县岳壁村村民石生耀和晋源泰小额贷款有限公司签订了7 000元的借款协议，这是平遥县小额贷款试点达成的第一笔交易。

2005年5月，中国人民银行在北京召开了山西、陕西、四川、贵州四个分支行主管行长和金融稳定处、货币信贷处处长联席会议，中央银行要求四省各选一个符合条件的地区进行试点，四省根据实际情况探索出不同模式。平遥的两家小额贷款公司是四家试点中的第一家，被称为“平遥模式”。“平遥模式”是以3～5个发起人为限，组建一个产权明晰、自主经营的商业小额信贷公司，目前公司仅仅是到工商局注册，领取营业执照经营，待公司发展到一定规模后，再申请金融业务许可证。小额信贷公司不良资产超过10%时，停止其办理委托贷款业务。根据平遥县小额信贷试点工作实施小组的要求：1. 小额贷款公司的投资人是自然人，党政机关、金融机构及国家事业单位人员不能参与，发起人的资金必须是自然人的合法现金；每个机构发起人应有3～5人。2. 按照《中华人民共和国公司法》设立有限责任公司，由县工商局为其颁发营业执照。3. 要求“三农”贷款比例不得低于70%，重点以种植业、养殖业、林果业、农副产品加工业、农村流通业、农村中介服务和其他农村社会事业的生产者和经营者为贷款对象，单户贷款金额最多不得超过10万元，其中5万元以下的农户贷款比例不得低于75%。贷款利率在不超过国家利率4倍的幅度内自主浮动定价。4. 资本金不得低于1 500万元，资本充足率不得低于8%。

28日 中国人民银行决定上调境内商业银行美元、港元小额外币存款利率上限。其中，一年期美元、港元存款利率上限分别提高0.5个和0.25个百分点，调整后的利率上限分别为3%和2.625%。这是自2005年5月以来，中央银行第5次上调境内美元、港元小额存款利率，也是自7月21日人民币汇率形成机制改革以来，中央银行第4次连续上调境内商业银行美元、港元小额外币存款利率上限。

徽商银行股份有限公司挂牌。徽商银行总部设在合肥，注册资本为25亿元，实行“一级法人、二级管理、三级营销”的管理模式。徽商银行的主体是合肥市商业银行，以合并吸收的方式，吸收了蚌埠、淮北、马鞍山、芜湖、安庆5家城市商业银行，以及铜陵、六安、淮南等地的各1家城市信用社和阜阳4家城市信用社入股，因此被称为“6+7”重组，是首家全国城市商业银行中联合重组的银行。重组后的徽商银行资产总额为458亿元，负债总额为437亿元，可折股净资产总额为21亿元，其中实收资本14亿元。董事会包括15名董事及独立董事、9名监事。

中国保监会加入国际养老金监督官协会（IOPS）。中国保监会宣布：经国务院批准，应国际养老金监督官协会负责人邀请，中国保监会正式加入国际养老金监督官协会（IOPS）并当选其执行委员会成员。

29日 贵州省农民工银行卡特色服务试点在贵阳开通。由中国人民银行组织实施的农民工银行卡特色服务业务，在贵阳市朱昌镇农村信用联社举行试点开通仪式。此项业务是指贵州籍的农民工在打工地利用“银联卡”存入现金后，可以在家乡就近的农村信用社网点柜台提取现金，以解决农民工汇款难的问题。该项业务首先在贵州省试点，试点的发卡行为工商银行、农业银行和贵州省农村信用社，受理行为贵州省县及县以下农村信用社。贵州省试点农村信用社对持卡人的收费标准不分同城异地，按照交易金额的1%收取，最低1元，最高50元；对发卡行、受理行和中国银联之间按照3:6:1分配。各单位在办理贵州省农村信用社特色终端取款业务试点过程中，每卡每日累计提取现金额不得超过5 000元人民币。人民银行将在试点的基础上，逐步在全国组织推广。

中国外汇交易中心发布《银行间外汇市场人民币外汇即期交易规则》（以下简称《交易规则》）、《银行间外汇市场人民币外汇即期竞价交易清算规则》（以下简称《清算规则》）、《银行间外汇市场人民币外汇即期竞价交易起息日计算规则》和《银行间人民币外汇交易系统应急操作流程》。《交易规则》规定：人民币外汇即期交易指会员以约定的外汇币种、金额、汇率，在成交日后第2个工作日或第2个工作日以内交割的外汇对人民币的交易。银行间外汇市场实行会员制管理，中国外汇交易中心为会员之间的即期交易提供电子交易系统和其他相关服务。具有外汇业务经营资格的银行及其分支机构可向交易中心提出会员资格申请。即期交易分竞价交易和询价交易，竞价交易采取分别报价、撮合成交的方式。询价交易的币种、金额、汇率以及交割与结算均由交易双方协商议定，但不应与相关规定相冲突。《清算规则》则主要适用于即期竞价交易的本外币资金清算，遵循“集中、双向、差额”清算原则。本外币资金清算实行T+2原则。人民币资金清算通过中国现代化支付系统办理，外汇资金清算通过境外清算系统办理。对于违约、逾期等也有相应的罚则。

30日 《中国证券监督管理委员会冻结、查封实施办法》发布。该实施办法规定，中国证监会案件调查部门、案件审理部门及派出机构在对证券违法案件进行调查、审理或者执行时，发现存在下列情形之一的，可以申请冻结、查封：已经转移、隐匿违法资金、证券等涉案财产的；可能转移、隐匿违法资金、证券等涉案财产的；已经隐匿、伪造、毁损重要证据的，可能隐匿、伪造、毁损重要证据的；其他需要及时冻结、查封的情形。有下列情形之一的，视为可能转移或者隐匿违法资金、证券等涉案财产：涉案当事人本人开立的资金账户、证券账户和银行账户或由其实际控制的资金账户、证券账户和银行账户，以及与其有关联的资金账户、证券账户和银行账户中存放的违法资金、证券，部分已经被转移或者隐匿的；被举报的违法资金、证券等涉案财产已经或者将要被转移、隐匿并提供具体的转移或者隐匿线索的；通过与他人签订合同等形式，拟将违法资金、证券等涉案财产作为合同标的物或者以偿还贷款、支付合同价款等名义转移占有的；其他有证据证明有转移或者隐匿违法资金、证券等涉案财产迹象的。该实施办法自2006年1月1日起实施。

31日 中国银监会发布《商业银行风险监管核心指标（试行）》。商业银行风险监管核心指标是对商业银行实施风险监管的基准，是评价、监测和预警商业银行风险的参照体系，适用于在中国境内设立的中资商业银行。商业银行风险监管核心指标分为三个层次，即风险水平、风险迁徙和风险抵补。商业银行须将非信贷资产分为正常类资产和不良资产，计量非信贷资产风险，评估非信贷资产质量。商业银行董事会应定期审查各项指标的实际值，并督促管理层采取纠正措施。中国银监会通过非现场监管系统定期采集有关数据，分析商业银行各项监管指标，及时评价和预警其风险水平、风险迁徙和风险抵补。中国银监会组织现场检查核实数据的真实性，根据核心指标实际值有针对性地检查商业银行主要风险点，并进行诫勉谈话和风险提示。该核心指标共有4章23条，自2006年1月1日起试行。农村合作银行、城市信用社、农村信用社、外资独资银行和中外合资银行参照执行。

商务部、中国证监会、国家税务总局、国家工商行政管理总局、国家外汇管理局联合发布《外国投资者对上市公司战略投资管理办法》。该办法规定，投资者进行战略投资应符合以下要求：以协议转让、上市公司定向发行新股方式以及国家法律、法规规定的其他方式取得上市公司A股股份；投资可分期进行，首次投资完成后取得的股份比例不低于该公司已发行股份的10%，但特殊行业有特别规定或经相关主管部门批准的除外；取得的A股三年内不得转让；法律、法规对外商投资持股比例有明确规定的行业，投资者持有上述行业股份比例应符合相关规定；涉及上市公司国有股股东的，应符合国有资产管理的相关规定。外国投资者应符合的主要条件是：境外实有资产总额不低于1亿美元或管理的境外实有资产总额不低于5亿美元；或其母公司境外实有资产总额不低于1亿美元或管理的境外实有资产总额不低于5亿美元；近三年内未受到境内外监管机构的重大处罚。

中国证监会发布《上市公司股权激励管理办法》。股权激励是指上市公司以本公司股票为标的，对其董事、监事、高级管理人员及其他员工进行的长期性激励。该管理办法规定：上市公司具有最近一个会计年度财务会计报告被注册会计师出具否定意见或者无法表示意见的审计报告；最近一年内因重大违法、违规行为被中国证监会予以行政处罚等情形的，不得实行股权激励计划。股权激励计划的激励对象可以包括上市公司的董事、监事、高级管理人员、核心技术（业务）人员，以及公司认为应当激励的其他员工，但不应当包括独立董事。上市公司全部有效的股权激励计划所涉及的标的股票总数累计不得超过公司股本总额的10%。未经股东大会特别决议批准，任何一名激励对象通过全部有效的股权激励计划获授的本公司股票累计不得超过公司股本总额的1%。上市公司授予激励对象限制性股票，应当在股权激励计划中规定激励对象获授股票的业绩条件、禁售期限。激励对象可以其获授的股票期权在规定的期间内以预先确定的价格和条件购买上市公司一定数量的股份，也可以放弃该种权利。激励对象获授的股票期权不得转让、用于担保或偿还债务。股票期权的有效期从授权日计算不得超过十年。该管理办法自2006年1月1日起施行。

2006 年

1 月

1 日 个人信用信息基础数据库正式运行。个人信用信息基础数据库是各商业银行的信用数据信息共享平台，主要采集和保存个人在商业银行的借还款、信用卡、担保等信用信息，以及相关的身份识别信息，并向商业银行提供个人信用信息联网查询服务，满足商业银行防范和管理信用风险的需求，同时服务于货币政策和金融监管。个人信用信息基础数据库的正式运行，将有助于推进社会信用体系的建设，提高全社会的诚信水平。

国务院办公厅发布《关于做好贯彻实施修订后的公司法和证券法有关工作的通知》，修订后的《中华人民共和国公司法》和《中华人民共和国证券法》已于 2005 年 10 月 27 日经十届全国人大常委会第十八次会议通过，将于 2006 年 1 月 1 日起施行。《公司法》和《证券法》是建立和完善社会主义市场经济体制的重要法律，也是规范资本市场运行的基本法律。通知强调，在有关配套规定发布前，防止一哄而上、滥发证券；未经国务院批准，不得擅自设立证券交易场所或者利用现有交易平台提供证券转让服务；适时推出证券信用交易制度的有关方案，为资金合规入市创造条件。

2 日 党的第十六届五中全会通过的《中共中央关于制定国民经济和社会发展第十一个五年规划的建议》，对加快金融体制改革提出了明确要求和具体目标。即推进国有金融企业的股份制改造，深化政策性银行改革，稳步发展多种所有制的中小金融企业。完善金融机构的公司治理结构，加强内控机制建设，提高金融企业的资产质量、盈利能力和服务水平。稳步推进金融业综合经营试点。积极发展股票、债券等资本市场，加强基础性制度建设，建立多层次市场体系，完善市场功能，提高直接融资比重。稳步发展货币市场、保险市场和期货市场。健全金融市场的登记、托管、交易、清算系统。完善金融监管体制，强化资本充足率约束，防范和化解金融风险。规范金融机构市场退出机制，建立相应的存款保险、投资者保护和保险保障制度。稳步推进利率市场化改革，完善有管理的浮动汇率制度，逐步实现人民币资本项目可兑换。维护金融稳定和金融安全。2006 年是实施“十一五”规划的开局之年，做好 2006 年的国民经济和社会发展工作，为“十一五”规划开好局、起好步，为“十一五”时期的发展打下坚实的基础，具有十分重要的意义。作为现代经济核心的金融肩负着十分重要的历史使命。

3 日 中国人民银行发布并实施《关于进一步完善银行间即期外汇市场的公告》。决定自 2006 年 1 月 4 日起，在银行间即期外汇市场上引入询价交易方式（简称 OTC 方式），同时保留撮合方式。银行间外汇市场交易主体既可选择以集中授信、集中竞价的方式交易，也可选择以双边授信、双边清算的方式进行询价交易。同时在银行间外汇市场引入做市商制度。中国人民银行授权中国外汇交易中心于每个工作日上午 9 时 15 分对外公布当日人民币兑美元、欧元、日元和港币汇率中间价，作为当日银行间即期外汇市场（含 OTC 方式和撮合方式）以及银行柜台交易汇率的中间价。人民币兑欧元、日元和港币汇率中间价由中国外汇交易中心分别根据当日人民币兑美元汇率中间价与上午 9 时国际外汇市场欧元、日元和港币兑美元汇率套算确定。OTC 方式是国际外汇市场上的基本制度，OTC 交易更能适应低成本运作和规避风险之需。在中国外汇市场引入 OTC 方式有利于建立多种交易方式并存、分层有序的外汇市场体系和联动的汇率传导机制；有利于在新的市场结构下提高人民币汇率中间价的代表性；有利于培育外汇市场的价格形成与反馈机制，鼓励金融机构进行主动的风险管理等。

5 日 中国人民银行工作会议在南昌召开。会议回顾 2005 年中国人民银行的主要工作，提出 2006 年中国人民银行工作的总体要求，即以邓小平理论和“三个代表”重要思想为指导，认真落实党的十六大、十六届五中全会和中央经济工作会议精神，坚持以科学发展观统领金融工作全局，保持货币政策的连续性和稳定性，继续实行稳健的货币政策，稳步推进金融改革开放，着力加快国有商业银行股份制改革，大力发展金融市场，维护金融体系稳定，进一步改进外汇管理，提高金融服务水平，促进国民经济持续、协调、快速、健康发展，为顺利实施“十一五”规划开好局、起好步。

5~6 日 全国外汇管理工作会议在南昌召开。会议总结了 2005 年外汇管理的基本情况，分析了当前宏观经济和国际收支形势，安排部署了 2005 年外汇管理工作。会议指出，要进一步发展外汇市场，完善有管理的浮动汇率制度。改进小额外币兑换金融服务，扩大市场交易主体，为金融机构防范自身或客户风险开展自主交易提供更多的制度便利，鼓励金融机构进行产品和服务创新。加强对市场系统性风险的监测和管理。要拓宽资金流出、入渠道，稳步推进资本项目可兑换。取消境外投资用汇额度限制，加大对境外投资企业的政策支持力度。

8 日 中国人民银行副行长苏宁出席在瑞士巴塞尔举行的国际清算银行行长例会。会议讨论了来自外部环境的大幅度和持续的经济冲击对通货膨胀目标制度带来的问题、全球经济和金融市场发展以及金融市场和复杂金融产品的风险管理等问题。

10 日 中国人民银行、世界银行联合举办的“中国信贷人权利的法律保护”国际研讨会在北京举行，邀请世界银行有关专家及国内相关部门学者共同讨论交流，探讨国内担保物权制度的现状与问题，研究借鉴国外先进立法经验，改革我国担保交易体系，制定完善的担保交易法律制度。中国人民银行发布了《中国信贷人权利的法律保护报告》。《中国信贷人权利的法律保护报告》在问卷调查数据的定量与定性对比分析、现场访谈获取信息以及样板地区分行调研的基础上，结合中国金融机构、登记机构、政府机关和中小企业实际，对中国信贷人权利的法律保护、解决中小企业融资难等问题，从制度创新的角度进行了深入探讨。

12 日 中国人民银行、财政部、劳动和社会保障部联合发布《关于改进和完善小额担保贷款政策的通知》。明确进一步完善小额担保贷款的管理办法，扩大贷款对象范围，完善财政贴息管理，探索贷款管理模式创新；加快信用社区建设，推动建立小额担保贷款、创业培训与信用社区建设的有机联动协调机制。

中国银监会发布《商业银行监管评级内部指引（试行）》，对商业银行的资本充足、资产质量、管理、盈利、流动性和市场风险状况等六个单项要素进行评级。该指引适用于在中华人民共和国境内依法设立的所有商业银行的法人机构，包括中资商业银行、外资独资银行和中外合资银行。

13~14 日 全国保险工作会议在北京举行。会议要求 2006 年的保险工作要用科学发展观统领发展全局，着力解决好速度、效益、诚信和规范经营问题，切实增强自主创新能力，积极防范化解风险，努力加强行业基础建设，促进保险业稳定持续健康快速发展。做好以下三项工作：一是不断拓宽发展领域，切实提高保险业在经济社会发展中的渗透力；更新发展模式，努力实现速度、规模、效益的统一；激活发展动力，提高我国保险业的国际竞争力；优化发展结构，逐步形成与之相适应的区域发展结构、市场主体结构和产品结构。二是注重将国际先进经验、技术与我国的具体情况相结合，发展符合我国保险消费者需求特点的产品和服务。三是以完善公司治理结构和强化内控机制为重点，深化保险公司改革。以维护被保险人和股东合法权益为目的，以优化股权结构为基础，以加强董事会建设为核心，以形成内部监督制衡机制为关键，以健全内控和加强监管为保障，不断完善保险公司治理结构。

建设部、中国人民银行、中国银监会联合发布《房地产抵押估价指导意见》，并于2006年3月1日起施行。该意见旨在规范房地产抵押估价行为，保证房地产抵押估价质量，维护房地产抵押当事人的合法权益，防范房地产信贷风险。

15日 全国证券期货监管工作会议在北京召开，会议对2005年资本市场改革发展和证券期货监管工作做了总结，分析了当前我国资本市场的发展形势，部署了2006年的工作重点。一是年内基本完成股改。二是抓紧贯彻落实新修订的《证券法》和《公司法》，进一步加强市场法制建设。三是大力推进市场创新，拓展资本市场的广度和深度。四是完善监管机制，规范市场主体行为。五是完善市场制度，稳步推进期货市场发展。六是巩固和扩大保持共产党员先进性教育活动成果，进一步加强干部队伍建设，优化机构设置，提高监管效率。

16日 全国银行业监管工作会议在北京召开。会议指出，银行业监管工作要以邓小平理论和“三个代表”重要思想为指导，按照科学发展观的要求，统筹做好银行业发展、改革和监管工作；坚持和完善科学监管，加大监管力度，努力防范化解风险；稳步扎实推进银行业改革，建设高素质的监管队伍。一是要坚持用科学发展观指导银行业监管工作。坚持新的监管理念，创新监管制度，优化监管方式，融合监管资源，强化资本约束，不断调整资产结构，转变增长方式，建立风险管理长效机制。二是要稳步扎实地推进银行业改革开放。规范公司治理，完善内控机制；深化农村信用社改革，推进农村金融创新，发展农村金融；抓好邮政储蓄机构改革。三是要加大监管力度，努力防范和化解风险；狠抓不良贷款双下降工作和银行业案件治理、防范工作。四是要加强干部队伍建设，以提高监管能力为目标，努力建设一支能够担当银行业监管重任的学习型、专家型、务实型、开拓型的监管队伍。

22日 中国银监会推出“1104工程”。该工程是建立有效银行监管体系的重大举措，是我国银行业监管方式的一次革命。“1104工程”的内容是，按照“职责分设、责权明晰、统一协调、运作高效”的思路，逐步实行现场检查与非现场监管的分离，合理配置非现场监管人力资源，进一步加强非现场监管力量，建立非现场监管与现场检查相互衔接、相互配合的有效协作机制。

24日 中国人民银行发布实施《关于开展人民币利率互换交易试点有关事宜的通知》。开展利率互换交易试点，有利于丰富银行间债券市场投资者风险管理及资产负债管理工具，解决资产负债结构错配问题，加快利率市场化进程。

25日 中国人民银行行长周小川出席世界经济论坛达沃斯年会，就中国融入全球经济所产生的影响、中国公司海外并购情况以及中国经济增长面临风险等问题发言。周小川表示，中国政府在2006年将继续放松对人民币汇率与利率的管制，进一步推动金融机构的体制改革。此外，中国将继续执行稳健货币政策，中国的外汇汇率机制运行良好，人民币汇率可以上下自由浮动。

27日 中国银监会发布《中国银行业监督管理委员会行政许可实施程序规定》《中国银行业监督管理委员会中资商业银行行政许可事项实施办法》《中国银行业监督管理委员会外资金融机构行政许可事项实施办法》和《中国银行业监督管理委员会合作金融机构行政许可事项实施办法》等4部行政规章，于2006年2月1日起施行。4部行政许可实施规章适用对象为任何向中国银监会及其派出机构申请中资商业银行、外资金融机构和合作金融机构行政许可事项的公民、法人或其他组织。许可的事项包括中资商业银行、金融机构及合作金融机构的设立、变更、终止，业务范围和增加业务范围内的业务品种，董事及高级管理人员任职资格等。

中国工商银行股份有限公司和高盛投资团（包括高盛集团、安联集团及美国运通公司）在北京签署战略投资与合作协议。根据协议，高盛投资团出资37.8亿美元购买中国工商银行新发行的股份入股中国工商银行，高盛投资团将派驻董事进入中国工商银行董事会。双方还签署了全面合作协议。

2月

5日 中国人民银行印发《小额支付系统质押业务管理暂行办法》（以下简称《管理办法》）和《小额支付系统质押业务主协议》（以下简称《协议》）规范小额支付系统质押业务管理，明确当事各方的权利、义务和责任，加强防范支付风险。同时，中国人民银行明确了以下事项：一是全国性银行业金融机构法人申请开办小额支付系统质押业务，应按照《管理办法》的规定于2006年2月10日前向中国人民银行总行提交业务申请材料；二是人民银行批准的备选质押品种类为国债、央行票据、政策性金融债，质押率均为90%。已签署《协议》的银行业金融机构应根据《管理办法》和《协议》的要求，选择人民银行批准的备选质押品办理小额支付系统质押业务。人民银行将定期对质押品种类和相应质押率的变动情况予以公告；三是尚不具备质押业务资格或本持有备选质押品的银行业金融机构，应根据《小额支付系统业务处理办法（试行）》《小额支付系统业务处理手续（试行）》的规定，通过办理清算账户圈存资金获得净借记限额，办理小额支付业务。

6日 中国银监会发布《电子银行业务管理办法》和《电子银行安全评估指引》，自2006年3月1日起施行。该办法和指引的适用对象为银行业金融机构；在我国境内设立的金融资产管理公司、信托投资公司、财务公司、金融租赁公司以及经中国银监会批准设立的其他金融机构。上述机构开办具有电子银行性质的电子金融业务，适用该办法和指引的有关规定。

7日 中国保监会发布《关于规范保险公司治理结构的指导意见（试行）》。该指导意见的规范主要包括强化主要股东义务、加强董事会建设、发挥监事会作用、规范管理层运作、加强关联交易和信息披露管理、治理结构监管等。该指导意见的制定一是体现保险行业特点，以保护被保险人利益、加强监管、防范风险，促进保险业快速健康发展为目的；二是立足我国实际，并积极借鉴国外保险公司治理结构的先进经验；三是从监管职能出发，抓住关键，突出重点，积极创新，注重实效，旨在建立对行业具有可操作性的制度框架。

12～13日 国际清算银行亚太特别行长会议及亚洲顾问委员会会议在上海召开。会议讨论了当前全球经济金融形势、发展亚洲公司债券市场以及加强国际清算银行与亚洲中央银行合作等问题，决定成立亚洲金融协调工作组，并正式向国际清算银行要求扩大亚洲国家在国际清算银行董事会中的代表性。

15日 全国税收收入电子缴库联网在北京、湖南、贵州部分地区成功试点运行，标志着我国在实现税收电子化缴库方面迈出重要一步，财税库行横向联网建设取得了重要进展。

16日 中国人民银行、财政部联合发布《关于发行2006年凭证式（一期）国债有关问题的通知》。根据该通知，本期国债发行总额为600亿元，其中：三年期420亿元，年利率为3.14%；五年期180亿元，年利率为3.49%。如发行期内遇到银行储蓄存款利率调整，尚未发行的本期国债在利率调整日按三年期、五年期银行储蓄存款利率调整的百分点作相应同向调整。提前兑取分档利率的调整情况另行通知。

20日 中国人民银行印发《香港人民币支票业务管理办法》，确保香港地区人民币结算安全、高效、有序运作。

小额支付系统在北京成功上线运行，北京市的1 200多家银行机构营业网点可以通过小额支付系统为客户办理相关业务。这意味着市民用一个银行账号就可以办理所有支付结算类业务，将有效改变目前个人在多个银行开立账户，每月到不同银行办理业务的局面。

21 日　中国人民银行发布《2005 年第四季度中国货币政策执行报告》。报告指出，2005年，金融平稳运行。货币信贷总量增长总体适度，信贷结构进一步改善，与宏观调控总体要求基本适应。中国人民银行继续实行稳健的货币政策，通过市场化手段加强总量调控，优化信贷结构，稳步推进利率市场化进程和人民币汇率形成机制改革，加快金融企业改革和金融市场建设，改进外汇管理，完善货币政策传导机制，保持金融平稳运行，促进国民经济平稳较快发展。

22 日　中央一号文件《中共中央　国务院关于推进社会主义新农村建设的若干意见》颁布，对农村金融改革进行了全面部署，提出十余项重要改革举措，意味着农村金融体制将出现重大突破。一号文件提出：巩固和发展农村信用社改革试点成果，进一步完善治理结构和运行机制。县域内各金融机构在保证资金安全的前提下，将一定比例的新增存款投放当地，支持农业和农村经济发展。扩大邮政储蓄资金的自主运用范围，引导邮政储蓄资金返还农村。调整农业发展银行职能定位，拓宽业务范围和资金来源。国家开发银行要支持农村基础设施建设和农业资源开发。继续发挥农业银行支持农业和农村经济发展的作用。在保证资本金充足、严格金融监管和建立合理有效的退出机制的前提下，鼓励在县域内设立多种所有制的社区金融机构，允许私有资本、外资等参股。大力培育由自然人、企业法人或社团法人发起的小额贷款组织，有关部门要抓紧制定管理办法。引导农户发展资金互助组织。规范民间借贷。稳步推进农业政策性保险试点工作，加快发展多种形式、多种渠道的农业保险。各地可通过建立担保基金或担保机构等办法，解决农户和农村中小企业贷款抵押担保难问题，有条件的地方政府可给予适当扶持。

中国人民银行授权全国银行间同业拆借中心公开发布银行间债券市场回购定盘利率。此举有利于加强我国市场利率指标体系建设，增强银行间债券市场价格发现功能，完善市场收益率曲线以及推动金融衍生产品的发展。

28 日　中国银监会发布《关于进一步加强外汇风险管理的通知》，该通知针对我国银行业机构外汇风险管理中面临的新挑战和存在的薄弱环节，提出了十个方面的具体指导意见，并要求各银行认真落实《商业银行市场风险管理指引》《金融机构衍生产品交易业务管理暂行办法》等监管法规。这十个方面包括：一是高度重视、全面评估人民币汇率形成机制改革与银行间外汇市场发展对本行外汇业务和外汇风险可能带来的影响。二是准确计算本行的外汇风险敞口头寸，包括银行账户和交易账户的单币种敞口头寸和总敞口头寸，有效控制银行整体外汇风险。三是加强对外汇交易的限额管理，包括交易的头寸限额和止损限额等。四是提高价格管理水平和外汇交易报价能力。五是不断加强系统建设。六是制定并完善交易对手信用风险管理机制。七是有效防范外汇交易中的操作风险。八是加强对外汇风险的内部审计。九是严格控制外汇衍生产品风险。十是配备合格的外汇交易人员、外汇风险管理人员。

3 月

1 日　中国人民银行农村信用社改革试点专项中央银行票据发行兑付考核评审委员会第四次例会决定，对 92 个县（市）农村信用社发行专项中央银行票据，总额度为 50 亿元。

8 日　中国人民银行和中国银监会联合发布《关于防范信用卡风险有关问题的通知》。规范信用卡发卡和受理行为，保障银行资金安全，促进信用卡业务健康发展，建立良好的经济金融秩序。该通知要求，信用卡发卡机构应严格审核申请人的申请资料，加强风险控制与管理，做好对持卡人的安全用卡教育。信用卡发卡机构应加强发卡源头的风险控制，对信用卡申请人进行严格的身份核定和信用审查；要慎重选择发卡营销外包服务商，并严格管理与发卡营销外包服务商之间的外包关系，明确双方责权利；要加强对持卡人不良用卡情况的监控，对于已确认存在以欺诈手段套现行为的信用卡，有权采取止付等措施。

10日　经中国人民银行批准，中国外汇交易中心与芝加哥商业交易所（CME）正式签署国际货币产品交易合作协议。引入芝加哥商业交易所的相关金融产品，有利于促进中国金融机构在金融交易实践中提高自主定价和风险管理能力，更加有效地进行国际货币汇率和利率的风险管理。

12日　中国人民银行行长周小川出席在瑞士巴塞尔举行的国际清算银行行长例会。会议讨论了全球经济和金融市场发展情况、住房融资、中央银行与政府的关系以及欧洲第二阶段汇率机制等问题。

14日　财政部2006年记账式第二期国债将以美国式招标方式同时在银行间和交易所国债市场招标发行，预示着国债余额管理进入了实质性操作。本期国债期限为3个月，发行量为330亿元。这也是中断了约两年后，财政部重新在国债发行方式采用美式招标方式。

中国工商银行在上海推出个人实物黄金投资和个人外汇账户黄金交易。这是经中央银行批准的中国内地首个个人实物黄金投资业务和中国内地唯一以外币报价的“纸黄金业务”。此次推出的个人实物黄金投资业务，是中国工商银行与上海黄金交易所的交易系统进行连接后，接受个人报价委托，代理个人进行黄金交易。该业务目前只在上海地区进行试点，交易方式为自主报价、实资买入、撮合成交、实物交割、实金卖出。有意投资实物黄金的个人，可在工商银行指定的网点开立黄金账户，办妥相关手续一个工作日后，即可通过工商银行电话银行、网上银行和手机银行自助进行黄金买卖委托。

经国务院批准，中国保监会正式发布《保险资金间接投资基础设施项目试点管理办法》（以下简称《办法》）。这是目前国内第一部保险资金间接投资基础设施项目的管理规章，对于促进基础设施投资的规范化、专业化发展具有积极作用。《办法》的主要内容：一是实行间接方式投资。保险机构必须通过购买专业机构设立的投资计划，将投资管理交由专业机构运作，防范经验不足引发的风险；二是严格项目投资范围；三是限定投资规模和比例；四是明确有关资质条件。从公司治理、资信状况、信用等级、管理能力、内控制度等方面对市场主体提出了明确的资质要求；五是建立风险监控制度。通过资金托管和独立监督等项制度创新，强化外部约束和内部监督，提高风险管理透明度。《办法》的实施，有利于保险机构借助投资计划作为金融工具，疏通保险资金投资领域狭窄和基础设施建设资金缺口的两个“瓶颈”，连接了保险市场、资本市场和产业市场，促进了国内金融资本与产业资本的有机结合。《办法》的颁布与实施，也有利于保险业以金融合作为前提、以金融市场为依托、以金融创新为手段，不断加快改革发展，标志着保险业将通过金融产品创新，逐步由单纯的机构投资者向机构投资者与资产管理者并重的市场定位转变，由负债驱动型转向资产驱动型的经营模式转变，推动保险业顺应国际保险发展趋势，借鉴国际经验，提升市场竞争力。

16日　中国证监会发布实施《上市公司章程指引》（2006年修订），明确规定除公开发行股份、向现有股东派送红股、以公积金转增股本外，上市公司还可以通过非公开发行股份增加资本。

全国保险监管工作会议在北京举行。会议强调保险监管工作要按照“总揽全局、协调各方、科学民主、依法行政、加强监管、防范风险、营造环境、促进发展”的要求，努力解决好速度、效益、诚信和规范问题。

17日　中国人民银行货币政策委员会召开2006年第一季度例会。会议由中国人民银行行长兼货币政策委员会主席周小川主持。会议分析了当前宏观经济、金融形势，研究下一步货币政策取向和措施。

21 日 贷款总额为500亿元的《“十一五”期间支持自主创新开发性金融合作协议》在北京签署。这是《国家中长期科学和技术发展规划纲要（2016—2020年)》配套政策中第一条得到落实的金融政策。根据协议，在“十一五”期间，国家开发银行将向科技部提供500亿元政策性贷款，旨在将科技部的组织、协调、管理优势和开发性金融的融资优势相结合，重点支持国家重大专项和列入国家科技计划的重大科技项目的研究和开发，并加速科技成果向市场和应用的转化。此次合作协议的签署，为该规划纲要中涉及的重大专项以及国家科技计划、科技型中小企业、科技创业投资等提供了稳定、长期、具有政策导向的信贷资金支持，并将带动更多的金融机构增加对科技的投人，同时推动了科技创新和金融创新的有机结合。

中国人民银行与俄罗斯金融监测局共同签署《反洗钱和反恐怖融资合作与信息交流协议》。该协议是俄罗斯年期间中俄两国元首会面签署的“一揽子”协议之一，为中俄两国相互交换金融情报信息奠定了法律基础，促成两国反洗钱和反恐怖融资深度合作。

21～24 日 中国人民银行、澳大利亚“发展合作基金”(FDC)、“穷人银行服务网络”(BWTP)与中国小额信贷发展促进网络在北京联合举办亚洲小额信贷论坛，主题是“合作与创新：扩大小额信贷在亚洲的影响”。

23 日 为维护银行业市场秩序，建立有效的行业自律机制，中国银行业协会根据《银行业协会工作指引》《中国银行业协会章程》，设立中国银行业协会工作自律委员会。同时审议通过了《中国银行业协会自律工作委员会规则》。自律工作委员会是中国银行业协会领导下的专业委员会，接受银行业监督管理机构的指导和监督。其宗旨是维护公平竞争的市场环境，提高银行业服务水平和从业人员素质，推动银行业信用体系建设，促进银行业金融机构间的相互合作。这标志着中国银行业行业自律工作进入一个务实和依法维权的阶段。

24 日 中法人寿保险公司在北京正式开业，这是国内首家邮政系保险公司，北京邮政储蓄网点成为其唯一销售渠道。中法人寿由国家邮政局与法国国家人寿保险公司（GNP）合资组建，双方各持50%股份。法国国家人寿保险公司是法国最大的人寿保险公司。法国人寿在法国寿险市场占有10%以上的市场份额。法国邮政在法国拥有17 000余个网点，每个网点都向法国客户提供法国人寿产品，2005年保费收入达260亿欧元。

中国证监会确定2006年资本市场改革六大重点：第一，着力推进股权分置改革及市场创新，年内基本完成股权分置改革工作。深化发行制度改革，推动并购重组市场创新，扶持股改后公司做优做强。适时推进金融产品创新，固定收益类投资产品创新，证券交易制度创新和基金管理公司、证券公司的业务创新。第二，积极推进资本市场基础建设。内容包括：进一步改革和完善发行审核工作程序，提高融资效率；进一步做好证券公司的综合治理；以上市公司规范发展专题小组为平台，加强监管协作，集中解决上市公司占用和违规担保问题，规范关联交易行为，提高公司透明度，加强对上市公司控股股东、实际控制人以及高管人员的监管，加大责任追究力度；着力改善机构投资者发展的体制机制，通过鼓励基金业的创新，不断引导各类合规资金投入资本市场，促进各类机构投资者的协调发展；出台《证券登记结算管理办法》，积极推行货银兑付交收制度。第三，推进多层次资本市场体系建设。进一步改善中小企业板块的发行、上市审核机制，改进中小企业板块交易制度，提高市场流动性。积极研究公开发行股票非上市的管理办法。加紧研究代办股份转让系统功能扩展。稳步推进国债回购改革整体方案，促进交易所债券市场健康发展。第四，健全完善资本市场法制建设。其中包括：推动包括股东代表诉讼制度在内的对投资者提供的直接保护的基本制度尽快建立。第五，进一步推进期货市场发展。第六，进一步做好资本市场的对外开放。包括鼓励境外上市公司实施市场导向的并购重组，实现规模经济，推进产业升级。

28日 国务院颁布《机动车交通事故责任强制保险条例》（以下简称《条例》），自2006年7月1日起施行。该条例的出台落实了《道路交通安全法》中关于建立机动车交通事故责任强制保险制度和道路交通事故社会救助基金制度的具体要求。这是国家以立法的形式强制机动车所有人或者管理人购买机动车交通事故责任强制保险，为机动车道路交通事故的受害人提供基本保障的重大举措。《条例》明确要求，在我国境内道路上行驶的机动车的所有人或管理人，应当依照《道路交通安全法》的规定投保机动车交通事故责任强制保险。《条例》还规定，机动车交通事故责任强制保险在全国范围内实行统一的责任限额。责任限额分为死亡伤残赔偿限额、医疗费用赔偿限额、财产损失赔偿限额以及被保险人在道路交通事故中无责任的赔偿限额。国家设立道路交通事故社会救助基金。对于道路交通事故中受害人抢救费用超过机动车交通事故责任强制保险责任限额、肇事机动车未参加该强制保险或机动车肇事后逃逸的情形，由救助基金先行垫付受害人人身伤亡的丧葬费用、部分或全部抢救费用。

29日 中国人民银行发布《信用评级管理指导意见》。该指导意见要求信用评级机构按照中央银行对信用评级要素、标识及含义的要求，在对债务人主体的财务状况、风险管理、经营能力、盈利能力等整体信用状况进行分析的基础上，对债务的违约可能性及清偿程度进行综合判断，并以简单、直观的符号表示作用等级。中央银行将银行间债券市场长期债券信用等级划分为AAA级、AA级、A级、BBB级、BB级、B级、CCC级、CC级、C级，三等九级，银行间债券市场短期债券信用等级划分为A-1级、A-2级、A-3级、B级、C级、D级，四等六级。要求信用评级机构就评级资料建立数据库并进行永久保存，并按规定向中国人民银行报送信用评级机构统计报表、信用评级报告全文、跟踪评级安排及跟踪评级报告等材料。该指导意见还从信用评级机构人员、从事信用评级业务应遵循的原则、信用评级程序、评估人员行为要求等方面作出具体规定。

4月

6日 中国银监会下发通知，要求城市商业银行自2006年起全部建立信息披露制度，逐步按照制度化、规范化的要求，真实、准确地公开披露有关经营管理信息。

10日 中国人民银行印发《中国人民银行分支机构内部控制指引》，进一步健全中国人民银行内部控制机制，加强和改进内部管理，更好地履行中央银行职责。

11日 中国证监会发布《证券登记结算管理办法》，分别从证券登记结算机构和证券登记结算业务两个方面进行了详细规定。《办法》对证券登记结算机构主要职能予以详细说明，并规定证券登记结算机构业务规章规则的制定和修改、重大业务事项、年报等应报中国证监会批准，或向中国证监会报告。《办法》自2006年7月1日起施行。

中国保监会发布《保险营销员管理规定》，对保险营销员从业资格、从业行为管理直至市场退出，实施全程动态监管。该规定于2006年7月1日起施行。此规定包括资格管理、展业登记管理、展业行为管理、岗前培训与后续教育、保险公司的管理责任等方面的内容。

13日 中国人民银行发布〔2006〕第5号公告，对部分外汇管理政策进行调整。改革经常项目外汇账户管理方法，取消账户的事前审批，调整为由银行直接办理；提高账户限额，并允许企业有真实交易背景的对外支付提前购汇；简化服务贸易售付汇凭证并放宽审核权限；进一步简化境内居民个人购汇手续，提高购汇限额，实行年度总额管理；拓展银行代客外汇境外理财业务，允许符合条件的银行集合境内机构和个人的人民币资金购汇投资境外固定收益类产品；允许符合条件的基金管理公司等证券经营机构集合境内机构和个人自有外汇在境外进行包含股票在内的组合证券投资；允许符合条件的保险机构购汇投资于境外固定收益类产品及货币市场工具。

国家外汇管理局发布《关于调整经常项目外汇管理政策的通知》。对经常项目外汇账户、服务贸易售付汇及境内居民个人购汇等三项管理政策进行了调整。此次调整主要是为了进一步推进贸易便利化，不断改善经常项目外汇管理，逐步理顺外汇供求关系。第一，经常项目外汇账户政策调整主要包括三方面内容：一是取消经常项目外汇账户开户事前审批；二是调整账户限额核定办法，提高限额水平，由以前按收入的50%或80%核定，统一调整为按上年度经常项目外汇收入的80%与经常项目外汇支出的50%之和确定；三是允许有进口支付需求的企业提前购汇存入外汇账户，更加便利进口企业的生产经营用汇安排。第二，简化服务贸易售付汇凭证并放宽审核权限。第三，进一步简化境内居民个人购汇手续，提高购汇限额，实行年度总额管理。年度总额为每人每年等值2万美元。在额度内，个人凭真实身份证明在银行办理购汇并申报用途；银行对超过部分的个人购汇在审核相关凭证后按实际需求供汇。

17日 中国人民银行、中国银监会和国家外汇管理局共同发布《商业银行开办代客境外理财业务管理暂行办法》（银发〔2006〕121号），允许境内机构和居民个人委托境内商业银行在境外进行金融产品投资。这是积极有序地拓宽境内居民投资渠道，促进国际收支基本平衡的又一项重要措施。该暂行办法的出台，进一步拓宽了境内机构和个人资金运用渠道，使他们可以更加充分地利用两个市场，提高资金收益率、分散金融风险，增强资产保值增值的能力。有利于促进境内金融机构逐步熟悉国际金融市场，培养自主投资管理能力，提高风险管理意识和水平，提升境内金融业整体竞争能力。同时，允许境内机构和居民个人持有更多的外币资产并从事对外投资，有利于促进我国国际收支基本平衡，这也是我国提高金融对外开放水平，稳步推进人民币资本项目可兑换进程的一个重要步骤。中国银监会负责商业银行代客境外理财业务准入管理和业务管理。国家外汇管理局负责商业银行代客境外理财业务的外汇额度管理。

18日 中国银监会发布《国有商业银行公司治理及相关监管指引》，以加强国有商业银行公司治理改革。该指引明确了国有商业银行公司治理改革的目标，即“国有商业银行应通过股份制改革，提高经营管理水平，增强财务实力，在国际通行的财务指标方面，达到并保持国际排名前100家大银行中等以上的水平。”该指引明确指出，国有商业银行应根据现代金融企业制度的要求，建立规范的股东大会、董事会、监事会和高级管理层制度，建立科学的权力制衡、责任约束和利益激励机制。国有商业银行引进战略投资者应遵循长期持股、优化治理、业务合作和竞争回避的原则。

19日 中国人民银行决定，自2006年4月20日起授权中国人民银行上海总部承办金融机构进入全国银行间债券市场的准入备案工作和进入全国银行间同业拆借市场的准入管理、限额管理以及信息披露管理工作。金融机构进入银行间债券市场应按照中央银行规定的程序向中国人民银行上海总部提交备案材料。非金融机构通过结算代理方式进入银行间债券市场的备案按照金融机构备案程序办理。金融机构在同业拆借市场进行信息披露接受中国人民银行上海总部的监督管理。

经国家外汇管理局批准，中国银行成为首家获得银行间外汇市场人民币与外币掉期交易资格的银行，自此该行可自行开展以套期保值、头寸调整为目的的人民币与外币间的掉期交易。

21日 中国人民银行和中国银监会联合印发《农村信用社改革试点专项中央银行票据兑付考核指引》，进一步明确兑付考核标准和程序，支持符合条件的农村信用社及时兑付专项票据资金，有效发挥农村信用社改革试点资金支持政策的正向激励作用。

24日 国家外汇管理局批准银行间外汇市场正式推出人民币与外币掉期交易，银行可以在该市场上开展以套期保值和头寸结构调整为目的的人民币外汇掉期交易。

25日 中国人民银行、国家发展改革委等9部委联合召开全国银行卡工作会议。会议提出，要将加强受理市场建设、改善受理环境、推动银行卡普及应用作为当前银行卡的核心工作。

27日 中国人民银行召开窗口指导会议，主要对当前经济金融形势及存在问题进行了分析和讨论，要求各金融机构认真做好下阶段货币信贷工作，注意把握信贷投放进度，强化资本约束，进一步改善金融服务，加强业务创新。为做好下一阶段货币信贷工作提出了具体要求：一是要注意把握信贷投放进度，防止大起大落；二是要强化资本约束，树立持续稳健经营理念；三是要进一步改善金融服务，着力调整信贷结构，坚持“有保有压”，既要严格控制对过度投资行业的贷款，又要加强对经济薄弱环节的信贷支持；四是要加强业务创新力度，防范利率风险；五是要关注经济结构调整过程中的信用风险，提高辨别风险的能力；六是要发挥票据融资在支持中小企业和流动资金贷款中的积极作用，防范票据融资风险，促进票据业务健康发展。

中国人民银行办公厅印发《中国人民银行大额支付系统自动质押融资业务会计核算办法》，确保大额支付系统自动质押融资业务的顺利开展，规范中国人民银行自动质押融资业务的会计核算。

28日 中国人民银行决定上调金融机构贷款基准利率。其中一年期贷款基准利率上调0.27个百分点，由5.58%提高到5.85%。其他各档次贷款利率也相应调整。金融机构存款利率保持不变。本次上调金融机构贷款利率是为了进一步巩固宏观调控成果，保持国民经济持续、快速、协调、健康发展的良好势头，进一步发挥经济手段在资源配置和宏观调控中的作用。

中国人民银行与商业银行等支付系统参与者在北京签署“自动质押融资主协议”。自动质押融资机制是中央银行完善支付系统功能，提高支付系统清算效率，改进金融服务的重要举措，有利于畅通货币政策传导机制，防范金融风险，也为商业银行加强流动性管理提供更大的操作空间。支付系统自动质押融资业务自2006年5月8日正式开办。

5月

1日 为配合个人购汇政策调整，境内居民个人购汇管理信息系统升级上线，正式实行个人购汇2万美元年度总额管理。

《全国社会保障基金境外投资管理暂行规定》自5月1日起实施。这意味着拥有2 000多亿元人民币资产的中国社保基金正式启动海外投资。该暂行规定就社保基金境外投资管理人、社保基金境外托管人、境外投资运作的品种或工具、投资比例、境外投资的外汇管理等方面做了详细的规定。

《中国人民银行钞票处理中心管理办法》实施。该办法将钞票处理流程进行标准化、专业化统一，对钞票处理业务安全管理、作业流程等进行了规范。

2日 中国证监会主席尚福林与美国证券交易委员会主席克利斯托弗·考克斯在美国华盛顿签署《中国证券监督管理委员会与美国证券交易委员会合作条款》，以加强中美证券监管机构间的合作。该合作条款确立了中美两国证券监管机构对话机制的三个目标：一是确定并讨论双方共同关心的证券市场监管的动态，重点关注在对方市场上市的公开发行公司的财务报告问题；二是改进跨境证券执法中的协作和信息交流；三是美国证券交易委员会继续并扩大为中国证监会提供培训和技术援助。

8日 中国证监会发布并施行《上市公司证券发行管理办法》（以下简称《办法》），规范上市公司证券发行行为，保护投资者的合法权益和社会公共利益。《办法》分别对发行股票、可转换公司债券等公开发行证券的条件，非公开发行股票的条件、发行程序、信息披露、监管和处罚等方面做了明确规定。根据《办法》，上市公司发行证券，可以向不特定对象公开发行，也可以向特定对象非公开发行。

中国证监会发布《关于规范基金管理公司设立及股权处置有关问题的通知》（以下简称《通知》），对各基金管理公司、各基金管理公司股东及相关机构设立、股权处置有关问题进行了规范。《通知》主要包括以下内容：首先，基金管理公司设立及股权处置，应当遵守《公司法》《证券投资基金法》《证券投资基金管理公司管理办法》等法律、行政法规、规章的规定，并符合公司章程的要求。基金管理公司及相关当事人应当按照《证券投资基金管理公司管理办法》及本通知的规定履行法律程序。其次，任何机构设立基金管理公司或受让基金管理公司股权，应当对基金行业发展状况、基金管理公司制度安排及监管要求、受让公司真实财务状况和经营状况等进行认真了解，按照其决策程序审慎决策。最后，基金管理公司股权转让期间，董事会和管理层应当依法履行职责，恪尽职守，对股权转让期间风险防范作出安排，保证公司正常经营，基金份额持有人利益不受损害。此外，《通知》规定，持有基金管理公司股权未满1年的股东，不得将所持股权出让；股东持有的基金管理公司股权被出质、被人民法院采取财产保全或者执行措施期间，证监会不受理其设立基金管理公司或受让基金管理公司股权的申请等。《通知》的发布，对进一步规范基金管理公司股东行为，加强对基金管理公司设立及股权处置的监管，保证股权转让有序进行，鼓励有实力、讲诚信、负责任、有长期投资理念的机构参股基金管理公司，维护基金行业的健康稳定发展，保护基金份额持有人的合法权益起到了积极作用。

9日 中国证监会公布实施新修订的《中国证券监督管理委员会发行审核委员会办法》，对发行审核委员会的组成、职责、会议制度及审核工作的监督等做了明确的规定，增加了审核上市公司非公开发行股票的特别程序，并完善了发行人接受询问和委员提议暂缓表决的制度。

12日 华夏银行、广东发展银行、深圳发展银行等25家金融机构与中国人民银行签署《小额支付系统质押业务主协议》。中国人民银行批准这些金融机构可于2006年5月12日起正式办理小额支付系统质押业务。中国证监会正式发布实施《关于规范基金管理公司设立及股权处置有关问题的通知》，规定持有基金管理公司股权未满一年的股东，不得将所持股权出让。进一步规范基金管理公司股东行为，加强对基金管理公司设立及股权处置的监管，保证股权转让有序进行，鼓励有实力、讲诚信、负责任、有长期投资理念的机构参股基金管理公司，维护基金行业的健康稳定发展，保护基金份额持有人的合法权益。

14日 中国证监会发布《关于证券投资基金投资资产支持证券有关事项的通知》，证券投资基金可在规范运作并防范风险的前提下，投资资产支持证券产品。该通知要求，基金管理人在投资资产支持证券之前，应充分识别和评估可能面临的信用风险、利率风险、流动性风险、提前偿付风险、操作风险和法律风险，建立相应的风险评估流程，并制定相应的投资审批程序和风险控制制度；应将公司对资产支持证券的风险管理纳入其总体的风险管理体系。同时，基金管理人还必须将资产支持证券的投资方案和风险控制措施报中国证监会备案并公告。货币市场基金可投资于剩余期限在397天以内（含397天）的资产支持证券。

15日 根据中国人民银行授权，中国外汇交易中心15日9时30分公布的人民币汇率中间价为1美元兑人民币7.9982元，这是自2005年7月21日人民币汇率机制改革以来，美元对人民币汇率中间价首度“破8”。

17日 国务院总理温家宝主持召开国务院常务会议，研究促进房地产业健康发展措施。根据当前存在的问题，会议提出了针对性措施：一是切实调整住房供应结构，重点发展中低价位、中小套型普通商品住房，经济适用住房和廉租住房。二是进一步发挥税收、信贷、土地政策的调节作用。三是合理控制城市房屋拆迁规模和进度，减缓被动性住房需求过快增长。四是进一步整顿和规范房地产市场秩序。五是加快城镇廉租住房制度建设。六是完善房地产统计和信息披露制度，坚持正确的舆论导向。

中国证监会正式发布《首次公开发行股票并上市管理办法》，自2006年5月18日起施行。该办法分别从公司治理和财务指标两个方面，对发行人的发行主体、发行独立性提出较为严格的条件，对《证券法》规定的发行条件进行了细化，并对发行程序、信息披露、监管和处罚等方面予以明确。

23日 国家外汇管理局发布《关于调整部分保险业务外汇管理政策有关问题的通知》，对保险业务外汇管理部分规定做了调整。保险经营机构可以选择以人民币或外汇收取保费，但不得收取外币现钞。保险经营机构可凭有关保险合同、赔款计算书到外汇指定银行从其外汇账户中支付或购汇支付赔偿或给付保险金。境内保险经营机构或保险资产管理公司根据经营需要，可以在外汇指定银行进行外币与外币间的兑换，调整其外汇资金币种。取消境内保险公司办理境外再保险分出业务的购汇限制。该通知自2006年6月1日起施行。

26日 国务院发布《关于推进天津滨海新区开发开放有关问题的意见》，该意见将天津滨海新区的功能定位为：依托京津冀、服务环渤海、辐射“三北”、面向东北亚，努力建设成为我国北方对外开放的门户、高水平的现代化制造业和研发转化基地、北方国际航运中心和国际物流中心，逐步成为经济繁荣、社会和谐、环境优美的宜居生态型新城区。该意见指出，推进滨海新区开发开放要把握好以下原则：坚持以科学发展观统领经济社会发展全局，走科学发展之路；坚持突出发展特色，充分发挥比较优势；坚持推进改革开放，用改革开放促开发建设；坚持科技创新和自主创新，加强创新能力建设；坚持增强服务功能，带动和促进区域经济发展；坚持节约集约用地，切实发挥土地对经济建设的引导和调控作用；坚持可持续发展，建设资源节约型和环境友好型新区；坚持以人为本，推进和谐社会建设与全面发展。

29日 农信银资金清算中心有限责任公司（以下简称农信银）在北京举行开业庆典暨揭牌仪式。这是除商业银行资金清算中心之外获准开业的第二个全国性资金清算中心，也是全国首家公司制的资金清算中心。农信银的成立标志着中国农村合作金融系统拥有了覆盖全国的、规范的、系统的资金清算平台，彻底打破长期以来全国农信社历史形成的结算汇路不通、支付结算功能和手段匮乏、资金清算速度慢、结算品种单一的落后局面。农信银由全国31家省级农信联社、农村商业银行、农村合作银行共同出资创立，注册资本1亿元，主要从事全国农村信用社汇兑业务、银行汇票业务的异地资金清算及中国人民银行批准的其他清算业务，其前身为原北京市农村信用合作社营业部特约电子汇兑清算服务中心。

中国证监会发布《保荐人尽职调查工作准则》。该准则有针对性地提出了保荐人尽职调查的内容，即发行人基本情况调查、同业竞争与关联交易调查、高管人员调查、募集资金运用调查、财务与会计调查、业务发展目标调查、组织结构与内部控制调查、风险因素及其他重要事项调查等九方面。为了提高保荐业务质量，规范保荐人的尽职调查工作，该准则主要针对首次公开发行股票的工业企业基本特征制定，对尽职调查的方法和调查内容进行了全面规范。

30日 国家开发银行与渤海银行签署全面合作协议，双方在客户、产品、信息资源和管理等多个方面携手合作，优势互补，共同助推天津市经济发展。两家银行的全面合作，标志着我国开发性金融机构与现代股份制商业银行开始探索优势互补、互利合作的新路。两家银行将着力在间接银团贷款、联合贷款、委托管理资产业务、代理结算业务、金融债券承销业务、拆借业务等领域展开广泛的合作，积极探索开发性金融机构与股份制商业银行长期合作的途径。

31日 中国人民银行发布《2006年第一季度中国货币政策执行报告》。报告指出，2006年第一季度，我国国民经济继续保持平稳较快增长，总体形势良好。国内需求比较旺盛，对外贸易继续快速发展，居民收入、企业利润和财政收入都有较大幅度增长，市场价格平稳。中国人民银行按照党中央、国务院的统一部署，继续实行稳健的货币政策，合理调控货币信贷总量，着力优化信贷结构。

6月

1日 从即日起，我国住房贷款最低首付款比例有区别地提高。此次住房信贷政策调整的主要内容：一是从商业银行（含农村合作银行、城乡信用社，下同）发放的住房贷款（不包括住房公积金贷款）首付款比例不低于30%；二是对购买套型建筑面积90平方米以下，而且是自住房的住房贷款最低首付款比例仍执行20%的规定。此次住房信贷政策有区别地适当调整，目的在于抑制不合理的购房需求和过快的房价上涨，同时配合住房供应结构调整，满足中低收入家庭的住房需求。

财政部和国家税务总局联合发布《关于延长试点地区农村信用社有关税收政策期限的通知》，将农村信用社（农村合作银行）目前享受的企业所得税优惠政策在执行到期后再延长3年，已改制为农村商业银行的农村信用社不再享受税收优惠的延长政策。

中国工商银行从6月起开始大幅调整现行的组织机构，总行的部室由原来的31个增至34个，二级机构的数目减少4个，人员编制和管理人员的数量与改革前大体持平。这是即将赴海外IPO之前，工商银行为推动经营管理转型，对公司治理架构进行的一次重大调整。这次调整的主要目的是清晰界定职能，明确划分事权，完善银行公司治理结构，提高组织运行效率。此次机构调整的特点：一是加强营销职能。在对公业务方面，新组建四个部门（公司业务一部、公司业务二部、结算与现金管理部和机构业务部）。二是强化风险控制。新组建风险管理部、授信业务部和信贷管理部。三是促进业务和收益转型。新组建金融市场部。总行层面的机构改革完成后，下一步分支机构将根据总行的机构改革情况进行相应调整。

中国银行成功在香港联合交易所挂牌上市，这是内地第2家实现境外公开发行上市的大型国有商业银行。中国银行此次募集资金总额为754.27亿港元，发售价每股H股2.95港元，接近发行价2.5~3港元的上限价格。是6年多来全球最大宗首次公开招股募资活动。

中国人民银行农村信用社改革试点专项中央银行票据发行兑付考核评审委员会第五次例会决定，对江苏等6个省（市）辖内的18个县（市）兑付专项票据，额度为9.8亿元，农村信用社改革试点专项票据兑付工作正式启动。同时，对新疆等3个省（区、市）辖内34个县（市）农村信用社发行专项票据，额度为3.4亿元。

2日 中国人民银行发布《中国人民银行外汇一级交易商准入指引》，为银行间外汇市场引入外汇一级交易商提出了具体的执行办法。根据该指引，外汇一级交易商是指由中国人民银行指定的、与其进行外汇交易，并在银行间外汇市场履行做市义务的外汇指定银行。

国家外汇管理局发布《关于调整银行结售汇综合头寸管理的通知》。自2006年7月1日起，国家外汇管理局对外汇指定银行的结售汇综合头寸按照权责发生制原则进行管理，银行报送新的《结售汇综合头寸日报表》。

6日 财政部和中国人民银行联合发布《中央国库现金管理暂行办法》。中央国库现金是指财政部在中央总金库的活期存款。国库现金管理方式包括商业银行定期存款、买回国债、国债回购和逆回购等。

国家外汇管理局发布《关于调整部分境外投资外汇管理政策的通知》。境内投资者到境外投资所需外汇，可使用自有外汇、人民币购汇及国内外汇贷款。自2006年7月1日起，国家外汇管理局不再对各分局（外汇管理部）核定境外投资购汇额度。

8日 中国保监会公布了首批获准从事机动车交通事故责任强制保险业务资格的保险公司。这10家保险公司分别为：中国人民财产保险股份有限公司、中国太平洋财产保险股份有限公司、中国平安财产保险股份有限公司、中国大地财产保险股份有限公司、大众保险股份有限公司、华泰财产保险股份有限公司、永安财产保险股份有限公司、永诚财产保险股份有限公司、阳光财产保险股份有限公司和阳光农业相互保险公司。

9日 中国证监会发布《证券市场禁入暂行规定》，以维护证券市场秩序，保护投资者合法权益和社会公众利益，促进证券市场健康稳定发展。该规定从2006年7月10日起施行，扩大了证券市场禁入人员范围，将发行人、上市公司、证券公司控股股东层面的董事、监事等高管人员纳入禁入人员范围。

11日 由原中华联合财产保险公司整体改制设立的“中华联合保险控股股份有限公司”在乌鲁木齐正式揭牌成立。这标志着我国最后一家国有独资商业保险公司的股份制改造已告完成。中国人保、中国人寿、中国再保险、中华联合保险4家国有独资商业保险公司股改全部完成，使国内保险企业的资本实力及市场竞争能力大大增强。

12日 经中国银监会审批，上海银行获准自6月5日起至年底滚动发行固定收益型个人外汇理财产品——“金鑫”系列个人外汇理财产品。这是国内首家获准滚动发行保本保收益的固定收益型外汇理财产品的银行。

13日 中国人民银行召开窗口指导会议，传达国务院常务会议精神，要求商业银行统一思想，全面、正确、积极地理解和贯彻中央确定的宏观调控政策措施，合理均衡发放贷款，更好地发挥金融在加强和改善宏观调控中的作用。通报了经济金融运行形势，要求各家银行进一步做好下阶段货币信贷工作，合理控制贷款投放，优化信贷结构，加强房地产信贷管理，强化资本约束机制，促进票据市场规范发展。

15日 中国证监会发布实施《证券投资基金管理公司治理准则（试行）》，确立了基金公司治理的十项基本原则，强调当基金公司、股东及公司员工的利益与基金份额持有人利益发生冲突时，应先保障持有人利益。这十项基本原则包括基金份额持有人利益优先原则、公司独立运作原则、强化制衡机制原则、维护公司统一性和完整性原则、股东诚信与合作原则、公平对待原则、业务与信息隔离原则、经营运作公开透明原则、建立长效激励约束机制原则以及人员敬业原则。该准则是评判基金管理公司是否具有良好公司治理的主要标准。

16日 经国务院批准，中国人民银行宣布，从2006年7月5日起上调存款类金融机构人民币存款准备金率0.5个百分点，执行8%的存款准备金率，农村信用社（含农村合作银行）暂不上调。这次上调存款准备金率的主要目的是防止货币信贷总量过快增长，为国民经济持续健康发展提供稳定的货币、金融环境。

中国人民银行货币政策委员会召开2006年第二季度例会。会议总结和评价了上半年我国货币政策执行情况，分析了当前宏观经济金融形势，研究下半年货币政策取向和措施。此外，还讨论了调整国际收支失衡的政策选择、货币政策是否应当针对资产价格的波动进行调整等问题。

中国证监会、财政部联合发布《证券结算风险基金管理办法》，对风险基金的来源做了相应调整，将按照证券登记结算机构业务收入和结算参与人成交金额的一定比例分别提取。该办法规定了基金的两个主要来源：一是按证券登记结算机构业务收入、收益的百分之二十分别提取。二是结算参与人按人民币普通股和基金成交金额的十万分之三、国债现货成交金额的十万分之一和国债回购成交金额的一定比例逐日交纳。该办法自2006年7月1日起施行。

21 日 中国首家信托登记机构——上海信托登记中心在浦东新区挂牌成立，上海信托登记中心网站同时启动。由上海市浦东新区政府发起设立的上海信托登记中心是一家事业性的非金融中介机构。中心主要负责办理各项信托登记手续、管理信托登记事项的公告、依法提供外部人员查阅、信托登记事项的注销等事务。上海国际信托投资有限公司、华宝信托投资有限公司、上海爱建信托投资有限公司、安信信托投资股份有限公司、中泰信托投资有限公司和中海信托投资有限公司等 6 家公司成为上海信托登记中心的首批会员单位。

中国银监会发布《关于商业银行开展代客境外理财业务有关问题的通知》，要求商业银行在积极开展代客境外理财业务的同时，要密切关注和管控可能产生的风险，采取切实有效的措施，保护金融消费者的合法权益。该通知要求商业银行代客境外理财进行境外投资时，应在境外进行规定的金融产品投资。严禁商业银行向境外机构出租、出借其境外可利用的投资账户。商业银行通过综合理财方式开展代客境外理财业务时，应按照审慎经营的原则，投资于境外收益类产品，包括具有固定收益性质的债券、票据和结构性产品，并应在理财产品的销售合同中向客户明示理财资金的投资方向和主要风险。不得直接投资于股票及其结构性产品、商品类衍生产品，以及 BBB 级以下证券。该通知指出，商业银行申请开办代客境外理财业务，应按照有关规定提交申请材料，包括代客境外理财业务相关的内部控制制度、托管协议草案、可行性报告等。对于外资银行申请开办代客境外理财业务的条件和要求与中资商业银行基本相同，但外资银行应按照中国银监会批准的业务范围开展代客境外理财业务。要求商业银行建立交易对手风险监测与报告体系，审慎选择交易对手，注意收集相关信息，加强与监管者的联系与汇报。

22 日 中国人民银行上海总部宣布，作为中国现代化支付系统重要应用系统之一的小额批量支付系统，于 2006 年 6 月 26 日在上海正式上线运行。这有助于进一步解决社会公众个人支付结算的瓶颈问题，增强企事业单位灵活调度资金的能力，进一步在上海搭建起快捷高效的跨行资金汇划渠道，推动上海国际金融中心建设的纵深发展。小额批量支付系统（以下简称小额支付系统）主要处理跨行同城、异地借记支付业务以及金额在规定以下的贷记支付业务，采用定时批量发送支付指令的方式，轧差净额方式清算资金，支撑各种支付工具的应用。小额支付系统与已建成的大额实时支付系统（HPVS）共同构成中国现代化支付系统的两个基本组成部分。

23 日 经国务院同意，中国银监会批准筹建中国邮政储蓄银行，邮政储蓄银行的筹建工作应在 6 个月内完成。到 2005 年末，邮政储蓄存款余额达到 13 000 亿元，存款余额居四大国有商业银行之后列第 5 位。邮政储蓄余额市场占有率已超过 9%。全国办理邮政储蓄的网点达到 3.6 万多处，邮政储户数量达到 2.7 亿户。

25 日 中国人民银行行长周小川出席国际清算银行股东大会。会上，行长周小川当选为国际清算银行董事，这是国际清算银行第一次从发展中国家的中央银行选举新董事，也是该行自 1994 年以来首次扩充董事会。

26 日 国务院颁布《国务院关于保险业改革发展的若干意见》，即“国十条”。“国十条”首次全面系统地阐述了加快保险业改革和发展对我国社会主义市场经济体制建设的重要意义，精确定位了保险业在中国经济发展与改革过程中的重要地位，在概括保险业三项基本功能的同时，集中阐述保险业发展对建设社会主义和谐社会的四项重要作用，这是中国保险业发展的一个新的里程碑。作为当前和今后一个时期保险工作的纲领性文件，“国十条”内涵丰富、寓意深刻，明确了保险业的发展方向，提出了保险业改革发展的一系列重大政策。“国十条”的发布体现了政府对保险业发展的认识提高到了新的高度。

中国农业发展银行与国家邮政局邮政储汇局签署《国家邮政局邮政储汇局、中国农业发展银行协议存款业务合作协议》。这是邮政储汇局第一次与政策性银行签订协议存款业务合作协议。该协议存款是邮政储汇局对中资存款类金融机构办理的3年期以上、3 000万元以上人民币长期存款品种。邮政储蓄目前已有高达7 000亿元的自主运用资金，监管部门又将其定调为服务农村金融。而中国农业发展银行的资金主要来自于财政部注入的资本金和自身发行金融债，资金来源相当有限。中国农业发展银行自2005年成功开办同业拆借业务和协议存款业务以来，筹资多元化进程已经明显加快。

30日 经国务院批准，中国人民银行正式向非洲开发基金落实多边减债动议捐资。中国向非洲开发银行递交了2006—2007年的认捐书，捐资金额为194万非行记账单位（UA），约合284万美元。

中国银监会批准首批开办代客境外理财业务资格的中、外资商业银行名单：中国工商银行、中国建设银行、中国银行、交通银行及汇丰银行、东亚银行的内地分行。中国银监会要求，商业银行应加强代客境外理财业务的风险管理，高度关注并采取有效措施防范汇率风险、利率风险和交易对手的信用风险，审慎选择交易对手；应向投资者进行充分的风险揭示，完整地说明预期收益的含义及可能发生的损失；应加强与监管者的沟通，建立向监管机构报告制度和业务后评价机制，定期报告此项业务的成本收益、风险管控、信息披露情况以及业务开办中的问题和重大事项。

中国保监会发布《机动车交通事故责任强制保险业务单独核算管理暂行办法》，重在规范保险公司的内部控制和基础管理，为准备核算交强险损益提供了基础性保障。

7月

2日 中国证监会发布《证券公司融资融券业务试点管理办法》和《证券公司融资融券业务试点内部控制指引》，标志着证券公司融资融券业务试点正式启动。该办法对证券公司融资融券业务的市场准入、行为规范、债权担保、权益处理、风险控制等基本制度作出规定，还对证券公司开展融资融券业务的风险防范、客户开展融资融券业务时向证券公司提供担保的证券和资金的安全予以了明确的规定。两个文件自2006年8月1日起实施。

中国保监会和中国银监会联合发布《关于规范银行代理保险业务的通知》，分别从加强代理机构资格管理、加强代理业务内部管理、规范手续费管理、规范销售人员资格管理、规范产品销售、加强监督检查、加强行业内外沟通与交流等七个方面提出监管要求。

4日 财政部、中国人民银行、中国证监会联合发布《国债承销团成员资格审批办法》。该办法规定国债承销团按照国债品种组建，包括凭证式国债承销团、记账式国债承销团和其他国债承销团。国债承销团的成员在保持基本稳定的基础上实行优胜劣汰。凭证式国债承销团成员原则上不超过40家；记账式国债承销团成员原则上不超过60家，其中甲类成员不超过20家。

5日 中国银行股份有限公司首次公开发行的A股股票在上海证券交易所成功挂牌上市。中行A股首日上市开盘价为3.99元，较发行价3.08元上涨了29.55%；收市价为3.79元，较发行价上涨23.05%；盘中最高价4.05元，最低价3.76元，全天成交1 763万手，换手率达51.06%，成交金额68.46亿元。中行本次A股发行约65亿股，发行后总股本达到2 538亿股，其中A股为1 778亿股。至此中国银行成为目前沪、深两市中权重最大的上市公司，同时成为国内首家A股和H股全流通发行上市的公司。

6日 中国人民银行发布《关于货币经纪公司进入银行间市场有关事项的通知》，以规范货币经纪公司业务行为，提高银行间债券市场、银行间同业拆借市场流动性。货币经纪公司是在金融市场开展经纪业务，为金融产品交易提供信息、促成交易达成的专业化机构。该通知规定货币经纪公司在银行间市场从事的范围为接受金融机构投资者的委托，提供现券买卖、债券回购、票据转贴现、票据回购、债券远期交易、人民币利率互换交易、同业拆借等经纪服务。货币经纪公司的引入将会有效地提高市场流动性和交易效率，降低市场交易成本，促进价格发展；对于银行间市场发展而言，有助于扩大银行间市场宽度、提高市场深度，促进市场的快速健康发展。

中国保监会发布《关于加强对保险机构所属境内非保险类经济实体和境外保险机构财务监管若干事项的通知》，该通知建立了三项监管制度：一是保险公司的长期股权投资管理制度向中国保监会备案制度；二是保险公司长期股权投资有关的重大财务决策、事项向中国保监会报告制度；三是保险公司所属境内非保险类经济实体和境外保险机构财务报告的定期报告、外部审计和监管审核制度。

7 日　中国银行业协会 68 家会员单位向社会各界作出“反对商业贿赂”郑重承诺，共同签署《中国银行业反商业贿赂承诺》《中国银行业从业人员道德行为公约》《中国银行业从业人员流动行为公约》《中国银行业反不正当竞争公约》。一个承诺及三个公约是中国银行业协会为贯彻中央治理商业贿赂精神，配合中国银监会开展治理商业贿赂专项工作，组织各会员单位广泛征集社会各界的意见和建议，反复修改、推敲形成的。三个公约对于银行业从业人员的职业道德、执业规范以及合理流动、公平竞争等方面都作出了明确要求。

11 日　建设部、商务部、国家发展改革委、中国人民银行、国家工商总局、国家外汇管理局等 6 部委联合发布《关于规范房地产市场外资准入和管理的意见》，规范外商投资房地产市场准入，外商投资企业房地产开发经营管理，境外机构和个人购房管理，落实各地区、各部门的监管责任。外汇管理部门要严格审核外商投资企业、境外机构和个人购房的资金汇入和结汇；相关房产转让所得人民币资金经合规性审核并确认按规定办理纳税等手续后允许购汇汇出。

荷兰合作银行、国际金融公司和杭州联合银行签署协议，分别持有杭州联合银行 10% 和 5% 的股份，这标志着外国股份首次加入中国的农村合作银行，杭州联合银行由此成为国内第一家外资入股的农村金融机构，此举意味着中国农村金融改革迈出了新的步伐。杭州联合银行全称“杭州联合农村合作银行”，成立于 2005 年，是经中国银监会批准，由杭州市区（不含萧山、余杭区）辖内的农民、农村工商户和企业法人及其他经济组织入股组建的股份合作制社区性地方金融机构，注册资本 5 亿元人民币，总行设在杭州。荷兰合作银行、国际金融公司将通过技术合作项目与杭州联合银行在以下领域中开展合作：加强管理和法人治理、营销策略、信用控制、风险管理和信息技术开发。

12 日　中国保监会公布《外国保险机构驻华代表机构管理办法》，自 2006 年 9 月 1 日起施行。该办法对保险机构的范围进行了规定，对保险机构在华设立代表处需要遵循的申请流程以及相关申请材料进行了规定。该办法的出台有利于加强对外国保险机构驻华代表机构的管理工作。

13 日　深圳证券交易所发布《中小企业板上市公司募集资金管理细则》，以进一步规范中小企业板上市公司募集资金管理，提高募集资金使用效率。该细则对募集资金专户存储、募集自己使用、募集资金投资项目变更、募集资金管理与监督等问题做了相关规定。

14 日　中国人民银行印发《企业信用信息基础数据库管理暂行办法》，以进一步推动社会信用体系建设，保障借款人和担保人信用信息的安全和合法使用，防范和降低信用风险，促进信贷业务的发展。该办法包括七章内容，对信用信息的报送和整理、信用信息的查询、异议处理、安全管理以及罚则等方面问题做了相关规定。

中国人民银行办公厅印发《农民工银行卡特色服务推广工作实施方案》。在印发通知中，人民银行明确了下列要求：一是各单位要按照该实施方案确定的统一模式，精心组织，密切合作，各负其责，认真实施；二是对业务管理及收费进行了相关规定；三是各参与单位要加强风险安全管理，通过业务、技术手段提高风险防范能力，确保农民工资金安全，维护农民工权益。

18日 中国人民银行发布《关于开展中小企业信用体系建设试点工作的通知》，在部分省市试点中小企业信用体系建设。

20日 中国证监会发布《证券公司风险控制指标管理办法》，自2006年11月1日起施行。该办法规定了证券公司经营证券承销业务、证券资产管理业务、融资融券业务的风险控制指标，要求证券公司按照业务的不同分别计算风险准备。

21日 经国务院批准，中国人民银行决定从2006年8月15日起提高存款类金融机构人民币存款准备金率0.5个百分点，执行8.5%的存款准备金率，农村信用社（含农村合作银行）暂不上调，继续执行现行存款准备金率。

31日 中国证监会发布《上市公司收购管理办法》。该办法的主要特点：一是将强制性全面要约收购方式调整为由收购人选择的要约收购方式，赋予收购人更多的自主空间，降低收购成本，充分体现鼓励上市公司收购的价值取向和立法精神；二是通过强制性信息公开披露等多方面措施，将间接收购和实际控制人的变化一并纳入上市公司收购的统一监管体系，维护市场公平，切实保护中小股东的合法权益；三是转变监管方式，简化审核程序，监管部门由过去的事前审批转变为适当的事前监管与事后监管相结合，加大持续监管的力度；四是强化了财务顾问等中介机构为投资者服务、为增加并购透明度服务的要求，充分发挥市场机制对上市公司收购活动的约束作用，提高市场效率；五是强化公司治理要求，对管理层收购严格监管；六是明确外资收购应符合国家产业政策和行业准入规定，不得危害国家安全和社会公共利益。该办法自2006年9月1日起施行。

中国保监会发布《保险公司设立境外保险类机构管理办法》和《非保险机构投资境外保险类企业管理办法》，从投资申请、投资管理、监督检查、法律责任等方面对保险公司和非保险机构境外投资设立保险类企业的活动进行了规范，以加强对保险公司设立境外保险类机构的活动、对非保险机构在境外投资保险类企业的监管。该办法自2006年9月1日起施行。

8月

1日 银行间即期外汇市场正式开设英镑/人民币交易，银行间即期外汇市场的外币交易币种扩大到5个，进一步便利了贸易结算。

中国银监会发布《关于禁止银行与商业机构发放联名储值卡的通知》，并将与其派出机构对银行与商业机构违规发放联名储值卡的情况进行专项检查，对违规发卡行为进行处罚。

3日 国家发展改革委、国土资源部、国家环境保护总局、国家安全生产监督管理总局、中国银监会联合发布《新开工项目清理工作指导意见》，要求各地在产业政策、项目审核、土地审批、环境评价、信贷政策等方面，对2006年上半年总投资1亿元及以上的新开工项目逐项进行全面清理。

7日 中国人民银行发布《关于做好农村地区支付结算工作的指导意见》，要求其分支机构从加强调查研究、发挥农信社主导作用和其他金融机构的积极作用、加快推进基础设施建设、大力推广非现金支付工具、加强和完善支付结算业务代理制等六个方面做好农村地区的支付结算工作，尽快改变农村地区支付结算基础设施建设滞后、支付结算方式单一、支付结算服务手段陈旧、非现金支付工具应用比重低等突出问题。

8日 商务部、国务院国有资产监督管理委员会、国家税务总局、国家工商行政管理总局、中国证监会、国家外汇管理局联合发布《关于外国投资者并购境内企业的规定》，规范外国投资者并购境内企业的基本制度，外国投资者以股权作为支付手段并购境内公司的条件、申报文件与程序、对于特殊目的公司的特别规定、反垄断审查等。该规定自 2006 年 9 月 8 日起施行。

国内首张银行与财险公司联合发行的信用卡“中国长城——人保关爱银联标准信用卡”在深圳问世。该卡由两家北京 2008 年奥运会合作伙伴——中国银行股份有限公司与中国人民财产保险股份有限公司联合开发，是国内首张银行和财险行业共同发行的银联标准联名卡。

9 日　中国人民银行发布《2006 年第二季度中国货币政策执行报告》。报告指出，2006 年上半年，货币供应量增长较快，信贷总量增加较多，但金融运行总体平稳。

14 日　中国人民银行决定，从 2006 年 9 月 15 日起，提高外汇存款准备金率 1 个百分点，即外汇存款准备金率由现行的 3% 提高到 4%。

中国证监会发布《关于基金管理公司提取风险准备金有关问题的通知》，该通知旨在进一步增强基金管理公司风险防范能力，促进公司稳定经营和发展，增强基金份额持有人信心，保护持有人利益。该通知涉及下列事项：一是基金管理公司应当每月从基金管理费收入中计提风险准备金，计提比例不低于基金管理费收入的 5%。二是风险准备金用于赔偿因基金管理公司违法违规、违反基金合同、技术故障、操作错误等给基金财产或者基金份额持有人造成的损失，以及证监会规定的其他用途。三是基金管理公司应当从本公司所管理基金的基金托管银行中选定一家（以下简称专户托管行）开立风险准备金专户，用于风险准备金的存放与支付。四是基金管理公司应当建立风险准备金管理制度，对风险准备金的提取、划转、使用、支付等方面的程序进行规定，经董事会批准后，报证监会备案。五是基金管理公司应当将风险准备金专户及风险准备金的提取、划转等程序告知相关基金托管银行。六是风险准备金由基金管理公司进行管理，可以投资于国债等高流动性低风险的资产。七是风险准备金被人民法院依法查封、扣押、冻结或强制执行的，基金管理公司和专户托管行应当立即报告证监会。八是基金管理公司发生需要支付风险准备金的情形时，应当告知相关基金托管银行并由其进行复核，由专户托管行办理。九是风险准备金专户托管行应当对基金管理公司提取、管理和使用风险准备金进行监督，确保风险准备金存放安全，使用符合程序。十是基金管理公司、专户托管行应当于每年 1 月 20 日前向中国证监会提交上一年度的风险准备金提取、管理和使用的专项报告。十一是基金管理公司解散、清算和终止时，风险准备金余额按照基金管理公司的资产处置。十二是对没有按照规定提取或使用风险准备金的基金管理公司，证监会可以采取相应监管措施。十三是该通知自发布之日起实施，实施前已提取风险准备金的基金管理公司应根据该通知规范该部分资金的管理。

中国保监会发布我国首部规范健康保险经营行为的法规——《健康保险管理办法》。该办法分总则、经营管理、产品管理、销售管理、精算要求、再保险管理、法律责任和附则共 8 章 53 条，自 2006 年 9 月 1 日起施行。

15 日　中国人民银行召开窗口指导会议，要求商业银行进一步统一思想，全面、正确、积极地理解和贯彻中央确定的宏观调控政策措施，合理均衡发放贷款，更好地发挥金融在加强和改善宏观调控中的作用。

16 日　中国银监会发布《关于进一步加强房地产信贷管理的通知》，要求各银行业金融机构高度重视房地产信贷管理工作，认真贯彻中央关于加强房地产市场调控的决策和部署，完善房地产信贷管理相关制度及措施。该通知提出了以下要求：一是加强市场研究，增强市场适应能力，各银行业金融机构需关注房地产业发展周期及房地产市场、客户出现的新变化，建立与政府规划、土地、建设、人民银行、统计等部门的信息沟通机制，及时对房地产行业政策调整及市场变化作出反应。二是坚持科学发展观，制定稳健经营战略，各银行业金融机构要研究制定稳健的房地产信贷政策和发展战略，科学把握房地产贷款的成本和风险变化，防止盲目跟进和授信过度集中。

三是完善内控措施，健全风险管理制度，各银行业金融机构要对房产开发贷款、土地储备贷款、个人住房贷款、商业用房贷款等不同类型贷款的审批标准、操作程序、风险控制、贷后管理等作出明确规定。四是严格执行有关信贷管理规定，规范开发贷款行为，各银行业金融机构要扎实做好房地产贷款“三查”，全过程监控开发商项目资本金水平及其变化。五是加强尽职调查，注重防范土地储备贷款风险，各银行业金融机构要认真评估和审慎发放土地储备贷款。六是引导合理的个人住房消费，加强按揭贷款管理，各银行业金融机构要积极开展个人首套自住房贷款，稳妥发展二手房贷款市场。七是强化贷后管理，防范和控制信贷风险，各银行业金融机构要严格按照房地产项目工程进度发放贷款，加强房地产开发贷款使用的全过程监控。八是进一步规范信托投资公司房地产贷款业务。九是银行业监管部门要加强窗口指导和风险提示，加大违规查处力度。

18日 中国人民银行决定，自2006年8月19日起上调金融机构人民币存贷款基准利率。金融机构一年期存款基准利率上调0.27个百分点，由2.25%提高到2.52%；一年期贷款基准利率上调0.27个百分点，由5.85%提高到6.12%；其他各档次存贷款基准利率也相应调整，长期利率上调幅度大于短期利率上调幅度。同时，商业性个人住房贷款利率的下限由贷款基准利率的0.9倍缩小为0.85倍，其他商业性贷款利率下限保持0.9倍不变。商业银行可按照国家有关政策，根据贷款风险状况，在下限范围内自主确定商业性个人住房贷款利率水平。此次加息的意图是，利用利率杠杆适当抑制投资和信贷需求的扩张。

中国人民银行、财政部联合印发《储蓄国债（电子式）质押管理办法》，以进一步规范储蓄国债质押贷款业务，维护借贷双方的合法权益，防范金融风险，促进国债市场的稳健发展。

23日 中国保监会发布《关于加强机动车交通事故责任强制保险中介业务管理的通知》。保监会就以下事项进行了明确：一是《条例》的实施不仅关系到广大保险消费者的切身利益，更关系到保险行业的健康发展和社会的和谐稳定。交强险制度有利于充分发挥保险的保障功能，是保险业发展的重要历史机遇。二是保险中介机构要加强与保险公司合作，依法合规经营，确保交强险中介市场平稳运行。三是保险中介机构应诚信规范经营，为投保人提供便捷优质的交强险中介服务。四是各保监局要指导和督促当地保险公司和保险中介机构做好交强险中介业务。五是行业协会要在保险监管部门指导下做好交强险行业自律工作。

24日 中国人民银行、中国证监会、国家外汇管理局联合发布《合格境外机构投资者境内证券投资管理办法》。规范合格境外机构投资者资格条件和审批程序，托管、登记和结算，投资运作，资金管理，监督管理。国家外汇管理局依法对合格投资者境内证券投资有关的投资额度、资金汇出入等实施外汇管理。该办法自2006年9月1日起施行。

25日 中国证监会发布《合格境外机构投资者境内证券投资管理办法的通知》。该通知规定，一是申请合格投资者资格的，其资产规模等条件应达到相应的标准。二是合格投资者在经批准的投资额度内，可以投资于下列人民币金融工具：在证券交易所挂牌交易的股票；在证券交易所挂牌交易的债券；证券投资基金；在证券交易所挂牌交易的权证；中国证监会允许的其他金融工具。此外，合格投资者可以参与新股发行、可转换债券发行、股票增发和配股的申购。三是合格投资者作为名义持有人，可以根据其名下境外投资者的持股进行部分或分拆投票。每个合格投资者可分别在上海、深圳证券交易所委托3家境内证券公司进行证券交易。

28日 中国银行业协会银团贷款与交易专业委员会于即日成立。该委员会是中国银行业协会领导下的专业委员会，旨在加强同业合作，鼓励有序竞争，维护银团贷款与交易市场秩序；推广银团贷款理念，规范和促进银团贷款发展；分散和防范贷款风险，提高贷款流动性，引导银团贷款与交易市场的健康稳定发展。

30日 中国人民银行发布《关于进一步加强助学贷款工作的通知》。人民银行对进一步加强助学贷款工作提出了四方面要求：一是增强大局意识和责任意识，把助学贷款工作摆在改进金融服务工作更加突出的位置；二是认真做好新一轮国家助学贷款招投标工作，保证符合条件的国家助学贷款及时发放；三是进一步完善生源地助学贷款政策，积极推进生源地助学贷款业务；四是加强助学贷款政策宣传解释工作，帮助学生充分了解认识和正确运用助学贷款政策。

31日 经国务院批准，中国人民银行决定从2007年4月1日起停止第二套人民币纸分币在市场上流通，停止流通的第二套人民币纸分币卷别包括：1953年版5分纸币、1953年版2分纸币和1953年版1分纸币。第二套人民币纸分币持有者可到各商业银行的营业网点兑换，兑换时间为2006年10月1日至2007年3月31日，兑换期结束后，第二套人民币纸分币持有者可到指定的金融机构继续兑换。

9月

1日 国家外汇管理局与建设部发布《关于规范房地产市场外汇管理有关问题的通知》，明确境外机构和个人购买境内商品房须符合自用、自住原则，并对外商投资房地产企业借用外债及结汇等行为进行了明确规定。具体地说，该文件一方面明确规定了外商投资房地产企业借用外债的条件、转股收汇外资外汇登记以及禁止固定回报或变相固定回报等内容。另一方面具体规定了境外机构在境内的分支、代表机构、境外个人以及港澳台居民和华侨在境内购买商品房所涉及的外汇收支和汇兑管理，以及已结汇的购房款因故退回和转让商品房所得人民币收入购汇汇出等问题。此外，该文还要求外汇指定银行、各分局以及房地产主管部门要及时汇总本地区房地产外资统计信息，严格汇兑审核，加强部门之间的协调和配合，认真落实房地产市场外汇管理及外资准入等政策法规，严肃查处房地产交易和汇兑环节违规违法等问题。

4日 中国人民银行和俄罗斯中央银行签署关于边贸本币结算的信息交换纪要。根据纪要，中国将提供银行结算服务的银行所在地的地域范围扩大至中俄边境省、自治区、州全境。

中国人民银行农村信用社改革试点专项中央银行票据发行兑付考核评审委员会第六次例会决定，对江苏等6个省（市）辖内60个县（市）农村信用社兑付专项票据，额度为35.78亿元。同时，对新疆等2个省（市）辖内8个县（市）农村信用社发行专项票据，额度为3.26亿元。

5日 中国人民银行宣布自即日起，国家开发银行、中国农业银行、交通银行、广东发展银行、上海浦东发展银行等9家金融机构可正式办理自动质押融资业务。自动质押融资是指成员行日间头寸不足时通过自动质押融资系统向中央银行质押债券融入资金弥补头寸，待资金归还后自动解押质押债券的行为。

6日 中国人民银行发布公告，规范商业银行发行混合资本债券行为，保护投资者利益，对混合资本债券的范围进行了界定，对债券发行的发行方式、信用评级、信息披露、风险揭示等方面做了规定。

国家外汇管理局发布《关于基金管理公司境外证券投资外汇管理有关问题的通知》，明确了基金管理公司境外证券投资的业务流程及相关监督管理内容。该通知明确了基金管理公司境外证券投资的业务流程及相关监督管理内容。一是明确基金管理公司境外证券投资的审核流程。基金管理公司办理境外证券投资业务，应取得经营外汇业务资格及境外证券投资的额度，同时要符合中国证监会的有关规定。二是规定基金管理公司境外证券投资业务中的外汇账户及其收支范围，包括自有外汇资金账户、境外证券投资外汇账户、境内托管账户和境外结算账户。三是明确所募集的境外投资外汇资金的来源及划转相关问题。境内居民个人和机构认购、申购基金，以及赎回或分红时，应通过银行办理。而且，认购、申购基金时，居民个人只能使用本人存放于境内银行的外汇存款，不得直接使用外币现钞，机构不得使用债务性外汇资金。

8 日 中国保监会发布《保险公司费用分摊指引》，以规范保险公司费用分摊，提高会计信息质量和公司财务管理水平，为公司产品定价、经营决策、分支机构业绩考核和监管工作提供科学、准确的财务信息。

经国务院同意，中国金融期货交易所有限公司在上海正式挂牌。这是中国成立的第 4 家期货交易所，也是中国首家金融衍生品交易所，以沪深 300 指数为标的股指期货将成为金融期货交易所首个上市交易的品种。金融期货交易所由上海期货交易所、郑州商品交易所、大连商品交易所、上海证券交易所和深圳证券交易所共同发起设立。它的成立，不仅标志着我国金融期货市场的诞生，也是我国资本市场走进一个崭新时代的开始。成立中国金融期货交易所，适时开展期货交易，是适应我国资本市场改革、开放、发展的客观要求，是深入贯彻《国务院关于推进资本市场改革开放和稳定发展的若干意见》的具体体现，对于深化资本市场改革，完善资本市场体系，丰富资本市场产品，发挥资本市场功能，为投资者开辟更多的投资渠道，以满足广大投资者的需求等方面具有重要的战略意义。

11 日 中国人民银行发布《关于调整存款类金融机构同业拆借期限相关事宜的通知》，延长存款类金融机构拆入资金最长期限至 1 年，拆出资金期限不得超过中国人民银行规定对手方的拆入最长期限。

15 日 中国人民银行决定，提高外汇存款准备金率 1 个百分点，由现行的 3% 上调至 4%。提高外汇存款准备金率，在抑制银行发放外汇贷款的同时，能够迫使银行增持更多外汇而减少结汇额度。2004 年 11 月，中国人民银行曾宣布将外汇存款准备金率从 2% 上调到 3%，并统一了内外资金融机构的外汇存款准备金率。

17 日 中国证监会发布《证券发行与承销管理办法》，自 2006 年 9 月 19 日起施行。该办法包括总则、询价与定价、证券发售、证券承销、信息披露、监管处罚、附则七个方面的内容。

18 日 国际货币基金组织理事会通过份额和发言权改革决议，同意为中国、韩国、土耳其和墨西哥四国特别增资。中国在国际货币基金组织的份额占比由 2.98% 上升至 3.72%，排名从原来第 8 位上升至第 6 位。

22 日 招商银行在香港联合交易所正式挂牌上市。这是第一家在股份制改革后以 A + H 形式到香港上市的内地企业，也是第一家在上海交易所挂牌又到香港上市的内地企业。

25 日 中国人民银行和财政部联合颁布《中央国库现金管理商业银行定期存款业务操作规程》，以进一步规范中央国库现金管理，加强财政政策与货币政策的协调配合。

中国保监会发布《关于〈保险公司董事和高级管理人员任职资格管理规定〉具体适用问题的通知》，并要求各保监局加强对保险公司高级管理人员在任职中的行为监管。

26 日 中国银监会主席刘明康在新加坡参加国际货币基金组织与世界银行年会期间，与泰国中央银行行长帕蒂亚通・德瓦库拉，共同签署了两国跨境银行监管合作谅解备忘录。中泰两国监管当局同意在信息交换、市场准入和现场检查等方面进行合作。

中国保监会发布《关于〈健康保险管理办法〉实施中有关问题的通知》，提出与《健康保险管理办法》不符的产品，自 2007 年 1 月 1 日起停止销售等要求。要求保险公司经营健康保险的，应高度重视制度、系统建设及人才队伍的培养，并应于 2008 年 1 月 1 日前达到《健康保险管理办法》第八条所列各项条件；短期个人健康保险产品的费率上下浮动范围不得超过基准费率的 30% 等。

27 日 中国证监会发布《关于证券公司承销限额豁免有关问题的通知》，以进一步防范承销业务风险，督促证券公司加快整改。该通知涉及以下问题：一是净资本低于规定标准或者存在重大整改事项的证券公司不得申请承销限额豁免，公司单项包销金额不得超过净资本的30%，并且不得超过3亿元。二是净资本符合规定标准且不存在重大整改事项的证券公司，在承销大盘股时可以申请豁免“单项包销金额不得超过净资本的30%，并且不得超过3亿元”的规定。三是申请承销限额豁免的证券公司，应当作出充足的应对包销风险的流动性准备，并在取得中国证监会同意豁免批文后才能签订承销协议。四是各证券公司应当在签订承销协议之日起5个工作日内，向公司注册地证监局报备承销协议、承销项目风险评估报告以及包销风险的应对方案。五是《证券公司风险控制指标管理办法》（证监会令第34号）于2006年11月1日生效后，现有关于证券公司承销限额的有关规定予以废止。

28 日 中国人民银行货币政策委员会召开2006年第三季度例会。会议认为，我国国民经济继续保持平稳快速发展，总体形势良好，宏观调控效果开始显现。会议强调，应继续保持宏观经济政策的连续性和稳定性，巩固宏观调控成果，加强各项宏观政策的协调配合，积极扩大国内消费需求，优化投资结构，引导投资合理增长。会议研究了下一阶段货币政策取向和措施，认为应继续执行稳健的货币政策，加强本外币政策的协调和银行体系流动性管理，合理控制货币信贷增长；加快发展直接融资，推进金融市场的整体协调发展；按照主动性、可控性、渐进性的原则，进一步完善有管理的浮动汇率制度。

29 日 国家外汇管理局发布《关于进一步改进贸易外汇收汇与结汇管理有关问题的通知》。对收汇单位贸易外汇实行分类管理。取消贸易项下外汇收汇与结汇待结汇账户和支付结汇管理，对“关注企业”名单内的收汇单位经常项目外汇直接结汇或进入经常项目外汇账户后结汇，应当向外汇指定银行提供关于结汇款项性质的书面说明，经严格审核后办理。该通知自2006年11月1日起施行。

10 月

8 日 中国银监会发布《商业银行小企业授信工作尽职指引（试行）》，要求商业银行制定体现小企业经营规律、小企业授信业务风险特点的授信政策，实行差别化授信管理，规定了商业银行从事小企业授信业务调查、授信审查、授信审批、授信后管理等各项授信业务活动的工作人员必须履行的最基本的尽职要求。

9 日 中国银行业协会、中国证券业协会、中国保险行业协会、中国国债协会、中国期货业协会、中国信托业协会和中国财务公司协会在北京共同签署合作备忘录，宣布建立全国金融行业协会联席会议制度。金融行业协会联席会议制度旨在促进各金融业协会的相互合作和信息交流，充分发挥各自的职能，形成优势互补、凝聚合力的工作体系，以维护金融行业市场秩序。

中国银行宣布正式入股全球外汇市场风控供应商、外汇清算所和结算公司CLS集团控股公司，成为CLS集团的第69家股东，也是中国第一家入股CLS集团的银行机构。CLS国际银行是连续联结清算系统提供商，该系统为外汇交易市提供全球银行业结算服务。CLS银行连接15家中央银行及众多世界知名的金融机构。目前共有57家成员行通过CLS银行处理外汇交易结算指令，总用户数超过750家。CLS银行目前日平均处理结算指令超过26万条，总金额超过2.9万亿美元。

12 日 中国人民银行发布《中国人民银行人民币样币管理办法》，进一步加强人民币样币管理，保证样币完整、安全及有效使用。该管理办法规定，人民币样币是检验人民币印制质量和鉴别人民币真伪的标准样本，由印制人民币的企业按照中国人民银行的规定印制。人民币样币上应当加印“样币”字样。样币是按照中国人民银行批准的人民币生产样印制的用于检验人民币印制质量与鉴别人民币真伪的标准样本，是经办货币发行业务的工具和重要实物档案资料。样币包括纸币、硬币和普通纪念币样币；样币不具备货币职能，禁止流通和买卖样币。样币上印制“样币”字样，纸币样币加印序号及“禁止流通”字样。

15日 由中国保监会组织编制的《中国保险业发展“十一五”规划纲要》颁布，明确了“十一五”保险业发展的总体思路、预期目标和政策措施，描绘了保险业中长期发展的宏伟蓝图。

16日 中国保监会发布《关于保险机构投资商业银行股权的通知》，允许保险机构有效运用公司资本金、负债期限10年以上的责任准备金等保险资金以及中国保监会认可的其他资金，投资境内国内商业银行、股份制商业银行和城市商业银行等未上市银行的股权（以下简称银行股权），并根据不同资金性质，确定投资股权归属和收益分配，其中保险资产管理公司可以受托投资银行股权。明确保险机构投资商业银行股权的投资范围和投资原则、投资方式和资金来源、投资比例和核算基数、投资资格和基本要求、选择条件和主要指标、报备程序和审批事项、退出机制和应急处理以及风险管理和监督检查。这是继保险资金获官方批准可直接投资股票市场以来，监管部门再次发布的一份旨在拓宽保险资金投资渠道运用的配套性文件。

17日 中国人民银行和印度尼西亚银行在《清迈倡议》下签署原中国印度尼西亚双边货币互换协议的修订稿，在需要短期流动性支持时，印度尼西亚中央银行可以印尼盾兑美元的形式从中国人民银行取得不超过40亿美元的融资支持。中国和印度尼西亚曾于2003年12月签署总规模为10亿美元的货币互换协议，并于2005年10月签署协议，将货币互换规模增加至20亿美元。

18日 国家外汇管理局与海关总署在北京签署《关于共同推进进出口收付汇核销改革工作合作备忘录》，以加强合作，有效推进进出口收付汇核销改革工作，进一步促进贸易便利化。

由中国保监会主办的首届“亚洲保险监督官论坛”在北京召开，论坛主题为“金融综合经营带给亚洲保险市场的问题”，来自17个亚洲国家和地区的保险监督官出席论坛。

19日 国家外汇管理局宣布批准英国保诚以“保诚资产管理公司——保诚中国龙A股基金”名义，在中国农业银行分别开立1个外汇账户和1个人民币特殊账户。这是QFII首次获准开立外汇账户，意味着QFII可以灵活调节投资需求，根据自己投资需要决定是否将外汇换成人民币投资。而此前，QFII只能被动地将额度全部换成人民币。

国际保险监督官协会第13届年会在北京开幕。国务院总理温家宝会见了国际保险监管组织和主要国家保险监管机构代表。中国保监会主席吴定富和国际保险监督官协会主席亚历山大·阿尤帕在大会开幕式上分别发表了主旨演讲。本届年会由国际保险监督官协会（IAIS）主办，中国保监会承办，主题是“促进发展与管理风险——保险监管面临的挑战”。IAIS于1994年成立，其宗旨是制定保险监管原则与标准，提高成员国监管水平。它由129个国家和地区的保险监管机构组成，另有98家公司或组织为其观察员。IAIS对国际保险业发展方向有重要影响，成为IAIS成员是一国保险监管当局融入国际保险界，对国际保险事务发挥影响的重要标志。2000年中国正式成为IAIS成员。中国作为2006年年会主办方，标志着中国保险监管当局已开始成为国际保险监管领域的中坚力量，也表明在传统上由发达国家主导的国际金融规则制定领域，开始有了以中国为代表的发展中国家的声音。

20日 国家外汇管理局发布关于《外汇指定银行对客户远期结售汇业务和人民币与外币掉期业务有关外汇管理问题的通知》。该通知规定银行对客户办理远期结售汇业务的准入、履约审核、履约交割、履约期限、客户违约处理，掉期业务客户掉期近端、远端换出的外汇资金、履约审核、进入账户、敞口平盘、履约期限，统计管理，客户范围等有关的外汇管理问题。

24日 中国建设银行与阿里巴巴公司联手，正式发布国内首张专注于电子商务的联名借记卡——支付宝龙卡。该卡除了具有建行龙卡借记卡的所有功能外，还能使持卡人享受到电子支付创新产品“支付宝卡通”的服务。持卡人将支付宝账户与支付宝龙卡通过建行柜台签约绑定后，可登录支付宝账户，直接通过支付宝龙卡账户，完成持卡人在支付宝平台的在线支付业务。同时，持卡人还能通过“支付宝卡通”完成支付宝龙卡账户余额和支付限额的查询服务。

25日 中国银监会发布《商业银行合规风险管理指引》，加强商业银行合规风险管理，维护商业银行安全稳健运行。该指引要求商业银行建立与其经营范围、组织结构和业务规模相适应的合规风险管理体系，并建立合规绩效考核制度、合规问责制度和诚信举报制度等三项基本制度；要求合规管理部门在合规负责人的管理下协助高级管理层有效识别和管理商业银行所面临的合规风险，规定了合规管理部门的九项基本职责；要求商业银行的合规管理职能应与内部审计职能分离，合规管理职能的履行情况应受到内部审计部门定期的独立评价。

27日 中国工商银行H股在香港联合交易所、A股在上海证券交易所同步挂牌成功上市。中国工商银行是第一家在内地与香港同步上市的内地企业，首次公开发行募集资金额居全球第一位。工行A股当天的开市价为3.40元人民币，收市报3.28元人民币，较A股发售价3.12元人民币高5.13%。工行H股当天的开市价为3.60港元，收市报3.52港元，较H股发售价3.07港元高14.66%。中国工商银行上市当日在香港联合交易所和上海证券交易所的成交额分别达374.5亿港元和87.25亿元人民币。

30日 中国人民银行发布《中国金融稳定报告（2006）》，对中国金融体系的稳定状况进行了全面评估。报告认为，在党中央、国务院的正确领导下，在有关各方的共同努力下，中国金融改革和风险处置取得突破性进展，金融业发展迈出重大步伐，金融基础设施建设得到加强，金融生态环境进一步改善，金融业对外开放水平不断提高，中国金融体系的稳定性明显增强。报告还提出了当前维护金融稳定工作的关注重点，并指出应以改革、开放和创新总揽全局，推动金融业持续健康发展，维护金融稳定。

31日 《中华人民共和国反洗钱法》经第十届全国人民代表大会常务委员会第二十四次会议审议通过，并于2007年1月1日起施行。这部备受社会关注的法律历经5年提案、起草和审议过程，在国家立法层面上确立了反洗钱的各项基本制度，标志着中国反洗钱工作在法制化和国际化的轨道上又迈出了关键的一步，对于预防洗钱活动，遏制洗钱犯罪，维护金融秩序，保障社会公平和正义有着极其重要的意义。《反洗钱法》共37条，其主要内容包括：一是规定国务院反洗钱行政主管部门负责全国的反洗钱监督管理工作，明确国务院反洗钱行政主管部门、国务院有关部门、机构的反洗钱职责分工。二是明确应履行反洗钱义务的金融机构的范围及其具体的反洗钱业务。三是规定反洗钱调查措施的行使条件、主体、批准程序和期限。四是规定开展反洗钱国际合作的基本原则。五是明确违反反洗钱法应承担的法律责任，包括反洗钱行政主管部门以及其他依法负有反洗钱监督管理职责的部门、机构从事反洗钱工作的人员的法律责任，金融机构及其直接负责的董事、高级管理人员、直接责任人员的法律责任。《反洗钱法》所称国务院反洗钱行政主管部门是指中国人民银行。按照规定，中国人民银行负责全国的反洗钱监督管理工作。

11月

1日 中国银监会发布《银行业金融机构信息系统风险管理指引》，以实现对信息系统风险的识别、计量、评价、预警和控制，有效防范银行业金融机构运用信息系统进行业务处理、经营管理和内部控制过程中产生的风险。其特点：一是该指引的编制，填补了我国银行业信息系统监管领域的空白，对于规范银行业金融机构信息系统风险管理、促进其内控水平和风险防范能力的全面提升将起到重要作用；二是以风险管理为主线，把信息安全和信息系统风险作为控制点，实行一体化管理；三是强调风险的过程化管理而不是单纯的目标管理，从高层决策、信息系统研发、运行维护、外包等各个环节进行风险控制，并对信息系统的整个生命周期进行风险审计；四是为适应我国银行业金融机构多、信息系统风险管理发展不平衡的特点，指引分级别、分档次实行最低要求，并提出有促进性的基本要求；五是包含了创新和知识产权保护等内容。

中国保监会发布《关于促进人身保险产品创新工作的指导意见》，要求人身保险工作以“加大自主创新力度，激发企业创新活力，以市场需求为导向和注重细分市场”为基本原则。对于产品的创新，保监会要求：一是产品创新要以市场需求为导向。保险产品创新是为经济社会发展和人民群众生活需要服务的，因此各公司在进行产品创新时，要进行充分的市场调研，对市场进行细分，了解不同市场的需求，针对不同需求开发相应的保险产品。二是产品创新要与销售渠道相结合。针对目前深圳人身险销售渠道较窄的实际情况，各公司的产品创新要与销售渠道创新相结合，针对不同的销售渠道，开发相应的保险产品，以满足各个销售渠道的要求，通过产品创新拓宽销售渠道。三是产品创新要与公司实际相结合。针对目前深圳人身险产品雷同度较高的实际情况，各公司在进行产品创新的过程中，要注意将国际经验与深圳实际、本公司实际相结合，充分发挥比较优势，开发具有本公司特点的保险产品，尤其要加大原始创新的力度。

2日 中国人民银行发布《全国银行间债券市场债券借贷业务管理暂行规定》，以规范债券借贷业务，维护市场参与者合法权益，提高市场流动性，促进我国债券市场发展，在全国银行间债券市场推出债券借贷业务。该规定自2006年11月20日起施行。

3日 经国务院批准，中国人民银行决定从11月15日起提高存款类金融机构人民币存款准备金率0.5个百分点，执行9%的存款准备金率。这是中国人民银行年内第三次小幅上调存款准备金率。

7日 中国保监会发布《关于加强保险资金风险管理的意见》，对做好保险资金风险管理工作作出新的规定。该意见倡导全面风险管理理念，强调加快发展和防范风险的辩证统一；引入首席风险管理执行官制度，要求保险资产管理公司设立首席风险管理执行官，并对其职权范围做了规定；强调保险资金管理相关费用应当通过银行账户划转，不得以现金方式接受或支付佣金，防范道德风险。

9日 中国人民银行办公厅印发《全国支票影像交换系统业务处理办法》，进一步规范全国支票影像交换系统的业务处理，保障支票全国通用，促进社会经济发展。影像交换系统是指运用影像技术将实物支票转换为支票影像信息，通过计算机及网络将支票影像信息传递至出票人开户银行提示付款的业务处理系统。该办法指出，通过影像交换系统处理的支票影像信息具有与原实物支票同等的支付效力，出票人开户银行收到影像交换系统提交的支票影像信息，应视同实物支票提示付款。

中国人民银行发布《关于促进商业承兑汇票业务发展的指导意见》。该意见要求，调动各方积极性，建立有效推广商业承兑汇票的良性机制；充分发挥企业信用信息基础数据库的作用，增强企业受理商业承兑汇票的信心；建立有效的违约支付惩戒机制，促使商业承兑汇票承兑人付款履约；做好商业承兑汇票业务风险防控工作，保障商业承兑汇票业务健康发展；加强商业承兑汇票业务宣传和培训，普及商业承兑汇票业务知识。进一步规范提高企业结算效率，调整商业汇票种类结构，引导和鼓励商业信用发展，发挥商业承兑汇票对社会经济发展的促进作用。

经国务院同意，中国证监会、公安部、中国人民银行、国务院国有资产管理委员会、海关总署、国家税务总局、国家工商行政管理总局、中国银监会联合发布《关于进一步做好清理大股东占用上市公司资金工作的通知》，明确要求各级地方政府及有关部门确保2006年年底前完成清欠任务。

财政部、中国人民银行在北京举行“中央国库现金管理商业银行定期存款主协议签字仪式”。这标志着我国国库现金管理正式启动，上万亿元财政资金将被推向市场。国库现金市场化管理，符合国库现金余额最小化和投资收益最大化的资金管理原则，这是中国财政资金管理努力的方向，也是国际上大多数国家通用的方法。参加签字仪式的52家商业银行，均为符合条件且自愿参与中央国库现金管理商业银行定期存款业务的记账式国债承销团、凭证式国债承销团、公开市场业务一级交易商中的商业银行总行。根据协议规定，这52家商业银行将有权参加2006年至2008年各期中央国库现金定期存款招标及竞争性定价过程，并按中标结果及时向财政部提供足额可流通记账式国债作质押后，获得相应金额的存款资金。

14日 中国人民银行发布《金融机构反洗钱规定》（以下简称《规定》）和《金融机构大额交易和可疑交易报告管理办法》（以下简称《办法》），规范了反洗钱监督管理行为和金融机构的反洗钱工作，以及金融机构大额交易和可疑报告行为，以进一步预防洗钱活动。《规定》和《办法》分别于2007年1月1日和2007年3月1日起施行。

中国人民银行发布《2006年第三季度中国货币政策执行报告》。报告指出，2006年第三季度，我国国民经济平稳较快增长，经济运行总体形势良好，货币供应量增势趋缓，贷款增速有所回落，金融运行总体平稳。

15日 国务院公布《中华人民共和国外资银行管理条例》。规定了外商独资银行、中外合资银行的注册资本最低限额为10亿元人民币或者等值的自由兑换货币。注册资本应当是实缴资本。外商独资银行、中外合资银行按照国务院银行业监督管理机构批准的业务范围，可以经营吸收公众存款、发放短期、中期和长期贷款、办理票据承兑与贴现等部分或者全部外汇业务和人民币业务。外国银行分行可吸收中国境内公民每笔不少于100万元人民币的定期存款。该条例自2006年12月11日起施行，2001年12月20日国务院公布的《中华人民共和国外资金融机构管理条例》同时废止。

中国人民银行决定从即日起上调存款类金融机构人民币存款准备金率0.5个百分点，由8.5%调高至9%。这是中央银行半年之内第三次动用最具刚性和直接影响力的工具——存款准备金率，全年已累积上调1.5个百分点。本次上调没有像以往一样对农村信用社区别对待，而是将农村信用社（含农村合作银行）的存款准备金率和商业银行一视同仁地上调了0.5个百分点。本次调整后，农村信用社的存款准备金率为6.5%，比商业银行9%的存款准备金率低2.5个百分点。

21日 财政部、国土资源部、中国人民银行联合发布《关于调整新增建设用地土地有偿使用费政策等问题的通知》，自2007年1月1日起，新批准新增建设用地土地有偿使用费将在原有基础上提高一倍。

中国人民银行发布《征信数据元、数据元设计与管理》等五项行业标准的通知，该标准适用于与征信业务有关的机构进行数据元设计与管理，并为建立征信数据元的注册与维护管理机制提供指导。

22日 中国人民银行南太平洋代表处在澳大利亚悉尼成立。中国人民银行驻南太平洋代表处的主要职责包括研究本地区经济金融发展动态，促进中国人民银行与南太平洋地区货币当局间的日常联系和交流等。

22～23日 中国人民银行在南京召开“推动小额贷款促进就业经验交流会”。会议总结了中国人民银行近几年在促进就业方面所做的工作，要求各金融机构要继续深入学习贯彻中共十六届六中全会精神，充分发挥金融在构建社会主义和谐社会中的积极作用，全面扎实做好2006年金融支持就业、再就业工作。

27 日 经中国人民银行批准，中国反洗钱监测分析中心与墨西哥合众国财政与公共信贷部金融情报中心在北京签署《反洗钱和反恐怖融资金融情报信息交流合作谅解备忘录》，这是我国首次与美洲国家签署此类备忘录，也是我国《反洗钱法》出台后签署的第一个备忘录。

28 日 中国银监会发布《中华人民共和国外资银行管理条例实施细则》，并于 2006 年 12 月 11 日起施行。该细则全面体现了履行加入世界贸易组织的承诺、取消非审慎性规定、对外资银行实行国民待遇的原则。明确外资银行设立机构、开展业务，包括从事人民币业务的条件、申请程序和审批时限；明确外资银行初次经营人民币业务仍须满足“开业三年、连续两年盈利”的条件。明确外国银行分行改制为由其总行单独出资的外商独资银行的操作程序。

28～30 日 中国人民银行第一次承办的金融行动特别工作组（FATF）大型国际会议——2006 年 FATF－EAG 犯罪类型研究联合年会在上海召开，来自 FATF、欧亚反洗钱和反恐怖融资小组（EAG）的代表及我国有关部门代表出席会议。

12 月

5～7 日 2006 年中央经济工作会议于北京举行。胡锦涛总书记提出，必须深刻认识又好又快发展是全面落实科学发展观的本质要求。会议认为，要继续实施稳健的财政政策和货币政策，加大对重点领域和薄弱环节的支持力度；综合运用多种货币政策工具，加强流动性管理，合理控制信贷投放和优化信贷结构。

6 日 中国银监会发布《商业银行金融创新指引》，该指引分为总则、金融创新的基本原则、金融创新的运行机制、金融创新的客户利益保护、金融创新的风险管理、金融创新的监督管理和附录七个部分。

中国保监会发布《关于加强外资保险公司与关联企业从事再保险交易信息披露工作的通知》，决定加强对外资保险公司与关联企业从事再保险交易的监管，并进一步提高相关信息披露的要求。

11 日 我国加入世界贸易组织 5 年过渡期结束，《中华人民共和国外资银行管理条例》及其《实施细则》正式生效。汇丰银行、花旗银行、渣打银行、东亚银行、恒生银行、日本瑞穗实业银行、新加坡星展银行、荷兰银行等 8 家外资银行提出将分行改制为法人银行的申请。

12 日 国务院办公厅发布《关于严厉打击非法发行股票和非法经营证券业务有关问题的通知》。通知要求，由中国证监会牵头，公安部、国家工商行政管理总局、中国银监会并邀请最高人民法院、最高人民检察院等有关单位参加，成立打击非法证券活动协调小组，负责打击非法证券活动的组织协调、政策解释、性质认定等工作，协调小组办公室设在中国证监会。通知要求，中国证监会要根据《公司法》和《证券法》有关规定，尽快研究制定有关公开发行股票但不在证券交易所上市的股份有限公司管理规定，明确非上市公众公司设立和发行的条件、发行审核程序、登记托管及转让规则等，将非上市公众公司监管纳入法制轨道。

15 日 财政部发布《金融企业财务规则》（以下简称《规则》），将于 2007 年 1 月 1 日起施行，《金融保险企业财务制度》等金融财务制度同时废止。《规则》根据政府转变职能的需要，改革财政监管金融企业财务的方式，强调财政部门的社会事务管理职责；适应现代企业制度的要求，界定了金融企业投资者、经营者及其职能部门的财务管理职权，促进金融企业公司治理结构的建立和完善；适应金融服务市场全面开放的需要，提高金融企业财务管理的自主权，为各类金融企业营造公平的竞争环境。《规则》适用于境内依法设立的国有及国有控股金融企业、金融控股公司、担保公司以及城市商业银行、农村商业银行、农村合作银行、信用社等。其他金融企业参照《规则》执行。

18 日 全球首个精对苯二甲酸（PTA）期货合约在郑州商品交易所上市交易，这是中国期货市场开发推出的国际上第一个全新的期货交易品种。中国是世界第一大 PTA 生产、消费和进口国，上市 PTA 期货有利于增强我国化纤行业的竞争地位与话语权，有利于引导化纤行业资源配置，有利于化纤及纺织行业规避价格变动风险。

20 日 中国证监会主席尚福林与法国金融市场委员会主席米歇尔·普拉达在北京签署《中国证券监督管理委员会与法国金融市场委员会关于相互合作的函》，以加深中法证券监管机构的相互了解，促进双方在技术和监管信息方面的交流。该函为 1998 年 3 月中国证监会与法国证券委员会（法国金融市场委员会的前身）共同签署的《证券期货监管合作谅解备忘录》的补充。中法证券监管机构将着重在资产管理、金融产品营销、上市规则、市场监管和中介机构商业行为准则等方面加强技术交流。

21 日 中国人民银行货币政策委员会召开 2006 年第四季度例会。会议由中国人民银行行长兼货币政策委员会主席周小川主持。会议总结 2006 年我国货币政策执行情况，分析宏观经济金融形势，研究 2007 年货币政策取向和措施。此外，还讨论了流动性过剩与资产泡沫的关系、促进国际收支平衡等问题。

22 日 为解决农村地区银行业金融机构网点覆盖率低、金融供应不足、竞争不充分等问题，中国银监会发布《关于调整放宽农村地区银行业金融机构准入政策更好地支持社会主义新农村建设的若干意见》，按照商业可持续原则，适度调整和放宽农村地区银行业金融机构准入政策。据此政策，五类农村银行业金融机构在注册资本、营运资金、投资人资格和入股比例、业务准入条件和范围、高级管理人员准入资格、机构审批、公司治理等方面均享受调整放宽的优惠待遇。五类农村银行业金融机构包括三类新设立的机构，两类现有机构。三类新型农村银行业金融机构是村镇银行、社区性信用合作组织和专营贷款业务的子公司，由商业银行和农村合作银行设立。两类现有机构：一是支持各类资本参股、收购、重组农村信用社，将农村信用社代办站改造为新型农村银行业金融机构；二是支持现有银行业金融机构在农村地区增设分支机构。该意见鼓励境内商业银行和农村合作银行在农村地区设立专营贷款业务的全资子公司，并要求国有商业银行、股份制商业银行、城市商业银行在大中城市新设立分支机构的，原则上应在新设机构所在地辖内的县（市）、乡（镇）或行政村相应设立分支机构。该意见相应地调低农村地区金融机构注册资本，并取消营运资金限制。其中，农村合作银行的注册资本门槛由原来的 2 000 万元人民币调低至 1 000 万元，统一法人农村信用社的门槛由原来的 1 000 万元降至 300 万元。所有海内外社会资本包括产业资本，都可投资入股中国农村合作金融机构。单一自然人持股比例限制将提高至 10%。

25 日 反洗钱工作部际联席会议第三次工作会议在北京召开。会议总结全国反洗钱工作的进展情况，讨论部署今后一段时期的工作任务，重点贯彻落实《中华人民共和国反洗钱法》和做好金融行动特别工作组（FATF）评估的后续工作。

中国人民银行发布《个人外汇管理办法》。对个人外汇管理政策进行了较为重大的调整和改进：一是对个人结汇和境内个人购汇实行年度总额管理。二是对个人贸易外汇收支给予充分便利。三是明确个人可进行的资本项目交易，规范了相关外汇收支活动。四是不再区分现钞和现汇账户，对个人非经营性外汇收付统一通过外汇储蓄账户进行管理，对外币现钞存取和携带的管理进行了规范。该办法自 2007 年 2 月 1 日起施行。

26 日 中国人民银行发布《关于中小企业信用担保体系建设相关金融服务工作的指导意见》，要求鼓励和支持中小企业发展，加大金融产品和服务方式创新，做好中小企业信用担保体系建设等相关金融服务工作。

27 日 中国保监会发布《养老保险公司企业年金业务统计制度（试行）》，以便全面掌握养老保险公司企业年金业务状况，加强对企业年金业务的统计监督管理。

28 日 中国人寿保险股份有限公司（以下简称中国人寿）发布公告，根据网上、网下总体申购情况，经与保荐人（主承销商）协商，确定发行价格为 18.88 元，确定最终发行规模为 15 亿股。中国人寿 A 股发行得到各类投资者的踊跃参与，总计冻结资金约 8 325 亿元，超过工商银行 7 810 亿元冻结资金规模，创造了中国资本市场的新纪录。其中，共有 279 个机构账户参与网下配售，冻结资金约 2 568 亿元，网上申购资金总量达到约 5 757 亿元。此外，19 家战略投资者共计认购了 6 亿股。

经中国人民银行批准，中国外汇交易中心建立独立清算所，此举有利于完善金融市场基础设施建设，控制清算风险，提高清算效率和市场流动性。

29 日 中国人民银行发布《关于进一步做好农民工银行卡特色服务工作的通知》，要求各参与单位将农民工银行卡特色服务的工作重点转到提高服务质量和水平上，要采取有效措施，进一步完善服务，努力增加业务交易量和交易金额，不断提高交易成功率，真正使广大农民工享受到农民工银行卡特色服务的便利。

30 日 中国保监会发布《保险外币统计币种及折算汇率管理办法》，要求保险公司、保险资产管理公司等保险机构按照该办法规定向中国保监会及其派出机构报送保险统计信息。

31 日 经国务院同意，中国银监会正式批准中国邮政储蓄银行开业，同意中国邮政集团公司以全资方式出资组建中国邮政储蓄银行有限责任公司，并核准《中国邮政储蓄银行有限责任公司章程》。中国邮政储蓄银行的市场定位是，充分依托和发挥网络优势，完善城乡金融服务功能，以零售业务和中间业务为主，为城市社区和广大农村城区居民提供基础金融服务，与其他商业银行形成互补关系，支持社会主义新农村建设。

2007 年

1 月

5 日 国家外汇管理局发布《个人外汇管理办法实施细则》（以下简称《细则》），旨在规范和便利银行及个人的外汇业务操作。《细则》将自 2007 年 2 月 1 日起，与《个人外汇管理办法》同步开始施行。《细则》中明确境内个人年度购汇总额为“每人每年等值 5 万美元”。《细则》还对个人参与对外贸易活动开立外汇结算账户、资本项目个人外汇收支活动、个人开立外汇储蓄账户、外币现钞交易管理等做了明确规范。《细则》规定，个人所购外汇，可以汇出境外、存入本人外汇储蓄账户，或按照有关规定携带出境。个人年度总额内购汇、结汇，可以委托其直系亲属代为办理；超过年度总额的购汇、结汇以及境外个人购汇，可以按规定，凭相关证明材料委托他人办理。个人携带外币现钞出入境，应当遵守国家有关管理规定。各外汇指定银行（以下简称银行）应按照本细则规定对个人外汇业务进行真实性审核，不得伪造、变造交易。银行应通过个人结售汇管理信息系统（以下简称个人结售汇系统）办理个人购汇和结汇业务，真实、准确、完整录入相关信息。在境内取得的经常项目合法人民币收入，凭本人有效身份证件和有交易额的相关证明材料（含税务凭证）办理购汇。国家外汇管理局及其分支机构（以下简称外汇局）负责对个人外汇业务进行统计、监测、管理和检查。

上海银行间同业拆放利率（Shanghai Interbank Offered Rate，Shibor）自即日起开始运行。这是中国货币市场基准利率建设方面推出的新举措。此举旨在进一步推动利率市场化，培育中国货币市场基准利率体系，提高金融机构自主定价能力，指导货币市场产品定价，完善货币政策传导机制。上海银行间同业拆放利率是由信用等级较高的银行自主报出的人民币同业拆出利率计算确定的算术平均利率，是单利、无担保、批发性利率。中国人民银行成立 Shibor 工作小组（以下简称工作小组）确定和调整报价银行团成员、监督和管理 Shibor 运行、规范报价行与指定发布人行为。报价银行团由符合条件的商业银行组成。报价行原则上应具备以下条件：一是具有公开市场一级交易商资格或外汇市场做市商资格；二是货币市场交易活跃，即交易量较大、交易连续性较好、价差较小；三是信用等级较高；四是已建立内部收益率曲线和内部转移定价机制，具有较强的利率定价能力；五是通过上海银行间同业拆放利率网（www. shibor. org）等工作小组指定的媒体每年披露经注册会计师审计的上年年度报告。

经国务院批准，中国人民银行决定，从 2007 年 1 月 15 日起，上调存款类金融机构人民币存款准备金率 0.5 个百分点，至此存款准备金率已经上调到 9.5%。

9 日 中国人寿保险股份有限公司在上海证券交易所首次公开发行 A 股股票。中国人寿 A 股挂牌后，成为中国乃至世界第一家分别在纽约、香港、上海三地上市的保险公司。

11 日 中国人民银行发布《全国银行间债券市场做市商管理规定》，确定银行间债券市场做市商制度的基本框架，全面规范对银行间债券市场做市商的管理，对提高债券市场流动性、促进债券市场价格发现及推动我国债券市场的发展将具有深远意义。该规定自 2007 年 2 月 1 日起施行。

12 日 中国人民银行、中国银监会联合发布《关于认真落实专项中央银行票据资金支持政策切实转换农村信用社经营机制的指导意见》，提出进一步切实发挥农村信用社改革试点资金支持政策的正向激励作用，推动农村信用社不断深化改革，转换经营机制，促进其稳定健康发展的政策措施。

14 日 经国务院批准，中国人民银行决定扩大为香港银行办理人民币业务提供平盘及清算安排的范围。内地金融机构经批准可在香港发行人民币金融债券，所筹集的人民币资金可通过香港人民币业务清算行汇入具有人民币业务经营资格的内地金融机构。发债机构可将人民币汇入香港支付债券利息和偿还本金。此项业务的开办，将进一步扩大香港居民及企业所持有人民币回流内地的渠道，从而有助于内地和香港的经济往来，加强香港的国际金融中心地位。内地金融机构在香港发行人民币金融债券，香港金融市场增加了新的市场主体和债券币种，有助于扩大香港银行资产业务范围，增加香港居民及企业的人民币投资选择。

16 日 中国银监会发布《关于进一步加强商业银行市场风险管理工作的通知》，对商业银行风险管理的人力资源配置、治理结构和管理流程均做了详细规定，促使商业银行进一步加强市场风险管理工作。该通知要求各行以现有人民币国债和相关产品交易价格为基础，采用国际通用的方法研究并建立基于市场的人民币国债收益率曲线，作为人民币产品定价和风险管理的基础；加强对复杂衍生产品的风险管理工作，将复杂衍生产品纳入到市场风险管理系统之中，在人民币国债收益率曲线的基础上，研发具体有效的产品定价模型，并在此基础上计算相关的风险参数，为对冲各类风险提供参考。

18 日 中国人民银行行长周小川在北京会见加拿大财政部部长吉姆·弗拉赫蒂，双方重点讨论了中国的汇率制度、国际货币基金组织改革等问题。

19～20 日 全国金融工作会议在北京举行。会议指出，金融业处在重要转折期、重要发展期，当前和今后一个时期金融改革发展要着力抓好六项工作：继续深化国有银行改革，加快建设现代银行制度；加快农村金融改革发展，完善农村金融体系；大力发展资本市场和保险市场，构建多层次金融市场体系；全面发挥金融的服务和调控功能，促进经济社会协调发展；积极稳妥推进金融业对外开放；提高金融监管能力，强化金融企业内部管理，保障金融稳定和安全。这次会议的主要任务是，分析当前金融形势，全面部署今后一个时期的金融工作。重点讨论农村金融体系建设、金融监管协调机制、国有商业银行与政策性银行改革、存款保险制度、多层次资本市场建设、外汇投资管理体制改革，此次会议为这些领域的下一阶段改革定了基调。

20～21 日 中国人民银行分行行长会议在北京召开。会议认真学习了中央经济工作会议和全国金融工作会议关于加强宏观调控、深化金融改革和促进金融发展的方针政策，分析了当前经济金融形势，总结 2006 年工作，部署 2007 年主要工作。

20 日 全国银行业监管工作会议在北京召开。会议确定 2007 年中国银监会要重点做好五个方面的工作：一是要坚持真抓实干、有所作为，深入学习贯彻全国金融工作会议精神；二是坚持以监管能力建设为重点，全面提高银行业监管工作有效性；三是坚持继续抓好宏观调控下的风险管理，保持和扩大银行业发展的良好势头；四是坚持推进改革开放，加快形成银行业科学发展的体制机制保障；五是坚持支持和鼓励金融创新，促进金融服务的不断改善。

21 日 全国外汇管理工作会议在北京召开。会议认为 2007 年是深入贯彻落实科学发展观、积极推进社会主义和谐社会建设的重要一年，外汇管理工作将深化外汇管理体制改革，有序拓宽资本流出渠道，大力发展外汇市场，加强外汇储备风险防范，严格资金流入和结汇监管，积极促进国际收支基本平衡。

全国证券期货监管工作会议在北京召开。会议总结了2006年资本市场改革发展和证券期货监管工作，部署今后一个时期资本市场改革发展工作：第一，以稳步推进多层次市场体系建设为重点，完善市场结构，健全市场功能。第二，以改进治理水平和增强透明度为重点，进一步做好提高上市公司质量工作。第三，以增强监管的针对性和有效性为重点，全面提高证券经营机构及证券服务机构规范化运作水平。第四，以执行新会计、新审计准则为重点，切实提高资本市场财务会计信息披露质量。第五，以创新发展为重点，推动证券公司和基金管理公司做优做强。按照"试点先行，逐步推开"的原则，支持证券公司进行产品、服务和组织创新。第六，以稳妥推出金融期货为重点，更好地发挥期货市场功能。第七，以提高执法效率为重点，加快市场法规体系和执法机制建设。第八，以切实促进我国资本市场健康发展为重点，稳步推进对外开放。第九，以提高监管能力为重点，加强队伍建设和内部管理。

全国保险监管工作会议在北京召开。会议强调，保险业要按照"速度、效益、诚信、规范"的要求，着力拓宽服务领域、扩大保险覆盖面，着力深化保险改革、完善体制机制，着力转变增长方式、调整优化结构，着力加强改善监管、防范化解风险，着力加强行业自身建设和作风建设、夯实发展基础，进一步开创保险工作新局面。

22日 中国银监会印发《信托公司治理指引》，要求各银监局要根据辖内信托公司的发展状况，采取"区别对待、分类指导"的原则，加强监管和指导，督促信托公司完善公司治理结构；各信托公司要根据公司实际情况完善公司治理结构，提升公司治理成效，并依照有关法律法规的规定和本指引的要求，于2007年12月31日前修订公司章程。该指引自2007年3月1日起实施。

23日 中共中央政治局召开会议，研究部署金融改革发展工作。中共中央总书记胡锦涛主持会议。会议强调今后金融工作的主要任务：一是进一步推动金融业持续健康发展，不断满足经济社会日益增长的多样化金融需求。二是进一步优化金融结构，完善多层次金融市场体系和城乡、地区金融布局，加大对"三农"、中小企业和欠发达地区金融支持力度。三是进一步深化各类金融企业改革，完善公司治理，强化内部管理，加快转换经营机制。四是进一步完善金融服务功能和调控机制，促进国民经济平稳较快发展。五是进一步推进金融业对外开放，学习借鉴国外先进金融管理经验和技术，增强在扩大开放条件下我国金融业发展能力和竞争能力。六是进一步健全金融法制，依法强化金融监管，促进金融安全高效稳健运行。

中国银监会发布《金融租赁公司管理办法》。新修订的《管理办法》内容主要包括股东资格、最低注册资本金要求、业务范围和监管规则等方面，该办法自2007年3月1日起施行。

中国银监会公布《信托公司管理办法》《信托公司集合资金信托计划管理办法》，办法自2007年3月1日起实施，原《信托投资公司管理办法》（中国人民银行令〔2002〕第5号）和《信托投资公司资金信托管理暂行办法》（中国人民银行令〔2002〕第7号）不再适用。这次信托法规的修订，主要是对现行的法规和规范性文件进行清理、整合、修改和完善。与原办法相比，新办法在信托公司类型、信托产品设立的监管、信托财产托管等方面更加灵活有效，对信托公司固有业务、关联交易、合格投资者、自然人人数、信托贷款等方面作出了一些新的规定。这次修订主要在以下几个方面作出了调整，对信托公司经营提出了新的要求。1. 在信托公司固有业务方面，为实现受托人为受益人最大利益服务的宗旨，新办法强调"压缩固有业务，突出信托主业"，规定信托公司不得开展除同业拆入业务以外的其他负债业务，固有财产原则上不得进行实业投资。2. 在关联交易方面，新办法"限制关联交易，防止利益输送"。在固有业务项下，规定信托公司不得以固有财产向关联方融出资金或转移财产、为关联方提供担保或以股东持有的本公司股权作为质押进行融资。在集合信托业务中，规定除信托资金全部来源于股东或其关联人的情形外，信托公司不得将信托资金直接或间接运用于信托公司的股东及其关联人；不得以固有财产与信托财产进行交易；不得将不同信托财产进行相互交易；不得将同一公司管理的不同信托计划投资于同一项目。在此基础上，新办法要求信托公司开展关联交易时，应逐笔向监管部门事前报告，并按照有关规定进行信息披露。3. 在集合资金信托计划方面，新办法对集合信托提出一些严格于非营业信托的要求，如参与集合资金信托计划的委托人必须为唯一受益人、限制受益权拆分转让等。4. 在信托公司的监管方面，对不涉及异地推介的集合资金信托计划，新办法取消事前报告的要求。在设立集合资金信托计划“宽准入”基础上，要求监管部门对信托公司实施“严监管”，并对发现的违规问题，依据《中华人民共和国银行业监督管理法》等法律法规的规定，采取暂停业务、限制股东权利等监管措施。

26 日　江苏银行揭牌仪式在南京举行。江苏银行是国内第一家在原有商业银行基础上组建的新设合并式银行，南京是其总部所在地，省内其他城市则将设立分行。江苏银行将引进境外战略投资者，进一步优化股权结构，完善公司治理，严控关联交易，改革管理体系，充实机构人员，强化内部控制，改进风险管理，加强信息科技建设。通过不长时间建成一家定位合理、资本充足、内控严密、运营安全、服务优质、效益良好、具有较强市场竞争能力和可持续发展能力的现代商业银行。

29 日　中共中央、国务院发布 2007 年 1 号文件《关于积极发展现代农业扎实推进社会主义新农村建设的若干意见》。文件认为，发展现代农业是社会主义新农村建设的首要任务，是以科学发展观统领农村工作的必然要求。推进现代农业建设，顺应我国经济发展的客观趋势，符合当今世界农业发展的一般规律，是促进农民增加收入的基本途径，是提高农业综合生产能力的重要举措，是建设社会主义新农村的产业基础。要用现代物质条件装备农业，用现代科学技术改造农业，用现代产业体系提升农业，用现代经营形式推进农业，用现代发展理念引领农业，用培养新型农民发展农业，提高农业水利化、机械化和信息化水平，提高土地产出率、资源利用率和农业劳动生产率，提高农业素质、效益和竞争力。建设现代农业的过程，就是改造传统农业、不断发展农村生产力的过程，就是转变农业增长方式、促进农业又好又快发展的过程。必须把建设现代农业作为贯穿新农村建设和现代化全过程的一项长期艰巨任务，切实抓紧抓好。文件明确提出，发展现代农业是新农村建设的首要任务，要加大对“三农”的投入力度，建立促进现代农业建设的投入保障机制；加快农业基础建设，提高现代农业的设施装备水平；推进农业科技创新，强化建设现代农业的科技支撑；开发农业多种功能，健全发展现代农业的产业体系；健全农村市场体系，发展适应现代农业要求的物流产业；培养新型农民，造就建设现代农业的人才队伍；深化农村综合改革，创新推动现代农业发展的体制机制；加强党对农村工作的领导，确保现代农业建设取得实效。

31 日　为实施《国家中长期科学和技术发展规划纲要（2006—2020 年）》的若干配套政策，营造支持和激励自主创新的金融环境，引导银行业进一步加强和改善对重大科技项目和高新技术企业的金融服务，中国银监会发布《关于商业银行改善和加强对高新技术企业金融服务的指导意见》和《支持国家重大科技项目政策性金融政策的实施细则》。明确商业银行要确立金融服务科技的意识，应当遵循自主经营、自负盈亏、自担风险和市场运作的原则，促进自主创新能力提高和科技产业发展，实现对高新技术企业金融服务的商业性可持续发展。商业银行应当根据高新技术企业金融需求特点，完善业务流程、内部控制和风险管理，改善和加强对高新技术企业服务。商业银行应当重点加强和改善对符合一定条件的高新技术企业的服务，根据国家产业政策和投资政策，积极给予信贷支持。商业银行应当对高新技术企业进行必要的市场细分，针对不同行业和不同发展阶段的高新技术企业特点，积极开展制度创新和产品创新，开发符合高新技术企业需求的金融产品和业务流程，为其提供授信、结算、结售汇、银行卡、现金管理、财务顾问等各项服务。商业银行应当对有效益、有还贷能力的自主创新产品出口所需的流动资金贷款根据信贷原则优先安排、重点支持，对资信好的自主创新产品出口企业可核定一定的授信额度，在授信额度内，根据信贷、结算管理要求，及时提供多种金融服务等。

中国人民银行与劳动保障部联合发布《关于企业年金基金进入全国银行间债券市场有关事项的通知》，企业年金基金获准进入全国银行间债券市场进行投资、交易。该通知规定，依法设立的企业年金基金可进入全国银行间债券市场从事债券投资等业务。企业年金基金可直接进行债券交易和结算，也可通过结算代理人进行债券交易和结算。企业年金基金直接进行债券交易和结算时，其受托人应委托企业年金基金投资管理人和托管人代理企业年金基金分别向全国银行间同业拆借中心（以下简称同业中心）和中央国债登记结算有限责任公司（中央结算公司）申请办理债券交易联网手续和开立债券托管账户，账户名称为“托管人××公司企业年金计划××组合”。企业年金基金通过结算代理人进行债券交易和结算时，其受托人应委托企业年金基金投资管理人与结算代理人签订债券结算代理协议，有关业务比照金融机构法人办理。债券托管账户按企业年金基金投资管理人管理的每个投资组合开立。单个企业年金计划开立的债券托管账户不得超过10个。同业中心和中央结算公司对申请材料进行审核后，按规定的程序办理交易联网手续和债券托管账户的开户手续。同一投资管理人管理的不同企业年金基金及其他资产之间不得相互进行债券交易；同一企业年金基金的不同投资组合之间不得相互进行债券交易。企业年金基金投资管理人、托管人、结算代理人在开展企业年金基金的债券投资、交易、结算等相关业务时，应严格遵守全国银行间债券市场的管理规定。同业中心和中央结算公司应加强内部管理、完善内控机制、明确岗位职责，切实做好企业年金基金进入全国银行间债券市场的相关工作，做好企业年金基金交易、结算的日常监测工作，遇到异常情况应及时处理，并向中国人民银行报告。企业年金基金托管人和投资管理人应于每年7月10日、次年1月20日前向劳动保障部、中国人民银行提交有关企业年金基金债券投资、交易情况的半年度和年度书面报告。

2月

6日　为做好证券期货业大额交易和可疑交易报告报送及其他反洗钱相关工作，中国人民银行印发《证券期货业大额交易和可疑交易报告要素释义》和《证券期货业大额交易和可疑交易报告数据报送接口规范（试行）》的通知。

为做好保险业大额交易和可疑交易报告报送及其他反洗钱相关工作，中国人民银行印发《保险业大额交易和可疑交易报告要素释义》和《保险业大额交易和可疑交易报告数据报送接口规范（试行）》的通知。

8日　中国保监会发布《保险机构债券投资信用评级指引（试行）》。该指引要求保险机构建立内部信用评级系统，评估债券等投资工具的信用风险。这是保险业全面落实《关于加强保险资金风险管理的意见》的重要措施，标志着保险资金债券投资开始步入信用风险管理阶段。

中国人民银行行长周小川赴德国出席七国集团财长和央行行长会议。会议讨论了当前世界经济形势以及全球经济不平衡等问题。

9日　中国银行业协会第六次会员大会在北京召开，来自会员单位、准会员单位和外资银行法人机构的100多名代表参加大会。大会选举中国银行业协会第四届理事会、常务理事和第二届监事会成员，交通银行董事长蒋超良当选新任会长，中国银行董事长肖钢当选新任监事长。

中国人民银行发布《2006年第四季度中国货币政策执行报告》。报告指出，2006年，我国国民经济继续保持平稳较快发展，经济运行总体形势较好。消费需求增长加快，固定资产投资增速高位趋缓，对外贸易快速发展；居民收入、企业利润和财政收入均有较大幅度提高；价格走势总体平稳。中国人民银行继续实施稳健的货币政策，进一步改进金融宏观调控，加强流动性管理，合理控制货币信贷增长。

10 日 中国与西方七国集团财长和央行行长对话会在德国西部城市埃森举行，会议就当前世界经济形势以及全球经济不平衡问题进行了讨论。

11～12 日 中国人民银行行长周小川出席在香港召开的国际清算银行亚洲顾问委员会会议及亚太特别行长会议，并与国际清算银行总经理奈特等人举行了工作会谈。

17 日 中国人民银行决定，从 2007 年 2 月 2 日起，上调存款类金融机构人民币存款准备金率 0.5 个百分点，至此存款准备金率已经上调到 10%。

25 日 中国人民银行、财政部联合发布《关于发行 2007 年凭证式（一期）国债有关问题的通知》。根据通知，本期国债发行总额为 300 亿元，其中：三年期 210 亿元，年利率为 3.39%；五年期 90 亿元，年利率为 3.81%。

28 日 中国银监会发布《中国银行业实施新资本协议指导意见》，要求实施新资本协议银行于 2007 年 10 月底前完成制定工作，并报银监会备案。实施新资本协议为商业银行改进风险管理提供了动力和工具。新资本协议允许采用的高级资本计量方法是建立在风险管理理论和实践发展的基础之上，是对传统风险管理模式的革命性变革，代表了国际化大银行先进的风险管理理念和技术，为商业银行改进风险计量技术、健全风险管理组织框架、重组风险管理流程提供了直接借鉴，有助于商业银行风险管理科学化和精细化，及时揭示、动态监测信贷风险，约束商业银行信贷行为，促进银行盈利模式转变和经营行为理性化，推动银行业可持续和科学发展。实施新资本协议的目标是通过实施新资本协议，借鉴先进风险管理理念和方法，促使商业银行改进风险计量手段，健全风险管理组织体系，全面提升风险管理能力，尽快缩小与国际先进银行的差距，增强我国商业银行的国际竞争力；同时完善商业银行资本监管制度，提高银行监管有效性，促进银行体系稳健运行和可持续发展。实施新资本协议的原则：分类实施的原则、分层推进的原则以及分步达标的原则。

3 月

1 日 中国首家挂牌开业的村镇银行——四川仪陇惠民村镇银行开业。同日，中国首家获得金融许可证的贷款有限责任公司——四川仪陇县惠民贷款公司开业。

8 日 中国人民银行、国家外汇管理局、商务部、国家税务总局联合发布公告，废止《关于印发〈出口收汇考核试行办法奖惩细则〉的通知》。

中国证监会发布《关于不再实施特定上市公司特殊审计要求的通知》，此前实施的金融类上市公司在法定审计之外聘请国际会计师事务所进行审计和对一次发行量超过 3 亿元（含 3 亿元）股以上的公司进行补充审计的相关规定不再执行。

9 日 经中国银监会批准，全国首家全部由农民自愿入股组建的农村合作金融机构——吉林省梨树县闫家村百信农村资金互助社正式营业。

16 日 第十届全国人民代表大会第五次会议通过《中华人民共和国物权法》，自 2007 年 10 月 1 日起施行。《物权法》分为 5 篇 19 章，分别是总则、所有权、用益物权、担保物权和占有。《物权法》明确规定，国家、集体、私人的物权和其他权利人的物权受法律保护，任何单位和个人不得侵犯。《物权法》的颁布是为了维护国家基本经济制度，维护社会主义市场经济秩序，明确物的归属，发挥物的效用，保护权利人的物权，适应我国社会主义初级阶段、公有制为主体、多种所有制经济共同发展的基本经济制度。

国务院总理温家宝签署国务院令，公布新的《期货交易管理条例》，自2007年4月15日起施行。新条例将适用范围从原来的商品期货交易扩大到商品、金融期货和期权合约交易。新条例删除了原条例中金融机构不得从事期货交易、不得为期货交易融资和提供担保的禁止性规定。针对现阶段期货市场风险特征，新条例要求期货市场加强基础制度建设，完善市场风险控制制度。

16～23日　中国人民银行行长周小川率中国代表团以观察员身份出席了在危地马拉首都危地马拉城举行的泛美开发银行年会，并代表中国政府与美洲开发银行行长莫雷诺签署了关于中国加入美洲开发银行的谅解备忘录。双方商定在年会后将立即就有关加入问题继续进行磋商。

18日　经国务院批准，中国人民银行决定，即日起上调金融机构人民币存贷款基准利率。金融机构一年期存款基准利率上调0.27个百分点，由现行的2.52%提高到2.79%；一年期贷款基准利率上调0.27个百分点，由现行的6.12%提高到6.39%；其他各档次存贷款基准利率也相应调整。

19日　《中华人民共和国企业所得税法》正式发布，自2008年1月1日起施行。新税法统一了内外资企业所得税税率，扩大了企业投资于环境保护、节能节水、安全生产等方面的税收优惠，增加了企业“从事符合条件的环境保护、节能节水项目的所得”等国家重点扶持和鼓励发展的产业和项目可以享受减免税优惠等方面的内容。

中国证监会发布《关于进一步规范上市公司募集资金使用的通知》，要求上市公司对募集资金的使用必须符合有关法律、行政法规和规范性文件的规定。募集资金应按照招股说明书或募集说明书所列用途使用，未经股东大会批准不得改变。闲置募集资金在暂时补充流动资金时，仅限于与主营业务相关的生产经营使用，不得通过直接或间接的安排用于新股配售、申购，或用于股票及其衍生品种、可转换公司债券等的交易。上市公司应完善募集资金存储、使用和管理的内部控制制度，明确募集资金使用（包括闲置募集资金补充流动资金）的分级审批权限、决策程序、风险控制措施及信息披露程序。超过本次募集金额10%以上的闲置募集资金补充流动资金时，须经股东大会审议批准，并提供网络投票表决方式。独立董事、保荐人须单独发表意见并披露。上市公司的董事、监事和高级管理人员应当勤勉尽责，督促上市公司规范运用募集资金，自觉维护上市公司资产安全，不得参与、协助或纵容上市公司擅自或变相改变募集资金用途。中国证监会将结合年度报告披露加强对上市公司募集资金使用情况的监管。对于擅自或变相改变募集资金用途、挪用募集资金用于股票及其衍生品种或可转换债券的投资、或未按规定披露募集资金使用情况的，将采取相应监管措施，情节严重的，将追究上市公司和相关人员责任。

20日　中国人民银行、中国保监会发布《银行保险业务人寿保险数据交换规范》的通知。

中国银监会批准汇丰银行（中国）有限公司、渣打银行（中国）有限公司、东亚银行（中国）有限公司、花旗银行（中国）有限公司开业。这4家外资法人银行将在完成工商登记等法定手续后正式对外营业。

中国邮政储蓄银行成立仪式在北京举行。中国邮政集团公司总经理、党组书记刘安东出任中国邮政储蓄银行董事长，原邮政储汇局局长陶礼明任中国邮政储蓄银行行长。

国家外汇管理局发布《关于外资银行改制所涉外汇管理有关问题的通知》。该通知指出，改制后的外商独资银行承继原外国银行分行已经获准经营的即期结售汇、远期结售汇、人民币与外币掉期以及其他人民币对外币衍生业务等资格，并向所在地外汇管理部门办理登记变更手续。此外，改制后的外商独资银行承继原外国银行分行的外汇市场会员资格。外汇局及其分局仍按照现行管理方式对外商独资银行的结售汇综合头寸进行管理，外商独资银行可承继原外国银行分行的结售汇综合头寸限额。

21日 中国工商银行即日起正式跻身恒生指数成分股。至此，先后于香港交易所上市的中国建设银行、中国银行和中国工商银行依次进入恒生指数成分股，内地金融股影响力进一步增大。

22日 中国银监会发布《中国银行业对外开放报告》。报告指出，中国银行业对外开放取得了一系列成就：外资银行的进入丰富了中国银行业市场的产品，强化了中国银行业服务功能；促进了中国金融市场深化和银行业改革步伐；促进了中国银行业的金融创新；促进了中外资银行合作的深化；促进了中国银行业监管水平的提高。新时期中国银行业对外开放将坚持四项基本原则：第一，银行业对外开放必须符合国内经济发展需要，不断优化开放结构。第二，通过银行业对外开放促进和深化国内银行改革，促进公平竞争，实现互利共赢，提高中国银行业整体竞争力。第三，认真履行承诺，不断提高银行业对外开放水平。第四，依法审慎监管，维护银行体系稳健运行和国家金融安全。

23日 中国银监会发布《农村信用社不良资产监测和考核办法》，旨在通过对不良资产实施监测、分析和考核，促进农村信用社加大清收力度，提高资产质量，确保农村信用社稳步健康发展。

中国银监会发布《农村信用社监管内部评级指引（试行）》。这是继农村信用社全面实施贷款风险分类后，进一步加强对农村信用社监管而出台的一项具有针对性和可操作性的内部监管评级办法。

国务院办公厅印发《关于社会信用体系建设的若干意见》，加快推进我国社会信用体系建设，进一步完善社会主义市场经济体制。该意见指出，建设社会信用体系，是完善我国社会主义市场经济体制的客观需要，是整顿和规范市场经济秩序的治本之策。国务院有关部门要根据职责分工和实际工作需要，抓紧研究建立市场主体信用记录，实行内部信用分类管理，健全负面信息披露制度和守信激励制度，提高公共服务和市场监管水平。

26日 中国人民银行办公厅修订并印发《中央银行会计集中核算系统操作规程》《中央银行会计集中核算系统小额支付业务挂号信规程》，以适应会计业务发展的需要，进一步规范中央银行会计集中核算系统业务处理。

中国证监会、司法部联合发布《律师事务所从事证券法律业务管理办法》，自2007年5月1日起施行。该管理办法旨在加强对律师事务所从事证券法律业务活动的监督管理，规范律师在证券发行、上市和交易等活动中的执业行为，完善法律风险防范机制，维护证券市场秩序，保护投资者的合法权益。

27日 中国人民银行行长周小川在北京会见挪威副首相兼财政大臣克莉丝汀·哈尔沃森女士（Kristin Halvorsen）。双方就全球失衡及资本流动和汇率对其影响、国际货币基金组织是否发挥应有的作用，以及宏观经济形势、中国的宏观调控，实现经济可持续增长等共同关心的问题进行交流。

29日 中国人民银行、财政部联合发布《关于发行2007年凭证式（二期）国债有关问题的通知》。根据通知，本期国债发行总额为500亿元，其中：三年期350亿元，年利率为3.66%；五年期150亿元，年利率为4.08%。

中国人民银行货币政策委员会召开2007年第一季度例会。会议认为，中国经济形势总体良好，国民经济继续保持平稳较快发展，金融运行基本平稳，但仍面临着结构不合理、经济增长方式粗放、国际收支不平衡等问题。会议研究了下一阶段货币政策取向和措施，认为应继续实施稳健的货币政策，加强本外币政策的协调和银行体系流动性管理，进一步提高货币政策的预见性、科学性和有效性，保持价格稳定。

31日 首次中国银行业从业人员资格证书颁证大会在北京举行。全国共有1 834名银行业从业人员获得首批资格证书。

4月

2日 在获得中国企业法人营业执照后，汇丰银行（中国）有限公司、渣打银行（中国）有限公司、花旗银行（中国）有限公司、东亚银行（中国）有限公司4家外资银行在中国内地的一百多家网点正式开业。这是首批在中国开业的外资法人银行。

3日 北京时间21:30（纽约时间早上9:30），美国纳斯达克（NASDAQ）交易所在北京举行了开市仪式。这是美国证券交易所首次在中国举办开市仪式，也是纳斯达克首次为一个国家举行远程敲钟开市仪式。同样史无前例的还包括纳斯达克4日推出的"中国指数"，这是纳市首次推出以国家命名的指数产品，通过该指数可追踪在美上市中国公司的表现情况。纳斯达克是目前美国最大的电子股票市场，目前约有3 200家上市公司，是全球最大的股票市场之一。其中包括40家中国公司，总市值约为300亿美元。

4日 中国保监会发布《万能保险精算规定》《投资连结保险精算规定》，自发布之日起实施。新规定降低了消费者购买保险的手续费。

5日 经国务院批准，中国人民银行决定，从4月16日起上调存款类金融机构人民币存款准备金率0.5个百分点。

中国证监会发布《证券公司缴纳证券投资者保护基金实施办法（试行）》。证券公司将应按照其营业收入的0.5%～5%向证券投资者保护基金有限公司缴纳证券投资者保护基金。

6日 中国银行业协会自律工作委员会常务委员会决议，要求各会员银行于4月20日之前，开始停止向持卡人收取人民币银行卡境内ATM跨行查询费用。具体停止日期由各行根据各自系统调整所需时间自行决定。

中国银监会发布《关于允许股份制商业银行在县域设立分支机构有关事项的通知》。该通知同时允许股份制商业银行在商业可持续的原则和"风险可控"的前提下，在具有城市群或经济紧密区特征的城市或县域设立支行，视为同城分支机构管理。这打破了传统的按行政区划设置分支机构的模式，体现了监管政策原则引领和灵活创新的有机结合。

中国保监会发布《保险公司独立董事管理暂行办法》，规定独立董事正式任职前，除按照监管规定报中国保监会进行任职资格审查外，还应当在中国保监会指定的媒体上就其独立性发表声明，并承诺勤勉尽职。保证具有足够的时间和精力履行职责。

9日 中国外汇交易中心推出新一代外汇交易系统，人民币外汇即期、远期、掉期交易和外币对交易统一在该平台交易。该系统是路透运用RET（Reuters Electronic Trading）技术专门为人民币外汇交易进行的本地化开发。目前，已有21家做市商完成API接口开发，实现自动程序的做市商报价和交易。会员可自主选择竞价和询价交易方式，采用一次点击成交、RFQ双边询价或限价订单等完成交易。

中国证监会发布《期货交易所管理办法》和《期货公司管理办法》，将于2007年4月15日与《期货交易管理条例》同时实施。《期货交易所管理办法》坚持期货交易所基本运行框架和风险管理措施不变的原则，允许期货交易所采取股份有限公司的组织形式，明确公司制期货交易所与现有会员制期货交易所在职责和监管模式上保持一致，允许期货交易所实行会员分级结算制度。《期货公司管理办法》是对原《期货经纪公司管理办法》的全面修改。随着期货市场各项基础制度建设全面推进，办法对期货公司业务和期货公司监管所涉及的各项基础制度作出了明确规定，提出了许多新的要求。

10日 中国银监会、国家外汇管理局联合颁布《信托公司受托境外理财业务管理暂行办法》，对信托公司的受托境外理财业务分别从业务资格审批、业务管理和经营规则以及外汇及账户管理方面进行了规范。

中国银监会与香港证券及期货事务监察委员会就商业银行代客境外理财业务签署了监管合作谅解备忘录。

中国证监会发布《上市公司董事、监事和高级管理人员所持本公司股份及其变动管理规则》，明确交易窗口期，禁止董事、监事和高管在信息敏感期内进行交易，并要求及时披露买卖公司股票的相关情况。

11日 在印度孟买召开的国际证监会组织（IOSCO）第32届年会上，中国证券监督管理委员会成功加入了IOSCO《多边备忘录》。

18日 中国保监会发布《保险公司管理指引（试行）》，要求在中国境内依法设立的保险公司和保险资产管理公司建立健全风险管理组织，识别和评估经营过程中面临的保险风险、市场风险、信用风险和操作风险等各类主要风险，明确风险管理总体策略、制定风险解决方案和方案的组织实施等风险控制手段，对风险管理的流程及其有效性进行检验评估，并根据评估结果及时改进。

国务院办公厅印发《关于建立国务院社会信用体系建设部际联席会议制度的通知》，正式建立社会信用体系建设部际联席会议制度。

19日 由中国人民银行和亚洲开发银行联合举办的“完善农村金融市场国际研讨会”在北京召开。国内外研究农村金融的专家学者和相关的政府部门负责人共160余人参加了研讨会，共同探讨农村金融多样化问题。

中国保监会发布《保险公司关联交易管理暂行办法》，强化保险公司关联交易管理，加强保险监管，提高风险防范能力，完善保险公司治理结构的制度体系。

20日 由中国银监会组织开发的全国银行业非现场监管系统正式运行，第一次独立地对全部银行业机构的数据进行采集、审核、加工和披露，标志着我国银行业监管方式实现历史性变革。

22日 中国证监会发布实施《期货公司金融期货结算业务试行办法》，明确了期货公司作为金融期货交易所全面结算会员和交易结算会员，从事金融期货结算的业务资格和业务规则；并对期货公司金融期货结算业务资格的取得与终止，全面结算会员期货公司对非结算会员进行金融期货结算的业务规则做了系统的规定。

23日 中国证监会发布实施《证券公司为期货公司提供中间介绍业务试行办法》，对证券公司申请中间介绍业务资格的条件和材料、业务范围和规则、监督管理和法律责任等做了基本规定。办法明确证券公司主要职能是为期货公司介绍客户并提供相关服务，不得代理客户进行期货交易、结算或交割，不得经手客户保证金。期货公司负责股指期货代理交易及对客户进行风险控制。客户资金纳入统一的期货保证金安全存管监控体系。该办法的实施有利于实现期货现货市场间的有机结合和优势互补，隔离风险。

中国证监会发布实施《期货公司风险监管指标管理试行办法》，明确了期货公司各项风险监管指标要求，以及期货公司不符合指标要求的监管措施。对建立以净资本为核心的期货公司风险监管体系作出具体安排：一是规定期货公司种类风险监管指标标准；二是强化净资本指标报送过程的责任追究，强调信息披露及时性；三是明确监管措施；四是明确期货公司资本补充机制，规定期货公司可借入次级债务补充资本。

首只采用货币市场基准利率 Shibor 为定价基准的企业债券——2007 年中国化工集团公司企业债券成功发行。

25 日 经国务院批准，中国人民银行决定，从 2007 年 5 月 15 日起，提高外汇存款准备金率 1 个百分点，即外汇存款准备金率由现行的 4% 提高到 5%。这是 2004 年以来中国人民银行第 3 次提高外汇存款准备金率。

中国证监会发布《关于做好大额交易和可疑交易报告及相关反洗钱工作的通知》，要求各证券公司、基金管理公司、期货公司做好大额交易和可疑交易报告报送工作，按时上报反洗钱内部控制制度。

国家外汇管理局发布《关于调整银行即期结售汇业务市场准入和退出管理方式的通知》，规范银行业金融机构开办即期结售汇业务的市场准入和退出程序。今后对银行分支机构经营结售汇业务将实行备案制准入管理。

26～28 日 中国人民银行协助 G30 第 57 次春季全会在杭州召开。会议讨论了世界经济金融形势、亚洲金融和货币、中印经济增长比较、对外投资和资本流动、金融业监管改革、金融市场震荡和风险管理等议题。

27 日 国家质量监督检验检疫总局与中国人民银行宣布，国家质量监督检验检疫总局向中国人民银行、商业银行等企业征信系统的使用者提供组织机构代码信息的在线实时查询服务。此次国家质量监督检验检疫总局与中国人民银行之间的合作，是国务院两个部委之间第一次实现网络联通，也是商业银行等金融机构第一次通过征信系统对其他政府部门依法行政时产生的企业基本信息实现在线实时查询。

中国保监会发布《关于推进保险合同纠纷快速处理机制试点工作的指导意见》，规定纠纷双方可以通过达成调解协议的方式解决保险合同纠纷，而且在有条件的地区，调解处理机构可以直接作出仅对保险公司有约束力的裁决决定。

中信银行股份有限公司作为第二家 A 股及 H 股同步上市的中资企业，分别在香港联合交易所、上海证券交易所同时挂牌上市。

28 日 全国首家跨省设立、首家由农村金融机构独资设立、我国中部地区首家新型农村金融机构——“湖北仙桃北农商村镇银行”在湖北省仙桃市正式挂牌开业。该行由北京农村商业银行独资设立，注册资本金 1 000 万元，同时也是全国第一家省级农村商业银行跨省设立的村镇银行，也是全国第一家商业银行独资设立的村镇银行。

29 日 经国务院批准，中国人民银行决定，从 2007 年 5 月 15 日起，上调存款类金融机构人民币存款准备金率 0.5 个百分点，执行 11% 的存款准备金率。

中国人民银行、财政部联合发布《关于发行 2007 年凭证式（三期）国债有关问题的通知》。根据该通知，本期国债发行总额为 300 亿元，其中：三年期 210 亿元，年利率为 3.66%；五年期 90 亿元，年利率为 4.08%。

5 月

6～7 日 中国人民银行行长周小川出席在瑞士巴塞尔召开的国际清算银行行长例会和董事会。会议就全球经济形势、初级商品价格对新兴市场经济体货币政策的挑战以及国际清算银行业务发展等议题进行了广泛深入的讨论。

8 日 中国人民银行支付管理信息系统上线运行，为实时监控银行体系流动性提供了新的手段，为银行业金融机构加强自身流动性管理开辟了新的途径。

10 日 中国人民银行发布《2007 年第一季度中国货币政策执行报告》。报告指出，目前中国经济增长速度偏快的趋势有所加剧，固定资产投资存在反弹压力，贸易顺差继续增加，流动性依然偏多，而在此背后潜藏的是更深层次的经济结构问题。此外，经济增长的环境、资源压力加大，节能减排形势严峻，也对经济可持续发展构成制约。未来价格上行风险依然存在，价格走势值得关注。中国人民银行将继续执行稳健的货币政策，加强流动性管理，搭配运用公开市场操作、存款准备金率等多种方式回收流动性，协调运用好多种流动性管理工具，保持对冲力度，引导货币信贷合理增长，维护总量平衡。

中国银监会颁布《关于调整商业银行代客境外理财业务境外投资范围的通知》，对商业银行开办代客境外理财业务境外投资范围的有关规定作出以下调整：投资于股票的资金不得超过单个理财产品总资产净值的50%；投资于单只股票的资金不得超过单个理财产品总资产净值的5%；商业银行应选择在与中国银监会已签订代客境外理财业务监管合作谅解备忘录的境外监管机构监管的股票市场进行股票投资。

11日 中国金融期货交易所向各仿真交易会员公司发布通知，决定自2007年5月14日起修改沪深300股指期货仿真交易合约表以及业务规则。

15日 交通银行股份有限公司在上海证券交易所挂牌上市，成为第十家A股上市银行。

16~17日 2007年非洲开发银行集团理事会年会在上海会议中心开幕，中国国务院总理温家宝出席开幕式并致辞。本届年会的主题是"非洲和亚洲：发展伙伴"。会议由本届非洲开发银行集团理事会主席、中国人民银行行长周小川主持。本届年会是非中合作论坛北京峰会后的一次重要涉非国际会议。

18日 经国务院批准，中国人民银行决定，从2007年6月5日起提高存款类金融机构人民币存款准备金率0.5个百分点，执行11.5%存款准备金率。

经国务院批准，中国人民银行决定，从2007年5月19日起上调金融机构人民币存贷款基准利率。金融机构一年期存款基准利率上调0.27个百分点，由现行的2.79%提高到3.06%；一年期贷款基准利率上调0.18个百分点，由现行的6.39%提高到6.57%；其他各档次存贷款基准利率也相应调整。个人住房公积金贷款利率相应上调0.09个百分点。

中国人民银行发布《关于扩大银行间即期外汇市场人民币兑美元交易价浮动幅度的公告》，宣布自2007年5月21日起将银行间即期外汇市场人民币兑美元交易价日浮动幅度由千分之三扩大至千分之五。宣布扩大银行间即期外汇市场人民币兑美元交易价浮动幅度。

中国证监会、财政部联合发布《期货投资者保障基金管理暂行办法》，这标志着中国期货投资者保障基金的正式建立，该办法自2007年8月1日起施行。

20日 中国人民银行发布《改进个人支付结算服务的通知》。该通知就改进个人支付结算服务、提升个人支付结算服务水平和加强支付结算业务管理，对中国人民银行分支机构和商业银行提出了明确要求：一是优化个人银行账户服务，便利储户办理非现金支付业务；二是积极推广非现金支付工具；三是充分利用小额支付系统，实现跨行资金转财、代理收付和通存通兑；四是完善电子支付服务功能，推动自助、居家服务发展；五是整合网点柜台资源，加强对柜员的培训，切实提高柜台业务办理效率；六是加强对支付结算业务的监督管理；七是做好宣传工作，培育良好的非现金支付环境。

中国证监会发布《境外证券交易所驻华代表机构管理办法》，该办法规定，境外证券交易所驻华代表机构是指境外证券交易所在中国境内获准设立并专门从事联络、推介和调研等非经营性活动的常驻代表机构。境外证券交易所未经批准，擅自设立代表处或以代表处名义或其他形式在中国境内开展活动的，中国证监会依法予以取缔。触犯《刑法》的，依法追究刑事责任。该办法自2007年7月1日起施行。

23日 中国证监会发布《中国证券监督管理委员会限制证券买卖实施办法》，规定在操纵证券市场、内幕交易等重大证券违法行为的调查中，中国证监会可以对涉及的相关账户的证券买卖行为采取一定限制措施，限制证券买卖的时间可长达15个交易日。

29日 经国务院批准，财政部决定从2007年5月30日起，调整证券（股票）交易印花税税率，由现行1‰调整为3‰。即对买卖、继承、赠与所书立的A股、B股股权转让书据，由立据双方当事人分别按3‰的税率缴纳证券（股票）交易印花税。

30日 中国人民银行发布《2006年中国区域金融运行报告》。报告指出，2006年，全国各地区积极推进经济结构调整和经济增长方式转变，区域经济整体上保持了增长较快、结构优化、趋于协调的良好态势。全国各地区金融运行平稳，年末货币信贷过快增长的势头有所趋缓，金融市场功能进一步完善，股票市场恢复新股发行，交易活跃，各地积极探索开办各具特色的保险产品，金融生态环境建设向纵深推进。

中国银监会发布《关于加强村镇银行监管的意见》，明确要求村镇银行牢固树立服务县域、服务“三农”的宗旨。禁止村镇银行跨县（市）发放贷款和吸收存款。

6月

1日 中国银监会发布《商业银行操作风险管理指引》。该指引要求，商业银行应当建立与本行的业务性质、规模和复杂程度相适应的操作风险管理体系，且至少应包括以下基本要素：董事会的监督控制；高级管理层的职责；适当的组织架构；操作风险管理政策、方法和程序；计提操作风险所需资本的规定。

6日 经国务院批准，由天津市政府、全国工商联和美国企业成长协会（ACG）共同主办的“中国企业国际融资洽谈会”在天津滨海新区举行，这是国内首次大规模引进国际私募基金的专业化融资会议。

7日 中国人民银行批复同意上海黄金交易所引入外资银行在华经营性机构作为会员。汇丰银行、渣打银行、加拿大丰业银行、UBS瑞士银行以及法国兴业银行等五大外资银行将获得交易所发放的首批外资会员牌照。我国黄金市场终于迈出了由国内市场向国际市场转变的第一步。通过引进外资银行的方式，国外的资金将可以通过正常渠道进入国内的黄金市场，进而打开国内外市场之间的壁垒。

中国银行正式注册加入由环球银行金融电信协会（SWIFT组织）开发的贸易服务设施系统（Trade Services Utilities，TSU）。

8日 中国人民银行行长周小川会见世界银行增长与发展委员会主席Michael Spence。双方就该委员会以往会议情况和讨论结果、委员会拟于2007年11月在中国召开闭门会等问题交换了意见。

中国人民银行与国家发展和改革委员会共同制定并发布施行《境内金融机构赴香港特别行政区发行人民币债券管理暂行办法》。内地银行在香港发行人民币债券，不仅为香港的人民币存款增加了一个投资渠道，亦为香港债券市场注入新的发展动力，扩大了香港债券市场规模，还将从多方面推动香港金融市场发展，进一步巩固和提高香港的国际金融中心地位。

11日 中国人民银行发布《金融机构报告涉嫌恐怖融资的可疑交易管理办法》。该办法旨在规范金融机构报告涉嫌恐怖融资可疑交易的行为，防止利用金融机构进行恐怖融资，自发布之日起施行。

中国保监会发布《关于进一步加强大型商业保险及各类投标业务管理的通知》，要求加大对大型商业保险及各类投标业务的管理力度并有效防范风险。

14 日 中国保监会发布《保险资产管理重大突发事件应急管理指引》，要求保险机构在突然遭遇金融市场剧烈波动、市场环境及相关政策变化、交易对手和债务人倒闭、保险资金被非法侵占、业务数据丢失等情形引发的重大突发事件时，及时向中国保监会报告，并由保险机构董事会对保险资产管理重大突发事件的应急管理负最终责任。

15 日 中国人民银行发布《反洗钱现场检查管理办法（试行）》。规定中国人民银行及其分支机构可采取下列措施进行反洗钱现场检查：进入金融机构进行检查；询问金融机构的工作人员，要求其对有关检查事项作出说明；查阅、复制金融机构与检查事项有关的文件、资料，并对可能被转移、销毁、隐匿或者篡改的文件资料予以封存；检查金融机构运用电子计算机管理业务数据的系统。该办法还对反洗钱现场检查的准备、实施和处理等相关内容做了具体规定。

中国银监会发布《关于建立银行业金融机构市场风险管理计量参考基准的通知》，从多个方面对银行业金融机构人民币债券收益率曲线选择提出了原则性的指导和要求。该通知要求，各银行业金融机构应自 2007 年 10 月第一个工作日开始，将自行编制的人民币债券收益率曲线计量盈亏数据与中国银监会确定的计量市场风险的参考基准进行比较，并依据规定向中国银监会提供差异报告。这标志着我国银行业人民币交易业务市场风险管理计量参考基准的人民币债券收益率曲线正式确立。

18 日 中国银监会决定对被企业挪用信贷资金的 8 家银行分支机构进行行政处罚。对涉及中国核工业建设集团公司挪用短期贷款进入房地产市场、证券市场和其他渠道的交通银行北京分行和北京银行等 2 家机构，将给予罚款和其他行政处罚；对涉及中国海运（集团）公司挪用贷款资金申购新股的招商银行、中国工商银行、中国银行、兴业银行、中信银行和深圳发展银行等 6 家银行驻上海部分分支机构，将给予罚款、暂停部分业务和拟取消高管任职资格的处罚。

20 日 中国证监会发布《合格境内机构投资者境外证券投资管理试行办法》。该办法对 QDII 准入条件、产品设计、资金募集、境外投资顾问、资产托管、投资运作、信息披露等做了原则性规定。其中，申请 QDII 的基金公司净资产不少于 2 亿元人民币；经营证券投资基金管理业务达 2 年以上；最近一个季度末资产管理规模不少于 200 亿元人民币或等值外汇资产。申请 QDII 的证券公司净资产不低于 8 亿元人民币；净资本与净资产比例不低于 70%；经营集合资产管理计划业务达 1 年以上；最近一个季度末资产管理规模不少于 20 亿元人民币或等值外汇资产。该办法自 2007 年 7 月 5 日起正式实施。

21 日 为了预防洗钱和恐怖融资活动，规范金融机构客户身份识别、客户身份资料和交易记录保存行为，维护金融秩序，根据《中华人民共和国反洗钱法》等法律、行政法规。中国人民银行、中国银监会、中国证监会和中国保监会联合发布《金融机构客户身份识别和客户资料及交易记录身份保存管理办法》，自 2007 年 8 月 1 日起施行。

22 日 中国人民银行行长周小川赴挪威访问并与挪威中央银行签订了关于该行在华设立代表处的协定。

为了进一步规范小额支付系统通存通兑业务处理，防范支付风险，改进个人支付结算服务，中国人民银行印发《小额支付系统通存通兑业务处理办法（试行）》。办法所称小额支付系统通存通兑业务（以下简称通存通兑业务）是指个人客户通过代理行依托小额支付系统，对本人或他人在开户行开立的人民币个人存款账户实时办理资金转账、现金存取和账户信息查询业务。

中国人民银行发布《完善全国银行间债券市场债券到期收益率计算标准有关事项的通知》，对全国银行间债券市场到期收益率计算标准进行了调整，将银行间债券市场的到期收益率计算标准从“实际天数/365”法调整为更为精确的“实际天数/实际天数”法。

中国邮政储蓄银行小额贷款业务试点在河南正式启动。小额贷款业务的试点开办，是继中国邮政推出定期存单小额质押贷款之后，再次为广大企业主和农户开辟的一个新的贷款渠道。

25 日 中国人民银行建成全国支票影像交换系统，实现了支票在全国范围的互通使用，企事业单位和个人持任何一家银行的支票均可在境内所有地区办理支付。

25～29 日 金融行动特别工作组（FATF）第十八届第三次全体会议在巴黎召开，会议审议通过了中国反洗钱和反恐怖融资评估报告，决定接纳中国成为该组织正式成员。

26 日 国家开发银行在香港发行不超过 50 亿元的人民币债券，这是第一笔在香港发行的人民币债券。

27 日 十届全国人大常委会第 28 次会议审议了《国务院关于提请审议关于授权国务院可以对储蓄存款利息所得停征或者减征个人所得税的决定草案》的议案。根据这一决定草案，国务院将被授权根据国民经济和社会发展的需要，可以对储蓄存款利息所得停征或者减征个人所得税。

经中国证监会批准，中国金融期货交易所正式发布《交易规则》和《违规违约处理办法》。同时发布的配套实施细则还包括：《交易细则》《结算细则》《结算会员结算业务细则》《会员管理办法》《风险控制管理办法》《信息管理办法》《套期保值管理办法》。此次《交易规则》及其实施细则的正式发布，标志着规则体系和风险管理制度已经建立，金融期货的法规体系基本完备，金融期货的诞生具备了坚实的法规基础。

28 日 中国人民银行货币政策委员会召开第二季度例会。会议由中国人民银行行长兼货币政策委员会主席周小川主持。会议总结了上半年中国货币政策执行情况，分析了当前国内外宏观经济、金融形势，重点讨论了居民消费价格走势、流动性、资产价格、房地产市场等问题。会议研究了下一阶段货币政策取向和措施，认为应继续实施稳健的货币政策，稳中适度从紧，进一步提高货币政策的预见性、科学性和有效性，加强本外币政策的协调和银行体系流动性管理，协调运用多种货币政策工具，保持价格总水平基本稳定。

由中国保监会会同公安部制定的《机动车交通事故责任强制保险费率浮动暂行办法》正式出台，自 2007 年 7 月 1 日起，在全国范围内统一实行交强险费率与道路交通事故挂钩浮动机制。

29 日 中国人民银行发布《关于改进和加强节能环保领域金融服务工作的指导意见》，从统一思想、区别对待、严格管理和加强合作四个方面，对银行系统切实改进和加强对节能环保领域的金融服务提出了具体要求。

《CEPA 补充协议四》在香港签署，将于 2008 年 1 月 1 日起正式实施。此协议将香港银行入股内地银行提出申请前一年末总资产由不低于 100 亿美元降至不低于 60 亿美元；协议还明确支持内地银行赴香港开设分支机构。

中国人民银行发布《中国金融稳定报告（2007）》。报告指出，2006 年全球经济保持了较快增长，国际金融市场运行平稳。中国经济平稳快速增长，宏观调控进一步加强。通货膨胀率较低，人民币汇率形成机制改革稳步推进，币值总体稳定。外汇储备持续较快增长，应对外部冲击的能力不断增强。财政收入增长较快，企业总体债务水平略有下降，盈利能力进一步提高，城镇居民和农村居民可支配收入均有较大幅度提高，反映出政府、企业和居民的债务偿付能力不断增强。我国金融机构改革和重组取得突破性进展，竞争力和盈利能力显著增强，金融稳定的微观基础不断夯实。报告指出，2006 年我国金融市场和金融基础设施运行平稳。

7 月

2 日　中国保监会发布《保险许可证管理办法》，将于 2007 年 9 月 1 日起施行。该办法对保险许可证实行分级管理，并遵循依法、公开、公正、便民、高效的原则，建立保险许可证监督管理制度。

3 日　中国人民银行发布《同业拆借管理办法》。该办法的主要内容：一是规定了同业拆借市场准入的条件和程序，可以申请进入同业拆借市场的金融机构包括 16 类，涵盖了所有的银行类金融机构和绝大部分非银行金融机构；二是明确了同业拆借交易和清算的基本规范；三是规定了各类金融机构同业拆借期限管理、限额管理的具体标准；四是规定了同业拆借市场透明管理的基本原则；五是规定了同业拆借市场监督检查的具体内容和程序；六是明确了各类市场参与者、市场中介机构违反同业拆借管理规定时，应当承担的法律责任和处理依据。

5 日　中国证监会发布《期货公司董事、监事和高级管理人员任职资格管理办法》和《期货从业人员管理办法》，分别对期货从业人员及公司高管的任职资格、行为准则等进行了明确的规定。

11 日　中国保监会发布《中国再保险市场发展规划》，结合我国再保险市场发展实际，借鉴国际经验，进一步明确我国再保险市场的发展方向、预期目标和政策措施，引领我国再保险市场稳定持续健康快速发展。

12 日　国家外汇管理局召开全国贸易外汇收汇与结汇管理有关政策执行情况电视电话会议，全面总结政策执行情况，部署下一步工作。要求积极构建贸易收付汇核查系统和贸易外汇收支的动态监测机制，建立企业长效考核机制和统一、科学、高效的贸易外汇分类管理体系。切实防范境外资金通过贸易渠道违规流入，加强跨境资金流动监管。

13 日　中国农业银行与中国人民保险（集团）公司及其所属的人保财险、人保资产、人保寿险、人保健康四家公司在北京正式签署全面业务合作协议。双方建立了多层次、全方位的合作，将延伸到保险代理、融资、存款、现金管理、信息技术、保险保障、风险管理与咨询服务、银行卡、资产管理、人员培训以及股权管理、风险控制、企业文化等多个业务领域。

中国人民银行信贷产品创新座谈会在哈尔滨召开。会议全面总结了近年来信贷政策工作的经验，强调要着力推动基础信贷产品的创新工作，推进信贷一级市场和信贷二级市场的协调发展；继续推进信贷资产支持证券试点工作，开发将间接融资转化为直接融资的工具；积极发展信用衍生产品，提高对信贷风险的管理水平；加强各部门之间和市场成员之间的协调合作，形成推动创新和防范风险的合力，促进我国金融市场的全面协调可持续发展。

16 日　中国建设银行颁布实施 2007 年行业贷款风险限额管理方案，成为国内第一家实施行业风险限额管理的银行。此举将对降低全行贷款集中性风险、实现贷款风险的事前管理和控制、避免或减少大的经济波动对银行造成不愿承受的风险损失发挥有效的保障作用，也提高了建行风险管理水平。

18 日　中国人民银行印发《中国人民银行人民币发行库管理办法》，进一步加强中国人民银行人民币发行库管理，规范发行库业务操作，保障发行库安全，提高发行库管理水平。

中国银监会发布《银行开展小企业授信工作指导意见》。该指导意见扩展了小企业授信业务、授信对象和授信主体范围，放宽了对小企业授信资产质量考核要求、授信审核条件、贷款种类、抵（质）押品范围、担保条件、信用评估标准等；放宽了贷款种类，除各类贷款外，鼓励银行在风险可控的前提下引入信用证、票据承兑等各类授信业务；放宽抵押品，银行可开展商标专用权、专利权、著作权等知识产权中的财产权质押。

中国农业银行推出“房贷还款假日计划”，借款人可以根据自身情况，选择“轻松假日计划”或“完全假日计划”，为自己的房贷还款放假。“轻松假日计划”是指借款人可以和农行约定一个“假期”（单次假期最长为 24 个月），在这个假期内借款人只需按期支付贷款利息，而暂时不用归还贷款本金，等假日结束之后再按等额本息或等额本金还款方式归还贷款本息。

20 日　经国务院批准，中国人民银行决定，从 2007 年 7 月 21 日起上调金融机构人民币存贷款基准利率。金融机构 1 年期存款基准利率上调 0.27 个百分点，由现行的 3.06% 提高到 3.33%；1 年期贷款基准利率上调 0.27 个百分点，由现行的 6.57% 提高到 6.84%；其他各档次存贷款基准利率也相应调整。个人住房公积金贷款利率相应上调 0.09 个百分点。本次利率调整有利于引导货币信贷和投资的合理增长；有利于调节和稳定通货膨胀预期，维护物价总水平基本稳定。

国务院决定自 2007 年 8 月 15 日起，将储蓄存款利息所得个人所得税的适用税率由现行的 20% 调减为 5%。

20～21 日　中国人民银行分支行行长座谈会在银川召开。会议认真贯彻落实党中央、国务院关于加强宏观调控和深化金融改革的一系列方针政策，分析了当前经济金融形势，总结了上半年主要工作，研究部署了下半年重点工作。中国人民银行行长周小川、副行长吴晓灵、苏宁分别在会上讲话。

25 日　中国银监会公布 9 项管理规章：1.《个人定期存单质押贷款办法》。该办法明确，作为质押品的定期存单包括未到期的整存整取、存本取息和外币定期储蓄存款存单等具有定期存款性质的权利凭证。所有权有争议、已作担保、挂失、失效或被依法止付的存单不能作为质押品。

2.《商业银行内部控制指引》。商业银行内部控制的目标是：确保国家法律规定和商业银行内部规章制度的贯彻执行；确保商业银行发展战略和经营目标的全面实施和充分实现；确保风险管理体系的有效性；确保业务记录、财务信息和其他管理信息的及时、真实和完整。商业银行内部控制应当贯彻全面、审慎、有效、独立的原则。内部控制应当与商业银行的经营规模、业务范围和风险特点相适应，以合理的成本实现内部控制的目标。内部控制应当包括以下要素：内部控制环境；风险识别与评估；内部控制措施；信息交流与反馈；监督评价与纠正。商业银行应当建立良好的公司治理以及分工合理、职责明确、相互制衡、报告关系清晰的组织结构，为内部控制的有效性提供必要的前提条件。商业银行董事会、监事会和高级管理层应当充分认识自身对内部控制所承担的责任。商业银行应当建立科学、有效的激励约束机制，培育良好的企业精神和内部控制文化，从而创造全体员工均充分了解且能履行职责的环境。商业银行应当设立履行风险管理职能的专门部门，负责具体制定并实施识别、计量、监测和控制风险的制度、程序和方法，以确保风险管理和经营目标的实现。商业银行应当建立涵盖各项业务、全行范围的风险管理系统，开发和运用风险量化评估的方法和模型，对信用风险、市场风险、流动性风险、操作风险等各类风险进行持续的监控。商业银行应当对各项业务制定全面、系统、成文的政策、制度和程序，在全行范围内保持统一的业务标准和操作要求，并保证其连续性和稳定性。商业银行设立新的机构或开办新的业务，应当事先制定有关的政策、制度和程序，对潜在的风险进行计量和评估，并提出风险防范措施。

3.《商业银行信息披露办法》。规定商业银行应遵循真实性、准确性、完整性和可比性的原则，规范地披露信息。商业银行披露信息应当遵守法律法规、国家统一的会计制度和中国银监会的有关规定。商业银行应遵循真实性、准确性、完整性和可比性的原则，规范地披露信息。商业银行披露的年度财务会计报告须经具有相应资质的会计师事务所审计。资产规模少于10亿元人民币的农村信用社可不经会计师事务所审计。中国银监会根据有关法律法规对商业银行的信息披露进行监督。商业银行应按照本办法规定披露财务会计报告、各类风险管理状况、公司治理、年度重大事项等信息。商业银行应披露会计师事务所出具的审计报告。财务情况说明书应当对本行经营的基本情况、利润实现和分配情况以及对本行财务状况、经营成果有重大影响的其他事项进行说明。

4.《单位定期存单质押贷款管理规定》。所称单位定期存单是指借款人为办理质押贷款而委托贷款人依据开户证实书向接受存款的金融机构申请开具的人民币定期存款权利凭证。

5.《中国银行业监督管理委员会行政处罚办法》。该办法指出，中国银监会及其派出机构监督检查部门负责行政处罚案件的立案、调查，提出处罚意见，执行行政处罚；法律部门负责审查处罚意见的合法性、适当性，组织听证；中国银监会及其派出机构负责人或主席会议（局长会议）负责作出行政处罚决定。未经法律部门审查，不得实施行政处罚。

6.《商业银行集团客户授信业务风险管理指引》。提出根据审慎监管的要求，中国银监会可以调低单个商业银行单一集团客户授信与资本余额的比例。在商业银行给集团客户授信前，应通过查询贷款卡信息及其他合法途径，充分掌握集团客户的负债信息、关联方信息、对外对内担保信息和诉讼情况等重大事项，防止对集团客户过度授信。

7.《金融许可证管理办法》。扩大了金融许可证适用的金融机构范围。除原有的政策性银行、商业银行、金融资产管理公司、信用合作社、邮政储蓄机构、信托投资公司、企业集团财务公司、金融租赁公司和外资金融机构，新增加了农村合作银行、城市信用社、农村信用社、村镇银行、贷款公司、农村资金互助社、汽车金融公司和货币经纪公司等。

8.《金融机构衍生产品交易业务管理暂行办法》。该办法突出了对风险的防范和控制，提出金融机构应建立严格的止损制度。明确金融机构只需在从事国内首次推出的复杂的衍生产品交易业务前，将相关材料报送监管部门，并书面咨询监管部门的意见。而此前，金融机构凡是开办衍生产品交易业务，都要由中国银监会审批。

9.《商业银行资本充足率管理办法》。该办法明确政策性银行资本充足率的计算和监督管理将参照商业银行的标准，这意味着三大政策性银行的资本充足率被要求保持在8%以上。如未按规定，或其行为已严重危及该商业银行稳健运行、损害存款人和其他客户合法权益，根据商业银行风险程度及资本补充计划的实施情况，中国银监会有权依法采取限制商业银行分配红利和其他收入、责令商业银行停办除低风险业务以外的其他一切业务、停止批准商业银行增设机构和开办新业务等措施。

中国保监会、中国人民银行和国家外汇管理局联合发布《保险资金境外投资管理暂行办法》，允许保险机构运用自有外汇或购汇进行境外投资。该办法放宽了保险资金境外投资的比例，允许保险公司运用总资产15%的资金投资境外，并将境外投资范围从固定收益类拓宽到股票、股权等权益类产品，支持保险机构自主配置、提高收益，抵御人民币升值风险。该办法适度调整了保险资金境外投资的范围，投资市场从香港扩大至美国、英国、香港、新加坡等国家和地区的成熟资本市场。该办法还将衍生产品作为风险管理手段，允许保险机构用于套期保值，但禁止用于投机或放大交易。

中国银监会与美国3家银行业监管机构（联邦储备委员会、货币监理署、联邦存款保险公司）共同举办了第一届中美银行业监管政策研讨会。双方高层官员出席了研讨会。双方代表就金融创新产品监管标准的制定、规定导向与原则导向监管的比较、监管者与被监管机构之间的交流以及跨境监管合作等银行业监管政策和实践的最新进展交流了意见和看法。

26日 中共中央政治局召开会议，分析研究当前经济形势和经济工作。中共中央总书记胡锦涛主持会议。会议认为，2007年以来中国经济形势总体是好的。农业生产稳定发展，结构调整出现积极变化，经济效益继续提高，节能减排积极推进，对外贸易平稳增长，改革迈出新步伐，人民生活不断改善。经济社会发展各方面都取得新的成绩。会议指出，当前投资增幅仍处高位，货币信贷增长仍然偏快，贸易顺差仍在扩大，结构调整仍然滞后，节能减排形势相当严峻，居民消费价格涨幅扩大，涉及群众切身利益的有关问题亟待解决。

银行业金融机构联网核查公民身份信息系统建成运行。这是中国人民银行和公安部推动银行账户实名制切实落实的一项重要举措，联网核查系统的建成运行，具有重大意义和深远影响。

中国银监会发布《小企业贷款风险分类办法》（试行），该办法规定，小企业贷款至少划分为正常、关注、次级、可疑和损失五类，后三类合称不良贷款。银行业金融机构可根据贷款逾期时间，同时考虑借款人的风险特征和担保因素，参照小企业贷款逾期天数风险分类矩阵对小企业贷款进行分类。

26～27日 第二届“泛北部湾经济合作论坛”在广西南宁举行，本届论坛主题为“共建中国—东盟新增长极：新平台、新机遇、新发展”。论坛议题有三：泛北部湾经济合作与中国—东盟自由贸易区建设；泛北部湾合作的机制、路径、产业发展与金融支撑；泛北部湾交通、港口、物流和旅游合作。金融合作是本届论坛关注的焦点之一。来自中国国家开发银行、中国工商银行、中国建设银行、越南投资发展银行、越南开发银行、柬埔寨国家银行、印度尼西亚中央银行等国家级金融机构以及区域性国际金融组织亚洲开发银行等众多金融机构派出代表出席论坛。

27日 中国人民银行印发《反洗钱非现场监管办法（试行）》，进一步规范反洗钱非现场监管工作，督促金融机构认真履行反洗钱义务。

29日 中国人民银行发布《关于做好家庭经济困难学生助学贷款工作的通知》，就进一步完善和落实国家助学贷款政策加强和改进金融服务，推动国家生源地信用助学贷款业务开展提出了要求。

30日 经国务院批准，中国人民银行决定，从2007年8月15日起，提高存款类金融机构人民币存款准备金率0.5个百分点，执行12%的存款准备金率。国库信息处理系统（TIPS）在江苏、江西、四川、大连四省（市）推广上线，并在北京市、海南省扩大上线范围。

31日 中国人民银行上海总部首次发布《中国区域金融稳定报告》，该报告客观反映了我国不同地区贯彻落实国家区域发展战略的最新进展，全面介绍了各地区金融改革、开放、发展成绩和金融稳定状况，及时揭示了区域经济金融发展中需要关注的潜在风险，并提出相应建议。

8月

2日 中国人民银行行长周小川在北京会见美国联邦存款保险公司（FDIC）主席希拉·拜尔（Bair Sheila C.）女士一行。双方围绕进一步增进中国人民银行与FDIC之间的合作与交流，加深对两国金融业与金融市场的了解，加强双方在存款保险、金融服务、金融管理和金融稳定等领域的合作，共同应对金融全球化与综合化发展中面临的问题等议题进行了深入讨论。会后，双方就加强金融服务、存款保险、促进银行业稳健经营、开展人员交流与培训以及信息经验交流等方面的合作签署了谅解备忘录。

3日 中国银监会发布《非银行金融机构行政许可事项实施办法》，要求信托公司申请开办企业年金基金管理业务，应具备：一是具有良好的公司治理和组织架构，并有效发挥作用；二是有与开办企业年金基金业务相适应的内部控制制度及风险管理制度；三是无挪用信托财产、发生存款性负债、以信托等业务名义变相负债以及违反信托业务分别管理、分别记账的规定等行为，且最近3年内无其他重大违法违规经营记录；四是有与开办企业年金基金管理业务相适应的合格专业人员；五是有开办企业年金基金管理业务所需的管理信息系统和其他设施；六是中国银监会规定的其他审慎性条件。该实施办法于即日起正式施行。

6日 中国人民银行印发《银行业反洗钱数据报送检查校验规则（试行）》，以做好银行业大额交易和可疑交易报告的报送工作，保证报告的准确和完整。

中国银监会发布《关于银行业金融机构大力发展农村小额贷款业务的指导意见》。这是继2006年底调整放宽农村地区银行业金融机构市场准入政策后，中国银监会围绕改进“三农”金融服务和支持社会主义新农村建设出台的又一重大支农惠农政策。该指导意见指出，近年来，各银行业金融机构按照监管部门的指导和要求，围绕发展农村小额贷款业务、改进“三农”金融服务做了大量工作，农户小额信用贷款和农户联保贷款的广度不断拓展，小额存单质押贷款试点工作稳步推进，农村小企业融资取得了新的进展，在缓解“三农”贷款难，支持农业增产、农民增收和农村经济发展等方面发挥了积极作用。但目前农村小额贷款开展过程中仍然存在一些问题和不足，制约了其持续健康发展。一是思想认识不到位，部分机构作风不够扎实，工作不深入，坐门等客思想仍比较严重。二是业务发展不平衡，部分机构信贷管理能力较低，信贷电子化建设滞后，贷款手续繁琐，贷款操作不够规范，办理效率低，业务发展缓慢。三是部分机构对政策的领会不到位、执行比较僵化，一些机构还不同程度地存在授信额度“一刀切”、贷款利率“一浮到顶”等现象。四是农村信用建设滞后，征信体系尚未建立，担保机制不健全，农村金融消费者金融意识薄弱，部分农村地区信用环境较差。五是原有农村小额贷款制度滞后，利率定价机制不灵活，风险管理缺乏持续性，贷款用途、额度、期限等与农村需求不适应。发展农村小额贷款业务要坚持以下原则：一是坚持为农民、农业和农村服务与可持续发展相结合；二是坚持发挥正规金融主渠道作用与有效发挥各类小额信贷组织的补充作用相结合；三是坚持市场竞争与业务合作相结合；四是坚持发展业务和防范风险相结合；五是坚持政策扶持与增强自身支农能力相结合。发展农村小额贷款，关键靠创新。各银行业金融机构要在认真总结农村小额贷款工作，借鉴成功运作经验的基础上，坚持因地制宜、因时而变，大力推进农村小额贷款创新，以适应社会主义新农村建设对金融服务提出的新要求：一是放宽小额贷款对象；二是拓展小额贷款用途；三是提高小额贷款额度；四是合理确定小额贷款期限；五是科学确定小额贷款利率；六是简化小额贷款手续；七是强化动态授信管理；八是改进小额贷款服务方式；九是完善小额贷款激励约束机制；十是培育农村信用文化。

7日 中国保监会发布《保险公司资本保证金管理暂行办法》，将保险公司资本保证金存放银行的范围扩大至注册资本金不低于40亿元人民币的所有全国性中资银行，并对保证金的提存和备案、监督管理等进行了具体规范。

8日 中国人民银行发布《2007年第二季度中国货币政策执行报告》。报告指出，2007年上半年，国民经济继续保持平稳快速发展，经济形势总体是好的。总体上看，在各项宏观调控措施的综合作用下，银行体系流动性得到合理控制，货币信贷虽然仍在高位运行，但过快增长的势头有所缓解。

11日 中国银监会发布《银团贷款业务指引》。按照该指引，银团贷款是指由两家或两家以上银行基于相同贷款条件，依据同一贷款协议，按约定时间和比例，通过代理行向借款人提供的本外币贷款或授信业务。该指引对银团贷款成员职责、银团贷款的发起和筹组、银团贷款协议、管理和收费等做了规范。

12日 国家外汇管理局发布《关于境内机构自行保留经常项目外汇收入的通知》，决定进一步改革经常项目外汇管理，取消对境内机构外汇账户的限额管理，境内机构可根据经营需要自行保留其经常项目外汇收入。该通知自发布之日起施行。

13日 在中国证监会统一部署和协调下，上海证券交易所、深圳证券交易所、中国金融期货交易所、中国证券登记结算有限公司和中国期货保证金监控中心公司，在上海签署了股票市场和股指期货市场跨市场监管协作系列协议。此次五方签署的协议包括：《股票市场与股指期货市场跨市场监管备忘录》以及《股票市场与股指期货市场跨市场监管信息交换操作规程》《股票市场与股指期货市场跨市场监管反操纵操作规程》《股票市场与股指期货市场跨市场监管突发事件应急预案》三个具体操作规程。作为跨市场监管协作制度的具体落实，协议的签署标志着证券、期货监管系统内关于股票和股指期货市场跨市场监管协作制度的正式建立。跨市场监管协作制度以防范市场风险，维护市场平稳运行，保障现货和期货市场健康协调发展为目标，以职责明确、分工协作、信息畅通、机制健全、讲求实效为原则。其主要内容是构建包括信息交换机制、风险预警机制、共同风险控制机制和联合调查机制等在内的股票市场与股指期货市场跨市场联合监管协作机制。

14日 中国证监会颁布实施《公司债券发行试点办法》。该试点办法对公司债的发行条件、发行程序、债券持有人权益保护和监督管理等作出了规定。按照该试点办法，公司债券是指公司依照法定程序发行、约定在1年以上期限内还本付息的有价证券。公司债的发行为上市公司提供了新的融资渠道。试点初期，试点公司范围仅限于沪深证券交易所上市的公司及发行境外上市外资股的境内股份有限公司。

中国证监会下发《关于做好证券公司客户交易结算资金第三方存管有关账户规范工作的通知》，要求证券公司进一步将账户规范工作做实做细，要进一步严格新开账户管理，加大对新增不合格账户的监控和处理力度，对出于违规目的开立和使用的账户，将采取限制性措施等，从而全面推进客户交易结算资金第三方存管工作。

中国保险业偿付能力监管标准委员会在北京正式成立。偿付能力监管标准委员会是保险业偿付能力监管标准建设的专家咨询机构，负责对偿付能力监管标准研究制定过程中的重大技术问题提供咨询和论证。

15日 国家外汇管理局发布《保税监管区域外汇管理办法》。该办法对现行适用于不同保税监管区域的多项外汇管理政策进行整合，对滞后于保税监管区域发展的政策进行调整。主要内容：一是继续保持区内外汇管理政策优势。二是统一了部分区内外政策。三是适应区内企业交易方式和物流发展的新特点，简化审核材料要求，物流与资金流不对应的外汇支付可直接到银行办理。该办法自10月1日起实施。

16日 中国银监会正式批准中国邮政储蓄银行筹建广东省及深圳市分支机构，标志着中国邮政储蓄银行全国分支机构组建工作开始启动。

17日 中国人民银行发布《关于在银行间外汇市场开办人民币外汇货币掉期业务有关问题的通知》。在银行间外汇市场开办人民币兑美元、欧元、日元、港币、英镑五个货币对的货币掉期交易，为企业和居民提供更全面灵活的汇率、利率风险管理工具。在银行间外汇市场推出人民币外汇货币掉期产品，进一步丰富了我国外汇市场产品。

20日 中国人民银行办公厅印发《中央银行会计凭证影像事后监督系统操作规程》，进一步规范中央银行会计凭证影像事后监督系统（IAS）业务操作，确保IAS安全、稳定、高效运行。

国家外汇管理局发布《关于开展境内个人直接投资境外证券市场试点的批复》，研究在风险可控的前提下开展境内个人直接对外证券投资业务试点。其主要内容：一是居民个人可使用自有外汇资金及人民币购汇直接从事境外证券投资，投资规模不受《个人外汇管理办法实施细则》规定的年度不超过5万美元的购汇总额限制。二是投资通过中国银行天津分行和香港中银国际证券有限公司办理，投资者应在中国银行天津分行开立个人境外证券投资外汇账户，并委托其在香港中银国际证券有限公司开立对应的证券代理账户。三是试点初期，投资者可投资香港证券交易所公开上市交易的证券品种。四是人民币购汇投资的本金和收益可以保留外汇，也可以在开户行结汇。五是实行投资者风险自担原则，业务办理机构应如实向投资者提示投资风险，同时严格内部风险控制，执行有关法律法规，完善信息披露机制，保障投资者合法权益。

国家外汇管理局发布《开展境内个人直接投资境外证券市场试点方案》，这一试点被允许在天津滨海新区首先启动。中国首次允许个人直接购买海外证券，标志着中国资本市场向与全球其他地区的整合迈出了重要一步。此次开放资本账户将缓解人民币升值压力，同时拓宽中国居民的投资渠道。此试点对贯彻促进国际收支基本平衡、有序拓宽资金流出渠道、逐步实施资本账户开放的总体要求具有重要意义。

21 日 经国务院批准，中国人民银行决定，自2007年8月22日起，上调金融机构人民币存贷款基准利率。金融机构一年期存款基准利率上调0.27个百分点，由3.33%提高到3.60%；一年期贷款基准利率上调0.18个百分点，由6.84%提高到7.02%；其他各档次存贷款基准利率也相应调整。个人住房公积金贷款利率相应上调0.09个百分点。

24 日 中国保监会发布《关于进一步做好保险专业中介机构外部审计工作的通知》，要求对保险专业中介机构全面落实外部审计制度，对发现问题的机构采取相应的监管措施。

26 日 中国证监会发布《证券市场资信评级业务管理暂行办法》（以下简称《暂行办法》），《暂行办法》的评级对象包括，中国证监会依法核准发行的债券、资产支持证券以及其他固定收益或者债务型结构性融资证券；在证券交易所上市交易的债券、资产支持证券以及其他固定收益或者债务型结构性融资证券，国债除外；相关证券的发行人、上市公司、非上市公众公司、证券公司、证券投资基金管理公司等。《暂行办法》规定，境外人士担任资信评级机构负责证券评级业务的高级管理人员除满足相应的条件外还应当在中国境内或者香港、澳门等地区工作不少于3年；证券评级机构人员或其直系亲属若持有评级对象股份达到5%以上，或者是评级对象的实际控制人，应当在评级期间回避。《暂行办法》自2007年9月1日起施行。

28 日 中国人民银行颁布公告《加强信贷资产证券化基础资产池信息披露》，要求信贷资产证券化试点各参与机构加强信贷资产证券化基础资产池信息披露工作，切实保护投资者利益，防范风险。公告指出，基础资产池信息披露是投资者识别风险，进行投资决策选择的重要依据。受托机构、发起机构或其他证券化服务机构要高度重视基础资产池信息披露工作，严格按照《信贷资产证券化试点管理办法》《资产支持证券信息披露规则》和本公告要求做好基础资产池的信息披露。

中国平安集团旗下深圳平安银行在深圳举行揭幕仪式，宣布深圳市商业银行正式更名为深圳平安银行，并同时成立上海、福州两家分行。此举一方面标志着中国平安集团完成了旗下银行资源在单一品牌下的整合，也标志着深圳平安银行从深圳本地银行转变为跨区域的商业银行。

29 日 按照十届全国人大常委会第28次会议审议通过的《国务院关于提请审议财政部发行特别国债购买外汇及调整2007年末国债余额限额的议案》，财政部在全国银行间债券市场向境内商业银行发行第一期特别国债6 000亿元。

中国人民银行进行公开市场操作，从境内商业银行买入特别国债6 000亿元。中国人民银行买入特别国债后，增加了债券持有规模，有利于增加公开市场操作的灵活性和有效性。中国人民银行将搭配使用中央银行票据、特别国债等操作工具，灵活开展公开市场操作，引导货币市场利率平稳运行。

中国人民银行、财政部联合发布《关于发行2007年凭证式（四期）国债有关问题的通知》。根据通知，2007年凭证式（四期）国债发行总额为200亿元，其中：三年期160亿元，年利率为5.20%；五年期40亿元，年利率为5.74%。

30日 中国银监会发布《金融机构间货币经纪和交易行为指引》（以下简称《指引》），以统一规范金融机构间市场交易行为和货币经纪行为，维护我国金融市场的稳健运行与健康发展。《指引》借鉴国际通行准则的基本要求，结合现阶段我国市场状况，侧重从一般准则、风险管理和内部控制、交易原则和程序等方面对金融机构间的货币经纪和交易行为作出最基本的原则要求。《指引》规范的主体主要有两类，一类是经纪商，指经中国银监会批准的货币经纪公司；一类是交易商，指经我国有关监管部门批准，有资格以自有或代理的资金账户从事金融机构间交易的各类金融机构，包括银行、证券公司、保险公司及其他非银行金融机构。《指引》规范的业务行为也有两类，一类是经纪行为，另一类是交易行为，既规范交易商通过经纪商进行的交易行为，也规范交易商间直接进行的交易行为。

9月

3日 中国银行间市场交易商协会在北京正式成立，该协会是银行间债券市场、拆借市场、票据市场、外汇市场和黄金市场参与者共同的自律组织。有拟订自律规则、制定市场统一行为规范、监督检查会员执业行为等重要职能。

中国人民银行办公厅印发《中国人民银行政务公开信息报送管理办法（试行）》，进一步加强信息交流，畅通上传下达渠道，推进人民银行政务公开工作。

经中国证监会批准，纽约证券交易所设立北京代表处，这是2007年7月1日《境外证券交易所驻华代表机构管理办法》正式实施以来境外证券交易所获准设立的第一家驻华代表机构。

6日 经国务院批准，中国人民银行决定，从2007年9月25日起，提高存款类金融机构人民币存款准备金率0.5个百分点，执行12.5%的存款准备金率。

10日 财政部发出通知，将通过全国银行间债券市场向社会公开发行2 000亿元特别国债，并且均为10年期以上长期国债。

11日 中国保监会发布《加强投资连结保险销售管理有关事项的通知》，要求各人身保险公司和保监局重视销售训导误导问题，将销售误导作为行业重要风险予以防范。

12日 中国银监会在北京召开中国银行业衍生产品交易业务业界联系机制首次会议，此次会议的召开标志着我国银行业衍生产品交易业务联系机制正式建立。

中国证监会发布《关于发行境内上市外资股的公司审计有关问题的通知》，对招股说明书准则和年度报告准则等信息披露规范中要求B股公司实施“双重审计”的规定予以废止。通知发布后，不再强制要求B股公司实施“双重审计”。

13日 中国人民银行经过对申请连任清算行的中国银行澳门分行进行全面评审，并商澳门金融管理局同意，决定授权中国银行澳门分行继续担任澳门个人人民币业务清算行。

14日 经国务院批准，中国人民银行决定，自2007年9月15日起，上调金融机构人民币存贷款基准利率。金融机构一年期存款基准利率上调0.27个百分点，由现行的3.60%提高到3.87%；一年期贷款基准利率上调0.27个百分点，由现行的7.02%提高到7.29%；其他各档次存贷款基准利率也相应调整；个人住房公积金贷款利率相应上调0.18个百分点。

17日 中国证监会发布《上市公司重大资产重组管理办法（征求意见稿）》（以下简称《重组办法》）、《上市公司非公开发行股票实施细则》等6部法规及规范性文件，这是完善我国证券市场基础性制度建设的又一重大举措。《重组办法》着力强化重大资产重组信息披露的及时性、公平性，以增加市场透明度。《重组办法》规定，上市公司在董事会就重组事宜作出公告前，如相关信息在媒体上传播或者公司股票交易出现异常波动的，上市公司应立即将有关计划、方案或者相关事项的现状及可能影响事件进展的风险因素等予以公告。此外，上市公司在收到中国证监会关于召开并购重组委会议审议其重大资产重组申请的通知时，应立即进行公告并办理在并购重组委会议期间直至表决结果披露前的停牌事宜，收到并购重组委的表决结果后也应当及时公告并复牌。《上市公司非公开发行股票实施细则》是对《上市公司证券发行管理办法》相关规定的细化，一是进一步规范了非公开发行的定价机制，二是进一步规范了非公开发行董事会、股东大会的决策事项和决策程序，三是进一步规范了非公开发行过程中的信息披露，四是针对非公开发行股票涉及重大资产重组的操作问题，规定重大资产重组与非公开发行股票筹集资金应分开办理，分两次发行。

18日 中国人民银行行长周小川会见欧盟委员会经济与金融事务委员Almunia。双方就当前中国和欧盟的货币政策、通胀现况及展望、外汇储备、主要货币及当前金融市场动荡等问题交换意见。

19～20日 中国人民银行行长周小川在东京与日本银行总裁福井俊彦续签了中日双边货币互换协议。该协议于2002年3月28日在《清迈倡议》下由两国中央银行签署，对加强东亚区域金融合作、维护地区金融市场稳定以及促进东亚经济发展发挥了重要作用。

20日 中国保监会颁布《保险公司合规管理指引》。该指引规定保险公司应当设立合规负责人与合规管理部门，合规负责人不得兼管公司的业务部门和财务部门，而保险公司则必须确保合规管理部门和合规岗位的独立性，并对其实行独立预算和考评。根据各公司发展实际，采取区别对待、分类指导的原则，加强督导，推动保险公司建立和完善合规管理体系，有效识别并积极主动防范化解合规风险，确保公司稳健运营。该指引自2008年1月1日起施行。

24日 中国人民银行召开经济金融形势分析会议。研究分析经济运行由偏快转向过热的风险，深入认识信贷控制对维护宏观经济稳定和可持续发展的重要意义。引导金融机构树立正确的市场份额观念，自觉把握贷款投放进度，根据实体经济需求，注重均衡放款，改善信贷服务，大力拓展中间业务，努力实现稳健经营和可持续发展。

25日 中国建设银行A股正式在上海证券交易所挂牌上市。中国建设银行成为继中国银行、中国工商银行第三家实现H股和A股两地上市的国有控股上市银行。

26日 中国人民银行行长周小川会见法国中央银行行长诺瓦业。双方就中国与欧元地区之间的金融局势、国际及区域金融合作等问题交换了意见。

中国保监会发布《关于加强航空意外保险管理有关事项的通知》，废止《关于发布航空旅客意外伤害保险行业指导性条款的公告》，以维护被保险人的利益，规范航空旅客人身意外伤害保险业务的发展。

27日 中国人民银行货币政策委员会2007年第三季度例会在北京召开。会议由中国人民银行行长兼货币政策委员会主席周小川主持。会议总结了年初以来我国货币政策执行情况，分析了当前国内外宏观经济、金融形势，会议认为应继续实行稳中适度从紧的货币政策，进一步提高货币政策的预见性、科学性和有效性，加强利率、汇率等本外币政策的协调配合和银行体系流动性管理，完善和创新政策工具，适当加大政策调控力度，保持货币信贷合理增长。

中国人民银行、中国银监会联合发布《关于加强商业性房地产信贷管理的通知》，严格房地产开发贷款、土地储备贷款、住房消费贷款、商业用房购房贷款等多项商业性房地产信贷的管理，并对加强房地产信贷征信管理和房地产贷款监测与风险防范工作提出了要求。对购买首套自住房且套型建筑面积在90平方米以下的，贷款首付款比例（包括本外币贷款，下同）不得低于20%；对购买首套自住房且套型建筑面积在90平方米以上的，贷款首付款比例不得低于30%；对已利用贷款购买住房、又申请购买第二套（含）以上住房的，贷款首付款比例不得低于40%，贷款利率不得低于中国人民银行公布的同期同档次基准利率的1.1倍，而且贷款首付款比例和利率水平应随套数增加而大幅度提高，具体提高幅度由商业银行根据贷款风险管理相关原则自主确定，但借款人偿还住房贷款的月支出不得高于其月收入的50%。商业用房购房贷款首付款比例不得低于50%，期限不得超过10年，贷款利率不得低于中国人民银行公布的同期同档次利率的1.1倍，具体的首付款比例、贷款期限和利率水平由商业银行根据贷款风险管理相关原则自主确定；对以“商住两用房”名义申请贷款的，首付款比例不得低于45%，贷款期限和利率水平按照商业性用房贷款管理规定执行。

中国保监会发布《关于加强保险中介业务管理防范保险诈骗的通知》，要求各寿险公司、养老保险公司、健康保险公司加强保险公司自身内部管控，加强对代理渠道的管理，做好保险单据的防伪和宣传工作，加强与监管机构及其他相关部门的沟通协调。

中国保监会发布《关于规范保险营销团队管理的通知》，要求严格执行持证上岗制度，完善团队管理制度，规范增员管理，规范押金管理制度，维护保险营销人员计酬制度的知情权，落实岗前培训和后续教育培训，建立健全保险营销人员的管理档案。

29日　经国务院批准，中国投资有限责任公司（以下简称中投公司）在北京成立。作为专门从事外汇资金投资业务的国有投资公司，中投公司的成立被视为中国外汇管理体制改革的标志性事件。依据《公司法》设立的国有独资公司的中投公司，注册资本金为2 000亿美元。

为规范远期利率协议业务，完善市场避险功能，促进利率市场化进程，中国人民银行发布《远期利率协议业务管理规定》。根据该规定，远期利率协议是指交易双方约定在未来某一日，交换协议期间内一定名义本金基础上分别以合同利率和参考利率计算的利息的金融合约。其中，远期利率协议的买方支付以合同利率计算的利息，卖方支付以参考利率计算的利息。全国银行间债券市场参与者（以下简称市场参与者）中，具有做市商或结算代理业务资格的金融机构可与其他所有市场参与者进行远期利率协议交易，其他金融机构可以与所有金融机构进行远期利率协议交易，非金融机构只能与具有做市商或结算代理业务资格的金融机构进行以套期保值为目的的远期利率协议交易。

30日　中国人民银行颁布《应收账款质押登记办法》，自2007年10月1日起施行。由中国人民银行征信中心建设的应收账款质押登记公示系统将于2007年10月8日开始办理应收账款质押登记业务。

10月

9日　中国人民银行发布公告（2007第21号），允许资产支持证券在全国银行间债券市场进行质押式回购交易。这是中央银行逐步放开资产支持证券交易流通的又一举措。质押式回购是交易双方以债券为权利质押所进行的短期资金融通业务。在质押式回购交易中，资金融入方（正回购方）在将债券出质给资金融出方（逆回购方）融入资金的同时，双方约定在将来某一日期由正回购方向逆回购方返还本金和按约定回购利率计算的利息，逆回购方向正回购方返还原出质债券。

12日　经中国人民银行授权，中国银行间市场交易商协会发布《中国银行间市场金融衍生产品交易主协议（2007年版）》文本。该协议作为加强市场自律、规范市场参与者从事金融衍生产品交易行为的基本准则，是中国场外金融衍生产品交易的规范、标准文本，是我国金融市场制度建设的又一重要成果。

中国银监会发布《关于有效防范企业债担保风险的意见》，对银行业金融机构为企业发行债券提供担保以及其他融资类担保行为进行了规范。该意见要求各银行（公司总部）充分认识为企业债提供担保的风险，进一步完善融资类担保业务的授权授信制度，上收该类业务审批权限，停止对以项目债为主的企业债进行担保，对公司债券、信托计划、保险公司收益计划等其他融资性项目原则上不再进行担保；已经办理担保的，要采取逐步退出措施，及时追加必要的资产保全措施。

13 日 经国务院批准，中国人民银行决定，从 2007 年 10 月 25 日起，上调存款类金融机构人民币存款准备金率 0.5 个百分点，执行 13% 的存款准备金率标准。

15 日 中国共产党第十七次全国代表大会在北京召开，胡锦涛做题为《高举中国特色社会主义伟大旗帜为夺取全面建设小康社会新胜利而奋斗》的报告。强调实现未来经济发展目标，关键要在加快转变经济发展方式、完善社会主义市场经济体制方面取得重大进展。要大力推进经济结构战略性调整，更加注重提高自主创新能力、提高节能环保水平、提高经济整体素质和国际竞争力。要深化对社会主义市场经济规律的认识，从制度上更好地发挥市场在资源配置中的基础性作用，形成有利于科学发展的宏观调控体系。在报告中强调指出八个着力点：一是提高自主创新能力，建设创新型国家。二是加快转变经济发展方式，推动产业结构优化升级。三是统筹城乡发展，推进社会主义新农村建设。四是加强能源资源节约和生态环境保护，增强可持续发展能力。五是推动区域协调发展，优化国土开发格局。六是完善基本经济制度，健全现代市场体系。七是深化财税、金融等体制改革，完善宏观调控体系。八是拓展对外开放广度和深度，提高开放型经济水平。

中国保监会发布《关于养老保险公司经营企业年金业务有关问题的通知》，允许养老保险公司在全国范围内开展企业年金业务。

16 日 由中国金融学会和台湾中华经济研究院、台北金融研究发展基金会联合举办的第十三届两岸金融学术研讨会在台北举行。研讨会围绕两岸货币政策、外汇储备积累、商业银行治理、中小企业融资、私募股权基金、保险业如何面对人口老龄化等问题进行专题讨论，并就亚洲金融危机 10 周年后的两岸金融发展前景进行综合研讨。两岸与会代表认为，海峡两岸经贸合作，直接带动了台湾地区经济的转型与产业升级，成为台湾经济发展的重要动力，同时对祖国大陆经济发展也起到了积极的促进作用。在两岸经贸交流日益深入的背景下，两岸金融交流与合作需要不断向前推进。

18 日 中国证监会发布《证券投资基金销售机构内部控制指导意见》和《证券投资基金销售适用性指导意见》，至此，基金销售监管框架初步形成。

22 日 中国人民银行印发《银行业金融机构加入、退出支付系统管理办法（试行）》，进一步规范银行业金融机构加入、退出支付系统的行为，防范支付风险，保障支付系统安全稳定运行。

23 日 中国银监会召开扩大调整放宽农村地区银行业金融机构准入政策试点工作（电视电话）会议，会议指出，下一阶段将扩大试点范围——从目前的 6 个省（区）扩大到 31 个省市区，试点工作的推进过程将始终坚持“严格监管”的原则。

24 日 中国人民银行印发《联网核查公民身份信息系统突发事件应急预案（试行）》，进一步提高应对联网核查公民身份信息系统突发事件的能力，规范联网核查系统突发事件的处置程序。

25 日 中国工商银行与南非标准银行集团（Standard Bank）在北京联合宣布，双方已就股权交易和战略合作事宜达成协议。根据协议，中国工商银行将收购标准银行20%的股权，成为标准银行的最大股东。此次收购也是继印尼哈林银行和中国澳门诚兴银行之后，中国工商银行一年内的第3笔海外收购。

11月

2日 中国银监会发布《关于银行业金融机构全面执行企业会计准则的通知》，宣布中国银行业将全面开始实施新会计准则，并对银行业金融机构全面实行新会计准则的有关工作进行了全面部署。该通知明确，银行业金融机构执行新会计准则后，各项银行业监管政策和制度不变，并要求各级银行监管机构要继续督促银行业金融机构提高贷款五级分类质量，准确计提各项准备。

4日 中国证监会发布《关于进一步做好基金行业风险管理工作有关问题的通知》，规定基金公司在发布公告或宣传材料之日起6个月内，不得擅自扩大基金规模，同时要求基金公司牢固树立价值投资理念，禁止投机交易。

5日 中国人民银行党委书记、行长周小川主持召开党委会议，传达学习中央经济工作会议精神，研究部署贯彻落实的具体措施。强调要继续加强和改善宏观调控，进一步发挥货币政策在宏观调控中的重要作用，实行从紧的货币政策，综合运用多种货币政策工具，采取有力措施，加强流动性管理，进一步完善人民币汇率形成机制，更好地调节社会总需求和改善国际收支平衡状况，促进国民经济又好又快发展。

6日 中国银监会宣布，即日起对中国科技国际信托投资有限责任公司（以下简称中科信）依法予以撤销。鉴于中科信长期处于停业状态，财务状况恶化，根据《中华人民共和国银行业监督管理法》和《金融机构撤销条例》的相关规定，在中科信撤销期间，由中国银监会委托中国东方资产管理公司组成清算组进驻公司实施清算工作。

9日 美国东部时间2007年11月8日，美联储正式对外发布消息，批准招商银行设立纽约分行。招商银行成为自1991年美国《加强外国银行监管法》颁布以来首家准入美国金融市场的中资银行。

10日 经国务院批准，中国人民银行决定，从11月26日起，上调存款类金融机构人民币存款准备金率0.5个百分点。这是中国人民银行年内第9次上调存款准备金率。此次调整后，普通存款类金融机构将执行13.5%的存款准备金率标准，该标准创近年历史新高。

12日 中国保监会发布《保险公司养老保险业务管理办法》，这是我国保险业第一部专门规范养老保险业务的部门规章，将于2008年1月1日起施行。该办法主要针对养老保险的业务类型、养老保险业务经营主体范围和条件、养老年金保险业务的产品管理制度和经营管理制度、企业年金管理业务的规范要求、违反相关行为的处罚措施及实施时间等相关内容进行了详细规定。

12～14日 中国人民银行协助世界银行增长与发展委员会在苏州召开“增长与发展委员会（CGD）闭门会议”。中国人民银行行长周小川作为委员会成员出席会议。会议主要讨论了委员会拟于2008年发布的报告的初稿。委员会主席迈克尔·斯彭斯，副主席、世界银行副行长丹尼·雷普塞格，新加坡国务资政、前总理吴作栋等多位委员会成员参加了会议。

15日 中国银监会在官方网站上推出银行业金融机构信息披露网站，成为中国银监会推进银行业金融机构信息透明度建设的又一举措。

19日 中国人民银行决定，在全国范围内开通小额支付系统跨行通存通兑业务。居民只要开立了个人存款账户并且与开户银行签订“个人存款通存通兑服务协议”，就可以在开户行以外的其他银行的营业网点办理现金存取、转账和账户余额查询业务。手续费由受理银行按照市场化原则自行确定。开展该项业务的银行包括中国建设银行、中国银行、交通银行、招商银行等。

21日 中国人民银行与监察部联合发布公告，废止《金融稽核检查处罚规定》。

天津市人民政府与中国保监会联合发布《关于加快天津滨海新区保险改革试验区创新发展的意见》。在保险企业、保险业务、保险市场、保险开放等方面的重大改革创新措施，中国保监会原则上均可以安排在试验区先行先试；天津市政府也将不断完善政策支持体系，为保险业的创新发展营造良好的外部环境。

25日 中国人民银行印发《依托小额支付系统办理银行本票业务需求》《依托小额支付系统办理银行本票业务处理办法》《依托小额支付系统办理银行本票业务处理手续》，进一步推广使用银行本票，改进个人支付结算服务。

26日 国库信息处理系统（TIPS）在湖北、陕西、重庆、吉林、黑龙江、浙江、安徽、河南、宁夏、贵州省（市）推广上线，并在四川省扩大上线范围。国库信息处理系统（TIPS）是指依托已有的人民银行与商业银行之间的网络平台和清算渠道，利用信息和网络技术，通过财政、税务、海关、商业银行（信用社）接口，进行财政、税务、海关、国库、银行信息交换和业务处理，并对信息实行集中存储和管理的系统。

27日 中国人民银行行长周小川、副行长胡晓炼会见欧元集团主席、卢森堡首相兼财政大臣容克、欧洲中央银行行长特里谢和欧盟委员会经济与货币委员阿尔穆尼亚，就人民币汇率、加强双边金融服务贸易、两国的金融稳定等议题进行了探讨。

中国保监会发布《关于再保险业务安全性有关问题的通知》，重点就再保险分出公司如何强化对再保险业务的风险管理和选择再保险接受人提出具体明确的要求。该通知适用于自2008年1月1日及此后起期的再保险合同以及转分保合同。

由中国工商银行独资设立的工银金融租赁有限公司在天津宣布成立。这是我国第一家由商业银行发起设立的租赁公司，标志着我国金融租赁业的发展进入了一个新的阶段。

29日 中国人民银行、财政部联合发布《关于发行2007年凭证式（五期）国债的有关问题的通知》，根据通知，本期国债发行总额为300亿元，其中：三年期240亿元，年利率为5.74%；五年期60亿元，年利率为6.34%。

中国人民银行办公厅印发《人民银行与商业银行（信用社）税收收入联网工作机制指引》，进一步加强对税收收入横向联网工作的管理，建立健全中国人民银行与商业银行（信用社）协调、高效、规范的联网工作机制，促进联网建设推广工作的顺利进行。

中国人民银行办公厅印发《中国人民银行无记名国债兑付业务操作规程》，进一步加强无记名国债兑付业务管理，防范国库资金风险，确保无记名国债兑付工作正常有序地进行。

中国人民银行、海关总署发布公告，废止《白银进口管理暂行办法》。这意味着进口白银将作为一般贸易商品进行管理。

30日 中国证监会发布《基金管理公司特定客户资产管理业务试点办法》和《关于实施“基金管理公司特定客户资产管理业务试点办法”有关问题的通知》，自2008年1月1日起施行。

中央汇金投资有限责任公司向中国光大银行注资200亿元人民币等值美元全部到位，按每股1元的价格持有光大银行200亿股，占光大银行总股本的70.88%。这标志着备受瞩目的光大银行改革取得了重大成果。

12月

3~5日 中央经济工作会议在北京举行。会议在部署2008年经济工作时明确提出，要实施稳健的财政政策和从紧的货币政策，将进一步发挥货币政策在宏观调控中的重要作用，严格控制货币信贷总量和投放节奏。这是中国十年来首次提出从紧的货币政策。

8日 经国务院批准，中国人民银行决定，从2007年12月25日起，上调存款类金融机构人民币存款准备金率1个百分点。这是中国人民银行2007年以来第10次上调存款准备金率。此次调整后，普通存款类金融机构将执行14.5%的存款准备金率标准。

中国人民银行发布《2007年第三季度中国货币政策执行报告》，报告指出，在投资意愿和投资能力均有所增强的情况下，投资仍将维持较快增长趋势，并有出现反弹的可能。今后将继续实行适度从紧的货币政策，适当加大调控力度。

9日 国家外汇管理局正式公布将QFII投资额度扩大到300亿美元，并将根据我国国际收支状况和国内证券市场情况，把握落实QFII新增额度的审批节奏，鼓励符合条件的境外中长期资金投资中国资本市场。

10日 经中国银监会批准，浙江省农村信用社向社会正式推出了全国首个农村信用社省联社贷记卡品牌——丰收卡。

11日 中国人民银行、中国银监会联合发布《关于加强商业性房地产信贷管理的补充通知》，进一步明确了《关于加强商业性房地产信贷管理的通知》（银发〔2007〕359号）有关“严格住房消费贷款管理”的规定。

13日 欧亚反洗钱反恐怖融资组织（EAG）第七届全会暨第三届技援捐助者大会在海南省三亚市召开。来自EAG成员与观察员约120名代表就欧亚地区反洗钱和反恐怖融资领域的问题进行了广泛而深入的讨论。由中国人民银行、外交部和最高人民法院代表组成的中国代表团参加了会议。

经中国银监会批准，国内第一家外资村镇银行——湖北随州曾都汇丰村镇银行有限责任公司正式开业。这是中国银监会发布《关于调整放宽农村地区银行业金融机构准入政策更好支持社会主义新农村建设的若干意见》后，全国首家由外资银行全资设立的新型农村金融机构。

17日 中国、英国两国金融监管部门就商业银行代客境外理财业务作出了监管合作安排，中国的商业银行可以代客投资于英国的股票市场以及经英国金融监管当局认可的公募基金。

18日 三井住友卡公司即日起开始在日本发行中国银联标准信用卡。这是中国银联卡首次与日本信用卡公司联手发行银联标准卡。

19日 中国保监会发布《关于加强保险业社团组织建设的指导意见》，旨在加强中国保险行业协会、中国保险学会建设，切实发挥保险业社团组织职能。根据该指导意见，保险业各级社团组织应自觉接受业务主管单位的监督管理，完成业务主管单位授权和委托的各项工作，及时报告年度工作总结和计划、年度财务预决算以及各种重要活动和重大事项等。

20日 中国人民银行货币政策委员会召开第四季度例会。会议由中国人民银行行长兼货币政策委员会主席周小川主持。会议认为，2007年我国经济保持了增长较快、结构优化、效益提高、民生改善的良好态势，同时经济增长由偏快转为过热的趋势尚未有效缓解，信贷投放依然过多，价格上涨压力加大。会议深入分析了实行从紧货币政策所面临的形势和挑战，对我国在全球经济失衡调整过程中面临的风险进行了评估，对当前价格上涨的结构特点及影响价格走势的因素进行了综合分析。会议研究了下一阶段货币政策取向和措施，认为要坚决贯彻中央经济工作会议精神，采取多种手段落实从紧的货币政策。

经国务院批准，中国人民银行决定，从2007年12月21日起调整金融机构人民币存贷款基准利率，一年期存款基准利率由现行的

3.87%提高到4.14%，上调0.27个百分点；活期存款利率由现行的0.81%下调到0.72%，下调0.09个百分点；一年期贷款基准利率由现行的7.29%提高到7.47%，上调0.18个百分点；其他各档次存贷款基准利率也相应调整。个人住房公积金贷款利率保持不变。此次调整有利于防止经济增长由偏快转为过热，防止物价由结构性上涨演变为明显的通货膨胀。

经国务院批准，中国人民银行决定，从2008年1月1日起上调对金融机构再贷款（再贴现）浮息水平。一年期流动性再贷款利率上浮0.81个百分点，其他再贷款浮息水平相应上调；再贴现利率上浮1.08个百分点。

27日 中国保监会发布公告，根据“CEPA补充协议四”，自2008年1月1日起，允许符合条件的香港、澳门保险代理公司在内地设立独资保险代理公司。

28日 中国银监会发布《节能减排授信工作指导意见》，此举旨在配合国家节能减排战略的顺利实施，督促银行业金融机构把调整和优化信贷结构与国家经济结构紧密结合，有效防范信贷风险。该意见要求银行业金融机构应依据国家产业政策，对列入国家产业政策限制和淘汰类的新建项目，不得提供授信支持；对属于限制类的现有生产能力，且国家允许企业在一定期限内采取措施升级的，可按信贷原则继续给予授信支持；对于淘汰类项目，原则上应停止各类形式的新增授信支持，并采取措施收回已发放的授信。银行业金融机构不得绕开项目授信的程序，以流动资金贷款、承兑汇票或其他各种表内外方式向建设项目提供融资和担保。

中国证监会发布《证券公司设立子公司试行规定》，以适应证券公司集团化和专业化经营管理的需要，规范证券公司设立子公司的行为及其与子公司的关系，促进证券公司的创新发展和证券行业的对外开放，该规定自2008年1月1日起施行。

为规范上市公司前次募集资金使用情况报告的编制行为，中国证监会发布《关于前次募集资金使用情况报告的规定》，该规定自发布之日起实施。原《前次募集资金使用情况专项报告指引》同时废止。

由中国建设银行与美国银行合资设立的建信金融租赁股份有限公司在北京开业。该公司是目前国内金融市场上注册资本规模最大的金融租赁公司，也是国内首批获得中国银监会开业批准的创新型金融租赁公司之一。

29日 中国证监会批准上海期货交易所挂牌黄金期货合约。上海期货交易所将在近期上市黄金期货合约。黄金是一种兼具金融和商品多重属性的贵金属，黄金期货的上市对我国期货市场的发展具有重要意义。

31日 经国务院批准，中央汇金公司和国家开发银行在北京签署协议，确认即日起中央汇金公司向国家开发银行注资200亿美元。此次注资，将显著提高开发银行的资本充足率，增强抗风险能力，有助于全面推行商业化运作，是国家开发银行改革中的基础性举措，标志着国家开发银行改革迈出了重要一步。

2008 年

1 月

3 日　中国人民银行发布《关于改善农村金融服务支持春耕备耕　增加“三农”信贷投入的通知》。通知就进一步贯彻落实中央经济工作会议和中央农村工作会议精神，在执行从紧货币政策的同时，加强信贷结构调整，促进增加“三农”信贷投入，改善农村金融服务，支持春耕备耕提出如下几点要求：一是积极引导各金融机构优化信贷结构，扩大支农信贷投放。二是合理安排发放支农再贷款，提高支农再贷款使用效率。三是强化存款准备金政策的正向激励作用，继续对农村信用社执行相对较低的存款准备金率。四是部分农村信用社可提前支取特种存款，增加春耕旺季信贷资金来源。五是指导农村信用社建立科学的贷款利率定价机制，运用利率杠杆增强农村信用社发放“三农”贷款的内在动力。六是对涉农的商业汇票优先办理贴现和再贴现，引导信贷资金支持“三农”发展。七是引导邮政储蓄资金回流农村，扩大“三农”信贷资金来源。八是加强农村金融基础服务设施建设，提供安全、便捷、高效的农村金融服务。九是督促农村信用社继续深化改革，使其真正成为服务于“三农”的社区性金融机构。

3～4 日　中国人民银行工作会议在北京召开。会议认真学习了党的十七大和中央经济工作会议精神，深入贯彻落实科学发展观，全面总结了 2003 年以来中国人民银行各项工作，分析当前经济、金融形势，安排部署了 2008 年主要工作。提出 2008 年工作的总体要求：一是深入贯彻落实科学发展观，认真执行从紧的货币政策，防止经济增长由偏快转为过热和物价由结构性上涨演变为明显通货膨胀。二是扎实推进金融体制改革，巩固和扩大改革成果。三是加快构建金融稳定长效机制，切实维护金融体系稳健运行。四是加大创新力度，推动金融市场发展。五是进一步深化外汇管理体制改革，稳步推进资本项目可兑换。六是继续抓好金融基础建设，不断提高中央银行金融服务水平，为促进经济又好又快发展和社会主义和谐社会建设作出更大贡献。

5～10 日　中国人民银行行长周小川赴巴塞尔出席国际清算银行行长例会及董事会会议。会议期间周小川表示，全球油价高企、国内通胀和国内巨额贸易顺差是推动近期人民币升值的部分因素；中国贸易顺差增长有所放缓，但绝对水平依然很高。周小川还表示，国内外市场供求状况也是近期人民币升值的原因，一些国内金融机构较大规模抛售外汇，促使人民币升值。

6 日　最高人民法院、最高人民检察院、公安部、中国证监会联合下发《关于整治非法证券活动有关问题的通知》。这是继国务院办公厅下发《关于严厉打击非法发行股票和非法经营证券业务有关问题的通知》（国办发〔2006〕99 号）后打击非法证券活动又一重要文件。该通知共分三部分，第一部分是对形势特征的分析。第二部分是核心内容，涉及四个方面的问题：一是公司或公司股东向社会公众擅自转让股票行为问题；二是相关性质认定问题；三是新老《证券法》的衔接问题；四是非法证券活动受害人的救济途径问题。第三部分是对证监系统、公安机关、检察机关、人民法院下一步工作提出具体要求。

9 日　经中国证监会批准，黄金期货合约在上海期货交易所上市交易。上市首日，国内黄金期货收盘价为 223.3 元/克，按照现钞买入价格

100 美元折合人民币 719.33 元，1 克等于 0.0352734 盎司计算，折算成美元/盎司为 876.1 美元/盎司。

10 日　最高人民法院、最高人民检察院、公安部、中国证监会联合发布《关于查询、冻结、扣划证券和证券交易结算资金有关问题的通知》。该通知明确规定：一是规范查询、冻结、扣划证券和证券交易结算资金的程序；二是明确不得冻结、扣划的证券和资金范围；三是协助义务主体的范围及协助的具体要求，如规定了两个协助义务主体，即登记结算公司和证券公司均应当协助冻结、扣划；四是规范了冻结的轮候问题；五是统一了冻结的期限问题，如对证券的冻结期限统一规定为两年，对资金的期限规定为六个月；六是完善了争议解决机制。

11 日　中国保监会发布《关于加强交强险管理有关工作的通知》，要求加强交强险业务管理，提高交强险服务质量，强化交强险核算和信息披露制度，保护被保险人和交通事故受害人的合法权益。

中国保监会正式公布交强险责任限额调整方案，并批准了由中国保险行业协会上报的交强险费率方案。新的交强险责任限额和税率方案将于 2008 年 2 月 1 日零时起实行。

14 日　中国人民银行办公厅印发《中国人民银行公职律师试点工作方案》。经司法部批准，中国人民银行建立公职律师制度，开展公职律师试点工作。

首届中日银行业监管磋商会议在北京举行，中日双边定期磋商机制政治建立。日本金融厅代表团来京与银监会相关部门负责人举行了首届中日银行业监管磋商会议。双方就两国银行业的发展、外资银行政策以及日本增强金融竞争力的举措等议题进行了深入探讨，达成了广泛共识。会议的成功举行标志着中日双边定期磋商机制的正式建立，使两国银行业监管合作提升到一个新的水平。双方一致认为，定期磋商机制的建立为两国银行业监管当局提供了一个面对面交流经验和看法的宝贵机会，有助于双方进一步增进了解，加强跨境监管合作，探讨银行业监管热点问题，对促进两国银行业的稳健发展以及维护区域金融稳定将起到积极的作用。

15 日　中国银监会办公厅发布《关于汽车贷款风险提示的通知》，内容主要包括以下方面：一是加强贷款空白合同管理；二是加强对经销商担保能力审核；三是加强贷前调查；四是严格贷中审查和贷后管理；五是规范账户管理；六是实施严格问责制。

16 日　经国务院批准，中国人民银行决定，从 2008 年 1 月 25 日起，上调存款类金融机构人民币存款准备金率 0.5 个百分点。此次调整后，普通存款类金融机构将执行 15% 的存款准备金率标准。这是中国人民银行 2008 年首次动用这一货币政策工具，也是自 2006 年 4 月以来第 11 次动用存款准备金率这一货币政策工具来抑制货币流动性。

经国务院同意，中国银监会、中国保监会在北京正式签署《中国银监会与中国保监会关于加强银保深层次合作和跨业监管合作谅解备忘录》，明确了两家监管机构的分工和责任，确立了审慎监管的基本原则，对加强现场检查和非现场监管配合、确定风险处置与市场退出的程序，明确信息交换的内容、方式和渠道等方面进行了监管约定。加强改进金融监管，健全监管协调机制，规范银行业和保险业之间开展深层次合作，防范和化解金融风险，提高跨业监管的有效性。

全国证券期货监管工作会议在北京召开。会议强调，当前资本市场正处于一个新的发展起点，要抓好增量、优化存量，稳步提高上市公司质量；要加快推进创业板，积极发展公司债券市场，力争多层次市场体系建设取得突破；要强化制度保障，支持创新发展，不断提升行业的整体实力和竞争力。

17 日 中国保监会发布《关于做好机动车商业三责险费率调整工作有关要求的紧急通知》，以切实让广大投保人享受到交强险限额、费率调整的成效，保证商业三责险新费率的顺利施行，促进车险市场的健康稳定发展。

18 日 中国人民银行发布《关于开展人民币利率互换业务有关事宜的通知》，全面推出利率互换业务，以进一步推动我国金融衍生产品市场发展，深化市场避险功能，促进利率市场化进程。

中国人民银行、中国银监会联合发布《经济适用住房开发贷款管理办法》，明确经济适用住房开发贷款的定位、借贷主体资格，规范贷款期限、利率管理，严格贷款资金管理要求。本办法自发布之日起 30 日后实施。

24 日 中国银监会发布新的《汽车金融公司管理办法》。新《办法》将原《办法》及细则合二为一，并注重与近几年出台的有关行政许可事项管理办法和规定相衔接；在准入资格条件和业务内容规定上，更加突出汽车金融公司专业化发展和核心主业的要求；风险监管指标设置更为科学，更加注重体现汽车金融业务及风险管理特性的要求；在明确汽车金融公司功能定位和汽车金融主业的前提下，扩宽融资渠道，新增加了允许发型金融债券，进入同业拆借业务等融资业务，以解决汽车金融业务发展的合理资金来源问题。

25 日 全国保险工作会议在北京召开。会议认真学习贯彻党的十七大和中央经济工作会议精神，全面落实科学发展观，总结回顾十六大以来的保险工作，深入分析面临的形势，明确 2008 年和今后一个时期的保险工作，统一思想，提高认识，促进保险业又快又好发展。

29 日 中国保监会发布《关于做好应对雨雪冰冻极端天气有关工作的紧急通知》，要求各保险公司高度重视并切实做好抗灾救灾和理赔服务工作，着重做好受灾害影响较大的农业、交通、电力、通信等重点行业和密切人民群众生产生活的重点领域的保险理赔服务工作。简化受灾地区保险理赔服务程序，确保抗灾救灾和保险理赔工作顺利进行。

财政部、国家税务总局发布《关于黄金期货交易有关税收政策的通知》，自 2008 年 1 月 1 日起，上海期货交易所会员和客户销售标准黄金，发生实物交割但未出库的，免征增值税；发生实物交割并已出库的，由税务机关按照实际交割价格代开增值税专用发票，并实行增值税即征即退的政策，免征城市维护建设税和教育费附加。

30 日 天津市保理与贴现协会成立，这是我国内地保理行业的第一家协会组织。该协会以瀛寰东润（中国）国际保理有限公司为代表单位，由 50 位保理专业人士共同发起成立。与传统的金融行业组织不同，该协会是我国第一个为专业金融服务成立的协会，发起人中有企业家、学者和社会知名人士。

31 日 中国人民银行办公厅发布《关于做好当前现金供应工作的通知》，要求各分支机构高度重视现金供应工作，及时掌握当前降雪天气对本地现金供应的影响，做好随时调运发行基金的准备，制定一套切实可行的应对突发事件的措施，积极督促和协助商业银行解决现金存取问题。

中国人民银行下发通知，要求各分支机构及时掌握降雪天气对本地现金供应的影响，确保现金供应不受天气的影响。同日，央行紧急下发《关于抗御严重雨雪冰冻灾害做好金融服务工作的通知》，要求加大对抗灾救灾必要的信贷支持力度，尽快下达安排一季度分支结构贷款指导计划，保证符合条件的贷款及时发放到位。中国人民银行将紧急安排 50 亿元支农再贷款，重点向重灾区的中小金融机构发放支农救灾小额贷款。央行分支机构要保证向辖区内受灾地区发放贷款的必要的流动性。人民银行与工商银行、农业银行、中国银行、建设银行、交通银行等五大银行纷纷启动贷款“绿色通道”，共贷款 150 多亿元人民币。

2 月

4 日 中国人民银行发布《银行业信息系统灾难恢复管理规范》行业标准。该规范涉及以下内容：一是银行业信息系统灾难恢复综述，包括灾难恢复工作的内容、周期性工作、机构间合作。二是组织结构设立和职责，包括组织机构设立与组织机构的组成和职责。三是灾难恢复需求分析，包括风险分析、业务影响分析、确定灾难恢复需求等。四是灾难恢复策略制定，包括成本风险分析和策略的确定、灾难恢复能力等级、灾难备份中心的布局、资源、服务的获取和保障等。五是灾难备份中心的建设，包括基础设施建设、灾难备份系统建设、项目监理等。六是灾难备份中心的运行维护管理，包括管理制度建设、运行维护工作内容、运行维护的资源保障等。七是灾难恢复预案的制订、演练与管理。八是应急响应和灾难恢复，包括重建与回退等。九是监督管理，包含审计与备案两个方面。《规范》中还附上应急响应和灾难恢复工作要点，以及 RTO/RPO 与灾难恢复能力等级的关系。

13 日 中国证券期货行业首个推荐性国家标准《证券及相关金融工具国际证券识别编码体系》（GB/T 21076—2007）已由国家标准化管理委员会审核批准，并正式发布。该编码体系内容包括：一是术语和定义，给出了国际证券识别编码、交易业务、非交易业务、非交易业务的工具编码、国家编码机构、ISIN 编码申请人等定义。二是编码规则，包括前缀码、基本编码、检验码等部分。三是编码分配，包含拥有编码机构的国家、对于已有的 ISIN 编码、ISIN 的申请、信息交换等方面的规定。四是注册机构，根据 ISO/IEC 指南的第 1 部分附录 N 给出的条款，ISO 理事会已经指定国家编码机构协会（Association of National Numbering Agencies，ANNA）作为本标准的国际注册机构。

14 日 国务院总理温家宝在北京会见国际货币基金组织（IMF）总裁卡恩，双方就中国经济形势、人民币汇率形成机制改革、世界经济展望等共同关心的问题交换意见。中国人民银行行长周小川、副行长易纲陪同会见。

中国保监会发布《关于贯彻落实保险行业标准的通知》，要求全行业积极抓好标准建设工作，认真执行各项行业标准；做好保险行业标准的制定、维护、培训和宣传等工作，努力提升全行业的标准化水平，并将对标准的贯彻落实情况进行监督检查。

15 日 中国银监会印发《进一步加强信贷资产证券化业务管理工作的通知》，向银行业金融机构提出监管要求，严禁将房地产不良贷款证券化。该通知要求如下：一是强调资产质量，循序渐进推进证券化业务。二是确保“真实出售”，控制信贷风险。三是强调“经济实质”，严格资本计提。四是加强风险管理和内部控制，防范操作风险。五是科学合理制定贷款服务考核机制，防范道德风险。六是规范债权转移相关工作，防范法律风险。七是严格信息披露，保护投资者利益。八是加强投资者教育工作。

18 日 中国进出口银行与中国建设银行在北京签署《全面合作协议》，双方将在结算代理、金融市场、公司金融、海外业务、中小企业服务等领域携手合作，探索政策性金融机构与商业银行互利合作的新路子。

由中国银行直接控股的“中银基金管理有限公司”正式揭牌，标志着中国银行已完成了同时拥有银行、基金、证券以及保险公司的现代金融控股集团的构造的布局。该公司是由中国银行和贝莱德投资管理有限公司两大全球著名领先金融品牌强强联合组建的中外合资基金管理公司，致力于长期参与中国基金业的发展，努力成为国内领先的基金管理公司。

19 日 国家环境保护总局、中国保监会发布《关于开展环境污染责任保险工作的意见》，建立环境污染责任保险制度，进一步健全我国环境污染风险管理制度。环境污染责任保险是以企业发生污染事故对第三者造成的损害依法承担的赔偿责任为标的的保险。利用保险工具来参与环境污染事故处理，有利于分散企业的经营风险，促使其快速恢复正常生产；有利于发挥保险机制的社会管理功能，利用费率杠杆机制促使企业加强环境风险管理，提升环境管理水平；有利于使受害人及时获得经济补偿，稳定社会经济秩序。

20 日 中国人民银行公布了由中国人民银行、中国银监会、中国证监会、中国保监会共同制定的《金融业发展和改革“十一五”规划》。该规划明确提出：健全金融监管法律框架，按照我国国情和国际监管趋势，健全覆盖面广、操作性强、鼓励金融创新的金融监管法律框架；加强金融风险监管；完善金融监管体制；健全存款人、证券投资者和被保险人保护制度；规范金融企业市场退出机制；加强维护金融稳定的基础建设。阐明了“十一五”时期我国金融业发展和改革的指引原则和主要目标，明确了金融工作重点。

21 日 中国人民银行、财政部联合发布《关于发行 2008 年凭证式（一期）国债有关问题的通知》。本期国债发行总额为 300 亿元，其中：三年期 240 亿元，年利率为 5.74%；五年期 60 亿元；年利率为 6.34%。

中国银监会发布《关于农村合作金融机构已撤销农村信用代办站案件风险提示的通知》，要求各级农村合作金融机构应采取有效措施，防范已撤销代办站的案件风险。

中国银监会发布《关于做好灾后恢复重建金融服务工作的紧急通知》，要求切实加大信贷资金投放力度，允许贷款合理展期，适当简化贷款手续，各银行业金融机构要按照“统筹兼顾、精细工作、区别对待、靠前化解”的原则，加强灾后重建金融支持的风险管控。

22 日 中国银监会与日本金融厅交换了商业银行代客境外理财业务监管合作信函，达成监管合作协议。此举标志着中国的商业银行从此可以代客投资于日本的股票市场经及基本金融厅批准或认可的公募基金。

中国人民银行发布《2007 年第四季度中国货币政策执行报告》。报告指出，2007 年，我国国民经济平稳快速发展。工业生产增长加快，消费需求较旺，居民收入、企业利润与财政收入均有较大幅度增长。中国人民银行采取综合措施，维护总量平衡。加强银行体系流动性管理，在灵活开展公开市场操作的同时，十次上调存款准备金率共 5.5 个百分点，六次上调金融机构人民币存贷款基准利率。引导信贷结构优化，稳步推进金融企业改革，增强人民币汇率弹性，加快外汇管理政策调整，促进经济、金融协调发展。

25 日 中国证监会与美国商品期货交易委员会在美国华盛顿签署了《中国证券监督管理委员会与美国商品期货交易委员会合作条款》，以促进投资者保护和期货市场诚信建设、加强中美双方跨境衍生品交易的监管合作。

中国农业银行成立首个以农民工养老基金管理为主的养老基金管理中心，以协助解决数亿农民工养老保险难以流动转移续保的难题。其主要工作目标是以服务农民养老金为主，为农民工养老金搭建终身“流转桥”，为服务“三农”拓展新的业务领域。

东北中小企业信用再担保公司成立大会暨揭牌仪式在北京举行。该公司是经国家发改委批准设立并由其监管的全国第一家区域中小企业信用再担保试点机构。作为全国第一家区域性中小企业信用再担保机构试点，东北中小企业信用再担保公司采取“政策性导向、市场化运作、公司化管理”运行模式，建立完善的法人治理结构，组建股东大会并设立董事会和监事会。公司首期注册资本 30 亿元人民币。

25～29 日 金融行动特别工作组（FATF）第十九届全会第二次全体会议暨工作组会议在法国巴黎召开。全会听取了反恐怖融资与反洗钱工作组、评估和实施工作组、国际合作检查组、犯罪类型工作组的汇报；听取了希腊、中国等国的反洗钱/反恐怖融资后续行动进展报告；讨论并通过了加拿大、新加坡的评估报告；并对成员发展问题、FATF发展战略问题等进行了讨论。

26日 重庆三峡银行股份有限公司正式成立，该银行将主要为三峡库区金融服务。该公司是经中国银监会批准，于2008年2月在原万州商业银行基础上重组而成的股份制商业银行。作为一家设立在万州本地的城市商业银行，重庆三峡银行资本雄厚，资产优良，注册资本23.54亿元，在全市拥有57个营业网点。

俄罗斯外贸银行（VTB）在上海市开设分行，成为第一个在中国取得金融许可证开设分行的俄罗斯金融机构。俄罗斯外贸银行集团是俄罗斯最大的国际银行集团，总资产高达800亿美元，在全球17个国家拥有子行和金融公司，其成立将为中、俄两国之间大型合作项目的开展以及两国间跨国投资增添“金融纽带”。俄罗斯外贸银行与多家中资银行以及中国出口信用保险公司签订了授信协议，旨在为俄罗斯进口商购买中国商品和服务提供长期的融资和保险服务。

中国人民银行召开组织工作电视电话会议，传达学习全国组织工作会议精神，围绕改革创新，对新形势下贯彻落实党的十七大精神、推进人民银行党的建设和组织工作进行了全面部署，并对进一步提高管党治党和组织工作水平提出了明确要求。会议部署了今后一个时期人民银行党的建设和组织工作的五项重点任务：一是大力推进中国特色社会主义理论体系的学习贯彻，认真落实用马克思主义中国化最新成果指导央行工作实践的新要求；二是积极推进党内民主建设，着力增强党的团结统一，不断开辟以党内和谐促进央行和谐的新局面；三是着眼于提高领导水平和执政能力、强化人才保障和智力支持，努力推动领导班子和干部人才队伍建设达到新水平；四是全面巩固和发展先进性教育活动成果，积极探索和实践加强基层组织和党员队伍建设的新思路；五是进一步推进党风廉政建设，不断推动反腐倡廉工作取得新成效。

30日 经中国人民银行核准，全国银行间同业拆借中心和中央国债登记结算有限责任公司发布《银行间债券市场公司债券发行、登记托管、交易流通操作细则的通知》。该细则分别从公司债的发型手续、缴款过户、登记托管、本息兑付、交易流通、信息披露和中介机构职能等事项上作出具体规定。其中，可在银行间市场交易流通的公司债须符合：依法公开发行；债权债务关系确立并登记完毕；发行人具有较完善的治理结构和机制，近两年没有违法和重大违规行为；实际发行额不少于5亿元人民币；单个投资人持有量不超过该期公司债券发行量的30%。

3月

5日 十一届全国人大一次会议在北京开幕，国务院总理温家宝作政府工作报告时指出，2008年国民经济和社会发展预期目标是：在优化结构、提高效益、降低消耗、保护环境的基础上，国内生产总值增长8%左右；居民消费价格总水平涨幅控制在4.8%左右；城镇新增就业1 000万人，城镇登记失业率控制在4.5%左右；国际收支状况有所改善。防止价格总水平过快上涨，是2008年宏观调控的重大任务。

13日 中证指数有限公司宣布，已获得香港交易所信息服务公司许可，使用港交所证券行情信息开发计算中证香港系列指数。此举意味着中证指数体系将由内地市场拓展到香港市场。

中国银监会印发《关于银行业金融机构支持服务业加快发展的指导意见》，要求银行业金融机构根据现代服务业的特点，创新组织架构、营销团队、市场细分，切实加强风险控制，强化激励措施，促进服务业更好更快发展。

14日 中国证监会发布《关于在从紧货币政策形势下进一步做好小企业金融服务工作的通知》，要求各银行业金融机构在从紧的货币政策形势下，切实增强小企业授信服务工作的主动性和前瞻性，确保全年的小企业贷款增幅不低于本机构2008年全部贷款的平均增长速度。

中国保监会发布《关于实施农村保险营销员资格分类管理有关事宜的通知》，将实施“考试为主，授予为特例”的农村保险营销员资格分类管理制度，以探索建立农村保险营销员资格管理的长效机制，完善农村保险市场的保险销售和服务体系，促进“三农”保险发展。

18日 经国务院批准，中国人民银行决定，从2008年3月25日起，上调存款类金融机构人民币存款准备金率0.5个百分点。至此，普通存款类金融机构将执行15.5%的存款准备金率标准。

19日 中国人民银行、中国银监会、中国证监会、中国保监会联合发布《关于金融支持服务业加快发展的若干意见》。要求金融系统各部门和金融机构充分认识加快发展服务业的重要性和紧迫性，增强大局意识、发展意识、创新意识、责任意识，切实把思想和行动统一到中央的决策和要求上来。要解放思想，开拓进取，把金融支持服务业加快发展作为顺应经济社会发展趋势、适应建设创新型国家要求、促进经济发展方式转变和国民经济全面协调可持续发展的重大举措，狠抓贯彻落实，务求取得实效。要按照各自的职责范围，充分考虑服务业特点和自身实际情况，坚持重点支持与统筹发展相结合，市场导向与政策扶持相结合，抓紧研究制定加快服务业发展的配套实施方案和具体政策措施。要建立健全支持服务业加快发展的工作机制、评价体系和考核机制、宣传教育机制，科学制定指标，完善考评程序，努力为服务业加快发展创造良好的外部环境。要强化监督检查，落实工作责任，逐步形成支持服务业加快发展的长效工作机制。

24日 中国银监会发布《商业银行从事境内黄金期货交易有关问题的通知》。该通知明确规定，商业银行从事境内黄金期货交易，应遵守《银行业监督管理法》《期货交易管理条例》等，同时还应具备资本充足率达到8%；具有衍生产品交易资格；具有黄金现货交易资格；具有完善的市场风险管理能力；具有董事会或由董事会授权的机构或高管人员批准同意本行拟从事境内黄金期货交易的证明文件；完成相关可行性研究分析报告；具有完善的黄金交易内部业务管理办法；具有开展黄金期货交易业务所需的业务处理系统；具备足够人数的、通过我国期货行业认可的从业资格考试的交易人员和风险管理人员。

25日 中国人民银行农村信用社改革试点专项中央银行票据发行兑付考核评审委员会第12次例会决定，对江苏等25个省（区、市）辖内276个县（市）农村信用社兑付专项票据，额度为210亿元。

26日 中国人民银行发布《关于加强银行间债券市场信用评级作业管理的通知》，要求信用评级机构对于债券发行人高层管理人进行现场访谈，并对评级作业时间等方面进行了规范。该通知包括如下内容：一是关于信用评级机构现场访谈作业管理。二是关于评级作业时间的要求。三是关于债券发行人是否为集团企业的判定。四是关于《信用评级机构评级作业主要流程单》的报备要求。

27日 中国保监会与香港证券及期货实务监察委员会在北京签署监管合作协议。这是第一个关于内地保险资金境外运用的监管合作协议，必将对推进内地保险资金境外运用的发展产生积极影响。

中国保监会发布《保险业信息系统灾难恢复管理指引》，以加强保险信息安全基础设施建设，推进信息系统灾难恢复工作。该指引要求各保险公司和保险资产管理公司按照“统筹规划、资源共享、平战结合、等级灾备”的原则，平衡成本与风险并确保保险业信息系统灾难恢复工作的有效性。

国务院发布《国务院2008年工作要点》，全面部署了2008年继续实行稳健的财政政策，实行从紧的货币政策的宏观调控方向。既要防止经济由偏快转为过热，抑制通货膨胀，又要防止经济下滑，避免大的起落。这是近年来首次提出要防止经济下滑风险出现。

28 日 中国银监会印发《关于进一步做好奥运会期间商业银行服务工作的通知》，要求银行业金融机构切实采取措施，强化服务管理，防范各种科技风险，提高奥运金融服务水平。

30 日 中国人民银行货币政策委员会 2008 年第一季度例会在北京召开。会议深入分析了当前价格上涨的机理以及雨雪冰冻灾害对经济增长的影响，提出防止价格总水平过快上涨是 2008 年金融宏观调控的中心工作，应从增加供给和稳定预期等方面综合采取措施。会议研究了下一阶段货币政策去向和措施，坚定不移地贯彻执行中央经济工作会议提出的从紧货币政策取向。同时，根据国内经济金融形势的变化，正确把握金融宏观调控的节奏、重点和力度。综合运用多种货币政策工具，控制货币信贷过快增长。

4 月

2 日 中国人民银行、公安部联合发布《关于开展联合整治银行卡违法犯罪专项行为的通知》。决定自 2008 年 4 月至 7 月在全国范围内，重点针对奥运会举办城市开展联合整治银行卡违法犯罪专项行为。

8 日 中国人民银行、财政部联合发布《关于发行 2008 年凭证式（二期）国债有关问题的通知》。本期国债发行总额为 400 亿元，其中：三年期 220 亿元，年利率为 5.74%；五年期 80 亿元，年利率为 6.34%。

中国保监会发布《关于做好 2008 年农业保险工作保障农业和粮食生产稳定发展的指导意见》。指导保险行业做好 2008 年农业保险工作，促进农业保险发展，扩大农业保险覆盖面，充分发挥农业保险在农业抗灾减灾以及灾后恢复生产生活秩序中的作用，调动和保护农民种粮积极性，促进农业和粮食生产发展。

9 日 中国人民银行发布《银行间债券市场非金融企业债券融资工具管理办法》。明确企业发现债务融资工具应在中国银行间债券市场交易商协会注册。企业发行债务融资工具应由金融机构承销，由在中国境内注册且具备债券评级资质的评级机构进行信用评级。债券融资工具投资者应自行判断和承担风险。中国人民银行依法对银行间债券市场交易商协会、同业拆借中心和中央国债登记结算有限责任公司进行监督管理。该办法自 2008 年 4 月 15 日起施行。

10 日 中国保监会发布《关于明确保险公司法人机构直接经营保险业务行为监管有关问题的通知》，要求各保监局创新监管方式，切实履行对保险公司法人机构直接经营保险业务行为的监管职责，有效维护辖区保险市场秩序。

11 日 中国银监会发布《进一步规范商业银行个人理财业务有关问题的通知》，从细化政策和部署检查两个方面进一步加强对商业银行个人理财业务的监管。该通知是对银监会于 2005 年 9 月发布的《商业银行个人理财业务管理暂行办法》和《商业银行个人理财业务风险管理指引》的细化，从健全产品设计管理机制、建立客户评估机制、加强产品宣传与营销活动的合规性管理、做好信息披露、建立客户投诉处理机制、严格理财业务人员管理等方面提出更加明确的要求，作出更加清晰的指引，使《办法》和《指引》更具有可操作性。

12 日 中国人民银行行长周小川率中国代表团出席在美国华盛顿举行的国际货币与金融委员会（IMFC）第十七届部长级会议。会议主要讨论了全球经济和金融形势、基金组织份额和发言权改革、基金组织的战略方向等问题。

15 日 中国人民银行副行长胡晓炼出席首次中英经济财金对话，双方围绕中英经济可持续发展、中英金融服务业合作、中英合作应对全球化机遇与挑战等三大议题进行对话。双方同意开展关于金融服务业的务实合作并制订相关规划，内容涉及银行、资本市场、保险、养老金、监管改革以及金融教育与培训等领域。

16 日 经国务院批准，中国人民银行决定，从 2008 年 4 月 25 日起，上调存款类金融机构人民币存款准备金率 0.5 个百分点。至此，普通存款类金融机构将执行 16% 的存款准备金率标准。

18 日 中国民生银行与天津保税区投资有限公司共同出资 32 亿元组建的“民生金融租赁股份有限公司”正式开业。该公司是中国银监会首批批设的 5 家“银行系”金融租赁公司之一，也是目前国内资本规模最大的金融租赁公司之一。

20 日 中国人民银行与上海市、江苏省、浙江省人民政府在南京共同召开“推进长江三角洲地区金融协调发展工作第一次联席会议”，研究讨论进一步推进长江三角洲金融协调发展的各项工作，制定下一阶段工作重点：要加强地方政府、中国人民银行和金融监管机构之间的协调配合，进一步完善相关协调机制；深化各专题小组工作，要进一步加强专题小组之间的信息交流，加强成员单位与有关部委、金融机构和科研院所的联系互动；联席会议及办公室要加强督促指导，及时解决工作开展过程中出现的问题，确保推进“长江三角洲”金融协调发展各项工作顺利、高质量地完成。

中国证监会发布《上市公司解除限售存量股份转让指导意见》。该指导意见规定，持有解除限售存量股份的股东预计未来一个月公开出售解除限售存量股份的数量超过该公司股份总数 1% 的，应当通过证券交易所大宗交易系统转让所持股份。上市公司的控股股东在该公司的年报、半年报公告前三十日内不得不转让解除限售存量股份。该指导意见自 2008 年 4 月 21 日起正式实施。

22 日 中国证监会发布《上市公司重大资产重组管理办法》，这是完善我国证券市场基础性制度建设的又一重大举措，标志着上市公司并购重组迈入了规范与发展并举的新阶段。该办法自 2008 年 5 月 18 日起施行。

23 日 经国务院批准，财政部、国家税务总局决定从 2008 年 4 月 24 日起，调整证券（股票）交易印花税税率，由现行的 3‰下调为 1‰。即对买卖、继承、赠与所书立的 A 股、B 股股权转让书据，由立据双方当事人分别按 1‰的税率交纳证券（股票）交易印花税。

国务院发布《证券公司监督管理条例》《证券公司风险处置条例》。两条例的出台细化和落实《证券法》《公司法》《企业破产法》等法律的有关规定，将进一步巩固证券公司综合治理成果，建立起有效防范和及时化解证券公司风险、促进证券公司合规经营和健康发展的新机制。其中，《证券公司监督管理条例》自 2008 年 6 月 1 日起施行，《证券公司风险处置条例》自公布之日起施行。

国家外汇管理局决定，自 2008 年 5 月开始在全国推广上线直接投资外汇业务信息系统，该系统由外商投资、境外投资、年检和统计分析等四个主要功能模块组成，此次全国推广上线的主要是外商直接投资模块。该系统的推广上线，将在外汇局与银行、企业、会计师事务所之间建立联网数据交换机制，企业可通过互联网直接向外汇局申办有关业务，同时，外汇局将逐步取消纸质凭证的使用，采用 IC 卡替代纸质外汇登记证，在手段上确保业务登记、操作及数据传送的及时、便利、可靠与安全，提高直接投资项下跨境资金的统计、监测和预警水平。

招银金融租赁有限公司在上海正式开业。该公司是招商银行出资 20 亿元独家设立的全资子公司，并且是国务院批准试点的 5 家“银行系”金融租赁公司之一。

24 日 中国人民银行发布《境内外币支付系统管理办法（试行）》。进一步加强境内外币支付系统的管理，保障外币支付系统安全、稳定、高效运行。该办法自发布之日起施行。

28 日 中国人民银行建成中国境内外币支付系统并上线运行。先后开通了港元、英镑、日元、欧元、美元等外币业务。这是中国人民银行为完善中国支付体系采取的又一重要举措，对于进一步加强金融股基础设施建设、适应和促进经济金融改革发展特别是外汇管理体制改革具有重要意义。

29 日 中国证监会发布《证券期货监督管理信息公开办法（试行）》。该办法主要内容包括中国证监会信息公开的立法依据、主管部门、主动公开监管信息的范围和方式、申请公开监管信息的基本程序、监督保障机制及法律责任等。该办法自 5 月 1 日起实施。

5 月

4 日 中国银监会、中国人民银行联合发布《关于小额贷款公司试点的指导意见》。该意见对小额贷款公司的性质、设立、资金来源、资金运用、监督管理办法、小额贷款公司的终止等作出了规定和指导。

中国证监会发布《关于证券投资基金管理公司在香港设立机构的规定》。该规定要求，基金管理公司到香港地区设立机构前应当对香港的市场状况、监管环境以及法律法规等进行认真研究，充分考虑基金管理公司本身的财务实力和管理能力，基金管理公司应当制定并实施与其香港机构之间的风险隔离措施，加强对香港机构的风险管理，防范由于香港机构的经营风险损害基金管理公司的正常运营。

中国保监会发布《关于〈保险公司合规管理指引〉具体适用有关事宜的通知》，以明确《保险公司合规管理指引》的有关适用问题，推动保险行业切实建立合规管理制度。

4~5 日 中国人民银行行长周小川出席国际清算银行行长例会等国际会议。并在国际清算银行组织的关于全球经济与市场的央行总裁会议上表示，中国央行一直在密切监测是否有大量热钱涌入中国。美国利率下调使部分国际资金的注意力转向中国。不过，由于中国经济的规模非常大，小规模的异常资金流动，不会对中国货币政策带来严重影响。

5 日 中国人民银行发布《中国银行业“十一五”信息化建设规划》。文件对银行业“十五”信息化建设进行了回顾，明确了银行业“十一五”信息化建设的指导思想、原则、目标、重要任务、实施策略与措施，提出了相关政策支持建议。

8 日 中国人民银行、中国银监会联合发布《关于村镇银行、贷款公司、农村资金互助社、小额贷款公司有关政策的通知》。明确了存款准备金管理，存、贷款利率管理，支付清算管理，会计管理，金融统计和监管报表、征信管理、现金管理、风险监管等方面的有关政策，以促进村镇银行、贷款公司、农村资金互助社、小额贷款公司四类机构规范、健康、可持续发展，更好地支持社会主义新农村建设。

9 日 中国人民银行征信中心揭牌仪式在上海举行。征信中心落户上海，可以为驻沪金融机构提供更多更便利的信用信息服务，支持金融机构提高内部经营管理和对外金融服务水平。吸引更多金融机构在沪开办业务，进一步增强上海国际金融中心的凝聚力和影响力。

中国人民银行、中国银监会、中国证监会、中国保监会、上海市人民政府在上海共同主办“2008 陆家嘴论坛”，论坛主题是“世界格局中的中国金融”。

财政部、中国证监会发布《关于从事证券期货相关业务的资产评估机构有关管理问题的通知》，规定资产评估机构从事证券业务，应按相关规定取得证券、期货相关业务评估资格。

12 日 经国务院批准，中国人民银行决定，从 2008 年 5 月 20 日起，上调存款类金融机构人民币存款准备金率 0.5 个百分点。此次调整后，普通存款类金融机构将执行 16.5% 的存款准备金率标准。

中国保监会发布《关于提示人身保险银邮代理业务风险的通知》，要求各公司应严格执行《关于规范银行代理保险业务的通知》，遵守已签订的行业自律公约；高度重视银保渠道费差损问题，加强利源分析、费用分析与预算控制，从公司中长期战略出发，理性竞争，有序竞争；重视银保渠道业务的资产负债匹配，根据业务的负债特征，审慎制定资产配置策略。

13 日　中国人民银行发布《关于做好抗震救灾工作的紧急通知》，对中国人民银行系统抗震救灾工作作出部署：一是高度重视，切实将抗震救灾作为当前工作的重中之重来抓。二是启动社会性事件应急预案。三是确保支付清算系统稳定运行。四是确保网络运行安全。五是加强发行基金安全保卫和调运工作，确保供应。六是建立国库资金汇划绿色通道。七是认真做好抗震救灾信贷支持和金融稳定工作。八是加强舆论引导，规范新闻宣传管理。九是进一步加强应急值守和信息报送工作。十是广泛开展“献爱心”捐款活动，支援受灾地区重建。

中国银监会与越南中央银行签署了双边监管合作谅解备忘录。双方同意在信息交换等方面加强监管合作。按照巴塞尔银行监管委员会确定的跨境银行监管原则，银监会积极主动推进与境外银行监管机构建立正式的监管合作机制。截至2008 年 5 月，已与美国、英国、加拿大、德国、韩国、新加坡、吉尔吉斯斯坦、巴基斯坦、香港、澳门、波兰、法国、澳大利亚、意大利、菲律宾、俄罗斯、匈牙利、哈萨克斯坦、西班牙、泽西岛、土耳其、泰国、乌克兰、白俄罗斯、卡塔尔、冰岛、迪拜、瑞士、荷兰、卢森堡以及越南等 31 个国家和地区的金融监管当局签署了监管合作谅解备忘录或监管合作协议。

中国证监会发布《关于做好证券期货市场抗震救灾和维护稳定有关工作的通知》，要求各部门、派出机构、交易所、行业协会等，切实做好证券期货系统受灾受损单位和网点的恢复重建工作，全力维护市场正常运行。

14 日　中国人民银行发布《2008 年第一季度中国货币政策执行报告》。报告指出，2008 年第一季度，面对国际经济环境变化和国内发生严重低温雨雪冰冻灾害的情况，我国及时采取有力应对措施，努力克服不利影响，国民经济保持了平稳快速发展，经济总体形势比预想的要好。中国人民银行执行从紧的货币政策，采取综合措施，正确把握金融宏观调控的节奏、重点、力度，维护总量平衡。

15 日　中国金融学会与印度银行协会、印中经济文化促进会联合举办的“第二届中印金融发展高层论坛”在北京召开。本次论坛是中印两国金融交流史上规模最大、参与人员层次最高的交流活动。

16 日　中国邮政储蓄银行开通农民工银行卡特色服务业务，使农民工银行卡特色服务在农村城区的受理网点迅速增加 15 000 个，农民工银行卡受理网点总数达 6 万个。

16 ~ 17 日　中国人民银行纪委书记王洪章率领办公厅、支付结算司、科技司、货币金银局、国库局、工会等司局主要负责同志组成的中国人民银行抗震救灾工作组前往四川，现场协助指导当地人民银行分支结构做好抗震救灾金融服务工作，并代表中国人民银行系统全体干部职工和直属事业单位向灾区捐款 2 000 万元。

18 日　中国保监会发布《关于投保新型人身保险产品风险提示的公告》。以防止保险公司营销员和银行代理机构的销售人员通过夸大新型人身保险产品收益率，套用“本金”“利率”等概念混淆新型人身保险产品和银行理财产品，隐瞒新型人身保险产品各项费用扣除等手段误导保险消费者，切实维护投保人和被保险人的合法权益。

19 日　中国人民银行召开会议，研究做好地震灾区金融服务工作的政策措施。会议对灾区目前金融服务工作方面有关事项进行了研究讨论，明确提出在灾区要紧急布设金融网点，确保受灾群众方便提取存款，妥善安排好灾害发生前已发放贷款的管理，对灾区不能按时偿还各类贷款的单位和个人，不催收催缴、不罚息，不作不良记录，不影响其继续获得灾区其他救灾信贷支持。

中国人民银行、中国银监会联合发布《关于全力做好地震灾区金融服务工作的紧急通知》。为尽快向灾区群众提供最急需的金融服务，满足灾区居民基本生活需求，并为灾后重建做好准备，决定对受到地震灾害影响的四川、甘肃、陕西、重庆、云南等重灾省市实施恢复金融服务的特殊政策。对灾区不能按时偿还各类贷款的单位和个人，不催收催缴、不罚息，不作不良记录，不影响其继续获得灾区其他救灾信贷支持。

21 日　中国人民银行发布《中国人民银行重大经济案件和重大责任事故负有领导责任人员处分暂行规定》，进一步强化领导的责任意识，防范重大经济案件和重大事故的发生。

22 日　中国人民银行行长周小川在北京会见国际金融学会执行董事 Charles Dallara 先生。双方就美国经济前景、次贷危机状况、中国汇率和利率政策等问题进行了交流。

中国证监会发布《关于规范控股、参股期货公司有关问题的规定》。该规定进一步明确对期货公司股东的监管要求，理顺期货公司股权关系，促进期货公司做优做强，防止控股股东与期货公司以及关联期货公司之间出现风险传递、不当利益输送等问题。该规定要求，现阶段同一主体控股和参股期货公司的数量不得超过 2 家，其中控股期货公司的数量不得超过 1 家；现有期货公司的股权结构及相关投资主体控股、参股期货公司的行为不符合前条规定的，应当及时整改，并在本规定施行之日起 2 年内达到监管要求。该规定自 2008 年 6 月 1 日起正式施行。

中国银监会印发《关于做好四川汶川地震造成的银行业呆账贷款核销工作的紧急通知》，对因地震灾害形成的呆账贷款核销作出明确规定。该通知指出，各银行业金融机构要根据《金融企业呆账核销管理办法（2008 年修订版）》的规定，对于借款人因本次地震造成巨大损失且不能获得保险补偿，或者以保险赔偿、担保追偿后仍不能偿还的债务，应认定为呆账并及时予以核销；对于银行卡透支款项，持卡人和担保人已经在本次灾害中死亡或下落不明，且没有其他财产可偿还的债务，应认定为呆账并及时予以核销。

26 日　中国人民银行发布《关于地震灾区银行业金融机构办理支付结算有关事宜的紧急通知》，要求地震灾区银行业金融机构按照特事特办、控制风险、简化程序、便民优惠的原则，进一步做好灾区支付结算服务工作，满足灾区居民基本生活和灾区重建需要。

中国保险行业协会制定并发布《保险业抗震救灾人身伤亡给付服务八项应急指引》。这八项应急指引包括：进行无保单受理、放宽身份证明要求、取消定点医院限制、合理确定伤残给付条件，尽早给付、延长保单交费宽限期、免除相关应收费用、提供优惠利率保单贷款、根据客户需求提供延伸服务等方面的规定。

26～27 日　中国人民银行党委书记、行长周小川率领中国人民银行抗震救灾工作组前往重庆、四川慰问并指导抗震救灾工作。中国人民银行将灵活运用多种货币政策工具，在论证灾区需求信息的基础上及时下达支持政策。既要满足灾区企业的需求，也要防止物价和投资增长过快。并将中国人民银行系统干部职工 550 万元捐款分别交给重庆营业管理部和成都分行用于抗震救灾。

27 日　中国人民银行党委书记、行长周小川率领人民银行抗震救灾工作组到成都分行视察指导抗震救灾工作，并将人民银行系统干部职工 500 万元捐款交给成都分行用于抗震救灾。周小川强调，人民银行要按照党中央、国务院关于一手抓抗震救灾、一手抓经济社会发展的要求，认真履行好职责。受灾地区人民银行分支机构要会同有关金融机构，认真收集、汇总、分析受灾情况，为灾后重建政策的制定提供有力的依据和建议。人民银行将按照国务院统一部署，灵活运用多种货币政策工具，全力支持抗震救灾和灾后重建。

中国建设银行发布公告，美国银行将根据与汇金公司于2005年6月17日签订的协议行使认购期权，以每股约2.42港元的行权价格从汇金公司购买60亿股建行H股，计划于2008年6月5日完成相关的股份交割。

28日 全国金融标准化技术委员会工作会议在宁波召开。会议对近五年来的金融标准化工作进行了总结。自金融标准化技术委员会成立到现在，我国已发布金融业国家标准32项，行业标准58项。正在编写的金融标准达30余项，涉及银行、证券、保险、印钞造币等多个领域。

中国人民银行制定并印发《中国人民银行支持受灾群众补助金发放实施方案》，进一步贯彻落实国务院关于向地震灾区困难群众发放补助金的决定，确保补助金快速、准确、直接发到受灾群众手中。对补助金发放的主要流程、账户设置与信息采集办法、补助金发放程序等作出具体规定。

29日 中国人民银行发布《境内外币支付系统运行管理（试行）办法》，以确保外币支付业务的准确完整、及时办理。自发布之日起施行。外币支付系统由外币清算处理中心负责对参与者和特许参与者提交的支付指令进行接收、清算和转发，由代理结算银行负责对外币清算处理中心提交的清算结果进行结算。

30日 中国人民银行发布《2007年中国区域金融运行报告》。报告指出，2007年，全国各地区加快推进经济结构调整，支持特色产业发展，促进了区域经济协调发展。2007年，各地区总需求保持旺盛态势，需求结构进一步改善，各地区金融业继续保持良好发展态势。各地区存款平稳增长，存款活期化趋势明显。企业存款增长快于储蓄存款。各地区人民币贷款增长势头逐步减缓，宏观调控取得初步成效。各地区人民币贷款利率总体走高，金融机构定价机制逐步完善。地方法人金融机构流动性状况良好，总体支付能力正常。

31日 中国证监会发布《证券公司集合资产管理业务实施细则（试行）》和《证券公司定向资产管理业务实施细则（试行）》，就券商资产管理业务规则、风险防范等进行了进一步的细化，以规范证券公司集合资产管理和定向资产管理业务活动。两个细则的实施，是证券公司资产管理项下定向资产管理和集合资产管理两项业务常规发展的新起点，自2008年7月1日起施行。

6月

1日 中国人民银行在全国范围内开展以“珍爱信用记录，享受幸福人生”为主题的征信知识宣传月活动，并将每年6月14日定为“信用记录关爱日”。

2日 招商银行发布公告，正式与香港永隆银行相关股东达成协议，将以每股156.5港元的价格有条件收购永隆银行53.12%的股权，并将向所有股东提出要约收购。招商银行收购永隆银行带来的协同效应主要体现为香港渠道的完善及零售业务，同时也可提升中国内地客户的金融产品及服务。

中国银监会印发《关于进一步加强房地产行业授信风险管理的通知》，要求银行业金融机构切实采取措施，加强风险管控，防范房地产行业有关风险等。具体包括以下方面：一是关注房地产行业走势，建立与风险承受能力和管控能力相适应的授信管理体制。二是严格执行个人住房贷款政策和条件，加强借款人的资格管理。三是严格房地产企业资信审查，防范房地产企业向银行转嫁风险。四是加强监管，加大违规惩戒，严肃查处违法违规行为。

3日 为进一步做好陕西、甘肃地震灾区抗震救灾和灾后重建的金融服务工作，根据中国人民银行党委决定，中国人民银行党委委员、副行长马德伦率领总行相关司局负责人组成的抗震救灾工作组，深入陕西、甘肃地震灾区，慰问干部职工，指导分支机构的抗震救灾和灾后重建工作，并代表中国人民银行分别向陕西省和甘肃省人民政府捐款500万元。

中国人民银行印发《银行重要信息系统奥运应急协调预案的通知》，进一步保障奥运会金融服务安全，维护银行业金融机构网络和信息系统安全稳定运行。

中国人民银行、财政部联合发布《关于发行2008年凭证式（三期）国债有关问题的通知》。本期国债发行总额为200亿元，其中：三年期140亿元，年利率为5.74%；五年期60亿元，年利率为6.34%。

4日 国务院总理温家宝主持召开国务院常务会议，研究部署当前农业生产工作，审议并原则通过《汶川地震灾后恢复重建条例（草案）》。会议指出，要求灾后重建编制规划吸收有关部门、专家参加，充分听取地震灾区干部群众意见，就要开门纳谏、集思广益，对意见既要听取更要重视；要求批准的规划要及时公布，就应当根据进展随时张贴"明白纸"；要求灾后恢复重建优先安排交通、通信、电力、供水、住房、学校、医院等，就要"民生取向，殊为第一"；要求对学校、医院等公用设施的抗震设防提出特殊要求，就要坚决照章办事，为孩子、病人营造"震不倒"的求学和就医环境。

中国人民银行农村信用社改革试点专项中央银行票据发行兑付考核评审委员会第13次例会决定，对江苏等24个省（区、市）辖内296个县（市）农村信用社兑付专项票据，额度为190亿元。

5日 中共中央总书记胡锦涛主持召开中共中央政治局常务委员会会议，研究部署汶川地震灾后恢复重建对口支援工作。会议指出，要按照"一省帮一重灾县"的原则，合理配置力量，建立对口支援机制，组织有关省市对口支援灾区加快灾后恢复重建。对口支援机制建立后，承担对口支援任务的有关省市要按照中央的统一部署，积极为灾区提供人力、物力、财力、智力等各种形式的支援，优先解决受灾群众基本生活条件，帮助恢复建设城乡基础设施、公共服务设施和居民住房，开展人才培训、科技支持服务等。中央将统一研究制定对口支援的优惠政策。

中国人民银行下发《关于印发〈国库会计数据集中系统业务处理办法（试行）〉》和《关于印发〈国库会计数据集中业务操作规程（试行）〉》。以适应国库会计数据集中系统上线运行的需要，加强国库会计数据集中系统业务管理，规范国库会计数据集中系统业务操作。

6日 中国人民银行下发《关于印发〈国库会计数据集中系统应急处置预案（试行）〉的通知》。进一步指导和规范国库会计数据集中系统应急处理工作。国库会计数据集中系统是一个全新的国库业务系统，实行人民银行总行一点清算，收入直达入库，支出实时到账，实现资金零在途，与现行的国库会计核算系统有着本质的区别。

中国银监会发布《关于银行业金融机构开办外汇保证金交易有关问题的通知》，要求在相关管理办法正式发布前，银行业金融机构不得开办或变相开办外汇保证金交易业务。规范银行业金融机构从事外汇保证金交易业务，有效防范风险。

中国证监会发布《证券公司分公司监管规定（试行）》和《关于进一步规范证券营业网点的规定》，分别对证券公司分公司及证券营业网点的监管予以明确的规定。《证券公司分公司监管规定（试行）》中明确规定，经中国证监会批准，分公司可以从事证券自营、证券资产业务以及一定区域内证券营业部的管理、一定区域内的证券承销与保荐等业务；但是，分公司不能直接经营证券经纪业务，不能同时经营存在利益冲突的多项业务；已设有分公司经营证券自营或证券资产管理业务的，其他分公司或公司总部不能再经营该项业务。《关于进一步规范证券营业网点的规定》对于申请设立证券营业部的证券公司，在风控指标、治理结构、内控机制和客户服务体系等方面提出了要求。

中国保监会发布《关于健康保障委托管理业务有关事项的通知》，以规范保险公司开展的健康保障为委托管理业务，推动保险业为构建多层次医疗保障体系发挥更积极的作用。

7日 经国务院批准，中国人民银行决定，上调存款类金融机构人民币存款准备金率1个百分点，于2008年6月15日和25日分别按0.5个百分点缴款。地震重灾区法人金融机构暂不上调。调整后，普通存款类金融机构将执行17.5%的存款准备金率标准。

11日 中国银监会发布《关于鼓励信托公司开展公益信托业务支持灾后重建工作的通知》。该通知要求，信托公司开展公益信托业务，应当严格遵守相关法律法规关于公益信托的有关规定，审慎经营，防范风险。如要设立公益信托并担任受托人，应当经有关公益事业管理机构批准。未经公益事业管理机构批准，信托公司不得以公益信托名义开展业务。

13日 中国人民银行发布《中国金融稳定报告（2008）》。报告认为，2007年我国经济持续平稳快速发展，金融改革、金融调控、金融监管和金融对外开放稳步推进，金融体系继续保持稳定。同时，经济金融运行中长期积累的一些突出矛盾和问题依然存在，国际国内经济金融领域又出现了一些新情况、新问题，不确定因素增加，进一步做好新形势下的金融稳定工作面临新的挑战。报告指出，金融机构总体实力和盈利能力明显提高，竞争力显著增强，金融稳定的微观基础不断夯实。银行业金融机构资产总额继续提高，资本充足率达标银行数量进一步增加，商业银行不良贷款率继续下降。证券公司基础性制度建设不断加强，综合治理实现既定目标，风险处置基本结束，客户交易结算资金第三方存管制度全面实施，证券公司资产和利润大幅增加。基金业发展迅速，保险业整体实力进一步增强。

中国保监会发布《关于修订短期意外伤害保险法定责任资金准备金评估有关事项的通知》，要求保险公司对短期意外伤害保险业务应当提取未到期责任准备金，并对充足性进行测试。

15日 中国证监会正式批准方正证券公司与瑞士信贷共同出资设立“瑞信方正证券有限责任公司”。这是自2005年年底因券商综合治理而暂停外资投行参股内地券商后，首例获准设立的合资券商公司。

15～21日 中国人民银行行长周小川出席在美国弗吉尼亚海军学院举行的第四次中美战略经济对话，主题为“经济可持续增长”，包括“宏观经济和金融周期管理”“对公众的投资”“能源和环境领域的共同机遇”“贸易和竞争力”“强化投资”等五个议题。双方就以上五个领域发布了《第四次中美战略经济对话成果文件》。

20日 中国人民银行下发《关于进一步落实个人人民币银行存款账户实名制的通知》。通知事项包括：一是明确职责，切实落实个人银行账户实名制。二是关于开立个人银行账户须出具的有效证件。三是规范个人银行账户的开立和使用。四是其他相关问题包括关于个人存款实名制制度实施前开立账户的处理，关于存单、存折、银行卡的挂失，关于落实个人银行账户实名制工作的监督管理等。

中国保监会办公厅、天津市人民政府办公厅发布《天津滨海新区补充养老保险试点实施细则》，以落实《关于在天津滨海新区试点补充养老保险的通知》，推动补充养老保险的发展，更好地保护投保人和被保险人的合法权益。

23日 中国保监会发布《关于印发〈农村小额人身保险试点方案〉的通知》，鼓励符合试点条件的保险公司，以农村低收入群体为主要目标市场，通过提供保费低廉、保障适度、保单通俗、核保理赔简单的保险产品，使保险真正惠及广大低收入群体，大力发展农村地区小额人身保险业务。

24日 中国证监会发布《关于修改〈证券公司风险控制指标管理办法〉的决定》。该管理办法细化了证券自营业务规模的控制指标，规定券商自营权益类证券及证券衍生品的合计额不得超过净资本的100%，自营固定收益类证券的合计额不得超过净资本的500%。同时要求，券商在计算净资本时对自营证券进行风险扣减的基础上，还需补充计算自营业务风险资本准备，已使用风险对冲工具进行风险对冲的，对已对冲投资可按较低比例计算。新规则将促使券商提高资本使用效率，防范流动性风险，在风险可控的前提下推动业务创新。

26日 中国人民银行下发《关于加强代理国际汇款业务反洗钱工作的通知》，以防范代理国际汇款业务的洗钱风险和恐怖融资风险。该通知要求，代理机构提高对代理国际汇款业务交易监测的有效性，确保能够实时监测和记录单一客户在本机构不同代理网点发生的多笔交易，能够及时发现已被监管机构和司法机关通报人员的交易；从事国际汇款代理业务的金融机构法人（以下简称代理机构）全面评估代理国际汇款业务各个环节的潜在洗钱风险，充分了解被代理机构反洗钱内控体系的构成与运作情况。明确代理双方在履行反洗钱义务方面的法律责任和工作程序，依照国内反洗钱法律法规对双方现有代理协议进行补充和完善。

26～27日 中国人民银行、意大利中央银行和欧洲中央银行在意大利罗马共同主办第四届东亚及太平洋地区和欧元体系中央银行高层研讨会。会议讨论了当今两个地区的政策制定者共同面对的问题，包括能源和食品价格迅速上涨引起通胀压力不断加剧的挑战；金融动荡中可以吸取的教训；全球经济形势展望；当前全球失衡问题的最新进展等。此外还讨论了长期政策议题，包括气候变化对中央银行政策的影响以及新兴市场经济体经济金融深化和金融一体化带来的新挑战。

27日 中国证监会发布《关于调整证券公司净资本计算标准的规定》和《关于证券公司风险资本准备计算标准的规定》，以充分反映和有效防范证券公司流动性风险，加强证券公司风险监管，两个规定自2008年12月1日起施行。

中国农业银行发布《做好保障性住房开发信贷业务的通知》。以支持国家住房保障体系建设，规范农业银行保障性住房信贷管理，要求各分行结合当地实际，坚持"分类指导、择优限劣、风险可控"的原则，有选择地介入保障性住房项目。

中国银监会印发《信托公司私人股权投资信托业务操作指引》，规范私人股权投资信托业务的开展。该指引规定，信托公司从事私人股权投资信托业务，应当符合以下规定：一是具有完善的公司治理结构；二是具有完善的内部控制制度和风险管理制度；三是为股权投资信托业务配备与业务相适应的信托经理及相关工作人员，负责股权投资信托的人员达到5人以上，其中至少3名具备2年以上股权投资或相关业务经验；四是固有资产状况和流动性良好，符合监管要求；五是中国银监会规定的其他条件。

中国银监会印发《中国银行业监督管理委员会农村中小金融机构行政许可事项实施办法》，对农村中小金融机构的行政审批流程等作出重要安排。该办法主要规定了如下方面的内容：一是法人机构设立，包括农村商业银行设立、农村合作银行设立和村镇银行设立、贷款公司设立、农村信用合作联社设立、农村资金互助社设立等；二是分支机构设立，包括支行设立、分理处设立、贷款公司分公司设立、信用社和分社设立、省（区、市）农村信用社联合社办事处设立、自助银行设立等；三是机构变更，包括法人机构变更、分支机构变更等；四是机构终止，包括法人机构终止、分支机构终止等；五是调整业务范围和增加业务品种，包括开办外汇业务和增加外汇业务品种、募集次级定期债务和发行次级债券、开办衍生品交易业务、发行贷记卡、开办证券投资基金托管业务、开办离岸银行业务、开办股票质押贷款业务、申请开办其他业务等；六是董事（理事）和高级管理人员任职资格许可；七是其他相关规定。

28日 财政部、中国证监会、审计署、中国银监会、中国保监会联合发布《企业内部控制的基本规范》，并自2009年7月1日起先在上市公司范围内施行，鼓励非上市公司的其他大中型企业执行。执行本规范的上市公司，应当对本公司内部控制的有效性进行自我评价，披露年度自我评价报告，并可聘请具有证券、期货业务资格的会计师事务所对内部控制的有效性进行审计。

28～30日 中国人民银行行长周小川赴瑞士巴塞尔出席国际清算银行年会及董事会议。随后出席第14次中日韩央行行长会议，三方就近期国际经济金融形势进行了讨论。

30日 人民币即日起可在台湾本岛进行双向兑换，自然人持有效身份证皆可兑换，每人每次兑换额不得超过人民币2万元。

7月

1日 中国人民银行第一个全国集中的核算类实时交易系统——国库会计数据集中系统（TCBS）在中国人民银行重庆营业管理部上线试点取得成功。

2日 国家外汇管理局、商务部、海关总署联合颁布实施《出口收结汇联网核查办法》，决定自2008年7月14日起，对出口收结汇实行联网核查管理。国家外汇管理局专门就此发布了《关于实施〈出口收结汇联网核查办法〉有关问题的通知》。

中国证券业协会正式发布《证券公司定向资产管理合同必备条款》等6项自律规则，旨在对券商的资产管理业务进一步规范。这6项自律规则分别是，《证券公司定向资产管理合同必备条款》《证券公司集合资产管理合同必备条款》（含《证券公司集合资产管理计划说明书必备条款》，统称《合同必备条款》）、《证券公司定向资产管理业务风险揭示书必备条款》《证券公司集合资产管理业务风险揭示书必备条款》（统称《风险揭示书必备条款》《证券公司资产管理业务了解客户规则（试行）》）。

3日 中国人民银行就银行间债券市场债券交易券款对付结算有关事项作出公告，公告规定：一是中央国债登记结算有限责任公司（以下简称中央结算公司）通过中央债券综合业务系统（以下简称簿记系统）和中国人民银行大额支付系统（以下简称支付系统）的连接，为银行间债券市场参与者（以下简称参与者）提供券款对付结算服务。二是参与者通过其在簿记系统的债券托管账户办理券款对付的债券结算。三是已在支付系统开立清算账户的参与者通过其在支付系统的清算账户办理券款对付的资金结算；未在支付系统开立清算账户的参与者可委托在支付系统开立清算账户的商业银行作为清算代理行代理券款对付的资金结算，也可委托中央结算公司代理券款对付的资金结算。四是清算代理行代理券款对付的资金结算时，应通过其在支付系统的清算账户进行。五是已在支付系统开立清算账户的参与者在办理券款对付结算时，中央结算公司应根据参与者指令，在确认付券方债券足额并冻结的前提下，以第三方身份直接向（从）参与者在支付系统的清算账户划入（转出）款项，并在确认资金结算完成后，及时进行债券过户。六是未在支付系统开立清算账户的参与者委托清算代理行代理收款（付款）时，中央结算公司应根据参与者指令，在确认付券方债券足额并冻结的前提下，以第三方身份直接向（从）清算代理行在支付系统的清算账户划入（转出）款项，并在确认资金结算完成后，及时进行债券过户。此外，还包括关于建立内部风险控制机制、管理债券结算资金专户时应遵守的原则作出了规定。

4日 中国证监会发布《上市公司并购重组财务顾问业务管理办法》，明确对证券公司、投资咨询机构以及其他符合条件的财务顾问机构从事上市公司并购重组财务顾问业务实行资格许可证管理，同时规定了财务顾问主办人的相关资格条件。

7日 经国家外汇管理局批准，银联借记卡在境外ATM的每日累计取款限额将由等值5 000元人民币，提高至等值1万元人民币。

8日 中国人民银行下发《关于印发〈国库业务发展规划（2008—2012年）〉的通知》。进一步推动国库改革与发展，充分发挥国库在经济社会发展中的作用。该规划确定了近五年全国国库业务发展的指导思想、基本原则和总体目标，是国库系统的纲领性文件。

9 日 国务院总理温家宝主持召开国务院常务会议，审议并原则通过《关于 2008 年深化经济体制改革工作的意见》，按照“十一五”规划关于经济体制改革的总体部署，围绕重点领域和关键环节，进一步明确了具体任务，确定了各项改革任务的牵头负责部门和实施步骤。会议要求，各地区、各部门要加强领导，搞好改革的总体规划和统筹部署；突出重点，力求在关系经济社会发展全局的重大体制改革方面取得突破性进展；明确责任分工，认真督促落实，全面完成各项目标任务。

中哈金融合作分委会第四次会议在山东省日照市举行。中国人民银行副行长马德伦和哈萨克斯坦国家银行副行长塔吉雅科夫出席会议。会议充分肯定了第三次分委会以来两国金融合作取得的成果，互相通报了两国宏观经济形势和应对次贷危机的经验，并就金融机构准入和在对方国家运营存在的问题、两国征信信息交换、银行卡合作、边贸本币结算等重点议题深入交换了意见。

10 日 国务院办公厅印发《中国人民银行主要职责、内设机构和人员编制规定》，对中国人民银行的职能进行调整，进一步强化宏观调控职能，明确承担综合协调并推进金融业改革、发展，研究协调解决金融运行中的重大问题，促进金融业协调、健康发展的责任。

中国保监会正式发布《保险公司偿付能力监管规定》。内容包括规定了科学、完整、有效的偿付能力监管机制，建立了与国际趋同的、以风险为基础的动态偿付能力监管框架，明确提出了分类监管要求。保险行业监管制度框架得以进一步完善。

10～11 日 中国人民银行在江苏省苏州市举办了“巨灾应对与金融支持国际研讨会”，围绕充分发挥金融的职能作用、全方位做好巨灾应急和灾后重建的金融支持与服务工作、加快研究建立我国金融业应对巨灾的长效机制进行了广泛深入的研讨。

13 日 中国证监会发布《证券公司合规管理试行规定》，要求证券公司应建立合规管理的基本制度，并设立合规总监。该规定自 2008 年 8 月 1 日起施行。

14 日 中国人民银行货币政策委员会第二季度例会在北京召开。会议分析了经济金融形势，研究了下一阶段货币政策取向和措施，要求进一步调整和优化信贷结构，坚持有保有压，加大对“三农”、灾后重建、助学、消费、带动就业多且特别困难行业的金融支持力度，支持区域经济协调发展，引导金融机构为小企业提供合适的金融产品和金融服务，增加对小企业的资金支持。合理发挥利率杠杆的作用，稳步推进利率市场化改革。继续按照主动性、可控性、渐进性的原则，保持人民币汇率在合理、均衡水平上的基本稳定。深化外汇管理体制改革，加强跨境资本流动监管。继续大力推进金融改革和创新，提高金融机构竞争力和金融市场资源配置效率。

中国银监会发布《商业助学贷款管理办法》。明确商业助学贷款的主体和对象，进一步促进和规范银行金融机构资助开展商业助学贷款业务，按照商业可持续原则支持教育事业，创新助学贷款业务品种，提升金融服务水平，并有效防范相关风险。

中国银监会印发《银行、证券跨行业信息系统突发事件应急处置工作指引》。该指引包括银证系统突发事件分级分类标准、应急响应、事件分析与总结、持续改进方案、监督管理等各项规定。

15 日 全国保险监管工作会议在北京召开。会议强调要防范保险资产管理风险，进一步完善保险资产管理监管制度。要完善保险资产托管制度，加强保险资产管理非现场监管。对保险资产管理公司的内控、产品创新和重点业务开展现场检查，对问题突出的重点公司进行深入的专项检查。针对检查中发现的保险资产管理违规问题，分析原因并限期整改，确保保险资产安全。充分认识随着保险业快速发展而不断增加的风险隐患，提高保险监管识别、防范、控制风险的水平。

中国人民银行、财政部联合发布《关于发行2008年凭证式（四期）国债有关问题的通知》。本期国债发行总额为200亿元，其中：三年期140亿元，年利率为5.74%；五年期60亿元，年利率为6.34%。

中国保监会发布《保险公司董事会运作指引》，从明确董事会职责、强化董事责任、建立独立董事制度、设立专业委员会四个方面，将加强董事会建设作为规范保险公司治理结构的重要内容，规范重点集中在职权明确和组织完善方面。这将有助于进一步规范董事会运作，提高董事会决策质量，促进保险公司完善治理结构。

21日　中共中央总书记胡锦涛主持座谈会，研究当前经济形势和经济工作。提出下半年经济工作的六点要求。一是全力保持经济平稳较快发展。要着力扩大国内需求尤其是消费需求，同时保持对外贸易平稳增长，充分利用国际国内两个市场、两种资源推动经济发展。要努力增加煤电油供给，支持中小企业解决生产经营困难，引导资本市场、房地产市场健康发展，稳定对经济发展的预期。二是有效抑制物价过快上涨。要继续综合运用经济、法律和必要的行政手段，着力在增加有效供给和抑制不合理需求上下工夫。要扩大市场供给，特别是要努力增加粮油肉菜等基本生活必需品的生产，强化市场监管。三是切实抓好农业生产。要努力实现粮食总产稳定增长，注意搞好品种结构平衡。要进一步落实和完善各项强农惠农政策，加大对农业的支持和补贴力度，采取措施降低农业生产成本，保护农民种粮积极性。四是积极推动经济发展方式转变。要推动产业结构优化升级，大力推进企业科技进步和创新，全力做好节能减排工作。五是继续推进改革开放。六是精心做好保障民生工作。

24日　为积极做好奥运会金融服务工作，中国银监会组织6个奥运会比赛城市的银行业金融机构、银行业协会和银行业监管部门建立了消费者银行服务投诉联动处理机制。

25日　中国境内外币支付系统全面建成新闻发布会在北京举行。为满足我国境内相关交易对安全、高效的外币支付服务的需求，境内外币支付系统在设计和建设过程中充分借鉴国外支付系统建设的经验，同时又根据实际需要进行了必要的创新。境内外币支付系统是我国第一个支持多币种运行的全国性银行间外币实时全额结算系统，为境内的银行业金融机构和外币清算机构提供外币支付服务。境内外币支付系统的建成运行，对于满足我国境内商品及劳务服务交易对安全、高效的外币支付服务的需求，适应和促进我国经济发展具有重要的意义。

27～28日　东亚及太平洋地区中央银行行长会议组织（EMEAP）第十三届行长会议在中国西安召开。来自EMEAP 11个成员的中央银行行长和金管局总裁出席会议。会议讨论了全球特别是本地区的经济金融发展最新情况、美国及欧洲的经济金融形势对本地区的影响、能源和食品价格飙升对本地区通胀造成的压力以及中央银行应采取的应对措施等问题。中国人民银行行长周小川、副行长胡晓炼出席了会议。

国务院批转国家发展改革委《关于2008年深化经济体制改革工作的意见》。该意见明确指出2008年经济体制改革的九大重点任务：加快行政管理体制改革；深化财税体制改革；深化金融投资体制改革；推进国有企业改革和非公有制经济发展；推进要素市场建设；深化金融投资体制改革；建立健全资源节约和环境保护机制；加快社会体制改革和深化涉外经济体制改革。《意见》指出，要推进利率市场化改革，建立健全主要由市场供求决定的利率形成机制；完善反洗钱工作协调机制。要促进资本市场健康稳定发展。加强资本市场基础性制度建设；完善资本市场监管体制，加强监管队伍建设；积极发展公司债市场；优化市场结构，引导优质企业上市，进一步壮大主板市场，发展中小企业板市场，积极稳妥推进创业板市场建设。修订企业债券管理条例，扩大企业债券发行规模。

31 日 中国人民银行发布 2008 年第 12 号公告，全面开展银行间债券市场债券对付结算。这是我国债券市场基础设施建设方面取得的重要进展，将极大地提高市场的结算效率，降低和控制结算风险，为我国债券市场的高效安全运作提供可靠的技术支撑，促进交易的活跃，推动银行间债券市场的进一步发展。

8 月

1 日 中国人民银行与中国银监会联合上报国务院关于优化信贷结构加强对“三农”、小企业发展和灾后恢复重建金融支持的若干意见，引导金融机构将扩大总量与优化结构相结合，加大对“三农”、中小企业和灾区重建等重点领域和经济薄弱环节的信贷投放。

4 日 中国证监会发布《商业银行信息披露特别规定》，要求商业银行在定期报告披露中应披露截至报告期末前三年的主要会计数据和主要财务指标。该规定自 2008 年 9 月 1 日起施行，2003 年 3 月 19 日发布的《公开发行证券的公司信息披露内容与格式准则第 18 号——商业银行信息披露特别规定》同时废止。

5 日 北京首家环境权益交易机构——北京环境交易所在北京金融街正式挂牌，交易所将在节能减排和环保技术交易、节能量指标交易、二氧化硫、COD 等排污权交易以及温室气体减排量的信息服务平台建设方面发挥作用。

上海环境能源交易所正式挂牌成立，目前已储备总金额超过 10 亿元的 55 个挂牌项目，项目类别主要是节能减排和环保项目融资、技术转让、专利转让等方面，标的内容涉及污水处理、净化技术、生活垃圾处置，太阳能、再生能源以及环保工程、能源工程等领域。上海环境能源交易所的成立，被视作探索以市场化手段推动节能减排新机制的一大举措。

国务院公布修订后的《中华人民共和国外汇管理条例》（以下简称《条例》）。《条例》的制定旨在加强外汇管理，促进国际收支平衡，促进国民经济健康发展。新修订的《条例》进一步便利了贸易投资活动，完善了人民币汇率形成机制及金融机构外汇业务管理制度，建立了国际收支应急保障制度，强化了跨境资金流动监测，健全了外汇监管手段和措施，并相应明确了有关法律责任。新《条例》自公布之日起施行。

中国银监会组织召开中国银行业新资本协议实施高层指导委员会第一次会议。会议明确，2008 年和 2009 年是新资本协议实施的制度准备期、政策测试期。2010 年起，监管部门开始接受商业银行的实时申请。中国银监会要求，各监管部门和商业银行要充分理解新资本协议三大支柱科学体系，确保三大支柱（最低资本要求、外部监管和市场约束）的平衡实施。实施准备工作中，商业银行应牢牢把握这些要点，把监管指引的落实与内部深化改革结合起来，提升核心竞争力。监管部门和商业银行要做好不同层次人员尤其是董事会成员和高管层的培训工作。

中国证券业协会发布《证券公司专业评价实施办法（试行）》，建立了证券公司专业评价机制，明确了专业评价对象与范围、评价组织、启动条件、工作程序等。专业评价的具体范围是证券公司专业管理能力、信息技术系统的安全与稳定、客户服务与投资者教育、创新活动以及其他需要予以评价的事项。证券公司专业评价工作正式启动。

11 日 中国人民银行在北京举行仪式，向国际奥委会赠送第 29 届奥林匹克运动会贵金属纪念币。这套纪念币以先进的设计理念、高超的铸造工艺、深厚的中国历史文化传统、浓郁的奥林匹克体育精神，成为北京 2008 奥运会精美的文化遗产，永久被洛桑奥林匹克博物馆收藏、陈列。

13 日 中国人民银行、中国证监会、中国保监会联合发布《关于汶川地震灾后重建金融支持和服务措施的意见》（以下简称《意见》）。

《意见》明确，鼓励金融机构加大对灾区的信贷投放，对灾区实施倾斜和优惠的信贷政策。各金融机构要在市场化运作和风险可控原则下，根据灾区需要适时调整信贷结构和投放节奏，积极支持灾后重建。加大对灾区重点基础设施、重点企业、支柱产业、中小企业、因灾失业人员等的信贷支持力度。加大对灾区“三农”的信贷支持。对灾区实行住房信贷优惠政策。《意见》要求，中国人民银行灾区分支结构和当地银监局、证监局和保监局派出机构要加强组织协调，加强对灾区金融机构的监管和指导，认真做好本《意见》的贯彻落实工作，进一步支持和帮助受灾地区积极开展生产自救，重建家园，使地震灾区早日恢复正常的生产生活秩序。

中国证监会主席尚福林与俄罗斯联邦金融市场监督总局局长弗拉基米尔·米洛维多夫在北京签署中俄《证券期货监管合作谅解备忘录》，进一步加强双方在证券领域的监管交流合作，促进两国资本市场的健康发展。至此，中国证监会已与36个国家和地区的监管机构签署40个监管合作谅解备忘录。

中国农业发展银行与澳大利亚国民银行在北京签署合作谅解备忘录，双方就农业和银行业务合作以及人员交流与培训等方面达成了协议。双方将不断加深对各自业务能力的了解，并可能考虑在农业金融领域、贸易融资、农业基础设施融资等方面进行合作，双方还将同第三方合作以便共同开发商业机会；此外双方还加强对中国与澳大利亚两国涉农银行业务市场的了解；增进双方在公司治理和风险控制方面的水平，相互介绍客户等。这也标志着中国农业发展银行与澳大利亚国民银行之间开展重要合作。

14日　中国保监会发布《关于取缔非法商业保险机构和非法商业保险业务活动有关问题的通知》。该通知明确了非法商业保险中介机构和非法商业保险中介业务活动的判断标准，并要求各保监局参照通知中非法商业保险机构和非法商业保险业务的规定予以取缔。该通知规定，凡是未经保险监督管理机构批准，擅自设立从事或者变相从事商业保险业务活动的机构都将被认定为非法商业保险机构，其筹备组织也被视为非法商业保险机构。

15日　中国人民银行发布《2008年第二季度中国货币政策执行报告》。报告指出，2008年上半年，国民经济克服重特大自然灾害冲击和国际经济金融环境不利因素，保持平稳较快发展。上半年，金融运行总体平稳，符合宏观调控预期的方向。

18日　中国人民银行、财政部、人力资源和社会保障部联合发布《关于进一步改进小额担保贷款管理积极推动创业促就业的通知》。该通知规定，小额担保贷款的利率可在央行贷款基准利率的基础上上浮3个百分点。该项措施使经办金融机构在一定程度上能够用贷款利息覆盖贷款的成本和风险，增强金融机构做好小额担保贷款业务的内在激励，促进小额担保贷款业务可持续发展。同时，将有助于解决劳动密集型小企业的部分资金缺口。

财政部、中国银监会联合发布《金融资产管理公司资产处置公告管理办法（修订）》，进一步规范金融资产管理公司资产处置行为，增强资产处置透明度，接受社会公众监督，防范道德风险，促进资产公司按照公开、公正、公平和竞争、择优的原则处置不良资产，最大限度地提高资产处置收益，减少损失。

20日　国家外汇管理局发布《关于开展个人本外币兑换特许业务试点的通知》，允许符合一定条件的非金融企业经过外汇管理局批准后，可以自主经营个人本外币兑换特许业务。北京率先成为开展此项特许业务的两个试点城市之一。北京通济隆丰盛科技有限公司获得了由国家外汇管理局北京外汇管理部颁发的“特许货币兑换”铭牌，成为北京首家获准经营个人本外币兑换特许业务的试点企业。办理个人本外币兑换特许业务的经营机构，应使用国家外汇管理局规定的同意兑换标识，可使用自身品牌自主经营、自负盈亏；可自行选择合作银行，也可根据自身服务能力状况选择挂牌交易的货币种类，并参照中国人民银行汇价管理有关规定确定挂牌交易汇价。

21 日 国家外汇管理局批准在北京和上海开展个人本外币兑换特许业务试点。在试点地区，符合条件的境内非金融机构经批准，可以为个人提供本外币兑换服务。

26 日 中国证监会发布《公开发行债券的公司信息披露编报规则第 26 号——商业银行信息披露特别规定》，并将于 9 月 1 日正式施行。该特别规定在会计数据、财务指标、资产质量、中间业务和表外项目、风险和风险管理情况、内部控制、关联交易、对外担保业务等方面扩大了商业银行信息披露的范围。该特别规定对商业银行持有的金融债券的类别和金额，重大金融债券的面值、年利率及到期日，计提减值准备情况以及委托理财、资产证券化、各项代理、托管等业务的开展和损益情况等提出了披露要求。

27 日 中国人民银行、中国银监会联合下发《金融促进节约集约用地的通知》，要求各金融机构强化政策要求，严格建设项目贷款管理，严格市政基础设施和工业用地项目贷款审核，严格农村集体建设用地项目贷款管理，严格商业性房地产信贷管理。

29 日 中国保监会发布《关于进一步规范财产保险市场秩序工作方案的通知》，着力规范财产保险市场秩序，防范化解风险，切实保护消费者合法权益，营造一个公平、规范、有序竞争的保险市场，重点围绕确保公司经营的业务财务基础数据真实可信、严格执行向保险监管部门报批或备案的条款费率、解决理赔难问题和确保公司主要内控制度的执行落实等方面的内容，加大检查处罚和信息披露力度。

31 日 中国银行业协会与香港银行学会签署个人理财资格书互认备忘录，确定中国银行业协会个人理财资格证书与香港银行学会专业财富管理师证书 CFMP 第一阶段内地版和香港版具备互认资格，这表明内地与香港已基本搭建起金融人才流通的桥梁。

中国银监会建立外币金融资产风险盯市制度，要求银行业金融机构密切跟踪市场形势，按日逐笔逐户对于以高风险国际金融机构为交易对手的金融资产的损失进行重估，并加强对境外代理行的风险管理。

9 月

1 日 中国银监会发布《关于认真落实“有保有压”政策进一步改进小企业金融服务的通知》，要求银行业金融机构对中小企业贷款实行单列规模、单独考核、单列客户名单、单独管理、单独统计，贷款利率单独定价、合理浮动，加大力度推进中小企业信贷的创新，并按照新的金融企业呆坏账核销管理办法，对中小企业贷款的呆坏账单独考核。

中国保监会发布《关于开展银行邮政代理保险业务专项检查的通知》，部署在全国范围内整顿规范人身保险公司的银邮代理业务。此次现场检查的对象包括人身保险公司、银行网点、邮政储蓄等建业代理机构，检查的重点集中在银邮保险代理销售人员的资格、业务培训、销售是否存在误导行为、费用支付以及回访制度是否建立等五个方面。

5 日 中国人民银行行长周小川出席在德国法兰克福欧美中央银行举行的中欧央行工作组第一次行长会议。会议总结了 2008 年年初工作组成立以来的活动情况，就人民币汇率形成机制改革、通货膨胀和金融体系发展等问题交换意见，并续签中欧央行合作谅解备忘录。

8～11 日 金融行动特别工作组（FATF）专家团对中国执行行动计划情况进行了现场考察，高度肯定了中国一年多来在完善反洗钱制度体系方面取得的进展。

11日 中国保监会、财政部、中国人民银行联合发布了《保险保障基金管理办法》（以下简称《办法》）。《办法》明确了保险保障基金的性质，并对保险保障基金管理体制、缴纳基数、缴纳范围和比例，以及投资渠道等多个方面进行了修订、完善。《办法》自发布之日起施行。根据该办法，中国保险保障基金有限责任公司正式挂牌成立。

12日 中国保监会发布公告，在《保险公司管理规定》修订出台前，将暂停批准保险公司设立新的营销服务部。

15日 经国务院批准，中国人民银行决定从2008年9月16日起，下调一年期金融机构人民币贷款基准利率0.27个百分点，其他期限档次贷款基准利率按照短期多调、长期少调的原则作相应调整；存款基准利率保持不变。从2008年9月25日起，除工商银行、农业银行、中国银行、建设银行、交通银行、邮政储蓄银行暂不下调外，其他存款类金融机构人民币存款准备金率下调1个百分点，汶川地震重灾区地方法人金融机构存款准备金率下调2个百分点。

中国证监会发布《关于进一步规范证券投资基金估值业务的指导意见》。为使基金净值更趋真实，由中国证券业协会基金估值工作小组在组织业界力量对国外常用的股票估值方法进行初步研究的基础上，提出了指数收益法、可比公司法、市场价格模型法，以及资本资产定价模型等各种估值模型，以供业界对停牌股票估值时参考。基金管理公司将采用参考行业指数的方法对停牌股票进行重新估值。

18日 经国务院批准，财政部决定从2008年9月19日起，对证券交易印花税政策进行调整，由现行双边征收改为单边征收，税率保持1‰。即对买卖、继承、赠与所书立的A股、B股股权转让书据，由立据双方当事人分别按1‰的税率缴纳股票交易印花税，改为由出让方按1‰的税率缴纳股票交易印花税，对受让方不再征税。

中央汇金公司发布公告，为确保国家对中国工商银行、中国银行、中国建设银行等国有重点金融机构的控股地位，支持国有重点金融机构稳健经营发展，稳定国有商业银行股价，将在二级市场自主购入这三家银行股票，并从即日起开始有关市场操作。

21日 中国人民银行首次发布《中国农村金融服务报告》。该报告指出，要加快发展农产品期货市场，开发农产品期货新品种，完善市场品种结构，适时推进期货期权，试点设立期货投资基金，研究引入期货市场的QFII制度，鼓励农产品生产经营企业进入期货市场开展套期保值业务。

23日 中国银监会印发第一批新资本协议实施监管指引，包括《商业银行银行账户信用风险暴露分类指引》《商业银行信用风险内部评级体系监管指引》《商业银行专业贷款监管资本计量指引》《商业银行信用风险缓释监管资本计量指引》和《商业银行操作风险监管资本计量指引》，标志着我国银行业巴塞尔新资本协议进入实施阶段。

25日 湖北仙桃北农商村镇银行成功发行了全国第一张村镇银行银联卡，该卡集储蓄、消费、投资理财等先进功能于一身，并可依据不同产品客户群提供不同的增值服务。考虑到面向农村的服务定位，此卡还具有三大费用优惠：一是终身免年费；二是免收查询费，在本地和异地，凤凰卡跨行自助查询均免费；三是跨行取款手续费均低于他行。村镇银行银联卡的发行，对于村镇银行提升服务功能、延伸服务领域、更好地服务“三农”具有重大意义。

27日 中国人民银行货币政策委员会召开2008年第三季度例会。会议分析了当前国内外经济金融形势，重点讨论了国际金融动荡对我国经济金融发展可能产生的影响，研究下一步货币政策取向和措施。

28日 中国人民银行、中国银监会联合发布《关于做好金融服务促进我国奶业持续健康发展有关工作的通知》，要求金融机构全力保证当前奶业生产和发展正常合理的资金供应，采取妥善措施有效降低奶业贷款的信贷风险，全面加强和提高对奶业的金融支持和服务水平，加强数据信息统计报送和政策宣传解释工作。

30日 由中国人民银行国库局组织编写的《中国国库业务发展报告（2007）》出版发行，该报告全面总结了国库成立二十多年来发展改革取得的辉煌成就，系统介绍国库业务发展状况和发展趋势，是中国人民银行金融服务报告的重要组成部分。

10月

6日 经国务院同意，将于近期正式启动证券公司融资融券业务试点工作。为此中国证监会发布《证券公司融资融券业务试点有关问题的通知》，进一步明确试点证券公司的资质条件和标准，并按照行政许可法的要求，公式证券公司融资融券业务试点审批内容、标准和程序，建立公开透明的受理、审核和专家评价制度。以加强我国资本市场基础性制度建设，不断完善证券交易方式，继续夯实市场稳定运行的内在基础，促进资本市场稳定健康发展。

8日 经国务院决定，财政部、国家税务总局发布《财政部国家税务总局关于储蓄存款利息所得有关个人所得税政策的通知》，决定自2008年10月9日起对储蓄存款利息所得税暂免征收个人所得税。即储蓄存款在1999年10月31日前孳生的利息所得，不征收个人所得税；储蓄存款在1999年11月1日至2007年8月14日孳生的利息所得，按照20%的比例税率征收个人所得税；储蓄存款在2007年8月15日至2008年10月8日孳生的利息所得，按照5%的比例税率征收个人所得税；储蓄存款在2008年10月9日后（含10月9日）孳生的利息所得，暂免征收个人所得税。

经国务院批准，中国人民银行决定从2008年10月15日起下调存款类金融机构人民币存款准备金率0.5个百分点；从2008年10月9日起下调一年期人民币存款贷款基准利率各0.27个百分点，其他期限档次存款基准利率作相应调整。这是2008年以来第二次下调存款准备金率和贷款基准利率。

9日 为了引导和规范上市公司现金分红，中国证监会正式发布《关于修改上市公司现金分红若干规定的决定》，规定上市公司可以进行中期现金分红。该决定自2008年10月9日起施行。

中国证监会发布《关于上市公司以集中竞价交易方式回购股份的补充规定》。该补充规定取消了此前对上市公司回购期间的现金分红所作的强制性限制。要求公司在股东大会作出回购股份决议后的次日公告该决议，通知债权人，并将相关材料报送中国证监会和证券交易所备案。

9~12日 中国共产党第十七届中央委员会第三次全体会议在北京举行。全会全面分析了形势特别是经济形势和任务，强调中国总体形势是好的，经济保持较快增长，金融业稳健运行，中国经济发展的基本态势没有改变。当前，国际金融市场动荡加剧，全球经济增长明显放缓，国际经济环境中不明确不稳定因素明显增多，国内经济运行中也存在一些突出矛盾和问题，我们必须增强忧患意识、积极应对挑战。最重要的是要把我国自己的事情办好。要更加自觉、更加坚定地抓好发展这个党执政兴国的第一要务，更加自觉、更加坚定地推动科学发展，坚定信心、冷静观察，多管齐下、有效应对，采取灵活审慎的宏观经济政策，着力扩大国内需求特别是消费需求，保持经济稳定、金融稳定、资本市场稳定，保持社会大局稳定，做好保障和改善民生工作，继续推动经济社会又好又快发展。

15日 中国人民银行、财政部联合发布《关于发行2008年凭证式（五期）国债有关问题的通知》。本期国债发行总额为200亿元，其中：三年期140亿元，年利率为5.53%；五年期60亿元，年利率为5.98%。

中国银监会印发首版《信托公司监管评级与分类监管指引》，本指引建立对信托公司进行监管评级的分析框架，旨在帮助监管机构及时识别、判断信托公司的风险状况与严重程度。

15～17 日 金融行动特别工作组（FATF）第二十届第一次全会在巴西里约热内卢举行。中国人民银行代表中国政府组团出席会议。会议通报了本届任期内的工作重点，即根据 2008—2012 年 FATF 工作目标，在第三轮互评估的基础上继续完善包括评估方法在内的反洗钱与反恐怖融资标准；加强与地区性反洗钱组织、联合国、国际金融组织的合作，推进反洗钱体系薄弱国家（地区）完善反洗钱与反恐怖融资体系；关注部分国家（地区）和新的洗钱技术（方法）给国际金融体系带来的新威胁，加强犯罪类型研究，推动全球洗钱风险评估和国家洗钱风险审查计划；向 FATF 成员部长会议提交年度报告，加强部长会议对 FATF 工作的指导和监督；继续加强与地区性反洗钱组织、埃格蒙特集团以及私人部门的合作。FATF 各工作组的工作任务也进行了相应修改。中国在 2007 年 7 月成为 FATF 正式成员以来完善反洗钱与反恐怖融资体系的后续工作得到各成员的一致肯定和赞扬，全会一致同意中国按照正常程序向全会提交后续报告。

16 日 中国人民银行、中国银监会联合发布《关于加快推进农村金融产品和服务方式创新的意见》。该意见的主要内容：一是大力推广农户小额信用贷款和农户联保贷款，扩大农户贷款覆盖面，提高贷款满足率。二是创新贷款担保方式，扩大有效担保品范围。三是探索发展基于订单与保单的金融工具，提高农村信贷资源配置效率，分散农业信贷风险。四是在银行间市场探索发行涉农中小企业集合债券，拓宽涉农小企业的融资渠道。五是改进和完善农村金融服务方式，提高涉农金融服务质量和服务效率。该意见提出了支持试点配套政策措施：一是综合运用多种货币政策工具，建立推进农村金融产品和服务方式创新的正向激励机制；二是通过银行间市场发行资产证券化产品和信用衍生品，拓宽涉农金融机构的资金来源，分散农业贷款的信用风险；三是加快农村支付体系建设，提高农村地区支付结算业务的便利度；四是加强农村信用体系建设，改善区域金融生态；五是按照“宽准入、严监管”和“区别对待”的原则，完善和实施农村金融产品和服务方式创新的市场准入扶持政策；六是发挥财政资金的杠杆作用，增加金融资源向农村投放的吸引力。

20 日 中国证监会发布《关于上市公司股东发行可交换公司债券试行规定》，对申请发行可交换公司债券公司的资格，预备用于交换的上市公司股票的条件，可交换公司债券的期限、面额、可交换公司债券发行程序、担保物，信息公开等内容进行详细的规定。该规定自公布之日起实施。

20～21 日 中国人民银行召开主要银行业金融机构和分支行专题工作会议。对下一阶段中小企业信贷支持工作进行了具体部署。继续培育和发展中小企业金融服务体系，大力发展村镇银行、小额贷款公司、贷款公司和农村资金互助社等新型金融机构；大力推动金融创新，鼓励商业银行发展并创新中小企业贸易融资手段和中小企业信贷产品；加快建立适合中小企业特点的信用征集体系、评级发布制度和信息通报制度。

21 日 中国证监会正式公布《证券期货规章制定程序规定》，对证券期货立项与计划，起草与审查，决定、公布和备案，解释、修改与废止等规章制定进行规范。该规定自 2008 年 12 月 1 日起施行。

22 日 中国人民银行决定，自 2008 年 10 月 27 日起，将商业性个人住房贷款利率的下限扩大为贷款基准利率的 0.7 倍；最低首付款比例调整为 20%。同时宣布分别下调五年期以上及以下档次的个人住房公积金贷款利率 0.27 个百分点。

23 日 国家外汇管理局决定在银行间外汇市场引入货币经纪公司开展外汇经济业务，并制定《货币经纪公司外汇经纪业务管理暂行办法》，进一步发展外汇市场，提高外汇衍生品市场流动性。符合《办法》所列条件的货币经纪公司可按规定通过所在地国家外汇管理局各分局、外汇管理部申请外汇经纪业务资格，经国家外汇管理局批准后按《办法》从事外汇经纪业务。

中国银监会印发《关于进一步加强商业银行代客境外理财业务风险管理的通知》，要求各银行业金融机构加强商业银行代客境外理财业务风险管理，做好金融危机下的风险管理工作。该通知包括如下方面内容：1. 设计和销售代客境外理财产品必须严格做到成本可算、风险可控、信息充分披露；2. 做好自身摸底清查，严密监测市场风险；3. 密切关注交易对手，防范交易对手风险；4. 积极采取有效措施，全面防范法律风险；5. 加强与客户沟通，妥善处理客户投诉；6. 建立与监管部门高效顺畅的沟通机制。

24 日　中国人民银行、中国银监会发布《关于做好汶川地震灾区农村居民住房重建信贷服务工作的指导意见》。要求各金融机构支持灾区农户重建住房，符合条件的贷款利率下限可按贷款基准利率的 0.6 倍执行，并鼓励金融机构提供灵活多样的贷款偿还方式，减轻农户前 3 年的本金偿还压力。

28 日　中国证监会正式发布《证券期货市场统计管理办法》并自 2009 年 3 月 1 日起施行，中国证监会的统计管理工作将全面走向法制化。中国证监会 2009 年着手我国首个证券市场统计管理平台的建设。该办法的执行有利于整合统计资源，统一统计口径，强化统计工作管理。

29 日　经国务院批准，中国人民银行决定，从 2008 年 10 月 30 日起下调金融机构人民币存款基准利率，一年期存款基准利率由现行的 3.87% 下调至 3.60%，下调 0.27 个百分点；一年期贷款基准利率由现行的 6.93% 下调至 6.66%，下调 0.27 个百分点；其他各档次存、贷款基准利率相应调整。个人住房公积金贷款利率保持不变。

30 日　中国银监会与爱尔兰金融服务管理局在北京签署《双边监管合作谅解备忘录》，双方同意在信息交换等方面加强监管合作。

11 月

5 日　国务院总理温家宝主持召开国务院常务会议，研究部署进一步扩大内需促进经济平稳较快增长的措施。会议确定要进一步扩大内需、促进经济增长的十项措施。加快建设保障性安居工程；加快农村基础设施建设；加快铁路、公路和机场等重大基础设施建设；加快医疗卫生、文化教育事业发展；加强生态环境建设；加快自主创新和结构调整；加快地震灾区灾后重建各项工作；提高城乡居民收入；在全国所有地区、所有行业全面实施增值税转型改革，鼓励企业技术改造，减轻企业负担 1 200 亿元；加大金融对经济增长的支持力度，到 2010 年投资总规模将达 4 万亿元。

7 日　中国人民银行召开反洗钱专项行动总结大会，对在全国范围内开展的为期一年的“提高反洗钱工作有效性，推动洗钱犯罪定罪”和“打击地下钱庄”两个专项行动，并对专项行动中的先进集体和个人予以表彰。

8～9 日　中国人民银行行长周小川出席在巴西圣保罗召开的 G20 财长和央行行长会议，会议主要讨论了金融稳定与全球经济最新进展和应对政策、针对此次危机的财政应对政策、全球市场与通货膨胀最新进展和应对政策、改善全球治理结构和提高 G20 的效率、金融市场和全球经济领导人峰会的准备工作等议题。

10 日　中国人民银行召开行长办公会，提出五大工作内容：一是确保金融体系流动性充足，及时向金融机构提供流动性支持；二是保持货币信贷的合理增长，加大银行信贷对经济增长的支持力度；三是加强窗口指导和政策引导，着力优化信贷结构；四是进一步发挥债券市场融资的功能；五是进一步改进中央银行金融服务。

10～11 日 第三届中美银行监管磋商会议在北京举行。中国银监会、美联储、美国货币监理署、美国联邦存款保险公司及美国储蓄机构监理署相关人员参加会议。双方就金融危机对银行业和经济的影响、危机管理和监管挑战、金融系统的发展以及双方关心的其他问题进行了深入探讨。

11 日 中国证监会发布《关于破产重整上市公司重大资产重组股份发行定价的补充规定》，明确上市公司破产重整，涉及公司重大资产重组拟发行股份购买资产的，其发行股份价格由相关各方协商确定后，提交股东大会作出决议，决议须经出席会议的股东所持表决权的 2/3 以上通过，且经出席会议的社会公众股东所持表决权的 2/3 以上通过。关联股东应当回避表决。

13 日 国务院印发《关于同意调整社会信用体系建设部际联席会议职责和成员单位的批复》，明确由中国人民银行牵头建立社会信用体系建设部际联席会议制度。

15 日 国家主席胡锦涛赴美国参加 G20 金融市场和世界经济峰会，中国人民银行行长周小川陪同。会议探讨了此次金融危机爆发的原因，评估了各国在应对危机方面所取得的进展，并就金融监管和国际金融体系改革问题达成了一系列原则性意见。峰会发表了《二十国集团领导人金融市场和世界经济峰会宣言》及《关于落实改革原则的行动计划》。

16～18 日 国际清算银行金融稳定学院（简称 FSI）和东亚及太平洋中央银行行长会议组织（简称 EMEAP）银行监管第五届高层会议在北京召开。会议主题为“银行业及银行监管在金融稳定中的作用”。会议讨论了顺周期性对经济和银行业的影响、近期市场波动揭示出的机构脆弱性、紧缩时期的国际融资问题、风险管理和符合金融工具、当前中国的金融稳定和金融业发展等问题。

17 日 中国人民银行行长周小川访问泛美开发银行并会见了莫雷诺行长。双方就中国加入泛美开发银行问题签署了谅解函。中国加入泛美开发银行集团将为加强双方在金融、贸易、投资和科技等领域的合作提供新的平台和机会，符合各方共同利益，是互利共赢的选择。

中国保监会发布《关于加强人身保险收付费相关环节风险管理的通知》，自 2009 年 3 月 1 日起实施。该通知要求加强内部监督，切实保护投保人、被保险人和受益人的合法权益，防范和化解人身保险公司收付费环节的资金管理风险。在行业内大力推行安全、便捷的收付费方式，保护消费者在投保、退保、索赔环节的资金安全、强化保险公司收付费环节资金风险管理、维护行业形象、提升行业荣誉。

中国人民银行发布《2008 年第三季度中国货币政策执行报告》。报告指出，7 月以来，中国人民银行针对国际金融危机加剧、国内通胀压力减缓等新情况，统筹兼顾，进一步加强对经济金融运行的监测分析，及时调整金融宏观调控措施。

18 日 中国保监会出台《中国保险监督管理委员会政府信息公开办法》。规定了公开范围、公开的程序和方式，以及组织实施和监督保障机制，力求通过推进信息公开，保证人民群众了解保险企业的经营状况，以及保险监管的法律法规、政策措施，推动保险企业在追求经济效益的同时更加注重社会效益，促使保险监管部门转变执政理念、深化行政体制改革，深入贯彻落实科学发展观。

中国保监会稽查局正式成立。稽查局的主要职责是：负责拟定各类保险机构违法违规案件调查的规则；组织、协调保险业综合性检查和保险业重大案件调查；负责处理保险业非法集资等专项工作；配合中国人民银行组织实施保险业反洗钱案件检查；调查举报、投诉的违法违规问题，维护保险消费者合法权益；开展案件统计分析、稽查工作交流和考核评估。此外，稽查局还履行稽查委员会办公室职责，承担稽查委员会日常工作。

26日 经国务院批准，中国人民银行决定，从2008年11月27日起下调金融机构人民币存贷款利率、中国人民银行对金融机构的准备金存款利率以及再贷款（再贴现）利率。下调金融机构人民币存款利率。其中，一年期存款率由现行的3.60%下调至2.52%；活期存款利率由0.72%下调至0.36%；其他各档次存款利率相应调整。下调金融机构人民币贷款基准利率。其中，一年期贷款利率由现行的6.66%下调至5.58%；其他各档次贷款利率相应调整。

27日 中国人民银行决定，从2008年12月5日起，下调中国工商银行、中国农业银行、中国银行、中国建设银行、交通银行、中国邮政储蓄银行等大型存款类金融机构的人民币存款准备金率1个百分点，下调中小型存款类金融机构人民币存款准备金率2个百分点。

12月

2日 中国保监会发布《关于加强财产保险公司投资型保险业务管理的通知》，规范财产保险公司投资型保险产品业务，强化对财产保险公司投资型保险产品的管理。

中国银监会发布《关于银行建立小企业金融服务专营机构的指导意见》，鼓励商业银行设立小企业金融服务专营机构，从风险定价、成本利润核算、信贷审批、激励约束、违约信息通报、风险管理等六个方面进行创新，建立准子银行、准法人机构性质的小企业金融服务专营机构，以发挥专业化经营优势，将资源集中服务于小企业市场。

3日 国务院总理温家宝主持召开国务院常务会议。会议研究确定了金融促进经济发展的政策措施：一是落实适度宽松的货币政策，促进货币信贷稳定增长。二是加强和改进信贷服务，满足资金合理需求。三是加快建设多层次资本市场体系，发挥市场的资源配置功能。四是发挥保险的保障和融资功能，促进经济社会稳定运行。五是创新融资方式，通过并购贷款、房地产信托投资基金、股权投资基金和规范发展民间融资等多种形式，拓宽企业融资渠道。六是改进外汇管理，大力推进贸易投资便利化。七是加快金融服务现代化，全面提高金融服务水平。八是加大财税政策支持力度，发挥财政资金的杠杆作用，增强金融业化解不良资产和促进经济增长的能力。九是深化金融改革，完善金融监管体系，强化风险监测和管理，切实维护金融安全稳定。其中落实适度宽松的货币政策，促进货币信贷稳定增长最为重要。

中国人民银行、中国银监会发布《廉租住房建设贷款管理办法》，该办法中规定了申请廉租住房建设贷款应具备的条件、借款人用款原则、借款人违约处理办法等。并规定了贷款人应对借款人和建设项目进行调查评估，加强贷款审查、贷款申请金额不得高于回购协议确定的回购价款等事宜。

4~5日 中国人民银行行长周小川、副行长胡晓炼出席在北京召开的第五次中美战略经济对话。中美双方围绕“奠定长久的经济伙伴关系的基石”的对话主题，就中美经济关系的发展前景、管理宏观经济风险和促进经济平衡增长的战略、加强能源和环境合作、应对贸易调整、促进开放的投资环境、国际经济合作等六项议题进行了讨论。会后，中美双方对外公布了《第五次中美战略经济对话成果情况说明》。

4~7日 中国人民银行行长周小川赴纽约出席G30秋季全会，会议就金融危机、全球衰退与银行业、监管当局的应对措施、银行业危机的历史教训、新一届美国政府面临的政策挑战、基础设施与场外交易市场、新兴市场如何应对经济下行以及国际金融机构在重建金融稳定中的角色等议题进行了讨论。

5日 中国保监会发布《关于做好机动车辆保险承保工作有关问题的通知》，要求各保险公司严格遵守《机动车交通事故责任强制保险条例》的规定，具有交强险业务经营资格的保险公司不得拒绝或者拖延承保交强险。通知要求各保监局、各地保险行业协会加强《反垄断法》

的学习，明确指出行业自律内容不得违反《反垄断法》，不得组织联合抵制交易。同时加强机动车辆保险市场的监控，重点加强对各保险经营机构是否严格执行报批或备案的条款费率和经营数据真实性的监管。

8日 国务院办公厅发布《关于当前金融促进经济发展的若干意见》，具体提出涉及落实适度宽松的货币政策，促进货币信贷稳定增长；加强和改善信贷服务，满足合理资金需求；加快建设多层次资本市场体系，发挥市场的资源配置功能；发挥保险保障和融资功能，促进经济社会稳定运行；创新融资方式，拓宽企业融资渠道；改进外汇管理，大力推动贸易投资便利化；金融服务现代化建设，全面提高金融服务水平；加大财税政策支持力度，增强金融业促进经济发展能力；深化金融改革，加强风险管理，切实维护金融安全稳定等内容的30项措施。

8~10日 中央经济工作会议在北京召开。会议确定了2009年经济工作的五项任务：加强和改善宏观调控，实施积极的财政政策和适度宽松的货币政策；巩固和发展农业农村经济好形势，保障农产品有效供给、促进农民持续增收；加快发展方式转变，推进经济结构战略性调整；深化价格体制改革，加快建立能够反映市场供求关系、资源稀缺程度、环境损害成本的资源要素价格形成机制；着力解决涉及群众利益的难点热点问题，切实维护社会稳定。

9日 中国银监会发布《商业银行并购贷款风险管理指引》，允许符合条件的商业银行法人机构开展并购贷款业务，规范商业银行并购贷款经营行为，并要求中国银监会派出机构加强对商业银行并购贷款业务的监督管理。

中国银监会印发《银行与信托公司业务合作指引》，进一步加强银信合作业务风险管理，规范此项业务的开展。该指引共分4章33条，包括总则、银信理财合作、银信其他合作、风险管理与控制四章。第一章总则，主要是制定指引的目的、适用范围、银信合作的基本原则；第二章银信理财合作，主要是银信理财合作的基本要求、风险管理体系、银行和信托公司各自应遵守的基本规范，合作双方的职责边界，信托公司对银信理财资金的管理职责，银行和信托公司各自的信息披露义务等；第三章银信其他合作，主要是进一步明确信贷资产证券化过程中信托公司、银行各自的责任和义务，同时对银行代为推介信托计划、信托资金代理收付、银行为信托资金开立信托财产专户、银行担任信托计划保管人等其他事务性合作提出要求；第四章风险管理与控制，主要是对银信合作过程中应该采取的风险管理措施作出原则性规定。

10日 中日韩三国央行对外发布联合声明，宣布建立中日韩央行行长会议机制，三方将每年轮流召开行长会议，讨论宏观经济金融形势、货币政策、金融稳定、区域央行合作以及其他共同关心的议题。三国央行行长在原有对话基础上将三方会议机制化具有重要意义，提升了三国央行合作层次，中日韩金融合作进入新的发展阶段，更将对东亚乃至整个亚洲地区的经济金融稳定产生积极的推动作用。

中国人民银行就信托公司在全国银行间债券市场开立信托专用债券账户有关事项发布公告，公告内容包括：一是信托公司运用信托财产在全国银行间债券市场进行债券交易，应为其设立的每个单一信托和集合信托计划等开立单独的信托专用债券账户。二是信托公司应向中央国债登记结算有限责任公司（以下简称中央结算公司）申请开立信托专用债券账户，并向全国银行间同业拆借中心（以下简称交易中心）申请办理交易联网手续。三是中央结算公司和交易中心对申请材料进行审核后，按规定的程序办理信托专用债券账户的开户手续和交易联网手续。四是信托公司应根据中国人民银行上海总部公告〔2008〕第3号的有关规定在信托专用债券账户开户手续办理完毕后的3个工作日内向注册地中国人民银行分支机构备案。五是信托终止时，信托公司应及时办理该信托专用债券账户的注销及终止联网手续，并在办理完毕后的3个工作日内向注册地中国人民银行分支机构报告。六是同一信托公司管理的各信托专用债券账户之间，以及信托公司自营债券账户与信托专用债券账户之间不得相互进行债券交易。七是信托公司应对各信托专用债券账户进行单独管理，不得挪用其管理的信托专用债券账户的债券或以信托专用债券账户的债券提供担保。八是信托公司运用信托财产进行债券交易、结算等相关业务时，应严格遵守中国人民银行相关管理规定。九是交易中心和中央结算公司应根据本公告制定相关业务规则，报中国人民银行备案后施行，切实做好信托公司开立信托专用债券账户的相关工作。

12日 中国人民银行和韩国银行宣布签署双边货币互换框架协议，规模为1 800亿元人民币/38万亿韩元，双方可在此规模内，以本国货币为抵押换取等额对方货币。协议的有效期为3年，经双方同意可延期。

17日 国务院副总理王岐山在北京会见意大利央行行长马里奥·德拉吉，中国人民银行行长周小川陪同会见。双方就当前国际金融危机爆发的原因、影响以及中国加入金融稳定论坛等问题进行交流。

22日 中国人民银行决定，从2008年12月23日起下调金融机构人民币存贷款基准利率、人民银行对金融机构再贷款（再贴现）率。下调金融机构人民币存款基准利率。其中，一年期存款利率由现行的2.52%下调至2.25%；其他各档次存款利率相应调整。下调金融机构人民币贷款基准利率。其中，一年期贷款利率由现行的5.58%下调至5.31%；其他各档次贷款利率相应调整。

23日 经国务院批准，中国人民银行决定，从2008年12月25日起，下调金融机构人民币存款准备金率0.5个百分点。

中国银行业改革开放30周年纪念大会在中国银监会举行。银监会党委书记、主席刘明康出席会议并作重要讲话。他强调，银行业要认真学习和贯彻胡锦涛总书记在党的十一届三中全会召开30周年大会上的重要讲话精神，充分认识和总结我国银行业改革开放30年来取得的伟大成就，深刻总结我国银行业发展历程中积累的宝贵经验和深刻教训，深入贯彻落实科学发展观，在中国特色社会主义道路上，继续把银行业改革开放事业推向前进。

24日 国务院召开常务会议，确定搞活流通扩大消费和保持对外贸易稳定增长的14项政策措施。会议提出，对广东和长江三角洲地区与港澳地区、广西和云南与东盟的货物贸易进行人民币结算试点。

26日 中国保监会发布《进一步加强财产保险投资型保险产品精算工作的通知》，于2009年7月1日正式施行。该通知规定，财产保险投资型保险产品分为预定收益型产品和非预定收益型产品，其中预定收益型产品又分为固定收益型产品和利率连动型产品。固定收益型产品在保险合同中事先约定固定的收益率；利率连动型产品在保险合同中事先约定随银行存款利率浮动的收益率。同时，为提高分红保险专题财务报告的信息质量，同时适应新会计准则的变化，中国保监会专门发布《分红保险专题财务报告编报规则》，要求各公司真实公允地反映分红保险业务的实际盈利状况。

27日 2009年中国保监会全国保险工作会议在京召开。会议在总结2008年工作的基础上，提出2009年工作的重点：贯彻落实中央决策部署，更好地服务经济社会发展；坚持防风险、调结构、稳增长，促进行业平稳健康发展；坚持寓监管于服务之中，不断改进保险监管。统一思想，提高认识，坚定信心，应对挑战，促进保险业平稳健康发展。

27～28日 中央农村工作会议在北京举行。会议部署2009年的农村农业工作，在金融领域，要求加快推进农村金融改革，建立引导信贷资金和社会资金投向农村的激励机制，扩大农村金融市场准入，加快发展新型农村金融组织和地区性中小银行，大力发展小额信贷和微型金融服务，规范和引导民间金融健康发展。

31日 中国人民银行、中国银监会发布《关于汶川地震前贷款因灾延期偿还有关政策的通知》，对国家认定的汶川地震51个极重灾区县和重灾区行政区域内灾前已经发放、灾后不能按期偿还的个人贷款和企业贷款，在2008年12月31日以前仍然不能按期还款或者双方尚未达成重组或减免协议的，分别给予6个月和12个月的宽限期。

中国人民银行货币政策委员会召开2008年第四季度例会。会议分析了当前经济金融形势，重点讨论国际金融危机对我国经济金融发展可能产生的影响。会议强调落实适度宽松的货币政策，进一步加大金融对经济发展的支持力度；保持银行体系流动性充足，促进货币信贷稳定增长。

2009 年

1 月

3 日　国家外汇管理局推出的直接投资外汇业务信息系统境外投资模块（ODI 模块）在全国推广上线。ODI 模块作为直接投资外汇业务信息系统的有机组成部分，延续了 FDI 模块的方式和特点，在外汇局、银行、企业、会计师事务所之间实行联网操作管理和数据交换，采用 IC 卡外汇登记证替代纸质外汇登记证。

4 日　中国保监会发布了对保险公司、保险专业中介机构的分类监管制度，自 2009 年 1 月 1 日起正式实施。中国保监会根据保险公司的风险程度，将保险公司分为四类，将保险专业中介机构分为三类，并相应采取不同的监管措施。

5 日　中国银行澳门分行获授权发行1 000 元、500 元、100 元、50 元、20 元、10 元澳门元新版钞票。新版钞票将自 1 月 6 日至春节前陆续投放市场，旧版钞票将继续流通。

5 ~ 6 日　中国人民银行在北京召开工作会议，全面总结了 2008 年央行主要工作，分析了当前国内外经济金融形势，研究部署了 2009 年的主要工作。会议提出，2009 年要把促进经济平稳较快发展作为金融宏观调控的首要任务，实施适度宽松的货币政策，加大金融支持力度。2009 年要重点把握处理好 4 个方面工作：第一，着力货币信贷的总量调控和政策引导，保持货币信贷合理平稳增长。第二，加强货币政策、财政政策和产业政策的协调配合，充分发挥政策合力。第三，发挥信贷投放、直接融资和民间金融的作用，多渠道增强资金供给能力。要大力支持资本市场发展，稳定股票市场运行，扩大债券发行规模，鼓励股本性投资，有效拓展直接融资渠道。第四，支持经济发展与维护金融稳定并重，促进经济与金融协调健康发展。

中国保监会发布《关于保险业实施〈企业会计准则解释第 2 号〉有关事项的通知》，要求无论是否在境内、境外上市的所有保险公司，均执行新的统一的会计政策，各保险公司在编制 2009 年年度财务报告时，须对保费收入的确认和计量引入重大保险风险测试和分拆处理，保单获取成本将不递延并计入当期损益；对目前导致境内外会计报表差异的各项会计政策同时进行变更。

6 日　中国工商银行北京市分行、北京首创股份有限公司与北京产权交易所举行了三方关于并购贷款合作框架协议签字仪式，这标志着我国首笔并购贷款正式启动。此次协议贷款将用于首创股份的水处理项目。

全国外汇管理工作会议在北京召开。会议总结了 2008 年外汇管理工作，分析了当前形势和外汇管理面临的挑战与机遇，部署了 2009 年外汇管理工作。会议强调，要积极落实中央关于保持国民经济平稳较快发展的战略部署，加大外汇管理体制机制创新，积极促进贸易投资便利化，完善跨境资金流出入均衡管理制度，进一步改善国际收支状况，加强国际收支监测预警，加强外汇储备经营和风险管理，维护国家经济金融安全。按照“保增长、防风险、促平衡”的总体思路，进一步做好外汇管理各项工作。

7 日　中国人民银行发布《债券交易流通审核政策调整有关事项》公告，决定取消对银行间债券市场交易流通的债券发行规模不低于 5 亿元的限制条件，自发布之日起施行。同时废止过去发布涉及5亿元限制条件的有关规定：《全国银行间债券市场债券交易流通审核规则》（中国人民银行公告〔2004〕第19号发布）第四条第（四）项、中国人民银行公告〔2005〕第15号第二条及中国人民银行公告〔2005〕第30号第一条第（四）项的规定。

8日 中国人民银行发行500亿元三个月期央票。缴款起息日为9日，到期日为4月10日。本期中央银行票据以贴现方式发行，向全部公开市场业务一级交易商进行价格招标，到期按面值100元人民币兑付，到期日遇节假日顺延。

10日 中国银监会发布《关于调整部分信贷监管政策促进经济稳健发展的通知》，根据中央应对国际金融危机"一揽子"政策，适当调整限制性信贷监管措施，鼓励银行业金融机构加大对经济发展的信贷支持力度，促进我国经济稳健发展。

12日 以支持大宗交易业务为基础，重点为机构投资者服务，集多项业务于一身的深交所综合协议交易平台今日正式启用。这标志着深交所市场流动性服务方式和手段进一步向多层次、多样化、多元化方向迈进。

中国加入泛美开发银行集团签字仪式在美国首都华盛顿泛美开发银行总部举行。中国正式成为泛美开发银行集团下属的泛美开发银行、泛美投资公司和多边投资基金的成员国。中国是该集团第48个成员国，中国人民银行行长周小川和副行长胡晓炼分别担任泛美开发银行和泛美投资公司的中国理事和副理事。

12~13日 中国银监会2009年工作会议在北京召开。会议全面总结了2008年中国银监会的工作，深入分析了当前形势。会议要求围绕保增长、防风险、促稳定，沉着应对各种困难和挑战，着力于科学监管改进服务，着力于有保有压调整结构，着力于风险管理强化内控，进一步增强监管工作的预见性、针对性和灵活性，有效促进银行体系稳定，为经济平稳较快发展作出积极贡献。要注重保增长和防风险相结合；当前与长远相结合；治标与治本相结合。会议强调，中国银监会2009年工作要做好统筹兼顾，实现全面协调可持续发展；银行业金融机构2009年要加强对不良资产的管理，严格控制不良贷款余额和比率；做好2009年银行业监管工作。

13日 中国人民银行公布2008年最新的金融统计数据，货币信贷统计数据显示，2008年人民币贷款、外汇贷款按可比口径共增加5.087万亿元。2008年四个季度，人民币贷款增量分别为13 304亿元、11 148亿元、10 278亿元和14 306亿元，呈"V"形。总体来看，全年货币信贷合理增长，金融体系平稳运行，人民币币值基本稳定，促进了国民经济平稳较快发展。数据显示，2008年人民币各项存款增加7.69万亿元，同比多增2.3万亿元，其中居民户存款增加4.63万亿元人民币。

14日 全国证券期货监管工作会议在京召开，会议总结了2008年资本市场改革和监管工作，分析了资本市场发展形势，对2009年重点工作作了部署安排。会议指出，为了有助于形成市场稳定运行的体制机制，支持国民经济平稳较快发展，要重点做好八个方面的工作：第一，继续夯实市场基础，促进市场平稳运行。第二，全面贯彻落实中央经济工作会议精神和"金融三十条"，服务国民经济发展全局。第三，稳妥推进市场创新，有序扩大对外开放。第四，稳步发展期货市场，增强服务国民经济的能力。第五，全力做好维稳和舆论引导工作，确保市场安全运行。第六，夯实市场法制基础，依法严惩违法违规行为。第七，加强和改进日常监管，提高行政效能。第八，加强监管队伍建设，提高监管执行力。

15日 中国人民银行召开金融支持汽车产业发展座谈会，要求银行系统全面做好汽车金融服务，通过多种方式，建立长期稳定的汽车产业发展融资来源和融资制度保障，支持汽车生产，扩大汽车消费。这些方式包括发放汽车企业贷款、汽车消费信贷、发行金融债券、开展同业拆借、推进汽车贷款证券化、发展汽车租赁和汽车保险业务等。

16日 国务院反假货币工作联席会议召开第四次会议。会议分析了当前反假货币工作的形势和特点，研究当前和今后一个时期的反假货币工作。会议要求，联席会议各成员单位要进一步加大反假货币工作力度，采取综合整治措施，深入开展反假货币工作。一是要充分发挥联席会议工作机制作用，加强人民银行、公安部、海关总署、工商总局等部门之间沟通、协调和配合，形成打击合力。二是联席会议各成员单位要进一步落实责任。公安机关要加大打击制贩假币犯罪活动整治力度，落实案件查办任务，加强案件的督办，确保打击整治行动取得实效。

17日 中国农业银行股份有限公司在北京正式挂牌。1月9日，中国农业银行股份有限公司在北京召开创立大会，注册资本为2 600亿元人民币。经国务院批准，中央汇金投资有限责任公司和财政部代表国家各持有中国农业银行股份有限公司50%股权，依法行使中国农业银行股份有限公司出资人的权利和义务。改制后，原中国农业银行（包括境外分支机构）在股份公司设立之前的全部资产、负债、机构和人员依法由设立后的中国农业银行股份有限公司继承，其业务范围不发生任何变化。

19日 中国银监会、中国证监会联合发布《关于开展上市商业银行在证券交易所参与债券交易试点有关问题的通知》，已经在证券交易所上市的商业银行，经银监会核准后，可以向证券交易所申请从事债券交易。该通知规定，在重回交易所债市试点期间，商业银行可以在证券交易所固定收益平台，从事国债、企业债、公司债等债券品种的现券交易，以及经相关监管部门批准的其他品种交易。

20日 中国人民银行与香港金融管理局签署货币互换协议，互换规模为2 000亿元人民币/2 270亿港元，协议有效期为3年。货币互换安排的建立，有助于为内地与香港商业银行设于另一方的分支机构提供短期流动性支持，以及推动内地与香港人民币贸易结算业务的发展。

国家开发银行与中国中信集团公司、中信国安集团公司在北京签署中信集团战略投资白银集团项目并购贷款有关合同，并发放贷款16.315亿元。此笔贷款是自2008年12月6日中国银监会下发《商业银行并购贷款风险管理指引》后，国内第一笔实现资金发放的并购贷款，也是国开行和中信集团贯彻中央“扩内需、保增长、调结构”政策，支持灾区企业恢复重建并支持产业结构调整的具体举措。

21日 中国保监会公布2008年保险业的各项最新统计数据。数据显示，2008年我国保险业共实现保险保费收入9 784.1亿元，较上年增长39.1%，是2002年以来增长最快的一年。截至2008年末，保险业总资产3.3万亿元，较年初增长15.2%；保险资金运用余额3.1万亿元，较年初增长14.3%。

22日 中国人民银行发布《关于2009年上海银行间同业拆放利率建设工作有关事宜的通知》，提出继续完善Shibor形成机制，积极推动金融产品以Shibor为基准定价或参照其定价。

23日 中国证监会发布《信托公司证券投资信托业务操作指引》，要求规范信托公司证券投资信托业务的经营行为，切实保障证券投资信托各方当事人的合法权益。

中国保监会发布《关于进一步加强投资连结保险销售管理的通知》。自3月15日起，保险公司委托银行代理销售投资连结保险的，严格限制在银行理财中心和理财柜台销售，不得通过银行储蓄柜台销售投资连结保险，并须针对投资连结保险建立风险测评制度。

2 月

1 日 国务院发布 2009 年第 4 号公报《中共中央 国务院关于 2009 年促进农业稳定发展农民持续增收的若干意见》。该意见共分 5 部分，约 11 000 字。包括：加大对农业的支持保护力度；稳定发展农业生产；强化现代农业物质支撑和服务体系；稳定完善农村基本经营制度；推进城乡经济社会发展一体化。该意见指出，2009 年农业农村工作的总体要求是：把保持农业农村经济平稳较快发展作为首要任务，围绕稳粮、增收、强基础、重民生，进一步强化惠农政策，增强科技支撑，加大投入力度，优化产业结构，推进改革创新，千方百计保证国家粮食安全和主要农产品有效供给，千方百计促进农民收入持续增长，为经济社会又好又快发展继续提供有力保障。该意见指出，扩大国内需求，最大潜力在农村；实现经济平稳较快发展，基础支撑在农业；保障和改善民生，重点难点在农民。实施积极的财政政策，要把“三农”作为投入重点。该意见强调，要抓紧制定鼓励县域内银行业金融机构新吸收的存款主要用于当地发放贷款的实施办法，建立独立考核机制。

2 日 中国保监会公布《关于加快业务结构调整 进一步发挥保险保障功能的指导意见》。督促国内寿险公司关注保障，要求两全保险不得短于 5 年，鼓励发展保险期间不短于 10 年的两全保险。

3 日 中国人民银行行长周小川会见了来访的泛美开发银行行长莫雷诺。莫雷诺表示，中国加入泛美开发银行对于帮助拉美国家应对危机具有重要意义。会谈后，周小川与莫雷诺共同签署了中国人民银行与泛美开发银行人员合作谅解备忘录。

国务院办公厅发布《关于进一步明确融资性担保业务监管职责的通知》，决定建立中国银监会牵头，国家发展改革委等 7 部委参加的融资性担保业务监管部际联席会议，办公室设在中国银监会。5 月，联席会议工作机制正式启动。9 月 23 日，中国银监会设立融资性担保业务工作部。

4 日 中国保监会发布《关于保险专业中介机构市场退出情况的公告》，2008 年全国共有 175 家保险专业中介机构停止经营保险中介业务，退出保险市场。其中，保险代理机构 151 家、保险经纪机构 14 家、保险公估机构 10 家。中国保监会表示，根据相关规定，保险监管部门已依法注销了这些机构的许可证，并将退市机构名录予以公告。

中国银监会发布《关于修改〈信托公司集合资金信托计划管理办法〉的决定》，调整对集合资金信托计划投资者数量、向他人提供贷款比例等限制性规定，促进信托公司更好地支持实体经济发展。

中国银监会发布《银行业金融机构从业人员职业操守指引》，明确银行从业人员职业操守要求，为银行业金融机构建立符合科学发展观要求的选人用人机制，加强从业人员队伍建设提供标杆。

5 日 中国银监会和农业部联合印发《关于做好农民专业合作社金融服务工作的意见》，要求各地农村合作金融机构要积极构建与农民专业合作社的互动合作机制，进一步加强和改进对农民专业合作社的金融服务，支持农民专业合作社加快发展，促进现代农业建设、农村经济发展和农民稳定增收。

8 日 中国人民银行和马来西亚国民银行签署双边货币互换协议，目的是通过推动双边贸易及投资促进两国经济增长。该协议互换规模为 800 亿元人民币/400 亿林吉特。协议实施有效期 3 年，经双方同意可以展期。

9 日 中国人民银行发布《关于完善支农再贷款管理支持春耕备耕 扩大“三农”信贷投放的通知》，适当调整完善了支农再贷款政策，同时对西部地区和粮食主产区安排增加支农再贷款额度 100 亿元。

10 日　截至 2009 年 1 月末，中国工商银行总资产已超过 10 万亿元人民币，成为国内首家总资产超过 10 万亿元的商业银行和企业。

17～18 日　中国银监会召开 2009 年大型商业银行监管工作会议，对大型商业银行在新形势下的发展战略问题进行研究，并就大型商业银行支持经济发展、坚守风险底线、提升监管有效性等六个方面提出要求。

18～23 日　中国银监会召开 2009 年农村中小金融机构监管工作会议，要求坚守风险底线，科学把握监管尺度，着力推进新型农村金融机构扩大试点，提高农村金融服务水平。

19 日　中国证监会批准上海期货交易所开展线材和螺纹钢期货交易。酝酿已久的钢材期货终于获得“首发证”。

20 日　中国银监会办公厅发布《关于创新小企业流动资金贷款还款方式的通知》，引导各银行业金融机构进一步落实“六项机制”要求，创新还款方式，解决小企业融资难。

中国人民银行有关方面负责人就《中共中央国务院关于 2009 年促进农业稳定发展农民持续增收的若干意见》（2009 年中央一号文件）中有关“农村金融”相关问题回答了记者的提问。

23 日　中国人民银行发布《2008 年第四季度中国货币政策执行报告》。报告指出，2008 年，在党中央、国务院正确领导下，我国货币政策取向根据形势需要适时调整，前瞻性、针对性和灵活性进一步提高。全年货币信贷保持平稳较快增长，银行体系流动性充足，信贷结构进一步优化，有力支持了经济平稳较快发展。

24 日　中国银监会发布《关于进一步规范银行代理保险业务管理的通知》，从四大方面对银行代理保险业务进一步加以规范：一是建立尽职调查和后评价制度，严格准入和退出管理；二是规范销售行为，严禁误导销售与不当宣传；三是对购买投资性保险产品的客户，应建立客户适合度评估制度，并应根据产品风险等级提高销售门槛；四是对保险公司的持证销售人员进入银行营业区域提出管理要求。此外，该通知还对规范银保合作协议，投诉处理机制建设等方面提出了监管要求，同时强调指出商业银行要落实分工，明确责任，建立问责制度。

25～27 日　金融行动特别工作组（FATF）第二十届第二次全会在法国巴黎举行，中国人民银行代表团出席了会议。会议讨论了如何帮助 G20 应对国际金融危机，通过了针对伊朗、乌兹别克斯坦、土库曼斯坦、巴基斯坦、圣多美与普林西比的公开声明与“赌场与赌博业洗钱类型研究报告”，并就涉恐资产冻结和没收、新技术和非面对面交易等问题进行了研究。

28 日　十一届全国人大常委会第七次会议表决通过了修订后的《中华人民共和国保险法》，国家主席胡锦涛签署第 11 号主席令予以公布。修订后的《保险法》自 2009 年 10 月 1 日起施行。修订后的《保险法》共分 8 章 187 条，分别为总则、保险合同、保险公司、保险经营规则、保险代理人和保险经纪人、保险业监督管理、法律责任、附则。新增了 29 条，首次对保险人解除保险合同作出明确的“限制性规定”，首次明确雇主可成为雇员的投保人，首次明确保险保障基金用途。

十一届全国人大常委会第七次会议表决通过《刑法修正案（七）》，修改第三百一十二条，增加了单位实施“掩饰、隐瞒犯罪所得罪”的专门条款；同时，将第二百二十五条第三项修改为：“未经国家有关主管部门批准非法经营证券、期货、保险业务的，或者非法从事资金支付结算业务的；”，从而为惩治“非法结算型”地下钱庄案件提供了法律依据。

3 月

3 日　中国人民银行农村信用社改革试点专项中央银行票据发行兑付考核评审委员会第 15

次例会决定，对安徽等 14 个省（区）辖内 98 个县（市）农村信用社兑付专项票据，额度为 36 亿元。

中国银监会印发《商业银行信息科技风险管理指引》，要求商业银行将信息科技风险管控纳入总体风险管理框架，明确董事会和高级管理层在信息科技风险管理中的相应责任。

6 日 中国人民银行行长周小川在十一届全国人大二次会议举行的记者会上，就应对国际金融危机、适度宽松货币政策的实施效果、如何缓解中小企业融资难、两岸金融合作与交流以及人民币汇率等多个热点问题回答了记者的提问。他指出，货币政策出手要快出拳要重，有利于增强克服危机影响的信心。应对金融危机，既要有短期的考虑，也要有中期的考虑。逐渐把货币政策重点转向抗御金融危机的冲击。

10 日 中国银监会在北京召开会议，全面部署银行业金融机构春耕备耕金融服务工作。银监会党委副书记、副主席蒋定之强调，银行业金融机构要树立大局意识，积极主动地做好 2009 年春耕备耕金融服务工作。确保 2009 年涉农信贷投入增量高于上年水平，增幅高于各项贷款平均水平。

11 日 中国人民银行和白俄罗斯共和国国家银行宣布签署双边货币互换协议，目的是通过推动双边贸易及投资促进两国经济增长。该协议互换规模为 200 亿元人民币/8 万亿白俄罗斯卢布。协议实施有效期 3 年，经双方同意可以展期。

中国人民银行发布公告，同意银行间市场交易商协会发布的《中国银行间市场金融衍生产品交易主协议》，公告同意中国银行间市场交易商协会将原《中国银行间市场金融衍生产品交易主协议》与《全国银行间外汇市场人民币外汇衍生产品主协议》合并，发布新的《中国银行间市场金融衍生产品交易主协议》，使我国场外金融衍生产品交易均受统一的主协议管辖。

12 日 中国人民银行发布公告《利用境内外币支付系统建立内地和香港多种货币支付系统互通安排》，决定利用境内外币支付系统建立两地多种货币支付系统互通安排。自 2009 年 3 月 16 日起，两地支付互通安排开通美元、欧元、港币和英镑 4 个币种的支付业务。

中国银监会组织商业银行，及时梳理相关规定，发布了《关于进一步加强银行卡服务和管理有关问题的通知》，要求各银行针对银行卡业务存在的问题，进一步加强金融服务和管理；对特殊客户开设绿色通道；严防银行卡违法犯罪。

13 日 巴塞尔银行监管委员会召开会议，决定吸收中国等七国为该组织的新成员。至此，巴塞尔委员会成员扩大为 20 家。加入巴塞尔委员会是我国银行监管史上的一个重要里程碑，这标志着我国将全面参与银行监管国际标准的制定，更加有效地维护我国银行业利益，并为国际银行体系稳定作出更大的贡献。

14 日 中国财政部部长谢旭人和中国人民银行行长周小川在英国出席二十国集团财政部长和央行行长会议。与会者一致认为，应采取进一步行动恢复全球增长和支持放贷，同时加强全球金融体系的改革。现在当务之急是加强各国宏观经济政策协调，加大经济刺激措施的力度，避免发生全球性经济衰退，同时要旗帜鲜明地反对贸易和投资保护主义，促进国际贸易健康发展。会议强调要积极落实二十国集团华盛顿峰会在加强金融监管、增强市场诚信、加快国际金融机构改革等方面的共识，并且决定为国际金融机构寻求各种可能的动员资金和流动性的方式，帮助新兴市场国家和发展中国家。

17 日 财政部下发《金融企业国有资产转让管理办法》，自 2009 年 5 月 1 日起施行。该办法规定，非上市金融企业国有产权的转让应当在依法设立的省级以上（含省级）产权交易机构公开进行，不受地区、行业、出资或者隶属关系的限制。转让上市金融企业国有股份和金融企业转让上市公司国有股份应当通过依法设立的证券交易系统进行，转让方应当根据有关规定，办理上市公司股份转让的信息披露事项。转让方为上市公司控股股东的，应当将股份转让方案报财政部门审批后实施。涉及国民经济关键行业的，应当得到相关部门的批准。同时，办法还对金融企业国有资产转让的方案制定、资产评估、审核材料报送以及法律责任等作出了详细规定。

国家外汇管理局发布《关于2009年度金融机构短期外债指标核定情况的通知》，适当上调金融机构短期外债指标，强调增量部分全部用于支持境内企业进出口贸易融资，促进对外贸易健康平稳发展。国家外汇管理局将2009年度金融机构短期外债指标调整为比2008年增长12%。

中国证监会发布修订后的《基金管理公司投资管理人员管理指导意见》，同时证券业协会发布《基金经理注册登记规则》，并自2009年4月1日起施行。此次修订的意见主要集中在八个方面：一是授权中国证券业协会建立基金经理注册制度。二是要求公司在投资管理人员安排上公平对待其管理的不同资产。三是对公司聘用短期内频繁变更工作岗位及管理基金未满一年主动提出辞职的投资管理人员提出了更加严格的要求。四是将投资管理人员变动情况与公司新业务申请相挂钩。五是明确要求基金公司员工不得买卖股票。六是对投资管理人员股权投资行为作出规定。七是要求加强投资管理人员的通信管理。八是要求公司加强对投资管理人员出国的管理。

18日　中国人民银行、中国银监会联合印发《关于进一步加强信贷结构调整　促进国民经济平稳较快发展的指导意见》，要求各金融机构深入贯彻落实党中央、国务院关于进一步扩大内需、促进经济增长的十项措施和《国务院办公厅关于当前金融促进经济发展的若干意见》精神，认真执行适度宽松的货币政策，促进国民经济平稳较快发展。

中国人民银行发布《基金管理公司为开展特定客户资产管理业务在全国银行间债券市场开立债券账户的有关事项》公告，公告明确了基金管理公司为开展特定客户资产管理业务在全国银行间债券市场开立债券账户的有关事项。公告要求，基金管理公司在全国银行间债券市场从事特定客户资产管理业务时，应为各特定资产管理组合分别开立单独的专用债券账户。公告还要求，交易中心和中央结算公司应根据本公告制定相关业务规则，报中国人民银行备案后施行，切实做好特定资产管理专用债券账户开立的相关工作。

中国证监会在网站上对全国正规的107家券商、93家证券投资咨询机构的详细名录进行了公示。这是证监会整治网络非法证券活动的一项重要举措，此举旨在方便投资者查询、辨别合法证券经营机构，提升行业透明度，提醒投资者防范非法证券活动欺诈风险。

18～19日　中国保监会公布了五个有关保险资金投资渠道调整的新方案，包括《关于规范保险机构股票投资业务的通知》《关于增加保险机构债券投资品种的通知》《关于保险资金投资基础设施债权投资计划的通知》《关于基础设施债权投资计划产品设立指引的通知》《关于加强资产管理能力建设的通知》。

23日　国务院发布《国务院关于落实〈政府工作报告〉重点工作部门分工的意见》，部署55项重点工作。其中对金融、财税部门分工作出具体部署。该意见要求中国人民银行、金融监管机构、国家发展改革委、财政部负责做好如下工作：推进金融体制改革；深化国有金融机构改革；稳步发展多种所有制中小金融企业和新型农村金融机构；积极引导民间融资健康发展；推进资本市场改革，维护股票市场稳定；发展和规范债券市场；稳步发展期货市场；深化保险业改革，积极发挥保险保障和融资功能；推进利率市场化改革；完善人民币汇率形成机制，保持人民币汇率在合理均衡水平上的基本稳定；健全金融监管协调机制。

中国人民银行和印度尼西亚银行签署双边货币互换协议，互换规模为1 000亿元人民币/175

万亿印尼卢比，协议有效期3年。

中国人民银行行长周小川在中国人民银行网站上发表了《关于改革国际货币体系的思考》的文章，指出“此次金融危机的爆发并在全球范围内迅速蔓延，反映出当前国际货币体系的内在缺陷和系统性风险”，他强调，创造一种与主权国家脱钩、并能保持币值长期稳定的国际储备货币，从而避免主权信用货币作为储备货币的内在缺陷，是国际货币体系改革的理想目标。3月25日，国际货币基金组织（IMF）总裁斯特劳斯－卡恩在巴黎表示，中国方面提出探讨创造一种可以替代美元的新型国际储备货币的建议是“合理的”。

24日　中国人民银行牵头发展改革委、财政部、商务部等有关部门和单位成立了中国进出口银行和中国出口信用保险公司改革工作小组，研究两家机构改革问题。

25日　国务院召开常务会议提出，到2020年，将上海基本建成与我国经济实力和人民币国际地位相适应的国际金融中心、具有全球航运资源配置能力的国际航运中心。主要任务是：第一，建设比较发达的多功能、多层次金融市场体系。第二，优化现代航运集疏运体系，实现多种运输方式一体化发展。第三，发挥先进制造业优势，为服务业发展提供有力支撑，以服务业发展带动先进制造业的更大发展。第四，坚持以改革促发展，以改革解难题，以改革建制度。第五，加强上海与长三角地区以及国内其他中心城市的相互协作和支持，加强与香港的优势互补和战略合作，形成分工合理、相互促进、共同发展的格局。

中国人民银行制定并公布《全国银行间债券市场金融债券发行管理操作规程》，自2009年5月15日起施行。该规程共26条，从债券发行申请、承销方式、信用评级、信息披露等方面，对金融机构在全国银行间债券市场发行金融债券的行为作了进一步规范。该规程不仅适用于在全国银行间债券市场发行的人民币金融债券和外币金融债券，还适用于商业银行在全国银行间债券市场发行的次级债券。

东亚及太平洋地区中央银行行长会议组织（EMEAP）支付结算体系工作组在上海召开支付体系风险研讨会。会议集中讨论了支付结算系统的相互依存度及国际金融危机对支付结算系统的影响，并重点就外汇结算风险管理问题进行了研讨。

中国银监会发布《关于支持信托公司创新发展有关问题的通知》，在坚持风险可控原则基础上，支持引导信托公司创新服务方式。

26日　中国银监会印发《关于加强商业银行债券投资风险管理的通知》，进一步明确债券投资风险管控要求。

中国人民银行发布《银行间债券市场债券登记托管结算管理办法》，进一步强化银行间债券市场债券登记托管结算制度建设。该办法自2009年5月4日起施行。

29～30日　中国人民银行行长周小川率团出席泛美开发银行集团50周年年会，并以中国理事身份作大会发言。这是中国在2009年1月12日加入泛美开发银行集团之后，首次以正式成员国身份参加该行年会。

31日　中国证监会公布《首次公开发行股票并在创业板上市管理暂行办法》，自5月1日起实施。《暂行办法》共6章58条，对创业板市场发行条件、发行程序、信息披露及监管等作出详细规定。内容主要包括：借鉴境外成熟市场针对不同投资者提供差异化的市场、产品和服务的通行做法，要求创业板市场应当建立与投资者风险承受能力相适应的投资者准入制度；本着从严要求创业板发行人公司治理的原则，分别在第二十六条、第四十一条增加对发行人控股股东、实际控制人的监管要求；为强化市场的优胜劣汰机制，增加对创业板公司退市约束的原则性规定等。

中国人民银行、中国银监会与公安部、工商总局等部门联合召开会议，研究加强银行卡风险管理、预防和打击银行卡犯罪的政策措施。会议明确，中国人民银行、中国银监会会同公安部、工商总局等部门将尽快联合发布“关于加强银行卡安全管理预防和打击银行卡犯罪的通知”，采取有效措施，切实加强银行卡风险管理，打击银行卡犯罪，维护银行卡当事人合法权益，充分发挥银行卡在扩大内需、促进消费中的重要作用。会议就银行卡发行、交易、使用和受理等环节的风险管理措施进行了全面深入的讨论。

全国金融标准化技术委员会在宁波召开工作会议，组织成立了金融标准化体系框架协调工作组，由此，金融标准化体系框架制定工作正式启动。

4 月

1~2 日　中国人民银行与亚洲开发银行举办反洗钱法律法规回顾研讨会，对我国金融预防措施及特定非金融行业反洗钱工作进行了回顾。

2 日　二十国集团领导人第二次金融峰会在英国首都伦敦举行。中国国家主席胡锦涛出席会议并发表了题为《携手合作　同舟共济》的重要讲话。胡锦涛指出，当前，最紧迫的任务是全力恢复世界经济增长，防止其陷入严重衰退；反对各种形式的保护主义，维护开放自由的贸易投资环境；加快推进相关改革，重建国际金融秩序。我们应该进一步落实国际社会达成的共识，树立更坚定的信心，采取更有效的措施，开展更广泛的合作，实施更合理的改革，努力取得实质性成果。伦敦金融峰会就全球应对金融危机达成多项共识，在加强金融监管方面，首次把对冲基金置于金融监管之下。

中国人民银行发布《关于 2008 年度债券结算代理业务开展情况的公告》，对 43 家结算代理行的代理开户数、代理托管量、代理结算量、代理结算笔数等信息进行了披露。公告显示，2008 年度 43 家债券结算代理行共计代理开户数为 6 449 户，代理托管量 3 892. 20 亿元，代理结算量 51 803. 18 亿元，代理结算笔数为 37 129 笔。招商银行以 10 650. 17 亿元位居全年代理结算量之首，工商银行以 875. 71 亿元位居年末代理托管量之首；全年代理结算笔数最多的是兴业银行，为 5 842 笔；年末代理开户数最多的是中国农业银行，为 1 790 户。

中国人民银行和阿根廷中央银行签署双边货币互换协议，互换规模为 700 亿元人民币/380 亿阿根廷比索，协议有效期 3 年。

3 日　中国银监会召开专题会议分析研究银行业案件形势和特点，决定开展担保贷款检查、票据和其他负债业务突查、案件风险排查“回头看”等三项防控行动。9 日，中国银监会发布《关于案件风险排查工作有关要求的通知》，作出专门部署。

中国证监会发布《关于加强上市证券公司监管的规定》，从行政许可、信息披露和法人治理几个方面，对上市公司监管提出了更加严格的要求。在对上市证券公司监管方面适用“从严”“从一般”的原则。所谓“从严”原则，即是要求上市证券公司既要符合机构监管法规的规定，又要符合发行、上市监管法规的规定，相关规定和监管要求有差别的，从严执行。所谓“从一般”原则，即发行、上市监管法规的一般原则和规定不因上市证券公司的行业特点而例外豁免。

中国人民银行发布《中国支付体系发展报告 2008》。该报告全面反映了 2008 年我国支付体系发展取得的重大进展，展望了未来一定时期内我国支付体系发展的基本思路和政策措施。该报告凸显了“大支付”的理念，即在内容上不仅涵盖传统银行业支付结算服务，也包括债券、股票、外汇等金融市场的登记、托管、清算与结算服务，以及银行卡等专业化清算服务，同时介绍了服务于中小金融机构的专业化支付清算机构的情况，从而更加全面地反映了 2008 年度中国整个支付结算领域的最新进展。

国务院召开常务会议，指出，在当前应对国际金融危机的形势下，开展跨境贸易人民币结算，对于推动我国与周边国家和地区经贸关系发展，规避汇率风险，改善贸易条件，保持对外贸易稳定增长，具有十分重要的意义。会议决定，在上海市和广东省广州、深圳、珠海、东莞5城市开展跨境贸易人民币结算试点。

7日　中国财政部发布《关于国有金融机构2008年度高管人员薪酬分配有关问题的通知》，明确国有金融机构2008年度高管人员薪酬（指税前薪酬，包括基本薪酬、绩效薪酬、社会保险、各项福利等）不高于2007年度薪酬的90%。在此基础上，2008年度业绩下降的国有金融机构，高管人员薪酬再下调10%。通知还规定，各国有金融机构要以上限确定其他员工薪酬，合理体现岗位差异和业绩差异。

13日　中国保监会发布《关于规范政策性农业保险业务管理的通知》，要求经营政策性农险的保险公司需具备上一年度末偿付能力充足率在100%以上、有较为稳健的农业再保险和巨灾风险安排规划以及完备的农业巨灾风险应对预案等条件。

14日　中国银监会发布《关于信托公司信政合作业务风险提示的通知》，严禁信托公司向国家限制的行业、企业和项目提供融资或投资服务，加强信政合作风险管理。

16日　中国人民银行发布公告称，为掌握非金融机构从事支付清算业务的情况，完善支付服务市场监督管理政策，维护社会公众合法权益，决定对从事支付清算业务的非金融机构进行登记，推进非金融机构支付清算服务监督管理工作。

中国银监会发布《关于中小商业银行分支机构市场准入政策的调整意见（试行）的通知》，对相关机构市场准入政策进行调整，支持中小商业银行为“三农”和小企业提供更加便捷的服务。

20日　中国证监会批准早籼稻期货合约在郑州商品交易所上市交易。早籼稻期货是郑商所在大宗农产品领域开发的又一个新产品，使我国成为世界上第五个上市稻谷类期货的国家。

21日　中国人民银行印发《关于推进农村信用体系建设工作的指导意见》，贯彻落实党的十七届三中全会关于加快农村信用体系建设的决定，改善农村信用环境，促进农村经济发展。

由上海奇瑞汽车和徽商银行共同投资组建的奇瑞徽银汽车金融有限公司在上海宣布正式开业。奇瑞成为国内首家拥有金融公司的自主品牌汽车企业。此次挂牌的奇瑞徽银汽车金融有限公司注册资本为5亿元人民币，其中奇瑞公司出资4亿元，占80%的股份，徽商银行出资1亿元，占20%的股份。

23日　中国银监会发布了《中国农业银行“三农”金融事业部制改革与监管指引》。该指引规范的重点：一是明确“三农”金融部是以县域为维度设立的事业部；二是对事业部的组织架构和治理机制作出规定，要求农业银行逐步建立有效的“三农”金融部、“三农”金融分部、“三农”金融营业部（县域支行）的条线型垂直管理体系；三是对“三农”金融部的单独核算和自我激励约束的经营机制提出规范要求。该指引规定，中国银监会依法对农业银行三农金融事业部制改革和发展情况进行监督管理，监测与考核“三农”金融部的业务发展、经营绩效和审慎经营等情况，并对三农金融部的运行情况进行监管评估。

25日　中国人民银行行长周小川出席在美国华盛顿召开的国际货币基金组织国际货币与金融委员会第十九届部长级会议并发言。会议主要讨论了全球经济和金融形势、基金组织应对危机措施和基金组织改革等问题。会议期间，周小川行长还参加了G20财长和央行行长会议、世界银行治理改革委员会会议。

26 日 海峡两岸关系协会与海峡交流基金会在南京签署《海峡两岸金融合作协议》。该协议共包括金融合作、交换资讯、保密义务、互设机构、检查方式、业务交流、文书格式、联系主体、协议履行及变更、争议解决、未尽事宜、签署生效等 12 大项内容。双方同意相互协助履行金融监督管理与货币管理职责，加强金融领域广泛合作，共同维护金融稳定；同意由两岸金融监督管理机构就两岸银行业、证券及期货业、保险业分别建立监督管理合作机制，确保对互设机构实施有效监管；同意先由商业银行等适当机构，通过适当方式办理现钞兑换、供应及回流业务，并在现钞防伪技术等方面开展合作，逐步建立两岸货币清算机制；同意就两岸金融机构准入及开展业务等事宜进行磋商。

27 日 中国银监会发布《关于按揭贷款案件风险提示的通知》，要求银行业金融机构严格执行贷款“三查”制度和独立审核、审慎授信的原则，切实防范按揭贷款风险。

中国人民银行、中国银监会、公安部、国家工商总局联合发布《关于加强银行卡安全管理预防和打击银行卡犯罪的通知》，对单位代办信用卡、信用卡广告、非法套现行为等均设立了相应的监管措施，同时加大对盗刷银行卡的防范力度。规定 ATM 转账每日每卡转出金额不得超过 5 万元人民币。

29 日 中国人民银行与湖北省人民政府在武汉签订了《共建武汉城市圈“两型”社会综合配套改革实验区协议书》。人民银行与湖北省政府签署的这项合作协议，是湖北省人民政府加强部省合作共建，推进武汉城市圈建设综合配套改革试验的任务之一，有利于湖北省经济社会发展及武汉城市圈金融发展。

30 日 国家外汇管理局发布《关于公布废止和失效的外汇管理规范性文件目录的通知》，清理外汇管理规定 91 件，其中废止 57 件，宣布失效 34 件。此次清理的外汇管理规定内容主要涉及以下四方面：一是部分涉及国际收支统计申报标识码和交易编码、外汇账户、关注企业管理、经常项目售付汇、经常项目进口延期远期付汇、国际邮政汇款业务、进口开证结算业务、外商投资联合年检、外资并购、房地产市场管理等内容的外汇管理规定，由于与经济金融发展不相适应，予以废止或宣布失效。二是落实 2008 年修订的《外汇管理条例》规定，对部分关于 1996 年发布的《外汇管理条例》条款的适用以及行政处罚的外汇管理规定，予以废止或宣布失效。三是部分适用 1999 年欧元启动及过渡期期间、2003 年防治非典型肺炎期间、2004 年贯彻落实《行政许可法》期间、2008 年奥运会及筹办期间、2008 年抗震救灾期间等特殊时期以及离岸金融业务试点、保税物流园区进行非贸易项下购汇试点等试点时期的特殊外汇管理规定，适用期间已过，予以废止或宣布失效。四是对 11 件已宣布停止执行、经实践证明确无恢复执行必要的外汇管理规定，予以废止。

5 月

3 日 中国、日本和韩国三国财政部部长在印度尼西亚巴厘岛举行会议，会议讨论了东亚区域宏观经济形势和加强东亚财金合作等议题。三国财长特别就“清迈倡议”多边化有关问题交换了意见，并就三方对筹建中的自我管理的区域外汇储备库出资份额达成共识：中国出资 384 亿美元，日本出资 384 亿美元，韩国出资 192 亿美元，分别占储备库总额的 32%、32% 和 16%。在发生金融危机时，储备库以借贷方式向出现流动性困难的成员提供资金帮助。

全国城市商业银行发展论坛第九次会议在天津市召开。会议围绕“防风险，控案件，提高核心竞争力”这一主题，全面分析了城商行改革发展面临的经济金融形势，重点研究了城市商业银行当前如何有效防范信用风险、操作风险和流动性风险。中国银监会有关部门负责人介绍了 2008 年城市商业银行发展情况，并就 2009 年城市商业银行发展和监管工作提出了要求。会议还请有关专家做了专题演讲，并分成防范操作风险、防范信用风险和完善公司治理三个分论坛，就三个主题进行了讨论。

中国银监会和科技部联合发布了《关于进一步加大对科技型中小企业信贷支持的指导意见》，该指导意见主要包括以下五个方面的内容：一是完善科技部门、银行业监管部门合作机制，推动建立政府部门、各类投资基金、银行、科技型中小企业、担保公司等多方参与、科学合理的风险分担体系，引导银行进一步加大对科技型中小企业的信贷支持力度。二是建立和完善科技型中小企业融资担保体系，逐步设立不以营利为目的、专门的科技担保公司和再担保机构。三是整合科技资源，推动各级科技部门、国家高新区建立科技型中小企业贷款风险补偿基金，制定具体的补贴或风险补偿和奖励政策；定期推荐科技贷款项目，推荐科技贷款项目并提供科技专业咨询意见；推动科技型中小企业信用体系建设，建立企业信用档案；探索创新科技保险产品。四是明确和完善银行对科技型中小企业信贷支持的有关政策。五是选择部分银行分支机构，开展科技金融合作模式创新试点。在东部、中部、西部涉农科技型中小企业密集省份，开展支持涉农科技型中小企业试点工作。

6日　中国人民银行、财政部、中国银监会、中国保监会、国家林业局等五部委在浙江丽水龙泉市联合召开了集体林权制度改革与林业发展金融服务现场会。会议认真分析了目前存在的突出问题，研究讨论了全面做好集体林权制度改革与林业发展金融服务工作的有关政策措施。会议认为，五部委联合召开金融服务林改与林业发展专项会议，尚属首次，非常及时、意义重大，将为贯彻落实《中共中央　国务院关于全面推进集体林权制度改革的意见》《中共中央　国务院关于加快林业发展的决定》，促进金融支持林业发展，全面推进集体林权制度改革，起到极为重要的作用。中国人民银行、财政部、银监会、保监会、国家林业局、国家开发银行、中国农业发展银行、中国农业银行有关负责同志，浙江、福建、辽宁、江西、湖南五省财政、林业、金融部门负责同志，以及丽水市、耒阳市、永安市政府负责同志等共80余人参加了会议。

财政部发布公告，决定发行2009年凭证式（二期）国债，总额为500亿元。其中3年期400亿元，票面年利率3.73%；5年期100亿元，票面年利率4.00%。本期国债发行期为2009年5月11日至5月25日，从购买之日开始计息。

中国人民银行发布《2009年第一季度中国货币政策执行报告》。报告指出，2009年第一季度，我国扩大内需、促进经济平稳较快发展以应对国际金融危机的一揽子计划已初见成效，经济运行出现积极变化，市场信心有所恢复，形势比预料的要好。

10日　中国银行业协会首次发布《中国银行业社会责任报告》。这份报告从银行业对经济社会发展贡献、利益攸关者尽责、公益慈善事业奉献、环保事业支持以及银行业社会责任管理等方面，介绍了我国银行业履行社会责任的相关情况。

11日　中国石油天然气集团公司在银行间债券市场成功发行10亿美元中期票据，成为中国境内发行的首单非金融机构美元债券。此举不仅开辟了中国石油乃至中国“走出去”企业境内外币融资新渠道，更为我国产融合作开创了一个新平台。在中国人民银行、国家外汇管理局、交易商协会以及中央国债登记结算公司的政策支持和各金融机构的通力配合下，中国石油作为境内首单美元中期票据唯一试点企业，成功注册30亿美元，首发10亿美元境内美元中期票据。

13日　中国人民银行、中国银监会在北京联合召开了货币信贷工作座谈会。会议研究分析了近期金融运行情况和面临的形势与任务。会议强调，各银行业金融机构要继续落实好适度宽松的货币政策，科学全面分析国内外经济金融形势的发展变化，合理把握信贷投放进度，确保信贷资金进入实体经济，满足实体经济发展和经济结构调整的需要。要始终坚持金融支持经济发展与防范金融风险并重的原则，不断深化改革、完善公司治理结构与风险控制体系；资本充足率、贷款集中度、风险拨备等关键指标均应满足法律与审慎监管的要求；要围绕实施国家产业政策和行业调整与振兴规划，进一步优化信贷结构，对固定资产投资项目的贷款，要严格执行国家规定的最低项目资本金要求，坚持独立审贷；要进一步改善金融服务，切实做好“三农”、中小企业、就业、助学、灾后重建等方面的信贷服务工作。要确保银行业案件防控长效机制逐步形成和到位。

中国证监会正式发布修改后的《中国证券监督管理委员会发行审核委员会办法》《证券发行上市保荐业务管理办法》，自2009年6月14日起正式施行。本次两个办法的修改均属于微调，总共只修改了六处。这两个办法的修改是创业板市场制度完善的重要一步。

14日和6月24日 经国务院同意，中国人民银行分别批准东亚银行（中国）和汇丰银行（中国）两家港资法人银行赴香港发行人民币债券40亿元和30亿元。

15日 由上海市政府和中国人民银行、中国银监会、中国证监会、中国保监会共同主办的“2009陆家嘴论坛”在上海浦东举行。论坛的主题为“全球化时代的金融发展与经济增长”。来自北京、天津、江苏、浙江、重庆、深圳等省市有关领导，上海市推进国际金融中心建设领导小组国际咨询委员会委员，全球著名金融机构和中介服务机构高管人员，国内外知名企业家和有关高等院校、学术机构的专家学者共500余人出席了论坛开幕式。

22日 深圳证券交易所召开第三届理事会第三十次会议，正式审议通过了《深圳证券交易所创业板股票上市规则》，该规则既借鉴了主板特别是中小板监管的经验，又考虑到创业板公司的特点，对创业板市场信息披露、股份限售、保荐机构责任、退市制度等进行了有针对性的制度设计。该规则自2009年7月1日起施行。

中国保监会发布《关于推进投保提示工作的通知》，进一步明确各保险公司应建立和完善投保提示等相关制度，积极推进投保提示工作，从而保护投保人合法权益，该通知自2009年10月1日起施行。中国保监会同时配发了《人身保险投保提示工作要求》《人身保险投保提示书基准内容》两个规范性文件。该通知要求，各保险公司应按照《人身保险投保提示书基准内容》的有关内容，结合具体产品特点制定相应的投保提示书，明示各类保险产品的特点和风险，提示投保人享有的权利和应尽的义务，达到规范保险从业人员的展业行为、保护投保人权益的目的。

24日 中国银监会与香港金管局举行第十一次双边磋商，并签署《关于内地与香港特区注册法人银行机构跨境数据中心的监管合作安排》。

25日 国务院发布《国务院关于调整固定资产投资项目资本金比例的通知》。该通知决定，钢铁、电解铝项目最低资本金比例为40%；水泥项目最低资本金比例为35%；煤炭、电石、铁合金、烧碱、焦炭、黄磷、玉米深加工、机场、港口、沿海及内河航运项目最低资本金比例为30%；铁路、公路、城市轨道交通、化肥（钾肥除外）项目最低资本金比例为25%；保障性住房和普通商品住房项目的最低资本金比例为20%，其他房地产开发项目的最低资本金比例为30%。其他项目的最低资本金比例为20%。

中国人民银行、财政部、中国银监会、中国保监会、国家林业局联合发布了《关于做好集体林权制度改革与林业发展金融服务工作的指导意见》，要求金融部门深入学习实践科学发展观，认真贯彻执行党中央、国务院强农惠农战略和扩内需、保增长、调结构、惠民生战略部署，全面改进和加强对集体林权制度改革和林业发展的金融服务，切实加大对林业发展的有效信贷投入，探索和发展支持集体林权制度改革和林业发展的多元化融资渠道。

26 日 中国人民银行农村信用社改革试点专项中央银行票据发行兑付考核评审委员会第16次例会决定，对福建等12个省（区、市）辖内39个县（市）农村信用社兑付专项票据，额度为27亿元。

财政部和中国银监会联合印发《关于当前应对金融危机加强银行业金融机构财务和风险管理的意见》，要求银行业金融机构高度关注借款企业财务管理状况，高度关注借款企业对外担保以及其他或有负债情况，防止信贷风险积聚；在开展并购贷款业务时，要按有关规定认真分析和评估并购贷款风险，避免因企业盲目扩张造成银行信贷资金损失。要统筹处理好有效发展和审慎经营的关系，增强对风险的判断和识别能力，确保新增贷款质量稳定。还要求银行业金融机构强化内部风险控制，切实防范市场和操作风险；及时足额提取拨备，努力化解不良资产；审慎开展并购，防范境外投资风险；加强委托代理业务管理，努力降低表外风险；着力加强成本控制，避免费用刚性增长；加强财务分析与风险预警，提高战略决策能力；深化公司治理改革，维护出资人权益。

27 日 国务院召开常务会议，研究部署进一步稳定外需的政策措施。会议确定了进一步稳定外需的6项政策措施，即完善出口信用保险政策，提高出口信用保险覆盖率；完善出口税收政策；大力解决外贸企业融资难问题，中央安排资金支持担保机构扩大中小企业贸易融资担保；鼓励金融机构通过多种方式支持出口企业融资，抓紧实施货物贸易人民币结算试点；完善加工贸易政策；保持人民币汇率在合理、均衡水平上的基本稳定。

中国人民银行发布《2008年中国区域金融运行报告》。报告指出，2008年，全国各地区全面贯彻落实科学发展观和国家各项宏观经济政策，努力克服特大自然灾害和国际金融危机冲击的不利影响，积极扩大内需，加快经济结构调整，保持区域经济平稳增长。2008年，各地区金融业稳健运行。居民储蓄存款显著增长，企业存款增速有所放缓，存款定期化态势较为明显。人民币贷款稳定增长，中长期贷款快速增长，投向基本符合国家产业结构调整要求和区域经济发展需要；票据融资大幅增加，有效地扩大了金融机构对中小企业的信用支持。社会融资总量继续增长，特别是西部和东北地区债券融资增长迅速。各地区金融生态环境持续好转，区域经济金融协调发展。

6 月

1 日 中国银监会发布《商业银行信息科技风险管理指引》，同时废止2006年11月颁布的《银行业金融机构信息系统风险管理指引》。新《指引》共11章76条，分为总则、信息科技治理、信息科技风险管理、信息安全、信息系统开发、测试和维护、信息科技运行、业务连续性管理、外包、内部审计、外部审计和附则等11个部分。新《指引》的发布，进一步推动我国银行业信息科技风险管理向更高水平迈进。

财政部和国家税务总局联合下发《关于中小企业信用担保机构有关准备金税前扣除问题的通知》，明确中小企业信用担保机构可在企业所得税税前扣除按照不超过当年年末担保责任余额1%的比例计提担保赔偿准备；中小企业信用担保机构可在企业所得税税前扣除按照不超过当年担保费收入50%的比例计提未到期责任准备，同时将上年度计提的未到期责任准备余额转为当期收入。

人民币外汇即期询价交易净额清算业务在银行间市场成功试运行。银行间外汇市场21家做市商成为首批清算会员，并均顺利参与了新业务的首日运行。净额清算业务试运行首日，交易中心系统运行正常，清算的人民币外汇即期询价交易金额占市场交易总量的70%，轧差后的清算净额占清算会员之间交易总量的32%，达到了预期的效果。

5 日 经中国证监会批准，深圳证券交易所正式发布《深圳证券交易所创业板股票上市规则》，自2009年7月1日起施行。该规则主要在以下几个方面进行了修改调整：一是增加了要求上市公司应当为独立董事履职提供保障的条款；增加了进一步强化对会计师事务所约束的条款；增加了要求公司强化核心技术相关内容披露的条款。二是增加对上市公司董事、监事和高级管理人员应当保证公司披露的信息及时、公平的要求；增加内幕信息知情人不得建议他人买卖证券的要求；进一步明确董事、监事、高管直接和间接持有本公司股票的情况均需要声明；明确董事、监事和高级管理人员离职时也应申报并申请锁定其所持有的股份的要求；进一步明确对外投资的范围等。

中国人民银行、财政部联合发布《关于发行2009年凭证式（三期）国债有关问题的通知》，本期国债发行金额500亿元，其中：三年期400亿元，年利率为3.73%；五年期100亿元，年利率为4%。

8日 中国银监会发布《关于进一步加强信贷管理的通知》，强调贷款发放必须用于满足实体经济的有效信贷需求，防止信贷资金违规流入资本市场、房地产等领域，防止出现月末、季末"冲规模"现象。

中国人民银行行长周小川在北京会见了国际货币基金组织（IMF）副总裁加藤隆俊，双方就中国宏观经济形势、货币政策以及结构改革等问题交换了意见。加藤隆俊此次访问是中国与国际货币基金组织举行年度第四条款磋商的一部分。

8～11日 欧亚反洗钱与反恐怖融资组织（EAG）在俄罗斯圣彼得堡市召开了第十届全会、工作组会议和立法部门磋商会，来自7个成员、20多个观察员的140多名代表参加了会议。会议期间，中国全国人民代表大会的有关代表就中国反洗钱立法情况进行了发言；中国、俄罗斯、印度三国代表与私营部门代表召开了座谈会，讨论了国际金融危机对全球反洗钱与反恐怖融资体系的影响。根据会议安排，中国将于2009年12月主办下一届EAG全会。

9日 中国银监会发布《关于小额贷款公司改制设立村镇银行暂行规定》，明确小额贷款公司改制设立村镇银行的有关要求，引导其健康发展。

江西省南昌市人民法院对刘某地下钱庄案一审宣判，以非法经营罪判处刘某有期徒刑1年，共处罚金11万元。此案是全国首例以非法经营罪宣判的"非法结算型"地下钱庄案件。

10日 国际金融协会（IIF）2009年春季会员会议在北京召开。会议主要围绕国际金融危机下各国金融和货币体系改革、稳定全球和新兴市场、新兴金融市场的资本流动以及中国下一阶段的金融服务改革等问题展开讨论。

国家外汇管理局发布《进一步完善企业贸易信贷登记和出口收结汇联网核查管理有关问题的通知》。该通知决定贸易信贷可收（付）汇额度统一实行余额管理，企业出口预收货款和进口延期付款基础比例由25%上调至30%。

10～11日 中国银监会国际咨询委员会第七次会议在北京召开。会议讨论了国际金融危机最新进展及对监管的影响、银行业监管框架及有关问题、中国银行业和全球实施新资本协议的最新进展、银行业跨境监管合作、危机下企业兼并重组的银行业服务等数项议题。

12日 中国证券业协会和中证指数有限公司宣布正式发布中证协基金行业股票估值指数（以下简称SAC行业指数）。自6月15日起，基金选用指数收益法对相关证券进行估值时，可参考SAC行业指数。

13日 中国银行携手中国银联向市场推出了国内首张集借记卡和贷记卡功能于一体的创新金融新品——"长城借贷合一卡"。这张符合银联最新标准的新型银行卡，有别于传统意义上的信用卡或借记卡，具备一卡双磁条、一卡双账户、银行卡功能全覆盖等显著优点。

15~16 日 西非开发银行第 73 届董事会在上海举行。这是西非开发银行董事会第一次在亚洲国家举行。会议期间举办了中国—西非开发银行合作与发展研讨会，旨在增进我国与西非地区国家的相互了解，促进双方经贸合作，积极推动中国金融机构和企业“走出去”，开拓西非市场。

17 日 中国人民银行发布《关于财务公司申请机构代码和刻制汇票专用章有关问题的通知》，便利财务公司加入电子商业汇票系统，规范和促进财务公司商业汇票业务的发展。

国务院召开常务会议，分析当前经济形势，研究部署下一阶段经济工作。会议强调，我国经济运行正处在企稳回升的关键时期，要坚定不移地继续实施积极的财政政策和适度宽松的货币政策，全面贯彻落实好应对国际金融危机的一揽子计划，并根据形势变化不断丰富和完善。会议强调，巩固和发展企稳向好的形势，必须抓好以下七项工作：1. 进一步调整结构，大力培育和扩大消费需求，保持投资稳定增长，全面增强国内需求对经济增长的拉动作用。2. 进一步巩固农业基础地位，保持农业稳定发展。3. 进一步巩固农业基础地位，保持农业稳定发展。4. 进一步做好节能减排工作，大力发展环保产业、循环经济和绿色经济。5. 进一步推动城乡统筹和地区协调发展，拓展新的发展空间。6. 进一步深化改革开放，增强经济发展的动力与活力。7. 进一步改善民生，加强社会保障体系建设，全面提高人的素质。

中国金融会计学会在北京举办“公允价值应用与金融风险防范”学术研讨会。会议重点研讨了公允价值应用中的难点与热点问题，从会计理论层面、经济学意义、应用与实施以及对金融机构的影响等角度对公允价值会计进行了深入探讨；分析了公允价值会计对金融机构资产、利润、税收、绩效管理、风险管理、经营理念等方面的作用；探讨了公允价值会计对金融市场发展、经济周期波动等方面的重要影响。

18 日 中国网上银行促进联盟在京成立。中国人民银行、中国银监会、大型商业银行、股份制银行、城市商业银行、农村信用社和农村商业银行等银行业金融机构领导，以及金融行业咨询顾问、金融理论界的学者和专家共 150 余人出席了此次会议。此次大会标志着“中国网上银行促进联盟”之系列推进活动正式起航。

19 日 国务院决定，在境内证券市场实施国有股转持，即股权分置改革新老划断后，凡在境内证券市场首次公开发行股票并上市的含国有股的股份有限公司，除国务院另有规定，均须按首次公开发行时实际发行股份数量的 10%，将股份有限公司部分国有股转由全国社会保障基金理事会持有，全国社会保障基金理事会对转持股份承继原国有股东的禁售期义务。同日，财政部、国资委、中国证监会和全国社保基金会四部门联合发布《境内证券市场转持部分国有股充实全国社会保障基金实施办法》，对国有股转持范围、比例、方式、转持程序、转持股份的管理和处置等予以了明确。该办法规定，社保基金对转持股份在承继原国有股东的法定和自愿承诺禁售期基础上，将禁售期再延长 3 年。

中国人民银行发布《中国金融稳定报告(2009)》。报告指出，2008 年我国国民经济保持平稳较快发展，金融体系运行的宏观环境良好；金融改革成效显著，金融开放继续推进，金融创新不断加强；外汇储备继续保持增长，应对外部冲击能力不断增强；财政收入、企业利润和居民收入继续保持增长，实际支付能力进一步提高；金融市场继续保持健康发展，总体运行平稳；金融安全网建设继续推进，金融基础设施不断完善。报告指出，我国金融业总体实力稳步提高，抗风险能力不断增强。银行业金融机构资产总额、本外币存贷款余额继续提高，资本充足率达标银行数量进一步增加。证券期货机构经营稳健，资本市场稳定健康发展的基础性制度建设稳步推进。保险业资产实力有所增强，日益成为优化金融结构、提高金融市场资源配置效率的重要力量。金融机构贯彻落实金融促进经济发展的各项政策措施，加大对经济发展的支持力度，同时加强内部管理，防范金融风险，促进经济金融协调发展。

中国银监会发布《关于进一步加强按揭贷款风险管理的通知》，重申“二套房”政策，严禁“假按揭”“假房价”“假首付”。

23 日　中国银监会印发《关于进一步规范信用卡业务的通知》，督促指导银行业金融机构进一步加强信用卡各业务环节的操作规范和风险管理。

中国证券业协会发布《证券公司网上证券信息系统技术指引》，首次明确了“手机炒股”的安全要求，即证券公司应使用安全、可靠的移动证券系统。移动证券系统宜自主运营，实现数据从用户终端到网上证券服务端之间的加密传送和控制，并随着技术的发展，不断提高加密强度，完善认证算法。

25 日　上海市第十三届人大常委会第十二次会议通过了《上海市推进国际金融中心建设条例》，自 2009 年 8 月 1 日施行。新出台的条例是全国首部推进国际金融中心建设的地方性法规，也是对过去 10 多年来上海国际金融中心建设经验的总结。该条例共有 8 章 39 条。除第一章总则、第八章附则以及第二章围绕金融市场体系建设作出规定外，其余五章着重围绕金融发展环境，即区域、人才、创新、信用、金融风险防范和法治环境等方面做了规定。

26 日　中国国际经济关系学会主办的“金融危机后国际经济合作研讨会暨中国国际经济关系学会成立 30 周年庆祝大会”在北京召开。与会代表就国际金融危机的成因及影响、各国应对措施和我国的选择、国际货币金融体系改革、人民币国际化、我国对外投资和境外资源开发等问题，展开了热烈和深入的讨论。

26 ~ 27 日　中国人民银行行长周小川、中国银监会主席刘明康和财政部副部长李勇出席在瑞士巴塞尔召开的金融稳定理事会首次全体会议。全会讨论了理事会章程和内部架构，全球金融体系最新情况和早期预警机制，理事会正在开展的修改国际会计准则、开发宏观审慎监管方法和工具、扩大监管范围等工作，以及跨境危机管理原则执行情况和有效存款保险原则。会议决定设立指导委员会指导理事会日常事务，同时设立脆弱性评估、监管合作和标准执行三个专门委员会。

29 日　中国人民银行行长周小川和香港金融管理局总裁任志刚签署了补充合作备忘录。双方同意在各自的职责范围内对香港银行办理人民币贸易结算业务进行监管并相互配合。双方同意继续推动香港人民币业务的不断发展，进一步发展内地与香港两个金融体系的互助、互补和互动关系，巩固并发挥香港国际金融中心的地位和作用。

30 日　中国金融出版社和中国银联联合主办的“中国金融论坛：推进银行卡产业科学发展”研讨会在北京召开。研讨会上，来自有关部门的负责人及专家学者分析了当前银行卡政策环境、行业监管以及推进公务卡和打击银行卡诈骗犯罪等方面的情况，中国银联、商业银行同银行卡机具企业的代表交流了银行卡经营管理、产品创新、风险防范等方面的经验与体会。

7 月

2 日　《中国银行间市场金融衍生产品交易主协议（2009 年版）》集中签署仪式在京举行。参加本次签署仪式的 23 家中外资金融机构，均为国内场外金融衍生产品市场较为活跃的市场参与者。截至当日，共有 31 家机构签署了 41 份协议，标志着推广应用进入了实质性阶段。

2 ~ 6 日　跨境贸易人民币结算试点取得重大进展。1 日，中国人民银行、财政部、商务部、海关总署、国家税务总局和中国银行业监督管理委员等六部委联合发布《跨境贸易人民币结算试点管理办法》，对跨境贸易人民币结算试点的业务范围、运作方式，试点企业的选择、清算渠道的选择等问题做了具体规定。该办法明确，人民银行可根据宏观调控、防范系统性风险的需要，对跨境贸易人民币结算试点进行总量调控。3日，中国人民银行发布了《跨境贸易人民币结算试点管理办法实施细则》，对于境内代理银行为境外银行开立人民币账户、如何确保跨境贸易的真实性、跨境贸易人民币结算进口付款以及跨境贸易人民币结算出口收款格式做了详细说明。4日，中国银行控股子公司中银香港与中国人民银行签署《关于人民币业务的清算协议》，标志着中银香港正式获得跨境贸易人民币清算银行的资格。中银香港也由此成为香港地区首家可以同时提供跨境贸易人民币结算和清算服务的银行。同日，中行广东省分行分别与中银香港、香港上海汇丰银行有限公司正式签订《人民币贸易结算清算协议书》。中国银行由此成为首家完成与海外代理行签署跨境贸易人民币结算代理清算协议的银行。6日，香港与内地跨境贸易人民币结算业务正式展开，中银香港当日为上海电气香港有限公司办理向内地的人民币货款支付服务，香港汇丰银行当日也与交通银行合作为上海环宇进出口公司办理人民币跨境结算交易。同日，跨境贸易人民币结算试点在上海首先启动。参与试点的中国银行和交通银行分别完成首笔跨境贸易人民币结算业务，这意味着跨境贸易人民币结算试点业务正式开闸。人民币跨境收付信息管理系统（RCPMIS）正式上线运行，实现对人民币跨境收付等信息进行统计、监测和分析。

6日　中国银监会发布了《关于进一步加强商业银行个人理财业务投资管理有关问题的通知》。该通知从投资管理的原则、投资管理的方式和投资方向等三个层次对商业银行理财业务的投资管理进行了进一步的明确规范，引导商业银行调整理财业务的定位，加大客户细分力度，在引导高端投资者审慎投资的同时，尤其要求银行对中低收入投资者进行更有效的保护；此外，还强调了商业银行“卖者有责”，加强了对银行理财业务的监督管理。

6~10日　中国人民银行在澳大利亚布里斯班参加了亚太反洗钱组织（APG）第12届年会。来自40多个国家和地区及20多个国际组织的350多名代表与会。年会讨论通过了巴布亚新几内亚的成员资格以及APG的战略、运作、预算计划，并讨论了相关成员的互评估报告。年会期间还举行了犯罪类型和实施事务工作组会以及与金融危机、政治公众人物、腐败犯罪等相关的技术研讨会。

8日　中国反洗钱监测分析中心与法国打击非法金融活动情报处理和行动中心在北京签署《关于反洗钱和反恐怖融资情报交流合作谅解备忘录》。中国人民银行副行长苏宁与来访的法国预算、公共财务和公职部长沃斯出席了签署仪式。此举标志着中国与法国在反洗钱与反恐怖融资金融情报交流方面的合作进入了实质性阶段。

中国人民银行发布公告，为保持基础货币平稳增长和货币市场利率基本稳定，2009年7月9日将以贴现方式发行两期中央银行票据。期限分别为3个月（91天）和1年，发行量均为500亿元，合计发行总量1 000亿元。已暂停8个月的1年期央票恢复了发行，资金回笼信号较为明显。

9~10日　中国银监会主席刘明康、中国人民银行副行长胡晓炼出席扩大后的巴塞尔委员会第一次会议暨第130次工作会议。本次会议是我国加入巴塞尔委员会后参加的首次会议，也是巴塞尔委员会扩员后的首次会议。会议审议通过对1996年交易账户资本计提规则和新资本协议三大支柱的修订稿，发布新协议第二支柱（监督检查程序）的补充指引。

13日　国家外汇管理局发布《关于境外机构境内外汇账户管理有关问题的通知》，自2009年8月1日起开始实施。通知主要包括以下内容：一是统一银行办理资格。规定境内符合条件的全部中外资银行，均可以按规定为境外机构开立境内外汇账户，提供金融服务。二是明确了境外机构境内外汇账户的开立条件、使用范围及管理原则等。境外机构境内外汇账户与境内发生收支，按跨境交易进行管理；境外机构境内外汇账户内资金余额除另有规定外，应当纳入银行短期外债指标管理。三是加强统计监测和风险防范。要求银行对境外机构境内外汇账户进行统一标识并纳入外汇账户管理信息系统进行管理。

16 日 中国人民银行发布《关于改善农村地区支付服务环境的指导意见》，在全国范围内组织开展农村支付服务环境改善工作，提升农村地区金融服务水平。

18 日和 23 日 中国银监会分别发布《项目融资业务指引》和《固定资产贷款管理暂行办法》，对固定资产贷款和项目融资实施“实贷实付”、按项目进度“受托支付”的全流程跟踪管理。这是信贷管理制度的革命性变革，标志着我国银行业信贷风险管控进入新的历史阶段。《项目融资业务指引》规定，项目融资在贷款用途、借款人、还款资金来源等方面要符合一定特征，还要符合国家产业、土地、环保和投资管理等相关政策。此外，该指引还对贷款人项目风险管理和评估等方面做了相关规定。

19 日 中国银监会批复交通银行投资入股中保康联人寿保险有限公司，交通银行成为我国首家入股保险公司的商业银行。

20～21 日 中国人民银行与欧盟在河南郑州举办中欧世贸项目研讨会，就洗钱、执行联合国相关涉恐资产冻结决议机制等问题进行了讨论。来自人民银行、全国人大法工委、最高人民法院、最高人民检察院、国务院法制办、公安部、安全部、司法部、外交部、财政部、海关总署、银监会、证监会、保监会和部分金融机构的代表参加了此次会议。

21 日 银行业反腐倡廉警示教育展览在北京举行首展，中共中央政治局常委、中央纪委书记贺国强观看展览。他强调，举办银行业反腐倡廉警示教育展览，是银监会党委深入贯彻落实中央反腐倡廉决策部署、加强银行业党风建设和反腐倡廉工作的一项重要举措。

21～23 日 中国人民银行行长周小川出席在香港举行的第十四届东亚及太平洋地区中央银行行长会议。来自东亚及太平洋中央银行行长会议组织（EMEAP）11 个成员的中央银行行长和金管局总裁出席了会议。会上讨论了全球特别是本地区经济金融的最新进展情况、“公共财政恶化和政府债务增加对货币政策的影响”和“顺周期风险承担和反周期监管：国际金融体系改革及其对 EMEAP 经济体的启示”等问题。

22 日 中国银监会发布《关于建立健全农村合作金融机构激励约束机制的指导意见》，推进农村合作金融机构转换经营机制，提高风险管控能力和经营水平，增强市场竞争力。

中国银监会发布《消费金融公司试点管理办法》，启动消费金融公司试点审批工作。该办法共 5 章 39 条，对消费金融公司的设立、变更与终止，业务范围及经营规则，监管指标及消费者的保护等作出规定。

23 日 第一次中日韩央行行长会议在中国深圳举行。中国人民银行行长周小川、日本银行行长白川方明和韩国银行行长李成太出席会议。三国央行行长讨论了三国近期经济金融形势，并主要就宏观审慎、金融稳定及区域货币合作等共同感兴趣的问题交换了意见和看法。

中共中央政治局会议召开，会议研究了当前经济形势和经济工作。会议指出，下半年将迎来新中国成立 60 周年，做好经济工作至关重要。要继续把促进经济平稳较快发展作为经济工作的首要任务，保持宏观经济政策的连续性和稳定性，继续实施积极的财政政策和适度宽松的货币政策，全面落实和充实完善刺激经济的“一揽子”计划和相关政策措施，巩固经济企稳回升势头，努力实现 2009 年经济社会发展预期目标。

中国银监会发布《关于做好新型农村金融机构 2009—2011 年总体工作安排有关事项的通知》，拟在三年内再设立 1 300 家左右新型农村金融机构。

中国银监会印发《关于进一步规范信用卡业务的通知》，督促和指导银行业金融机构进一步加强信用卡各业务环节的操作规范和风险管理，不断提升信用卡业务的服务质量，防范相关业务风险。该通知重点从信用卡的发卡营销管理、收单业务与特约商户管理、催收外包管理以及投诉处理等四个方面提出了规范要求。

24 日 中国人民银行正式加入国际支付结算体系委员会（Committee on Payment and Settlement Systems，CPSS），成为其23名正式成员之一。CPSS是十国集团中央银行发起成立的国际性专业组织，秘书处设在国际清算银行（BIS）。CPSS一直致力于支付结算体系的发展与改革，推动建立稳健、高效的支付结算系统，以加强全球金融市场基础设施。CPSS通过向成员中央银行提供交流平台，使各中央银行能够就其国内的支付、清算及结算系统以及跨境多币种结算机制的发展问题共同进行研究和探讨。CPSS成员已扩展到23个国家及地区。中国人民银行加入CPSS之后，将致力于推动我国支付结算体系制度创新，保障支付结算体系的安全、稳定运行，采取更合理的手段影响市场安排，不断完善支付系统以及证券结算系统的相关设计，积极推进零售支付领域的市场化进程，使支付结算体系能够顺应经济金融健康发展的内在需要。

29 日 中国保监会与公安部联合下发《关于加强协作配合共同打击保险领域违法犯罪行为的通知》，明确两部门在打击保险犯罪案件方面的责任，建立了案件移送制度、办案协作制度、工作联络和情况通报制度等联动机制。

31 日 中国银监会发布《关于进一步加强银行业金融机构与机构客户交易衍生产品风险管理的通知》，防范衍生品相关风险，促进衍生品市场健康有序发展。

8 月

5 日 中国人民银行发布《2009年第二季度中国货币政策执行报告》。报告指出，2009年上半年，中国经济增长保持韧性，继续运行在合理区间，延续总体平稳、稳中有进的发展态势。

6～8 日 中国人民银行与国际清算银行在上海联合举办了国际清算银行亚洲研究大会。会议主题为“国际金融危机及亚太地区面临的政策挑战”，这是国际清算银行针对亚太地区中央银行（金融监管局）关注问题设立的3年研究项目的成果总结。会议重点讨论了国际金融危机对亚太地区的影响及本地区央行面临的政策挑战，并分别就货币政策与汇率、市场发展及金融稳定三个专题进行了深入探讨。

10 日 中国银联和财团法人联合信用卡处理中心在台北举行仪式，宣布银联卡台湾受理业务正式开通，两岸金融合作进一步加强。

中国人民银行、财政部联合发布《关于发行2009年凭证式（四期）国债有关问题的公告》，本期国债发行金额400亿元，其中一年期200亿元，票面年利率为2.60%；三年期200亿元，票面年利率为3.73%。

17 日 中国金融部门评估规划（FSAP）正式启动。中国人民银行约请外交部、发展改革委、财政部、人力资源和社会保障部、商务部、统计局、国务院法制办、银监会、证监会、保监会、外汇局召开协调会，会议由中国人民银行行长周小川主持。会议决定成立FSAP部际领导小组和FSAP部际工作小组。

18 日 中国人民银行和中国银监会联合发布《金融租赁公司和汽车金融公司发行金融债券的有关事宜》公告，允许符合条件的金融租赁公司和汽车金融公司发行金融债券，并明确规定了申请发行金融债券的具体条件。金融租赁公司主要通过出租生产设备等方式为承租人提供融资支持，中小企业是其重要服务对象；金融公司主要为汽车购买者及销售商提供金融服务。金融租赁公司和汽车金融公司发行金融债券的申请核准程序、发行承销、登记托管、信用评级和信息披露等事宜，仍按照《全国银行间债券市场金融债券发行管理办法》执行。

19 日 中国证监会发布《期货公司分类监管规定（试行）》。期货公司分类监管将自 2009 年 9 月 1 日起实施。今后中国证监会将根据期货公司不同的评价分类，对不同类别的期货公司在监管资源分配、现场检查和非现场检查频率等方面区别对待。期货公司分类评价指标共分为三类：风险管理能力指标、市场影响力指标、持续合规状况指标。根据评价计分的高低，期货公司将被分为从 AAA 级、AA 级、A 级；BBB 级、BB 级、B 级；CCC 级、CC 级、C 级；D 级；E 级等 5 类 11 个级别，每年评审一次。

20 日 中国银监会印发《贷款公司管理规定》，规范贷款公司行为，保护贷款公司、客户合法权益，促进其健康发展。

24 日 国家税务总局下发通知，明确股权激励有关个人所得税问题。通知规定，个人因任职、受雇从上市公司取得的股票增值权所得和限制性股票所得，由上市公司或其境内机构按照“工资、薪金所得”项目和股票期权所得个人所得税计税方法，依法扣缴其个人所得税。股票增值权被授权人获取的收益，是由上市公司根据授权日与行权日股票差价乘以被授权股数，直接向被授权人支付的现金。上市公司应于向股票增值权被授权人兑现时依法扣缴其个人所得税。

25 日 中国银监会发布《商业银行声誉风险管理指引》，主要包括六个方面内容：一是首次明确了声誉风险的定义，指出声誉风险是指由商业银行经营、管理及其他行为或外部事件导致利益相关方对商业银行负面评价的风险。二是明确要求商业银行将声誉风险管理纳入公司治理及全面风险管理体系。三是提出由董事会承担声誉风险管理的最终责任，并对董事会职责提出规范性要求。四是要求商业银行建立声誉风险排查机制、声誉事件分类分级管理和应急处理机制等，提高对声誉风险的发现和声誉事件的应对能力。五是明确有效处置重大声誉事件的原则和方法，不仅对已发重大声誉事件要启动应急预案，对可能引发重大声誉事件的行为和事件也要适时启动应急预案。六是提出了声誉风险监管的原则性要求。

28 日 中国保监会发布《人身意外伤害保险业务经营标准》，这是保监会针对单一业务领域首次以标准的形式发布的规范性文件，将从 2010 年 1 月 1 日起执行。

31 日 中国证监会正式发布《期货市场客户开户管理规定》，自 9 月 1 日起正式实施。该规定明确了期货市场统一的开户方案，同时明确期货市场新开户必须采用实名，并要求个人客户必须本人亲自办理开户手续，签署开户资料，不得委托代理人代为办理开户手续。对于原有客户及暂未升级系统的公司客户，以后将分期分批进行核验。

9 月

1 日 国务院总理温家宝会见世界银行行长佐利克。温家宝说，当前世界经济出现企稳迹象，但全面复苏将是缓慢、曲折和复杂的过程，各国需要加强对话，协调政策，深化合作，作出长期不懈的努力。中国应对国际金融危机的宏观经济政策和措施是符合实际的，也是及时、有力、有效的。中国经济正处在企稳回升的关键时期，我们不会改变政策方向。我们将继续实行积极的财政政策和适度宽松的货币政策，全面落实并丰富完善应对国际金融危机的“一揽子”计划，努力实现经济社会发展的预期目标。

国务院发布《关于开展新型农村社会养老保险试点的指导意见》，该指导意见明确的任务目标是，探索建立个人缴费、集体补助、政府补贴相结合的新农保制度，实行社会统筹与个人账户相结合，与家庭养老、土地保障、社会救助等其他社会保障政策措施相配套，保障农村居民老年的基本生活。2009 年试点覆盖面为全国 10% 的县（市、区、旗），以后逐步扩大试点，在全国普遍实施，2020 年之前基本实现对农村适龄居民的全覆盖。

2 日 国际货币基金组织（IMF）宣布，中国政府已同意购买不超过 500 亿美元的国际货币基金组织债券。这是 IMF 第一次发行债券，中国也是第一个签署债券认购协议的基金组织成员国。该债券为期 5 年，将以 IMF 特别提款权（SDR）计价，按季度发放利息。

3 日 中国银监会印发《银行业金融机构建立存款风险滚动式检查制度的指导意见》，督促银行业金融机构完善内控制度体系，加强存款风险管理，防范欺诈盗窃和挪用客户存款案件。

4 日 二十国集团财政部部长和中央银行行长会议在英国伦敦举行。会议讨论了当前世界经济和金融市场形势及相关政策，为即将于 9 月 24～25 日在美国匹兹堡举行的二十国集团首脑会议作准备。中国财政部部长谢旭人和中国人民银行行长周小川率中国代表团参加了会议，并在会上表示中国将继续采取措施巩固经济企稳回升态势。

4～7 日 中国人民银行对大额支付系统实施功能改造，并完成新版应用软件升级换版，以实现电子商业汇票系统依托支付系统办理资金清算和支持人民币跨境贸易支付业务处理。

中国人民银行、商务部、中国银监会、中国证监会、中国保监会和国家外汇管理局等六部委联合发布《关于金融支持服务外包产业发展的若干意见》，对金融支持服务外包产业发展的有关政策措施进行了部署。该意见指出，从 20 个服务外包示范城市中选取有一定基础的城市开展金融产品和服务创新试点，通过创新信贷产品和服务方式等途径切实加大对服务外包企业的信贷支持力度，以扶持一批有实力、有市场、有订单的服务外包企业尽快做大做强。同时，该意见明确，要多渠道拓展服务外包企业直接融资途径，还要完善创新适应服务外包企业需求特点的保险产品。

8 日 中国人民银行发布《中国人民银行关于开展存款类金融机构存款账户结构情况调查的通知》，启动对全国存款类金融机构存款账户金额与结构的分布情况进行抽样调查，了解我国存款账户的最新分布，为做好我国存款保险制度设计工作提供依据。

9 日 中国证券业协会正式实施专门针对基金客户的《基金管理公司反洗钱客户风险等级划分标准指引（试行）》。为切实防范洗钱风险，基金公司将根据客户高、中、低风险等级的不同采取相应的身份识别和风险监控措施。该指引分为四章，共十八条，包括总则、客户风险等级划分标准、客户信息审核和交易监测及附则。

中国保险行业协会正式发布《保险从业人员行为准则实施细则》，要求保险从业人员恪守最大诚信原则，认真履行保险监管机构、行业自律组织、所在机构制定的各项服务规范和承诺，严禁参与承保欺诈、骗赔、多赔等活动。该细则适用于经中国保监会及其派出机构批准、在中国境内从事保险及其有关业务的各类保险机构和保险中介机构的员工及其代理制营销员。

14～17 日 国际货币基金组织/世界银行中国金融部门评估规划（FSAP）先遣团来华会谈。双方就中国 FSAP 评估范围、评估工作进程等进行了充分交流，并基本达成一致。

15 日 金融稳定理事会在法国巴黎召开第二次全体会议。中国人民银行行长周小川、财政部副部长李勇和中国银监会副主席王兆星出席会议。会议重点讨论了金融稳定理事会向峰会提交的关于加强金融监管的报告，就金融稳定理事会章程达成一致并准备获得峰会领导人支持。

16～18 日 第八届东亚及太平洋地区中央银行行长会议组织 IT 局长会议（ITDM）在杭州召开。本次会议的主题为“EMEAP 中央银行 IT 发展应用与软件质量管理”。会议由中国人民银行主办，李东荣行长助理出席会议并致辞。来自东亚及太平洋地区共 11 个国家和地区的中央银行、货币当局 IT 部门负责人等 20 多位代表参加了会议。

21 日 中债信用增进投资股份有限公司在北京成立，是我国首家专业债券信用增进机构。由中国石油天然气集团公司、国网资产管理有限公司、中国中化股份有限公司、北京国有资本经营管理中心、首钢总公司、北京万行中兴实业投资有限公司、中国银行间市场交易商协会等七方共同出资设立。

22日 国家外汇管理局公布废止和失效56件规范性文件。为进一步完善外汇管理法规体系，国家外汇管理局对主要内容被新的规范性文件所代替、与当前管理实际不符的27件外汇管理规范性文件予以废止；对适用期已过或者调整对象已经消失，实际上已经失效的29件外汇管理规范性文件宣布失效。

中国人民银行公布2008年度银行科技发展奖获奖项目93项，《中国工商银行数据生命周期管理技术规范》《中国农业银行数据中心迁移工程》《交通银行境内外一体化的数据中心建设》《SP印钞机设计及印刷工艺的开发》《J99型印钞机》等5个项目获得一等奖。

23日 2009年记账式附息（二十三期）国债在上证所固定收益证券综合电子平台上市。交易方式为现券和回购。本期国债为固定利率债券，期限为10年，票面利率为3.44%，每年3月17日、9月17日支付利息，2019年9月17日偿还本金并支付最后一次利息。

24日 中国人民银行、中国银监会、中国证监会和中国保监会在京联合召开金融机构治理商业贿赂工作联席会议。会议交流了金融系统治理商业贿赂工作经验，对当前金融系统防范商业贿赂的政策措施和对策等问题进行了探讨。会议认为，金融机构要加强协作配合，充分借助“一行三会”治理商业贿赂协调小组所搭建的沟通交流平台，着力建立金融机构治理商业贿赂长效机制，深入推进治理商业贿赂工作。

中国人民保险集团股份有限公司创立大会和第一届董事会第一次会议在北京召开。创立大会决议，中国人保将由国有独资保险集团公司整体改制变更为国家控股的股份制保险集团公司，名称也将变更为中国人民保险集团股份有限公司。原中国人保在股份公司设立之前的全部资产、负债、机构和人员依法由设立后的中国人民保险集团股份有限公司继承。

25日 中国证监会稽查局和沪、深证券交易所在京召开“创业板执法暨异常交易监管三方联席会”，会议确定从四方面加强执法工作，确保创业板平稳推出和规范运行。一是加大对涉嫌市场操纵案件的查处力度，严密监控首日交易，对蓄意拉抬股价的，限制其账户交易并向市场公布，涉嫌违法违规的，及时进行调查并及时向社会公布调查处理情况，净化市场环境；二是加强交易所、派出机构和公安机关三位一体联动，做到有异动就有反应，有反应就有结果；三是针对创业板公司的风险特征，加大持续监管力度，重点关注财务欺诈、利益侵占、资金挪用、内幕交易和市场操纵等违法违规行为，涉嫌犯罪的，坚决移送公安机关追究刑事责任；四是为适应创业板执法工作需要，结合创业板信息披露和交易规则，加强对系统稽查干部的培训。

中国保监会发布《人身保险新型产品信息披露管理办法》，从销售、售后和持续披露等几个环节，提高了人身保险新型产品信息披露的及时性、准确性和透明性，增强保险公司的强制披露义务。

27日 中国工商银行公布，近日，中国工商银行联合中国出口信用保险公司成功为深圳中兴通讯股份有限公司与其印度尼西亚贸易伙伴之间的一笔进出口交易提供了人民币出口保理服务。这笔业务是全球首单人民币跨境贸易融资业务，开创商业银行为跨境贸易提供人民币贸易融资的先河。

28日 中国政府60亿元人民币国债开始在香港公开发行，这是中国政府首次在内地以外地区发行人民币国债。这次国债面向个人投资者及机构投资者发行，发行日为10月27日，每半年派息一次。国债期限分为2年、3年和5年，其中5年期只向机构投资者发行。零售部分将不少于20亿元人民币。2年期国债票面年利率为

2.25%，3年期为2.7%，5年期为3.3%。本次国债未作任何证券交易所上市的安排。在港发行人民币国债，将推动人民币在周边国家和地区的结算和流通，推动人民币的区域化和国际化进程。

中国银监会印发《商业银行流动性风险管理指引》，督促商业银行建立健全流动性风险管理体系，有效识别、计量、监测和控制流动性风险，持续提高流动性风险管理水平。

29日 国家外汇管理局发布《合格境外机构投资者境内证券投资外汇管理规定》和《关于基金管理公司和证券公司境外证券投资外汇管理有关问题的通知》。规定和通知在总结前期监管经验的基础上，对现行合格机构投资者外汇管理制度和规定进行了修订和规范，明确了相关监管要求。一是本着投资便利化的原则进一步简便了相关操作，包括简化投资额度申请程序和申请材料，便利相关账户开立、资金汇兑的管理等。二是鼓励境外机构投资者进入境内市场开展中长期证券投资。三是明确规定合格机构投资者不得以任何形式转让或转卖投资额度。四是进一步加强了相关统计监测和事后监督要求，强化了合格机构投资者及其托管人报备职责等。

10月

3~4日 国际货币基金组织国际货币与金融委员会（IMFC）第二十届部长级会议在土耳其伊斯坦布尔召开。中国人民银行副行长易纲在会上介绍了中国经济形势和政策，并指出基金组织要在政策协调中发挥作用。易纲还强调，基金组织应加强对各主要金融市场的监督，综合考虑成员国各项政策。

10日 中国银监会与全国总工会联合制定下发了《关于开展工会创业小额贷款试点工作的通知》。这是有针对性地解决下岗失业人员及农民工自主创业资金短缺问题，联合推出的新型贷款品种。该通知详细规定了该类型贷款的申请条件、贷款额度、期限、利率、发放以及业务方式和程序等。通过试点，我国将初步形成以工会创业小额贷款为载体、以金融产品和服务方式创新为动力的支持下岗失业人员及农民工创业的金融服务体系。

12日 国家外汇管理局发布《境内企业内部成员外汇资金集中运营管理规定》，自2009年11月1日起实施。该规定在总结2004年10月以来跨国公司外汇资金集中运营管理经验的基础上，对境内企业外汇资金集中运营管理进行了进一步的改革，主要体现在：一是进一步降低了外汇资金集中运营准入门槛；二是明确了境内外币资金池管理政策，进一步规范了境内企业外币资金池的运营方式、基本原则以及审核程序等相关内容；三是下放审批权限，境内企业外币资金池业务、财务公司开展即期结售汇业务以及所涉及的汇兑审核均由所在地外汇分局办理；四是规范与健全了外汇资金集中运营管理法规，将《关于企业集团财务公司开展即期结售汇业务有关管理问题的通知》内容纳入该项规定的框架中并予以完善。

13日 第四届中俄经济工商界高峰论坛在北京举行。来自两国央行、金融监管部门、金融机构和学术研究机构的嘉宾150多人参加了会议。此次中俄经济工商界高峰论坛金融分论坛与中俄金融合作论坛2009年首次在北京合并进行。中俄两国金融监管部门、金融机构的代表就金融创新和监管、中俄经济合作中的金融基础设施建设、跨境贸易结算、跨境证券上市和交易等问题发表演讲，并展开热烈而深入的讨论。

16日 中国人民银行发布《电子商业汇票业务管理办法》，以规范电子商业汇票业务，保障电子商业汇票活动中当事人的合法权益。

18日 中国银监会发布《关于完善商业银行资本补充机制的通知》，督促商业银行加强资本管理，引导商业银行建立动态资本补充机制，提高资本质量、强化资本约束，促进商业银行科学、可持续发展。

20 日 第六届中国—东盟博览会在广西南宁开幕。与此同时，“中国—东盟金融合作与发展领袖论坛”也拉开了帷幕。论坛上，与会各方发表了《共同宣言》，提出了维护区域金融稳定、加强区域内货币合作、促进区域内资本合作三大目标。《共同宣言》指出，随着中国—东盟自由贸易区建设的推进，中国与东盟之间的贸易和投资合作日益深化，要求加快推进区域金融合作步伐，加强中国与东盟各国在各个层次上的合作，包括各国政府之间、中央银行之间、金融监管机构之间以及金融机构和非金融企业之间的合作。

21 日 国务院召开常务会议，分析当前经济形势，研究部署 2009 年后几个月经济工作。会议强调，当前我国经济社会发展仍处在企稳回升的关键时期。2009 年后几个月，要把正确处理好保持经济平稳较快发展、调整经济结构和管理好通胀预期的关系作为宏观调控的重点，继续实施积极的财政政策和适度宽松的货币政策，保持宏观经济政策的连续性、稳定性，把握好政策的力度和节奏，增强政策的灵活性和可持续性，全面落实和不断充实完善一揽子计划和政策措施，更好地完成全年经济社会发展主要任务，更加重视提高经济增长的质量和效益，为 2010 年的发展奠定良好基础。会议要求，重点抓好以下方面工作：一是保持需求稳定增长；二是认真抓好农业生产特别是秋冬种工作；三是积极推进结构调整和节能减排；四是加强煤电油气运调节；五是继续推进重点改革；六是进一步做好财政金融工作，大力推进增收节支；七是高度重视并妥善安排好群众生活。

中国银监会发布《关于加强个人贷款管理严防信贷资金流入股市的通知》，防范风险跨市场传递。

22 日 中国保监会发布《关于建立财产保险承保理赔信息客户自主查询制度的工作方案》，决定在财产保险行业建立承保理赔信息客户自主查询制度，并将于 12 月 1 日启动试运行，各财险公司将于 12 月 31 日之前在全国范围内实现交强险、商业车险领域的试运行。

中国保监会发布《关于债券投资有关事项的通知》。将保险公司投资企业（公司）债券的比例由不超过该保险机构上季末总资产的 30% 调整为 40%。对债券发行人的要求也由“最近三个会计年度连续盈利”调整为“最近三个会计年度实现的年均可分配利润（净利润）不少于所有债券一年的利息”。

中国证监会发布《期货公司信息公示管理规定》，自 11 月 16 日开始实施。该规定要求，中国期货业协会网站（www. cfachina. org）将作为全国统一的期货公司信息公示平台。建立期货公司的信息公示制度，是期货市场稳步发展的必然要求，对于创造公开透明的市场环境，保护投资者合法权益，发挥市场监督作用，促进期货市场健康发展具有重大意义。

23 日 中国证监会在深圳举行了创业板市场开板仪式。中国证监会主席尚福林在开板仪式上表示，建立和发展创业板市场是我国经济社会发展的内在要求，对我国资本市场乃至经济社会持续健康发展都具有重要意义，它将发挥对高科技、高成长创业企业的“助推器”功能，为各类风险投资和社会资本提供风险共担、利益共享的进入和退出机制，促进创业投资良性循环，逐步强化以市场为导向的资源配置、价格发现和资本约束机制，提高我国资本市场的运行效率和竞争力。

24 日 第十二次东盟与中日韩领导人会议在泰国华欣举行，财金合作和投资贸易互通是此次东盟与中日韩领导人会议关注的两大焦点。温家宝总理在本次会议上提出了六点重要建议，即巩固经济复苏势头；深化财金合作；扩大域内贸易和投资；实现区域互联互通；促进共同发展及提升区域整体竞争力。这六项建议得到与会领导人的一致拥护，同时也再次夯实了东盟与中日韩三国未来的合作方向。

27 日 中国银监会在上海召开全国城市商业银行工作会议。中国银监会党委书记、主席刘明康出席会议并做重要讲话。刘明康强调，要制定科学发展战略，完善公司治理结构，实现城市商业银行科学稳健发展。中国银监会有关部门负责人、各银监局负责人、全国144家城市商业银行董事长出席了会议。

28日 中国人民银行建设并管理的电子商业汇票系统正式上线，标志着我国电子票据业务从此进入跨行全流通年代。招商银行网上银行在北京成功开出国内首张电子银行承兑汇票。该系统的建成运行，是继大额实时支付系统、小额批量支付系统、全国支票影像系统、境内外币支付系统之后，中国人民银行组织建设运行的又一重要跨行支付清算系统，是我国金融信息化、电子化进程中的又一个重要里程碑，标志着我国商业票据业务进入电子化时代。该办法将电子商业汇票付款期限延长到1年。

中国银监会发布《商业银行流动性风险管理指引》(以下简称《指引》)。《指引》共分为5章86条，清晰划分商业银行内部流动性风险管理职责、规范商业银行流动性风险管理的识别、计量、监测和控制等各个环节，引导和督促商业银行加强流动性风险管理。《指引》不仅适用于确定的新资本协议银行和自愿实施新资本协议的其他商业银行，也适用于其他未实施新资本协议的商业银行。《指引》和中国银监会此前颁布的《商业银行市场风险管理指引》等其他风险管理指引共同构成商业银行风险管理指引体系。

29日 中国银监会召开专题会议，研究部署开展银行业“六大风险”检查、整改工作，并要求地方融资平台贷款检查工作立即开展。

中国创业板首批28家公司上市仪式在深圳举行，A股市场以一波温和反弹，迎接了创业板的“加盟”。创业板首批28只股票上市首日呈低开高走复回落之势，但收盘价均比发行价上涨七成以上，其中涨幅超过1倍的有10只，领涨的金亚科技收报35元，比发行价上涨209.73%；涨幅最少的南风股份也上涨了75.84%。这28只股票上市首日在半天内全部停牌处理。中国创业板的推出为资本市场产业链的完善迈出了非常积极和重要的一步。

以“方泉世界，辉煌历程”为主题的2009北京国际钱币博览会在北京中国国际贸易展览中心开幕。中国人民银行行长助理李东荣为开幕式剪彩。本届博览会经中国人民银行和商务部批准，由中国金币总公司、中国印钞造币总公司和中国钱币博物馆联合主办，是在我国举办的第十四届大型国际性钱币盛会。该博览会自1995年10月在北京首次举行以来，经过10多年的发展，目前已成为在国际、国内具有较大影响力的钱币专业展会。

11月

3日 中国人民银行、中国人民解放军总后勤部联合发布《中国人民银行 中国人民解放军总后勤部关于军人保障卡银行业务应用的指导意见》，这标志了中国人民银行进一步加大金融行业在国防和军队建设方面的政策支持力度，为支持军队全面建设我军现代后勤探索出一种新的金融服务模式。

5日 第五届北京国际金融博览会在北京展览馆开幕。博览会以“金融服务经济、金融服务企业、金融服务百姓”为宗旨，开设“中小企业金融专场”和“百姓金融专场”，同时设立“金融中心城市展区”，国内主流金融机构悉数参展，使本届博览会成为国内展出规模最大、参展机构最全、参观人数最多、活动最为丰富精彩的一届金融博览会。

中国银监会印发《商业银行投资保险公司股权试点管理办法》，规范商业银行投资保险公司试点行为。

7日 二十国集团财长和央行行长会议在苏格兰古镇圣安德鲁斯结束，会议讨论了当前宏观经济形势、可持续和平衡增长框架、国际金融体系改革、国际金融机构作用和有效性以及气候变化融资等议题。中国人民银行行长周小川在会议上敦促各方加快落实匹兹堡峰会共识，推动国际金融机构治理结构改革如期完成，增加管理层和工作人员中来自发展中国家人员的比例，提高发展中国家的代表性和发言权。

中国银监会发布《商业银行资本充足率信息披露指引》（以下简称《指引》）。《指引》适用于《中国银行业实施新资本协议指导意见》确定的实施新资本协议的银行和自愿实施新资本协议的其他商业银行。《指引》共分5章49条，对商业银行资本充足率信息披露的范围、内容和流程规范等提出了明确的监管要求。自2011年1月1日起实施。《指引》具有以下特点：一是选择新协议实施中最重要的方面先行向国际惯例靠拢，如并表范围、资本构成、风险暴露评估等，从而带动相应的银行业务和技术的发展。二是进一步细化了商业银行信息披露的各项规定，定性与定量相结合，原则性规定与通用模板相结合，增加了信息披露工作的实用性。同时，明确过渡期和全面实施期的不同披露要求，为商业银行全面披露提供了充足的准备时间，增强了指引的可操作性。三是规定对于商业银行的专有信息和保密信息等可不披露的具体项目，在信息披露与信息保密之间找到均衡点，从而很好地界定了信息披露的边界。

9日 中国银行间市场交易商协会正式发布《银行间债券市场中小非金融企业集合票据业务指引》。该指引的发布标志着在央行政策指导下，交易商协会组织市场成员参加的中小企业集合票据创新工作正式进入实质性操作阶段，国内首批中小企业集合票据创新项目将于近日通过交易商协会的注册程序后正式上线。11月13日，北京市顺义区中小企业集合票据、山东省诸城市中小企业集合票据和山东省寿光市“三农”中小企业集合票据产品，通过银行间市场交易商协会的注册程序正式上线。

10日 最高人民法院、公安部、中国人民银行联合召开新闻发布会，正式公布《最高人民法院关于审理洗钱等刑事案件具体应用法律若干问题的解释》，并于2009年11月11日起正式实施。该解释在刑法规定的4种洗钱行为之外，明确规定对以下6种洗钱行为应当依法追究刑事责任：1. 通过典当、租赁、买卖、投资等方式，协助转移、转换犯罪所得及其收益的；2. 通过与商场、饭店、娱乐场所等现金密集型场所的经营收入相混合的方式，协助转移、转换犯罪所得及其收益的；3. 通过虚构交易、虚设债权债务、虚假担保、虚报收入等方式，协助将犯罪所得及其收益转换为“合法”财物的；4. 通过买卖彩票、奖券等方式，协助转换犯罪所得及其收益的；5. 通过赌博方式，协助将犯罪所得及其收益转换为赌博收益的；6. 协助将犯罪所得及其收益携带、运输或者邮寄出入境的。

11日 为促进个人本外币兑换市场的合理竞争，进一步提升我国个人兑换服务的整体水平，国家外汇管理局发布《关于扩大个人本外币兑换特许业务试点的通知》。

中国人民银行发布《2009年第三季度中国货币政策执行报告》。报告指出，2009年第三季度以来，中国经济运行总体平稳，结构调整扎实推进，投资缓中趋稳，消费、就业总体稳定，物价上涨结构性特征明显，同时国内外形势复杂严峻，困难挑战增多，经济下行压力持续加大。

12~13日 中国银监会主持召开中国工商银行监管（国际）联席会议，来自10个国家和地区的11个监管机构的19名代表参加会议。这是我国首次举行跨境监管联席会议。

13日 中国证券登记结算有限责任公司正式通过全国公民身份信息查询服务系统对每日新开证券账户的个人投资者身份信息开展联网核查工作。

18日 中国银联与中国银行在东京举行仪式，携手发行首张银联标准日元借记卡，这是中国银行在海外市场发行的第一张银联借记卡，也是日本银行同业发行的第一张银联品牌借记卡和在日 中资银行发行的第一张借记卡。此卡不仅能使日本持卡人在中国境内享受银联网络提供的各种支付便利，而且还可在目前已延伸到全球近70个国家和地区的银联国际受理网络广泛使用。

中国金融学会金融采购专业委员会成立大会暨第一次成员单位工作会议在北京召开。会议通过了中国金融学会金融采购专业委员会章程和专业委员会业务工作办法（试行），并选举产生了专业委员会第一届常务理事会，中国人民银行集中采购中心主任乔必扬当选为理事长，16家银行、证券、保险机构采购部门负责人当选为副理事长。中国人民银行相关司局与直属单位、国家外汇管理局相关部门，专业委员会第一批特邀单位银监会、证监会、保监会等相关部门，专业委员会第一批成员单位中国人民银行集中采购中心与部分政策性银行、国有商业银行、股份制商业银行、保险公司、证券公司的采购部门或承担采购职责的相关部门的近百名代表参加了会议。

19日 国家外汇管理局在政府网站（www.safe.gov.cn）首次系统性地整理和发布外汇统计时间序列数据。国家外汇管理局按照国际通用指标和技术标准编制了国际收支平衡表、国际投资头寸表、外汇储备规模、外债余额与结构等一系列统计数据，对分析涉外经济形势、监测跨境资本流动等发挥了重要作用。同时，社会公众对外汇统计数据的关注度也与日俱增。

中国银监会办公厅印发《关于启动新资本协议实施预评估工作的通知》，标志着我国新资本协议实施工作又迈出了坚实的一步。

20日 中国证监会发布《证券登记结算管理办法（2009年修订）》，进一步明确证券登记结算机构职能和管理、证券账户管理、证券登记、证券托管和存管、证券和资金的清算交收、风险防范和交收违约处理等相关行为。

中国人民银行农村信用社改革试点专项中央银行票据发行兑付考核评审委员会第18次例会决定，对四川等11个省（区、市）辖内22个县（市）农村信用社兑付专项票据，额度为40亿元。

25日 中国银行间市场中小非金融企业集合票据发行成功新闻发布会在北京举行。此次中小企业集合票据的成功发行是银行间债券市场为缓解中小企业融资难、支持其进行直接债务融资的又一创新之举。首批参与发行中小企业集合票据的中小企业共计23家，3单中小企业集合票据合计发行规模为12.65亿元。中小企业集合票据在产品结构、信用增进以及投资者保护机制方面都有比较大的创新。

中国银监会发布《商业银行银行账户利率风险管理指引》。该指引适用于实施和自愿实施新资本协议的商业银行，也适用于暂不实施新资本协议的其他商业银行，共分为5章37条，对银行账户利率风险管理体系、银行账户利率风险管理技术和方法、银行账户利率风险管理的监督检查等内容进行了详细规定：第一，适用范围、管理的总体要求以及监管当局的监督检查职权。第二，提出管理体系建设的具体要求，包括治理架构、管理政策和流程、限额管理、报告、审计、绩效管理、管理信息系统和内部控制等方面。第三，提出商业银行应根据本行的业务性质、规模和复杂程度，利率走势的判断，识别并采用多种方法计量各种来源的银行账户利率风险，强调从整体收益或经济价值两个角度计量并分析银行账户利率风险。第四，明确了监管当局的监督检查职责、监管方式、监督检查内容以及可采取的监管手段。同年9月23日，中国银监会还发布了《商业银行资本计量高级方法验证指引》，该指引与贯彻新资本协议的其他指引共同构成中国银行业实施新资本协议三大支柱的指引框架。

26日 中国工商银行、中国农业银行和中国建设银行与解放军总后勤部在北京正式签订合作协议，联合发行具有金融服务功能的军人保障卡，并在北京军区先行试点。军人保障卡集供应身份认证、用卡供薪、依卡供装、依卡管理住房档案、持卡就医、持卡就餐等多重保障功能于一体，采取“凭卡保障、依卡管理”的新型管理保障模式，对现役军人实行精确化保障。此举标志着军银合作向前迈出了重要的一步。

中国民生银行在香港联交所挂牌上市。当日，民生银行H股开盘价为9.05港元，较发行价9.08港元，下跌0.03港元。收于8.8港元，下跌3.08%。首日总成交额达69.61亿港元。

27 日 财政部首次招标发行 200 亿元 50 年期的固定利息附息债。其中标利率为 4.3%。本期国债利息每半年支付一次，每年 5 月 30 日和 11 月 30 日支付利息，到期偿还本金并支付最后一次利息。

中共中央政治局召开会议，总结 2009 年经济工作所取得的成绩，分析研究 2010 年经济工作。会议提出，2010 年要继续加强和改善宏观调控，保持宏观政策的基本取向，把握好政策实施的力度、节奏、重点，落实和丰富完善应对国际金融危机冲击的“一揽子”计划，提高经济发展的稳定性、协调性、可持续性；要促进国内需求特别是消费需求持续增长，增强居民特别是低收入群众消费能力，完善促进消费的政策，保持投资合理增长等。

28 日 银行间市场清算所股份有限公司（上海清算所）在上海挂牌，从此我国金融市场有了专业化、独立的清算机构。上海清算所的建立，可以为银行间市场提供全面的、以中央对手方为主的集中清算服务，进一步提高清算效率，降低清算成本，满足金融市场的多元化清算需求，为金融产品创新提供必要的技术支持，同时也有利于加强场外市场的监管。

中国银监会发布《关于认真做好金融机构空白乡镇服务工作的指导意见》，提出用 3 年左右时间实现全国各乡镇基础性金融服务全覆盖。

29 日 中国人民银行行长周小川在南京会见了欧元集团主席、卢森堡首相兼国库大臣容克，欧洲中央银行行长特里谢和欧盟委员会经济与货币事务委员阿尔穆尼亚一行。双方就中欧经济形势、货币政策以及金融稳定等议题交换了意见，并表达了进一步加强沟通、增进合作的意愿。

11 月起 中国人民银行在官方网站反洗钱项下增加“金融制裁和风险提示”专栏，包括：“恐怖分子制裁名单”“大规模杀伤性武器制裁名单”“其他制裁”和“风险提示”四项内容，及时向金融机构及有关单位和个人通报联合国安理会制裁决议及名单，执法机关和司法机关发布的制裁名单，需要执行的其他国家或地区的制裁名单，FATF 等国际组织发布的风险提示和声明。

12 月

1 日 中国人民银行旧址纪念馆暨河北钱币博物馆开馆仪式在河北省石家庄市举行。中国人民银行旧址纪念馆内收藏了大量具有历史意义的珍贵文物，记载了董必武、南汉宸、胡景沄、关学文等中国人民银行奠基者的功绩。

2 日 中国人民银行组织召开第二代支付系统暨中央银行会计核算数据集中系统建设启动电视会议。与第一代人民币跨行支付系统相比，第二代支付系统能为银行业金融机构提供灵活的接入方式、清算模式和更加全面的流动性风险管理手段，实现网银互联，支撑新兴电子支付的业务处理和人民币跨境支付结算，实现本外币交易的对等支付（PVP）结算。同时，系统还将具备健全的备份功能和强大的信息管理与数据存储功能，建立高效的运行维护机制，进一步强化安全管理措施，并逐步实现支付报文标准国际化。ACS 系统将实现中央银行会计数据的高度集中，通过再造业务流程，实现内部管理扁平化，信息数据的网络化传输和共享，支持金融机构提高资金管理水平，为其提供多元化的服务。同时，系统还创建严密的风险防范和安全管理机制，具备健全完善的灾难备份功能。

4 日 西班牙对外银行（BBVA）对中信银行（601998. SH，00998. HK）追加 11 亿欧元（约合 16 亿美元）投资，以提高在中信银行的战略持股，将所持中信银行股份从之前的 10.07% 增至 15%。

5 ~ 7 日 中央经济工作会议在北京举行。会议分析了国际国内形势，总结了 2009 年经济工作，阐述了 2010 年经济社会发展主要预期目标和宏观经济政策，具体部署了 2010 年经济工作。本次会议将“调结构”放到了经济工作更为显著的地位，2010 年经济增长将更侧重质量和持续性，而投资、消费和出口等三大需求结构有望趋于优化。会议提出了 2010 年经济工作的主要任务：一是提高宏观调控水平，保持经济平稳较快发展。二是加大经济结构调整力度，提高经济发展质量和效益。三是夯实“三农”发展基础，扩大内需增长空间。四是深化经济体制改革，增强经济发展动力和活力。五是推动出口稳定增长，促进国际收支平衡。六是着力保障和改善民生，全力维护社会稳定。这次会议对应对金融危机，巩固经济回升意义重大。

6 日 浙江平湖工银村镇银行在浙江嘉兴平湖市正式挂牌成立，注册资金为 2 亿元。这是中国工商银行合资控股设立的第一家村镇银行，也是经营模式上的一次创新和探索。浙江平湖工银村镇银行是由中国工商银行作为主发起人，出资占比为 60%。平湖市国有资产经营有限公司、浙江晨光电缆股份有限公司等 7 家企业作为共同发起人成立的具有独立法人地位的村镇银行，坚持以服务“三农”为己任，结合地方经济特色，发挥村镇银行优势。

7～9 日 欧亚反洗钱和反恐怖融资组织（EAG）第十一届全会暨工作组会议在广西壮族自治区桂林市召开。中国人民银行、外交部、公安部、监察部等部门代表组成的中国代表团参加了会议。各成员国讨论了拟签署的欧亚反洗钱和反恐怖融资组织协议等文件，讨论了中国、俄罗斯、吉尔吉斯斯坦、塔吉克斯坦、白俄罗斯等国家的反洗钱和反恐怖融资互评估后续报告，通过了贸易洗钱、挪用公款洗钱和毒品洗钱等类型研究报告，确定了 EAG 下一步工作的计划和重点。中国人民银行副行长朱民在会上介绍：自 2008 年以来，中国人民银行积极实践“以风险为本”的反洗钱监管理念，建立完善了非现场监管制度。结合非现场监管的分析结果，对风险较高的金融机构进行现场检查，确保金融机构遵守反洗钱相关法律法规。同时，中国人民银行与执法部门合作，加强了涉嫌洗钱和恐怖融资线索的分析和移交工作，有力打击了各类违法犯罪活动，有效维护了金融体系安全和社会稳定。中国反洗钱和反恐怖融资体系的有效性在不断提高。

8 日 中国人民银行主办、中国工商银行承办的第六届银行业科技工作座谈会在广东省中山市召开。会议回顾了“十一五”金融业信息化建设成果，并对“十二五”信息化发展战略进行了展望。

9 日 上海合作组织成员国在哈萨克斯坦阿拉木图市举行了财长和央行行长会议。与会各国介绍了各自经济社会形势和为应对国际金融危机所采取的措施，并就如何共同应对国际金融危机等议题进行了讨论。会议通过了《联合声明》。中国财政部部长谢旭人和中国人民银行副行长马德伦率团参加了会议。成员国一致强调，保持建设性对话，开展财金领域的区域合作将有助于成员国经济发展，深化上合组织成员国间的经贸关系，巩固其在世界经济中的地位。各方同意，为应对全球金融危机，积极落实《“上合组织成员国间多边经贸合作纲要”实施措施计划》和《上合组织成员国关于加强多边经济合作、应对全球经济金融危机、保障经济持续发展的共同倡议》框架内关于财金领域合作所达成的共识。

中国人民银行发布了《金融机构编码规范》（以下简称《规范》），从宏观层面统一了我国金融机构分类标准，首次明确了我国金融机构涵盖范围，界定了各类金融机构具体组成，规范了金融机构统计编码方式与方法。《规范》是加强金融业管理，维护金融安全的基础，也是构建金融信息系统，促进金融信息共享的前提。《规范》的发布是提高我国金融业管理水平的必然要求，为宏观管理信息与微观统计数据、国民经济运行信息与金融运行信息之间搭建了协调、沟通的桥梁。

12 日 国务院总理温家宝主持召开国务院常务会议，研究完善促进房地产市场健康发展的政策措施。采取四项措施遏制部分城市房价过快上涨的势头。一要增加普通商品住房的有效供给；二要继续支持居民自住和改善型住房消费，抑制投资投机性购房，加大差别化信贷政策执行力度，切实防范各类住房按揭贷款风险；三要加强市场监管，继续整顿房地产市场秩序，加强房地产市场监测，完善土地招拍和商品房预售等制度，加强房地产信贷风险管理；四要继续大规模推进保障性安居工程建设。

14日 中国人民银行发布《扩大为澳门银行办理人民币业务提供平盘及清算安排的范围》的公告，经国务院批准，决定扩大为澳门银行办理人民币业务提供平盘及清算安排的范围。公告的主要内容是：授权澳门人民币业务清算银行为澳门居民个人签发的支票提供清算服务。澳门居民个人可用人民币支票在每个账户每天50 000元人民币的限额内支付在广东省的消费性支出，该人民币支票不得转让；将澳门人民币业务清算银行为参加行提供人民币与澳门元兑换平盘服务的有关要求放宽。同日，中国人民银行朱民副行长和澳门金融管理局丁连星主席在澳门签署了补充监管合作备忘录。

中国证监会发布《开放式证券投资基金销售费用管理规定》并于2010年3月15日开始施行。该规定对开放式基金费用收取、费率结构及销售机构盈利模式等予以明确，主要包括下面几方面内容：一是销售费用结构和水平与现行做法保持基本一致。二是鼓励后端收费模式，引导投资人长期投资。申购费（认购费）可以采取在基金申购（认购）时收取的前端收费模式，也可以采取在赎回时从赎回金额中扣除的后端收费模式。三是增列短期交易的赎回费，抑制短期交易。借鉴国际经验，该规定允许基金管理人自主选择对一周、一月内赎回的基金持有人设定较高的赎回费率标准，并将此类赎回费全额计入基金财产。四是禁止一次性奖励，规范尾随佣金，建立基金管理人与销售机构的共赢机制，维护销售市场秩序。

16日 中国人民银行在江苏省南通市召开了中小企业信用体系建设工作现场会。会议全面总结了三年来中小企业信用体系建设工作进展情况，提出了存在的问题，研究讨论了针对小企业信用建设的思路和方案。来自中农办、国家发展改革委、财政部、工信部、农业部、工商总局、中国银监会等有关部委的相关部门负责人，江苏省政府、南通市政府相关领导和南通市部分企业代表，人民银行有关司局和各分支机构代表以及全国性商业银行总行代表出席了会议。

22日 由中国金融学会和金融时报社联合主办的“2009中国金融论坛”在北京召开。论坛主题为“后金融危机时代中国金融业改革和发展”，中国人民银行行长周小川、中国银监会主席刘明康、中国证监会主席尚福林、中国保监会副主席李克穆、香港金融管理局前总裁任志刚等出席论坛并作主题演讲。

中国人民银行、中国银监会、中国证监会和中国保监会联合发布了《关于进一步做好金融服务支持重点产业调整振兴和抑制部分行业产能过剩的指导意见》。该意见提出，要着力调整和优化信贷结构；努力改进和加强对重点产业和新兴产业的金融服务；充分发挥资本市场的融资功能，多方面拓宽重点产业调整和振兴的融资渠道；推进企业兼并重组，支持重点产业实施“走出去”战略；加强信贷结构和信贷风险预警监测。具体要求为，各银行业金融机构信贷投放要体现“区别对待，有保有压”的原则，对于符合重点产业调整振兴规划要求、符合市场准入条件、符合银行信贷原则的企业和项目（汽车、钢铁、电子信息、物流、纺织、装备制造、有色金属、轻工、石化、船舶等重点产业），要及时高效保证信贷资金供给。对于不符合产业政策、市场准入条件、技术标准、项目资本金缺位的项目（钢铁、水泥、平板玻璃、煤化工、风电设备、多晶硅等产业），不得提供授信支持。对属于产能过剩的产业项目，要从严审查和审批贷款。

23日 中国银监会发布《商业银行资产证券化风险暴露监管资本计量指引》（以下简称《指引》）。《指引》仅适用于实施新资本协议的银行和自愿实施新资本协议的银行，新资本协议银行以外的其他银行参照执行。《指引》共5章

57条及5个附件。规定了传统型、合成型资产证券化是否实现重大信用风险转移、能否获得部分或全部监管资本减让的判断标准，以及对清仓回购安排和隐性支持的监管资本计量原则；资产证券化标准；在资产证券化内部评级法下对具体方法——评级基础法和监管公式法的选用原则、具体计算方法等。《指引》通过资本监管建立良好的激励机制，可以有效防控商业银行资产证券化业务相关风险，有利于强化资本监管，完善资本监管制度，促进商业银行资产证券化业务的规范、健康发展，确保我国银行业稳健运行。

24日　中国证监会发布《创业板部机构职能》公告，首度对创业板监管机构六大职责予以明确，这也是证监会第一次对外公布创业板监管机构是“创业板发行监管部”这一职能部门。公告表示，创业板发行监管部的主要职责：拟订创业板证券发行的法规、规则、实施细则；审核首次公开发行股票并在创业板上市的企业申报材料；审核创业板上市公司在境内发行证券的申报材料；监管创业板证券发行活动；监管保荐机构和保荐代表人与创业板企业发行上市的相关保荐业务；协同拟订创业板发行审核委员会规则，负责创业板发审委组建及运行。

25日　中国银联与汇丰银行共同宣布开通汇丰银行在孟加拉、毛里求斯、马尔代夫、泰国、越南、斯里兰卡、新加坡和文莱8个地区的ATM银联卡受理业务。至此，银联卡境外受理网络已延伸至83个国家和地区。

28日　“10+3”财长和央行行长以及香港金融管理局总裁宣布正式签署清迈倡议多边化协议。清迈倡议多边化将强化本区域防范风险和应对挑战的能力，其核心目标是：1. 解决区域内国际收支和短期流动性困难；2. 对现有国际融资安排加以补充。清迈倡议多边化总规模为1 200亿美元，将通过货币互换交易向面临国际收支和短期流动性困难的清迈倡议多边化参与方提供资金支持。各参与方有权根据协议规定的程序和条件，在其出资份额与特定借款乘数相乘所得的额度内，用其本币与美元实施互换。

30日　中国人民银行、最高人民法院、公安部联合召开新闻通气会，中国人民银行副行长苏宁在通气会上向新闻媒体介绍了《中国2008—2012年反洗钱战略》的有关情况，并回答了记者提问。这份反洗钱战略总体目标是，2012年前，参照国际标准，创建具有中国特色的“以防为主、打防结合、密切合作、高效务实”的反洗钱机制。具体有八个目标，分别为完善反洗钱刑事法律体系；构建国家反恐怖融资网络；提升反洗钱监管的有效性；建立特定非金融行业反洗钱制度；加强国内部门间交流合作；培养高素质反洗钱专家队伍；积极参与国际合作与标准制定；全力追偿境外犯罪资产。首份国家反洗钱战略的发布，成为我国反洗钱史上具有里程碑意义的重大事件。

大童保险销售服务有限公司获得中国保监会批准设立，成为首家全国性保险专业销售机构。公司注册资本5 000万元人民币，前身为2008年9月成立的北京大童保险代理有限公司。“大童保险代理”由北京泛华大童投资管理有限公司全资设立。

2010 年

1 月

1 日 经国务院批准，自今日起，对个人转让限售股取得的所得，按照“财产转让所得”，适用 20% 的比例税率征收个人所得税。对个人在上海证券交易所、深圳证券交易所转让从上市公司公开发行和转让市场取得的上市公司股票所得，继续免征个人所得税。

5 ~ 6 日 中国人民银行工作会议暨全国外汇管理工作会议在云南省昆明市召开，会议认真传达学习了中央经济工作会议和国务院领导同志关于当前金融工作的重要指示精神，全面总结了 2009 年人民银行主要工作，分析了当前国内外经济金融形势，研究部署了 2010 年人民银行工作的总体要求、重点任务和主要工作措施。会议强调了 2010 年人民银行要重点抓好四个方面工作：第一，保持货币信贷总量适度增长；第二，进一步优化信贷结构；第三，着力解决金融改革发展中的根本性问题；第四，防范信贷风险和系统性金融风险。会议确定了 2010 年的主要工作措施：一是继续落实好适度宽松的货币政策，保持货币信贷合理充裕。二是继续深化金融企业改革，不断完善维护金融稳定的体制机制。三是加快金融市场产品创新，推动金融市场健康发展。四是深化外汇管理体制改革，促进贸易投资便利化。五是深入开展国际和港澳台金融交流与合作。六是扎实推进金融服务现代化，全面提升金融服务与管理水平。七是深入学习贯彻党的十七届四中全会精神，以改革创新精神加强人民银行党的建设、领导班子和干部队伍建设，进一步落实党风廉政建设责任制，加强惩治和预防腐败体系建设，深入开展反腐败斗争。

6 日 我国首批 3 家消费金融公司获得中国银监会同意筹建的批复，这标志着新型消费理念在中国的兴起，是国际金融危机以来我国金融创新的重大突破。这 3 家公司发起人分别为中国银行、北京银行和成都银行。北京银行在北京市设立独资的北银消费金融有限公司；中国银行联合百联集团有限公司和上海陆家嘴金融发展有限公司在上海市设立中银消费金融有限公司；成都银行联合马来西亚丰隆银行在成都市设立四川锦程消费金融有限责任公司。按照流程，消费金融公司在获准筹建后 6 个月内可开业运营。

9 日 金融稳定理事会在瑞士巴塞尔召开第三次全体会议。本次会议是落实二十国集团匹兹堡峰会精神，在国际金融监管体系需要持续推动改革之时召开的。中国人民银行行长周小川、中国银监会主席刘明康和财政部代表出席了会议。会议重点讨论了增强银行资本和流动性、解决系统重要性金融机构道德风险、扩大监管范围，加强国际会计准则改革、推动标准执行和开展薪酬评估等议题。

11 日 中国证监会正式发布并实施新修订的《公开发行证券的公司信息披露编报规则第 15 号——财务报告的一般规定（2010 年修订）》和《公开发行证券的公司信息披露编报规则第 9 号——净资产收益率和每股收益的计算及披露》。新修订的规定要求，上市公司自 2009 年年报起，应按照修订后的新规则编制并披露财务报告。拟上市公司的申报财务报告审计截止日为 2009 年 12 月 31 日及之后的适用 2010 版规则。“2010 版规则”主要呈现三方面特点：一是首次采取表格化形式对年报的披露格式予以清晰、简明的规范。二是完善了加权平均净资产收益率计算公式，对计算同一控制企业合并下报告期期末和比较期间的扣除非经常性损益后的加权平均净资产收益率作出明确规定。三是鉴于旧版规则未涉及报告期发生同一控制下企业合并和反向购买情况下每股收益的计算问题，2010 版规则结合中国证监会会计、审计日常监管中的答复口径，首次明确了这两种情形下的每股收益计算。

股指期货、融资融券两大市场创新正式获批后首日上市交易。受融资融券试点、股指期货获批等消息提振，上证综指开盘站上 3 300 点，但随即一路下行，收盘逼近 3 200 点，仅上涨 16.75 点。

12 日 中国人民银行在公开市场发行了 200 亿元 1 年期央行票据，发行利率为 1.8434%，较上周发行的 1 年期央行票据利率上扬 8.29 个基点，这是 1 年期央行票据利率自 2009 年 8 月 11 日以来首次上行。同场，央行还进行了 2 000 亿元的 28 天期限正回购操作，中标利率与上周同期限品种持平。这样，央行在上调 1 年期央行票据发行利率的同时，正回购操作交易量也创下历史最高纪录，此前历史上 28 天期正回购最大发行量为 1 200 亿元，发行日是 2009 年 8 月 4 日。

中国人民银行决定从 2010 年 1 月 18 日起，上调存款类金融机构人民币存款准备金率 0.5 个百分点。为增强支农资金实力，支持春耕备耕，农村信用社等小型金融机构暂不上调。

国家外汇管理局批准中海信托 2 亿美元 QDII 额度。首批获得 QDII 额度的还有上海国际信托和中诚信托，这是监管部门首次对信托公司投资海外市场开闸。

13 日 中国银监会发布《商业银行资本充足率监督检查指引》，要求商业银行不仅要持续满足中国银监会规定的最低资本充足率要求，内部设定的资本充足率目标还应高于监管部门确定的最低资本要求。同时，银行须在年度结束后的 4 个月内向中国银监会提交内部资本充足评估报告，中国银监会根据商业银行提交的内部资本充足评估报告，对商业银行的内部资本充足评估程序进行审查和评价，同时根据独立评估结果确定单家银行的监管资本要求。

该指引依据新资本协议的精神，确定了资本充足率监督检查的四条原则：一是商业银行内部应当建立完善的资本充足评估程序，确保资本能够充分覆盖其所面临的各类风险；二是银监会对商业银行内部资本充足评估程序进行监督检查，全面评估商业银行资本规划和满足最低监管资本要求的能力；三是银监会根据监督检查结果，确定商业银行的最终监管资本要求；四是银监会对资本不能充分覆盖风险的商业银行采取干预或纠正措施。

14 日 中国人民银行发布《金融工具统计分类及编码标准（试行）》，这是继《金融机构编码规范》发布后，金融统计标准化建设的又一重要举措。该标准首次明确了我国金融工具涵盖范围，界定了各类金融工具的含义，规范了金融工具的统计编码；首次将资产和负债工具分类统一起来，涵盖了金融机构表内、表外业务，创新性提出了委托代理协议等新型金融工具，并将保险技术准备金纳入金融工具的范畴。《金融工具统计分类及编码标准（试行）》的发布顺应了金融业综合发展的趋势，突破了银、证、保分割的藩篱，为建立涵盖银行、证券、保险及各行业交叉环节的金融业综合统计体系奠定了坚实的基础。

中国人民银行发布《中国人民银行执法检查程序规定》，以促进中国人民银行及其分支机构依法履行职责，规范执法检查行为，保护金融机构以及其他单位和个人的合法权益。

中国人民银行向银行业金融机构发布《网上银行系统信息安全通用规范（试行）》。该规范涉及网上银行系统的技术、管理和业务运作三个方面，分为基本要求和增强要求两个层次，基本要求为最低安全要求，增强要求为三年内应达到的安全要求。该规范将作为网上银行系统安全建设、内部信息安全检查和合规性审计的依据，有效防范网上银行系统风险隐患。

中国证监会2010年度工作会议在北京召开。会议总结了2009年资本市场改革和监管工作，全面分析了当前市场形势，并就做好2010年重点工作作出部署安排。会议要求2010年要重点做好七项工作：第一，强化基础性制度建设，不断完善市场体制机制。第二，完善市场体系和功能，增强服务经济发展的能力。第三，完善期货市场体系，拓展服务国民经济功能。第四，加强和改进日常监管，提高市场主体规范发展水平。第五，进一步健全市场法制，引导和规范市场健康发展。第六，做好维稳工作，全力维护市场安全稳定运行。第七，加强系统自身建设，提高监管能力。

15日　中国银监会在京召开全国工作会议。会议总结了2009年中国银监会的主要工作，强调2010年中国银监会系统应重点抓好以下工作：一是坚持有保有控，推动经济和银行业发展方式转变。二是坚持强化重点风险管控，严守风险底线。三是坚持探索创新，加强宏观审慎和微观审慎监管。四是以公司治理和贷款新规为抓手，促进风险防范长效机制建设。五是深入推进银行业改革创新，不断提高金融服务水平。六是全面加强党的建设和内部管理工作。

22日　中国证监会发布《关于开展证券公司融资融券业务试点工作的指导意见》，首次明确了证券公司开展融资融券业务试点门槛。根据指导意见，证券公司开展融资融券业务，按照“试点先行、逐步推开”的步骤有序进行。首批申请试点的证券公司应符合对净资本、自有资金等六方面的条件，其中净资本方面要求最近6个月净资本均在50亿元以上，最近一次证券公司分类评价为A类，且具备开展融资融券业务所需的自有资金和自有证券。中国证监会要求，试点证券公司必须使用自有证券和自有资金开展融资融券业务。

中国保监会2010年度工作会议在北京召开。中国保监会主席吴定富在会上强调，2010年是保险监管工作十分关键的一年；要深刻认识保险监管面临形势的复杂性，始终保持强烈的忧患意识和责任意识；要准确把握保险发展与监管的规律，牢固树立与行业发展同步的科学监管理念；要科学研判保险监管的阶段性特征，切实增强依法监管的自觉性和坚定性；要不断增强依法监管、依法行政的意识，坚持制度、执行与问责相配套，全力构建规范化的监管机制。

2月

2日　中国银监会召开银行业标准化委员会成立大会，银行业标准化委员会将组织推进我国银行业标准化工作开展，加快同国际金融业务标准的衔接。

3日　中国人民银行发布《2009年金融市场运行情况》。该情况显示，2009年，我国金融市场总体运行平稳，特别是债券市场快速发展，银行间市场继续保持健康发展。货币市场利率低位运行；收益率曲线整体呈现上移趋势；股票市场指数总体上行，市场交易量大幅增加。数据显示，2009年，债券市场累计发行人民币债券4.9万亿元，同比增长68.5%；银行间市场累计成交137万亿元。

5日　国家外汇管理局公布2009年我国国际收支平衡表初步数据。2009年，我国国际收支经常项目、资本和金融项目呈现“双顺差”，国际储备资产继续增长。数据显示，2009年，我国国际收支经常项目顺差2 841亿美元，较上年下降35%，货物贸易项目顺差2 493亿美元；服务项目逆差287亿美元，收益项目顺差287亿美元，经常转移顺差348亿美元；资本和金融项目顺差（含净误差与遗漏）1 091亿美元。我国国际储备资产变动3 932亿美元。

中国保监会发布新修订的《财产保险公司保险条款和保险费率管理办法》。该管理办法的突出特点之一就是“建立了产品管理与分类监管相衔接的监管方式”，即遵循与偿付能力监管、公司治理结构监管、市场行为监管协调配合原则，结合监管实际对不同情况的公司适当调整产品监管政策尺度和范围；在增加共保业务产品管理规定的同时，还强化了对法律责任人、精算责任人的管理。按照规定，其他保险公司可以直接使用首席承保人经中国保监会审批或报备的保险条款和保险费率，而无须另行申请。法律责任人必须为保险公司正式员工，且在公司内担任部门负责人及以上职务，并应当具备连续3年以上国内保险或者法律从业经验。该管理办法自2010年4月1日起正式施行。

10日　中国人民银行行长周小川赴悉尼出席第五届东亚及太平洋地区和欧元体系中央银行高层研讨会，就退出战略、全球经济增长的形式和结构、跨境银行业提出的挑战和采取更加宏观审慎的管理方式的可能性等议题进行了讨论。

11日　国务院反假货币工作联席会议第39次联络员会议在北京召开。中国人民银行副行长、国务院反假货币工作联席会议领导成员马德伦出席会议并讲话。来自全国人大法工委、最高人民法院、最高人民检察院、国家发展和改革委员会、公安部、财政部、国家质检总局、新闻出版署等近30个部委的国务院反假货币工作联席会议联络员参加了会议。

中国人民银行发布《2009年第四季度中国货币政策执行报告》。报告指出，2009年中国经济运行总体平稳，结构持续优化，就业保持稳定，物价结构性上涨特征明显，内外部风险挑战增多，经济下行压力加大。中国人民银行坚持金融服务实体经济的根本要求，实施稳健的货币政策，加强逆周期调节，在多重目标中寻求动态平衡，保持货币信贷合理增长，推动信贷结构持续优化，以改革的办法疏通货币政策传导，千方百计降低企业融资成本，为实现"六稳"和经济高质量发展营造了适宜的货币金融环境。

12日　中国人民银行宣布，自2010年2月25日起，上调存款类金融机构人民币存款准备金率0.5个百分点。农村信用社等小型金融机构暂不上调。至此，商业银行存款准备金率上调至16.5%。这是2010年中国人民银行第二次上调金融机构人民币存款准备金率。

中国银监会印发《流动资金贷款管理暂行办法》和《个人贷款管理暂行办法》，规范银行业金融机构流动资金贷款和个人贷款业务经营行为，强化审慎经营管理，提升信贷资产管理的精细化水平，促进贷款业务健康发展。这两个办法与之前已经施行的《固定资产贷款管理暂行办法》和《项目融资业务指引》（并称"三个办法、一个指引"，以下统称贷款新规），初步构建和完善了我国银行业金融机构的贷款业务法规框架，将作为我国银行业贷款风险监管的长期制度安排，标志着我国银行业信贷管理进入新的科学发展阶段。

20日　中国证监会宣布，已正式批复中国金融期货交易所沪深300股指期货合约和业务规则，至此股指期货市场的主要制度已全部发布，投资者开户启动在即。修订后的合约最低保证金从10%提高到了12%，投机持仓限额从600手大幅压缩至100手。股指期货合约和修订业务规则的基本理念是"高标准、稳起步"，这也是自2006年中国证监会筹备股指期货以来一以贯之的核心要求。

21日　中国银监会批准全国首家外资消费金融公司——捷信消费金融（中国）有限公司在天津市筹建，这也是全国首批获准试点的4家消费金融公司之一。该公司由中东欧地区最大的国际金融和投资集团之一的捷克PPF集团投入3亿元的注册资本独资建立。公司开业后，将为当地消费者提供POS贷款、消费贷款及其他产品等丰富的产品组合，用于旅行、教育和耐用消费品的购买。

中国银监会发布《商业银行稳健薪酬监管指引》。该指引共6章30条，主要从薪酬结构、薪酬支付、薪酬管理、薪酬监管等方面进行规范，旨在充分发挥薪酬在商业银行公司治理和风险管理中的导向作用。一是在薪酬结构上，对基本薪酬、绩效薪酬等进行了规范，强调基本薪酬与薪酬总额的比例、绩效薪酬与风险抵扣和业绩的关系。二是在薪酬支付上，主要强调绩效薪酬必须经过考核以后才能发放，必须留存一定比例在财务年度结束以后支付，高管人员的绩效薪酬必须有40%以上采取延期支付方式，延期时间不少于3年。如果在延期支付的期限内，因高管人员和在对风险有重要影响岗位上的员工不当履职而造成重大风险损失的，商业银行应将相应期限内已经发放的绩效薪酬全部追回并止付未发放部分。三是在薪酬管理上，明确了商业银行薪酬管理的组织架构，强调董事会对薪酬机制负总责；明确了绩效考核指标体系的设计中必须包括资本充足率、不良贷款率、拨备覆盖率、案件风险率等监管指标，并对考核结果中达不到相关指标要求的，提出了相关约束标准；明确了风险控制等部门人员薪酬的独立性以及薪酬信息披露的方式和具体内容。四是在薪酬的监管上，强调监管部门定期对商业银行薪酬机制的健全性和有效性作出评估，并对绩效考核情况进行现场检查，对违反审慎经营要求的相关问题予以查处。

3月

8日 中国人民银行发布《人民币跨境收付信息管理系统管理暂行办法》，加强人民币跨境收付信息管理系统的管理，保障人民币跨境收付信息管理系统安全、稳定、有效运行，规范银行业金融机构的操作和使用。

中国银监会、国家发展和改革委员会、工业和信息化部、财政部、商务部、中国人民银行、国家工商行政管理总局联合发布《融资性担保公司管理暂行办法》（以下简称《办法》）。《办法》共7章54条，规范对象主要是公司制融资性担保机构，即依法设立，经营融资性担保业务的有限责任公司和股份有限公司。公司制以外的融资性担保机构参照《办法》的有关规定执行，具体实施办法由省、自治区、直辖市人民政府另行制定。

12日 中国人民银行发布《关于对违法签发支票行为行政处罚若干问题的实施意见（试行）》，要求中国人民银行各级机构依法对签发空头支票或者与预留银行签章不符支票行为实施行政处罚。

中国保监会发布《保险集团公司管理办法（试行）》。这是国内金融业第一部专门针对集团公司经营管理而出台的规范性文件。该办法规定，保险集团公司的业务以股权投资和管理为主，必须以自有资金对外进行股权投资及投资设立相关企业。其中，对商业银行等非保险类金融企业的投资总额不得超过集团合并净资产的30%，对非金融类企业的投资上限则为集团合并净资产的10%。该办法确定了保险集团公司监管的总体框架、基本内容和基本程序，并从准入条件、公司治理、资本管理、信息披露以及监督管理等多个方面予以明确，就是为了防范和化解保险集团公司的经营风险，从而切实保障被保险人的合法权益。

19日 中国人民银行等九部委联合发布《关于金融支持文化产业振兴和发展繁荣的指导意见》。

中国证监会发布《关于进一步做好创业板推荐工作的指引》，强调保荐机构在推荐拟在创业板上市企业时，应重点推荐符合国家战略性新兴产业发展方向的企业，特别是新能源、新材料、信息、生物与新医药、节能环保、航空航天、海洋、先进制造、高技术服务等领域的企业，以及其他领域中具有自主创新能力、成长性强的企业。指引明确提出的保荐机构审慎推荐的行业主要包括八大类，分别为：1. 纺织、服装；2. 电力、煤气及水的生产供应等公用事业；3. 房地产开发与经营，土木工程建筑；4. 交通运输；5. 酒类、食品、饮料；6. 金融；7. 一般性服务业；8. 国家产业政策明确抑制的产能过剩和重复建设的行业。

22日 深交所和深圳证券信息有限公司正式发布中小板300指数（代码399008）。该指数选取300家中小板公司组成样本股，具有市场代表性强、行业结构均衡、样本股整体成长性好等特点，成为ETF开发的新目标。

24 日 东盟与中日韩（10+3）财长和央行行长以及中国香港金融管理局总裁共同宣布清迈倡议多边化协议正式生效。清迈倡议多边化总规模达 1 200 亿美元，其核心目标：一是解决区域内国际收支和短期流动性困难；二是对现有国际融资安排加以补充。它将通过货币互换交易向面临国际收支和短期流动性困难的清迈倡议多边化参与方提供资金支持。清迈倡议多边化是在现有清迈倡议双边货币互换机制基础上建立的由10+3 全体成员共同参与的多边货币互换机制，旨在通过单一协议下的共同决策机制，采取迅速、一致的行动实施货币互换交易。

中国人民银行与白俄罗斯国家银行签署《中白双边本币结算协议》。该协议是我国与非接壤国家签订的第一个一般贸易本币结算协议，也是人民币跨境贸易结算试点实施后的区域金融合作的新进展，有利于进一步推动中白两国经济合作，便利双边贸易投资。

国务院总理温家宝主持召开国务院常务会议，研究部署进一步鼓励和引导民间投资健康发展的政策措施。会议确定了鼓励和引导民间投资健康发展的政策措施：一是进一步拓宽民间投资的领域和范围；二是推动民营企业加强自主创新和转型升级；三是鼓励和引导民营企业通过参股、控股、资产收购等多种方式参与国有企业改制重组，支持有条件的民营企业通过联合重组等方式进一步壮大实力；四是建立健全民间投资服务体系，加强服务和指导，为民间投资创造良好环境。

29 日 由上海市、江苏省、浙江省人民政府和中国人民银行联合举办，上海市人民政府承办的第三届长江三角洲地区金融论坛在上海开幕。中国人民银行副行长苏宁在主旨演讲中指出，下一阶段，中国人民银行将按照国务院的有关要求，继续加强与有关部门和地方政府的协调配合，完善配套政策措施，在有效监管的基础上，稳步推进跨境投融资的便利化。与会代表还就跨境贸易人民币结算的政策环境建设、跨境贸易人民币结算中的银行服务及企业参与、以上海世博会为契机促进长三角地区金融服务一体化等专题进行了热烈研讨。

中国人民银行发布《关于做好春季农业生产和西南地区抗旱救灾金融服务工作的紧急通知》，要求加大政策支持力度，确保金融机构支持春季农业生产和抗旱救灾必需的流动性需求，切实加大对春季农业生产和抗旱救灾的有效信贷投入。

30 日 中国保监会发布《关于规范保险公司相互代理业务有关事项的通知》，该通知规定，保险公司相互代理可不限于集团公司内部，但集团内部相互代理的风险较为特殊，应予以重点关注。相关公司应确保法律关系清晰、管控责任明确、财务核算和资金流向清楚透明。该通知强调，根据《保险公司管理规定》第 15 条等有关规定，保险公司在住所地以外的省级行政区设立分公司后，可不逐级设立分支机构，直接或者利用包括相互代理在内的中介渠道开展业务。保险公司利用中介渠道开展业务应确保服务质量，客户的正当权益不因此受到不利影响。

31 日 国家外汇管理局公布 2009 年统计数据。2009 年，银行代客结汇 9 786 亿美元，售汇 7 151 亿美元，结售汇顺差 2 635 亿美元，分别比上年下降 22%、10%、42%；境内银行代客涉外收入 14 054 亿美元，对外付款 12 419 亿美元，顺收 1 634 亿美元，分别比上年下降 22%、13%、56%。为更好地分析判断外汇形势，从不同层面上反映我国涉外经济发展状况，提高外汇统计数据透明度，国家外汇管理局决定自 2010 年起按季度对外公布月度银行代客结售汇和代客涉外收付款数据。

4 月

2 日 中国人民银行发布《2009 年国际金融市场报告》。该报告指出，2009 年，在极度宽松宏观经济政策刺激下，全球经济逐步走出衰退，主要发达经济体从第三季度起缓慢走向复苏，新兴市场经济体率先反弹。今后，中国将继续支持市场发展创新，进一步优化投资者结构，促进以机构投资者为主的投资者队伍的形成，同时适当扩大境外对中国金融市场的参与程度；全面推进跨境贸易人民币结算试点工作，探索境外人民币资金的流动和交易机制，积极拓展海外人民币投资渠道，发展人民币离岸市场；继续稳步推进资本项目可兑换进程，在有效防范风险的前提下，有选择、分步骤放宽对跨境资本交易活动的限制，有序拓宽对外投资渠道，积极稳妥地推进中国金融市场对外开放，协调推进上海国际金融中心建设。

国家外汇管理局发布《关于实施进口付汇核销制度改革试点有关问题的通知》。自2010年5月1日开始，在天津、江苏、山东、湖北、内蒙古、福建省（自治区、直辖市）以及青岛市开展进口付汇核销制度改革试点。改革的主要内容包括：合规企业的正常进口付汇业务无须再办理现场核销手续；取消银行为企业办理进口付汇业务的联网核查手续；外汇局对企业实行名录管理，进口付汇名录信息在全国范围内实现共享，企业异地付汇无须再到外汇局办理事前备案手续；外汇局利用“贸易收付汇核查系统”，以企业为主体进行非现场核查和监测预警，针对异常交易主体进行现场核查，确定企业分类考核等级并实施分类管理。

6日　国家外汇管理局公布，截至2009年末，我国外债余额为4 286.47亿美元（不包括香港特区、澳门特区和台湾地区对外负债，下同）。其中，登记外债余额为2 669.47亿美元，贸易信贷余额为1 617亿美元。初步计算，2009年我国外债偿债率为2.87%，债务率为32.16%，负债率为8.73%，短期外债与外汇储备的比为10.81%，均在国际标准安全线之内。

8日　股指期货启动仪式在上海举行，标志着我国资本市场改革发展又迈出了一大步。这对于发展和完善我国资本市场体系具有重要而深远的意义。同时意味着股指期货正式上市已进入最后的倒计时。首批4个沪深300的股指期货合约将在4月16日正式挂牌交易。

9日　中国银监会与国家质检总局共同推动的银码信息共享系统在北京、河北、山东（含青岛）等3个地区向工商银行、光大银行2家试点银行业金融机构开放信息查询服务。组织机构代码作为“单位的身份证号”，是赋予我国每个依法成立的企业、事业单位、机关、社会团体及其他组织机构的唯一代码标识。

9～11日　博鳌亚洲论坛第九届年会在博鳌举行，主题是“绿色复苏：亚洲可持续发展的现实选择”。中国国家副主席习近平出席开幕大会并发表题为“携手推进亚洲绿色发展和可持续发展”的主旨演讲。

12日　中国银监会和中国保监会联合发布了《关于加强涉农信贷与涉农保险合作的意见》。其目的在于引入涉农保险机制，分散银行业金融机构涉农信贷风险，提高农村借款人贷款的可获得性，进一步改善农村“贷款难”问题。该意见从六个方面对双方合作内容提出了指导性的意见。一是银行业金融机构将涉农保险投保情况作为授信要素；二是保险公司要不断提升保险在涉农借款人中的渗透度；三是鼓励借款人对贷款抵押物进行投保；四是通过保单质押拓展借款人抵（质）押物范围；五是保险公司可以积极探索开展涉农贷款保证保险；六是鼓励银行和保险公司积极主动倡导、参与和建设多方联动机制。

20日　中国人民银行召开抗震救灾电视电话会议。周小川行长在部署人民银行系统进一步做好抗震救灾工作时要求，中国人民银行小额支付系统要实行7×24小时运行，放开小额支付系统贷记业务金额上限，保证救灾款项休息日及夜间及时汇划，确保所收到的救灾款项在第一时间到达指定收款人账户；采取“先收后返”的方式减免2010年4月14日至年底各银行通过大额支付系统办理的赈灾款项期间的汇划费用。另外，由中国人民银行牵头，召集中国银监会、中国证监会和中国保监会有关部门开会研究金融支持抗震救灾的具体措施，以支持灾区抗震救灾和尽快恢复重建。

21 日 中国人民银行会同中国银监会、中国证监会、中国保监会出台《关于全力做好玉树地震灾区金融服务工作的紧急通知》，及时出台支持灾区抗震救灾的特殊金融服务措施，要求加强灾区现金调拨和供应，确保支付清算、国库等系统通畅运营，引导金融机构切实加大对抗震救灾和灾区重建的信贷投入，满足灾区群众的基本生活需求。

国家外汇管理局发布《关于下发 2010 年度短期外债余额指标有关问题的通知》，决定适度压缩 2010 年度境内机构短期外债余额指标总规模，共核定境内机构短期外债余额指标 324 亿美元，在 2009 年指标规模基础上调减 1.5%。同时，还调减了指标历史基数大，指标使用率低的中外资金融机构指标，对近年贸易融资业务发展较快的股份制商业银行和地方性商业银行给予适当政策倾斜。

23 日 国家外汇管理局就部分外汇管理规范性文件的效力发布通知。对主要内容被新的规范性文件所代替、与当前管理实际不符的 15 件外汇管理规范性文件，予以废止。这 15 件文件包括：《就〈外债统计监测暂行规定〉中若干问题的答复》《关于银行出具结汇水单/收账通知有关事宜的通知》《关于填报外汇账户收支统计表有关问题的通知》《国家外汇管理局关于认真落实〈金融机构外汇业务非现场监管工作制度〉的通知》等。外汇局对适用期已过或者调整对象已经消失，实际上已经失效的 9 件外汇管理规范性文件宣布失效，包括《关于外汇管理体制改革过渡期间有关问题的通知》《关于调整债务结构降低外债利率的通知》《关于防止境外部分金融机构出售假冒世行名义证券的通知》等。

中国人民银行行长周小川、副行长易纲出席在美国华盛顿举行的二十国集团财长/央行行长会及副手会，并于 24 ~ 25 日出席国际货币基金组织国际货币与金融委员会（IMFC）春季会议，主要就全球宏观经济形势、“强劲、可持续和平衡增长框架”、金融监管、国际金融机构改革、宏观金融风险、能源补贴等议题进行了讨论。

27 日 中国保监会修订并发布《中国保险监督管理委员会行政处罚程序规定》，将于 5 月 28 日起施行。此次修订不仅增加了行政处罚措施的种类，同时对行政处罚的管辖权、立案与调查、案件处罚及执行等多个方面做了更为详尽明确的规定。新规定不仅规定监管机构有权“撤销任职资格、从业资格，或者吊销资格证书”，还首次明确了“禁止进入保险业”这一处罚措施。

28 日 中国人民银行发布《2009 年中国金融市场发展报告》。该报告指出，2009 年我国金融市场运行的主要特点包括：一是金融市场对完成“保八”目标发挥了显著的作用；二是金融市场规模快速增长；三是金融市场整体呈现普遍上涨行情；四是金融市场产品与机构创新取得重要进展；五是金融市场结构进一步优化；六是金融市场制度与基础设施建设稳步推进。

国务院总理温家宝主持召开国务院常务会议，审议并原则通过了《关于 2010 年深化经济体制改革重点工作的意见》。会议确定了 2010 年重点改革任务：一是鼓励支持和引导非公有制经济发展。二是深化国有企业和垄断性行业改革。三是深化水、电、燃油、天然气等资源性产品价格改革，逐步实施城市污水、垃圾及医疗废物等处理收费制度。四是深化财税体制改革。加快形成覆盖政府所有收支、完整统一的公共预算体系。五是深化金融体制改革。完善金融机构体系和金融监管体制。修订出台《贷款通则》，加快推进政策性金融机构改革，启动资产管理公司商业化转型试点。加快股权投资基金制度建设。完善农村金融体系。六是协调推进城乡改革。七是深化收入分配和社会保障制度改革。八是深化行政管理体制改革，加快转变政府职能，重点推进投资体制改革、事业单位和行政审批制度改革。九是深化涉外经济体制改革，加快转变外贸发展方式，促进对外贸易协调可持续发展。

28 ~ 29 日 中俄总理定期会晤委员会金融合作分委会第十一次会议在杭州举行。会议期间，双方相互通报了宏观经济形势，介绍了各自在应对国际金融危机背景下，在促进经济增长、增加就业、控制通货膨胀、维护金融体系稳定方面的最新进展。会议充分肯定了两国银行在贸易融资和项目融资领域的合作，并深入探讨了信用担保、互设机构、贸易本币结算、保险业合作以及银行卡等领域合作中存在的问题、解决途径及未来的合作方向。中国人民银行副行长马德伦与梅尔尼科夫签署了《中俄总理定期会晤委员会金融合作分委会第十一次会议纪要》。

30 日 中国人民银行和公安部联合召开了打击网络赌博犯罪情况通报会。通报会上，公安部网络安全局通报了打击网络赌博犯罪工作情况、存在的问题和下一步工作部署。中国人民银行支付结算司司长欧阳卫民受苏宁副行长委托，对第三方支付清算组织提出了具体要求：一是树立依法经营意识，防止滥用第三方支付平台行为，各支付清算组织不得为谋取经济利益而为网络赌博等犯罪活动提供支付便利；二是严格按照人民银行发布的《支付清算组织反洗钱和反恐怖融资指引》的有关规定，认真做好大额和可疑交易监测与报告工作；三是积极协助公安部、人民银行等部门做好打击网络赌博犯罪工作，不得弄虚作假，更不得与从事网络赌博的机构和个人串通妨碍调查；四是加强对客户的管理，比照商业银行“了解你的客户”的原则，对网上商户的资信状况、业务范围等进行必要的了解和备案。中国人民银行反洗钱局、反洗钱中心重申了《支付清算组织反洗钱和反恐怖融资指引》的有关规定。出席会议的第三方支付清算组织负责人明确表态，要积极配合公安等部门打击网络赌博犯罪，加强内部管理，切实履行反洗钱义务，合法合规经营。

财政部、工业和信息化部联合出台《中小企业信用担保资金管理暂行办法》。该暂行办法规定，财政担保资金主要采取四种方式，鼓励信用担保机构为中小企业提供融资担保服务。1. 业务补助，对符合条件的担保机构开展的中小企业融资担保业务，按照不超过年担保额的2%给予补助；对符合条件的再担保机构开展的中小企业融资再担保业务，按照不超过年再担保额的0.5%给予补助。2. 保费补助，在不提高其他费用标准的前提下，对担保机构开展的担保费率低于银行同期贷款基准利率50%的中小企业融资担保业务给予补助，补助比例不超过银行同期贷款基准利率50%与实际担保费率之差。3. 资本金投入，特殊情况下，对符合条件的担保机构、再担保机构，按照不超过新增出资额的30%给予注资支持。4. 其他，用于鼓励和引导担保机构、再担保机构开展中小企业信用担保（再担保）业务的其他支持方式。

中国人民银行发布了《中国金融集成电路（IC）卡规范》（2010 年版，以下简称《规范》）。《规范》在2005 年颁布的《中国金融集成电路（IC）卡规范》（JR/T 0025—2005）基础上，秉承继承与发展，以先进性、前瞻性和兼容性为原则，经金融机构、产业部门和社会专家多次研讨并历时近3 年不断修订、补充和完善而成，具有很强的实用性和可操作性。与2005 年版本标准相比，《规范》尊重原标准的总体架构和技术内容，增补了非接触式通讯规定和小额支付规范，修订完善了借贷记功能，自行设计了基于借贷记的小额支付业务规范。

5 月

2 日 中国人民银行决定从2010 年5 月10 日起，上调存款类金融机构人民币存款准备金率0.5 个百分点，农村信用社、村镇银行暂不上调。

4 日 国内首家券商系资产管理公司——上海东方证券资产管理公司获得中国证监会批复，正式开始筹建工作。公司注册资本为3 亿元，业务范围为证券资产管理业务，初期管理规模约为70 亿元。

中国保监会发布《保险公司股权管理办法》，自2010 年6 月10 日实施。该办法规定，除通过证券交易所购买上市保险公司股票外，境内企业法人和境外金融机构这两大类机构可以向保险公司投资入股，而保险公司单个股东（包含关联方）出资或者持股比例不得超过保险公司注册资本的20%；持有保险公司股权15%以上，或者不足15%但直接或者间接控制该保险公司的主要股东，如果同时满足“具有持续出资能力且最近三个会计年度连续盈利”“具有较强的资金实力且净资产不低于人民币2亿元”“信誉良好且在本行业内处于领先地位”三个条件的，中国保监会将根据坚持战略投资、优化治理结构、避免同业竞争、维护稳健发展的原则，批准其持股比例可不受20%的限制。

9~11日 中国人民银行行长周小川赴瑞士出席国际清算银行行长例会，并应邀出席由瑞士国家银行和国际货币基金组织在瑞士苏黎世合作举办的“国际货币体系高层会议”。研讨会就国际货币体系不稳定性来源、改进储备资产供给、应对资本流动和自我保障的选择等问题展开了讨论。

10日 中国人民银行发布《2010年第一季度中国货币政策执行报告》。报告指出，2010年第一季度，中国经济开局良好，回升向好势头更加巩固。中国人民银行继续实施适度宽松的货币政策。

11日 中国保监会发布《关于实施〈财产保险公司保险条款和保险费率管理办法〉有关问题的通知》。明确规定四类保险险种的保险条款和保险费率必须经过审批，即机动车辆保险、非寿险投资型保险、保险期间超过1年期的保证保险和信用保险、中国保监会认定的其他关系社会公众利益的保险险种和依照法律和行政法规实行强制保险的险种。其他保险险种的保险条款和保险费率只须报中国保监会备案。

12日 国务院批准中国工商银行、中国建设银行、中国银行、交通银行四大行再融资规模，这四家银行再融资总额为2 870亿元。

17日 中国人民银行、中国银监会、中国证监会和中国保监会在北京联合召开金融机构治理商业贿赂工作第二次联席会议。会议交流了第一次联席会议以来金融系统治理商业贿赂的工作经验，并对当前金融机构防范商业贿赂的政策措施和对策等问题进行了探讨。会议认为，金融机构要加强协作配合，充分借助“一行三会”治理商业贿赂协调小组所搭建的沟通交流平台，着力建立金融机构治理商业贿赂长效机制，推进治理工作向纵深发展。

19日 中国人民银行、中国银监会、中国证监会和中国保监会联合印发《关于全面推进农村金融产品和服务方式创新的指导意见》，要求以创新农村金融产品和服务方式为突破口，大力推广普及在实践中经被证明是行之有效的金融产品；根据农村发展的新形势，积极研发和推出一些适合农村和农民实际需求特点的创新类金融产品；通过完善农村金融服务流程，再造农村金融服务模式，让广大农村和农民得到更多便捷和优质的现代化金融服务。

中国人民银行主办、环球银行金融电信协会（SWIFT）组织协办的ISO 20022国际金融标准论坛在北京举行。中国人民银行、国家外汇管理局、国内各银行机构、中国银联、外汇交易中心、农信银资金清算中心、城商行资金清算中心等机构的技术管理部门和业务管理部门负责人参加了论坛。会议就ISO 20022国际金融标准问题进行了探讨，来自ISO国际标准化组织的专家就ISO 20022国际金融标准的内容分别从职能机构、注册流程和标准化报文等方面进行了介绍。

24~25日 第二轮中美战略与经济对话在北京举行，并发布了对话框架下经济对话联合成果情况说明，两国在四个方面达成重要共识。其中之一是双方同意加强在国际金融体系改革方面的合作。

25日 中国金融业信息安全暨数据中心发展研讨会在广东珠海举行。会议由《金融电子化》杂志社主办，中国人民银行、国家发展和改革委员会、公安部、工业和信息化部、中国银监会、国家信息化专家咨询委员会等相关部门代表，香港金融管理局、澳门金融管理局以及境内商业银行等金融机构代表参加了会议。会议指出，当前，金融业对信息化依赖程度日渐加深，金融业信息安全直接关系到国家经济安全和社会稳定，要充分认识金融业信息安全的重要性。会议强调，2010上海世博会和广州亚运会的召开对我国金融信息安全工作提出了新的要求。各金融机构要切实加强组织领导，落实保障措施，加强对薄弱环节的监控，确保金融信息系统安全运行。同时，应加强风险预测，做好各项应急准备，努力营造优质安全的金融服务环境。

26日 中国银监会与美国联邦存款保险公司（FDIC）在北京共同签署了《关于跨境问题机构处置的〈谅解备忘录〉附件》。

住房城乡建设部、中国人民银行和中国银监会联合发布《关于规范商业性个人住房贷款中第二套住房认定标准的通知》。该通知指出，各地商业性个人住房贷款中居民家庭住房套数，应依据拟购房家庭成员名下，包括借款人、配偶及未成年子女，实际拥有的成套住房数量进行认定。贷款人对借款人执行第二套（及以上）差别化住房信贷政策。对不能提供1年以上当地纳税证明或社会保险缴纳证明的非本地居民申请住房贷款的，贷款人按第二套（及以上）的差别化住房信贷政策执行；商品住房价格过高、上涨过快、供应紧张的地区，商业银行可根据风险状况和地方政府有关政策规定，对其暂停发放住房贷款。

27日 国务院召开常务会议，部署加强地方政府融资平台公司管理和严厉打击囤积居奇、哄抬农产品价格等违法行为。措施有四点：一要抓紧清理核实并妥善处理融资平台公司债务。二要分类清理规范地方政府已设立的融资平台公司，划清职能，规范运作。三要加强对融资平台公司的融资管理和银行业金融机构等的放贷管理。四要坚决制止地方政府违规担保承诺行为。会议要求各地区、各部门加强组织领导和指导监督，抓紧制定实施方案，认真抓好落实。

28日 中国人民银行和中国银监会联合发布《关于进一步做好支持节能减排和淘汰落后产能金融服务工作的意见》。该意见要求，要加强信贷政策指导和督导检查力度，坚决打好金融支持节能减排和淘汰落后产能攻坚战；各银行业金融机构要根据国家金融宏观调控要求和支持节能减排、淘汰落后产能的相关政策精神，结合自身业务范围和所在区域经济特点，制定详细和可操作的授信指引、风险清单和相关信贷管理要求；各银行业金融机构要多方面改进和完善金融服务，积极建立健全银行业支持节能减排和淘汰落后产能的长效机制。该意见还就密切跟踪监测并有效防范加大节能减排和淘汰落后产能力度可能引发的信贷风险、加强多部门政策协调配合、做好政策实施效果动态监测和评估等工作进行了部署。

28～29日 中国人民银行行长周小川应邀出席在哈萨克斯坦阿拉木图市召开的“中亚、黑海及巴尔干半岛地区央行行长俱乐部第23次会议”，与会各国代表讨论了当前国际和区域内经济金融的发展形势。“中亚、黑海及巴尔干半岛地区央行行长俱乐部”是在土耳其央行的倡议下于1998年成立的区域性央行行长会议机制，该俱乐部致力于加强本地区央行间合作及在地区金融事务中的协作及分享经验。俱乐部目前20个成员国，包括阿尔巴尼亚、亚美尼亚、阿塞拜疆、波黑、保加利亚、格鲁吉亚、希腊、以色列、哈萨克斯坦、吉尔吉斯斯坦、马其顿、摩尔多瓦、黑山、波兰、罗马尼亚、俄罗斯、塞尔维亚、塔吉克斯坦、土耳其、乌克兰。

30日 北京金融资产交易所（以下简称北金所）正式揭牌，这是国内第一家正式揭牌运营的全国性金融资产交易平台。北金所由北京产权交易所、信达投资有限公司、中国光大投资管理公司、北京华融综合投资公司等出资组建。其目标是在北京产权交易所原有金融国有股权和不良资产交易业务基础上，为多种金融资产提供从登记、交易到结算的全程式交易服务，并探索信贷资产交易、信托资产交易、私募股权资产交易等创新业务，争取成为一个全国性金融资产专业化交易平台。

6 月

1 日　中国银联与英国最大的银行卡收单机构 RBS WorldPay 在伦敦举行仪式，共同宣布首次开通英国的银联卡商户受理业务。此次合作，既是中国银联与 RBS WorldPay 良好合作的开端，也是中国银联与英国的收单机构合作拓展英国业务的成功尝试。

4 日　中国人民银行发布《贷款统计分类及编码标准（试行）》。这是金融工具系列标准的首项标准，也是金融统计标准化建设的核心内容之一。该标准对商业银行准确分类贷款、编制贷款统计报表，正确计量、分析信贷总量和结构等给出了统一的标准，敦促银行合理评价信贷资产质量，科学计量信贷市场风险，提高贷款统计数据的同质性、协调性、可比性。

中国人民银行印发《中小企业信用体系试验区建设指导意见》，探索建立中小企业信用体系建设长效机制，发挥信用信息服务在缓解中小企业融资难中的重要作用，探索有地方特色的中小企业信用体系建设长效机制。

中国银监会发布《银行业金融机构外包风险管理指引》，规范银行业金融机构外包活动，要求建立外包风险管理框架，制定相关制度，并将其纳入全面风险管理体系。

4～5 日　二十国集团（G20）财长和央行行长会议在韩国釜山举行。会议讨论了当前宏观经济形势，强劲、可持续和平衡增长框架，金融监管，国际金融机构改革等议题。中国财政部部长谢旭人和中国人民银行行长周小川参加了会议。各方就构建全球金融安全网取得共识，同意在金融情况有所改善且经济复苏稳定时，确定有关资本和流动性充足原则，并在 2012 年末实施。

7 日　欧亚反洗钱和反恐怖融资组织（EAG）第十二届全会暨工作组会议在哈萨克斯坦阿拉木图市召开，来自 EAG 成员国与观察员的 120 多名代表参加了会议。中国人民银行副行长苏宁率中国代表团参加了会议。会议批准了土库曼斯坦成为 EAG 正式成员，黑山和塞尔维亚成为 EAG 观察员的申请，EAG 组织规模进一步扩大。至此，EAG 共有 8 个成员国，30 个观察员国家或组织。会议讨论了拟签署的《欧亚反洗钱和反恐怖融资组织协议》、2011 年预算草案等议题；讨论通过了乌兹别克斯坦反洗钱和反恐怖融资互评估报告、塔吉克斯坦互评估后续报告，并就 EAG 第二轮互评估问题进行了讨论；会议还讨论了网络洗钱等类型研究课题，以及 EAG 操作建议的进展情况。

8 日　中国银监会发布《银行业金融机构国别风险管理指引》，要求银行业金融机构加强国别风险管理，进一步完善全面风险管理体系。该指引有助于提升银行业金融机构国别风险管理意识和水平，推动银行业金融机构国别风险管理体系的建立和完善，为监管当局的监督检查提供标准和依据。

中国人民银行发布《金融业机构信息管理规定》。该规定规范了金融业机构信息的管理与使用，明确人民银行按“统一管理，分级维护，实时公布”的原则对金融机构信息进行管理、维护和公布，厘清了人民银行、金融机构的责任与义务；明确了金融业机构信息编制规则和金融机构编码制定的方法与步骤；制定了金融业机构信息新增、变更和撤销的操作流程。与该规定配套，人民银行建设了“金融业机构信息管理系统”，并已正式上线运行。

中国人民银行发布《2009 年中国区域金融运行报告》。报告指出，2009 年，全国各地区以科学发展观为指导，认真贯彻落实积极的财政政策和适度宽松的货币政策，全面实施并不断完善应对国际金融危机的一揽子计划，努力克服金融危机的不利影响，积极扩大内需，加快经济结构调整，保持区域经济平稳增长。各地区金融业加大对经济发展的支持力度。上半年各项贷款快速增长，中长期贷款增加较多，积极支持了基础设施和重点项目建设，信贷对经济薄弱环节发展的支持力度进一步加大，个人消费贷款大幅增长。下半年信贷增长比上半年有所放缓，节奏更趋平稳，有利于防范和化解可能影响经济长期稳定发展的风险。金融机构贷款利率整体比上年降低，企业融资成本下降。农村新型金融机构加快发展，农村金融服务覆盖率提高。各地区非金融机构部门融资量大幅增长，14 个省份直接融资比重上升。

9 日　中国人民银行与冰岛中央银行签署了金额为 35 亿元人民币的双边本币互换协议，以推动双边贸易和投资，加强双边金融合作。

10 日　国务院发布《关于加强地方政府融资平台公司管理有关问题的通知》。该通知要求，为有效防范财政金融风险，地方各级政府要对融资平台公司债务进行一次全面清理规范，进一步加强对融资平台公司的融资管理和银行业金融机构等的信贷管理，坚决制止地方政府违规担保承诺行为。同时，提出了对融资平台公司进行清理规范的具体原则，并明确今后地方政府确需设立融资平台公司的，必须严格依照有关法律法规办理，足额注入资本金，学校、医院、公园等公益性资产不得作为资本注入融资平台公司。

11 日　住房城乡建设部、国家发展改革委、财政部、国土资源部、中国人民银行、税务总局和中国银监会等七部委联合制定的《关于加快发展公共租赁住房的指导意见》正式对外发布，旨在解决中国城市中等偏低收入家庭住房困难。该意见指出，新建公共租赁住房以配建为主，也可以相对集中建设。公共租赁住房只能用于承租人自住，不得出借、转租或闲置，也不得用于从事其他经营活动。同时，鼓励金融机构发放公共租赁住房中长期贷款，支持符合条件的企业通过发行中长期债券等方式筹集资金，探索运用保险资金、信托资金和房地产信托投资基金拓展公共租赁住房融资渠道。

天津金融资产交易所在天津揭牌开市，首日共成交项目 8 宗，成交金额 6 104.2 万元，涉及金融债权总额 8 093 万元，标志着中国历史上第一家金融资产交易所开业交易。天津金融资产交易所是在天津市政府与中国长城资产管理公司的战略合作框架协议基础上，由长城资产管理公司与天津产权交易中心共同出资组建的覆盖全国、面向全球的金融资产交易平台。

14 日　金融稳定理事会在加拿大多伦多召开第四次全体会议。本次会议是二十国集团领导人多伦多峰会前重要的准备会议之一。来自成员经济体和国际机构的近 70 位高层代表与会。中国人民银行副行长易纲、中国银监会主席刘明康和财政部副部长李勇出席了会议。金融稳定理事会标准执行委员会常设委员会会议也于 6 月 15 日在多伦多召开，人民银行副行长易纲与会。会议主要讨论促进国际标准和准则的执行问题。

中国人民银行发布《非金融机构支付服务管理办法》（以下简称《办法》），自 2010 年 9 月 1 日起施行。《办法》明确非金融机构可以提供网络支付服务、预付卡发行与受理业务、银行卡收单业务和中国人民银行确定的其他支付业务。《办法》规定，非金融机构提供支付服务，应当依据本《办法》规定的准入条件取得支付业务许可证。在《办法》实施前已经从事支付业务的非金融机构，应当在《办法》实施之日起 1 年内申请取得支付业务许可证。

17 日　中国人民银行、财政部、商务部、海关总署、税务总局和中国银监会等六部委联合发布《关于扩大跨境贸易人民币结算试点有关问题的通知》，将跨境贸易人民币结算试点范围扩大至 20 个省（自治区、直辖市）。跨境贸易人民币结算的境外地域由港澳、东盟地区扩展到所有国家和地区；试点业务范围包括跨境货物贸易、服务贸易和其他经常项目人民币结算；不再限制境外地域，企业可按市场原则选择使用人民币结算。

19 日　根据国内外经济金融形势和我国国际收支状况，中国人民银行新闻发言人发表谈话，“决定进一步推进人民币汇率形成机制改革，增强人民币汇率弹性”。此次在2005 年汇改基础上进一步推进人民币汇率形成机制改革，重在坚持以市场供求为基础，参考“一篮子”货币进行调节。继续按照已公布的外汇市场汇率浮动区间，对人民币汇率浮动进行动态管理和调节，保持人民币汇率在合理均衡水平上的基本稳定，促进国际收支基本平衡，维护宏观经济和金融市场的稳定。

20～25 日　金融行动特别工作组（FATF）第二十一届第三次全会及工作组会议在荷兰阿姆斯特丹举行，来自35 个FATF 成员、8 个区域性反洗钱组织及国际货币基金组织、世界银行等其他国际组织的代表400 余人参加了会议。由中国人民银行和外交部人员组成的中国代表团参加了会议。全会讨论通过了印度反洗钱和反恐怖融资互评估报告和改进行动计划，在印度政府承诺继续努力执行FATF 标准的基础上，全会一致同意给予印度FATF 正式成员资格，至此，FATF 成员达到36 个。全会讨论并一致通过了欧亚反洗钱和反恐怖融资组织（EAG）、西非政府间反洗钱组织（GIABA）、东南非反洗钱组织（ESAAMLG）成为FATF 准成员的申请，至此，8 个区域性反洗钱组织已全部获得FATF 准成员资格。全会通过了货币服务业和兑换商洗钱风险类型研究报告和全球洗钱和恐怖融资威胁评估报告。其中，全球洗钱和恐怖融资威胁评估报告为认识全球层面的洗钱和恐怖融资风险提供了新的视角。会议讨论通过了“FATF 公开声明”和其他被监控国家/地区进展报告文件。此外，会议还讨论了第四轮互评估标准和程序、间接汇款、国家洗钱/恐怖融资风险评估、全球洗钱/恐怖融资战略监控等问题。

21 日　中国人民银行、中国银监会、中国证监会和中国保监会联合下发了《关于进一步做好中小企业金融服务工作的若干意见》。该意见指出，要把改进中小企业金融服务、扩大中小企业信贷投放作为各银行业金融机构开展信贷经营业务的重要战略，确保小企业信贷投放的增速要高于全部贷款增速，增量要高于上年。鼓励有条件的银行为中小企业开办“一站式”金融服务。严格控制过剩产能和“两高一资”行业贷款。强调积极拓宽符合中小企业资金需求特点的多元化融资渠道。

25 日　北京产权交易所对外宣布，正式启动“增资扩股附返售权”交易。当日，北交所推出了第一个高科技中小企业交易项目——湖南麓南环保有限公司增资扩股附返售权交易，该项目由中科融创资产管理有限公司作为交易商。

25～26 日　由上海市政府和中国人民银行、中国银监会、中国证监会、中国保监会联合主办的2010 陆家嘴论坛在上海举办。本次论坛围绕“危机之后的经济结构调整与金融变革”的主题，深入探讨了金融发展在经济结构调整和发展方式转变中的重要作用。中国人民银行副行长兼国家外汇管理局局长易纲在分析此次国际金融危机发生的原因后指出，中国应吸取以下几方面的经验：一是要实行正确的宏观经济政策、货币政策和财政政策，并且具有稳健性和可持续性；二是要积极参与国际金融市场游戏规则的制定，推动国际金融机构的改革，加强金融监管；三是要建立应对系统性金融风险的预警机制和处置机制；四是要维持经济全球化、贸易自由化的大环境，为中国创造良好的发展环境。

电子商业汇票系统在全国范围内推广上线运行，接入电子商业汇票系统的机构共计316 家，网点64 681 个。316 家机构中银行业金融机构246 家，占比为78%；财务公司70 家，占比为22%。316 家机构全部开通纸质商业汇票登记查询业务，其中232 家开通电子商业汇票业务，占比为73%。截至该日20：00 电子商业汇票系统营业截止时，系统运行稳定，并正常切换至下一工作日的营业准备时序，标志着电子商业汇票系统成功在全国推广上线。

30 日　中国人民银行发布《中国金融稳定报告（2010）》。报告认为，2009 年我国国民经济增长较快回升；国内需求增长较快，国外需求有所改善；财政收入逐月回升，财政支出保持较快增长；居民收入稳定增长，就业形式好于预期；物价前低后高，上行压力有所增大；主要资产价格上涨较快；货币信贷快速增长，人民币汇率在合理均衡水平上保持基本稳定。金融市场总体运行平稳，市场交易活跃，市场制度建设取得进展。政府、企业、住户财务状况整体较好，偿债能力基本稳定。金融基础设施现代化稳步推进，在营造安全有序的金融生态环境、促进金融业稳健运行方面发挥了重要作用。报告指出，我国金融业整体实力明显增强，银行业主要稳健性指标总体保持良好，资产质量、盈利水平持续改善，流动性总体较为充足；证券业经营机构继续保持稳健经营的态势，上市公司数量和市值规模大幅增长，机构投资者的主导地位进一步增强，证券期货机构盈利能力显著提高，市场基础性制度建设和证券期货法律体系不断完善；保险业总体保持健康发展，保险资金运用的专业化水平稳步提升，产品和区域结构有所优化，销售渠道结构进一步调整，市场集中度继续下降，保险业偿付能力总体充足。

中国保监会对2005年版的《再保险业务管理规定》进行了修订并正式公布。新规定删除了优先国内分保要约、法定再保险的规定，新增了危险单位划分、巨灾再保险和审慎选择再保险接受人的规定。新规定调整了控制风险过度集中的相关要求。进一步完善了相关报告制度和信息披露要求，增加了对直接保险公司本年度合约再保险安排有关信息的报告内容、保险公司再保险信息定期报告制度等规定。

7月

7日 中国证券监督管理委员会负责人宣布，基金专户理财业务可以参与股指期货交易，监管机构不对专户理财业务参与股指期货交易的投资目的、投资比例、信息披露等内容进行规定，基金管理公司要充分做好风险揭示工作，针对拟参与股指期货交易的资产委托人制作专门的风险提示函，充分揭示股指期货交易风险。此外，中国证监会还宣布，自7月1日起，在中国证监会网站的基金监管部页面内公示基金募集申请核准的进度，并每周更新。

13日 中国人民银行行长周小川与中国银行（香港）有限公司（以下简称中银香港）董事长肖钢签署了《关于向台湾提供人民币现钞业务的清算协议》，授权中银香港为台湾人民币现钞业务清算行。根据协议，中银香港将与台湾方面许可的台湾商业银行的香港分行签订人民币现钞业务协议，由这些分行作为交易主体，通过其总行向台湾当地的金融机构提供人民币现钞供应与回流服务。

14日 中国证监会公告了2010年证券公司分类结果，这是中国证监会首次向全社会公开证券行业的分类评价情况。2010年分类评价的评价主体为98家，总体分类结果为：A类公司35家，占比为35.7%；B类公司49家，占比为50%；C类公司14家，占比为14.3%；无D类和E类公司。

中国保监会发布《关于保险机构开展利率互换业务的通知》，明确指出“将符合规定的证明材料及董事会批准文件报中国保监会备案”后，保险机构即可开展利率互换业务。该通知对保险机构开展利率互换业务进行了比例限制，即名义本金额不得超过该机构上季度末固定收益资产的10%，与同一交易对手进行利率互换的名义本金额，不得超过该机构上季度末固定收益资产的3%。

15日 中国农业银行在上海证券交易所正式挂牌上市；16日，农业银行在香港联合交易所上市，实现了A+H股同步成功上市，成为四大国有商业银行中最后一家实现IPO的银行。为了保证发行顺利和市场稳定，本次发行启用了“绿鞋”机制，授予主承销商15%的超额配售权。此次农业银行A股最终定价为2.68元人民币/股和H股最终定价为3.20港元/股，在超额配售选择权全额行使的情况下，农业银行IPO募集资金规模达221亿美元，超过此前工商银行的

IPO融资规模。农业银行的发行上市，意义重大。一方面，标志着开始于2003年的国有商业银行改革完美收官，实现了国有商业银行的改制上市。另一方面，农业银行的发行恰逢国内股票市场低迷，由于一系列精心的制度安排，在未对市场造成大的冲击的前提下，完成了2010年内全球最大的IPO。

16日 中国信达资产管理股份有限公司在京正式挂牌成立。至此，我国资产管理公司（AMC）商业化转型试点正式破冰启程，标志着我国的会计制度已经与国际接轨。经国务院批准，中国信达资产管理股份有限公司由财政部采取独家发起的方式，将原中国信达资产管理公司整体改制成立。公司注册资本251亿元人民币，财政部持有100%的股份，依法行使出资人的权利和义务。

19日 中国人民银行与香港金融管理局签订了《补充合作备忘录》（四），将双方的相关合作扩展到跨境贸易人民币结算试点扩大后的业务范围，并同意在人民币相关境外业务开展过程中继续加强合作。同日，中国人民银行与中国银行（香港）有限公司签订了修订后的《关于人民币业务的清算协议》，明确香港人民币业务参加行可以按照本地法规为企业和机构客户提供人民币银行业务。

22日 国务院发布《关于鼓励和引导民间投资健康发展重点工作分工的通知》，进一步明确中央和地方政府在鼓励和引导民间投资健康发展方面的分工和任务。其中，鼓励和引导民间资本进入金融服务领域备受中国证监会、中国人民银行、国家发展改革委、财政部、国家税务总局、工业和信息化部、中国证监会和中国保监会八部门将负责贯彻落实《关于鼓励和引导民间投资健康发展的若干意见》提出的第18条，即允许民间资本兴办金融机构。根据该通知，中国银监会将成为牵头部门，其他部门和单位按职责分工负责。

中国人民银行、国家发展改革委、工业和信息化部、财政部、国家税务总局和中国证监会等六部委联合发布《关于促进黄金市场发展的若干意见》，对国内黄金市场的发展进行了明确的定位：黄金市场的发展，要服务于我国黄金产业发展大局，立足于提高我国金融市场竞争力，切实加大创新力度，促进形成多层次的市场体系。

23日 中国人民银行和新加坡金融管理局签署了规模为1 500亿元人民币/约300亿新加坡元的双边本币互换协议。

30日 国家外汇管理局发布《关于境内机构对外担保管理问题的通知》。本次政策调整后，境内银行对外担保管理方式、境内非银行金融机构和企业对外担保管理方式都发生了变化。通过简化行政审核手续，提高管理效率，更有力地支持境内机构“走出去”。

财政部、国家发展改革委、中国人民银行、中国银监会联合印发《关于贯彻国务院关于加强地方政府融资平台公司管理有关问题的通知相关事项的通知》，对《国务院关于加强地方政府融资平台公司管理有关问题的通知》有关内容进行解释说明，指出对只承担公益性项目融资任务且主要依靠财政性资金偿还债务的融资平台公司，今后不得再承担融资任务，相关地方政府要在明确还债责任，并要求各地上报地方政府融资平台公司债务清理核实情况。

中国保监会发布了《保险资金运用管理暂行办法》。首次对保险公司投资未上市企业股权和不动产的比例予以了明确。该办法自2010年8月31日起开始施行。其中，未上市企业股权相关金融产品是指股权投资管理机构依法在中国境内发起设立或者发行的以未上市企业股权为基础资产的投资计划或者投资基金等。不动产相关金融产品是指不动产投资管理机构依法在中国境内发起设立或者发行的以不动产为基础资产的投资计划或者投资基金等。

31日 中国银监会发布《关于加强商业银行服务收费管理工作的通知》，要求商业银行立即开展服务收费项目的自查清理工作，对违反规定的收费项目立即整改。

中国保监会发布《关于调整保险资金投资政策有关问题的通知》。该通知不仅调整了债券投资的品种，同时放宽了债券投资的比例和评级标准。投资有担保企业（公司）类债券的信用等级，调整为具有国内信用评级机构评定的A级或者相当于A级以上的长期信用级别；投资中国境内发行的无担保企业（公司）类债券的信用等级，从此前的“AAA级”调整为具有国内信用评级机构评定的“AA级或者相当于AA级以上的长期信用级别”。

中国保监会同时发布《保险资金投资不动产暂行办法》和《保险资金投资股权暂行办法》，明确表示“允许保险资金投资不动产和未上市企业股权”，并就投资主体、资质条件、投资方式、投资标的、投资规范、风险控制和监督管理等事项进行了全面和系统的规定。无论是直接还是间接投资企业股权，暂行办法均规定保险资金投资标的所指向的产业必须处于成长期、成熟期或者是战略新型产业，或者具有明确的上市意向及较高的并购价值。规定保险资金投资的不动产，应当是产权合法清晰、管理权属相对集中、能够满足投资回报的不动产，不能投资商业住宅，不能直接参与房地产开发，不能投资设立房地产企业。上述两个暂行办法中对于投资资格条件的规定，均要求上一会计年度末偿付能力充足率不低于150%，且投资时上季度末偿付能力充足率不低于150%。

8月

5日 中国银监会有关负责人回答记者关于“中国银监会是否建议京、沪、深、杭地区商业银行暂停发放第三套房贷”提问时强调，对于商品住房价格过高、上涨过快、供应紧张的地区，商业银行可根据风险状况，暂停发放购买第三套及以上住房贷款；对贷款购买第三套及以上住房的，贷款首付款比例和贷款利率应大幅度提高，具体由商业银行根据风险管理原则自主确定。中国银行、中国工商银行、中国农业银行等国有银行自从2010年5月“京十二条”出台之后就已经全面停止第三套房贷款。

中国银监会发布《关于规范市场竞争、严禁高息揽存的通知》，要求各商业银行进一步规范服务收费行为，立即开展服务项目的清理工作，对本行所有服务项目的收费行为进行自查和清理，发现问题要及时整改。

中国银监会发布《关于规范银信理财合作业务有关事项的通知》，再次强调信托公司独立自主管理，明确提出开展融资类银信理财合作业务的原则，严格要求商业银行按要求将表外资产转入表内，并计提相应资本。

中国人民银行发布《2010年第二季度中国货币政策执行报告》。报告指出，2010年上半年，中国经济继续朝着宏观调控的预期方向发展，运行总体态势良好。中国人民银行继续实施适度宽松的货币政策，保持政策的连续性和稳定性。

6日 中国银监会出台《关于高风险农村信用社并购重组的指导意见》，鼓励、引导民间资本投资农信社。该意见指出，为落实《国务院关于鼓励和引导民间投资健康发展的若干意见》的要求，扩大金融领域对民间资本开放，单个企业及其关联方合计持有一家高风险农村信用社股本总额的比例可以达到20%，因特殊原因持股比例超过20%，随并购后农信社经营进入良性状态，持股比例逐步减持至20%。

10日 中国保监会发布《关于加强保险业反洗钱工作的通知》，从保险业投资入股和股权变更、机构设立和重组改制、保险中介机构、高管人员准入和履职等环节和方面分别设定了反洗钱要求。

中国保监会发布《保险公司内部控制基本准则》，于2011年1月1日起施行。所谓内部控制，是指保险公司各层级的机构和人员，依据各自的职责，采取适当措施，合理防范和有效控制经营管理中的各种风险，防止公司经营偏离发展战略和经营目标的机制和过程。该准则规定，保险公司内部控制活动分为前台控制、后台控制和基础控制三个层次；还明确了资金运用控制的内容和基本要求，同时指出“保险资金运用是保险公司经营活动中相对独立的组成部分，也是内部控制的重点领域”。

15日 中国人民银行、中国银监会发布《关于全力做好甘肃、四川遭受特大山洪泥石流灾害地区住房重建金融支持和服务工作的指导意见》，对灾区住房重建实行信贷优惠政策，暂定执行至2011年9月30日，另有明确要求的除外。该指导意见要求，全力做好甘肃、四川遭受特大山洪泥石流灾害地区住房重建金融支持和服务工作，落实好灾前住房重建贷款因灾延期偿还政策；对汶川地震住房重建贷款灾后不能按时偿还的，在2011年9月底前，不催收催缴，不罚息，不作不良记录，不影响借款人继续获得其他救灾信贷支持；降低城镇灾区个人住房贷款利率下限和最低首付款比例，对住房贷款利率可适当下浮，最低为贷款基准利率的0.6倍，首付款比例可适当下调，最低可下调至10%。

16日 中国人民银行发布《关于境外人民币清算行等三类机构运用人民币投资银行间债券市场试点有关事宜的通知》，允许境外中央银行或货币当局，香港、澳门地区人民币业务清算行，跨境贸易人民币结算境外参加银行等三类机构，以人民币投资境内银行间债券市场。6月17日，中国人民银行等六部委联合下发通知，将跨境贸易人民币结算试点扩大到20个省，跨境贸易人民币结算的境外地域由港澳、东盟地区扩展到所有国家和地区，力度之大前所未有；7月19日，中国人民银行与香港金融管理局签署跨境贸易人民币结算补充合作备忘录。

17日 中国人民银行宣布，经东亚及太平洋中央银行行长会议组织（EMEAP）副手级会议第38次会议提名，并经EMEAP行长会议第15次会议批准，中国人民银行近日当选为EMEAP支付结算体系工作组主席。此次是中国人民银行首次当选支付结算体系工作组主席。

中国人民银行发布《网上支付跨行清算系统业务处理办法（试行）》及《网上支付跨行清算系统业务处理手续（试行）》，明确各参与主体的权利、义务和责任，防范支付风险，保障网上支付跨行清算系统的正常运行。

18日 中国光大集团旗下的中国光大银行在上海证券交易所上市。上市首日，市场表现较好。中国光大银行开盘于3.37元，收于3.66元，涨幅为18.06%，当日换手率为85%。

19日 中央汇金投资有限责任公司2010年债券承销协议签字仪式暨承销商会议在北京举行。根据国务院决定，经中国人民银行核准，中央汇金投资有限责任公司债券将在全国银行间债券市场发行。该项债券发行总规模为1 875亿元人民币，财政部为该项债券的发行出具了确认函。债券发行募集资金将根据国务院决定由汇金公司代表国家向中国进出口银行、中国出口信用保险公司两家政策性金融机构注资以及参与中国工商银行、中国银行和中国建设银行三家银行再融资。此次债券发行是汇金公司首次通过全国银行间债券市场以发行人民币债券方式募集资金，实现了市场化融资、政策性注资和股权管理平台作用的有机结合。

20日 中国保监会发布《2009年度交强险业务情况公告》。公告显示，2009年我国交强险业务承保亏损53亿元，投资收益24亿元，两者相抵后2009年交强险业务最终亏损29亿元。交强险开办三年半，累计经营亏损8.5亿元，约占已到期保费的0.5%，盈亏基本平衡。根据中国保监会要求，目前基础费率总体不作调整。

24日 中国银监会发布《信托公司净资本管理办法》，通过运用净资本指标对信托公司的扩张冲动进行有效约束，推动信托公司建立并完善内部风险预警和控制机制，强化对信托公司的风险监管。

24～25日 社会信用体系建设部际联席会议、中国人民银行在浙江省丽水市召开全国农村信用体系建设工作现场交流会。社会信用体系建设部际联席会议成员单位及财政部、农业部、国家林业局相关负责同志，人民银行相关司局及各分支机构代表，全国部分地市政府负责同志，涉农金融机构代表出席了会议。会议总结了农村信用体系建设工作进展情况和取得的成效，交流研讨了部分地区各具特色的农村信用体系建设模式和经验。

27日 国家外汇管理局发布《关于在部分地区开展出口收入存放境外政策试点的通知》，决定自2010年10月1日起，在北京、广东（含深圳）、山东（含青岛）、江苏四个省（市）开展出口收入存放境外政策试点，试点期限为一年。

中国人民银行发布《存款统计分类及编码标准（试行）》。该标准在总结存款业务和存款统计工作基础上，采用世界通行的标准和准则，结合当前存款产品的创新发展，从统计标准角度界定了存款的内涵和外延，细化了存款分类，诠释了每类存款的概念，建立了科学、规范、全面、实用的分类体系并设计了统一编码。

30日 中国人民银行农村信用社改革试点专项中央银行票据发行兑付考核评审委员会第19次例会决定，对四川等8个省（区）辖内喜德等27个县（市）农村信用社兑付专项票据，额度为9.61亿元。

31日 中国人民银行发布《境外机构人民币银行结算账户管理办法》，自2010年10月1日开始实施。该办法要求银行对境外机构本、外币账户及境外机构与境内机构的银行结算账户进行区分、单独管理，并严格执行反洗钱规定，加强境外机构银行结算账户资金流动的监测。

9月

1日 中国证监会公布《证券期货业反洗钱工作实施办法》，于10月1日生效。同时10月26日公布《关于保本基金的指导意见》，允许保本基金参与股指期货，并规范对保本基金的监管。该指导意见规定基金的风险资产比例应限定在净资产的30%以内。

中国证监会发布《证券公司借入次级债务规定》，对2005年发布的《关于证券公司借入次级债务有关问题的通知》进行了修订。该规定主要从5个方面提出了要求：一是区分长短期次级债务，并明确不同类型的次级债务对净资本和风险资本准备的不同影响；二是进一步明确借入次级债务的条件；三是规范次级债务偿还行为；四是强化信息公开；五是明确监管职责。

6日 我国首批信贷资产在天津金融资产交易所成功实现公开转让，交易本金2.5亿元。这是我国商业银行信贷资产首次在二级市场上成功公开交易。

中国证监会发布《境内机构境外证券投资定向资产管理业务法律适应意见》，明确券商在取得合格境内机构投资者资格（QDII）和外汇额度后，在外汇额度范围内，为境内客户提供定向资产管理服务，投资海外证券市场。

8日 中国证监会主席尚福林在出席由联合国贸发组织主办的“证券交易所与可持续发展2010年会”上表示，加快经济发展方式转变是当前和今后一个时期我国经济社会又好又快发展面临的攻坚战和硬任务。要以大力发展直接融资、改善我国融资结构作为资本市场支持“转方式、调结构”的突破口，进一步丰富融资方式、融资工具，多渠道扩大直接融资比重。

9日 第18届中国国际金融展在北京开幕。2010年中国国际金融展以“调结构、促发展、保民生”大背景为指引，紧扣“融合创新、稳健经营”的主题，以银行卡服务、自助设备、安防技术、便民支付、多元化金融产品和服务创新为亮点，吸引了国内外近200家信息技术知名企业以及40家重点银行、证券、保险等金融机构参展。

10日 首届全球低碳金融高层论坛在天津市召开。论坛的主题是“低碳金融与经济可持续发展：机遇和挑战”。中国人民银行副行长易纲提出，要加强政策引导，引入市场交易机制，促进金融资源合理配置于低碳产业。本届论坛主办方通过天津排放权交易所为论坛购买了碳指标，抵扣了碳排放，实现了碳中和。

12日 巴塞尔银行监管委员会管理层会议在瑞士巴塞尔举行。中国人民银行行长周小川和中国银监会主席刘明康出席了会议。会议通过了加强银行体系资本要求的改革方案。这将与全球流动性标准一起成为国际金融危机后重要的金融改革举措，其成果将提交给2010年11月二十国集团首尔峰会。该改革方案主要涉及最低资本要求水平和过渡期安排，包括将普通股最低要求从2%提升至4.5%，建立2.5%的资本留存缓冲和0～2.5%的逆周期资本缓冲。

16日 中国银监会批准了首批四家台资银行在大陆进行分行的筹建工作。这四家台资银行分别是台湾土地银行、第一商业银行、合作金库银行和彰化银行。其中，台湾土地银行、第一商业银行获准在上海市筹建其上海分行，合作金库银行获准在江苏省苏州市筹建其苏州分行，彰化银行获准在江苏省昆山市筹建其昆山分行。

中国人民银行、财政部、国家发展改革委以及中国证监会重新公布实施修订后的《国际开发机构人民币债券发行管理暂行办法》。根据该暂行办法，中国人民银行负责对与人民币债券发行和偿还有关的人民币账户和人民币跨境支付进行管理。国家外汇管理局负责对与人民币债券发行和偿还有关的外汇专用账户及相关购汇、结汇进行管理。另外，发行人从境外调入人民币资金用于人民币债券还本付息的，应向中国人民银行备案。

20日 北京金融资产交易所发布了信贷资产交易规则，这是我国第一份信贷资产交易规则。内容涵盖了从交易申请、挂牌、议价/竞价、成交、结算、登记到资产管理的全部流程，并对信息披露、停牌、撤牌等行为作出明确规定。

21日 中国人民银行、中国银监会、中国证监会和中国保监会联合发布《关于进一步做好汶川地震灾后重建金融支持与服务工作的指导意见》，要求灾区各金融管理部门和金融机构保持对灾区金融支持政策的连续性和稳定性，进一步增强对灾区金融服务的针对性和有效性；积极改进对灾区重点领域、关键环节和特殊人群的金融服务，加强灾区信贷结构调整和灾后重建贷款的贷后管理；着力推进灾区金融机构自身恢复重建，促进灾区金融机构健康可持续发展；大力加强灾区信用体系和金融生态环境建设，增强灾区对金融资源的吸引力；进一步加强灾区金融基础服务设施建设和灾后重建基础数据信息统计报送工作。

中国人民银行发布《关于印发理财、资金信托相关统计制度与标准的通知》，针对目前多只理财、信托产品资金组成一个资产池集中管理使用的现象，要求建立登记机制，逐资产池报送资产负债信息，综合评估其对货币供应量、信贷总规模及货币政策传导机制的影响。

23～24日 中国银行和交通银行先后获得中国银监会和台湾金融监管机构的批准，在台设立代表处，成为首批赴台开设分支机构的大陆银行。中国银行、交通银行在台湾设立的代表处将从事非营业性活动，包括联络台湾地区银行业者与客户及搜集台湾地区金融市场信息等。台湾将依据两岸金融市场双向往来之金融法规及管理措施，对其进行监督与管理。

25日 《贷款转让交易主协议》签署暨全国银行间市场贷款转让交易启动仪式在上海举行。

中国工商银行、中国农业银行等21家银行业金融机构现场签署了《贷款转让交易主协议》。

27日 中国银监会印发《融资性担保公司董事、监事、高级管理人员任职资格管理暂行办法》，加强对融资性担保公司董事、监事、高级管理人员的任职资格管理，促进融资性担保行业合法、稳健运行。

金融稳定理事会在法国巴黎召开第五次全体会议。中国人民银行副行长易纲、财政部副部长李勇和中国银监会副主席王兆星出席会议。会议总结了2010年金融改革的阶段性成果，部署了首尔峰会前需要抓紧完成的工作，包括降低系统重要性金融机构道德风险的政策建议、加强场外衍生品市场及交易报告的原则、减少对信用评级机构的依赖等。

28日 中国人民银行、中国银监会联合印发《关于鼓励县域法人金融机构将新增存款一定比例用于当地贷款的考核办法（试行）》，鼓励县域法人金融机构将新增存款主要用于当地发放贷款。该考核办法规定可贷资金与当地贷款同时增加，且年度新增当地贷款占年度新增可贷资金比例大于70%（含）的县域法人金融机构，存款准备金率可按低于正常标准1个百分点执行，达标且财务健康的县域法人金融机构，可按其新增贷款的一定比例申请再贷款，并享受优惠利率。此外，监管部门将优先批准达标县域法人金融机构新设分支机构和开办新业务的申请。

29日 为进一步贯彻落实《国务院关于坚决遏制部分城市房价过快上涨的通知》的有关精神，中国人民银行会同中国银监会印发《关于完善差别化住房信贷政策有关问题的通知》，要求商业银行更加严格地执行贷款购买商品住房的首付款比例及贷款利率等相关政策，明确了暂停发放第三套及以上住房贷款等相关规定，坚决遏制房地产市场投机行为。同时，要求商业银行继续支持保障性住房建设贷款需求，支持中低价位、中小套型商品住房项目建设，引导房地产市场健康发展。

30日 中国金融出版社和中国银联联合主办的“中国金融论坛：电子支付创新与监管”研讨会在北京举行，研讨会由中国金融出版社总编辑魏革军和中国银联总裁许罗德共同主持，来自人民银行、中国银联、各商业银行的代表和专家学者出席了会议。与会代表围绕中外电子支付产业的发展历程，尤其是近年来金融IC卡推广、手机和互联网支付等领域的产业标准制定、商业模式创新、风险防范与监管等热点议题，展开深入交流和讨论。

中国人民银行、中国银监会和中国证监会联合发布《关于上市商业银行在证券交易所参与债券交易试点有关问题的通知》。该通知指出，试点上市商业银行应在证券交易所集中竞价交易系统进行规定业务范围内的债券现券交易。试点期间，试点上市商业银行参与证券交易所债券交易涉及的债券登记、托管及结算业务，由中国证券登记结算有限责任公司依据现行规则办理。对于试点启动后新发行的债券，中国证券登记结算有限责任公司和中央国债登记结算有限责任公司应按照双方关于跨市场债券品种的转托管业务协议，办理试点上市商业银行债券跨市场双向转托管业务。

10月

8日 中国人民银行行长周小川率领中国政府代表团出席了在华盛顿举行的国际货币基金组织和世界银行联合年会。会议主要讨论了世界经济和金融市场发展、基金组织份额和职能改革等问题。周小川强调，实现强劲、平衡和可持续增长是我们的共同目标；各国应采取有效措施，重建稳健的金融体系，为经济复苏提供必要的金融支持；应高度重视国际货币基金组织和世界银行治理结构改革工作，从根本上提高发展中国家的代表性和发言权。

11日 国家外汇管理局发布《关于规范银行外币卡管理的通知》，自2010年11月1日起实施。该通知将原有4个有关银行外币卡的外汇管理法规整合为1个，并明确了银行卡外汇业务管理的基本原则：一是坚持经常项目可兑换，居民和非居民持银行卡可以用于跨境的旅游、服务等消费项目；二是境内银行卡境外使用应遵守商户类别码管理，境外提现应限制在规定的金额内，并由发卡金融机构或负责信息转接的银行卡组织落实；三是保证银行卡交易记录可查，有效监测、跟踪异常交易，及时查处有关违法违规行为。同时，对境外卡在境内通过自动柜员机提取人民币现钞调整了限额管理要求，即每笔不得超过3 000元人民币。

中国证监会发布《关于深化新股发行体制改革的指导意见》，定于11月1日开始启动第二轮新股发行体制改革。新股发行体制的核心是定价机制，包括两个方面的内容：一是如何确定合理的新股发行价格，二是采用合理的方式将新股出售给投资者。这两个方面是相互制约和依赖，共同构成价格形成机制的核心内容。

14日 上汽通用汽车金融有限责任公司在银行间市场发行15亿元人民币债券。这是汽车金融公司首次获准发行金融债券，对优化汽车金融公司融资结构、探索多元化融资渠道具有重要意义。

15日 中国人民银行举行网上支付跨行清算系统建成运行新闻发布会。网上支付服务是网上银行业务的重要支撑，也是电子商务发展的基础。主要功能包括四个方面：一是支持银行业金融机构网上支付业务的发展与创新，为银行业金融机构提供安全、高效的公共支付清算平台。二是为经中国人民银行批准许可的非金融支付服务机构提供接入渠道，支持其通过灵活多样的方式为社会公众提供支付服务，促进电子商务的发展以及支付服务市场的繁荣。三是为适应网上支付可以在任何时间、任何地点、任何方式办理的业务特征。四是具备完善的风险管理措施。首批接入网上支付跨行清算系统有29家银行机构。

18日 “宏观审慎政策：亚洲视角高级研讨会”在上海举行。中国人民银行行长周小川在开幕致辞时表示，国际金融危机的重大教训之一，是不能只关注单个金融机构或单个行业的风险防范，还必须从系统性角度防范金融风险，而宏观审慎政策正是针对系统性风险的良药。中国的国情决定了金融体系的稳健性与宏观经济政策的关系更为直接和密切，银行信贷在全社会融资中占比很高，信贷波动与经济周期变化和系统性金融风险之间有很大关系，因此建立逆周期信贷调控机制是中国加强宏观审慎政策的工作重点。

19日 中国人民银行党委召开会议，传达学习党的十七届五中全会精神，研究部署人民银行贯彻落实全会精神的有关工作。会议指出，“十二五”时期是全面建设小康社会的关键时期。人民银行党委将坚决执行党中央、国务院的决策部署，增强机遇意识和忧患意识，更加奋发有为地推进金融改革开放和金融现代化建设，促进经济平稳较快发展，推动经济发展方式转变和经济结构调整，为我国全面建成小康社会打下坚实基础。

中国银监会召开党委扩大会议，传达学习党的十七届五中全会精神。中国银监会主席刘明康就中国银监会贯彻落实工作提出六点要求：一是保持清醒认识，增强做好工作的信心。二是要努力提高审慎监管的水平和标杆。三是要突出抓好重点风险管控。四是要加强现代化、横贯型管理。五是要坚决防止银行业金融机构出现组织架构和业务结构过分复杂。六是要坚持抓法人、抓大风险、抓并表监管，督促银行业金融机构切实提高风险内部控制水平，做到“早发现、早预警、早控制、早处置”，提高对自身战略的理解和贯彻，并以此促进可持续发展水平提高。

中国证监会召开党委中心组会议，认真学习传达党的十七届五中全会精神。中国证监会主席尚福林就证券期货监管系统提出四点要求：一是认真组织学习，全面深化对十七届五中全会重要精神的认识。二是认真做好“十二五”规划中涉及资本市场发展的工作，有针对性地做好资本市场改革发展的重点安排。三是努力开拓资本市场创新发展新思路，使资本市场更好地服务于国民经济发展全局。四是抓好落实，完成好今年工作任务，认真谋划明年各项重点工作。

中国保监会召开党委扩大会议，传达学习党的十七届五中全会精神，研究部署学习贯彻五中全会精神的工作措施。中国保监会主席吴定富强调，按全会精神认真编制我国保险业“十二五”发展规划，积极大胆创新，切实在转方式、调结构、防风险、促发展上取得重大进展，努力提高保险业发展的全面性、协调性、可持续性，使我国保险业再上一个新台阶，不断推动我国保险业更好地服务于国家经济社会发展大局。当前和今后一个时期必须正确把握保险业快速发展与防范风险的关系，进一步转变经营理念和加强改进经营管理。

国家外汇管理局召开党组扩大会议，传达学习党的十七届五中全会精神，研究部署贯彻落实全会精神的有关工作。会议指出，国家外汇管理局党组将坚决执行党中央、国务院的决策部署，解放思想，更新观念，深化外汇管理体制机制改革，积极促进贸易投资便利化，稳妥有序地推进人民币资本项目可兑换，加强国际收支统计监测预警。防范异常跨境资金流动风险，改进外汇储备经营管理，进一步改善国际收支状况，切实维护国家经济金融安全。

20 日 中国人民银行决定从 2010 年 10 月 20 日起上调金融机构人民币存贷款基准利率，金融机构一年期存款基准利率上调 0.25 个百分点，由现行的 2.25% 提高到 2.50%；一年期贷款基准利率上调 0.25 个百分点，由现行的 5.31% 提高到 5.56%；其他各档次存贷款基准利率据此相应调整。同时，启动存贷款基准利率确定方式改革，存贷款基准利率将逐步向 0.05% 的整数倍归整。

由广西壮族自治区人民政府、中国人民银行、中国银监会、中国证监会、中国保监会共同主办，广西壮族自治区人民政府承办的第二届中国—东盟金融合作与发展领袖论坛在南宁召开。会议达成多项共识，力促中国与东盟务实合作。

国家外汇管理局发布《关于银行结售汇综合头寸管理有关问题的通知》，自发布之日起实施。该通知梳理了结售汇综合头寸的管理原则，包括法人统一核定、限额管理、权责发生制、按日考核监管、定期会计核对等；进一步明确了头寸的申请、调整和核定等具体管理事项，以及头寸数据报送的具体要求；整合了未开办人民币业务的外资银行适用结售汇人民币专用账户余额的管理要求，以及外国银行分行头寸集中管理的具体规定。该通知下发后，银行现有结售汇综合头寸限额保持不变。

国家外汇管理局发布《关于实施进口付汇核销制度改革有关问题的通知》，自 2010 年 12 月 1 日推广实施。进口付汇核销制度改革的主要内容为：一是企业的正常业务无须再办理现场核销手续，贸易项下对外支付得到极大便利；二是取消银行为企业办理进口付汇业务的联网核查手续，减轻银行负担，便利银行日常业务操作；三是外汇局对企业实行名录管理，进口付汇名录信息在全国范围内实现共享，企业异地付汇无须再到外汇局办理事前备案手续；四是外汇局利用“贸易收付汇核查系统”，以企业为主体进行非现场核查和监测预警，对异常交易主体进行现场核查，确定企业分类考核等级，并实施分类管理。

金融稳定理事会在韩国首尔召开第六次全体会议。中国人民银行行长周小川、中国银监会主席刘明康和财政部副部长李勇出席会议。会议审议了全球银行资本和流动性的新标准、减少对信用评级机构依赖的原则、应对系统重要性金融机构风险和推进场外衍生品市场集中清算和交易报告制度的相关建议。会议还讨论了国际会计准则趋同、金融稳定理事会设立地区小组等问题。

21 日 2010 年全国股份制商业银行行长联席会议在青岛市举行。会议围绕后国际金融危机时代商业银行转变发展方式，探讨了在后危机环境下我国商业银行尤其是股份制商业银行的业务发展和风险管理模式，提出了下一步银行业改革发展的建议。

22 日 中国金融期货交易所发布《期货异常交易监控指引（试行）》，将监管关口由违规行为监管前移到异常交易行为监管，对期货异常交易行为的表现形态、认定标准及监管措施作出了规定，同时进一步明确了会员对客户交易行为的管理责任。规定自 2010 年 11 月 15 日起实施。通过对异常交易行为的及时发现、及时制止和及时处理，调动会员管理客户交易行为的主动性，有利于将违法违规行为扼杀在萌芽阶段，维护市场正常秩序，保护投资者的合法权益。

24 日 中国保监会发布《人身保险公司全面风险管理实施指引》。该指引将人身险公司在经营过程中面临的主要风险概括为七类，即市场风险、信用风险、保险风险、操作风险、战略风险、声誉风险和流动性风险，同时要求各公司应结合自身业务特点建立健全本公司的风险分类体系，将各类风险进一步细化至次级分类及风险事件。

25 日 巴塞尔委员会宏观变量工作组在北京召开工作会议。会议的主要议题是根据全球征求意见的反馈情况，对逆周期资本缓冲框架做进一步完善，提交 11 月 30 日至 12 月 1 日召开的巴塞尔委员会会议审议。中国银监会作为工作组成员，积极参与了逆周期资本缓冲政策框架的研究工作，并承办了本次会议。来自美国、英国、加拿大、德国、法国、中国、日本等巴塞尔委员会成员及欧盟、国际清算银行等国际机构的 14 名代表参加了会议。

26～27 日 中国银监会与中国银行业协会共同组织召开首届中国银行业信息科技风险管理年会，本次年会的主题是“驾驭风险，引领未来”，旨在向银行业传达国家信息科技发展政策和监管要求，加强信息化建设与风险管理经验交流，探讨信息技术发展战略，推动我国银行业信息科技整体发展水平与风险管控能力的提升。

29 日 中国证监会在深圳召开“创业板专家咨询委员会成立大会暨创业板市场与战略性新兴产业发展研讨会”。中国证监会主席尚福林在会上表示，创业板市场推出一年来，正在朝着预期的方向发展。具体表现在：一是对国家自主创新战略的实施正在发挥积极的推动作用。二是对战略性新兴产业的促进作用逐步发挥，有力地促进了我国战略性新兴产业的孵化和培育。三是对创业板企业发展的支持效果初步显现。四是对社会投资的带动效应持续，有力地带动了风险投资、私募股权投资等民间资本的活跃和发展。尚福林指出，要建设好、发展好、利用好创业板市场。第一，监管部门要坚持改革创新，完善创业板公司的监管机制。第二，深圳证券交易所要切实发挥自律监管职能。第三，创业板公司要不断提高竞争力与规范运作的水平，以发行上市作为新的创业起点，努力创造良好的业绩，为全体股东创造价值。第四，保荐机构要勤勉尽责，不断提高保荐水平。第五，各类创投机构要支持创业板市场的健康发展。另外，经国务院同意，中国证监会决定设立“创业板专家咨询委员会”，并在深圳举行了“第一届创业板专家咨询委员会的成立仪式”。

11 月

1 日 中国银监会印发《关于进一步加强商业银行代理保险业务合规销售与风险管理的通知》。该通知要求，商业银行应对客户详细如实提示保险产品的特点和风险，不得将保险产品与储蓄产品等其他产品混淆销售，不得作简单类比，不得夸大保险产品收益；商业银行在代销保险的过程中，不得以中奖、抽奖、回扣或者送实物、保险等方式进行误导销售。该通知强调，商业银行开展银行代理保险业务应该与本行具备的资源和能力相适应，不得过度销售。

多家商业银行总行向分支行下发通知，要求在 11 月 1 日起，全面取消房贷 7 折利率，银行给予房贷客户的利率优惠下限调整为同档期基准利率的 85%。商业银行购买首套住房执行的房贷最低标准变为首付最低 30%，利率为同档期基准利率下浮 15%；二套住房首付最低 50%，利率执行同档期基准利率的 1.1 倍，禁止对第三套及以上住房提供贷款。

中国证监会负责人宣布，按照相关法规及《海峡两岸经济合作框架协议》（ECFA）的有关承诺，首次批准了两家台湾地区金融机构——富邦证券投资信托股份有限公司、群益证券投资信托股份有限公司的合格境外机构投资者（QFII）资格。截至10月底，大陆批准QFII总数已达103家。

经国务院批准，中国证监会决定在上海、广东、深圳证监局3家派出机构开展行政处罚试点工作。试点期间，3家派出机构将按照规定对自办案件进行审理、听证，实施行政处罚；处罚范围是自立案件中案情简单、规则明确、影响较小、处罚不重、能够快速结案的案件；案情重大复杂、涉及司法移送以及其他可能对当事人权益造成较大影响的大案要案仍由中国证监会机关负责进行处理；试点单位具体进一步的受案范围，将在先期试点工作中逐步探索，不断总结经验。

2日　经国务院同意，住房城乡建设部、财政部、中国人民银行和中国银监会联合印发《关于规范住房公积金个人住房贷款政策有关问题的通知》。该通知规定，使用住房公积金个人住房贷款购买首套普通自住房，套型建筑面积在90平方米（含）以下的，贷款首付款比例不得低于20%；套型建筑面积在90平方米以上的，贷款首付款比例不得低于30%。第二套住房公积金个人住房贷款首付款比例不得低于50%，贷款利率不得低于同期首套住房公积金个人住房贷款利率的1.1倍。停止向购买第三套及以上住房的缴存职工家庭发放住房公积金个人住房贷款。

中国人民银行发布《2010年第三季度中国货币政策执行报告》。报告指出，2010年第三季度，中国经济继续朝着宏观调控的预期方向发展，经济平稳较快发展的势头进一步巩固。中国人民银行继续实施适度宽松的货币政策，并着力提高政策的针对性、灵活性和有效性。

5日　国际货币基金组织执行董事会（以下简称执董会）就份额和治理改革一揽子方案达成一致。根据该方案，我国份额占比将增加2.398个百分点，至6.394%，排名从并列第六位跃居第三。该方案将实现向有活力的新兴市场和发展中国家转移份额达6个百分点，基本满足G20匹兹堡峰会所要求的目标。基金组织执董会是代表187个成员国的基金组织日常决策机构，由24位执董组成。

9日　国家外汇管理局发布《关于加强外汇业务管理有关问题的通知》。该通知的主要内容包括：一是完善银行结售汇综合头寸管理，增加对银行按收付实现制计算的头寸余额实行下限管理。二是调整出口收结汇联网核查管理政策，下调出口收结汇联网核查来料加工收汇比例，严格办理待核查账户资金结汇或划转手续。三是严格金融机构短期外债指标和对外担保余额管理，严格控制银行超指标经营行为。四是加强外商投资企业境外出资管理，进一步明确实际缴款人与境外投资者不一致情况下的审核要求。五是加强境外上市募集资金调回结汇的真实性审核，严格支付结汇要求。六是规范境内机构和个人设立境外特殊目的公司的管理，并依法对违规企业和个人进行处罚。七是加大对违规银行的处罚力度，依法予以罚款、停止经营相关业务、通报批评等处罚，并追究负有直接责任的高级管理人员相关责任。

中国银监会发布《关于加快推进农村合作金融机构股权改造的指导意见》，提出了“全面取消资格股、稳步提升法人股比例、健全流转机制”等实施股权改造工作的目标。“股份合作制”这一极具中国特色的金融创新产物将退出历史舞台。

由中国金融学会主办的第十六届两岸金融学术研讨会在北京举行。研讨会的主题是“ECFA签署后两岸金融业面临的机遇与挑战”。中国人民银行副行长杜金富指出，两岸签署《海峡两岸经济合作框架协议》，为两岸开创经济大交流、大合作和大发展的新格局创造了契机。他希望，两岸金融界借ECFA平台，继续携力深入推进两岸金融交流与合作。1994年以来，两岸金融学术研讨会已轮流在祖国大陆和台湾地区成功举办15届，为两岸金融交流搭建了一个重要平台，对促进两岸金融合作发挥了积极作用。

10日 中国人民银行决定，从2010年11月16日起上调存款类金融机构人民币存款准备金率0.5个百分点，这是2010年以来第四次公开提高存款准备金率，此前三次均未调整的中小金融机构存款准备金率此次也一并上调。

11日 中国人民银行发布《农村信用社改革试点专项中央银行票据兑付后续监测考核办法》，明确中国人民银行各分支行要认真履行专项票据兑付后续监测考核工作职责，准确把握监测考核重点，坚持激励与约束并举原则，充分发挥货币政策工具和金融市场准入政策的作用，促进农村信用社巩固前期改革成果，增强可持续发展能力，提高农村金融服务水平。

中国保险监督管理委员会发布《关于进一步加强财产保险公司电话营销专用产品管理的通知》，明确规定电销坐席人员应在电话销售过程中真实、准确地介绍保险产品的主要情况，不得含有虚假内容，不得欺骗和误导客户。对于客户明确表示不投保或拒绝继续接听电话的，保险公司一年内不得对相同客户再次呼出。同时，要求各财险公司加强电销专用服务号码管理。

12日 中国银监会颁布了《中国银监会办公厅关于信托公司房地产信托业务风险提示的通知》（以下简称《通知》）。《通知》对信托公司房地产信托业务进行风险提示，要求各信托公司立即进行业务合规性风险自查，逐笔分析业务的合规性和风险状况，包括但不限于信托公司发放贷款的房地产开发项目是否满足“四证”齐全、开发商或其控股股东是否具备二级资质、项目资本金比例是否达到国家最低要求等条件；第一还款来源充足性、可靠性评价；抵（质）押等担保措施情况及评价；项目到期偿付能力评价及风险处置预案等内容。《通知》要求各银监局进一步加强对辖内信托公司房地产信托业务的合规性监管和风险监控，结合今年开展的专项调查和压力测试，在信托公司自查基础上，逐笔对房地产信托业务进行核查，对以受让债权等方式变相提供贷款的情况要按照实质重于形式的原则予以甄别。对在自查和核查中发现的问题，要立即采取措施责成信托公司予以纠正，并对违规行为依法查处。《通知》还要求各银监局督促信托公司在开展房地产信托业务时审慎选择交易对手，合理把握规模扩展，加强信托资金运用监控，严控对大型房企集团多头授信、集团成员内部关联风险，积极防范房地产市场调整风险。

15日 中国银监会印发《关于加强当前重点风险防范工作的通知》，要求切实抓好地方政府融资平台贷款风险管控工作，高度关注房地产贷款风险，有效遏制部分行业和企业不良贷款反弹。

住房城乡建设部、国家外汇管理局发布《关于进一步规范境外机构和个人购房管理的通知》，要求境外个人在境内只能购买一套用于自住的住房。各地房地产主管部门在办理境外个人的商品房预售合同备案和房屋产权登记时，应当查验有关部门出具的境外个人（不含港澳台居民和华侨）在境内工作超过一年的证明，港澳台居民和华侨在境内工作、学习和居留的证明及境外个人名下在境内无其他住房的书面承诺。

中国保监会发布《关于父母为其未成年子女投保以死亡为给付保险金条件人身保险有关问题的通知》，将未成年人死亡给付保险金的限额全国统一调整为10万元，并于2011年4月1日起执行新限额。按照此前的相关规定，北京、上海、广州、深圳的保险金限额为10万元，全国其他各地为5万元。

16～17日 “全球债务资本市场研讨会”在北京召开。中国人民银行行长周小川在会上表示，当前全球经济环境仍较复杂，新兴经济体面临资本流入压力，价格上行的压力也需要引起各方面的关注。他提出要继续坚持债券资本市场化改革，减少不必要的行政管制。我国须建立与经济发展相适应，与市场需求相吻合，具有国际竞争力的债务资本市场，而行政的作用过度仍是制约我国债务资本市场发展的首要问题。

19日　中国人民银行决定，从2010年11月29日起，上调存款类金融机构人民币存款准备金率0.5个百分点。这是央行年内第5次提高存款类金融机构人民币准备金率，上调之后大型金融机构存款准备金率达18%，创历史新高。

中债信用增进股份投资有限公司、交通银行和民生银行等3家信用风险缓释凭证（CRMW）创设机构正式发布信用风险缓释凭证创设公告，首批4只信用风险缓释凭证共计名义本金4.8亿元。

中国银监会发布《关于加大农产品生产加工流通信贷资金支持力度的紧急通知》，要求把支持农产品生产加工流通作为信贷重点，保持涉农贷款投放势头，支持供给缺口较大的农产品品种，科学掌控信贷投放节奏，提高农村金融服务质量和水平。

22日　中国外汇交易中心宣布，经中国人民银行授权，自2010年11月22日起在银行间外汇市场开办人民币对俄罗斯卢布交易。人民币对卢布即期交易方式为询价和竞价，具备银行间即期外汇市场会员资格的机构可以在银行间外汇市场开展人民币对卢布即期交易。

25日　中国人民银行发布《关于推广支票授信业务的指导意见》，提高银行业金融机构对中小企业的支付结算服务水平和业务创新能力，进一步改善支票流通环境和社会信用环境。

28日　2010年中国银行业公众教育服务日活动启动仪式在北京举行，活动以“和谐金融、美好生活”为主旨，向公众普及金融知识，提高公众识别和防范金融风险的能力，加强金融消费者保护，促进银行业健康有序发展和社会和谐稳定。本届活动的主题是“多一份金融了解，多一份财富保障”。

30日　中国证监会为贯彻落实《国务院关于稳定消费价格总水平保障群众基本生活的通知》要求，采取多种措施切实加强农产品期货市场监管，严厉打击操纵市场等违法违规行为，抑制过度投机。一是自11月26日开始将各个期货品种的交易保证金提高到10%以上。二是自11月29日开始，大幅提高所有期货品种的日内回转交易成本，遏制短线频繁交易。三是指导各期货交易所抓紧出台关联账户的认定标准，防范市场操纵等违法违规行为。四是要求各期货交易所加强监查力量，增加监查工作人员的配备。五是认真研判市场运行的变化趋势。六是派出工作组现场督导，现场检查。

中国人民银行在公开市场发行10亿元一年期央行票据，发行量平了历史最低水平，参考收益率持稳在2.3437%。而中债登央行票据到期收益率曲线显示，一年期央行票据收益率最新报3.0048%。

12月

1日　为配合《非金融机构支付服务管理办法》的实施工作，中国人民银行发布《非金融机构支付服务管理办法实施细则》，细化了支付机构的资质条件、申请资料的要式规定、许可证的管理要求、终止支付业务的管理要求、支付机构日常经营的监管要求、客户备付金的监督管理等内容，强化对非金融机构的监督管理，维护支付服务市场稳定运行。

2日　中国人民银行发布《金融统计事项报备制度》，要求各银行金融机构和金融资产管理公司认真做好金融统计事项报备的协调和管理工作，严格执行制度有关要求，及时、准确、完整地向人民银行总行报备有关事项。人民银行将定期对各机构的制度执行情况进行通报。

3日　中共中央政治局召开会议分析研究2011年经济工作，提出2011年要实施积极的财政政策和稳健的货币政策，增强宏观调控的针对性、灵活性、有效性，加快推进结构调整，大力加强自主创新，切实抓好节能减排，不断深化改革开放，着力保障和改善民生，巩固和扩大应对国际金融危机冲击成果，保持经济平稳较快发展，促进社会和谐稳定。货币政策由此前的

"适度宽松"调整为"稳健"，这是当前我国货币政策基调的重大转变。

中国银监会印发《关于进一步规范银行业金融机构信贷资产转让业务的通知》，第一次明确提出银行业金融机构开展信贷资产转让应该遵守的三原则，即真实性原则、整体性原则和洁净转让原则。具体来说，就是要求资产真实转移，转让的信贷资产应当包括全部未偿还本金及应收利息，要求实现资产的真实、完全转让，风险的真实、完全转移。该通知列出四类不能容忍的禁区：将未偿还本金与应收利息分开；按一定比例分割未偿还本金或应收利息；将未偿还本金及应收利息整体按比例进行分割；将未偿还本金或应收利息进行期限分割。

中国银监会印发《关于规范中长期贷款还款方式的通知》，要求银行业金融机构本着"风险早期暴露、审慎经营、科学负担"原则，对包括平台贷款在内的中长期贷款还款方式进行统一规范，不得集中在贷款到期时偿还；各机构要规范中长期贷款还款方式，合理确定还款期限，健全贷款分类制度和内部管理制度。

中国银监会印发《商业银行金融工具公允价值估值监管指引》，要求各商业银行应当按照《企业会计准则》的规定确认和计量金融工具的公允价值，金融工具公允价值估值应当遵守审慎和充分披露的原则。

4日 中国证监会主席尚福林在召开的第一届"上证法治论坛"上表示，当前和今后一个时期需要重点做好以下五方面的工作：一是加快多层次资本市场法律制度建设。二是积极推动法律制度的修改和完善。三是抓紧制定完善期货交易制度。四是不断健全上市公司监管法律制度。五是推动建立专门的资本市场监管执法制度。

6日 中国人民银行、财政部、商务部、海关总署、税务总局和中国银监会联合审定北京、天津、内蒙古、辽宁、上海、江苏、浙江、福建、山东、湖北、广东、广西、海南、重庆、四川和云南等16个省（自治区、直辖市）共计67 359家企业参加出口货物贸易人民币结算试点。试点企业自2010年12月3日起可按照《跨境贸易人民币结算试点管理办法》开展出口货物贸易人民币结算试点，按照相关规定办理出口报关手续，并享受出口货物退（免）税政策。此次参与试点的出口企业从365家扩大到67 359家，将进一步推动出口货物贸易人民币结算业务的发展，促进贸易和投资便利化。

中国保监会在北京召开首次保险监管国际联席会议，来自加拿大、开曼群岛、法国、德国、中国香港、意大利、日本、荷兰、韩国、英国、美国共11个国家和地区的保险监督官出席会议，围绕加强合作、共同防范跨境风险等议题深入交换意见。这是我国金融监管机构首次作为东道国发起召开保险监管国际联席会议。中国保监会主席吴定富表示，该举措"旨在加强与跨国保险集团母国监管机构间的交流合作，有效防范风险跨境传递，相信有利于实现维护金融稳定的共同目标。"

中国人民银行发布《中国金融标准化报告2009》。这是中国人民银行正式对外发布的中国金融标准化工作的首份年度报告。该报告全面回顾了中国金融标准化发展历程，介绍了金融标准化工作机制，分享了金融业在研究、制定标准，宣贯标准，采用国际标准和参与国际标准化活动等方面的成果，分析了中国金融标准化面临的形势和挑战，并提出未来一段时期内发展的基本思路。

9~10日 中哈金融合作分委会第六次会议在海南省三亚市举行。来自两国中央银行、外交部、商务部、金融保险监管部门、政策性银行、商业银行等相关金融机构代表共51人与会。会上，双方代表就两国当前经济金融形势、两国银行业、保险业、证券市场、中哈本币结算、银行卡领域的合作等展开了深入的交流与讨论。双方本着坦诚合作、互利互惠的原则，对加强霍尔果斯国际边境合作中心金融合作、积极扩大双边本币结算、进一步提高服务扩大银联卡在哈发行量及使用范围等多项金融合作达成了共识。

10日 中国人民银行决定，从2010年12月20日起，上调存款类金融机构人民币存款准备金率0.5个百分点。这是中国人民银行2010年以来第六次上调存款准备金率，也是在一个月内第三次宣布上调存款准备金率。如果不考虑此前针对部分银行的差别上调，此次上调之后，金融机构存款准备金率已达18.5%的历史高位。

中国银监会印发《商业银行董事履职评价办法（试行）》，进一步加强对商业银行董事履职行为的监管，督促商业银行进一步完善商业银行公司治理机制，保护商业银行、存款人和其他利益相关者的合法权益。

10～12日 中央经济工作会议在北京举行。胡锦涛、温家宝做了重要讲话，会议提出了明年经济工作的主要任务：一是加强和改善宏观调控，保持经济平稳健康运行。二是推进发展现代农业，确保农产品有效供给。三是加快经济结构战略性调整，增强经济发展协调性和竞争力。四是完善基本公共服务，创新社会管理机制。五是加大改革攻坚力度，推动经济发展方式转变。六是坚持互利共赢的开放战略，拓展国际经济合作空间。会议指出，完成明年经济工作各项任务，要紧紧围绕科学发展这个主题和加快转变经济发展方式这条主线，加强和改善党对经济工作的领导，切实把思想和行动统一到中央对国际国内形势的科学判断上来，统一到中央对经济社会发展作出的决策部署上来，编制和实施好“十二五”规划。

12日 中国证监会主办的资本市场20周年成就展在北京展览馆开幕。展览由“历史回顾”“发展成就”“贡献作用”以及11个专题展等部分构成。展现了在改革开放的历史进程中，我国资本市场从无到有、从小到大，功能逐步发挥的发展过程，生动再现了我国资本市场从建立初期的不规范、不健全，逐步走向规范发展的不断探索、不断进取的历程，集中展示了20年来党中央、国务院对于资本市场改革发展工作的高度重视与亲切关怀，充分反映了资本市场为我国经济发展和社会进步作出的重要贡献。

13日 中央经济工作会议闭幕，“宽财政、稳货币”成为2011年宏观调控的主要思路，“调结构”和“防通胀”成为2011年的两大任务。此次会议要求将“稳定价格水平”放在更加突出的位置。当日，中国人民银行、中国银监会、中国证监会、中国保监会、国家外汇管理局等部门分别召开会议，传达贯彻中央经济工作会议精神。

中国人民银行行长周小川提出，积极稳妥地处理好保持经济平稳较快发展、调整经济结构、管理通胀预期的关系，增强金融调控的针对性、灵活性、有效性，加快推进经济结构战略性调整，把稳定价格总水平放在更加突出的位置。要实施稳健的货币政策，按照总体稳健、调节有度、结构优化的要求，把好流动性这个总闸门，把信贷资金更多地投向实体经济特别是“三农”和中小企业，保持经济平稳较快发展。

中国银监会主席刘明康强调，要认真做好地方融资平台信贷风险的防范化解工作，实施严格的全口径监管，打好攻坚战；坚决制止银行同非银行金融机构之间的不当合作，严格规范信贷资产转让的行为；科学把握信贷节奏，做好信贷结构调整；做好呆坏账核销、拨备和案件防控工作。

中国证监会主席尚福林表示，要加强市场基础性制度建设，完善市场体制机制，改进市场监管，进一步推动市场改革创新。要加快多层次资本市场体系建设，提高直接融资水平，积极发展场外市场、债券市场和期货市场，进一步理清工作思路和目标，扎实工作，力求取得突破。同时，继续稳妥有序推进岁末年初各项工作，仔细检查今年重点工作完成情况，全面抓好各项工作落实。

中国保险监督管理委员会主席吴定富强调，要继续推进保险业的战略性调整和转型，继续调整业务结构，进一步促进集约化管理，实现从价格、规模竞争转向产品、服务和管理质量的理性竞争。要强化市场行为监管，使市场秩序有一个根本好转；同时，进一步加强偿付能力监管，强化保险公司的资本约束；加强资金运用监管。

国家外汇管理局局长易纲要求，要加强跨境资金流动监管，积极应对和打击“热钱”等异常跨境资金流动，维护国家涉外经济金融安全；完善外汇储备经营管理，努力实现外汇储备资产保值增值。

14日 全国金融标准化技术委员会（以下简称金标委）在北京召开2010年金融标准化工作会议。会议总结了2010年金融标准化工作，分析了当前面临的形势和挑战，明确了2011年工作思路。金标委证券、保险、印制分委会分别介绍了工作情况。与会金标委委员代表从加强研制数据标准力度和新业务新技术跟踪研究、从源头统一标准等方面提出了工作建议。人民银行、中国银监会、中国证监会、中国保监会、国家外汇管理局有关负责人以及在京金标委委员单位的代表参加了会议。

中国人民银行、中国银监会、中国证监会和中国保监会在北京联合召开金融机构治理商业贿赂工作第三次联席会议。会议交流了前两次联席会议以来金融系统治理商业贿赂的工作经验，并指出，金融机构要加强协作配合，充分借助“一行三会”治理商业贿赂协调小组所搭建的沟通交流平台，着力建立金融机构治理商业贿赂长效机制，推进治理工作向纵深发展。

15日 人民币挂牌交易启动仪式在俄罗斯莫斯科银行间外汇交易所举行，这是人民币首次在境外挂牌交易。中国工商银行的全资子公司——中国工商银行（莫斯科）股份公司（以下简称工银莫斯科）作为人民币对卢布交易的做市商和清算银行，率先售出16.8万元人民币，汇率为1元人民币兑换4.6350卢布，成为有史以来人民币在中国境外交易所进行的首笔交易。在首个交易日工银莫斯科即成功完成5笔人民币对卢布交易，交易金额达100.4万元人民币。

16日 中国银监会印发《关于加强融资平台贷款风险管理的指导意见》，要求银行业金融机构审慎管理融资平台贷款，并进行准确分类，明确融资平台贷款拨备要求和分类风险权重，强化监管。

湖南湘西长行村镇银行开业，这是全国首家地市村镇银行。该村镇银行由长沙银行发起设立，注册资本2亿元，其中民间资本投资入股0.98亿元，占比49%。该村镇银行设立后，将为辖内8个县提供专业化的农村金融服务，其中，国定贫困县7个，省定贫困县1个。

重庆农村商业银行成功在香港H股主板上市，成为全国首家上市农商行、首家境外上市地方银行、西部首家上市银行。

17日 中国人民银行行长周小川在“《财经》年会2011：预测与战略”上发表主旨演讲，就《中共中央关于制定国民经济和社会发展第十二个五年规划的建议》中提出的“稳步推进利率市场化改革”做了全面阐述。周小川表示，下一步要根据“十二五”规划的要求，有规划、有步骤、坚定不移地推动利率市场化。一是选择具有硬约束的金融机构，让他们在竞争性市场中产生定价，在一定程度上把财务软约束机构排除在外；二是按照宏观审慎管理的要求，确立达标金融企业必须具备的硬约束条件，不达标的企业就是约束程度不够；三是要有实现正当公平的竞争主体，既包括银行，也包括客户等市场竞争者；四是要考虑逐步放开替代性金融产品的价格；五是尽量避免银行产品的过分交叉补贴；六是大力加强客户的教育，让客户了解企业的定价权，具有自我选择、自我保护的权利，同时，为客户提供服务的中央银行征信系统也须不断完善；七是建立健全自律性竞争秩序；八是进一步确立市场定价权，使金融机构进一步增强风险定价的能力。

新闻出版总署、中国证监会联合出台《关于加强报刊传播证券期货信息管理工作的若干规定》，分别从报刊单位责任、新闻采编人员责任、证券监督部门责任、新闻出版行政部门责任四方面对进一步加强和改进证券期货新闻宣传和报刊出版管理工作进行了规范。

18 日 在上海举办的“第九届中国公司治理论坛”上，中国证监会主席尚福林表示，中国证监会下一步将从五个方面进一步促进提高上市公司治理水平。第一，要进一步推动完善公司治理法律规则；第二，要大力推进市场化的并购重组；第三，要加强对控股股东和实际控制人的监管；第四，要努力完善中小投资者民事诉讼制度的建设；第五，要充分发挥证券交易所等自律组织的作用。

19 日 在中国县域经济发展高层论坛上，中国银监会副主席蒋定之指出，今后县域金融发展要注重做好拓宽县域资金供给渠道、完善县域金融协作机制、促进县域金融服务均等化、加大金融服务创新力度、健全金融政策扶持体系、完善县域金融监管体制六个方面的工作。中国人民银行行长助理金琦指出，“十二五”期间我国县域如何变资源优势为经济优势、变区位优势为开发优势、变基础优势为比较优势，是摆在我们面前的重大课题，也是人民银行推进金融生态环境不断改善的重点工作领域。

22 日 中国银行间市场交易商协会正式接受铁道部、中国石油天然气集团公司和中国石油化工股份有限公司等 3 家发行人的超短期融资券发行注册，注册额度共计 2 100 亿元。这是超短期融资券首次在我国银行间债券市场正式推出。

23 日 中国人民银行、中国银监会联合印发《融资性担保公司接入征信系统管理暂行规定》，规范融资性担保公司接入征信系统，维护征信系统的安全、稳健运行。中国人民银行对融资性担保公司接入、使用、退出征信系统进行统一管理。中国人民银行分支机构在中国人民银行的授权范围内履行职责。

中国保监会发布《关于加强保险公司中介业务管理的通知》，自 2011 年 3 月 1 日起施行。该通知要求，保险公司总公司应当制定中介业务管理制度，其中包括保险中介机构的选择标准、渠道管理及相应佣金（包括手续费）的支付标准、信息系统建设等内容。禁止保险公司省级以下分支机构支付佣金，同时规定保险公司及其分支机构不得以扣除佣金后的保费入账。

23 ~ 24 日 由中国人民银行主办、中国农业银行承办的第七届银行业科技工作座谈会在海南省三亚市召开。会议对人民银行提交的金融业信息化“十二五”发展规划（草案）进行了全面研讨，并对“十二五”期间金融业信息化发展的重点领域进行了深入交流。来自人民银行、中国银监会、中国证监会、中国保监会、国家外汇管理局、商业银行等 37 家金融机构的有关负责人参加了座谈会。

24 日 反洗钱工作部际联席会议联络员会议在北京召开。会议总结了第五次反洗钱工作部际联席会议以来反洗钱工作进展情况，讨论部署了今后一段时期的工作任务，重点研究部署了申请结束第三轮 FATF 评估后续报告程序及 FATF 反洗钱标准修订工作，对有关工作方案进行了讨论。部际联席会议 23 个成员单位的联络员或代表参加会议。

25 日 中国人民银行决定，自 2010 年 12 月 26 日起上调金融机构人民币存贷款基准利率，为两年来首次调整。金融机构一年期存贷款基准利率分别上调 0.25 个百分点，其他各档次存贷款基准利率相应调整。本次金融机构一年期存贷款基准利率分别上调 0.25 个百分点后，一年期存款基准利率提高至 2.75%；一年期贷款基准利率上调至 5.81%。

27 日 国家外汇管理局发布《关于实施货物贸易出口收入存放境外管理有关问题的通知》，自 2011 年 1 月 1 日起，在全国范围内实施《货物贸易出口收入存放境外管理暂行办法》及其操作规程。此项政策的主要内容包括：一是对境内企业出口收入存放境外实行开户登记制度。境内企业符合出口收入来源且在境外有实际支付需求、近两年内未违反外汇管理规定等条件的，均可向所在地外汇局提出申请。二是对境内企业出口收入存放境外实行规模管理。存放境外的规模，由境内企业根据实际需求向所在地外汇局提出，外汇局进行登记备案。三是简化出口核销、联网核查等业务操作，实行企业事后报告制度。四是对境内企业境外账户收支实施非现场监测，对异常情况实施现场核查。

28日 中国人民银行在北京举行电子商业汇票系统建设表彰暨业务推广研讨会。会议对中国工商银行等32家先进集体及樊爽文等44名先进个人进行了表彰。会上，来自人民银行部分分支机构、商业银行、财务公司以及部分企业代表，就促进电子商业汇票业务推广，充分发挥电子商业汇票服务企业、服务经济、服务宏观政策等议题进行了深入研讨。17家全国性银行、9家财务公司、2家企业、15家中国人民银行省级分支机构、农信银资金清算中心、城市商业银行资金清算中心的相关负责人，以及部分企业代表出席了会议。

经国务院批准，我国首只国家级大型人民币母基金——总规模达600亿元的“国创母基金”成立。国创母基金由国开金融有限责任公司和苏州创业投资集团有限公司共同发起设立，注册地在江苏省苏州工业园区，是国内目前层级最高、规模最大的人民币母基金。基金总规模600亿元，首期资金规模150亿元，分为PE（私募股权投资）母基金和VC（风险投资）母基金两个板块。其中，PE板块名称为国创开元股权投资基金，首期规模100亿元，主要投资于专注产业整合、并购重组的股权投资基金；VC板块名称为国创元禾创业投资基金，首期规模50亿元，主要投资于专注早期和成长期投资的创投基金。

29日 中国人民银行印发《2010年中国农业银行“三农”金融事业部改革试点差别化存款准备金率暂行办法》，对考核达标的县级“三农”金融事业部改革实行降低两个百分点存款准备金率的激励措施。

30日 中国证监会在北京召开“中国资本市场20周年座谈会”。经过20年的发展，目前我国资本市场已经有2 062家上市公司、1.3亿户投资者、106家证券公司、62家基金公司、163家期货公司，股票总市值居全球第二，商品期货市场成交量位居世界第一。资本市场在拓宽融资渠道、促进资本形成、优化资源配置、分散市场风险方面发挥了不可替代的作用，有力地推动了实体经济又好又快发展，成为支持我国经济社会持续健康发展的重要平台。

中国银监会印发《关于进一步提高两岸银行业相互开放水平有关工作的通知》《关于进一步对香港开放银行业有关工作的通知》和《关于进一步对澳门开放银行业有关工作的通知》，进一步提高我国银行业对外开放水平。

31日 最高人民法院发布《关于审理期货纠纷案件若干问题的规定（二）》，就期货纠纷案件的指定管辖和会员分级结算、结算担保金制度创新下的司法执行进行了专门规定，对2003年发布的《关于审理期货纠纷案件若干问题的规定》进行了补充和完善。

2011 年

1 月

4 日 世界银行首次发行人民币债券，总额为人民币 5 亿元（相当于 7 600 万美元），2 年定期，偿还日期为 2013 年 1 月 14 日，票面息率 0.95%，每半年付息一次。

5～6 日 2011 年中国人民银行工作会议在北京召开。会议指出，2010 年人民银行继续实施适度宽松的货币政策，进一步加强流动性管理，处理好保持经济平稳较快发展、调整经济结构和管理通胀预期的关系，深入推进金融改革发展，维护金融安全稳定，提升金融服务和管理水平，加强党的建设和干部队伍建设，强化内部管理，各项工作取得了显著成效。会议确定当前和今后一个时期的主要任务：一是稳物价。把稳定物价总水平放在金融宏观调控更加突出的位置，提高调控的针对性，有效管理流动性，控制物价过快上涨的货币条件。二是促转变。在经济结构调整中，要充分发挥好货币信贷政策的引导作用，重点支持扩大内需特别是居民消费需求、产业结构优化调整、区域协调发展和城镇化建设以及节能环保、生态建设、应对气候变化等。同时，金融业自身也要加快转变发展方式，进一步推进金融产品和服务方式创新，把信贷资金更多投向实体经济。三是防风险。抓紧机制建设，改善融资结构，建立存款保险制度，加强金融监管协调，建立健全系统性金融风险防范预警体系和处置机制。构建逆周期的金融宏观审慎管理制度框架，在注重运用传统货币政策工具的同时，不断丰富和创新宏观审慎管理的工具和手段。加大跨境资金流动的监管力度，防止异常外汇资金大规模流入。四是推改革。统筹兼顾深化国内金融改革和推动国际金融改革两方面工作。要继续推进金融机构加快建立现代金融企业制度，进一步健全和完善多元化的金融组织体系。要积极稳妥地推进利率市场化、人民币汇率形成机制改革和资本项目可兑换进程，稳步扩大对外开放。同时，要继续推动国际金融机构改革，推动国际社会加强对系统重要性机构的监管，促进国际监管标准的一致性，提高监管的针对性和有效性。会议部署了 2011 年中国人民银行工作的主要措施：一是落实好稳健的货币政策，进一步加强宏观审慎管理。二是继续加大金融改革力度，推动金融产品创新。三是切实防范系统性金融风险，维护金融稳定与安全。四是扎实推进金融服务现代化，全面提升金融服务与管理水平。五是深入开展国际和港澳台金融交流与合作。

2011 年全国外汇管理工作会议在北京召开。会议指出，“十二五”时期外汇管理部门要以科学发展为主题，以加快转变经济发展方式为主线，处理好保持经济平稳较快发展与促进国际收支平衡、扩大对外开放与防范风险、贸易投资便利化与异常跨境资金流动监管等关系，进一步推进贸易投资便利化，加快外汇市场发展，完善外汇储备管理体制，稳步放宽跨境资本交易限制，健全跨境资金监测分析体系，构建监测及时、风险可控、管理有效、服务到位，符合市场经济发展需要的外汇管理体制机制。会议强调，2011 年外汇管理部门积极配合稳健货币政策的实施，坚持把应对和打击“热钱”流入作为当前外汇管理工作的着力点，把推进重点领域改革作为做好外汇管理工作的关键点，把服务和管理并重作为做好外汇管理工作的落脚点，把加强监管协调作为做好外汇管理工作的支撑点，不断深化改革、提升服务、防范风险、完善管理，为“十二五”时期我国涉外经济平稳健康运行打好基础。会议研究部署了 2011 年外汇管理重点工作：

一是严厉打击“热钱”等违法违规资金流入；二是加快核销制度改革，促进贸易便利化；三是稳步推进资本项目管理改革和外汇市场发展；四是密切监测跨境资金流动，切实防范风险；五是进一步完善外汇储备经营管理，实现外汇储备资产保值增值；六是推进外汇主体监管、数据和系统整合、非现场监管等工作，改进管理方式，提升管理手段；七是加强依法行政和政务公开建设，提高外汇管理政策透明度；八是进一步推进党建、党风廉政和干部队伍建设。

5日 中国银监会颁布新修订的《金融机构衍生产品交易业务管理暂行办法》。本次修订的重点内容是初步建立衍生产品交易业务的分层次市场准入机制；完善原有的事前准入、事中持续监督、事后补偿资本的全流程监管体系，以及账户划分、资本计提等审慎资本监管制度；建立衍生品交易风险暴露指导性上限；禁止银行业金融机构从事无限风险的产品以及再衍生产品等高杠杆业务；明确客户业务中的“简单、透明、实需”原则；进一步完善衍生产品交易业务的法律风险、操作风险、交易对手信用风险等方面的管理制度。

6日 中国人民银行发布《境外直接投资人民币结算试点管理办法》。该办法明确凡获准开展境外直接投资的境内企业均可以人民币进行境外直接投资，银行可依据境外直接投资主管部门的核准证书或文件按有关规定为企业办理人民币结算业务。人民银行、外汇管理局和境外直接投资主管部门建立信息共享和监管合作机制，加强事后监管，强化银行的真实性审核责任。

11～12日 中国人民银行在天津召开“全国金融市场工作座谈会”。会议总结了2010年人民银行系统金融市场和信贷政策管理工作，研究讨论了2011年金融市场和信贷政策工作重点及落实措施。会议提出，2011年要全面落实好稳健的货币政策，按照总体稳健、调节有度、结构优化的原则，进一步发挥好金融市场的资源配置功能和信贷政策的导向功能，积极采取前瞻性、针对性和务实性措施，大力鼓励和引导金融机构把信贷资金更多投向实体经济，特别是“三农”和中小企业，更好地服务于保持经济平稳较快发展。信贷政策要进一步加强与产业政策、财政政策、就业政策等宏观政策的有机协调配合，支持重点产业调整振兴和淘汰落后产能，支持发展低碳经济，支持区域经济协调发展，切实抓好民生金融。要继续鼓励金融创新，进一步丰富金融市场产品体系，夯实金融市场制度与基础设施建设，积极稳妥地推动金融市场对外开放，引导金融市场资源更好地服务于实体经济。

11日 2011年全国保险监管工作会议在北京召开。会议指出，2010年，面对国际金融危机带来的严重影响和国际国内环境的深刻变化，保监会深入贯彻落实科学发展观，围绕“转方式、调结构、防风险、促发展”，着力推进科学监管、依法监管和有效监管，保险市场继续保持了良好的发展势头。2011年保险监管要重点抓好以下几方面工作：一是把防范化解风险作为保险监管的首要任务；二是继续规范保险市场秩序；三是严肃查处保险领域重点案件；四是加强保险公司内控监管；五是切实保护被保险人利益；六是不断加强监管自身建设。

中国人民银行发布《2010年金融统计数据报告》。报告显示，2010年，我国广义货币增长19.7%，全年本外币贷款、本外币存款分别增加8.36万亿元、12.14万亿元，银行间市场交易活跃，市场利率上升，国家外汇储备增长18.7%。

12日 国家外汇管理局发布新修订的《国际收支统计间接申报核查制度》，根据现行的国际收支统计间接申报相关制度及其应用系统功能，对2003年版的核查制度进行了修改和完善。此次修订主要体现在以下方面：一是根据现行的国际收支统计间接申报相关制度及其应用系统功能，对2003年版的核查制度进行了修改和完善，并废止了旧版核查制度；二是将大额交易与重要交易项目重点核实工作纳入核查制度，归并原大额交易重点核实工作的相关规定，并废止原大额交易重点核实制度；三是根据实际情况调整核查工作涉及的相关量化指标；四是规范现场核查和大额交易重点核实工作的流程；五是明确各级外汇局国际收支部门对违反国际收支统计申报规定行为的处理措施及向外汇检查部门移交案件的操作程序。

13 日 中国银监会发布《关于进一步规范银信理财合作业务的通知》。该通知要求各商业银行在 2011 年底前按照每季度不低于 25% 的降幅将银信理财合作业务表外资产转入表内。信托公司对银信合作信托贷款按照 10.5% 的比例计算风险资本。信托赔偿准备金低于银信合作不良信托贷款余额 150% 的，或者低于银信合作信托贷款余额 2.5% 的信托公司，2010 年度不得分红。

中国银监会发布《商业银行信用卡业务监督管理办法》，针对信用卡业务快速发展中出现的问题作出明确规范，以充分保障存款人和金融消费者的合法权益。该办法主要从管控风险的角度对商业银行信用卡业务进行规范，即规范商业银行利用具有授信额度和透支功能的银行卡及其特定服务设施和专用网络提供的银行服务，包括从受理信用卡申请直至信用卡贷款收回的信贷活动全过程，涵盖商业银行与持卡人、特约商户、各类信用卡业务服务机构开展业务的经营行为。该办法主要包括严格信用卡业务市场准入管理、切实保护客户知情权、规范信用卡营销管理、加强学生信用卡管理、强化信用额度管理、明确持卡人欠款偿还顺序、规范信用卡风险资产分类管理以及加强对客户的隐私保护等内容。

13～14 日 2011 年全国证券期货监管工作会议在北京召开。会议对 2011 年证券期货监管重点工作作出具体部署：一是加快建设多层次资本市场体系，扩大直接融资；二是完善市场体制机制，提高市场效率；三是加强市场法律制度建设，巩固市场运行基础；四是加强和改进市场监管，维护市场正常秩序；五是深入推进市场创新，增强市场发展活力；六是积极发展期货市场，不断提升服务国民经济能力；七是稳步扩大对外开放，深化国际交流合作；八是加强监管体系和队伍建设，提升系统监管整体效能。

15 日 中国银监会发布新修订的《银行业金融机构衍生产品交易业务管理暂行办法》，从总则、市场准入管理、风险管理、产品营销与后续服务、罚则等方面对银行业金融机构衍生产品业务进行系统性规范，能够促进我国衍生产品市场的发展，培育银行业金融机构衍生产品的做市、定价能力，规范衍生产品的营销行为。

17 日 中国银监会召开 2011 年工作会议。2011 年要重点抓好以下工作：一是严密防范四大风险（信用风险、市场风险、操作风险、流动性风险），坚决守住风险底线。二是深化体制机制改革，大力提升核心竞争力。三是科学完善工具方法，持续提高监管效能。四是抓好党建和内部管理，落实党建治理结构责任。

18 日 国务院总理温家宝主持召开国务院第五次全体会议。温家宝强调，做好一季度工作，对于完成 2011 年经济社会发展的各项任务至关重要，要确保价格总水平基本稳定，综合运用多种货币政策工具，保持合理的社会融资规模和节奏，处理好银行资本金补充与信贷扩张、银行体系风险防范与资本市场稳定的关系，防止年初信贷的非正常投放。着力优化信贷结构，引导商业银行把信贷资金更多地投向实体经济特别是中小企业和“三农”等领域。

19 日 国家外汇管理局发布《关于外汇指定银行对客户人民币外汇货币掉期业务有关外汇管理问题的通知》，自 2011 年 3 月 1 日起实施。该通知的主要内容包括：一是简化市场准入管理，凡取得对客户人民币外汇掉期业务经营资格满 1 年的银行，可以直接对客户开办货币掉期业务，国家外汇管理局不再实施事前资格审批；二是便利市场交易，银行对客户办理货币掉期业务的币种、期限等交易要素由银行自行确定；三是货币掉期中的利率由交易双方协商确定，并符合中国人民银行关于存贷款利率的管理规定。

国家外汇管理局发布《电子银行个人结售汇业务管理暂行办法》。境内外个人可以通过网上银行、自助终端、电话银行、手机银行等多种电子银行渠道，使用本人账户办理年度总额以内、经常项下（贸易除外）的购汇和结汇业务。该办法自2011年4月1日起施行，主要内容包括：一是经国家外汇管理局验收合格后，银行可将本行电子银行系统接入个人结售汇管理信息系统，为个人办理电子银行结售汇业务，并执行全国统一的个人结售汇年度总额管理规定。二是境内外个人可以通过网上银行、自助终端、电话银行、手机银行等多种电子银行渠道，使用本人账户办理年度总额以内、经常项下（贸易除外）的购汇和结汇业务。三是银行和个人办理电子银行个人结售汇业务时，应符合相关外汇管理规定，并保证录入个人结售汇管理信息系统数据的真实、完整和准确。四是国家外汇管理局和银行将对电子银行个人结售汇业务进行密切跟踪监测，筛查和甄别违法违规交易，将参与分拆等违规活动的个人纳入“关注名单”进行重点管理。纳入“关注名单”的个人在一定时间内将不能再通过电子银行继续办理购汇和结汇业务。

20日 中国人民银行上调金融机构人民币存款准备金率0.5个百分点。

中国人民银行召开支付结算工作会议，总结2010年支付结算工作，部署2011年支付结算工作任务。会议提出了2011年人民银行支付结算工作的重点任务。一是建立和完善新型支付业务管理制度，加强对银行卡收单业务、互联网支付、移动支付、预付卡业务的规范和管理；二是开展支付结算执法检查，规范支付结算秩序，维护相关主体的合法权益；三是抓紧做好第二代支付系统和中央银行会计核算数据集中系统建设，加强支付清算系统应急管理；四是加强票据风险管理，继续推动电子商业汇票应用；五是加强银行卡风险管理，进一步加大预防和打击银行卡犯罪的力度；六是加强和完善对非金融机构支付服务的监督管理；七是组织建设全国集中人民币银行结算账户管理系统；八是发布全国支付体系发展规划，完善支付信息分析和披露机制。

中国保监会发布《关于规范保险机构对外担保有关事项的通知》。保监会要求，自通知发布之日起，各家保险公司、保险资产管理公司不得再进行对外担保，同时，各保险机构也要严禁分支机构对外担保，要求健全分支机构内控，强化印章管理，切实消除分支机构擅自对外担保的风险。若保险机构按照上述规定对外提供担保的，应当在财务报告中进行说明、披露；此外，评估偿付能力时应当按照监管规定予以扣除。

26日 国务院总理温家宝主持召开国务院常务会议，研究部署进一步做好房地产市场调控工作。会议指出，自2010年4月《国务院关于坚决遏制部分城市房价过快上涨的通知》印发后，房地产市场出现积极变化，房价过快上涨势头得到初步遏制。为巩固和扩大调控成果，逐步解决城镇居民住房问题，继续有效遏制投资投机性购房，促进房地产市场平稳健康发展，必须进一步做好房地产市场调控工作。会议确定了八项政策措施：一是进一步落实地方政府责任。二是加大保障性安居工程建设力度。三是调整完善相关税收政策，加强税收征管。四是强化差别化住房信贷政策，对贷款购买第二套住房的家庭，首付款比例不低于60%，贷款利率不低于基准利率的1.1倍。人民银行各分支机构可根据当地人民政府新建住房价格控制目标和政策要求，在国家统一信贷政策的基础上，提高第二套住房贷款的首付款比例和利率。加强对商业银行执行差别化住房信贷政策情况的监督检查，对违规行为严肃处理。五是严格住房用地管理。六是合理引导住房需求。七是落实住房保障和稳定房价工作的约谈问责机制。八是坚持和强化舆论引导。

27日 中国银监会发布《信托公司净资本计算标准有关事项的通知》，对不同监管评级信托公司实施不同风险资本计算标准，确保信托公司业务发展与其风险管理能力、内控水平相匹配。评级结果为3级及以下的信托公司风险资本计算系数为标准系数，而评级结果为1级和2级的信托公司风险资本计算系数在标准系数基础上下浮20%。对同时包含融资类和投资类业务的信托产品，信托公司在计算风险资本时应按照融资类和投资类业务风险系数分别计算风险资本。融资类业务包括但不限于信托贷款、受让信贷或票据资产、附加回购或回购选择权、股票质押融资和准资产证券化等业务。对于TOT（信托之信托）产品，信托公司应按照被投资信托产品的分类分别计算风险资本；银信合作业务以及受益权发生转让导致受益人超过2人（含2人）的信托业务，按集合资金信托业务计算风险资本。银行理财资金成为受益人的信托业务视为银信合作业务，按照集合资金信托业务计算风险资本。

29日 新华社授权发布2011年中央一号文件《中共中央 国务院关于加快水利改革发展的决定》。文件明确了新形势下水利的战略定位，制定和出台了一系列针对性强、覆盖面广、含金量高的加快水利改革发展的新政策、新举措。在金融支持方面，文件提出，综合运用财政政策和货币政策，引导金融机构增加水利信贷资金。有条件的地方根据不同水利工程的建设特点和项目性质，确定财政贴息的规模、期限和贴息率。在风险可控的前提下，支持农业发展银行积极开展水利建设中长期政策性贷款业务。鼓励国家开发银行、农业银行、农村信用社、邮政储蓄银行等银行业金融机构进一步增加农田水利建设的信贷资金。支持符合条件的水利企业上市和发行债券，探索发展大型水利设备设施的融资租赁业务，积极开展水利项目收益权质押贷款等多种形式融资。鼓励和支持发展洪水保险。提高水利利用外资的规模和质量。

30日 中国人民银行发布《2010年第四季度中国货币政策执行报告》。报告提出，下一阶段中国人民银行将实施稳健的货币政策，按照总体稳健、调节有度、结构优化的要求，增强政策的针对性、灵活性和有效性，更加积极稳妥地处理好保持经济平稳较快发展、调整经济结构、管理通胀预期的关系，把稳定价格总水平放在更加突出的位置，维护金融体系安全稳健运行，促进经济平稳健康发展。报告同时提出，2011年广义货币供应量M_2初步预期增长16%左右。

国家外汇管理局公布2010年第四季度及全年我国国际收支平衡表初步数据。据初步估算，2010年第四季度，我国国际收支经常项目、资本和金融项目（含净误差与遗漏）继续呈现顺差，国际储备资产继续增长。2010年，我国国际收支经常项目顺差3 062亿美元，较上年增长25%；资本和金融项目（含净误差与遗漏）顺差1 656亿美元；国际储备资产增加4 717亿美元，较上年增长18%。

31日 中国人民银行发布《2010年支付体系运行总体情况》和《2010年第四季度支付体系运行总体情况》。情况显示，2010年，国民经济运行态势总体良好，支付体系继续平稳高效运行，支付业务量持续快速增长。社会资金交易日趋活跃，资金交易规模持续扩大，交易频繁程度进一步提高，对加速社会资金流通，提高资金使用效率起到了积极作用。随着国民经济的持续健康、平稳运行，支付业务量将继续保持稳步增长态势。

2月

3日 国务院办公厅印发《关于建立外国投资者并购境内企业安全审查制度的通知》，决定建立外国投资者并购境内企业安全审查部际联席会议制度，具体承担并购安全审查工作，并明确了并购安全审查的范围、内容、工作机制和程序。外资并购安全审查将紧紧围绕国家安全的原则，主要从四个方面审查：一是并购交易对国防需要的国内产品生产能力、国内服务提供能力和有关设备设施的影响；二是对国家经济稳定运行的影响；三是对社会基本生活秩序的影响；四是对涉及国家安全关键技术研发能力的影响。

9日 中国人民银行上调金融机构人民币存贷款基准利率。金融机构1年期存贷款基准利率分别上调0.25个百分点，此次调整后，1年期定期存款利率为3%，1年期贷款利率为6.06%，其他各档次存贷款基准利率相应调整。

住房和城乡建设部发出通知，从 2011 年 2 月 9 日起，上调个人住房公积金存贷款利率。开展利用住房公积金贷款支持保障性住房建设试点工作的城市，贷款利率按照五年期以上个人住房公积金贷款利率上浮 10% 执行。

12 日 中国人民银行发布《2010 年金融市场运行情况》。情况显示，2010 年，我国金融市场总体运行平稳，债券市场保持健康发展，充分发挥了保证国家宏观经济政策实施、优化金融资源合理配置、推动金融体制深化改革、加大金融支持经济发展力度的积极作用。2010 年，债券发行总量稳步扩大，直接融资规模大幅增加。银行间市场交易活跃，成交量同比大幅增加。债券价格总体上行，收益率曲线整体平坦化上移。机构投资者类型更加多元化。股票市场指数总体下行，市场交易量下降。

14 日 中国银监会印发《关于全面做好农村金融服务工作的通知》，要求银行业金融机构以支持水利建设和粮食生产为重点，全面做好农村金融服务工作。

16 日 国家外汇管理局批准中国外汇交易中心在银行间外汇市场组织开展人民币对外汇期权交易，并发布《国家外汇管理局关于人民币对外汇期权交易有关问题的通知》，以进一步丰富外汇市场交易品种，为企业和银行提供更多的汇率避险保值工具。该通知自 2011 年 4 月 1 日起施行，主要内容包括：一是明确产品类型为普通欧式期权；二是规定客户办理期权业务应符合实需原则；三是对银行开办期权业务实行备案管理，不设置非市场化的准入条件；四是将银行期权交易的 Delta 头寸纳入结售汇综合头寸统一管理。

中国证监会发布《关于授权派出机构审核部分证券机构行政许可事项的决定》，将包括券商六类常规业务资格审批等在内的五大项行政许可事项授权派出机构审核，该决定自 2011 年 3 月 1 日起实施。

17 日 国家外汇管理局发布《2010 年中国跨境资金流动监测报告》，从国际收支、跨境收付和结售汇的角度，全面、深入地分析了 2001 年至 2010 年我国跨境资金流动的总体情况和主要项目，对我国“热钱”流动的规模进行了估算。过去 10 年间，贸易顺差、直接投资净流入、海外投资收益和境内企业境外上市等合法合规的涉外经济活动基本可以解释我国外汇储备的增长。该报告指出，当前，跨境资金持续净流入主要是受我国经济平稳较快增长的吸引，机构和个人“资产本币化、负债外币化”的套利操作则在一定程度上加大了跨境资金流动的波动性。

18 日 中国人民银行决定，从 2011 年 2 月 24 日起，上调存款类金融机构人民币存款准备金率 0.5 个百分点。

中国银监会发布商业银行资本充足率统计数据。2010 年，我国商业银行资本充足率水平大幅提升，年末商业银行整体加权平均资本充足率为 12.2%，较年初上升 0.8 个百分点；加权平均核心资本充足率为 10.1%，较年初上升 0.9 个百分点。

22 日 中国人民银行印发《关于安排增加支农再贷款支持重点地区做好春耕抗旱金融服务工作的通知》，对山东、河南、河北、山西、安徽、江苏、陕西、甘肃等受旱灾影响严重的 8 省安排增加支农再贷款额度 100 亿元，积极鼓励和引导金融机构全力做好抗旱救灾金融服务工作，支持粮食稳定增产。该通知要求，中国人民银行有关分支行要从经济社会发展大局出发，充分认识当前抗旱救灾工作的重要性和紧迫性，全力做好抗旱救灾金融服务工作，有力支持粮食稳定增产，努力夺取夏粮及全年农业丰收。深入调研，加强与当地有关部门的沟通协调，摸清情况，准确掌握辖内春耕抗旱信贷资金需求。加强引导，加大投入，及时对受灾地区农村信用社扩大春耕抗旱信贷投放的合理资金需求给予支农再贷款支持。积极鼓励和引导金融机构及时发放种子、化肥、农药等春耕备耕农业生产资料贷款，有效加大对农田水利、抗旱救灾等农村基础设施建设的信贷投放。

23 日　中国证监会发布五点并购重组法律适用意见，内容包括上市公司严重财务困难认定，要约豁免申请条款选用，二级市场收购的完成时点，拟购买资产存在资金占用问题，上市公司在 12 个月内连续购买、出售同一或者相关资产的有关比例计算等。证监会表示，这些法律适用意见就市场参与主体对《上市公司收购管理办法》《上市公司重大资产重组管理办法》有关法律理解上可能存在不一致的问题加以明确，并以证监会公告的形式对外发布，体现其严肃性和法律效力。

中国人民银行下发《关于进一步规范和加强商业银行银行卡发卡技术管理工作的通知》，明确了银行卡发卡技术管理的基本原则，要求商业银行发行银行卡应遵循国家及金融行业技术标准规范，严格执行信息安全政策和银行卡联网通用政策，并通过发卡技术标准符合性和安全性审核。中国人民银行将按照“统一标准、规范实施、分类管理、审批分离”的原则对拟发行银行卡的商业银行进行银行卡技术标准符合性和安全性审核。中国银联将按照要求认真做好发卡机构接入银行卡联网通用网络和卡片入网工作，并按季度将发卡机构接入情况、卡片入网情况报人民银行。

24 日　中国人民银行上调存款类金融机构人民币存款准备金率 0.5 个百分点。为加大对“三农”和县域经济的支持力度，农村信用社等小型金融机构暂不上调。

2011 年中国人民银行科技工作会议在福建泉州召开。会议提出了 2011 年要紧密围绕中国人民银行的中心工作，以“规范先行、架构管控”为主线重点完成以下工作任务：一是落实人民银行“两地三中心”信息化安全运营布局；二是推进系统整合，加快数据架构和应用架构建设；三是完成网络改造，提升人民银行网络对内对外服务水平；四是着力推进金融信息安全工作；五是全面推广金融 IC 卡应用，启动全国范围的芯片卡迁移；六是加快构建统一规范的金融标准体系；七是完成“十二五”信息化规划的编制并组织实施，加强规划对建设项目的指导；八是强化软件开发、认证检测、安全应急、运行维护等综合能力建设，不断提升工作环节的质量和服务水平。

25～27 日　中国人民银行行长周小川率团出席在斯里兰卡首都科伦坡举行的东南亚中央银行组织（South East Asian Central Banks，SEACEN）第 46 届行长会暨第 30 届理事会会议。周小川就后危机时期新兴经济体央行面临的挑战和政策应对等议题发言，并主持了中央银行治理和金融稳定议题的讨论。应东南亚中央银行组织邀请并经国务院批准，中国人民银行于 2011 年 1 月 25 日正式加入东南亚中央银行组织，成为该组织第 17 个成员并任理事会成员。

中国人民银行发布〔2011〕第 2 号公告，决定自 2011 年 3 月 1 日起启用 2010 版银行票据凭证，停止签发旧版银行票据凭证，以提高银行票据凭证的防伪性能，保证票据的流通和安全使用。

26 日　全国社保基金以信托产品形式投资保障性住房在国内启动。社保基金投资签订南京保障房 30 亿元信托贷款项目，贷款期限为 2 年 11 个月，利率为 6.05%。

3 月

2 日　中国人民银行“跨境人民币业务暨有关监测分析工作会议”在北京召开。会议认为，随着我国改革开放的不断深化、对外贸易投资的发展、与全球经济金融的融合日益紧密，市场对人民币跨境使用的需求将进一步上升，跨境人民币业务有望取得更大发展，人民币在跨境贸易和投资及金融市场中的作用将不断增强。会议指出，跨境人民币业务是一项全新的工作，各类市场主体需要逐步了解、掌握和适应，相关管理部门也需要在监管理念、管理思路和具体方式上逐步调整和探索。为此，应进一步深化改革，加大制度和管理创新力度，加快金融市场发展，提高金融机构业务和管理能力，继续有序放宽跨境资本交易项目的管制，增强金融监管和风险防控能力，努力为跨境人民币业务发展创造更加便利、宽松的政策环境，进一步提高贸易投资便利化水平，促进对外经济的健康持续发展。会议部署了2011年人民银行跨境人民币业务暨有关监测分析工作的主要任务：一是继续扩大跨境贸易人民币结算试点；二是稳步扩大人民币在跨境投融资中的作用；三是有序拓宽人民币回流渠道；四是按照平等互利的原则不断深化双边货币合作和本币结算；五是加强有关监测分析和基础性工作。会议强调，跨境人民币业务作为一种创新，必须关注其可能带来的变化与潜在风险，及时加强动态监测和跟踪分析，准确把握跨境人民币发展趋势。同时，强化业务监测分析和信息共享，完善跨境人民币业务信息系统，切实加强跨境人民币业务相关风险的评估与防控。

4日 中国银行与战略投资者淡马锡富登金融控股私人有限公司合资设立的蕲春中银富登村镇银行在湖北省蕲春市开业，这是首家由大型商业银行联手境外战略投资者组建的合资村镇银行。蕲春中银富登村镇银行为独立法人，注册资本金为3 000万元人民币。其中，中国银行出资2 700万元，富登金融出资300万元，占注册资本的10%。中银富登村镇银行开业后将独立开展存、贷、汇等各种银行业务，通过提供高效、专业和可靠的金融服务支持当地小企业和农户的发展。

中国人民银行发布《中国农村金融服务报告2010》。该报告全面介绍了近两年来涉农金融机构的改革与发展情况，农村金融市场发展与创新实践，农村金融基础设施建设的基本情况，梳理了各相关部门对农村金融的主要扶持政策，并提出了进一步提高农村金融服务的基本思路。

7日 中国保监会、中国银监会联合发布《商业银行代理保险业务监管指引》，要求保险公司和商业银行建立重大事件联合应急处理机制，应对商业银行代理保险业务中出现的群访群诉、群体性退保等事件，同时在客户投诉、退保等事件发生的第一时间积极处理，实行首问负责制度，不得相互推诿，避免产生负面影响，防止事态扩大。

8日 中国银监会发布《金融资产管理公司并表监管指引（试行）》，以适应金融资产管理公司的商业化改革转型和业务发展需要，规范和加强对资产公司及其附属机构的并表监管。该指引借鉴国际监管实践，结合我国资产公司管理的现状，兼顾原则性和操作性，提出了我国资产管理公司并表监管框架和监管要求。

中国银监会向各地银监局、商业银行和邮储银行下发《中国银监会办公厅关于做好住房金融服务加强风险管理的通知》，要求各金融机构妥善处理个人住房贷款中出现的问题，保护消费者合法权益，加强风险管理，规范业务发展。

9日 中国银监会、中国人民银行、国家发展改革委联合下发《关于银行业金融机构免除部分服务收费的通知》，要求银行业金融机构在坚持服务价格市场化原则的同时，进一步履行社会责任，自2011年7月1日起免除人民币个人账户的11类34项服务收费。一是强调保障社会公众享有基础金融服务的权益。免除本行个人储蓄账户和个人银行结算账户的开户手续费和销户手续费；免除同城本行存款、取款和转账手续费（贷记卡账户除外）；免除存折开户、销户和存折更换的工本费；免除密码修改和密码重置手续费；免除境内本行查询服务收费等。二是充分考虑人民群众使用最为广泛的基础金融服务。免除已签约开立的代发工资、退休金、低保、医保、失业保险、住房公积金账户的年费和账户管理费（含小额账户管理费）；免除向救灾专用账户捐款的跨行转账手续费、电子汇划费、邮费和电报费；免除以纸质、电子方式提供本行一定时期内对账单的相关收费等。三是积极维护金融消费者的知情权和选择权。要求银行业金融机构切实履行服务收费告知义务，未经客户以书面、客户服务中心电话录音或电子签名方式单独授权，不得对客户强制收取短信服务费；银行业金融机构代理国家有关部门或其他机构的收费，应在办理业务前，明确告知客户，尊重客户对相关服务的自主选择权。

15 日 中国人民银行发布《中国人民银行关于推进金融 IC 卡应用工作的意见》（以下简称《意见》），决定在全国范围内正式启动银行卡芯片迁移工作，“十二五”期间将全面推进金融 IC 卡应用，以促进中国银行卡的产业升级和可持续发展。《意见》指出“十二五”期间推进金融 IC 卡应用的总体目标是加快银行卡芯片化进程，形成增量发行银行卡以金融 IC 卡为主的应用局面。推动金融 IC 卡与公共服务应用的结合，促进金融 IC 卡应用与国际支付体系的融合，实现金融 IC 卡应用与互联网支付、移动支付等创新型应用的整合。《意见》明确推进金融 IC 卡坚持“政府引导、市场运作、统一标准、鼓励创新”的原则。“政府引导”是在人民银行和相关政府部门引导下，对金融 IC 卡全面推广进行政策指导和协调。“市场运作”是金融 IC 卡迁移各实施主体根据自身经营状况，按市场原则进行运作。“统一标准”是迁移中严格执行银行卡国家标准与金融行业标准，推动跨行业支付应用的 IC 卡使用金融 IC 卡标准。“鼓励创新”是鼓励金融 IC 卡应用的创新发展，不断探索满足金融业改革创新、社会服务应用新模式带来的发展需要。《意见》就金融 IC 卡受理环境改造、商业银行发行金融 IC 卡提出了时间表，还就全面推进金融 IC 卡应用在组织方式、职责分工等方面部署了具体工作，在资源整合、密钥管理和外包安全等方面明确了相关要求。《意见》的发布，标志着我国银行磁条卡向 IC 卡应用迁移工作正式启动，将有力推动我国金融 IC 卡应用进入快车道，为进一步保障我国金融信息安全、促进金融服务民生、提升我国金融支付服务水平起到积极推动作用。

17～18 日 第五次中美银行监管磋商会议在北京举行。会议的主要议题包括：当前银行业发展面临的主要风险、系统重要性银行机构的监管、国际金融改革和国际监管新标准的实施对中美银行业发展的影响、跨境危机处置和跨境监管合作等。

18 日 中国人民银行决定，从 2011 年 3 月 25 日起，上调存款类金融机构人民币存款准备金率 0.5 个百分点。调整后，大型金融机构的存款准备金率将提高至 20%。

国家外汇管理局发布《关于进一步加强外汇业务管理有关问题的通知》，以合理引导跨境资金流动，防范违法违规资金流入，维护国家涉外经济金融安全，主要内容包括：一是进一步加强银行结售汇综合头寸管理，区分不同情况，压缩银行结售汇收付实现制负头寸下限；二是加强转口贸易外汇管理，将转口贸易收入纳入待核查账户管理；三是适当下调企业货物贸易项下预收货款和 90 天以上延期付款项下可收（付）汇额度的基础比例；四是进一步调低 2011 年度境内金融机构短期外债指标总规模，并适度调减存放同业、拆放同业规模较大银行的短期外债余额指标。

22 日 中国人民银行发布公告，允许八家境外金融机构进入银行间债券市场。获准进入银行间债券市场的这 8 家机构为：中国农业银行香港分行、中国建设银行香港分行、花旗银行香港分行、三菱东京日联银行香港分行、南洋商业银行、永隆银行、永亨银行、集友银行。

中国人民银行发布《2010 年小额贷款公司数据统计报告》。报告显示，截至 2010 年底，全国共有小额贷款公司 2 614 家，贷款余额 1 975 亿元，当年新增贷款 1 202 亿元。

23 日 中国证监会公布《期货公司期货投资咨询业务试行办法》。期货公司期货投资咨询业务的条件是：公司注册资本不低于 1 亿元，且净资本不低于 8 000 万元；公司最近 6 个月净资本等风险监管指标持续符合监管要求；至少 1 名具有 3 年以上期货从业经历和取得期货投资咨询业务从业资格的高管人员，至少 5 名具有 2 年以上期货从业经历和取得期货投资咨询业务资格的从业人员；公司最近 3 年持续合规经营；具有完备的业务管理制度。

中国银监会印发《关于继续做好空白乡镇基础金融服务全覆盖工作的通知》，要求各级监管部门和银行业金融机构采取更加切实有效措施深入推进乡镇基础金融服务全覆盖工作，着力提升农村金融服务均等化建设水平。

24日 铅期货合约在上海期货交易所上市交易。首日开盘19 230元，收盘报18 935元，全天涨3.19%。世界铅消费主要集中在铅酸蓄电池、化工、铅板及铅管、焊料和铅弹领域，其中铅酸蓄电池是铅消费最主要的领域，2009年美国、日本和中国铅酸蓄电池耗铅量所占比例分别达到了86%、86%和81.4%。

25日 中国人民银行上调存款类金融机构人民币存款准备金率0.5个百分点。

中国人民银行发布《2010年国际金融市场报告》（以下简称《报告》）。《报告》指出，2010年，世界经济呈现不同步复苏格局，主要发达经济体缓慢复苏，仍面临就业形势严峻、财政可持续性堪忧等问题，继续执行宽松的宏观经济政策；新兴市场经济体普遍增速较高，但面临资产价格泡沫和通胀压力加大风险，普遍收紧了宏观经济政策。2011年，世界经济将延续复苏势头，各方应加强政策协调，努力避免货币竞争性贬值或出台贸易保护主义措施，关注原油、粮食等大宗商品价格上涨以及通货膨胀风险。《报告》还指出，2010年，受益于世界经济的复苏，全球金融交易总体上趋于活跃，国际金融市场进一步回暖。主要发达经济体仍然主导国际金融市场格局，新兴市场经济体的重要性又有所上升。欧洲主权债务危机进一步扩散，国际金融市场走势受到一定影响，全年美元总体上走强，短期利率稍有回升，主要股指上涨，黄金以及大宗商品价格大幅上涨。《报告》认为，2010年，面对复杂多变的国内外经济环境，中国政府加快推动经济发展方式转变，积极参与国际和区域经济金融合作。在外资积极参与中国金融市场的同时，中资也继续积极审慎地参与国际金融市场。今后，中国将继续积极稳妥地推进金融市场对外开放，扩大人民币跨境使用，畅通境外人民币资金回流机制，稳步推进人民币资本项目可兑换，为境外主体参与境内金融市场创造更加便利的条件。

28日 中国人民银行货币政策委员会2011年第一季度例会在北京召开。会议强调，要密切关注国际国内经济金融最新动向及其影响，强调稳定价格总水平的宏观调控任务，认真贯彻实施稳健货币政策，提高货币政策的针对性、灵活性和有效性。要综合运用多种货币政策工具，逐步健全宏观审慎政策框架，有效管理流动性，保持合理的社会融资规模和货币总量。要着力优化信贷结构，引导商业银行加大对重点领域和薄弱环节的信贷支持，严格控制对“两高”行业和产能过剩行业贷款。要发挥直接融资的作用，更好地满足多样化投融资需求。进一步完善人民币汇率形成机制，保持人民币汇率在合理均衡水平上的基本稳定。

中国人民银行农村信用社改革试点专项中央银行票据发行兑付考核评审委员会第20次例会决定，对海南等4个省（区）辖内屯昌等19个县（市）农村信用社兑付专项票据，额度为19.9亿元。

30日 国家外汇管理局发布《关于核定2011年度境内机构短期外债余额指标有关问题的通知》，在2010年压缩境内机构短期外债余额指标总规模的基础上，再次适当调减2011年度指标总规模。

中国保监会发布《保险公司开业验收指引》，规定保险公司开业时的注册资本最低限额为2亿元人民币，且必须为实缴货币资本。投资人应将所认购股款或者出资额缴存在资信良好的商业银行，且在公司获准开业前不得动用资本金。此外，申请开业的保险公司还需要有切实可行的经营规划，在不同的业务规模假设下，须合理预测公司盈利水平和偿付能力状况，并提出切实可行的偿付能力改善方案。

31日 中国人民银行办公厅印发《关于认真组织落实县域法人金融机构新增存款一定比例用于当地贷款激励政策及农村信用社专项票据兑

付后续监测考核激励约束政策的通知》，自2011年4月1日至2012年3月31日，对经考核达到新增存款一定比例用于当地贷款政策考核标准的县域法人金融机构，执行低于同类金融机构正常标准1个百分点的存款准备金率；对同时达到新增存款一定比例用于当地贷款和专项票据兑付后续监测考核政策标准的425个县（市）农村信用社和16个村镇银行，安排增加支农再贷款额度200亿元。

国家外汇管理局公布2010年末中国外债数据。截至2010年末，我国外债余额为5 489.38亿美元（不包括香港特区、澳门特区和台湾地区对外负债）。

根据中法两国元首达成的原则共识，由2011年二十国集团（G20）主席国法国主办的“国际货币体系研讨会”在南京举行。会议认为，现行国际货币体系存在缺陷，国际社会应抓住本次国际金融危机的契机，尽早明确改革方向，逐步落实。针对当前较为突出的跨境资本流动和全球流动性调控问题，会议强调了资本的大幅无序流动给新兴市场国家的稳定造成了严重挑战，应予以监测和管理；而建立包括储备、双边货币互换、区域性融资安排和IMF贷款工具在内的全球金融安全网，对于稳定全球流动性的供给至关重要。会议一致肯定加强IMF监督对稳定国际货币体系的积极意义。

4月

1日 中国银行间外汇市场正式推出人民币对外汇期权交易。首日交易半天即成交4 190万美元。经授权，交易中心将于每个交易日16时15分公布市场平均水平隐含波动率曲线。

深圳证券交易所发布实施《创业板上市公司公开谴责标准》，明确和规范创业板上市公司公开谴责的认定标准，进一步健全和完善纪律处分自律监管执法机制。

5日 金融稳定理事会在意大利罗马召开第七次全体会议。中国人民银行副行长易纲与中国银监会主席刘明康及财政部代表出席了会议。会议讨论了全球金融体系的主要风险，审议了降低系统重要性金融机构道德风险、场外衍生品市场改革、加强对影子银行业的监管和改进金融体系的数据搜集与共享等方面的政策建议，还讨论了推进标准执行和设立金融稳定理事会地区工作组等问题。

6日 中国人民银行上调金融机构人民币存贷款基准利率，其中，1年期存款基准利率上调0.25个百分点，由3%提高到3.25%；1年期贷款基准利率上调0.25个百分点，由6.06%提高到6.31%；其他各档次存贷款基准利率及个人住房公积金贷款利率相应调整。

中国证监会发布《关于保荐项目尽职调查情况问核程序的审核指引》。问核机制中询问的问题涵盖了审核过程中关注的近40个方面的问题，其中包括发行人的行业排名和行业数据；发行人的主要供应商和经销商情况；发行人的环保情况；发行人拥有或使用的商标和专利等知识产权情况；发行人的违法违规事项；发行人涉及的诉讼仲裁事项；发行人的关联交易；发行人的会计政策和会计估计；发行人的销售收入、成本、期间费用、存货、固定资产和应收账款等主要财务指标等。

7日 中国保监会发布《关于调整〈保险资产管理公司管理暂行规定〉有关规定的通知》，将资产管理公司受托资金的范围调整为“保险资产管理公司是指经中国保监会会同有关部门批准，依法登记注册、受托管理保险等资金的金融机构”。同时将保险资产管理公司的偿付能力和总资产要求调整为“偿付能力不低于150%，总资产不低于100亿元人民币，保险集团（控股）公司的总资产不低于150亿元人民币”，去掉了“净资产不低于10亿元人民币”的要求。在注册资本的要求方面，调整为“保险资产管理公司的注册资本最低限额为1亿元人民币或者等值的自由兑换货币”。

8 日 中国人民银行发布《2010 年中国金融市场发展报告》。该报告指出，2010 年，我国金融市场继续健康平稳快速发展，市场规模快速增长，市场结构继续优化，产品、制度和机构创新有效突破，对外开放稳步推进；同时，也表现出了市场行情分化、震荡幅度加大等特征。2011 年，在经济发展方式转变的发展主线和稳健货币政策环境下，金融市场将进一步发挥对经济发展方式转变的贡献，同时市场规模将继续扩大，结构将更为优化，对外开放也将稳步推进。

9 日 中国人民银行正式加入中亚、黑海及巴尔干半岛地区央行行长会议组织，李东荣行长助理率团代表人民银行参加了正式加入该组织的签字仪式并出席在土耳其伊斯坦布尔举行的第 25 届行长会。本次会议主要就国际货币体系改革、宏观审慎监管框架及银行税等议题进行了讨论。中亚、黑海及巴尔干半岛地区央行行长会议组织是根据土耳其央行的倡议于 1998 年创立的，旨在推动成员在开放、坦诚和友好的氛围中加强金融事务合作并分享经验，支持维护成员国货币、银行和金融领域稳定等，目前包括 21 个国家及地区的中央银行。

中国人民银行发布〔2011〕第 3 号公告，对全国银行间债券市场交易管理提出具体要求，引入了重大异常交易披露制度、异常交易事前报备制度等，以规范全国银行间债券市场债券交易行为，防范系统性风险，维护全国银行间债券市场参与者合法权益，促进全国银行间债券市场健康发展。

12 日 中国证监会发布《期货公司分类监管规定》，新增了反映期货公司培育和发展机构投资者状况的评价指标，修改了市场影响力指标，细化了加分的梯度。

13 日 国务院总理温家宝主持召开国务院常务会议，分析第一季度经济形势，研究部署下一阶段经济工作。会议重点部署了七项工作。其中强调要切实实施好稳健的货币政策。处理好控制货币总量和改善结构的关系、抑制通货膨胀与促进经济增长的关系，综合运用公开市场操作、存款准备金率、利率等多种价格和数量工具，进一步完善人民币汇率形成机制，将社会融资规模控制在合理范围之内，引导商业银行加大对重点领域和薄弱环节特别是中小企业的信贷支持，合理调节中长期贷款和短期贷款的比例，提高直接融资比重，既消除通货膨胀的货币因素，又满足实体经济对金融的合理需求。千方百计保持物价总水平基本稳定，从控制货币、发展生产、保障供应、搞活流通、加强监管等方面入手，采取多种措施综合应对国际国内物价上涨压力，把物价涨幅控制在可承受的限度内。巩固和扩大房地产市场调控成效。

14 日 中国银行间市场交易商协会经纪业务专业委员会成立大会暨第一次委员会会议在北京召开。会议审议通过了《中国银行间市场交易商协会经纪业务专业委员会议事规则》。

《金砖国家银行合作机制金融合作框架协议》签署。根据协议，国家开发银行、俄罗斯开发与对外经济活动银行、巴西开发银行、印度进出口银行和南非南部非洲开发银行将在四个方面展开合作：一是稳步扩大本币结算、贷款规模，服务五国间的贸易和投资；二是加大在资源、高新技术和低碳、环保等重要领域的投融资合作；三是积极开展资本市场合作，协助本国企业在其他金砖国家发行债券或上市；四是促进成员国在经济金融形势及融资项目方面的信息交流。

中国保监会与中国银监会联合下发《关于保险监督管理机构查询保险机构及相关单位和个人在金融机构账户有关问题的通知》，从金融机构配合查询的法定义务、保险监督管理机构的查询程序、查询的内容和取证方式、查询工作纪律要求等四个方面对保险监督管理机构依法开展账户查询工作进行了明确。

中国证监会发布《证券期货经营机构信息系统备份能力标准》，要求证券期货经营机构数据备份至少每天一次，备份介质应当在本地机房、同城及异地安全可靠存放，同时每季度至少对数据备份进行一次有效性验证。

15 日 中国人民银行、财政部联合发布中国人民银行、财政部〔2011〕第 6 号公告，就新发关键期限国债做市有关事宜提出具体要求，以进一步改善市场价格发现机制，有利于完善国债收益率曲线。

俄罗斯正式启动卢布对人民币挂牌交易，这是人民币首次在境外直接挂牌交易。中国证监会发布新修订的《期货公司分类监管规定》。该规定将市场影响力修改为市场竞争力，增加了反映期货公司培育和发展机构投资者状况的评价指标和引导期货公司提高抗风险能力的指标，同时细化了加分梯度，扩大了加分范围，强化加分指标的引导作用。

焦炭期货合约在大连商品交易所挂牌交易。首批上市合约共 8 个，挂牌基准价在上市前一个交易日公布。目前我国已经成为世界上最大的焦炭生产国和消费国，市场规模超过 7 000 亿元。

中债资信评估有限责任公司与国家开发银行等 17 家投资人在北京签署信用评级投资人服务协议。此举标志着信用评级市场中投资人付费模式开始在我国付诸实践。

17 日 中国人民银行决定，从 2011 年 4 月 21 日起，上调存款类金融机构人民币存款准备金率 0. 5 个百分点。这是央行年内第四次上调存款准备金率。

18 日 经国务院批准，中国人民银行与新西兰储备银行在北京签署了金额为 250 亿元人民币（50 亿新西兰币）的双边本币互换协议，协议有效期 3 年，经双方同意可以展期。中国人民银行表示，协议的签署，旨在加强双边金融合作，促进两国贸易和投资。

19 日 中国人民银行与乌兹别克斯坦共和国中央银行签署金额为 7 亿元人民币（1670 亿乌兹别克斯坦苏姆）的双边本币互换协议，旨在加强双边金融合作，促进两国贸易和投资。协议有效期 3 年，经双方同意可以展期。

20 日 国务院常务会议在京召开。会议强调要深化财税金融体制改革。在金融方面，要求推进利率市场化改革；加快培育农村新型金融机构；深化涉外经济体制改革，建立健全境外投资风险防控机制。

21 日 中国人民银行上调存款类金融机构人民币存款准备金率 0. 5 个百分点。

中国人民银行、财政部就新发关键期限国债做市有关事宜发布公告。公告要求，全国银行间债券市场做市商应当对 1 年、3 年、5 年、7 年和 10 年 5 个关键期限中至少 4 个关键期限的新发国债进行做市，并且在每个关键期限最近新发的 4 只国债中至少选择 1 只进行做市。新发关键期限国债做市券种单笔最小报价数量为面值 1 000万元人民币。做市商确定新发关键期限国债券种之后，当日不能变更，并且应当对所选定的做市券种进行连续双边报价，双边报价累计时间不能少于 4 小时，并且在开盘后 30 分钟内报价。做市商应当根据本公告和《全国银行间债券市场做市商管理规定》，积极开展做市业务，履行相关义务。中国人民银行、财政部将为做市商对新发关键期限国债做市提供相关支持措施。全国银行间同业拆借中心应当进一步完善交易系统，为做市商对新发关键期限国债做市提供便利。中国人民银行将进一步推动做市商评价指标体系的完善，并根据考评情况对做市商进行调整。

25 日 中国人民银行行长周小川与马来西亚国家银行行长吉蒂共同签署了《中国人民银行和马来西亚国家银行关于在华设立代表处的协议》。这是外国央行在华设立的第六家代表处。马来西亚国家银行驻华代表处的设立，将成为加强两国央行间合作的新契机，并将促进两国经济金融的进一步发展。

27 日 财政部、中央汇金投资有限责任公司、全国社会保障基金理事会及国家开发银行股份有限公司签署股份认购协议，根据协议，社保基金会出资100亿元战略入股国开行，持股比例为2.19%。

中国人民银行发布2011年第一季度金融机构贷款投向统计报告。报告显示，企业及其他部门固定资产贷款和中小企业贷款增速持续回升；农村和农户贷款增速虽有回落，但仍保持较快增长，农业贷款增速止跌回升；工业中长期贷款增长趋于平稳。

29日 汇贤房地产信托基金（REITs）在港交所挂牌交易。股票开市报4.83元人民币，较招股价低7.8%。这是香港首只以人民币计价的证券产品。

中国证监会发布《信息披露违法行为行政责任认定规则》。该规则明确，在信息披露中保荐人、证券服务机构及其人员未勤勉尽责，或者制作、出具的文件有虚假记载、误导性陈述或者重大遗漏的，证监会依法认定其责任并予以行政处罚。

中国证监会发布《关于证券公司证券自营业务投资范围及有关事项的规定》，明确了证券公司自营业务投资范围，以及证券公司通过设立子公司投资其他金融产品的监管政策。该规定自2011年6月1日起施行。

中国银行间市场交易商协会发布《银行间债券市场非金融企业债务融资工具非公开定向发行规则》，分别对非公开定向发行的总体原则、注册、发行、登记、托管、流通、信息披露、自律管理、市场约束等内容进行了明确和规范。

5月

3日 中国银监会发布《中国银行业实施新监管标准的指导意见》，按照宏观审慎监管与微观审慎监管有机结合、监管标准统一性和分类指导统筹兼顾的总体要求，明确了资本充足率、杠杆率、流动性、贷款损失准备监管标准，并根据不同机构情况设置差异化的过渡期安排。商业银行核心一级资本充足率、一级资本充足率和资本充足率的最低要求分别为5%、6%和8%，新标准实施后，正常条件下系统重要性银行和非系统重要性银行的资本充足率不低于11.5%和10.5%，若出现系统性信贷过快增长，需计提逆周期超额资本。为防止银行业金融机构杠杆率的过度积累，该指导意见引入杠杆率监管要求，银行业金融机构杠杆率不得低于4%。建立多维度的流动性风险监管指标和监测指标体系，在我国现行流动性风险监管指标的基础上，引入流动性覆盖率和净稳定融资比例，提升流动性风险监管的有效性。要求银行业金融机构改进贷款损失准备监管，贷款拨备率不低于2.5%，拨备覆盖率不低于150%；并根据经济周期、贷款质量和盈利状况，对贷款损失准备监管要求进行动态化和差异化调整，进一步缓解银行体系的亲周期性。新资本监管标准从2012年1月1日开始执行，系统重要性银行和非系统重要性银行应分别于2013年底和2016年底前达到新的资本监管标准。过渡期结束后，各类银行应按照新监管标准披露资本充足率和杠杆率。

中国人民银行发布《2011年第一季度中国货币政策执行报告》。报告提出，下一阶段，中国人民银行将切实实施好稳健的货币政策，注意把握调控的节奏和力度，保持政策的连续性和稳定性，提高针对性、灵活性和有效性，处理好控制货币总量和改善结构的关系，处理好促进经济增长和抑制通货膨胀的关系。要切实加强流动性管理，把好流动性总闸门。

4日 中国银行间债券市场推出首批非公开定向债务融资工具，发行主体包括三家企业，发行规模达130亿元。非公开定向发行债务融资工具是指向特定数量的投资人发行的债务融资工具，并限定在特定投资人范围内流通转让。其发行方式具有灵活性强、发行相对便利、信息披露要求相对简化、适合投资者个性化需求、有限度流通等特点。

中国证监会公布《合格境外机构投资者参

与股指期货交易指引》，明确 QFII 可以参与股指期货从事套期保值交易，但不得利用股指期货在境外发行衍生产品。

5 日 中国保监会发布《关于开展变额年金保险试点的通知》和《变额年金保险管理暂行办法》，拟采取区域限制方式，在北京、上海、广州、深圳、厦门五市启动变额年金试点。变额年金保险，是指包含保险保障功能，保单利益与连结的投资账户投资单位价格相关联，同时按照保单约定具有最低保单利益保证的人身保险产品。变额年金保险的特点有：1. 由保险公司设立独立账户，与其他资产隔离，以确保核算清晰，不侵占、损害被保险人利益；2. 投资收益完全归属于被保险人，保险公司只按保单约定收取各项费用；3. 投资账户价格定期公布，以方便被保险人查询，透明度很高；4. 可提供最低保单利益保证。

6 日 中国人民银行与蒙古国中央银行在乌兰巴托签署金额为 50 亿元人民币的双边本币互换协议，旨在促进双边贸易发展和为金融体系提供短期流动性。协议有效期 3 年，经双方同意可以展期。

12 日 中国人民银行决定，从 2011 年 5 月 18 日起，上调存款类金融机构人民币存款准备金率 0.5 个百分点。

财政部发布《金融企业绩效评价办法》，通过建立评价财务指标体系，对金融企业盈利能力、资产质量等进行综合评判。评价结果将作为确定评价金融企业绩效、确定金融企业负责人薪酬、加强金融企业经营管理的重要依据，并将以适当形式公开。

16 日 中国—东盟银行联合体理事会首届会议暨业务研讨会在北京举行，东盟银联体代表达成如下共识：应借助中国—东盟银联体平台，进一步增进各国金融机构、知名企业的全面交流和沟通，互相创造便利条件，加强信息交流共享，不断提高合作的水平和层次；在中国—东盟银行联合体成员行的共同努力下，将推进中国与东盟金融、经贸合作迈上新的台阶。

18 日 中国人民银行上调存款类金融机构人民币存款准备金率 0.5 个百分点。

中国人民银行发布 2011 年第一季度支付体系运行总体情况。数据显示，2011 年第一季度支付体系继续保持平稳高效运行，支付业务量稳步增长，增速小幅回落，经济发展内在动力充足，资金交易规模持续扩大。

中国银监会与巴基斯坦国家银行在北京共同签署《跨境银行问题机构处置合作协议》。该协议的签署有助于双方在跨境银行问题机构处置和危机管理等方面加强信息交流与合作，对维护市场信心和中巴银行体系的稳定将起到积极的作用。

第一届中英银行业监管磋商会议在北京举行。双方代表就银行业监管政策实践的最新热点问题和其他共同感兴趣的话题交换了意见，包括两国银行业发展面临的机遇和挑战、国际金融监管改革和巴塞尔协议Ⅲ实施准备情况、系统重要性银行机构的识别与监管、影子银行监管方式和实践、跨境危机处置和监管合作等。

20 日 国家外汇管理局下发《境内居民通过境外特殊目的公司融资及返程投资外汇管理操作规程》。该操作规程对境内居民个人特殊目的公司外汇登记及外汇变更登记、特殊目的公司设立、并购境内企业外汇登记以及新设外商投资企业外汇登记、外方投资者并购境内企业办理外商投资企业外汇登记等多项内容的具体操作规程进行了详细规定。

23 日 国务院办公厅转发中国人民银行、监察部等七部门制定的《关于规范商业预付卡管理意见》。该意见指出，近年来，适应信息技术发展和小额支付服务市场创新的客观需要，商业预付卡市场发展迅速，在减少现钞使用、便利公众支付、刺激消费等方面发挥了一定作用。同时，商业预付卡市场也存在监管不严、违反财务纪律、缺乏风险防范机制、公款消费和收卡受贿等突出问题，严重扰乱了税收和财务管理秩序，助长了腐败行为。该意见要求：未经人民银行批准，任何非金融机构不得发行多用途预付卡；金融机构未经批准，不得发行预付卡；建立商业预付卡购卡实名登记制度；实施商业预付卡非现金购卡制度；实行商业预付卡限额发行制度；严禁国家工作人员特别是领导干部在公务活动中收受任何形式的商业预付卡。

中国证监会发布新修订的《中国证券监督管理委员会冻结、查封实施办法》。根据新规，实施冻结应当依照有关规定，向协助执行部门出示冻结决定书，送达冻结通知书，并在实施冻结后及时向当事人送达冻结决定书。当事人应当将被冻结情况告知其控制的涉案财产的名义持有人。

中国支付清算协会成立大会在北京举行。协会以促进会员单位实现共同利益为宗旨，对支付清算服务行业进行自律管理，维护支付清算服务市场的竞争秩序和会员的合法权益，防范支付清算服务风险，促进支付清算服务行业健康发展。国家开发银行行长蒋超良当选协会第一任会长。

中国银监会发布《关于支持商业银行进一步改进小企业金融服务的通知》，对单户金额500万元（含）以下的小企业贷款实行十项优惠政策。重点包括：对小企业贷款连续两年实现“两个不低于”，即小企业信贷投放增速不低于全部贷款平均增速，增量不低于上年增量，且风险管控审慎良好的商业银行，在满足审慎监管要求的条件下，积极支持其增设分支机构网点的准入政策。该通知要求，在巴塞尔新资本协议的基础上，对于运用内部评级法计算资本充足率的商业银行，允许其将单户500万元（含）以下的小企业贷款视同零售贷款处理；未使用内部评级法计算资本充足率的商业银行，对于单户500万元（含）以下的小企业贷款在满足一定前提下，可视为零售贷款。该通知规定，在满足审慎监管要求的条件下，优先支持商业银行发行专项用于小企业贷款的金融债，其发行金融债所对应的单户500万元（含）以下的小企业贷款可不纳入存贷比考核范围。同时，对小企业不良贷款比率实行差异化考核，适当提高小企业不良贷款比率容忍度。

国家外汇管理局下发《关于取消和调整部分资本项目外汇业务审核权限及管理措施的通知》，以进一步完善资本项目外汇管理，简化行政审批程序，促进贸易投资便利化。该通知的主要内容包括：一是取消贸易信贷登记管理中的延期付款超期限登记核准。企业在进口报关单海关签发日期120天（含）后办理延期付款提款登记的，无须到所在地外汇局办理超期限登记核准手续。二是取消贸易信贷登记管理中的预付货款退汇核准。企业预付货款发生退汇的，可直接登录贸易信贷登记管理系统办理注销手续，并按经常项目外汇管理相关规定办理退汇资金的入账等手续。三是减持境外上市公司国有股份所得外汇资金划转全国社保基金备案，由外汇指定银行直接办理。四是授权国家外汇管理局各分局、外汇管理部按照现行对外担保管理规定，为辖内注册的外汇指定银行核定融资性对外担保余额指标（明确规定由总局核定指标的除外）。五是将贸易信贷项下预付货款基础比例从30%提高至50%。此次政策调整，有助于降低企业成本，提高经营效率。国家外汇管理局在大力简化事前审批的同时，将加大非现场核查和事后监督力度，不断提高资本项目外汇管理水平，继续稳步推进人民币资本项目可兑换进程。

国务院办公厅印发《国务院办公厅转发人民银行监察部等部门关于规范商业预付卡管理意见的通知》（以下简称《通知》），就规范商业预付卡做出统筹安排和全面部署。《通知》指出，适应信息技术发展和小额支付服务市场创新的客观需要，商业预付卡市场发展迅速，在减少现钞使用、便利公众支付、刺激消费等方面发挥了一定作用。但同时，也存在监管不严、违反财务纪律、缺乏风险防范机制、公款消费和收卡受贿等突出问题，严重扰乱了税收和财务管理秩序，助长了腐败行为。《通知》提出，强化对商业预付卡发卡人的管理，是规范商业预付卡管理的首要环节，必须进一步明确部门职责，落实分类监管。人民银行要加强对多用途预付卡发卡人的监督检查，完善业务管理规章。未经人民银行批准，任何非金融机构不得发行多用途预付卡。商务部要强化单用途预付卡管理，抓紧制定行业标准，适时出台管理办法。对于各方较为关注、容易引发金融风险的预付资金管理问题，《通知》提出多用途预付卡发卡人接受的预付资金，不属于发卡人的自有财产，发卡人不得挪用、挤占，只能以在商业银行开立备付金专用存款账户的方式存放预付资金。人民银行要加强对专用存管账户开立和使用的管理；商务部门要采取有效措施，加强对单用途预付卡预付资金的监管，防范资金风险。《通知》要求，要规范商业预付卡发行和购买，建立购卡实名登记制度、非现金购卡制度、限额发行制度等，防范利用商业预付卡进行洗钱、套现、偷逃税款以及行贿受贿。要严格发票和财务管理，发卡人必须严格按照《中华人民共和国发票管理办法》有关规定开具发票，税务部门要坚决依法查处发卡人在售卡环节出具虚假发票、购卡单位在税前扣除与生产经营无关支出等行为。财政部门要加强财务管理，严厉查处挪用预算资金、利用购卡进行公款消费等行为。《通知》强调，治理收卡受贿等违纪违法行为，是加强反腐倡廉工作的迫切要求和重要环节，必须进一步狠抓落实，加大查处力度。要按照《中国共产党党员领导干部廉洁从政若干准则》和《中共中央办公厅、国务院办公厅关于严禁党政机关及其工作人员在公务活动中接受和赠送礼金、有价证券的通知》（中办发〔1993〕5号）的规定，严禁国家工作人员特别是领导干部在公务活动中收受任何形式的商业预付卡。凡收受商业预付卡又不按规定及时上交的，以收受同等数额的现金论处。

24日 国家外汇管理局公布2011年第一季度我国国际收支平衡表初步数据。据初步估算，2011年第一季度，我国国际收支经常项目、资本和金融项目（含净误差与遗漏）继续呈现顺差，国际储备资产继续增长。第一季度，经常项目顺差298亿美元，按可比口径计算（下同），同比下降18%。其中，货物贸易顺差208亿美元，服务贸易逆差102亿美元，收益顺差76亿美元，经常转移顺差116亿美元。资本和金融项目（含净误差与遗漏）顺差1 114亿美元，其中，直接投资净流入426亿美元。国际储备资产增加1 412亿美元，增长47%，其中，外汇储备资产增加1 380亿美元（不含汇率、价格等非交易价值变动影响），在基金组织的储备头寸增加32亿美元，特别提款权减少1亿美元。

26日 中国人民银行公布获得第三方支付牌照的首批企业名单，27家第三方支付公司获得首批支付业务许可证。

28日 国务院批转国家发展改革委《关于2011年深化经济体制改革重点工作意见的通知》。该意见提出围绕加快转变经济发展方式深化改革，包括推进场外交易市场建设，研究建立国际板市场，进一步完善多层次资本市场体系；深入推进跨境贸易人民币结算试点，扩大人民币在跨境贸易和投资中的使用；推进利率市场化改革；加快推出存款保险制度。

30日 国家外汇管理局公布了2010年末中国国际投资头寸表。统计显示，2010年末，我国对外金融资产41 260亿美元，较2009年末增长19%；对外金融负债23 354亿美元，较2009年末增长20%；对外金融净资产17 907亿美元，较2009年末增长19%。在对外金融资产中，对外直接投资3 108亿美元，证券投资2 571亿美元，其他投资6 439亿美元，储备资产29 142亿美元，分别占对外金融资产的7%、6%、16%和71%；在对外金融负债中，外国来华直接投资14 764亿美元，证券投资2 216亿美元，其他投资6 373亿美元，分别占对外金融负债的63%、10%和27%。

中国银行间市场交易商协会发布《银行间市场非金融企业债务融资工具发行规范指引》，以规范银行间市场非金融企业债务融资工具发行，维护投资人和发行人的合法权益，维护公开、公正、透明的市场秩序，促进银行间市场健康发展。

经中国人民银行、人力资源和社会保障部批准，重庆市试点开展具有金融功能的社会保障卡项目，成为全国首个将社会保障应用与金融应用融合在一张IC卡芯片上、进行“芯片级”行业合作的地区。

6月

1日 中国人民银行发布《2010年中国区域金融运行报告》。报告指出，2010年城乡居民收入稳定增长，消费对经济拉动作用明显增强。各地区金融业稳健运行，对经济结构调整的支持力度加大。报告特别对各地区政府融资平台贷款情况进行了介绍。截至2010年末，全国共有地方政府融资平台1万余家，较2008年末增长25%以上，其中，县级（含县级市）平台约占70%。报告指出，由于平台贷款普遍额度大、期限长，用途监督存在一定困难，信用风险仍需予以关注。另外，部分平台运作机制不健全，缺乏可持续发展能力，自身风险也不容忽视。从保持我国经济平稳较快发展的大局考虑，应按照疏堵结合的原则解决上述矛盾，既要进一步做好地方政府融资平台的清理规范，有效防范系统性风险；更要疏导地方建设资金需求，积极探索地方政府以市场化方式融资加强债务管理的制度安排。

中国银监会颁布《商业银行杠杆率管理办法》，自2012年1月1日起施行。该办法规定，杠杆率是指商业银行持有的、符合有关规定的一级资本与商业银行调整后的表内外资产余额的比率；商业银行并表和未并表的杠杆率均不得低于4%；银监会对商业银行的杠杆率及其管理状况实施监督检查，对银行业的整体杠杆率情况进行持续监测，加强对银行业系统性风险的分析与防范。商业银行杠杆率的计算公式为：一级资本和一级资本扣减项的差额除以调整后的表内外资产余额，以百分比表示。其中一级资本和一级资本扣减项为商业银行按照银监会有关规定计算资本充足率所采用的一级资本和一级资本扣减项。商业银行董事会承担杠杆率管理的最终责任，商业银行高级管理层负责杠杆率管理的实施工作。商业银行应当设定不低于最低监管要求的目标杠杆率，有效控制杠杆化程度，按照银监会的要求定期报送并表和未并表的杠杆率报表。

3日 中国人民银行发布《中国金融稳定报告（2011）》。报告认为，面对复杂多变的国内外经济金融形势，2010年我国经济继续朝宏观调控的预期方向发展，金融业改革成效显著，整体抗风险能力进一步增强，金融市场平稳健康发展，金融基础设施建设稳步推进，金融体系总体运行稳健。基于对2010年我国银行、证券期货和保险业的分行业评估，报告指出，银行业主要指标保持良好，资产质量不断提高，拨备覆盖率高位提升，资本充足水平保持稳定，盈利持续快速增长，存贷比与上年基本持平，涉农贷款和小企业贷款占比有所提高，流动性整体较为充足，风险管理和危机应对能力显著增强；证券期货业健康发展，证券期货经营机构稳健运营，市场规模继续增大，机构投资者主导地位进一步增强，市场运行机制不断完善，诚信合规监管得到强化，法律体系进一步完善；保险业继续保持良好发展势头，资产规模继续扩大，保费收入大幅增长，保险覆盖面不断扩大，保险公司偿付能力整体充足，保险市场结构进一步优化。

中国人民银行发布《关于明确跨境人民币业务相关问题的通知》指出，银行可按照有关规定，通过境内代理银行、港澳人民币业务清算行或境外机构在境内开立的人民币银行结算账户办理跨境贸易、其他经常项目、境外直接投资、境外贷款业务和经中国人民银行同意的其他跨境投融资人民币结算业务。外商直接投资人民币结算业务处于个案试点阶段。为确保相关业务稳妥有序开展，防范“热钱”流入，目前，人民币外商直接投资业务试点对国家限制类和重点调控类项目暂不受理。用于新设立企业出资、并购境内企业（不含返程并购）、股权转让以及对现有企业进行增资、提供股东贷款，非金融类的人民币FDI项目在试点期间都需要按照一定的流程展开。

中国银联宣布，秘鲁最大的零售银行 Interbank 旗下全部取款机（ATM）即日起接受银联卡，银联卡首次实现在秘鲁的使用。

9 日 中国证监会发布《证券投资基金销售管理办法（修订稿）》，将组织形式放宽为有限责任公司或合伙企业，并将出资人放宽至具有基金从业经历的专业个人出资人。注册资金的要求从 2 000 万元人民币降低至 500 万元人民币，具有基金从业资格人员最低数量从 30 人放宽至 10 人。

13 日 中国人民银行与哈萨克斯坦共和国国家银行在阿斯塔纳签署金额为 70 亿元人民币（1 500 亿坚戈）的双边本币互换协议，旨在加强双边金融合作，便利两国贸易和投资。协议有效期 3 年，经双方同意可以展期。

国家外汇管理局发布《关于完善银行自身结售汇业务管理有关问题的通知》，规范了对银行自身经常项目和资本项目结售汇交易的外汇监管。一是体现“均衡管理”，对于银行资本金（或营运资金）的本外币转换制定了统一的量化标准；二是体现“便利操作”，结合银行自身结售汇业务的特殊性，梳理整合现有法规中关于银行自身结售汇的管理政策，规范部分现有政策中规定不够明确的业务；三是体现“减少审核”，简化银行外汇利润结汇的事先审核要求，取消银行支付外方股东的股息、红利或外资银行利润汇出的事先审核要求；四是体现“抓大放小”，主要规范对国际收支和外汇运行有较大影响的银行自身结售汇事项；五是体现“事后监管”，重申对银行自身结售汇统计和信息报送的要求。该通知的出台减少了审核要求，简化了管理流程。

16 日 中国人民银行发布《非金融机构支付服务业务系统检测认证管理规定》，以加强非金融机构支付服务业务的信息安全管理与技术风险防范，保证其系统检测认证的客观性、及时性、全面性和有效性。该规定要求，非金融机构在申请支付业务许可证前 6 个月内应对其业务系统进行检测认证；支付机构应根据其支付业务发展和安全管理的要求，至少每 3 年对其业务系统进行一次全面的检测认证。检测机构应按照国家有关认证认可的规定取得资质认定，通过中国合格评定国家认可中心的认可，并取得中国人民银行关于非金融机构支付服务业务系统检测授权资格。认证机构应经国家认证认可监督管理委员会批准成立，通过中国合格评定国家认可中心的认可，并取得中国人民银行关于非金融机构支付服务业务系统认证授权资格。

18 ~ 24 日 金融行动特别工作组（FATF）第二十二届第三次全会暨与南美金融行动特别工作组（GAFISUD）联合全会及工作组会议在墨西哥城举行。中国人民银行副行长杜金富率领中国代表团参加了会议。全会讨论了中国互评估全面后续报告，对 2007 年 6 月 FATF 通过中国互评估报告并批准中国加入 FATF 以来的 4 年间，中国在不断完善和加强反洗钱和反恐怖融资工作尤其是在金融业全面开展反洗钱和反恐怖融资工作方面取得的重大进展给予充分肯定，支持中国继续进一步完善反恐怖融资措施。全会经讨论就第四轮互评估标准修订第二阶段工作结论达成了一致，主要涉及明确对受益所有人的要求、明确数据保护和隐私条款与反洗钱要求的关系、采用风险为本方法的监管、加强对政治公众人物交易的监控、提高电汇交易透明度、与恐怖融资和为大规模杀伤性武器扩散融资有关的定向金融制裁、金融情报中心及金融调查、国际合作等，但在对法人和法律安排的管理问题上尚存分歧。全会讨论通过了关于反洗钱和反恐怖融资工作与普惠性金融的指引文件和清洗腐败资金、人口偷渡、海盗绑架及敲诈等三份洗钱和恐怖融资类型研究报告。全会还就反洗钱与反腐败、FATF 和区域性反洗钱组织的关系等问题进行了讨论。

20 日 中国人民银行上调存款类金融机构人民币存款准备金率 0.5 个百分点。

22 ~ 23 日 中俄总理定期会晤委员会金融合作分委会第十二次会议在俄罗斯下诺夫哥罗德市举行。会议期间，双方互相通报了当前两国经济金融形势及银行业发展情况。会议充分肯定了双方在推动两国本币挂牌交易及项目融资和贸易融资合作方面取得的成果，对本次会议上签署的《中国人民银行与俄罗斯联邦中央银行关于结算和支付的协定》表示欢迎，同时指出双边本币结算、银行卡和保险合作等领域存在的问题并共同探讨解决办法，不断开辟新的合作领域和合作方式，推动中俄金融合作取得新进展。会后，双方签署了《中国人民银行与俄罗斯联邦中央银行关于结算和支付的协定》以及《中俄总理定期会晤委员会金融合作分委会第十二次会议纪要》。双方同意，分委会第十三次会议于2012年在中国举办。

22 日　中国银行业协会发布《2010 年度中国银行业社会责任报告》。报告从信贷资源配置、支持友好型社会建设、服务满足大众需求等方面介绍了我国银行业履行社会责任情况，称2010 年银行业普遍将社会责任理念融入整体发展战略。

23 日　中国人民银行与俄罗斯联邦中央银行在俄罗斯签订新的双边本币结算协定。协定签订后，中俄本币结算从边境贸易扩大到一般贸易，并扩大地域范围。协定规定两国经济活动主体可自行决定用自由兑换货币、人民币和卢布进行商品和服务的结算与支付。

24 日　国务院办公厅转发中国银监会、中国人民银行等八部委《关于促进融资性担保行业规范发展的意见》。该意见指出，融资性担保行业基础薄弱，长期以来缺乏有效监管，一些担保机构从事非法吸收存款、非法集资和高利贷等活动，严重扰乱市场秩序，须进一步采取措施予以规范。该意见要求，融资性担保机构要坚持以融资性担保业务为核心主业，建立完善符合自身特点、市场化运作的可持续审慎经营模式，不断提高承保能力。在有效控制风险的前提下，鼓励融资性担保机构积极开发新业务、新产品。鼓励融资性担保机构从事行业性、专业性担保业务。鼓励规模较大、实力较强的融资性担保机构在县域和西部地区设立分支机构或开展业务；鼓励县域内融资性担保机构加强对中小企业和“三农”的融资担保服务。积极鼓励民间资本和外资依法进入融资性担保行业。

27 日　中国银监会发布《信托公司参与股指期货交易业务指引》，制定了严格的股指期货业务资格准入标准。一是要求参与股指期货业务的信托公司必须具备3C 级（含）以上的监管评级，申请以投机为目的参与股指期货交易的应具备2C 级（含）以上的监管评级；二是要建立完善的股指期货交易内部控制制度和风险控制制度，并经董事会批准；三是要求与业务开展相匹配的专业团队；四是要求完善的 IT 系统建设；五是对托管银行、期货公司和第三方顾问等交易对手的资质做了明确规定。该指引制定了详细的信托公司业务操作规定以及严格的风险控制指标及措施。

中国保监会发布《关于规范人身保险业务经营有关问题的通知》，再次重申保监会对保险条款和保险合同、业务宣传材料、年金保险业务经营、犹豫期等方面的要求，明确个人寿险保单支付直接佣金上限，并对保单贷款作出规范。

中国银监会发布《信托公司参与股指期货交易业务指引》，从股指期货交易资格、制度建设、专业团队、IT 系统以及交易对手选择等方面制定了严格的准入标准，并对业务流程、信息披露等方面制定了业务风险控制标准及指标。

28 日　中国人民银行、中国银监会、中国证监会和中国保监会在京联合召开金融机构治理商业贿赂工作第四次联席会议。会议交流了金融系统贯彻落实中央治理商业贿赂领导小组第八次会议精神，加强诚信体系建设，推动治贿工作深入开展的工作做法和经验。

29 日　全国社保基金投资中国人民保险集团入股仪式举行，全国社保基金投资100 亿元入股中国人保集团，持股比例为11% 左右，成为中国人保集团的新股东。

7月

1日 中国人民银行货币政策委员会2011年第二季度例会在北京召开。会议强调，要密切关注国际国内经济金融最新动向及其影响，贯彻实施稳健货币政策，注意把握政策的稳定性、针对性和灵活性，把握好政策节奏和力度。要综合运用多种货币政策工具，健全宏观审慎政策框架，有效管理流动性，保持合理的社会融资规模和货币总量。要着力优化信贷结构，引导商业银行加大对重点领域和薄弱环节的信贷支持，特别是对“三农”、中小企业的信贷支持。要继续发挥直接融资的作用，更好地满足多样化投融资需求。进一步完善人民币汇率形成机制，保持人民币汇率在合理均衡水平的基本稳定。

5日 中国保监会发布《关于进一步完善财产保险承保理赔信息客户自主查询制度的通知》，要求各家财产保险公司应在2011年8月1日前实现财产保险全险种领域（特殊风险业务除外）的查询。

中国证监会发布《关于防范期货配资业务风险的通知》，要求相关机构深刻认识配资业务的危害性，树立防范意识。

7日 中国人民银行上调金融机构人民币存贷款基准利率。其中，1年期存款基准利率上调0.25个百分点，由3.25%提高至3.50%；1年期贷款基准利率上调0.25个百分点，由6.31%提高至6.56%；其他各档次存贷款基准利率及个人住房公积金贷款利率相应调整。

中国证监会发布《基金行业人员离任审计及审查报告内容准则》，要求基金管理公司、基金托管银行、基金销售机构等相关机构建立离任审计和离任审查制度。该准则自2011年10月1日起实施。

中国保监会发布《保险公司资本保证金管理办法》，规定保险公司应当选择两家以上全国性中资商业银行作为资本保证金的存放银行。《保险公司资本保证金管理暂行办法》同时废止。

8日 中国证监会发布《证券公司直接投资业务监管指引》，要求证券公司对直投子公司、直投基金、产业基金及基金管理机构的投资金额合计不超过公司净资本的15%；严禁券商投行人员违规从事直投业务。该指引明确，直投基金的投资者限于机构投资者，单只基金投资者数量不超过50个。

11日 中国人民银行和德意志联邦银行在德国法兰克福市举行了第一届中德金融稳定论坛。双方强调，开诚布公地交流经验和看法十分重要，发达国家和新兴市场经济体之间更需如此。中国人民银行和德意志联邦银行就加强在金融稳定领域的合作达成高度共识。

中国人民银行发布《中国人民银行关于推广银行卡助农取款服务的通知》，明确在2013年底前实现银行卡助农取款服务在全国范围内农村乡镇、行政村的基本覆盖，满足偏远农村地区各项支农补贴资金、日常小额取现、余额查询等基本金融需求，构建起支农、惠农、便农的“支付绿色通道”，进一步改善农村地区支付服务环境。为确保银行卡助农取款服务稳妥开展，中国人民银行同时明确了多项风险防范措施。一是助农取款服务开通区域仅限农村乡（镇）和行政村，开通卡种仅限借记卡，严禁信用卡开通，且每卡每日最高取款限额1 000元。二是助农取款服务仅允许使用普通POS机和有硬件加密功能的电话支付终端，避免卡片侧录等风险事件的发生。三是建立对收单机构和取款服务点的准入、监督和退出机制，确保信誉良好、运作规范、遵纪守法的收单机构和服务点才能从事该业务。四是为防范假钞风险，要求收单机构加强假币识别宣传，取款服务点逐笔登记取款信息，对争议现钞要当场更换。五是各地先选择乡镇试行后再稳妥推开，单个乡镇或行政村的服务点不得超过3家。

13～14 日　中哈金融合作分委会第七次会议在哈萨克斯坦首都阿斯塔纳市举行。会议经过深入讨论并同意进一步积极采取措施落实双边本币互换安排、推动本币结算；继续加强两国支付系统、银联卡、出口信用保险、贸易和项目融资等方面的合作；促进两国征信部门、邮政部门间的交流；推动在霍尔果斯国际边境合作中心的金融合作。另外，会议还深入交流了两国当前宏观经济金融形势。

15 日　中国人民银行发布《关于开展涉农信贷政策导向效果评估的通知》，明确从 2011 年开始，人民银行分支机构对县域金融机构开展涉农信贷政策导向效果评估，促进金融机构更好地服务“三农”，着力提高涉农信贷政策导向效果。

中国人民银行公布 2011 年上半年社会融资规模统计数据。数据显示，我国 2011 年上半年社会融资规模为 7.76 万亿元，较 2010 年同期少 3 847 亿元。其中，人民币贷款增加 4.17 万亿元，同比少增 4 497 亿元；外币贷款折合人民币增加 3 361 亿元，同比多增 1 179 亿元；委托贷款增加 7 028 亿元，同比多增 3 829 亿元；信托贷款增加 913 亿元，同比少增 5 102 亿元；银行承兑汇票增加 1.33 万亿元，同比少增 441 亿元；企业债券净融资 6 588 亿元，同比多 90 亿元；非金融企业境内股票融资 2 677 亿元，同比多 274 亿元。

中国银监会与阿联酋中央银行在阿拉伯联合酋长国签署了双边监管合作谅解备忘录，双方同意在信息交换、危机处理等方面加强监管合作。

18 日　中国银监会与塞浦路斯中央银行在塞浦路斯首都尼科西亚签署了双边监管合作谅解备忘录，并举行了第一次双边监管会谈。

金融稳定理事会在法国巴黎召开第八次全体会议。中国人民银行副行长胡晓炼与中国银监会主席刘明康及财政部代表共同出席了会议。本次全会最重要的成果是原则通过了应对全球系统重要性银行风险和有效处置系统重要性金融机构的政策措施，并决定就以上措施正式对公众征求意见。这是金融稳定理事会落实二十国集团领导人峰会决定的重要行动。会议还审议了场外衍生品市场改革、加强对影子银行业监管的政策建议，讨论了改进宏观审慎政策工具和框架以及设立金融稳定理事会地区工作组等问题。

中国人民银行发布《2011 年上半年小额贷款公司数据统计报告》。报告显示，截至 2011 年 6 月末，全国共有小额贷款公司 3 366 家，贷款余额 2 875 亿元，上半年累计新增贷款 894 亿元。

20 日　中国人民银行发布《中国支付体系发展报告（2010）》。报告指出，2010 年我国支付体系继续保持平稳、高效运行，社会资金交易日趋活跃，资金交易规模持续扩大，交易频繁程度进一步提高，对加速社会资金流通、提高资金使用效率起到了积极作用。非现金支付业务量呈现较快增长态势，全年共使用非现金支付工具办理支付业务 277.04 亿笔，金额 905.18 万亿元；其中，银行卡消费交易额 48.49 亿笔，金额 10.43 万亿元，银行卡消费额（剔除房地产、汽车销售及批发类交易）占全年社会消费品零售总额的比重高达 35.1%，极大地推动了社会消费品零售市场的发展。此外，证券结算系统运行稳定，积极推动了证券市场的快速平稳发展。

22 日　中国人民银行发布《关于开展中小企业信贷政策导向效果评估的通知》，明确从 2011 年开始，人民银行分支机构对省级及省级以下金融机构开展中小企业信贷政策导向效果评估。主要包括以下六个方面：一是定量评估和定性评估相结合，根据各评估指标权重综合计算各金融机构评估得分并依次排序，满分 100 分。二是金融机构自评与人民银行综合评估相结合。三是纵向基准与横向基准相结合，增强不同金融机构之间评估结果的可比性。四是根据定量和定性评估综合得分，确定对各金融机构政策实施效果的评估等次。五是评估的政策内容主要是近年来中国人民银行单独或联合其他部门已经印发的中小企业信贷政策文件以及财政、税务部门和金融监管部门等部门已经发布的与中小企业信贷有关的配套政策规定。六是评估工作每年开展一次。

中国银行业协会成立消费者保护委员会，并发布《关于在服务收费方面给消费者以充分知情选择权的自律要求》，保障公众知情选择权。

24 日 中国银监会正式批准筹建西藏银行。筹建的西藏银行是西藏自治区首家地方法人银行机构，也是自治区成立的第一家股份制商业银行。

25 日 中国银监会发布《关于调整村镇银行组建核准有关事项的通知》，规定组建村镇银行的核准方式由现行银监会负责指标管理、银监局确定主发起行和地点并具体实施准入的方式，调整为由银监会确定主发起行及其设立数量和地点，由银监局具体实施准入的方式。村镇银行挂钩政策应继续按照“东西挂钩、城乡挂钩、发达地区与欠发达地区挂钩”的原则执行，但在地点、次序上有了相应完善：一是由以前的全国范围内点与点挂钩调整为省份与省份挂钩，并限定在东部省份与西部省份挂钩，使单个主发起行发起设立村镇银行的地域适当集中，从而避免在全国范围内零星发起、分散设立。二是明确了“先西部地区、后东部地区，先欠发达县域、后发达县域”挂钩次序原则。另外，对主发起行资质要求、申报材料及村镇银行审批流程提出了明确要求。

26 日 人力资源社会保障部、中国人民银行联合发布《关于社会保障卡加载金融功能的通知》，决定在社保卡上加载金融功能。2011 年至 2012 年为试点阶段，两部门共同制定社保卡加载金融功能的总体方案、标准规范，确定应用模式和管理机制，并在具备条件的地区进行单一芯片卡应用试点。

中国人民银行发布 2011 年上半年金融机构贷款投向统计报告。报告显示，2011 年上半年中小企业贷款新增量占比上升，房地产贷款增速持续回落，保障性住房开发贷款增长较快。

中国人民银行前副行长朱民正式出任国际货币基金组织副总裁，成为历史上首位进入该组织高级管理层的中国人。

27 日 中国人民银行、财政部、商务部、海关总署、税务总局和银监会联合发布《关于扩大跨境贸易人民币结算地区的通知》，明确河北、山西、安徽、江西、河南、湖南、贵州、陕西、甘肃、青海和宁夏省（自治区）的企业可以开展跨境贸易人民币结算；吉林省、黑龙江省、西藏自治区、新疆维吾尔自治区的企业开展出口货物贸易人民币结算的境外地域范围，从毗邻国家扩展到境外所有国家和地区。至此，跨境贸易人民币结算境内地域范围扩大至全国。

8 月

1 日 中国证监会发布《关于修改上市公司重大资产重组与配套融资相关规定的决定》。根据新办法，上市公司向收购人购买的资产总额，占上市公司控制权发生变更的前一个会计年度期末资产总额的比例达到 100% 以上的，上市公司购买的资产对应的经营实体持续经营时间应当在 3 年以上，最近两个会计年度净利润均为正数且累计超过 2 000 万元人民币。根据决定的内容，上市公司发行股份购买资产的，可以同时通过定向发行股份募集部分配套资金，其定价方式按照现行相关规定办理。

3 日 中国银行在赞比亚首都卢萨卡正式推出人民币现钞业务，成为首家在非洲推出现钞业务的商业银行。这项全新的人民币业务将为“走出去”企业提供更便捷的金融服务和支持。

中国人民银行发布《中国人民银行金融城域网入网管理办法（试行）》，明确了社会联网机构接入人民银行金融城域网的资质标准和应履行的职责要求，规范、简化了相关的接入流程和步骤，强化了对该网络及所涉信息系统安全运行的管理要求。

4 日　中国人民银行、中国银监会联合印发《关于认真做好公共租赁住房等保障性安居工程金融服务工作的通知》，明确和重申公共租赁住房等保障性安居工程信贷支持政策，要求银行业金融机构在加强管理、防范风险的基础上，加大对保障性安居工程建设的信贷支持。通知要求，对于政府投资建设的公共租赁住房项目，凡是实行公司化管理、商业化运作、项目资本金足额到位、项目自身现金流能够满足贷款本息偿还要求的，各银行业金融机构应按照信贷风险管理的有关要求，直接发放贷款给予支持。

8 日　中国人民银行发布《2011 年第二季度支付体系运行总体情况》。情况显示，支付体系继续保持平稳高效运行，支付业务业务量依然维持增长趋势，同比增幅继续回落。社会资金交易愈加活跃，社会资金往来规模持续扩大，有力支持了国民经济的平稳较快增长。

12 日　中国人民银行发布《2011 年第二季度中国货币政策执行报告》。报告显示，2011 年上半年，在多项调控措施的综合作用下，货币信贷增长进一步向常态回归。下一阶段，中国人民银行将实施好稳健的货币政策，继续把稳定物价总水平作为宏观调控的首要任务。

17 日　财政部、国家发展改革委联合印发《新兴产业创投计划参股创业投资基金管理暂行办法》，明确财政资金参股创投基金的重点投资方向应集中于节能环保、生物与新医药、新材料、新能源汽车等战略性新兴产业；但不得投资上市企业、房地产及其他创投基金或投资性企业，并强调需重点扶持初创期及早中期的企业成长。

国务院召开常务会议讨论通过《中国老龄事业发展“十二五”规划》，研究部署进一步做好社会保险基金管理工作。

财政部、国家发展改革委联合发布《新兴产业创投计划参股创业投资基金管理暂行办法》，明确中央财政参股创投基金促进新兴产业发展等有关事宜。

18 日　中国保监会发布《中国保险业发展“十二五”规划纲要》，提出今后 5 年保险业发展的总体目标：初步建成一个市场体系完善、服务领域广泛、经营诚信规范、风险防范有效、综合竞争力较强，发展速度、质量和效益相统一，与国民经济社会发展水平和人民群众生产生活需求相适应的现代保险业。

19 日　中国证监会核准了 14 家期货公司的期货投资咨询业务资格。这是《期货公司期货投资咨询业务试行办法》自 2011 年 5 月 1 日施行以来，首批取得期货投资咨询业务资格的期货公司。

商务部和银监会联合发布《关于支持商圈融资发展的指导意见》，从推广适合商圈特点的融资模式、建立商圈与金融机构的合作机制、创造良好的融资服务环境等方面提出推动商圈融资发展的具体措施，明确了政府有关部门、金融机构和商圈管理机构的工作任务和要求。

23 日　中国银监会下发《关于人人贷有关风险提示的通知》。针对不断涌现的“人人贷”（P2P）网络借贷平台，警示银行加强内控，建立与其之间的“防火墙”，严防“人人贷”中介公司帮助放款人将银行资金用于民间借贷，防止民间借贷风险向银行体系蔓延。

25 日　中国证监会发布新修订的《基金管理公司特定客户资产管理业务试点办法》，降低了专户理财业务资格准入门槛，取消了净资产、管理资产规模等条件；扩大专户产品的投资范围，将商品期货纳入专户投资范围；降低单只专户产品初始规模，从 5 000 万元降至 3 000万元。

26日 中国人民银行下发通知，计划将商业银行保证金纳入存款准备金缴存范围，从9月5日起实行分批上缴。

中国保监会公布《保险公司保险业务转让管理暂行办法》。该办法规定的保险业务转让，是指保险公司之间在平等协商基础上自愿转让全部或者部分保险业务的行为。该办法的主要内容包括：一是明确了保险公司保险业务转让行为应当经中国保监会批准；二是确立了保险业务转让的基本原则，即平等、自愿、公开、公平原则，以及保护投保人、被保险人利益的原则；三是设定了保险业务转让双方在业务转让过程中应当承担的义务，限定了接受方保险公司应当具备的一系列资格和条件；四是明确审批流程，细化申报材料；五是规定转让方保险公司须征得相关投保人、被保险人同意后，方可实施保险业务转让方案。该办法自2011年10月1日起施行。

28日 中国银监会发布《商业银行理财产品销售管理办法》，规定商业银行销售理财产品，应当遵循风险匹配原则，禁止误导客户购买与其风险承受能力不相符合的理财产品。风险匹配原则是指商业银行只能向客户销售风险评级等于或低于其风险承受能力评级的理财产品。理财产品宣传销售文本应当全面、客观反映理财产品的重要特性和与产品有关的重要事实，语言表述应当真实、准确和清晰，不得有违规承诺收益或者承担损失等情形。

31日 13家第三方支付企业获得中国人民银行颁发的第二批支付牌照。至此，共有40家企业获得第三方支付牌照。

9月

1日 首届中国—亚欧博览会金融合作论坛在新疆乌鲁木齐召开。此次金融合作论坛由中国人民银行主办，国家开发银行、中国进出口银行、中国出口信用保险公司协办。论坛就双边和区域国际货币合作、金融支持贸易和投资发展、金融支持低碳经济发展等议题展开深入的讨论。

6日 商务部、国家统计局、国家外汇管理局联合发布《2010年度中国对外直接投资统计公报》。截至2010年底，中国对外直接投资累计净额已达3 172.1亿美元，位居全球第17。

9日 国家外汇管理局、国家税务总局、海关总署联合发布公告，决定改革货物贸易外汇管理制度，优化升级出口收汇与出口退税信息共享机制，并自2011年12月1日起，在江苏、山东、湖北、浙江（不含宁波）、福建（不含厦门）、大连等省（市）进行试点。货物贸易外汇管理改革的主要内容包括：提升货物贸易外汇管理手段，防范外汇收支风险；简化贸易收付汇手续和业务办理流程；简化出口退税凭证；调整出口报关流程；增强监管合力。

中国银监会正式批复同意广东华兴银行（原汕头市商业银行）开业。汕头市商业银行是最后一家完成风险处置的城市商业银行，其重组更名并正式获准开业，标志着中小商业银行风险处置工作取得阶段性成果。

13日 中国保监会发布《保险业反洗钱工作管理办法》，要求各保险公司、保险资产管理公司和保险专业代理公司、保险经纪公司应当以保单实名制为基础，按照客户资料完整、交易记录可查、资金流转规范的工作原则，切实提高反洗钱内控水平。

14日 中国人民银行发布《关于俄罗斯莫斯科银行间货币交易所人民币对卢布交易人民币清算有关问题的通知》，允许在莫斯科银行间货币交易所开展人民币对卢布交易的俄罗斯商业银行在中国境内商业银行开立人民币特殊账户，专门用于人民币对卢布交易产生的人民币资金清算。

19日 国务院总理温家宝主持召开国务院常务会议。会议明确，公租房面向城镇中等偏下收入住房困难家庭、新就业无房职工和在城镇稳定就业的外来务工人员，以小户型为主，单套建筑面积以40平方米为主。同时，银行业金融机构可以向符合条件的公租房项目直接发放贷款，也可向符合条件的地方政府融资平台公司发放贷款。此外，国务院明确了多项政策，包括中央继续增加资金补助，地方增加财政性资金投入，加大省级统筹力度。

中国人民银行营业管理部人民币立体发行库试运行。北京重点库在人民银行系统首次采用了重点库和分库合一的自动化立体库模式，集货币存储、调运、清分、销毁功能为一体。

中国证监会公布《创业板专家咨询委员会工作规则（试行）》。根据该规则，咨询委委员由证监会外的有关专家组成，委员为15名，每届任期3年，可以连任。

20日 中国保监会颁布《保险代理、经纪公司互联网保险业务监管办法（试行）》，规定从事互联网保险业务的，必须为全国性的代理公司和经纪公司，应具备健全的互联网保险业务管理制度和操作规程，从业人员不得以个人名义通过互联网站销售保险产品；应确保投保人全面了解保险合同内容；保险代理、经纪公司必须将与之合作的互联网站情况向社会披露。违规者将依法给予处罚甚至责令停业。该办法明确了保险代理、经纪公司从事互联网保险业务采取事后报告的方式，设立了保险代理、经纪公司从事互联网业务的准入门槛。该办法自2012年1月1日起正式实施。

中国银行业私人银行联席会议在北京成立。联席会议是在银监会、银行业协会指导下，由工商银行、农业银行、中国银行、建设银行、交通银行、民生银行、招商银行7家成员单位共同倡议、自愿发起的私人银行业务合作平台，将加强信息沟通、交流合作和行业自律，对私人银行业务审慎有序、规范健康发展起到促进作用。

22～23日 第二十五届东亚及太平洋地区中央银行行长会议组织（EMEAP）支付结算工作组会议（WGPSS）在西安召开。会议由中国人民银行主办，来自东亚及太平洋地区共11个国家和地区的中央银行、货币当局支付结算部门负责人共20多位代表参加了会议。

22日 中国保监会发布《保险中介服务集团公司监管办法（试行）》，明确集团公司的最低注册资本规定为1亿元人民币，拥有5家及以上的子公司；至少要有2家以上的保险中介子公司且保险中介业务占集团业务的50%以上；未经批准，任何单位或者个人不得使用保险中介服务集团公司的名称。该办法规定，保险中介服务集团公司的业务以股权投资、管理及支持性服务为主；要求中介服务集团公司及其子公司在业务活动中不得损害客户的合法权益；规定保险中介服务集团公司不得动用、截留、侵占下属中介机构代收的保险费、退保金或者保险金。

中国银监会印发《商业银行理财产品销售管理办法》，强化对商业银行理财产品销售环节的规范，明确建立理财产品风险等级制度，并对客户风险承受能力进行评估。

28日 国务院办公厅发布《关于保障性安居工程建设和管理的指导意见》。该指导意见指出，要大力推进以公共租赁住房为重点的保障性安居工程建设，包括重点发展公共租赁住房，根据实际情况继续安排经济适用住房和限价商品住房建设，加快实施各类棚户区改造，加大农村危房改造力度；要落实各项支持政策，包括确保用地供应，增加政府投入，规范利用企业债券融资，加大信贷支持，落实税费减免政策；要提高规划建设和工程质量水平，包括优化规划布局和户型设计，落实工程质量责任，强化工程质量监督；要建立健全分配和运营监管机制；要加强组织领导，进一步落实地方政府责任。

30日 中国人民银行召开货币政策委员会2011年第三季度例会。会议强调，继续实施好稳健的货币政策，把稳定物价总水平作为宏观调控的首要任务，增强调控的针对性、有效性和前瞻性，注意把握好政策的节奏和力度。要综合运用多种货币政策工具，健全宏观审慎政策框架，有效管理流动性，保持合理的社会融资规模和货币总量。要着力优化信贷结构，推动产业结构进一步调整，引导金融机构提高金融服务水平，加大对结构调整的信贷支持。要继续发挥直接融资的作用，更好地满足多样化投融资需求。进一步完善人民币汇率形成机制，保持人民币汇率在合理均衡水平的基本稳定。

中国银监会发布《关于进一步加强商业银行理财业务风险管理有关问题的通知》，规定商业银行开展理财业务，应严格遵守“成本可算、风险可控、信息充分披露”的原则，不符合该原则的理财产品不得销售。

10 月

6 日 中国保监会发布新修订的《保险公司次级定期债务管理办法》，在次级债的募集条件、限定次级债计入附属资本的额度、明确保险集团不得募集次级债、规范次级债的管理和偿还、加强次级债的监督管理等五方面对2004 年发布实施的《保险公司次级定期债务管理暂行办法》进行了修订。新办法主要增加了募集次级债必要性和偿债能力的原则要求，增加“开业超过三年”的募集条件，对募集规模的上限由不超过上年末净资产的100% 降低到 50%，明确了“两年内未受到重大行政处罚”的具体标准。

12 日 国务院总理温家宝主持召开国务院常务会议，研究确定支持小型和微型企业发展的金融、财税政策措施。会议指出，小型和微型企业在促进经济增长、增加就业、科技创新与社会和谐稳定等方面具有不可替代的作用。当前一些小型微型企业经营困难，融资难和税费负担偏重等问题突出，必须引起高度重视。会议研究确定了金融支持小型微型企业发展的政策措施，包括加大对小型微型企业的信贷支持；清理纠正金融服务不合理收费，切实降低企业融资的实际成本；拓宽小型微型企业融资渠道；细化对小型微型企业金融服务的差异化监管政策；促进小金融机构改革与发展；在规范管理、防范风险的基础上促进民间借贷健康发展。

中国人民银行新闻发言人就美国国会参议院10 月 3 日程序性投票通过《2011 年货币汇率监督改革法案》立项预案回答记者提问。发言人表示，近年来，中国加快推进人民币汇率机制改革并已取得明显成效，人民币汇率正逐渐趋于合理均衡水平，也为国际经济金融稳定作出了重要贡献。美参议院一再无视事实，纠缠人民币汇率问题，为自身痼疾寻找外部借口，把经济问题政治化，这不但解决不了美国国内经济问题，还将严重危害中美经贸关系，损害全球经济的恢复和平稳增长。

商务部发布《关于跨境人民币直接投资有关问题的通知》，规定境外投资者（含港澳台投资者）可以合法获得的境外人民币依法开展直接投资活动。该通知要求，跨境人民币直接投资房地产业、战略投资境内上市公司等均应按照现行外商投资管理规定执行；跨境人民币直接投资在中国境内不得直接或间接用于投资有价证券和金融衍生品，以及用于委托贷款。

中国外汇交易中心数据显示，人民币对美元汇率中间价报 6. 3483，首次突破 6. 35 大关，创出汇改来的新高。汇改 5 年来，人民币对美元中间价累计升值超过 30% 。

13 日 中国人民银行发布《外商直接投资人民币结算业务管理办法》，明确境外企业和经济组织或个人以人民币来华投资可以直接向银行申请办理人民币结算业务，银行可以按照相关规定直接为外商投资企业办理人民币资金结算业务，相关金融服务手续更加便利。

17 日 国务院发布《关于加强环境保护重点工作的意见》。该意见指出，加大对符合环保要求和信贷原则的企业和项目的信贷支持。建立企业环境行为信用评价制度，健全环境污染责任保险制度，开展环境污染强制责任保险试点。鼓励多渠道建立环保产业发展基金，拓宽环保产业发展融资渠道。

财政部、国家税务总局决定，为鼓励金融机

构对小微企业提供金融支持，促进小微企业发展，经国务院批准，自2011年11月1日至2014年10月31日，对金融机构与小微企业签订的借款合同免征印花税。

财政部发布《2011年地方政府自行发债试点办法》。经国务院批准，2011年上海市、浙江省、广东省、深圳市开展地方政府自行发债试点。

20日 科技部、财政部、中国人民银行、国务院国资委、国家税务总局、中国银监会、中国证监会、中国保监会八部门联合下发《关于促进科技和金融结合加快实施自主创新战略的若干意见》，提出鼓励商业银行先行先试，积极探索，进行科技型中小企业贷款模式、产品和服务创新。鼓励商业银行创新金融组织形式，开展科技部门与银行之间的科技金融合作模式创新试点。加快多层次资本市场体系建设，扩大直接融资规模，支持科技型企业通过债券市场融资。扩大科技型中小企业创业投资引导基金规模，充分发挥国有创业投资机构的重要作用，推动国有创业投资机构加大对初创期科技型中小企业投资力度。

中国人民银行发布2011年前三季度社会融资规模统计数据报告。报告显示，2011年前三季度社会融资规模为9.80万亿元，比上年同期少1.26万亿元。其中，人民币贷款增加5.68万亿元，同比少增5 977亿元；外币贷款折合人民币增加4 770亿元，同比多增1 849亿元；委托贷款增加1.07万亿元，同比多增5 625亿元；信托贷款增加848亿元，同比少增3 924亿元；未贴现的银行承兑汇票增加9 825亿元，同比少增9 843亿元；企业债券净融资8 397亿元，同比少1 373亿元；非金融企业境内股票融资3 515亿元，同比少113亿元。

24日 中国银监会发布《关于支持商业银行进一步改进小型微型企业金融服务的补充通知》，明确鼓励和支持商业银行进一步扩大小型微型企业金融服务网点覆盖面；支持商业银行发行专项用于小型微型企业贷款的金融债；各商业银行根据实际平均不良率适当放宽对小型微型企业贷款不良率的容忍度；除银团贷款外，商业银行不得对小型微型企业贷款收取承诺费、资金管理费，严格限制对小型微型企业收取财务顾问费、咨询费等费用。

中国人民银行发布《关于境内银行业金融机构境外项目人民币贷款的指导意见》。根据该指导意见，凡具备国际结算业务能力、具有对外贷款经验的银行，在接入人民币跨境收付信息管理系统后，均可向境内机构“走出去”过程中开展的各类境外投资和其他合作项目开展境外项目人民币贷款业务。“境外项目”包括但不限于境外直接投资、对外承包工程以及出口买方信贷等。境外项目人民币贷款业务涉及的非居民存款不纳入现行外债管理，其利率水平应当符合人民银行有关规定。境外项目人民币贷款资金不得用作对境内提供贷款。

26日 中国人民银行与韩国银行（中央银行）续签中韩双边本币互换协议，互换规模由原来的1 800亿元人民币/38万亿韩元扩大至3 600亿元人民币/64万亿韩元，有效期3年，经双方同意可以展期。2009年4月20日签署的原中韩双边本币互换协议自本续签之日起失效。双方同意探讨将互换货币兑换成主要储备货币的可能性及比例。双方认为，互换协议的续签将有利于加强双边金融合作，促进两国贸易和投资，维护地区金融稳定。

中国证监会发布《转融通业务监督管理试行办法》，以转融通业务为核心，对证券金融公司的职责和组织架构、转融通业务规则、资金和证券来源，与转融通相关的证券权益处理，以及监督管理等事项进行了规定。

28日 中国人民银行发布2011年第三季度金融机构贷款投向统计报告。据人民银行初步统计，2011年第三季度末，全部金融机构人民币各项贷款余额52.91万亿元，同比增长15.9%，前三季度累计增加5.68万亿元。

11 月

3 日 二十国集团领导人第六次峰会在法国戛纳举行，国家主席胡锦涛出席并发表重要讲话。胡锦涛指出，二十国集团应该继续发扬同舟共济、合作共赢的精神，努力促进世界经济增长和金融稳定。中国努力保持自身经济强劲增长，为促进有关国家经济社会发展、稳定国际经济金融形势作出了贡献。

中国证监会正式发布《期货营业部管理规定（试行）》，进一步明确期货公司对营业部统一结算、统一风险管理、统一资金调拨、统一财务管理及会计核算的管理制度。该规定自 2012 年 5 月 1 日起施行。

4 日 中国人民银行发布公告，经过对申请连任清算行的中国银行（香港）有限公司的全面评审，并商香港金融管理局，中国人民银行决定授权中国银行（香港）有限公司继续担任香港人民币业务清算行。

8 日 国家外汇管理局发布《关于银行办理人民币对外汇期权组合业务有关问题的通知》，以进一步推动国内外汇期权市场发展，更好地满足经济主体的汇率避险保值需求。该通知自 2011 年 12 月 1 日起施行，主要内容包括：一是推出外汇看跌和外汇看涨两类风险逆转期权组合业务；二是规定银行对客户办理期权组合业务应遵循实需交易和整体性管理等监管要求；三是允许已取得银行间外汇市场和对客户人民币对外汇期权业务经营资格的银行直接开办对客户期权组合业务。

10 日 中国人民银行与奥地利国民银行（奥地利中央银行）签署奥央行投资中国银行间债券市场的代理协议，促进双方央行合作。

11 日 《国务院关于清理整顿各类交易场所切实防范金融风险的决定》发布。文件规定，从事保险、信贷、黄金等金融产品交易的交易场所，必须经国务院相关金融管理部门批准设立。除依法设立的证券交易所或国务院批准的从事金融产品交易的交易场所外，任何交易场所均不得将任何权益拆分为均等份额公开发行，不得采取集中竞价、做市商等集中交易方式进行交易；不得将权益按照标准化交易单位持续挂牌交易，任何投资者买入后卖出或卖出后买入同一交易品种的时间间隔不得少于 5 个交易日；除法律、行政法规另有规定外，权益持有人累计不得超过 200 人。除依法经国务院或国务院期货监管机构批准设立的从事期货交易的交易场所外，任何单位一律不得以集中竞价、电子撮合、匿名交易、做市商等集中交易方式进行标准化合约交易。

14 日 中国保监会发布《关于禁止保险资金参与民间借贷的通知》，要求各保险公司进行自查自纠，将涉及民间借贷的情况上报保监会。该通知规定，严禁利用保单质押贷款将资金贷给非保单持有人；严禁开展委托贷款和存单质押贷款；严禁串通金融机构出具虚假存款证明挪用资金；严禁违规购买有关金融产品；严禁超标准和超范围使用回购融入资金；严禁改变基础设施项目资金用途；严禁截留挪用保费或串通保险代理机构截留挪用保费；严禁通过其他形式变相参与民间借贷。

15 日 中国人民银行有关方面负责人就广义货币供应量（M_2）数据相关情况进行说明。中国人民银行于 2011 年 11 月 11 日发布的《2011 年 10 月金融统计数据报告》引起媒体和社会关注。该负责人表示，货币供应量是全社会的货币存量，是某一时点承担流通和支付手段的金融工具总和。随着金融市场发展和金融工具创新，各国对货币供应量统计口径会进行修订和完善。考虑到非存款类金融机构在存款类金融机构的存款和住房公积金存款规模已较大，对货币供应量的影响较大，2011 年 10 月起，人民银行将上述两类存款纳入广义货币供应量（M_2）统计范围。

国际货币基金组织和世界银行公布中国"金融部门评估规划"成果报告——《中国金融体系稳定评估报告》和《中国金融部门评估报

告》。中国人民银行认为，报告对我国金融体系的评价是客观、积极、正面的，对我国金融体系未来改革建议是富有建设性的，但报告中也存在个别不够全面、不够客观的观点。

国家外汇管理局公布2011年第三季度我国国际收支平衡表初步数据。2011年第三季度，我国国际收支经常项目、资本和金融项目呈现“双顺差”，国际储备资产继续增加。

16日　中国人民银行发布《2011年第三季度中国货币政策执行报告》。下一阶段，人民银行将继续实施稳健的货币政策，把握好政策的力度和节奏，适时适度进行预调微调，巩固经济平稳较快发展的良好势头，保持物价总水平基本稳定，加强系统性风险防范。

中国保监会发布《保险公司信息系统安全管理指引（试行）》，旨在防范化解保险公司信息系统安全风险，完善信息系统安全保障体系，确保信息系统安全、稳定运行。

18日　中国证监会发布公告，启动创业板上市公司非公开发行债券的工作，允许创业板上市公司向不超过10家的特定对象发行公司债券，并要求认购对象应限于具有风险承担能力的投资者。

22日　中国人民银行与香港金融管理局续签货币互换协议，互换规模由原来的2 000亿元人民币/2 270亿港元扩大至4 000亿元人民币/4 900亿港元，有效期3年，经双方同意可以展期。双方认为，货币互换协议的续签将有利于维护两地和区域金融稳定，便利两地贸易和投资，支持香港人民币离岸市场发展。

中国人民银行发布《中国金融标准化报告2010》。报告指出，2010年国际金融标准化活动进一步普及，特别是在金融业信息交换、金融交易安全、移动支付以及金融领域“云计算”应用的标准化研究比较活跃；国内方面，重视标准应用的理念正逐步成为我国各金融机构的共识，标准研制和应用的步伐加快，金融业标准体系框架基本成形，数据标准在金融业转型中发挥着越来越重要的作用，推动了我国金融服务水平的升级。“十二五”时期我国金融标准化的工作重点是围绕金融业发展大局，建立和健全科学的标准体系，加快重要标准的研制和发布，并通过加大金融标准实施力度，提高金融行业服务质量和运行效率。

由中国银监会、中国银行业协会主办的农村信用社60年发展历程暨金融服务产品博览会在北京国家会议中心举行。

23～24日　欧亚反洗钱和反恐怖融资组织（EAG）第十五届全会暨工作组会议在中国福建省厦门市召开。中国人民银行副行长杜金富，EAG新任主席、俄罗斯联邦金融监测局局长契哈琴出席了全会开幕式并致辞。来自EAG成员国和观察员的150多名代表参加了会议。

24日　根据《中国人民银行货币政策委员会条例》的有关规定，经国务院批准，中国人民银行对货币政策委员会组成人员进行了调整。

中国人民银行发布《2011年第三季度支付体系运行总体情况》。报告显示，支付体系继续保持平稳高效运行，支付业务量维持增长趋势，社会资金交易规模持续扩大，资金交易活跃程度明显提高。

25日　经中国证监会批准，上海证券交易所和深圳证券交易所分别发布《融资融券交易实施细则》，意味着融资融券业务由试点转为常规。同时，沪深交易所还分别调整融资融券标的证券范围，将交易所交易型开放式指数基金纳入其中。

28日　中国外汇交易中心在银行间外汇市场启动人民币对澳大利亚元和人民币对加拿大元的交易。此次推出的澳元和加元具体交易品种包括即期、远期和掉期，即期交易包括竞价和询价两种交易模式，远期和掉期仅为询价交易模式。截至目前，在银行间外汇市场上，包括对澳元和加元在内，人民币还有对美元、港元、日元、欧元、英镑、林吉特和卢布的交易，目前可交易货币已增至9种。

30日 中国人民银行决定，从2011年12月5日起，下调存款类金融机构人民币存款准备金率0.5个百分点。

12月

2日 国家外汇管理局与海关总署签署《国家外汇管理局海关总署关于共同推进货物贸易外汇改革工作合作备忘录》。根据推进货物贸易外汇管理制度改革的需要，进一步明确双方联动业务流程及监管信息互换等事宜。

最高人民法院向各级人民法院发布《关于依法妥善审理民间借贷纠纷案件促进经济发展维护社会稳定的通知》，对案件受理、借贷利息、司法措施等问题作出要求。该通知指出，民间借贷客观上拓宽了中小企业的融资渠道，一定程度上解决了部分社会融资需求，增强了经济运行的自我调整和适应能力，促进了多层次信贷市场的形成和发展，但实践中民间借贷也存在着交易隐蔽、风险不易监控等特点，容易引发高利贷、中小企业资金链断裂甚至破产以及非法集资、暴力催收导致人身伤害等违法犯罪问题，对金融秩序乃至经济发展、社会稳定造成不利影响，也使人民法院妥善化解民间借贷纠纷的难度增加。因此，各级人民法院要积极践行能动司法理念，充分发挥审判职能作用，妥善化解民间借贷纠纷，促进经济发展，维护社会稳定。

5日 中国人民银行下调存款类金融机构人民币存款准备金率0.5个百分点。

9~10日 由国际货币基金组织和中国人民银行联合举办的“金融稳定监测与管理：来自FSAP的经验和改进FSAP的建议”高层研讨会在上海举行。研讨会上，来自各国（地区）、国际组织的代表，从不同角度对FSAP评估的经验、教训进行了热烈讨论和交流，对加强系统性风险监测取得的进展，以及在确立宏观审慎制度框架方面的经验进行了总结。会议认为，FSAP是对一国（地区）金融稳定自评估的有益补充，应从多方面完善评估框架，创新机制和方法，立足受评国（地区）的经济发展阶段和特点，作出更加客观、务实的评价和建议。同时，在全球经济金融一体化的背景下，应更加注重对跨境、跨市场的金融联系和系统性风险的分析，加强对风险根源、溢出效应渠道的监测和预警。各国（地区）中央银行和金融监管部门应采取具体行动，加强国际合作与交流，形成互利共赢格局。

9日 中共中央政治局召开会议，分析研究2012年经济工作。会议强调，2012年继续实施积极的财政政策和稳健的货币政策，保持宏观经济政策的连续性和稳定性，增强调控的针对性、灵活性、前瞻性，继续处理好保持经济平稳较快发展、调整经济结构和管理通胀预期三者关系，加快推进经济发展方式转变和经济结构调整。

12~14日 中央经济工作会议在北京举行。会议要求，继续实施积极的财政政策和稳健的货币政策，保持宏观经济政策的连续性和稳定性，增强调控的针对性、灵活性、前瞻性，继续处理好保持经济平稳较快发展、调整经济结构、管理通胀预期的关系，加快推进经济发展方式转变和经济结构调整，着力扩大国内需求，着力加强自主创新和节能减排，着力深化改革开放，着力保障和改善民生，保持经济平稳较快发展和物价总水平基本稳定。会议强调，货币政策要根据经济运行情况，适时适度进行预调微调，综合运用多种货币政策工具，保持货币信贷总量合理增长，优化信贷结构，发挥好资本市场的积极作用，有效防范和及时化解潜在金融风险。

16日 中国证监会、中国人民银行、国家外汇管理局联合发布《基金管理公司、证券公司人民币合格境外机构投资者境内证券投资试点办法》，允许符合一定资格条件的基金管理公司、证券公司的香港子公司作为试点机构，运用其在港募集的人民币资金开展境内证券投资业务。该业务初期试点额度约200亿元人民币，试点机构投资于股票及股票类基金的资金不超过募集规模的20%。

17日 西藏自治区第一家地方法人银行——西藏银行股份有限公司创立大会暨第一次股东大会在四川成都召开，审议通过《西藏银行股份有限公司筹建工作报告》《西藏银行股份有限公司章程》等，选举产生了西藏银行第一届董事会和监事会成员。

19日 人民币对泰铢银行间区域交易在云南省启动。当日，人民币对泰铢银行间市场区域交易双方共成交40笔，双边买卖成交金额2.12亿元人民币。2011年1月至11月，云南省对泰国贸易6.8亿美元，与上年同比增长68.7%。

银行间市场清算所股份有限公司向银行间市场提供现券交易净额清算服务。现券净额业务的推出，标志着银行间债券市场集中清算机制的正式建立，是我国在落实G20承诺、推动场外交易集中清算方面迈出的重要一步，是银行间市场基础设施建设和市场机制创新的重要里程碑。

20日 中国人民银行、公安部、工商总局、中国银监会、中国证监会联合发布《关于加强黄金交易所或从事黄金交易平台管理的通知》，明确除上海黄金交易所和上海期货交易所外，其他任何地方、机构或个人均不得设立黄金交易所（交易中心），也不得在其他交易场所（交易中心）内设立黄金交易平台。银行业金融机构应停止为非法黄金交易所或黄金交易平台提供开户、托管、资金划汇、代理买卖、投资咨询等中介服务。该通知提出，要在当地人民政府的统一领导下，由人民银行牵头妥善做好相关黄金业务善后清理工作；对被责令关闭或撤销的黄金交易所（交易中心），相关部门将责令其限期办理变更登记、注销登记，或者依法吊销营业执照；银行业金融机构应停止为其提供开户、托管、资金划汇、代理买卖、投资咨询等中介服务；对于涉嫌犯罪的，移送当地公安机关依法查处。

22日 中国人民银行与泰国银行签署中泰双边本币互换协议，互换规模为700亿元人民币/3 200亿泰铢，有效期3年，经双方同意可以展期。

国家外汇管理局下发《关于基金管理公司、证券公司人民币合格境外机构投资者境内证券投资试点有关问题的通知》。国家外汇管理局对人民币合格境外机构投资者境内证券投资的额度实行余额管理，人民币合格境外机构投资者累计净汇入的人民币资金不得超过经批准的投资额度。已取得投资额度的人民币合格境外机构投资者，可凭国家外汇管理局额度批复文件，由托管人为其办理相关的资金汇入、汇出及购汇手续。

23日 中国人民银行与巴基斯坦国家银行签署中巴双边本币互换协议，旨在加强双边金融合作，促进两国贸易和投资，共同维护地区金融稳定。互换规模为100亿元人民币/1 400亿卢比，有效期为3年，经双方同意可以展期。

25日 为支持中日两国之间不断发展的经济金融关系，中日两国领导人同意加强双方金融市场合作，鼓励两国之间的金融交易，具体开展合作的领域包括促进人民币与日元在两国跨境交易中的使用、支持发展人民币与日元的直接交易市场、支持人民币和日元债券市场健康发展等。

28日 全国金融标准化技术委员会（以下简称金标委）2011年度工作会议在北京召开。会议指出，在国家标准化主管部门和中国人民银行的指导下，在金融监管部门的支持下，2011年金标委加快实施金融标准化战略，组织完成《银行业标准体系框架》，实现标准制修订工作由“需求管理”向“目录管理”的转变，发布金融行业标准7项、修订标准49项、报批国家标准5项，成立金融统计、ISO 20022、金融IC卡等3个分领域标准实施工作组，深入推进细分领域的贯标工作，推动了统一规范金融标准化管理体系的建立。会议认为，当前世界经济金融联系更加密切、竞争更加激烈。实施国家金融标准化战略，是适应国际贸易金融发展、融入世界经济的客观要求，是实现互联互通、降低成本、提高效益的必然选择，也是提高金融产品质量、金融服务水平和国家经济金融宏观管理水平的重要措施，是应对国际挑战、提高我国金融业竞争力的一项基础性、战略性和创新性工作，必须抓紧、抓好。会议明确了2012年金标委的主要工作任务：一是完成金标委换届；二是着手编制《金融业标准体系》，构建多层次、指导性强的标准体系；三是及时修订现行金融国际标准和行业标准，切实加强对基础标准、通用标准、方法标准的研制；四是开展贯标试点，整体推进金融标准的贯彻实施；五是构建企业标准管理库，发挥金融机构作为金融标准化工作主力军作用；六是实质性参与国际标准化活动，推荐相关单位参与国际标准制定。

30日 中国保监会颁布《人身保险公司保险条款和保险费率管理办法》。新办法与以往规定相比主要有以下几方面变化：一是进一步强化了保险公司和相关负责人的主体责任；二是进一步强化了保险条款和保险费率监管力度；三是规范保险公司的险种停售行为；四是进一步明确了险种定名、设计与分类的相关规定，强化人身保险的风险保障功能；五是提升了法律责任人的任职资格要求，同时增加了保证其充分履行职责的条文；六是放宽了保险条款和保险费率报备时限和有关变更的报备要求。

31日 中国人民银行货币政策委员会2011年第四季度例会在北京召开。会议强调，要密切关注国际国内经济金融最新动向及其影响，继续实施稳健的货币政策，保持政策的连续性和稳定性，进一步增强政策的针对性、灵活性和前瞻性，把握好调控的力度、节奏和重点，根据形势变化适时适度进行预调微调，处理好保持经济平稳较快发展、调整经济结构和管理通胀预期之间的关系，加强系统性风险防范。综合运用多种货币政策工具，继续发挥宏观审慎政策措施的逆周期调节功能，保持合理的货币信贷总量和社会融资总规模。按照有扶有控的原则，着力引导和促进信贷结构优化，加大对社会经济重点领域和薄弱环节的支持力度，引导金融机构提高金融服务水平，更好地支持实体经济发展。要继续发挥直接融资的作用，更好地满足多样化投融资需求，推动金融市场规范发展。稳步推进利率市场化改革，进一步完善人民币汇率形成机制，保持人民币汇率在合理均衡水平上的基本稳定。

中国人民银行发布《关于实施〈基金管理公司、证券公司人民币合格境外机构投资者境内证券投资试点办法〉有关事项的通知》，进一步规范试点机构的账户管理、资金汇出入、资产配置、银行间债券市场投资和信息报送等行为。

2012 年

1 月

5 日 中国人民银行组织相关部门制定《关于中国支付体系发展（2011—2015 年）的指导意见》。根据《中华人民共和国国民经济和社会发展第十二个五年规划纲要》，结合“十二五”期间中国支付体系发展需要，中国人民银行组织相关部门制定了《关于中国支付体系发展（2011—2015 年）的指导意见》。该指导意见主要阐明当前和今后一段时期支付体系发展的政策取向，明确支付体系建设的工作重点，引导支付服务市场的主体行为。

6～7 日 全国金融工作会议在北京召开。中共中央政治局常委、国务院总理温家宝出席会议并讲话。会议系统总结近几年来的金融工作，分析当前金融改革开放发展面临的新形势，并对今后一个时期的金融工作作出部署。中国人民银行 89 名正式代表、58 名列席代表参加会议。

7 日 中国银监会监管工作会议在北京召开。会议旨在贯彻落实中央经济工作会议、全国金融工作会议精神。会议全面总结了 2011 年工作，分析当前我国银行业改革发展和风险防范形势，并部署了 2012 年重点工作。银监会党委书记、主席尚福林出席会议并讲话。

7～8 日 中国人民银行工作会议在北京召开。会议认真学习传达了中央经济工作会议、全国金融工作会议和国务院领导同志重要指示精神，全面总结了 2011 年中国人民银行工作，深入分析了经济金融形势，明确今后一个时期的重点任务，并安排部署了 2012 年的主要工作。

8 日 全国外汇管理工作会议在京召开。会议传达学习了党的十七届六中全会、中央经济工作会议和第四次全国金融工作会议精神，全面总结了 2011 年外汇管理各项工作，深入分析当前经济金融和国际收支形势，并研究部署 2012 年外汇管理工作。

9 日 全国证券期货监管工作会议在北京召开。会议认真总结了 2011 年我国资本市场的改革和监管工作，深入分析了当前市场发展面临的新形势和新任务，明确了当前及今后一个时期资本市场改革、开放、服务、监管的总体思路和重点任务。

中国保监会下发《关于开展 2012 年保险公司中介业务检查和清理整顿保险代理市场的通知》。该通知旨在在全国范围内开展保险公司中介业务检查及保险代理市场清理整顿工作，进一步规范保险中介市场秩序和提高市场运行效率。该通知要求清理整顿保险代理市场，严肃查处违法违规的代理机构；在依法严格限制区域性保险代理公司市场准入，依法关停并转“散、乱、差”保险代理机构的同时，进一步扩大兼业代理机构转型成为保险专业代理公司的试点范围，对全国性大型代理（销售）公司在分支机构设立等方面予以政策倾斜，推动保险专业代理机构兼并重组、上市融资和规模化、网络化发展。

10 日 中国人民银行行长周小川赴瑞士巴塞尔出席国际清算银行行长例会和金融稳定理事会全会。会议讨论了全球经济金融形势、全球外部失衡、央行购买国债等相关问题及金融稳定理事会加强全球金融监管的工作计划。周小川行长向与会行长介绍了中国再平衡的进展以及促进内需和消费等宏观政策目标。

12 日 中国保监会发布《关于加强农业保险理赔管理工作的通知》。该通知旨在规范农业保险经营行为、提高农业保险理赔服务质量、保障投保农户合法权益。该通知要求各财产保险公司要按照“主动、迅速、科学、合理”的原则，切实加强农业保险理赔管理工作，做到“定损到户”“理赔到户”和“理赔结果公开”，确保赔案处理规范，赔款及时、足额支付给被保险人。

17 日 中国人民银行与阿拉伯联合酋长国中央银行签署中阿双边本币互换协议。该协议旨在加强双边金融合作，促进两国贸易和投资，共同维护地区金融稳定。协议互换规模为 350 亿元人民币/200 亿迪拉姆，有效期 3 年，经双方同意可以展期。

中国保监会下发《关于加强和改进财产保险理赔服务质量的意见》。该意见指出要以制度化、标准化、信息化、透明化为主要手段，以突出解决车险、农险理赔服务质量不高问题为重点，强化服务意识，创新工作机制，完善理赔管理，改进服务质量，促进财产保险业持续健康发展。

18 日 中国人民银行办公厅发布《关于开展银行卡助农取款服务宣传工作的通知》。该通知要求于 2012 年 1 月至 4 月在全国范围组织开展银行卡助农取款服务集中宣传工作。

中国人民银行发布《关于规范银行业金融机构发行磁条预付卡和电子现金的通知》。该通知旨在对银行业金融机构发行磁条预付卡和电子现金事项进行规范。该通知要求，商业银行不得发行或与其他机构合作发行磁条预付卡和非实名单电子现金。未经批准，不得在银行卡上加载商业预付卡应用功能以及在银行卡卡面上增添商业预付卡发卡机构的标识和文字介绍。该通知同时指出，在下列情形下，商业银行经人民银行批准后可发行磁条预付卡或电子现金：一是商业银行发行实名单电子现金；二是省会（省府）城市及副省级城市承办全国或国际性经济、文化、体育等大型活动时，经活动组织方建议，与该活动组织方签署金融服务合作协议的商业银行，可向人民银行申请阶段性发行磁条预付卡或非实名单电子现金；三是通过人民银行发卡技术标准符合性和系统安全性审核的商业银行，经持卡人申请，可发行主账户复合电子现金，但应在正式发行时将有关业务事项书面报人民银行。

20 日 中国银监会印发《关于整治银行业金融机构不规范经营的通知》。该通知明确提出“七不准”和“四公开”的基本原则，要求深入整治存贷款和服务收费两大领域存在的不规范经营问题。银行业金融机构将组织本系统在第一季度集中开展以“规范贷款行为、科学合理收费”为主题的不规范经营问题专项治理活动。银行业监督管理部门要在督促银行业金融机构自查整改的基础上，集中精力、集中时间、集中人员以多种方式进行核查监督。

21 日 中国人民银行印发《国库监督管理基本规定》。该规定旨在进一步规范国库监督管理行为，防范国库资金风险，促进国家预算收支任务顺利完成。该规定共 5 章 29 条，分别就国库监督管理工作的职责及人员管理、工作内容、方式与方法等方面管理工作的实施进行详细规定。该规定指出：国库监督管理工作实行分级负责制；各级国库部门及承办对辖内国库明确监督管理职责；按需要科学、合理配备国库监督管理人员；实行奖励和责任追究制度。规定区分了内部控制与管理重点的业务操作环节和业务管理环节，对商业银行、信用社代理的国库业务的监督管理，以及现场和非现场监督管理的实施办法。另外，《关于加强国库监管工作的通知》《关于报送国库监管报告的通知》《中国人民银行国库局关于修改国库监管情况统计表和年审情况统计表的通知》《关于报送国库案例有关问题的通知》《中国人民银行国库局关于建立国库业务案例等有关情况报告制度的通知》《中国人民银行国库监管工作指引》《中国人民银行关于加强国库监管工作有关事项的通知》《关于明确国库监管报告有关事项的通知》同时废止。

2 月

2 日　中国银监会牵头的清理整顿各类交易场所工作会议暨部际联席会议第一次会议在北京召开。会议旨在贯彻落实《国务院关于清理整顿各类交易场所切实防范金融风险的决定》文件精神，协调动员各地人民政府和相关部门力量，全面推进清理整顿工作。国务院副秘书长尤权出席会议并讲话。

3 日　中国人民银行、财政部、商务部、海关总署、国家税务总局、中国银监会印发《关于出口货物贸易人民币结算企业管理有关问题的通知》。为进一步促进贸易、投资便利化，提高监管针对性、有效性，该通知明确参与出口货物贸易人民币结算的主体不再限于列入试点名单的企业，六部委对出口货物贸易人民币结算企业实行重点监管名单管理，名单审核标准为：1. 近两年内骗取出口退税、偷税、虚开或接受虚开增值税专用发票的；2. 近两年因涉嫌偷税、涉嫌骗取出口退税、涉嫌虚开或涉嫌接受虚开增值税专用发票被税务机关及公安等部门立案查处的；3. 近两年有走私等严重违反海关监管的行为；4. 近两年有比较严重违反金融管理规定的行为；5. 近两年有比较严重违反国家对外贸易法律法规的行为；6. 近两年有其他比较严重的违法行为。中国人民银行将重点监管企业名单录入人民币跨境收付信息管理系统。六部委依据各自履行职责需要，依法对企业和银行加强业务管理，共享信息形成监管合力。按照动态管理原则，六部委按标准审核每年更新名单，更新名单须每年 1 月底前上报。各省（自治区、直辖市）、计划单列市人民政府须在通知下发之日起 1 个月内向六部委报送企业名单。

7 日　中国人民银行、国家发展改革委、旅游局、中国银监会、中国证监会、中国保监会和国家外汇局联合发布《关于金融支持旅游业加快发展的若干意见》。该意见要求金融机构坚持区别对待、有扶有控的信贷原则，加强和改进对旅游业的信贷管理和服务；积极推动直接融资工具创新，支持旅游企业发展多元化融资渠道和方式；改进和完善旅游业支付结算服务，支持发展旅游消费信贷。

7～10 日　中国证监会主席郭树清当选国际证监会组织执委会副主席。在国际证监会组织（IOSCO）执委会、技术委员会联合会议上，中国证监会主席郭树清当选该组织执行委员会副主席。国际证监会组织是证券监管领域最重要的国际组织，负责制定全球证券期货监管的国际标准和指引，与二十国集团（G20）、金融稳定理事会（FSB）等国际组织协调互动，共同应对危机。执行委员会是国际证监会组织的最高决策机构。

8 日　中国人民银行与马来西亚国家银行续签双边本币互换协议。协议互换规模由原来的 800 亿元人民币/400 亿林吉特扩大至 1 800 亿元人民币/900 亿林吉特，有效期 3 年，经双方同意可以展期。

9～10 日　中国银监会召开 2012 年农村中小金融机构监管工作会议。会议要求农村中小金融机构服务“三农”科学发展，坚决守住不发生区域性和系统性风险的底线，全面提升农村金融服务的质量和水平。会议明确，坚持在审慎性监管中强化“三农”市场定位，狠抓风险化解、内部控制、法人监管和属地监管；坚持在结构性改革中强化“三农”市场定位，坚持股份制改革。

13～14 日　中国人民银行行长助理李东荣赴韩国首尔出席东南亚中央银行组织（SEACEN）第 47 届行长会、高层研讨会暨第 31 届理事会会议。会议讨论了亚洲发展中国家如何应对外部脆弱性等问题，通过了 SEACEN 中心提交的战略性倡议、年度预算等提案。

15 日　中国上市公司协会在京正式成立。作为经国务院批准、证监会作为业务主管部门的全国上市公司自律组织，协会将承担起提高上市公司质量、促进完善公司治理、推动建立良好的公司文化、为会员企业共同利益服务等四项职责。

中国人民银行发布《2011年第四季度中国货币政策执行报告》。该报告详细介绍了2011年我国经济运行整体情况，并就货币政策和信贷执行情况进行了分析与说明。该报告强调，当前中国经济与社会发展仍处于重要战略机遇期，经济保持平稳较快发展具备不少有利条件。但也要看到国际国内经济形势仍然极为复杂和严峻，欧洲主权债务危机短期内难以有效解决，世界经济的不稳定性、不确定性上升。中国经济发展中不平衡、不协调、不可持续的矛盾和问题仍很突出，经济增长下行压力和物价上涨压力并存。该报告确定未来央行将继续实施稳健的货币政策，保持政策的连续性和稳定性，密切监测国内外经济金融形势发展变化，增强调控的针对性、灵活性和前瞻性，适时适度进行预调微调，保持物价总水平基本稳定，促进经济平稳较快发展。

16日 中国人民银行办公厅印发《关于2012年中国农业银行改革试点县级"三农金融事业部"执行差别化存款准备金率政策有关事项的通知》。该通知表示，在原有农业银行四川、重庆、湖北、广西、甘肃、吉林、福建、山东8个省（自治区）563家县支行的基础上，将黑龙江、河南、河北、安徽4个省379家县支行纳入执行差别化存款准备金率政策覆盖范围，对涉农贷款投放较多的县支行执行比农业银行低2个百分点的优惠存款准备金率。

金融行动特别工作组（FATF）第二十三届全会表决通过中国反洗钱与反恐怖融资互评估后续报告。会议高度评价并一致认可中国成为其成员以来在反洗钱与反恐怖融资领域作出的不懈努力和取得的长足进展，同意中国结束互评估后续程序。这标志着中国反洗钱与反恐怖融资工作达到了国际通行标准，将对我国今后进一步参与国际规则制定，提高国际事务话语权，维护国家利益产生积极影响。

16～17日 中国银监会召开2012年中小商业银行监管工作会议。会议要求中小商业银行加强内部控制，严守风险底线，坚持服务实体经济特别是小微企业，实现稳健经营和科学发展。

17日 商务部、国家发展改革委、财政部、中国人民银行、海关总署、国家税务总局、国家质监局、中国银监会、中国保监会和国家外汇管理局联合发布《关于加快转变外贸发展方式的指导意见》。该意见指出充分认识加快转变外贸发展方式的重要性和紧迫性。根据该意见的总体要求，未来主要任务包括：优化外贸国际市场布局；优化外贸国内区域布局；加快外贸转型基地建设；加快贸易平台和国际营销网络建设；提升出口商品品牌与质量；提升加工贸易；加快"走出去"带动贸易；发展边境贸易；发展服务贸易；促进贸易平衡；提高贸易便利化水平；完善财税政策；加强金融服务；完善贸易及配套政策；改革管理体制；完善贸易摩擦应对机制；健全工作机制。

中国证券登记结算公司首个RQFII证券账户开立。RQFII（RMB Qualified Foreign Institutional Investors）是指人民币合格境外机构投资者。其中QFII（Qualified Foreign Institutional Investors）是合格的境外机构投资者的英文简称，QFII机制是指外国专业投资机构到境内投资的资格认定制度。R代表人民币。RQFII境外机构投资人可将批准额度内的外汇结汇投资于境内的证券市场。

18日 中国人民银行决定从2012年2月24日起下调存款类金融机构人民币存款准备金率0.5个百分点。

20日 中国银监会召开2012年地方政府融资平台贷款风险监管工作会议。会议强调深化整改、缓释风险，进一步推进地方政府融资平台贷款清理规范工作。

21日 中国人民银行与土耳其中央银行签署双边本币互换协议。协议旨在加强双边金融合作，促进两国贸易和投资，共同维护地区金融稳定，中国人民银行与土耳其中央银行在安卡拉签署了中土双边本币互换协议。协议互换规模为100亿元人民币/30亿土耳其里拉，有效期3年，经双方同意可以展期。

中国银监会与土耳其银行监理署签署《跨境问题机构处置合作协议》。该协议的签署有助于双方在跨境问题机构处置和危机管理等方面加强信息交流与合作，对维护市场信心和中土银行体系的稳定将起到积极作用。双方还举办了监管会谈，就国际新监管标准、跨境危机管理、银行业开放政策、互设机构等热点问题交换了意见。双方一致认为，中土两国作为二十国集团和金融稳定理事会的重要成员，应进一步加强沟通与合作，共同维护地区和国际金融稳定。

中国保监会发布《关于印发〈机动车辆保险理赔管理指引〉的通知》。该通知旨在贯彻落实全国保险监管工作会关于“抓服务、严监管、防风险、促发展”的总体要求和《中国保监会关于加强和改进财产保险理赔服务质量的意见》。指引共5章107条，主要对理赔管理、流程控制和理赔服务等环节提出明确规定。该指引将在规范车险理赔服务和流程，提高理赔服务质量，切实保护消费者合法权益等方面发挥重要作用。

23～24日 中国银监会召开2012年创新监管工作会议。银监会党委书记、主席尚福林发表书面讲话，银监会党委委员、纪委书记王华庆出席会议并做工作部署。会议强调金融创新要更加注重满足实体经济需求，围绕国民经济和社会发展导向，按照商业银行的运行规律，将金融资源投放到实体经济最需要、综合效益最优、商业可持续的领域当中；更加强调金融创新与银行发展战略相统一；更加重视科学建立创新业务激励约束机制；更加严格对监管套利行为的约束，及时甄别各类创新的真实动机和行为实质，鼓励和保护科学的金融创新，严格监管违规行为；更加注重创新业务的功能监管，探索强化行为监管体系建设，增强功能监管的有效性。会议要求，要着力加强监管引领，促进商业银行做符合产业和企业运行规律和资金需求周期特点的金融创新，做有益于提升群众金融服务满意度和便利性的金融创新，做有益于节约银行资本消耗、优化金融资源使用效率和加强风险管理能力的金融创新。会议提出要着力完善政策规章，提升政策法规科学性和系统性；着力增强监管机制协调，形成监管合力；着力加大监管执法力度，促进银行规范经营行为，提升服务水平，保障基本服务，加强金融消费者保护工作；着力强化监管体系建设，优化监管资源。

24日 中国银监会印发《绿色信贷指引》。该指引要求银行业金融机构要贯彻落实《“十二五”节能减排综合性工作方案》《国务院关于加强环境保护重点工作的意见》等宏观调控政策，从战略高度推进绿色信贷，加大对绿色经济、低碳经济、循环经济的支持，防范环境和社会风险，并以此优化信贷结构，提高服务水平，更好地服务实体经济，促进发展方式转变。该指引共7章30条，分别对组织管理、政策制度及能力建设、流程管理、内控管理与信息披露和监督检查等方面做了规定，要求银行业金融机构应当有效识别、计量、监测、控制信贷业务活动中的环境和社会风险，建立环境和社会风险管理体系，完善相关信贷政策制度和流程管理。该指引界定了环境和社会风险的范围，主要是指银行业金融机构的客户及其重要关联方在建设、生产、经营活动中可能给环境和社会带来的危害及相关风险，包括与耗能、污染、土地、健康、安全、移民安置、生态保护、气候变化等有关的环境与社会问题。

纪念中华苏维埃共和国国家银行成立80周年座谈会在江西瑞金召开。人民银行党委委员、行长助理郭庆平，江西省人民政府副省长胡幼桃出席座谈会并讲话。郭庆平在座谈会讲话中指出，80年前苏维埃国家银行在江西瑞金正式成立，奠定了中国共产党领导下的红色金融事业的基石，成为了红色政权建立的第一个具有中央银行职能的苏维埃政权银行。苏维埃国家银行的伟大实践，为党领导下的金融事业积累了宝贵经验，为新中国金融事业培养了优秀人才。当前，我国正处于中国特色社会主义建设事业的重要战略机遇期，金融事业的改革发展已经站在一个新的历史起点上。回顾历史，就是要认真汲取其中的宝贵经验，继承和发扬苏维埃国家银行的优良传统，在新的历史条件下，进一步做好我们的金融事业。

24～26日 中国人民银行行长周小川和行长助理金琦赴墨西哥城出席二十国集团财长和央行行长会议。会议重点讨论了全球经济形势和“强劲、可持续和平衡增长框架”、加强国际金融架构、金融部门改革、能源和大宗商品等议题。其间，周小川行长出席金砖国家财长和央行行长会议。

27日 中国银监会印发《关于全面做好2012年农村金融服务工作的通知》。该通知要求银行业金融机构认真贯彻落实中央精神，以推进农业科技创新、持续增强农产品供给保障能力为重点，全面做好农村金融服务工作。

28日 中国银监会召开2012年信息科技工作会议。会议要求以信息科技为支撑提升银行业服务水平和风险控制能力，并持续加强信息科技风险防范。同时，不断优化信息科技监管组织架构，提升监管有效性。

29日 中国人民银行、国家发展改革委、财政部、水利部、中国银监会、中国证监会和中国保监会联合发布《关于进一步做好水利改革发展金融服务的意见》。该意见要求金融机构大力创新符合水利项目属性、模式和融资特点的金融产品和服务方式，积极引入多元化融资主体，创新项目融资方式，拓展融资渠道，进一步加大对水利建设的金融支持，积极探索建立金融支持水利改革发展的风险分散和政策保障机制。

3月

1日 中国银监会召开地方政府融资平台贷款风险监管工作会议。会议总结了地方政府融资平台贷款清理规范工作取得的成绩。一是立足于风险缓释，推进平台贷款合同和还款方式整改，加强贷后管理，严格风险定性，全面提高了存量平台贷款的现金流覆盖程度和抵（质）押有效性；二是立足于新贷管理，上收平台贷款审批权限，制定更加审慎的准入标准，建立台账管理体系，全面完善了平台贷款审批与管理机制；三是立足于持续监管，按月监测平台贷款还款和整改情况，按季统计平台贷款数据、召开风险监管联席会议和信息联络员会议、开展有针对性的现场检查，全面健全了平台贷款的数据统计和监测制度；四是立足于长效机制建设，专题汇报清理规范工作，核准风险底数，参与制定地方政府性债务管理政策，全面推动了地方政府性债务管理政策的持续完善。会议提出要做好六个方面的具体工作：一是加强风险监测，切实化解到期贷款的风险；二是根据现金流覆盖程度及项目建成达产等情况，采取分类处置措施，切实缓释存量贷款风险；三是按照“保在建、压重建、控新建”的要求，严格准入标准，坚持有保有压和结构调整，严格把握贷款投向，优先保证重点在建项目需求，严格新增贷款条件，确保达到现金流覆盖、抵押担保、存量贷款整改和还款资金落实等方面的要求；四是以现金流覆盖率为抓手，严格把握平台退出条件，强化退出类平台贷款的风险管控；五是在原有“名单制”管理的基础上，对全口径融资平台（包含退出类平台）按照“支持类、维持类、压缩类”进行信贷分类；六是明确职责，强化监管约束，对平台贷款经营管理中出现违法违规问题的，严格按照职责规定严肃追究相关人员责任。

3日 中国人民银行、财政部、商务部、海关总署、国家税务总局和中国银监会联合发布《关于出口货物贸易人民币结算企业管理有关问题的通知》。该通知明确，参与出口货物贸易人民币结算的主体不再限于列入试点名单的企业，所有具有进出口经营资格的企业均可开展出口货物贸易人民币结算业务。

6日 中国人民银行印发《关于管好用好支农再贷款 支持扩大“三农”信贷投放的通知》。该通知对管好用好支农再贷款提出了具体要求：一是要统筹安排，增强支农再贷款使用的针对性和灵活性，提高支农再贷款的使用效率；二是要改进服务，根据当地农业生产周期和借款人的资金需求，合理确定支农再贷款的发放规模、发放时机、期限结构，细化管理；三是要严格条件，有扶有控，对资金充裕、拆出资金或投资较多的农村金融机构，不得发放支农再贷款，坚决防止借款人使用支农再贷款资金在货币市场套取利差；四是要加强辖内支农再贷款管理、使用效果的检查，总结经验，进一步提高支农再贷款管理的水平。

8 日　中国人民银行农村信用社改革试点专项中央银行票据发行兑付考核评审委员会第 22 次例会召开。例会决定，对海南省等 2 个省辖内乐东县等 3 个县（市）农村信用社兑付专项票据，额度为 2.13 亿元。

13 日　中国人民银行和财政部印发《关于 2012 年凭证式国债改革工作的指导意见》。该意见的改革内容包括：1. 凭证式国债仅面向个人投资者发售；2. 承销方式由各储蓄国债承销团成员承购包销改为代销；3. 各承销团成员在发行期结束后的指定日期统一缴纳发行款；4. 如发生投资者提前兑取，由承销团成员持有到期，不得再次面向投资者发售；5. 投资者提前兑取时，从购买之日起持有期限不满半年不计付利息，满半年后按实际持有天数计付利息；6. 纳入本单位的专用科目进行业务核算。

15 日　中国人民银行货币政策委员会委员到期换届。根据《中国人民银行货币政策委员会条例》的有关规定，现任货币政策委员会经济金融专家委员周其仁、夏斌、李稻葵的任期已满。经国务院批准，任命钱颖一、陈雨露和宋国青为货币政策委员会委员。

中国证监会公布《关于进一步加强保荐业务监管有关问题的意见》。该意见旨在促进保荐机构进一步健全保荐业务内控制度，提高保荐项目质量。该意见要求保荐机构建立对保荐代表人和项目组成员的问核制度，督促相关人员做好尽职调查工作；保荐机构完善对保荐项目的持续追踪机制，避免保荐项目执行过程失控；保荐代表人和项目组成员在《发行保荐工作报告》中说明自己所从事的具体工作，并承担相应的责任。

20 日　中国人民银行与蒙古银行签署中蒙双边本币互换补充协议。协议互换规模由原来的 50 亿元人民币/1 万亿蒙古图格里克扩大至 100 亿元人民币/2 万亿图格里特。

22 日　中国人民银行与澳大利亚储备银行签署中澳双边本币互换协议。协议互换规模为 2 000亿元人民币/300 亿澳大利亚元，有效期 3 年，经双方同意可以展期。

23 日　中国证监会发布《上市公司监管指引第 1 号——上市公司实施重大资产重组后存在未弥补亏损情形的监管要求》。该要求旨在向投资者充分揭示因重组可能导致上市公司长期不能弥补亏损的风险，明确监管要求。该要求指出相关上市公司应当遵守《公司法》的规定，公司的资本公积金不得用于弥补公司的亏损，并不得采用资本公积金转增股本同时缩股以弥补公司亏损的方式规避上述法律规定。相关上市公司应当在临时公告和年报中充分披露不能弥补亏损的风险并作出特别风险提示。在实施重大资产重组时，应当在重组报告书中充分披露全额承继亏损的影响并作出特别风险提示。

26 日　中国保监会下发《关于暂停区域性保险代理机构和部分保险兼并代理机构市场准入许可工作的通知》。该通知明确暂停区域性保险代理公司及其分支机构和金融机构、邮政以外的所有保险兼业代理机构市场准入许可工作，强调支持符合条件的中介集团和全国性的保险代理公司及其分支机构的设立。

27 日　中国人民银行下发《关于金融机构进一步做好客户个人金融信息保护工作的通知》。该通知通报了媒体曝光有关商业银行员工向不法分子出售客户个人金融信息，并导致大量客户总计 3 000 余万元存款被盗的事件。该通知要求：1. 各银行业金融机构必须严格遵守《中华人民共和国商业银行法》《个人存款账户实名制规定》《个人信用信息基础数据库管理暂行办法》《中国人民银行关于银行业金融机构做好个人金融信息保护工作的通知》等法律、法规、规章和规范性文件的规定，依法合规收集、保存、使用和对外提供个人金融信息，不得向任何单位和个人出售客户个人金融信息，不得违规对外提供客户个人金融信息；2. 各银行业金融机构应采取有效措施确保客户个人金融信息安全，防止信息泄露和滥用；3. 对贯彻落实情况、内控制度和安全防范措施，以及员工培训情况进行检查，并形成书面自查报告；4. 中国人民银行及其分支机构将根据金融机构的自查情况，适时开展对银行业金融机构客户个人金融信息保护工作的专项检查。

28～29日　中国人民银行副行长易纲率团出席在柬埔寨金边举行的东盟与中日韩（10＋3）财政央行副手会议。会议讨论了加强清迈倡议多边化危机应对能力最新进展及区域经济金融形势。

29日　中国保监会发布《中国第二代偿付能力监管制度体系建设规划》。该规划提出了三个总体目标：一是用3～5年时间，形成一套既与国际接轨，又与我国保险业发展阶段相适应的偿付能力监管制度；二是不断推动保险公司建立健全全面风险管理制度，提高行业风险管理和资本管理水平；三是不断提升我国偿付能力监管制度体系的国际影响力，提高我国保险业的国际地位。该规划明确了三个基本原则：坚持以国情为基础；坚持与国际接轨；坚持以风险为导向。为此，该规划提出第二代制度体系采用国际通行的“三支柱”整体框架，明确了整个制度建设工作分五个阶段推进，并确定了相应的工作机制。

29～30日　中国人民银行代表团出席了在马来西亚吉隆坡召开的第26次东亚及太平洋地区中央银行行长会议组织（EMEAP）支付结算工作组（WGPSS）会议。与会代表一致认为，WGPSS在促进各成员支付体系发展经验的分享与交流，推动跨境支付结算协调与合作等方面的作用得到了充分发挥。

30日　中国人民银行和浙江省人民政府发布《关于在浙江省丽水市开展农村金融改革试点工作的通知》。该通知指出试点工作采取中国人民银行和浙江省人民政府“行省共建”模式，进行专项协调管理，并按照《丽水市农村改革试点总体方案》实施。方案旨在推进浙江省丽水市农村金融改革创新试点，探索农村金融服务的新途径和新模式，发挥农村金融在现代农村经济中的核心作用，有效促进“三农”发展，推动社会主义新农村建设。

中国证监会发布《证券投资基金信息披露XBRL模板第2号〈净值公告〉》。自2012年5月1日起，基金管理公司应在对外公开披露的基金净值公告中应用《证券投资基金信息披露XBRL模板第2号〈净值公告〉》，证监会将通过基金信息披露网站（fund.csrc.gov.cn）对外展示基金管理公司报送的电子化基金净值信息。

31日　中国人民银行印发《关于认真组织落实2011年县域法人金融机构新增存款一定比例用于当地贷款考核政策和农村信用社改革试点专项票据兑付后续监测考核政策激励约束措施的通知》。该通知提出，自2012年4月1日至2013年3月31日，对经考核达到新增存款一定比例用于当地贷款政策考核标准的县域法人金融机构，执行低于同类金融机构正常标准1个百分点的存款准备金率。对同时达到新增存款一定比例用于当地贷款政策和专项票据兑付后续监测考核政策标准的536个县（市）农村信用社和78个村镇银行，安排增加支农再贷款额度300亿元。

中国人民银行货币政策委员会第一季度例会在北京召开。会议认为，当前我国经济金融运行总体符合宏观调控预期，经济增长平稳，物价有所回落。欧债危机有所缓解，全球经济温和复苏，但不确定性依然存在。会议强调，要密切关注国际国内经济金融最新动向及其影响，继续实施稳健的货币政策，进一步增强政策的针对性、灵活性和前瞻性，按照总量适度、审慎灵活的要求，兼顾促进经济平稳较快发展、保持物价稳定和防范金融风险。综合运用多种货币政策工具，引导货币信贷平稳适度增长，保持合理的社会融资规模。着力引导和促进信贷结构优化，加大对社会经济重点领域和薄弱环节的支持力度。引导金融机构提高金融服务水平，更好地支持实体经济发展。要继续发挥直接融资的作用，更好地满足多样化投融资需求，推动金融市场规范发展。稳步推进利率市场化改革，积极探索进一步推进利率市场化的有效途径。进一步完善人民币汇率形成机制，增强人民币汇率双向浮动弹性，保持人民币汇率在合理均衡水平上的基本稳定。

4月

3日 经国务院批准，RQFII 试点额度扩大 500 亿元人民币，专门用于发行在香港上市、投资境内 A 股指数成分股的 ETF（交易型开放式指数基金）产品。

6日 公司信用类债券部际协调机制成立暨第一次会议召开。会议学习了国务院批复同意成立公司信用类债券部际协调机制有关精神，审议通过了《公司信用类债券部际协调机制议事规则》，并就进一步推动公司信用类债券市场改革发展有关问题进行了深入讨论。会议强调，要紧紧抓住金融服务实体经济的本质要求，以扩大直接融资、促进融资结构和经济结构调整、更好地满足各类企业的融资需求为主导任务，遵循债券市场发展规律，在部际协调机制框架下，进一步加强协调合作，共同推动公司信用类债券市场健康发展。会议就促进监管协调，建立公司信用类债券数据信息的共享机制等具体事项达成一致意见。

11日 中国证监会公布《关于修改〈关于证券公司风险资本准备计算标准的规定〉的决定》。该决定适当降低了证券公司自营业务、资产管理业务、经纪业务相关风险资本准备计算比例要求，将自营权益类证券、固定收益类证券的风险资本准备基准计算比例分别从 20%、10% 降低至 15%、8%；将专项、集合、限额特定、定向资产管理业务资本准备基准计算比例分别从 8%、5%、5%、5% 降低至 4%、3%、2%、2%；将以客户交易结算资金为基础的风险资本准备基准计算比例从 3% 降低至 2%；将证券营业部的风险资本准备计算比例从每家 500 万元降低至每家 300 万元。该决定进一步降低了连续 3 年为 A 类的公司风险资本准备计算比例，从目前基准比例的 0.6 倍降低至基准比例的 0.4 倍（目前，A、B、C、D 类证券公司分别按照基准比例的 0.6 倍、0.8 倍、1 倍、2 倍计算风险资本准备）。

12日 中国人民银行决定扩大外汇市场人民币兑美元汇率浮动幅度。为顺应市场发展的要求，促进人民币汇率的价格发现，增强人民币汇率双向浮动弹性，完善以市场供求为基础、参考一篮子货币进行调节、有管理的浮动汇率制度建设，中国人民银行决定自 2012 年 4 月 16 日起，银行间即期外汇市场人民币兑美元交易价浮动幅度由千分之五扩大至百分之一。即每日银行间即期外汇市场人民币兑美元的交易价可在中国外汇交易中心对外公布的当日人民币兑美元中间价上下百分之一的幅度内浮动。

18日 中国人民银行和国家外汇管理局印发《关于跨境人民币业务管理职责分工的通知》。该通知按照币种划分的原则，明确推进跨境人民币业务由人民银行货币政策二司负责，并向外汇局有关司提供业务数据。有关职责分工如下：1. 货币政策二司会同相关司局研究提出跨境人民币业务相关政策、规定，并负责组织实施，提出境内非金融机构境外发行人民币债券的年度总量限额，对发债涉及的人民币跨境收付进行管理，拟定统一管理的跨境人民币业务管理制度框架；2. 外汇局按职责办理国际收支相关统计工作，资本项目管理司负责全口径外债统计监测；3. 货币政策二司、外汇局资本项目管理司建立信息资源交流与共享机制。

汇丰银行在伦敦发行第一只人民币债券。该债券的发行主要针对英国及欧洲大陆国家的投资者，总规模预计为 10 亿元人民币。当天，伦敦金融城还举办了伦敦人民币业务中心建设计划启动仪式，并发布了题为《伦敦：人民币业务中心》（*London：a centre for renminbi business*）的报告。英国财政大臣奥斯本出席了仪式，他表示该计划的启动将进一步推动伦敦市场人民币产品和服务的发展及人民币的跨境使用。

19 日　中国人民银行召开支付结算暨清算中心工作会议。会议明确了 2012 年人民银行支付结算和清算中心工作的重点任务。一是切实加强运行管理，确保各支付清算系统安全稳定运行；二是强化支付服务市场的监督管理，健全非金融机构支付业务监管机制；三是大力推进支付结算法规制度建设，完善新型支付业务管理规则；四是加大新兴支付方式在农村地区的推广应用，进一步推进农村支付服务环境改善；五是继续推进支付系统基础设施建设，按计划做好第二代支付系统、中央银行会计核算数据集中系统的上线准备工作；六是发布支付业务统计指标系列金融标准，启动支付信息统计分析系统建设；七是平稳开展全国存量个人银行账户身份信息真实性核实工作；八是推广和规范电子商业汇票、网上支付、移动支付等业务，继续加强银行卡风险管理；九是深化支付体系境内外交流与合作，启动建设独立的人民币跨境支付系统，继续做好 FSAP 评估的相关后续工作；十是加强支付数据分析和研究，积极开展支付系统宣传和业务创新工作。

19～20 日　中国人民银行行长周小川和财政部部长谢旭人率团出席二十国集团（G20）在华盛顿召开财长和央行行长会议。会议重点就当前国际社会关注的国际货币基金组织（以下简称基金组织）增资与改革问题进行了讨论，并于会后发表了公报。会议欢迎欧元区 3 月加强防火墙的决定，肯定了央行货币互换安排的作用。会议同意在落实 2010 年增加的基础上，向基金组织增加 4 300 亿美元以上的资金，以防止和应对危机，促进经济复苏。这些资金将通过临时双边贷款和票据购买协议的形式进入基金组织普通资金账户，并用于所有成员国。会议表示，欢迎基金组织加强监督职能。

20 日　中国银监会召开 2012 年第一次经济金融形势通报分析会。会议要求加强宏观经济形势研判，守住风险底线，引导银行信贷平稳合理增长，稳步推进银行业改革创新，深入开展不规范经营专项整治。

21 日　中国人民银行行长周小川和副行长易纲出席国际货币基金组织国际货币与金融委员会（IMFC）第二十五届部长级会议。会议主要讨论了全球经济和金融市场的形势与挑战、国际货币基金组织改革等问题。

23 日　中国人民银行与世界银行签署《中国人民银行代理国际复兴开发银行（IBRD）投资中国银行间债券市场的代理投资协议》以及《中国人民银行代理国际开发协会（IDA）投资中国银行间债券市场的代理投资协议》。中国人民银行行长周小川与世界银行行长佐利克出席了签字仪式。

24 日　中国证监会与瑞典金融监管局正式签署《证券期货监管合作谅解备忘录》。该备忘录的签署将进一步加强中瑞两国在证券期货领域的监管交流合作。

26 日　中国保监会正式开通全国第一条保险消费者维权电话“12378”，主要职责是接受保险消费者维权投诉以及对保险机构及其从业人员、其他单位和个人的保险违法违规行为的举报，对消费者的各类投诉举报快速联系、快速转办、快速处理，并将办理结果反馈来电人，妥善解决消费者反映强烈的热点、难点和焦点问题。

27 日　国内四家期货交易所宣布降低所有期货交易品种的手续费标准。各品种降费比例从 12.5% 到 50% 不等，期货交易所手续费水平整体下降 30% 左右，调整后的手续费标准将从 6 月 1 日起执行。

28 日　中国证监会发布《关于进一步深化新股发行体制改革的指导意见》。改革的主要内容是，在过去两年减少行政干预的基础上，健全股份有限公司发行股票和上市交易的基础性制度，推动各市场主体进一步归位尽责，促使新股价格真实反映公司价值，实现一级市场和二级市场均衡协调健康发展，切实保护投资者的合法权益。意见要求扩大询价对象范围。除了目前有关办法规定的7类机构外，主承销商可以自主推荐5~10名投资经验比较丰富的个人投资者参与网下询价配售；提高向网下投资者配售股份的比例，建立网下向网上回拨机制。向网下投资者配售股份的比例原则上不低于本次公开发行与转让股份（以下称为本次发售股份）的50%；招股说明书预先披露后，发行人可向特定询价对象以非公开方式进行初步沟通，征询价格意向，预估发行价格区间，并在发审会召开前向中国证监会提交书面报告。根据询价结果确定的发行价格市盈率高于同行业上市公司平均市盈率25%的，发行人应召开董事会，增加新上市公司流通股数量，有效缓解股票供应不足；取消现行网下配售股份3个月的锁定期，提高新上市公司股票的流通性。在首次公开发行新股时，推动部分老股向网下投资者转让，增加新上市公司可流通股数量；老股转让所得资金须保存在专用账户，由保荐机构进行监管。

中国保监会发布《关于进一步加强财产保险公司投资型保险业务管理的通知》，该通知规定了财产保险公司经营投资型保险产品应当具备的条件，明确了投资型保险产品可使用规模与公司偿付能力充足率挂钩的要求。财产保险公司应遵照保监会有关的财务、资金运用管理的相关规定，建立完善的投资型保险产品的财务管理制度、资金运用管理制度和投资风险管控制度，建立健全的、专业化的投资管理部门和投资风险控制部门。同时，做好有关信息的披露工作。

30日 沪深证券交易所和中国证券登记结算公司宣布降低A股交易的相关收费标准。调整后，沪深证券交易所的A股交易经手费将按照成交金额的0.087‰双向收取，结算公司上海分公司的A股交易过户费将按照成交面额的0.375‰双向收取。收费标准总体降幅为25%，调整后的收费标准自6月1日起实施。

5月

3日 第四轮中美战略与经济对话落下帷幕。此次经济对话共达成67项成果。中国财政部副部长朱光耀表示，美方在经济对话中明确承诺，在出口管制体系改革过程中，充分考虑中方提出给予公平待遇的要求，美方承诺努力促进民用高技术对华民用最终用户和民用最终用途的出口。

财政部副部长李勇和人民银行副行长胡晓炼率团出席东盟与中日韩（10+3）财长和央行行长会议。这是东盟与中日韩财长会议扩大为东盟与中日韩财长和央行行长会议后的首次会议，标志着本地区央行将在东盟与中日韩财金合作中发挥积极作用，将进一步提升区域金融合作机制的有效性。会议就加强清迈倡议多边化危机应对能力达成共识，各方同意将清迈倡议多边化资金规模扩大一倍至2 400亿美元，且各方出资份额不变；与国际货币基金组织贷款规划的脱钩比例从20%提高到30%，并延长救助资金使用期限。会议决定将现有危机解决机制命名为清迈倡议多边化稳定基金。会议同意新建地区危机预防功能，并将其命名为清迈倡议多边化预防性贷款工具。

4日 中国证监会第四届上市公司并购重组审核委员会暨第二届并购重组专家咨询委员会成立大会在北京召开。新当选的35名上市公司并购重组委委员签署并递交了廉洁自律承诺书。

中国证监会发布《关于进一步落实上市公司现金分红有关事项的通知》。该通知主要内容包括：积极倡导回报股东的股权文化，鼓励、引导上市公司完善分红政策及其决策机制，明确股东回报规划，详细说明规划安排的理由等；强化现金分红的信息披露要求，细化相关披露内容，提高现金分红的透明度；在监管中关注上市公司是否切实履行分红承诺，对未按回报规划履行承诺的公司，要采取必要的监督检查措施。

7～8日　中国证券业协会与上海证券交易所、深圳证券交易所、中国证券登记结算公司、中国证券投资者保护基金公司共同举办证券公司创新发展研讨会。会议围绕《关于推进证券公司改革开放、创新发展的思路与措施（征求意见稿）》及其配套措施等，就创新、经纪业务转型、资产管理发展、投行发展和国际合作进行讨论，对行业现状进行深入分析，提出证券公司改革开放、创新发展基本目标和11项主要创新举措。

8日　中国人民银行印发《关于推进分支机构依法行政工作的指导意见》。该意见明确指出，各分支机构要按照国务院加强法治政府建设的总体要求，全面提高依法履职能力，从加强依法行政的组织领导工作、增强依法行政意识、提高规范性文件质量、完善重大行政决策制度、严格规范行政执法行为、依法推进政务公开、强化行政监督、依法化解行政争议、加强法制队伍建设、加强依法行政宣传工作等方面入手，积极推进本辖区的依法行政工作。

中国银监会办公厅印发《关于银行业金融机构加强残疾人客户金融服务工作的通知》。该通知指出银行业金融机构应当进一步履行社会责任，保障残疾人作为金融消费者的合法权益，充分尊重和保障残疾人客户公平获得银行业金融服务的权利。

中国人民银行、财政部、商务部、海关总署、国家税务总局和中国银监会联合下发《关于出口货物贸易人民币结算企业重点监管名单的函》。该函明确境内所有具有进出口经营资格的企业均可依法开展出口货物贸易人民币结算业务，重点监管企业开展跨境贸易人民币结算业务所获得的人民币资金不得存放境外。六部委将在各自职责范围内依法对重点监管企业开展出口货物贸易人民币结算业务加强管理。

10日　中国人民银行发布《2012年第一季度中国货币政策执行报告》。该报告总结了2012年第一季度经济运行状况和货币政策执行情况，并对下一阶段经济形势和部署进行了展望。该报告指出，2012年第一季度，中国经济运行总体开局稳健，实现国内生产总值10.8万亿元，同比增长8.1%，环比增长1.8%；居民消费价格同比上涨3.8%；贸易顺差6.7亿美元。根据流动性供需状况，特别是2012年春节期间现金需求的变化，灵活开展公开市场操作，再次下调存款准备金率0.5个百分点。继续健全宏观审慎政策框架，适当调整差别准备金动态调整机制有关参数，以更好地发挥逆周期调节作用。对粮食主产区和西部地区安排增加支农再贷款额度600亿元，促进信贷政策与产业政策的协调配合，引导金融机构优化信贷结构，加大对小型微型企业、“三农”和国家重点在建续建项目的信贷支持。继续稳步推进金融企业改革，完善人民币汇率形成机制，银行间即期外汇市场人民币兑美元交易价浮动幅度由千分之五扩大至百分之一。下一阶段，中国人民银行将全面落实中央经济工作会议、全国金融工作会议和政府工作报告的各项部署，坚持科学发展主题和加快转变经济发展方式的主线，把握好“稳中求进”的工作总基调，继续实施稳健的货币政策，密切监测国内外经济金融形势发展变化，增强调控的针对性、灵活性和前瞻性，适时适度进行预调微调。

白银期货合约在上海期货交易所上市交易。经证监会批准，白银期货合约在上海期货交易所上市交易，至此我国期货市场已上市28个期货品种。

12日　中国人民银行决定从2012年5月18日起下调存款类金融机构人民币存款准备金率0.5个百分点。

14日　中国银监会与迪拜金融服务局签署《跨境危机管理合作协议》。

中国证监会发布《关于落实〈国务院关于鼓励和引导民间投资健康发展的若干意见〉工作要点的通知》。该通知从促进民营企业融资和规范发展，鼓励民间资本参股证券期货经营机构，以及为民营企业健康发展创造良好环境等方面提出指导意见。支持民营企业发行上市和再融资、债权融资以及场外交易建设。

15 日 上海清算所发布《关于证券公司短期融资券登记托管、清算结算业务的公告》。经中国人民银行批准，自即日起，银行间市场清算所股份有限公司开办证券公司短期融资券的登记托管、清算结算业务。该公告共 17 条，明确了短期融资券登记托管、清算结算相关业务细则。该公告的发布将规范证券公司短期融资券登记托管、清算结算业务，保障市场参与各方合法权益。

16 日 中国银监会与国际金融公司在北京共同举办了第一届“新兴市场绿色信贷论坛”。此次论坛是首次以新兴市场国家为主的绿色信贷国际会议，来自韩国、巴西、孟加拉国、印度尼西亚等 12 个新兴市场国家的银行监管部门、国内外银行业金融机构、可持续银行领域的相关国际组织代表出席了会议，并分别从银行监管、银行同业和技术资源及工具等 3 个角度共同探讨了可持续银行业务、环境社会风险管理及相关金融创新机会等绿色信贷领域的热点问题。这是继 2012 年 2 月 24 日发布《绿色信贷指引》之后，银监会在推动绿色信贷发展方面的又一举措。

17 日 中国人民银行、中国银监会和财政部联合印发《关于进一步扩大信贷资产证券化试点有关事项的通知》。根据国务院批复精神和前期信贷资产证券化试点实践经验，为进一步完善信贷资产证券化管理制度，防范风险，扎实推进信贷资产证券化业务健康可持续发展，该通知在基础资产、机构准入、风险自留、信用评级和资本计提等方面作出要求，主要包括：1. 信贷资产证券化入池基础资产要兼顾收益性和导向性，强调现金流也要注重配合国家产业政策；2. 扩大试点阶段，业务准入条件及审批程序不变，鼓励符合条件金融机构参与；3. 发起机构持有比例不低于发行规模的 5%，持有期限不低于最低存续期限；4. 初始评级应聘请两家具有评级资质的资信评级机构，鼓励多元化评级方式，支持采用投资者付费模式；5. 稳步扩大机构投资者范围，鼓励合规非银行机构参与投资，单个银行业金融机构购买比例不超过发行规模的 40%；6. 前期试点中有关政策条款与该通知不一致的，在扩大试点阶段按照该通知有关规定执行。

上海合作组织第二次财长和央行行长会议在北京举行。与会各方就全球及区域宏观经济形势和应对国际金融危机的宏观经济政策，便利成员国间本币结算，筹建上合组织开发银行和专门账户，上合组织财金合作机制化及未来重点合作领域等议题深入交换了意见。会议结束后发表了《上海合作组织第二次财长和央行行长会议联合声明》。

中国证监会与卢森堡金融监管委员会在北京重新签署了中卢《证券期货监管合作谅解备忘录》。同日，证监会还与塞浦路斯证券交易委员会在北京签署了中塞《证券期货监管合作谅解备忘录》。

18 日 中国证监会公布《关于修改〈证券发行与承销管理办法〉的决定》。为落实《关于进一步深化新股发行体制改革的指导意见》，该决定对《证券发行与承销管理办法》进行了五个方面的修改：对《关于进一步深化新股发行体制改革的指导意见》涉及发行与承销管理的有关要求做了具体体现，使之进一步可操作化；明确发行承销过程中信息披露的规范性要求，强调机构投资者和公众投资者获得信息的公平性；加强询价、定价过程的监管；加强对违法违规行为和不当行为的监管和处罚；加强了证券业协会对发行承销的行业自律管理。

23 日 中国银监会印发《关于银行业金融机构发起设立村镇银行有关事项的通知》。该通知旨在贯彻落实国务院关于规范发展小型金融机构的要求，明确规范了村镇银行主发起行资格和设立地点核准流程，明确申请及审核要求。该通知的发布有助于加快构建“分工明确、联动有序、协作高效、公开透明”的市场准入工作机制，稳步推进村镇银行组建工作。

中国证监会下发《关于新股发行定价相关问题的通知》。该通知对新股发行定价的相关事项进行了明确，使之更具可操作性：明确了行业市盈率比较口径；明确发行人、保荐机构需对发行定价合理性及风险性因素进行深入分析和披露；明确了重新提交发审会审核的会后重大事项情形；明确了需提供盈利预测的情形。

24日 中国人民银行在北京召开温州金融综合改革部级协调会。浙江省副省长龚正和温州市市长陈金彪分别介绍了温州市金融综合改革进展情况及需要国家部委支持的若干事项。国家发展改革委、工业和信息化部、财政部、人力资源社会保障部、商务部、中国银监会、中国证监会、中国保监会和国家外汇管理局等部门负责同志通报了本部门支持温州金融综合改革的落实情况。会议深入讨论了温州金融综合改革试验需要协调的有关事项，并对下一步改革试验提出了建设性意见。

国务院办公厅转发国家发展改革委等部门《关于加快培育国际合作和竞争新优势指导意见的通知》。该指导意见指出，当前及今后一个时期，全球经济结构面临深度调整，围绕市场、资源、人才、技术、标准等方面的竞争日趋激烈，我国发展面临的外部环境更加复杂，迫切需要加快培育国际合作和竞争新优势。该指导意见由国家发展改革委、商务部、外交部、科技部、工业和信息化部、财政部、人民银行、海关总署联合制定。

26日 中国银监会印发《关于鼓励和引导民间资本进入银行业的实施意见》。该实施意见明确，民间资本进入银行业与其他资本遵守等条件，支持符合银行业行政许可规章相关规定，公司治理结构完善，社会声誉、诚信记录和纳税记录良好，经营管理能力和资金实力较强，财务状况、资产状况良好，入股资金来源真实合法的民营企业投资银行业金融机构。支持民间资本参与村镇银行发起设立或增资扩股，并将村镇银行主发起行的最低持股比例由20%降低至15%。鼓励各类投资者投资入股银行业金融机构，在市场准入实际工作中不得单独针对民间资本进入银行业设置限制条件或其他附加条件。坚持审慎监管，促进民间资本投资的银行业金融机构稳健经营和稳步发展。

29日 中国外汇交易中心宣布发展人民币对日元直接交易。经中国人民银行授权，中国外汇交易中心宣布自2012年6月1日起完善银行间外汇市场人民币对日元交易方式，发展人民币对日元直接交易。

31日 中国银监会银行业信息科技监管部正式成立。强调进一步加强银行业信息科技监管督导和专项排查工作，维护银行业稳健运行。新设立的信息科技监管部负责制定银行业信息科技监管政策，指导银行业信息科技发展规划，开展信息科技非现场监管和现场检查，处置信息科技突发事件，开展银行业标准化相关工作以及银监会信息科技风险防范工作归口管理。

6月

1日 外汇交易中心开展人民币对日元的直接交易。人民币对日元汇率中间价根据直接交易做市商报价形成。

5日 中国保监会下发《关于贯彻落实〈“十二五”期间深化医药卫生体制改革规划暨实施方案〉的通知》，要求保险业要从全局和战略高度，充分认识深化医药卫生体制改革对保险业的要求和带来的机遇，认真学习《“十二五”期间深化医药卫生体制改革规划暨实施方案》有关精神，把商业健康保险的发展融入国家医药卫生体制改革进程中去。保监会要积极与地方政府相关部门沟通、协调，积极宣传和介绍保险业服务医改的做法和成效，支持保险业积极服务地方医改工作，为商业健康保险的发展争取政策支持和发展空间。

7日 中国人民银行决定，自2012年6月8日起下调金融机构人民币存贷款基准利率。金融机构一年期存款基准利率下调0.25个百分点，一年期贷款基准利率下调0.25个百分点；其他各档次存贷款基准利率及个人住房公积金存贷款利率相应调整。自同日起：1. 将金融机构存款利率浮动区间的上限调整为基准利率的1.1倍；2. 将金融机构贷款利率浮动区间的下限调整为基准利率的0.8倍。

中国证券投资基金业协会在北京召开成立大会暨第一届年会，会议指出我国财富管理行业应加快向现代财富管理机构转型，牢固树立以市场为导向、以客户为中心的经营理念，共同遵守的行为准则。与此同时，证监会将配合立法机关加快《证券投资基金法》的修订，争取在拓宽基金公司业务范围，扩大基金投资标的，松绑投资运作限制，优化公司治理，规范行业服务行为等方面取得突破性进展。同时，要按照行为监管和分业监管的原则，重点解决好监管标准的协调适用，避免监管套利和监管真空。

中国银监会发布《商业银行资本管理办法（试行）》。该办法分10章、180条和17个附件，分别对监管资本要求、资本充足率计算、资本定义、信用风险加权资产计量、市场风险加权资产计量、操作风险加权资产计量、商业银行内部资本充足评估程序、资本充足率监督检查和信息披露等进行了规范。该办法主要体现了以下几方面要求：一是建立了统一配套的资本充足率监管体系。该办法参考巴塞尔协议Ⅲ的规定，将资本监管要求分为四个层次。第一层次为最低资本要求，核心一级资本充足率、一级资本充足率和资本充足率分别为5%、6%和8%；第二层次为储备资本要求和逆周期资本要求，储备资本要求为2.5%，逆周期资本要求为0～2.5%；第三层次为系统重要性银行附加资本要求，该要求为风险加权资产的1%；第四层次为第二支柱资本要求。该办法实施后，正常时期系统重要性银行和非系统重要性银行的资本充足率要求分别为11.5%和10.5%。二是严格明确了资本定义。根据国际的统一规则，明确了各类资本工具的合格标准，提高了资本工具的损失吸收能力。三是扩大了资本覆盖风险范围。办法确定的资本覆盖风险范围包括信用风险、市场风险和操作风险，并明确了资产证券化、场外衍生品等复杂交易性业务的资本监管规则，引导商业银行审慎开展金融创新。四是强调科学分类，差异监管。根据资本充足率水平将商业银行分为四类，对满足最低资本要求但未达到其他层次资本要求的商业银行进行细分，明确了对各类银行的相应监管措施，提升资本约束的有效性。同时，按照审慎性原则重新设计各类资产的风险权重。下调小微企业贷款和个人贷款的风险权重，引导商业银行扩大小微企业和个人贷款投放，更有效地服务实体经济。下调公共部门实体债权的风险权重，适度上调商业银行同业债权的风险权重。五是合理安排资本充足率达标过渡期。该办法自2013年1月1日开始实施，商业银行应在2018年底前全面达到办法规定的监管要求，并鼓励有条件的银行提前达标。同时，该办法设置了资本充足率过渡期内的分年度达标目标。

8日　中国人民银行发布《2011年中国区域金融运行报告》。该报告总结了2011年各区域经济和金融运行情况，并对2012年进行了展望。该报告认为，在2011年复杂严峻的国内外环境下，全国各地区以科学发展为主题、以加快转变经济发展方式为主线，全面贯彻落实宏观调控的各项政策措施，经济增长由政策刺激向自主增长转变，各地区经济保持平稳较快发展，区域发展协调性进一步增强。各地区金融业继续稳健运行，金融服务实体经济能力继续增强。居民储蓄存款增速有所放缓，中西部地区单位存款保持较快增长。宏观审慎管理框架建立并不断完善，稳健货币政策成效逐渐显现，货币信贷增长向常态水平回归，投放节奏更加均衡，信贷资源配置效率稳步提升。各地区金融生态环境不断优化，逐步形成经济金融协调发展的良好格局。展望2012年，该报告指出各地区金融机构将继续认真贯彻落实稳健货币政策，坚持金融服务实体经济的本质要求，保持货币信贷平稳适度增长和合理的社会融资规模，进一步优化信贷结构，加大对经济结构调整的支持力度，更加注重满足实体经济的需求，加强区域性系统性风险防范，促进区域经济平稳健康协调发展。

12日 财政部、国家税务总局和中国人民银行联合印发《跨省市总分机构企业所得税分配及预算管理办法》的通知。该通知要求属于中央与地方共享范围的跨省市总分机构企业缴纳的所得税，按照统一规范、兼顾总机构和分支机构所在地利益的原则，实现“统一计算、分级管理、就地预缴、汇总清算、财政调库”的处理办法，总分机构统一计算的当期应纳税额的地方分享部分中，25%由总机构所在地分享，50%由各分支机构所在地分享，25%按一定比例在各地间进行分配。

中国保监会下发《关于进一步规范保险中介市场准入的通知》。该通知要求，除保险中介服务集团公司以及汽车生产、销售和维修企业、银行邮政企业、保险公司投资的注册资本为5 000万元以上的保险代理、经济公司及其分支机构和全国性保险代理、经纪公司的分支机构的设立申请继续受理外，暂停其余所有保险专业中介机构的设立许可。对通知发布之前已经受理的设立申请，继续依法按程序办理。

中国保监会发布《关于印发〈全面推广小额人身保险方案〉的通知》。该通知旨在积极响应中央服务“三农”号召，推进人身保险行业服务最广大人群的普惠性目标。2008年保监会启动了农村小额人身保险试点工作，历经4年的探索，在保监会和参与试点的保险公司共同努力下，在各级政府的大力支持下，农村小额人身保险通过创新产品和经营模式，不断提高农民保险意识，扩大人身保险覆盖面，让居住在偏远农村的近2 400万农民买得起、买得到保险，为缓解意外事故和疾病等风险对农村家庭的冲击、建设和谐社会作出了积极贡献。该通知明确在全国推广小额人身保险，小额人身保险先行试验利率市场化。

14日 中国银联与微软公司在上海签署全球合作备忘录。双方将联合开展互联网支付业务合作。

中国人民银行印发《关于明确外商直接投资人民币结算业务操作细则的通知》。为贯彻落实《外商直接投资人民币结算业务管理办法》，便利境外投资者以人民币来华投资，规范银行业金融机构办理外商直接投资人民币结算业务，该通知要求：1. 境外投资者根据规定开立境外机构人民币基本存款账户、专用存款账户及一般存款账户；2. 单个境外投资者只能开立一个人民币前期费用专用存款账户，账户名称加“前期费用”字样，开立再投资专用存款账户，账户名称加“再投资”字样；3. 选择一家结算银行作为主报告银行；4. 境外投资者以人民币并购境内企业设立外商投资企业，被并购中方股东凭商务主管部门批准开立人民币并购专用存款账户；5. 外商投资企业注册资本金按期足额到位后，可自境外借用人民币资金；6. 人民币借款和外汇借款合并计算总规模；7. 本外币借款总规模不得超过国家有关部门批准的投资总额与注册资本的差额；8. 存款账户均为活期存款账户，存款利率按中国人民银行公布的活期存款利率执行；9. 账户资金应在符合国家有关部门批准的经营范围内使用；10. 存款账户的人民币资金可偿还国内外贷款。

15日 中国保监会出台《关于鼓励和支持民间投资健康发展的实施意见》。该意见旨在鼓励民间资本进入保险领域，鼓励民间资本积极参与保险行业基础建设。该意见强调要大力支持民营保险机构发展，要求行业为民间投资健康发展提供优质保险服务，指出要建立和完善相关工作机制。

18～19日 国家主席胡锦涛应邀出席二十国集团在墨西哥洛斯卡沃斯举行的第七次领导人峰会，中国人民银行行长周小川陪同参会。会议重点讨论了全球经济形势、“强劲、可持续和平衡增长”框架、加强国际金融体系改革等问题。其间，胡锦涛主席宣布中国参与国际货币基金组织新增资源，参与额为430亿美元。

中国人民银行依法向96家非金融机构发放支付业务许可证。准予其以支付机构身份，在核准的地域范围开展核准的支付业务。

20日 住房城乡建设部、国家发展改革委、财政部、国土资源部、中国人民银行、国家税务总局和中国银监会联合印发《关于鼓励民间资本参与保障性安居工程建设有关问题的通知》。该通知明确指出：1. 鼓励民间资本通过直接投资、间接投资、参股、委托代建等多种方式参与廉租住房、公共租赁住房、经济适用住房、限价商品住房和棚户区改造住房等保障性安居工程建设，按规定或合同约定的租金标准、价格面向政府核定的保障对象出租、出售；2. 地方政府可采取贴息方式对公共租赁住房建设和运营给予支持，可通过发行企业债券进行项目融资，可享受有关税收优惠政策并按规定免收行政事业性收费和政府性基金，可适用保障性安居工程土地供应和开发利用政策，可规划建设配套商业服务设施；3. 梳理民间资本参与保障性安居工程建设和管理的各项政策，取消不符合法律法规的有关规定，及时公布项目信息，切实履行监督管理职责。

20～21日 中俄总理定期会晤委员会金融合作分委会第十三次会议在中国昆明市举行。中俄总理定期会晤委员会金融合作分委会作为中俄总理定期会晤委员会的重要组成部分，为中俄双方积极落实两国元首共识、加强金融合作从而进一步推动两国经贸关系发展提供了良好平台。会议总结了双方合作取得的进展，并就推动本币贸易结算等议题进行了交流。

23日 中国人民银行行长周小川与新加坡金融管理局局长孟文能共同签署了《中国人民银行和新加坡金融管理局关于在华设立代表处的协议》。这是外国央行在华设立的第七家代表处。

26日 中国人民银行与乌克兰国家银行签署双边本币互换协议。互换协议金额为150亿元人民币/190亿格里夫纳，有效期为3年，经双方同意可以展期。

27日 中国人民银行、国家发展改革委、财政部、国务院港澳办、中国银监会、中国证监会、中国保监会、国家外汇管理局联合发布《关于印发广东省建设珠江三角洲金融改革创新综合试验区总体方案的通知》。通知旨在深入贯彻实施《珠江三角洲地区改革发展规划纲要（2008—2020年）》，推进金融改革创新综合试验区建设，在金融改革与创新方面先行先试，推动广东省经济金融良性互动和科学发展。方案指出金融改革创新综合试验区建设以珠江三角洲地区为主体，辐射带动粤东西北地区，加强粤港澳紧密合作。对中央已经作出部署的一系列金融改革，率先加快推进；对符合未来发展方向的金融改革，积极探索、先行先试。重点在珠江三角洲地区推进城市金融改革创新综合试验，实现金融一体化发展；在梅州市推进农村金融改革创新综合试验，提升农村金融服务质量和水平；在湛江市推进统筹城乡协调发展金融改革创新综合试验，推动城乡金融协调发展。方案计划，到2015年和2020年金融业增加值占广东省地区生产总值的比重分别达到8%和10%以上。

29日 中国人民银行货币政策委员会召开2012年第二季度例会。会议由中国人民银行行长兼货币政策委员会主席周小川主持。会议认为，当前我国经济金融运行总体平稳，经济增长处于目标区间，物价涨幅继续回落；全球经济复苏艰难曲折，欧债危机反复震荡，不确定性较大。会议强调，要密切关注国际国内经济金融最新动向及其影响，继续实施稳健的货币政策，进一步增强政策的针对性、灵活性和前瞻性，根据形势变化适时适度进行预调微调。

国家外汇管理局、海关总署、国家税务总局联合发布公告实施货物贸易外汇管理制度改革。决定自2012年8月1日起在全国范围内实施货物贸易外汇管理制度改革，并相应调整出口报关流程、简化出口退税凭证。主要内容包括：一是全面改革货物贸易外汇管理方式，简化贸易进出口收付汇业务办理手续和程序。外汇局取消货物贸易外汇收支的逐笔核销，改为对企业货物流、资金流实施非现场总量核查，并对企业实行动态监测和分类管理。银行为企业办理收付汇的单证和流程均大幅简化。二是调整出口报关流程。取消出口收汇核销单，企业办理出口报关时不再提供核销单。三是简化出口退税凭证。自2012年8月1日起报关出口的货物，企业申报出口退税时不再提供出口收汇核销单；税务部门参考国家外汇管理局提供的企业出口收汇信息和分类情况，依据相关规定，审核企业出口退税。四是提升监管手段，防范外汇收支风险。通过总量核查和分类管理对企业进行动态监测，对少数异常、可疑的企业进行重点监管，监管资源配置更加合理，增强了监管的针对性、有效性和威慑力。五是加强部门联合监管。国家外汇管理局、海关总署、国家税务总局将进一步加强合作、完善协调机制、实现数据共享、形成监管合力，严厉打击各类违规跨境资金流动以及走私、骗税等违法行为。

7月

2日　上海清算所发布《关于信贷资产支持证券登记托管、清算结算业务的公告》。该公告规定：1. 资产支持证券受托机构（以下简称发行人）首次申请办理资产支持证券登记时，应与上海清算所签订发行人服务协议，申请开立发行人账户。2. 上海清算所为资产支持证券交易提供清算和结算服务。净额模式的清算和结算，按照《银行间债券市场现券交易净额清算业务规则（试行）》及相关规定办理；逐笔全额模式的清算和结算，按照《银行间市场清算所股份有限公司超短期融资券登记结算业务规则（试行）》第五章“超短期融资券交易的结算”相关规定办理。3. 上海清算所为资产支持证券发行人提供代理付息兑付和信息披露服务。

4日　中国人民银行、财政部联合印发《中央财政国库集中收付代理银行资格认定管理暂行办法》。该办法旨在进一步规范中央财政国库集中收付代理银行资格认定行政许可行为。该办法共5章22条，明确规定了申请与受理、审查与决定、管理与监督等环节的认定标准。

5日　中国人民银行决定自2012年7月6日起下调金融机构人民币存贷款基准利率。其中，一年期存款基准利率下调0.25个百分点，由3.25%下调到3%；一年期贷款基准利率下调0.31个百分点，由6.31%下调到6%；其他各档次存贷款基准利率及个人住房公积金存贷款利率相应调整。同时，将金融机构贷款利率浮动区间的下限调整为基准利率的0.7倍。个人住房贷款利率浮动区间不作调整，金融机构要继续严格执行差别化的各项住房信贷政策，继续抑制投机投资性购房。

6日　中国和新加坡两国政府授权代表在《中华人民共和国政府和新加坡共和国政府自由贸易协定》下签署了有关双边银行业事项的换文。换文主要内容如下：新加坡银行监管当局将在可行条件下，尽快给予在新加坡的两家符合资质的中资银行特许全面银行业务牌照；在满足中国相关审慎性法规要求的前提下，银监会将加速审理新加坡大华银行（中国）有限公司、星展银行（中国）有限公司和华侨银行（中国）有限公司各自提出的在华设立分支行的申请。换文的签署将进一步深化中新两国监管机构的合作，并促进双方银行业的稳步发展。

9日　中国人民银行组建成立金融消费权益保护局。金融消费权益保护局职责包括建立并完善金融消费权益保护机制和保护措施、拟订监督管理制度、协调处理跨市场跨行业的金融产品与服务涉及的消费者保护问题、推进投诉受理统一平台建设、组织开展金融消费者教育和咨询服务和开展对外交流，参与制定国际金融消费权益保护规则和标准等。

12日　国务院办公厅发布《关于清理整顿各类交易场所的实施意见》。该意见明确提出未经国务院相关金融管理部门批准，不得设立从事保险、信贷、黄金等金融产品交易的交易场所，其他任何交易场所也不得从事保险、信贷、黄金等金融产品交易。

13日　中国人民银行发布《中国金融稳定报告（2012）》。该报告对2011年我国金融体系的稳定状况进行了全面评估。报告认为，面对复杂多变的国内外经济金融形势，2011年我国经济保持平稳较快发展，金融业改革持续深化，整体抗风险能力进一步提升，金融市场运行平稳，政府、企业和住户部门财务状况良好，金融基础设施建设稳步推进，金融体系总体稳健。报告指出，银行业各项改革稳步推进，资产负债规模持续扩大，对“三农”和小微企业的金融支持进一步加强，资产质量整体提升，资本充足水平基本稳定，存款增长放缓，流动性压力上升。证券期货业健康发展，机构数量和资产规模持续增加，业务创新稳步推进，合规监管不断强化，抗风险能力有所增强。保险业总体保持平稳发展态势，资产规模持续扩大，机构体系不断完善，保费收入增长，服务领域拓宽，改革创新继续推进，对外开放水平进一步提高。

中国人民银行发布《关于建立支付机构监管报告制度的通知》，主要明确支付机构年度监管报告的作用及种类，主要内容和编报要求等。完善支付机构的监管体制，明确监管责任，维护支付体系安全。

15～17 日 中国人民银行行长周小川率团赴日本出席东亚及太平洋中央银行行长会议组织（EMEAP）第 17 届行长会。会议主要讨论了近期全球和区域经济金融形势、加强地区监测和研究工作及危机管理框架等问题，并听取了EMEAP 副手会、货币与金融稳定委员会（MF-SC）及各工作组进展报告。

16 日 中国保监会发布《保险资金委托投资管理暂行办法》。该委托办法规定主要包括两个方面：一是在现行委托保险资产管理公司投资管理的基础上，增加证券公司和基金公司作为保险资金受托投资管理机构，并明确了相关资质条件；二是规定委托投资范围，主要是资本市场的债券、股票和基金等有价证券，同时办法对保险公司资产配置、持续评估、利益保护和风险控制等提出了明确要求。

中国保监会发布《保险资金投资债券暂行办法》。该债券办法旨在进一步规范投资债券行为，促进保险市场平稳增长。

中国保监会发布《保险资产配置管理暂行办法》。该资产办法主要包括四个方面的内容：一是加强配置能力建设，规范资产配置管理的制度体系、组织架构、人员队伍和系统建设，引入资产配置能力标准；二是明确资产配置管理职责；三是实行分账户管理，规定保险公司应当根据保险业务和负债特点，划分普通账户和独立账户，实行分账户资产配置和投资管理；四是强化风险控制。

世界贸易组织专家组对中美电子支付服务争端案作出中期裁决。由于中美双方均不再上诉，中期裁决成为终审裁决。

17 日 国务院调整社会信用体系建设部际联席成员单位和主要职责。联席会议牵头单位为发展改革委、中国人民银行，增加了 17 个政府部门为成员单位。

18 日 在中国人民银行的积极推动下，国际货币基金组织执董会通过新的《双边和多边监督决定》，取代了 2007 年出台的《对成员国政策双边监督的决定》。

中国银行业实施巴塞尔新资本协议专家指导委员会在北京成立。中国银监会在京召开银行业实施巴塞尔新资本协议专家指导委员会成立会议。专家指导委员会由在经济金融、风险管理、巴塞尔资本协议领域有较高声誉和影响力的专家组成，中国社会科学院副院长李扬研究员、中国人民大学校长陈雨露教授、中国投资有限公司副总经理谢平研究员、清华大学经管学院院长钱颖一教授、国务院发展研究中心金融研究所副所长巴曙松研究员、香港金融管理局副总裁阮国恒先生、澳门金融管理局行政委员会委员尹先龙先生应邀担任委员会专家。

19 日 中国人民银行、财政部、教育部联合发布《关于全面推行普通高中学生资助卡 加强普通高中国家助学金发放监管工作的通知》。该通知指出，通过发行普通高中学生资助卡，进一步规范普通高中国家助学金发放与管理工作。

25日 中国证监会正式发布《证券期货市场诚信监督管理暂行办法》。这不仅是我国资本市场首部专门的诚信监管规章，也是中国证监会在推进社会和市场信用体系建设工作中，加强公共信用信息管理、强化市场行为诚信约束的重要探索。该办法自9月1日起正式施行。

中国保监会颁布《保险公司控股股东管理办法》。该管理办法旨在进一步加强保险公司治理监管，规范保险公司控股股东行为。管理办法共4章41条，对保险公司控股股东进行了界定，对保险公司控股股东的控制行为和交易行为予以规范，规定了其应当承担的义务，并明确规定了中国保监会有权采取的监管措施。该管理办法以保险公司控股股东与保险公司之间的管控和业务联系为基础，在控制行为、交易行为、资本协助、信息披露和保密、监管配合等五个方面做出了规定，主要包括：一是保险公司控股股东应当善意行使对保险公司的控制权，审慎行使对保险公司董事、监事的提名权；二是保险公司控股股东应当确保与保险公司进行交易的透明性和公允性，不得利用关联交易、利润分配、资产重组、对外投资等任何方式损害保险公司的合法权益；三是保险公司控股股东应当恪守对保险公司作出的资本协助承诺，对于偿付能力不足的保险公司，应当积极协调保险公司其他股东或者采取其他有效措施，促使保险公司资本金达到保险监管的要求；四是保险公司控股股东应当建立信息披露管理制度，恪守对保险公司的保密义务；五是保险公司控股股东应当督促保险公司依法合规经营，积极配合保监会对保险公司进行风险处置。

27日 中国证监会发布《关于实施〈合格境外机构投资者境内证券投资管理办法〉有关问题的规定》。该规定本着“放松管制，加强监管”的指导思想，降低了QFII资格要求，简化审批程序，放宽QFII开立证券账户、投资范围和持股比例限制，进一步完善监管制度。与《关于实施〈合格境外机构投资者境内证券投资管理办法〉有关问题的通知》相比，当前规定修改的主要内容包括：一是降低QFII资格要求，鼓励境外长期资金进入；二是满足QFII选择多个交易券商的需求，增加运作便利；三是允许QFII投资银行间债券市场和中小企业私募债，扩大投资范围；四是将所有境外投资者的持股比例由20%提高到30%。该规定还明确了QFII资格申请文件的电子提交方式，并简化了资格申请文件。

中国人民银行、国家发展改革委、财政部、人力资源和社会保障部、商务部、中国银监会、中国证监会、中国保监会、国家外汇管理局印发《浙江省温州市金融综合改革试验区总体方案》。该方案旨在发挥温州市民营经济发达、民间资金充裕、民间金融活跃的优势，探索与经济发展相适应的金融体制机制创新，引导民间融资规范发展，维护正常金融秩序，促进经济转型升级。该方案要求，规范发展民间融资，加快发展新型金融组织和专业资产管理机构，开展个人境外直接投资试点，深化地方金融机构改革，创新各类面向小微企业和“三农”的金融产品和服务，培育地方资本市场，开发各类债券产品，拓宽保险服务领域，加强社会信用体系建设，强化地方金融管理机制，以及建立金融综合改革风险防范机制。目标到2015年金融业成为温州市国民经济的重要支柱产业。

清理整顿各类交易场所工作会议暨部际联席会议第二次会议在北京召开。会议分析了2012年上半年清理整顿各类交易场所工作取得的成绩和存在的问题，并对下一步工作提出了明确要求。

31日 中国人民银行发布《关于境外机构人民币银行结算账户开立和使用有关问题的通知》。该通知旨在加强境外机构人民币银行结算账户管理，促进贸易投资便利化。该通知对境外机构人民币银行结算账户的开立、特殊情形、清理核实、使用和管理等方面提出了明确的实施准则。

8月

1日 第四次中日韩央行行长会议在大连举行。中国人民银行行长周小川主持会议，日本银行行长白川方明和韩国银行行长金仲秀出席会议。行长们讨论了三国近期经济金融形势，并就金融稳定和区域合作以及其他共同关心的问题交换了意见。

2日 中国人民银行发布《2012年第二季度中国货币政策执行报告》。该报告总结了2012年上半年经济运行状况和货币政策执行情况，并对下一阶段经济形势和部署进行了展望。该报告指出上半年中国经济增速保持在预期范围之内，经济运行总体呈现缓中趋稳态势。中国人民银行按照国务院统一部署，继续实施稳健的货币政策，根据经济增速有所放缓、通胀水平有所降低等形势变化，适时适度加大预调微调力度，着力增强政策的针对性、灵活性和前瞻性。两次下调存款准备金率各0.5个百分点，加大逆回购操作力度，保持流动性合理适度。发挥差别准备金动态调整机制的逆周期调节功能，加强信贷政策与产业政策的协调配合，促进金融机构优化信贷结构，加大对小型微型企业、“三农”和国家重点在建续建项目的信贷支持。继续稳步推进金融企业改革，增强人民币汇率浮动弹性，银行间即期外汇市场人民币兑美元交易价浮动幅度由千分之五扩大至百分之一。下一阶段，中国人民银行将继续落实党中央、国务院各项部署，坚持科学发展主题和加快转变经济发展方式主线，把握好“稳中求进”的工作总基调，把稳增长放在更加重要的位置。继续实施稳健的货币政策，增强调控的前瞻性、针对性和灵活性，适时适度进行预调微调。

沪深证券交易所、中国证券登记结算公司和四家期货交易所再次大幅度降低A股交易经手费、过户费和期货交易手续费。继年内先后两次较大幅度降低交易手续费和市场监管费后，沪深证券交易所、中国证券登记结算公司和四家期货交易所联手，再次大幅度降低A股交易经手费、过户费和期货交易手续费。调整后的收费标准自9月1日起实施。

3~4日 中国人民银行分支行行长座谈会在北京召开。会议认真贯彻落实党中央、国务院关于经济金融工作的决策部署，总结了中国人民银行年初工作安排的落实情况，分析研究了经济金融形势，明确了下半年工作重点，部署了防范和化解金融风险的有关工作。

6日 中国保监会发布《关于加强反保险欺诈工作的指导意见》。该指导意见系统地规划和部署了保险业加强反欺诈的各项工作，并就防范化解保险欺诈风险，严厉打击保险欺诈犯罪行为等方面提出了明确要求。

8日 经东亚及太平洋中央银行行长会议组织（EMEAP）副手级会议第42次会议提名，并经EMEAP行长会议第17次会议批准，中国人民银行连任EMEAP支付结算体系工作组（Working Group on Payment and Settlement Systems，WGPSS）主席，香港金融管理局和菲律宾中央银行当选为EMEAP支付结算体系工作组副主席，主席、副主席任期2年。

12日 中国人民银行印发《关于加强跨境汇款业务反洗钱工作的通知》。该通知就国际社会披露的个别跨国银行涉嫌未按规定防控不法分子通过跨境汇款业务进行洗钱等违法犯罪活动的丑闻进行通报。通知明确要求：1. 加强对跨境汇款业务全流程的反洗钱风险管理。对单笔达到人民币1万元或外币等值1 000美元的交易完整登记汇款信息，审查境外汇入款的汇款人、收款人信息完整性。2. 强化对跨境汇款交易的反洗钱监测。及时更新监控名单，采取有效技术手段，提交可疑交易报告，以及加强金融机构对反洗钱流程和信息系统的自我审查。3. 防范境外反洗钱监管风险。研究国际通行反洗钱标准，关注发达国家反洗钱监管政策，采取应对策略。

19日 中国人民银行印发《关于金融机构在跨境业务合作中加强反洗钱工作的通知》。该通知要求金融机构严格按照《金融机构客户身份识别和客户身份资料及交易记录保存管理办法》规定，评估境外金融机构反洗钱监管情况，确定风险等级及防控措施，在集团层面建立统一的洗钱风险管理政策，并安排专人负责合规管理。

21日　《信用增进机构业务规范》《信用增进机构风险管理规范》两项行业标准获准实施。中债信用增进投资股份有限公司联合中国光大银行股份有限公司、中债资信评估有限责任公司起草的《信用增进机构业务规范》《信用增进机构风险管理规范》两项行业标准，经全国金融标准化技术委员会审查通过，并由中国人民银行发布实施，标志着我国首批信用增进行业标准诞生并正式进入推广实施阶段。

23日　中国人民银行印发《关于开展拓宽支农再贷款适用范围试点的通知》。该通知旨在深入贯彻落实金融服务实体经济的要求，进一步发挥支农再贷款支持和引导金融机构扩大涉农信贷投放的作用。该通知决定在黑龙江省、陕西省辖内开展试点，将支农再贷款的对象由现行设立在县域和村镇的农村商业银行、农村合作银行、农村信用社和村镇银行等存款类金融机构法人，拓宽至设立在市区的涉农贷款占其各项贷款比例不低于70%的上述四类机构。

中国证监会发布《关于规范证券公司参与区域性股权交易市场的指导意见（试行）》。该指导意见对证券公司规范参与区域性股权交易市场提出了原则性要求。证券公司参与区域性市场，可以有两种方式：一是仅作为区域性市场会员开展相关业务；二是作为区域性市场的股东参与市场管理并开展相关业务。证券公司参与区域性市场不设定行政审批事项。证券公司在参与区域性市场前，应对区域性市场进行评估，并按程序在中国证券业协会备案。证券公司参与区域性市场，可以开展挂牌公司推荐、挂牌公司股权代理买卖服务，并为区域性市场挂牌公司提供股权转让、定向股权融资、私募债券融资、投资咨询及其他有关服务；证券公司还可以为区域性市场的挂牌公司提供转板服务。

24日　国家发展改革委、卫生部、财政部、人力资源社会保障部、民政部、中国保监会联合发布《关于开展城乡居民大病保险工作的指导意见》。该意见指出，近年来随着全民医保体系的初步建立，人民群众看病就医有了基本保障，但人民群众对大病医疗费用负担重反映仍较强烈。开展城乡居民大病保险工作，是在基本医疗保障的基础上，对大病患者发生的高额医疗费用给予进一步保障的一项制度性安排，目的是要切实解决人民群众因病致贫、因病返贫的突出问题。该意见进一步完善了我国城乡居民医疗保障制度。

31日　中国证券登记结算有限责任公司发布《关于保险资产管理公司资产管理产品开户与结算有关问题的通知》。该通知明确了保险资产管理计划开立和使用资管账户的具体要求和相关结算安排，主要包括以下三个特点：一是体现了自主选择、公平对待的原则；二是开户要件和流程明确具体，可操作性强；三是严格管理，规范使用。

中国人民银行行长周小川以大陆方面货币管理机构代表名义与台湾方面货币管理机构代表彭淮南签署《海峡两岸货币清算合作备忘录》，双方同意以备忘录确定的原则和合作架构建立两岸货币清算机制。

9月

13～14日　中国人民银行代表团出席了在澳大利亚悉尼召开的第27次东亚及太平洋地区中央银行行长会议组织（EMEAP）支付结算体系工作组（WGPSS）会议。工作组将继续加强与支付结算体系委员会（CPSS）等国际组织交流，跟进国际支付结算领域最新进展；在区域内实施最新国际准则的最优安排，形成代表全区利益和观点的共同声音；深入研究零售支付发展相关问题，推动区域内金融普惠。

14日　中国证监会国际顾问委员会第九次会议在北京召开。国际顾问委员会委员就债券市场的发展与监管，衍生品市场的发展、开放与监管，以及多层次资本市场建设等议题进行了热烈讨论。委员们充分肯定了中国近年来在多层次资本市场建设、债券市场发展、衍生品市场发展及国际合作方面所作出的努力，特别是对证监会“十二五”时期推出的改革措施在促进市场进一步发挥资源配置功能，服务经济转型方面给予了积极评价，并对中国资本市场的进一步发展提出了许多建设性的建议。

中国保监会发布《关于支持汽车企业代理保险业务专业化经营有关事项的通知》。该通知鼓励和支持汽车企业出资设立保险代理、保险经纪公司，或者采取与已有保险代理、保险经纪公司合作，由保险代理、保险经纪公司统筹开展汽车保险业务。该通知对公司名称、分支机构设立和管理等方面提出了相关要求。为鼓励汽车企业投资保险代理、保险经纪公司，该通知中明确规定了各项政策支持措施。

17 日 中国人民银行、中国银监会、中国证监会、中国保监会和国家外汇管理局共同编制的《金融业发展和改革“十二五”规划》公开发布。该规划依据《中华人民共和国国民经济和社会发展第十二个五年规划纲要》和 2012 年全国金融工作会议有关文件编制。规划分为 9 章，在回顾“十一五”时期金融业发展和改革取得的主要成就，分析“十二五”时期面临的机遇与挑战的基础上，提出了“十二五”时期金融业发展和改革的指导思想、主要目标和政策措施。从完善金融调控、优化组织体系、建设金融市场、深化金融改革、扩大对外开放、维护金融稳定、加强基础设施等七个方面，明确了“十二五”时期金融业发展和改革的重点任务。该规划作为经国务院批准的国家级专项规划，是“十二五”时期金融业发展和改革的重要依据，对于贯彻落实 2012 年全国金融工作会议精神，巩固和扩大应对国际金融危机冲击成果，促进“十二五”时期金融业改革开放和健康发展，具有重要意义。

中国银监会发布《农户贷款管理办法》。该管理办法结合农户贷款业务特点，按照手续便利性与业务规范性相结合、贷款可获得性与风控严密性相结合的原则，充分考虑农户所在地域、农林牧渔生产、农户消费等不同贷款需求特点，并吸收借鉴了国际小微贷款管理技术，对业务发展与风险管理提出了具体要求。

24 日 中国人民银行与中国银行澳门分行续签《关于人民币业务的清算协议》。根据中国人民银行公告〔2004〕第 8 号确定的选择澳门人民币业务清算行的原则和标准，经过对申请连任清算行的中国银行澳门分行进行全面评审，并商澳门金融管理局同意，中国人民银行决定授权中国银行澳门分行继续担任澳门人民币业务清算行并与中国银行澳门分行续签《关于人民币业务的清算协议》。

中国人民银行货币政策委员会召开 2012 年第三季度例会。会议认为，中国经济金融运行呈现缓中趋稳态势，物价形势基本稳定，全球经济仍较为疲弱，欧美新的救助和刺激措施的影响须密切关注。会议强调，要密切关注国际国内经济金融最新动向及其影响，继续实施稳健的货币政策，着力提高政策的针对性、灵活性和前瞻性，根据形势变化适时适度进行预调微调，正确处理保持经济平稳较快发展、调整经济结构和管理通胀预期三者的关系。

27 日 中国人民银行发布《支付机构预付卡业务管理办法》。该办法共 6 章 52 条，明确了预付卡定义和办法适用范围，对支付机构预付卡发行、受理、使用、充值和赎回等环节进行了全面规范，提出了严格的业务监管要求。该办法主要体现了以下几方面要求：一是坚持引导预付卡在小额便民支付领域发挥积极作用；二是坚持严格规范预付卡市场秩序；三是切实保障持卡人合法权益。该办法作为《非金融机构支付服务管理办法》系列配套业务管理制度和商业预付卡监管总体制度安排的重要组成部分，是人民银行贯彻落实国办发〔2011〕25 号的又一重要举措，将对完善预付卡业务管理、规范预付卡经营行为、引导预付卡行业转型和创新发展发挥积极作用。

中国证监会正式发布《证券期货业信息安全保障管理办法》。该办法包括总则、基本要求、持续保障要求、产品及服务采购要求、行业自律、监督管理和附则，共 7 章 51 条，重点解决了四个方面的问题：一是进一步明确信息安全是行业机构的法定义务；二是对证券期货交易所等市场核心机构信息安全提出特别要求；三是首次强调了对软硬件产品及服务采购活动的管理；四是明确了行业监管部门、自律组织的信息安全管理职责。该办法自2012年11月1日起施行。

28日 中国人民银行和中国银监会、中国证监会、中国保监会联合发布《关于金融支持喀什霍尔果斯经济开发区建设的意见》。该意见共6部分20条，分别从拓宽融资渠道和方式、促进贸易投资便利化、发展完善金融组织体系、加快推进金融创新、提升金融服务水平、建立长效机制等方面支持开发区建设和发展。

中国证监会发布《非上市公众公司监督管理办法》。该监管办法共8章63条，包括总则、公司治理、信息披露、股票转让、定向发行、监督管理、法律责任和附则，主要任务是确定了非上市公众公司的范围，提出了公司治理和信息披露的基本要求，明确了公开转让、定向转让、定向发行的申请程序。

10月

10日 中国银行新加坡分行获得新加坡金融管理局颁发的特准全面银行牌照（Qualifying Full Bank）。该行成为新加坡目前116家外资银行中第9家获得此类牌照的商业银行。

国际清算银行金融稳定学院（Financial Stability Institute，FSI）与银监会在北京联合举办金融稳定与宏观审慎监管高层政策论坛。来自东亚及太平洋地区中央银行行长会议组织（Executive Meeting of East Asia Pacific，EMEAP）成员的60余名中央银行和监管机构高级官员及我国财政部、人民银行、证监会、保监会等相关部门代表参加了论坛。金融稳定学院由国际清算银行和巴塞尔银行监管委员会于1999年联合成立，主要职责是通过国际监管规则的培训、研讨和经验交流，促进国际监管规则的全球统一实施，帮助各国监管机构改进制度框架，提高实施能力，从而促进各国金融体系的稳健运行。

10～11日 金融稳定理事会在日本东京召开全体会议。中国人民银行副行长易纲、财政部副部长李勇和中国银监会副主席王兆星出席会议。会议重点讨论了全球脆弱性问题，审议了加强影子银行监管的政策建议、全球法人机构识别编码体系监管委员会章程等重要文件，讨论了当前金融改革的进展情况。

11日 中国证监会公布修改后的《外资参股证券公司设立规则》。该规则将境外股东持股比例由不超过1/3提升至49%，修改后的规则自颁布之日起实施。

12日 中国华融资产管理股份有限公司在北京成立。工商注册资本258.36亿元，由财政部控股，持股比例为98.06%；中国人寿保险（集团）公司参股，持股比例为1.94%。中国华融资产管理股份有限公司的成立，标志着金融资产管理公司商业化转型再次取得重大突破，中国华融由政策性机构向市场化机构彻底转型，开启了第二次创业新篇章。

19日 中国证监会正式发布修订后的《证券公司客户资产管理业务管理办法》《证券公司集合资产管理业务实施细则》及《证券公司定向资产管理业务实施细则》。以上文件自公布之日起施行。

25日 中国人民银行印发《关于上海银行间同业拆放利率（Shibor）建设工作有关事宜的通知》。该通知旨在进一步推进上海银行业间同业拆放利率建设工作，强调了报价行、全国银行间同业拆借中心和人民银行在Shibor报价、计算和发布、市场监督和制度建设等方面内容中发挥相应作用。其中，为了提高Shibor报价的代表性和公信力，2012年Shibor报价行由16家扩充至18家。

31日 中国证监会正式发布修订后的《证券投资基金管理公司子公司管理暂行规定》。该暂行规定强调子公司的公司治理和内控机制，加强子公司人员管理，同时注重强化基金管理公司对子公司的管控，一方面要求基金管理公司合理确定子公司的发展方向和经营计划，加强与子公司的业务协调和资源共享；另一方面要求母子公司建立风险隔离墙制度、关联交易管理制度，及时对外公开披露关联交易事项和基金管理公司从业人员参与子公司的情况，有效防范利益冲突，同时也有针对性地规定了相应的监管和处罚措施。该暂行规定自 11 月 1 日起施行。

11 月

2 日 中国人民银行发布《2012 年第三季度中国货币政策执行报告》。该报告详细介绍了 2012 年第三季度我国经济运行整体情况，并就货币政策和信贷执行情况进行了分析与说明。该报告指出 2012 年第三季度，中国经济增长呈缓中趋稳态势并继续出现积极变化。前三个季度，实现国内生产总值 35.3 万亿元，同比增长 7.7%；居民消费价格同比上涨 2.8%。中国人民银行按照国务院统一部署，继续实施稳健的货币政策，着力增强政策的前瞻性、针对性和灵活性，适时适度进行预调微调。再次下调存贷款基准利率并扩大贷款利率浮动区间。下一阶段，中国人民银行将继续实施稳健的货币政策，增强调控的前瞻性、针对性和灵活性，加强预调微调，把握好经济增长、物价稳定和风险防范三者的平衡，重在保持货币环境的稳定，为市场经济自身的调整和稳定机制发挥作用创造条件。

第六次中美银行业监管磋商会议成功举办。双方代表就银行业监管政策和实践的最新热点问题和其他共同感兴趣的话题交流了意见和看法。会谈主要内容包括当前银行业发展面临的主要风险、系统重要性银行和社区银行的监管政策、国际监管新标准的实施进展和跨境监管合作等。

5 日 国土资源部、财政部、中国人民银行和中国银监会联合发布《关于加强土地储备与融资管理的通知》。该通知旨在加强土地储备机构、业务和资金管理，规范土地储备融资行为，切实防范金融风险，保障土地储备工作规范和健康运行。该通知规定：国土资源主管部门统一归口管理土地储备工作，按照《土地储备管理办法》建立土地储备机构名录；土地储备机构应根据当地经济社会发展及土地市场形势，于每年第三季度编制下一年度土地储备计划，并组织开展对储备土地的前期开发；储备土地必须保证产权清晰，包括依法收回的国有土地、收购的土地、行使优先购买权取得的土地、已办理农用地转用、征收批准手续并完成征地的土地及政府依法取得的其他土地；土地储备机构需要融资的，应纳入地方政府性债务统一管理，融资资金应按照专款专用、封闭管理的原则严格监管；国有土地收益基金要按规定比例及时计提，并按规定用于土地储备。

5～9 日 中国人民银行副行长李东荣率团出席在印度新德里召开的欧亚反洗钱和反恐怖融资组织（EAG）第十七届全会暨工作组会议。欧亚反洗钱和反恐怖融资组织（EAG）第十七届全会在印度新德里举行，来自 EAG 9 个成员国以及金融行动特别工作组（FATF）、世界银行等观察员的 120 余名代表参加会议。会议批准 EAG 与上海合作组织地区反恐怖机构合作议定书，并就 EAG 第二轮互评估原则等问题进行讨论。会议讨论了利用证券市场洗钱等类型研究课题，并决定与亚太反洗钱组织（APG）联合举办 2013 年洗钱类型研究年会。会议期间还举办了国家洗钱风险评估研讨会，就国家洗钱风险评估的方法、模型和案例等进行了讨论。

6 日 中国证监会发布《关于加强与上市公司重大资产重组相关股票异常交易监管的暂行规定》。该规定指出上市公司停牌进入重大资产重组程序后，证券交易所立即启动股票异常交易核查程序，并及时将股票异常交易信息上报证监会。同时将存在异常交易的结论告知上市公司，由上市公司自主决定是否继续推进重组。如上市公司决定继续推进重组的，应同时作出股票异常交易的风险提示。证监会对股票异常交易信息进行核查后，如认为涉嫌内幕交易决定立案稽查的，上市公司应暂停重组进程，并及时进行信息披露和风险提示。重大资产重组进程暂停后，相关方可以根据涉嫌内幕交易的主体在重大资产重组中地位和角色的不同以及法人和自然人的区别进行分类处理，如果属于该规定中可以通过撤换或退出重组交易达到“消除影响”的，上市公司可以恢复重组进程。如果上市公司及其控股股东、实际控制人、占本次重组总交易金融的比例在20%以上的交易对方因本次重大资产重组相关的内幕交易行为被证监会行政处罚或被司法机关依法追究法律责任的，上市公司应当终止重组进程，进入行政许可阶段的，证监会终止审核。在重大资产重组进程中，证券交易所负责督促上市公司及时进行信息披露和风险提示，强化中小投资者的知情权，保护中小投资者的合法权益。该规定自2012年12月17日施行。

8日 中国工商银行收购阿根廷标准银行80%股份的交易获得阿根廷中央银行批准。这是中资银行第一次收购拉美地区的金融机构，也是中资银行第一次在境外（港澳地区以外）控股收购一家真正意义上的主流商业银行。交易完成后，工商银行阿根廷子行将成为拉美地区规模最大、网点最多、业务最全面的中资银行。

12日 国务院公布《农业保险条例》。2007—2011年，中央财政累计给予农业保险费补贴达264亿元，各级财政对主要农作物的保险费补贴合计占应收保险费的比例达80%。该条例的出台填补了《中华人民共和国农业法》和《中华人民共和国保险法》未涉及的农业保险领域的法律空白，标志着我国农业保险业务发展进入了有法可依的阶段，对确保我国粮食安全意义重大。随着相关细则的逐步完善，我国农业保险发展及农业生产的抗风险能力建设将揭开新的一页。该条例自2013年3月1日起施行。

13日 经国务院批准，人民币合格境外机构投资者（RQFII）投资额度增加2 000亿元人民币，RQFII投资额度累计达到2 700亿元人民币。

经国务院批准，自2013年1月1日起，对个人从公开发行和转让市场取得的上市公司股票，股息红利所得按持股时间长短实行差别化个人所得税政策。持股超过1年的，税负为5%；持股1个月至1年的，税负为10%；持股1个月以内的，税负为20%。政策调整明确了个人投资者持股时间越长，税负越低，以鼓励长期投资，抑制短期炒作，促进我国资本市场长期健康发展。

15日 中国证监会公布《基金管理公司开展投资、研究活动防控内幕交易指导意见》。该指导意见作为基金行业贯彻、落实国务院关于依法打击和防控资本市场内幕交易整体工作部署的一项重要举措，明确了基金管理公司防控内幕交易机制的原则、重点及职责体系，要求基金管理公司建立完善内幕信息的识别、报告、处理、检查、责任追究及合规审查、培训、考核等重要防控内幕交易制度，强化了基金管理公司未按照相关法律法规和指导意见建立、实施防控内幕交易机制的法律责任。

19日 中国人民银行印发《关于切实做好银行卡刷卡手续费标准调整实施工作的通知》。该通知指出，为确保2013年2月25日执行《银行卡刷卡手续费标准》，对人民银行各分支机构、发卡行、收单银行、中国银联和中国支付清算协会等有关各方提出明确业务要求，做好系统调试准备工作。

22日 中国人民银行发布《银行业标准体系》。该标准体系描绘了未来五年银行业标准全貌和标准化发展蓝图，是银行业标准制修订计划的主要依据和银行业标准化工作的重要参考，涵盖了基础通用、产品服务、运营管理、信息技术和行业管理5大类金融国家标准和行业标准。标准体系的出台解决了银行业标准体系缺失的问题，对于促进银行业建立标准体系总体框架、协调标准关系、提高标准质量、完善标准体系、加强标准工作机制、提升经营管理水平和竞争力具有积极意义。

29日 中国银监会发布《关于商业银行资本工具创新的指导意见》。该指导意见旨在推动和规范商业银行开展资本工具创新，拓宽资本补充渠道，增强银行体系稳健性，支持实体经济持续健康发展。该指导意见首先提出了商业银行资本工具创新的基本原则：一是坚持商业银行是资本工具创新主体原则；二是坚持先易后难、稳步推进的原则；三是坚持先探索、后推广的原则。同时，该指导意见明确了合格资本工具的认定标准，要求商业银行发行的非普通股新型资本工具应通过合同约定的方式满足上述认定标准。此外，该指导意见还提出了推进资本工具创新的工作要求：一是商业银行认真做好调研工作，审慎制订资本工具发行方案；二是明确工作流程，不断完善资本工具的发行机制；三是银监会将积极与相关主管部门协调配合，持续推进配套法规制度及市场机制建设，为商业银行资本工具创新提供制度保障。

30日 中国银监会发布《关于实施〈商业银行资本管理办法（试行）过渡期安排相关事项的通知〉》。该通知的主要内容包括：一是明确过渡期内分年度资本充足率监管要求，对储备资本要求（2.5%）设定6年的过渡期，2013年末，储备资本要求为0.5%，其后五年每年递增0.4%。到2013年末，对国内系统重要性银行的核心一级资本充足率、一级资本充足率和资本充足率的最低要求分别为6.5%、7.5%和9.5%；对非系统重要性银行的核心一级资本充足率、一级资本充足率和资本充足率的最低要求分别为5.5%、6.5%和8.5%。二是对已达标银行和未达标银行提出差异化要求。对于已达标银行，鼓励过渡期内资本充足率保持在资本办法规定的资本充足率监管要求之上；对于未达标银行，要求在过渡期内达到分年度资本充足率监管要求并制定资本规划，稳步推进资本充足水平的提高。三是提出了过渡期内的监管措施。该通知要求商业银行结合过渡期内的分年度资本充足率监管最低要求和各行的实际情况，科学制订分年度资本充足率达标规划，经董事会批准后报银监会核准。银监会将根据商业银行资本规划的具体实施情况，采取灵活、审慎的监管措施。

12月

3日 中国人民银行农村信用社改革试点专项中央银行票据发行兑付考核评审委员会召开第23次例会。会议决定，对天津等2省（直辖市）辖内农村信用社兑付专项票据，额度为11.18亿元。

中国人民银行同意中国银行间市场交易商协会发布《中国银行间市场债券回购交易主协议》。该协议旨在维护市场参与者合法权益，促进中国债券回购市场的规范、健康发展，协议要求：市场参与者开展债券回购交易应当签署主协议，并向交易商协会备案；主协议签署后打成的交易适用主协议，之前达成的交易可由双方协商；发布之日后的12个月为过渡期；交易商协会应加强市场自律管理，组织业务培训，强化投资者教育。公告自发布之日起施行，2000年中国人民银行货币政策司发布《全国银行间债券市场债券回购主协议》的公告和《中国人民银行关于印发〈全国银行间债券市场债券买断式回购主协议〉的通知》在主协议签署过渡期结束后废止。

3~4日 第三次反洗钱与反恐怖融资研讨会在北京举行。在中美战略与经济对话框架下，第三次反洗钱与反恐怖融资研讨会在北京举行，中国人民银行副行长李东荣出席开幕式并致辞。会议主要就定向金融制裁、跨境金融调查、贸易洗钱等议题进行讨论。

4~8日 中国人民银行行长助理金琦陪同国家副总理王岐山赴俄罗斯莫斯科、哈萨克斯坦阿斯塔纳出席中俄总理定期会晤委员会第十六次会议、中哈合作委员会第六次会议。

7日 全国金融标准化技术委员会（以下简称金标委）首届专家委员会在京成立并召开第一次工作会议。会议报告了第三届金标委专家委员会的组建情况，审议通过了专家委员会的工作细则，研究、讨论了2013年金融标准化工作要点和金标委工作计划。

10日 国务院反假货币工作联席会议第五次会议在北京召开。会议明确，当前和今后一个时期反假货币工作的总体要求，以“打防结合，综合治理，以人为本，重在长效”为原则，坚持打击假币犯罪活动的专项整治常抓不懈，坚持反假货币技防、物防措施的研发和应用常抓不懈，坚持反假货币知识宣传普及常抓不懈，坚持反假货币人才队伍培训教育常抓不懈，坚持依法加强和规范反假货币管理常抓不懈。

11日 中国人民银行决定授权中国银行台北分行担任台湾人民币业务清算行。根据《海峡两岸货币清算合作备忘录》相关内容，经过评审，中国人民银行决定授权中国银行台北分行担任台湾人民币业务清算行。

13日 中国证监会基金监管部发布实施《关于深化基金审核制度改革有关问题的通知》及其配套措施，全面改革基金产品审核制度。

15～16日 中央经济工作会议在北京举行。中共中央总书记、中共中央军委主席习近平，国务院总理温家宝，中共中央政治局常委李克强、张德江、俞正声、刘云山、王岐山、张高丽出席会议。会议指出，2012年以来，面对日趋严峻的国际经济形势和国内改革发展稳定的繁重任务，党中央、国务院团结带领全党全国各族人民，坚持以科学发展为主题，以加快转变经济发展方式为主线，按照稳中求进的工作总基调，及时加强和改善宏观调控，把稳增长放在更加重要的位置，经济社会发展呈现稳中有进的良好态势。经济运行总体平稳，物价涨幅稳步回落，农业基础地位进一步稳固，社会大局保持稳定。转变经济发展方式有新进展，科技创新有新成绩，改革开放有新突破，改善民生有新成效。

18日 全国金融标准化技术委员会（以下简称金标委）2012年工作会议在北京召开。会议总结了2012年金标委工作情况，明确了2013年金标委工作任务，审议并通过了《关于2012年金融标准复审工作的报告》和《2013年全国金融标准化技术委员会工作计划》。

最高人民法院与中国保监会联合发布《关于在全国部分地区开展建立保险纠纷诉讼与调解对接机制试点工作的通知》，决定在全国部分地区开展建立保险纠纷诉讼与调解对接机制试点工作。该通知明确了保险纠纷“诉调对接”的方式，试点地区法院采用立案前委派调解、立案后委托调解等方式，引导当事人通过保险纠纷诉讼与调解对接机制高效、低成本地解决纠纷。同时，确立了保险纠纷调解协议效力的司法确认程序，保险纠纷当事人经调解组织、调解员主持调解达成的调解协议，具有民事合同性质，当事人可申请有管辖权的人民法院确认其效力。经人民法院确认有效的调解协议，具有强制执行力。

19日 中国人民银行、国家发展改革委、科技部、财政部、商务部、国侨办、国务院港澳办、国台办、中国银监会、中国证监会、中国保监会、国家外汇管理局发布《关于印发福建省泉州市金融服务实体经济综合改革试验区总体方案的通知》。该通知旨在落实《海峡西岸经济区发展规划》，进一步提升金融服务实体经济的能力，探索金融服务实体经济的新途径，主要任务包括：建立健全服务实体经济的多元化金融组织体系；加大对小微企业及民生的金融支持力度；提升农村金融服务能力；加强泉台港澳侨金融合作；规范发展民间融资；扩大直接融资规模；提升保险服务水平；完善金融风险防控机制。主要目标是经过五年左右的努力，基本形成与泉州经济社会发展相匹配、分层有序的金融组织体系，基本建成主体多元、充满活力的金融市场体系，建立完善形式多样、功能完备的金融产品创新体系；着力拓宽资金投入实体经济渠道，着力解决小微企业融资难问题，着力支持薄弱领域发展，促进泉州经济又快又好发展。

中国证监会正式发布《上市公司监管指引第2号——上市公司募集资金管理和使用的监管要求》。该监管指引主要体现了以下三方面的特点：一是重申现有规定中对募集资金管理和使用的基本要求，坚守监管底线，保证募集资金的安全；二是适当放宽资金用途，为上市公司留出空间，提高募集资金使用效率；三是进一步明确程序性规定，细化信息披露要求，强化中介机构责任。证监会《关于进一步规范上市公司募集资金使用的通知》同时废止。

14日 中国证监会发布《公开发行证券的公司信息披露内容与格式准则第30号——创业板上市公司年度报告的内容与格式（2012年修订）》。正式发布的《创业板年报准则》共计4章66条和1个附件，主要体现了以下四方面特点：一是以投资者需求为导向；二是突出创业板特色；三是提高投资者决策有用性；四是降低公司披露成本。该准则自2013年1月1日起施行。

22～23日 中央农村工作会议在北京召开。会议认真贯彻党的十八大精神，系统总结2012年和过去10年农业农村发展成就，深刻分析“三农”工作面临的新形势新挑战，重点研究加快发展现代农业、进一步增强农村发展活力，全面部署当前和今后一个时期的农业农村工作。

24日 财政部、国家发展改革委、中国人民银行和中国银监会联合印发《关于制止地方政府违法违规融资行为的通知》。该通知指出，最近有些地方政府违法违规融资有抬头之势，存在违规采用集资、回购（BT）等方式举债建设公益性项目，违规向融资平台公司注资或提供担保，该通过财务公司、信托公司、金融租赁公司等违规举借政府性债务等行为。为有效防范财政金融风险，保持经济持续健康发展和社会稳定，通知明确要求：严禁直接或间接吸收公众资金违规集资；切实规范地方政府以回购方式举借政府性债务行为；加强对融资平台公司注资行为管理；规范融资平台公司融资行为；制止地方政府违规担保承诺行为。

中国人民银行印发《银行业金融机构存取现金业务管理办法》。该办法旨在加强对银行业金融机构在中国人民银行发行库办理存取现金业务的管理。该办法共7章38条，对开办存取现金业务的审核、管理和终止业务的条款，以及监督管理和纪律责任管理办法等方面进行了明确规定。

中国证监会发布《证券期货业信息安全事件报告与调查处理办法》。该办法旨在规范证券期货业信息安全事件的报告和调查处理，减少信息安全事件的发生。该办法共5章32条，主要对事件分级、事件报告和调查处理等环节进行了明确的规定。该办法自2013年2月1日起施行。

26日 中国人民银行货币政策委员会召开2012年第四季度例会。会议认为，中国经济金融运行总体平稳，积极因素进一步增多，物价形势基本稳定，全球经济仍较为疲弱，不确定性依然存在。会议强调，要认真贯彻落实党的十八大和中央经济工作会议精神，密切关注国际国内经济金融最新动向和国际资本流动的变化，继续实施稳健的货币政策，处理好稳增长、调结构、控通胀、防风险的关系。综合运用多种货币政策工具，引导货币信贷和社会融资平稳适度增长。

30日 中国证监会公布《资产管理机构开展公募证券投资基金管理业务暂行规定（征求意见稿）》。该规定旨在规范符合条件的资产管理机构开展公开募集证券投资基金（以下简称基金）管理业务，维护基金份额持有人合法权益，促进基金行业和资本市场持续健康发展，拟允许符合条件的证券公司、保险资产管理公司、私募证券基金管理机构三类机构直接开展公募基金管理业务。该暂行规定共18条，规定了证券公司、保险资产管理公司、私募证券基金管理机构开展公募基金管理业务的基本条件，主要包括：3年以上证券资产管理经验；治理内控完善；经营状况良好、连续三年盈利；没有违法违规行为；成为基金业协会会员等。该暂行规定还针对三类机构设定了诸如管理规模、净资本、分类评价级别等特殊条件。对于证券公司，要求管理资产规模不低于200亿元；最近12个月各项风险控制指标持续符合规定标准；最近1个季度末净资本不低于10亿元人民币；最近1年中国证监会分类评价级别在B类以上。对于保险资产管理公司，要求其管理资产规模不低于200亿元；最近12个月偿付能力指标持续符合监管要求。对于私募证券基金管理机构，要求其实缴资本不低于1 000万元；最近三年资产管理规模均不低于30亿元。在经营运作方面，上述三类机构从事公募基金业务，在基金募集、份额登记、投资运作、核算估值、信息披露等方面应统一适用《中华人民共和国证券投资基金法》及配套法规的规定。该暂行规定主要从业务独立、风险隔离、公平交易、利益冲突防范等方面提出了要求。

31日 中国人民银行、中国证监会签署《关于加强证券期货监管合作 共同维护金融稳定的备忘录》。该备忘录立足于发挥中国人民银行分支机构覆盖面广的优势，弥补地市级、县级证券期货监管力量的不足，着力提升金融监管效能，共同维护金融稳定。

中国银监会印发《关于银行业金融机构做好老少边穷地区农村金融服务工作有关事项的通知》。该通知要求持续提升革命老区、民族地区、边疆地区、贫困地区的农村金融服务水平，促进金融服务均等化建设。

2013 年

1 月

5 日 中国人民银行印发《金融机构洗钱和恐怖融资风险评估及客户分类管理指引》，指导金融机构评估洗钱和恐怖融资风险，合理确定客户洗钱风险等级，提升反洗钱和反恐怖融资工作有效性。该指引适用于金融机构开展洗钱风险评估、客户洗钱风险等级划分及其他风险管理工作。支付机构及其他应履行反洗钱义务的特定非金融机构可参照该指引开展相关工作。银行业金融机构可根据实际风险状况，自主决定是否将该指引的要求运用于一次性交易客户。保险业金融机构可根据实际风险状况，自主决定是否将该指引的要求运用于投保人以外的其他人员。金融机构和特定非金融机构的行业自律组织可根据该指引进一步制定分行业的指引。

6 日 中国保监会颁布《保险销售从业人员监管办法》，对保险销售从业人员的从业资格、执业管理、保险机构的管理责任等方面进行了规定。该办法规定，保险销售从业人员应当具备大专学历，取得全国通用的资格证书，方可在全国范围内销售保险产品，同时允许保监局根据地区实际适当调整。从事保险销售的人员应当通过中国保监会组织的保险销售从业人员资格考试，取得保险销售从业人员资格证书。报名参加资格考试的人员，应当具备大专以上学历和完全民事行为能力。有下列情形之一的，不予受理报名申请：1. 隐瞒有关情况或者提供虚假材料的；2. 隐瞒有关情况或者提供虚假材料，被宣布考试成绩无效未逾 1 年的；3. 违反考试纪律情节严重，被宣布考试成绩无效未逾 3 年的；4. 以欺骗、贿赂等不正当手段取得资格证书，被依法撤销资格证书未逾 3 年的；5. 被金融监管机构宣布禁止在一定期限内进入行业，禁入期限未届满的；6. 因犯罪被判处刑罚，刑罚执行完毕未逾 5 年的；7. 法律、行政法规和中国保监会规定的其他情形。该办法更加强化保险公司、保险代理机构对保险销售从业人员从业行为的管理责任，保险销售从业人员的违法违规行为，将首先追究所属机构的责任。

7 日 中国证监会发布《证券期货业统计指标标准指引》，对证券期货行业的统计指标进行了全面梳理，形成了 99 个一级统计指标；一级指标之下，按统计对象的常用类属，形成 430 多个二级指标。该指引统计指标共分股票市场、债券市场、基金市场、期货市场、证券期货经营机构五大部分。每个指标的要素包括指标代码、基本定义、统计属性、指标种类、指标说明、相关制度规则等要素。

8 日 中国人民银行创设“常备借贷便利”（SLF），对金融机构开展操作提供流动性支持。从国际经验看，中央银行通常综合运用常备借贷便利和公开市场操作两大类货币政策工具管理流动性。常备借贷便利的主要特点：一是由金融机构主动发起，金融机构可根据自身流动性需求申请常备借贷便利；二是常备借贷便利是中央银行与金融机构“一对一”交易，针对性强；三是常备借贷便利的交易对手覆盖面广，通常覆盖存款金融机构。全球大多数中央银行具备借贷便利类的货币政策工具，但名称各异，如美联储的贴现窗口、欧央行的边际贷款便利、英格兰银行的操作性常备便利、日本银行的补充贷款便利、加拿大央行的常备流动性便利、新加坡金管局的常备贷款便利，以及新兴市场经济体中俄罗斯央行的担保贷款、印度储备银行的边际常备便利、韩国央行的流动性调整贷款、马来西亚央行的抵押贷款等。受国际经济金融形势不确定性增强以及各种影响流动性的因素波动较大影响，近年来我国银行体系短期流动性供求的波动性有所加大，尤其是当多个因素相互叠加或市场预期发生变化时，有可能出现市场短期资金供求缺口难以通过货币市场融资及时解决的情形，不仅加大了金融机构流动性管理难度，而且不利于中央银行调节流动性总量。为提高货币调控效果，有效防范银行体系流动性风险，增强对货币市场利率的调控效力，客观上需要进一步创新和完善流动性供给及调节机制，不断提高应对短期流动性波动的能力，为维持金融体系正常运转提供必要的流动性保障。借鉴国际经验，中国人民银行创设常备借贷便利。常备借贷便利是中国人民银行正常的流动性供给渠道，主要功能是满足金融机构期限较长的大额流动性需求。对象主要为政策性银行和全国性商业银行。期限为1～3个月。利率水平根据货币政策调控、引导市场利率的需要等综合确定。常备借贷便利以抵押方式发放，合格抵押品包括高信用评级的债券类资产及优质信贷资产等。

10～11日 2013年中国人民银行工作会议在北京召开。会议的主要任务是深入贯彻落实党的十八大、中央经济工作会议和国务院领导同志重要指示精神，总结2012年工作，分析当前经济金融形势，部署2013年工作。会议指出，2012年，中国人民银行按照稳中求进的工作总基调，把稳增长放在更加重要的位置，加强和改进金融宏观调控，扎实推进金融改革发展，切实维护金融稳定，全面提升金融服务和管理水平，强化系统建设和内部管理，圆满完成了全年各项工作任务：一是稳健的货币政策取得预期成效；二是金融改革发展稳定工作取得新进展；三是人民币跨境使用进一步扩大；四是金融市场在创新和规范中加快发展；五是外汇管理重点领域改革取得显著成效；六是金融服务与管理工作迈上新台阶；七是国际（地区）金融交流与合作取得新成果；八是系统建设和内部管理工作不断加强；九是党的建设取得新成绩。会议部署了2013年中国人民银行的主要工作：继续实施稳健的货币政策，着力提高调控的前瞻性、针对性和灵活性；进一步深化金融重点领域改革，提高金融服务实体经济的质量和水平；进一步扩大人民币跨境使用；坚持市场化取向，推动金融市场规范发展；加强金融风险监测和排查，牢牢守住不发生系统性、区域性金融风险的底线；继续深化外汇管理改革，防范跨境资本流动风险；扎实推进金融服务现代化，进一步提升金融服务与管理水平；继续参与全球经济金融政策协调和国际金融规则制定。会议强调，要继续加强人民银行系统建设和内部管理。提高党的建设工作科学化水平。继续深入学习全面贯彻落实党的十八大精神。以社会主义核心价值体系建设为重点，切实加强和改进思想政治工作。全面加强党建宣传和央行文化建设。加强干部队伍和基层行建设。狠抓党风廉政建设责任制落实和反腐倡廉建设。认真落实中央关于改进工作作风、密切联系群众的“八项规定”，抓紧制定实施办法。继续加强政策宣传解读，合理引导公众预期。强化内部管理和服务保障。

11日 全国外汇管理工作会议在北京召开，会议指出，近年来，外汇管理部门按照党中央、国务院关于加快改革开放的总体要求，在人民银行党委的直接指导下，着力促进贸易投资便利化，推进资本项目可兑换，坚持依法行政、简政放权，完善外汇储备经营管理，在货物贸易外汇管理制度改革、人民币资本项目可兑换、简化行政审批和法规清理、外汇市场发展等外汇管理体制改革重点领域和关键环节取得实质性进展。在不断推进外汇管理体制改革的过程中，外汇管理部门始终将防风险摆在突出位置，在管理制度、方式和技术手段等方面进行了积极探索和实践，不断提升事后监测分析和管理水平，防范涉外经济金融风险，维护经济金融持续健康发展。会议强调，2013年是全面贯彻落实党的十八大精神的开局之年，是实施“十二五”规划承前启后的关键一年，是为全面建成小康社会奠定坚实基础的重要一年。外汇管理部门要全面贯彻落实党的十八大精神，按照中央经济工作会议的统一部署，稳中求进、改革创新、突出重点、扎实开局，加快外汇管理理念和方式转变，着力深化重点领域改革，促进贸易投资便利化，稳步推进资本项目可兑换，完善外汇储备经营管理，坚守风险底线，防范跨境资本双向流动冲击，提升外汇管理服务实体经济、保障经济金融稳定的能力。会议研究部署了2013年外汇管理工作：一是全面深化外汇管理体制改革，大力促进贸易投资便利化；二是加强外汇宏观总量分析和区域分析，提升外汇监测分析能力和水平；三是不断完善跨境资金流动监管体系，切实维护国家经济金融安全；四是扎实推进主体监管，加快外汇管理理念和方式转变；五是管好用好外汇储备，进一步完善大规模外汇储备经营管理体制；六是优化岗位设置和人员转型，加强外汇管理系统干部队伍能力建设；七是严格执行中央“八项规定”，加强党建、党风廉政和内部管理工作。

14日　中国银监会召开2013年全国银行业监管工作会议，贯彻落实党的十八大和中央经济工作会议精神，总结2012年工作，回顾中国银监会建立以来银行监管及银行业改革发展十年历程，部署2013年重点工作。会议指出，2012年，全国银行业系统以科学发展观为指导，较好地完成“守底线、强服务、严内控、促转型”的年度工作任务，银行业整体态势良好，资产增速、质量和回报率保持平稳，商业银行抵御风险能力、资本实力和经营效率有所上升。会议认为，中国银监会成立十年来，在党中央、国务院的正确领导下，银监会积极创新监管理念，健全监管组织体系，加强监管能力建设，推进银行业改革发展，切实防范化解金融风险，提高了中国银行业管理和服务水平。经过十年努力，我国银行业实现了重大变化。回顾十年工作，主要体会是五个“必须坚持”，即必须坚持保护存款人利益的监管目标，必须坚持服务实体经济的监管导向，必须坚持风险为本的监管理念，必须坚持国际标准与我国实际相结合的监管制度，必须坚持不断加强干部队伍建设。会议指出，当前我国银行业仍处于比较好的发展时期，我国经济社会发展基本面长期趋好，国内市场潜力巨大，社会主义市场经济体制机制不断完善，工业化、城镇化、信息化、农业现代化同步推进，银行业发展具有难得的机遇和有利条件。但也要清醒地看到，在外部冲击和内部转型的压力下，银行业面临的风险和困难逐渐增多，对风险管理和监管的要求日益提高。会议明确了2013年银行业监管的工作重点：一是切实防范和化解金融风险，守住不发生系统性和区域性风险底线是首要任务，特别注意防控三类风险，严防信用违约风险，严控表外业务关联风险，严管外部风险传染。二是引导银行业积极支持实体经济发展，正确引导信贷投向，重点加强对重点领域和薄弱环节的信贷支持，规范贷款资金使用，确保信贷资金投入到实体经济中去。三是深入推动银行业改革转型，积极推进体制机制改革。四是加强监管政策的梳理、研究，完善微观审慎与宏观审慎有机结合的监管政策体系。

16日　全国中小企业股份转让系统正式揭牌运营。全国中小企业股份转让系统是经国务院批准设立的第三家全国性证券交易场所，与上海证券交易所、深圳证券交易所具有完全等同的法律地位。全国中小企业股份转让系统有限责任公司（以下简称全国股转公司）为其运营管理机构，为非上市股份公司股份的公开转让、融资、并购等相关业务提供服务。全国股转公司主要职能包括：提供证券交易的技术系统和设施；制定和修改全国股转系统业务规则；接受并审查股票挂牌及其他相关业务申请，安排符合条件的公司股票挂牌；组织、监督证券交易及相关活动；对挂牌公司及其他信息披露义务人进行监管；对主办券商等全国股转系统参与人进行监管；管理和公布全国股转系统相关信息；中国证监会批准的其他职能。公司建立了党委会、股东会、董事会、监事会和经营管理层，形成了党委领导下的“三会一层”的治理结构，内设17个部门。

国家发展改革委发布《关于优化和调整银行卡刷卡手续费的通知》。该通知指出，刷卡手续费是指银行卡经营机构为商户提供结算服务而向商户收取的费用。优化和调整刷卡手续费按照有利于鼓励消费、降低流通成本、扩大内需和促进经济发展的总体目标，适当下调部分偏高刷卡手续费标准，减轻商户负担，方便群众持卡消费，促进银行卡产业健康发展，实现多方共赢。刷卡手续费由发卡行服务费、银行卡清算组织网络服务费和收单服务费组成。其中，发卡行服务费和银行卡清算组织网络服务费实行政府定价，收单服务费实行政府指导价。刷卡手续费商户类别包括餐娱类、一般类、民生类和公益类四大类。各类商户发卡行服务费、银行卡清算组织网络服务费和收单服务费根据行业刷卡成本和风险等因素确定。对公益类机构免收发卡行服务费和银行卡清算组织网络服务费。要求自 2013 年 2 月 25 日起，实施新的银行卡刷卡手续费方案：餐饮类刷卡费率下调至 1.25%，一般类刷卡费率下调至 0.78%，民生类刷卡费率为 0.38%，公益类刷卡继续免费。

中国保监会发布《保险专业代理机构基本服务标准》《保险经纪机构基本服务标准》和《保险公估机构基本服务标准》。《保险专业代理机构基本服务标准》从首次接洽客户、售前、售中、售后、协助索赔、处理投诉等流程出发，对代理机构提出了诚实信用、专业胜任、勤勉尽责等要求。保险专业代理机构服务保险消费者（客户）的环节和内容，包括但不限于与客户充分沟通了解保险需求，推荐保险产品，协助办理投保手续，提供保全服务，协助索赔，处理投诉等。保险专业代理机构服务过程中，应遵守法律、行政法规和中国保监会的有关规定，维护客户权益，做到诚实信用、专业胜任、勤勉尽责，全面履行告知义务，充分披露相关信息，保守客户隐私和商业秘密。从业人员应当具备法定的资格条件、良好的职业操守和较强的执业能力。《保险经纪机构基本服务标准》将经纪服务的流程划分为建立保险经纪服务关系、评估风险、拟定投保方案、为客户选择保险公司、办理投保手续、保险期内服务、协助索赔、处理投诉，提出了以客户利益最大化为服务宗旨。保险经纪机构为保险消费者（客户）提供保险经纪服务的环节和内容，包括但不限于接受客户委托建立保险经纪服务关系、进行风险评估、拟定投保方案、选择保险公司、办理投保手续、保险期内服务、协助索赔、处理投诉等。保险经纪机构服务过程中，应遵守法律、行政法规和中国保监会的有关规定，以客户利益最大化为服务宗旨，做到诚实守信、专业胜任、勤勉尽责，全面履行告知义务，充分披露相关信息，保守客户隐私和商业秘密。从业人员应当具备法定的资格条件、良好的职业操守和较强的执业能力。《保险公估机构基本服务标准》规定，保险公估机构提供保险公估服务的环节和内容，包括但不限于接受委托建立保险公估服务关系，为委托方进行风险评估，对出险标的进行查勘、定责定损，处理保险消费者投诉等。保险公估机构服务过程中，应遵守法律、行政法规和中国保监会的有关规定，做到诚实信用、专业胜任、客观公正、勤勉尽责，全面履行告知义务，充分披露相关信息，保守保险消费者隐私和商业秘密。从业人员应当具备法定的资格条件、良好的职业操守和较强的执业能力。

17 日　中国保监会发布《保险公司偿付能力报告编报规则——问题解答第 14 号：城乡居民大病保险最低资本》。该规则制定了城乡居民大病保险的偿付能力监管新标准，引导保险公司科学评估大病保险风险，提高风险保障水平，支持大病保险发展。此次大病保险的偿付能力监管新标准具有以下两个特点：第一，采集大病保险的实际数据进行了定量测算。保监会采集了保险行业大病保险的大规模历史数据进行了定量测试，采用了随机模拟方法，区分了不同的风险共担安排、不同的业务规模和不同置信度水平，更加精确地细化了大病保险的业务风险。新标准比原标准更加符合大病保险的实际风险状况。第二，新标准较原标准降低了最低资本要求。大病保险遵循收支平衡、保本微利的原则，保险公司可以与政府约定风险共担安排，可以对超额结余及政策性亏损建立动态调整机制。在定量测试的基础上，为体现保险监管部门对国家大病保险制度的积极响应和大力支持，降低大病保险运行成本，鼓励保险公司开展相关业务，新标准比原标准降低了最低资本要求。原标准规定，大病保险的资本要求为自留保费的 16% ~ 18%，或者是赔款金额的 23% ~26%；而新标准规定，资本要求为自留保费的 10% ~15%，或者是赔款金额的 13% ~17%。

18 日　中国人民银行宣布启用公开市场短期流动性调节工具（SLO），作为公开市场常规操作的必要补充，在银行体系流动性出现波动时相机使用。公开市场短期流动性调节工具以7天期以内短期回购为主，遇节假日可适当延长操作期限，采用市场化利率招标方式开展操作。该工具原则上在公开市场常规操作的间歇期使用，操作对象为公开市场业务一级交易商中具有系统重要性、资产状况良好、政策传导能力强的部分金融机构。

21日 国务院颁布《征信业管理条例》，自2013年3月15日起施行。该条例分总则、征信机构、征信业务规则、异议和投诉、金融信用信息基础数据库、监督管理、法律责任、附则共8章47条，旨在规范征信活动，保护当事人合法权益，引导、促进征信业健康发展，推进社会信用体系建设。该条例所称征信业务，是指对企业、事业单位等组织的信用信息和个人的信用信息进行采集、整理、保存、加工，并向信息使用者提供的活动。国家设立的金融信用信息基础数据库进行信息的采集、整理、保存、加工和提供，适用该条例第五章规定。国家机关以及法律、法规授权的具有管理公共事务职能的组织依照法律、行政法规和国务院的规定，为履行职责进行的企业和个人信息的采集、整理、保存、加工和公布，不适用该条例。从事征信业务及相关活动，应当遵守法律法规，诚实守信，不得危害国家秘密，不得侵犯商业秘密和个人隐私。中国人民银行及其派出机构依法对征信业进行监督管理。县级以上地方人民政府和国务院有关部门依法推进本地区、本行业的社会信用体系建设，培育征信市场，推动征信业发展。

中国银行间市场交易商协会正式发布《中国银行间市场债券回购交易主协议（2013年版）》。该主协议文本是债券回购市场运行的基础性制度安排，是回购市场发展重要的制度创新。该主协议文本结构采用了“通用条款+特别条款”的框架式结构，兼顾质押式与买断式回购交易的共性与个性特点。在风险事件处理上，完善对违约事件、终止事件的认定标准和处理流程，有助于风险管理机制的进一步健全。在签署方式安排上，采取“多边+双边”的签署方式，兼顾便捷性与灵活性，既体现市场管理的一般要求，又顾及到交易主体风险管理的个性需求。

环境保护部与中国保监会联合印发《关于开展环境污染强制责任保险试点工作的指导意见》，指导各地在涉重金属企业和石油化工等高环境风险行业推进环境污染强制责任保险试点。该指导意见对强制保险的责任范围、保额保费厘定、环境风险评估、环境事故理赔机制、信息公开等内容做了规定，明确了保险公司、保险经纪公司及投保企业的责任和义务。同时还对环保部门和保监部门共同推进环境污染强制保险作出了规定。

22日 中国人民银行印发《关于加强地方法人金融机构流动性管理有效发挥短期再贷款流动性供给功能的通知》，要求各分支机构引导金融机构将短期再贷款作为解决短期流动性不足的正常资金来源渠道，有效运用短期再贷款工具满足金融机构合理的流动性需求。

中国证监会召开2013年全国证券期货监管工作会议，会议认为，过去五年，在党中央、国务院的正确领导下，资本市场经受住了国际国内复杂市场环境的考验，保持了健康发展和改革创新稳步推进的良好态势。市场体系日趋完整，市场功能不断提升，市场机制日益健全，市场主体质量提高，市场监管得到强化，市场开放不断深化，市场稳定获得保障。2012年，证监会积极推进多层次资本市场建设、新股发行、退市等重点领域改革，健全投资者保护机制，加强信息披露和规范公司治理，大力发展机构投资者，提升期货市场服务实体经济能力，推动证券期货经营机构创新发展，加强市场稽查执法，积极稳妥推进对外开放，强化党建和队伍建设，证券期货市场改革发展取得新的进展。今后一段时期，我国资本市场发展的基础将更加坚实，资本市场正面临难得的战略机遇。证监会将坚持从新兴加转轨的基本实际出发，坚持投资功能和融资功能完全平衡，坚持放松管制和加强监管紧密结合，坚持严格执法和完善法制有机统一，坚持对内开放和对外开放相互促进，坚持近期举措和长远目标统筹兼顾，加快建设一个更加成熟、更加强大的资本市场，在更大范围和更高水平上发挥直接金融服务全局的作用。会议提出了 2013 年改革和监管十个方面的重点工作：一是加快发展多层次资本市场；二是进一步深化发行和退市制度改革；三是不断促进上市公司质量提升；四是进一步发挥期货市场服务实体经济的功能；五是大力培育机构投资者队伍；六是继续引导各类中介机构规范发展；七是继续积极稳妥地推进对外开放；八是持之以恒地做好投资者教育和服务；九是切实改进市场监管和执法；十是进一步营造有利于资本市场创新发展的政策环境。

24 日 中国保监会召开 2013 年全国保险监管工作会议。会议指出，2012 年，保险监管机构牢牢把握稳中求进的工作基调，进一步强化监管为民的理念，紧紧围绕“抓服务、严监管、防风险、促发展”，在复杂多变的形势下注重开拓创新，在头绪繁多的工作中注重突出重点，着眼于守住风险底线，切实维护保险市场安全稳定；着眼于保护消费者权益，综合治理行业顽疾；着眼于规范市场秩序，加大现场检查力度；着眼于夯实监管基础，加强保险监管制度建设；着眼于提升干部队伍素质，加强保险监管自身建设，扎实做好各项日常监管工作，为保险业未来发展打下了坚实基础。会议强调，保险监管工作要善于“底线思维”，跟踪分析并准确把握宏观经济形势对保险行业的影响，充分认识形势的复杂性和严峻性，牢牢把握住工作的主动权，努力把各项工作做得更扎实。从外部环境看，宏观形势的不确定性对保险业有很大影响。国际国内形势的变化将通过实体经济、金融市场和消费者需求等多种渠道传导至保险业，对业务发展、资金运用和偿付能力等产生多方面的影响，增加了保险市场稳定运行和风险防范的难度与压力。从保险行业看，持续健康发展既面临难得的机遇，也面临严峻的挑战。全面建成小康社会和全面深化改革开放的宏伟目标奠定和强化了保险业发展的经济、制度等动力基础。但从阶段性特征看，保险业的外部环境和自身条件都发生了深刻变化，稳增长的难度较大，防风险的任务艰巨，结构调整的压力加大，违法违规经营问题需要关注，行业发展方式亟待转型，保险业开始进入深度调整期和矛盾凸显期。从保险监管看，自身建设与行业科学发展的要求还不适应。会议指出，保险监管工作要继续推进改革创新。一是制定监管体系顶层设计的具体实施方案。二是建立保险经营和保险机构服务评价体系。三是建立从业人员分级分类管理制度。四是推进行业共享信息平台建设。同时，保险监管工作要力争在规范市场秩序方面取得新成效。抓住突出问题，抓住重点领域和重点公司，依法严格及时处罚违法违规行为，强化对高管人员和上级机构的责任追究。

中国保监会发布《关于债权投资计划注册有关事项的通知》，主要内容包括以下几方面：一是明确建立债权投资计划注册机制；二是指定中国保险保障基金有限责任公司担任临时注册机构；三是规范注册材料报送要求；四是明确注册机构职责和注册流程；五是建立专家独立评审机制；六是强化监管要求。

25 日 中国人民银行与中国银行台北分行签订《关于人民币业务的清算协议》，海峡两岸的金融机构除可通过代理行渠道为客户办理跨境人民币结算业务外，也可通过清算行渠道为客户办理跨境人民币结算业务。根据该清算协议，中国人民银行授权中国银行台北分行为台湾地区人民币业务清算行，向参加行办理人民币业务提供清算及结算服务。中国银行台北分行按照人民币清算行业务的需求，在人员、系统、产品、流程等方面已经做了充分的准备。下一步，中国银行台北分行将完成办理人民币清算业务的必需手续，协助台湾主管机构召开人民币清算业务说明会，并与各参加行签署结算与清算协议，为参加行开立人民币清算及结算账户，尽快推出人民币清算服务。

28 日 国家外汇管理局印发《关于境外上市外汇管理有关问题的通知》，以登记为核心，大幅简化业务手续和审核材料，并规范境外上市企业境内股东增持（或减持）其境外股份的资金汇兑等业务，进一步完善境内企业境外上市外汇管理。

财政部会同中国人民银行制定《2013年中央国库现金管理商业银行定期存款招投标规则》。该规则明确，中央国库现金定期存款采用单一价格（荷兰式）方式招标，招标标的为利率，边际中标利率为当期中央国库现金定期存款利率。投标标位最小变动幅度为0.01%，可不连续投标；每家参与银行每一标位最小投标限额为0.1亿元，投标额变动幅度为0.1亿元的整数倍。每家参与银行投标额不得超过当期中央国库现金定期存款招标额的20%。中央国库现金定期存款年利率折算日利率时，一年按365天计算。中央国库现金定期存款竞争性招投标时间为30分钟，各期中央国库现金定期存款招投标开始时间在当期操作指令及招投标通知中规定。参与银行不能通过招标系统进行正常投标时，可在规定的时间内将填写完整的“中央国库现金定期存款应急投标书”和“中央国库现金定期存款结算应急指令书”传真至中央国库现金管理操作室，进行应急投标。

国家外汇管理局发布《关于境外上市外汇管理有关问题的通知》。该通知整合完善了境内企业境外上市项下的外汇管理政策，在内容上突出了以下特点：一是以登记管理为核心，大幅简化业务手续和审核材料。企业按要求办理了境外上市相关登记手续后，即可通过银行办理账户开立、资金汇兑等手续，无须再经外汇局核准。二是规范境外上市企业境内股东增持（或减持）其境外股份的资金汇兑等业务，为相关业务办理提供明确可循的依据。三是结合外汇局正在进行的资本项目信息系统整合工作，改进并完善境外上市项下数据采集及统计监测的制度和手段，在增强业务办理便利化程度的同时，提高监管的科学性和有效性。

金融稳定理事会在瑞士苏黎世召开全体会议。中国人民银行副行长易纲、财政部副部长李勇和中国银监会副主席王兆星出席会议。会议通过了金融稳定理事会新章程和工作程序指引文件，宣告金融稳定理事会正式组建成协会类法人机构。会议重点讨论了全球脆弱性问题，审议了当前金融改革最新进展，并对2013年相关改革的工作目标和重点做出了重要部署。

31日 新华社授权发布《中共中央、国务院关于加快发展现代农业进一步增强农村发展活力的若干意见》。伴随工业化、城镇化深入推进，我国农业农村发展正在进入新的阶段，呈现出农业综合生产成本上升、农产品供求结构性矛盾突出、农村社会结构加速转型、城乡发展加快融合的态势。人多、地少、水缺的矛盾加剧，农产品需求总量刚性增长、消费结构快速升级，农业对外依存度明显提高，保障国家粮食安全和重要农产品有效供给任务艰巨；农村劳动力大量流动，农户兼业化、村庄空心化、人口老龄化趋势明显，农民利益诉求多元，加强和创新农村社会管理势在必行；国民经济与农村发展的关联度显著增强，农业资源要素流失加快，建立城乡要素平等交换机制的要求更为迫切，缩小城乡区域发展差距和居民收入分配差距任重道远。我们必须顺应阶段变化，遵循发展规律，增强忧患意识，举全党全国之力持之以恒强化农业、惠及农村、富裕农民。该意见要求，按照保供增收惠民生、改革创新添活力的工作目标，加大农村改革力度、政策扶持力度、科技驱动力度，围绕现代农业建设，充分发挥农村基本经营制度的优越性，着力构建集约化、专业化、组织化、社会化相结合的新型农业经营体系，进一步解放和发展农村社会生产力，巩固和发展农业农村大好形势。

中国证监会公布《全国中小企业股份转让系统有限责任公司管理暂行办法》（以下简称《暂行办法》）。《暂行办法》主要解决三方面问题：一是确立全国中小企业股份转让系统、全国中小企业股份转让系统有限责任公司及挂牌公司的法律地位；二是明确全国股份转让系统公司的职能，对其组织结构提出特殊要求，对其履行自律监管职责提出明确要求；三是建立全国股份转让系统的基本监管框架，在明确和突出全国股份转让系统公司自律监管职责的同时，规定中国证监会依法实行统一监管。《暂行办法》共6章35条，包括总则、全国股份转让系统公司的职能、全国股份转让系统公司的组织结构、全国股份转让系统公司的自律监管、监督管理及附则。《暂行办法》在制定过程中，坚持了以下原则：一是借鉴国际经验，探索监管创新。从境外发达市场的惯例来看，证券监管机构对公司制市场组织者的监管，主要包括治理结构监管、业务规则审批、现场检查三个方面。《暂行办法》积极探索了对我国第一家公司制证券市场组织机构的监管方式，规定了相应的内容。二是充分放权，支持市场创新。《暂行办法》力图赋予全国股份转让系统公司更加市场化的运作机制，更加充分的自主权和更加广阔的政策空间。因此，《暂行办法》按照市场优先和社会自治的总体思路，充分授权全国股份转让系统公司自主制定挂牌条件、转让方式、主办券商管理等各项基本业务规则，支持其探索形成高效、灵活、符合场外市场特征的规则体系和制度框架，增强竞争力。三是依法定责，公益优先。从国际实践看，培育和扶持中小企业具有一定公益性，多属政府部门承担的职责。因此，全国股份转让系统公司的社会公益属性更加凸显，承担着服务中小企业和负责自律监管的双重职能。为此，《暂行办法》在总则部分明确规定，全国股份转让系统公司应当坚持公益优先，创造公开、公平、公正的市场环境，保证全国股份转让系统的正常运行，为各参与人提供优质、高效、灵活、低成本的金融服务。《暂行办法》的具体条款也进一步体现了上述要求。四是简单明了，急用先行。考虑到现阶段对全国股份转让系统及全国股份转让系统公司的监管，还缺乏足够的实践经验，《暂行办法》定位于一个阶段性、探索性的监督管理办法，重点对一些重要事项作出原则性规定，对一些暂时难以明确的内容做了简化处理。随着扩大试点工作不断推进，今后可在条件具备的情况下进一步完善。

2 月

1 日　国家外汇管理局发布《关于开展支付机构跨境电子商务外汇支付业务试点的通知》，在上海、北京、重庆、浙江、深圳等地区开展试点，允许参加试点的支付机构集中为电子商务客户办理跨境收付汇和结售汇业务。

4 日　中国保监会发布《关于保险资产管理公司开展资产管理产品业务试点有关问题的通知》。该通知主要对试点内容的五个方面进行了明确：一是资产公司开展产品业务的资质条件；二是资产公司可以发行的产品类型；三是产品投资人范围；四是产品发行审核程序；五是产品募集资金的投资领域和方向。

6 日　中国人民银行办公厅发布《关于做好 2013 年信贷政策工作的意见》，要求人民银行各分支机构和各银行业金融机构重点加强对“三农”、中小企业、城镇化建设、经济结构调整和产业升级、保障性安居工程、就业等民生工程和地方政府融资平台清理规范等方面的金融服务工作：大力推进农村金融产品和服务方式创新，进一步改善和提升“三农”金融服务；全面落实中小企业金融服务政策措施，重点支持小型微型企业持续健康发展；落实“四化同步”战略部署，积极探索做好城镇化建设各项金融服务；加强信贷政策与产业政策的协调配合，促进经济结构调整和产业升级；改进和完善民生金融服务，努力支持就业、扶贫、助学等民生工程；继续落实好差别化住房信贷政策，加大对中小套型普通商品住房和保障性安居工程的支持力度；做好地方政府融资平台清理规范配套金融服务工作；改进和完善信贷政策实施方式，着力提高政策效果和有效防范信贷风险。

中国人民银行发布《2012 年第四季度中国货币政策执行报告》。报告指出，2012 年，中国经济发展呈现稳中有进的良好态势。消费需求稳定，固定资产投资较快增长。农业生产形势良好，工业生产缓中趋稳。物价涨幅总体回落，就业形势基本稳定，国际收支更趋平衡。中国人民银行继续实施稳健的货币政策。利率市场化改革迈出较大步伐，金融企业改革继续稳步推进，金融市场在创新和规范中加快发展，货币信贷增长符合预期。

7 日　中国人民银行发布《中国金融集成电路（IC）卡规范（V3.0）》。该规范在2010 年颁布的《中国金融集成电路（IC）卡规范版》（2010版）（JR/T 0025—2010）基础上，兼容最新国际通用技术标准，总结国内金融IC卡推广经验，并对小额非接支付应用功能加以扩展和完善，支持双币电子现金支付应用，规范了IC卡互联网终端技术要求，丰富了安全算法体系。金融IC卡规范版本的升级，适应了银行卡业务发展的新要求，为金融IC卡进一步扩大应用奠定了基础，对推进金融创新和提升金融服务民生的水平有重要意义。

8日 中国证监会正式公布《证券期货业信息系统运维管理规范》和《期货经纪合同要素》两项金融行业标准。《证券期货业信息系统运维管理规范》对证券期货行业信息系统的运行维护管理工作进行了规范，包括范围、规范性引用文件、术语和定义、基本要求、运行保障、系统维护、应急管理等七大部分。证券期货业务的开展高度依赖于信息系统的正常运行，信息系统发生故障可能损害到投资者的合法权益，影响市场的稳定。加强运维保障，对于防范信息系统故障，及时采取应急措施，尽快恢复系统正常运行具有重要作用。《证券期货业信息系统运维管理规范》充分借鉴了国际国内先进的理念和方法，并从行业实际出发，总结了行业机构运维管理的经验，明确提出了行业信息系统运维管理的各项任务及相关要求。标准的实施将有力地促进行业机构不断提高信息系统的运维保障水平。《期货经纪合同要素》明确了期货公司与客户间期货经纪合同的必备要素，包括范围、术语和定义、期货交易风险说明、客户须知、开户申请、合同订立前的说明告知义务、委托、保证金及其管理、交易指令的类型及下达、交易指令的执行与错单处理、通知与确认、风险控制、交割与套期保值、信息培训与咨询、费用、合同生效与变更、合同终止与账户清算、免责条款、争议解决、其他等20个部分。为了防范期货业务风险，保护期货经纪合同当事人的合法权益，期货公司应当与客户签订期货经纪合同，明确双方的权利义务。《期货经纪合同要素》对期货公司与客户间期货经纪合同的必备要素进行了规范和描述，并对合同中关键术语进行了定义。标准的实施有助于避免或减少期货经纪业务开展中的争议，切实保护期货投资者的合法权益。

16日 中国银监会发布《关于做好2013年农村金融服务工作的通知》。该通知的主要内容包括：加大涉农信贷投放，保持增速不低于各项贷款平均增速；积极推进涉农银行业金融机构体制机制改革，着力加强服务能力建设；大力支持新型农业生产经营组织发展，促进农业生产经营集约化规模化转变；积极稳妥做好城镇化建设配套金融服务，完善城镇化社区金融服务功能；加快提高薄弱地区金融服务水平，促进金融资源配置城乡均衡化；持续深入推进“三大工程”建设，不断扩大农村金融服务覆盖面；切实加强涉农信贷风险管控，保障涉农银行业金融机构可持续发展。

18日 中国证监会发布《资产管理机构开展公募证券投资基金管理业务暂行规定》。该暂行规定主要规定了申请开展基金管理业务的资产管理机构应当具备的条件，适当降低了证券公司、保险资产管理公司、私募证券基金管理机构直接开展公募基金管理业务的门槛，增加了符合条件的股权投资管理机构、创业投资管理机构等其他资产管理机构也可以申请开展基金管理业务的规定。根据该暂行规定，资产管理机构是指在中国境内依法设立的证券公司、保险资产管理公司以及专门从事非公开募集证券投资基金管理业务的资产管理机构。上述机构申请开展基金管理业务，除需满足相应的资质要求外，证券公司要满足资产管理总规模不低于200亿元或者集合资产管理业务规模不低于20亿元，且最近12个月各项风险控制指标持续符合规定标准。保险资产管理公司要满足管理资产规模不低于200亿元，且最近1个季度末净资产不低于5亿元。私募证券基金管理机构要满足实缴资本或者实际缴付出资不低于1 000万元，且最近3年证券资产管理规模年均不低于20亿元。

22日 中国人民银行印发《关于开展小额贷款公司和融资性担保公司信用评级试点工作的通知》，在上海、辽宁、山东、湖北、四川和浙江六省（市）启动试点工作，支持小额贷款公司和融资性担保公司稳健运行和健康发展，促进其更好服务于经济和社会发展，防范金融风险。中国人民银行总行制定了试点工作实施方案和评级主干指标体系，各试点地区积极协调相关部门形成合力，从信用评级指标、内控制度、评级作业、评级人员等方面做出严格要求。

3 月

1 日 中国证监会、中国人民银行、国家外汇管理局联合发布《人民币合格境外机构投资者境内证券投资试点办法》，对人民币合格投资者的申请资格、投资额度、境内托管人职责等方面进行了明确规定。该试点办法明确中国证监会依法对人民币合格投资者的境内证券投资实施监督管理，中国人民银行依法对人民币合格投资者在境内开立人民币银行账户进行管理，国家外汇管理局依法对人民币合格投资者的投资额度实施管理，中国人民银行会同国家外汇管理局依法对人民币合格投资者的资金汇出入进行监测和管理。

4 日 中国人民银行印发《关于拓宽支农再贷款适用范围 做好春耕备耕金融服务工作的通知》，在全国范围内推广拓宽支农再贷款适用范围政策，进一步发挥支农再贷款引导农村金融机构扩大“三农”信贷投放的功能，同时做好春耕备耕金融服务工作。据统计，2012 年，人民银行对全国累计安排增加支农再贷款额度 681 亿元，主要用于涉农贷款占比较高的西部和粮食主产省（区）。2012 年末全国支农再贷款限额 2 203亿元，余额 1 375 亿元，比年初增加 281 亿元；当年累计发放支农再贷款 2 090 亿元，比上年增加 382 亿元。从地区分布看，西部地区和粮食主产区支农再贷款限额及余额占全国的比重均超过 90%。支农再贷款支持农村金融机构扩大涉农信贷投放取得明显效果，2012 年末，全国农村金融机构涉农贷款余额 5.3 万亿元，同比增长 16.0%。总体看，支农再贷款政策的实施，对引导金融机构扩大涉农信贷投放、改善农村金融服务发挥了积极作用，有助于促进实现粮食生产“九连增”，有力地推动了农村社会事业的发展和农村面貌的改善。

7 日 中国人民银行与新加坡金融管理局续签了中新双边本币互换协议，互换规模由原来的 1 500 亿元人民币/300 亿新加坡元扩大至 3 000 亿元人民币/600 亿新加坡元，有效期 3 年，经双方同意可以展期。

11 日 中国人民银行发布《中小企业信用体系建设基本数据项指引》和《农村信用体系建设基本数据项指引》，规范小微企业、农户等经济主体的信用档案建设。

国家外汇管理局发布《关于人民币合格境外机构投资者境内证券投资试点有关问题的通知》，配合人民币合格境外机构投资者试点扩大，进一步规范人民币合格境外机构投资者外汇管理，放宽机构类型、投资范围，完善资金流出流入监管。

12 日 中国人民银行召开反洗钱工作会议，会议全面客观总结人民银行 2003 年承担反洗钱职责以来十年的反洗钱工作成绩和经验，分析了当前反洗钱工作形势，对 2013 年反洗钱工作进行了全面部署。人民银行依法履行反洗钱职责以来，坚持立法先行，借鉴国际标准，完善国内制度，严格反洗钱监管，提升反洗钱资金监测分析和调查水平，加强反洗钱队伍建设，实现了中国反洗钱工作的历史性突破，成绩令人瞩目。针对当前国内外反洗钱形势的新变化、新特征，人民银行组织开展反洗钱工作，要坚持围绕国家核心利益，深入研究和落实风险为本的工作方法，以提升有效性为目标，做好以下工作：一是要通盘设计，制定反洗钱工作战略规划。二是要统筹协调，完善反洗钱工作组织体系和工作机制。三是要明确重点，将做好国内反洗钱工作作为中心任务。同时，积极参与反洗钱国际合作，推动反洗钱工作依法有序开展。四是要建章建制，确保政策落地，巩固反洗钱工作各项基础。五是要带好队伍，继续加强反洗钱队伍建设和人才培养。

中国保监会印发《保险公司发展规划管理指引》，明确保险公司发展规划应当包括公司战略目标、业务发展、机构发展、偿付能力管理、资本管理、风险管理、基础管理、保障措施等规划要素。该指引要求保险公司每年 4 月底前提交上一年度规划实施情况全面评估报告，其中包括保费收入、总资产、利润率、偿付能力充足率、分支机构建设等重要指标年度完成情况与规划目标的差异情况。

中国保监会发布《保险公司城乡居民大病保险业务管理暂行办法》。该暂行办法主要包括：对大病保险的市场准入和退出条件做了明确规定。对保险公司的投标行为进行严格监管，要求投标文件由保险公司总公司同意，并出具精算意见书、法律意见书和相应授权书。对保险公司开展大病保险业务进行了规范，要求保险公司制定大病保险专属产品，并根据投保人提供的基本医保经验数据，建立大病保险精算模型，科学制定产品参数、厘定费率，审慎定价。要求保险公司对大病保险单独核算，加强资金管理，严格核定业务成本，据实列支大病保险经营费用支出，加强费用管控力度，降低大病保险管理成本，提高经营效率。

13 日　中国人民银行印发《关于合格境外机构投资者投资银行间债券市场有关事项的通知》，允许符合条件的合格境外机构投资者（QFII）向中国人民银行申请投资银行间债券市场。合格投资者投资银行间债券市场应当向中国人民银行递交书面申请，并提交相关材料。经中国人民银行同意后，合格投资者可以在获批的投资额度内投资银行间债券市场。中国人民银行可以根据宏观审慎管理的原则，对合格投资者的投资行为进行管理。

15 日　中国证监会发布《非银行金融机构开展证券投资基金托管业务暂行规定》。该暂行规定共 19 条，规定了非银行金融机构开展基金托管业务的准入条件、申请材料要求及审核程序与方式等。在基金托管职责履行、内控制度建设方面，非银行金融机构托管人与银行托管人一样，均应遵守《基金法》《证券投资基金托管业务管理办法》相关规定。针对非银行金融机构的经营现状与业务特点，该暂行规定从保护基金持有人角度出发，强调了资产独立、业务隔离、信息保密、从业人员管理、结算职责、风险准备金制度等方面的要求，并对监督管理和处罚方面进行了相应规定。该暂行规定自 2013 年 6 月 1 日起施行。

中国证监会公布《证券投资基金销售机构通过第三方电子商务平台开展业务管理暂行规定》。该暂行规定明确规定了第三方电子商务平台和基金销售机构的备案要求、服务责任、信息展示、投资人权益保护、第三方电子商务平台经营者责任、账户管理、投资人资料及交易信息的安全保密、违规行为处罚等内容。该暂行规定的发布可以提升基金销售机构电子商务技术的应用水平，有利于基金销售机构加快向以客户为中心的投资顾问的战略转型，并为投资人带来更便捷高效的投资交易方式。

中国证监会发布新修订的《证券投资基金销售管理办法》及配套规则。修改内容主要包括：将《证券投资基金销售管理办法》明确为对公开募集基金销售业务的管理规范；对基金销售业务资格申请实行注册制，同时将基金销售业务资格注册、基金销售机构持续动态监管等事项的实施主体调整为中国证监会派出机构；扩大基金销售机构类型，推进期货公司、保险机构等参与基金销售业务，就其参与基金销售业务的准入条件和监管要求进行明确；对各类基金销售机构具有符合资质要求人员的数量进行明确；对基金销售业务资格申请机构因受到行政处罚而被限制申请资格的判断标准进行调整。

中国保监会出台《保险公司分支机构市场准入管理办法》。该办法出台之前，有关分支机构设立的制度规定分见于多个监管文件，本次出台的办法对分支机构设立审批的修改和调整主要体现在以下几个方面：一是在准入条件方面，强化了偿付能力、合规管理、风险控制和对分支机构的管控能力等方面的内容，同时适当放宽了开业验收的标准。二是审批流程方面，按照方便公司操作和合理配置资源的原则，重点对省级分公司及与之相关的高管人员的审批程序做了重新调整。三是对计划单列市分支机构的设立审批也做了调整。

18日 国家外汇管理局发布《关于新台币兑换管理有关问题的通知》，规范商业银行等机构办理新台币兑换业务。商业银行可按照经营需要自行决定办理新台币兑换业务。商业银行办理新台币兑换业务应提前向所在地外汇局备案。所在地外汇局确认收到文件后20个工作日内没有提出异议的，商业银行可以开始办理新台币兑换业务。新台币兑换业务的买卖价由商业银行自行确定。商业银行办理新台币兑换业务可以公开挂牌，但仅限于标明新台币的中文名称及货币代码，中文名称为“新台币”，货币代码为“TWD”。商业银行办理其他新台币业务时，也应遵守该通知中关于公开挂牌的规定。商业银行办理新台币兑换业务应遵守国家的有关法律、法规。外币代兑机构、个人本外币兑换特许业务经营机构（以下简称特许机构）办理新台币兑换业务，参照上述规定执行。其中，外币代兑机构办理新台币兑换业务，应通过其签约的商业银行向所在地外汇局备案。各外汇分局、管理部应将开办新台币兑换业务的机构名单和兑换业务规模向所在地台湾事务管理部门通报。各外汇分局、管理部应加强对辖内新台币兑换业务工作的指导和监管，如遇异常情况，及时向国家外汇管理局报告。

21日 中国保监会正式发布保险监管核心价值理念和保险行业核心价值理念。保险监管核心价值理念是“为民监管、依法公正、科学审慎、务实高效”，保险行业核心价值理念是“守信用、担风险、重服务、合规范”。

中国证监会公布新修订的《期货公司风险监管指标管理办法》及《关于期货公司风险资本准备计算标准的规定》。自2013年7月1日起，期货公司应按照上述文件的要求，完善以净资本为核心的风险监管指标管理制度，确保公司的稳健经营。《期货公司风险监管指标管理办法》修订的内容主要包括三个方面：一是适应期货公司创新业务发展需要，建立风险资本准备概念，根据期货公司每项业务不同的风险特征，规定相应的风险资本准备计算标准，净资本与风险资本准备挂钩，风险资本准备再与具体业务挂钩。二是在风险可控的前提下放松对期货公司的资本管制，期货公司经营境内经纪业务的，按客户境内权益总额的一定比例计算风险资本准备，基准比例由原办法的6%下降为4%。三是体现扶优限劣政策导向，以净资本为核心的风险监管指标与公司分类评价结果挂钩。

25日 中国人民银行发布《关于加大金融创新力度 支持现代农业加快发展的指导意见》，要求各银行业金融机构加大金融创新力度，有效满足现代农业发展尤其是专业大户、家庭农场、农民合作社等新型生产经营主体的合理金融需求，改进和提升“三农”金融服务水平。一是创新货币信贷政策工具和实施方式，鼓励和支持金融机构切实加大对“三农”的信贷投入。积极发挥货币政策工具调控作用，支持涉农金融机构加大对“三农”的信贷投放；加大信贷政策指导力度，督促和引导金融机构改进和提升“三农”金融服务；深入开展涉农信贷政策导向效果评估，着力提高信贷政策执行效果；认真落实县域法人金融机构考核监测政策，增强机构可持续发展能力。二是积极推进体制机制创新，大力培育多元化、适度竞争的农村金融服务体系。深化农村信用社改革，发挥农村信用社支农主力军作用；支持农业发展银行深化改革，强化农业发展银行支农政策性职能定位；鼓励各商业银行积极创新服务“三农”新模式；大力培育村镇银行、贷款公司、农村资金互助社等新型农村金融组织。三是大力推进农村金融产品和服务方式创新，有效满足现代农业发展融资需求。大力推动符合现代农业生产经营主体需求的金融产品和服务方式创新；着力推动基于订单农业的金融产品创新，健全订单农业信贷抵押担保机制；深化林业金融合作，完善林业贷款贴息政策。四是积极推动债券市场创新，有效拓宽各类农村生产经营主体多元化融资渠道。充分发挥债券市场功能，有效拓宽涉农企业多元化融资渠道；鼓励社会资本积极支持专业大户、家庭农场、农民合作社等新型生产经营主体发展。五是加强农村金融基础设施建设，积极改善农村金融生态环境。进一步深化农村支付环境改善工作；继续发挥经理国库职能，拓宽国库服务“三农”范围；持续推进农村信用体系建设，改善农村信用环境。六是加强金融政策与财税政策的有效配合，完善金融支农的政策扶持和保障体系。推动落实县域金融机构涉农贷款增量奖励、农村金融机构定向费用补贴、农户贷款税收优惠、小额担保贷款贴息等政策。

上海黄金交易所推出银行间黄金询价远期交易品种。经上海黄金交易所核准的银行间黄金询价业务远期品种准入机构可通过中国外汇交易中心交易系统以双边询价方式进行黄金远期交易，并通过上海黄金交易所进行清算与交割。

26 日　中国人民银行与巴西中央银行签署了中巴双边本币互换协议。互换规模为 1 900 亿元人民币/600 亿巴西雷亚尔，有效期为 3 年，经双方同意可以展期。

中国人民银行与南非储备银行签署了《中国人民银行代理南非储备银行投资中国银行间债券市场的代理投资协议》，该协议的签署将有利于扩大两国及“金砖”国家金融合作。

28 日　中国保监会发布《保险公司偿付能力报告编报规则——问题解答第 15 号：信用风险评估方法和信用评级》《保险公司偿付能力报告编报规则——问题解答第 16 号：基础设施债权投资计划》《保险公司偿付能力报告编报规则——问题解答第 17 号：非保险类金融机构发行的金融产品》《保险公司偿付能力报告编报规则——问题解答第 18 号：未上市企业股权投资基金和股指期货》《保险公司偿付能力报告编报规则——问题解答第 19 号：委托投资和境外投资资产》等 5 项问题解答，规范了保险公司投资基础设施债权投资计划、信贷资产支持证券、证券公司专项资产管理计划等多类投资产品的偿付能力认可标准。

4 月

3 日　中国证监会和中国银监会联合发布《证券投资基金托管业务管理办法》，此次发布的业务管理办法，是在 2004 年中国证监会与中国银监会联合发布实施的《证券投资基金托管资格管理办法》基础上修订完成的。与 2004 年发布的《证券投资基金托管资格管理办法》相比，主要修订内容有：一是在托管资格准入方面，进一步提高基金托管资格准入的专业化要求，强调托管部门业务的独立性与完整性，同时，允许符合审慎监管要求并具备一定资质条件的在华外资法人银行在获得基金托管资格上享受与中资银行同等权利，进一步促进基金托管的市场化竞争。二是在托管资格后续管理方面，建立托管资格退出机制，对于缺乏业务发展战略、长期不开展基金托管业务，或者出现严重违规的托管银行，将依法取消托管资格。三是进一步落实基金托管人的共同受托职责，明确细化托管人各项法定职责，强化托管业务的内部控制要求，同时，鼓励基金托管人拓宽服务内容，积极开展增值服务与新兴服务，提升服务水平与服务质量。

中国保监会成立保险资产负债匹配监管委员会，启动保险资产负债匹配监管工作。保监会副主席陈文辉担任委员会主任。委员会成员由保监会各主要业务监管部门负责人组成。委员会下设外部专家委员会，为监管提供技术咨询服务和专业意见，其成员由保险业内外专家组成。委员会职责主要包括：一是构建保险资产负债管理监管框架，制定相关监管制度，推动保险机构建立健全资产负债管理机制；二是协调保险资产负债管理监管职能，建立保监会有关部门间的沟通协商机制；三是拟定保险资产负债管理风险分析框架，建立定期风险分析机制，防范资产负债错配风险；四是评审涉及行业资产负债管理监管的重大议题。保险资产负债管理技术性强、涉及面广、基础薄弱，开展相关工作要从行业实际出发，从基础工作抓起。现阶段的主要任务：一是逐步建立和完善资产负债匹配监管组织体系；二是摸清行业资产负债管理现状，制订工作规划；

三是加强行业培训，推广资产负债管理理念；四是研究出台资产负债管理的相关制度，逐步将资产负债管理机制引入公司治理结构、保险产品、资金运用等监管环节中。资产负债匹配监管是继偿付能力监管的又一重要监管工具，有利于保险行业树立正确的风险文化，防范资产负债错配风险，有利于体现保险投资为承保服务的内在要求，延伸保险业价值链，为投保人提供保障服务和长期稳定的回报。

《中国农村金融服务报告2012》正式出版，该报告是对2010年以来农村金融服务和改革最新发展的全面总结。在延续以往风格和功能的同时，随着农村金融改革的深入推进，此次报告着重加强了四部分内容的介绍：一是直接融资在农村金融改革与发展中的重要作用；二是大型国有商业银行开展涉农业务的情况；三是应收账款质押登记公示系统、融资租赁登记公示系统的建设、使用及协助涉农贷款发放的相应情况；四是农村金融消费者保护工作。此外，为方便涉农金融机构和研究人员准确了解中央针对农村金融建立的正向激励的政策体系，报告专门将近年来各部门出台的各项具体扶持政策通过列表的方式进行了全面梳理。

9日 经中国人民银行授权，中国外汇交易中心宣布完善银行间外汇市场人民币对澳大利亚元交易方式，在遵循市场原则的基础上开展人民币对澳大利亚元直接交易，这是中澳两国共同推动双边经贸关系进一步向前发展的重要举措。

中国银监会下发《关于加强2013年地方政府融资平台贷款风险监管的指导意见》，要求各银行按照“保在建、压重建、控新建”的基本要求控制地方平台贷款总量，不得新增融资平台贷款规模。该指导意见明确新发放平台贷款必须满足六个条件：一是现金流全覆盖；二是抵押担保符合现行规定，不存在地方政府及所属事业单位、社会团体直接或间接担保，且存量贷款已在抵押担保、贷款期限、还款方式等方面整改合格；三是融资平台存量贷款中需要财政偿还的部分已纳入地方财政预算管理，并已落实预算资金来源；四是借款人为本地融资平台；五是资产负债率低于80%；六是符合《关于制止地方政府违法违规融资行为的通知》有关要求。该指导意见还明确，新增贷款应主要支持符合条件的省级融资平台、保障性住房和国家重点在建续建项目的合理融资要求。对于现金流覆盖率低于100%或资产负债率高于80%的融资平台，各银行要确保其贷款占本行全部平台贷款的比例不高于上年水平，并采取措施逐步减少贷款发放，加大贷款清收力度。

中国保监会发布《关于保险机构投资风险责任人有关事项的通知》，将风险责任人区分为行政责任人和专业责任人。风险责任人应当具有金融工作5年以上或者经济工作10年以上工作经历。行政责任人由公司董事长或者授权总经理担任，专业责任人由符合专业条件、能够承担相关业务决策风险责任的高级管理人员或者授权相关资产管理部门负责人担任。专业责任人还应当具有至少一项专业资质，包括注册金融分析师、金融风险管理师、注册会计师、注册资产评估师、房地产估价师、精算师、律师等资格或者中国保监会认可的其他专业资质。具备相关投资领域10年以上从业经历的，可暂不受专业技术资格规定限制。该通知规定，无民事行为能力或者限制民事行为能力，或者最近3年受到金融监管机构以及工商和税务等部门行政处罚或撤销资格的，不得担任保险机构风险责任人。单一人员原则上不得担任两项以上投资业务专业责任人。保险机构首席风险官、风险管理部门负责人比照行政和专业风险责任人，纳入风险责任人体系进行监管，其具体责权及任职要求，由各公司依据《保险资金运用管理暂行办法》等监管规定和公司内部控制相关制度确定。风险责任人在任职期间，应当接受中国保监会及有关方面组织的持续教育培训，培训时间不得低于每年18课时，培训内容主要包括与风险责任人所履行的职能有关的法律法规及监管标准、宏观经济分析及金融市场动态、业务操守及职业道德准则、风险管理及监控策略、金融产品及风险分析等。中国保监会将对风险责任人和风险管理专业人员参加培训情况及培训考核情况记入培训档案。

10 日 中国人民银行印发《银行票据凭证印刷管理办法》，加强银行票据凭证的印刷管理，保障银行票据凭证印刷安全。

17 日 中国保监会出台《关于规范有限合伙式股权投资企业投资入股保险公司有关问题的通知》。根据有限合伙制股权投资企业的财务投资特性，按照“风险可控，逐步放开”的原则，该通知规定单个有限合伙制股权投资企业持股比例不超过5%，合计不超过15%。同时规定，有限合伙制股权投资企业不得成为保险公司的第一大股东、控股股东或者实际控制人。有限合伙制股权投资企业作为财务投资者，一般难以为保险公司提供技术和管理支持，其主观上也缺乏参与经营管理的动力。

18～21 日 中国人民银行行长周小川和副行长易纲赴美国华盛顿参加国际货币基金组织和世界银行联合春季例会。会议主要讨论了全球经济金融形势、国际基金组织改革等问题。

21 日 国家外汇管理局发布《关于做好四川省雅安市抗震救灾工作外汇管理有关问题的通知》，全力配合抗震救灾工作，加大外汇管理政策服务支持力度。抗震救灾期间，国家外汇管理局各分局、外汇管理部应建立支持抗震救灾和灾后重建工作的“绿色通道”，切实做好以下外汇服务工作：1. 便利外汇赈灾捐款及时到位。2. 便利灾区企业货物贸易外汇收支。3. 给予灾区中资企业对外融资支持。4. 允许灾区内注册的外商投资企业根据实际需求，直接到银行办理资本金结汇，具体办法由国家外汇管理局四川省分局拟定。5. 适当顺延灾区 2013 年外商投资企业外汇年检截止时间。6. 可结合实际情况，在银行业务系统恢复后，再按规定进行国际收支申报和数据传输，并加强数据核查，力争按时上报月报数据。如果电子系统无法实现顺利报送，可通过传真等方式报送。7. 经商中国外汇交易中心，决定适当减免地震灾区金融机构参与银行间外汇市场的交易费用。

23 日 国家外汇管理局发布《海关特殊监管区域外汇管理办法》，进一步便利和完善海关特殊监管区域外汇管理，促进海关特殊监管区域健康发展。

25～27 日 中国人民银行副行长易纲出席在广州举行的东亚及太平洋中央银行行长会议组织（EMEAP）第 44 届副手会。会议讨论了全球和区域经济金融形势、EMEAP 危机管理和解决框架、全球和区域金融监管改革发展、加强区域货币在区域内贸易与投资中的使用等议题。

26 日 中国人民银行发布《中国人民银行会计集中核算管理规定》，对中央银行会计集中核算的组织形式、科目及账户、凭证及登记簿、业务处理、业务监督与检查、档案管理等事项进行了明确和规范，旨在加强中央银行会计核算管理，规范会计核算行为，保障资金安全。后续，印发了《中央银行会计核算数据集中系统业务处理办法》《中央银行会计核算数据集中系统资金归集业务管理办法》等规定，标志着中央银行会计核算数据集中系统（ACS）业务处理更加规范，实现了金融机构存放中央银行人民币准备金存款的集中管理和资金调用，大大节约了金融机构的流动性。同期，中央银行会计核算数据集中系统综合前置子系统推广上线，为金融机构在线办理中央银行会计核算业务提供了渠道，提高了业务处理效率和安全性。

27 日 中国保监会颁布《关于修改〈保险经纪机构监管规定〉的决定》《关于修改〈保险专业代理机构监管规定〉的决定》，5 月 16 日印发《关于进一步明确保险专业中介机构市场准入有关问题的通知》，进一步明确保险专业中介机构市场准入政策。两个决定将设立保险专业代理公司、保险经纪公司注册资本金的要求提高至 5 000 万元人民币。根据两个决定的精神，通知着眼于提高门槛、引导保险专业中介机构规模化发展以及支持推动兼业代理专业化工作，在新设保险专业代理公司、保险经纪公司注册资本金要求提高到 5 000 万元人民币的总要求下，允许汽车生产、销售、维修和运输类等企业投资设立注册资本不低于1 000万元人民币的保险专业代理公司，但限定在注册地所在省（自治区、直辖市）内开展业务；对两个决定颁布前设立的保险专业代理公司、保险经纪公司，注册资本金不足人民币5 000万元的，只允许申请在注册地所在省（自治区、直辖市）及已经设有分支机构的省（自治区、直辖市）设立分支机构。

28日 国家外汇管理局发布《关于发布〈外债登记管理办法〉的通知》。该通知对现行外债登记管理流程进行优化，简化了外债登记管理环节，取消了部分外债管理审批事项，除外债签约登记外，外债账户开立、资金结汇和还本付息等均由外汇指定银行直接审核办理。同时，进一步完善了外债的登记和统计监测。

5月

2日 中国人民银行发布《关于实施〈人民币合格境外机构投资者境内证券投资试点办法〉有关事项的通知》。该通知共12条，要求人民币合格境外机构投资者开立基本存款账户和专用存款账户，并就专用存款账户的收入和支出范围、存款利率、监督管理等方面进行了明确规定。人民币合格境外机构投资者应当根据《境外机构人民币银行结算账户管理办法》《中国人民银行关于境外机构人民币银行结算账户开立和使用有关问题的通知》等规定，开立一个境外机构人民币基本存款账户。人民币合格境外机构投资者开立基本存款账户后，应当选择具有合格境外机构投资者托管人资格的境内商业银行开立交易所市场交易资金结算专用存款账户和银行间债券市场交易资金结算专用存款账户，分别用于投资交易所证券市场和银行间债券市场。人民币合格境外机构投资者参与股指期货交易的，可以在期货保证金存管银行开立专门用于股指期货保证金结算的专用存款账户。人民币合格境外机构投资者在开立上述三类专用存款账户时，应当区分自有资金和由其提供资产管理服务的客户资金分别开户；设立开放式基金的，每只开放式基金应当单独开户。

中国保监会发布《保险公司业务范围分级管理办法》（以下简称《办法》）。对保险公司业务范围进行审批和调整，既是法定行政许可事项，也是重要的保险监管手段。近年来，保监会在引导保险业专业化发展、对保险公司实施差别化监管方面进行了积极探索。《办法》按照“有进有出、动态调整、稳步推进”的原则，对财产保险公司和人身保险公司的业务范围进行归类细分，并确定了相应的准入和退出条件。出台《办法》的主要目的，一是通过对业务范围的合理划分，鼓励保险公司发展保障型业务。二是通过适当限定新设保险公司的业务范围，在源头上增强保险公司精耕细作、注重服务、不断创新的内在动力。三是通过将业务范围调整与偿付能力等监管指标挂钩，促使保险公司提高自身的资本管理能力、风险管控水平和合规经营意识。《办法》根据保险业务特性，以防范和吸纳经营风险的能力为核心标准，将保险公司业务范围分为基础类业务和扩展类业务两级。其中，财产保险公司基础类业务包括机动车辆保险、企业/家庭财产保险及工程保险、责任保险、船舶/货运保险、短期健康/意外伤害保险，扩展类业务包括农业保险、特殊风险保险、信用保证保险、投资型保险。人身保险公司基础类业务包括普通型保险、健康保险、意外伤害保险、分红型保险、万能型保险，扩展类业务包括投资连结型保险和变额年金。《办法》按照定量和定性相结合的原则，分别确定了各项业务所对应的准入资质。对于基础类业务，主要规定了注册资本要求。对于扩展类业务，设置了财务、风险管理能力、合规经营等三类条件指标，其中，财务指标包括最近3年年末平均净资产、偿付能力充足率等；风险管理能力指标包括公司治理、内控制度、专业人员、服务能力、信息系统等；合规经营指标包括经营年限、重大违法违规记录等。此外，《办法》还将分类监管评价结果作为一项重要参考指标。《办法》规定，对于偿付能力不足或发生重大违法违规行为的保险公司，保监会可以采取责令停止接受新业务或限制业务范围的措施。《办法》同时规定，保险公司在实施业务范围退出过程中，应当依照2011年10月施行的《保险公司保险业务转让管理暂行办法》，妥善处理存续业务，继续履行承保责任，保护消费者的合法权益。

中国人民银行上海总部在上海市范围内开通试运行12363金融消费权益保护咨询投诉电话。12363作为人民银行全国统一金融消费权益保护咨询投诉电话公益服务号码，上海为首个开通城市。

3日 中国保监会印发《中国第二代偿付能力监管制度体系整体框架》。整体框架由制度特征、监管要素和监管基础三大部分构成。其中，制度特征包括统一监管、新兴市场、风险导向兼顾价值三大特征；监管要素包括定量资本要求、定性监管要求、市场约束机制三个支柱；监管基础是指公司内部偿付能力管理。“三支柱”的监管体系中，第一支柱是定量资本要求，主要防范能够量化的风险，通过科学识别和量化各类风险，要求保险公司具备与其风险相适应的资本。第二支柱是定性监管要求，是在第一支柱的基础上，进一步防范难以量化的风险。第三支柱是市场约束机制，是引导、促进和发挥市场相关利益人的力量，通过对外信息披露等手段，借助市场的约束力，加强对保险公司偿付能力的监管。该整体框架遵循国际保险监督官协会的核心原则，借鉴欧美等国成熟有效的经验，坚持与国际监管接轨的大方向，体现了国际偿付能力监管模式的变革趋势与共识，也与银行业的资本监管体系保持一致。同时，也充分考虑我国保险业的发展实际，与我国国情相结合，建立了一套具有新兴市场代表性的偿付能力监管模式。整体框架具有三个中国特色的制度特征。一是统一监管。我国保险市场是全国统一监管，这与美国以州为单位和欧盟以成员国为单位的分散保险监管体制有重要区别，我国偿二代不用考虑分散监管导致的复杂技术和制度安排，可以简化监管机制，提高监管效率；同时，偿二代也要考虑到地区之间的差异和协调。二是新兴市场。整体框架充分考虑了我国作为新兴保险市场的特征，更加注重保险公司的资本成本，提高资本使用效益；更加注重定性监管，充分发挥定性监管对定量监管的协同作用；更加注重制度建设的市场适应性和动态性，以满足市场快速发展的需要；更加注重监管政策的执行力和约束力，及时识别和化解各类风险；更加注重各项制度的可操作性，提高制度的执行效果。三是风险导向兼顾价值。偿二代以风险为导向，全面、科学、准确地反映风险，识别和守住行业不发生系统性和区域性风险的底线。同时，资本要求标准将兼顾保险业资本使用效率，有效提升保险公司的个体价值和保险行业的竞争力。

5日 国家外汇管理局发布《关于加强外汇资金流入管理有关问题的通知》。该通知的主要内容包括：一是加强银行结售汇综合头寸管理，将银行结售汇综合头寸限额与外汇存、贷款比率挂钩。除政策性银行外，银行结售汇综合头寸限额计算公式为“各银行当月结售汇综合头寸下限＝（上月末境内外汇贷款余额－上月末外汇存款余额×参考贷存比）×国际收支调节系数”。其中，中资银行的参考贷存比为75%，外资银行的参考贷存比为100%，国际收支调节系数为0.25；境内外汇贷款余额、外汇存款余额根据中国人民银行《金融机构外汇信贷收支月报》中的数据计算，境内外汇贷款不含境外筹资转贷款。外汇贷存比超过参考贷存比的银行，应在每月初的10个工作日内（初次实施应于2013年6月底前）将综合头寸调整至下限以上；银行综合头寸下限调整后，其上限随之上调相同额度。外汇贷存比低于参考贷存比的银行，原有的头寸限额保持不变，但应把握外汇贷款的合理增长，防止外汇贷存比过度波动。二是加强对进出口企业货物贸易外汇收支的分类管理，加大对存在异常或可疑情况企业的核查力度，并调整转口贸易项下外汇收支相关政策。三是要求银行强化责任意识，严格执行外汇管理规定。四是加大外汇管理核查检查力度，强化监测分析和公开披露。

6日 中国保监会发布《养老保障管理业务管理暂行办法》。该办法分总则、业务规范、风险控制、监督管理、附则5章共45条。该办法要求养老保险公司开展养老保障管理业务时应建立独立的养老保障管理基金；对养老保障管理基金的管理应当遵循专户管理、账户隔离和单独核算的原则，确保养老保障管理基金独立于任何为基金管理提供服务的自然人、法人或其他组织的固有财产及其管理的其他财产。

9日 中国人民银行发布《2013年第一季度中国货币政策执行报告》。报告指出，2013年第一季度，中国经济社会发展开局平稳，经济保持平稳增长。中国人民银行按照党中央、国务院统一部署，继续实施稳健的货币政策。

11日 国家外汇管理局发布《关于印发〈外国投资者境内直接投资外汇管理规定〉及配套文件的通知》，进一步规范和明确外国投资者境内直接投资外汇管理。《外国投资者境内直接投资外汇管理规定》简化并整合了外商直接投资所涉及的外汇登记、账户开立与使用、资金收付及结售汇等环节和政策。同时，借助资本项目信息系统，强化了直接投资项下资金流出入的统计监测，加大了外商直接投资外汇管理规定的清理力度。

13～16日 国际标准化组织金融服务技术委员会（ISO/TC68）及其分委会年会在广州举办，中国人民银行副行长、全国金融标准化技术委员会（CFSTC）主任委员李东荣出席会议并致辞，来自中国、美国、英国、法国、日本、韩国、巴西等30多个国家（地区）的成员和联络员代表参加了会议。本次年会套开ISO/TC68全体会议、安全分委会（ISO/TC68/SC2）、证券和相关金融工具分委会（ISO/TC68/SC4）、银行核心业务分委会（ISO/TC68/SC7）、注册管理组（ISO 20022RMG）年会。会议达成如下共识：一是应筹建法律实体标识符（LEI）咨询组，以协助金融稳定理事会（FSB）实施与运行全球LEI体系；二是应加强跨部门协作，以保证标准制定和实施的协调性；三是应修订并发布国际证券识别编码标准，规范全球金融编码机构；四是应筹建货币X代码特别组，为编码扩展提出可行性建议；五是应完善ISO 20022报文注册和应用，以推动全球金融报文业务发展。

24日 中国人民银行发布《中国金融稳定报告（2013）》。报告认为，2012年，我国宏观经济缓中趋稳，金融业改革持续推进，金融机构实力不断增强，金融市场快速发展，金融基础设施建设成效显著，金融服务实体经济的质量和水平进一步提升，金融体系整体稳健，但面临的国内外环境十分复杂，经济金融平稳运行与隐忧风险并存。报告指出，2012年我国银行业、证券期货业和保险业总体运行稳健。银行业资产负债规模持续增长，资本充足水平稳步提高，拨备较为充足，盈利保持增长，各项改革继续深化，机构经营管理水平持续改进，服务“三农”和小微企业的能力不断提升，但部分行业、领域和地区的信用风险有所显现，理财产品、表外业务风险不容忽视，具有融资功能的非金融机构和民间借贷风险需要关注。证券期货业改革创新力度加大，多层次资本市场建设取得进展，新股发行制度改革继续深化，上市公司治理和退市制度改革稳妥推进，但部分上市公司出现盈利水平下滑。保险业资产规模较快增长，保险资金运用市场化改革深入推进，偿付能力充足状况得到改善，但保费收入增长放缓，产品结构存在失衡。

中国人民银行行长周小川与瑞士联邦财政部国务秘书阿姆布尔在瑞士首都伯尔尼共同签署了《中国人民银行与瑞士联邦财政部金融对话谅解备忘录》。

6月

3日 国家外汇管理局发布《关于国有企业境外期货套期保值业务外汇管理有关问题的通知》，大幅简化境内企业境外衍生产品业务管理程序和流程，取消账户开立、资金划转及汇出入、购结汇等审批，进一步促进资本项目便利化。

中国证监会与中国保监会联合发布《保险机构销售证券投资基金管理暂行规定》。该暂行规定明确了保险机构参与基金销售业务的具体监管要求，以及两会的监管职责和分工，有利于规范保险机构的基金销售活动，以满足投资人日益多样化的金融需求。该暂行规定是证监会与保监会进行监管协作的重要成果，体现了证监会一贯重视拓宽基金销售渠道，鼓励更多类型机构参与基金销售业务的思路，充分展示了保监会持续推进保险业服务能力建设，提升行业综合服务水平的努力。

7 日　中国人民银行发布《支付机构客户备付金存管办法》。该办法分总则、备付金银行账户管理、客户备付金的使用与划转、监督管理、附则 5 章共 44 条。该办法以保障消费者合法权益为根本，从严管理客户备付金的存放和使用，确保客户资金安全。在这一前提下，确立了备付金银行分类和账户分层管理、资金封闭运行和使用、备付金信息多方核对校验、重要监管指标动态调整，以及政府、自律组织和商业银行合作监督等系列监管制度，全面规范客户备付金的存放、归集、使用、划转等存管活动。

中国证监会与中国保监会联合发布《保险机构投资设立基金管理公司试点办法》。该试点办法分为总则、申请程序、风险控制、监督管理和附则 5 章共 21 条，主要规定了保险机构投资设立基金管理公司的申请程序、风险控制要求、监管合作与沟通机制等。在申请程序方面，申请投资设立基金管理公司的保险机构，应当符合中国保监会有关股权投资的规定。中国保监会出具监管意见后，保险机构再向中国证监会报送设立基金管理公司的申请文件，中国证监会依法进行审核。在风险控制方面，要求保险机构与基金管理公司应当严格按照“法人分业”原则，保证基金管理公司的独立法人地位，要求其独立承担法律责任，实现托管独立、决策独立、交易独立和核算独立。在监督管理方面，中国证监会与中国保监会将建立跨行业监管合作与信息共享机制，切实保障监管的有效性和可操作性。

13 日　中国保监会发布消息称，2013 年第一季度保险业偿付能力和分类监管结果显示，保险行业风险状况持续改善，首次实现全部保险公司偿付能力达标，首次实现分类监管评价没有出现风险较高的 C 类公司、D 类公司。据介绍，自 2008 年底建立分类监管制度以来，保监会对风险较高的公司采取了针对性的监管措施，促使保险公司风险状况持续改善。

14 日　中国人民银行发布《2012 年中国区域金融运行报告》。该报告指出，2012 年各地区经济保持稳中有进的良好发展态势，城乡居民收入稳定增长，消费对经济增长的贡献增强。该报告认为，2013 年，各地区在发挥比较优势，深入实施区域发展总体战略和主体功能区战略，深化区域合作，促进生产要素合理流动，推动区域经济协调发展方面还大有可为。

17 日　中国人民银行发布《关于商业银行流动性管理事宜的函》，要求商业银行要密切关注市场流动性形势，加强对流动性影响因素的分析和预测，做好半年末关键时点的流动性安排，并要求各金融机构统筹兼顾流动性与盈利性等经营目标，合理安排资产负债总量和期限结构，合理把握一般贷款、票据融资等的配置结构和投放进度，注重通过激活货币信贷存量支持实体经济发展，避免存款“冲时点”等行为，保持货币信贷平稳适度增长。

21 日　中国人民银行副行长胡晓炼访问尼泊尔央行，并与尼方签署了《中国人民银行代理尼泊尔央行投资中国银行间债券市场的代理投资协议》。此协议的签署将有利于扩大两国金融合作。

两岸签署《海峡两岸服务贸易协议》，允许台资金融机构以 RQFII 方式投资大陆资本市场，投资额度考虑按 1 000 亿元掌握。

22 日　经国务院批准，中国人民银行与英格兰银行签署了规模为 2 000 亿元人民币/200 亿英镑的中英双边本币互换协议，旨在为双边经贸往来提供支持，并有利于维护金融稳定。互换协议有效期3年，经双方同意可以展期。近年来，伦敦市场人民币业务取得了一定的发展。与英格兰银行建立双边本币互换安排，可以为伦敦人民币市场的进一步发展提供流动性支持，促进人民币在境外市场的使用，也有利于贸易和投资的便利化。中英双边本币互换协议的签署，标志着中国人民银行与英格兰银行在货币金融领域的合作取得了新的进展。

22～24日 中国人民银行行长周小川赴瑞士巴塞尔出席国际清算银行（BIS）年会及金融稳定理事会（FSB）全会。国际清算银行年会讨论了全球经济形势、如何促进经济增长、向中央对手方提供流动性的无技术障碍等议题。金融稳定理事会全会重点讨论了全球金融体系的脆弱性和加强全球金融监管的最新进展。

26日 中国人民银行印发《关于做好高校毕业生就业创业金融服务工作的指导意见》，要求银行系统采取切实有效的措施，本着尽可能方便高校毕业生享受政策的原则，积极探索和创新符合高校毕业生就业创业实际需求特点的金融产品和服务方式，合理调配金融资源，优化信贷结构，不断改进和完善对高校毕业生就业创业的各项金融服务工作。

中国证监会发布新修订的《证券公司客户资产管理业务管理办法》和《证券公司集合资产管理业务实施细则》。修订主要内容包括：修改原管理办法和原实施细则的调整范围，删除投资者超过200人的集合计划的相关规定。删除原管理办法和原实施细则关于大集合双10%投资比例的限制规定，删除原集合细则关于大集合投资范围的规定，删除原集合细则关于大集合1亿元成立条件的规定，删除原管理办法关于大集合限定性、非限定性的分类及相应客户准入门槛的规定。此外，修订后的管理办法和实施细则调整了对证券公司资产管理计划的监管要求。

28日 为贯彻落实国务院关于金融支持经济结构调整和转型升级政策措施的工作部署，引导信贷资金进一步支持实体经济，中国人民银行增加再贴现额度120亿元，对符合宏观审慎要求的金融机构提供流动性，支持金融机构扩大对小微企业和“三农”的信贷投放。此次安排增加再贴现额度，明确要求金融机构用于扩大对小微企业和“三农”的信贷投放，同时采取有效措施，加强再贴现管理。一方面，通过再贴现向符合宏观审慎要求的金融机构提供流动性支持，促进金融机构加大对实体经济的融资力度。另一方面，通过票据选择明确再贴现支持的重点。对涉农票据，小微企业签发、收受的票据和中小金融机构承兑、持有的票据优先办理再贴现，办理再贴现票据的票面金额原则上应在500万元以下。同时，提高再贴现额度的使用效率，用好增量，盘活存量。要求各分支行加大对辖内再贴现额度的调剂，按照涉农和小微企业票据的分布情况，优化再贴现额度的分布结构。此外，加强对再贴现投向的监测考核。要求各分支行对再贴现票据的类型、行业、企业情况进行监测分析，定期检查、总结再贴现业务的使用情况、业务效果和风险防控，确保再贴现用于支农支小。

7月

1日 中国保监会发布《保险消费投诉处理管理办法》。该管理办法具有以下特点：一是约束的主体范围广泛，不但约束保险监管机构，而且约束保险机构、保险中介机构，是规范整个保险行业消费投诉处理工作的一部制度规定。二是工作职责明确，清晰界定了中国保监会及其派出机构、保险机构、保险中介机构在保险消费投诉处理工作中各自所负的职责。三是工作程序清晰，详细规定了保险消费投诉的提出、受理范围及程序、办理要求及时限、处理决定及核查等。四是制度性要求具体，对建立保险消费投诉登记，档案管理，重大投诉的预防、报告和应急处理，内部考评和责任追究等工作制度提出明确要求。五是监督管理严格。该管理办法自2013年11月1日起施行。

2日 中国人民银行发布〔2013〕第8号公告《关于进一步完善银行间债券市场交易结算

管理有关事宜的公告》，要求银行间市场全部债券交易通过全国银行间同业拆借中心系统达成，交易一旦达成不可撤销和变更，进一步规范银行间债券市场交易结算行为，维护市场参与者合法权益，促进市场健康规范发展。

5 日 经国务院同意，中国证监会批准中国金融期货交易所开展国债期货交易。国债期货是国际金融市场成熟、简单的利率衍生产品，是管理国债价格波动的基础工具。在我国开展国债期货交易，是深化金融市场改革和推进资本市场创新的重要举措，有利于国债市场和期货市场持续健康发展，推动利率市场化改革进程，促进财政政策与货币政策协调配合。我国国债市场化发行的机制日趋成熟，财政部已经建立起一套较为完善的国债市场化发行机制，对 1 年期、3 年期、5 年期、7 年期、10 年期等关键年期的国债品种采用定期滚动发行制度。此外，随着利率市场化进程的不断推进，利率波动频率和幅度会更加明显，各类市场主体管理利率波动风险的需求日益强烈，上市国债期货能为商业银行、保险公司、证券公司、基金管理公司等机构投资者提供规避利率风险的有效工具。

中国人民银行发布《银行卡收单业务管理办法》。该办法共 6 章 54 条，清晰界定了银行卡收单业务的内涵和适用范围，对收单机构的特约商户资质审核、业务检查、交易监测、信息安全及资金结算等环节的风险管理进行全面规范，提出严格的监管要求。该办法将网络渠道发起的线上收单业务与传统线下收单业务一并纳入监管，要求从事收单业务的各类市场主体遵循相同的监管标准，履行同等风险管理责任。该办法针对特约商户风险评级、交易监测、业务检查、受理终端布放、网络支付接口管理、交易信息传输、资金结算、差错处理、业务外包等各环节存在的风险隐患，制定了监管制度。同时，还明确了银行卡收单业务相关监管检查及违规处罚规定。

9 日 中国人民银行发布《关于简化跨境人民币业务流程和完善有关政策的通知》，简化了经常项下跨境人民币业务，放宽了账户融资的期限和额度，规范了境内非金融机构人民币境外放款业务和对外提供人民币担保等业务。该通知规定，境内银行可在“了解你的客户”“了解你的业务”“尽职审查”三原则的基础上，凭企业提交的业务凭证或《跨境人民币结算收/付款说明》，直接办理经常项下跨境结算。该通知明确，银行卡人民币账户内交易的跨行跨境清算业务，应由在境内设立的具有人民币业务资格的银行卡清算机构，通过境外人民币业务清算行或境内代理银行渠道办理。

国家外汇管理局与国家税务总局联合发布《关于服务贸易等项目对外支付税务备案有关问题的公告》，明确对外支付税务备案的交易项目，简化对外支付税务备案程序。该公告对境内机构和个人向境外单笔支付等值5 万美元以上需要进行税务备案的外汇资金范围进行了明确规定；要求外国投资者以境内直接投资合法所得在境内再投资单笔 5 万美元以上的，应进行税务备案。

15 ~ 22 日 中国人民银行承办的亚太反洗钱组织第十六届年会在上海开幕，这是中国作为成员国首次举办该组织年会。来自 41 个成员和多个观察员的 400 余名代表参加了会议，中国人民银行副行长李东荣出席会议并致开幕词。李东荣表示，随着国际形势的发展，国际反洗钱标准已经发生重大变化，这将会对亚太地区反洗钱工作产生新的影响，带来新的挑战。中国作为亚太反洗钱组织联合主席和重要成员，将会继续认真履行国际义务，不断支持并积极参与亚太地区反洗钱和反恐怖融资的合作。屠光绍在致辞中对参会代表来到上海表示欢迎，并介绍了上海的发展成就和在建设国际金融中心过程中取得的成果。此次会议为期 5 天，与会成员对该组织内部治理、接收观察员、亚太地区执行反洗钱国际标准的基本原则、第二轮评估后续工作、新一轮评估程序、下一年度工作规划等重要议题进行深入讨论，初步形成下一阶段亚太地区反洗钱工作的规划框架。由中国人民银行、外交部、公安部、国台办等部门组成的中国代表团参加了会议。

18 日 国家外汇管理局发布《关于印发服务贸易外汇管理法规的通知》，推进简政放权，清理整合法规，取消服务贸易购付汇核准，简化单证审核，放宽境外存放，强化均衡管理和事后管理，进一步推进贸易投资便利化。

中国证监会发布《关于加强证券期货经营机构客户交易终端信息等客户信息管理的规定》。该规定明确规范了客户交易终端信息的采集内容、记录方式、存储期限等技术要求，强调了证券期货经营机构的相关义务。一是妥善管理义务，要求证券期货经营机构采集的客户交易终端信息必须真实、准确、完整；二是保密义务，证券期货经营机构应当对客户交易终端信息等客户信息承担保密义务；三是报告义务，发生影响客户交易终端信息安全的重大事件时，证券期货经营机构应及时向证券期货监管机构报告。

19 日 中国银监会印发《商业银行公司治理指引》，进一步明确今后银行业金融机构公司治理的发展方向和路径。该指引分为 9 章共 136 条。第一章至第三章的重点内容为规范公司治理架构和各治理主体职责边界等制衡机制，第四章至第八章主要涉及商业银行发展战略和价值准则及社会责任、风险管理与内部控制、激励约束机制、信息披露等公司治理运行机制的主要内容，并增加了监督管理部分。该指引是对近年来各类银行业金融机构监管实践的经验总结，为今后银行业公司治理建设和进一步完善明确了方向。

全球金融标准制定与执行的核心机构——金融稳定理事会（FSB）公布了首批 9 家全球系统重要性保险机构（G－SII）名单。中国平安保险集团是发展中国家及新兴保险市场中唯一入选的保险机构。这 9 家保险公司还包括：安联保险（德国）、AIG（美国）、大都会人寿保险（美国）、保德信金融（美国）、安盛保险（法国）、英杰华集团（英国）、保诚集团（英国）、忠利保险（意大利）。在 2019 年前，被认定为全球系统重要性金融机构（G－SIFI）将被要求有更高的吸收损失能力。此外，这些机构还将被要求在最低资本的基础上增加额外的资本来应对其非传统业务和非保险业务的意外损失，比如金融衍生品这种风险较高的业务。全球系统重要性金融机构（G－SIFI）是指在金融市场中承担了关键功能，具有全球性特征的金融机构。这些机构一旦发生重大风险事件或经营失败，会对全球经济和金融体系造成系统性风险。为维护全球金融稳定，FSB 牵头相关国际组织积极推进 G－SIFI 的评估与认定，并制定相关监管措施。

20 日 经国务院批准，中国人民银行决定，自 2013 年 7 月 20 日起全面放开金融机构贷款利率管制。取消金融机构贷款利率 0.7 倍的下限，由金融机构根据商业原则自主确定贷款利率水平。取消票据贴现利率管制，改变贴现利率在再贴现利率基础上加点确定的方式，由金融机构自主确定。对农村信用社贷款利率不再设立上限。为继续严格执行差别化的住房信贷政策，促进房地产市场健康发展，个人住房贷款利率浮动区间暂不作调整。

25 日 中国保监会正式成立中资保险法人机构准入审核委员会，并制定了相关工作规程。委员会作为保监会的部门间集体审议机制，主要审核中资保险法人机构的筹建事项。除依法不予受理、暂缓受理和发起人主动撤回申请的情况外，所有有效的中资保险法人机构准入申请均提交委员会审议，以投票方式进行表决，并提出许可或不予许可的审核意见。委员会的审核对象为中资保险集团（控股）公司和中资保险法人机构，包括财产保险公司、人身保险公司、相互保险公司、专属保险公司、再保险公司及保险资产管理公司。

商业银行开始在银行间市场试点发行二级资本债券，用于满足商业银行补充资本的需求。天津滨海农村商业银行首家在银行间市场试点发行 15 亿元二级资本债券。

26 日 中国人民银行、中国银监会、中国证监会、中国保监会联合发布《关于做好芦山地震灾后重建金融支持和服务的意见》，就金融系统做好芦山地震灾区恢复重建的金融支持与服务工作提出如下意见：一是抓紧恢复灾区金融服务功能；二是鼓励金融机构加大对灾区的信贷投放；三是发挥资本市场、保险市场功能，引导各类资金支持灾后重建工作；四是加强灾区信用建设，做好灾后风险的防范处置。

31 日　中国保监会印发《关于加强保险资金投资债券使用外部信用评级监管的通知》，立足保险机构使用外部评级的角度，按照“宽进严管”的原则，主要规范了三方面内容：一是明确了评级机构的服务能力标准，设定的能力标准一方面要保证评级服务质量的合理基准，另一方面也兼顾了市场公平竞争的需要，有利于保持市场的稳定性。二是建立行业自律管理机制，将评级机构纳入中国保险业相关协会组织自律管理，并由行业协会组织保险机构，每年对评级机构评级质量进行评价。通过市场化评价机制，督促评级机构提高评级服务质量。三是建立持续性监管机制，改变过去重准入不重监管的做法，建立评级机构报告制度和持续性能力评估机制，动态监测评级机构服务行为，对不合格机构及时予以市场退出。

8 月

2 日　经国务院批准，普通型人身保险费率政策改革正式启动。本次费率政策改革的基本思路是放开前端、管住后端，即前端的产品预定利率由保险公司根据市场供求关系自主确定；后端的准备金评估利率由监管部门根据“一篮子资产”的收益率和长期国债到期收益率等因素综合确定，通过后端影响和调控前端合理定价。具体内容包括两个方面：一是放开普通型人身保险预定利率，将定价权交给公司和市场。二是明确法定责任准备金评估利率标准，强化准备金和偿付能力监管约束，防范经营风险。为保障改革顺利实施，中国保监会同时出台了与之相配套的监管政策：一是对国家政策鼓励发展的养老业务实施差别化的准备金评估利率，允许养老年金等业务的准备金评估利率最高上浮 15%，支持发展养老保险业务。二是适当降低长期人身保险业务中风险保额相关的最低资本要求，鼓励和支持发展风险保障业务。三是在控制费用总水平、消费者利益不受损害的前提下，由保险公司自主确定佣金水平，优化费用支付结构，促进风险保障业务发展。四是进一步规范总精算师的任职和履职，明确总精算师责任，发挥精算专业力量在费率改革中的积极作用。五是加强人身保险条款和保险费率的管理，将偿付能力状况作为保险条款和保险费率审批、备案的重要依据，并根据预定利率是否高于规定的评估利率上限，分别采取审批、备案方式进行管理。

中国人民银行发布《2013 年第二季度中国货币政策执行报告》。报告指出，2013 年上半年，中国经济总体平稳，转型升级有新的进展。中国人民银行继续实施稳健的货币政策，同时根据国际资本流动不确定性增加、货币信贷扩张压力较大等形势变化，前瞻性地进行预调微调。

8 日　国务院办公厅发布《关于金融支持小微企业发展的实施意见》，要求各地区、各有关部门和各金融机构要按照国务院的统一部署，进一步提高对小微企业金融服务重要性的认识，明确分工，落实责任，形成合力，真正帮助小微企业解决现实难题。

13 日　江苏吴江鲈乡农村小额贷款股份有限公司在美国纳斯达克上市。吴江鲈乡农村小额贷款股份有限公司是成功登陆美国资本市场的第一家中国小贷公司，公司注册资本 3 亿元，主要为中小企业、农民和个人提供小额贷款和担保服务。

15 日　为进一步加强金融监管协调，保障金融业稳健运行，经国务院同意，中国人民银行会同中国银监会、中国证监会、中国保监会和国家外汇管理局建立金融监管协调部际联席会议制度。联席会议由人民银行牵头，成员单位包括银监会、证监会、保监会、国家外汇局。人民银行行长担任联席会议召集人，各成员单位主要负责同志为组成人员。联席会议联络员由成员单位有关司局负责同志担任。联席会议成员因工作变动需要调整的，由所在单位提出，联席会议确定。

联席会议办公室设在人民银行，承担金融监管协调日常工作。联席会议重点围绕金融监管开展工作，不改变现行金融监管体制，不替代、不削弱有关部门现行职责分工，不替代国务院决策，重大事项按程序报国务院。联席会议通过季度例会或临时会议等方式开展工作，落实国务院交办事项，履行工作职责。联席会议建立简报制度，及时汇报、通报金融监管协调信息和工作进展情况。

19 日 中国证监会发布《关于进一步加强稽查执法工作的意见》。该意见要求，第一，提升线索发现及处理能力；第二，完善案件调查管理机制；第三，坚持和优化查审分离体制；第四，加强系统内外的协调配合；第五，严格执法监督与考核问责；第六，健全稽查执法组织保障体系。

20 日 国务院国资委和中国证监会联合发布《关于推动国有股东与所控股上市公司解决同业竞争规范关联交易的指导意见》，提出国有股东与所控股上市公司要按照“一企一策、成熟一家、推进一家”的原则，结合企业实际以及所处行业特点与发展状况等，研究提出解决同业竞争的总体思路。国有股东与所控股上市公司应严格按照相关法律法规，建立健全内控体系，规范关联交易。国有股东与所控股上市公司在依法合规、充分协商的基础上，可针对解决同业竞争、规范关联交易的解决措施和期限，向市场作出公开承诺。国有股东在推动解决同业竞争、规范关联交易等事项中，要依法与上市公司平等协商。

21 日 国家外汇管理局发布《合格境内机构投资者境外证券投资外汇管理规定》，以简化管理流程，取消业务限制，更好地满足境内机构和个人境外证券投资等的需求。该规定主要内容包括：一是取消资金汇出入币种限制，扩大境内机构境外证券投资资金来源；二是取消结汇、购汇审核，简化额度申请材料；三是统一额度管理要求，对各类合格机构境外证券投资统一实行余额管理，即境外证券投资净汇出额不超过经批准的投资额度；四是强化统计监测，充分运用电子化信息手段，加强对证券投资项下跨境资金流出入的统计和事后监控，防范跨境资金流动风险。

26 日 中国人民银行印发《关于建立连片特困地区扶贫开发金融服务联动协调机制的通知》，要求人民银行各相关分支机构按 14 个片区分别建立金融服务联动协调机制，因地制宜，积极开展金融服务创新、信息共享、政策宣传和统计分析等工作，切实做好连片特困地区扶贫开发金融服务工作。

27 日 中国人民银行发布〔2013〕第 12 号公告，强化银行间债券市场券款对付结算要求，防范市场风险，提高市场效率，推动银行间债券市场健康规范发展。

中国保监会出台《关于保险业支持经济结构调整和转型升级的指导意见》，从加强对重点领域和薄弱环节的保险支持、服务小微企业和科技创新、完善农业生产保障体系、创新保险资金运用方式、优化经济转型升级外部环境等十个方面对保险业提出了意见要求。该意见强调要创新产品服务，支持重点领域与行业转型和调整。加大对有市场发展前景的先进制造业、战略性新兴产业、现代服务业、现代农业等重点领域的保险支持力度。充分发挥保险长期资金优势，紧紧围绕城镇化和服务民生的国家战略，重点支持基础设施、能源资源、医疗健康、养老服务、绿色环保、现代农业等领域和产业的发展。该意见鼓励创新保险资金运用方式，支持保险公司以股权、基金、债权、资产支持计划等多种形式，为重大基础设施、城市基础设施、保障型安居工程等民生建设和重点工程提供长期资金支持。支持保险资金参与信贷资产证券化，盘活存量金融资产，优化金融配置。探索保险资金投资优先股等新型金融工具，为实体经济提供长期股权投资，化解融资成本高的问题。该意见要求积极推动重点领域保险业务发展。一是大力发展“三农”保险，推广“菜篮子”工程保险、渔业保险、天气指数保险、农产品质量保证保险等新型险种，增强农业生产抗风险能力。二是积极发展科技保险，鼓励保险公司创新丰富科技保险产品，为科技企业的自主创业、融资、企业并购以及战略性新型产业供应链等方面提供全方位保险支持。三是加快出口信用保险发展，积极引入有条件的商业保险公司开展短期出口信用保险业务，提高出口信用保险承保能力和覆盖面。四是积极发展责任保险，协助政府和企业化解经济结构调整和转型升级过程中可能出现的经济和社会矛盾。

29 日　中国银监会发布《关于进一步做好小微企业金融服务工作的指导意见》，强调确保实现“两个不低于”目标，即小微企业贷款增速不低于各项贷款平均增速，增量不低于上年同期。该意见进一步完善了指标监测和考核体系，首次将小微企业贷款覆盖率、小微企业综合金融服务覆盖率和小微企业申贷获得率 3 项指标纳入监测指标体系，并按月进行监测、考核和通报。该意见继续强化了对小微企业金融服务的正向激励。一是银行业金融机构须在全年实现“两个不低于”目标且在当年全行小微企业申贷获得率不低于上年水平的前提下，下一年度才能享受相关政策优惠。二是适度提高对小微企业不良贷款容忍度，对小微企业贷款不良率高出全辖各项贷款不良率 2 个百分点以内的银行业金融机构，该项指标不影响当年的监管评级。三是进一步推进服务网点和渠道建设，增加对小微企业的有效金融供给。

30 日　中国银监会发布《银行业消费者权益保护工作指引》。该指引分为 5 个章节，共计 43 条，涵盖了银行业消费者权益保护内容、银行业金融机构责任和监管部门作用的描述。该指引第二章针对侵害银行业消费者权益的行为提出了八项禁止性规定。第三章提出了银行业消费者权益保护工作的制度保障要求，明确银行业金融机构应建立健全涉及银行业消费者权益保护工作的事前协调和管控机制，在产品和服务的设计开发、定价管理、协议制定、审批准入、营销推介及售后管理等各个业务环节，落实有关银行业消费者权益保护的内部规章和监管要求。第四章规定了监管部门对于银行业消费者权益保护工作的监督职责，特别是对经查实的侵害银行业消费者合法权益的银行业金融机构采取必要监管措施，督促银行业金融机构切实履行银行业消费者权益保护工作的主体责任。

9 月

2 日　中国保监会发布《保监局案件风险监管考核办法》，从基础管理、案件风险预防与警示教育、案件报告与风险处置、督促问责与整改等四个环节，对各保监局案件风险监管工作进行全流程的量化考核评估，进一步完善保险案件风险监管的制度体系。该办法自 2014 年 1 月 1 日起施行。

中国保监会印发《人身保险公司服务评价管理办法》。该管理办法规定，人身保险公司服务评价工作由服务评价委员会统一组织、指导和协调；中国保监会人身保险监管部为服务评价委员会直接主管部门；凡开业满 3 个会计年度的人寿保险公司、健康保险公司总公司，以及这些公司所辖的开业满 3 个会计年度的省级分公司、计划单列市分公司都应当参与服务评价。该管理办法自 2013 年 10 月 1 日起生效。

4 日　中国人民银行印发《支付结算执法检查规定》，规范支付结算执法检查行为，推动执法检查工作制度化、规范化和科学化。

9 日　中国人民银行与匈牙利中央银行签署中匈双边本币互换协议。互换规模为 100 亿元人民币/3 750 亿匈牙利福林，有效期 3 年，经双方同意可以展期。

11 日　中国人民银行与冰岛中央银行续签双边本币互换协议。互换规模为 35 亿元人民币/660 亿冰岛克朗，有效期 3 年，经双方同意可以展期。

12 日　中国人民银行与阿尔巴尼亚银行签署中阿双边本币互换协议。互换规模为 20 亿元人民币/358 亿阿尔巴尼亚列克，有效期 3 年，经双方同意可以展期。

17 日　中国人民银行与世界银行集团在北京签署了《联合融资合作谅解备忘录》，旨在进一步促进中国与国际金融公司合作。中国与世界银行集团有着长期合作，国际金融公司于1992年设立驻华代表处开展投资和咨询业务。

经民政部批准，中国融资担保业协会在北京正式成立。中国融资担保业协会的诞生，将进一步提升行业整体发展水平，推动行业的规范健康发展。规范发展是中国融资担保行业的必然选择，加强自律是规范发展的重要途径。中国融资担保业协会的成立，是国内融资担保行业规范发展和进一步走向成熟的标志。融资性担保是指担保人与银行业金融机构等债权人约定，当被担保人不履行对债权人负有的融资性债务时，由担保人依法承担合同约定的担保责任的行为。融资担保行业是高杠杆、高风险的行业，一个缺乏规范的融资担保行业能够将难以在解决中小微企业融资难等问题上发挥更大的作用。中国融资担保业协会的诞生，将进一步提升行业整体发展水平。

18日 财政部、人力资源社会保障部、中国人民银行联合发布《关于加强小额担保贷款财政贴息资金管理的通知》。根据该通知，财政贴息资金支持的小额担保贷款额度为：高校毕业生最高贷款额度10万元，妇女最高贷款额度8万元，其他符合条件的人员最高贷款额度5万元，劳动密集型小企业最高贷款额度200万元。对合伙经营和组织起来就业的，妇女最高人均贷款额度为10万元。该通知明确，财政贴息资金支持的个人小额担保贷款利率为在人民银行公布的同期限贷款基准利率的基础上上浮不超过3个百分点。财政贴息资金支持的小额担保贷款期限最长为两年，对展期和逾期的小额担保贷款，财政部门不予贴息。该通知还规定，对符合政策规定条件的个人微利项目小额担保贷款由财政部门给予全额贴息。

20日 中国银行向全球发布“中国银行跨境人民币指数”，成为中国首家独立编制和发布人民币国际化相关指数的银行业金融机构。该指数主要跟踪跨境流出、境外流转和跨境回流这一完整的资金跨境循环过程中人民币的使用水平，反映人民币在跨境及境外交易中使用的活跃程度。

23日 中国人民银行发布《关于境外投资者投资境内金融机构人民币结算有关事项的通知》，对境外投资者在境内新设、并购和参股金融机构等业务使用人民币结算进行了规范。

中国人民银行发布《中国金融标准化报告2012》。该报告指出，2012年人民银行立足战略思考，持续推进金融标准化战略实施，金融标准化管理逐渐系统化、体系化，金融标准支撑产业发展作用日益凸显；《银行业标准体系》的发布，促进涵盖银行业、证券期货业、保险业、印制业的金融标准体系成形；金融业标准需求旺盛，发布并实施了一批重要金融行业标准，有效填补领域空白，促进金融业健康有序发展，尤其在国际上率先制定并发布中国金融移动支付系列技术标准，为移动支付规范发展奠定基础；参与金融国际标准化活动取得实质突破，国际影响力得到提升。该报告同时指出，2013年，我国金融标准化应结合党的十八大“推进金融创新”和“改善民生”的要求，在全行业的积极参与、共同努力下，加快落实金融标准化战略，提升金融服务标准化水平，为提高金融业竞争力、推动我国金融改革发展作出更大贡献。

24日 市场利率定价自律机制成立暨第一次工作会议在京召开。市场利率定价自律机制是由金融机构组成的市场定价自律和协调机制，旨在符合国家有关利率管理规定的前提下，对金融机构自主确定的货币市场、信贷市场等金融市场利率进行自律管理，维护市场正当竞争秩序，促进市场规范健康发展。会议审议通过了《市场利率定价自律机制工作指引》和《贷款基础利率集中报价和发布规则》，选举了首任市场利率定价自律机制主任委员。

中国证监会发布《公开募集证券投资基金风险准备金监督管理暂行办法》。该暂行办法共分5章22条，主要内容包括：一是明确了公募基金风险准备金制度的适用范围与指定用途；二是建立了基金托管人的风险准备金管理制度，完善了基金管理人风险准备金的有关管理规定，适当增加了风险准备金可投资的低风险品种，明确了基金管理人与托管人风险准备金在账户开立、资金划转与使用等方面的制度安排；三是确立了风险准备金存管银行对风险准备金的提取、管理与使用等情况进行日常监督的制度安排，确保基金管理人与托管人风险准备金合规运作，充分保障公募基金持有人的合法权益；四是明确了相关罚则，保证风险准备金制度落到实处。该暂行办法自2014年1月1日起施行。

9月 中国人民银行确定每年9月为“金融知识普及月”，首次组织开展“金融知识进高校、进农村、进社区、进机关”等系列活动，向公众普及基础金融知识，增强金融消费者的风险责任意识。

10月

1日 中国人民银行与印度尼西亚银行续签双边本币互换协议。互换规模为1 000亿元人民币/175万亿印尼卢比，有效期3年，经双方同意可以展期。

8日 中国人民银行与欧洲中央银行签署规模为3 500亿元人民币/450亿欧元的中欧双边本币互换协议。互换协议有效期3年，经双方同意可以展期。

9日 中国人民银行印发《关于推进信贷市场信用评级管理方式改革的通知》，启动信贷市场信用评级管理方式的改革，由偏重于事前资质认可转变为着重进行事中、事后监测和信息披露。

15日 中国银监会发布新修订的《中资商业银行行政许可事项实施办法》。本次修改的主要内容有：一是进一步落实国务院政府职能转变和“简政放权”的工作要求，最大限度地缩小银行业监管行政许可的范围，下放行政审批权限，简化行政许可流程。二是坚持风险为本导向，严把第一道防线，充分发挥保留行政许可项目的风险防范作用，“把该管的事务管住管好”。三是坚持服务实体经济和社会责任导向，实施正向激励，引导银行业不断完善金融服务，支持小微企业、“三农”、科技创新等重点、新兴领域发展。

17日 海峡两岸首次保险监管合作会议在台北召开，双方就在《海峡两岸金融合作协议》和《海峡两岸保险业监督管理合作谅解备忘录》（MoU）框架下进一步加强海峡两岸保险监管合作、促进保险机构互设及业务经营、深入交流保险事务等进行了富有成效的讨论。

24日 中国人民银行行长周小川与来访的美国联邦存款保险公司主席马丁·格鲁恩博格先生在北京签署《中国人民银行与美国联邦存款保险公司关于合作、技援和跨境处置的谅解备忘录》，旨在加强双方在金融服务、存款人保护、跨境金融机构处置、危机管理和全球金融稳定政策领域的信息共享、对话交流与政策协作。

25日 贷款基础利率（Loan Prime Rate，LPR）集中报价和发布机制正式运行。贷款基础利率是商业银行对其最优质客户执行的贷款利率，其他贷款利率可在此基础上加减点生成。贷款基础利率的集中报价和发布机制是在报价行自主报出本行贷款基础利率的基础上，指定发布人对报价进行加权平均计算，形成报价行的贷款基础利率报价平均利率并对外予以公布。

28日 国家外汇管理局发布《关于在部分地区试行小额外保内贷业务有关外汇管理问题的通知》，在广东省、浙江省、福建省和深圳市分局辖内试行小额外保内贷业务，允许境内企业在境外机构或个人提供担保的条件下，从境内金融机构取得一定金额的本外币贷款或授信额度。

中国人民银行印发《关于建立支付机构客户备付金信息核对校验机制的通知》，要求支付机构、备付金银行每日核验客户备付金信息，做到账账相符、账实相符。

29日 中国银行间市场交易商协会发布《银行间市场经纪业务自律指引》。该指引共45

条，包括总则、内控制度和风险管理、业务规范、自律规范及附则等五个部分。在业务规范方面，不仅强调了经纪业务参与者提高与强化内部风险管理方面的要求，而且提出经纪业务参与者在经纪业务各环节应遵循的行为规范和权责义务。在自律规范方面，明确了协会在货币经纪业务领域自律管理工作的职责和内容，树立了经纪业务公平竞争、规范有序的市场行为标准。在人员管理方面，提出了对经纪业务相关从业人员在信息报备、职业道德和行为准则等方面的要求，引入了诚信档案等约束机制，严格对银行间市场经纪业务从业人员的管理。

30 日　中国证监会与中国银监会联合发布《关于商业银行发行公司债券补充资本的指导意见》。该指导意见共 15 条，主要内容包括：一是发行主体。发行主体范围目前包括在上海、深圳证券交易所上市的商业银行，发行境外上市外资股的境内商业银行，申请在境内首次公开发行股票的在审商业银行。二是资本工具选择。先行推出商业银行发行包含减记条款的公司债券。三是风险防范机制和措施。鉴于公司债券作为资本工具的特殊属性，特别是减记条款带来一定投资风险，该指导意见规定发行人应当在募集说明书中充分披露减记债作为资本工具的特殊属性和风险事项，在募集说明书的显著位置对减记条款及其触发事件进行特别提示，并对是否约定补偿条款及其对投资者权益的影响等风险事项作出充分说明。

11 月

1 日　中国人民银行印发《关于扩大深化中国农业银行“三农金融事业部”改革试点范围等有关事项的通知》，将农业银行江苏、浙江、湖南、云南、江西、陕西、广东 7 个省、538 个县的县域支行纳入深化“三农金融事业部”改革试点范围，并延续差别化存款准备金率、监管费和营业税减免等扶持政策。

4 日　中国保监会印发《人身保险客户信息真实性管理暂行办法》，规定人身保险公司应按照合法、合理、安全、保密的原则管理和使用客户信息，妥善保管记载客户信息的人身保险业务文件，采取有效措施确保客户信息的安全性，防止客户信息泄露。

5 日　中国人民银行发布《2013 年第三季度中国货币政策执行报告》。报告指出，2013 年第三季度，中国经济稳中向好，经济增长处在合理区间。中国人民银行继续实施稳健的货币政策，不放松也不收紧银根，着力增强政策的针对性、协调性，适时适度进行预调微调。

9 日　国务院总理李克强签署国务院第 642 号令，公布了修改后的《国际收支统计申报办法》，明确将国际收支统计范围扩大至对外金融资产、负债，增加中介服务机构、在境内发生经济交易的非中国居民和境内个人等申报主体，并修订保密条款和罚则等。新办法规定：中国境内各类金融机构应当直接向国家外汇管理局或其分支局申报其自营对外业务情况，包括其对外金融资产、负债及其变动情况，相应的利润、利息收支情况，以及对外金融服务收支和其他收支情况，并履行与中国居民和非中国居民通过其进行国际收支统计申报活动有关的义务。中国境内的外商投资企业、在境外有直接投资的企业及其他有对外金融资产、负债的非金融机构，必须直接向国家外汇管理局或其分支局申报其对外金融资产、负债及其变动情况和相应的利润、股息、利息收支情况。新办法同时规定：拥有对外金融资产、负债的中国居民个人，应当按照国家外汇管理局的规定申报其对外金融资产、负债的有关情况。新办法自 2014 年 1 月 1 日起施行。

14 日　中国人民银行征信中心与最高人民法院执行局就失信被执行人名单信息纳入征信系统在北京签署合作备忘录，标志着中国人民银行与最高人民法院在发挥征信系统守信激励失信惩戒作用，推动我国社会信用体系建设方面迈出了积极一步。

中国精算师协会发布《中国人身保险业重大疾病经验发生率表（2006—2010）》。这是我国人身保险业第一套重大疾病经验发生率表，填补了我国重大疾病经验发生率表的空白。本套表共包含5张表，包括6病种经验发生率男性表和女性表、25病种经验发生率男性表和女性表，以及恶性肿瘤、急性心梗、脑中风等3种主要重大疾病的单病种发生率参考表。从2013年12月31日起，中国保监会将以本套表作为准备金评估用表，用于重大疾病保险产品的法定准备金评估工作。

中国银监会发布新修订的《消费金融公司试点管理办法》。修订后的办法分为5章，共计39条，主要在以下几方面作出重要调整：一是增加主要出资人类型，促进消费金融公司股权多样化，以充分利用民间资本和消费金融优势资源；二是放开营业地域限制，允许消费金融公司在风险可控的基础上逐步开展异地业务，以利于试点公司尽早实现规模效应，增强行业整体实力；三是根据业务发展实际需要，增加吸收股东存款业务，以进一步拓宽资金来源，更好地支持消费金融公司业务发展；四是将消费金融公司发放消费贷款的额度上限由“借款人月收入5倍”修改为“20万元人民币”，以充分体现其功能定位，增强业务可操作性；五是增加公司风险管理的自主权，删除“消费金融公司须向曾从本公司申请过耐用消费品贷款且还款记录良好的借款人发放一般用途个人消费贷款”等限制性要求；六是增加消费者保护条款，要求消费金融公司在业务办理中应遵循公开透明原则，充分履行告知义务。

15日　中国人民银行颁布实施了《征信机构管理办法》。该办法完善了个人征信机构设立时所应具备的条件，明确要求设立个人征信机构，要严格遵守《征信业管理条例》规定的条件，应具有健全的组织机构、完善的业务操作、安全管理、合规性管理等内控制度，且信用信息系统应当符合国家信息安全保护等级二级或二级以上标准。同时，完善了个人征信机构市场退出程序，着重解决了数据库处理流程和征信机构退出流程的衔接问题。在监管措施方面，该办法在明确征信机构报告要求的基础上，建立了重点监管制度。

18日　中国人民银行与马来西亚央行签署跨境抵押安排谅解备忘录，建立为金融机构提供流动性的跨境抵押安排，这一安排有利于深化两国金融合作，增强市场信心，维护地区金融稳定。

中国银监会发布《银行业金融机构董事（理事）和高级管理人员任职资格管理办法》。该办法共8章53条，对散见于各项规定中的董事、高管人员任职资格管理规定进行了整合统一。主要规定了董事及高管人员任职资格基本条件、任职资格审查与核准的要件及程序、任职资格终止的情形、金融机构对高管人员任职资格的管理责任、监管机构对高管人员持续监管的具体要求及法律责任等。该办法与之前的规章相比，内容更加完备具体。任职资格管理方面，除了对董事、高管人员准入条件程序等进行规定外，还规定了持续监管的内容。任职资格终止方面，根据《行政许可法》和监管实际需要，明确了任职资格撤销、失效等终止形式。

20日　中国证监会发布新修订的《证券公司年度报告内容与格式准则》，主要内容包括：梳理证券公司相关的信息披露规范，明确未公开发行证券的证券公司应按照该准则要求编制并向中国证监会报送年度报告；公开发行证券的证券公司还须遵守公开发行证券的公司信息披露有关规定。对于未公开发行证券的证券公司，应编制向社会披露的公司信息，并连同审计报告和不含附注的财务报表，通过中国证券业协会网站向社会公开披露。此外，该准则对报表新增、调整的报表项目披露做了具体要求。

26日　为深化中法两国金融领域合作交流，中国人民银行和法兰西银行在北京合作举办“第三届中法金融论坛”。来自中法两国金融监管机构、自律组织和市场机构约300名代表参加了本次论坛，深入讨论了中法两国经济金融发展趋势、欧洲和中国资本市场发展及其他金融领域面临的机遇与挑战等问题。中国人民银行行长周小川和法兰西银行行长克里斯蒂安·诺瓦耶出席论坛并致辞。

30日 国务院印发《关于开展优先股试点的指导意见》。该指导意见分优先股股东的权利与义务、优先股发行与交易、组织管理和配套政策3部分16条。该指导意见明确，优先股是指依照《公司法》，在一般规定的普通种类股份之外，另行规定的其他种类股份，其股份持有人优先于普通股股东分配公司利润和剩余财产，但参与公司决策管理等权利受到限制。同时规定，公开发行优先股的发行人限于证监会规定的上市公司，非公开发行优先股的发行人限于上市公司（含注册地在境内的境外上市公司）和非上市公众公司。

中国证监会发布《关于进一步推进新股发行体制改革的意见》。该意见坚持市场化、法制化取向，突出以信息披露为中心的监管理念，加大信息公开力度，审核标准更加透明，审核进度同步公开，通过提高新股发行各层面、各环节的透明度，努力实现公众的全过程监督。监管部门对新股发行的审核重在合规性审查，企业价值和风险由投资者和市场自主判断。经审核后，新股何时发、怎么发，将由市场自我约束、自主决定，发行价格将更加真实地反映供求关系。该意见以保护中小投资者合法权益为宗旨，着力保护中小投资者的知情权、参与权、监督权、求偿权。调整新股配售机制，更加尊重中小投资者申购意愿。约束发行人定高价，抑制投资者报高价，遏制股票上市后“炒新”行为。该意见进一步明确了发行人和保荐机构、会计师事务所、律师事务所、资产评估师等证券服务机构及人员在发行过程中的独立主体责任，规定发行人信息披露存在重大违法行为给投资者造成损失的，发行人及相关中介机构必须依法赔偿投资者损失。对中介机构的诚信记录、执业情况将按规定予以公示。

中国证监会发布《上市公司监管指引第3号——上市公司现金分红》，重点从以下几方面加强上市公司现金分红监管工作：一是督促上市公司规范和完善利润分配的内部决策程序和机制，增强现金分红的透明度；二是支持上市公司采取差异化、多元化方式回报投资者；三是完善分红监管规定，加强监督检查力度。

12月

2日 中国人民银行出台《关于金融支持中国（上海）自由贸易试验区建设的意见》，积极促进试验区实体经济发展。在试验区建设总体方案指导下，该意见以“服务实体经济，便利跨境投资和贸易”为指导思想，坚持开放创新、先行先试，探索投融资汇兑便利，着力推进人民币跨境使用，稳步推进利率市场化，深化外汇管理改革。

中国证监会发布《首次公开发行股票时公司股东公开发售股份暂行规定》，作为新股发行体制改革的一项重要配套措施。该规定明确持股满36个月的老股东可以在公开发行新股时按照平等协商原则向公众发售老股，增加新上市公司流通股数量。为促进新股合理定价，发行人须依据募投项目资金需要量合理确定新股发行数量，并在发行方案中明确新股发行与老股转让数量的调整机制。老股转让作为首次公开发行股票的一部分，发行、承销等应遵守《证券发行与承销管理办法》的规定。对于公司股东通过老股转让取得的资金，虽无锁定要求，但发行人应当向投资者明确提示。

国家外汇管理局发布《关于印发〈对外金融资产负债及交易统计制度〉的通知》，采用最新国际统计标准，全面修订1996年发布的《金融机构对境外资产负债及损益申报业务操作规程》。《对外金融资产负债及交易统计制度》在申报主体、申报内容和申报频度等方面做了大幅改进，主要包括：一是申报主体涵盖境内银行业、证券业、保险业和其他从事金融中介业务的机构法人、境外金融机构境内主报告分支机构和其他指定机构。二是申报内容从以往仅涵盖对外金融资产和负债存量，扩展为全面涵盖对外金融资产和负债存量及流量，并涵盖其他相关国际收支交易。三是申报频度从目前的季度提高至月度。《对外金融资产负债及交易统计制度》自2014年9月1日起正式施行。

中国保监会发布《关于自保公司监管有关问题的通知》。该通知是我国第一个专门针对自保公司监管的规范性文件，解决了自保公司发展和监管无法可依的问题。该通知本着“积极谨慎、适度创新，隔离市场、防范风险”的原则，在自保公司的设立、经营、监管等方面作出了明确规定；将自保公司的业务范围确定为母公司及其控股子公司的财产保险和员工的短期健康保险、短期意外伤害保险业务。

3日 中国人民银行、工业和信息化部、中国银监会、中国证监会、中国保监会联合发布《关于防范比特币风险的通知》，明确了比特币的性质，认为比特币不是由货币当局发行，不具有法偿性与强制性等货币属性，并不是真正意义的货币。该通知要求，各金融机构和支付机构不得以比特币为产品或服务定价，不得买卖或作为中央对手买卖比特币，不得承保与比特币相关的保险业务或将比特币纳入保险责任范围，不得直接或间接为客户提供其他与比特币相关的服务。同时规定，作为比特币主要交易平台的比特币互联网站，应当根据《中华人民共和国电信条例》和《互联网信息服务管理办法》的规定，依法在电信管理机构备案。

5日 中国银监会发布《关于中小商业银行设立社区支行、小微支行有关事项的通知》，在统筹研究此前中小商业银行支行发展模式的基础上，对中小商业银行社区支行、小微支行的牌照范围、业务模式、风险管理、退出机制等内容进行了进一步明确。该通知本着鼓励和规范并举的原则，要求中小商业银行在提供便捷金融服务的同时，有效防范经营风险，保障消费者合法权益。

6日 国家外汇管理局发布《关于完善银行贸易融资业务外汇管理有关问题的通知》，督促银行完善贸易融资真实性、合规性审查，加强企业分类管理并加大对银行、企业违规行为的处罚力度，遏制无真实交易背景的虚假贸易融资行为，防范异常外汇资金跨境流动。

7日 中国人民银行发布《同业存单管理暂行办法》，规范同业存单业务，拓展银行业存款类金融机构的融资渠道，促进货币市场发展。12月12日至13日，中国银行、中国建设银行等10家金融机构分别发行了首批同业存单产品，发行总量为340亿元，期限涵盖1个月、3个月和6个月。

10～13日 中央经济工作会议在北京举行。会议指出，必须继续实施积极的财政政策和稳健的货币政策。要进一步调整财政支出结构，厉行节约，提高资金使用效率，完善结构性减税政策，扩大营改增试点行业。要保持货币信贷及社会融资规模合理增长，改善和优化融资结构和信贷结构，提高直接融资比重，推进利率市场化和人民币汇率形成机制改革，增强金融运行效率和服务实体经济能力。无论是实施积极财政政策和稳健货币政策，还是其他各项政策，都要同全面深化改革紧密结合，用改革的精神、思路、办法来改善宏观调控，寓改革于调控之中。要努力释放有效需求，充分发挥消费的基础作用、投资的关键作用、出口的支撑作用，把拉动增长的消费、投资、外需这“三驾马车”掌控好。会议提出了2014年经济工作的主要任务：一是切实保障国家粮食安全；二是大力调整产业结构；三是着力防控债务风险；四是积极促进区域协调发展；五是着力做好保障和改善民生工作；六是不断提高对外开放水平。

12日 中国人民银行发布《中国征信业发展报告（2003—2013）》。该报告指出，十年来，人民银行认真贯彻落实党中央、国务院部署，推动征信业不断发展。一是征信法规制度建设取得重大进展。《征信业管理条例》发布实施，征信业发展走上了有法可依的轨道。《征信业管理条例》确立了征信业务及其相关活动所遵循的制度规则，从法律层面明确了人民银行及其派出机构对征信业的监督管理职责和管理手段，为实现对征信业务的常态化管理提供了法制保障。二是金融信用信息基础数据库建成并稳定运行。截至2012年12月底，金融信用信息基础数据库已为8.2亿自然人和1 859.6万户企业建立了信用档案，为商业银行等机构防范信贷风险提供了重要支持。三是征信市场初步形成。信用评级、信用调查等征信机构迅速发展，社会对征信产品的需求日益增加。四是征信管理逐步加强和规范。征信管理体系不断健全，征信机构运营日趋规范，信用信息主体合法权益得到有效保护。五是征信宣传教育体系的长效机制初步建立，信用意识深入人心。六是牵头社会信用体系建设部际联席会议，推动社会信用体系建设不断取得进展，大力推进小微企业和农村信用体系建设。

13 日　中国证监会发布新修订的《证券发行与承销管理办法》，落实新股发行体制改革要求，改革和规范定价与配售方式，进一步提高新股发行的市场化程度。该办法主要进行了五个方面的修改：一是取消行政限价手段，引入主承销商自主配售机制，提高定价和配售的市场化程度；二是提高网下配售比例，调整有效报价投资者家数的限制，发挥公募基金、社保基金定价作用，加强对定价和配售的市场化约束；三是调整回拨机制，改进网上配售方式，尊重网上投资者的认购意愿；四是提高发行承销全过程的信息披露要求，强化社会监督；五是完善行政处罚、监管措施、自律监管、记入诚信档案等多层次的监管体系，进一步加强监管，强化事后问责。

国务院发布《关于全国中小企业股份转让系统有关问题的决定》，明确全国股份转让系统主要为创新型、创业型、成长型中小微企业发展服务。境内符合条件的股份公司均可通过主办券商申请在全国股份转让系统挂牌，公开转让股份，进行股权融资、债权融资、资产重组等。申请挂牌的公司应当业务明确、产权清晰、依法规范经营、公司治理健全，可以尚未盈利，但须履行信息披露义务，所披露的信息应当真实、准确、完整。在全国股份转让系统挂牌的公司，达到股票上市条件的，可以直接向证券交易所申请上市交易。挂牌公司依法纳入非上市公众公司监管，股东人数可以超过 200 人。股东人数未超过 200 人的股份公司申请在全国股份转让系统挂牌，证监会豁免核准。挂牌公司向特定对象发行证券，且发行后证券持有人累计不超过 200 人的，证监会豁免核准。

16 日　国家外汇管理局发布《关于调整人民币外汇衍生产品业务管理的通知》，简化外汇掉期和货币掉期业务准入管理，增加货币掉期业务本金交换形式，支持银行完善期权业务定价和风险控制。

25 日　国务院办公厅发布《关于进一步加强资本市场中小投资者合法权益保护工作的意见》。该意见从我国资本市场实际情况出发，以投资者需求和合法权益保障为导向，针对长期以来投资者保护存在的突出问题，构建了资本市场中小投资者权益保护的制度体系，是指导我国资本市场中小投资者权益保护工作和促进资本市场持续健康发展的纲领性文件。该意见紧紧围绕中小投资者最关心的收益回报权、知情权、参与监督权和求偿权等基本权利，作出了有针对性的制度安排。一是健全投资者适当性制度；二是优化投资回报机制；三是保障投资者参与权和知情权；四是强化中小投资者纠纷解决和赔偿救助；五是强化中小投资者教育和完善投资者保护组织体系。

26 日　中国人民银行与世界银行集团成员组织国际金融公司签署《中国人民银行代理国际金融公司投资中国银行间债券市场的代理投资协议》。此协议的签署体现了国际金融公司对中国经济和金融市场发展的信心，也有利于国际金融公司实现资产多样化和加强流动性管理，将进一步增进中国与世界银行集团的金融合作。

31 日　中国人民银行、中国银监会发布 2013 年第 21 号公告，进一步规范信贷资产证券化发起机构风险自留行为，明确发起机构可以灵活方式保留基础资产信用风险，特别是发起机构可以采用垂直型风险自留。该公告规定，信贷资产证券化发起机构应按以下要求保留基础资产信用风险：一是持有由其发起资产证券化产品的一定比例，该比例不得低于该单证券化产品全部发行规模的 5%；二是持有最低档次资产支持证券的比例不得低于该档次资产支持证券发行规模的 5%；三是若持有除最低档次之外的资产支持证券，各档次证券均应持有，且应以占各档次证券发行规模的相同比例持有；四是持有期限不低于各档次资产支持证券存续期限。

中国人民银行发布《关于金融债券专项用于小微企业贷款后续监督管理有关事宜的通知》，明确了发行前和存续期间对发行人、主承销商等机构在内控制度、报告报送等方面的要求，并提出了人民银行及其分支机构对商业银行发行金融债券专项用于小微企业贷款进行后续监督的内容，确保商业银行发行金融债券所募集资金用于小微企业贷款。

2014 年

1 月

2 日 经中国人民银行批准，上海清算所开展人民币利率互换集中清算业务。首批 21 家机构包括工商银行、农业银行、中国银行、建设银行、兴业银行、中信银行、光大银行、中金公司等金融机构。推出人民币利率互换集中清算业务，有利于加快构建场外金融衍生品集中清算业务整体框架，有利于场外金融衍生品市场安全高效运行和健康发展。

6 日 中国银监会召开 2014 年全国银行业监管工作会议。会议指出，中央经济工作会议全面分析了国际国内形势，要认真学习，深刻领会，全面把握形势变化对银行改革发展的要求。要深刻认识中央治国理政新思路、新理念、新举措，带来的市场、社会运行机制和行为模式的新转变，审时度势，不断增强银行业工作的统筹谋划能力。会议强调，2014 年银行业工作总的指导思想是全面贯彻落实党的十八大、十八届二中、三中全会和中央经济工作会议精神，坚持稳中求进的总基调，着力深化改革开放，着力改进金融服务，着力防范金融风险，切实提高银行业运行效率和服务实体经济能力。会议明确了 2014 年银行业监管工作的重点：一是深入推进银行业改革开放。扩大金融业对内对外开放，完善现代银行业治理体系、市场体系和监管体系，推进治理能力现代化，引导银行业长期可持续发展。二是切实防范和化解金融风险隐患。三是努力提升金融服务水平。通过盘活信贷存量，用好资金增量，改善服务质量，最大限度地提高贷款使用效率，降低社会融资成本。四是加强党的领导和队伍建设。

中国银监会发布《商业银行全球系统重要性评估指标披露指引》，要求符合一定条件的商业银行从 2014 年起披露全球系统重要性评估指标。该指引规定，上一年年末调整后的表内外资产余额为 1.6 万亿元人民币以上或者上一年度被认定为全球系统重要性银行的商业银行（以下简称信息披露银行）应当披露全球系统重要性评估指标相关信息，包括调整后的表内外资产余额、金融机构间资产、金融机构间负债、发行证券和其他融资工具、通过支付系统或代理行结算的支付额、托管资产、有价证券承销额、场外衍生产品名义本金、交易类和可供出售证券、第三层次资产、跨境债权和跨境负债共 12 个指标。信息披露银行应当原则上于每个会计年度终了后的 4 个月内，在银行网站或年度报告披露相关信息，披露时间不得晚于每年 7 月 31 日。

7 日 中国人民银行联合科技部、中国银监会、中国证监会、中国保监会和国家知识产权局等六部门发布《关于大力推进体制机制创新 扎实做好科技金融服务的意见》（银发〔2014〕9 号），从鼓励和引导金融机构大力培育和发展服务科技创新的金融组织体系、加快推进科技信贷产品和服务模式创新、拓宽适合科技创新发展规律的多元化融资渠道等方面进行工作部署，要求金融机构推进体制机制创新，做好科技金融服务各项具体工作。

8 日 中国保监会、中国银监会联合发布《关于进一步规范商业银行代理保险业务销售行为的通知》（以下简称《通知》）。《通知》要求保险公司和商业银行将保护消费者的利益放在首位，依法合规地开展代理保险业务，进一步提高商业银行代理保险业务的销售适应性和管理水平。在将合适的产品销售给合适的人方面，《通知》要求建立投保人需求与风险承受能力评估制度，根据评估结果推荐保险产品。在业务规定方面，《通知》要求商业银行销售意外伤害保险、健康保险、定期寿险、终身寿险、保险期间不短于10年的年金保险、保险期间不短于10年的两全保险、财产保险（不包括财产保险公司投资型保险）、保证保险、信用保险的保费收入之和不得低于代理保险业务总保费收入的20%。在销售过程方面，《通知》要求保险公司做好产品及保单材料的准备工作，包括延长犹豫期、在相关材料中明确各项风险提示等；要求商业银行加强对销售人员的管理；要求确保投保过程反映消费者的真实意思表示，包括由投保人本人填写投保单、不得篡改客户信息等；要求确保投保人了解全面的保险合同信息，包括提供完整的合同资料、提供保费收据或发票等；要求保险公司对销售情况进行监测，包括核对投保信息、建立健全客户回访、做好短信提醒服务等。在加强监管协作方面，《通知》要求保险公司每季度向保监系统上报合作银行的犹豫期内退保件数、回访问题件数，及占同期投保件数的比率；要求商业银行每季度向银监系统上报代理各险种保费收入占比情况。《通知》自4月1日起实施。

IPO停止了一年多以后重新启动，IPO重启对恢复股市融资功能具有重要意义。

9～10日 中国人民银行召开2014年工作会议。会议指出，2013年，在党中央、国务院的正确领导下，人民银行按照稳中求进的工作总基调，继续实施稳健的货币政策，加快推进金融改革发展，着力防范化解重点领域金融风险，进一步改进金融服务和内部管理，提高金融服务实体经济水平，推动经济社会发展实现了稳中有进、稳中向好的良好开局。会议部署了2014年的工作重点：一是继续实施稳健的货币政策，保持货币信贷和社会融资规模平稳适度增长。二是全面深化金融改革，努力在金融重点领域和关键环节改革实现新的突破。三是扩大人民币国际使用。四是健全多层次资本市场体系，促进金融市场深化发展。五是深化外汇管理重点领域改革，切实防范跨境资金流动风险。六是加强金融风险监测、排查和监管协调，牢牢守住不发生系统性金融风险的底线。七是扎实推进金融服务现代化，全面提升金融服务和管理水平。八是深入参与国际经济金融政策协调和规则制定，增强中国的国际地位和话语权。

10日 全国外汇管理工作会议召开。会议部署了2014年外汇管理重点工作：一是围绕发挥市场决定性作用的要求，加快推进外汇管理改革创新；二是围绕促进国际收支基本平衡的要求，加快完善跨境资金流动监管体系建设；三是围绕更好发挥政府作用的要求，加快外汇管理职能转变；四是围绕实现外汇储备保值增值的要求，加快完善大规模外汇储备经营管理体制。

15日 经国务院批准，中国保险信息技术管理有限责任公司（以下简称中国保信）公开宣布成立。中国保信由中国保险保障基金有限责任公司出资，注册资本20亿元。中国保信的主要业务是统一建设、运营和管理保险信息共享平台，通过信息技术手段，采集保险经营管理数据，建立标准化、系统性的数据体系，为保险业发展和监管提供基础性的网络支持和信息服务。中国保监会依法对中国保信实施管理。

16日 国际经济界权威期刊《中央银行》颁布年度奖项，中国人民银行获选为2014年“年度央行”。评审称，中国人民银行2013年在中国政府换届之际，仍能持续推动中国经济进一步走向市场化，如成功减少金融体系的支出及推动资本账户改革等，表现出强大的管理能力。

17日 中国人民银行发布《关于开展常备借贷便利操作试点的通知》，在北京、江苏、山东、广东、河北、山西、浙江、吉林、河南、深圳开展常备借贷便利操作试点，主要解决符合宏观审慎要求的地方法人金融机构流动性需求，稳定市场预期，促进货币市场平稳运行。

20日 中国保监会召开中国第二代偿付能力监管制度体系（以下简称偿二代）项目工作会议，总结偿二代建设前一段工作，提出2014

年工作要求。偿二代领导小组副组长、中国保监会副主席陈文辉出席会议并讲话。陈文辉指出，偿二代建设自2012年正式启动以来，取得了一系列重要阶段性成果，完成了顶层设计，发布了“三支柱”整体框架，先后启动了15个偿二代项目开展技术标准的研制，各项目组工作推进顺利。陈文辉分析了当前保险业改革发展的新形势，指出偿二代建设体现了“放开前端，管住后端”监管改革的要求，将全面强化风险监管，形成对风险在事前、事中和事后的全流程监管体系，为保险业市场化改革提供有力保障，促进保险公司风险管理能力的提升。陈文辉强调，2014年是偿二代建设的关键一年，总体任务是“出标准、建机制、广宣传、早准备”，重点做好出台标准、整体测试、产险试行、实施准备、强化培训等工作。陈文辉指出，偿二代建设已经进入了深水区，技术复杂程度较前期有了显著的提升。各技术标准项目组应再接再厉，做好技术攻关，确保标准的科学性和客观性，加强协调配合，做好技术手册档案的编写工作，确保按时完成2014年工作任务。保监会各相关部门应齐心协力，加强协作配合，按照偿二代整体框架的要求，梳理、整合现有风险监管机制，形成偿二代监管合力，推动监管改革和升级。保险公司应积极参与偿二代的测试，提前做好实施准备，切实提高风险管理能力，继续为项目组的工作提供支持。保监会相关部门负责人、偿二代项目组牵头单位负责人、项目组负责人共50余人参加了会议。

21日 2014年全国证券期货监管工作会议召开。2014年推进监管转型是中国证监会的主要工作。推进监管转型包括“六个转变”：一是监管取向从注重融资，向注重投融资和风险管理功能均衡、更好地保护中小投资者转变。二是监管重心从偏重市场规模发展，向强化监管执法，规模、结构和质量并重转变。三是监管方法从过多的事前审批，向加强事中事后、实施全程监管转变。四是监管模式从碎片化、分割式监管，向共享式、功能型监管转变。五是监管手段从单一性、强制性、封闭性，向多样性、协商性、开放性转变。六是监管运行从透明度不够、稳定性不强，向公正、透明、严谨、高效转变。

2014年全国保险监管工作会议召开。中国保监会党委将成立全面深化改革领导小组，统筹推进保险业的改革创新。一是推进保险服务体系改革创新；二是推进保险市场体系改革创新；三是推进保险监管体系改革创新。

国家外汇管理局印发《外债转贷款外汇管理规定》。该规定取消外债贷款在国家外汇管理局环节的逐笔登记和汇兑审批，实行转贷款债权人集中登记。取消转贷款账户开立核准。允许转贷款债权人或转贷款债务人凭转贷款协议等凭证直接到开户银行办理境内相关资金划转。取消政策性转贷款结汇核准。取消转贷款项下还本付息及购汇核准手续。在自愿达成协议的前提下，转贷款债权人或债务人（最终债务人除外）可持相关证明等材料代下级债务人直接到银行统一办理结汇和购汇手续。该规定自2014年3月1日起施行。

23日 中国保监会发布《关于加强和改进保险资金运用比例监管的通知》，系统整合了现行监管比例政策，建立了以保险资产分类为基础，多层次比例监管为手段，差异化监管为补充，动态调整机制为保障的比例监管新体系。该通知的主要内容包括：一是大类资产分类。根据风险收益特征，将资产划分为流动性资产、固定收益类资产、权益类资产、不动产类资产和其他金融资产等五个大类资产。二是制定监管比例上限。在大类资产分类基础上，制定不同大类资产的投资总量及集中度监管比例上限，同时调整优化监管比例计算基数。通过法定监管比例的约束，防范系统性风险。三是建立风险监测机制。针对流动性、融资杠杆等制定监测比例，划出风险预警线。既保留一定的比例弹性，又通过强化公司信息披露义务等措施，增强社会公众对公司投资行为的约束。四是强化公司自身风险责任。要求公司制定内部风险控制比例，由董事会或董事会授权机构审定，并提交比例执行情况年度报告。五是建立动态调整保障机制。根据保险资金运用实际情况，逐步探索各大类资产实行分类监管的规律，对保险资产的分类、定义、品种及相关比例等开展年度审议并进行动态审慎调整。

24日 国家外汇管理局印发《关于进一步改进和调整资本项目外汇管理政策的通知》，该通知简化融资租赁类公司对外债权外汇管理；简化境外投资者受让境内不良资产外汇管理，进一步放宽境外直接投资前期费用管理；进一步放宽境内企业境外放款管理；简化境内机构利润汇出审核；改进证券公司《证券业务外汇经营许可证》管理。该通知自2014年2月10日起实施。

25~26日 全国金融系统青年联合会第二届委员会第一次全体会议在北京召开。会议深入贯彻落实党的十八大和十八届二中、三中全会精神，深入学习贯彻习近平总书记系列重要讲话精神，紧扣时代主题，牢记根本宗旨，全面回顾了全国金融青联成立以来的工作，阐明了新形势下金融青联工作的目标和要求，部署未来4年全国金融青联的主要工作任务。会议听取了《全国金融系统青年联合会第一届委员会常务委员会工作报告》，审议通过了《全国金融系统青年联合会第二届委员会关于〈全国金融系统青年联合会组织和工作细则（修正案）〉的决议》，选举产生了第二届全国金融青联领导班子。

26日 中国人民银行金融市场司印发《关于商业银行理财产品进入银行间债券市场有关事项的通知》，允许符合条件的银行理财产品入市并进行了相应规范。

28日 中国人民银行发布《关于建立场外金融衍生产品集中清算机制及开展人民币利率互换集中清算业务有关事宜的通知》，明确自2014年7月1日起实施对人民币利率互换交易的强制集中清算要求，并要求上海清算所等市场基础设施建立完善相关的风险防控措施。该通知的发布标志着我国正式建立场外金融衍生品集中清算机制。

29日 中国人民银行办公厅印发《关于做好2014年信贷政策工作的意见》，要求人民银行各分支机构和各银行业金融机构加强对“三农”、小微企业、新型城镇化、产业结构调整、保障性安居工程、扶贫、就业等民生领域以及信贷政策导向效果评估和信贷资产证券化试点的金融服务工作。

30日 中国人民银行发布《关于调整再贷款分类的通知》，将再贷款由三类调整为四类，即将原流动性再贷款进一步细分为流动性再贷款和信贷政策支持再贷致。信贷政策支持再贷款为新设，包括支小再贷款和支农再贷款。金融稳定再贷款和专项政策性再贷款分类不变。

2月

7日 中国人民银行发布《关于加快小微企业和农村信用体系建设的意见》。该意见明确了健全信用信息征集体系、完善信用评级（评分）和信息发布与应用制度的工作目标，确定了“政府领导，市场参与；人行推动，多方支持；试点先行，逐步推进；积极创新，务求实效”的工作原则，部署了完善信用信息征集体系、建立信用评价机制、健全信息通报与应用制度、推进试验区建设、健全政策支持体系、发挥宣传引导作用等六项工作任务，并提出了加强组织领导、积极稳步实施、强化交流学习等工作要求；确定了63个小微企业和农村信用体系建设实验区，助力信用良好的小微企业、农户等经济主体融资。截至2013年底，在人民银行推动下，共为243万户小微企业和1.51亿农户建立了信用档案。

8日 中国人民银行发布《2013年第四季度中国货币政策执行报告》。报告指出，2013年，中国经济呈现稳中有进、稳中向好的发展态势。消费平稳增长，投资增长较快，进出口结构优化；农业生产再获丰收，工业生产增速企稳回升；消费价格涨幅和就业基本稳定。中国人民银行继续实施稳健的货币政策，创新调控思路和方式，保持定力，精准发力，不放松也不收紧银根，适时适度预调微调。总的来看，稳健货币政策取得了较好效果。

10日 中国人民银行、国家发展改革委、财政部、民政部、人力资源社会保障部、商务部、税务总局、中国银监会、中国证监会、中国保监会、国家外汇管理局联合发布《青岛市财富管理金融综合改革试验区总体方案》。该方案明确了以下重点任务：积极培育多元化财富管理机构、大力发展多功能财富管理市场、推动财富管理相关金融改革创新、提高财富管理服务实体经济水平、切实提高防范金融风险的水平、不断优化财富管理发展环境。青岛市成为继浙江温州市、广东珠三角、福建泉州市、云南省、广西壮族自治区之后第五个金融综合改革实验区。

14日 中国银监会、国家发展改革委联合印发《商业银行服务价格管理办法》，并配套下发《关于印发商业银行服务政府指导价政府定价目录的通知》。《商业银行服务价格管理办法》明确了商业银行服务政府指导价、政府定价的有关规定，降低和调整了部分收费标准，规定了部分免费服务内容。根据新规，自2014年8月1日起，有条件免收个人客户账户管理费、年费和养老金异地取款手续费，并降低部分收费标准。

中国人民银行印发《关于做好家庭农场等新型农业经营主体金融服务的指导意见》，鼓励和引导银行业金融机构积极推动金融产品、利率、期限、额度、流程、风险控制等方面创新，合理调配信贷资源，扎实做好家庭农场、专业大户、农民合作社、农业产业化龙头企业等新型农业经营主体各项金融服务工作。

17日 中国银监会印发《商业银行流动性风险管理办法（试行）》。该办法要求商业银行流动性覆盖率应当于2018年底前达到100%；在过渡期内，应当于2014年底、2015年底、2016年底及2017年底前分别达到60%、70%、80%、90%。该办法自2014年3月1日起施行。

20日 中国人民银行授权上海总部发布《关于支持中国（上海）自由贸易试验区扩大人民币跨境使用的通知》，支持在自贸区内开展各项跨境人民币业务创新试点，鼓励和扩大人民币跨境使用。

21日 中国人民银行办公厅印发《关于做好2013年度涉农和小微企业信贷政策导向效果评估有关事项的通知》，从中小企业信贷政策导向效果评估平稳过渡至小微企业信贷政策导向效果评估。

中国保监会与美国贸易代表办公室、全美保险监督官协会共同举办的第九次中美保险会谈及中美保险监管研讨会在福州举行。中国保监会相关部门、中国保险行业协会、中国保险学会及国内保险公司代表、美国贸易代表办公室、全美保险监督官协会、美国保险行业协会及相关美资保险公司代表参加了会谈。

27～28日 中国保监会召开全国财产保险监管工作会议。保监会副主席陈文辉出席会议并讲话。保监会相关部门、各保监局、中国保险行业协会和中国保险学会等单位相关负责同志参会。陈文辉充分肯定了我国财产保险市场的发展成就，指出要深入贯彻落实中共十八届三中全会和全国保险监管工作会议精神，坚持以改革创新统领财产保险监管工作，推动财产保险市场平稳健康发展。陈文辉强调，要切实抓好产险领域深化改革创新的重点工作。会上，保监会财产保险监管部刘峰主任通报了2013年全国财产保险发展情况和监管工作情况，介绍了保监会2014年财产保险监管工作思路。各保监局也分别就当前财产保险市场的发展形势和存在问题发表了看法，提出了进一步加强财产保险监管工作的建议。

28日 中国银监会印发《关于做好2014年农村金融服务工作的通知》，要求银行业金融机构认真贯彻落实中央农村工作会议和中央一号文件精神，持续改善农村金融服务，突出加大对现代农业发展的金融支持。

中国保监会发布《关于规范保险资金银行存款业务的通知》，从制度和操作两个层面，规范部分保险公司在银行存款业务中存在的操作不透明、约束机制不健全、风险管理薄弱，以及被他人挪用等风险隐患和问题。该通知主要内容包括：一是强化交易对手资质，规范业务操作流程，防范信用风险和操作风险；二是建立银行存款托管机制，防范资金挪用风险；三是规范存单质押行为，明确以银行存款为自身质押融资的管理要求，禁止向他人提供质押融资、担保、委托贷款或为他人谋取利益；四是加强监督管理，强化银行存款业务的信息报告要求。该通知还要求建立行业自律管理机制，加强交易对手风险监测。

3 月

1 日 中国人民银行放开中国（上海）自由贸易试验区小额外币存款利率上限：对自贸试验区居民放开小额外币存款利率上限，上海地区金融机构对区内居民小额外币存贷款自主定价。区内居民包括在试验区内依法设立的中外资企事业法人（含金融机构）、在试验区内注册登记但未取得法人资格的组织、其他组织、境外法人机构驻试验区内的机构以及在试验区内就业一年以上的境内个人。这是在全国推进小额外币存款利率市场化的先行先试。

全国首部金融地方性法规《温州市民间融资管理条例》及《温州市民间融资管理条例实施细则》正式实施。这是全国首部金融地方性法规和首部专门规范民间金融的法规。该条例实施当天，民间借贷备案工作得到积极贯彻，温州首单民间借贷备案在永嘉县民间借贷备案服务中心成功落地。

5～6 日 中国保监会召开全国人身保险监管工作会议。保监会副主席黄洪出席会议并讲话，保监会相关部门、各保监局、中国保险行业协会和中国保险学会等单位相关人员参加了会议。黄洪指出，2013 年人身保险监管坚持“抓改革、严监管、强基础、守底线”的总体思路，大胆解放思想，勇于改革创新，激发了市场活力。黄洪强调，要准确把握面临的形势，切实增强责任意识。

5 日 中国人民银行发布中国人民银行公告〔2014〕第 3 号，将商业银行柜台债券业务品种由记账式国债扩大至国家开发银行债券、政策性金融债券和中国铁路总公司等政府支持机构债券。

6 日 中国人民银行联合财政部、中国银监会、中国证监会、中国保监会、扶贫办和共青团中央发布《关于全面做好扶贫开发金融服务工作的指导意见》，要求加强协作，合理配置金融资源，创新金融产品和服务，完善金融基础设施，优化金融生态环境，积极发展农村普惠金融，着力支持贫困地区经济社会持续健康发展和贫困人口脱贫致富。

中国人民银行农村信用社改革试点专项中央银行票据发行兑付考核评审委员会决定对山西省浮山县农村信用社兑付专项票据，额度为 1 570 万元，至此全国农村信用社专项票据兑付考核工作全面完成，资金支持政策全部落实到位。

11 日 中国人民银行印发《关于切实做好家禽业金融服务工作的通知》，针对 H7N9 流感疫情和家禽企业、养殖户的困难和资金需求，从保证正常生产经营的资金供应、灵活确定贷款期限和还款方式、合理确定贷款利率水平、建立金融服务应急机制、加大金融政策支持、加强政策协调配合等方面，提出有针对性的解决措施。

中国银监会批准深圳前海微众银行、温州民商银行、金城银行、华瑞银行、网商银行首批 5 家自担风险民营银行试点。5 家民营银行分别由阿里巴巴、万向、腾讯、百业源、均瑶、复星、商汇、华北、正泰、华峰等民营资本参与发起并自担风险。银行业对民营资本开放迈出实质性步伐。这是在 2013 年 7 月国务院提出“尝试发起设立自担风险的民营银行”、11 月党的十八届三中全会提出“在加强监管的前提下，允许具备条件的民间资本依法发起设立中小型银行等金融机构”后，国务院最终确定的首批 5 家民营银行试点。

中国保监会举办中国自保公司发展与监管国际研讨会，保监会副主席王祖继出席研讨会并讲话。美国、新加坡、中国香港等多个国家和地区的自保专家深入探讨了国际自保公司发展历程、监管经验，以及自保公司在中国的发展模式、前景和监管政策。

13 日　中国银监会印发《金融租赁公司管理办法》。该办法重点对准入条件、业务范围、经营规则和监督管理等内容进行了修订完善：一是将主要出资人制度调整为发起人制度，不再区分主要出资人和一般出资人，同时考虑到金融租赁公司业务开展、风险管控以及专业化发展的需要，规定发起人中应该至少包括一家符合条件的商业银行、制造企业或境外融资租赁公司，且其出资占比不低于 30%。二是扩大业务范围，放宽股东存款业务的条件，拓宽融资租赁资产转让对象范围，增加固定收益类证券投资业务、为控股子公司和项目公司对外融资提供担保等。三是实行分类管理制度，在基本业务基础上，允许符合条件的金融租赁公司开办发行金融债、资产证券化以及在境内保税地区设立项目公司等升级业务。四是强化股东风险责任意识，要求发起人应当在金融租赁公司章程中约定，在金融租赁公司出现支付困难时，给予流动性支持，当经营损失侵蚀资本时，及时补足资本金，更好地保护利益相关方的合法权益，促进公司持续稳健经营。五是丰富完善经营规则和审慎监管要求，强调融资租赁权属管理和价值评估，加强租赁物管理与未担保余值管理等，同时完善了资本管理、关联交易、集中度等方面的审慎监管要求。六是允许金融租赁公司试点设立子公司，引导金融租赁公司纵向深耕特定行业，提升专业化水平与核心竞争力。

中国银监会修订完善《农村中小金融机构行政许可事项实施办法》，进一步简政放权，优化行政许可条件、标准和程序，释放机构经营活力，增强金融创新动力。新修订的办法共 130 条，较之前减少了 39 条，充分体现了简政放权与加强监管的特点：一是市场环境更加开放；二是审批程序更加简化；三是风险底线更加明确；四是支农特色更加鲜明。

14 日　中国人民银行、财政部、商务部、海关总署、国家税务总局、中国银监会联合发布《关于简化出口货物贸易人民币结算企业管理有关事项的通知》，以进一步促进贸易、投资便利化。

15 日　中国人民银行决定扩大外汇市场人民币兑美元汇率浮动幅度。自 3 月 17 日起，银行间即期外汇市场人民币兑美元交易价浮动幅度由 1% 扩大至 2%；外汇指定银行为客户提供当日美元最高现汇卖出价与最低现汇买入价之差不得超过当日汇率中间价的幅度由 2% 扩大至 3%；其他规定仍遵照《中国人民银行关于银行间外汇市场交易汇价和外汇指定银行挂牌汇价管理有关问题的通知》执行。

18 日　经中国人民银行授权，中国外汇交易中心宣布在银行间外汇市场开展人民币对新西兰元直接交易。

20 日　中国人民银行印发《关于开办支小再贷款支持扩大微小企业信贷投放的通知》，在信贷政策支持再贷款类别下正式创设支小再贷款，专门用于支持金融机构扩大小微企业信贷投放，同时下达全国支小再贷额度共 500 亿元。

21 日　中国证监会印发《优先股试点管理办法》，标志着作为中国资本市场一直缺失的一个层级工具——优先股，开始正式起航。该办法规定上市公司可以发行优先股，非上市公众公司可以非公开发行优先股；普通股为上证 50 指数成分股、以公开发行优先股作为支付手段收购或吸收合并其他上市公司、以减少注册资本为目的回购普通股的三类上市公司可以公开发行优先股；上市公司发行优先股，可以申请一次核准，分次发行；公司非公开发行优先股仅向该办法规定的合格投资者发行，每次发行对象不得超过 200 人，且相同条款优先股的发行对象累计不得超过 200 人，优先股交易或转让环节的投资者适当性标准应当与发行环节保持一致；非公开发行的相同条款优先股经交易或转让后，投资者不得超过 200 人。

中国保监会印发《保险公司收购合并管理办法》，进一步鼓励境内外各类优质资本特别是民间资本投资保险业。该办法的主要内容包括：一是适度放宽资金来源，允许投资人采取并购贷款等融资方式，规模上限为货币对价总额的50%；二是适度放宽股东资质，规定投资人可不适用对保险公司的3年投资年限要求；三是不再禁止同业收购，允许收购人在收购完成后控制两个经营同类业务的保险公司。该办法自2014年6月1日起正式实施。

25日 中国保监会印发《保险业服务新型城镇化发展的指导意见》。该意见提出六项重点措施。一是要统筹发展商业养老和医疗健康保险，完善城乡多层次社会保障体系，缓解新型城镇化建设过程中人口转移带来的社保压力。二是进一步深化资金运用改革，创新资金运用形式，支持城镇基础设施建设、运营以及养老健康产业、保障性住房等民生项目发展。三是从服务开放型经济发展、改善小微企业融资环境、为技术创新提供保险保障、服务低碳经济等方面提出要求，推动城市产业结构优化升级。四是推进政府采购保险产品和服务，提升公共服务资源配置效能。大力发展与公众利益密切相关的责任保险，辅助政府创新公共管理方式。推动建立国家政策支持的巨灾保险制度，增强防灾减灾救灾应急能力。五是健全农业保险服务体系，促进新型城镇化与农业现代化协调发展。六是深化改革创新，逐步建立以保险企业为主体，新型城镇化市场需求为导向，适度监管政策激励为推动的保险创新机制，不断激发保险业服务新型城镇化的内在动力和活力。

处置非法集资部际联席会议召开新闻发布会，发布《关于办理非法集资刑事案件适用法律若干问题的意见》，全面启动2014年防范打击非法集资宣传教育工作。处置非法集资部际联席会议办公室刘张君主任、最高人民法院刑三庭罗国良副庭长、最高人民检察院法律政策研究室韩耀元副主任、公安部经济犯罪侦查局韩浩副局长出席发布会。2014年，部际联席会议将继续按照“打防并举”“防治结合”的工作思路，强化宣传教育，强化预警防范，强化打早打小，强化大要案处置，通过多层面、全方位的工作，多渠道、立体化的宣传，增强社会公众“理性投资、风险自担”的理念，提高社会公众识别能力，引导社会公众自觉远离非法集资。为此，部际联席会议将继续组织各省（自治区、直辖市）于5月集中开展打击非法集资宣传月活动，于8月至10月开展涉嫌非法集资广告资讯信息排查清理活动，大力推动重大、跨区域案件处置，更加注重面向基层、突出重点，更加注重以查促整、协同联动，全面推动防范、打击和处置非法集资工作向纵深发展。

28日 中国人民银行与德意志联邦银行签署了在法兰克福建立人民币清算安排的合作备忘录。

31日 中国人民银行与英格兰银行签署了在伦敦建立人民币清算安排的合作备忘录。

金融稳定理事会在英国伦敦召开全体会议，中国银监会主席尚福林出席了会议。来自成员经济体及国际组织的近70位高层代表与会。全会重点讨论了全球金融体系脆弱性状况及其应对方案，审议了国际金融监管改革重点领域的工作进展，包括提高全球系统重要性金融机构抗风险能力，增强监管强度和有效性，加强影子银行监管，分析成员经济体结构性改革政策的跨境影响，推进场外衍生品改革，完善金融市场基准利率形成机制等。同时，全会还听取了区域咨询工作组对监管改革工作的建议，研讨了金融稳定理事会成员席位改革的总体方向，并确定了未来一段时期的改革任务。

4月

2日 中国人民银行货币政策委员会召开2014年第一季度例会。会议认为，当前中国经济运行仍处在合理区间，金融运行总体平稳，物价基本稳定，但所面临的形势依然错综复杂，有利条件和不利因素并存。会议强调要继续实施稳健的货币政策，保持适度流动性，实现货币信贷及社会融资规模合理增长。

中国银监会与中国证监会联合印发《关于商业银行发行优先股补充一级资本的指导意见》，明确优先股作为商业银行其他一级资本工具的合格标准。该指导意见确定了商业银行发行优先股的准入条件，指明了商业银行发行优先股的申请程序，明确了优先股作为其他一级资本工具的合格标准。同时，简化了优先股发行涉及的资本补充、章程修订等行政许可事项，强化信息披露要求，加强事中、事后监管，注重平衡优先股和普通股两类股东利益，保护投资者合法权益。该指导意见的发布，进一步明确了商业银行补充发行优先股补充一级资本的监管要求和路线图，有利于优化商业银行的资本结构，并促进多层次资本市场建设和发展。

8日 中国人民银行金融市场司发布《关于银行间债券市场招标发行债券有关事宜的通知》，规范非金融企业债券招标发行，放宽了对发行人主体信用等级、发行规模和投标参与人数量的要求，并对发行人和中介机构在招标结束后须公开披露和上报的相关信息作出具体要求。

9日 中国人民银行联合财政部、中国银监会、中国证监会、中国保监会、扶贫办、共青团中央召开全国扶贫开发金融服务工作电视电话会议，安排部署贫困地区扶贫开发金融服务的各项工作。会议强调，要按照开发式扶贫的方针做好扶贫开发金融服务工作。金融部门既要注重履行社会责任，又要尊重金融发展规律，坚持商业可持续和风险可控的原则，并通过加强与各相关部门协调配合，不断健全激励约束机制，切实满足贫困地区的资金需求，促进贫困地区持续健康发展。会议提出，扶贫开发金融服务要有的放矢、目标明确，要进一步加大金融政策扶持力度。扶贫开发金融服务要结合贫困地区发展实际，把基础设施建设、经济发展和产业结构升级、创业促就业和贫困户脱贫致富、生态建设和环境保护等方面作为金融支持的重点领域。重点抓好健全贫困地区金融组织体系、创新金融产品和服务、夯实金融基础设施、优化金融生态环境等重点工作。会议要求，各部门要结合党的群众路线教育实践活动，上下联动，多部门协同配合，推动各项政策措施落到实处。各有关部门要认真学习深刻领会习近平总书记关于扶贫开发工作的一系列重要指示，认真学习、理解和落实政府工作报告关于扶贫开发工作的要求和任务的布置，认真贯彻落实七部委联合下发的指导意见，把金融服务工作做到实处，不断总结经验，开拓思维，加强协同，务求实效。人民银行有关司局负责同志，在京的全国性银行业金融机构和有关保险公司的负责同志参加了会议。会议在省、地、县设立了分会场，各级人民银行、财政、银监、证监、保监、扶贫办和共青团的相关负责同志以及辖区内有关金融机构的负责同志参加了分会场会议。

10日 中国证监会、香港证券及期货事务监察委员会决定原则批准上海证券交易所、香港联合交易所有限公司、中国证券登记结算有限责任公司、香港中央结算有限公司开展沪港股票市场交易互联互通机制试点。上海证券交易所和香港联合交易所将允许两地投资者通过当地证券公司（或经纪商）买卖规定范围内的对方交易所上市的股票。

为规范商业银行保理业务经营行为，加强保理业务审慎经营管理，促进保理业务健康发展，根据相关法律法规，中国银监会制定发布《商业银行保理业务管理暂行办法》。该办法明确了制定目的和适用范围，对保理业务、保理融资、应收账款及转让予以定义并进行了分类，对合格应收账款标准进行了界定。从融资产品、客户和合作机构准入、业务审查、专户管理、融资比例和期限等多方面对保理融资业务流程和重点环节进行了规范，并明确了保理业务在公司治理、制度建设及内部控制等方面的要求，同时规定了相关监管措施和罚则。

20日 国务院印发《关于金融服务“三农”发展的若干意见》，要求积极顺应农业适度规模经营、城乡一体化发展等新情况、新趋势、新要求，进一步提升农村金融服务的能力和水平，实现农村金融与“三农”的共赢发展。该意见提出了九方面措施。一是要深化农村金融体制机制改革，丰富农村金融服务主体，发展农业产业投资基金、农业私募股权投资基金和农业科技创业投资基金、主要服务“三农”的金融租赁公司、县域融资性担保机构或担保基金、村级融资担保基金等新型农村金融服务机构，增强支农服务合力。二是要大力发展农村普惠金融，开展金融服务“村村通”工程，推动农村基础金融服务全覆盖，加大金融扶贫力度。三是要拓宽资金来源，适当降低符合要求的县域农商行和农合行的存款准备金率，引导加大涉农资金投放。四是要创新农村金融产品和服务方式，推广新型抵押担保方式，慎重稳妥地开展农村土地承包经营权和农民住房财产权抵押试点，更好地满足农村多元化、多层次的服务要求。五是要加大对重点领域的金融支持，促进农业经营方式创新，农业综合生产能力提升，农业社会化服务产业发展和农业发展方式转变。六是要拓展农业保险的广度和深度，加快建立财政支持的农业保险大灾风险分散机制。七是稳步培育发展农村资本市场，支持涉农企业发行企业债、公司债和中小企业私募债，逐步扩大中小企业集合票据、短期融资券等非金融企业债务融资工具的发行规模，促进开展多层次的直接融资。八是完善农村金融基础设施，积极培育土地评估、资产评估等中介组织，稳步推广农村移动便捷支付。九是加大对“三农”金融服务的政策支持，建立导向明确、激励有效、约束严格、协调配套的长期化、制度化农村金融政策扶持体系，为金融机构开展“三农”业务提供稳定的政策预期。要加强金融监管，健全新形势下的金融风险处置机制，切实维护金融稳定，守住风险底线。

22 日　中国人民银行决定从 2014 年 4 月 25 日起下调县域农村商业银行人民币存款准备金率 2 个百分点，下调县域农村合作银行人民币存款准备金率 0.5 个百分点。

23 日　中国人民银行决定在分支行开展信贷资产质押试点，将信资资产纳入央行合格抵押品范围，有利于解决中小金融机构和各抵押品不足问题，进一步完善央行抵押品管理框架。

24 日　中国人民银行、中国银监会、中国证监会、中国保监会、国家外汇管理局联合发布《关于规范金融机构同业业务的通知》，逐项界定并规范了同业拆借、同业存款、同业借款、同业代付、买入返售（卖出回购）等同业投融资业务。要求金融机构开展的以投融资为核心的同业业务，应当按照各项交易的业务实质归入上述基本类型，并针对不同类型同业业务实施分类管理。该通知强化了金融机构同业业务内外部管理要求，规范了会计核算和资本计量要求，设置了同业业务期限和风险集中度要求，强调了加强流动性管理的重要性。同时，为金融机构规范开展同业业务开了“正门”，支持金融机构加快推进资产证券化业务常规发展，积极参与银行间市场的同业存单业务试点，提高资产负债管理的主动性、标准化和透明度。

中国银监会根据《商业银行资本管理办法（试行）》，核准了工商银行、农业银行、中国银行、建设银行、交通银行、招商银行等 6 家银行实施资本管理高级方法。6 家银行历时十年左右，经过规划设计、开发建设、应用完善，不断优化，已建成了第一支柱资本计量高级方法体系。银监会经过多轮评估、验收等工作，反复论证、督导整改，经评审，核准 6 家银行在集团和法人层面实施资本管理高级方法，此轮核准的具体范围为第一支柱信用风险初级内部评级法、部分风险类别的市场风险内部模型法、操作风险标准法。核准实施后，6 家银行将按照高级方法的要求计算风险加权资产和资本充足率。

25 日　为贯彻落实国务院第 43 次常务会议精神，支持国家开发银行加大对“棚户区改造”重点项目的信贷支持力度，中国人民银行创设抵押补充贷款（Pledged Supplemental Lending，PSL）为开发性金融支持棚改提供长期稳定、成本适当的资金来源。抵押补充贷款的主要功能是支持国民经济重点领域、薄弱环节和社会事业发展而对金融机构提供的期限较长的大额融资。抵押补充贷款采取质押方式发放，合格抵押品包括高等级债券资产和优质信贷资产。根据棚改贷款进度，中国人民银行2014年提供PSL资金3 831亿元。

中国人民银行与新西兰储备银行续签双边本币互换协议，互换金额仍为250亿元人民币/50亿新西兰元。有效期3年，经双方同意可以展期。

29日 中国人民银行发布《中国金融稳定报告（2014）》。报告指出，2013年，面对国内外错综复杂的经济形势，我国继续实施积极的财政政策和稳健的货币政策，国内需求平稳增长，物价水平基本稳定，财政收入持续增加，政府债务水平总体可控，居民收入不断提高，货币金融环境基本稳定。报告认为，2013年我国银行业、证券期货业和保险业总体运行稳健。银行业存贷款平稳增长，资本质量较好，拨备整体较为充足，盈利增速放缓。各项改革稳步推进，薄弱领域信贷投入继续加大，服务实体经济发展取得积极成效，金融监管有效性不断增强。但部分行业、领域和地区的风险有所积累，流动性风险管理难度加大，同业、表外、理财等业务潜在风险应予关注，具有融资功能的非金融机构风险隐患不容忽视。证券期货业业务创新取得积极进展，监管改革稳步推进，基础性制度建设继续完善，对外开放不断深化。但部分上市公司业绩下滑，一些证券公司负债增长较快。保险业资产规模继续增长，保费增速逐步回升，经营效益大幅提高，偿付能力充足，市场化改革积极推进，保险监管继续改进，消费者权益保护加强。但财产险业承保利润下滑，人身险业流动性压力较大，消费者投诉有所增加。

中国银监会召开2014年第一季度经济金融形势分析（电视电话）会。会议要求，银行业必须对严峻形势有清醒认识，科学把握改革、发展、稳定三者关系，加快改革转型，增强合规意识，牢牢守住风险底线，切实提高服务实体经济质量，重点做好以下工作：一是深入推进银行业改革开放，进一步提高发展质量和竞争力；二是加强不良贷款余额和比率“双控”管理，积极防范化解突出信贷风险；三是坚持短期应对措施和长效机制相结合，缓释地方政府融资平台债务风险；四是加强精细化管理，严防房地产领域信贷风险；五是按业务实质进行规范管理，主动化解非标债权业务潜在风险；六是密切跟踪监测宏观经济金融形势变化，严密盯防流动性风险、市场风险和国别风险，维护金融信息和网络安全，不断提升安全防护水平。

30日 中国人民银行、中国银监会就金融租赁公司、汽车金融公司和消费金融公司发行金融债券的有关事宜发布公告，拓宽消费金融公司等非银行金融机构的融资渠道，合理调整金融租赁公司、汽车金融公司发行金融债券的条件，加大金融对消费的支持力度。

5月

5日 中国人民银行与阿根廷中央银行签署《关于预防洗钱与恐怖融资活动谅解备忘录》。该谅解备忘录是人民银行与外方对口机构签署的首份双边反洗钱和反恐怖融资监管合作备忘录。

6日 中国人民银行发布《2014年第一季度中国货币政策执行报告》。报告指出，2014年第一季度，中国经济开局平稳，经济结构呈现积极变化。经济运行速度保持在合理区间，总体符合宏观调控和发展预期。中国人民银行继续实施稳健的货币政策，适时适度预调微调。

8日 中国人民银行、中国银监会联合发布2014年第8号公告，拓宽消费金融公司等非银行金融机构的融资渠道，合理调整金融租赁公司、汽车金融公司发行金融债券的条件。

中国银监会发布《关于规范商业银行同业业务治理的通知》（银监办发〔2014〕140号，以下简称“银监办发140号文”）。“银监办发140号文”主要包括以下五个方面内容：一是明确适用业务范围和机构范围。适用于我国境内依法设立的商业银行与金融机构之间开展的以投融资为核心的各项同业业务。商业银行以外的其他银行业金融机构参照执行。二是明确商业银行同业业务治理的总体要求和专营部门制的具体要求。要求商业银行同业业务专营部门之外的其他部门和分支机构不得经营同业业务。三是明确商业银行法人总部的职责。要求商业银行的法人总部对同业业务专营部门进行集中统一授权、专营部门不得转授权；法人总部对表内外同业业务进行集中统一授信；法人总部对交易对手进行集中统一的名单制管理。四是明确商业银行专营部门制改革的工作任务。商业银行应于2014年9月底前实现全部同业业务的专营部门制；监管机构要按照职责分工推动商业银行专营部门制改革。五是明确违规处罚要求。商业银行违反“银监办发140号文”规定开展同业业务的，监管机构将按照违反审慎经营规则进行查处。

9日 国务院印发《关于进一步促进资本市场健康发展的若干意见》（以下简称《若干意见》），对新时期资本市场改革开放发展和监管等方面进行统筹规划和指导部署，被称为“新国九条”。《若干意见》明确多层次股权市场的体系结构；提出引导上市公司通过资本市场完善现代企业制度、履行好信息披露义务、增强持续回报投资者能力、规范控股股东和实际控制人行为、鼓励建立市值管理制度、完善股权激励制度、允许按规定通过多种形式开展员工持股计划等政策措施；提出要积极稳妥推进股票发行注册制改革、建立和完善以信息披露为中心的股票发行制度，充分发挥资本市场在企业并购重组过程中的主渠道作用，构建符合我国实际并有利于投资者保护的退市制度。《若干意见》提出规范发展债券市场的政策措施：完善公司债券公开发行制度，完善债券品种在不同市场的交叉挂牌及自主转托管机制，鼓励债券交易场所合理分工、发挥各自优势；充分发挥公司信用类债券部际协调机制作用，加强对债券市场准入、信息披露和资信评级的监管，建立投资者保护制度，加大查处虚假陈述、内幕交易、价格操纵等各类违法违规行为的力度；强化债券市场信用约束，强化发行人和投资者的责任约束，健全债券违约监测和处置机制，切实防范道德风险。《若干意见》对培育私募市场作出了部署，提出了证券私募发行的总体要求、对发展私募投资基金进行了专门规定；提出了推进期货市场建设的意见：一是发展商品期货市场，继续推出大宗资源性产品期货品种，发展商品期权、商品指数、碳排放权等交易工具，充分发挥期货市场价格发现和风险管理功能，增强期货市场服务实体经济的能力，允许符合条件的机构投资者以对冲风险为目的使用期货衍生品工具，清理取消对企业运用风险管理工具的不必要限制；二是建设金融期货市场，配合利率市场化和人民币汇率形成机制改革，适应资本市场风险管理需要，平稳有序发展金融衍生产品。《若干意见》提出了提高证券期货服务业竞争力的政策所示，放宽业务准入、促进中介机构创新发展、壮大专业机构投资者、引导证券期货互联网业务有序发展；进一步明确了资本市场扩大开放的措施，便利境内外主体跨境投融资、逐步提高证券期货行业对外开放水平、加强跨境监管合作；把切实防范和化解市场风险摆在更加突出位置，提出了四个方面的措施，完善系统性风险监测预警和评估处置机制、健全市场稳定机制、从严查处证券期货违法违规行为、推进证券期货监管转型；强调营造资本市场良好发展环境的六方面工作，健全法规制度、坚决保护投资者特别是中小投资者合法权益、完善资本市场税收政策、完善市场基础设施、加强协调配合、规范资本市场信息传播秩序。

12日 根据国务院对黑龙江省“两大平原”现代农业综合配套改革试验总体方案的批复意见，中国人民银行、国家发展改革委、中国银监会、中国证监会、中国保监会、黑龙江省人民政府会同中央农办、财政部、农业部制定并印发《黑龙江省“两大平原”现代农业综合配套改革试验金融改革方案》。黑龙江“两大平原”金融改革正式启动。

14日 中国证监会发布《首次公开发行股票并在创业板上市管理办法》和《创业板上市公司证券发行管理暂行办法》。创业板首发办法适当放宽财务准入指标，取消持续增长要求，但亏损企业仍不允许在创业板上市。创业板再融资办法主要包括：推出“小额快速”定向增发机制，允许“不保荐不承销”，自受理之日起15个工作日内作出核准或者不予核准决定；支持上市公司在特定范围自行销售非公开发行的股票，降低融资成本。

15日 中国保监会下发《中国保监会办公厅关于进一步简化行政审批 支持中国（上海）自由贸易试验区发展的通知》。该通知包括三项自贸试验区内保险业监管新举措，涉及机构、高管、业务等重要领域，是中国保监会支持中国（上海）自由贸易试验区建设、落实国务院总体方案中有关简化事前准入、强化事中事后监管制度的具体实践。

19日 为落实国务院关于促进信息消费、扩大内需有关工作要求，中国人民银行与国家发展改革委共同启动移动电子商务金融科技服务创新试点，组织成都、合肥、贵阳等5个城市基于移动金融安全可信公共服务平台（MPS）开展应用创新工作，在电子商务、公共交通、医疗卫生、文化旅游、智慧社区等领域实现突破。

22日 中国人民银行上海总部发布《中国（上海）自由贸易试验区分账核算业务实施细则（试行）》和《中国（上海）自由贸易试验区审慎管理细则（试行）》。中国人民银行支持上海自由贸易区金融改革的七项细则全部出齐，上海自由贸易区金融改革工作进入新阶段。

中国人民银行办公厅印发《关于扩大小额贷款公司和融资性担保公司信用评级工作试点范围及相关工作的通知》，将两类机构的信用评级试点范围由6个省（区、市）扩大至16个省（区、市），着力于支持两类机构稳健运行和健康发展，促进其更好服务于经济和社会发展。

22～23日 中国人民银行行长周小川与非洲开发银行行长卡贝鲁卡签署20亿美元的“非洲共同增长基金”联合融资合作协议。基金将在未来10年向非洲的主权担保和非主权担保项目提供联合融资，以支持非洲基础设施及工业化建设。

30日 中国人民银行使用中韩本币互换协议下4亿韩元（约合240万元人民币）资金支持企业贸易融资。这是人民银行首次在双边本币互换协议下动用对方货币。

6月

5日 全国中小企业股份转让系统发布《全国中小企业股份转让系统做市商做市业务管理规定（试行）》，自8月25日正式实施。截至2014年末，全国中小企业股份转让系统共有61家做市商为122家挂牌公司提供做市服务，做市股票累计成交2.5亿股，累计成交金额21.2亿元。

9日 为进一步有针对性地加强对“三农”和小微企业的支持，增强金融服务实体经济能力，中国人民银行决定从2014年6月16日起，对符合审慎经营要求且“三农”和小微企业贷款达到一定比例的商业银行（不含2014年4月25日已下调过准备金率的机构）下调人民币存款准备金率0.5个百分点。此次定向降准覆盖大约2/3的城商行、80%的非县域农商行和90%的非县域农合行。此外，为鼓励财务公司、金融租赁公司和汽车金融公司发挥好提高企业资金运用效率及扩大消费等作用，下调其人民币存款准备金率0.5个百分点。

11日 中国人民银行发布《关于贯彻落实〈国务院办公厅关于支持外贸稳定增长的若干意见〉的指导意见》，提出以下几个方面的指导意见：进一步拓宽企业融资渠道、充分发挥政策性金融对外贸的支持作用、积极发展融资租赁、简化跨境贸易和投资人民币结算业务流程、开展跨境人民币资金集中运营业务、开展个人跨境贸易人民币结算业务、支持银行业金融机构与支付机构合作开展跨境人民币结算业务、推进外贸企业征信体系建设、进一步完善人民币汇率形成机制、丰富汇率避险工具、为企业“走出去”提供全方位金融服务。

13日 中国证监会印发《沪港股票市场交易互联互通机制试点若干规定》。明确上海证券交易所、香港联合交易所，证券交易服务公司及中国证券登记结算公司、香港中央结算公司开展沪港通业务应当履行的职责，对境内证券公司开展沪港通业务提出原则性要求，明确沪港通的业务范围、外资持股比例、清算交收方式、交收货币等相关事项，对投资者保护、监督管理、资料保存等内容提出相关要求。

14 日 国务院印发《社会信用体系建设规划纲要（2014—2020 年）》（以下简称《纲要》），这是中国首部国家级社会信用体系建设专项规划。《纲要》分析了中国社会信用体系建设的发展现状、存在的问题及面临的形势，明确加快社会信用体系建设是全面落实科学发展观、构建社会主义和谐社会的重要基础，是完善社会主义市场经济体制、加强和创新社会治理的重要手段，对增强社会成员诚信意识，营造优良信用环境，提升国家整体竞争力，促进社会发展和文明进步具有重要意义。为切实贯彻落实《纲要》，加快社会信用体系建设，国家发展改革委、中国人民银行以《纲要》为依据，印发了《社会信用体系建设规划纲要（2014—2020 年）任务分工》和《社会信用体系建设三年重点工作任务（2014—2016）》，梳理了社会信用体系建设的 12 大类 84 项具体工作任务，并制定了分阶段贯彻落实分工方案。

16 日 中国银监会发布《关于推进简政放权改进市场准入工作有关事项的通知》。中国银监会一直积极贯彻国务院简政放权精神，在清理和减少不必要的行政审批项目，推进监管职能转变，依法设定和实施审批项目等方面工作取得积极成效，已将原有 12 大项行政审批项目，清减 3 项，保留 9 项，完成《中资商业银行行政许可事项实施办法》《外资银行行政许可事项实施办法》《农村中小金融机构行政许可事项实施办法》的修订，从规章制度层面最大限度地缩小银行业监管行政许可的范围，下放行政审批权限，简化行政许可流程。

17 日 中国保监会印发《关于开展老年人住房反向抵押养老保险试点的指导意见》，设立 2 年的试点期，试点城市为北京、上海、广州以及武汉等四个城市。试点期间，投保人群为 60 岁以上拥有房屋完全独立产权的老年人，单个保险公司业务规模不得超过总资产的一定比例。申请试点资格的保险公司应开业满 5 年，注册资本不少于 20 亿元；满足保险公司偿付能力管理规定，申请试点时上一年度末及最近季度末的偿付能力充足率不低于 120%；具备开展反向抵押养老保险所必需的专业技术、管理能力和各类专业人员等。该指导意见的发布，标志着《国务院关于加快发展养老服务业的若干意见》（国发〔2013〕35 号）提出的开展老年人住房反向抵押养老保险试点工作正式启动。

18 日 经中国人民银行授权，中国外汇交易中心宣布在银行间外汇市场开展人民币对英镑直接交易。

22 日 中国人民银行发布《银行办理结售汇业务管理办法》，以规范银行办理结售汇业务，保障外汇市场平稳运行。该办法包括总则、市场准入与退出、监督管理、罚则和附则五部分。

24 日 中国人民银行发布《2013 年中国区域金融运行报告》。报告指出，2013 年各地区货币信贷和社会融资总量平稳增长，金融服务实体经济的能力和水平提升。全年贷款投放节奏较为均衡，各地区行业贷款集中度有所下降，高耗能行业贷款得到有效控制，贷款对经济社会发展重点领域、薄弱环节和民生领域的支持力度增强。融资结构多元发展，东部地区企业债券和股票融资占比较高，中西部和东北地区对银行贷款的依赖度下降。在外向型企业内迁及外商内陆投资规模扩大的推动下，中西部地区外币存款占全国比重上升。区域经济金融发展更趋协调。各地区金融业运行总体稳健，区域金融改革深入推进。地方法人金融机构资本充足率有所上升，流动性状况总体稳定；利率市场化改革加快推进；四个国家级金融改革试验区结合区域特色推进改革；多层次资本市场体系建设稳步推进；社会信用体系建设稳步推进，支付体系等金融基础设施不断完善，消费者权益保护进一步增强。

28 日 中国人民银行分别与法兰西银行、卢森堡中央银行签署了建立人民币清算安排的合作备忘录。

30 日 中国银监会印发《关于调整商业银行存贷比计算口径的通知》，对存贷比计算币种口径、存贷比分子（贷款）计算口径以及存贷比分母（存款）计算口径作出调整。存贷比计算币种口径方面，从按照本外币合计口径进行考核调整为对人民币业务实施存贷比监管考核、本外币合计和外币业务存贷比作为监测指标。存贷比分子（贷款）计算口径方面，在已实施的存贷比分子扣减支农再贷款、小微企业贷款专项金融债、“三农”专项金融债对应贷款，以及村镇银行使用主发起行存放资金发放的农户和小微企业贷款基础上，再扣除以下三项：一是商业银行发行的剩余期限不少于一年，且债权人无权要求银行提前偿付的其他各类债券所对应的贷款；二是支小再贷款所对应的小微企业贷款；三是商业银行利用国际金融组织或外国政府转贷资金发放的贷款。存贷比分母（存款）计算口径方面，在现有计算口径基础上增加以下两项：一是银行对企业、个人发行的大额可转让存单；二是外资法人银行吸收的境外母行一年期以上存放净额。该通知自 2014 年 7 月 1 日起实施。

中央银行会计核算数据集中系统（Accounting Data Centralized System，ACS）顺利完成全国推广，中国人民银行 341 个核算主体的账务全部从原有中央银行会计集中核算系统（Accounting Book System，ABS）迁移至 ACS，中央银行会计核算工作从此步入业务集中处理、数据集中存储的新时代。

7 月

1 日 第十二届全国人民代表大会常务委员会第十五次会议通过《成立新开发银行的协议》。该协议规定新开发银行的初始资本金为 1 000亿美元，设一个理事会、一个董事会、一名行长和数名副行长，行长从初始成员国中选举并轮流担任，从其他初始成员国中分别产生至少一名副行长。该协议规定新开发银行总部位于上海市。至此金砖五国立法机构均已批准该协议，为金砖银行年底启动运营提供保障。

2 日 中国人民银行货币政策委员会召开 2014 年第二季度例会。会议认为，中国经济运行仍处在合理区间。金融运行总体平稳，物价基本稳定。经济金融结构开始出现积极变化，但所面临的形势依然错综复杂，有利条件和不利因素并存。国际经济形势和主要经济体货币政策出现分化，发达经济体积极迹象增多，部分新兴经济体增速持续放缓。

3 日 中国人民银行与韩国银行签署了在首尔建立人民币清算安排的合作备忘录。

4 日 国家外汇管理局印发《关于在部分地区开展外商投资企业外汇资本金结汇管理方式改革试点有关问题的通知》，决定在天津滨海新区、沈阳经济区、苏州工业园区、东湖国家自主创新示范区、广州南沙新区、横琴新区、成都市高新技术产业开发区、中关村国家自主创新示范区、重庆两江新区、黑龙江沿边开发开放外汇管理改革试点地区、温州市金融综合改革实验区、平潭综合实验区、中国—马来西亚钦州产业园区、贵阳综合保税区、深圳前海深港现代服务业合作区和青岛市财富管理金融综合改革实验区开展外商投资企业资本金结汇管理方式改革试点。试点区域内注册成立的外商投资企业外汇资本金实行意愿结汇，意愿结汇比率暂定为100%。

7 日 中国证监会发布重新制定后的《公开募集证券投资基金运作管理办法》及其实施规定。该运作办法将公募基金产品的审查由核准制改为注册制，标志着基金产品注册制正式实施。该运作办法自 2014 年 8 月 8 日起施行。

9～10 日 第六轮中美战略与经济对话在北京举行。中国人民银行行长周小川和副行长易纲参会，此次经济对话共达成 87 项成果。

10 日 中国银监会印发《关于完善银行理财业务组织管理体系有关事项的通知》，要求银行业金融机构完善理财业务的内部组织管理体系，设立理财业务经营部门，负责集中统一经营管理全行理财业务，并按照“单独核算、风险隔离、行为规范、归口管理”四项基本要求规范开展理财业务，防范理财业务的风险积累。

11日 为进一步贯彻落实国家深化改革要求，引导金融租赁公司规范设立专业子公司，充分利用相关区域的优惠扶持政策，拓展海外业务和境外融资渠道，强化对项目公司业务的统筹管理，提升专业化水平，中国银监会根据《金融租赁公司管理办法》，结合国内金融租赁公司实际，制定发布《金融租赁公司专业子公司管理暂行规定》。该规定坚持金融服务实体经济的基本定位，注重把握我国金融租赁公司发展方向，鼓励金融租赁公司闯出新天地、支持企业“走出去”，着力引导金融租赁公司实现“做实、做专、做强”，不断提升专业化、国际化、市场化竞争力。该规定共4章33条，内容涵盖总则、设立变更与终止、业务经营规则和监督管理。

15日 中国人民银行行长周小川代表中国政府与其他金砖国家代表在巴西福塔莱萨签署了《关于建立金砖国家应急储备安排的条约》。应急储备安排将补充和强化由国际货币基金组织、区域金融安排、中央银行间双边货币互换协议及各国自有的国际储备构成的全球金融安全网。该安排是在有关金砖国家出现国际收支困难时，其他成员国向其提供流动性支持、帮助纾困的集体承诺。应急储备安排须在所有成员国完成国内审批程序后正式生效。

金砖开发银行和金砖应急储备安排相互独立，在宗旨、规模、运作与决策机制等方面明显不同。第一，金砖开发银行着眼于长期发展融资，为金砖国家及其他新兴市场和发展中国家的基础设施建设和可持续发展提供资金支持；而金砖应急储备安排着眼于金融稳定，在成员国面临国际收支压力时提供短期流动性支持。第二，金砖开发银行初始认缴资本（启动资金）为500亿美元，并在金砖国家之间平均分配；而金砖应急储备安排初始承诺互换规模1 000亿美元，其中中方承诺出资410亿美元，巴西、俄罗斯、印度各180亿美元，南非50亿美元。第三，金砖开发银行在正式成立后各成员要实际缴纳一定比例的股本，用于日常运作；而金砖应急储备安排仅是出资承诺，只有在有关国家提出申请并满足一定条件时才通过货币互换提供资金。第四，金砖开发银行各成员国平均分配股权和投票权，其治理结构包括理事会、董事会和管理层等；金砖应急储备安排治理结构包括理事会和常务委员会，各成员国投票权与承诺出资额挂钩，除设立5%基本投票权平均分给金砖五国外，剩余95%投票权按承诺出资额成比例分配。中国承诺出资最多，因而投票权也最高。第五，金砖开发银行运作方式主要为基础设施等投融资业务，而金砖应急储备安排是以多边货币互换为基础的货币合作框架，借鉴了其他类似的区域性货币合作机制如清迈倡议多边化的成功经验。

17日 清迈倡议多边化协议修订稿正式生效。清迈倡议多边化协议修订稿正式生效。这是在东盟与中日韩（10+3）财长和央行行长以及中国香港金管局之间开展的区域金融合作。清迈倡议多边化是在原有清迈倡议双边货币互换机制基础上建立的由10+3全体成员共同参与的多边货币互换机制。清迈倡议多边化协议于2010年3月24日生效。此次修订的主要内容如下：一是将清迈倡议多边化资金规模从1 200亿美元翻倍至2 400亿美元；二是新建预防性贷款工具；三是将与国际货币基金组织贷款规划的脱钩比例从20%提高到30%。

18日 中国人民银行与阿根廷中央银行续签了双边本币互换协议，互换规模为700亿元人民币/900亿阿根廷比索，有效期3年，经双方同意可以展期。

21日 中国人民银行与瑞士国家银行签署了双边本币互换协议，互换规模为1 500亿元人民币/210亿瑞士法郎，有效期3年，经双方同意可以展期。

23日 为贯彻落实国务院常务会议关于多措并举，标本兼治，缓解小微企业融资成本高的要求，中国银监会印发了《关于完善和创新小微企业贷款服务　提高小微企业金融服务水平的通知》。该通知以优化小微企业贷款管理为核心，鼓励银行业金融机构完善和创新小微企业贷款服务，提升贷款服务效率，也要求银行业金融机构相应地加强贷款风险管理。

25 日 中国银监会正式批准三家民营银行的筹建申请。这三家民营银行分别是腾讯、百业源、立业为主发起人，在广东省深圳市设立的深圳前海微众银行；正泰、华峰为主发起人，在浙江省温州市设立的温州民商银行，以及华北、麦购为主发起人，在天津市设立的天津金城银行。三家试点银行在发展战略与市场定位方面各有特色，目标是为实体经济发展提供高效和差异化的金融服务，如深圳前海微众银行将办成以重点服务个人消费者和小微企业为特色的银行，温州民商银行定位于主要为温州区域的小微企业、个体工商户和小区居民、县域“三农”提供普惠金融服务，天津金城银行将重点发展天津地区的对公业务。

为加大对棚户区改造的支持力度，中国银监会批准国家开发银行住宅金融事业部开业，郑之杰任总裁，张旭光、杨文岐任副总裁，住所为北京市西城区复兴门内大街 18 号开行大厦第 9 层、第 10 层。银监会批准其业务范围为办理纳入全国棚户区改造规划的棚户区改造及相关城市基础设施工程建设贷款业务等。

中国证监会批准郑州商品交易所交易铁合金期货合约。

8 月

1 日 中国人民银行发布《2014 年第二季度中国货币政策执行报告》。报告指出，2014 年上半年，中国经济运行总体平稳，经济增长、城镇新增就业、价格总水平等处在合理区间，经济结构呈现积极变化。中国人民银行继续实施稳健的货币政策，各项政策有序落实，政策效果逐步显现。

5 日 国务院办公厅发布《关于多措并举着力缓解企业融资成本高问题的指导意见》，提出解决企业融资成本高的十方面政策措施：保持货币信贷总量合理适度增长，抑制金融机构筹资成本不合理上升，缩短企业融资链条，清理整顿不合理金融服务收费，提高贷款审批和发放效率，完善商业银行考核评价指标体系，加快发展中小金融机构，大力发展直接融资，积极发挥保险、担保的功能和作用，有序推进利率市场化改革。该意见明确各部门的职责分工，要求人民银行定期汇总各部门有关落实进展情况后报国务院。

8 日 中国人民银行对部分分支机构增加再贴现额度 120 亿元，要求全部用于支持金融机构扩大“三农”、小微企业信贷投放，同时采取有效措施，进一步完善再贴现管理，引导金融机构扩大对“三农”、小微企业信贷投放，促进降低社会融资成本。

中国证监会正式启动运行全国统一的“资本市场诚信数据库”。截至 2014 年 7 月底，诚信数据库收录市场机构 13 554 家，人员 523 133 名，诚信信息 66 565 条（1 条指 1 个法律文件或者事件），其中含监管措施、案件调查、处罚禁入、纪律处分、诉讼赔偿等负面信息 12 775 条，上市公司及相关方公开承诺履行情况信息 14 783 条等。建设诚信数据库是要通过对市场参与主体诚信状况的全面记录、查询使用以及公开、共享，体现失信受制、守信得益的导向，督促市场参与主体自觉诚信守法，不断提高资本市场诚信水平。

10 日 国务院发布《关于加快发展现代保险服务业的若干意见》，明确现代保险服务业在经济社会发展全局中的定位，指明现代保险服务业的发展方向，明确了今后较长一段时期保险业发展的总体要求、重点任务和政策措施，提出到 2020 年，基本建成保障全面、功能完善、安全稳健、诚信规范，具有较强服务能力、创新能力和国际竞争力，与我国经济社会发展需求相适应的现代保险服务业，努力由保险大国向保险强国转变。该意见提出了 9 方面 29 条政策措施。一是构筑保险民生保障网，完善多层次社会保障体系。把商业保险建成社会保障体系的重要支柱，创新养老保险产品服务，发展多样化健康保险服务。二是发挥保险风险管理功能，完善社会治理体系。运用保险机制创新公共服务提供方式，发挥责任保险化解矛盾纠纷的功能作用。三是完善保险经济补偿机制，提高灾害救助参与度。将保险纳入灾害事故防范救助体系，建立巨灾保险制度。四是大力发展“三农”保险，创新支农惠农方式。积极发展农业保险，拓展“三农”保险的广度和深度。五是拓展保险服务功能，促进经济提质增效升级。充分发挥保险资金长期投资的独特优势，促进保险市场与货币市场、资本市场协调发展，推动保险服务经济结构调整，加大保险业支持企业“走出去”的力度。六是推进保险业改革开放，全面提升行业发展水平。深化保险行业改革，提升保险业对外开放水平，鼓励保险产品服务创新，加快发展再保险市场，充分发挥保险中介市场作用。七是加强和改进保险监管，防范化解风险。推进监管体系和监管能力现代化，加强保险消费者合法权益保护，守住不发生系统性区域性金融风险的底线。八是加强基础建设，优化保险业发展环境。全面推进保险业信用体系建设，加强保险业基础设施建设，提升全社会的保险意识，在全社会形成学保险、懂保险、用保险的氛围。九是完善现代保险服务业发展的支持政策。建立保险监管协调机制，鼓励政府通过多种方式购买保险服务，研究完善促进现代保险服务业加快发展的税收政策，适时开展个人税收递延型商业养老保险试点，加强对养老产业和健康服务业的用地保障，完善对农业保险的财政补贴政策。

11日　为贯彻落实中央关于全面深化改革的战略部署和发展普惠金融的要求，中国银监会印发《关于推进基础金融服务“村村通”的指导意见》，要求在全国乡镇基础金融服务全覆盖的基础上，进一步推动基础金融服务向行政村延伸，力争用3～5年时间总体实现行政村基础金融服务“村村通”，提升广大农村地区金融服务水平，加快农村地区普惠金融发展。

14日　中国银监会、财政部、中国人民银行、中国证监会、中国保监会联合发布《金融资产管理公司监管办法》（以下简称《办法》）对资产公司集团综合经营及集团管控从监管制度上进行了规范。《办法》分为11章，共165条，主要包括总则、公司治理、风险管理、内部交易管理、特殊目的实体管理、资本充足性管理、财务稳健性管理、信息资源管理、信息披露、监管罚则和附则等内容。《办法》规定，资产公司的集团监管是以风险为本的审慎监管，侧重于多重杠杆、风险传染、风险集中、利益冲突、内部交易及风险敞口等同集团经营相关联的特有风险。资产公司的集团监管包括集团层面监管和集团范围监管两个层次。《办法》要求，资产公司按照“合规、精简、高效”的原则，控制集团层级及附属法人机构数量，集团层级控制在三级以内，金融监管机构另有规定的除外。《办法》强调，资产公司集团应当整合风险管理资源，建立独立、全面、有效的综合风险管理体系。《办法》明确，资产公司的资本监管分为单一机构监管、同业的并表监管及集团补充资本监管三个层次。资产公司母公司及附属金融类法人机构应当分别满足各自监管机构的单一资本要求，其中，资产公司母公司资本充足率不得低于12.5%。资产公司母公司、附属银行业金融机构及附属非金融机构应当满足银监会相关并表监管的资本监管要求，附属证券业和保险业金融机构应当分别满足各自分业并表的资本监管或偿付能力监管要求。资产公司集团还应满足集团补充资本监管要求。《办法》指出，银监会作为资产公司集团层面的监管机构，依法履行监管职责，针对集团范围的有效监管问题，加强与财政部、人民银行、证监会、保监会等监管机构和主管部门的监管协调，最大限度地消除监管空白和减少监管套利。《办法》将于2015年1月1日起正式实施。

18日　为适应全球法人机构识别编码（LEI）体系发展，中国人民银行推动全国金融标准化技术委员会建成LEI中国本地系统，自即日起正式提供全球法人机构识别编码注册、编码年检、数据更新、编码迁入、质疑与反馈、数据查询与下载等服务。2014年10月20日，LEI中国本地系统通过国际互认，标志着中国发放的LEI编码获得国际认可。截至2014年末，LEI中国本地系统已为中国外汇交易中心、国家开发银行、华夏银行、济宁银行、大地期货、华西证券、银泰财产保险、光明糖业和茂东国际（香港）有限公司等41家法人机构分配LEI编码。

21日 中国人民银行与蒙古银行续签了双边本币互换协议，互换规模扩大为150亿元人民币/4.5万亿蒙古图格里克，有效期3年，经双方同意可以展期。

中国证监会发布《私募投资基金监督管理暂行办法》（以下简称《办法》）。《办法》主要明确了以下五项制度安排：明确了全口径登记备案制度、确立了合格投资者制度、明确了私募基金的募资规则、提出了规范投资运作行为的有关规则、确立了对不同类别私募基金进行差异化行业自律和监管的制度安排。《办法》体现了功能监管原则，将私募证券基金、私募股权基金和创业投资基金，以及市场上以艺术品、红酒等为投资对象的其他种类私募基金均纳入调整范围，并明确证券公司、基金管理公司、期货公司及其子公司从事私募基金业务适用《办法》。同时，考虑到机构监管的特殊要求，《办法》规定其他法律法规和中国证监会有关规定对上述机构从事私募基金业务另有规定的，适用其规定。此外，《办法》还体现了适度监管原则和负面清单式监管探索的特征。

26日 中国人民银行、中国银监会、中国证监会、中国保监会联合发布《关于鲁甸地震灾后恢复重建金融服务工作的指导意见》。该意见要求，全面恢复和提升灾区金融保障功能；鼓励金融机构加大对灾区的信贷投放；发挥资本市场、保险市场功能，引导各类资金支持灾后重建工作；依法维护金融债权，防范处置灾后风险。

27日 中国人民银行对部分分支行增加支农再贷款额度200亿元，引导农村金融机构扩大涉农信贷投放，同时采取有效措施，进一步加强支农再贷款管理，促进降低“三农”融资成本。

29日 中国证监会通报对部分证券公司、基金子公司违规开展资产管理业务行为进行处理的情况。8月4~8日，证监会组织相关证监局、中国证券投资基金业协会对6家证券公司、8家基金子公司的资产管理业务进行了专项现场检查。检查发现，部分公司存在委托不具有基金销售资格的机构销售资产管理产品、在其管理的不同资产管理产品之间进行违规交易等问题，有些公司的分级资产管理产品还涉嫌利益输送、内幕交易等违法行为。这些行为违反了证券公司、基金子公司资产管理业务的相关法规，损害了投资者利益。为严肃法纪、进一步规范资产管理业务，证监会对这些违法行为分别作出处理：对分级资产管理产品涉嫌利益输送、内幕交易等违法行为的，依法移送证监会稽查部门查处；对存在委托不具有基金销售资格的机构销售资产管理产品、进行有失公允的关联交易、重要信息未及时向投资人披露等违规行为的万家共赢资产管理有限公司、金元百利资产管理有限公司、深圳华宸未来资产管理有限公司等3家基金子公司采取责令整改、暂不受理公司业务备案的监管措施，同时暂停管理失责的母公司的业务申请，并对母子公司的相关责任人员采取了认定不适当人选、出示警示函等监管措施；对1家基金子公司及2家证券公司采取责令整改的监管措施；对1家证券公司资产管理部门多名从业人员不具备证券执业资格的问题，由中国证券业协会采取责令改正等自律惩戒措施。同时，对上述存在违法违规问题的机构，基金业协会决定暂停受理3家基金子公司及其母公司的资产管理产品备案申请，对2家证券公司和3家基金子公司进行书面警示、要求产品备案前事先沟通，对4家证券公司进行谈话提醒。

31日 国家主席习近平签署第12号主席令予以公布修改后的新《中华人民共和国预算法》。新《预算法》中有关国库管理条款规定：县级以上各级预算必须设立国库；具备条件的乡、民族乡、镇也应当设立国库；中央国库业务由中国人民银行经理，地方国库业务依照国务院的有关规定办理；各级国库应当按照国家有关规定、及时准确地办理预算收入的收纳、划分、留解、退付和预算支出的拨付。

9 月

5 日 为落实国务院发布《社会信用体系建设规划纲要（2014—2020 年）》的精神，中国证监会正式公布《关于修改〈证券期货市场诚信监督管理暂行办法〉的决定》。这次修改主要是明确规定证监会将专门建立违法失信信息互联网公示平台，同时，调整完善了违法失信信息在诚信档案中的效力期限，规定一般违法失信信息的效力期限为 3 年，行政处罚、市场禁入、刑事处罚等重大违法信息的效力期限为 5 年。

11 ~ 12 日 第六次中英经济财金对话在伦敦举行，双方共达成 73 项成果，并促成英国政府成功发行 30 亿元以人民币计价的主权债券并公开宣布将人民币纳入储备。

11 日 为贯彻落实国务院行政审批制度改革精神和简政放权要求，中国银监会对《外资金融机构行政许可事项实施办法》进行了修订完善，并更名为《外资银行行政许可事项实施办法》。《外资金融机构行政许可事项实施办法》（中国银监会令 2006 年第 4 号）自 2006 年 1 月颁布实施以来，对规范市场准入流程、提高市场准入质量、保护申请人合法权益发挥了重要作用。近年来，我国银行业对外开放进一步扩大，对外资银行行政许可工作提出了新的要求，有必要对原办法进行修订完善，使其与现行《外资银行管理条例》更好地衔接。修订后的办法沿用了原办法的体例和基本框架，分为总则、机构设立、机构变更、机构终止、业务范围、董事和高级管理人员任职资格核准、附则，共 7 章 152 条。主要修订内容包括以下三方面：一是最大限度地缩减行政许可范围，简化行政许可程序；二是进一步统一中外资银行市场准入标准；三是强化审慎监管要求。办法修订后，外资银行来华设立机构的准入条件方面的规定没有变化。

中国银监会、财政部、中国人民银行联合印发《关于加强商业银行存款偏离度管理有关事项的通知》，指导商业银行设立存款偏离度指标，进一步约束存款“冲时点”行为。《关于加强商业银行存款偏离度管理有关事项的通知》共分为 7 个部分，重点内容如下：一是督促商业银行加强绩效考评管理。督促商业银行完善绩效考评体系，加强对分支机构绩效考评管理，合理分解考评任务，从根源上约束存款“冲时点”行为。不得设立时点性存款规模考评指标；不得设定单纯以存款市场份额或排名为要求的考评指标；分支机构不得自行制定存款考评办法或提高考评标准及相关要求。二是约束商业银行违规吸存、虚假增存行为。要求商业银行不得违反规定擅自提高存款利率或高套利率档次，不得另外设置专门账户支付存款户高息；不得通过返还现金或有价证券、赠送实物等不正当手段吸收存款；不得接受任何个人或机构等资金中介组织的存款；不得拖延、拒绝支付存款本金和利息；不得强制设定条款或协商约定将贷款资金转为存款，不得向“空户”虚假放贷；不得将贷款资金作为保证金循环开立银行承兑汇票并贴现，虚增存贷款；不得将理财产品发行和到期时间集中安排在每月下旬；不得将财务公司等同业存放资金临时调作一般性存款等。三是设置月末存款偏离率指标。督促商业银行加强存款稳定性管理，合理控制月末存款偏离率。根据历史数据及测算情况，设置商业银行存款偏离度不得超过 3%。同时，为防止商业银行在季末通过冲高月日均存款、规避存款偏离率约束，附加限制季末月日均存款的可计入金额。四是明确监管措施。要求各级监管机构建立存款波动情况统计监测制度，对存在存款异动较大、违规吸存、虚假增存等问题的银行，按严重程度相应采取限制准入、降低评级、限制业务、提高稳定存款比例等监管纠正与处罚措施。

12 日 中国银监会印发修订后的《商业银行内部控制指引》（以下简称《指引》）。修订后的《指引》分为 7 个章节，共 51 条。《指引》主要修订增加了两个方面内容：一是内部控制评价。修订后的《指引》补充完善了内控评价的工作要求。要求商业银行建立内部控制评价制度，明确内部控制评价的实施主体、频率、内容、程序、方法和标准，强化内部控制评价结果运用，推动内控评价工作制度化、规范化，以利于促进商业银行不断改进其内控设计与运行。二是监管约束。修订后的《指引》增加了有关违反规定的处罚措施。要求银监会及其派出机构对内部控制存在缺陷的商业银行，责成其限期整改，对逾期未整改的商业银行，根据有关规定采取监管处罚措施。

16日 中国人民银行与斯里兰卡中央银行签署了双边本币互换协议，互换规模为100亿元人民币/2 250亿斯里兰卡卢比，有效期3年，经双方同意可以展期。

17日 在创设常备借贷便利（SLF）并开展试点的基础上，中国人民银行创设中期借贷便利（Medium-term Lending Facility，MLF）。中期借贷便利是中央银行提供中期基础货币的货币政策工具，对象为符合宏观审慎管理要求的商业银行、政策性银行，可通过招标方式开展。中期借贷便利采取质押方式发放，金融机构提供国债、央行票据、政策性金融债、高等级信用债等优质债券作为合格质押品。中期借贷便利利率发挥中期政策利率的作用，通过调节向金融机构中期融资的成本来对金融机构的资产负债表和市场预期产生影响，引导其向符合国家政策导向的实体经济部门提供低成本资金，促进降低社会融资成本。

18日 上海黄金交易所正式开通国际板业务（Shanghai Gold Exchange International），“黄金国际板”即是在中国（上海）自贸区推出的首个国际化金融类资产交易平台。全球投资者可以通过开立自由贸易账户（FT账户），使用离岸人民币、可兑换外币参与上海黄金交易所交易，联动欧美等境外黄金市场，实现全球对接。国际板区内区外实行分区交割，封闭清算，上海黄金交易所指定交割仓库负责办理交割相关业务。汇丰银行、渣打银行、丰业银行、高盛银行、瑞银银行、澳新银行等全球知名银行，瑞士美泰乐、贺利氏（香港）、瑞士庞博等全球各大黄金精炼企业及其他投资机构成为首批40家国际会员。

19日 中国证监会制定并发布了非上市公众公司发行优先股相关的信息披露文件，包括《非上市公众公司信息披露内容与格式准则第7号——定向发行优先股说明书和发行情况报告书》《非上市公众公司信息披露内容与格式准则第8号——定向发行优先股申请文件》。这些信息披露内容与格式准则为非上市公众公司发行优先股指明了操作路径和监管要求，明确了试点期间优先股的发行主体、豁免核准、转让场所等问题，规范了优先股定向发行环节信息披露的内容、格式及申请文件。

22日 中国银监会发布2014年第1号公告，依法取缔非法金融机构“钱塘银行（筹）”。2013年8月以来，未经中国银监会批准，姜霞倩、浙江瑞智开创文化投资有限公司等擅自设立了“钱塘银行筹备委员会”，刻制了“钱塘银行筹备委员会”“浙江钱塘银行筹备委员会”和“钱塘银行（筹）”等三枚印章。“钱塘银行筹备委员会办公室”成立后，在浙江省杭州市环城北路292号7楼办公，并在办公场所挂出了“钱塘银行（筹）”的牌子。2014年2月25日，“钱塘银行（筹）”在中国工商银行杭州经济技术开发区支行开立了验资账户。“钱塘银行（筹）”制作了“钱塘银行”规划概要、招股介绍、股份认购要点、股东确认协议书、股权证书等文书，印制了“钱塘银行（筹）”介绍信，并开展招募意向股东和委托他人募股的工作。根据《银行业监督管理法》第四十四条、《商业银行法》第十一条、《全国人民代表大会常务委员会关于中国银监会履行原由中国人民银行履行的监督管理职责的决定》《非法金融机构和非法金融业务活动取缔办法》（国务院令第247号）第十二条的规定，中国银监会决定取缔“钱塘银行（筹）”。“钱塘银行（筹）”应立即停止一切筹备活动和业务活动，并责成中国银监会浙江监管局对姜霞倩、浙江瑞智开创文化投资有限公司等擅自设立“钱塘银行（筹）”的行为依法进行查处；责成中国银监会浙江监管局将姜霞倩、浙江瑞智开创文化投资有限公司等涉嫌犯罪的事实和证据移交有管辖权的公安机关，提请公安机关依法立案侦查。

23 日 中国保监会发布《保险公司偿付能力报告编报规则——问题解答第 24 号：信托计划》（以下简称《问题解答第 24 号》）。《问题解答第 24 号》以防范风险为导向，根据集合资金信托计划的信用等级，对原有认可标准进行调整。主要内容包括以下几个方面：一是集合资金信托计划认可采取“新老划断”原则，保险公司于《问题解答第 24 号》发布前投资的信托计划，执行原有相关认可标准；二是调整固定收益类集合资金信托计划认可标准，AAA 级的由 95% 调降至 90%，AA 级（含）至 AAA 级的由 90% 调降至 85%，A 级（含）至 AA 级的由 80% 调降至 75%；三是调整权益类集合资金信托计划认可标准，由 80% 调降至 75%。

26 日 为促进贸易投资便利化，中国人民银行办公厅印发《关于境外机构在境内发行债务融资工具跨境人民币结算有关事宜的通知》。

28 日 中国保监会发布《保险公司所属非保险子公司管理暂行办法》（以下简称《办法》）。《办法》所称保险公司所属非保险子公司，是指保险公司对其实施直接或间接控制的不属于保险类企业的境内外公司。主要包括四类：一是银行、证券和信托等其他金融机构；二是承担保险公司部分职能的共享服务类公司；三是投资保险业上下游产业链形成的关联产业公司；四是其他无业务相关性的公司。《办法》重点规范保险公司投资和管理非保险子公司的五类行为：一是投资设立非保险子公司；二是对非保险子公司的管控；三是与非保险子公司之间的内部交易；四是向非保险子公司的外包；五是与非保险子公司的防火墙建设。

29 日 经中国人民银行授权，中国外汇交易中心宣布在银行间外汇市场开展人民币对欧元直接交易。

30 日 中国人民银行、中国银监会联合发布《关于进一步做好住房金融服务工作的通知》。要求加大对保障性安居工程建设的金融支持；积极支持居民家庭合理的住房贷款需求；增强金融机构个人住房贷款投放能力；继续支持房地产开发企业的合理融资需求。

中国人民银行货币政策委员会召开 2014 年第三季度例会。会议认为，中国经济运行处在合理区间，金融运行总体平稳，物价基本稳定，但形势的错综复杂不可低估。国际经济形势和主要经济体货币政策出现分化，美国经济的积极迹象较多，欧元区再次加大货币政策的宽松力度，部分新兴经济体实体经济仍面临较多困难。

10 月

11 日 中国人民银行与韩国银行续签了双边本币互换协议，互换规模为 3 600 亿元人民币/64万亿韩元，有效期 3 年，经双方同意可以展期。

13 日 中国人民银行与俄罗斯联邦中央银行签署了双边本币互换协议，互换规模为 1 500 亿元人民币/8 150 亿卢布，有效期 3 年，经双方同意可以展期。

15 日 中国人民银行印发《中国人民银行办公厅关于公告企业征信机构的通知》，在人民银行各分支机构互联网站上公告辖区内已完成备案程序的企业征信机构名单，加强对已备案企业征信机构的管理，切实履行好征信监管职责，指导其依法合规开展征信业务。

中国证监会印发《关于改革完善并严格实施上市公司退市制度的若干意见》。主要从五个方面改革完善退市制度：一是健全上市公司主动退市制度；二是明确实施重大违法公司强制退市制度；三是严格执行布场交易类、财务类强制退市指标；四是完善与退市相关的配套制度安排，要求证券交易所对强制退市公司股票设置“退市整理期”，统一安排强制退市公司股票在全国股份转让系统设立的专门层次挂牌交易；五是加强退市公司投资者合法权益保护。该意见自发布之日起 30 日后生效。

16 日 反洗钱工作部际联席会议第七次工作会议在北京召开，讨论部署两项工作：一是讨论通过《国家洗钱和恐怖融资风险评估总体规划》，构建了国家层面的洗钱和恐怖融资风险评估体系；二是根据国务院批示，讨论确定了接受FATF评估的整体工作方案。

17 日 中国人民银行金融市场司印发《关于非金融机构合格投资人进入银行间债券市场有关事项的通知》，允许符合条件的非金融机构合格投资人通过非金融机构合格投资人交易平台进行债券投资交易。

中国保监会发布《保险资产风险五级分类指引》（以下简称《指引》）。《指引》的主要内容为：一是明确五级分类风险的核心定义。《指引》聚焦于保险机构投资的除以公允价值计量且其变动计入当期损益或所有者权益之外的资产，以信用风险为基础，按照风险程度将其划分为正常类、关注类、次级类、可疑类和损失类五类，根据资产和收益的风险状况，确定总体资产五级分类风险的核心定义，细类资产的五级分类标准应遵循核心定义的基本要求。二是确定固定收益类资产风险分类标准。《指引》主要采取穿透法原则，重点关注偿债主体和增信措施的实际情况，结合发行主体及提供实质还款来源的责任主体的风险状况，以资本金或收益的逾期天数为硬性指标，综合评价产品的信用风险和预期损失程度。三是确定权益类资产风险分类标准。《指引》区分直接股权投资与购买股权投资金融产品的间接股权投资两类。四是确定不动产风险分类标准。《指引》主要考虑其公允评估价值与投资成本的比较。同时，《指引》作为保险资产风险分类的指引性文件，鼓励有条件公司结合实际并参照国际惯例，探索更严格的分类标准，逐步实施并完善资产风险分类制度。

中国保监会印发了《关于保险资金投资优先股有关事项的通知》。该通知结合我国当前市场优先股的风险特征，明确了保险资金投资优先股的各项内容，主要包括：一是明确优先股的资产分类。要求保险机构按照发行方对优先股权益融资工具或者债务融资工具的分类，分别确认为权益类或者固定收益类资产，充分反映当前拟发行优先股的权益属性。二是创新提出信用评估要求。借鉴发达国家和地区做法，要求保险资金投资的优先股，应当具有A级或者相当于A级的长期信用等级，并逐步建立企业和行业内部的优先股信用评估机制。三是坚持市场化原则。不再新增保险资金投资优先股的有关要求，具备相应投资管理能力的保险机构都可以投资符合条件的优先股。四是加强事中和事后监管。通过确定和调整资产认可标准、强化非现场监测等手段，加强风险监管，防范投资风险。五是明确影响投资的相关事项。

19 日 中国人民银行副行长胡晓炼在“跨境人民币业务五周年座谈会”上发言时表示，人民币已成为中国第二大跨境支付货币，人民币跨境收支占全部本外币跨境收支的比重接近25%，货物贸易进出口的人民币结算比重超过15%，与中国发生跨境人民币收付的国家和地区达到174个，人民币国际化进程加速推进。

23 日 中国证监会印发修订后的《上市公司重大资产重组管理办法》和《关于修改〈上市公司收购管理办法〉的决定》。本次修订主要包括以下内容；一是取消对不构成借壳上市的上市公司重大购买、出售、置换资产行为的审批：取消要约收购事前审批及两项要约收购豁免情形的审批。二是完善发行股份购买资产的市场化定价机制，对发行股份的定价增加了定价弹性和调价机制规定。三是完善借壳上市的定义，明确对借壳上市执行与IPO审核等同的要求、明确创业板上市公司不允许借壳上市。四是进一步丰富并购重组支付工具，为上市公司发行优先股、定向发行可转换债券、定向权证作为并购重组支付方式预留制度空间。五是取消向非关联第三方发行股份购买资产的门槛限制和盈利预测补偿强制性规定要求，尊重市场化博弈。六是丰富要约收购履约保证制度，降低要约收购成本，强化财务顾问责任。七是明确分道制审核，加强事中事后监管，督促有关主体归位尽责。

24 日 中国宣布筹建亚洲基础设施投资银行（以下简称亚投行）。亚投行由中国、印度、新加坡等在内的 21 个国家共同投资成立，总部设在北京，法定资本 1 000 亿美元，初始认缴资本 500 亿美元左右。亚投行的成立旨在为亚洲地区和“一带一路”有关沿线国家和地区的基础设施建设等领域提供资金支持，促进经济合作。

25 日 第三届风险管理与农业发展研讨会在青岛召开。本届研讨会由中国证监会和农业部共同主办，是第十二届中国国际农产品交易会的重要组成部分。研讨会以“农产品价格与农业风险管理体系构建”为主题，旨在贯彻落实中共十八届三中全会与 2014 年中央一号文件要求，探讨农业现代化面临的主要问题及解决对策，解读农业政策变化及影响，讨论如何综合发挥信贷、保险、期货等各类金融工具的优势，构建现代农村金融体系和农业风险管理体系。

27 日 经中国人民银行授权，中国外汇交易中心宣布自 10 月 28 日起在银行间外汇市场开展人民币对新加坡元直接交易。

国务院办公厅发布《关于加快发展商业健康保险的若干意见》，从扩大商业健康保险供给、推动完善医疗保障服务体系、提升管理和服务水平、完善发展商业健康保险的支持政策四个方面对商业健康保险的未来发展指明方向。提出到 2020 年，基本建立市场体系完备、产品形态丰富、经营诚信规范的现代商业健康保险服务业。

29 日 中国证监会发布《期货公司监督管理办法》（以下简称《办法》）。《办法》主要包括以下方面的内容：一是落实简政放权要求，贯彻监管转型精神。二是降低准入门槛，优化期货公司股东条件。将期货公司股东范围由中国法人扩大到单位和自然人；明确自然人股东资格条件，优化非自然人股东的资格条件。三是完善期货公司业务范围。将期货公司可从事的业务划分为公司成立即可从事的业务、须经核准业务、须登记备案业务以及经批准可以从事的其他业务等四个层次，并为未来牌照管理和混业经营预留空间。四是明确期货公司多元化经营的相关要求。明确风险隔离和利益冲突防范方面要求，并对期货公司业务部门及岗位设置要求作出调整。五是完善监管制度，着力维护投资者合法权益。《办法》加强了对于期货公司的事中事后监管，完善并丰富相关监管手段，强化投资者教育和保护制度以及交易风险控制要求。六是强化期货公司信息披露义务。《办法》调整了期货公司股东的告知要求；完善期货公司对股东的报告要求，明确期货公司的信息披露范围。七是完善期货公司监管措施与法律责任。《办法》加大对违法违规行为的惩处力度，对监管措施及法律责任的相关条款进行了细化和完善。八是配合境外交易者从事特定品种期货交易做出相应制度安排。如放宽对于客户开立期货账户的限制，为原油期货市场引入境外客户扫清制度障碍。九是明确期货公司引进境外股东和设立境外机构的相关规定。《办法》落实了我国对外开放的有关承诺，明确外资可以参股期货公司；明确期货公司设立、收购或者参股境外期货类经营机构的基本要求。

11 月

1 日 为全面、准确地反映债券市场发展，综合监测评估债券市场对货币政策及金融稳定的影响，中国人民银行和中国证监会联合宣布印发执行《债券统计制度》。《债券统计制度》以我国银行间市场、交易所市场、商业银行柜台及其他场所发行以及境内机构在境外发行的债务证券，包括债券、票据、存托凭证等债务性金融工具作为统计对象，报送机构逐支报送债券的产品、发行人、存续期、交易、持有人信息，以及债券收益率和其他有关统计资料，报送机构包括银行间债券市场及交易所债券市场多家机构，共涉及全市场债券指标逾 80 个。

2 日 中国人民银行发布《关于跨国企业集团开展跨境人民币资金集中运营业务有关事宜的通知》，明确了跨国企业集团跨境人民币资金集中运营业务包括跨境双向人民币资金池业务和经常项下跨境人民币集中收付业务。该通知的主要内容还包括：一是对跨国企业集团进行了界定；二是对开展跨境双向人民币资金池业务的跨国企业集团设定了资格要求；三是对跨境双向人民币资金池额度管理方式和账户收支范围进行了明确；四是对业务办理的资料报备内容和程序进行了说明。

中国人民银行发布《金融信用信息基础数据库用户管理规范》行业标准，规范金融信用信息基础数据库运行，防范信息泄露风险，保护信息主体合法权益。

3 日　中国人民银行与卡塔尔中央银行签署了规模为 350 亿元人民币/208 亿元里亚尔的中卡双边本币互换协议。同日，双方签署了在多哈建立人民币清算安排的合作备忘录。

4 日　中国人民银行、中国证监会联合发布《关于沪港股票市场交易互联互通机制试点有关问题的通知》，规范相关资金流动、保障沪港股票市场交易互联互通机制试点的顺利实施。

5 日　中国人民银行发布《关于人民币合格境内机构投资者境外证券投资有关事项的通知》，明确了人民币合格投资者是指取得国务院金融监督管理机构许可并以人民币开展境外证券投资的境内金融机构。人民币合格投资者开展境外投资业务应事前向相关国务院金融监督管理机构报告，应当凭国务院金融监督管理机构对合格投资者境外投资资格的许可文件，在具有相应托管业务资格的境内托管银行处开立境内人民币托管账户。人民币合格投资者可以自有人民币资金或募集境内机构和个人人民币资金，投资于境外金融市场的人民币计价产品（银行自有资金境外运用除外）。

6 日　中国保监会就偿二代偿付能力报告监管规则发布《保险公司偿付能力监管规则第 × 号：偿付能力报告（征求意见稿）》，向社会公开征求意见。

中国证监会召开新闻发布会，通报了海联讯骗取发行核准、信息披露违法案及沪港通信息披露等市场关注的问题。证监会发言人称，经初步认定，海联讯涉嫌信息披露造假，虚增营业收入，虚构应收账款，骗取发行核准。决定对海联讯罚款 822 万元。依据《证券法》第 189 条、第 193 条规定和《行政处罚法》第 27 条的规定，证监会拟决定对海联讯骗取发行核准行为处以非法所募资金 39 100 万元的 2% 即 782 万元的罚款，对海联讯信息披露违法行为给予警告并罚款 40 万元，两项罚款合计 822 万元。

中国人民银行发布《2014 年第三季度中国货币政策执行报告》。报告指出，2014 年第三季度，中国经济继续运行在合理区间。中国人民银行继续实施稳健的货币政策，不断创新宏观调控思路和方式，用调结构的方式适时适度预调微调。总体看，各项政策效果逐步显现。

8 日　习近平主席在加强互通互联伙伴关系对话会上宣布，中国将出资 400 亿美元成立丝路基金，为“一带一路”（“丝绸之路经济带”和“21 世纪海上丝绸之路”）沿线国家和地区基础设施、资源开发、产业合作和金融合作等与互联互通有关的项目提供投融资支持。

中国人民银行与加拿大中央银行签署了双边本币互换协议，互换规模为 2 000 亿元人民币/300 亿加元，有效期 3 年，经双方同意可以展期。同日，双方签署了在加拿大建立人民币清算安排的合作备忘录。

10 日　中国人民银行与马来西亚国家银行签署了在吉隆坡建立人民币清算安排的合作备忘录。

13 日　中国人民银行会同国家发展改革委、财政部、商务部、国务院港澳办、国台办、中国银监会、中国证监会、中国保监会和国家外汇管理局联合发布《关于支持广州南沙新区深化粤港澳台金融合作和探索金融改革创新的意见》，以支持广州南沙新区深化粤港澳台金融合作和探索金融改革创新。

14 日 中国保监会印发《关于加强保险消费者权益保护工作的意见》。该意见立足于我国保险消费者权益保护工作实际，借鉴国际保险监管组织在消费者保护方面的原则和国际金融消费者权益保护良好经验，吸收现有法律、法规、规章和规范性文件中保险消保的相关规定，明确了当前和今后一个时期保险消保工作的指导思想、基本原则、工作目标和政策取向，提出了加强保险消保工作的主要任务和具体措施。

15 日 中国人民银行发布《金融机构反洗钱监督管理办法（试行）》，对新形势下的中国人民银行反洗钱监管分工、非现场监管、现场检查、其他监管措施等作出了制度性规定。

17 日 经国务院批准，沪港通交易试点正式启动、沪港双向投资进入新纪元。沪港通试点机制的主要内容包括：一是试点原则。试点遵循本地原则，交易结算活动遵守交易结算发生地市场的规定及业务规则，上市公司则继续受上市地有关规定及规则的监管。二是投资标的。试点初期，沪股通的股票范围是上证 180 指数、上证 380 指数的成分股以及上海证券交易所上市的 A + H股公司股票；港股通的股票范围是香港联合交易所恒生综合大型股指数、恒生综合中型股指数的成分股和同时在香港联合交易所、上海证券交易所上市的 A + H 股公司股票。双方可根据试点情况对投资标的范围进行调整。三是投资额度。试点初期，对跨境投资设置总额度和每日额度。其中，沪股通总额度为3 000亿元人民币，每日额度为 130 亿元人民币；港股通总额度为 2 500亿元人民币，每日额度为 105 亿元人民币。双方可根据试点情况对投资额度进行调整。四是投资者范围。试点初期，参与港股通的境内投资者限于机构投资者以及证券账户和资金账户余额合计不低于 50 万元人民币的个人投资者。五是交易和结算机制。两地交易所分别在对方市场设立证券交易服务机构并成为对方交易所会员，为沪港通提供证券交易服务；两地证券登记结算机构相互成为对方的结算参与人，为沪港通提供相应的结算服务；沪股通和港股通资金结算均采用净额轧差结算方式，以减少跨境资金流动。沪港通试点机制的特点有：一是投资决策自主程度高。QFII 等跨境投资机制下，投资者需要通过机构投资者间接开展跨境投资，沪港通机制下，投资者可以自主选择试点范围内的股票直接进行投资。二是双向跨境投资机制。QFII 等跨境投资机制均为单向的对外和对内投资机制，沪港通为双向的跨境投资机制，境内投资者可以投资境外证券市场，境外投资者也可以投资境内证券市场。三是资金净额结算机制。沪港通资金结算实行交易净额轧差结算，资金跨境流量远小于证券交易金额，降低跨境资金规模，稳定跨境资金流动。四是本币交易机制。试点初期，沪港通以人民币作为交易货币，内地投资者直接以人民币交易港股，香港投资者也直接用人民币购买 A 股。

中国人民银行发布《征信机构信息安全规范》行业标准，进一步规范我国征信机构的信息安全管理，防范征信信息安全风险，促进征信业健康快速发展。

中国人民银行与澳大利亚储备银行签署了在澳大利亚建立人民币清算安排的合作备忘录。

19 日 国务院总理李克强主持召开国务院常务会议，决定进一步采取有力措施、缓解企业融资成本高的问题。根据国务院统一部署，人民银行牵头各相关部门建立了缓解企业融资成本高问题的工作机制，同时督促主要商业银行落实好各项举措，切实承担社会责任。相关部门已采取的举措包括：保持货币信贷总量合理适度增长，引导利率水平适度下行；加强定向调控，做到精准发力；有序推进利率市场化改革；大力发展直接融资；降低银行筹资成本；清理不必要的资金“通道”和“过桥”环节，缩短企业融资链条；推动银行优化贷款管理，提高贷款审批和发放效率；加快发展中小金融机构；积极发挥保险、担保的功能和作用。

中国证监会印发《证券公司及基金管理公司子公司资产证券化业务管理规定》，将资产证券化业务管理人范围由证券公司扩展至基金管理公司子公司，实行基金业协会事后备案和基础资产负面清单管理。

21 日　中国人民银行决定，自 2014 年 11 月 22 日起下调金融机构人民币贷款和存款基准利率。金融机构一年期贷款基准利率下调 0.4 个百分点至 5.6%；一年期存款基准利率下调 0.25 个百分点至 2.75%，同时结合推进利率市场化改革，将金融机构存款利率浮动区间的上限由存款基准利率的 1.1 倍调整为 1.2 倍；其他各档次贷款和存款基准利率相应调整，并对基准利率期限档次做适当简并。

中国农业保险再保险共同体（以下简称农共体）成立大会在北京召开。农共体由中国人民财产保险股份有限公司等具有农业保险经营资质的保险公司和中国财产再保险有限责任公司共同发起组建。会上，24 家农共体发起公司共同签署了《中国农业保险再保险共同体章程》，审议通过了农共体相关规章制度，并推选中国人民财产保险股份有限公司作为农共体成员大会第一届轮值主席，明确中国财产再保险有限责任公司作为农共体管理机构。

22 日　中国人民银行与香港金融管理局续签了双边本币互换协议，互换规模为 4 000 亿元人民币/5 050 亿港元，有效期 3 年，经双方同意可以展期。

27 日　国务院总理李克强签署国务院令，公布《国务院关于修改〈中华人民共和国外资银行管理条例〉的决定》。该管理条例的修订是落实中央关于重大改革于法有据的要求、党的十八届三中全会关于扩大金融业对内对外开放的要求的政策之一。修改的重点，是根据外资银行在我国设立运营的实际情况，在确保有效监管的前提下，适当放宽外资银行准入和经营人民币业务的条件，为外资银行设立运营提供更加宽松、自主的制度环境。一是对外商独资银行、中外合资银行在中国境内设立的分行，不再规定其总行无偿拨给营运资金的最低限额。二是不再将已经在中国境内设立代表处作为外国银行（外国金融机构）在中国境内设立外商独资银行、中外合资银行，以及外国银行在中国境内初次设立分行的条件。此外，这次修改对外资银行营业性机构申请经营人民币业务的条件做了较大幅度的放宽，将在中国境内的开业年限要求由 3 年以上改为 1 年以上，不再要求提出申请前 2 年连续盈利，并规定外国银行的 1 家分行已获准经营人民币业务的，该外国银行在中国境内设立的其他分行申请经营人民币业务不受开业时间的限制。

28 日　中国人民银行金融市场司印发《关于做好部分合格机构投资者进入银行间债券市场有关工作的通知》，推动农村金融机构和信托产品、证券公司资产管理计划、基金管理公司及其子公司特定客户资产管理计划、保险资产管理公司资产管理产品等四类非法人投资者规范进入银行间债券市场。

30 日　中国人民银行、国务院法制办起草的《存款保险条例（征求意见稿）》向社会征求意见。征求意见稿共 23 条，就存款保险制度的覆盖范围、偿付限额、基金来源和运用、风险差别费率机制以及存款保险基金管理机构职责等方面内容作出了规定，明确存款保险实行限额偿付，最高偿付限额为 50 万元人民币。

12 月

3 日　中国银行业信息科技风险管理 2014 年会暨银行业信息科技风险管理高层指导委员会全体会议在北京召开。会议要求，银行业金融机构要处理好安全与自主、替代与转型、风险与创新三方面的关系，切实做好顶层设计，加强战略谋划，提升信息科技治理能力的现代化水平，实现从“封闭向开放”“从粗放向精细”“从失衡向平衡”三个转变，不断提升信息科技治理能力现代化水平。

中国证监会批准大连商品交易所玉米淀粉期货。

4日 中国保监会发布《保险集团并表监管指引》（以下简称《指引》）。《指引》立足于有效防范保险集团风险，在支持保险公司集团化经营，发挥协同作用、规模效应的同时，通过明晰集团结构、监测内部交易，健全全面风险管理体系和风险隔离机制，完善公司治理和信息披露机制，实现对保险集团风险的全面监测。《指引》明确了包括集团结构、公司治理、风险管理、内部交易、偿付能力、资产负债管理、流动性风险等七个方面的并表监管内容。同时还强调保险集团承担并表管理的主体责任。《指引》坚持多样化、全面化的原则，以定量监管和定性监管为基础，综合运用识别、分析、评价、监控等手段来保证并表监管的效果。保监会将通过非现场监测与分析和现场检查相结合的方式，全面掌握保险集团公司治理情况、风险管理情况等，评估全集团面临的重大风险。同时，通过金融监管协调部际联席会议、双边监管备忘录等方式，积极进行监管信息交流，加强监管协调与合作，防范金融风险跨行业、跨领域传递。

9日 中国银监会出台《加强农村商业银行“三农”金融服务机制建设监管指引》（以下简称《监管指引》）。《监管指引》要求农村商业银行持续提升服务“三农”的特色化、专业化、精细化能力和水平，在经营管理上“改制不改向、更名不改姓”，不脱农、多惠农；农村商业银行应建立包括股权结构、公司治理、发展战略、组织架构、业务发展、风险管理、人才队伍、绩效考核和监督评价在内的保障农村商业银行支持“三农”发展的系列制度安排，并加强相应能力建设。《监管指引》指出，为保证“三农”金融服务机制建设政策落地，银监会及其各级派出机构要加强监管，将农村商业银行“三农”金融服务机制建设和执行情况与机构市场准入、监管评级、标杆行评选、高管人员履职评价挂钩。

中国证监会与最高人民法院联合发布《关于加强信用信息共享及司法协助机制建设的通知》，对共同推进国家社会信用体系建设等做了明确规定。今后中国证监会将与最高人民法院实现全国法院执行案件信息管理系统和资本市场诚信数据库的信用信息共享。

9~11日 中央经济工作会议在北京举行。习近平总书记发表重要讲话。会议提出2015年经济工作总体要求：全面贯彻党的十八大和十八届三中、四中全会精神，以邓小平理论、“三个代表”重要思想、科学发展观为指导，坚持稳中求进工作总基调，坚持以提高经济发展质量和效益为中心，主动适应经济发展新常态，保持经济运行在合理区间，把转方式调结构放到更加重要位置，狠抓改革攻坚，突出创新驱动，强化风险防控，加强民生保障，促进经济平稳健康发展和社会和谐稳定。

10日 中国银监会与财政部联合印发《信托业保障基金管理办法》（以下简称《办法》）。明确保障基金的筹集和管理、保障基金的使用、保障基金的分配和清算以及监督管理等事项。《办法》分为7章，共36条，主要包括总则、保障基金公司和基金理事会、保障基金的筹集和管理、保障基金的使用、保障基金的分配和清算、监督管理和附则等内容。《办法》规定，保障基金是主要由信托业市场参与者共同筹集，用于化解和处置信托业风险的非政府性行业互助资金。保障基金由信托公司或融资者等利益相关人认购，基金权益也归信托公司或融资者等利益相关人享有。保障基金公司作为保障基金的管理人，负责保障基金的筹集、管理和使用，并经营监管部门批准的金融业务。保障基金公司以管理保障基金为主要职责，不追求利润最大化，以化解和处置信托业风险为主要任务和目标。《办法》明确，信托业风险处置应按照“卖者尽责、买者自负”的原则，发挥市场机制的决定性作用，防范道德风险。

中国人民银行与财政部联合发布《关于印发〈地方国库现金管理试点办法〉的通知》，正式启动地方国库现金管理试点工作。

12日 国务院决定在广东、天津、福建特定区域再设三个自由贸易园区，以在更大范围推广上海自贸区建设经验，推动实施新一轮高水平对外开放。

中国人民银行开发的信用评级违约率系统上线运行，规范了信用评级机构进行信用评级结果事后违约率检验、信息通报及相关管理活动，引导促进信用评级行业提高评级作业质量，进一步提升信用评级非现场监管水平。

中国保监会印发《关于保险资金投资创业投资基金有关事项的通知》（以下简称《通知》）。《通知》以基金管理机构为监管着力点，坚持分散投资原则，对投资创业投资基金的基本要求、行为规范、风险管控、监督管理方面等进行了具体规定。一是合理界定创业投资基金和创业企业的范围。明确创业投资基金主要投资创业企业普通股、优先股、可转换债券等权益，创业企业应处于初创期至成长初期，或者所处产业已进入成长初期但尚不具备成熟发展模式，确保保险资金投向符合国家政策导向，重点支持科技型企业、小微企业、战略性新兴产业，实现了与现行保险资金投资股权政策和国家创业投资基金政策的无缝链接。二是明确基金管理机构和基金的标准。《通知》深入研究比较相关数据，充分吸收市场意见，对基金管理机构的历史业绩、管理规模、管理团队、运行机制，以及对基金投资方向、募集规模、分散程度等提出明确标准和要求，确保保险资金投资市场公认的优质基金，控制总体投资风险。三是强化分散投资原则。考虑到创业投资基金所投创业企业的风险特征，《通知》要求保险公司在遵守现有权益投资监管比例基础上，投资创业投资基金余额不超过上季末总资产的2%，投资单只基金余额不超过基金发行规模的20%，同时规定单只基金投资单一创业企业的余额不超过基金发行规模的10%，通过层层分散，充分化解单个创业企业投资失败的风险。四是做好投资政策衔接。考虑到除创业投资基金外，通过其他股权基金适度投资创业企业，以及通过母基金投资创业投资基金是市场常见做法，《通知》从实际出发，支持保险资金以上述两种方式开展投资。五是完善事中事后监管。《通知》坚持“放开前端、管住后端”原则，明确了投资报告、信息披露和登记等要求，并引入“负面清单”管理安排，建立以事中事后监管为核心的持续监管机制。

中国银监会印发《关于进一步促进村镇银行健康发展的指导意见》，进一步贯彻落实党的十八届三中全会发展普惠金融和2014年中央一号文件精神，在坚持主发起行制度的前提下，按照有利于防范金融风险、有利于拓展特色金融服务、有利于完善公司治理的原则，进一步提升银行业金融机构集约发起村镇银行的积极性，加大引进民间资本力度，稳步推进村镇银行县（市）全覆盖，持续提升普惠金融和农村金融服务水平。

第一家民营银行——深圳前海微众银行股份有限公司（以下简称深圳前海微众银行）获准开业。前海微众银行注册资本30亿元人民币；经营范围包括：吸收公众、主要是个人及小微企业存款；主要针对个人及小微企业发放短期、中期和长期贷款；办理国内外结算以及票据、债券、外汇、银行卡等业务。

中国证监会批准上海期货交易所在其国际能源交易中心开展原油期货交易。原油期货成为我国第一个国际化的期货品种。

13日 中国人民银行发布《全国银行间债券市场债券预发行业务管理办法》，对全国银行间债券市场投资者以即将发行的债券为标的进行的债券买卖行为进行规范，明确预发行交易投资者范围、报价成交基本规范按照现券买卖相关管理规定执行。

14日 中国人民银行与哈萨克斯坦国家银行续签了双边本币互换协议，互换规模为70亿元人民币/2 000亿哈萨克斯坦坚戈，有效期3年，经双方同意可以展期。

15日 中国银监会印发《关于鼓励和引导民间资本参与农村信用社产权改革工作的通

知》，进一步调整放宽了民间资本参与农村信用社产权改革的政策要求。

16日国家发展改革委、中国人民银行印发《社会信用体系建设规划纲要（2014—2020年）任务分工》和《社会信用体系建设三年重点工作任务（2014—2016）》，明确了各项任务的责任部门，并在全国部署落实。

19日 中国证监会通报近期针对市场操纵违法违规行为的执法工作情况。目前，已对涉嫌操纵“中科云网”“百圆裤业”“兴民钢圈”“山东如意”“湖南发展”“铁岭新城”“宝泰隆”“宝鼎重工”“元力股份”“东江环保”“中兴商业”“山东威达”“宁波联合”“远东传动”“科泰电源”“新海股份”“九鼎新材”“珠江啤酒”等18只股票的涉案机构和个人立案调查。市场操纵行为出现了一些新变化、新特点：一是操纵持续时间短、建仓拉抬出货快等隐蔽性较强的类庄股操纵模式有所抬头；二是涉案人集中资金优势，以连续交易、对倒交易、虚假申报撤单、尾市拉抬等多种手法交叉并用，操纵股价非法获利巨大；三是出现“以市值管理”名义内外勾结、通过上市公司发布选择性信息配合等新型手段操纵股价的案件。

中国信托业保障基金有限责任公司宣布成立。信托保障基金公司是经国务院同意，由中国银监会批准成立并负责监管的银行业金融机构，由中国信托业协会联合13家信托公司共同出资设立，经中国银监会正式批准开业。信托保障基金公司作为保障基金的管理人、负责保障基金的筹集、管理和使用，并经营监管部门批准的金融业务。信托保障基金公司以管理保障基金为主要职责，不追求利润最大化，以化解和处置信托业风险为主要任务和目标。

22日 中国人民银行与泰国银行续签了双边本币互换协议，互换规模为700亿元人民币/3 700亿泰铢，有效期3年，经双方同意可以展期。同日，双方还签署了在泰国建立人民币清算安排的合作备忘录。

23日 中国人民银行发布《关于存款口径调整后存款准备金政策和利率管理政策有关事项的通知》。该通知明确，中国人民银行于2015年起对存款统计口径进行调整，将存款类金融机构吸收并原在同业往来项下统计的证券及交易结算类金融机构存放、银行业非存款类金融机构存放、SPV存放、其他金融机构存放以及境外金融机构存放纳入各项存款统计范围。

中国人民银行与巴基斯坦国家银行续签了双边本币互换协议，互换规模为100亿元人民币/1 650亿巴基斯坦卢比，有效期3年，经双方同意可以展期。

25日 第四次两岸银行业监管磋商会议在北京举行。大陆方面银行业监督管理机构负责人尚福林与台湾方面金融业监督管理机构负责人曾铭宗举行了会谈，双方就进一步加强两岸监管机构合作机制等议题进行了深入交流。

两岸第二次证券及期货监管合作会议在北京举行。大陆方面证券及期货监督管理机构负责人肖钢先生与台湾方面金融监督管理机构负责人曾铭宗先生共同主持会议，交流两岸资本市场发展的主要情况，探讨和研究两岸资本市场合作中的有关问题。

中国证监会发布《关于证券经营机构参与全国股转系统相关业务有关问题的通知》，进一步明确证券经营机构参与全国股转系统业务的有关事项。

26日 中国人民银行货币政策委员会召开2014年第四季度例会。会议认为，中国经济运行处在合理区间，金融运行总体平稳，经济结构调整出现积极变化，但形势的错综复杂不可低估。世界经济仍处于国际金融危机后的深度调整期，美国经济发展的积极迹象较多，欧元区面临通缩风险，部分新兴经济体实体经济发展仍面临较多困难。

国家外汇管理局发布《关于境外上市外汇管理有关问题的通知》。取消境外募集资金调回结汇审批，允许境内公司回购、境内股东增持等汇出资金后剩余款项汇回、自由结汇及划转，取消纸质报表、简化登记和数据报送。

中国人民银行印发《中国人民银行办公厅关于落实〈金融机构反洗钱监督管理办法（试行）〉有关事项的通知》，针对金融机构反洗钱监管分工、金融机构反洗钱年度报告、反洗钱考核评级、洗钱风险自评估、管理信息系统等工作，明确了有关操作性规则。

29 日 中国人民银行发布《关于完善信贷政策支持再贷款管理、支持扩大“三农”、小微企业信贷投放的通知》，调整信贷政策支持再贷放发放条件，下调支农、支小再贷款利率，明确量化标准，对信贷政策支持再贷款业务管理进行全面规范完善。

31 日 中国保监会批准保险资金设立私募基金，专项支持中小微企业发展。根据相关方案，基金采用有限合伙制的组织形式，预计募集保险资金 20 亿元，其中首期募集 5 亿元，主要以股权方式直接和间接投向相关中小微企业；重点选择符合国家产业政策、发展前景较好的消费服务、医疗健康等战略性新兴产业，为相关企业提供资本支持和增值服务。

2015 年

1 月

1 日　修改后的《中华人民共和国外资银行管理条例》施行。本次条例修改的重点是根据外资银行在中国设立运营的实际情况，在确保有效监管的前提下，适当放宽外资银行准入和经营人民币业务的条件，为外资银行设立运营提供更加宽松、自主的制度环境。修改后的条例删除了不少于 1 亿元人民币或等值自由兑换货币营运资金的要求，规定“外商独资银行、中外合资银行在中华人民共和国境内设立的分行，应当由其总行无偿拨给人民币或者自由兑换货币的营运资金。外商独资银行、中外合资银行拨给各分支机构营运资金的总和，不得超过总行资本金总额的 60%”；删除了申请前 2 年连续盈利的要求并将在中国境内开业年限从 3 年以上减少到 1 年以上，同时删除了拟设立外商独资银行的唯一或控股股东应当在境内已经设立代表处 2 年以上等要求。上述修改向外资银行提供了与中资银行同等的国民待遇。

《金融资产管理公司监管办法》开始实施。该办法对资产公司集团综合经营及集团管控从监管制度上进行了规范。该办法分为 11 章，共 165 条，主要包括总则、公司治理、风险管理、内部交易管理、特殊目的实体管理、资本充足性管理、财务稳健性管理、信息资源管理、信息披露、监管罚则和附则等内容。

上海证券交易所要求信息披露监管模式由按辖区监管转换为分行业监管。随着市场服务实体经济的能力和包容性的不断增强，以传统制造业上市公司为主要假设前提的信息披露规则已经难以适应不同行业上市公司的差异化披露需求。从行业角度推动上市公司披露更多与投资者决策相关的信息，一是可以履行好上交所承担的自律监管职责；二是可以更好地应对监管转型格局下的信息披露监管新要求；三是可以更好地适应信息披露直通车实施后监管形势的新变化；四是可以更好地服务上交所蓝筹市场的发展，从而更为准确地揭示上市公司的投资价值。

6 日　中国人民银行与中国保监会联合发布 2015 年第 3 号公告，允许保险公司在全国银行间债券市场发行资本补充债券。资本补充债券是指保险公司发行的用于补充资本，发行期限在五年以上（含五年），清偿顺序列于保单责任和其他普通负债之后，先于保险公司股权资本的债券。推进保险公司在银行间债券市场发行资本补充债券，有利于拓宽保险公司资本补充渠道，提高保险公司偿付能力和抵御风险能力。同时，保险公司长期以来主要作为投资主体参与银行间债券市场，引入保险公司发行债券，也有利于扩大银行间债券市场发行主体，丰富市场投资品种。

8～9 日　2015 年中国人民银行工作会议在北京召开。会议指出，2014 年，在党中央、国务院的正确领导下，人民银行坚持稳中求进、改革创新，继续实施稳健的货币政策，加大金融对实体经济的支持，宏观调控的针对性和有效性不断提高，全面深化金融改革开放取得重大进展，人民币跨境使用越来越广泛，在国际金融领域的话语权进一步提升，有力地促进了经济金融持续稳步发展。会议提出了 2015 年的主要工作任务：一是深入贯彻落实党的十八届四中全会精神，全面加强金融法治体系建设。继续深入推进依法行政和简政放权。二是继续实施稳健的货币政策。

加强和改善宏观审慎管理，灵活运用各种工具组合，保持银行体系流动性合理充裕，引导货币信贷和社会融资规模平稳适度增长。继续实施定向调控，引导金融机构盘活存量、用好增量，增加对关键领域和薄弱环节的信贷支持。三是加大金融对实体经济的支持，进一步降低融资成本。四是加快推进金融改革开放。加快利率市场化改革。继续完善人民币汇率形成机制。稳步推进人民币资本项目可兑换。建立存款保险制度。深化金融机构改革。推进外汇管理体制改革。促进区域开放与协调发展。促进互联网金融创新规范发展。五是扩大人民币跨境使用。六是促进金融市场协调发展。七是采取综合措施确保不发生区域性系统性金融风险。八是深入参与国际经济金融政策协调和规则制定。九是稳步推进金融服务和管理现代化。十是扎实推进人民银行系统党的建设。十一是狠抓工作落实和内部管理。

中国证监会批准上海证券交易所开展股票期权交易试点，试点产品为上证50ETF期权，正式上市交易日为2015年2月9日。股票期权是国际资本市场成熟的基础金融衍生产品。股票期权包含以单只股票（个股）为标的的个股期权和以跟踪股票指数的ETF为标的的ETF期权。

13日 中国人民银行印发《关于推动移动金融技术创新健康发展的指导意见》（以下简称《指导意见》），促进移动金融技术创新健康发展。《指导意见》强调移动金融是丰富金融服务渠道、创新金融产品和服务模式、发展普惠金融的有效途径和方法。推动移动金融在各领域的广泛应用，有利于拓展金融业服务实体经济的深度和广度。《指导意见》明确了移动金融技术创新健康发展的方向性原则，即遵循安全可控原则、秉承便民利民理念、坚持继承式创新发展、注重服务融合发展。同时，提出了推动移动金融技术创新健康发展的保障措施，指导商业银行和银行卡清算机构积极落实国家网络安全和信息技术安全有关政策。

中国银监会、国家发展改革委制定《能效信贷指引》，包括总则、服务领域及重点项目、信贷方式与风险控制、金融创新与激励约束、附则共5章23条，鼓励和指导银行业金融机构积极开展能效信贷业务。所谓能效信贷，是指银行业金融机构为支持用能单位提高能源利用效率、降低能源消耗而提供的信贷融资。该指引界定能效信贷包括“用能单位能效信贷项目”和“节能服务公司合同能源管理信贷”两种方式。

14日 国务院常务会议决定设立国家新兴产业创业投资引导基金，助力创业创新和产业升级；部署加快发展服务贸易，以结构优化拓展发展空间。会议确定，一是将中央财政战略性新兴产业发展专项资金、中央基建投资资金等合并使用，盘活存量，发挥政府资金杠杆作用，吸引有实力的企业、大型金融机构等社会、民间资本参与，形成总规模400亿元的新兴产业创投引导基金。二是基金实行市场化运作、专业化管理，公开招标择优选定若干家基金管理公司负责运营、自主投资决策。三是为突出投资重点，新兴产业创投基金可以参股方式与地方或行业龙头企业相关基金合作，主要投向新兴产业早中期、初创期创新型企业。四是新兴产业创投基金收益分配实行先回本后分红，社会出资人可优先分红。国家出资收益可适当让利，收回资金优先用于基金滚存使用。通过政府和社会、民间资金协同发力，促进大众创业、万众创新，实现产业升级。

15日 2015年全国证券期货监管工作会议召开。会议要求积极稳妥地推进股票发行注册制改革；探索建立事中事后监管新机制；健全资本市场信息披露规则体系及监管机制；并提出分析持续推进监管转型的形势，提出探索建立事中事后监管新机制的若干举措，并就从严要求从严管理干部、加大反腐倡廉力度等工作进行了部署。

19日 跨境ETF和跨境LOF正式启动当日回转交易（“T+0”），宣告A股市场首次出现股票型基金的“T+0”交易品种。此次“T+0”交易共涉4类标的指数——“德国30”“标普500”“纳指ETF”和“H股ETF”，包括博时标普500ETF、华夏恒生ETF、国泰纳斯达克100ETF、易方达恒生H股ETF和华安国际龙头

(DAX) ETF。除了上交所新增的4只ETF，此次新增的两类“T+0”交易基金中，还有14只基金在深交所上市交易。其中既有跨境交易型开放式基金(ETF)，也有跨境上市开放式基金（LOF）。

21日 中国人民银行和中国保监会联合发布公告，规范保险公司发行资本补充债券行为，促进保险公司提高偿付能力，维护投资者合法权益，具体规定保险公司资本补充债券的发行条件、申请要求，规范该债券的发行过程、监管指标。该公告明确了资本补充债券与之前保险机构发行的次级债，同属于保险公司利用债务性工具补充资本的方式，与次级债不同的是，资本补充债券可在央行的监督管理下在银行间债券市场发行和交易，发行条件略严于次级贷，“保险公司持有其他保险公司的资本补充债券和次级债的余额，不得超过该公司净资产的20%，而保险公司发行的资本补充债券及次级债之和，不得超过净资产的100%”。

中国人民银行与瑞士国家银行签署合作备忘录，就在瑞士建立人民币清算安排有关事宜达成一致，并同意将人民币合格境外机构投资者(RQFII)试点地区扩大到瑞士，投资额度为500亿元人民币。

23日 中国保监会印发《相互保险组织监管试行办法》。该办法主要明确了：相互保险组织名称中必须有“相互”或“互助”字样；相互保险组织应当设立会员（代表）大会，决定该组织重大事项；相互保险组织根据保障会员利益原则，按照企业会计准则和中国保监会有关规定评估保险责任准备金。

26日 2015年全国保险监管工作会议在北京召开。会议指出，2015年保险监管工作要坚持稳中求进工作总基调，主动适应经济发展新常态，深入贯彻保险新国十条，持之以恒抓服务、严监管、防风险、促发展，以改革创新为动力，以政策落实为支撑，以防范风险为底线，以保护保险消费者合法权益为出发点和落脚点，促进保险业转型升级和提质增效，努力推动中国由保险大国向保险强国迈进。

国务院印发《关于推广中国（上海）自由贸易试验区可复制改革试点经验的通知》，对中国（上海）自由贸易试验区可复制改革试点经验在全国范围内的推广工作进行了全面部署。

28日 《国务院关于加快发展服务贸易的若干意见》出台，财税、金融齐出手，意在全方位多层次推进我国服务贸易的发展，助力我国外贸更趋均衡。把服务贸易作为拓展外贸发展空间的重要着力点，为我国外贸注入新的增长动力，推动我国经济结构调整迈上新台阶。

29日 中国保监会、国家发展改革委印发《中国保险业信用体系建设规划（2015—2020年)》，规划提出“政府推动、各方共建，健全制度、完善机制，统筹安排各项措施”三大原则，确立了2015年：基础准备，加强保险信用体系组织建设，建立保险业信用体系建设联席会议制度；2016—2018年：全面推进，保险业信用制度和标准体系进一步完善，信用信息的记录、存储、处理、管理和使用实现标准化和规范化，信用记录覆盖率力争达到80%；2019—2020年：完善充实，保险业信用信息的采集范围进一步扩大，信用记录覆盖率力争提高到95%的目标任务，并就如何完成该任务提出具体的要求。

30日 中国银监会发布《商业银行杠杆率管理办法（修订)》，分为总则、杠杆率的计算、披露要求、杠杆率的监督管理、附则共5章25条，明确了杠杆率监管的基本原则、杠杆率的计算方法、披露要求和监督管理等。主要内容包括承兑汇票、保函、跟单信用证、贸易融资等其他表外项目不一定采用100%的信用转换系数，而是根据具体项目，分别采用10%、20%、50%和100%的信用转换系数。要求境内外已经上市的商业银行，以及未上市但上一年年末并表总资产超过1万亿元人民币的其他商业银行按照要求和规定，按季披露杠杆率指标信息，每半年按照规定模板披露杠杆率相关信息，其他商业银行应当至少按发布财务报告的频率披露杠杆率指标信息。该办法自2015年4月1日起施行。

中国小额贷款公司协会成立大会在北京召开。中国小额贷款公司协会是经中国银监会和中国人民银行同意、民政部审批后，由小贷机构和地方行业自律组织自愿结成的全国性行业自律组织。中国小额贷款公司协会业务主管部门是中国银监会，接受中国银监会、中国人民银行工作指导，并接受民政部的指导、监督和管理。

2月

1日 中共中央、国务院印发《关于加大改革创新力度 加快农业现代化建设的若干意见》，重点围绕建设现代农业、加快转变农业发展方式，促进农民增收、加大惠农政策力度，城乡发展一体化、深入推进新农村建设，增添农村发展活力、全面深化农村改革，做好“三农”工作、加强农村法治建设五个方面进行了阐述。

2日 中国保监会会同国务院食品安全委员会办公室、国家食品药品监管总局联合印发《关于开展食品安全责任保险试点工作的指导意见》，将食品安全责任保险试点情况纳入地方食品安全工作考核评价体系，企业投保情况也将纳入企业信用记录和分级分类管理指标体系。已投保企业可优先获得行业专项支持和政府扶持政策，而相关试点工作也将在全国范围内启动。这标志着我国食品安全责任保险制度初步建立。

3日 民政部、国家发展改革委、教育部等十部委联合发布《关于鼓励民间资本参与养老服务业发展的实施意见》，以充分发挥市场在资源配置中的决定性作用和更好地发挥政府作用，逐步使社会力量成为发展养老服务业的主体。该意见提出，鼓励民间资本在城镇社区举办或运营老年人日间照料中心、老年人活动中心等养老服务设施，为有需求的老年人，特别是高龄、空巢、独居、生活困难的老年人，提供集中就餐、托养、助浴、健康、休闲和上门照护等服务，并协助做好老年人信息登记、身体状况评估等工作。

5日 中国人民银行宣布自2015年2月5日起下调金融机构人民币存款准备金率0.5个百分点。对小微企业贷款占比达到定向降准标准的城市商业银行、非县域农村商业银行额外降低人民币存款准备金率0.5个百分点，对农发行额外降低人民币存款准备金率4个百分点。这也是央行自2012年以来，首次下调金融机构存款准备金率。此次降准有望进一步增强金融机构支持结构调整的能力，加大对小微企业、“三农”以及重大水利工程建设的支持力度。

6日 中国人民银行发布《关于在全国开展分支机构常备借贷便利操作的通知》和《关于印发〈中国人民银行再贷款与常备借贷抵押品指引（试行）〉的通知》，在前期10省（市）分支机构试行常备借款便利操作的基础上，在全国推广分支机构常备借贷便利，完善中央银行对中小金融机构提供流动性支持的渠道。

9日 上证50ETF期权在上海证券交易所正式上市交易，开启了中国期权市场发展的序幕，这是中国资本市场的第一个上市期权产品，填补了中国证券交易所的产品空白，标志着上交所创新发展取得新突破。

10日 中国银监会发布修订后的《商业银行并购贷款风险管理指引》，主要修改包括：延长并购贷款期限，改为“并购贷款期限一般不超过七年”；提高并购贷款比例，将并购交易价款中并购贷款所占比例改为“不应高于60%”；调整并购贷款担保要求，删去“原则上，商业银行对并购贷款所要求的担保条件应高于其他贷款种类”。

中国人民银行发布《2014年第四季度中国货币政策执行报告》。报告指出，2014年，中国经济在合理区间平稳运行，结构调整呈现积极变化。第三产业增加值比重继续提高，城乡居民收入差距进一步缩小，消费对经济增长的贡献提高。消费价格温和上涨，就业形势稳定。中国人民银行继续实施稳健的货币政策，不断补充和完善货币政策工具组合，瞄准经济运行中的突出问题，用调结构的方式适时适度预调微调。稳健货币政策的实施，为经济社会发展创造了良好的金融环境，货币信贷和社会融资平稳增长，贷款结构继续改善，企业融资成本高问题有一定程度缓解。

13日 全国股转公司和中证指数公司联合发布公告，公布全国股转系统首批两只指数编制方案。根据方案，首批指数为全国中小企业股份转让系统成分指数（简称：三板成指；代码：899001）、全国中小企业股份转让系统做市成分指数（简称：三板做市；代码：899002），定于2015年3月18日正式发布指数行情。

中国保监会宣布放开万能型人身保险的最低保证利率。在稳步推进人身保险费率政策改革中，将前端产品定价权交还保险公司，产品预定利率（或最低保证利率）由保险公司根据市场供求关系自主确定；后端的准备金评估利率由监管部门根据“一篮子资产”的收益率和长期国债到期收益率等因素综合确定，通过后端影响和调控前端合理定价，管住风险。

国家外汇管理局发布《关于进一步简化和改进直接投资外汇管理政策的通知》。主要内容包括：一是取消直接投资项下外汇登记核准。境内外投资主体可直接到银行办理境内直接投资项下和境外直接投资项下相关外汇登记。二是简化境内直接投资项下外国投资者出资确认登记管理。取消境内直接投资项下外国投资者非货币出资确认登记和外国投资者收购中方股权出资确认登记，将外国投资者货币出资确认登记调整为境内直接投资货币出资入账登记。三是取消境外再投资外汇备案。境内投资主体设立或控制的境外企业在境外再投资设立或控制新的境外企业时，无须办理外汇备案手续。四是取消直接投资外汇年检。改为实行境内直接投资和境外直接投资存量权益登记。放宽登记时间，允许企业通过多种渠道报送相关数据。五是加强事中事后监管。加强对银行的培训指导，强化事后核查和检查，要求银行提高合规意识，明确对违规银行的处罚措施。

16日 中国银监会印发《关于做好2015年农村金融服务工作的通知》，要求银行业金融机构认真贯彻落实中央一号文件精神，强化支农服务社会责任，深入推进体制机制改革，持续改善农村金融服务，大力支持农业现代化建设。

银行间外汇市场推出标准化人民币外汇掉期交易。标准化人民币外汇掉期交易通过外汇交易系统新增的以双边授信为基础、自动匹配报价的C－Swap功能模块实现。C－Swap功能模块将与现有的外汇掉期询价模式并行，是对现有询价交易模式的有益补充。

17日 中国证监会公布了《行政和解试点实施办法》（以下简称《办法》）。《办法》分总则、行政和解的适用范围与条件、行政和解的实施程序、行政和解金的管理和使用、附则共5章39条，自2015年3月29日起施行。《办法》出台的目的是试点开展证券期货领域行政和解工作，规范行政和解实施行为，保护投资者的合法权益。《办法》所称行政和解，是指中国证监会在对公民、法人或者其他组织（以下简称行政相对人）涉嫌违反证券期货法律、行政法规和相关监管规定行为进行调查执法过程中，根据行政相对人的申请，与其就改正涉嫌违法行为、消除涉嫌违法行为不良后果、交纳行政和解金补偿投资者损失等进行协商达成行政和解协议，并据此终止调查执法程序的行为。

28日 经国务院批准，中国证监会在证券期货领域试点行政和解制度。为规范行政和解金的管理和使用工作，中国证监会、财政部发布了《行政和解金管理暂行办法》（以下简称《办法》）。《办法》共23条，由中国证监会会同财政部负责解释，自2015年3月29日起施行。《办法》所称行政和解金，是指中国证监会在监管执法过程中，与涉嫌违法的公民、法人或者其他组织（以下简称行政相对人）就涉嫌违法行为的处理达成行政和解协议，行政相对人按照行政和解协议约定交纳的资金。

3月

1日 中国人民银行下调金融机构人民币贷款和存款基准利率。金融机构一年期贷款基准利率下调0.25个百分点至5.35%；一年期存款基准利率下调0.25个百分点至2.5%，同时结合推进利率市场化改革，将金融机构存款利率浮动区间的上限由存款基准利率的1.2倍调整为1.3倍；其他各档次存贷款基准利率及个人住房公积金存贷款利率相应调整。

2日 上海证券交易所发布《关于上海证券交易所债券市场机构投资者接受货币经纪公司服务有关事项的通知》，明确了上交所债券市场的机构投资者委托货币经纪公司为其债券交易提供居间服务的有关事项。也就是说，交易所债券市场的投资者可通过货币经纪公司促成交易，这对提高债券二级市场流动性具有积极作用。货币经纪公司是在金融市场上为金融产品交易提供信息、促进交易达成的专业机构，是金融市场的信息和交易中介。债券市场引入货币经纪公司是国际债券市场的通行做法和普遍规律，与做市商制度互为补充，相辅相成。上交所债券市场引入货币经纪公司，是顺应市场需求，完善价格发现机制，建设多层次债券市场的客观需要。债券市场因不同产品的标准化程度和流动性不同，需要多元化的交易达成方式。货币经纪公司通过主动向投资者收集和发布交易需求信息，可使投资者更充分地了解市场供需状况，有利于降低市场信息不对称的情况，从而降低交易成本，促进价格发现，提高交易效率。

国务院办公厅印发《关于发展众创空间推进大众创新创业的指导意见》，部署推进大众创业、万众创新工作。该意见指出，顺应网络时代大众创业、万众创新的新趋势，加快发展众创空间等新型创业服务平台，营造良好的创新创业生态环境，是加快实施创新驱动发展战略，适应和引领经济发展新常态的重要举措，对于激发亿万群众创造活力，打造经济发展新引擎意义重大。

3日 中国银监会发布《关于2015年小微企业金融服务工作的指导意见》，将2015年银行业小微企业金融服务工作目标由以往单纯侧重贷款增速和增量的“两个不低于”调整为“三个不低于”，从增速、户数、申贷获得率三个维度更加全面地考查小微企业贷款增长情况。即在有效提高贷款增量的基础上，努力实现小微企业贷款增速不低于各项贷款平均增速，小微企业贷款户数不低于上年同期户数，小微企业申贷获得率不低于上年同期水平。在内部考核方面，小微企业贷款不良率高出全行各项贷款不良率年度目标2个百分点以内（含）的，不得作为银行内部对小微企业业务主办部门考核的扣分因素。该指导意见旨在引导商业银行从单纯注重小微企业贷款量的增加，转变为更加注重服务质效的提高和服务覆盖面的扩大，使银行业金融资源惠及更多的小微企业。

4日 中国人民银行、海关总署联合印发《黄金及黄金制品进出口管理办法》，规范黄金及黄金制品进出口行为，加强黄金及黄金制品进出口管理。该办法自2015年4月1日起施行。

5日 全球首个以科技园区科技公司为样本编制的股票指数——中关村股票指数在北京正式发布。中关村股票指数定位于代表中国科技创新水平的标杆指数，采取与国际接轨的指数编制方案。其中，中关村A股综合指数以中关村所有A股上市公司为样本股，是反映中关村整体发展水平的综合指数。中关村A股和50指数定位于表征中关村可投资市值规模大、股票流动性好的上市企业，突出指数的可投资功能，选取排名前50只代表中关村产业特色的股票作为指数样本股，并每年实施两次样本股定期调整。

中国保监会正式发布《关于实施再保险登记管理有关事项的通知》（以下简称《通知》），决定建立再保险登记管理制度，再保险专业化监管体系进一步完善。《通知》立足于再保险市场新时期的发展需求，充分借鉴成熟市场的再保险监管经验，通过建立再保险登记制度，增强市场透明度，降低信用风险，提高我国再保险资产安全水平，防范国际金融风险通过再保险传递。

6 日 自贸区铜溢价衍生品掉期产品在上海清算所正式上线。这是全球首创的溢价指数类金融衍生品，其以跨境人民币计价、清算、结算，将有助于提升我国企业在铜国际贸易中的定价话语权。自贸区铜溢价掉期是以上海保税电解铜溢价为标的，以跨境人民币计价、清算、结算的场外大宗商品金融衍生品。交易双方通过上海清算所认定的经纪公司达成自贸区铜溢价掉期交易，由上海清算所进行中央对手清算，且约定在未来某一特定时点，依据洋山铜溢价指数进行现金差额结算，是相关实体经济用以对冲保税铜溢价波动风险的基本套保工具。

10 日 国家发展改革委、商务部联合公布《外商投资产业指导目录（2015 年修订）》，以积极主动扩大开放，构建开放、透明的投资环境。此次目录修订的目的旨在积极主动扩大开放，转变外资管理方式，构建开放、透明的投资环境，促进利用外资质量提升、产业结构优化升级，以开放促改革、促发展。本次目录主要的政策导向包括：一是放宽外资准入。二是引导外资投向。三是完善政策体系类，限制类条目从 79 条减少到 38 条。

11 日 中国人民银行在前期 10 省（市）分支机构试行常备借贷便利操作形成可复制经验的基础上，决定在全国推广分支机构常备借贷便利。

财政部下达了 1 万亿元地方政府债券额度置换存量债务，允许地方把一部分到期高成本债务转换成地方政府债券。

13 日 中共中央、国务院发布《关于深化体制机制改革加快实施创新驱动发展战略的若干意见》，共分 9 个部分 30 条，包括总体思路和主要目标，营造激励创新的公平竞争环境，建立技术创新市场导向机制，强化金融创新的功能，完善成果转化激励政策，构建更加高效的科研体系，创新培养、用好和吸引人才机制，推动形成深度融合的开放创新局面，加强创新政策统筹协调。

14 日 中国保监会发布了《中国保险消费者权益保护报告（2015）》，这是中国保险监管部门公开出版发行首部消费者权益保护“白皮书”。

16 日 国家外汇管理局首次按照最新国际标准公布中国国际货物和服务贸易数据。自 2015 年起，外汇局新增公布中国货物贸易月度数据，与服务贸易共同组成完整的国际收支口径货物和服务贸易数据，且编制原则由国际货币基金组织《国际收支手册》第五版转换为《国际收支与国际投资头寸手册》第六版。与之前相比，第六版口径有三项主要变化：一是加工贸易从货物贸易调整至服务贸易；二是转手买卖从服务贸易调整至货物贸易；三是新版表式中借方用负值表示，服务贸易分类和细项名称略有调整。

18 日 中国人民银行与苏里南中央银行签署了规模为 10 亿元人民币/5.2 亿苏里南元的双边本币互换协议。

20 日 国务院批复同意国家开发银行深化改革方案和中国进出口银行改革实施总体方案。

10 年期国债期货在中国金融期货交易所成功上市。10 年期国债期货的上市，是继 5 年期国债期货之后我国国债期货市场的又一重大创新品种，也是落实《政府工作报告》、加强多层次资本市场体系建设的重要举措。

25 日 中国人民银行与亚美尼亚中央银行签署了规模为 10 亿元人民币/770 亿亚美尼亚德拉姆的双边本币互换协议。

27 日 中国保监会发布《关于调整保险资金境外投资有关政策的通知》，拓宽了保险资金境外投资范围，并且给予保险机构更多的自主配置空间。

28 日 国家发展改革委、外交部、商务部经国务院授权联合发布《推动共建丝绸之路经济带和 21 世纪海上丝绸之路的愿景与行动》，从背景、共建原则、框架思路、合作重点、合作机制等方面阐述了“一带一路”的主张与内涵，旨在促进经济要素有序自由流动、资源高效配置和市场深度融合，推动沿线各国实现经济政策协调，开展更大范围、更高水平、更深层次的区域合作，共同打造开放、包容、均衡、普惠的区域经济合作架构。

30 日 中国人民银行、住房和城乡建设部、中国银监会联合发布《关于个人住房贷款政策有关问题的通知》。该通知明确，对拥有一套住房且相应购房贷款未结清的居民家庭，为改善居住条件再次申请商业性个人住房贷款购买普通自住房，最低首付款比例调整为不低于40%。

经中国人民银行批准，银行间市场清算所股份有限公司（上海清算所）于3月30日正式开展债券净额清算业务。是日，在现行债券现券交易净额清算业务的基础上，推出涵盖债券现券、质押式回购、买断式回购交易的中央对手清算业务，并增加代理清算机制，为广大市场参与者分享净额清算优势提供途径。纳入债券净额的交易包括：现券交易、质押式回购交易、买断式回购交易。

中国人民银行与澳大利亚储备银行续签了规模为2 000亿元人民币/400亿澳大利亚元的双边本币互换协议。

31 日 中国保监会取消保险公司股权转让及改变组织形式审批、保险公司从事机动车交通事故责任强制保险业务审批、投资连结保险的投资账户设立、合并、分立、关闭、清算等事项审批等7项行政审批项目，并将保险资产管理公司及其分支机构设立审批、保险集团公司及保险控股公司设立审批等2项工商前置审批事项改为后置审批。

4 月

1 日 中国保监会发布《关于进一步规范保险公司关联交易有关问题的通知》，通过比例控制、程序优化、信息披露和问责机制等综合手段，进一步加大了保险公司关联交易的规范力度，以防止利益输送和风险交叉传递。

3 日 中国人民银行宣布信贷资产证券化实行注册制。公告规定了参与者如何获得注册资格，同时在交易场所选择、做市安排、发行时间节奏和信用评级等方面作出了调整。银行等金融机构发行信贷资产支持证券将告别人民银行和银监会的“逐笔双审批制”，改为“银监会备案”和“央行注册”的审核架构。在注册有效期中，可在总额度内自主择期发行产品，以提高发起机构选择发行窗口的自主性。

7 日 中国人民银行印发《关于全面推广小额贷款公司和融资性担保公司信用评级工作的通知》，决定在全国范围内全面推广两类机构信用评级工作。

财政部发布《地方政府专项债券发行管理暂行办法》，明确地方政府专项债券（以下简称专项债券）采用记账式固定利率附息形式，且由各地按照市场化原则自发自还，以加强地方政府债务管理、规范地方政府专项债券发行行为、保护投资者等合法权益。专项债券是指省、自治区、直辖市政府（含经省级政府批准自办债券发行的计划单列市政府）为有一定收益的公益性项目发行的、约定一定期限内以公益性项目对应的政府性基金或专项收入还本付息的政府债券。该办法明确，单只专项债券应当以单项政府性基金或专项收入为偿债来源。单只专项债券可以对应单一项目发行，也可以对应多个项目集合发行。

10 日 中国人民银行与南非储备银行签署了规模为300亿元人民币/540亿南非兰特的双边本币互换协议。

13 日 A股“一人一户”全面解禁政策正式落地。根据中国证券登记结算有限公司发布的通知，2015年4月13日起，自然人与机构投资者均可根据自身实际需要开立多个 A 股账户和封闭式基金账户，上限为 20 户。

16 日　上证 50、中证 500 股指期货在中国金融期货交易所成功上市。开展上证 50 和中证 500 股指期货交易，能够适应境内资本市场风险管理精细化的要求，符合股指期货市场标的指数多元化发展的趋势。截至 4 月 14 日，上证 50 和中证 500 指数分别代表了大型企业和中小市值上市公司，流通市值占沪深 A 股的近一半，与沪深 300 指数成分股形成了有效的互补关系，能有针对性地满足不同投资者精确化、个性化的风险管理需求，有利于提高风险管理市场的广度和深度，将股指期货对现货市场的覆盖面提高到 73% 左右，进一步促进股票市场和股指期货市场协调健康发展。

中国城乡居民住宅地震巨灾保险共同体在北京正式成立。这是保险业对建立巨灾保险制度开展的有益探索，推动中国地震巨灾保险制度在全国范围内先行先试，标志着中国巨灾保险制度建设迈出坚实的一步。

财政部、工业和信息化部、科技部、商务部、工商总局下发通知，决定从 2015 年起开展小微企业创业创新基地城市示范工作，中央财政给予奖励资金支持。

17 日　中国人民银行与马来西亚国家银行续签了规模为 1 800 亿元人民币/900 亿马来西亚林吉特的双边本币互换协议。

19 日　中国人民银行宣布下调各类存款类金融机构人民币存款准备金率 1 个百分点。除普降存准率 1 个百分点外，对农信社、村镇银行等农村金融机构额外降低存准率 1 个百分点；对中国农业发展银行额外降低存准率 2 个百分点；对符合审慎经营要求且“三农”或小微企业贷款达到一定比例的国有银行和股份制商业银行可执行较同类机构法定水平低 0.5 个百分点的存款准备金率。存款准备金率再次普遍下调主要是为改善金融机构融资供应能力，促进经济平稳增长。此次普降加定向降准一次性释放资金将超过 1.3 万亿元，会明显改善银行流动性，引导市场利率下行，促进银行增加信贷投放，带动整个社会融资增长和融资成本下降，并通过提高货币乘数来促进 M_2 提速，从而起到稳增长的作用。

20 日　丝路基金、三峡集团及巴基斯坦私营电力和基础设施委员会在伊斯兰堡共同签署《关于联合开发巴基斯坦水电项目的谅解合作备忘录》，中国国家主席习近平和巴基斯坦总理纳瓦兹·谢里夫共同出席了签字仪式。该项目是丝路基金 2014 年底注册成立后投资的首个项目，标志着丝路基金按照市场化、国际化、专业化的方向开展实质性投资运作迈出了坚实步伐。根据谅解备忘录，丝路基金将投资入股由三峡集团控股的三峡南亚公司，为巴基斯坦清洁能源开发、包括该公司的首个水电项目——吉拉姆河卡洛特水电项目提供资金支持。卡洛特水电站是“中巴经济走廊”优先实施的能源项目之一，计划于 2015 年开工建设。投资各方计划通过新开发和并购等方式，在巴基斯坦吉拉姆河流域实现 3 350 兆瓦的水电项目开发目标。巴基斯坦私营电力和基础设施委员会将为丝路基金和三峡集团在巴基斯坦的能源项目投资提供便利。

21 日　国务院分别印发通知，批准《中国（广东）自由贸易试验区总体方案》《中国（天津）自由贸易试验区总体方案》《中国（福建）自由贸易试验区总体方案》和《进一步深化中国（上海）自由贸易试验区改革开放方案》。该通知强调，自贸试验区要当好改革开放排头兵、创新发展先行者，以制度创新为核心，深化行政管理体制改革，率先挖掘改革潜力，破解改革难题，不断提升事中事后监管能力和水平。

全国首家互联网金融行业服务平台——中关村互联网金融服务中心在北京正式成立。该中心推出了监督管理、综合服务、创新孵化三大服务平台。该中心立足海淀的产业聚集优势，吸引和服务互联网金融机构，构建行业生态圈，促进行业抱团发展，共同推进互联网金融行业的健康创新发展。

22 日 国务院印发《关于实施银行卡清算机构准入管理的决定》。要求在中国境内从事银行卡清算业务，应依法取得银行卡清算业务许可证，成为银行卡清算机构。该决定授权人民银行会同银监会制定行政许可条件、程序的实施细则，以及相关审慎性监督管理措施，并按照分工实施监督管理，共同防范银行卡清算业务系统性风险。对银行卡清算市场实行准入管理、进行有序规范，是扩大金融开放、深化金融改革的重要举措。

24 日 中国证监会发布修订后的《〈上市公司重大资产重组管理办法〉第十四条、第四十四条的适用意见——证券期货法律适用意见第12号》。本次修订的主要内容如下：一是扩大募集配套资金比例，将募集配套资金比例从25%扩大至不超过拟购买资产交易价格的100%，即上市公司发行股份购买资产同时募集配套资金比例不超过拟购买资产交易价格100%的，一并由并购重组审核委员会予以审核；超过100%的，一并由发行审核委员会予以审核。做这样的调整，主要是便利企业报审募集配套资金，过去对配套资金超过25%的，需由发行审核委员会审核，现在由并购重组审核委员会一并审核。二是明确募集配套资金的用途。

27 日 中国保监会发布修订后的《保险公司资本保证金管理办法》，不仅取消了资本保证金所有行政审批事项，并且将事前审批全部改为事后备案，充分体现了“放开前端、管住后端”这一放管结合的监管思路，以进一步加强对保险公司资本保证金的监管，保护投保人利益。

29 日 人民币合格境外机构投资者（RQFII）试点地区扩大至卢森堡，初始投资额度为500亿元人民币。

中国人民银行印发《关于全面推开中国农业银行三农金融事业部改革的通知》，将中国农业银行全部县域支行纳入深化三农金融事业部改革范围，进一步提升“三农”和县域的金融服务水平。

30 日 中共中央政治局召开会议审议通过《京津冀协同发展规划纲要》。会议指出，京津冀协同发展战略的核心是有序疏解北京非首都功能，调整经济结构和空间结构，走出一条内涵集约发展的新路子。业界人士分析，京津冀协同发展这一国家战略的实质是，让生产要素在更大范围内实现优化配置，以形成新增长极，促进产业升级和环境保护以及公共服务的改善，在区域经济一体化方面先行先试。金融这一现代经济核心，必将在其中起到重要的助推作用，这是金融业改革创新、服务实体经济的新契机和新挑战。交通一体化、产业分工以及服务业新格局，将是京津冀协同发展带给金融业的主要机遇，一方面这些项目的实施需要金融资金作为支撑，另一方面区域内的金融布局，也会随着北京非首都功能的疏解以及空间结构和城市布局的优化而出现新的变化，使区域内的金融要素互联互通更为畅通。

5 月

1 日 我国《存款保险条例》正式施行。存款保险制度是我国金融业的一项重要的基础制度安排，对于更好地保护存款人利益，进一步完善金融安全网，建立金融稳定长效机制，都具有十分重要的意义。首先，建立存款保险制度是维护金融稳定的现实要求。其次，存款保险制度的建立有助于营造公平的竞争环境，尤其是能够为发展中小银行和民营银行提供可靠的制度保障，提供公平的竞争平台，对商业银行来说是一件好事。最后，建立存款保险制度可以为存款人提供可靠的法律保障、资金保障和制度保障。

我国的存款保险制度在设计中较好地体现了后发优势，具有制度先进性。我国存款保险制度实行基准费率和风险差别费率相结合的费率制度，有利于促进公平竞争，形成正向激励，强化对投保机构的市场约束，促使其审慎经营、健康发展。综合考虑国际经验、金融机构承受能力和风险处置需要等因素，我国存款保险费率水平将低于绝大多数国家存款保险制度起步时的水平以及现行水平。

6日 财政部、国家税务总局、中国人民银行联合下发《关于2015年财税库银税收收入电子缴库横向联网有关工作事项的通知》，进一步扩大市、县横向联网上线范围和纳税人采用横向联网方式缴税的范围，提高横向联网电子缴税占比。

8日 财政部、中国人民银行、中国银监会联合下发《关于2015年采用定向承销方式发行地方政府债券有关事宜的通知》，要求2015年在财政部下达的置换债券限额内采用定向承销方式发行一定额度的地方政府债券，用于置换部分存量债务。允许地方债纳入抵（质）押品范围，意味着商业银行等地方债券持有机构无须等待债券到期，就可以通过质押再贷款从央行获得流动性。一方面，纳入抵（质）押品范围后，银行可以通过再贷款获取相对低成本的资金，进而可以解决银行由于负债端成本上升而导致的购置需求不足问题；另一方面，有利于提高流动性和刺激信贷投放。

中国人民银行发布《2015年第一季度中国货币政策执行报告》。报告指出，2015年第一季度，中国经济保持在合理区间运行，经济增长与预期目标相符。中国人民银行继续实施稳健的货币政策，更加注重松紧适度，适时适度预调微调，保持中性适度的货币金融条件，注重优化流动性和信贷的投向和结构。

9日 中国人民银行发布公告，取消银行间债券市场债券交易流通审批，明确依法发行的各类债券发行完成后即可直接在银行间债券市场交易流通，并强化信息披露、加强投资者保护等要求，进一步促进债券市场规范发展。

10日 中国人民银行与白俄罗斯共和国国家银行续签了规模为70亿元人民币/16万亿白俄罗斯卢布的双边本币互换协议。

11日 国务院办公厅转发财政部、中国人民银行、中国银监会《关于妥善解决地方政府融资平台公司在建项目后续融资问题的意见》，妥善解决地方政府融资平台公司在建项目后续融资问题。该意见是对全面落实《国务院关于加强地方政府性债务管理的意见》要求，依法合规积极支持融资平台公司在建项目后续融资，确保在建项目有序推进，有效防范和化解财政金融风险作出的重要部署，明确了妥善解决地方政府融资平台公司在建项目后续融资的四项重点任务。一是支持在建项目的存量融资需求。

中国人民银行下调金融机构人民币贷款和存款基准利率。金融机构一年期贷款基准利率下调0.25个百分点至5.1%；一年期存款基准利率下调0.25个百分点至2.25%，同时结合推进利率市场化改革，将金融机构存款利率浮动区间的上限由存款基准利率的1.3倍调整为1.5倍；其他各档次存贷款基准利率及个人住房公积金存贷款利率相应调整。放开金融机构小额外币存款利率浮动区间上限。

12日 财政部、国家税务总局与中国保监会三部委联合下发《关于开展商业健康保险个人所得税政策试点工作的通知》。通过借鉴国际经验，开展个人所得税优惠政策试点，鼓励购买适合大众的综合性商业健康保险。

14日 中国人民银行首次主办中黑巴组织行长会。中亚、黑海及巴尔干地区央行行长会议组织（以下简称中黑巴组织）第33届行长会在上海举行，这是中国人民银行首次主办中黑巴组织行长会。中黑巴组织是创立于1998年的区域性金融组织，现有包括中国在内的25个成员国，在协调地区金融事务、分享及交流经验等方面发挥着积极作用。

15日 中国证监会发布《关于加强非上市公众公司监管工作的指导意见》（以下简称《指导意见》），并就《货币市场基金监督管理办法（征求意见稿）》及其配套规则向社会公开征求意见。《指导意见》分为五个部分：一是总体要求。二是规范各类市场主体行为。三是挂牌公司监管。四是不挂牌公司监管。五是监管协调。此次《货币市场基金监督管理办法（征求意见稿）》，在《货币市场基金管理暂行规定》基础上，结合近年来货币市场基金发展情况及监管实践，借鉴境外货币市场基金改革的最新经验，针对货币市场基金与互联网融合发展的新业态作出了规定，旨在处理好货币市场基金创新发展与防范风险的关系。

中国银行间市场交易商协会授权正式发布《个人汽车贷款资产支持证券信息披露指引（试行）》《个人住房抵押贷款资产支持证券信息披露指引（试行）》及配套表格体系，进一步明确信贷资产支持证券相关信息披露义务主体在注册、发行和存续期间的信息披露标准，构成了多层次、有重点、具有包容性和开放性的信息披露制度体系。“两个指引”在增强发起机构及投资者的积极性、扩大资产证券化规模的同时，规范信贷资产支持证券信息披露行为，有助于提高信贷资产证券化产品发行管理效率和市场透明度，形成市场机构的外部约束机制，促进信贷资产证券化业务规范化、常态化，盘活存量资金，更好地支持实体经济的发展。

中国人民银行与乌克兰国家银行续签了规模为150亿元人民币/540亿乌克兰格里夫纳的双边本币互换协议。

16日 2015年全国经济体制改革工作会议在北京召开。会议就落实中央全面深化改革领导小组、《政府工作报告》关于2015年经济体制改革工作的各项部署，落实近日印发的国务院批转国家发展改革委《关于2015年深化经济体制改革重点工作的意见》提出了具体要求，安排了2015年经济体制改革工作。会议指出，我国经济发展进入新常态，受世界经济深度调整和国内“三期叠加”因素影响，经济下行压力持续加大。当前的困难和挑战比上年更大，任务比去年更艰巨，面临的形势错综复杂，必须进一步增强改革的紧迫感，稳增长、调结构要充分利用和依靠改革，深化改革也必须切实围绕稳增长、调结构来进行。要继续深化投融资体制改革，研究出台深化投融资体制改革的决定。支持非公有制经济健康发展，全面落实促进民营经济发展和民间投资的政策措施。继续落实财税体制改革总体方案。健全金融为实体经济服务的体制机制，进一步扩大金融业对内对外开放，加快发展服务小微企业的中小金融机构，推动利率汇率市场化改革，加强多层次资本市场建设，提高直接融资比重。创新农村金融体系和服务。

19日 国务院印发《中国制造2025》，部署全面推进实施制造强国战略。《中国制造2025》是我国实施制造强国战略第一个十年的行动纲领，坚持“创新驱动、质量为先、绿色发展、结构优化、人才为本”的基本方针，坚持“市场主导、政府引导，立足当前、着眼长远，整体推进、重点突破，自主发展、开放合作”的基本原则，通过“三步走”实现制造强国的战略目标。围绕实现制造强国的战略目标，《中国制造2025》明确了9项战略任务和重点。为确保完成目标任务，《中国制造2025》提出了深化体制机制改革、营造公平竞争市场环境、完善金融扶持政策、加大财税政策支持力度、健全多层次人才培养体系、完善中小微企业政策、进一步扩大制造业对外开放、健全组织实施机制8个方面的战略支撑和保障。

国务院办公厅转发财政部、国家发展改革委、中国人民银行《关于在公共服务领域推广政府和社会资本合作模式的指导意见》，明确在公共服务领域推广PPP模式，对充分激发社会资本活力，打造大众创业、万众创新和增加公共产品、公共服务“双引擎”，在改善民生中培育经济增长新动力作出了重要部署。该意见指出，在能源、交通运输、水利、环境保护、农业、林业、科技、保障性安居工程、医疗、卫生、养老、教育、文化等公共服务领域，鼓励采用政府和社会资本合作（PPP）模式，吸引社会资本参与，为广大人民群众提供优质高效的公共服务。

22 日 中国证监会与香港证监会正式签署《中国证券监督管理委员会与香港证券及期货事务监察委员会关于内地与香港基金互认安排的监管合作备忘录》，同时发布《香港互认基金管理暂行规定》，内地与香港基金互认落地。“两地基金互认”本质上是进一步扩宽和开辟了销售渠道，将积极引导两地证券市场增量资金的入市，中国资本市场对外开放再进一步，对 A 股、H 股证券市场均形成中长期利好。

25 日 中国人民银行与智利中央银行签署了规模为 220 亿元人民币/22 000 亿智利比索的双边本币互换协议。同日，双方签署了在智利建立人民币清算安排的合作备忘录，并同意将 RQFII 试点地区扩大到智利，投资额度为 500 亿元人民币。

29 日 中国人民银行发布《中国金融稳定报告（2015）》。报告认为，2014 年，我国宏观经济在新常态下保持平稳运行，金融业改革积极有序推进，金融机构实力进一步提升，金融市场创新发展加快，金融基础设施建设不断完善，金融体系总体稳健，服务经济社会能力不断增强。报告认为，2014 年我国金融业健康发展。银行业资产负债规模继续扩大，支持“三农”、小微企业力度不断加强，资本充足水平持续提高，拨备整体稳定，风险弥补和损失吸收能力较强。部分行业、领域和地区的风险有所显现，部分表外业务和影子银行潜在风险值得关注。证券期货业整体运行稳健，行业创新能力持续提升，市场基础性制度建设稳步推进，监管转型继续深化，双向开放取得积极进展。个别公司退市风险值得关注，部分创新业务合规风险管理有待加强。保险业资产规模持续增长，保费收入快速增加，资金运用收益大幅提高，经营效益显著提升。部分人身险公司流动性压力加大，保险投诉量有所增长。

上交所发布《公司债券上市规则（2015 年修订）》《非公开发行公司债券业务管理暂行办法》及《债券市场投资者适当性管理办法》3 个公司债券上市相关配套规则。上交所通过全面组织公司债券市场参与主体，激发公司债券市场活力。一方面，通过“完善发行人信息披露要求，引导中介机构归位尽职”，对发行人及相关中介机构发行承销公司债券提出进一步要求，以规范发行人与中介机构的职责；另一方面，通过“明确公司债券分类管理，强化投资者适当性要求”，以引导投资者理性参与公司债券市场投资。此外，上交所作为公司债券发行上市服务提供方，进一步提高上市服务效率，对上市流程进行简化，包括精简上市材料提交流程，取消上市委员会制度与上市推荐人制度，提高上市效率，以便更好地服务于市场。

6 月

1 日 《关于实施银行卡清算机构准入管理的决定》正式施行。该决定的实施对于中国银行卡产业发展来说，是一件极为重要的大事，标志着我国银行卡产业由“政府主导”向“市场主导”的转变取得突破性进展，对我国银行卡产业和银行卡市场发展将产生巨大影响。

各财产保险公司在黑龙江、山东、广西、重庆、陕西、青岛 6 个试点地区全面启用新版商业车险条款费率，标志着商业车险改革试点全面落地实施。根据商业车险条款费率管理制度改革总体安排，商业车险改革建立了以行业示范条款为主、公司创新型条款为辅的条款管理制度和市场化的费率形成机制，消费者的商业车险产品选择权将得到更充分的尊重，保险公司商业车险费率厘定自主权将逐步扩大。

中国银监会印发《关于进一步开展银行不规范服务收费清理工作的通知》，在全国范围内组织银行业金融机构开展专项清理工作。

2 日 中国人民银行发布《大额存单管理暂行办法》（以下简称《办法》），并自公布之日起施行。《办法》指出，所称大额存单是指由银行业存款类金融机构面向非金融机构投资人发行的、以人民币计价的记账式大额存款凭证，是银行存款类金融产品，属一般性存款。《办法》所称银行业存款类金融机构（以下简称发行人）包括政策性银行、商业银行、农村合作金融机构以及中国人民银行认可的其他金融机构。《办法》所称非金融机构投资人（以下简称投资人）包括个人、非金融企业、机关团体和中国人民银行认可的其他单位。大额存单发行采用电子化的方式，采用标准期限的产品形式，发行利率以市场化方式确定。《办法》规定，发行人发行大额存单应当具备以下条件：一是全国性市场利率定价自律机制成员单位；二是已制定本机构大额存单管理办法，并建立大额存单业务管理系统；三是中国人民银行要求的其他条件。

中国银监会发布《关于加强银行业金融机构内控管理有效防范柜面业务操作风险的通知》，要求各银行业金融机构筑牢业务管理、风险合规及审计监督“三道防线”，有效防范外部欺诈和内部舞弊引发的案件和风险事件，推动银行业金融机构规范运营。

3 日　中国人民银行发布《关于境外人民币业务清算行、境外参加银行间开展银行间债券市场债券回购交易的通知》，允许境外人民币业务清算行、境外参加银行在银行间债券市场开展债券回购交易，并为其提供新的人民币资产流动性管理工具。

9 日　银联卡 ATM 跨行转账服务全面开通。ATM（自动柜员机）不仅能够跨行取款，也支持跨行转账。全国所有银行均已开通银联卡 ATM 跨行转账服务，持卡人可在全国超过 60 万台 ATM 上进行自助跨行转账，实时到账而且方便快捷。此次，标志着国内自助银行服务网络的资源共享得到了进一步深化，整个社会的普惠金融服务体系得到了进一步的完善。

11 日　国务院印发《关于大力推进大众创业万众创新若干政策措施的意见》（以下简称《意见》)。《意见》明确，推进大众创业、万众创新要按照“四个全面”战略布局，坚持改革推动，加快实施创新驱动发展战略，充分发挥市场在资源配置中的决定性作用和更好发挥政府作用，加大简政放权力度，放宽政策、放开市场、放活主体，形成有利于创业创新的良好氛围，让千千万万创业者活跃起来，汇聚成经济社会发展的巨大动能。不断完善体制机制、健全普惠性政策措施，加强统筹协调，构建有利于大众创业、万众创新蓬勃发展的政策环境、制度环境和公共服务体系，以创业带动就业、创新促进发展。要坚持深化改革，营造创业环境；坚持需求导向，释放创业活力；坚持政策协同，实现落地生根；坚持开放共享，推动模式创新。

《意见》从 9 大领域、30 个方面明确了 96 条政策措施。一是创新体制机制，实现创业便利化；二是优化财税政策，强化创业扶持；三是搞活金融市场，实现便捷融资；四是扩大创业投资，支持创业起步成长；五是发展创业服务，构建创业生态；六是建设创业创新平台，增强支撑作用；七是激发创造活力，发展创新型创业；八是拓展城乡创业渠道，实现创业带动就业；九是加强统筹协调，完善协同机制。

13 日　中国证监会下发《关于加强证券公司信息系统外部接入管理的通知》，要求券商自查信息系统外部接入及场外配资情况。该通知提出，一是要求证券公司开展信息系统外部接入自查；二是要求证监局对辖区证券公司自查情况核实；三是证券业协会制定证券公司信息系统外部接入的规范标准；四是重申证券公司禁止性要求，督促证券公司充分评估现有系统风险，进行压力测试；五是持续加强对证券公司信息系统外部接入的监管。

16 日　中国人民银行宣布允许私募投资基金进入银行间债券市场。这是继 2014 年人民银行相继放开“乙类户”“丙类户”进入银行间债市之后，银行间债市的再一次放开。人民银行表示，此举旨在进一步丰富银行间债券市场投资者群体，完善多层次债券市场体系，更好地服务实体经济。

17 日　国家外汇管理局发布《关于修订〈银行执行外汇管理规定情况考核办法〉相关事宜的通知》，进一步推进了银行执行外汇管理规定情况考核工作的顺利开展，同时也提高了考核工作的科学性和公平性。本次修订主要体现在以下五个方面，一是完善考核项目。对原有考核指标进行全面梳理与调整，进一步细化考核标准与评分办法，使相关要求简单明晰、更具操作性。二是注重与时俱进。根据外汇形势及监管规定的发展对考核项目进行更新，引入跨境资金流动双向调节考核机制，提升外汇监管与调控有效性。三是优化考核流程。充分考虑银行间业务种类与规模差异对考核结果造成的影响，使考核评级更趋于公平合理。四是突出银行内控管理考核。分别对银行总行与分行提出外汇业务内控考核具体要求，促使银行更好地落实“了解你的客户”“了解你的业务”“尽职审查”原则。五是健全违规问题落实整改机制。建立银行反馈整改报告制度，督促银行及时落实违规问题整改措施、反馈整改结果，加强后续跟踪，切实提高考核有效性。

22日 国务院办公厅转发中国银监会《关于促进民营银行发展的指导意见》，明确了民营企业发起民营银行的准入条件，规定投资入股银行业金融机构的民营企业应满足依法设立、具有法人资格，具有良好的公司治理结构和有效的组织管理方式，具有良好的社会声誉、诚信记录和纳税记录，具有较长的发展期和稳定的经营表现，具有较强的经营管理能力和资金实力，财务状况、资产状况良好，最近3个会计年度连续盈利，年终分配后净资产达到总资产30%以上，权益性投资余额不超过净资产50%等条件。

中国反洗钱监测分析中心与新西兰警署金融情报中心在惠灵顿签署《关于反洗钱和反恐怖融资金融信息交流合作安排》。根据该安排，双方将基于互惠原则在涉嫌洗钱和恐怖融资及其他相关犯罪的金融情报信息的收集、分析和互协查方面开展实质性合作。

26日 鹏华前海万科REITs封闭式混合基金正式推出，公募基金投资范围拓展到以不动产为标的的证券化领域。鹏华前海万科REITs由深圳市前海金融控股有限公司牵头设计并担任投资顾问，鹏华基金作为基金管理人，万科企业股份公司及前海开发投资控股有限公司等作为共同参与主体，以前海万科企业公馆的租金收益权为基础资产。

中国支付清算协会支付清算综合服务平台行业风险信息共享系统正式上线运行，标志着首个行业内统一的风险信息管理系统已经初步建成。商业银行与支付机构可通过这一系统，共享各自在风险防控工作中发现的风险信息，监管机构与司法机关也将及时通过系统提供风险形势简报或通报提示。

27日 中国人民银行与匈牙利中央银行签署了在匈牙利建立人民币清算安排的合作备忘录和《中国人民银行代理匈牙利央行投资中国银行间债券市场的代理投资协议》，并同意将RQFII试点地区扩大到匈牙利，投资额度为500亿元人民币。

28日 中国人民银行定向降低存款准备金率并下调贷款和存款基准利率，旨在更好地平衡总量稳定与结构优化的关系，促进稳增长、调结构并降低社会融资成本。包括对“三农”贷款占比达到定向降准标准的城市商业银行、非县域农村商业银行降低存款准备金率0.5个百分点；对“三农”或小微企业贷款达到定向降准标准的国有大型商业银行、股份制商业银行、外资银行降低存款准备金率0.5个百分点；降低财务公司存款准备金率3个百分点，进一步鼓励其发挥好提高企业资金运用效率的作用。同时，自2015年6月28日起下调金融机构人民币贷款和存款基准利率，以进一步降低企业融资成本。其中，金融机构一年期贷款基准利率下调0.25个百分点至4.85%；一年期存款基准利率下调0.25个百分点至2%；其他各档次贷款及存款基准利率、个人住房公积金存贷款利率相应调整。

29日 《亚洲基础设施投资银行协定》签署仪式在北京举行。亚投行57个意向创始成员国财长或授权代表出席了签署仪式。建立亚投行是2013年10月中国领导人在出访东南亚时提出的重要倡议，这是中国为亚洲和全球经济发展承担更大国际责任、促进各方实现互利共赢和共同发展的重要举措，对于不同发展阶段的国家而言是多赢选择，得到了各方广泛积极的响应。

国务院批复同意《中国保险投资基金设立方案》，设立有限合伙制的中国保险投资基金，以进一步发挥保险资金在国家投资和增加公共产品、公共服务中的重要作用，服务实体经济发展，促进经济提质增效升级。基金总规模预计 3 000 亿元，分期募集，首期 1 000 亿元。基金紧密围绕国家产业政策和发展战略开展投资，主要投向“一带一路”、京津冀协同发展、长江经济带等战略项目，拉动力强、社会经济效益好的棚户区改造、城市基础设施、重大水利工程、中西部交通设施、新型城镇化等基础设施建设，国际产能合作和“走出去”重大项目等。基金和中保投资有限责任公司应在协议和章程中明确直接投资基础设施建设的最低比例。在此基础上，基金可投资于战略性新兴产业、现代物流、健康养老、能源资源、信息科技、绿色环保、中小微企业等领域。

30 日 财政部、中国保监会联合发布《会计师事务所职业责任保险暂行办法》。职业责任保险，是指会计师事务所及其合伙人、股东和其他执业人员因执业活动造成委托人或其他利害关系人经济损失，依法应当承担赔偿责任的保险。该办法填补了制度空白，助力行业发展。

国家外汇管理局按照国际货币基金组织《国际收支和国际投资头寸手册》（第六版）编制和公布中国的国际投资头寸表，并启用《对外金融资产负债及交易统计制度》所采集的数据编制报表，同时全面采用市值法统计各项数据，替代以往个别项目历史流量累计的方法，由此直接投资、货币和存款、证券投资等项目变化较大。

7 月

1 日 中国银监会修订并印发《中华人民共和国外资银行管理条例实施细则》，在加强监管的前提下为外资银行的设立运营提供更加便利的政策环境。

中国证监会发布修改后的《证券公司融资融券业务管理办法》，上海、深圳证券交易所同步发布《融资融券交易实施细则》。此次主要修订了以下内容：一是建立融资融券业务逆周期调节机制；二是合理确定融资融券业务规模；三是允许融资融券合约展期；四是优化融资融券客户担保物违约处置标准和方式。

3 日 中国人民银行发布《2014 年中国区域金融运行报告》。报告指出，2014 年，面对复杂的国际国内经济金融形势，全国各地区金融业按照党中央、国务院统一部署，继续认真贯彻落实稳健的货币政策，既保持定力又主动作为，不断优化信贷资源配置，继续加大对重点领域和薄弱环节的金融支持，较好地满足了实体经济发展的合理需求。全年各地区金融运行平稳，货币信贷及社会融资规模保持合理增长，金融市场创新有序推进，直接融资比重不断提高，地区间金融发展更趋均衡，金融生态环境进一步改善。

4 日 国务院印发《关于积极推进“互联网 +”行动的指导意见》，围绕转型升级任务迫切、融合创新特点明显、人民群众最关心的领域，提出了“互联网 +” 普惠金融等 11 个具体行动意见。探索推进互联网金融云服务平台建设，鼓励金融机构利用互联网拓宽服务覆盖面，拓展互联网金融服务创新的深度和广度。

7 日 金砖国家央行在金砖国家财长和央行行长会议期间，共同签署了《金砖国家应急储备安排中央银行间协议》，为应急储备安排的操作规定了技术细节。此外，《金砖国家应急储备安排条约》已顺利完成金砖各国国内核准程序，并将生效。按规定，金砖国家应急储备安排是通过多边货币互换联合应对金砖国家实际或潜在的短期国际收支压力的集体承诺，初始规模 1 000 亿美元，其中中国承诺出资 410 亿美元，巴西、印度和俄罗斯各 180 亿美元，南非 50 亿美元。

8 日 中国保监会发布《关于提高保险资金投资蓝筹股票监管比例有关事项的通知》（以下简称《通知》）。《通知》放宽了保险资金投资蓝筹股票监管比例，对符合条件的保险公司，将投资单一蓝筹股票的比例上限由占上季度末总资产的 5% 调整为 10%；投资权益类资产达到 30%

比例上限的，可进一步增持蓝筹股票，增持后权益类资产余额不高于上季度末总资产的40%。

14日 中国人民银行发布《关于境外央行、国际金融组织、主权财富基金运用人民币投资银行间市场有关事宜的通知》，对境外央行类机构简化入市流程，取消额度限制，允许其自主选择人民银行或银行间市场结算代理人为其代理交易结算，并拓宽其可投资品种。

财政部发布《关于中央和地方国库现金管理商业银行定期存款质押品管理有关事宜的通知》，将地方政府债券纳入中央国库现金管理和地方国库现金管理质押品范围。在国债基础上，增加地方政府债券作为国库现金管理商业银行定期存款质押品。参与中央和地方国库现金管理商业银行取得国库定期存款，以记账式国债或地方政府债券现券作为质押。地方政府债券不受发行主体的限制，可以跨地域质押。

15日 国家外汇储备向国家开发银行注资480亿美元。

18日 中国人民银行等十部委联合发布《关于促进互联网金融健康发展的指导意见》。该指导意见明确提出"依法监管、适度监管、分类监管、协同监管、创新监管"二十字原则，提出一系列鼓励创新、支持互联网金融稳步发展的政策措施，积极鼓励互联网金融平台、产品和服务创新，鼓励从业机构相互合作，拓宽从业机构融资渠道，坚持简政放权和落实、完善财税政策，推动信用基础设施建设和配套服务体系建设。

20日 国家外汇储备向进出口银行注资450亿美元，完成改革方案要求的资本金补充工作。

22日 金砖国家新开发银行开业仪式在上海举行。金砖银行由中国、俄罗斯、印度、巴西、南非发起建立，总部将设在上海。金砖银行作为国际发展体系的新成员，与现有多边开发机构是合作互补关系，将与相关多边和双边开发机构和私营部门建立紧密的合作伙伴关系，共同促进发展中国家的经济发展和全球经济复苏，是新兴经济体促进全球基础设施建设、推动国际经济治理改革的重要举措，增强了国际多边体系的整体力量。

财政部、农业部、银监会印发了《关于财政支持建立农业信贷担保体系的指导意见》，着力促进实现财政金融协同支农，破解制约农业发展的融资难、融资贵问题，推动新常态下农业适度规模经营和农村一、二、三产业融合发展。

中国保监会制定《互联网保险业务监管暂行办法》，就参与互联网保险业务的经营主体、经营条件、经营区域、信息披露、监督管理等方面，明确了基本的经营规范和监管要求，规范互联网保险经营行为，保护保险消费者合法权益，促进互联网保险业务健康发展。

24日 反洗钱工作部际联席会议第八次工作会议在北京召开，正式启动应对金融行动特别工作组第四轮反洗钱和反恐怖融资互评估工作。会议重点研究了《关于应对金融行动特别工作组第四轮反洗钱和反恐怖融资互评估工作方案》，明确10项目标任务及具体工作分工：决定建立应对互评估工作机制，在反洗钱工作部际联席会议框架内，由人民银行设立金融行动特别工作组第四轮反洗钱和反恐怖融资互评估工作协调办公室，各成员单位指定内设部门承担互评估工作并固定人员担任本单位协调员。

30日 国家税务总局和中国银监会在全国范围内共同建立银税合作机制，开展"银税互动"助力小微企业发展活动，以支持小微企业发展，促进大众创业、万众创新，推动税务部门、银行业金融机构之间的信息互通，缓解小微企业融资难问题，创新小微企业融资方式、改进金融服务，共享区域内小微企业纳税信用评价结果，促进小微企业融资的可获得性，降低融资成本。

31 日 国务院总理李克强主持召开国务院常务会议，部署加快融资担保行业改革发展，更好地发挥金融支持实体经济作用。会议指出，坚持市场主导和政策扶持相结合，有针对性地加快发展融资担保行业，深化金融改革，破解小微企业和“三农”融资难题，是完善定向调控的重要举措，有利于推动大众创业、万众创新，支持“三农”以增强实体经济“细胞”活力，夯实国民经济基础。一要探索建立政府、银行和融资担保机构共同参与、共担风险机制和可持续的合作模式，鼓励有条件的地方设立政府性担保基金，对银行业金融机构担保贷款发生的风险给予合理补偿。二要设立国家融资担保基金，推动政府主导的省级再担保机构在 3 年内实现基本全覆盖，与融资担保机构一起，层层分散融资担保业务风险。三要以省级、地市级为重点，以政府出资为主，发展一批经营规范、信誉较好、聚焦主业服务小微企业和“三农”的政府性融资担保机构。支持融资担保机构兼并重组，做优做强。四要加大财政支持，落实对融资担保机构免征营业税和准备金税前扣除等政策，依法为其开展抵（质）押登记，提供债权保护和追偿协助，维护合法权益。五要对政府性融资担保和再担保机构减少或取消盈利要求，适当提高对小微企业和“三农”担保贷款的风险容忍度，推动降低担保业务收费标准。健全融资担保机构信用记录，创新分类监管和差异化管理模式，建立规范融资担保的长效机制，有效防控金融风险，更好地发挥融资担保为农为企分忧、助力创业创新的作用。

8 月

3 日 经中国人民银行同意，银行间质押式回购匿名点击业务（X－Repo）系统正式上线，适用于隔夜、7 天和 14 天三个期限，且以利率债为质押券的回购交易。质押式回购匿名点击业务，指在每个交易日的特定时间段，参与机构在通过同业拆借中心的交易系统发送匿名的正回购或逆回购限价报价，交易系统根据参与机构设置的双边授信条件，按照“价格优先、时间优先”的原则对正、逆回购的报价进行自动匹配，匹配成交后正回购方按照同业拆借中心设定的统一折算率提交质押券，完成交易。

中国证监会下发《关于对通过互联网开展股权融资活动的机构进行专项检查的通知》，决定近期对通过互联网开展股权融资中介活动的机构进行专项检查，未经国务院股权监督管理机构批准，任何单位和个人不得开展股权众筹融资活动。

4 日 中国保监会制定《保险公司服务评价管理办法（试行）》（以下简称《办法》），以适应保险消费者保护形势需要，科学评价保险公司服务质量，促进保险公司改进保险服务。《办法》设定的服务评价范围包括所有开业满 1 年的财产保险公司和人身保险公司，涵盖保险公司总公司和省级分公司两个层级，覆盖保险公司销售、承保、保全、理赔、咨询、回访、投诉等全部业务流程。根据《办法》规定，保险监管部门负责评价制度的总体设计，具体评价工作由保险服务评价委员会承担。对保险总公司将根据其服务评价得分高低进行评级，对分公司只评分不评级。保险总公司服务评级设定为 A、B、C、D 四大类，具体包括 AAA 级、AA 级、A 级、BBB 级、BB 级、B 级、CCC 级、CC 级、C 级、D 级共 10 级。A 类是指总体服务质量优秀的公司，B 类是指总体服务质量良好的公司，C 类是指总体服务质量较差的公司，D 类是指总体服务质量差的公司。

5 日 国家外汇管理局修订《跨国公司外汇资金集中运营管理规定（试行）》，以进一步促进贸易投资便利化，服务实体经济。主要内容包括试点外债比例自律管理、优化国际主账户功能、简化账户开立要求、完善涉外收付款申报手续和加强事中事后管理等。

6 日 《最高人民法院关于审理民间借贷案件适用法律若干问题的规定》公布。根据该司法解释规定，民间借贷是指自然人、法人、其他组织之间及其相互之间进行资金融通的行为。企业之间为了生产、经营需要签订的民间借贷合同，只要不违反合同法相关规定，法院应予认定。企业为了生产经营的需要而相互拆借资金，司法应当予以保护。该司法解释同时规定了民间借贷合同应当被认定为无效的情形，包括套取金融机构信贷资金又高利转贷给借款人，且借款人事先知道或者应当知道的；以向其他企业借贷或者向本单位职工集资取得的资金又转贷给借款人牟利，且借款人事先知道或者应当知道的；出借人事先知道或者应当知道借款人借款用于违法犯罪活动仍然提供借款的；违背社会公序良俗的；其他违反法律、行政法规效力性、强制性规定的。

7日 中国人民银行发布《2015年第二季度中国货币政策执行报告》。报告指出，2015年上半年，中国经济运行在合理区间，结构调整积极推进，发展活力有所增强。人民银行继续实施稳健的货币政策，更加注重松紧适度，适时适度预调微调，稳健货币政策效果逐步显现。

10日 国务院印发《关于开展农村承包土地的经营权和农民住房财产权抵押贷款试点的指导意见》（以下简称《意见》），明确由人民银行会同中央农办等11个部门，按职责分工成立试点工作指导小组，慎重稳妥推进农村承包土地的经营权抵押贷款试点和农民住房财产权抵押、担保、转让试点工作。《意见》明确，开展农村承包土地的经营权和农民住房财产权（以下统称“两权”）抵押贷款试点坚持依法有序、自主自愿、稳妥推进、风险可控的原则，按照所有权、承包权、经营权三权分置和经营权流转有关要求，以落实农村土地的用益物权、赋予农民更多财产权利为出发点，深化农村金融改革创新，稳妥有序开展“两权”抵押贷款业务，有效盘活农村资源、资金、资产，增加农业生产中长期和规模化经营的资金投入，为稳步推进农村土地制度改革提供经验和模式，促进农民增收致富和农业现代化加快发展。《意见》提出了试点的五项主要内容：一是赋予“两权”抵押融资功能。维护好、实现好、发展好农民土地权益，落实“两权”抵押融资功能，盘活农民土地用益物权的财产属性。二是推进农村金融产品和服务方式创新。在贷款利率、期限、额度、担保、风险控制等方面加大创新支持力度。三是建立抵押物处置机制。允许金融机构在保证农户承包权和基本住房权利前提下，依法采取多种方式处置抵押物，完善抵押物处置措施。四是完善配套措施。试点地区要加快推进农村土地承包经营权、宅基地使用权和农民住房所有权确权登记颁证，建立完善农村土地产权交易平台，建立健全农村信用体系。五是加大扶持和协调配合力度。在货币政策、财政政策、监管政策、保险保障等方面，加大扶持和协调配合力度。

11日 中国人民银行决定完善人民币兑美元汇率中间价报价，以增强人民币兑美元汇率中间价的市场化程度和基准性。自2015年8月11日起，做市商在每日银行间外汇市场开盘前，参考上日银行间外汇市场收盘汇率，综合考虑外汇供求情况以及国际主要货币汇率变化向中国外汇交易中心提供中间价报价。

12日 中国人民银行与澳门金融管理局共同签署《中国人民银行和澳门金融管理局关于防范洗钱和恐怖融资活动谅解备忘录》，进一步加强反洗钱和反恐怖融资信息交流与监管合作。

21日 中国银监会与国家发展改革委联合印发《关于银行业支持重点领域重大工程建设的指导意见》，引导银行业金融机构以重点领域重大工程为核心，全面做好国家重大战略部署的金融服务工作。该指导意见从总体要求、优化信贷管理与政策、持续推进金融创新、加强风险管理与防控、强化监督指导与协作等方面，对银行业支持重点领域重大工程提出有针对性的要求，引导银行业在促进经济金融可持续发展方面切实发挥重要作用。

23日 国务院正式印发《基本养老保险基金投资管理办法》。该办法明确，养老基金实行中央集中运营、市场化投资运作，由省级政府将各地可投资的养老基金归集到省级社会保障专户，统一委托给国务院授权的养老基金管理机构进行投资运营。基金投资运营采取多元化方式，通过组合方案多元配置资产，保持合理投资结构。目前只在境内投资；严格控制投资产品种类，主要是比较成熟的投资品种；合理确定各类投资品种的投资比例，股票等权益类产品合计不得超过资产净值的 30%；国家对养老基金投资运营给予专门政策扶持，通过参建国家重大工程和重大项目、参股国有重点企业改制、上市等方式，保证养老基金投资获取长期稳定的收益。

26 日 中国人民银行下调金融机构人民币贷款和存款基准利率，以进一步降低企业融资成本。其中，金融机构一年期贷款基准利率下调 0. 25 个百分点至 4. 6%；一年期存款基准利率下调 0. 25 个百分点至 1. 75%；其他各档次贷款及存款基准利率、个人住房公积金存贷款利率相应调整。同时，放开一年期以上（不含一年期）定期存款的利率浮动上限，活期存款以及一年期以下定期存款的利率浮动上限不变。

31 日 中国人民银行发布《关于加强远期售汇宏观审慎管理的通知》，规定开展代客远期售汇业务的金融机构应交存外汇风险准备金，准备金率为 20%，冻结期 1 年，利率为零，以管理市场预期，减少人民币贬值压力，稳定汇率走势。

农信银完成增资扩股工作，将注册资本增至 6 亿元，并吸收了人民银行清算总中心等 4 家新股东。

9 月

1 日 住房城乡建设部、财政部、中国人民银行发布通知调整住房公积金个人住房贷款，购房最低首付款比例由 30% 降至 20%。北京、上海、广州、深圳可在国家统一政策基础上，结合本地实际，自主决定申请住房公积金委托贷款购买第二套住房的最低首付款比例。

国务院总理李克强主持召开国务院常务会议，决定设立国家中小企业发展基金。中央财政通过整合资金出资 150 亿元，创新机制发挥杠杆作用和乘数效应，吸引民营和国有企业、金融机构、地方政府等共同参与，建立总规模为 600 亿元的国家中小企业发展基金，通过设立母基金、直投基金等，用市场化的办法，重点支持种子期、初创期成长型中小企业发展。基金原则上采取有限合伙制，其募资、设立、管理、收益分配、到期退出等均按市场化原则操作。

2 日 中国银监会修订并印发《商业银行流动性风险管理办法（试行）》，将存贷比由监管指标调整为监测指标。

3 日 中国人民银行与塔吉克斯坦中央银行签署了规模为 30 亿元人民币/30 亿索摩尼的双边本币互换协议。

6 日 中国人民银行下调金融机构人民币存款准备金率 0. 5 个百分点。同时，有针对性地实施定向降准，额外降低县域农村商业银行、农村合作银行、农村信用社和村镇银行等农村金融机构存款准备金率 0. 5 个百分点，额外下调金融租赁公司和汽车金融公司存款准备金率 3 个百分点。

7 日 中国人民银行印发《关于进一步便利跨国企业集团开展跨境双向人民币资金池业务的通知》，进一步便利跨国企业集团开展跨境双向人民币资金池业务。

8 日 国务院办公厅印发《关于促进金融租赁行业健康发展的指导意见》，对通过加快金融租赁行业发展，支持产业升级，拓宽“三农”、中小微企业融资渠道，服务经济社会发展大局作出科学规划和部署。

11 日 中国保监会发布《资产支持计划业务管理暂行办法》，明确规定资产支持计划业务应当建立托管机制，保险机构投资支持计划受益凭证应当遵循稳健、安全性原则，并加强资产负债匹配，而受托人、托管人及其他服务机构应当履行诚实信用、谨慎勤勉的义务，切实维护受益凭证持有人的合法利益。

15 日 中国人民银行决定改革存款准备金考核制度，由现行的时点法改为平均法考核。即维持期内，金融机构按法人存入的存款准备金日终余额算术平均值与准备金考核基数之比，不得低于法定存款准备金率。同时，为促进金融机构稳健经营，存款准备金考核设每日下限。即维持期内每日营业终了时，金融机构按法人存入的存款准备金日终余额与准备金考核基数之比，可以低于法定存款准备金率，但幅度应在1个（含）百分点以内。将存款准备金时点法改为平均法考核，能进一步完善存款准备金制度，优化货币政策传导机制，增强金融机构流动性管理的灵活性，既可以为金融机构管理流动性提供缓冲机制，也有利于平滑货币市场波动。

16日 财政部下发《关于做好城市棚户区改造相关工作的通知》，明确推广实施城市棚户区改造项目贷款贴息。为引导和鼓励社会资本参与城市棚户区改造工作，该通知要求各地区要认真落实财政部印发的《城镇保障性安居工程贷款贴息办法》，对符合条件的城市棚户区改造项目贷款予以一定比例和一定期限的利息补贴。贴息资金来源为各级财政预算安排用于城市棚户区改造的资金。贴息利率以中国人民银行公布的同期贷款基准利率为准，原则上不超过2个百分点。贴息期限按项目建设、收购周期内实际贷款期限确定。

18日 中国证监会宣布对涉嫌从事非法经营证券的5家配资公司实行行政处罚，其中都采取了“没一罚三”的处罚，案件合计罚没款项将不少于1.5亿元。场内场外的去杠杆进程接近尾声，杠杆资金规模位于底部区间，压制市场的去杠杆压力将逐渐消减。

24日 国务院印发《关于国有企业发展混合所有制经济的意见》。该意见作为《中共中央国务院关于深化国有企业改革的指导意见》的配套文件，明确了国有企业发展混合所有制经济的总体要求、核心思路、配套措施，并提出了组织实施的工作要求。同时明确了国有企业发展混合所有制经济五个方面的工作任务：一是按照国有企业功能界定和分类，分类推进国有企业混合所有制改革。二是从集团公司和子公司、中央企业和地方企业不同层面，分层推进国有企业混合所有制改革。三是鼓励各类资本参与国有企业混合所有制改革。四是建立健全混合所有制企业治理机制。五是建立依法合规的操作规则。

中国保监会会同国家发展改革委联合印发《关于保险业支持重大工程建设有关事项的指导意见》，明确提出要充分发挥保险资金长期投资优势，支持保险机构通过债券、投资基金、基础设施投资计划、资产支持计划等方式参与重大工程投资，进一步拓宽投资空间、创新投资方式，满足重大工程建设融资需求。在发挥风险保障功能方面，提出要积极完善保险经济补偿机制，提高灾害救助参与度，大力支持保险机构通过工程保险、巨灾保险与再保险等方式加大对重大工程建设的保障力度。

25日 中国人民银行下发《关于全面推进中小企业和农村信用体系建设的意见》。在构建多方面共同参与的工作机制上，全面推进中小（微）企业和农村信用体系建设要以试验区建设经验为基础，以信用信息服务平台建设为核心，建立健全信息征集、信用评价和应用制度，完善中小（微）企业、农户支持政策措施，切实发挥“服务政府、辅助银行、惠及企业和农户”的作用，形成“政府主导、人行牵头、各方参与、服务社会”的工作模式。要搭建以“数据库+网络”为核心的信用信息服务平台。要联合政府部门、金融机构及评级机构和征信机构等，制定科学合理、适合中小（微）企业和农户特点的信用评价标准。

中国人民银行印发《关于推广信贷资产质押再贷款试点的通知》，决定在上海、天津、辽宁、江苏、湖北、四川、陕西、北京、重庆9省（市）推广信贷资产质押再贷款试点。信贷资产质押再贷款试点地区人民银行分支机构对辖内地方法人金融机构的部分贷款企业进行央行内部评级，将评级结果符合标准的信贷资产纳入人民银行发放再贷款可接受的合格抵押品范围。信贷资产质押再贷款试点是完善央行抵押品管理框架的重要举措，有利于提高货币政策操作的有效性和灵活性，有助于解决地方法人金融机构合格抵押品相对不足的问题，引导其扩大“三农”、小微企业信贷投放，降低社会融资成本，支持实体经济发展。

26日 中国人民银行与土耳其中央银行续签了规模为120亿人民币/50亿土耳其里拉的双边本币互换协议。

28日 中国人民银行、中国银监会、中国证监会、中国保监会、国家统计局发布了关于印发《金融业企业划型标准规定》的通知，制定了关于金融业企业划型的国家标准，以推动中小金融机构健康发展，加大金融对实体经济的支持。规定明确，在行业分类上，采用复合分类方法对金融业企业进行分类，按《国民经济行业分类》将金融业企业分为货币金融服务、资本市场服务、保险业、其他金融业四大类。在金融机构规模分类上，对各子行业均采用一个完整会计年度中四个季度末法人并表口径的资产总额（信托公司为信托资产）平均值作为划型指标，将各类金融业企业划分为大、中、小、微四个规模类型。

30日 中国人民银行、中国银监会就进一步完善差别化住房信贷政策有关问题下发了通知，以进一步改进住房金融服务，支持合理住房消费。通知明确，在不实施“限购”措施的城市，对居民家庭首次购买普通住房的商业性个人住房贷款，将最低首付款比例调整为不低于25%。

住房城乡建设部、财政部、中国人民银行下发《关于切实提高住房公积金使用效率的通知》，要求提高住房公积金个人住房贷款实际额度，全面推行异地贷款业务，缴存地和购房地住房公积金管理中心应相互配合，及时出具、确认缴存证明等材料，办理贷款手续。

10月

8日 人民币跨境支付系统（一期）成功上线运行。人民币跨境支付系统（CIPS）为境内外金融机构人民币跨境和离岸业务提供资金清算、结算服务，是重要的金融基础设施。该系统按计划分两期建设，一期工程便利跨境人民币业务处理，支持跨境货物贸易和服务贸易结算、跨境直接投资、跨境融资和跨境个人汇款等业务。其主要功能特点包括：一是CIPS（一期）采用实时全额结算方式处理客户汇款和金融机构汇款业务；二是各直接参与者一点接入，集中清算业务，缩短清算路径，提高清算效率；三是采用国际通用ISO20022报文标准，便于参与者跨境业务直通处理；四是运行时间覆盖欧洲、亚洲、非洲、大洋洲等人民币业务主要时区；五是为境内直接参与者提供专线接入方式。CIPS的建成运行是我国金融市场基础设施建设的又一里程碑事件，标志着人民币国内支付和国际支付统筹兼顾的现代化支付体系建设取得重要进展。

10日 中国人民银行宣布，将央行内部（企业）评级试点扩大到了上海、天津、辽宁、江苏、湖北、四川、陕西、北京、重庆等9个省市。

12日 首批中国（上海）自由贸易试验区跨境同业存单成功发行，发行量为29亿元人民币。自贸区同业存单，是指以自由贸易账户为依托，面向金融机构投资者发行的记账式定期存款凭证，是一种货币市场工具。其设计以境内同业存单为蓝本，在发行方式、报价模式、信息披露等方面既承继了境内同业存单的管理框架，也结合自贸区的实际情况和境内外投资者的交易习惯，在发行主体、投资主体、账户体系与交易平台等方面进行了差别化设计。

首批自贸区同业存单的成功推出并上市交易，对于上海自贸区金融市场的深入发展具有重要意义：一是完善自由贸易账户体系的利率定价机制，为继续推进利率市场化积累宝贵经验；二是创设主动有效的流动性管理手段，拓展区内银行业存款类金融机构的融资渠道，完善自由贸易账户体系的货币市场功能，带动自贸区人民币资金的集聚；三是对实施“一带一路”建设、降低社会融资成本具有积极意义；四是吸引全球金融机构参与自贸区金融活动，推进自贸区金融改革开放，提高市场活跃度；五是为自贸区其他利率与汇率产品的发行与交易积累经验，很多做法可以直接应用到自贸区其他同业业务，如自贸区债券、拆借以及衍生品交易，从而加快自贸区各项金融改革措施的推进。

15日 中共中央、国务院发布《关于推进价格机制改革的若干意见》，明确价格改革时间表路线图。意见明确，到2017年，竞争性领域和环节价格基本放开，政府定价范围主要限定在重要公用事业、公益性服务、网络型自然垄断环节。到2020年，市场决定价格机制基本完善，科学、规范、透明的价格监管制度和反垄断执法体系基本建立，价格调控机制基本健全。该意见明确了四条基本原则，即坚持市场决定、坚持放管结合、坚持改革创新、坚持稳慎推进。该意见明确了6大重点领域价格改革方向，包括完善农产品价格形成机制，加快推进能源价格市场化，完善环境服务价格政策，理顺医疗服务价格，健全交通运输价格机制，创新公用事业和公益性服务价格管理。该意见提出，建立健全政府定价制度，使权力在阳光下运行。推进政府定价项目清单化，规范政府定价程序，加强成本监审和成本信息公开。该意见明确，加强市场价格监管和反垄断执法，逐步确立竞争政策的基础性地位。健全市场价格行为规则，推进宽带网络提速降费，加强市场价格监管，强化反垄断执法，完善价格社会监督体系。该意见还提出，充分发挥价格杠杆作用，更好地服务宏观调控。

16日 国务院总理李克强主持召开金融企业座谈会，并做重要讲话。李克强指出，金融与实体经济密切联系、互促共生。当前经济面临下行压力，要在保持宏观政策稳定的同时，引导金融机构围绕稳增长、调结构、惠民生创新服务方式，有效破解融资难、融资贵，加大对实体经济的支持。一要保持流动性合理充裕和信贷总量适度增长，加大定向调控力度，支持重点领域、薄弱环节和小微企业，降低服务收费。二要加强对信贷的分类指导，做到有扶有控。支持先进制造等新兴产业发展和传统产业升级改造，进一步改善续贷管理，对市场前景好、暂时有困难的企业不断贷、不抽贷，对破产重组企业提供必要资金支持。三要发挥开发性政策性金融作用，加大对棚改、水利、中西部铁路等领域的金融服务。为PPP等方式安排合理融资渠道，更有效地吸引社会资金参与扩大公共产品和服务供给。四要发挥国家引导基金、政府融资担保体系等作用，鼓励金融机构积极提供适应大众创业、万众创新的金融产品和服务，培育经济新动能。

20日 中国人民银行首次在中国以外地区发行以人民币计价的央行票据，在伦敦采用簿记建档方式，成功发行50亿元人民币央行票据，期限1年，票面利率3.1%。央行在伦敦发行人民币央票，是伦敦国际金融中心优势与人民币国际化有机结合的产物，伦敦可以借此丰富人民币固定收益产品体系，提供引入高信用级别的类主权债产品，促进离岸人民币收益率曲线的完善。对中国央行而言，首先是增加人民币在在岸和离岸流动的又一个渠道，提高人民币可兑换程度，提升国际社会对人民币的认知度和市场信心。其次是央行海外发债有利于丰富人民币离岸市场投资品种，促进人民币流动性的有序发展、增强市场的活跃度，有助于建立一个债市双向开放的体系，从而对于整个人民币债券市场的开放都会产生促进作用。

中国人民银行与英格兰银行续签了规模为3 500亿元人民币/350亿英磅的双边本币互换协议。

24日 中国人民银行下调金融机构人民币贷款和存款基准利率，以进一步降低社会融资成本。其中，金融机构一年期贷款基准利率下调0.25个百分点至4.35%；一年期存款基准利率下调0.25个百分点至1.5%；其他各档次贷款及存款基准利率、人民银行对金融机构贷款利率相应调整；个人住房公积金贷款利率保持不变。同时，对商业银行和农村合作金融机构等不再设置存款利率浮动上限，并抓紧完善利率的市场化形成和调控机制，加强央行对利率体系的调控和监督指导，提高货币政策传导效率。自同日起，下调金融机构人民币存款准备金率0.5个百分点，以保持银行体系流动性合理充裕，引导货币信贷平稳适度增长。同时，为加大金融支持“三农”和小微企业的正向激励，对符合标准的金融机构额外降低存款准备金率 0.5 个百分点。

29 日 中国人民银行等六部委及上海市人民政府共同印发《进一步推进中国（上海）自由贸易试验区金融开放创新试点加快上海国际金融中心建设方案》，进一步推进中国（上海）自由贸易试验区金融开放创新试点，加快上海国际金融中心建设。

30 日 中国人民银行办公厅就境外中央银行类机构在境内银行业金融机构开立人民币银行结算账户有关事项发布通知。通知指出，允许境内银行业金融机构为境外中央银行类机构开立专用存款账户，用于办理其与中国人民银行开展双边本币互换交易、投资中国银行间债券市场、日常资金管理以及依法开展其他业务等相关资金往来。

11 月

2 日 中共中央办公厅、国务院办公厅印发《深化农村改革综合性实施方案》，从提高农村改革的系统性、整体性、协同性出发，聚焦五大领域，进一步推进深化农村改革。该方案指出，全面深化农村改革涉及经济、政治、文化、社会、生态文明和基层建设等领域，涉及农村多种所有制经济主体。当前和今后一个时期，深化农村改革要聚焦农村集体产权制度、农业经营制度、农业支持保护制度、城乡发展一体化体制机制和农村社会治理制度等五大领域。该方案明确，加快农村金融制度创新。坚持商业性金融、合作性金融、政策性金融相结合，健全政策支持、公平准入和差异化监管制度，扩大农村金融服务规模和覆盖面，创新农村金融服务模式，全面提升农村金融服务水平，促进普惠金融发展，加快建立多层次、广覆盖、可持续、竞争适度、风险可控的现代农村金融体系。

6 日 中国人民银行发布《2015 年第三季度中国货币政策执行报告》。报告指出，2015 年第三季度以来，中国经济运行总体平稳，结构调整积极推进，新产业、新业态、新动力加快孕育。中国人民银行继续实施稳健的货币政策，坚定推进金融市场化改革，着力疏通货币政策传导机制，提高金融资源配置效率。稳健货币政策效果继续显现。

为支持内地与香港公开募集证券投资基金互认工作，中国人民银行、国家外汇管理局发布《内地与香港证券投资基金跨境发行销售资金管理操作指引》。

9 日 中央全面深化改革领导小组第十八次会议审议通过了《推进普惠金融发展规划(2016—2020 年)》。这是中共中央通过的我国第一个推进普惠金融发展的规划。此次中央深改领导小组会议通过了新时期推进普惠金融发展的第一个五年发展规划，并强调发展普惠金融的目的就是要提升金融服务的覆盖率、可得性、满意度，满足人民群众日益增长的金融需求，特别是要让农民、小微企业、城镇低收入人群、贫困人群和残疾人、老年人等及时获取价格合理、便捷安全的金融服务。

10 日 中共中央总书记、中央财经领导小组组长习近平在中央财经领导小组第十一次会议上强调指出，在适度扩大总需求的同时，着力加强供给侧结构性改革，着力提高供给体系质量和效率，增强经济持续增长动力，推动我国社会生产力水平实现整体跃升。中央财经领导小组首次提出加强供给侧结构性改革，这寓意着今后我国将对改革思路作出新的调整，从过去突出强调需求侧改革转变到加强供给侧结构性改革，并将引发宏观政策的相应调整。

在此次中央财经领导小组会议上，习近平提出了推进结构性改革要抓住“四个关键点”，即要促进过剩产能有效化解，促进产业优化重组；要降低成本，帮助企业保持竞争优势；要化解房地产库存，促进房地产业持续发展；要防范化解金融风险，加快形成融资功能完备、基础制度扎实、市场监管有效、投资者权益得到充分保护的股票市场。着力加强供给侧结构性改革，这应当是今后工作的重要方面，但并不意味着以后不再需要需求侧改革和管理。为了保障经济中高速增长、推进经济结构性改革和转型升级等目标均衡实现，应当把供给侧结构性改革和需求侧改革有机结合起来，双管齐下，统筹施策，这样将产生更佳效果，达到预期目标。

12 日　中国人民银行发行 2015 年版第五套人民币 100 元纸币。2015 年版第五套人民币 100 元纸币在保持 2005 年版第五套人民币 100 元纸币规格、正背面主图案、主色调、“中国人民银行”行名、国徽、盲文和汉语拼音行名、民族文字等不变的前提下，对部分图案做了适当调整，对整体防伪性能进行了提升。

财政部发布《关于印发〈政府投资基金暂行管理办法〉的通知》。该通知指出，政府投资基金支持创新创业、支持中小企业发展；政府投资基金不得从事融资担保以外的担保等业务；政府投资基金不得投资二级市场股票、期货、房地产基金。

13 日　国务院办公厅印发《关于加强金融消费者权益保护工作的指导意见》（以下简称《意见》)。《意见》指出，要坚持市场化和法治化原则，坚持审慎监管与行为监管相结合，建立健全金融消费者权益保护监管机制和保障机制，规范金融机构行为，培育公平竞争和诚信的市场环境，切实保护金融消费者合法权益，防范和化解金融风险，促进金融业持续健康发展。《意见》明确，金融管理部门要按照职责分工，切实做好各自职责范围内金融消费者权益保护工作；各类金融机构负有保护金融消费者基本权利，依法、合规开展经营活动的义务；金融领域相关社会组织应协助金融消费者依法维权，发挥其在金融消费者权益保护中的重要作用。《意见》提出，要健全金融消费者权益保护机制，要完善监督管理机制，建立金融知识普及长效机制、金融消费纠纷多元化解决机制等六项金融消费者权益保障机制，通过完善配套措施和各种手段，实现对金融消费者基本权利的全面保障。

中国人民银行配合推进“三证合一”登记制度改革。中国人民银行发布公告〔2015〕第 35 号，决定在货币政策、金融市场、金融稳定、金融统计、支付结算、金融科技、国库、征信管理、反洗钱等业务领域内使用、推广“三证合一”“一照一码”的营业执照，即已领取加载统一社会信用代码营业执照的企业和农民专业合作社在办理相关业务时，不再提供组织机构代码证和税务登记证。

证监会召开党委会，通报中央关于姚刚涉嫌严重违纪，接受组织调查的决定。证监会党委坚决拥护中央决定。全系统各级领导干部都要坚定立场，旗帜鲜明，自觉在思想上、政治上、行动上和以习近平同志为总书记的党中央始终保持高度一致，坚定不移地抓好党风廉政和反腐败斗争各项工作。

19 日　中国人民银行下调分支行常备借贷便利利率。为加快建设适应市场需求的利率形成和调控机制，探索常备借贷便利利率发挥利率走廊上限的作用，结合当前流动性形势和货币政策调控需要，人民银行决定下调分支行常备借贷便利（SLF）利率。对符合宏观审慎要求的地方法人金融机构，隔夜、7 天的常备借贷便利利率分别调整为 2.75%、3.25%。

23 日　国务院印发《关于积极发挥新消费引领作用加快培育形成新供给新动力的指导意见》，全面部署以消费升级引领产业升级，以制度创新、技术创新、产品创新增加新供给，满足创造新消费，形成新动力。

人民币合格境外机构投资者（RQFII）试点地区扩大至马来西亚，投资额度为 500 亿元人民币。

25 日　首批境外央行类机构在中国外汇交易中心完成备案，正式进入中国银行间外汇市场，中国外汇市场对外开放稳步推进。这些境外央行类机构包括香港金融管理局、澳大利亚储备银行、匈牙利国家银行、国际复兴开发银行、国际开发协会、世界银行信托基金和新加坡政府投资公司，涵盖了境外央行（货币当局）和其他官方储备管理机构、国际金融组织、主权财富基金三种机构类别。以上境外央行类机构各自选择了直接成为中国银行间外汇市场境外会员、由中国银行间外汇市场会员代理和由中国人民银行代理中的一种或多种交易方式，并选择即期、远期、掉期、货币掉期和期权中的一个或多个品种进行人民币外汇交易。

26日 中国人民银行宣布，人民银行与欧洲中央银行分别于2015年4月和11月进行了双边本币互换操作测试，动用的欧元和人民币资金最终提供给中国和欧元区部分商业银行。人民银行表示，两次测试均顺利完成，流程顺畅，未来双方可根据需要即时启动互换操作。

27日 习近平总书记在中央扶贫开发工作会议上指出：广西田东以村为单位抓好信用建设，金融扶贫取得了很好的成效，广西要总结推广好田东经验。广西田东县结合当地实际，利用农村信用体系建设，培育农民的信用意识，改善农户的信用状况，从根本上解决农户无力提供抵押担保而又能获得金融机构贷款支持的问题。

30日 国际货币基金组织执董会决定将人民币纳入特别提款权（SDR）货币篮子，SDR货币篮子相应扩大至美元、欧元、人民币、日元、英镑5种货币，人民币在SDR货币篮子中的权重为10.92%，美元、欧元、日元和英镑的权重分别为41.73%、30.93%、8.33%和8.09%，新的SDR货币篮子将于2016年10月1日生效。

人民币加入SDR后，中国需要进一步协调推进各项金融改革，为人民币更好地迈向国际化打下更加坚实的基础。既要进一步扩大金融业双向开放，有序实现人民币资本项目可兑换，推动人民币成为可兑换、可自由使用货币，又要积极参与全球治理，以更加包容的姿态参与全球经济金融治理体系，促进国际货币体系和国际金融监管改革，提高中国在全球经济金融治理中的话语权和影响力。

12月

2日 国务院常务会议部署在多地开展金融改革创新试点，提升金融服务实体经济能力。会议认为，坚持突出特色、重点推进，选择一批条件成熟的地区分类开展金融改革创新试点，可为深化金融改革开放积累经验，增强服务实体经济能力。会议决定，一是建设浙江省台州市小微企业金融服务改革创新试验区，通过发展专营化金融机构和互联网金融服务新模式、支持小微企业在境内外直接融资、完善信用体系等举措，探索缓解小微企业融资难题。二是在吉林省开展农村金融综合改革试验，围绕分散现代农业规模经营风险、盘活农村产权，对农村金融组织、供应链金融服务、扩大农业贷款抵（质）押担保物范围、优化农业保险产品等进行探索。三是支持广东、天津、福建自由贸易试验区分别以深化粤港澳合作、发展融资租赁、推进两岸金融合作为重点，在扩大人民币跨境使用、资本项目可兑换、跨境投融资等方面开展金融开放创新试点，成熟一项、推进一项。

4日 习近平主席宣布设立中非产能合作基金。该基金由国家外汇储备与进出口行联合设立，是面向非洲的中长期开发基金，通过以股权为主的多种市场化方式，服务中非"三网一化"建设，主要投资于撒哈拉以南非洲地区，首批资金规模为100亿美元。

6日 国务院印发《关于加快实施自由贸易区战略的若干意见》（以下简称《意见》），明确我国加快实施自由贸易区战略的总体要求，提出要进一步优化自由贸易区建设布局和加快建设高水平自由贸易区，并就健全保障体系、完善支持机制以及加强组织实施作出具体部署。《意见》指出，加快实施自由贸易区战略是我国新一轮对外开放的重要内容，要坚持使市场在资源配置中起决定性作用和更好发挥政府作用，坚持统筹考虑和综合运用国际国内两个市场、两种资源，坚持与推进共建"一带一路"和国家对外战略紧密衔接，坚持把握开放主动和维护国家安全，逐步构筑起立足周边、辐射"一带一路"、面向全球的高标准自由贸易区网络。

7日 《中共中央 国务院关于打赢脱贫攻坚战的决定》正式发布，提出加大金融扶贫力度，确保到2020年农村贫困人口实现脱贫。决定指出，到2020年，稳定实现农村贫困人口不愁吃、不愁穿，义务教育、基本医疗和住房安全有保障。实现贫困地区农民人均可支配收入增长幅度高于全国平均水平，基本公共服务主要领域指标接近全国平均水平。确保我国现行标准下农村贫困人口实现脱贫，贫困县全部摘帽，解决区域性整体贫困。决定提出，加大金融扶贫力度。鼓励和引导商业性、政策性、开发性、合作性等各类金融机构加大对扶贫开发的金融支持。运用多种货币政策工具，向金融机构提供长期、低成本的资金，用于支持扶贫开发。设立扶贫再贷款，实行比支农再贷款更优惠的利率，重点支持贫困地区发展特色产业和贫困人口就业创业。运用适当的政策安排，动用财政贴息资金及部分金融机构的富余资金，对接政策性、开发性金融机构的资金需求，拓宽扶贫资金来源渠道。按照省（自治区、直辖市）负总责的要求，建立和完善省级扶贫开发投融资主体。支持农村信用社、村镇银行等金融机构为贫困户提供免抵押、免担保扶贫小额信贷，由财政按基础利率贴息。加大创业担保贷款、助学贷款、妇女小额贷款、康复扶贫贷款实施力度。优先支持在贫困地区设立村镇银行、小额贷款公司等机构。支持贫困地区培育发展农民资金互助组织，开展农民合作社信用合作试点。支持贫困地区设立扶贫贷款风险补偿基金。支持贫困地区设立政府出资的融资担保机构，重点开展扶贫担保业务。积极发展扶贫小额贷款保证保险，对贫困户保证保险保费予以补助。扩大农业保险覆盖面，通过中央财政以奖代补等支持贫困地区特色农产品保险发展。加强贫困地区金融服务基础设施建设，优化金融生态环境。支持贫困地区开展特色农产品价格保险，有条件的地方可给予一定保费补贴。有效拓展贫困地区抵押物担保范围。

中国保险行业协会发布中国保险发展指数。中国保险发展指数的编制和发布是中国保险业自身改革发展的一项重要创新，既是行业发展状况的集中体现，也应该是行业发展趋势的引导性指标。

国家外汇管理局发布《合格境外机构投资者额度管理操作指引》，对QFII投资额度实行相对统一管理，放宽产品之间额度调剂，以便利合格境外机构投资者（QFII）境内证券投资运作。QFII额度分为开放式基金额度和其他产品或资金额度。QFII机构可根据业务需要，向外汇局提出上述两类额度的申请。开放式基金额度可在多只开放式基金产品之间共享。开放式基金额度与其他产品或资金额度相互调剂的，QFII机构应通过托管行向外汇局提交备案，经外汇局确认同意后可调剂使用额度。

9日 中国保监会发布《关于保险业服务京、津、冀协同发展的指导意见》。该指导意见提出，健全商业保险与社会保险的衔接合作机制，不断拓宽商业保险机构受托管理新型农村合作医疗、新型农村社会养老保险以及城镇职工和城镇居民基本社会保障服务的渠道，支持商业保险机构积极参与基本养老保险基金投资管理，推动三地基本养老、医疗保险关系顺利衔接，为京、津、冀地区提供无差异的优质保险经办服务。

10日 中国反洗钱监测分析中心与美国金融犯罪执法局在纽约签署《关于反洗钱和反恐怖融资信息交流合作谅解备忘录》。该备忘录的签署落实了习近平主席2015年9月访美成果之一。根据备忘录，双方将基于互惠原则在涉嫌洗钱和恐怖融资及其他相关犯罪的信息收集、分析和互协查方面开展合作。

中国银监会印发《现场检查暂行办法》。该办法在借鉴国际良好做法的同时，系统总结了银监会成立10余年来的现场检查经验，归纳和提炼了现场检查工作的基本原则和要求，指出了科学合理立项、创新检查体制、丰富检查手段、充分运用检查结果的工作方向，是银监会系统履行监管职责、实施现场检查的重要法律依据和制度保障，是银监会落实依法治国精神、完善监管法制建设、加强事中事后监管的又一重要举措。该办法的印发有助于发挥现场检查联系实际紧密、接触问题直接、掌握信息真实的独特优势，更好地服务经济社会发展大局，更好地发现和防范银行业金融机构风险，更好地提升监管有效性和权威性。

11日 中国人民银行发布关于金融支持天津、福建和广东自由贸易试验区建设的指导意见，实行限额内资本项目可兑换和限额内自由结售汇。人民银行表示，为贯彻落实党中央、国务院关于建设中国（天津、福建、广东）自由贸易试验区的战略部署，将支持自贸试验区建设，构建与自贸试验区跨境贸易和投资便利化相适应的金融服务体系。人民银行在3个指导意见中均提及扩大人民币跨境使用，深化外汇管理改革。天津、福建、广东自由贸易试验区将在自贸试验区内注册的、负面清单外的境内机构，按照每个机构每自然年度跨境收入和跨境支出均不超过规定限额（暂定等值1 000万美元，视宏观经济和国际收支状况调节），自主开展跨境投融资活动。符合条件的区内机构应在自贸试验区所在地外汇分局辖内银行开立资本项目——投融资账户，办理限额内可兑换相关业务。

中国外汇交易中心在中国货币网正式发布CFETS人民币汇率指数，此举将有助于引导市场改变过去主要关注人民币对美元双边汇率的习惯，逐渐把参考一篮子货币计算的有效汇率作为人民币汇率水平的主要参照系，有利于保持人民币汇率在合理均衡水平上的基本稳定，对推动社会观察人民币汇率视角的转变具有重要意义。

14日 中国人民银行与阿联酋中央银行续签了规模为350亿元人民币/200亿阿联酋迪拉姆的双边本币互换协议，并同意将人民币合格境外机构投资者（RQFII）试点地区扩大至阿联酋，投资额度为500亿元人民币。

15日 中国人民银行发布公告，在银行间债券市场推出绿色金融债券。绿色金融债券是金融机构法人依法在银行间债券市场发行的、募集资金用于支持绿色产业项目并按约定还本付息的有价证券。

17日 中国信托业协会组织制定的《信托公司行业评级指引（试行）》正式发布。行业评级内容包括信托公司资本实力、风险管理能力、增值能力、社会责任四个方面，简称“短剑”（CRIS）体系。

人民币合格境外机构投资者（RQFII）试点地区扩大至泰国，投资额度为500亿元人民币。

18~21日 中央经济工作会议在北京召开。中共中央总书记习近平在会上发表重要讲话，总结2015年经济工作，分析当前国内国际经济形势，部署2016年经济工作，重点是落实“十三五”规划建议要求，推进结构性改革，推动经济持续健康发展。中共中央政治局常委、国务院总理李克强在讲话中阐述了2016年宏观经济政策取向，具体部署了2016年经济社会发展重点工作，并作总结讲话。

会议指出，2015年主要目标任务的完成，标志着“十二五”规划可以胜利收官，使我国站在更高的发展水平上。同时，由于多方面因素影响和国内外条件变化，经济发展仍然面临一些突出矛盾和问题，必须高度重视，采取有力措施加以化解。会议认为，认识新常态、适应新常态、引领新常态，是当前和今后一个时期我国经济发展的大逻辑，这是我们综合分析世界经济长周期和我国发展阶段性特征及其相互作用作出的重大判断。引领经济发展新常态，要努力实现多方面工作重点转变。推动经济发展，要更加注重提高发展质量和效益。稳定经济增长，要更加注重供给侧结构性改革。会议强调，推进供给侧结构性改革，是适应和引领经济发展新常态的重大创新，是适应国际金融危机发生后综合国力竞争新形势的主动选择，是适应我国经济发展新常态的必然要求。会议指出，2016年是全面建成小康社会决胜阶段的开局之年，也是推进结构性改革的攻坚之年。要按照“五位一体”总体布局和“四个全面”战略布局，牢固树立和贯彻落实创新、协调、绿色、开放、共享的发展理念，适应经济发展新常态，坚持改革开放，坚持稳中求进工作总基调，坚持稳增长、调结构、惠民生、防风险，实行宏观政策要稳、产业政策要准、微观政策要活、改革政策要实、社会政策要托底的总体思路，保持经济运行在合理区间。

会议强调，2016 年及今后一个时期，要在适度扩大总需求的同时，着力加强供给侧结构性改革，实施相互配合的五大政策支柱。会议认为，2016 年经济社会发展特别是结构性改革任务十分繁重，战略上要坚持稳中求进、把握好节奏和力度，战术上要抓住关键点，主要是抓好去产能、去库存、去杠杆、降成本、补短板五大任务。

美国国会通过国际货币基金组织 2010 年份额和治理改革方案，标志着 2010 年改革方案在拖延多年后即将正式生效，中国人民银行 12 月 19 日发布声明对此表示欢迎。2010 年改革方案将提高新兴市场和发展中国家在基金组织的代表性和发言权。改革方案生效后，基金组织份额将增加一倍，从 2 385 亿 SDR 增至 4 770 亿 SDR，并实现向有活力的新兴市场和发展中国家整体转移份额 6 个百分点。其中，中国份额占比将从 3.996% 升至 6.394%，排名从第 6 跃居第 3。中国人民银行表示，这有利于维护基金组织的信誉、合法性和有效性。未来中方愿与各方密切合作，支持基金组织继续完善份额和治理结构，确保基金组织成为以份额为基础、资源充足的国际金融机构。

25 日　中国人民银行发布《关于改进个人银行账户服务加强账户管理的通知》（以下简称《通知》）。《通知》以改进个人人民币银行结算账户（以下简称个人银行账户）服务和满足社会公众支付服务需求为出发点和落脚点，以落实银行账户实名制和保障消费者合法权益为核心，按照“鼓励创新、防范风险、趋利避害、健康发展”的总体要求，从落实个人银行账户实名制、建立银行账户分类管理机制、规范代理开立个人银行账户、强化银行内部管理和改进银行账户服务五个方面进行了规范。《通知》的发布是人民银行顺应市场发展需求和满足社会公众日益多样化支付服务需求的重要举措，对完善银行账户管理体系、提升银行服务质量、保障消费者合法权益、维护经济金融秩序具有重要意义。

《亚洲基础设施投资银行协定》达到生效条件，亚洲基础设施投资银行正式成立。包括缅甸、新加坡、文莱、澳大利亚、中国、蒙古国、奥地利、英国、新西兰、卢森堡、韩国、格鲁吉亚、荷兰、德国、挪威、巴基斯坦、约旦在内的 17 个意向创始成员国（股份总和占比 50.1%）已批准《协定》并提交批准书，从而达到《协定》规定的生效条件，即至少有 10 个签署方批准且签署方初始认缴股本总额不少于总认缴股本的 50%，亚洲基础设施投资银行正式成立。

27 日　十二届全国人大常委会第十八次会议通过了《中华人民共和国反恐怖主义法》，该法从法律层面对涉及恐怖融资的监管、调查和资金冻结作出了重要规定，授权中国人民银行、国务院有关部门和机构依法对反洗钱义务机构履行反恐怖主义融资义务的情况进行监督管理；人民银行发现涉嫌恐怖主义融资的，可以依法进行调查，采取临时冻结措施；国务院有关部门根据国务院授权参与反恐怖融资国际合作。

29 日　中国银监会印发《关于进一步做好防范和处置非法集资工作的通知》，要求加强资金监测，切实防范非法集资风险向银行业传递。

30 日　中国人民银行、国家质检总局和国家标准委发布《银行营业网点服务基本要求》《银行营业网点服务评价准则》《银行业产品说明书描述规范》《银行业客户服务中心基本要求》《银行业客户服务中心服务评价指标规范》《商业银行客户服务中心服务外包管理规范》《商业银行个人理财服务规范》《商业银行个人理财客户风险承受能力测评规范》和《金融租赁服务流程规范》9 项金融国家标准，这是金融行业规范相关金融服务、保护金融消费者权益方面的国家标准，对银行目前存在的服务问题进行了规范和约束，新标准将于 6 月 1 日起实施。

31 日　中国人民银行印发《支农再贷款管理办法》，规范支农再贷款管理，明确了支农再贷款发放对象、申请、发放和收回、管理、监督等事项，引导地方法人银行业金融机构扩大涉农信贷投放，降低“三农”融资成本。

中国证监会修订《证券发行与承销管理办法》。自2016年1月1日起，新股发行将按照新的制度执行。投资者申购新股时无须再预先缴款，小盘股将直接定价发行，发行审核将会更加注重信息披露要求，发行企业和保荐机构需要为保护投资者合法权益承担更多的义务和责任。

国务院印发《推进普惠金融发展规划(2016—2020年)》（以下简称《规划》)。作为我国首个发展普惠金融的国家级战略规划，《规划》确立了推进普惠金融发展的指导思想、基本原则和发展目标，从普惠金融服务机构、产品创新、基础设施、法律法规和教育宣传等方面提出了一系列政策措施和保障手段，对推进普惠金融实施、加强领导协调、试点示范工程等方面作出了相关安排。《规划》强调，发展普惠金融应坚持借鉴国际经验与体现中国特色相结合、政府引导与市场主导相结合、完善基础金融服务与改进重点领域金融服务相结合的指导思想，按照“健全机制、持续发展，机会平等、惠及民生，市场主导、政府引导，防范风险、推进创新”等原则，有效提高金融服务的覆盖率、可得性和满意度，明显增强人民群众对金融服务的获得感。《规划》提出，要健全多层次的金融服务供给体系，要把防风险放在十分重要的位置，坚持监管和创新并行，要发挥政策的引导和激励作用，促进金融资源向普惠金融倾斜。《规划》要求，要加强组织保障和推进实施工作，要健全监测评估体系，及时发现问题并提出改进措施。

2016 年

1 月

4 日 银行间外汇市场交易系统每日运行时间延长至北京时间 23：30，人民币汇率中间价及浮动幅度、做市商报价等市场管理制度适用时间相应延长。中国外汇交易中心对外公布北京时间 16：30 人民币兑美元即期询价成交价作为当日收盘价。同时，进一步引入合格境外主体。符合一定条件的人民币购售业务境外参加行经向中国外汇交易中心申请成为银行间外汇市场会员后，可以进入银行间外汇市场，通过中国外汇交易中心交易系统参与全部挂牌的交易品种。人民币购售业务交易品种包括即期、远期、掉期和期权，境外主体应在人民币购售业务项下依法合规参与银行间外汇市场交易。考虑到合格境外主体进入银行间外汇市场初期需要一段时间的适应和磨合，现阶段合格境外主体只能以普通会员身份参与银行间外汇市场交易，暂不成为做市商。

6 日 中国银监会与墨西哥国家银行和证券委员会签署《双边监管合作谅解备忘录》。截至当天，中国银监会已同全球 63 个国家和地区签署双边监管合作谅解备忘录。

7 日 中国人民银行 2016 年工作会议在北京召开。会议提出了 2016 年工作的主要任务：一是实施稳健的货币政策，营造适宜的货币金融环境。灵活运用各种工具组合，保持银行体系流动性合理充裕。完善宏观审慎政策框架，探索建立宏观审慎评估体系。继续运用抵押补充贷款、中期借贷便利、信贷政策支持再贷款等货币政策工具支持金融机构扩大国民经济重点领域和薄弱环节的信贷投放，引导降低社会融资成本，促进经济结构调整和转型升级。二是不断优化信贷结构，支持实体经济发展。加大信贷政策和产业政策协调配合。按照精准扶贫、精准脱贫要求，全面做好扶贫开发金融服务。三是深化重点领域改革，持续释放改革红利。继续推进利率市场化改革。进一步完善市场化汇率形成机制，保持人民币汇率在合理均衡水平上的基本稳定。继续深化金融机构改革。继续加强对区域金融改革的支持。四是推动金融市场规范创新发展。五是防范和化解经济金融风险，维护金融稳定。六是进一步提升人民币国际化水平。七是深度参与全球经济金融治理，继续推动金融业双向开放。八是深化外汇管理体制改革，完善外汇储备经营管理。九是加强金融基础设施建设，提高金融服务与管理水平。十是加强内部管理，为高效履职提供有力支撑。

中国证监会发布《上市公司大股东、董监高减持股份的若干规定》，重点就大股东通过“集中竞价交易”这一特定途径减持股份作出细化要求，且受限范围不包括其通过二级市场购入的股份。主要内容包括：一是区分拟减持股份的来源，明确规定的适用范围；二是遵循“以信息披露为中心”的监管理念，设置大股东减持预披露制度，上市公司大股东通过证券交易所集中竞价交易减持股份，需提前 15 个交易日披露减持计划；三是根据各种股份转让方式对市场的影响，划分不同路径，引导有序减持，在针对大股东通过集中竞价交易设置减持比例的同时，为其保留了大宗交易、协议转让等多种减持途径；四是完善对大股东、董监高减持股份的约束机制，一方面，从上市公司及大股东自身是否存在违法违规行为两个角度设置限售条件；另一方面，根据“权责一致”原则，从董监高自身违法违规情况的角度，规定了不得减持的若干情形；五是强化监管执法，督促上市公司大股东、董监高合法、有序减持，一方面，设置“防规避”条款，专门遏制相关主体通过协议转让“化整为零”“曲线减持”；另一方面，区分不同情形，从证券交易所自律监管和证监会行政监管两个层面，明确监管措施和罚则。

11 日　中国银监会召开全国银行业监督管理工作（电视电话）会议。2016 年银行业监管工作按照“五位一体”总体布局和“四个全面”战略布局的要求，遵循创新、协调、绿色、开放、共享五大发展理念，执行宏观政策要稳、产业政策要准、微观政策要活、改革政策要实、社会政策要托底五大政策导向，落实去产能、去库存、去杠杆、降成本、补短板五大工作任务，着力整合银行资金支持供给侧结构性改革，降低社会融资成本优化金融服务，防范重点风险守住风险底线。一是全力以赴提升服务实体经济的效率，银行体系资金向转型升级的传统产业和企业倾斜，向战略性新兴产业和科技创新创业企业倾斜，大力支持创新发展。二是综合排查治理重点风险，严守金融风险底线。切实排查治理信用风险，努力管控融资平台贷款风险，稳妥应对房企信贷风险事件。三是深入推进银行业改革开放。畅通银行业金融机构的市场准入。实现民营银行设立常态化，扩大民间资本进入银行业的渠道和方式。支持民间资本参与城市商业银行和农村中小金融机构的重组改制。设立中国信托登记有限责任公司，建立信托产品统一登记制度。四是进一步提高监管有效性。强化审慎规制建设。五是全面加强党建工作。

13 日　国家外汇管理局分别致函国际货币基金组织和国际清算银行，确认中国正式加入协调证券投资调查（Coordinated Portfolio Investment Survey，CPIS）和国际银行业统计（International Banking Statistics，IBS）。协调证券调查统计一个国家或地区对外证券投资资产存量状况（分国家或地区）。国际银行业统计反映本国银行业对外金融资产负债存量。这两类数据的统计原则与国际货币基金组织的《国际收支和国际投资头寸手册》（第六版）基本一致。参加协调证券投资调查和国际银行业统计是二十国集团数据缺口动议之一。

中国证监会发布《证券期货业信息系统托管基本要求》，以实践为基础，以服务行业发展实际需求为出发点，制定行业统一的信息系统托管标准。一是能够为业内经营机构选择托管机构提供明确参考，同时为向行业提供托管服务的机构进行系统建设和管理提供指导；二是以“谁控制，谁负责”为原则，明确划分托管方、受托方双方的责任边界，最大程度地避免托管业务系统发生故障或事故后产生的纠纷和争议；三是根据托管系统的重要程度对托管要求进行了分级，实现了差异化管理，在充分保证系统安全性、可用性的同时，避免了“一刀切”导致的成本过高和资源浪费等问题。

15 日　国务院决定加入《欧洲复兴开发银行成立协定》并接受欧洲复兴开发银行理事会通过的《关于中国成员资格的决议》。这意味着中国加入欧洲复兴开发银行的相关法律程序已经完成，中国正式成为欧洲复兴开发银行成员。欧洲复兴开发银行成立于 1991 年，总部设在英国伦敦，是全球最重要的区域性开发金融机构之一。

16 日　全国证券期货监管 2016 年工作会议召开。会议深刻总结反思股市异常波动经验教训，明确 2016 年监管工作总体要求。会议提出，要做好监管工作，必须正确处理好虚拟经济与实体经济、发展与监管、创新与规范、借鉴国际经验与立足国情四大关系。会议强调，应深化改革开放，增强资本市场服务实体经济能力，发展多层次股权市场，深入推进并购重组市场化改革，规范发展债券市场，稳妥推进期货及衍生品市场发展，扩大资本市场双向开放。会议要求，强化监管本位，防范市场风险。健全制度，促进市场平稳运行；从严监管，强化制度规则执行；强化一线监管，提高监管有效性；强化风险防范，严厉打击违法违规行为；加强投资者保护工作；加快监管基础设施建设，强化监管保障。

25 日　中国人民银行对境外人民币业务参加行存放境内代理行人民币存款执行正常存款准备金率，即境内代理行现行法定存款准备金率，以防范宏观金融风险，促进金融机构稳健经营。

中国人民银行对27家金融机构和注册在上海、天津、广州、福建四个自贸区的企业扩大本外币一体化的全口径跨境融资宏观审慎管理试点。对试点金融机构和企业，人民银行和国家外汇局不实行外债事前审批，试点金融机构和企业在与其资本或净资产挂钩的跨境融资上限内，自主开展本外币跨境融资。2015年2月上海自贸区开始试点全口径跨境融资宏观审慎管理，积累了可复制可推广的经验，扩大试点的条件已成熟。此次扩大的全口径跨境融资宏观审慎管理政策具有本外币管理一体化、逆周期调节、总量与结构调控并重等特点，规则统一、公开、透明、市场化，有利于拓宽金融机构和企业的融资渠道。全口径跨境融资宏观审慎管理政策构建了基于微观主体资本或净资产的跨境融资宏观审慎约束机制，完善了我国宏观审慎政策框架。

26日 国际货币基金组织（IMF）宣布2010年份额和治理改革方案正式生效，第14次份额总检查下的份额增资得以实现。这意味着中国正式成为IMF第三大股东。中国份额占比从3.996%升至6.394%，投票权从3.81%提高至超过6.07%，排名均从第6跃居第3，位列美国、日本之后。

29日 国家外汇管理局首次公布对外证券投资资产分国别数据。按照IMF的标准，中国对外证券投资资产分国别数据的公布频率为半年度。

2月

1日 中国人民银行、中国银监会联合发布《关于调整个人住房贷款政策有关问题的通知》。居民家庭首次购买普通住房的商业性个人住房贷款，原则上最低首付款比例为25%，各地可向下浮动5个百分点；对拥有1套住房且相应购房贷款未结清的居民家庭，为改善居住条件再次申请商业性个人住房贷款购买普通住房，最低首付款比例调整为不低于30%。

3日 国务院发布《国务院关于取消13项国务院部门行政许可事项的决定》，取消经营流通人民币审批和商业银行跨境调运人民币现钞审核。

国家外汇管理局发布《合格境外机构投资者境内证券投资外汇管理规定》。主要内容包括：一是放宽单家QFII机构投资额度上限。不再对单家机构设置统一的投资额度上限，而是根据机构资产规模或管理的资产规模的一定比例作为其获取投资额度（基础额度）的依据。二是简化额度审批管理。对QFII机构基础额度内的额度申请采取备案管理；超过基础额度的，才须外汇局审批。三是进一步便利资金汇出入。对QFII投资本金不再设置汇入期限要求；允许QFII开放式基金按日申购、赎回。四是将锁定期从一年缩短为三个月，保留资金分批、分期汇出要求，QFII每月汇出资金总规模不得超过境内资产的20%。

6日 中国人民银行发布《2015年第四季度中国货币政策执行报告》。报告指出，2015年中国经济运行总体平稳，结构调整积极推进。面对结构调整过程中出现的经济下行压力，中国人民银行继续实施稳健的货币政策，加强预调微调，进一步增强调控的针对性和有效性。坚定推进金融市场化改革，更好地发挥市场在资源配置中的决定性作用，进一步完善货币政策调控框架。总体看，稳健货币政策取得了较好效果，保持了流动性合理充裕，促进了实际利率基本稳定，从量价两方面保持了货币环境的稳健和中性适度。

14日 中国人民银行公布并实施《全国银行间债券市场柜台业务管理办法》，进一步丰富银行间债券市场柜台业务品种，扩大柜台承办银行业务范围并对柜台债券交易、托管、结算等进行规范。

经国务院同意，人民银行、国家发展改革委、工业和信息化部、财政部、商务部、银监会、证监会、保监会联合印发《关于金融支持工业稳增长调结构增效益的若干意见》（以下简称《意见》），从加强货币信贷政策支持、营造良好的货币金融环境，提高资本市场、保险市场对工业企业的支持力度，推动工业企业融资机制创新，促进工业企业兼并重组，支持工业企业加快“走出去”，加强风险防范和协调配合六个方面提出了一系列支持工业转型升级、降本增效的具体金融政策措施。《意见》坚持把握金融支持工业稳增长、调结构、增效益与防风险之间的平衡，注意处理好市场与政府的关系，紧紧围绕工业去产能、去库存、去杠杆、降成本、补短板五大任务，提出了重点支持的具体行业和领域，进一步明确了坚决退出淘汰落后产能的政策导向，积极引导金融创新紧密结合工业创新，着力改造工业发展传统动能，积极培养工业发展新动能。《意见》注重保持各类融资方式的适当“门槛”，着力形成优胜劣汰的筛选机制，有利于促进金融资源优化配置，为新常态下金融与工业共生共荣提供了明确的方向指引和有力的政策支撑。

16 日 中国人民银行、住房城乡建设部、财政部联合印发《关于完善职工住房公积金账户存款利率形成机制的通知》，决定自 2 月 21 日起，将职工住房公积金账户存款利率，由现行按照归集时间执行活期和三个月存款基准利率，调整为统一按一年期定期存款基准利率执行。

18 日 中国人民银行发布公告，决定从即日起正式建立公开市场每日操作常态化机制，根据货币政策调控需要，原则上每个工作日均开展公开市场操作。

22 日 中国银监会印发《关于做好 2016 年农村金融服务工作的通知》，支持民间资本参与发起设立村镇银行。允许已投资一定数量村镇银行且所设村镇银行经营管理服务良好的商业银行，选择一家条件成熟的村镇银行作为投资管理行，提升批量化组建、集约化经营和专业化服务水平。支持符合条件的各类发起人发起设立服务“三农”的金融租赁公司，开发适合“三农”特点、价格公允的产品和服务。支持汽车金融公司、消费金融公司，持续加大对农村地区消费信贷产品的投放和创新力度。

24 日 中国人民银行发布公告，在中国境外依法注册成立的各类金融机构，依法合规面向客户发行的投资产品，以及养老基金、慈善基金、捐赠基金等人民银行认可的其他中长期机构投资者，均可投资银行间债券市场，且无额度限制。中国人民银行对境外机构投资者的投资行为实施宏观审慎管理。符合条件的境外机构投资者通过银行间市场结算代理人完成备案、开户等手续后，即可成为银行间债券市场的参与者。

25 日 中国人民银行按照定向降准相关制度，对参与定向降准金融机构 2015 年度支持“三农”和小微企业领域情况进行考核，并根据考核结果动态调整其存款准备金率。

26 日 二十国集团（G20）财长和央行行长会议在上海举行。这是中国担任 2016 年 G20 主席国后主办的首次 G20 财长和央行行长会议，国务院总理李克强向会议发表视频讲话，财政部部长楼继伟和人民银行行长周小川共同主持了会议。会议主要讨论了当前全球经济形势、增长框架、投资和基础设施、国际金融架构、金融部门改革、国际税收合作、反恐怖融资、绿色金融及气候资金等议题，并发表了联合公报。

28 日 中国人民银行和国际清算银行（BIS）共同举办的国际清算银行行长例会在上海举行，适逢中国人民银行加入 BIS 二十周年。中国人民银行行长周小川出席会议，与会代表就全球经济金融形势、货币政策应对、数字货币创新、气候变化与金融稳定等热点议题进行深入探讨。来自 50 多个 BIS 成员央行的行级领导参加了本次会议。

3 月

1 日 中国人民银行决定，普遍下调金融机构人民币存款准备金率 0.5 个百分点，以保持金融体系流动性合理充裕，引导货币信贷平稳适度增长，为供给侧结构性改革营造适宜的货币金融环境。

1～3日 二十国集团（G20）框架下普惠金融全球合作伙伴（GPFI）2016年第一次外部研讨会在上海召开，会议由中国人民银行举办。中国、土耳其和德国共同担任GPFI联合主席。会议围绕普惠金融全球趋势、打通金融服务“最后一公里”、政府和私人部门在普惠金融中的作用等展开了深入讨论，并重点讨论了数字普惠金融、普惠金融数据采集和指标更新等议题。

2日 中国证监会对现行证券、基金、期货业务许可证颁发进行整合，自2016年5月1日起，证券期货经营机构向证监会或其派出机构申请颁（换）发证券、基金、期货业务许可证时，如持有其他相关证券、基金、期货业务许可证的，应当同时缴回，由证监会或其派出机构统一颁（换）发经营证券期货业务许可证。相关机构因暂无换证事由仍持有原证的，原证继续有效，但为贯彻落实国务院相关要求，实现现有机构代码向统一社会信用代码过渡，最迟应当于2017年底前取得新证。

3日 中国人民银行、民政部、中国银监会、中国证监会、中国保监会联合印发了《关于金融支持养老服务业加快发展的指导意见》，明确建立人民银行、民政、金融监管等部门参加的金融支持养老服务业工作协调机制，加强产业政策与金融政策协调配合，综合运用多种金融政策工具，加强政策落实与效果监测，形成推进养老服务业发展的政策合力。该意见要求，金融业要充分认识做好养老领域金融服务对于加快养老服务业发展和实现自身转型升级的重要意义，大力推动组织、产品和服务创新，不断满足社会日益增长的多层次、多样化养老领域金融服务需求，提升居民养老财富储备和养老服务支付能力，实现支持养老服务业和自身转型发展的良性互动。力争到2025年，基本建成覆盖广泛、种类齐全、功能完备、服务高效、安全稳健，与我国人口老龄化进程相适应，符合小康社会要求的金融服务体系。同时提出，推动符合条件的养老服务企业上市融资，支持不同类型和发展阶段的养老服务企业、项目通过债券市场融资，完善养老保险体系建设，为养老服务企业及项目提供中长期、低成本资金支持；积极开发可提供长期稳定收益、符合养老跨生命周期需求的差异化金融产品，不断扩展和提升居民养老金融服务能力和水平。

7日 中国人民银行、中国银监会、中国证监会、中国保监会联合印发《关于金融支持西藏经济社会发展的意见》，提出“十三五”时期金融支持西藏经济社会发展的24项政策意见，从货币政策、信贷政策、金融扶贫开发政策、外汇管理政策等多方面给予西藏差异化政策支持，鼓励和支持金融机构完善在西藏的组织布局，进一步加强对西藏基础设施、“三农”、小微企业、特色产业、生态环保等领域的金融支持和服务，支持西藏企业、金融机构通过多层次股权市场发展壮大、通过债券市场拓宽资金来源，支持保险机构根据西藏实际开展重点领域产品和服务创新，进一步完善西藏支付、征信等金融基础设施建设，推进普惠金融发展。该意见为“十三五”时期进一步推进西藏经济社会发展和长治久安创造了良好的金融政策环境。

中国人民银行与新加坡金管局续签规模为3 000亿元人民币/600亿新加坡元的双边本币互换协议。

14日 国家发展改革委、人民银行联合发布《关于完善银行卡刷卡手续费定价机制的通知》，旨在进一步降低商户经营成本，扩大消费，引导银行卡经营机构提升经营管理水平和服务质量，增强竞争力，促进我国银行卡产业持续健康发展。该通知要求降低发卡行服务费费率水平，降低网络服务费费率水平，调整发卡行服务费、网络服务费封顶控制措施，对部分商户实行发卡行服务费、网络服务费费率优惠措施，收单环节服务费实行市场调节价。

中国证监会批准设立申港证券股份有限公司。这是根据2013年8月内地与香港、澳门签署的《关于建立更紧密经贸关系的安排》（CEPA）补充协议十设立的首家两地合资多牌照证券公司。申港证券注册资金35亿元，其中港资股东3家，持股比例为35.85%。

中国银行业服务“一带一路”研讨会在北京举行，中国银监会副主席王兆星出席会议并发表重要讲话，在海外有分支机构或有“一带一路”相关业务的20余家中资银行及数10家企业界代表等共百余人与会。与会银行业机构共同提出《中国银行业服务“一带一路”倡议书》，倡议中国银行业加强以下几方面的努力，全力支持“一带一路”建设。一是优化中资银行海外布局，适当加快在“一带一路”沿线国家和地区开设分支机构；二是加强银行业协调与合作，创新服务方式、产品和机制，运用多元化渠道提升金融综合服务能力，为企业“走出去”和参与“一带一路”建设提供优质的金融服务；三是发挥多元化跨境融资优势，多渠道开辟和增加长期低成本资金来源；四是促进金融资本与产业资本紧密结合，支持“一带一路”沿线国家和地区产业发展；五是强化多边、双边金融合作。

中国人民银行、中国银监会、中国保监会、财政部、农业部联合发布《农村承包土地的经营权抵押贷款试点暂行办法》。该办法共29条，目的是依法稳妥规范推进农村承包土地的经营权抵押贷款试点，加大金融对“三农”的有效支持，保护借贷当事人合法权益。

16日 中国人民银行、银监会、保监会、财政部、国土资源部、住房城乡建设部联合印发《农民住房财产权抵押贷款试点暂行办法》；人民银行、银监会、保监会、财政部、农业部联合印发《农村承包土地的经营权抵押贷款试点暂行办法》，从贷款对象、贷款管理、风险补偿、配套支持措施、试点监测评估等多方面，对金融机构、试点地区和相关部门推进落实“两权”抵押贷款试点明确了政策要求。

21日 中国人民银行、国家发展改革委、财政部、银监会、证监会、保监会、扶贫办联合印发《关于金融助推脱贫攻坚的实施意见》，紧紧围绕“精准扶贫、精准脱贫”基本方略，从准确把握总体要求、精准对接多元化融资需求、大力推进普惠金融发展、充分发挥各类金融机构主体作用、完善精准扶贫保障措施和工作机制等方面提出了金融助推脱贫攻坚六个方面共22条细化落实措施，明确了新形势下金融助推脱贫攻坚的总体要求、目标任务和重点工作。

中国银监会与尼泊尔国家银行签署《双边监管合作谅解备忘录》。截至目前，中国银监会已同全球64个国家和地区签署双边监管合作谅解备忘录。

24日 中国人民银行印发《易地扶贫搬迁信贷资金筹措方案》，对易地扶贫搬迁信贷资金筹措目标任务、指导思想、工作原则及具体筹措方案等内容进行明确。

25日 经国务院同意，中国人民银行和银监会联合印发《关于加大对新消费领域金融支持的指导意见》（以下简称《意见》），从积极培育发展消费金融组织体系、加快推进消费信贷管理模式和产品创新、加大对新消费重点领域金融支持、改善优化消费金融发展环境等方面提出了一系列金融支持新消费领域的细化政策措施。《意见》明确，推动专业化消费金融组织发展，鼓励有条件的银行业金融机构围绕新消费领域设立特色专营机构、完善配套机制，推进消费金融公司设立常态化，鼓励消费金融公司针对细分市场提供特色服务。《意见》提出，加快推进消费信贷管理模式和产品创新。鼓励银行业金融机构探索运用互联网等技术手段开展远程客户授权，实现消费贷款线上申请、审批和放贷。合理确定消费贷款利率水平，创新消费信贷抵（质）押模式。加大对养老家政健康消费、信息和网络消费、绿色消费等新消费重点领域的金融支持。《意见》要求，改善优化消费金融发展环境，通过金融债券发行、同业拆借、信贷资产证券化等方式，拓宽消费金融机构多元化融资渠道。改进支付服务，优化信用环境，维护金融消费者权益，建立消费领域新产品、新业态、新模式的信贷风险识别、预警和防范机制，提升风险防控能力。

经党中央、国务院批准，由人民银行牵头，会同银监会、证监会、保监会等有关部门发起组建的中国互联网金融协会正式成立，人民银行总行原党委委员、副行长李东荣担任会长。根据《中国互联网金融协会章程》，协会筹建工作组从参与和承担协会建设积极程度、商业信誉、产业规模、行业影响力等多维度考虑，经过反复斟酌，提出第一届理事会理事会员候选人 142 名，不超过会员人数的 1/3。其中来自银行机构 30 名，来自证券及相关企业 12 名，来自保险及相关企业 6 名。协会明确入会单位的基本要求：一是经批准设立的、具有独立法人资格的银行业金融机构、证券公司、保险公司、基金公司、资产管理公司、信托公司；二是经批准设立的清算机构；三是取得人民银行颁发的支付业务许可证的非金融支付机构；四是从事互联网金融业务的企事业单位、互联网金融研究机构及相关专业人士；五是经相关机构批准，在民政部门登记注册的各省（自治区、直辖市）互联网金融行业自律组织；六是符合协会要求的其他单位。

28 日　中国人民银行印发《关于开办扶贫再贷款业务的通知》，决定创设扶贫再贷款，专项用于支持贫困地区地方法人金融机构扩大贫困地区涉农信贷投放，降低贫困地区融资成本，为打赢脱贫攻坚战提供有力的金融支持。扶贫再贷款的发放对象为《中国人民银行　财政部　银监会　证监会　保监会　扶贫办　共青团中央关于全面做好扶贫开发金融服务工作的指导意见》确定的 832 个贫困县和未纳入上述范围的省级扶贫开发工作重点县的农村商业银行、农村合作银行、农村信用社和村镇银行 4 类地方法人金融机构。扶贫再贷款期限分为 3 个月、6 个月和 1 年三个档次。借款合同期限最长不得超过 1 年。单笔扶贫再贷款展期次数累计不得超过 4 次，每次展期的期限不得超过借款合同期限，实际使用期限不得超过 5 年。扶贫再贷款实行比支农再贷款更为优惠的利率，具体按现行贫困地区支农再贷款利率执行，人民银行可结合货币政策调控需要和扶贫实际，适时调整扶贫再贷款利率，以此引导地方法人金融机构扩大贫困地区信贷投放，将扶贫再贷款资金优先和主要支持带动贫困户就业发展的企业和建档立卡贫困户，降低贫困地区社会融资成本。

中国人民银行货币政策委员会召开 2016 年第一季度例会。会议认为，当前我国经济金融运行总体平稳，但形势的错综复杂不可低估。世界经济仍处于国际金融危机后的深度调整期。主要经济体经济走势进一步分化，美国积极迹象继续增多，欧元区复苏基础尚待巩固，日本经济低迷，部分新兴经济体实体经济面临较多困难。国际金融市场风险隐患增多。

29 日　中国银监会与捷克中央银行在捷克首都布拉格联合举办“一带一路”国家金融合作论坛。捷克副总理帕维尔·别洛布拉代克、中央银行行长米洛斯拉夫·辛格，中国银监会主席尚福林出席论坛并致辞。中国银监会积极拓展和深化与“一带一路”沿线国家和地区的跨境监管合作，深入探索银行业对外开放的新模式。截至目前，中国银监会已与 28 个“一带一路”沿线国家和地区的监管当局签署了双边监管合作谅解备忘录（MoU），捷克是欧盟成员中最先与中国银监会签署谅解备忘录的国家之一。

31 日　国家外汇管理局首次公布中国银行业对外金融资产负债数据。数据显示，2015 年 12 月末，中国银行业对外金融资产 7 216 亿美元，对外负债 9 437 亿美元。对外净负债 2 221 亿美元，其中，人民币净负债 3 783 亿美元，外币净资产 1 562 亿美元。

中国银监会与匈牙利中央银行签署《双边监管合作谅解备忘录》。截至目前，中国银监会已同全球 65 个国家和地区签署双边监管合作谅解备忘录。

4 月

1 日　中国人民银行同时发布以美元和特别提款权（SDR）作为报告货币的外汇储备数据。SDR 作为一篮子货币，其汇率比单一货币更为稳定。以 SDR 作为外汇储备的报告货币，有助于降低主要国家汇率经常大幅波动引发的估值变动，更客观地反映外汇储备的综合价值，也有助于增强 SDR 作为记账单位的作用。

中国证监会发布公告，取消4项行政审批事项及7项行政审批中介服务事项。取消的4项行政审批事项包括："公募基金管理人的法定代表人、经营管理主要负责人和从事合规监管的负责人的选任或者改任审批""证券交易所与境外机构重大合作项目、证券登记结算机构重大国际合作与交流活动、涉港澳台重大事项审批""境外证券交易所驻华代表机构审批""其他期货经营机构从事期货投资咨询业务资格审批"。取消的7项行政审批中介服务事项包括："出具保荐机构审计报告""出具公募基金管理公司设立、公募基金管理人资格法律意见书""出具基金托管人资格法律意见书""出具公募基金管理公司变更重大事项法律意见书""出具基金服务机构注册法律意见书""出具证券公司变更业务范围、增加注册资本且股权结构发生重大调整、减少注册资本、变更持有5%以上股权的股东、实际控制人、变更公司章程重要条款及合并、分立法律意见书""出具期货公司合并资产评估报告"。

5日 中国人民银行发布《支付结算违法违规行为举报奖励办法》。该办法规定由中国支付清算协会负责支付结算违法违规行为举报鼓励的具体实施，包括举报的受理、调查、处理、奖励等，自2016年7月1日起施行。

6日 中国人民银行印发《抵押补充贷款管理办法（试行）》，进一步加强抵押补充贷款管理。抵押补充贷款（PSL）是中国人民银行制定使用的一项货币政策工具，主要采取滚动续作方式提供资金，能够作为特定贷款的长期稳定资金来源。抵押补充贷款的用途指向性较为明确，使用PSL资金发放特定领域贷款，多限定在各家银行政策性突出、具有广泛社会效益的品种上，能够进一步聚集和撬动社会资金参与，放大支持效果。根据抵押补充贷款管理有关要求，使用抵押补充贷款资金投放的特定贷款项目应坚持保本微利原则，且不得造成特定贷款资金使用成本过高，因此，使用抵押补充贷款资金能够有效降低贷款企业财务成本，减轻实体经济负担，缓解企业融资难、融资贵现状。发放的特定贷款利率实行在抵押补充贷款利率基础上加点确定的定价机制，央行可以根据宏观调控需要，对抵押补充贷款利率及特定贷款的利率加点幅度进行调整。

7日 中国人民银行发布《非银行支付机构分类评级管理办法》，按照全面与重点相结合、定量与定性相结合、非现场监管与现场检查相结合的原则，从客户备付金管理、合规与风险防控、客户权益保护、系统安全、反洗钱措施、持续发展能力以及行业自律等方面对支付机构进行评价计分，将支付机构划分为5类11级，并相应采取针对性的监管措施。

12日 国务院办公厅公布《互联网金融风险专项整治工作实施方案》，对互联网金融风险专项整治工作进行了全面部署安排。开展互联网金融风险专项整治，旨在规范各类互联网金融业态，形成良好的市场竞争环境，促进行业健康可持续发展；更好地发挥互联网金融在推动普惠金融发展和支持大众创业、万众创新等方面的积极作用；防范化解风险，保护投资者合法权益，维护金融稳定。

中国人民银行办公厅印发《关于做好2016年信贷政策工作的意见》，围绕去产能、去库存、去杠杆、降成本、补短板五大任务，指导人民银行各分支机构和银行业金融机构充分发挥信贷政策在供给侧结构性改革中的能动作用，做好2016年信贷政策工作。

13日 中国人民银行联合十三部委印发《非银行支付机构风险专项整治工作实施方案》。整治重点是支付机构客户备付金风险和跨机构清算业务及无证经营支付业务。主要措施包括：加大对客户备付金问题的专项整治和整改监督力度；建立支付机构客户备付金集中存管制度；逐步取消对支付机构客户备付金的利息支出，降低客户备付金账户资金沉淀，引导支付机构回归支付本原、创新支付服务，不以变相吸收存款赚取利息收入；支付机构开展跨行支付业务必须通过人民银行跨行清算系统或者具有合法资质的清算机构进行，实现资金清算的透明化、集中化运作，加强对社会资金流向的实时监测；严格支付机构市场准入和监管，加大违规处罚。

中国银监会会同工业和信息化部、公安部、工商总局、国家互联网信息办公室等十四个部委联合印发《P2P网络借贷风险专项整治工作实施方案》，在全国范围内开展网贷风险专项整治工作，主要内容包括四点：一是明确网贷风险专项整治工作的目标原则。二是确定网贷风险专项整治工作的范围和重点。此次专项整治的对象，既包括从事信息中介服务的网贷机构，也包括以网贷名义开展经营、异化为信用中介的机构。专项整治工作重点整治和取缔互联网企业在线上线下违规或超范围开展网贷业务，以网贷名义开展非法集资等违法违规活动。三是明确网贷风险专项整治工作的标准措施。在综合采取多方数据汇总、逐一对比、网上核验、现场实地认证等方式对网贷机构基本信息进行摸底排查的基础上，甄别判断网贷机构在信息中介定位、业务合规性、客户资金第三方存管、信息披露及网络设施安全性等方面是否符合要求，结合风险程度、违法违规性质和情节轻重、社会危害程度大小、处理方式等因素，将网贷机构划分为合规类、整改类、取缔类三大类，制定差别化措施实施分类处置。四是确定网贷风险专项整治工作的职责分工。专项整治工作坚持“双负责制”原则，即中央金融监管部门与省级人民政府双负责、地方人民政府金融监管部门和银监会派出机构双负责的原则，明确分工，落实责任。在中央层面，中国银监会会同14个部委成立网贷风险专项整治工作领导小组，在银监会设立网贷风险专项整治工作小组办公室，建立日常工作的组织协调机制。银监会作为网贷风险专项整治工作统筹部门，牵头负责组织协调、规则制定、培训部署、督导汇总等工作。

14日 经国务院同意，人民银行等17个部门联合印发《通过互联网开展资产管理及跨界从事金融业务风险专项整治工作实施方案》，明确“坚持实质穿透，明确职责分工；坚持全面覆盖，实施分层整治；坚持整治并举，建立长效机制”的工作原则，集中力量对以下领域开展专项整治：一是具有资产管理业务相关资质，但开展业务不规范的互联网企业；二是未取得金融业务资质，跨界开展金融活动的互联网企业；三是具有多项金融业务资质，综合经营特征明显的互联网企业。该方案结合从业机构的持牌状况和主营业务特征，明确了整治工作职责分工。对于持有金融业务牌照但开展业务不规范的从业机构，由牌照主管部门进行整治；对不持有金融牌照，但具备P2P网络借贷、股权众筹、互联网保险、第三方支付特征的从业机构，按照相关分领域方案进行整治；对不持有金融业务牌照，且不具备上述特征的从业机构，由省级人民政府统一组织，采取“穿透式”监管方法，对业务实质进行界定，落实整治责任。

中国人民银行印发《关于做好2016年易地扶贫搬迁信贷资金筹措及信贷管理服务工作的通知》，对2016年易地扶贫搬迁信贷资金筹措和信贷管理服务进行明确，保证扶贫专项金融债券规范顺利发行，资金专款专用，全力支持易地扶贫搬迁工作。

15日 中国银监会、科技部、人民银行联合印发《关于支持银行业金融机构加大创新力度开展科创企业投贷联动试点的指导意见》，鼓励和指导银行业金融机构开展投贷联动业务试点，有效防范风险，不断提升科创企业金融服务水平。该意见的重点是解决科创企业信贷风险收益不对称的矛盾，通过制度设计和管理规范，以贷款风险分担、投资收益抵补等方式，既充分发挥银行业金融机构在加快实施创新驱动发展战略、大力推进“大众创业、万众创新”中的作用，积极支持科创企业发展，又努力实现科技金融服务风险可控、商业可持续。

16日 中国银监会发布实施《商业银行内部审计指引》，共8章48条，包括总则，组织架构，章程、职责与权限，审计工作流程，部分审计活动外包，考核与问责，监管评估及附则，推动商业银行不断提高内部审计工作的规范性、独立性和有效性，优化法人治理结构。

17日 中国人民银行、银监会、证监会、保监会联合印发《支持钢铁煤炭行业化解过剩产能实现脱困发展的意见》(以下简称《意见》)。《意见》提出，金融机构应坚持区别对待、有扶有控原则，满足钢铁、煤炭企业合理资金需求，严格控制对违规新增产能的信贷投入。加快信贷产品创新，促进钢铁、煤炭行业转型升级。改进利率定价管理，降低企业融资成本。《意见》指出，加强直接融资市场建设，支持钢铁、煤炭企业去杠杆、降成本。支持钢铁、煤炭企业扩大直接融资，加快股债、贷债结合产品和绿色债券创新。积极稳妥推进企业债务重组。对符合国家产业政策，积极主动去产能、调结构、转型发展、有一定清偿能力的钢铁和煤炭企业，可在做好贷款质量监测和准确分类的前提下，实施调整贷款期限、还款方式等债务重组措施，帮助企业渡过难关。拓宽企业兼并重组融资渠道。完善并购贷款业务，扩大并购贷款规模，合理确定贷款期限和利率，支持具有比较优势的企业和地区整合行业产能。支持地方发展产业基金等各类股权投资基金。鼓励证券公司、资产管理公司、股权投资基金以及产业投资基金等参与企业兼并重组，为企业提供多方位的融资服务。《意见》强调，银行业金融机构要综合运用债务重组、破产重整或破产清算等手段，妥善处置企业债务和银行不良资产；用足用好现有不良贷款核销和批量转让政策，加快核销和批量转让进度，做到“应核尽核”。稳妥开展不良资产证券化试点，为银行处置不良贷款开辟新的渠道。继续支持金融资产管理公司发行金融债等，增强金融资产管理公司处置不良资产能力。鼓励地方资产管理公司参与银行不良资产处置。

19日 经国务院批准，中国证监会、财政部、人民银行联合发布修订后的《证券投资者保护基金管理办法》，自2016年6月1日起施行。该办法明确了基金公司职责和组织机构、基金筹集、基金使用、管理和监督。

22日 中国证监会副主席李超出席个人养老金制度与实践国际研讨会，提出中国养老金体系的完善需要存量改革与增量改革并重，增量改革要重点加快建立以个人养老金账户为基础的第三支柱养老金体系。制度设计中需要考虑三个要素，一是参与机制具有普惠性；二是缴费机制遵循自愿原则且有足够激励；三是运行机制透明高效，有成本效益优势，提供多种符合养老需求的金融产品。基金业要充分发挥运作透明、专业规范的制度优势，率先探索与个人账户（个人选择权）相匹配的养老基金产品和投资运营机制。

25日 为贯彻落实中央扶贫开发工作会议和全国银行业扶贫开发金融服务工作推进会议精神，中国银监会同意国开行、农发行分别设立扶贫金融事业部。成立扶贫金融事业部，是党中央、国务院关于打赢脱贫攻坚战的重大决策，是落实精准扶贫、精准脱贫方略的重要举措。

27日 中国人民银行发布公告〔2016〕第8号及配套实施细则，明确机构投资者的合格性标准，拓宽投资者范围，优化备案、开户、联网流程，明确依法对相关业务开展进行检查，强调中介机构与自律组织监测与自律管理职责。

28日 中国证监会与新加坡金融管理局在重庆召开证券期货监管圆桌会议，中国证监会副主席方星海与新加坡金融管理局副行长王宗智就中新监管合作框架中有关交易所与证券公司监管框架、投资者保护与教育、市场失当行为及执法机制等议题进行了交流，并就加强中新（重庆）互联互通示范项目跨境资本市场联通进行专题交流。中国与新加坡在资本市场监管发展领域合作由来已久。早在1995年，中国证监会就与新加坡金管局签署了《关于证券和期货活动的相关合作与信息互换的备忘录》。2013年，中国证监会和新加坡交易所共同搭建中国企业直接上市框架，进一步鼓励中国企业赴新加坡上市。2015年11月，中国国家主席习近平对新加坡进行国事访问期间，双方共同发表《中华人民共和国和新加坡共和国关于建立与时俱进的全方位合作伙伴关系联合声明》，商定开展证券期货监管机构间定期高层对话，共同探讨监管合作、产品开发、强化两国资本市场合作的共识。此次监管圆桌会议就是为切实落实习近平主席新加坡国事访问成果而召开的。

中国银监会与阿布扎比国际金融中心金融服务监管局签署《银行业监管合作谅解备忘录》，包括支持监管信息的交流，以及促进两个区域内的金融机构的发展。这是阿布扎比国际金融中心与亚洲国家的金融监管机构签署的首份类似协议，体现其对与中国保持稳定关系的重视，为中国与阿布扎比开展进一步的经济和金融合作奠定了坚实的基础。

29 日 中国人民银行印发《关于在全国范围内实施全口径跨境融资宏观审慎管理的通知》，在总结前期区域性、地方性试点的基础上，决定自5月3日起在全国范围内实施本外币一体化的全口径跨境融资宏观审慎管理框架。人民银行根据宏观经济热度、国际收支状况和宏观金融调控需要对跨境融资杠杆率、风险转换因子、宏观审慎调节参数等进行调整，并对27家银行类金融机构跨境融资进行宏观审慎管理。国家外汇管理局对企业和除27家银行类金融机构以外的其他金融机构跨境融资进行管理，并对企业和金融机构进行全口径跨境融资统计监测。人民银行、国家外汇管理局之间建立信息共享机制。建立宏观审慎规则下基于微观主体资本或净资产的跨境融资约束机制，企业和金融机构均可按规定自主开展本外币跨境融资。人民银行建立跨境融资宏观风险监测指标体系，在跨境融资宏观风险指标触及预警值时，采取逆周期调控措施，以控制系统性金融风险。逆周期调控措施可以采用单一措施或组合措施的方式进行，也可针对单一、多个或全部企业和金融机构进行。总量调控措施包括调整跨境融资杠杆率和宏观审慎调节参数，结构调控措施包括调整各类风险转换因子。根据宏观审慎评估（MPA）的结果对金融机构跨境融资的总量和结构进行调控，必要时还可根据维护国家金融稳定的需要，采取征收风险准备金等其他逆周期调控措施，防范系统性金融风险。

5 月

4 日 中国保监会印发《保险公司资金运用信息披露准则第4号：大额未上市股权和大额不动产投资》。第4号准则共16条，重点规范保险机构大额未上市股权和大额不动产投资的信息披露事宜。需要披露信息的大额未上市股权投资，是指直接投资境内外单一未上市企业股权金额累计超过30亿元人民币（或等值外币，下同）的行为。需要披露信息的大额不动产投资，是指直接投资境内不动产和以物权方式投资境外的单项不动产金额累计超过50亿元人民币，或者以股权方式投资境外单项不动产，权益投资金额累计超过10亿元人民币的行为。

5 日 为进一步规范商业银行代理销售行为，保护投资者合法权益，中国银监会印发《关于规范商业银行代理销售业务的通知》（以下简称《通知》）。《通知》分为基本原则、代销业务内部管理制度、合作机构管理、代销产品准入管理、销售管理、信息披露与保密管理及监督管理7个部分，共40条。《通知》明确，开展代销业务应当遵守依法合规、符合代销有关金融产品资质要求、加强投资者适当性管理以及在代销业务与其他业务之间建立风险隔离制度四项原则。商业银行只能代销由中国银监会、中国证监会和中国保监会依法实施监督管理、持有金融牌照的金融机构发行的金融产品，不得代销该范围以外的机构发行的产品，政府债券、实物贵金属和银监会另有规定的除外。《通知》规定，商业银行应当建立健全代销业务管理制度，由总行对代销业务实行集中统一管理。商业银行总行应对合作机构实施尽职调查，实行名单制管理。原则上应由总行与合作机构总部签订代销协议，并由总行对代销产品进行审批。商业银行应当加强投资者适当性管理，在销售过程中明示产品的代销属性，充分揭示代销产品风险，不得采取夸大宣传、虚假宣传等方式误导客户购买产品，并应当根据有关规定实施录音录像。商业银行应依法履行客户信息保密义务，督促合作机构及时、准确、完整地披露产品信息，并会同合作机构建立客户投诉和应急处理机制。《通知》要求，商业银行应对销售人员及其代销产品范围进行明确授权，禁止未经授权或超越授权范围开展代销业务，禁止非本行人员在营业网点从事产品宣传推介、销售等活动，不得将代销产品与存款或其自身发行的理财产品混淆销售。

5月5日，中国人民银行研究部署对企业征信市场“加盟”“代理”等乱象进行清理整治。

6日 中国人民银行发布《2016年第一季度中国货币政策执行报告》，总结了第一季度货币政策执行情况，并对下一步的货币政策安排作出部署。该报告称，下一步，人民银行将继续实施稳健的货币政策，保持灵活适度，适时预调微调。综合运用数量、价格等多种货币政策工具，优化政策组合，加强和改善宏观审慎管理，从量、价两方面为结构调整和转型升级营造适宜的货币金融环境。

中国证监会在北京召开投资者教育座谈会，并正式为国内首批13家国家级证券期货投资者教育基地授牌。

11日 中国人民银行与摩洛哥中央银行签署规模为100亿元人民币/150亿迪拉姆的双边本币互换协议。有效期3年，经双方同意可以展期。

11～12日 中国人民银行副行长易纲率团出席在英国伦敦举行的欧洲复兴开发银行（EBRD）第二十五届理事会年会，这是中国加入该机构后首次出席年会。易纲副行长在理事会全会发言中表示，感谢各国支持中国加入EBRD，期待未来加强与EBRD的合作。中国作为最大的发展中国家，在发展过程中主要受益于市场化改革和开放，其中基础设施投资、全要素生产率提高、加强劳动者教育、改善营商环境和健全法律体系等因素尤为重要。年会开幕式上，EBRD行长宣布与国际社会一道，中国参与向切尔诺贝利防护基金追加出资3 600万欧元。此举将有助更好地保障核安全，并保障有关地区和人民的安全与健康。

13日 中国银监会、国土资源部联合印发《农村集体经营性建设用地使用权抵押贷款管理暂行办法》，共35条，内容多，范围广，涉及银行业金融机构业务开展和土地管理的各个环节，从贷款的目的、依据和总体要求，贷款业务开展的范围、贷款的全流程管理、贷款的风险保障机制、监管部门的职责等多方面对集体经营性建设用地使用权抵押贷款业务的开展进行了详细的规定。同时提出，开展农村集体经营性建设用地使用权抵押贷款工作，应按照农村土地制度改革与金融改革紧密衔接的原则，在坚持土地公有制性质不变，耕地红线不突破，农民利益不受损的前提下进行。在试点地区，对符合规划、用途管制、依法取得要求，以出让、租赁、作价出资（入股）方式入市和具备入市条件的农村集体经营性建设用地使用权可以办理抵押贷款。农村集体经营性建设用地使用权抵押贷款应当坚持依法合规、惠农利民、平等自愿、公平诚信、风险可控、商业可持续原则。该办法的出台，是中国银监会、国土资源部认真贯彻落实党中央、国务院推进农村集体经营性建设用地入市改革试点工作的重要举措，也是农村土地制度改革和金融领域改革试点工作的重要制度安排，有利于建立健全同权同价、流转顺畅、收益共享的农村集体经营性建设用地入市制度，并为形成可复制、可推广、利修法的改革成果，提供新的强大动力。

19日 国家外汇管理局印发并实施《外币代兑机构和自助兑换机业务管理规定》，完善外币代兑机构和自助兑换机管理，体现了进一步简政放权、优化外币兑换服务的改革思路，主要内容包括：一是简政放权，取消事前市场准入管理，国家外汇管理局不再对外币代兑机构和自助兑换机的外币兑换业务实施事前准入许可。二是转变监管方式，要求银行将外币代兑机构、自助兑换机管理前移和内化至内控管理中，合规、审慎开展外币兑换业务，国家外汇管理局重点加强对银行的事后和内控检查。三是明确业务范围，外币代兑机构和自助兑换机主要定位于银行柜台业务的延伸，增强市场服务能力，丰富个人货币兑换的便利渠道。四是完善业务管理，防范洗钱风险，强调个人持外币现钞在外币代兑机构和自助兑换机兑换人民币现钞时应遵守限额要求，不影响目前个人年度等值5万美元限额以内的正常结汇。五是推进法规整合，整合并废止了外币兑换业务的3部外汇管理法规，便利市场主体更好地理解和执行外汇管理政策。

25日 中国人民银行、国务院扶贫办、银监会、证监会、保监会联合印发《关于加强金融精准扶贫信息对接共享工作的指导意见》，进一步推进扶贫基础信息对接共享，促进金融扶贫信息精准匹配和精准采集，加强对金融精准扶贫工作的数据支持，做好金融精准扶贫工作。主要内容包括：1. 加快实现信息对接共享。各单位要因地制宜采取纸质传真、刻录光盘、加密电邮、系统对接等方式，尽快对接扶贫基础信息，加快建设金融精准扶贫信息对接共享系统，完成建档立卡贫困户信息、带动吸纳贫困户就业的经营主体及重点项目信息、金融扶贫信息的动态对接共享。2. 做好扶贫贷款信息的数据采集工作。各金融机构要建立相应的数据采集和报送制度，明确报送责任部门和责任人，按月通过金融精准扶贫信息对接共享系统报送扶贫贷款等信息。3. 拓展金融扶贫信息的运用渠道。各金融机构要以建档立卡贫困户基础信息、扶贫企业信息和扶贫重点项目信息为基础，实现与贫困地区金融服务需求的精准对接。各部门要及时动态掌握建档立卡贫困户和扶贫企业金融服务需求和获得金融服务情况信息，研究制定差别化的金融扶贫政策措施，引导金融机构不断加大对金融扶贫的支持力度。4. 开展金融扶贫监测评估。人民银行各分支机构会同相关部门，充分运用金融精准扶贫共享基础信息，按照金融精准扶贫政策评估有关要求，对信息对接共享机制成效、金融机构落实金融扶贫政策效果情况等加强监测评估。探索开展对贫困县金融扶贫效果的监测评估和总结，加强与当地扶贫部门的合作，将监测评估结果与当地政府扶贫开发工作成效考核挂钩。

30日 中国证监会副主席李超出席中国私募基金业论坛并讲话，介绍在政策扶持方面正在积极推进的七项措施：一是在已经明确私募股权和创业投资基金管理机构恢复在“新三板”挂牌的基础上，做好后续融资和投资运作的服务与引导工作。二是在已经明确私募基金管理机构试点在“新三板”做市的基础上，鼓励符合条件的机构通过做市提升经营管理水平。三是研究推进符合条件的私募基金管理机构申请公募基金管理业务牌照。四是推动为公司型、合伙型等各种组织形式私募基金创造公平税收环境，推动完善细化创业投资基金税收优惠政策。五是在风险可控的前提下，推动进一步提高保险资金和全国社保基金投资私募股权基金的比例，鼓励企业年金和各类公益基金等长期资本投资创业投资基金。六是鼓励创业投资机构开发符合支持创新创业需求的金融产品，研究发行股债结合型产品，提高创投机构的募资能力。七是支持有条件的私募基金管理机构适时开展境外投资业务。

中央银行会计核算数据集中系统（ACS）信息管理子系统上线运行。ACS信息管理子系统提供对会计账务数据信息和金融机构流动性信息进行统计、分析和查询输出等服务，为人民银行总行和分支机构掌握会计核算业务与账户信息、实施货币政策、维护金融稳定提供信息支持。后续，ACS运行监控子系统和档案管理子系统上线运行，通过对ACS总体运行情况、重要节点运行状况及业务处理情况等进行实时监控，有效加强系统运行管理，并支持会计核算业务档案的电子化存储、保管和查阅，满足了人民银行分支机构利用ACS档案管理子系统跨区域开展非现场会计核算业务检查的需要。

6月

6日 为推进大额存单业务发展，拓宽个人金融资产投资渠道，增强商业银行主动负债能力，人民银行将《大额存单管理暂行办法》第6条“个人投资人认购大额存单起点金额不低于30万元”的内容，修改为“个人投资人认购大额存单起点金额不低于20万元”。

中国人民银行会同中国银监会联合印发并实施《银行卡清算机构管理办法》（以下简称《办法》）。细化银行卡清算机构准入管理的各项条件，明确银行卡清算机构在筹备、开业、机构变更及业务终止等环节的相关申请材料要求与办理程序，对银行卡清算机构董事和高级管理人员实施任职资格管理，完善银行卡清算市场准入制度，确保符合条件、具备稳健经营能力的机构进入市场。《办法》细化了对不在境内设立机构、仅为跨境交易提供外币银行卡清算服务的境外机构的监管要求，明确规定其应遵守有关业务管理要求并履行报告义务。《办法》规定境外机构的服务如对境内银行卡清算体系稳健运行或对公众支付信心造成重大影响，则应当在境内设立机构，依法申请准入。《办法》结合银行卡清算机构业务特点和运营模式，在机构设立、业务专营、交易处理、信息传输、资金清算、基础设施管理、金融信息安全、反洗钱和反恐怖融资等方面提出了明确要求，有利于保持银行卡清算机构在银行卡产业中的独立性，确保业务基础设施的安全、稳定和高效运行，防范业务和运营风险，保障个人信息安全和国家金融安全。《办法》进一步明确银行卡清算品牌、业务规则和技术标准的相关要求，以保障银行卡清算服务的一致性、安全性、稳定性和持续性，维护银行卡清算业务各当事人的合法权益。

深交所新一代交易系统上线。新一代交易系统是深圳证券交易所历时四年自主研发的全新交易系统，是根据我国资本市场发展战略与业务创新需求，针对我国证券市场自身交易环境，并结合当前国际证券市场交易技术发展的新趋势研发的第五代交易系统。第五代交易系统在业务上可支持现货与衍生品一体化交易，具备包括竞价交易、协议交易等境内外主流交易模式在内的多元化市场服务功能，提供国际标准化协议接入、私有协议接入、交易终端等多种市场接入方式。另外，新系统还实施了多项技术革新。它构建了基于高速消息总线的分布式大规模并行处理架构，实现两地三中心、同城热备与接入双活的应用架构部署；研发了高可用消息总线、低时延技术、基于高速无锁队列的多级流水线处理、基于模板的协议转换引擎、首笔委托同时到达等关键技术，引入了当今业界主流的开放平台与开源技术，交易主机可采用国产服务器。这标志着我国证券交易进入全新的“高铁”时代，系统综合能力达到世界级水平。

6～7 日　第八轮中美战略与经济对话在北京举行，中国国家主席习近平的特别代表国务委员杨洁篪与美国总统贝拉克·奥巴马的特别代表国务卿约翰·克里共同主持战略对话，两国政府有关部门负责人参加。中国人民银行行长周小川陪同参会并就中美在国际金融架构中的合作等战略性议题与美方进行了交流。此次对话共达成73 项成果。

7 日　中国人民银行与美国联邦储备委员会签署在美国建立人民币清算安排的合作备忘录，中国人民银行同意将人民币合格境外机构投资者（RQFII）试点地区扩大到美国，投资额度为2 500亿元人民币，标志着中美两国金融合作迈出新步伐，有利于中美两国企业和金融机构使用人民币进行跨境交易，促进双边贸易、投资便利化。

9 日　国家外汇管理局发布并实施《关于改革和规范资本项目结汇管理政策的通知》，以进一步深化外汇管理体制改革，更好地满足和便利境内企业经营与资金运作需要，促进跨境投融资便利化，支持实体经济发展。主要内容包括：一是全面实施外债资金意愿结汇管理，境内企业（包括中资企业和外商投资企业，不含金融机构）可自由选择外债资金结汇时机。二是统一境内机构资本项目外汇收入意愿结汇政策。资本项目外汇收入意愿结汇是指相关政策已经明确实行意愿结汇的资本项目外汇收入（包括外汇资本金、外债资金和境外上市调回资金等），可根据境内机构的实际经营需要在银行办理结汇。现行法规对境内机构资本项目外汇收入结汇存在限制性规定的，从其规定。境内机构资本项目外汇收入意愿结汇比例暂定为100%。国家外汇管理局可根据国际收支形势适时对上述比例进行调整。三是明确境内机构资本项目外汇收入及其结汇资金的使用应符合外汇管理相关规定，对资本项目收入的使用实施统一的负面清单管理模式，并大幅缩减相关负面清单。境内机构的资本项目外汇收入及其结汇所得人民币资金，可用于自身经营范围内的经常项下支出，以及法律法规允许的资本项下支出。四是进一步规范资本项目收入及其结汇资金的支付管理，明确银行按照展业三原则承担真实性审核义务。五是国家外汇管理局加强事中事后管理，进一步强化事后监管与违规查处。

10 日 中国银监会与摩洛哥中央银行签署《双边监管合作谅解备忘录》。截至目前，银监会已同全球66个国家和地区签署双边监管合作谅解备忘录。

12 日 中国人民银行印发《扶贫再贷款管理细则》，规范扶贫再贷款管理，提高支持精准扶贫政策效果。

15 日 中国人民银行在中英文网站发布中债国债及其他债券收益率曲线。该收益率曲线由中央国债登记结算有限责任公司编制，旨在反映在岸人民币债券市场各期限结构的到期收益率。中债国债收益率曲线样本包括记账式附息国债和记账式贴现国债，反映市场无风险利率水平；中债商业银行普通债收益率曲线（AAA）样本包括AAA级同业存单和商业银行债券，反映优质商业银行的负债成本水平；中债中短期票据收益率曲线（AAA）样本包括AAA级超短期融资券、短期融资券和中期票据，反映优质企业的市场融资成本。其中，三个月期限中债国债收益率用于计算SDR利率的人民币代表性利率。中债收益率曲线包括国债在内的各信用等级的到期、即期和远期收益曲线1 000余条，采用赫尔米特模型编制。曲线数据源包括银行间市场和交易所市场的做市商报价、货币经纪公司报价、成交价和结算价等。收益率曲线的样本点优先选取新发行且满足流动性要求的债券。中债收益率曲线每个工作日日终发布一次，发布时间为北京时间17：30。

16 日 中国证监会发布修订后的《证券公司风险控制指标管理办法》及配套规则，结合行业发展新形势，改进净资本、风险资本准备计算公式，完善杠杆率、流动性监管等指标，明确逆周期调节机制，提升风控指标的完备性和有效性。主要修订内容包括：一是改进净资本、风险资本准备计算公式，提升资本质量和风险计量的针对性。将净资本区分为核心净资本和附属净资本，将金融资产的风险调整统一纳入风险资本准备计算，不再重复扣减净资本。将按业务类型计算整体风险资本准备调整为按照市场风险、信用风险、操作风险等风险类型分别计算。调整后的净资本和风险资本准备更符合证券公司开展综合经营风险控制的现实需要，但其计算范围及标准已发生较大变化，指标值不具有历史可比性。二是完善杠杆率指标，提高风险覆盖的完备性。将原有净资产比负债、净资本比负债两个杠杆控制指标，优化为一个资本杠杆率指标（核心净资本/表内外资产总额），并设定不低于8%的监管要求。三是优化流动性监控指标，强化资产负债的期限匹配。四是完善单一业务风控指标，提升指标的针对性。调整权益类证券计算口径、将衍生品区分权益类和非权益类衍生品，合并融资类业务计算口径等。五是明确逆周期调节机制，提升风险控制的有效性。证监会可根据证券公司分类监管、行业风险和市场状况，对相关指标的具体计算比例进行动态调整的原则性要求。六是强化全面风险管理要求，提升风险管理水平。要求证券公司从制度建设、组织架构、人员配备、系统建设、指标体系、应对机制等六个方面，加强全面风险管理。同时要求证券公司将所有子公司纳入全面风险管理体系，强化分支机构风险管理，实现风险管理全覆盖。

17 日 经人民银行授权，中国外汇交易中心宣布自6月20日起在银行间外汇市场正式开展人民币对南非兰特直接交易。

中国人民银行与塞尔维亚中央银行签署规模为15亿元人民币/270亿塞尔维亚第纳尔的双边本币互换协议。有效期3年，经双方同意可以展期。互换协议的签署有利于便利双边贸易和投资，加强两国金融合作。2016年以来，中国人民银行先后与新加坡金融管理局、摩洛哥中央银行和塞尔维亚国家银行签署了双边本币互换协议。自2008年以来，中国人民银行已先后与35个国家或地区的货币当局签署货币互换协议，总额度为31 200亿元（不含已失效未续签）。

18～24日 金融行动特别工作组（FATF）第二十七届第四次全会及工作组会议在韩国釜山召开。全会通过中国代表团提议，由国际货币基金组织（IMF）牵头FATF、欧亚反洗钱和反恐怖融资组织（EAG）和亚太反洗钱组织（APG）共同对中国开展互评估工作，中国互评估报告调整到2019年2月FATF全会讨论。

20日 国务院总理李克强先后到建设银行、人民银行考察并主持召开座谈会。李克强指出，当前世界经济增长乏力，国内一些地区和产业发展面临较大困难。要继续坚持稳健的货币政策取向，加强与积极财政政策等的协调配合，增强灵活性和针对性，注重预调微调，保持货币信贷总量合理增长，实施好差别化金融政策，支持结构性改革尤其是供给侧结构性改革，推动对重点领域和薄弱环节的支持，促进经济在攻坚克难中实现升级发展。李克强谈到，走活金融服务实体经济这盘棋，要加大对“三农”的金融支持，要更大力度推动解决企业尤其是小微企业、民营经济融资难、融资贵问题，减少和规范企业融资过程中担保、评估等方面收费。引导商业银行多措并举满足小微企业和民营经济“短、小、频、急”的融资需求，助力民间投资，防止对一些信誉好、有市场的企业惜贷、压贷、抽贷。要积极支持新经济发展、新动能培育，鼓励金融机构开发适合大众创业、万众创新，推动实体经济发展的金融产品，创新服务“互联网+”、现代物流、节能环保、智能制造等领域发展的方式和手段，加大对现代服务业、战略性新兴产业和传统产业改造升级的金融支持力度。李克强强调，要深入推进金融领域简政放权、放管结合、优化服务，有序发展民营银行、消费金融公司等中小金融机构，丰富金融服务主体。多渠道推动股权融资，探索建立多层次资本市场转板机制，发展服务中小企业的区域性股权市场，促进债券市场健康发展，提高直接融资比重。做好顶层设计，运用市场化、法治化方式，采取综合措施逐步降低非金融类企业杠杆率。加强各类金融市场制度建设，强化金融机构内控合规管理。根据新形势、新要求，改革和完善金融监管体制，尤其要加强对跨市场、跨行业、跨机构交叉感染风险的监测、识别和预警，高度关注跨境资本异常流动，推进互联网金融风险专项整治工作，有效遏制非法集资、非法金融活动，做好前瞻性调控和应急性管理，坚决守住不发生系统性区域性金融风险的底线。

24日 全国外汇市场自律机制成立大会暨第一次工作会议召开，全国外汇市场自律机制正式建立。会议审议通过了《外汇市场自律机制工作指引》，明确了外汇市场自律机制的职责、组织架构和工作机制。

经人民银行授权，中国外汇交易中心宣布自6月27日起在银行间外汇市场正式开展人民币对韩元直接交易。

中国人民银行行长周小川与俄罗斯联邦中央银行行长纳比乌琳娜共同签署了《中国人民银行和俄罗斯联邦中央银行关于在华设立代表处的协议》。这是外国央行在华设立的第8家代表处，是俄罗斯联邦中央银行在国外设立的首家代表处，有助于加强两国央行间合作，促进双边金融合作与经贸关系进一步发展。

中国人民银行副行长郭庆平与俄罗斯央行（俄罗斯银行）副行长德米特里·斯科别尔金在北京签署了《中国人民银行和俄罗斯央行（俄罗斯银行）关于预防洗钱和恐怖融资谅解备忘录》。备忘录内容包括反洗钱监管合作、信息交流、现场检查安排、人员交流与培训等方面。

25日 中国人民银行与俄罗斯中央银行签署在俄罗斯建立人民币清算安排的合作备忘录。

中国证监会与俄罗斯中央银行在北京签署《证券期货监管合作谅解备忘录》。迄今，中国证监会已相继同58个国家和地区的证券期货监管机构签署了63个监管合作谅解备忘录。

27日 中国人民银行发布《中国金融稳定报告（2016）》。报告认为，2015年，我国宏观经济运行总体平稳，金融业改革全面深化，金融机构实力进一步提高，金融市场规范创新发展，金融基础设施建设扎实推进，金融体系总体稳健，服务实体经济能力继续增强。报告认为，2015 年我国金融业运行总体稳健。银行业资产负债规模保持增长，服务“三农”和小微企业的水平继续提升，配置到经济社会重点领域和薄弱环节的信贷资源不断增加，开发性、政策性金融机构改革取得重要进展，银行业整体资本充足率稳中有升，信用风险总体可控。资产质量下行压力继续加大，表外业务风险隐患依然存在，民间融资及非法集资风险有所抬头。证券期货业资产规模持续增长，市场基础性制度建设继续推进，资本市场双向开放不断深化。部分上市公司经营压力有所增大，受多种因素影响，股票市场出现大幅波动。保险业资产规模不断扩大，保费收入快速增加，资金运用收益大幅增长，经营效益稳步提升。保险资金运用面临挑战，部分中小公司流动性风险值得关注。

29 日　中国人民银行印发《关于推广试用金融精准扶贫信息系统有关事宜的通知》，在全国推广金融精准扶贫信息系统，精准采集和动态监测金融精准扶贫信息，推动金融精准扶贫工作开展。

30 日　CFETS 人民币汇率指数为 95.02，较 5 月末贬值 2.2%；参考 BIS 货币篮子、SDR 货币篮子的人民币汇率指数分别为 96.09 和 95.76，较 5 月末分别贬值 2.4% 和贬值 0.5%。虽然三个人民币汇率指数均有不同程度走贬，但在英国“脱欧”导致国际汇市剧烈波动的背景下，人民币汇率波幅远小于其他货币，总体上对一篮子货币汇率保持了基本稳定，市场预期也较为平稳。

7 月

1 日　中国人民银行货币政策委员会召开 2016 年第二季度例会。会议分析了当前国内外经济金融形势。会议认为，当前我国经济金融运行总体平稳，但形势的错综复杂不可低估。世界经济仍处于国际金融危机后的深度调整期。主要经济体经济走势进一步分化，美国经济温和复苏，欧元区复苏基础尚待巩固，英国公投决定退欧引发市场波动，日本经济低迷，部分新兴经济体实体经济面临较多困难。国际金融市场风险隐患增多。会议强调，要认真贯彻落实党的十八大和十八届三中、四中、五中全会、中央经济工作会议和全国“两会”精神。密切关注国际国内经济金融最新动向和国际资本流动的变化，坚持稳中求进工作总基调，适应经济发展新常态，继续实施稳健的货币政策，更加注重松紧适度，灵活运用多种货币政策工具，保持适度流动性，实现货币信贷及社会融资规模合理增长。改善和优化融资结构和信贷结构。提高直接融资比重，降低社会融资成本。按照加强供给侧结构性改革的要求，继续深化金融体制改革，增强金融运行效率和服务实体经济能力，加强和完善风险管理。进一步推进利率市场化和人民币汇率形成机制改革，保持人民币汇率在合理均衡水平上的基本稳定。

3 日　中国证监会系统在北京召开会议，集中学习习近平总书记“七一”重要讲话，研究部署系统党的建设和监管工作。会议集中深入学习习近平总书记在庆祝中国共产党成立 95 周年大会上的重要讲话。会议要求，全系统同志要把认真学习、深刻领会和全面贯彻落实习近平总书记“七一”重要讲话精神作为当前的首要政治任务，作为“两学一做”学习教育的重要内容，通过学习深入领会讲话面向未来、面对挑战，对全党提出的坚持不忘初心、继续前进的 8 个方面要求，进一步坚定中国特色社会主义道路自信、理论自信、制度自信、文化自信，深刻理解统筹推进“五位一体”总体布局，协调推进“四个全面”战略布局，不断把实现“两个一百年”奋斗目标推向前进的科学内涵，进一步强化政治意识、大局意识、核心意识、看齐意识，切实把思想和行动统一到党中央决策部署上来，凝心聚力提升资本市场监管能力，推动资本市场健康发展。

4 日　中国保监会发布《关于延长老年人住房反向抵押养老保险试点期间并扩大试点范围的

通知》，将老年人住房反向抵押养老保险（以下简称反向抵押保险）试点期间延长至2018年6月30日，并将试点范围扩大至各直辖市、省会城市（自治区首府）、计划单列市，以及江苏省、浙江省、山东省、广东省的部分地级市。

5日 中国证监会向丹东欣泰电气股份有限公司及有关当事人下达行政处罚决定和市场禁入决定。欣泰电气成为中国证券市场第一家因欺诈发行而遭强制退市的上市公司。

6日 中国银监会印发《关于做好银行业金融机构债权人委员会有关工作的通知》，指导银行业金融机构加强金融债权管理，维护经济金融秩序，规范和做好债权人委员会相关工作，指导企业金融债务重组，帮扶困难企业走出困境，支持实体经济发展。

7日 中国人民银行印发《青海省普惠金融综合示范区试点方案》，提出深化金融支持精准扶贫、推动绿色金融发展、推广金融科技运用、完善基础金融服务、加强宣传教育和科学组织推进等7个方面总计23项任务。

8日 《2015年中国区域金融运行报告》发布。该报告包括一份全国性的综述和32个省（自治区、直辖市）的运行情况介绍。总体来看，各地区贷款平稳增长，多数地区资金运用呈现长期化特征；投向结构进一步优化，贷款行业集中度继续下降，产能过剩行业贷款增速放缓，高耗能产业贷款余额同比下降，对消费领域、高技术产业、现代服务业、薄弱环节和民生领域的支持力度加大，东部地区消费贷款增速较上年较大幅度提高。企业债券融资在社会融资规模增量中占比再创新高，东部地区债券融资占其社会融资规模增量比重上升较快，各地区委托贷款、信托贷款和未贴现银行承兑汇票占比进一步下降。企业融资成本降低，人民币贷款利率下降，民间借贷利率延续上年下行趋势。各地区金融业运行总体稳健，区域金融改革继续推进。银行业平稳发展，地方法人银行业机构快速成长，城市商业银行和农村金融机构资产增速高于银行业平均水平。面对不良资产上升压力，商业银行普遍加大了资本补充、拨备计提和不良贷款处置力度，各地区商业银行加权平均资本充足率和流动性比率有所上升，东部地区法人机构资本充足率上升较多。利率市场化取得关键进展，存款利率上限放开，各地区分层有序、差异化竞争的存款定价格局进一步显现，市场化利率形成、传导和调控机制建设取得进展。存款保险制度平稳实施。各地区证券业机构资产管理规模、“新三板”挂牌公司数量和筹资额大幅增长；保险业保费收入增速进一步提高，经营效益提升，费率市场化等改革创新加快推进。互联网金融主要业态快速发展，互联网企业多渠道进入金融领域，传统金融机构加快互联网布局。四个自贸区和五个国家级金融综合改革试验区在跨境人民币业务、财富管理、农村金融服务和沿边地区对外经贸往来便利化等方面开展了有益探索，形成了一批可复制、可推广的经验。各地区金融生态环境进一步优化，中小企业和农村信用体系建设全面推进。

11日 中国银行（香港）有限公司以直接参与者身份接入人民币跨境支付系统（CIPS），这是CIPS的首家境外直接参与者；同日，中信银行、上海银行、广东发展银行、江苏银行、三菱东京日联银行（中国）有限公司、瑞穗银行（中国）有限公司、恒生银行（中国）有限公司等以直接参与者身份接入CIPS，CIPS直接参与者数量增加至27家。

13日 中国证监会发布《上市公司股权激励管理办法》，并自2016年8月13日起施行。该办法总体原则是以信息披露为中心，根据宽进严管的监管理念，放松管制、加强监管，逐步形成公司自主决定的、市场约束有效的上市公司股权激励制度。主要内容包括：一是对信息披露做专章规定，强化信息披露监管；二是完善股权激励的实施条件，明确激励对象的范围；三是深化市场化改革，进一步赋予公司自治和灵活决策空间，放宽绩效考核指标、股票定价机制、预留权益比例、股权激励与其他重大事项的间隔期、终止实行股权激励计划的强制间隔期等方面要求；四是基于实践发展需求，进一步完善限制性股票与股票期权相关规定；五是强化公司内部监督与市场约束，进一步完善股权激励决策程序、实施程序相关规定，对决策、授予、执行等各环节提出细化要求；六是加强事后监管，增加公司内部问责机制安排，细化监督处罚的规定，为事后监管执法提供保障。

中国证监会与最高人民法院联合召开全国证券期货纠纷多元化解机制试点工作推进会，部署《关于在全国部分地区开展证券期货纠纷多元化解机制试点工作的通知》落实工作。该通知是在总结实践经验基础上形成的证券期货纠纷解决机制的重要制度成果，包含一系列重要的制度和机制创新：一是建立了法院认可证券期货试点调解组织制度，增强了证券期货试点调解组织的权威性。二是规定了调解协议的司法确认制度，符合条件的调解协议可以申请人民法院强制执行。三是明确了保障落实调解协议的督促程序功能，符合法定条件的调解协议，当事人可以向人民法院申请支付令。四是建立了专门的示范判决机制。五是明确了在线调解等多种灵活便民调解方式的有效性。

14 日 中国证监会发布《证券期货经营机构私募资产管理业务运作管理暂行规定》，从2016 年 7 月 18 日开始实施，重点加强对违规宣传推介和销售行为、结构化资管产品、违法从事证券期货业务活动、委托第三方机构提供投资建议、开展或参与“资金池”业务、实施过度激励等的规范。

中国银监会召开 2016 年上半年全国银行业监督管理工作暨经济金融形势分析（电视电话）会议，研究分析当前银行业改革、发展和监管面临的形势，总结上半年工作，部署下半年任务。会议指出，上半年，积极落实“三去一降一补”五大任务，较好地完成了各项工作，银行业呈现稳健运行态势。

15 日 中国人民银行决定进一步改革存款准备金考核制度，将人民币存款准备金的交存基数由旬末一般存款余额时点数调整为旬内一般存款余额的算术平均值。同时，按季度交纳存款准备金的境外人民币业务参加行存放境内代理行人民币存款，其交存基数也调整为上季度境外参加行人民币存放日终余额的算术平均值。

18 日 中国证监会印发《全国组织机构代码共享平台查询使用工作规程》，推进部际诚信信息共享，规范系统内各单位（部门）查询使用全国组织机构代码共享平台。

21 日 中国人民银行印发《关于做好当前防汛抗洪抢险救灾金融服务工作的通知》，从切实提高责任意识、确保支付系统和主要金融信息系统网络稳定运行、做好发行基金调拨和灾区现金供应工作、优先满足抗灾救灾和灾后重建信贷资金需求、确保灾区金融稳定、加强动态监测和跟踪报告、做好受灾干部职工关怀帮助工作七个方面对当前防汛抗洪抢险救灾金融服务工作作出全面部署。

中国证监会发布《关于对失信被执行人实施联合惩戒的合作备忘录》，明确失信被执行人信息的管理、查询等事宜，并就对失信被执行人开展联合惩戒的问题做了规定。

金融稳定理事会在四川成都召开全体会议。中国人民银行行长周小川、银监会副主席王兆星和财政部代表出席会议。会议讨论了近期市场形势和脆弱性、场外衍生品改革、金融技术创新等议题。会议通过了金融改革实施与效果、中央对手方、宏观审慎政策等重要文件，拟于 9 月 4 日至 5 日的二十国集团峰会之前正式对外公布，作为峰会金融改革领域的重要成果。

22 日 中国人民银行、财政部、人社部联合印发《关于实施创业担保贷款支持创业就业工作的通知》，将小额担保贷款政策调整为创业担保贷款政策，扩大贷款对象范围，统一贷款额度，调整贷款期限，支持大众创业、万众创新。

27 日 新疆金风科技股份有限公司成功发行首单人民币绿色资产支持证券。本次发行规模共计 12.75 亿元人民币，期限为 1 ~5 年，各档发行利率区间为 3.4% ~4.5%，创非金融企业资产支持证券发行利率新低。

8 月

2 日 国务院国资委、财政部、中国证监会联合下发《关于国有控股混合所有制企业开展员工持股试点的意见》，就国有控股混合所有制企业开展员工持股试点提出了总体原则、开展条件、员工入股及股权管理等细则。该意见明确，员工持股总量原则上不高于公司总股本的 30%，单一员工持股比例不高于 1%；保证国有股东控股地位，其持股比例不得低于 34%。开展员工持股试点的企业应是主业处于充分竞争行业的商业类企业，试点企业要求营收和利润 90% 以上来自集团外部市场。员工入股应以岗定股，支持关键技术岗位、管理岗位和业务岗位人员持股，员工入股应主要以货币出资，入股价格不得低于经核准或备案的每股资产评估值。员工持股总量原则上不高于公司总股本的 30%，单一员工持股比例不高于 1%；保证国有股东控股地位，其持股比例不得低于 34%。股权流转方面，员工持股应设定不少于 36 个月的锁定期，锁定期满后，董事和高级管理人员每年可转让股份不得高于所持股份总数的 25%。该意见称，首批试点原则上 2016 年年内启动，2018 年底视情况适度扩大试点。

中国证监会印发《证券期货业统计指标标准指引（2016 年修订）》，自 2017 年 1 月 1 日起施行。针对分析与决策的需求，主要对股票投资者分类标准进行了修订。这次修订界定了股票投资者的分类依据，细化了投资者的类别，明确了分类的更新频率。其中，自然人投资者按照持股市值规模细分为 5 个二级分类和 9 个三级分类；专业机构投资者细分为 11 个二级分类和 19 个三级分类；一般机构投资者细分为 4 个三级分类。

4 日 中国银监会与公安部联合发布《电信网络新型违法犯罪案件冻结资金返还若干规定》，自 2016 年 9 月 18 日起实施。电信网络新型违法犯罪案件是指不法分子利用电信、互联网等技术，通过发送短信、拨打电话、植入木马等手段，诱骗（盗取）被害人资金汇（存）入其控制的银行账户，实施的违法犯罪案件。冻结资金是指公安机关依照法律规定对特定银行账户实施冻结措施，并由银行业金融机构协助执行的资金。同时明确了公安机关、银行业金融机构返还的工作原则、职责，返还条件、程序和方法以及被害人的义务。

5 日 中国人民银行发布《2016 年第二季度中国货币政策执行报告》。上半年稳健货币政策取得较好效果，银行体系流动性合理充裕，货币信贷和社会融资规模平稳增长，利率水平低位稳定运行，人民币汇率弹性进一步增强。下一阶段，继续实施稳健的货币政策，保持灵活适度，适时预调微调，增强针对性和有效性，做好供给侧结构性改革中的总需求管理，为结构性改革营造中性适度的货币金融环境，促进经济科学发展、可持续发展。一是综合运用货币政策工具，优化政策组合，保持适度流动性，实现货币信贷和社会融资规模合理增长。二是盘活存量、优化增量，支持经济结构调整和转型升级。三是进一步推进利率市场化和人民币汇率形成机制改革，提高金融资源配置效率，完善金融调控机制。四是完善金融市场体系，切实发挥好金融市场在稳定经济增长、推动经济结构调整和转型升级、深化改革开放和防范金融风险方面的作用。五是深化金融机构改革，通过增加供给和竞争改善金融服务。六是完善宏观审慎政策框架，有效防范和化解系统性金融风险，切实维护金融体系稳定。

12 日 世界银行（国际复兴开发银行）获准在中国银行间债券市场发行特别提款权（SDR）计价债券，总规模为 20 亿特别提款权，结算货币为人民币。

16 日 中国证监会与香港证券及期货事务监察委员会在北京共同签署《中国证券监督管理委员会 香港证券及期货事务监察委员会联合公告》，原则批准深圳证券交易所、香港联合交易所有限公司、中国证券登记结算有限责任公司、香港中央结算有限公司建立深港股票市场交易互联互通机制，这标志着深港通实施准备工作正式启动。

17 日 中国银监会、公安部、工业和信息化部、互联网信息办公室联合发布《网络借贷信息中介机构业务活动管理暂行办法》，包括信息中介、小额分散、负面清单制等核心内容，以规范网络借贷信息中介机构业务活动，保护出借人、借款人、网络借贷信息中介机构及相关当事人合法权益，促进网络借贷行业健康发展，更好地满足中小微企业和个人投融资需求。

18 日 中国银监会同意邮储银行设立“三农”金融事业部。将“三农”业务独立出来，配备专门的机构、专门的资源和专门的人员，进行独立的考核，是商业性金融服务“三农”可持续模式的探索。例如，对于部分风险较高的涉农贷款业务可以进行独立核算，设置较高的风险容忍度以及相应的考核激励办法，有利于机构更好地支持“三农”发展。同时，要求邮储银行充分发挥网络优势，加强农村金融服务创新，加大涉农信贷投放，切实做好“三农”金融服务。

24 日 中国保监会在北京召开中国保险业产业扶贫投资基金成立大会。成立大会上，基金管理人中保投与 26 家开展农业保险和涉农业务的保险公司、22 家保险资产公司分别签署了《中国保险业“助推脱贫攻坚”投资与保险联动项目合作协议》《中国保险资管业“助推脱贫攻坚”投资项目合作协议》。建立各方共同参与的建立定期沟通、业务交流、联合投资等机制，以期发挥产业扶贫投资基金、扶贫保险产品和服务的协同作用，打造从风险保障、信用增信到保险资金直接投资的保险扶贫全链条。保险公司将通过“投保联动”模式，在直接投资于贫困地区特色产业的同时，配套跟进农业保险、大病保险、小额贷款保证保险等产品，提高贫困群体风险抵御能力，培育具有市场意识和风险意识的现代农民，探索短期脱贫目标和长期可持续增收致富相结合的有效路径。

25 日 波兰共和国在中国银行间债券市场成功发行 3 年期人民币主权债券 30 亿元。

30 日 为规范人民币合格境外机构投资者境内证券投资管理，中国人民银行、国家外汇管理局发布《关于人民币合格境外机构投资者境内证券投资管理有关问题的通知》。人民币合格投资者在取得证监会资格许可后，可通过备案的形式，获取不超过其资产规模或其管理的证券资产规模一定比例的投资额度；超过基础额度的投资额度申请，应当经国家外汇管理局批准。人民币合格投资者投资额度实行余额管理，即人民币合格投资者累计净汇入资金不得超过经备案或批准的投资额度。未经批准，人民币合格投资者专用存款账户与其境内其他账户之间不得划转资金；自有资金、客户资金和每只开放式基金账户之间不得划转资金；未经批准，人民币合格投资者专用存款账户内的资金不得用于境内证券投资以外的其他目的。人民币合格投资者专用存款账户不得支取现金。

31 日 经中央全面深化改革领导小组第二十七次会议审议通过，中国人民银行、财政部、国家发展改革委、环保部、银监会、证监会、保监会联合印发《关于构建绿色金融体系的指导意见》，通过创新性金融制度安排发展绿色金融，利用绿色信贷、绿色债券等金融工具和相关政策为绿色发展服务，推进供给侧结构性改革。中国也成为全球首个建立比较完整的绿色金融政策体系的经济体。该指导意见提出支持和鼓励绿色投融资的一系列激励措施，包括通过再贷款、专业化担保机制、绿色信贷支持项目财政贴息、设立国家绿色发展基金等措施支持绿色金融发展。并要求统一绿色债券界定标准，积极支持符合条件的绿色企业上市融资和再融资，支持开发绿色债券指数、绿色股票指数以及相关产品，逐步建立和完善上市公司和发债企业强制性环境信息披露制度。同时提出发展绿色保险和环境权益交易市场，按程序推动制定和修订环境污染强制责任保险相关法律或行政法规，支持发展各类碳金融产品，推动建立环境权益交易市场，发展各类环境权益的融资工具。支持地方发展绿色金融，鼓励有条件的地方通过专业化绿色担保机制、设立绿色发展基金等手段撬动更多的社会资本投资绿色产业。

世界银行（国际复兴开发银行）首期特别提款权（SDR）计价债券在中国银行间债券市场成功发行。发行规模为5亿SDR，期限为3年，结算货币为人民币。认购倍数为2.5倍，投资者类型丰富，包括银行、证券、保险等境内投资者及境外央行、国际开发机构和境外金融机构。

9月

4~5日 G20领导人第十一次峰会在浙江杭州举行，峰会主题为“构建创新、活力、联动、包容的世界经济”。中国国家主席习近平出席并主持会议，人民银行行长周小川和副行长易纲陪同出席。会议讨论了宏观经济政策协调、创新增长方式、全球经济金融治理、贸易和投资、包容和联动式发展等重要议题，并通过了G20杭州领导人公报和杭州行动计划等重要文件。

8日 中国证监会发布并实施《关于修改〈上市公司重大资产重组管理办法〉的决定》，进一步规范重组上市行为。本次修改，旨在给“炒壳”降温，促进市场估值体系的理性修复，继续支持通过并购重组提升上市公司质量，引导更多资金投向实体经济。主要修改内容包括：一是完善重组上市认定标准。参照成熟市场经验，细化关于上市公司“控制权变更”的认定标准，完善关于购买资产规模的判断指标，明确累计首次原则的期限为60个月。需要说明的是，60个月期限不适用于创业板上市公司重组，也不适用于购买的资产属于金融、创业投资等特定行业的情况，这两类情况仍须按原口径累计。二是完善配套监管措施，抑制投机“炒壳”。取消重组上市的配套融资，提高对重组方的实力要求，延长相关股东的股份锁定期，遏制短期投机和概念炒作。三是按照全面监管的原则，强化上市公司和中介机构责任，加大问责力度。

中国证监会发布《关于发挥资本市场作用服务国家脱贫攻坚战略的意见》（以下简称《意见》）。《意见》强调，贯彻精准扶贫基本方略，发挥资本市场行业优势，把出台各项政策的出发点和落脚点都定位在帮助贫困群众脱贫上，把各项政策与贫困村、建档立卡贫困户紧密衔接，建立带动贫困人口脱贫挂钩机制，让贫困群众有真实获得感。《意见》要求，支持贫困地区企业利用多层次资本市场融资，支持和鼓励上市公司、证券基金期货经营机构履行扶贫社会责任，切实加强贫困地区投资者保护。为支持贫困地区产业发展，对贫困地区企业首次公开发行股票、“新三板”挂牌、发行债券、并购重组等开辟绿色通道。《意见》指出，进一步完善服务国家脱贫攻坚战略保障机制，加强精准扶贫的组织领导、健全人才扶贫工作机制、完善精准扶贫成效的考核体系、加强精准扶贫的宣传引导。

11日 中国证监会正式发布实施《公开募集证券投资基金运作指引第2号——基金中基金指引》，规范基金中基金的运作。其主要作出如下安排：一是要求基金中基金应当将80%以上的基金资产投资于其他公开募集的基金份额，且须遵循组合投资原则。二是规定基金管理人、托管人不得对基金中基金的管理费、托管费以及销售费双重收费。三是明确基金管理人在基金中基金所投资基金披露净值的次日，及时披露基金中基金份额净值。四是要求基金中基金在定期报告和招募说明书中设立专门章节，披露所持有基金的相关情况，并揭示相关风险。五是规定基金中基金管理人应当设置独立部门、配备专门人员，且基金中基金的基金经理不得同时兼任其他基金的基金经理。六是明确基金中基金管理人、托管人的相关职责，强化主体责任。

12日 为加强双边金融合作，便利两国贸易和投资，共同维护地区金融稳定，中国人民银行与匈牙利央行续签规模为100亿元人民币/4 160亿匈牙利福林的双边本币互换协议，有效期3年，经双方同意可以展期。

14日 中国证监会印发《资本市场诚信建设实施意见（2016—2020年）》，明确未来5年资本市场诚信建设的总体思路和工作安排。包括健全资本市场诚信法律制度体系、完善资本市场诚信数据库、健全资本市场守信激励和失信惩戒机制、加强资本市场诚信宣传教育和诚信文化建设以及推进资本市场监管政务诚信建设。

20日 中国人民银行授权中国银行纽约分行担任美国人民币业务清算行。2015年9月，中美两国就进一步加强人民币业务合作达成一系列共识。2016年6月，第八轮中美战略与经济对话宣布将进一步发展在美人民币交易与清算能力，指定美国人民币业务清算行。此次人民币清算行的设立，将进一步便利人民币在美使用和跨境交易，推动中美双向贸易、投资与经济合作迈上新台阶。

中国人民银行印发《企业征信机构备案管理办法》，明确企业征信机构备案要求，加强企业征信市场准入与退出管理。

23日 中国人民银行印发《关于完善开发性银行和政策性银行金融债券发行有关事宜的通知》，进一步简化政策性金融债券发行程序，丰富政策性金融债券发行方式。

为促进中国与阿拉伯联合酋长国之间的双边贸易和投资，便利人民币和阿联酋迪拉姆在贸易投资结算中的使用，满足经济主体降低汇兑成本的需要，经中国人民银行授权，中国外汇交易中心宣布在银行间外汇市场开展人民币对阿联酋迪拉姆直接交易。

为促进中国与沙特阿拉伯王国之间的双边贸易和投资，便利人民币和沙特里亚尔在贸易投资结算中的使用，满足经济主体降低汇兑成本的需要，经人民银行授权，中国外汇交易中心宣布在银行间外汇市场开展人民币对沙特里亚尔直接交易。

中国人民银行授权中国工商银行（莫斯科）股份有限公司担任俄罗斯人民币业务清算行，这将为人民币在俄罗斯的跨境使用创造更有利的条件，进一步便利人民币在中俄经贸与投资中的使用，促进中俄贸易、投资与金融更加紧密合作。近年来中俄两国持续深化全面战略协作伙伴关系，在金融、能源、科技、基础设施等方面的合作成果日益丰硕，中国与俄罗斯加强本币合作的条件日趋成熟。2015年末，俄罗斯央行宣布将人民币纳入国家外汇储备。2016年6月，中国人民银行与俄罗斯中央银行签署在俄建立人民币清算安排的合作备忘录。

自2003年12月中国银行担任香港人民币清算行起，人民币清算行在全球金融中心的布局不断加速。截至2016年9月23日，人民币清算行已遍及全球22个主要国家和地区，其中包括中国香港、中国澳门、中国台湾、新加坡、英国伦敦、德国法兰克福、韩国首尔、法国巴黎、卢森堡、卡塔尔多哈、加拿大、澳大利亚悉尼、马来西亚、泰国、智利、匈牙利、南非约翰内斯堡、阿根廷、赞比亚、瑞士苏黎世、美国纽约、俄罗斯。

27日 中国人民银行与欧洲中央银行签署补充协议，决定将双边本币互换协议有效期延长3年至2019年10月8日。互换规模仍为3 500亿元人民币/450亿欧元。

中国银监会印发《银行业金融机构全面风险管理指引》，要求银行业金融机构应当制定风险限额管理的政策和程序，建立风险限额设定、限额调整、超限额报告和处理制度。该指引充分考虑了各类银行业金融机构的差异化情况。一是区分适用和参照执行。适用范围明确为我国境内设立的银行业金融机构，经银行业监督管理机构批准设立的其他金融机构参照该指引执行。二是明确匹配性原则。考虑到各类机构特点的差异性，明确提出全面风险管理体系应当与风险状况和系统重要性等相匹配，并根据环境变化进行调整。三是部分条款增加了适用的前提条件。如对规模较大或业务复杂的银行业金融机构，提出设立风险总监（首席风险官）的要求。

28日 中国人民银行货币政策委员会召开2016年第三季度例会。会议认为，当前我国经济金融运行总体平稳，但形势的错综复杂不可低估。世界经济仍处于国际金融危机后的深度调整期。主要经济体经济走势分化，美国经济温和复苏，欧元区复苏基础尚待巩固，日本经济低迷，部分新兴经济体实体经济有所改善。国际金融市场风险隐患增多。会议强调，要适应经济发展新常态，继续实施稳健的货币政策，更加注重松紧适度，灵活运用多种货币政策工具，保持适度流动性，实现货币信贷及社会融资规模合理增长。改善和优化融资结构和信贷结构。提高直接融资比重，降低社会融资成本。按照加强供给侧结构性改革的要求，继续深化金融体制改革，增强金融运行效率和服务实体经济能力，加强和完善风险管理。进一步推进利率市场化和人民币汇率形成机制改革，保持人民币汇率在合理均衡水平上的基本稳定。

中国人民银行、国家发展改革委、中国银监会、国务院扶贫办联合印发《关于加快2016年易地扶贫搬迁信贷资金衔接投放有关事宜的通知》，督促指导金融机构加快2016年易地扶贫搬迁信贷资金衔接投放工作，促进2016年易地扶贫搬迁建设顺利开展。

30日 财政部会同人民银行联合发布了《建立国债做市支持机制有关事宜的公告》和《关于印发〈国债做市支持操作规则〉的通知》，建立国债做市支持机制。该机制明确财政部在银行间债券市场运用随买、随卖等工具，支持银行间债券市场做市商对新发关键期限国债做市，以提高国债二级市场流动性，进一步完善国债收益率曲线。国债做市支持操作以国债收益率曲线为基础，采用公开化、市场化的单一价格方式定价。国债做市支持参与机构为做市商中的记账式国债承销团甲类成员，12家机构可以参与国债做市支持操作。

中国人民银行发布《关于加强支付结算管理防范电信网络新型违法犯罪有关事项的通知》，从加强账户实名制、阻断电信网络新型违法犯罪资金转移的主要通道、加强个人支付信息安全保护、建立个人资金保护长效机制等方面采取有效措施，筑牢金融业支付结算安全防线。

中国证监会发布并实施《内地与香港股票市场交易互联互通机制若干规定》，沿用2014年6月发布的《沪港股票市场交易互联互通机制试点若干规定》的法律法规适用原则、各市场主体的权利义务和职责等大部分内容。变化主要有以下三方面：一是将适用范围由沪港通扩展至沪港通和深港通；二是明确了沪港通和深港通投资者的适当性管理遵循属地管理原则，例如，投资者委托香港经纪商买卖深股通股票，须遵守香港而不是内地的投资者适当性监管规定及业务规则；三是为未来货币兑换机制的完善预留了制度空间。

10月

1日 IMF正式将人民币纳入IMF特别提款权（SDR）货币篮子，新的货币篮子包含美元、欧元、人民币、日元和英镑，权重分别为41.73%、30.93%、10.92%、8.33%和8.09%。SDR汇率和利率也相应调整，人民币汇率和3个月国债利率分别进入SDR汇率和利率的计算。这标志人民币将以全球储备货币的角色开启新的征程，凸显了中国在全球经济和国际金融体系中的重要性。

10日 中国人民银行办公厅印发《关于做好金融扶贫信息系统推广适用有关事项的通知》，指导各银行业金融机构改进信贷管理系统，及时采集报送信息，并确保信息安全。

13日 中国证监会等15个部门联合发布《股权众筹风险专项整治工作实施方案》，明确了整治工作职责分工。互联网股权融资平台及平台上的融资者进行互联网股权融资时，严禁从事以下活动：一是擅自公开发行股票；二是变相公开发行股票；三是非法开展私募基金管理业务；四是非法经营证券业务；五是对金融产品和业务进行虚假违法广告宣传；六是挪用或者占用投资者资金。对于整治中发现以“股权众筹”等名义从事股权融资业务或募集私募股权投资基金的，积极予以规范。发现涉嫌非法发行股票或非法从事证券活动的，按照打击非法证券活动工作机制予以查处。发现涉嫌非法集资的，按照处置非法集资工作机制予以查处。发现存在虚假陈述或误导性宣传行为的，依据相关法律法规进行处理。发现发布的网络信息内容违反相关规定的，按照互联网信息管理规定予以处理。发现挪用或占用投资者资金、欺诈发行等涉嫌犯罪行为的，依法追究刑事责任。

15～16 日 金砖国家领导人第八次会晤在印度果阿举行。中国国家主席习近平、印度总理莫迪、南非总统祖马、巴西总统特梅尔、俄罗斯总统普京出席，中国人民银行行长周小川陪同出席。五国领导人围绕“打造有效、包容、共同的解决方案”主题，就金砖国家合作及其他共同关心的国际和地区问题深入交换看法，达成广泛共识。会晤结束后，五国领导人共同见证《关于建立金砖国家农业研究平台的谅解备忘录》《金砖国家海关合作委员会章程》《金砖国家外交学院合作谅解备忘录》等合作文件的签署，并出席联合记者会。会议发表《果阿宣言》。

16 日 中国东方资产管理股份有限公司正式挂牌成立，标志着四大资产管理公司中已有三家完成股改。中国东方资产管理股份有限公司前身是成立于 1999 年 10 月的中国东方资产管理公司（以下简称东方资产），是经国务院批准成立的大型国有非银行金融机构。成立初期，东方资产注册资本 100 亿元人民币，主要开展不良资产收购、管理、处置和风险金融机构托管等业务，承担盘活银行不良资产、支持国企改革、化解金融风险的重要政策性任务。在国家政策支持和有关部门监督指导下，东方资产通过多种途径支持国有企业和国有银行改革，积极参与金融风险处置，探索不良资产的有效处置方式。截至 2015 年末，东方资产已累计管理各类不良资产 11 035 亿元。

20 日 人民银行批准中国支付清算协会组织建设非银行支付机构网络支付清算平台，专门负责处理支付机构与银行之间合作开展的网络支付业务。建设网联清算平台是落实“断直连”工作的重要举措，可以进一步优化资源配置、防范金融风险，有利于推动网络支付业务健康有序发展，实现市场整体的帕累托改进。

21 日 中国证监会印发《关于进一步规范证券基金经营机构参与场外衍生品交易的通知》，建立场外衍生品业务监测监控机制，明确了参与人不得为客户提供融资等 5 项禁止行为，逐步清理规范“通道类”衍生品业务。

中国银监会召开第三季度经济金融形势分析会，分析银行业运行情况，提出下一阶段工作要求。中国银监会党委书记、主席尚福林出席会议并讲话。会议指出，面对复杂的国内外形势和挑战，2016 年以来银行业全面贯彻五大发展理念，认真落实“三去一降一补”五大任务，齐心协力，攻坚克难，在服务实体经济、优化业务结构、推动改革创新和风险防控等各领域都取得了积极进展。会议要求，积极支持供给侧结构性改革，不断提升银行业服务实体经济质效。一方面，大力支持国家战略实施和重大工程建设；另一方面，大力发展普惠金融，积极支持小微企业、“三农”和扶贫，确保实现年初确定的小微企业、涉农和扶贫信贷投放目标。会议强调，加强全面风险管理，坚守不发生系统性区域性金融风险底线。

28 日 中国证监会支持创新创业，成功发行首批“双创”公司债。首批非公开发行的“双创”公司债发行主体为昆山龙腾光电有限公司、苏州德品医疗科技股份有限公司，其中，“16 龙腾 01”票面利率为 3.88%，“16 德品债”票面利率为 8%，两单债券合计募资 5 500 万元，募集资金主要用于技术创新、产品研发以及开拓新业务市场等方面。本次“双创”公司债的发行为创新创业企业利用交易所债券市场融资、拓宽融资渠道，服务“大众创业、万众创新”，推动金融服务实体经济等方面进行了积极探索。

11 月

1 日 中国反洗钱监测分析中心与澳大利亚交易报告分析中心在北京签署《关于反洗钱和反恐怖融资金融情报交流合作谅解备忘录》。根据该备忘录，双方将基于互惠原则在涉嫌洗钱和恐怖融资及其他相关犯罪的信息收集、研判和互协查方面开展合作，共同致力于预防和打击洗钱、恐怖融资及相关犯罪。

3 日 中国证监会与香港证监会签署《内地与香港股票市场交易互联互通机制下中国证监会与香港证监会加强监管执法合作备忘录》和《关于提供内地与香港股票市场交易互联互通机制下有关信息的协议》。

8 日 中国人民银行发布《2016 年第三季度中国货币政策执行报告》。当前全球经济仍处在深度调整期，经济增长总体乏力，贸易保护主义抬头，地缘政治冲突风险因素累积。从国内情况看，去产能、去库存取得一定进展，企业杠杆率有所趋稳，效益改善，新经济、新产业、新的商业模式快速发展。但经济运行对房地产和基建投资的依赖仍然较大，民间投资活力不足，部分领域瓶颈仍未打破，制约增长潜力发挥，稳增长与防泡沫之间的平衡更富有挑战性。下一阶段，坚持实施稳健的货币政策，保持灵活适度，适时预调微调，增强针对性和有效性，做好与供给侧结构性改革相适应的总需求管理，为结构性改革营造中性适度的货币金融环境，在保持流动性合理充裕的同时，注重抑制资产泡沫和防范经济金融风险。

中国证监会与财政部联合发布修订后的《期货投资者保障基金管理办法》及配套规定，自公布之日起 30 日后施行。本次修订内容主要有以下三个方面：一是删除关于保障基金规模具体标准的规定，将保障基金总额足以覆盖市场风险设定为暂停缴纳的情形之一；二是对保障基金的缴纳比例仅作原则性规定，通过与财政部联合发布配套规定的方式，明确下调期货交易所和期货公司的缴纳比例，即期货交易所的缴纳比例由手续费的百分之三降低为百分之二，期货公司的缴纳比例由代理交易额的千万分之五到千万分之十降低为亿分之五到亿分之十；三是保障基金的缴纳方式由按季度缴纳调整为按年度缴纳。此次修订满足了期货市场风险覆盖的需要，下调期货交易所和期货公司的缴纳比例，调整收缴方式，对提高保障基金运转效率，降低市场交易成本有着积极作用。

9～10 日 第八次中英经济财金对话在英国伦敦举行。国务院副总理马凯和英国财政大臣菲利普·哈蒙德共同主持对话，中国人民银行副行长易纲出席会议。双方就宏观经济形势和政策、贸易投资和市场准入、金融服务与金融市场发展、基础设施和产业战略等议题进行了坦诚、深入讨论，达成了 63 项成果。其间，易纲副行长参加了伦敦金融城主办的绿色金融会议。

13～14 日 第四次中法高级别经济财金对话在法国巴黎举行。国务院副总理马凯与法国经济财政部长萨潘共同主持对话，中国人民银行副行长易纲作为代表团出席会议并讲话。双方就携手推动强劲、可持续、平衡和包容性增长，加强贸易、投资与产业合作，深化金融合作议题进行了深入坦诚的对话交流。此次对话共取得 60 项成果。双方同意继续鼓励双边贸易，积极探索医疗、养老、农业食品、生态环保等新领域贸易合作水平；加快两国发展战略对接，进一步加强核能、汽车、航空航天等领域大项目投资合作，创造更加便利的双向投资制度环境；开拓第三方市场合作，成立第三方市场合作指导委员会，设立双方共同出资的第三方市场合作基金；拓展在债券、绿色金融、金融监管等领域的金融合作；共同致力于加强经济方面国际事务协调，特别是在二十国集团等多边框架下的沟通合作，共同落实好杭州峰会共识。

14 日 为促进中国与加拿大之间的双边贸易和投资，便利人民币和加拿大元在贸易投资结算中的使用，满足经济主体降低汇兑成本的需要，中国人民银行在银行间外汇市场推出人民币对加拿大元直接交易。汇率中间价由此前根据当日人民币对美元汇率中间价以及美元对加拿大元汇率套算形成改为根据直接交易做市商报价形成，即中国外汇交易中心于每日银行间外汇市场开盘前向银行间外汇市场人民币对加拿大元直接交易做市商询价，将直接交易做市商报价平均，得到当日人民币对加拿大元汇率中间价。同时，直接交易做市商在交易时段内连续提供人民币对加拿大元直接交易的买、卖双向报价，为市场提供流动性。

16日　中国银监会印发《关于银行业金融机构法律顾问工作的指导意见》（以下简称《指导意见》），在银行业金融机构推行法律顾问制度，提升法律风险管理水平，促进合法稳健经营。《指导意见》共28条，从人员配备、机构设置、权限划分、督促保障等多个方面构建了法律顾问制度体系，为该制度的推行奠定了坚实的基础。《指导意见》列举了银行业金融机构法律顾问应享有的权利和应履行的义务，同时规定银行业金融机构应当建立规范的法律顾问工作制度，规定法律顾问的职务序列、考评体系，确保法律顾问顺利开展工作。《指导意见》明确了总法律顾问的设置、任职条件、应当履行的职责等，特别规定了总法律顾问应参与重大决策、对重大关联交易有权独立提出法律意见。《指导意见》还规定了法律工作机构是银行业金融机构设置的专门承担法律工作的职能部门，阐述了法律工作机构的定位、设置、工作职责等，同时规定银行业金融机构应为开展法律事务工作提供必要的组织、制度和物质保障。

21日　中国证监会与国际货币基金组织签署了《关于开展中长期技术援助的谅解备忘录》，重点在资本市场的监管与发展、系统性风险防范以及与利益相关方的沟通等领域加强合作。该谅解备忘录执行期为5年，其签署有利于增进双方在资本市场改革和发展等重点领域的交流和经验共享，促进人员交流和培训，助力中国资本市场的健康稳定发展和监管体系的持续完善。

22日　中国人民银行、中国证监会联合印发《关于内地与香港股票市场交易互联互通机制有关问题的通知》。12月5日正式启动深港通。香港中央结算有限公司可根据管理规定，在境内银行开立人民币基本存款账户后，开立人民币沪深证券交易专用存款账户，专门用于沪股通和深股通相关业务资金往来。该通知明确了中国证券登记结算有限责任公司可按有关规定在香港的银行开立港股通（包括沪港通下的港股通和深港通下的港股通）银行结算账户，专门用于港股通相关业务资金往来。

24日　国务院批准同意《国家开发银行章程》，在业务范围、债信政策、治理结构、组织机构、风险管控和监督评价等方面作出针对性安排。“三步走”改革战略成功实现，是开发银行改革发展史上的重要里程碑，为开发银行助力中国经济社会发展奠定了坚实基础。

中国人民银行印发《关于加强征信合规管理工作的通知》（银发〔2016〕300号），加强征信信息安全管理。

25日　中国人民银行发布《关于落实个人银行账户分类管理制度的通知》，进一步规范个人Ⅱ、Ⅲ类银行账户的开立和使用，推进个人银行账户分类管理制度全面实施，促进网络支付和移动支付发展，满足社会公众多样化支付需求。

中国证监会批复上交所和深交所发布《分级基金业务管理指引》，以“卖者有责，买者自负”为理念，明确了分级基金二级市场投资者适当性安排、投资者签署《分级基金投资风险揭示书》的相关要求、基金管理人和证券公司的风险警示安排等内容，是保障基金市场平稳运作的一项重要制度安排。重点内容有：设立投资者30万元证券类资产门槛，并要求个人投资者和一般机构投资者在开通分级基金交易及相关权限前需通过会员综合评估并签署《分级基金投资风险揭示书》。针对可能或已经发生下折算且B类份额溢价较高的分级基金，要求基金管理人发布风险提示公告。要求投资者遵循买者自负的原则，配合会员提供投资者适当性管理相关证明材料并对其真实性、准确性和合法性负责。

27日 中国证监会国际顾问委员会第十三次会议在北京召开，主要议题是中国资本市场国际化所面临的机遇和挑战。国务院副总理马凯会见与会的顾问委员会委员，中国人民银行行长周小川应邀与会并发表主旨演讲。国际顾问委员会委员及与会代表就当前国际金融市场趋势和风险、中国资本市场双向开放如何支持开放型经济发展、如何提升中国证券期货行业的实力与国际竞争力以及资本市场开放环境下的监管考虑等问题进行深入讨论，并对资本市场的改革发展提出许多重要和及时的工作建议。国际顾问委员会是证监会的专家咨询机构，于2004年6月经国务院批准设立，由境内外金融监管官员、金融机构知名人士及专家学者担任成员，为证监会提供咨询意见和建议。自2004年成立以来，顾委会每年召开一次会议，为促进证监会借鉴国际经验、加强国际交流合作、推进资本市场双向开放和稳定发展发挥了积极作用。

29日 中国人民银行印发《关于进一步明确境内企业人民币境外放款业务有关事项的通知》，进一步规范境内企业人民币境外放款业务，引导境外放款跨境人民币结算有序开展。该通知要求，对境内企业人民币境外放款业务实行本外币一体化的宏观审慎管理，企业境外放款余额上限 = 最近一期经审计的所有者权益 × 宏观审慎调节系数，每5年对提前还款所占额度进行清零，人民银行根据宏观经济形势和跨境资金流动情况对宏观审慎调节系数和币种转换因子进行动态调整。放款人不得使用个人资金向借款人进行境外放款，不得利用自身债务融资为境外放款提供资金来源。放款人向境外放款的利率应符合商业原则，在合理范围内协商确定，但必须大于零。放款期限原则上应在6个月至5年内，超过5年（含5年）的应报当地人民银行分支机构进行备案。

中国证监会发布《基金管理公司子公司管理规定》《基金管理公司特定客户资产管理子公司风险控制指标管理暂行规定》，新规将于12月15日起实施。该管理规定本次修改内容共涉及条款20余条，总条款由39条增加至41条，体例结构上将原第三章按照基金管理公司管理和控制要求、子公司的治理和内控要求予以分立，明确母子公司各自的义务和责任。主要内容有：明晰“子”公司定位，引导母子公司形成业务协同、专业互补的良好经营格局；完善公司治理，系统性规制子公司组织架构及潜在利益冲突；强化风险管控，促使子公司业务发展规模与风险管控能力相匹配；优化监管协作机制和监管报告机制，提高日常监管效能；支持基金行业更好地服务资本市场，为优质基金管理公司的未来发展预留空间。该暂行规定明确了风险控制指标及风险准备金机制、净资本指标、风险资本准备指标、风控指标的控制机制。仅适用于专户子公司，对基金管理公司开展的特定客户资产管理业务、其他基金子公司开展的私募基金业务，暂未纳入风险控制指标体系的管控范围。在第二十六条对未来扩大风险控制指标体系适用范围预留了政策空间。下一步，证监会可出于控制金融风险、保护投资者等需要，要求基金管理公司及其他子公司参照本规定建立风险控制指标体系。

30日 国务院批准同意《中国农业发展银行章程》和《中国进出口银行章程》。

12月

2日 经国务院同意，中国人民银行联合14个部门印发《江苏省泰州市建设金融支持产业转型升级改革创新试验区总体方案》，以金融支持产业转型升级和提高金融服务实体经济效率为主线，通过局部地区先行先试，深化金融体制机制改革，构建新兴领域融资培育机制，优化产业融资结构，持续加强对重点领域和薄弱环节的金融支持，探索金融支持经济结构优化调整和产业转型升级的有效途径。该总体方案包括5个方面、17项主要任务。一是加强机构建设，构建与产业转型升级相匹配的多元化金融组织体系，包括完善银行业组织体系、增强证券业和保险业实力、规范发展互联网金融。二是加快金融产品和服务方式创新，满足产业转型升级的多元化金融需求，包括促进现代农业建设、推动传统优势产业转型升级、支持战略新兴产业发展壮大、支持现代服务业做大做强、加快产能富余行业企业去产能。三是积极拓宽直接融资渠道，充分发挥金融市场助推产业转型升级的重要作用，包括支持企业上市融资、加快发展债务融资工具、积极推进资产证券化。四是加强金融基础设施建设，提升金融服务实体经济的保障水平，包括培育和推动征信市场规范发展、加强智慧金融建设、完善综合性金融服务。五是防范和化解金融风险，营造良好金融生态环境，包括稳妥有序推进“去杠杆”、建立高效的金融风险预警和处置机制、深化金融生态县创建工作。

5日 深港股票市场交易互联互通机制正式启动，开通仪式在深圳、香港同时举行。

6日 中国人民银行与埃及中央银行签署规模为180亿元人民币/470亿埃及镑的双边本币互换协议，旨在便利双边贸易和投资，维护两国金融稳定。互换协议有效期3年，经双方同意可以展期。

中国人民银行发布并实施《票据交易管理办法》，对票据市场参与者、票据市场基础设施、票据信息登记与电子化、票据登记与托管、票据交易以及票据交易结算与到期处理进行了规定，旨在规范票据市场交易行为，防范交易风险，促进票据市场健康发展。上海票据交易所是人民银行指定的提供票据交易、登记托管、清算结算和信息服务的机构，是指定的票据市场基础设施，由人民银行对其运营进行监督管理。可交易品种包括纸票、电票、银票、商票等可交易票据。票据参与主体包括法人类参与者和非法人类参与者两类。法人类参与者包括政策性银行、商业银行及其授权分支机构、财务公司、其他非银机构等；非法人类参与者包括金融机构作为资产管理人的投资产品等，如证券投资基金、资产管理计划、银行理财产品、信托计划、保险产品、住房公积金、社会保障基金、企业年金、养老基金等。票据市场基础设施的四大功能，即组织票据交易、票据登记托管、票据交易的清算结算、票据信息服务。依据此前人民银行下发的《关于做好票据交易平台接入准备工作的通知》，首批试点接入票交所的机构包括商业银行共35家，财务公司2家，证券公司3家以及基金管理公司3家，共计43家机构。

8日 上海票据交易所成立，全国统一票据交易平台上线运行。中国人民银行党委委员、副行长潘功胜出席开业仪式并讲话。上海票据交易所作为具备票据交易、登记托管、清算结算、信息服务多功能的全国统一票据交易平台，将大幅提高票据市场透明度和交易效率，激发市场活力，更好地防范票据业务风险；也有助于完善中央银行金融调控，优化货币政策传导机制，增强金融服务实体经济的能力。

9日 根据《中国人民银行与阿联酋中央银行合作备忘录》相关内容，中国人民银行决定授权中国农业银行迪拜分行担任阿拉伯联合酋长国人民币业务清算行，旨在进一步促进人民币在中东地区的使用，推动中国与阿拉伯联合酋长国在“一带一路”建设下实现金融服务合作共赢。至此，人民币业务清算行已扩大至全球23个国家和地区。

经国务院同意，中国人民银行、中国银监会联合有关部门和河南省人民政府印发《河南省兰考县普惠金融改革试验区总体方案》，坚持创新、协调、绿色、开放、共享发展理念，坚持市场主导和政府引导，提出5年左右把兰考县建设成为全国普惠金融改革先行区、创新示范区、运行安全区，助力兰考县如期实现全面建成小康社会的宏伟目标。该方案包括10个方面、27项主要措施。一是完善县域普惠金融服务体系，包括更好地发挥银行业机构作用、规范发展新型金融服务组织、完善风险管理和分担补偿体系。二是强化精准扶贫金融服务，包括创新金融扶贫产品和服务模式、完善精准扶贫配套措施。三是优化新型城镇化金融服务，包括创新投融资机制、深化涉农和小微企业金融服务创新、支持农民工市民化。四是充分利用多层次资本市场，包括培育发展股权融资、债务融资。五是大力发展农村保险市场，包括扩大农业保险覆盖范围、创新推广各类涉农保险。六是深化农村支付服务环境建设，包括设立农村金融综合服务站、普及移动支付业务。七是强化要素服务平台建设，包括搭建信用信息平台、完善农村产权交易服务平台、推广动产质押融资服务平台、建立一网通金融服务平台。八是强化配套政策支持，包括加强财税政策扶持、强化货币政策工具支持、实施差异化监管政策。九是加强金融消费权益保护，包括健全金融消费权益保护工作机制、提高金融知识宣传教育的普及性和针对性。十是建立工作保障机制，包括加强组织领导、宣传引导和考核监督。

11 日　国际清算银行（Bank for International Settlements，BIS）宣布中国正式加入国际银行业统计的本地银行业统计（Locational Banking Statistics，LBS），并在其官方网站上发布中国数据，这表明我国国际收支统计数据质量再次得到国际认可，数据透明度持续提高。

中国长城资产管理股份有限公司正式挂牌成立，中国人民银行副行长范一飞出席成立大会并致辞。这是经国务院批准，我国四大金融资产管理公司股份制改革的收官之作，也是深化国有金融机构改革的重要成果。

12 日　中国人民银行在银行间外汇市场推出人民币对匈牙利福林、波兰兹罗提、丹麦克朗、瑞典克朗、挪威克朗、土耳其里拉和墨西哥比索直接交易。

中国人民银行行长周小川会见来访的突尼斯央行行长切德利·埃亚里（Chedly Ayari），并签署《中国人民银行与突尼斯央行合作谅解备忘录》，旨在加强双方信息交流和经验共享，增进两国央行在货币和金融领域的合作。

中国证监会发布《证券期货投资者适当性管理办法》，自 2017 年 7 月 1 日起施行。该办法作为我国证券期货市场首部投资者保护专项规章，是资本市场重要的基础性制度，其核心要求在于强化对证券、基金、期货经营机构“卖者有责”的要求，让经营机构在获取经营收益的同时，必须承担法律规定的义务，确保权利义务的对等和统一，切实防范片面追求经济利益，向风险承受能力不足的投资者推介高风险证券期货产品，造成对投资者合法权益的损害和影响。

12～13 日　2016 年全国股份制商业银行首届年会在天津召开。年会由中国银监会指导、银行业协会主办、渤海银行承办，以“提升服务实体经济质效，助力供给侧结构性改革”为主题。

14 日　中国人民银行印发《中国人民银行金融消费者权益保护实施办法》。办法明确了金融机构的金融消费者权益保护行为规范，要求金融机构加强金融消费者权益保护全流程管控，强化个人金融信息保护力度，规范投诉受理与处理机制，切实保护金融消费者的合法权益。

14～16 日　中央经济工作会议在北京举行。习近平总书记在会上发表重要讲话。会议认为，2016 年以来，我们全面贯彻 2015 年中央经济工作会议决策部署，加强和改善党对经济工作的领导，坚持稳中求进工作总基调，坚持新发展理念，以推进供给侧结构性改革为主线，适度扩大总需求，坚定推进改革，妥善应对风险挑战，引导形成良好社会预期，经济社会保持平稳健康发展，实现了“十三五”良好开局。会议指出，2017 年是实施“十三五”规划的重要一年，是供给侧结构性改革的深化之年。会议强调，要坚持党的基本路线，充分调动各方面干事创业的积极性，形成推动科学发展的合力，扎实做好各项工作。

16 日　中国证监会批准郑州商品交易所、大连商品交易所分别上市白糖和豆粕期权。发展农产品期权是贯彻落实 2016 年中央一号文件和

《国务院关于进一步促进资本市场健康发展的若干意见》的重要举措。白糖和豆粕是我国重要的农业品种，相关期货合约自上市以来，市场运行平稳有序，产业客户广泛参与，功能发挥较为显著。近年来，白糖、豆粕现货价格波动频繁，相关农业企业迫切需要更丰富的风险管理工具。证监会选取白糖、豆粕两个期货品种进行农产品期权交易试点，能够更好地满足农业企业精细化、多样化的风险管理需求，对完善农产品价格形成机制、提高农业产业化水平、加快转变我国农业发展方式具有积极作用。

21 日 经国务院批准，人民币合格境外机构投资者（RQFII）试点地区扩大至爱尔兰，投资额度为 500 亿元人民币。RQFII 试点地区扩大至爱尔兰，是两国在金融领域深化合作的重要体现，有利于拓宽境外投资者人民币资产配置渠道，扩大境内资本市场对外开放，也有利于促进双边贸易和投资便利化。

中国人民银行与冰岛央行续签规模为 35 亿元人民币/660 亿冰岛克朗的双边本币互换协议，旨在加强双边金融合作，便利两国贸易和投资，共同维护地区金融稳定。互换规模保持 35 亿元人民币/660 亿冰岛克朗，有效期 3 年，经双方同意可以展期。

中国证监会与国家发展改革委联合发布《关于推进传统基础设施领域政府和社会资本合作（PPP）项目资产证券化相关工作的通知》，明确重点推动资产证券化的 PPP 项目范围。根据通知要求，证监会将与国家发展改革委加强合作，充分依托资本市场，积极推进符合条件的 PPP 项目通过资产证券化方式实现市场化融资，优先选取主要社会资本参与方为行业龙头企业，处于市场发育程度高、政府负债水平低、社会资本相对充裕的地区，以及具有稳定投资收益和良好社会效益的优质 PPP 项目开展资产证券化示范工作。鼓励支持“一带一路”建设、京津冀协同发展、长江经济带建设，以及新一轮东北地区等老工业基地振兴等国家发展战略的项目开展资产证券化。鼓励支持相关中介机构积极参与 PPP 项目资产证券化业务，并督促其勤勉尽责，严格遵守执业规范和监管要求，切实履行尽职调查、保障基础资产安全、现金流归集、收益分配、信息披露等管理人职责，在强化内部控制与风险管理的基础上，不断提高执业质量和服务能力。上海证券交易所、深圳证券交易所、中国证券投资基金业协会将建立专门的业务受理、审核及备案绿色通道，专人专岗负责，提高国家发展改革委优选的 PPP 项目相关资产证券化产品的审核、挂牌和备案的工作效率。

22 日 中国人民银行、国家发展改革委、银监会、证监会、保监会等 14 个部门联合印发《关于促进银行卡清算市场健康发展的意见》，从法律制度、技术标准、财税政策等方面夯实银行卡清算市场发展的基础，从市场准入、价格形成、消费者权益保护、市场规范等方面健全银行卡清算服务的市场化机制，推动构建多层次、可持续的银行卡清算服务体系，鼓励新兴技术与支付服务融合应用，促进银行卡支付服务供给水平不断提升。按照“防范风险、自主可控”的原则，依法建立银行卡清算服务等金融领域安全审查机制，对银行卡清算机构业务系统、终端、设备和密码产品等提出信息安全管理要求，强调创新支付相关动态评估和风险防范要求，切实维护支付体系稳定运行和国家金融安全。坚持市场化导向，推动相关银行卡清算机构深化体制机制改革，提升经营管理水平。同时，立足“走向国际、共赢发展”的原则，加强银行卡清算机构和服务“走出去”统筹规划，强化政策支持，鼓励银行卡清算机构紧跟“一带一路”等，积极参与国际金融基础设施建设，扩大我国技术、标准在国际上的使用范围，为进一步深化双边和区域经济金融合作奠定坚实基础。该意见的发布，有利于构建有效竞争、规范有序和安全稳定的银行卡清算市场，提升我国银行卡清算机构的整体实力，为完善支付服务市场和支付服务创新升级打下坚实基础。

23 日 全国首单社会效应债券——山东沂南扶贫社会效应债券在全国银行间债券市场成功发行。该单债券在中国银行间市场交易商协会注册，采取非公开定向发行方式，金额为5亿元，专项用于沂南县“六个一”扶贫工程。该单债券由人民银行负责立项指导，由沂南县城乡建设发展有限公司为主体发起，青岛银行和中国农业银行为主承销商，中国农业发展银行、青岛银行、齐鲁银行、临商银行、青岛农商行5家金融机构作为定向投资人。债券拟发行金额为5亿元，发行期限为10年，每年定期付息，第3年、第5年、第7年、第10年等额还本。募集资金专项用于沂南县扶贫特色产业项目、扶贫就业点、扶贫光伏电站、扶贫公共服务和基础设施配套等“六个一”扶贫工程，做到短期脱贫与长远发展、精准到户与整体提升相结合，为沂南县实现“年内全县60%以上的贫困人口脱贫，2017年基本完成脱贫任务，2018年全部兜底完成”提供坚实保障。

中国证监会联合公安部开展打击防范利用未公开信息交易违法行为专项执法行动，以打击促防范，以防范促守法，维护金融资管行业的健康稳定发展，维护公平、公正的市场交易秩序和环境。行动中，一批涉案金额巨大、违法行为十分恶劣的利用未公开信息交易案件将从快从严查处，一些屡屡发案的涉案公司将被重点警示加强内控管理。这是中国证监会继部署会计师、评估机构等中介机构违法违规专项执法行动、IPO欺诈发行及信息披露违法违规专项执法行动、市场操纵违法专项执法行动后，开展的第4批专项执法行动。

26日 中国人民银行印发《国家开发银行改革工作小组关于进一步做好国家开发银行深化改革工作的通知》《中国进出口银行改革工作小组关于进一步做好中国进出口银行改革工作的通知》《中国农业发展银行改革工作小组关于进一步做好中国农业发展银行改革工作的通知》。

中国人民银行办公厅印发《关于境外机构境内发行人民币债券跨境人民币结算业务有关事宜的通知》，以进一步规范境外机构在境内发行人民币债券有关跨境人民币结算业务，促进我国债券市场对外开放。

2016年中国信托业年会在上海召开，中国银监会党委书记、主席尚福林出席并讲话。尚福林在全面回顾我国信托业发展与监管工作的基础上，对近年来信托业转型发展所取得的成绩给予了充分肯定，并提出了“五大坚持”的长效发展理念。他指出，信托行业是一个古老悠久的行业，有着独特的制度优势和功能作用。经过30多年的改革发展，信托业成为了我国金融体系不可或缺的重要一员，为我国经济社会的发展作出了积极贡献。2017年是供给侧结构性改革的深化之年，信托业应进一步贯彻落实中央经济工作会议精神，坚持回归信托本源的基本定位，坚持服务实体经济的根本宗旨，坚持创新发展的市场化导向，坚持培育有信托业特色的风控文化，坚持审慎、从严的监管导向，努力打造信托品牌，培育信托“百年老店”，使信托业包容有序，充满活力。

28日 中国人民银行货币政策委员会召开2016年第四季度例会。会议分析了当前国内外经济金融形势，认为当前我国经济金融运行总体平稳，但形势的错综复杂不可低估。世界经济仍处于国际金融危机后的深度调整期。主要经济体经济走势分化，美国经济复苏有所加快，欧元区复苏基础尚待巩固，日本经济低迷，部分新兴经济体实体经济面临更多挑战。国际金融市场风险隐患增多。会议强调，要认真贯彻落实党的十八大和十八届三中、四中、五中、六中全会、中央经济工作会议和党中央、国务院关于2017年经济工作的部署。密切关注国际国内经济金融最新动向和国际资本流动的变化，坚持稳中求进的工作总基调，适应经济发展新常态，继续实施稳健的货币政策，更加注重松紧适度保持中性，灵活运用多种货币政策工具，维护流动性基本稳定，实现货币信贷及社会融资规模合理增长。改善和优化融资结构和信贷结构。提高直接融资比重。按照加强供给侧结构性改革的要求，继续深化金融体制改革，增强金融运行效率和服务实体经济能力，加强和完善风险管理。进一步推进利率市场化和人民币汇率形成机制改革，保持人民币汇率在合理均衡水平上的基本稳定。

中国人民银行修订发布《金融机构大额交易和可疑交易报告管理办法》，明确了金融机构切实履行大额交易和可疑交易报告义务的新要求，主要包括明确以合理怀疑为基础的可疑交易报告要求，新增建立和完善交易监测标准、交易分析与识别、涉恐名单监测等要求；删除了原规章中已不符合形势发展需要的可疑交易报告标准；将大额现金交易的人民币报告标准由 20 万元调整为 5 万元；新增大额跨境交易的人民币报告标准 20 万元；对交易要素内容进行调整等。

30 日 中国银监会印发《关于民营银行监管的指导意见》，形成规制统一、权责明晰、运转协调、安全高效的民营银行监管体系，为民营银行稳健发展提供保障。该意见要求民营银行应当加强关联交易管理，严格控制关联授信余额，严禁违规关联交易。鼓励民营银行在章程或协议中载明，主要股东但不限于主要股东及其关联方不从本行获得关联授信。要求民营银行应当加强股权管理，规范股东持股行为，在条件成熟时将股权集中托管到符合资质的托管机构。鼓励民营银行在银行章程或协议中载明，主要股东但不限于主要股东不以持有的本行股权为自己或他人担保（含股权质押）。要求民营银行明确差异化发展战略，坚持特色经营，为实体经济特别是中小微企业、“三农”和社区，以及大众创业、万众创新提供更有针对性、更加便利的金融服务，提高普惠金融服务水平。

31 日 中国人民银行开发的征信管理监测系统正式上线运行。征信管理监测系统对征信机构、信用评级机构、金融信用信息基础数据库管理、征信维权等进行分级分类管理，利用信息化手段及时监测征信市场发展动态，丰富非现场监管手段，强化事中、事后监管。

2017 年

1 月

1 日 国家外汇管理局改进个人外汇信息申报管理，提高个人外汇数据申报质量，改进的内容主要有：一是细化申报内容，明晰个人购付汇应遵循的规则和相应的法律责任。二是强化银行真实性、合规性审核责任。要求银行加强合规性管理，认真落实展业原则，完善客户身份识别。三是对个人申报进行事中事后抽查并加大惩处力度。

3 日 中国人民银行颁布实施《法人金融机构反洗钱分类评级（试行）》，规范分类评级工作程序和指标体系。将评级工作分五个阶段实施，包括：法人机构自评、初评、初评结果反馈与意见征求、复评、复评结果告知。评级指标包括设计指标、执行指标和检验指标等内容，并根据最终得分情况，将结果划分为 5 类 11 级。中国人民银行及其分支机构根据评级结果，可以采取质询、约见谈话、监管走访、现场检查等有针对性的监管措施。

5 ~ 6 日 中国人民银行工作会议在北京召开，会议深入贯彻落实党的十八届六中全会和中央经济工作会议精神，总结 2016 年工作，分析当前经济金融形势，部署 2017 年工作。会议指出，2016 年，人民银行继续加强宏观调控，全面深化金融改革，切实防范金融风险，为实现“十三五”良好开局提供了有力支撑。会议提出了 2017 年工作的主要任务：一是保持货币政策稳健中性。进一步完善宏观审慎政策框架，引导金融机构审慎经营。发挥货币政策优化信贷结构作用，支持和引导金融机构加大对重点领域和薄弱环节的支持力度。二是继续做好供给侧结构性改革金融服务工作。进一步加大对钢铁煤炭去产能、重点行业转型调整和京津冀协同发展等国家重大战略的金融支持力度。继续做好金融精准扶贫工作。加大对“双创”、科技、战略性新兴产业等重点领域以及保障性安居工程、健康养老、小微企业、就业、少数民族等领域的金融支持力度。因城施策，继续落实好差别化住房信贷政策。三是切实防范化解金融风险，牢牢守住不发生系统性风险底线。四是稳妥推进重点领域和关键环节的金融改革。深入推进利率市场化改革。进一步完善人民币汇率市场化形成机制。积极引导和稳定市场预期，保持人民币汇率在合理均衡水平上的基本稳定。推进自由贸易试验区金融开放创新试点和绿色金融体系构建的落实工作。五是持续推动金融市场平稳健康发展。六是完善人民币国际化的政策框架和基础设施。七是深度参与全球经济金融治理。八是进一步推动外汇管理体制改革。九是不断加强金融基础设施建设和管理。十是全面提高金融服务与管理水平。

7 日 国务院国资委发布了《中央企业投资监督管理办法》和《中央企业境外投资监督管理办法》。两个办法是对 2006 年发布的《中央企业投资监督管理暂行办法》（国资委令第 16 号）和 2012 年发布的《中央企业境外投资监督管理暂行办法》（国资委令第 28 号）的修订和完善，贯彻以管资本为主加强国有资产监管的要求，重点从“管投向、管程序、管风险、管回报”四个方面，努力构建权责对等、运行规范、信息对称、风险控制有力的投资监督管理体系，促进中央企业加强投资管理，规范投资行为，强化风险管控，提高国有资本效率，防止国有资产流失，实现国有资本保值增值。

9 日 中国保监会下发《关于印发〈保险公司跨京津冀区域经营备案管理试点办法〉及开展试点工作的通知》和《关于印发〈保险专业代理机构跨京津冀经营备案管理试点办法〉及开展试点工作的通知》（以下统称《通知》），决定在北京、天津和河北三地开展保险公司和全国性保险专业代理机构跨区域经营备案管理试点。《通知》明确，试点期限为两年。试点期间，鼓励未在北京、天津和河北三地设立分支机构的保险公司优先在河北省设立分支机构，支持符合条件的各类资本在河北省设立全国性保险专业代理机构，减轻北京地区机构设置压力。保险公司跨区域经营的保费收入和全国性保险专业代理机构跨区域经营的业务收入计入业务所在地。

10 日 中国银监会召开 2017 年全国银行业监督管理工作（电视电话）会议，学习贯彻中央经济工作会议精神，总结回顾 2016 年工作，安排部署 2017 年重点工作任务。会议部署了下阶段银行业改革发展及监管重点工作：一是以推进供给侧结构性改革为主线，切实提升服务实体经济的质效：持续提升薄弱领域金融服务水平；切实发挥债委会作用，支持去产能；完善差异化信贷政策，支持去库存；稳妥开展市场化债转股，支持去杠杆。二是以坚守不发生系统性风险为底线，扎实推进重点领域风险防控：严控不良贷款风险；严盯流动性风险；严防地方政府融资平台贷款风险，配合有关部门推动地方政府融资平台转型；严治互联网金融风险。三是以回归本源专注主业为导向，深入推进银行业改革开放：重点围绕“四个导向”深化体制机制改革；深入推进公司治理改革。四是以强化责任担当为抓手，全面提升监管能力。五是推进全面从严治党，加强和改善党对银行业工作的领导。

12 日 中国人民银行公布 2016 年社会融资规模存量、增量统计数据报告。初步统计，2016 年社会融资规模存量为 155.99 万亿元，同比增长 12.8%。其中，对实体经济发放的人民币贷款余额为 105.19 万亿元，同比增长 13.4%；对实体经济发放的外币贷款折合人民币余额为 2.63 万亿元，同比下降 12.9%；委托贷款余额为 13.2 万亿元，同比增长 19.8%；信托贷款余额为 6.31 万亿元，同比增长 15.8%；未贴现的银行承兑汇票余额为 3.9 万亿元，同比下降 33.4%；企业债券余额为 17.92 万亿元，同比增长 22.5%；非金融企业境内股票余额为 5.77 万亿元，同比增长 27.6%。初步统计，2016 年社会融资规模增量为 17.8 万亿元，比上年多增 2.4 万亿元。其中，对实体经济发放的人民币贷款增加 12.44 万亿元，同比增加 1.17 万亿元；对实体经济发放的外币贷款折合人民币减少 5 640亿元，同比少减 788 亿元；委托贷款增加 2.19 万亿元，同比多增 5 943 亿元；信托贷款增加 8 593 亿元，同比多增 8 159 亿元；未贴现的银行承兑汇票减少 1.95 万亿元，同比多减 8 964 亿元；企业债券净融资 3 万亿元，同比多 605 亿元；非金融企业境内股票融资 1.24 万亿元，同比多 4 826 亿元。2016 年 12 月社会融资规模增量为 1.63 万亿元，分别比上月和上年同期少 2 068 亿元和 1 855 亿元。

13 日 中国人民银行印发《关于全口径跨境融资宏观审慎管理有关事宜的通知》，进一步完善全口径跨境融资宏观审慎管理政策。根据该通知，中资企业可根据自身净资产情况借用境外资金，外币资金也可以兑换为人民币使用，但房地产企业和政府融资平台企业目前不可借用境外资金。对于境外借款额度和币种，该通知规定企业境外融资最高限额为企业经审计净资产的 2 倍，企业可根据境外资金利率、汇率等因素自行决定可在境内自由兑换的借款币种。此外，原则上企业借用境外资金用途应符合自身经营范围，且不能超过借款合同约定的使用范围。借用的境外资金不得直接或间接用于证券投资或除银行保本型产品之外的其他投资理财；不得用于向非关联企业发放贷款；不得用于建设、购买非自用房地产。

中国人民银行办公厅印发《关于实施支付机构客户备付金集中存管有关事项的通知》。针对支付机构将客户备付金以自身名义在多家银行开立账户分散存放的现象，该通知明确了支付机构客户备付金集中存管的工作要求，规定自

2017年4月17日起，支付机构应将客户备付金按照一定比例交存至指定机构专用存款账户，该账户资金暂不计付利息；各支付机构首次交存的具体比例根据业务类型和分类评级结果综合确定，交存金额根据上一季度客户备付金日均余额计算，每季度调整一次；商业银行为支付机构交存的客户备付金不计入一般存款，不纳入存款准备金交存基数。建立支付机构客户备付金集中存管制度，主要目的是纠正和防止支付机构挪用、占用客户备付金，保障客户资金安全，并引导支付机构回归业务本源。

14日 中国证监会发布《关于加强发行审核工作人员履职回避管理的规定（2017年修订）》和《关于加强发审委委员履职回避管理的规定（2017年修订）》。修订后的规定从严并细化了涉及亲属的回避事项。一是回避范围更加严格，涉及配偶、父母、子女及其配偶等在监管对象或者相关中介机构任职的，无论其职务高低，均应回避。对于其他相关亲属在监管对象或者相关中介机构，担任中层以上职务的，无论其从事业务是否与发行业务直接相关，均应回避。对于再融资申请企业，增加亲属为持股5%以上的股东，审核工作人员应回避。二是增加本人主动回避条款，认为可能存在利益冲突情形的，可申请并经组织批准后回避。

15日 上海证券交易所发布《上市公司信息披露监管问答》，供上市公司在信息披露实务中参考使用。这是上海证券交易所在强化监管的同时优化监管服务的一项重要举措。

16～17日 二十国集团（G20）绿色金融研究小组在德国法兰克福举行会议，会议由中国人民银行和英格兰银行共同主持，研究如何推进金融业环境风险分析和改善环境数据的可获得性等议题。

18日 国家外汇管理局发布《关于进一步推进外汇管理改革完善真实合规性审核的通知》。该通知要求，扩大境内外汇贷款结汇范围，允许内保外贷项下资金调回境内使用，进一步便利跨国公司外汇资金集中运营管理，允许自贸试验区境外机构境内外汇账户结汇，进一步规范货物贸易外汇管理，完善经常项目外汇收入存放境外统计，继续执行并完善直接投资外汇利润汇出管理政策，加强境外直接投资真实性合规性审核，实施本外币全口径境外放款管理，支持实体经济发展，促进贸易投资便利化。

21日 中国人民银行、银监会、证监会、保监会、扶贫办联合发布《关于开展金融精准扶贫政策效果评估的通知》，切实发挥评估工作对进一步改进精准扶贫金融服务的积极作用。

22日 财政部与中国人民银行联合发布《关于全面开展省级地方国库现金管理的通知》，将地方国库现金管理试点范围推广至全国省级地方国库，并明确相关工作要求。该通知规定，地方国库现金管理商业银行定期存款期限应在1年（不含1年）以内；地方财政部门要结合利率市场化改革进程，指导金融机构参考省级市场利率定价自律机制协商议定的范围，结合成本和风险等因素合理确定国库现金存款投标利率水平。各地要在确保财政支付基础上，根据国库现金流量预测和市场流动性情况，科学实施地方国库现金管理。地方预算支出进度未达到财政部有关规定的地区，不得开展国库现金管理操作。地方财政部门要按照《预算法》和国务院深化预算管理制度改革以及进一步加强盘活财政存量资金的有关规定，加强预算管理，进一步盘活既有财政存量资金，严控新增财政存量资金，防止地方国库现金管理影响财政支出。

24日 中国保监会发布《关于进一步加强保险资金股票投资监管有关事项的通知》（以下简称《通知》）。《通知》将股票投资分为一般股票投资、重大股票投资和上市公司收购三种情形，根据持股份额变化，实施层层递进的差别监管。对占绝大部分不涉及举牌的一般股票投资行为，不增加限制性措施；开展一般股票投资涉及举牌的，应当在信息披露要求基础上进行事后报告；达到重大股票投资标准的，应向监管部门事后备案；涉及上市公司收购的，实行事前核准。《通知》的发布实施有利于推动保险公司加强资产负债匹配管理，对完善保险资金运用监管、防范金融行业系统性风险、维护资本市场长期稳定健康发展有积极意义。

25 日 中国银监会发布《关于规范银行业服务企业走出去 加强风险防控的指导意见》（以下简称《指导意见》）。《指导意见》共分为总体要求、加强信用风险管理、加强国别风险管理、加强合规风险管理、加强环境和社会风险管理、完善境外机构布局、加强监督管理 7 个部分，共 40 条。主要针对银行业金融机构服务企业“走出去”面临的关键问题、薄弱环节和突出风险，提出一系列具体监管要求，旨在加强对银行业金融机构战略定位、风险防范、机构布局的监管指导。《指导意见》强调，银行业金融机构应遵循独立、全面、深入、审慎的原则，加强境外业务尽职调查和风险评估，同时，要积极防范跨境并购贷款、跨境担保等领域业务风险。《指导意见》要求银行业金融机构加强合规体系建设，加强日常合规管理，强化合规资源配置，做好客户准入把关，强化反洗钱、反恐怖融资合规管理，并提升监管沟通效率。《指导意见》要求银行业金融机构实施环境和社会风险全流程管理，维护当地民众权益，增进与利益相关者的交流互动，加强相关信息披露。

中国银监会发布 2016 年中国银行业运行情况快报。一是资产和负债规模稳步增长。2016 年末，我国银行业金融机构本外币资产总额为 232 万亿元，同比增长 15.8%；本外币负债总额为 215 万亿元，同比增长 16.0%。二是信贷资产质量总体平稳。2016 年末，商业银行不良贷款余额 15 123 亿元，较上季度末增加 183 亿元；商业银行不良贷款率 1.74%，较上季度末下降 0.02 个百分点，全年不良贷款率基本保持稳定。三是风险抵御能力较强。2016 年，商业银行实现净利润 16 490 亿元，同比增长 3.54%；平均资产利润率为 0.98%，平均资本利润率 13.38%，盈利能力较强。2016 年末，商业银行贷款损失准备余额为 26 676 亿元，拨备覆盖率为 176.40%，贷款拨备率为 3.08%，资本充足率为 13.28%，处于国际同业良好水平。四是流动性水平稳健。2016 年末，商业银行流动性比例为 47.55%，较上季度末上升 0.62 个百分点；人民币超额备付金率 2.33%，较上季度末上升 0.58 个百分点。

26 日 国务院办公厅印发《关于规范发展区域性股权市场的通知》。该通知要求处理好监管与发展的关系，按照既有利于规范、又有利于发展的要求，积极稳妥推进区域性股权市场规范发展，防范和化解金融风险，有序扩大和更加便利中小微企业融资。据此，该通知从八个方面对区域性股权市场作出了规定：一是市场定位，主要服务于所在省级行政区域内中小微企业的私募股权市场，是多层次资本市场体系的重要组成部分，是地方人民政府扶持中小微企业政策措施的综合运用平台。二是监管体制。省级人民政府按规定实施监管，并承担相应风险处置责任。证监会负责对省级人民政府监管工作进行指导、协调和监督，制定统一的区域性股权市场业务及监管规则，对市场规范运作情况进行监督检查。三是运营机构。运营机构名单由省级人民政府实施管理并公告，同时向证监会备案。省、自治区、直辖市、计划单列市区域内已设立运营机构的，不再设立；尚未设立的，可设立一家；已设立两家（含）以上的，省级人民政府要积极稳妥推动整合为一家。四是监管底线。划出了防控金融风险、维护市场秩序、保护投资者合法权益的基本行为底线，对发行证券的范围和方式、交易方式和时间间隔、持有人数量等作出规定。五是合格投资者。明确合格投资者的基本条件，要求不得通过拆分、代持等方式变相突破合格投资者标准或单只私募证券持有人数上限。六是信息系统。信息系统应符合有关法律法规和信息技术管理规范。运营机构及有关机构应按照规定报送信息，并将有关信息系统与证监会指定的监管信息系统进行对接。七是区域管理。区域性股权市场不得为所在省级行政区域外的企业私募证券或股权的融资、转让提供服务。不符合规定的区域性股权市场，省级人民政府要按规定限期清理，妥善解决跨区域经营问题。八是支持措施。国务院有关部门和地方人民政府要在职责范围内采取必要措施，为区域性股权市场规范发展创造良好环境。

2 月

10 日 中国证监会通报2016年度证监会稽查执法情况。2016年，证监会系统共受理违法违规有效线索603件，启动调查551件；新增立案案件302件，比前三年平均数量增长23%；新增涉外案件178件，同比增长24%；办结立案案件233件，累计对393名涉案当事人采取限制出境措施，冻结涉案资金20.64亿元；55起案件移送公安机关追究刑事责任，公安机关已对其中45起立案侦查，移送成案率创历史新高，综合执法成效进一步显现。2016年，案件查处工作向并购重组、"新三板"、基金、债券、期货等多领域和交易、托管、审计、评估等多环节大幅延伸。

中国证监会召开2017年全国证券期货监管工作会议。会议总结了过去一年的工作，分析了当前市场形势，部署2017年重点任务。会议指出，2016年证券市场监管作出的贡献有：一是资本市场监管理念有了新变化，更加重视维护资本市场稳定健康发展。二是党的建设和思想政治建设取得新进展。三是服务实体经济作出新贡献。2016年，首发和再融资合计1.33万亿元，同比增长59%。

中国证监会发布《关于避险策略基金的指导意见》（以下简称《指导意见》）。《指导意见》对《关于保本基金的指导意见》的内容做了以下修订：取消连带责任担保机制；完善对避险策略基金的风控要求；限定避险策略基金规模上限，防范相关风险；完善基金管理人风控管理要求。此外，《指导意见》明确对避险策略基金依照"新老划断"原则进行过渡安排，存续的保本基金仍按基金合同的约定进行运作，无须变更基金名称，但在保本周期到期前不得增持不符合规定的资产、不得增加稳健资产投资组合剩余期限、不得增加风险资产放大倍数等；存续保本基金到期后，应当符合《指导意见》的规定，调整产品保障机制，更名为"避险策略基金"，不符合的应转为其他类型的基金或予以清算。

17 日 中国证监会修订《上市公司非公开发行股票实施细则》（以下简称《实施细则》）并发布《发行监管问答——关于引导规范上市公司融资行为的监管要求》（以下简称《监管问答》）。本次修订后的《实施细则》进一步突出了市场化定价机制的约束作用，取消了将董事会决议公告日、股东大会决议公告日作为上市公司非公开发行股票定价基准日的规定，明确定价基准日只能为本次非公开发行股票发行期的首日。《监管问答》的主要内容为：一是上市公司申请非公开发行股票的，拟发行的股份数量不得超过本次发行前总股本的20%。二是上市公司申请增发、配股、非公开发行股票的，本次发行董事会决议日距离前次募集资金到位日原则上不得少于18个月。前次募集资金包括首发、增发、配股、非公开发行股票。但对于发行可转债、优先股和创业板小额快速融资的，不受此期限限制。三是上市公司申请再融资时，除金融类企业外，原则上最近一期末不得存在持有金额较大、期限较长的交易性金融资产和可供出售的金融资产、借予他人款项、委托理财等财务性投资的情形。

中国人民银行发布《2016年第四季度中国货币政策执行报告》。报告指出，2016年，中国经济运行总体平稳，供给侧结构性改革取得积极进展。中国人民银行主动适应经济发展新常态，保持货币政策的审慎和稳健，尤其是注重根据形势变化把握好调控的节奏、力度和工具组合，加强预调微调，为供给侧结构性改革营造了适宜的货币金融环境。与此同时，坚定推动金融市场化改革，进一步完善货币政策调控框架，疏通传导渠道。稳健货币政策取得了较好效果。银行体系流动性合理充裕，货币信贷和社会融资规模平稳较快增长，利率水平低位运行，人民币对一篮子货币汇率保持基本稳定，对美元双边汇率弹性进一步增强。

23 日 中国银监会发布《网络借贷资金存管业务指引》。该指引明确了网贷资金存管业务应遵循的基本规则和实施标准，鼓励网贷机构与商业银行按照平等自愿、互利互惠的市场化原则开展业务。

国家外汇管理局首次发布2017年贸易信贷调查企业名单，进一步增强调查统计工作的权威性。调查企业根据进出口和贸易收付款规模选取，2017年参与调查的企业共计19 113家，总数较2016年增加2 674家，其中，参加年度调查的企业14 859家，参加月度调查的企业5 265家（不去重）。月度调查企业和年度调查企业分别按月和按年报送数据，兼顾提高统计数据质量与减轻报送负担之间的平衡。

24日 中国保监会对前海人寿保险股份有限公司有关违法案件作出行政处罚。经查，前海人寿主要存在编制提供虚假材料、违规运用保险资金等问题。在深入调查取证的基础上，保监会按照有关法定程序，依据《中华人民共和国保险法》等法律法规对前海人寿及相关责任人员分别作出了警告、罚款、撤销任职资格及行业禁入等处罚措施。其中，对时任前海人寿董事长姚振华给予撤销任职资格并禁入保险业10年的处罚。

国家外汇管理局发布《关于银行间债券市场境外机构投资者外汇风险管理有关问题的通知》，扩大境外机构参与境内外汇市场的有效渠道，便利境外债券投资者汇率风险管理。该通知的主要内容包括：一是丰富衍生产品业务统计指标，增加远期差额交割和掉期交易存量统计；二是提升数据报送电子化水平；三是整合统计制度管理文件。银行结售汇统计是我国外汇市场统计监测体系的一个重要组成部分，此次调整有助于提高银行和外汇局的统计操作效率，也为未来进一步提高外汇市场数据透明度提供基础支持。

25日 中国保监会对恒大人寿资金运用违规行为进行处罚。2016年12月，中国保监会派出检查组对恒大人寿开展现场检查，发现该公司存在未按监管规定开展股票委托投资业务、投资内控管理薄弱等问题。保监会根据现场检查中发现的恒大人寿的违规行为，依法给予该公司限制股票投资一年、两名责任人分别行业禁入五年和三年的行政处罚决定。此外，还对该公司采取下调权益类资产投资比例上限至20%、责令撤换另两名相关责任人、责令就有关问题进行整改等三项监管措施。

27日 中国保监会召开2017年全国人身保险监管工作会议，保监会副主席黄洪出席会议并讲话。会议全面总结了党的十八大以来人身保险监管工作的经验成绩，深入分析了当前人身保险业面临的新形势、新要求和新任务，部署了2017年以及今后一个时期人身保险监管重点工作。

3月

1日 中国银监会召开村镇银行发展十年新闻发布会。会议指出，截至2016年末，全国已组建村镇银行1 519家，中西部共组建村镇银行980家，占村镇银行总数的64.5%。资产规模已突破万亿元，达到12 377亿元；各项贷款余额7 021亿元，农户及小微企业贷款合计6 526亿元，占各项贷款余额的93%，500万元以下贷款占比80%，户均贷款41万元，支农支小特色显著。主要监管指标持续符合监管要求，风险总体可控。引进民间资本815亿元，占资本总额的72%，成为民间资本投资银行业的重要渠道之一。未来，银监会将着力完善村镇银行监管政策，在风险可控和商业可持续的前提下，创新村镇银行培育发展模式，提升农村金融服务能力和水平。

2日 中国证监会发布《关于支持绿色债券发展的指导意见》（以下简称《指导意见》）。《指导意见》提出，绿色公司债券募集资金必须投向绿色产业项目，严禁名实不符，冒用、滥用绿色项目名义套用、挪用资金。鼓励证券公司、基金管理公司、私募基金管理机构、商业银行、保险公司等市场主体及其管理的产品投资绿色公司债券，探索建立绿色投资者联盟。证券交易所研究发布绿色公司债券指数，建立和完善绿色公司债券板块，扩大绿色公司债券市场影响力。鼓励市场投资机构以绿色指数为基础开发公募、私募基金等绿色金融产品，满足投资者需要。《指导意见》要求，证监会系统单位应当加强政策支持和引导，建立审核绿色通道，适用“即报即审”政策，提升企业发行绿色公司债券的便利性；中国证券业协会定期发布“绿色债券公益榜”，将证券公司承销绿色公司债券情况作为证券公司分类评价中社会责任评价的重要内容；各证监局主动对接辖区地方政府，积极引导社会资本参与绿色产业项目建设。

7日 中国人民银行、工业和信息化部、中国银监会、中国证监会和中国保监会联合印发《关于金融支持制造强国建设的指导意见》，进一步建立健全多元化金融服务体系，大力推动金融产品和服务创新，加强和改进对制造强国建设的金融支持和服务。该意见包括7个方面、23条，主要有：一是高度重视和持续改进对制造强国建设的金融支持和服务；二是积极发展和完善支持制造强国建设的多元化金融组织体系；三是创新发展符合制造业特点的信贷管理体制和金融产品体系；四是大力发展多层次资本市场，加强对制造强国建设的资金支持；五是发挥保险市场作用，助推制造业转型升级；六是拓宽融资渠道，积极支持制造业企业“走出去”；七是加强政策协调和组织保障。

10日 中国证监会对唐汉博跨境操纵“小商品城”案，以及唐汉博、唐园子操纵市场案作出行政处罚决定。在内地和香港证券市场互联互通环境下，个别不法投资者绕道境外实施反向操纵，证券期货跨境违法犯罪的手法更加隐蔽。不断加强内地和香港证券期货稽查执法协作，是互联互通的市场机制平稳运行的重要保障。证监会此次查处的唐汉博跨境操纵“小商品城”案是“沪港通”开通两年来查处的首例跨境操纵市场案件，对打击各类跨境证券违法行为起到了重要的警示作用与示范效应。

中国银监会办公厅发布《关于外资银行开展部分业务有关事项的通知》。该通知明确，在华外资银行可以与母行集团开展内部业务协作，为“走出去”的企业在境外发债、上市、并购、融资等活动提供综合金融服务，发挥外资银行的全球化综合服务优势。按照中外一致原则，在华外资法人银行可依法投资境内银行业金融机构。同时，按照国务院简政放权要求，明确在华外资银行开展国债承销业务、财务顾问业务、大部分托管业务不需获得银监会的行政许可，采取事后报告制。该通知要求在华外资银行开展上述业务活动应加强合规及风险管理。

16日 俄罗斯联邦中央银行北京代表处正式开业，这是俄罗斯央行在海外设立的首家代表处。中国人民银行副行长易纲出席了开业仪式。

俄罗斯铝业联合公司（United Company RUSAL Plc）在上海证券交易所成功完成首期人民币债券（熊猫债券）发行，发行期限为2+1年，发行金额10亿元人民币。这是首单俄罗斯大型骨干企业在中国发行的熊猫债券，也是首单“一带一路”沿线国家企业发行的熊猫债券。

17日 为加强对公司债券违约风险的防范应对，督促引导受托管理人做好公司债券违约风险的应急处置工作，保护投资者合法权益，中国证监会同意中国证券业协会发布实施《公司债券受托管理人处置公司债券违约风险指引》。该指引发布之后，公司债券受托管理人应当按照要求，尽快建立公司债券违约风险处置应急管理制度并严格执行。

21日 中国保监会召开2017年全国保险中介监管工作会议，会议总结了党的十八大以来保险中介监管工作的成效和经验，分析了当前保险中介监管面临的新形势、新挑战和新要求，部署了2017年及今后一个时期的保险中介监管工作。

24日 中国保监会印发《关于优化保险合同负债评估所适用折现率曲线有关事项的通知》，进一步提升保险公司长期保障型产品准备金评估的科学性。该通知指出，未来保险利益不受对应资产组合投资收益影响的保险合同，其未到期责任准备金评估适用的折现率曲线由基础利率曲线附加综合溢价组成。其中，基础利率曲线应与偿付能力监管目的下未到期责任准备金所适用的基础利率曲线保持一致，采用20年以内、20年到40年、40年以上的分段方式，并引入终极利率。综合溢价允许保险公司综合考虑税收、流动性效应和逆周期等因素，溢价幅度上限由现行的150个基点降低到120个基点，收紧了公司自由浮动的空间，增强了财务报表的可比性。

28日 中国保监会发布《关于加强相互保险组织信息披露有关事项的通知》，进一步增强相互保险组织经营管理的规范性与透明度，加强对相互保险组织的公众监督，促进相互保险组织规范健康发展。该通知从组织治理、经营管理、董监事及高级管理人员、关联交易、重大事项、监管措施等方面明确了相互保险组织的信息披露要求，有效保障会员参与组织治理权利，充分发挥社会监督作用。

31日 国务院印发《中国（辽宁、浙江、河南、湖北、重庆、四川、陕西）自由贸易试验区总体方案》（以下简称《总体方案》）。《总体方案》指出，建立辽宁、浙江、河南、湖北、重庆、四川、陕西等自由贸易试验区，是党中央、国务院作出的重大决策，是新形势下全面深化改革和扩大开放的一项战略举措，对加快政府职能转变、积极探索管理模式创新、促进贸易投资便利化、深化金融开放创新，为全面深化改革和扩大开放探索新途径、积累新经验，具有重要意义。《总体方案》提出，自贸试验区要当好改革开放排头兵、创新发展先行者，以制度创新为核心，以可复制可推广为基本要求，在构建开放型经济新体制、内陆开放型经济发展新模式和建设法治化国际化便利化营商环境等方面，率先挖掘改革潜力，破解改革难题。要着力深化行政管理体制改革，提高行政管理效能，提升事中、事后监管能力和水平，进一步推进简政放权、放管结合、优化服务改革。要推动西部开发、东北振兴、中部崛起和长江经济带发展、“一带一路”建设等国家战略的贯彻实施。国务院自由贸易试验区工作部际联席会议办公室、7省市人民政府、有关部门要创新思路、寻找规律、解决问题、积累经验；要充分发挥积极性，因地制宜、突出特色，做好对比试验和互补试验；要及时总结评估试点任务实施效果，加强试点经验系统集成，持续形成可复制、可推广的改革经验，充分发挥示范带动、服务全国的积极作用。

国家外汇管理局发布《关于便利银行开展贸易单证审核有关工作的通知》，向银行开放报关电子信息，提升金融服务电子化水平。为适应通关无纸化改革、落实外贸稳增长政策、履行世界贸易组织《贸易便利化协定》，该通知要求，一是向银行开放报关电子信息，用于货物贸易外汇业务真实性审核；二是银行应遵循“了解客户、了解业务、尽职审查”原则，核验报关电子信息，对能够确认交易真实性的，可免于核验；三是发现企业未按规定提供报关信息、重复使用单证、使用虚假单证等情况的，银行应在系统中对企业加注标识，向全国银行公示。该通知自2017年5月1日起正式实施。

4月

1日 中共中央、国务院印发通知，决定设立河北雄安新区。雄安新区规划范围涉及河北省雄县、容城、安新3县及周边部分区域，地处北京、天津、保定腹地，区位优势明显、交通便捷通畅、生态环境优良、资源环境承载能力较强，现有开发程度较低，发展空间充裕，具备高起点、高标准开发建设的基本条件。雄安新区规划建设以特定区域为起步区先行开发，起步区面积约100平方千米，中期发展区面积约200平方千米，远期控制区面积约2 000平方千米。习近平总书记指出，规划建设雄安新区要突出七个方面的重点任务：一是建设绿色智慧新城，建成国际一流、绿色、现代、智慧城市。二是打造优美生态环境，构建蓝绿交织、清新明亮、水城共融的生态城市。三是发展高端高新产业，积极吸纳和集聚创新要素资源，培育新动能。四是提供优质公共服务，建设优质公共设施，创建城市管理新样板。五是构建快捷高效交通网，打造绿色交通体系。六是推进体制机制改革，发挥市场在资源配置中的决定性作用和更好发挥政府作用，激发市场活力。七是扩大全方位对外开放，打造扩大开放新高地和对外合作新平台。

7日 中国人民银行会同国家发展改革委、中国证监会等部门以及京津冀三省市在天津召开金融支持京津冀协同发展座谈会。会议认为，服务国家重大战略是金融机构的重要责任。要把服务京津冀协同发展战略摆在当前和未来一个阶段京津冀地区金融工作的中心，要紧紧围绕京津冀协同发展战略规划，聚焦完善金融支持的重点和方式。人民银行副行长潘功胜在会上强调，金融业要抓住京津冀协同发展战略为自身发展带来的重大机遇，优化京津冀金融产业链布局，推动金融市场和基础设施一体化，加强内外资源整合和业务协同，探索推进金融管理机制一体化，有序推进京津冀金融业协同和一体化进程。证监会主席助理宣昌能表示，要继续加大对京津冀地区企业股权、债券融资的支持力度，并通过完善兼并重组机制、鼓励区域企业境外融资等方式，进一步做好京津冀协同发展金融服务。

中国银监会发布《关于提升银行业服务实体经济质效的指导意见》（以下简称《指导意见》），这是继 2015、2016 年后，银监会第三次出台类似《指导意见》。《指导意见》要求银行业金融机构按照风险可控、商业可持续原则，坚持以推进供给侧结构性改革为主线，深化改革、积极创新、回归本源、突出主业，进一步提高金融服务实体经济的能力和水平。《指导意见》从正向引导、改革创新、监管约束、外部环境、工作机制五个维度提出了 24 项主要政策措施，分别是：一是围绕“三去一降一补”，提升银行业服务实体经济水平，包括深入实施差异化信贷政策和债权人委员会制度；多种渠道盘活信贷资源，加快处置不良资产；因地因城施策，促进房地产市场长期稳健发展；积极稳妥开展市场化债转股；进一步提升服务质量，加强服务收费管理；持续提升“三农”和小微企业金融服务水平；大力支持国家发展战略，满足重点领域金融需求；积极推动产业转型升级和支持振兴实体经济；深入推进消费金融和支持社会领域企业发展；加快发展绿色金融助力生态环境保护和建设。二是推进体制机制改革创新，提高银行业服务实体经济内生动力，包括要继续完善和加强公司治理；持续深化普惠金融机制改革；积极稳妥创新服务模式和技术流程；进一步发挥开发性政策性金融作用；进一步推动民间资本进入银行业。三是强化重点领域监管约束，督促银行业回归服务实体经济本源，包括确保业务规范性和透明度；加强创新业务制度建设和风险管理；杜绝违法违规行为和市场乱象。四是推动优化外部环境，完善银行业服务实体经济的基础设施，包括加强信用信息归集共享与守信联合激励；完善多方合作的增信和风险分担机制；加大逃废债打击力度。五是加强组织领导和评估交流，确保政策落地实施，包括加强组织领导、强化考核评估、促进沟通交流。

9～10 日　中国保监会党委召开会议通报党中央对项俊波进行组织审查的决定。中国保监会先后召开党委会议，以及由保监会机关各部门、各保监局、会管单位主要负责人参加的党委扩大会议，通报党中央对项俊波涉嫌严重违纪进行组织审查的决定。保监会党委要求，保监会系统各级党组织和广大党员、干部坚决拥护服从党中央决定，坚决把思想和行动统一到中央精神上来，切实推进保监会系统党风廉政建设和反腐败工作，全力维护保险市场稳定健康发展。

12 日　国家外汇管理局、海关总署和国家税务总局签署《关于实施信息共享开展联合监管的合作机制框架协议》，加快推进跨部门的信息互换、监管互认、执法互助，完善事中事后监管，提高管理效率，降低管理成本，更好地防范和打击走私、骗取出口退税、逃骗汇等违法违规行为，保证国家海关、税收、外汇政策的有效执行。

14 日　中国证监会批准投资者服务中心报送的《扩大持股行权试点方案》，将持股行权试点区域从上海、广东（不含深圳）、湖南三个地区扩展至全国。

20 日　金砖国家财政和央行副手会议在美国华盛顿举行。会议由人民银行副行长易纲和财政部副部长史耀斌共同主持，金砖国家财政和央行副手出席了会议。根据当年 3 月召开的首次金砖国家财长和央行行长会议共识，此次会议主要就中方提出的推进金砖国家务实财金合作相关倡议进行了讨论，包括推动新开发银行（NDB）业务发展和应急储备安排（CRA）机制建设、推动政府与社会资本合作（PPP）、探讨促进金砖国家本币债券市场发展、推进会计准则趋同和审计监管等效合作、推动金融机构和金融服务网络化布局、加强货币合作、推进国际税收合作、加强反洗钱与反恐怖融资合作等。

20～22日 中国人民银行行长周小川、副行长易纲赴美国华盛顿出席国际货币基金组织和世界银行2017年春季例会，会议重点讨论了国际经济和金融形势、国际货币基金组织改革、国际金融架构、金融部门改革等议题。会议期间，周小川行长与易纲副行长还出席了G20第二次财长和央行行长会议，会议主要讨论了当前全球经济形势和增长框架、国际金融架构及全球金融治理、促进对非洲投资倡议、金融部门发展和监管等议题。

21日 中国证监会对《期货公司风险监管指标管理办法》进行了修订，并提升为部门规章。同时，证监会制定了《期货公司风险监管报表编制与报送指引》，作为实施该规章的配套文件。本次调整内容主要有四个方面：一是提高最低净资本要求至3 000万元，加强结算风险防范；二是按流动性、可回收性及风险度大小进一步细化资产调整比例，提高净资本计算的科学性；三是调整资产管理业务风险资本准备计提范围与计提标准，提升风险覆盖全面性；四是进一步强化对期货公司的监管要求，加大监管力度。

21～23日 中国人民银行行长周小川率团出席在美国华盛顿召开的国际货币基金组织第35届国际货币与金融委员会（IMFC）系列会议，会议主要讨论了全球经济金融形势与风险、全球政策议程和国际货币基金组织改革等问题。会议指出，当前全球经济复苏动能正在加强，大宗商品价格回升，全球通缩风险有所下降。虽然全球经济前景有所改善，但增长依然温和，且面临的政治和政策不确定性上升。发达国家仍然面临危机遗留问题、债务高企、生产率增速放缓和人口老龄化等挑战，部分新兴市场和发展中国家也面临经济不平衡、金融环境收紧和全球不确定性的负面溢出效应等挑战。会议呼吁各成员国继续使用包括货币、财政和结构性改革在内的政策工具，促进经济实现强劲、可持续、平衡、包容和高就业增长；呼吁各国提升金融部门韧性，加强金融风险监测，及时、全面和持续执行既定的金融部门改革日程，维护金融稳定。会议认为贸易金融一体化和技术进步给全球带来了巨大收益，但一些群体未能享受这些好处。各国应在多边框架下开展合作，确保所有人能够从经济全球化和技术进步中受益，实现更具包容性的增长。周小川行长在介绍中国经济形势时指出，2017年以来中国经济开局良好，多项经济指标企稳回升。同时，中国的供给侧结构性改革也取得了积极进展。中国政府高度重视金融领域存在的风险，正积极采取措施化解风险。去全球化、国际贸易和投资保护主义已成为全球经济的突出下行风险。基金组织应继续坚持倡行多边主义，促进国际政策协调，以推动全球经济增长和维护金融稳定。

24日 中国保监会发布《保险公司章程指引》，进一步强化公司治理规则体系建设，丰富公司治理监管工具，夯实公司治理制度基础。该指引共14章82条，重点针对公司治理运作中的主要风险点作出明确规定，一是明确股东权利义务；二是完善股东大会及董事会授权机制；三是完善表决决议机制；四是完善独立董事有关规则；五是规定公司治理特殊事项。

26日 财政部、国家发展改革委、司法部、中国人民银行、中国银监会、中国证监会六部门联合下发《关于进一步规范地方政府举债融资行为的通知》，要求各省级政府结合2016年开展的融资平台公司债务等统计情况，尽快组织一次地方政府及其部门融资担保行为摸底排查，7月31日前清理整改到位。

中国银监会发布《商业银行押品管理指引》。该指引共7章48条，主要从三方面督促和引导商业银行加强押品管理。一是完善押品管理体系，包括健全押品管理治理架构、明确岗位责任、加强制度建设、完善信息系统等。二是规范押品管理流程，明确了押品管理中的调查评估、抵（质）押设立、存续期管理、返还处置等业务流程。三是强化押品风险管理，对押品分类、估值方法和频率、抵（质）押率设定、集中度管理、压力测试等重点环节提出了具体要求。该指引的实施有助于提升押品的风险缓释效应，控制抵押交易的剩余风险，引导商业银行平衡好抵押贷款和信用贷款的关系，改进对实体经济的金融服务。

中国保监会决定调整《保险消费投诉情况通报》（以下简称《通报》）的口径和内容。《通报》将按照以下原则进行调整：一是全面客观。保险消费者向中国保监会及其派出机构反映的保险消费投诉，凡是符合《保险消费投诉处理管理办法》（保监会令 2013 年第 8 号）规定情形的，全部纳入投诉情况通报范围。二是直观明了。《通报》按照投诉类别设置了“涉嫌违法违规投诉量”和“合同纠纷投诉量”通报项目，针对消费者反映比较突出的问题设置了“销售纠纷”和“理赔纠纷”通报项目，并增加相应图表展现投诉情况，直观反映保险消费者普遍关注的重点问题。三是多维度呈现。除绝对量指标外，通过设置“亿元保费投诉量”“万张保单投诉量”和“万人次投诉量”等相对量指标，客观反映评价保险消费投诉在保险公司业务中所占的比例。《通报》通过调整，将促使保险公司进一步发挥主体责任，不断规范自身经营行为，从源头减少矛盾纠纷和损害保险消费者合法权益情况，切实改进服务能力，提升服务水平。

中国保监会批复同意中国人民保险集团股份有限公司扩大支农支小融资业务试点规模，在试点初期 50 亿元的基础上再增加 200 亿元。

28 日　中国保监会印发《关于强化保险监管打击违法违规行为整治市场乱象的通知》，组织开展专项整治行动，推动市场秩序实现明显好转。该通知部署了八个方面专项整治工作：一是着力整治虚假出资，切实解决资本不实问题；二是着力整治公司治理乱象，提升治理机制有效性；三是着力整治资金运用乱象，坚决遏制违规投资、激进投资行为；四是着力整治产品不当创新，坚决清退问题产品；五是着力整治销售误导，规范销售管理行为；六是着力整治理赔难，提高理赔服务质量和效率；七是着力整治违规套取费用，规范市场经营行为；八是着力整治数据造假，摸清市场风险底数。该通知要求，各单位主要负责人要亲自负责，加强对整治工作的领导。

5 月

2 日　中国人民银行、工业和信息化部会同财政部、商务部、国务院国资委、中国银监会、国家外汇局联合印发《小微企业应收账款融资专项行动工作方案（2017—2019 年）》，立足实体经济，聚焦小微企业，全面实施小微企业应收账款融资专项行动。该方案指出，应收账款是小微企业重要的流动资产。发展应收账款融资，对于有效盘活企业存量资产，提高小微企业融资效率具有重要意义。要通过开展小微企业应收账款融资专项行动，不断丰富企业融资渠道，稳步扩大应收账款融资规模，进一步优化企业商业信用环境，促进金融与实体经济良性互动发展。该方案提出，要向小微企业普及应收账款融资知识，向应付账款较多企业、供应链核心企业、大型零售企业开展宣传培训，加强应收账款融资业务的推广；要推动地方政府为中小企业开展政府采购项下融资业务提供便利，支持政府采购供应商依法依规开展融资；要动员国有大企业、大型民营企业等供应链核心企业支持小微企业供应商开展在线应收账款融资业务，发挥供应链核心企业引领作用；要优化金融机构等资金提供方应收账款融资业务流程，提高企业融资便利度；要建立健全应收账款登记公示制度，保障各方权利。该方案明确，要加大对积极参加应收账款融资的核心企业政策支持；加强应收账款融资服务平台等金融基础设施功能建设；人民银行各级分支机构、各地中小企业主管部门要牵头建立工作协调机制，细化工作措施，加强信息共享和政策联动；人民银行各级分支机构要加强对应收账款融资业务的指导和监测，动态跟踪辖区内应收账款融资工作进展情况，确保专项行动落实落地。

4日 中国保监会发布《关于保险业支持实体经济发展的指导意见》，提出了四方面重点政策措施。一是构筑实体经济的风险保障体系。重点发展环境污染、食品安全等责任保险。推动个人税收递延养老保险试点政策出台并落地实施。开展特色农产品保险，探索建立农产品收入保险制度。持续推进保险资金支农支小。二是引导保险资金服务国家发展战略。积极发挥保险资金融通和引导作用，助力供给侧结构性改革，支持保险资金参与市场化债转股。支持保险资金通过各种形式，服务"一带一路"建设、国家区域经济发展战略、军民融合、中国制造2025、PPP项目等。三是创新保险服务实体经济形式。推进中国保险业产业扶贫投资基金和扶贫公益基金，助力国家脱贫攻坚战略。发展再保险和巨灾保险，推进巨灾风险证券化业务。研究开展专利保险试点，深化首台（套）重大技术装备试点。四是持续改进监管工作。动态审慎调整和优化比例及资本监管。研究推进差异化监管。研究建立保险资金非重大股权投资负面清单制度。鼓励保险资金投资符合国家战略和导向的重大项目，并给予政策倾斜。

国家税务总局、中国银监会联合印发《关于进一步推动"银税互动"工作的通知》，进一步加大"银税互动"助力企业发展力度，充分发挥政务信息共享效应，支持供给侧结构性改革，促进大众创业、万众创新。该通知主要从完善银税合作机制、加大银税信息交流力度、推动银税合作积极创新、加强配套机制建设4个方面提出了10项具体措施。

5日 中国证监会发布《区域性股权市场监督管理试行办法》（以下简称《办法》），自2017年7月1日起施行。出台《办法》是落实《国务院办公厅关于规范发展区域性股权市场的通知》，统一区域性股权市场业务及监管规则的需要。《办法》共7章53条，主要做了以下制度安排：一是总则。明确了《办法》的立法目的和适用范围，根据《通知》对省级人民政府和证监会职责分工做了细化，对区域性股权市场运营机构（以下简称运营机构）的职责和条件以及名单管理等做了规定。二是证券发行与转让。明确了区域性股权市场证券发行、证券转让的条件和程序，建立了合格投资者标准及穿透核查制度，对信息披露提出了基本要求。三是账户管理与登记结算。明确开立证券账户的机构及其审查义务，建立了投资者资金管理制度，对证券的登记、存管、结算的办理机构和相关制度做了规定。四是中介服务。明确了运营机构可开展的中介业务范围及其应承担的义务，对区域性股权市场不得跨区域经营，可以与证券交易所、全国中小企业股份转让系统等建立合作机制等做了规定。五是市场自律。明确了区域性股权市场的信息系统建设、信息报送的要求，运营机构制定的业务操作细则和自律管理规则应当符合规定并备案，依法履行自律管理职责、处理好投资者投诉、防范化解市场风险。六是监督管理。明确了现场检查可采取的措施，对行政处罚、监管措施、市场禁入、诚信监管等作出了规定，为监管执法提供依据。

9日 中国人民银行、中国银监会、中国证监会、中国保监会、标准委联合印发《金融业标准化体系建设发展规划（2016—2020年）》（以下简称《规划》），明确提出"十三五"金融业标准化工作的指导思想、基本原则、发展目标、主要任务、重点工程和保障措施。《规划》强调，以支撑建设现代金融体系为目标，坚持需求引领、创新驱动、统筹协调、注重实效的原则，围绕统筹监管系统重要性金融机构，统筹监管金融控股公司和重要金融基础设施，统筹负责金融业综合统计，防范化解金融风险，加强重点标准研制和实施。《规划》确立了"十三五"金融业标准化的发展目标。《规划》围绕标准体系、标准制修订、实施、宣贯、国际标准化提出了金融业标准化工作的四项主要任务。一是建立新型金融业标准体系，全面覆盖金融产品与服务、金融基础设施、金融统计、金融监管与风险防控等领域；二是强化金融业标准实施，发挥政府、行业协会、认证机构、企业等各方面的作用；三是建立金融业标准监督评估体系，分类监督强制性标准和推荐性标准实施；四是持续推进金融国际标准化，在移动金融服务、非银行支付、数字货币等重点领域，加大对口专家派出力度，争取主导1～2项国际标准研制。《规划》针对标准制定、衔接配套以及实施等问题提出了5项重点工程，包括：金融风险防控标准化工程、绿色金融标准化工程、互联网金融标准化工程、金融标准认证体系建设工程和金融标准化基础能力建设工程。此外，《规划》从强化统筹协调、完善政策支持、发挥行业协会作用、加强人才培养、发挥基层行业主管部门主观能动性五方面提出了保障措施，强调强化各部门、各领域之间的协调配合，营造良好的政策环境，加大投入，健全完善激励机制等。

国家税务总局、财政部、中国人民银行、中国银监会、中国证监会、中国保监会发布《非居民金融账户涉税信息尽职调查管理办法》（以下简称《办法》）。受二十国集团（G20）委托，经济合作与发展组织（OECD）于2014年7月发布金融账户涉税信息自动交换标准（以下简称标准），获得当年G20布里斯班峰会的核准，为各国加强国际税收合作、打击跨境逃避税提供了强有力的信息工具。经国务院批准，我国向G20承诺实施标准，首次对外交换信息的时间为2018年9月。2015年7月，《多边税收征管互助公约》由十二届全国人大常委会第十五次会议批准，于2016年2月对我国生效，为我国实施标准奠定了多边法律基础。2015年12月，国家税务总局签署了《金融账户涉税信息自动交换多边主管当局间协议》，为我国与其他国家（地区）间相互交换金融账户涉税信息提供了操作层面的依据。本次发布的《办法》旨在将国际通用的标准转化成适应我国国情的具体要求，为我国实施标准提供法律依据和操作指引，既是我国积极推动标准实施的重要举措，也是我国履行国际承诺的具体体现。标准由主管当局间协议和统一报告标准两部分内容组成。主管当局间协议是规范各国（地区）税务主管当局之间开展金融账户涉税信息自动交换的操作性文件。统一报告标准规定了金融机构识别、收集和报送非居民个人和机构账户信息的相关要求和程序。《办法》对社会公众影响较小，主要对在中国境内开立账户的非居民或者有非居民控制人的消极非金融机构影响较大。如果一家非金融机构取得的大部分收入是股息、利息、租金、特许权使用费等消极经营活动收入，则该机构属于消极非金融机构，例如设立在某避税地、仅持有子公司股权的中间控股公司。由于消极非金融机构容易被当作跨境逃避税的工具，金融机构需要识别出这些机构及其背后的实际控制人。如果消极非金融机构的控制人是非居民，金融机构则需要收集并报送控制人相关信息。

11日 国家发展改革委、中国人民银行组织召开2017年社会信用体系建设部际联席会议，交流相关领域信用联合奖惩措施落实情况，研究部署下一阶段守信联合激励和失信联合惩戒以及城市信用状况监测工作。会议强调，积极推进市场化的信用激励和约束机制建设。会议要求，构建政府、社会共同参与的守信联合激励和失信联合惩戒机制，重在落实。一是政府部门要将信用联合奖惩贯彻到行政履职中。在市场监管和公共服务中，对守信的社会成员给予支持与便利，对失信的社会成员予以约束和惩戒。二是发挥市场机制的作用，构建市场性、社会性的奖励约束机制。支持社会征信机构依法采集市场交易和政务信息，完善征信产品与服务。不断健全金融信用信息基础数据库，构建金融领域对守信的联合激励和失信的联合惩戒。三是要切实加强信息主体权益保护。着力提升信用信息的及时性和准确性，建立信息主体的异议、投诉和责任处理机制。

12日 中国人民银行发布《关于加强开户管理及可疑交易报告后续控制措施的通知》。该通知基于客户准入、维持和退出的全流程，对开户管理和可疑交易报告后续控制提出具体要求，有效弥补了当前反洗钱制度的薄弱点，有助于进一步明确反洗钱义务机构的洗钱风险管理责任，加强防控措施，有效防范洗钱等违法犯罪活动风险，对预防洗钱犯罪、维护经济金融秩序、保护人民群众财产安全和合法权益具有重要意义。

中国人民银行发布《2017 年第一季度中国货币政策执行报告》。报告指出，2017 年第一季度，中国经济运行稳中向好、效益回升、实现良好开局，第三产业比重继续提高，工业生产明显加快，制造业投资和民间投资增速回升。中国人民银行实施稳健中性的货币政策，调节好货币闸门，加强与市场沟通和预期引导，为供给侧结构性改革营造适宜的货币金融环境。

14～15 日 “一带一路”国际合作高峰论坛在中国北京召开。习近平主席 14 日出席论坛开幕式，并发表题为《携手推进“一带一路”建设》的主旨演讲，强调坚持以和平合作、开放包容、互学互鉴、互利共赢为核心的丝路精神，携手推动“一带一路”建设行稳致远，将“一带一路”建成和平、繁荣、开放、创新、文明之路，迈向更加美好的明天。习近平强调，中国发展正站在新的起点上。中国将深入贯彻创新、协调、绿色、开放、共享的发展理念，为“一带一路”注入强大动力，为世界发展带来新的机遇。“一带一路”国际合作高峰论坛是中国首倡举办的“一带一路”建设框架内层级最高、规模最大的国际会议，主题是“加强国际合作，共建‘一带一路’，实现共赢发展”，由开幕式、领导人圆桌峰会、高级别会议三部分组成。包括 29 位外国元首和政府首脑在内的来自 130 多个国家和 70 多个国际组织的约 1 500 名代表出席此次高峰论坛。高峰论坛形成向丝路基金新增资金、鼓励金融机构开展人民币海外基金业务、与 IMF 合作建立中国—基金组织能力建设中心等一系列成果。中国人民银行与财政部联合举办促进“资金融通”平行主题论坛，就如何加强“一带一路”投融资合作展开讨论。

14 日 在“一带一路”国际合作高峰论坛期间，中国人民银行行长周小川与捷克国家银行行长伊日·鲁斯诺克签署了《中国人民银行与捷克国家银行合作谅解备忘录》，旨在加强金融领域的信息交流和经验共享，增进两国中央银行合作。

15 日 中国人民银行成立金融科技委员会，旨在加强金融科技工作的研究规划和统筹协调。中国人民银行将组织深入研究金融科技发展对货币政策、金融市场、金融稳定、支付清算等领域的影响，切实做好我国金融科技发展战略规划与政策指引。进一步加强国内外交流合作，建立健全适合我国国情的金融科技创新管理机制，处理好安全与发展的关系，引导新技术在金融领域的正确使用。强化监管科技应用实践，积极利用大数据、人工智能、云计算等技术丰富金融监管手段，提升跨行业、跨市场交叉性金融风险的甄别、防范和化解能力。

中国保监会印发《关于 2017 年继续开展打击损害保险消费者合法权益行为“亮剑行动”的通知》，着力整治因营销失信、数据失真等市场乱象造成的损害保险消费者合法权益行为。该通知明确了此次“亮剑行动”专项检查的工作重点。一是重点打击欺骗保险消费者、隐瞒与保险合同有关的重要情况等违规销售行为。二是重点整治保险公司客户信息不真实问题。三是重点核查保险公司对《保险小额理赔服务指引（试行）》的贯彻落实情况，整治保险公司理赔手续繁多、告知不到位、时效不及时等理赔难问题以及小额理赔数据不真实问题。

16 日 中国人民银行、香港金融管理局决定同意中国外汇交易中心暨全国银行间同业拆借中心、中央国债登记结算有限责任公司、银行间市场清算所股份有限公司（以下统称内地基础设施机构）和香港交易及结算有限公司、香港债务工具中央结算系统（以下统称香港基础设施机构）开展香港与内地债券市场互联互通合作（以下简称债券通）。债券通是指境内外投资者通过香港与内地债券市场基础设施机构连接，买卖两个市场交易流通债券的机制安排。初期先开通“北向通”，即中国香港及其他国家与地区的境外投资者（以下简称境外投资者）经由香港与内地基础设施机构之间在交易、托管、结算等方面互联互通的机制安排，投资于内地银行间债券市场。未来将适时研究扩展至“南向通”，即境内投资者经由两地基础设施机构之间的互联互通机制安排，投资于香港债券市场。债券通是中央政府支持香港发展、推动内地和香港合作的重要举措，有利于巩固与提升香港国际金融中心地位，有利于稳步推动我国金融市场对外开放，有利于境外投资者拥有更多的投资渠道，有利于香港的长期繁荣稳定。

中国保监会陈文辉副主席在北京会见香港保险监理处梁志仁专员，并签署《中国保险监督管理委员会和香港特别行政区政府保险业监督关于开展偿付能力监管制度等效评估工作的框架协议》，标志着双方正式启动偿付能力监管等效评估工作，以实现监管制度等效互认，增进两地保险监管互信。该框架协议的签署，是中国保监会落实习近平总书记近期关于维护金融安全一系列重要讲话精神，深化金融领域合作，建立服务“一带一路”建设长期、稳定、可持续风险可控的金融保障体系的重要举措。

中国保监会印发《关于债权投资计划投资重大工程有关事项的通知》，在风险可控的前提下，支持保险资金投资对宏观经济和区域经济具有重要带动作用的重大工程。该通知明确了保险资金通过债权投资计划形式投资重大工程的支持政策。一是优化增信安排。二是提高注册效率。对投资“一带一路”建设等国家发展战略的重大工程的债权投资计划，建立专门的业务受理及注册绿色通道，优先办理，满足重大工程融资时间紧、效率要求高的需求。

19 日　中国人民银行与新西兰储备银行续签中新双边本币互换协议，规模保持 250 亿元人民币/50 亿新西兰元，旨在便利双边贸易和投资，促进两国经济发展。互换协议有效期 3 年，经双方同意可以展期。

中国保监会印发《2017 年农业保险承保理赔专项检查工作方案》（以下简称《方案》），将于 6 月初启动农业保险专项检查工作。《方案》提出，此次专项检查的主要任务是强化农业保险监管，规范农业保险市场秩序，推动保险公司进一步加强和改进农业保险承保理赔管控，有效提升承保理赔档案完整性、真实性水平，夯实农业保险合规经营基础，促进农业保险健康持续发展。《方案》明确了此次专项检查的工作重点。一是重点抽查农业保险业务规模靠前的机构及内控管理薄弱的机构。二是重点核查违规问题屡禁不止、市场反映比较突出、基层机构服务能力差距明显的地区。三是检查内容重点以农业保险承保理赔档案的完整性、真实性为主，在此基础上，视情况对业务真实性开展延伸检查。

国家外汇管理局综合司印发《关于外籍人员持外国人永久居留身份证办理结售汇业务有关事宜的通知》，便利持外国人永久居留身份证的外籍个人办理结售汇业务。

20～27 日　在全国科技活动周期间，中国人民银行举办了以“科技创新驱动　金融普惠民生”为主题的 2017 年金融科技活动周，全方位展示金融科技创新和普惠金融成果，促进金融机构不断增强科技创新意识，为社会公众提供安全、高效、丰富的金融服务。活动周期间，中国人民银行在全国各地组织开展了形式多样、精彩纷呈的活动，各金融机构结合区域特点开展了一系列主题活动。

23 日　中国人民银行印发《人民币跨境收付信息管理系统管理办法》（以下简称《办法》），加强人民币跨境收付信息管理系统管理，保障人民币跨境收付信息管理系统安全、稳定、有效运行。《办法》指出，银行及相关接入机构可以通过直联方式或间联方式在其注册地中国人民银行省会（首付）城市中心支行以上分支机构一点接入系统。《办法》明确，中国人民银行总行对其分支机构系统维护和管理情况进行考核；中国人民银行分支机构负责对辖区内当地银行及相关接入机构进行用户培训，并考核银行信息报送情况。《办法》指出，对未按照有关规定及时、准确、完整地向系统报送人民币跨境收付及相关业务信息的银行，中国人民银行分支机构可以采取情况通报、风险提示、限期整改、约谈主要负责人等措施。对于情节严重的银行，中国人民银行及相关分支机构有权全部或部分暂停其跨境人民币业务办理资格。

25 日 中国银监会印发《大中型商业银行设立普惠金融事业部实施方案》（以下简称《实施方案》），推动大中型商业银行设立普惠金融事业部。《实施方案》明确了大中型商业银行设立普惠金融事业部的总体目标，通过建立适应普惠金融服务需要的事业部管理体制，构建科学的治理机制和组织架构，健全专业化服务体系，提高普惠金融服务能力，缓解小微企业、“三农”、创业创新、脱贫攻坚等领域的融资难、融资贵问题，体现普惠金融服务的普及性、便利性和优惠性，提高金融服务覆盖率和可得性，为实体经济提供有效支持，防止脱实向虚。《实施方案》涵盖了总体要求、组织架构、经营机制、监督管理、配套政策、组织实施六方面内容，明确了设立普惠金融事业部的基本原则，即商业化运作、条线化管理、专业化经营、差异化发展、分步骤实施、配套政策支持。《实施方案》重点要求大中型商业银行按照商业可持续原则，建立专门的综合服务、统计核算、风险管理、资源配置和考核评价等机制。通过逐步建立完善事业部体制机制，进一步提高大中型商业银行普惠金融服务水平和能力。大型商业银行将于 2017 年内完成普惠金融事业部设立，成为发展普惠金融的骨干力量。

26 日 国家外汇管理局发布《关于金融机构报送银行卡境外交易信息的通知》，要求发卡金融机构逐笔报送境内银行卡在境外发生的提现和单笔等值 1 000 元人民币以上的消费交易，加强银行卡境外交易监测管理，维护银行卡境外交易秩序。开展银行卡境外交易信息采集，不涉及银行卡境外使用的外汇管理政策调整，外汇局将继续支持和保障个人持银行卡在境外经常项下合规、便利化用卡。银行卡境外交易信息由发卡金融机构报送，个人无须另行申报，不增加个人用卡成本，外汇局将依法保护持卡人信息安全。

27 日 中国银监会、教育部、人力资源社会保障部联合印发《关于进一步加强校园贷规范管理工作的通知》（以下简称《通知》）。《通知》针对校园网贷快速发展过程中出现的滥发高利贷、暴力催收、裸条贷款等违法违规现象，进一步加大校园贷监管整治力度，从源头上治理乱象，防范和化解校园贷风险。《通知》按照“疏堵结合、打开正门、扎紧围栏、加强治理”的总体思路，进一步完善顶层监管制度设计。一是疏堵结合，维护校园贷正常秩序。商业银行和政策性银行应在风险可控的前提下，有针对性地开发高校金融产品，向大学生提供定制化、规范化的金融服务。同时，为切实规范校园贷管理，杜绝校园贷欺诈、高利贷和暴力催收等行为，未经银行业监督管理部门批准设立的机构不得进入校园为大学生提供信贷服务。二是整治乱象，暂停网贷机构开展校园网贷业务。从事校园贷业务的网贷机构一律暂停新发校园网贷业务标的，并根据自身存量业务情况，制订明确的退出整改计划。三是加强大学生教育管理。整顿校园贷市场的同时，要抓好校园秩序管理与学生教育引导工作。各高校开展丰富的宣传教育活动以引导学生科学理性消费，健全举报惩戒制度以维护校园稳定秩序。

中国证监会发布《上市公司股东、董监高减持股份的若干规定》，上海和深圳证券交易所也出台了完善减持制度的专门规则。针对 2016 年 1 月 7 日中国证监会 1 号公告执行中出现的问题，该规定对现行减持制度做进一步完善，有效规范股东减持股份行为，主要措施有：完善大宗交易制度，防范“过桥减持”；引导持有上市公司非公开发行股份的股东在股份锁定期届满后规范、理性、有序减持；健全减持计划的信息披露制度；明确大股东与其一致行动人减持股份的，其持股应当合并计算，防止大股东通过他人持有的方式变相减持等。

30 日 中巴扩大产能合作基金启动仪式在巴西圣保罗举行，中拉产能合作投资基金有限责任公司与巴西计划、预算和管理部签署基金设立文件，中巴基金指导委员会召开第一次会议并审议通过《中巴基金运作规程》，中巴基金正式启动。中巴基金根据双方政府首脑达成的共识设立，其正式启动是中拉产能基金落实国家“一带一路”和“走出去”战略的重要举措，有利于中巴双方开展产能合作，实现互利共赢。下一步，中巴基金将按照市场化运作机制，推动中巴双方战略合作和基金稳健运行。

6月

2日 中国证监会发布监管问答，明确关于首发企业中创业投资基金股东的锁定期安排及适用该政策的创业投资基金的具体认定标准。在发行审核过程中，对于创业投资基金股东的股份限售期安排，将区分情况进行处理：对于发行人有实际控制人的，非实际控制人的创业投资基金股东，按照《公司法》第一百四十一条的有关规定锁定一年。发行人没有或难以认定实际控制人的，对于非发行人第一大股东，但位列合计持股51%以上股东范围，且符合一定条件的创业投资基金股东，不再要求其承诺所持股份自上市之日起锁定36个月，而是按照《公司法》第一百四十一条的有关规定锁定一年。

6日 中国证监会发布《证券公司和证券投资基金管理公司合规管理办法》（以下简称《办法》），自2017年10月1日起施行。《办法》是对2006年5月发布的《证券投资基金管理公司督察长管理规定》和2008年7月发布的《证券公司合规管理试行规定》的修订。《办法》通过明晰董事会、监事会、高级管理人员、合规负责人等各方职责，提高合规履职保障，加大违法违规追责力度等措施，切实提升公司合规管理有效性，不断增强公司自我约束能力，促进行业持续健康发展。

8日 中国人民银行印发《中国金融业信息技术“十三五”发展规划》（以下简称《规划》），明确提出“十三五”金融业信息技术工作的指导思想、基本原则、发展目标、重点任务和保障措施。《规划》强调，“十三五”时期金融业要全面支持深化改革，积极对标国际先进，推动创新普惠发展，坚持安全与发展并重，并围绕统筹监管系统重要性金融机构、统筹监管金融控股公司和重要金融基础设施、统筹负责金融业综合统计，推进信息技术发展各项工作。《规划》确立了“十三五”期间金融业信息技术工作的发展目标，包括金融信息基础设施达到国际领先水平、信息技术持续驱动金融创新、金融业标准化战略全面深化实施、金融网络安全保障体系更加完善、金融信息技术治理能力显著提升。《规划》提出五项重点任务。一是完善金融信息基础设施，夯实金融服务基石；二是健全网络安全防护体系，增强安全生产和安全管理能力；三是推动新技术应用，促进金融创新发展；四是深化金融标准化战略，支持金融业健康发展；五是优化金融信息技术治理体系，提升信息技术服务水平。

9日 中国银监会党委书记、主席郭树清带队赴工商银行总行实地督察普惠金融特别是小微金融服务工作开展情况，并主持召开座谈会，听取部分银行业金融机构相关工作情况汇报。郭树清指出，近年来，银行业金融机构在普惠金融方面取得了一定成绩，但银行业自身还存在县域和农村社区资金净外流形势没有根本改变，适合普通客户的产品和管理技术供应不足，决策和融资链条较长，开展普惠金融业务内生动力不足等问题。郭树清要求，银行业金融机构要全面贯彻落实国务院印发的《推进普惠金融发展规划（2016—2020年）》，抓好六方面工作。同时，各银行业金融机构要建立内部评估和自我督察机制，确保普惠金融各项改革措施落到实处、见到实效。

中国保监会决定进一步扩大保险公司自主定价权，下调商业车险费率浮动系数下限，通过市场化手段进一步降低商业车险费率水平，减轻消费者保费负担。本次下调商业车险费率浮动系数下限后，根据前期行业测算，最低折扣率将进一步下调至0.3825，部分地区低至0.3375（具有良好驾驶习惯和安全记录的车主在一家经营稳健的保险公司投保，保费可能下浮20%左右）。经过本轮改革，保险行业商业车险赔付率可能提高3.6个百分点。

财政部、国家税务总局联合发布《关于延续支持农村金融发展有关税收政策的通知》。该通知提出，2017年1月1日至2019年12月31日，对金融机构农户小额贷款的利息收入免征增值税，且在计算应纳税所得额时按90%计入收入总额。

14日 国务院总理李克强主持召开国务院常务会议，确定取消和下放一批工业产品生产许可、简化审批程序，促进制造业创新和提质；决定在部分省（自治区）建设绿色金融改革创新试验区，推动经济绿色转型升级。会议决定，在浙江、江西、广东、贵州、新疆5省（自治区）选择部分地方，建设各有侧重、各具特色的绿色金融改革创新试验区，在体制机制上探索可复制、可推广的经验。

18~23日 中国人民银行副行长殷勇率团出席在西班牙瓦伦西亚举行的金融行动特别工作组（FATF）第二十八届第三次会议。会议讨论了反恐怖融资、受益所有权透明度、去风险化问题、内部治理改革等重要议题。会议认为，反恐怖融资是当前FATF的主要工作目标之一，强化信息共享是有效打击恐怖融资的重要手段；防止法人和法律安排被滥用仍是当前FATF和国际社会面临的重要问题，各国在有效执行FATF关于法人和法律安排透明度的建议方面依然面临挑战。会议交流了去风险化问题的最新进展，决定继续与金融稳定委员会等有关国际组织密切合作，努力解决去风险化问题。会议讨论了内部治理改革问题，决定将FATF主席任期延长至两年、强化FATF副主席职责，三年后正式实施。

20日 摩根士丹利资本国际公司（MSCI）宣布，从2018年6月开始将中国A股纳入MSCI新兴市场指数和全球基准指数。MSCI计划初始纳入222只大盘A股，基于5%的纳入因子，这些A股约占MSCI新兴市场指数0.73%的权重。

21日 中国人民银行发布《内地与香港债券市场互联互通合作管理暂行办法》。自5月16日中国人民银行、香港金融管理局发布开展香港与内地债券市场互联互通合作（以下简称债券通）联合公告以来，双方在债券通的准备工作上紧密合作。此次发布的暂行办法适用于"北向通"，即中国香港及其他国家与地区的境外投资者经由香港与内地基础设施机构之间在交易、托管、结算等方面互联互通的机制安排，投资于内地银行间债券市场。

中国银监会发布《关于进一步规范银行业金融机构吸收公款存款行为的通知》（以下简称《通知》）。《通知》共5条13款，在强化廉洁从业、严禁利益输送、防范道德风险、提升服务水平方面提出具体要求。一是加强业务管理。二是严禁利益输送。三是提升服务水平。四是强化行业自律。五是加强监督检查。《通知》主要有以下两方面的新要求：一是提出回避要求。《通知》第2条第2款规定，若公款存放主体相关负责人员的配偶、子女及其配偶和其他直接利益相关人员为银行业金融机构员工，该员工应实行回避，对不按规定回避的，所在机构要作出严肃处理。二是进行廉政承诺。《通知》第2条第3款规定，银行业金融机构应根据《关于进一步加强财政部门和预算单位资金存放管理的指导意见》（财库〔2017〕76号）的有关规定，按照公款存放主体的要求出具廉政承诺书。

28日 中国保监会发布《保险销售行为可回溯管理暂行办法》，于2017年11月1日起正式实施。该办法通过对保险公司、保险中介机构保险销售行为可回溯管理，记录和保存保险销售过程关键环节，实现销售行为可回放、重要信息可查询、问题责任可确认、消费权益可保障。

29日 中国共产党中国人民银行代表会议在北京召开，来自全系统的202名代表以无记名投票的方式选举产生了6名中国人民银行出席党的十九大代表人选。中国人民银行党委书记、行长周小川同志代表行党委向会议报告了人民银行出席党的十九大代表选举工作情况。周小川在讲话中指出，自2016年11月中央部署党的十九大代表选举工作以来，人民银行党委认真贯彻中央精神，高度重视，周密部署，切实加强选举工作的组织领导，层层抓好贯彻落实，确保十九大代表的先进性条件和结构性要求落实到位。各级党组织把发扬党内民主、坚持民主集中制贯穿于代表选举工作的全过程，通过广泛宣传和深入发动，激发了广大党员的参与热情，形成了良好的工作氛围，实现了基层党组织全覆盖、所有党员都参加的“双百”目标。

30日 反洗钱工作部际联席会议第九次工作会议召开。反洗钱工作部际联席会议召集人、中国人民银行行长周小川出席会议并发表重要讲话，中国人民银行副行长殷勇作反洗钱工作部际联席会议工作报告。周小川在讲话中指出，党中央、国务院高度重视反洗钱、反恐怖融资和反逃税工作（以下简称“三反”工作），将此作为深化改革的重点任务之一。部际联席会议全体成员单位要从维护国家金融安全、推进国家治理体系和治理能力现代化的高度认识反洗钱工作，着力补齐制度“短板”，强化部门间务实合作，健全“三反”监管体制机制，争取在国际反洗钱领域发挥更大作用，全面提升“三反”工作水平。会议还传达了中央全面深化改革领导小组审议通过的《关于完善反洗钱、反恐怖融资、反逃税监管体制机制的意见》和国务院批准的《应对金融行动特别工作组第四轮反洗钱和反恐怖融资互评估工作方案》精神，总结了第八次工作会议以来的反洗钱工作，分析了当前国内外反洗钱和反恐怖融资等形势，审议了工作报告和《落实〈关于完善反洗钱、反恐怖融资和反逃税监管体制机制的意见〉分工方案》《反洗钱工作部际联席会议制度（修订版）》，交流了反洗钱工作情况。

中国保监会印发《关于做好保险公估机构业务备案及监管工作的通知》（以下简称《通知》），进一步细化保险公估机构业务备案工作。《通知》从四个方面明确了保险公估机构业务备案的要求和程序。一是明确保险公估机构经营保险公估业务，应当符合《中华人民共和国资产评估法》和国务院保险监督管理部门的要求，按照全国性保险公估机构和区域性保险公估机构实行分级备案。二是明确保险公估机构应根据业务发展规划，具备日常经营和风险承担所必需的营运资金并实施托管。三是明确保险公估机构应具备一定数量的保险公估师，强化专业资质人员执业。四是明确现存保险公估机构应在过渡期内完成公估业务备案工作。保险公估机构可在中国保监会官方网站“保险中介监管信息系统”的“经营保险公估业务备案”模块中，查阅有关备案要求并按流程办理备案事宜。备案系统将备案信息及时向社会公示，方便社会公众公开查询。《通知》的发布是中国保监会取消“保险公估机构设立审批”行政许可事项后，强化事中、事后监管的一项重要举措，有利于推动保险公估行业健康稳定发展。

中国保监会印发《关于开展财产保险公司备案产品专项整治工作的通知》（以下简称《通知》），对财产保险公司备案产品开展专项整治工作。《通知》明确了专项整治工作的重点。主要包括：产品开发是否符合《保险法》及相关法律法规规定，是否存在违反保险原理、违背社会公序良俗、损害社会公共利益和保险消费者合法权益等情况；是否存在创新不规范、炒作概念和制造噱头、设计偏离保险本源、保障功能弱化等问题；语言是否通俗易懂、明确清楚，保险条款要素是否齐全，表述是否严谨准确，是否存在保险责任规定过于宽泛的情况，是否存在保险责任与责任免除相冲突的情况；是否定期清理保险产品，对不再销售的保险产品是否及时注销；是否存在违反《中国保监会关于进一步加强保险业风险防控工作的通知》等系列文件精神的情况等11条整治要点。

中国人民银行首次开展“普及金融知识守住‘钱袋子’”活动，针对低净值人群（重点关注农民、务工人员、青少年、老年人和残疾人）的金融需求，开展金融知识普及活动，引导其正确运用金融知识，合理选择金融产品和服务，增强风险防范意识。

7月

1日 由中国证监会发布的《证券期货投资者适当性管理办法》（以下简称《办法》）正式实施。《办法》作为投资者适当性管理的基本规范，首次对投资者基本分类作出了统一安排，明确了产品分级和适当性匹配的底线要求，系统规定了经营机构违反适当性义务的处罚措施。《办法》根据投资者的基本情况、财务状况、投资知识和经验、投资目标、风险偏好等因素，将投资者分为普通投资者和专业投资者两类，目的是要求经营机构根据投资者需求及证券期货产品或服务风险程度的不同，向不同类别的投资者推荐相匹配的产品或服务，并履行差异化的适当性义务。《办法》的核心要求在于强化对证券、基金、期货经营机构“卖者有责”的要求，让经营机构在获取经营收益的同时，必须承担法律规定的义务，确保权利义务的对等和统一，切实防范片面追求经济利益，向风险承受能力不足的投资者推介高风险证券期货产品，造成对投资者合法权益的损害和影响。根据《办法》的规定，即使是风险承受能力较低的投资者，在经营机构进行必要的风险提示后，如果坚持购买高风险等级的产品，在经过必要承诺和确认程序后，仍然可以遵从其意愿，参与相关的投资活动。因此，《办法》没有限制投资者的自由交易，是在充分揭示市场风险的基础上，对投资者交易的更好保护。

3日　内地与香港债券市场互联互通合作（以下简称“债券通”）正式上线试运行。7月3日上午，中国人民银行与香港金管局在香港举办了“债券通”开通仪式，新任香港特别行政区行政长官林郑月娥出席仪式并致辞，人民银行副行长潘功胜、香港金管局总裁陈德霖先后致辞。“债券通”境外投资者可经由香港与内地基础设施机构之间在交易、托管、结算等方面互联互通的机制安排，在不改变业务习惯的基础上高效便捷地通过香港投资于内地银行间债券市场。同时，人民银行与香港金管局加强监管合作，强化“债券通”交易结算信息收集和风险防范。“债券通”是中央政府支持香港发展、推动内地和香港合作的重要举措，也是中国债券市场改革开放发展的重要举措，有利于以香港为重要中介连接内地和国际债券市场，巩固与提升香港国际金融中心地位，促进香港长期繁荣稳定，有利于为境外投资者提供更加便利的投资渠道，稳步推进我国金融市场对外开放进程。下一步，人民银行将会同香港金管局、香港与内地基础设施机构和各市场参与机构，根据“债券通”试运行情况，进一步完善相关制度安排，推动中国债券市场健康发展和稳步开放。

中国人民银行发布〔2017〕第7号公告，推动符合条件的境内外信用评级机构在银行间债券市场开展信用评级业务，促进信用评级行业健康发展。公告规定了境内外依法设立的信用评级机构法人在银行间债券市场信用评级业务要具备的条件；开展银行间债券市场信用评级业务的信用评级机构，应当向交易商协会就拟开展的债券评级业务类别申请注册；信用评级机构不得从事的行为等。

4日　经国务院批准，香港人民币合格境外机构投资者（RQFII）额度扩大至5 000亿元人民币。扩大香港RQFII投资额度，有助于进一步满足香港投资者对于人民币资产的配置需求，推动境内金融市场对外开放，密切内地与香港经济金融联系。

中国人民银行发布《中国金融稳定报告（2017）》。报告认为，2016年，我国坚持稳中求进的工作总基调，国民经济运行缓中趋稳、稳中向好，金融业改革不断深化，金融市场平稳运行，金融机构整体稳健，金融基础设施建设取得新的进展，宏观审慎政策框架不断完善，实现了“十三五”良好开局。报告认为，2016年我国金融业运行总体稳健。银行业资产负债规模保持增长，对经济转型升级的支持力度不断加大，对薄弱领域的金融服务水平日趋提升，开发性金融机构、政策性银行、大型商业银行改革持续推进，银行业资产质量下行压力趋缓，信用风险总体可控。证券期货业市场主体稳健发展，监管力度不断加强，基础性制度建设进一步完善。保险业总体呈现较快发展态势，资产规模不断扩大，保费收入快速增长，改革深入推进，服务社会能力增强。金融市场稳健运行，市场规模继续扩大，参与主体进一步丰富，市场制度建设扎实推进，对外开放取得显著进展。总的来看，在全面推进以“三去一降一补”为重点任务的供给侧结构性改革进程中，我国经济基本面保持了中高速增长、较低的通货膨胀和基本平衡的国际收支并行不悖的良好发展态势，金融业在持续推进的改革开放进程中积累了较强的抗风险能力，特别是作为金融业骨干的商业银行资本充足率、拨备覆盖率比较高，金融管理部门可动用的工具和手段多。有信心和底气、有能力和办法牢牢守住不发生系统性金融风险的底线。

中国证监会发布《关于开展创新创业公司债券试点的指导意见》（以下简称《指导意见》）。《指导意见》明确指出，创新创业债属于公司债券的一个子类别，遵循《证券法》《公司法》《公司债券发行与交易管理办法》和其他相关法律法规；发行主体范围包括创新创业公司以及募集资金专项投资于创新创业公司的公司制创业投资基金和创业投资基金管理机构；允许非公开发行的创新创业债设置转股条款，满足多元化的投资需求。《指导意见》鼓励相关部门和地方政府通过多种方式提供政策支持，将创新创业债纳入地方金融财税支持体系。

5日 中国银监会发布《关于修改〈中资商业银行行政许可事项实施办法〉的决定》。该决定共对《中资商业银行行政许可事项实施办法》中的八个条款作出修改，主要修改内容包括：一是合并支行“筹建”和“开业”审批程序，仅保留支行“开业”审批；二是整合“中资商业银行投资设立、参股、收购境内法人金融机构”的“准出”“准入”程序；三是优化中资商业银行投资设立、参股、收购境内法人金融机构以及募集发行债务、资本补充工具的条件；四是进一步简化高管资格核准程序，对于同质同类银行业金融机构间的平级调动或改任较低职务的，取消事前核准改为备案制；五是明确境内外资银行入股中资商业银行条件。

6日 中国人民银行与蒙古银行续签中蒙双边本币互换协议，规模保持为150亿元人民币/5.4万亿蒙古图格里克，旨在便利双边贸易和投资，促进两国经济发展。互换协议有效期3年，经双方同意可以展期。

中国保监会印发《关于整治机动车辆保险市场乱象的通知》，启动车险市场专项整治工作。该通知明确了车险市场专项整治工作的重点，各财产保险公司应对车险业务经营活动中的管控漏洞和违法违规行为进行自查，建立依法合规经营的长效机制。

中国证监会发布修订后的《证券公司分类监管规定》。现行《规定》为证监会2009年5月发布，于2010年5月进行了第一次修订，此次为第二次修订，主要修订内容包括五方面：一是不改变现行的以风险管理能力、持续合规状况为主的评价体系和有效做法，仅对相关评价指标结合行业实际和监管需要进行优化。二是完善日常监管措施及针对立案调查、风险事件的扣分规则，引导一线监管部门用好用足监管措施。客观、准确体现不同类别公司在持续规范运营上的差异，引导公司按照监管导向依法合规、稳健经营。三是更新风险管理评价内容，提高净资本加分门槛，引导证券公司提升资本实力、引入高端专业人才、完善风控基础设施，形成精准计量各类风险、动态监测监控和有效应对风险的全面风险管理能力，实现风险管理全覆盖。四是优化原有的市场竞争力指标，剔除部分偏离主业、过度投机的业务因素影响，增加反映公司综合实力、跨境服务能力等因素的指标，引导证券公司突出主业、做优做强，提升国内国际竞争力。五是增加授权条款，委托中国证券业协会在条件具备时对全面风险管理能力、合规管理能力、社会责任履行情况等进行专项定量评价，逐步提升风险管控能力在分类评价中的比重，确保分类评价结果切实管用、持续有效，不断提高监管资源配置的有效性。

7~8日 G20领导人第十二次峰会在德国汉堡举行，中国国家主席习近平出席峰会并发表系列重要讲话，中国人民银行行长周小川陪同出席。会议讨论了全球经济形势、增长框架、国际金融架构、加强与非洲合作、金融部门改革等财金渠道重要议题，并通过了G20汉堡峰会公报和汉堡行动计划等重要文件。

7日 中国证监会发布修订后的《中国证券监督管理委员会发行审核委员会办法》。本次修订的办法主要涉及十个方面内容：一是增加了保护投资者合法权益的宗旨。二是强化发审委选聘工作。三是增加对发行审核工作进行监察的制度安排。四是完善限制发审委委员买卖股票制度。五是将主板发审委和创业板发审委合并。六是适当增加委员总数。七是减少委员任职期限。八是完善发审委委员任职条件。九是强化委员推荐单位责任。十是增加了对违法违规委员公开谴责的处理方式。

11 日 中国保监会印发《信用保证保险业务监管暂行办法》（以下简称《办法》），对出口信用保险以外的信保业务予以全面规范。《办法》明确提出，保险公司开展信保业务应当坚持“依法合规、小额分散、稳健审慎、风险可控”的原则，确保公司经营稳定。针对前期信保业务发展中存在的突出问题，《办法》以“负面清单”形式规定信保业务的经营范围和市场行为。《办法》的制定和发布，是现阶段治理行业乱象、补齐制度短板、防范系统性风险的有效举措，也是提高行业风险管理水平的重要制度安排。

13 日 中国人民银行发布《消费者金融素养调查分析报告（2017）》。为准确把握消费者金融知识水平及金融消费者教育领域中存在的薄弱环节，评估金融消费者教育的有效性，进一步做好金融知识普及工作，中国人民银行金融消费权益保护局于 2013 年和 2015 年针对消费者金融素养情况进行了两次全国范围内的试点调查，收到了较好的效果。2017 年为第一次全面开展消费者金融素养问卷调查，在每个省级行政单位随机抽取 600 名金融消费者进行问卷调查，全国共 18 600 个样本。调查从消费者态度、行为、知识和技能等多角度综合定性分析我国消费者的金融素养情况。从 2017 年开始，该调查每两年在全国 31 个省级行政单位（除港澳台地区）开展一次。

14～15 日 全国金融工作会议在北京召开。中共中央总书记、国家主席、中央军委主席习近平出席会议并发表重要讲话。习近平强调，金融是国家重要的核心竞争力，金融安全是国家安全的重要组成部分，金融制度是经济社会发展中重要的基础性制度。必须加强党对金融工作的领导，坚持稳中求进工作总基调，遵循金融发展规律，紧紧围绕服务实体经济、防控金融风险、深化金融改革三项任务，创新和完善金融调控，健全现代金融企业制度，完善金融市场体系，推进构建现代金融监管框架，加快转变金融发展方式，健全金融法治，保障国家金融安全，促进经济和金融良性循环、健康发展。习近平指出，金融是实体经济的血脉，为实体经济服务是金融的天职，是金融的宗旨，也是防范金融风险的根本举措；防止发生系统性金融风险是金融工作的永恒主题；要把主动防范化解系统性金融风险放在更加重要的位置，科学防范，早识别、早预警、早发现、早处置，着力防范化解重点领域风险，着力完善金融安全防线和风险应急处置机制；要坚定深化金融改革，要优化金融机构体系，要加强金融监管协调、补齐监管短板，要健全风险监测预警和早期干预机制，加强金融基础设施的统筹监管和互联互通，推进金融业综合统计和监管信息共享，设立国务院金融稳定发展委员会，强化人民银行宏观审慎管理和系统性风险防范职责；要扩大金融对外开放，要深化人民币汇率形成机制改革，积极稳妥推动金融业对外开放，推进“一带一路”建设金融创新，搞好相关制度设计；要坚持党中央对金融工作集中统一领导，确保金融改革发展正确方向，确保国家金融安全。要落实全面从严治党要求，建好金融系统领导班子，强化对关键岗位、重要人员特别是“一把手”的监督。李克强总理在讲话中指出，要认真学习领会和贯彻落实习近平总书记在这次会上的重要讲话精神。金融是国之重器，是国民经济的血脉。要把服务实体经济作为根本目的，把防范化解系统性风险作为核心目标，把深化金融改革作为根本动力，促进经济与金融良性循环。中共中央政治局委员、国务院副总理马凯在总结讲话中要求，各地区、各部门特别是金融系统要切实把思想统一到习近平总书记重要讲话精神上来，统一到党中央对金融工作的决策部署上来，增强做好金融工作的责任感和使命感，紧紧围绕服务实体经济、防控金融风险、深化金融改革三项任务，结合各地区、各部门实际，确定工作重点，明确责任主体，强化制度建设，提高队伍素质，促进我国金融业健康发展，确保党的路线方针政策在金融领域切实得到落实。

17 日 中国银监会公众教育服务区正式对外开放。为进一步提升宣传服务功能，贯彻落实《国务院办公厅关于加强金融消费者权益保护工作的指导意见》相关精神，展现党的十八大以来银行业改进服务成果，中国银监会对原有的公众教育服务区进行了改造，在保留咨询、宣教功能的基础上，增设“未来银行展示区”，旨在以多样化手段及时展示我国银行业在发展理念、业务种类、服务手段和产品设计等方面的创新成就和进展，为公众提供公益、正规的专业咨询渠道，同时进行现场体验，以此促进公众对银行业和银行服务的了解，帮助公众增强正确使用金融服务的意识和能力，为日常生活提供便利。

18 日 中国人民银行与阿根廷央行续签中阿（阿根廷）双边本币互换协议，旨在促进两国经济和贸易发展。协议规模为 700 亿元人民币/1 750亿阿根廷比索，协议有效期 3 年，经双方同意可以展期。

住房城乡建设部、国家发展改革委、财政部、中国人民银行、中国证监会等九部委联合印发《关于在人口净流入的大中城市加快发展住房租赁市场的通知》（以下简称《通知》），加快推进租赁住房建设，培育和发展住房租赁市场。《通知》提出了多项举措，包括培育机构化、规模化住房租赁企业；建设政府住房租赁交易服务平台；增加租赁住房有效供应；创新住房租赁管理和服务体制。在金融政策方面，《通知》提出，加大对住房租赁企业的金融支持力度，拓宽直接融资渠道，支持发行企业债券、公司债券、非金融企业债务融资工具等公司信用类债券及资产支持证券，专门用于发展住房租赁业务。鼓励地方政府出台优惠政策，积极支持并推动发展房地产投资信托基金（REITs）。

19～22 日 首轮中美全面经济对话在美国华盛顿举行，中国国务院副总理汪洋与美国财政部部长姆努钦、商务部部长罗斯共同主持对话，中国人民银行副行长易纲陪同参会。此次对话就中美贸易投资、经济合作百日计划和一年计划、全球经济与治理、宏观经济政策和金融业等议题进行了深入讨论，达成了广泛共识。

19 日 中国保监会发布首批《保险业务要素数据规范》（以下简称《规范》）。《规范》是从保险业务活动出发，覆盖财产险、人寿险、健康险、意外险等不同险种，穿透承保、保全、理赔、收付、再保等核心业务流程的系列数据规范。《规范》是做好行业数据源头治理、推动行业数据资源共享开放的重要举措，对引导行业实现精细管理、科学经营，推进行业信息共享平台等保险业基础设施建设具有积极作用。未来，中国保监会将推动规范的贯彻落实工作，各类行业信息共享平台和监管信息系统将率先应用规范内容，各保险公司在开展信息系统建设时也将积极应用行业规范。

21 日 中国人民银行与瑞士央行续签中瑞（瑞士）双边本币互换协议，规模保持为 1 500 亿元人民币/210 亿瑞士法郎，旨在为双边经贸往来提供流动性支持，并维护金融市场稳定。协议有效期 3 年，经双方同意可以展期。

25 日 中国银监会、财政部、中国人民银行、中国保监会和国务院扶贫办联合印发《关于促进扶贫小额信贷健康发展的通知》（以下简称《通知》）。《通知》进一步明确扶贫小额信贷有关政策要点，要求各地在发展扶贫小额信贷过程中要坚持精准扶贫，坚持依法合规，坚持发展生产，切实提高贫困户脱贫内生发展动力。《通知》要求各单位要认真落实工作责任，强化激励约束机制，加强贷款风险管理，并对扶贫小额信贷差异化监管和尽职免责制度等方面做了说明。《通知》还强调各单位要加强统计监测和评估考核，做好政策宣传解读，确保贫困户真正把握“免担保、免抵押、基准利率放贷、财政贴息”等政策要点。

26 日 国家发展改革委、工业和信息化部、财政部等十六部委联合印发《关于推进供给侧结构性改革防范化解煤电产能过剩风险的意见》，为煤电行业防范化解产能过剩风险、转型升级发展提供了行动指南。该意见提出“十三五”期间，全国停建和缓建煤电产能1.5亿千瓦，淘汰落后产能0.2亿千瓦以上，实施煤电超低排放改造4.2亿千瓦、节能改造3.4亿千瓦、灵活性改造2.2亿千瓦。到2020年，全国煤电装机规模控制在11亿千瓦以内，具备条件的煤电机组完成超低排放改造，煤电平均供电煤耗降至310克/千瓦时。

中国银监会、民政部联合印发《慈善信托管理办法》。该办法共9章65条，涵盖了总则、慈善信托的设立、慈善信托的备案、慈善信托财产的管理和处分、慈善信托的变更和终止、促进措施、监督管理和信息公开、法律责任、附则九个方面的内容。该办法的发布标志着我国慈善信托规制体系基本建立，有利于规范慈善信托，保护慈善信托当事人的合法权益，促进慈善事业发展。

8月

2日 国务院发布《融资担保公司监督管理条例》（以下简称《条例》），自2017年10月1日起施行。《条例》规定，国家推动建立政府性融资担保体系，发展政府支持的融资担保公司，建立政府、银行业金融机构、融资担保公司合作机制，扩大为小微企业和“三农”提供融资担保业务的规模并保持较低的费率水平。各级人民政府财政部门对主要为小微企业和“三农”服务的融资担保公司提供财政支持。政府支持的融资担保公司应当增强运用大数据等现代信息技术手段的能力，为小微企业和“三农”融资需求服务。纳入政府推动建立的融资担保风险分担机制的融资担保公司，应当按照国家有关规定降低对小微企业和“三农”的融资担保费率。《条例》规定了融资担保公司的经营规则，包括建立健全各项业务规范以及风险管理等内部控制制度，并按照国家规定的风险权重计量担保责任余额；担保责任余额不得超过相应的比例；自有资金的运用应当符合国家有关其资产安全性、流动性的规定；禁止融资担保公司吸收存款或者变相吸收存款、自营贷款或者受托贷款以及受托投资等。《条例》明确了融资担保公司的监督管理体制，规定由省级人民政府确定的部门负责对本地区融资担保公司的监督管理；省级人民政府负责制定促进本地区融资担保行业发展的政策措施、处置融资担保公司风险，督促监督管理部门严格履行职责；国务院建立融资性担保业务监管部际联席会议。《条例》规定了监督管理部门的主要职责和具体监管措施，以及融资担保公司应当遵守的监管要求。《条例》的颁布将有利于加大政策扶持力度，完善监管制度，有效防范风险，促进融资担保行业健康发展，更好地为小微企业和“三农”服务。

4日 最高人民法院印发《关于进一步加强金融审判工作的若干意见》。其中，在规范整治资本市场方面，该意见要求，依法严厉惩治证券犯罪行为，防范和化解资本市场的系统性风险，促进资本市场的持续健康发展。

中国人民银行发布《中国区域金融运行报告（2017）》。报告显示，2016年各地区经济运行缓中趋稳，发展质量和效益有所提高。全年东部、中部、西部和东北地区生产总值加权平均增长率分别为7.6%、8.0%、8.2%和2.7%，地区生产总值占全国的比重分别为52.3%、20.6%、20.3%和6.8%，较2015年分别上升0.8个、0.3个、0.2个和下降1.3个百分点。各地区社会融资规模和贷款增长总体平稳，信贷投向结构持续优化，行业集中度下降，产能过剩行业贷款增速放缓，高耗能产业贷款占比继续降低，对高新技术产业、现代服务业、薄弱环节和民生领域的支持力度不断加大。

11日 人民币对蒙古图格里克银行间市场区域交易在内蒙古自治区顺利启动。人民币对蒙古图格里克银行间市场区域交易实现了中蒙两国货币的直接兑换，有利于规避汇率风险、降低交易成本，对推进贸易投资本币结算便利化，提升金融服务实体经济水平具有重要作用和意义。中国工商银行内蒙古分行、中国农业银行内蒙古分行、中国银行内蒙古分行、中国建设银行内蒙古分行、包商银行和内蒙古银行6家银行成为首批参与行和报价行。

中国人民银行发布《2017年第二季度中国货币政策执行报告》。报告指出，2017年上半年，中国经济保持平稳较快增长，经济增长的稳定性、协调性和包容性增强，投资增长总体稳定，进出口较快增长，就业稳中向好，主要指标好于预期。中国人民银行继续实施稳健中性的货币政策，注重根据形势变化加强预调微调和预期管理，为经济稳定增长和供给侧结构性改革营造了良好的货币金融环境。

16日 国务院印发《关于促进外资增长若干措施的通知》（以下简称《通知》），强调深化供给侧结构性改革，推进简政放权、放管结合、优化服务改革，进一步提升我国外商投资环境法治化、国际化、便利化水平，促进外资增长，提高利用外资质量。《通知》明确，积极利用外资是我国对外开放战略的重要内容。当前经济全球化呈现新特点，我国利用外资面临新形势、新任务，要不断提升我国引资新优势，促进吸收外资实现稳定增长。《通知》从四个方面提出促进外资增长政策措施，明确证券、保险等行业对外开放时间表、路线图。一是进一步减少外资准入限制。二是制定财税支持政策。三是完善国家级开发区综合投资环境。四是便利人才出入境。

18日 国家发展改革委、商务部、中国人民银行、外交部发布《关于进一步引导和规范境外投资方向的指导意见》（以下简称《意见》），部署加强对境外投资的宏观指导，引导和规范境外投资方向，推动境外投资持续合理有序健康发展。《意见》鼓励开展的境外投资包括，一是重点推进有利于“一带一路”建设和周边基础设施互联互通的基础设施境外投资；二是稳步开展带动优势产能、优质装备和技术标准输出的境外投资；三是加强与境外高新技术和先进制造业企业的投资合作；四是在审慎评估经济效益的基础上稳妥参与境外能源资源勘探和开发；五是着力扩大农业对外合作；六是有序推进服务领域境外投资。《意见》还列举了五类限制进行的境外投资和四类禁止开展的境外投资。

20日 中国联通集团旗下A股上市公司中国联合网络通信股份有限公司发布专项公告，正式披露混合所有制改革试点总体方案和拟改革的内容要点。根据混改方案，除通过老股转让和股权激励募集资金外，拟通过向BATJ在内的战略股东非公开发行不超过约90.37亿股股份，募集资金不超过约617.25亿元，用于优化4G网络、建设5G网络以及实现创新业务规模突破。

23日 中国银监会发布《银行业金融机构销售专区录音录像管理暂行规定》（以下简称《暂行规定》），要求银行业金融机构实施专区“双录”，即设立销售专区并在销售专区内装配电子系统，对自有理财产品及代销产品销售过程同步录音录像。《暂行规定》共6章30条，主要涵盖了总体要求、产品销售专区管理、录音录像管理、内部管理制度、监督管理等方面，对规定适用范围、信息查询平台、录音录像内容、销售话术标准等重点事项作出明确规定，同时确定了施行时间。《暂行规定》的实施，将强化对于自有理财产品及代销产品销售过程的监控，对于规范银行业金融机构经营行为、化解纠纷投诉、保障银行业消费者合法权益具有重要意义，同时也为监管部门开展行为监管提供了新的监管工具及重要抓手。

24日 中国人民银行发布《中国农村金融服务报告》（逢双年出版），主要介绍我国农村金融机构改革、市场运行、基础设施建设等方面的新进展、新政策和新做法。该报告突出了以下内容：一是农村金融重大改革进展，包括区域性试点示范和整体推进的“两权”抵押贷款试点等；二是普惠金融发展情况，特别是G20领导人杭州峰会推动数字普惠金融发展取得的重大成果；三是金融扶贫的政策与成效。

中国银监会发布《网络借贷信息中介机构业务活动信息披露指引》（以下简称《信息披露指引》）。《信息披露指引》的出台，标志着网贷行业“1+3”制度框架基本搭建完成，初步形成了较为完善的制度政策体系，进一步明确网贷行业规则，有效防范网贷风险，保护消费者权益，加快行业合规进程，实现网贷机构优胜劣汰，真正做到监管有法可依、行业有章可循。《信息披露指引》及其附件《信息披露内容说明》主要明确了网络借贷信息中介业务活动中应当披露的具体事项、披露时间、披露频次及披露对象等，为参与网贷业务活动的各当事方进行信息披露提供了规范的标准和依据。主要内容如下：一是《信息披露指引》从维护消费者合法权益的角度出发，明确了信息披露的基本概念和原则。二是《信息披露指引》明确了在网贷业务活动中应当披露的信息内容。三是《信息披露指引》配套了《说明》，重点对披露的口径、披露标准予以规范。四是《信息披露指引》在明确披露内容的同时，强调了相关披露主体责任及管理要求。五是《信息披露指引》充分考虑到当前网贷行业的现实情况，明确了整改的过渡期限。《信息披露指引》的制定和出台有利于统一网贷行业信息披露标准，充分保护网贷业务参与各方的合法权益，促使从业机构控制风险稳健经营，引导网贷行业规范有序发展。

25 日 中国银监会发布《信托登记管理办法》（以下简称《办法》）。《办法》按照“集中登记、依法操作、规范管理、有效监督”的总体原则，主要规定了信托登记的定义及流程、信托受益权账户管理及信托登记信息管理、监管要求等，构建了我国信托业统一的信托登记制度。《办法》规定，信托登记包括预登记、初始登记、变更登记、终止登记和更正登记，中国信托登记有限责任公司（以下简称信托登记公司）接受信托登记申请，依法办理信托登记业务。信托登记公司以提供信托业基础服务为主要职能，不以营利为主要目的，免收信托登记费。《办法》强调信托登记信息受法律保护，对信托登记信息的管理和使用提出了严格的保密要求。为确保信托登记工作稳妥起步，《办法》设立 3 个月过渡期。《办法》对完善信托业基础建设，提高信托市场规范性和成熟度，进一步推动信托业长期稳健发展和加强监管具有积极意义。

29 日 《国务院办公厅关于完善反洗钱、反恐怖融资、反逃税监管体制机制的意见》（以下简称《意见》）发布。《意见》指出，反洗钱、反恐怖融资、反逃税监管体制机制是建设中国特色社会主义法治体系和现代金融监管体系的重要内容，是推进国家治理能力现代化、维护经济社会安全稳定的重要保障，是参与全球治理、扩大金融业双向开放的重要手段。《意见》按照问题导向、防控为本、立足国情、依法行政的基本原则，从健全工作机制、完善法律制度、健全预防措施、严惩违法犯罪活动、深化国际合作、创造良好社会氛围六个方面提出二十余项具体措施，目标是到 2020 年逐步健全适应社会主义市场经济要求、适合中国国情、符合国际标准的“三反”法律法规体系，建立职责清晰、权责对等、配合有力的“三反”监管协调合作机制，有效防控洗钱、恐怖融资和逃税风险。《意见》是《反洗钱法》颁布十周年以来对国家反洗钱体系最全面的顶层设计，也是我国在反洗钱、反恐怖融资和反逃税工作领域深化改革的总体规划，对下一步做好反洗钱、反恐怖融资、反逃税工作，防范和打击违法犯罪活动，有效防控金融风险，保护人民群众合法权益具有重要指导意义。

30 日 国家发展改革委、中国人民银行、中国保监会等 31 个部门联合发布《关于对保险领域违法失信相关责任主体实施联合惩戒的合作备忘录》。该备忘录内容涵盖保险领域失信联合惩戒对象、惩戒措施、惩戒方式、信息共享、信息管理 5 个方面，核心是 6 大类 28 项联合惩戒措施：一是限制联合惩戒对象市场准入；二是限制联合惩戒对象任职资格；三是加强对联合惩戒对象监管；四是限制联合惩戒对象部分消费行为；五是限制联合惩戒对象享受优惠政策；六是限制联合惩戒对象评优表彰。

31 日 中国人民银行发布公告〔2017〕第 12 号，为引导同业存单市场规范有序发展，规定自 2017 年 9 月 1 日起，金融机构不得新发行期限超过 1 年（不含）的同业存单，此前已发行的 1 年期（不含）以上同业存单可继续存续至到期。

中国证监会发布《公开募集开放式证券投资基金流动性风险管理规定》（以下简称《管理

规定》），自2017年10月1日起施行。《管理规定》作为《证券投资基金法》《公开募集证券投资基金运作管理办法》与《货币市场基金监督管理办法》的配套规范性文件，共10章41条。主要内容涵盖基金管理人内部控制以及基金产品设计、投资限制、申购赎回管理、估值与信息披露等业务环节的规范，并针对货币市场基金的流动性风险管控作出了专门规定。《管理规定》对基金管理人做好基金流动性风险管控工作提出底线要求，关键在于后续的落实与执行，核心是基金管理人自我风险管理意识与能力的提升。各基金管理人应根据《管理规定》的要求，切实强化与落实金融机构防范风险主体责任，抓紧建立与完善基金流动性风险的内控制度与机制，全面构建多维度的流动性风险监测与预警制度，提升识别、防范与抵御风险的能力。

9月

3~5日 金砖国家领导人第九次会晤在厦门举行，中国国家主席习近平主持并发表系列重要讲话，中国人民银行行长周小川陪同出席。会晤围绕"深化金砖国家伙伴关系，开创更加光明未来"主题进行了讨论，通过了金砖国家厦门宣言等重要文件，在推动建立金砖本币债券基金（BBF）、发展和完善金砖应急储备安排（CRA）机制等务实财金合作上取得了一系列重要成果。

4日 中国人民银行等七部门联合发布《关于防范代币发行融资风险的公告》（以下简称《公告》）。《公告》指出，代币发行融资是指融资主体通过代币的违规发售、流通，向投资者筹集比特币、以太币等所谓"虚拟货币"，本质上是一种未经批准非法公开融资的行为，涉嫌非法发售代币票券、非法发行证券以及非法集资、金融诈骗、传销等违法犯罪活动。《公告》要求，自公告发布之日起，各类代币发行融资活动应当立即停止；已完成代币发行融资的组织和个人应当作出清退等安排，合理保护投资者权益，妥善处置风险。此外，要加强代表融资交易平台的管理，各金融机构和非银行支付机构不得开展与代币发行融资交易相关的业务，社会公众应当高度警惕代币发行融资与交易的风险隐患。

8日 中国人民银行印发《关于调整外汇风险准备金政策的通知》，宣布自2017年9月11日起，将外汇风险准备金征收比例下调至零。

中国证监会调整可转债和可交换债发行方式并修订发布《证券发行与承销管理办法》。可转债和可交换债发行方式调整后，参与网上申购的投资者申购时无须预缴申购资金，待确认获得配售后，再按实际获配金额缴款；参与网下申购的投资者申购时无须预缴申购资金，按主承销商的要求单一账户缴纳不超过50万元的保证金，待确认获得配售后，再按实际获配金额缴款。此外，可交换债的网上发行由时间优先的配售原则调整为采用摇号中签方式进行分配。同时，为配合可转债和可交换债发行方式调整而进行的证券交易结算系统改造工作也已完成，中国证券登记结算公司与沪、深证券交易所修订发布了相关业务规则。

11日 中国保监会印发《关于加强保险消费风险提示工作的意见》。该意见提出了三项重点工作内容：一是建立完善工作机制，要求行业有关单位加强制度建设、明确职责分工、构建各司其职齐抓共管的工作格局；二是推进风险提示平台建设，建立信息汇集、发布、共享联动机制；三是规范运作流程，加强保险消费风险监测、识别，增强保险消费风险提示有效性。

13日 人民币对柬埔寨瑞尔银行间市场区域交易在广西壮族自治区推出。近年来，随着中国"一带一路"建设发展战略和柬埔寨"四角"战略的有机衔接和深入推进，中柬经贸合作展现出强劲动力和蓬勃活力，中国已成为柬埔寨重要的贸易伙伴和第一大投资来源国。顺应市场需求开展人民币对柬埔寨瑞尔银行间市场区域交易，是中柬两国共同推动双边经济金融关系进一步向前发展的重要举措。人民币对柬埔寨瑞尔银行间市场区域交易实现了中柬两国货币的直接兑换，有利于形成透明的人民币对柬埔寨瑞尔直接汇率，帮助市场主体规避汇率风险、降低交易成本，促进人民币与柬埔寨瑞尔在双边贸易和投资中的使用。同时，人民币对柬埔寨瑞尔银行间市场区域交易在广西的正式启动，对推进中柬贸易投资本币结算便利化，提升金融服务实体经济水平具有重要作用和意义，也为广西金融业服务东盟、支持区域经济发展开辟了一条创新道路。

15日 国务院办公厅印发《关于进一步激发民间有效投资活力促进经济持续健康发展的指导意见》。为增强民间投资动力，激发市场新活力，培育发展新动能，针对政策落实不到位、营商环境待改善以及融资难、融资贵等问题，该意见提出了十个方面的政策措施，进一步激发民间有效投资。

18～19日 中美第八次反洗钱和反恐怖融资研讨会在美国华盛顿举行，中国人民银行副行长殷勇率中方代表团参加会议。中美双方就贸易洗钱与地下钱庄、金融科技与监管科技、特定非金融行业监管、接受金融行动特别工作组（FATF）互评估等议题进行了交流研讨。

22日 国务院发布《国务院关于取消一批行政许可事项的决定》（国发〔2017〕46号），取消装帧流通人民币审批。

30日 中国人民银行发布《关于对普惠金融实施定向降准的通知》。该通知明确，自2018年起，将当前对小微企业和“三农”领域实施的定向降准政策拓展和优化为统一对符合宏观审慎经营要求且普惠金融领域贷款达到一定比例的商业银行实施。

住房城乡建设部、中国人民银行、中国银监会联合印发《关于规范购房融资和加强反洗钱工作的通知》。该通知规定，严禁违规购房融资行为，加强房地产交易反洗钱监督管理，维护住房金融市场秩序，促进房地产市场平稳健康发展。

中国证监会发布公告正式聘任第十七届发行审核委员会委员。63位受聘发审委委员中，42人为专职委员，21人为兼职委员。

10月

2日 国家外汇管理局发布《关于融资租赁业务外汇管理有关问题的通知》。为推广自由贸易试验区试点经验，该通知允许金融租赁公司、外商投资融资租赁公司以及中资融资租赁公司在境内收取外币租金，明确收取外币租金的前提条件是融资租赁类公司用以购买租赁物的资金50%以上来源于自身国内外汇贷款或外币外债，明确承租人可持相关真实性证明材料自行到银行办理对出租人的租金购付汇手续，明确融资租赁类公司外币租金收入可以进入融资租赁类公司自身按规定在银行开立的外汇账户，超出偿还外币债务所需的部分，可直接在银行办理结汇。

9日 美国邓白氏公司投资设立的企业征信机构华夏邓白氏在中国人民银行上海总部备案，成为首家备案外资企业征信机构。

11日 中国人民银行与韩国央行续签双边本币互换协议，协议规模为3 600亿元人民币/64万亿韩元，有效期3年。

18日 中国共产党第十九次全国代表大会在人民大会堂开幕。习近平代表第十八届中央委员会向大会做了《决胜全面建成小康社会 夺取新时代中国特色社会主义伟大胜利》的报告。习近平强调，贯彻新发展理念，建设现代化经济体系。习近平说，我国经济已由高速增长阶段转向高质量发展阶段，正处在转变发展方式、优化经济结构、转换增长动力的攻关期，建设现代化经济体系是跨越关口的迫切要求和我国发展的战略目标。必须坚持质量第一、效益优先，以供给侧结构性改革为主线，推动经济发展质量变革、效率变革、动力变革，提高全要素生产率，着力加快建设实体经济、科技创新、现代金融、人力资源协同发展的产业体系，着力构建市场机制有效、微观主体有活力、宏观调控有度的经济体制，不断增强我国经济创新力和竞争力。

23日 中国保监会出台《关于落实〈保险

销售行为可回溯管理暂行办法〉有关事项的通知》(以下简称《通知》),进一步明确了保险销售过程现场录音录像的有关要求，着重强调了保险公司、保险中介机构对消费者的提示义务，附件中“保险销售行为现场同步录音录像用语示例”从9个环节对销售用语进行规范。《保险销售行为可回溯管理办法》和《通知》正式实施，将进一步强化保险公司、保险中介机构保护保险消费者合法权益的主体责任和管理责任，规范保险销售服务行为，固化销售过程的关键环节，有助于在纠纷调解、投诉处理、法律诉讼过程中迅速查明事实，提高消费者保护工作效率。

25日 中国人民银行印发修订后的《应收账款质押登记办法》。为适应市场发展需求，更好地履行《中华人民共和国物权法》第二百二十八条赋予的办理应收账款质押登记的职责，中国人民银行对《应收账款质押登记办法》(中国人民银行令〔2007〕第4号发布)进行了修订，自2017年12月1日起施行。社会公众可登录中国人民银行征信中心建立的登记公示系统 www. zhongdengwang. org. cn 办理登记和查询业务。

11月

3日 中国人民银行与卡塔尔央行续签双边本币互换协议，协议规模为350亿元人民币/208亿里亚尔，有效期3年。

深圳证券交易所修订并发布《深圳证券交易所行业信息披露指引第3号——上市公司从事房地产业务》，以进一步规范从事房地产业务上市公司的信息披露行为，提高上市公司信息披露质量。

6日 国家开发银行新一届董事会成立并有效运转。

7日 民政部与中国人民银行联合印发《社会组织反洗钱和反恐怖融资管理办法》，明确了社会组织反洗钱和反恐怖融资的活动准则和内部控制要求，正式将社会组织纳入反洗钱和反恐怖融资监管体系。

8日 经党中央、国务院批准，国务院金融稳定发展委员会成立，并召开了第一次全体会议，学习贯彻党的十九大精神，研究部署相关工作。为贯彻党的十九大精神，落实全国金融工作会议要求，党中央、国务院决定设立国务院金融稳定发展委员会，作为国务院统筹协调金融稳定和改革发展重大问题的议事协调机构。其主要职责是：落实党中央、国务院关于金融工作的决策部署；审议金融业改革发展重大规划；统筹金融改革发展与监管，协调货币政策与金融监管相关事项，统筹协调金融监管重大事项，协调金融政策与相关财政政策、产业政策等；分析研判国际国内金融形势，做好国际金融风险应对，研究系统性金融风险防范处置和维护金融稳定重大政策；指导地方金融改革发展与监管，对金融管理部门和地方政府进行业务监督和履职问责等。

中国人民银行、中国银监会联合印发修订后的《汽车贷款管理办法》，进一步规范汽车贷款行为，同时联合印发《关于调整汽车贷款有关政策的通知》，将自用和商用新能源新车贷款最高发放比例从80%和70%分别提高至85%和75%，二手车贷款最高发放比例由50%提高至70%，加强对汽车消费的金融支持。《汽车贷款管理办法》和1998年发布的《汽车消费贷款管理办法》相比，有以下变化：一是扩大了贷款人的范围，将贷款人由国有独资商业银行扩大为包括各商业银行、城乡信用社以及获准经营汽车贷款业务的非银行金融机构。二是将借款人细分为个人、汽车经销商和机构借款人，对不同借款人申请汽车贷款规定了不同的资质条件，提出了相应的风险管理要求。三是针对不同类型的汽车贷款，规定了不同的贷款期限、贷款最高限额和相应的风险防范措施。四是强化了对汽车贷款的风险管理。专门设立“风险管理”一章，要求贷款人建立借款人资信评级系统和汽车贷款预警监测体系，完善审贷分离制度，对汽车贷款实行分类监控以及建立汽车贷款信息交流制度等。

中国人民银行与加拿大央行续签双边本币互换协议，协议规模为2 000亿元人民币/300亿加元，有效期3年。

9日 国务院印发《划转部分国有资本充实社保基金实施方案》，为划转部分国有资本充实社保基金设定了具体路线图和时间表。该方案指出，随着经济社会发展和人口老龄化加剧，基本养老保险基金支付压力不断加大。在推动国有企业深化改革的同时，通过划转部分国有资本充实社保基金，使全体人民共享国有企业发展成果，增进民生福祉，促进改革和完善基本养老保险制度，实现代际公平，增强制度的可持续性。

丝路基金与通用电气旗下GE能源金融服务在北京签署“成立能源基础设施联合投资平台合作协议”，共同投资包括“一带一路”国家和地区的电力电网、新能源、油气等领域基础设施项目。丝路基金与GE合作，一是加强中美两国企业在高端制造业领域的合作，促进经贸发展；二是发挥中美企业各自优势，合作投资，共同推动投资所在区域的经济发展。

15日 中国银监会分别印发《中国农业发展银行监督管理办法》《中国进出口银行监督管理办法》和《国家开发银行监督管理办法》。三个办法的出台是进一步深化金融改革、弥补相应的监管制度短板以及强化对三家银行监管的需要。

《中国农业发展银行监督管理办法》突出了农业发展银行服务国家战略的政策性金融定位，坚持以政策性业务为主体开展经营活动。要求农业发展银行围绕农业农村重点领域和薄弱环节做好金融服务，主要服务维护国家粮食安全、脱贫攻坚、实施乡村振兴战略、促进农业农村现代化、改善农村基础设施建设等领域，在农村金融体系中发挥主体和骨干作用。该办法还要求农发行遵守市场秩序，建立与商业性金融机构的互补合作关系。

《中国进出口银行监督管理办法》要求进出口银行坚守政策性金融定位，坚持以政策性业务为主体开展经营活动。要求进出口银行紧紧围绕国家战略，重点支持外经贸发展、对外开放、国际合作、“走出去”等领域。该办法还要求进出口银行遵守市场秩序，建立与商业性金融机构的互补合作关系。

《国家开发银行监督管理办法》要求开发银行发挥服务国家战略、依托信用支持、市场运作、保本微利的开发性金融作用；要求开发银行坚守开发性金融定位，以开发性业务为主，辅以商业性业务，发挥中长期投融资作用，加大对经济社会重点领域和薄弱环节的支持力度。

三个办法都强调了要构建以资本充足率为核心的资本约束机制，制定有效的资本规划和资本充足率管理计划，建立稳健的内部资本充足评估程序，建立内源性资本积累与外源性资本补充相结合的动态、可持续的资本补充机制。此外，办法对三家银行的公司治理机制、风险控制和问责等机制都有具体规定。

三个办法的出台有利于推动银行深化改革，明确各自定位和功能，有利于完善银行监管规制体系，推动监管法治化进程；有利于银行风险管控，引导三家银行在各自定位内发挥各自职能，实现安全稳健可持续运行，支持国民经济持续健康发展。

17日 中国证监会发布修订后的《证券交易所管理办法》，自2018年1月1日起施行。现行《证券交易所管理办法》公布于2001年12月12日，随着我国证券市场的不断发展，已滞后于市场发展实践，为此中国证监会对《证券交易所管理办法》进行了修订。修订后的《证券交易所管理办法》共九章九十条，主要从完善证券交易所内部治理结构和促进证券交易所进一步履行一线监管职责，充分发挥自律管理作用两方面予以修改完善。修订的主要内容包括：完善交易所内部治理结构，增设监事会并进一步明确会员大会、理事会、监事会、总经理的职权；突出交易所自律管理属性，明确交易所依法制定的业务规则对证券交易活动的各参与主体具有约束力；强化交易所对证券交易活动的一线监管职责，明确交易所对于异常交易行为、违规减持行为等的自律管理措施；强化交易所对会员的一线监管职责，建立健全证券交易所以监管会员为中心的交易行为监管制度，进一步明确会员的权利义务；强化证券交易所对证券上市交易公司的一线监管职责，要求证券交易所对证券上市公司的信息披露、停复牌等履行自律管理职责；进一步完善证券交易所在履行一线监管职责、防范市场风险中的手段措施，包括实时监控、限制交易、现场检查、收取惩罚性违约金等。

中国人民银行发布《2017年第三季度中国货币政策执行报告》。报告指出，2017年第三季度，中国经济保持平稳增长，结构持续优化，质量效益提高，消费需求对经济增长的拉动作用保持强劲，进出口较快增长，投资稳中略缓，就业基本稳定。中国人民银行继续实施稳健中性的货币政策，密切关注流动性形势和市场预期变化，加强预调微调和与市场沟通，为稳增长、调结构、促改革、惠民生、去杠杆、抑泡沫、防风险营造了适宜的货币金融环境。

民政部与中国人民银行联合印发了《社会组织反洗钱和反恐怖融资管理办法》，明确了社会组织反洗钱和反恐怖融资的活动准则和内部控制要求，正式将社会组织纳入反洗钱和反恐怖融资监管体系。

17~19日　中国人民银行召开保护征信信息安全工作座谈会，强调对征信信息安全工作从严监管监控，坚决对征信系统及其接入机构的征信异常查询和征信信息泄露形成高压态势，增加征信信息的有效供给，重点治理征信市场乱象，打好征信信息安全工作持久战。

22日　中国人民银行与香港金管局续签双边本币互换协议，协议规模为4 000亿元人民币/4 700亿港元，有效期3年。

中国人民银行与俄罗斯央行续签双边本币互换协议，协议规模为1 500亿元人民币/13 250亿卢布，有效期3年。

中国人民银行与澳大利亚交易报告与分析中心签署《中国人民银行和澳大利亚交易报告与分析中心关于监管与合规信息交换的合作谅解备忘录》，加强战略性监管与合规信息交换，共同打击反洗钱和反恐怖融资犯罪。

11月30日~12月1日　第五次中法高级别经济财金对话在北京举行，中国国务院副总理马凯和法国财长勒梅尔共同主持会议，中国人民银行副行长易纲作为代表团成员出席会议并讲话。此次对话共达成80项成果。

30日　国家外汇管理局发布《国家外汇管理局综合司关于印发〈对外金融资产负债及交易统计业务指引（2017年版）〉的通知》，本次发布的业务指引是对《对外金融资产负债及交易统计制度》的补充，旨在进一步规范对外金融资产负债及交易统计申报业务，指导申报主体准确理解相关要求，提高统计申报数据质量。

12月

1日　互联网金融风险专项整治工作领导小组办公室和P2P网贷风险专项整治工作领导小组办公室联合下发《关于规范整顿“现金贷”业务的通知》（以下简称《通知》），针对过度借贷、重复授信、不当催收、畸高利率、侵犯个人隐私等问题明确了“现金贷”的开展原则。《通知》要求，小额贷款公司监管部门暂停新批设网络（互联网）小额贷款公司；暂停新增批小额贷款公司跨省（区、市）开展小额贷款业务。已经批准筹建的，暂停批准开业。小额贷款公司的批设部门应符合国务院有关文件规定。对于不符合相关规定的已批设机构，要重新核查业务资质。

3日　深圳证券交易所正式成为联合国可持续证券交易所倡议（UN Sustainable Stock Exchange Initiative）的第67家伙伴交易所。

6日　国家发展改革委、商务部、中国人民银行、外交部、全国工商联五部门联合印发《民营企业境外投资经营行为规范》（以下简称《规范》），旨在引导和规范民营企业境外投资经营活动，防范境外投资经营风险，促进“走出去”健康有序发展。《规范》指出，国家支持有条件的民营企业“走出去”，在此基础上，《规范》主要从以下五方面对民营企业境外投资经营活动进行了引导和规范。一是完善经营管理体系。二是依法合规诚信经营。三是切实履行社会责任。四是注重资源环境保护。五是加强境外风险防控。

7日 国际货币基金组织和世界银行公布了中国"金融部门评估规划"更新评估核心成果报告——《中国金融体系稳定评估报告》《中国金融部门评估报告》《关于中国遵守〈有效银行监管核心原则〉详细评估报告》《关于中国遵守〈证券监管目标与原则〉详细评估报告》和《关于中国遵守〈保险核心原则〉详细评估报告》。报告指出，自首次"金融部门评估规划"以来，中国经济一直保持令人瞩目的快速增长。金融体系为经济增长和降低贫困率提供了有力支持，金融业特别是资本市场不断深化发展，金融服务可得性和质量不断提升，普惠金融取得重大进展。管理部门持续推进金融改革，在升级货币政策和宏观审慎政策框架、建立存款保险体系、落实巴塞尔协议Ⅲ监管框架、加强证券投资者保护及完善资本市场基础性制度、建立保险业增长的稳健性框架等方面成效显著。报告认为我国金融高度符合国际标准，对我国在完善反洗钱和反恐怖融资法律和监管框架方面的进展也给予高度评价。报告认为，尽管金融体系面临着一定的潜在风险，中国高度重视并已着手采取有力措施防控风险、完善微观审慎监管，并通过设立国务院金融稳定发展委员会加强宏观审慎管理和系统性金融风险防范。报告建议中国加强金融集团监管，从前瞻性角度进一步加强银行资本监管，确保相似产品受到一致性监管，加强数据收集、信息共享和系统性风险监测，强化危机管理框架，增强金融市场基础设施韧性，提升金融科技的监管框架，继续构建更具普惠性的金融部门，健全多层次资本市场体系。

8日 中国保监会印发《保险扶贫统计制度（试行）》（以下简称《制度》）。《制度》明确了报送内容、统计对象、填报口径等方面的要求。

13日 中国人民银行与中国证监会联合印发《绿色债券评估认证行为指引（暂行）》（以下简称《指引》），完善绿色债券评估认证制度，推动绿色债券市场持续健康发展。

14日 中国人民银行公布《自动质押融资业务管理办法》，自2018年1月29日起施行。自动质押融资业务是指存款类金融机构清算账户资金不足时，通过系统自动向央行质押债券融入资金完成清算的支付系统支持机制，有助于减少清算排队现象，保障支付清算安全。

15日 中国保监会印发《中国保险监督管理委员会公职律师工作方案》，并向司法部报备。该工作方案规定了中国保监会公职律师的任职条件与职责范围、权利与义务、申请与审核程序，以及公职律师的日常管理和考核等制度。

15～16日 第九次中英经济财金对话在北京举行。中国国务院副总理马凯和英国财政大臣哈蒙德共同主持会议，中国人民银行行长周小川、副行长易纲出席会议。此次对话共达成72项成果。

18 中国人民银行发布《关于优化企业开户服务的指导意见》，通过重塑银行开户流程、优化开户资料传递方式和推进工商信息共享等多种方式，采取推广电子渠道预约开户、建立小微企业开户服务绿色通道、实行小微企业开户"2＋2"限时办结制等措施，提升企业开户体验和业务办理效率，深化"放管服"改革，助力改善营商环境。

18～20日 中央经济工作会议在北京举行。会议指出，5年来，我们坚持观大势、谋全局、干实事，成功驾驭了我国经济发展大局，在实践中形成了以新发展理念为主要内容的习近平新时代中国特色社会主义经济思想。会议指出，要实现高质量发展要做好8项重点工作：一是要深化供给侧结构性改革；二是要激发各类市场主体活力；三是要实施乡村振兴战略；四是要实施区域协调发展战略；五是要推动形成全面开放新格局；六是要提高保障和改善民生水平；七是要加快建立多主体供应、多渠道保障、租购并举的住房制度；八是要加快推进生态文明建设。

19 日 中国人民银行发布《关于推广信贷资产质押和央行内部（企业）评级工作的通知》，正式决定向全国推广信贷资产质押和央行内部（企业）评级工作，并进一步优化央行内部（企业）评级工作的组织机制、制度流程和评级方法等。

20 日 中国人民银行、中国银监会、中国证监会和中国保监会联合印发《关于金融支持深度贫困地区脱贫攻坚的意见》，坚持新增金融资金优先满足深度贫困地区、新增金融服务优先布设深度贫困地区，为深度贫困地区打赢脱贫攻坚战提供重要支撑。该意见强调，要拓宽深度贫困地区直接融资渠道；加强深度贫困地区生态环境建设；优化银行业金融机构监管考核，对深度贫困地区银行业金融机构个人精准扶贫贷款不良率高于自身各项贷款不良率年度目标 2 个百分点以内的，可以在监管部门监管评价和银行内部考核中给予一定的容忍度。

22 日 中国人民银行与泰国央行续签双边本币互换协议，协议规模为 700 亿元人民币/3 700亿泰铢，有效期 3 年。

中国银监会发布《关于规范银信类业务的通知》（以下简称《通知》），对银信类业务进行规范。《通知》共 10 条，分别从商业银行和信托公司双方规范银信类业务，并提出了加强银信类业务监管的要求。一是明确银信类业务及银信通道业务的定义。《通知》首次明确将银行表内外资金和收益权同时纳入银信类业务的定义，将银信通道业务明确为信托资金或信托资产的管理、运用和处分均由委托人决定，风险管理责任和因管理不当导致的风险损失全部由委托人承担的行为。二是规范银信类业务中商业银行的行为。《通知》要求在银信类业务中，银行应按照实质重于形式原则，将穿透原则落实在监管要求中；要求在银信通道业务中，银行应还原业务实质，不得利用信托通道规避监管要求或实现资产虚假出表。同时，《通知》要求商业银行对信托公司实施名单制管理，应根据客户及自身的风险偏好和承受能力，选择与之相适应的信托公司及信托产品。三是规范银信类业务中信托公司的行为。《通知》要求信托公司积极转变发展方式，立足信托本源支持实体经济发展。《通知》明确，在银信类业务中，信托公司不得接受委托方银行直接或间接提供的担保，不得与委托方银行签订抽屉协议，不得为委托方银行规避监管要求或第三方机构违法违规提供通道服务。四是加强银信类业务的监管。《通知》的实施有利于规范银信类业务，引导商业银行主动减少银信通道业务、信托公司回归信托本源。

全国股转公司发布新制定的《全国中小企业股份转让系统挂牌公司分层管理办法》（以下简称《分层管理办法》）和《全国中小企业股份转让系统股票转让细则》。新的《分层管理办法》调整了净利润标准、营收标准，共同准入增加合格投资人人数不少于 50 人等，将维持标准改为合法合规为主。按照《分层管理办法》的规定，全国股转公司将于 2018 年 4 月 30 日启动 2018 年的市场分层调整工作，2017 年已进入创新层的挂牌公司，在 2018 年市场分层调整时，适用《分层管理办法》规定的创新层维持条件，判断其是否继续留在创新层。对于基础层挂牌公司，在 2018 年分层调整时，适用《分层管理办法》规定的创新层准入条件，判断其是否进入创新层。

25 日 中国人民银行发布了《关于印发〈条码支付业务规范（试行）〉的通知》，配套印发《条码支付安全技术规范（试行）》和《条码支付受理终端技术规范（试行）》，自 2018 年 4 月 1 日起实施。条码支付具有支付便捷、应用门槛低的优势，在推动普惠金融和优化我国非现金支付环境建设方面能够发挥积极作用。针对条码支付发展中出现的问题，如收单市场乱象、扰乱市场公平竞争和技术风险等，该通知提出了相应的业务规范，银行业金融机构、非银行支付机构开展条码支付业务涉及跨行交易时，必须通过人民银行清算系统或者合法清算机构处理，支付机构还应符合相应的业务资质要求。为特约商户提供条码支付收单服务的，应执行银行卡收单业务管理相关要求，切实履行商户管理、交易风险监测等收单主体责任，强化对收单外包机构管理。在技术规范方面，银行业金融机构、非银行支付机构和清算机构要加强条码支付技术风险防控，合理运用支付标记化、可信执行环境、条码防伪识别等手段，提升条码支付客户端软件安全防护能力，规范条码支付交易报文管理，保障交易信息的真实性、完整性、一致性、可追溯性，构建以受理终端注册、大数据分析为基础的条码支付创新风险管理机制。要加强标准落地实施，强化条码支付产品质量和安全管理，提升条码支付产品的技术标准符合性和安全性，切实保障金融消费者的财产安全和合法权益。上述通知和规范旨在遵循“鼓励创新、防范风险、趋利避害、健康发展”的总体要求，指导产业各方正确处理安全与发展的关系，在严守金融安全底线和业务规范的基础上开展支付创新，提供安全、高效的条码支付服务，积极推进普惠金融发展，维护公平竞争的市场环境，促进支付产业健康可持续发展，为人民群众提供安全便利的金融服务。

26 日 中国保监会对前海方舟资产管理有限公司等 5 家股权投资基金管理机构违反保险资金运用监管规定的情况进行了通报。2017 年经非现场监管和质询发现，前海方舟资产管理有限公司、人保远望资产管理公司、上海鼎迎投资管理中心、东方国新创业投资管理（新疆）有限公司、信达风投资管理有限公司等股权基金投资机构对涉及保险资金运用的合规意识不强，内部管理存在问题，未依据规定按时向保监会报送年度报告。保监会对此进行公开通报，并要求有关保险机构切实加强投后管理，定期了解投资情况和相关机构合规运作情况，督促股权基金投资机构严格执行监管规定。

27 日 中国保监会印发《关于保险资金设立股权投资计划有关事项的通知》（以下简称《通知》）。《通知》重在对保险资产管理机构设立股权投资计划业务进行规范。一是要求股权投资计划的投资收益应当与投资标的经营业绩或收益挂钩，严防以“名股实债”方式，变相抬高实体企业融资成本。根据“定期付息、到期还本”的债性特征，《通知》规定，保险资产管理机构发起设立股权投资计划时，禁止设置明确的回报预期且定期向投资人支付固定投资回报，禁止约定股权计划到期强制性由被投资企业或关联第三方赎回投资本金，目的是切实体现股权投资计划业务的资本属性和权益投资特点，避免变相违规增加地方政府债务规模，避免增加实体企业融资成本。二是要求保险资产管理机构设立投资计划应当承担主动管理职责，不得直接或变相开展通道业务，不得开展嵌套投资。三是建立优先注册机制，切实引导保险资金发挥自身特色，更好服务实体经济发展。

29 日 中国人民银行决定建立“临时准备金动用安排”（CRA）。2018 年春节前后，凡符合宏观审慎经营要求、在现金投放中占比较高的全国性商业银行若存在临时流动性缺口，可使用不超过 2 个百分点的法定存款准备金，使用期限为 30 天。

中国人民银行、中国银监会、中国证监会和中国保监会联合印发《关于规范债券市场参与者债券交易业务的通知》（以下简称《通知》），督促各类市场参与者加强内部控制与风险管理，规范债券交易行为。《通知》适用对象包括场内、场外符合有关规定的境内合格机构投资者，以及非法人产品的资产管理人与托管人；适用范围包括现券买卖、债券回购、债券远期、债券借贷等符合规定的债券交易业务。《通知》明确了市场参与者建立内控制度及风控指标的有关标准，进一步强调了对前台部门的业务划分及有效隔离、对中后台部门的统一管理及职责，并对从业人员提出了一定要求。同时，引导市场参与者实施科学合理的激励机制，避免以人员挂靠、部门承包等方式放松管理，造成行为扭曲和过度投机。《通知》重申了针对市场参与者的有关禁止性规定，如相互租借账户、利益输送、内幕交易、操纵市场、规避内控或监管等。《通知》着重强调市场参与者在债券市场开展债券交易均应在指定交易平台线上达成并签署相关交易合同和主协议，同时还明确了市场参与者要按照实质大于形式的原则，对于约定由他人暂时持有但最终须返售、或者为他人暂时持有但最终须由其购回的债券交易，应通过买断式回购交易达成，按照相应会计准则进行会计核算，并以此计算风控指标，统一管理。《通知》将债券交易的杠杆比率主要作为监测整体杠杆的观测指标，要求市场参与者的债券交易杠杆比率超过一定水平时向相关金融监管部门报告，以引导市场参与者审慎经营，切实加强风险防控意识。为实现平稳有效降低债券市场风险的目标，《通知》规定了一年时间为过渡期，引导市场参与者在过渡期内，完善内控风控机制建设与管理，规范债券交易行为，有效控制债券交易杠杆比率等。

中国银监会对广发银行违规担保案件监管立案调查和行政处罚工作基本结束。2017 年 12 月 8 日和 12 月 22 日，银监会分别依法公开了对广发银行惠州分行违规担保案件中的案发机构和通道机构的查处情况，对广发银行总行、惠州分行及其他分支机构的违法违规行为罚没合计 7.22 亿元，对广发银行惠州分行原行长、2 名副行长和 2 名原纪委书记分别给予取消 5 年高管任职资格、警告和经济处罚，对 6 名涉案员工禁止终身从事银行业工作并移交司法机关。随后，银监会又依法对涉案的 13 家出资机构作出行政处罚，包括中国邮政储蓄银行、恒丰银行、兴业银行郑州分行、兴业银行青岛分行、天津滨海农商银行、中铁信托有限责任公司、河北省金融租赁有限公司、吉林环城农村商业银行、吉林舒兰农村商业银行、吉林永吉农村商业银行、吉林蛟河农村商业银行、吉林公主岭农村商业银行、吉林乾安县农村信用合作联社等，罚没金额合计 13.41 亿元，对这些出资机构的 45 名责任人作出了行政处罚。

2016 年 12 月 20 日，广东惠州侨兴集团下属的 2 家公司在“招财宝”平台发行的 10 亿元私募债到期无法兑付，该私募债由浙商财险公司提供保证保险，但该公司称广发银行惠州分行为其出具了兜底保函。之后 10 多家金融机构拿着兜底保函等协议，先后向广发银行询问并主张债权。由此暴露出广发银行惠州分行员工与侨兴集团人员内外勾结、私刻公章、违规担保案件，涉案金额约 120 亿元，其中银行业金融机构约 100 亿元，主要用于掩盖该行的巨额不良资产和经营损失。案发后，银监会立即启动重大案件查处工作机制，牵头组织相关部门和地方政府成立风险处置部际协调小组，召开部际联席会议，经过立案、调查、审理、审议、告知、陈述申辩意见复核、听证等一系列法定程序。

该案件是一起银行内部员工与外部不法分子相互勾结、跨机构跨行业跨市场的重大案件，涉案金额巨大，牵涉机构众多，情节严重，性质恶劣，社会影响极坏。案发时，广发行公司治理薄弱，存在多方面问题。一是内控制度不健全，对分支机构既存在多头管理，又存在管理真空。特别是印章、合同、授权文件、营业场所、办公场所等方面管理混乱，为不法分子从事违法犯罪活动提供了可乘之机。二是对于监管部门在同业、理财等方面的监管禁令，涉案机构违规“兜底”，承诺保本保收益，严重违反法律法规，严重扰乱同业市场秩序。三是涉案机构采取多种方式，违法套取其他金融同业的信用，为已出现严重风险的企业巨额融资，掩盖风险状况，致使风险扩大并在一部分同业机构之间传染。四是内部员工法纪意识、合规意识、风险意识和底线意识薄弱，有的甚至丧失了基本的职业道德和法制观念，形成跨部门作案小团体，与企业人员和不法中介串通作案，收取巨额好处费，中饱私囊。五是经营理念偏差，考核激励不审慎，过分注重业绩和排名，对员工行为疏于管理。

中国保监会印发《保险标准化工作管理办法》。《管理办法》包括保险标准化工作模式、保险标准化机构职责、保险标准的制定与修订程序、保险标准的实施与管理等内容。明确了保险行业标准、保险团体标准各自的管理机制、组织模式及制修订程序；明确了监管机关、保标委、行业社团组织、市场主体等标准化参与方在标准化工作中的职责；规范了各类保险标准实施的一般程序与标准管理的方法。

国家外汇管理局发布《关于规范银行卡境外大额提取现金交易的通知》（以下简称《通知》）。为完善银行卡跨境使用的反洗钱、反恐饰融资、反逃税监管，进一步防范银行卡提取现金领域的违法犯罪活动，《通知》要求：一是个人持境内银行卡在境外提取现金，本人名下银行卡（含附属卡）合计每个自然年度不得超过等值10万元人民币；二是将人民币卡、外币卡境外提取现金每卡每日额度统一为等值1万元人民币；三是个人持境内银行卡境外提取现金超过年度额度的，本年及次年将被暂停持境内银行卡在境外提取现金；四是个人不得通过借用他人银行卡或出借本人银行卡等方式规避或协助规避境外提取现金管理。《通知》主要是规范银行卡境外大额提取现金，并不改变银行卡外汇管理基本框架和个人用汇政策，个人持卡境外消费不受影响。《通知》自2018年1月1日起实施。

经国务院批准，人民银行开始组织部分实力雄厚的商业机构共同开展数字人民币体系（DC/EP）的研发。

2018 年

1 月

3 日　中国银监会发布《关于印发衍生工具交易对手违约风险资产计量规则的通知》，该通知分正文和附件两部分。正文共 12 条，要求商业银行将交易对手信用风险管理纳入全面风险管理框架，建立健全衍生产品风险治理的政策流程，强化信息系统和基础设施，提高数据收集和存储能力，确保衍生工具估值和资本计量的审慎性。附件规定了重置成本和潜在风险暴露及其组成部分的计算步骤和方法，并规定了计算风险暴露的整体公式。

5 日　中国人民银行发布《关于进一步完善人民币跨境业务政策促进贸易投资便利化的通知》。该通知坚持人民币跨境业务“服务实体经济、促进贸易投资便利化”的导向，进一步完善和优化人民币跨境业务政策，满足市场合理需求。

中国人民银行行长周小川与印度尼西亚银行行长阿古斯·玛多瓦多约（Agus D. W. Martowardojo）共同签署了《中国人民银行和印度尼西亚银行关于印度尼西亚银行在华设立代表处的协定》。这是外国央行在华设立的第九家代表处。

中国银监会印发《商业银行股权管理暂行办法》（以下简称《办法》）。《办法》包括总则、股东责任、商业银行职责、信息披露、监督管理、法律责任、附则 7 个章节，共 59 条。《办法》突出问题导向，重点强调以下内容：一是建立健全了从股东、商业银行到监管部门“三位一体”的穿透监管框架，重点解决隐形股东、股份代持等问题。二是明确主要股东范围，加强对主要股东行为的规范，重点解决大股东滥用股东权利、干预银行经营等问题。重点将主要股东界定为“持有或控制商业银行百分之五以上股份或表决权，或持有股份总额不足百分之五但对商业银行经营管理有重大影响的股东”。三是强化商业银行与股东及相关人员的关联交易管理，重点解决利益输送、掏空银行等问题。四是明确金融产品入股商业银行规则，重点解决利用金融产品入股问题。五是强化监管部门职责，明确监管手段。

中国银监会发布《商业银行委托贷款管理办法》，该办法分为 5 章，共 33 条。重点规范了以下方面：一是明确委托贷款的业务定位和各方当事人职责。二是规范委托贷款的资金来源。三是规范委托贷款的资金用途，明确规定委托资金用途应符合法律法规、国家宏观调控和产业政策，资金不得用于生产、经营或投资国家禁止的领域和用途，不得从事债券、期货、金融衍生品、资产管理产品等投资，不得作为注册资本金、注册验资，不得用于股本权益性投资或增资扩股等。四是要求商业银行将委托贷款业务与自营业务严格区分，加强风险隔离和业务管理。商业银行应建立、完善委托贷款管理信息系统，确保该项业务信息的完整、连续、准确和可追溯。五是加强委托贷款业务的监管。

8 日　中国保监会、财政部印发《关于加强保险资金运用管理 支持防范化解地方政府债务风险的指导意见》。该指导意见明确了保险资金运用涉及地方政府举债融资行为的政策边界，提出要规范保险资金投资，坚决制止违法违规举债担保行为，主要内容包括：一是鼓励保险机构依法合规开展投资。二是妥善配合存量债务风险处置。三是规范投资融资平台公司行为。四是审慎合规开展创新业务。五是着力强化行业风险管理。

中国人民银行与泰国中央银行续签了中泰双边本币互换协议，规模保持为700亿元人民币/3 700亿泰铢，旨在便利双边贸易和投资，促进两国经济发展。互换协议有效期3年，经双方同意可以展期。

9日 中国银监会发布《关于开展投资管理型村镇银行和“多县一行”制村镇银行试点工作的通知》。该通知提出要积极稳妥组建村镇银行，扩大普惠金融服务覆盖面；完善投资管理模式，提高村镇银行集约化专业化发展水平；优化设立方式，提高村镇银行可持续发展能力；加强定位监管，引领村镇银行提升支农支小能力；加强风险监管，全面落实属地监管责任。

12日 中国人民银行印发《关于改进个人银行账户分类管理有关事项的通知》。该通知以落实银行账户实名制和保护存款人合法权益为核心，以兼顾安全和效率为目标，按照鼓励创新与防范风险相协调的管理思路，从便利Ⅱ、Ⅲ类户开立和使用着手，重点推广应用Ⅲ类户，进一步发挥银行账户在小额支付领域的作用，以满足社会公众日益增长的多样化、个性化支付需求，推动Ⅱ、Ⅲ类户成为个人办理网上支付、移动支付等小额消费缴费的主要渠道，充分发挥个人银行账户分类制度隔离风险、保护社会公众资金安全的作用。

中国银监会印发《关于进一步深化整治银行业市场乱象的通知》，同时印发《进一步深化整治银行业市场乱象的意见》和《2018年整治银行业市场乱象工作要点》。该通知对2018年深化整治银行业市场乱象提出一些具体的、操作性的工作要求，明确设定评估、检查、督查和整改等环节，以评估检验质效，以检查锁定问题，以督查确保真实，以整改促进规范。该意见共10条，对深化整治银行业市场乱象提出方向性、原则性和指导性的工作要求，明确银行业金融机构承担主体责任，监管部门承担监管责任，要求把发现问题和解决问题作为出发点和落脚点，重点整治问题多的机构、乱象多的区域、风险集中的业务领域。该工作要点共8个方面22条，明确2018年重点整治公司治理不健全、违反宏观调控政策、影子银行和交叉金融产品风险、侵害金融消费者权益、利益输送、违法违规展业、案件与操作风险、行业廉洁风险等方面，基本涵盖了银行业市场乱象和存在问题的主要类别，同时单独列举了监管履职方面的负面清单。

15日 中国人民银行、海洋局、国家发展改革委、工业和信息化部、财政部、中国银监会、中国证监会、中国保监会八部委联合印发《关于改进和加强海洋经济发展金融服务的指导意见》。该意见紧紧围绕推动海洋经济高质量发展，明确了银行、证券、保险、多元化融资等领域的支持重点和方向。该意见提出，要健全投融资服务体系，搭建海洋产业投融资公共服务平台，建立优质项目数据库，建立健全以互联网为基础、全国集中统一的海洋产权抵（质）押登记制度，建立统一的涉海产权评估标准。加大海洋经济示范区建设支持力度，探索以金融支持蓝色经济发展为主题的金融改革创新。鼓励海洋经济重点地区的银行业金融机构加强金融支持海洋经济发展的统计监测和效果评估。

中国进出口银行董事会成立并有效运转，这是中国人民银行会同改革工作小组成员单位有序推动建立健全董事会和完善治理结构、划分业务范围等改革举措。

17日 中国保监会发布2017年SARMRA评估结果。中国保监会于2017年6月至12月对139家保险公司开展了偿付能力风险管理能力现场评估（SARMRA），确定了各公司评估得分，顺利完成2017年评估工作。评估结果显示，保险公司风险管理意识不断增强，普遍通过完善风险管理组织架构、加强人员配备、健全风险管理体系、建设风险管理系统等方式，有效提升了公司的风险管理能力。SARMRA是偿二代第二支柱的重要内容，其将保险公司的风险管理能力与资本要求相挂钩：公司的风险管理能力越强，资本要求越低；风险管理能力越差，资本要求越高。

18 日　中国银监会、中国人民银行、中国证监会、中国保监会和国家外汇局联合发布《关于进一步支持商业银行资本工具创新的意见》。该意见就积极拓宽资本工具发行渠道、积极研究增加资本工具种类、扩大投资者群体和简化资本工具发行的审批程序等问题进行了明确。该意见提出，商业银行应将资本补充与资本规划相结合，统筹考虑资产增长、结构调整、内部资本留存、外部环境等因素，科学合理设定资本补充计划。

中国银监会四川监管局对上海浦东发展银行股份有限公司成都分行作出处罚决定。银监会在现场检查中发现，浦发银行成都分行存在重大违规问题，通过监管检查和按照监管要求进行的内部核查发现，浦发银行成都分行为掩盖不良贷款，通过编造虚假用途、分拆授信、越权审批等手法，违规办理信贷、同业、理财、信用证和保理等业务，向 1493 个空壳企业授信 775 亿元，换取相关企业出资承担浦发银行成都分行不良贷款。这是一起浦发银行成都分行主导的有组织的造假案件，涉案金额巨大，手段隐蔽，性质恶劣，教训深刻。案发后，银监会成立专责小组，与上海市委市政府、四川省委省政府建立工作协调机制，推进风险处置和整改问责工作。四川银监局依法对浦发银行成都分行罚款 4.62 亿元；对浦发银行成都分行原行长、2 名副行长、1 名部门负责人和 1 名支行行长分别给予禁止终身从事银行业工作、取消高级管理人员任职资格、警告及罚款。

19 日　红狮控股集团有限公司“一带一路”建设公司债券在上交所成功发行，成为首家国内企业公开发行的“一带一路”建设公司债券。本期公开发行的红狮控股集团有限公司“一带一路”建设公司债券，由国泰君安证券股份有限公司承销，发行规模为 3 亿元，利率 6.34%，全场认购倍数 2.67 倍，期限为 3 年，主体和债项评级均为 AAA，募集资金将用于老挝万象红狮水泥项目的相关装备购置。

中国证券登记结算有限公司发布《关于加强私募投资基金等产品账户管理有关事项的通知》，对私募证券投资基金、私募资管计划、信托产品、保险资管产品的证券账户管理，提出更加严格的要求，包括新增填报投资顾问、账户实控人、募集规模等更多信息，还有要求产品终止后须在 15 个工作日内办理证券账户注销手续，信托、保险产品履行看穿监管要求，需要及时报送受益权信息、份额持有人信息。

22 日　2018 年全国保险监管工作会议在北京召开。会议总结了 2017 年保险监管工作情况，部署了 2018 年重点工作任务，指明了未来一个时期保险监管的战略方向。会议指出，一年来，行业风险得到有效遏制，全行业综合偿付能力充足率 252%，增量风险基本控制，风险处置工作平稳有序，没有发生系统性风险。市场乱象得到集中整肃，保险机构整改工作扎实推进，非理性举牌、境外收购等激进投资行为得到有效管控，一些业务领域乱象问题得到初步遏制。监管短板得到逐步弥补，全年修订完善规章和规范性文件共 26 件，监管制度笼子更加严密。脱虚向实成效逐步显现，保险业为全社会提供风险保障 4 154万亿元，同比增长 75%，投资型业务大幅收缩，普通寿险规模保费占人身险业务比重 47.2%，较 2016 年提升 11.1 个百分点。保险市场发展总体平稳，全年保费收入 3.66 万亿元，保险公司预计利润 2 567.2 亿元，分别同比增长 18.2% 和 29.7%，全年新增保单件数 175 亿件，同比增长 84%，保险业发展稳中向好，兼顾了速度与质量、效益的均衡。

24 日　中国保监会发布《保险资金运用管理办法》。该管理办法是保险资金运用管理的基础性制度，主要内容包括：明确保险资金投资的主要形式，规定保险资金运用的管理模式，重点明确保险资金运用的决策机制和风险管控机制，要求保险机构健全公司治理和内部控制，切实承担各项管理职责和相关风险，明确监管机构对保险机构和相关当事人的违规责任追究。

25～26日 中国银监会召开2018年全国银行业监督管理工作会议，深入学习贯彻党的十九大精神，总结回顾2017年工作，研究分析当前形势，安排部署2018年工作。会议指出，经过一年的努力，银行业出现了积极变化：一是从高速增长向高质量发展已现端倪，在全年新增贷款12.6%的情况下，银行业总资产只增长8.7%。二是脱实向虚势头得到初步遏制，商业银行同业资产负债自2010年来首次收缩，同业理财比年初净减少3.4万亿元。银行理财少增5万多亿元，通过"特定目的载体"投资少增约10万亿元。表外业务总规模增速逐月回落。三是风险合规经营意识得到加强，违法违规和监管套利大幅减少，经营行为趋于理性规范，100多家银行主动"缩表"。四是强监管严监管的态势基本形成，监管的震慑作用明显提升。会议认为，过去一年取得的成绩表明，做好金融工作必须坚持党的领导，坚持稳中求进工作总基调，找准监管部门职责定位，以深化改革破解难题，以管党治党的"严紧硬"改变监管工作的"宽松软"。

27日 中国银监会依法查处邮储银行甘肃武威文昌路支行违规票据案件。经过立案、调查、审理、审议、告知、陈述申辩意见复核等一系列法定程序，中国银监会统筹协调相关银监局依法查处了邮储银行甘肃武威文昌路支行违规票据案件，对涉及该案的12家银行业金融机构共计罚没2.95亿元。这是一起银行内部员工与外部不法分子内外勾结、私刻公章、伪造证照合同、违法违规办理同业理财和票据贴现业务、非法套取和挪用资金的重大案件，牵涉机构众多，情节十分恶劣，严重破坏了市场秩序。

30日 国内首单美元ABS——华泰资管—中飞租一期资产支持专项计划在上交所挂牌。该项目由中国经营性飞机租赁商中飞租融资租赁有限公司以飞机租赁业务产生的相关资产作为基础资产，华泰证券（上海）资产管理有限公司为管理人，规模为1.7133亿美元。

31日 中国人民银行批准设立首家市场化个人征信机构——百行征信有限公司。百行征信注册资本10亿元，由中国互联网金融协会持股36%，芝麻信用管理有限公司、腾讯征信有限公司、深圳前海征信中心股份有限公司、鹏元征信有限公司、考拉征信服务有限公司、中诚信征信有限公司、中智诚征信有限公司、北京华道征信有限公司各持股8%。

2月

1日 中国保监会、国家外汇管理局发布《关于规范保险机构开展内保外贷业务有关事项的通知》。该通知明确了保险机构内保外贷业务开展形式，规范反担保主体和担保物形式，明确融资比例和融资用途，按穿透原则实施监管，明确禁止行为。

中国保监会发布《保险公估人监管规定》。该规定共8章111条，主要内容包括经营条件、经营规则、市场退出、行业自律、监督检查以及法律责任等方面，明确了经营保险公估业务备案的要求和程序，规范了保险公估从业人员执业要求，并在强化自律管理、严格法律责任等方面作出了新的制度安排。该规定于2018年5月1日施行。

中国保监会发布《保险经纪人监管规定》。该规定共8章109条，在《保险经纪机构监管办法》《保险经纪从业人员、保险公估从业人员监管办法》的基础上，针对2014年保险中介市场清理整顿以来市场出现的新情况以及监管面临的新环境，对保险经纪人市场准入、经营规则、市场退出、行业自律、监督检查、法律责任等方面作出了更加全面和详细的规定。该规定将自2018年5月1日起施行。

2日 中国银监会发布《商业银行股权管理暂行办法》配套文件。为落实《商业银行股权管理暂行办法》相关要求，中国银监会分别于2月2日和2月8日发布了《中国银监会办公厅关于做好〈商业银行股权管理暂行办法〉实施相关工作的通知》和《中国银监会办公厅关于规范商业银行股东报告事项的通知》两个配套文件。《中国银监会办公厅关于做好〈商业银行股权管理暂行办法〉实施相关工作的通知》主要就《商业银行股权管理暂行办法》实施前后涉及的重点问题明确监管要求。对于不完全符合《商业银行股权管理暂行办法》规定的商业银行现有股东，银监会将按照“依法合规、分类处置、稳妥推进、保持稳定”的原则，有序开展清理规范工作，主要包括强化资格管理、落实穿透识别要求、逐步引导落实入股商业银行数量规定、加强关联交易管理、修改公司章程、规范金融产品持股和依法查处违法违规行为等内容。《中国银监会办公厅关于规范商业银行股东报告事项的通知》主要是落实《商业银行股权管理暂行办法》第四条第二款规定。该通知规定了投资人及其关联方、一致行动人单独和合计持有商业银行资本总额或股份总额百分之一以上、百分之五以下的，向银监会或其派出机构报告的具体要求和程序，包括报告材料目录、关注重点和报告流程等，以加强事中事后监管，防止规避监管现象。

5日 中国人民银行印发《关于开展金融扶贫领域作风问题专项治理的通知》，计划用一年左右时间，集中解决金融扶贫领域存在的各项问题，强化金融扶贫工作合力，确保金融助推脱贫攻坚取得实效。

中国人民银行印发《关于加强绿色金融债券存续期监督管理有关事宜的通知》，进一步完善绿色金融债券存续期监督管理，提升信息披露透明度，推动发行人加大对绿色发展的支持力度。主要内容包括：加强对存续期绿色金融债券募集资金使用的监督核查，确保资金切实用于绿色发展；加强对存续期绿色金融债券信息披露的监测评价，提高信息透明度；加强对存续期绿色金融债券违规问题的督促整改，完善动态管理机制；加强组织协调，明确工作责任，确保将绿色金融债券存续期监督管理工作落到实处。

5～6日 2018年中国人民银行工作会议在北京召开。会议指出，2017年，人民银行系统认真贯彻党中央、国务院决策部署，切实增强“四个意识”，坚持稳中求进工作总基调，牢固树立和贯彻落实新发展理念，适应把握引领经济发展新常态，保持货币政策稳健中性，全面做好稳增长、促改革、调结构、惠民生、防风险各项工作，有力促进了经济金融平稳健康发展。一是货币政策和宏观审慎政策双支柱调控框架初步建立。二是防范化解金融风险工作取得成效。三是金融支持供给侧结构性改革有力推进。四是金融市场进一步创新发展。五是金融对外开放和国际影响力全面扩大。六是外汇管理服务实体经济发展取得新成效。七是人民币国际使用稳步扩大。八是金融服务和管理水平明显提升。九是内部管理成效显著。

5～6日 国家外汇管理局召开全国外汇管理工作会议，深入学习宣传贯彻党的十九大、中央经济工作会议和全国金融工作会议精神，全面总结过去五年外汇管理各项工作，深入分析2018年外汇市场形势及外汇领域值得关注的若干问题，研究部署2019年外汇管理改革思路和工作任务。

8日 中国人民银行发布规章清理结果（中国人民银行令〔2018〕第1号），对2017年12月31日前发布的规章进行了全面清理，决定：废止《外商投资企业外汇登记管理暂行办法》等5件规章；《中华人民共和国金银管理条例施行细则》等61件规章继续有效。

招商局港口控股有限公司及普洛斯洛华中国海外控股（香港）有限公司“一带一路”公司债券在深圳证券交易所成功发行，成为市场首批公开发行的“一带一路”熊猫公司债券。

9日 为落实第八轮中美战略与经济对话成果，根据《中国人民银行与美国联邦储备委员会合作备忘录》，中国人民银行授权美国摩根大通银行担任美国人民币业务清算行。

11日 中国人民银行和世界银行集团联合发布中国普惠金融报告《全球视野下的中国普惠金融：实践、经验与挑战》，旨在向全球分享中国的普惠金融发展经验及更好推动全球普惠金融发展。报告总结了中国过去15年的普惠金融发展方法和模式，将中国普惠金融发展进程与其他相近经济体进行了比较，探讨了中国普惠金融发展仍然面临的挑战，并总结了可供其他国家政策制定者借鉴的主要经验。

中国证监会发布《养老目标证券投资基金指引（试行）》，进一步满足养老资金理财需求，规范养老目标证券投资基金的运作，保护投资人的合法权利。

中国保监会印发《反保险欺诈指引》，以提升保险业全面风险管理能力，防范和化解保险欺诈风险。

12日 国家外汇管理局发布《关于完善远期结售汇业务有关外汇管理问题的通知》，允许银行在符合实需原则前提下根据套期保值需求为客户选择全额或差额结算，以人民币作为差额结算货币，同时，银行为客户办理差额交割远期结售汇业务纳入结售汇综合头寸管理，并按规定报送相关报表，督促银行提高业务创新和管理水平。

13日 中国银监会发布《关于修改〈中国银监会外资银行行政许可事项实施办法〉的决定》。该决定对《中国银监会外资银行行政许可事项实施办法》主要做了如下三个方面的修改。一是增加了关于外资法人银行投资设立、入股境内银行业金融机构的许可条件、程序和申请材料等规定，为外资法人银行开展对银行业金融机构的股权投资提供了明确的法律依据。二是取消了外资银行开办代客境外理财业务、代客境外理财托管业务、证券投资基金托管业务、被清算的外资金融机构提取生息资产等四项业务的审批，实行报告制。三是进一步统一中外资银行市场准入标准：合并支行筹建和开业审批程序，仅保留支行开业审批；优化外资银行募集发行债务、资本补充工具的条件；简化高管资格审核程序，对于同质同类外资银行机构间的平级调动或改任较低职务的情形，由事前核准改为备案制。修改后的《中国银监会外资银行行政许可事项实施办法》全面体现了进一步扩大开放、简政放权以及加强审慎监管的理念。

中国保监会修改《中华人民共和国外资保险公司管理条例实施细则》等4部规章。为贯彻落实国务院关于清理规范行政审批中介服务事项的要求，维护保险监管法律制度体系的协调统一，中国保监会近期对《中华人民共和国外资保险公司管理条例实施细则》《外国保险机构驻华代表机构管理办法》《保险公司次级定期债务管理办法》《保险公司董事、监事和高级管理人员任职资格管理规定》等4部规章进行了修改。本次以“修改决定”的形式对4部规章相关条文进行集中统一修改；同时，对保险公司申请募集次级债务所需提交的材料做进一步删减，以更好地适应行政审批改革要求。

14日 中国人民银行发布《2017年第四季度中国货币政策执行报告》。报告指出，2017年以来，中国经济运行稳中向好、好于预期，消费需求对经济增长的拉动作用保持强劲，投资增长稳中略缓、结构优化，进出口扭转了连续两年下降的局面，服务业对经济增长的贡献不断提高，企业效益继续改善，生态环境状况明显好转，经济结构调整加快，总供求更趋平衡，内生增长动力有所增强。2017年以来，中国人民银行持续实施稳健中性的货币政策，货币政策和宏观审慎政策双支柱调控框架初见成效，为供给侧结构性改革和高质量发展营造了中性适度的货币金融环境。总体看，稳健中性的货币政策取得了较好效果，在有效抑制金融体系杠杆的同时，保持了经济平稳较快增长。银行体系流动性中性适度，货币信贷和社会融资规模平稳增长，利率水平总体适度，人民币对美元双边汇率弹性进一步增强，双向浮动的特征更加显著，人民币汇率预期总体平稳。

22日 二十国集团（G20）可持续金融研究小组在英国伦敦召开了阿根廷担任G20主席期间的第一次会议。此次会议由中国人民银行和英格兰银行共同主持，来自G20成员、嘉宾国和国际组织的80余位代表参加了会议。会议讨论并通过了研究小组2018年的3个主要研究议题，即可持续资产证券化、发展可持续私募股权（PE）和风险投资（VC）、运用金融科技发展可持续金融。研究小组将形成《2018年G20可持续金融研究小组综合报告》并提交G20财长与央行行长会议和领导人峰会。

中国人民银行发布规范性文件清理结果（中国人民银行公告〔2018〕第2号），对2017年12月31日前发布的规范性文件进行了清理，决定：废止《关于对进口黄金及其制品加强管理的通知》等35件规范性文件；中国人民银行现行有效的主要规范性文件共386件。

23日 中国保监会依法对安邦保险集团股份有限公司实施接管。2017年6月以来，中国保监会根据监管工作安排，派出工作组进驻安邦集团，深入开展现场检查，强化公司现场监管，督促公司改善经营管理。经监管检查发现，安邦集团存在违反相关法律法规问题。鉴于安邦集团存在违反法律法规的经营行为，可能严重危及公司偿付能力，为保持安邦集团照常经营，保护保险消费者合法权益，依照《保险法》有关规定，中国保监会决定于2018年2月23日起，对安邦集团实施接管，接管期限为1年。

27日 中国人民银行印发2018年第3号公告（银行业金融机构发行资本补充债券），规范银行业金融机构发行资本补充债券的行为，切实提高银行业金融机构资本的损失吸收能力，加强宏观审慎管理，保护投资者利益。

28日 中国保监会印发《〈保险资产负债管理监管规则（1～5号）〉及开展试运行有关事项的通知》。资产负债管理监管规则是继偿二代之后保监会制定的又一重要监管工具，也是支持提高偿付能力监管效能的重要手段，主要包括能力评估规则、量化评估规则和管理报告规则。能力评估规则是从目标策略、组织架构、人员职责、工作流程、系统模型、绩效考核等方面提出监管规范，促进公司资产负债管理工作形成有效的正反馈机制。量化评估规则通过构建模型和进行压力测试，从期限结构、成本收益和现金流等角度，全方位评估公司资产负债匹配状况。管理报告规则规范了资产负债管理季度报告和年度报告的内容、报送方式以及独立第三方审核要求。资产负债管理监管规则自发文之日起试运行。

3月

1日 中国证监会发布《上市公司创业投资基金股东减持股份的特别规定》，对专注于长期投资和价值投资的创业投资基金减持其持有的上市公司首次公开发行前的股份给予政策支持。

2日 为深入贯彻党的十九大精神，全面贯彻落实中央经济工作会议、全国金融工作会议部署，深化交易所债券市场对外开放，引导交易所债券市场进一步服务“一带一路”建设，促进沿线国家（地区）的资金融通，在总结前期试点经验的基础上，沪深交易所制定了《关于开展“一带一路”债券试点的通知》，并于2018年3月2日对外发布。该通知发布后，相关主体可以通过三种方式在沪深交易所发行“一带一路”债券融资：一是“一带一路”沿线国家（地区）政府类机构在交易所发行的政府债券；二是在“一带一路”沿线国家（地区）注册的企业及金融机构在交易所发行的公司债券；三是境内外企业在交易所发行，募集资金用于“一带一路”建设的公司债券。

2日 中国保监会修订发布《保险公司股权管理办法》（以下简称《办法》）。《办法》共9章94条，主要包括3个方面的规则体系。一是投资入股保险公司之前的规则，包括对股东资质、股权取得方式、入股资金的具体要求。二是成为保险公司股东之后的规则，包括股东行为规范、保险公司股权事务管理规则。三是股权监督管理规则，包括对股权监管的重点、措施以及违规问责机制。《办法》坚持问题导向，针对股东虚假出资、违规代持、通过增加股权层级规避监管、股权结构不透明等现象，进一步明确股权管理的基本原则，丰富股权监管手段，加大对违规行为的问责力度。《办法》重点明确了保险公司股东准入、股权结构、资本真实性、穿透监管等方面的规范。

国家发展改革委、中央文明办、最高法院、财政部、人力资源社会保障部、税务总局、证监会等分别与铁路总公司和民航局联合发布了《关于在一定期限内适当限制特定严重失信人乘坐火车 推动社会信用体系建设的意见》《关于在一定期限内适当限制特定严重失信人乘坐民用航空器 推动社会信用体系建设的意见》两份文件，在铁路和民航领域，对特定严重失信人开展联合惩戒。两份文件自2018年5月1日起实施。依据文件规定，铁路总公司和民航局将对证券期货领域的两类严重失信行为责任主体，采取限制乘坐火车高级别席位（包括列车软卧、G字头动车组列车全部座位、其他动车组列车一等座以上座位）和民用航空器的惩戒措施：一是因证券期货违法被处以罚没款，逾期未缴纳；二是上市公司相关责任主体逾期不履行公开承诺。

8日　中国证监会发布《关于修改〈中国证券监督管理委员会行政许可实施程序规定〉的决定》。本次修改重点解决了各证券中介服务机构暂不受理、中止审核政策不统一的问题，减少挂钩机制政策对非涉案行政许可申请人影响。具体修改内容主要有以下两个方面：一是当证券中介服务机构或其从业人员涉嫌违法违规被立案调查，或者被司法机关侦查，尚未结案的，证监会将不予受理或中止审查其出具的同类业务的行政许可申请文件。二是建立中止审查的恢复审查机制。在审项目被中止审查的，证券中介服务机构应当指派与被调查事项无关的人员进行复核。经复核，申请事项符合行政许可条件的，证监会应当恢复审查。

17日　《国务院机构改革方案》正式发布。该方案提出将中国银行业监督管理委员会和中国保险监督管理委员会的职责整合，组建中国银行保险监督管理委员会，作为国务院直属事业单位。将中国银行业监督管理委员会和中国保险监督管理委员会拟订银行业、保险业重要法律法规草案和审慎监管基本制度的职责划入中国人民银行。不再保留中国银行业监督管理委员会、中国保险监督管理委员会。

18日　国务院办公厅正式印发《关于全面推进金融业综合统计工作的意见》（以下简称《意见》）。《意见》指出，金融业综合统计是国家金融基础设施现代化的重要组成部分。全面推进金融业综合统计是有效监测金融服务实体经济成效、提高服务效率的关键信息基础，是前瞻性防范化解系统性金融风险、维护金融稳定的迫切需要，是全面深化金融体制改革、建立现代金融体系的重要举措。《意见》提出，全面推进金融业综合统计工作要建立“统一标准、同步采集、集中校验、汇总共享”的工作机制。

20日　中国银监会发布《银行业金融机构从业人员行为管理指引》。该指引包括总则、从业人员行为管理的治理架构、从业人员行为管理的制度建设、从业人员行为管理的监管和附则5章，共28条。一是明确从业人员行为管理的治理架构；二是规范从业人员行为管理的制度建设；三是加强从业人员行为管理的监管。

21日　中国人民银行印发2018年第7号公告，明确外商投资支付机构准入和监管政策。该公告放开了外商投资支付机构准入限制，明确了准入规则和监管要求，遵循鼓励公平竞争、促进市场开放、防范业务风险、保障信息安全的原则，在商业存在、业务系统、信息保护等方面对外商投资支付机构提出要求，给予其全面国民待遇，进一步完善了非银行支付机构监管制度。

中国人民银行印发《关于核查失效居民身份证信息和非居民身份证件信息试点工作的通知》。该通知指出，为进一步落实银行账户实名制，深入推进防范打击电信网络新型违法犯罪活动，人民银行决定利用目前公安机关掌握的个人身份数据，在联网核查系统中增加失效居民身份证信息，以及港澳居民来往内地通行证、台湾居民来往大陆通行证、外国人永久居留身份证信息核查，解决银行难以识别客户出示的居民身份证有效性和非居民身份证件信息真实性的问题。

23日 中国人民银行印发《人民币跨境支付系统业务规则》。该业务规则以国际通用业务术语为基准，便于CIPS国际业务推广；重点关注流动性风险管理要求，审慎防范结算风险；新增境外直接参与者准入标准、金融市场业务处理要求等内容；明确混合结算机制的实现方式和清算纪律。

26日 人民币跨境支付系统（CIPS）二期投产试运行，10家中外资银行同步试点上线。自此，CIPS运行时间基本覆盖全球各时区的工作时间，支持全球的支付与金融市场业务，满足全球用户的人民币业务需求。CIPS是适应我国跨境贸易形势发展的需要，为支持实体经济发展和“走出去”战略实施，推动人民币国际化进程而建设的重要金融基础设施。2015年10月8日，CIPS一期成功投产。

原油期货在上海国际能源交易中心挂牌交易，这意味着中国首个国际化期货品种原油期货即将上市。根据上海国际能源交易中心3月23日发布的《关于原油期货合约上市挂盘基准价的通知》，3月26日原油期货合约上市挂盘基准价如下：SC1809、SC1810、SC1811、SC1812、SC1901、SC1902、SC1903合约的挂盘基准价为416元/桶；SC1906、SC1909、SC1912、SC2003合约的挂盘基准价为388元/桶；SC2006、SC2009、SC2012、SC2103合约的挂盘基准价为375元/桶。

28日 中国证监会发布《证券期货市场诚信监督管理办法》，自2018年7月1日起施行，《证券期货市场诚信监督管理暂行办法》同时废止。该办法指出，中国证监会建立全国统一的证券期货市场诚信档案数据库，记录证券期货市场诚信信息；公民（自然人）、法人或者其他组织从事证券期货市场活动，应当诚实信用，遵守法律、行政法规、规章和依法制定的自律规则，禁止欺诈、内幕交易、操纵市场以及其他损害投资者合法权益的不诚实信用行为。

30日 中国人民银行发布《公开市场业务公告》，调整完善公开市场业务一级交易商考评指标体系。

中国人民银行与澳大利亚储备银行续签了中澳（大利亚）双边本币互换协议，旨在便利贸易和促进两国经济发展。协议规模仍为2000亿元人民币/400亿澳大利亚元，协议有效期3年，经双方同意可以展期。

中国证监会与中央网信办联合印发《关于推动资本市场服务网络强国建设的指导意见》，以规范和促进网信企业创新发展，推进网络强国、数字中国建设。

4月

2日 中国人民银行就打好防范化解重大风险攻坚战的思路和举措向中央财经委员会第一次会议汇报。

中国银行保险监督管理委员会等七部委联合印发《融资担保公司监督管理条例》4项配套制度。为配合《融资担保公司监督管理条例》（以下简称《条例》）实施，中国银保监会会同国家发展改革委、工业和信息化部、财政部、农业农村部、人民银行、国家市场监督管理总局等融资性担保业务监管部际联席会议成员单位，联合发布了《关于印发〈融资担保公司监督管理条例〉四项配套制度的通知》，发布《融资担保业务经营许可证管理办法》《融资担保责任余额计量办法》《融资担保公司资产比例管理办法》《银行业金融机构与融资担保公司业务合作指引》等4项配套制度。为规范融资担保业务经营许可证管理，根据《条例》有关规定，《融资担保业务经营许可证管理办法》细化了监督管理部门颁发、换发、吊销、注销融资担保业务经营许可证的条件和流程，明确了许可证应当载明的内容，要求监督管理部门做好许可证管理工作。为防范融资担保业务风险、准确计量融资担保责任余额，根据《条例》有关规定，《融资担保责任余额计量办法》对融资担保业务进行分类，根据国家政策导向和业务风险状况，对不同类别的融资担保业务设置相应权重，规定了融资担保责任余额的计量公式，明确了融资担保责任余额用于计算融资担保放大倍数和集中度等风险控制指标。为确保融资担保公司保持充足代偿能力，根据《条例》有关规定，《融资担保公司资产比例管理办法》将融资担保公司主要资产按照形态分为Ⅰ级、Ⅱ级、Ⅲ级，从优先保障资产流动性和安全性的角度，规定了各级资产比例，并对融资担保公司受托管理的政府性或财政专项资金在计算各级资产、资产总额和资产比例时予以扣除。为规范银行业金融机构与融资担保公司业务合作行为、维护双方合法权益，根据《条例》有关规定，《银行业金融机构与融资担保公司业务合作指引》明确了银担合作的基本原则，对银担双方在机构合作和业务操作流程方面提出规范性要求，并就风险分担、保证金收取、代偿宽限期、信息披露等事项进行了规定。

3日　中国人民银行与阿尔巴尼亚中央银行续签了中阿双边本币互换协议，规模保持为20亿元人民币/342亿阿尔巴尼亚列克，旨在便利双边贸易和投资，促进两国经济发展。互换协议有效期3年，经双方同意可以展期。

8日　中国银行保险监督管理委员会在北京揭牌，标志着新组建的中国银行保险监督管理委员会正式挂牌运行。

8～11日　博鳌亚洲论坛2018年年会在海南省博鳌开幕，年会设置“全球化与一带一路”“开放的亚洲”“创新”和“改革再出发”4个板块，共60多场正式讨论。国家主席习近平出席开幕式并发表题为“开放共创繁荣 创新引领未来”的主旨演讲。

11日　中国人民银行与南非中央银行续签规模为300亿元人民币/540亿南非兰特的双边本币互换协议。

中国人民银行行长易纲在博鳌亚洲论坛宣布进一步扩大金融业对外开放的具体措施和时间表。人民银行和各金融监管部门将按照党中央、国务院的部署，大幅度放开金融业对外开放，提升国际竞争力。具体遵循三条原则推进金融业对外开放：一是准入前国民待遇和负面清单原则；二是金融业对外开放将与汇率形成机制改革和资本项目可兑换进程相互配合，共同推进；三是在开放的同时，要重视防范金融风险，要使金融监管能力与金融开放度相匹配。

中国证监会与香港证监会联合发布公告，决定5月1日起扩大互联互通每日额度，将沪股通和深港通每日额度分别调整为520亿元人民币，沪港通下的港股通及深港通下的港股通每日额度分别调整为420亿元人民币。

12日　中国—国际货币基金组织联合能力建设中心正式启动，将为包括中国在内的“一带一路”沿线国家（地区）提供各类培训课程，支持沿线国家（地区）的能力建设，促进交流与互鉴。

16日　中国银保监会、公安部、国家市场监督管理总局、中国人民银行联合印发了《关于规范民间借贷行为 维护经济金融秩序有关事项的通知》（以下简称《通知》）。《通知》明确，未经有权机关依法批准，任何单位和个人不得设立从事或者主要从事发放贷款业务的机构或以发放贷款为日常业务活动。《通知》指出，严厉打击以下非法金融活动：利用非法吸收公众存款、变相吸收公众存款等非法集资资金发放民间贷款；以故意伤害、非法拘禁、侮辱、恐吓、威胁、骚扰等非法手段催收贷款；套取金融机构信贷资金，再高利转贷；面向在校学生非法发放贷款，发放无指定用途贷款，或以提供服务、销售商品为名，实际收取高额利息（费用）变相发放贷款行为。同时，《通知》要求，严禁银行业金融机构从业人员作为主要成员或实际控制人，开展有组织的民间借贷。

18日　中国人民银行印发《关于加强宏观信贷政策指导 推动金融更好服务实体经济的意见》，着力加强宏观信贷政策指导，充分发挥宏观信贷政策的结构性调控功能，引导银行业金融机构回归本源、防范风险，增强服务实体经济的能力和水平。

19 日 中国证监会发布《公开发行证券的公司信息披露编报规则第 14 号——非标准审计意见及其涉及事项的处理（2018 年修订）》，进一步提高公开发行证券的公司信息披露质量，规范与公司财务报表非标准审计意见及涉及事项有关的信息披露行为，保护投资者合法权益。

20 日 中国结算和深交所联合发布《H 股“全流通”试点业务实施细则（试行）》，并于当日起施行。该实施细则是规范 H 股“全流通”试点登记存管、交易结算业务的基础性规则，包括总则、账户安排、跨境转登记、存管和持有明细维护、交易委托与指令传递、清算交收、名义持有人服务、风险管理和附则共 9 章，46 条。登记存管上，试点股份完成跨境转登记后，在境外以中国结算的名义记载于香港结算账户系统，在境内通过 H 股“全流通”专用账户实现试点股份的承载和明细维护；交易结算上，投资者通过境内证券公司提交相关股份卖出委托指令，最终在香港联交所实现对试点股份的减持，获得的港币划入其按外汇管理要求开立的专用资金账户。

为进一步规范人民币合格境内机构投资者境外证券投资活动，中国人民银行印发《中国人民银行办公厅关于进一步明确人民币合格境内机构投资者境外证券投资管理有关事项的通知》。该通知指出，人民币合格投资者境外投资是指取得国务院金融监督管理机构许可的境内金融机构，以自有人民币资金或募集境内机构和个人人民币资金，投资于境外金融市场的人民币计价产品（银行自有资金境外运用除外）。

商务部与中国银保监会完成典当行、融资租赁公司、商业保理公司（以下简称三类机构）的经营规则和监督管理规则制定职责转隶工作。中国银行保险监督管理委员会致函各省、自治区、直辖市、计划单列市人民政府，请其督促相关部门认真履行监管职责，加强监督管理，及时妥善处置风险隐患，尽快与中国银行保险监督管理委员会建立并完善日常工作联系和重大事件信息通报机制，组织本地区三类机构登录“全国融资租赁企业管理信息系统”“商业保理业务信息系统”“全国典当行业监督管理信息系统”，真实、准确、完整填报信息，逐户审核确认企业填报信息，结合实际开展摸底工作。

21 日 全国中小企业股份转让系统有限责任公司（以下简称全国股转公司）与香港交易及结算所有限公司（以下简称香港交易所）签署合作谅解备忘录，双方欢迎对方符合条件的挂牌/上市公司在本市场挂牌/上市的申请。全国股转公司对挂牌公司申请到香港联交所发行股票和上市不设前置审查程序及特别条件。“新三板 + H 股”正式启动。

24 日 中国人民银行印发《关于进一步加强征信信息安全管理的通知》。该通知从 8 个方面提出要进一步加强金融信用信息基础数据库运行机构和接入机构征信信息安全管理：切实增强征信信息安全管理意识，强化征信信息安全主体责任；完善征信业务操控流程，不断提高征信信息安全管理水平；查漏补缺，补齐短板，完善征信内控制度及问责制度；提高技防能力，防范征信信息泄露风险；建立征信信息安全事件应急处置机制；建立征信合规与信息安全年度考核评级制度；建立征信信息安全巡查制度；从严强化征信监管，确保征信信息安全。

中国证监会发布《公开发行证券的公司信息披露编报规则第 19 号——财务信息的更正及相关披露（2018 年修订）》，规范公开发行证券的公司披露其更正后财务信息的行为，提高财务信息披露的可靠性和及时性，保护投资者的合法权益。

中国银保监会发布《商业银行大额风险暴露管理办法》。该办法包括 6 章 47 条以及 6 个附件，明确了商业银行大额风险暴露监管要求，规定了风险暴露计算范围和方法，从组织架构、管理制度、内部限额、信息系统等方面对商业银行强化大额风险管控提出具体要求，明确了监管部门可以采取的监管措施。

25日　中国人民银行下调部分金融机构存款准备金率以置换中期借贷便利。为引导金融机构加大对小微企业的支持力度，增加银行体系资金的稳定性，优化流动性结构，中国人民银行决定下调大型商业银行、股份制商业银行、城市商业银行、非县域农村商业银行和外资银行人民币存款准备金率1个百分点以置换中期借贷便利并支持小微企业融资。

27日　为规范金融机构资产管理业务，统一同类资产管理产品监管标准，中国人民银行、中国银保监会、中国证监会、国家外汇管理局联合发布《关于规范金融机构资产管理业务的指导意见》。该意见遵循以下基本原则：一是坚持严控风险的底线思维，减少存量风险，严防增量风险。二是坚持服务实体经济的根本目标，既充分发挥资管业务功能，切实服务实体经济投融资需求，又严格规范引导，避免资金脱实向虚，防止产品过于复杂加剧风险跨行业、跨市场、跨区域传递。三是坚持宏观审慎管理与微观审慎监管相结合、机构监管与功能监管相结合的监管理念，实现对各类金融机构开展资管业务的全面、统一覆盖，采取有效监管措施，加强金融消费者权益保护。四是坚持有的放矢的问题导向，重点针对资管业务的多层嵌套、杠杆不清、套利严重、投机频繁等问题，设定统一的监管标准，同时对金融创新坚持趋利避害、一分为二，留出发展空间。五是坚持积极稳妥审慎推进，防范风险与有序规范相结合，充分考虑市场承受能力，合理设置过渡期，加强市场沟通，有效引导市场预期。该意见主要适用于金融机构的资管业务，即银行、信托、证券、基金、期货、保险资管机构、金融资产投资公司等金融机构接受投资者委托，对受托的投资者财产进行投资和管理的金融服务。资管产品包括银行非保本理财产品，资金信托，以及证券公司、证券公司子公司、基金管理公司、基金管理子公司、期货公司、期货公司子公司、保险资管机构、金融资产投资公司发行的资管产品等。

为规范非金融企业投资金融机构行为，强化对非金融企业投资金融机构的监管，中国人民银行、中国银保监会、中国证监会联合发布《关于加强非金融企业投资金融机构监管的指导意见》（以下简称《指导意见》）。《指导意见》对金融机构的不同类型股东实施差异化监管：对一般性财务投资，不做过多限制；对于主要股东特别是控股股东，进行严格规范。《指导意见》强化金融机构控股股东的资质要求，从正面清单和负面清单明确金融机构控股股东的具体条件，加强金融机构股权质押、转让和拍卖管理。规范非金融企业投资金融机构的资金来源，加强资本的真实性合规性监管。完善股权结构和公司治理，规范关联交易，健全风险隔离机制，防止滥用控制权，严禁不当干预金融机构经营。加强对非金融企业和金融机构的穿透监管，强化部门之间的监管协调和信息共享。《指导意见》充分考虑市场影响，按照“新老划断”原则，积极稳妥组织实施。

中国人民银行与尼日利亚央行在北京签署了中尼（日利亚）双边本币互换协议，旨在促进双边贸易和直接投资，以及维护两国金融市场稳定。协议规模为150亿元人民币/7200亿奈拉，协议有效期3年，经双方同意可以展期。

中国银保监会办公厅发布《关于进一步放宽外资银行市场准入有关事项的通知》，明确允许外资银行可以开展代理发行、代理兑付、承销政府债券业务，允许符合条件的外国银行在中国境内的管理行授权中国境内其他分行经营人民币业务和衍生产品交易业务，对外国银行在中国境内多家分行营运资金采取合并计算。

中国银保监会发布《关于放开外资保险经纪公司经营范围的通知》，放开外资保险经纪公司的经营范围，与中资保险经纪公司一致。

28日　中国证监会发布《外商投资证券公司管理办法》，以适应证券市场对外开放的需要，加强和完善对外商投资证券公司的监督管理，明确外商投资证券公司的设立条件和程序。符合条件的境外投资者可根据该管理办法和服务指南的要求，向证监会提交变更公司实际控制人或者设立合资证券公司的申请材料。

28 日　中国银保监会发布《保险公司信息披露管理办法》。该办法对信息披露的内容，信息披露的方式和时间，信息披露的管理和法律责任作出了规定。

5 月

2 日　在 3 月 26 日成功试运行的基础上，人民币跨境支付系统（二期）全面投产，符合要求的直接参与者同步上线。人民币跨境支付系统（CIPS）向境内外参与者的跨境人民币业务提供资金清算结算服务，为人民币国际化铺设“高速公路”，是符合国际标准的重要金融基础设施。截至 2018 年 3 月底，CIPS 共有 31 家境内外直接参与者，695 家境内外间接参与者，实际业务范围已延伸到 148 个国家和地区。相比 CIPS（一期），CIPS（二期）在功能特点上进行了改进和完善：一是运行时间由 5×12 小时延长至 5×24 小时 +4 小时，实现对全球各时区金融市场的全覆盖；二是在实时全额结算模式的基础上引入定时净额结算机制，满足参与者的差异化需求，便利跨境电子商务；三是业务模式设计既符合国际标准，又兼顾可推广可拓展要求，支持多种金融市场业务的资金结算；四是丰富参与者类型，引入金融市场基础设施类直接参与者；五是系统功能支持境外直接参与者扩容，为引入更多符合条件的境外机构做好准备。考虑到 CIPS（二期）时序调整后的夜间时段正值欧美金融市场的营业时间，为满足境内外直接参与者夜间调剂流动性的需要，保障支付清算安全，人民银行研究决定在银行间货币市场加开夜盘。

中国银保监会发布《关于规范银行业金融机构跨省票据业务的通知》。该通知共 5 条，对银行业金融机构跨省票据业务进行了界定，并针对业务存在的问题提出规范要求：一是对跨省票据业务进行界定，将银行业金融机构跨省票据业务分为授信类业务和交易类业务，并对两类业务分别进行了界定；二是对票据业务主要风险隐患提出监管要求；三是针对跨省交易类业务提出监管要求；四是针对跨省授信类业务提出监管要求；五是强化跨省票据业务监管。

4 日　为进一步规范和促进人民币合格境内机构投资者境外证券投资业务的常态化开展，中国人民银行发布了《中国人民银行办公厅关于进一步明确人民币合格境内机构投资者境外证券投资管理有关事项的通知》。

大连商品交易所铁矿石期货正式引入境外投资者，这是我国首次在已上市运行期货品种中引入境外交易者，也是继原油期货后，我国第二个迈出国际化步伐的期货品种。铁矿石期货引入境外交易者在铁矿石期货多年成熟运行基础上，保持原有人民币计价合约不变，基础制度、核心技术系统、核心清算系统和风控模式不变。

9 日　人民币合格境外机构投资者（RQFII）试点地区扩大至日本，投资额度为 2 000 亿元。

10 日　中国人民银行与白俄罗斯中央银行续签双边本币互换协议，协议规模为 70 亿元人民币/22.2 亿白俄罗斯卢布。

11 日　中国人民银行发布《2018 年第一季度中国货币政策执行报告》。报告指出，2018 年第一季度，国民经济保持平稳增长，转型升级稳步推进，内需拉动作用增强，服务业对经济增长的贡献继续提高，质量效益保持较好水平。2018 年以来，中国人民银行继续实施稳健中性的货币政策，适时调整和完善宏观审慎政策，注重根据形势变化把握好调控的节奏、力度和工具组合，加强预调微调和预期管理。总体来看，稳健中性的货币政策取得了较好成效，银行体系流动性合理稳定，货币信贷和社会融资规模适度增长，市场利率基本平稳，金融体系控制内部杠杆取得阶段性进展，为服务实体经济、防控金融风险发挥了重要作用。

14 日　沪深交易所联合体和孟加拉国达卡证券交易所在孟加拉国首都达卡举行股权收购协议签署仪式。根据协议，此次中方联合体收购达卡交易所 4.5 亿股，约占总股本的 25%，交易金额 94.7 亿塔卡（约 1.2 亿美元）。

16 日　中国人民银行办公厅印发《关于进一步完善跨境资金流动管理　支持金融市场开放有关事宜的通知》，进一步完善跨境资金流动管理，推进金融市场开放。

国资委、财政部、中国证监会联合发布《上市公司国有股权监督管理办法》，自 2018 年 7 月 1 日起施行。自施行之日起，2007 年印发的《国有股东转让所持上市公司股份管理暂行办法》同时废止。该办法是国务院国资委、财政部、证监会深入贯彻党的十九大精神，落实中共中央、国务院《关于深化国有企业改革的指导意见》等文件要求，以管资本为主加强国有资产监管、深化国有企业改革、推动国有资本做强做优做大的重要举措，对调整优化监管职能、精简监管事项具有重大意义。

中国银保监会发布《个人税收递延型商业养老保险业务管理暂行办法》。该管理办法包括 12 章 58 条以及 1 个附件，从经营要求、产品管理、销售管理、投资管理、财务管理、信息平台管理、服务管理、信息披露等方面对保险公司开展税延养老保险业务提出了具体要求，附件为税延养老保险产品的示范条款，旨在引导保险机构强化产品保障功能，提供便捷高效服务，加强资金运用管理，强化信息披露，确保安全稳健、公开透明。

21 日　中国银保监会发布《银行业金融机构数据治理指引》。该指引包括总则、数据治理架构、数据管理、数据质量控制、数据价值实现、监督管理和附则等 7 章，共 55 条。一是明确了数据治理架构；二是提高数据管理和数据质量质效；三是明确全面实现数据价值的主要要求；四是加强监管监督。

22 日　中国投资者网（www. investor. gov. cn）正式开通运行，作为证监会开展投资者保护工作的综合性载体，旨在打造一站式的线上投资者服务平台，充分畅通与中小投资者的沟通渠道。中国投资者网由证监会批准建设，域名归属证监会，由设立在上海的中证中小投资者服务中心负责运维管理。中国投资者网基本定位为宣传资本市场政策，特别是证券期货市场法律法规的重要阵地；开展投资者教育工作的重要基地；为投资者提供资讯查询的权威窗口；开展线上线下持股行权、纠纷调解、诉讼与支持诉讼的重要渠道，示范引领投资者全面知权、积极行权、依法维权的重要平台。

22 日　中国银保监会发布《银行业金融机构联合授信管理办法（试行）》。该办法分为 6 章，共 42 条，明确了联合授信机制目标、适用范围和基本工作原则；建立了成员银行协议、银企协议、联席会议制度等运作管理框架；明确了信息共享、联合授信额度管理和融资台账管理等风险防控机制；确立了企业进入风险预警状态后，银行业金融机构的风险应对和处置机制；明确了对违规企业和违规银行业金融机构的惩戒措施。

22 ~ 25 日　由中国人民银行承办的欧亚反洗钱和反恐怖融资组织（EAG）第二十八届全会及工作组会议在南京召开，约 200 名来自 EAG 成员和观察员的代表参会。此次会议主要讨论了互评估、内部治理及类型研究等重要议题。全会确定 EAG 下一步将着重加强与亚太反洗钱组织（APG）在洗钱和恐怖融资类型研究方面的合作。通过强化技术援助等方式，帮助成员国提高反洗钱和反恐怖融资方面的能力。

23 日　经国务院批准，中国人民银行印发《关于试点取消企业银行账户开户许可证核发的通知》，按照“先试点、再推广”的思路，自 2018 年 6 月 11 日起在江苏泰州和浙江台州两个金融改革实验区试点取消企业银行账户开户许可证核发，将企业基本存款账户由核准改为备案，减少企业开户环节，支持企业特别是民营企业和小微企业发展。同时，压实商业银行账户管理主体责任和人民银行分支机构直接监管责任，全面强化银行账户全生命周期管理，切实防范化解账户风险。

中国人民银行与巴基斯坦中央银行续签规模为200亿元人民币/3 510亿巴基斯坦卢比的双边本币互换协议。

中国证监会与韩国金融委员会及韩国金融监督院更新签署了《证券期货监管合作谅解备忘录》，增加了建立双方高层例会会晤机制和工作层互派交流机制等内容，以促进各自证券期货市场的健康发展，标志着中韩证券期货监管机构的合作进入一个新的阶段。

中国银保监会发布《商业银行流动性风险管理办法》。该管理办法是对2014年3月实施的《商业银行流动性风险管理办法（试行）》的修订，本次修订的主要内容包括：一是新引入三个量化指标。其中，净稳定资金比例衡量银行长期稳定资金支持业务发展的程度，适用于资产规模在2000亿元（含）以上的商业银行。优质流动性资产充足率是对流动性覆盖率的简化，衡量银行持有的优质流动性资产能否覆盖压力情况下的短期流动性缺口，适用于资产规模小于2000亿元的商业银行。流动性匹配率衡量银行主要资产与负债的期限配置结构，适用于全部商业银行。二是进一步完善流动性风险监测体系。对部分监测指标的计算方法进行了合理优化，强调其在风险管理和监管方面的运用。三是细化了流动性风险管理相关要求，如日间流动性风险管理、融资管理等。修订后的管理办法自2018年7月1日起施行。新引入三个量化指标中，净稳定资金比例监管要求与该管理办法同步执行。优质流动性资产充足率采用分阶段达标安排，商业银行应分别于2018年底和2019年6月底前达到80%和100%。流动性匹配率自2020年1月1日起执行，在2020年前暂为监测指标。

25日 中国人民银行与智利中央银行续签规模为220亿元人民币/22 000亿智利比索的双边本币互换协议。

28日 中国人民银行与哈萨克斯坦中央银行续签规模为70亿元人民币/3 500亿哈萨克斯坦坚戈的双边本币互换协议。

中国银保监会发布《关于保险资金参与长租市场有关事项的通知》。该通知着重从以下方面明确了保险资金参与长租市场的有关要求：一是明确参与方式与区位限制。保险公司通过直接投资、保险资产管理机构通过发起设立债权投资计划、股权投资计划、资产支持计划、保险私募基金等方式间接参与长租市场，所投长租项目应位于人口净流入的大中型试点城市，满足效益、权属、土地使用性质和审批程序等方面的要求。二是明确产品设立条件。针对投资长租项目的债权投资计划和股权投资计划分别设置了设立条件。采用债权投资计划方式的，融资主体自有现金流占其全部应还债务本息的比例为100%（含）以上，采用股权投资计划及保险私募基金方式的，项目公司股权不得为第三方提供质押。三是规范资金管理。要求保险机构督促各类主体规范项目建设管理和资金划拨，实行资金专户管理和资金进出的全流程监控，确保保险资金封闭运行、专款专用。四是明确投资的风险管理要求。保险机构应当建立专属岗位，负责投资项目的投后管理，并建立全程管理制度，做好关键结点的风险防范。五是优化产品注册机制，对于投资租赁住房项目的保险资产管理产品适用注册绿色通道。

30日 中国证监会与中国人民银行联合发布《关于进一步规范货币市场基金互联网销售、赎回相关服务的指导意见》（以下简称《指导意见》）。《指导意见》主要从以下五个方面提出要求：一是货币市场基金互联网销售过程中，应当严格落实“三强化、六严禁”的原则要求。二是对“T+0赎回提现”实施限额管理。三是除取得基金销售业务资格的商业银行外，禁止其他机构或个人以任何方式为“T+0赎回提现”业务提供垫支。四是规范基金管理人和基金销售机构“T+0赎回提现”业务的宣传推介和信息披露活动，加强风险揭示，严禁误导投资者。五是要求非银行支付机构不得提供以货币市场基金份额直接进行支付的增值服务，不得从事或变相从事货币市场基金销售业务，不得为“T+0赎回提现”业务提供垫支等。《指导意见》自2018年6月1日起正式施行，对改造存量业务额度上限给予1个月过渡期，对改造存量业务垫支模式给予6个月过渡期。

中国银保监会发布《商业银行银行账簿利率风险管理指引（修订）》。为推动商业银行提升银行账簿利率风险管理水平，弥补监管制度短板，中国银保监会对《商业银行银行账户利率风险管理指引》进行了全面修订。修订内容主要体现在规范银行账簿利率风险的治理架构和风险管理政策流程，明确风险计量、利率冲击情景和客户行为假设的具体要求，完善信息系统、模型和数据管理要求，引导银行加强计量结果应用，强化监管评估等方面。同时，该指引明确商业银行在适用相关监管要求时应遵循匹配性原则，并根据银行系统重要性或业务复杂程度不同，进行差异化的风险计量。

6月

1日 中国人民银行决定适当扩大中期借贷便利（MLF）担保品范围，将不低于AA级的小微、绿色和“三农”金融债，AA+级、AA级公司信用类债券、优质的小微企业贷款和绿色贷款纳入MLF担保品范围。

A股正式纳入MSCI新兴市场指数。这是自2013年6月MSCI启动A股纳入MSCI新兴市场指数全球征询后的首次正式纳入，也是中国资本市场对外开放进程中的又一标志性事件。

4日 中国银保监会发布《关于印发人身保险公司〈精算报告〉编报规则的通知》，新版《精算报告》的主要内容包括总体说明，以及责任准备金及保单相关负债报告、业务统计报告、负债与资产匹配管理报告、现金流压力测试报告等8项子报告，从责任准备金、业务发展、资产负债管理、现金流压力测试、内含价值等方面全面分析保险公司负债端情况与主要风险因素。

5日 国家外汇管理局发布《关于印发〈贸易信贷统计调查制度〉的通知》，进一步明确贸易信贷相关概念，完善贸易信贷统计调查工作。该通知主要内容包括三方面：一是将《贸易信贷调查制度》更名为“贸易信贷统计调查制度”；二是将申报主体确定原则修改为“谁进行贸易收付款，谁申报”；三是进一步明确“贸易信贷”“离岸转手买卖”“主要出口国家及地区”等概念，调整“期末账面出口应收/预收款余额”“期末账面进口应付/预付款余额”等指标解释。

中国证监会核准首家境内企业（青岛海尔股份有限公司）到中欧国际交易所发行上市D股。此次发行上市尚需取得德国证券监管部门及法兰克福证券交易所的最终批准。

6日 中国证监会发布《存托凭证发行与交易管理办法（试行）》（以下简称《管理办法》），修改并发布《首次公开发行股票并上市管理办法》（以下简称《首发办法》）、《首次公开发行股票并在创业板上市管理办法》（以下简称《创业板首发办法》），还同时发布了《保荐创新企业境内发行股票或存托凭证尽职调查工作实施规定》《公开发行证券的公司信息披露编报规则第22号——创新试点红筹企业财务报告信息特别规定（试行）》《试点创新企业境内发行股票或存托凭证并上市监管工作实施办法》《公开发行证券的公司信息披露编报规则第23号——试点红筹企业公开发行存托凭证招股说明书内容与格式指引》《公开发行证券的公司信息披露内容与格式准则第40号——试点红筹企业公开发行存托凭证并上市申请文件》《中国证监会科技创新咨询委员会工作规则（试行）》《关于试点创新企业实施员工持股计划和期权激励的指引》《关于试点创新企业整体变更前累计未弥补亏损、研发费用资本化和政府补助列报等会计处理事项的指引》。《管理办法》明确了存托凭证的法律适用和基本监管原则，对存托凭证的发行、上市、交易、信息披露制度等作出了具体安排。修改后的《首发办法》和《创业板首发办法》，明确规定符合条件的创新试点企业不再适用有关盈利及不存在未弥补亏损的发行条件。

6~7日 二十国集团（G20）可持续金融研究小组2018年第二次会议在澳大利亚悉尼举

行。此次会议由中国人民银行和英格兰银行共同主持，来自 G20 成员、嘉宾国和国际组织的 80 余位代表参加了会议。会议讨论并原则通过了《2018 年可持续金融综合报告》的内容摘要，其中包括推动为资本市场提供可持续资产、发展可持续 PE/VC、在可持续金融领域运用金融科技的可选措施。

8 日 中国银保监会、中国人民银行联合发布《关于完善商业银行存款偏离度管理有关事项的通知》，主要内容包括：一是结合近年来金融市场环境、银行业务经营变化，进一步强化绩效考评、合规经营及银行自律等方面的要求。二是调整存款偏离度定量考核方法。一方面简化计算方法，将季度末月份与非季度末月份采用相同的指标计算标准。另一方面将监管指标值由原来的 3% 调整至 4%。三是进一步完善监督检查，实施差异化管理，并加大监管措施执行力度。

10 日 中国证监会和伊朗证券和交易组织（伊朗证监会）在青岛（上合组织峰会期间）签署《证券期货监管合作谅解备忘录》。

国家外汇管理局发布《合格境外机构投资者境内证券投资外汇管理规定》，进一步优化 QFII 外汇管理，便利跨境证券投资。按照该规定，合格投资者是指取得中国证监会许可，投资境内证券市场的境外机构投资人。该规定指出，国家对合格投资者的境内证券投资实行额度管理。国家外汇管理局对单家合格投资者投资额度实行备案和审批管理。

12 日 为规范人民币合格境外机构投资者境内证券投资管理，中国人民银行、国家外汇管理局发布《关于人民币合格境外机构投资者境内证券投资管理有关问题的通知》。该通知指出，经中国证监会许可投资境内证券市场的人民币合格投资者，应当委托其境内托管人代为办理本通知所要求的相关手续；国家外汇管理局对单家人民币合格投资者投资额度实行备案或审批管理。

12～13 日 绿色金融改革创新试验区建设座谈会在浙江省湖州市召开。座谈会全面贯彻落实习近平新时代中国特色社会主义思想和党的十九大精神，围绕国务院批复同意的浙江、广东、新疆、贵州、江西等五省（区）绿色金融改革创新试验区建设总体方案，认真总结一年来试验区建设取得的成绩，分析改革试点面临的新形势新任务，按照全国生态环境保护大会的要求，研究和部署下一阶段试点工作。会议肯定了绿色金融改革创新试验区建设取得的成绩，并且强调下一阶段，五省（区）试验区要紧紧围绕提升绿色金融可持续发展这一核心目标，推动试验区工作向纵深迈进。

13 日 中国人民银行印发《关于完善人民币购售业务管理有关问题的通知》。根据该通知，人民币购售范围的调整主要体现在两方面：一是从经常项目下的货物贸易、服务贸易扩展至全部经常项目；二是在直接投资的基础上，进一步扩大至经批准的跨境证券投资。境外参加行既可以通过境外清算行或境内代理行间接进入境内银行间外汇市场，也可以申请成为中国外汇交易中心会员直接进入境内银行间外汇市场，但只能在两个渠道中选择其一。

14～15 日 由上海市人民政府和中国人民银行、中国银保监会、中国证监会共同主办的第十届陆家嘴论坛（2018）在上海举行。本届论坛的主题为“迈入新时代的上海国际金融中心建设”。

22 日 中国人民银行发布《中国区域金融运行报告（2018）》。报告指出 2017 年，各地区经济运行向好趋优，区域分化有所收敛，呈现出“东部优、中西快、东北稳”的发展态势。中国人民银行根据党中央、国务院统一部署，主动适应经济发展新常态，实施稳健中性的货币政策，货币政策和宏观审慎政策双支柱调控框架初见成效，为供给侧结构性改革和高质量发展营造了中性适度的货币金融环境。区域经济金融运行呈现一些新特点：一是转型升级稳步推进，三次产业结构更趋优化。各地区第三产业在地区生产总值中的比重继续提高。二是固定资产投资结构调整优化，“三大战略”带动区域投资协调推进。三是消费是各地区经济增长主要驱动力，各地区出口增速均实现由负转正。四是区域新旧动能接续转换加快，各地区供给侧结构性改革扎实推进，“三去一降一补”取得显著成效。五是城市群协同发展态势良好，区域经济合作取得积极成效。六是地区社会融资规模平稳增长，信贷资源配置效率进一步提升。七是金融体系去杠杆见成效，金融机构经营稳健性提升。

25 日　中国人民银行、中国银保监会、中国证监会、国家发展改革委和财政部联合印发《关于进一步深化小微企业金融服务的意见》，提出 8 个方面，共 23 条改进优化小微金融服务、提升小微企业融资可得性和精准度的政策措施，推动实现小微企业金融服务扩投入降成本目标。

26 日　中国人民银行和美国芝加哥联邦储备银行主办的第二届“场外衍生品研讨会”在中国上海举行。与会代表围绕“中央对手清算机构的治理”“系统性压力测试及中央对手方相互关联性”“违约处置拍卖”等领域的监管政策和应用实务进行了深入交流。

27 日　中国人民银行印发《关于进一步做好受益所有人身份识别工作有关问题的通知》。为落实国务院关于完善反洗钱、反恐怖融资、反逃税监管体制机制的意见，防范违法犯罪分子利用复杂的股权、控制权等关系掩饰、隐瞒真实身份、资金性质或者交易目的、性质，提高受益所有人信息透明度，规范反洗钱义务机构开展非自然人客户的受益所有人身份识别工作，该通知提出：受益所有人身份识别工作应当遵循勤勉尽责、风险为本和实质重于形式的原则；义务机构应当建立健全并有效实施受益所有人身份识别制度；义务机构应当根据非自然人客户的法律形态和实际情况，逐层深入并判定受益所有人。

中国证监会发布《证券期货经营机构及其工作人员廉洁从业规定》，以促进资本市场健康发展，净化资本市场生态环境，保护投资者合法权益，切实加强对证券期货经营机构及其工作人员廉洁从业的监督管理。

28 日　中国人民银行办公厅发布《关于加大再贷款再贴现支持力度 引导金融机构增加小微企业信贷投放的通知》，进一步完善信贷政策支持再贷款、再贴现管理，将不低于 AA 级的小微、绿色和“三农”金融债，AA+级、AA 级公司信用类债券纳入信贷政策支持再贷款和常备借贷便利（SLF）担保品范围。同时增加再贷款和再贴现额度 1 500 亿元，支持金融机构扩大对小微信贷投放。

29 日　中国人民银行、中国银保监会、中国证监会、国家发展改革委和财政部五部门联合召开全国深化小微企业金融服务电视电话会议，提出把做好小微企业金融服务作为服务实体经济、防范化解金融风险的重要抓手，加大政策贯彻落实力度，切实改进小微企业金融服务。

中国人民银行办公厅印发《关于支付机构客户备付金全部集中交存有关事项的通知》，主要内容包括：一是自 2018 年 7 月 9 日起，按月逐步提高支付机构客户备付金集中交存比例，至 2019 年 1 月 14 日实现 100% 集中交存。二是对支付机构开展的跨境支付、基金销售支付、预付卡发行和充值等业务，在备付金账户的开立、备付金集中交存等方面做了特殊安排，并要求支付机构在 2019 年 1 月 14 日前注销开立在商业银行的这四类备付金账户以外的其余备付金账户。三是明确支付机构应根据与中国银联或网联公司的业务对接情况，在法人所在地人民银行分支机构开立“备付金集中存管账户”，存放集中交存的客户备付金，并通过中国银联或网联公司办理该账户的资金划转。

中国银保监会发布《金融资产投资公司管理办法（试行）》（以下简称《办法》）。《办法》积极贯彻落实国务院《关于积极稳妥降低企业杠杆率的意见》和《关于市场化银行债权转股权的指导意见》工作要求，立足于规范金融资产投资公司业务行为，推动提高债权转股权（以下简称债转股）效率，切实防范金融风险。《办法》一是强调债转股必须遵循市场化、法治化原则。二是明确金融资产投资公司设立、变更与终止要求。三是明确要求突出开展债转股及其配套业务。在鼓励“收债转股”的同时，允许通过多种模式开展债转股业务。规定所需资金由金融资产投资公司充分利用各种市场化方式和渠道筹集。在业务规则上要求严格遵循洁净转让和真实出售原则，有效实现风险隔离，严格防范利益冲突和利益输送。四是强调全面风险管理和风险隔离。五是强化监管部门事中事后监管职责。明确监管部门持续监管的责任和具体措施，同时注重发挥信息披露作用。

30 日 中国银保监会发布《保险机构独立董事管理办法》。该办法共 8 章 56 条，是对 2007 年发布的《保险公司独立董事管理暂行办法》的一次全面修订，修订主要包括 5 个方面：完善了制度的适用范围及独立董事设置要求，优化了独立董事的提名及任免机制，明确了独立董事的权利义务及履职保障，建立了独立董事履职评价和信息公开机制，健全了对独立董事及相关主体的监督和问责机制。同时，该办法规定，中国保险行业协会负责保险机构独立董事人才库建设，使之成为独立董事人才资源、履职评价、信息公开、履职监督管理的平台。

7 月

1 日 为深入贯彻党的十九大精神，扎实推进人民银行系统全面从严治党向纵深发展，不断加强对权力运行的监督制约，促进廉洁高效履行央行职责，中国人民银行党委审议通过了《关于人民银行工作人员在履职中严格实行公私分开的指导意见》《中国人民银行工作人员履职回避规定（试行）》《中国人民银行履职问责规定》。

中国派员接任金融行动特别工作组（FATF）副主席（候任主席）职务。

2 日 国务院金融稳定发展委员会办公室将打好防范化解重大金融风险攻坚战行动方案及配套文件提交新一届国务院金融稳定发展委员会第一次会议审议。

5 日 中国人民银行下调大型商业银行、股份制商业银行、城市商业银行、非县域农村商业银行和外资银行人民币存款准备金率 0.5 个百分点。鼓励 5 家大型商业银行和 12 家股份制商业银行运用定向降准和从市场上募集的资金，按照市场化定价原则实施“债转股”项目。支持“债转股”实施主体真正行使股东权利，参与公司治理，并推动混合所有制改革。定向降准资金不支持“名股实债”和“僵尸企业”的项目。同时，邮政储蓄银行和城市商业银行、非县域农商行等中小银行应将降准资金主要用于小微企业贷款，着力缓解小微企业融资难、融资贵问题。

5 ~ 8 日 李克强总理访问保加利亚并出席第七次中国—中东欧国家（16 + 1）领导人会晤。会晤期间，与会各方发表了《中国—中东欧国家合作索非亚纲要》。其中第四部分培育科技创新、金融、绿色、环保、农业、能源、林业和卫生领域合作新动能中提到：各方欢迎中国与更多中东欧国家签署双边金融监管合作谅解备忘录，加强金融监管合作。

7 日 第七次中国—中东欧国家（16 + 1）领导人会晤在保加利亚索非亚举行，并发布了《中国—中东欧国家合作索非亚纲要》。在金融领域，纲要提出的成果主要包括投融资、金融机构网络化布局、金融监管、金融科技等领域的合作。一是各方鼓励中国与中东欧国家金融机构在自愿基础上加强现有投融资合作，并根据市场需求开辟投融资新渠道，推出新的融资工具，增强银企联动，探讨开展人民币融资及发行绿色金融债券合作。二是各方支持中国和中东欧国家有关银行和金融机构之间加强合作，推动贸易规模进一步扩大，基础设施、能源等领域合作进一步深化。三是各方支持立陶宛成立 16 + 1 金融科技协调中心，2019 年在立陶宛举办 16 + 1 高级别金融科技论坛。

9 ~ 27 日 国际货币基金组织（IMF）联合

金融行动特别工作组（FATF）、欧亚反洗钱和反恐怖融资组织（EAG）、亚太反洗钱组织（APG）等国际组织共同组成评估组，对中国反洗钱和反恐怖融资工作开展现场评估。

11日 中国人民银行印发《关于开展银行业存款类金融机构绿色信贷业绩评价的通知》。该通知指出，为提升绿色金融支持高质量发展和绿色转型的能力，大力发展绿色信贷，人民银行制定了《银行业存款类金融机构绿色信贷业绩评价方案（试行）》。根据该试行方案，绿色信贷业绩评价每季度开展一次。绿色信贷业绩评价指标设置定量和定性两类，其中，定量指标权重为80%，定性指标权重为20%。绿色信贷业绩评价定量指标包括绿色贷款余额占比、绿色贷款余额份额占比、绿色贷款增量占比、绿色贷款余额同比增速、绿色贷款不良率5项。绿色信贷业绩评价定性得分由人民银行综合考虑银行业存款类金融机构日常经营情况并参考定性指标体系确定。绿色信贷业绩评价结果纳入银行业存款类金融机构宏观审慎考核。

中国人民银行印发《关于加强跨境金融网络与信息服务管理的通知》。中国境内银行业金融机构（以下简称境内使用人）越来越多地使用环球银行金融电信协会（SWIFT）等境外机构（以下统称境外提供人）提供跨境金融网络与信息服务的现实，为维护跨境金融网络与信息安全，统筹实施金融市场基础设施监管，有效防范系统性金融风险，该通知制定了加强跨境金融网络与信息服务管理事宜的相关要求，包括境外提供人的合规义务；境内提供人的合规义务；行业自律要求；审慎管理职责等。

国家外汇管理局发布《国家外汇管理局综合司关于印发〈贸易信贷统计调查业务指引（2018年版）〉的通知》，便利申报主体更准确地理解统计指标和申报要求。

12日 中国人民银行发布2018年第10号公告（整治拒收现金）。该公告指出，中华人民共和国的法定货币是人民币，包括纸币和硬币（以下统称现金）。任何单位和个人不得以格式条款、通知、声明、告示等方式拒收现金，依法应当使用非现金支付工具的情形除外。

13日 中国人民银行印发《关于非银行支付机构开展大额交易报告工作有关要求的通知》。为落实《金融机构大额交易和可疑交易报告管理办法》有关规定，进一步健全大额交易和可疑交易报告工作机制，提高资金监测有效性，该通知要求非银行支付机构应当以客户为单位，按资金收入或者支出单边累计计算并报告满足通知所列标准的大额交易。

17日 中国银保监会印发《保险公司偿付能力监管规则——问题解答第1号：偿付能力监管等效框架协议过渡期内的香港地区再保险交易对手违约风险因子》。该问题解答明确了内地直接保险公司向香港地区合格再保险机构分出再保险业务时，应适用的偿付能力评估信用风险因子。

中国银保监会党委书记、主席郭树清带队赴中国银行总行，就银行业贯彻落实党中央、国务院决策部署，加大民营企业和小微企业融资服务力度情况进行调研督导，并主持召开座谈会。会议强调，银行业金融机构要重点把握好以下方面：一是深刻认识做好民营企业和小微企业融资服务的意义。二是加快建立有效调动基层积极性的激励机制。三是积极推动降低小微企业融资成本。四是打通信息渠道。五是积极帮扶有发展前景的困难企业。六是要正确理解、妥善把握监管政策意图，及时向监管部门报告在执行过程中遇到的困难和问题，在保持国民经济平稳运行中做好风险处置工作。七是积极对接有关部门和地区出台的普惠融资服务优惠政策。

18日 中国银保监会发布《关于切实加强和改进保险服务的通知》，针对保险服务中存在的突出问题，从严格规范保险销售行为、切实改进保险理赔服务、大力加强互联网保险业务管理、积极化解矛盾纠纷四个方面对保险公司、保险中介机构提出要求。

20 日　中国人民银行印发《关于进一步明确规范金融机构资产管理业务指导意见有关事项的通知》。为更好地贯彻落实《关于规范金融机构资产管理业务的指导意见》，人民银行会同银保监会、证监会制定了该通知，就过渡期内有关具体的操作性问题进行明确，以促进《关于规范金融机构资产管理业务的指导意见》平稳实施。

26 日　中国人民银行决定对《金融机构大额交易和可疑交易报告管理办法》的部分条款予以修改。将《金融机构大额交易和可疑交易报告管理办法》第十五条修改为："金融机构应当在按本机构可疑交易报告内部操作规程确认为可疑交易后，及时以电子方式提交可疑交易报告。"

中国人民银行发布《中国人民银行办公厅关于加强特定非金融机构反洗钱监管工作的通知》，规定非金融机构在开展销售房屋、为不动产买卖提供服务；从事贵金属现货交易或为贵金属现货交易提供服务；为公司的设立、经营、管理等提供专业服务，担任或安排他人担任公司董事、合伙人或持有公司股票，为公司提供注册地址、办公地址或通信地址等业务时，应当认真履行反洗钱和反恐怖融资义务。

中国人民银行印发《关于进一步加强反洗钱和反恐怖融资工作的通知》。该通知主要包括五个方面内容：加强客户身份识别管理；加强洗钱或恐怖融资高风险领域的管理；加强跨境汇款业务的风险防控和管理；加强预付卡代理销售机构的风险管理；加强交易记录保存，及时报送可疑交易报告。

27 日　中国证监会发布《关于修改〈关于改革完善并严格实施上市公司退市制度的若干意见〉的决定》。该决定提出，对重大违法公司实施暂停上市、终止上市；上市公司构成欺诈发行、重大信息披露违法或者其他涉及国家安全、公共安全、生态安全、生产安全和公众健康安全等领域的重大违法行为的，证券交易所应当严格依法作出暂停、终止公司股票上市交易的决定。

30 日　中国人民银行网站公布对卡友支付服务有限公司（以下简称卡友公司）和付临门支付有限公司（以下简称付临门公司）支付结算业务执法检查的结果。人民银行对卡友公司给予警告，没收违法所得 924 174.55 元，并处罚款24 900 872.75元，合计处罚金额 25 825 047.3 元；对付临门公司给予警告，没收违法所得1 473 317.54元，并处罚款7 449 495.09元，合计处罚金额 8 922 812.63 元，同时两家机构被要求在一年内有序退出严重违规区域的银行卡收单业务。

中国银保监会印发《关于银行业和保险业做好扫黑除恶专项斗争有关工作的通知》，对银行业、保险业开展扫黑除恶专项斗争工作进行了部署。该通知指出，为做好扫黑除恶相关工作，各级监管机构要配合相关部门，强化监管，重点打击以下活动：一是对于银行业领域，要重点打击非法设立的从事或主要从事发放贷款业务的机构或非法以发放贷款为日常业务活动中的以下活动：利用非法吸收公众存款、变相吸收公众存款等非法集资资金发放民间贷款的；以故意伤害、非法拘禁、侮辱、恐吓、威胁、骚扰等非法手段催收贷款的；利用黑恶势力开展或协助开展的；套取金融机构信贷资金，再高利进行转贷的；面向在校学生非法发放贷款，发放无指定用途贷款，或以提供服务、销售商品为名，实际收取高额利息（费用）变相放贷的；银行业金融机构工作人员和公务员作为主要成员参与或实际控制人的。二是对于保险业领域，要重点打击有组织的保险诈骗活动。

8 月

1 日　中国证监会批准中国金融期货交易所开展 2 年期国债期货，合约正式挂牌交易时间为 2018 年 8 月 17 日。

3 日　中国人民银行发布《关于调整外汇风险准备金政策的通知》，确定了收取外汇风险准备金的业务范围包括：境内金融机构开展的代客远期售汇业务；境外金融机构在境外与其客户开展的前述同类业务产生的在境内银行间外汇市场平盘的头寸；人民币购售业务中的远期业务。

6 日　中国人民银行将远期售汇业务的外汇风险准备金率从 0 调整为 20%，以加强宏观审慎管理，防范宏观金融风险，促进金融机构稳健经营。

上交所修订《上海证券交易所交易规则》，优化收盘交易机制，对股票交易实行收盘集合竞价，并自 2018 年 8 月 20 日起正式实施。

10 日　中国人民银行发布《2018 年第二季度中国货币政策执行报告》。报告指出，2018 年上半年，中国经济保持平稳增长，结构调整深入推进，新旧动能接续转换，新兴产业蓬勃发展，质量效益保持在较好水平。中国人民银行继续实施稳健中性的货币政策，根据经济金融形势变化，加强前瞻性预调微调，适度对冲部分领域出现的信用资源配置不足，引导和稳定市场预期，加大金融对实体经济尤其是小微企业的支持力度，为供给侧结构性改革和高质量发展营造适宜的货币金融环境。总体来看，稳健中性的货币政策取得了较好成效，银行体系流动性合理充裕，市场利率中枢有所下行，货币信贷和社会融资规模适度增长，宏观杠杆率保持稳定。

13 日　中国人民银行官方网站发布《2017 年中国普惠金融指标分析报告》，这是人民银行首次公开发布中国普惠金融指标分析报告。报告从使用情况、可得性、质量 3 个维度共 21 类 51 项指标对我国普惠金融发展状况进行了分析，报告认为我国普惠金融稳步发展，金融服务可得性、使用情况、质量进一步改善，传统金融产品和服务广泛普及，信息技术发展深刻改变着普惠金融的发展方式。定期发布指标数据有助于监测评估我国普惠金融发展水平和更有针对性推动普惠金融发展。

15 日　中国证券登记结算有限公司发布《关于符合条件的外籍人员开立 A 股证券账户有关事项的通知》，明确符合条件的外籍人员可以开立 A 股证券账户。

17 日　中国银保监会发布《关于废止和修改部分规章的决定》，取消中资银行和金融资产管理公司外资持股比例限制，实施内外资一致的股权投资比例规则，持续推进外资投资便利化。该决定主要有如下 4 个方面内容：一是废止《境外金融机构投资入股中资金融机构管理办法》。遵循国民待遇原则，不对外资入股中资金融机构做单独规定，中外资适用统一的市场准入和行政许可办法。二是取消《中国银监会中资商业银行行政许可事项实施办法》《中国银监会农村中小金融机构行政许可事项实施办法》《中国银监会非银行金融机构行政许可事项实施办法》对外资入股中资银行和金融资产管理公司的股比限制。删去上述 3 部许可办法相关条款中关于单个境外金融机构及其关联方作为发起人或战略投资者向单个中资商业银行、农村商业银行以及作为战略投资者向单个金融资产管理公司的投资入股比例不得超过 20%，多个境外金融机构及其关联方投资上述机构入股比例合计不得超过 25% 的规定。三是明确外资入股的中资银行的监管属性和法律适用问题。按照中外资同等对待的原则，明确境外金融机构投资入股中资商业银行和农村中小金融机构的，按入股时该机构的机构类型实施监督管理，不因外资入股调整银行的机构类型。为中外资入股银行业创造公平、公开、透明的规则体系，保持监管规则和监管体系的稳定性和连续性。四是明确境外金融机构投资入股中资银行，除需符合相关的金融审慎监管规定外，还应遵守我国关于外国投资者在中国境内投资的外资基础性法律。

中国银保监会印发《中国银保监会办公厅关于进一步做好信贷工作提升服务实体经济质效的通知》，该通知提出，要进一步疏通货币政策传导机制，满足实体经济有效融资需求；大力发展普惠金融，强化小微企业、“三农”、民营企业等领域金融服务；支持基础设施领域补短板，推动有效投资稳定增长；要积极发展消费金融，增强消费对经济的拉动作用；做好进出口企业金融服务，发挥金融在稳外贸中的积极作用；盘活存量资产，提高资金使用效率；有效运用保险资金，切实发挥风险管理和保障功能；规范经营行为，严禁附加不合理贷款条件；深化体制机制改革，加强服务实体经济能力建设。

中国证券业协会发布《区域性股权市场自律管理与服务规范（试行）》，明确依法设立的区域性股权市场运营机构可以加入证券业协会成为特别会员，接受自律管理和服务；证券公司、证券公司子公司可以通过投资入股区域性股权市场运营机构或开展区域性股权市场相关业务等多种方式参与区域性股权市场。同时，区域性股权市场运营机构应当加强从业人员管理，防范道德风险，并且规定了运营机构从业人员开展业务不得存在的八种行为。

20 日　中国人民银行与马来西亚国家银行续签了中马（来西亚）双边本币互换协议，规模保持为 1 800 亿元人民币/1 100 亿马来西亚林吉特，旨在便利双边贸易和投资。协议有效期 3 年，经双方同意可以展期。

24 日　中国证监会发布《外商投资期货公司管理办法》。该办法主要内容包括：一是明确适用范围。外商投资期货公司界定为单一或有关联关系的多个境外股东直接持有或间接控制公司 5% 以上股权的期货公司。二是细化境外股东条件。境外股东应当具有良好的国际声誉和经营业绩，近 3 年业务规模、收入、利润居于国际前列，近 3 年长期信用均保持在高水平等。三是规范间接持股。要求境外投资者通过投资关系、协议或其他安排，实际控制期货公司 5% 以上股权的，应当转为直接持股，但对通过中国境内证券公司间接持有期货公司股权及中国证监会规定的其他情形予以豁免。四是明确高级管理人员履职规定。外商投资期货公司的高级管理人员须在中国境内实地履职。五是对文本语言和信息系统部署提出要求。

27 日　中国人民银行、中国银保监会、国家网信办正式启动了“金融知识普及月 金融知识进万家”暨“提升金融素养 争做金融好网民”活动。2018 年的活动主题为针对不同人群金融知识的薄弱环节和金融需求，开展金融知识普及活动，面向金融消费者，尤其是低净值人群和广大网民，提供获取金融知识的途径和防范风险的技能，引导消费者合理选择金融产品和服务，自觉抵制网上金融谣言和金融负能量，共建清朗网络空间，使金融的发展更好地满足人民日益增长的美好生活需要。

31 日　金融委办公室召开金融市场预期管理专家座谈会。座谈会由金融委副主任、人民银行行长兼金融委办公室主任易纲主持。会议传达学习了国务院金融稳定发展委员会有关的会议精神，以及国务院副总理、金融委主任刘鹤在金融委专题会议上关于金融市场预期管理的一系列指示精神。

中国证券登记结算有限公司发布《关于使用港澳台居民居住证办理相关业务的通知》，明确港澳台居民可以按照相关业务规则，使用港澳台居民居住证申请办理有关业务。

9 月

3 日　中国外汇交易中心正式引入中国工商银行（阿拉木图）股份公司与工银标准银行公众有限公司参与银行间外汇市场人民币对坚戈区域交易，并决定延长人民币对坚戈区域交易时间，由 10：30 ~ 16：30 调整为 10：30 ~ 19：00。

4 日　中国人民银行、中国证监会联合发布 2018 年第 14 号公告，进一步推动债券市场互联互通，促进信用评级行业规范发展。该公告围绕逐步统一银行间债券市场和交易所债券市场信用评级业务资质、评级标准、监管行动及监管信息共享等方面进行了明确的规范。

中国人民银行和全国工商联联合召开民营企业和小微企业金融服务座谈会，深入了解民营企业、小微企业金融服务情况，搭建银企之间的沟通对接平台，进一步明确充分运用“几家抬”的思路，推动各部门间形成工作合力，加大民营、小微企业支持力度。

8日 中国人民银行、财政部联合发布《全国银行间债券市场境外机构债券发行管理暂行办法》，进一步促进债券市场对外开放，规范境外机构债券发行。该暂行办法在总结前期试点经验并借鉴国际经验的基础上，进一步明确了境外机构在银行间债券市场发债所应具备的条件、申请注册程序，并同时就信息披露、发行登记、托管结算以及人民币资金账户开立、资金汇兑、投资者保护等事项进行了规范。

10日 国家外汇管理局配合港澳台居民居住证出台，明确居住证作为港澳台居民办理个人外汇业务有效证件相关规则，便利港澳台居民办理个人外汇业务。

12日 中国熊猫金币在上海黄金交易所正式挂牌。这是构建权威、公允的贵金属纪念币交易平台的重要举措，有利于拓宽社会公众投资渠道，引导公众理性参与熊猫金币投资，打通我国黄金市场与金币市场的产品通道，促进两个市场资源共享、资本融通和共同繁荣。本次在上海黄金交易所挂牌标准重量30克、成色为99.9%的熊猫普制金币，以元/克为报价单位，采用竞价撮合交易方式，按照价格优先、时间优先原则对买卖双方的报单进行撮合成交，广大个人客户和符合条件的机构客户都可参与交易。

17日 中国银保监会启动首批“多县一行”制村镇银行试点。为贯彻落实党中央、国务院关于建设普惠金融体系、推进金融精准扶贫和实施乡村振兴战略的决策部署，经国务院批准，银保监会同意河北、山西、内蒙古、黑龙江、福建、河南、湖南、广东、广西、四川、云南、陕西、甘肃、青海、新疆等15个中西部和老少边穷且村镇银行规划尚未完全覆盖的省份开展首批“多县一行”制村镇银行试点。此次“多县一行”制村镇银行试点仅在中西部和老少边穷地区，特别是贫困县相对集中的县（市、旗，以下统称县）开展。具体模式是，在多个邻近县中选择一个县设立村镇银行总部，在邻近县设立支行。设立支行数量根据所在地经济金融总量、主发起人资本实力和风险管控能力等因素综合确定，原则上一般不超过5个。开展这一试点的主要目的是加大对中西部和老少边穷地区金融资源投入，有针对性地解决欠发达地区单独组建村镇银行法人无法实现商业可持续经营的突出困难，提高金融服务覆盖面和可得性。根据试点安排，此次15个省份“多县一行”制村镇银行试点，可覆盖43个村镇银行空白县（市、旗），其中28个属于国定贫困县和连片特困地区县。

18日 人民银行召开座谈会，听取部分银行服务民营企业的情况和相关意见建议。与会银行介绍了支持民营企业融资的情况，分析了部分民营企业出现融资困难的原因，并提出了政策建议。

20日 中国人民银行和香港金融管理局签署了《关于使用债务工具中央结算系统发行中国人民银行票据的合作备忘录》，旨在便利中国人民银行在香港发行央行票据，丰富香港高信用等级人民币金融产品，完善香港人民币债券收益率曲线。

25日 中国证监会发布《证券公司和证券投资基金管理公司境外设立、收购、参股经营机构管理办法》。该办法共38条，主要内容包括四方面：一是维持适当门槛，支持机构“走出去”；二是规范业务范围，完善组织架构；三是督促母公司加强管控，完善境外机构管理；四是加强持续监管，完善跨境监管合作。

26日 中国银保监会发布《商业银行理财业务监督管理办法》，作为《关于规范金融机构资产管理业务的指导意见》（以下简称“资管新规”）配套实施细则公布，自公布之日起施行。该办法与“资管新规”充分衔接，共同构成银行开展理财业务需要遵循的监管要求。主要内容包括：严格区分公募和私募理财产品，加强投资者适当性管理；规范产品运作，实行净值化管理；规范资金池运作，防范“影子银行”风险；去除通道，强化穿透管理；设定限额，控制集中度风险；加强流动性风险管控，控制杠杆水平；加强理财投资合作机构管理，强化信息披露，保护投资者合法权益；实行产品集中登记，加强理财产品合规性管理等。

全国金融标准化技术委员会绿色金融标准工作组第一次全体会议在北京召开。会议审议通过了《绿色金融标准工作组章程》，会议指出，在党中央、国务院的高度重视和正确领导下，国内绿色金融发展成效显著，我国已成为全球绿色金融的重要引领者之一。我国绿色金融标准体系建设稳步推进，为规范绿色金融业务、确保绿色金融实现商业可持续性、推动经济社会绿色发展提供了重要保障。同时，我国绿色金融标准仍不完备、不统一，业务发展先于标准制定的问题依然比较突出，构建统一完备的绿色金融标准体系迫在眉睫、意义深远。

沪深港通北向看穿机制（投资者识别码制度）正式实施。北向看穿机制实施后，北向交易投资者将提供身份编码相关信息，这将有助于交易所一线监管和中国证监会监管执法，维护市场秩序。

27 日　中国证监会发布《证券期货业数据分类分级指引》《证券期货业机构内部企业服务总线实施规范》《期货市场客户开户数据接口》《证券发行人行为信息内容格式》等 4 项金融行业标准，自公布之日起施行。《证券期货业数据分类分级指引》金融行业标准的实施，有利于行业机构有效甄别合理化的数据使用需求、有效识别数据风险隐患、持续加强数据安全管理、建立健全数据管理制度、采取必要的数据安全防护措施、维护市场安全运行、保护投资者合法权益。《证券期货业机构内部企业服务总线实施规范》金融行业标准为行业各机构实施企业服务总线，实现面向服务架构提供了指导性规范。《期货市场客户开户数据接口》金融行业标准的实施，可实现客户信息数据在各交易所系统、各期货公司系统之间实现无缝衔接，保证数据传输具备较高的可用性和安全性。同时有效加强了客户开户信息的统一和规范，提高了市场防范风险的能力和市场运行的效率，保护客户的合法权益，提高了客户资料统计的准确性，为监管决策提供准确依据。

英国益博睿公司投资设立的企业征信机构益博睿征信有限公司（北京）在中国人民银行营业管理部备案。

富时罗素 2018 年中国 A 股评估结果新闻发布会宣布将 A 股纳入其全球股票指数体系，分类为次级新兴市场，2019 年 6 月开始生效。富时罗素是继 MSCI 后，第二家将中国 A 股纳入其指数体系的全球主要股票指数公司。

28 日　中国银保监会首次发布普惠金融白皮书——《中国普惠金融发展情况报告》。白皮书总结了我国普惠金融发展的意义、主要措施、主要成效和基本经验，从发展多层次普惠金融供给、构建市场化经营模式、创新普惠金融产品服务、发展数字普惠金融、推进基础设施建设、加强金融知识普及和开展普惠金融试点等八个方面具体介绍了普惠金融发展举措，客观分析了当前普惠金融发展面临的挑战，并提出了未来建设普惠金融体系的思路。

30 日　中国人民银行发布《中国人民银行规章制定程序与管理规定》，以加强对中国人民银行规章的管理，规范规章的制定、备案、解释和清理等工作。该规定指出制定规章，应当贯彻落实党的路线方针政策和决策部署，体现全面深化改革精神，科学规范行政行为，切实保障公民、法人和其他组织的合法权益，遵循《中华人民共和国立法法》确定的立法原则，符合宪法、法律、行政法规和其他上位法的规定。

10 月

4 日　世界交易所联合会（WFE）发布了由

上海证券交易所牵头制定的交易所行业指引《可持续交易所原则》。《可持续交易所原则》基于联合国环境署、世界银行关于“可持续金融系统发展路线图”的框架，明确交易所应当遵循以下五项原则：一是努力培育市场参与方可持续发展意识；二是有效提升投资者获取有助于投资决策的ESG，即环境、社会和公司治理信息的便利性；三是积极沟通监管及政策制定机构以实现可持续金融计划；四是持续提供相关市场和产品以支持可持续金融进一步发展；五是妥善建立有效内部治理、操作流程及相关规则，以促进可持续倡议。

9日　为促进银行间债券市场平稳健康发展，强化货币市场风险防控，助力打赢防范化解重大风险攻坚战，中国人民银行发布2018年第18号公告（银行间债券市场第三方回购交易），在银行间债券市场正式推出三方回购交易。三方回购交易是国际成熟市场常见的一种回购业务模式。交易双方仅需讨论融通资金的金额、利率及期限，而担保品选取、估值等管理由第三方机构根据约定负责执行。

中国人民银行、中国银保监会、中国证监会、国家外汇局在北京召开首次金融系统反洗钱工作会议。会议认为，当前反洗钱工作面临的国际国内形势依然严峻，国际反洗钱标准趋严，国际反洗钱互评估工作进入攻坚阶段。会议要求，金融系统要全面贯彻党的十九大、中央经济工作会议和全国金融工作会议精神，以习近平新时代中国特色社会主义思想为指导，不忘初心、牢记使命，认真落实《关于完善反洗钱、反恐怖融资、反逃税监管体制机制的意见》，坚持总体国家安全观，坚持底线思维，坚持问题导向，进一步完善反洗钱、反恐怖融资监管体制机制，做好新时代金融系统反洗钱和反恐怖融资工作。

10日　中国人民银行、中国银保监会、中国证监会联合发布《互联网金融从业机构反洗钱和反恐怖融资管理办法（试行）》。该管理办法主要从以下方面规范了互联网金融从业机构反洗钱和反恐怖融资工作：明确办法适用于在中华人民共和国境内经有权部门批准或者备案设立的，依法经营互联网金融业务的机构。规定基本义务。一是建立健全反洗钱和反恐怖融资内部控制机制；二是有效进行客户身份识别；三是提交大额和可疑交易报告；四是开展涉恐名单监控；五是保存客户身份资料和交易记录。确立监管职责。

11～12日　中国人民银行在贵州省锦屏县组织召开中央金融单位定点扶贫工作推进会。会议主要任务是学习贯彻党中央、国务院关于打赢脱贫攻坚战的决策部署，认真落实中央单位定点扶贫工作推进会精神，研究进一步推动金融单位定点扶贫工作。

12日　中国人民银行发布《央行内部（企业）评级质量控制规范》，全面提升央行内部（企业）评级各业务环节作业标准，严格保证评级结果的客观、独立和科学性，进一步提高评级质量。

中国人民银行、中国银保监会印发《关于实施银行业金融机构金融消费者投诉统计分类及编码行业标准的通知》。该通知就推进《金融消费者投诉统计分类及编码 银行业金融机构》行业标准的应用实施，进一步做好金融消费者投诉受理与处理相关事项作出规定，包括：建立健全工作机制、优化资源配置、规范投诉数据统计与报送、完善保障措施、强化监督管理等。

中国证监会发布《关于上海证券交易所与伦敦证券交易所互联互通存托凭证业务的监管规定（试行）》。沪伦通存托凭证业务，是指符合条件的在伦敦证券交易所上市的境外基础证券发行人在境内公开发行存托凭证并在上海证券交易所上市，以及符合条件的在上海证券交易所上市的境内上市公司在境外发行存托凭证并在伦敦证券交易所上市。境外基础证券发行人须为中国证监会认可范围内的伦敦证券交易所上市公司。

13日 中国人民银行与英格兰银行续签规模为3 500亿元人民币/400亿英镑的双边本币互换协议。

15日 中国人民银行下调大型商业银行、股份制商业银行、城市商业银行、非县域农村商业银行和外资银行人民币存款准备金率1个百分点，置换其所借央行的中期借贷便利（MLF）并支持小微企业、民营企业及创新型企业融资。人民银行本次降准的主要目的是优化流动性结构，增强金融服务实体经济能力。

22日 中国人民银行与日本中央银行签署了在日本建立人民币清算安排的合作备忘录。根据备忘录相关内容，中国人民银行决定授权中国银行东京分行担任日本人民币业务清算行。日本人民币清算安排的建立将有利于中日两国企业和金融机构使用人民币进行跨境交易，进一步促进双边贸易和投资便利化。

经国务院批准，按照法治化、市场化原则，中国人民银行引导设立民营企业债券融资支持工具，稳定和促进民营企业债券融资。民营企业债券融资支持工具由人民银行运用再贷款提供部分初始资金，由专业机构进行市场化运作，通过出售信用风险缓释工具、担保增信等多种方式，重点支持暂时遇到困难，但有市场、有前景、技术有竞争力的民营企业债券融资。同时，人民银行积极支持商业银行、保险公司以及债券信用增进公司等机构，在加强风险识别和风险控制的基础上，运用信用风险缓释工具等多种手段，支持民营企业债券融资。充分发挥地方政府在改善营商环境、督导民营企业规范经营中的作用。

中国证监会发布《关于“12386”中国证监会服务热线运行有关事项的公告》，明确进一步提升证券期货市场投资者服务工作水平，畅通投资者诉求处理渠道，更好地保护投资者合法权益。

中国证监会发布《证券期货经营机构私募资产管理业务管理办法》及《证券期货经营机构私募资产管理计划运作管理规定》（以下合称《资管细则》），作为《关于规范金融机构资产管理业务的指导意见》（以下称《指导意见》）配套实施细则。《资管细则》与《指导意见》保持高度一致，部分监管指标较现行监管规定略有放宽，以促进证券期货经营机构存量资管业务平稳过渡，进一步提升证券期货经营机构私募资管业务的合规管理和风险控制水平，切实保护投资者合法权益，防范系统性风险。按照《指导意见》的要求，《资管细则》进一步明确了资管产品的投资者适当性管理、非标债权类资产投资的限额管理、流动性指标管理、信息披露等具体指标和监管要求。《资管细则》适用于证券期货经营机构，即证券公司、基金管理公司、期货公司及前述机构依法设立的子公司开展的私募资管业务，包括投资于上市公司股票、债券等标准化资产的私募资管业务，也包括投资于未上市企业股权等非标准化资产的私募资管业务。证券期货经营机构设立特定目的公司或者合伙企业从事私募资管业务的，参照适用《资管细则》。《资管细则》在募集销售、信息披露、投资运作等环节，进一步强化了对投资者合法权益的保护，一是加强投资者适当性管理，二是做实做细信息披露，三是进一步规范投资运作。《资管细则》对流动性风险和关联交易进行了重点规制，并对资管计划投资非标准化资产进行了系统规范。

23日至11月9日 国务院金融稳定发展委员会办公室组织对广东、福建、安徽、浙江、江苏、辽宁、四川等7个重点省份的民营和小微企业金融服务工作开展实地督导。

24日 中国银保监会发布《关于保险资产管理公司设立专项产品有关事项的通知》，允许保险资产管理公司设立专项产品，发挥保险资金长期稳健投资优势，参与化解上市公司股票质押流动性风险，为优质上市公司和民营企业提供长期融资支持，维护金融市场长期健康发展。

25日 国际养老金监督官组织（IOPS）年会在北京成功召开。此次年会主题为“完善养老金体系，应对老龄化挑战”，由中国银保监会主办。IOPS是经济合作与发展组织（OECD）于2004年发起设立的全球性养老金监管组织，宗旨是推动全球养老金市场的健康发展，完善国际养老金监管制度和实践。截至2018年10月，IOPS会员包括75个国家和地区的金融监管机构，世界银行等10个国际组织为准会员，国际精算师协会等3个行业组织为观察员。中国金融监管部门于2005年加入该组织，是中国政府部门的唯一代表，并于2006年和2016年两次获选担任该组织执委机构。

26日 中国人民银行与日本银行签署了中日双边本币互换协议，旨在维护两国金融稳定，支持双边经济和金融活动发展。协议规模为2 000亿元人民币/34 000亿日元，协议有效期3年，经双方同意可以展期。

中国人民银行印发《关于加大支小再贷款再贴现支持力度 引导金融机构增加小微企业和民营企业信贷投放的通知》，增加再贷款和再贴现额度1 500亿元，支持金融机构扩大对小微、民营企业的信贷投放。

中国证监会与日本金融厅在北京签署《中国证监会与日本金融厅关于促进两国证券市场合作的谅解备忘录》，标志着中日证券期货监管机构的合作进入新阶段。

11月

2日 中国人民银行发布《中国金融稳定报告（2018）》，对2017年以来我国金融体系的稳健性状况进行了全面评估。报告认为，2017年以来特别是进入2018年，世界政治经济格局发生深度调整变化。外部不确定性的增加，使中国经济金融体系面临的外部环境日趋复杂。即便如此，在世界主要经济体中，中国经济仍然保持了较高增长水平，而且随着防范化解重大风险、精准脱贫、污染防治三大攻坚战的展开，经济增长质量持续改进，供给侧结构性改革在复杂多变的环境中持续向前推进，中国金融体系弹性增强，金融运行总体稳定。2017年以来的一系列措施收到了显著成效，宏观杠杆率过快上升势头得到遏制，金融风险总体收敛，金融乱象得到初步治理，资管业务逐步回归代客理财本源，债券市场刚性兑付有序打破，市场约束显著增强，金融机构合规意识、投资者风险意识显著提升。总体看，我国经济金融风险可控，不会发生系统性风险。

5日 国家主席习近平出席首届中国国际进口博览会开幕式，并指出将增设中国上海自由贸易试验区的新片区，鼓励和支持上海在推进投资和贸易自由化便利化方面大胆创新探索，为全国积累更多可复制可推广经验；在上海证券交易所设立科创板并试点注册制，支持上海国际金融中心和科技创新中心建设，不断完善资本市场基础制度；将支持长江三角洲区域一体化发展并上升为国家战略，着力落实新发展理念，构建现代化经济体系，推进更高起点的深化改革和更高层次的对外开放，同“一带一路”建设、京津冀协同发展、长江经济带发展、粤港澳大湾区建设相互配合，完善中国改革开放空间布局。

6日 中国人民银行在浙江召开全国城商行民营和小微企业金融服务经验交流会暨现场推进会，深入学习贯彻习近平总书记在民营企业座谈会上的讲话精神，现场观摩浙江泰隆商业银行小微企业金融服务做法，交流城市商业银行服务民营和小微企业经验，研究部署商业银行基层支行政策传导落地工作。

中国证监会发布《关于完善上市公司股票停复牌制度的指导意见》，主要内容包括：一是确立上市公司股票停复牌的基本原则，最大限度保障交易机会；二是压缩股票停牌期限，增强市场流动性；三是强化股票停复牌信息披露要求，明确市场预期；四是加强制度建设，明确相应配套工作安排。

7日 中国人民银行通过香港金融管理局债务工具中央结算系统（CMU）债券投标平台，招标发行200亿元人民币中央银行票据，其中3

个月和1年期品种各100亿元，中标利率分别为3.79%和4.20%。

9日 中国人民银行发布《2018年第三季度中国货币政策执行报告》。报告指出，2018年第三季度以来，中国经济总体保持平稳增长，结构调整继续推进，供需总体平衡，经济运行韧性较强。中国人民银行坚持稳健中性的货币政策，进一步疏通货币政策传导机制，继续强化政策统筹协调，前瞻性地采取了一系列有力措施，加大金融对实体经济尤其是小微企业和民营企业的支持力度，为供给侧结构性改革和高质量发展营造适宜的货币金融环境。稳健中性的货币政策取得了较好成效。银行体系流动性合理充裕，商业银行和金融市场的流动性结构优化，货币市场利率中枢整体下行；金融对实体经济特别是民营、小微企业的支持力度较为稳固，金融机构贷款增长较快，信贷结构继续改善；货币供应量、社会融资规模平稳增长；人民币汇率保持了合理均衡水平上的基本稳定；金融风险防控成效显现，金融市场运行总体平稳，宏观杠杆率趋于稳定，市场信心得以提振。

中国人民银行会同中国银保监员会审查通过了“连通（杭州）技术服务有限公司”（以下简称连通公司）提交的银行卡清算机构筹备申请。连通公司是美国运通公司在我境内发起设立的合资公司，并作为市场主体申请筹备银行卡清算机构、运营美国运通品牌。批准连通公司银行卡清算机构筹备申请是贯彻稳步扩大金融业双向开放政策要求的又一具体成果，是我国银行卡市场开放的重要一步。开放银行卡市场有利于为产业各方提供多元化和差异化的服务，培育公平竞争环境，构建合理稳健的产业结构，提升我国银行卡市场服务水平。按照相关规定，连通公司需在一年筹备期内完成筹备工作后，依法定程序向中国人民银行申请开业。下一步，中国人民银行将继续遵循公开、公平、公正的原则，依法有序推进银行卡清算机构准入工作。

中国证监会、财政部、国资委联合发布《关于支持上市公司回购股份的意见》。该意见提出要拓宽回购资金来源、适当简化实施程序、引导完善治理安排，鼓励各类上市公司实施股权激励或员工持股计划，强化激励约束，促进公司夯实估值基础，提升公司管理风险能力，提高上市公司质量。该意见主要内容包括：一是依法支持各类上市公司回购股份用于实施股权激励及员工持股计划；二是鼓励运用其他市场工具为股份回购提供融资等支持。继续支持上市公司通过发行优先股、可转债等多种方式，为回购本公司股份筹集资金；三是简化实施回购的程序；四是引导完善公司治理安排。

中国证监会修订发布《发行监管问答——关于引导规范上市公司融资行为的监管要求》。修订后的监管问答，一是明确使用募集资金补充流动资金和偿还债务的监管要求。通过配股、发行优先股或董事会确定发行对象的非公开发行股票方式募集资金的，可以将募集资金全部用于补充流动资金和偿还债务。通过其他方式募集资金的，用于补充流动资金和偿还债务的比例不得超过募集资金总额的30%；对于具有轻资产、高研发投入特点的企业，补充流动资金和偿还债务超过上述比例的，应充分论证其合理性。二是对再融资时间间隔的限制作出调整。允许前次募集资金基本使用完毕或募集资金投向未发生变更且按计划投入的上市公司，申请增发、配股、非公开发行股票不受18个月融资间隔限制，但相应间隔原则上不得少于6个月。

12日 中国人民银行与英格兰银行续签了中英双边本币互换协议，旨在维护国内金融市场稳定。协议规模为3 500亿元人民币/400亿英镑，协议有效期3年，经双方同意可以展期。

中国证监会与新加坡金融管理局《关于期货监管合作与信息交换的谅解备忘录》在新加坡举行正式换文仪式。

13日 中国证监会、国家发展改革委、人民银行、财政部和中国银保监会联合发布《关于鼓励相关机构参与市场化债转股的通知》，以有效动员各类社会资本参与市场化债转股，推动市场化债转股扩量提质。该通知提出允许符合条件的保险集团（控股）公司、保险公司、保险资产管理机构设立专门实施机构从事市场化债转股，允许保险业实施机构设立私募股权投资基金开展市场化债转股；鼓励私募股权投资基金开展市场化债转股业务；鼓励银行、信托公司、证券公司、基金管理公司等依法依规发行资产管理产品参与市场化债转股；鼓励暂未设立实施机构的商业银行利用现有机构开展市场化债转股；支持外资设立私募股权投资基金开展市场化债转股业务。

中共中央办公厅、国务院办公厅发布《中国银行保险监督管理委员会职能配置、内设机构和人员编制规定》，确定了中国银保监会的主要职责、内设机构和人员编制。

14 日 上交所参建的阿斯塔纳国际交易所正式开市。2017 年 5 月，上交所与阿斯塔纳国际金融中心（AIFC）签署合作协议，协助将 AIFC 打造为“一带一路”沿线地区金融服务中心，并共同投资建设阿斯塔纳国际交易所。2018 年 7 月，阿斯塔纳国际金融中心（AIFC）正式开业，为中国投资者在内的国际投资者打造投资平台，发现哈萨克斯坦等中亚地区国家的潜在投资机会。

15 日 中国人民银行、财政部、中国银保监员会联合印发《关于在全国银行间债券市场开展地方政府债券柜台业务的通知》，丰富柜台业务债券品种，促进多层次债券市场建设。该通知明确经发行人认可的已发行地方政府债券和发行对象包括柜台业务投资者的新发行地方政府债券可在银行间债券市场开展柜台业务，同时对定向承销方式发行的地方政府债券开展柜台业务的方式进行了规范。

中国人民银行行长、国务院金融稳定发展委员会办公室主任易纲主持召开金融机构货币信贷形势分析座谈会，研究当前货币信贷形势，部署下一步货币信贷工作。会议认为，从近期货币信贷情况和主要金融数据分析看，当前货币信贷总体保持平稳增长，金融对实体经济的支持力度总体上进一步加大。特别是民营和小微企业融资状况有所改善，前 10 个月普惠口径小微企业贷款增量和增速同比双双提高。但也要看到，当前我国经济金融内外部形势复杂多变，部分前期扩张较快、经营激进的企业仍面临融资难、融资贵等问题。

中国人民银行正式加入世界银行国际征信委员会。国际征信委员会是全球唯一的征信多边合作机构，致力于全球征信业的发展以及各国监管政策的协调，现有成员主要来自各国中央银行、其他金融和数据隐私保护监管当局、征信行业多边合作组织以及征信行业协会。

中国证监会发布《公开发行证券的公司信息披露内容与格式准则第 26 号——上市公司重大资产重组（2018 年修订）》，支持上市公司并购重组，提高上市公司质量，服务实体经济，落实股票停复牌制度改革，减少简化上市公司并购重组预案披露要求。

16 日 中国人民银行与印度尼西亚银行续签了双边本币互换协议，旨在便利两国贸易和投资，维护金融市场稳定。协议规模为 2 000 亿元人民币/440 万亿印尼卢比，协议有效期 3 年，经双方同意可以展期。

沪深交易所发布《上市公司重大违法强制退市实施办法》，并同时发布经修订完善的《股票上市规则》《退市公司重新上市实施办法》等规则。《强制退市实施办法》明确了重大违法强制退市的两种情形：上市公司存在欺诈发行、重大信息披露违法或者其他严重损害证券市场秩序的重大违法行为，且严重影响上市地位，其股票应当被终止上市的情形；上市公司存在涉及国家安全、公共安全、生态安全、生产安全和公众健康安全等领域的违法行为，情节恶劣，严重损害国家利益、社会公共利益，或者严重影响上市地位，其股票应当被终止上市的情形。

深交所启动对长生生物科技股份有限公司（简称长生生物）重大违法强制退市机制。同日，长生生物的主要子公司因违法违规生产疫苗，被国家药品监督管理部门作出吊销药品生产许可证的行政处罚决定，并处罚没款91亿元。长生生物主要子公司存在涉及国家安全、公共安全、生态安全、生产安全和公众健康安全等领域的重大违法行为。根据深交所有关规定，长生生物将于《上市公司重大违法强制退市实施办法》发布后的次一交易日起停牌，并作为深交所上市委员会15个交易日内作出独立的专业判断并形成初步审核意见的起算时点。后续，深交所将根据相关规则作出是否对其股票实施重大违法强制退市的决定。

20日 中国人民银行与菲律宾中央银行签署了在菲律宾建立人民币清算安排的合作备忘录。

22日 中国证监会发布《中国证监会关于落实证明事项清理工作取消相关事项的决定》，决定取消4项证明事项，以进一步减证便民、优化服务。

27日 中国人民银行、中国银保监会、中国证监会联合发布《关于完善系统重要性金融机构监管的指导意见》（以下简称《指导意见》）。《指导意见》主要规范系统重要性银行业、证券业、保险业机构，以及国务院金融稳定发展委员会（以下简称金融委）认定的其他具有系统重要性、从事金融业务的机构。其中，"银行业机构"指依法设立的商业银行、开发性银行和政策性银行；"证券业机构"指依法设立的从事证券、期货、基金业务的法人机构；"保险业机构"指依法设立的从事保险业务的法人机构。《指导意见》指出，系统重要性金融机构由金融委在人民银行和银保监会、证监会工作的基础上确定。人民银行负责系统重要性金融机构基本规则制定、监测分析、并表监管，视情责成有关监管部门采取相应监管措施，并在必要时经国务院批准对金融机构进行检查监督。银保监会、证监会负责系统重要性金融机构评估的数据收集、得分计算和名单报送，依法实施微观审慎监管。人民银行会同银保监会、证监会及财政部等其他相关单位建立系统重要性金融机构特别处置机制。金融委成员单位之间要切实加强关于系统重要性金融机构的信息共享和监管合作。

28日 中国证监会发布《证券公司大集合资产管理业务适用〈关于规范金融机构资产管理业务的指导意见〉操作指南》，推进证券公司资产管理业务的规范发展，保护投资者合法权益。

29日 中国外汇交易中心与彭博关于结算代理指令互换和债券通交易的合作获中国人民银行批准。该项合作进一步扩大了中国债券市场交易设施的开放，有利于持续提升市场基础设施服务能力。境外机构投资者将能够通过彭博公司交易终端，便捷地进入中国债券市场，配置人民币债券资产。

30日 "中国名片——人民币发行70周年纪念展"在国家博物馆开幕。本次展览首次集中展示了第一至五套人民币的印制、发行成果，全面介绍了不同历史时期人民币背后的深层次经济社会文化元素，生动展现了人民币的发展传承、精湛技艺和独特魅力。

12月

1~2日 庆祝人民银行成立70周年暨新时代人民银行党的建设推进会在瑞金召开。会议主要任务是学习贯彻习近平总书记关于推进中央和国家机关党的政治建设重要批示精神，认真落实中央和国家机关党的政治建设推进会有关要求，推动新时代人民银行各级机关党的建设再上新台阶。

2日 中国银保监会发布《商业银行理财子公司管理办法》（以下简称《办法》）。《办法》为"理财新规"的配套制度，与"资管新规"和"理财新规"共同构成理财子公司开展理财业务需要遵循的监管要求。《办法》共6章62条，分别为总则，设立、变更与终止，业务规则，风险管理，监督管理，附则。理财子公司为商业银行下设的从事理财业务的非银行金融机构。考虑到“理财新规”适用于银行尚未通过子公司开展理财业务的情形，《办法》对“理财新规”部分规定进行了适当调整，使理财子公司的监管标准与其他资管机构总体保持一致。

3日 中国人民银行、中国证监会、国家发展改革委联合发布《关于进一步加强债券市场执法工作有关问题的意见》，强化监管执法，加强协同配合，建立统一的债券市场执法机制。该意见明确，经国务院同意，证监会依法对银行间债券市场、交易所债券市场违法行为开展统一的执法工作，对涉及公司债券、企业债券、非金融企业债务融资工具、金融债券等各类债券品种的信息披露违法违规、内幕交易、操纵证券市场以及其他违反证券法的行为，依据证券法有关规定进行认定和行政处罚。在案件调查过程中发现涉嫌犯罪的，及时移送公安机关依法追究刑事责任。

4日 中国人民银行办公厅印发《关于黄金资产管理业务有关事项的通知》，规定只有金融机构才可以开展黄金资产管理业务并向人民银行备案，明确只有金融机构和经国务院、金融监管部门批准的黄金交易场所，才可以提供登记托管服务。

6日 国家外汇管理局在广东、福建、北京等地区开展外债注销登记下放银行办理试点，允许符合条件的非银行债务人持相关真实性证明材料直接在银行办理外债注销登记，无须到所在地外汇管理部门审核。

10日 中国人民银行与乌克兰国家银行续签规模为150亿元人民币/620亿乌克兰格里夫纳的双边本币互换协议。

10~14日 中国人民银行牵头组成中国代表团，与国际货币基金组织（IMF）、金融行动特别工作组（FATF）等国际组织共同组成的评估组在华盛顿举行面对面磋商，最终推动中国反洗钱和反恐怖融资互评估报告整体评级获得实质性大幅提升，互评估取得重大突破。

11日 中国人民银行印发《中国人民银行办公厅关于印发〈金融机构互联网黄金业务管理暂行办法〉的通知》《中国人民银行办公厅关于印发〈黄金积存业务管理暂行办法〉的通知》，明确了互联网黄金业务、黄金积存业务的内涵和开办主体，规定了黄金积存的最小单位，限定了销售黄金产品的互联网机构应具备的条件及禁止性事项。

14日 深交所发行深市首只民营企业债券融资支持工具。交易所市场民营企业债券融资支持工具是由人民银行运用再贷款提供部分初始资金，由中国证券金融股份有限公司进行市场化运作，通过出售信用保护合约方式，帮助企业市场化融资。深市首只民营企业债券融资支持工具由中证金融和广发证券股份有限公司合作发行，涉及名义本金共计0.4亿元。

国务院反假货币工作联席会议第六次会议在北京召开，联席会议召集人、中国人民银行行长易纲出席会议并讲话，中宣部、人大法工委、最高人民检察院等26家成员单位代表参加了会议。会议总结了2013年联席会议第五次会议以来反假货币工作情况，深入分析了当前反假货币工作面临的新形势、新问题和新挑战，并就新时代反假货币工作任务进行研究部署。会议还审议通过国务院反假货币工作联席会议成员单位职责和近期反假货币重点工作分工意见，增加国家邮政局为联席会议成员单位，是自2018年党和国家机构改革后，首次对联席会议成员单位职责作出调整。

19日 中国人民银行决定创设定向中期借贷便利（Targeted Medium - term Lending Facility，TMLF），根据金融机构对小微企业、民营企业贷款增长情况，向其提供长期稳定资金来源。支持实体经济力度大、符合宏观审慎要求的大型商业银行、股份制商业银行和大型城市商业银行，可向中国人民银行提出申请。定向中期借贷便利资金可使用3年，操作利率比中期借贷便利（MLF）利率优惠15个基点，目前为3.15%。

同时，根据中小金融机构使用再贷款和再贴现支持小微企业、民营企业的情况，中国人民银行决定再增加再贷款和再贴现额度1 000亿元。

中国证监会发布《证券基金经营机构信息技术管理办法》。该管理办法共7章64条，主要内容有：一是全面覆盖各类主体。明确信息技术监管安排，推动行业加大信息技术投入，提升竞争力。二是明确治理、安全、合规三条主线。在传统信息安全监管基础上，针对信息技术治理、数据治理、业务合规提出监管要求，明确经营机构应设立信息技术治理委员会及首席信息官，促进信息技术与业务、风控及合规管理深度融合。三是强化信息技术管理的主体责任。按照“谁运行、谁负责，谁使用、谁负责”的理念，督促经营机构与服务机构守住信息安全底线，回归本位，共同维护证券市场稳定运行。四是支持经营机构应用信息技术提升服务效能。允许经营机构设立信息技术专业子公司，允许经营机构母子公司共享信息技术基础设施，针对信息技术应用领域新情况、新问题，明确监管要求。五是为督促各类市场主体切实履行自身信息技术管理职责，该管理办法明确了相应处罚措施。

上交所完成首批雄安新区政府债券发行。此批债券由河北省人民政府代发，转贷雄安新区使用，规模为300亿元，包括5年期到30年期多个品种。

19～21日 中央经济工作会议在北京举行。习近平总书记在会上发表重要讲话，总结2018年经济工作，分析当前经济形势，部署2019年经济工作。会议认为，2018年是全面贯彻党的十九大精神的开局之年。在以习近平同志为核心的党中央坚强领导下，全党全国落实党的十九大作出的战略部署，坚持稳中求进工作总基调，按照高质量发展要求，有效应对外部环境深刻变化，迎难而上、扎实工作，宏观调控目标较好完成，三大攻坚战开局良好，供给侧结构性改革深入推进，改革开放力度加大，稳妥应对中美经贸摩擦，人民生活持续改善，保持了经济持续健康发展和社会大局稳定，朝着实现全面建成小康社会的目标迈出了新的步伐。会议认为，我国经济运行主要矛盾仍然是供给侧结构性的，必须坚持以供给侧结构性改革为主线不动摇，更多采取改革的办法，更多运用市场化、法治化手段，在“巩固、增强、提升、畅通”八个字上下功夫。会议要求，做好经济工作，必须加强党中央集中统一领导，提高党领导经济工作能力和水平，坚持党的基本理论、基本路线、基本方略不动摇。会议号召，全党全国要紧密团结在以习近平同志为核心的党中央周围，上下同心、迎难而上，以经济社会发展的优异成绩迎接中华人民共和国成立70周年。

21日 奇艺知识产权资产支持证券在上交所成功发行，标志着全国首单知识产权资产支持证券成功落地，实现了我国知识产权证券化的零突破。

25日 金融委办公室召开专题会议，研究多渠道支持商业银行补充资本有关问题，推动尽快启动永续债发行。

26日 中国银保监会正式批准中国建设银行、中国银行设立理财子公司申请。

中国人民银行召开信用评级监管座谈会，贯彻落实党中央、国务院领导同志重要批示精神，促进信用评级行业规范发展。国家发展改革委、财政部、中国证监会、中国银保监会等监管部门，交易商协会、证券业协会等自律组织，信用评级机构代表参会。

28日 中国银保监会发布《关于规范银行业金融机构异地非持牌机构的指导意见》。该指导意见明确了规范银行业金融机构异地非持牌机构应当遵循“坚守定位、风险为本、分类施策、新老划断”的基本原则。同时，明确要按照实质重于形式原则，根据风险外溢程度与风险管理需求的不同对异地经营性非持牌机构与异地非经营性非持牌机构分别提出规范要求。

29 日　中国人民银行印发《关于〈非银行支付机构大额交易报告要素及释义〉的通知》，要求人民银行分支机构将该通知转发至总部注册地在辖区内的非银行支付机构，并指导各非银行支付机构做好数据报送准备工作。

城银清算服务有限责任公司成立大会在上海举行。城银清算服务有限责任公司是经中国人民银行批准设立的特许清算机构之一，将承接城市商业银行资金清算中心业务资质，进一步畅通城市商业银行的资金汇路。

Zhongguo Jinrong
Gaige Kaifang Dashiji

中国金融
改革开放大事记

1978—2018

上册

中国人民银行◎编著

中国金融出版社

责任编辑：李　融　董　飞　李林子
责任校对：张志文
责任印制：张也男

图书在版编目（CIP）数据

中国金融改革开放大事记（1978—2018）/中国人民银行编著．—北京：中国金融出版社，2020.8
ISBN 978－7－5220－0375－7

Ⅰ．中…　Ⅱ．中…　Ⅲ．金融改革—大事记—中国—1978—2018　Ⅳ．F832.97

中国版本图书馆 CIP 数据核字（2019）第 270930 号

中国金融改革开放大事记（1978—2018）
ZHONGGUO JINRONG GAIGE KAIFANG DASHIJI（1978—2018）
出版 发行　中国金融出版社
社址　北京市丰台区益泽路 2 号
市场开发部　(010)66024766，63805472，63439533（传真）
网 上 书 店　http://www.chinafph.com
(010)66024766，63372837（传真）
读者服务部　(010)66070833，62568380
邮编　100071
经销　新华书店
印刷　北京市松源印刷有限公司
尺寸　210 毫米×285 毫米
印张　83.25
字数　2325 千
版次　2020 年 8 月第 1 版
印次　2020 年 8 月第 1 次印刷
定价　380.00 元（上下册）
ISBN 978－7－5220－0375－7
如出现印装错误本社负责调换　联系电话（010）63263947

《中国金融改革开放大事记（1978—2018）》编委会

主　任

易　纲　郭树清

副主任

陈雨露　潘功胜　范一飞

朱鹤新　徐加爱　刘国强

执行主编

陈雨露

编　委

王　信　徐　忠　魏革军　蒋万进　张　蓓

参加编写人员

（按姓氏笔画排序）

王　达　台　航　任羽菲　李　融　李林子　吴逾峰

张晓艳　郑向阳　姜晶晶　高　宏　唐文强　唐洁珑

董　飞　蒋贤锋　谢瑞芬　甄士龙

编 辑 说 明

2018年恰逢我国改革开放四十周年，2019年是新中国成立七十周年，作为新中国成立以来创业和改革开放发展重大成就的组成部分，金融业发生了历史性变革。为充分体现和展示中国共产党领导下的金融事业发展历程以及中国金融改革开放的辉煌成就，为了解和研究中国共产党领导下的金融改革开放留下丰富、完整的文献资料，中国人民银行组织编写了《中国金融改革开放大事记（1978—2018）》。

本书以中国金融出版社2008年出版的《中国金融改革开放大事记（1978—2005）》为基础，补充完善了2006—2018年我国金融领域的重大事件。在此，本书编委会向《中国金融改革开放大事记（1978—2005）》编委会【顾问：刘鸿儒，主编：吴晓灵，副主编：易纲，编委（按姓氏笔画排序）：马俊起、王兆星、邓先宏、付军徽、刘新华、许树信、张涛、陈全庚、周世敏、林铁钢、段引玲、钟起瑞、唐旭、秦池江、袁力、景学成、焦瑾璞、雷祖华，执行编委：景学成、王红月、李文君，编写组（按姓氏笔画排序）：马俊起、孔繁强、王红月、王宏博、王沛明、张韶华、李群、李文君、汪澄清、陈俊、林春艳、姜勇、徐宁、徐晓民、贾志丽、贾晓燕】致以崇高的敬意和感谢！

本书下卷新增的2006—2018年大事记在编写过程中得到了中国人民银行办公厅、条法司、货币政策司、宏观审慎管理局、金融市场司、金融稳定局、调查统计司、支付结算司、货币金银局、国际司、征信管理局、反洗钱局、金融消费权益保护局和中国反洗钱监测分析中心的支持，在此表示衷心的感谢。

编 纂 说 明

一、本书简介

为纪念我国改革开放40年，中国人民银行启动了《中国金融改革开放大事记（1978—2018）》［以下简称大事记（1978—2018）］的研究工作。大事记（1978—2018）充分体现了中国共产党领导下的我国金融业的发展历程及改革开放取得的伟大成就，是研究我国金融领域改革开放历史的重要文献。全书按时间顺序记述了中国改革开放40年（1978—2018）金融领域的重要政策演进、重要机构变动和重要事件概要。

大事记（1978—2018）中收录的1978—2005年内容以2008年中国金融出版社出版的《中国金融改革开放大事记（1978—2005）》为基础，对原书进行了删减和完善，主要对内容较长的条目做了精简和提炼，删除了具有知识普及性的"小贴士"及对某些事件的主观评论，内容上更加侧重事件的客观性；新增的2006—2018年大事记沿袭了之前的写作特点和体例，补充完善了2006—2018年我国金融领域的重大事件。按篇幅分为上下两册，上册为1978—2002年大事记，下册为2003—2018年大事记。全书题材涉及宏观经济、金融调控政策、金融监管措施、金融市场发展、金融机构演变以及对外开放与交流，涵盖银行、证券、保险、外汇等主要金融业务领域的制度安排、政策措施和业务创新等内容。这些题材体现在条目上，可以大致归为八种类型：

1. 重要金融改革开放会议。如中央经济工作会议、中央农村经济工作会议、全国金融工作会议、国家宏观调控和监管部门的重要专业会议等。

2. 重要经济金融法规、文献。如中共中央、国务院和相关部委、金融调控监管部门及大型金融机构的公告、发文和业务档案。

3. 宏观经济金融调控政策。包括货币政策、监管政策、财政税收政策、产业政策等。

4. 金融市场与金融工具创新。如货币市场、资本市场、保险市场、外汇市场的制度变迁，金融业务领域的改革开放以及主要的、有代表性的金融创新工具的推出等。

5. 金融机构的设立与发展。如调控监管机构的改革，各类金融机构，包括商业银行、保险公司、证券公司以及金融中介服务机构的准入、并购与撤销等。

6. 中央银行的金融服务。如支付结算、调查统计、货币金银、财务会计、征信管理、金融信息化等。

7. 对外开放与交流。如中国加入多边金融机构、项目合作、参与国际经济金融政策协调、参与外国金融当局的合作、对港澳台金融合作与交流等。对于常规的、礼节性的金融对外交往活动，大事记不予录入。

8. 经济金融热点焦点问题，具有重要社会影响的典型事件或案例。

二、编写方法

大事记注意根据档案文件和其他原始资料核对史实，并对条目进行认真筛选，在编写方法上有以下特点：

1. 为使内容更加丰富，大事记条目编写的基本方法是概括主要内容，提炼核心要素。例如：重要会议的条目采取点面结合的方法，即先概括会议主旨和大政方针，再重点记述会议出台的有关金融改革、货币政策、监管政策和金融行业发展的主要政策措施；法规文献条目收录时间为其公布时间，提炼出法规文献的政策措施要点和主要业务内容，并酌情介绍出台背景。

2. 为体现事件的系统性和完整性，对同属一件事或紧密相关的几件事，大事记根据其内容分量或叙述繁简，将不足以单独成条的内容相对集中在一个主条目之内编写。

3. 为使行文简便，大事记对于条目中频繁出现而又过长的机构名称使用统一简称。如中华人民共和国财政部简称财政部，中国证券监督管理委员会简称中国证监会；法规、通知的名称，在条目中第一次出现用全称，以后出现均用简称。如《中华人民共和国外资金融机构管理条例》在条目中再次出现，则简称该管理条例，《国务院关于严格控制物价、整顿议价的通知》再次出现，则简称该通知。此外，凡发布之日起施行文件的不再复述施行日期，发布日与施行日不同的则予写明施行日期。

4. 大事记中的各种计数除习惯使用汉字的外，均用阿拉伯数字。在表示金额以亿或万为单位时，保留小数点后两位；在表示倍数和百分数时，只保留小数点后一位。对含金量、外汇牌价等数字表述，按惯例保留小数点后的位数。

5. 大事记资料来源较为广泛，为避免繁缛，一般不注明出处。

最后，虽然我们在信息来源、内容取舍等方面进行了严格的审定和推敲，但限于编者的理论水平、政策水平和对史实的把握能力，难免有不当和疏漏，敬请读者批评、指正。

编写组

2020 年 1 月

目　录

1978 年

1 月

2 月

3 月

4 月

5 月

6 月

7 月

4 月

5 月

6 月

7 月

8 月

9 月

10 月

11 月

1981 年

8月

9月

10月

11月

12月

1982年

1月

2月

3月

4月

5 月

6 月

7 月

8 月

9 月

10 月

11 月

12 月

1983 年

1 月

2 月

4 月

5 月

6 月

7 月

8 月

9 月

11 月

12 月

1984 年

1 月

2 月

3 月

4 月

5 月

6 月

7 月

8 月

3月

4月

5月

6月

7月

8月

9月

10月

5 月

6 月

7 月

8 月

9 月

10 月

11 月

12 月

1987 年

1 月

2 月

3 月

4 月

5 月

6 月

7 月

8 月

9 月

10 月

11 月

12 月

1988 年

1 月

2 月

3 月

11 月

12 月

1989 年

1 月

2 月

3 月

4 月

5 月

6 月

7 月

8 月

9 月

10 月

11 月

12 月

1990 年

1 月

2 月

3 月

4 月

5 月

6 月

7 月

8 月

9 月

10 月

11 月

12 月

1991年

1月

2月

3月

4月

5 月

6 月

7 月

8 月

3月

4月

5月

6月

7月

8月

9月

4 月

5 月

6 月

7 月

8 月

9 月

10 月

11 月

12 月

1994 年

1 月

2 月

3 月

4 月

10 月

11 月

12 月

1995 年

1 月

2 月

3 月

4 月

5 月

6 月

7 月

8 月

9 月

10月

11月

12月

1996年

1月

2月

3月

4月

5月

6 月

7 月

8 月

9 月

10月

11月

12月

1997 年

1 月

2 月

3 月

4 月

5 月

6 月

7月

8月

9月

10 月

11 月

12 月

1998 年

1 月

2 月

3 月

4 月

5 月

6 月

7 月

8月

9月

10月

11 月

12 月

1999 年

1 月

2 月

3 月

4月

5月

6月

7 月

8 月

9 月

10 月

11 月

12 月

2000 年

1 月

2 月

3 月

4 月

5 月

6 月

7 月

8 月

9 月

10 月

11 月

4 月

5 月

6 月

7月

8月

9月

10月

11 月

12 月

2002 年

1 月

2 月

3 月

4 月

5 月

6 月

11 月

12 月

引　　言

——改革开放前的新中国金融发展史

1949 年 10 月 1 日，中华人民共和国成立。中华人民共和国的成立标志着中国半殖民地半封建社会的结束。中国人民在中国共产党的领导下，终于推翻了帝国主义、封建主义和官僚资本主义的统治。中国人民从此站起来了。中国的金融事业也揭开了新的一页。新中国金融事业的历史渊源，可以追溯到与中国新民主主义革命风雨历程相伴的新民主主义金融事业。从 20 世纪 20 年代第一次国内革命战争时期起，在中国共产党领导中国革命的历程中，新民主主义金融事业始终伴随其中，经历了风霜雨雪，最终走向胜利，为新中国金融事业的建立奠定了基础。

在中国大陆全部解放前夕，毛泽东指出，我们熟悉的东西有些快要闲起来了，我们不熟悉的东西正在强迫我们去做。如何把在战争年代主要是农村环境中积累起来的银行工作经验运用到和平建设时期全国城乡的新环境中去，这将是一场新的、更加复杂的考验。

1947 年秋，中国的解放战争转入战略进攻阶段，晋绥、晋察冀、晋冀鲁豫和山东解放区逐渐连成一片。为了适应解放战争发展的需要，在中共中央的领导下，筹划组建中央银行，发行统一的货币的工作已提到议事日程上来。1947 年 11 月，根据中共中央的指示精神，华北人民政府成立了人民银行筹备处。随后，经华北人民政府与陕甘宁边区政府、晋绥边区政府和山东省政府协商，决定在华北银行、北海银行及西北农民银行的基础上，成立中国人民银行。1948 年 12 月 1 日，在解放战争即将取得全国胜利的前夕，中国人民银行在石家庄正式宣告成立，并发行了人民币。这标志着新中国金融事业的奠基与起步。在党中央的领导下，中国人民银行开始了建立新中国金融事业的艰难工作。

一、国民经济恢复时期的金融

（一）以人民币统一全国市场

人民币的发行开始了统一全国货币制度的艰难历程。当时，国内货币制度混乱，通货膨胀严重，新解放区受通货膨胀之苦，民间盛行实物交易，银元、黄金和外币成为金融投机的主要对象。为了保证人民币的顺利发行和流通，保证人民币本位制度的顺利建立，各级人民政府采取了一系列措施，迅速建立人民币本位制度，以人民币取代一切货币，使之成为唯一的法定货币。

1. 彻底肃清国民党政府发行的货币。国民党政府 1935 年实行法币制度以后，不到两年就出现通货膨胀，法币连连贬值、民不聊生。国民党政府崩溃之前发行金圆券，残酷掠夺、搜括民财，人民政权对此进行坚决的抵制，实行迅速、彻底肃清的方针。每解放一地，人民政府就明令禁止法币和金圆券流通；为了照顾工人、农民、职员、学生的利益，对法币和金圆券采取排挤为主、收兑为辅的方针；将收兑的法币和金圆券迅速输送到敌占区换回物资；同时，为了保护广大群众不受损失，规定了人民币与金圆券限期兑换的方法。到 1949 年冬，国民党政府发行的货币在解放区内已被基本肃清。

2. 禁止金银计价流通和私相买卖。国民党政府货币急剧贬值，失去了人民的信任，于是银元重新加入流通。广大农村还使用铜钱和实物进行交易，黄金也在城市大宗交易中计价使用。市场上普遍存在金银买卖和金银投机，严重阻碍了商品贸易的正常发展，扰乱了金融物价的稳定。各地解放后，人民政府当即颁布法规，取缔金银市场，禁止金银计价流通，不许私相买卖金银、外汇；整顿金银饰品行业，限定其业务范围，组织它们转业或停业；允许个人持有金银，采取适当收兑和“低价冻结”金银价格的措施；对持有小量金银的劳动人民，只要开具一定的证明，中国人民银行可按优惠价格给予兑换；国家对金银生产和销售实行严格的计划管理；由中国人民银行统一经营金银的收售和兑换，所有国营经济单位保存的金银，一律要售予或存入中国人民银行。这些政策措施的实施，割断了长期以来形成的金银与物价的联系，基本肃清了金银计价流通的现象；把分散的金银集中到国家手中，增加了国家的储备，保证了生产建设对金银的需要；迫使金银退出流通领域，为人民币的统一流通创造了条件。

3. 禁止外国货币流通，统一管理和经营外汇。从清末到国民党政府垮台前，除外国货币自然流入中国外，外国银行在中国大量发行纸币，中国成为货币主权受到列强侵犯的典型国家。各地解放后，政府颁布了外汇管理办法，对外国货币实行坚决限制流通的方针，采取合理比价、限期兑换的措施。截至1950年上半年，全国基本上制止了外国货币流通，为实行统一的货币制度、实行人民币的统一流通扫除了一大障碍。

4. 逐步收回各解放区发行的货币。各解放区发行的货币都是人民自己的货币，在用人民币统一币制的过程中，为了使人民群众不受损失，人民政府对早在土地革命时期、抗日战争时期和解放战争时期各革命根据地、各解放区发行的货币，采取了“固定比价、混合流通、逐步收回、负责到底”的方针，宣布按规定比价收兑各解放区的货币，直到最后一张为止。

人民币制度的确立结束了近百年来中国货币制度混乱的历史，真正实现了货币主权的完整和货币制度的统一；告别了国民党政府遗留的恶性通货膨胀的时代，开创了货币稳定、经济振兴的新时期。

（二）接收和改造旧金融业，完善中国人民银行体制

1949年2月，中国人民银行由石家庄迁入北平。1949年10月，中央人民政府任命南汉宸为中国人民银行行长。当时，中国人民银行的首要任务是，根据“边接管、边建行”的方针，接管官僚资本银行，迅速建立中国人民银行的各级分支机构。同时，按照人民政府对新解放区原有各类金融机构采取区别对待的方针，取消外商银行在华特权，整顿和改造私营金融业。

1. 接管官僚资本金融业。为了做好接管工作，中国人民银行做了充分准备。在天津、北平解放之前，中国人民银行就组织力量，分别在天津郊区胜芳和北平郊外的良乡进行集训，学习有关方针、政策，拟定具体接管步骤，同时研究了对银钱业以及金银、外汇等的管理办法。由于国民党官僚资本主要银行的总行均设在上海，所以上海接管工作的好坏影响较大。为此，在进入上海前，有关领导机关又抽调一批干部，在江苏丹阳进行集训，以提高接管工作人员的政策水平，熟悉接管对象的情况，并拟订接管工作的实施方案。

在接管官僚资本银行的工作中，各地均采取不打乱原有机构、整体接管的方法，在方针政策上主要掌握以下几点：（1）对各官僚资本银行的资产按照资本性质分别处理。对国民党政府的中央银行和省、市、县银行等，依法接管，并没收其官僚资本；对官商合办银行，没收其官股部分，派军事特派员监督审查其商股股权及资产负债情况。（2）对官僚资本金融机构，除中国银行和交通银行仍予保留外，其他均停业清理。（3）对官僚资本银行的人员经过接管清理，除对个别人进行处理外，实行“量才录用，原职原薪”的政策。凡是熟悉银行业务，愿意继续服务的人员，分别予以留用、调用或安排参加学习；对高级职员中学有专长、精通业务的，派任适当职务。

根据上述方针政策，对国民党政府的中央银行以及一些省、市、县银行，虽然均停业清理，但并不立即解散，而是把接管工作与建立中国人民银行的分支机构结合起来，利用其原有的营业地点和人员办理业务，成为中国人民银行的业务部门。

2. 对私营金融业的整顿和改造。1949年4月27日，华北人民政府颁布了《华北区私营银钱业管理暂行办法》，明确规定私营银钱业的业务范围、资本额标准、缴存存款准备金和付现准备金的比例，以及违反管理办法的处理等。接着，华东、华中、华南各地人民政府也先后颁布了私营银钱业管理办法，对私营行庄进行整顿和加强管理。各地人民政府还通过银行同业公会和钱业公会，宣传政府对私营银钱业的方针、政策，允许私营银钱业在遵守人民政府法令的条件下继续经营，鼓励它们开展正当业务。同时，要求私营行庄呈报组织状况和业务报表，办理登记，增加资本。凡是资本额低于银钱业管理办法规定标准的私营行庄，要由股东认股，限期补足，并由中国人民银行验收后批准登记营业；未经批准登记的私营行庄，一律停业进行清理。经过一系列的政策教育，一些私营行庄负责人主动将一部分资金由海外调回，进行增资；有的主动交出暗账，积极经营。经过增资，各地淘汰了一批资力小、信用差、投机性较大的私营行庄。

在整顿私营银钱业的基础上，人民政府又公布了一系列私营银钱业管理办法，进一步规定了私营行庄的业务经营范围。中国人民银行通过执行这些规定，加上对私营行庄报表的审查、对违法活动的检查处理并依靠金融工会广大职工的日常监督，不仅加强了对私营行庄的管理，而且对促进金融市场的稳定起到了积极作用。经过初步整顿，到1949年年底，全国的私营行庄由1 032家减为833家，淘汰了近20%。

中国人民政治协商会议制定的《共同纲领》指出，国家资本与私人资本合作的经济为国家资本主义性质的经济，在必要和可能的条件下，应鼓励私人资本向国家资本方向过渡。新中国成立以后，根据资金融通对经济运转所具有的重要作用，确定私营金融业的改造要比其他私营工商业先走一步。1949年下半年，中国人民银行在对私营金融业整顿监督、恢复业务的基础上，对私营行庄的资金加强了管理，引导它们用于支持工商业的贷款需要，限制私营行庄的不正当经营。1950年，在全国调整公私关系的统一安排下，为了解决社会上高利率逐渐消失后私营行庄机构臃肿、人浮于事的问题，中国人民银行通过公私合营银行的典型示范，鼓励私营行庄走国家资本主义的道路，推动大行庄从合营走向联管，组织较小的行庄实行联营。

1950年3月全国统一财政经济工作后，金融物价趋于稳定，利率也大幅下降，市场交易一度呈现不景气。有些私营行庄由于放款成为呆账，存款不敢贷放而坐赔利息，再加上管理不善和开支庞大等因素，发生了资金周转不灵和经营亏损，一些规模较小的行庄因此而成批倒闭。1950年5月、6月，全国私营行庄由原来的833家减为431家，从业人员由3万人减为1.8万人。在这种情况下，中国人民银行倡导私营行庄组成联营集团，与国家银行签订业务联系合同，私营行庄也希望通过联营方式争取社会信用。最早试办联营的是天津市，当地私营行庄先后成立了4个信用联合会；上海市也先后成立了4个联营集团，参加的私营行庄共42家，基本上将较小的私营行庄都纳入了联营。全国其他地区也相继出现类似的组织。当时，中国人民银行对私营行庄的政策，从单纯的行政管理转为行政管理与业务竞争相结合，通过迅速开展私人业务，中国人民银行的私营工商业存款与个人储蓄存款剧增。新华、中国实业、四明、中国通商4家公私合营银行，因为有国家银行信用的支持，声誉提高，业务大量开展，接收了很大一部分私营行庄原有的业务阵地。

中国人民银行于1950年8月1日召开全国金融业联席会议，根据中共中央关于调整工商业的总方针，研究调整金融业中的公私关系、金融业与工商业的关系以及金融业中的劳资关系，以达到团结合营和私营行庄力量、扶持生产的目的。会议确定对私营行庄实行“团结、领导、运用、改造”的方针，批评一部分私营行庄负责人存在的“分疆而治”的错误认识，指出私营行庄只有进行整顿改造、精简节约、服务于工商业，才能得以生存和发展，并倡导与鼓励私营行庄联营合并，以求共同扶助生产。会上，中国人民银行决定给私营行庄以转抵押、委托业务、调拨资金、汇兑折扣等业务支持。通过这次联席会议，许多私营行庄负责人感到政府调整了公私关系，指明了道路，受到了很大鼓舞。金融界的知名人士周作民先生毅然从香港返回内地，代表金城银行要求国家银行加强领导。除金城银行以外，中南、大陆、联合、浙江兴业、国华、和成、聚兴诚等银行也再三要求国家银行接收其官股，指派公股董事，实行公私合营。

这次会议以后，私营中小行庄积极联营合

并，大行庄则向国家银行靠拢，纷纷改组为公私合营银行并联合经营。中国人民银行加强了对这些联营集团、合营银行的领导，与它们签订了业务合同，同时帮助它们清理呆账，扭转亏损，组织它们扩大联合放款。另外，国家对合营银行的私股实行赎买政策，照顾其合法利益，按时发给股息；对原有经理人员适当安排职务，解除了股东和经理人员的顾虑。在国家政策的引导下，在中国人民银行的帮助和领导下，私营行庄中存在的某些企图摆脱国家银行、谋求自由发展的倾向得到纠正，私营行庄走上了服务于生产的正当经营道路，业务有了一定的发展。

1952 年 5 月，中国人民银行鉴于“五反”运动后私营、合营金融业存款业务下降，银行资本家担心长期赔累，迫切要求实行大联营、由国家直接领导的新情况，召开区行行长会议进行研究，提出为了迎接 1953 年国家即将开展的大规模经济建设，解决私营、合营银行中存在的问题，必须加强国家金融体系，成立统一的公私合营银行。

1952 年下半年开始，中国人民银行根据中财委关于整顿行庄的指示，对全国金融业进行了全面改造。在实际工作中，中国人民银行适当照顾了对整个资产阶级的影响，以及对国外公私银行的影响，淘汰了在 17 个城市中尚存的 50 家钱庄。根据不同的情况，中国人民银行对私营银行分别予以合并或淘汰。资产能抵负债的可并入合营银行，取消原名号；资产不能抵负债的予以淘汰；自愿停业的也可准许。

由于金融事业与国民经济的关系十分密切，中国的私营金融业改造工作走在其他行业之前。中国人民银行对这项重大任务抱着既积极又十分慎重的态度，认真进行调查研究，不断总结经验教训。在对私营金融业进行社会主义改造的各个环节里，特别是在准备实行重大措施或作出重大决定时，中国人民银行都事先邀集金融资本家或其代理人员举行座谈，一面征求意见，一面宣传政策。1950 年 8 月全国金融业联席会议以后，中国人民银行把公私合营银行几个系统的负责人组织起来，每两周举行一次座谈会，加强宣传教育，使他们更能认清形势，自觉接受改造，从而有助于各阶段工作的顺利进行。金融资本家中的进步人士，在私营金融业的社会主义改造过程中，做了许多公私之间的联系、推动和筹备工作，起到了桥梁的作用。在人民政府的领导下，私营金融业的社会主义改造工作每到关键时刻，他们都能够作出积极的贡献。

1952 年 12 月，中国的私营金融业比其他私营工商业提前 4 年实现了全行业的社会主义改造。

3. 建立中国人民银行的机构网络。根据“边接管、边建行”的方针，中国人民银行在接管官僚资本银行的同时，迅速建立了中国人民银行各分支机构。按照行政区划，中国人民银行先后建立起总行、区行、分行、支行四级机构。在大行政区设区行，省、自治区、直辖市设分行，县设支行。在城市中，按城市规模和业务需要设立分行或支行，下设办事处、分理处；在农村的集镇设立营业所，办理各种具体业务。

中国银行和交通银行经过改组后，均采取总管理处、分行、支行三级制，总管理处下属的行处受本行总管理处和当地中国人民银行的双重领导。1949 年 12 月，中国银行总管理处也由上海迁到北京。

1949 年 10 月 20 日，中国人民保险公司正式成立，并陆续在全国各地设立分支机构。中国人民银行副行长胡景沄兼任中国人民保险公司总经理。

截至 1949 年 12 月，中国人民银行建立了华东、中南、西北、西南 4 个区行，40 个省、市分行，1 200 多个县（市）分行及办事处。加上中国银行、交通银行和中国人民保险公司，在全国共设有金融机构 1 380 个，职工达 8 万余人。1951 年 4 月 1 日，东北银行改组为中国人民银行东北区行，内蒙古人民银行改组为中国人民银行内蒙古自治区分行。11 月，新疆银行改组为中国人民银行新疆省分行。至此，除了西藏自治区和台湾以外，全国都已建立了中国人民银行的机构。1951 年 8 月，为了加强农村金融工作，经政务院批准，农业合作银行成立，但其在各地没有设立分支机构。

1952 年，全国金融机构的情况发生了一些变化：中国银行与中国人民银行的国外业务局合署办公，交通银行划归财政部领导，中国人民保险公司也改由财政部领导，精简撤销了农业合作银行，成立了全行业的公私合营银行总管理处。这样，到1952年国民经济恢复时期终结时，一个由中国人民银行统一领导的银行管理体制初步建立，在社会主义建设中发挥了重要作用。

二、“一五”计划时期的金融

1952年年底，中国胜利完成了恢复国民经济的艰巨任务，实现了国家财政经济状况的根本好转，为有计划地进行大规模经济建设和社会主义改造创造了条件。同时，国家制定了1953—1957年发展国民经济的第一个五年计划。“一五”计划时期，中国在进行大规模经济建设的过程中，建立了集中统一的计划经济管理体制，与此相适应，形成了集中统一的中国人民银行体制。中国人民银行的工作围绕着实施“一五”计划规定的基本任务而展开，通过各项业务活动，广泛聚集社会资金，大力支持全民所有制经济发展，促进国家的社会主义工业化，促进对农业、手工业和资本主义工商业的社会主义改造，加强货币信贷管理，有计划地调节货币流通，稳定市场物价，为国民经济的发展创造良好的经济环境。

（一）高度集中的银行体制的形成

1952年年底，随着全行业公私合营银行的建立和对私营金融业社会主义改造的完成，中国开始确立了高度集中的银行体制的雏形。“一五”计划时期，由于所有制结构趋向单一，银行体制的集中统一进一步加强。

首先，撤销了大区分行，进一步加强了中国人民银行总行对全国金融活动的统一领导和管理。1954年6月，中央人民政府决定撤销大区一级行政机构，中国人民银行在各大区的区行也随之撤销。这样，中国人民银行总行对全国金融活动的统一领导和集中管理得到了加强，形成了银行部门垂直管理的体制。

其次，在完成对旧金融业的社会主义改造以后，将公私合营银行纳入中国人民银行体系。公私合营银行成立之初主要是经营对私营工商业的金融业务，由于私营工商业逐步走上国家资本主义道路，加强了与中国人民银行的业务联系，公私合营银行就转为代理中国人民银行办理储蓄业务。

最后，中国农业银行的建立和撤销。“一五”计划开始实施后，中国的城乡经济发展很快，对资金的需求十分旺盛，银行筹集资金、调节货币流通的任务日益加重。为了更好地支援农业生产，促进农业的社会主义改造，同时也为了便于中国人民银行集中力量搞好工商信贷、城镇储蓄和其他金融业务，1954年8月，中国人民银行向政务院提议建立中国农业银行。1955年3月，国务院批准建立中国农业银行，并确定其主要任务是办理农村的短期贷款，贷款对象是农业生产合作组织和个体农民，贷款用途限于农业生产，除此以外的农村金融业务仍由中国人民银行办理。经过一段时期的实践，由于农村商品经济的水平很低，金融业务量不大，客观上缺乏建立专业银行的经济基础；加上中国农业银行办理的农村短期贷款与农副产品的收购、农业生产资料的供应，以及城乡之间的非现金结算等关系十分密切，而这方面的业务仍由中国人民银行办理，这就增加了资金周转环节，引起工作上的诸多不便。因此，国务院于1957年4月12日决定撤销中国农业银行，农村信贷工作由中国人民银行统一负责办理。1957年8月1日中国农业银行撤销后，中国人民银行设立了农村金融管理局，负责管理全国的农村金融业务。

经过“一五”计划时期的强化和集中，中国人民银行成了既是国家金融管理和货币发行的机构，又是统一经营全国金融业务的经济组织。

（二）建立纵向型的信贷资金管理体制

在形成高度集中的银行体制的同时，中国人民银行建立了纵向型的信贷资金管理体制，即全国银行的信贷资金都由中国人民银行总行统一掌握，实行“统存统贷”的管理办法。

1952年9月，中国人民银行召开各大区行行长会议和银行计划工作会议，强调在有计划的经济建设时期，要建立和加强银行系统的计划管理体制；明确各级管辖行的基本任务是了解情况，掌握计划，贯彻政策，一切营业部门的业务活动都要有计划地进行。这次会议通过的《中国人民银行综合信贷计划编制办法（草案）》，第一次比较全面地提出了信贷计划管理的一整套做法，包括信贷计划编制的依据、内容、管理体系、权限划分、审批程序和检查制度等。

（三）取消商业信用，集中信用于国家银行

“一五”计划时期，国家开始进行大规模经济建设，要求对资金实行高度集中管理的计划分配，而1953年、1954年两年中，国营企业之间的商业信用一般仍占企业流动资金的10%～20%。当时认为，商业信用扩大了企业流动资金的占用，不利于国家对流动资金的集中管理和资金分配计划的贯彻执行，不利于银行对生产和商品流转计划执行情况的监督，因此有必要取消商业信用，集中信用于国家银行。

1954年3月，中国人民银行和商业部共同清理了国营商业系统内部的商业信用，规定国营商业企业的商品购销货款和资金往来，一律通过中国人民银行办理结算。1955年3月，根据国务院指示，中国人民银行和财政部通过与有关部门共同研究，一致同意统一步调，取消商业信用。1955年5月6日，国务院批转中国人民银行的报告，同意取消国营工业间以及国营工业和其他企业间的商业信用，代之以银行结算，认为这对于节约国家资金使用和巩固经济核算有很大的好处。

1955年上半年，中国人民银行在总结8种结算方式试行经验的基础上，对这些结算方式做了进一步修改，并制定了《国营企业、供销合作社、国家机关、部队、团体间非现金结算暂行办法》，于1955年9月在全国实行。随着商业信用的取消和8种结算方式的推行，到“一五”计划后期，我国基本实现了一切信用集中于国家银行，从而进一步加强了中国人民银行对资金管理的集中统一。

（四）建立现金出纳计划制度，加强对货币发行的管理

国家对私营经济社会主义改造的逐步深入和大规模经济建设的开始，反映在市场货币流通上，不仅是流通规模扩大，而且在流通渠道、地点分布以及货币投放与回笼的季节性等方面，都发生了一些变化。为了适应这种新的情况，中国人民银行于1952年10月召开全国货币管理会议，强调加强货币流通计划管理工作的重要性，拟定了《现金出纳计划编制办法（草案）》，上报中财委。1953年9月13日，中财委发布《关于加强现金出纳计划工作的指示》，要求各大区和各省、自治区、直辖市财委“把现金出纳计划工作建立与掌握起来，组织有关部门结合市场情况，对收购的投放和物资供应、税收等的回笼进行适当安排”。到1953年年底，中国人民银行各级机构均已开始编制现金出纳计划，按计划组织现金的投放和回笼。

（五）发行新的人民币，完善人民币体制

为了彻底清除过去通货膨胀留在人民币上的痕迹，进一步健全和巩固新中国的货币制度，必须发行新的人民币。早在1950年3月，中国人民银行就开始了发行新的人民币的准备工作，到1955年，各方面条件都已具备。1955年2月21日，国务院发布了《关于发行新的人民币和收回现行的人民币的命令》，责成中国人民银行自1955年3月1日起发行新的人民币，以新的人民币1元等于旧的人民币10 000元的折合比率收回旧的人民币。新发行的人民币面额，主币分为1元、2元、3元、5元、10元五种，辅币分为1分、2分、5分、1角、2角、5角六种。每种券别版面均印有汉字、藏文、蒙古文、维吾尔文四种文字。

为了使发行新的人民币、收兑旧的人民币的工作在风平浪静的情况下进行，国务院决定提前公布发行新的人民币的时间，并做了周密的部署。从1955年2月21日起，全国各地的宣传机构运用各种宣传工具，对发行新的人民币展开了广泛的宣传。主要是针对旧中国通货膨胀给广大人民留下的恶劣影响，针对部分群众“怕露富”、怕人民政府摸自己财产底细等顾虑，采取对比的方法用事实进行宣传，使广大人民群众很快了解了发行新的人民币的意义和政策，从而从心底拥护国家的这一重大措施。

1955年3月1日，中国人民银行在全国各地发行新的人民币，市场商品流通、文化娱乐服务行业以及各种经济往来全都按新的人民币标价、记账和办理收付。同时，中国人民银行挂出了按新的人民币计算的外汇牌价，对外清算一律按新牌价计算。各地中国人民银行按照1:10 000的比价，把银行所有存款、储蓄、贷款等账册中的旧的人民币数目折成了新的人民币，并向各公私企业、国家机关、团体或城市内使用支票的存款户开出了对账单。从 1955 年 3 月 1 日起，新的人民币成为中国社会上一切货币收付、债权债务、交易计算、契约合同、单据凭证、账簿记载以及国际清算等经济往来的唯一计算和标价单位。

三、“大跃进”时期银行工作的挫折与调整

1958—1960 年的“大跃进”时期，银行各级领导和广大职工同全国其他行业领导和职工一样，政治热情高涨，对金融工作的政策进行了多方面的探索，积极支持国民经济“大跃进”。1958 年 3 月至 11 月，中国人民银行先后召开三次会议，强调要紧跟“大跃进”的形势，对企业扩大生产和流通所需的流动资金，要大胆支持，充分供应，不要怕贷款多了；强调要在有利于生产“大跃进”的前提下谈节约流动资金，否则就是非政治化倾向，就是单纯业务观点。由于这种错误的指导思想，金融工作中脱离实际的“瞎指挥”“浮夸风”等大大膨胀，放松了金融管理，造成了信贷失控和大量增发货币，使国民经济比例失调问题更加突出。

为了纠正“大跃进”时期发生的错误，克服国家财政经济上存在的严重困难，中共中央作出重大决策，对国民经济实行“调整、巩固、充实、提高”的方针。1962 年 3 月 10 日，中共中央、国务院作出了《关于切实加强银行工作的集中统一，严格控制货币发行的决定》（“银行六条”）。中共中央、国务院在这个文件中强调，“国家银行是国民经济各部门资金活动的中心和枢纽。抓紧银行这一环节，就可以有力地推动和监督各部门经济的调整和企业经营管理的改善”，要求中国人民银行在调整经济中发挥重要作用。

“银行六条”的主要内容如下：

第一，收回下放的权力，实行彻底的垂直领导。即中国人民银行各分支机构的各项业务受总行垂直领导，经总行批准的信贷计划、现金计划、信贷结算办法、重要规章制度，必须坚决保证执行。非经总行同意，不得变更。

第二，加强信贷管理，严格执行计划。任何地方、部门和企业单位、事业单位，非经中国人民银行批准，不得突破计划指标，增加计划外贷款；各级党政机关不得强令银行增加贷款。遇有特殊情况，确实需要增加指标的，必须按程序上报总行批准，不得“先斩后奏”。

第三，严格划清信贷资金和财政资金界限。不准用银行贷款做财政性支出。不准将银行贷款用于基本建设、弥补企业亏损、发放工资、缴纳利润、职工福利等开支。

第四，加强现金管理、结算管理和工资基金管理。一切机关、团体、企业单位、学校、部队都必须严格执行现金管理制度。一定数量以上的交易往来、货币收付都必须通过中国人民银行进行转账。实行工资基金管理，银行根据批准的工资计划监督支付，不得超过。

第五，各级党委和各地政府要加强银行工作的领导，定期听取银行汇报，并对银行提出的情况和问题，采取具体措施予以处理。中国人民银行各级分支机构必须加强机构、充实人员、改进工作，加强监督，保证计划的执行，并同一切违反制度、违反国家计划的行为作斗争。银行人员不坚持制度，以失职论处。

第六，财政、银行都要按计划办事，谁的支出谁安排，谁的漏洞谁堵塞，真正做好财政预算和信贷收支的平衡。

在中共中央、国务院的领导下，经过各地区、各部门和全国人民的共同努力，国民经济调整取得成功，财政经济情况根本好转，银行工作恢复正常，这表现在以下方面：

第一，货币流通恢复正常。从 1962 年起，连续 3 年实现货币收支“当年平衡，略有回笼”的目标。1964 年末的市场货币流通量比 1961 年减少了 36%，货币发行过多的现象基本消除。市场货币流通状况趋于正常。

第二，信贷资金使用效益提高。通过加强信贷的计划和管理，信贷资金的使用情况有了明显好转，出现了工业生产增长、商业购销扩大而银行贷款下降的好现象，企业流动资金占用水平随之下降。

第三，城乡储蓄存款回升。由于市场物价趋于稳定，社会经济生活恢复正常，全国城市储蓄

存款在 1961 年和 1962 年连续下降后，从 1963 年起开始回升。

第四，外汇收入增加。从 1963 年开始，我国对外贸易复苏，银行积极支持外贸扩大进出口业务所需资金。由于外贸业务发展，银行外汇收入迅速增加，超额完成创汇计划。

四、“文化大革命”时期对金融工作的冲击与整顿

1966 年开始的“文化大革命”是一场全局性的、长达 10 年的内乱。它给党和国家以及全国人民带来了严重灾难。在这一时期，金融工作也受到猛烈冲击，遭到严重破坏。

“文化大革命”开始以后，党的各级组织和政府的各级机构受到冲击，陷于瘫痪、半瘫痪状态。银行的指挥体系大大削弱，中国人民银行总行的各职能司局被撤并，只保留政工和业务两个大组，艰难地维持工作。1969 年，国务院所属各部委精简合并，中国人民银行总行与财政部于 7 月合署办公，大批干部下放劳动，留在机关搞金融业务工作的只有 87 人，整个金融工作处于被动应付状态。中国人民银行各级分支机构的精简合并，则是由各省、自治区、直辖市自行决定，各地各搞一套，使银行的工作系统和指挥体系大大削弱，金融工作的政策和制度难以贯彻到底，许多地方随意挪用银行信贷资金的错误做法变得合法化、公开化，货币发行权集中于中央的原则不能得到切实的保证。

在这个过程中，银行部门大多数领导和职工同极“左”思潮对金融工作的干扰和破坏进行了不同程度的抵制和斗争，如坚持对不符合国家规定的支出一律拒绝支付；在支持生产发展的前提下，帮助企业合理安排使用资金，强调按计划贷款，按期归还贷款；严禁挪用流动资金搞计划外基本建设，加强工资基金监督支付，制止各单位之间相互拖欠资金；教育银行工作人员坚守工作岗位，坚持按政策和制度办事；反对浪费国家资财和违反财政纪律；等等。这些在一定程度上减轻了受“文化大革命”的干扰和破坏的程度，对稳定经济形势、平衡财政信贷收支、减少货币投放、节约资金使用起到了重要的作用。

1971 年 9 月林彪反革命集团被粉碎和 1975 年 10 月邓小平复出工作后，银行工作曾两度出现转机，但由于“四人帮”的破坏，金融工作两度受挫。

1976 年 10 月，粉碎“四人帮”反革命集团的胜利，结束了 10 年的动乱局面，处于严重困境中的国民经济开始恢复生机。1977 年 11 月 28 日，国务院发布《关于整顿和加强银行工作的几项规定》（以下简称《规定》）。中国人民银行根据这一文件的精神，对银行工作进行全面整顿。

（一）整顿银行机构，充实骨干力量

国务院决定，中国人民银行作为国务院部委一级的单位，与财政部门分设，省、自治区、直辖市以下的银行机构也比照办理。中国人民银行的工作实行总行与当地政府双重领导，以总行领导为主。在业务工作上恢复自上而下垂直领导，做到统一政策、统一计划、统一制度、统一资金调度、统一货币发行，以建立起指挥如意的、政策和制度能够贯彻到底的银行工作系统。

为了切实加强银行工作，在分设各级银行机构的同时，调整和充实了领导力量，配备了一批懂政策、懂业务，并有管理经验的领导干部，把在“文化大革命”中被下放劳动或调离银行的一些业务骨干陆续调回银行，充实了业务力量。

（二）整顿各项规章制度，加强各项金融工作

根据国务院《规定》中提出的打击贪污盗窃、投机倒把，纠正不正之风，同违反财经纪律行为作斗争，加快国民经济建设速度的要求，中国人民银行对原有各种制度做了修改和补充。

1. 加强信贷管理。针对“文化大革命”中放松信贷管理所产生的问题，重新修订《国营工业贷款办法》，对贷款的政策界限、管理原则以及贷款的审定等做了明确规定；再次强调贷款要按计划发放、要有物资保证和按期归还的三原则；明确贷款必须逐笔贷放，定期检查；对国营商业贷款也规定了具体条款。

2. 加强结算工作。1977 年 10 月，中国人民银行制定《中国人民银行结算办法》，并从 1978 年 1 月 1 日起实行。其中重要的一点是取消凭提货收据（实物收据）办理托收的结算办法。因

为这个办法流弊很大，助长了采购人员到处抢购物资，甚至贪污浪费的不良风气，而企业财务部门和开户银行却无法进行监督。取消凭提货收据办理托收后，改为用汇兑或信用证办理结算，这样就解决了多年来存在的问题。

同时，对滥开账户，出租、出借账户问题，中国人民银行于1977年10月颁发《账户管理办法》，对各单位的账户设置、账户管理和账户使用等做了具体规定，并对以前开设的账户进行了清理和整顿，对严重违反财经纪律的单位进行了严肃处理，使账户工作得到了加强。

3. 加强现金管理。根据国务院1977年11月重新颁发的《关于实行现金管理实施办法（试行草案）》，各地银行组织力量进行了广泛宣传，分批检查执行情况，并重新核定各单位的现金库存限额。

4. 全面整顿和加强内部管理。1977年10月，中国人民银行发布《关于进一步加强发行出纳工作的意见》，要求加强安全保卫工作和提高出纳工作质量，并强调恢复钱账分管、双人管库等基本制度。同时制定了《中国人民银行金银管理办法（试行）》，对金银的持有、携带、出入境、生产和出售以及配售等，都做了具体规定，并重申金银由中国人民银行统一管理和经营。

1977年1月，中国人民银行制定了《银行统计制度》，明确了银行统计工作的基本任务，规定了统计人员的职责和配备，以及统计报表和统计数字的管理。

开展了资金、账务等的清理工作。针对账务混乱，债权、债务和损益不实，违反财经纪律情况普遍，以及贪污盗窃、投机倒把严重等问题，中国人民银行决定在银行系统开展清资金、清账务、清财务（简称“三清”）工作，以切实纠正错账、财务不清等问题。

经过1977年和1978年的整顿，银行的各项工作都得到了提高，内部管理也逐渐加强，从而提高了银行在国民经济中的地位和作用，经济效益也明显提高。1978年相比1976年，工农业总产值增长24.3%，社会商品零售总额增长16.4%，而1978年末的货币流通量比1976年末仅增长3.9%。

1978年12月，中国共产党召开了十一届三中全会，作出了把全党工作重点转移到经济建设上来的具有划时代意义的战略决策，揭开了经济体制改革的序幕。1979年10月4日，邓小平同志在中共省、自治区、直辖市第一书记座谈会上提出：“银行应该抓经济，现在只是算账、当会计，没有真正起到银行的作用。银行要成为发展经济革新技术的杠杆，要把银行真正办成银行。”在这一思想的指导下，我国拉开了金融改革的大幕，进入了有计划、有步骤地进行金融体制改革的新时期。

1978 年

1 月

1 日　财政部、中国人民银行正式分开办公。1977 年 11 月 28 日，国务院发布了《关于整顿和加强银行工作的几项规定》，明确提出，中国人民银行作为国务院部委一级单位，与财政部分设，省、自治区、直辖市以下的银行机构亦照此办理；中国人民银行的工作，实行总行与省、自治区、直辖市革命委员会的双重领导，以总行领导为主，做到统一政策、统一计划、统一制度、统一资金调度、统一货币发行。1977 年 12 月 31 日，根据国务院的规定，财政部、中国人民银行发布《关于人民银行总行与财政部分设的通知》，决定自 1978 年 1 月 1 日起，财政部与中国人民银行正式分开办公，同时要求省、自治区、直辖市以下的银行机构，也在 1978 年以内全部完成与财政部门的分设工作。1978 年 1 月 15 日，中共中央任命李葆华为中国人民银行党组书记、行长，陈希愈为中国人民银行党组副书记、副行长。

国家计划委员会、财政部、商业部、供销合作总社发布的《社会集团购买力管理办法》正式实施。该办法于 1977 年 12 月 8 日对外发布，其中规定，对社会集团购买力进行严格控制和管理的办法是计划管理，限额控制，凭证购买，定点供应，使用专用支票和对某些商品实行专项审批；各级计划、财政、商业、供销社、物资、银行、统计等有关部门，要明确分工、密切协作、依靠群众、严守纪律，共同做好控制社会集团购买力工作。

《中国人民银行财务管理制度》正式实行。该管理制度于 1977 年 10 月 24 日由中国人民银行发布，其中规定：中国人民银行对财务管理实行统一领导、分级管理、收支相抵、损益集中的制度。

10 日　中国人民银行决定在香港和澳门地区发行人民币旅行支票。旅行支票是一种由银行或金融机构发行的，由旅行人员购买商品使用的定额票据。

12 日　全国企业扭亏增盈工作会议在北京召开。会议强调指出，企业扭亏增盈主要应抓好以下工作：整顿企业，加强经营管理；厉行增产节约，反对铺张浪费；实行严格的经济核算制度；加强综合平衡，为企业扭亏增盈创造条件；办好“五小”工业；对亏损补贴实行严格的审批和管理制度，对企业的超计划亏损，金库不得办理退库，银行不得贷款。

28 日　中国人民银行颁布《银行统计制度》。该统计制度是为贯彻 1977 年国家计委召开的全国统计工作座谈会的精神，加强对银行统计工作的领导而制定的。《银行统计制度》规定，银行统计工作的基本任务是：根据党的方针政策和国家计划管理的要求，准确、及时、全面地进行银行业务统计；系统地整理、积累银行统计资料和有关的国民经济资料；在调查研究的基础上，搞好统计分析，为更好地开展银行各项业务服务。

30 日　国务院批转国家计委、财政部《关于改进固定资产更新改造资金管理的报告》。该报告建议，将国营企业的基本折旧基金，由国家财政适当集中一部分，统一安排，调剂使用。具体办法是：除县办工业、农牧企业和按产量提取更新改造资金的采掘采伐企业以外，所有国营企业提取的基本折旧基金，50%留给企业，用于固定资产的更新改造；50%作为“上缴基本折旧基金”由企业随同企业利润一并交入国库，由国家统一安排使用。地、市以上所投产的企业，在建成投产后三年内提取的基本折旧基金全部上缴财政。企业上缴国家财政50%基本折旧基金，其中30%由国家计委、财政部门和有关部门掌握，用于重点地区和重点企业的设备更新、技术改造和发展新技术，其余20%分配给各省、自治区、直辖市，由地方掌握安排。更新改造资金必须坚持专款专用，不得挪用。

2月

6日 中国人民银行发布《关于停止凭实物收据办理结算后有关问题的说明》。针对1977年10月22日国务院决定在全国范围内取消实物收据，实行购销双方办理托收后实际工作中存在的问题，中国人民银行规定：1. 商业、供销、农机、外贸部门在系统内自备运输工具发送或自提的商品市场调拨，以及部门之间有固定关系的商品调拨，凭付款单位确已收到商品的证明办理托收。水产、农机等其他商业部门在系统内的商品调拨，亦可凭付款单位确已收到的商品的证明办理托收。2. 军队使用军列整车装运物资可凭车辆号码、发运日期的单据办理托收。军用仓库对军内发货，总后勤部可凭签发的提货单副本办理托收。3. 易燃、易爆、剧毒、腐蚀性强的商品必须使用专用运输工具运送或自提的，以及某些使用仪表计量的商品，凭汇款单位确已收到商品的证明办理托收。4. 对于直接收入收款单位账户的汇款，有些单位由于某种原因暂时不能提供合同的，可以根据实际情况灵活处理。对于采购资金的汇款，当地指定有审批部门的，应该按当地的规定办理；尚未确定审批部门的，可暂由银行审查办理。汇入银行对上述汇款均不能随便退汇。

中国人民银行发布《关于1978年银行工作的初步意见的通知》。其中要求：1. 各级人民银行要大力组织货币回笼，加强城乡现金管理工作，控制不合理的现金投放。尽力开展城乡储蓄，增加信用回笼，收回到期贷款。2. 挖掘资金潜力和物资潜力，把现有的信贷资金搞活用好，降低流动资金占用水平。进一步搞好国际结算，对国家外汇资金的安排和调度，做到安全、及时收汇。3. 做好对外保险和检验工作。做好对外贸出口物资远洋船舶和国际航线飞机等保险业务的承保和理赔，对进口成套设备和其他进口物资的防损加强检验工作。4. 加强调查研究工作，对银行工作进行科学技术研究，认真搞好综合反映，充分发挥银行作为国民经济“寒暑表”的作用。

23日 中国人民银行发布《关于1978年城镇储蓄工作几点意见的通知》，要求各级银行加强储蓄工作的领导，普及网点，扩大服务面；要逐步恢复和建立储蓄专业机构，积极举办小额零存整取的储蓄；坚持存款自愿，取款自由，为储户保密的原则；加强制度建设，提高核算质量。

25日 国务院批转外交部、中国人民银行《关于积极争取侨汇的意见》，要求各级党委坚决贯彻执行侨汇政策。主要内容是：1. 除省、自治区、直辖市革命委员会经中央批准，决定并书面通知银行没收或冻结侨汇外，任何部门都无权作出这样的决定，也不得擅自向银行查阅侨汇凭证或要求银行提供侨汇户名单。人民法院和公安部门因公需要查阅侨汇凭证时，应凭地、市以上人民法院或公安机关党委批准的证件，才能到银行查阅。严禁向归侨、侨眷强行摊款、借款和冒领、克扣、侵吞侨汇，违者应予严肃处理。2. 重新制定切实可行的侨汇留成办法报国务院审批执行。3. 积极做好国内私人存款在国外资产的调回工作，争取早日调回。4. 举办外币、人民币特种定期存款。凡居住在海外的华侨、中国血统的外籍人、港澳同胞、外国人持有可自由兑换的外汇，均可在我国境内中国银行办理存款，本息可自由调出。

国务院批准国家计委《关于恢复华侨外汇留成办法的请示报告》。根据广东省委的建议，该报告提出了解决侨汇留成问题的具体意见：1. 恢复侨汇留成办法。属于赡家汇款部分，留给地方6%的外汇，用于解决侨眷、归侨的商品供应问题；属于修建房屋的汇款，留给地方15%的外汇，用于解决侨眷、归侨修建房屋所需的钢材、水泥、木材等建筑材料。修建房屋的汇款，以华侨、中国血统的外籍人和港澳同胞汇款时注明的数字为准。但计算留成时，建筑侨汇以不超过侨汇总额的20%为限。2. 为安排好侨眷、归侨的生活，除了侨汇留成以外，仍由商业部按赡家汇款（折算成人民币）20%的比例，拨给商品，供应侨眷和归侨。3. 赡家侨汇留成和建筑侨汇留成，要确实使用在解决侨眷、归侨所需商品（包括粮食、油、糖等生活必需品）和建房需要的材料方面，恢复华侨商店，凭侨汇证供应。上述办法自1978年1月1日开始执行，也适用于福建和其他有侨汇收入的省、自治区、直辖市。

对外贸易部、中国人民银行发布《关于收购出口商品严格执行国家计划，切实加强流动资金管理的通知》。该通知对出口商品按计划收购，银行按计划供应资金作出规定，指出：1. 凡超计划或计划外收购、调拨商品，地方商品超计划幅度在3%以下的，由省报外贸局审批；超计划幅度在3%以上的，由分公司征得外贸局同意后报总公司审批；中央部管商品，报外贸部审批。未经批准银行有权监督并拒绝付款。2. 各级企业要建立和健全进货验收制度。质量不合格的商品银行拒绝付款。3. 已经收进的不合格商品和长期积压的不适销商品，进行加工改制出口或转内销处理。4. 外贸部门和银行要互相协作，加强流动资金的管理，严格按计划收购商品。

2月26日至3月5日　五届全国人大一次会议在北京召开。会议提出，在20世纪内把我国建设成为农业、工业、国防和科学技术现代化的伟大社会主义强国。华国锋代表国务院做《政府工作报告》。会议讨论通过了《中华人民共和国宪法》，同意国务院提出的《1976年到1985年发展国民经济10年规划纲要（草案）》。该纲要提出，建设120个大项目，其中有十大钢铁基地、九大有色金属基地、十大油气田等指标；工农业生产10年平均增长速度为8.7%，其中，工业增长速度为10%。这次大会选举叶剑英为人大常委会委员长，继续任命华国锋为国务院总理。

3月

20日　对外贸易部、中国人民银行发布《关于“以出顶进”若干问题的通知》，规定各用货单位经主管部门批准提出从国外进口的商品，凡是有外汇的，我外贸公司又有货源的，为了节约费用，改善经营管理，避免把我出口商品从国外市场买回来，对外造成不良政治影响，有关外贸公司应当采用“以出顶进”办法，用出口商品顶替这部分进口商品。

4月

5日　国务院发布《关于处理1976年冻结存款的通知》。主要内容是：1. 冻结存款总额96.11亿元，其中在1977年内经批准已经解冻和处理了14亿元，现有82.11亿元，具体处理方案：国家集中60.11亿元，留给省、自治区、直辖市10亿元，留给军队系统10亿元，留给中央和国务院各部门2亿元。2. 对各省、自治区、直辖市和军队系统，采取差额部分上缴国库的办法。3. 留给各地区、各部门的资金，除集体所有制单位的留用外，其余部分统筹安排，不得用于基本建设。

10日　对外贸易部、中国人民银行上报国务院《关于“短期外汇贷款试行办法”补充意见的请示》，对1973年经国务院批准、国家计委下达的“短期外汇贷款试行办法”作出补充，主要内容是：扩大使用范围，将贷款使用范围由原来的工业品扩大到农副土特产、畜产品和水海产品；下放审批权限、简化贷款手续，拟在对外贸易部和人民银行安排的各省、自治区、直辖市年度外汇贷款计划范围内，属于进口关键设备，以及扶持农副土特产品需要的紧缺物资的贷款项目，每笔金额在5万美元以下的（包括5万美元），由各地分行和外贸局审批，每笔金额在5万美元以上的仍按原规定报人民银行和对外贸易部审批；属于进口原材料加工成品出口的贷款和外贸自属企业的贷款，不论金额大小，一律按原规定上报审批。

19日 中共中央原则同意国家计委、国务院财贸小组、对外贸易部、财政部、人民银行《关于今后八年发展对外贸易，增加外汇收入的规划要点（草案）》。该规划要点的主要内容是：大力增加出口货源；办好出口商品生产基地；大力改进出口商品包装；解决出口货源的政策问题；增加非贸易收入，做好旅游、侨汇、港口服务工作。

24日 对外贸易部、中国人民银行发布《关于收购出口商品严格执行国家计划，切实加强流动资金管理的通知》，要求外贸部门和银行要互相协作，密切配合，加强流动资金的管理。要在当地党委统一领导下，充分发动群众，开展科组核算，实行群众理财，不断总结经验，加强按计划收购和资金管理工作。

26日 中国人民银行发布《关于抓紧抓好整顿和清查账户工作的通知》，要求各单位主要清查各种存贷款往来账，暂收款项、暂付款项，各项业务收支，各项费用，各种财产；对账户进行清查，重新登记开立的账户要符合总行账户管理办法的要求，正确使用总行统一的会计科目；银行与单位的账户要核对清楚；建立健全账户管理档案。此前，1977年10月28日，中国人民银行发布《关于开展清资金、清账务、清财务工作的意见》，此次整顿和清查账户工作是清资金、清账务、清财务工作的一部分。

5月

11日 《光明日报》刊登特约评论员文章《实践是检验真理的唯一标准》。当天，新华社转发了这篇文章，12日，《人民日报》和《解放军报》同时转载。文章论述了马克思主义实践第一的观点，指出任何理论都要接受实践的考验，马克思主义的理论宝库并不是一堆僵死不变的教条，它要在实践中不断增加新的内容。文章指出，当前依然存在着“圣经上载了的才是对的”的错误倾向，这是“四人帮”强加在人们身上的精神枷锁，必须坚决打碎。这篇文章引发了关于实践是检验真理的唯一标准问题的全国性大讨论。从6月到11月，中央党政军各部门、全国绝大多数省、自治区、直辖市和大军区的主要负责同志都发表文章或讲话，一致认为，坚持实践是检验真理的唯一标准这一马克思主义的原则，具有重大的现实意义。这场大讨论使人们从“两个凡是”的思想束缚中解放出来，为党的十一届三中全会的召开做了思想上和理论上的准备。

12日 中国人民银行印发《关于农村金融机构的几点意见》。其中规定，农村金融机构的设置，原则上按人民公社设信用合作社（以下简称信用社）或营业所与信用社合一的机构。在一个公社已有银行营业所又有信用社的，所、社合为一个机构，实行统一领导，挂两块牌子，使用两个印章，办理银行和信用社的业务。只有信用社没有营业所的，只挂信用社牌子，使用信用社印章，由信用社承办银行和信用社的各项业务。以上两种机构形式，同样都是国家银行在农村的基层机构，实行人民银行县支行和公社党委双重领导，业务工作以人民银行县支行领导为主，执行统一的金融政策，统一的计划管理，统一的规章制度。信用社实行独立核算，信用社无论盈余、亏损，社员的股金一律从1978年开始按规定期限的存款利率付给股息。

29日 国务院同意并批转财政部《关于加强基本建设拨款管理工作的报告》。财政部在该报告中针对基本建设拨款管理工作中存在的主要问题，在征求了国家计委、国家建委等有关部门的意见后，提出了三项解决办法：1. 今后不论国家用于基本建设和预算拨款，还是各地方、各部门、各单位用于基本建设的各项自筹资金，一律在建设银行专项存储，由建设银行监督拨付。2. 健全建设银行机构，充实干部力量。各地、市、县根据建设任务的大小，应分别设立建设银行分支机构。大中型项目所在地至今尚未设立建设银行办事机构的，要迅速建立或恢复起来。3. 建设银行仍实行总行和地方双重领导，在业务上恢复过去以总行领导为主的做法。各地建设银行的党的工作和政治工作，以地方领导为主。

6 月

6 月 20 日至 7 月 9 日 中共中央在北京召开全国财贸学大庆学大寨会议。会议强调指出，财贸工作要尊重客观经济规律，特别是自觉运用价值规律。会议对银行工作提出如下要求：要发挥银行对经济活动的促进和监督作用，有计划地用于发展生产和扩大商品流通，把被挤占、被挪用的资金收回来，把不合理的占用减下来。银行和信用社要广泛吸收农村存款，管好用好农业贷款。要有计划地组织和运用外汇资金，做好侨汇工作，办好国际结算和保险业务，促进对外贸易，开展银行对外业务活动，调节市场货币流通，保证货币稳定，银行必须健全各项规章制度，建立集中统一的、指挥如意的工作系统。

20 日 中国人民银行发布《关于回收金银有关问题的意见》。为促进金银回收工作的顺利开展，做到既保证《金银管理办法（试行）》的实施，又能调动回收金银的积极性，中国人民银行规定，凡回收金银单位回收的金银，应全部交售当地人民银行，不得自行处理或交企业单位带回金银实物；使用金银的企业单位自行回收的金银或委托回收部门（包括外地）回收的金银，可根据生产需要，在交售的金银数额内酌情增加金银配售指标；加工金银材的企业单位从本单位的“三废”中回收的金银，原则上要交售银行。如企业要求将这部分金银用做加工产品的原料，须经当地银行审查同意，并相应冲抵金银配售指标。

7 月

3 日 中国人民银行发布《关于对过去未计息储户处理问题的复函》，决定今后不再办理无利息的存款。过去的无息存款储户提出付利息的，可按规定付给利息，已经清户的不再补付利息，如果储户要求补付利息，经查实后可以补付利息；过去已开给利息清单，当时储户未领取利息，现在储户又持利息清单来领取利息的，可凭条付给利息。

中国人民银行发布《关于发放侨汇物资供应票办法的通知》。其中规定：侨汇物资供应票的面额分为 5 元、10 元、50 元、100 元四种；每笔大额侨汇，在 3 000 元人民币以下的按实际发供应票，超过 3 000 元部分可采取分期分批办法，每年发给 3 000 元供应票，逐年发完为止；对调回私人存放在国外资产的外汇，也按侨汇的办法发放供应票。

4 日 经国务院批准，中国人民银行发布《关于减收粮食商业企业贷款利息的通知》，决定从 1978 年 7 月 1 日起，对粮食企业（不包括粮食工业企业）的贷款利息减半计收，即把现行月息 4.2‰降为 2.1‰。

6 日 国务院召开务虚会，研究加快我国四个现代化建设的速度问题。1977 年 8 月 12 日至 18 日，中共中央在北京召开中国共产党第十一次全国代表大会，会议宣告“文化大革命”结束，强调在 20 世纪内要把中国建设成为社会主义现代化强国的根本任务。

15 日 中国人民银行发布《当前银行工作的意见》。该意见分析了上半年银行工作的形势，要求：继续把揭批“四人帮”的斗争进行到底；深入开展学大庆学大寨运动；认真贯彻执行全国财贸大会精神，有重点地抓好银行、信贷的促进和监督工作，加速资金周转，挖掘资金潜力；认真贯彻“以粮为纲，全面发展”的方针，把支援农业放在第一位；抓好货币回笼工作；积极组织和运用外汇资金，搞好保险业务，促进国民经济高速发展；继续加强金融管理，修订会计出纳制度，搞好银行的基础工作；进一步发挥银行的综合反映作用。

17 日　中国人民银行向国务院提交《关于增设和恢复司局机构的报告》，提出增设科学技术教育局、恢复金融研究所和《中国金融》杂志社三个司局一级的单位。同日，中国人民银行发布《关于总行金融研究所恢复工作的通知》，明确金融研究所即日起正式恢复工作，并要求人民银行各省、自治区、直辖市分行，相应地配备研究人员，制订研究规划，逐步开展研究工作。同年 12 月 27 日，中国人民银行发布《关于各省、自治区、直辖市分行相应设立金融研究机构的通知》，要求人民银行各省、自治区、直辖市分行要设立金融研究机构，明确金融研究机构为事业单位，其经费分别向总行或分行的会计部门编报预决算。

18 日　中国人民银行发布《现金管理实施办法（试行草案）》，其中规定，人民银行是现金管理执行机关，对执行本办法的单位有权进行检查监督。在中国银行和信用社开户的单位，分别由中国银行和信用社监督其现金管理。建设银行受人民银行的委托，监督在建设银行开户的基建单位执行本办法。对没有在银行单独开户的附属单位也要实行现金管理，必须保留的现金也应该定一个限额，包括在开户单位的库存现金额内。各单位的库存现金限额，一般每年调整一次。各单位必须建立现金账目，逐笔记载现金收付。不准用“白条”顶替库存现金；不准私人借支公款；不准单位之间相互借用现金；不准用转账凭证套换现金；不准利用银行账户代其他单位或个人存入或支取现金；不准将单位收入的现金以个人名义存入储蓄；不准保留账外公款；禁止发行变相货币，不准以任何票券代替人民币在市场流通。

22 日　财政部公布《关于更新改造拨款管理的几项规定》，其中规定：国家拨给企业的更新改造资金，一律实行限额管理；企业留用的更新改造资金，同财政预算拨款合并用于更新改造项目时，将资金存入当地建设银行，开立专户存储，先提后用，企业不得透支，银行不得垫支；建设银行要严格审查各项支出，按照批准的计划、设备订货和工程合同、工程进度以及有关规定监督拨款；企业要严格执行批准的更新改造项目计划，不得任意改变项目，改变规模。企业更新改造资金同基本建设投资以及其他资金要分别管理，分别核算，保证专款专用。

23 日　中国人民银行发布《关于下达“外汇贷款进口设备人民币资金专户贷款办法（试行草案）”的通知》。该通知规定：停止办理“地方短期外汇贷款进口设备人民币贷款”；已批准尚未使用的进口设备人民币贷款，一律按专户贷款办法办理；各地核定进口设备专项贷款指标，在分配指标内审批；认真编报项目电报，以便总行把发放的专项贷款及时存入进口设备专户，确保银行收支平衡。

8 月

8 日　中国人民银行发布《关于银行系统企业编制单位试行奖励制度的通知》，其中规定：凡“文化大革命”前实行过综合奖，“文化大革命”中改为附加工资的企业编制单位，都属于实行奖励制度的范围。实行奖励单位的奖金总额，不得超过实行奖励制度的职工标准工资总额的 10%。奖金一律从工资基金项下开支。试行奖励制度的单位，自试行之日起，取消附加工资，使新老职工实行统一的奖励制度。不试行奖励制度的企业编制单位，可以结合劳动竞赛，对职工试行一次性的年终奖。奖金总额按本单位固定职工人数平均每人 10 元提取，合理使用。

23 日　中国人民银行印发《农村人民公社农业机构专项无息贷款办法（试行草案）》。根据国务院第三次全国农业机械化会议精神，为促进农村人民公社在 1980 年基本上实行农业机械化，该办法规定：贷款的对象只限于农村人民公社所属的购买农业机械资金有困难的基本核算单位和独立核算单位，在贷款使用上应优先照顾贫困社队。无息贷款的使用只限于购买国家计划供应的耕作机械、农田基本建设机械、排灌机械、植保机械、农用运输机械、收获机械、农副产品加工机械、林业机械、牧业机械、渔业机械和半机械化农具。农机专项无息贷款资金，自 1978

年至1980年，按年分配，不准突破贷款指标；贷款期限为1～15年，实行专款专用，专户管理。

25日 中国人民银行发布《关于全面开展农贷资金检查清理工作的通知》。为了贯彻1977年11月28日国务院《关于整顿和加强银行工作的几项规定》和中共中央关于对各项工作都进行检查、整顿的指示要求，中国人民银行决定在全国范围内对农贷资金的使用情况进行一次普遍的检查清理。检查清理的范围包括，农村人民公社生产队、生产大队、社队企业、社员个人和国营农业企业向银行、信用社承借的1978年年底以前尚未归还的农业贷款；区、县以上国家机关、企业事业单位和社队干部、群众、国家职工直接或间接挪用、挤占的至今尚未归还的农贷资金。

9月

12日 国务院颁布《会计人员职权条例》。其中规定：国营企业、事业、机关、团体，都必须单独设置财务会计机构，配备必要的会计人员。会计人员必须按照国家财务制度的规定，认真编制并严格执行财务计划、财务预算，遵守各项收入制度、费用开支范围和开支标准，合理使用资金，遵守、宣传、维护国家财政制度和财经纪律。

10月

6日 《人民日报》发表《按照经济规律办事，加快实现四个现代化》的署名文章。其中，就加强银行作用时指出，银行是全国的结算中心、信贷中心和出纳中心。在全国都有它的分支机构，国家的很多经济管理工作都可以通过银行来做，而且可以比用行政办法做得更灵活，更有效。为提高经济管理水平，克服很多工商企业和基本建设单位的混乱状态，应当积极恢复和加强银行的作用。

13日 财政部修订《短期外汇贷款办法》。主要内容是：1. 下放部分审批权。2. 明确人民币资金供应渠道。外汇贷款项目的国内配套设备和土建工程等所需资金，应尽量先用企业的更新改造资金、技措费支付，不足部分可以由建设银行发放人民币贷款。贷款基金由财政部拨给。3. 适当解决土建问题。外汇贷款项目要尽量利用原有厂房，一般不搞土建。4. 贷款直接对企业发放。实行谁借谁还谁付利息的原则。5. 延长贷款的归还期限。由原来的一年半改为两年，最长不超过3年。

27日 中国人民银行发布《关于〈中国金融〉复刊的通知》，规定《中国金融》是全国性金融刊物，是总行的机关报。刊物以宣传经济金融工作的方针、政策，交流工作经验为主，以研究有关金融、货币政策的理论为基本内容。

11月

11月10日至12月15日，中共中央召开工作会议。会议就中央政治局根据邓小平建议提出的全党工作重点转移问题，进行了认真的讨论。陈云发言，提出要解决“文化大革命”中遗留的一大批重大问题和一些重要领导人的功过是非问题，以发展安定团结的政治局面，保证党的工作重点顺利转移。到会的许多老一辈革命家和党的领导骨干就这些问题，以及华国锋提出和坚持的“两个凡是”错误方针、两年来领导工作中的失误问题和恢复党的优良传统问题等，提出了中肯的批评和建议。中共中央副主席邓小平在13日的闭幕会上发表了题为《解放思想，实事求是，团结一致向前看》的重要讲话。讲话的主要内容是：解放思想是当前的一个重大的政治问题；民主是解放思想的重要条件；处理遗留问题为的是向前看；要研究新情况，解决新问题，尤其要注意研究和解决管理方法、管理制度、经济政策三个方面的问题。

10日 中国人民银行发布《关于改变外贸部门出口金银制品供应办法的通知》，该通知规定：凡是以金银为主要原材料的出口制品，从1980年起银行不再供应所需金银，全部改由外贸部组织进口，采取加工出口或来料加工的办法，解决所需金银材料的来源问题。如需使用中国银行从国外购入的黄金，可按国内市场价格用外汇买进。1979 年 10 月 5 日，对外贸易部、中国人民银行发布《关于出口金银制品所需金银供应办法的通知》，其中规定：从 1980 年 1 月起，外贸经营出口以金银为主要原材料的金银首饰等所需要的黄金、白银由各地人民银行按当时的国际市场价格供应，并收取外汇；不以金银为主要原材料的其他出口制品，由各地生产部门直接向当地人民银行申请解决，凡卖价不高、不合算的出口制品，当地人民银行可以减少或停止供应金银。

11 日 国务院同意对外贸易部、中国人民银行《关于外贸进出口货物保险问题的请示》。主要内容是：在资本主义国家进出口货物运输保险的具体掌握上，由“进口货物一般由我方保险，出口货物一般由对方保险”，调整为按照平等互利，方便贸易的原则，由买方自愿选择。对出口货物对外报价是否要带保险，可根据不同商品、不同地区和不同对象，由我方灵活掌握。

25 日 中国人民银行发布《关于执行对集体经济单位银行不扣款问题的通知》。为贯彻执行国务院关于对农村人民公社、生产大队、生产队和它们办的企业“中国人民银行要保证谁的钱进谁的账，由谁支配，不得自动扣收贷款，也不代任何单位扣款”的规定，中国人民银行规定：为了防止少数社队企业借此规定任意拖欠税款，对社队企业不及时缴纳税款的，税务部门要及时催收，对逾期不交经多次催交无效的，经市、县税务局批准并签发扣款通知书通知扣款单位及其开户的银行或信用社，银行、信用社可以据此从它们的存款中扣交。商业部门、供销部门按照规定代国家接收生产队缴纳的农业税征收的实物，如粮食、棉、烟、麻及其他农产品，仍应由银行、信用社从商业部门、供销部门账户划出，及时转入国库，这是一种实物征收的结算办法，不属于扣款。

30 日 中国人民银行决定，自 1979 年 1 月 1 日起实行《中国银行系统三级核算实施方案》。主要内容是：1. 中国银行是国家指定的外汇专业银行，在人民银行的领导下，统一经营和集中管理全国的外汇业务，中国银行系统一律按企业进行管理。2. 中国银行的总处、分行、支行三级机构均为实行外汇分账的会计核算单位。3. 中国银行银行总处对内是人民银行总行的国外业务局，负责领导和办理全国外汇业务工作；分行对内是人民银行省、自治区、直辖市分行的国外业务处（部），负责领导和办理省、自治区、直辖市的外汇业务工作；支行对内是人民银行中心支行或县（市）支行的国外业务科（股、组），负责领导和办理分行指定地区的外汇业务工作。在外汇业务量比较大的口岸，中国银行可与当地人民银行平行。4. 中国人民银行办理国外业务，对外使用中国银行名义的通汇点、结汇点、兑换点，均不属于中国银行三级核算单位。

12 月

1 日 中国人民银行、商业部发布《关于扩大人民币旅行支票的使用范围和增设外汇兑换点的通知》。该通知规定：自 1978 年 12 月 1 日起，凡旅游者、外宾、各国驻华机构及在华外籍人员（不包括外国使者），在指定的友谊商店、广州出口商品交易会小卖部、外轮供应公司、工艺美术公司服务部、文物商店、专供外宾购买商品的门市部或专柜，以及旅馆、饭店、国际机场、国际车站等处购买商品、客票，支付食宿费等，都可以用人民币旅行支票直接付款，用人民币找零。各地人民银行要同有关部门共同研究，根据当地旅游事业发展规划，增加外汇兑换点和外汇收兑人员。

4 日 国务院批转中国银行《关于接受海外华侨、外籍人、港澳同胞捐赠外汇或物资的有关规定》。主要内容是：1. 任何单位都不得向海外华侨、外籍人和港澳同胞进行劝募；严禁借捐赠之名，套取外汇。凡违反政策进行变相强迫捐献、派人到国外和港澳地区劝募，以及滥用、挪用、贪污海外华侨、外籍人和港澳同胞捐赠的款项和物资者，视情节轻重，分别给予批评、处分直至法律制裁。2. 海外华侨、外籍人和港澳同胞自愿捐赠的外汇，原则上调回境内，所需物资和设备尽量由境内组织供应。海外华侨、外籍人和港澳同胞捐赠的外汇或科学仪器、图书资料、先进设备指定单位用于发展当地工农业生产或有利于科技、文教、卫生或福利事业发展的，应按捐赠人的愿望，归接受捐赠单位使用。3. 凡捐赠外汇，以接受单位名义在当地中国银行开立专户保管，专款专用，不计利息。需要进口物资或设备，向当地外贸局办理进口手续，银行予以开证支付。对违背捐赠人意愿的，侨务部门有权监督，银行有权拒支。

18～22 日　党的十一届三中全会在北京召开。全会批判了“两个凡是”的错误方针，确立了解放思想、实事求是、团结一致向前看的思想路线；否定了“两个凡是”的错误方针，果断地停止了使用“以阶级斗争为纲”这个不适用于社会主义的口号，作出了从 1979 年起把全党工作重点转移到社会主义现代化建设上来的战略决策。全会指出，实现现代化是一场广泛、深刻的革命，要求大幅提高生产力，多方面改变同生产力发展不相适应的生产关系和上层建筑，改变一切不适应的管理方式、活动方式和思想方式。

1979 年

1 月

1 日 中美两国正式建交。1 月 29 日至 2 月 5 日，邓小平副总理应邀对美国进行正式访问。这是新中国成立以来国家领导人第一次访问美国。访问期间，两国领导人就双方共同关心的问题和国际形势进行讨论，签署了中美科技合作协定和文化协定以及两国在教育、农业方面合作的谅解换文，在高能物理方面合作的协议，建立领事关系的协议等。同年 5 月 11 日，中国政府与美国政府在北京签订了《中华人民共和国政府和美利坚合众国政府关于解决资产要求的协议》。该协议规定，中国公民和公有单位被美国政府冻结的资产，将由美国政府于 1979 年 10 月 1 日宣布全部解冻。

《人民日报》发表社论《把主要精力集中到生产建设上来》。社论指出，把全党的工作重点转移到社会主义现代化建设上来，这是一个伟大的战略转变。全体干部、全体党员和全国人民要动员起来，跟上客观形势的发展；为了加快现代化的步伐，就要大力采用先进技术，不管哪个国家的好经验，我们都要把它学过来；要从小生产式的甚至是封建衙门式的落后管理方法，转到符合现代化大生产要求的科学管理轨道上来；要把企业经营的好坏同工人、技术员、干部的切身利益联系起来，使劳动者从物质利益上关心个人和集体的劳动成果。

中国退出布拉格协定。我国同苏联和东欧各国的非贸易支付清算由协定账户清算陆续改为按现汇结算。此前，中国人民银行、外交部、对外贸易部于 1978 年 6 月 17 日向国务院提交《关于我国退出 1963 年 2 月 8 日布拉格协定的请示》，拟通过外交途径向协定各参加国声明退出该协定。理由是社会主义阵营已不存在，社会主义各国间非贸易支付清算协定及其议定书已不适应当前政治形势；一些国家的国内消费品零售价格不断上涨，原订的非贸易比价已不合理；中国与这些国家间的贸易支付已摆脱了卢布清算体系，由原来按固定价格以卢布计价结算，改为按国际市场价格以瑞士法郎计价结算，而现行的贸易支付仍是以卢布为中心进行结算，与当时贸易结算不相适应；经互会各国间早已自 1975 年起未经布拉格协定参加国共同商讨，单独相互修订了各自货币的非贸易比价和支付清算办法，违反了布拉格协定。

11 日 冶金工业部、农林部、中国人民银行联合发布《关于大力发展大队、生产队和积极组织社员个人副业淘金采金的通知》。该通知规定，为继续贯彻周恩来总理生前关于“积极地组织群众淘（采）金生产”的指示，使黄金生产的步子再大一些，在不影响集体采金和社员完成基本出勤日或基本劳动日的原则下，允许社员个人在业余时间从事淘（采）金，由生产队出具证明，收购价格与集体价格相同；严禁社员个人到国营金矿和社队集体采金的矿点采金，有违犯者要视情节轻重给予经济处理和法律制裁。

17 日 中国人民银行首次铸造金质纪念章——“北京风光”1 500 套，在香港发行。“北京风光”是新中国发行的第一套金质纪念章，由中国造币公司铸造，共 4 枚。其正面图案为天安门华表和“中国北京 1979”字样，背面图案分别为长城、北海白塔、天坛祈年殿和颐和园。直径 27 毫米，每枚含纯金 0.5 盎司，成色为 91.66%，为贵金属收藏品。1979 年春节前，

"北京风光"金质纪念章由香港宝生银行经销发行，每枚售价1 100港元，每套4 400港元。

19日 中国人民银行发布《关于规定发还巨额查抄存款利息计付办法的通知》。该办法规定，发还被查抄存款的利息均从存款日计算到发还日为止，过去如已发还部分查抄存款或退还生活费的，未付的利息应补付到发还日止；查抄存款已上缴国库，现在退库发还的，由财政部门按银行规定的利率计付利息，财政部门计付的利息款，原交哪一级财政由哪一级财政支付；凡查抄的金银折价及现金在银行专户保管的不计利息，少数机关企业单位对查抄存款专户存储的，由银行支付这期间的利息；凡查抄的外地存款，均由原开户行核实存单、存折，将其存款本金划给发还地银行，由发还地银行补发利息。

2月

5～28日 中国人民银行在北京召开全国分行行长会议。会议的主题是贯彻党的十一届三中全会精神，把银行工作的重点转移到社会主义现代化建设的轨道上来。会议提出以下意见和措施：1. 银行要加强对各项经济活动的促进和监督，及时反映经济活动中出现的情况和问题，揭露矛盾，促进解决。2. 进一步加强城乡的现金管理，适当提高储蓄存款利率，增加储蓄种类，增设储蓄机构。增设在国外的银行机构，扩大同各国银行的业务往来，有计划地组织外汇资金，增加侨汇收入和其他非贸易外汇收入。3. 农业银行要把国家的各种支农资金统一管理起来，合理安排，检查效果。农村信用社的资金必须纳入国家信贷计划。4. 国营企业的流动资金改由人民银行统一管理。银行对企业的贷款，实行区别对待，择优扶植。5. 银行要参与使用外汇贷款计划的安排，参加引进项目的对外谈判。吸收外国银行贷款，向外国银行借款，用银行名义对外担保等，统一由中国银行总行归口办理。在国家银行的直接管理下，允许在华外商银行和侨商银行在当地举办短期外汇贷款业务。6. 凡需赔偿外汇的保险业务，其保险费改收外币。保险公司所得的利润，不再上缴财政，留作国家发展保险事业的基金。通过试点，逐步恢复国内保险。7. 稳定货币，确保货币发行权集中于中央。要维护银行管理贷款的自主权，坚持统一的金融政策，坚持财政资金和信贷资金分口管理的原则，严格现金管理，加强工资基金监督。8. 从1980年起，信贷计划管理体制改为在坚持银行业务集中统一的前提下，实行"统一计划，分级管理，存贷挂钩，差额控制"的办法；人民银行省、自治区、直辖市分行以下各级银行和专业银行、专业公司，实行企业化管理。同年4月9日，国务院批转了中国人民银行报送的《会议纪要》，提出要把银行工作的重点迅速转移到社会主义现代化建设上来；人民银行既是国家的金融管理机关，又是办理信用业务的经济组织，它是全国资金活动的枢纽，连接国民经济的纽带，随着经济的发展和生产的专业化，银行的作用会愈来愈显著；全党必须十分重视提高银行的作用，努力学会运用银行的经济手段，促进国民经济的高速度发展。这是"文化大革命"结束后中国人民银行召开的第一次全国银行工作会议。

8日 中国人民银行、国家统计局联合发布《关于工业企业、物资部门和供应机构向银行报送统计报表的通知》。该通知规定，为使银行及时了解企业生产经营、资金使用情况，发挥银行信贷对经济活动的促进和监督作用，自1979年1月起，全民所有制及集体所有制民用工业企业和物资部门、供应机构，要按照统计报表制度的规定，向当地有信贷关系的人民银行报送有关报表。

19日 国务院批转中国人民银行《关于农贷豁免权应属中央的请示报告》，要求各地贯彻执行。该报告提出了三条意见：1. 农贷豁免权属于中央，对目前确实无力偿还的贷款可以缓收。2. 贯彻执行"有借有还，到期归还"的原则。有偿还能力的社队（社员），要主动归还到期贷款。3. 对已经分配下达的农贷指标要统筹安排，合理使用，讲求实效。

24日 国务院批准中国人民银行、冶金部《关于使用银行专项贷款支持发展黄金、白银生产建设的报告》。主要意见是：国营或集体金矿，凡需使用黄金生产设备贷款的，可向当地银行提出申请，经批准后，银行在上级下达的贷款指标额度内核实贷放。黄金生产设备贷款是一次性的专项贷款，不能周转使用，已归还的贷款指标定期逐级上交；未用过的指标，可结转下年度使用。黄金生产设备贷款月利率1.8‰。1977年10月28日，中国人民银行出台《金银管理试行办法》，对金银管理作出具体规定，主要内容是：1. 由中国人民银行统一管理和经营金银进出口。2. 国家允许个人持有金银，卖出时只能出售给中国人民银行，不得私自买卖。单位持有的金银，除生产所需外全部交售中国人民银行。厂矿企业和生产队生产的金银和副产金银，不得销售、交换和留用，应全部交售中国人民银行。3. 旅客携带金银及其制品出入国境，应按海关规定办理。4. 出土的金银，除具有历史文物价值的金银器物交文物部门外，归国家所有，交售中国人民银行。5. 银行对金银配售需用单位必须编报计划；专项使用，结余交回。6. 企业单位经营金银制品加工业务，必须经人民银行省级分行同意，办理金银指标转移手续。7. 委托寄售商店不得接受金银器皿、器材和饰品业务，珠宝商店可以收购金银镶嵌珠宝饰品。

3月

1日 第五届全国人大常委会第九次会议通过《关于设立国务院财政经济委员会的决定》。该委员会作为国务院加强对财政经济工作的统一领导，研究制定财经工作的方针、政策和决定财经工作中大事的决策机关。国务院副总理陈云任主任，国务院副总理李先念任副主任，国务院副总理姚依林任秘书长。6月，财政经济委员会决定成立经济体制改革研究小组，由张劲夫任组长。

10日 国务院同意并批转中国人民银行《关于调整银行储蓄存款利率的请示报告》。主要内容是：自1971年以来，受“四人帮”极“左”路线的干扰破坏，不适当地大幅度降低了储蓄存款的利率，既影响了城乡居民和华侨参加储蓄存款的积极性，又不利于集聚闲散资金和增加外汇收入。为此，人民银行决定对现行储蓄存款利率进行调整：1. 提高储蓄存款利率，恢复到“文化大革命”前的利率水平。2. 增加半年定期、5年长期的储蓄种类和利率的档次。3. 由于利率的调整，信用社多付的利息由人民银行弥补。具体调整方案：半年期、1年期、3年期、5年期定期储蓄存款利率分别为月息3.0‰、3.3‰、3.75‰、4.2‰；华侨人民币存款半年期、1年期、3年期、5年期定期储蓄存款利率分别为月息3.0‰、3.9‰、4.2‰、4.5‰。银行储蓄存款利率的调整方案从1979年4月1日起执行。

13日 国务院批转中国人民银行《关于改革中国银行体制的请示报告》。为更好地发挥中国银行在新时期的职能作用，适当扩大中国银行的权限，并在体制上进行改革：1. 为统一管理外汇，做好外汇收支的计划平衡和检查监督，成立国家外汇管理总局，行使管理全国外汇的职能。将中国银行从中国人民银行分设出来，仍称中国银行。中国银行、国家外汇管理总局直属国务院领导，由中国人民银行代管，对外两块牌子，内部一个机构。2. 中国银行总管理处改为中国银行总行。工作量大的国内重要省、自治区、直辖市口岸设外汇管理分局、中国银行分行。3. 国家外汇管理分局、中国银行分支行的工作，实行总局、总行和省、自治区、直辖市革委会双重领导。业务工作以总局、总行领导为主；党的工作和政治工作以地方领导为主。国家外汇管理总局、分局（中国银行总行、分支行）干部的任免、调动，按照中国人民银行的办法办理。4. 中国银行总行保留董事会和监察机构，人数可适当增加，聘请一些国内外有影响的人士担任，并由政府指定董事长和副董事长若干人。5. 国家外汇管理总局、分局（中国银行总行、分行）授权管理国家外汇，具有国家机关性质。

中共中央副主席陈云和李先念就财经工作致信党中央，对财经工作提出以下几点意见：1. 前进的步子要稳。不要再折腾，必须避免反复和出现大的马鞍形；从长期来看，国民经济能做到按比例发展就是最快的速度；比例失调的情况相当严重；要有两三年的调整，才能把各方面的比例失调情况大体上调整过来。2. 钢的发展速度要照顾到各行各业发展的比例关系。由于钢的基建周期长，不仅要制订5～7年的计划，而且要制订直到2000年的计划。3. 借外债必须充分考虑还本付息的支付能力，考虑国内投资能力。

中国农业银行恢复成立，作为从事农村金融工作的专业银行，开始正式办公。中国农业银行成立于1954年，1957年合并到中国人民银行。国务院1979年2月23日发布的《关于恢复中国农业银行的通知》规定：为了加强支农资金的管理，更好地为高速发展农业生产和实现四个现代化服务，党中央决定恢复中国农业银行。中国农业银行作为国务院直属机构，由中国人民银行代管（1983年9月中国人民银行行使中央银行职能后，不再代管）。其主要任务是：统一管理支农资金，集中办理农村信贷，领导农村信用社，发展农村金融事业。中国农业银行的资金来源主要是：国家财政拨给的农贷资金；人民银行拨给的自有资金；农业银行的各项存款；农业银行的盈余和积累；经国家批准用于发展农业的外汇贷款。中国农业银行自上而下建立各级机构，实行总行和省、自治区、直辖市革委会双重领导。在业务上以总行领导为主；在党的工作和思想政治工作方面，以地方领导为主。中国农业银行的各级机构，要创造条件实行经济核算。同年6月16日，中共中央、国务院任命方皋为中国农业银行行长。

18日　《人民日报》发表题为《全党要十分重视提高银行的作用》的社论。主要观点是：1. 在实现全党工作着重点的转移中，充分发挥银行的职能作用，对于调整和发展国民经济具有十分重要的意义。2. 我国的人民银行是国家管理金融的行政机关，又是办理信用业务的经济组织。它是国民经济的一个综合部门，是党和国家管理经济的重要杠杆之一。随着全党工作重点的转移，必须按照国家计划，充分发挥银行对各项经济活动的促进和监督作用。3. 各级党委都要支持银行的工作，充分尊重银行工作的自主权。4. 银行管理体制的改革，应当有利于银行对各项经济活动实行有效的促进和监督，有利于银行本身的经济核算，有利于银行干部的稳定。银行干部职工要解放思想，有效地保证国家的经济建设按照客观经济规律顺利进行。

4月

4日　国务院批转国务院扭亏增盈领导小组《关于加强扭亏增盈和开展清产核资工作的报告》。针对全国还有近1万个工业企业亏损，商业、农业的亏损面也比较大，扭亏增盈的任务仍很艰巨的情况，国务院要求各地区、各部门要把扭亏增盈工作作为一件大事，继续抓紧抓好，坚决消灭经营性亏损，提高企业的利润水平。同时决定：利用1979年和1980年两年时间在全国开展清产核资工作，通过对企业全面清查财产物资，逐步过渡到对企业的固定资产和流动资金实行有偿占用制度；改进目前企业流动资金的供应和管理办法，将流动资金全部交由人民银行统一管理、统一供应，对定额内贷款和超定额贷款规定不同的利率；将国务院扭亏增盈领导小组和清仓查库领导小组合并，成立国务院清产核资、扭亏增盈领导小组。

5～28日　中共中央召开中央经济工作会议。会议正式提出对整个国民经济实行“调整、改革、整顿、提高”的八字方针，从1979年起，用3年时间调整各方面严重失调的比例关系，整顿现有企业，改革工业管理体制和经济管理体制，把提高经济效益作为核心问题来解决。会议期间，邓小平指出，“搞建设，也要适合中国情况，走出一条中国式的现代化道路。”在听取广东省主要负责人的汇报之后，邓小平指出，“可以划出一块地方，叫作特区，陕甘宁就是特区嘛。中央没有钱，要你们自己搞，杀出一条血路来”。

9日　中国人民银行发布《关于银行系统企业单位进一步开展奖励制度试点工作的通知》。该通知指出，实行奖励制度要贯彻“各尽所能，按劳分配”的原则，把工作质量、工作数量、贡献大小、服务态度作为奖励的主要条件；奖金提取不超过本单位职工标准工资总额的 30%；奖励范围以银行系统企业编制的职工为限，包括基层企业领导在内。

12 日 中国银行发布《关于单程旅客携带金银饰物出境限量问题的规定》。其中规定：每一成年人出境时可带出珠宝钻石饰物总值人民币 500 元、白金饰物 3 市钱、黄金饰物 1 市两、银质饰物 10 市两、银质器皿 20 市两，不满 16 岁的儿童和短期旅客不能享受同样待遇。出境旅客所带金银饰物超出上述数量的，须经中国银行批准，并签发“携带金银出国许可证”，海关方可放行。入境旅客用外币（外汇）兑换的人民币在友谊商店、工艺美术服务部等商店购买的金银饰物，凭有关商店发票和外汇兑换证明核放。金银硬币一律不准携带出境。

23 日 中国人民银行颁布《关于贯彻执行国务院批转中国人民银行关于改革中国银行体制的请示报告的通知》。该通知规定，中国银行是国家指定的外汇专业银行，其主要工作项目是：根据国家授权，加强外汇管理工作；制定外汇管理条例；制定和公布人民币对外国货币的汇价；对一切贸易和非贸易外汇收支实行检查、监督，统一掌握与调度国家外汇资金，并做好国际收支平衡工作。管理侨资银行、外资银行和合资银行，并审查这类银行的业务、账务。受政府委托，参加有关国际金融组织和其他经济、贸易和金融的对外活动及谈判，并签署有关文件。统一经营一切贸易和非贸易的国际结算业务。办理与国际银行间的存、贷款业务。办理外币存款、华侨存款、国际汇兑和华侨汇款。办理外汇信贷和外贸信贷（未设中国银行的地方委托中国人民银行或中国农业银行办理）。开展对外金融活动，研究国外金融动态。海外分行可经营当地法令许可的一切银行业务。代办中国人民银行的委托业务。中国银行的体制是企业性质，实行总行、分行、支行三级核算，经营业务所需要的人民币资金和外汇资金，由中国银行总行统一掌管，各地中国银行办理外贸信贷所需要的资金由中国银行总行核定拨给。6 月 6 日，中共中央、国务院任命卜明为中国银行行长。7 月 23 日，中国银行新的董事会成立，乔培新任名誉董事长，卜明任董事长。

1982 年 8 月，根据全国人民代表大会常务委员会决议和国务院决定，政企分开，国家外汇管理总局和中国银行分开，成为中国人民银行的局级机构，改称国家外汇管理局。1988 年 6 月国务院决定国家外汇管理局为国务院直属总局级机构，由中国人民银行代管。1989 年 12 月，经国务院办公会议通过，人大常委会批准，国家外汇管理局升格为副部级单位，仍由中国人民银行归口管理。

25 日 中国人民银行发布《关于恢复国内保险业务和加强保险机构的通知》。该通知要求，凡是机构、人员和各项条件具备的省、自治区、直辖市可选择几个主要城市进行试点。可先办理国营企业和集体企业的财产保险、货物运输保险、运输工具保险以及个人财产保险和人身保险。该通知规定，恢复的国内保险业务以地方经营为主，由省、自治区、直辖市为单位统一经营，独立核算。经营利润留存保险公司，作为准备基金，其中 25% ~35% 上交保险总公司，作为全国性的积累。保险公司的机构设置以重要口岸和人民银行各省、自治区、直辖市分行所在地为主，各地保险公司接受当地人民银行和保险总公司双重领导，业务上以总公司领导为主。

29 日 中国人民银行发布《关于银行内部实行经济核算的通知》。该通知规定，从 1979 年开始，人民银行省、自治区、直辖市分行以下各级行，试行企业化管理，进行经济核算。具体内容是：1. 核定信贷基金。根据各行 1978 年有关科目的贷款总额，按总行现有中央信贷基金数和全国 1978 年各项贷款总额的比例，核定各行自有信贷基金，这部分资金不计利息。中央财政金库收支款项、部队存款、商业一级站存贷款、外贸存贷款、粮食存贷款、建设银行中央基建资金往来、代理中央基建存款等，由总行管理，其余各项存贷款由分行管理。各行的资金余缺，可以向总行借用或上存。在各行管理范围的各项存款加上核定的自有信贷基金，与所管理范围的各项贷款相抵，资金来源大于资金运用的即是上存总行资金，反之即是向总行借用资金。这部分资金要计利息，利率为月息2.7‰，每年计息一次。各行向总行借用资金的额度，只能掌握在批准信贷计划指标之内。2. 考核经营成果。对资金运用、费用开支、利润、工作质量、工作效率五项年度计划指标进行考核。3. 提取企业基金。在考核经营成果的基础上，凡全面完成五项年度计划指标（其中前三项必须完成）的核算单位，可以提取一定比例的企业基金。

5月

4日 中国人民银行发布《关于在工业调整整顿中做好关、停企业贷款清理工作的通知》。该通知规定：凡是决定关、停、并、转的企业，银行停止发放新贷款，并协助企业积极处理资财，收回贷款。对停产整顿和合并、转产的企业，在调整整顿期间仍应计算存款、贷款利息。合并企业由接受企业负责归还贷款，并更换贷款借据。关闭的国营和集体企业清理资产，首先用于清偿拖欠货款；其次用于归还银行贷款；如果发生资不抵债，所欠的贷款由申请贷款的企业上级主管部门负责归还，贷款不能报损。对关闭的国营和集体企业，从文件批准之日起，银行停止计算存款、贷款利息。

14日 国务院发布《关于下达1979年国民经济计划的通知》，对原订的1979年国民经济计划进行调整。经调整后下达的国民经济计划主要指标是：农业生产增长速度由原定的5%～6%调整为4%；工业生产增长速度由原定的10%～12%调整为8%，其中轻工业增长8.3%，重工业增长7.6%；粮食产量由原定的6 395亿斤调整为6 250亿斤；棉花由原定的4 834万担调减为4 800万担；煤炭由原定的65 800万吨调整为62 000万吨；钢由原定的3 400万吨调整为3 200万吨；财政收入由原定的1 260亿元调整为1 120亿元；基建总规模为400亿元。

22日 中国人民银行发布《关于改革中国银行体制的补充通知》。该通知要求：北京、上海、天津、广州、青岛、大连、福州、南宁、南京、杭州、汉口、石家庄12个中国银行分行尚未分设的，6月底以前从人民银行分设出来，成为省、自治区、直辖市厅、局级机构，正式挂出外汇管理分局、中国银行分行两块牌子。

6月

6日 中国银行、公私合营银行总管理处、交通银行总管理处分别发布《关于补发股息的通知》。该通知规定，补发股息一律自各股东未领股息期算起，到1966年9月底止。同年7月12日，三家银行又发布《关于补发股息问题的联合补充通知》，确定发放股息暂不定截止日期，并明确规定国外股东委托国内人代理、股东死亡由配偶或子女继承、挂失申请者寻找单位证明有困难等有关问题的具体解决办法。

16日 中国人民银行发布《关于收集、整理历史货币的通知》。该通知规定，收集、整理历史货币的范围、品类是：各种古币、古钱；各种机制金属硬币及制造硬币的模具等；各种近代纸币；各种革命运动组织发行的货币。属于国民党反动政府和日本侵华期间伪政府银行发行的各种纸币和硬币，除具有一定特殊重要意义和历史价值的稀有罕见者外，一般不予收集、整理。该通知要求各级银行指定专人负责办理这一工作，不得委托任何单位或个人办理。

18日 国务院批复同意中国人民银行《关于重建各级银行监察机构的报告》。主要内容是：1. 总行设立监察局，各省、自治区、直辖市分行设监察处，中心支行、县支行设监察员。2. 各级银行监察机构是同级银行机构的一个职能部门，受同级银行和上级银行监察机构双重领导，以同级银行领导为主。3. 各级银行监察机构的任务是：监督检查机关、团体、部队、企业、事业单位贯彻执行国家金融法律、法令、政策、规章制度和财经纪律的情况；监督检查各级银行及其工作人员履行职责情况；受理检查有关检举破坏金融法律、法令、政策、规章制度，违反财经纪律的案件和因坚持国家金融法规而遭受打击迫害的案件；检查各级银行处理人民来信来访工作的情况；根据监督检查中发现的问题，提出改进金融管理工作的意见和建议。

6月18日至7月1日 五届全国人大二次会议在北京召开。会议通过了全国工作重点转移和对国民经济实行“调整、改革、整顿、提高”八字方针的重大决策。会议提出，在社会主义制度下，我们的根本任务已经由解放生产力变为在新的生产关系下面保护和发展生产力；把我国目前很低的生产力水平迅速提高到现代化水平，为此改革我国目前生产关系和上层建筑中那些妨碍实现四个现代化的部分，扫除一切不利于实现四个现代化的旧习惯势力，这就是我国现阶段所要解决的主要矛盾。会议提出，用三年时间，认真搞好国民经济的调整、改革、整顿、提高。国务院总理华国锋做政府工作报告。

28日 中国人民银行、中国农业银行发布《关于县办小水电设备贷款问题的通知》。该通知规定，今后有关社队办小水电和县办小水电的设备贷款，统一由农业银行办理；发放贷款时水电主管部门负有担保按期归还的责任，如到期不归还，银行可从担保部门的水利经费中扣还。同年12月4日，两行又发出了补充通知，规定从1980年1月1日起，县办小水电设备贷款改由中国人民银行办理，1979年年底以前中国农业银行放出的县办小水电设备贷款，仍由中国农业银行负责收回，并入社队小水电设备贷款指标。

7月

1日 五届全国人大二次会议通过《中华人民共和国中外合资经营企业法》于7月8日公布。其中规定，允许外国公司、企业和其他经济组织或个人，按照平等互利的原则，经中国政府批准，同中国的公司、企业或其他经济组织共同举办合资企业；在合资企业的注册资本中，外国合营者的投资比例一般低于25%，合营各方按注册资本比例分享利润和分担风险及亏损；合营企业各方可以现金、实物、工业产权等进行投资；合营企业应在中国银行或经中国银行同意的银行开户，有关外汇事宜应遵照《中华人民共和国外汇管理条例》办理；外国合营者在履行法律和协议、合同规定的义务后分得的净利润，在合营企业期满或者中止时新分得的资金以及其他资金和合营企业外籍职工的工资收入和其他正当收入，按《中华人民共和国税法》缴纳个人所得税后，可按合营企业合同规定的货币，通过中国银行按外汇管理有关规定汇往国外；合营企业合同期限可按不同行业、不同情况，由合营各方商定。

五届全国人大二次会议通过《中华人民共和国刑法》（以下简称《刑法》）。《刑法》分则第三章“破坏社会主义经济秩序罪”中规定：违反金融、外汇、金银、工商管理法规，投机倒把，情节严重的，处3年以下有期徒刑或者拘役，可以并处、单处罚金或者没收财产；伪造国家货币或者贩运伪造国家货币的，处3年以上、7年以下有期徒刑，可以并处罚金或者没收财产。首要分子或者情节特别严重的，处7年以上有期徒刑或者无期徒刑，可以并处没收财产。伪造支票、股票或者其他有价证券的，处7年以下有期徒刑，可以并处罚金。1982年8月21日，中国人民银行发出通知：经全国人大常委会法制委员会同意，对变造国家货币构成刑事犯罪的，应依照《刑法》第一百二十二条伪造国家货币罪处理。

11日 中国人民银行下发《信贷差额控制试行办法》。该办法是将现行的“统收统支”信贷计划管理体制，改为在坚持银行业务集中统一的前提下，对部分贷款实行“统一计划、分级管理、存贷挂钩、差额控制”的体制。具体办法是：除国家下达年度信贷计划外，总行对试点分行下达属于“差额控制”范围的资金来源与运用有关项目的收支差额。试点分行在保证不突破差额的前提下，工商信贷指标可以留用，多吸收存款可以增加工商企业的短期流动资金贷款。总行每年给试点分行下达年末差额控制计划和年中临时差额控制计划。年末差额控制计划是国家信贷计划的重要组成部分，资金来源大于运用的差额（存差）计划必须完成，资金运用大于来源的差额（借差）计划不得突破。年中临时差额控制的最低存差计划也必须实现，最高借差计划不得突破。试点行每年实现的利润，总行在下年度按规定比例下拨给各行，作为增拨的信贷基金。此办法自1979年7月1日起，在上海市、江苏省、福建省、湖北省、天津市、陕西省分行试行。

13日　国务院发布《关于按照五个改革管理体制文件组织试点的通知》。该通知要求各省、自治区、直辖市和中央有关部门在工业、交通系统选择少数企业进行试点，取得经验后，再积极、稳步地推行。这五个文件是：《关于扩大国营工业企业经营管理自主权的若干规定》《关于国营企业实行利润留成的规定》《关于提高国营工业企业固定资产折旧率和改进折旧费用使用办法的暂行规定》《关于开征国营工业企业固定资产税的暂行规定》《关于国营工业企业实行流动资金全额信贷的暂行规定》，其主要内容是“放权让利”，即允许企业实行利润留成；提高固定资产折旧率；在保证完成国家计划的前提下，企业可制订补充计划，自行销售产品；有权设置内部机构，任免中层以下干部等。目的是改革现行管理体制，调动企业和职工的积极性，搞活生产。上述办法试行后，截至年底，据统计，四川、北京、上海等22个省、自治区、直辖市2 963个试点企业全年完成的工业总产值比上年增长12.2%，实现利润增长20%，上缴利润增长13.4%，超过了试点前的水平。但也有一些企业由于国家计划部分所占比例过重，上缴基数不合理等原因，未能取得明显效果。

《关于国营工业企业实行流动资金全额信贷的暂行规定》的主要内容是：凡经主管部门和工商管理部门批准开设，实行独立经济核算，在人民银行开立账户的全民所有制工交企业，都可直接向当地人民银行申请流动资金贷款（包括定额贷款、超定额贷款、超储积压贷款、结算贷款、大修理贷款）。企业流动资金贷款，只能用于进行生产流通过程中的周转，不得挪用于搞基建等其他开支。银行要积极支持和帮助企业搞好生产流通，并通过信贷加强对企业经营活动的检查和监督。

14日　中国人民银行、中国农业银行下发《关于做好供销社等单位信贷业务交接工作的联合通知》，决定将供销合作社、农机化服务公司、社队企业供销经理部和种子、饲料公司等单位的信贷业务，农副产品预购定金（商业、粮食、外贸、轻工、供销社系统等），以及新建中国水产养殖公司的信贷业务，由中国农业银行办理。社队办的金矿，从1980年起，由中国农业银行按社队企业贷款办法办理，原由中国人民银行经办的黄金设备专项贷款，仍由中国人民银行办理。

20日　中国人民银行颁布《中国人民银行会计基本制度（试行）》。为了更快地提高人民银行管理水平和核算质量，发挥银行对经济活动的促进和监督作用，中国人民银行对现行的会计基本制度重新做了修订。修订的会计基本制度对银行会计工作的任务、会计人员的职责、基本规定、会计核算、会计报表和年度决算、财务管理、会计辅导、会计档案的保管和销毁、会计人员的职权、技术职称和任免奖惩等，作出了具体规定，要求自文到之日起试行。

22日　国务院发布《关于提高侨汇留成和改变侨汇物资供应体制的通知》。该通知规定：自1979年7月1日起，对赡家侨汇留成由原定的6%提高为30%；建筑侨汇留成，由原定的15%提高为40%。侨汇留成的使用原则是谁供应物资，谁就使用留成外汇。取消原由中央有关部门专门调拨物资的办法，改为一切侨汇物资均由地方自行组织货源、安排供应。

26日　中国人民银行颁布修订后的《中国人民银行出纳制度（试行）》。制度对银行出纳工作的主要任务、必须坚持的原则、出纳工作的领导、现金收付与整点、库房管理与现金运送、损伤票币的兑换与销毁、票样管理与反假票斗争、错款处理、金银的收购配售和管理、出纳机具设备的管理以及现金、白银、外币、有价单证的转移和出入库等作出了具体规定。

8月

1日 中国人民银行、国家计委、国家建设委员会（以下简称国家建委）、财政部、外贸部、国家外汇管理总局联合发布《关于办理引进成套设备、补偿贸易等财产保险的联合通知》。该通知规定：1. 从国外引进成套设备或委托国外厂商在我国承建的工程，均应由建设单位向工程所在地的中国人民保险公司投保安装工程险或建筑工程险。工程建成投产后，在还款或补偿完毕前，还应投保财产险。2. 国内单位运用中国银行外汇贷款进口的设备或建设项目，在归还贷款前，也应向当地中国人民保险公司分别投保建筑或安装工程险和财产保险。3. 对国外来料加工和提供机器设备的加工业务，在加工期间的原材料、物料和国外提供机器设备应投保财产险，并争取在协议中规定连同加工后从中国出口的货物运输保险由我国内承保。4. 我国与外国合资经营的企业的各项保险，向中国人民保险公司投保。以上各项保险费一律收取外币，赔款也一律以外币支付。该通知要求，要争取卖方或国外责任方在我国投保，或由中国人民保险公司和对方指定的外国保险公司共保。

8日 国家经委、中国人民银行、国家工商行政管理总局发布《关于管理经济合同若干问题的联合通知》。该通知强调，有关单位在签订合同时，必须根据国家的政策、法令和计划安排，本着按需生产、保证供应、促进国民经济发展的原则，以平等的地位，实事求是地进行充分协商。合同签订后，即具有法律效力，双方必须恪守信用，严格执行。人民银行要通过信贷管理和结算管理监督企业经济合同的执行情况，按照结算制度的有关规定，处理承付、拒付以及扣收退付货款和延付赔偿金。

13日 国务院发布《关于大力发展对外贸易增加外汇收入若干问题的规定》。其中要求，实行出口商品分级管理，扩大地方经营范围和生产企业外贸权限；大力组织商品对外销售，认真完成国家收汇计划；加强设备和技术的引进工作；成立专业贸易公司和工贸结合的贸易公司；增加外贸口岸，调整口岸分工；广开出口门路，逐步实现出口优惠税率；扩大生产企业办外贸的权限，简化审批手续；实行贸易和非贸易外汇留成；改变出口贸易收汇结算办法和兑换牌价，制定一个贸易外汇结算价，在内部实行，银行外汇牌价，研究修改降低，随时进行调整，用于非贸易外汇结算；广开出口门路；出国开办企业；试办出口特区，深圳、珠海两地可以先行试办。国务院同时下发了《出口商品外汇留成试行办法》，对出口商品外汇留成的范围和留成比例、留成外汇的计算与分配、留成外汇的结算和拨汇以及留成外汇的使用作出具体规定。

15日 国务院同意中国人民银行《关于向国外发售现行流通的人民币纸币的请示报告》。此前，中国人民银行在香港试销了北京名胜纪念金章，后又在国内外发售联合国儿童纪念金币，引起国外经销商的关注，纷纷要求购买中国现行流通的人民币纸币。为此，中国人民银行就向国外发售现行流通的人民币纸币问题向国务院请示：按我国规定，现行人民币不准出境，为了适应世界藏币者的需要，为我国积累外汇资金，中国人民银行拟采取精工包装（每套包括1角、2角、5角、1元、2元、5元、10元纸币七种），按照国际惯例出售。

18日 国务院颁布《基本建设贷款试行办法》。为充分调动各地区、各部门、各企业单位的主动性和积极性，加强基本建设管理，改变当时基本建设“长、散、乱”的状况，国务院决定对基本建设投资实行由建设银行试行贷款的办法。该试行办法规定：基本建设投资贷款的对象，只能是实行独立核算，有还款能力的工业、交通运输、农垦、畜牧、水产、商业和旅游等各类企业。对于行政和无盈利的事业单位，以及国家计划指定的项目，仍实行财政拨款的办法。贷款单位必须在规定的期限内还本付息。贷款期限，重工业最长不超过15年；其他企业最长不超过10年。贷款基金由国家财政从当年基本建设预算拨款中拨给；地方财政用机动财力安排的基本建设贷款基金，由省、自治区、直辖市在自筹资金中解决。

28 日　经国务院批准，中国人民建设银行从财政部独立出来。中国人民建设银行总行改为国务院直属单位，由国家建委、财政部代管，以财政部为主。建设银行的省、自治区、直辖市分行属厅（局）级单位，归总行和省、自治区、直辖市政府双重领导，以总行为主。国务院任命武博山为行长。

30 日　中国人民银行发行中华人民共和国成立30周年纪念金币。纪念金币一套4枚，正面均为中华人民共和国国徽，背面分别为天安门、人民英雄纪念碑、人民大会堂、毛泽东主席纪念堂；每枚面值人民币400元。规格为27毫米，重量1/2盎司；成色为91.6%，发行量各7万枚，由上海造币厂和沈阳造币厂制造。这是新中国发行的第一套纪念金币。

9 月

9 日　国务院发布命令，授权中国银行负责办理被美国政府冻结的中国各项资产的收回或提取事项。10日，国务院授权中国银行发布公告，规定：被美冻结的资产收回、提取后，属于国营企业、事业单位以及原属私营工商企业的，由中国银行同有关单位进行结算；属于中国公民的个人资产全部归持有人所有；持有人可按有关规定申请保留或使用最高不超过10%的外汇，其余外汇由中国银行按现行牌价折付人民币，并可享受侨汇办法的优待；有关资产的登记期限由即日起至1979年12月31日止。

28 日　中共中央发布《关于加快农业发展若干问题的决定》。该决定以调动广大农民群众的积极性为首要出发点，制定了包括建立生产责任制在内的发展农业的25条政策措施，主要有：今后3~5年内，国家对农业的投资在整个基本建设投资中所占的比重，逐步提高到18%左右；农业事业费和支援社队的支出在国家总支出中所占的比重，逐步提高到8%左右。对农业的贷款，从现在起到1985年，要比过去增加1倍以上。有计划地发放专项长期低息或微息贷款，贷款期限分10年期、15年期或者到20世纪末。该决定强调要关心农民的物质利益，保证农民的民主权利，保护人民公社、生产大队和生产队的所有权和自主权，不允许无偿调用和占有生产队的劳动力、资金、产品和物资。

9 月 29 日至 10 月 17 日　中国农业银行全国分行行长会议在北京召开。会议的议题是研究落实在实现农业现代化中中国农业银行应担负的任务。会议提出，农业银行、信用社的基本任务是：发展农村信贷事业，积极筹集资金，管好用好资金，促进农业迅速发展，实现农业现代化。为了实现这个任务，会议提出了中国农业银行的政策措施，主要包括：逐步增加农业信贷资金；农业贷款要重点用于支持商品经济的发展；用经济方法管理农业贷款，发挥信贷的促进和监督作用；逐步改革信贷管理体制；统一管理支农资金，充分发挥现有资金的作用；中国农业银行要实行企业化管理，加强经济核算；抓紧把各级农业银行建立健全起来。这是中国农业银行恢复后的第一次全国分行行长会议。

10 月

4 日　中共中央各省、自治区、直辖市委员会第一书记座谈会在北京召开。邓小平在会上指出，经济工作是当前最大的政治，经济问题是压倒一切的政治问题。不只是当前，恐怕今后长期的工作重点都应放在经济工作上面。所谓政治，就是四个现代化。这是各级党委的中心工作。政治问题要落实到经济上面，政治问题要从经济的角度来解决。要用经济的办法解决政治问题、社会问题。经济工作要按经济规律办事，不能弄虚作假，不能空喊口号，要有一套科学的办法。要培养一批能按经济规律办事的人。对有关银行改革问题，邓小平提出：银行应该抓经济，现在只是算账、当会计，没有真正起到银行的作用。银行要成为发展经济、革新技术的杠杆，要把银行真正办成银行。过去我们的制度是采取拨款的方式，而不是银行贷款的方式。这个制度必须改革。任何单位，要取得物资，就要从银行贷款，要付利息。对投资少、见效快的企业，要采取不用财政拨款，而用银行贷款的办法。很多厂只需要几千元或几万元、十几万元，就能解决问题。凡是下面稍微支持一下就能见效的事情，我们的银行就应该放款，这样就活起来了。建设银行也应该起到杠杆的作用。既然叫建设银行，就不光是坐在那里算账、打算盘，也要广开门路，会做经济工作，会做生意。邓小平还指出，利用外资是一个很大的政策，我认为应该坚持。外资有两种，一种叫自由外汇，一种叫设备贷款。不管哪一种我们都要利用，因为这个机会太难得了，这个条件不用太可惜了。问题是怎样善于使用，怎样使每个项目都能比较快地见效，包括解决好偿付能力问题。邓小平还指出，财政体制，总的来说，我们是比较集中的。有些需要下放的，需要给地方上一些，使地方财权多一点，活动余地大一点，总的方针应该是这样。扩大企业自主权，这一条无论如何都要坚持，这有利于发展生产。

9日　中国国际信托投资公司（集团）在北京成立。公司注册资本为12亿元人民币，是经国务院批准的全国第一家直属部级单位。公司经营的主要业务有：吸收外国资金，以发行公司债券，代理发行股票等方式筹集资金；在国内办理信托投资业务，举办中外合资、合营企业；引进国外技术、设备和经营管理方法；办理租赁业务；提供咨询服务。荣毅仁任董事长兼总经理。

11日　中国人民银行转发经国务院批准的《“在外售券、国内取货”管理办法》。为了便利海外侨胞、港澳同胞探亲往来，便于携带商品，该办法变通了侨汇券的使用方法，规定对海外侨胞和港澳同胞需带入境内的缝纫机、自行车、探亲礼品箱等大件物品可采取在境外购券、境内取货的办法。

22日　国务院同意并批转中国人民银行《关于加强我国对外发售金、银币（章）管理的请示报告》。为了加强货币管理和金银管理，维护我国对外发售纪念币（章）的信誉，人民银行对发售金、银币（章）进行严格管理。主要内容是：1. 金、银质纪念币，统一由中国人民银行负责设计、制造、发行。2. 向国外销售纪念金、银币（章）统一由中国银行及其在国外的分支机构负责经销。3. 金、银质纪念章由中国人民银行所属的中国造币公司统一制造。

11月

2日　《红旗》杂志第11期发表题为《充分发挥银行的经济杠杆作用》的署名文章。主要观点是：发挥银行信贷的促进与监督作用，促进国民经济调整工作的顺利进行；积极组织国内外资金，大力支持四个现代化建设；有计划地调剂货币流通，保持金融物价的基本稳定；正确地运用银行信贷这个经济杠杆，处理好银行同国民经济各部门、各企业的关系；改变“供给制”和“吃大锅饭”的状况，用经济的方法管理银行。

中国农业银行颁布《国营农业企业贷款试行办法》。该试行办法对国营农业企业贷款的对象、种类、期限和贷款偿还等做了明确的规定；该试行办法强调，发放国营农业企业贷款，要重点支持商品粮、经济作物、外贸出口产品及其他农副产品基地生产的发展，支持农工商联合企业生产的发展。

10日　中国农业银行、财政部发布《农业拨款监督拨付试行办法》。该试行办法规定，凡是列入国家预算的农业、农垦、农机、林业、畜牧、水利、气象、侨办、知青办、劳改系统的国营企事业单位和国家支援农村人民公社的各项农业拨款，均由中国农业银行监督拨付。各级地方财政的预算外资金和农业部门的自筹资金，经批准用于农业的各项支出，由农业银行监督拨付。农业银行要根据国家规定的方针、政策、计划、制度对各项农业拨款使用情况深入到用款单位和工程现场进行检查。该试行办法自1980年1月1日起试行。

中国农业银行发布《农村社队企业贷款试行办法》。该试行办法规定，要坚持执行贷款的自主权，任何单位和个人都不得强令银行发放贷款，也不得限制银行收回到期贷款；凡重复建厂与大工业争夺原料，经营亏损短期内不能扭转，还款没有保证的社队，不能贷款；联合企业申请设备贷款，必须提供参加联办单位所签订的具有明确权利义务、合理担保、合理分配受益的协议书，企业无力归还贷款时，由参加联办的单位承担经济责任。

19～27日　中国人民银行全国保险工作会议在北京召开。会议总结了1958年停办国内保险业务的教训，就国务院批准恢复国内保险业务做了具体部署，提出：1980年是恢复国内保险第一年，要筹建机构，培训干部，搞好试点，取得经验，为保险工作逐步恢复和发展打下基础。会议确定：要进一步开展国外保险业务；把注意力放到已经开放和将要开放的新险业务上来；要建立一支专业化的和代理化的展业队伍，开辟各种展业途径；要按照经济规律办事，加快赔案处理工作，把处理赔案的快和准，同树立保险信誉、发展保险业务联系起来。

22日　中国人民银行、中国农业银行、中国银行发布《关于统计工作的若干规定》。该规定明确：1. 中国农业银行和中国银行要建立自己独立的统计工作系统，管理和汇编本系统的统计报表。各行信贷、现金统计项目的设置和汇编要有利于集中货币发行、有计划地调节货币流通，有利于信贷、现金计划的编制和检查，有利于综合反映国民经济各部门的活动，发挥银行的作用。2. 人民银行与各专业银行的统计数字要相互衔接、口径一致，必须重视代理业务，本着先人后己的精神，认真把代理业务办好。银行的统计数字要准确、完整、及时。3. 中国农业银行、中国银行要逐步建立自己的统计制度，在尚未建立前，仍执行人民银行的统计制度。4. 调整人民银行、农业银行、中国银行的信贷、现金项目电报的编报程序，信贷项目电报由人民银行、农业银行、中国银行按照业务分工分别进行统计，逐级汇总上报总行。该规定于1980年1月1日起执行。

26日　中国农业银行印发《农村社队信贷"存贷挂钩，差额包干"试行办法》。该试行办法规定：1. 银行和信用社办理的农村人民公社各级经济组织和社员个人的存款和贷款，属于包干范围；总行对省、自治区、直辖市实行差额包干，只包银行存贷款部分。2. 存贷差额，按年末余额计算。差额核定后，各地在保证上交数不减少、补助数不突破的条件下，吸收存款多和收回贷款多时可以多发放贷款，吸收存款少、收回贷款少时更要少贷。3. 根据农业生产季节性的特点，总行按年度中间存款可用数同现行社队农贷包干指标比较，再核给各地一个存贷差额，存款小于社队农贷包干指标的，核定农贷周转金，由总行支持，在不突破农贷周转金的条件下，多存可以多贷；存款大于社队农贷包干指标的，核定上交数，超过部分留给地方使用。该试行办法自1980年1月1日起执行。

26日　邓小平提出要搞市场经济。邓小平同志会见了美国大不列颠百科全书出版公司编委会副主席吉布尼和加拿大麦吉尔大学东亚研究所林达光等外国朋友。在会见时，邓小平指出，我们有些经济制度，特别是企业的管理、企业的组织这些方面，受苏联影响比较大。这些方面资本主义国家先进的经营方法、管理方法、发展科学的方法，我们社会主义应该继承。说市场经济只存在于资本主义社会，只有资本主义的市场经济，这肯定是不正确的。社会主义为什么不可以搞市场经济，这个不能说是资本主义。我们是计划经济为主，也结合市场经济，但这是社会主义的市场经济。这是中国领导人第一次提出搞市场经济。

27日　中国人民银行发布《关于增加储蓄种类的通知》。决定自1980年1月1日起，增办3年期、5年期零存整取、积零成整、存本取息的定期储蓄。3年期、5年期零存整取定期利率分别为月息3.3‰，3.75‰，其他几项储蓄的利率和档次与零存整取相同。

30日　中国人民银行、中国农业银行发布《关于人民银行、农业银行业务范围划分的通知》。该通知规定：1. 各种农业存贷款；国营农、牧、渔场，企、事业存贷款；国营农场办的工业、商业、供销企业贷款；农工商联合企业存贷款；信用合作社存贷款；各种农业专项贷款等，划为农业银行业务。国家对全民所有制农业、企事业单位和人民公社集体经济的各项财政拨款的监督支付，划为农业银行业务。2. 全部产品预购定金贷款，供销合作社系统的存贷款，农机化服务公司、种子、饲料公司、社办企业供销经理部、水产养殖公司等系统的存贷款，划为农业银行业务。3. 营业所办理的国营工商业存贷款，作为人民银行业务。营业所办理的机关、团体、部队存款，集体所有制工商业存贷款划为农业银行业务。4. 县城的储蓄存款，归人民银行办理，县城的城关信用社仍照旧办理储蓄存款，作为农业银行业务。县以下集镇的职工、居民和国营农、牧、渔场职工的个人存款，一律划归农村储蓄，由农业银行办理。县（市）以下大型工矿企业、林区和部队驻地，由人民银行机构收储作为城镇储蓄。划分的时间一律为1980年1月1日。

12 月

12 日　国务院批转中国人民银行《关于改变银行系统人员编制、劳动工资计划管理体制的报告》。该报告的主要内容是：自1980年起，人民银行系统的人员编制、劳动工资计划管理体制和业务工作以总行领导为主的体制一致起来，把中国人民银行系统（包括中国农业银行、中国银行）的职工人数、工资总额和编制，从各省、自治区、直辖市的基数中划出来，分别由中国人民银行、中国农业银行、中国银行统一管理。中国人民银行系统的增人计划由中国人民银行总行直接报国家计委、国家劳动局批准下达给各省、自治区、直辖市人民银行和劳动局。中国农业银行和中国银行均为企业编制，其劳动工资计划也由中国农业银行总行和中国银行总行统一管理。

17 日　中国人民银行发布《关于对城镇集体工业企业办理结算贷款的通知》。由于有不少集体工业生产企业的生产已纳入国家计划，供销业务订有经济合同，信用良好，银行已允许它们采用托收承付结算方式，这些企业要求银行对其发放贷款。为支持这些企业的生产发展，该通知规定，自1980年1月1日起，按照《国营工业贷款办法》中有关结算贷款的管理规定对其发放结算贷款，各级银行对发放的贷款要加强管理，切实做到合理管理、及时收回。

21 日　国务院同意并批转国家计委、国家建委、进出口管理委员会、外贸部、财政部、中国人民银行、中国银行《关于使用国外贷款引进技术和进口设备的基本建设项目在外汇、财政、基建计划上的处理办法》。该办法规定：1. 使用国外贷款，必须有组织地进行。使用国外贷款引进技术和进口设备的大中型基本建设项目，必须纳入长期和年度国民经济计划。使用国外贷款的基建项目，除经过批准由国家“统借统还”的以外，一般均应“自借自还”。贷款由中国人民银行根据国家长期和年度的外汇收支计划统一筹措。2. 使用国外贷款引进技术和进口设备，分别由主管部门提出申请，经进出口管理委员会、国家计委审核同意后，对外进行技术考察、技术谈判和非正式询价等。各主管部门提出可行性研究报告，并附国内各种协作、配合条件的落实情况及签订的协议，报进出口管理委员会和国家计委审批。在审查引进项目时，由进出口管理委员会会同国家计委、国家建委主持，中国银行、中国人民建设银行等部委局参加。审查结果报国务院批准后，下达审查批准计划任务书。3. 经国务院批准的基建项目，要分别纳入年度和长期外汇、财政和基本建设计划。外汇计划，在收入中要分别列出国家统一借款和部门、地区自行借款的外汇收入；在支出中，要分别列出国家统一借款偿还本息和部门、地区自行借款偿还本息的外汇支出。4. 使用国外贷款，包括国家统借统还和部门、地区“自借自还”的引进项目，其国内作价，按现行作价办法办理，以后按国务院批准的贸易外汇结算价格计算。5. 国家负责“统借统还”的引进项目投产后，其纳税和利润、折旧的解缴办法，按国内投资企业现行办法执行。部门或地区负责“自借自还”的引进项目，在偿还贷款本息期间，引进项目实现的利润和提取折旧费，都可用于偿还贷款。6. 使用国外贷款引进技术和进口设备的项目，在建设和还款过程中，要严格按照批准的引进计划、基建拨款程序以及同国外签订的合同办事。使用贷款单位，要定期向财政部门、中国银行和中国人民建设银行报告资金使用和偿还情况。该办法从1980年1月1日开始执行。

24日 中国人民银行发布《关于提取企业基金的通知》。该通知规定，人民银行各经济核算单位提取企业基金的办法是：1. 在考核经营成果的基础上，凡全面完成分行批准的资金运用、利润、费用开支、工作质量、工作效率五项年度计划指标的核算单位，可按职工工资总额的5%提取企业基金；完成资金运用、费用开支、利润等三项指标的，按工资总额的3%提取企业基金。在完成资金运用、费用开支、利润三项指标的前提下，其他指标每完成一项，按工资总额增提1%的企业基金。2. 县、市支行（城市办事处）、中心支行为提取企业基金的单位，按其所属的基层核算单位考核指标的完成情况汇总计算，按本单位的职工工资总额提取企业基金，具体计算方法由省、自治区、直辖市分行确定。3. 企业基金的用途，根据国务院批转财政部《关于国营企业试行基金的规定》精神，结合各地情况，由分行具体确定。

1980 年

1 月

5 日　国务院同意并批转中国人民银行《关于维护人民币统一市场　禁止外币在国内市场流通的报告》。该报告指出，维护人民币的统一市场，禁止一切外币在国内市场计价流通，维护社会主义的金融秩序，这是关系到国家主权和实现四个现代化的重大问题。各省、自治区、直辖市如市场上有流通外币的，要进行一次清理整顿。极少数单位有必要直接收取外币的，应由各省、自治区、直辖市人民政府进行审查，并提出意见报国务院批准。要把收取外币的单位压缩到最小限度。本年内中国银行发行外汇兑换券后，应立即停止直接收取外币。未经批准擅自用外币标价和在交易中直接收取外币的，应以扰乱金融论处。

7 日　国务院决定对轻纺工业实行六个优先的政策以确保轻工业、纺织工业、手工业加快发展步伐。这六个优先是：原材料、燃料、电力供应优先；挖潜、革新、改造的措施优先；基本建设优先；银行贷款优先；外汇和引进新技术优先；交通运输优先。

中国人民银行、财政部发布《关于苏边区公债与折实公债计息办法的补充规定》。该规定明确，中国人民银行和财政部 1958 年规定各苏区、解放区发行的公债“计息时间算至实际发还日期，如超过还本日期的，其计算时间以公债票面规定的还本截止日期为止”。鉴于在战争年代，老解放区人民冒着生命的危险，省吃俭用，支援革命战争，对革命是有贡献的。为了照顾群众的利益，苏边区公债与折实公债已超过还本付息日期的利息，可算到提取日为止。

8 日　中国银行在北京召开机构体制改革后的第一次全国分行经理会议。会议确定今后一个时期中国银行的主要任务是：继续做好筹集外汇资金工作；改革外贸信贷和外汇信贷管理体制；加强国际结算工作；加强外汇管理，增加侨汇和其他非贸易外汇收入，减少支出；改善经营管理，加强经济核算，提高经济效果；广泛开展国际交往，深入国际资金市场，加强国际金融调查研究。随后，国务院批转此次会议的会议纪要。国务院指出，利用外资是我国在今后一个较长时期内的重要决策。中国银行作为国家的外汇专业银行，要做好各项外汇工作，为国家组织和积累更多的外汇资金，在管好用好外汇上多下功夫。

14 日　国务院发布《关于批转国家经委、中国人民银行等单位〈关于请批准轻工、纺织工业中短期专项贷款试行办法的报告〉的通知》。该通知指出，轻工、纺织工业中短期专项贷款，主要用于老厂的挖潜、革新、改造和与之有关的小量改建、扩建工程，不能用于新建、续建企业的基本建设投资。对贷款的使用，一定要按照择优扶持的原则，优先贷给那些花钱少、见效快、创汇多的项目。各地轻工、二轻、纺织工业部门，要认真搞好用款规划，有计划、有目的地解决几个生产上的重大问题，把贷款管好、用好。贷款需要的物资，由国家物资总局按基建定额补助一半，其余由地方解决。有些工期短的项目，还可利用少量的短期自由外汇，进口一些材料和先进的单机、部分生产线，以保证措施项目竣工投产。各地人民银行和中国银行，要切实加强对贷款的发放和监督工作，积极支持轻纺工业的发展。国家经委、轻工业部、纺织工业部和中国人民银行，要加强对贷款使用情况的检查，采取有力措施，尽快发挥经济效益。

国家经委、中国人民银行等发布的《关于

请批准轻工、纺织工业中短期专项贷款试行办法的报告》中提出，从1980年起，在国家安排的基本建设投资和技术措施费以外，由中国人民银行、中国银行发放20亿元轻工、纺织工业中短期专项贷款和3亿美元的买方外汇贷款，每年保持这个余额周转使用。同时中国人民银行制定了《轻工、纺织工业中短期专项贷款试行办法》上报国务院。

15日 中国农业银行加入国际农业发展基金会。国际农业发展基金会成立于1977年，其宗旨是为发展中国家的农业发展项目，首先是为粮食生产提供资金。成员国分为三类：第一类是发达国家，第二类是石油输出国，第三类是发展中国家。中国属于第三类成员国。

1月19日至2月10日 中国人民银行全国分行行长会议召开。会议确定1980年人民银行的中心任务是：继续贯彻国民经济调整、改革、整顿、提高的方针，继续坚持稳定物价、稳定金融的政策，贯彻落实中央领导同志关于银行要抓经济，把银行作为发展经济、革新技术的杠杆的指示，坚持按经济规律办事，继续进行银行工作的转变和改革，进一步把银行的工作做活，促进国民经济调整，促进生产建设发展，促进安定团结。为了实现这项中心工作任务，人民银行将采取以下措施：1. 增加货币回笼，控制货币投放，加强金融市场管理，努力实现信贷平衡。2. 继续把组织和筹集资金摆在银行业务工作的首位，壮大支持生产建设的信贷资金力量。3. 继续改革和加强信贷工作，发挥信贷的杠杆作用，更有力地支持企业挖掘生产潜力，增加商品供应，促进经济调整。4. 全面开展银行内部管理制度改革工作，提高经营管理水平，节约和合理地使用信贷资金。5. 改进结算工作，以适应经济发展的需要。6. 加强干部队伍建设，抓紧干部的培养教育工作。7. 要加强金融理论的研究和宣传，加强调查研究和综合反映工作。

22日 国务院下发《国营工业企业利润留成试行办法》。该试行办法对1979年7月国务院颁发的《关于国营企业实行利润留成的规定》进行了修订，主要修订内容是：1. 将原定的全额利润留成改为基数利润留成加增长利润留成。企业当年利润高于上年利润的，其中，相当于上年利润的部分，按核定比例提取基数利润留成资金；比上年增长的部分利润，另按国家规定比例提取增长利润留成资金。基数利润留成比例核定后原则上3年不变。2. 企业增长利润留成的比例，按照不同行业，分别规定为：石油、电力、石油化工和国外引进成套设备等盈利水平较高的企业为10%；冶金、机械、电子、化工、轻工、纺织、建材、森工、铁路、交通运输和其他企业为20%；煤炭、邮电、民航、农机企业为30%。3. 工业企业必须完成产量、质量、利润和供货合同四项计划指标，才能按照核定和规定的留成比例提取全部利润留成资金。在四项计划指标中，每少完成一项，扣减其应提利润留成资金的10%。4. 企业从基数利润中提取的利润留成资金，按照核定的生产发展基金、职工福利基金和职工奖励基金的留成比例分别提取、分别管理和使用。企业从增长利润额中提取的利润留成资金，用于发展生产的部分不得少于60%，用于职工福利设施和职工奖金的部分不得超过40%，发给职工的奖金，除国家规定的节约奖外，都在职工奖励基金中开支。

2月

6日 中共中央同意并批转外国投资管理委员会党组《关于中外合资企业几个问题的请示报告》。其中关于外汇管理问题，该报告指出：合营企业一切外汇支出，包括将来汇出外资股金、利润等，都应由其自有外汇解决；有关部门应注意监督企业保证外汇收大于支。除经国家批准并列入国家外汇支出计划者外，银行不卖给外汇。

中国人民银行发布《关于增拨各省、市、自治区1980年商办工业中短期设备贷款指标的通知》，为了增加商办工业的生产，增加人民生活必需品，解决供需矛盾，人民银行决定从1980年起，在全国安排2亿元资金，试办商办工业中短期设备贷款。贷款主要用于商办工业设备的挖潜、更新、改造。当年指标节余可转到次年周转使用。商办工业中短期设备贷款的发放和管理由开户行对企业直接办理。

中国人民银行、轻工业部发布《关于旅游金银制品所需金银供应办法的通知》，决定改变旅游金银制品所需金银一直由人民银行按国内配售价供应的办法。该通知规定：1. 以金银为主要原材料的旅游金银制品，其所需黄金、白银继续由各地人民银行供应。但改收外汇，并按届时国际市场价格另加1%的手续费供应。2. 不以金银为主要原材料的其他旅游纪念品，所需黄金、白银，由各省、自治区、直辖市生产部门直接向当地人民银行申请，按国内配售价供应。3. 对卖价不高、创汇率低、不合算的旅游产品，建议生产部门少安排或不安排生产，银行减少或停止供应黄金、白银。

28日 中国人民银行发布《关于下达信贷差额控制办法（试行草案）的通知》，决定在省级分行试行信贷差额控制办法，将“统收统支”的信贷计划管理体制，改为“统一计划、分级管理、存贷挂钩、差额控制”的体制。信贷差额控制办法采取两种方案，一种是全部差额控制；另一种是大部分差额控制，各行可根据具体情况和条件，自行选择一种方案。实行信贷差额控制的分行，要编报年度信贷计划和信贷差额计划。人民银行总行下达年度差额控制计划和年中临时差额控制计划。各行在保证不突破控制差额的前提下，工业贷款指标和商业贷款指标可以互相调剂；多吸收的存款和节约的信贷资金，可用于增加工商企业的短期流动资金贷款，也可适当发放一部分中短期设备贷款。试点分行在每年实现的利润中提留一定比例作为各分行的信贷基金。

3月

6日 中国银行向海外行寄发经国务院批准的《关于开展对台银行业务往来的请示的通知》。该通知规定，外国银行同台湾发生的商业性往来，包括贷款、投资、合资经营企业及在台湾设立分支机构，只要不涉及“两个中国”、“一中一台”问题，拟不予置理。今后为与台湾当地银行建立直接业务往来创造条件，目前对台湾的各项银行业务，暂时通过代理行间接办理；在适当时机，由我驻香港银行及国内有关分支行处有选择地同外国银行在台湾的分支机构建立业务代理关系；一旦条件成熟，再由我有关分支行处同台湾当地银行进行直接业务往来。部分海外华人银行（包括香港、新加坡等地华资或外籍华人资本银行）与台湾地区有着密切往来关系的，境内外分支行处对其不再采取抵制措施，并逐步地扩大双方业务关系与人员往来，有选择地建立业务代理关系。

10日 中国人民银行下发《关于改进结算工作的意见的通知》。为了适应国民经济调整和经济管理体制改革的需要，针对结算工作中存在的问题，中国人民银行决定，在本行内开始试行限额结算、托收、邮政汇款等办法：1. 采用不同的结算方式，凡是持有建设银行和财政部的签证，销售大中型成套设备的单位可采用托收承付方式办理结算。对多次向购货单位收不回货款的销货单位，开户银行根据情况，确定其向有关的购货单位停止使用托收承付结算方式，改用其他结算方式。对付款单位发生的延期付款，银行为收款单位计收万分之三的延付赔偿金；对于逾期两个月的每日加收万分之二的罚金。2. 增加新的结算方式，增加“异地委托收款”的结算方式、扩大推行限额结算办法、改变汇兑结算和开立临时账户管理规定，办理汇出汇款和解付汇款不再要求由有关部门审批。集体所有制单位也可采用托收承付的结算办法。3. 实行业务收费，汇兑异地委托收款结算每笔收费2角；信用证、异地托收承付结算，每笔收费4角；邮费单程每笔收费2角。4. 结算监督的范围，除国务院授权和总行规定的监督项目以外，对于其他部门委托的行政性限制一律不予受理。5. 整顿结算纪律，凡违反结算纪律的单位，予以经济制裁。银行因工作差错而影响企业单位资金运用的，要按照存贷款利率计算赔偿损失。6. 做好综合反映工作。

18 日　中国人民银行转发国务院批准的《关于调整储蓄存款利率和逾期贷款加收利息的报告》。其中的调整储蓄存款利率和逾期贷款加收利息的方案是：城乡居民活期储蓄存款，由现行的月息 1.8‰调整为 2.4‰，零存整取存款和半年期定期存款由现行的月息 3.0‰调整为 3.6‰；1 年期定期存款，由现行的月息 3.3‰调整为 4.5‰；3 年期定期存款，由现行的月息 3.75‰调整为 5.1‰；5 年期定期存款，由现行的月息 4.5‰调整为 6.0‰。逾期贷款加收利息的规定是：逾期贷款加收利息 20%；超过核定的流动资金总额的贷款（包括核定的自有流动资金和正常超定额贷款）和未核定资金企业划出的积压物资占用贷款，均加收利息 30%；企业因搞基本建设或更新改造超支而挤占挪用的贷款，加收利息 50%。此调整方案自 1980 年 4 月 1 日起实行（活期储蓄存款利率调整从 7 月 1 日起开始实行）。

19 日　国家外汇管理总局发布《关于中国银行发行“外汇兑换券”的通知》，并随文下发《中国银行外汇兑换券暂行管理办法》。其中规定：凡持有可自由兑换的外币现钞，能立即付款的外币票据、外币支付凭证和汇入款等，均可向当地中国银行或其指定的外币代兑点，兑换成外汇兑换券（以下简称外汇券）。外汇券与人民币等值，只限于短期来华的外国人，短期回来的华侨、港澳同胞，驻华外交、民间机构及其常驻人员等，在中国境内指定的范围内使用，不准挂失。外汇券兑换凭本人的“兑换证明”，在 6 个月内可以将持有的外汇券向中国银行办理转存人民币特种存款、外币存款，或兑回外币，或携出、汇出境外。外汇券不得私自买卖，严禁投机倒把和伪造，违者按《中华人民共和国刑法》第三章所列明的破坏社会主义经济秩序罪论处。4 月 1 日，国务院授权中国银行在国内发行外汇兑换券。

22 日　中国银行发布《关于私人出境批汇的几点通知》，对私人出境旅杂费的审批作出补充规定。主要内容是：凡持有我出境证件的我国公民和外国侨民，必须办妥前往国家的有效入境签证，才可批给旅杂费外汇。对于去香港办理入境国签证的我国公民，必须取得英国驻华使馆发给的过境签证，才可按照出境证件上所填写的前往目的地批给旅杂费。对须转道第三国前往与我未建交国家的我国公民，必须持有该第三国的驻华使领馆的过境签证，才可批给前往转道国的旅杂费外汇。没有办妥前往国的入境签证，仅持“往来港澳通行证”的我国公民，只能批给赴港澳的旅杂费外汇。

25 日　中国农业银行发布《关于对供销社系统的商办工业和集镇集体工商业发放中短期设备贷款的通知》。该通知规定：此项贷款主要用于老企业为提高生产能力和产品质量，进行挖潜、革新、改造和综合利用，填平补齐的必要设备，不准用于非生产性建设和用于土建工程铺新摊子。贷款对象符合花钱少、见效快、收益多、经济效益显著、投产后用增加的利润能按期偿还贷款的项目。贷款期限一般为 1 年、2 年，最长不超过 3 年，按月息 4.2‰计息。

3 月　中国人民银行发行国际儿童年金银纪念币。这套金银纪念币共 4 枚，其中金币 2 枚、银币 2 枚。纪念银币是中华人民共和国成立以来发行的第一枚银币。纪念币图案：该套金银纪念币共用同一正背面图案，正面图案为国徽，背面图案为中国两名儿童共同浇灌花朵的劳动场面及国际儿童年标志。该图案寓意儿童为祖国的花朵，需要精心培育和爱护。盎司金币含黄金 1 盎司，成色为 90%，面额 450 元，发行量为 500 枚。1/2 盎司金币（薄）含黄金 1/2 盎司，成色 90%，面额 450 元，发行量 13 000 枚。1 盎司银币含白银 1 盎司，成色 80%，面额 35 元，发行量 2 000 枚。1/2 盎司银币（薄）含白银 1/2 盎司，成色 80%，形状为圆形，直径为 36 毫米，面额 35 元，发行量 2 000 枚。

4 月

2 日　中国人民银行、中国银行发布《关于外贸信贷业务由人民银行划归中国银行的通知》。该通知规定：凡有中国银行的地区，外贸信贷业务划归中国银行办理，没有中国银行的地区由人民银行代办。

4日 中国人民银行发布《关于1980年工商信贷工作要求的通知》。该通知要求：继续贯彻“区别对待，择优扶植”的信贷原则，把按行业择优扶植、按企业择优扶植、按产品择优扶植三者结合起来，推行按经济合同发放贷款，促进国民经济计划的落实和产、供、销的衔接。切实办好中短期专项贷款和中短期设备贷款，对申请贷款的企业，要重点审查其兴办项目的条件、建成后的经济效果和偿还贷款的资金来源等几个主要环节，贷款后要与有关部门密切协作，促进早日投产，发挥增产增收的经济效果。大力协助企业开展增产节约运动，充分挖掘资金潜力和物资潜力，节约资金使用。

7日 中国人民银行发布《关于几种贷款加收利息的补充规定的通知》。该补充规定明确：对超过原贷款借据规定的期限的，对超过转期贷款期限的，对结算贷款在调整日不能收回的，对规定有分期还款期限的贷款未按分期期限归还的，均加收利息20%；超过核定的流动资金贷款总额的加收30%的利息；对积压物资和有问题商品占用贷款的加收30%的利息；对挤占挪用银行贷款的加收50%的利息。逾期贷款加息范围包括：工业超定额贷款，物资供销贷款，商品流转贷款，国营农业贷款，集体工商业贷款，大修理贷款，中短期设备贷款，中短期专项贷款，结算贷款。

10日 国家经委、财政部、中国人民银行发布《关于暂不进行全额信贷试点的通知》。该通知指出，由于目前国家财政暂时有困难，预算内安排的流动资金偏少，试行企业流动资金全额信贷办法还不具备条件。因此，暂不进行全额信贷的试点，对企业先实行自有流动资金有偿占用的办法，即企业自有流动资金，根据其隶属关系，每月按2.1‰，向各级财政部门交付流动资金占用费。国营工交企业、物资供销企业在清产核资后，企业定额内流动资金不足部分，仍按原来商定的办法，由银行从超定额贷款中划转，作为代财政增拨给企业的流动资金。这笔资金，企业不再向银行支付利息，由各级财政部门统一付给银行。

13日 中国人民银行发布《关于发行四种金属人民币的通知》。决定自1980年4月5日起，陆续发行面额为1角、2角、5角、1元4种金属人民币，四种金属人民币与市场上流通的同面额的纸币价值相等，在市场上混合流通。该通知强调，严禁伪造或熔化金属币行为，违者依法论处。

14日 国家农业委员会（以下简称国家农委）转发中国农业银行《关于当前社队信贷管理几个问题的报告》。该报告针对当时向农业银行、信用社申请贷款要求开户的单位和社员越来越多的问题，提出如下具体处理的意见：1. 生产队规模调整和核算单位变动要经县批准，同时要落实信贷债务。已经自行分队，事实上已成为独立核算单位的，可以申请贷款、开设账户，但要限期落实信贷债务，补办报批手续。2. 要维护生产队统一经营、统一核算的原则。生产队的专业队、作业组从事生产活动所需要的生产资金，由生产队统筹安排解决，银行、信用社对作业组、专业队不直接贷款；在不影响生产队统一核算和分配的前提下，经生产队同意，专业队、作业组可以在银行、信用社开立存折账户。对社员个人在政策允许的范围内实行包产到户的，信用社可以酌情、适当发放生产贷款，这种贷款只能用于生产所需的种子、化肥、农药、小农具等，贷款要有担保，还款来源要落实。3. 维护银行、信用社贷款有借有还、到期归还的原则。对只借不还、等待豁免和因体制变动贷款债务未落实的，在其没有提出承还保证、落实贷款债务之前，银行、信用社不再发放新贷款。

17日 国际货币基金组织执行董事会通过决议恢复中华人民共和国在基金组织的席位。此前，1972年10月，联合国大会通过决议，恢复中华人民共和国的合法席位，为我国恢复在联合国下属各专门机构的席位创造了条件。1978年，党的十一届三中全会关于改革开放的决议为我国加入国际金融组织创造了有利的内部环境。1979年1月，中美建交，加入国际金融组织的外部条件最终趋于成熟。

29日 中国银行发布《关于办理与地方外汇贷款配套人民币专项贷款的通知》和《中国银行发放与地方外汇贷款配套人民币专项贷款试行办法（征求意见稿）》。主要内容是：配套人民币专项贷款对象是经银行批准使用外汇贷款的企业。贷款主要用于：支付在国内购置与用外汇贷款进口设备配套的设备、材料；用外汇贷款进口材料自制设备的加工费用；用外汇贷款进口设备、材料的运输、安装费用；与外汇贷款进口设备配套的少量扩建、改建工程费用。配套人民币专项贷款的条件从属于外汇贷款条件。贷款的期限一般不超过3年。贷款年利率为5.04%，每季末计收一次利息。

5月

9日 中国人民银行、中国银行发布《关于中外合资经营企业谈判中有关银行的几个问题的通知》。该通知规定：1. 中外合资经营企业应在中国银行开立外币存款账户，在银行监督下进行外汇收付。保证外汇收大于支。除经国家批准者外，银行不卖给外汇。2. 中外合资经营企业在国外或港澳地区的银行开立存款账户须经国家外汇管理总局或分局批准。3. 中外合资经营企业的财务核算，可以使用人民币。发生人民币和外汇的折算或结算，应按国家外汇管理总局公布的外汇牌价和有关内部规定办理。4. 中外合资经营企业在我国境内同我国企业或个人买卖商品和支付劳务费用应使用人民币结算，属于我国准备出口或用外汇进口的短缺物资按对外贸易部对外合同价格收取外汇者除外。5. 中外合资经营企业在中国银行开设人民币账户，办理人民币存款和流动资金贷款。6. 中外合资经营企业所属外币流动资金或国外银行借款要求中国银行担保，应逐笔提出申请，中国银行按条件贷款或给予担保。7. 国家已公布了《中外合资经营企业法》，外国投资者要求中国银行担保合同的履行和保证投资资本的汇出，不予办理。

14日 中国人民银行发布《关于银行监督支付计件工资的通知》。该通知规定：实行计件工资的企业，每次支付计件工资时，银行根据企业主管部门批准的计划额度或批准的实际执行额度监督支付；未经主管部门批准或超过批准额度的，银行有权拒绝支付；实行部分计时、部分计件工资的企业，将这两部分工资分别列入工资总额，由银行监督支付。

15日 世界银行通过决议，恢复中华人民共和国在世界银行的席位。

16日 中共中央、国务院批转《广东、福建两省会议纪要》，决定在广东省的深圳市、珠海市、汕头市和福建省的厦门市，各划出一定范围的区域，试办经济特区。该纪要提出，中央决定对广东、福建两省在对外经济活动中实行特殊政策和灵活措施，这是改革经济体制的一种试验。其特点如下：一是财政和外汇收入实行定额包干；二是物资、商业在国家计划指导下适当利用市场的调节；三是在计划、物价、劳动工资、企业管理和对外经济活动等方面，扩大地方权限；四是试办经济特区，积极吸收侨资、外资，引进国外先进技术和管理经验。同年8月26日，第五届全国人大常委会第十五次会议决定：批准国务院提出的在广东省深圳市、珠海市、汕头市和福建省厦门市设置经济特区。

26日 中国银行发布《关于调回私人外汇留存办法》。该办法规定，凡私人调回的外汇（包括解冻的美元资产）不论金额大小，一律按30%留存。留存的外汇必须在银行开立外币存款账户。

27日 中国农业银行发布《关于行社往来和信用社内部核算中几项规定的通知》。该通知规定：1. 银行和信用社往来的利率，自6月21日起，均为月息2.7‰。2. 信用社吸收的定期储蓄存款，其利率高于月息2.7‰部分，按实际支付利息数计算，由银行分别按档次给予补贴；定期储蓄存款大于放款的信用社，于每年11月底按定期存款和放款月平均余额轧差后，其超过部分银行再付给千分之一的工本费。3. 信用社发放各项贷款的利率，低于工商贷款利率部分，于每年 11 月底按当年已实际收回的利息数计算，由银行补贴到月息 4.2‰。4. 信用社（包括所、社合一的信用社）办理的业务，农业银行要按业务量的大小合理负担费用。代理中国银行等其他部门的业务，一律按有关规定收取手续费。5. 信用社的政策性亏损，现在由银行给予补贴，但从 1981 年起，银行对信用社不再给予亏损补贴。在核定 1980 年亏损补贴时，对 1980 年上半年因未实现本规定而亏损的信用社，仍按原规定给予必要的补贴。

28 日 中国人民银行颁布修改后的《中国人民银行储蓄存款章程》，自 1980 年第三季度开始执行。新的章程主要强调：国家宪法规定保护公民储蓄的所有权，个人在银行的储蓄存款永远归个人所有，不得侵犯；银行实行存款自愿、取款自由、存款有息和为储户保密的原则；储蓄存款种类有活期储蓄、定期储蓄、华侨（人民币）定期储蓄；为保障储户利益，各种储蓄均应记名；储户因工作调动或户口迁移时，可凭存款凭证和迁移证明或足以证明本人户口迁移的其他证件，通过迁入银行办理整存整取和活期两种存款转移手续，在迁入地区支取或继续储存。

31 日 邓小平谈农村政策。邓小平同中央负责工作人员谈农村政策问题时，肯定了安徽省肥西县和凤阳县的包产到户做法。他说，“农村政策放宽以后，一些适宜搞包产到户的地方搞了包产到户，效果很好，变化很快。有的同志担心，这样搞会不会影响集体经济。我看这种担心是不必要的。关键是发展生产力。现在农村工作中的主要问题还是思想不够解放。除表现在集体化的组织形式这方面外，还有因地制宜发展生产的问题。所谓因地制宜，就是说那里适宜发展什么就发展什么，不适宜发展就不要去硬搞”。

6 月

9 日 中国人民银行发布《关于制止收兑伪币活动的几个问题》。自中美建交、解冻美国资产、收集整理历史货币等消息发布以后，一些人制造谣言，欺骗群众，非法收兑蒋伪币投机牟利，扰乱了货币金融秩序，为此，中国人民银行规定：蒋伪币早已作废，没有兑换价值，也不属于收集、整理历史货币的范围，蒋伪钞票与解冻美国资产无关；国民党时期发行的注有外国钞票公司字样的钞票，仅仅表明这些钞票是某某外国公司代为印制的，并不是它们发行的，既不是外币，也不是美钞，与解冻美国资产无关。文件要求各级人民银行与公安部门、工商行政管理部门密切配合，教育群众抵制投机分子的造谣破坏并揭露他们的罪行，迅速制止收兑伪币的活动。

7 月

1 日 国务院颁布《关于推动经济联合的暂行规定》。该暂行规定的主要内容是：组织联合要坚持自愿互利的原则，逐步发展，不受行业、地区和所有制、隶属关系的限制，但不能随意改变联合各方的所有制、隶属关系和财务关系；要推进原料产地与加工地区的联合；各种经济联合体都必须保证国家税收和利润上交任务的完成；联合企业应由有关各方的代表组成联合委员会，作为权力机构。该暂行规定指出：走联合之路，组织各种形式的经济联合体，是调整好国民经济和进一步改革经济体制的需要，是我国国民经济发展的必然趋势。为促进经济联合的巩固和发展，银行要运用信贷、利率等经济手段，实行区别对待，择优扶持，并根据各种形式的经济联合体的特点，组织结算工作，试办各种信托业务。据统计，1980 年 28 个省、自治区（西藏自治区除外）、直辖市共组织各种经济联合体3 400 多个。

5 日 财政部、外交部、中国银行、国家工商行政管理总局、国务院侨办联合发布《关于中美资产一些问题的处理办法》。该办法规定：中国血统美籍华人拥有已被我方管制或处理过的前美商在华企业的股票、债权，我方不负责偿还；已被我方银行解冻的存款也不予支付，应向美方索取；在华资产及银行存款、保管品等，未被我方管制或冻结，可办理提取手续；拥有我方国内的股票及其他债务凭证，可按对国内工商业者的政策处理。

7日 国务院清产核资扭亏增盈领导小组、国家经委、财政部、中国人民银行联合发布《关于国营工交企业清产核资划转定额贷款和国拨流动资金实行有偿占用的通知》。为了促进国营工业交通企业改善经营管理，加速流动资金周转，节约使用国家资金，根据国务院有关指示，决定对国营工交企业核定流动资金定额后，由银行从超定额贷款中划转一部分作为银行对企业定额流动资金贷款，并对企业的国拨流动资金实行有偿占用的办法。该通知规定：企业自有资金不足的部分，财政部和人民银行联合下达划转贷款指标，层层下达到基层企业和开户银行，银行从企业原有的超定额贷款中划转给企业作为定额贷款，按月利率2.1‰计收利息。

8月

5日 国家经委、财政部、中国人民银行发布《关于轻纺工业中短期专项贷款改进办法的通知》。该通知对各地区、各部门在执行1980年1月14日国务院批准的贷款试行办法中提出的问题，做了如下改进：1. 集体所有制企业使用轻纺工业中短期专项贷款进行挖潜、革新、改造，其还贷办法由税后积累和固定资产基本折旧基金归还贷款本息，改为在还贷期间用贷款项目投产后新增加的利润和固定资产基本折旧基金先归还贷款本息，再缴纳所得税。如果用上述资金仍不足以还贷时，可以再向税务部门申请减免本项目增产的产品应纳的工商税来归还贷款。在还贷期间，主管部门和地方政府都不得提取提成和收缴附加费用。2. 不论是全民所有制企业还是集体所有制企业，归还贷款本息需要减免税收的，都应在企业归还贷款本息期间，从贷款项目投产后开始执行。3. 关于贷款项目新增利润提取职工福利、奖励金问题，实行利润留成制度的贷款企业，在还贷期间内对贷款项目新增加的利润，可以按照国家核定的基数留成比例，先提取职工福利基金和奖励基金，然后再归还贷款，但不得提取生产发展基金和增长利润留成资金。

21日 中国人民银行转发财政部《关于企业使用各种专项生产措施贷款还款问题的规定》。具体内容是：1. 全民所有制企业，在归还贷款本息期间，可以用贷款项目投产后增加的利润和固定资产折旧基金、固定资产占用费归还。实行利润留成制度的企业，在用贷款项目增加的利润等归还贷款本息时，为了照顾职工的福利，可以按照国家核定的比例，先提取职工福利基金和奖励基金，然后再归还贷款，但不得再提取生产发展基金和增长利润留成资金。2. 城镇集体所有制企业，在归还贷款本息期间，可以用贷款项目投产后所增加的全部利润和固定资产折旧基金归还；企业的主管部门不得向所属企业提取利润和各项基金。还清贷款本息后的利润，应当按税法的规定交纳工商所得税。3. 全民所有制企业和城镇集体所有制企业，用上述规定的各项资金归还贷款本息有困难的，报经税务机关审查同意，还可以用贷款项目新增加的产品交纳的工商税归还。4. 对贷款项目的经济效果，应按国家财政制度的规定单独进行核算。归还贷款本息，只能用贷款项目投产后增加的利润，不能用企业原来应当上交国家的收入归还。严禁以归还贷款为名，截留应上交国家的收入。

22日 中国人民银行发布《限额结算试行办法》。为适应在国家计划指导下搞好市场调节的需要，疏通结算渠道，加速资金周转，人民银行决定在上海、江苏、浙江、安徽等省市之间试行限额结算办法。该办法规定：1. 限额结算办法适用于自提自运商品交易、零星采购以及劳务供应等资金结算。2. 签发限额结算证的起点为100元，实际结算金额可低于30元。3. 凭证结算有效期为20天。4. 购货单位申请办理限额结算，按预计的用款金额填制支款凭证，经银行审查后向指定的销货单位在凭证有效期内办理结算。5. 限额结算凭证是各单位之间结算资金的凭证，不能代替购货证明。6. 购货单位因故要求注销结算凭证时，可向签发银行申请，由银行收回全部凭证，办理退款手续。

23日 中国人民银行发布《异地委托收款结算方式试行规定》。主要内容是：1. 异地委托收款是由收款单位向银行提供收款依据，委托银行向异地付款单位收取款项的结算方式。办理委托收款结算，银行不承担审查拒付理由和代收款单位分次扣收款项的责任，不办理结算贷款。2. 国营和集体所有制的企、事业以及机关、团体、部队、学校等单位之间的商品交易、劳务供应和其他应收款项，均可使用委托收款方式办理结算。3. 使用委托收款方式办理结算，不受金额起点的限制。委托收款的款项划回，分邮寄划回和电报划回两种。收款单位委托银行代收款项，应出具委托收款凭证。付款单位开户银行接到收款单位开户银行的委托收款凭证，及时通知付款单位于三天内及时付款。本规定从 1980 年 10 月 1 日起在全国范围内试行。

30 日 中国人民银行发布《关于扩大存款计息范围及个体贷款利率的通知》。该通知规定：对企业的专户存款、企业主管部门存款恢复计息，按月息 1.5‰计付利息。对持有营业执照、经营正当、有还款能力的个体经济户，银行给予适量贷款，其利率按月息 4.2‰计收。

国务院批转中国银行《关于要求批准短期外汇贷款办法的请示报告》。国务院指出：利用银行吸收的外汇资金办理外汇贷款，对引进技术和设备，促进出口商品生产，发展对外贸易和远洋运输，具有重要作用。当前，外汇贷款的重点是扶持贷款少、见效快、创汇多、盈利大的轻纺项目，支持老企业的挖潜、革新、改造，发展出口商品生产。该请示报告对 1978 年国务院批转的《短期外汇贷款办法》进行了修改，其中规定：1. 银行可以用自营业务吸收的外汇资金作为发放外汇贷款的资金来源，在统一政策、统一计划下，由银行自主运用。2. 扩大各地分行发放贷款的权限，试行外汇信贷资金统一计划、分级管理、批用衔接、放收挂钩、余额控制、周转使用的办法。3. 贷款的对象和使用范围，扩大到能给国家直接或间接创造外汇收入、有偿还能力并且具有贷款条件的单位，同时，补充规定了使用外国银行买方信贷的办法。4. 修订贷款利率，中国银行可根据组织资金的成本加银行管理费计算利息。5. 用经济方法择优发放贷款，强调讲究经济效果，明确经济责任，采取经济制裁等方法管理贷款。

8 月 30 日至 9 月 10 日 五届全国人大三次会议在北京举行。国务院副总理姚依林做《关于 1980 年、1981 年国民经济计划安排的报告》。姚依林在报告中指出：国民经济在“调整、改革、整顿、提高”中取得了新的进展。实行国家计划指导下市场调节，国家计划要搞好综合平衡，有一部分指标是指令性的，这类指标将逐步减少；有一部分指标是指导性的和预测性的，国家通过经济政策、经济法令和经济杠杆的作用，对企业的生产和发展方向进行引导，以发挥企业的主动性，这类指标将逐步增加。大会讨论了制定发展国民经济长远规划和继续推进经济体制改革等问题；检查了 1977 年、1978 年两年经济工作中的“新冒进”带来的不良后果。

9 月

2 日 国务院批转国家经委《关于扩大企业自主权试点工作情况和今后意见的报告》，批准从 1981 年起把扩大企业自主权的工作，在国营工业企业中全面推开。该报告指出：一年来，全国已有 6 600 多个企业实行了扩大自主权的试点，约占全国预算内工业企业的 16%，其产值和利润分别占 60% 和 70%，对搞活经济，促进生产发展起到了明显作用，但是，也出现了一些问题，主要是：有些产品的分配调拨计划完成得不好；有的企业为扩大自销压低生产指标；盲目建设、以小挤大、以落后挤先进的现象有所发展等。该报告还提出，要改进现行的利润留成办法；积极进行企业独立核算、国家征税、自负盈亏的试点；使企业在人财物、产供销方面拥有更大的自主权。

9 日 中国人民银行发布《关于积极开办信托业务的通知》。该通知指出，要利用银行机构普遍、联系面广的有利条件，积极开办信托业务，进一步把银行工作搞活，把国民经济搞活。办理信托业务，必须是为发展当地经济，为地方多办好事，使人民银行的工作更好地发挥地方银行的作用，目前要把委托放款、委托投资两项业务先办起来。总行对信托业务不做统一规定，由各行按照由小到大、由简到繁、因地制宜、稳定发展的原则，在实践中摸索，在总结经验的基础上逐步完善。信托业务先在大、中城市试办。信托机构实行经济核算，逐步做到独立经营、自负盈亏。

15日 中国人民银行发布《关于放宽农村现金管理的通知》。该通知规定：1. 农村社队向国家交售农副产品时，可以采取转账结算或用现金结算的办法。2. 企事业单位从农村、城乡集贸市场直接购买农副产品，所需现金银行可予支付，如属汇入汇款需支取现金银行也应允许支取。3. 在城乡举办物资交流、商品展销会，参加交流的购销单位，所需现金，银行允许支取。同时，银行要积极做好组织现金回行工作。

19日 中国人民银行发布《关于积极支持个体工商业适当发展的通知》。该通知规定：银行对持有工商管理部门发给的营业执照的个体工商业者，在自筹资金购置简单设备、工具或生产经营用的原料、小商品有困难时，可给予适量贷款支持。对贷户信用无把握者，可取得有关单位"人格担保"。银行对贷款要逐笔核贷，贷款期限不得超过一年，利率为月息4.2‰，逾期加息20%。城镇个体工商业户可在银行开立存款账户上结算营业收支。存款利率为月息1.5‰。

22日 国务院批准《中国银行章程》。该章程规定：1. 中国银行的任务是组织、运用、积累和管理外汇资金，经营一切外汇业务，从事国际金融活动。2. 中国银行的资本为人民币10亿元。3. 中国银行经营和受托办理的业务是对外贸易和非贸易的国际结算；国际银行间的存款和贷款；华侨汇款和其他国际汇兑；外币存贷款以及与外汇业务有关的经中国人民银行准许的人民币存贷款；外汇的买卖、国际黄金买卖；组织或参加国际银团贷款；在外国和港澳等地区投资或合资经营银行或其他企业；根据国家授权，发行外币债券和其他有价证券；信托和咨询；国家许可和委托办理的其他银行业务。

10月

9日 国家外汇管理总局、中国银行发布《关于试办外汇调剂工作的通知》。该通知指出，为调剂计划外外汇资金的余缺，加速外汇资金周转，中国银行暂在北京、上海、天津、广州、青岛、大连、福州、南宁、南京、杭州、汉口、石家庄等城市设立外汇交易服务所或外汇信托部试办国营单位外汇调剂工作，调剂外汇的货币暂以美元、英镑、港元三种可兑换货币为主。外汇调剂的办法是一项内部规定。

11日 中国银行印发《中国银行短期外汇贷款实施细则（草案）》《关于外贸企业几种贷款加收利息的暂行规定》《机械设备出口中长期贷款试行办法》《出口商品生产中短期专项贷款试行办法》。《中国银行短期外汇贷款实施细则（草案）》中规定：1. 贷款的对象是生产出口商品和能直接或间接地创造外汇收入，并具备贷款条件的单位。2. 贷款的使用范围为引进先进技术进口国内紧缺的设备、材料；支持交通运输事业；办理对外加工装配、补偿贸易的企业；直接或间接地创造外汇收入项目所需短期周转资金。3. 贷款的条件为，使用贷款的单位经济效益良好；由可靠的外汇来源，还款有保证；有基建任务的项目、进口原料加工出口商品的项目。4. 贷款的期限，现汇贷款一般为1年，最长不超过3年；使用买方信贷的贷款项目一般不超过5年。5. 贷款的偿还，使用外汇贷款的项目，在归还贷款本息期间，国营企业可以用贷款项目所增加的产品利润、固定资产折旧基金和固定资产占用费归还。实行利润流成的企业按照国家核定的基数留成比例，先提取职工福利基金和奖励基金，然后再归还贷款。

《关于外贸企业几种贷款加收利息的暂行规定》中规定加收利息的范围是：凡属逐笔审核贷款到期不能归还的贷款，加收利息20%。积压物资和有问题商品占用的贷款，加收利息30%。挤占挪用银行贷款加收利息50%。实行工业贷款办法的外贸直属加工企业，按人民银行工业贷款加息规定办理。

《机械设备出口中长期贷款试行办法》中规定：1. 贷款的对象经营成套或单项机械设备和船舶，采用卖方信贷方式出口的国营外贸企业。2. 申请贷款的条件，借款单位申请贷款的出口项目必须经国家或省、自治区、直辖市进出口管理委员会和主管部门批准；经中央或地方财政部门同意贴补出口亏损；对外订妥外销合同，并取得进口国银行开出保证履行合同支付条款的保函或远期信用证，以及取得国外一定的定金；国内工贸双方签订产、供合同，保证能按期、按质、按量生产、出运。3. 贷款的期限和利率，贷款期限1年以上到5年为中短期贷款；5年以上为长期贷款。利息暂按月利率4.2‰计收。

《出口商品生产中短期专项贷款试行办法》中规定：凡属生产出口产品的外贸部门直属加工生产企业、全民和集体所有制的工业企业和农、副、土特产品的生产单位，用于老厂在原生产条件基础上挖潜、革新、改造和为发展出口农、副、土特产品生产所需的设备、种畜、种子等均可使用此贷款。使用贷款项目必须具备以下条件：1. 花钱少、见效快、积累多、换汇率高。2. 设备、材料、种畜、种子和投产后所需的原材料、动力、劳动力、饲料及产品销售都能落实；3. 工艺成熟、技术过关；4. 经济效果显著，能按期归还贷款。贷款期限1~2年，最长不超过3年。利率按人民银行短期贷款利率执行。使用贷款的企业，可用贷款项目实现的收入或其他落实的资金来源归还贷款本息。

30日　国务院颁布《关于管理外国企业常驻代表机构的暂行规定》。该规定明确：金融业、保险业申请设立常驻代表机构，须提交由该企业董事长或者总经理签署的申请书，由该企业所在国或者所在地区的有关当局出具的开业合法证书，该企业委任常驻代表机构人员的授权书，常驻代表机构人员的简历，该总公司的资产负债表和损益年报、组织章程、董事会董事名单，报请中国人民银行批准。常驻代表机构须在中国银行或中国银行指定的银行开立账户，并向当地税务机关办理纳税登记手续，照章纳税。

11月

13日　国家经委、财政部、中国人民建设银行联合印发《工业交通企业挖潜、革新、改造资金试行贷款的暂行规定》。该暂行规定明确：从1981年起，除压缩烧油、劳动保护、“三废”治理、提高产品质量、矿山保产以及一些没有偿还能力的挖潜、革新、改造项目继续由建设银行拨款，其他项目改为建设银行贷款；对继续实行国家拨款的挖潜、革新、改造项目，为明确经济责任，按项目提前完成或延期情况分别给予企业奖励或经济制裁；对建设银行拨款的挖潜、革新、改造资金，实行下拨资金的办法，通过建设银行总行汇拨，由企业存入当地建设银行的“挖潜改造存款户”，按规定用途使用；贷款企业对贷款项目的经济效果要单独进行核算，用规定的资金来源归还贷款本息；建设银行有权监督企业按规定用途使用挖潜、革新、改造拨款和贷款；贷款期限一般不得超过4年，最长不得超过6年，贷款利率为月息2.7‰；节约能源和节约木材措施项目为月息2.1‰，逾期未还的贷款，加倍计息。

14日　中国人民银行、中国人民建设银行发布《关于改革人民银行与建设银行之间基建资金供应和清算办法的联合通知》。该通知规定：中国人民银行与中国人民建设银行之间的基建资金供应和清算不再实行“上存下支”，改由建设银行根据基建资金用款需要，逐级调拨资金。具体办法是：1. 各级建设银行经办的各项基建资金各项存贷款、自有资金等在当地人民银行开立一个建设银行存款账户进行收付；2. 建设银行按照人民银行规定，编制信贷收支计划，纳入国家信贷计划；3. 各级建设银行在人民银行的存款，由人民银行按月息1.5‰计付利息，每季结算一次；4. 人民银行代建设银行办理的异地结算业务，需向建设银行收取邮电费；5. 自1980年9月1日起，建设银行扩大存款计息范围，1980年9月和第四季度建设银行应向人民银行计收的存款利息由人民银行总行统一向建设银行总行结算。本办法自1981年1月1日起施行。

17日　国务院财贸小组、国家计委、国家经委、财政部、中国人民银行、商业部颁布《社会集团购买力管理办法》。该办法对1977年制定的《社会集团购买力管理办法》进行了修订。新办法规定：社会集团购买力是指社会集团用公款在市场上购买非生产性商品的资金。对社会集团购买力，采取计划管理、指标控制、专项审批、定额供应的办法，并对各种办法作出了明确规定。

18日 国务院批转国家计委、国家建委、财政部、中国人民建设银行《关于实行基本建设拨款改贷款的报告》，决定从1981年起，凡是实行独立核算、有还款能力的企业，进行基本建设所需的投资，除尽量利用自有资金外，一律改为银行贷款。为了更好地推行贷款办法，国务院同意采取以下几项措施：1. 对财政拨款的项目严格控制，凡是实行独立核算、有还款能力的企业，进行基本建设所需要的投资，一律改为银行贷款。2. 贷款项目所需要的投资，按照计划管理权限，分别由国务院各部委和省、自治区、直辖市负责安排。3. 贷款单位有权调整建设内容，安排施工顺序，选择设计单位、选择施工企业，选购设备材料。4. 贷款单位要与设计、施工、物资供应等单位建立明确的经济责任制，全面实行经济合同制，实现奖罚办法。5. 合理确定贷款利率，基本建设贷款一般为年息3%；煤矿、建材、邮电行业年息2.4%；机械、轻工、纺织、原油加工、石油化工年息3.6%。6. 按照国家要求的投资方向，发放基本建设贷款和挖潜、革新、改造贷款。

22日 中国人民银行、最高人民法院、最高人民检察院、公安部、司法部发布《关于查询、停止支付和没收个人在银行的存款以及存款人死亡后的存款过户或支付手续的联合通知》。为了加强社会主义法制，依法保护公民储蓄，该通知规定：法院、检察院、公安部门向银行查询、停止支付和没收个人存款必须向银行提出县级和县级以上法院、检察院或公安机关正式查询公函和县级或县级以上人民法院、人民检察院或公安机关的正式通知，停止支付的期限最长不超过6个月。人民法院判决没收罪犯储蓄存款时，银行依据人民法院判决书办理。存款人死亡后的存款提取、过户手续问题涉及的内容比较复杂，应慎重处理，通知中对各种情况做了规定。

30日 国务院发布《关于紧缩基本建设支出的紧急通知》。该通知规定：从12月1日起，1980年基建计划不再追加。各地区、各部门待分配的基本建设投资包括国家预算拨款，地方、部门、企业自筹资金，各个银行基建贷款，用于基本建设更新、改造的资金全部停止分配；1980年计划内尚未开工的项目一律暂不开工；所有办公大楼、机关礼堂、招待所、宾馆、旅游饭店等，一律停建，重新审查，各级银行不再拨款；1980年所有基建项目，投资用不完的，不得调剂其他项目；已经确定停建缓建的基建项目，各级银行不予拨款；对所有建设单位各级银行不再拨款。

12月

7日 国务院发布《关于严格控制物价、整顿议价的通知》。为制止一段时期以来市场上比较严重的随意提价、变相涨价、哄抬议价的现象，以稳定经济，安定人民生活，保证社会主义建设的顺利进行，该通知规定：凡是国家规定牌价的工农业商品，在全国各地的零售价格，一律不得提高；各种议价商品一律按1980年12月7日的价格出售，只能降低，不许提高；一、二类农副产品在完成国家收购任务以前不许议价成交；各级人民银行要加强信贷管理和现金管理，控制货币投放，监督购销活动。

16~25日 中共中央工作会议召开。邓小平做“贯彻调整方针，保证安定团结”的讲话。邓小平指出：利用外资和引进新技术是我们当前的一项重要政策措施。不过头脑要清醒，要十分谨慎地利用。调整意味着某些方面的后退，而且要退够，不要害怕这个清醒的健康的调整。调整不是耽误，不调整才会造成更大的耽误。为保证这次调整的顺利进行，必须坚定不移地继续执行十一届三中全会以来的一切行之有效的方针、政策、措施，继续把经济搞活，执行对外开放政策；改善党的领导，其中最主要的就是加强思想政治工作；要有步骤地和稳妥地实行干部离休、退休制度，废除实际上存在的干部领导职务终身制，要在坚持社会主义道路的前提下，使我们的干部队伍年轻化、知识化、专业化，当然首先是要革命化。安定团结的政治局面是继续巩固还是遭到破坏，是这次调整成败的关键。

18日 国务院发布《中华人民共和国外汇管理暂行条例》。该条例规定：1. 国家外汇实行集中管理、统一经营的方针。国家外汇管理总局和分局行使管理国家外汇的职能，中国银行具体经营国家外汇。2. 一切中外机构或者个人的外汇收入，必须卖给中国银行。3. 国家单位和集体组织的外汇收入和外汇支出实行计划管理。4. 由境外汇入个人的外汇除国家允许留存的部分外，必须卖给中国银行。5. 居住在境内的居民如需购买外汇需经国家外汇管理分局批准从中国银行买入。6. 外国驻华机构及其人员持有的外汇可以自行保存，或卖或存中国银行。7. 侨资、外资、中外合资企业的一切外汇收入必须存入中国银行，一切外汇支出从其外汇存款账户中支付。8. 携带外汇、贵金属及制品入境必须向海关申报。9. 境内居民持有的人民币支票、汇票、存折、存单等人民币有价凭证，不得携带、托带或者邮寄出境。该条例自1981年3月1日起施行。

29日 《人民日报》发表社论《加强外汇管理，促进四化建设》。社论强调，必须严格管理好国家的外汇，坚持不懈地继续执行外汇由国家集中管理、统一经营的方针。任何个人无权越过外汇主管部门，超计划动用外汇资金；更不得私用外汇肥己或肥小集体。社论还提出，要支持一切用汇的事业，保护地方、部门、企业的正当权益。在规定的方针和范围内，给各地方、部门、单位、个人以一定的用汇权利。

中国人民银行发布《关于调整社队办工商企业贷款利率问题的通知》，决定从1981年1月1日起，对社队办工商企业和其他企业的贷款利率，以及社员个人贷款中属于工商业性质和属于生活方面的贷款利率，均调整为月息4.2‰。

1981 年

1 月

1 日 经国务院批准，国家外汇管理总局决定对进出口贸易和非贸易外汇结算实行两种不同的汇价，即公开的对外牌价和贸易外汇内部结算价。公开的对外牌价用于非贸易外汇结算；内部结算价是根据全国出口商品的平均换汇成本加适当的利润制定出来的，定为 1 美元折合 2.8 元人民币，此价格不对外公布，只用于进出口贸易外汇收支的内部结算。在实行贸易外汇内部结算以前规定的各种贸易外汇补贴价格一律停止使用，凡属非贸易的外汇收支，均按对外公布的外汇牌价结算。试行人民币贸易外汇内部结算价是对人民币汇价的重大改革。

7 日 国务院发布《关于加强市场管理，打击投机倒把和走私活动的指示》。其中指出，由于经济立法和管理工作跟不上，有些地区市场比较混乱，投机倒把和走私活动很严重，直接危害安定团结，破坏经济的调整和稳定。该指示规定了国营企业、农村社队集体和个人从事销售、贩运的范围，并规定了属于投机倒把活动的行为，其中包括倒卖银行有价证券、金银、外币和替企业、事业单位提供银行账户、支票、现金，从中牟取非法收入等。对从事投机倒把活动的任何单位和个人，除按政府规定罚款或没收其财务外，情节严重的交由司法机关依法惩处。

8 日 中国人民银行全国分行行长会议召开。针对当时货币投放过多，物价上涨过猛的势头，会议提出，要加强货币信贷管理。会议确定人民银行 1981 年的中心任务是：认真贯彻狠抓调整、稳定经济的方针，切实加强信贷管理，严格控制货币发行，稳定市场物价，保证国民经济调整的顺利进行。会议要求各级人民银行要善于运用信贷、结算、现金管理、利率、储蓄等手段，大力组织各项存款，特别是要保证 1981 年上半年货币回笼任务的完成。要严格执行国家的信贷计划，不得突破规定的贷款指标。会议强调要加强流动资金的管理，督促企业压缩不合理的物资库存和商品库存，减少流动资金的占用。

国务院发布《关于控制各单位上年节余存款的紧急通知》。该通知规定，除各企业的流动资金以外，一切机关、团体、部队、企业、事业单位 1980 年年底在银行的存款（包括预算外资金），一律按银行账面数字先予以控制，非经批准，不得动用。

16 日 中国农业银行全国分行行长会议召开。会议确定 1981 年农村金融工作的主要任务是：贯彻调整方针，加强信贷管理，积极组织资金，管好用好资金，支持农林牧副渔，支持农工商，发展商品生产，提高经济效益，夺取农业全面丰收。会议要求，积极发挥农业银行统一管理支农资金的作用，帮助各部门和社队用好资金；搞好银行企业化管理，加强经济核算；继续抓好农村金融体制改革；充分发挥信用社的作用等。

19 日 中国农业银行发布《关于调整社队办工商企业贷款利率的通知》。该通知规定，从 1981 年 1 月 1 日起，将社队办工商企业和其他企业贷款利率，以及社员个人贷款中属于工商业性质和属于生活（口粮和疾病贷款除外）的贷款利率均调整为月息 4.2‰。

21 日 国务院颁布《技术引进和设备进口工作暂行条例》。关于资金安排，该条例规定：1. 凡需要国家外汇支付的、利用外资贷款的，必须在签订合同以后，由合同主签单位会同项目主办单位作出分用途、分年份用汇计划报国家进出口委员会核定，分别列入技术和设备进口年度计划，按计划掌握使用。凡由各部门或地方分成外汇、自筹外汇支付的，由中央主管部门或省、自治区、直辖市人民政府安排掌握，报国家进出口委员会备案。2. 技术引进和设备进口项目利用外资贷款，应充分利用政府贷款、国际金融组织的贷款和外国银行的出口信贷（包括近期付款）等，不得借用高利贷自由外汇贷款。除政府贷款和国际金融组织贷款项目由国家统一偿还外，一般均由部门、企业自借自还。3. 技术引进和设备进口项目的国内资金，属于基本建设投资部分，由国家计委在基本建设计划中安排；不属于基本建设的技术引进部分，事业单位在事业费拨款中开支，企业单位在更新改造资金、利润留成或企业基金中开支，也可向人民银行、建设银行申请贷款解决，并以引进项目新增加的利润归还贷款本息。4. 为鼓励对单项技术引进项目，可以在外汇折算率与减免税收形式方面给予优惠，也可向人民银行或建设银行申请低利率贷款。

24 日 中国人民银行发布《关于严格制止单位发行“购货券”的通知》。该通知指出，某些地方的企业单位以发“劳保用品”“纪念品”等名义，发行变相货币——“购货券”，直接到商店购买商品，是违反国家货币管理规定的。各级银行要加强管理，如发现有类似事件，应查明情况和原因，报当地政府，及时予以制止；如属违反规定变相滥发奖金的，还应建议有关部门给予处分。

26 日 国务院作出《关于平衡财政收支、严格财政管理的决定》。其中指出，最近一个时期，国家财政连续发生赤字，银行增发了不少票子，市场物价上涨。这个问题不解决，势必牵动全局，影响安定团结。为了确保 1981 年财政收支平衡，消灭赤字，国务院认为，必须对财力的分配和使用采取集中统一的原则，严格财政管理和财经纪律。为此，国务院决定：1. 努力增加收入，坚决压缩支出，保证中央和地方两级财政的收支平衡；2. 坚决维护国家税收制度，不许随意改变税种、税率和减免税收；3. 努力提高企业的盈利水平，保证企业利润及时、足额地上交国家；4. 严格基本建设拨款的管理和监督，坚决缩短基建战线，一切基建资金必须纳入国家统一计划，所有大中型基建项目都必须经过批准；5. 认真压缩超储积压物资，节约流动资金，改变流通领域占压物资和资金过多的不合理状况；6. 大力节减事业费和行政经费，严格控制人员编制，严禁用公款请客送礼游山玩水；7. 严格执行国家预算管理制度，不得越过财政部门由领导人批条子花钱；8. 严肃财经纪律，对于违反财经纪律的单位和人员，严肃处理。

28 日 国务院公布《中华人民共和国国库券条例》。该条例规定，从 1981 年开始，发行中华人民共和国国库券。国库券主要向国营企业、集体所有制企业、企业主管部门和地方政府分配发行。机关、团体、部队、事业单位和农村富裕的社队，可以适当认购。个人也可自愿认购。国库券每年发行的数额由国务院确定，并从当年 1 月 1 日起开始发行，6 月 30 日交款结束，7 月 1 日起计息。国库券年利率定为 4%。国库券票面分为 10 元、50 元、100 元、500 元、1 000 元、1 万元、10 万元和 100 万元八种，自发行后第 6 年起，按发行额分 5 年（5 次）偿还，每次偿还总额的 20%。国库券的还本付息事宜由中国人民银行及其所属机构办理。国库券筹集的资金，由国务院根据国民经济发展和综合平衡的需要，统一安排使用。国库券不得当作货币流通，不得自由买卖。伪造国库券或破坏国库券信用者，依法惩处。该条例的解释由国务院授权财政部办理。

29 日 国务院作出《关于切实加强信贷管理，严格控制货币发行的决定》。其中要求：1. 严格信贷管理，坚持信贷收支平衡，切实保证货币发行权集中于中央。国家批准的信贷计划和货币发行计划必须严格执行，不得突破。各级政府都有把实现信贷平衡，控制货币投放，作为经济调整中的一件大事来抓。任何人不得强令银行贷款，不得限制银行、信用社收回到期贷款，不得擅自宣布豁免贷款，不得挪用或挤占信用社资金。全国的货币发行计划和信贷计划需要追加时，须报国务院批准。2. 重申财政资金和信贷资金分口管理的原则，严格禁止把银行信贷资金移作财政性支出。任何单位和个人，不得挪用流动资金搞基本建设；不得用银行贷款资金弥补企业亏损；不得把银行贷款用于发放工资和奖金，用于交纳利润，用于职工福利开支；不得拿银行贷款给社队用于分配和弥补超支。新开办的企业，应由财政拨给流动资金。原有企业因生产经营扩大需要增加的流动资金，应主要通过加速资金周转、挖掘资金潜力的途径来解决。3. 管好用好贷款，促进企业调整。凡是国家决定停建缓建的建设项目，银行要停止有关贷款。对那些产品消耗高、质量差、长期亏损的企业和那些同先进厂争原料、燃料动力而消耗大、质量差的企业，银行要管紧贷款。4. 压缩物资库存和商品库存，减少流动资金占用。要切实贯彻以销定产、以产定购的原则。企业生产和收购没有销路的产品和物资，银行不予贷款。物资部门和商业部门库存中超储积压的物资和商品，要限期清理，其所占用的贷款要按规定加收利息。5. 重申信用集中于银行的原则。任何地方和单位不许自办金融机构，不许办理存贷款业务，不许自行贷款搞基本建设。人民银行要认真履行中央银行职责。人民银行总行要认真审核各专业银行的信贷计划。各级专业银行和其他金融机构，都要按月向人民银行报送信贷计划执行情况和现金收支情况。各级人民银行对本地区的信贷计划和现金收支计划，要进行综合平衡，研究执行中出现的问题，及时向当地政府汇报，以利于采取必要的措施，保证货币回笼任务的实现。6. 实行利率统一管理、区别对待的政策。重申利率由中国人民银行统一管理，其他部门和单位不得自行规定存款利率和贷款利率。7. 加强现金管理，严格结算纪律。一切单位必须认真贯彻执行现金管理的各项规定，超过库存限额的现金要及时存入银行。各企业、各单位相互之间的经济往来，要通过银行实行转账结算，严禁超过规定携带现金外出采购。要采取措施，防止用各种手段套取现金。8. 努力增加生产，搞活流通，切实抓好货币回笼。农业、轻工业部门要千方百计增加生产，增加商品货源。商业部门要大力组织收购，扩大商品的货币回笼。文化、艺术、服务、旅游等部门要广开服务门路，增加商品货币回笼。银行要加强储蓄工作，增加网点，方便存取，增加信用回笼。

31 日　国务院发布《关于限期调回未经批准存放在境外外汇的通知》。该通知指出，目前有不少单位未经批准将外汇存放在境外，这是违反国家外汇管理规定的，要求在 1981 年 2 月底以前调回境内，根据不同情况结算或存入中国银行，否则将追究有关人员的责任。

2 月

4 日　中国人民银行发布《关于贯彻国务院切实加强信贷管理，严格控制货币发行的决定的若干规定》。该规定要求：1. 加强信贷计划管理，严格控制货币投放。国家批准的信贷计划，各级人民银行和各专业银行必须严格执行。各专业银行要严格按照人民银行总行核定的信贷计划，安排和控制所属各级行的信贷活动，不得突破。人民银行总行对各省、自治区、直辖市分行实行“统一计划、分级管理、存贷挂钩、差额包干”的办法，各分行要在总行核定的信贷计划包干差额范围内，包干使用，不得突破。要加强发行库的管理，逐步发挥发行库控制货币投放的“闸门”作用。2. 从严掌握中短期设备贷款。凡属基本建设性质的挖潜、革新、改造项目，必须纳入各级基建计划，严格按照基建程序办事，没有计划部门的批准文件，没有经过综合平衡，没有按基建程序办理手续的，银行不予贷款。3. 大力组织货币回笼。除了大力支持轻纺工业增产短线产品和出口产品，支持其他工业部门生产市场需要的民用消费品，支持商业部门多收购农副产品和适销对路的工业品，以增加商品供应、增加货币回笼外，对于社会有需要、群众欢迎、有经济收入和有还款能力的文化、服务、旅游、公用事业等，也要贷款予以支持，以利于发展社会服务事业，增加非商品的货币回笼。文件还要求各地保险公司积极稳妥地在大中型城市开展国内保险业务。

12日 中国农业银行发布《关于〈农村信贷“存贷挂钩，差额包干”管理办法（试行草案)〉的通知》，决定从1981年起，改革农村的信贷管理体制，在“存贷挂钩，差额包干”的基础上，实行“统一计划，分级管理，存贷挂钩，差额包干”（大包干）的办法。

14日 中国人民银行发布《中国人民银行信贷差额包干办法》。该办法规定：为把各级银行的责、权、利结合起来，调动各级银行筹集、运用信贷资金的积极性，破除“大锅饭”式的资金供给体制，中国人民银行进一步对传统的“统收统支”“统存统贷”的信贷管理体制进行改革，实行“统一计划，分级管理，存贷挂钩，差额包干”的办法，把宏观管理和微观搞活结合起来。主要内容是：人民银行根据国家批准的综合信贷计划，统一给各省分行和各专业银行确定包干差额；明确包干信贷资金来源和资金运用的责任及权限，实行多（少）存多（少）贷；对核定的借差计划不得突破，“存差计划”必须完成，各行对年末存差计划和年中最低存款计划必须完成；对年末借差计划和年中最高借差计划不得突破，一般中短期贷款计划也不得突破；各分行在总行核定的信贷差额包干计划内，多余的资金可以在省际银行之间拆借。

21日 中国人民保险公司全国保险工作会议在北京召开。会议对1981年的工作做了全面部署，要求各级保险公司根据需要和可能继续发展国内保险业务，态度要积极，步子要稳妥，要和经济调整的步伐协调起来；国外保险业务，应当适应对外经济调整的需要，采取灵活措施，提高服务质量，继续大力发展。

24日 国务院作出《关于在国民经济调整时期加强环境保护工作的决定》。该决定指出：我国环境的污染和自然资源、生态平衡的破坏已相当严重，影响了人民生活，妨碍了生产建设，成为国民经济发展中的一个突出问题。必须充分认识到，保护环境是全国人民的根本利益所在，要认真贯彻执行《中华人民共和国环境保护法（试行)》，以积极的态度，千方百计把这项工作抓紧抓好。

25日 国际货币基金组织同意中国政府提出的第一档信用贷款的备用安排，允许中国在以后的12个月内可以换取4.5亿特别提款权单位，以支持中国政府的1981年经济调整计划。中国在国际货币基金组织的基金股份额为18亿特别提款权单位。这是中国第一次提出动用特别提款权单位。

3月

3日 国务院发布《关于加强基本建设计划管理，控制基本建设规模的若干规定》。国务院指出：当前国民经济中的一个突出问题是基本建设规模过大，项目过多，重复建设、盲目建设的情况比较严重，建设资金的使用浪费很大，效果很差。该规定要求：凡属基本建设，不论其资金来源如何，都要按照隶属关系和计划安排权限，由各级计委综合平衡后，在核定的基本建设规模之内，纳入各级基本建设计划，并要严格遵守有关基本建设的规定，同时接受国家和各级政府的财政和统计监督。在调整期间，要严格控制新项目，少铺或不铺新摊子，要切实安排好老企业的技术改造和改建、扩建。基本建设投资首先要安排好能源、交通等国民经济薄弱环节和直接关系人民生活的住宅及城市公用设施的建设。银行发放基本建设贷款，必须在信贷平衡的基础上进行。严禁用增加通货或挤占必需的生产流通资金的办法来发放基建贷款。各级银行发放各种基建贷款（包括向企业发放的贷款）；必须经同级计委审核平衡并统一纳入基本建设计划。为了控制各类基本建设贷款和引导其使用方向，应根据国家的需要和各行业的具体情况确定不同的贷款利率和偿还年限，具体办法由人民银行总行会同国家计委、国家建委和财政部提出，报国务院批准。利用外国政府贷款、国际金融组织信贷、出口信贷以及通过补偿贸易和合资经营等进行的基本建设，无论是国家统借统还或地方、部门自借自还，都由进出口管理委员会和外资管理委员会归口，按审批权限分级管理，经国家计委或省、自治区、直辖市计委分别按各自的权限批准后，统一纳入计划。凡属国家统借统还的项目，必须事先经过建设银行总行审查签证。

13 日 国务院批转《中国银行关于呈请批准〈中国银行办理中外合资经营企业贷款暂行办法〉的报告》。报告提出，对中外合资企业发放贷款事关对外经济政策，涉及面广，在办理贷款时除了根据《中国银行办理中外合资经营企业贷款暂行办法》的规定外，以下三个问题作为内部掌握：1. 为了鼓励外商在我国合资经营企业，贷款利率目前暂与国内企业持平，执行一个时期后再总结经验研究改进。2. 目前对每一个合营企业的贷款最高限额不能超过其注册资本总额的200%，以物品作为还款保证的贷款，最高不能超过质押物品现值的70%。3. 中方的投资应由参加单位自行筹集，银行一般不贷款，但在经济上对我国确实有利、还款确有保证的项目，中方投资单位筹集资金确有困难的，经银行审查可适当贷款。《中国银行办理中外合资经营贷款暂行办法》规定：对合营企业办理本外币流动资金贷款、结算贷款和固定资产贷款；人民币贷款利率按照中国人民银行规定的利率执行。外币贷款利率由中国银行拟订报中国人民银行核定和执行；贷款期限根据项目的具体内容由借贷双方核定；逾期贷款要加收罚息。

30 日 国务院批转中国农业银行《关于处理农贷积欠 加强农贷管理的报告》。国务院指出，处理农贷积欠，是涉及维护国家金融政策，坚持信贷资金有借有还原则的大问题，一定要慎重对待。该报告决定对 1978 年年末以前积欠的农业贷款，按以下办法进行全面清理整顿：有条件归还的抓紧清理收回；对部分逾期贷款采取延期还本并免收利息；对纯属瞎指挥造成社队农田水利工程报废所欠农业贷款，由瞎指挥部门负责归还贷款本金；核销处理悬案多年的积欠农业贷款；1983 年年末清理结束。

4 月

2 日 国家外汇管理总局发布《关于对获准出境探亲的个人加批零用费外汇的通知》。该通知规定：对批准去境外探亲的，除批给前往目的地所需旅杂费外汇外，对去港澳地区的，可批给不超过 30 元人民币的零用外汇；去港澳地区以外的，批给不超过 50 元人民币的零用外汇。

10 日 国务院批转中国人民银行《关于增设网点 进一步发展储蓄事业的报告》。国务院的批示指出，办好人民储蓄事业，鼓励人民节约储蓄历来是国家的一项重要经济政策。各地人民政府应加强对储蓄工作的领导，积极协助人民银行解决增设网点和增加人员中的问题。为解决储蓄网点不足、人员少的问题、人民银行在该报告中提出：各地对银行储蓄网点建设，视同商业、粮食、服务性行业网点建设一样，纳入各地城市建设总体规划之内，统一布局。储蓄所的建设纳入银行零星基建项目之内，不列入国家基建计划，所需费用由银行列入成本实报实销。拟用招考办法，择优录取社会待业青年，经过短期专业培训，充实到业务第一线。在有条件的机关、企业、学校、部队等，进一步发展储蓄代办所，以弥补银行储蓄网点的不足。

11 日 国家计委、国家经委、中国人民银行联合发布《关于使用中国人民银行节能中短期专项贷款有关事项的通知》。该通知规定：1. 此项贷款主要用于对全民所有制和集体所有制工交企业耗能大的设备、工艺进行设备更新和技术改造，不准搞新建项目，也不得用于非节能用途。申请此项贷款必须具备花钱少，见效快，工期短，节能经济效果好，工艺成熟，技术先进，设计、材料、设备和施工力量落实，有还款资金来源，能按期还清贷款。2. 贷款期限一般为 1 ~3 年，最长不超过 5 年，贷款利率按现行节能优惠利率月息 2. 1‰执行。3. 贷款单位还本付息的资金来源，用贷款项目投产后新增加的利润归还。如因其他原因影响利润增减时，则按贷款项目实际节约的费用和因节能增加的收益计算归还贷款的数额。贷款新增加的固定资产基本折旧金、占用费，以及企业按规定提留的更新改造资金、生产发展基金等都可以作为还本付息的资金来源。节能项目中途停建，银行应立即收回贷款，如企业归还贷款有困难时，应由企业主管部门负责归还。4. 节能贷款审批权限和贷款具体掌握办法，由各省、自治区、直辖市分行会同计委、经委根据本通知精神，结合本地实际情况制定。但一个单项节能项目贷款在200万元以上者，要报国家计委、国家经委、国家能委和中国人民银行备案。5. 银行发放贷款，必须在国家统一计划指导下进行。地方企业节能项目未经计委、经委审查批准的，银行不予贷款；未经银行同意，计委、经委不予列入计划。节能贷款项目所需三材，按照挖潜、革新、改造措施项目供应办法的相关规定办理。

13日 中国人民银行发布《关于保险公司管理体制的通知》。该通知规定：1. 保险公司是在各级人民银行领导之下办理保险业务的专业公司，应视同各级商业、外贸系统的专业公司，目前属于银行内部的行政建制的状况应予以改变。2. 各级保险公司受同级人民银行和总公司的双重领导，业务上由总公司领导为主，并实行独立核算，按规定比例留存各级保险基金。3. 省以下各级保险公司的经理，可以配备相当于同级人民银行副行长级的干部担任，也可以由银行副行长兼任或主管。对保险公司干部的任免，各地人民银行要多征求保险公司的意见。4. 今后保险公司增加人员指标，由银行逐级“戴帽”下达，自行招考或招聘，择优录用，报当地人民银行备案。

5月

8日 国务院下发批转中国农业银行《关于农村借贷问题的报告》的通知。农业银行在本报告中对农村借贷问题提出了政策意见，主要内容是：1. 在国家银行和信用社的信用占主导地位的条件下，允许集体与社员、社员与社员之间的正当借贷存在，作为银行、信用社的补充，对于发展农业生产是有好处的。但是，应当积极引导，加强管理，趋利避害，把农村资金引向有利于发展商品生产，壮大集体经济，促进社队和社员逐步富裕起来的正确途径。2. 对社队集体向社员借贷，要加强管理。对社队的合理资金需要，应当尽量帮助解决。如果确需向社员借贷，应当经过社员民主讨论，利率不能超过当地信用社放款的最高利率。3. 对于个人之间的正常借贷利息偏高的，不能视为高利贷者，银行、信用社要用经济办法引导农村信贷利率逐步下降。对那些一贯从事高利盘剥，并成为其主要经济来源，严重危害社会主义和人民生活，破坏金融市场的高利贷者，要按情节轻重和国家法令、规定严肃处理。国务院对此报告的批示是：农村借贷问题，涉及面广，各地除加强宣传教育外，可参照报告中提出的借贷政策，结合当地实际情况，慎重处理。

20日 国家计委、国家经委、国务院体改办、财政部、商业部、外贸部、国家物资总局、国家劳动总局、国家物价总局、中国人民银行联合发布《贯彻落实国务院有关扩权文件，巩固提高扩权工作的具体实施暂行办法》。该办法规定：1. 国家下达的生产计划和调拨计划企业必须保证完成。企业计划应根据国家计划、市场需要和企业的生产能力编制。2. 国务院有关利润留成的办法要继续执行，要适当调整过高的企业留利，扩权企业要实行固定资金、流动资金有偿占用。3. 在保证设备更新和大修理的前提下，企业可以把生产发展基金同折旧基金、大修理基金和中短期设备贷款等结合使用。4. 工业企业完成国家计划后，可以按规定的自销范围自销部分产品。5. 新产品试制费属于国家计划安排的重大试制项目的，由下达任务的部门拨款。属于企业自行安排的，由利润留成开支。试制新产品经批准可享受减免税的待遇。6. 扩权企业有权申请出口自己的产品。有出口任务的扩权企业，有权按国家规定取得外汇留成。7. 企业利用中短期设备贷款建设的项目，投产后的新增利润应按比例提取福利基金和奖励基金。8. 扩权企业可根据国家下达的劳动计划择优录用员工，有权奖惩、开除职工。

关于银行贷款问题，该办法明确规定：1. 银行要运用信贷结算等经济手段，支持并监督扩权企业发展生产，合理使用资金。2. 企业贷款要订立合同，确定期限，按期归还。逾期贷款、积压物资和财政性开支占用贷款要加付利息。3. 企业利用中短期设备贷款建设的项目，一定要用本项目投产后新增加的利润归还贷款本息，不得挤占原应上交的利润。4. 在征得银行同意后对长期积压的机电产品，企业确实需要而资金又一时无来源的，在一两年内能够付清贷款的，可以用赊销或分期付款的办法处理；生产周期长的大型机电设备和专用设备，允许企业预收定金或按生产进度分期收款。实行“以税代利、独立核算、自负盈亏”试点的企业，要积极参加财产保险。

5月27日至6月14日 国务院在北京召开广东、福建两省和经济特区工作会议。会议讨论了两省对外经济活动实行特殊政策、灵活措施和设置经济特区的有关问题，研究提出了进一步落实的措施。会议提出，特区的货币目前为人民币为主，外币限制在指定的范围内使用。人民银行要抓紧研究是否要在深圳发行特区货币的问题。

29日 中国人民银行发布《关于处理超储积压钢材和机电产品降价损失冲销银行贷款的规定》。主要内容是：1. 企业处理超储积压钢材、机电产品降价损失要求冲销银行贷款时，必须提出申请，说明原因，经银行审查报上级银行批准后进行冲销。2. 冲销贷款的范围，只限于国营生产企业、供销企业和物资部门的超储积压钢材和机电产品，不包括生产企业的生产成品，不包括集体所有制企业。3. 降价损失，首先冲销企业自有流动资金，冲完还不足的，再冲销银行贷款。冲销银行贷款的顺序是，先冲销定额贷款，不足时再冲销超定额贷款。冲销的定额贷款，银行不再增补。冲销以前的贷款照计利息。4. 冲销银行贷款部分，要相应地减少国营生产企业、供销企业和物资部门的贷款指标。

30日 国务院下发批转《中国人民银行关于中短期设备贷款工作经验交流天津现场会的情况的报告的通知》。国务院指出，发放这项贷款有利于发展人民急需的日用消费品生产和增加货币回笼，有利于增加财政收入和出口换汇，有利于安排就业，是一举多得的好事情。人民银行应在国家确定的贷款计划范围内，与有关部门协作，把这项贷款办好。有关部门要给予积极支持，使贷款项目尽快见效，在国民经济调整中发挥更大作用。

中国人民银行向国务院提交的《关于中短期设备贷款工作经验交流天津现场会的情况的报告》指出，人民银行自1979年开始办理中短期设备贷款。报告认为，今后要办好中短期设备贷款，必须坚持贷款条件，真正发挥拾遗补缺、填平补齐的作用。必须按照国家确定的贷款总额，控制发放贷款，非经批准不得突破。根据项目一般需要跨年度建设的特点，中短期设备贷款未用完部分，应准予结转下年继续使用，以保证项目建设的连续性。

6月

3日 国务院批转国家进出口委员会《关于当前对外经济贸易如何为国民经济调整服务的报告》。国务院的批示指出，在国民经济调整时期，要在政策上扶持对外经济贸易的发展。我国现行的价格、税收、信贷办法，凡不利于奖出限入的要逐步加以改革。该报告提出：要稳妥地利用外资，利用外资主要是利用国外贷款，其中商业贷款利率高，还款期短，应尽量少用或不用；出口信贷属于中等水平的利率贷款，只能用于购买贷款国技术设备；政府间、国际货币组织和世界银行的中长期贷款，利率低，是属于援助性的，应作为利用的重点。

12日 《中华人民共和国和国际农业发展基金会之间的贷款协定（北方草原和畜牧发展项目）》正式签署。根据该协议，基金会同意从其资金中以各种货币贷给借方相当于28 700 000特别提款权单位的一笔款项。中国（借方）应按1%的年率向基金会交纳从贷款账户借支并未清偿款额的服务费，并应按0.5%的年率向基金会交付该特殊义务未清偿的本金的手续费。借方应分80次偿还从贷款账户提取的贷款本金，从1991年5月15日起至2030年11月15日止。借方应依照本协定各条款的规定把贷款的款额用于支付项目的各项开支。

国际农业发展基金会于1977年12月成立，并从1978年1月1日起开始其业务活动，现已发展成为联合国粮食与农业的三大机构之一。国际农业发展基金会的宗旨是“筹集资金，以优惠条件提供给发展中的成员国，用于发展粮食生产，改善人民的食物营养，逐步消除农村贫困现象”。国际农业发展基金会是为发展中国家的扶贫和农业开发提供资金服务的一个国际金融机构。中国于1980年正式加入国际农业发展基金会，并承诺认捐。

国务院同意并批转国家计委、国家进出口委员会、中国人民银行、国家外汇管理总局等部门《关于加强外汇兑换券管理工作的报告》。该报告认为，从外汇兑换券发行一年来的情况看，有利有弊。要加强管理，堵塞漏洞，克服那些显然是由于工作跟不上而产生的问题，尽可能把外汇兑换券流通中的一些不利因素限制在最小范围。该报告还提出：1. 建议各省、自治区、直辖市人民政府对发行外汇兑换券工作进行一次认真的检查，建立定期的检查制度。2. 从价格上保证外汇兑换券与人民币等值，不得为了多得外汇擅自降价销售。3. 各地人民银行、农业银行应协助中国银行办理好外汇兑换券回笼业务。一切有外汇券收入的单位，应同人民币现金一样，一律在当天送交银行回笼或存储，不许自行留用、坐支。4. 供货部门向对外供应部门供应商品，除经营外贸的部门专供出口商品可以收取外汇兑换券外，其他内销商品一律不得用外汇券计价、结算。各单位、各部门之间也不得互相用外汇券买卖、交换或支付货款。5. 外汇券只许入境的外宾、华侨、港澳台同胞和持有银行证明的境内居民（包括远洋船员）使用。对某些紧缺商品，要规定限购数量。6. 建议各级工商行政管理部门，会同公安、物价、海关和外汇管理分局等有关单位，通力合作，定期检查商店的供应价格，检查外汇券的使用情况，坚决取缔外汇券黑市倒卖，打击投机倒把。上述措施建议从1981年7月15日起实行。

7月

2日 中国农业银行发布《关于修改对信用社储蓄存款利差补贴办法的通知》。该办法规定：1. 信用社吸收的定期存款，其利率高于2.7‰的部分，仍恢复按实际利率支付利息计算，由银行分别按利率档次给予补贴。2. 对定期储蓄存款大于放款的信用社，仍恢复于每年11月底，将超过部分按1‰付给信用社工本费。该办法自1981年起执行，同时废止原有的按1.8‰补贴的办法。

3日 中国人民银行发布公告，根据社会主义现代化建设和对外经济交流的需要，经国务院批准，中国人民银行决定，自1981年开始定期发布全国金融统计数字。金融统计数字的发表，将为广大人民群众和各方面了解经济情况，监督经济工作，研究经济理论提供重要资料，有助于增进国际上对我国的了解，促进对外经济交流与合作的发展。当日，中国人民银行通过《中国金融》（1981年第7期）发布了1980年全国金融统计数字。

11日 国家外汇管理总局、外国投资管理委员会制发《中华人民共和国境内机构接受侨资、外资贷款和发行外币债券暂行管理办法》。该办法规定：境内机构在境内外发行具有外汇价值的有价证券，必须报经国家外汇管理总局和外国投资管理委员会核报国务院批准；境内各单位接受侨资、外资的贷款，必须分别由国务院主管部门或省、自治区、直辖市人民政府汇总编制年度计划，于年度前两个月报经国家外汇管理总局和外国投资管理委员会核报国务院批准。境内各单位只能在批准的计划内对外进行贷款谈判。凡借用现汇搞新建或扩建工程项目的，在对外谈判前必须逐项报批，未经批准不得对外谈判。凡接受侨资、外资银行或企业贷款的单位，必须在中国银行或指定的银行开立外币账户，办理收付，并接受监督检查和按期还款。

16日 中国人民银行在浙江省嘉兴市召开13个省、自治区、直辖市信托工作座谈会，讨论研究今后信托工作的发展方向和任务。会议认为，银行要多积聚资金，按照为生产建设服务，支持日用消费品生产的发展，支持能源的节约和开发的要求开展业务，并注意防止在工作中发生偏差。开展信托业务的重点，要放在大中城市地区，经济发达、客观上需要、有条件的县城也可以办理，但要坚持积极稳妥的方针，循序渐进，防止一哄而起。

28日 国务院煤代油办公室和国家计委发布《关于设立以煤代油专用资金的暂行办法》。主要内容是：1. 通过以煤代油办法压缩国内用油部分用于出口，由国务院批准，作为年度石油出口专项任务，纳入国家计划。2. 煤代油专项石油出口业务由外贸部化工进出口总公司代理外汇收入汇入中国银行总行指定的账户，人民币净利润汇入建设银行总行指定的账户。3. 石油出口的外汇收入作为国家统借统还的专项外汇资金。

8月

4日 经国家进出口管理委员会审查同意，国家外汇管理总局、中国银行发布《关于外汇额度调剂工作暂行办法》。该暂行办法规定：留成外汇额度的调剂，均通过中国银行办理，任何其他单位不得私自转让、买卖外汇。参加外汇调剂，以国营及集体企事业单位为限，其他单位需要经外汇管理总（分）局批准方可参加外汇调剂。各单位持有的合法外汇需要兑换人民币的，可以根据其外汇额度所有权，向中国银行登记出售；经主管部门批准，确有正当用途，必须使用外汇进口，而本单位又没有留成外汇或留成外汇不足时，可持批准证件向中国银行购买外汇。外汇调剂的价格，目前应以美元兑人民币的贸易内部价格为基础，并在国家规定的浮动幅度内，由买卖双方议定，经中国银行认可。外汇调剂成交后，一般双方应于当天交割，最长不得超过3个工作日。逾期不办理交割的交易应予作废，并应由责任方负责赔偿经济损失。中国银行按外汇成交额以一定的比例向买卖双方收取人民币手续费。额度贷款调剂，由中国银行承担外汇风险或经济责任，收费可在1%～2%掌握。各省市的外汇调剂，原则上应在本省市内进行，非经批准，不得跨省市进行外汇调剂。

30日 中国人民银行在河北省承德市召开全国分行行长座谈会。会议的内容是，学习贯彻党的十一届六中全会的精神，研究当时货币流通情况和应当采取的方针。会议指出：目前市场上票子偏多，但情况与60年代困难时期有很大的不同，所以解决问题的办法不可能是完全一样的。目前市场上货币流通量与社会商品零售总额的比例虽然低于正常情况，银行还是要在国家确定的信贷计划和货币发行计划的范围内，多拿出一些钱来支持生产建设，为保证调整时期经济发展有一定的增长速度创造必要的条件。我们的目标是：坚持稳定货币的方针，通过积极支持生产建设，特别是积极支持日用消费品的生产和能源建设，经过几年的努力，争取在“八五”期间解决市场上票子偏多的问题，使货币流通情况真正恢复正常。

会议就贯彻中共中央、国务院领导同志关于更多地集聚社会资金，支持生产建设的指示问题，提出了以下意见：1. 要适应人民群众关于建立社会奖励基金、准备子女教育费、准备建房、准备购买耐用消费品等需要，多方采取措施，根据实际情况继续大力发展城乡储蓄，特别是长期性的储蓄存款。2. 办理债券业务，集聚长期资金，用于必要的建设。3. 开办企业、机关定期存款，银行付给高于活期存款的利息。4. 除了继续办理企业财产保险以外，应当根据社会需要和实际可能，积极研究扩大保险的种类。5. 积极开展信托业务，以大中城市为重点，经济发达、客观上需要而且有条件的县城也可以办理。6. 在多方面筹集资金的同时，要十分重视加强信贷管理，正确处理“紧”和“活”的关系，挖掘资金潜力，加速资金周转。7. 按照国家宏观决策，注意讲求经济效果，把资金用好搞活。继续办好中短期设备贷款；筹集的长期资金，可用于轻纺工业的基建项目和开发能源专项贷款；采取变通的办法搞好物资和资金，对于既有需要又有积压的机电产品，银行可以一面对需要单位发放挖潜、革新、改造贷款，一面收回积压物资占用的流动资金贷款，对某些积压机电产品也可以同意企业部门采用分期付款的办法进行推销。8. 要发挥利率的经济杠杆的作用，人民银行和专业银行必须执行统一的标准利率，准备适当提高储蓄利率，扩大存款计息范围，贷款利率也要相应提高。

9 月

5 日 国务院同意并批转外国投资管理委员会报送的《国际信托投资工作座谈会纪要》。主要内容是：明确国际信托公司是以吸收外资从事信托投资为主的国际金融业务机构，是社会主义国营企业。公司的主要任务是：根据国内经济建设的需要与可能，按照《中外合资经营企业法》和其他有关法令、条例，在党的方针政策和国家计划指导下，引导、组织和运用外国资金，投放于国内建设，扩大对外贸易，引进外国先进技术，发展经济合作，以加速我国社会主义现代化建设。其业务范围是：吸收国外和港澳地区的信托存款和信托投资；向国外和港澳地区借入短期和中长期的自由外汇；在国外和港澳地区发行公司债券、股票，募集资金；组织中外合资经营企业、补偿贸易和来料加工装配、合作生产等；经营租赁业务和房地产业务；经国家外汇管理总局批准，可向中国银行或外国银行开立账户，并办理信托投资范围内的外汇业务；利用自筹资金投放于国内企业或举办新的国内合营企业；承办国内外企业、机关的咨询服务业务等。

9 日 中国人民银行发布《关于城镇集体、个体社会服务行业贷款暂行规定》。该规定明确：贷款的对象限于经当地工商行政管理部门批准开业的零售商业、饮食、服务、修理、交通运输以及文化、艺术、旅游、卫生等行业的集体单位和个体经营户；贷款的条件是有一定的自有资金，实行独立核算，自负盈亏，遵守国家政策法令，经营正当，并有经营收入，有偿还能力的集体单位和有经济担保的个体经营户；贷款的种类按不同用途分为流动资金贷款和中短期设备贷款两种，逐笔申请逐笔核贷；贷款期限，流动资金贷款最长不超过 1 年，中短期设备贷款最长不超过 3 年，逾期加息。对安排待业青年就业开设的集体单位，在利率上给予优待。

14 日 中国人民银行发布《代理保管国库券业务办法》。该办法规定：为了解决单位和个人购买国库券的保管困难，防止丢失、偷盗事件的发生，中国人民银行开办代理保管国库券业务。凡需要委托银行代理保管国库券的单位（或个人），可持介绍信（个人凭身份证明），向已开办代理保管国库券业务的人民银行申请办理。代理保管国库券业务，分租用保管箱和封袋保管两种，由委托保管单位和个人选择。

10 月

12 日 中国人民银行发布《关于规定人身保险业务保险费存款利率的通知》，规定自 1982 年 1 月起各级保险公司办理人身和人寿保险业务的保险费收入，可在当地人民银行单独开立账户，专户储存，银行按储蓄存款最高利率付给利息。

17 日 中共中央、国务院作出《关于广开门路，搞活经济，解决城镇就业问题的若干决定》。其中强调：1. 城镇青年就业是国民经济中的一个重大问题，应有计划、有步骤地加以解决。2. 结合调整产业结构和所有制结构，在发展经济和各项建设事业的基础上广开就业门路。在调整产业结构的同时，必须着重开辟在集体经济和个体经济中的就业渠道。3. 引导、鼓励、促进、扶持集体经济和个体经济。4. 个人集资可以按照或稍高于银行定期存款利率付给利息；如果集资者承担亏损责任，也可以在交纳所得税后的利润中提取一定的比例用于股金分红。5. 对于劳动服务公司以及社会各方面所组织的以扩大就业为主要目的的集体经济事业，有关部门要从供产销渠道、银行贷款、财政税收政策、开办经费等方面给予必要的支持和帮助。6. 严格控制农村劳动力流入城镇。对农村多余劳动力，要通过发展多种经营和兴办社队企业，就地适当安排，不使其涌入城镇。

11 月

16 日 国务院批转外交部、财政部、中国银行《关于解决中国旧政府外债和外国在华资产问题的意见》。该意见提出，对中国旧政府的外债，应区别不同情况，逐步加以解决。对中国历届旧政府为维护其反动统治、损害国家主权所借的外债，我国政府和人民概不承认，不承担偿还义务。前外国租界公产和在旧政府任职的外国人利用特权取得的财产，已经通过“没收”“接管”等方式处理的，不予补偿。外国教会及其附属事业财产，大部为教徒捐献而来，有的已转归中国教会所有，附属事业已接办，不考虑偿还问题。土地为中华人民共和国所有，不存在偿还问题。外国私人财产、外资企业、前使领馆房产，被我国依法征用、代管、接管的，可给予适当补偿。外国侵华战争对我国造成的损失，我国原则上不索赔，但如对方向我国索赔时可向对方提出他们侵华和压迫、剥削中国人民所造成的损失亦应予以赔偿。

该意见还提出，旧外债和外国在华资产年限较久，问题复杂，政策性强，涉及许多部门，在调查核实和制订处理方案时，由外交部抓总，同各部门共同研究。财政部负责审查应补偿的和应追索的资产，报国务院批准后，列入财政预算，并在执行中办理审查拨款。

24 日　国务院批准中国国际信托投资公司在日本发行日元私募债券 100 亿日元。20 世纪 80 年代初，国内 22 项重点工程中的大项目——江苏仪征化纤工程投资不足，国家已经投入 3 亿元资金购买了设备，更何况当时中国急需化纤产品。此次是我国首次在国外发行债券，很快在日本销售一空。几年之后，江苏仪征化纤工程顺利完工。

30 日　五届全国人大四次会议在北京召开。国务院总理赵紫阳做题为《当前的经济形势和今后经济建设方针》的政府工作报告。该报告强调：今后我们考虑一切经济问题，必须把根本出发点放在提高经济效益上，使我国经济更好地持续发展。围绕着提高经济效益，走出一条经济建设的新路子，必须认真贯彻执行十条方针：其中提到：讲究生财、聚财、用财之道，增加和节省建设资金。要千方百计地增产增收，增加社会财富。要通过银行的信贷业务，有计划地运用地方、企业以及个人的存款作为建设资金。积极推广基建项目由财政拨款改为银行贷款办法的实行范围。还可以通过发行债券，开展保险、信托等业务来筹集资金。筹款、集资要防止失去控制，防止信用膨胀。必须加强和发挥银行积聚、调动及统一管理信贷资金的作用。

12 月

13 日　五届全国人大四次会议通过《中华人民共和国经济合同法》。《中华人民共和国经济合同法》共有 7 章 57 条，其内容包括对经济合同的订立和履行、经济合同的变更和解除、违反经济合同的责任、经济合同纠纷的调解和仲裁、经济合同的管理等。

在“对经济合同的订立和履行”一章中规定：“借款合同根据国家批准的信贷计划和有关规定签订。合同中，应明确规定贷款的数额、用途、期限、利率、结算办法和违约责任等条款。贷款利率由国家规定，中国人民银行统一管理。”“财产保险合同，采用保险单或保险凭证的形式签订。保险合同中，应明确规定保险标的、坐落地点（或运输工具及航程）、保险金额、保险责任、除外责任、赔偿办法、保险费缴付办法以及保险起讫期限等条款。投保方应当维护被保险财产的安全。保险方可以对被保险财产的安全情况进行检查，如发现不安全因素，应及时通知投保方加以消除。被保险财产的损失，应由第三人负责赔偿的，如果投保方向保险方提出要求，保险方可以按照合同规定先予赔偿，但投保方必须将追偿权转让给保险方，并协助保险方向第三者追偿。”

在“违反经济合同的责任”一章中规定：“人民银行、专业银行、信用合作社，未按合同规定及时贷款，应偿付违约金。”“借款方不按合同规定使用贷款，应按有关规定加付利息；贷款方有权提前收回一部分或全部贷款。”对“违反财产保险合同的责任”规定：保险方“对于保险事故造成的损失和费用，在保险金额的范围内承担赔偿责任。被保险方为了避免减少保险责任范围内的损失而进行的施救、保护、整理、诉讼所支出的合理费用，根据合同规定偿付。如果不及时偿付，应承担违约责任。投保方如隐瞒被保险财产的真实情况，保险方有权解除合同或不负赔偿责任。投保方对被保险的财产发现有危险情况，不采取措施消除，由此发生事故造成的损失由自己负责，保险方不负赔偿责任。”该法自1982年7月1日起实施。

22日 中共中央召开省、自治区、直辖市党委第一书记座谈会。陈云在会上做题为《对经济工作的几点意见》的讲话，主要包括四个方面：1. 农业经济是全国经济重要的一部分。农业经济也必须以计划经济为主，市场调节为辅。2. 我们经济工作的另一个大方针是要使10亿人民有饭吃，要进行社会主义建设。必须在保证有饭吃后，国家才有余力进行建设。3. 广东、福建两省的深圳、珠海、汕头、厦门四个城市在部分地区试办经济特区，现在只能有这几个，不能增多特区。既要看到特区的有利方面，也要充分估计到特区带来的副作用。现在第一位的任务是认真总结经验。4. 国家建设必须是全国一盘棋，必须按计划办事。全国建设的进度，必须有先有后，有重有轻，按全国计划办事。陈云说：“报纸上登全国有40亿美元的顺差，所有权是属于中国银行的，使用权是属于地方各部门的，各地各部的都可以使用，但是必须经过中央批准。我希望1985年能达到有120亿美元的周转外汇，增加两倍。在我们这个国家，有120亿外汇作为周转资金，很有必要。”

23日 国务院批转中国人民银行《关于调整银行存款、贷款利率的报告》。该报告提出：银行存款、贷款利率应当大体上恢复到“文化大革命”前的水平。具体的调整意见是：1. 扩大存款计息范围，设立对公单位的定期存款。利率比活期存款利率要高一些，以利于扩大和稳定信贷资金来源。2. 提高定期储蓄存款、华侨人民币储蓄存款的利率，增设8年的长期储蓄存款。3. 贷款利率恢复到“文化大革命”前月息6‰的水平。对流动资金贷款和中短期设备贷款实行不同的利率。4. 增加逾期贷款和被挤占挪用贷款的利率档次。在调整后利率的基础上，仍按国务院的规定分别加息和罚息20%和50%。5. 农业贷款利率要适当提高，同时仍实行低于工商企业贷款利率的原则。6. 对中外合资企业的人民币贷款利率，原则上应高于国内的人民币资金贷款利率。7. 农村信用合作社的存款、贷款，按调整后的存款、贷款利率，可以高于银行存款、贷款利率。8. 对知青集体企业贷款、民族用品生产和贸易贷款、节能贷款、地方建筑材料生产贷款、集镇小电影院建设贷款，仍按原规定实行优惠利率；对已经实行优惠利率的粮油贷款，以及1980年和1981年中国人民银行划转给企业作为定额减半即月息3‰的优惠。9. 按国务院规定，利率由中国人民银行集中统一管理。非金融部门一律不得自定利率。中国人民银行可以在国务院批准的利率幅度内，制定不同的利率档次。上述调整意见拟于1982年第一季度开始实行（储蓄存款利率调整于1982年4月1日执行）。

中国投资银行在北京成立。中国投资银行（China Investment Bank，CIB）总行设在北京，是中国人民建设银行全额出资的附属金融企业，注册资本为40亿元人民币。在业务上接受中国人民银行的领导、管理、监督、协调和稽核。中国投资银行为有限责任公司，中国人民建设银行以出资额为限对中国投资银行承担责任，中国投资银行以其全部资产对其债务承担责任。董事会是中国投资银行的决策机构，由中国人民建设银行委派的9名董事组成，董事长由中国人民建设银行行长担任。中国投资银行经营和办理下列业务：吸收人民币大额定期存款；发放人民币中期和长期贷款；通过借款和境外发债筹集资金，包括转贷国际金融机构和外国政府贷款；办理票据承兑、贴现和存单转让；办理国内外结算、汇兑，代理收付款项；提供信用证服务及担保；代理发行、兑付政府债券、公司债券；办理经国家外汇管理局批准的外汇业务；经营投资、办理融资租赁，提供咨询服务；办理政府、中国人民银行、政策性银行及企业委托和代理业务。中国投资银行实行总分行制，根据业务发展需要在境内外设立分行和办事机构，未设分支机构的地区，可委托中国人民建设银行代理其业务。

1998年12月11日，中国投资银行并入国家开发银行，其全部债权债务由国家开发银行承担。

1982 年

1 月

1 日 中共中央批转《全国农村会议纪要》（关于农业问题的第一个“一号文件”）。文件指出：目前，全国农村已有 90% 以上的生产队建立了不同形式的农业生产责任制，包括小段包工定额计酬，专业承包联产计酬，联产到劳，包产到户、到组，包干到户、到组，等等，都是社会主义集体经济的生产责任制，反映了亿万农民要求按照中国农村的实际状况来发展社会主义农业的强烈愿望。不论采取什么形式，只要群众不要求改变，就不要变动。各级党的领导应向干部和群众说明，我国农业必须坚持社会主义集体化的道路，土地等基本生产资料公有制是长期不变的，集体经济要建立生产责任制也是长期不变的。

8 日 国务院发布《关于坚决稳定市场物价的通知》。该通知规定：一切全民的、集体的销售单位以及经销国家商品的个体户，对国家规定零售牌价的工农业商品，一律执行国家规定价格，不得擅自提高。议价商品的零售价格，只能降低，不许提高。一、二类日用工业品不准搞议价，三类工业品实行工商企业协商定价的品种范围，要严格控制。农产品收购中的一、二类农副产品，非经国务院批准，任何地区和部门都不准自行提价或变相提价，在完成国家收购任务之前，不许议价成交或上集市出售。到三类农副产品集中产区进行采购的单位，要向当地工商行政管理部门登记，服从统一管理，统一分配货源，不准相互哄抬价格。各级人民银行要加强信贷管理，控制货币投放，对购销活动要进行监督，发现违反规定的，要在信贷、结算支付方面加以限制。

14 日 胡耀邦总书记在中共中央书记处会议上做题为《关于对外经济关系问题》的发言，讲述有关对外经济关系十个方面的问题。报告对如何吸引国外资金、正确引进国外先进科学技术、大力开展国际劳务合作、更大规模地促进国内产品进入国际市场、正确地支援第三世界，以及正确认识政治和经济的关系问题，做了重要阐述。

在讲到应该如何吸引国外资金时，胡耀邦指出：“今天我们利用外资的方式大体有三种：第一种，吸引直接外资，包括合资经营、合作经营、合作开发、补偿贸易，以及加工装配等；第二种，争取外国政府和国际金融组织提供的中长期、中低利贷款，以及各种名目的开发基金、救济金等；第三种，一般商业贷款。就最近看，吸引直接投资应当成为最重要方式，至于一般商业贷款，我赞成陈云同志的意见，一定要谨慎些。”

30 日 海关总署、中国人民银行、中国农业银行、中国银行联合发布《关于由银行协助海关追缴或冻结有关参与走私的单位存款的通知》。其中规定：凡海关发现有关单位在银行的存款是走私资金，或非法所得的暴利，以及有重大走私嫌疑的单位，可由县级以上（包括县级）海关出具正式公函通知银行，银行可暂予冻结，冻结存款的期限最长不超过 6 个月，逾期自动撤销。海关依法追缴走私物品价款、罚款或应缴纳的税款，在县以上海关出具公函后，银行可从该单位账户存款内如数扣缴并转入海关账户。

2 月

1 日 国家计委、国家经委、财政部发布《1982 年更新改造措施计划安排意见》。其中提出，从 1982 年起，把更新改造措施纳入国家计划。“六五”期间，将继续实行由中央财政集中企业30%折旧基金的办法。对企业掌握的折旧基金和生产发展基金，也要采取鼓励政策、行政干预和银行监督等措施，使这些资金主要用于技术改造和设备更新。

9日 国务院批转国家经委、国家计委《关于抓好小商品、中小农具生产和供应的意见》。该意见提出，对生产小商品为主的企业，产值小、利润低的，需要设备更新的，技术改造资金、储备原材料资金以及工商季节性销售的合理库存资金，可酌情享受银行低利贷款。

11日 国务院批转中国人民银行《关于国内保险业务恢复情况和今后发展意见的报告》。该报告指出，从1979年国务院批准恢复国内保险业务以来，截至1981年10月，除西藏外，已在28个省、自治区、直辖市的大中城市和少数县建立保险专业机构477个，银行代理处803个，现有保险专业人员5 700余人。恢复和办理了企业财产保险、家庭财产保险和汽车保险等业务，共承保企业近10万个、家庭90余万户、汽车13万辆，获得经济保障的财产总值达2 000亿元，其中国营企业财产为1 935亿元。

报告还指出，国内保险的方针是：积极开展业务，积聚保险基金，组织经济补偿，防止灾害损失，增进社会福利，为我国社会主义现代化建设服务。要在巩固和发展国营企业财产保险的同时，积极开展货物运输保险、汽车保险、船舶保险、渔船保险等业务。积极办理集体经济、个体经济的财产保险和面向广大群众的家庭财产保险，在条件具备的城市和矿区，有计划地重点办理简易人身保险和团体人身保险等业务。对属于保险性质的职工福利保险、养老年金保险等业务，要根据需要与可能，通过试点，总结经验，稳步推广。为了适应农村经济发展的新形势，逐步试办农村财产保险、牲畜保险等业务。

国务院批示：积极开展保险业务，逐步建立我国的经济补偿制度，对于保障企业正常生产和经营、安定人民生活、减少社会财富损失都是有利的。同时，也是积聚建设资金的一个重要渠道。这是一件利国利民的好事，是国民经济活动中不可缺少的一环。各地区、各有关部门都要重视和加强这项工作，并给予大力支持，帮助解决业务开展中的一些实际困难。

3月

5日 国务院批转国家进出口委员会等单位《关于修订〈出口商品外汇留成试行办法〉的报告》。主要内容是：1. 继续贯彻执行国务院决定的出口商品外汇留成政策。国务院1979年颁发了《关于大力发展对外贸易增加外汇收入若干问题的规定》（“15条”），实行出口商品外汇留成，并制定了《出口商品外汇留成试行办法》。两年来的执行结果是：1979年全国出口留成8.54亿美元，占当年出口收汇的6.5%；1980年全国出口留成15.79亿美元，占当年出口收汇的9%。两年出口商品留成外汇共24亿美元，加上中央每年拨给省、自治区、直辖市的5亿美元外汇和各种非贸易留成外汇等，共46.25亿美元，其中，地方分得36.66亿美元，中央有关部门分得9.59亿美元。2. 此次修订的主要内容是留成比例、范围和计算方法。把“15条”规定的以上年收购为基数，增长部分按比例计算留成，改为以出口收汇全额计算留成，即出口才能分成，只收购不出口不给留成。除国务院另有特殊规定外，粮食、钢材、煤炭、石油、成品油、水泥、原木、生铁、锌和食用油10种统配商品出口仍不留成。除广东、福建、新疆继续实行外汇包干留成办法，对军口、机械产品出口、对外承包工程、以进养出、科教口进行区别对待、适当照顾以外，一般出口商品的留成比例，原则上应使按出口收汇全额留成占出口收汇的比重大体与按收购增长留成占出口收汇的比重相同。3. 出口商品外汇留成审批应从严掌握，加强管理。国务院先后批准科教口、外经口、军口各部委出口外汇收入全部自留使用。使用留成外汇进口，由地方财政自负盈亏的原则照旧执行。

6日 中国人民银行、商业部、财政部发布《关于贯彻执行商业部系统工、交、化批发企业削价报废损失处理办法的补充通知》。该补充通知规定：削价报废所发生的损失，用冲减自有流动资金和银行贷款的办法，是在财政有困难的情况下，国家采取的一种特殊措施，各级商业、财政、银行一定要认真对待，切实按照规定范围办理，不能任意扩大。对上报报废的生产资料商品和原材料，都要预留残值，报废损失改为按原进价减去预留残值一次性冲减。1982 年以前经批准报废的商品和原材料残值的实际处理时间，可延长到 1983 年 6 月底，到期仍未处理的，其所占的“报废商品残值贷款”，银行应如期转回商品流转贷款户，不再免息。凡已列作削价、报废处理的生产资料商品，不能边处理边收购，事先发现的，银行不贷款，事后发现的限期处理。

8 日 五届全国人大常委会第二十二次会议通过《关于严惩严重破坏经济的罪犯的决定》。该决定指出：鉴于当前走私、套汇、投机倒把牟取暴利、盗窃公共财物、盗卖珍贵文物和索贿受贿等经济犯罪活动猖獗，对国家社会主义建设事业和人民利益危害严重，为了坚决打击这些犯罪活动，严厉惩处这些犯罪分子和参与、包庇或者纵容这些犯罪活动的国家工作人员，该决定对《中华人民共和国刑法》的一些相关条款做了相应的补充和修改。其中对《中华人民共和国刑法》中规定的走私、套汇、投机倒把牟取暴利罪等，其处刑分别补充或者修改为：情节特别严重的，处 10 年以上有期徒刑、无期徒刑或者死刑，可以并处没收财产。

15 日 国务院发布《关于做好侨汇工作扭转侨汇下降的通知》。针对自 1979 年下半年以来，侨汇出现下降的趋势，该通知要求，切实体现“便利侨汇、服务侨胞”的政策，首先要改善对侨汇的物资供应。华侨商店和广州外贸中心（商场）、各地友谊商店、外轮供应公司以及其他获准收取外汇券的单位，均应按各自的业务性质划分经营范围，从 1982 年 4 月 1 日起，自行车、摩托车、缝纫机、电视机、收录机、洗衣机、电冰箱、电风扇、计算机、家具 10 种商品，归口由华侨商店经营，其他单位不再经营。华侨商店经营的上海自行车、缝纫机和名烟、名酒等市场紧缺商品，由中央有关部门专项下达。对华侨商店的商品销售价格，可掌握一定的机动幅度，对市场敞开供应的国内商品和利润较高的进口商品，允许以低于市场价格 20% 的折扣销售。对侨眷需要的副食品可以议价购进平价销售，或高于平价销售。华侨住宅建议纳入省、自治区、直辖市的城建规划，所需地皮、建筑材料要保证供应。对侨眷需要而无法提供或供货不足的商品，华侨商店可组织进口或委托外贸部门进口。

16 日 国务院颁发《关于全国性专业公司管理体制的暂行规定》。该暂行规定强调，全国性专业公司是企业的一种组织形式，是生产和经营的经济实体，不同于行政管理机构。所有全国性专业公司，均不列入国务院行政机构的序列，应分别由有关部门领导：各部所管业务范围内的专业公司，一律由各部领导；跨部门的专业公司，由一个部门领导，在业务上接受其他有关部门的指导；少数在国民经济中占有重要地位、工农商贸结合的专业公司，由国务院领导，有些公司由国务院委托有关部委领导。公司在经营管理上有自主权；国务院和各部委对全国性专业公司，应着重在方针政策和计划上进行领导，并根据中共中央、国务院规定，负责公司的干部任免、传达文件和政治思想等工作。金融性专业银行和公司，由中国人民银行审核后，报国务院批准。

29 日 国务院发布《关于库存机电产品报废处理的决定》。该决定明确指出，报废产品时，首先冲销本单位的自有流动资金，不够时再冲销人民银行定额贷款，定额贷款不够时再冲销超定额贷款。基本建设单位报废产品时，先冲销基本建设预算内拨款，冲销完还不够时再冲销建设银行贷款。挖潜、革新、改造等项目，冲销专项资金。事业单位冲销拨入经费或者周转金。报废单位对已经报废的库存产品，尽快收回残值，用于归还原来冲销的资金，其中冲销了银行贷款的，应首先归还银行贷款，不得他用，绝对禁止从中提取奖金或留成。需要冲销银行贷款的，应邀请银行参加审批工作。为贯彻国务院的上述决定，中国人民银行于 4 月 30 日发出通知，对执行中的有关具体问题做了说明。

4 月

4 日 中国人民银行全国分行行长会议在北京结束。会议认为，当时银行信贷资金的效益不高是一个突出问题。工商企业流动资金占用多，周转慢。1981 年，国营工业和商业流动资金贷款分别比上年年末增长 9.1% 和 14%，而工业总产值和商品零售额只分别增长 2.2% 和 4.2%。少数中短期设备贷款项目的经济效益没有达到预期的要求。会议要求，各级银行需要加强信贷工作的调查研究和监督管理，积极促进企业搞好产销计划的衔接，努力做到产品适销对路。要采取切实可行的措施，把 1982 年流动资金占用水平降低 2% ~3% 的要求落实到基层。要坚持以销定产、以销定购、以销定贷的原则：对工业企业和商业部门，都要按照国家计划和销售情况掌握贷款；对虽已纳入国家计划，但产大于销的产品，银行要认真掌握贷款；对不按国家计划和供货合同，不按规定超产而无销路的产品，坚决不予贷款。

10 日 国务院发布《关于整顿国内信托投资业务和加强更新改造资金管理的通知》。该通知规定：除国务院批准和国务院授权单位批准的信托公司以外，各地区、各部门都不得办理信托投资业务；已经办理的，由各省、自治区、直辖市人民政府限期清理。所吸收的资金，从哪里转来的，仍转回哪里。今后，信托投资业务（除财政拨付的少量技措贷款基金外），一律由人民银行或人民银行指定的专业银行办理。

该通知对有关企业更新改造资金管理问题，做了一些补充规定：国营工业、交通、商业企业的更新改造资金，只能用于技术改造和设备更新，不能用于新建项目和其他支出。各级财政部门、主管部门以及建筑施工企业的更新改造资金，应全部存入建设银行，由建设银行管理。国营工业、交通、商业企业的更改资金，已确定用于更新改造的，应按提取进度存入建设银行，先存后用；未确定用于更新改造部分，仍应在人民银行专户存储。企业的更改资金，同人民银行贷款合用的，由人民银行管理；同财政拨款、建设银行贷款合用的，由建设银行管理；同人民银行、建设银行两家贷款合用的，现在是谁家管的仍由谁管理。为了贯彻国务院上述通知的要求，中国人民银行于同年 5 月 2 日发出了《关于加强更新改造资金管理设立存款专户的通知》。

13 日 中共中央、国务院发布《关于打击经济领域中严重犯罪活动的决定》。就有关外汇管理问题，该决定指出，必须加强对外经济活动的统一领导，严格外汇管理，严格遵守国家统一规定的外汇牌价，严禁任何单位和个人之间或他们与国外人员之间不按国家牌价互相私自倒买倒卖外汇。要坚决纠正有的地方听任外汇黑市猖獗的危险现象。

1983 年 7 月 25 日，中共中央纪律检查委员会向第六届全国人大常委会提交了《关于打击经济领域中严重犯罪活动工作的报告》。该报告指出，从 1982 年 1 月至 1983 年 4 月底，全国已揭露并依据党纪国法立案审查的各类经济犯罪案件共 19.2 万多件，案件中涉及党员 7.1 万多人；现已结案 13.1 万多件，依法判刑近 3 万人，在案件所涉及的党员中被开除党籍的达 8 500 多人；全国投案自首、坦白交代各种经济违法犯罪问题的共有 2.44 万人；追缴赃款赃物 4.1 亿多元。

中国人民银行发布《关于试行卖方信贷的若干规定》。该规定指出：这种信贷方式实质上是用流动资金贷款支持制造先进设备的卖方，并用赊销方式支持使用设备的买方，用技术先进的产品更新老旧设备，因此必须根据国家对设备更新和技术改造的政策，结合中短期设备贷款通盘考虑安排，有计划、有重点、有条件地逐步推行。当前只对某些技术先进的机电产品，在购货方用于设备更新、技术改造而缺少资金的条件下试行。文件规定，卖方信贷，贷款单位必须将产品纳入国家计划，其产品要性能好、技术先进，并符合技术改造、设备更新的要求；购货单位购买的设备，必须是当年设备更新和技术改造计划之内需要的。贷款期限一般 1 ~2 年，最长不超过 3 年。办理卖方信贷的买方企业，必须保证按期偿还贷款，否则银行不办理此项贷款。销货单位收到的货款，应按规定及时归还银行贷款，利息按工商企业发放流动资金贷款的利率按季计收。购货方对所购入的设备要及时投入使用，并落实还款的资金来源，保证按合同规定及时付款。遇有企业不按合同规定偿还货款时，银行有权从购货单位有关存款账户扣收货款，按规定代销货单位收取赔偿金，并代为划给销货单位。

16 日 中共中央办公厅、国务院办公厅转发中央统战部、财政部、中国银行《关于原私营企业在国外或港澳的资产收回后的处理问题的报告》。为了体现党和国家对资本主义工商业实行赎买政策的一贯性，并鼓励原资产所有人调回原私营企业在国外或港澳的资产的积极性，该报告提出：1. 原私营企业在国外或港澳的资产，在公私合营时列为待处理资产或账外资产的，收回后应视同公私合营企业的投资，参照发放定息办法（年息 5%，为期 10 年），一次发给调回资产 50% 的人民币，其余上缴国库。2. 企业公私合营时，虽未列为待处理资产或账外资产，但确属原私营企业在国外或港澳的资产，收回后原则上亦按上述办法处理，其中属于抽逃资产并已作过经济处理的，资产调回后，全部归原资产所有人所有。3. 原私营企业在国外或港澳的资产收回后，对国家的负债、欠税处理应根据 1956 年 1 月《中央关于私营企业实行公私合营的时候对于资产清理估价中若干具体问题的处理原则的指示》和同年 3 月 30 日《国务院关于私营企业实行公私合营的时候对债务等问题的处理原则的指示》精神，采取从宽的方针，即公私合营时已经了结的，不再追究；未了结的，能偿还就偿还，不能偿还的酌情减免。4. 在公私合营前已经歇业的原私营企业，其在国外或港澳的资产收回后，当所有人在提供向工商行政管理部门的歇业报告和有关凭证，经核对国家没有负债、欠税后，调回外汇所得人民币，全部发给原资产所有人。5. 上列国外或港澳资产收回后，应区别情况，按现行规定给予侨汇优待和外汇留存。6. 调回属于官僚资本的存外资产应上缴国库，但对调汇人可由当地财政部门酌情发给3% ~20% 的人民币奖励。

5 月

1 日 国家计委、国家建委、财政部、中国人民建设银行发布《关于进一步实行基本建设拨款改贷款的通知》。该通知规定：1. 从 1982 年起，凡实行独立核算有偿还能力的企事业单位，进行基本建设所需投资，除尽量利用自有资金外，一律改为银行贷款。“拨改贷”项目的当年投资，由财政部门按国家计划拨给同级建设银行，作为贷款基金。2. 加强贷款和还款的预算计划管理。3. 凡设计文件不全或有重大修改变动和实际支付已超过概算的，应补报补批。4. 从 1982 年起，提前还清贷款本息的新增利润，有借款企业与财政实行各 50% 分成。5. 新投产企业的固定资产基本折旧基金，原规定全部用于归还贷款，改为在建成投产后的 3 年内，基本折旧基金 20% 留给企业，80% 归还贷款。从国外引进的大型建设项目，在建成后的 3 年内基本折旧基金的 10% 留给企业，90% 用于还款。3 年后所有贷款企业提取的折旧基金，50% 留给企业，50% 归还贷款。

6 日 国务院发布《关于抓紧做好货币回笼工作和严格控制货币投放的通知》。该通知规定：根据城乡购买力增长和人民群众对消费品需求的变化情况，多增加一些符合社会需要的日用消费品和农业生产资料，要克服惜售思想，要压缩或停止出口一些高亏而国内又紧缺的商品，以增加国内市场供应，增加货币回笼。各级银行要根据国家确定的信贷计划，有控制地发放各项流动资金贷款和中短期设备贷款。要加强对收购农副产品的信贷、结算监督，对于不按国家规定，随意扩大农副产品议价范围，或自行降低农副产品统购基数、减少派购任务而加价收购的，银行可不予贷款。要进一步办好城乡储蓄，努力完成和超额完成全年的储蓄存款任务。切实加强奖金管理，1982 年各地发放的奖金总额要稳定在 1981 年的水平上，超过核定数额的，银行可以拒绝支付。

22日 财政部、中国人民银行、中国人民建设银行发布《关于企业更新改造资金管理的通知》。该通知规定：1. 更新改造项目必须经过可行性研究和技术经济论证后，落实各项建设条件，按照规定的程序办事，严格防止盲目投资，重复建设。2. 各部门批准下达的更新改造资金计划等文件，应抄送企业所在地经办相关资金业务的建设银行和人民银行，据以供应资金，实施监督。3. 各级财政部门和主管部门拨给企业的更新改造资金，均应通过建设银行汇往企业所在地建设银行，分别存入“挖潜改造存款户”和“更新改造资金存款户”，按照计划使用。当年未用完的资金，可以结转下年继续使用。项目竣工后，多余资金继续留给企业继续用于更新改造项目。4. 企业的更新改造资金和生产流动资金统一备料、统一开支的，更新改造资金应参加一定比例的铺底储备资金后，再转存建设银行。如果提取资金与使用资金的时间不一致，企业暂时资金不足，建设银行、人民银行均可给予临时性的周转贷款，时间最长不超过1年。

6月

11日 国务院发布《关于健全各部委责任制一些问题的通知》。该通知强调，国务院各部门必须严格遵守请示报告制度，对于超出本部门职权范围的问题，应当区别情况，按照本文件规定的程序办理。其中有关金融方面的问题规定是：有关信贷资金、存贷款利率、外汇和金银管理、金融规章制度，以及建立金融机构等方面的问题，要同中国人民银行研究办理。

30日 中国人民银行发布《关于抓好中短期设备贷款经济效益的通知》。该通知规定：根据国务院关于对现有企业有重点有步骤地进行技术改造的有关要求，从1982年起，实行按半年和按年考核中短期设备贷款的经济效果，考核的指标有：项目投产率，即报告期内全部建成投产项目个数占同期施工贷款项目个数的比例；贷款收回率，即当年累计收回贷款数，占上年年末贷款余额的比例。该通知还要求各级银行对已投产和在建贷款项目的经济效益进行全面检查和整顿，检查1980年轻纺专项贷款项目截至1982年6月底的经济效益情况，重点检查自行车、缝纫机、手表的整车、整机厂贷款项目的经济效益，对贷款前后的各项经济效益指标进行对比分析。

7月

17日 中共中央、国务院作出《关于严格制止外汇方面违法乱纪行为的决定》。该决定指出：逃汇、套汇、截留和挪用国家外汇，滥用留成外汇，甚至从事倒卖外汇的活动，扰乱了市场。中共中央、国务院决定：1. 在我国境内，严禁外币流通、使用，严禁以任何方式私自买卖和高价倒卖外汇。有的单位留成外汇有余，需要调剂给其他单位时，一律通过中国银行按有关规定办理。2. 任何地方和部门，都不能以任何方式逃汇、套汇，或截留国家的外汇；不得违反规定将外汇存放在国外或港澳地区，已经私自存放的要立即上报和调回，交售给中国银行。3. 在国内买卖商品，除个别特殊情况由国家另做规定者外，一律用人民币计价结算。4. 近两年来买卖外汇超过国家规定作价的非法收入，一律没收上缴国库；对从事违法活动的直接责任者，情节严重的应通报批评，情节恶劣的应给予纪律处分；对贪污受贿者必须追究法律责任。凡在本决定发布以后仍从事违法活动的，一律加重处分。

8月

9日 中国人民银行发布《关于在国内恢复销售黄金制品的通知》。该通知对出售黄金制品和具体品种做了规定。鉴于在国内经营金银制品业务已经中断了20余年，现在要立即全面铺开，还有一定困难，因此，先在较有基础的北京、上海、天津、武汉、广州、成都、苏州等城市组织定点生产和销售，其他省会城市，具备条件的也可以定点销售，试行一段时间，取得经验后再逐步推广。

14日 中国人民银行、外贸部发布《关于开展对外经济合作项目保险业务的联合通知》。该通知要求，各外贸部门在对外洽谈各种经济合同及贸易项目时，注意争取在国内保险，并在合同条款中订明，以保护我国权益，为国家争取外汇收入。为了便于工作中的配合，各级进出口委员会（外经委）有关吸收外资、开展对外经济合作方面的重要文件、规定、办法、批复以及动态报道等，应抄送当地保险公司。各级进出口委员会（外经委）召开的有关吸收外资、开展对外经济合作方面的会议，可吸收当地保险公司参加。各级保险公司要加强对当地进出口委员会（外经委）的请示汇报。各级进出口委员会（外经委）要支持当地保险公司根据国家的法令、政策，积极开展各种对外经济合作项目的保险业务，能争取在国内承保的，尽量争取在国内承保。

21日 财政部、国家外汇管理总局、国务院侨务办公室发布《关于捐赠的外汇结汇价格和留成比例的通知》。该通知规定：一切捐赠外汇，应按规定调回国内，按照国务院规定可以全部保留原币，在中国银行开立专户，专款专用。接受捐赠单位经批准可以用捐赠外汇委托外贸部门代理进口本身需要的设备和物资。如购买外贸部门提供的出口商品，可以按出口价格用外汇结算。捐赠外汇属于非贸易外汇收入，在国内购买设备、物资和支付劳务所需的人民币，应按公布牌价结汇。对于已结汇的捐赠外汇，可按40%的比例给予留成，留成部分可按规定办法参加调剂使用。

30日 中国人民银行发布《关于中国人民银行总行司局级机构设置情况的通知》。经国务院批准，中国人民银行总行下设办公厅、综合计划司、货币发行司、会计稽核司、金融行政管理司、对外业务管理司、外汇管理局、劳动人事司、科学技术教育司、基本建设司、监察司、老干部管理局、参事室13个司局级行政机构；设工商信贷部、储蓄部、金融研究所、中国金融出版社、金融干部进修学院5个司局级事业单位；中国人民保险总公司、中国人民银行印制总公司仍作为企业单位，实行企业管理。

31日 国务院发布《关于中国银行地位问题的通知》。该通知指出，中国银行是社会主义国营企业，是中华人民共和国的国家外汇专业银行。它的任务是组织、运用、积累和管理外汇资金，经营一切外汇业务，从事国际金融活动，为社会主义现代化建设服务。中国银行除经营本身业务外，还可以根据国家的授权和委托，代表国家办理信贷业务。机构改革后，中国银行承担的各项任务并无改变，仍然根据国家的授权和委托，代表国家办理信贷业务。过去代表国家对外签订的一切贷款协议，仍由国家负责，不受机构改革的影响。

9月

15日 中国人民银行开始陆续在境外发行中国熊猫纪念金币。熊猫纪念金币正面图案为北京著名古建筑天坛祈年殿，背面图案为中国珍稀动物熊猫与青竹，成色为99.9%。熊猫纪念金币发行1组4枚，规格分别为1盎司、1/2盎司、1/4盎司、1/10盎司。世界各国钱币收藏界都视其为“正宗国家货币”。

10月

14日 国家计委、国家经委、财政部、中国人民银行、中国人民建设银行联合发布《关于国内合资建设的暂行办法》。该暂行办法对以下方面做了明确规定：合资建设的目的，合资建设项目的重点，合资建设不受部门、地区和所有制限制，合资建设的形式，合资建设的资金构成和入股方式，合资建设项目要同工业改组、专业化协作、老企业技术改造和城市改造结合进行，合资企业的收益分配和债务分担，合资建设必须由合资各方共同制订合同条款，合资联营企业的建设和生产，合资建设不得搞与现有生产企业争原料、争燃料的动力项目，所有合资建设项目都必须纳入有关各部和地方的固定资产投资计划等。

26日 中国人民银行、国家计委、财政部、外贸部颁发《关于加强留成外汇额度管理的暂行办法》。该办法规定：1. 外汇留成办法由国家计委会同有关主管部门制订，报国务院批准。除批准享有留成外汇的单位外，其他机关、团体、部队和企事业单位收入的外汇，不享受外汇留成。未经国务院批准，任何单位不得改变或扩大留成外汇的分配范围和比例。实行包干的省代理内地省区出口时，应及时将收入的外汇全部划给原委托省区，按照国务院批转的《出口商品外汇留成试行办法》的规定办理出口商品外汇留成。2. 国家计委、中国人民银行、财政部、外贸部按国家有关规定分工负责审批和管理各种留成外汇，应根据国务院批准的外汇留成办法核批外汇留成额度。3. 中国银行根据批准的年度支付计划及规定的用途办理支付。各部门和单位闲置多余的留成外汇额度，可按规定通过中国银行办理额度调剂或额度借贷，用汇单位所得外币主要用于发展经济建设的有关支出。4. 实行外汇留成单位需要的营运资金或备付进口货款，经外汇管理部门批准后，可将外汇额度购成现汇存放境内，中国银行根据规定用途监督使用。留成外汇应主要用于境外支付，不允许利用留成外汇作为国内计价结算的手段和购买国内物资的交换条件。

27 日　国务院颁布《关于解决企业社会负担过重问题的若干规定》。该规定明确：1. 对国家或中央主管部门有明文规定的收费，如财产保险、排污收费、公路养路费、人防工程费、教育经费等的收费，要根据减轻企业社会负担的精神，研究改进原有规定，有的要制订统一办法。人民银行从 1981 年起办理结算业务收取手续费，为了减轻企业负担，可适当降低结算贷款利率。2. 对城市维护和建设方面的开支，国家已安排了专项基金，不准挪作他用。城市住宅建设的区内配套项目，由国家计委、城乡建设环境保护部进一步规定合理的统一规定执行，不得任意加价或索取财物。3. 向企业收取的回扣及其他不合理摊派，应予以取消。

11 月

2 日　中国银行颁布《中国银行外币存款章程》和《中国银行人民币特种存款章程》。外币存款分甲、乙两种，分别是针对企事业单位和个人的存款账户，包括定期存款和活期存款，外币种类包括美元、英镑、港元、西德马克和日元五种。特种人民币存款是指外汇、外币兑换成人民币形成的存款，为记名式活期存款，分为往来户和存折户两种，本存款按照中国人民银行公布的活期存款利率计息，该种存款可随时兑换成外汇汇往境外。

30 日　国务院总理赵紫阳向五届全国人大五次会议做题为《关于第六个五年计划的报告》，其中提出了全面实现“六五”计划的主要措施：1. 严格控制固定资产投资总规模，切实保证重点建设和企业技术改造计划完成。固定资产投资规模，包括国家预算内的拨款、自筹资金和银行贷款，都必须由国家计委和省、自治区、直辖市计委进行综合平衡，统一纳入国家计划。所有建设项目必须严格按照基本建设程序办事，一律实行定建设规模、定投资总额、定建设工期、定投资效果、定外部协作条件，并且实行严格的责任制度。用于基本建设的投资，由建设银行统一管起来，按计划监督使用。2. 坚决调整和全面整顿现有企业，努力提高企业的经营管理水平。3. 积极推进技术进步，充分发挥科学技术对经济建设的促进作用。今后应该根据国家财力的可能，采取积极的态度，逐步提高折旧率。在引进先进技术方面，国家要在外汇和国内配套资金上给予支持。4. 积极稳妥地加快经济体制改革的进程。必须正确贯彻执行计划经济为主、市场调节为辅的原则，把大的方面用计划管住、小的方面放开，主要通过工商行政管理和运用经济杠杆加以制约。无论实行指令性计划还是指导性计划，都要自觉地利用价值规律。

12 月

11 日　中国人民银行批准中国银行驻香港总稽核室改为中国银行驻香港管理处。

14 日　中国人民银行、外贸部、中国银行发布《关于重新规定“以出顶进”范围和审批权限的通知》。该通知规定：1.“以出顶进”业务，除国家另有规定外，只限授予直接经营对外贸易的公司才能办理。2. 用于“以出顶进”的出口商品，必须是计划内或者经过批准的计划外的再加工用的原料性商品，并应按外贸部出口商品分类管理的规定，经主管部门审批后，才能按“以出顶进”方式办理。3. “以出顶进”的出口商品，允许以外汇计价。4. 中国银行办理“以出顶进”结算时，进口一方银行应审查允许按“以出顶进”方式办理的批件及有关合同，符合规定时，方能办理外汇调拨手续；出口一方银行支付“以出顶进”货款后，方能办理结汇。文件还对“以出顶进”业务项下的统计和出口收汇分成等做了具体规定。

15 日 国务院转发国家经委、国家计委、财政部、中国人民银行《关于加强企业流动资金管理的报告》。该报告提出：1. 加强生产的计划管理，搞好产销平衡。对指令性计划产品和定点生产的计划产品，要安排好销售计划，做到产销衔接。对指导性计划产品和市场调节产品，要坚持以销定产、以销定购，防止盲目生产、盲目采购。2. 严格禁止计划外布点和重复建设，减少流动资金的占用。对物资消耗高、产品质量差、生产供过于求、产品大量积压，与先进企业争能源、争原料、争运输能力、争市场的落后企业，特别是那些盲目发展起来的以劣挤优的企业，要首先实行关停并转。3. 减少流通环节，疏通流通渠道。各级商业部门要会同银行区别不同情况，逐步核定正常合理的周转库存限额。超过限额而又不合理的，银行要加收利息。4. 限期处理积压物资。1981 年 1 月 1 日以后发生的积压物资和商品，需要报废、削价、改制而发生的损失，一律不准冲减国家资金和银行贷款。5. 加强流动资金管理，建立流动资金的考核制度。从 1983 年起，每年由财政部、中国人民银行提出流动资金周转指标，作为指令性指标，纳入国民经济计划。6. 在资金的供应上，根据不同情况，采取区别对待的措施。对有利于发展生产，搞活经济，扩大产品销售，能够提高经济效益的；对增产短线产品和改产耗能少、原材料消耗低的产品，以及采用新技术、新工艺、新设备、新材料，生产新产品，引进先进技术的，银行要在流动资金和设备贷款上，积极给予支持。7. 结合企业整顿，加强企业的资金管理。要因地制宜地推广首钢的经验，实行责、权、利相结合的经济责任制。银行通过试行浮动利率，奖优惩劣，促进企业加速资金周转。8. 加强流动资金管理工作的组织领导。从 1983 年起，由国家经委主持，各有关部门参加，每季召开一次流动资金分析会议，汇报检查流动资金计划的完成情况，并由国家经委、财政部、中国人民银行汇总向国务院汇报。中国人民银行要建立健全驻厂信贷员制度，加强基层银行的信贷管理工作，协助和监督企业管好用好资金。

24 日 国务院发布《关于严格控制固定资产投资规模的补充规定》。该规定指出，在五届全国人大五次会议上提出严格控制固定资产投资规模的 5 项措施：1. 固定资产投资总规模，包括国家预算拨款、自筹资金和银行贷款，都必须由国家计委和省、自治区、直辖市计委进行综合平衡，统一纳入国家计划。2. 大中型基本建设项目一律由国家计委审批，小型基本建设项目一律有省、自治区、直辖市计委和国务院有关部门审批。不经过国家计委和省、自治区、直辖市计委综合平衡，任何单位和个人都无权确定基本建设项目。技术改造项目，除国家规定企业有权自行安排的以外，由各级计委会同经委按照规定权限审批。3. 所有建设项目必须严格按照基本建设程序办事。4. 所有确定的建设项目，一律实行“五定”，即定建设规模、定投资总额、定工期、定投资效果、定外部协作条件，并且实行严格的责任制度。5. 用于基本建设的投资，由建设银行统一管起来，按计划监督使用。

国务院发布公告，授权中国银行办理被美国冻结资产的收回。公告指出：1979 年 9 月 9 日，国务院发布命令，授权中国银行，根据 1979 年 5 月 11 日签订的《中华人民共和国政府和美利坚合众国政府关于解冻资产要求的协议》，负责办理被美国政府冻结的各项资产的收回事宜。责成中国银行以国务院公告作为清偿工作的基本法规依据，进行审核、清偿。国家机关、国营企业、事业单位，包括团体、学校等，直接从美国、我国港澳地区或者第三国银行收回的解冻美元资产，由中国银行结付人民币，就地上交中央金库。原私营企业存在国外或者港澳地区的美元资产，由公私合营时的原行业主管单位负责，一次发给原股东50%的人民币，并给予侨汇优待，其余50%就地上交中央金库。原私营企业存在国外或者港澳地区的美元资产，解冻收回，资产全部归原所有人，30%给予外汇留存，70%结付人民币，并给予侨汇优待。私人存在原私营银行或者解放后存在中国银行被间接冻结的美元资产，解冻收回，统一结付人民币，并给予侨汇优待。但是，委托中国银行或者原私营银行直接存在境外的股票、债券，解冻收回，按照实收金额，30%给予外汇留存，70%结付人民币，并给予侨汇优待。按照本公告清偿的解冻美元资产，中国银行一律依据中国人民银行公布的买入外汇牌价结付，并按年息5%计付利息。

27日　国务院原则同意中国人民银行《关于成立中国人民保险公司董事会的报告》，并批准《中国人民保险公司章程》。中国人民保险公司主要任务是：贯彻执行国家保险事业的方针政策，领导和监督保险公司的经营管理工作。董事会、监事会的组成，除中国人民银行、中国农业银行，中国银行和中国人民保险公司的有关人员外，聘请国家经委、国家计委、财政部、外经贸部、铁道部、交通部、商业部、国际贸易促进委员会的一位负责同志参加。董事长、副董事长人选另行报批，董事、监事人选由中国人民银行与上述有关部门商量。

1983年7月28日中国人民保险公司董事会、监事会在北京成立。尚明任董事长，童赠银任首席监事，宋国华任总经理。

31日　财政部、中国人民银行、中国银行发布《关于国家非贸易外汇归财政部支配问题的暂行办法》。为贯彻国务院6月15日主持召开的非贸易外汇问题讨论会关于“非贸易外汇归国家财政支配，在中国银行单独立户其盈余分次预交，年终结算”的决定，该暂行办法规定，从1983年1月1日起，中国银行内部设置“920非贸易外汇买卖”科目，“920非贸易外汇买卖”科目归财政部支配，中国银行买入一切外汇均应记入本科目。

1983 年

1 月

2 日 中共中央发布《关于当前农村经济政策的若干问题》（关于农业问题的第二个“一号文件”）。文件从 14 个方面阐述了当前农村工作的方针、政策和任务要求。文件在论及关于“加快农村建设，必须广辟资金来源”的问题时指出：随着国家财政状况的好转，要逐步增加对农业的投资，但有限的国家投资只能用于群众力所不及的重大项目。解决资金问题，首先要把农村搞活。同时要教育农民懂得一要吃饭、二要建设的道理，各种合作经济组织均应建立固定资产折旧、公共提留和必要的劳动积累三项制度。农村有些基础设施，如仓库、公路、小水电等，可鼓励农民个人或合股集资兴办，并实行有偿使用制度，谁兴办谁受益，使资金能够回收和周转。农业银行和信用社应改善服务态度，在聚集资金、办理信贷、监督资金使用方面发挥应有的作用。信用社应坚持合作金融组织的性质。

4 日 中国人民银行发布《关于降低结算贷款利率的通知》，决定从 1983 年第一季度开始，结算贷款利率由现行的月息 6‰恢复到 3‰。

5 日 国务院在听取关于召开全国工交会议和财政工作的汇报后提出 1983 年的改革要点：1. 工业、商业要加快改革步伐。方针是，第一要坚决改；第二要经过试点，有领导、有步骤地改。国营工业企业，除极少数具备条件的大型企业实行利润递增包干的办法外，1983 年普遍推行利改税。税后利润节余很多的，再采取各式各样的承包办法。2. 要拿出全面改革工资制度的方案。3. 必须控制财政赤字，实现财政收支的基本平衡。4. 流动资金由人民银行统一供应和管理。人民银行的权力不能分散，必须在国家统一计划和领导下，指导生产，引导建设。

7 日 中国人民银行印发《中国人民银行关于侨资、外资金融机构在中国设立常驻代表机构的管理办法》。主要内容是：侨资、外资金融机构经批准可以在北京和其他指定城市设立派出机构；中国人民银行是上述派出机构的审批和监管机构；获准设立的派出机构要到工商管理部门办理登记手续并在中国银行开立账户；派出机构的有效期为 3 年，如要延长需经批准；派出机构的工作范围包括工作洽谈、联络、咨询、服务等非直接营利的工作；派出机构要遵守中华人民共和国的法律，接受中国人民银行的监管等。

8 日 中国农业银行发布《关于试办开发性贷款的意见》。该意见提出：这项贷款只限于开发荒山、荒地、荒水、草原、滩涂，发展新的、生产建设周转期 5 年以上的林业、牧业、渔业生产项目，可以用于各种生产开支和必要的劳务开支。贷款必须在各县农业区划和农业发展规划的基础上办理。在试办阶段，只能在县农业发展规划中选择力所能及的项目试办。贷款前，要做好对项目考察评估工作，务必做到看准一项、支持一项，支持一项、办成一项，不得一哄而起、全面铺开、平均分配贷款。贷款对象只限于实行联产承包的专业队、专业组、专业户和新的经济联合体。贷款期限一般为 5 ~ 10 年。贷款利率为月息 3.6‰，专款专用，不得自行改变贷款用途和转移物资、资金。开发性贷款包括在各分行信贷差额包干计划内统一安排，实行专项指标管理。

11 日 中国人民银行在北京召开全国分行行长会议，着重讨论 1983 年银行在改革管理制度方面的问题。会议确定：1. 对集体经济、个体经济和承包经营企业放宽政策，在开户、信贷、结算等方面给予支持，同时加强管理和监督；开办保险业务，促进它们健康发展。2. 建立以银行为主体的多种信用方式，适当开放商业信用，有重点地办理卖方信贷，试办票据贴现等业务，引导各种信用方式纳入国家计划轨道。3. 开办高档次耐用消费品储蓄，把发展储蓄业务同引导消费、促进生产结合起来。4. 正确发挥利率的杠杆作用，对不同行业、不同区域、不同产品的贷款，实行差别利率和不同的还款期限，以鼓励能源、交通建设和技术进步，发展短线产品生产，限制长线产品生产和重复建设。

14 日　国务院办公厅发布《关于中国人民建设银行、中国农业银行组织机构的通知》。该通知指出，中国人民建设银行、中国农业银行是相当于国务院直属局级的金融经济组织。中国人民建设银行受财政部和中国人民银行的双重领导，以财政部领导为主。在办理金融业务方面受中国人民银行领导，在办理财政业务方面受财政部领导。中国农业银行在金融政策、货币流通、信贷计划、机构设置、外汇管理 5 个方面受中国人民银行领导。

中国农业银行发布《关于当前农村贷款工作中几个政策问题的意见》。该意见对支持专业户（重点户）贷款问题，支持发展各种合作经济贷款问题，支持农村个体商业贷款问题，对有雇工经营的合作经济组织与个体农工商户贷款问题，承包户（或联户）、个体工商户购买大中型生产资料问题，支持农村小集镇建设贷款问题，支持农民改善生活（包括某些生产）条件的贷款问题，承包地区原集体积欠贷款债务落实问题等作出了明确规定，要求各行根据本地区的实际情况，制订具体实施方案。

20 日　中国人民银行、外贸部联合发布《关于争取对外承包工程和劳务合作在国内保险的通知》。该通知对对外承包公司、有关驻外使馆经商参处，提出为了增加外汇收入，为四化建设积累资金，对外承包工程和劳务合作应争取在国内保险，对一些重大承包项目，保险公司可派人参加有关保险问题的谈判，必要时也可作为保险顾问参加我方承包公司派往国外的工作组或代表团协助工作。该函对应争取的保险项目也做了明确规定。

31 日　国务院批转国家计委、国家经委、外贸部《关于对外经济贸易工作中分工的意见》。其中与金融部门有关的内容是：1. 国际收支计划执行中的调整和重大外汇调度，国家计委要同中国人民银行、中国银行等部门商量后决定，更大的调整要报请国务院批准。有关外汇管理制度办法的制定修改等，由中国人民银行商同国家计委、国家经委、财政部、外贸部提出解决意见，报国务院批准。2. 签订政府间贷款协定和协议的问题，按国务院授权办理。各部和省、自治区、直辖市利用外资计划报国家计委、国家经委、外贸部，同时抄送财政部、中国人民银行并中国银行，由外贸部汇总，国家计委会同有关部门综合平衡、统一审定后，分别纳入各级国民经济计划和各级财政预算。利用国外贷款或采取中外合资经济、合作经营、合作开发、补偿贸易方式进行限额以上项目，其项目建议书、可行性研究报告，均由国家计委会同国家经委、外贸部、财政部、中国银行以及有关部委审批。3. 关于引进技术和进口成套设备计划的制订，由各部门和省、自治区、直辖市提出，报国家计委、国家经委、外贸部，同时抄送财政部、中国人民银行并中国银行；使用国家外汇、出口信贷和留成外汇的限额以上项目，其项目建议书及可行性研究报告，以国家计委为主，会同国家经委、国家科委、外贸部、财政部，组织有关部门进行审批。

2 月

6 日　国务院批转国家经委《关于技术改造工作座谈会情况的报告》。1982 年 10 月 23 日，国家经委、外贸部、中国人民银行召开全国技术改造工作座谈会，初步确定 1983 年技术改造计划的资金规划，择优安排第一批技术改造和技术引进项目，并讨论研究了鼓励企业技术进步的一些政策措施。其中在讨论有关适当调整贷款政策的问题时提出：要保证贷款优先用于内涵为主的技术改造项目，除对节能、交通、买船等专项贷款实行优惠利率外，其他中短期设备贷款实行浮动利率。对社会综合经济效益高而缺乏还款能力的技术改造项目和用于新技术开发的项目，应给予优惠，按现行利率向下浮动。还款期限一般不超过5年，社会综合经济效益高而还款能力差的贷款项目，经过批准可适当延长。

11日 国务院批转国家体改委、商业部《关于改革农村商品流通体制若干问题的试行规定》。该试行规定提出：现行的农村商品流通体制已经越来越不适应新形势的要求，农民“卖难”“买难”已成为当前农村经济生活中一个十分突出的问题。为了尽快改变这种状况，须实行多种经济形式、多种经营方式、多种流通渠道，改变统得过多、独家经营、渠道单一的做法；合理设置批发机构，搞好农副产品收购和工业品下乡，解决农民“卖难”“买难”的问题；加快供销合作社体制改革的步伐；建立商业企业经营承包责任制，提高经济效益；逐步调整部分商品的价格政策，调整税收、财政、信贷政策，包括国营商业企业和县联社要实行“利改税”，银行对农副产品和生产资料经营的季节性贷款，给予优惠利率等。

19日 中国农业银行印发《关于改革信用社管理体制的试点意见》。该试点意见指出：1. 要明确信用社是集体所有制的金融组织，逐步恢复和加强信用社组织上的群众性，管理上的民主性，业务经营上的灵活性。2. 信用社要独立经营、独立核算，逐步做到自负盈亏；任何单位和个人不准抽调信用社资金，侵占信用社财产。3. 调整和健全公社及公社以下的信用合作组织。4. 信用社的贷款要贯彻以支援农业生产为主，支持双包户、专业户（重点户）为主和支持流动资金周转为主的原则；在“三个为主”的原则下，充分发挥信用社资金力量，允许与银行有某些业务交叉。5. 信用社的利率可以比银行高，可以根据市场情况和择优扶持的需要实行浮动利率。6. 全国信用社现有脱产职工的政治、经济待遇和口粮同银行职工一致不变。今后信用社和分社新增加职工，除补助自然减员外，原是农村户口的均不转城镇户口，不吃商品粮，不拿固定工资，按业务量付酬。7. 在县一级要建立信用社的联合经济组织——信用合作联合社，各个信用社之间在经济上实行既独立又联合的办法。中国农业银行要求各分行都要认真抓好一两个县的试点。

24日 外贸部、财政部、中国人民银行联合颁布《关于中外合资经营企业向国家交纳税款，同国内各企业或个人之间结算使用货币的规定》。该规定明确，合营企业向国家缴纳税款和法定的各项费用一律使用人民币，不得向合营企业收取外币或外汇兑换券。合营企业同国内各企业或个人之间的结算都应使用人民币，不得向合营企业收取外汇或外汇兑换券。合营企业同银行、保险公司和外贸公司之间的结算，可视不同情况，分别使用人民币或外币。国内基建单位承建合营企业的建筑工程，除利用外资建造旅游饭店可按外币结算承包外，其他合营企业的基建工程均应以人民币结算。

4月

2日 国务院发布《关于对外借款有关问题的通知》。该通知规定：除政府间贷款和向世界银行、国际货币基金组织等国际金融机构借款以及国家另有规定者外，国内各单位向国外或港澳地区借款和以发行债券方式募集资金，均应按照国务院规定的权限和程序报批，批件抄告同级中国银行并受其监督。国内单位向国外银行借款，中国银行如认为条件合适，借款单位可向中国银行申请担保。国内单位借入的外汇资金必须存入中国银行，借款单位必须在中国银行开户。为了便于掌握对外负债的全面情况，所有对外单位应按国家规定，及时报送统计报表（包括债务报告），并同时抄报同级中国银行，中国银行应加强审查和监督。

6日 国务院批转国家计委、财政部、中国人民银行、国家统计局《关于编制综合财政信贷计划的报告》。该报告提出：必须把预算外资金纳入综合财政信贷计划，并且把编制综合财政信贷计划作为一项制度固定下来，作为加强宏观经济预测和计划指导的一个重要手段和措施。财政部既要管好预算内资金，也要管好预算外资金。综合财政信贷计划包括国家预算收支计划、国家信贷收支计划和预算外资金收支计划。当前信贷计划中的问题，就全国来说，主要是不能全面反映信贷资金的来源与运用。要做到全面反映国家或地区的信贷资金状况，就要编制综合信贷计划，做好信贷资金来源与运用的平衡。编制综合财政信贷计划，由计委牵头，计划、财政、银行和统计4个部门分工协作，各负其责。

20日　国务院批转财政部《关于建设银行机构改革问题的报告》。主要内容包括：中国人民建设银行为独立经营、独立核算的全国性金融经济组织，是管理基本建设等投资的国家的专业银行。它的任务是：贯彻执行中共中央、国务院有关经济建设的方针政策，按照国家的计划管理基本建设、地质勘探的支出预算，办理基本建设、更新改造的拨款、信贷和结算，管理建筑安装企业的财务，并对这些单位实施财政和信贷监督。中国人民建设银行各省、自治区、直辖市分行改为金融组织后，其职能、任务和级别待遇不变，属于地方基本建设的支出预算和财务管理工作，仍接受财政厅（局）的指导。省以下各级建设银行，由上级行和当地人民政府双重领导，以上级行领导为主。

24日　国务院批转《财政部关于全国利改税工作会议的报告》和《关于国营企业利改税试行办法》。主要内容包括：凡有盈利的国营大中型企业，均按照实现利润和55%的税率缴纳所得税。税后利润，一部分以递增包干上缴、固定比例上缴、缴纳调节税、定额包干上缴等办法上缴国家；一部分按照国家核定的留利水平留给企业。

25日　中国银行转发财政部《我国利用外资的现行若干减免税规定摘编》。其中，在“预提所得税”中与银行有关的规定是：1. 外商在1983—1985年，同我国公司、企业签订信贷合同或贸易合同，以及租赁贸易合同所取得的利息和扣除设备价款后的净租赁费，在合同有效期内可以减按10%的税率缴纳所得税。2. 国际金融组织贷款给我国政府和我国国家银行所取得的利息，免征所得税。3. 外国银行按国际银行间同业拆放利率，贷款给我国国家银行和经国务院或国务院授权单位批准对外经营外汇业务的信托投资公司所取得的利息，免征所得税。4. 外国银行按不高于国际银行间同业拆放利率，贷款给中国海洋石油总公司的利息所得，免征所得税。5. 我国公司、企业、事业单位购进技术、设备和商品，由对方国家提供卖方信贷，我方按不高于其买方信贷利率延期付款所付给卖方转收的利息，免征所得税。6. 外国银行和个人在我国国家银行存款，存款利率低于存款银行或存款人所在国存款利率的利息，免征所得税。7. 外商向我国公司、企业提供设备和技术，由我方用产品返销或交付产品等供货方式偿还价款的本息或者用来料加工、装配工缴费抵付价款的本息，免征所得税。

29日　财政部发布《关于银行实行利润留成的函》。自1983年起，对中国人民银行（包括中国银行、中国农业银行）实行全额利润留成办法，利润留成比例核定为7%。在提取的利润留成额中，用于职工福利方面的开支应控制在11%以内；用于职工奖励方面的开支不得超过9%；用于业务发展方面的开支不应低于80%。提取的利润留成，年终由中国人民银行按照核定的比例向财政部统一结算。核定的留成比例3年不变。

5月

23日　《中国农业银行经营责任制试行办法》和《中国农业银行利润留成暂行办法》发布。该试行办法规定：把利润留成的70%作为留成基数，其余30%以五项经济指标考核结果来提取。全面完成五项经济指标计划的，可按核定的利润留成比例全部提取。没有完成指标计划的，提取70%留成基数外，其余30%按照资金来源指标和资金运用指标各占7%，质量指标和费用指标各占6%，利润指标占4%，依率扣减。

25日 中国农业银行印发《关于调整行社往来利率等有关问题的通知》。该通知规定：从1983年起，农业银行与信用社的往来利率由原来的月息2.7‰调整为3.6‰，同时相应取消农业银行对信用社存贷款的利差补贴。存款较多的信用社，允许将长期不用的资金向农业银行存单位定期存款，农业银行按照规定付给利息。信用社代理银行贷款业务的手续费，自1983年起实行按收回贷款利息分成，一般按收回贷款利息10%～15%计付手续费。对收入利息特大或特小的地区的计费率，也可低于或高于这个比例。对所、社合署办公、人员统一使用实行费用分摊办法的，也应根据上述精神，合理调整其费用分摊的比例。信用社管理体制改革后，对业务量小暂时不能扭亏为盈的少数亏损信用社，农业银行可根据实际亏损情况给予亏损补贴。亏损计划核定后，由亏损社包干使用，节余留用，超亏不补。

6月

6日 国务院总理赵紫阳向六届全国人大一次会议做《政府工作报告》。该报告提出，今后5年政府的主要任务是动员全国各族人民全面完成和超额完成第六个五年计划，制订和执行第七个五年计划，把以经济建设为中心的各项建设事业继续向前推进，实现中国共产党第十二次全国代表大会提出的争取国家财政经济状况和社会风气的根本好转，在全面开创社会主义现代化建设新局面的斗争中取得重大的胜利。该报告强调，今后5年，首先要保证农业、轻工业和重工业相互协调地向前发展。在促进农业生产持续发展的同时，必须引导重工业更好地为农业、轻工业和技术改造服务，坚持在能源和原材料供应、运输条件、投资和贷款分配、外汇使用等方面优先保证轻工业需要的方针。

该报告指出，当时面临最突出的问题是国家财力不足，资金严重分散。解决这一问题要从三个方面入手：1. 大力提高经济效益，积极扩大财源；2. 合理分配国民收入，提高财政收入在国民收入中的比重；3. 正确确定基本建设总规模，努力保证重点建设的需要。关于经济体制改革，第一要改革计划体制，加强国家对国民经济的有效管理和指导；第二要按照社会化大生产的要求组织生产和流通，发展统一的社会主义市场；第三要改革财政体制和工资制度、劳动制度，进一步完善利改税制度。

10日 中国农业银行发布《关于改进农副产品预购定金贷款管理办法的通知》。该通知规定：预购定金可以发放给有农副产品预购任务的生产队（组），也可以直接发放给有交售农副产品任务、需要使用预购定金的承包户、专业户（重点户），用于解决当年生产资金的需要。今后各省、自治区、直辖市分行，对总行分配的预购定金贷款指标，在保证主管厅（局）系统预购品种需要的前提下，根据实际需要，可以在系统与系统之间调剂使用。对有关部门需要增加新的预购品种，可以用一般贷款支持，不占用预购定金贷款指标。

15日 国务院发布《中华人民共和国金银管理条例》。该条例共有7章35条，对金银的收购、配售和对经营单位、个体银匠及金银进出国境的统一管理都做了具体规定。其中规定：国家对金银实行统一管理、统购统配的政策；中华人民共和国境内的机关、部队、团体、学校，国营企业、事业单位，城乡集体经济组织的一切金银的收入和支出，都纳入国家金银收支计划；境内机构所持的金银，除经中国人民银行许可留用的原材料、设备、器皿、纪念品外，必须全部交售给中国人民银行，不得自行处理、占有；在中华人民共和国境内，一切单位和个人不得计价使用金银，禁止私相买卖和借贷抵押金银。根据这个条例，中国人民银行于同年12月28日颁发《中华人民共和国金银管理条例施行细则》。

1950年4月，中国人民银行制定下发《金银管理办法（草案）》，冻结民间金银买卖，明确规定国内的金银买卖统一由中国人民银行经营管理。

24日 中国农业银行印发《关于加强小水电信贷工作的几点意见》。为支持小水电事业的发展，该意见提出：发展小水电，要坚持自建、自管、自用的方针，在资金上以自力更生为主、财政和银行支援为辅。凡是单机在6 000千瓦、总装机12 000千瓦以下的小水电站，只要在农业银行开立结算账户，实行独立核算的，都可以受理贷款事宜。贷款主要是支持在批准的施工期内，用于购置装机设备和必要的建筑材料的资金需要。贷款的归还首先以电站提留的折旧金、新建电站的利润，改建、扩建电站和电站通过挖革改及多种经营增加的利润归还贷款；在未还清贷款前，不得用于上缴利润、股金分红、增加社员分配和其他支出。文件还对贷款期限和利率、建立健全贷款的管理制度和信贷制裁等做了具体规定。

25日 国务院同意并批转中国人民银行《关于国营企业流动资金改由人民银行统一管理的报告》。国务院强调指出，流动资金由中国人民银行统一管理，是资金管理体制的一项重大改革。中国人民银行有权制定流动资金管理制度，管理企业的国拨流动资金，核定企业的流动资金定额和计划，考核企业使用流动资金的效益。

中国人民银行在该报告中提出的银行统一管理流动资金的办法是：1. 企业的国拨流动资金仍然留给企业，由银行进行管理；对企业的国拨流动资金，应实行有偿占用，收取一定的占用费。2. 工业企业的流动资金定额改为一般按平均先进的销售收入资金率（或销售成本资金率）进行核定，每年按销售计划调整一次，生产和销售增长了，流动资金定额可相应增加。3. 对超定额（或超计划）贷款实行加息或“浮动利率”，取消定额内低息贷款，实行统一利率。4. 对不同的行业、企业和产品实行差别利率。5. 建立企业补充自有流动资金制度。根据目前企业的利润分配办法，对企业补充流动资金采取不同办法。

改革的步骤是：有条件的省、自治区、直辖市在1983年下半年选择一两个城市或纺织行业，进行流动资金统一管理的改革试点，以取得经验；从当年7月1日起，国营企业的流动资金全部改由银行贷款供应，国家财政不再增拨流动资金；自1984年起，按照先工业、后商业，先大中城市、后小城市的原则，结合各地实际情况，分期分批，争取1～2年内逐步做到银行统一管理流动资金。

7月

3日 中共中央办公厅、国务院办公厅转发中央书记处农村政策研究室、商业部、农牧渔业部、中国农业银行《关于坚决纠正在征购粮食结算中借机扣款的报告》。该报告提出：粮食部门收购粮食应当及时结算，坚持户交户结，队（组）交队（组）结，谁售粮谁得款，做到粮款两清，除代收农业税和按合同规定收回预购定金以外，不得为其他部门和单位代扣款项。农民应承担的社会负担和集体提留，应按政府有关规定并经群众民主评议的项目和集体经济内部签订合同执行。

7日 中国人民建设银行发布《关于严格控制贷款的紧急通知》。该通知指出，为了贯彻党中央、国务院关于严格控制基本建设规模、集中资金保证重点建设的指示，建设银行决定，各地建设银行发放的固定资产投资贷款，一定要严格控制在国家计划之内，贷款突破国家计划的，要追查有关行长的责任。为此采取三项措施：1. 凡是由建设银行发放的贷款，不论资金来源如何，都要逐项清查。对不符合规定的，一律停止贷款，进行清理。2. 各级建设银行1983年安排的供企业更新改造用的贷款，凡是超过批准贷款指标的，一律不得发放。3. 各级建设银行经办的信托投资公司立即停办，将资金并入银行，按正常信贷业务办理，以便加强对信贷资金的集中统一管理。

8日 深圳市宝安县联合投资公司向社会公开发行股票。7月25日，宝安县联合投资公司在《深圳特区报》上刊登招股启事：“欢迎省内外国营集体单位、农村社队和个人（包括华侨、港澳同胞）投资入股，每股人民币10元。实行入股自愿，退股自由，保本付息，盈利分红。”1991年，该公司更名为宝安企业（集团）股份有限公司，6 月 25 日，宝安股票公开在深交所挂牌上市。总股本 2.64 亿元，是当时全国最大的上市公司。深圳市宝安县联合投资公司成为首家通过报刊公开招股的公司。

9 日 国务院发布《关于严格控制基本建设规模，清理在建项目的紧急通知》。为了坚决刹住基本建设投资增长过猛的趋势，保证国民经济稳定发展，集中财力、物力加强重点建设，该通知规定：抓紧检查、清理基本建设投资规模，迅速把超过国家下达的基建规模的部分压缩下来。认真清理在建项目，计划外的项目，要一律停下来，并切实做好善后工作。计划内的项目，也应视工艺、能耗、产品销路等情况确定是否继续建设。严格控制新开工项目。认真清理向建设单位乱摊派、敲竹杠、吃大户的问题。更新改造投资规模也要严格控制，不得突破国家下达的指标。

18 日 中国人民银行发布《关于严格控制基本建设贷款的通知》。该通知规定：1. 凡未列入国家计划和省、自治区、直辖市计划的基建贷款的在建项目，一律停止贷款；2. 计划内基建贷款和中短期设备贷款的在建项目，凡因建设条件不具备、工艺落后和重复建设等原因，主管部门决定停建的，一律停止贷款；3. 经国务院有关部门批准纳入国家更新改造计划，用中短期设备贷款安排的属于基建性质的在建项目，应当停建的项目，一律停止贷款；4. 未纳入国家更新改造计划的基建性质的在建项目，一律停止贷款；5. 地方用人民银行贷款搞的自筹基建项目，一律停止贷款，并从建设单位的自有资金中收回已发放的贷款；6. 各级人民银行办理的信托投资公司（部），要按照国务院的规定，立即停止发放固定资产投资贷款，并进行清理；7. 国家支援少数民族地区发展经济的专项贷款，如需用于基建，要按规定经过批准，纳入国家基建计划。

8 月

5 日 国务院批转外贸部《关于大力扩大机电产品出口问题的报告》。该报告提出：为了支持大型机电产品和成套设备的出口，由国家拨款在中国银行设立一笔专项人民币信贷基金，供作周转使用。贷款年限，从目前的 10 年改为 15 年，年息从目前的 7.2% 改为 3.6% ~5.5%。贷款手续要简化，有对外合同证明，进出口公司担保经银行审核同意，即可贷款，不需要逐个逐笔报批。

12 日 财政部、中国人民银行发布《关于企业申请和归还各种技措贷款有关财务税收问题的规定》。该规定明确，企业申请技措贷款，不论国营企业还是集体企业，一般要有 10% ~30% 的自有专项资金用于贷款项目，不足部分才能使用贷款。企业归还贷款，国营企业应首先使用企业自己的各种专项资金（包括更新改造资金和生产发展基金等）归还，不足部分，没有实行利改税的企业，用贷款项目投产后新增加的利润归还；实行利改税的企业，在交纳所得税之前，用贷款项目投产后新增加的利润归还。个别税率高、利润低、需要鼓励发展的产品，用上述资金仍不足归还贷款的，经财政部批准，可用贷款项目增加的工商税还款。城镇集体企业应当用交纳所得税后的利润归还，用税后利润归还有困难的，经省、自治区、直辖市税务局批准，可以在交纳所得税之前，用贷款项目投产后新增加的利润归还一半，其余部分用税后利润归还。

11 月 5 日，财政部、中国人民银行对上述规定做了补充，确定在近几年内，对城镇集体企业新借用的各种技措贷款的归还办法改为：在缴纳工商所得税之前，用贷款投产后新增加的利润归还贷款本息的 60%，其余 40% 用税后利润归还。

26 日 中国人民银行、国家经委、财政部联合发布《关于国营企业流动资金改由人民银行统一管理的有关问题的通知》。该通知规定：1. 从 1983 年 7 月 1 日起，国营企业（包括预算内外，下同）流动资金改由人民银行统一管理，所需流动资金由银行按照信贷政策供应，国家财政不再增拨流动资金。过去各地财政部门已经拨给企业主管部门的企业流动资金，仍然留给企业，不得收回。财政拨给企业主管部门的流动资金，尚未下拨的，必须在下半年拨给企业，不得挪作他用。2. 国营企业和企业主管部门的国拨流动资金，以6月30日企业账面数为准。自7月1日起，未经银行同意，国拨流动资金不得抽调或减少。3. 1980年以前入库的钢材、机电产品的削价报废损失及其他遗留问题的资金损失，短期内难以查清楚的，在办理交接后抓紧清查核实。4. 鉴于当年财政、银行、企业的收支、利润留成计划已经确定，1983年下半年银行各项贷款计息办法，仍按现行规定执行，不作变动。从1984年1月1日起，取消银行定额内低息贷款。

27日 国务院发布《关于严格控制货币投放、积极组织货币回笼的通知》。该通知指出，1983年以来货币回笼情况比往年差，主要是基本建设规模过大，消费基金增长过快，农业贷款增长过猛。如果这种趋势不迅速扭转，全年货币发行计划将会大大突破，市场物价基本稳定的局面将难以保持，生产建设和人民生活就要受到影响。国务院要求各级人民政府和国务院各有关部门在努力发展生产的基础上，采取有力措施，紧缩银根，严格控制货币投放，力争1983年年末货币发行量控制在计划以内。

该通知规定：1. 超过国家基建计划的，必须下项目，真正把基建规模压缩下来。中国人民银行、中国农业银行、中国银行和中国人民建设银行要认真清理固定资产贷款，不仅要把基建贷款和中短期设备贷款严格控制在国家计划以内，并且还要压缩一部分。地方用银行贷款搞的自筹基建项目，除报经国家计委和各银行总行批准的外，一律停止贷款。各地区、各部门的信托投资公司，除了国家批准的以外，要按照规定立即停办和清理，不执行规定的，责成人民银行冻结其存款。2. 凡是超过国家规定标准的，有经营亏损或利润没有增长而奖金增加的，奖金增长超过盈利增长的，都要降下来。对弄虚作假、巧立名目乱发奖金、发补贴的，要追究有关领导人的责任。各级银行要严格城乡现金管理，防止套取现金和任意坐支现金。3. 农业贷款的发放，要同农业生产资料的供应相适应，防止由于钱多物少而使价格上涨。对与大工业争能源、争原材料和盲目建设、重复建设、产品没有销路的社队企业，应当停止发放贷款。新增加存款至少要以30%交中国农业银行作为存款准备金。各地要抓紧收回到期、逾期贷款，贷款到期不还的要加收利息。4. 银行对生产和收购超过限产计划的长线产品、没有销路的产品和已列入淘汰的产品，对已确定关停并转的企业和发生亏损长期占用银行贷款的企业，都不予贷款。对外贸企业超期、超额亏损的，银行一般不贷款，已经占用的贷款要限期收回，并加收利息。5. 应当由财政承担的开支，不能挤占信贷资金，以免增加财政性的货币发行。要加强对集体、个体经济户的税收管理，以增加财政收入和货币回笼。要认真审查和严格控制社会集团购买力，以节省非生产性开支，减少现金支出。6. 继续贯彻在能源和原材料供应、运输条件、投资和贷款分配、外汇使用等方面优先保证轻工业需要的方针，千方百计地增加适销对路的商品的生产，特别是增加农业生产资料和农村建筑材料的生产和供应。轻纺工业要不断提高产品质量，增加花色品种，开拓新的生产门类。7. 积极吸收城乡储蓄存款，增加信用回笼。

9月

1日 国务院颁布《中华人民共和国财产保险合同条例》。该条例共有5章23条，对该条例所指的财产保险范围，保险合同的订立、变更和转让，投保方的义务和保险方的赔偿责任等，做了明确规定。该条例规定：投保方提出投保要求，填具保单，经与保险方商定交付保险费办法，并经保险方签章承保后，保险合同即告成立；在保险有效期内，投保方和保险方可以协议改变保险合同的内容；保险合同一经成立，保险方不得在保险有效期内终止合同；投保方应当按照约定交付保险费；保险方应当按照保险合同的规定履行赔偿责任；赔偿金应在十日内偿付，否则应承担违约责任并支付违约金。该条例还规定：公民个人同保险方签订的保险合同、涉外财产保险合同参照本条例执行。海上保险合同，除法律另有规定外，适用本条例的规定。

3 日　中共中央、国务院发布《关于加强利用外资工作的指示》。该指示提出，利用外资、引进先进技术，对加快我国社会主义现代化建设具有重要的战略意义。同时强调当前应尽可能利用外国政府和国际金融组织的中低利、中长期贷款；加快一些重点项目和基础设施的建设；也要尽可能多吸收一些直接投资，以加快现有企业的技术改造。应在平等互利的原则下，做好以下工作：放宽税收政策。对中外合资经营企业实行适当的减免税，同时要抓紧同有关国家谈判签订避免双重征税协定，以利于外商向我国投资和提供技术。提供一部分国内市场，采取灵活措施，对可以带进我国缺乏的技术，以及生产我国还需要进口的短线产品的中外合资经营企业，可以扩大其产品内销比例。放宽对设备、材料进口和产品出口的限制。继续发挥中国银行在组织和利用外资方面的积极作用。实行合理的价格政策。对在经济特区试办的全部由外商投资的企业抓紧总结经验，制订管理办法。对华侨和港澳台同胞在境内投资给予特殊的优惠。根据需要和可能，我国可到国外开办中外合资经营企业，其重点是合作开发我国迫切需要的资源。中外合资经营企业的外汇收支一般应保持平衡。制定和完善有关法规。

为了使国际社会正确地了解我国的外汇储备实际情况，中国人民银行决定从 1983 年第三季度起，除公布我国外汇储备的总金额（包括国家外汇库存、中国银行的外汇结存和国家对外借款的未用部分）外，拟将其中的国家外汇库存和中国银行外汇结存分别列明，同时单独公布国家借款数字。

17 日　国务院作出《关于中国人民银行专门行使中央银行职能的决定》。该决定指出，为了充分发挥银行的经济杠杆作用，集中社会资金，支持经济建设，改变目前资金管理多头、使用分散的状况，必须强化中央银行的职能。

该决定的主要内容是：1. 中国人民银行是国务院领导和管理全国金融事业的国家机关，不对企业和个人办理信贷业务，集中力量研究和做好全国金融的宏观决策，加强信贷资金管理，保持货币稳定。其主要职责是：研究和拟定金融工作的方针、政策、法令、基本制度，经批准后组织执行；掌管货币发行，调节市场货币流通；统一管理人民币存贷款利率和汇价；编制国家信贷计划，集中管理信贷资金；管理国家外汇、金银和国家外汇储备、黄金储备；代理国家财政金库；审批金融机构的设置和撤并；协调和稽核各金融机构的业务工作；管理金融市场；代表我国政府从事有关的国际金融活动。2. 中国人民银行成立有权威的理事会，作为决策机构。中国人民银行的分支机构原则上按经济区划设置，其主要任务是：在人民银行总行的领导下，根据国家的金融方针政策和国家信贷计划，在本辖区调节信贷资金和货币流通，协调、指导、监督、检查专业银行和其他金融机构的业务活动，承办上级人民银行交办的其他事项。人民银行总行对其分支机构，在银行业务和干部管理上实行垂直领导、统一管理。国家外汇管理局及其分局，在人民银行的领导下统一管理国家外汇，中国银行统一经营国家外汇的职责不变。成立中国工商银行，承担原来人民银行办理的工商信贷和储蓄业务。3. 人民银行对专业银行和其他金融机构（包括保险公司）主要采取经济办法进行管理。各专业银行和其他金融机构，对人民银行或人民银行理事会作出的决定必须执行，否则人民银行有权给予行政或经济制裁。4. 为了加强信贷资金的集中管理，中国人民银行必须掌握 40% ~ 50% 的信贷资金，用于调节平衡国家信贷收支。财政金库存款和机关、团体等财政性存款，划为人民银行的信贷资金。专业银行吸收的存款，也要按一定比例存入中国人民银行，归中国人民银行支配使用。专业银行的信贷收支，必须全部纳入国家信贷计划，按照人民银行总行核定的信贷计划执行。

20 日　国务院发布《中华人民共和国中外合资经营企业法实施条例》。该条例规定：允许设立合营企业的主要行业是能源开发、建筑材料工业、化学工业、冶金工业；机构制造工业、仪器仪表工业、海上石油开采设备的制造业；电子工业、计算机工业、通信设备的制造业；轻工业、纺织工业、食品工业、医药和医疗器械工业、包装工业；农业、牧业、养殖业；旅游和服务业。在中国境内设立合营企业，必须经外贸部审查批准。合营企业为有限责任公司。合营者可以用货币出资，也可以用建筑物、厂房、机构设备或其他物料、工业产权、专有技术、场地使用权等作价出资。外国合营者出资的外币，按缴款当日中华人民共和国国家外汇管理局公布的外汇牌价折算成人民币或套算成约定的外币。合营企业的一切外汇事宜，按《中华人民共和国外汇管理暂行条例》和有关管理办法的规定办理。

27 日　中国银行在上海签订第一笔出口买方信贷。这笔贷款是由中国银行上海分行贷给香港快船船务公司的。金额为 564 万美元。中国银行为了支持我国机电产品和船舶扩大出口，决定在上海等地分行试办出口买方信贷业务，为购买我国产品的外国和港澳地区进口商人提供优惠贷款。同时，中国人民保险公司试办我国第一笔中长期保险业务。中国人民保险公司上海分公司与中国银行上海分行达成协议，对其出口船舶买方信贷提供中长期出口信用保险。

11 月

8 日　劳动人事部、国家计委、财政部、中国人民银行发布《关于实行工资基金管理试行办法》。该试行办法规定：1. 凡全民所有制企业、事业、机关等单位支付职工个人的属于工资总额组成的计时工资、计件工资、加班加点工资、附加工资、奖金、津贴等，均包括在工资基金管理范围之内。工资总额组成，按国家统计局的规定执行。2. 工资总额组成的支出，不论现金或转账，都必须全部通过开户银行监督支付，不准从各项业务收入中坐支，不准从银行、信用社套取现金支付，也不准采用其他形式变相支付。任何单位一律不准在国家规定的工资、奖金、津贴之外，动用自有的现金向职工发放实物和变相奖金。3. 经国务院批准下达的各省、自治区、直辖市和国务院有关部门的年度工资总额计划，应按隶属关系逐级下达到基层，同时抄送同级人民银行。凡在中国工商银行、中国农业银行、中国人民建设银行、中国银行开户的单位，均应将工资总额计划、工资基金支付情况，抄送同级开户银行，银行根据核定的工资基金使用计划监督支付。4. 对于违反国家政策，违反工资基金管理，滥发奖金、计件超额工资、加班工资、浮动工资、各种津贴，擅自在计划之外增加职工和工资基金的，银行发现后应一律拒付，经检查发现滥发的工资、奖金、津贴和实物的应报告当地政府，由当地政府对主要责任者视情节轻重处理。情节严重的，除对有关领导人员予以必要的处分外，并由政府通知银行追回滥发的工资、奖金等，上缴国库。该规定从 1984 年第一季度起执行。

12 月

23 日　中国人民银行发布通知，从 1984 年 1 月 1 日开始，中国人民保险公司的分支机构改由中国人民保险总公司垂直领导，在基建、物资、劳动工资、财务、人事、外事等方面实行系统管理。

27 日　中国人民银行发布《关于修改〈异地托收承付结算办法〉的通知》。该通知主要对适用范围和金额起点做了修订，异地托收承付结算办法，除了经营管理较好、经银行同意的集体工业企业可以使用外，其余的集体工业、集体商业和农村社队等合作经营组织都不能使用，结算金额的起点由 30 元改为 1 000 元。根据加强法制和维护《中华人民共和国经济合同法》的严肃性的要求，修改的结算办法进一步强调了使用条件，并且明确规定了银行代收扣款的最长期限。对多次不按合同发货或者多次拖欠货款的单位，银行要根据规定停止其使用这种结算；对单位逾期不能付款的，银行可以协助代办扣款；对逾期未付款的，扣款规定最长期限不超过 6 个月，超过期限的，银行即将托收单证退转销货单位，由双方联系解决。单位逾期付款要加收赔偿金，不能自行变更扣款顺序或借口不扣罚金。银行和单位工作差错或违反规定，延误资金结算的，都要承担一定的经济责任。该规定自 1984 年 3 月 1 日起实行。

28日 最高人民法院、中国人民银行发布《关于查询、冻结和扣划企业事业单位、机关、团体的银行存款的联合通知》。该通知规定：1. 人民法院因审理经济纠纷案件或经济犯罪案件，需要向银行查询企事业单位、机关、团体的银行存款，或者查阅与案件有关的会计凭证、账册、报表等档案资料时，应当向银行出具正式公函，由银行行长（主任）指定具体的业务部门，负责提供有关的情况和资料并派专人接待；对银行提供的资料人民法院应当保守秘密。2. 银行在接到人民法院依法裁定冻结企事业单位、机关、团体一定数额的银行存款的协助执行通知书后，应当立即凭此通知书冻结单位的银行账户上的同额存款（只能就地冻结，不能转户）。冻结单位存款的期限最长不超过6个月，逾期不办理继续冻结手续的，视为自动撤销冻结。3. 人民法院需要银行协助扣划单位存款时，应向银行发出协助执行通知书。只要被告单位的银行账户上当日有款可付，银行应主动通知人民法院，并根据被告单位资金周转情况，尽快予以扣划。

1984 年

1 月

1 日 中共中央发布《关于 1984 年农村工作的通知》（关于农业问题的第三个“一号文件”）。该通知从 10 个方面论述了党在农村工作中的任务和要求，强调 1984 年农村工作的重点是：在稳定和完善生产责任制的基础上，提高生产力水平，疏理流通渠道，发展商品生产。在提到“加强社会服务，促进农村商品生产的发展”时指出：信用社要进行改革，真正办成群众性的合作金融组织，在遵守国家金融政策和接受农业银行领导、监督下，独立自主开展存款业务。农村存款要优先用于农村，多存可以多贷。在保证农业贷款需要的前提下，可以经营农村工商信贷业务。贷款利率可以浮动。中国农业银行要努力改善经营，切实做好农村信贷服务工作。

中国工商银行成立。中国工商银行成立大会于 1983 年 12 月 30 日在中国科学院礼堂举行，国务委员、国家经委主任张劲夫，人大常委会副委员长、中国国际信托投资公司董事长荣毅仁等领导出席大会。中国工商银行是国务院直属的经济实体，基本任务是：在国务院规定的业务范围内，依照国家法令、政策，在人民银行宏观金融决策的指导下，在同意的信贷计划内，大力筹集社会资金，加强信贷资金管理，支持工业生产发展，支持商品流通扩大，推进技术进步，充分发挥银行在经济建设中的作用。原由中国人民银行办理的储蓄、信贷等商业银行业务划归中国工商银行办理。国务院任命朱田顺为董事长，陈立为行长。2005 年 10 月 28 日，中国工商银行股份有限公司在北京成立。

16 日 财政部发布《关于中央银行成立后各专业银行、保险公司单独立户问题的通知》。中国工商银行、中国农业银行、中国银行、中国人民保险公司从 1984 年起在财政部单独立户。各专业银行缴纳所得税后的利润，由中国人民银行在财政部核定的总比例范围内，分别核定各专业银行上缴财政的比例和利润留成比例。

18 日 中国人民银行理事会在北京举行第一次会议。会议要点为人民银行与专业银行在业务上是领导与被领导的关系，在行政上不是隶属关系。人民银行对专业银行的业务领导，主要通过经济办法来实现，并加上必要的行政手段。这些经济办法和必要的行政手段体现在：依照政策、法令管理，计划管理，资金管理，建立人民银行理事会作为决策机构。人民银行作为中央银行，要根据国家的方针、政策，把信贷资金管住，这不仅包括人民币，也包括外汇。人民银行必须掌握专业银行的活动范围和方向。在资金问题上，专业银行必须依靠人民银行的支持，绝不能倒过来，人民银行向专业银行“讨饭吃”。人民银行要按经济区划设置机构，但实现这个目标要有一个过程。各专业银行和保险公司分支机构都是经济实体，不列入当地政府的序列；这些机构的级别，主要应根据业务量大小来确定；不搞“一刀切”，从实际出发，同地方协商。

2 月

1 日 中国人民银行、海关总署发布《对金银进出国境的管理办法》。该管理办法规定，入境旅客带进金银及其制品，数量不受限制，但必须向入境海关申报。居住在中华人民共和国境内的中国公民、外国侨民和其他出境旅客，因出访、探亲、旅游以及前往国外或者港澳地区工作和学习的，每人可携带黄金饰品 5 市钱（15.625 克），白银饰品 5 市两（156.25 克）。回程时，必须将原物带回。迁居国外或港澳地区的，每人可携带黄金饰品 1 市两（31.26 克）、白银饰品 10 市两（312.50 克）。对中华人民共和国境内的外贸公司、工贸公司、侨资企业、外资企业、中外合资经营企业加工销售的产品，不论用进口金银或者用中国人民银行供应的金银做原料，不论含金银量高低，出厂前应由所在地中国人民银行检查产品所含金银重量，并核对合同，逐次登记，制发“金银产品出口许可证”。未取得中国人民银行制发的证明或者超过核准数量的，不准出口。该管理办法自 1984 年 2 月 15 日起实施。

6 日　中国人民银行颁发《关于中国人民银行专门行使中央银行职能的若干具体问题的暂行规定》。该暂行规定明确：1. 计划管理问题。各专业银行的信贷收支必须全部纳入国家信贷计划。专业银行要按年编制年度信贷计划，由人民银行综合平衡，汇编国家综合信贷计划，经国家批准后，人民银行据以核定专业银行的信贷计划，交由专业银行进行分配和组织执行。2. 统计问题。从 1984 年起，现金收支统计由工商银行、农业银行负责，按系统逐级汇总上报。各专业银行的信贷、现金统计项目在上报上级行的同时，报送当地人民银行，人民银行分行汇编的综合信贷和现金收支情况上报人民银行总行。3. 集中管理信贷资金问题。1984 年专业银行交存的存款比例为：企业存款 20%，储蓄存款 40%，农村存款 25%。专业银行交存存款每 10 日调整一次。4. 对专业银行的存款、贷款利率问题。1984 年暂时实行过渡性办法，按当时实行的联行存款、贷款月息 3.6‰计息。5. 联行制度问题。人民银行和各专业银行要各自建立独立的联行核算系统，分别核算各行的联行资金往来。6. 发行库管理问题。发行库是各级人民银行的重要组成部分，不设人民银行的地方不设发行库。7. 现金管理问题。人民银行授权专业银行按照国家的有关规定执行现金管理任务，处罚和制裁违规人员，并定期向人民银行报告执行情况。8. 财务问题。各专业银行和保险公司都向财政部单独立户。9. 关于人民银行与中国工商银行的账务划分问题。人民银行各分行、分支机构，要按照人民银行和中国工商银行的账务划分规定，编制“两行科目结转对照表”，进行账务划转。

10 日　国务院召开全国经济工作会议。会议决定，经济工作要以提高经济效益为中心，强调经济战线要把提高质量、增加品种、降低消耗、节约资金、增加税收和利润作为奋斗目标，号召经济工作战线的广大干部、工人要进一步行动起来，为开创提高经济效益的新局面而努力奋斗。会议期间，还就以提高经济效益为中心，加强企业的思想政治工作，疏通流通渠道，增加优质名牌产品，以及搞好财政金融、企业整顿、技术进步工作等若干专题，分别展开了讨论。

18 日　国家外汇管理局和中国银行发布《关于中国银行分行与外汇管理分局外汇职责分工的意见》。该意见确定：凡属外汇管理工作，划归外汇管理分局；凡属外汇经营工作，划归中国银行分行。

中国农业银行颁布《信用合作发展基金筹集使用暂行办法》。主要内容是：1. 基金来源，从 1983 年决算后开始，原则上在信用社当年纯益中提取 15% ~20% 集中到中国农业银行作为合作发展基金。其中上缴中国农业银行总行的比例 1984 年暂定为 10%。2. 使用范围，根据信用合作事业发展的需要，主要用于智力投资，也要解决较大的集体福利事项。3. 管理办法，坚持做到保证专款专用，搞好账务核算，严格审批制度，实行民主管理等。

27 日　国务院发布《关于农民个人或联户购买机动车船和拖拉机经营运输业务的若干规定》。该若干规定明确：农民个人或联户经营运输的机动车船和拖拉机，必须在中国人民保险公司办理第三者责任保险和船舶保险（包括碰撞责任保险）；从事货运的，要积极办理承运货物运输保险；从事客运的，还必须办理旅客意外伤害保险。

5月5日，中国农业银行印发《关于农民个人或联户购置机动车船和大中型拖拉机贷款的通知》。该通知规定：发放该种贷款，借款者的自有资金比例必须占其购置价款总额的50%以上；要有经济担保；该项贷款期限一般为一年，最长不超过两年。经营运输业的机动车船和大中型拖拉机，必须在中国人民保险公司办理保险。

中国人民银行印发《关于加强现金管理的几项暂行规定》。该暂行规定明确：实行现金管理的单位，由银行核定其合理的库存限额，各单位业务（销货）收入的现金要及时送存银行，不经银行批准不得任意坐支，各单位支取职工的工资、奖金、津贴以及其他费用所需的现金，应事先向开户银行报送，经劳动部门或上级主管部门批准后开户银行才能支付现金。文件同时规定，农村社队或社员交售农副产品支付的价款，采取转账结算还是付给现金，听由交售者自愿。但对队交队结、户交队结的，原则上应办理转账。对单位到异地采购或其他大额收付，原则上均应办理转账结算。对农村承包户、专业户发放的贷款能转账的要争取转账，需要付给现金时要加强管理，防止挪用款项和破坏国家计划，影响市场管理。

3月

5日　国务院发布《国营企业成本管理条例》。该管理条例在规定工业企业、交通运输企业、施工企业、农业企业、商业和物资供销企业的成本开支范围和商品流通费用开支范围中，明确规定：专项贷款的利息以及赔偿金、违约金、滞纳金和罚款等，一律不得列入成本开支。对违反该管理条例的规定，擅自提高开支标准、随意提高成本费用、弄虚作假、造成严重损失浪费以及损公肥私等行为的企业，由审计机关、财政税收机关进行监督检查，构成犯罪的移交司法机关追究其刑事责任。

21日　中国工商银行印发《关于国营工商企业流动资金管理暂行办法》。对流动资金管理的原则、流动资金的计划管理、国拨流动资金的管理、企业自有流动资金的来源和补充、流动资金损失的处理、银行流动资金贷款、流动资金的检查和考核等作了明确规定。文件同时规定，该暂行办法适用于工业、交通、铁道、邮电、民航、物资、商业、文教卫生等部门所属国营工商企业（核工业部和航天工业部所属企业的流动资金由财政部管理）。

4月

16日　国务院发布《关于国营企业发放奖金有关问题的通知》。该通知规定，企业发放奖金要同企业的经济效益挂起钩来。企业在全面完成国家计划、税利比上年增加的，发放奖金可以不“封顶”；未完成国家计划、税利比上年减少的，奖金要适当减发或停发。为了控制消费基金的过快增长，在取消奖金“封顶”后实行奖金征税办法：企业全年发放奖金在两个半月以上、四个月以内的，按30%征税；四个月以上、六个月以内的，按100%征税；超过六个月的部分按300%征税。企业在奖金的使用上有自主权，企业内部可以采取记分发奖、浮动工资、计件超额工资等；也可以少发奖金，而用少发的奖金给一部分职工浮动升级或搞自费工资改革等。

财政部发布《关于中国人民建设银行实行利润留成办法的通知》。该通知要求，中国人民建设银行从1984年起实行全额利润留成办法。利润留成比例核定为16%，暂定两年不变。中国人民建设银行应按实现利润交纳55%的所得税，提取16%的利润留成，其余29%转作信贷基金。在核定利润留成比例中，用于业务发展方面的为11.81%，用于职工福利的为1.5%，用于奖励的为1.14%，机动为1.51%。

20日　国务院办公厅发布《关于加强中国投资银行工作的通知》。该通知指出：按照世界银行的习惯做法，对大型项目的贷款由世界银行直接管理；对一般中小型项目的贷款，采取将贷款交由中间金融机构，转贷给国内中小型项目。为了承担世界银行中小型项目贷款的转贷业务，经与有关部门反复研究，中国投资银行作为世界银行中小型项目贷款的中间金融机构。

5 月

5 日 中国金融学会第二次全国代表会议在安徽省合肥市召开。在此次会议上，中国人民银行总行研究生部的几名同志提出，金融改革的突破口就是改组制度和开放金融市场。金融市场问题开始引起经济界广泛关注。

7 日 国务院批准广东省人民政府转报的深圳市人民政府《关于改革深圳市银行体制的试点意见》。该试点意见提出，为了支持深圳特区经济的发展，深圳市银行信贷资金实行：各银行现有信贷资金，上级行不调走；今后各家银行吸收的存款，全部留给深圳市银行使用；中国人民保险公司的收入，除赔款、对外分保费、提留赔款准备金、代办费和其他费用开支外，全部留给中国人民保险公司深圳分公司作保险基金；各家银行的上级行，根据深圳经济特区发展的需要，适当给深圳市各级银行增加一些借差额度；允许深圳市银行向国内外银行拆借资金。该试点意见还提出，凡适合深圳特区发展需要的金融业务种类、经营方式，由中国人民银行深圳市分行提出改革方案，报中国人民银行总行备案，都可以试行。深圳市可以实行与内地不同的利率。

14 日 中国农业银行发布《关于几个农村信贷政策问题的通知》。该通知规定：为了鼓励农村剩余劳动力从事社会急需的行业，发展农村小集镇，活跃农村经济，满足农民生产、生活的需要，对经营手工业、修理业、服务业、饮食业、旅店业等社会急需行业的合作经营组织和个体工商户，要给予大力支持。各地农业银行要给予积极支持和引导，帮助乡镇企业改善经营管理，使其健康发展，符合贷款条件的，其流动资金需要应给予积极支持。同时可根据具体情况，允许他们在银行或信用社开立账户，办理结算。对专业户、个体户和社队企业、乡镇企业及其他合作经营经济组织的贷款，必须强调有一定比例的自有资金，这是一条重要的信贷原则，必须坚持。上述各项信贷政策，原则上适用于信用社。

中国农业银行发布《关于改革信用社管理体制需要相应改进农业银行工作的通知》。该通知指出，信用社改革后，农业银行和信用社是两个所有制性质不同的金融组织。农业银行与信用社的关系，终将成为依法管理和加强指导的关系，即农业银行按照国家的金融政策、法令、规定，对信用社进行管理，农业银行不能像对基层机构那样去领导信用社的业务活动。所有农业银行的营业所，不能变成单纯的管理机构，特别要注意恢复和加强银行组织存款的工作，改变不少地方的银行营业所不办理储蓄存款、单纯依赖信用社转存款完成任务的状况。农业银行和信用社，都要大力组织存款，壮大自身的信贷资金力量。要逐渐消除过去银行长期地抽调信用社干部做银行工作，无偿地占用信用社房屋和其他固定资产，行社之间不讲经济核算等做法。

15 日 六届全国人大二次会议在北京举行。国务院总理赵紫阳做《政府工作报告》。该报告强调：今后在经济工作中，要着重抓好体制改革和对外开放两件大事。农村改革，要进一步稳定和完善各种形式的家庭联产承包责任制，积极发展专业户和各种形式的经济联合体，继续改善农业结构，支持农民积极扩大商品生产。城市改革的步子要加快，要从解决国家与企业、企业与职工的关系入手，把适合当前情况的各项改革措施初步配合起来，同步进行。

该报告着重讲了 5 个问题：1. 有步骤地认真改革经济中普遍存在的吃“大锅饭”的弊端，更好地调动企业和职工的积极性。国务院决定，从 1984 年第四季度开始，进行利改税的第二步改革，从税利并存逐步过渡到完全的以税代利。2. 改革建筑业和基本建设的管理体制，大力提高投资效益。今后，凡是有条件的建设项目，都要签订投资包干协议，由建设单位对国家全面负责。凡是有偿还能力的项目，都要按照资金有偿使用的原则，改财政拨款为银行贷款。3. 改革流通体制，疏通流通渠道，做到货畅其流。为了改变长期以来商办工业设备简陋、技术落后的状况，要在税收、投资、贷款等方面给予优惠支持，在政策上进一步放宽，帮助企业搞好技术改造，提高产品质量。4. 积极办好经济特区和进一步开放沿海城市，打开对外经济技术交流的新局面。5. 更加重视知识和知识分子的作用，加快智力开发，不断提高职工队伍的素质。

17 日 国务院批准国家计委等单位《关于进一步开放的沿海港口城市外汇使用额度的请示报告》。该报告指出，为了充分发挥这些城市的优势，开创利用外资、引进先进技术的新局面，拟在 3 年内，从国家拨出一笔外汇，增强这些城市对外经济贸易活动的活力。外汇额度由国家直接拨给各城市，从 1984 年开始，连续 3 年可结转使用。购买外汇时相应的人民币资金，由地方自筹，实在解决不了或不足的，可向中国人民银行贷款，贷款利率按月息 2.1‰计息。

18 日 国家经委、财政部、中国人民银行、中国工商银行联合发布《技术改造贴息贷款暂行管理办法》。该暂行管理办法规定：贴息贷款用于促进联合，发展优质名牌产品；沿海城市和重点城市引进的先进技术和设备，改造现有企业的项目；12 大类节能机电产品制造和推广，以及技术改造后产品性能提高、社会效益大、企业不受益或受益少的项目。贴息贷款发放额度由国家确定，中国工商银行负责办理发放工作。贴息贷款的利息分半补贴和全补贴两类，从国家经委掌握的技术改造费中补贴。贴息贷款期限为 3～5 年，最长不得超过 7 年。

30 日 国务院批转中国人民银行《关于各专业银行发放固定资产贷款分工问题的报告》。

中国人民银行在该报告中提出了各专业银行发放固定资产贷款的具体分工：国家预算、信贷计划安排的基本建设项目贷款，由中国人民建设银行负责办理。技术改造项目贷款，工业、交通、商业、粮食企业的，均由中国工商银行办理；农业企业、农机公司、种子公司、供销社的，由中国农业银行办理；外贸企业的由中国银行办理；建筑施工企业的，由中国人民建设银行办理。各种工贸、农工、农商等经济联合体的技术改造贷款，原则上按企业归口主管部门划分，即主管部门的存款归哪个专业银行的，贷款就由哪个专业银行办理。固定资产投资使用外汇贷款的和中外合资企业的固定资产贷款，由中国银行办理。过去由财政拨付资金交由中国人民建设银行办理的小型技措贷款、出口工业品专项贷款、地方建筑材料贷款和为中国投资银行利用外资的配套贷款等，暂由中国人民建设银行继续办理。各单位的基本建设资金，存入中国人民建设银行，由中国人民建设银行进行监督、管理。各单位的更新改造资金，按以上各条分工原则分别存入各专业银行，由吸收存款的专业银行进行监督、管理。

6 月

13 日 中国农业银行印发《关于支持供销社体制改革进一步改进供销社贷款工作的意见》。该意见提出：要清除“左”的思想影响，支持供销社扩大经营范围和服务领域；支持商办工业的发展；支持商品流转基础设施建设；进一步办好中短期设备贷款和商业小型设备贷款；支持开展多种形式的农商联营；对供销社收购农副产品贷款和购进工业品贷款，经过试点后逐步实行分户管理；对供销社基层核算单位划小，要在开户、结算上给予支持；积极帮助供销社加强资金管理和财务管理；对供销社调剂流动资金应允许。

19 日 中国银行颁布《中国银行外币存款章程》。该章程规定，凡中国境内居民，包括归侨、侨眷和港澳台同胞的亲属，都可以以本人名义或与境外亲属联名开立外币存款账户。外币存款为定期存款，存款分半年、一年、两年，存款的货币种类为美元、英镑、西德马克、日元、港元。以其他外币存入的，按存入日的外汇牌价折算成上述货币入账，存款开户金额不低于 150 元人民币的等值货币。存款利息按中国银行总行公布的个人定期外币存款利率计付。存款未到期，遇利率调整，按存入时原定利率计息；到期续存，按续存日的利率计息。

27 日 中国银行发布《中国银行管理国营企业流动资金暂行办法（草案）》。该暂行办法共有 8 章 35 条，对流动资金管理的原则和范围、流动资金的计划管理、企业流动资金的来源和补充、流动资金损失的处理、流动资金贷款管理、流动资金的检查和考核、各部门各企业使用流动资金必须遵守的事项等，作出了明确规定。主要内容有：企业流动资金实行计划管理，只能用于生产和流通的需要，不得挪作他用；企业要向银行报送流动资金计划，银行将流动资金计划上报总行，形成全国流动资金计划，经批准纳入国家计划后层层下达；企业原有国拨流动资金仍留企业使用，需要增加的，企业应从自己的积累中提取一定的比例，企业每年应至少拿出 10% 的生产发展基金用于补充自有流动资金；银行对企业流动资金贷款实行计划管理，根据国家政策和中国人民银行的统一规定实行差别利率；企业要定期向银行报送相关报表，各级银行要定期对企业流动资金计划的执行情况进行检查。

7 月

13 日 财政部、中国农业银行联合发布《关于国营农业企业和劳改企业流动资金改由中国农业银行统一管理的几个问题的通知》。该通知规定：企业已在工商银行开户的仍暂由工商银行管理。对国营农业企业和企业主管部门的国拨流动资金，凡是没有办理交接的企业，一律改为按财政部门审查批准的 1983 年 12 月 31 日企业决算数办理交接；已按 1983 年 6 月 30 日企业账面数交接的，原则上不再变动。企业历年基建超支和亏账等不合理占用的流动资金，应从企业财务包干结余和其他专用资金中解决。国拨流动资金交由农业银行统一管理后，暂不收取占用费。该通知还对新疆生产建设兵团和广东省农垦局所属企业的国拨流动资金，其他中央各农业部门直属企业和地方企业的国拨流动资金，以及各级主管部门的国拨流动资金，如何办理交由农业银行统一管理的手续做了具体规定。

22 日 中国人民银行、中国工商银行联合召开的银行改革座谈会结束。会议的内容是：中国人民银行、中国工商银行机构分设的步子要加快，省、自治区、直辖市和省辖市、地区级人民银行及工商银行的机构分设，要在 1984 年底以前基本完成。省辖市、地区所在地在同一城市的，原则上人民银行只设一套机构。县级人民银行机构，除极少数经济和金融业发达的县外，不再单设，保留人民银行的牌子，业务可委托工商银行或采取其他办法办理。从 1985 年开始，实行“统一计划，划分资金，自主经营，相互融通”的资金管理体制。实行这样的资金管理体制后，各专业银行要各自建立本系统清算资金的联行往来制度，相互之间可以订立协议，进行资金清算，有步骤地搞好业务改革。目前可以试办的有：增加信用流通工具，改革结算制度，适当放宽信用证结算条件方面的业务，有条件的地方可以改异地结算为同城结算。对农民出售大量农副产品，在坚持自愿原则的前提下，可以继续试行一些减少使用现金、方便群众的结算方法。试办的卖方信贷、票据贴现、抵押贷款和投资、租赁、咨询等信托业务，可以继续办理，并要总结经验，拟订管理办法后再逐步推广。继续有条件、有控制地开放商业信用，试行商业票据由购货方承兑。开展储蓄引导消费业务，已经试办的耐用消费品和住房贷款业务，要总结经验，逐步推广。经济特区银行的资金不再调回，吸收的存款全部留用，利率由特区银行自己确定，银行可以多业经营。

26 日 天桥百货股份有限公司成立。该公司于 1983 年开始实行股份制改造，并以每股 100 元人民币，由工商银行代理分期发行，共计 1 000 万元。一期发行股票 300 万元，1988 年二期又发行 700 万元，是全国第一家正式注册的商业股份制企业，也是国内第一家实行股份制的商业企业。1993 年 5 月 24 日，作为北京首批上市公司之一，天桥百货股票在上海证券交易所挂牌交易。

29 日 上海市人民政府批准中国人民银行上海市分行《关于发行股票的暂行管理办法》。该暂行管理办法规定：凡符合经济建设发展方向，经政府批准或呈请工商行政部门核发营业执照的新办集体所有制企业，需向社会筹集资金（包括向单位和个人），应向归口开户银行提交招股章程，写明原由、企业名称、批准登记日期、拟发股票总额、每股金额、发行期限等内容，经专业银行分行审查签注意见，报中国人民银行上海市分行金融行政管理处批准后，可以发行股票。企业发行股票的具体工作可委托专业银行信托部办理。股票分集体股和个人股两种：集体股，在本市的全民所有制、集体所有制、乡镇企业和农业生产队发行，应以企业自有留存资金购买。个人股，凡城镇职工、居民、农村社员及侨眷等均可认购。该暂行管理办法对股息与红利、股票的转让和过户、发行期限、股票持有者的经济责任等作了具体规定。这是新中国有关证券方面的第一个地方政府规章。

8 月

1 日　中国工商银行发布《城镇个体经济贷款办法》。主要内容是：凡遵守国家政策法令，在城镇经营各种行业的个体经营户或专业户，只要有利于搞活经济，搞活流通，增加商品生产，符合社会需要，方便和丰富人民生活的个体经营户，资金有困难的，均可向当地工商银行申请贷款。贷款原则如下：1. 坚持自筹资金为主、银行贷款为辅的原则，坚持区别对待，择优扶持、按期归还的原则；2. 贷款主要用于生产、经营所需的流动资金，也可用于购置必要的设备和经营设施。3. 利用当地资源优势，生产传统名特产品、群众急需的小商品和服务项目的，应给予优先支持；4. 凡信誉状况不好，生产经营发生亏损，生产经营无销路商品的，以及违反有关政策转借挪用的，不予贷款。贷款期限一般为 6 个月以内，最长不得超过 12 个月。

3 日　国务院批转国家经委、商业部、财政部《关于大力发展商办工业的报告》。三部委在该报告中提出建议：为了推进商办工业的技术进步，加速技术改造，由中国工商银行、中国农业银行在计划内安排一些贷款，用于发展商办工业的新技术、新设备、新工艺。对于产品利润低、偿还贷款有困难的项目，可由有关部门给予贴息贷款，并由国家计委、国家经委安排一些外汇指标，引进一些先进技术和设备，进口一部分紧缺原材料。

6 日　国务院批转中国农业银行《关于改革信用合作社管理体制的报告》。国务院强调：各级人民政府要加强对这项改革的领导，注意研究解决改革中出现的问题，把信用社真正办成群众性的合作金融组织。信用合作社经营的是货币信贷业务，货币流通需要全国统一调节，信贷收支需要全国统一平衡。农业银行要加强对信用社的领导，不宜改变信用社的隶属关系。任何单位和个人都不得平调信用社的资金、财产，不得强令其发放贷款和投资，以维护信用社的经营自主权。该报告针对改革信用合作社的管理体制提出：恢复信用社合作金融的性质，恢复和加强组织上的群众性、管理上的民主性，变“官办”为“民办”。信用社的领导干部，由任命制改为选举制，机构体制、业务计划、分配制度、人事制度、利率浮动等重大问题，都要经过理事会或社员代表大会民主讨论决定。加强信用合作社经营上的灵活性，充分发挥民间借贷作用。信用社存款除按规定比例向农业银行交提存款准备金外，信用社有权对其余资金按照国家信贷政策充分运用。信用社实行浮动利率，实行独立经营、独立核算、自负盈亏。建立信用合作社的县联社。建立县联社后，各个基层社仍然是独立经营、独立核算、自负盈亏的经济实体。

27 日　经国务院授权，国家外汇管理局、中国银行发布《关于侨资、外资银行清偿在华未了负债的公告》。公告规定，在华侨资、外资银行在解放前或解放初期自营业务的各项外币负债的清偿事宜，一律按照国务院于 1982 年 12 月《关于责成中国银行清偿收回的美国解冻的美元资产》的有关规定办理，由中国银行上海分行代理对客户的审核和清偿，登记清偿期自 1984 年 9 月 1 日起至 1985 年 8 月 31 日止。逾期未向中国银行上海分行提供有关债权凭证办妥登记手续或领取款项的，一律不再予以清偿。如有关银行尚未将应偿付的债款拨存中国银行上海分行的，待该分行收妥后，再通知办妥登记手续的客户领取，自通知日起逾期 6 个月未办理领取款项的，其款项统一由中国银行上海分行上缴中央金库。

30 日 中国工商银行印发《关于科技开发和新产品试制开发贷款的暂行规定》。该暂行规定明确：1. 经工商行政管理部门批准，实行独立核算，拥有一定的自有流动资金的科研单位、企业和科研生产联合体（以下简称科研、企业单位），在研究、仿制、消化新技术，研制开发新产品，推广应用新技术成果方面资金不足，均可分别根据不同情况向当地银行申请流动资金贷款、技术改造贷款和信托贷款。2. 对经批准实行按销售收入的一定比例提取技术开发费用，或实行提成新产品试制基金的科研、企业单位，由于先用后提而发生资金周转困难时，银行可发放专用基金贷款，贷款期限最长不超过两年。3. 销售单位在新产品试销期间，根据合同规定，需要赊销、延期收款或分期收款的，其所需的周转资金可办理卖方信贷，或由信托办理金融租赁。4. 对科研单位在以科研经费作为保证金的前提下，银行可以办理委托贷款、科研经费周转垫支贷款和金融租赁等信托业务。

9 月

18 日 国务院批转财政部《关于在国营企业推行利改税第二步改革的报告》和《关于国营企业第二步利改税试行办法》。该报告的主要内容是：暂缓开征城市维护建设税、房产税、土地使用税和车船使用税等 4 种地方税，保留税种，以后开征；对于已经实行利润递增包干等办法的企业，要区别情况进行处理等。

该试行办法的主要内容是：将现行的工商税按照纳税对象划分为产品税、增值税、盐税和营业税；将利改税第一步改革设置的所得税和调节税加以改进；增加资源税、城市维护建设税、房产税、土地使用税和车船使用税。

29 日 方兴钱庄开业。方兴钱庄位于温州市苍南钱库镇，由当地政府批准，是新中国成立后大陆第一家由私人挂牌营业的金融机构。钱庄采取投股集资的方式，每股金额 1 000 元，总股为 100 股，计 10 万元，个人入股不限。由股东选出董事会和董事长，由董事长委任经理主持日常工作。年终结算，由董事会研究作出合理分红。钱庄还采取财产法人承保制，凡将现金存入钱庄，借贷双方都要有法人资格，严格借贷手续，到期不能偿还者，按政府有关条例处理。方兴钱庄采取比银行更为优惠也更为灵活的存贷款利率。

10 月

4 日 国务院批转国家计委《关于改进计划体制的若干暂行规定》。该暂行规定提出了 12 个方面的改革措施。从 1985 年起，凡是由国家预算内拨款安排的建设项目，都改为银行贷款。

8 日 中国人民银行制发《关于信贷资金管理试行办法》。该试行办法规定：1. 中国人民银行、各专业银行（包括中国国际信托投资公司）的人民币信贷资金，实行“统一计划、划分资金、实贷实存、相互融通”的原则。统一计划就是各专业银行的人民币信贷资金必须纳入国家综合信贷计划，由人民银行总行综合平衡，并核定各专业银行信贷计划和向人民银行的借款计划。划分资金就是各专业银行的自有资金和其他各种信贷资金，经人民银行总行核定给专业银行总行后作为各行的营运资金，自主经营独立核算。实贷实存就是人民银行对专业银行的资金往来改变计划指标层层下批的管理办法，实行上贷下存的实贷实存办法。相互融通就是允许资金的横向调剂，地区的资金融通主要是依靠该地区各银行之间的相互拆借。为了贯彻上述信贷资金管理原则，各专业银行必须建立本系统的联行制度。2. 各专业银行总行要按照人民银行总行规定的内容，编制本行的信贷资金收支计划，报送人民银行总行综合平衡后报国务院审批。3. 人民银行总行根据国务院批准的国家综合信贷计划，核定各专业银行的年度信贷资金收支计划，包括分项信贷资金收支计划和向人民银行的借款计划。4. 各专业银行在人民银行核定的借款计划总额度内，提出所属省、自治区、直辖市分行的分配借款计划，报送人民银行。对年度借款计划和基本建设贷款计划，未经批准，不得突破。5. 各项存款要力争超额完成；各项流动资金贷款（包括农业贷款）在不超过向人民银行借款计划和保证存户提取存款的前提下，多存可以多贷。6. 对技术改造贷款，各专业银行总行可以以计划指标控制，也可以将专业银行每年增加的存款，按人民银行总行规定的比例，用于增加技术改造贷款等。该试行办法自1985年1月1日起执行。外汇资金管理办法另行制定。

中国人民银行制发《关于改革全国银行联行制度的实施办法》。该实施办法规定：自1985年4月1日起，全国银行联行制度改为“自成联行系统，跨行直接通汇，相互发报移卡，及时清算资金”的办法。人民银行和专业银行各自建立独立的联行核算系统后，人民银行的联行往来，只办理本系统内的资金划拨和人民银行与专业银行之间的汇划款项。专业银行向人民银行办理系统内的下拨或上缴资金，均按照汇兑结算的有关规定办理：先通过两行往来科目的存款账户划转，然后由人民银行纳入本系统内的联行往来账处理。专业银行之间的跨系统的汇划款项，采取相互代为签发跨系统行的联行报单，印、押通用，直接寄发，当天或次日营业开始（可由双方约定）分别向有关专业银行移转联行报单留底卡片的办法，进行资金清算。各专业银行对本系统内汇划款项的划转，仍按全国联行往来制度的统一规定办理。

中国人民银行发布《关于委托专业银行代办金银收售业务的管理办法》。该管理办法规定：1. 不设人民银行机构或没有收售条件的地方，可委托专业银行基层业务机构（以下简称代办行），代理金银收购和出售业务，收售价格应严格按照人民银行总行的规定办理。2. 代办行收购的金银，必须将原物按原收购价格及时交给人民银行，不得擅自动用。对企业交售的较大数量的矿金，如果当时难以确定成色，可与企业签订收购合同，按商定的成色先行结算，待人民银行冶炼厂验收确定成色后，再与企业办理价款的多退少补手续。3. 人民银行按收购金银价款付给专业银行代办费10‰的手续费；出售的金银，付给5‰的手续费。不论收购或出售金银，所占用专业银行的资金，人民银行不再计付利息。4. 代办行在办理金银出售业务中，由于价格原因发生的收益或亏损，可逐步或定期集中划给委托的人民银行，代办行办理金银收售业务所需器皿、包装等费用和因升色、降色、升秤、降秤和误收假金银以及丢失、被盗等所产生的损益，一律由代办行自行处理。该管理办法自1985年1月1日起执行。

9日 中国银行发出通知，印发修改后的《中国银行出口卖方信贷暂行办法》。该暂行办法规定：贷款的对象是经国家批准，有权经营机电产品、成套设备、船舶等资本商品出口的国营企业。凡是出口成套设备和船舶，采用3年以上延期收汇方式的，或须向生产企业预付出口商品工程进度款的，均可申请使用本贷款。贷款期限一般不超过10年，最长不超过15年。自第一笔用款日算起，至还清贷款本息止。贷款利率：5年以下（包括5年）月息4.8‰；5~10年（包括10年）月息5.4‰；10~15年月息6‰。贷款利息每半年计收一次。借款单位不能按期归还贷款本息时，有担保单位的由担保单位负责偿还，逾期不能还款时，银行对逾期的贷款在原利率的基础上，加收利息20%。借款单位应向贷款银行编报年度借款计划，由贷款银行初审后报管辖分行审核汇总上报总行，经综合平衡，审查同意后列入年度信贷计划。贷款银行对每项贷款要按本办法规定，认真进行贷前调查、贷时审查和贷后检查。贷款必须专款专用。

16日 中国人民银行转发国家外汇管理局《进一步放宽十四个沿海港口城市外汇管理政策的若干意见》。该意见提出：1. 为解决侨资企业、外资企业、中外合资企业（以下简称“三资”企业）的外汇收支平衡问题，规定适当扩大“三资”企业外币计价结算的范围：生产属于境内紧缺、计划内需要大量进口的产品，经国家有关主管部门批准，可采取“以产顶进”的方式，参照国际市场价格，按质论价，以外币计价结算；确实提供了先进工艺、技术、设备而生产的产品，按照项目批准权限规定，经批准，卖给境内商业部门或收购单位，在国家规定的期限和比例范围内，可参照国际市场价格，按质论价，以外币计价结算；产品卖给经济特区，以及

"三资"企业之间的买卖，参照国际市场价格，以外币计价结算。2. 允许"三资"企业外方将其所得人民币利润转为本企业或本地区其他企业的增资或新投资，可享受以外汇投资相同的待遇；经经贸部门批准，允许"三资"企业使用人民币利润在市场上收购国家收购以外的商品出口；"三资"企业卖给银行的外汇，其外汇额度由当地外汇管理分局名义开立专户保留，专款专用，作为"三资"企业外商汇出人民币利润的批汇额度。3. 为了鼓励境内企业举办合资经营企业的积极性，5 年内境内方分得的外汇利润，除归还贷款外，全部留给境内方投资者支配。4. 比照中央关于"经济技术开放区新增加的财政收入，5 年内免除上缴任务"的规定，对经济技术开发区新增加的外汇收入，也从批准兴办时起 5 年内归地方。

17 日 中国人民银行颁发《关于金融机构设置或撤并管理的暂行规定》。该暂行规定强调：中国人民银行是我国金融机构管理的主管机关。任何部门、任何单位开办金融业务（包括货币信贷、信用委托、各种保险，以及国内外汇兑往来等业务），其机构设置或撤并，都必须经中国人民银行或其授权单位批准；非经批准，中国人民银行或其授权单位有权采取必要的经济和行政措施，责令其停办金融业务。

该暂行规定明确金融机构的设置必须符合以下条件：确属经济发展需要，并具有相当业务量的；符合各金融部门专业分工要求的；符合经济核算原则，能够取得较好的经营效益的。金融部门及其分支机构设置或撤并的审批权限：全国性的专业银行和其他金融机构，由中国人民银行总行审核，报国务院批准；省、自治区、直辖市和地、市的金融机构，由中国人民银行省、自治区、直辖市分行审核，报中国人民银行总行批准；省辖市、地辖市所属区和区以下、县和县以下的金融机构，由中国人民银行地、市分行审核，报中国人民银行省、自治区分行批准；直辖市所属区和区以下、县和县以下的金融机构，由中国人民银行直辖市分行审核批准；各专业银行和其他金融机构在各地设立或撤并分支营业机构，由该营业机构的上级管理部门报同级中国人民银行审批；对中国人民建设银行的营业机构的设置和撤并，要考虑其随基建项目开工、完工而发生变动的特点；农村集体信用合作社由中国人民银行授权中国农业银行负责审批。设置金融机构必须按该暂行规定向审批单位申请。撤并金融机构必须向原批准单位提出申请。

20 日 中共十二届三中全会通过《中共中央关于经济体制改革的决定》。全会一致认为，必须按照把马克思主义基本原理同中国实际结合起来，建设有中国特色的社会主义的总要求，进一步贯彻执行对内搞活经济、对外实行开放的方针，加快以城市为重点的整个经济改革的步伐，以利于更好地开创社会主义现代化建设的新局面。改革中心环节是增强企业活力。根据马克思的理论和社会主义的实践，所有权同经营权是可以分开的，为使各个企业的经济活动符合国民经济发展的总体要求，社会主义的国家机构必须通过计划和经济的、行政的、法律的手段对企业进行必要的管理、检查、指导和调节。同时要扩大企业自主经营权，使企业成为相对独立的经济实体，成为自主经营、自负盈亏的社会主义商品生产者和经营者。

要建立自觉运用价值规律的计划体制，发展社会主义商品经济。社会主义的计划体制，应该是统一性同灵活性相结合的体制。根据历史经验，第一，就总体来说，我国实行的是计划经济，即有计划的商品经济，而不是完全由市场调节的市场经济；第二，完全由市场调节的生产和交换，主要是部分农副产品、日用小商品和服务修理行业的劳务活动；第三，实行计划经济不等于指令性计划为主，指令性计划和指导性计划都是计划经济的具体形式；第四，指导性计划主要是依靠运用经济杠杆的作用来实现，指令性计划则是必须执行的，但必须运用价值规律。按照以上要点改革计划体制，就要有步骤地适当缩小指令性计划的范围，适当扩大指导性计划的范围。

关于建立合理的价格体系，要充分重视经济杠杆的作用，在改革价格体系的同时，要进一步完善税收制度，改革财政体制和金融体制。

要发展多种经济形式，进而实行政企职责分开，正确发挥政府机构管理经济的职能。

要建立多种形式的经济责任制，认真贯彻按劳分配原则。进一步扩大对外的和国内的经济技术交流，努力办好经济特区，进一步开放沿海港口城市。改革的步骤要积极而稳妥，看准了的坚决改，看准一条改一条，看不准的先试点，不企图毕其功于一役。

要起用一代新人，造就一支社会主义经济管理干部的宏大队伍。

23日　财政部致函中国银行，同意从1984年10月1日起，对中国银行办理的“国家统借统还贷款”“短期优惠利率贷款”“贴息外汇贷款”免征营业税，但经营上述几项贷款取得的手续费收入，应照章征收营业税。

24日　外贸部、财政部发布《国际经济合作基金管理暂行办法》。该暂行办法规定：基金的管理由经贸部负责，具体业务按外汇和人民币分别委托中国银行和中国人民建设银行办理，财务管理受财政、银行指导和监督。借用基金的费率暂定为：借人民币，年费率为3.0%；借外汇资金，年费率为4.0%，两种费率均包括银行手续费0.2%在内。借款逾期，如经贸部门认为理由不充分不予延期时，从逾期之日起在原费率的基础上加收50%～100%的管理费，必要时，银行可按协议规定直接从借款单位的存款账户中扣还借款，或由经贸部门通知担保单位负责还本付费。该暂行办法自1985年1月1日起实行。

11月

2日　中国农业银行发布《农业贷款呆账损失处理试行办法》，对农业贷款呆账处理的范围、原则、程序等作出了具体规定。主要内容有：1. 可作为呆账损失的贷款：借款者经营的产业倒闭，又无担保单位或担保人承担偿还所欠债务，原由财产或抵押物资处理不足归还所欠贷款，确认无法收回的；借款者死户，又无第三者承担债务，其财产处理不足归还所欠贷款的；借款者触犯刑律，受到依法制裁，处理的财产不足归还所欠贷款，又无第三者承担债务的；借款者迁移、逃亡，已经多年无下落，又无第三者承担债务，处理的财产不足归还所欠贷款的；其他原因造成的收不回来的贷款。2. 贷款呆账损失处理原则：贷款呆账损失由贷款行在当年的损益中处理；国家特准的农业贷款损失，由有关行查明情况，报总行审查处理；实事求是，及时解决问题，严格按照贷款政策规定办理。

3日　国务院批转中国人民保险公司《关于加快发展我国保险事业的报告》。该报告就加快发展保险问题提出：1. 大力发展农村保险业务，适应农民富裕起来以后对安全保障的需要，支持农民科学种田，促进农村商品生产；2. 实施城镇集体企业职工的法定养老保险，使城镇集体企业职工的退休养老工作社会化；3. 实施机动车辆（包括拖拉机）第三者责任和船舶的法定保险，以保障交通事故中受害人的经济利益，同时也有助于解决车船肇事后的赔偿纠纷；4. 广泛开展水、陆、空货物运输保险业务；5. 进一步办好国营企业的财产保险；6. 适应对外开放的需要，扩大国外保险业务。特别是在加快经济特区的建设和进一步开放14个沿海城市以后，国外保险工作需要进一步加强。

13日　国务院发布《关于严格控制财政支出和大力组织货币回笼的紧急通知》。针对1984年财政赤字有扩大的危险和全年货币投放量要大大突破计划数的问题，该通知要求：1. 要努力增产适销对路的产品，增加市场供应，扩大货币回笼。2. 要积极组织财政收入，把该收的钱收上来。3. 要加强信贷管理，控制信贷投放，大力组织信用回笼。4. 严格控制财政支出，防止年终突击花钱。中国人民建设银行要严格按照国家计划、国家预算控制基建拨款，监督合理使用建设基金，不得突破预算。要继续控制社会集团购买力，各级财政、银行和控制社会集团购买力办公室，要密切配合，严格把关。5. 要进一步严肃财政纪律，坚决制止以各种名义用公款游山玩水、大吃大喝等耗费国家资财和机关团体巧立名目滥发实物、私分产品的行为。

20 日 国家外汇管理局、中国人民银行、国家计委、财政部、对外经济贸易部、商业部、中国银行、中国工商银行、中国农业银行发布《关于加强外汇兑换券管理工作的联合通知》。其主要内容是：1. 严格控制外汇券的使用范围。各省、自治区、直辖市人民政府对现行外汇券的使用范围要进行一次认真检查，凡超过《外汇券暂行管理办法》（1980 年 4 月 1 日发布）规定范围的，必须立即制止。今后，除为外国人、华侨、港澳台同胞、海员等供应的商品或提供的劳务，以及其他经外汇管理部门批准的商品或费用，可以收取外汇券外，其他场所和内销商品不得强收外汇券。2. 严格控制外汇券的使用对象。外汇券只限入境的外国人，中国血统外籍人，外国驻华使馆和常驻机构及其人员，外国专家、留学生、实习生，外轮和远洋轮海员，华侨，港澳台同胞使用。未经省、自治区、直辖市外汇管理部门批准的其他国内机关、部队、团体、学校、国营企业、事业单位、城乡集体经济组织，都不得使用外汇券。3. 调整、缩小差价商品的范围和差价。现在广东、福建两省有些对外供应的商品价格差幅较大、品种过多，两省要立即组织力量重新审查，调整、缩小商品的差价和范围，今后必须严格控制，加强管理。4. 清理和整顿现有收券网点。收券单位应具备的条件是：专门从事对外供应商品和提供服务的单位；设有专柜、专用楼层对外供应商品的单位；或经外汇管理部门特别批准的单位；所有这些单位或专柜都应有一套管理外汇券的制度。对于不符合条件或设置不合理和未经批准的收券网点，应令其撤销。5. 必须认真执行外汇券回笼制度。凡有外汇券收入的单位，都要建立健全外汇券财务管理制度，及时交银行回笼；防止私分和私换外汇券。各收券单位必须按月向当地外汇管理局分局报送上月外汇券收支月报。6. 必须认真执行外汇券结汇制度。各指定收券单位营业收入的外汇券，必须按当地国家外汇管理局分局规定的时间和核定的比例向银行结汇，记入成绩和计算留成。单位之间未经外汇管理部门批准，不得用外汇券现钞直接结算。7. 加强市场管理，坚决取缔外汇券黑市买卖，打击投机倒把活动，以维护金融秩序。对擅自留用、挪用和套取外汇券的违法行为，一经查明，按违反国家外汇管理论处。

12 月

3 日 中共中央、国务院发布《关于严禁党政机关和党政干部经商、办企业的决定》。主要内容：1. 党政机关不得使用公款、贷款以及在职干部自筹资金，自办企业或与群众合办企业，不得在经济利益上与群众兴办的企业挂在一起。2. 乡（含乡）以上党政机关在职干部（包括退居二线的干部），一律不得以独资或合股、兼职取酬、搭干股分红等方式经商、办企业；也不允许利用职权为其家属、亲友所办的企业谋取利益。3. 党政机关干部的工资标准只能由国家统一规定，他们的工资改革只能按国家的统一部署进行，任何单位和个人不得自行其是。4. 绝不允许离休、退休干部利用老战友、老部下的关系和曾经担任过领导职务的影响，套购或倒卖国家的紧缺物资，严禁走私贩私、偷税漏税和买空卖空，牟取高利，以及从事“皮包公司”性质的经营体，也不得为自己的亲友提供从事这类活动的条件。5. 各级党政机关和党政干部在该决定下达以前已办的企业中，对有发展前途，能促进商品生产，于国于民有利的企业，可以转交给符合办企业规定的单位或个人去办，并应积极扶持其继续办好，但要在经济上与有关机关和干部脱钩，企业实行独立经营，自负盈亏。企业资金遇有困难的可采取银行贷款的办法，将有关党政机关和在职干部投入的资金替换出来，也可以在自愿原则下，将这些资金转给银行，由银行分别对有关机关、干部和企业办理储蓄和贷款手续。机关干部在企业中任职的，或辞去企业职务，或辞去行政职务，二者不得兼任。辞去行政职务的，应转为企业编制。

4 日 中国人民银行发布《关于下发商业汇票承兑、贴现暂行办法的通知》。该通知强调，实行全国统一的商业承兑汇票承兑贴现办法，各地银行都要遵照执行，跨行业的业务不得拒绝办理。《商业汇票承兑、贴现暂行办法》规定：商业汇票是指单位之间根据购销合同进行延期付款的商品交易时开具的反映债权债务关系的票据，分为商业承兑汇票和银行承兑汇票两种。商业承兑汇票，是指由收款人开出，经付款人承兑，或由付款人开出并承兑的汇票。银行承兑汇票是指由收款人或承兑申请人开出，并由承兑申请人向其开户银行申请，经银行审查同意承兑的汇票。收款人需要资金时，可持承兑汇票向开户行申请贴现，贴现期限为贴现日至汇票到期日。贴现率按略低于流动资金贷款利率计收。汇票除向银行贴现外，不准流通转让。该通知于1985年4月1日起实行。

8日 国家计委、中国人民银行、中国人民建设银行发布《关于试行加强基本建设自筹资金管理的暂行规定》。其主要内容：1. 各部门和各地区的企事业单位用于基本建设的自筹资金，包括地方机动财力、城市维护的建设资金用于基本建设部分和交纳的建筑税金额，必须专户存入建设银行，并坚持先存后批、先批后用的原则。从1985年开始，当年上半年使用的自筹资金，须在上年年底存入建设银行；下半年使用的自筹资金，必须在当年6月底以前存入建设银行。2. 为了便于工商银行、农业银行、中国银行有计划地运用信贷资金，及时向建设银行划转企事业单位用于基本建设的自筹资金和地方机动财力安排的基本建设投资，各省、自治区、直辖市计委和各部门对下年度需要安排的自筹基建项目，要主动采用各种办法提前通知开户银行。3. 凡有自筹基本建设任务的各部门、各地区的企事业单位，在不影响归还贷款前提下，应提前向开户银行提出申请，将其自有资金中按规定可用于基本建设方面的资金，转存到建设银行。4. 每年9月底以前，建设银行按基建自筹投资管理范围，向国家计委提供（同时抄送中国人民银行）各部门和各省、自治区、直辖市在建设银行的自筹资金存款情况。国家计委根据各部委和各省、自治区、直辖市计委报来的自筹基建投资和设备、材料的平衡情况，参照银行提供的自筹资金存款情况，再分别核定各地区、各部门的自筹基建投资计划规模。

10日 中国人民银行发布《关于对赊销纯棉布、絮棉无息贷款给予利差补贴的通知》。该通知决定，人民银行对各专业银行为贫困地区严重困难户发放的赊销棉布（絮棉）无息贷款，均按月息6‰进行补贴。

中国人民银行、国家计委、国家经委、财政部、经贸部、国家物价局、中国银行、国家外汇管理局发布《关于停止试行贸易外汇内部结算价格的通知》。该通知决定，自1985年1月1日起停止试行贸易外汇内部结算价，同时废止《关于贸易外汇内部结算价格的结算办法》中有关贸易外汇内部结算价的规定，重新实行单一的外汇对外公开牌价。对各类外汇买卖，不论计划用汇、国家拨汇还是各类留成外汇，也不论单位、企业或个人收付的外汇，从1985年1月1日起，一律按公布的人民币外汇买卖价结汇。对调剂外汇价格，从1985年1月1日起，按公布的人民币对美元的中间价计算，可在上下10%的幅度内浮动。

14日 国家计委、财政部、中国人民建设银行发布《关于国家预算内基本建设投资全部由拨款改为贷款的暂行规定》。其中规定：从1985年起，国家预算内基本建设投资全部由财政拨款改为贷款。"拨改贷"的基建投资，由各级计划部门根据国家批准的计划进行安排，建设银行依据国家基建计划实行指标管理；"拨改贷"实行差别利率，根据不同行业，分别订为年利率3%、4.2%、3.6%和12%不等。贷款单位偿还贷款本息，要先用企业自有资金，再按国家规定用缴纳所得税以前的利润。国防科研项目，各级各类学校、医院、科学研究、行政机关和物资储备项目，防洪、排涝工程、市政工程和国防边防公路、边境以下邮电通信项目以及其他非经济部门所属非营业性的、无偿还能力的项目，不计利息，免还全部本金。

18日 中国人民建设银行发布《更新改造措施贷款办法》。为了支持大型技术改造项目、专项措施项目以及建筑安装企业、地质勘探单位更新改造的资金需要，该办法规定：凡是列入国家计划的上述项目，均可向建设银行申请更新改造措施贷款。出口工业品生产专项贷款，可由经贸部提出计划，由建设银行同外贸部门共同审查项目，择优发放。借款项目要符合国家的投资政策和投资方向，具备以下条件：经过批准的项目建议书和设计文件；自有资金已经落实，并能按期存入贷款银行；所需设备、材料、施工力量已有安排；生产工艺成熟，技术过关，所需原材料、燃料、动力有可靠来源。

26日　国务院办公厅转发中国工商银行《关于国营工业企业流动资金损失处理意见的报告》。该报告认为，1980年年底以前入库的物资产品有一部分已经失去了使用价值，全国约计55亿元，需要作废处理。这部分损失本来应由企业按有关财务制度规定自行消化解决，不应再由国家负担，但考虑到有的财政部门已经批准，当时由于指标有限没有处理。有的主机已经报废，毛坯件、半成品已无法利用；有的机电产品、钢材以外的其他物资损失，国务院已规定"1980年以前其他遗留问题的资金损失，经清查核实并报经批准后，在国拨自有流动资金中核销"，因此，这部分损失可在企业国拨流动资金中核销处理。这是国家负担资金损失的最后一次，今后企业发生的物资、资金损失必须按照财务制度的规定由企业自己解决，不准长期挂账，不再冲销国家资金。

29日　中国农业银行发布《农村个体工商业贷款试行办法》。主要内容是：1. 贷款原则：根据国家政策，本着"正确引导，热情帮助，积极扶持，加强管理"的精神，发挥拾遗补缺的作用，为生产和群众生活服务；坚持自筹资金为主、银行贷款为辅的原则，有借有还、到期归还的原则；坚持区别对待、择优扶持的原则，讲究贷款使用的经济效益。2. 贷款对象包括个人、个体户、合作经营组织、同国营集体企业联合经营的个体工商户等。3. 贷款用于生产经营所需流动资金的不足部分，期限为1～6个月，最长不超过一年。4. 贷款利率实行浮动利率，在月息7.2‰～9.0‰浮动。该办法同时适用于信用社，各地分行可根据该办法制定实施细则。

30日　中国银行发布《关于试办外贸企业联营股本贷款的通知》。为了适应外贸体制改革的新形势，支持外贸企业参加各种形式的联合企业，促进我国对外经济贸易事业的发展，该通知决定，试办外贸企业联营股本贷款所需的资金使用中短期贷款指标。联营股本贷款的审批工作，授权各管辖分行审批；各管辖分行可酌情下放一定的权限，由辖内分支行审批。联营股本贷款的利率为月息4.8‰～6‰，原则上商业企业要高于生产企业；期限长的贷款要高于期限短的贷款；对有利于引进先进技术的企业可给予照顾。随文附发的《中国银行办理联营股本贷款暂行规定》明确指出，联营股本贷款的对象是经贸部及其授权单位批准经营进出口业务的企业。贷款单位可以用物业、有价证券抵押，也可以由资信好的企业担保。贷款期限一般为3年以内，最长不得超过5年。贷款利率为月息4.8‰～6‰，每年计收两次利息，结息日为6月20日、12月20日。

1985 年

1 月

1 日　中共中央、国务院发布《关于进一步活跃农村经济的 10 项政策》（关于农业问题的第四个“一号文件”）。国务院决定粮食、棉花取消统购，改为合同定购。由商业部门在播种季节前与农民协商，签订定购合同。定购的粮食，国家确定按“倒三七”比例计价（三成按原统购价，七成按原超购价）。定购以外的粮食可以自由上市。如果市场粮价低于原统购价，国家仍按原统购价敞开收购，保护农民的利益。这是真正意义上的中国第一次粮食流通体制改革。这一文件的发布，是中国农产品购销体制由统购统销走向“双轨制”的转折点。至此，中国实行了 31 年的农产品统购派购制度被打破。

14 日　中国工商银行印发《关于禁止将公款转入储蓄存款的通知》。该通知指出：以个人名义将公款转入储蓄存款，不利于银行进行现金管理，也影响储蓄存款的真实性；重申“储蓄存款是指个人存款和互助储金会存款”，国营集体企业单位都不得以个人名义将公款转入储蓄，套取现金和利息。

21 日　六届全国人大常委会第九次会议通过《中华人民共和国会计法》。该法律规定：国务院和地方各级人民政府的财政部门，分别管理全国的和本地区的会计工作。会计年度自公历 1 月 1 日起至 12 月 31 日止。单位的会计科目和会计账簿要按会计制度的规定设置，会计机构根据经过审核的原始凭证和记账凭证，按照记账规则记账。各单位应建立财产清查制度，保证账簿记录与实物、款项相符。各单位的会计机构、会计人员，对本单位实行会计监督，对违反国家统一的财政制度、财务制度规定的收支，不予办理。各单位必须接受审计机关、财政机关和税务机关依照法律和国家有关规定进行的监督，如实提供会计凭证、账簿报表和其他会计资料以及有关情况，不得拒绝、隐匿、谎报。该法律还规定：大中型企事业单位和业务主管部门可以设置总会计师；会计机构内部应建立稽核制度；出纳人员不得兼管稽核、会计档案保管和收入、费用、债权债务账目的登记工作。会计机构、会计人员的主要职责是：进行会计核算；实行会计监督；拟订本单位办理会计事务的具体办法；参与拟订经济计划、业务计划，考核、分析预算、财务计划的执行情况。另外，对违反该法的法律责任也做了规定。

2 月

1 日　中共中央办公厅、国务院办公厅发布《关于严格控制发放奖金、补贴的紧急通知》。该紧急通知决定：各地区、各部门要立即对所属地区和单位 1984 年发放奖金、补贴和实物的情况，认真进行一次检查整顿，发现问题，及时处理。该紧急通知强调：严格控制奖金、补贴的发放，在行政、事业单位工资制度改革之前，有关浮动升级、晋级调资、提高工资区类别和各种形式的津贴、补贴等，一律暂停办理；1985 年行政、事业单位发放的奖金，要严格按照国家的规定办理，党政机关事业单位全年可发放不超过一个月标准工资的经费包干节支奖，其中有业务收入的事业单位全年可以放宽到不超过一个半月的标准工资，中央和国家机关各部委、各直属机构，全年 60 元。各级银行部门加强现金管理，严格把关，各级财政、审计、劳动人事部门要加强监督检查，发现问题，及时报告，严肃处理。

5～14日 国务院在天津召开全国经济工作会议。会议讨论了《关于进一步增强大中型国营企业活力若干问题的暂行规定》，讨论了《中华人民共和国国营工业企业法（草案）》以及有关国营小型企业的改革问题，并部署了1985年的经济工作。会议提出1985年要采取的10项政策措施：1. 要加快推行厂长负责制，建立勇于开拓的领导班子。2. 要增强企业的技术开发能力，把经营领域从市场预测、资金筹集、产品研制扩展到产品的售后服务。3. 企业有权实行跨行业、跨地区的多种经营，包括发展第三产业。4. 要根据企业的不同情况，把降低消耗指标层层分解，责任落实到人，节约有奖，超耗有罚，奖金计入成本。5. 对那些指令性任务重、贡献大、调节税率高、人均留利过低的先进大型企业，要逐步把调节税降下来。6. 开辟生产资料市场，建立物资贸易中心。企业在确保完成指令性计划任务、保有合理储备的前提下，超过计划生产的产品，以及长期积压和超储的长线产品，可以随行就市，把平价转为议价，产销直接见面，搞活物资流通。7. 给部分有条件的大中型骨干企业直接对外经营自主权。8. 实行指令性计划的产品，要使企业有产可超，即使是市场紧缺的短线产品，也要给企业让出一块，允许超产自销。9. 要根据国务院统一部署，在经过整顿验收合格的大中型企业中实行工资总额随同经济效益浮动的工资制度。10. 整顿现有公司，改革大企业内部的管理体制。

7日 中国农业银行全国分行行长会议召开。会议确定1985年农村金融工作的任务是：贯彻执行《中共中央关于经济体制改革的决定》和《中共中央、国务院关于进一步活跃农村经济的十项政策》，积极支持以城市为重点的全面经济体制改革和农村产业结构改革，促进农村商品经济的发展，加速农村经济专业化、商品化、现代化的进程。为此，必须进行农业银行管理体制和工作的改革，坚决把农业银行办成真正的经济实体；必须继续进行和基本完成信用社管理体制的改革，把信用社办成独立经营、独立核算、自负盈亏、能起民间借贷作用的合作金融组织。同时，要加强信贷管理，控制货币投放，协同有关部门保持市场物价的基本稳定，为改革创造一个有利的环境。

8日 国务院批转国家经委、财政部、中国人民银行《关于推进国营企业技术进步若干政策的暂行规定》。该暂行规定明确：企业的技术开放费用来源包括：按规定摊入生产成本；使用企业自有资金；国家酌情拨款；银行发放技术开发低息或贴息贷款。从1985年起，原由国家集中的企业30%的折旧基金，不再上缴中央财政，由主管部门、地区集中调剂使用。对企业的产品创优、技术开发、技术改造、技术引进放宽条件，银行在贷款条件上给予优惠。

12日 中国人民银行发布《关于对外发行债券由中国人民银行归口管理的通知》。该通知规定：1. 对外发行外币债券要根据我国的需要和国际债券市场的条件，有领导、有计划地进行。目前，中国银行、中国国际信托投资公司是主要的发行渠道。其他单位需要向外发行债券筹资，一般可委托这两个金融机构办理，如要直接对外发行债券，应由这两个金融机构或其他国外承认的金融机构担保，但需事先征得担保机构同意，不得先对外谈判后找金融机构担保。2. 凡申请对外发行债券的单位，应向中国人民银行总行报送申请书并抄送担保金融机构。申请书内容包括：可行性研究报告；用款计划和偿还计划；用于基建部分纳入国家计划的证明文件；国内人民币配套资金和物资落实情况，发行债券单位的基本状况和财务状况。中国人民银行在征求担保金融机构和其他有关部门的意见后，提出审查意见，金额在5 000万美元以上的，报请国务院审批。

27日 中国人民银行印发《关于制止有些基层银行争抢信贷业务，随便增设分支机构的通知》。该通知指出：为纠正有些基层银行片面强调业务交叉和相互竞争，自行增设机构，以不正当手段争抢信贷业务的状况，中国人民银行理事会讨论了专业银行的业务分工问题，决定：1. 自1985年1月1日起，各专业银行目前相互代理的业务，改为按照自营业务处理，任何专业银行都不得自行决定收回委托其他专业银行代理的业务。2. 各专业银行如有超越国务院 1984 年规定的分工范围发放固定资产贷款的，要立即停止，并要将已发放贷款划转给有关专业银行办理。3. 凡未按照规定自行扩大流动资金贷款范围的，都要改过来。4. 在 1984 年中国人民银行关于增设金融机构问题的有关文件下达后，由各专业银行自行批准增设的机构应当撤销，由于特殊需要非增设不可的，要按照规定程序报中国人民银行审批。5. 各专业银行分支机构在业务分工机构设置方面的纠纷和争议，由中国人民银行省、自治区、直辖市分行裁决，各专业银行都要依照执行。对拒不执行的，中国人民银行有关分行可采取冻结存款、停发现金、停止借款、限令歇业等措施予以制裁。

28 日 国务院发布《借款合同条例》。该条例的主要内容是：1. 适用于实行独立经济核算的全民所有制和集体所有制企事业等单位（以下简称借款方）同银行、信用合作社（以下简称贷款方）之间签订的借款合同。城乡个人同银行、信用合作社之间签订的借款合同（契约），亦参照本条例执行。2. 借款方必须提出申请，贷款方审查同意后，方可签订借款合同。借款合同必须由当事人双方的法定代表或者凭法定代表授权证明的经办人签字，并加盖单位公章，方能有效。3. 借款方应有一定比例的自有资金和有适销适用的物资和财产作贷款的保证。借款方无力偿还贷款时，贷款方有权依照法律程序处理借款方作为贷款保证的物资和财产。4. 借款方保证人必须具有足够代偿借款的财产。借款方不履行合同时，由保证人连带承担偿还本息的责任。5. 借款合同签订后，具有法律约束力，当事人双方必须严格遵守合同条款，履行合同规定的义务。借款方必须按照借款合同规定的用途使用借款，不得挪作他用。贷款方有权检查、监督贷款的使用情况，发现违约现象，贷款方有权收回贷款。对违约使用的部分按规定的利率加收罚息，情节严重的由司法机关追究刑事责任。6. 遇有国家计划变更、借款方单位关停并转等原因，无法履行借款合同者，允许变更或解除借款合同，由变更后的当事人承担履行借款合同的义务和享受应有的权利。7. 银行、信用社的工作人员，由于失职行为造成贷款损失浪费，或利用借款合同进行违法活动的，要追究其行政责任和经济责任。情节严重的，由司法机关追究刑事责任。该条例共有 5 章 24 条，分别为总则、借款合同的订立和履行、借款合同的变更和解除、违约责任和违法处理、罚则，自 1985 年 4 月 1 日起施行。

3 月

3 日 国务院发布《保险企业管理暂行条例》。该暂行条例分别为总则、保险企业的设立、中国人民保险公司、偿付能力和保险准备金、再保险和附则，共有 6 章 24 条。主要规定有：国家保险管理机关是中国人民银行。国家保险管理机关的职责是：拟定保险事业的方针、政策，批准保险企业的设立，指导、监督保险企业的业务活动，审定基本保险条款和保险费率，检查保险企业的会计账册和报表单据，并对保险企业在经营业务中违反国家法律、法规、政策，或者损害被保险方的合法利益的行为，给予经济制裁，直至责令其停业。经营人身保险业务的保险企业，其实收现金资本不得少于人民币 2 000 万元；经营人身保险业务以外的各种保险业务的保险企业，其实收现金资本不得少于人民币 3 000 万元；同时经营上述两项保险业务的企业，其实收现金资本不得少于人民币 5 000 万元；保险企业应当将其现金资本的 20% 交存保证金。中国人民保险公司是在全国经营保险、再保险业务的国营企业。中国人民保险公司从事下列业务活动：经营各类保险与再保险业务；向其他保险企业提供咨询服务；根据国家授权，代表国家参加有关保险业务的国际活动；国家授权经营的其他业务。除法律、法规另有规定或经国务院批准外，下列业务只能由中国人民保险公司经营：法定保险；各种外币保险业务；国营、外资、中外合资、中外合作企业的各种保险业务；但地方国营保险企业可以经营该地区的地方国营企业的各种保险业务；国际再保险业务。保险企业必须至少将其经营的全部保险业务的 30% 向中国人民保险公司办理再保险。该暂行条例不适用于社会保险，自 1985 年 4 月 1 日起施行。

4日 中国农业银行印发《抵押贷款试行办法》。该试行办法规定：借款者申请抵押贷款，必须提供易于保存、变卖的物资，或有价证券、贵重物品、不动产等做担保，生活必需品不能作为贷款抵押品。抵押品原则上按现值计价，贷款额度最多不得超过抵押品总值的70%。新建、扩建和开发性项目作为抵押品的抵押贷款，要按照项目贷款的要求审查评估，坚持按30%～50%自有资金比例的规定办理。银行对抵押品的数量、质量和安全情况应经常检查，对保管不善的要限期解决，逾期不解决的，银行有权提前处理抵押品清偿贷款。抵押贷款的期限与利率，可比照同一贷款种类的规定办理。

8日 国务院发布《关于上海市进一步对外开放有关问题的批复》。国务院在该批复中提出要逐步把上海建设成为对国外客商具有巨大吸引力，对先进技术具有强大消化力，对国际市场具有敏捷应变能力的对外经济联系枢纽，成为发展出口、增加创汇的基地。

9日 中国人民银行、国家计委、国家经委联合发布《关于购买国家批准的外汇额度及其人民币贷款的有关问题的通知》。该通知规定：1. 购买外汇所需人民币资金，先用地方和企业自筹资金解决，确实不足的可向中国人民银行贷款。2. 使用国家批准的外汇额度，必须与引进先进技术、设备等的进度密切结合，在进口实际对外支付用汇时，才能购买国家外汇。3. 不得预先用人民币购买成现汇存到专业银行，严禁将这笔外汇汇到境外银行生息或进行倒卖。4. 购买外汇人民币贷款的利率，1984年以前批准的额度规定月息2.1‰的可继续执行，1985年1月1日起新批准的外汇额度和1984年购买外汇文中未明确规定的人民币贷款利率，一律按照贷款的用途和性质确定，即用于技术改造贷款的利率，1年以下（包括1年）月息4.2‰，1年以上至3年月息4.8‰，3年以上至5年月息5.4‰；用于购买原材料贷款的月息6‰。5. 贷款的归还期限，一般从贷款之日起3年内还清，个别经中国人民银行省、自治区、直辖市分行批准的可适当延长，最长不超过5年。国家专案批准由中国人民银行给上海、天津两市的外汇额度，从1985年2月1日开始，也改按该规定执行。

13日 国务院发布《关于加强外汇管理的决定》。国务院指出，近几个月来，国家外汇结存急剧下降。由于外汇管理松弛，一些地方、部门大量超计划使用留成外汇；有些单位将留成外汇额度买成现汇转存银行，随时提用；有些单位和地方非法倒卖外币、外汇券，严重扰乱金融秩序，损害人民币的信誉。这些情况不仅影响国家对外汇的管理和经济体制改革的进行，而且对党风、社会风气起到严重的破坏作用。针对当前外汇管理中存在的主要问题，国务院决定：1. 各地区、各部门留成外汇的使用，由国家下达用汇控制指标，严格执行，不得突破。2. 各种外汇额度未经国家外汇管理部门批准，不得调拨，不得买成现汇。3. 不允许把应调回的外汇存放在境外，对国家控制进口的商品，凡未经国务院主管部门批准发给许可证的，外汇管理部门和银行不得拨给外汇和办理结算。4. 拨给的外汇额度购买外汇需要人民币资金，原则上要用自己的资金，确有困难的申请一定比例的贷款。凡不符合规定用途的，银行拒绝贷款。5. 严禁非法倒卖外汇活动。违反者，外汇管理部门要没收其全部非法收入，上缴国库，并科以罚款，使用银行贷款的要停止贷款，并收回已发放的贷款。金融机构参与这种非法活动的，要从严惩处。6. 严禁外币在市场流通，经国家批准的需要收取外币的地区和宾馆、商店除外。对于社会上从事倒卖外币的单位和团伙，工商行政管理部门、公安部门要按破坏金融秩序论处，坚决给予打击。7. 国务院责成中国人民银行及其所属的国家外汇管理局认真行使管理外汇的职权，严格查处违反外汇管理的行为。对违法的外汇资金和拒不缴纳罚款的单位，外汇管理部门有权通知开户银行冻结其外汇资金和强制扣款。

14日 国务院批转中国人民银行《关于调整部分存款、贷款利率的报告》。该报告指出：1. 适当提高定期储蓄利率。1年期的由年息5.76%调整为6.84%，3年期的调整为年息

7.92%，5 年期的调整为年息 8.28%，8 年期的仍为年息 9%，活期储蓄利率不动。2. 提高企事业单位定期存款利率。1 年期的由年息 3.6%调整为 4.32%，2 年期的调整为年息 5.04%，3 年期的调整为年息 5.76%。3. 流动资金贷款利率由年息 7.2% 调整为 7.92%，个体工商户贷款由年息 8.64% 调整为 9.36% ~11.52%。农村各项贷款利率，由中国农业银行根据调整后的流动资金贷款利率、个体户贷款利率为基准进行拟订，报中国人民银行批准执行。4. 提高基本建设贷款利率。属于“拨改贷”的贷款利率 1985 年不变动，以后改按统一的基建贷款利率执行。属于用银行信贷资金发放的国家基本建设贷款，原则上比照技术改造贷款利率执行；对基建贷款中的能源交通等国家重点建设项目的贷款，利率上可给予优惠照顾。5. 加强低息优惠利率的管理。对现行优惠贷款项目要进行清理，因情况变化已不符合条件的要停止优惠。今后，单位要享受优惠利率的，除由财政贴息的以外，必须事先经中国人民银行同意，并要逐步实行“先收后退”的办法。6. 为了灵活运用利率杠杆进行宏观调节，今后中国人民银行可根据国民经济发展的需要和社会银根松紧情况，随时调整对各专业银行的存款、贷款利率，各专业银行必须执行中国人民银行制定的统一利率政策和利率标准。

21 日　国家主席李先念根据六届全国人大常委会第十二次会议的决定，任命国务委员陈慕华兼任中国人民银行行长。

27 日　六届全国人大三次会议在京召开。国务院总理赵紫阳做题为《当前的经济形势和经济体制改革》的政府工作报告。该报告指出，今后的价格改革，是在 1984 年货币发行偏多、部分商品价格上涨的情况下进行的，为此必须坚决控制货币发行量。国务院决定：1. 严格控制消费基金的盲目增长，严禁任何单位和个人在财务上乱开口子，乱提工资，乱发奖金、津贴和实物。从 1985 年起，恢复工资基金管理制度，各企事业单位和机关团体的工资基金，都要在银行开立专户，先存后用，由银行按规定监督支付。2. 统一制定信贷计划和金融政策，加强中国人民银行对宏观经济的控制和调节职能，严格控制信贷总规模和现金投放。适当提高银行存款利率，增加信贷资金来源。中央银行对所属各省、自治区、直辖市分行和各专业银行，要统一规定货币发行控制数字。各专业银行和各地分行必须按计划执行，不得突破。3. 从严控制固定资产投资，特别是预算外投资的规模，对超过限度的投资要征重税。4. 坚决压缩行政费开支，压缩社会集团购买力，严格执行机关团体购置高档耐用消费品的审批制度。5. 在坚决控制货币投放量的同时，进一步抓好消费品工业的生产，积极增产适销对路的产品和名牌优质产品，增加市场供应，大力发展第三产业，加速货币回笼。

29 日　经贸部、国家计委、国家外汇管理局发布修订后的《出口商品外汇留成办法》。该办法规定，从 1985 年起，国家实行按出口商品收汇全额比例留成，即除军品、增产原油、增产成品油等出口商品外汇留成仍按原办法外，对一般商品出口收汇留成按 25% 提取留给地方、部门、企业。

3 月　中国银行珠海分行发行“中银卡”。这是中国发卡史上的第一张信用卡。该卡发行之初是在中国银行珠海分行内部员工中试用，正式对外公开发行是在 1985 年 6 月。1986 年 10 月，中国银行在系统内统一使用“长城卡”。这是中国第一个全国性品牌银行卡。

4 月

2 日　国务院发布《中华人民共和国经济特区外资银行、中外合资银行管理条例》。主要内容如下：1. 外资银行、中外合资银行必须遵守中华人民共和国的法律、法规，其正当业务活动和合法权益受中华人民共和国的法律保护。2. 在经济特区设立外资银行、中外合资银行必须向中国人民银行提出申请，中国人民银行根据经济特区发展的需要和平等互利的原则审查批准其经营业务项目。3. 中国人民银行经济特区分行对特区的外资银行、中外合资银行进行管理和监督；国家外汇管理局对外资银行、中外合资银行颁发经营外汇业务许可证。4. 设立在经济特区的外资银行总行、中外合资银行，其注册资本不得少于8 000万元人民币的等值外汇，实收资本不得低于注册资本的50%。5. 设在经济特区的外资银行、中外合资银行，对经济特区一个企业的放款，不得多于该行实收资本加储备基金总数的30%；对经济特区的投资总额，不得多于该行实收资本加储备基金总数的30%。6. 在经济特区设立的外资银行分行，必须持有其总行拨给的不少于4 000万元人民币等值外汇的营运资金。7. 外资银行、中外合资银行纳税后的利润，应当按照规定提取储备基金、职工奖励基金和福利基金、企业发展基金，境外投资者所得部分可以汇出；外资银行分行依法纳税后的利润可以汇出。8. 外资银行、中外合资银行终止业务活动，必须在终止前30日以书面形式向中国人民银行提出申请报告，由中国人民银行批准。

4日 国务院批转中国人民银行《关于控制1985年贷款规模的若干规定》。国务院指出，控制贷款规模和货币发行是保证1985年物价、工资改革顺利出台的一个重要条件，也是稳定经济和巩固发展大好形势的一项重要措施。该若干规定的主要内容包括：1. 严格控制贷款总规模。各专业银行总行和人民银行各分行要严格执行人民银行总行核定的计划，不得突破。2. 实行"统一计划、划分资金、实贷实存、相互融通"的信贷资金管理办法，解决信贷资金使用"吃大锅饭"的问题。3. 改变敞口供应流动资金贷款的办法。集体企业，按集体企业办法管理的国营企业和实行利润包干的企业等，一般要有30%～50%的自有资金，银行在信贷资金可能的范围内，择优发放一定比例的贷款，不能全包下来。4. 认真执行农村信贷政策。中国农业银行的农村存款和农村贷款的增加额要在全国范围内做到当年平衡。信用社在农业银行的存款比例，不得低于30%。5. 加强固定资产贷款管理。各专业银行的基建贷款，按项目进行控制，不得突破国家计划；技术改造贷款由人民银行总行按计划进行控制。6. 加强金融工作的统一管理。中国人民建设银行信贷收支要纳入国家信贷计划统一管理。各专业银行的业务分工，要执行国务院和中国人民银行的有关规定，不得各行其是。

8日 国务院发布《关于控制固定资产投资规模的通知》。该通知指出，1984年投资规模偏大，为了保证1985年固定资产投资计划完成，严格控制计划外投资，决定：各部门、各地区对1985年固定资产投资规模必须严格控制，以保证计划的完成；用银行贷款安排的基本建设和技术改造项目，要严格按照国家计划执行，未经国务院批准，不准发放计划外的贷款，不准用银行贷款以自筹资金名义擅自扩大投资规模；利用外资项目要按规定的审批权限和程序，经过批准才能对外谈判。自筹资金要严格控制在计划规模（包括浮动10%）以内，超过浮动范围的要加收10%的建筑税；银行对乡镇、集体和个人贷款，重点放在能源、节能、交通、出口、农副产品加工和第三产业。控制固定资产投资规模实行首长负责制，每季度检查一次。

11日 国务委员兼中国人民银行行长陈慕华在中国人民银行全国金融研究所所长会议上的讲话中指出，要重视研究以下几个金融理论问题：1. 市场上合理的货币流通量究竟应该是多少？2. 如何确定我们的信贷规模？3. 如何在宏观上管住，在微观上搞活？

17日 中国银行悉尼分行营业执照颁发仪式在澳大利亚首都堪培拉举行，中共中央总书记胡耀邦和澳大利亚总理霍克参加了仪式。中国银行悉尼分行于1985年12月16日正式开业。

5月

8日 非洲开发银行和非洲开发基金理事会通过决议，接纳中华人民共和国为非洲开发基金和非洲开发银行成员。

28日 中国人民银行、中国工商银行、中国银行、中国农业银行、中国人民建设银行发布《关于控制计划外固定资产投资贷款的若干规定的通知》。该通知强调，要在控制固定资产规模的工作中，实行行长负责制，按月进行检查。该通知规定：1. 必须严格执行分配给各部门、各地区的固定资产贷款计划，未经国务院批准，不得自行扩大。2. 对原有企事业和行政单位零星的购置单项设备和建造单项工程，金额在5万元以下的，不列入固定资产投资规模的项目，其资金来源按规定资金渠道自行解决，银行不予贷款。3. 对中小学建设，县以下医院、保健站、文化馆、体育馆、图书馆、博物馆的建设，新建、扩建的城市道路，新增公共交通车辆购置和职工宿舍等5个方面不纳入固定资产投资规模的自筹建设，银行不予贷款，但应按国家规定提前半年专户存入建设银行监督拨付。4. 银行对城镇集体的企业发放设备贷款，要纳入各银行固定资产贷款规模。5. 银行对个体工商业不发放固定资产贷款。6. 加强金融信托投资机构贷款的管理。今后各专业银行办理信托业务，只能办理委托贷款和投资，凡用于基本建设和技术改造的贷款，必须纳入国家固定资产投资规模范围内。对地方财政和部门委托银行办理的固定资产贷款，要有国家批准的固定资产投资规模，要有足够的资金来源，一律不准用银行信贷资金垫付。7. 严禁地方、部门和企业用任何形式向银行摊派投资贷款，严禁挪用银行流动资金作为自筹投资来源。

6月

6日　农牧渔业部、财政部、中国人民银行、中国农业银行下达《关于扶持粮棉集中产区搞好转化转产贴息贷款管理办法》。国家决定：自1985年起至1990年止，每年用1亿元贴息贷款，扶持粮棉集中产区搞好转化、转产工作，贷款实行优惠利率，人民银行负责安排贷款，农业银行负责经营，中央财政负担利息。该管理办法规定：贴息贷款主要用于发展粮棉加工、副产品综合利用、饲料加工、食品加工、农村鲜活产品的储藏、保鲜和畜牧、水产的养殖等。贷款项目必须符合行业规划，有利于粮食转化、棉花转产，要优先安排周期短、投资少、效益好的项目。贷款的主要对象是专业户、联户、农村合作经济组织、经济联合体、乡镇企业，也可以用于他们与国营单位联合经营的项目。借款者须有30%～50%的自有资金。每一个专业户贷款一般为2 000～3 000元，最高不得超过1万元。对每个贴息贷款项目的贷款期限一般为1～3年，最长不能超过5年。借款单位逾期不还，加收利息20%。逾期贷款利息及加收利息全部由借款单位负担，财政不予补贴。贴息贷款实行优惠利率，月息5.4‰，借款者负担1.2‰，中央财政负担4.2‰。对擅自改变计划、挪用贷款的借款单位，农业银行有权停止发放贷款，追回挪用的贷款和取消优惠利率，并按基准利率加收罚息50%，本息全部由借款者归还。

10日　国家计委、中国人民银行、中国人民建设银行联合发布《关于基本建设自筹资金必须存入建设银行监督管理的紧急通知》。该紧急通知要求：为了有效地控制自筹基建规模，国家历来规定所有自筹基建资金都必须专户存入建设银行，由建设银行严格按计划拨付并监督使用。各地建设银行要加强基建自筹资金的管理。

25日　中国人民银行、中国工商银行、中国农业银行、中国人民保险公司、中国银行发布《关于贯彻部分省（市）长会议精神，进一步管好银行信贷资金的通知》。该通知强调，根据既要控制又要搞活，要区别对待，不搞“一刀切”的原则，加强固定资产贷款的控制和管理，加强外汇贷款的控制和管理，积极支持收购农副产品资金的需要。

关于加强固定资产贷款的控制和管理，文件主要规定：建立行长责任制，严格按计划控制固定资产贷款，超过计划控制数的由行长负责收回。银行对固定资产贷款项目，必须从经济效益和还款能力两方面认真进行可行性审查。加强自筹基本建设投资的管理。加强信托贷款和投资业务的管理，专业银行暂不办理新的信托贷款和投资业务，已办理的要进行清理；对外已签约生效和已开出信用证的中外合资引进项目，可以在年内投产发挥效益的，其投资规模应纳入国家下达的固定资产投资总规模内；不准把银行的存款转到其他金融机构，扩大固定资产的投资和贷款。

各地非银行的金融机构，必须按中国人民银行批准的范围经营金融业务，接受当地中国人民银行分支机构管理，各地信托投资公司和其他金融机构发行债券、股票，必须报经中国人民银行批准。严格按计划控制乡镇企业贷款，并只限于由中国农业银行发放。对新上项目，1985 年原则上不予贷款，建设项目年内能竣工投产、经济效益好的，在批准的贷款规模内择优贷放。

关于加强外汇贷款的控制和管理，该通知强调，中国银行和其他专业银行未经国家批准，不准超计划开证、用汇；各地银行未经批准，不得自行借外债；办理的甲类、乙类特种外汇贷款，应力争做到两类之间外汇和人民币的平衡，不准空投；对外担保要严格按照有关规定和审批权限办理；严格控制进口开证，加快出口收汇；加强购买外汇额度人民币贷款的管理。

27 日 国务院办公厅发布《关于加强银行金融信贷管理工作的通知》。主要内容如下：1. 各级人民银行要加强对专业银行和其他金融机构的业务领导。各专业银行的信贷规模，要统一纳入人民银行的国家信贷计划；各专业银行的固定资产投资贷款，要按项目严格控制，不得突破国家下达的计划。2. 在信贷工作中，要坚决执行国家的政策法令和金融信贷制度，凡是从银行贷款的，必须有一定的自有资金；发放固定资产投资贷款和高息贷款的单位必须要有盈利的企业单位担保。3. 各级银行和从事经济信贷工作的同志，要模范地遵守有关的法规制度，自觉地抵制各种不正之风。4. 各级政府要加强领导，监督、检查和支持银行的工作。对坚持原则、奉公守法、努力工作的，要予以表扬；对严重渎职、违法乱纪、营私舞弊的，要及时查处。5. 一切违背中共中央、国务院有关金融信贷规定的错误做法，银行有权拒绝执行；银行部门由于坚持国家金融信贷制度，而被当地领导刁难、“穿小鞋”以致受到错误处理的，必须追究有关领导人的责任。

29 日 中国银行信托咨询公司山西平朔第一煤炭有限公司同美国西方石油公司、在北京正式签署安太堡露天煤矿合作企业合同，成为中国与国外合作开发的第一个也是最大的一个煤炭项目，总投资额 6.4 亿美元（美方占 52.49%，中方占 47.5%），设计年产原煤 1 533 万吨。国务院副总理李鹏等出席了签字仪式。山西平朔安大堡煤矿于 1987 年 9 月 10 日胜利建成投产，是当时国内生产规模最大、现代化程度最高的露天煤矿。

7 月

5 日 中国人民银行印发《稽核工作暂行规定》。主要内容如下：对金融机构进行稽核检查是中国人民银行履行中央银行职能的职责之一，各级人民银行对各级工商银行、农业银行、中国银行、建设银行、保险公司、国际信托投资公司和其他金融机构的业务活动，定期或不定期地进行全面稽核或专项稽核。稽核的内容：执行国家经济方针、政策和金融方针、政策的情况；执行国家法律、法令、条例和中央银行各项规定的情况；执行信贷计划、现金计划、外汇计划和财务计划的情况；资金运营及经济效益的情况和人民银行认为需要进行稽核的其他事项。文件对稽核人员的职权以及稽核工作的程序和要求等，也作了具体规定。

中国人民银行发布《关于对外借款由中国人民银行归口管理的通知》。该通知规定：境内机构向外国或港澳地区银行、企业贷款（包括透支），统一由中国人民银行归口管理。可接受外国或港澳地区银行、企业贷款的机构，仅限于中国银行、中国国际信托投资公司和经国家外汇管理局批准经营境外外币借款业务的金融机构，以及经中国人民银行批准的公司、企业。金融机构自借自还的对外借款，要根据经中国人民银行批准的信贷、投资计划进行；公司、企业对外借款，必须报经中央主管部门或省、自治区、直辖市人民政府核报中国人民银行批准始能进行。对外借款必须和创汇挂钩，对创汇少或缺乏创汇能力的地方、企业，各主管部门和各级人民政府应从严控制所有自借自还的对外借款，在借款前应向国家外汇管理局提出申请，说明贷款银行（或企业）、贷款金额、贷款期限、贷款利率以及偿还安排等情况，由国家外汇管理局核报中国人民银行审批。对外借款如需要担保的，只能由中国银行、中国国际信托投资公司和经国家外汇管理局批准的金融机构或企业担保。

22 日 国务院同意并批转中国人民银行《关于调整储蓄存款利率和固定资产贷款利率的报告》。该报告提出的调整方案是：1. 提高定期储蓄存款利率，半年期利率由现行年息 5.4% 调高到 6.12%；1 年期利率由现行年息 6.84% 调高到 7.20%；3 年期利率由现行年息 7.92% 调高到 8.28%；5 年期利率由现行年息 8.28% 调高到 9.36%；8 年期利率由现行年息 9.00% 调高到 10.44%。活期储蓄利率不调整。2. 提高固定资产贷款利率，将技术改造和基本建设两种贷款利率合并为固定资产贷款利率，根据贷款期限的不同实行差别利率（包括对乡镇企业发放的固定资产贷款），1 年期利率由现行年息 5.04% 调整为 7.92%；3 年期利率由现行年息 5.76% 调整为 8.64%；5 年期利率由现行年息 6.48% 调整为 9.36%；10 年期利率由现行年息 7.20% 调整为 10.08%；10 年以上的利率由现行年息 7.92% 调整为 10.08%。对乡镇企业生产设备贷款利率，要比照固定资产贷款利率增长幅度相应提高。对“拨改贷”贷款利率，1985 年暂按国家计委、财政部、建设银行《关于国家预算内基本建设投资全部由拨款改为贷款的暂行规定》（1984 年 12 月 14 日发布）执行，以后改按统一的固定资产贷款利率执行。3. 对中央、地方必须办而利润不高的能源、建筑材料、交通运输等国家重点建设项目和某些技术改造项目，必要时可以采取贴息办法，谁办的谁贴息。对经济效益差、还贷款无保障的建设项目，银行有权停止贷款。对国家计划统一安排的基建项目，银行认为不符合贷款条件的，要及时提出意见，由各部门进行调整。4. 信用社转存银行储蓄存款的利差，由银行给予适当补贴。

中国人民银行、中国工商银行、中国农业银行联合发布《1985 年发行金融债券、开办特种贷款办法》。该办法规定：1. 金融债券由中国农业银行、中国工商银行分别按各自的业务范围向城乡个人发行，筹集的资金用来向乡镇企业和城市集体企业发放特种贷款（用于企业产品为社会所急需、经济效益好、再投入少量资金就能竣工投产的技术改造和基本建设项目，以及项目建成后急需的流动资金）。2. 各省、自治区、直辖市、计划单列城市和经济特区的农业银行、工商银行发行金融债券，要按量出为入的原则，根据贷款的实际需要量，在批准的额度内发行；特种贷款的资金来源，完全以发行金融债券解决。3. 金融债券面额分为 20 元、50 元和 100 元 3 种。期限为 1 年，只限于个人自愿购买，利率为年息 9%，到期还本付息，不能提前兑付，不能流通、转让和抵押。4. 特种贷款利率最低年息 12%，最高 14%，在这个幅度内划分不同档次，根据不同地区情况不同对待。5. 在发行金融债券、发放特种贷款过程中造成资金闲置所发生的利息损失，由发行债券的银行在金融债券和特种贷款的利差收入中解决。

27 日 国务院发布《中华人民共和国国家金库条例》。主要规定有：国家金库（以下简称国库）负责办理国家预算资金的收入和支出，中国人民银行具体经理国库；各级国库库款的支配权，按照国家财政体制的规定，分别属于同级财政机关；国库机构的设置按照国家财政体制设置，原则上一级财政设立一级国库；国库业务工作实行垂直领导，各级国库的主任由各该级人民银行行长兼任。该条例对国库的职责权限、库款的收纳与退付、库款的支拨等做了具体的规定。1950 年 3 月 3 日中央人民政府政务院公布的《中央金库条例》同时废止。

8 月

2 日 中国农业银行与国家科委发布《关于办理农村技术开发项目贷款的联合通知》，决定由中国农业银行办理农村技术开发项目贷款。该通知的主要内容有：贷款项目必须是各级科委和有关部门推荐，经国家科委审定，经过可行性论证，能在近期内推广和利用，取得实用价值，为社会创造物质财富，提高经济效益。贷款应本着谁借谁还的原则，贷给直接从事技术开发活动的一个单位或几个单位。借款单位必须具有项目投资总额30%以上的自有资金，保证按期还款。贷款主要用于购买开发项目所必需的仪器设备、原材料、技术引进和技术服务费开支，土建费用由自筹资金解决。开发性贷款指标实行项目管理，执行规定的开发性贷款利率的档次，贷款期限一般为1~3年，最长不超过4年。贷款可以采用抵押贷款或担保贷款方式，无抵押品的要由具有代偿能力的经济实体或部门担保。借款单位须持国家科委和中国农业银行共同下达贷款项目的文件向当地农业银行提出书面申请，受理行审查同意后上报领导行。各级科委和农业银行要密切配合，科委要加强对开发项目的领导和督促检查。

20日 国务院发布《进一步清理整顿公司的通知》。针对有些公司政企不分和从事违法经营活动等问题，该通知规定：1. 对于党政机关和党政机关干部办的公司，要实行政企分开，并使公司在经济上与党政机关脱钩；党政干部担任公司职务的，要辞去一头。2. 开办的公司一般要有固定的生产经营场所和生产经营规模相适应的资金、设施和从业人员，有健全的财务制度、组织管理机构和公司章程。3. 成立公司必须经过批准，并办理登记注册手续。4. 公司必须按照规定的经营范围依法经营。

28日 国务院发布《关于不再扩大1985年基本建设投资规模的通知》。国务院该通知规定：1985年基本建设规模必须控制在国家下达的计划之内，国家不再追加计划指标；银行要严格按国家基本建设投资计划放款，计划外贷款要立即停止发放；对自筹资金，要严格执行国家有关规定，凡6月末以后存入中国人民建设银行的存款当年不得动用。

8月29日至9月2日 中国人民银行、中国人民建设银行在郑州联合召开改革建设银行信贷资金管理体制会议。会议提出：建设银行的资金来源、资金运用和联行制度与其他专业银行有差别，在管理上有不同之处。建设银行的信贷资金管理主要内容如下：1. 建设银行的资金，原来采取信贷收支轧差方式，实行新的信贷资金管理办法后，对财政基建“拨改贷”基金、财政预算拨款资金仍采取轧差反映，即财政拨款大于基建贷款的结余列为财政存款，对信贷资金则按信贷资金来源和信贷资金运用两方，全额分别反映。对财政拨款发放贷款资金的管理，坚持先拨后用、存大于支的原则，不得挤占信贷资金。人民银行总行核定给建设银行总行的年度存差计划，或借差计划和贷款规模，均为指令性计划。2. 建设银行吸收的一般存款，1985年按30%的比例缴存人民银行；吸收的财政性存款，全部划缴人民银行。3. 各级建设银行，要在人民银行开立账户，并将原来在中国工商银行、中国农业银行开立的存款户结清。同时，要与其他专业银行建立同业往来关系，相互融通资金，使各级建设银行成为经营单位。4. 实行同其他专业银行一样的存贷款利率。5. 实行与其他专业银行不同的联行制度。由于建设银行现行的联行制度与其他专业银行的做法不同，因而不能采取相互发报移卡的做法。建设银行上下级之间的资金调拨，应通过人民银行的联行办理。为开户单位办理异地汇划款项，如果汇出汇入单位都在建设银行开户，可通过自己的联行直接办理。6. 建立灵活调度资金的制度。人民银行除了一次性核给建设银行一部分业务周转金之外，对因季节性存款下降或贷款上升，以及资金调拨未达而出现的一时资金短缺，还可以发放临时贷款。7. 建设银行应当逐步建立本系统的现金业务库，自办现金收付业务。目前不能自办的，可继续委托其他专业银行代办。

9月

1日 我国首次公布国际收支统计平衡表（参见下表）。

1982—1984年中国国际收支平衡表

单位：百万美元

项目	1982年	1983年	1984年
一、经常项目	5 674	4 240	2 030
1. 贸易	4 249	1 990	14
出口 FOB	21 125	20 707	23 905

续表

项目	1982 年	1983 年	1984 年
进口 FOB	-16 876	-18 717	-23 891
2. 劳务	939	1 739	1 674
收入	3 604	4 028	4 919
支出	2 665	2 289	3 245
3. 无偿转让	486	511	442
私人	530	436	305
官方	-44	75	137
二、资本项目	338	-226	-1 003
1. 长期资本项目	389	49	-113
流入	3 312	2 702	4 128
流出	-2 923	-2 653	-4 241
2. 短期资本	-51	-275	-890
流入	244	59	223
流出	-295	-334	-1 113
三、错误与遗漏	279	-366	-932
四、储备资产增减额	-6 291	-3 648	-95

注：储备资产增加记“-”号。

资料来源：中国人民银行调查统计司。

17 日　中国人民银行发布《关于立即停止发放信托贷款和信托投资的通知》。该通知重申：各专业银行所属信托投资公司、信托部、城市信用服务部（社）或信贷部门都必须立即停止办理信托贷款、信托投资等信托业务。在接到国务院加急电报后继续发放的信托贷款、信托投资和在这之前发放的计划外基建项目的信托贷款、信托投资，都要清理收回。其他部门、企业办的信托投资公司，占用人民银行的资金，要清理划归人民银行；已经用于国家计划外基建项目的资金，要限期清理收回，尚未拨付的，要停止拨付。

18～23 日　中国共产党全国代表会议在北京召开，会议通过了《关于制定国民经济和社会发展第七个五年计划的建议》。其中指出：改革金融体制，充分发挥银行系统筹集融通资金、引导资金流向、提高资金运用效率和调节社会总需求的作用。中国人民银行作为中央银行是最重要的宏观调节机构之一，要加强它的地位和独立性。“七五”期间要抓好三个方面的改革：一是增强企业活力；二是发展社会主义商品经济，完善市场体系；三是国家对企业的管理逐步由直接控制改为间接控制为主，主要运用经济手段和法律手段及必要的行政手段来控制和调节经济运行。

24 日　国务院发布新的《工资基金暂行管理办法》，为适应社会主义商品经济的发展，该管理办法着重规定：1. 各基层单位在不超过国家下达的年度工资总额计划的前提下，可将本月或本季度节余的工资基金移到本年度的下个月或下季度使用，但不得将下个月或下季度的工资基金提前使用；超过工资基金使用计划指标的，银行不予支付；单位需要增加工资指标的，应按照劳动工资计划的审批程序办理。2. 企业的奖励基金，应按国家规定提取，企业发放的奖金和从奖励基金中支付的浮动工资、津贴、补贴、自费改革工资等各项工资性支出，应从提取的奖励基金中开支，先提后用。3. 经国家批准实行工资总额同经济效益挂钩的国营企业，有关省、自治区、直辖市或国务院主管部门应按其隶属关系，将国家核定的上缴税利、工资总额基数、挂钩比例和按挂钩比例计算的增加工资额，逐级下达到企业并抄送其开户银行，同时报劳动人事部、国家计委、财政部、中国人民银行备案。4. 实行百元产值工资含量包干的建设企业和实行吨煤工资含量包干的煤炭企业。有关地区和部门应按其隶属关系，将国家核定的百元产值工资含量包干系数、吨煤工资单价和增加的工资额，逐级下达到企业，按照相关数据计算出工资总额，分别按其隶属关系报有关部门核增核减后，送开户银行监督执行。5. 现有的计划外用工，其工资应控制在国家规定的工资总额范围内，不得突破，并应按国家规定进行清退，相应核减工资总额。6. 各专业银行应履行国家赋予的职责，监督检查各单位工资基金的使用情况。

10 月

7 日　中国人民银行、国务院科技领导小组办公室发布《关于积极开展科技信贷的联合通知》。该通知要求各专业银行和其他金融机构在核定的信贷计划总量范围内调剂一部分贷款，积极支持科技事业的发展；科技贷款的对象包括企业和有偿还能力的科研单位、生产联合体；科技贷款的利息可由地方、部门贴补；对于国务院有关部门推荐的科技项目可优先贷款；对于科技贷款中好的做法和好的经验要积极组织推广。

12日 国务院同意并批转中国人民银行《关于全面开展信贷检查的报告》。为了进一步落实中共中央、国务院关于严格控制信贷规模和货币供应量的各项措施，纠正信贷工作中的不正之风，该报告提出，在全国开展一次信贷检查。检查重点是经济效益不好的贷款，银行用贷款支持或贷款被挪用搞计划外固定资产投资的情况，用银行贷款或流动资金搞地方、企业自筹基建的情况，用流动资金贷款购买汽车和倒买倒卖紧俏物资的情况；组织货币回笼中存款减少和到期贷款不能收回的原因，储蓄与现金管理中的问题，贯彻国务院关于暂停信托贷款和信托投资业务决定的情况，违反贷款原则滥放贷款以及以贷谋私、索贿受贿、敲诈勒索、贪污盗窃等违法乱纪的行为。该报告对这次信贷检查的范围、组织领导以及检查结束的标准等，提出了具体意见。

15日 中国人民银行印发《全国货币发行工作座谈会纪要》。该纪要提出：对今冬明春的发行基金调拨，由过去“适当集中，合理摆布，灵活调拨”的原则，改为“适当集中，合理摆布，总额控制，分批下拨”。总行对各省、自治区、直辖市分行的发行基金供应量，要控制在总行核定的指标之内。建立行长责任制，未经上级行批准，擅自突破发行基金供应总额的，要追究行长的责任。由人民银行牵头，成立各家银行旺季现金联合调拨小组。该纪要还就加强现金管理、改进结算工作、加强对专业银行代理发行业务的检查、硬分币投放、加强发行干部队伍建设等提出了具体意见。

11月

1日 深圳经济特区证券公司成立。经中国人民银行批准，试办深圳经济特区证券公司。1987年9月改组为中国银行、中国工商银行、中国人寿保险等10家中央金融单位出资合办的股份制企业，注册资本为550万元人民币。这是改革开放后我国第一家证券公司，具有独立的法人资格，主要从事特区内股票等有价证券的发行和交易业务。

15日 中国银行印发新的《中国银行外币存款章程（丙种）》。新章程的基本内容包括：1. 凡中国境内居民均可开立外币存款账户（分外汇账户与外钞账户）。凡从境外汇入、携入和境内居民持有的可自由兑换的外汇均可存入外汇账户；不能立即付款的外币票据需经银行办理托收后方可存入。凡从境外携入或境内居民持有的可自由兑换的外币现钞均可存入外钞账户。2. 定期存款分为3个月、6个月、1年、2年4个档次。存款的货币限美元、英镑、西德马克、日元、港元5种，其他可自由兑换的外币，由存款人自由选择上述货币的一种，按存入日的外汇牌价折算入账。开户起存金额，不低于人民币150元的等值外币。3. 存款按中国银行公布的个人外币定期存款利率计付利息。外汇账户，本息可以汇往境外，汇往境外须按金额大小经中国银行或外汇管理部门批准。外钞账户，本息可以支取外钞，并可凭携带外钞出境证明出境。4. 存款银行对存款人的存款负责保密。

27日 中国人民银行、中国工商银行发布《关于保留中国人民银行县支行机构有关问题的通知》。该通知规定：保留多少县级机构，由人民银行省、自治区、直辖市分行根据加强人民银行工作的需要，报经省、自治区、直辖市人民政府确定。这次人民银行和工商银行的县支行机构分设后，如有的县需要设人民银行机构时，另行组建。人民银行县支行的职工，和人民银行一、二级分行职工一样，享受企业待遇。该通知还就人民银行、工商银行县支行分设后的办公用房使用、发行库及枪支管理、职工宿舍和办公用具等问题，作了明确规定。该通知要求两行县支行机构分设工作，争取在1986年3月底以前基本完成，最迟在1986年6月底以前完成。

28日 厦门国际银行开业。这是全国首家中外合资银行，由中国银行福建省分行、福建投资企业公司、厦门经济特区建设发展公司和香港上市公司闽信集团有限公司采用“股权式”的股份制模式共同筹资创办，注册资本为 8 亿港元。主要开办外汇投资银行和商业银行的对外业务。

30 日 国务院办公厅转发中国人民保险公司《关于发展涉外保险业务增加外汇收入的报告》。该报告对如何进一步发展涉外保险业务提出了应当采取的几项措施：积极开展宣传工作，完善涉外经济法规中有关保险的条文。各级政府的外事和对外经贸部门要指导并协助开展国外保险工作；向保险公司通报有关的重要会议和同外商谈判重大项目的情况；在审批涉外项目可行性研究报告及合同草案时，应将是否列入保险条文作为一项内容。允许保险公司运用经济手段，推动业务发展，鼓励有关部门的职工积极协助保险公司开展涉外保险业务。暂不允许外国保险公司来华开业。加强保险公司自身的建设，提高服务质量，增加保险类别，增强我国保险的竞争能力。

12 月

14 日 国家计委、财政部、中国人民建设银行发布《关于调整国家预算内基本建设投资拨款改贷款范围等问题的若干规定》。由于从 1985 年起，凡是由国家预算安排的基本建设投资全部由财政部拨款改为银行贷款。对科学研究、学校、行政单位等没有还款能力的建设项目，做了豁免本息的规定。根据一年来的实践，从 1986 年起，原来规定的凡由国家预算安排的科研、学校、行政单位等没有还款能力的建设项目，不再采用“拨改贷”的办法，仍然恢复拨款办法，并对恢复拨款方式的范围、管理办法作出了具体规定。

23 日 中国人民银行发布《关于加强金融机构的资金管理的通知》。为了加强和改善金融宏观控制，该通知规定：从 1986 年起，凡经国务院和中国人民银行批准成立的信托投资公司和保险公司设立的投资公司，其资金来源、运用必须全额纳入国家综合信贷计划，按原批准的业务范围自主经营，人民银行不借给资金。未经中国人民银行重新批准的专业银行设立的信托投资公司或信托部（处、科）经营信托业务的资金来源与运用，要纳入专业银行的信贷计划，其固定资产投资贷款部分，要纳入人民银行批准的固定资产贷款规模内。

1986 年

1 月

1 日 中共中央、国务院下发《关于1986年农村工作的部署》（关于农业问题的第五个“一号文件”）。文件指出，我国农村已开始走上有计划发展商品经济的轨道。农业和农村工业必须协调发展，把“无工不富”与“无农不稳”有机地结合起来。1986年农村工作总的要求是：落实政策，深入改革，改善农业生产条件，组织产前产后服务，推动农村经济持续、稳定、协调发展。为达到这一总要求，必须进一步摆正农业在国民经济中的地位，坚定不移地把以农业为基础作为一个长期的战略方针；依靠科学，增加投入，保持农业稳定增长；深入进行农村经济改革；切实帮助贫困地区逐步改变面貌；加强和改进对农村工作的领导。

6～10 日 国家体改委和中国人民银行在广州召开第一次金融体制改革试点座谈会。会议确定金融体制改革的试点城市是广州、重庆、武汉、沈阳、常州。这些城市金融体制改革的主要内容是：在信贷资金管理体制方面，实行条块结合、分层次管理，专业银行的信贷计划仍由各总行下达和调整；开展金融机构之间的同业资金拆借，拆借期限和利率由信贷双方协商议定；试点城市专业银行和保险公司要办成内有动力、外有压力、充满活力，责、权、利相结合的相对独立的金融企业；在专业银行内部试行各种形式的承包责任制；对个体工商户和个人推行支票结算；开办保付支票；试办旅行支票；扩大票汇通汇面；保证现金汇票付现，允许转汇；充分利用金融机构的有利条件，开展各种金融服务，并创造相应的信用工具；对现有信托投资机构和城市信用社进行整顿。

7 日 国务院发布《中华人民共和国银行管理暂行条例》。该暂行条例明确规定，中国人民银行是国务院领导和管理全国金融事业的国家机关，是国家的中央银行。中国人民银行作为中央银行，应当全面履行下列职责：1. 研究拟订全国金融工作的方针、政策，报经批准后组织实施；2. 研究拟订金融法规草案；3. 制定金融业务基本规章；4. 掌管货币发行，调节货币流通，保持货币稳定；5. 管理存款、贷款利率，制定人民币对外国货币的比价；6. 编制国家信贷计划，集中管理信贷资金，统一管理国营企业流动资金；7. 管理外汇、金银和国家外汇储备、黄金储备；8. 审批专业银行和其他金融机构的设置或撤并；9. 领导、管理、协调、监督、稽核专业银行和其他金融机构的业务工作；10. 经理国库，代理发行政府债券；11. 管理企业股票、债券等有价证券，管理金融市场；12. 代表政府从事有关的国际金融活动。同时，中国人民银行按照国家法律和行政法规的规定，管理全国的保险企业。中国人民银行设理事会，为总行决策机构。

该暂行条例规定：各专业银行都是独立核算的经济实体，按照国家法律、行政法规的规定，独立行使职权，进行业务活动。设立专业银行总行由中国人民银行总行审核，报国务院批准；省级分行由专业银行总行提出申请，报中国人民银行总行批准；地、市级中心支行和县级支行，由专业银行省级分行提出申请，报中国人民银行省级分行批准；县级支行以下的业务单位，由专业银行地、市级中心支行提出申请，报中国人民银行地、市级分行批准。设立信托投资公司、农村信用合作社、城市信用合作社也须经人民银行审核、批准，并须具有中国人民银行规定的最低限额的资本金和组织章程。

该暂行条例还规定：货币发行必须集中统一管理，财政部门不得向中国人民银行透支。专业银行的信贷收支必须按照规定纳入国家信贷计划。国家信贷计划由中国人民银行总行编制，报经国务院批准后，由中国人民银行总行下达执行。各种存款的最高利率和各种贷款的最低利率，由中国人民银行总行拟订，报经国务院批准后，由中国人民银行总行根据国家经济政策，分别制定差别利率，并根据情况变化进行调整。各专业银行总行具有一定的利率浮动权。利率浮动幅度由中国人民银行总行规定。信用合作社的存款、贷款利率，根据中国人民银行的规定和授权，可以上下浮动。

该暂行条例是新中国成立以来颁布的第一部综合的、系统的金融管理条例，包括总则、中央银行、专业银行、其他金融机构、货币发行管理、信贷资金管理、利率管理、存款贷款与结算管理、违法处理、附则，共10章63条。

9～20日　中国人民保险公司在北京召开全国保险工作会议。会议讨论通过了“七五”期间我国保险事业的发展规划。按照规划，“七五”期间要建立起法定保险与自愿保险相结合的经济补偿制度。保险总收入要从1985年的34.6亿元增加到124.4亿元。其中，国内财产保险业务保费收入要达到54亿元；各种人身保险业务保费收入要达到52.4亿元；涉外保险保费收入要增加到4.6亿元。

1月11日至2月3日　全国经济工作会议和计划会议在北京召开。针对在控制货币投放上存在“一刀切”的问题，会议指出，在货币投放上，既要紧缩，控制货币发行量，又要合理供应，满足生产和流通的需要。要采取多种方式，增加储蓄，开辟资金来源。增加的储蓄、筹集的资金首先要用于工业和商业的流动资金上，加速流通，扶植生产，大力增产适销对路的商品和出口商品，满足市场需要。金融体制的改革，要围绕着增加储蓄、改进服务、合理使用资金等三个问题去进行。

11日　中国新技术创业投资公司在北京成立。该公司是为配合“火炬计划”的实施，专营风险投资的全国性金融机构，实收资本金为10 286万元人民币，1 830万美元，其中作为发起股东的国家科委持股40%、财政部持股23%，金融业务由中国人民银行领导。主要投资对象是进行技术改造和开发应用新技术的中小企业，投资领域着重于开发信息、生物、电子、新材料和其他新技术产品及应用。1998年6月22日，中创公司因严重违规经营被中国人民银行关闭。

14日　中国人民银行发布《关于统一定活两便储蓄利率的通知》。为便于专业银行更好地试办定活两便储蓄业务，积聚资金，该通知规定：存期不满一个月的不计息；存期一个月以上不满半年的按活期计息；存期半年（含半年）以上不满一年的按储蓄存款半年利率打九折计息；存期在一年（含一年）以上的按储蓄存款定期一年利率打九折计息；计算方法是对年、对月、对日计息。所定利率从1986年3月1日起执行，在此之前的按当地银行原规定利率分段计息。

15日　国务院发布《关于中外合资经营企业外汇收支平衡问题的规定》。该规定明确中外合资经营企业应做到外汇收支平衡。其外汇收支需要调剂的，应按照审批权限，分级管理解决。经国家主管机关批准兴办的中外合资经营企业，由国家主管机关负责在全国范围内的中外合资经营企业的外汇收入中调剂解决，也可由国家主管机关同地方人民政府按商定的比例调剂解决。

27日　中国人民银行、中国工商银行、中国农业银行联合发布《关于推行个体经济户和试行个人使用支票结算的通知》。该通知规定，从1986年起在北京、上海、江苏、浙江、河南、大连、哈尔滨等7个省、直辖市开办个体经济户支票结算业务，在北京、上海、天津、重庆、武汉、广州、沈阳等7个城市有条件的储蓄所试办个人活期储蓄支票结算业务。随通知下发的还有《关于个体经济户和个人使用支票结算基本规定》和《同城保付支票结算试行办法》。《同城保付支票结算试行办法》规定，保付支票可用于支付货款、劳务费用以及其他各种款项，也可以购买债券、股票。保付支票一律记名，不得流通转让。保付支票的金额起点，由各地根据情况确定，保付支票的有效期是自签发之日起10天之内。

经国务院批准，北京、上海、天津、郑州、沈阳、石家庄、成都、西安、南京、广州、福州、长沙等12个城市开始开办邮政储蓄业务。1月27日，中国人民银行与邮电部联合发布《关于邮政储蓄业务的联合通知》，决定自1986年2月1日起，在北京、上海等12个城市开办23个邮政储蓄网点，办理个人邮政活期、定期储蓄业务。邮政储蓄业务由邮电部统一管理，交存的邮政储蓄款由中国人民银行统一支配。邮政储蓄的利息按国家统一规定的利率，由邮政局支付给储户，支付的实际额度及人民银行应付给邮局的手续费（2.2‰），均由开户邮局与银行结算。3月10日，邮电部、中国人民银行又联合印发《开办邮政储蓄协议》，决定自1986年4月1日起，在全国各省、自治区、直辖市开办邮政储蓄业务，城乡邮政机构均可办理。

31日 中国人民银行颁发《关于专业银行办理国库经收业务的管理办法》。该管理办法指出，经理国库业务是国家赋予中国人民银行的职责之一。由于银行体制改革，人民银行专门行使中央银行职能，国库的经收业务需要专业银行办理。国库业务按国库系统实行垂直领导。专业银行经收的待报解国库款，不能作为自己的资金来源使用，应按规定的地点和报解时间向当地人民银行办理划缴，保证库款及时入库。

2月

1日 中国农业银行全国分行行长会议召开。会议决定：把农村信用社存款准备金比例总水平降低到25%。在此之前，这个比例为30%。这个决定是农村金融工作改善宏观控制的一项措施。1986年农村金融工作改善宏观控制的措施有：1. 减少指令性计划，扩大指导性计划，各项指导性贷款计划指标可根据当地实际情况在各项目间进行调剂。2. 多存可以多贷。3. 在信贷项目之间实行区别对待，严格控制固定资产投资规模，适当松动对流动资金的供应。4. 适当照顾贫困地区发展商品经济，调整区域性信贷政策。

4日 中共中央、国务院发布《关于进一步制止党政机关和党政干部经商、办企业的规定》。该规定指出，各级党委机关和国家权力机关、行政机关、审判机关、检察机关以及隶属这些机关编制序列的事业单位，一律不准经商、办企业；凡上述机关的干部、职工，包括退居二线的干部，除中央书记处、国务院特殊批准的以外，一律不准在各类企业中担任职务。

6日 国务院批转中国人民银行《关于办理留成外汇调剂的几项规定》。该规定指出，外汇调剂限在机关、部队、团体、学校、国营和集体企事业之间办理。凡按规定核拨给创汇单位的贸易和非贸易留成外汇额度（或现汇）均可参加调剂。外汇额度调剂价格定为1美元额度合1元人民币。美元现汇的调剂最高限价为4.2元人民币。外汇调剂业务由中国银行办理移交给国家外汇管理局审批和办理。额度调剂的交割和过户，通过外汇管理部门办理。现汇调剂的交割和过户，通过中国银行或其他金融机构办理。3月26日，国家外汇管理局转发了该规定，并制定、发布了《关于外汇调剂实施办法》。

8～10日 中国人民银行理事会全体会议召开。会议确定了我国金融体制改革的四个基本目标：建立强有力的、灵活自如的、分层次的金融宏观控制和调节体系；建立以银行信用为主体，多种渠道、多种方式、多种信用工具聚集和融通资金的信用体系（包括逐步建立比较完善的社会主义保险的经济补偿制度）；建立以中央银行为领导、国家银行为主体、多种金融机构并存和分工协作的社会主义金融组织体系；建立金融机构的现代化管理体系。

17日 亚洲开发银行理事会通过决议，接纳中国为亚洲开发银行成员国。3月10日，中国完成办理缴纳股本等有关手续，作为亚洲开发银行第三大认股国，认股额为16亿美元，拥有

6.096%的投票权，正式成为亚洲开发银行成员。台湾以“中国台北”名义继续保留席位。在1987年4月举行的理事会第20届年会董事会改选中，中国当选为董事国并获得在董事会中单独的董事席位。

20～28日 中国人民银行全国分行行长会议在北京召开。会议确定1986年货币信贷方针是：既要加强金融宏观控制，又要注意改善金融宏观控制，真正做到区别对待，避免“一刀切”；既要把膨胀了的需求继续加以控制，又要改善供给，合理发放贷款，支持把经济进一步搞活；既要促进把不适当的速度降下来，又要在讲求经济效益的基础上，支持适当的增长速度；努力实现信贷收支平衡、外汇收支平衡，保持货币稳定，促进经济的协调发展和经济结构的合理化。

具体政策措施是：1. 扩大存款，增加储蓄。各专业银行在吸收居民储蓄方面可实行业务交叉；各专业银行可以发行金融债券，办理商品房储蓄。2. 挖掘流动资金潜力，继续贯彻区别对待政策，支持生产和流通的需要。要优先支持能源、交通和原材料的发展，以及适销对路的日用消费品和出口创汇企业的生产和收购；农业贷款要重点支持发展粮食等种植业和饲养业，保证计划内农副产品收购。3. 严格控制固定资产贷款，控制消费基金的膨胀。继续加强对消费基金的控制；对经济特区和沿海开放城市要严格控制开发性贷款。4. 实行分层次控制办法，调动各专业银行和各地区中央银行的积极性，搞好宏观控制，灵活调节金融。5. 加强和改善外汇管理，保持外汇收支平衡。要实行鼓励出口、加速收汇，有区别地用汇的政策；要实行新的外汇调剂办法，把现汇用活。6. 改进服务，搞活流通，促进资金横向融通，推动横向经济联系。要全面推广同城票据交换和清算，建立区域性票据清算中心，开办商业票据承兑和贴现、再贴现业务。7. 强化中央银行职能，加强金融管理。8. 加快金融立法工作，加强金融法制宣传。9. 加强经济调查和金融理论研究工作，及时掌握国内外重要的经济动态。

3月

7日 水利电力部、财政部、中国人民银行、中国农业银行联合发布《关于调整小水电贷款利率及进行贴息的通知》。该通知规定：中国农业银行发放小水电的贷款指标，从中国人民银行分配给中国农业银行的农业贷款计划总额度中解决；对新办小水电增加固定资产贷款利率，由现行的3.6‰调整为6.6‰；贷款利率提高后，“七五”期间对困难地区，由各省、自治区、直辖市财政部门和主办单位对贷款单位贴补一些利息。调整后的利率自1986年1月1日起执行。

17日 财政部、对外经济贸易部、中国人民银行发布《关于合营企业和外国企业不得以其人民币收入代替外币收入缴纳税款问题的通知》。该通知明确，中外合资经营企业和外国企业生产经营所得的收入及所得为外国货币的，应按照税务机关填开纳税凭证，按当日的外汇牌价通过中国银行兑换成人民币缴纳税款，不得以其人民币收入代替外币收入缴纳税款。

22日 中国投资咨询公司（China Investment Consulting Corporation，CICC）在北京成立。该公司由国务院经济技术社会发展研究中心和中国人民建设银行共同组建，注册资本金为5 000万元人民币，主要业务是为中外投资和国内外经济技术合作提供投资咨询服务。

23日 国务院发布《关于进一步推动横向经济联合若干问题的规定》。在发展资金的横向融通方面，该规定明确，各专业银行及其他金融机构，可以采取多种信用方式支持经济联合；在国家控制的固定资产投资规模和贷款额度内，允许各专业银行跨地区、跨专业向经济联合组织发放固定资产投资贷款，也可以跨地区、跨专业组织银团贷款；流动资金贷款可以由经济联合组织上贷下拨，统贷统还，也可以由参加联合的企业分别贷款，横向划拨，谁贷谁还，但不准用于固定资产投资，不准参与分配；经济联合组织按照中国人民银行的有关规定，经过批准可以通过银行和其他金融机构向内部职工以及社会发行债券。

同年3月29日，中国人民银行制定《关于搞好资金融通支持横向经济联合的暂行办法》。该办法规定：1. 金融机构之间的同业拆借可以在同城之间，也可以在异地之间进行。2. 大力推广商业票据的承兑贴现。3. 专业银行及其他金融机构可以采取卖方信贷、金融租赁、委托放款、代收代付等形式，支持企业单位的横向经济联合。4. 人民银行要积极协助专业银行进行横向资金调剂。5. 经济联合组织经人民银行批准可以向社会发行债券；债券可以通过金融机构转让，也可以向专业银行抵押借款。

3月25日至4月12日 第六届全国人民代表大会第四次会议在北京举行。大会原则批准国务院制订的“七五”计划草案，其中对信贷收支和外汇收支的要求是：5年内，信贷资金来源增加4 745亿元，信贷资金运用增加5 745亿元，主要用于增加工商企业流动资金贷款以及增加农业贷款和增加固定资产投资贷款；1990年进出口贸易总额830亿美元，比1985年增长40%，在努力增加出口收汇的同时，增加非贸易外汇收入，节约使用各种外汇。草案提出，计划工作的重点，要逐步地从直接控制为主转到运用经济政策和经济手段进行间接控制为主、更全面的宏观管理的轨道上来。中国人民银行要通过综合信贷计划、金融政策、外汇管理和信贷、利率、汇率、准备金等各种调节手段，有效地控制货币供应量和贷款总规模；要加强对各专业银行和其他金融机构的业务指导、监督和稽核。各专业银行应当坚持企业化的改革方向，逐步办成独立核算的经济实体，但实行企业化的步子要稳妥。

26日 国务委员兼国家计划委员会主任宋平在第六届全国人民代表大会第四次会议上做《关于1986年国民经济和社会发展计划草案的报告》。该报告指出，1986年要加强和改善金融的宏观控制，对各种贷款实行区别对待，避免“一刀切”；贷款的方向和规模要服从国家的宏观决策，执行国家的信贷计划和固定资产投资计划；严格按照国家下达的控制指标使用外汇，不得随意突破；要相应改革进口物资的用汇体制，缩小中央外汇使用的范围，由地方、部门更多地分担本地区、本部门进口原材料、农用物资等的用汇；对外债也要加强集中管理，借用国外商业贷款，主要由中国银行根据国家批准的计划统一办理。

4月

1日 中国人民银行上海市分行自即日起开办银行本票业务，成为全国第一个使用银行本票的城市。银行本票是由银行签发的一种信用工具，可以用于转账或兑付现金。上海分行开办的银行本票分为记名和不记名两种，本票的签发起点为100元人民币，有效期为20天。凡单位或个人均可将款额交付银行申请签发使用。本票兑付时银行见票即付，不办挂失，不计利息。银行不签发定额本票。

3日 中国银行在日本发行日元、美元双重货币公募债券。这次发行的日元、美元双重货币债券额共200亿日元，票面利率为7.2%，期限为10年。中国银行、日兴证券公司和日本兴业银行等13家机构当日签署了公募债券委托、办理支付本息和登记等有关事宜的3个合同。

4日 中国工商银行信托投资公司在北京成立。该公司为工商银行的全资附属企业，注册资本为10亿元人民币，经营各种金融信托业务和国家外汇管理局批准的外汇业务。公司实行董事会领导下的总经理负责制。

12日 第六届全国人民代表大会第四次会议通过并公布《中华人民共和国外资企业法》。该法所称外资企业是指在中国境内设立的全部资本由外国投资者投资的企业，不包括外国的企业和其他经济组织在中国境内的分支机构。该法律规定：设立外资企业的申请，由国务院对外经济贸易主管部门或者国务院授权的机关审查批准。外资企业依照国家有关税收的规定纳税可以享受减税、免税的优惠待遇。外资企业应当在中国银行或者国家外汇管理机关指定的银行开户，其外汇事宜依照国家外汇管理规定办理。外资企业应当自行解决外汇收支平衡。外资企业的经营期限由外国投资者申报，由审查批准机关批准。外资企业终止，应当及时公告，按照法定程序进行清算。

第六届全国人民代表大会第四次会议通过《中华人民共和国民法通则》（以下简称《民法通则》）。《民法通则》规定：民事活动应当遵循自愿、公平、等价有偿、诚实信用的原则。公民、法人的合法的民事权益受法律保护，任何组织和个人不得侵犯。公民、法人可以通过代理人实施民事法律行为。代理人在代理权限内，以被代理人的名义实施民事法律行为；被代理人对代理人的代理行为，承担民事责任。其中，委托代理人按照被代理人的委托行使代理权；在委托代理人为被代理人的利益需要转托他人代理的，应当事先取得被代理人的同意。《民法通则》规定：财产所有权是指所有人依法对自己的财产享有占有、使用、收益和分配的权利。公民的合法财产受法律保护，禁止任何组织或者个人侵占、哄抢、破坏或者非法查封、扣押、冻结、没收。《民法通则》自 1987 年 1 月 1 日起施行。

经中国人民银行批准，中国银行的国内分支机构开办城镇居民人民币储蓄存款业务。其存款种类、存款期限和存款利率，均执行人民银行的统一规定。此前，中国银行作为国家指定的外汇专业银行，已开办华侨人民币储蓄和企业人民币、外币存款，个人外币存款业务。

13 日　国务院发布《关于加强预算外资金管理的通知》。为了切实加强对预算外资金的管理，搞好社会财力的综合平衡，该通知规定：各种预算外资金的收费标准、提留比例、开支范围和标准，都必须按照国务院及财政部规定的制度执行；国家有规定用途的专项资金，要保证按规定使用，不得挪作他用；除国务院或财政部另有规定者外，各地区、各部门、各单位有权按照国家有关规定，自行安排使用预算外资金，任何地区和部门都不得平调；凡用于基本建设的预算外资金，各级财政部门要认真审查其来源是否符合国家规定，并纳入国家下达给地方和部门的基本建设计划；资金要在建设银行存足半年后使用，并由建设银行按规定监督拨款；基本折旧基金应用于企业固定资产更新改造，专款专用，不得挪用于基本建设；职工福利基金、奖励基金和工资增长基金，必须坚持先提后用，并按规定缴纳奖金税和工资调节税；不得用发展生产和发展事业的预算外资金发放奖金、实物和补贴；各级预算外资金收支计划都要纳入综合财政信贷计划，各级财政部门和银行要经常掌握预算外资金收支计划的执行情况。

16 日　中国人民银行、中国工商银行发布《关于实行商业汇票承兑、贴现办法清理拖欠货款的通知》。该通知指出，企业相互之间拖欠货款、占用资金的情况严重，已经产生连锁反应，影响了社会资金的周转和企业生产经营的正常进行。为此，中国人民银行、中国工商银行决定，在北京、上海、天津、广州、重庆、武汉、沈阳、哈尔滨、南京、常州 10 个城市实行商业汇票承兑、贴现办法清理拖欠货款，待取得经验后逐步推广。随该通知下发的还有《商业汇票承兑贴现暂行办法》《再贴现试行办法》。

《商业汇票承兑贴现暂行办法》规定：商业汇票是指单位之间根据购销合同进行延期付款的商品交易时，开具的反映债权债务关系的票据。根据承兑人不同，分为商业承兑汇票和银行承兑汇票。两种承兑汇票在同城和异地均可使用。使用汇票的单位必须是在银行开立账户的法人。签发汇票必须以合法的商品交易为基础，禁止签发无商品交易的汇票。汇票经承兑后，承兑人即付款人负有到期无条件交付票款的责任。汇票除向银行贴现外，不准流通转让。汇票承兑期限，由交易双方商定，一般为 3 ~6 个月，最长不得超过 9 个月，特殊情况可适当延长。如属分期付款，应一次签发若干不同期限的汇票。汇票到期，一律通过银行转账结算。收款人需要资金时，可持承兑汇票向其开户银行申请贴现，银行按信贷政策进行审查，对符合条件的，可按票面金额扣除从贴现日至汇票到期日的利息后，予以贴现。贴现期限一律从贴现之日起至汇票到期日止。贴现率中国工商银行、中国农业银行、中国银行按略低于国营工商企业流动资金贷款利率计收，中国人民建设银行可按略低于建筑企业流动资金贷款利率计收。已贴现的商业承兑汇票，到期日付款人的银行账户不足支付时，其开户银行立即将汇票退给贴现银行，贴现银行对已贴现的金额视同逾期贷款处理。

《再贴现试行办法》规定，再贴现是专业银行以未到期的贴现票据向人民银行的贴现。再贴现暂用于专业银行对承兑商业汇票贴现的资金需要。在人民银行开立账户的专业银行业务机构为再贴现的对象。专业银行向人民银行申请再贴现，必须以已办理贴现尚未到期的商业承兑汇票和银行承兑汇票，填制再贴现凭证，并在汇票上背书，一并送交人民银行。人民银行审查后予以贴现。再贴现的金额，按贴现汇票的票面金额扣除再贴现利息计算。再贴现的期限，从再贴现之日起至汇票到期日止。再贴现率暂定为3.75‰，略低于对专业银行的一般贷款利率。

21日　中国国际信托投资公司收购嘉华银行。中国国际信托投资公司出资3.5亿港元收购香港本地上市银行——嘉华银行92.5%的股权。嘉华银行原系新加坡华侨所经营，放款多数在新加坡、马来西亚，因受新加坡、马来西亚两国经济衰退的影响，周转发生困难，陷入财务危机，港英政府建议中国国际信托投资公司投资参股。中国国际信托投资公司注资嘉华银行后，改组董事会，中国国际信托投资公司副董事长金德琴任嘉华银行董事长，香港银行家曾允祥任董事总经理。嘉华银行成为“中信系”的第一家香港上市公司。

26日　中国人民银行发布《金融信托投资机构管理暂行规定》。该暂行规定明确：金融信托投资机构只在大中城市设立。设立金融信托投资机构分为全国性、省市级和地区级三类，县及县以下地区不得设立金融信托投资机构。禁止个人经营信托投资业务。三类金融信托投资机构实收人民币自有资本金最低限额分别为5 000万元、1 000万元和500万元，同时必须分别拥有500万美元、200万美元和100万美元现汇的最低限额实收外汇自有资本金。金融信托投资机构的注册资本最高可以为实收货币资本金的3倍。金融信托投资机构在业务上受中国人民银行的领导、管理、协调、监督与稽核，并一律在当地中国人民银行开立人民币存款账户。其所吸收的乙类信托存款应按规定比例缴存存款准备金。经营外汇业务的，同时在当地中国银行开立外汇账户，并按规定向当地外汇管理局缴存外汇存款准备金。专业银行不设立独立的信托投资公司而经营信托业务的，必须按专业银行业务分工范围开展业务活动，其信托业务的资金来源与运用必须全额纳入专业银行信贷计划；用于固定资产的贷款、租赁等，必须在批准的专业银行固定资产贷款额度内发放。信托业务的收益由专业银行统一核算。除中国人民银行特殊批准者外，不得办理投资业务，对外不得挂牌，不得单独开立账户。

该暂行规定包括总则、机构管理、经营范围、业务管理、附则，共5章33条。中国人民银行在发布这一规定的通知中要求各级人民银行分行、各专业银行和有关单位要对现有的信托投资机构，包括财税部门设立的机构，进行认真清理整顿。8月23日，人民银行又发出通知，规定财务公司、证券公司、租赁公司等机构的审批、设置条件也按该暂行规定执行；信托机构乙类存款及自有资金用于固定资产投资贷款的比例要控制在30%之内，全国都要严格执行。

5月

3日　中国人民银行发布《关于加强储蓄存款利率管理的通知》。该通知规定：各银行开办有奖储蓄以及委托企业代办储蓄，均需按规定执行，不得以任何方式变相提高储蓄存款利率。只有设在农村的信用社可以试行浮动利率。

10日　中国工商银行印发《关于科技开发贷款的若干规定》。该若干规定要求：贷款使用范围主要是用于开发新产品、新技术、新材料的研究、试制和推广应用；科技成果转移过程中的中间试验；引进技术消化、吸收或配套产品的应用。贷款项目要有10%～30%的自筹资金和有经济实力的单位的经济担保。科技开发贷款不能用于搞土建和与科技无关的技术改造或购买设备的项目。对从事基础性研究的项目，银行不予发放科技开发贷款。

19 日 中国人民银行发布《关于五城市实行技术改造贷款与城镇储蓄存款挂钩的通知》。该通知规定：重庆、武汉、沈阳、广州、常州 5 个城市 1986 年的城镇储蓄存款在完成全国城镇储蓄存款计划增长 35% 的基础上多增加的部分，按 5% 的比例用于技术改造贷款；如果不能完成 35% 的增长幅度，对少增加的部分也按 5% 的比例相应减少技术改造贷款。

20 日 国务院机电产品出口办公室、国家经委、国家计委、中国人民银行联合印发《机电产品出口专项贴息贷款的补充规定》。其中规定：专项贴息贷款统一纳入国家信贷计划，主要用于出口基地企业和扩大外贸自主权企业的技术改造、技术引进和产品研究开发自筹资金不足的补充。贷款期限一般为 3 ~ 5 年，人民币贷款利率，使用贷款企业负担年息 4%，其余部分由国家财政补贴。对少数为出口服务的科研机构可以减免利息。

26 ~ 29 日 环渤海经济区成立。被称为我国北方“金项链”的丹东、大连、营口、盘锦、锦州、秦皇岛、唐山、天津、沧州、惠民、东营、潍坊、烟台、青岛和滨州共 15 个环渤海湾的市（地区），在天津市举行市长联席会，确定建立环渤海经济区，开展多方面、多层次、多种形式的经济联合，促进经济发展繁荣。会议认为，环渤海的城市（地区）地理位置优越，交通运输发达，有辽阔的内陆腹地、丰富的资源条件、雄厚的科技实力和比较强大的工业基础，打破行政区划的界限、发展联合，成立一个以沿海城市为主体，以辽宁、河北、山东、北京、天津等省市为依托，以东北、西北、华北为腹地，以 5 个经济技术开发区为“窗口”的环渤海经济区，必将开创这个地区经济发展的新局面。

中国农业银行提出《完善收购农副产品贷款专项管理的意见》。主要内容是：1. 收购农副产品专项贷款的对象包括粮食系统、供销社系统和烟草、食品、种子等国营商业。今后对使用农副产品专项贷款采购品种的范围可在原粮、油、棉、烟草等 11 个品种的基础上，扩大到各省大宗的农副产品。2. 收购农副产品贷款要严格按照资金供应政策区别对待，不能“敞口供应”。收购农副产品的资金不能由银行全包下来，银行、财政和主管部门要各自承担、共同解决。3. 收购农副产品专项贷款不能随意转移用途，但暂时闲置的专项收购资金可作临时性调剂。4. 充分利用好空间差、时间差，做好资金调度。5. 不得用信贷资金长期垫付财政性支出。

1987 年 4 月 28 日，鉴于粮食种子已由种子公司经营，其价格也已放开，中国人民银行决定，不再对粮食种子贷款实行贴息。凡是将种子粮贷款放在平价粮贷款账户内核算的银行，要立即将该项贷款单设账户核算，人民银行停止贴息。

6 月

1 日 中国银行北京分行试办外汇旅游和购货卡。中国银行总行将其正式命名为“长城卡”，并作为中国银行系统统一的信用卡名称。

2 日 中国人民银行发布《关于国家合同定购粮和委托代购粮贷款利率的通知》。该通知决定对平价粮贷款继续执行优惠利率政策，国家委托代购粮视同平价粮，贷款利率均为 3. 3‰。对用各种手段套取银行优惠利率的，按挤占挪用银行贷款处理，加收罚息。

23 日 中国人民银行、中国工商银行、中国农业银行、中国人民建设银行、中国银行联合发布《关于进口开证保证金问题的有关规定》。该规定明确：凡各单位、企业进口需向银行申请开出信用证的，应提交外汇额度，并同时提交人民币开户银行出具的不可撤销的信用担保函。人民币开户银行出具的信用担保，限于省、自治区、直辖市一级的专业银行，如是分支机构出具的，必须经省、自治区、直辖市一级的专业银行签章确认。向银行申请进口开证的单位和企业，除应符合有关开证条件外，必须首先落实外汇额度和人民币的来源。凡提不出人民币开户行信用担保者，应向进口开证银行提交外汇额度和足够的人民币保证金。

30 日 国家外汇管理局发布《关于金融机构经营外汇业务审批权限和程序的规定》。该规定指出，各省、市专业银行分行和信托投资公司、财务公司及其分支机构（含经济特区金融机构），需办理或增加办理外汇业务的，向当地外汇管理分局申请，当地外汇管理分局审查同意并签署意见后，报外汇管理局总局批准，由总局通过分局颁发或换发“经营外汇业务许可证”。经中国人民银行省、自治区、直辖市分行批准办理国内金融业务的地、市级信托投资公司，原则上不能办理外汇业务。确有需要办理外汇业务的，按上述规定办理报批。

7 月

5 日 中国人民银行调整人民币对各国货币的汇价。即日起，人民币对各国货币汇价下调 15.8%，人民币对美元汇价从 1 美元折合 3.20 元人民币调整到 1 美元折合 3.7036 元人民币。这次汇价调整是为适应物价改革和平衡外汇收支而采取的一项措施。

9 日 国务院发布《关于控制固定资产投资规模的若干规定》。该若干规定明确：1. 银行基本建设贷款指标是指令性计划，既要列入国家信贷计划，又要列入国家基本建设计划。除国务院批准可办理基本建设贷款的专业银行和信托投资公司外，任何单位、任何公司均不得办理基本建设贷款，对违反者要追究领导责任。在国家计划外发放的基本建设贷款，一律按年利率 30% 计征利息。银行对不同行业的贷款实行差别利率，具体办法由中国人民银行、国家计委提出，报国务院批准。银行贷款不得作为自筹基本建设的资金来源。2. 用于更新改造的银行贷款，其发放总额作为指令性指标。银行贷款的重点和项目安排要纳入国家、部门和省、自治区、直辖市以及计划单列省辖市的更新改造计划，不准在计划外自行发放贷款，安排项目。3. 对集体所有制单位固定资产投资的银行贷款，全国按 1985 年实际完成总数的 80%，作为“七五”期间分年的贷款指标。每年分省、自治区、直辖市和计划单列省辖市贷款数，由中国人民银行会同有关专业银行提出。对技术落后、消耗能源和原材料多的项目，银行不予贷款。对于产品已能满足社会需要的重复建设项目和国家限制发展的项目，要从严控制。发现这类建设项目，要征收高额建筑税。具体办法由财政部、国家税务总局商国家计委提出，报国务院批准。4. 银行对个体不办理兴办企业、购买机动运输工具和进行非生产性建设的投资贷款。

12 日 中国人民银行发布《城市信用合作社管理暂行规定》。该暂行规定明确，城市集体金融组织统一定名为城市信用合作社。城市信用合作社只能在大、中城市设立，县及县以下不得设立。城市信用合作社是在中国人民银行领导下的群众性合作金融组织，面向城市集体企业、个体工商户和城市居民招收股金，它是自主经营、独立核算、自负盈亏、民主管理的经济实体，不是银行或其他任何部门的附属机构。城市信用合作社的设置最少应有 10 万元人民币的自有资金。经营范围是：办理城市集体企业和个体工商户的存款、贷款、结算；代理保险及其他代收代付业务；代理发行中国人民银行批准的证券；办理人民银行批准的其他业务。城市信用合作社的存款利率按国家统一规定的利率执行，贷款利率可参照中国人民银行的贷款利率上下浮动。浮动幅度由当地中国人民银行审核，报中国人民银行省、自治区、直辖市分行批准。城市信用合作社实行民主管理。由股东代表大会选举理事会和监事会。城市信用合作社的主任由股东代表大会民主选举产生。城市信用合作社税后利润的分配：公积金不低于 50%，风险基金不低于 10%，余下的作为福利基金、奖励基金和股金分红。公积金应主要用于充实信贷基金。股金分红不得超过股金的 15%。

中国人民银行在下发该暂行规定的通知中指

出，该暂行规定公布之前的城市信用合作社等集体金融组织要进行整顿、验收，此后组建的城市信用合作社，一律由人民银行领导和管理。

14日 国家计委、财政部、中国人民银行、中国人民建设银行发布《关于对部分行业基本建设银行贷款实行差别利率的规定》。该规定明确，实行差别利率的范围是列入国家基本建设计划的煤炭、电力、原油开采、节能措施、铁道、交通、邮电、民航、钢铁、有色、化工、建材、森工的基建银行贷款项目。实行差别利率项目的贷款利率按贷款期限分为5年以下、5～10年和10年以上三档，分别调整为5.76%、6.48%和7.2%，超过现行基本建设“拨改贷”项目利率的部分，给予贴息。超过规定贷款期限而需多支付的利息部分，一律不予贴息。贴息的资金来源由基本建设“拨改贷”项目收回的本金和利息解决。

经中国人民银行批准，新疆生产建设兵团农牧业保险公司成立。该公司是根据中央关于“农场要积极试行农牧业保险制度，动员小农场参加保险”的精神，按照《保险企业管理暂行条例》的规定而批准设立的，是新中国保险史上第二家具有独立法人资格的国有商业性保险公司，标志着保险市场竞争的出现。该公司成立初期，专营新疆生产建设兵团内部种、养两业保险。

1992年2月，经中国人民银行批准，该保险公司开始经营新疆生产建设兵团范围内除法定保险和外币保险外的所有保险业务。1993年更名为“新疆兵团保险公司”。2000年7月，经国务院和中国保监会批准，该公司业务经营区域扩大到全自治区，同时，更名为“新疆兵团财产保险公司”，在全自治区范围内开办各种财产保险、机动车辆险、货运险、责任险、农业保险、健康险、医疗险及短期人身保险业务。

21日 中国人民建设银行发布《城市土地开发和商品房贷款暂行办法》。该暂行办法规定：凡经有权机关批准，经营城市土地开发和商品房建设的开发企业，均可向建设银行申请土地开发和商品房贷款。建设银行须按照“择优发放”的原则发放贷款。贷款额度一般不超过年度开发工作量的30%。商品房贷款期限一般为一年；土地开发贷款期限一般为二年。贷款期限一年（含一年）以内的，月息为6.6‰；贷款期限一至三年（含三年）的，月息为7.2‰；逾期贷款加计利息的20%，挪用贷款，加罚利息的50%。

30日 中国人民银行印发《上海市信贷资金差额包干管理实施办法》。该实施办法规定：自1986年9月1日起，上海市人民银行和各专业银行的人民币信贷资金，实行以“块块”为主的信贷资金差额包干管理办法。差额包干，以1983年年底上海市各家银行吸收的各项存款和各项贷款的差额总数，即借差9.8亿元为包干基数。以后当年增加的各项存款，除中央国库款和向人民银行总行缴纳的存款准备金外，全部留给上海市银行统筹安排使用。信贷、现金计划按“块块”下达，在差额计划内对流动资金实行多存多贷，少存必须少贷。实行以“块块”为主的信贷资金管理办法后，各专业银行上海市分行同其总行在信贷资金计划和信贷资金分配上完全脱钩。

中国人民银行印发《深圳经济特区信贷资金管理实施办法》。该实施办法规定：自1986年9月1日起，对深圳特区人民银行和各专业银行的人民币信贷资金，实行以“块块”为主的管理体制，改变现行专业银行的“条条”管理体制，现有的信贷资金和今后吸收的存款，除中央国库款和向人民银行总行缴纳的存款准备金外，全部留给深圳特区，由人民银行深圳特区分行负责统一安排使用。实行以“块块”为主的信贷资金管理办法后，各专业银行市分行要在信贷计划和信贷资金分配上，同其总行和广东省分行脱钩，在人民银行总行批准的差额计划内实行实贷实存办法，对流动资金允许多存多贷，但少存必须少贷。

8月

7日 中国人民银行调整对专业银行存贷款利率。中国人民银行于8月9日发布《关于调整中国人民银行对专业银行存贷款利率的通知》，该通知规定：自8月1日起，专业银行存入人民银行存款的利率由现行的月息3.6‰调整为月息4.8‰，略高于专业银行吸收存款的利率；人民银行对专业银行的贷款利率略高于专业银行吸收存款的成本，同时同专业银行的贷款利率利差不能过大，计划内贷款利率从现行的月息3.9‰调整为月息5.4‰，计划外临时贷款利率由4.2‰改为按不同贷款期限实行差别利率，再贴现利率按同档次贷款利率降低月息0.3‰执行。调整后的专业银行存入人民银行存款利率和中国人民银行对专业银行临时贷款利率，自1986年8月1日起执行，计划内贷款的新利率自1987年1月1日起执行。10月11日，人民银行又将借给专业银行铺底资金利率由月息3.6‰调整为月息4.8‰。

16日 国务院批转国家计委《关于利用国外贷款工作分工的意见》。该意见提出，对利用国外贷款实行分工负责、归口管理的体制。具体分工是：政府贷款的对外窗口是对外经济贸易部；世界银行贷款的对外窗口是财政部；国际货币基金组织、亚洲开发银行和非洲发展银行等贷款的对外窗口是中国人民银行；国际农业发展基金组织贷款的对外窗口是农牧渔业部；日本输出入银行能源贷款的对外窗口是中国银行。

借用国际商业贷款和发行外币债券，国务院已确定由中国银行、交通银行、中国国际信托投资公司、中国投资银行和广东、福建、上海、天津、大连5个省市经过中国人民银行核准的1～2个金融机构对外办理；其他经过中国人民银行批准可在境外筹款的金融机构，如需向外借款，必须逐笔向中国人民银行申报批准。签订国际金融机构贷款及政府间贷款协定和协议，按国务院授权办理。各部门和地方自借国外贷款，谁借谁还；国家统借的国外贷款除经国家计委、财政部审查确认并经国务院批准由国家统还者外，均由主管部门或地方或项目本身偿还。

该意见明确，根据国务院决定，由国家外汇管理局统一管理全国外债，全面掌握全国外汇、外债的信息和数额，负责建立全国的外债统计监测系统，统一公布我国外债数字。

18日 中国人民银行、国家体改委在北京联合召开第二次金融体制改革试点城市座谈会。会议提出，要在加强中央银行宏观调节控制作用和发展资金横向融通的前提下，以开拓资金市场和实行基层银行企业化经营为中心环节，逐步向前推进。会议确定大连、南京、丹东、苏州、无锡、宁波、温州、宝鸡为第二批金融体制改革试点城市。试点城市已由5个增加到13个。

26日 上海爱建金融信托投资公司开业。该公司由上海爱建股份有限公司投资组建，是我国第一家民间金融企业，公司注册资本金10亿元。公司服务对象主要是工商企业，主要业务有人民币和外币的信托存款、信托贷款和信托投资；在境外发行和代理发行外币有价证券，在国内代理发行人民币债券，以及租赁、担保、咨询等。

9月

23日 广东大亚湾核电站信贷协议和商务合同签字仪式在北京举行。中国银行与法国巴黎银行牵头的7家法国银行，就核电站从法国进口的核岛设备签署了法国卖方信贷协议，贷款总金额为131亿法国法郎，期限22年，年利率7.4%。同时，中国银行与米兰银行为首的10家英国银行，就从英国进口常规岛设备签署了英国卖方信贷协议，贷款总金额4.2亿英镑，期限21.5年，年利率7.4%。该协议于10月7日正式生效。

25日 国务院发布《中华人民共和国个人收入调节税暂行条例》。该暂行条例规定：工资、薪金，承包、转包，劳务报酬，财产租赁，利息、股息、红利等8项收入应当缴纳个人收入调节税。其中工资、薪金，承包、转包，劳务报酬，财产租赁4项合并为综合收入，按照地区计税基数核算，按月计征。纳税人月综合收入额超过地区计税基数的，就其超基数的3倍以上的部分，按照超倍累进税率征收个人收入调节税。地区计税基数，可以根据实际情况进行调整。利息、股息、红利收入，就每次收入额按比例税率

20%征税。对国库券利息，国家发行的金融债券利息，在国家银行、信用合作社、邮政储蓄存款利息，保险赔款等免征个人收入调节税。该暂行条例自1987年1月1日起施行。

12月10日，财政部发布了《中华人民共和国个人收入调节税暂行条例施行细则》，其中规定：个人收入是指取得现金收入和实物、有价证券的收入；利息、股息、红利收入是指存款、贷款及各种债券的利息收入以及投资的股息、红利收入；免征个人收入调节税的国家发行的金融债券是指国家或经国务院特案批准发行的金融债券；在信用合作社存款利息是指在农村信用合作社或其他合作金融组织取得的不高于国家银行的存款利息。

26日 国家计委、财政部、中国人民建设银行颁布《关于国家预算内基本建设“拨改贷”投资豁免本息有关问题的通知》。该通知规定：所有按规定实行“拨改贷”投资的建设项目，一律先办借款手续，否则经办建设银行不得贷款。从1986年起，除经批准撤销的前期工程项目和某些经国家专项批准的项目以外，其他项目不予豁免贷款本息。1987年起新开工的建设项目，安排了“拨改贷”投资，同时又安排银行贷款的，除个别经国务院批准者外，对“拨改贷”投资的本息一律不予豁免。对安排给集体企业的“拨改贷”投资，其本息一律不予豁免。

中国工商银行上海信托投资公司静安证券业务部开办股票柜台买卖业务。该公司以挂牌方式，公开委托买卖经上海市市长江泽民批准的“飞乐音响”和“延中实业”两只股票。股票实行现金交易，并按成交金额，收取3‰的代理手续费。当日9点股票柜台买卖正式开盘，“飞乐音响”“延中实业”两只股票开盘价分别为55.6元和54元，全天成交8万元。当时上海已有749家企业以内部集资形式发行了股票，静安证券业务部选择经营情况良好、经济效益稳定的延中实业公司和飞乐音响公司的股票先行代理上市。

27日 经国务院批准，国家计委、财政部、中国人民银行发布《关于交通部门船舶和飞机购置贷款实行差别利率和贴息的函》。具体办法是“七五”期间购置船舶、飞机贷款110亿元，利率3.6%。超过部分的贷款按原定利率执行。

10月

1日 中国工商银行在北京、天津、上海、武汉、广州、西安、重庆、沈阳、大连、哈尔滨、长春、南京、成都13个城市开办直达电汇、定额汇票、旅行支票、活期储蓄异地通存通兑和个人汇款5项新业务。

3日 中国人民银行发布《关于答复对外担保问题口径的通知》。该通知规定：能够对外提供担保的应当是经过批准的经营外汇业务的金融机构。非金融机构未经国家外汇管理局批准，不得对外提供担保。国家外汇管理局批准金融机构对外提供担保，只是行使其管理职能，对因提供担保而发生的债务不承担偿付责任。因提供担保而产生的债务只能由对外提供担保的机构负责偿付。未经国家外汇管理局批准，擅自对外出具担保，是违反国家外汇管理规定的，也是无效的。一经发现，将受到相应的处理。

4日 中国人民银行发布《关于推进金融机构同业拆借有关问题的通知》。为进一步推进金融机构之间的同业拆借，逐步形成全国范围的资金拆借市场，该通知强调：各金融机构都有资金头寸拆出拆入的权利。一个城市、一个地区的资金既可拆出也可拆入，既可进行同城间拆借也可进行异地间拆借，既可在一个银行系统内拆借也可跨系统拆借。上级行或地方政府不得以任何方式加以干涉。资金拆借要贯彻自愿互利的原则。拆借的期限和利率由双方协商议定，各金融机构要信守协议，坚持按期归还。人民银行要积极支持金融机构之间的同业拆借。

11日 国务院颁布《关于鼓励外商投资的规定》。该规定强调给产品出口企业和先进技术企业以特别优惠：一是降低劳务费用；二是降低场地使用费；三是减免税收；四是企业生产和流通中需要的资金，经中国银行批准后优先贷款；五是保障外商投资企业的自主权，按照国际上先进的科学方法管理企业。该规定允许外商投资企业的产品可以自行出口，也可以委托国内外贸企业代理出口，其需要进口的机械设备、配套件、原材料、燃料、车辆等免领进口许可证，允许外商投资企业之间相互调剂外汇余缺。

14 日 国家外汇管理局正式公布人民币对欧洲货币单位（ECU）的外汇买卖价。国内单位和企业在对外往来中，只要价格条件合适，都可使用 ECU 计价结算。收入的 ECU 可以按公布的买入价结售给银行，已经批准可以保存现汇的单位，可向银行套换成其他可以存储的外币。使用 ECU 和使用其他外汇一样，凭额度向银行按公布的卖出价买汇。

15 日 深圳市人民政府发布《深圳经济特区国营企业股份化试点暂行规定》。国营企业股份化是指将国营企业的净资产折股作为国有股权，向其他企业和个人出让一部分国有股权或吸收国家、其他企业和个人加入新股，把原企业改造成国家、其他企业和个人参股的股份有限公司。该暂行规定明确：企业正式改为股份有限公司后，脱离原来的行政隶属系统成为独立的企业法人；国家、国内外企业和个人均可成为股份有限公司的股东，股东可以现金、实物和工业产权入股；股份有限公司设立至少要有 5 名股东，注册资本在 5 万元以上；公司股份分为普通股和优先股，优先股实行约定股息，但只有企业盈利时方可支付，优先股分配股息和公司剩余资产的顺序先于普通股；股东会议是公司的最高权力机构；中国人民银行深圳经济特区分行是股票发行和买卖的管理机构。该暂行规定自 1986 年 11 月 1 日起施行。

22 日 中国人民银行、中国工商银行、中国农业银行、中国银行、中国人民建设银行联合发布《关于改进跨系统全国联行往来办法的通知》。自 1985 年实行“自成联行系统、跨行直接通汇，相互发报移卡，及时清算资金”的办法以来，一些行处在相互代签报单时，由于不能正确、及时移卡清算，造成银行之间相互占用汇差资金，甚至在年终利用联行资金突击发放贷款。为了堵塞这个漏洞，该通知规定，自 1987 年 4 月 1 日起停止实行“跨行直接通汇，相互发报移卡”的办法，改为实行“跨行汇划款项，相互转汇”的办法。人民银行和各专业银行仍建立各自独立的全国联行核算系统，本系统内的汇划款项，按现行做法不变。工商银行、农业银行和中国银行之间跨系统的汇划款项，不再使用相互代签报单的做法。专业银行之间跨系统的汇划款项（包括建设银行），视机构设置情况，分别采取不同的转汇方式。

23 日 中国人民银行制定并公布《金融统计暂行规定》和《其他金融机构统计管理暂行办法》。其中规定：金融统计包括中央银行、专业银行、保险公司和其他金融机构经办的金融业务统计。中国人民银行总行依照国家规定，定期公布金融系统全国性统计资料；专业银行总行对外公布本系统全面的金融统计资料，须报经中国人民银行总行审批；保险公司和其他金融机构公布金融业务统计资料，由其自主决定，报同级中国人民银行备案。金融统计工作的基本任务是：制定金融系统统计制度和规定；领导、管理、协调、监督、检查专业银行、保险公司和其他金融机构的金融统计工作；汇总、编制金融系统统计报表；科学、系统地收集、整理、积累金融统计资料和有关国民经济分析资料；组织各家银行、保险公司和其他金融机构开展统计调查、统计分析和统计预测；按照规定向有关部门提供金融统计资料，在金融系统内实行信息共享；管理金融系统全国性统计报表，对外公布综合性金融统计资料，协调、审核各金融机构对外公布的统计数字；组织和促进金融系统统计工作采用现代化手段，规定统一的编码和接口，建立统一的金融信息网络；组织统计质量检查，培训统计人员；代表金融系统参加国内、国际金融统计活动。《金融统计暂行规定》于 1995 年 12 月做了修改。

10 月　交通银行上海分行推出大额可转让定期存单。发行者限于各商业银行，发行对象为城乡居民和企业事业单位。对个人发放的面额为1万元、2万元、5万元；对单位发行的面额为50万元、100万元、500万元。期限为3个月、6个月、12个月，利率由总行制定。采用记名方式发行，以背书方式转让，转让次数不限。

11 月

1 日　鹿城城市信用社在温州开业。该信用社由商人杨嘉兴等8人集资31.8万元共同创办，是全国最早的股份制信用社。6天后（11月7日），温州市东风家具厂的青年厂长苏方中创办的第一家由他个人独资的城市信用社——东风信用社正式开业。两家信用社的存贷款利率按市场需求变化浮动，原则上高于国家专业银行利率。主要经营企业存贷、票据贴现、汇票承兑、代理保险、经济咨询、个人储蓄等业务。

3 日　财政部发布《国营金融、保险企业成本管理实施细则》。该实施细则所称成本是指金融、保险企业在业务经营过程中支付的各项利息、保险赔款和费用。适用范围包括中国工商银行，中国农业银行，中国银行，中国人民建设银行，交通银行，中国人民银行省、自治区、直辖市以下分支行（含省级行），中国人民保险公司以及其他实行独立核算的国营金融、保险企业。该实施细则对成本开支范围、成本核算、成本计划和管理、监督和制裁等内容做了具体规定，共有39条，自1987年1月1日起试行。

7 日　中国人民银行、中国农业银行颁发《扶持贫困地区专项贴息贷款管理暂行办法》。根据国务院从1986年起连续5年，每年发放10亿元专项贴息贷款的决定，该暂行办法规定：专项贴息贷款所需信贷资金由中国人民银行每年专项安排资金，中国农业银行负责发放并进行专项管理，中央财政补贴大部分利息。贷款必须优先支持发展养畜养禽、水产、采集、农产品加工、小矿产、小运输、建筑建材，劳务输出，增产粮食效果显著的新技术推广和经济林木等，以及直接为开发项目服务的商品生产基础设施。在贷款上，要优先安排生产周转贷款，对加工、服务生产设备贷款要从严掌握。专项贴息贷款，由中国农业银行总行下达给有关省、自治区、直辖市分行。分行下达给有关贫困县，作为选择项目的依据。贷款的期限由中国农业银行根据不同贷款用途的生产经营周期和借款户综合收入分别确定。贷款期限一般为1～3年，利率为6.1‰，对借款户收取2.1‰，中央财政补贴4‰。

9 日　国务院机电产品出口办公室、财政部、中国人民银行发布《关于机电产品出口卖方信贷执行优惠贷款利率的通知》。具体规定是：5年以下（包括5年）月息4.5‰，5～10年月息5.1‰，10～15年月息5.7‰。

14 日　中共中央顾问委员会主任邓小平会见纽约证券交易所代表团，并向纽约证券交易所执行主席约翰·范尔霖赠送了中国第一股——飞乐音响股票。当时，这只股票上的名字是中国人民银行上海市分行副行长“周芝石”，号码为05743。11月24日下午，范尔霖在新中国首家证券交易部——中国工商银行上海信托投资公司静安证券营业部办理了股票的过户手续。为表示友好，营业部免收了1元过户费。

飞乐音响股票由印钞厂印制，每张面值50元，共1万张。当时，为了防止被伪造，飞乐音响董事长的印章是逐张盖上去的。目前，该股票陈列在纽约证券交易所的橱窗内。

20 日　经中国人民银行批准，中国人民建设银行上海分行接受上海石化总厂和吴泾工程指挥部委托，为上海30万吨乙烯一期工程代理发行企业债券5.14亿元，分为单位债券、产品配额债券和个人债券3种，年限均为3年，利率分别为8%、4.2%、12%。这是我国首次发行企业债券。

26 日　中国人民银行发布《外汇抵押人民币贷款暂行办法》。该暂行办法规定：中外合资经营企业、中外合作经营企业和外商投资企业均可以其自有外汇（包括从境外借入外汇）做抵押，申请办理人民币贷款。抵押贷款可以用于流动资金和固定资产投资；抵押贷款期限分为3个月、6个月、1年，中长期抵押贷款为一年以上，最长不超过5年；用于抵押的外汇必须是现汇，限于美元、日元、港元、西德马克和英镑5种。外汇抵押人民币贷款由中国人民银行开办，委托中国银行和其他金融机构办理。申请抵押单位须先到国家外汇管理局或其分局申报外汇、资金来源和数额，经核准后到中国人民银行指定的受托行办理贷款申请手续。银行对抵押单位发放的人民币贷款，最高不得超过抵押品按抵押日国家外汇管理局公布的人民币汇价（买入价）所计算的数额。抵押贷款的人民币资金归人民银行总行统一管理；人民币贷款与用作抵押的外汇，互不计息。

中国人民银行发布《关于人民银行海南分行计划单列有关问题的通知》。该通知规定，从1987年计划年度起，对海南分行实行计划单列，授予人民银行海南分行以省分行一级信贷计划管理权限、资金管理权限、金融机构管理权限和财务管理权限。资金管理采取条块结合办法，负责海南的计划综合平衡。专业银行海南分行除执行本系统上级下达的信贷计划外，接受人民银行海南分行指导、监督、检查。外汇管理权限与国家计委规定口径一致。

12月

2日　第六届全国人民代表大会常务委员会第十八次会议通过《中华人民共和国企业破产法（试行）》。该法律适用于全民所有制企业。该法律规定，企业因经营管理不善造成严重亏损，不能清偿到期债务的，依照该法律规定宣告破产。人民法院应当自宣告企业破产之日起15日内成立清算组，接管破产企业。清算组负责破产财产的保管、清理、估价、处理和分配，可以依法进行必要的民事活动。清算组成员由人民法院从企业上级主管部门、政府财政部门等有关部门和专业人员中指定，也可以聘任必要的工作人员。该法律包括总则、破产申请的提出和受理、债权人会议、和解和整顿、破产宣告和破产清算、附则共6章33条，自《中华人民共和国全民所有制工业企业法》实施满3个月之日起试行。

15日　中国人民银行金融体制改革第三次试点城市工作会议在湖北武汉市召开。会议确定1987年金融体制改革试点工作的重点是：进一步明确指导思想，加快专业银行企业化的步伐，继续开拓和发展金融市场，改善中央银行的宏观管理。同时确定从1987年第二季度开始，增加14个城市作为金融体制改革试点城市，试点城市由原来的13个扩大到27个，并确定广东省作为金融体制改革的试点省。新增加的14个城市是：上海、北京、天津、哈尔滨、西安、青岛、石家庄、兰州、成都、杭州、长春、福州、潍坊、沙市。会议提出，试点城市的银行和保险公司作为国营大中型企业要逐步实行行长、经理负责制，拥有经营自主权；信贷资金调配权或保险条款制定权；利率、保险费率浮动权，可按现行利率、费率上下浮动20%；中层干部任免、职工招聘和奖惩权；企业内部机构设置权；留成利润支配和工资、奖励、福利基金内部分配权。并在内部实行各种形式的经济责任制、承包制等。

22日　中国人民银行发布《生产资料价格调查制度》。主要内容是：1. 生产资料价格调查的目的和任务是全面、及时地掌握生产资料价格总水平和变动趋势，为确定信贷规模和资金投向提供信息，为制定货币政策和确定适度的货币供应量提供依据。2. 调查的内容和范围是与信贷资金和货币供应量紧密相关的生产资料消费者价格。3. 采用计划选样的方法，按照经济区域、地区分布合理以及通信条件较好的原则，在全国选定31个城市、选定调查企业、选择代表性产品（规格品）进行重点调查。人民银行聘请调查企业一名财务人员为兼职调查员，按月登记、填报规定的报表上报调查行。4. 生产资料消费者价格指数，由人民银行总行根据各地上报价格统一编制。编制生产资料消费者价格指数，采用加权算术平均方法，即将各种产品的价格指数乘以各自的权数，计算加权算术平均数。该制度自1986年12月开始实施。

中国工商银行印发《普通高等学校学生贷款试行办法》。为适应教育体制改革工作，实施“普通学校学生现行的人民助学金制度改革者为奖学金制度和学生贷款制度”。普通高校学生贷款由中国工商银行负责办理。该试行办法规定，普通高等学校学生每人每年最高贷款额不超过300元，年息3%，期限不超过5年。

23日　中国人民银行发布《关于开办住房存贷款业务以及发行“有价房券”问题的通知》。该通知指出：1. 住房改革试点城市可以指定一家专业银行发行有价房券。有价房券只能用于交房租和购买、修缮房屋，不准在市场上流通。发行有价房券银行不予垫款，但可以贷款。贷款期限最长不超过20天，利息按流动资金贷款利率计收。2. 各单位建设住宅的存贷款业务，仍由建设银行办理，其他专业银行有能力的也可办理。对于单位和个人购买住房的存贷款业务，各专业银行如有能力均可办理。商品房贷款数量，由各专业银行酌情确定。住房储蓄及住房贷款的利率暂由专业银行自行决定。3. 人民银行对专业银行住房贷款一律不予贴息。

24日　中国人民银行颁发《关于完善信贷资金管理办法的规定》。该规定的主要内容如下：1987年国家综合信贷计划分三个层次管理，即国家综合信贷计划、人民银行信贷计划和专业银行信贷计划。金融宏观控制最终要过渡到控制货币供应量。鉴于我国的市场机制和金融控制手段还不健全，目前仍以控制贷款总规模为主，同时着手研究如何控制货币供应量。1987年人民银行总行开始试测货币供应量。考察双项控制目标，既要用绝对数，又要用相对数（增长幅度），以便在实践中计算、考核和控制，并随经济的变化而灵活调整。专业银行贷款规模，除固定资产贷款是指令性计划外，其他贷款均为指导性计划。继续实行多存多贷的政策，多吸收存款，可以多发放流动资金贷款。

从1987年起，人民银行对专业银行的贷款进行改革。具体内容如下：1. 人民银行总行通过编制人民银行系统本身的信贷计划，确定对专业银行的贷款计划，并根据专业银行和各地区历史的和当年的主要经济数据、金融数据，分别核定各地人民银行对专业银行贷款额度，通过增减贷款，控制全国贷款总规模。2. 人民银行各省、自治区、直辖市分行，根据经济发展和银根松紧情况，在总行核批的贷款额度内，对专业银行按月、按季度灵活掌握发放，未经批准不得突破。3. 实行“合理供给，确定期限，有借有还，周转使用”的贷款原则，进一步理顺人民银行与专业银行的资金关系。4. 坚持贷款结构的平衡。5. 实行“条块结合”的贷款分配方法。6. 将贷款的实贷权下放到二级分行，增强城市人民银行调控资金的能力。

坚持实行计划与资金分开管理的原则，实行“实贷实存”的信贷资金管理办法后，由于各项存款和银行信贷基金大部分划归专业银行，专业银行已成为相对独立的经济实体，应具有自行筹集信贷资金的能力。人民银行核定各专业银行的年度信贷计划，只是给专业银行组织运用信贷资金确定一个“笼子”和目标。专业银行实现贷款规模所需的资金，主要面向资金市场，通过吸收存款、发放金融债券、同业拆借等形式筹措。人民银行不再包资金供应。专业银行发生临时资金周转不灵，通过开展同业短期资金拆借解决。1987年，专业银行和其他金融机构对企业的贷款利率，一是实行分档次管理，二是实行期限差别利率和行业差别利率，三是严格罚息制度。

中国人民银行发布《专项贷款管理暂行办法》。该暂行办法规定：专项贷款包括老、少、边、穷地区发展经济贷款，地方经济开发贷款，购买外汇额度人民币贷款和14个沿海港口城市及经济特区开发性贷款。专项贷款的期限一般为1~3年，少数的是4~5年，最长不得超过7年。老、少、边、穷地区发展经济贷款，实行优惠利率；14个沿海港口城市及经济特区开发贷款、地方经济开发贷款，按固定资产贷款利率计收利息；购买外汇额度人民币贷款，用于技术改造的，按固定资产贷款利率计息，用于流动资金的，按流动资金贷款利率计息。

中国人民银行发布《对专业银行贷款管理暂行办法》。该暂行办法规定，人民银行贷款实行“统一调度，分级管理”，坚持“合理供给，确定期限，有借有还，周转使用”的原则。人民银行不包专业银行的资金供应，要在人民银行信贷资金来源允许的范围内发放贷款，贷款按期限分为四种：年度性贷款、季节性贷款、日拆性贷款和再贴现，期限分别为1年、2个月、10天和6个月。人民银行贷款实行期限利率，即对不同种类、不同期限的贷款，按不同的利率档次计收利息。逾期贷款按每日0.3‰计收罚息。该暂行办法自1987年1月1日起执行。

中国人民银行发布《金融信托投资机构资金管理暂行办法》。该暂行办法规定：信托机构的投资或贷款分为委托和信托两类，信托机构可以在规定范围内吸收1年期以上的信托存款，委托存款与信托存款必须严格划分，如实反映；委托存款减去委托投资或贷款后的结余额，可暂不缴存存款准备金，信托存款应按实际余额缴存存款准备金；人民银行对信托机构的信托计划与信托资金实行分开管理；信托机构当年发放的固定资产投资、固定资产贷款和租赁总额，最高不得超过当年增加的信托存款、发行债券与实收资本金之和的60%。

1987 年

1 月

1 日 国务院下发《关于发行国家重点建设债券和重点企业债券的通知》。为了更好地集中资金，保证国家重点建设需要，进一步压缩固定资产投资规模，调整投资结构，增强国民经济发展后劲，国务院决定通过银行代理发行 1987 年国家重点建设债券 55 亿元，重点企业债券 45 亿元。该通知规定：1. 由银行代理国家财政向各地区、各部门和各企事业单位发行国家重点建设债券 50 亿元，期限为 3 年，利息为年息 6%；由中国人民建设银行代理财政向个人发行国家重点建设债券 5 亿元，期限为 3 年，利息为年息 10.5%。国家重点建设债券不计复利，到期由财政部还本付息。重点建设债券要用于有偿还能力的项目。发行国家重点建设债券所集中的资金，由代理发行的银行统一交存人民银行，拨给中国人民建设银行作为“拨改贷”专项资金。2. 由中国人民建设银行代理电力、冶金、有色金属、石油化工等部门所属企业（公司）向企事业单位发行的重点企业债券 45 亿元，用于国家计划内重点建设。债券到期由企业还本付息。3. 对债券利率高于现行银行基本建设贷款利率的部分，由国家财政给予贴息。这些建设项目建成投产后，可以用所得税前利润归还债券本息。

中国人民银行对专业银行贷款实行期限利率。中国人民银行于 1 月 14 日发布《关于执行中国人民银行对专业银行贷款利率有关事项的通知》，其中规定：中国人民银行 1985 年 1 月 1 日以后对专业银行发放的贷款，从 1987 年 1 月 1 日起实行期限利率，期限 1 ~ 2 年（原计划内贷款）的年度贷款按月息 5.4‰计息；期限为 4 个月内的季节性贷款按 5.7‰计息；期限为 20 天内的日拆性贷款按 5.4‰计息。

5 日 中国人民银行上海市分行印发《证券柜台交易暂行规定》。该暂行规定明确：柜台交易又叫店头交易或直接交易，是指在证券交易所以外的场所进行证券的转让买卖活动。凡章程规定可转让的政府债券、金融债券、公司债券、公司股票和大面额可转让的存款证（亦称大面额存款证），均可在批准经营证券转让买卖业务的金融机构办理柜台交易，目前一律以现货为限。专业银行未独立的信托投资机构只能经营证券的代理转让业务。交通银行独立核算的信托投资公司除办理证券的代理转让业务外，还可在规定的投资限额范围内经营证券的买卖业务。各行（公司）应将办理证券柜台交易的地点事先报中国人民银行上海市分行核准。经营证券柜台交易的金融机构对证券转让的买卖双方，在成交时可各收取 3‰的手续费。企业不得在金融机构购买本企业的股票；禁止了解企业内幕情况的人从事该企业的股票买卖活动；禁止诈骗行为，如发现有公布的经营情况和盈利水平不实，中国人民银上海市分行金融行政管理处即停止其股票的转让买卖，并处以罚款。该暂行规定自 1987 年 1 月 15 日起试行，是新中国有关柜台交易业务方面的第一个业务规章。

6 日 经国务院批准，中国人民银行设立资金管理司、国库司。同时将计划司改为综合计划司、调查研究室改为调查统计司、监察稽核司改为稽核司。

9 日 中国人民银行、国家计委、财政部、国务院特区办公室联合印发《关于对经济特区、经济技术开发区开发性贷款实行差别利率和贴息的规定》。该规定指出：从 1986 年 12 月 21 日起，对征用土地、平整场地、通路、通水、排污、通电、通信等公用设施的开发性贷款（总额不超过20亿元人民币）实行差别利率和贴息，5年以下的贷款由年息9.36%调整为5.88%，银行对借款单位按年息2.88%计收；5年以上的贷款由原来的年息10.8%改为7.32%，银行对借款单位按年息4.32%计收。中央财政按年息3%的利率统一对人民银行进行贴息，人民银行按季度与中央财政结算利差补贴。

14日 国务院发布《关于加强物价管理保持市场物价基本稳定的通知》。该通知指出，物价问题是关系国民经济和社会安定的重大问题，关系到广大人民群众的切身利益。本年度物价工作的基本要求是坚持改革、稳步前进、保持基本稳定，要把零售物价水平控制在计划之内。

国务院贫困地区经济开发领导小组、财政部、中国人民银行、中国农业银行联合制定《全国贫困地区经济开发项目管理试行办法》。该试行办法对项目的选择确定、项目的论证评估、项目的执行和监督、项目的总结验收、项目的组织领导等做了具体规定。主要内容是：对贫困地区经济开发的各项资金，实行按开发项目进行投资管理。项目投资的主要方向是：投资少，见效快，有市场，家家户户都能干、都有利，有助于贫困户劳动力就业，能尽快解决群众温饱的"短、平、快"项目。项目的基本形式是：以千家万户家庭生产为基础，辅之以为家庭生产提供良种、技术、收购、加工、储藏、运输等系列化综合服务的服务中心，形成配套成龙的商品生产项目。适合专业户、联户开发的小项目，也可以单独立项。所有申报的项目按投资的不同额度分别由各级经济开发领导部门和银行、财政等投资部门共同审查立项，作为备选项目，其投资额可高于贷款额。批准的项目由申报部门持批准书到经办银行、财政等投资部门申请资金。

20日 经中国人民银行上海市分行批准，上海金山石油化工总厂为建设30万吨乙烯工程项目发行长期企业债券1.38亿元，期限为3年，债券仅用了12天就售完。该债券的发行开创了重点工程项目发行债券自筹资金的先例。同日，经中国人民银行上海市分行批准，上海工商银行贴水债券、锦江联营公司债券、金山石化总厂债券等债券正式在上海各证券交易柜台挂牌交易，在上海首开债券交易业务。

22日 中共中央发布《把农村改革引向深入》的通知。《把农村改革引向深入》一文指出：必须进行农村金融体制改革，搞活金融企业，逐步开放利率，开拓资金市场，为有效地聚财、用财创造条件。该文件要求：1. 信用合作社须实行民主管理、独立经营、自负盈亏，国家银行及各级政府均不得干预其资金营运的自主权。信用社交纳准备金比例应降到与专业银行一致；存贷款利率可以比照国家的基准利率，按市场资金供求状况适当浮动；业务范围可以与其他基层金融组织适当交叉。县联社的体制改革，应在保证基层信用社合作性质的前提下，进行多样化试点。2. 农业银行和其他专业银行应在平等互利的基础上，为信用社提供服务和相互代办委托业务。农业银行每年农副产品收购超过上年的部分，凡属商业库存的，由人民银行安排资金；凡实际上转为国家储备的，应经过批准，逐步改为由财政安排资金或者由财政实行贴息。3. 农业基本建设投资中，可以划出一部分用于贷款贴息，以便使资金投向符合国家的政策目标，并用于贫困地区。试办政府专项基金组织，对投资实行项目管理，经过效益评估，以贷款形式周转使用资金。4. 发展农村社会保障事业，有条件的可试办合作保险。

22～25日 全国经济工作会议在北京召开。会议提出1987年全国经济工作的中心任务是深化企业改革，努力增产节约，增收节支，全面提高经济效益，确保国民经济持续、稳定、协调地向前发展。经济战线当前的重要任务是深化企业改革，把企业搞活。在经济建设方面，特别要注意"压缩空气"，把过去膨胀的预算外投资规模和过高的非生产性开支压下来，进一步缓解社会总需求超过社会总供给的矛盾，为深化改革创造一个比较平稳的经济环境。

2月

5日 中国人民银行颁发《关于境内机构提供外汇担保的暂行管理办法》。该暂行管理办法规定：外汇担保的管理机关为国家外汇管理局及其分局；只有法定经营外汇担保业务的金融机构和有外汇收入来源的非金融性质的企业法人，才可以作为外汇担保的机构；金融机构提供的外汇担保总额和其对外债务总额累计，不得超过自有外汇资金的20倍，非金融机构提供的外汇担保总额不得超过其自有外汇资金；担保的范围是中国境内的企业，但不得对企业注册资本金担保，不得为中国驻外企业、外国机构或外资企业提供外汇担保。担保人有权要求债务人提供相应的抵押物，对债务人的资金和财务情况进行监督。

中国人民银行颁发《关于审批金融机构若干问题的通知》。该通知规定：设立分支机构的全国性银行，其最低实收货币资本金为20亿元；不设立分支机构的全国性银行，其最低实收货币资本金为10亿元；区域性银行的最低实收货币资本金为8亿元；合作银行的最低实收货币资本金为5亿元；上述银行设立独立核算的分支机构，其最低实收货币资本金为各该分支机构上级行的30%或50%；经营外汇业务最低实收货币资本金中的30%应由等值的外汇现汇构成。

对于设立信托投资公司，该通知修改了1986年的规定：1. 全国性信托投资公司的最低实收货币资本金由5 000万元改为1亿元；2. 省级信托投资公司的最低实收货币资本金由1 000万元改为5 000万元；3. 地、市（包括县）级信托投资公司的资本金由500万元改为2 000万元；4. 上述公司如经营外汇业务，同时拥有的最低外汇现汇资本金分别由500万美元、200万美元和100万美元改为1 000万美元、500万美元和200万美元；5. 保险投资公司和风险投资公司的最低实收货币资本金限额按信托投资公司标准执行；6. 融资租赁公司的最低实收货币资本金为3 000万元，经营外汇业务的，同时应有500万美元现汇的最低外汇资本金；7. 部门以大企业集团设立的财务公司，最低实收货币资本金为5 000万元，经营外汇业务的，同时应有500万美元现汇的最低外汇资本金。机构审批权限归人民银行。

6～10日 经国务院批准，经济特区工作会议在深圳召开。会议总结了1986年特区工作的成绩：四个经济特区的工农业总产值达76亿元，其中工业总产值达68亿多元，出口创汇近10亿美元，都比上年增长20%以上。会议提出，本年度特区工作的中心任务是继续坚持抓生产、上水平、求效益的方针，深化改革，加强管理，提高对外资的吸引力和产品外销的竞争力。

4月11日，国务院批转了《1987年经济特区工作会议纪要》。该会议纪要指出，根据特区发展外向型经济的需要，中国人民银行和各专业银行要适当增加一些信贷指标，分别“戴帽”下达给四个特区；厦门、珠海、汕头三市各银行的存款准备金，直接交给当地人民银行，不再上交，分别留在三市使用。适当增加对外借款指标和外汇指标。

9～13日 中国人民银行全国分行行长会议在广西南宁召开。会议提出，结合1987年全国在经济上要控制膨胀的要求，金融系统也要控制资金需求膨胀，以支持经济持续、稳定发展。首先要开展增产节约、增收节支运动。要千方百计地增加存款，特别是增加城乡储蓄存款和邮政储蓄存款。要把代理财政和企业发行国家重点建设债券作为1987年银行的一项重要工作来抓。注意资金投向合理，防止铺大摊子，“撒胡椒面”。会议强调，金融体制改革必须从中国的实际出发，符合中国国情，1987年的中心问题是要完善宏观调控手段，开拓和发展资金市场，同时要在银行企业化方面有所前进。人民银行要积极支持和引导短期资金拆借市场。要按照经济发展的需要设立金融机构，不能一哄而起。不能建立地方银行和产业银行，不能急于办合作银行。

会后，国务委员兼中国人民银行行长陈慕华在接受《金融时报》记者采访时谈到，1987年货币信贷政策概括起来就是“紧中有活”。就是既要在宏观上控制住，又要在微观上搞活，既能控制膨胀的需求，又能支持经济发展的合理资金需要；既要从信贷收入上开源，又要从信贷支出中节流。“紧”是前提，但不是“一刀切”。在实际工作中具体贯彻这一政策，可以概括为“四先四后”：一是先存后贷并坚持多存多贷、少存少贷流动资金贷款的原则。二是先流动资金贷款，后固定资产贷款。三是在固定资产贷款中，支持重点，压非重点；支持计划内的，压计划外的；支持生产性的，压非生产性的项目。四是先挖掘企业内部潜力，后考虑银行贷款。

17 日　中国人民银行发布《关于人民银行统一管理金银专项贷款的通知》。为贯彻国务院关于加快发展黄金生产的指示精神，该通知规定，从 1987 年 1 月 1 日起金银专项贷款归口由人民银行管理。贷款指标由人民银行总行下达到人民银行各省、自治区、直辖市、计划单列城市分行。贷款指标的分配、使用、管理，总行由货币发行司负责，分行由货币发行处负责。当年指标未用完可以结转下年使用。金银专项贷款主要用于发展黄金、白银生产的基本建设和技术改造项目；贷款的对象是中央直属国营矿山和地方国营矿山、集体矿山；贷款期限为 1 ~3 年，最长不超过 5 年，利率分别为 4. 2‰、4. 8‰、5. 4‰。

中国人民银行发布《关于发行企业短期融资券有关问题的通知》。该通知指出，在紧缩信贷的形势下，为缓解企业流动资金短缺的矛盾，各地可以采取发行企业短期融资券的办法加以解决。各地区企业短期融资券的发行额度由总行年初一次性下达。各地人民银行分行必须在总行批准的额度内，根据国家的产业政策和调整经济结构的要求掌握发行，按余额控制，周转使用。企业发行短期融资券，必须经人民银行审批。企业发行短期融资券所筹集的资金只能用于解决企业临时性、季节性流动资金不足，不得用于企业资金的长期周转和固定资产投资。企业短期融资券由企业、事业单位和个人自愿认购。融资券的期限分为 3 个月、6 个月和 9 个月三个档次。最长不得超过 9 个月。企业短期融资券的利率上限为，在套算的同期居民储蓄利率基础上上浮 10%。企业可以委托金融机构代理发行短期融资券。企业短期融资券发行后，可以上市转让。各地人民银行对企业发行短期融资券所筹资金的使用要加强监督管理，对违反上述各项规定者，必须予以查处。

24 日　经国务院同意，中国银行在全国开办境内居民外币存款业务。定期存款起存金额从人民币 150 元等值外币调低为人民币 50 元等值外币；活期存款起存金额调整为人民币 20 元等值外币。居民外币存款分为活期存款和定期存款两种，有条件的地方可以开办定活两便存款，存入时不订明利率，实存期限超过定期存款最低档次的，够哪一档次就按该档次利率计息。居民外币存款分为外汇账户和外币现钞账户，外汇存款账户，由规定只能提取适量外钞，改为视银行现钞库存多少，可以支付全部或部分外钞。中国银行外币存款，除规定美元、英镑、日元、西德马克和港元 5 种货币外，再增加法国法郎。

3 月

4 日　中国人民保险公司印发《简易人身保险条款》。该条款对投保条件，保险期限和保险责任，除外责任，保险金额和保险费，保险手续，失效、复效、借款、退保，保险金的给付等方面的内容做了具体规定。主要内容如下：凡 16 周岁以上 65 周岁以下，身体健康，能正常劳动和正常工作的人，均可由其配偶、直系亲属和有抚养关系的人，作为投保人向保险公司（保险人）投保简易人身保险；机关、企业、事业单位和社会团体也可以作为投保人，为其成员向保险人投保本保险。保险期限规定为 5 年、10 年、15 年、20 年和 30 年 5 种，选择的保险期限要以保险单期满时被保险人的年龄不超过 70 岁为限。保险责任包括疾病和因意外伤害事件所致的死亡、意外伤害事件造成身体残废、一次或连续发生意外伤害事件等。保险金额和保险费按份数计算。每份保险费不分年龄和期限，每月都是人民币 1 元。每份保险金额，按投保时被保险人的不同年龄和投保的期限分别规定。该条款自 1987 年 7 月 1 日起施行。

17 日 根据党中央国务院对海南的优惠政策，中国人民银行决定，自 1986 年 12 月 21 日起，对海南岛专项开发贷款利率适当下调。海南行政区分行可以根据实际情况和贷款期限长短，在月息 3.6‰～8.4‰的幅度内自行确定贷款利率，其平均利率应掌握在月息 4.2‰。海南行政区分行借用总行资金的利率为月息 5.1‰，实行优惠利率后形成的利率倒挂，总行按月息 1.2‰对区分行给予补贴，由行政区分行按该项贷款余额，按季度附补贴利息积数表向总行划付。自 1983 年以来，人民银行每年安排 5 000 万元低息贷款用于海南岛的开发建设。

20～31 日 中国银行加入万事达国际银行卡联合组织，成为万事达国际组织的会员银行。

21 日 中国银行印发《外汇贷款项目审批和管理的暂行规定》。主要内容如下：1. 中国银行选择外汇贷款项目的基本条件是产品适销对路，为发展国民经济所急需；能出口创汇，在国际市场上有竞争能力；技术上、财务上、经济上可行；企业管理好，投资少，见效快，有偿还外汇及人民币贷款的能力。固定资产贷款的发放必须是纳入国家和地方技术改造或基本建设计划的项目，要有完备的批准手续。其中，基本建设贷款项目要列入国家基建计划和银行信贷计划。使用银行贷款的项目，企业自筹资金一般要占总投资的 30% 以上。2. 具备条件的外汇贷款项目按照既定的批准权限进行审批。权限以下的贷款项目由管辖分行和计划单列分行审批；权限以上的贷款项目要逐项报总行审批。各级银行不得化整为零超权限批准贷款。管辖分行和计划单列分行所属分支行的审批权限，可根据情况由管辖分行和计划单列分行适当授权，但授权的额度最高不超过管辖分行和计划单列分行本身批准权限的 50%；条件不具备的分支行不要授权。有权批准贷款的各级银行，都要经过集体讨论由主管行长或行长进行审批。3. 外汇贷款项目的管理是在批准贷款后对项目贷款的执行期、贷款的回收期和贷款的总结期三个阶段各个环节进行管理，实行岗位责任制。

3 月 25 日至 4 月 11 日 第六届全国人民代表大会第五次会议在北京召开。国务院总理赵紫阳做《政府工作报告》。该报告指出，我国人民面临的基本任务是集中力量抓两件大事：1. 在经济领域，坚持正确的建设方针，广泛开展增产节约、增收节支运动，深入体制改革和扩大对外开放，努力保证整个国民经济的持续、稳定发展；2. 在政治思想领域，深入进行坚持四项基本原则的宣传教育，坚决反对资产阶级自由化，加强社会主义精神文明建设，进一步巩固和发展安定团结的政治局面。

1987 年金融体制改革的重点是：进一步强化和改进中央银行的宏观控制职能，积极发展多种金融组织和有效利用多种融资工具，开辟多种信贷业务，大力发展城乡保险业务，在各种金融组织之间适当开展竞争；有条件地实行省以下专业银行、保险公司等金融机构的企业化，逐步做到独立经营，自负盈亏；改革银行利率体系，逐步理顺存贷款利率，实行期限差额利率和浮动利率；改善企业流动资金管理办法，改变银行包企业资金供应的做法；逐步实行外汇、外债的集中统一管理，搞活外汇资金；充分发挥中心城市的金融中心作用，有领导、有步骤地发展以大中城市为依托的不同层次、不同规模的资金融通市场。

27 日 国务院发布《企业债券管理暂行条例》。该暂行条例包括总则、企业债券、企业债券的管理、法律责任、附则，共 5 章 30 条。主要规定如下：凡中国境内具有法人资格的全民所有制企业在境内发行企业债券必须经中国人民银行批准。中国人民银行会同国家计划、财政等部门拟定全国企业债券发行的年控制额度，下达各省、自治区、直辖市和计划单列省辖市执行。中国人民银行对企业发行债券实行集中管理、分级审批制度。企业发行债券的总面额不得大于该企业的自有资产净值，其投资项目必须经有关部门审查批准，纳入国家控制的固定资产投资规模，债券的票面利率不得高于银行相同期限居民定期储蓄存款利率的 40%。经中国人民银行批准，各专业银行和其他金融机构可以经办企业债券的转让业务。

28 日 国务院发布《关于加强股票、债券管理的通知》。该通知规定：1. 发行股票应当在严格的监督和控制下，主要限于在少数经过批准的集体所有制企业中试行。2. 全民所有制企业不得向社会发行股票。3. 以互相投资、合股、参股方式新建的企业，合作各方可以试行采用股票形式，但不得向社会发行股票。未经中国人民银行批准，其股票不得上市。4. 全民所有制企业可以发行债券。机关团体、事业单位、集体所有制企业以及公民个人不得发行债券，也不得委托其他部门代理发行债券。金融机构发行债券，由中国人民银行统一下达计划，严格遵照执行。

4 月

1 日 中国人民银行、国家计委、财政部、中国人民建设银行制定《关于发行国家重点建设债券的规定》。该规定明确：1987 年对单位发行国家重点建设债券 50 亿元，对个人发行 5 亿元；债券期限为 3 年；单位购买的年息为 6%，个人购买的年息为 10.5%，债券一律不计复利，免征个人所得税；债券对单位发行采取分配任务的办法，对个人采取自愿认购的办法。债券发行和还本付息事宜由中国人民银行统一组织，由中国人民建设银行、中国工商银行、中国农业银行、中国银行及其所属机构办理。财政部根据发行数额按 2‰的比例拨付给银行推销经费，由人民建设银行对个人发行部分根据发行数额按 4‰的比例拨付推销经费。债券到期由财政部还本付息。

经国务院批准，交通银行开业。交通银行总管理处设在上海，注册资本金为人民币 20 亿元，李祥瑞被任命为交通银行董事长。

1986 年 7 月 24 日国务院发布《关于重新组建交通银行的通知》，为了支持交通银行迅速组建，增强开拓业务的能力，国家财政从历年核给银行的国家信贷基金中拨出一部分作为国家股资金，并规定交通银行自开业起 3 年内免缴所得税。

1987 年 3 月 18 日，交通银行在上海召开第一届董事会议，通过了《交通银行章程》。该章程规定：交通银行是以公有制为主的股份制全国性社会主义金融企业。交通银行的资本金为人民币 20 亿元，分为 2 000 万股，每股 100 元人民币。由中国人民银行代表国家控股 10 亿元外，其余由地方政府、部门、企事业单位以及个人认购入股。个人认购股份的，每人不得超过 100 股。个人股份在资本金总额中的比例不超过 10%。交通银行设董事会和监事会。

交通银行始建于 1908 年（光绪三十四年），是中国早期的四大银行之一，也是中国早期的发钞行之一。1958 年，除香港分行仍继续营业外，交通银行境内业务分别并入当地中国人民银行和在交通银行基础上组建起来的中国人民建设银行。

8 日 经中国人民银行批准，招商银行开业。招商银行在蛇口财务公司基础上组建，注册资本金为 1 亿元人民币，可自主经营人民币和外汇业务。此后，1989—1998 年，招商银行经过三次扩股增资，股本金达 14 亿元，股东单位增至 108 家。2002 年 3 月发行 15 亿元普通股，并于 4 月 9 日在上海证券交易所挂牌上市。

11 日 中国人民银行颁发《全国银行统一会计基本制度（试行本）》。该文件规定：中国人民银行总行管理全国银行会计工作；银行的会计规章制度实行“统一领导、分级管理”的原则；全国银行统一会计基本制度的管理权集中在中国人民银行总行和省、自治区、直辖市分行（以下简称分行）两级，属于全国银行的会计基本制度、办法，由中国人民银行总行统一制定，中国人民银行分行对总行统一制定的制度、办法，可做必要的补充规定，但不得与总行的规定相抵触，并报总行核备；属于系统内的制度、办法，由各总行根据该制度制定，专业银行总行制定的制度、办法，要报中国人民银行总行核备；中国人民银行和专业银行分行对各自总行制定的制度、办法，可做必要的补充规定，专业银行分行在报送各自总行核备的同时，抄报同级人民银行；下级行对上级行制定的各项制度、办法，必须严肃认真地贯彻执行，不得任意修改或废除。6 月 3 日，中国人民银行据此制定了《中国人民银行会计制度（试行本）》。

22日 财政部、中国人民银行、中国人民建设银行发布《关于建设银行办理特种拨改贷的若干规定》。主要内容有：特种“拨改贷”（国家基建计划称“特别贷款”）的计划安排和项目管理，贷款利率的确定，贷款合同的签订，贷款的支付，贷款本息的偿还，奖励与惩罚，贷款指标的管理和记账、报账、年终决算，以及项目竣工交付使用等，原则上比照国家预算内“拨改贷”投资的有关规定办理。建设银行经办行应与建设单位单独签订特种拨款改贷款合同，明确还款资金来源和落实还款计划，合同副本单独上报总行。建设单位要按期归还本息，贷款本息到期不能偿还的建设单位，由其主管部门负责，用当年本部门国家预算内直接安排的投资偿还。贷款本息不得豁免，不得核销。使用特种“拨改贷”资金的建设单位，要单独核算，单独列报支出。特种“拨改贷”的资金供应，由建设银行经办行纳入业务资金调拨计划，向上级行申请，由建设银行总行调拨。贷款收回的本息，按年由建设银行总行按55亿元和15亿元的比例分别划交财政部和中国人民银行。

25日 国务院发布《关于发行新版人民币的命令》。国务院责成中国人民银行自1987年4月27日起，采取“一次公布，分次发行”的办法，陆续发行第四套人民币。1987年4月27日首先发行50元、5角面额的人民币，以后陆续发行其他面额的人民币，届时公告。新版人民币面额主币有1元、2元、5元、10元、50元和100元6种；辅币有1角、2角、5角3种，现行1分、2分、5分3种纸辅币、硬辅币继续流通。新版人民币与现行人民币的比率为1:1。

中国人民银行发布《关于储蓄存款利率规定的通知》。该通知指出，1986年《关于加强储蓄存款利率的管理的通知》下达后，有些专业银行基层单位、农村信用社、邮政储蓄部门不注意经济效益，为了争存款仍然随意提高储蓄存款利率或滥发实物，扰乱了金融市场，造成了人力、物力、财力很大的浪费。为此，该通知规定：各专业银行和金融机构均必须执行人民银行总行于1986年拟定的统一利率政策，不得擅自提高存款利率。农村信用社的储蓄利率浮动幅度在20%以内的，报当地农业银行批准；超过20%的，报人民银行的当地省分行批准。各金融部门开办有奖储蓄、邮政部门开办储蓄不得在现有储蓄利息额度之外再增加奖息和实物。

30日 中国人民银行发布《关于一九八七年信贷资金管理的几项规定》。主要内容如下：1. 加速资金周转2%～3%的指标，按省、自治区、直辖市和专业银行系统统一考核。2. 1987年继续实行流动资金“多存多贷，少存少贷”的政策。3. 对专业银行和其他金融机构暂时闲置的资金，人民银行分行可以根据本地区旺季收购和储备资金的需要量，向这些金融机构发行人民银行债券和开办金融机构定期存款，期限分别为1～3个月、4～6个月、7～9个月。4. 为了加强货币信贷总量的控制，人民银行发放的短期贷款要坚持短期周转、到期归还、逾期加息的原则，不能用于填补专业银行的信贷资金缺口。5. 完成国家重点建设债券的发行工作。6. 人民银行要大力支持和组织金融机构之间的资金横向拆借，研究和试办一些新的业务种类和新的流通工具，积极推广票据再贴现，实行再贴现优惠利率。7. 信托投资机构发放固定资产和租赁业务的资金，不得超过当年增加的信托存款、发行债券和实收资金本的60%。8. 外汇抵押贷款业务可以委托中国银行和其他金融机构办理。9. 从1987年农村信用社新增加的存款，按10%的比例上缴准备金，1986年年底以前信用社在农业银行的准备金仍维持原比例不动，以后逐步实现10%的要求。10. 专业银行的联行汇差资金与信贷资金必须分别管理。

5月

1日 《金融时报》创刊号向社会公开发行。邓小平同志题写报头。该报是由中国人民银行、中国工商银行、中国农业银行、中国银行、中国人民建设银行、中国人民保险（集团）公司、交通银行和中信实业银行联合创办的第一张全国性、综合性金融类报纸。

14日 中国人民银行发布《关于调整企业单位定期存款利率的通知》。该通知规定：1～3年期的企业单位定期存款利率分别由月息3.6‰、4.2‰、4.8‰调整为4.2‰、4.8‰、5.4‰；同时增设半年期档次，利率为月息3.6‰，自1986年6月2日起执行。该通知规定，严禁将银行贷款、财政拨款和预算内资金作为定期存款存入银行。定期存款不能提前支取、不办转期。

中国人民银行发布《关于调整对农业银行扶持贫困地区专项贴息贷款利率的通知》。中国人民银行从1986年起5年内，每年安排10亿元的信贷资金给中国农业银行发放“扶贫”专项贴息贷款，其利率由月息5.4‰调整为3.9‰，自1987年6月21日起执行，对1987年6月20日以前已经计收的利息不予退补。

1988年11月12日，中国农业银行、财政部发布《关于扶贫专项贴息贷款贴息问题的通知》，其中规定：提高扶贫贴息专项贷款利率后，增加的利息部分仍按照中央财政和承贷者原贴补比例负担，即中央财政承担65.57%，承贷者负担34.43%。按此原则，承贷者负担部分利率由2.1‰调整为2.4‰，中央财政承担部分贴补率由4‰调整为4.6‰。

中国人民银行制定《关于外汇存、贷款利率管理的规定》。主要规定如下：在经营外汇业务金融机构集中的地区，由人民银行牵头，成立经营外汇业务金融机构的同业公会，制定并协调该地区各金融机构的外汇存贷款利率；金融机构之间的资金拆借利率可由双方协商制定，公会对此可不加限制；对企事业单位和个人的外汇存贷款利率，公会可根据国际资金市场利率（伦敦同业拆放利率、香港同业拆放利率）的水平和金融机构筹措外汇资金的成本及费用，制定外汇存款利率的最高限和贷款利率的最低限；各金融机构可在规定的范围内，自行制定外汇存贷款利率。对于经营外汇业务金融机构不集中的地区，其外汇存贷款利率仍参照中国银行的现行利率执行。

19日 中国工商银行印发《储蓄所实行承包管理的情况和意见》。其中规定：在广州、重庆、武汉、沈阳、常州5个金融体制改革试点城市进行储蓄承包试点；新储蓄所可以实行委托代办的形式，老储蓄所可采取集体承包的形式，在取得成熟经验的基础上逐渐推广；集体承包要承担风险，实行多劳多得，奖优罚劣，要享有一定的自主权，推广所主任负责制。

23日 上海市政府颁布《上海市企业债券管理暂行办法》和《上海市股票管理暂行办法》。两个暂行办法规定：上海市企业债券、股票管理的主管机关是中国人民银行上海市分行。人民银行上海市分行对发行债券实行集中管理、分级审批的制度。公开发行的债券、股票由人民银行上海市分行金融行政管理处审批；内部发行的债券、股票由人民银行上海市分行授权的金融机构审批，情况特殊、发行额较大的债券、股票，由人民银行上海市分行金融行政管理处审批。金融机构经营债券、股票交易业务应经人民银行上海市分行批准。非金融机构不得经营债券交易业务。上市交易应经人民银行上海市分行批准，内部发行的债券、股票不得上市交易。交易价格可由交易双方自行商定。两个暂行办法自1987年7月1日起施行。

6月

4日 中国人民银行、国家计委、中国石化总公司、中国人民建设银行发布《石油化工企业建设债券发行办法》。该发行办法规定：自1987年第三季度开始面向全国发行石油化工企业建设债券，发行单位是中国石化总公司所属的洛阳炼油厂、广州石化总厂、北京燕山石化公司、大庆石化总厂、上海石化总厂5个单位。发行对象为全民和集体所有制企业、联营企业、中国境内的中外合营企业、国家机关、团体、事业单位等，不对个人发行。债券期限为3年，年利率为5.4%，到期本息一次付清。债券可以转让、抵押，但不得当作货币流通，不许用债券从事投机倒把活动。

9日 国家计委、财政部、中国人民银行、中国人民建设银行、冶金工业部联合颁布《关于发行重点钢铁企业债券的暂行规定》。该暂行规定指出，重点钢铁企业建设资金实行谁发、谁用、谁还的原则。债券的发行单位为宝山钢铁总厂、攀枝花钢铁公司、武汉钢铁公司、唐山钢铁公司、本溪钢铁公司、包头钢铁公司、首都钢铁公司。由发行单位所在地的中国人民建设银行代理发行、管理及其他有关事项，并按有关规定收取手续费。从购买债券的第六年即1992年开始，平均分5年偿还本息，年息为7.48%，超出现行贷款利率1%的部分由国家财政贴息。钢铁债券所筹集的资金在建设银行建立专户，由发行单位按照国家计划使用，不得挪作他用。该暂行规定自1987年6月15日起实行。

17日 中国人民银行发布《关于经济特区外资银行、中外合资银行业务管理的若干暂行规定》。主要规定有：外资银行分行须具有4 000万元人民币等值的外汇营运资金；外资银行和中外合资银行须将不低于注册资本50%的实收资本交存人民银行经济特区分行，这部分资本金不经批准不得调出境外；在未缴足注册资本总额之前，每年应从其纳税后的净利润中提取不少于20%的资金作为储备金。外资银行、外资银行分行、中外合资银行可办理本外币存贷款业务，并向当地中国人民银行经济特区分行缴纳存款准备金。外资银行或中外合资银行购买中国境内和境外企业发行的外币债券和股票的总金额不得超过该行实收资本加储备基金总数的30%，购买中国金融机构发行的外币债券，不受此比例限制；提供外汇担保总额和其外汇债务总额累计不得超过自有外汇资金的20倍。外资银行或中外合资银行的流动资产，应保持在其存款总额的25%以上。

中国人民保险公司黑龙江省分公司对大兴安岭森林火灾区受灾保险财产赔款兑现大会在漠河召开。此次赔款金额为1.18亿元，是中国保险业此前最大的保险赔付案。

20日 中国人民银行、中国工商银行、中国银行、中国人民建设银行联合发布《华东三省一市票汇结算试行办法》。该试行办法规定：票汇结算是汇款人将款项交给当地银行，由银行签发汇票交给汇款人持往异地办理转账或支取现金的结算方式；国营和集体企事业单位、机关、团体、部队、个体经济户及个人需要汇拨各种款项，均可以办理票汇结算；汇票的签发由指定的银行办理；汇票一律记名，不准流通、涂改和伪造，汇票的汇款金额起点为500元，有效期限为1个月。该试行办法自1987年8月1日起在江苏、浙江、安徽、上海三省一市范围内试行，1980年在该地区试行的限额结算办法同时废止。

26日 中国人民银行函复最高人民法院经济审判庭，针对各种模糊认识，对《银行管理暂行条例》的有关规定进行如下说明：《银行管理暂行条例》第十三条规定："专业银行都是独立核算的经济实体，按照国家法律、行政法规的规定，独立行使职权，进行业务活动。"根据此条规定，各类专业银行及其分支机构也应是相对独立的经济实体。虽然在目前新旧体制交替的时期，各专业银行的资金尚未划分给分支机构，实行独立核算，但根据该条例，中国人民银行向各专业银行的分支机构颁发了"经营金融业务许可证"，各专业银行分支机构按照《工商行政管理条例》的有关规定，办理了登记手续，领取了营业执照，并在核准经营的业务范围内开展各种金融业务，这就确定了各专业银行分支机构的法律地位和经营业务的合法性。因此，各专业银行分支机构虽还不是独立法人，但具有行为能力、能够实施民事法律行为，当然可以作为诉讼主体。

29日 财政部、中国人民银行发布《关于坚决制止用非法倒买的国库券抵还、抵押贷款的通知》。一段时间以来，一些地方的个别单位和个人私下低价收购国库券，并用收购来的国库券抵还贷款和办理抵押贷款；个别基层银行和信用社，不严格执行国家金融政策和有关制度，不遵循银行信贷资金的使用原则，大量办理国库券抵还、抵押贷款业务，助长了一些人的非法倒卖活动。为了严肃国家金融政策，维护国库券信誉，防止类似的情况继续发生，该通知规定：除倒闭企业外，单位购买的国库券一律不得用于抵还贷款和欠款，倒闭企业用于抵还贷款的国库券必须经过严格审查；农户和个体工商业户所欠贷款原则上不能用国库券抵还；银行不得垫付资金支持个人或个体工商业户四处收购国库券，用以抵贷；用国库券在银行办理抵押贷款要由中国人民银行制定具体办法。

7月

2日 中国人民银行发布《关于再次重申追回银行被抢、被盗、被骗、贪污、丢失库款和金银处理的规定的通知》。该通知指出：1961年财政部、人民银行联合通知，1972年财政部发文，1981年人民银行商得财政部、最高人民法院、最高人民检察院和公安部同意发布的规定及1986年财政部的规定，都作出了追回属于银行被抢、被盗、被骗、贪污、丢失等的赃款，应全部归还银行，不作财政收入的规定。但有的地方把银行被抢、被盗、被骗及贪污、丢失的库款和金银作为赃款没收，上缴财政，造成这部分国家信贷资金当作财政收入被使用，迫使银行多发票子，这对国民经济的发展极其不利。鉴于银行被抢、被盗、被骗及贪污、丢失的库款和金银，有的是国家未发行的货币和金银储备，有的是银行吸收的单位和居民存款，都是国家运用的信贷资金，是与财政资金性质有别的两类资金，因此，该通知重申不能将其作为财政收入。

5~9日 中国人民银行全国分行行长会议在北京举行。会议的主要内容是：贯彻国务院关于大兴安岭火灾事故的处理决定的精神；检查金融系统存在的官僚主义问题；检查分析上半年信贷资金计划的执行情况，预测下半年经济趋势。

9日 中国人民银行作出决定：撤销哈尔滨金库被盗事件负有责任的人民银行哈尔滨市分行的主要领导党内外一切职务。6月3日，中国人民银行哈尔滨市分行金库被盗，丢失黄金6 219.004克，其中金砖4块，金条30条，金元宝14个，金戒指202个，金耳环、金币、金手镯等各类金饰品共800余件，银元352枚，按账面计算，共损失人民币178 740.90元。案发当时，该行工作人员正在库房对面整点室打麻将赌博，犯罪分子关掉电闸之后，这些人员又用电池灯继续赌博，全然不知国家的财产正在被盗。此前，公安部门曾通知该行安装库房报警器，而该行一直拖延了20个月，直至被盗以后才装上。为了彻底纠正金融系统的官僚主义，中国人民银行决定在金融系统中进行反对官僚主义的大检查。

17日 财政部、国家工商行政管理局发布《关于对倒卖国库券的单位和个人进行惩处的规定》。针对一些地方不断出现倒卖国库券和将国库券作为货币流通的不法行为，该规定明确：对倒卖国库券者，一经查获，应没收其倒卖的全部国库券和倒卖国库券的全额收入，并按没收的国库券的面值处以50%的罚款。对在商业或金融活动中用收购的国库券抵还贷款、欠款的单位或个人，应没收其收购的全部国库券，并按国库券的面值处以20%的罚款；对其中贬值收进国库券的，另加1倍罚款。对违反《国库券条例》及本规定的行为，由各级工商行政管理机关和财政机关予以处罚；触犯刑法的，提交司法机关依法处理。

20日 经中国人民银行批准，东风汽车工业财务公司开业。这是我国第一家企业集团内部的金融机构，由联营企业投资入股，独立核算，自负盈亏，具有法人地位。公司实行董事会领导下的经理负责制，董事会为最高权力机关。主要业务范围是办理企业集团内部存贷款、投资等金融业务。

28日 中国银行印发《中国银行单位大额定期存款章程》。该章程规定：凡企业、事业、团体、集体企业、外商投资企业自有的资金均可参加定期存款，起存金额为10万元，存期分为1年、2年、3年。定期存款实行优惠利率，按存入当日同期限的单位定期存款利率上浮10%。定期存单采取记名方式，可以办理挂失，可以转让。中国银行同时印发了《中国银行大额定期储蓄存款章程》。其中规定：大额定期储蓄存单的面额为500元、1 000元，存期分半年、1年、3年、5年。大额定期存单实行优惠利率，按存入当日同期限的定期城乡个人储蓄存款利率上浮10%。大额定期储蓄存单不记名，不办理挂失。14日，中国人民银行发布《关于开办大额定期存单业务有关问题的紧急通知》。该通知要求中国银行和其他专业银行以及金融机构开办此项业务，须报人民银行审查、批准。对金融改革试点城市开办此项业务的，要认真检查利率执行情况。利率最高不得超过同类同期存款利率的10%。

8月

8日 中国人民银行发布《关于成立中国金币总公司的通知》。该通知规定：该公司是中国人民银行直属的独立经营、独立核算、自负盈亏的副局级企业单位，履行中国人民银行贵金属货币发行和国家贵金属储备同时实现国家贵金属储备保值、增值的职能。

14日 交通部、中国人民银行、中国人民建设银行印发《"七五"期间交通运输船舶购置贷款实行差别利率和贴息管理办法》。其中规定：交通部直属船舶购置贷款50亿元，地方15亿元，可享受差别利率优惠，地方船舶购置贷款是否贴息，由各省、自治区、直辖市、计划单列市人民政府确定。超过该范围的贷款不执行该管理办法。以企业承担的预算内拨款改贷款的年利率3.6%为基数，分不同的贷款期限，按国家规定的三档差别利率（5年以下为5.76%、5~10年为6.48%、10年以上为7.2%）与"拨改贷"利率3.6%之间的差额确定贴息率。

20日 中国人民银行、中国农业银行制定《关于农村信用社信贷资金管理的暂行规定》。该暂行规定明确：农村信用社实行自主经营、独立核算、自负盈亏、自担风险的经营方针，坚持信贷资金以存定贷、多存多贷、自求平衡和比例管理的原则。信用社信贷资金投向，要坚持以承包户、专业户（重点户）为主，以农业生产为主和以流动资金为主的方针，在保证农业贷款合理需要的前提下，资金有余，可以经营农村工商信贷业务，可以购买中央银行发行的金融债券或参加银行开办的定期存款。从1987年起，信用社当年新增加的存款，按10%的比例缴存准备金。1986年年底以前缴存的准备金，从1988年起，分3年逐步降到10%的比例。信用社每年应在税前提留呆账准备金，提留比例暂定为年末各项贷款余额的5‰。信用社各项贷款余额（剔除银行支持款）占各项存款余额加自有资金之和的比例，一般要控制在75%以内；乡镇企业设备贷款增加额占乡镇企业贷款增加额的比例一般要控制在30%以内。信用社可以进行社社之间、行社之间的短期资金拆借，利率由拆借双方商定。信用社（城镇、城关、大工矿区除外）的存款利率，可在国家规定利率的基础上，上下浮动20%；超过这个比例的，要报人民银行省、自治区、直辖市分行批准。贷款利率浮动由县联社根据农业银行省、自治区、直辖市分行确定的差别利率（6.6‰~9.6‰）和浮动范围，结合当地资金供求情况，上下浮动20%；超过这个比例的，要报人民银行省、自治区、直辖市分行批准。自1988年1月1日起，农业银行对信用社转存款按人民银行对专业银行存款利率执行，人民银行对信用社的利差补贴要直接补给信用社。该暂行规定自1987年10月1日开始实行。

据人民银行统计，截至1987年4月底，全国独立核算的农村信用社共有5.9万个，不独立核算的信用网点共有33.4万个，正式职工为40.2万人，业务代办员为30万人。农村信用社各项存款余额达1 047亿元，自有资金80亿元；各项贷款余额达804亿元，其中乡镇企业贷款346亿元。

27日 经国务院批准，国家外汇管理局发布《外债统计监测暂行规定》，我国对外债实行登记管理制度。国家外汇管理局负责建立和健全全国外债统计监测系统，对外公布外债数字。借用外债的单位应当向所在地外汇管理局办理登记手续，领取“外债登记证”。外债是指中国境内的借款单位对中国境外的国际金融组织、外国政府、金融机构、企业或者其他机构用外国货币承担的具有契约性偿还义务的全部债务，借款单位向在中国境内注册的外资银行和中外合资银行借入的外汇资金视同外债。在中国境内注册的外资银行和中外合资银行向外借入的外汇资金不视为外债。

28日 中国工商银行发布《中国工商银行外币储蓄存款暂行办法》。该暂行办法规定：外币储蓄存款分为定期和活期两种。定期存款分为3个月、6个月、1年、2年四个存期档次，开户金额为港元200元、美元50元，多存不限；活期存款开户起存金额为港元50元、美元20元，多存不限。外币储蓄存款利率由银行挂牌公布。1989年7月5日，中国工商银行发布了《外币储蓄存款章程》，将储蓄存款分为外汇账户和外钞账户。存款的币种分为美元、港元、日元、英镑、西德马克、法国法郎和加拿大元七种。定期存款起存金额不低于人民币50元的等值外汇，活期存款起存金额不低于人民币20元的等值外汇。

9月

1日 亚洲开发银行与中国人民银行签署关于亚洲开发银行向中国提供1亿美元贷款的备忘录。这是中国自1986年3月10日加入亚洲开发银行后，该组织首次向中国提供贷款。根据亚洲开发银行对华业务战略，亚洲开发银行贷款和援助资金主要用于农业发展、基础设施、能源和扶贫、环境保护和提高经济效益的技改项目。

5日 中国人民银行、国家民委、财政部、中国工商银行、中国农业银行联合发布《关于对少数民族贸易和民族用品生产贷款继续实行优惠利率的通知》。该通知规定：民族地区“三项照顾”的范围不能自行扩大；贷款利率确定为月息4.2‰；与现行流动资金贷款利率6.6‰之间利差的70%，用于补充企业自有流动资金。

16日 中信实业银行开业。中信实业银行为中国国际信托公司所属的国营综合性银行，1987年4月14日经国务院批准成立，注册资本为8亿元人民币，实收3亿元人民币。中信实业银行实行董事会领导的行长负责制，董事会是最高决策机构。

18日 商业部、国务院侨办、国家计委、国家经委、财政部、国家外汇管理局、对外经济贸易部、中国银行、海关总署、中国烟草总公司联合发布《关于改善赡家侨汇物资供应几项规定的通知》。该通知规定：侨汇留成必须保证全部用于组织侨汇物资供应，不准挪作他用，华侨商店按优惠价供应。赡家侨汇留成比例，广东、福建两省维持50%不变，其他各省、自治区、直辖市均由30%提高到50%，此规定从1987年10月1日起实行。

20日 中国金融学院举行首届开学典礼。邓小平为学院题写了院名，陈云为学院的成立写了贺词：“办好中国金融学院，培养新一代银行家。”中国金融学院于1986年8月2日经国家教育委员会批准，由中国人民银行、中国工商银行、中国农业银行、中国银行、中国人民建设银行、中国人民保险公司、交通银行、中信实业银行、光大金融公司9家金融机构联合组建。学院实行董事会领导下的院长负责制，院长由中国人民银行副行长刘鸿儒兼任。

21日 中国人民银行发布《关于开办农村信用社特种存款的办法》。为了引导信贷资金投向，保证外贸出口商品和农副产品收购的资金需要，经国务院同意，人民银行决定从1987年10月1日起到11月底向农村信用社开办特种存款，金额为50亿元，期限为1年，利率为月息6.6‰。特种存款任务的分配和具体办理，由中国人民银行统一组织，总行将指标分配到各省、自治区、直辖市、计划单列城市人民银行分行，人民银行分行根据总行下达的指标具体组织实施。

中国人民银行批复同意人民银行温州市分行制定的《温州市利率改革试行方案》，确定温州市作为全国利率改革试点城市。温州市利率改革的要点如下：1. 专业银行的存贷款利率实行以“区别对待、期限管理、适当上浮”的利率政策。2. 农村信用社存贷款利率实行浮动。3. 城市信用社存贷款利率在比照专业银行实行的存贷款利率水平上，最高分别上浮 20% 和 1 倍。4. 信托投资机构存贷款利率可在基准利率上浮 20% 的范围内浮动，或按专业银行的存贷款利率执行。5. 人民银行存贷款利率可根据实际情况上浮 20%；再贴现利率最低可按季节性贷款下浮 10%，最高和季节性贷款持平。

22～29 日　全国计划会议和全国经济体制改革工作会议在北京召开。会议的中心议题是，安排 1988 年国民经济和社会发展计划，讨论经济体制改革方案。会议提出的宏观调控目标和准备采取的主要措施是：大力增加农副产品和轻纺产品的生产和供应，保持国内市场和人民生活的稳定；保证必要的重点建设，压缩一般性建设，停建一批无效益的项目和楼堂馆所；从紧安排各项财政支出；从紧安排各项银行贷款，严格控制货币发行；进一步转变计划观念，推进计划体制的改革。会议确定 1988 年我国经济体制改革的主要任务是：按照发展社会主义商品经济的总目标，把经济体制改革同经济发展、同政治体制改革紧密结合起来，以企业经营机制、投资体制、物资体制和外贸体制改革为重点，同时进一步发展和完善各种市场，加强和改善宏观管理。既要推动微观经济机制的转换，又要促进宏观调控能力的增强，以利于增加供给，抑制需求，调整结构，提高效益，稳定物价，改善经济环境，促进国民经济持续、稳定增长。

28 日　中国人民银行制定《关于中国境内机构在境外发行债券的管理规定》。该管理规定明确：1. 中国人民银行总行为境内机构在境外发行债券的审批机关；国家外汇管理局及其分局为境内机构在境外发行债券的管理机关，负责审查、协调和监督债券的发行及所筹资金的使用和偿还的管理。2. 对发行机构本身业务经营需要发行债券的，所筹资金必须按批准的用途使用，债券本息的偿还自行负责；对受地方政府委托发行债券的，所筹资金应用于地方政府安排的项目，债券本息的偿还纳入地方外汇支出计划，由地方政府负责偿还；对受国家委托发行债券的，所筹资金由国家安排使用，债券本息的偿还纳入国家外汇支出计划，由国家负责偿还。3. 债券发行后，要在债券发行地以外的金融市场上市，须事先报外汇管理部门备案。凡违反规定的，外汇管理部门将视其情节轻重，给予警告、罚款和取消其发行债券资格的处罚。

10 月

1 日　中国人民银行公布《非银行金融机构外汇管理办法》。该管理办法规定：非银行金融机构是指经国家外汇管理局批准经营外汇信托存款、放款、投资、融资、租赁、担保等业务的信托投资公司、信托咨询公司、财务公司、金融公司、融资性租赁公司等。国家外汇管理局及其分局是非银行金融机构经营外汇业务的管理机关，负责对其外汇业务进行管理、监督、指导和检查。申请经营外汇业务的全国性非银行金融机构须具有不少于 1 000 万美元等值的外汇；省、自治区、直辖市、计划单列城市、经济特区的非银行金融机构须具有不少于 500 万美元等值的外汇；省、自治区管辖的地区、市的非银行金融机构须具有不少于 200 万美元等值的外汇。非银行金融机构经营外汇业务，应向外汇管理部门提交规定的证件、资料，向外汇管理部门提出申请。该管理办法对申请外汇业务的范围、业务管理和财务会计报表的要求做了具体规定。

18 日　经中国人民银行批准，中国工商银行在全国范围内首次发行可转让的累进利息金融债券和贴水金融债券共 10 亿元。发行对象为全国城乡个人和个体工商户；累进利息金融债券采取浮动期限固定利率的方式，浮动期限最短为 1 年、最长为 5 年，计息采取累进制；贴水金融债券采取固定期限浮动利率的方式，固定期限为 3 年零 3 个月，根据各地利率水平，通过调整发行价格来确定债券利率。

22日 国务院发布《关于坚决制止抬价抢购农副产品的通知》。随着改革开放的不断深入，在一些地方出现了抬价抢购，扭曲市场信号，造成生产大起大落等情况。该通知规定：对粮、棉、油等商品，凡是由国家指定收购部门组织收购的，其他部门和单位不得直接插手收购。

为贯彻该通知的精神，12月23日商业部、国家工商行政管理局、国家物价局、中国人民银行联合发布《关于加强粮食市场管理的通知》，其中规定：1. 有合同定购任务的生产单位和农户应先完成合同定购任务，然后再议价出售余粮。各地要在保证完成国家定购任务和“议转平”计划的前提下，开展多渠道经营。2. 从事粮食经营的单位和专业运销户，必须具有相应的资金和条件，并向当地工商行政管理机关申请登记，经核准发给营业执照，方可经营。3. 在市场粮价暴涨暴跌时，可规定议购粮的最高限价和最低保护价。4. 国营粮食商业要积极参与市场调节，在多渠道经营中发挥主导作用。

10月25日至11月1日 中国共产党第十三次全国代表大会在北京召开。会议主题是加快和深化改革。国务院总理赵紫阳做《沿着有中国特色的社会主义道路前进》的报告。报告阐述了社会主义初级阶段理论，提出了党在社会主义初级阶段的“一个中心、两个基本点”的基本路线，制定了到21世纪中叶分三步走、实现现代化的发展战略，并提出了政治体制改革的任务。该报告指出，改革中所采取的一些措施，例如，发展生产资料市场、金融市场、技术市场和劳务市场，发行债券、股票，都是伴随社会大生产和商品经济的发展必然出现的，并不是资本主义所特有的。社会主义可以而且应当利用它们为自己服务，并在实践中限制其消极作用。今后要继续深化金融体制改革，加强银行在宏观经济调节体系中的地位和作用，按照货币流通规律适当控制信贷规模和货币供应量；以中央银行为领导，国家银行为主体，发展多种金融机构，运用多种方式和多种金融工具，聚集和融通资金，以推动经济的协调增长和经济结构的调整。

26日 中国人民银行颁发《关于提高存款准备金比例和中央银行贷款利率的通知》。该通知规定：从1987年第四季度起，对各专业银行和各金融机构的存款准备金比例，一律在现有的基础上上调2%；农村信用社对新增加的存款余额上调2%。从9月21日起，人民银行对各专业银行、各金融机构的年度性贷款和短期贷款利率，一律由现行的月息3.9‰、5.4‰和5.7‰提高到6‰，再贴现利率按上调6‰后的贷款利率降低5%～10%计收利息。

27日 中国人民银行印发《中国人民银行关于厦门、珠海、汕头经济特区实行信贷计划“戴帽”下达暂行办法》。该暂行办法规定：自1987年1月1日起，厦门、珠海、汕头三个经济特区的综合信贷计划和人民银行管理的财政性存款计划、开发性贷款和地方经济开发贷款计划，由人民银行总行分别戴帽下达给人民银行福建省分行、广东省分行，由两省分行分配、管理和考核。三特区吸收的存款（除中央国库款）、机关团体存款、部队存款、专业银行和其他金融机构缴存的一般存款，自1987年起，每年增加的部分，全部留给特区，由人民银行统筹安排使用。“戴帽”下达的开发性贷款和地方经济开发贷款计划，未经人民银行批准不得突破。三特区人民银行实现专项贷款的资金来源，主要从留给三特区的存款中解决。如资金不足，总行给予适当增加。三特区可实行与其他地区不同的利率，由特区人民银行统一制定和调整，报人民银行总行，经批准后实行。

30日 中国人民银行发布《企业股票、债券以及其他金融市场业务管理问题的通知》。该通知规定：股票不能还本，债券不能参加分红，股票、债券持有人应根据两种证券的不同性质享有不同的权益，承担各自的风险；企业的所有有偿社会集资，均应采取股票、债券形式，企业发行股票、债券，票面格式要经人民银行批准并提供样张备案；国营企业原则上不能发行股票，集体企业不能发行债券；人民银行对企业发行股票、债券实行统一管理，分级审批；经营企业股票、债券等有价证券转让业务的机构，仅限于独立核算的信托投资公司和其他非银行金融机构；同业拆借市场仅限于各家银行和非银行金融机构参加，每月日平均拆进余额不得超过其自有资本金总额的1倍，拆进资金只能用于解决短期资金不足的问题，拆借期限最长不得超过4个月。

中国人民银行正式加入“东南亚新澳”中央银行组织。“东南亚新澳”中央银行组织是由东南亚地区国家和新西兰、澳大利亚的中央银行组织的地区性国际金融机构，全称为“东南亚新澳”中央银行理事会。

11月

12日 国家计委、中国人民银行、财政部、中国工商银行联合发布《关于降低公路专业运输企业更新汽车贷款利率及实行贴息的通知》。该通知规定：对国营公路专业运输企业的更新汽车贷款实行优惠扶持政策；还款期限由3年延长至5年，最长不超过10年；从1987年12月21日起，对尚未归还及今后新增的贷款，不分期限长短，均按年利率7.92%计收利息；地方财政是否给予企业贴息视财力自主决定。

13日 中国人民银行发布《关于加强有奖储蓄管理工作的通知》。该通知规定：有奖储蓄必须坚持存款自愿，严禁强行摊派；有奖储蓄须实行奖息结合，不得以奖代息，不得以任何借口变相提高利率；有奖储蓄中奖面一般掌握在30%左右，最低不得少于20%，头奖金额以一般不超过5 000元为宜。

16日 中国人民银行、中国工商银行、中国农业银行、中国银行、中国人民建设银行联合发布《关于对国库券进一步加强管理的通知》。针对一段时间以来，不法分子利用银行办理国库券提前兑付和贴现等业务之机，从黑市大量低价套购国库券，转手到银行办理兑付或贴现，从中获取暴利，以及银行、信用社工作人员与之勾结，参与国库券的倒卖活动，从中私分牟利的现象，该通知要求要加强国库券管理、兑付工作：1. 各级银行要严密出入库手续，禁止任何人擅自动用库存的国库券。2. 办理国库券提前兑付或贴现业务须严格检验、严格把关。3. 银行和信用社的干部、职工，一律不准假借各种名义为不法分子套购、倒卖国库券提供资金或办理兑付，更不准参与牟利。对违反上述规定者，各行必须严肃查办，其中情节严重触犯刑律者，应依法惩处。

30日 中国人民银行上海市分行发布《企业短期融资券管理暂行办法》。该暂行办法规定：1. 凡经工商行政管理局登记并领有营业执照、独立核算、具有较好的社会效益和经济效益的本市全民或集体所有制企业，确因短期流动资金的需要，可以向代理发行的金融机构申请，并报中国人民银行上海市分行金融行政管理处批准后发行企业短期融资券。2. 企业每次发行融资券的金额限制在100万～3 000万元（不含3 000万元），发行债券及融资券的余额一般不得超过企业自有资产净值。融资券期限分3个月、6个月、9个月3种，其利率一般低于1年期定期储蓄存款的利率。利率一经确定，中途不得调整，逾期不另计息。3. 融资券分记名和不记名两种。单位购买可以记名，个人购买一律不记名。单位购买融资券，只能使用国家规定该单位有权自行支配的资金。个人利息收入免缴个人收入调节税。凡向社会公开发行的融资券，可以在证券柜台交易点转让买卖，但不得作为货币流通。4. 企业向社会公开发行数额较大的融资券，应采取一家金融机构为主，多家金融机构联合发行的形式。集体企业以向企业内部职工发行为主。代理发行的金融机构，可以向发行企业按发行融资券总额的1‰收取手续费（含还本付息）。5. 中国人民银行上海市分行有权对发行融资券的企业和购买融资券的企事业单位的资金运用和来源进行监督与检查，对违反该暂行办法的行为进行查处。

11月 经中国人民银行批准，5家金融租赁公司先后成立。这5家公司分别为：中国对外贸易租赁公司、浙江省租赁有限公司、中国电子租赁有限公司、广东省国际租赁公司、中国租赁有限公司，其主要业务是办理固定资产租赁和转租赁。

12 月

1 日 烟台住房储蓄银行开业。该行成立于1987 年 10 月 29 日，注册资本金为 4 000 万元，实收资本为 2 000 万元，共有 6 家股东单位投资，包括烟台市财政局、中国人民建设银行、中国工商银行、中国农业银行、中国银行和中国人寿保险公司，是一家专门经营房地产信贷、结算业务的区域性、股份制的金融企业，也是我国第一家住房储蓄银行。

13 日 国务院批准《金融机构代客办理即期和远期外汇买卖管理规定》，由国家外汇管理局发布施行。主要规定：该管理规定所称外汇买卖系指各种可兑换货币之间的买卖。中国银行可以接受中国境内的客户委托，代理买卖即期和远期外汇，其他金融机构经营此项业务须经国家外汇管理局批准。外汇买卖业务限于进口项下的即期和远期外汇买卖，客户应当按照规定向当地外汇管理部门提交申请书和贸易合同或经济协议的副本。国务院批复指出，目前外汇买卖业务限于进口项下的即期和远期外汇买卖，暂时只由中国银行办理。

30 日 成都市华茂典当服务商行开业。按照《成都市华茂典当服务商行试行方案》的规定：一般物品的典当期限为 1 个月；贵重物品或高值难赎物品为 2 ~ 4 个月；典当月利率为 6%，并视当物体积等情况收取保管费；当物可销价格须在 100 元以上，折当率为 50%。

成都华茂典当行的成立标志着我国典当行在新中国成立后的首次业务性恢复。仅 1988 年，就有温州、沈阳、山西、广东、上海、福建、海南、吉林、贵州等省、市相继兴办了典当行业。

1988 年

1 月

3 日　国务院颁布《关于按自筹投资一定比例购买重点企业债券的通知》。该通知决定：1. 重点企业债券由专业银行代理国家专业投资公司发行，期限为5年，年利率为6%，不计复利。安排自筹投资的建设单位在各自的开户银行办理购买手续，银行计收3%的手续费。2. 各专业银行代理发行的重点企业债券，要按月划转国家专业投资公司在中国人民建设银行的账户，全部用于国家计划内重点建设项目。3. 重点企业债券筹集的资金，要用于当年投产或将要投产、有偿还能力的项目。由于发行债券的“时间差”发生临时资金周转困难，由中国人民银行安排资金，专业银行发放短期贷款解决。

8 日　中国银行印发《对外劳务承包企业贷款暂行办法》。该暂行办法规定：为对外劳务承包企业所需资金提供贷款，优先支持经济效益好的企业和以现汇支付工程款的带动设备出口的承包工程、劳务输出项目。贷款种类包括项目贷款、短期周转金贷款、保函抵押金贷款、人民币贷款。贷款货币分为外币和本币两类。外币是美元、英镑、日元、港元、西德马克、法国法郎。贷款期限一般不超过5年。短期周转金贷款期限不超过12个月。外汇贷款利率按中国银行总行制定的利率计算，也可由借贷双方根据情况协商确定。人民币贷款利率按中国人民银行规定的国营企业贷款利率执行。使用国外买方信贷或银团贷款或其他信贷的利率，以其国外提供贷款的协议利率为基础加一定利差确定利率。企业逾期未还的贷款，中国银行从逾期之日起在原合同利率基础上，加收20%的罚息。

9 日　中国银行印发《关于停止向国内单位开无条件付款保函的通知》。该通知规定，今后中国银行原则上不出具以国内单位为受益人的无条件付款保函，坚持要求出具此类保函的申请人，要向中国银行提供100%的保证金和相应的外汇额度及书面保证。一旦保函项下发生索赔，中国银行有权主动从保证金中扣款支付。

18 日　中国人民银行发布《关于1988年发行金融债券、发放特种贷款的规定》。该规定明确：全国发行金融债券的总额由中国人民银行总行根据国家综合信贷计划统一确定。申请发行金融债券的各银行总行和全国性非银行金融机构，应当在中国人民银行批准的额度内发行金融债券，不得突破。债券期限为3年、4年、5年，利率分别为10%、10.65%、11.3%，发行后可以按规定进入市场转让或抵押。发行金融债券筹集的资金必须全部用于发放特种贷款。1988年特种贷款只能在金融债券发行额度内发放，主要用途是：新建、扩建企业需要投产，目前不能备足30%自有流动资金并要求贷款的，可在其原材料有来源、产品有销路的情况下，在这30%以内发放特种贷款；产品为社会所急需、经济效益好，再投入少量资金就可竣工投产的计划内技术改造项目，以及项目建成后急需的流动资金；经济效益好，有还款能力并纳入国家固定资产投资计划的能源、交通、原材料等基本建设项目，以及项目建成后急需的流动资金。特种贷款利率最低为10.8%，最高为14.4%，在此幅度内，根据不同地区、用款期限长短，划分档次，实行差别利率。

19～24 日　中国人民银行全国分行行长会议在北京召开。根据国务院对货币发行进行大幅压缩，信贷规模要相应紧缩的要求，会议明确提出了“控制总量，调整结构”的货币信贷方针及以下措施：1. 人民银行分配给各地专项贷款指标，各分行均不得突破。2. 流动资金贷款继续实行“多存多贷、少存少贷”的政策，以省、自治区、直辖市为单位进行控制和考核。3. 对农副产品收购资金，各级专业银行必须从年初开始就统筹安排，防止把上半年季节性下降收回的贷款移作他用而留下农副产品收购旺季资金的硬缺口。4. 为筹集农副产品收购旺季的资金，上半年人民银行要收回对专业银行的到期贷款300亿元。5. 从1988年起，把信托投资公司等非银行金融机构的计划从国家综合信贷计划中单列出来，作为一个单独层次由各地人民银行负责进行监控。信托投资公司的委托存款大于委托贷款的部分，从1988年起，要按规定的比例交纳存款准备金。拆入资金不得用于扩大贷款规模，更不得用于固定资产投资。6. 各地人民银行组织专业银行对拆借资金进行一次清理，对超过承受能力大量拆入的资金，要做出分期归还计划，并相应压缩当年贷款。为进一步加强对资金市场的管理和引导，人民银行要设立证券公司、融资公司和咨询公司。7. 1988年向专业银行和其他金融机构发行90亿元债券。8. 1988年安排吸收农村信用社特种存款仍为50亿元，期限为1年。

21日 全国人民代表大会常务委员会颁布《关于惩治贪污罪贿赂罪的补充规定》。该补充规定明确：1. 贪污罪。国家工作人员、集体经济组织工作人员或者其他经手、管理公共财物的人员，利用职务上的便利，侵吞、盗窃、骗取或者以其他手段非法占有公共财物的，是贪污罪；与国家工作人员、集体经济组织工作人员或者其他经手、管理公共财物的人员勾结，伙同贪污的，以共犯论处；国家工作人员在对外交往中接受礼物，依照国家规定应当交公而不交公，数额较大的，以贪污罪论处。2. 挪用公款罪。国家工作人员、集体经济组织工作人员或者其他经手、管理公共财物的人员，利用职务上的便利，挪用公款归个人使用，进行非法活动的，或者挪用公款数额较大、进行营利活动的，或者挪用公款数额较大、超过3个月未还的，是挪用公款罪；挪用公款数额较大不退还的，以贪污罪论处。3. 受贿罪。国家工作人员、集体经济组织工作人员或者其他从事公务的人员，利用职务上的便利，索取他人财物的，或者非法收受他人财物为他人谋取利益的，是受贿罪；与国家工作人员、集体经济组织工作人员或者其他从事公务的人员勾结，伙同受贿的，以共犯论处；国家工作人员、集体经济组织工作人员或者其他从事公务的人员，在经济往来中，违反国家规定收受各种名义的回扣、手续费，归个人所有的，以受贿罪论处。4. 行贿罪。为谋取不正当利益，给予国家工作人员、集体经济组织工作人员或者其他从事公务的人员以财物的，是行贿罪；在经济往来中，违反国家规定，给予国家工作人员、集体经济组织工作人员或者其他从事公务的人员以财物，数额较大的，或者违反国家规定，给予国家工作人员、集体经济组织工作人员或者其他从事公务的人员以回扣、手续费的，以行贿罪论处；因被勒索给予国家工作人员、集体经济组织工作人员或者其他从事公务的人员以财物，没有获得不正当利益的，不是行贿。该补充规定同时明确了各种犯罪行为的处罚标准。

27日 中国人民银行发布《关于专业银行分支机构不得任意更改行名或升格的通知》。针对金融行业中出现的不合理垄断和不正当竞争的现象，该通知规定：各专业银行分支机构除由于行政区划调整并报经人民银行批准相应变更银行分支机构名称或升格外，一律不得任意更改行名或升格。

2月

1日 中国人民银行发布《关于调整中国人民银行对专业银行存、贷款利率的通知》。该通知规定：将专业银行和其他金融机构的存款准备金利率由月息3.6‰提高到月息4.2‰；人民银行对专业银行的贷款利率按期实行差别利率。季节性贷款期限一般为2个月，最长不超过4个月，贷款利率月息为5.7‰；日拆性贷款期限一般为10天，最长不超过20天，贷款利率由月息6.0‰降低到月息5.4‰。再贴现利率按同档次利率降低5%～10%。该通知的规定自1987年12月21日起执行。

中国人民银行发布《关于改变对农村信用社存款利差补贴办法的通知》。该通知规定：人民银行继续向农村信用社开办特种存款，并按照期限长短确定利率水平，半年期、1年期的存款分别为月息6.3‰和月息6.6‰。人民银行对农村信用社1986年以前多交存的存款准备金，按照逐年消化的原则，1988年按100亿元给予月息0.9‰的补贴。利差由人民银行总行统一补贴以后，人民银行各分支行即取消原对农村信用社存款的补贴。该办法自1987年12月21日起执行。

23日 经国家外汇管理局批准，中国人民建设银行开办外汇业务。包括外汇存款、境外外汇借款、外汇贷款、转贷外国政府和国际金融组织的贷款和办理出口信贷业务、外汇汇款、外汇担保和见证业务、征信调查和咨询服务。

24日 国务院发布《关于严格控制社会集团购买力压缩开支的紧急通知》。针对1987年实现的社会集团购买力，大大超过同期生产增长幅度的供求矛盾，该通知决定：各级党政机关、人民团体、部队、全民和集体企事业单位以及基本建设单位1988年的社会集团购买力指标，一律在1987年实际支出的基础上压缩20%；重新逐户核定社会集团购买力控制指标；在1988年内，停止购买小汽车、大轿车、摩托车、沙发、地毯、沙发床、空气调节器、录音机和多用机、录像机、照相机和放大机、大型或高级乐器、家具、呢绒毛料及其制品、纯毛毯、彩色电视机、电冰箱、洗衣机、各种电取暖及电煮水设备和复印机19种国家规定的专控商品；经过社会集团购买力管理机关审查批准购买的专项控制商品，必须在定点商店购买；严格整顿小汽车和大轿车的价格和配车标准；对各类房屋，包括办公室、会议室、接待室、住房和其他场所，一律不准改建、扩建、购置安装空调和其他装饰；严禁以发放劳动保护用品的名义发放各种“福利”物资；严禁用公款购买实物和购货券发给职工，商业部门也不得向单位发行购货券；压缩会议，清仓查库。

25日 国务院印发《关于在全国城镇分期分批推行住房制度改革的实施方案》。该实施方案提出，从1988年起用3～5年的时间，把住房制度改革在全国城镇分期分批推开。住房制度改革，要广泛而有效地筹集和融通资金，建立一套科学的结算办法，金融体制必须进行相应的配套改革。住房储蓄银行要切实办好，取得经验。其他城市可由当地政府委托银行设立房地产信贷部，专门办理有关住房生产、消费资金的筹集、融通和信贷结算等业务。人民银行要根据住房制度改革和住房商品化的实际进程，从1988年开始逐年在计划上安排一块商品住房信贷指标，逐步把信贷结构调整过来。

国务院办公厅转发国务院住房制度改革领导小组《关于鼓励职工购买公有旧住房的意见》。该意见提出，旧房售价适当优惠，首次付款不得低于售价的30%，其余部分可向银行申请住房低息抵押贷款。单位自管房卖给本单位职工，也可委托银行贷款，或由本单位采取分期付款办法。首次付款超过上述比例，可给予相当于超过部分存款利息的优惠折扣。低息贷款以户为对象，一户只能享受一次优惠。职工购买旧住房贷款期限一般最长不超过10年，利率要根据贷款期限长短分开档次。在职工购买旧房一定时期后（暂定为5年），应允许进入市场出售，原出售单位有优先购买权。住房的增值部分，个人只应得所付的优惠价占综合造价比例的部分。公房（含单位自管房和房管部门直管房）出售价款必须全数存入由当地政府指定的银行，分别进入住房基金专户，所有权不变，但只能定向使用于新建、改建、扩建住房和发放住房券，专款专用，监督使用。

27日 国务院批准国家体改委《关于1988年深化经济体制改革的总体方案》。在金融改革方面，该总体方案指出：1. 在适当收紧信贷、控制货币发行量、搞好社会资金综合平衡和有效宏观调控的前提下，进一步发展和完善金融市场，搞好资金融通，加速资金周转，调节资金结构，提高资金使用的效益。2. 积极发展同业融资业务。3. 对同业资金的融通实行分类管理，按不同期限，把资金拆借与弥补年度资金缺口的资金借贷分开，年度资金缺口，可通过发行同业债券、金融债券和扩大吸收存款来弥补。同时，大力推广商业票据，健全商业票据贴现和再贴现制度。4. 允许企业发行中长期债券，向社会筹集资金。5. 积极发展有价证券的流通市场，增加企业直接融资的比重。6. 逐步建立以中央银行贷款利率为基准的浮动利率体系，发挥利率杠杆对资金供求的调节作用。7. 积极推进专业银行企业化的改革，有计划地加强交通银行的力量，逐步改变专业银行对内吃“大锅饭”和对外垄断的局面。8. 进一步强化中央银行的宏观管理职能。主要是：严格控制货币发行量和信贷总规模。财政赤字的弥补逐步改为通过向社会包括各专业银行和其他金融机构，发行国债解决。完善存款准备金制度。减少人民银行对专业银行的信用放款，增加中央银行再贴现、抵押贷款和通过票据、债券融通资金的比重。加强中央银行对专业银行、集体金融组织和其他非银行金融机构的监督检查和资产与负债的管理，并促使其建立呆账准备金，保证金融机构的清偿能力。9. 加强银行对企业的监督。10. 加强对外债、外汇的统一管理。进一步健全出口收汇的核销制度。

3 月

9 日　中国人民银行转发国家外汇管理局颁布的《关于外汇调剂的规定》。该规定提出要在各省、自治区、直辖市逐步设立外汇调剂中心，办理本地区外汇额度的现汇的调剂业务；在北京设立全国外汇调剂中心，办理中央部门之间和各地之间外汇额度和现汇的调剂业务。外汇调剂中心不得进行外汇交易。除外汇调剂中心外，其他任何单位和金融机构不得办理外汇调剂业务。各项留成外汇和外商投资企业的外汇都可以卖出；引进先进设备和先进技术的用汇、为发展生产购买的原材料和零配件的用汇，以及外商投资企业经营业务范围内所需的外汇等均可以买入。外汇调剂的价格根据外汇的供求状况实行浮动，中国人民银行在价格不正常波动时可以运用经济手段干预外汇调剂市场。该规定自 1988 年 3 月 10 日起实行。

中国人民银行在转发该规定的通知中指出：各省、自治区、直辖市以及大连、青岛、重庆、宁波四个计划单列市都可设立一个外汇调剂中心，由国家外汇管理局审批；省、自治区以下的外汇管理分支局可以作为交易员代理委托单位通过省、自治区的外汇调剂中心买卖外汇。鉴于目前供大于求的矛盾，除经济特区和海南外，各地应将其价格控制在 1 美元不超过 5.7 元人民币的范围内。4 月 11 日，国家外汇管理局发布《关于外汇调剂价格的通知》，根据实际情况，经请示人民银行决定，取消 1 美元不超过 5.7 元人民币的限价，开放外汇调剂价格，实行浮动，由买卖双方协议。

18 日　国务院决定扩大沿海经济开放区范围。扩大的范围包括天津市、河北省、辽宁省、江苏省、浙江省、福建省、山东省、广西壮族自治区的 153 个市县。1985 年《中共中央、国务院关于批准〈长江、珠江三角洲和闽南厦漳泉三角地区座谈会纪要〉的通知》中规定的各项政策，适用于这些地区。

21 日　中国人民银行、国家计委发布《关于发行 1988 年基本建设债券的通知》。该通知规定：1988 年基本建设债券由国家专业投资公司和石油部、铁道部发行并到期还本付息。发行对象是中国工商银行、中国农业银行、中国银行和中国人民建设银行。1988 年发行 5 年期基本建设债券 80 亿元，利率为 7.5%，计单利。基本建设债券认购任务由中国人民银行、国家计委向各专业银行下达，上海市和深圳市各专业银行的认购任务切块下达。各专业银行的认购任务由专业银行总行负责在本系统内分配落实；上海市和深圳市各专业银行的认购任务，由人民银行上海市和深圳市分行负责分配落实。

23 日 国务院发布《关于沿海地区发展外向型经济的若干补充规定》。该补充规定明确：沿海地区发展出口所需增加的外汇周转资金主要从地方和企业的留成外汇中筹措，中国银行和其他经营外汇业务的金融机构应适当增加沿海地区的外汇贷款指标。沿海省、自治区、直辖市为发展出口所需的外汇周转资金确有不足又有偿还能力的，可报请中国人民银行，在国家下达的对外借款指标外，核定一个短期借款（1 年内的商业借款）的额度。在此额度内借款，不再逐笔报中国人民银行审批，并可在偿还后根据需要再借，实行余额外债管理。利用国内外汇贷款开发的项目，新增加的出口收汇或替代进口收汇，可以先还贷，后分成。沿海地区可以在开放的省辖市设立外汇调剂中心。各类留成外汇、外商投资企业的外汇以及国家外汇管理局准许调剂的其他外汇，都可以通过外汇调剂中心相互调剂。省、自治区、直辖市之间可以互相协商调剂外汇，也可以通过全国外汇调剂中心调剂。调剂价格可以根据外汇的供求状况浮动，必要时由国家外汇管理局规定最高限价。沿海省、自治区、直辖市有条件的地方，可以组织出口企业试办出口风险基金，对由于国际市场变化而造成经营困难的企业进行帮助。基金可按企业的出口收购额或出口收益的一定比例在一定年限内提取，周转使用。具体提取办法由省、自治区、直辖市人民政府规定，报经贸部、财政部备案。

中国农业银行印发《县（市）支行行长负责制暂行规定（试行）》《县（市）支行党组织工作若干规定（试行）》和《县（市）支行职工代表大会若干规定（试行）》。主要内容是：在金融体制改革试点城市的部分县农行试行县（市）支行行长负责制，赋予行长经营决策权、人事管理权、财务分配权，行长全面负责，并承担经济责任。在实行行长全面负责的同时，撤销党组，建立机关党委；加强职代会民主管理和监督作用。行长向党委通报工作，接受监督，定期向职代会报告工作，听取意见。县支行设管理委员会作为决策议事机构，协助行长决策。当行长与职代会或管理委员会意见不一致时，行长有权做最后决策。

25 日 中国人民银行印发《一九八八年深化信贷资金管理体制改革的意见》。该意见规定：1. 1988 年金融宏观控制的目标仍以控制信贷规模为主，由专业银行和人民银行按省、自治区、直辖市，分上半年和全年两个指标进行考核和监控。对固定资产贷款实行指令性计划，从严控制，未经批准不得突破。对流动资金贷款继续实行“多存多贷、少存少贷”的政策。2. 从 1988 年起，全国的信贷计划由国家综合信贷计划、人民银行信贷计划、专业银行信贷计划和非银行金融机构的信贷计划四大计划组成。包括全民所有制非银行金融机构和城乡信用社的信贷收支，从 1988 年起不纳入国家综合信贷计划，而作为一个单独层次监控。3. 进一步实行中央银行不包专业银行的资金，专业银行不包企业的资金的原则，促使专业银行和企业多渠道、多形式地筹措资金；专业银行和其他金融机构要逐步建立资产、负债管理制度；自我约束贷款行为，优化资金投向。4. 管紧和用活人民银行贷款和贴现。强化间接调控手段，包括改进人民银行年度性贷款限额分配办法，对贷款实行限额控制和期限管理，搞活人民银行老贷款，减少信用放款和扩大再贴现、抵押贷款，优化人民银行贷款投向，对日拆性贷款实行控制等。5. 从 1988 年起，全民所有制非银行金融机构的资金收支计划由人民银行总行下达给分行组织执行。5 种存款范围不得扩大，利率不再向上浮动。6. 拆借资金只能用于短期资金调剂，有借有还，不得用于填补信贷计划的缺口，不得用于发放固定资产贷款和扩大信贷规模。

26 日 中国人民银行发布《关于依法加强人民银行行使国家保险管理机关职责的通知》。针对一些单位干涉经中国人民银行依法审定的基本保险条款和保险费率的实施，不同程度地影响了一些地方保险业务开展的问题，该通知重申：国家保险管理机关是中国人民银行。中国人民银行总行负责全国性基本保险条款和保险费率的审定；中国人民银行各级分行负责在本地区实行的地方性基本保险条款和保险费率的审定。各保险企业不经人民银行审定，不得擅自颁布基本保险条款和制定、更改保险费率。对未经人民银行审定，就擅自颁布基本保险条款和更改保险费率的保险企业，人民银行各级分行应根据不同情况给予警告、限期改正、罚款，直至令其停业的处罚。

28 日　中国人民银行会同财政部发布《关于开放国库券转让市场试点的通知》。该通知决定从 1988 年 4 月 21 日起，在沈阳、哈尔滨、武汉、上海、重庆、广州、深圳 7 个城市同时开办国库券转让业务。试点期间，人民银行和财政部共同对国库券转让价格实行保护，保护价格原则上不低于国库券的票面值。人民银行建立平准基金，在当地人民银行建立平准基金账户，当国库券转让价格低于保护价格时，由当地人民银行用平准基金委托或直接向国库券交易中介机构买进国库券；待国库券转让价格回升到保护价格以上时，再委托或直接向国库券交易中介机构按市场价格卖出国库券，收回资金。各试点城市人民银行应会同财政局及有关部门，采取有效的措施，取缔一切国库券黑市交易。对未经人民银行批准而擅自开办国库券转让业务的机构，要责令其停止国库券交易，并按有关规定进行处理。首批允许上市的国库券限于 1985 年、1986 年向个人发行的国库券。国库券持有人自由出售上述国库券，出售数额不限。允许个人、保险公司、其他非银行金融机构以及各种经批准成立的基金会组织购买上述国库券，购买数额均不限，但个人购买应予以优先。

6 月 2 日，中国人民银行、财政部又发布了《关于第二批开放国库券转让市场试点实施方案》，确定第二批 54 个试点城市 6 月上旬陆续开放国库券转让市场。该方案规定：允许经营国库券转让交易的金融机构暂限于经人民银行批准成立的独立核算，具有法人地位、资本金充实，具有一定技术力量的信托投资公司、证券公司和综合性银行。此类机构开办国库券转让业务须由试点城市人民银行批准。办理国库券转让业务，可以采取自营买卖和代理买卖两种形式。国库券自营买入价格不得低于面值；购买二手国库券年单利收益率，1985 年国库券不高于 14%；1986 年国库券不高于 15%，各试点市国库券转让价格的制定与管理，符合以上两条原则的，可随行就市。转让中介机构办理自营买卖应同时挂出上市国库券的买入价格和卖出价格，不得只买不卖。买入和卖出价格之差最高不得超过所交易国库券总面额的 1.5%。转让中介机构办理代理买卖，价格由委托买卖人指定，成交后代理机构向买卖双方各收取面额 3‰的手续费，最低起点各为 1 元。

30 日　中国人民银行重新制定了《中国人民银行货币发行管理制度（试行）》和《全国银行出纳基本制度（试行）》。随着金融体制改革的深化，中国人民银行 1972 年制定的《发行库制度》和 1979 年制定的《出纳制度》，已经不能适应银行业务发展的需要，其规定或办法在一定程度上存在缺乏统一性、系统性等问题，因此，《货币发行管理制度（试行）》明确，货币发行管理是人民银行的一个重要职责，其基本任务是：根据国民经济发展的需要提出货币发行计划；研究货币发行与社会经济发展的关系，为调节货币流通和制定货币发行政策提供科学依据；编制货币需要量计划；组织办理新版人民币的发行和旧版人民币的回收工作；根据市场货币流通状况，编制、执行、调整发行基金调拨计划和损伤货币销毁计划，调节市场流通货币的面额结构，组织专业银行办理货币兑换和挑剔业务；制定货币发行业务有关的规章规定；宣传国家货币发行政策，组织反假人民币工作；办理人民币发行基金的保管、调运、销毁及核算业务；办理专业银行存取现金业务；监督、检查、协调专业银行的现金出纳业务。该管理制度分别对发行基金的管理、货币发行与回笼的管理、发行库的管理、账务处理原则等做了具体规定，共有 7 章 38 条，自 1988 年 7 月 1 日起施行。

《全国银行出纳基本制度（试行）》规定：中国人民银行总行负责制定全国银行出纳基本制度。人民银行各省、自治区、直辖市分行根据该制度负责管理本地区银行必须统一的出纳工作，制定本地区人民银行出纳制度或实施细则并报总行核备。各专业银行总行根据该制度制定本系统出纳制度并报人民银行总行核备。该制度自 1988 年 7 月 1 日起实行。

中国人民银行、中国工商银行、中国农业银行、中国银行、中国人民建设银行、交通银行、中信实业银行联合发布《关于统一信贷计划执行情况监测口径的规定》。主要内容是：统一银行存贷款统计数字的归并口径；上海、深圳实行资金切块管理；各家银行分行对 1987 年 12 月、1988 年 1 月、2 月、3 月的计划执行情况分析表按新口径做一次调整；交通银行信贷计划单独考核。

4 月

6 日 中国农业银行颁发《农村信用合作社乡镇企业贷款管理暂行办法》。该暂行办法规定，凡申请流动资金贷款的企业一般应具有 30% ~50% 的自有流动资金；凡申请固定资产贷款的企业，一般应具有 50% 以上的自有固定资金。流动资金贷款额度为企业定额资产乘以 60% 减去自有流动资金；贷款期限原则上不能超过规定企业应补足自有定额流动资金的期限。固定资产贷款额度视新建企业的投资总额和自有资金及信用社本身的资金状况而定；贷款期限视用途 1 ~5 年不等。信用社乡镇企业贷款实行差别利率和浮动利率。

7 日 深圳发展银行普通股（股票简称：深发展；股票代码：000001）在深圳经济特区证券公司挂牌上市。深圳发展银行股份有限公司是在对深圳经济特区内原 6 家农村信用社进行股份制改造的基础上设立的股份制商业银行。1987 年 5 月 10 日以自由认购的形式首次向社会公开发售人民币普通股 79.5 万股。每股面值 20 元，实际发行 39.65 万股。1987 年 12 月 22 日深圳发展银行正式成立。“深发展 A”于 1991 年 4 月 3 日在深圳证券交易所上市交易，成为我国第一家上市银行。

8 日 国家外汇管理局颁布《国家外汇统计制度》。该制度规定：国家外汇统计所指的是各类国家外汇的统计。其主要内容包括：国家现汇外汇、国家记账外汇的统计；国家对外借款的统计；国家各种专项拨款及用汇的统计；国家各种留成外汇额度的统计以及经国务院或有关部门批准，授权国家外汇管理局统计的各类统计项目。国家外汇管理局负责制订和下达外汇管理局业务范围内的各项外汇计划；制定和编报有关国家外汇方面的综合统计报表；修订统计制度；制定统计办法及指标解释；领导和协调本系统的统计工作；管理和指导经营国家外汇业务的金融机构的有关统计工作；组织完成各项统计任务；管理统计资料，定期提供统计数据。

11 日 中国工商银行颁发《中国工商银行外汇贷款暂行办法》。该暂行办法主要规定：外汇贷款对象须是具有法人资格，能直接或间接创汇，并具备贷款条件和按期偿还外汇能力的国营、集体、外商投资企业和其他经济实体。外汇贷款种类包括技术改造贷款、出口押汇、打包放款、信用担保贷款、抵押担保贷款、临时贷款、活存透支贷款等。贷款利率按 1 个月、3 个月、6 个月及 1 年期 4 个档次进行上下浮动。经借贷双方协商同意，也可采用固定利率。

12 日 李贵鲜任国务委员兼中国人民银行行长，同时接替陈慕华担任亚洲开发银行、非洲开发银行、非洲开发基金、国际货币基金组织 4 个组织的中国理事。

13 日 第七届全国人民代表大会第一次会议通过《中华人民共和国中外合作经营企业法》。该法律规定：合作企业应当凭营业执照在国家外汇管理机关允许经营外汇业务的银行或者其他金融机构开立外汇账户。其外汇事宜依照国家有关外汇管理的规定办理。合作企业可以向中国境内的金融机构借款，也可以在中国境外借款。合作企业可以享受减税、免税的优惠待遇。

20 日 中国人民银行下发《关于发行 1988 年财政债券的通知》。1988 年财政债券发行总额为 80 亿元。财政债券由财政部发行，债券到期由财政部还本付息。财政债券的发行对象是：各专业银行、综合性银行以及其他金融机构。80 亿元财政债券，其中原定的 10 亿元，期限为 5 年，利率为年息 7.5%；另外 70 亿元期限为 2

年，利率为年息8%，均计单利。财政债券认购任务由中国人民银行向各银行和其他金融机构下达。该债券不允许公开上市交易，但可以在银行和其他金融机构之间抵押。

25日 中国人民银行、财政部联合下发《关于发行1988年国家建设债券的通知》。1988年国家建设债券由财政部发行，总额为80亿元，由财政部还本付息。该债券期限为2年，利率为9.5%。该债券不记名、不挂失，但可转让、抵押，发售结束可以上市交易。该债券由城乡居民、基金会组织以及金融机构认购，对个人和单位实行统一利率，城乡居民购买该债券获得的利息收入免征个人收入调节税。由财政部委托中国人民银行组织各金融机构代理发行并代理还本付息。

28日 国家外汇管理局发布《关于制止外商投资企业在境外的保险公司投保的通知》。该通知重申：外商投资企业只能向中国境内的保险公司投保；外商投资企业的外汇开户银行要履行监督职能，严格把关，不予汇出保险费。

30日 中国人民建设银行印发《办理房改金融业务的暂行规定》。该暂行规定要求，凡地方政府委托建设银行办理房改金融业务的地区，建设银行应在内部相应设立房地产信贷部。房地产信贷部的业务范围是：办理房租结算业务；管理住房基金，监督住房基金的使用；办理住宅贷款业务，提供房产购销信息；办理其他有关房改的金融业务；提供有关房改金融方面的咨询服务。房地产信贷部的信贷收支计划在各行的信贷计划之外单独编制、考核，资金自求平衡。该暂行规定自1988年5月1日起开始试行。

5月

4日 中国人民银行、中国工商银行、中国农业银行、中国银行、中国人民建设银行联合发布《关于加强贷款规模管理的通知》。主要内容是：1. 对贷款规模实行“双层控制”的办法。人民银行负责下达专业银行和地区的贷款规模，专业银行负责系统内的贷款规模。2. 建立贷款规模定期核对制度。3. 统一贷款规模统计口径。4. 1987年各专业银行结合的固定资产贷款规模可以继续使用。

11日 中国人民建设银行印发《对外承包工程企业贷款暂行办法》。该暂行办法规定对外承包工程企业贷款的范围和用途是：企业为承包国外工程、出口劳务、开展技术服务、开办合营企业需要派出人员的费用以及在国内备料支用的人民币；承包国外工程带动设备出口，在国内所支付的设备预付款；使用财政部门核借的外汇额度所需的配套人民币；在与国外业主进行结算过程中所发生的临时性垫款。承包工程、出口劳务与技术以及带动设备出口需要的周转金贷款，贷款期限原则上自项目移交对方后半年内全部还清，但一般最长不超过5年；外汇配套人民币贷款，贷款期限依照批准的外汇额度期限，即在偿还外汇额度的同时，还清人民币配套贷款；其他临时需要的贷款可视具体情况商定，但贷款期限最长不得超过半年。贷款利息原则上根据合同中所规定的贷款期限长短分档计息。对外承包工程企业对外签订项目合同额超过一定额度（中央级企业2 000万美元，地方级企业1 000万美元）而需要向建设银行申请借款的，建设银行除对所提供项目的可行性资料进行评估外，必要时将会同有关部门或承包企业进行实地考察，以提高贷款的安全性。各级对外承包工程企业的借款申请，由同级建设银行进行审批，建设银行开户行负责与借款单位签订合同，办理贷款手续，监督支用，计收利息，按期收回本金。

13日 中国人民银行颁发《中国人民银行财务管理制度》。该管理制度规定：财务管理工作实行“统一领导，分级管理，成本核算，利润留成”的管理体制，其基本任务是：管理国家信贷基金，监督信贷资金的合理使用；正确进行成本核算，合理分配各项财务资金，增收节支，提高经济效益。对于资金管理，该管理制度规定，信贷基金是各级行办理信贷业务的营运资金，除由国家财政拨给外，每年从利润中按规定比例提取，以不断补充信贷基金，扩大营运资金力量；信贷基金的提取、拨付、调整按有关规定办理。各项贷款要按照国务院和总行规定的利率计收利息，不准擅自变动利率，减少或增加利息收入。低息和贴息贷款的利差，除国务院批准的外，实行谁批准，谁补贴的办法。

27日 经中国人民银行批准，深圳平安保险公司开业。该公司成立于1988年3月21日，注册地在北京，总部设在深圳，是中国首家区域性股份制保险公司，创立之初只开办财产保险业务。1992年6月4日，经国务院批准，更名为“中国平安保险公司”。1997年1月16日，经国家工商行政管理总局核准，更名为“中国平安保险股份有限公司”。

6月

6日 国家外汇管理局向黑龙江分局、中国银行哈尔滨分行发布《对“关于恢复卢布同人民币直接计价清算的报告”的复函》。其中指出：目前不同意地方同苏联商谈人民币同卢布的汇价。在与苏联开展地方贸易、非贸易活动中，应以以货易货、进出收支平衡为原则，按两国政府间协定使用瑞士法郎计价、记账、结算。边境的小额零星贸易可收取卢布，但银行不收兑，由地方自行消化，也不给外汇留成。

11日 中国人民银行发布《关于进一步落实“控制总量，调整结构”金融工作方针的几项规定》。该规定要求贯彻以下措施：1. 各地实现信贷规模所需的资金，主要依靠增加存款、挖掘资金潜力去筹措。2. 除中国人民建设银行外，对流动资金贷款进一步落实“多存多贷、少存少贷”的政策；贷款的投向必须首先用于支持农副产品、外贸出口商品和适销对路工业品的生产与收购。3. 各地要努力完成收回中央银行贷款的任务，实行“多收多贷、少收少贷”。对收回的年度性贷款和短期贷款，全部留在当地使用。上半年收回的贷款，主要用于下半年旺季资金的调剂。4. 为了鼓励各地多组织邮政储蓄和扭转财政性存款的下降情况，规定邮政储蓄超计划部分全部留给地方使用；财政性存款超计划部分的50%留给地方使用。5. 对专业银行购买债券后发生的临时资金周转困难，应引导进入市场通过相互拆借解决。人民银行不为发行债券垫款，也不发放贷款给专业银行和其他金融机构购买债券。

13日 上海市首次在国内办理抵押贷款和土地使用权有偿转让中的房地产抵押业务，并将逐步减少信用贷款。上海的企事业单位和在沪的外国投资者可以依据上海市发布抵押贷款的有关规定，用房地产、机器设备、运输工具、产成品、原材料、股票、债券和土地使用权等，向上海金融机构申请抵押贷款，并允许在沪的侨资、外资银行开办土地使用权抵押外汇贷款；可以允许境外金融机构以土地使用权抵押外汇贷款。上海金融界采取的这项配套措施满足了外国投资者的需求，并以法律形式保障土地使用权抵押当事人的合法权益，也是上海市为促进土地使用权有偿转让，扩大利用外资，促进资金融通，提高资金使用效益而采取的重要措施。

23日 中国农业银行颁发《中国农业银行合作农业贷款管理办法》。该管理办法规定，贷款对象是农村各种合作经济组织、农村承包户、专业户和农民个体工商业户、农业开发公司、服务中心、乡镇场站等。贷款种类分为生产费用贷款、生产设备贷款、农业开发性贷款和农业专项贷款，贷款期限1～7年不等。合作农业贷款利率按用途性质分别执行农业银行相应的各类各档次利率，并可根据不同行业贷款项目的利润大小、期限长短，在规定的幅度内执行浮动利率。

7月

4日 中国农业银行制定《中国农业银行承包经营责任制试行办法》。该试行办法规定：中国农业银行在向财政部实行财政包干的基础上，按照企业化改革和“统一领导，分级经营”管理体制的要求，试行内部承包经营责任制，按照包死基数、确保上交、超额归已、欠交自补的原则，确定发包行与承包行的分配关系。农业银行系统各级行实行连环承包制。总行向国家实行系统承包后，系统内要逐级进行分包。在各级行实行综合承包的基础上，还可根据情况实行多种形式的专业承包或单项承包，如储蓄承包等。农业银行内部承包经营责任制实行三包一挂，即包上缴利润，包国家宏观金融调控任务，包资金效益指标完成，实行综合考核与利润留成挂钩。一般以上年上缴的利润数加递增数为基数。对因客观因素影响利润变化较大的，可以以承包前三年上交利润的平均数加递增数为基数。效益指标包括各项存款增长率、各项贷款收回率、信贷资金运用率、资金损失率、综合费用率、人均利润增长率。承包经营的宏观调控和资金效益指标要与50%的利润留成挂钩。按各项指标各占一定比例进行考核。未完成指标时，按比例依率扣减留成资金。该试行办法自1988年6月20日起试行。

8日　财政部发布《关于国家专业银行建立贷款呆账准备金的暂行规定》。该暂行规定明确可列为呆账的有：借款人和担保人经依法宣告破产，进行清偿后未能还清的贷款；借款人死亡，或者依照有关规定，宣告失踪或宣告死亡，以其财产或遗产清偿后，未能还清的贷款；借款人遭受重大自然灾害或意外事故，损失巨大且不能获得保险补偿，确实无力偿还的部分或全部贷款，或者保险赔偿清偿后未能还清的贷款；经国务院专案批准核销的逾期贷款。借款人或者借款担保人有经济偿还能力，但因种种原因，不能按期偿还的贷款，不得列作呆账；因银行工作人员渎职或其他违法行为造成贷款无法收回的，不得列作呆账。呆账准备金按各类贷款年初贷款余额的一定比例在年初分别按人民币计算提取：工业、商业、建筑企业的流动资金贷款为1‰；农业贷款、乡镇企业贷款、私营企业贷款和个体户贷款为2‰；进出贸易贷款为1.5‰；外汇贷款、固定资产贷款和技术改造贷款为2‰。国家预算内安排的“拨改贷”、地方人民政府和企业主管部门委托的专项贷款、以各种财产作为抵押的贷款、金融机构之间的互相拆借贷款，不提取呆账准备金。该暂行规定自1988年1月1日起试行。

13日　国家外汇管理局下发《南方片外汇调剂工作座谈会纪要》。关于个人外汇调剂，该纪要明确：沿海省市可选一两个地区办理个人外汇调剂试点，并规定了该项业务的做法和具体手续。11月29日，国家外汇管理局发布《关于加强个人外汇调剂管理工作的通知》，重申内地省、自治区尚未报总局批准试点的，暂停办理；对个人外汇参加调剂的范围不得擅自扩大，只有国内居民才能参加个人调汇，外国人、华侨、中国血统外籍人和港澳同胞的外汇不得参加个人调汇，个人调入外汇只限用于“托福”考试报名费用一项，其他方面用途，未经总局同意，不得批准。

15日　中国人民银行发布《关于设立证券公司或类似金融机构须经中国人民银行审批的通知》。针对有些地方政府或部门在未经当地人民银行审核、未报中国人民银行总行批准的情况下，擅自批准成立属于金融机构性质的证券公司或类似机构的问题，该通知规定：凡设立证券公司或类似的金融机构，必须由当地人民银行分行审核，报经中国人民银行总行批准。此类公司要与组建单位脱钩；行政上挂靠当地人民银行，银行对其实行归口领导和管理。中国人民银行是领导和管理全国金融事业的国家机关，依法管理全国的金融机构和金融市场。地方政府及其他部门无权批准成立证券公司或类似金融机构。地方政府及其他部门有关批准成立证券公司或类似金融机构的公文一律无效。凡未经中国人民银行审批，已由地方政府批准设立的证券公司或类似金融机构，从该通知下达之日起，一律停止办理业务。停业期限授权人民银行各省、自治区、直辖市分行、计划单列城市分行规定并监督执行。停业的证券公司或类似金融机构如确有必要设立，可以向当地人民银行提出申请，报中国人民银行总行审核批准；未经人民银行批准的，停业期满一律予以撤销。

19日　国家外汇管理局决定：将各专业银行经营外汇业务的审批权下放，由分局审批，同时报总局备案。专业银行经营外汇业务的范围是：外汇存款、贷款、汇款；进出口贸易结算和押汇业务；非贸易结算；代理外币及外币票据兑换；代客户办理即期与远期外汇买卖；外币票据贴现；外汇担保和见证业务；征信调查和咨询服务。中国农业银行、中国人民建设银行、中国投资银行和中国工商银行自有外汇资本金达1亿美元等值外汇后，即可对各地分行开办外汇业务作出统一安排和承诺。

21日 中国人民银行在北戴河召开会议，研究金融形势。会议制定下发了《关于进一步加强宏观调控，严格信贷资金管理的通知》。该通知决定：1. 从9月1日起，各专业银行和其他金融机构缴存准备金的比例由12%提高到13%。2. 进一步落实清仓挖潜任务，实行先扣后调的办法。3. 坚决完成国家债券认购任务。4. 从8月1日起，人民银行决定对各级信托投资机构开办两种1年期的特种存款：一种由所有金融信托投资机构按6月末在人民银行存款余额的30%缴存，利率为月息7.5‰；另一种按超过人民银行下达的信托贷款计划多放贷款部分的50%缴存，利率为月息4.2‰。5. 在9月底以前，各地人民银行全部收回上半年对非银行金融机构的短期贷款。

28日 全国清仓挖潜电话会议在北京召开。会议宣布了关于落实清仓挖潜任务的几项规定，提出了百元销售额占用全部流动资金降低2元、全国节约资金占用200亿元的挖潜目标。会议提出，1988年全国清仓挖潜工作实行"先扣后调"的办法，即由各专业银行扣回对企业的贷款，把这部分资金由各地、各行集中起来，调剂使用。银行要对企业提出处理积压物资和压缩不合理资金占用计划和要求，对企业超储积压物资，一律按规定加收罚息，对限期内完成挖潜任务的企业，可以退还罚息。

8月

11日 国务院批转中国人民银行《关于控制货币、稳定金融几项措施的报告》。国务院在批转通知中指出：上半年出现的货币投放过多、贷款增加较猛的情况，必须引起各地区、各部门高度重视。为了促进国民经济健康发展，防止出现恶性通货膨胀，要进一步加强货币、信贷的集中管理，调整信贷结构。国务院重申，任何单位、个人都不得强迫银行发放贷款或阻挠银行收回到期、逾期贷款；未经中国人民银行总行批准，任何部门都不得以任何名义成立或变相成立金融机构，办理存款、贷款等业务。对各地已经成立的各种信托投资机构，责成中国人民银行会同有关部门进行清理整顿。1988年的信贷计划和货币发行计划，各省、自治区、直辖市要严格掌握，不准突破，并实行行政首长负责制，省长、自治区主席、市长要组织当地银行和有关部门共同研究落实。

中国人民银行在该报告提出的控制货币、稳定金融的措施包括：1. 进一步调整信贷结构；2. 进一步加强信贷管理，控制货币、信贷总规模；3. 增加货币回笼，扩大资金来源；4. 努力挖掘资金潜力；5. 督促企业补充自有流动资金；6. 各地银行对自筹固定资产投资项目一律不准发放贷款，已经贷款的要坚决清理，逐步收回，同时，严禁变相用银行贷款搞自筹计划外项目；7. 1988年国家确定发行的基本建设债券、财政债券和国家建设债券，各地区、各金融机构必须按照规定的期限如数完成；8. 正确引导资金市场，搞活短期资金融通。同时，要引导企业发行股票、债券，进一步开辟和扩大股票、债券流通市场，搞好有价证券的转让。

16日 中国人民银行颁布《城市信用合作社管理规定》。该管理规定明确，设立城市信用社最少具有50万元人民币的实收货币资本金，由当地人民银行审核，报中国人民银行省、自治区、直辖市、计划单列城市分行批准。城市信用社实行民主管理，由股东代表大会选举理事会和监事会。城市信用社实行理事会领导下的主任负责制，主任由理事会聘任。业务范围包括办理城市集体企业和个体工商户及实行承包租赁的小型国营企业的存款、贷款、结算业务；办理城市个人储蓄存款业务；代理经中国人民银行批准的证券业务；代办保险及其他代收代付业务。城市信用社实行资产负债比例管理制度：自有资本金加积累之和不得少于资产总额的5%；贷款总额占其存款总额加自有资本金之和的80%；固定资产贷款总额不得超过贷款总额的30%；对集体企业和实行承包租赁的小型国营企业一笔大额贷款的最高额度不得超过自有资本金的50%；对个体户的一笔贷款的最高额度不得超过自有资本金的10%；固定资产总额不得超过自有资本金加积累之和的20%。城市信用社在资金周转发生临时困难时，可以进行同业拆借，或向当地人民银行申请短期贷款，但不得用于发放固定资产贷款。城市信用社存款利率按中国人民银行规定的统一利率执行，贷款利率可上浮。金融机构之间相互拆借的利率，由拆借双方协商议定。申请成立城市信用合作社联社必须具有100万元人民币的实收资本金，主要任务是为城市信用社做好服务工作，并兼营城市信用社的业务。

22日 国务院办公厅转发《中国人民银行关于改革银行结算的报告》。该报告指出，银行结算要按照方便、通用、迅速、安全的要求进行改革。改革银行结算的内容包括：1. 放宽开户条件，有营业执照的个体户、城镇承包单位和农村承包户、专业户持有承包协议或有关单位出具证明，均可在银行或信用社开户。2. 发展信用支付工具，大力推广使用票据。包括改进银行汇票、推广商业汇票、试办银行本票、扩大支票使用范围、试办信用卡等。3. 保留改进汇兑和委托收款两种结算方式，取消托收承付、国内信用证、付款委托书、托收无承付、保付支票、省内限额结算六种结算方式。4. 建立清算中心。改革方案于1989年的适当时候执行。

26日 经中国人民银行批准，福建兴业银行开业。福建兴业银行是在福建省福兴财务公司的基础上成立的，是区域性股份制银行，注册资本为15亿元，首期实收资本金5亿元，全额面向社会募股筹资。福建兴业银行实行董事会领导下的总经理负责制。主要业务包括办理人民币和外币储蓄、存款、贷款、票据承兑、贴现、国内外汇兑和结算等。

30日 国务院明电向全国发布《关于做好当前物价工作和稳定市场的紧急通知》。8月19日，中央人民广播电台广播一条重要新闻：8月15～17日，中共中央政治局在北戴河召开第10次全体会议，讨论并原则通过《关于价格、工资改革的初步方案》。广播当天，全国各地出现抢购商品的现象，进而各地出现大量挤提存款的情况。针对这些问题，该紧急通知作出相应决定：1. 经中央政治局第十次会议原则通过的价格工资改革初步方案中所讲的“少数重要商品和劳务价格由国家管理，绝大多数商品价格放开，由市场调节”，指的是5年或更长一段时间的长远目标，目前改革方案还在进一步修订完善之中。国务院将采取有力措施，确保1989年社会商品零售价格上涨幅度明显低于1988年。2. 国务院有关部门管理的商品价格和收费标准，各地一律不得擅自提高。地方管理的商品价格和收费标准，也不得任意提高。企业也不得违反规定乱涨价。违者要严肃追究主要负责人的责任。国务院办公厅9月12日又发明传电报对此规定做了补充说明：有些单位理解为只要经过一定的批准手续，仍可提价，并据此仍拟继续出台新的涨价措施。这是不正确的理解。在执行国务院的通知中，地方管理的商品价格和收费标准，也不得提高。3. 为了稳定金融和保护人民群众的利益，由人民银行开办保值储蓄业务，使3年以上的长期存款利息不低于或稍高于物价上涨幅度。4. 必须采取有力的措施，坚决压缩固定资产投资规模，停建、缓建一批楼堂馆所项目，严格控制社会集团购买力，抓紧清理整顿公司，清理整顿非银行的金融机构。要把1988年的信贷和货币发行控制在国家要求的数额之内。银行及非银行金融机构对非生产性建设项目，要按照国务院的规定停止贷款；对生产性建设项目的贷款，也要从严掌握。5. 要切实做好农副产品的收购工作。6. 各级人民政府要组织好市场供应，严格市场管理。

31日 中国人民银行发布《关于进一步控制一九八八年货币投放、信贷规模的具体规定》。主要内容如下：1. 加强信贷管理，严格控制贷款规模，坚持以存定贷。未经批准，任何银行、任何地方不得突破，谁突破谁负责，并追究该行行长责任。对贷款规模采取“双线管理，按月考核”。2. 加强现金管理，严格控制货币投放。3. 调整信贷结构，扶优限劣，保重点，压一般。4. 积极吸收存款，增加资金供应能力。5. 努力完成挖潜任务。6. 加强对准备金缴存的管理。从1988年9月1日起，存款准备金由12%调整为13%。7. 加强信托投资机构、信托贷款规模的控制。8. 严格控制人民银行资金。1988年各地人民银行短期贷款总量可调剂使用的资金，一是1987年年末各地占用的短期贷款；二是1988年邮政储蓄超计划部分和财政性存款超计划部分的50%、提高1%准备金率多缴存的准备金、信托机构的特种存款；三是人民银行总行核批新增的贷款额度。这三项由各地人民银行控制使用，未经总行批准不得突破。各地人民银行在发放短期贷款时，必须做到"三挂钩"，即同控制专业银行贷款规模挂钩、同专业银行贷款投向挂钩、同挖潜任务完成情况挂钩。

9月

1日 中国人民银行全面调整银行存贷款利率。人民银行于8月9日发布的《关于调整银行存贷款利率的通知》规定：1. 城乡居民个人1年期存款利率由现行年息7.2%调整为8.64%；企事业单位的存款利率同个人存款利率拉平，企业活期存款利率由现行年息1.8%调整为2.88%，1年期存款利率由5.04%调整为8.64%。2. 1年期流动资金贷款和固定资产贷款利率均由现行年息7.92%调整为9%；1年期以上各档次贷款利率均相应提高。3. 对平价粮油贷款按年息9%计收利息，同时从9月1日起取消人民银行对农业银行平价粮油贷款利差补贴；对能源、交通、通信和一部分原材料工业等13个待业基本建设银行贷款利率在现行利率基础上增加2.16个百分点，不得向上浮动；商业贷款优惠利率一律调整为年息9%，其他现行流动资金贷款优惠利率均在现行年利率的基础上相应提高1.08个百分点。4. 专业银行在人民银行的备付金存款由年利率5.76%调整为6.48%；再贴现利率按同档次利率上下浮动5%～10%。

8月30日，人民银行又发布了《关于调整银行存贷款利率的具体规定的通知》。该通知明确了各项优惠贷款利率、原优惠贷款利差补贴、信托投资机构存贷款利率、各种存款利率、债券利率、农村信用社存贷款利率、同业拆借利率以及住房贷款利率等问题。

3日 中国人民银行发布《关于开办人民币长期保值储蓄存款的公告》。决定从1988年9月10日起开办人民币长期保值储蓄存款。凡城乡居民存入的3年期、5年期、8年期存款，在期满后除按银行规定的利率计付利息外，还要按存款期间物价上涨率与利率之差计算补贴率，贴补给储户，以保证储户利益不因物价上涨而受到损失。长期储蓄存款的保值贴补率跟随物价浮动，如果物价指数低于银行3年期、5年期、8年期定期存款利率时，仍按原规定的储蓄利率计息。

6日，人民银行发布了《关于开办人民币长期保值储蓄存款有关问题规定的通知》。该通知强调：对企业、事业、机关、部队、学校等单位的长期定期存款不实行保值办法，并严禁将国家资金或集体资金以个人名义存入保值储蓄账户。储户的保值储蓄收益率为规定的储蓄利率加上人民银行总行参照国家统计局的零售物价指数按季度平均计算的保值贴补率。城乡居民个人3年期、5年期、8年期定期储蓄存款的现行利率和利差不变，保值贴补率由人民银行总行在执行季度前15日公布下达全国各地统一执行。保值储蓄贴补率跟随物价浮动，如果出现物价指数下降到银行规定的3年期、5年期、8年期定期存款利率以下时，仍按同档次的储蓄存款利率计息。

12日 国务院颁发《现金管理暂行条例》。该暂行条例规定：1. 现金管理单位保存的现金，要核定一个库存现金限额，超过限额的现金必须送存银行；2. 各单位经济往来，除在一定额度内可以使用现金外，其余的必须通过银行进行转账结算，如有特殊需要，需经银行审查批准；3. 各单位使用现金的范围主要限于对城乡个人的现金支付、单位间的零星开支和按照国家规定向个人收购农副产品和其他产品的价款；4. 各单位到外地采购，除特殊情况，经银行审查同意允许携带一定数额的现金外，都要通过银行办理转账结算；5. 开户单位购买国家控购商品一律采取转账方式，由银行监督检查，违者严肃处理，这是为抑制通货膨胀而采取的措施。该暂行条例自1988年10月1日起施行。

9月23日，中国人民银行发布了《现金管理暂行条例实施细则》。其中规定，一个单位在几家银行开户的，只能在一家银行开设现金结算户，支取现金，并由该家银行负责核定现金库存限额和进行现金管理检查；各开户单位的库存现金都要核定限额，原则上以3～5天的日常零星开支所需核定库存现金限额；开户单位之间的经济往来，必须通过银行进行转账结算，结算起点为1 000元。该实施细则自1988年10月1日起施行，之前发布的各项规定同时废止。

经中国人民银行批准，广东发展银行开业。广东发展银行是一家股份制区域性综合商业银行，注册资本为35亿元人民币，首期实收资本金为5亿元人民币，采取向社会公开招股方式募集，全面经营本外币业务。总部设于中国广州市。

14日 中国人民银行发布《关于加强对信托投资机构委托存贷款业务管理的通知》。该通知规定，委托存贷款业务必须有委托方、受托方和借款单位三方，并有三方协议。委托贷款利率的选择、委托贷款的对象、期限、用途、金额必须是委托方指定。信托投资机构必须以服务和收取手续费为目的，委托贷款的利息收入全部归委托方。委托存款大于委托贷款的部分，信托投资公司可比照活期存款向委托方付息。委托贷款的风险由委托方承担。各地人民银行对信托投资机构的委托存贷款进行清查，不符合要求的要立即清退。

24日 国务院发布《关于清理固定资产投资在建项目、压缩投资规模、调整投资结构的通知》。该通知指出，近几年来，全社会固定资产投资增长很快，超过了社会财力、物力供应的可能，这是造成通货膨胀的重要原因之一。投资结构也不合理，在全社会固定资产投资中，用于能源、交通和重要原材料开发建设的比重还不到20%，而这部分投资主要是用于全民所有制企业的基本建设。为大幅压缩投资规模，进一步调整投资结构，国务院决定开展一次全社会固定资产投资的清理工作。清理对象包括全社会固定资产投资项目，其中国家计划下达的固定资产投资规模或信贷规模以外的项目均须停建。该通知要求：停建项目已经使用的银行贷款，由建设单位变卖停建项目的固定资产和库存材料、设备归还。尚不足的，按下列原则处理：由银行自主提供贷款的，由银行承担；由于各地政府要求银行给予贷款，并经银行同意的，各承担一半，地方承担的部分，由地方财政负担；属于基本建设计划内中央投资的大中型项目，由中央基本建设基金承担；由各部门商银行安排的项目（包括计划外项目），由银行和部门各承担一半，各部门承担的部分由自有资金负担；由国家专业投资公司以外各类公司安排的项目，由各类公司承担。国务院由李鹏总理亲自领导清理工作，由国务院办公厅、国家计委、中国人民银行、财政部、审计署、监察部、国家统计局的有关负责同志组成国务院清理固定资产投资项目领导小组，办公室设在国家计委，负责具体工作，11月底清理结束。

26～30日 中共十三届三中全会在北京举行。全会批准了中央政治局提出的治理经济环境、整顿经济秩序、全面深化改革的指导方针和政策、措施。全会确定：1989年和1990年要把改革和建设的重点放到治理经济环境、整顿经济秩序上来。治理经济环境，主要是压缩社会总需求，抑制通货膨胀。主要措施如下：1. 压缩全社会固定资产投资，对重点企业采取倾斜政策。对涉外项目采取保护政策，合理调整投资结构。2. 控制消费基金的过快增长，特别要坚决压缩社会集团购买力。3. 采取一系列措施稳定金融，严格控制货币发行、开辟多种渠道吸收社会游资，引导购买力分流。4. 克服经济过热现象，降低工业增长速度。整顿经济秩序，就是要整顿在新旧体制转换中出现的各种混乱现象。

27日 国务院颁发《关于进一步控制货币稳定金融的决定》。针对货币投放仍然过多，贷款增加较猛，储蓄滑坡的情况，该决定明确：1. 银行货币、信贷必须控制在核定的指标之内。2. 从1988年10月1日起，凡受现金管理的单位提取工资、奖金、补贴等消费基金，一律维持在8月的水平上，超过的部分银行不支付现金。3. 各地区1988年的贷款规模，要由各省、自治区、直辖市人民政府负责，组织银行和有关部门加以落实，不得突破。4. 各地银行和其他金融机构必须立即停止对国家计划外项目、非生产性建设项目自筹固定资产投资项目的贷款；对小纱厂、小烟厂、小酒厂、小毛纺厂和小炼油厂等企业一律停止贷款；专业银行之间拆借资金最长不得超过3个月，严禁用拆借资金搞固定资产投资。5. 严格控制流动资金贷款，对经营性亏损企业、产品滞销积压的企业和倒卖、抢购、囤积物资的企业、公司等，必须立即停止贷款，已经贷款的要限期收回；严禁以任何形式挪用银行流动资金贷款搞固定资产投资。6. 稳定和增加储蓄存款。7. 从1988年10月1日起，全国各级各类信托机构一律停止发放信托贷款或投资，一律停止拆出资金。8. 抓紧清理整顿信托投资公司。清理整顿期间，一律不再成立信托投资公司和其他非银行金融机构。9. 从10月开始在全国组织开展信贷、现金大检查。

国务院颁布《基金会管理办法》。基金会是指对国内外社会团体和其他组织以及个人自愿捐赠资金进行管理的民间非营利性组织，是社会团体法人。该管理办法规定：建立基金会须有10万元人民币（或者有与10万元人民币等值的外汇）以上的注册基金。基金会的基金用于资助符合其宗旨的活动和事业，不得挪作他用。基金会不得经营管理企业。基金可以将资金存入金融机构收取利息，也可以购买债券、股票等有价证券，但购买某个企业的股票不得超过该企业股票总额的20%。建立基金会由其归口管理的部门报经人民银行审查批准，民政部门登记注册发给许可证。

上海首先开办公开外汇调剂市场。外汇调剂市场实行会员制和公开竞价成交、集中清算，进一步体现了公开化、市场化的原则，提高了外汇交易的透明度。

10月

1日 中国人民银行发布通知，决定从10月1日起，全国金融信托投资机构一律实行“三停”：停止发放信托贷款，停止拆出拆入资金，停止投资。立即进行清理整顿，并按照国务院关于开展信贷大检查通知的要求进行自查。为了避免“一刀切”，同时规定，金融信托投资公司已发放的贷款中，如确属支持能源、交通、原材料和中外合资的项目，经人民银行审查批准后，可继续发放信托贷款。

3日 为贯彻中共十三届三中全会精神，中共中央、国务院作出《关于清理整顿公司的决定》。该决定指出：为了治理经济环境，整顿经济秩序，加强对商品流通的管理，保障改革的顺利进行，必须对各类公司进行清理整顿。1. 清理整顿的重点是1986年下半年以来成立的公司，特别是综合性、金融性和流通领域的公司。在此之前成立的公司，凡问题严重的，也要进行清理整顿。2. 除国务院直接授权极少数公司承担某些行政管理工作外，其他所有的公司都不得兼有政府的物资和投资分配、基本建设和技术改造立项审批、进出口商品和外汇计划审批、行业管理以及其他行政管理职能。3. 各级机关均不得用行政费、事业费、专项拨款、预算外奖金和银行贷款投资开办公司。已经开办的公司，必须限期在财务和物资上与机关彻底脱钩。已向公司投入的奖金，一律作为国有资产，由各级财政部门统一管理。各级机关不得以任何名义向公司收取资金和实物，用于本机关的财务开支和职工福利、奖励、补贴等开支。4. 严格执行党中央、国务院关于党和国家机关干部不得经商办企业的规定。5. 各类公司必须按照核定的经营范围依法经营，严禁转手倒卖重要生产资料和紧俏耐用消费品，赚取非法利润。6. 一律取消对公司特批的减免税优惠待遇和银行贷款优惠利率。7. 严格公司审批手续。全国清理整顿公司的工作在1988年年底前基本结束。

4日 全国外汇调剂中心在北京营业。全国外汇调剂中心是经国家外汇管理局批准，办理中央各部门及其所属单位之间和各省、自治区、直辖市、经济特区之间的外汇额度或现汇调剂业务的法定外汇交易机构。全国外汇调剂中心是全民所有制金融事业单位，以服务为宗旨，实行独立核算，自负盈亏。外汇调剂中心本身不进行外汇交易。调剂范围为：中央各部门及其所属单位的留成外汇和中央部门所辖的外商投资企业的外汇，可委托全国外汇调剂中心卖出；中央各部门及其所属单位自身引进先进设备及其零部件和先进技术，购买设备、仪器等用汇，以及中央单位所属外商投资企业生产经营范围内所需的外汇，偿还贷款本息、汇出利润的用汇，均可委托全国外汇调剂中心买入。外汇调剂的货币种类：额度调剂的货币为美元；现汇调剂的货币暂为美元、港元、日元、西德马克、法国法郎、英镑6种。买方和卖方可参照指导价格，提出买入价或卖出价，买卖双方也可自由议价。全国外汇调剂中心由国家外汇管理局领导、监督和管理。中国人民银行可运用经济手段干预外汇市场，调节外汇供求，稳定外汇调剂价格。

5日 中国人民银行印发《关于加强利率管理工作的暂行规定》。该暂行规定明确，人民银行是国家管理利率的唯一机关，其他单位均不得制定与国家利率政策和有关规定相抵触的利率政策或具体办法，不得以任何借口或方式强迫金融机构提高或降低存贷款和债券利率。专业银行和其他金融机构不得超过人民银行总行给予的权限随意上下浮动利率，也不得以任何形式变相越权浮动利率。擅自提高或降低存贷款和债券利率的金融机构，当地人民银行应视情节轻重，给予处罚。该暂行规定自1988年10月10日起执行。

6日 国务院作出《关于从严控制社会集团购买力的决定》。该决定明确：1. 对1988年和1989年两年的社会集团购买力，在上年实际支出的基础上，按实际可比口径计算每年压缩20%。2. 实行直接控制和间接控制两种管理办法。对于县以上的党政机关、人民团体、全民和集体企事业、基本建设单位以及职工在200人以上的乡镇企业、城市街道企业的社会集团购买力，由上级机关分配指标，按计划管理，实行直接控制；对于县以下的单位，包括职工在200人以下的乡镇企业和城市街道企业，由上级机关提出压缩要求，自行安排落实，实行间接控制。3. 将现在的19种专项控制商品扩大到29种。不论实行直接控制还是间接控制，凡购买上述专项控制商品的，都必须报经社会集团购买力管理机关审批，到指定的商店购买；未经批准的，一律不得购买。4. 一切会议都不准住高级旅游宾馆，不准举行宴会，不准用烟酒招待，不准发放纪念品和土特产品。要严格控制招待、交际费开支。各级人民政府要按规定清理各单位的小汽车和大轿车，对超编车辆和违纪购买车辆，一律没收。5. 对直接控制的社会集团购买力单位，各级财政部门和主管机关要根据集团购买力压缩指标，相应核减单位预算和企业管理费计划。6. 实行首长负责制，各机关、团体、企事业单位要确定一位负责人抓这项工作。7. 各有关部门要各司其职，密切配合，共同做好控购工作。银行等部门对单位购置的非生产性用品，要认真审查，严格把关。8. 对突破控购指标的，应根据情节轻重，处以超指标数额50%以下的罚款。

11日 中国人民银行发布《关于加强调剂外汇管理工作的紧急通知》。针对国内市场上使用调剂外汇抢购紧俏商品，加剧外汇供求矛盾的现象，该紧急通知规定：各分局应严格控制调剂外汇的投向，严禁使用调剂外汇在国内市场上套购家电、金银首饰等紧俏商品，进口整装家电等在国内销售赚取人民币；贯彻"谁用汇，谁申请调剂外汇"的原则，加强对购买调剂外汇单位的资格审查；各专业银行不得发放用于购买调剂外汇的人民币贷款，各经营外汇业务的专业银行不得发放以换取人民币资金为目的的外汇贷款；外汇管理局各分局不得批准国内企业用外汇贷款进行外汇调剂。

中国工商银行下发《关于发展住房专项储蓄存贷款业务的几点意见》。该意见明确规定：住房专项储蓄贷款的对象主要是城镇居民个人；住房储蓄作为专项资金，实行存贷挂钩；存贷款的利差保持在1.5‰~2‰。

14 日 中国人民银行发布《关于贯彻国务院进一步控制货币稳定金融决定的通知》。该通知提出了 9 条措施。1. 严格控制信贷规模，未经批准，不得突破。2. 严格控制货币投放，各金融机构要对单位的现金库存进行一项普查。3. 进一步明确信贷政策。银行和其他金融机构对下列 10 个方面不予贷款（“十不贷”）：国家计划外项目；非生产性建设项目；自筹固定资产投资项目（包括“拼盘”项目的自筹资金）；小纱厂、小烟厂、小酒厂、小毛纺厂和小炼油厂等企业；经营性亏损企业；产品滞销积压的企业；倒买倒卖、抢购囤积物资的企业和公司；非国家指定收购粮食、棉花的部门和单位的收购资金；抬价收购和跨地区抢购农副产品的资金；企业通过预付货款扩大固定资产投资的。已经贷出的，必须清理收回。4. 进一步稳定和增加储蓄，进一步办好储蓄奖售业务和保值储蓄业务。5. 坚决清理整顿信托投资机构。信托投资机构必须按规定交存特种存款。6. 管住用好人民银行短期贷款。1988 年对短期贷款实行“总量控制，分层管理”的办法。短期贷款的发放实行“三挂钩，五不准”。“三挂钩”即与农副产品收购挂钩；与贷款规模挂钩；与清仓挖潜收回银行贷款挂钩。“五不准”即不准突破短期贷款限额发放贷款；不准对超规模的专业银行发放贷款；不准对其他金融机构发放贷款；不准垫付专业银行同城票据交换汇差资金和异地应付未付的联行汇差资金；不准用于专业银行归还拆借资金。7. 认真抓好清仓挖潜、收回银行贷款的工作。各地要按照规定，在 1988 年 11 月底以前完成挖潜任务的 80% 以上。年底以前必须全部完成清仓挖潜加速资金周转和收回银行贷款两项指标。8. 认真开展信贷、现金大检查。9. 加强调查研究和信息反馈工作。

24 日 国务院发布《关于加强物价管理严格控制物价上涨的决定》。该决定明确：城市居民定量供应的粮食、食用油的价格一律不动。同群众日常生活密切相关的棉纱、涤棉纱、棉布、涤棉布、食盐、食糖、民用煤、洗衣粉、肥皂、卫生纸、火柴等工业品不能断档脱销。坚决制止农用生产资料乱涨价。严格执行计划外重要生产资料的最高限价。大中城市应选择一批比较重要的品种，最迟在 11 月 15 日前实行工商企业提价申报制度。整顿流通领域的价格，取缔中间盘剥，重点是整顿经营批发业务的各类公司。同群众生活关系密切的公用事业和服务行业收费不得提高。国家统一安排的调价项目，必须严格按照国务院规定的调价范围、幅度和时间执行。

26 日 国家外汇管理局转发《国务院关于调整经济特区和三个试点行业留成比例的复函》。国务院决定：从 1989 年 1 月 1 日起，所有经济特区（包括深圳、珠海、汕头、厦门、海南）和经济技术开发区的外贸出口收汇，除外商投资企业的产品、机电产品和军品仍实行自负盈亏、全额留成外，其他一律实行自负盈亏、“倒二八”分成（留成 80%，上缴中央 20%）。从 1989 年 1 月 1 日起，外贸轻工、工艺、服装三个试点行业的出口收汇，实行自负盈亏、“倒二八”分成，其中属于机电产品的出口收汇仍实行全额留成。

11 月

11 日 国家机构编制委员会原则批准《中国人民银行“三定”方案》。“三定”（定职能、定机构、定编制）方案明确了中国人民银行的职责，人员编制为 1 250 人，共设 21 个司局，除保留原有司局以外，还增设政策研究室、金融体制改革司、国际金融组织司、金银管理司、保险企业管理司、金融市场管理司，原基建办公室改名为基本建设司。此外，按国务院统一规定设置机关党委、机关纪委、参事室、老干部局和监察机构等。

12 月

1 日 国家外汇管理局发布《关于对防范汇率风险方面几个问题的处理意见的通知》。该通知指出，目前我国出口收汇率只占整个出口额的 60% ~70%，不能履约的比重大，经批准办理即期和远期外汇买卖业务的金融机构须垫付资金。

因此，决定先在中国银行上海、北京、天津、广州4家分行选择一些有充裕留成外汇、货源充足、装船期稳定、成交金额大、一向安全收汇的大公司试做出口项下的远期外汇买卖业务。除获准经营外汇业务的专业银行、金融机构和外商投资企业外，对其他客户，凡使用其现汇营运资金委托中国银行或指定的金融机构买卖即期远期外汇，今后不需要再报当地外汇管理部门审批，由中国银行或指定的金融机构自行审批；但对其使用外汇额度委托中国银行或指定的金融机构买卖即期和远期外汇，仍须经国家外汇管理局或其分局审批，中国银行或指定的金融机构凭批准件办理。该通知并对审批代客买卖即期和远期外汇的原则，对外汇损益的处理和结算等问题提出了意见。

10日 国家外汇管理局、中国银行发布《关于对内地公民赴台探病、奔丧申请批汇问题的规定》。该规定明确，已批准出境探病、奔丧的台属持有关证明到当地外汇管理局申请批汇；外汇管理局各地分局可批给申请人400美元，在中国银行可从对私批汇的外汇额度中批给400美元的外汇。台属已从境外汇入为探病、奔丧的外汇，允许其复带出境。

14日 《中国银行外币存款章程（丙种）》发布实施。该章程规定：1. 凡持有外币的中国境内居民均可开立外币存款账户。2. 外币存款分为外汇账户与外币现钞账户：凡从境外汇入，携入和境内居民持有的可自由兑换的外汇，均可存入外汇账户。不能立即付款的外币票据，须经银行办理托收，收妥后方可存入；凡从境外携入或个人持有的可自由兑换的外币现钞，均可存入外币现钞账户。3. 外币存款分为活期存款和定期存款两种。活期存款开户起存金额为人民币20元的等值外币；定期存款开户起存金额为人民币50元的等值外币。

1989 年

1 月

4 日　国务院决定，从 1989 年起，国家统计局、国家计委、财政部和中国人民银行联合按月按季度公布分地区的 8 项重要经济指标资料。8 项经济指标是：固定资产投资额，银行贷款余额及增加额，职工工资总额，工业全员劳动生产率，工业销售利税率，工业资金利税率，工业可比产品成本降低率，工业能源消耗综合降低率。建立这项统计发布制度是加强国家宏观调控监管体系的一项重要措施，有利于强化计划、财政、银行部门的宏观调控职能的充分发挥，增强经济生活的透明度，加强人民对国家重大经济活动的监督。

7 日　国家外汇管理局发布《关于外商投资企业在境外开立账户的管理规定》《关于外商投资企业在境内以外币计价结算的管理规定》《关于中外合资合作经营企业中方投资者外汇管理规定》。三个规定的主要内容是：外商投资企业经国家外汇管理部门批准可在境外银行开立外汇账户，外汇管理部门审定企业境外账户的收支范围、账户最高限额和使用期限等。凡外商投资企业生产的产品，属于国内生产企业需要用外汇进口的原材料或零配件，经所在地外汇管理部门批准，可在境内以外币计价结算。外汇管理部门对企业每年度以外币计价结算销售其产品的金额、数量、品名、期限作出规定。合营企业自获利年度起，5 年之内，中方投资者的外汇收入享受全额外汇留成。5 年之后，按 50% 的比例留成。上述规定均自 1989 年 3 月 1 日起实行。

9～11 日　全国保险工作会议在北京举行。国务委员兼中国人民银行行长李贵鲜在会上指出，近年来保险事业迅速发展的同时出现了一些问题，如一些单位和部门利用行政权力，强迫企事业单位和居民参加保险；有的保险机构把保险费用于生产周转和基本建设；有的采取压低保险费率等手段乱拉保险业务；更有甚者把税前列支的保险费自留自提等。这些问题严重影响了国家保险的信誉，扰乱了保险市场的秩序，对此必须清理、整顿，对于违法经营保险业务的公司或单位，要进行清查处理；对违反保险管理条例规定经营保险业务，人民银行必须立即制止。李贵鲜强调，必须整顿保险市场秩序，任何部门今后都不得随意兴办保险机构。

12 日　国务院发布《关于加强借用国际商业贷款管理的通知》。该通知规定，由中国人民银行负责对各地、各部门借用国际商业贷款和发行外币债券进行审批，凡未列入国家利用外资计划，未经中国人民银行总行批准，任何部门和单位不得自行对外借用国际商业贷款，不得向我国境外机构和银行借款；未经外汇管理部门批准，不得将借款存放在境外，如擅自签约借款，其合同不能生效；对借用短期国际商业贷款实行余额管理，未经国家批准，不得超过核准的余额。短期贷款只能用于流动资金周转，不得用于固定资产投资。在国外发行债券，必须在国家利用外资计划内，由中国人民银行批准发行债券的金融机构办理。除国家已确定的中国银行、交通银行、中国国际信托投资公司、中国投资银行，以及广东国际信托投资公司、福建投资企业公司、海南国际信托投资公司、上海市投资信托公司、天津市国际信托投资公司、大连国际信托投资公司等 10 个窗口以外，今后不再批准对外借用外债的窗口。这些规定不适用于外商投资企业，外商投资企业对外借款不受国家利用外资计划的限制，不需要报经批准。

12～18 日 中国人民银行全国分行行长会议在北京召开。会议按照中共中央、国务院关于治理经济环境、整顿经济秩序、全面深化改革的要求，总结 1988 年的金融工作，确定 1989 年货币、信贷工作的方针：必须坚决执行“控制总量，调整结构，保证重点，压缩一般，适时调节”的方针，使 1989 年的货币发行规模明显低于 1988 年。1989 年金融工作要采取的政策措施是：1. 严格控制货币信贷总量，加强计划管理，编制全社会信用规划，把各金融机构的信用活动和各种形式的债券、股票、集资等全部纳入规划，进行监督管理。2. 强化信贷结构调节，提高资金使用效益。3. 强化中央银行的宏观调控职能。4. 适当提高利率，增加存款，扩大银行资金来源。5. 继续整顿信托投资机构，对各地成立的保险机构、城市信用社、农村合作基金组织也要清理、整顿。6. 总结中国农业银行清查贷款的经验，各专业银行和其他金融机构要进行一次全面的贷款清理工作，建立健全银行内部管理制度。7. 加强外汇、外债管理。发展外汇调剂市场，完善国家调控外汇调剂市场的手段。8. 改进联行清算制度。要加强对汇差资金管理，不准用联行资金发放贷款。9. 加强金融法制建设和稽核检查工作。10. 加强对经济金融的调查研究，提高预测预报水平。

中国人民银行全国分行行长会议决定，对主要农副产品收购资金实行专项管理。农副产品收购资金主要由 8 个部分组成：1. 收购企业销售货款及其他收入形成的企业存款；2. 收购企业从当年留利中按规定补充的自有流动资金；3. 财政及企业主管部门按收购进度下拨的加价款、政策性亏损补贴等各种应拨的款项；4. 国家或省、市、县各级政府筹集的专项用于农副产品储备的收购资金；5. 上半年农副产品收购贷款季节性下降后到期归位的资金（包括人民银行收回的短期贷款和专业银行收回的资金）；6. 专业银行从当年新增存款中按比例预留的资金；7. 人民银行对城乡信用社办理的特种存款；8. 人民银行当年新增的贷款。对上述收购资金，从 1989 年第一季度开始，各省、自治区、直辖市根据国家下达的主要农副产品购、销、存计划，在当地政府主持下，由粮食、商业、计划、财政、银行等部门，按照年末主要农副产品库存增加总值和旺季收购高峰的需要，从各种渠道筹措资金，分别落实责任，按时聚集到位，定期检查考核，并按企业自筹、财政拨补、专业银行贷款和人民银行专项支持的顺序提供使用。凡收购资金没有按时到位，造成不良后果的，要追查有关部门的责任。

13 日 国务院批转《沿海地区对外开放工作会议纪要》。1988 年 12 月 1～3 日，国务院在北京召开沿海地区对外开放工作会议，着重讨论了在治理经济环境、整顿经济秩序中实施沿海地区经济发展战略的问题。会议指出，必须千方百计争取 1989 年外贸出口持续稳定增长，努力提高“两头在外”产品在出口贸易中的比重。会议指出：对外短期借款实行余额管理的规定，有助于解决进料加工出口周转用汇，建议中国人民银行按照各地的承受能力，适当扩大短期借款余额控制指标，进一步支持进料加工出口的发展。地方和企业在完成外贸承包基数的前提下，另行自筹外汇资金安排专项进料加工出口收得的外汇，按扣除进料用汇（包括偿还外汇贷款本息）后的净创汇额，实行“倒二分”分成（缴二留八）。对进口棉花、羊毛、石油等大宗原材料加工出口的业务，对经营彩电等“以出带进、以进养出”的业务，由经贸部和有关部门作出专项安排，择优定点，加强管理。国家计委和中国人民银行要每年继续安排一块人民币贷款指标，用以支持技术水平较高、效益显著的外商投资项目。

2 月

1 日 中国人民银行调整银行存贷款利率。中国人民银行于同年 1 月 18 日发布《关于调整银行存、贷款利率的通知》规定：1. 提高城乡居民和企事业单位定期存款利率。半年、1 年、2 年、3 年、5 年、8 年期定期存款利率由现行年利率 6.48%、8.64%、9.18%、9.72%、10.8%、12.42% 分别调到 9%、11.34%、12.24%、13.14%、14.94%、17.64%。对城乡个人 3 年期以上的储蓄存款继续实行保值。2. 1年期流动资金贷款利率由现行9%调到11.34%。1年以下、1年以上至3年、3年以上至5年、5年以上至10年的固定资产贷款利率由现行年利率9%、9.9%、10.8%、13.32%分别调到11.34%、12.78%、14.4%、19.26%；10年以上固定资产贷款利率根据1年期的贷款利率的复利确定。城乡信用社贷款利率可在上述规定的基础上上浮50%。各级行和其他金融机构（不包括城乡信用社）贷款利率仍可上浮30%。3. 各金融机构上交人民银行的存款准备金率由现行的5.04%调到7.2%；备付金利率由现行的6.48%调到8.64%。4. 对部分行业的基本建设银行贷款项目继续实行差别利率。2月22日，中国人民银行发布《关于调整银行存贷款利率的具体规定的通知》，对各种存贷款利率问题作出了明确规定。

4月11日，国家计委、中国人民银行发布了《关于调整部分行业基本建设银行贷款差别利率的有关规定》。该规定明确：在2月1日调整后的正常固定资产贷款利率水平上，根据国家产业政策的要求，对列入国家基本建设计划的农业、煤炭、电力、原油开采、节能措施、铁道、交通、邮电、民航、钢铁、有色、化工、建材、森工、盐业和劳动改教等基建银行贷款项目，其贷款利率实行向下浮动10%～30%。对这些行业的老贷款项目，仍按原利率差（参见1986年7月14日《关于对部分行业基本建设银行贷款实行差别利率的规定》）给予贴息，调整执行新的差别利率后，超出原利差的部分由贷款项目自身消化承担，原则上不再给予贴息。

16日　国务院办公厅发布《关于加强保险事业管理的通知》。该通知规定：中国人民保险公司是在全国经营各种保险、再保险业务的国家保险公司，是国家指定的办理法定保险、外币保险、国营和“三资”企业保险以及国际再保险的机构。在中国人民保险公司力量确实达不到的地区，可根据需要建立少数保险企业作为补充，但须经中国人民银行批准。向中国人民保险公司办理再保险，至少要占经营的全部保险业务的30%。涉外保险和国际再保险只能由中国人民保险公司经营，其他部门一律不得办理。未经批准，任何部门和单位不得擅自开办农村合作保险业务或成立农村救灾合作保险机构。中国人民保险公司国内保险业务营业税收入归地方财政，所得税、调节税由中央财政和地方财政“五五”分成的办法不变。中国人民银行是我国保险事业的主管机关。

20日　国务院办公厅转发《国务院贫困地区经济开发领导小组1989年2月1日召开的第七次会议纪要》。该会议纪要提出，对越过温饱线的贫困县，允许调整专项贴息贷款的投向和使用范围。由中国农业银行发放的扶贫专项贴息贷款、发展贫困地区经济贷款，由中国人民银行发放的老少边穷地区开发贷款、贫困县县办企业贷款，由中国工商银行发放的贫困县县办企业贷款，财政部下达的支援不发达地区发展基金，以及其他来源的扶贫开发资金，都要按照“统一规划、统筹安排、渠道不乱、性质不变、相对集中、配套使用、确保效益、各记其功”的原则使用。从1989年开始，各银行把用于引导联合的大部分县办企业贷款分配到有关省、区。分配的依据是：70%的资金按贫困地区人口分配，30%的资金按县分配。

国务院发布《国内航空运输旅客身体损害赔偿暂行规定》。其中规定，承运人按照本规定应当承担赔偿责任的，对每名旅客的最高赔偿金金额为人民币7万元。旅客可以自行决定向保险公司投保航空运输人身意外伤害险，此项保险金额的给付，不得免除或减少承运人应当承担的赔偿金额。该暂行规定自1989年5月1日起施行。

21日　国务院办公厅发布《关于制止预收、预付货款的紧急通知》。该通知指出：一些企业违反国家规定，在经济活动中预收、预付货款，造成物资和资金流动关系的脱节和混乱，加剧了资金紧张状况，严重影响正常生产秩序和金融秩序。该通知要求所有国营企事业单位，除国务院批准的原有协议外，不得以任何理由擅自预收、预付货款，已实行预收、预付货款的试点都应立即停止。所有企事业单位要积极配合银行，做好结算制度改革的准备工作。在物资购销中，应主要采用商业汇票和委托收款的结算办法。今后，企业如有特殊原因确需预收、预付货款的，必须由主管部门提出，经财政部和中国人民银行审查批准。

27日 中国人民银行发布《关于发行企业短期融资券有关问题的通知》。该通知规定：各地区企业短期融资券的发行额度由人民银行年初一次性下达。各地人民银行分行必须在人民银行总行批准的额度内，根据国家的产业政策和调整经济结构的要求掌握发行，按余额控制，周转使用。企业发行短期融资券，必须经人民银行审批。企业发行短期融资券所筹集的资金只能用于解决企业临时性、季节性流动资金不足，不得用于企业资金的长期周转和固定资产投资。发行对象为企、事业单位和个人。债券期限分为3个月、6个月和9个月三个档次。利率可在同期银行储蓄利率的基础上上浮10%。企业可以委托金融机构代理发行短期融资券。债券发行后，可以上市转让。4月4日，人民银行将该通知的规定做了修改：企业短期融资债券利率可在同期银行储蓄利率的基础上上浮40%，并在全国推开。

3月

1~15日 湖北省襄樊市发生"储蓄利率大战"。为了缓解资金紧张局面，襄樊市政府决定，在3月在全市开展一次"爱国储蓄月"活动。设在万山工业区的4个储蓄所为了招徕储户，各自大幅度提高存款利率。从3月1日至14日，其存款年利率水平均超过30%，最高达到42%。1月15日，利率大战蔓延到襄樊整个市区，利率档次达10余种，取款、存款人数骤增。3月1日到15日，襄樊市区各行共办理高息存款1.46万笔，金额达2 461万元，以国家规定的利率为基准，到期将多付利息329万元。15日晚，襄樊市政府组织市财办、几家银行等有关部门召开紧急会议，责令停止高息存款，并要求储蓄机构不得停业。会后，立即向社会发出通告，要求各储蓄机构严格执行利率政策，并抽调22名干部到储蓄现场制止哄抬利率的行为。25日，储蓄利率大战基本平息。4月6日，中国人民银行湖北省分行召开了由各专业银行行长参加的第一次金融联席会。会上通报了襄樊市哄抬利率的情况。5月上旬，中国人民银行行长李贵鲜同志批示："坚决制止这种混乱现象。"

2日 国务院决定：1989年发行3年期国库券55亿元，利率为年息14%。国库券发行实行分配认购的办法，按公民个人和个体工商户收入的一定比例分配认购任务。国库券可以转让，可以在银行抵押贷款，但不得作为货币流通。发行国库券筹集的资金，由国务院统一安排使用。国务院同时决定：1989年发行5年期特种国债，数额为50亿元，利率为年息15%。特种国债的发行对象是：经济条件较好的全民所有制企业、集体所有制企业、私营企业、金融机构、企业主管部门、事业单位和社会团体；全民所有制企业职工退休养老基金管理机构、待业保险基金管理机构、交通部车辆购置附加费管理机构。中央单位、部队和各省、自治区、直辖市及计划单列市的认购任务，由财政部分配；地方单位的认购任务，由各省、自治区、直辖市及计划单列市人民政府分配。特种国债收款单可以记名、挂失，不得作为货币流通；除向全民所有制企业职工退休养老基金管理机构、待业保险基金管理机构和交通部车辆购置附加费管理机构发行的以外，可以向银行抵押贷款。

中国人民银行发布《关于1989年发行金融债券、发放特种贷款的规定》。该规定指出，全国发行金融债券的总额，由中国人民银行根据国家综合信贷计划统一确定。发行金融债券筹集的资金必须全部用于发放特种贷款。1989年金融债券的发行对象为城乡个人，购买金融债券的利息收入，免征个人所得税。1989年发行1年、2年、3年期限的金融债券。1年期、2年期的，年利率比同期存款利率上浮两个百分点；3年期的，年利率在保值的基础上再上浮1个百分点。1989年金融债券发行后即可进入市场转让和抵押。1989年发行金融债券筹集的资金，只能用于归还已到期金融债券和发放特种贷款。特种贷款要严格控制在批准的额度内发放，只能用于以下两个方面：新建、扩建企业需要投产，目前不能备足30%的自有流动资金并要求贷款的，可在其原材料有来源、产品有销路的情况下，在30%以内发放特种贷款；经济效益好的企业、产品为社会所急需的、计划内技术改造项目建成后所急需的流动资金；经济效益好、有还款能力并纳入国家固定资产投资计划的能源、交通、原材料等基本建设项目建成后所急需的流动资金。特种贷款利率最低为年息15.34%，最高可比3年期金融债券的利率高3个百分点。在此幅度内，根据不同地区、用款期限长短，划分档次，实行差别利率。

4日 国务院批转国家体改委《关于1989年经济体制改革要点》。该要点提出1989年改革的主要内容是：进一步完善和发展企业承包经营责任制，着重强化企业的竞争机制、风险机制和自我约束机制；积极探索体制转换时期宏观调控的新方式、新手段，在实行总量控制的同时，突出结构调整；建立市场规则，加强监督管理，促进市场发育；认真做好改革的各项基础性工作。

该要点提出，加强中央银行独立执行货币政策和信贷政策的职能，尽快建立商业性贷款与政策性贷款分别管理的制度。中央银行实行垂直领导。将目前中央银行所承担的专项贷款逐步转给专业银行。适当提高中央银行的再贷款利率和专业银行的贷款利率。改进存款准备金制度，按不同存款来源规定不同的准备金率，并选择适当时机提高存款准备金率。在提高准备金率以前，可用提高存款备付金率的办法进行调控。同时，增加非银行机构在中央银行的特种存款，并将其贷款纳入信贷平衡计划。建立清算中心，承担金融机构之间的清算业务。专业银行逐步实行企业化经营。1989年，农业银行要在总结经验的基础上，继续完善承包制。其他专业银行要建立和完善各种经营责任制，做好企业化经营的各项基础工作。该要点还提到：1989年主要试行由企业内部职工购买股票和企业之间相互参股的股份制。提高储蓄存款利率，增加货币回笼。为此，需要增设一种新的物价指数，即从1988年12月开始，按月环比，作为调整利率和储蓄保值的依据。鼓励居民购买债券、股票。

5日 国务院发布《关于加强企业内部债券管理的通知》。该通知指出，为了认真贯彻中央关于治理经济环境，整顿经济秩序、全面深化改革的方针，防止盲目扩大投资和增加消费基金，必须对企业发行内部债券加强管理。1. 机关、团体、事业单位和非生产性企业一律不准发行内部债券。未完成购买国家债券任务的生产性企业，也不得发行内部债券。2. 企业发行内部债券，由中国人民银行统一管理、分级审批。3. 发行内部债券所筹集的资金，一般只能用作补充流动资金。4. 债券期限最长不得超过1年，利率最高不得超过银行同期限居民定期储蓄利率的40%。5. 职工个人所得的债券利息收入，必须依法纳税。6. 企业实行股份制，目前只能在小范围内进行试点。全民所有制企业不准以试行股份制为名，擅自将国有资产折股分给经营者、职工个人和集体。集体所有制企业（包括乡镇企业），不得擅自把集体积累的财产折股分给经营者和职工个人。已经私分国家、集体财产的，必须立即将私分部分全部退回。

6月9日，中国人民银行发布《关于加强企业内部集资管理的通知》。该通知指出，企业内部集资系指企业向内部职工筹集资金的行为。企业内部集资一般应采取发行企业内部债券的方式，企业内部债券可以在企业内部转让，但不得公开上市转让。中国人民银行对企业内部集资实行统一管理，分级审批。企业内部集资金额最高不得超过企业正常生产所需的流动资金总额。

财政部、经贸部、中国银行发布《境外贸易、金融、保险企业财务管理暂行办法》。该暂行办法规定：境外企业应遵照驻在国（或地区，下同）的法律规定开展经营活动、缴纳税款和进行会计核算及财务管理；其财务活动要接受国内投资单位和主管部门及财政部门与国有资产管理部门的指导与管理，按期报送会计报表，及时向国家上缴外汇利润。该暂行办法对国家资金的管理、工资的核算与管理、利润分配的管理、财务管理制度及会计报表做了具体规定，适用于经贸部及其所属外贸公司；国务院各工业主管部门所属工贸公司；中国银行、中国国际信托投资公司和其他金融机构及其国内分支机构；中国人民保险总公司及其国内分公司；各省、自治区、直辖市和计划单列市人民政府经贸主管部门及其所属外贸公司和各工业主管部门所属工贸公司。该暂行办法自1989年1月1日起实行。

6日 中国人民银行发布《关于信托投资公司开办资金拆借业务的通知》。该通知规定，各信托投资公司从文到之日起即可办理正常的资金拆借业务，期限不得超过1个月。

中国人民银行下发《关于撤销融资公司的通知》。该通知决定撤销人民银行系统的融资公司，并于1989年3月底之前将债权债务全部清理完毕。由人民银行总行拨给人民银行各分行的信贷基金，用于各地融资公司作为资本金的，于1989年4月底之前如数交回人民银行总行。融资公司撤销后，各省、市分行可根据需要建立资金拆借的管理部门，切实搞好资金拆借和融通。

国家外汇管理局发布《境外投资外汇管理办法》。境外投资是指在中国境内登记注册的公司、企业或者其他经济组织（不包括外商投资企业）在境外设立各类企业或者购股、参股，从事生产、经营的活动。境外投资者在向国家主管部门办理境外投资审批事项前，应当向外汇管理部门提交投资国管理情况和投资资金来源证明，由外汇管理部门审查投资外汇风险和资金来源，国家主管部门批准后，应当向外汇管理部门办理登记和投资外汇资金汇出手续。在办理登记时，应当按汇出外汇资金数额的5%缴存汇回利润保证金，境内投资者来源于境外投资的利润或者其他外汇收益，须限期调回境内，办理结汇或者留存现汇。未经外汇管理部门批准，不得擅自挪作他用或者存放境外。境外投资企业分得的利润或者其他外汇收益，5年内全额留成，5年后按规定计算留成。1990年6月26日，国家外汇管理局发布《境外投资外汇管理办法实施细则》。

8日 国务院发布《关于调整省、自治区、直辖市金融、税务部门和部分海关领导干部管理体制的通知》。该通知规定：中国人民银行各省、自治区、直辖市分行正副行长，由中国人民银行考察，提出任免名单，送人事部审核并提出任免建议，报国务院审批。地方各级专业银行正副行长的任免，要征得当地同级人民银行的同意，再报上一级专业银行批准。

9日 中国人民银行发布《关于落实1989年货币信贷方针的几项规定》。主要内容有：1. 从1989年开始试编全社会信用规划，分三个层次对全社会的信用活动进行管理。一是全社会信用规则，包括银行、城乡信用合作社（以下简称城乡信用社）、各种信托投资机构的信用活动和各种形式的债券、股票、集资等，由人民银行总行负责编制和管理。二是国家信贷计划，包括人民银行、专业银行、交通银行和中信实业银行的信贷计划，由人民银行总行负责编制，对贷款限额实行“双线”控制。三是非银行金融机构的信贷计划，包括城乡信用社、信托投资公司和其他金融机构的信贷计划。2. 对贷款实行“限额管理、以存定贷”的办法。1989年人民银行总行对各家银行和非银行金融机构只核批贷款最高限额，不再核批存款计划，存款计划由专业银行、交通银行总行自行下达，报人民银行备案。全年贷款最高限额为控制信贷的总“笼子”，不得突破。3. 对各家银行和非银行金融机构的贷款最高限额实行“全年亮底、按季监控、按月考核、适时调节”的办法。4. 1989年对现金计划实行“以块为主、条块结合”的管理办法。5. 积极组织存款，扩大信贷资金来源。6. 强化信贷结构的调节，保证重点，压缩一般。各金融机构要继续贯彻执行“十不贷”政策，即国家计划外项目；非生产性建设项目；自筹固定资产投资项目（包括“拼盘”项目的自筹资金）；小纱厂、小烟厂、小酒厂、小毛纺厂和小炼油厂等企业；经营性亏损企业；产品滞销积压的企业；倒买倒卖、抢购囤积物资的企业和公司；非国家指定收购粮食、棉花的部门和单位的收购资金；抬价收购和跨地区抢购农副产品的资金；企业通过预付货款扩大固定资产投资的。7. 对主要农副产品收购资金实行专项管理。8. 管好中央银行资金，强化中央银行的宏观调控职能。从1989年起，人民银行的贷款，总行对各省、自治区、直辖市进行管理和考核，按季核批贷款限额，未经批准不得突破。1988 年下放给省、自治区、直辖市人民银行的一些资金机动权都要收回，包括 1988 年调增 1% 的准备金，财政性存款超计划 50%，邮政储蓄超计划 100% 的部分不再留给当地使用，由人民银行统筹安排。各银行必须留足存款备付金。9. 继续深入开展清仓挖潜。10. 整顿信托投资业务。11. 改进联行清算制度。

15 日 国务院发布《关于当前产业政策若干要点的决定》。该决定指出：我国社会的总需求大于社会的总供给，在产业结构上也存在比较严重的问题。当前和今后一个时期制定产业政策、调整产业结构的基本方向和任务是：集中力量发展农业、能源、交通和原材料等基础产业，加强能够增加有效供给的产业，增强经济发展的后劲；同时控制一般加工工业的发展，使它们同基础产业的发展相协调。该决定明确了制定当前产业政策的原则、产业发展序列、保障政策和组织实施等内容。其中要求：银行要根据产业发展序列的要求，制定相应的信贷政策，并对企业分类排队，区别对待，限劣扶优。要从限制的产业中抽回资金，投入到支持的产业中去，促进社会资金的良性循环。国家计委要会同财政部、银行，根据产业发展序列要求，制定固定资产投资贷款优先顺序，逐步提出重点产业投资贷款比例，并建立相应的投资贷款贴息基金；要着手研究主要产业投资占全社会投资的比例，并进一步完善固定资产投资贷款差别利率的有关规定。

为了贯彻国务院决定，中国人民银行于 5 月 15 日发出通知指出：该决定中提出的当前产业序列是金融部门制定信贷政策，调整信贷结构和贷款项目评审决策的基本依据。各级银行要运用计划、资金、利率等手段，调整贷款结构，采取“先收后调、优化增量”的方法，限劣扶优。根据国家产业政策，对企业分类排队、区别对待，促进社会资金良性循环。固定资产贷款要严格按照调整投资结构的精神，认真审查，从严掌握。各专业银行和其他经批准可以发放流动资金贷款的金融机构，要按照国家产业政策要求，调整流动资金贷款结构，同时注意努力搞活老贷款。加强外汇贷款投向管理和稽核、检查工作。

中国人民银行发布《关于农村信用社存、贷款利率等问题的通知》。该通知规定：1989 年人民银行对农村信用社超比例（13%）缴存的准备金，仍按 100 亿元限额予以补贴，年补贴利差为 1.8%。此项补贴由人民银行总行给农业银行总行，再由其通过开立补贴信用社利差专户，拨给各农村信用社。县以下各金融机构吸收的（不含县城、城关）农村存款（包括企业单位、个人的定、活期存款），其利率经省级或二级人民银行批准，可在现行存款利率基础上上浮 10% ~30%。

5 月 9 日，中国人民银行发布《关于农村信用社存贷款利率浮动的通知》。该通知规定：从 1998 年 6 月 1 日起，农村信用社的存贷款实行浮动利率。浮动的原则是“高进高出，保本微利”。农村信用社的存贷款利率可以分别最高上浮 70% 与 100%。

证券交易所研究设计联合办公室（以下简称联办）成立。联办的前身为证券交易所研究设计小组。由 9 家全国性非银行金融机构出资组成：中国化工进出口总公司、中国对外经济贸易信托投资公司、中国光大集团有限公司、中国经济开发信托投资公司、中国农村发展信托投资公司、中国国际信托投资公司、中国信息信托投资公司、中国康华发展总公司、中国新技术创业投资公司，每家出资 50 万元。

联办是中国证券市场的发起者，参与设计了上海、深圳两个证券交易所；直接设计、创建并管理了全国证券交易自动报价系统（STAQ 系统）；提出并以“总协调”身份直接组织了三次国债承销试点；并于 1992 年下半年参与设计国务院监管证券市场的职能机构——中国证券监督管理委员会；先后创建、管理了多只基金，其中包括淄博乡镇企业基金、S&E 基金、CFI 基金、S&C 基金、帕洛玛中国投资基金和国泰财富基金。1991 年 12 月更名为“中国证券市场研究设计中心”。

3 月 20 日至 4 月 4 日 七届全国人大二次会议在北京举行。国务院总理李鹏做题为《坚决贯彻治理整顿和深化改革的方针》的政府工作报告。该报告指出，当前面临的最突出的问题是出现了明显的通货膨胀，物价上涨幅度过大，超过了群众、企业和国家的承受能力，相当一部分城市居民的实际生活水平有所下降。

该报告提出，治理整顿的重点仍然是压缩社会需求。同压缩社会总需求相适应，金融和财政都必须实行紧缩的方针政策，继续抽紧银根，严格控制货币发行。要千方百计稳定金融，切实加强对银行各种贷款的计划管理，控制全社会的信用总规模，尤其要加强对非银行金融机构和各种集资活动的管理和监督。在紧缩资金供应总量的前提下，合理调整信贷结构，该保的保，该压的压，做到紧中有活。加强和改善宏观经济管理，要特别重视发挥银行的调控作用。根据国家的产业政策和进出口政策，充分运用利率、再贷款、准备金率和备付金等经济手段，控制货币发行，调节信贷规模和结构，引导经济健康运行。中国人民银行承担着中央银行的职能，必须加强统一管理，强化垂直领导。各专业银行也承担着宏观调控的责任，绝不能因为实行企业化管理而影响和削弱这方面的职责。各级政府要支持银行的工作，不要干预银行的具体业务，更不能强制银行发放贷款。要清理、整顿各类非银行金融机构，明确业务范围和资金使用方向。继续有领导、有秩序地发展短期资金市场，组织好资金拆借和其他多种形式的资金融通，为生产和流通服务。银行要加强现金管理制度，发展票据结算等现代化结算手段，并通过提高利率，改善服务等措施，进一步稳定和增加城乡居民储蓄，增加货币回笼。

23 日　国家外汇管理局下发《调剂外汇投向指导序列》的通知。为了缓解调剂外汇供求矛盾十分紧张的情况，外汇管理局规定了优先供应的用汇项目：支持农业生产用汇、人民生活必须保障的用汇、轻纺行业生产必需原材料用汇、出口创汇项目和中小型企业技术改造项目用汇、外商投资企业合理的用汇。严禁用汇的项目有：一般消费品、高档消费品、国内能够生产供应的机械设备、电子产品、仪器仪表及各种原辅材料、对公单位偿还国内外外汇贷款、租赁费用及租金用汇、用于国内外投资的资本金。

30 日　国务院发布《关于进一步加强工资基金管理的通知》。该通知指出，为贯彻中央关于治理经济环境、整顿经济秩序和全面深化改革的方针，压缩社会总需求，控制消费基金过快增长，国务院重申各地区、各部门必须认真贯彻执行 1985 年国务院发布的《工资基金暂行管理办法》。各基层单位要根据国家核定的年度工资总额，编制工资基金使用计划，开户银行据此监督支付工资。超过计划规定数额的，银行一律拒付。各企业、事业、机关、团体等单位，只能在本单位进行现金结算的开户银行设立一个工资基金专户。所有工资支出都必须通过开户银行，从工资基金专用账户中列支。任何单位都不得坐支、套取现金发放工资、奖金、津贴、补贴等。各级银行要认真负责，严格监督。对违反国家现金管理条例的，当地政府和各级银行要认真查处。

4 月

4 日　七届全国人大二次会议通过《中华人民共和国行政诉讼法》(以下简称《行政诉讼法》)。《行政诉讼法》共有 11 章 74 条，分别对受案范围、管辖、诉讼参加人、证据、起诉和受理、审理和判决、执行、侵权赔偿责任、涉外行政诉讼等内容做了具体规定，自 1990 年 10 月 1 日起施行。

24 日　中国人民银行、监察部颁布《关于信贷、现金大检查中处理违反金融法规问题的办法》。该办法对 1988 年信贷、现金大检查中违反金融法规问题的处理作出规定：对于超规模发放贷款、用流动资金贷款或拆借资金搞固定资产贷款、擅自提高或降低存贷款利率，以各种名义收取回扣、好处费，占用人民银行财政性存款，欠缴、迟缴存款准备金，储蓄吸收公款等违规行为分别给予行政警告或记（大）过、撤职、没收非法收入、通报批评、等额罚款、开除等处罚。

5 月

3 日　中国人民银行发布《关于上海试行外汇移存与提取的暂行规定》。该暂行规定明确：外汇移存与提取范围是，金融机构按规定应卖给国家或向国家购买的贸易外汇和非贸易外汇，外资银行按规定应缴存的外汇和原缴存外汇的支取。外汇移存与提取，是指除中国银行上海分行以外的经国家外汇管理局批准经营外汇业务的金融机构就上述范围规定的外汇向国家外汇管理局上海分局结汇或缴存、买汇或支取。外汇移存时，上海分局按国家外汇管理局公布的外汇牌价中间价向金融机构支付买汇人民币资金；外汇提取时，金融机构按中间价加 1.25‰（手续费）向上海分局支付买汇人民币资金；原币缴存与支取不计利息和手续费。外汇移存所需人民币资金由总行供应。该暂行规定还就外汇移存与提取的时间、账户的开立与使用、外汇移存与提取的统计等作出规范。中国人民银行授权国家外汇管理局统一管理外汇移存与提取工作，并负责本规定的实施。

中国人民银行发布《关于对粮、棉、油贷款实行补贴的通知》。该通知规定自 1989 年 2 月 1 日起对粮、棉、油贷款实行利差补贴。具体办法是：专业银行对该项贷款须单列账户，该项贷款按正常流动资金年利率 11.34% 计收利息，各级人民银行按照专业银行的专户贷款计息积数给专业银行补贴 1.26%（年率）。专业银行按实收年利率 11.34% 和 10.08% 之间的差额 1.26% 返还给企业。

4～6 日　亚洲开发银行理事会第 22 届年会在北京举办。该次会议是亚行理事会年会历史上与会人数最多，也是中国加入亚洲开发银行的第 4 年首次主办的最大规模的国际性会议。

亚洲开发银行（The Asian Development Bank，ADB，以下简称亚行）是一个非营利性的政府间发展金融机构，成立于 1966 年 12 月，成员包括亚太地区成员和亚太地区之外的发达国家成员，总部设在菲律宾首都马尼拉，其任务是为亚太地区的发展中成员提供资金和技术援助，促进投资和推动经济增长。由于历史原因，中国台湾在亚行组建时加入了亚行。20 世纪 80 年代初，我国要求加入亚行，经与亚行谈判，最终达成谅解，亚行承认中华人民共和国政府是中国唯一合法的政府，中国台湾以“中国台北”的名义继续留在亚行。中国占亚洲开发银行的总股份比例为 6.516%，持有 228 000 股。

5 日　中国人民银行、监察部发布《金融稽核检查处罚规定》。该规定适用于中国人民银行及其分支机构对各类银行、保险公司、其他金融机构以及从事金融业务的部门违反金融法律、法规及政策的行为实行处罚。其中规定，对于违反金融法律、法规及政策的金融机构，除责令其限期纠正外，可根据其行为性质及情节轻重分别给予以下行政处罚：通报批评；罚息；罚款；没收非法所得；冻结存款；提前收回贷款；责令限期纠正或停止部分业务；停业整顿；吊销经营金融业务许可证。以上处罚可以并处。对于违反金融法规的单位负责人和直接责任人，可根据情节轻重给予行政处罚或建议给予行政处罚。该规定明确了统一的处罚程序和处罚标准。

7 月 22 日，中国人民银行下发《关于对〈金融稽核检查处罚规定〉中有关问题说明的通知》，规定对处理违反金融法规问题中的罚息收入，包括占用或欠缴的准备金、超业务范围吸收存款或发放贷款的加息罚息（不含逾期贷款罚息），按银行营业外收入处理；没收的回扣、好处费、奖金上缴财政。

10 日　中国人民银行发布《关于 3 个月存款档次利率问题的通知》。根据 1989 年 4 月 10 日国务院总理办公会议决定，从 1989 年 1 月 1 日起，增设 3 个月档次的居民储蓄存款，利率最高限为月息 6.3‰。

中国人民银行发布《关于开展清理企业拖欠货款工作的通知》。该通知指出，该项工作总的原则是：把清理企业拖欠货款同调整产业、产品结构紧密结合起来。清理的方法要先易后难，先系统内、后系统外，先本地区内、后本地区外，有组织、有领导、有步骤地进行。充分利用这次清理拖欠的机会，配合结算改革，大力推行商业票据，逐步把企业之间的商业信用关系票据化。

22日 中国人民银行发布《大额可转让定期存单管理办法》。该办法规定：大额可转让定期存单的发行单位限于各类银行。非银行金融机构不得发行大额可转让定期存单。大额可转让定期存单的发行对象为城乡个人和企业、事业单位。大额可转让定期存单对个人发行部分，其面额不得低于500元；对单位发行部分，其面额不得低于50 000元，期限为1个月、3个月、6个月、9个月和12个月，各月利率最高限分别为5.85‰、6.93‰、8.25‰、9.33‰和10.5‰。在此范围内，利率可以下浮，下浮的幅度由各发行单位自行确定。各类银行发行大额可转让定期存单，要事先制定发行办法或章则，报经中国人民银行省级分行审查批准。人民银行及其分支机构有权对违反规定的金融机构、非金融机构给予处罚。

30日 国务院发布《关于发行1989年基本建设债券的规定》。国务院决定：1989年发行3年期基本建设债券55亿元，由国家计委和人民银行共同组织工商银行（30亿元）、人民建设银行（10亿元）、农业银行（10亿元）、中国银行（5亿元）和其他金融机构代理国家能源投资公司、国家原材料投资公司、国家机电轻纺投资公司、中国石油天然气总公司和铁道部统一发行。债券本息由上述公司和铁道部偿还，共同负责。债券利息按始终高于3年期定期存款利率1个百分点加保值贴补率计算，不计复利。可以转让，但不作为货币进入市场。

31日 中国人民银行发布《关于加强储蓄管理的通知》。该通知指出：从1988年第四季度兴起的摸奖储蓄形式已搞了几个月，一些地方的“摸奖热”对缓解银行信贷资金的矛盾曾起了一定的作用。但摸奖弊病较多，群众反应强烈，对银行信誉造成了不好的影响，司法部门也提出意见，今后不再给予公证。贴水储蓄存款的形式也存在一些问题，有些地方的银行、金融机构用这种不规范的形式搞“储蓄大战”，为此，人民银行决定停止各种形式的“摸奖储蓄”；取消现行各种贴水储蓄存款形式；禁止举办3年期以上的保值有奖储蓄；禁止举办银行给息、企业给奖的联办有奖储蓄。6月10日，中国人民银行又发出通知，停办“存期累进储蓄存款”，并且指出，这项业务混淆了定期存款与活期存款之间的界限，实际上是擅自提高利率水平。

6月

1日 国务院发布《关于发行1989年保值公债的通知》。1989年保值公债发行总额为120亿元。债券偿还期限为3年，年利率随人民银行规定的3年期定期储蓄存款利率浮动，加保值贴补率，外加1个百分点。保值公债的发行任务分配到各省、自治区、直辖市以及计划单列市人民政府，各级政府要完成分配的推销任务。推销后剩余部分，由各级政府用地方财政预算外资金认购。保值公债由财政部负责还本付息，各经办单位办理兑付。

5日 中国银行香港分行发生集中取款事件。据《中国银行史》记载，当日仅香港一地就有300多家分支机构挤提存款79.9亿港元。1989年6月6日，国务委员、中国人民银行行长李贵鲜听取中国银行关于港澳中银集团受挤提及保证对外支付的汇报时强调，维护中国银行的信誉，也就是维护国家的信誉。6月10日，中国银行行长王德衍发表电视讲话，重申中国银行一贯恪守信用，对内对外支付实力雄厚。从5月底至7月上旬，中国银行部分境内分行、港澳分行、海外分行相继发生挤提事件，截至7月11日，累计提取存款283亿港元。内地局势稳定之后，集中取款风波逐渐平息。

20日 中国人民银行发布《关于城乡个体工商户贷款利率问题的通知》。该通知规定：人民银行规定的流动资金贷款和固定资产贷款的利率是城乡个体工商户贷款基准利率，在此基础上可按1988年8月人民银行规定的幅度进行浮动，但在同一个省、自治区、直辖市范围内，人民银行分行应予以协调，统一浮动幅度。

30日 中国人民银行发布《关于外贸企业贷款利率问题的通知》。为了支持外贸出口创汇产品的收购，该通知规定：从1989年6月21日起，外贸出口产品收购贷款，利率仍维持年利率9%，但对外贸进口贷款、加工企业贷款及其他贷款，则按年利率11.34%计收利息。中国银行对外贸贷款的发放要严格审查，分户管理，促使外贸企业加强经济核算，加速资金周转，减少资金占用。

7月

8日 中国人民银行联合中国工商银行、中国农业银行、中国银行及中国人民建设银行在山东省召开了有四省、市五家银行参加的“清理拖欠汇报会”。为解决企业因市场疲软，产成品积压形成的债务拖欠，搞活资金，人民银行决定从第二季度开始，区别不同地区不同情况，协助企业清理拖欠，拿出适当资金解开债务锁链。对行业内部拖欠，采取选准源头，启动一点，解决一串的“一条龙”跟踪清理；对跨地区的拖欠，由银行代理企业交换票据，约期集中统一清理；对一些重点行业的重点项目进行清理，如外贸进口的国内欠款清理。

11日 国家外汇管理局公布《关于对华侨、港澳台同胞捐赠外汇参加外汇调剂的暂行规定》。从1989年7月1日起，扩大调剂外汇范围，允许华侨、港澳台同胞向境内单位捐赠外汇参加外汇调剂。受赠单位调剂外汇所得人民币款项，必须按捐赠人的捐赠意愿书规定的用途使用，不得挪作他用。

8月

5~9日 中国人民银行全国分行行长会议在北京召开。会议决定，1988年下半年金融工作总的任务仍然是紧缩银根，稳定金融，整顿金融秩序，深化金融改革，促进国民经济持续、稳定、协调发展。在货币信贷上要继续贯彻落实“控制总量，调整结构，保证重点，压缩一般，适时调节”的方针，重点是继续坚持从紧控制，狠抓资金存量调节，优化新增贷款结构，力争把1989年的货币发行和信贷规模控制在国家确定的计划之内。主要措施如下：1. 严格控制货币、信贷的总量。2. 狠抓信贷结构调整。3. 抓紧清理企业拖欠。4. 切实安排好旺季农副产品收购资金。5. 加强中央银行的资金管理。6. 积极协助有关部门发行和推销各种国家债券。7. 坚决清理整顿金融性公司。8. 进一步整顿金融秩序。9. 全面开展银行贷款的清理工作。10. 大力加强外汇外债管理。11. 进一步强化稽核检查和金融法制建设工作。

17日 自1988年10月中共中央、国务院作出关于清理整顿公司的决定以来，中共中央、国务院再次发布《关于进一步清理整顿公司的决定》。该决定指出：由于近年来贯彻中央关于党政机关不准经商办企业的决定不坚决，盲目提倡机关和事业单位“创收”，在流通领域中不顾条件不适当地成立了一大批公司，再加上法规不完善，管理和监督不力，导致了公司的发展过多、过滥。一些公司经营混乱和实行脱离我国国情的高工资、高福利，少数人利用职权贪污、盗窃、投机倒把、行贿受贿，严重干扰了为政清廉和建立健全社会主义的经济秩序，加剧了社会分配不公的矛盾，影响了社会安定。

国务院提出进一步清理整顿的基本要求，一是通过清理整顿，坚决撤并一批不符合社会需要、重复设置、不具备开办条件、严重违法乱纪的公司，以及长期经营不善、严重亏损、已经资不抵债的公司，重点是砍掉各级党政机关开办的公司，流通领域中过多、过滥的从事商业批发、对外贸易、物资供应的公司和金融性公司。二是通过清理整顿，认真查处违法违纪案件，特别是查处社会影响大的有县级以上领导干部参与的大案要案。三是通过清理整顿，逐步建立健全公司的各项管理法规和制度，特别是财会、税收和审计制度，以保证公司的健康发展。各级党的机关、国家权力机关、行政机关、审判机关、检察机关和群众组织、社会团体，一律不得用行政经费、事业费、专项拨款、预算外资金、银行贷款、自有资金和以任何方式集资开办公司，也不得向公司投资入股。现在已经开办的这类公司，包括清理整顿中已与机关、团体办理了财务脱钩手续的公司，绝大部分应予撤销。少数符合社会需要，确实办得好的，可以保留，但必须与原机关、团体完全脱离关系，一律由相应的主管部门实行行业归口管理。凡仍在公司兼职的党和国家机关干部，应严格按照中央有关规定办完辞去一头职务的手续，不得以任何理由拖延，凡借故拖延者要按违犯党纪政纪论处。

26日 中国农业银行下发《关于农村信用合作社不办理担保的通知》。该通知规定，农村信用社不得以任何形式为任何企事业单位或个人的经营活动进行担保。以前的担保要立即清理，予以解除。

9月

2日 中国人民银行发布《关于特种存款处理问题的通知》。该通知规定，对已确定撤销的金融信托投资公司的特种存款，根据该公司清理债权债务关系的需要，由当地人民银行逐步予以退还。对城市信用社和确定保留的金融信托投资公司，其特种存款暂不退还，采取借新还旧的方式重新办理存款手续。

14日 国家外汇管理局发布《关于对外商投资企业外汇调剂管理的通知》。该通知规定：对外商投资企业的外汇调剂应采取扶持与管理相结合的政策，并同对外商投资企业的外汇管理结合起来，对外商投资企业卖出或买入调剂外汇的申请经审核同意，方可以进入调剂市场。外商投资企业一切正当的外汇收入均可申请卖出。在审核外商投资企业买入调剂外汇时，应根据调剂外汇市场外汇供求情况，尽可能地保障外商投资企业的生产用汇，并予以支持。

19日 中国人民银行下发《关于撤销人民银行设立的证券公司、信誉评级公司的通知》。该通知要求人民银行设立的证券公司和信誉评级公司一律撤销，信誉评级业务交由信誉评级委员会办理。

中国人民银行发布《关于加强对城市信用社资金管理的通知》。该通知指出，城市信用合作社（以下简称城市信用社）的各项贷款增加很快，到6月末已达年初下达贷款最高限额的86.4%，有的地方已经突破了限额。为此规定：城市信用社贷款规模不得超过全年最高限额，凡已超过的除由当地人民银行给予处罚外，要令其限期收回贷款；总行对各地不再追加城市信用社贷款最高限额，已达到贷款最高限额的城市信用社只能收旧贷新，若资金有余，可向本地工商银行、农业银行、中国银行拆出，拆借期限放宽到4个月；人民银行分行可以调剂本地区城市信用社贷款最高限额，以腾出部分资金，用于支持国营大中型企业流动资金；严格限制城市信用社从专业银行借入资金，并对其借入资金和存款准备金缴存情况进行一次全面清理和检查。

20日 中国人民银行、中国工商银行、中国农业银行、中国银行、中国人民建设银行、交通银行联合发布通知，从1989年11月1日起，正式实行《华东三省一市银行汇票办法》。该办法规定：银行汇票是汇款人将款项交存当地银行，由银行签发给汇款人持往异地办理转账结算或支取现金的票据。单位、个体经济户和个人需要支付各种款项，均可使用银行汇票。银行汇票的签发，由具有银行汇票、结算章和压数机的银行办理。银行汇票的兑付，所有银行均可办理。银行汇票一律记名。银行汇票的汇款金额起点为500元，付款期为1个月。汇款人持银行汇票可以向填明的收款单位或个体经济户办理结算。收款人为个人的也可以持转账的银行汇票经背书向兑付地的单位或个体经济户办理结算。

22日 国务院发布《关于进一步清理整顿金融性公司的通知》。该通知明确了以下几条原则：1. 各级党、政、群部门不得办信托投资公司、投资公司和其他金融机构。已办的，绝大部分应予撤销。少数符合社会需要，确实办得好的，经中国人民银行审核报国务院批准后方可保留，归口人民银行领导。2. 对信托业和银行业实行分业管理。信托投资公司的业务范围主要限于信托、投资、咨询和其他代理业务，少数经批准可兼营租赁、证券业务。专业银行一律不得办理信托业务。3. 加强计划管理，把信托投资公司和其他金融机构的信用活动纳入整个社会的信用规划。4. 建立风险安全管理制度，规定信托投资公司的资产负债比例，暂定信托投资公司的资本金不得少于总资产的 8%；对一个企业的年末投资余额不得超过该企业固定资产的 30%；单项固定资产贷款的最高额度不得超过公司资本金的 20%；公司自有固定资产与其资本金的比例不得超过 15%。5. 对金融业和工商业实行分业管理。金融性公司不得开办非金融性公司或企业，非金融性企事业单位及政府部门也不得直接或变相经办金融业务，有偿使用的资金应委托金融机构代办。6. 金融性公司必须严格执行国家的财经法规，按人民银行规定的经营范围开展业务活动。7. 所有金融性公司归口人民银行统一领导、管理、协调、监督、稽核，任何地方政府和部门无权批准设立各种金融性公司。未经人民银行批准设立的金融性公司或私人办的金融机构一律撤销。8. 对债权债务的清理应本着谁办谁承担责任的原则进行。

10 月

6 日 国家外汇管理局根据《外债统计监测暂行规定》确定的外债范围，公布我国 1985—1988 年年末全国外债余额。1985 年年末全国外债余额为 158 亿美元；1986 年年末外债余额为 215 亿美元；1987 年年末外债余额为 302 亿美元；1988 年年末外债余额为 400 亿美元。这是中国首次公布的外债数字。

9 日 国家外汇管理局发布《外商投资企业境内外汇账户管理办法》。该办法规定：国家外汇管理局及其分、支局是外商投资企业境内外汇账户的管理机关。除经外汇管理部门批准，企业的一切收入必须存入境内外汇账户，一切外汇支出必须从境内外汇账户中支出。企业外方投资者外汇资本的转移和依法清理结束后分得的外汇资金的汇出，以及经批准设立的境外的分支机构或办事机构所需经费或营运资金的汇出须经外汇管理部门批准后方可办理。

10 日 国家计委、中国人民银行、财政部和审计署联合发布《关于进一步加强自筹基建资金管理的补充规定》。该补充规定指出：有一些部门、单位和银行不按规定办事，有的采取对策，逃避监督；有的打着技改自筹的名义上基建项目；有的将自筹基建资金存入其他银行，搞计划外基建；有的以各种借口，拒绝或限制向人民建设银行转（交）存自筹资金；也有银行服务不周，管理不严的问题。这些问题的存在，一方面，影响了自筹基建资金全部交存人民建设银行管理规定的落实；另一方面，严重影响了国家关于清理在建项目，压缩投资规模，调整投资结构工作的顺利开展。

该补充规定要求：1. 各级专业银行、金融机构除本系统所属单位的自筹基建资金、楼堂馆所资金要按规定交存建设银行外，对其他部门、企业、事业单位根据国家规定应当向人民建设银行转存的自筹基建资金、楼堂馆所资金（包括“拼盘”项目中有其他银行贷款投资的自筹基建资金部分），也应该及时办理转存人民建设银行手续。不得假借各种理由拖延转存。如发现故意违反者，除由当地人民银行协调强制划款外，还应按计划转出额处以每日万分之五的罚款。2. 除人民建设银行以外的其他专业银行、金融机构都不得办理自筹基建的存款、拨（贷）款业务。目前，已经开办了这类业务的其他专业银行、金融机构，要清理移交当地人民建设银行，有关的专业银行总行要负责督促、检查，并通知所属单位限期纠正。3. 各级主管部门、企业、事业单位、机关、团体等，凡需用自筹资金安排基本建设的，必须经财政部门严格审查其来源是否符合国家规定（具体审查办法由当地财政部门与人民建设银行商定），并由审计部门对其进行审计监督。在自筹基建计划审批前，必须将自筹基建资金交存人民建设银行，纳入在人民建设银行开立的自筹基建资金专户管理。严禁将自筹基建资金分散在其他专业银行多头开户或待自筹基建计划审批后将自筹资金移转他行开户。各部门、单位、企业存入其他银行的自筹资金，都不准用于基本建设，如有搞基本建设的，开户银行应拒绝付款。否则，要追究开户银行的责任。4. 各级人民建设银行必须恪尽职守，严格执行国务院和有关部门的规定，加强对全民所有制、集体所有制单位的自筹基建资金、楼堂馆所资金的全面管理，有渎职或其他违纪行为的，一经发现，要追查有关领导和经办人员的责任，严肃处理。

11日 国家外汇管理局发布《“购物支付证”管理规定》。外汇局规定：为了保证受聘外宾和留学生等在华的基本生活需要，自1990年1月1日起，正式使用“购物支付证”，“免收外汇兑换券优待证”同时作废。购物支付证系指由国家外汇管理局或其分局向应聘来华工作人员和留学生等发放的以人民币在指定部门或场所购买基本生活用品和支付食宿交通等劳务费用的凭证。购物支付证用于支付在国家经营或集体经营的宾馆、饭店、餐厅、友谊商店、外贸中心、工艺美术服务部、文物商店等场所就餐、住宿、购买一般生活用品所需费用以及购买国内航线的飞机、火车、船舶票款，支付行李运费，支付出租汽车费等。该规定对购物支付证的发放对象、发证与受证等做了规定。

18日 国家外汇管理局发布《境内机构的贸易和非贸易等外汇收支结汇的规定》。该规定明确，严禁任何单位提前买汇，推迟卖汇和未经省、自治区、直辖市、计划单列城市、经济特区的外汇管理部门批准擅自将外汇额度买成现汇存放国内外银行。凡违反本规定者，按如下处理：1. 提前买汇、推迟卖汇者，外汇管理部门根据提前或推迟结汇的实际天数，按3个月期伦敦同业拆借利率（LIBOR）向违法企业收取利息，折合人民币收取；2. 对用汇单位未按上述规定而提前买汇者，一经发现，经办银行应立即冲账，并按规定的付款到期日公布的汇率结汇；3. 经办银行未按本规定执行为单位提前付汇、推迟结汇者，一经查出，将按提前付汇或推迟结汇的金额处以10%的人民币罚金。以上各项处罚，企业、银行不得列入经营成本。本规定不适用于外商投资企业。

24日 国家外汇管理局、中国银行发布《关于台胞、台属因私赴台申请批汇问题的规定》。经批准赴台湾地区定居、探亲、探病、奔丧以及赴国外或港、澳地区会亲的台胞、台属，可凭公安机关出入境管理部门签发的去台湾的有效证件和当地台办出具的赴台湾换汇证明到中国银行当地分行申请兑换外汇。赴台湾定居人员每人200美元旅途外汇；对没有离休费、退休费、退职生活费的台胞、台属，可批给每人700元人民币的等值外汇。未满14周岁的儿童持有的外汇额度每人减半。赴台湾探亲人员，可批给200美元旅途外汇。赴台湾探病、奔丧人员可批给400美元的外汇。台胞、台属在出境前已收到境外亲属为其汇入作出境旅游的外汇，允许其复带出境。

30日 国家外汇管理局发布《关于外币兑换若干问题的规定》：各国驻华机构从其在银行开立的外币存款账户或人民币特种存款账户中提取外汇兑换券后，其未使用的外汇兑换券不得兑回外币，只能在中国境内继续使用。常驻人员离境时，如要求将未用完的外汇券兑成外汇汇出或携出境外，银行凭本人出境证明或飞机票和有效期内的兑换水单方予兑给不超过原兑换数的50%的外汇，不出境者不能兑回外币。对短期来华的外国旅游者、华侨、港澳同胞将未用完的外汇券要求兑换外币时，准予一次兑换外币（最多不超过原兑换数的50%）。

11月

6~9日 中共十三届五中全会在北京举行。全会审议并通过《中共中央关于进一步治理整顿和深化改革的决定》。五中全会决定：包括1989年在内，用3年或者更长一点的时间基本完成治理整顿任务。治理整顿的主要目标是：逐步降低通货膨胀率，要求全国零售物价上涨幅度逐步下降到10%以下；扭转货币超经济发行的状况，逐步做到当年货币发行量与经济增长的合理需要相适应；努力实现财政收支平衡，逐步消灭财政赤字；在着力提高经济效益、经济素质和科技水平的基础上，保持适度的经济增长率，争取国民生产总值平均每年增长5%~6%；改善产业结构不合理状况，力争主要农产品生产逐步增长，能源、原材料供应紧张和运力不足的矛盾逐步缓解；进一步深化和完善各项改革措施，逐步建立符合计划经济与市场调节相结合原则的，经济、行政、法律手段综合运用的宏观调控体系。

该决定提出，中央银行必须管住票子，控制住信贷总规模。1990年的新增贷款总额和货币发行量，大体维持1989年的水平。新发放的银行贷款，严格按照国家的产业政策，优先保证重点产业、重点产品、重点项目和骨干企业的资金需要。进一步清仓利库，减少不合理的资金占用。企业要按规定比例增补自有流动资金。加强现金管理，积极清理各种拖欠款项，扭转资金“体外循环”现象。金融体制的改革必须有利于加强集中统一管理。进一步强化中央银行宏观调控职能，严格控制货币发行和信贷总规模。中央银行要对专业银行实行归口领导和管理。进一步整顿金融秩序，纠正各金融机构间不合理的业务交叉。坚决按照国家产业政策和信贷计划的要求发放贷款，不能片面强调企业化经营。坚决整顿和裁并非银行的金融机构，以及银行的信托投资公司，取缔私人银行和钱庄。金融体制的改革要同调整信贷结构和清理已经发放的贷款结合起来。

6日　中国人民建设银行发布《中央级基本建设储备贷款管理暂行办法》。该办法规定，基本建设储备贷款的发放对象是国家用中央财政预算内资金安排的中央级基本建设项目。凡具备条件的中央级建设单位，为下年度储备设备和主要材料，均可向中国人民建设银行申请基本建设储备贷款。基本建设储备贷款指标由总行按行业分次下达到分行，分行再将储备贷款指标分解下达到经办行。贷款期限一般为1年，最长不得超过2年。贷款利率按有关设备储备贷款利率的规定执行。该办法自1990年1月1日起实行。

10日　国家外汇管理局公布《外汇（转）贷款登记管理办法》。外汇（转）贷款是指境内单位使用的以外币承担的具有契约性偿还义务的下列外汇贷款：国际金融组织和外国政府转贷款、国内金融机构的外汇贷款、国际金融转租赁和国内外汇租赁等。该办法规定，国家对转贷款实行全面的登记管理制度。外汇管理部门负责转贷款的登记、管理和还本付息的审批工作。使用转贷款的单位应到所在地外汇管理部门办理转贷款登记，领取贷款登记证。该办法自1989年11月15日起实施。

国家外汇管理局发布《外债登记实施细则》。该细则规定：外债登记分为逐笔登记和定期登记。定期登记的外债是指国内银行和非银行金融机构借入的外债；财政部、经贸部、中国人民银行、农业部、中国银行分别负责的外国政府贷款和国际金融组织贷款。逐笔登记的外债是指除定期登记以外的国内其他部门、企业（包括外商投资企业）借用的外债。企事业单位委托金融机构的对外借款，由合同规定的债务人进行登记。该细则对登记手续、办理开户行业务的条件、开户行应履行的职责以及各种罚则等也做了明确规定。

13日　中国人民银行、邮电部联合印发《关于进一步办好邮政储蓄的通知》。该通知对改进邮政储蓄办法规定：1. 邮政储蓄吸收的资金转存人民银行，列入信贷计划，安排当地人民银行调剂使用。2. 凡具备2人以上、有一定业务素质的工作人员和开业条件的邮政机构，均可开办邮政储蓄业务。3. 邮政储蓄业务由邮电部统一管理，贯彻国家的金融方针、政策，执行国家统一规定的利率标准，在业务上接受人民银行的指导。4. 邮政储蓄的业务种类，可比照银行现行的储蓄种类办理，如需增加新的储蓄种类，须由省、自治区、直辖市邮电管理局与当地人民银行分行商定。5. 将邮电部门办理邮政储蓄向人民银行缴存存款的业务关系改变为转存款关系，即邮政储蓄由邮电部门自办，邮电部门吸收的储蓄存款（含保值定期储蓄存款）转存人民银行，人民银行对邮电部门支付转存款的利息和进行保值储蓄贴息，停止支付邮政储蓄手续费和提供备用金。储户的存款利息由邮电部门支付，邮电部门获得的利差即为经营收入。随该通知下发的还有《邮政储蓄存款转存办法》。该通知自1990年1月1日起施行。

14日 国务院发布《关于清理检查“小金库”的通知》。该通知指出：近几年来，不少机关、团体、企业和事业单位违反国家财经制度，私设各种形式的“小金库”，屡禁不止。这是造成国家财政收入流失、消费基金增长过猛的重要原因之一，不仅助长了奢侈浪费，而且腐蚀干部，败坏党风和社会风气。为此，国务院决定，结合开展1989年税收、财务、物价大检查，对私设的“小金库”进行一次全面彻底的清理和检查。国务院和地方各级政府的大检查办公室，要在同级银行开立“清查小金库资金”专户。各机关、团体、企业和事业单位应交的各项“小金库”资金，均由单位财务会计部门集中，并按其隶属关系（中央、省区市、地市、县区）直接汇交同级大检查办公室在银行开立的“清查小金库资金”专户。

24日 中国人民银行发布《关于大额可转让定期存单转让问题的通知》。主要规定：1. 中国人民银行是大额可转让定期存单转让业务的主管机关。2. 经营大额可转让定期存单转让业务的机构，必须是经人民银行批准许可经营证券交易业务的金融机构。非金融机构和公民个人不得经办存单的转让业务，也不得在人民银行批准的中介机构之外私自进行存单的买卖。3. 大额可转让定期存单的转让采取自营买卖和代理买卖两种柜台交易形式。自营买卖的价格不得低于存单面额，代理买卖的价格根据委托人的要求公开挂牌。4. 自营买卖的价差最高不超过存单面额的1.5%。代理买卖向双方收取的手续费之和，最高不超过存单面额的6‰，对每张存单所收的手续费之和的上限为3 000元。5. 凡发行大额可转让定期存单的银行只能办理代理买卖业务，不得办理自营买卖业务。

12月

4日 中国人民银行发布《关于进一步清理整顿城市信用社的通知》。该通知要求：在清理整顿期间，一律停止审批新的机构。对资本金严重不足、资不抵债、违法乱纪、银行及政府或个人出资开办、在年底不能与专业银行等部门脱钩以及城市信用社设立的分支机构限期予以撤并。对超范围吸收存款和超规模贷款、违规拆借等活动必须限期清退和收回。变相擅自提高利率的要予以处罚。

14日 国家外汇管理局、国家旅游局印发《旅游外汇管理暂行办法》。该办法适用于经营涉外旅游业务的旅行社、宾馆、饭店、车船公司、餐馆、旅游商品商店、娱乐游览场所等企业。旅行社经营外国人、华侨、港澳台同胞来华旅游业务，必须向境外旅行社收取外汇和向旅游者收取外汇券，不得收取人民币。旅行社接待来华旅游团组，必须坚持先收费后接待的原则，不得拖欠款；不得将旅游外汇截留存放境外。中央和地方一类、二类旅行社外汇收入的结汇不得低于实现的外汇毛利额。除旅行社以外的其他旅游企业须在银行建立“外汇券收入户”和“外汇券支出户”。“外汇券收入户”的剩余外汇按月或季结汇并办理留成。该办法自1990年1月1日起开始执行。

16日 人民币汇率下调。经中国人民银行授权，国家外汇管理局公布，人民币汇率从即日起下调21.2%，由原1美元兑人民币3.70元调至1美元兑4.70元。

中国人民银行发布《关于进一步清理整顿基金会的通知》。该通知强调：基金会是对国内外社会团体和其他组织及个人自愿捐赠的资金进行管理的民间非营利性组织，是独立的社团法人，不得将基金会办成任何部门或单位的附属机构。该通知要求，对基金会进行清理整顿，暂停审批新的基金会。严禁基金会向企事业单位平调、摊派基金。基金会不得直接开办公司、企业，不得办理存款、贷款、拆借资金等金融业务。

18日 中国人民银行发布《关于做好撤并金融性公司债权债务清理工作的意见》。该意见指出：凡撤并公司停业前所签订的合同，包括涉外合同继续有效；原所收吸的各种存款、发行的各种债券以及其他负债，一律按原订期限归还；

撤并公司所发放的各种贷款、投资和其他债权归出资单位或接受债权的单位，并由这些单位负责催收，或委托其他金融机构代为催收；撤销公司不得以任何方式抽回资本金；凡属确定撤销的公司，须经中国人民银行批准，按有关规定办理公司注销手续。

31 日 财政部、中国人民银行、国家国有资产管理局联合下发《关于做好撤销、合并全民所有制公司资产和债权债务清理工作的通知》。该通知规定：确定撤销和合并的公司，根据清理资产和债权债务的需要，由主管部门（含挂靠单位）组织有关单位和有关人员成立清算组织，负责对公司的资产和债权债务进行全面清理。确定撤销的公司，其资产经过评估，由清算组织征得债权人同意后，报公司主管部门会同财政部门和国有资产管理部门批准，进行变卖或者拍卖。凡应撤并的金融公司，其主管部门应立即组织清理小组。撤销的金融性公司和非金融性公司，属银行、保险公司用信贷基金、保险基金开办的，由银行和保险公司负责收回仍作为信贷基金和保险基金使用。属信贷和其他资金投入的，按国家有关的财务和信贷规定办理。撤销的公司经过清理发生亏损的，各级财政一概不予弥补，主管部门也不得用国家的财政拨款和银行贷款抵偿债务。撤销公司按下列程序清偿债务：1. 支付合理的工资、生活费；2. 依法缴纳各项税款；3. 偿还国家银行、信用合作社和其他金融机构的贷款；4. 偿还其他债务。撤销和合并金融性公司的债权债务清理，按《中国人民银行关于做好撤并金融性公司债权债务清理工作的意见》办理。

1990 年

1 月

1 日 国家外汇管理局宣布，从即日起对在华外国人士实行“购物支付证”制度。持证者可在指定场合以人民币结算，废止以前发放的“免收外汇兑换券优待证”。

5 日 中国人民银行发布《关于保险公司保险金存款问题的通知》。该通知规定：任何种类的保险金转存各专业银行时，均列入“保险公司存款”科目，不得列入“储蓄存款”科目核算，不准转存入各储蓄所。除四家国有银行外，其他银行、非金融机构和邮政储蓄机构不得吸收各种保险金转存款。各专业银行在吸收保险金存款时，不得另付任何形式的手续费。1983 年《中国人民银行关于家庭财产两全保险的保险储金按储蓄利率计息的通知》中规定的“按储蓄存款利率档次计息”的几种保险金转存款，现改为“按单位存款利率计息”，其实际利率水平没变，存期 3 年以上的存款不予保值。

12～18 日 全国银行分行行长会议在北京召开。会议提出，为了实现 1990 年银行信贷规模和货币发行计划目标，在货币信贷上要继续执行“控制总量，调整结构，保证重点，压缩一般，适时调节，提高效益”的方针，把工作重点放到调整信贷结构，加速资金周转和搞好适时调节上来。为此采取以下政策措施：1. 增强和改善信贷资金的宏观管理。继续实行贷款规模控制的责任制，进一步完善季度贷款监控办法，做到“全年亮底、按季监控、按月考核、适时调节”。人民银行给专业银行核批的全年贷款最高控制限额，仍实行专业银行“条条”管理，并由各地人民银行进行监控的办法。2. 下大力气调整信贷资金结构。要按照国家产业政策和信贷政策掌握发放贷款，重点支持农业、能源、交通和原材料等国民经济基础行业发展，支持大中型骨干企业的生产，农副产品和外贸出口商品的收购，国家计划内的重点固定资产投资项目，以及群众生活必需品和市场短缺商品的生产。3. 加强企业流动资金管理，使企业自有流动资金的比例逐步达到 30%。4. 继续稳定和增加储蓄存款。5. 进一步整顿金融秩序。抓好金融性公司和其他非银行金融机构的清理整顿工作，强化利率管制。1990 年上半年各行都要进行一次结算纪律大检查，着重对结算中压票退票、不执行结算制度和互相占用汇差及结算资金的问题进行清理整顿。6. 加强外汇、外债管理。7. 切实做好银行各项基础工作。8. 继续坚持金融对外开放的方针。

14 日 中国人民保险公司、中国农业银行发布《关于贷款企业和个人参加财产保险的联合通知》。该通知规定，自 1990 年 3 月 1 日起，凡是向农业银行、农村信用社贷款的国营、集体工业、农业、商业企业都应参加财产保险；私人企业、个体工商户和某些农村经营承包专业户，原则上也应在当地人民保险公司办理财产保险。对应参加财产保险而未参加的，原则上不予贷款。投保企业、个人在投保期间如因保险事故造成损失，其所获保险金应首先用于偿还农业银行、农村信用社的贷款。

2 月

5～8 日 国务院经济特区工作会议在深圳召开。会议指出：在治理整顿时期，全国经济发展速度要适当放慢一点，但经济特区可以而且应该比全国的平均发展速度高点。据会议介绍：截至 1989 年年底，5 个经济特区（深圳、珠海、汕头、厦门、海南）已批准外商投资项目 5 700 多个，协议外资金额 94 亿美元，实际利用外资 41 亿美元，占全国的 1/4 以上；5 个经济特区 1989 年的工业产值接近 300 亿元，是 10 年来中国经济实力增长最快的地区；5 个经济特区 1989 年外贸出口达 38.5 亿美元，占全国出口总额的近 1/10。

9 日 中国人民银行发布《关于一九九〇年发行金融债券、发放特种贷款的规定》。该规定明确：全国发行金融债券的总额，由中国人民银行总行根据国家综合信贷计划和当年偿还旧债的数额统一确定。申请发行金融债券的各银行总行应制订本系统发行金融债券和特种贷款的计划和办法，并上报中国人民银行总行审批。各行不得突破中国人民银行总行批准的发行额度。1990 年金融债券的发行对象为城乡个人。1 年期、2 年期的年利率比同期存款利率上浮 2 个百分点；3 年期的年利率在保值的基础上再上浮 1 个百分点。金融债券发行后即可进入市场转让和抵押。1990 年发行金融债券筹集的资金，只能用于归还已到期金融债券和发放特种贷款。

特种贷款要严格控制在批准的额度内发放，只限用于以下方面：新建、扩建企业需要投产，目前不能备足 30% 自有流动资金并要求贷款的，可在其原材料有来源、产品有销路的情况下，在 30% 以内发放特种贷款；经济效益好、产品为社会所急需的计划内技术改造项目建成后所需流动资金；经济效益好、有还款能力并纳入国家固定资产投资计划的能源、交通、原材料等基本建设项目建成后所需流动资金；经中国人民银行总行特批，中国人民建设银行可发放少量的国家计划内基本建设特种贷款，用于产品为社会所急需、经济效益好、再投入少量资金就可以竣工投产的国家计划内的项目。特种贷款的利率可以比同期限金融债券的利率高 1 ~ 2 个百分点；在此幅度内，根据不同地区、用款期限长短划分档次，实行差别利率。

12 日 国务院召开税收财务物价大检查工作组全体成员会议。会议宣布：1989 年的税收、财务、物价大检查，从 1989 年 9 月开始，历时 4 个月，现已基本结束。截至 1989 年 12 月底统计，全国共有 238 万户国营、集体企业和行政事业单位进行了自查，自查面达到 99.1%；各级政府和各部门共派出 62 万名检查人员，对 85.5 万户企业和单位进行了重点检查。通过自查和重点检查，全国共查出各种违纪金额 153.73 亿元，其中，应交财政 88.2 亿元，已补交入库 64.57 亿元，分别比上年增加了 24.25%、19.7% 和 14.37%。全国共查出各种小金库资金 10.01 亿元，其中，转入单位财会部门账内列收列支 7.57 亿元，单位留用 1.08 亿元，应上缴财政 1.36 亿元，已收缴入库 5 800 万元。在这次大检查中，全国受到经济处罚的共有 59 373 个单位、8 824 人，受到党纪、政纪处分的有 439 人，移交司法机关立案侦查或依法逮捕的有 931 人。

中国人民银行发布《关于强化利率管理的通知》。该通知规定：从 1990 年 2 月 1 日起各银行、城乡信用社和其他非银行金融机构必须严格按照人民银行规定的存款利率执行，一律不准上浮。对单位发行的大额定期存单，利率不再上浮；对个人发行的大额定期存单，由人民银行各分行决定利率是否上浮，但是上浮幅度最高不得超过 10%。人民银行对农村信用社开办的特种存款适当调高利率，半年期和 1 年期存款年利率分别由 9.72% 和 12.6% 调高到 10.08% 和 13.05%。固定资产贷款利率、专业银行发放的粮棉油贷款利率、外贸出口产品收购贷款利率，一律不准上浮。流动资金贷款利率上浮幅度由现行的 30% 下降到 20%。贷款利率浮动权仍由各银行总行掌握，浮动幅度的权限只能下放到地、市级分（支）行。城乡信用社贷款利率的上浮幅度，以人民银行规定的贷款利率为基准，最高不能超过 50%，需上浮利率的贷款项目必须经县级以上人民银行批准执行。逾期贷款加息幅度由 30% 下调到 20%；超储积压和有问题的商品贷款加息幅度由 50% 下调为 30%；挤占挪用贷款加息幅度由 100% 下调为 50%。人民银行分行对专业银行和其他非银行金融机构贷款利率浮动权收归总行掌握。

中国人民银行发布《关于完善1990年信贷资金管理的规定》。主要内容是：1. 从1990年起，正式编制全社会信用规划，并分为4个层次进行管理和监控。第1层次是对银行、城乡信用社、各类信托投资机构和各种债券、股票、集资等信用活动总量进行规划；第2层次是包括人民银行、专业银行、交通银行和中信实业银行在内的国家银行信贷计划；第3层次是包括信托投资公司、城乡信用社等在内的其他金融机构的信贷计划；第4层次是各种形式的债券、股票和集资活动。2. 全年贷款限额为指令性计划，未经批准不得突破。对贷款限额继续实行“全年亮底、按季监控、按月考核、适时调节”的办法。季度性贷款限额为指导性计划，由各家银行根据人民银行总行核批的全年贷款限额，按照不同地区的季节特点，合理确定上半年和第三季度的贷款进度。3. 对城乡集体经济组织和个体户，银行原则上不新增固定资产贷款。对流动资金贷款限额，经专业银行总行批准在项目之间可以相互调剂，其中乡镇企业特种贷款只能调减不能调增，农副产品收购贷款只能调增不能调减。4. 农业银行发放的农业贷款和预购定金贷款，可在超过年度贷款限额的30%之内掌握，由农业银行总行负责控制，第四季度以后逐步压缩，不得突破年度贷款限额。5. 对纳入专项管理的粮、棉、油、糖料、茶叶、肉类及主要畜产品，要严格按照国家下达收购计划安排资金。6. 继续开展清仓挖潜，清理企业拖欠。1990年清仓挖潜任务为：全部流动资金周转要加速4%。7. 按照国家产业政策和大中型企业划分标准，作为专业银行重点倾斜对象给予贷款支持。8. 非银行金融机构要按照人民银行批准的经营范围和有关规定办理业务，按时足额交纳准备金。9. 为了便于专业银行安排资金，要将1989年以前中央银行短期贷款的一部分转为年度性贷款。对当年国家安排给专业银行的政策性强的贷款，人民银行适度增加一部分年度性贷款。年度性贷款和短期贷款仍实行“条块结合，以块为主”的分配办法。人民银行对专业银行的贷款仍实行限额管理。10. 加强财政性存款和缴存存款的管理，对专业银行已经占用的财政性存款，规定期限逐步划归人民银行。11. 继续开展短期资金融通。相互拆借资金，期限一般为1个月。其他金融机构对专业银行拆出资金，最长不得超过4个月。

21日 中国人民保险公司确定广东、辽宁、山东、陕西、贵州、河北、内蒙古、广西、成都、长春分公司试办“养老金还本保险”及“福寿安康保险”。其中“养老金还本保险（试行）”规定：所有城乡居民或具有法人资格的企业，均可以作为投保人，为其本人或企业职工向中国人民保险公司投保养老金还本保险。保险费应按约定方式和时间交纳，年交保险费总额不得低于120元。投保人因欠交保险费后补交时，要按欠交期间的银行最高年复利率相应期的月利率计交利息。被保人领取养老金的年龄分别确定为50周岁、55周岁、60周岁、65周岁四档。交费须满10年以上。

3月

8日 中国人民银行制发《同业拆借管理试行办法》。该试行办法规定：参加同业拆借的只能是银行和非银行金融机构。人民银行、保险公司、非金融机构和个人不能参加同业拆借活动。拆出资金限于交足存款准备金和留足必要的备付金之后的存款，严禁占用联行资金和中央银行贷款进行拆放；拆入资金只能用于弥补票据清算、联行汇差头寸的不足和解决临时性周转资金的需要，严禁用拆借资金发放固定资产贷款。各银行每月日平均拆入资金余额，不得超过其上月末各项存款余额的5%；城市信用社每月日平均拆入资金余额和其自有资本金的最高比例为2∶1；其他金融机构每月日平均拆入资金余额，不得超过其自有资本金。同业拆借的期限和利率高限由人民银行总行确定和调整，拆借双方可在规定的限度之内，协商确定拆借资金的具体期限和利率。

在发布该试行办法的通知中，人民银行指出，同业拆借的期限和利率高限由人民银行总行根据资金供求情况确定和调整。目前，拆借资金的期限一般为1个月，其他金融机构对专业银行拆出资金，期限最长不得超过4个月。同业拆借的利率不得高于人民银行对专业银行日拆性贷款利率的30%。

14 日 中国人民银行、中国工商银行、中国农业银行、中国银行、中国人民建设银行召开全国银行电话会议。会议决定：适当增加上半年银行贷款规模。新增加的贷款主要投向 234 户“双保”企业、农业春耕生产、国家计划内固定资产贷款项目等。1990 年总共扩大固定资产投资 400 亿元。从 3 月 21 日起，贷款利率下调 1.26 个百分点。从 4 月 1 日起恢复于 1989 年 8 月取消的托收承付结算方式，以帮助承担国家指令性计划生产较多的骨干企业收回货款。中国人民银行还决定从 4 月 15 日起降低部分存款利率，城乡居民和企业、事业单位的定期存款年利率（3 个月、半年、1 年、2 年、3 年、5 年期存款）降低 1.26 个百分点；8 年期存款年利率降低 1.44 个百分点。这些经济手段收到了较好的效果，从 3 月开始，工业生产逐月回升，6 月增长速度达到 5.3%，全年增长了 7.8%。

20 日 第七届全国人民代表大会第三次会议在北京召开。国务院总理李鹏做《政府工作报告》。该报告指出，1989 年，严重影响经济稳定发展的通货膨胀得到控制，社会总需求大于总供给的矛盾趋于缓和；经济结构调整开始起步；流通领域的混乱现象得到初步治理，清理整顿公司工作有了进展；国民经济保持了一定的增长速度，有效供给继续增加；重点建设取得了新的成绩。当前，国家在前进中还存在着许多问题和困难。在经济方面，多年积累下来的产业结构失调、经济体制和运行机制不合理、经济效益差等深层次问题还远远没有解决，在治理整顿中又出现了市场销售疲软、工业增长速度回落过猛、停产半停产企业增加等新的矛盾和问题。

该报告指出，1990 年要在坚持财政金融“双紧”方针的前提下，从多方面采取缓解当前矛盾的措施，其中包括：适度放松金融，增加一些贷款，主要用于增加企业流动资金，增加商业、物资和外贸收购资金；适当调整存贷款利率，在贷款上实行差别利率；成立专门小组负责尽快清理“三角债”，全面恢复银行托收承付制度，以减少企业间的相互拖欠。银行要按照国家的产业政策和信贷政策，继续控制贷款规模和货币投放，调整贷款结构，做好适时适度调节，加强分类指导，把贷款的发放和管理工作做好。要继续对农业生产、农副产品收购和外贸收购、国家重点建设和重点生产实行倾斜政策。对经济效益好的大中型骨干企业的贷款，优先予以支持。认真清理各项贷款，挖掘资金潜力，加速资金周转。继续开办保值储蓄，积极组织和吸收城乡居民储蓄存款。

26 日 国务院发布《关于在全国范围内开展清理“三角债”工作的通知》。该通知指出，由于市场疲软，产成品积压，工业生产中流动资金不足的矛盾很尖锐，企业、单位之间互相拖欠货款和前清后欠的情况十分严重，已成为影响当前生产正常进行的突出问题，也损害了社会信用。为了缓解这一矛盾，国务院决定在全国范围内开展清理“三角债”工作，并决定成立由邹家华任组长的国务院清理“三角债”领导小组，组织领导全国的清欠工作。4 月 4 日，国务院清理“三角债”领导小组召开全国电话会议，对开展清理“三角债”工作进行了部署。按照国务院的要求，对企业因流动资金不足形成“三角债”，分三个步骤进行清理：第一步，从 4 月至 6 月初，各省、自治区、直辖市及计划单列市和重点部门自行组织清理，清理拖欠款 700 亿元；第二步，6 月中旬至 7 月底，全国按华北、东北、华东、中南、西南和西北六大区，由指定省、市牵头，组织大区跨省（区、市）的区域性清理，清理拖欠款 248 亿元；第三步，全国范围的清理。为此，国务院于 7 月 10 日至 12 日召开了全国清理“三角债”工作会议。国务院规定：为清理“三角债”，银行要投入一批启动资金。从 1990 年 4 月 1 日起，凡无理拖欠货款的单位，要给收款单位支付日息万分之三的滞纳金。

27 日 中国人民银行发布《关于金融公司撤并留的政策意见的通知》。该政策意见规定：1. 所有信托投资公司，凡未经中国人民银行批准和达不到验收标准的，一律撤销；经批准并符合验收标准的，可以根据不同情况保留 1~2 家。投资公司，中央各部委办的，经国务院特批可予保留；各级保险公司办的一律撤销；其余视情况予以保留，但不得吸收存款和发放贷款，不得参与金融同业之间的资金拆借，有偿资金使用必须委托经中国人民银行批准可以办理信托业务的金融机构办理。融资公司、证券公司、租赁公司、财务公司撤并留的政策界限，由中国人民银行另行制定。2. 各专业银行不得投资开办各种公司和房地产开发公司，也不得向各种非金融性公司或企业投资。已投资开办的全资公司和房地产开发公司，要按国家有关清理整顿公司的规定进行清理整顿，个别准予保留的，必须与专业银行脱钩，成为独立的企业法人；房地产开发公司可归口建设部门管理，但不得办理各种金融业务。不能脱钩者，一律撤销。专业银行在这些公司的投资要限期收回或转让出去，一时不能收回或转让不出去的，可以改为贷款。人民银行及各专业银行开办的咨询公司、评信公司一律撤销。3. 各专业银行投资开办的咨询公司、中国人民银行及各专业银行办的评信公司一律撤销。人民银行还同时下发了《信托投资公司验收标准》：全国性和区域性的信托投资公司，其实收资本金足额须达到1亿元和5 000万元人民币；经营外汇业务的还须分别拥有1 000万美元和500万美元现汇的外汇资本金。

4 月

1 日　中国人民银行改革联行清算制度。中国人民银行于1989年12月6日发布《关于改革联行清算制度的通知》指出，改革联行清算制度的核心，是使汇划款项与资金清算同步，汇差资金由人民银行控制，目标是建立人民银行清算中心，以运用卫星通信网的电子联行替代手工联行；专业银行跨系统内汇划款项全部通过清算中心汇划并清算资金。近期任务是改进现行的联行清算办法，实行专业银行跨系统大额汇划款项和系统内大额汇划款项均通过人民银行联行转汇并清算资金。该通知还规定了10项具体实施办法。

4 日　中华人民共和国主席发布第26号令，颁布《中华人民共和国香港特别行政区基本法》（以下简称《基本法》）。《基本法》中有关金融方面的内容有：1. 中国香港特别行政区政府提供适当的经济和法律环境，以保持中国香港的国际金融中心地位。2. 中国香港特别行政区的货币金融制度由法律规定。中国香港特别行政区政府自行制定货币金融政策，保障金融企业和金融市场的经营自由，并依法进行管理和监督。3. 港元为中国香港特别行政区法定货币，继续流通。港元的发行权属于中国香港特别行政区政府。港元的发行须有100%的准备金。港元的发行制度和准备金制度，由法律规定。中国香港特别行政区政府，在确知港元的发行基础健全和发行安排符合保持港元稳定的目的的条件下，可授权指定银行根据法定权限发行或继续发行港元。4. 中国香港特别行政区不实行外汇管制政策。港元自由兑换。继续开放外汇、黄金、证券、期货等市场。中国香港特别行政区政府保障资金的流动和进出自由。5. 中国香港特别行政区的外汇基金，由中国香港特别行政区政府管理和支配，主要用于调节港元汇价。《基本法》自1997年7月1日起实施。

中国人民保险公司（以下简称人保公司）承保中国“长征三号”运载火箭发射“亚洲一号”卫星，保险金额1.2亿美元，保险期限为自点火后365天。这是我国第一次承揽发射国际商用卫星，也是人保公司首次承保国际商用卫星。4月7日，中国首次实施对外商业发射服务，“长征三号”运载火箭发射美国休斯公司制造的“亚洲一号”通信卫星获得成功。

7 日　中国人民银行发布《整顿开户和加强结算纪律的意见》和《违反银行结算制度处罚规定》。针对当前在开户和结算上存在的企业单位在银行和其他金融机构多头开户；一些银行违反结算规定，有章不循，压票、退票，截留、挪用结算资金；有些银行擅立规章，自作规定，相互设卡，阻塞汇路等问题，该意见指出，各级人民银行要组织各家银行和其他金融机构对目前企业单位的多头开户进行一次全面的清理整顿。通过清理整顿，专业银行应按照“一业为主、适当交叉”的原则，交通银行、中信实业银行等综合性银行可不受业务分工的限制，确定企业单位在一家金融机构开立一个基本账户，办理转账资金的收付和按照国家现金管理的规定办理现金的收付。正确办理银行汇票的签发和兑付；按照规定签发和承兑商业汇票；严格委托收款和托收承付的支付纪律；正确及时地办理结算；严格实行对单位违反结算纪律的处罚。该处罚规定明确，对于违反银行结算制度的单位和个人、银行和其他金融机构，除责令其限期纠正外，可根据其行为性质及情节轻重分别给予通报批评、计扣赔偿金或赔款、罚款、罚息、没收非法所得、停止使用有关的结算办法等处罚。

13日　中国人民银行颁布《关于境外金融机构管理办法》。该管理办法规定：境外金融机构是指境内金融机构、非金融机构及境外中资金融机构和非金融机构在境外设立或者收购的从事存款、贷款、票据贴现、结算、信托投资、金融租赁、担保、保险、证券经营等项金融业务的机构。境内金融机构在境外设立代表机构、分支机构，设立中资、中外合资金融机构或者收购境外金融机构，由中国人民银行批准；境内非金融机构在境外设立中资、中外合资金融机构或者收购境外金融机构，由主管部门征求经贸部意见并审核同意后，报中国人民银行批准；境外中资金融机构和非金融机构，设立或者收购境外金融机构，由其境内投资单位征求经贸部意见后报中国人民银行批准。该管理办法对境内金融机构申请设立或者收购境外金融机构；境内非金融机构申请设立或者收购境外金融机构；境外中资金融机构和非金融机构申请设立或者收购境外金融机构须具备的条件做了规定，并明确了相应的罚则。本办法不适用于在中国境内设立的外商投资企业。截至1990年年底，在中国的外资、中外合资金融机构共38家。

15日　中国人民银行调整存贷款利率。中国人民银行于3月10日发布《关于调整存贷款利率的通知》，规定：1. 降低存款利率。对城乡居民和企、事业单位定期存款（3个月、半年、1年、2年、3年、5年、8年期存款）利率现行基础上降低1.26个百分点。2. 降低贷款利率。自1990年3月21日起，流动资金贷款利率，由现行的年利率11.34%下调到10.08%，专业银行可增设1年期以下的贷款利率档次。固定资产贷款利率也相应下调1.26个百分点。粮、棉、油贷款年利率由现行的11.34%下调到9%，外贸出口商品收购贷款年利率仍按9%执行。在人民银行规定的年利率10.08%基础上，城乡信用社贷款利率上浮幅度，最高不能超过50%。在30%的幅度内由信用社自行决定浮动；超过30%，必须报县级以上（包括县）人民银行批准。调整后的贷款利率并实行分段计息。3. 降低人民银行对专业银行的存贷款利率。各金融机构上缴人民银行的存款准备金和备付金存款年利率一律调整为7.92%。人民银行对专业银行的贷款利率不再划分档次，统一按9%执行。

18日　中国人民银行发布《关于对部分优惠贷款利率补贴问题的通知》。该通知规定：从1990年3月21日起，农业银行、工商银行发放的粮棉油收购贷款，中国银行发放的外贸出口产品收购贷款，其年利率9%与10.08%的利差，由人民银行给予补贴。1987年以前由工商银行、建设银行发放的黄金设备贷款一律按年利率8.46%计收利息。原定期限内的贷款由人民银行按8.46%与10.08%的利差给予补贴。工商银行每年发放的4亿元技术开发贷款，月利率为8.4‰，在原定贷款期限内，其中2.4‰由人民银行给予补贴。工商银行发放的银行系统印制企业基本建设贷款和设备贷款，仍按年利率5.4%执行，5.4%与10.08%利差由人民银行给予补贴。

国务院向海内外宣布开发开放浦东。4月30日，上海市政府召开新闻发布会，公布开发浦东的10项优惠政策。其中一条是允许外商在上海、包括浦东新区增设外资银行。

21日　国家科学技术委员会、中国工商银行发布《科技开发贷款项目管理办法（试行）》。根据中共中央关于科技和金融体制改革的精神，经中国人民银行批准，在国家信贷计划中增设了科技开发贷款科目。该管理办法规定：贷款项目承担单位为具有一定条件的科研院所、大专院校、科研生产联合体和承担科技开发的全民和集体企业。科技开发贷款项目分为国家项目和地方项目，贷款建议项目的申请，分别按国家科委和地方科委各类科技计划的规定和要求办理。科技开发贷款实行专项管理，按计划使用。收回再用部分按中国工商银行总行有关规定在科技开发贷款范围内由各分行统筹安排使用。贷款主要使用范围为新产品、新工艺、新技术、新材料的研究、试制和开发；科技成果转移过程中的中间试验，包括小型工业性试验和小批量投产；引进国外技术的消化、吸收。贷款用于消化吸收需要购置的一些技术软件、检测手段、样品、样机、仪器、设备、材料以及试验费等。贷款期限一般为1～3年，某些高新技术项目可适当延长，但最长不得超过5年。利率一律按中国工商银行的有关规定执行。7月5日和8月3日，中国人民建设银行、中国农业银行和国家科委又分别针对科技开发专项贷款有关事项作出了具体规定。

25日 中国人民银行发布《关于加强储蓄管理工作的暂行规定》。该暂行规定的内容包括关于储蓄种类的管理、关于储蓄存款范围的管理、关于储蓄机构及业务的管理和关于储蓄利率的管理。其中规定：金融机构和邮政储蓄部门须经中国人民银行省级分行批准，才能办理储蓄存款业务。未经批准，储蓄机构不得开办新的储蓄种类和设立新的期限档次。任何储蓄机构不得吸收企事业单位、机关、团体的存款。未经人民银行批准，储蓄所一律不能办理贷款、汇兑业务。各储蓄机构不能以任何借口和任何形式擅自或变相浮动利率；不得开办任何形式的“摸奖储蓄”“贴水储蓄”“存款累进储蓄”“银行给息、企业给奖的联办储蓄”“3年以上的保值有奖储蓄”等；不得举办各种个人外币储蓄存款的“有奖储蓄”。各储蓄机构开办有奖储蓄，须经人民银行省级分行审批，有奖储蓄实行奖息结合的原则。有奖储蓄的中奖面不能低于30%，不得以物代奖。该暂行规定自1990年6月1日起执行。

5月

1日 中国人民建设银行在广州发行万事达卡，并将在全国发行此信用卡。中国人民建设银行是万事达国际信用卡组织成员之一。此次发行公司卡和个人卡两种，公司卡起存金额5 000元，个人卡1 000元，按活期储蓄利率计算利息。

7～8日 中国人民银行副行长陈元率团出席国际货币基金组织临时委员会第34届春季例会。会议着重讨论了第九次份额增加问题和发展中国家对该组织的拖欠问题。我国投票赞同基金份额增加50%，对修改国际货币基金组织协定和给予拖欠会员国惩罚问题投了弃权票。

19日 为了保证粮、棉、油收购资金，中国人民银行发出明传电报，要求在粮、棉、油收购旺季，基层收购点因收购粮、棉、油发生贷款规模不足时，可以采取“边贷边报”（边贷款边申报）的办法，专业银行在系统内要自下而上地进行规模调剂，并以省为单位进行考核，专业银行下级行确因收购粮、棉、油超过上级行核批的贷款规模，要及时上报，如专业银行超过核批的贷款规模，要及时报告人民银行总行进行调整。

22日 财政部、中国人民银行、国家工商行政管理局、公安部联合发布《关于打击国债券非法交易活动的通知》。该通知指出：经国务院批准，国库券转让市场自1988年4月开放试点以来，总的情况是好的。但也存在一些问题，突出的是非法交易国债券的活动相当严重，少数“票贩子”从中压价，倒卖国库券，坑害群众，破坏国债券信誉，影响十分恶劣。为了打击这些非法行为，确保国债券转让工作的正常进行，该通知规定：不论在任何场所交易未经国家批准转让的国债券，或者在经过国家批准的中介机构之外进行国债券交易的，均属于非法行为；各种经济组织和个体工商户在销售商品时，一律禁止收取国债券。任何将国债券当作货币进行商品交易的行为，均属于非法行为；对上述两种非法交易行为，除由各级工商行政管理机关没收其非法交易的国债券和非法收入外，并可视情节轻重，分别按照规定对交易双方或一方处以罚款。对非法交易国债券触犯刑律的，移交司法机关依法处理。本通知自发布之日起施行。1987 年 7 月 17 日财政部、国家工商行政管理局发布的《关于对倒卖国库券的单位和个人进行惩处的规定》同时废止。

28 日 深圳市人民政府发布《关于加强证券市场管理，取缔场外非法交易的通告》。该通告规定：凡是证券买卖、登记过户、派发红利股息须凭居民身份证或有效法人证明文件，通过经中国人民银行批准的证券交易机构进行。未经证券交易机构买卖的证券，证券交易机构不予办理登记过户和派发红利股息等手续。一切有价证券的买卖必须在交易机构内挂牌进行。凡证券场外非法交易者按中国人民银行深圳分行提供的前一天的收市价，处以 50% 以下的罚款，没收有价证券。

29 日 中国人民银行深圳经济特区分行发布《关于深圳目前股票柜台交易的若干暂行规定》。该暂行规定明确：股票买卖及过户实行有效证件制度。委托一经确认当天不许撤销。委托成交后，委托方可于当天领取交割单，托售方于第二营业日起方可领取款项。委托买卖的价格不得高于或低于上一个营业日收市价的 10%。受托方接受委托方的委托价格优先第一，时间优先第二；受托方接受的委托价格：卖方为最低价，以卖方出价为准；当买方出价高于卖方出价时，以买方出价为准。

30 日 国务院颁布《中华人民共和国一九九〇年国库券条例》，31 日颁布《中华人民共和国 1990 年特种国债条例》。前条例规定：1990 年国库券发行数额为 55 亿元，期限为 3 年，利率为年息 14%。后条例规定：1990 年特种国债发行的数额为 45 亿元，期限为 5 年，利率为年息 15%。

6 月

1 日 国家外汇管理局发布《关于签发“携带外汇出境许可证”管理的规定》。该规定明确：出境人员携带外币、外币票证、人民币外汇票证出境，必须向海关交验“携带外汇出境许可证”。经国家外汇管理局及其分局批准办理外汇业务的银行在我境内开出或售出的外币汇票、外币旅行信用证等外币票证，由海关查验放行，不另行发给携带证。携带证由国家外汇管理局统一印制，由国家外汇管理局及其各省、自治区、直辖市、计划单列市、经济特区分局批准办理外汇业务的银行签发。银行按季向当地外汇管理分局申领。除公费出境人员按实际需要携带外币现钞外，境内居民出境每次携带外币现钞金额不得超过 1 000 美元或等值的其他外汇。该规定自 1990 年 8 月 1 日起施行。

7 日 中国人民银行发布《关于固定资产贷款利率的通知》。自 1990 年 3 月 21 日起，基本建设贷款利率调整为：1 年以下年利率 10.08%、1 年以上至 3 年年利率 10.80%、3 年以上至 5 年年利率 11.52%、5 年以上年利率 11.88%。技术改造贷款，不论期限长短，其利率均为年利率 10.08%。基本建设贷款一律按年计息，利随本清，不计复利。技术改造贷款，一律按季结息，每季末月的 20 日为季度结息日。农村信用社发放的固定资产贷款，其利率最高可以上浮 50%。在 30% 的幅度内由农村信用社自行决定；超过 30%，必须报县级以上（包括县）人民银行批准。

16 日 中国人民银行发布《关于清理整顿企业集团财务公司的通知》。该通知规定：未经人民银行总行批准设立的金融财务公司；非企业集团设立的财务公司或其他内部金融机构；经营管理不善、严重超范围经营、资本金严重不足的财务公司或企业集团内部金融机构一律撤销。该通知规定：1. 财务公司实收货币资本金应为 500 万元人民币，经营外汇业务的须同时有 500 万美元外汇现汇，未达上述要求的，必须限期补足。

财务公司的资本金必须由集团和集团成员单位出资构成。2. 财务公司的业务范围主要限于为企业集团和成员单位办理存、贷款，投资及代理业务。3. 财务公司年度信贷计划要报人民银行总行批准，纳入整个社会信用规划进行综合平衡后，下达执行。未经批准，不得突破。4. 财务公司应重点支持国家产业政策优先发展的项目，不得支持楼、堂、馆、所和计划外固定资产投资项目。5. 财务公司必须严格执行人民银行有关利率的规定，不得擅自浮动利率，收取“好处费”“回扣”等。该通知还决定，凡是未经人民银行总行批准设立的企业集团财务公司、非企业集团设立的财务公司或其他内部金融机构，以及经营不善，严重超范围经营，资本金严重不足的，一律撤销。

19 日　中国人民银行、中国工商银行、中国农业银行发布《关于对国营商业、供销批发企业部分调节性储备商品贷款实行利率优惠的通知》。该通知规定，对国营商业、供销批发企业部分调节性储备商品，年贷款利率为 9%。国营商业和供销社批发企业储备商品优惠贷款总额度为 250 亿元。各省不得突破优惠贷款额度，不得层层下放优惠贷款审批权限。实行优惠利率后，其 9% 与 10.08% 的利差，由人民银行、工商银行、农业银行共同负担。其中人民银行补贴 0.9%，其余 0.18% 由工商银行、农业银行根据分配的优惠贷款额度分别负担。该项优惠利率贷款自 1990 年 3 月 21 日起实行，期限 1 年。

26 日　国家外汇管理局、国家统计局发布《国际收支统计地方报表制度》。《国际收支统计地方报表制度》与《国际收支统计报表制度》相互衔接、相互补充。主要包括地方国际收支统计办法，地方国际收支平衡表，统计报表目录，指标说明，资料来源及具体统计报表等部分。该制度从 1990 年第三季度起在全国范围内试行一年。

28 日　深圳市政府颁布《关于对股权转让和个人持有股票收益征税的暂行规定》，宣布对股票卖出方征收 6‰的交易印花税。11 月 23 日，深圳市政府又宣布对股票交易的买方也征收 6‰的印花税。这是我国首次征收证券交易印花税。

29 日　全国信贷扶贫工作会议在大连召开。中国农业银行提出，“八五”期间，农业银行将进一步实施对扶贫工作的优惠政策，一般扶贫专项贷款执行农业贷款基础利率，一律不得上浮，各种专项贴息贷款将继续执行贴息政策；所有扶贫专项贷款一律按生产经营周期及综合还债能力合理约期；在贷款的自有资金比例方面，如确能保证偿还，可考虑放宽额度和比例的限制。

7 月

13 日　国务院办公厅转发国务院清理“三角债”领导小组《关于在全国范围内清理企业拖欠货款实施方案》。该方案提出清理拖欠的范围是：凡在工商银行、农业银行、中国银行、人民建设银行、交通银行所属机构设立贷款账户的国营工业企业、商业企业、粮食企业、外贸企业、物资供销企业、建筑安装企业、交通运输企业和农林企业、供销合作社、“三资”企业以及集体企业（包括有条件办托收的乡镇企业），均可参加清理。清理的时间为 1989 年 1 月 1 日至 1990 年 3 月 31 日发生的跨省、自治区，直辖市和计划单列市的企业拖欠货款。清理金额的起点是对同一付款企业，累计金额为 5 万元（收付款单同为商业企业的，起点为 1 万元）。清理拖欠的原则是：企业主动收款，银行协助清理，多方筹集资金，结合商业票据。

14 日　国务院办公厅转发建设部《关于进一步清理整顿房地产开发公司的意见》。该意见提出：清理整顿房地产开发公司，要与城镇住房制度的改革和房地产业的发展相结合，通过建立正常的房地产开发、经营秩序，促进社会主义有计划商品经济的健康发展。清理整顿房地产开发公司的重点是解决公司过多、过滥和名不符实的问题，使公司的数量与房地产开发的实际需要相适应。其中要求：各专业银行开办的房地产开发公司，按照中国人民银行《关于金融性公司撤并留的政策意见》的规定执行，原则上应予撤销。对其中少数确属社会需要，办得好的，并经当地清理整顿公司领导小组批准，与专业银行脱钩，成为独立法人，实行独立核算，归口建设部门管理，可予以保留，但不得办理各种金融业务。

17 日 中国人民银行发布《关于加强新建银行管理的通知》。该通知要求切实加强对新建银行的业务管理，严格对新建银行的机构审批。进一步健全各新建银行的人民币与外汇资金信贷计划管理制度。不得擅自变动存、贷款利率及其浮动幅度，不得在存、贷款利率之外，加收和支付“手续费”“好处费”等费用。除招商银行、深圳发展银行的上交存款准备金的比例由人民银行深圳分行制定、管理外，交通银行、中信实业银行、广东发展银行和福建兴业银行上交准备金比例，一律规定为13%。

中国银行发布《中国银行关于办理买方信贷、政府贷款和混合贷款业务的暂行规定》。该暂行规定明确，由中国银行承办的“三贷”系外国政府提供或资助的出口信贷，只能用于购买贷款国的资本货物、技术及有关劳务。“三贷”的对象为中国境内的企事业单位或被授权的政府部门，主要用于基本建设项目、技术改造项目以及其他项目。申请“三贷”须符合项目列入计划、资金投向正确、配套条件齐备、项目效益明显以及还款确有保证、担保可靠落实等条件。该规定要求银行要认真做好贷款审查期、执行期、还款期和总结期各个环节的管理工作，发挥信贷的促进、调节和监督作用，协助借款人实现预期的经济效益和社会效益。

23 日 国家外汇管理局发布《关于对专业银行短期对外借款管理的通知》。为了加强外债管理，贯彻国务院沿海经济发展政策和中共中央十三届五中全会关于“对于短期周转的资金也可以采取控制指标的办法，交各地方自行控制”的精神，该通知规定：各银行的短期对外借款指标由国家外汇管理局直接下发；各银行的月底短期对外借款余额不得突破所核定的控制指标；区域性银行和交通银行由所在地外汇局分局按核定的指标进行余额管理，月末余额不得突破核定指标。除各银行总行同意并经国家外汇管理局批准的部分特区、口岸分行外，各银行分行的短期资金由其总行统筹安排，分行不直接对外拆借短期资金。经批准可直接对外拆借短期资金的各银行分行，其短期对外借款指标经其总行核报国家外汇管理局批准，“戴帽”下达到当地分局掌握，由分局负责管理。短期外债只能用于1年以内的短期流动资金周转，支持出口；不得用于长期项目投资和固定资产贷款，不得用于投机性外汇交易。

8 月

7 日 中国人民银行发布《转发国务院〈关于研究清理整顿国库券中介机构问题的会议纪要〉的通知》。该通知规定：除财政部门在第一批、第二批国库券转让试点61个城市设立的国库券中介机构可以各保留1家，向人民银行总行补办报批手续外，其余所有未经中国人民银行批准设立的金融机构（包括各种形式的国库券交易机构）均属非法，一律撤销。财政部门设立的国债服务部、国债服务中心只能办理国库券的推销和兑付等服务性工作，不得办理证券交易业务（包括国库券交易）。人民银行各分行要对辖区内属于可保留范围的财政国库券中介机构进行审查，对有低价收购、光买不卖、囤积国库券等不良行为的机构要进行清理整顿，调整库存。属于保留范围的财政国库券中介机构须符合不少于1 000万元人民币的资本金等条件，并向中国人民银行补办设立财政证券公司的报批手续。财政证券公司只能经营国库券业务，中国人民银行可视证券市场的需要及公司本身的情况，批准其经营代理国库券的发行、自营和代理国库券的买卖、办理国库券的兑付。财政证券公司是独立核算、自主经营、自负盈亏，具有独立法人地位的企业，其收益按照规定纳税后，一律用于补充公司资本金，各级财政部门不得调用。

国务院1990年7月5日发布的《关于研究清理整顿国库券中介机构问题的会议纪要》指出，债券市场和国库券的管理，按国务院批准的人民银行和财政部的“三定”方案执行。人民银行负责“管理股票、债券等有价证券，管理金融市场（包括证券市场、政府债券的发行和流通市场），管理各种信用工具”。第一批、第二批由财政部门进行试点的61个国库券中介机构，经过清理整顿，予以保留并补办报批手续。今后如需扩大范围，由财政部和人民银行共同审批，任何一方不得擅自批准。经批准财政部门开办的国库券中介机构的收益，按照规定纳税以后，一律用于补充机构的资本金，各级财政部门不要调用。经批准财政部门开办的国库券中介机构只能经营国库券业务，不得经营储蓄、拆借、贷款等金融业务。对国库券在证券市场中发生的问题，由财政部和人民银行协商解决。

8日 中国人民银行发布《关于搞好全国范围清理拖欠资金安排和管理的通知》。该通知规定：各级银行要多方筹集资金，挖掘潜力，不能单纯寄希望于松动信贷。全国范围清理拖欠增加的专用贷款规模，未经人民银行批准，不得突破下达贷款规模发放清欠专用指标。清欠结束时，“清欠专用存款”“清欠专用贷款”轧差后，存大于贷的部分，实行多自筹多留存，少自筹少留存的办法。属于流动资金的拖欠贷款，不准挪作他用，不准转用于清理固定资产投资的拖欠。未经人民银行批准，不得超过贷款限额发放清欠专用短期贷款。

中国人民银行发布《关于实行中央银行贷款全额管理的通知》。该通知决定自1990年起，人民银行总行对人民银行分行实行中央银行贷款全额管理的考核办法。考核办法分两个阶段，即上半年按照“收支两条线”管理，下半年按照贷款最高限额管理，控制全年贷款最高限额。贷款最高限额是指令性指标，未经总行批准，不得突破。全额管理的范围指年度性贷款和短期贷款。该通知还对考核的内容等做了规定。

11日 中国人民银行致函各专业银行，根据国家现行政策，证券业与银行业实行分业管理，专业银行不宜直接从事证券交易业务。专业银行已经批准设立的证券交易柜台，可以继续办理证券交易业务。

中国人民银行金管司发布《关于专业银行不得直接从事证券交易业务的函》。文件规定：根据国家现行政策，证券业与银行业实行分业管理，专业银行不宜直接从事证券交易业务。经人民银行批准，专业银行已设立的证券交易柜台，可继续办理证券交易业务；经人民银行批准，专业银行的信托投资公司可以设立证券交易柜台，直接从事包括证券交易在内的证券业务。信托投资公司设立证券交易柜台后，经人民银行批准，可在专业银行的分支机构及储蓄所、城乡信用社等金融机构设立证券交易代理点，代为办理证券交易业务。专业银行可根据人民银行核准的业务经营范围，办理证券的代理发行、兑付业务。

15日 国务院清理“三角债”领导小组发布《关于使用银行贷款清理基本建设拖欠款方案》。该方案规定这次清理的范围、对象是1987年1月1日至1989年12月31日列入国家计划的在建、收尾及已竣工投产的国家大中型建设项目所发生的尚未清理的拖欠款；清理的目的是促进国家重点建设项目早日投产见效，缓解企业之间的相互拖欠，启动生产搞活市场，推动经济形势进一步好转；清理是按照投资来源的渠道和“谁投资、谁清理、谁还债”的原则进行。

19日 国务院颁布《关于鼓励华侨和香港、澳门同胞投资的规定》。该规定明确，华侨、港澳投资者可以在境内各省、自治区、直辖市、经济特区投资，可以在境内的工业、农业、服务业以及其他符合社会和经济发展方向的行业投资。华侨、港澳投资者投资获得的合法利润，其他合法收入和清算后的资金，可以依法汇往境外。华侨、港澳同胞投资企业可以向境内的金融机构借款，也可以向境外的金融机构借款，并可以本企业资产和权益抵押、担保。

20日 国务院清理“三角债”领导小组决定，从即日起开始对全国500多个重点基本建设项目拖欠款进行集中清理。此次清理基本建设拖欠款按照投资来源渠道和“谁投资、谁还债”的原则进行。国务院清理“三角债”领导小组要求各地区、各部门从多种渠道筹措清欠资金，坚持国家安排资金与地方、部门、企业自筹资金相结合，银行清欠贷款与财政清欠资金相结合；各地区、各部门实行行政首长负责制，督促建设单位，多渠道筹措资金，归还应付的拖欠款。中国人民银行安排了一部分信贷资金专项用于清理工作。

21日 中国人民银行调整存贷款利率。中国人民银行于同年8月7日发布《关于调整存贷款利率的通知》规定：1. 降低存款利率。城乡居民和企事业单位的活期存款年利率在现行基础上下调0.72个百分点，调整后的年利率为2.16%；城乡居民和企事业单位定期存款（3个月、半年、1年、2年、3年、5年、8年期整存整取存款）年利率在现行基础上平均下调1.74个百分点。2. 降低贷款利率。1年期流动资金贷款年利率由现行的10.08%下调到9.36%；6个月期贷款年利率由现行的9%下调到8.64%；3个月的不变。3. 优惠贷款利率适当下调。4. 人民银行对专业银行存贷款利率相应下调。人民银行对专业银行的存款准备金存款和备付金存款年利率均下调到6.84%。

27日 中国银行规定新的出国人员供给外币现钞办法。从即日起，中国银行对出国人员在批准限额内敞开供给外币现钞，即因公、因私出国人员，在批准支付旅途费用的限额内，可以全部携带美元现钞，视中国银行现钞币种的库存情况，也可以携带目的国家的现钞。

9月

3日 中国人民银行发布《关于清理整顿专业银行房地产开发公司有关政策问题的通知》。该通知指出，专业银行办的房地产开发公司原则上大部分应予撤销（其中县支行及其以下机构办的，一律撤销）。少数确属社会需要，办得好的，按如下界限掌握：省辖市分行办的，截至1989年年底市区非农业人口低于50万人的，除特殊者外，一律撤销；市区非农业人口达到或超过50万人的，可保留1家；计划单列市和经济特区分行办的，可保留1～2家；省、自治区、直辖市分行办的，可保留1～3家。凡撤销的房地产开发公司，一律不得开办新的业务。凡批准保留的房地产开发公司，必须与专业银行脱钩，归口建设部门管理，有条件的，可转为省、自治区、直辖市、计划单列市、经济特区分行信托投资公司的子公司。各专业银行对保留的房地产开发公司的投资，要转让给分行信托投资公司；转让限1990年年底前完成。

4日 财政部、中国人民银行发布《关于允许1989年国库券和保值公债上市转让的通知》。该通知要求：各地一定要严格执行国债转让的保护价格，任何地区、任何转让中介机构，自营或代理买入国库券和保值公债的价格，一律不得低于票面值，低于票面值压价收购和转让者，按违法经营论处。各转让中介机构办理自营业务，都要挂牌公告上市国库券的买入价和卖出价，不得只买不卖，有行无市。根据国务院规定，保值公债的利率随人民银行规定的3年定期存款利率浮动，加保值贴补率，外加1个百分点。由于保值公债是1990年4月15日人民银行调低利率前发行的，按人民银行同期保值储蓄的计息方法。1989年保值公债的利率仍按年息13.14%加到期时的保值贴补率，再加1个百分点计算。

8日 经国务院批准，中国人民银行颁布《上海市外资金融机构、中外合资金融机构管理办法》。该办法所称外资金融机构、中外合资金融机构包括在上海的外资银行及其分行、合资银行、合资财务公司。设立外资金融机构和中外合资金融机构须向中国人民银行申请，并提交规定的证件和资料。外资银行、合资银行的最低注册资本为3 000万美元等值的自由兑换货币，合资财务公司的最低注册资本为2 000万美元等值的自由兑换货币；其实收资本均不得低于其注册资本的50%。外资银行分行应当由其总行专门拨给不少于1 000万美元等值的自由兑换货币的营运资金。外资银行、合资银行、外资银行分行可以经营的业务有：外币存款与放款、外币票据贴现、外币投资与汇款、外汇担保、进出口结算、自营或者代客买卖外汇、外币有价证券买卖、代理外币及外币票据兑换、代理外币信用卡付款、保管及保管箱、资信调查和咨询等。合资财务公司可以经营的业务有：外币放款与外币票据贴现、外币投资、外汇担保、外币有价证券买卖、资信调查和咨询、外币信托、每笔不少于10万美元、期限为3个月以上的外币存款等。外资金融机构、中外合资金融机构经营存款业务，应当向中国人民银行上海市分行缴存存款准备金，其比率由中国人民银行制定，并根据需要进行调整。该办法对外资、合资金融机构的设立与登记、注册资本和营运资金、业务范围、业务管理、监督检查、解散与清算、罚则都做了具体规定，共9章53条。1994年4月1日《中华人民共和国外资金融机构管理条例》实施以后，该办法同时废止。

12日 国家民族事务委员会、中国人民银行发布《“少数民族贫困地区温饱基金”人民银行专项贷款项目管理暂行办法》。该暂行办法规定：中国人民银行每年从大跨度联合开发扶贫专项贷款中，安排部分“少数民族贫困地区温饱基金”（以下简称“温饱基金人行贷款”），集中用于141个少数民族贫困县中的一二十个县解决群众温饱问题的项目。“温饱基金人行贷款”的对象和条件，贷款的审定、发放和收回，贷款的管理和经济责任，贷款的监督检查和考核，均按1986年12月24日《中国人民银行专项贷款管理暂行办法》的规定执行，并执行国家“老、少、边、穷地区发展经济贷款”的优惠利率。贷款期限一般为1～3年，特殊情况可4～5年，个别建设周期长、社会经济效益好的项目最长不超过7年。

19日 中国人民银行发布《关于取消人民银行对专业银行基数贷款利息补贴的通知》。该通知指出，1988—1989年，人民银行对专业银行基数贷款按年利率7.2%和4.68%之间的利差给予了补贴。由于近两年连续调整利率，情况发生了变化，决定自1989年12月21日起，取消人民银行对专业银行基数贷款利息补贴。

10月

5日 中国人民银行发布《关于短期对外借款实行余额外债管理的通知》。短期对外借款指境内机构向境外机构或境内外资、中外合资银行借用1年期以内（含）的外汇商业信贷。人民银行确定全国短期外债控制规模，国家外汇管理局核定下达短期对外借款余额控制指标。短期对外借款不得用于长期投资和固定资产投资，不得用于投机性外汇交易。

9日 国家外汇管理局发布《关于对利用外汇额度进行外汇违法活动的处理规定》。该规定明确，外汇额度是国家分配给地方政府或单位、企业使用的外汇指标，只能通过国家外汇管理局或其分局批准的外汇调剂中心调剂后，才能实现其价值。凡未经过外汇管理部门批准，私自买卖、借贷、抵押、转让和使用外汇额度等行为，均属外汇违法行为。凡未通过外汇调剂中心私自买卖外汇额度的行为，属于私自买卖外汇行为，卖出方所得人民币全部属于非法收入。该规定还明确其他违法行为及其处罚标准。

12日 中国人民银行发布《农村信用合作社管理暂行规定》。该暂行规定明确，农村信用社是集体所有制性质的合作金融组织，其基本任务是：认真贯彻执行国家的金融方针、政策、法规，积极筹集融通农村资金，帮助农民和农村合作经济组织解决资金困难，支持农业生产和农村商品经济稳定发展；引导农村民间借贷，稳定农村金融；为农村社会主义现代化建设服务。国家对农村信用社实行优惠政策，并由中国人民银行委托中国农业银行领导和管理。农村信用社实行四级组织结构，即信用社、信用分社、信用代办站、信用社县联社。经营业务有：农村个人储蓄；农户、个体经济户、农村合作经济组织及企事业单位的存款、贷款及结算；代办国家银行及其他单位的存贷款、证券交易和其他资金收付业务等。农村信用社信贷资金管理的基本原则是：以存定贷，自主运用，比例管理。国家根据宏观控制的要求，对农村信用社实行间接调控，由中国人民银行下达指导性信贷计划。农村信用社的存贷款利率，在中国人民银行规定利率的基础上实行浮动，浮动幅度按中国人民银行的规定执行；其存款准备金利率由中国人民银行确定，备付金利率略高于专业银行业务备付金利率水平，由中国农业银行确定。

中国人民银行制定《证券公司管理暂行办法》。该暂行办法规定：设立证券公司必须报经中国人民银行批准，由经批准可以办理投资业务的金融机构和经批准可以组建证券公司的单位出资组建，实收货币资本金不少于1 000万元人民币。撤销证券公司须以书面形式向中国人民银行提出申请，经批准后，方可终止业务活动，证券公司的业务范围是：代理证券发行业务；自营、代理证券买卖业务；代理证券还本付息和红利的支付。证券公司实行资产负债比例管理。证券公司账户上持有的证券其市场价值总额不得超过公司资本金的80%；同一证券的持有量不得超过公司资本金的30%；持有同一企业股票的数额不得超过该企业股份总额的5%和本公司资本金的10%。证券公司应每年从其盈利中提取3%以上的交易损失准备金存缴中国人民银行。证券公司不得从事操纵市场价格、内部交易、欺诈和其他以影响市场行情从中渔利的行为和交易。该暂行办法对证券公司机构管理、业务范围、管理监督等做了具体规定，共5章22条。人民银行在下发该文的通知中指出，设立证券公司目前只限在省、自治区、直辖市、计划单列城市和第一批、第二批国库券转让试点城市设立，原则上不跨地区设立分支机构。各地人民银行出资开办的证券公司可以保留，须办理重新登记和换发“经营金融业务许可证”。对未经人民银行批准擅自设立的证券公司要进行清理。

郑州商品交易所成立。郑州商品交易所实行会员制，实行实物交割制度，未平仓合约到期须在规定的期限内履约，交易所指定交割仓库为交割双方提供相关服务。客户交割须通过会员办理。交易品种主要是小麦、棉花。郑州商品交易所是中国第一家期货市场试点。

19日 中国人民银行印发《跨地区证券交易管理暂行办法》。该暂行办法规定：跨地区证券交易应以证券公司为中心，在中国人民银行的领导和监督下进行，交易价格根据市场的供求情况确定。证券公司之间、证券公司与证券交易营业部之间可以直接进行跨地区证券交易。证券交易营业部之间的跨地区交易，原则上应委托证券公司办理。未经批准，任何证券交易机构不得在异地直接与非证券交易机构和个人进行证券交易。对违反规定的证券公司，人民银行给予相应的处罚。

11月

6日 中国人民银行下达《关于农村信用社特种存款限额的通知》。该通知决定，人民银行对农村信用社开办特种存款，总额度为50亿元，期限1年，利率11.7%。特种存款利率与联行利率之间的利差，由人民银行总行补贴。特种存款的手续、会计科目、账务处理、统计项目等，按照中国人民银行1987年9月21日发布的《关于开办农村信用社特种存款的办法》办理。

10日 国务院发布《关于打破地区间市场封锁，进一步搞活商品流通的通知》。该通知指出，最近一个时期，地区之间市场封锁的现象有所发展，引起商品流通不畅，加剧了当前的市场疲软，对贯彻治理整顿、深化改革和保持国民经济持续、稳定、协调发展的方针带来了严重影响。为了打破地区间的市场封锁，进一步搞活商品流通，该通知要求：要维护企业的生产、经营自主权；要确保商品流通畅通无阻；严格执行国家财政、税收管理制度；各地银行在资金上要支持经营企业择优选购产品，在信贷上要对经销外地产品与经销本地产品的企业一视同仁，不得对经销外地产品的企业限制贷款或提高贷款利率，按照合同规定到货或需要购进的外地产品，银行应按照结算办法和有关规定，及时办理结算；物价部门要加强物价管理，支持企业在商品购销活动中平等竞争；各地区、各部门应自觉制止和纠正地区封锁的错误做法，集中力量抓好经济结构的调整。

15 日 中国人民银行发布《关于加强对台商投资企业专项贷款管理的通知》。该通知规定，支持台商投资企业专项贷款，由人民银行总行下达到有关省、市人民银行安排使用，重点用于当地引进台资项目配套资金的不足，不能用于基础设施建设。台商贷款的期限和利率以及委托贷款方式按 1986 年 12 月 24 日《中国人民银行专项贷款管理暂行办法》的有关规定办理。

17 日 经中国人民银行授权，国家外汇管理局宣布：从即日起，人民币汇率下调 9.57%，由 1 美元兑 4.72 元人民币调至 1 美元兑 5.22 元人民币。

26 日 上海证券交易所（以下简称上交所）理事会通过《上海证券交易所交易市场业务试行规则》。该试行规则明确：在上交所交易市场上市的证券限于国家发行的各类国债；省或相当于省级地方人民政府发行的各类建设债券；金融机构发行的各类金融债券；全国各地公开发行的企业债券、股票及各种权利受益凭证。交易市场交易按价格优先、时间优先的原则成交。该试行规则共 14 章 262 条，分别对交易市场、证券上市、委托买卖证券、证券商自营买卖证券、交易市场交易、竞价交易作业程序、拍卖和标购、行情告示与统计、清算交割、费用、仲裁、违规处罚等方面内容做了具体规定。

上海市人民政府颁布《上海市证券交易管理办法》。该办法所称的证券是指政府债券、金融债券、公司债券、公司股票或新股认购权证书、投资信托受益凭证及经批准发行的其他有价证券。上海市证券主管机关是中国人民银行上海市分行。日常工作由分行金融行政管理处负责。在上海市发行证券，由发行者直接或委托证券公司、信托投资公司向证券主管机关提出申请并提交规定的文件和资料。禁止任何单位和个人在证券主管机关批准的证券交易市场外买卖证券。证券交易以现货交易为限，未经证券主管机关批准，任何证券不得上柜交易或上市交易。证券经营机构须向证券主管机关提出经营证券业务的申请，经批准后方能经营证券业务，不得经营存款、贷款和借贷证券业务。未经批准，证券经营机构不得以自己发行的证券办理抵押、贴现、交易等业务。设立证券交易所必须经国家证券主管机关许可，未经许可，任何单位或个人不得采用类似证券交易所集中竞价买卖方式进行证券交易。该办法对证券的发行、证券的交易、证券经营机构、证券交易所、证券业同业公会、证券主管机关、罚则等做了具体规定，共 9 章 81 条，自 1990 年 12 月 1 日起施行。1987 年 5 月 23 日上海市政府颁布的《上海市企业债券管理暂行办法》和《上海市股票管理暂行办法》同时废止。

12 月

4 日 中国人民银行发布《关于严格控制股票发行和转让的通知》。该通知规定：股票的公开发行和上市交易只限深圳、上海两地试点。未经总行同意，其他地区一律不准再批准发行新的股票，一律不得批准股票上市交易。非股份制企业一律不得发行股票。内部发行的股票一律不得上市交易。

5 日 国家外汇管理局发布《外汇指定银行外汇业务管理规定》。对中资外汇业务的范围、申请、审批、管理的内容，以及业务和财务报表作了具体规定。该规定明确，申请经营外汇业务的全国性银行总行须具有不少于 5 000 万美元等值的外汇资本金；区域性银行总行须具有不少于 2 000 万美元等值的外汇资本金；具有独立法人资格的全国性、区域性银行的分支行须具有不少于 200 万美元等值的外汇资本金；不具有独立法人资格的全国性、区域性银行的分支行，须分别具有不少于 200 万美元、100 万美元等值的外汇营运资金。外汇指定银行的短期外汇放款、购买的外国公债、存放同业款与各项外汇准备金之和不得低于同期外汇资产的 30%；以吸收的外汇存款发放外汇贷款的总额不得超过其吸收的外汇存款总额的 70%。外汇指定银行的对外债务余额加对外担保余额不得高于其外汇资本金的 20 倍；对一个企业的外汇放款加对外担保不得高于其外汇资本金的 30%。不具有独立法人资格的外汇指定银行对一个企业的外汇放款不得超过其外汇营运资金的30%。该规定自1991年1月1日起施行。

全国证券交易自动报价系统（STAQ系统）在北京开通。该系统成立于1990年9月28日，依托计算机网络进行有价证券交易，为会员提供有价证券（包括法人股、国债、金融债、企业债四大类15种）的买卖价格信息和结算服务。11月5日，分别发布了该系统组织章程（草案）、仲裁规则、上市交易规则和组织细则。STAQ系统是一个非营利性的事业单位，采取会员制组织形式。本系统在行政上由国家经济体制改革委员会代管，在业务上接受政府主管部门的管理和指导。首批参加报价系统的有北京、上海、沈阳、武汉、广州和海口的18家证券公司、信托投资公司。报价系统首先向各地成员公司提供国库券的买卖服务。

1992年7月1日法人股流通转让在STAQ系统开始试运行。1998年，由于地区证券柜台交易泛滥，国家决定整顿场外非法交易市场，STAQ系统和NET系统（1993年4月28日运行）也在其中。1999年9月9日，STAQ系统与NET系统暂停交易。截至2001年5月25日，根据中国证监会的意见，中国证券业协会决定，选择部分证券公司试点开展原STAQ、NET系统流通股转让业务。

9日 经国务院批准，中国人民银行、国家外汇管理局、经贸部、海关总署和中国银行联合制定《出口收汇核销管理办法》。出口单位应到当地外汇管理部门申领经外汇管理部门加盖“监督收汇”章的核销单。出口单位报关后，必须及时将有关报关单、汇票本、发票和核销单存根送当地外汇管理部门以备核销。出口单位不论采用何种方式收汇，必须在最迟收款日期后的30个工作日内，凭解付行签章的核销单、结汇水单或收账通知以及有关证明文件到当地外汇管理部门办理出口收汇核销手续。该办法适用于一切出口贸易方式项下的收汇，自1991年1月1日起施行。

11日 中国人民银行制发《利率管理暂行规定》。该暂行规定明确：国务院批准和国务院授权中国人民银行制定的各种利率，为法定利率，其他任何单位和个人均无权变动。法定利率的公布、实施由中国人民银行负责。金融机构在中国人民银行规定的浮动幅度内、以法定利率为基础自行确定的利率为浮动利率。金融机构确定浮动利率后，要报辖区中国人民银行备案。中国人民银行对专业银行和其他金融机构的存、贷款利率为基准利率。基准利率由中国人民银行总行确定。金融机构之间为弥补头寸不足、相互借贷的短期资金利率为同业拆借利率。同业拆借利率在不超过中国人民银行规定的最高幅度内，由借贷双方协商确定。金融机构以及企业发行的债券的利率，由中国人民银行按照管辖范围负责审批和管理。国家债券的利率由中国人民银行商有关部门共同确定。金融机构可以对逾期贷款和被挤占挪用的贷款，在原借款合同规定的利率基础上加收利息。加收利息的幅度、范围和条件，由中国人民银行确定。该暂行规定自1991年1月1日起实行。

12日 国务院发布《关于设立全民所有制公司审批权限的通知》。其中规定，各级金融性公司的设立由中国人民银行负责审批。

国务院发布《关于在清理整顿公司中被撤并公司债权债务清理问题的通知》。该通知规定，被撤并的公司资不抵债的，按工资、生活费、应交税款、贷款、其他债务的顺序偿还。

19日 上海证券交易所正式开业。上海证券交易所成立于1990年11月26日，是不以盈利为目的的会员制事业法人，归属中国证监会直接管理，其组织机构为会员大会、理事会、监事会、总经理。会员大会是交易所的最高权力机构。交易所的主要职能包括：提供证券交易的场所和设施；制定证券交易所的业务规则；接受上市申请，安排证券上市；组织、监督证券交易；对会员、上市公司进行监管；管理和公布市场信息。交易所上市的证券包括各类国债和全国各地公开发行的企业债券、金融债券、股票等。

上海证券交易所第一批22个会员中包括上海、山东、辽宁、江西、安徽、浙江、海南、北京等地的证券公司、银行、投资公司、保险公司、信用社等地方和全国性金融机构。开业当日，首批30种证券上市交易，其中，国债5种、企业债券8种、金融债券9种、股票8种。

24日 国家外汇管理局发布《关于进一步做好外汇调剂工作有关问题的通知》。该通知明确：今后各级外汇管理部门和外汇调剂中心都不得进入市场参与调剂外汇的买卖；开办公开市场的外汇调剂中心，若中国人民银行分行进入市场吞吐外汇，以平抑市场价格，应以人民银行的名义参与交易和吞吐外汇；居民外汇参与调剂的试点地区，可由各地外汇调剂中心组织收购。

25～30日 中国共产党第十三届中央委员会第七次全体会议在北京召开。全会审议并通过了《中共中央关于制定国民经济和社会发展十年规划和“八五”计划的建议》。今后10年和“八五”时期经济建设的重点是：加强农业。加强基础工业和基础设施，改组改造加工工业。加强教育和科技事业。要按照“统筹规划、合理分工、优势互补、协调发展”的原则，进一步改善我国的地区经济布局。在发展经济的同时，要加强国防现代化建设。其中包括：进一步强化中央银行的宏观调控职能，控制货币发行和信贷总规模，按照国家产业政策把握信贷资金投向，并有效地运用利率、准备金、再贷款、汇率等金融手段，促进国民经济的总量平衡和结构调整，防止通货膨胀。健全中央银行的垂直领导体制，加强中央银行对专业银行的领导与管理。专业银行主要是执行国家产业政策，承担经济调控职能，同时进行企业化管理，实行自担风险、自负盈亏。继续扩大债券和股票的发行，严格加强管理。发展金融市场，鼓励资金融通，在有条件的大城市建立和完善证券交易所，并形成规范的交易制度。

26日 国务院办公厅发布《关于向社会公开发行股票的股份制试点问题的通知》。鉴于股份制尚处于试点阶段，还没有成熟的经验和完善的规章制度，为了避免一哄而上，出现混乱，在股份制试点阶段，该通知规定：除已批准的上海、深圳两市向社会公开发行股票的试点外，暂不扩大向社会公开发行股票的试点范围。两市要尽快研究制定有关向社会公开发行股票试点的规章制度和管理办法，在报经国家体改委、国家国有资产管理局、中国人民银行审查批准后，由两市人民政府发布实施，进一步探索搞好股份制试点的经验。各级人民政府要把股份制试点的重点放在通过企业之间的参股、持股组建和发展企业集团上。严禁党政机关干部、证券管理和从业人员进行股票交易，对利用职权进行内部交易牟取私利的，一经查出，要严加惩处。

国家外汇管理局发布《调剂外汇用汇投向指导序列》。其中对优先保证的用汇项目、在保证优先用汇项目的前提下量力安排的用汇项目和严禁的用汇项目都做了具体规定。

27日 经中国人民银行批准，国家外汇管理局授权《金融时报》自1991年1月起，每周四公布北京、天津、上海、南京、杭州、大连、深圳、厦门等8个城市外汇调剂中心和全国外汇调剂中心的上周调剂外汇加权平均价，每月最后一个工作日公布全国外汇调剂市场美元外汇额度加权平均价。

28日 财政部颁布《国营金融、保险企业成本管理办法》。其中所称的“成本”是指金融企业、保险企业在业务经营过程中支付的各项利息（包括贴息）、保险赔款和费用。该办法的实施范围是：中国工商银行、中国农业银行、中国银行、中国人民建设银行、交通银行、中国投资银行以及中国人民银行省、自治区、直辖市以下分支行（含省级行）；中国人民保险公司；中国国际信托投资公司、中国新技术创业投资公司；其他银行、保险公司和信托投资公司。该办法对成本开支范围、成本核算、成本计划和管理、监督、制裁等方面的内容都做了具体规定，自1991年1月1日起实行。

1991 年

1 月

12 日　国务院办公厅发布《关于加强经济体制改革协调工作的通知》。该通知规定：1. 国家体改委是国务院统筹协调经济体制改革的综合职能部门，其主要职责是负责拟订全国经济体制改革总体规划和方案，统筹、协调和指导全国城市经济体制改革工作，推进企业改革，组织重要改革措施的试点和推广。2. 国家体改委实行委员会制，除国家体改委正副主任和少数专职委员外，国家计委、财政部、人民银行、国务院生产委员会、劳动部、国家物价局各指定一人参加。委员会负责审议经济体制改革中的重大问题，为国务院决策提出建议。3. 全国性经济体制改革中长期总体规划和年度方案，先由国家体改委研究提出指导原则和轮廓设想，国务院有关部门据此提出本部门改革的初始规划、方案，由国家体改委综合平衡，从总体上进行研究论证，形成改革总体规划、方案，经征求地方意见上报国务院批准实施。4. 国务院各部门拟订的全国性改革方案，在报国务院审批前，先送国家体改委征求意见，其中涉及其他部门的重大改革措施，由国家体改委进行协调。5. 属于全局性的重大改革试点，由国家体改委、国务院有关部门或有关省、自治区、直辖市以及计划单列市人民政府提出，共同协商拟订方案，报国务院审批后，由地方人民政府或主管部门组织实施，国家体改委负责指导、协调。据此通知要求，1 月 24 日，人民银行召开行长办公会议，决定由周正庆担任体改委兼职委员。

中国人民银行下发《关于严格境外证券投资审批管理的通知》。针对当时不少外国金融机构和国际金融组织提出在境外以中国或中国特定地区的名义创设投资基金，将所筹集的资金投资于中国证券市场的情况，为加强对以证券方式利用外资的统一管理，该通知规定：任何在境外以中国或中国特定地区的名义创设的投资基金要进入国内证券市场从事证券投资业务，必须经中国人民银行总行审查批准，任何地方政府和部门不得自行审批；境内证券公司和可经营证券业务的其他金融机构，如要在境内开办投资基金业务（包括代理境外投资者在境内证券市场进行证券买卖和股权投资）或作为发起人直接参与境外创设投资基金，都应向所在地人民银行省级分行提出申请，经审核后报中国人民银行总行批准；各地制定的有关以证券方式利用外资的办法，都应当报经中国人民银行总行审查批准。

14 ~ 19 日　全国银行分行行长、保险分公司总经理会议在北京召开。国务委员兼中国人民银行行长李贵鲜做了题为“认真贯彻党的十三届七中全会精神、努力做好 1991 年金融工作”的报告。报告指出，1991 年要继续坚持实行“控制总量，调整结构，强化管理，适时调节，提高效益”的货币信贷方针，保持货币稳定，支持国民经济适度增长。并要把重点切实放到优化贷款结构，盘活资金存量，加强内部管理上来。为了实现 1991 年国民经济和社会发展计划，1991 年金融工作的主要目标是：1. 银行新增贷款计划 2 100 亿元，货币发行 500 亿元；非银行金融机构的信贷规模控制在国家计划以内。2. 协助企业处理积压产品，减少不合理资金占用，加速资金周转 4%，挖掘资金潜力 500 亿美元。3. 集中一部分资金用于支持农业发展和国家重点项目。4. 控制全国对外债务总规模。其中，新增中长期外债规模控制在 65 亿美元以内。5. 企业发行债券控制在 70 亿元以内，发行金融债券控制在 50 亿元。金融工作的主要措施是：

积极组织存款，强化信贷管理，努力优化新增贷款结构；集中精力盘活贷款存量，挖掘资金潜力；整顿结算秩序，严肃结算纪律；不断深化金融体制改革；进一步扩大金融对外开放；切实加强和改进金融机构的内部管理；抓紧搞好金融干部队伍建设。国务院总理李鹏参加了该会18日的座谈会，并在会上做了重要讲话。他强调指出，随着我国有计划的商品经济的发展，要进一步加强和搞好金融工作，更好地发挥金融在国民经济宏观调控中的作用，促进国民经济持续、稳定、协调地发展。

15日 经国家外汇管理局批准，中国有色金属工业总公司深圳联合公司向社会公开发行外汇商业票据。此次发行外汇商业票据总额为800万美元，其中，300万美元为商业票据，另500万美元折成3 900万港元以港元商业票据形式发行；发行对象为深圳市内企事业单位、金融机构及社会公众。商业票据为不记名、不挂失、可转让、可抵押、可转期，并在认购时间满6个月后可办理贴现业务；该票据采取固定利率，美元商业票据利率为7.875%，港元商业票据利率为8.875%；票据可以在发行对象之间进行转让，转让价格可由当事人双方根据市场行情商定，也可委托指定的证券公司挂牌买卖。此次外汇商业票据的发行旨在进一步深化深圳的金融体制改革，活跃特区外汇金融市场，降低企业筹资成本和探索企业融资的新渠道，是国内企业第一次通过发行外汇商业票据筹集外汇资金。

1月28日至2月18日 邓小平在视察上海时同上海市负责同志谈话，阐述了有关改革开放的一些重要问题。邓小平指出，开发浦东不只是浦东的问题，而是关系上海发展的问题，是利用上海这个基地发展长江三角洲和长江流域的问题。抓紧浦东开发，不要动摇，一直到建成。邓小平还指出，金融是现代经济的核心。金融搞好了，一着棋活，全盘皆活。上海过去是金融中心，是货币自由兑换的地方，今后也要这样搞。中国在金融方面取得国际地位，首先要靠上海。邓小平强调，“改革开放还要讲。光我一个人说话还不够，我们党要说话，要说几十年。”他指出，不要以为，一说计划经济就是社会主义，一说市场经济就是资本主义，不是那么回事，两者都是手段，市场也可以为社会主义服务。闭关自守不行，开放不坚决不行。说“三资”企业不是民族经济，害怕它的发展，这不好嘛。发展经济，不开放是很难搞起来的。世界各国的经济发展都要搞开放，西方国家在资金和技术上就是互相融合、交流的。邓小平还说，要克服一个怕字，要有勇气。什么事情总要有人试第一个，才能开拓新路。试第一个就要准备失败，失败也不要紧。希望上海人民思想更解放点，胆子更大一点，步子更快一点。

2月

5日 上海市44家金融机构为上海广播电视塔项目提供1.5亿元人民币和1 000万美元银团贷款在上海银河宾馆正式签约。此项银团贷款由中国人民建设银行浦东分行、中国工商银行浦东分行牵头，上海各家金融机构共同参与。

6日 中国人民银行发布《关于第三套人民币贰元、五角券只收不付的通知》。为尽快实现第四套人民币单一流通，中国人民银行决定，自1991年3月1日起，人民银行发行库对第三套人民币中的贰元、五角券实行只收不付。该通知规定，只收不付仅限于人民银行发行库对专业银行收付现金时实行，各行不得随意扩大范围。

7日 中国人民银行研制开发的季度宏观经济计量模型（PBCM1）通过专家鉴定。PBCM1是一个中等规模的经济计量学模型，由约90个方程组成，其中，半数是行为方程和随机等式。它包括相互联系的7个模块，分别是货币供应模块、工业生产模块、收入模块、商品零售模块、价格模块、投资模块和储蓄模块，货币政策的传导机制是模型PBCM1的核心，也是联结其中各模块的主线。该模型用联立方程模型描述我国货币政策的传导过程。中国人民银行建立这个模型的意义在于预测货币政策的宏观经济效果，从而为货币政策的决策提供信息依据。该模型的研究参考了美国、英国、韩国、加拿大等国家的银行模型，利用世界上最新的 SURITEC 软件支持，在世界上处于比较领先的水平，是中国人民银行以应用为目的而建立的第一个经济计量模型。该项目是国家“七五”计划的重点软科学攻关项目，对提高货币政策决策的科学化具有重要意义。

8 日 中国人民银行发布《关于整顿结算秩序 严肃结算纪律的通知》。该通知指出，1990 年，针对结算纪律松弛、结算秩序混乱和企业单位多头开户等问题，中国人民银行组织结算纪律检查和账户清理工作，对整顿金融秩序起了积极作用。但由于多方面的原因，结算秩序混乱和多头开户并没有得到显著的改变，有不少银行仍从本行和局部利益出发，各行其是，各自为政，不执行统一的结算制度，违反规定，压票退票；偏袒一方，随意拒付；相互设卡，阻塞汇路；为套取资金，承兑和贴现商业汇票，造成纠纷或资金损失；内外勾结，利用结算盗取银行和客户资金等，严重损害了银行信誉，扰乱了金融秩序。为了更好地发挥结算的作用，促进社会主义有计划商品经济的健康发展，必须进一步整顿结算秩序，严肃结算纪律，通过整顿要基本达到 5 项目标：1. 结算管理和结算基础工作都得到加强，结算制度的各项规定落到实处。2. 压票、随意退票和受理无理拒付得到有效纠正。3. 加快结算速度，同城最长不得超过次日，尽量提高票据当日抵用率；异地全国或省内通汇行之间，电汇最长不得超过 3 天，邮汇一般最长不得超过 10 天，对现有的在途资金量争取压缩 20%，提高资金使用效益。4. 结算机构和人员已设立和配备。5. 企业单位多头开立的账户得到撤并。为了达到上述目标，实现结算秩序的基本好转，该通知要求：1. 加强人民银行对结算工作的统一领导和管理。中国人民银行总行制定统一的结算制度，各家银行和非银行金融机构必须认真贯彻，严格执行。2. 实行结算管理工作责任制。3. 加强结算基础工作。4. 增强制度观念，严肃结算纪律。5. 清理多头账户，严格开户管理。6. 严格执行对违反银行结算制度的处罚。对银行和非银行金融机构的罚款，在利润留成的三项基金中支付，不得列入成本。7. 健全结算管理机构，充实结算人员。

19 日 中国人民银行发布《关于发放小额技术措施贷款有关问题的通知》。为了支持企业适应市场需求变化，加速产品结构调整，提高产品质量，中国人民银行决定，1991 年由有关专业银行发放 50 亿元小额技术措施贷款。该通知规定：1. 小额技术措施贷款的投向，要符合当前国家产业政策，用于支持适销对路的日用工业品和外贸出口产品的生产；支持企业采用先进生产设备和工艺；提高产品档次和质量，增加花色品种；提高经济效益。设备购置后要能立即安装投入生产。2. 贷款的范围，限于投资少、见效快的小型设备购置。不得用于土建工程，不得用于弥补在建固定资产投资项目的资金缺口。每笔贷款的发放额最多不能超过 50 万元，对一个企业一年内的贷款要控制在 50 万元以内。不得化整为零，变相扩大规模。3. 贷款的对象，为独立核算的国营、集体工业生产企业和商办工业企业。4. 贷款期限，原则上当年发放，当年收回，不跨年使用。个别确需延长贷款期限的，经专业银行省级分行批准可以跨年使用，但贷款期限最长不得超过 12 个月，利率按流动资金贷款利率执行。5. 贷款必须保证能按期归还。还款的资金来源为新增利润或企业提留的折旧基金和生产发展基金；符合财政部规定，可计入成本的，按财政部规定办理。6. 贷款发放总额度，由人民银行总行核批给有关专业银行总行，由专业银行总行按各系统下达实施和管理。发放此项贷款所需的贷款规模，在有关专业银行当年流动资金贷款规模内解决。此项贷款额度为指令性计划，未经人民银行总行批准不得超过。贷款收回后不再周转使用。

2 月 25 日至 3 月 1 日 国务院在北京召开全国经济体制改革工作会议。会议讨论了《经济体制改革“八五”纲要和十年规划》以及 1991 年经济体制改革的要点。1990 年年初，江泽民曾经要求体制改革领导部门抓紧研究治理整顿期间以及治理整顿任务完成以后如何进一步推进改革开放的问题。李鹏先后四次专门听取国家体改委关于经济体制改革规划设想的汇报。此后，江泽民、李鹏和中共中央政治局其他常委专门召开座谈会，听取国家体改委的汇报，讨论“八五”期间和整个90年代经济体制改革的基本思路和指导方针。在经过一系列重要会议座谈讨论、反复征求意见和总结12年改革经验的基础上，形成了《经济体制改革“八五”纲要和十年规划》，提出20世纪90年代中国经济体制改革的总目标是：初步建立起社会主义有计划商品经济的新体制和计划经济与市场调节相结合的运行机制。围绕这个总目标，提出了相互联系的五个方面的主要任务，即建立以社会主义公有制为主体、多种经济成分共同发展的所有制结构；建立适应社会化大生产发展的企业制度，除少数非竞争性企业外，大部分企业应自主经营、自负盈亏、自我发展、自我约束，成为既有生机活力又规范自身行为的商品经营者和生产者；建立统一开放、平等竞争、规则健全的社会主义市场体系，除少数关系国计民生的重要商品和服务的收费实行国家定价外，其他商品的生产和流通放开，实行计划指导下的市场调节；建立间接调控与直接调控相结合、以间接调控为主，中央和省、自治区、直辖市两级调控，以中央调控为主的宏观调控体系；建立以按劳分配为主体、其他分配方式为补充的个人收入分配制度和社会保障体系。

25日 中国人民银行发布《关于在部分城市银行实行电子联行试运行的通知》，决定自1991年4月1日起，先在哈尔滨市、沈阳市、长春市、大连市、广州市、齐齐哈尔市、丹东市7个城市实行电子联行试运行，待取得经验后，再逐步扩大到40个城市。此次电子联行试运行的范围是上述7个城市人民银行、各专业银行及交通银行、中信实业银行中有全国联行行号的行处，试运行的业务是7个城市人民银行之间的异地划收业务，7个城市专业银行及交通银行、中信实业银行之间的异地跨系统划收业务。上述业务均通过人民银行电子联行转汇。划付业务暂不纳入试点范围。据人民银行统计，截至4月15日，哈尔滨等7个城市人民银行试运行电子联行业务，共发出来往账2 548笔，总金额124 990 309.26元，资金平衡表完全正确，卫星电子联行清算系统运行成功，这标志着人民银行全国规模的卫星通信数据网建成。

3月

7日 国务院召开总理办公会议。会议由李鹏总理主持。会议决定，由李贵鲜国务委员兼中国人民银行行长牵头抓股票市场工作。中国人民银行在会上提出，“考虑到股票市场工作涉及许多部门，为协调各部门关系，加强对股票市场的领导，应建立股票市场办公会议制度为好”。4月11日，中国人民银行上报国务院《关于建立股票市场办公会议制度的请示》，李鹏总理圈阅同意。股票市场办公会议制度建立。该办公会议由国务委员兼中国人民银行行长李贵鲜负责召集，人民银行、国家体改委、国有资产管理局、国家计委、财政部、国家税务总局、国家外汇管理局共7个部委各派一名副部长或相关司局的司局长作为办公会议的成员。股票市场管理日常事务由中国人民银行具体负责，股票市场办公会议直接对国务院负责。其主要任务是：确定全国股票市场发展的重大方针、政策；审定全国股票发行规模；审定股票市场的管理办法；协调各部门的关系。

19日 中国农业银行下发《关于以非货币资产抵偿贷款若干问题的通知》。近年来，农业银行在全国清理信贷资产和清收非正常贷款工作中，不少行为了尽量减少贷款损失，会同有关方面，对于一些关停企业和呆滞贷款户，采取以非货币资产抵偿贷款的方法，收回了一部分呆滞贷款。以非货币资产抵偿贷款（以下简称以实抵贷）是一种新的工作，涉及面广，情况复杂，针对在实际工作中遇到的亟待研究解决的问题，该通知明确，办理以实抵贷的基本原则是：坚持有借有还、到期归还的原则；坚持实事求是，区别对待的原则；坚持以理服人，依法办理的原则；坚持综合治理，配套管理的原则。以实抵贷的对象，原则上只限于抵贷资产易流失的风险贷款户；不能或不愿履行借款合同的抵押贷款户；确有偿还或部分偿还能力，而借故拖延，拒不偿还逾期贷款的“赖债户”“钉子户”。经过做工作，凡是借款人或负有连带责任者，能在限期内以货币资金清偿的（包括能够落实拍卖、租赁、转让和可以补办抵押担保、诉讼保全的在内），原则上不采取“以实抵贷”的做法。以实抵贷的行为准则是依法清收，维护借贷双方的合法权益。用以抵偿贷款的非货币资产必须是贷款抵押品和已经过协商、仲裁、判决了的抵贷财产；经过鉴定确认同时具备有价值、好保管、易变现三个条件，包括动产、不动产和有价证券；抵贷实物评估作价不足抵偿贷款本息的差额部分，仍由借款人或负有连带责任者承担偿还。

20日　国务院办公厅转发国务院贫困地区经济开发领导小组《关于“八五”期间扶贫开发工作部署报告的通知》。该通知规定：继续增加对贫困地区的投入。“八五”期间，国家每年增加5亿元专项扶贫贴息贷款。根据贫困人口和贫困程度全部切块到省、区，集中用于1989年农村人均纯收入低于300元的非国家重点扶持的贫困县。这项贷款由中国人民银行专项安排，中国农业银行组织发放，利率与10亿元专项贴息贷款一致，贫困户和贷款单位使用贷款所付利息为月息2.4厘，与利率之间的差额由省、区补贴。贷款期限一般为5年，特殊项目可适当延长，最长不超过10年。

22日　中国人民银行发布《关于建立工业景气调查制度的通知》。为了及时监测工业景气状况，把握工业生产、经营和资金供应态势，为研究制定货币政策服务，中国人民银行决定，在中国人民银行系统建立5 000户工业企业景气调查制度，调查内容包括工业企业主要财务指标和问卷两部分。通过这一调查，对不同所有制、不同行业、不同规模的企业的状况在总体上进行把握，为中央银行判断景气水平和经济运行态势提供有利支持。在此之前，1986年中国人民银行建立了国营工业生产企业流动资金主要经济活动情况定期调查制度，调查内容包括企业主要经济指标和企业经济情况分析。

23日　中国人民银行发布《关于调整存、贷款利率的通知》。鉴于当时物价比较平稳，为了进一步促进生产稳定发展，搞活商品流通，经国务院批准，中国人民银行决定对存贷款利率进行调整。其中，各项存款年利率平均下调1个百分点；各项贷款年利率平均下调0.7个百分点；人民银行对金融机构存贷款利率相应下调。此次利率调整，居民活期储蓄存款利率由2.16%下调到1.80%；一年期流动资金贷款年利率由9.36%下调为8.64%，6个月期流动资金贷款年利率由8.64%下调到8.10%；取消3个月期利率档次。各项贷款和企事业定、活期存款和城乡居民定期储蓄存款自1991年4月21日起执行；城乡居民活期储蓄存款自1991年7月1日起执行。

3月25日至4月9日　七届全国人大四次会议在北京举行。会议审议通过了《关于国民经济和社会发展十年规划和第八个五年计划纲要》。该纲要提出，1991—2000年的发展总目标是：实现我国社会主义现代化建设的第二步战略目标，把国民经济的整体素质提高到一个新的水平。在大力提高经济效益和优化经济结构的基础上，国民生产总值按不变价格计算，到20世纪末比1980年翻两番。即到2000年，按1990年价格计算的国民生产总值达到31 100亿元，10年内年均增长6%。工农业总产值年均增长6.1%，其中农业总产值年均增长3.5%，工业总产值年均增长6.8%。人民生活水平从温饱达到小康。“八五”计划的经济增长规模和速度是：按1990年不变价格计算，1995年国民生产总值达到23 250亿元，比1990年增长33.6%，平均每年增长6%；农业总产值达到8 780亿元，比1990年增长18.9%，平均每年增长3.5%；工业总产值达到32 700亿元，比1990年增长37.1%，平均每年增长6.5%。第三产业增加值，1995年比1990年增长53.9%，平均每年增长9%。该纲要指出，要“有计划有步骤地扩大各类债券和股票发行”，“稳步发展金融市场，拓宽融资渠道，健全证券流通市场。在有条件的大城市稳妥地进行证券交易所试点，并逐步形成规范化的交易制度”。会议还通过了《中华人民共和国民事诉讼法》和《中华人民共和国外商投资企业所得税法》。

26日 中国人民银行发布《关于一次性削价处理积压商品有关银行贷款及计息问题的通知》。主要内容是：1. 有关处理商品的品种和各地的处理金额，由商业部、经贸部、物资部、国家医药管理局、国家中医药管理局分别提出下达，同时抄送有关专业银行，由专业银行总行转发有关分行。各地在确定处理商品的具体品种和金额的同时，要确定处理积压商品应收回贷款数额（相当于按进价计算的处理商品金额）和允许损失挂账金额，下达到有关企业和企业开户银行。未经批准不得突破。有关专业银行分行要将本地区确定的本行处理积压商品应收回贷款及允许损失挂账金额上报其总行，各总行汇总后报中国人民银行。2. 有关开户银行要在削价处理商品企业的流动资金贷款户内单设“待削价处理积压商品贷款”专户，按下达该企业处理商品应收回贷款数额，从正常流动资金贷款中将贷款转入本户，本专户内的贷款按正常流动资金贷款利率计息。3. 企业在处理积压期内，按月削价处理商品销货款归还“待削价处理积压商品贷款”。在处理积压截止日，开户银行要对“待削价处理积压商品贷款”进行清理，同时，在企业流动资金贷款户内开设“商品削价损失挂账贷款”专户。开户银行根据批准的削价损失数额，从“待削价处理积压商品贷款”专户内将贷款转入“商品削价损失挂账贷款”专户。“待削价处理积压商品贷款”专户中属于未完成处理任务部分，仍转回流动资金贷款账户。各分行将处理积压期内，实行收回“待削价处理积压商品贷款”和实际“商品削价损失挂账贷款”数额上报各自总行，各总行汇总后，报人民银行总行。4. 银行要监督企业将削价损失按规定在1994年3月底以前全部摊销。银行每月根据企业报表反映的削价损失实际摊销数额，收回同额“商品削价损失挂账贷款”。对“商品销价损失挂账贷款”实行利息减半、先收后退的办法，即银行对该项贷款按正常贷款利率计收利息，企业按规定摊销削价损失归还此项贷款后，银行将已收利息的50%退还企业，每季办理一次。1994年3月底之后，仍未摊销的损失占用贷款，银行按不合理占用贷款处理。

中国人民银行、公安部、国家工商行政管理局、新闻出版署电影电视部发布《关于禁止在宣传品出版物及有关商品上使用人民币、外币和国家债券图样的通知》。该通知重申，人民币是中华人民共和国的法定货币，国家授权中国人民银行统一印制发行。任何单位和个人不得以任何形式模仿人民币式样印制内部票券，禁止用复印机复印人民币，禁止采用完整的人民币、外币和国家债券图样（不论是原大或缩印样）印制广告宣传品、出版物及其他商品。

27日 财政部、中国人民银行联合发布《关于一九九一年国库券发行工作若干具体事项的通知》。该通知就1991年国库券的发行方式，国库券面的调运、领用和销毁，国库券购买、交款办法，款项入库、上划以及报告制度作出了明确规定。关于发行方式，该通知要求，为了改革国债发行推销方式，逐步从以行政手段发行向以经济手段通过市场推销过渡，各地在总结上年柜台销售经验的基础上，除继续采取单位组织认购的形式外，还应因地制宜，尽可能采取柜台销售、承购包销等多种发行方式，为建立完善的国债发行市场创造条件。4月3日，财政部发出通知，决定1991年在小范围内进行国库券承购包销试点，并全面开放地市级以上城市的国债流通市场。

4月

1日 深圳市开始对贷款企业实行贷款证管理制度。该管理制度的主要内容是：贷款证是贷款企业向深圳各国内金融机构申请办理贷款的证明书，凡申请办理贷款的全民、集体、“三资”和个人承包、私人企业，从4月1日起均须持有贷款证方可申请贷款；未领取贷款证者，各金融机构一律不受理贷款事宜；深圳市内各国内金融机构从4月1日起所批准的贷款，均要按要求在贷款证上进行登记，如有意漏登或与企业串通作假者，以违反金融纪律论处，企业须在规定日期内（3月25日至6月25日）向市人民银行申请贷款证，申请时须按规定提交有关证明文件。

3 日 中国人民银行、各家专业银行、交通银行联合发布《关于增加金融统计报表的通知》，决定从 1991 年开始，增加两种金融业务统计报表，即国家银行贷款周转情况月报表和国家银行外汇信贷收支月报表。

深圳全部股票进入交易所集中交易。同日，深圳证券交易所开始发布深证综合指数，该指数以 1991 年 4 月 3 日为基日，基日指数为 100。

4 日 经人事部批准，国家外汇管理局设立中央外汇业务中心、全国外汇调剂中心、信息中心 3 个事业单位。中央外汇业务中心是经营管理国家外汇储备的职能部门，主要职责是：根据国家外汇储备经营战略、原则，拟订国家外汇储备经营方案；确定国家外汇储备资产组织中的地区分布、币种安排、期限搭配、工具选择等；进行日常的外汇交易、清算和结算等经营性工作；监督检查委托储备资产的经营状况；联系海外分支机构；参与有关国际金融活动。全国外汇调剂中心是经国家外汇管理局批准，办理中央各部门及其所属单位之间和各省、自治区、直辖市、经济特区之间的外汇额度或现汇调剂业务的法定外汇交易机构，其职责是：受理经国家外汇管理局批准的中央各部门及其所属单位和各省、自治区、直辖市、经济特区外汇调剂中心所委托买、卖调剂外汇的申请，并办理成交；监督中央各部门及其所属单位和各省、自治区、直辖市、经济特区外汇调剂中心买卖调剂外汇的交割与结算；定期向国家外汇管理局编报外汇调剂情况及统计报表；提供外汇调剂市场信息和服务。信息中心的职责是：制订外汇局机关及系统信息化工作规划；组织外汇局机关及系统应用软件的设计、开发、维护、推广工作，负责有关标准化工作；组织外汇局机关及系统计算机和网络的安全运行；负责外汇管理常规信息的采集、存贮、加工、分发和汇总反馈工作；负责与外汇管理信息化有关的科学攻关课题和对外交流工作；负责外汇局系统信息技术的普及与提高工作；负责对外有关经济信息交流、共享及转让工作。

5 日 中国人民银行下发《关于实施〈利率管理暂行规定〉有关问题的通知》。该通知明确，浮动利率在中国人民银行总行规定的浮动幅度内仍由各专业银行掌握，当前治理整顿期间，流动资金贷款利率的上下浮动及浮动范围的确定，须经地、市级（含地、市）人民银行分行审查批准或者备案；对逾期贷款和被挤占挪用贷款，在借款合同规定的利率基础上加收利息，加息幅度分别是 20% 和 50%；各专业银行以发行债券筹集的资金，用于固定资产贷款和特种贷款的，均按国家规定的利率执行，不得上浮，不准高来高去；各专业银行及其他金融机构根据《利率管理暂行规定》，协助和配合人民银行进行利率管理工作，宣传贯彻和执行国家利率政策。深圳经济特区人民银行和浙江省温州市人民银行利率管理改革试点，仍按原定改革方案进行，两市人民银行可分别参照《利率管理暂行规定》的精神具体制定本地区的利率管理办法，报总行备案。

9 日 第七届全国人民代表大会第四次会议在北京召开。会议通过决议，批准《中华人民共和国国民经济和社会发展十年规划和第八个五年计划纲要》。该纲要指出，必须坚定不移地继续深化改革，进一步扩大对外开放。其中有关金融体制改革的内容主要有：1. 进一步强化中央银行的宏观调控职能，严格控制货币发行和信贷总规模；按照国家的产业政策，确定信贷资金的投向，并有效地运用利率、准备金、再贷款、汇率等金融手段，促进国民经济的总量平衡和结构调整，防止通货膨胀。2. 健全中央银行的垂直领导体制，加强中央银行对专业银行的领导与管理。专业银行主要是执行国家产业政策，承担经济调控职能；同时进行企业化管理，实行自担风险、自负盈亏。3. 继续鼓励居民储蓄，有计划、有步骤地扩大各类债券和股票发行，并严格加强管理，逐步实行社会金融资产多元化。4. 稳步发展金融市场，拓宽融资渠道，健全证券流通市场。在有条件的大城市稳妥地进行证券交易所的试点，并逐步形成规范化的交易制度。

第七届全国人民代表大会第四次会议通过《中华人民共和国外商投资企业和外国企业所得税法》。其中规定：外商投资企业和外国企业在中国境内设立的从事生产、经营的机构、场所每一纳税年度的收入总额，减除成本、费用以及损失后的余额，为应纳税的所得额。外商投资企业的企业所得税和外国企业就其在中国境内设立的从事生产、经营的机构、场所的所得应纳的企业所得税，按应纳税的所得额计算，税率为30%；地方所得税按应纳税的所得额计算，税率为3%。设在经济特区的外商投资企业、在经济特区设立机构、场所从事生产、经营的外国企业和设在经济技术开发区的生产性外商投资企业，减按15%的税率征收企业所得税。设在沿海经济开放区和经济特区、经济技术开发区所在城市的老市区的生产性外商投资企业，减按24%的税率征收企业所得税。

设在沿海经济开放区和经济特区、经济技术开发区所在城市的老市区或者设在国务院规定的其他地区的外商投资企业，属于能源、交通、港口、码头或者国家鼓励的其他项目的，可以减按15%的税率征收企业所得税，具体办法由国务院规定。对下列所得，免征、减征所得税：外国投资者从外商投资企业取得的利润，免征所得税；国际金融组织贷款给中国政府和中国国家银行的利息所得，免征所得税；外国银行按照优惠利率贷款给中国国家银行的利息所得，免征所得税；为科学研究、开发能源、发展交通事业、农林牧业生产以及开发重要技术提供专有技术所取得的特许权使用费，经国务院税务主管部门批准，可以减按10%的税率征收所得税，其中技术先进或者条件优惠的，可以免征所得税。对于利润、利息、租金、特许权使用费和其他所得，需要给予所得税减征、免征的优惠待遇的，由国务院规定。

10日　上海证券交易所试行单位股票上市交易。首批试行上市的单位股票限于“电真空”“申华电工”两只，其中，“电真空”股票发行额为199万元，100元一股；“申华电工”股票发行额150万元，10元一股。

11日　中国人民银行下发《关于调整13个行业差别利率的通知》，决定对实行差别利率的能源、交通等13个行业及农业、盐业基本建设的银行贷款利率相应下调。其中，农业、煤炭、原油开采、节能措施、港口、盐业的1～3年、3～5年、5年以上的基本建设贷款分别由现行的年利率7.56%、8.10%、8.64%调整为6.48%、7.02%、7.20%；电力、交通（不含港口）、铁道、邮电、民航、建材、森工和钢铁、有色两行业中独立矿山项目的1～3年、3～5年、5年以上的基本建设贷款利率分别由现行的8.64%、9.36%、9.54%调整为7.56%、8.10%、8.28%；钢铁、有色、化工的1～3年、3～5年、5年以上的基本建设贷款利率分别由现行的9.72%、10.44%、10.80%调整为8.64%、9.18%、9.36%。

12日　中国人民银行、国家计委发布《关于基本建设项目建设期银行贷款计收利息问题的通知》。该通知规定：从1991年起，各银行利用信贷资金新发放的基建贷款，除特批项目外，一律按规定按年结息和收息，不再挂账。新建项目贷款利息列入投资计划，改、扩建项目，先由企业自有资金支付，有困难的经有关部门同意，可列入投资计划。将原“不实行差别利率的改、扩建基建贷款，比照技改贷款利率，按季结息”的规定，改为：从1991年起，不论新发放的还是以前发放尚未收回的不实行差别利率的改、扩建贷款，一律实行一般基建贷款的期限利率，每年9月20日按年结、收息。1990年以前发放未收回的基建贷款，新建项目可到竣工时还本付息；改、扩建项目用企业自有资金按年偿付；已经建成项目通过自有资金、新增效益和折旧归还。

13日　中国人民银行发布《关于对保险业务和机构进一步清理整顿和加强管理的通知》，要求各级人民银行继续清理整顿保险机构，加强保险条款、保险费率和保险资金运用的管理与监督；对再保险和保险代理机构要加强管理，完善保险机构业务报表保送制度。

经中国人民银行批准，日本兴业银行和日本三和银行在上海设立日本兴业银行上海分行和日本三和银行上海分行。这是日资银行首次在中国大陆地区开设分行。

15 日 国务院总理李鹏发布中华人民共和国国务院第 80 号令《中华人民共和国一九九一年特种国债条例》。该条例规定：1. 特种国债的发行对象和数额是：经济条件较好的全民所有制企业、集体所有制企业、私营企业、各类金融机构、企业主管部门、事业单位、部队、机关和社会团体，共 10 亿元；全民所有制企业职工退休养老基金管理机构、待业保险基金管理机构，共 10 亿元。2. 特种国债本金的偿还期为 5 年，从交款之日起满 5 年后一次偿还，年利率为 9%，从交款之日起开始计息。利息在偿还本金时一次付给，不计复利。3. 中央单位、部队和各省、自治区、直辖市及计划单列市的认购任务，由财政部分配。地方单位的认购任务，由各省、自治区、直辖市及计划单列市人民政府分配。对分配的认购任务，各单位必须按期完成。4. 特种国债从当年 4 月 15 日开始发行，10 月 15 日结束。5. 特种国债统一采取收款单形式发行，其发行和还本利息事宜由各地财政部门组织办理。特种国债的收款单，可以记名、挂失，不得作为货币流通。6. 购买特种国债的利息收入免征所得税。

20 日 由财政部国家债务管理局与由中国工商银行信托投资公司代表的全国 58 家金融机构组成的国债承销团在北京举行国债承销合同签字仪式。这是我国首次采用承购包销方式发行国债，共发行 1991 年 25 亿元国库券，占 1991 年国债发行总额的 1/4。

22 日 国家外汇管理局下发《关于重申跨省或跨地区外汇调剂手续费问题的通知》，重申各外汇调剂中心今后在办理跨省或跨地区外汇调剂业务时，手续费的收取标准必须严格按照国家外汇管理局有关规定办理。即对于跨省调剂的手续费的计收，调出的中心只能向调出企业收取 1.5‰的手续费；调入的中心只能向调入的企业收取 1.5‰的手续费。

26 日 经中国人民银行批准，中国太平洋保险公司暨上海分公司开业。该公司是由交通银行投资组建的股份制保险公司，注册资本 10 亿元人民币，总公司设在上海。公司实行独立核算、自主经营、自负盈亏和董事会领导下的总经理负责制，业务范围包括人民币和外币的各种财产保险，责任保险、信用保险、农业保险和各种人身保险，各种国内国际再保险和法定保险。这是新中国成立以来，继中国人民保险公司成立之后的第二家全国性保险公司。

27 日 中国人民银行发布《关于统一丙种外币存款计息方法的通知》。该通知规定，丙种外汇存款的活期存款按年计付利息，每年计息一次，12 月 20 日为结息日，遇利率调整，分段计息。存款清户时，本利一次结清。定期存款以存入日的相应档次利率为计息标准，存期中如遇利率调整，不分段计息。提前支取的存款，按支取当日的活期存款利率计付利息；存款逾期，从到期日起，按支取当日的活期存款利率计付利息。该通知要求各地中国银行要配合人民银行定期公布丙种外币存款利率，各金融机构在办理该项业务时，必须遵照执行，不得以抬高利率的办法竞争存款。上述规定自 6 月 1 日起执行。

28 日 中国人民银行发布《关于调整对农业银行扶贫贴息专项贷款利率的通知》，决定自 1991 年 4 月 21 日起，人民银行对农业银行扶贫贴息专项贷款利率由年利率 5.76% 降为 4.68%。农业银行发放的扶贫贴息专项贷款利率仍按年利率 2.88% 执行。

国务院同意并批转国家体改委《关于一九九一年经济体制改革要点》。该要点的主要内容是：1991 年是“八五”计划的第一年，经济工作的中心任务是调整经济结构和提高经济效益，把改革与发展紧密结合起来，更多地向生产要素合理流动和结构调整要效益；改革的重点是搞活企业特别是全民所有制大中型企业；同时要积极稳妥地推进宏观改革、流通及其他方面的改革，并加强对改革工作的领导综合协调。其中，有关金融改革方面的内容是：在控制贷款总量的前提下，搞活金融，促进生产发展。积极发展和完善资金市场，包括资金拆借市场，证券市场和外汇调剂市场。在人民银行的指导和不突破信贷总规模的前提下，加强省、市一级专业银行之间信贷资金的横向融通。适当增加地方人民银行的贷款指标，用以调剂地区专业银行之间的规模余缺。改变国库券全部由行政分配发行的办法，试行一部分国债由银行代理推销，也可以由非银行金融机构承购包销，并研究企业持有的国库券流通的方案。在少数有条件的大城市搞好证券交易所的试点，研究制定一套符合我国国情的证券市场管理条例。银行要采取灵活多样的结算方式，加快资金周转。积极帮助企业清理“三角债”，减少资金占用，缓解企业资金短缺的困难。在清理“三角债”的同时，加快推行商业信用票据化的步伐。

5 月

1 日 国务院办公厅印发《关于禁止发放使用各种代币购物券的通知》，规定任何单位不得发放、使用各种代币购物券，已经发放尚未使用的购物券一律停止使用，由发放单位立即收回、销毁，凡与商业单位签订的购物券合同、协议一律无效。该通知要求各级人民政府要组织有关部门，对本地区发放、使用购物券的情况进行一次全面检查。对发放、使用购物券的单位要按财务、税收和金融管理的有关规定进行处理；对情节严重的，要依法追究有关人员的责任。

6 日 中国人民银行发布《关于调整人民银行联行利率的通知》，人民银行内部往来资金中的上存、借用资金利率，由原来的月利率 6.15‰调整为 5.55‰；人民银行上海市、深圳市分行在总行的存款准备金和备付金月利率由 5.76‰调整为 5.16‰；向总行的贷款利率，由原月利率 6‰调整为 5.4‰。调整后的利率自 1991 年 4 月 1 日起执行。

中国人民银行发布《关于开办外汇移存业务的通知》，决定在浙江省分行、江苏省分行开办辖区内除中国银行以外所有银行的外汇移存业务。具体办法参照《中国人民银行关于上海试行外汇移存与提取的暂行规定》（1989 年 5 月 3 日）。

9 日 国家体改委、中国人民银行、国家国有资产管理局下发《关于对向社会公开发行股票的股份制试点企业重新审批的通知》。1990 年 12 月 26 日国务院办公厅发布《关于向社会公开发行股票的股份制试点问题的通知》要求，除已批准上海、深圳两市向社会公开发行股票的试点外，凡由地方政府批准实施，但未经中央有关部门审批的，要在近期内报国家体改委、国家国有资产管理局、中国人民银行重新履行审批手续。为了便于这项工作的进行，《关于对向社会公开发行股票的股份制试点企业重新审批的通知》规定，此次重新审批，分两步进行：第一步，有关企业向省、市体改部门提出股份制试点，经审批同意后，再报国家体改委审批。凡涉及国有资产的，须同时向国有资产管理部门提出申请，经审核同意后，由国家体改委会同国家国有资产管理局审批。第二步，企业获准进行股份制试点后，向所在地中国人民银行一级分行重新申请公开发行股票，经审核同意后，再报中国人民银行总行审批。审批的标准是：申请文件俱全，手续完备；资产评估、股权设置、收益分配和国家股权管理中，没有损害国有资产权益的做法；体现入股自愿、股权平等、同股同利、利益共享、风险共担的原则；股票比较规范，符合中国人民银行关于公开发行股票的有关规定，股票不还本，只按企业经营状况和公司章程规定，发放红利或股息；有比较健全的内部领导体制，公司章程对股东大会、董事会和经理的权力和责任都有明确规定；公司生产经营符合国家的产业政策，财务及经营业绩良好；向社会非特定个人公开发行的股份不低于公司总股份的 25%。

15 日 经中国人民银行会同国家体改委和国家国有资产管理局审查同意，深圳市人民政府颁布《深圳市股票发行与交易管理暂行办法》。该暂行办法的内容包括股票的界定、发行、交易、证券商、交易所、登记公司、主管机关、罚则等，共8章97条。其中规定：中国人民银行是深圳市证券市场的主管机关，授权中国人民银行深圳经济特区分行，对股票发行和交易行使日常管理职能；股票发行与交易应遵守公开、公平、公正的原则；企业申请公开发行股票，应符合下列条件：1. 经国家有关主管部门批准设立或改组成股份公司；2. 生产经营符合深圳的产业政策；3. 财务及经营业绩良好，净资产不低于1 000万元；4. 申请前一年有形资产净值占有形资产总值的比例应不低于25%；5. 发起人认缴份额不得少于500万元，并不低于总股本的35%；6. 向非特定个人公开发行的股份不得少于总股本的25%，主管机关可根据情况提高公开发行股票的比例；7. 股东人数不少于800人；8. 申请企业或发起人在近3年内没有违法行为或损害公众利益的记录。该暂行办法还规定，股票交易均须在主管机关批准的证券交易机构办理，不得进行场外非法交易，其中，上市股票在交易所集中交易，公开发行但未达上市标准的股票在证券商柜台挂牌买卖。该办法自1991年6月15日起施行。据统计，截至该暂行办法发布日，深圳市共有5家上市公司（股票名称分别是“深发展”“深金田”“深万科”“深安达”“深原野”），股票发行面值为2.7亿元，市值约50亿元；证券交易机构12家，营业网点16个，证券从业人员300余人。

21日 国务院批转国务院联合清理拖欠税款领导小组《关于继续加强清理欠税工作的请示》。该请示对清理欠税工作提出如下意见：1. 各级政府要从现在起就抓紧清理欠税工作；2. 促产、促销，加强管理，提高效益，进一步清理欠税；3. 结合清理“三角债”，清理拖欠税款；4. 抓重点行业、重点企业，解决重点问题；5. 强化征税管理，严格以法征税；6. 树立全局观念，自觉依法纳税。

中国人民银行发布《关于保险企业资金收支计划与资金运用计划管理有关问题的通知》，明确保险企业的资金收支计划由人民银行审批；对保险企业的资金运用计划实行分类管理；人民银行各级分行要加强对保险企业资金的管理，促进保险业务健康发展。

27日 第一次股票市场办公会议在人民银行召开。会议由国务委员兼中国人民银行行长李贵鲜召集，会议通过了关于股票市场办公会议的有关制度，审定了上海、深圳两市1991年发行人民币股票的企业和规模。会议提出，为了更好地协调各部门关系，解决股票市场中的重大问题，搞好股票市场和股份制试点工作，建议增加经贸部、工商行政管理局为股票市场办公会议的成员。9月2日中国人民银行召集第二次股票市场办公会议，审查修改了《上海市人民币特种股票管理暂行办法》和《深圳市人民币特种股票管理暂行办法》。

中国人民银行发布《关于清理外汇抵押人民币贷款有关问题的通知》，决定从当年起，新发放的外汇抵押人民币贷款，要逐笔报总行审批，同时分行要建立抵押外汇登记簿。总行历年下批给分行的指标，不再周转使用，对已经到期的按有关规定办理。

6月

1日 中国人民银行批复中国人民保险公司《关于申请设立资金运用部问题的请示》，同意该公司增设资金运用部，为副厅（局）机构，经营范围是：有价证券投资、流动资金贷款、资金拆出及中国人民银行批准的资金运用业务。

4日 中国人民银行颁布《关于外资金融机构在中国设立常驻代表机构的管理办法》。该办法规定：外资金融机构是指外国资本的银行、证券公司、投资公司、保险公司、财务公司、信用卡公司、金融性租赁公司，外资金融机构常驻代表机构是其总管理机构的派出机构，称为“×××代表处”，代表处的主要负责人称首席代表，其他人员称代表、顾问、助理、秘书。常驻代表机构的工作范围是：咨询、联络、市场调查等非营利性工作。常驻代表机构在工作中，不得为其总部或分支机构（包括设在中国境内的分支机构）办理经营性业务。中国人民银行是外资金融机构常驻代表机构的审批、管理机关，中国人民银行总行负责对设在北京的常驻代表机构进行监督、检查和管理，对设在北京以外城市的常驻代表机构，中国人民银行总行授权当地中国人民银行分行对其进行监督、检查和管理。该办法自公布之日起施行。1983年2月1日颁布的《中国人民银行关于侨资金融机构在中国设立常驻代表机构的管理办法》同时废止。

中国人民银行发布《关于短期对外借款实行余额外债管理的通知》，国家外汇管理局对各省、自治区、直辖市、计划单列市和经营外汇业务的银行核定年度短期对外借款余额控制指标，短期借款月末余额不得超过控制指标，在控制指标数额内可以周转使用。

10日 中国人民银行、国家外汇管理局、对外经济贸易部、海关总署、中国银行印发《关于出口收汇核销管理有关问题的补充规定》的通知。该补充规定在坚持国务院关于跟踪结汇制度的原则下，尽量简化了出口收汇核销手续。主要包括：1. 简化了自寄单据的审批手续，除1991年1月1日以来实施的《出口收汇核销管理办法实施细则》中规定的4种商品（鲜活、易腐商品；出境展览（销）商品；金额在等值一百美元以内的有价样品；预收货款项下的商品）外，其他商品出口自寄单据从过去逐笔审批改为10万美元以下无须审批；2. 出口单位不再凭核销单向银行交单索汇，减少了核销单经过银行这一环节；3. 简化了外商投资企业的核销手续，从过去逐笔核销改为定期核销；4. 放宽了出口单位报关后将核销单存根送交外汇管理部门的期限，本地报关从过去的7天改为15天，异地报关从过去的20天改为25天；5. 缩小了实行收汇核销的范围，明确规定援外项目物资、捐赠出口、暂时出口和无价样品出口无须凭核销单办理报关手续。

11日 中国人民银行发布《关于统一开展对台金融业务的通知》，决定由中国银行直接或间接地与台湾民间银行建立代理行关系，以解决通汇问题。待条件成熟后，其他金融机构报经批准，方可与台湾民间银行建立代理行关系。

14日 财政部、中国人民银行发布《关于一九九一年国库券发行工作有关事项的补充通知》，就承购包销试点部分的国库券发行事项作出规定：1991年国库券承购包销，采取中央承购包销试点和地方承购包销试点相结合的方式进行，各承购包销单位承销的国库券，一律应面向城乡居民、个体工商业户广泛推广，不得无故自行吃进，不向单位推销，坚决杜绝用信贷资金购买国库券。

15日 中国人民银行深圳经济特区分行颁布《深圳市证券经营机构管理暂行规定》。该暂行规定对证券经营机构的设置、业务范围、证券交易、管理监督作出明确规定。其中规定，中国人民银行深圳特区分行是深圳证券经营机构和组织的主管机关。证券机构须在主管机关的监督下，设立自律性组织，加强自律管理；凡触犯过刑律被定罪判刑者、因经济问题受行政处分者、违反证券管理规章被除名者均不得从事证券业工作。

18日 国家外汇管理局发布《关于加强金融机构自营外汇买卖业务管理的通知》。该通知规定：自营外汇买卖是指金融机构以其自有和自筹外汇资金在严格控制之下，在国际金融市场上买卖外汇。为了加强对此项业务的管理，金融机构办理自营外汇买卖业务须具备下列条件：1. 外汇买卖业务高层主管人员须具备5年以上从事外汇买卖的资历；专职交易员须具备3年以上从事外汇买卖的资历；专职交易员不少于3人。2. 有专门交易室，并配备信息终端机和其他有关设备。3. 具有不少于2 000万美元的等值外汇资本金。4. 有健全的外汇买卖业务的内部管理规章和制度，特别是业务权限和财务核算制度。金融机构办理自营外汇买卖业务须报国家外汇管理局批准，其中，不具独立法人资格的外汇指定银行分行由其总行审核同意后，统一报国家外汇管理局批准。金融机构办理自营外汇买卖业务，每天交易总量不得超过其外汇资本金或外汇营运资金的20%。原则上不得保留隔夜头寸，如遇特殊情况，经本单位最高主管批准，可保留少量隔夜敞口头寸，但不得超过其外汇资本金或外汇营运资金的1%。金融机构办理自营外汇买卖的累计亏损额不得超过其自有外汇资本金或外汇营运资金的1%，亏损额超过其外汇资本金或外汇营运资金的2%时，国家外汇管理局将停止其办理此项业务，未经核准不得重新经营。上述外汇资本金或外汇营运资金、每日敞口总头寸、每日隔夜敞口头寸均按当日纽约外汇市场汇率折美元计算。

7月

3日 经国务院授权、中国人民银行批准，深圳证券交易所正式开业。深圳证券交易所是中华人民共和国第二家证券交易所，于1989年11月15日开始筹建，1990年12月1日开始试运行，1991年4月11日经中国人民银行批准成立。交易所按照国际惯例，以会员制方式组成，注册资金为1 000万元人民币，为非营利性事业法人，其业务范围是：提供证券集中交易的场所和设施；管理上市证券的买卖；办理上市证券交易的清算交割，提供证券市场的信息服务；办理中国人民银行许可或委托的其他业务。同日，《深圳证券交易所业务规则》正式颁布实施。该所主办的全国第一家证券专业刊物《证券市场导报》创刊号出刊。上海证券交易所创办了内地第一份证券类专业报纸《上海证券报》。

5日 中国人民银行、中国工商银行、中国农业银行、中国银行、中国人民建设银行、交通银行、中国人民保险公司联合发布《关于整顿、建设金融队伍的意见》，要求各行（公司）结合本地区、本部门的实际情况，认真组织学习，贯彻落实。此前，李鹏总理对“卫益行”案件两次作出批示：4月20日在《公安部情况反映》第30期“关于北京‘卫益行’案件”上批示：“此案骇人听闻，金融系统组织严重不纯，才导致从犯行骗得以成功。金融系统犯罪者，应依法严惩不贷。”5月31日在《公安部情况反映》“北京卫益行商贸部骗取巨额贷款一案侦查工作进展情况”上批示：“李贵鲜同志：屡次发生信贷员出大问题值得认真反思，信贷员手中掌握的权力太大，又无集体领导和党的监督，将带来极大的危害。希望你们认真研究，如何从制度上堵塞漏洞，而不仅是一案一案的查办。”此后，中国人民银行分别于6月26～28日召开各行（司、局）党组联席会议，7月2日召开中国人民银行全体干部职工大会，学习李鹏总理对“卫益行”案件的两次批示，随后下发《关于整顿、建设金融队伍的意见》。

经中国人民银行批准，国家外汇管理局公布《保税区外汇管理暂行办法》。国务院决定在上海、天津等地设立保税区，国家外汇管理局对保税区内的企业、机关、个人的外汇收支作了规定。该暂行办法规定，保税区内有外汇收支业务活动的企业，应持主管部门批件及其他有关文件的副本，向所在地外汇局分局登记备案，并接受所在地外汇局分局的监督和检查；海关监管的保税货物出入保税区，应以外币计价结算，非保税货物出入保税区，以人民币计价结算；保税区内企业之间保税货物的买卖和保税货物的存储、保管、运输等费用，以外币计价并通过银行结算；保税区内的企业应将其商品出口、对外提供劳务、服务等所得的外汇收入及时调回境内，并存入其境内银行的外汇账户，其正常业务所需的外汇，可从该账户支出；非保税区的企业可以用外币或人民币向保税区进行投资，因正常经济活动需要可将外汇资金、人民币资金汇入保税区，或从保税区汇回非保税区。人民币、外汇票证、贵金属及其制品可以在保税区与非保税区之间出入，人民币、外汇票证、贵金属及其制品经保税区出入国境，按国家对人民币、外汇票证、贵金属及其制品出入国境的规定管理。严禁利用国家给予保税区的特殊条件进行违反外汇管理规定的活动，国家外汇管理局或其分支局对有关违法活动按照《违反外汇管理处罚施行细则》的规定办理。

8日 经中国人民银行批准，全国金融市场报价、交易、信息系统中心在北京成立。该中心的注册资金为500万元人民币，为会员制的事业法人。其主要业务是：利用计算机联网系统，为会员进行跨地区的证券交易和资金拆借提供信息交换、交易和交割清算的技术手段和服务。

9日 国家计划委员会、财政部、中国人民银行印发《关于延续执行〈黄金外汇留成管理暂行办法〉的通知》。该通知规定，国家计委、财政部、人民银行印发《黄金外汇留成管理暂行办法》（计贸〔1987〕1377号），延续执行到1992年年底。为了避免外汇分散，结合黄金、白银生产所需的物资供应体制，黄金系统矿产金企业和有色工业系统地方企业交售黄金、白银所得5%的留成外汇，从1991年起，分别改由省区市黄金分公司和有色工业主管部门统一开户管理，内部记账；有色总公司直属企业交售黄金、白银所得5%的外汇留成，改由有色总公司统一开户管理，内部记账。统一开户管理的企业外汇留成，应主要用于企业发展黄金、白银生产所需进口或串换物资，如用于其他企业或单位，应按外汇调剂市场价格作价，给予原留成企业相应的人民币补偿。地方政府所得黄金、白银再分配外汇留成，应首先用于支持发展黄金、白银生产。

11日 中国人民银行、国务院生产委员会发布《关于进一步加强流动资金贷款管理的通知》。为了搞好企业流动资金综合治理，促进企业强化经营管理，进一步扭转产品积压和企业亏损，防止“三角债”前清后欠，中国人民银行决定，实行“五优先”“五从严”“八不贷”的信贷政策。“五优先”即银行将对下述5项优先给予贷款支持：1. 种养业、农业科技开发项目、粮棉油等主要农副产品收购的资金需求；2. 符合国家产业政策、产品适销对路、经营管理和经济效益好的企业，特别是其中的国营大中型企业的资金需要；3. 国家“双保”企业指令性计划产品；4. 增加适销对路商品储备和国家重要物资储备的资金需求；5. 国家计划内换汇成本低、不亏损的外贸出口商品的收购和国家计划内进口商品的资金需求给予优先贷款支持。“五从严”是指要从紧从严掌握贷款，对下列5种情况亮出“黄牌”予以警告：1. 产品质次价高，不适销对路，产大于销，且库存过大的企业；2. 经营性亏损没有扭转的企业和产品，政策性亏损没有按期弥补的企业和产品，潜在性亏损没有消化且未落实有效措施的企业；3. 未按国家规定进行自补流动资金的企业；4. 换汇成本偏高的出口商品收购；5. 国家产业政策严格限制发展的产业和产品。“八不贷”是指对下述8种情况，原则上停止发放流动资金贷款：1. 产品因不适销对路或质次价高已严重积压，仍继续生产的轻工、纺织和一般机械加工行业的企业；2. 经营性亏损严重，又未提出切实可行的扭亏措施，近期内扭亏无望的企业；3. 管理混乱、弄虚作假、虚盈实亏严重、资不抵债的企业；4. 违反国家规定，挤占流动资金搞基本建设或挪作他用的企业；5. 1991年新发生亏损，在限期内未予弥补或扭亏的外贸企业；6. 对国家和省（区、市）定价产品调价，没有按规定将库存商品和物资升值部分调增国拨流动资金的企业；7. 用贷款垫支固定资产投资项目资金缺口或计划外工程投资的建筑施工企业；8. 国家产业政策禁止生产的产品和无证生产国家实行许可证生产的产品，生产性能落后、已明令淘汰的产品以及超过国家限制生产量的产品。该通知要求，各专业银行和其他金融机构要坚决控制货币、信贷总量，认真贯彻执行“区别对待，扶优限劣”的信贷政策，优化贷款结构，压缩不合理贷款。根据上述信贷原则，各地区要组织经委、银行、财政、经贸、税务、工商管理和劳动等部门共同研究，排出本地区扶优限劣的企业、产品序列目录，作为银行优先支持、从紧发放和停止贷款的依据。企业开户银行要参与企业财务决算报告的审查，对应摊不摊或少摊成本、虚增盈利的企业，有权拒绝贷款。

15日 上海证券交易所开始向社会公布上海股市8种股票的价格变动指数，以准确反映上海证券交易所开业以后上海股市价格的总体走势，为投资者入市及从事研究提供参考依据。该指数全称为“上海证券交易所综合股价指数”，以点为单位，基日定为1990年12月19日，基日指数定为100。

16～23日 中国人民银行全国分行行长会议在北京召开。会议的主要内容是：贯彻党的十三届七中全会的《中共中央关于制定国民经济和社会发展十年规划和“八五”计划的建议》（以下简称《建议》）和七届人大四次会议通过的《国民经济和社会发展十年规划和第八个五年计划纲要》（以下简称《纲要》）中关于金融体制改革的精神；讨论由人民银行根据《建议》和《纲要》精神制定的《金融体制改革“八五”及十年设想》；研究和部署加强金融系统职工队伍建设问题；落实加强流动资金贷款管理和贷款扶优限劣的措施及有关制度。中国人民银行副行长周正庆就12年的金融体制改革成就和今后10年和“八五”金融体制改革做报告。中国人民银行副行长郭振乾部署下半年金融工作。国务委员兼中国人民银行行长李贵鲜做总结报告。会议提出，“八五”期间金融体制改革的指导思想是：执行稳定货币、发展经济的方针，按照发展社会主义有计划商品经济的要求，充分发挥金融在计划经济与市场调节相结合的经济运行机制中的作用，完善和加强金融宏观调控体系，使金融成为国家宏观调控的有力工具，发展经济、革新技术的有力杠杆。“八五”期间金融体制改革的基本目标是：健全和完善中央银行宏观调控体系；完善以中央银行为领导，国家银行为主体，多种金融机构并存、分工协作的金融组织体系；建立全国统一、规则健全的社会主义金融市场体系；建立现代化的金融管理体系。根据金融体制改革的目标和积极稳妥的实施步骤，今后要在以下几个方面逐步深化改革：进一步强化金融宏观调控体制；健全和完善金融组织体系；完善国家专业银行的经营机制；积极开拓金融市场；改革会计制度和联行清算制度；加强外汇、外债管理，进一步扩大金融对外开放；强化中央银行的监督稽核职能；健全中央银行的垂直领导体制，加强对各金融机构的领导与管理。

19日 国务院发布《关于整顿商品交易秩序 严格结算纪律的通知》。近年来，不少地区和企业滋长了地方保护主义思想，结算纪律松弛，信用观念淡薄，甚至产生了“拖欠有理、拖欠有利”的错误倾向，造成商品交易秩序混乱。一些企业只顾本单位的利益，长期占用卖方资金，无理拒付货款。一些地方搞资金封锁，甚至强令银行停止付款。一些金融机构监督不力，不按结算制度办事，有意偏袒本地企业，受理无理拒付，不扣收滞纳金，甚至擅自拒付退票。这种状况严重地干扰了商品流通秩序和生产的正常进行，影响国民经济持续稳定协调地发展。为了迅速扭转这种局面，该通知要求：1. 各级人民政府和各有关部门要把整顿商品交易秩序、严格结算纪律，作为清理“三角债”、防止前清后欠的一项重要措施来抓。要组织企业主管部门、工商行政和金融管理部门，依照《中华人民共和国经济合同法》（以下简称《经济合同法》），对企业进行重合同、守信用、依法经营的教育，尽快恢复商品交易的正常秩序。2. 企业都要依照《经济合同法》和其他有关法规加强合同管理工作，严格按经济合同和结算制度办事。销货方不准违反合同发货，购货方不准违反合同拒付和故意拖欠货款。对违反经济合同的，司法、工商行政管理和企业主管部门必须依法予以纠正，切实做到执法必严、违法必究，并按照有关规定，对有关责任人员进行经济处罚，情节严重的，要给予行政处分。3. 各地金融部门要严格执行中国人民银行制定的结算制度，认真办理托收承付结算，不得受理无理拒付，不得擅自拒付退票，不准单位账上有款不划，不准少扣或不扣滞纳金。各级人民银行和各专业银行密切加强监督检查。对违反上述规定的，要进行严肃批评教育，并给予经济处罚；对再次违反者，要追究当事人和有关领导者的责任，情节严重的，要给予行政处分。4. 为了尽快扭转商品交易秩序混乱、结算纪律松弛的状况，各级人民银行、政府要认真组织开展一次执行经济合同和结算纪律的检查，对企业故意拖欠不还、银行有意偏袒企业等突出问题，一定要抓住不放，一查到底，严肃处理。

国务院清理“三角债”领导小组召开动员会议。会议强调清理“三角债”要从清理固定资产投资项目这个源头入手。会议对清理“三角债”工作做了部署，从目前到8月中旬，主要抓好东北三省清理“三角债”的试点工作，并向各省、自治区、直辖市派出工作组帮助当地搞好清欠试点。朱镕基副总理主持会议并做了动员讲话，他强调清理“三角债”要治本清源，把清理旧债与堵住新债结合起来，尽快恢复工业生产和经济运行的正常秩序。中国人民银行副行长周正庆做了《进一步清理“三角债”提高经济效益》的发言，指出，近一年来，基建缺口、企业亏损、拨款不足、产品积压、交易结算紊乱是造成“三角债”上升的主要原因；要提高认识、清理源头、抓好试点；抓好319个重点企业的清欠；按照“谁投资、谁清理、谁还债”的原则，落实资金责任。

23日　全国金融标准化技术委员会（以下简称金标委）在北京成立。金标委是国家标准化管理委员会授权，在金融领域内从事全国性标准化工作的技术组织，负责金融系统标准化技术归口工作和国际标准化组织下设的金融业务标准化技术委员会（ISO/TC68）的归口工作。国家标准化管理委员会委托中国人民银行对金标委进行领导与管理。金标委是负责银行、证券、保险、印钞造币等金融业务标准化工作的技术组织，由来自中国人民银行、中国工商银行、中国农业银行、中国银行、中国人民建设银行、交通银行等行及保险业的代表组成，中国人民银行副行长陈元任主任委员。

24日　国务院下发《关于发行一九九一年国家投资债券有关问题的通知》。为了弥补建设资金的不足，广泛筹集社会资金，支持国家重点基础工业和基础设施的建设及重点技术改造，国务院决定1991年由中国人民建设银行和中国工商银行共同发行国家投资债券100亿元，其中，用于基本建设80亿元，由中国人民建设银行发行；用于技术改造20亿元，由中国工商银行发行。国家投资债券期限定为3年，完全采取经济发行方式，由城乡居民、企事业单位、金融机构自愿认购，债券利率与同期限国库券利率相同，到期一次还本付息，不计复利，利息收入免交个人收入调节税。购买的国家投资债券可以抵押，但不记名、不挂失、不得作为货币流通，从发行期满后的第四个月起可以进入证券交易市场转让。

25日　中国人民银行下发《关于加强银行结算监督　严格执行结算纪律的通知》。该通知要求，各地银行和信用社不准受理无理拒付或擅自拒付退票；各地银行和信用社对资金不足需延期付款的，只要单位账上有款，必须根据《国务院关于国营企业销货收入扣款顺序的暂行规定》和按照收到凭证的时间顺序及时办理扣款，各行不得自立土政策，搞“先本行后他行、先本地后异地”。要严格按照规定扣收滞纳金，划给收款单位，不得以任何借口少扣或不扣滞纳金。该通知要求，各级人民银行和专业银行要加强监督检查，严格结算纪律。对银行和信用社不执行规定受理无理拒付、擅自拒付退票、拖延付款的，要替付款单位承担滞纳金；对不扣或少扣滞纳金的，除立即补扣外，要对负有责任的银行和信用社按照结算金额处以每天万分之五的罚款，并对有关经办人员、会计主管人员和行长（主任）各扣发一个月内的奖金。对不听批评、警告，再次发生上述情况的，要停发3~6个月的奖金，情节严重者要给予行政处分。对银行和信用社的罚款，在利润留成中支付，不得列入成本。

31日　国务院在沈阳召开东北三省四市清理“三角债”试点工作会议。国务院副总理朱镕基在会上指出，清理“三角债”要做到“三清”：“两头清”“两手清”“思想清”。“两头清”是债权和债务两头要清；“两手清”是一手要抓住清理固定资产源头，另一手要抓清理流动资金的拖欠；“思想清”是加强对清欠工作的认识，纠正“欠债有理”“欠债有利”“欠债出效益”的错误思想倾向，消除试点工作的阻力。据国务院清理“三角债”领导小组办公室统计，自8月15日东北地区清理“三角债”试点工作开始，截至10月31日，全国已清理企业拖欠款

1 011 亿元，这次清欠国家注入银行贷款 284 亿元，地方和企业自筹 22 亿元，取得了注入 1 元资金、清理 3.28 元拖欠款的效果。

8 月

1 日　中国国债协会在北京成立。该协会是经财政部、民政部批准和注册的国家债券行业非营利性社会团体法人。中国国债协会的会员由经国家批准的商业银行、证券公司、保险公司、信托投资公司、基金管理公司、农村信用合作社联合社等经营国债业务的中介机构以及从事国债研究工作的专家、学者组成。其宗旨是实施行业自律管理，为会员和政府部门做好服务，促进中国国债市场健康发展。主要业务职能包括：建立健全行业诚信机制，组织监督会员执行国家有关法律、法规和政策，自律约束，合法经营，维护国债信誉；组织国债、证券、金融理论研究，开展学术交流和市场调研，向政府主管部门提供政策建议；宣传国债、金融政策，反映市场动态，收集、整理、发布国内外债券行业信息，为会员和广大投资者提供信息咨询服务；组织国内外业务培训，培养专业人才队伍，提高行业的经营管理水平和从业人员素质；听取、反映会员的要求，维护会员的合法权益；组织国内外金融机构间的业务交流与合作，促进会员之间的团结、协作；接受政府主管部门的委托，协助办理国债发行、兑付的有关业务，协助办理金融企业财务工作和利用外国政府贷款的政策宣传、业务培训及咨询服务等业务。

5 日　中国人民银行深圳经济特区分行发布《关于法人股流通转让问题的通知》。该通知规定：法人购买股票必须符合《深圳市股票发行与交易管理暂行办法》第二十九条关于“境内法人购买股票不得使用贷款、拨款。用自有资金购买的，不得超过其总额的 20%，所购股票及所获新股认购证书不得以任何方式分给本单位职工和其他个人”的规定。凡是 1991 年 6 月 15 日《深圳市股票发行与交易管理暂行办法》生效以后，法人在二级市场购入的上市股票均可通过证券机构自由转让。市属国营企、事业单位购入股票，需凭其上一级主管单位出具的证明文件。鉴于当时市场比较狭小，法人每次买入或卖出股票的最高限额暂定为 50 万元。对 1991 年 6 月 15 日以前持有非个人股要进行一次清理，除国有资产管理部门认定为国家股的以外，一般法人股可按第一条有关规定通过证券机构自由转让。向法人定向发行的股票，按规定两年内不得转让，并只发给非标准股票。股份公司发起人的股份转让，需根据公司章程和有关规定办理。国家股的管理和运作办法，由国有资产管理部门提出意见以后另行制定。

6～10 日　全国农村金融工作会议在黑龙江省哈尔滨市召开。会议的主要议题是传达贯彻人民银行分行行长会议精神，分析当时农村金融工作面临的新形势，研究、安排 1991 年后几个月的主要任务和措施。国务委员兼人民银行行长李贵鲜到会并作重要讲话，阐述了正确认识农业在国民经济中的地位、中国农业银行在国民经济中的重要作用、救灾和农副产品收购、抓好队伍建设、中国农业银行减亏增盈等 5 个方面的问题。中国农业银行行长马永伟在讲话中指出：下半年，中国农业银行的工作要以抗灾救灾为重点，做好旺季信贷工作，争取全年农业有一个好收成。

11 日　中国人民银行下发《关于发行一九九一年财政债券的通知》。该通知规定：1991 年财政债券发行总额为 70 亿元，期限为 5 年，年息为 9%；财政债券的发行对象是：各专业银行、交通银行、中信实业银行、中国人民保险公司和城市信用社，各认购单位必须完成分配的认购任务；财政债券由财政部发行，到期由财政部列入当年预算，确保还本付息；财政债券发行和还本付息事宜由中国人民银行代为办理，财政部根据发行、兑付数额各按 1‰的比例拨付给人民银行发行、兑付费，债券收据的设计、印制费用由财政部按实际开支另行拨付；财政债券以人民币为计算单位，由中国人民银行代债务方发给 1991 年财政债券收据，可以记名，可以挂失。

28日 经中国人民银行批准、中华人民共和国民政部核准登记，中国证券业协会在北京成立。中国证券业协会是全国证券行业自律性组织，具有社团法人资格，其宗旨是：根据发展社会主义有计划商品经济与市场调节相结合的要求，贯彻执行国家有关方针、政策和法规，发挥政府与证券经营机构之间的桥梁和纽带作用，促进证券业的开拓发展，加强证券业的自律管理，维护会员的合法权益，建立和完善具有中国特色的证券市场体系。协会实行会员制，分有团体会员和个人会员。从事证券业经营机构可申请加入团体会员。从事证券业管理、研究、教学的有关人员可申请加入个人会员。1991年吸收第一批团体会员123个，主要有专营证券业的证券公司、兼营证券业的部分信托投资公司、证券交易所、综合性银行和部分财政系统的国债服务部。第一批个人会员有35人。该协会主要从以下几个方面发挥作用：1. 作为国家证券主管机关的参谋和助手，研究制定证券业自律性管理规章制度；2. 作为证券行业的"代言人"，集中会员的意愿和要求，向国家有关部门进行反映和交涉；3. 组织力量集中研究开拓证券市场新路；4. 对从业人员进行培训，提高全行业素质和经营水平；5. 代表我国证券行业从事国际交往与合作。

8月31日至9月4日 国务院召开清理"三角债"工作会议，部署全国清理"三角债"工作。会议提出这次清理"三角债"工作的指导思想是：要把清理"三角债"作为搞活国营大中型企业、提高经济效益的突破口，要立足于治本清源，从解决"三角债"的源头入手，努力做到"四防"，即防止新的投资缺口，防止新的亏损，防止新的产成品积压，从而防止新的拖欠。这次清理"三角债"的主要任务是：从清理固定资产投资缺口造成拖欠这一源头抓起，重点从大中型项目开始清理，顺次解决"三角债"的债务链，努力防止前清后欠，使"三角债"问题切实得到缓解。这次清理"三角债"的主要做法是：从源头入手，付方启动，收款还欠，连环清理。清理的重点对象是：国家和各省、自治区、直辖市、计划单列城市批准立项的大中型基本建设项目、限额以上和国家专项安排的技术改造项目的拖欠款；其他小型基本建设、技术改造项目拖欠款。这次被纳入清理"三角债"发生时间截止到1991年6月30日。9月3日，国务院清理"三角债"工作会议举行各省市负责人会议，国务院清理"三角债"领导小组副组长、中国人民银行副行长周正庆表示，人民银行要安排专项资金200亿元，配合搞好固定资产投资的拖欠工作。

9月

1日 国家外汇管理局公布我国1990年年末的全国外债情况。根据《外债统计监测暂行规定》确定的外债范围，1990年全国外债余额为525.5亿美元；债务率为89.3%，偿债率为8.5%，债务率、偿债率指标值均低于国际上公认的警戒线水平。

3日 中国人民银行发布《关于改变托收承付结算办法中扣付滞纳金规定的通知》。该通知规定，滞纳金单独计算，定期扣付。办理托收承付结算发生延期付款以后，应按照延期付款的总金额和规定的比例（每日万分之三）扣付滞纳金，每月计算一次，于次月3日内单独划交给收款单位。为了保证将滞纳金扣划给收款单位，该通知规定，扣付延期付款滞纳金列为销货收入"扣款顺序"的首位，排列在预留工资和应提大修理基金之前，由银行强制执行主动扣划。因此而产生的经济后果，由拖欠货款单位自行负责。同时还规定，扣付滞纳金时，如拖欠单位的存款账户余额不足以全额支付的，应对该账户采取"只收不付"的控制办法，待一次足额扣付滞纳金以后，才准予办理其他款项的支付。此通知自1991年9月1日起，在全国范围内统一执行。对于1991年9月1日之前发生的延期付款从该日起仍未付清的，付款银行也应按本规定执行。这是贯彻国务院《关于整顿商品交易秩序，严格结算纪律的通知》和清理"三角债"工作的一项重要措施。

深圳市中级人民法院开庭，对金融界特大受贿案罪犯高森祥作出一审判决，判处罪犯高森祥死刑，剥夺政治权利终身。高森祥原是中信实业银行深圳分行行长，在1988年6月至1990年7月，利用职务之便，分别为14个单位批准贷款和担保贷款52笔，从中索贿、受贿75次，共计172.3万港元、63.03万元人民币、5 000美元。

5日 中国人民银行下发《关于改进和加强人民银行专项贷款管理的通知》。为了贯彻落实“控制总量，调整结构，强化管理，适时调节，提高效益”的货币信贷方针，管好用好人民银行专项贷款，该通知要求各级人民银行严格把握和控制专项贷款投向；认真做好贷款项目的评估论证工作；加强专项贷款的清理检查工作；加强到期、逾期贷款的清收工作；逐步完善委托发放管理方式；加强内部管理，做好考核评比工作；进一步明确专项贷款管理分级负责制；进一步重视和加强专项贷款管理的干部队伍建设。

7日 国务院生产办公室、中国人民银行发布《关于下发清理“三角债”有关实施办法的通知》，下发《关于在全国范围内清理固定资产投资项目拖欠款的实施办法》《关于清理固定资产投资项目拖欠款会计处理程序》《关于压缩产成品资金占用增加技术改造贷款的实施办法》，要求各地区、各部门接此通知后，要立即传达落实到基层有关部门，务使有关人员掌握具体操作办法，按期、按质、按量完成任务，以确保全国清理“三角债”工作的顺利进行。

9日 中国人民银行下发《关于调整外币利率管理有关问题的通知》。该通知要求，今后凡中国银行总行对外币存贷款利率进行调整（包括丙种存款利率调整），都应将“调整表”通过其各辖属分行转送当地人民银行分行，由人民银行分行通知办理外币存贷款业务的金融机构并组织执行；外币利率调整频繁，涉及面广，政策性强，各级人民银行要切实加强管理，以保障外币存贷款利率调整渠道的畅通，各经办外币存贷款业务的金融机构必须密切配合，严格执行有关规定。此前，人民银行仅管理丙种外币存款利率而没有对整个外币存款利率和贷款利率进行管理。

16日 上海证券交易所全面推出“无票交易”，上海股市运作从实物交割走向电子化。“无票交易”即投资者买卖股票，均无须股票实物交割，实物由上海证券交易所代保管，只是在股票账户上加以反映，并和上海证券交易所的电脑数据库的记录保持一致，不必再清点实物，方便投资者和证券商之间的结算，安全可靠。

19日 经中国人民银行批准，远东国际租赁有限公司在沈阳开业。该公司是由中国人民建设银行、中国化工进出口总公司、株式会社日本债券银行、日本皇冠租赁株式会社、南朝鲜产业租赁株式会社共同投资组建的。中国人民建设银行副行长周汉荣兼任该公司董事长。该公司1999年被中化集团公司和中化香港（集团）有限公司全资收购，2001年公司迁入上海。

23～27日 中共中央工作会议在北京召开。23日，李鹏受中共中央政治局的委托在会上做题为《关于当前经济形势和进一步搞活国营大中型企业的问题》的讲话。会议提出，经过3年的努力，国民经济已经恢复到正常年份的增长速度，经济秩序明显好转。但仍存在不少问题，比较突出的是经济效益下降的趋势尚未扭转，国家财政较为困难，一些主要经济关系没有理顺。这些问题的存在都同部分国营大中型企业的活力不强、效益不高有着直接关系。为此，会议确定1992年经济工作的指导方针是：进一步推进改革开放，在巩固治理整顿的成果和继续保持总供给与总需求基本平衡的基础上，将经济工作的重点转移到调整结构和提高效益的轨道上来。27日，江泽民在会上讲话，强调要把搞好国营大中型企业作为坚持社会主义道路的一件大事摆到突出位置，集中精力抓下去。

23日 中国人民银行发布《贯彻国务院关于继续严格控制固定资产投资新开工项目精神的通知》，要求严格控制新开工项目，一律不准以各种名义建新楼堂馆所；新建5 000平方米以上（含5 000平方米）的，须报总行审批。

26 日 经中国人民银行批准，国家外汇管理局公布《境内机构借用国际商业贷款管理办法》和《境内机构对外提供外汇担保管理办法》。《境内机构借用国际商业贷款管理办法》共有 4 章 26 条，其中规定，金融机构对外债务余额加外汇担保金额不得超过自有外汇资金的 20 倍，对一个企业的外汇放款加外汇担保金额之和不得超过其自有外汇资金的 30%。《境内机构对外提供外汇担保管理办法》是对 1987 年公布的《境内机构提供外汇担保的暂行办法》的修订，明确规定允许提供外汇担保的机构和单位限于：经批准有权经营外汇担保业务的金融机构；有外汇收入来源的非金融性质的企业法人；政府部门和事业单位不得对外提供外汇担保。金融机构提供的外汇担保余额和对外债务余额之和不得超过自有外汇资金的 20 倍；非金融机构提供的外汇担保余额不得超过其自有的外汇资金；担保人不得为外商投资企业中的外方注册资本担保。

10 月

9 日 中国人民银行发布《关于民族贸易县贸易贷款实行优惠利率的通知》。该通知规定，对国家确定的 421 个民族贸易县贸易贷款，在利率上实行优惠政策。实行优惠利率的范围限于民族贸易县的商业、中药材（或医药）公司、供销社和新华书店的流动资金贷款。贷款年利率为 5.76%，贷款行向企业按年利率 8.64% 收息，对年利率 5.76% 与 8.64% 的 2.88% 利差按季返还给企业。原按年退息的，改为按季退息。同时，通知企业用这项贷款补充流动资金部分不得少于 70%；人民银行对农业银行发放的这项贷款从 1991 年 9 月 21 日起按年利润率 2.88% 给予补贴。

中国人民银行下发《关于下达 1991 年高新技术开发区基本建设贷款规模的通知》，决定增加 1991 年国家高新技术开发区基建贷款规模 1 亿元。此项贷款用于国家科委提出的高新技术产业开发区建议项目。优先安排技术先进、经济效益高的生产性在建项目和市场前景好的产品生产基地建设及配套设施的建设。贷款期限一般为 1～3年，最长不得超过 5 年，贷款利率按同期固定资产贷款利率执行。

22 日 国际货币基金组织（以下简称基金组织）驻华代表处在北京成立。国务委员兼中国人民银行行长李贵鲜和基金组织总裁米歇尔·康德苏签署基金组织在华设立常驻机构的协定。根据协定，国际货币基金组织在华常驻机构的职责是：在中华人民共和国代表基金组织并在基金组织授予的职权范围内负责基金组织在中国的所有业务活动；常驻代表应促进基金组织与中国的合作关系，同中国人民银行保持密切的工作联系；常驻代表应能同中国人民银行进行直接接触，并在遵守中国法律和政府规定程序的情况下，能同其他有关机构进行直接接触。

28 日 中国人民银行发布《关于统一执行抵押贷款利率有关事宜的通知》。该通知规定，抵押（含质押）贷款利率按国际惯例应低于一般信用贷款利率，其利率水平按低于同期同档次流动资金贷款利率 1 个百分点以内，由专业银行根据不同情况自行确定，报当地人民银行备案；企业的定期存款不能提前支取，如企业临时需要资金，可将存款作为抵押品办理抵押贷款，抵押贷款的期限如果超过了该定期存款的到期日，那么存款作为抵押品，不得支取，直到该抵押贷款到期归还为止。该通知自 1991 年 9 月 21 日起执行。

29 日 国务院印发《关于调整人民银行省、自治区、直辖市分行和部分海关领导干部管理体制的通知》，决定对各省、自治区、直辖市的人民银行分行实行总行垂直领导，中国人民银行省、自治区、直辖市分行正副行长由中国人民银行管理。

10 月 深圳市政府将股票买卖双方缴纳的印花税税率同比下调至 3‰。同年，上海市政府也参照深圳市政府的做法，开始对沪市证券买卖双方课征 3‰的交易印花税。

11 月

10 日　深圳市正式派发新股票上市认购申请表。本次派发坚持公开、公平、公正的原则，全市 291 个金融网点投入派发工作，11 家上市公司共招新股面值 2 亿元人民币，300 个申请者中会有 4% 左右的人成为 11 家新上市公司的股东。

18 日　邮电部储汇局向万国邮政联盟国际局发出通知，中国自 1992 年起陆续对国外开办国际邮政汇兑业务。万国邮政联盟国际局于 12 月 23 日向世界各国发出 413 号通函，将这一信息通知各成员国邮政主管部门。

22 日　中国人民银行、上海市人民政府联合颁布《上海市人民币特种股票管理办法》。该办法明确了人民币特种股票的性质、发行管理、交易管理以及机构管理的原则，其中规定，人民币特种股票（B 种股票），是指以人民币标明面值，专供以下投资者用外汇进行买卖的记名式股票：1. 中国香港、中国澳门、中国台湾的法人和自然人；2. 外国法人和自然人；3. 主管机关批准的其他境外法人或自然人。中国人民银行是上海市 B 种股票的主管机关，授权中国人民银行上海市分行和国家外汇管理局上海市分局，负责 B 种股票的日常管理和检查。该办法还规定，单个认购对象买入一家股份有限公司的 B 种股票数量超过该公司总股份的 5% 时，应报经中国人民银行核准。

此前，为了便于 B 种股票上市操作，1991 年 11 月 25 日，中国人民银行上海市分行据此办法制定颁布了《上海市人民币特种股票管理办法实施细则》。1992 年 1 月 29 日，上海证券交易所根据上述两个办法制定了《上海证券交易所市场交易业务（人民币特种股票）补充规则》，对 B 种股票交易的程序、税收管理作出详细规定。

23 日　国务院办公厅转发《关于全面推进城镇住房制度改革的意见》。其中指出，城镇住房制度改革是经济体制改革的重要组成部分，其根本目的是要缓解居民住房困难，不断改善住房条件，正确引导消费，逐步实现住房商品化，发展房地产业，按照社会主义有计划商品经济的要求，从改革公房低租金制度着手，将现行公房的实物福利分配制度逐步转变为货币工资分配制度，由住户通过商品交换（买房或租房），取得住房的所有权或使用权，使住房这种特殊商品进入消费品市场，实现住房资金投入产出的良性循环。关于城镇住房制度改革中的有关住房金融政策问题，其中还指出：要逐步建立集中调度、统筹使用、可供融通的住房信贷资金，使资金有借有还、有偿使用、滚动循环。要办好抵押贷款，使分散、分期实现的居民家庭收入，能适应集中、一次性支付的住房购置需求；住房建设单位要通过住房的出售尽快收回投资，投入建新房，加快资金周转。在住房金融管理体制上，要区别政策性信贷和经营性信贷。政策性业务要划分出专项资金来源，建立房改信贷基金，单独核算、自主经营、自负盈亏、自求平衡、就地完税，国家在计划安排、信贷规模、利率、税收等方面给予优惠。经营性业务要充分发挥各金融机构的积极性，按现行规定拓展房地产开发信贷业务。继续开展职工购房保险配套工作。烟台、蚌埠两市成立了住房储蓄银行，要继续积极探索，总结经验。

25～29 日　中共十三届八中全会在北京举行。会议审议通过了《中共中央关于进一步加强农业和农村工作的决定》。该决定强调，要坚定不移地深化农村改革，促进农村经济全面发展；要继续稳定以家庭联产承包为主的责任制，不断完善统分结合的双层经营体制；要积极发展农业社会化服务体系，逐步壮大集体经济的实力，引导农民走共同富裕的道路。

25 日　中国人民银行发布《关于严禁金融机构强迫企业和个人参加保险的通知》。针对一些地区的金融机构（包括人民银行）联合行文规定，企业必须向某家保险公司办理保险，有些金融机构甚至以发放贷款的手段强令企业投保的问题，该通知规定，保险公司与被保险人订立保险合同，应体现双方平等互利、协商一致的自愿原则，金融机构不得以任何形式、任何手段强迫企业和个人参加保险。凡强迫企业和个人参加保险的行为应立即纠正。

26 日 中国人民银行发布《关于保值储蓄存款计息问题的通知》。针对一段时间以来，大量群众来信反映有些储蓄机构把保值储蓄存款与一般储蓄存款的计息方法混同使用的情况，该通知再次重申，从 1988 年 9 月 10 日开办保值储蓄业务起，对于 3 年期、5 年期、8 年期的保值储蓄存款，在其存期已满的当月，如保值贴补率低于零，分别按年利率 13.14%、14.94%、17.64% 计付利息。不分段计息。

27 日 中国人民银行发布《关于停止办理新的保值业务的紧急通知》。该通知指出，保值储蓄自 1988 年 9 月 10 日开办以来，截至 1991 年 9 月 10 日已满 3 年。这项政策的实施对稳定金融、稳定经济、遏制通货膨胀起到了重要作用。1990 年 6 月至 1991 年 11 月，物价持续平稳，保值补贴率已连续 18 个月为零。因此，继续办理保值储蓄业务并按月公布保值贴补率，实际意义已不大；同时计算贴补率在技术上也存在一些困难。为此，经国务院批准，中国人民银行决定从 1991 年 12 月 1 日开始，不再办理保值储蓄业务。在此之前已存入的 3 年期以上的定期储蓄存款，仍给予保值，但保值贴补率为零时不再按月公布贴补率。

财政部颁布《非银行金融机构财务管理暂行规定》。其中规定：非银行金融机构财务管理工作的基本任务是，认真执行国家的财政金融政策和法律法规，建立和健全财务管理机构，加强内部各级单位经济核算制度，管好用活资金，保证国家资产的安全、完整和增值，改善经营管理，提高经济效益。非银行金融机构财务管理的内容主要包括：资本金及公积金管理；财务计划管理；财务收入管理；成本（费用）与营业外支出管理；利润及利润分配的管理；专用基金管理；固定资产及低值易耗品管理。非银行金融机构的资本金来源限于：国家财政拨款；国营企业、事业单位及主管部门的税后留利、利润留成、超承包收入等自有资金；非银行金融机构本身的公积金和利润留成资金；经财政部批准，各专业银行、中国人民保险公司用国家信贷基金、保险总准备金拨付的资金；经批准的其他资金。非银行金融机构在中国人民银行批准的经营范围内自主使用资本金，但应在经营过程中实现保值和增值。非银行金融机构的资本金及其收益均为国家资金，必须保证其完整无缺，未经财政部门批准，不得随意核减（销）资本金，股东也不得随意抽走公积金。本规定自 1992 年 1 月 1 日起实行。

29 日 上海真空电子器件股份有限公司人民币特种股票（B 种股票）在上海发行。该股票发行规模为 100 万股，每股面值 100 元人民币，共计 1 亿元人民币。由上海申银证券公司为主承销商，由瑞士银行、美国所罗门兄弟有限公司、香港新鸿基有限公司与上海万国证券公司、海通证券公司分别承销。1992 年 2 月 21 日，该股票在上海证券交易所挂牌上市。

30 日 中国人民银行发布《关于进一步落实收购资金，确保粮棉油收购的通知》，要求各地千方百计压缩一般性贷款，腾出资金支持重点，优先支持粮棉油收购，防止因信贷资金供应问题造成“打白条”的情况，并要求财政部门及时拨补粮食“加价款”等补贴。

12 月

1 日 经国务院批准，国家外汇管理局发布《关于境内居民外汇和境内居民因私出境用汇参加调剂的暂行办法》。该暂行办法规定，自 1991 年 12 月 1 日起，我国境内的中国公民及定居在我国境内的外国人（包括无国籍人），均可将收到的境外汇入汇款、存放在境内银行的外币存款或持有的外币现钞，按国家外汇管理局当地分局通知的调剂外汇的买入价格出售给国家外汇管理局当地分局指定的银行；境内居民因私出境探亲、移居出境、出境留学和其他用汇可按调剂外汇的当天卖出价和购买调剂外汇标准到银行购买外汇；银行严格按照规定的用汇项目和标准出售调剂外汇。

2日 中国人民银行发布《关于调整邮政储蓄转存款利率和进一步加强对邮政储蓄管理的通知》，决定将现行的定期转存款年利率9.9%调整为9.0%，下调0.9个百分点。调整后的利率自1991年12月21日起执行。转存款的活期存款利率不变。其中还要求，各行进一步加强对邮政储蓄的管理和监督。对于违反金融法规，变相提高利率的揽储行为，各级人民银行要及时制止，并严格按照有关规定进行处罚。

5日 中国人民银行、深圳市人民政府公布《深圳市人民币特种股票管理暂行办法》。该办法规定，人民币特种股票（以下简称B种股票），是指以人民币标明股票面值，专供境外投资者以外汇买卖的记名式股票；B种股票享有与人民币普通股票同等的权利义务；B种股票的买卖，一律以人民币计价，以外币进行支付；B种股票的转让仅限于在境外投资者之间进行，一家公司持有5%以上者，必须报主管机关备案；B种股票的股息、红利、交易收入和其他合法收入依法纳税后可汇出境外。公司申请发行B种股票除应符合《深圳市股票发行与交易管理暂行办法》中规定的条件外，还应具备下列条件：1. 具备国家有关部门同意利用外资或转变为外商投资企业的书面文件。发行B种股票所筹资金的使用必须符合国家关于外商投资管理的法律规定。2. 有稳定的、数额比较充足的外汇收入来源。其年度外汇收入来源总额应足够支付B种股票的年度股息、红利。3. B种股票的股份（含发起人股份）占公司总股份的比例不得超过主管机关核定的上限。4. 公司须有3年以上的经营业绩。但属于高科技产业或其他特殊产业，经主管机关特许的，可不受此规定限制。该办法自公布之日起执行。同时，推出该办法的实施细则。

9日 国务院发布《关于加强彩票市场管理的通知》。该通知规定：1. 利用发行彩票募集资金应从严控制。目前，发行彩票只限于省、自治区、直辖市、计划单列市人民政府及国务院有关部门举办社会福利、体育事业和国务院批准举办的其他活动。2. 发行彩票的批准权集中在国务院。需发行彩票的省、自治区、直辖市、计划单列市人民政府和国务院有关部门，应提前半年向中国人民银行报送发行计划及发行办法，经人民银行审查后，报国务院批准。3. 彩票必须在经人民银行许可的印刷企业印制。4. 发行单位要严格执行国务院批准的发行规模和发行办法，不得突破发行规模和违章发行。5. 发行彩票募集的资金，必须按规定使用，严禁挪作他用。发行单位必须建立和健全各项财务、会计制度，接受财政、审计部门的检查；同时，要定期向社会公布收入和资金使用情况，接受社会监督。对违反财经纪律、营私舞弊、贪污私分的，要依法从严处理。6. 发行单位要做好安全保卫工作，制定并认真执行监印、计数、运输、保管等各项制度。7. 要加强彩票市场的管理。未经国务院批准，一律不得发行彩票。凡未经批准擅自发行彩票或变相发行彩票的，以及违反批准的规模和办法发行彩票的，由工商行政管理部门进行查处，没收其非法所得，并处以罚款；情节严重的，要追究领导者的责任，触犯刑律的由司法部门依法处理。8. 针对当前彩票市场混乱的局面，各地自本通知发布后要认真进行清理整顿。已经国务院批准发行的彩票在清理整顿期间可继续发行，但要严格执行国务院批准的发行规模和办法，擅自突破发行规模和违章发行的，要坚决予以纠正；凡符合本通知精神但未经国务院批准且需继续发行的彩票，由省、自治区、直辖市和计划单列市人民政府履行报批手续；其余各类彩票一律停止发行，由各地人民政府负责清理，并认真做好善后工作。9. 清理整顿彩票市场，是加强市场管理、维护社会秩序的一项重要工作。各省、自治区、直辖市、计划单列市人民政府要切实加强对这项工作的领导，组织当地人民银行、财政、工商行政管理及其他有关部门在1992年4月底完成这项工作，并将清理整顿情况于1992年5月底以前书面报送人民银行，由其汇总报国务院。

10日 中国南方玻璃股份有限公司（简称深南玻）完成B股发行工作，发行价每股5.3港元，共发行1 600万股，筹集资金8 480万港元。这是深圳首家发行B股的公司。1992年2月28日，深南玻A股、B股同时上市。

1992 年

1 月

1 日 国家外汇管理局颁布《旅游外汇管理办法》。该办法规定，经营涉外旅游业务的旅行社、宾馆、饭店、车船公司、餐馆、旅游商品商店、娱乐游览场所等企业在经营涉外旅游业务时，必须持有“核准收取外汇兑换券许可证”，向境外旅行社和旅游者收取外汇券，不得收取人民币。

6～10 日 国务院在北京召开全国经济体制改革工作会议。会议指出，经过 3 年的持续努力，经济秩序有比较明显的改善，整个国民经济已经恢复到正常的增长速度，治理整顿的主要任务已经基本完成。通过治理整顿，为改革创造了一个比较宽松的环境，并且使改革有所前进。在这种形势下，要加快改革的步伐，适当加大改革的力度。今后改革的方向是建立起社会主义有计划的商品经济新体制和计划经济与市场调节相结合的运行机制。会议强调，改革的性质是社会主义制度的自我完善。改革是为发展生产力，既包括速度，又包括效益。对于改革，我们的态度应该既是积极的，又是稳妥的。一切要通过试点，取得经验后再进行推广。在试验中要大胆一点，在全面推广的时候要慎重一点。还要坚持“先立后破”的原则，以保证我们的经济工作能够按照正常秩序来进行。在分配上要打破“大锅饭”。实行按劳分配，就会有差距。没有差距，就不可能产生激励机制。但在中国的条件下，差距又不能太大。

10～14 日 全国银行分行行长、保险分公司总经理会议在北京召开。会议总结了 1991 年的金融工作，提出 1992 年的货币信贷政策及主要措施，对进一步深化金融体制改革，扩大金融对外开放，切实加强和改善中央银行对金融机构的领导和管理进行部署。会议明确，1992 年货币信贷的三大目标是，把信贷和货币发行规模控制在国家计划之内；力争把国营工业企业各种亏损占用的贷款清理收回 1/3，把产成品积压占用的贷款压缩 1/3；继续帮助企业清理“三角债”。

1 月 18 日至 2 月 21 日 邓小平同志视察武昌、深圳、珠海、上海等地并发表重要谈话。邓小平指出，“革命是解放生产力，改革也是解放生产力”，“要害是姓‘资’还是姓‘社’的问题。判断的标准，应该主要看是否有利于发展社会主义社会的生产力，是否有利于增强社会主义国家的综合国力，是否有利于提高人民的生活水平”，“计划多一点还是市场多一点，不是社会主义与资本主义的本质区别。计划经济不等于社会主义，资本主义也有计划；市场经济不等于资本主义，社会主义也有市场。计划和市场都是经济手段。社会主义的本质，是解放生产力，发展生产力，消灭剥削，消除两极分化，最终达到共同富裕。就是要对大家讲这个道理。证券、股市，这些东西究竟好不好，有没有危险，是不是资本主义独有的东西，社会主义能不能用？允许看，但要坚决地试。看对了，搞一两年对了，放开；错了，纠正，关了就是了。关，也可以快关，也可以慢关，也可以留一点尾巴。怕什么，坚持这种态度就不要紧，就不会犯大错误。总之，社会主义要赢得与资本主义相比较的优势，就必须大胆吸收和借鉴人类社会创造的一切文明成果，吸收和借鉴当今世界各国包括资本主义发达国家的一切反映现代社会化生产规律的先进经营方式、管理方法”。他还指出：“要坚持党的十一届三中全会以来的路线、方针、政策，关键是坚持‘一个中心、两个基本点’。不坚持社会主义，不改革开放，不发展经济，不改善人民生活，只能是死路一条。基本路线要管一百年，动摇不得。”

18日 中国人民银行、中国工商银行、中国农业银行联合发布《关于加强国家专项粮食储备贷款管理的通知》。根据国务院关于粮食购销和建立国家专项储备制度的决定，该通知要求设立国家专项粮食储备贷款，采取由人民银行提供资金和贷款规模、由专业银行发放、中央财政贴息的办法，实行“专款专用、专户管理、先贷后转、钱随粮走、专项考核”的管理办法，国储粮贷款所需规模，实行专项管理，专款专用，一律不得挤占和挪用。人民银行总行根据每年国储粮储备计划，编制国储粮贷款计划，在国家信贷计划中，单项列出，下达各省、自治区、直辖市、计划单列城市人民银行分行，由其负责管理使用。国储粮贷款规模调剂权归总行。国储粮贷款所需的资金，由人民银行总行按照国务院批准的国家粮食储备局下达的国储粮储备计划，在每年增加的农副产品收购资金中专项列出，下达各地人民银行，由其负责管理使用。

19日 上海市“1992年上海股票认购证”对社会公开发行。认购证经中国人民银行上海市分行核准，每张售价30元，由上海申银证券公司、上海万国证券公司、上海海通证券公司发行，由中国工商银行上海市分行担任财务代理。新股认购证发售从1月19日到2月1日止，共发出2 077 665份。53家股份公司共发行新股5 479.682万股，每股面值10元。摇号中签过程由上海电视二台直播。股票认购证包括认购证、认购申请表、抽签表、号码单、定额定期存单、预缴款凭证等。它们采用了荧光、水印、暗记、碳印、金属细丝、羊毛纸等现代高科技防伪技术，每张认购证都是唯一的，都像人民币一样印有流水编号。股票认购证是我国证券市场发展初期发行股票采用最普遍的一种发行方式，现已成为收藏珍品。

2月

15日 国有资产管理局、财政部、国家计委、国务院生产办公室、劳动部、工商行政管理局联合发布《关于加强国营关停企业国有资产管理办法的若干规定》。该规定明确：关停企业的资产处置原则上实行有偿转让，特殊情况经有关部门批准后方可实行无偿调拨。对有偿转让给非国营企业的国有资产，必须进行资产评估。关停企业的所有资产，未经批准，任何单位和个人不准擅自抽调、挪用、出租、出借，更不得以各种手段化公为私。对违反规定的，国有资产管理部门要会同有关部门追究当事人的行政、经济责任；情节严重，触犯法律的，由司法机关追究其刑事责任。

19日 国务院批转《国家体改委关于1992年经济体制改革要点》。其中指出，当前经济运行中存在的主要问题是：全民所有制企业经营机制与计划经济和市场调节相结合的运行机制还不健全，也互不适应，企业亏损面大，效益低；市场体系不健全，发育不完善；宏观调控体系还不能适应有计划商品经济发展的需要，政府部门对企业生产经营的直接行政干预过多；经济结构和利益格局调整的难度较大，财政平衡的压力和潜在的通货膨胀压力还没有消除；国民收入分配过分向个人倾斜的倾向，还未能得到有效扭转。1992年经济体制改革的重点是，搞好全民所有制大中型企业，贯彻落实《中华人民共和国全民所有制工业企业法》，转换企业经营机制，有步骤地把企业推向市场。以此为中心，积极推进各项配套改革。其中包括在总结经验、加强管理的基础上，搞好向社会公开发行股票的股份制试点。上海、深圳两市要有计划地扩大股票上市企业数量；广东、福建、海南三省，可根据中央对改革开放综合试验区赋予的权力，进行向社会公开发行（不上市）股票的试验，其发行办法和规模经中国人民银行和国家体改委联合审批。

中国人民银行发布《关于完善对国家银行贷款规模管理的通知》。该通知明确，1. 对国家银行信贷规模继续实行“双线”控制，即人民银行总行负责对各专业银行、交通银行、中信实业银行和人民银行上海、深圳市分行贷款规模的管理；各专业银行总行、交通银行总管理处、中信实业银行和人民银行上海、深圳市分行分别负责本系统（地区）内贷款规模的管理；人民银行各级分支机构负责监控辖区内专业银行的贷款规模。2. 统一贷款规模核批方式。从1992年起，人民银行总行核批和调整各专业银行、交通银行、中信实业银行及人民银行上海、深圳市分行贷款规模，各专业银行、交通银行、中信实业银行核批和调整其分支机构的贷款规模。3. 严格贷款规模的考核和监控。专业银行总行、交通银行总管理处、中信实业银行核批省、自治区、直辖市分行贷款规模时，必须将“贷款规模通知书”同时抄送人民银行省、自治区、直辖市分行计划处。各地人民银行分行根据各家银行总行寄发的“贷款规模通知书”监控各家银行贷款规模执行情况，并将有关数字用“银行贷款旬报”报送人民银行总行。

3 月

4 日　财政部印发《国营对外承包企业外汇留成办法》。该办法规定，凡经国务院或经贸部批准成立的国营对外承包公司和国际经济技术合作公司经营业务取得的一切外汇收入均实行留成。5年以内，100%留成；5年期满后实行“倒二八”分成，即80%留给公司，20%上交国家，自1992年1月1日实施。

17 日　上海联合纺织实业股份有限公司发行我国第一只中外合资企业股票。该公司此次向社会个人公开发行股票1 100万元，每股10元，计110万股，每股售价43元，由上海申银证券公司主承销。该公司的前身是中外合资上海联合纺织（集团）公司，1991年12月开始进行股份制改组，以原公司净资产折为面值10元的发起法人股507.663万股。该公司股票于1992年3月27日在上海证券交易所挂牌上市。

18 日　国务院发布《中华人民共和国国库券条例》。该条例规定：国库券的发行对象是居民个人、个体工商户、企业、事业单位、机关、社会团体和其他组织。每年国库券的发行数额、利率、偿还期等，经国务院确定后，由财政部予以公告。国库券发行采取承购、包销、认购等方式，按期一次性偿还本金。国库券的发行和还本付息事宜，在各级人民政府的统一领导下，由财政部门和中国人民银行组织有关部门多渠道办理。国库券可以用于抵押，但是不得作为货币流通；可以在国家批准的交易场所转让。国库券的利息收入享受免税待遇。

3 月 20 日至 4 月 3 日　七届全国人大五次会议在北京召开。李鹏总理向大会做《政府工作报告》。该报告回顾了1991年的政府工作，提出1992年经济工作的重点是抓紧调整结构和提高效益，特别是要在搞好农业和国营大中型企业方面取得更大的成绩。该报告指出，要认真贯彻执行国家的货币信贷方针，积极组织存款，扩大信贷规模，把支持农业发展放在首位，努力筹集并管好、用好农副产品收购资金；继续执行向国营大中型企业和重点企业信贷倾斜政策。各级政府和有关部门要督促企业与银行相互配合，认真落实“限产压库”“压贷挂钩”“清理三角债”等各项政策措施，搞活资金存量，提高资金使用效益。进一步培育和发展金融市场，适当增加企业发行债券规模，推动企业面向市场直接融资。积极发展保险事业，发展证券交易和同业资金拆借，搞活资金融通。

4 月

1 日　中国人民银行清算总中心成立。清算总中心是中国人民银行总行直属、经中央编制委员会批复具备一级独立法人资格的事业单位，是为中央银行、商业银行和全社会提供支付清算及相关服务的全国性金融服务组织。主要负责中国金融数据卫星通信网、全国电子联行系统、中国现代化支付系统的建设、运行、维护和管理，并承担中国人民银行电视电话会议系统的运行和维护工作。同时对全国各清算分中心（结算中心）进行业务指导和管理。

7 日　中国人民银行深圳经济特区分行决定对深圳上市公司原野纺织股份有限公司资本不实、资产流失从而侵犯了投资者权益的行为进行查处。原野纺织股份有限公司是我国第一家违规被查处的上市公司。深圳市原野纺织股份有限公司（以下简称“深原野”公司）成立于1987年6月，注册资金为150万元。1990年2月在深圳证券交易所上市。股票名称“深原野”，股票代码0005。上市后“深原野”股票节节攀升，1990年5月21～28日，其股价从14元升至28元。1992年6月20日，人民银行深圳分行公布对“深原野”的财务检查结果：占“深原野”公司95%股份的香港润涛公司将折合1亿多元人民币的“深原野”公司外汇资金转移至润涛公司及其海外关联公司，有折合2亿多元人民币的银行贷款逾期不还。在同一天，工商银行起诉“深原野”公司拖欠2 000万元人民币及300万美元逾期贷款。7月7日，“深原野”公司被停牌，成为中国股市上第一只因为财务欺诈而被停牌的股票。

1993年5月7日，广东省高级人民法院作出终审判决：“深原野”公司欠深圳中国银行和工商银行的贷款2 400万元已经全部还清本息，另欠工商银行、农业银行835万美元的贷款在1个月之内还清本息和罚息。香港润涛公司承担担保抵押连带清偿责任。1993年12月29日，“深原野”公司重组为世纪星源股份有限公司。1994年1月3日复牌交易。股票名称改为“世纪星源”。

11日 中国人民银行发布《关于统一管理有价证券印制的通知》。为了防止有价证券印制出现混乱，决定对有价证券（不含彩票）的印制实行统一管理。全国发行的有价证券的印制必须经中国人民银行审批，然后由中国印钞造币总公司根据中国人民银行批准的有价证券数量及有关印制的要求，具体负责印制。地方发行的有价证券的印制，分别由人民银行省、自治区、直辖市、计划单列市分行统一管理，并由其指定具有印制有价证券条件的印制企业承印。有价证券的票面内容、格式、尺寸、纸张等，须经中国人民银行总行或省级分行审查。

20日 国家外汇管理局发布《关于台胞、台属因私赴台申请购买外汇问题的规定》。该规定指出，经批准赴台湾地区定居、探亲、会亲的台胞、台属，可凭公安机关出入境管理部门签发的去台湾的有效证件和当地台办出具的赴台湾证明到国家外汇管理局当地分局指定的银行购买调剂外汇。购买调剂外汇的标准为：1. 赴台湾定居人员每人可购买旅途外汇200美元。用离休金、退休金、离职金、退职金、抚恤金可全额购买外汇。离职金的人民币金额不足购买200美元的，可购买200美元。在境外定居后，其离休金、退休金、退职金、抚恤金凭境外定居证明和有效的“生存证明”每半年可购买一次调剂外汇。2. 赴台湾探亲人员可购买400美元。3. 赴国外或港、澳地区会台胞、台属可购买150美元。赴台湾人员不另批给交通费用汇。

28日 国务院批转国家体改委、国务院生产办公室发布《关于股份制企业试点工作座谈会情况的报告》。其中提出，下一步进行股份制试点的指导思想是：坚决试，不求多，务求好，不能乱。向社会公开发行股票、股票上市交易的股份制企业的试点，目前仅限于上海、深圳两市；向社会公开发行股票、股票不上市的试点企业，目前限定在广东、福建、海南三省；其他地方主要进行法人持股的股份制企业和企业内部职工持股的股份制企业的试点。据此报告公布，到1992年年初，全国共有各种类型的股份制企业3 220家（不含乡镇企业中的股份合作制企业和中外合资、国内联营企业）。其中，企业之间法人持股和内部职工持股的试点企业约占股份制企业总数的95%以上。

29日 台湾“最高法院”作出判决：中国大陆流通使用的人民币具有票面价值，为有价证券，无须当局认可，如有伪造，即构成伪造有价证券罪。这是台湾第一次表明人民币为有价证券。

5月

8日 国务院发布第97号令，责成中国人民银行从1992年6月10日起发行1元、5角、1角3种金属人民币，与市场上流通的同面额纸币等值混合流通。这 3 种金属币材质分别为钢芯镀镍、铜锌合金、铝镁合金。它们是目前流通中的主要硬币品种。习惯上，把它们归入第四套人民币。

13 日 中国人民银行发布《关于改革人民银行系统记账方法的通知》。为了适应经济、金融形势发展和国际金融交往的需要，该通知决定：统一银行记账方法，人民银行系统从 1993 年 1 月 1 日起，中国工商银行、中国农业银行、中国人民建设银行以及非银行金融机构从 1994 年 1 月 1 日起采用国际通用的借贷记账法。同时印发了《中国人民银行关于改用借贷记账法的实施方案》和《关于改用借贷记账法的说明》。此前，人民银行会计记账经历了借贷记账法、收付记账法、现金收付记账法、资金收付记账法等几次变化。

14 日 中国人民银行、中国工商银行、中国农业银行、中国银行、中国人民建设银行、交通银行发布《关于银行对三、四类企业贷款实行财产抵押的通知》。《中华人民共和国企业破产法》规定：在企业破产清偿债务时，银行债务与其他债务处于同等地位，这样，银行贷款将会遭受很大损失。但有抵押的银行贷款在企业破产时可享有优先受偿权。该通知要求，今后对三、四类企业的贷款一律实行财产抵押。过去凡没有实行财产抵押的，必须重新签订合同，以保证银行信贷资产的安全。

15 日 国家体改委、国家计委、财政部、中国人民银行、国务院生产办公室联合制定《股份制企业试点办法》。该办法包括股份制企业试点的目的与原则、股份制企业的组织形式与股权设置、股份制企业内部职工持股、股份制企业试点的范围、股份制企业的组建、股份制试点企业的审批程序、政府对股份制企业的管理等几部分内容。该办法规定：股份制企业向社会公开发行股票必须经中国人民银行批准。经国务院批准，进行向社会公开发行股票的股份制试点的省、自治区、直辖市，其股票发行办法和规模必须经中国人民银行和国家体改委批准，并经国家计委平衡后，纳入国家证券发行计划。

国家体改委发布《股份有限公司规范意见》。其中规定：公司不得成为其他营利性组织的无限责任股东。作为有限责任股东时，对其他组织的投资总额，不得超过本公司净资产的 50%。公司可以采取发起或募集方式设立。采取发起方式设立，公司股份由发起人认购；以募集方式设立公司，发起人认购的股份，不得少于公司应发行的股份总数的 35%。公司注册资本的最低限额为 1 000 万元人民币。有外商投资的公司的注册资本不应少于 3 000 万元人民币。公司向社会公众公开发行股票，应向人民银行或其授权的分行（以下简称人民银行）提出申请，经批准后方可发行。若一个公司拥有另一个企业 10% 以上的股份，则后者不能购买前者的股份。一个自然人所持的股份（不含外国和我国香港、澳门、台湾地区投资者所持的外资股）不得超过公司股份总额的 5‰。社会募集公司的内部职工认购的股份，不得超过公司向社会公众发行部分的 10%；向社会公众发行的股份，不少于公司股份总数的 25%。准许有外商投资的公司，经中国人民银行批准后可发行人民币特种股票（B 种股票）。外国和我国香港、澳门、台湾地区的投资者不得买卖人民币股票（A 种股票），非外国和我国香港、澳门、台湾地区的投资者不得买卖 B 种股票。发起人以外的单个股东，欲获得社会募集公司股份总额 10% 以上的股份以及特殊情况需收购、库存本公司已发行的股票，须报请体改部门、人民银行批准。

18 日 上海市人民政府发布《上海市股份有限公司暂行规定》。该规定明确：设立股份有限公司，注册资本的最低限额为人民币 500 万元。但有外商投资的公司，其注册资本不得低于 3 000 万元人民币；外商投资的股份占公司股份总额 25% 以上的，可以享受中外合资经营企业的优惠待遇。该规定还对公司的设立、股份、股东和股东大会、董事会、经理、监事会、财务与会计、合并与分立、章程修改、终止与清算等做了具体规定，自 1992 年 6 月 1 日起施行。

21 日 上海证券交易所全面放开股价，由市场交易决定价格。2 月 18 日，上海证券交易所放开上海延中实业股份有限公司、上海飞乐股份有限公司股票，取消涨（跌）停限幅和流量控制，实行自由竞价；4 月 13 日，将“真空电子”“凤凰股份”“飞乐音响”股票的每日涨跌幅 1% 放宽到 5%，取消 3% 的流量控制；5 月 5 日，将未放开和未调整的股票每日涨跌幅也放到 5%（真空 B 股除外）；5 月 21 日，上海证券交易所放开了仅有的 15 只上市股票的价格限制，引发股市暴涨。当日，上证综合指数跳空高 643.33 点开盘，冲到最高点 1 334.98 点。收盘于 1 265 点，一天之内上涨了 105%，成交量达到创纪录的 36 000 万元。

28 日 中国人民建设银行发布《关于国家专业投资公司运用基本建设基金参股（合资）、合作投资财务管理的通知》。其中要求：参股、合作投资资金实行总额控制；参股、合作项目选定后，投资公司应与项目签订经济合同，在相互自愿、平等协商和符合政策的基础上，明确双方的权利、义务、责任，收益共享，风险共担。参股、合作资金按以下方式管理：投资公司参股、合作的项目实行投资公司通过中国人民建设银行总行统借统还贷款的管理方式；参股、合作资金的利润分配应符合国家有关政策；中国人民建设银行总行在国家年度投资计划内和财政拨入的基建基金内适时保证投资公司参股、合作项目的资金供应。

6 月

11 日 中国人民银行颁布《非银行金融机构法定代表人业务资格审查办法》。该办法规定，法定代表人必须没有因经营、管理不善而致使公司亏损、破产的记录。一旦为非银行金融机构的法定代表人，必须与党政机关脱钩。离退休人员不得担任非银行金融机构的法定代表人。另外，拟任非银行金融机构的法定代表人，须由该机构行政主管部门按干部管理权限进行考核，并报经中国人民银行进行业务资格审查；全国性的非银行金融机构，由人民银行总行对其法定代表人的拟任人选进行业务资格审查；副局级以上（含副局级）的地方非银行金融机构，其法定代表人拟任人选由人民银行省、自治区、直辖市分行进行审核后，报人民银行总行金融管理司进行业务资格审查；处级以下（含处级）地方非银行金融机构，其法定代表人拟任人选经所在地人民银行审核后，由人民银行省、自治区、直辖市进行业务资格审查。

18 日 由中国人民建设银行代理发行的中国石化企业债券、中国电力企业债券和国家投资公司债券的招标承购包销、开标仪式在北京举行。共有 24 家证券中介机构参与竞标，投标总金额为 88.6 亿元。此次招标的 33 亿元债券全部被证券中介机构承购包销。这是中国人民建设银行首次运用招标方式发行企业债券。

26 日 中国银行与日本输出入银行第三次能源贷款备忘录签字仪式在东京举行。这次备忘录计存 27 个项目，总金额为 7 000 亿日元，贷款期限为 10～15 年。中国使用日本能源贷款始于 1979 年。国务院授权中国银行代表中国政府同日本输出入银行谈判并于 1979 年 5 月与日本输出入银行签订了第一次能源贷款备忘录，贷款总金额为 4 200亿日元。1984 年签署了第二次备忘录，金额为 5 800 亿日元。至此，中国银行与日本输出入银行签订的能源贷款总额已达 17 000 亿日元。

7 月

4 日 国务院办公厅发布《关于建立国务院证券管理办公会议的通知》。根据国务院的决定，在原股票上市办公会议的基础上，建立国务院证券管理办公会议。国务院证券管理办公会议，代表国务院行使对证券工作的日常管理职权。办公会议的办事机构设在人民银行，负责日常工作。证券工作中的立法起草工作，由国家体改委牵头，证券管理由人民银行牵头。

11 日 财政部发布《关于修订〈关于国家专业银行建立贷款呆账准备金的暂行规定〉的通知》。该通知明确，为保证国家信贷基金的完整，促进专业银行的企业化经营，财政部对1988年制定的《关于国家专业银行建立贷款呆账准备金的暂行规定》进行相应修订。修订内容包括：1. 呆账准备金不分贷款类别，统一按年初贷款余额的一定比例在年初以人民币计算全额提取。2. 呆账准备金的计提比例1992年为5‰，从1993年起每年增加1‰，当年提取的呆账准备金扣除经批准核销的呆账损失以后，按规定的税率补交所得税和调节税，补税后的余额可结转下年度使用；当历年结转的税后准备金余额达到年初贷款余额的1%时，从达到年度起，一律按1%的比例差额计算提取，补提的准备金不再补交所得税和调节税。3. 当年发生的呆账损失，以企业户数为单位（下同），每户不满10万元的，可以区别不同情况，由独立核算的地（市）分行会同同级中央企业财政驻厂员机构审查批准核销，并报上一级行备案；当年发生的呆账损失每户在10万元以上不满50万元的，由省、自治区、直辖市、计划单列市分行会同中央企业财政驻厂员处审查批准核销，并报专业银行总行备案；当年发生的呆账损失每户在50万元以上的，由各专业银行总行根据省、自治区、直辖市、计划单列市分行和所在地区中央企业财政驻厂员处的审查意见审查批准核销，并报财政部备案；当年发生的呆账损失属于城乡居民贷款的，以个体户数为单位，每户不满5万元的，由独立核算的地（市）分行会同同级中央企业财政驻厂员机构审查批准核销，并报上一级行备案；5万元以上不满50万元的，由省、自治区、直辖市、计划单列市分行会同中央企业财政驻厂员处审查批准核销，并报专业银行总行备案；50万元以上的，按上款规定办理。修订后的条款自1992年1月1日起执行。

13日　中国人民银行发布《关于农村信用社实行资产负债比例管理试点的通知》。该通知明确，为落实农村信用社信贷资金管理“以存定贷、自主运用、比例管理”的原则，经人民银行、农业银行研究，决定在浙江、山西、四川、江苏四省的农村信用社和河北、河南、吉林已脱钩的农村信用社实行资产负债比例管理试点。该通知规定：1. 农村信用社的各项资金运用减去转存银行款（含准备金）之后不得超过其可运用的资金。农村信用社的可用资金为：全部资金来源减去规定缴存的存款准备金，减去5%的备付金，减去净拆入资金，再减去银行转存款基数。2. 农村信用社的自有资金与视同自有资金之和不得少于其贷款总额的10%。3. 农村信用社发放的固定资产贷款余额不得超过其各项贷款余额之和的20%。4. 农村信用社发放二类以下企业的信用贷款，一户的贷款总额不得超过其自有资金的50%。5. 农村信用社用自有资金购置的固定资产净值总额不得超过其自有资金的30%～40%。该通知还对试点要求和试点方法做了规定。

15日　中国人民银行发布《关于特种贷款利率的通知》。该通知就各专业银行运用发行金融债券筹集的资金发放特种贷款的利率做了明确规定：各专业银行发行5年期金融债券所筹集的资金发放的特种贷款利率，与5年期金融债券利率的年利差不得超过1.16%；发行3年期金融债券筹集资金发放的特种贷款的利率仍按原规定执行。

16～20日　中国人民银行全国分行行长会议在北京举行。会议提出，下半年，各级银行要积极支持农业、国营大中型企业、国家重要物资储备及长江三角洲和长江沿江开放开发地区、珠江三角洲以及沿边开放地区经济发展的合理资金需要，积极支持国家重点建设的合理资金需要，支持第三产业的发展。与此同时，要继续控制信贷总量，搞活资金存量，各家银行必须严格按国家下达的计划控制贷款规模，未经批准，任何银行都不得突破。要进一步加强和改进中央银行贷款管理，转换银行经营机制，严格管理证券市场和金融机构。对股票、债券的发行，各地必须按国务院的规定办事，任何单位都不得擅自发行。

16日　中国人民银行发出通知，针对部分证券经营机构囤积债券，影响居民购买的问题，中国人民银行要求，各类证券经营机构，包括财政、银行、地方办的机构和信托投资机构等，凡承购包销的国库券必须全额面市，在发行期内不得惜售，各类证券机构的债券库存不得超过其资本的80%，已经超过的要逐步压回。以后证券机构承购国库券后最长一个月内要销售出去。

20日 中国人民银行、中国农业银行、林业部、财政部联合下发《关于发放治沙贴息贷款有关问题的联合通知》。该通知提出，从1992年起至1995年止，中国人民银行每年安排1亿元治沙贴息贷款专项计划和不低于70%的资金，由中国农业银行组织发放，财政给予贷款使用者部分贴息。

29日 中国人民银行、财政部、国务院经济贸易办公室联合发布《关于预算内国营工业企业库存产成品挂账停息处理办法的通知》。该通知要求，各地组建的清查领导机构，都应有当地同级人民银行和有关专业银行参加。对清出的盘亏、报废、毁损和产成品成本高于售价等损失，属于1992年新发生的，经核实批准后列入企业当年财务决算；属于1991年年末之前发生的，分别转入"待处理流动资产损失"和"待处理流动资产盘盈"账户。各项损失与盘盈相抵后的余额，按照国务院的有关指示精神，银行对这部分资金损失的贷款，实行"先收息后退息"的处理办法。开户银行对企业清查损失所占用的银行贷款，会计部门根据信贷部门通知，在原贷款科目内，按企业单位增设流动资产损失贷款专户，对该专户贷款的利息采取"先收后退"的核算办法，即在3年内，银行对这部分资金损失所占用的贷款仍按季先计收利息，其应收未收利息，在挂账期间不计复利。企业在3年内未消化处理完产成品挂账损失，不再享受银行停息的优惠政策。

8月

3日 财政部发布《关于房改金融业务有关财政税收政策问题的通知》。该通知规定：城市住房基金存入当地建设银行房地产信贷部开设的财政专户。城市住房基金包括：各级财政的拨款、直管住房租金收入、公积金的经营权益、城市住房基金的利息收入等。专业银行承办的房改政策性金融业务包括：吸收住房公积金、公房出租和出售收入、住房债券和租赁保证金、集资合作建房资金、企事业单位住房基金等有关住房资金存款；发放个人购建房贷款、集资合作建房贷款、房改单位购建房贷款和地方政府用于解危、解困的住房贷款。专业银行承办房改政策性金融业务，可从1992年7月1日起至1994年6月30日止免征所得税、调节税以及国家能源交通重点建设基金和预算调节基金。房地产信贷部是专业银行为住房制度改革提供配套金融服务的内部机构，实行单独核算、自主经营、自负盈亏、自求平衡、单独缴税。其承办费用按照财政部或专业银行上级行核定的综合费用水平提取，按季或按年划拨给专业银行。

6日 财政部发布《全国非贸易外汇留成办法》。其中规定：非贸易外汇留成范围包括：航空运输业务的外汇净收入；铁道运输业务的外汇净收入；海上运输业务的外汇净收入，包括海上客货运收入、救助打捞拖航收入；邮电业务的外汇净收入（含出口邮票收入）等。非贸易外汇收入留成比例为90%；港口收入留成比例为70%；旅游外汇收入留成比例为40%；侨汇、科学、教育、文化、卫生、体育、对外宣传、外派员工、劳务以及中外合资合作经营企业中方分得的外汇利润等其他收入留成比例为30%；海关关税收入留成比例为15%；金融企业、非银行金融企业、保险业务的净收入和税款收入留成比例为5%。

8日 全国外汇调剂中心公开市场在北京开业。这是中国第一个中央级公开的外汇调剂市场。该中心实行会员制，以电子化的方式进行交易。会员代表在电脑终端输入买卖价格和金额，公开竞价，由计算机按照价格优先、时间优先的原则确认成交。非会员的一般客户须委托经纪商或交易员代理进场交易。根据国家物价局的规定，自1992年7月15日起，凡以会员身份进入全国外汇调剂中心开办的外汇调剂市场，需向调剂中心缴纳会员席位费，并实行专款专用。

10 日 深圳发生“8·10”股市风波。深圳经济特区 1992 年计划发行 5 亿元国内公众股，并定于 8 月 9 日至 11 日在深圳全市各银行、保险公司及证券经营机构共 302 个网点发售新股认购抽签表 500 万张，每张收费 100 元。凡年满 18 周岁的中国公民均可认购。在当时中国证券市场“发热”的特定背景下，全国各地数百万群众蜂拥深圳，在各个发售网点前排起了长龙。由于发行组织工作出现漏洞，10 日傍晚，新股认购秩序出现混乱，数千群众因没有买到抽签表而不满，出现了游行、阻塞交通等过激行为，后经武警部队紧急干预，事态得到了控制。当夜，深圳市政府及有关方面负责人召开紧急会议，商计对策，决定第二天增发 50 万张新股认购抽签表兑换券，每券可以兑换抽签表 10 张，中签率不变。由于组织得力，混乱局面渐趋稳定。“8·10”风波发生后，深圳证券交易所股价指数从 8 月 10 日的 310 点跌到 8 月 14 日的 285 点，跌幅为 8.1%；上海证券交易所上证指数从 8 月 10 日的 964 点跌到 8 月 12 日的 781 点，跌幅为 19%。

14 日 中国银行印发《中国银行出口买方信贷试行办法》。其中规定：买方信贷是采用国际上通行的融资办法，用于国外购买中国出口的成套设备、船舶及其他机电产品。贷款货币为美元，贷款期限一般不得超过 10 年，贷款利率参照经济合作与发展组织（OECD）的利率水平确定。这是中国银行筹办出口买方信贷业务以来第一个法规性文件。12 月 30 日，中国银行向斯里兰卡人民银行提供 682 万美元出口买方信贷，用于支持 400 辆国产公共汽车的出口。这是我国银行向外国政府发放的首笔买方信贷。

17 日 中国银行、中国工商银行、中国农业银行、中国人民建设银行、交通银行、中国投资银行联合发布《关于收取无兑换手续费的通知》。为了保障银行业的正常收益，六大银行共同协商决定，六大银行的国内分支机构在办理国际贸易结算中，凡发生收付客户现汇账户时，均向客户收取货款金额 1.25% 的无兑换手续费。

18 日 中国光大银行成立。该行是中国光大（集团）总公司全资附属的全国性商业银行，总部设在北京，注册资本金为 15 亿元人民币。该行的主要股东包括中国光大集团总公司、亚洲开发银行、中国建设集团总公司、中国烟草总公司云南省公司等国际金融组织、跨国集团和国内大中型企业和企业集团。邱晴任董事长，唐赓尧任副董事长兼行长。

30 日 国务院发布《关于实施新国民经济核算体系方案的通知》。国务院决定，从 1992 年起，在全国分两步实施新国民经济核算体系方案。第一步，在 1992 年和 1993 年两年建立国家和省两级新核算体系基本框架，实现初步过渡；主要目标是把新核算体系的基本核算表建立起来。第二步，到 1995 年基本完成向新国民经济核算体系的全面过渡；目标是要能够比较准确、完整地编制新核算体系的全部表式和账户体系，并建立起与之配套的统计指标体系、统计分类标准和数据库系统。

9 月

1 日 中国人民银行发布《关于与住房改革配套的存、贷款利率问题的通知》。其中规定，人民银行各省、自治区、直辖市分行，可根据总行确定的房改存、贷款利率原则，结合本地的实际情况，制定有利于促进住房改革的存贷款利率具体办法。该通知要求，对与住房制度改革相配套的存、贷款利率均按“低来低去”的原则确定：1. 单位、个人集资暂存银行的建设商品房的存款，6 个月以下的均按活期存款利率执行。6 个月至 1 年期存款按年利率 6.12% 执行。建房的贷款利率最高不得超过 8.46%。2. 居民购房的存、贷款也要实行低利率政策。利率期限、利率档次可根据各地商品房出售办法，由人民银行省、自治区、直辖市分行自行确定。购买商品房的存款利率要低于同档次储蓄存款利率，贷款利率可在其同档次存款利率的基础上加 1.8 个百分点。3. 各地房改基金管理部门存入的房改建房基金存款利率，可由各省、自治区、直辖市人民银行分行，根据当地的实际情况自行确定，但最高不得超过年利率 3.6%。

3 日 国家税务总局发布《关于农村信用社几个税收、财务问题处理规定的通知》。其中规定：对国务院统一确定的专项贴息贷款扶持贫困县的农村信用社，1992—1993 年，准予继续免征所得税两年。对农村信用社 1986 年年底前提取的贷款呆账准备金，应全部转入“呆账准备金”账户，专项用于核销呆账贷款。对农村信用社 1986 年年底前预提的应付未付利息，支付 1986 年年底前存款利息后的余额，应首先用于弥补 1991 年年底前的待处理历年亏损，仍有结余的，可转入“信贷基金”账户。

5 日 国务院发布《关于加强对固定资产投资和信贷规模进行宏观调控的通知》。针对在经济发展过程中出现的一些值得重视的苗头和需要研究解决的问题，主要是固定资产投资增加较快，投资结构不尽合理，交通运输和能源、部分原材料供应紧张，生产资料价格上涨过快，银行货币、信贷投放的增长，超过经济增长和物价上涨的幅度等问题，该通知要求各地区和有关部门：1. 控制固定资产投资规模，正确引导资金投向，调整投资结构，保证重点建设。按国家产业政策和计划要求严格控制固定资产贷款，严禁挪用流动资金贷款搞固定资产投资，对于自筹投资项目，任何单位和各级领导人都不得要求或强令银行用贷款垫补自筹投资缺口。切实加强对社会集资的管理，各类证券要按国家计划发行，不得擅自超计划发行，也不得以乱发各种名目债券等方式搞计划外集资。2. 加强对信贷规模和货币发行的调控，不得以任何方式迫使银行超计划发放贷款。第三季度末，银行贷款规模必须坚决控制在计划以内。哪家银行突破了，由哪家银行负责；哪个地区突破了，由哪个地区的党委和人民政府的主要领导同志负责。党中央、国务院重申，金融是国家掌握的重要宏观调控手段，货币发行权、信用总量调控权和利率调整权要由中央统一掌握，各地必须执行中央统一的金融政策。3. 进一步调整信贷结构，加速资金周转，满足经济加快发展的合理资金需要。当前银行资金运用的重点是：保证居民储蓄存款的支付；支持秋季农副产品收购；支持国家重点建设项目；支持效益好、质量高、外向型的经济发展。4. 积极组织货币回笼，控制货币投放。

11 日 中国人民银行发布《上海外资保险机构暂行管理办法》。其中规定，合资保险公司的最低注册资本为：经营人身保险业务的，不得低于 2 000 万美元；经营非人身保险业务的，不得低于 2 000 万美元；同时经营人身保险和非人身保险业务的，不得低于 4 000 万美元。合资保险公司的实收资本不得低于注册资本的 50%。合资保险公司须每年从其税后利润中提取 25% 的资金用于补充其资本金，直至其实收资本加储备金的总额达到其注册资本的 2 倍。合资保险公司应当将其实收资本的 20% 向中国人民银行上海分行缴存保证金。外资保险分公司同时经营人身保险和非人身保险业务的，应由其总公司向中国人民银行上海市分行缴存 800 万美元保证金；经营其中一项业务的，缴存 400 万美元保证金。此保证金计付利息。外资保险机构经营除法定保险以外的下列业务的部分或全部：境外企业的各项保险、境内外商投资企业的企业财产保险和与其有关的责任保险；外国人和境内个人缴费的人身保险业务；上述两项业务的再保险业务；经批准的其他业务。外资保险机构的保险费率、其他业务费率及各种合同条款，应按中国人民银行的有关规定制定。外资保险机构的资本、未分配盈余、各项准备金及其他资产，可以人民币和外币两种原币形式用于境内投资，包括中国的金融机构的存款；购买政府债券、金融债券和不超过可投资总额的 10% 的企业债券；境内有抵押品或金融机构担保的外汇委托放款，对每一单位的放款，不得超过可投资总额的 5%，所有放款的总和不得超过可投资总额的 30%；不超过可投资总额的 15% 的股权投资。

9 月 25 日，经中国人民银行批准，美国友邦保险有限公司上海分公司在上海成立。这是第一家获准在中国设立的外资保险分公司。

22 日 全国性证券公司——华夏证券公司、国泰证券公司、南方证券公司成立。三大证券公司是经中国人民银行总行批准，由中国工商银行、中国农业银行、中国人民建设银行、中国银行、交通银行和中国人民保险公司联合发起并入股组建经营有价证券业务的全国性金融企业，注册资本金各为10亿元人民币（含外汇资本金）。首期实收资本金为3.5亿元人民币，由发起单位等额投入。业务范围包括：承销有价证券；自营买卖和代理买卖有价证券；承担有价证券的代保管、鉴证、过户、代理还本付息和分红派息；发行和代理发行债券；有价证券抵押、贴现；开展基金业务，包括基金的发起、组织、保管、受托和代理支付受益凭证的收益金、偿还金及解约金；参加证券交易所，从事证券交易所规定的经纪人业务；对有价证券发行者进行财产、信誉等级的评估；提供与证券业有关的投资咨询业务和信息服务；境外发行和代理发行有价证券；境外买卖和代理买卖外币证券；经营与证券业务有关的投资业务；经中国人民银行和国家外汇管理局批准的其他业务。

10月

6日　中国人民银行、公安部联合发布《关于进一步加强反假人民币工作的通知》。针对制贩假币犯罪活动日益猖獗的现状，该通知要求：1. 各地银行、公安机关要提高对防假币、反假币工作的认识，真正树立起保护国家货币就是为经济建设服务的观念。2. 各单位要密切配合，加强部门、区域间的协作，各级银行和公安部门更应密切协作，使反假币工作逐步规范化、制度化。3. 加强立法工作，将反假币斗争纳入法制轨道。各级银行和公安机关要注意收集、整理有关假币犯罪的典型案例，提出对《中华人民共和国刑法》有关条款进行修改或解释的依据，以便有关部门对假币犯罪的法律规定及时作出修改或司法解释，从而有利于司法机关依法从重从快打击严重制贩假币的犯罪活动。4. 加强宣传工作，提高全社会的防假币和反假币意识。各级银行要多渠道、多层次地开展向居民群众普及人民币常识的宣传工作，使全社会行动起来，从而防止假币混入流通领域。5. 建立反假币信息联系网络，加强防范基础工作。各地应在总结经验的基础上，建立起纵横交错的反假币网络，以加强信息交流，提高反假币工作效率。同时还应重视反假币培训工作，做好年终反假币工作总结，不断完善各项反假币工作制度。

8日　中国诚信证券评估有限公司成立。该公司由16家股东出资组建，分别是：中国农村发展信托投资公司（以下简称中农信）、中国人民建设银行信托投资公司（以下简称建行信托）、中国审计事务所、中国证券业协会、中国企业评价协会、中国法律事务中心、中国天诚（集团）总公司、中国科技财务公司、上海万国证券公司、湖北证券公司、珠海国际信托投资公司、海南港澳国际信托投资公司、上海信达投资顾问公司、中国人民建设银行广州市信托投资公司、深圳新兰德证券投资咨询有限公司、中国人民建设银行福建省信托投资公司。其中，中农信和建行信托的股份各占12%，其他14家股东所占的股份在5%～6%。该公司是中国第一家全国性的从事信用评级、金融证券咨询和信息服务等业务的股份制非银行金融机构。2002年9月，经国家工商行政管理总局核准，中国诚信证券评估有限公司更名为中国诚信信用管理有限公司。

9日　中国人民银行发布《银行外汇信贷资金管理办法（试行）》。该办法包括总则、资金计划、资产负债比例、检查和实施共4章27条。主要规定：中国人民银行对银行的外汇信贷业务实行双向目标管理，在下达和考核年度银行外汇信贷计划的同时，制定和下达银行外汇信贷资产负债管理比例，逐步强化银行内部自我约束、自我调节的营运机制。中国人民银行对各银行的外汇信贷资金实行以下资产负债比例管理，并可根据各银行的不同情况，确定和调整各项外汇资产负债的具体比例。该办法自1993年1月1日起实行。

中国华晨汽车控股公司在纽约证券交易所上市。中国华晨汽车控股有限公司（股票简称：华晨金杯，交易代号：CBA）总发行量为500万股，每股价格为16美元，销售额为8 000万美元。这是中国公司的股票第一次进入美国市场，并作为中国股票的代表被列入摩根士丹利EAFE指数。

12～18 日 中国共产党第十四次全国代表大会在北京召开。江泽民总书记在会上做了题为《加快改革开放和现代化建设步伐夺取有中国特色社会主义事业的更大胜利》的工作报告。该报告总结了十一届三中全会以来 14 年的实践经验，决定抓住机遇，加快发展；确定我国经济体制改革的目标是建立社会主义市场经济体制；提出用邓小平建设有中国特色社会主义理论武装全党。该报告明确，要积极培育债券、股票等有价证券的金融市场；以上海浦东开发、开放为龙头，进一步开放长江沿岸城市，尽快把上海建成国际经济、金融、贸易中心之一，带动长江三角洲和整个长江流域地区经济的新飞跃。

18 日 华夏银行开业。经中国人民银行批准、于 1992 年 10 月 14 日注册成立的华夏银行是由首钢总公司独资组建成立的全国性商业银行，注册资本为 10 亿元人民币，总部设在北京。1996 年 4 月 10 日，中国人民银行批准其采用发起设立的方式，改制成股份有限公司，并更名为华夏银行股份有限公司。2003 年 7 月 21 日，获中国证监会批准上市发行 A 股，并于 2003 年 9 月 12 日挂牌上市。

26 日 国务院证券委员会、中国证券监督管理委员会（以下简称中国证监会）成立。10 月 12 日，国务院办公厅发布《关于成立国务院证券委员会的通知》。国务院决定成立国务院证券委员会（以下简称证券委），撤销原国务院证券管理办公会议。证券委下设办公室，负责日常工作，由国务院办公厅代管。证券委主任由朱镕基副总理兼任，中国人民银行、国家体改委、国家计委、财政部、经贸办、监察部、最高人民法院、最高人民检察院、经贸部、国家工商行政管理总局、国家税务局、国家国有资产局、国家外汇管理局等 13 个部委的负责人担任委员。其主要职责：组织拟订证券市场的有关法律、法规草案。研究制定证券市场的方针政策和规章；监督检查证券法规和方针政策的执行，查处重大违法违纪案件；制定证券市场发展规划和提出计划建议；指导、协调、监督和检查各地区、各有关部门证券市场的各项工作；归口管理中国证监会；代表政府统一组织与国外有关的交往与合作事项；审批国内企业到海外公开发行股票和上市；审核新的证券交易所的设立；承办国务院交办的其他工作。

为了建立健全证券监管工作制度，国务院决定成立中国证监会，受国务院证券委员会的指导、监督检查和归口管理。刘鸿儒任中国证监会主席。中国证监会是证券委监管执行机构，由有证券专业知识和实践经验的专家组成，按事业单位管理，主要职责是：根据证券委的授权，拟定有关证券市场管理的规则；对证券经营机构从事证券业务，特别是股票自营业务进行监管；依法对有价证券的发行和交易以及向社会公开发行股票的公司实施监管；对境内企业向境外发行股票实施监管；会同有关部门进行证券统计，研究分析证券市场形势并及时向证券委报告工作，提出建议。

30 日 我国第一张中长期认股权证发行。宝安权证由深圳宝安公司向老股东发放，期限为 1 年，发行数量为 2 640 万张。宝安权证的流通期是 1992 年 11 月 5 日至 1993 年 11 月 2 日，行权期（认股缴款日期）是 1993 年 9 月 1 日至 1993 年 11 月 5 日。每张宝安权证可以认购 1 股宝安股票，认股价为 20 元。宝安权证从 1992 年 11 月 5 日上市至 1993 年 11 月 2 日停止交易，其上市以 4.00 元开盘，最高曾到 23.60 元，最后跌至 2.35 元摘牌。权证到期时，宝安权证理论上的价值为 -2 元。

大飞乐的配股权证是我国股市的第一个权证，推出时间为 1992 年 6 月。

11 月

2 日 中国人民银行发布《保险代理机构管理暂行办法》。该办法包括总则、机构管理、经营管理、罚则、附则共 5 章 32 条。主要规定：保险代理机构是指受保险企业委托，按照委托双方签订的保险代理合同（或协议）代为从事保险经营活动的机构。其主要职责是：依照签订的保险代理合同（或协议）规定的保险险种，代签保险单，收取保险费或保险储金；指导保户做好防灾防损工作；协助保险企业做好出险案件的查勘定损工作，但不得办理赔案、批改保险单、退保等业务。保险企业不得直接委托个人代办保险业务。中国人民银行是国家保险事业的主管机关，保险企业设立保险代理机构须经人民银行批准，其他任何部门、任何单位均无权审批；未经人民银行批准，任何保险企业不得擅自设立保险代理机构。

3日 经中国人民银行批准，淄博乡镇企业投资基金设立。这是中国人民银行批准的第一个投资基金，也是第一个被批准可在异地上市的基金。该基金是由中国农村发展信托投资公司、淄博市信托投资公司、交通银行淄博支行、山东证券公司、中国工商银行山东信托投资股份公司共同发起，以公司形式注册登记的全国第一家公司型投资基金。基金规模为3亿元人民币，首期发行1亿元，期限为8年。淄博乡镇企业投资基金于1993年8月20日在上海证券交易所成功上市。

4日 国务院发布《关于发展房地产业若干问题的通知》。关于房地产开发的投资管理，该通知指出：房地产开发建设投资是固定资产投资的一个组成部分，必须纳入国家固定资产投资总规模（外商投资除外）。在计划管理上，要适应改革开放的新形势，不断加以改进，做到既有利于宏观调控，又有利于微观搞活。为了促进房地产业的发展，今后，凡地方自筹资金用于房地产开发的项目，一律由省、自治区、直辖市及计划单列市人民政府自行审批。允许各专业银行发放房地产开发贷款。银行贷款规模、发行债券额度等要列入信贷计划、证券计划和投资计划，实行总量控制。

12日 中国人民银行、国家计委、国家体改委、国务院经济贸易办公室联合颁发《国家试点企业集团建立财务公司的实施办法》。该实施办法明确：财务公司是为企业集团内部成员单位办理金融业务的非银行机构，为独立的企业法人，实行独立核算，自负盈亏，自主经营，照章纳税。业务范围包括：办理企业集团内部各成员单位的存款、贷款、投资、结算、担保、代理及贴现业务；兼营集团内信托、融资租赁业务；接受主管部门的委托，为集团公司或集团成员单位办理信托贷款、投资业务；在财务公司发生临时性资金困难时，可按有关规定进行同业拆借，但拆入资金不得用于发放固定资产贷款、扩大信贷规模。设立财务公司的实收货币资本金不得少于5 000万元人民币。凡具备条件的企业集团拟设立财务公司，应由试点企业集团核心企业向中国人民银行提出申请，财务公司的业务经营范围必须严格限定在企业集团成员单位之间进行，未经中国人民银行批准，不得擅自超范围经营。该实施办法对财务公司设立的条件及申报程序、中国人民银行对财务公司的管理做了具体规定，自1993年1月1日起施行。截至该实施办法颁布之际，中国人民银行自1987年起先后批准17家企业集团试办财务公司。

中国人民银行印发《关于调整外币存款利率政策的通知》。为了避免公款私存的套利行为，使外币利率管理能比照人民币利率管理的做法，该通知规定，统一个人与单位的外币定期存款利率水平，并增设7天通知存款和1个月定期存款的利率档次。

19日 最高人民法院发布《关于伪造货币、有价证券犯罪案件立案标准（试行）》。该立案标准规定，1. 具有下列情形之一的，应予立案侦查：伪造国家货币和国家财政金融债券的；伪造其他有价证券和票据总面值在300元以上（含300元）的；贩卖、运输、窝藏伪造的国家货币、国家财政金融债券的；明知是伪造的国家货币、国家财政金融债券而使用、存储、夹寄，数额在300元（含300元）或10张以上的；故意使用、贩卖、窝藏伪造的其他有价证券和票据，非法获利500元以上（含500元）的；教唆他人伪造、贩卖、运输、窝藏、使用、存储、夹寄伪造的国家货币或有价证券和票据的；走私伪造国家货币的；窝藏或出具伪证，包庇伪造国家货币或国家财政金融债券犯罪分子的；包庇贩运或大量投放假币犯罪分子的。2. 具有下列情形之一的，立为重大案件：以手工印刷方式伪造国家货币或国家财政金融债券的；以其他手工方式伪造国有货币或国家财政金融债券的，数额在1 000元或100张以上的；伪造其他有价证券和票据总面额在1 000元以上的；运输、贩卖、窝藏伪造的国家货币或国家财政金融债券，数额在1 000元或100张以上的；明知是伪造的国家货币或国家财政金融债券而使用、存储、夹寄，数额在2 000元或200张以上的；故意使用、贩卖、窝藏伪造的其他有价证券和票据，非法获利2 000元以上的；传授伪造技术或方法的；集团犯罪的；走私伪造的国家货币数额在1 000元或100张以上的。3. 具有下列情形之一的，立为特别重大案件：以机构印刷方法伪造国家货币或国家财政金融债券的；以手工方式伪造国家货币或国家财政金融债券，数额在10 000元或1 000张以上的；伪造其他有价证券和票据总面额在10 000元以上的；武装贩运伪造的国家货币或国家财政金融债券的；传授伪造技术或方法，造成危害特别严重的；运输、贩卖、窝藏伪造的国家货币或国家财政金融债券，数额在10 000元或1 000张以上的；金融、财会工作人员利用职务之便伪造或贩运、投放伪造的国家货币或国家财政金融债券的；走私伪造的国家货币数额在10 000元或1 000张以上的；各省、自治区、直辖市公安厅、公安局认为构成特别重大案件的。

24日 国家税务局发布《集体信用合作社贷款呆账处理试行办法》。该办法规定：信用社按本办法规定建立的呆账准备金，专项用于弥补本办法规定原因造成的贷款呆账损失，呆账准备金按规定范围的贷款年末余额的5‰，在年末以人民币计算提取。国家预算内安排的拨改贷、地方人民政府和企业主管部门委托的专项贷款、以各种财产（包括各种商品、有价证券）作为抵押的贷款以及金融机构之间互相拆借的贷款不得提取呆账准备金。该办法还对呆账准备金的管理、可列为呆账的限定范围、呆账损失的处理等做了具体规定，于1992年度起执行。

12月

9日 中国人民银行发布《金银专项贷款管理暂行规定》。该暂行规定主要内容如下：中国人民银行以“先评估、后贷款、计划管理、择优发放”的原则发放金银专项贷款。任何单位和个人不得以任何理由强令银行发放贷款或阻挠银行收回到期贷款。金银专项贷款由人民银行安排资金，实行专款专用，专项管理。金银专项贷款主要用于金银固定资产投资项目，贷款按用途划分为“金银基本建设贷款”、“金银技术改造贷款”和“金银基本建设设备储备贷款”。全民所有制和集体所有制金、银矿山企业以及国家批准的金银建设单位，当其建设资金不足时，可向当地人民银行申请金银专项贷款，但须具备规定条件。基建贷款期限，小型项目最长不超过3年，大中型项目一般不超过5年，个别建设期长、经济效益好、确需延长贷款期限的项目，经省级分行批准后，贷款期限最长不超过7年；技术改造贷款期限最长不得超过3年；设备储备贷款期限为1年。贷款利率按照同期金银专项贷款利率执行。

10日 中国人民银行发布《关于企业、个人不得办理金融业务的通知》。针对一些地方政府鼓励城乡企业和个人兴办金融、保险业的现象，该通知重申：中国人民银行是国务院领导和管理全国金融事业的主管机关，未经中国人民银行批准，任何地方政府、部门、私人均无权批准和设立金融机构。非金融机构不得经营金融业务。违法设立、擅自经营的，必须立即撤销、停办。

11日 国务院发布《储蓄管理条例》。该条例主要规定：储蓄机构办理储蓄业务，遵循“存款自愿，取款自由，存款有息，为储户保密”的原则。中国人民银行负责全国储蓄管理工作。除储蓄机构外，任何单位和个人不得办理储蓄业务。储蓄机构的设置，应当遵循统一规划、方便群众、注重实效、确保安全的原则。储蓄机构应当保证储蓄存款本金和利息的支付，不得违反规定拒绝支付储蓄存款本金和利息，不得使用不正当手段吸收储蓄存款。储蓄机构可以办理活期储蓄存款、整存整取定期储蓄存款、零存整取定期储蓄存款、存本取息定期储蓄存款等人民币储蓄业务。经外汇管理部门批准，可办理活期储蓄存款、整存整取定期储蓄存款等外币储蓄业务。办理外币储蓄业务，存款本金和利息应当用外币支付。经中国人民银行或其分支机构批准，储蓄机构可以办理下列金融业务：发售和兑付以居民个人为发行对象的国库券、金融债券、企业债券等有价证券；个人定期储蓄存款存单小额抵押贷款业务；其他金融业务。此外，还可以办理代发工资和代收房租、水电费等服务性业务。储蓄存款利率由中国人民银行拟订，经国务院批准后公布，或者由国务院授权中国人民银行制定、公布。储蓄机构必须挂牌公告储蓄存款利率，不得擅自变动。该条例自1993年3月1日起实行。

17日 国务院发布《关于进一步加强证券市场宏观管理的通知》。该通知包括理顺和完善证券市场管理体制；严格规范证券发行上市程序；关于1993年的证券发行问题；进一步开放证券市场；抓紧证券市场的法制建设；研究制订证券市场发展战略和规划，加强证券市场基础建设；加强证券市场管理，保障证券市场健康发展8个部分内容。

该通知规定，证券委是国家对全国证券市场进行统一宏观管理的主管机构，证监会是证券委的监管执行机构。国务院有关部门和地方人民政府关于证券工作的职责分工是：国家计委根据证券委的计划建议进行综合平衡，编制证券计划；中国人民银行负责审批和归口管理证券机构，同时报证券委备案；财政部归口管理注册会计师和会计师事务所，对其从事与证券业有关的会计事务的资格由证监会审定；国家体改委负责拟订股份制试点的法规并组织协调有关试点工作；上海、深圳证券交易所由当地政府归口管理，由证监会实施监督，设立新的证券交易所必须由证券委审核，报国务院批准；现有企业的股份制试点，地方企业由省级或计划单列市人民政府授权的部门会同企业主管部门负责审批，中央企业由国家体改委会同企业主管部门负责审批。新建和在建项目的股份制试点审批办法另行下达。该通知规定，股票发行、上市的程序是：经过批准的股份制试点企业，经证监会认可的资产评估机构和会计师事务所进行资产评估和财务审核后，向企业所在地的省级或计划单列市人民政府提出公开发行上市股票的申请，地方企业由省级或计划单列市人民政府在国家下达给该地的规模内审批；中央企业由其主管部门商企业所在地的省级或计划单列市人民政府在国家下达给该部门的规模内审批；被批准的发行申请送证监会进行资格复审后，由上海、深圳证券交易所发行上市委员会审核批准，报证监会备案（同时抄报证券委），15日内无异议即可发行。何时上市，由证券交易所发行上市委员会确定。股票发行要借鉴境外成功经验。目前，可试行在每一个公司股票发行之前，无限量发售只收工本费的一次性认购表，在公证机关监督下公开抽签，中签后再交款购买股票的办法，或者试用国际上通用的其他办法。其他证券发行的管理职责分工如下：国债由财政部负责；金融机构债券、投资基金证券由中国人民银行负责审批；国家投资债券、国家投资公司债券由国家计委负责审批；中央企业债券由中国人民银行和国家计委负责审批；地方企业债券、地方投资公司债券由省级或计划单列市人民政府负责审批。

1993年4月3日，根据《国务院关于进一步加强证券市场宏观管理的通知》的精神，中国人民银行下发通知，明确了在证券市场管理方面的各项职责：1. 负责审批和归口管理证券机构。各级人民银行应继续做好证券经营机构和证券中介服务机构的审批和管理工作。设立证券交易所改由国务院证券委审核报国务院批准。2. 负责审批金融机构债券、投资基金债券、信托受益证券，会同国家计委审批中央企业债券。3. 人民银行不再参与股票的管理。所有有关股票的发行、上市及证券交易所、上市公司的监管等工作，均交由当地政府或地方政府指定的部门管理。4. 地方企业债券、地方投资公司债券由省级或计划单列市人民政府负责审批。如果当地政府因尚未成立专门的机构，仍委托人民银行分行管理，各行应在国家下达的规模内，按照《地方企业债券管理暂行条例》等有关规定，严格掌握审批标准，做好审批和管理工作。如地方政府委托其他部门管理，各行要主动做好移交工作。5. 各级金融市场证券交易中心只能从事债券交易，不得从事股票交易和未经人民银行总行批准的投资基金证券的交易。

29 日 中国人民银行颁布《信用卡业务管理暂行办法》。该暂行办法规定：信用卡业务是指经人民银行批准，由中国境内银行（包括境内银行和境外银行在国内设立的分支行）经营的信用卡业务和代理境外信用卡业务。非金融企事业单位、境外银行驻华代表机构均不得办理信用卡业务和代理境外信用卡业务。凡要求开办信用卡业务的银行，除具备基本的人员与管理、基础设施之外，还必须向中国人民银行提出申请，经批准后，方可开办；其所属分、支行申请发行人民币信用卡，由该银行总行审核并报当地人民银行备案。境内银行与境外银行签订信用卡代理业务协议，应将其协议副本和有关资料报送中国人民银行备案。人民币信用卡备用金存款按照中国人民银行制定的活期存款利率计息。该暂行办法自 1993 年 1 月 1 日起施行。

1993 年

1 月

1 日 国家外汇管理局公布《银行外汇业务管理规定》和《非银行金融机构外汇业务管理规定》。两个文件明确规定，国家外汇管理局为银行和非银行金融机构外汇业务的监管机关，银行和非银行金融机构经营、停办外汇业务由国家外汇管理局审查和批准。两个规定分别就外汇资本金、营运资金、资本准备金、呆账准备金、外汇业务范围、银行和非银行金融机构内部对外汇业务的管理、外汇业务的财务和统计报表、外汇业务的检查和考评等做了具体规定，均自 1993 年 7 月 1 日起施行。

5～10 日 全国经济体制改革会议召开。会议的主要议题是贯彻落实党的十四大精神，围绕建立社会主义市场经济体制，讨论和安排 1993 年的经济体制改革工作，总结交流各地改革开放的经验，并就今后经济体制改革的总体设想交换意见。会议要求要积极探索建立适应社会主义市场经济发展的宏观调控机制，建立和形成多层次的市场网络，探索期货交易所等新的市场组织形式，把市场建设的重点转向加快培育金融、劳动、技术、信息和房地产等要素市场，建立包括养老、待业等在内的社会体制。社会保险行政管理机构要统一，要实行政事分开的原则，政府的社会保障部门只管政策和法规，由专门的机构筹措和运用保险基金。保险基金的统筹权原则上应放到省和计划单列市。社会保险基金的筹措要由国家、企业和个人三方合理负担。在农村，养老保险主要以农民自主投保为主，不要强制交纳保险金。待业保险制度要建立起来，以利于企业引进竞争机制，优化劳动组合。

9 日 上海浦东发展银行开业。上海浦东发展银行是 1992 年 8 月 28 日经中国人民银行批准设立的股份制商业银行，总部设在上海。注册资本金为 10 亿元人民币。

12 日 中国人民银行发布《关于执行〈储蓄管理条例〉的若干规定》。主要内容如下：国家保护个人合法储蓄存款的所有权不受侵犯，储蓄机构办理储蓄业务必须遵循“存款自愿、取款自由、存款有息、为储户保密”的原则；中国人民银行是我国储蓄事业的主管机关，负责全国的储蓄事业管理工作，未经人民银行批准，任何部门和个人不得开办储蓄业务；储蓄机构的设置要遵循统一规划、合理布局、方便群众、讲求实效、确保安全的原则；储蓄机构要以为储户提供优质服务为宗旨，不得使用不当手段吸收存款；储蓄的种类包括活期存款、定期存款、零存整取、存本取息等；储蓄存款利率由中国人民银行统一拟定报国务院批准后公布或由国务院授权中国人民银行制定公布，各储蓄机构必须严格执行，不得以任何形式自行变动；为了维护储户的利益，凡查询、冻结、扣划个人存款者必须按照法律、行政法规办理，任何单位不得擅自查询、冻结、扣划储户的存款；储蓄机构违反国家有关规定，侵犯储户合法权益造成损失的，储蓄机构应当依法承担赔偿责任。

香港政府和中国银行集团（以下简称中银集团）宣布，中国银行将于 1994 年 5 月参与发行港元钞票，发行额为 60 亿元。目前，香港已有两家发钞银行：汇丰银行和渣打银行。中银集团是由中国银行总行领导的香港和澳门中资银行组成的金融集团。

12～17 日 全国银行分行行长、保险分公司总经理会议在北京召开。会议的主要任务是，深入学习和贯彻党的十四大精神，研究金融改革，部署 1993 年的金融工作。国务院总理李鹏在闭幕会上强调，要充分发挥银行对国民经济进行宏观调控的主要作用。银行是国家对国民经济实施宏观调控的重要手段。在社会主义市场还不够成熟、价格还没有理顺、一套完善的规章制度还没有建立起来的情况下，专业银行仍然是国家宏观调控手段。因此，商业银行仍要保持政策性与商业性的双重机制，但要逐渐减少政策性任务，逐步向商业银行过渡。银行要把住两个总闸门：一个是贷款发放的闸门，包括各种债券、各类股票和国外贷款。另一个是货币投放的闸门，总量一定要从严控制，不能突破。进一步加大金融改革开放的力度，建立适应社会主义市场经济的金融体制；建立和完善以中央银行为领导、以国有商业银行为主体、多种金融机构分工协作的金融组织体系；建立直接调控与间接调控相结合、逐步以间接调控为主的宏观调控体系；建立法律化、规范化、现代化的金融管理体系；进一步扩大金融对外开放，使金融业务逐步国际化。

朱镕基副总理在讲话中指出，要严格进行总量控制，从严进行宏观调控。金融是国民经济总量控制的最后一道关口，一开始就应该从严把关。银行不只是控制贷款规模，还要控制货币发行。固定资产投资规模一定要量力而行，认真考虑资金、外汇、原材料供应的可能。要深化金融改革，建立银行风险机制。专业银行是金融企业，应自主经营、自负盈亏，既要有激励机制，又要有承担风险的约束机制，不能把银行当作政府或部门的出纳和会计。要严格控制债券、股票的发行和新建金融机构。

李贵鲜行长在会上提出了 1993 年的改革任务：专业银行转换经营机制；进行贷款限额管理下的资产负债比例管理和资产风险管理试点；改进中央银行宏观调控手段，开办人民银行短期融资券的买卖业务；开始实行新的银行会计制度，推进商业汇票承兑、贴现业务；开展外汇同业拆借业务，扩大外汇调剂市场范围和交易品种；选择几个有条件的大中城市，进行组建城市合作银行的试点，并组建几家专业性的保险公司；改革和完善农副产品收购资金体制。

20 日 国务院颁布《中华人民共和国国家货币出入境管理办法》。该办法规定：国家对货币出入境实行限额管理，中国公民和外国人出入中国国境，每人每次携带的人民币不得超出限额，具体限额由中国人民银行规定；不得在邮件中夹带国家货币出入境；不得擅自运输国家货币出入境；违者将追究有关人员的责任。该办法自 1993 年 3 月 1 日起施行，1951 年 3 月 6 日中央人民政府政务院公布的《中华人民共和国禁止国家货币出入国境办法》同时废止。

2 月 5 日，中国人民银行发布《关于国家货币出入境限额的公告》：自 1993 年 3 月 1 日起，中国公民、外国人出境每人每次携带的人民币限额为 6 000 元，在开放边民互市和小额贸易的地点，中国公民出入境和外国人入境携带人民币的限额可根据实际情况由人民银行省级分行会同海关确定，报人民银行总行和海关总署批准后实施。

2 月

1 日 财政部发布《金融保险企业财务制度》。该制度适用于国家专业银行、区域性银行、股份制银行、外资银行、中外合资银行及其他综合性银行；全国性保险企业、区域性保险企业、股份制保险企业、外资保险企业、中外合资保险企业及其他专业性保险企业；城市信用社、农村信用社、各类财务公司以及其他从事信托投资、租赁、证券交易等业务的专业性和综合性的各类非银行金融企业。该制度包括总则、资本金和负债、固定资产、现金资产、放款、证券及投资、无形资产、递延资产及其他资产、成本、营业收入、利润及分配、外币业务、企业清算、财务报告及财务评价和附则共 13 章 93 条。

该制度规定：企业应当按规定筹集资本金。在企业的资本金中，银行固定资产净值所占的比重不得超过 30%，保险及其他非银行金融企业固定资产净值所占的比重不得超过 50%；企业应按规定向中央银行缴存存款准备金和备付金；企业放款应当按照国家产业政策建立健全贷款的发放、项目管理和监督的控制制度，严格执行国家的利率政策，按期收回本金和利息，接受金融管理机关及有关部门的监督；企业根据国家有关财政、金融政策和法规，可以采用购买有价证券或者以现金、实物、无形资产向其他单位投资；企业的对外投资包括短期投资和长期投资，企业的对外投资不得挤占应上交国家的税金和利润；企业宣布终止时，应当成立清算机构，负责在清算期间制订清算方案，清理企业财产，编制资产负债表和财产清单，处理企业债权债务，向投资者收取已认缴而未缴的出资，清结纳税事宜以及处置企业的剩余财产。该制度自 1993 年 7 月 1 日起施行。

国家外汇管理局发布《关于适当放开金融机构代客户办理外汇买卖业务的通知》。该通知规定：为了维护居民利益，避免外汇风险造成损失，经国家外汇管理局批准有权经营自营或代客买卖外汇业务的金融机构，可以接受个人的委托，办理即期外汇买卖业务。外汇及外币现钞之间的兑换，按国家外汇管理局公布的各种外国货币对人民币现汇或现钞的官方外汇牌价的套算价格进行。金融机构办理此项业务，只能向客户个人收取买或卖金额的 2.5‰的等值人民币手续费。企事业单位自有的外汇现汇，可委托有权经营外汇买卖业务的金融机构，办理即期或远期外汇买卖，以达到外汇保值的目的。经批准办理代客外汇买卖业务的金融机构，也可开办代客外汇资金管理业务，但必须在开办此项业务之前制定代客外汇资金管理业务的规章或办法，报外汇管理部门核备。

8～15 日　中国工商银行与以新加坡发展银行牵头的银团签订了 1 500 万美元的 5 年期可转让贷款协议。这是该行自 1984 年开办外汇业务以来首次向国际银团借贷。此笔贷款将用于支持本溪钢铁公司钢管厂、厦门 5 万门程控电话扩容项目和厦门电器控制设备厂等项目的技术改造。

9 日　国务院办公厅转发《国务院清理三角债领导小组关于全国清理三角债工作情况报告》。国务院宣布：国务院清理“三角债”领导小组及其办公室的任务已经完成，予以撤销。

10 日　中国人民银行发布《关于停止保险公司为地方政府代办保险业务的通知》。该通知指出，1981 年以来，广东、福建两省的中国人民保险公司分公司为地方政府代办保险业务，对支持两省经济的发展起到了一定的促进作用。但是，随着全国经济体制改革的进一步深化，继续允许这种做法与我国现行的地方政府不准办理保险业务的政策不相符合，因此应立即停止。其他地区已经为地方政府代办的保险业务也应立即停止。通知要求开放保险市场，允许多家保险企业开展竞争。通知强调，要坚持自愿参加保险的原则，保险企业不得与地方政府或政府部门联合发文，强迫企业和个人参加保险。

11 日　中国人民银行下发《关于进一步加强宏观金融调控的通知》。同时制定并下发了《关于进一步严格控制信贷总量的通知》《关于进一步加强固定资产贷款管理的通知》和《关于进一步加强对同业拆借管理的通知》等三个文件。

《关于进一步严格控制信贷总量的通知》规定：对各金融机构的年度信贷规模继续实行指令性计划管理，未经批准不得突破；对各专业银行和其他金融机构的信贷规模继续实行按季度监控、按月考核的办法；本着“扶优限劣”的原则，进一步调整信贷结构，盘活资金存量；加强中央银行对金融机构贷款的管理，适时收放资金；各级人民银行要进一步加强对信贷计划执行情况的分析，积极做好对本地区经济、金融运行状况的预测和预报工作，并对其中的问题提出意见和建议。

《关于进一步加强固定资产贷款管理的通知》要求：从严控制固定资产贷款规模，固定资产投资规模作为国家计划不得突破；固定资产贷款要优先支持国家计划安排项目；经批准在流动资金科目下安排的具有固定资产投资性质的贷款，必须严格按照计划执行；各家银行要对房地产信贷业务进行一次清理和检查，房地产信贷必须严格按照规定办理；各家银行不得搞投资、入股，不能持有企业债券，严禁挪用流动资金和同业拆借资金搞固定资产贷款，不得用银行贷款垫补自筹资金缺口，不得用信贷资金从事房地产经营和股票的炒买炒卖活动；其他金融机构的固定资产贷款不得超过各项贷款余额的20%；各金融机构要对固定资产贷款进行一次检查和清理。

《关于进一步加强对同业拆借管理的通知》除了重申1990年《同业拆借管理试行办法》中的有关规定外，还提出以下要求：1. 金融机构用于拆出的资金只能限于缴足准备金、留足5%的备付金、归还人民银行到期贷款之后闲置的资金，严禁占用联行资金和人民银行贷款进行拆借。2. 严禁用拆入资金发放固定资产贷款，严禁用拆入资金进行固定资产投资、购买有价证券、经营或炒买炒卖房地产以及向企业投资参股。3. 专业银行、商业银行拆入资金余额不得超过其同期各项存款余额的5%；城市信用社拆入资金余额与其自有资金的比例不得超过2∶1；其他金融机构拆入资金不得超过其自有资本金。4. 严禁金融机构以拆借名义给非金融机构及个人融资和贷款。5. 要求人民银行对金融机构发放贷款时，要把拆借情况作为审查的主要内容，对有拆出资金且期限在1个月以上者不得发放贷款。6. 专业银行跨系统的资金拆借一律通过人民银行牵头的资金市场。7. 对违反规定的拆出拆入单位给予处罚。

14日 国务院发布《关于加快发展中西部地区乡镇企业的决定》。该决定在多渠道增加中西部地区乡镇企业的资金投入时指出：资金短缺是制约中西部地区乡镇企业发展的重要因素。为此，国家要给予必要的支持，同时必须进一步放开搞活农村金融，逐步建立、完善农村资金市场，发展横向经济联合，培植企业投资能力，广辟资金渠道，加大资金投入。1993—2000年，除了用好现有乡镇企业贷款存量和每年正常新增贷款外，再由中国人民银行每年在国家信贷计划中单独安排50亿元贷款，支持发展中西部地区乡镇企业。这项贷款由中国农业银行经营发放，重点用于中西部地区乡镇企业集中连片发展的地方，按项目投放资金。各专业银行和有关金融机构要把发展中西部乡镇企业作为资金投放的一个重点。农村信用社在支持农业稳定发展的基础上，积极增加乡镇企业信贷投放量。

15日 国务院发布《关于加快粮食流通体制改革的通知》。该通知决定：争取在2～3年内全部放开粮食价格。为此，采取的措施有：保留粮食定购数量，价格随行就市；将化肥、柴油由实物奖售改为平议差价补贴，付给出售定购粮食的农民；各地在必要时应制定粮食收购的最低保护价或销售的最高限价，并相应承担财政责任；销售价格放开后，要继续保留城镇定量人口的粮食供应关系；对粮食主产区在政策上予以倾斜和扶持；省、地区之间的粮食贸易，要产销见面签订供销合同并严格履行，或通过批发市场交易。为了支持粮价改革，中央财政对各省、自治区、直辖市的粮食补贴保留3年，逐年减少。每年减少的财政补贴，转作中央粮食风险基金，不准挪作他用。

18日 中国人民银行对中国银行关于实行限额控制下的外汇信贷资产负债比例管理问题作出批复。从1993年1月1日起，中国银行在全行系统试行限额控制下的外汇信贷资产负债比例管理。具体管理比例和控制目标为：外汇资本余额与外汇资产余额的比例不低于8%；各项外汇贷款余额与吸收各类外汇存款加外汇资本余额的比例最高不超过75%；自借国际商业借款和境外发行债券的余额不超过外汇资本余额的200%，并逐步降低到100%；同业拆入短期资金余额与外汇存款加外汇资本余额的最高比例不超过20%；中长期外汇贷款余额与各项外汇贷款余额的比例最高不超过60%；短期外汇贷款余额与各项外汇贷款余额的比例不低于40%；境外贷款、投资、存放境外等资金运用余额与外汇资产余额的最高比例为40%。

中国银行在日本东京与东京银行、第一劝业银行、富士银行等11家银行牵头组成的银团签署总额为3亿美元的银团贷款协议。这是1989年以来，我国对外筹借的最大一笔商业贷款。

20日 中国证券交易系统有限公司成立。同年3月8日，中国人民银行发布《中国证券交易系统有限公司章程》。该章程明确：中国证券交易系统有限公司（以下简称中证交公司）是利用电子计算机网络系统为证券市场提供证券报价、交易、清算、交割、托管等服务的非银行金融机构。中证交公司是全国性的金融企业，注册资本金为人民币3.5亿元，接受中国人民银行和国家证券业主管部门的领导、管理和监督，总部设在北京。中证交公司的业务范围是：审批证券在本公司的上市；提供证券集中交易的网络系统和设施，并管理证券在本公司的交易；为证券交易提供报价、清算、交割服务；提供有价证券托管服务；提供证券市场的投资咨询和信息服务；中国人民银行和其他部门许可或委托的其他业务。中证交公司设立董事会和监事会，实行董事会领导下的总经理负责制。

23日 财政部、中国证监会公布《关于从事证券业务的会计师事务所、注册会计师资格确认的规定》。该规定明确：财政部和中国证监会对从事证券业务的会计师事务所和注册会计师的执业资格进行审核确认，并对取得资格的会计师事务所和注册会计师在执行上述业务时进行监督。3月12日，财政部和中国证监会联合公布首批获准从事证券业务的45家会计师事务所的名单。今后凡公开发行股票的企业，必须聘请取得许可证的会计师事务所进行财务审计，同时企业有权自行选定会计师事务所，任何政府部门不得干预。

25日 大连商品交易所成立。11月18日，正式开始标准化期货合约交易，品种为黄大豆1号、豆粕、啤酒大麦。玉米和黄大豆2号是分别于2004年9月22日和12月22日正式挂牌交易的新品种。截至2004年年底，大连商品交易所累计成交期货合约5.9亿张，累计成交额17.9万亿元。大连商品交易所目前已发展成世界第二大大豆期货市场。

2月 中国银行加入保理业务国际组织——国际保理商联合会（Factors Chain International, FCI），成为中国第一家办理保理业务的银行。此后，中国工商银行、中国农业银行、中信实业银行、招商银行等中国多家商业银行相继加入了国际保理商联合会。国际保理商联合会成立于1968年，是目前国际上最大和最具影响力的国际保理组织。

3月

1日 经中国人民银行批准，由中国银行重新修订的外币存款甲、乙两种章程正式施行。甲种存款账户是针对国内中、外资企业开办的账户，乙种账户是对在中国的外国人、港澳台同胞及华侨开办的存款账户。《甲种外币存款章程》修订的主要内容：存款对象增加了“在中国境内保税区的中外企业、单位”，“经人民银行批准可经营外汇业务的金融机构”和“私营企业”；定期存款存期增设7天和1个月档次；存款品种除原有的一般定期存款和活期存款外，增加了通知存款和协定存款。《乙种外币存款章程》的主要修订内容：存款对象明确为外国人、外籍华人、华侨、港澳台同胞，起存金额由原来的50元和20元人民币等值外币提高到500元和100元等值外币；定期存款增设1个月档次。

3日 中国人民银行发布《对金融机构贷款管理暂行办法》。主要内容如下：人民银行对金融机构发放贷款坚持“合理发放，确定期限，到期收回，周转使用”的原则；贷款的种类分为信用贷款和再贴现两种，期限分为20天、3个月、5个月和1年四个档次，再贴现一般不超过6个月；人民银行对金融机构贷款实行计划管理，对各省、自治区、直辖市、计划单列市分行的金融机构贷款实行“限额管理、余额监控”的办法，按月考核、定期检查，及时纠正发现的问题。调整后的贷款利率，20天贷款的年利率由7.20%调到6.84%，3个月贷款的年利率由7.20%调到7.02%，6个月贷款年利率不变，1年期贷款的年利率由7.20%调到7.38%，再贴现按同档次利率下浮5%。该办法适用于除有特殊规定以外的一切中央银行贷款，自1993年4月1日起执行。

5~7日 中共十四届二中全会在北京举行。全会审议通过《关于调整“八五”计划若干指标的建议》。按调整后的“八五”计划，国民经济增长速度由原定的平均每年6%调高到8%~9%。

8 日 国务院批转国家体改委《关于一九九三年经济体制改革要点》。该要点提出，1993 年经济体制改革工作的主要任务是：以转换国有企业经营机制、转变政府经济管理职能为重点，围绕把企业推向市场这一中心环节，加快企业改革；以加快价格改革为契机，配套推进财税、金融和计划体制改革；大力发展市场体系，加快以改革进口管理体制为重点的外贸体制改革；全面推进社会保障制度和住房制度、土地使用制度改革；提高综合改革试点水平，切实做好新体制建设的基础性工作。

关于进一步推进金融体制改革，该要点提出：中央银行在改善贷款限额管理办法的同时，加强运用利率、准备金、再贷款、公开市场业务等经济手段，逐渐加大间接调控的分量，改善金融的宏观调控。首先在上海、广东、福建、海南、深圳 5 省市和交通银行系统进行贷款限额管理下的资产负债比例管理和资产风险管理的试点。开办中央银行短期融资券买卖业务，探索中央银行公开市场业务操作的办法。各专业银行对政策性贷款与商业性贷款实行分账管理的试点，根据这两类业务的账目、投向、数量、利息负担等制定相应的管理制度，在积极发展和规范银行同业拆借市场的同时，进一步开放证券市场，在国债发行中引进市场机制，开发投资基金证券、信托受益证券和国内外汇债券等新的债券品种。进一步搞活债券二级市场，创造条件允许单位持有的国债进入市场，推进金融债券的跨地区交易。有计划地增加股票上市公司的数量。积极发展外汇同业拆借业务，试办远期外汇交易，扩大外汇市场的调剂范围，逐步形成全国统一的外汇市场。

中国人民银行发布《金融信托投资公司委托贷款业务规定》。该规定明确：委托贷款是信托公司作为受托人，按照委托人的意愿，以信托公司的名义发放的贷款；委托贷款的风险由委托人承担；委托资金的来源和用途必须符合国家政策的规定，期限在 3 个月以上；信托公司不得接受银行等金融机构的委托办理委托贷款业务；人民银行要加强对信托公司委托贷款业务的管理，对信托公司进行定期或不定期的检查或抽查。该规定自 1993 年 4 月 1 日起执行。

15～31 日 第八届全国人民代表大会第一次会议在北京举行。大会审议和通过了李鹏总理代表国务院做的《政府工作报告》。该报告指出：今后五年是实现我国现代化建设第二步战略目标的关键性 5 年。经济建设方面的基本任务是：全面贯彻党的十四大精神，抓住机遇，加快改革开放和现代化建设步伐，依靠优化结构、技术进步和改善管理，提高经济效益，努力保持社会供求总量基本平衡，使国民经济再上一个新的台阶。该报告指出：深化金融体制改革是建立市场经济体制的重要环节。中国人民银行的职责是调节货币供给和信贷资金总量，稳定币值，抑制通货膨胀。中国工商银行、中国农业银行、中国银行和中国人民建设银行等专业银行，现在还要保持政策性与商业性的双重性质，但要逐步向商业银行过渡。要成立政策性银行，从事专项贷款业务，并适当增加一些商业银行。认真办好保险公司、信托公司、财务公司、证券公司、租赁公司等金融机构。按照国际惯例和通行规则，改革银行和其他金融机构的业务制度与结算制度。积极推广通过金融机构转账的结算办法，减少现金流通。

16～23 日 全国农村信用合作社工作会议在厦门召开。会议审查了 1992 年农村信用社财务决算，部署了 1993 年信用社工作，讨论了《农村信用合作社股份合作制试点意见》《关于加强农村信用社稽核工作的意见》《中国农村信用合作投资基金会章程》等文件。

17 日 世界银行宣布，将向中国提供 1.5 亿美元的贷款，以提高天津市工业生产的效率和竞争力。贷款期限为 20 年，另有 5 年的宽限期。同时其附属机构国际开发协会将向中国提供 1 亿美元的贷款，帮助中国发展教育，贷款期限为 35 年。

28 日 中国人民银行发布《金融机构缴存外币存款准备金暂行规定》。该暂行规定明确，缴存外币存款准备金的金融机构，包括经国家外汇管理局批准经营外汇业务的银行、其他金融机构及设在我国境内经营外汇业务的外资、合资金融机构。缴存外币存款准备金的存款范围包括：个人外币储蓄存款，机关、团体、企业、事业单位及外国驻华机构的外币存款，发行外币信用卡的备用金存款，中国人民银行确定应缴纳外币存款准备金的其他外币存款。外币存款统一折算成美元计缴。外币存款准备金的缴存比例按缴存存款范围规定的各项外币存款平均余额的5%计缴。各金融机构不按照规定缴存外币存款准备金的，除如数补缴外，中国人民银行按日处以未缴金额0.2‰的外汇罚款。该暂行规定从1993年3月1日起施行。

4月

1日　国家外汇管理局公布《外汇调剂市场管理规定》。为了健全和发展外汇调剂市场，加速外汇资金的横向融通，加强外汇市场的宏观调控，该规定明确，外汇调剂中心是由国家外汇管理局领导和管理的经营外汇调剂业务的法定外汇交易机构，其职责是组织市场交易、监督买卖双方的交割与结算、提供交易信息和为交易服务等。各项留成外汇，外商投资企业的外汇，捐赠外汇等可在外汇调剂市场卖出；符合调剂市场用汇投向的用汇，可通过外汇调剂市场买入。调剂外汇的价格根据市场供求关系浮动。外汇调剂业务可以跨地区进行。严禁各地区、各单位在外汇调剂中心外私自买卖外汇。

3日　国务院办公厅转发国家体改委、国家经贸委、国务院证券委《关于立即制止发行内部职工股不规范做法的意见》。该意见指出，国家明确规定"不向社会公开发行股票的股份制企业内部职工持有的股份，采取记名股权证形式，不印制股票"，立即停止发行内部职工股的不规范做法，各地、各部门必须认真贯彻执行。

4日　国务院发布《关于禁止印制、发售、购买和使用各种代币购物券的通知》。该通知指出，党中央和国务院及其有关部门对禁止发放、使用各种代币购物券问题虽曾三令五申，但仍有一些单位拒不执行。有的商店发售代币购物券高达亿元以上，用代币购物券购买商品的金额已占销售总额的1/3以上；有的代币购物券已从短期发放使用，发展为长期发放使用，从指定到一个商场购买商品，发展到可以到许多商场购买商品。购买代币购物券的单位，有国有企业、集体企业、中外合资企业、私营企业及个人，也有个别机关和事业单位。有些单位购买的代币购物券高达十几万元以上，有的地方已由企业行为发展成为社会现象。该通知要求，立即停止印制、发售和购买各种代币购物券。商业企业不准采取发售代币购物券的方式扩大商品销售，各单位不准到商业企业购买代币购物券发给职工或送礼，个人不准收受代币购物券。对已经发放、使用的各种代币购物券，限期在4月底以前使用，过期一律作废。各级人民政府要立即对发售、购买各种代币购物券的单位进行一次检查。今后再有发售、购买代币购物券的情况，除对发售、购买、使用及印制单位进行处罚外，要依法追究有关单位领导和责任者的责任，并公开通报批评。

11日　国务院下发《关于坚决制止乱集资和加强债券发行管理的通知》。针对许多地区、部门以及企事业单位违反国家有关规定，擅自利用发行债券等各种方式进行集资并进一步蔓延的状况，该通知规定：1. 任何地区、部门、企事业单位和个人，一律不得在国务院有关规定之外，以各种名义乱集资；对已搞的高利集资，要分别不同情况，予以妥善处理。2. 严格控制各项债券的年度发行规模，未经国家计委和国务院证券委同意，不得擅自突破规模，计划内的各项指标不得随意调整。3. 尽快明确地区债券发行审批的管理部门，地方政府不得发行和变相发行地方政府债券；企业发行债券要公布相关信息，用于固定资产投资的要纳入固定资产投资规模；要加强债券的评级工作。4. 严格执行国家规定的有关利率政策，公司、企业债券及其他任何形式集资的利率都不得高于同期国库券的利率。5. 优先保证国库券和用于国家重点建设债券的发行。6. 各有关部门要积极配合，加强对债券发行和集资活动的宏观调控，审计部门要协助做好债券发行和集资活动的审计。7. 对违反国家有关规定，擅自突破国家下达的债券发行计划、擅自设立或批准发行计划外券种、发行或变相发行地方政府债券和以高于国库券利率进行各种形式集资的，主管部门要予以通报批评；对情节严重者，要追究主要领导和直接责任者的责任，同时，核减该地方或部门当年或下一年度的证券发行规模。

12日 国务院发布《国有企业职工待业保险规定》。该规定明确，企业按照职工工资总额的0.6%缴纳待业保险费。企业缴纳的待业保险费在缴纳所得税前列支，由企业的开户银行按月代为扣缴。企业缴纳的待业保险费转入所在地的待业保险机构在银行开设的“待业保险基金专户”，专项存储，专款专用，任何部门、单位和个人不得挪用。符合规定的待业职工，向企业所在地的待业保险机构办理待业登记后，可领取待业救济金。待业职工待业前在企业连续工作1年以上不足5年的，领取待业救济金的期限最长为12个月；待业职工待业前在企业连续工作5年以上的，领取待业救济金最长为24个月。待业救济金由待业保险机构按月发放。待业救济金的发放标准为相当于当地民政部门规定的社会救济金额的120%～150%。该规定自1993年5月1日起施行。

15日 国家外汇管理局发布《关于金融机构办理自营外汇买卖业务的管理规定》。该管理规定明确：自营外汇买卖系指金融机构以其自有和自筹的外汇资金在国际金融市场上自行买卖外汇的经营活动。金融机构办理自营外汇买卖业务须报国家外汇管理局审核批准，具有不少于2 000万美元的等值外汇资本金或外汇营运资金。金融机构办理自营外汇买卖业务须按规定的要求建立健全内部管理规章制度，并报国家外汇管理局核备。银行分支行办理自营或代客外汇买卖业务一律通过其总行对外办理交易，未经批准不得擅自对外直接交易。金融机构办理自营外汇买卖业务，每天交易总量（敞口总头寸）不得超过其外汇资本金或外汇营运资金的20%；保留隔夜敞口头寸的最高余额不得超过其自有外汇资金或外汇营运资金的1%；当年累计亏损额不得超过其自有外汇资金或外汇营运资金的1%，达到1%时，须立即向国家外汇管理局报告，并暂停办理此项业务，未经国家外汇管理局核准，当年不得重新经营此项业务。未获准办理自营外汇买卖业务的金融机构，其自有和自筹外汇资金为避免外汇风险进行货币结构调整，可委托其他经批准办理代客外汇买卖业务的金融机构办理。非金融机构（外资、合资企业除外）不得自行办理外汇买卖业务，如有外汇资金保值需要，可委托经批准办理代客外汇买卖业务的金融机构办理。金融机构违反本规定办理自营外汇买卖业务，国家外汇管理局将视情节给予警告、通报批评、处以10 000～50 000元人民币的罚款、暂停其办理此项业务的处罚，并可没收其非法经营所得。

21日 国家外汇管理局发布《关于加强外汇（期货）交易管理的通知》。该通知重申：外汇（期货）交易属外汇金融业务。外汇（期货）交易机构只能由中国人民银行设立，经营外汇（期货）业务必须经国家外汇管理局批准，并凭批件到工商管理部门注册登记，其他任何部门均无权批准设立。非金融机构和未经国家外汇管理局批准经营外汇业务的金融机构不得擅自代客办理外汇（期货）交易、充当外汇（期货）交易的中介人（经纪人或经纪公司）。该通知下发以前，各地设立的外汇（期货）交易机构要立即停止办理外汇（期货）交易并限期进行登记和资格审查。目前情况下，对私办理外汇（期货）交易仅限于在广州市、深圳市金融机构进行试点。其他地区的任何机构一律不得办理。企业和个人的外汇（期货）交易必须是现汇交易，严禁以人民币资金为抵押办理外汇（期货）交易，严禁买空卖空的投机行为。

22日 国务院发布《股票发行与交易管理暂行条例》。主要规定，国务院证券委是全国证券市场的主管机构，依法对证券市场进行统一管理；中国证监会是证券委的监督管理执行机构，依法对证券发行与交易进行管理和监督；设立股份公司发行股票的条件：符合国家产业政策，发行的普通股同股同权，发起人认购的股本不得少于股本总额的35%或3 000万元人民币，向社会公众发行的股本总额不少于股本总额的25%，其中公司职工认购不得超过向社会公众发行总额的10%，发起人在近3年内没有重大违法行为等；股票在证券交易所交易须经国务院证券委批准；上市公司应当按照要求披露相关信息并对其真实性负责；不得进行证券指数期货交易；任何金融机构不得为股票交易提供贷款；任何个人不得持有上市公司5%以上的普通股；任何法人直接或间接持有一个上市公司的普通股5%时应当在3个工作日向该公司、证券交易所和证监会作出书面报告并公告；股票发行采取记名式，并由证监会指定的机构保管；证券清算机构应当根据方便、安全、公平的原则制定业务规则；上市公司应当定期与不定期披露公司财务报告、经营成果分析、公司变动事项等信息；证券委、证监会有权对违反规定的公司和个人进行调查并进行相应的处罚等。

24日 中国人民银行、中国工商银行、中国农业银行、中国银行、中国人民建设银行联合发布《关于停产整顿、被兼并、解散和破产企业贷款停减缓利息处理问题的通知》。该通知要求各地有关银行应积极配合有关部门，做好停产整顿、兼并、解散以及破产企业的财产、物资、贷款和债权债务的清理、交接和处理工作；对停产整顿的企业在经银行批准后可以缓交流动资金贷款利息；对被兼并企业的贷款利息可视不同情况采取由兼并企业负担、挂账、停息、减息等办法处理；对被解散的企业必须落实银行相关的债务。

27日 国务院办公厅发布《关于对少数地方和单位违反国家规定集资问题的通报》。新疆宏源信托投资股份有限公司公开向社会募集3 125万个人股，并向社会发售认购证，引起群众上街排队抢购以及炒买炒卖认购证；山东省济南创建实业公司违反有关规定，擅自向社会公开发行变相股票"'不夜城'主体大厦建筑产权"；福建省中联产业投资综合开发有限公司，未经证券主管部门批准，伪造资信、蒙骗投资大众，擅自向社会发行"环球金融大楼5年对本持产权合同"，年均收益率达26.67%；上海市计委以高于国库券0.5个百分点的利率发行；河北物产企业（集团）公司委托中国人民建设银行石家庄第二办事处及所属储蓄所发售企业债券3 000万元，债券期限为3年，年利率为12.3%。对上述地区和单位违反有关规定的集资行为，国务院决定通报批评并分别给予暂不批准公开发行股票、清退非法所获资金、没收其代理收入等不同处理。

国家工商行政管理局发布《期货经纪公司登记管理暂行办法》。该暂行办法规定：设立期货经纪公司的注册资金须在1 000万元人民币以上；要有合格的通信设施；专职的期货经纪人不得少于20人。期货经纪公司在登记注册后60日内向登记主管机关指定的金融机构缴存营业保证金，其数额不低于注册资金总额的25%。期货经纪公司的登记主管机关为国家工商行政管理局。禁止期货经纪公司从事下列行为：私下串通，垄断市场；进行私下对冲；制造、散布虚假的或容易令人误解的信息进行误导；伪造、涂改、买卖各种交易凭证和文件；挪用客户保证金；雇用非经纪人与客户接洽、商谈委托进行期货买卖事宜或代其进行期货买卖；约定与客户分享利益或承担风险；其他违反法律、法规的行为。

28日 NET系统（National Electronic Trading System，NETS）投入运行。NET系统由中国证券交易系统有限公司开发设计，系统中心设在北京，利用覆盖全国100多个城市的卫星数据通信网络连接起来的计算机网络系统，为证券市场提供证券的集中交易及报价、清算、交割、登记、托管、咨询等服务。在NET系统进行交易的有"中兴实业""东方实业""建北集团""广州电力""湛江供销""广东广建"和"南海发展"等7只股票。至此，全国形成了上海、深圳两个证券交易所和STAQ（1990年12月5日运行）、NET两个计算机网络构成的"两所两网"的证券交易市场格局。1998年，由于地区证券柜台交易泛滥，国家决定整顿场外非法交易市场，STAQ系统和NET系统也在其中。1999年9月9日，STAQ系统与NET系统暂停交易。截至2001年5月25日，根据中国证监会的意见，中国证券业协会决定，选择部分证券公司试点开展原 STAQ、NET 系统流通股转让业务。

5 月

5 日 国务院发布《关于进一步加强彩票市场管理的通知》。针对 1992 年下半年以来，少数地方彩票市场混乱现象有所加剧的问题，该通知规定：彩票发行批准权集中在国务院，任何地方或部门均无权批准发行彩票。凡未经国务院批准，由地方或部门批准发行的各类彩票一律停止发行，并进行清理。企事业单位或私营企业、个体工商户一律不得发行、经营彩票或变相彩票。

7 日 中国人民银行下发《关于发行中国人民银行融资券的通知》。该通知指出：发行融资券是中国人民银行加强金融宏观调控，探索中央银行由直接调控向间接调控转变的一种尝试，融资券的发行总量由中国人民银行总行根据宏观金融调控的需要和各地货币供应量的增长情况决定，各地不得自行发行地方融资券；融资券采取浮动利率，委托资金市场发行第一期融资券的手续费，暂按 3 个月期 0.03%、5 个月期 0.04%、9 个月期 0.05% 计付。

随该通知同时下发的还有《中国人民银行融资券管理暂行办法》。

12 日 财政部、中国人民银行、中国农业银行、中国工商银行联合发布《关于做好乡（镇）国库工作的通知》，同时公布了《乡（镇）国库管理办法（暂行）》。截至 1992 年年底，全国已经建立乡（镇）国库 9 738 个，占乡（镇）财政所总数的 21%。随着农村经济体制改革的不断深化，完善乡（镇）财政的配套建设势在必行。为此，该通知要求：1. 各地设乡（镇）国库要坚持积极稳妥的原则，因地制宜，实事求是，有计划、有步骤地进行。已推开的地区，要把工作重点转移到加强管理上来；扩大试点地区，要在深入调查研究总结经验的基础上，逐步推行；尚未试点的地区，应选择条件较好的乡（镇）先行试点，取得经验后再逐步推开。2. 乡（镇）国库是办理国家预算收支的基层，各地要切实加强管理。3. 乡（镇）国库点多、面广，各地人民银行要重视县支库工作，尽快建立国库股。4. 要适当合理解决专业银行代办乡（镇）国库所需的业务经费问题。5. 各地财政、银行、税务机关要积极配合，密切协作，共同做好这项工作。

15 日 中国人民银行决定从即日起调整存贷款利率。人民银行在同日发布的《关于调整存贷款利率的通知》中规定：各项存款利率平均上调 1.19 个百分点；各项贷款利率平均上调 0.82 个百分点。其中，活期存款年利率由 1.8% 提高到 2.16%，定期存款年利率平均上调 2.18 个百分点。同时，银行贷款利率也作相应调整，一年期流动资金贷款年利率由 8.64% 上调为 9.36%。这是时隔两年后首次调整利率。

为了贯彻国务院关于国债优先的原则，保护国库券购买者的利益，财政部于同日发出公告，决定在银行利率调高以后，将 1993 年 3 年期国库券的票面利率由 10% 调高到 12.52%，5 年期国库券的票面利率由 11% 调高到 14.06%。公告发布前发行的 1993 年国库券的利率也按新公布的利率计算。

19 日 中国人民银行下发《关于立即制止不规范发行投资基金和信托受益债券做法的紧急通知》。该通知要求对 1993 年 4 月以前未经批准擅自发行的投资基金、信托受益债券以及擅自设立的投资基金管理公司，进行一次清理。为了加强统一管理，投资基金证券、信托受益债券的发行和上市以及投资基金公司的设立，一律由人民银行省（市）一级分行审查，报总行批准。未经总行批准，任何部门一律不得越权审批。

21 日 中国人民银行发布《商业汇票办法》。该办法规定，商业汇票按承兑人的不同，分为商业承兑汇票和银行承兑汇票；签发商业汇票必须以合法的商业交易为基础，严禁利用商业汇票拆借资金、抵押贷款和套取银行结算资金；商业汇票一律记名并允许背书；商业汇票的承兑期最长不得超过 6 个月；银行承兑汇票要按照双方约定签发；银行承兑汇票的承兑银行必须参加全国联行或省辖联行、内部管理完善制度健全、具有到期履行支付票款的能力；非银行金融机构不能办理银行承兑汇票的承兑；商业汇票和银行承兑汇票必须由中国人民银行统一印制，伪造、变造商业汇票和银行承兑汇票进行违法活动构成犯罪的，由司法机关追究刑事责任。

28日 郑州商品交易所推出小麦等品种的标准化期货合约交易。首日上市交易的有小麦、玉米、大豆、绿豆、芝麻5个品种，当天成交标准化合约1 854张，成交金额1 434万元。郑州商品交易所创建于1990年10月12日，是我国第一家试点期货市场。标准化期货合约交易的推出，使郑州市场顺利实现由中远期合同向期货交易迈进的规划，中国期货市场也进入了实质性试点运作阶段。

29日 中国人民银行、中国工商银行、中国农业银行、中国银行联合下发《主要农副产品购销资金专户管理实施办法》。为了做好夏季农副产品收购资金的供应和管理管理工作，防止“打白条”现象的发生，该办法规定：农副产品收购企业只能在一家专业银行开户，开设农副产品购销存款专户、贷款专户等；专业银行必须在人民银行设立专户，设立农副产品收购存款专户和农副产品收购贷款专户；农副产品收购资金实行“计划单列、多方筹措”的原则，贷款规模由人民银行在信贷计划中单列，资金来源包括：企业收购资金、财政应拨补款项、专业银行筹措的资金和人民银行提供的收购资金；农副产品购销资金的结算要加盖专用戳记，资金进入专款专户；严肃农副产品收购资金管理纪律，资金要专款专用，及时到位，违规者要追究当事人责任；该办法自1993年6月1日起执行。

6月

1日 中国人民银行决定从即日起调整联行利率。人民银行在《关于调整人民银行联行利率的通知》中规定：人民银行内部联行往来资金中的头寸、借用资金利率由原来的年利率6.66%调整为8.1%；人民银行上海、深圳分行在总行的存款准备金和备付金利率，由原来的年利率6.192%调整为7.92%，向总行的贷款利率，由原年利率6.48%调整为8.01%。

9日 国家外汇管理局发布《外汇期货业务管理试行办法》。主要规定：外汇期货交易的对象为外商独资企业、国内私营企业及境内居民。国有企业、集体所有制企业和中外合资经营企业只能从事在现货市场上某一笔交易的基础上的以套期保值为目的的“对冲交易”。国家外汇管理局是外汇期货业务的监管机关，负责外汇期货业务的审批、终止、管理、指导、协调、监督和检查。申请经营外汇期货业务的金融机构或外汇期货经纪公司须具有不少于700万美元或其他等值货币的外汇现汇实收资本金或营运资金，并须在与境外经纪行签订合约后提交300万美元或其他等值外币的保证金存入外汇局指定的账户，非经批准不得动用。经营外汇期货业务的机构只能办理代客外汇期货买卖，不得办理自营外汇期货买卖。经营外汇期货业务的机构只能收取客户的外汇现汇或现钞作为保证金，不得收取人民币作为保证金，保证金金额不得低于实际交易金额的30%。收取客户的手续费只能收取人民币。

11日 中国人民建设银行上海分行与上海宝山钢铁总厂（以下简称宝钢）就加强宝钢三期工程建设资金方面的合作等事项举行银企业务合作协议签字仪式。这一举动标志着宝钢建设将由国家投资改为企业自筹资金。宝钢决定委托人民建设银行上海分行为三期工程筹措全额外汇资金，全面负责为宝钢三期工程争取出口信贷、商业贷款及其他融资方式的一切工作，并且利用各种金融工具，帮助宝钢合理使用外汇资金，防范风险；在宝钢三期工程建设过程中如发生因“时间差”原因出现人民币资金缺口或外汇资金暂不到位的困难，人民建设银行将予以支持协助。经国家同意为宝钢三期工程发行的融资券、筹资证券，将委托人民建设银行上海分行代理发行。

12日 国务院发布《关于集中资金保证当前经济工作重点需要的通知》。该通知要求集中资金保证当前经济工作的重点需要。资金的分配和运用必须突出重点：1. 要坚决保证农业生产和农副产品收购的资金需要，确保1993年农副产品收购不“打白条”。2. 要保证国有重点企业正常生产和流通的需要。工商流动资金贷款，要按照“区别对待，扶优限劣”的原则和调整结构的要求，积极筹措资金，支持国有重点企业（包括外贸企业）生产和流通的需要。3. 保证国家重点建设项目（包括基本建设和技术改造）资金及时到位。

8月6日，国务院批转了《中国人民银行关于集中信贷资金保证当前经济发展重点需要的意见》。为了解决当前资金紧张问题，该意见提出：清理违章拆借的重点要放在收回用于搞房地产和股票交易的拆借资金，收回对银行自办公司的贷款和拆借。对于绕过贷款规模，用于企业正常流动资金、技术改造和重点建设的拆借资金，也要一律收回。专业银行分行在贷款规模、信贷资金上确有困难的，要及时向专业银行总行反映，专业银行总行要及时研究，调度解决；专业银行总行确有实际困难的，由人民银行总行统筹安排，酌情予以支持。各专业银行下半年筹集的资金要全部用于满足国家重点资金需要，资金有余，再安排其他贷款。对于违反国家规定乱集资或把贷款用于搞房地产和股票交易的企业，对被主管部门抽走资金或向其他企业和非银行金融机构转移资金的企业，要限期纠正，否则停止贷款。对于持有超过100万美元外汇额度的企业，有关专业银行和外汇局要进行审查，凡没有完成无偿上交和有偿上交国家外汇任务，超过正常需要囤积外汇额度或不按规定结汇的企业，要管紧、管严人民币贷款，对这些企业发放贷款要与生产、销售同步。

16日 中国人民银行下发《关于进一步整顿和规范同业资金拆借秩序的通知》。该通知指出，近几年来，随着改革的深化，我国金融机构间的同业资金拆借有了较大的发展。但是从1992年以来，资金拆借市场秩序出现混乱，不少金融机构违反金融法规，利用资金拆借渠道逃避信贷规模控制和管理，大量转移资金去炒房地产、炒股票、办公司，或用于地方财政开支搞开发区、上新项目，扩张固定资产投资规模，变短期资金为长期资金，延长拆借期限，收取手续费、好处费，提高拆借资金利率，进行拆借利率大战等。同业资金拆借市场秩序混乱的局面已经严重影响和危害整个金融事业的健康发展，到了非整顿不可的地步。如果任其发展下去，将会对金融稳定、经济发展造成严重的不良后果。根据党中央、国务院的指示精神，人民银行决定，从即日起，以整顿、规范同业资金拆借为突破口，将整顿金融秩序的工作引向深入。

整顿工作从6月开始，整顿的对象是国内各类金融机构，重点是人民银行、工商银行、农业银行、中国银行、人民建设银行、交通银行和所有商业银行；整顿的内容是以中国人民银行制定的金融法规为依据，全面检查、清理同业资金拆借业务和有关信贷业务；整顿的方法是以自查为主，自查和检查相结合，在全面自查的基础上进行稽核检查，边检查边处理，检查与处理相结合，查处与防范相结合，在查处的同时，制定相应的法规制度，规范拆借行为，堵塞漏洞；整顿与改革相结合，通过整顿解决存在的问题，通过改革建立长远的制约机制和风险责任机制。

该通知提出，为了从根本上纠正资金拆借秩序混乱的局面，必须建立全国统一、有序、高效、公平竞争的资金拆借市场体系，决定在人民银行总行设立资金融通中心，在省、自治区、直辖市和计划单列市各成立一家由人民银行牵头的资金融通中心，允许各省、自治区、直辖市和计划单列市专业银行保留一家经批准设立的资金拆借中介机构负责本地区系统内的资金融通，除上述机构以外设立的有形资金拆借市场在1993年8月15日前一律撤销，各专业银行跨系统的资金拆借市场和非银行金融机构的拆借一律通过人民银行牵头的资金融通中心办理，严禁金融机构向非金融机构拆出拆入资金。按照资金合理流动划分资金拆借层次，建立自我约束机制，按照自身的资金可能和清偿能力控制拆借总量；严格控制资金拆借的期限和利率，资金拆借以日拆为主，任何拆借最长不得超过1个月，一般不得展期；在控制贷款规模的同时，控制货币供应量，实行收回拆借资金与人民银行贷款挂钩的办法。

19 日 中国证监会、上海证券交易所、深圳证券交易所、香港证券及期货事务监察委员会、香港联合交易所有限公司在北京人民大会堂联合签署证券事务《监管合作备忘录》，在以下方面进行合作：通过互利协助和信息交流，加强对投资者的保护，维持公平、有序、高效的证券市场；通过互相协助和信息交流，确保各方的有关法规得到遵守；通过定期联络和人员交换，促进互相蹉商和合作。该备忘录还对各方职能、合作范围等作了明确规定。从当年6月起，北京人民机器厂、上海石化总厂、江苏仪征化纤工业联合公司、昆明机床厂、广州造船厂、青岛啤酒厂、马鞍山钢铁公司、天津渤海集团公司、四川东方电器公司等9家企业获准在香港陆续上市。

21 日 国家环保局、国家计委、财政部、中国人民银行联合发布《关于加强国际金融组织贷款建设项目环境影响评价管理工作的通知》。该通知指出：对国际金融组织贷款建设项目环境保护工作，世界银行、亚洲开发银行均有明确的要求，并将贷款项目的“环境影响报告书”列为办理贷款项目手续不可缺少的文件之一，对贷款项目环境影响评价提出了较完整的程序和要求，这些规定与我国现行的建设项目环境影响评价规定基本一致。为了做好贷款项目环境影响评价的管理工作，用好国际金融组织贷款，促进我国经济和环境的协调发展，各级环保部门要和各级计划、财政、银行部门及行业主管部门密切配合，根据《中华人民共和国环境保护法》和我国建设项目环境保护管理以及国家计委利用国际金融组织贷款项目计划管理的有关规定，进一步加强国际金融组织贷款项目环境影响评价的管理工作。该通知规定：贷款建设项目必须执行我国的环境保护法律、规章和标准，执行环境影响评价制度。贷款项目“环境影响报告书”的审批，须按我国建设项目环境保护管理审批权限和程序办理。贷款项目“环境影响评价工作大纲”由负责审批“环境影响报告书”的环保部门审查。其“环境影响报告书”由行业主管部门组织预审，报环保部门审批。地方环保部门负责审批的贷款项目“环境影响报告书”，应将“环境影响报告书”及批复意见报国家环境保护局备案。该通知对贷款项目环境影响评价做了若干规定。

24 日 中共中央、国务院发布《关于当前经济情况和加强宏观调控的意见》（通称“16条”）。进入1993年，国民经济继续超高速增长，社会集资、固定资产投资、机关团体办实业、股票投机与炒房地产等几大不健康的“热潮”继续呈现攀升之势。一部分金融机构违反拆借的期限、用途、利率及结算方式等规定，将一部分信贷资金通过拆借的形式用于社会集资与固定资产投资、投机有价证券和炒房地产、兴办经济实体以及绕开信贷规模发放贷款。第一季度末，银行拆出资金在上年增长135%的基础上又比年初大幅增长。违章拆借无疑助长了经济过热，加剧了经济秩序的紊乱，挤占了经济发展所需的正常资金供应。

为了彻底扭转经济中的“过热”行为，使国民经济发展走上健康轨道，该意见提出了严格控制货币发行、稳定金融形势、清理整顿等16条加强和改善宏观调控的措施。这些措施包括：1. 严格控制货币发行，稳定金融形势。要把住基础货币投放这个闸门，严格控制社会需求的过快增长，认真整顿金融秩序。2. 坚决纠正违章拆借资金。人民银行要停止对非银行金融机构发放贷款，已经发放的贷款要限期收回。银行间的正常拆借资金要严格按照人民银行的规定用途、期限、利率进行，要尽快建立全国统一的、有序的同业拆借市场，使资金拆借纳入规范化的轨道。3. 灵活运用利率杠杆，大力增加储蓄存款。加强利率管理，严格执行人民银行的法定利率，不得在规定利率水平和浮动的幅度以外收取手续费。4. 坚决制止各种乱集资。对未经授权部门批准的各种形式的集资，进行一次全面清理，集资利率不得超过国家的有关规定。5. 严格控制信贷规模。各家银行和非银行金融机构要严格按照人民银行总行下达的年度信贷计划执行，未经批准不得突破。6. 专业银行要保证对储蓄存款的支付。任何地方、部门不准干扰专业银行为保证支付而进行的资金调度。7. 加快金融改革步伐。中国人民银行要通过改革，真正成为对全国货币、信贷进行宏观调控和统一管理各类金融机构的中央银行。信贷规模调控权集中到人民银行总行。坚决取缔非法设立的金融机构。人民银行、专业银行和商业银行举办的非银行金融机构和其他经济实体要与银行彻底脱钩。8. 投资体制改革要与金融体制改革相配套。尽快建立政策性银行，逐步实行政策性金融与商业性金融相分离。9. 限期完成国库券发行任务。10. 进一步完善有价证券发行，规范证券市场管理。11. 改进外汇管理办法，稳定外汇市场价格。12. 加强房地产市场的宏观管理，促进房地产业的健康发展。13. 强化税收征管，堵住减免税的漏洞。14. 对正在建设的项目进行审核排队，严格控制新开工项目。对不符合国家产业政策、资金来源不落实、建设条件不具备、市场前景不明朗的项目，要下决心停缓建。15. 积极稳妥地推进价格改革，抑制物价总水平过快上涨。16. 严格控制社会集团购买力的过快增长。

26 日　经中国人民银行、国家计委批准，中国冶金进出口总公司委托华夏证券有限公司在中国境内发行 4 000 万美元外币企业债券。债券到期后美元一次还本付息。发行对象为中国境内的企事业单位。发行结束后，该债券在中国证券交易系统有限公司（NET 系统）上市流通。在境内发行外币债券在我国尚属首次。

28 日　中国银行在伦敦与有关国际银团签署了中国银行在伦敦市场发行两亿美元欧洲债券协议。债券期限为 5 年，这是中国银行自 1988 年以来首次重返欧洲债券市场筹集中长期资金。此次发债的承销团由 32 家国际著名的大银行和证券公司组成，瑞士信贷——第一波士顿证券公司和华宝银行担任发行主干事。此次发行债券将在伦敦证券交易所挂牌上市。

29 日　国务院办公厅发布《关于进一步加强和完善外汇管理的通知》。该通知的主要内容：1. 调整有偿上缴中央外汇额度管理办法，对 1993 年 5 月 31 日之前 30% 有偿上缴中央的外汇额度，由外经贸部会同有关部门下达承包指标，按国家外汇管理局公布的外汇调剂市场加权平均价，由外经贸部继续负责收购；对 1993 年 5 月 31 日之后 30% 有偿上缴中央的外汇额度，由外经贸部会同有关部门下达承包指标，由人民银行按国家外汇管理局公布的外汇调剂市场加权平均价收购。2. 进一步完善现汇留成试点。现汇留成试点企业出口收汇，必须坚持“先上缴，后分成”的原则，要保证完成 20% 无偿上缴和 30% 有偿上缴中央外汇额度的任务。30% 有偿上缴中央外汇额度按本通知的规定执行。试点企业的留成现汇，可按规定自主使用或进入调剂市场自由调剂。3. 对留成外汇实行限期使用办法，使用期限为 6 个月。超过使用期限的留成外汇，由人民银行收购。各级人民政府和各有关部门要确保完成一般商品出口的 20% 无偿上缴和 30% 有偿上缴中央外汇额度的任务。

青岛啤酒股份有限公司在香港发布招股说明书，拟发行 3.8 亿 H 股，累计筹资 8.8928 亿港元。7 月 15 日在香港联合交易所挂牌，成为全国第一家 H 股上市公司。

7 月

1 日　国家体改委公布《定向募集股份有限公司内部职工持股管理规定》。定向募集股份有限公司是指不向社会公开发行股票，只对法人和公司内部职工募集股份的股份有限公司。该规定对这类公司的持股范围、内部职工持股的股权证及持股卡、内部职工持股的审批、内部职工持股的转让和内部职工持股的管理等方面作出了规定。主要内容：购买和持有内部职工股必须是公司的正式职工、公司的外派人员、公司的董事监事、公司附属企业的职工和离退休职工等；内部职工股应印制具有相关内容的股权证，不得印制股票；公司应当依据股权证向持股职工签发股权证持有卡；公司实行内部职工持股应当按照有关法规经国家体改委或省、自治区、直辖市以及计划单列市政府的体改部门批准；内部职工持有股 3 年内不得转让，3 年后也只能在内部职工之间转让，不得在社会上转让交易；公司的审批部门和证券托管机构的管理部门应对内部职工持有股的发行、转让等情况进行监督。

财政部发布《企业财务通则》和《企业会计准则》。《企业财务通则》（以下简称《通则》主要内容包括：资金筹集、流动资产、固定资产、无形资产和递延资产及其他资产、对外投资、成本和费用、营业收入和利润及其分配、外币业务、企业清算、财务报告与财务评价等。《通则》统一了不同企业的财务制度，对原有的企业财务制度进行了改革，其改革体现在：建立资本金制度，取消了资金专户储存办法，改革了折旧制度和成本管理，建立了新的企业财务指标体系。《企业会计准则》（以下简称《准则》）的主要内容包括：总则、一般原则、资产、负债、所有者权益、收入、费用、利润、财务报告等。与原有会计核算制度相比，《准则》突破了传统的会计核算管理模式，规定了我国会计核算的一般原则，采用了国际上通行的会计等式和会计报表体系，改革了原有的成本计算的完全成本法，采用了制造成本法。两个文件均自 1993 年 7 月 1 日起实施。

2 日　中华人民共和国主席发布第 8 号令：根据第八届全国人民代表大会第二次会议的决定，免去李贵鲜兼任的中国人民银行行长职务，任命国务院副总理朱镕基兼任中国人民银行行长。

5～7 日　全国金融工作会议在北京召开。会议的宗旨是：肯定成绩，检讨缺点，整顿秩序，推进改革，扭转当前资金紧张的局面。国务院副总理兼中国人民银行行长朱镕基在会议的总结讲话中指出，加强宏观调控不是实行全面紧缩，而是进行结构调整，优化产业结构，解决“瓶颈”制约。必须根据国家的产业政策，迅速调整资金的投向，确保工农业生产和基础设施建设的需要，促进国民经济持续、稳定的发展，整顿金融秩序，严肃金融纪律，把金融混乱的局面扭转过来，并提出了对银行工作的“约法三章”：立即停止和认真清理一切违章拆借，已违章拆出的资金要限期收回；任何金融机构不得擅自或变相提高存贷款利率，不准用提高利率的办法搞“储蓄大战”，不得向贷款对象收取回扣，或者将资金通过“关系户”放高利贷；立即停止向银行自己开办的各种经济实体注入信贷资金，银行要与自己兴办的各种经济实体彻底脱钩，已违反规定将信贷资金充当资本金注入企业的要限期收回。朱镕基副总理还就推进金融改革提出了要求：加强中央银行职能和基础建设；建立中央银行领导下的国家政策性银行和国有商业银行为主体、多种金融机构并存的金融组织体系；建立统一、开放、高效、有序的金融市场体系。

7 日　国务院证券委员会发布《证券交易所管理暂行办法》。该暂行办法规定：证券交易所是不以营利为目的，为证券的集中和有组织的交易提供场所、设施，并履行相关职责，实行自律性管理的会员制事业法人。证券交易所由所在地人民政府管理，由中国证监会监管。证券交易所的名称应当标明“证券交易所”字样。其他任何单位和个人不得使用“证券交易所”或者其他相似的名称。证券交易所的设立由国务院证券委审核报国务院批准，证券交易所的解散由会员大会经国务院证券委审核同意后报国务院批准。证券交易所的职能包括：提供证券交易的场所和设施；制定证券交易所的业务规则；审核批准证券的上市申请；组织、监督证券交易活动；对上市公司及会员的证券交易活动进行监管；提供和管理证券交易所的证券市场信息。证券交易所实行会员制，设立会员大会、理事会和专门委员会，最高权力机构是会员大会。证券交易所应当公布即时行情，并按日制作证券行情表，编制成交情况日报表、周报表、月报表和年报表，及时向社会公布；证券交易所所在地人民政府授权机构和证监会有权要求证券交易所提供有关业务、财务等方面的报告和材料，并有权派员检查证券交易所的业务、财务状况以及会计账簿和其他有关资料；证券交易所所在地人民政府、中国证监会依法对证券交易所进行监管，对违规人员、交易进行处罚。

9 日　中国人民银行下发《关于严格审批金融机构的通知》。该通知指出，自 1992 年以来，越权审批金融机构的问题屡有发生，一些地区分行擅自审批设立城市信用社、信托投资公司、证券公司、财务公司及分支机构；部分地区分行违反有关规定擅自批准对非银行金融机构实行股份制改造、增资扩股、发行股票、扩大业务范围、变更机构名称及法人代表。这些问题严重干扰了正常的金融秩序，削弱了中央银行的宏观管理，对经济和金融体制产生了不良影响。该通知要求：各类金融机构的设立均由人民银行省、自治区、直辖市、计划单列市分行审核报总行审批；人民银行总行对城市信用社以及专业银行省以下分支机构实行宏观管理，年新增机构指标不得突破；金融机构的增资扩股、经营范围等的变更事项必须严格按照程序报人民银行核准。

11日 中国人民银行决定，从即日起，提高人民币存贷款利率，并对3年以上定期储蓄存款实行保值。活期存款利率由2.16%提高到3.15%，定期存款利率平均上调1.72个百分点，贷款利率平均上调1.38个百分点。对1991年12月1日以前存入的3年期以上的储蓄存款仍然按1988年开办保值储蓄的办法实行保值；1991年12月1日以后存入的3年期以上的储蓄存款，从1993年7月11日起重新实行保值。为了保护广大投资者的利益，国务院决定在储蓄存款利率上调的同时，相应调整1993年的国库券利率，并对1992年和1993年发行的国库券实行保值。1993年发行的3年期和5年期国库券的年利率分别从12.52%和14.06%调高到13.96%和15.86%。

全国农村金融工作会议的在北京闭幕。会议的主要议题是坚决贯彻党中央关于加强宏观调控、整顿金融秩序的精神，严格控制信贷总量，坚决纠正违章拆借资金；坚持深化农村金融体制改革，高度重视支农工作，集中资金，支持重点，支持农村经济持续、协调、稳定的发展。中国农业银行行长马永伟在会上要求全行严格控制信贷总量，对贷款总量和农业银行的固定资产贷款、乡镇企业贷款计划实行指令性管理，未经批准不得突破；坚决纠正违章借贷资金，各级行的一把手要亲自负责，限期收回；各级行和信用社要严格执行人民银行公布的法定利率，不得在规定的利率水平和浮动的幅度之外收取手续费或变相提高利率；要整顿好自办的“三产”等经济实体，该脱钩的必须在限期内彻底脱钩。下半年在实施加强金融宏观调控措施的同时，各地行社要在保证支付的前提下，集中资金优先用于农副产品收购，千方百计支持收购企业，绝不给农民“打白条”。

23日 国务院发布《关于加强税收管理和严格控制减免税收的通知》。该通知要求：严格控制税收减免，年内不再出台新的减免税收政策；认真清理违法越权制定的税收优惠政策，未经批准的一律无效；采取果断措施纠正承包流转税的做法；认真清理欠税，加强出口退税管理，加强对个体户、私营企业、集体企业和外商投资企业的税收征管工作，对各地各部门成立的各类银行、金融、保险企业和非银行金融机构，都必须按国家规定征收所得税，严格加强能源交通重点建设基金和预算调节基金的征收管理。各级政府要进一步加强对税收征管工作的领导，国务院决定，从8月开始在全国展开税收财务大检查。

8月

1日 国家外汇管理局全国分局局长会议召开。国务院副总理朱镕基在会上指出，当前外汇调剂市场的人民币汇率趋于合理，基本稳定，证明党中央、国务院强化宏观调控的措施已初见成效。继续采取调控措施，促使汇价稳定在目前的合理水平，是下半年经济工作的一项重要任务。一是要继续进行中央银行对外汇市场的适度干预，提高调控水平，讲求调控效果，满足客户需求；二是要切实保证完成按市价收购上缴外汇的任务，该收的外汇一定要收上来，为实现市场调控创造条件；三是要加强对外汇市场的管理和监督，按照国家产业政策调控用汇方向，严禁场外交易，打击外汇黑市；四是要按照建立社会主义市场经济体制的要求，建立全国统一的外汇市场体系，扩大外汇市场的覆盖范围，实现全国联网、统一规则、统一报价、互相调剂的目标。加强外汇管理要有一支高素质、高效率的干部队伍。他肯定了国家外汇管理局对外汇管理干部提出的

“约法三章”：第一，严禁外汇管理部门及其工作人员参与倒买倒卖外汇活动；第二，严禁外汇管理部门和管理人员以调剂外汇权、审批权、外债监管权和机构管理权等谋求出国指标、收受礼品等好处；第三，严禁外汇管理部门及其工作人员越权办理减免上缴中央外汇等外汇业务。

2 日 国务院公布《企业债券管理条例》。该条例适用于中国境内具有法人资格的企业在境内发行的债券（金融债券和外币债券除外）。此外，任何单位和个人不得发行企业债券。企业进行有偿筹集资金活动，必须通过公开发行企业债券的形式进行。发行和购买企业债券应当遵循自愿、互利和有偿的原则。国家计划委员会会同中国人民银行、财政部、国务院证券委员会拟订全国企业债券发行的年度规模和规模内的各项指标，报国务院批准后下达各省、自治区、直辖市、计划单列市人民政府和国务院有关部门执行。企业发行企业债券必须符合规定条件，利率不得高于银行同期居民储蓄定期存款利率的40%。任何单位不得用财政预算拨款和银行贷款购买企业债券；办理储蓄业务的机构不得将所吸收的储蓄存款用于购买企业债券。发行企业债券所筹的资金不得用于房地产买卖、股票买卖和期货交易等与本企业生产经营无关的风险性投资。非证券经营机构和个人不得经营企业债券的承销和转让业务。

10 日 中信公司为在美国发行公募债券 2.5 亿美元举行新闻发布会。这是新中国在美国发行的第一笔公募债券，由美国高盛证券公司承销，期限为 10 年，票面利率为 6.875%（固定利率），发行价格为 99.706 元。

中国投资银行在香港与 8 家境外银行和证券公司签署发行 1 亿美元债券的协议。债券采用浮动利率，期限为 5 年，这是中国投资银行首次在海外发行债券。

12 日 中国人民银行下发《关于加强信贷资金管理保障银行资金安全的通知》。该通知指出，1993 年以来，一些不法分子把银行资金、信贷部门作为犯罪活动的主要对象之一，采取各种不法手段，套取信用，骗取银行资金。为此，决定 1993 年在金融系统开展“两防一保”（防诈骗，防盗窃，保障银行资金安全）工作。该通知要求，1. 进一步统一思想，提高对加强信贷资金管理重要性和紧迫性的认识。2. 落实完善规章制度和信贷原则，建立信贷资金安全保障体系。一是针对当前信贷资产质量差、资金沉淀率高的问题，制定完善的银行贷款操作规程，从贷款申请、检查、担保、审批、回收、奖惩等方面使之规范化。二是建立贷款风险等级划分制，明确哪种等级的贷款由哪些部门审批。同时，要经常对职工进行信贷风险防范和法律观念的教育，建立风险防范意识。三是推行贷款审贷分离、岗位轮换、集体审批和公开办事制度，形成贷款的制约机制。四是对贷款的担保、抵押、委托等要严格管理办法。对担保贷款，担保人要有足够的资产做保证，承担连带责任，避免虚设担保。抵押贷款要有法律效力的抵押品和抵押单据，严格审查。五是要加强对拆借资金的管理。资金拆借从期限、利率、金额及投向上要严格执行规定，拆借资金要同长期融资分别管理，不得用拆借资金扩大贷款规模、搞证券买卖、炒房地产、投资期货等。3. 严肃纪律，规范行为，做到令行禁止。各级银行要按规定的业务授权范围开办业务，不得越权办理金融业务，不准超规模或绕规模发放贷款，不准违章拆借，不准变相或擅自变动利率等。对违反规定和越权办理金融业务的，要严肃处理。绝不允许弄虚作假、隐瞒不报，造假账（或搞两本账）、做假统计、做假报表等。4. 加强防范，防止大案、要案的发生。5. 转换专业银行经营机制，建立责、权、利相结合的信贷资金运营机制。

13 日 薛根和贪污案结案。海口市中级人民法院根据薛根和等 5 人的犯罪事实，依法判处死刑。薛根和原系中国工商银行海口市分行东风办事处会计，1992 年期间，薛根和利用职务之便，伙同被告人陈贻全、熊道先、赵东方、杨绍琼、张德全共同贪污人民币 33 444 710 元（其中 600 万元贪污未遂）。薛根和本人实际占用人民币 6 124 650 元。案发后追回赃款和赃物折款共计人民币2 573 912.34元。该案是新中国成立以来全国最大的贪污案。

15日 金融系统清理整顿工作取得阶段性成果。1992年下半年以来，同业拆借市场秩序出现混乱，集中表现为非法集资和违章拆借，根据测算，1993年上半年全国集资额达1 000亿元左右，到5月末国家银行向系统外净拆出资金达1 055亿元，同业拆借利率上升到18‰以上。违章拆借资金不仅影响了银行正常的资金运作，而且直接扩大了全社会的信用规模，助长了投资膨胀。为了扭转同业拆借市场混乱的状况，从1993年6月开始对同业拆借市场进行清理整顿。截至8月15日，全国银行系统拆出的资金已收回727亿元，一是基本上实现了“四停”，即停止了新的违章拆借，停止了对非金融机构和非银行金融机构的拆借，停止了省以下同业拆借市场的拆借业务，停止了对银行自办经济实体注入新的资金；二是通过清收违章拆借，集中资金，用于满足农副产品收购、国家重点建设项目、产品适销对路的国家大中型企业生产和出口等重点资金需要，据统计，收回的拆借资金40%用于保支付，30%用于增加银行清算资金，30%用于发放贷款；三是对过热的房地产和股市起到了一定的抑制作用，过高的房地产价格开始下跌。

16日 国务院批转国家计委《关于加强固定资产投资宏观调控的具体措施》。该措施提出：各地区、各部门要对所有在建固定资产投资项目进行一次审核排队，予以清理。对产品有市场、宏观经济效益显著、有利于缓解“瓶颈”制约的在建项目，要尽力保证建设；对不符合国家产业政策、资金来源不落实、建设条件不具备、市场前景不明的在建项目，特别是高档宾馆、写字楼、度假村等项目要认真进行清理；对不符合国家产业政策、资金来源不落实或不正当、建设条件不具备、市场前景不明的项目要区别情况停缓建设。各有关方面都要将现有建设资金（包括国外贷款）和停建、缓建项目腾出的资金集中用于国家重点建设：一保列入国家计划的铁路建设项目及水利、水电项目安全度汛；二保列入国家计划的当年投产的大中型和限额以上项目；三保列入国家计划的农业、交通、通信、能源、重要原材料、水利等国家重点建设项目和重点技术改造项目；四保列入国家计划的、合同已生效的利用外资项目。当年9月底，国家重点建设项目和重点技术改造项目到位的资金占年度计划的总比例，要力争不低于70%。严格控制新开工项目，加强房地产开发投资和开发区建设的管理。

18日 国务院证券委员会印发《关于一九九三年股票发售与认购办法的意见》。该意见提出：股票发售工作坚持公开、公平、公正的原则，跨地区发行股票须报证券委批准。认购股票申请表可采用无限量发售后抽签的方式进行，也可采用与银行储蓄存款挂钩的方式进行。在一定期限内，无限发售申请表后进行公开摇号抽签，中签者按规定要求再办理缴纳股款手续。每张申请表原则上只对应一定企业发行的股票，申请认购股票数额为100股的整数倍，且不低于500股，不高于1 000股。任何单位和个人不得加价转让、出售申请表。各级政府同当地人民银行商定，可按居民在银行定期储蓄存款余额的一定比例配售申请表，然后对认购的申请表进行公开摇号抽签，中签后按规定要求办理缴纳股票手续；或者开办专项定期定额储蓄存单业务，按专项储蓄存单上的号码进行公开摇号抽签；也可采取其他办法。国库券缴库任务未完成的地区，不得发售申请表，更不得发行股票。

19日 中国人民银行下发《关于加强典当行管理的通知》。针对有的地区擅自设立典当行，随意提高质押利率，开办存款业务等违规行为，该通知明确：典当行是以实物质押形式，为个体工商户和城乡居民提供临时性贷款的非银行金融机构，中国人民银行是其主管机关，任何地方政府或部门不得擅自批设典当行。各地人民银行应对辖区内典当行的数量、审批机关、质押的利率、当期、当品、业务规模等进行一次全面清查。1993年年底前，各地暂停对新典当行的批设。

20 日 我国第一家投资基金——山东淄博乡镇企业投资基金公司发行的基金证券，在上海证券交易所上市。

21 日 中国人民银行下发《关于不准擅自提高和变相提高存、贷款利率的十项规定》。主要内容如下：1. 中国人民银行是利率管理的主管机关，代表国家统一行使利率的管理权；2. 国务院授权中国人民银行制定和颁布的利率是法定利率，具有法律效力，其他任何单位和个人无权制定和改变法定利率；3. 各金融机构必须严格执行法定的存款利率，不准上浮，对个人发行的大额可转让定期存单可由省人民银行决定是否不超过5%的上浮幅度；4. 贷款的浮动利率要经人民银行批准；5. 企业债券和集资的利率按《企业债券管理条例》的有关规定执行；6. 同业拆借利率必须控制在人民银行总行确定的最高限度内；7. 任何非金融机构不得办理存贷款业务；8. 各金融机构立即对存贷款利率执行情况进行一次清理并纠正违规行为；9. 对违反利率管理规定的予以经济和行政处罚；10. 中国人民银行分支机构要承担起相应的管理职责，加强监督管理。

23 日 中国人民银行发布《关于坚持做好清收违章拆借资金工作的通知》。1993 年 9 月至年底，治理整顿同业拆借步入巩固时期，人民银行总行开始调整调控力度、完善清理违章拆借的政策措施。该通知提出了 10 条具体规定，在重申前期有关加强同业拆借管理、清收违章拆借资金的规定的同时，主要强调对违章拆借资金的清收实行区别对待政策：对拆入方把资金用于中央和省级计划安排的重点建设项目及即将竣工投产的，用于中低档居民住宅或适销对路产品生产的，用于中外合资企业作中方股本现在不能归还的，可以缓收，并由资金使用单位通过正常渠道解决资金来源，用于归还拆借资金。该通知还明确了同业拆借是两个金融企业法人之间为解决头寸不足而进行的短期融资，专业银行、交通银行上级行与下级行之间的资金往来属于系统内往来，不能列为同业资金拆借，专业银行、交通银行及区域性银行与其所属国际业务部、房地产信贷部等的资金往来，不能按同业拆借资金加收利差或收取服务费，其资金运用要纳入贷款规模进行考核。

24 日 国务院发布《关于严格控制财政支出和社会集团购买力过快增长的通知》，要求严格预算管理，地方财政不准出现赤字；严格控制社会集团购买力的过快增长，设备购置要严格执行国家下达的控购指标，不得突破；严格控制会议费支出，会议经费在预算基础上压缩 20%；严格控制出国活动和各种招商办展活动；控制消费基金的过快增长，禁止滥发补贴、实物和代币购物券。

30 日 中国人民银行发布《关于进一步加强对外汇调剂市场人民币调控的通知》。该通知规定：外汇局各地分局要加强对持有超过 100 万美元外汇额度的企业、超过正常需要持有外汇额度的企业的审查，有关专业银行要加强对现汇存款大户的审查，切实掌握企业结汇和完成上交国家外汇任务状况，并将有关企业的情况于每旬向当地人民银行报告一次。各地人民银行分行要将上述情况于每旬报告人民银行计划资金司和国家外汇管理局。外汇局各地分局要劝说有关企业出售手中超过正常合理需要的外汇或外汇额度，并密切注意外汇调剂市场的动向。凡在调剂市场上调入的外汇，3 个月内不用的，一律由中央银行收购。

9 月

2 日 第八届全国人民代表大会常务委员会第三次会议通过《中华人民共和国反不正当竞争法》。该法规定的不正当竞争行为包括：经营者采用下列不正当手段从事市场交易，损害竞争对手：公用企业或者其他依法具有独占地位的经营者限定他人购买其指定商品；政府及其所属部门滥用行政权力，限定他人购买其指定的经营者的商品，限制外地商品进入本地市场，或者本地商品流向外地市场；经营者采用财物或者其他手段进行贿赂以销售或者购买商品；利用广告等对其商品作引人误解的虚假宣传；采用不正当手段侵犯商业秘密；经营者以排挤竞争对手为目的，以低于成本的价格销售商品或搭售商品、有奖销售等；捏造、散布虚伪事实，损害竞争对手的商业信誉、商品声誉；投标者串通投标。会议还通过了修订后的《中华人民共和国经济合同法》，自 1993 年 12 月 1 日起施行。

国务院证券委员会公布《禁止证券欺诈行为暂行办法》。针对证券市场的各种欺诈行为，如内幕人员利用内幕信息买卖证券或根据内幕信息建议他人买卖证券、泄露内幕信息进行内幕交易、操纵市场价格、披露虚假信息等，该办法制定了管理处罚办法和防止措施；禁止任何单位和个人以获取利益或者减少损失为目的，利用内幕信息进行证券发行和交易活动；禁止任何单位和个人以获取利益或者减少损失为目的，利用其资金、信息等优势或者滥用职权操纵市场，影响证券市场价格，制造证券市场假象，诱导或者致使投资者在不了解事实真相的情况下作出证券投资决定，扰乱证券市场秩序；禁止任何单位和个人在证券发行、交易和相关活动中欺诈客户；禁止任何单位和个人对证券发行、交易及其相关活动的事实、性质、前景、法律等事项作出不实、严重误导或者含有重大遗漏的任何形式的虚假陈述或者诱导，致使投资者在不了解事实真相的情况下作出投资决定；对违反规定的单位和个人，中国证监会有权进行调查或者会同国家有关部门进行调查，重大案件由国务院证券委员会组织调查，并实施处罚。

3 日　国务院发布《关于清理有偿集资活动坚决制止乱集资问题的通知》。该通知要求：各地区、各部门及各单位举办的向出资人还本付息或者支付股息、红利的有偿集资（不包括国家统一筹措国债和出资人依法共同出资组建各类企业、公司）活动，除通知规定的外，一律暂停。股份有限公司发行内部职工股、金融机构发行金融债券，以及各有关单位发行投资基金证券、信托受益债券等集资活动，可以依法照章进行。任何部门和单位不得以国家财政拨给的资金、有专项用途的预算外资金、银行贷款和拆借资金参与本通知所列的各类有偿集资活动。禁止国家机关、事业单位向内部职工或者社会公众进行有偿集资活动。禁止社会团体举办还本付息或者支付股息、红利的有偿集资活动。

4 日　中国人民银行、财政部联合下发《关于各级人民银行与所办经济实体脱钩的办法》。该办法分为指导原则、具体规定和实施办法三部分，对脱钩工作提出了稳妥具体的实施步骤。已办金融性实体的脱钩办法：证券公司、证券登记公司、证券交易中心等金融性公司，除个别经营管理不善有严重问题者要撤并外，原则上要予以保留。其中，中国证券交易系统有限公司及华夏、国泰、南方三家全国性证券公司挂靠在中国人民银行总行，由中国人民银行总行具体负责其脱钩工作。其余金融性经济实体的脱钩工作由各人民银行省级分行负责；资金拆借中心按中国人民银行总行《关于进一步整顿和规范同业资金拆借秩序的通知》的有关规定执行；城市信用社、典当行等集体金融机构除个别经营管理混乱、严重亏损的要撤销外，其余的保留，具体由中国人民银行省级分行负责；中国人民银行已办的“三产”和实业公司，凡经营管理比较好的，可以保留，但也要按上述原则和人民银行脱钩，对经营管理混乱、严重亏损的一律撤并；完全由人民银行职工和其他单位个人入股所办的公司不得挂靠人民银行，按公司的业务属性挂靠有关部门，并按股份制企业办理。

中国人民银行、财政部在发布该办法的通知中要求，人民银行系统所办的经济实体与人民银行脱钩于 10 月 31 日前完成。按照该办法的要求，人民银行不再开办经济实体，已办实体要在行政、财务等隶属关系上脱钩。人民银行的干部也不得再在经济实体中兼职。

14 日　中国人民银行下发《关于调整黄金经济政策问题的通知》。该通知决定：收购、配售黄金的定价方式，由固定定价方式改为浮动定价方式。在固定定价方式下，黄金收购价格按低于国际市场金价 10% 的水平制定，黄金的配售价格与国际黄金市场一致，并以国家外汇管理局公布的外汇调剂市场加权平均价格换算成人民币。在实行浮动价格政策的初期，由人民银行总行根据国际市场金价变动情况确定价格调整的周期和幅度，并随着国家黄金交易市场的建立和完善，逐步做到每日公布国家黄金价格。

26～28日　全国农副产品收购资金供应工作会议在北京召开。会议由中国人民银行和中国农业银行联合主办，主要任务是：研究和部署秋季农副产品收购资金供应和管理工作，确保全年不给农民“打白条”。会议确定，从1993年第四季度起，人民银行总行将农副产品收购资金全部直接贷给有关专业银行总行，由各专业银行的分支行办理有关资金业务，人民银行分支行不再办理相关的资金业务，只负责监督收购资金到位情况。

30日　中国宝安集团股份有限公司（以下简称宝安公司）收购上海延中实业股份有限公司（以下简称延中实业公司）。宝安公司宣布持有延中实业公司发行在外的普通股超过5%。9月29日，宝安上海公司已持有4.56%的延中实业公司的股票，根据持有5%应申报的规定，在30日只能再购买0.5%的股票，但是，在9月30日开盘前集合竞价时，宝安上海公司一笔就购进342万股，使已购股票的比重达15.98%。有关的交易规定是持股达到5%之后，每次最多只能购进2%，为此，延中实业公司提出质疑。10月22日，证监会召开新闻发布会宣布：宝安上海公司所获的延中实业公司的股权有效，但该公司及其关联企业在买卖延中实业公司股票的过程中存在着违规行为。宝安公司收购延中实业公司，开创了中国上市公司收购的先例。

10月

1日　国务院发布《关于进一步改革外汇管理体制的通知》。该通知指出：我国外汇管理体制改革的长期目标是实现人民币可兑换，要达到这一目标，必须依据国情和国力循序渐进。现阶段先实现经常项目下人民币可兑换。国务院决定从1994年1月1日起，进一步改革我国的外汇管理体制。现阶段外汇管理体制改革的总体要求是：实现汇率并轨，实行以市场供求为基础的、单一的、有管理的浮动汇率制；实行银行结汇和售汇制，取消外汇留成和上缴；建立银行间外汇交易市场，改进汇率形成机制；禁止外币在境内计价、结算和流通；改革和完善收、付汇核销管理；实现经常项目下人民币可兑换；取消外汇收支指令性计划，国家主要运用经济、法律手段实现对外汇和国际收支的宏观调控。作为过渡性措施，先实行经常项目下人民币有条件可兑换。实行新体制后，外汇指定银行办理结汇所需的人民币资金，原则上应由各银行用自有资金解决。新体制运转初期，对个别外汇结算业务量大而自有人民币资金有一定困难的银行，中国人民银行可提供一定数额的人民币再贷款，但这些银行应逐步用自有人民币资金顶替。国家对外汇指定银行的结算周转外汇余额实行比例幅度管理。对境外资金的借用和偿还，继续实行计划管理、金融条件审批和外债登记制度。外商投资企业的外汇管理仍先维持现行办法。

5日　对外贸易经济合作部发布《关于举办中外股份有限公司有关问题的通知》。根据国务院部署，股份制试点将采用发行人民币特种股票（B股）的方式吸收外资，为了使这项工作稳妥进行，该通知要求：凡设立对外发行人民币特种股票的股份有限公司，或国内现有公司发行人民币特种股票，都属于利用外资，各地经贸部门都应依据国家利用外资的有关法律、法规和审批程序审查其合同、章程。除上海、深圳两市外，凡设立中外股份有限公司均须报经贸部审批、确认是否可享受（可继续享受）外商投资企业待遇，核发批准证书。股份有限公司申请发行人民币特种股票，按国务院有关规定及上海、深圳两市证券管理规定办理。

7日　香港《明报》记者席扬在北京被捕。北京市国家安全局依照《中华人民共和国国家安全法》逮捕了从事窃取、刺探国家金融秘密活动的香港记者席扬。受席扬指使，为席扬非法提供大量金融秘密的中国人民银行总行工作人员田野，已被北京市国家安全局逮捕。席、田所窃取的金融秘密包括当时尚未公布的中国人民银行存贷款利率变动方案，中国人民银行参加国际黄金交易的决策机密和其他重大金融秘密，已造成严重后果。1994 年 1 月 28 日，席扬因窃取国家机密罪被北京市中级人民法院判处有期徒刑 12 年，被剥夺政治权利两年。协助席扬犯罪的田野被判刑 15 年。

13 日 中国人民银行下发《关于台资在大陆办银行的审批与监管问题的通知》。该通知指出，关于台资财团来大陆合资或独资设立营业性金融机构问题，经请示国务院同意，对台资来大陆办银行予以适当优惠，人民银行总行将在对外资银行开放的城市中少量批准试办。由于中国台湾当局仍不准台湾金融机构来大陆设立分支机构，因此，台资财团或所属关联机构申请办银行或财务公司，符合以下条件的申请者，可予以受理：在大陆投资总额已达 1 亿美元以上；或已签订重大投资项目，投资额在 10 亿美元以上，近三年连续盈利。台资银行的最低注册资本提高到 5 000 万美元，实缴资本不低于 3 500 万美元，其中，2 000 万美元作为资本储备，存入指定银行并享受存款利息，未经人民银行批准不得动用。

上海证券交易所发布《国债期货业务试行规则》。该试行规则包括总则、证券期货商、开户、委托、交易、保证金、最后结算、附则共 8 章 52 条。主要规定：凡国家法令允许参与证券交易的自然人和法人（以下简称客户），均可通过证券期货商在上海证券交易所交易市场买卖国债期货。每一国债期货合约的标的为20 000 元面值的国债。国债期货交易申报竞价的变动价位为 0.02 元人民币。上海证券交易所可按照国债期货品种订立持仓合约的最高数额，任何客户和证券期货商持仓的合约数不得超过该限额。客户开仓时（跨期买卖除外），每个合约须向证券期货商交纳保证金 100 元人民币。证券期货商须在上海证券交易所开立“保证金”账户，对客户和自营的所有开仓合同（跨期买卖除外），须按每个合约 200 元向上海证券交易所交纳保证金。在每日按市价计算时，如因国债期货价格发生不利波动而出现浮动亏损，致使交纳的保证金低于每个合约 300 元的最低维持保证金时，证券期货商应立即向客户追收至 500 元。如追收保证金失败，证券期货商有权强行平仓。证券期货商向上海证券交易所交纳的保证金，如因国债期货价格发生波动而出现浮动盈亏，致使保证金低于或高于每个合约 200 元时，上海证券交易所即向证券期货商追收至 200 元，或将高于 200 元的部分划转证券期货商。如证券期货商未能按时补足保证金至每个合约 200 元，上海证券交易所有权强行平仓。

25 日，上海证券交易所向社会公众开放国债期货交易。与此同时，北京商品交易所在期货交易所中率先推出国债期货交易。1992 年 12 月 18 日，上海证券交易所开办国债期货交易，标志着我国第一家利率期货市场成立，但当时仅限于证券商自营买卖，没有对客户开放。

14 日 中国人民银行发布《关于进一步加强外币利率管理的几项规定》。该规定明确：1. 中国人民银行是外币利率的主管机关，统一行使外币利率管理权。2. 中国人民银行授权中国银行公布的各种外币利率为法定利率，必须严格执行，不得擅自变动。3. 中国银行对外币存贷款利率进行调整，应及时转报当地人民银行分行，由人民银行分行统一组织执行。4. 各金融机构必须严格执行法定的外币存贷款利率，不得擅自改变规定。5. 允许各金融机构在法定利率的基础上，使各种外币存款利率可最高上浮 5%、贷款利率可最高上浮 10%，各地的浮动幅度由当地人民银行分行统一掌握。6. 各金融机构所吸收的较大数额（个人存款折合 2 万美元以上，单位存款折合 50 万美元以上）的定期存款的利率是否上浮，由人民银行各省、自治区、直辖市和计划单列城市分行确定，但上浮幅度最高不得超过 0.5 个百分点；各地是否开办对个人发行的外币大额定期存单业务，由人民银行总行决定，其利率最高浮动幅度不得超过同期同档次外币存款利率的 10%。7. 各金融机构和企业发行或代理发行境内外币债券及债券利率的确定，审批权集中在人民银行总行。8. 广东、福建、海南各省和上海市各种外币存贷款利率可在法定利率基础上按最高可分别上浮 10%、20% 的浮动幅度执行；其中，广东、海南两省的港元利率可在不超过法定利率20%的幅度内自行调整确定。9. 各地区、各机构向境外借款和发行境外外币债券的利率，由国家外汇管理局按管理程序进行审批和管理。10. 对违反上述外币利率管理规定的金融机构及有关人员，中国人民银行省级分行有责任依照有关规定进行查处，并予以经济和行政处罚。

19日 首次VISA国际组织北亚太会员年会在北京举行。中国、中国台湾、中国香港、中国澳门的200多位银行家参加了会议。会议探讨了VISA北亚太地区的发展规划，各家银行对信用卡业务予以高度重视。

10月 中国银行以股东身份加入在非洲成立的一家国际性商业银行——非洲进出口银行，这是有史以来中国银行第一次作为创始股东加入国际金融组织，也是该行首次与非洲金融界进行的较深入的交往与合作。

11月

4日 国务院发布《关于坚决制止期货市场盲目发展的通知》。该通知指出，1988年以来，国务院有关部门在几个批发市场和交易所进行了部分引进期货交易机制的试点工作。近年来，一些地方和部门竞相争办期货交易所或以发展期货交易为目标的批发市场，盲目成立期货经纪公司；一些执法部门也参与期货经纪活动；有些外资、中外合资或变相合资的期货经纪公司蓄意欺骗客户；一些境内外不法分子相互勾结搞期货经纪诈骗活动；一些单位和个人盲目参与境内外的期货交易，上当受骗，造成经济损失。为了坚决制止期货市场的盲目发展，该通知规定：在期货市场试点工作中，必须坚持“规范起步、加强立法、一切经过试验和严格控制”的原则，对期货市场试点工作的指导、规划和协调、监管工作由证券委负责，具体工作由证监会执行。未经证券委批准，不得设立期货交易所（中心），一律暂停审批注册新的期货交易和经纪机构，取缔非法期货经纪活动。执法部门及其所属单位不得参与期货经纪活动。严禁用银行贷款从事期货交易。未经中国人民银行和国家外汇管理部门批准，一律不得从事金融期货业务和进行外汇期货交易。随着该通知的发布，中国期货市场规范整顿工作由此开始。

17日，中国人民银行下发《关于严格控制开办金融期货业务的紧急通知》。该通知指出，有些地方未经中国人民银行批准，设立金融期货公司，有些非金融期货公司开办金融期货业务，在一定程度上扰乱了金融市场秩序。为了改变这种状况，维护金融市场健康发展，严加控制开办金融期货业务，设立金融期货公司必须经中国人民银行批准，非金融期货公司不得开展金融期货业务。鉴于金融期货业务风险大、投机性强，目前只限于在国务院同意的上海、广州、深圳三个城市试办金融期货公司。凡未经批准的金融期货公司一律撤销，凡未经批准私自开办金融期货业务的，必须立即停办。批准试办的金融期货公司，只能办理外汇期货业务，不得办理以人民币为结算单位的金融期货业务。

5日 中共中央、国务院发布《关于当前农业和农村经济发展的若干政策措施》。国务院制定了稳定完善以家庭联产承包为主的责任制和统分结合的双层经营体制、深化粮食购销体制改革等12项措施。其中要求：为了切实加强农业的基础地位，要下决心调整国民收入分配格局，提高国家基本建设投资、财政预算内资金、信贷资金用于农业的比重。为此，中央和地方都要调整财政投资和银行信贷的结构，不仅要调整增量结构，还必须调整存量结构，真正向农业倾斜。国家在安排信贷计划时，要确保农业贷款增长率高于各项贷款平均增长率2个百分点以上，1994年银行新增贷款规模中农业贷款的比重要达到10%以上，同时要完成收回农业贷款的任务。要加强各种农业资金的管理，提高使用效益，防止资金外流和挪用。积极推进农村金融体制改革，建立起能适应发展市场经济需要的农村金融新体制。抓紧组建农业政策性银行，把农村政策性金融和商业性金融业务分开，保证国家用于农业的各项资金能落实到位并有效运转。农村合作基金会要办成社区性的资金互助组织，不搞存贷业务，在社区范围内为农业、农民服务。

11～14 日 中共十四届三中全会在北京举行。全会通过了《中共中央关于建立社会主义市场经济体制若干问题的决定》。该决定共有 10 个部分 50 条：1. 我国经济体制改革面临的新形势和新任务。2. 转换国有企业经营机制，建立现代企业制度。3. 培育和发展市场体系。4. 转换政府职能，建立健全宏观经济调控体系。5. 建立合理的个人收入和社会保障制度。6. 深化农村经济体制改革。7. 深化对外经济体制改革。8. 进一步改革科技体制和教育体制。9. 加强法律制度建设。10. 加强和改善党的领导，为 20 世纪初步建立社会主义市场经济体制而奋斗。

该决定指出，建立社会主义市场经济体制，就是要使市场在国家宏观调控下对资源配置起基础性作用。为了实现这个目标，必须坚持以公有制为主体、多种经济成分共同发展的方针，进一步转换国有企业经营机制，建立适应市场经济要求，产权清晰、权责明确、政企分开、管理科学的现代企业制度；建立全国统一、开放的市场体系，实现城乡市场紧密结合，国内市场与国际市场相互衔接，促进资源的优化配置；转变政府管理经济的职能，建立以间接手段为主的完善的宏观调控体系，保证国民经济的健康运行；建立以按劳分配为主体，效率优先、兼顾公平的收入分配制度，鼓励一部分地区一部分人先富起来，走共同富裕的道路；建立多层次的社会保障制度，为城乡居民提供同我国国情相适应的社会保障，促进经济发展和社会稳定。这些环节既相互联系，又相互制约，构成社会主义市场经济体制的基本框架。建立社会主义市场经济体制是一件开创性的伟大事业。当前要紧紧推进建立现代企业制度、市场体系和金融、财税计划、投资、外贸等重点领域的改革，制定具体方案，采取实际步骤，取得新的突破。该决定提出，发展和完善以银行融资为主的金融市场，建立发债机构和债券信用评级制度，促进债券市场健康发展；规范股票市场和同业拆借市场，坚决制止和纠正违法违章的集资、拆借等行为。

21 日 美国花旗银行的中国区总部由香港移至上海。这是改革开放以来第一家外资银行总部进入中国境内。

12 月

1 日 中国人民银行发布《关于加强假币实物管理的通知》。针对全国伪造假币案大量增加，收缴假币数额大、品种多的问题，该通知规定：凡是企事业单位（如商店、邮局等直接办理现金收付业务的单位）发现假币后，应首先扣留假币，向用户开具由当地人民银行认可或提供的假币没收收据，然后持假币前往附近银行或储蓄所鉴别，如确认为假币，由鉴定单位加盖“假币”戳记，并交当地人民银行统一管理。假人民币由人民银行统一管理、销毁。

1～4 日 全国经济工作会议在北京召开。会议要求，全面贯彻党的十四届三中全会精神，加快社会主义市场经济体制的改革步伐，进一步扩大改革开放，加强和改善宏观调控，提高经济效益，保持国民经济持续、快速、健康的发展。要把经济发展的思路转变到以提高经济效益为中心的轨道上来，不能继续走盲目追求产值和扩大投资规模的粗放经营的老路。财税体制改革要迈出重大步伐，包括：一是进行税制改革，二是实行分税制，三是改革国有企业利润分配制度。金融改革方面，通过改革建立强有力的中央银行宏观调控体系，使中国人民银行成为真正的中央银行，能够有效地制定和实施货币政策，具有调控货币供应量和保持币值稳定的能力。要组建若干政策性银行，专业银行转为商业性银行，以实现政策性金融和商业性金融的分离。要在严格规范市场管理的前提下，进一步发展和搞活金融市场，特别是同业拆借市场，逐步建立国债市场，促进资金融通。要进一步改革外汇管理体制，逐步建立起以市场供求为基础的、有管理的单一浮动汇率制度，形成合理的汇率和调控机制。价格改革要积极推进，但步骤要稳妥，要充分考虑各方面的承受能力。要加快转化对外贸企业的经营机制，改革进出口管理，从以行政控制和审批为主，转变为以关税、汇率等经济杠杆调节为主。

5 日　中国人民银行召开全国分行行长会议，研究部署深化金融体制改革的各项政策措施。会议指出，在建立社会主义市场经济体制中，人民银行作为中央银行，其主要职能是：领导和管理全国金融事业，科学地制定和实施货币政策，保持货币的基本稳定；对金融机构实行严格的监管，维护金融体系安全、有效地运行。1994 年信贷资金体制的改革，一是要在坚持总量控制目标的前提下，探索运用货币供应量、信用总量、同业拆借利率和银行备付金率等中介操作目标；二是逐步改变中央银行通过对商业银行信用放款吞吐基础货币的传统方式，推广再贴现和开办国债、外汇为操作对象的公开市场业务；三是对商业银行与政策性银行的资金和业务分开管理，割断中央银行基础货币供应与政策性贷款的直接联系。

6 日　中国农业银行 51 家分行开通 SWIFT（国际银行间金融电讯协会）网络，成为国内第一家完全实行分行收、发 SWIFT 报文的专业银行。开通 SWIFT 网络的农业银行各分行可以直接通过 SWIFT 网络与境外行办理外汇结算业务、收付汇业务及有关查询、确认，大大提高了经济效益。

7～11 日　“国际金融、银行技术及设备展览”（Banking China，1993）在北京中国国际展览中心举行。此次展览由中国人民银行科技司、雅式展览服务有限公司主办，各专业银行科技部及电脑部协办，参展商来自 10 多个国家和地区，世界著名的银行保安、电脑、通信、自动化设备商，如迪吉多、惠普、天腾电脑、日立、熊平、富士、精工、GD、迪堡、西门子、柯达、日本电信电话数据、新加坡电脑系统、ISC 系统、得利来系统、达科数据、英之杰等公司展出了最新的金融和银行的先进设备，包括自动柜员机、自动存款机、POS 网络系统、证券交易系统、保安系统、金融资讯系统等。

13 日　国务院发布《中华人民共和国企业所得税暂行条例》。主要内容：中华人民共和国境内的企业除外商投资企业和外国企业外，应当就其生产、经营所得和其他所得，依照该条例缴纳企业所得税；所得税税率为 33%；企业所得税由纳税人向其所在地主管机关缴纳；缴纳所得税按年计算，分月或分季预缴，年终后多退少补。该暂行条例自 1994 年 1 月 1 日起施行。1994 年 2 月 4 日财政部发布《中华人民共和国企业所得税暂行条例实施细则》。

14 日　国务院证券委员会发布《关于法人股流通试点有关问题的通知》。针对部分地区未经国家有关部门批准擅自进行法人股流通转让的做法，该通知规定：在国家有关法人股流通转让试点办法颁布之前，暂不扩大法人股流通转让试点；在国务院正式批准法人股流通办法前，各地不得擅自进行法人股流通转让。

17 日，中国证监会发布《关于法人股流通转让试点问题的通知》。该通知指出，中国证券交易系统有限公司于 1993 年 12 月 15 日擅自将 6 只法人股在系统挂牌，中国证监会决定，停止这 6 只新上市法人股在系统的流通并对中国证券交易系统有限公司进行处理。证监会重申，在国家有关法人股流通转让管理办法颁布之前，各地一律不得擅自进行法人股流通转让，对违规者，将按国家有关法规严肃处理。

15 日　国务院作出《关于实行分税制财政管理体制的决定》。国务院确定从 1994 年 1 月 1 日起改革现行地方财政包干体制，对各省、自治区、直辖市以及计划单列市实行分税制财政管理体制。分税制改革的原则和主要内容是：按照中央与地方政府的事权划分，合理确定各级财政的支出范围；根据事权与财权相结合的原则，将税种统一划分为中央税、地方税和中央地方共享税，并建立中央税收和地方税收体系，分设中央与地方两套税务机构分别征管；科学核定地方收支数额，逐步实行比较规范的中央财政对地方的税收返还和转移支付制度；建立和健全分级预算制度，硬化各级预算约束。

上海证券交易所正式开办国债回购业务。按交易期限的不同，国债回购交易分为 6 个品种，分别是 3 天、7 天、14 天、28 天、91 天和 182

天。国债回购业务实行竞价交易，融资方（资金需求方）和融券方（资金供给方）按照每百元资金应收（付）的年收益率报价，报价时可省略百分号，直接输入年收益率数值，并限于小数点后3位有效数字，最小的报价变动单位是0.005个百分点或其整数倍，交易方向以到期时国债的交付方向为准，如融资方开始时卖出国债得到资金，到期时偿还本息买回国债，他的交易方向就是买进；反之，融券方的交易方向为卖出。

17日　中国证监会发布《关于上市公司送配股的暂行规定》。该暂行规定明确：上市公司向股东配股的条件是：上市公司向股东配股距前一次发行股票的时间间隔不少于12个月；前一次发行股票所募集的资金用于规定用途；公司须连续2年盈利；近3年无重大违法行为；本次配股募集资金的用途符合国家产业政策规定；配售的股票限于普通股；配售的股份总数不超过公司原有总股本的30%，发行B股和H股的上市公司，还应遵守有关该类别股份的其他法规的规定；配售发行价格不低于本次配股前最新公布的公司财务报告中每股净资产值。上市公司向股东送股的条件是：已按规定弥补亏损（如果有的话）、提取法定盈余公积金和公益金；动用公积金送股后留存的法定盈余公积金和资本公积金不少于股本的50%；发送的股票限于普通股；因送股增加的股本额与同一财务年度内配股增加的股本额之和不超过上一个财务年度截止日期的股本额。该暂行规定还明确了上市公司向股东送、配股的程序和信息披露的要求。

20日　中国人民银行下发《关于继续纠正清收违章拆借的几项政策规定》。该规定明确了10条新的纠正和清收违章拆借的政策：1. 核实认定各家银行截至1993年年底未收回的违章拆出资金余额。2. 坚决纠正违章拆借合同。3. 对尚未收回的拆借资金要进行分类排队，区别对待，运用多种手段清收。4. 对于用拆借资金搞房地产的，要区别不同情况进行清收。5. 对于用拆借资金参股、投资的，要督促对方尽可能将股权转让，收回资金归还拆借款。6. 对将拆借资金用于固定资产投资的，如投资项目属国家产业政策规定优先发展的项目，且项目建成效益好，能按期偿还贷款，可在国家下达固定资产贷款规模之内转为贷款。7. 凡银行拆出资金用于解决企业生产、经营流动资金困难的，只要符合贷款条件，可在下达贷款规模内逐步转为贷款。8. 对由地方政府或财政部门出面要银行办的拆借，或通过拆借发放贷款的，要由地方政府或财政部门安排归还拆借的资金来源，或从地方财政预算、财政信用中分期归还。9. 银行通过拆借向所办经济实体注入的资金，要在办理脱钩的同时，理顺资金关系，落实债权、债务，落实收回拆借进度。10. 加强对未收回拆借资金的风险管理，确保资金的安全。

25日　国务院公布《关于金融体制改革的决定》。该决定提出，金融体制改革目标是，建立一个在国务院领导下，独立执行货币政策的中央银行宏观调控体系；建立一个在中央银行领导下的，政策性金融与商业性金融相分离，以国有商业银行为主体，多种金融机构并存的金融体系；建立统一开放、有序竞争、严格管理的金融市场体系。把中国人民银行办成真正的中央银行，人民银行今后将成为在国务院领导下独立执行货币政策的中央银行，不再直接承担大量政策性信贷任务和其他财政性融资职能。中央财政收支差额通过发行国债解决，不再向银行透支。新成立国家开发银行、中国进出口银行和中国农业发展银行三大政策性银行，负责政策性信贷业务。政策性银行业务上接受人民银行监督，不能从事商业性业务，不能与商业银行及其他金融机构竞争业务；但是政策性银行也不是第二财政，不能无限制地扩大政策性贷款数量。政策性银行组建后，原来的国家专业银行将逐步转变为责、权、利相结合，以及相互制约、自主经营、自担风险、自负盈亏、自我发展的商业银行，并鼓励和保护各商业银行实行存贷款利率在中央银行规定的基准利率上下限内浮动，开展合理竞争，允许业务交叉，面向市场，在竞争中求生存和发展。

第八届全国人民代表大会常务委员会第五次会议通过《中华人民共和国公司法》（以下简称《公司法》）。《公司法》共 11 章 230 条，分别对有限责任公司的设立和组织机构、股份有限公司的设立和组织机构、股份有限公司的股份发行和转让、公司债券、公司财务与会计、公司合并与分立、公司破产解散和清算、外国公司的分支机构、法律责任等内容做了具体规定，自 1994 年 7 月 1 日起施行。1999—2005 年，《公司法》做了三次修正。

28 日 中国人民银行发布《关于进一步改革外汇管理体制的公告》。为了促进社会主义市场经济体制的建立和进一步对外开放，推动我国国民经济的持续、快速、健康发展，根据国务院的决定，对我国外汇管理体制进行重大改革。从 1994 年 1 月 1 日起，实现汇率并轨，实行以市场供求为基础的、单一的、有管理的浮动汇率制；取消外汇指令性计划和外汇留成，国家主要运用经济、法律手段实现对外汇的国际收支的宏观调控；实行外汇指定银行的结售汇制度；建立银行的外汇交易市场，改进汇率形成机制；主要运用经济、法律手段实现对外汇和国际收支的宏观控制；实现人民币在经常项目下的有条件的可兑换；外汇券停止发行；禁止外币在境内计价结算和流通，严格外债管理，建立偿债基金，确保国家的对外信誉。

31 日，中国人民银行新闻发言人就该公告中关于停止发行外汇兑换券后的有关事宜强调：外汇兑换券仍照常使用，收券机构不得擅自涨价。1994 年 1 月 1 日以后，这些机构所有的外汇券和外汇券存款仍按 1993 年 12 月 31 日的官方汇率，即 1 美元兑 5. 80 元人民币，到银行兑换成外汇或办理结算。办理兑换和结算不受时间限制。

31 日 国务院发布《中华人民共和国增值税暂行条例》。主要内容如下：在中华人民共和国境内销售货物或者提供加工、修理修配劳务以及进口货物的单位和个人应当依照本条例缴纳增值税；增值税税率由国务院决定；纳税人兼营不同税率的货物或者应税劳务，应当核算不同税率货物或者应税劳务的销售额；销售额以人民币计算，以外汇结算销售额的，应当按外汇市场价格折合成人民币计算；农业生产者销售的自产农产品、外国和国际组织的无偿援助、来料加工、来件装配和补偿贸易等可免征增值税；增值税由税务机关征收，进口货物由海关代征；纳税人的纳税期限由税务机关根据纳税人应纳税额的大小分别核定。该暂行条例自 1994 年 1 月 1 日起施行。

财政部、中国人民银行、中国证监会联合印发《中华人民共和国国债一级自营商管理办法》。该管理办法规定：国债一级自营商可直接向财政部承销和投标国债，并通过开展分销、零售业务，促进国债发行，维护国债市场顺畅运转。凡具备规定资格条件的金融机构均可向财政部提出成为国债一级自营商的书面申请，并提交有关报表资料。财政部会同人民银行和中国证监会共同负责国债一级自营商资格的审查确认事宜，并颁发“资格证书”，通过大众传播媒介公布其名单，同时，每年对国债一级自营商的资格进行一次复审。国债一级自营商未履行承购包销合同的，按每期承购包销合同规定的处罚办法执行；对利用国债代保管凭证等手段，超售国债为本单位筹资的，没收其全部超售金额，并处以超售额 30% ~100% 的罚款；违反本办法有关规定或未履行规定义务，情节严重者，经财政部、人民银行和证监会三方共同裁定，有权在一定时间内停止或永久性取消其国债一级自营资格及与之相关联的权利，并通过新闻媒介予以公布。该管理办法共有 7 章 31 条，对国债一级自营商的资格条件、享有的权利、须履行的义务以及国债一级自营商的申请、审查和确认等做了具体规定。

1994 年

1 月

1 日 我国实施新的外汇管理体制。人民币官方汇率与外汇调剂市场汇率并轨，实行单一的、有管理的浮动汇率制；取消外汇留成和上缴，中资企业开始向银行结汇；外汇券停止发行，禁止外币在境内计价、结算和流通。当日人民币兑美元汇价由 5.8 元人民币/美元下调到 8.7 元人民币/美元。

5 日 国务院发布《关于中国证券监督管理委员会列入国务院直属事业单位序列的通知》。根据中国证监会的职责、任务和开展工作的需要，国务院决定中国证监会为国务院直属事业单位。

8 日 大亚湾核电站完成首次对外还款。根据英国、法国对大亚湾核电站项目出口信贷的规定，1994 年 1 月 7 日是大亚湾核电站第一次对外还款日。偿还外债中的 8.5 亿法国法郎按 1 美元兑 6.13 法郎远期交割价买入，1 950 万英镑按 1 英镑兑 1.39 美元买入。2 月 6 日，大亚湾核电站正式投产。中国人民保险公司是大亚湾核电站的独家承保人，共承担 31.6 亿美元的风险责任。

11 日 国务院发布《关于进一步深化对外贸易体制改革的决定》。国务院决定：在金融、财税、投资、外汇等重点领域进行重大改革的同时，进一步深化对外贸易体制改革。外贸体制改革的目标是：统一政策、放开经营、平等竞争、自负盈亏、工贸结合、推行代理制，建立适应国际经济通行规则的运行机制。具体规定为：1. 从1994 年 1 月 1 日起，国家实行新的外汇管理体制。外商投资企业的外汇管理仍先按现行办法进行。作为一项过渡措施，改革初期对出口企业按结汇额的 50% 在外汇指定银行设立台账，出口所需用汇及贸易从属费，凭规定的有效凭证，由银行在其台账余额内办理兑付；超过台账余额的用汇，仍持有效的凭证到外汇指定银行办理兑付。2. 国家不再给各省、自治区、直辖市及计划单列市和进出口企业下达外贸承包指令性计划指标，对进出口总额、出口收汇和进口用汇实行指导性计划管理，对企业的经营目标进行引导。对少数重要的进出口商品实行配额控制。实行有利于外贸出口发展的信贷政策，银行对各类外贸企业出口贷款予以优先安排，贷款规模的增长与出口的增长保持同步。设立中国进出口银行，为机电产品、成套设备等资本货物进出口提供政策性金融支持。3. 转换外贸企业经营机制，逐步建立现代企业制度。4. 强化进出口商会的协调服务职能，完善外贸经营的协调服务机制。5. 保持外贸政策的统一性，增强外贸管理的透明度。

12～15 日 全国金融工作会议在北京召开。会议确定 1994 年金融工作的方针是：继续整顿金融秩序，稳步推进金融改革。严格控制信用总量，切实加强金融监管。国务院副总理兼中国人民银行行长朱镕基在会上强调：1. 要严格控制今年的信贷规模总量。主要是控制各级银行的固定资产投资贷款。各级银行对于超过贷款规模总量的项目、未经批准开工的项目、化整为零的项目，一律不予贷款，一个项目也不许贷，一块钱也不能超过。谁用不正当的手段突破信用总量，就要追查谁的责任。2. 在政策性业务分离出去以后，各专业银行要向商业银行过渡。各专业银行先实行贷款限额控制下的资产负债比例管理，逐步建立自我约束和风险责任机制，做到自主经营、自负盈亏。要配合《中华人民共和国企业破产法》的实施，用好1994年增加提取的呆账准备金。3. 各级人民银行分行要切实转变职能，真正把主要精力放在稳定货币和金融监管上。当前特别要防止乱集资活动的抬头，发现一个要制止一个。4. 要切实贯彻邓小平同志的指示，“把银行真正办成银行”，而不要办成“货币发行公司”和“金库”，更不能成为不上锁的“金库”。

13日 中国证监会、国家外汇管理局发布《关于境外上市企业外汇管理有关问题的通知》。该通知规定：境内企业到境外发行股票，其发行股票所筹资金属于资本项目收入，经国家外汇管理局批准，可在境内开立外汇账户，保留现汇。境内企业在境外发行股票应当在外汇资金到位后10天内，将所筹外汇资金全部调入中国境内，存入经批准开立的外汇账户。境内企业在境外发行股票派付给境外持股人的股息、红利所需外汇，经外汇局批准，开户银行可以从其外汇账户中支付并汇出，其他用汇按有关规定办理。境内企业在境外发行股票所筹外汇资金总额达到企业净资产总额的25%或以上时，可以向中国对外贸易经济合作部或其授权部门申请办理中外合资企业有关手续，经批准作为中外合资企业的，有关外汇收支事宜，按对外商投资企业外汇管理规定办理。

14日 中国政府发行第一笔全球债券。财政部代表中国政府正式向美国证券交易委员会注册登记发行10亿美元全球债券，用于交通、能源、通信等基础设施建设。债券发行的牵头机构为美国的美林证券公司，债券将由包括全球各主要证券公司和银行在内的包销团承销，并同时在美国、欧洲、亚洲分销。

18日 中国人民银行印发《人民银行分支行转换职能的意见》。中国人民银行开始履行中央银行职能后，其分支机构受一些具体业务的困扰，忙于分资金、分规模，直接管理开发性具体业务，忙于审批机构，从而分散了精力，影响货币政策的执行和金融监管，不能有效地行使人民银行的职能。针对这些问题，该意见提出了划分人民银行总行和各级分支行之间职责权限的基本思路：总行集中资金权（包括货币发行权、基础货币吞吐权、信贷规模调剂权和利率调节权），省以下机构的主要职能是金融监督管理、调查统计分析、横向头寸调剂、经理国库、现金调拨、外汇管理、联行清算和金银管理等。

中国人民银行发布《关于世界银行住房与社会保障体制改革项目贷款有关金融政策的通知》。根据国务院有关部门和世界银行代表达成的协议，世界银行同意从1994年6月起对北京、成都、宁波、烟台、广汉市提供3.5亿美元政策调整贷款，贷款期限为20年，还本宽限期为5年。为此，该通知规定：指定银行使用世界银行项目转贷款资金对住房管理公司发放贷款，必须用于新建和翻修对职工出租的住房，不得用于购买已建成的住房；贷款中用于拆迁和购买土地的支出不超过该项贷款的50%；借款人须自备20%以上的资金，并以规定数量的存量住房全部产权及其租金收入作为贷款抵押；贷款期限为20年，还本宽限期最长不超过2年；贷款利率实行可调整利率，采取月（或季度）本金等额偿还。指定银行使用世界银行项目转贷款资金对职工个人发放贷款，限用于购买职工个人及其家庭居住的住房；借款人自筹所购买住房房价30%以上的资金，并以该房的全部产权作为贷款抵押；贷款期限为20年，实行可调整利率，按月（季度）偿还本金。指定银行办理世界银行项目转贷款业务，逾期贷款不应超过其贷款余额的2%。

25日 国务院发布《关于继续加强固定资产投资宏观调控的通知》。该通知规定：1. 对固定资产投资的宏观调控必须进一步加强。金融秩序混乱和固定资产投资规模失控，是导致和加剧通货膨胀的主要原因。因此，必须对固定资产投资严格进行宏观调控。2. 集中财力、物力，保证重点建设。各地区、各部门要在1993年清理审核建设项目的基础上，对建设项目进行排队，优先保重点收尾、投产项目和重点续建项目。各级财政和银行不得对计划外项目拨付建设资金和发放贷款。对国家计划内的重点项目要从1994年年初开始，安排好分季度的资金拨付计划，逐月调度资金，第一季度不低于15%，上半年不低于40%。要结合项目的排队，对国家重点建设项目中地方的自筹资金重点予以落实，严禁用银行贷款和非法集资充抵自有资金来源。凡是自筹资金不到位的项目，中央财政不得拨付资金，各级银行不许发放贷款。3. 从严审批新开工项目，缩短建设战线。今后新开工项目必须坚持三条原则：一是不能搞无本投资，新建项目必须落实一定比例的资本金；二是不能挪用流动资金贷款搞投资；三是新建项目必须打足铺底流动资金，流动资金不落实的不能开工。4. 加强对项目审批工作的管理，搞好项目规划。5. 加强资金源头控制，严格固定资产投资贷款管理。人民银行要严格控制固定资产投资贷款的总量和投向。国家下达的固定资产投资贷款计划，各级银行必须严格执行，不得突破。国家开发银行成立后，政策性（即基础设施、基础工业和支柱产业）大中型和限额以上项目贷款以及与其配套的小型项目贷款，已划归国家开发银行统筹安排，各专业银行已没有相应的贷款规模，不得再发放此类贷款。国家开发银行要把工作重点放在强化固定资产贷款总量控制和优化资金配置上，集中资金确保国家政策性重点建设项目。各专业银行也要按照国家统一的产业政策发放贷款，在向商业银行过渡时期，实行贷款限额控制下的资产负债比例管理，固定资产贷款仍实行指令性计划管理。各金融机构不准挪用银行同业拆借资金发放固定资产贷款，不准用银行贷款垫付自筹资金缺口；未经批准，非银行金融机构不准发放固定资产贷款；不准对未经国务院和国家计委批准的新开工项目发放贷款。6. 加强对资金市场的规范化管理。各地区、各部门必须严格执行国家下达的证券发行计划，发行债券和股票必须严格履行国家规定的审批程序，不得擅自扩大债券发行规模和股份制试点范围，不得以内部股份制试点的名义进行高利率集资。各级银行要按人民银行的统一部署，继续抓紧纠正和清收违章拆借的工作。不准用国际商业贷款倒换人民币扩大建设规模。7. 对在建项目进行普查和建立项目登记备案制度。8. 加强对房地产开发建设和开发区建设的管理。9. 加强对外商直接投资项目的引导和规范化管理。10. 加强对投资宏观调控工作的领导。

财政部首次利用上海证券交易所交易及清算网络发行1994年半年期和1年期的非实物国库券。半年期50亿元，年利率为9.8%；1年期100亿元，年利率为11.98%。2月26日，半年期无纸化国债率先在上海证券交易所挂牌交易。

27日 中国人民银行、国家经济贸易委员会、国有资产管理局联合发布《关于防止银行信贷资产损失的通知》。针对一些企业借破产、兼并、改组、承包、租赁和合资、分立之名，转移企业资产，逃避对银行贷款和利息的清偿责任的做法，该通知要求：1. 各地银行、经贸委和国有资产管理部门对实行兼并、改组、承包、租赁、合资、分立的企业的债务清偿情况进行一次认真检查，有关银行按原合同规定收回贷款和利息或与债务人重新签订贷款合同，对已造成的损失由有关企业承担补偿责任。2. 凡有银行贷款的企业，在进行产权变动和经营方式调整时，必须经贷款银行、经贸委、国有资产管理部门联合审批同意后，才可向工商行政管理局申请营业执照。对于资产分割、处置不合理、银行债务不落实的转制企业，及时通知工商行政管理部门考虑停发营业执照。企业转制前的清产核资，其财产、资金、债权债务的清理、评估、分割、交换和变卖转让处理工作须有银行参加。未经银行和国有资产管理部门审查批准，任何单位和部门一律不准冲销和冲减银行贷款本息。3. 企业因改变资产经营形式、重组和产权变动等与银行的债权债务关系发生变化，要分类处理。4. 对于企业采取不正当手段擅自推脱、逃避和悬空银行债务的，擅自停息挂账的，银行按规定在信贷、会计结算、现金管理等方面给予制裁，包括停止贷款、扣收贷款、加息罚息、控制现金支取、不办理结算、依法诉讼、处分抵押物等。

2月

4日 国务院证券委员会办公室就1994年股票市场有关政策性问题发表谈话。谈话的主要内容是：国务院决定1994年国内人民币股票发行计划为55亿元，与1993年调整后的计划持平；暂停审批新的法人股上市，抓紧研究制定有关法规，完善现行办法；1993 年我国 6 家企业在香港成功上市，1994 年第一批到境外上市的企业有 22 家，均为大型国有企业；抓紧制定对企业发行内部职工股实行规范化管理的办法，对以内部股份制试点名义进行高利率集资的企业，国务院证券委和中国证监会将不受理公开发行股票复审工作，更不允许上市交易。

中国证监会新闻发言人就股票市场若干政策性问题发表谈话。发言人表示，1993 年年底，国家体改委在与证监会协商后，对 1990 年以前已公开发行股票、可以继续进行股份制试点的企业进行重新确认，允许这些企业向证监会提出申请，将其股票公开发行的部分上市，其中确属 1990 年年底前公开发行的部分，可以不占股票发行额度。1993 年，在总结以往上海、深圳股票认购表发售经验教训的基础上，实行了只收工本费、后抽签交股款的无限量发售申请表的办法。

中国证监会公布对中国农业银行襄樊市信托投资公司上海证券营业部（以下简称襄樊上证）的处理情况。证监会新闻发言人在就目前股票市场若干政策性问题的谈话中，公布了 1994 年 1 月 8 日中国证监会关于襄樊上证的处理情况：在获得内幕信息后，襄樊上证于 1993 年 9 月 17 ~ 27 日分三次自营购入“延中实业”股票 62.78 万股，并于 10 月 7 日高价抛出，该公司从中所获盈利人民币 16 711 808 元及现存“延中实业”股票余额 5 300 股的潜在市场收益均属非法所得；获得内幕消息后，襄樊上证在自营购入延中实业股票过程中动用的近 672 万元资金中，绝大部分是占用客户存入的保证金；在炒作“延中实业”股票的过程中，在资金渠道、管理人员、信息利用和账务处理上，混淆自营业务与代理业务。上述行为分别构成内幕交易行为、挪用客户保证金、违背客户真实意愿及损害客户利益、证券经营机构将自营业务和代理业务混合操作等违法行为。证监会决定对其非法所得全部予以没收。襄樊上证现存的“延中实业”股票余额 5 300股应自收到本处罚决定之日起 3 日内按市价卖出，所获收入扣除按 9 月 17 日每股 9.64 元的买入价计算的成本后的盈利被予以没收。对襄樊上证处以罚款人民币 200 万元。暂停襄樊上证的自营业务 2 个月，责成其进行内部整顿。

12 日　公安部、中国人民银行、国务院证券委员会联合发布《关于加强股票市场治安管理工作的通知》。该通知指出，近两年来，全国股票市场发展迅速。1993 年全国发行股票逾 37 亿元人民币，上海、深圳证券交易所挂牌上市公司已达到 180 家，市价总值达 4 000 亿元人民币，全国各类股票代理交易机构约 1 500 家，登记开户股民人数约 800 万。为了保证股票市场的健康发展，维护社会稳定，需要加强证券法制宣传教育，提高股民的风险意识，股票发行工作必须坚持“公开、公正、公平”的原则，股票交易场所要依照“谁主管、谁负责”的原则，建立和完善内部安全防范措施，提高防范能力，在近期内进行一次以“防火、防盗、防挤、防抢”为主要内容的安全检查，公安机关要配备足够的安全保卫力量，维护好发售网点的秩序，保证各种认购证、股票、现金的运输安全，防止挤死、挤伤群众事件的发生。

15 日　中国人民银行发布《信贷资金管理暂行办法》。该暂行办法规定：人民银行对货币信贷总量的控制，要由信贷规模管理为主的直接控制逐步转向运用社会信用规划、再贷款、再贴现、公开市场操作、准备金率、基准利率、比例管理等手段的间接控制。同时要建立经济、金融宏观指标监测体系，通过对国民生产总值、物价指数、国际收支状况等主要指标的分析、预测，确定货币供应量的年度增长幅度。货币供应量的中长期目标是 M_2，短期目标是 M_1。商业银行须按照人民银行规定的业务范围吸收存款、发放贷款和组织资金营运，实施资产负债比例和风险管理。政策性银行的信贷资金实行计划管理、定向筹集和使用、自求平衡、保本经营的原则。非银行金融机构坚持以资本总额制约资产、资金自求平衡的原则，当发生头寸困难时，可以向人民银行申请头寸借款或再贴现。金融机构之间的同业拆借按期限分为 7 天（含）以内的同业头寸拆借和 7 天以上、4 个月（含）以内的同业短期拆借，须通过人民银行牵头的融资中心，主要采用同业融通票据、贴现和转贴现方式办理。该暂行办法自 1994 年 2 月 1 日起实施。

中国人民银行发布《关于对商业银行实行资产负债比例管理的通知》。该通知决定从 1994 年开始，对商业银行的资金使用实行比例管理。鉴于各商业银行的具体情况，对存贷款比例指标考核实行区别对待：对交通银行、中信实业银行、中国光大银行、华夏银行和其他商业银行、中外合资银行实行按余额考核；对中国工商银行、中国农业银行、中国银行、中国人民建设银行实行按增量考核。鉴于提高资本充足率要有财税改革相配套，对商业银行的资本充足率指标短期内难以达到的，采取逐年提高的办法，由各商业银行根据自身情况制订分步实施计划，逐步达到，但最后期限不得超过 1996 年年底。

中国人民银行同时下达了《商业银行资产负债管理暂行监控指标》。具体为：1. 资本总额与加权风险资产总额的比例不得低于 8%，其中，核心资本不得低于 4%，附属资本不能超过核心资本的 100%；2. 各项贷款与各项存款的比例不超过 75%；3. 1 年期以上（含 1 年期）的中长期贷款与其存款的比例不得超过 120%；4. 流动性资产与其负债的比例不得低于 25%；5. 备付金比例指标由人民银行根据各行情况核定；6. 对同一借款客户的贷款余额与银行资本余额的比例不得超过 15%，对最大 10 家客户发放的贷款总额不得超过银行资本总额的 50%；7. 拆入资金余额与各项存款余额的比例不得超过 4%，拆出资金余额与各项存款扣除存款准备金、备付金、联行占款之后的余额的比例不得超过 8%；8. 向股东提供贷款余额不得超过该股东已缴纳股金的 100%；9. 逾期贷款余额与各项贷款余额的比例不得超过 8%，呆滞、呆账贷款与各项贷款余额的比例分别不得超过 5%、2%。

18 日　国家经济贸易委员会、中国人民银行发布《关于支持国有工业企业流动资金贷款的通知》。该通知决定：1994 年和 1995 年对国有工业企业流动资金贷款特别是对亏损企业贷款进行过渡性管理，力争到 1996 年使企业的自有流动资金比例提高到 25% 左右，为银行实行贷款限额控制下的资产负债比例管理创造外部条件。对煤炭、化肥、有色金属和纺织等重点行业的亏损企业实行区别对待、基数管理：即对在 2 年内可实现扭亏或减亏的企业适当支持，帮助其渡过难关；对扭亏无望、资不抵债的收紧贷款，促其破产；对亏损企业的贷款以 1991—1993 年亏损企业实际得到流动资金贷款的平均数为基数，保证贷款不低于基数。对亏损工业企业基数贷款，所需的资金由专业银行统筹安排；专业银行的资金有困难时，人民银行可适当予以支持，并对基数管理的实施范围做了明确规定。

4 月 7 日，国家经贸委、中国人民银行、中国工商银行联合下发了《关于发放国有企业流动资金贷款的紧急通知》，要求对于长期亏损、没有还贷能力的企业，采用“三家抬”的办法（地方政府补贴、企业主管部门拿出一部分资金、银行拿出一部分贷款）共同保证职工的基本生活和社会稳定。对采取上述措施仍然不能救活的亏损企业实施破产，资产转移和拍卖所得首先用于安置职工，其次用于归还银行贷款；不足归还的，经专业银行总行批准，冲销银行呆账准备金。

25 日　国务院颁布《中华人民共和国外资金融机构管理条例》。该管理条例包括总则、设立与登记、业务范围、监督管理、解散与清算、罚则和附则共 7 章 51 条。主要规定如下：设立外资金融机构的地区由国务院确定。中国人民银行是管理和监督外资金融机构的主管机关；外资金融机构所在地区的中国人民银行分支机构对本地区外资金融机构进行日常管理和监督。设立外资银行、合资银行的最低注册资本为 3 亿元人民币等值的自由兑换货币；外资财务公司、合资财务公司的最低注册资本为 2 亿元人民币等值的自由兑换货币；其实收资本不低于其注册资本的 50%，并向中国人民银行提出书面申请。外资银行、合资银行、外资财务公司、合资财务公司的总资产不得超过其实收资本与储备金之和的 20 倍；对 1 个企业及其关联企业的放款，不得超过其实收资本与储备金之和的 30%；投资总额不得超过其实收资本与储备金之和的 30%；固定资产不得超过其实收资本与储备金之和的40%。外资金融机构从中国境内吸收的存款不得超过其总资产的40%，并按照规定计提呆账（坏账）准备金。外资银行、合资银行、外资财务公司、合资财务公司的实收资本低于注册资本的，必须每年从其税后利润中提取25%予以补充，直至其实收资本与储备金之和等于其注册资本。外资金融机构应当聘用至少1名中国公民为高层管理人员。外资金融机构自行终止业务活动，须经中国人民银行审查批准后予以解散并进行清算；无力清偿到期债务的，中国人民银行可以责令其停业，限期清理。该管理条例自1994年4月1日起施行。

3月29日，中国人民银行制定了《中华人民共和国外资金融机构管理条例实施细则（试行）》（以下简称《细则》）和《外资金融机构存款准备金缴存办法》（以下简称《办法》）。《细则》规定：外资金融机构（除外资银行分行外）在中国境内总资产未超过其实收资本前，资本金不得运用于境外。外资银行分行须将营运资金的30%汇入指定的外汇账户，按国内同业6个月期美元存款利率计息，每半年结息一次。《办法》规定：3个月以下存款的准备金缴存比率为5%，3个月以上（含3个月）存款的准备金缴存比率为3%。中国人民银行可视情况需要随时调整存款准备金率。外资金融机构第一次缴存存款准备金后，每月调整一次。存款准备金按美元和港元缴存。

国务院办公厅印发《中国人民银行和国家外汇管理局职能配置、内设机构和人员编制方案》。该方案明确，根据第八届全国人民代表大会第一次会议批准的国务院机构改革方案，保留中国人民银行。中国人民银行要大力强化金融宏观调控职能，建立在国务院领导下独立执行货币政策的中央银行调控体系，使人民银行成为真正的中央银行。中国人民银行设18个职能司和机关党委，即办公厅、计划资金司、政策研究室、条法司、调查统计司、银行司、保险司、非银行金融机构司、金融市场管理司、稽核监督局、支付与科技司、国际司、外资金融机构管理司、货币金银司、会计司、国库司、人事司、教育司、机关党委。行政编制为910人。其中，行长1名，副行长4名。10月28日，中国人民银行印发了《关于加强中国人民银行各分支和机构设置、人员编制管理的通知》。要求在2~3年内把金融秩序整顿好，以适应人民银行分支行转换职能的需要。

2月28日至3月3日 全国扶贫开发工作会议在北京召开。会议宣布，国务院决定从1994年起实施《国家“八七”扶贫攻坚计划》，力争在20世纪最后的7年内，基本解决目前全国8 000万贫困人口的温饱问题。国务院决定，1994—2000年，每年再增加10亿元扶贫专项贴息贷款。

3月

2日 中国人民银行发布《关于外资银行在外汇管理体制改革后有关业务经营问题的通知》。该通知对在华外（合）资银行业务的经营作出补充规定：外（合）资银行经国家外汇管理局批准可以成为外汇交易市场的会员，参加全国统一的银行间外汇交易市场的交易清算；外（合）资银行为办理结、售汇业务，可在所在地的中国人民银行分行开立人民币专项账户，其售汇所得人民币资金存入专项账户，其结汇所需的人民币资金可以自行用其营运资金从外汇交易市场上获得，并通过专项账户支付，结、售汇专项账户的人民币资金只能用于上述结算，不得挪作他用；中国人民银行根据外（合）资银行的结汇工作量核定结算人民币周转金。外（合）资银行可以继续办理代理外币及外币票据兑换和代理外币信用卡付款业务，其代理的银行可为其他国内外汇指定银行。该通知自4月1日起施行。

4日 沈太福案件结案。北京市中级人民法院依法作出一审如下判决：北京市长城机电科技产业公司（以下简称北京长城公司）总裁沈太福犯贪污罪、行贿罪被判处死刑，剥夺政治权利终身，没收个人全部财产。北京长城公司进行非法集资活动是新中国成立以来罕见的金融大案。

沈太福及其妻子于1993年3月2日以借电机款的名义，从公司集资部提取集资款100万元，以其妻子个人的名义存入银行，后将此款据为己有。1993年2月，沈太福以借取专利提成费为名，先后填写两张各100万元的借款单，用其中的一张从北京长城公司所属的深圳太福公司支取100万元，另一张交他人代提现金。此后，他又指使他人，拟定了沈太福个人可按销售额的10%提取专利提成费的董事会决议，并把该决议的日期倒签为1月4日。沈太福提取的100万元给了其妻子40万元，她即以个人名义存入北京长城公司集资部，另60万元被沈太福送给他人。沈太福让他人代提的100万元在他被羁押后，由公司的有关人员为他缴纳了个人收入调节税32万元，冲抵他在深圳太福公司的部分个人借款68万元。

5日 第八届全国人民代表大会常务委员会第六次会议通过《中华人民共和国台湾同胞投资保护法》。其中规定：台湾同胞投资者可以用可自由兑换货币、机器设备或者其他实物、工业产权、非专利技术等作为投资；台湾同胞投资，可以举办合资经营企业、合作经营企业和台湾同胞全额投资企业，也可以采用法律、行政法规规定的其他投资形式。台湾同胞投资企业依照国务院有关规定享受优惠待遇。台湾同胞投资者依法获得的投资收益、其他合法收入和清算后的资金，可以依法汇回台湾或者汇往境外。

10日 中国人民银行发布《关于实施新结售汇制后国家外汇买卖若干问题的通知》。该通知规定：4月1日后，人民银行不再委托中国银行和交通银行办理国家外汇的买卖业务，不再提供国家外汇人民币资金，原有的国家外汇资金不再用于新的外汇售汇业务。1993年年底以前未用完的外汇额度仍可配汇，外汇资金从国家外汇储备中支付，人民币资金交付人民银行。今后，中国银行和交通银行应使用自有资金向客户办理结汇、售汇业务，按规定的比例保留外汇头寸。

10～22日 第八届全国人民代表大会第二次会议在北京召开。国务院总理李鹏做《政府工作报告》。该报告指出，抓住机遇、深化改革、扩大开放、促进发展、保持稳定是全党和全国工作的大局。我们在各项工作中都要服从和服务于这个大局，认真处理好改革、发展、稳定三者之间的关系。1994年的经济工作是，深化改革，扩大开放，加强和改善宏观调控，大力调整经济结构，推动技术进步，积极开拓市场，提高经济效益，控制通货膨胀，保持国民经济持续、快速、健康发展。

该报告指出，随着社会主义市场经济的发展，金融在国民经济中的作用日益重要。要稳步推进金融体制改革，建立强有力的中央银行宏观调控体系，使人民银行能够有效地调控货币供应量，保持币值稳定。要积极而又稳妥地实行政策性银行和商业性银行职能的分离。除组建国家开发银行外，还要组建中国进出口银行以及中国农业发展银行。现在的国有专业银行要逐步转变为国有商业银行。我国经济处于快速增长时期，资金紧张问题将长期存在。近两年货币、信贷总量增加很多，但由于经济发展很快，建设规模过大，资金供需矛盾仍很突出。1994年要努力保持货币发行和信贷的适度规模，防止投资膨胀，同时要继续优化信贷结构，整顿金融秩序，严格结算纪律，采取积极措施解决企业之间的“三角债”，提高资金使用效益。要严格实施出口全额结汇和进口付汇的管理制度，严格资本项目外汇收支的监管，防止外汇流失。要进一步发展和完善外汇市场。中国人民银行要加强外汇市场管理，为供求双方提供方便，适时调节供求，平抑汇价。

11日 国有资产管理局发布《股份制试点企业国有股权管理的实施意见》。该实施意见规定：国有股权管理是指股份有限公司设立和存续期间的国有股权管理，特别是国有企业整体改组为股份有限公司时的国有股权管理。国有股权管理的原则是：在国家法律、法规的范围内，正确界定和行使国有股权，保障国有资产的正当权益不受侵犯，保证股份制企业中国家股与其他股同股、同权、同利，促进企业转换经营机制，建立现代企业制度，运用法人财产权利自主经营，增加资本收益与资本积累。国有股权管理的专职机构是各级国有资产管理部门。

该实施意见明确，有权代表国家投资的政府部门或机构，向股份制企业出资形成或依法定程序取得的股份，即国家拥有的股份，简称“国家股”。具有法人资格的企业以其依法占用的法人资产向独立于自己的股份制企业出资形成或依法定程序取得的股份，即法人拥有的股份，简称“法人股”。国有企业向股份制企业出资形成或取得的股份是“法人股”，股权归该国有企业拥有，也可称之为“国有法人股”。归国家拥有和归国有企业拥有的股份统称为“国有股”。区分国家股和法人股，是国有企业进行股份制改组时明确产权归属和产权管理主体的需要，是国有股权管理的需要，其差别在于持股单位的性质和股权管理方式不同。就证券交易与证券市场管理而言，国家股、法人股与其他类别股票应当享有同等权利，从长远来看它们之间没有差别，无须加以区分。

该实施意见对股份制试点企业设立时的国有股权管理、股份制试点企业设立后的国有股权管理、关于国有股权管理的若干具体问题，包括资产重组、股权设置、股权结构、净资产折股与预定发行价格、国有股权的持股单位和行使方式以及国有土地使用权等做了具体规定。

18 日　深圳证券交易所首批债券挂牌上市。上市品种包括 1991 年国库券，1992 年 3 年期、5 年期国库券，1993 年 3 年期、5 年期国库券。

26 日　中国人民银行发布《结汇、售汇及付汇管理暂行规定》。为了规范结汇、售汇及付汇行为，实行经常项目下人民币有条件可兑换，该规定要求：1. 境内所有企事业单位、机关、社会团体的各类外汇收入必须及时调回境内，境内机构取得的外汇须全部结售给外汇指定银行；2. 境内机构的贸易和非贸易经营性对外支付用汇，到外汇指定银行兑付；3. 所有对外支付，有外汇账户的，且支付用途符合外汇账户规定的使用范围的，首先使用其外汇账户余额，余额不足方可购汇。本规定自 1994 年 4 月 1 日起施行。

28 日　中国经济技术投资担保公司（以下简称中投保公司）正式运营。成立于 1993 年的中投保公司是主要从事信用担保业务、兼营投资等业务的全国性非银行金融机构，由财政部和国家经贸委联合组建，注册资本和实收资本均为 5 亿元人民币（含 1 800 万美元）。公司的业务范围是经中国人民银行批准的人民币担保、投资、评审外汇担保、外汇投资、外汇借款、外汇放款、外汇有价证券买卖和代理买卖等。

30 日　国家外汇管理局发布《境内居民因私出境兑付外汇的有关规定》。为便利批准因私出境的境内居民用汇，该规定要求境内居民因私出境用汇可以向当地中国银行提交有关证件和证明按当日挂牌汇率兑换外汇，并对出境探亲、定居、留学、参加国际学术会议等以及从境外购买药品、医疗用具兑换外汇的标准分别做了规定。该规定自 1994 年 4 月 1 日起施行。

31 日　中国人民银行、财政部、国内贸易部、农业部、中国农业银行联合发布《关于将发放粮棉预购定金改为发放农业贷款的通知》。决定 1994 年停止发放粮食预购定金和和棉花贴息贷款。农民春耕生产所需的资金由农业银行、信用社发放农业贷款予以解决。

中信实业银行与美国运通公司签订速汇即付业务协议。速汇即付业务 1988 年首创于美国，是一种新的小额汇款方式（汇款金额不超过 3 000美元），从汇款到收款只需 10 分钟。世界上已有 70 多个国家和地区的 13 500 家金融机构办理此项业务。中信实业银行是我国首家开展该项业务的银行。

4 月

1 日　中国人民银行在上海成立公开市场操作室。正式在银行间外汇市场通过买卖外汇进行公开市场操作。

中国人民银行印发《外汇账户管理暂行办法》。该办法对外汇账户开立的条件、范围和审批、管理，以及账户的撤销及检查等做了具体规定。境内机构、驻华机构可以向外汇局提出申请，持外汇局核发的“外汇账户使用证”到外汇指定银行开立外汇账户并按照该办法规定办理外汇收付。境内机构需在境外开立外汇账户的，须经外汇局批准。外汇局对外汇账户实行年检制度。

4日　中国外汇交易中心在上海成立并开始运行。1994年2月15日，中国人民银行发布通知，决定设立中国外汇交易中心（以下简称交易中心）。2月28日，国家外汇管理局发布《中国外汇交易中心章程》。交易中心是全国统一的银行间外汇交易市场，为经营外汇业务的金融机构相互买卖外汇和清算服务。注册资金为人民币1亿元。交易中心实行会员制，经营外汇业务的金融机构可向中心申请成为会员。交易中心的交易方式有现场交易和远程交易，按照“价格优先、时间优先”的成交方式实行分别报价、撮合成交的竞价交易和本外币集中清算。中国人民银行按照前一营业日市场成交的加权平均价，公布人民币兑外币的汇率。会员之间买卖外汇允许在公布的汇率上下3‰的幅度内浮动。中央银行在交易中心设立公开市场操作室，根据宏观经济政策的目标进行干预，调节供求，稳定汇率。建立全国统一的银行间外汇市场是改革我国外汇管理体制和实现以市场供求为基础、有管理的浮动汇率制度的重要内容。1994年，年加权平均价（美元/人民币）为8.5829，累计成交408.4亿美元。

国家国有资产管理局发布《关于在上市公司送配股时维护国家股权益的紧急通知》。该通知指出：最近一个时期，某些上市公司在决定送配股和分红事宜时，对国家股、法人股和个人股采取不同做法，区别对待，损害了国家股的利益。该通知规定：国家股持股单位在任何情况下不得随意放弃配股权；在不影响控股地位时，可以转让配股权；配股权转让的限制及通过购买配股权认购的股份的转让办法，均按照证券监管机构的规定执行；国家股持股单位不得以任何理由、任何方式同意单方面缩小国家股权比例。各地方国有资产管理部门和国务院各行业主管部门不得擅自批准国家股持股单位放弃配股权，接受不平等送配股和分红方案，或单方面缩小国家股权比例。

1994年10月27日，中国证监会发布《上市公司办理配股申请和信息披露的具体规定》。其中明确：配股权出让后，受让者由此增加的股份暂不上市流通。1994年已实施过转配方案的上市公司，也按本规定处理。在与该规定一起下发的“公开发行股票公司信息披露的内容与格式准则第四号《配股说明书的内容与格式（试行)》说明”中，要求信息披露时正文内容包括：如进行配股权的转让，应详细说明转让的方式，并明确说明国家目前对转让后股份的流通方式的政策。

5日　国家外汇管理局下发《关于目前外商投资企业外汇管理若干操作问题的通知》。为了配合外汇管理体制改革措施的出台，保障改革的顺利进行，在外商投资企业外汇管理有关规定尚未公布之前对若干操作问题规定如下：1. 新建外商投资企业在营业执照颁发60天内应向外汇局当地分局办理外汇登记手续，持登记证到外汇指定银行开立外汇账户；未办妥外汇登记的新建企业可开立3个月临时账户。2. 企业生产经营范围内的对外支付，外方投资者利润的汇出以及外籍华侨、港澳台职工工资及其他正当收益可从开户银行的外汇账户支付，没有外汇账户或账户金额不够的，到外汇调剂中心购买外汇。3. 保留各地外汇调剂中心，办理外商投资企业间的外汇买卖。4. 企业使用人民币利润进行再投资时，应出示利润分配决议书、纳税证明及验资证明。除外，人民币不得作为投资资本。该通知自1994年4月1日起执行。

6日　国务院办公厅转发国务院证券委员会《关于停止钢材、食糖、煤炭期货交易的请示》。该请示认为：当前我国期货市场还很不成熟，一些交易所的会员结构也不合理，已经出现的过分投机、少数大户操纵市场和人为哄抬价格等情况，导致合同越来越失去约束力，企业间相互拖欠货款越来越多。更为严重的是，目前全国已有15个交易所推出相同的钢材期货品种，7个交易所进行相同品种的食糖期货合约交易，还有的交易所正在设计煤炭标准化期货合约，并准备推出上市，这不仅造成重复上市、资源浪费，妨碍了期货市场套期保值的基本经济功能的发挥，还对市场物价波动起到了推波助澜的作用。

国务院证券委员会建议：1. 停止钢材、食糖的标准化期货合约交易；已经经营钢材和食糖期货的交易所，停止推出10月以后的期货合约。对于目前正在交易的期货合约，可继续交易到其交割日。2. 允许继续以非标准化远期合同的形式进行交易，但严禁非法倒卖合同，转手抬价。3. 各煤炭交易所和煤炭批发市场停止煤炭品种的标准化期货合约的设计和上市。4. 各交易所今后一律不得自行决定上市新的期货品种。新品种上市要经过充分的论证后，报中国证监会审批。5. 任何金融机构均不得出具期货交易保函证明。禁止任何期货交易所接受银行保函作期货交易保证金。6. 当期货价格发生剧烈波动时，中国证监会可要求交易所提高保证金比率。4月22日，经国务院批准，国务院办公厅转发了国务院证券管理委员会关于停止钢材、食糖、煤炭期货交易的6点意见。

8日 中国人民银行发布《关于做好1994年信贷资金管理工作的通知》。为了防止出现严重的通货膨胀，该通知规定：1. 1994年对各金融机构实行有条件的资产负债比例管理，以严格控制信贷总量；2. 严格控制固定资产贷款；3. 完善中央银行宏观调控手段，进一步规范和推进货币市场发展；4. 认真执行“区别对待、扶优限劣”的信贷政策，进一步优化信贷结构；5. 加强和完善信贷资金的管理，逐步建立有效的约束机制和风险防范机制；6. 加强金融监管，严格分业经营和分业管理；7. 大力组织存款，增加信贷资金来源；8. 加强对人民银行贷款的管理；9. 上海、深圳两市贷款限额管理实行过渡办法；10. 加强调查统计和分析研究工作。该通知对上述10个方面的工作提出了具体要求。

11日 中国人民银行发布《固定资产贷款专款稽核实施方案》。严格控制固定资产贷款，严肃查处金融机构违规发放固定资产贷款的问题，是1994年稽核工作的重点。该方案决定对1994年度发放的固定资产贷款采取报送稽核与现场稽核相结合的方式进行专项稽核。稽核对象为地市（含地市）级以上国有商业银行、其他商业银行、非银行金融机构。稽核期为1994年1月1日至12月31日。该方案对稽核内容、稽核依据、稽核方式、稽核要求做了具体规定。

中国太平洋保险公司（以下简称太保公司）收购香港万利保险有限公司。太保公司以2 200万港元（约合282万美元）收购香港万利保险有限公司。收购后的香港万利保险有限公司改名为中国太平洋（香港）保险有限公司，由太保公司全部控股。太保公司是继中国人民保险公司、中国平安保险公司之后于1991年成立的又一家全国性保险公司。

14日 国家开发银行挂牌营业。1994年3月17日，国务院发布《关于组建国家开发银行的通知》，批准了《国家开发银行组建和运行方案》和《国家开发银行章程》。国家开发银行是直属国务院领导的政策性金融机构，注册资本为500亿元人民币。国家开发银行经营和办理的业务包括：管理和运用国家核拨的预算内经营性建设基金和贴息资金；向国内金融机构发行金融债券和向社会发行财政担保建设债券；办理有关的外国政府和国际金融组织贷款的转贷，经国家批准在国外发行债券，根据国家利用外资计划筹借国际商业贷款等；向国家基础设施、基础产业和支柱产业的大中型基本建设和技术改造等政策性项目及其配套工程发放政策性贷款；办理建设项目贷款条件评审、咨询和担保等业务；为重点建设项目物色国内外合资伙伴，提供投资机会和投资信息；经批准的其他业务。

国家开发银行设立监事会，由国家计划委员会、国家经济贸易委员会、财政部、中国人民银行、审计署、对外贸易经济合作部等部门各出1位负责人以及国务院指定的其他人员组成，报国务院批准。监事会主席由监事会成员单位定期轮换担任，任期为 3 年。监事会的主要职责是：监督国家开发银行执行国家方针政策的情况；监督国家开发银行的资金使用方向和资产经营状况；提出国家开发银行行长的任免建议。监事会不干预国家开发银行的具体业务。姚振炎被任命为国家开发银行行长。28 日，国家开发银行首次发行金融债券，发行总规模为650 亿元，其中 600 亿元用于基本建设，50 亿元用于技术改造。

28 日 中国证监会与美国证券与交易管理委员会签署《中美证券合作、磋商及技术援助的谅解备忘录》。根据备忘录，中美双方将彼此进行法律实施的合作与磋商和技术援助。

恒通集团股份有限公司（以下简称恒通集团）协议收购上海棱光实业股份有限公司（以下简称棱光实业）。协议收购是指收购方在证券市场之外与目标公司的股东（主要是大股东）在股票价格、股票数量等方面进行协商，购买目标公司股份的行为。棱光实业原第一大股东上海建材（集团）总公司与珠海经济特区恒通置业股份有限公司（后更名为恒通集团股份有限公司）签订股权转让协议，恒通集团以 5 760 万元取得棱光实业 35.5% 的股权，成为棱光实业的第一大股东。这是中国证券市场上第一个获豁免全面要约收购义务、第一例国家股大宗股权转让案例，也是第一例典型的财务购并案例。

30 日 中国人民银行印发《委托注册会计师对外资金融机构进行审计的规定》。该规定明确：外资金融机构须委托注册会计师对该机构的年度财务决算进行审查。审计范围包括：外资金融机构的资产、负债、损益状况及资产质量；外资金融机构上报中国人民银行的财务报表；外资金融机构的内部控制系统和电脑系统等。注册会计师进行审查后要出具年度审查报告，出具一份经营管理建议书。外资金融机构在财务年度结束后 3 个月内将年度审查报告和管理建议书报送中国人民银行分支机构。

5 月

7 日 中国人民银行、中国农业银行、中国工商银行和中国人民建设银行联合发布《关于向中国农业发展银行划转信贷资产与负债的规定》。该规定明确：信贷资产的划转范围是：国务院确定的、中国人民银行安排资金并由中央财政予以贴息的粮食、棉花、食油、猪肉、食糖、烟叶、羊毛等 7 个品种的国家专项储备贷款；粮食系统的粮食、油料收购贷款，以及供销社系统和新疆生产建设兵团的棉花收购贷款（含粮、棉预购定金贷款）；粮食系统的粮、油调销贷款；粮食系统所属收购企业的粮油加工贷款，供销社系统和新疆生产建设兵团的棉花初加工贷款；国务院确定的、中国人民银行安排资金的扶贫贴息贷款、农业综合开发贷款、老少边穷地区发展经济贷款、贫困县县办工业贷款。划转的负债包括：开户企业的存款，应划转的信贷基金。划转的负债与划转的信贷资产的差额，用同业存放（或存放同业）予以平衡。以 1994 年 6 月 30 日作为正式划转日，并以划转日的余额划转。该规定对业务划转和资金清算的基本单位、资产的清理及划转、存款与信贷资金的划转、划转账务的平衡、划转后资金的清算等内容做了具体规定。

9 日 国务院发布《关于深化粮食购销体制改革的通知》。粮食购销体制改革包括九个方面内容：切实做好粮食收购工作，确保国家掌握必要的粮源；保护城镇人民口粮供应，安排好人民生活；平抑粮价，稳定市场；组织好产区和销区的购销衔接，疏通粮食流通渠道；加强粮食市场管理，掌握批发，放活零售；积极筹措资金，确保收购不“打白条”；建立健全粮食储备调节体系，增强国家宏观调控能力；建立两条线运行机制，深化粮食企业改革；进一步加强领导和管理，充分发挥粮食部门的主渠道作用。该通知要求：1994 年 6 月底前，粮油收购所需的银行贷款，由具备条件的粮食企业到农业银行、工商银行办理。从 7 月 1 日开始，统一到农业发展银行办理，或由农业发展银行委托农业银行办理，实行规定的优惠利率。各有关银行要集中资金保证粮油收购。对粮油加工、批发、采购、储备、进出口、多种经营等所需的资金，也由农业发展银行和其他商业银行提供。

15 日 国务院办公厅发布《关于加强国有企业产权交易管理的通知》。该通知规定：转让国有企业产权收入，首先要偿还银行债务和安置好本企业职工，其余才能由本级人民政府专项用于支持结构调整或补充需要扶持的国有企业的资本金，不准用于经常性支出和弥补财政赤字，发放工资奖金。严格禁止将国有企业产权低价折股、低价出售，甚至无偿分给个人，不准以赊销等方式转让国有企业产权或股权。已经这样做的，必须纠正。

16 日 国务院办公厅转发国务院证券委员会《关于坚决制止期货市场盲目发展若干意见的请示》。国务院证券委员会认为，我国期货市场存在的主要问题：一是期货交易所和经纪公司过多、过乱，运作很不规范；二是从事境外期货交易的大部分属投机性质，有些给国家造成很大的损失；三是一些中外合资或变相合资的期货经纪公司采用各种手段，欺诈国内客户，造成大量外汇流失；四是地下非法期货交易仍然猖獗。当前要重点清理、整顿现有的交易所和期货经纪公司，加强对交易所和经纪公司的管理，特别是要严格控制境外期货和金融期货交易，坚决打击各类非法期货交易活动。

国务院证券委员会建议：1. 对 1993 年 12 月底前已开业的交易所分两类进行清理。一是大部分交易所按批发市场进行管理，不再冠以交易所的名称，不得进行期货合约买卖；二是对符合条件的少数交易所，经证监会从严审核并报请国务院批准后，可进行标准化期货合约交易试点。试点交易所要重新登记注册，由证监会会同有关部门负责对其进行监管。2. 各交易所要以商品期货交易为主，对开办金融期货业务要严格控制；一律不得开展国内股票指数和其他各类指数的期货业务；从事人民币对外币的汇率期货业务的管理办法，由国家外汇管理局商证监会另行规定，在此之前，任何机构不得开办该项业务。经证监会商财政部批准后，少数交易所可开展国债期货交易试点。各期货经纪公司均不得从事境外期货业务。已开展此项业务的不得接收新客户和新订单，已持仓者要在交割日前平仓或在交割日进行实物交割，平仓后立即把汇出境外的保证金调回。外汇指定银行和国家外汇管理局批准经营外汇业务的非银行金融机构，经国家外汇管理局和证监会审核批准，可利用境外外汇期货业务进行套期保值，但要接受国家外汇管理局和证监会的监督管理。3. 各地上报国家工商行政管理局要求重新登记注册的期货经纪公司，已有 144 家在国家工商行政管理局重新登记注册，除 144 家经纪公司之外，对已上报国家工商行政管理局要求重新登记注册的经纪公司，由证监会按规定进行严格审核，审核期间一律不得接受新客户。经证监会审核后符合条件的期货经纪公司，须到国家工商行政管理局登记注册后方可开展期货业务；经审核不符合条件的不得继续营业。4. 从严控制国有企业、事业单位参与期货交易。5. 坚决查处各种非法期货经纪活动。6. 加强期货市场的监管工作。

20 日 财政部、中国人民银行、中国证监会联合发布《关于坚决制止国债卖空行为的通知》。针对一部分证券中介机构以开具代保管单的形式超过其所持有的券面卖出国债的行为，该通知规定：柜台交易的国债必须是国家统一印制的无记名纸券（以下简称实物券）；任何国债经营和代理机构在国债交易或者推销过程中开具国债实物券代保管凭证，所开具的代保管凭证中记录的代保管数额，必须有全额实物券作保证；国债经营机构代保管的国债券必须与自营的国债券分类保管、分账管理；已出具的实物券代保管的总金额与代保管的实物券出现任何不一致的情况，必须于 6 月 20 日前限期补齐。对违犯上述规定进行国债卖空者，按国债非法交易论处，并视情节予以 3 ~ 12 个月停止国债经营业务等处罚。触犯刑律者，移交司法机关依法处理。该通知自 1994 年 7 月 1 日起执行。

25 日 国务院在北京召开“防诈骗、防盗窃、防抢劫、保银行资金安全”的电话会议。国务院副总理兼中国人民银行行长朱镕基出席会议并讲话。

朱镕基指出，金融诈骗等犯罪活动，已成为当前金融系统的一个突出问题，各级金融部门的干部、职工一定要切实增强保护国家资产、维护国家利益的责任心，严格执行国家有关金融方面的法律、法规和制度，努力提高政治素质和业务素质，为保证正常的金融秩序作出应有的努力。

31 日 中共中央办公厅、国务院办公厅发布《关于严格彩票市场管理禁止擅自批准发行彩票的通知》。该通知重申：发行彩票的审批权集中在国务院，任何地方或部门均无权批准发行彩票；已批准发行的彩票必须按国务院批准的方案执行，不得擅自超规模或改变发行办法。7 月 27 日，中国人民银行发布了《关于贯彻执行〈中共中央办公厅、国务院办公厅关于严格彩票市场管理 禁止擅自批准发行彩票的通知〉的通知》。该通知强调：中国人民银行是国务院主管彩票的机关，各地民政、体育部门的发行机构须严格按国务院或中国人民银行批准的奖券、彩票发行管理办法执行，并向当地人民银行分行及时报告福利奖券及体育彩票的发行情况。企业承印彩票的资格一律由中国人民银行总行核准。未经核准，任何企业不得印制彩票。

6 月

1 日 国务院办公厅发布《关于取缔自发黄金市场加强黄金产品管理的通知》。针对一些地方相继出现自发的黄金市场，一些企业和个人擅自买卖黄金，非法生产、批发、零售黄金及制品，造成金银管理秩序的混乱，严重干扰国家黄金收购和配售工作的正常进行，致使国家黄金收购量出现大幅度下降的局面。该通知指出：未经人民银行批准，任何地区、部门、单位和个人不得擅自收购黄金，不得从事黄金的生产、批发、加工和零售业务。黄金生产企业必须把生产的黄金全部交售给人民银行，不得私下交易，不得自行留用，更不得化整为零，由个人出售，逃避纳税义务与贷款清偿责任。黄金产品必须全部交售给人民银行。凡金饰品生产、经营单位跨省携带批量黄金，必须经所在地人民银行省（自治区、直辖市）分行批准，航空、铁道和交通等运输部门凭人民银行批件查验放行。生产所用的黄金原料按系统申请，切块下达，由企业向人民银行购买，不得私自采购。罚没黄金一律交售给当地人民银行。严禁从事黄金期货交易，严禁设立各类形式的黄金期货市场。

8 日 国务院批转国家体改委《一九九四年经济体制改革实施要点》该要点提出，1994 年经济体制改革的重点：一是转换国有企业经营机制，积极探索建立现代企业制度的有效途径；二是深化财税、金融、外贸、外汇体制改革，初步确立新型宏观调控体系的基础构架。围绕这两个重点，配套推进价格改革、农村经济体制改革、政府机构改革、社会保障制度和住房制度改革等其他方面的改革。

中国人民银行发布《金融信托投资机构资产负债比例管理暂行办法》。该暂行办法包括总则、资产负债比例管理指标、监督管理、罚则和附则共 5 章 32 条。金融信托投资机构的资产负债比例管理指标包括资本充足率、委托存贷款比例、自营存贷款（含租赁）比例、投资比例、备付金比例、自营贷款（不含租赁）流动性比例、拆入资金比例、逾期及催收贷款比例、资产风险分散性比例和对外担保限额比例。该暂行办法对各项指标比例做了详细规定，并制定了相应的罚则。资产负债比例管理的监管机关为中国人民银行。金融信托投资机构须按月考核各项比例指标的执行情况，提出有针对性的改进措施，并在规定的期限内如实向当地人民银行报送资产负债比例管理考核月报表。当地人民银行及时汇总并逐级上报。

中国人民银行在下发该暂行办法的通知中决定，从 1994 年开始对金融信托投资机构的资金管理试行资产负债比例管理办法。为了增强金融信托投资机构的发展能力，金融信托投资机构可以吸收企事业单位金额在 100 万元（含）以上，期限在半年（含）以上的存款，并允许在规定比例之内发放贷款，存款利率按中国人民银行规定利率执行；对现有资本充足率、自营贷款流动性比例达不到该暂行办法规定要求的，应按资本充足率、自营贷款流动性比例控制资产总量。

15 日 中国人民银行印发《城市信用合作社资产负债比例管理暂行办法》。该暂行办法包括总则、比例管理指标、监督管理、罚则和附则共5章21条。城市信用社资产负债比例管理的主要指标包括：资本充足率、存贷款比例、贷款投向比例、中长期贷款比例、资产流动性比例、备付金比例、单户贷款比例及逾期和催收贷款比例、拆入资金比例和经营收益率。资产负债比例管理的监管机关为中国人民银行。城市信用社须按月分析、考核资产负债比例管理各项指标的执行情况，并如实向当地人民银行报告。各地人民银行要加强对辖区内信用社资产负债比例管理执行情况的检查、监督和指导，并按月向上级行报送本辖区资产负债比例管理指标分析汇总表。

27 日 中国人民银行在北京首次召开全国科技工作会议。会议总结了金融科技工作经验，研究金融科技发展长远规划，部署金融科技工作任务。人民银行科技工作目标是：力争到2010年实现业务处理电子化、支付系统现代化、信息系统网络化、管理决策科学化、钞票处理自动化，人民银行的现代化建设将达到发达国家20世纪90年代的水平。

7 月

1 日 中国进出口银行挂牌营业。1994年3月19日，国务院发布《关于组建中国进出口银行的通知》，批准了《中国进出口银行组建方案》和《中国进出口银行章程》。中国进出口银行是直属国务院领导的政策性金融机构，在业务上接受财政部、对外贸易经济合作部、中国人民银行的指导和监督。中国进出口银行主要是为机电产品和成套设备等资本性货物进出口提供政策性金融支持。本部设在北京，注册资本为33.8亿元人民币。主要业务范围：为机电产品和成套设备等资本性货物进出口提供进出口信贷（卖方信贷、买方信贷）；与机电产品出口信贷有关的外国政府贷款、混合贷款、出口信贷的转贷，以及中国政府对外国政府贷款、混合贷款的转贷；国际银行间的贷款，组织或参加国际、国内银团贷款；出口信用保险、出口信贷担保、进出口保险和保理业务；在境内发行金融债券和在境外发行有价证券（不含股票）；经批准的外汇经营业务；参加国际进出口银行组织及政策性金融保险组织；进出口业务咨询和项目评审，为对外经济技术合作和贸易提供服务；经国家批准和委托办理的其他业务。中国进出口银行设董事会，实行董事会领导下的行长负责制，行长为法定代表人。任命佟志广为中国进出口银行董事长，雷祖华为行长。

7 日 中国人民银行印发《关于在煤炭、电力、冶金、化工和铁道行业推行商业汇票的通知》。该通知规定：在煤炭、电力、冶金、化工和铁道5个行业推行商业汇票结算办法。各银行要根据5个行业的国营企业单位的供货情况，单独安排一定数量的资金规模，下达基层行用于贴现，对国营企业单位持未到期的承兑汇票申请贴现，应积极办理，不得对跨系统银行承兑的汇票拒绝办理贴现。人民银行要在基础货币的投放中安排一定的额度下达地、市人民银行用于再贴现，对专业银行持已贴现未到期的商业汇票申请再贴现的，应积极办理，如遇办理再贴现所需的额度不足，可以向上级行申请追加。

中国人民银行发布《再贴现办法》。该办法规定：再贴现是贴现银行持未到期的已贴现汇票向人民银行贴现，通过转让汇票取得人民银行再贷款的行为。在当地人民银行开立存款账户的银行对商业汇票贴现后需要资金时，可以向人民银行申请再贴现。再贴现的金额按贴现汇票票面金额扣除贴现日至汇票到期日前一日的利息计算，其期限从其再贴现之日起至汇票到期日止，其利率按现有同档次信用贷款利率下浮5%执行。再贴现到期日，人民银行从申请再贴现银行的存款账户内收取票款。再贴现申请人的账户余额不足时，应按照逾期贷款的规定处理。

财政部、国家税务总局发布《关于金融、保险企业有关所得税问题的通知》，该通知规定，在自1994年1月1日起的“八五”后两年内，中国工商银行、中国农业银行、中国银行、中国人民建设银行、中国投资银行、国家开发银行、中国农业发展银行、中国进出口银行、中国人民保险公司的所得税税率为55%；其他金融、保险企业的所得税税率为33%。金融、保险企业的所得税收入一律上缴中央金库。国家银行、中国人民保险公司所属的各类金融性公司，要按国家有关规定限期脱钩，没有脱钩的暂按总行（总公司）统一的所得税税率55%缴纳所得税。

11日 为了加强对进口付汇的监督管理，防止外汇流失，国家外汇管理局制定并发布《进口付汇核销管理暂行办法》。主要内容是：1. 进口单位信用证、托收、预付货款的进口付汇，由外汇指定银行在办理付汇时分别实行同步核销和逐笔核销；进口银行要向进口单位发放进口付汇核销单；付汇后，合同因故不能履行的，需办理注销手续；付汇后，货物不能完全进口的应办理核销手续；外汇指定银行按月向外汇管理部门报送进口付汇核销表；外汇指定银行要跟踪核销；外汇管理部门对进口付汇事后采取定期和不定期检查。该暂行办法自1994年8月1日起执行。

17日 中国人民银行印发《关于金融系统工作人员限期辞去在各类经济实体兼职及有关问题的通知》。该通知规定：7月底前，金融系统的现职工作人员，凡在各类经济实体兼职的，必须坚决脱钩。各家银行、保险公司注入各类经济实体的资金，可分别不同情况采取收回、转让、划转给银行和保险公司投资的信托投资公司等办法，逐步清理。

18日 国务院发布《关于深化城镇住房体制改革的决定》。该决定明确了城镇住房制度改革的基本内容：把住房建设投资由国家、单位统包的体制改变为国家、单位、个人三者合理负担的体制；把各单位建设、分配、维修、管理住房的体制改变为社会化、专业化运行的体制；把住房实物福利分配的方式改变为按劳分配为主的货币工资分配方式；建立以中低收入家庭为对象、具有社会保障性质的经济适用住房供应体系和以高收入家庭为对象的商品房供应体系；建立住房公积金制度；发展住房金融和住房保险，建立政策性和商业性并存的住房信贷体系；建立规范化的房地产交易市场和发展社会化的房屋维修、管理市场，逐步实现住房资金投入产出的良性循环，促进房地产业和相关产业的发展。

城镇住房制度改革要坚持配套、分阶段推进。近期的任务是：全面推行住房公积金制度，积极推进租金改革，稳步出售公有住房，大力发展房地产交易市场和社会化的房屋维修、管理市场，加快经济适用住房建设，到20世纪末初步建立起新的城镇住房制度，使城镇居民住房达到小康水平。该决定对住房公积金的缴纳、单位和个人住房公积金的缴存率、资金划转及公积金管理作了具体规定，同时提出：住房公积金的存贷款等金融业务一律由当地人民政府委托指定的专业银行办理。受委托的专业银行根据当地人民政府批准的住房公积金使用计划，审定、发放和回收贷款。住房公积金要专款专用，严禁挪作他用。该决定还包括积极推进租金改革，稳步出售公有住房，加快经济适用住房的开发建设，做好原有政策同本决定的衔接工作，加强领导，统筹安排，积极推进城镇住房制度改革等方面内容。

22日 中国人民银行下发《关于中国投资银行管理体制改革的批复》。该批复明确，原则同意将中国投资银行并入中国人民建设银行，作为中国人民建设银行全资附属的商业银行，其独立法人地位不变，实行独立核算、自主经营、自负盈亏。中国投资银行的信贷计划纳入国家信贷计划。中国投资银行的注册资本金为40亿元人民币，由中国人民建设银行核拨。中国投资银行为有限责任公司，中国人民建设银行以出资额为限对中国投资银行负有限责任。中国投资银行在业务上接受中国人民银行的领导、管理、协调、监督和稽核。

经中国人民银行核准的《中国投资银行章程》规定：中国投资银行是中国人民建设银行的全资附属金融企业，总行设在北京。中国投资银行的主要任务是，以转贷国际金融机构和外国政府贷款为主，兼办人民币大额定期存款和中期、长期贷款，对企业提供外汇、人民币信贷及其相关服务，促进国民经济发展。业务范围包括：吸收人民币大额定期存款；发放人民币中期和长期贷款；通过借款和境外发债筹集资金，包括转贷国际金融机构和外国政府贷款；办理票据承兑、贴现和存单转让；办理国内外结算、汇兑，代理收付款项；提供信用证服务及担保；代理发行、兑付政府债券和公司债券；办理经国家外汇管理局批准的外汇业务；经营投资，办理融资租赁，提供咨询服务；办理政府、中国人民银行、政策性银行及企业委托和代理业务；经中国人民银行批准的其他业务。董事会是中国投资银行的决策机构，负责中国投资银行的重大决策，向中国人民建设银行负责。董事会由中国人民建设银行委派的 9 名董事组成，董事长由中国人民建设银行行长担任。

28 日　中国人民银行印发《关于向金融机构投资入股的暂行规定》。该规定如下：1. 各党政机关、部队、团体以及国家事业单位，除国务院批准或法规及中国人民银行规章规定外，一律不得向金融机构投资。2. 各级地方财政部门经当地政府同意，由中国人民银行核实，可以用财政节余资金向金融机构投资。3. 国家开发银行、中国农业发展银行、中国进出口银行等政策性银行一律不得向金融机构投资。4. 中国工商银行、中国农业银行、中国人民建设银行、中国银行未经中国人民银行批准，一律不得向金融机构投资。5. 其他商业银行、信托投资公司、企业集团财务公司、融资租赁公司在规定的前提下，可向金融机构投资。6. 保险公司向金融机构投资累计金额不得超过该公司资本金的 25%。7. 城市信用合作社、农村信用合作社除按中国人民银行规定的比例可向信用合作社联社、合作银行投资外，不得向其他金融机构投资。8. 证券公司可用资本金向金融机构投资，其投资累计金额不得超过资本金的 20%。9. 各金融机构分支机构一律不得向金融机构投资。10. 各金融机构向其他金融机构的投资入股数额，在计算资本充足率时，必须等额核减自身的资本金。11. 工商企业向金融机构投资必须符合相关规定。12. 外资、中外合资金融机构和企业均不得向中资金融机构投资。13. 严禁工商企业与金融机构之间、金融机构之间以换股形式相互投资。14. 未经中国人民银行总行批准，金融机构（城市信用合作社、农村信用合作社除外）不得向个人募集股本。15. 单个股东投资金额超过金融机构资本金 10% 以上的，必须报经中国人民银行批准。

29 日　《人民日报》发表中国证监会与国务院有关部门共商稳定和发展股票市场的措施：1. 在股票供应方面，进一步放慢发行和上市节奏，年内除已发行尚未上市的股票外，暂停新股发行和上市，并严格控制配股规模；2. 在资金投入方面，发展国内投资共同基金，培育机构投资者，试办中外合资基金管理公司，逐步吸引外国基金进入 A 股市场；3. 有选择地对资信和管理好的证券机构进行融资。上述俗称的“三大政策”引发股价上涨。其中，上证指数从当日收盘的 333.92 点，涨至 9 月 13 日的 1 052.94 点，累计涨幅为 215.33%。

8 月

4 日　国务院发布《关于股份有限公司境外募集股份及上市的特别规定》。该特别规定明确，股份有限公司经国务院证券委员会批准，可以向境外特定的、非特定的投资人募集股份，其股票可以在境外上市（以下简称境外上市外资股）。境外上市外资股采取记名股票形式，以人民币标明面值，以外币认购。境外上市外资股在境外上市，可以采取境外存股证形式或者股票的其他派生形式。国务院证券委员会或中国证监会，可以与境外证券监督管理机构达成谅解、协议，对公司向境外投资人募集股份并在境外上市及相关活动进行合作监督管理。公司向境外投资人募集股份并在境外上市，应当按照国务院证券委员会的要求提出书面申请并附有关材料，报经国务院证券委员会批准。向境外投资人募集股份并在境外上市的公司向境内投资人发行的股份（以下简称内资股），采取记名股票形式。经国务院证券委员会批准的公司发行境外上市外资股和内资股的计划，公司董事会可以作出分别发行的实施安排。该特别规定还明确了股票发行、信息披露、股东权益、股东大会等方面的内容。

5 日 中国人民银行发布《金融机构管理规定》。其适用范围为：政策性银行、商业银行及其分支机构、合作银行、城市或农村信用合作社、城市或农村信用合作社联合社及邮政储蓄网点；保险公司及其分支机构、保险经纪人公司、保险代理人公司；证券公司及其分支机构、证券交易中心、投资基金管理公司、证券登记公司；信托投资公司、财务公司和金融租赁公司及其分支机构，融资公司、融资中心、金融期货公司、信用担保公司、典当行、信用卡公司；中国人民银行认定的其他从事金融业务的机构。

主要内容是：中国人民银行及其分支机构是金融机构的主管机关，依法独立履行对各类金融机构设立、变更和终止的审批职责，并负责对金融机构的监督和管理。申请设立金融机构应具有符合中国人民银行规定的最低限额以上的人民币货币资本或营运资金。经营外汇业务的，另应具有符合规定的外币资本或营运资金。名称中未冠“中国”“中华”字样的全国性金融机构，由中国人民银行总行审批。非全国性的、具有法人资格的各类银行、金融性公司以及城市信用合作社联合社，银行的分行，保险公司及其他金融性公司的分公司，试办性金融机构及区域性金融机构跨省区设立的分支机构经当地中国人民银行省级分行审核同意后，报中国人民银行总行批准。在行政区内设立银行的支行和办事处，保险公司设立支公司及其他金融性公司设立办事处由当地中国人民银行省级分行审批，向中国人民银行总行备案。设立城市信用合作社由当地中国人民银行省级分行在总行下达的指标内审核、批准，同时抄报总行备案。金融机构的资本金或营运资金来源应是投资者有权支配的自有资金，不得以借入资金、债权作为资本金。金融机构设立的分支机构一律不得具有法人地位，分支机构应具有规定数额的营运资金，其营运资金由总行（总公司）从资本金或公积金中拨付，累计拨付总额不得超过总行（总公司）资本金的60%。

财政部、中国人民建设银行联合发布《关于财政部收回原委托中国人民建设银行的代行财政职能的通知》。该通知决定，从1994年9月1日起，财政部收回原委托中国人民建设银行代理行使的财政职能。财政部对各部门、各地区下达基本建设、地质勘探费支出预算，调整、划转预算指标并负责办理拨款；对国家开发银行、各有关主管部门下达基本建设经营性基金指标。以前年度形成的政策性基本建设贷款财政贴息，由中国人民建设银行对贷款项目提出贴息意见，报财政部、国家计委核准后，办理并拨付贴息资金。财政部制定基本建设、地质勘探以及施工、房地产开发企业的财务制度；负责审批中央级基本建设、地质勘探经费年度财务决算和施工、房地产开发企业年度财务决算。

9 日 深圳证券交易所、深圳证券登记公司联合发布《深圳证券交易所国债期货业务暂行办法》。主要规定：交易所会员和非会员法人机构自营或代理交易所国债期货交易须向交易所申请并获批准。国债期货商必须具备良好的信誉和经营业绩、资本金在500万元人民币以上等资格。凡国家法令允许参与国债期货交易的投资者，均可通过交易所国债期货商买卖在交易所挂牌的国债期货。投资者买卖国债期货，事先须选定某一国债期货商作为其经纪商，并向该经纪商申请开立“国债期货账户”，填写“国债期货开户登记表”，与国债期货商签署“国债期货交易委托协议书”。交易所根据上市国债的情况，确定国债期货交易的品种。开仓时每口合约须交纳保证金（投资者不少于150元，国债期货商60元）。因国债期货价格波动而出现浮动亏损，致使保证金低于规定数额时（投资者为80元，期货商为60元），需要追收保证金达到开仓时的数额。如追收失败，须进行强制平仓。对于经营管理不善或违反本办法的国债期货商，交易所和登记公司除参照现行交易清算有关规定进行处罚外，有权暂停或取消其在交易所从事国债期货业务的资格。

该暂行办法于1995年4月3日做了修订，国债期货商的资本金由500万元改为1 000万元以上。开仓保证金、追收保证金均改为不少于1 550元人民币，并增加规定：进入交割月份后，国债期货保证金提高至每口合约3 000元，在最后交易日前的第7个营业日，多空双方应交纳价值不低于其多空净持仓额50%的现金或国债；在最后交易日前的第 3 个营业日，多空双方应交纳价值不低于其净持仓额 85% 的现金或国债。交易所有权根据市场状况和国家有关规定调整上述保证金比率。

15 日 中国人民银行召开全国分行行长座谈会。国务院副总理兼中国人民银行行长朱镕基在会上指出，下半年经济工作的重要任务是集中力量整顿流通环节，稳定市场物价。银行工作要继续加强宏观调控，严肃整顿金融秩序，深化金融体制改革。对深化金融体制改革问题，朱镕基说，商业银行改革要跨出关键性的步伐，在国家专业银行进一步向商业银行转变的同时，要在整顿现有非银行金融机构和规范城市信用社的基础上组建城市合作银行。在深化中央银行的改革中，一要改善调控方式，从运用贷款规模的直接调控向运用利率、公开市场操作和存款准备金的间接调控转变；二要加强监管，依法对所有金融机构进行监督管理，维持健康的金融秩序。

深圳证券交易所首次颁布《债券回购交易暂行办法》。该暂行办法规定：回购交易是指买卖双方在债券现货成交（初始交易）的同时，约定在未来既定的日期以既定的价格实行反向成交的交易方式。每一回购合约的标的为20 000 元面值的国库券。债券回购业务以面额百元为报价单位，以 0. 01 元人民币为价格升降单位。债券回购期限暂定为 7 日、14 日、30 日、60 日、90 日、180 日、270 日 7 种。债券到期购回价实行电脑竞价。在回购交易中，证券商不得允许客户及自身进行卖空，每一债券交易商的卖出净额（卖出总额 - 买入总额）不得超过其库存债券总额。回购交易手续费，投资者为 3‰，债券交易商为 0. 01‰。

24 日 中国人民银行发布《关于调整白银经济政策问题的通知》。该通知规定：1. 将白银收售定价方式由现行的固定方式改为浮动方式，白银的收购价格按低于国际市场银价 10% 的水平制定，白银的配售价格与国际市场银价一致，并按国内外汇市场的平均汇率折合人民币计算。2. 白银价格调整后，取消现行白银开发基金、地质勘探基金、低息贷款等优惠政策。白银生产建设所需的银行贷款与黄金行业实行同一政策。对白银的生产和银行配售环节的税收问题，也比照黄金税收政策执行。3. 新的白银价格体系建立后，国家对白银仍实行统收统配政策，严禁倒买倒卖和私自买卖白银及相关产品，凡违反规定者，要依法追究其责任。该通知对白银的收购价格、配售价格、联行调拨价格做了具体规定，自 1994 年 8 月 1 日起执行。

29 日 深圳证券交易所调低 A 股交易手续费，由异地 5‰、本地 4‰统一调至 3. 5‰。

9 月

1 日 中国人民银行发布《有价证券抵押贷款暂行规定》。该暂行规定明确：抵押贷款的抵押品暂限于国库券和政策性融资债，发放的对象为在人民银行开户的国家专业银行和其他商业银行。有价证券抵押贷款的期限不得超过抵押证券的有效期限，最长不得超过 6 个月。有价证券抵押贷款利率按同期人民银行再贷款利率执行，并实行按季结息。中国人民银行同时制定了《有价证券抵押贷款账务处理办法》。

8 日 最高人民法院发布《关于办理伪造国家货币贩运伪造的国家货币走私伪造的货币犯罪案件具体应用法律的若干问题的解释》。该解释中关于伪造国家货币罪的认定为：仿照国家货币的图案、形状、色彩等，使用各种方法，非法制造假货币，冒充国家货币的行为，对国家货币采用剪贴、挖补、揭层、涂改等方法加工处理，使国家货币改变形态、升值的变造国家货币行为。关于贩运伪造的国家货币罪的认定为：明知是伪造的国家货币，而予以买卖、携带或者运输的行为。关于走私伪造的货币犯罪行为的认定为：明知是伪造、变造的货币，而运输、携带、邮寄进出国（边）境的行为以及直接向走私犯罪分子收买其走私的伪造的货币。最高人民法院还对不同程度伪造国家货币罪、贩运伪造的国家货币罪的处罚标准做了规定。

26日 中国人民银行颁布《关于加强银行结算工作的决定》。针对不少银行、城乡信用社和企业不讲信用，不执行结算纪律，结算秩序混乱，结算速度慢，在途时间长等现象，该决定明确：1. 严格结算纪律，切实纠正违规违纪行为。银行不准以任何理由压票、任意退票、截留挪用客户和他行资金、受理无理拒付、不扣少扣滞纳金；不准在结算制度之外规定附加条件，影响汇路畅通；不准违反规定开立账户；不准拒绝受理、代理他行正常结算业务；不准放弃对企业单位违反结算纪律的制裁；不准违章承兑、贴现商业汇票和逃避承兑责任，拒绝支付已承兑的商业汇票票款；不准超额占用联行汇差资金，转嫁资金矛盾；不准逃避向人民银行转汇大额汇划款项和清算大额银行汇票资金。2. 加强人民银行对结算工作的领导和监管。银行结算制度的制定权集中于中国人民银行，任何部门和银行不得补充和变更。3. 强化银行内部结算管理，准确、及时地办理结算。各级银行实行结算岗位责任制度、结算质量考核制度、结算纪律检查制度。要实行“三公开一监督”：各基层银行要向客户公开结算方式，公开银行的结算业务处理时间和到账参考时间，公开企业办理结算的注意事项，实行客户公开监督。要确定银行办理结算的时间标准。4. 加强账户管理，规范账户的开立和使用。企事业单位的账户划分为基本存款账户、一般存款账户、临时存款账户和专用存款账户。一个企事业单位只能选择一家银行的一个营业机构开立一个基本存款账户，用于办理日常转账结算和现金收付，其工资、奖金等现金的支取只能通过基本存款账户办理。企事业单位可以在其他借款银行的一家营业机构开立一般存款账户，用于办理转账结算和现金缴存，但不能办理现金支取。5. 完善托收承付和委托收款办法。使用托收承付方式的单位，必须是国有企业、供销合作社以及经营管理好的城乡集体所有制工业企业。办理托收承付的款项，必须是商品交易以及因商品交易而产生的劳务供应的款项。6. 发展信用支付工具，大力推行使用票据。要积极推行商业汇票，改革银行汇票，扩大支票的使用范围和对象。7. 改革联行清算制度，畅通汇路。要在全国建立统一的联行清算体系。参加同城票据交换的各银行，跨系统10万元（含）以上的汇划款项，应通过人民银行转汇；50万元（含）以上的银行汇票和系统内50万元（含）以上的大额汇划款项，必须通过人民银行清算资金和转汇。8. 严肃法纪，惩处违章违纪行为。9. 健全结算管理机构，加强结算队伍建设。

28日 中国证监会发布《关于执行〈公司法〉规范上市公司配股的通知》。该通知规定：上市公司向股东配股须经省、自治区、直辖市及计划单列市政府或中央企业主管部门审批，并报中国证监会复审。上市公司向股东配股必须符合下列基本条件：配股募集资金的用途必须符合国家产业政策的规定；前一次发行的股份已经募足，并间隔一年以上；公司在最近3年内连续盈利，公司净资产税后利润率3年平均在10%以上，属于能源、原材料、基础设施类的公司可以略低于10%；最近3年内财务会计文件无虚假记载或重大遗漏；公司预期利润率达到同期存款利率水平；配售的股票限于普通股；一次配股发行股份总数，不得超过该公司前一次发行并募足股份后其普通股股份总数的30%。到境外募集股份并上市的股份有限公司同时在境内发行股票并上市的，原则上应遵守本规定。中国证监会1993年《关于上市公司送配股的暂行规定》和1994年《关于做好上市公司送配股复核工作的通知》从即日起停止执行。

29日 国务院批转中国人民银行《关于加强金融机构监管工作的意见》。其中指出：1. 未经人民银行批准擅自经营金融业务的，一律为非法经营，要依法予以处理。2. 对中国人民银行各级分行越权批准设立的金融机构要进行清理。3. 财政部门办的证券机构必须尽快与财政部门脱钩。4. 邮政网点办理居民储蓄业务必须符合储蓄机构设置的条件，并领取经营金融业务许可证。5. 对农村合作基金会违规办理存贷款业务的行为进行处理。6. 中国人民银行作为典当业务的主管部门，负责典当机构设立的审批和业务管理，对现有典当机构要进行清理和规范，对超业务范围办理银行业务的限期予以纠正。7. 中国人民银行会同同级计划部门要加强对企业债券和彩票的管理，未经中国人民银行批准，一律不得向社会集资和擅自发行彩票。8. 除国家授权机关批准外，任何党政机关、部队、团体以及其他国家预算内事业单位、国家政策性金融机构，都不得向金融机构投资入股。地方财政部门、工商企业和法人金融机构向金融机构投资入股，要符合中国人民银行规定的条件和投资比例。

国务院办公厅转发《国务院证券委员会关于暂停粳米、菜籽油期货交易和进一步加强期货市场管理的请示》。针对期货交易中出现了过度投机，少数会员所持合约量过大，买卖双方对峙的现象，国务院证券委员会决定：暂停粳米、菜籽油期货交易，各交易所均不得推出新的粳米、菜籽油期货合约。未经中国证监会批准，不得推出新的期货品种。严禁用银行贷款或拆借资金参与期货交易，任何金融机构均不得出具期货交易保函证明，禁止任何期货交易所接受银行保函作期货交易保证金。

10 月

7 日　中国人民银行发布《关于清理越权批设的信用卡公司有关问题的通知》。要求将各分行越权批设的信用卡公司一律改为信用卡业务部，除按规定吸收备用金和保证金存款外，不得吸收其他存款。

9 日　中国人民银行发布《异地托收承付结算办法》。异地托收承付是根据购销合同由收款人发货后委托银行向异地付款人收取款项，由付款人向银行承诺付款的结算方式。该办法规定：使用异地托收承付结算方式的单位，必须是国有企业、供销合作社以及经营管理较好，并经开户银行审查同意的城乡集体所有制工业企业。办理异地托收承付结算的款项，必须是商品交易以及因商品交易而产生的劳务供应的款项。异地托收承付结算每笔的金额起点为 10 万元。付款人在承付期满日银行营业终了时，如无足够资金支付，其不足部分，即为逾期未付款项，按逾期付款处理。该办法自 1995 年 1 月 1 日起施行。

20 日　中国证监会发布《关于批准试点期货交易所的通知》。经国务院同意，批准北京商品交易所、上海金属交易所、上海粮油商品交易所、沈阳商品交易所、大连商品交易所、苏州商品交易所、郑州商品交易所、广东联合期货交易所、深圳有色金属期货联合交易所、海南中商期货交易所、重庆商品交易所等 11 家期货交易所为我国试点的期货交易所。天津联合期货交易所、成都联合期货交易所、上海商品交易所和长春商品交易所分别由同一城市的几家交易所合并组成。未列入试点的期货交易所，不得再冠以交易所的名称，不得进行期货合约买卖。

12 月 28 日，天津联合期货交易所和长春联合商品交易所完成合并。中国证监会在发布《关于批准天津联合期货交易所和长春联合商品交易所为试点期货交易所的通知》中强调：期货市场的政策性强，风险大，要在国家的严格监控下运行。1995 年和 1996 年，上海商品交易所和成都联合期货交易所相继完成合并。

25 日　国务院发布《关于在若干城市试行国有企业破产有关问题的通知》。为了配合在 18 个城市（上海、天津、齐齐哈尔、哈尔滨、长春、沈阳、唐山、太原、青岛、淄博、常州、蚌埠、武汉、株洲、柳州、成都、重庆、宝鸡）开展企业优化资本结构试点工作，该通知规定：实施企业破产必须首先安置好破产企业职工。银行因企业破产遭受的贷款本金、利息损失，应当严格按照国家有关规定，经国家有关银行总行批准后，分别在国家核定银行提取的呆账准备金和坏账准备金控制比例内冲销。该通知对破产企业土地使用权的处置、破产财产的处置、担保的处理、破产企业职工的安置、破产企业的整体接收、濒临破产企业的重组、实施企业破产的组织领导等内容做了具体规定。

中国人民银行发布《关于印发“中国证券交易系统有限公司政策性金融债券（非实物）登记、托管、清算、交割实施细则”（暂行）的通知》。该通知决定，今后政策性银行发行政策性金融债券、人民银行办理有价证券抵押贷款以及金融机构之间办理政策性金融债券的抵押、贴现和回购业务时，有关政策性金融债券（非实物）的登记、托管和过户事项，委托中国证券交易系统有限公司办理。

《中国证券交易系统有限公司政策性金融债券（非实物）登记、托管、清算、交割实施细则》分为总则、债券发行、登记与托管、债券交易、债券过户、还本付息、附则。主要规定：中国人民银行是债券发行的主管机关，债券认购对象是人民银行指定的专业银行、商业银行、农村信用合作社、城市信用合作社、邮政储蓄机构及其他金融机构。债券发行采用无纸化方式。债券认购方式为计划配购方式和认购方式。债券经登记托管后，托管账户持有人即可按人民银行的有关规定，办理债券的抵押、贴现、回购业务。债券的贴现、回购业务按照场外买断交易来进行清算和交割。债券还本付息业务是指债券到期后由发行人一次性向认购单位偿付本金和利息。

27 日　中国人民银行发布《货币供应量统计和公布暂行办法》。该暂行办法规定：根据国际通用原则并结合我国的实际情况，拟将我国货币供应量划分为 M_0、M_1、M_2、M_3。M_0 为流通中的现金（货币供应量统计的机构范围之外的现金发行）；M_1 为 M_0 + 企业存款（企业存款扣除单位定期存款和自筹基建存款）+ 机关团体部队存款 + 农村存款 + 信用卡类存款（个人持有）；M_2 为 M_1 + 城乡居民储蓄存款 + 企业存款中具有定期性质的存款（单位定期存款和自筹基建存款）+ 外币存款 + 信托类存款；M_3 为 M_2 + 金融债券 + 商业票据 + 大额可转让定期存单等。M_1 是狭义货币，M_2 是广义货币，（M_2 − M_1）是准货币。货币供应量按季度公布，公布时间为公布数据季度后的第一个月下旬。

28 日　中国证监会、国家外汇管理局、国家工商行政管理局、公安部联合发布《关于严厉查处非法外汇期货和外汇按金交易活动的通知》。该通知指出，近两年来，一些单位未经中国证监会和国家外汇管理局批准，也未在国家工商行政管理局登记注册，擅自从事外汇期货和外汇按金交易，有的境内单位和个人与境外不法分子相勾结，以期货咨询及培训为名，私自在境内非法经营外汇期货和外汇按金交易；有的以误导下单、私下对冲、对赌、吃点等欺诈手段，骗取客户资金；有的大量进行逃汇套汇活动，甚至卷走客户保证金潜逃。这些非法交易活动不仅扰乱了金融管理秩序，造成了外汇流失，而且引发了大量经济纠纷。

该通知规定：擅自从事外汇期货和外汇按金交易均属于违法行为，交易双方不受法律保护。各金融机构、期货经纪公司及其他机构从事外汇期货和外汇按金交易，必须经中国证监会和国家外汇管理局批准。各地超越权限擅自批准的，一律无效。未经批准，任何单位一律不得经营外汇期货和外汇按金交易。对从事非法外汇期货和外汇按金交易的经营机构，应责令其自本通知下发之日起，一律不得接受新客户和新订单，对于尚未平仓合约，可在交割日前平仓或在交割日进行实物交割。对拒不停业或以改换经营地点等方式继续进行非法外汇期货和外汇按金交易的，一经发现，期货监管部门、外汇管理部门、工商行政管理部门和公安部门应对其从重处罚。

11 月

3 日　中国人民银行印发《中国人民银行财务制度》。该财务制度规定：人民银行实行独立的财务预算管理制度。人民银行总行、各级分支行每年编制财务收支计划，由总行汇总报财政部批准后下发执行，各项收支相抵后，实现利润经财政部批准提取总准备金后，全部上缴中央财政，年度发生亏损首先由历年提取的总准备金弥补，不足弥补的部分由中央财政拨补。人民银行的年度预算报财政部审核后，纳入国家预算，财务决算报告按规定报财政部审批，并接受财政部和审计署的财务监督。财务管理工作实行“统一领导、分级核算、预算管理、统负盈亏”的体制。财务管理工作的范围是：资本金和负债管理、资产管理、财务收支计划管理、财务支出管理、财务收入及盈亏解缴管理。该财务制度对上述各项管理以及财务报告、财务分析和财务检查等内容做了具体规定，自 1994 年 1 月 1 日起施行。

国有资产管理局、经济体制改革委员会发布《股份有限公司国有股权管理暂行办法》。该暂行办法规定：国家股和国有法人股统称为国有股权。国有股权管理应遵循以下原则：贯彻以公有制为主体的方针，保证国有股权依国家产业政策在股份公司中的控股地位；坚持政企职责分开，维护国有资产权益，依法落实股份公司法人财产权；促进国有资产合理配置，优化国有资产投资结构，提高国有资产运营效益；保障国有股权益，做到与其他股权同股、同权、同利。国有资产管理部门是国有股权行政管理的专职机构。该暂行办法对股份公司设立时国有股权的界定，国有股持股单位和股权行使方式，国有股股权的收入、增购、转让及转让收入的管理、监督、制裁等内容做了具体规定，共6章41条，自发布之日起施行。

7日 国务院首次反假币工作联席会议在北京召开。会议决定，反假币联席会成员由中国人民银行、中共中央宣传部、国家计委、公安部、财政部、海关总署、国家工商行政管理局、国家安全部、最高人民法院、最高人民检察院、中国工商银行、中国农业银行、中国银行、中国人民建设银行等单位的主管领导及有关人员组成。中国人民银行主要负责同志为会议召集人。反假币联席会下设国务院反假货币工作联席会议办公室，设在中国人民银行，编制3人。全国各地由地方政府牵头，设立相应的反假币组织机构。首次国务院反假货币工作联席会议确定了反假货币的重点工作：1. 加强人民币知识方面的宣传，提高社会公众防假币的意识和能力。2. 加强人民银行反假货币工作者、专业银行、社会企事业单位财会人员反假货币的培训。3. 加强立法，对伪造、变造货币等犯罪分子依法严厉打击。4. 加强反假仪器的管理。

8日 农业部、中国人民银行联合发布《关于加强农村合作基金会管理的通知》。该通知规定：农业部负责指导农村合作基金会的管理与发展，并制定有关的政策法规；中国人民银行依法对农村合作基金会的业务活动进行监督。农村合作基金会是社区内的资金互助组织，不以营利为目的。农村合作基金不得用于非农业的基本建设投资，不得用于房地产开发、购买股票和企业债券。农村合作基金会开展资金互助的资金占用费，不准高于国家金融部门规定的利率标准。农村合作基金会不是金融机构，不能办理存贷款业务，已经办理的要限期纠正。农村合作基金会要办存贷款业务的，经整顿验收合格后，可转变为农村信用合作社。

自1984年起，农村合作基金会在少数地区开始试办，截至1994年已在全国38%的乡（镇）和15%的村发展建立。

9日 国务院发布《关于严格控制消费基金过快增长和加强现金管理的通知》。该通知要求各地区、各部门要严格禁止行政企事业单位滥发钱物和年终前突击花钱。机关事业单位和实行工资基金计划管理的企业，其各项工资性支出必须通过银行支取或转账，不得以其他手段套取或坐支。各单位只能在一家银行开设一个基本账户，一切现金支出只能在一家银行的基本账户支取。不得编造假用途套取银行现金搞消费基金支出。超过结算起点（1 000元）以上的必须通过银行转账。任何单位不得发行、购买和使用代币购物券。为了减轻货币发行对当前市场物价的压力，人民银行已将现金投放和回笼计划下达给各地区。各地政府要采取有力措施积极支持，确保实现。

14日 中国人民银行正式开办再贴现业务。再贴现业务仅限于人民银行分行对商业银行分行。1994年年底，全国再贴现额达204亿元，比年初增加155亿元，占当年中央银行贷款增量的20%。

18日 中国农业发展银行挂牌营业。1994年4月19日，国务院发布《关于组建中国农业发展银行的通知》，并批准了《中国农业发展银行组建方案》和《中国农业发展银行章程》。中国农业发展银行是直属国务院领导的政策性金融机构，注册资本金为200亿元人民币。主要任务是：按照国家的法律、法规和方针、政策，以国家信用为基础，筹集农业政策性信贷资金，承担国家规定的农业政策性金融业务，代理财政性支农资金的拨付，为农业和农村经济发展服务。业务范围有：办理由国务院确定、中国人民银行安排资金并由财政部予以贴息的粮食、棉花、油料、猪肉、食糖等主要农副产品的国家专项储备贷款；办理粮、棉、油、肉等农副产品的收购贷款及粮油调销、批发贷款；办理承担国家粮、油等产品政策性加工任务企业的贷款和棉麻系统棉花初加工企业的贷款；办理国务院确定的扶贫贴息贷款、老少边穷地区发展经济贷款、贫困县县办工业贷款、农业综合开发贷款以及其他财政贴息的农业方面的贷款；办理国家确定的小型农、林、牧、水利基本建设和技术改造贷款；办理中央和省级政府的财政支农资金的代理拨付，为各级政府设立的粮食风险基金开立专户并代理拨付；发行金融债券；办理业务范围内开户企事业单位的存款；办理开户企事业单位的结算；境外筹资；办理经国务院和中国人民银行批准的其他业务。

中国农业发展银行实行行长负责制，对其分支机构实行垂直领导的管理体制，在业务上接受中国人民银行的指导和监督。发生下列情况之一时，中国农业发展银行可要求财政贴息：宏观经济政策发生重大变化，国家要求大幅度增加农业政策性贷款；国家统一调整利率，导致借款和融资成本上升。中国农业发展银行的呆账准备金比例为1%，略高于现有专业银行0.7%的比例，核销以后实行差额补提。朱元樑任中国农业发展银行行长。

21 日　中国人民银行发布《关于外汇兑换券停止流通和限期兑换的公告》。对社会上流通的少部分外汇兑换券在1994年12月31日前仍可流通或兑换成外汇或人民币，从1995年1月1日起，外汇兑换券停止在市场上流通。持有的外汇兑换券可到中国银行兑换，兑换截止到1995年6月30日。

中国证监会发布《关于进一步完善试点期货交易所章程和交易规则的通知》。该通知主要有两方面内容：一是进一步完善期货交易所章程。其中规定：期货交易所在收取手续费的同时，应收取相当于手续费收入20%以上的资金，建立风险基金。风险基金存入银行专用账户，专款专用。二是进一步完善期货交易所交易规则。要求各期货交易所的交易规则必须明确如下事项：1. 实行套期保值头寸与投机头寸分开；2. 对投机头寸实行绝对量限仓；3. 建立大户报告制度，客户投机头寸达到投机头寸限仓量的80%，会员必须代客户向交易所申报其资金情况、头寸情况；4. 对交割月及交割月前一个月的持仓进行限制；5. 所有品种交易保证金不得低于交易金额的50%，进入交割月份提高到20%以上；6. 风险基金的提取比例不低于相当于手续费收入的20%，风险基金只能用于为维护期货市场正常运转提供财务担保和弥补因不可预见风险给交易所带来的结算亏损，风险基金的使用需由理事会或董事会决定，报中国证监会备案；7. 交易手续费不得高于交易金额的万分之五；8. 各品种每日结算价按该品种全天交易加权平均价计算；9. 建立订单报价价幅限制制度；10. 防止泄密或内幕交易的规定。

中国人民保险公司和对外经济贸易部联合举办关于伊朗欠款追讨情况通报会。1994年8月，中国人民保险公司代表国家与伊朗中央银行达成还款协议，开始清偿伊朗对我国的商业欠款，本息总额超过2亿美元，涉及信用证欠款200笔，商业信用方式欠款300笔，债权企业360家。

23 日　财政部、国务院住房制度改革领导小组、中国人民银行联合发布《建立住房公积金制度的暂行规定》。该暂行规定明确，住房公积金是一种长期性住房储金。在起步阶段，职工个人和所在单位各按职工个人工资和职工工资总额的5%缴纳住房公积金。今后随着经济发展和职工工资收入的提高，可对缴交率进行适当调整。住房公积金的存款利率，按中国人民银行的有关规定执行，其本息免征个人所得税。住房公积金的存贷款等金融业务，由当地人民政府按中国人民银行的规定委托指定的银行办理。该暂行规定对住房公积金的缴存、支付、使用、管理做了具体规定。

11 月 28 日至 12 月 1 日 中共中央、国务院在北京召开中央经济工作会议。会议提出 1995 年要做好 7 个方面的工作：一是保持适当的经济增长速度，创造较为宽松的宏观经济环境，更好地推动改革和发展，把发展经济的注意力更多地转到调整结构和提高效益上来。二是控制物价上涨幅度，坚决抑制通货膨胀。三是大力发展农业和农村经济。四是认真抓好工业生产，把调整结构和提高效益放在突出位置。五是努力增收节支，严格执行财政预算。六是改善投资环境，继续扩大对外开放。七是抓紧制订“九五”计划。

29 日 国务院批转财政部、审计署、国内贸易部、中国人民银行、国家粮食储备局发布《关于粮食政策性财务挂账停息的报告》。该报告提出，在中国农业发展银行设立粮食财务挂账专户，将清理核实后的政策性挂账、企业自补挂账、其他挂账分别转入专户，逐年进行考核。一是当年不挂新账；二是在 5 年内按规定的比例逐年解决已清理的旧挂账；三是粮食企业政企分开，划清政策性业务与经营性业务，建立两条线运行机制。凡是达到上述三个条件的，中央财政按规定对挂账实行停息。以 1991 粮食年度末挂账数为基础，对政策性挂账部分，由中央财政给予停息。属粮食主产区（辽宁、吉林、黑龙江、江苏、浙江、安徽、江西、山东、湖北、湖南、四川）和经济贫困区（河北、山西、内蒙古、河南、广西、贵州、云南、西藏、陕西、甘肃、青海、宁夏、新疆）的，其政策性挂账实行全额停息；属非粮食主产区和非经济贫困区（北京、天津、上海、福建、广东、海南）的，其政策性挂账按 50% 停息。对应由企业自补挂账和其他挂账，由各地区别情况，在 5 年内逐步解决。

30 日 中国人民银行、财政部发布《关于下达财政系统证券机构清理办法的通知》。该通知规定：各地财政部门、地方政府批设的财政证券机构，必须在与财政部门彻底脱钩的前提下进行清理。清理的原则是：符合 1993 年 6 月 24 日之前成立、注册资本金不低于 3 000 万元人民币等条件的省级（包括原计划单列市）财政证券公司可申请予以保留；凡由省、自治区、计划单列市财政部门投资设立的信托投资公司所办的证券交易机构一律并入获准保留的省级财政证券公司，原信托投资公司不再另设证券交易机构，也不再办理证券业务；各省、自治区、计划单列市只准保留一家财政证券公司。

12 月

1 日 中国人民银行、国务院房改领导小组、财政部联合下发《政策性住房信贷业务管理暂行规定》。该暂行规定明确，政策性住房资金来源为城市住房基金；行政、事业、企业单位住房基金；行政、事业、企业单位收取的住房租赁保证金；职工住房公积金；地方政府发行住房建设债券筹集的资金；国际金融组织为地方政府提供的住房贷款资金。政策性住房资金的运用范围是对实行房改单位的职工购买、建造、大修理自住住房发放抵押贷款；发放城市经济适用住房开发贷款；对实行房改的单位购买、建设职工住房发放抵押贷款；经委托人同意购买国家债券。中国人民建设银行、中国工商银行、中国农业银行为办理政策性住房信贷业务的指定银行，其他任何金融机构均不得吸收政策性住房资金存款和办理政策性住房信贷业务。政策性住房存贷款和债券利率，由中国人民银行制定；其他住房存贷款利率，按中国人民银行公布的法定利率执行。政策性住房信贷业务纳入全社会信用规划，实行比例管理，各项政策性住房资金存款免缴存款准备金。擅自扩大政策性住房资金运用范围按擅自经营金融业务处理；不经批准擅自吸收政策性住房资金存款和办理政策性住房信贷业务按占用财政性资金和擅自经营金融业务处理；扣压政策性住房资金的按违反银行结算纪律处理；擅自提高或降低政策性存贷款利率按违反国家利率政策处理。

国有资产管理局发布《关于对上市公司国家股配股及股权转让等问题的通知》。该通知规定：国家股持股单位不得盲目配股。股份公司在确需筹集资金、筹资的最佳途径为增加股本、保持现有股权比例不被稀释的条件下可以配股。国家股股东有能力追加股本投资，如国家股持股单位所持股份在股份公司中不占控股地位，无力阻止配股的，应设法购买配股或有偿转让配股权，不得放弃配股权。国家股权由中央有关部门、机构持有的，国家股持股单位报国家国有资产管理局审核。

5 日 中国证监会、国家经济贸易委员会、国内贸易部发布《关于国有企业、事业单位参与期货交易的规定》。该规定明确，国有企业、事业单位参与期货交易要经主管部门或公司董事会批准，以套期保值为主。经营亏损的国有企业、事业单位只能从事套期保值业务，不得进行投机性交易。国有企业、事业单位参与期货交易，持仓额超过其营运资金（流动资产减去流动负债）5 倍时须得到主管部门或公司董事会的批准。

12 日 中国人民银行印发《个人定期储蓄存款存单小额抵押贷款办法》。该办法规定：个人定期储蓄存款存单小额抵押贷款是以未到期的定期储蓄存款存单作抵押，从储蓄机构取得一定金额的贷款，到期归还贷款本息的一种存贷结合业务。储蓄机构（自办所、联办所）经中国人民银行或其分支机构批准后，可办理该项业务。小额抵押贷款只对中国境内的居民开办，作为抵押品的定期储蓄存单仅限于未到期的整存整取、存本取息、华侨人民币、大额转让定期存单（记名）和外币定期储蓄存款存单；贷款期限均不得超过抵押存单的到期日，若为多张存单抵押，以距离到期日时间最近者确定贷款期限，且最长不得超过 1 年；小额抵押贷款额度起点为 1 000 元，每笔贷款应不超过抵押存单面额的 80%（外币存款按当日公布的外汇［钞］买入价折成人民币计算），贷款最高限额不超过 10 万元；贷款利率按同档次流动资金贷款利率确定，一般不予办理展期；逾期 1 个月以内（含）储蓄机构将自逾期日起在规定利率基础上加收 20% 的利息。该办法自 1995 年 1 月 1 日起执行。

15 日 中国人民银行发布《关于剩余留成外汇额度限期使用的几项原则的公告》。该公告决定，从 1995 年 1 月 1 日起，关闭所有留成外汇额度账户，留成外汇额度账户停止使用。1994 年 12 月 31 日前，留成外汇额度可以继续对外支付或到中国银行配成现汇专户保存，按原用途使用。从 1995 年 1 月 1 日起，各外汇指定银行均不得将留成外汇额度按 1993 年 12 月 31 日国家公布的汇率配成现汇。

1995 年

1 月

1 日　中国人民银行调整再贷款利率和固定资产贷款利率。对金融机构的贷款年利率在原基础上平均提高 0.24 个百分点。固定资产贷款年利率在现行基础上平均提高 0.72 个百分点。从过去侧重于存贷款利率变为首先调整再贷款利率，是中央银行运用利率手段调节货币供求关系的一项改革。同时，贷款计息方法也由以前的分段计息改为按签订贷款合同日银行的利率计息，与国际惯例渐趋一致。

根据国务院证券委员会召开第四次会议的决定，A 股及基金交易由 T+0 交收改为 T+1 交收，但卖出股票后的资金当天可以进行反向的买入交易，即“股票是 T+1，资金是 T+0”。同时，A 股交易手续费调整为按成交金额向买卖双方收取 3.5‰。

10～14 日　全国金融工作会议在北京召开。会议提出 1995 年金融工作的指导思想是：实行适度从紧的货币政策，进一步强化金融监管，改善金融服务，坚决抑制通货膨胀。具体措施有：一是坚决把抑制通货膨胀放在金融工作的首位。二是自觉维护中央的权威，在思想上、行动上和中央保持高度一致；国有商业银行要在依法守规经营的思想指导下，自觉服从金融宏观调控要求，自觉接受金融监督管理，切实建立起自我约束和自我监督检查机制。三是控制通货膨胀要协调运用各项经济政策。四是必须坚持金融分业经营和管理的原则。

对外贸易经济合作部发布《关于设立外商投资股份有限公司若干问题的暂行规定》。该暂行规定要求，外商投资股份有限公司的全部资本由等额股份构成，设立公司可采取发起方式或者募集方式，至少有一个发起人为外国股东。注册资本的最低限额为 3 000 万元人民币，其中，外国股东购买并持有的股份不应低于注册资本的 25%。

11 日　国务院办公厅发布《关于地方政府不得对外举债和进行信用评级的通知》。该通知指出，对外举债和信用评级是涉及我国财政和外债管理体制的重大问题，不能各行其是。地方财政不能搞赤字预算，无权对外举债。因此，地方政府没有必要进行信用评级，正在进行的要立即停止。发行境外外币债券属于借用国际商业贷款范畴，必须有国家计委批准的借款指标，纳入国家利用外资计划；包括发债在内的对外筹资，必须由中国人民银行批准的具有国际融资业务经营权的金融机构办理；对外筹资的方式、成本、市场、时间等由国家外汇管理局审批、监督和管理。

中国证监会、国内贸易部发布《关于暂停大豆油期货交易和禁止借开展食糖中远期合同交易之名进行期货交易的通知》。该通知要求，各期货交易所和批发市场，一律不得借开展食糖、大豆油、菜籽油等中远期合同交易之名进行期货交易。已经进行的，一律停止其交易活动，一律不得推出期货合约性质的新的中远期合同；允许已推出而未平仓合同在合同到期前平仓或在交割日进行实物交割。从事上述中远期合同交易的各期货交易所和批发市场，不得按期货的集中竞价交易方式进行交易；交易定金不得低于货款的 20%；按规定履行背书手续和缴纳增值税；不得为进行中远期合同交易的双方提供履约担保。

3 月 28 日，国内贸易部、中国证监会又发布了《关于暂停中远期合同交易的通知》，重申暂停所有商品中远期合同交易。各有关批发市场和期货交易所要采取有效的措施使各个交易环节协调一致、平稳过渡。

13日 中国证监会查处两起重大证券违法、违规案件，山东渤海集团股份有限公司、君安证券深圳发展中心营业部因操纵市场、非法获利分别被处以罚款100万元人民币。

山东渤海集团股份有限公司于1994年8月1日上海证券交易所临近收市时，通过四个A字头个人账户，以连续交易和不转移证券所有权的虚买虚卖方式拉高本公司股票价格，操纵市场，致使该股票的当日收盘价较前日上涨102%。据统计，从8月1日到31日，山东渤海集团股份有限公司证券部先后动用资金1 989.7万元，买入本公司股票398.12万股，并将上述股票连同8月1日之前的存量84.56万股全部抛出，获利587.97万元。山东渤海集团股份有限公司证券部的上述行为构成了操纵市场的证券欺诈行为，同时还违反了股份有限公司不得收购本公司的股票的规定。中国证监会作出处罚决定：对山东渤海集团股份有限公司提出警告；没收其非法获利587.97万元并处以罚款100万元；对此次违法行为负有直接责任的高级管理人员处以罚款5万元。

君安证券深圳发展中心营业部（以下简称君安深发）于1994年10月18日在深圳证券交易所收市前以连续交易和自买自卖方式操纵“厦海发”A股价格，使当日该股票的收盘价比前日上涨157%。该营业部通过操纵市场，制造虚假价格使其得以在10月19日以较高价格卖出大量“厦海发”A股和A股配股权证，获利238万元。君安深发的上述股票交易行为构成了操纵市场的证券欺诈行为。中国证监会作出处罚决定：对君安深发提出警告；没收其非法所得238万元并处以100万元人民币的罚款；对此次违法行为负有责任的主管人员处以3万元人民币的罚款。

14日 中国外汇交易中心制定并颁布《中国外汇交易中心市场交易规则（暂行）》。该规则指出，外汇交易限于外汇与人民币之间的即期买卖。交易市场坚持公开、公平、公正原则，按照价格优先、时间优先的成交方式，采取分别报价、撮合成交、集中清算的运行方法。中央银行作为该中心会员参加市场交易。

16日 国务院办公厅发布《关于进一步加强现金管理控制现金投放的紧急通知》。针对元旦以来现金投放势头较猛的趋势，该通知要求：严禁行政企事业单位乱发奖金和补贴；一切现金支出只能在一家开户银行的基本账户支取；各银行不得挤占挪用农副产品收购现金；禁止印制、发售、使用各种代币购物券；活跃农村市场，搞好商品货币回笼；对当地各银行和城乡信用社执行国家现金管理规定的情况进行一次认真检查。

17日 1亿“仪征化纤”A股在上海证券交易所上网定价发行。仪征化纤股份有限公司共发行2亿股A股，其中，1亿股利用上海证券交易所交易系统，采取上网定价方式发行。上网定价发行在我国股票发行史上尚属首例。

23日 深圳证券交易所试行发布深证成分股指数。通过对所有在深圳证券交易所上市的公司进行考察，按一定标准选出40家有代表性的上市公司作为成分股，以成分股的可流通股数为权数，采用加权平均法编制而成。深证成分股指数包括深证成分指数、成分A股指数、成分B股指数等。成分股指数以1994年7月20日为基日，基日指数为1 000点，所取成分股的一般原则是：有一定的上市交易时间；有一定的上市规模，以每家公司一段时期内的平均可流通股市值和平均总市值作为衡量标准；交易活跃。根据以上标准，再结合下列各项因素评选出成分股：公司股票在一段时间内的平均市盈率，公司的行业代表性及所属行业的发展前景，公司近年来的财务状况、盈利记录、发展前景及管理水平等，公司的地区代表性、板块代表性等。

26日 大众保险股份有限公司开业。该公司为股份制、区域性保险公司，由上海浦东大众出租汽车股份有限公司等17家上海、浙江、江苏三地大中型企业出资组建，总部设在上海。公司的注册资金为2.1亿元人民币，主要经营经中国人民银行批准的各类损失保险业务、再保险业务、法定保险业务和资金运用业务。

“亚太二号”通信卫星发射失败。中国太平洋保险公司于1995年1月10日承保的香港亚太通信卫星有限公司的“亚太二号”通信卫星发射升空51秒后发生爆炸，造成卫星、火箭全部损坏。中国太平洋保险公司承保了该卫星的发射及初始轨道运行保险和卫星与火箭分离后的第三者责任险，保险金额分别为1.6亿美元和1亿英镑，是迄今为止中国保险承保额最大的卫星项目。中国太平洋保险公司在50天内迅速兑现1.6亿美元全部赔款。

2月

6日 中国人民银行下发《关于贯彻信贷政策与加强环境保护工作有关问题的通知》。该通知要求：各级金融部门要把保护生态资源和防治污染作为银行贷款的考虑因素之一，以促进经济建设和环境保护事业的协调发展。各级金融部门在向企业提供流动资金贷款时，要认真按照国家环境保护法规和国家产业政策的要求，根据实际情况，实行区别对待的政策：一是对国家明令禁止、不符合环境保护规定的项目和企业，各级金融机构不得发放贷款，并收回已发放的贷款。二是对国家严格限制的行业，必须在做好污染治理和环境保护的前提下，经过环境保护部门审查批准后，金融机构对企业提供贷款。三是对于促进环境保护、有利于改善生态环境的产业或产品，在符合信贷原则、具有还款能力的前提下，金融机构要予以积极贷款支持。对从事环境保护和治理污染的项目和企业，各级金融部门应根据经济效益和还款能力等不同情况，区别对待，择优扶持：对环境效益好、经济效益不明显，但具有还款能力的国家重点环保项目，在落实还款资金来源的前提下，国家开发银行等政策性银行在安排贷款时要予以支持；对环境效益和经济效益都明显的环保项目，还款能力较强，商业银行和非银行金融机构应予以贷款支持。

西藏明珠股份有限公司向社会公众公开发行股票。该公司的注册资本为7 300万元，实收股本为7 300万元，其中，国家持有的普通股3 726万股，占总股本的51.04%，法人持有的普通股574万股，占总股本的7.86%；社会个人持有的普通股3 000万股（含公司职工股300万股），占总股本的41.10%。至此，我国上市公司已遍布全国所有的省、自治区、直辖市。

23日 上海发生“327”国债期货风波。“327”是国债期货合约的代号，对应1992年发行的3年期国库券，该券发行总量为210亿元，年利率为9.5%，1995年7月1日到期兑付。“327”国债的价格除了受利率影响外，还要受到保值贴补率和利息水平的影响。当时，3年期银行储蓄存款利率已经于1993年7月11日调高到12.24%并且恢复了保值补贴；而财政部于同日发布的公告只规定对1992年3年期国债实行保值，并未说明其利息是否随着储蓄利率的提高而作同步调整。因此，对“327”国债是否加息及保值贴补率的不同预期，便成了国债期货市场多空（买卖）双方的主要分歧。当时市场中最引人注目的机构是中国经济开发信托投资公司（以下简称中经开，多头）、上海万国证券公司（以下简称万国，空头）和辽宁国发集团股份有限公司（以下简称辽国发，空头，后转为多头）。数周之内，多空双方在148元附近大规模建仓，“327”未平仓合约数量逐渐增加。

23日，财政部发出公告：1992年3年期国库券在7月1日到期还本付息时，利息分两段计算：1992年7月1日至1993年6月30日，按年利率9.5%计付，不实行保值贴补；1993年7月1日至1995年6月30日，按年利率12.24%加人民银行公布的1995年7月保值贴补率计息（人民银行于1995年6月10日公布1995年7月3年期以上定期储蓄存款的保值贴补率为年利率13.01%）。财政部公告当日，“327”合约的价格以148.5元跳空高开（前一日收盘价为148.21元），全日最高价为151.98元。为了摆脱危机，减少损失，万国在无相应保证金的情况下，于下午收盘前8分钟内抛出了1 056万口（每口2万元）巨额卖单，将“327”合约价格从151.30元打压到147.50元。若以此为收市价计算，则意味着中经开将面临巨额亏损。据统计，当日上海证券交易所国债期货共成交8 536.25亿元（含最后8分钟），其中80%的交易属于万国抛空的“327”品种。

当天晚上，上海证券交易所发布紧急通知，宣布下午16时22分13秒以后所有“327”品种的交易异常，是无效的，该部分不计入当日结算价、成交量和持仓量的范围，经过调整，当日国债成交额为5 400亿元，当日“327”品种的收盘价为违规前最后签订的一笔交易价格151.30元。

27日，上海证券交易所开始休市，并组织协议平仓。1995年5月18日，鉴于我国开放国债期货市场的条件尚未成熟，国务院决定暂停国债期货交易。1995年9月20日，国家监察部、中国证监会等部门公布了对“327”事件的调查结果和处理决定，将“327”事件定性为“一起在国债期货市场发展过快、交易所监管不严和风险控制滞后的情况下，由上海万国证券公司、辽宁国发（集团）公司引起的国债期货风波”。

中国证监会、财政部联合颁布《国债期货交易管理暂行办法》。该暂行办法共6章86条。主要规定如下：中国证监会会同财政部依照法律、行政法规对全国国债期货市场实施监督管理。未经批准，任何交易场所不得开展国债期货交易；任何机构不得从事国债期货经纪业务。国债期货交易必须在国债期货交易场所内通过集中竞价的方式进行。交易场所应当建立国债期货交易的涨跌停板制度，确定国债期货的每日价格最大波动幅度，设定客户投机头寸的最大持仓限量和交割月份持仓量限额，并报中国证监会核准。国债期货交易实行保证金制度，交易场所向会员收取的交易保证金不得低于交易金额的10% 。进入交割月后，应将保证金比率提高到20%以上。在最后交易日前的第三个营业日，空方应交纳价值不低于其空头净持仓额85%的国债，多方应交纳不低于其多头净持仓额85%的现金。交易场所不得以任何方式允许会员透支进行期货交易，并应当收取相当于交易手续费20%以上的金额建立风险基金。该暂行办法对国债期货交易场所和国债期货经纪机构的资格条件、结算及交割业务管理、国债期货经纪业务管理和法律责任做了具体规定。

26日 中国证监会发布《关于加强国债期货交易风险控制的紧急通知》。该通知指出，近日，上海证券交易所国债期货交易出现异常情况，为防止事态的急剧恶化，上海证券交易所将采取“一修二清三规范”的措施。为防止采取以上措施后，大量投机资金涌入其他国债期货交易场所，对其他场所的国债期货交易产生巨大冲击，各国债期货交易场所务必立即采取以下对策：把国债期货交易保证金比率逐步提高至10%；降低国债期货涨跌停板幅度；减小国债期货最大持仓限额；密切注视持仓大户的交易情况；严格执行每日结算制度、强制平仓制度；严惩违规操纵市场价格者。

28日 第八届全国人民代表大会常务委员会第十二次会议通过《关于惩治违反公司法的犯罪的决定》。该决定所列举的犯罪行为有：申请公司登记的人使用虚假证明文件或者采取其他欺诈手段虚报注册资本，欺骗公司登记主管部门，取得公司登记；公司发起人、股东违反公司法的规定未交付货币、实物或者未转移财产权，虚假出资，或者在公司成立后又抽逃其出资；制作虚假的招股说明书、认股书、公司债券募集办法发行股票或者公司债券；公司向股东和社会公众提供虚假的或者隐瞒重要事实的财务会计报告，严重损害股东或者其他人利益；公司进行清算时，隐匿财产，对资产负债表或者财产清单做虚伪记载或者在未清偿债务前分配公司财产，严重损害债权人或者其他人利益；承担资产评估、验资、验证、审计职责的人员故意提供虚假证明文件；未经公司法规定的有关主管部门批准，擅自发行股票、公司债券；国家有关主管部门的国家工作人员，对不符合法律规定条件的公司设立、登记申请或者股票、债券发行、上市申请，予以批准或者登记，致使公共财产、国家和人民利益遭受重大损失；公司董事、监事或者职工利用职务上的便利，索取或者收受贿赂；公司董事、监事或者职工利用职务或者工作上的便利，侵占本公司财物；公司董事、监事或者职工利用职务上的便利，挪用本单位资金归个人使用或者借贷给他人，数额较大、超过 3 个月未还的，或者虽未超过 3 个月，但数额较大、进行营利活动的，或者进行非法活动的。该决定对上述违反公司法的犯罪行为作出了具体的惩罚规定，包括有期徒刑或者拘役、处以罚金等，自发布之日起施行。

3 月

1 日 中国外汇交易中心开办日元对人民币交易。这是在原有的美元和港元两个交易币种之外增开的第三个交易币种。

4 日 中国证监会发布《关于加强风险管理、从严处理违规行为的通知》。该通知指出，上海证券交易所国债期货交易停止竞价交易、进行协议平仓以后，大量投机资金可能转入其他领域进行炒作。为了避免恶性事件发生，各试点期货交易所在市场风险增大时，要及时采取提高保证金比率、调整涨跌停板幅度、降低最大持仓限额等控制风险的措施，同时要加强对持仓大户的管理，严格执行每日结算制度和强制平仓制度。要严格按照交易规则进行运作，严禁借仓交易、联手交易。一旦发现违规行为，要从严处理。3 月 7 日，上海证券交易所除 327 品种外，其余国债期货品种恢复自由竞价交易。

5～18 日 八届全国人大三次会议在北京举行。会议审议并批准了《政府工作报告》。该报告指出，坚决控制物价上涨幅度是今年宏观调控的首要任务，也是处理好改革、发展、稳定三者关系的关键。宏观调控的目标是，确保物价上涨幅度比去年有明显回落，力争控制在 15% 左右。为了实现这个目标，一要大力发展农业生产，增加有效供给。二要继续控制货币供应量和信贷规模，实行适度从紧和量入为出的财政方针，努力增收节支，中央财政赤字不能比上年扩大，地方财政要坚持收支平衡。要加强对预算外资金的管理。三要控制固定资产投资规模，抑制消费基金过快增长。四要深化流通体制改革，加强市场体系建设，减少流通环节，降低流通费用。1995 年的经济体制改革要以国有企业改革为重点，配套推进社会保障体制改革，巩固和完善已出台的各项宏观管理体制改革措施。金融体制改革要进一步加强中央银行对货币供应的调控能力，增加间接调控手段的运用。加快国有商业银行改革的步伐，积极推行资产负债比例管理和风险管理，提高信贷资产质量。完善政策性银行的经营机制。分期、分批组建城市合作银行。按照分业管理的原则，规范各类金融机构的业务范围并加强监管，银行不得经营信托投资和证券业务。巩固外汇改革成果，进一步完善结汇售汇制度。进一步转变政府职能，培育市场体系。会议还审查并批准了《关于 1994 年国民经济和社会发展计划执行情况与 1995 年国民经济和社会发展计划草案的报告》，提出 1995 年银行新增贷款规模 5 700 亿元。

7 日 中国人民银行发布《关于对粮棉油优惠贷款停止利差补贴的通知》。该通知指出，随着政策性银行的成立和运营，粮、棉、油优惠贷款业务已从中国农业银行、中国工商银行全部划转到中国农业发展银行。粮、棉、油政策性贷款仍实行优惠利率，其利差损失由中国农业发展银行与财政部统一核算。从 1994 年 12 月 21 日开始，人民银行不再对粮、棉、油优惠贷款实行利差补贴。

8 日 中国人民银行、中国工商银行、中国农业银行、中国银行、中国人民建设银行、中国人民保险公司、交通银行和中国农业发展银行颁布《关于对金融诈骗案涉及的金融工作人员行政处分的暂行规定》。该暂行规定明确，参与金融诈骗的金融机构工作人员一律开除公职，情节严重构成犯罪的，移交司法机关处理；对因失职而致使诈骗得逞的金融机构业务负责人和主要负责人，根据情节轻重，分别给予行政记大过直至开除处分；对发生金融诈骗案件的金融机构主要负责人、主管领导，根据情节轻重，分别给予记大过直至撤职处分；参与金融诈骗的金融机构工作人员一经开除，禁止其再从事金融职业，任何金融机构不得重新录用。

国务院批准《中国证券监督管理委员会机构编制方案》。中国证监会为国务院直属副部级事业单位，是国务院证券委员会的监管执行机构，依照法律、法规的规定对证券市场、期货市场进行监督和管理。主要职责如下：根据国务院和国务院证券委员会授权，起草证券、期货法规，拟订证券、期货市场的管理规则和实施细则；依法对有价证券的发行、上市、交易及其相关活动进行监管；配合有关部门审批设立证券经营机构，对证券经营机构和证券清算、交割、保管、过户、托管、登记机构的业务活动进行监管，审查确认上述机构人员的从业资格；会同有关部门制定市场中介组织及其从业人员从事证券、期货业务的资格标准、业务规则和行为准则，核发资格证书，对其业务活动和从业行为进行监管；依法对证券交易场所、证券业协会的业务活动进行监管；根据证券委授权，对期货交易所、期货经纪机构的设立进行审核，对其活动进行监管；依法对向社会公开发行股票的公司实施监管；依法对境内企业直接或间接向境外发行具有股票性质、功能的证券以及在境外上市活动进行监管；依据有关法律、法规的规定，根据证券委授权，会同有关部门对违反证券、期货法律、法规及其实施细则和有关规则的行为进行调查、处罚；会同有关部门管理证券、期货市场信息，研究分析证券市场、期货市场发展形势和问题，根据证券委的要求，拟订证券、期货市场发展规划和战略；组织、参与证券业、期货业对外交往与合作活动；办理国务院和国务院证券委员会交办的其他事项。

1992 年 10 月，国务院证券委员会和中国证券监督管理委员会宣告成立。1993 年 11 月，国务院决定将期货市场的试点工作交由国务院证券委负责，中国证监会具体执行。1997 年 8 月，国务院决定，将上海证券交易所、深圳证券交易所统一划归中国证监会监管；同时，在上海和深圳两市设立中国证监会证券监管专员办公室；11 月，中央全国金融工作会议决定对全国证券管理体制进行改革，理顺证券监管体制，对地方证券监管部门实行垂直领导，并将原由中国人民银行监管的证券经营机构划归中国证监会统一监管。1998 年 4 月，根据国务院机构改革方案，决定将国务院证券委与中国证监会合并组成国务院直属正部级事业单位。

15 日　中国人民银行转发《朱镕基副总理在国务院会议上关于金融工作的讲话》。在 1995 年 2 月 23 日的国务院会议上，朱镕基指出，经济工作中的主要矛盾是通货膨胀比较严重。1995 年金融工作要着重抓好六个方面：一是严格控制货币发行，加强对信贷资金的管理。二是加快金融体制改革步伐。各专业银行要继续做好加快向国有商业银行转变的工作。在 35 个大中城市基本完成城市合作银行的组建工作。三是搞好对国家外汇储备的管理和经营。四是彻底实行金融分业经营与管理。五是加快银行的电子化建设。六是继续抓紧做好“三防一保”工作，坚决打击危害银行资金的犯罪活动。

18 日　《中华人民共和国中国人民银行法》（以下简称《中国人民银行法》）由八届全国人大三次会议通过，江泽民签发第 46 号主席令颁布。主要内容是：1. 中国人民银行是中华人民共和国的中央银行。中国人民银行在国务院的领导下，制定和实施货币政策，对金融业实施监督管理。中国人民银行履行下列职能：依法制定和执行货币政策；发行人民币，管理人民币流通；按照规定审批、监督管理金融机构；按照规定监督管理金融市场；发布有关金融监督管理和业务的命令和规章；持有、管理、经营国家外汇储备、黄金储备；经理国库；维护支付、清算系统的正常运行；负责金融业的统计、调查、分析和预测；作为国家的中央银行，从事有关的国际金融活动；国务院规定的其他职责。2. 规定了货币政策目标，即保持货币币值的稳定，并以此促进经济增长；规定了货币政策委员会的机构设置；规定了中央银行实施货币政策的工具，要求金融机构按照规定的比例缴存存款准备金；确定中央银行基准利率；为在中国人民银行开立账户的金融机构办理再贴现；向商业银行提供贷款；在公开市场上买卖国债和其他政府债券及外汇；国务院确定的其他货币政策工具。3. 中央银行金融监督管理权主要包括两个方面的内容：一是对金融机构的设置、撤并和终止的管理，包括审核金融机构的申请程序，金融机构设置应具备的条件，以及金融机构变更、终止的审批等。二是监督检查金融机构的业务活动，主要检查金融机构是否执行国家的金融法律法规，是否违反现行金融管理规章制度，资金来源和资金运用是否合法，内部管理制度是否健全等。4. 对中国人民银行自身的行为也进行了规范，如不得对财政、金融机构账户透支，不得对非银行金融机构贷款等。

《中国人民银行法》是新中国成立以来颁布实施的第一部金融大法，是确立和规范我国中央银行——中国人民银行的地位、职责、权利和义务的基本法律。

21 日　中国人民银行调整同业拆借利率。中国人民银行于 3 月 7 日发布《关于调整同业拆借利率的通知》，规定同业拆借各档次利率水平调整为：拆借期 20 天以内利率为 13.14%，20 天至 3 个月利率为 13.32%，3～4 个月利率为 13.59%。今后同业拆借利率与再贷款利率联系起来，并实行期限管理。

中国人民银行、中国工商银行、中国农业银行、中国农业发展银行联合发布《关于加强中国农业发展银行政策性资金管理的紧急通知》。该通知要求中国农业发展银行的政策性资金实行专户管理。从 1995 年 4 月起，中国农业银行与中国农业发展银行之间的资金往来实行按旬清算，清算利率双方暂按年利率 10.98% 计息。对农业政策性收购企业已在农业发展银行之外的金融机构开立账户的，要在 4 月底之前清理撤销。对粮、棉、油收购回笼资金进行清理。在中国农业发展银行系统联行尚未建立前，中国农业发展银行以及由农业银行代理中国农业发展银行业务的资金结算，不论金额大小，一律通过人民银行联行办理。各级人民银行要加强对中国农业发展银行政策性资金使用和管理情况的检查与监督。

建设部、中国人民银行联合发布《关于加强与银行贷款业务相关的房地产抵押和评估管理工作的通知》。该通知规定：银行办理各项以房地产作为抵押的贷款业务，抵押人（借款人）和抵押权人（贷款银行）必须签订书面抵押合同，并自抵押合同签订之日起 30 日内，向当地房地产管理部门办理抵押登记。抵押物价值可以由贷款银行进行评估，或委托房地产估价机构进行评估，并经贷款银行确认。与银行贷款业务相关的房地产抵押物价值评估业务报告须由房地产估价师签署，或由 3 名以上人员联合签署。各有关银行要建立健全抵押贷款制度，培训和配置必要的房地产估价人员，做好与贷款业务相关的房地产评估工作。

22～25 日　中国农业发展银行全国分行行长会议在北京召开。这是自中国农业发展银行成立以来召开的首次会议。朱镕基副总理接见会议代表，行长朱元樑做题为《努力实现收购资金良性循环，大力支持农村经济全面发展》的报告。中国农业发展银行完成了 27 家省级分行的组建工作。

29 日　中国人民银行发布《关于禁止金融机构随意开展境外衍生工具交易业务的通知》。针对近一段时期，一些国内金融机构在与境外机构进行衍生工具交易中频繁发生纠纷的问题，该通知指出，国内金融机构一律不得开展投机性境外衍生工具交易业务。国内金融机构在符合外汇管理部门有关规定并经国家外汇管理局核准的前提下，可根据实际需要适当进行避险性境外衍生工具交易。国内金融机构进行避险性境外衍生工具交易，必须完善和健全内部风险管理制度，配备合格的交易人员，并按规定报送统计报表。对违反规定进行境外衍生工具交易，造成重大资金损失的有关金融机构和交易人员，要进行严肃处理，并追究有关管理人员的责任。

财政部和中国人民建设银行在北京签署委托代理协议。根据协议，财政部将委托中国人民建设银行代理部分财政业务。委托代理业务事项有：1. 项目开户行根据项目工程进度和资金配置情况，及时办理中央财政预算安排的建设项目的资金支付，并对资金使用实施监督。2. 负责审查工程预、结算，参与审查建设项目概算和工程招标、投标的有关工作。3. 对建设项目的年度财务决算和竣工决算签署审查意见。4. 对建设项目“拨改贷”本息豁免和核转、材料设备降价处理和工程报废签署审查意见。5. 对基本建设收入和投资包干结余以及竣工结余等应缴财政的资金，要督促及时上缴财政。根据协议：财政部将基本建设资金存入在建设银行设立的账户，并按3‰支付委托代理业务补助费。本协议自1994年9月1日起生效。

30日 中国证监会发布《关于落实国债期货交易保证金规定的紧急通知》。该通知规定：各国债期货交易场所从当年4月6日起，对其会员新开仓国债期货合约收取的交易保证金（不论自营或代理）必须提高到不低于交易金额的10%；按合约面值收取交易保证金的交易场所，要将收取的交易保证金额提高到相当于交易金额10%以上的水平。对于已在仓合约，各国债期货交易场所必须要求其会员在4月14日之前按上述要求补足保证金。对于逾期不补足的，交易场所不得允许其再开新仓，并可按交易场所的有关规定给予处理。各国债期货交易场所要严格执行涨跌停板制度，每日价格波动幅度不得大于±2元。

31日 中国人民银行、财政部联合发布《关于1995年国库券发行中有关问题的紧急通知》。针对一些国库券代理发行机构违反国家规定，擅自采用销售国债预购券、国债代保管单等方式超发国债，或采取折价、贴水等方式改变发行条件，擅自提高国库券发行利率，扰乱国债发行秩序，损害国库券的声誉的做法，该紧急通知规定：各代理发行机构一律不得以国债代保管单、国债预购券等名义变相向社会筹集资金，严禁国债卖空行为；不得采取折价、贴水等方式推销国库券，任何单位不得擅自提高或变相提高国库券利率；所有假借推销国库券名义筹措到的资金必须全额认购国库券，不得挪作他用，对于卖空行为要依照有关规定坚决查处。

中国人民银行发布《关于进一步加强城市信用合作社管理的通知》。该通知决定从1995年起，在城市信用合作社的基础上组建城市合作银行。首先在北京、天津、上海等几个城市进行试点，取得经验后逐步推广。未经人民银行总行允许，各地不得擅自进行城市合作银行的组建工作。已设立的城市信用合作社实行单行制，不得设立分社和新的分支机构。对以农村信用合作社名义变相设立的城市信用合作社，应坚决取缔。在全国的城市合作银行组建过程中，不再批准设立新的城市信用合作社。未经人民银行总行同意，不得擅自对城市信用合作社进行股份制改造，城市信用合作社的股金凭证不得进行柜台交易。城市信用合作社的增资扩股应在原有股东的范围内进行。不得以任何名义转移和私分城市信用合作社的公共积累。城市信用合作社要严格按照规定的业务范围进行经营，对超范围经营股票、证券、外汇等业务的，要限期清理。未批准组建城市合作银行的城市，可按有关规申报组建城市信用合作社联合社。

《中国农业发展银行委托中国农业银行代理业务协议书》的签字仪式在北京举行。根据协议，中国农业发展银行将该行省以下属其业务范围的粮棉油、农业、综合开发贷款等，正式委托中国农业银行基层营业机构代理。1995年是中国农业银行全面代理农业发展银行政策性业务的第一年，全年代理农业发展银行粮棉油收购贷款余额4 346.8亿元。

4月

1日 中国人民银行决定从即日起每日公布人民币对美元、港元及日元的外汇市场交易的中间价（基准汇价）。银行之间买卖外汇的汇价，可在基准汇价上下0.3%的幅度内浮动。银行与客户之间买卖美元、港元、日元的汇价可在基准汇价上下0.25%的幅度内浮动。各外汇指定银行可以人民币对美元的基准汇价为依据，根据国际外汇市场行情自行套算出人民币对这3种货币以外的其他可自由兑换货币的中间价，按人民银行规定的买入价和卖出价的价差不得超过0.5%

的要求自行制定其他货币的买入价和卖出价，与客户进行外汇买卖。每笔金额超过100万美元的大额交易，银行可与客户在规定的幅度内面议汇价。

4日 为了加快西藏金融体制改革，促进西藏经济发展，中国人民银行决定，中国人民银行西藏自治区分行专门行使中央银行派出机构的职能；分设中国农业银行西藏自治区分行，并对其相关的财务处理、利率补贴做了具体安排。1965年西藏自治区成立时，基本形成了以人民银行为主体、农牧区信用社为基础的具有西藏特色的社会主义金融体系。1985年中国银行西藏自治区分行和国家外汇管理局西藏分局正式成立；1987年9月，中国人民建设银行西藏自治区分行与财政分设；1995年7月1日，中国农业银行西藏自治区分行挂牌成立。

中国人民银行下发《关于进一步加强基金会管理的通知》。针对相当一部分基金会存在违规投资办实体、现职政府工作人员兼职及搞行政摊派；有些基金会没有专职管理人员，多年不开展工作，或虽有专职工作人员，但工作成效不大；有些基金会管理混乱，规章制度不健全等问题，该通知规定：基金来源应主要是个人及国外捐赠，其捐赠资金不得进入成本。凡成立基金会，除要具备最低10万元人民币（或等值外汇）的注册基金外，还必须有200万元人民币（或等值外汇）的活动基金。基金会基金的保值增值必须委托金融机构进行。基金会每年年初要向人民银行报送工作计划，年终报送工作报告，每半年报送财务报表。人民银行每年至少对基金会进行一次检查。地方性基金会由人民银行各省、自治区、直辖市分行进行审批，但须报人民银行总行备案并经人民银行总行同意后，方可批准成立。

中国人民银行、中国工商银行、中国农业银行、中国银行、中国人民建设银行、中国农业发展银行联合发布《关于划转人民银行专项贷款的通知》。该通知决定将人民银行原来发放的扶贫专项贷款全部划转给中国农业发展银行，将金银专项贷款全部划转给中国工商银行。除此之外，按委托对象或企业基本账户划转。划转时间为1995年3月31日。贷款划转后，人民银行对企业的债权债务关系转换为各家金融机构对企业的债权债务关系，人民银行对企业的债权同时变为人民银行对金融机构的债权。

5日 中国人民银行发布《非现场稽核监督暂行规定》。该暂行规定明确，非现场稽核监督是指金融机构按照中国人民银行的要求，定期报送有关业务经营情况的资料，中国人民银行按规定程序对金融机构报送的资料进行审核、整理、分析，写出稽核报告，对于发现的违规现象或经营不善问题，经质询、核实后得出稽核结论和作出处理决定的一种稽核监督方式。非现场稽核监督的对象是依法设立的中资、外资和合资银行、非银行金融机构，以及经中国人民银行批准经营金融业务的其他机构。监督内容是：稽核监督金融机构经营的风险性包括资本充足性、资产质量、资产流动性、盈利状况、经营管理水平；稽核监督金融机构经营的合规性包括信贷规模、限额及资产负债比例的执行情况，同业拆借情况，向人民银行缴存存款准备金和财政性存款的情况，其他合规性内容。该暂行规定对非现场稽核监督的组织管理、资料报送、程序、罚则等做了具体规定。

13日 中国人民银行下发《关于收回人民银行再贷款的通知》。该通知决定，人民银行分支行原来对中国工商银行、中国农业银行、中国银行、中国人民建设银行以外的其他银行发放的期限在7天以上的贷款，以及对非银行机构发放的全部贷款要逐步收回。今后人民银行各分行只能对国有商业银行发放20天以内的头寸放款，对其他银行发放7天以内的头寸贷款。除经国务院批准，人民银行各分行不得对非银行金融机构发放贷款。6月12日，中国人民银行发布《关于收回全国性金融公司人民银行再贷款的通知》。该通知决定自《中国人民银行法》公布之日起，中国人民银行总行不再对全国性金融公司提供贷款，在此之前发放的贷款，1995年12月31日之前要全部收回。

国务院办公厅转发财政部、审计署、监察部《关于对各种基金进行清理、登记的意见》。该意见要求各地区、各部门以各种形式向企事业单位或个人筹集建立的、具有特定用途的、目前仍在执行的各种基金均应清理、登记。社会团体和个人自愿捐赠建立的基金、基金会募集建立的基金以及企业、行政事业单位按照国家财务会计制度规定提取建立的专用基金，不属清理、登记范围。全国清理、登记各种基金的工作由财政部、审计署、监察部负责，办公室设在财政部。审计署将结合 1995 年财政收支审计，对部分省、自治区、直辖市及计划单列市和国务院有关部门的各种基金进行重点审计。

17 日 中国证监会发布《关于批准上海商品交易所为试点期货交易所的通知》。该通知明确：上海商品交易所的合并工作已经结束，被批准成为我国试点期货交易所。上海商品交易所试点期间的交易品种是胶合板，试运行品种是天然橡胶、聚氯乙烯、高压聚乙烯、聚丙烯、棉纱、525 普通硅酸盐水泥、5mm 浮法玻璃。1994 年 10 月，国务院授权中国证监会正式批准了 11 家期货试点交易所。另外，天津联合期货交易所、成都联合期货交易所、上海商品交易所和长春商品交易所分别由同一城市的几家交易所合并组成。1994 年和 1996 年，天津、长春两家联合试点期货交易所以及成都联合期货交易所分别由同一城市的几家交易所合并组成。

18 日 中国人民银行下发《关于开展清产核资工作的通知》。该通知指出，人民银行的资产是国有资产，任何单位和个人都不能以任何名义，将国有资产化“大公”为“小公”（集体），更不能化公为私，如有违反的，要严格按国家有关政策规定查处。中国人民银行同时成立清产核资领导小组，并制定了《中国人民银行清产核资工作方案》和《中国人民银行清产核资办法》。人民银行清产核资的工作范围是：人民银行各级分支行及所属单位，包括银行学校、融资中心、外汇交易中心和培训中心、招待所等；总行机关及国家外汇管理局；总行直属企业、事业单位、直属院校，各企事业单位投资兴办的经济实体；总行驻外机构和总行附属企业的对外投资企业。清产核资的具体内容是：对人民银行系统各单位的资产、负债和所有者权益进行全面的清理、核对和查实。人民银行资产负债清查包括对人民银行的各级行、各单位占有的各类资产（包括现金资产、固定资产、信贷资产、其他资产及投资、在建工程等）、各种负债及各项国家资金进行全面的清理、登记、核对和查实。清产核资工作从 1995 年 3 月开始，到年底基本结束。

国家经济贸易委员会、中国银行、对外贸易经济合作部联合发布《关于停止执行外贸企业超亏挂账“三不”政策的通知》。经国务院批准，从 1995 年 12 月 31 日起停止执行“三不”（不加息、不罚息、不停贷，要求企业在规定期限内自行消化）政策；从 1996 年 1 月 1 日起，银行对外贸企业现未消化的亏损部分采取不同方式区别对待：对还贷有保证、近期扭亏有望的应积极支持；对归还贷款无保证、扭亏无望的，不增加贷款；对扭亏无望、资不抵债的，可采取相应的信贷制裁措施。1990 年，根据国务院决定，对 1988—1990 年外贸承包期间形成的外贸企业亏损实行“三不”政策。

国家国有资产管理局发布《关于在股份公司分红及送配股时维护国有股权益的紧急通知》。该通知指出，最近一段时期，某些股份公司在决定分红和送配股事宜时，对国家股、国有法人股和个人股采取同股不同权、同股不同利的做法，损害了国有股权益。该通知规定：国家股和国有法人股持股单位、各级国有资产管理部门必须严格执行国家国有资产管理局、国家体改委发布的《股份有限公司国有股权管理暂行办法》（1994 年 11 月 3 日）及国家国有资产管理局发布的《关于对上市公司国家股配股及股权转让等有关问题的通知》（1994 年 12 月 1 日），在决定股份公司分红和送配股事宜时，正确、有效地行使股权，不得赞同和批准对国家股、国有法人股和个人股采取同股不同权、同股不同利的方案。对违者要进行通报批评和严厉查处。

20日 最高人民法院、最高人民检察院颁布《关于办理利用信用卡诈骗犯罪案件具体适用法律若干问题的解释》。该文件规定：对以伪造、冒用身份证和营业执照等手段在银行办理信用卡或者以伪造、涂改、冒用信用卡等手段骗取财物，数额较大的，以诈骗罪追究刑事责任。个人以非法占有为目的，或者明知无力偿还，利用信用卡恶意透支，骗取财物金额在5 000元以上，逃避追查，或者经银行进行还款催告，超过3个月仍未归还的，以诈骗罪追究刑事责任。持卡人在银行交纳保证金的，其恶意透支金额以超出保证金的数额计算。行为人恶意透支构成犯罪的，案发后至人民检察院起诉前已归还全部透支款和利息的，可以从轻、减轻处罚或者免予追究刑事责任。对实施上述犯罪行为的银行工作人员，应当依法从重处罚。

5月

2日 中国人民银行召开全国非银行金融机构监管会议。会议明确提出了“分业经营、分业管理”的原则，对信托投资公司的经营管理范围，与银行及证券业的关系提出了明确意见。

4日 中国人民银行、国家经济贸易委员会、财政部联合发布《关于鼓励和支持18个试点城市优势国有企业兼并困难国有工业生产企业后有关银行贷款及利息处理问题的通知》。为了配合18个城市优化资本结构的试点工作，该通知强调：在企业兼并的过程中，被兼并企业所欠的银行债务，包括所欠的银行贷款和利息，由兼并企业承担并负责归还，不得以任何方式逃避归还银行债务。兼并企业要制订分期偿还银行债务的计划，分期归还银行债务的期限最长不超过5年，每年归还比例不低于20%。经济效益好的企业兼并连续3年亏损并贷款逾期2年以上、贷款本息确实难以归还的企业，根据被兼并企业资产负债的实际状况，经银行核查同意后，可以免收被兼并企业原欠银行贷款利息。在计划还款期内，对被兼并企业的原贷款本金可实行停息挂账，流动资金贷款的停息期限不超过2年，固定资产贷款的停息期限不超过3年。被兼并企业的贷款本金在5 000万元以下的，报各专业银行省级分行会同财政部驻当地财政监察专员办事处审批；贷款本金在5 000万元（含5 000万元）以上的，上报各专业银行总行商财政部审批。

中国人民银行印发《反假人民币奖励办法（试行）》。该办法规定的奖励标准均指一次性查获假币金额的数量。对办案单位和办案人员的奖励标准参照查获假币的数量制定：查获1 000万元以上的，最高奖励金额为6万元；最少为查获1万元以下的，按查获假币金额的5%～10%奖励；对破获或查缴新版假人民币的单位和个人，奖励标准可适当提高，但最高不得超过奖励标准的15%。对侦破假人民币案件提供情况和线索的有功人员（不包括公、检、法等部门的执法人员）的奖励标准为：举报并查获1 000万元以上，最高奖励为5万元；最少为举报并查获10万元以下的，按面额的5%奖励。银行（包括非银行金融机构）的工作人员在柜面发现假人民币的，由各银行及非银行金融机构比照上述奖励标准，结合对工作人员的年终综合考评，通过搞活内部工资分配给予适当奖励。查获、举报假外币的奖励应折合为人民币，比照人民币奖励标准办理。各金融机构的柜面工作人员发现假币后私自截留或重新投放出去的，一经发现，情节严重者，要严格依照最高人民法院的有关规定给予惩处；情节较轻者，予以通报批评；已发放奖金的，除如数追回外，还要按面额处以50%的罚款。

中国人民银行下发《关于对农村信用社开办特种存款的通知》。人民银行决定对农村信用社开办100亿元特种存款，特种存款资金由人民银行总行统一安排使用，主要用于支持农副产品收购。

5日 国家开发投资公司成立。国家开发投资公司注册资本金为58亿元人民币。其业务范围为：对能源、交通、原材料、机电轻纺、农业、林业以及其他政策性建设项目等主要以参股、控股方式进行投资；办理投资项目的股权转让业务；办理参股、控股项目的筹资业务；办理建设项目的评估、咨询和担保业务；开展国际技术、经济合作业务；经批准的其他业务。国家开发投资公司设监事会，由国家开发银行、国家计委、国家经贸委、财政部、中国人民银行等单位的有关人员组成。

10 日 八届全国人大常委会第十三次会议通过《中华人民共和国商业银行法》（以下简称《商业银行法》）。《商业银行法》自 1995 年 7 月 1 日起施行。外资商业银行、中外合资商业银行、外国商业银行分行适用本法规定，法律、行政法规另有规定的，适用其规定；城市信用合作社、农村信用合作社办理存款、贷款和结算等业务，适用本法有关规定；邮政企业办理邮政储蓄、汇款业务，适用本法有关规定。

《商业银行法》的基本原则是对商业银行开展业务具有指导意义的基本原则，主要有以下 5 个原则：1. 效益性、安全性、流动性原则。《商业银行法》规定：商业银行以效益性、安全性、流动性为经营原则。2. 自主经营、自担风险、自负盈亏、自我约束的原则。《商业银行法》规定：商业银行实行自主经营，自担风险，自负盈亏，自我约束；依法开展业务，不受任何单位和个人的干涉；以其全部法人财产独立承担民事责任。3. 保护存款人和银行客户的合法权益原则。《商业银行法》规定：商业银行应当保障存款人的合法权益不受任何单位和个人的侵犯。个人储蓄存款业务的原则是存款自愿、取款自由、存款有息、为存款人保密。4. 规范商业银行行为，提高信贷资产质量的原则。商业银行开展信贷业务，应当严格审查借款人的资信，实行担保，保障按期收回贷款；依法向借款人收回到期贷款的本金和利息，受法律保护。具体要求为：商业银行贷款应当对借款人的借款用途、偿还能力、还款方式等情况进行严格审查；商业银行贷款应当实行审贷分离、分级审批的内部控制制度；积极推行担保贷款，严格控制信用贷款；实行商业银行的资产负债比例管理，并对贷款实行五级分类管理，严格预防和控制金融风险；禁止向商业银行的关系人发放信用贷款；严格控制银行间同业拆借，禁止利用拆入的资金发放固定资产投资贷款或投资；不得违反国家利率政策吸收存款，发放贷款，搞不正当竞争。5. 加强金融监督管理，打击金融违法、犯罪行为的原则。未经依法审查批准，任何单位和个人擅自从事银行业务活动，属于非法金融活动，应按国家规定予以取缔并给予处罚。构成犯罪的，依法追究刑事责任。

关于商业银行的设立和组织机构，该法规定：设立商业银行的注册资本的最低限额为 10 亿元人民币。城市合作商业银行的注册资本的最低限额为 1 亿元人民币，农村合作商业银行的注册资本的最低限额为 5 000 万元人民币。注册资本应当是实缴资本。中国人民银行根据经济发展可以调整注册资本的最低限额，但不得少于前款规定的限额。国有独资商业银行设立监事会，对国有独资商业银行的信贷资产质量、资产负债比例、国有资产保值增值等情况以及高级管理人员违反法律、行政法规或者章程的行为和损害银行利益的行为进行监督。

八届全国人大常委会第十三次会议通过《中华人民共和国票据法》（以下简称《票据法》）。该法所称的票据，是指用于购买商品、处理债权债务的信用支付工具，包括汇票、本票和支票。《票据法》规定：出票人制作票据，应当按照法定条件在票据上签章，并按照所记载的事项承担票据责任。持票人行使向票据债务人请求支付票据金额的权利，包括付款请求权和追索权，应当按照法定程序在票据上签章，并出示票据。其他票据债务人在票据上签章的，按照票据所记载的事项承担向持票人支付票据金额的义务。《票据法》规定：汇票的承兑人、本票和支票的出票人都是票据的主债务人，负有无条件支付票款的义务；汇票的出票人以及汇票、本票和支票的背书人、保证人等都属于票据的次债务人，在持票人不获承兑或付款时，要向持票人承担清偿义务。如果票据债务人不履行票据义务的，就必须向持票人承担票据责任，除支付票款外，还要承担清偿延迟付款的利息及有关费用，有的还要对其实施行政处罚。

15 日 中国证监会发布《关于要求各国债期货交易场所进一步加强风险管理的通知》。针对国债期货交易中出现少数会员和客户超额持仓企图操纵市场等问题，该通知规定：严格执行对交易保证金和涨跌停板制度的规定；严格限定会员和客户投机头寸的最大持仓限量和交割月份的持仓量限额；交易场所不得允许其会员、会员不得允许其客户进行任何形式的透支交易；收取风险基金不得低于交易手续费的20%。

17日 中国证监会发布《关于暂停国债期货交易试点的紧急通知》。该紧急通知指出，国债期货市场屡次发生由严重违规交易引起的风波，在国内外造成了很坏的影响，目前从各方面的情况看，我国尚不具备开展国债期货交易的基本条件。为维护改革开放的形象，保持经济和社会稳定，保证金融市场的健康发展，经国务院同意，现决定在全国范围内暂停国债期货交易试点。从5月18日起，各国债期货交易场所一律不准会员开新仓，由交易场所组织会员协议平仓，平仓价格由各交易场所根据实际情况自行确定。平仓清场的截止日期为5月31日。

18日 中国人民银行、财政部、国内贸易部、中国农业银行、中国农业发展银行、国家粮食储备局联合发布《关于加强粮棉油政策性收购资金管理的意见》。为了制止挤占挪用收购资金，防止收购资金流失，以保证收购不“打白条”，该意见提出：粮、棉、油收购资金供应和管理要坚持实行分级、分部门责任制，其中银行要根据收购部门的粮、棉、油库存和收购数量负责安排收购贷款；中央财政负责拨补中央储备粮补贴；地方财政负责拨补地方储备粮补贴、粮食政策性补贴及定购粮价外补贴；收购部门负责调销回笼款及保证企业其他收购资金的到位。对1991年粮食年度末的粮食财务挂账，政策性挂账由地方财政分5年消化解决，经营性挂账由企业消化解决。但须坚持三个条件：一是当年不挂新账；二是在5年内按规定比例消化老挂账；三是粮食企业的政策性业务要与经营性业务分开。达不到上述三个条件者，不予停息。对1992年以来新增的粮食财务挂账，由各地人民政府负责清理，在3年内消化解决。对1994年定购粮价外补贴，应全部由地方财政拨补，不得由企业和银行承担。收购企业挤占挪用的收购资金，由地方政府和有关收购企业制订还款计划，落实还款资金来源，在8月底以前归还中国农业发展银行的贷款。中国农业银行挤占挪用的收购资金，必须按照中国人民银行规定的时间归还中国农业发展银行。中国人民银行根据粮、棉、油库存的数量、价格和合理费用，安排农业发展银行的粮、棉、油收购贷款限额。对收购企业因先支后收所需的资金，由银行发放临时调剂贷款予以解决，临时调剂贷款期限一般为一个月，最长不超过两个月，不得跨年度使用。承担收购、调拨、储备等政策性业务的粮、棉、油企业，只能在中国农业发展银行一家开立账户，在其他银行的账户必须在本意见下发之日起半个月内予以撤销。到期未予撤销的，由当地人民银行按有关规定予以处罚，并责令立即撤销。

国家外汇管理局发布《关于境内机构进行项目融资有关事宜的通知》。该通知指出，项目融资是指以境内项目的名义在境外筹措一年期以上的外汇资金，以项目营运收入对外承担债务偿还责任的融资形式。国内项目融资承办人向国外申请评级、项目单位以对外发债或组织国际银团等方式进行项目融资，均须经国家外汇管理局批准。项目融资方式筹集的外汇资金应及时调入国内，未经外汇管理部门批准不得存放境外，项目融资所筹的资金可在外汇指定银行开立还本付息账户用于还本付息，未经批准不得调换成人民币使用。项目单位外汇不足以偿还债务本息的，经批准后可以购买外汇偿还。

19日 中国人民银行下发《千户大型企业调查统计制度实施意见》。该意见明确，人民银行总行拟于1995年5月29日至6月10日在安徽省合肥市、江苏省南京市、浙江省杭州市进行上述调查统计的试点工作，并于6月底实现人民银行各调查城市分行与全国62个城市千户调查企业的计算机直接联网，人民银行调查行上报调查企业的资产负债及主要生产经营表。

20日 经国务院批准，中国人民银行印发《中外合资投资银行类机构管理暂行办法》。该办法规定，投资银行类机构的最低注册资本为5亿元人民币等值的可自由兑换货币。其名称应按国家有关规定制定，中外文名称中均不得使用“银行”字样。设立投资银行类机构，应当由合资各方共同向中国人民银行提出书面申请，经人民银行批准后30日内，筹足其注册资本并存入经中国人民银行批准的中国境内的银行。主要业务有：人民币特种股票、境外发行股票、境内外政府债券等有价证券的承销、自营买卖、代理买卖等。投资银行类机构持有的任何一家公司的股份总额不得超过该公司已发行股份总额的10%；持有任何一家公司的股份总额不得超过该投资银行类机构资本金的10%。该办法自1995年6月1日起施行。

25日 国务院批转中国人民银行《关于中国工商银行等四家银行与所属信托投资公司脱钩的意见》。该意见要求中国工商银行、中国农业银行、中国银行和中国人民建设银行均应在机构、资金、财务、业务、人事、行政等方面与所属信托投资公司彻底脱钩，不再保持隶属或挂靠关系。1995年上半年先由中国工商银行、中国人民建设银行在35个大中城市进行试点，待取得经验后再推广。四家银行与所属信托投资公司脱钩要达到以下要求：银行不再保留信托投资公司；银行不再经营信托投资业务；银行除承销国债和代理发行债券外，不再办理证券业务；信托投资公司名称中不再含“银行”字样；转让出去的信托投资公司的人事管理等均移交给地方或其他有关单位；不再保留信托投资公司与银行之间的行政挂靠关系。该意见规定，四家银行与所属的信托投资公司脱钩，根据不同的出资形式按照不同方式处理。

30日 中国人民银行下发《关于加强金融机构备付金管理的通知》。该通知规定：备付金由金融机构存放在人民银行往来户的存款和库存现金两部分构成。对按规定存入人民银行的其他存款不计算在备付金范围之内。备付金率指金融机构的备付金占其各项存款的比例。根据实际情况，确定中国工商银行的备付金率为6%～10%，中国农业银行的备付金率为7%～9%，中国银行的备付金率为6%～10%，中国人民建设银行的备付金率为5%～11%，交通银行的备付金率为5%～7%。其他商业银行和非银行金融机构的备付金率，由人民银行当地分支行根据各地金融机构的实际情况确定。备付金存款年利率为9.18%。

上述五家银行的备付金率由人民银行总行考核，其分支机构由各自总行考核。未达到最低比例要求的，要在10日内补足，10日内仍未达到比例要求的金融机构，不得增加贷款，不得向外拆出资金，直到达到比例为止；对1个月内仍未达到比例要求的金融机构，人民银行要在辖区内通报批评。对备付金率超过规定比例的银行，在超过规定比例10日后，人民银行应停止对其增加贷款，并可根据情况收回贷款。备付金存款年利率为9.18%，人民银行将根据宏观调控的需要，适时调高或降低备付金存款利率。未在人民银行开设账户的城市信用社和其他非银行金融机构，经所在人民银行分行审查批准，对其在商业银行往来结算户的存款，可纳入备付金进行考核。

6月

1日 亚洲开发与产业银行协会成立。该协会是以促进亚洲地区的经济开发为目的的新型产业金融合作体制，是由国家开发银行、韩国产业银行、日本兴业银行、新加坡开发银行、泰国盘谷银行以及马来西亚土著银行和印度尼西亚尼加拉银行共同创立的，今后将在会员银行所在国家的大型基本建设项目融资等方面进行合作，在海外筹集长期资金和借入短期资金提供互惠，各会员共同制订计划研究开发先进金融技术和相互进行人才交流。截至1995年5月，亚太地区银行之间的合作机构有亚洲银行家协会、亚太银行家俱乐部和亚太开发金融机构协会等松散组织。

9日 国务院证券委员会、中国人民银行、最高人民检察院发布《关于加强证券从业人员犯罪预防工作的通知》。针对近一段时期证券市场犯罪问题比较突出，特别是证券从业人员的犯罪现象较为严重的问题，该通知规定：各地证券主管部门和中国人民银行从严审批证券经营机构，对不合格的证券经营机构及其网点进行撤并、整顿，验收合格后才准营业。人民银行非银行金融管理部门要定期或不定期地对证券经营机构及其分支机构进行稽核。各级人民检察院应积极查办证券从业人员的犯罪案件，坚持有法必依，执法必严，违法必究；对大案要案，要加大查处力度，形成强大的法律威慑力。证券交易所和证券经营机构要建立、健全有关规章制度，加强对场内交易员的管理。

截至1995年2月底，全国股份有限公司已有6 000余家，上海证券交易所、深圳证券交易所挂牌上市公司共293家，市价总额为3 200多亿元人民币，全国各类证券公司有91家，证券营业部有1 733家，各类证券代办网点有6 000多家，从业人员有8万多人。

15～19日　中国人民银行在北京召开全国银行业经营管理工作会议。会议指出，当前存在的主要问题是逾期贷款比例较高、资金周转速度较慢、经营效益较低。因此，各家银行要在深化改革的同时，把工作重点转移到加强经营管理和提高资金使用效益上来。提高银行业经营管理水平，必须进一步完善和深化金融体制改革。一是充分发挥人民银行在国务院的领导下独立执行货币政策和对金融机构实行监管的作用。二是把国家专业银行真正办成国有商业银行，总行对分行的资金使用实行统一调度，重大项目要由总行审批。对一家银行在同一个地区重复设立的管理机构要逐步合并。三是再发展一些股份制的商业性银行，鼓励银行业之间开展合理竞争。城市信用社必须真正办成合作性质的金融机构。对已失去合作性质、实际已办成小商业银行的信用社，可以在整顿的基础上，逐步组建成股份制城市合作银行。四是对银行要实行分业经营，分业管理。各国家专业银行要与所属的信托投资公司彻底脱钩，属于银行全资的信托投资公司要予以撤销，有关资产、负债并入银行，属于合资的信托投资公司，银行要逐步转让其股份。会议强调，商业银行是经营货币的金融企业，要建立“自主经营、自负盈亏、自担风险、自我约束”的经营机制。要考核盈亏指标，银行要限期扭亏为盈，1年亏损“黄牌”警告，2年亏损通报批评，3年连续亏损，行长“退位让贤”。

20日　国家外汇管理局发布《金融机构经营外汇买卖业务特别监管制度》。国家外汇管理局决定对境内金融机构经营外汇买卖业务实行特别监管制度。该制度包括现场核准制度，交易员监管、报告制度，检查和披露制度。

国家外汇管理局发布《关于规范金融机构代理、代办外汇业务的实施意见》。国家外汇管理局决定对金融机构代理、代办外汇业务的行为进行规范化管理。规范对象为中资银行及分支机构和有关非银行金融机构。规范内容有：金融机构代理、代办外汇业务是否经过外汇局批准；金融机构是否按外汇局核准的代理、代办外汇业务范围经营相关的外汇业务，有无超范围代理、代办外汇业务的情况；代理、代办外汇业务账户的开立和使用情况；金融机构代理、代办外汇业务有无其他违反外汇管理规定的情况。

21日　国家计委、财政部、国家经济贸易委员会发布《关于将部分企业“拨改贷”资金本息余额转为国家资本金的意见》。根据该意见，转为国家资本金的“拨改贷”资金是指1979—1988年由财政（包括中央和地方）拨款改为贷款的国家预算内基本建设投资。将企业“拨改贷”资金本息余额转为国家资本金的试点范围是：“优化资本结构”试点城市和综合配套改革试点城市，每个城市推荐两个企业；参加国务院确定的建立现代企业制度试点的企业；国务院确定的试点企业集团的核心企业及其全资和控股的子企业。“拨改贷”资金本息余额转为国家资本金的原则是：以国家产业政策为依据，重点支持国民经济的基础产业和支柱产业。首先照顾归还“拨改贷”资金本息有困难的企业减轻债务负担，合理调整企业的资产负债结构。采取分类审批的办法，不搞“一刀切”。

23日　对外贸易经济合作部（以下简称外贸部）发布《关于使用外国政府贷款管理办法（试行）》。外国政府贷款（含混合贷款）是指外国政府向我国政府提供的无息或低息、偿还期长的官方发展援助资金。该办法规定：外贸部作为外国政府贷款的归口管理部门和对外窗口，协同国家计委商定年度贷款规模、优先资助领域和政府贷款使用计划，通知国务院有关部委、各省、自治区、直辖区和计划单列市提出年度备选项目。外贸部在征得有关外国政府贷款管理部门及项目单位的意见后，可依据双边政府贷款协定选择和委托经中国人民银行批准有外汇经营权的金融机构承办转贷业务。

28 日 中国人民银行下发《关于加强粮棉油收购资金监管的通知》。该通知规定，为了实现粮、棉、油收购资金的封闭运行，粮、棉、油收购企业只能在中国农业发展银行一家开立账户。人民银行各级分支行定期对开户情况和账户的使用情况进行检查。中国农业发展银行及其代理行在人民银行开设的专户要全额反映财政拨补资金、企业销货回笼资金、农业发展筹措的收购资金等的收支情况，专户资金只能用于收购及与收购相关的费用支出和中国农业发展银行的上下级调度。农业银行和中国农业发展银行之间的资金清算按旬进行，并及时报送人民银行当地分支行。中国农业发展银行开户企业的异地汇款，不论金额大小，一律通过人民银行联行办理。同城票据清算，中国农业发展银行设立单独席位，其清算票据单独提出进行交换，不得轧入中国农业银行同城票据交换的差额。人民银行各级分支行要建立相应的检查稽核制度，根据农业银行和农业发展银行报送的粮棉油购、销、存资料和收购资金台账，对农业银行地、县行代理业务中的专户管理情况，收购资金的筹措、使用、结算、归位情况以及农业银行与农业发展银行的资金清算情况等进行经常性检查，发现问题及时处理。

30 日 《中华人民共和国担保法》由八届全国人大常委会第十四次会议通过，中华人民共和国主席令第 50 号予以颁布。《担保法》规定：在借贷、买卖、货物运输、加工承揽等经济活动中，债权人需要以担保方式保障其债权实现的，可以依照本法规定设定担保。担保方式为保证、抵押、质押、留置和定金。第三人为债务人向债权人提供担保时，可以要求债务人提供反担保。反担保适用本法担保的规定。担保合同是主合同的从合同，主合同无效，担保合同无效。担保合同另有约定的，按照约定。担保合同被确认无效后，债务人、担保人、债权人有过错的，应当根据其过错各自承担相应的民事责任。《担保法》自 1995 年 10 月 1 日起施行。

《中华人民共和国保险法》（以下简称《保险法》）由八届全国人大常委会第十四次会议通过，中华人民共和国主席令第 51 号予以颁布。

《保险法》规定：国务院金融监督管理部门依照本法负责对保险业实施监督管理。保险公司的组织形式有国有独资保险公司和股份有限公司两种。设立保险公司，其注册资本的最低限额为人民币 2 亿元。保险公司的业务范围：财产保险业务，包括财产损失保险、责任保险、信用保险等保险业务；人身保险业务，包括人寿保险、健康保险、意外伤害保险等保险业务。同一保险人不得同时兼营财产保险业务和人身保险业务。设立外资参股的保险公司，或者外国保险公司在中国境内设立分公司，适用本法规定，法律、行政法规另有规定的，适用其规定。

对于保险公司的偿付能力，《保险法》规定：1. 商业保险的主要险种的基本保险条款和保险费率，由金融监督管理部门制定；其他险种的保险条款和保险费率，应当报金融监督管理部门备案。2. 除人寿保险业务外，经营其他保险业务，应当从当年自留保险费中提取未到期责任准备金；提取和结转的数额，应当相当于当年自留保险费的 50%；经营有人寿保险业务的保险公司，应当按照有效的人寿保险单的全部净值提取未到期责任准备金。保险公司应当按照已经提出的保险赔偿或者给付金额，以及已经发生保险事故但尚未提出的保险赔偿或者给付金额，提取未决赔款准备金。3. 保险公司的资金运用限于银行存款、买卖政府债券和金融债券，以及国务院规定的其他资金运用形式。保险公司的资金不得用于设立证券经营机构和向企业投资。保险公司运用的资金和具体项目的资金占其资金总额的具体比例，由金融监督管理部门规定。4. 保险公司应当具有与其业务规模相适应的最低偿付能力。保险公司的实际资产减去实际负债的差额不得低于金融监督管理部门规定的数额；财产保险公司当年自留的保险费，不得超过其实有资本金与公积金之和的4倍；保险公司对每一危险单位的自留保费不得超过其实有资本金与公积金之和的10%。5. 保险公司应当按照金融监督管理部门的规定提存保险保障基金。

《保险法》是新中国的第一部保险大法，也是我国保险业的基本法，自1995年10月1日起施行。

《关于惩治破坏金融秩序犯罪的决定》由八届全国人大常委会第十四次会议通过，中华人民共和国主席令第52号予以公布，自公布之日起施行。

该决定规定：伪造货币的，处3年以上10年以下有期徒刑，并处5万元以上50万元以下罚金。出售、购买伪造的货币或者明知是伪造的货币而运输，数额较大的，处3年以下有期徒刑或者拘役，并处2万元以上20万元以下罚金；数额巨大的，处3年以上10年以下有期徒刑，并处5万元以上50万元以下罚金；数额特别巨大的，处10年以上有期徒刑或者无期徒刑，并处没收财产。银行或者其他金融机构的工作人员购买伪造的货币或者利用职务上的便利，以伪造的货币换取货币的，处3年以上10年以下有期徒刑，并处2万元以上20万元以下罚金；数额巨大或者有其他严重情节的，处10年以上有期徒刑或者无期徒刑，并处没收财产；情节较轻的，处3年以下有期徒刑或者拘役，并处或者单处1万元以上10万元以下罚金。伪造货币并出售或者运输伪造的货币的，依照“伪造货币”的规定从重处罚。进行金融票据和信用证诈骗活动，数额特别巨大或者有其他特别严重情节的，处10年以上有期徒刑、无期徒刑或者死刑。该决定明确的金融犯罪类型还有：走私伪造的货币；明知是伪造的货币而持有、使用，数额较大；变造货币，数额较大；未经中国人民银行批准，擅自设立商业银行或者其他金融机构和伪造、变造、转让商业银行或者其他金融机构的经营许可证；非法吸收公众存款或者变相吸收公众存款，扰乱金融秩序；以非法占有为目的，使用诈骗方法非法集资；银行或者其他金融机构的工作人员违反法律、行政法规规定，向关系人发放信用贷款或者发放担保贷款的条件优于其他借款人同类贷款的条件，造成较大损失；银行或者其他金融机构的工作人员违反法律、行政法规规定，玩忽职守或者滥用职权，向关系人以外的其他人发放贷款，造成重大损失；诈骗银行或者其他金融机构的贷款，数额较大；伪造、变造金融票证；进行金融票据、信用证及信用卡诈骗活动，数额较大；银行或者其他金融机构的工作人员违反规定为他人出具信用证或者其他保函、票据、资信证明，造成较大损失；进行保险诈骗活动，数额较大；保险公司的工作人员利用职务上的便利，故意编造未曾发生的保险事故进行虚假理赔，骗取保险金；银行或者其他金融机构的工作人员在金融业务活动中索取、收受贿赂，或者违反国家规定收受各种名义的回扣、手续费；银行或者其他金融机构的工作人员利用职务上的便利，挪用单位或者客户资金；银行或者其他金融机构的工作人员，与本决定规定的进行金融诈骗活动的犯罪分子串通，为其诈骗活动提供帮助。该决定对这些金融犯罪行为都作出了相应的处罚规定。1995年10月28日，公安部部长陶驷驹在八届全国人大常委会第十六次会议上的报告中指出：经济犯罪活动中危害最大的是发生在金融财税系统的诈骗犯罪活动，金融诈骗案件占整个诈骗案件的比例已由过去的10%上升至20%～30%，有的地方已达50%。

国家主席江泽民根据八届全国人大常委会第十四次会议的决定，签署第53号主席令，任命戴相龙为中国人民银行行长，免去朱镕基兼任的中国人民银行行长职务。

7月

1日 经国务院批准，中国人民银行调整贷款利率。主要内容如下：1. 人民银行再贷款利率平均提高0.24个百分点。1年期、6个月、3个月和20天的再贷款利率分别由10.89%、10.71%、10.44%、10.26%调整为11.16%、

10.98%、10.62%、10.44%。再贴现利率在调整后的各档次贷款利率的基础上，下浮5%～10%。2. 流动资金贷款年利率平均提高1.08个百分点。1年期和6个月的流动资金贷款利率分别由10.98%、9%调整为12.06%、10.08%。技术改造贷款和基本建设贷款的利率合并为固定资产贷款利率，执行统一的期限利率档次，固定资产贷款利率在现行基础上平均提高0.54个百分点。1年、3年、5年和5年以上的固定资产贷款利率分别由11.70%、12.96%、14.58%、14.76%调整为12.24%、13.50%、15.12%、15.30%。城乡居民、单位存款利率不做调整。贷款计息办法在按合同利率计息的基础上又作了部分修改，在签订新的1年期以上贷款合同时，贷款利率按照国家规定的期限档次，采取一年一定的办法。固定资产贷款的结息规则由原来的按年结息改为按季结息。8月18日，人民银行对计息办法作出规定：从1995年7月1日起，所有逾期贷款在逾期期间按日利率0.4‰～0.6‰计收利息，挤占挪用贷款在挤占挪用期间按日利率0.6‰～0.8‰计收利息。

中国工商银行、中国农业银行、中国银行、中国人民建设银行、交通银行互相代理信用卡业务。1994年12月29日，四家银行联合发布《关于开展信用卡业务联合试点的意见》的通知，决定以北京市为试点，开始互相代理人民币万事达卡和维萨卡在北京的消费和存取现金业务，均无须支付因用卡而附加的费用。在异地或跨系统存款或支取现金，须支付一定的手续费。为了使发卡行和收单行在信用卡业务联合过程中共同受益，暂将取现手续费和商户的佣金收入的分配比例定为：发卡行得取现金额的0.5%或签单额的0.8%，其余部分均归收单行。持卡人跨系统存款的手续费收入暂不分配。对发卡行和收单行对信用卡业务联合中的风险损失，应本着“谁用卡、谁付款”的原则，友好、妥善地解决。

4日　中国证监会和香港证券暨期货事务监察委员会签署《有关期货事宜的监管合作备忘录》。双方监管合作的内容主要包括：通过互相协助和信息交流，加强对市场参与者的保护，维护公平、有序、高效的期货市场；通过互相协助的信息交流，确保各方的有关法规得到遵守；通过定期联络和人员交换，促进互相磋商和合作。中国证监会、香港证监会、上海证交所、深圳证交所、香港联交所等五方曾于1993年6月19日签署了证券《监管合作备忘录》。1994年4月28日，中国证监会与美国证券与交易管理委员会签署了《中美证券合作、磋商及技术援助的谅解备忘录》。

11日　中国证监会正式加入国际组织。巴黎第20届国际证监会组织（International Organization of Securities Commissions，IOSCO）年会决定，中国证监会成为亚太地区委员会的正式会员，并于1998年当选为该组织的执行委员会成员。在此期间，证监会积极履行相关义务，并引进了国际证监会组织的监管目标、原则和理念，用以规范中国的证券市场。

14日　国务院发布《关于严格限制新开工项目、加强固定资产投资资金源头控制的通知》。该通知指出：当前通货膨胀形势仍很严峻，物价涨幅回落缓慢，有些地方还出现反弹，投资增幅仍然偏高。为了坚决抑制通货膨胀，国务院要求，下半年，除国家批准的个别关系重大的项目外，各地一概不得擅自新开工大中型基本建设项目，更不允许将大中型基本建设项目化整为零、抢先开工或在国家批准项目可行性研究报告前违反规定程序对外签约造成既成事实。小型基本建设项目，除农业、水利、环保和普通住宅等项目外，其他项目由省（自治区、直辖市）人民政府负责控制，实行严格的责任制，一般不得开工。从1994年起，国家要全面推行建设项目资本金制度，新的建设项目必须有一定比例的自有资金或由国家注入资金作为注册资本金，资本金不落实、不到位的项目不能开工建设。

国务院要求，各级银行要严格控制固定资产贷款规模；对国家下达的固定资产投资贷款规模计划之外的项目，金融机构一律不得发放贷款；严禁用信贷资金作为建设项目的自筹资金或自有资金；凡建设项目的自筹资金未按计划到位的，银行不得先行发放贷款；严禁用企业的生产经营流动资金或者银行流动资金贷款搞固定资产投资；严禁银行将信贷资金拆借给非银行金融机构进行固定资产投资；银行及非银行金融机构要认真审查委托单位的委托资金来源和项目报批手续，对不符合国家有关规定、未纳入固定资产投资计划的项目，不得接受委托贷款；各级银行和非银行金融机构一律不得给未按国家规定批准的项目开立账户。对由财政部门提供资金担保、银行用信贷资金进行固定资产投资，或由财政部门指使银行用信贷资金代替财政资金，进行所谓的委托贷款从事固定资产投资的，必须立即予以纠正。对各种违章拆借、非法集资、高息吸储和放贷等扰乱金融秩序的行为，要坚决查处。该通知对整顿建设秩序、加强对项目审批工作的管理、加强检查监督，切实落实调控责任等问题做了明确规定。

19 日　国务院批转国家体改委《1995 年经济体制改革实施要点》。该要点指出，1995 年经济体制改革工作要继续贯彻“抓住机遇、深化改革、扩大开放、促进发展、保持稳定”的方针，以深化国有企业改革为重点，配套推进社会保障体制改革，巩固和完善宏观管理体制改革，进一步转变政府职能，培育市场体系。改革的推进要有利于抑制通货膨胀，调整经济结构，提高经济效益，增加有效供给。要保持经济体制改革的连续性和配套性，正确处理好改革、发展和稳定的关系，促进国民经济持续、快速、健康发展。其中提到：稳步推进金融体制改革。改革要有利于加强中国人民银行对货币供应的调控能力，增加间接调控手段。要继续加快国有商业银行改革的步伐，在控制贷款规模的前提下，进一步推行资产负债比例管理。中国人民银行对国有商业银行和其他商业银行的资产负债等情况，要加强监管和稽核。进一步完善政策性银行运行机制。发展和完善以银行融资为主的金融市场。要慎重、稳妥地发展债券、股票融资。扩大国债发行的市场化程度，完善国债发行机制。建立健全政府、企业债务管理体系，加快建立和规范企业债券信用评级制度。

中国人民银行发布通报，制止信用卡业务协议透支行为。人民银行在对湖南省、贵州省部分银行违规经营信用卡业务问题的通报中重申：严禁利用信用卡业务搞“协议透支”、绕规模发放贷款。对利用“协议透支”绕规模发放的贷款，必须纳入信贷规模并尽快收回；信用卡部除吸收信用卡备用金、担保金存款外，不得吸收其他存款；信用卡部吸收的存款，必须按期向人民银行缴存存款准备金。

20 日　国务院批转国务院证券委员会《1995 年证券期货工作安排意见》。该意见明确我国证券、期货市场仍处于试点阶段，当前和今后一段时间市场监管工作的方针是：证券、期货监管工作必须紧密围绕抑制通货膨胀，配合企业制度改革，坚持先试点后推广、宁肯慢务求好的原则，加大监管力度，规范市场行为，抑制过度投机，在稳定中求发展。1994 年确定的 55 亿元股票发行规模，由国家计委会同国务院证券委员会一次下达，可跨年度使用。从 1995 年起，所有新股发行与上市必须严格执行全国统一的发行审核条件和审批程序。1990 年前已公开发行股票并经国家体改委重新确认但尚未上市的 90 家企业，属于历史遗留问题，只能根据市场情况逐步解决。鉴于这些企业不断发行股票，从 1995 年到 1996 年上半年，在不超过中国证监会与国家体改委商定的第一批 20 户企业范围内，可视市场情况相机安排上市。对这类企业未安排上市的股票和定向募集公司的股权证，严禁搞任何形式的柜台交易。中国人民银行会同中国证监会对现有的证券交易中心及其变相的柜台交易进行清理整顿，不符合要求的要予以撤销。对保留的证券交易中心由中国证监会进行监督管理。证券公司由人民银行归口管理，业务活动接受证监会的监督管理。证券、期货业协会由国务院证券委实行统一归口管理。

26 日　韩国政府向中国提供的首批政府贷款签字仪式在北京举行。该笔贷款金额为 184 亿韩圆，主要用于天津南疆大桥和山东龙口港项目的建设。

31日 中国人民银行发布《关于进一步加强金银饰品零售市场管理的通知》。为了进一步打击黄金倒买倒卖和走私违法活动，维护金银饰品的零售市场秩序，该通知指出，经营金银饰品零售业务，必须经人民银行省级分行批准，领取"经营金银饰品业务许可证"方可经营。各人民银行省级分行应对已批准经营金银饰品零售业务的单位进行清理。国家对金银饰品零售单位实行定点管理，各金银饰品零售单位必须严格按照核准的经营范围、经营场所从事经营活动，任何单位不得以试销、代销、传销、直销、出租柜台等形式擅自扩大经营范围，变更经营场所。未经人民银行省级分行批准，金银饰品零售单位不得与其他企业联营，从事金银饰品零售业务，也不得设立经营金银饰品零售业务的分支机构。经营金银饰品零售业务的单位不得采用租赁经营方式。外商投资企业不得经营金银饰品零售业务。经人民银行批准的典当行的死当、弃当金银、镶嵌饰品，拍卖公司拍卖的金银、镶嵌饰品，公安、海关、工商行政管理等部门缉私、罚没的黄金、白银，应全部交售人民银行或人民银行指定的单位，不得擅自处理或用于拍卖。该通知还规定了申请经营金银饰品零售业务必须具备的各项条件。

中国人民银行发布《商业银行自营住房贷款管理暂行规定》。该暂行规定明确，商业银行自营住房贷款业务是指商业银行以本外币存款作为资金来源，自主经营的住房贷款业务。自营住房贷款包括住房开发贷款和个人住房贷款；住房开发贷款期限最长不超过3年，个人住房贷款一般不超过10年；住房开发贷款执行同期法定固定资产贷款合同利率，个人住房贷款可在利息档次上提供一定的优惠：期限为5年、5～10年和10年以上的，分别执行法定3年期、5年期和5年以上固定资产贷款合同利率。商业银行自营住房贷款要纳入中国人民银行下达的信贷计划考核，并设立会计科目，按住房开发贷款、个人住房贷款分别核算，按规定统计上报。该暂行规定实行后，储蓄所不再办理个人住房抵押贷款业务。人民银行在下发该规定的"通知"中要求：国家安居工程贷款属于住房开发贷款，列入固定资产贷款规模，实行指令性管理；个人住房贷款列入流动资金贷款计划，由各商业银行按合理需要，汇总报人民银行总行核准，在当年新增贷款规模中发放。

7月 《中国人寿保险业经验生命表（1990—1993）》编制完成。该表的英文名称为China Life Insurance Mortality Table（1990—1993），简称为CL（1990—1993）。其中，非养老金类业务用表3张，养老金类业务用表3张，分别是：非养老金业务用男表，简称为CL1（1990—1993）；非养老金业务用女表，简称为CL2（1990—1993）；非养老金业务用男女表，简称为CL3（1990—1993）；养老金业务用男表，简称为CL4（1990—1993）；养老金业务用女表，简称为CL5（1990—1993）；养老金业务用男女表，简称为CL6（1990—1993）。

中国保险业对经验生命表的研制工作最早可以追溯到1847年，当时在中国设立代表处的英国标准人寿保险公司编制出了第一张中国生命表。解放后，所有的人身保险业务由中国人民保险公司经营，中国人民保险公司借用的是日本全会社第二回生命表，据此开发了简易人身保险、福寿安康保险和城镇养老保险等险种。1984年又引进了日本全会社第三回生命表，并以此表为基础推出了个人养老金业务。日本的经验死亡率水平与中国被保险人群的死亡率水平存在差异，对中国人寿保险业务的经营产生了一定的影响，不能准确、合理地制定保险费率和提留寿险责任准备金。改革开放后，中国城乡居民的生活水平迅速提高，为人身保险业务的高速发展提供了基础条件。到1991年年底，人寿保险长期业务承保人数已经超过6 000万人，这些数据已足够让中国进行死亡率统计。《中国人寿保险业经验生命表（1990—1993）》是中国人民保险公司受中国人民银行的委托于1992年下半年开始编制的，一直沿用到2005年。

8月

7日 中国人民银行、财政部、中国证监会联合发布《关于重申对进一步规范证券回购业务有关问题的通知》。证券回购业务是指债券持有人在卖出一笔债券的同时，与买方签订协议，约定以一定的期限和价格，买回同一笔债券的融资活动。针对一些金融机构从事证券回购业务的严重违规行为，该通知规定：凡未经批准的证券交易场所和融资中心，一律不得开办证券回购业务，所有金融机构也不得参与这些场所和中心开设的证券回购市场。非金融机构、个人以及不具有法人资格的金融机构，一律不得直接参与证券回购业务。禁止在国家批准的证券交易场所之外私下从事证券回购业务。证券回购券种只能是国库券和经中国人民银行批准发行的金融债券；回购期限最长不得超过1年；回购资金不得用于固定资产投资，不得用于期货市场投资和股票投资，不得以贷款、拆借等任何名义用于企业。回购方必须有100%的属于自己所有的国库券和金融债券，并将其集中在中国人民银行指定的一家证券登记托管机构保管。禁止任何金融机构挪用个人或机构委托其保管的证券，或以租券、借券等方式从事证券回购业务；严禁以出售国库券代保管单等形式盗用国家信用、非法集资或变相高息吸收存款。该通知要求，文到之日前所有在证券回购业务上的违规行为必须按本通知规定限期纠正。

11日 国务院副总理兼外交部部长钱其琛通知国际货币基金组织、亚洲开发银行和非洲开发银行集团，中华人民共和国政府任命中国人民银行新任行长戴相龙为上述三个机构的中国理事。此项任命自发信之日起生效。

中国国际金融有限公司（以下简称中金公司）在北京开业。该公司是一家由中国、美国、新加坡以及中国香港的5家机构合资组建的投资银行，注册资本为1.25亿美元。其中，中国人民建设银行和美国摩根士丹利集团分别占总股本的42.5%和35%，中国经济技术投资担保公司、新加坡政府投资公司和香港名力集团各占总股本的7.5%。5家股东的总资产合计超过3 500亿美元。中金公司的业务范围包括人民币普通股票、人民币特种股票、境外发行股票、境内外政府债券、公司债券和企业债券的经纪业务；人民币特种股票、境外发行股票、境内外政府债券、公司债券和企业债券的自营业务；人民币普通股票、人民币特种股票、境外发行股票、境内外政府债券、公司债券和企业债券的承销业务；客户资产管理业务；基金的发起和管理；企业重组、收购与合并顾问；项目融资顾问；投资顾问及其他顾问业务；外汇买卖；境外企业、境内外商投资企业的外汇资产管理；同业拆借。

14日 中国人民银行下发《关于加强境外中资金融机构管理的通知》。针对少数境内机构无视国家有关规定，未经批准，擅自在境外设立金融性分支机构，或先设机构后办理报批手续；一些机构不按规定向主管部门报送资料；个别境外金融机构经营不善，发生严重亏损等问题，该通知规定：境内金融机构及非金融机构、境外中资金融机构及非金融机构设立或收购、参股境外金融机构，必须报经中国人民银行审批。境外中资金融机构的境内投资单位应于每年7月31日前向中国人民银行总行或有关省级分行报送境外金融机构上半年工作报告，于每年3月31日前向中国人民银行总行或有关省级分行报送境外金融机构上一年的资产负债表、损益表和年度工作报告。中国人民银行省级分行在收到有关报告和财务报表后应按规定及时转报总行。

财政部组织的1995年一年期记账式国库券承销的签字仪式在上海举行。该期国债计划发行100亿元，年利率为11.98%，首次采用“交款期优先”的拍卖发行方式，即以承销机构向财政部交款的先后顺序获得中标权利，早交款的优先满足。投标结果是共有31家国债一级自营商或证券经营机构参加此次投标，投标总额达46.5亿元。9月1日，财政部下发《1995年一年期记账式国库券市场间转托管运行试行办法》，决定试行国债跨交易场所转托管业务，为逐步统一全国国债市场创造条件。

海南发展银行在海口开业。海南发展银行是在改组、合并省内5家非银行金融机构（海南省富南国际信托投资公司、海南蜀兴信托投资公司、海口浙琼信托投资公司、海口华夏金融公司、三亚吉亚信托投资公司），吸纳中国北方工业总公司、中国远洋运输集团总公司、海南省宝平集团等企业股东的基础上，组建的股份制商业银行。总股本为16.77亿元。海南省政府以出资3.2亿元成为最大股东。银行实行一级法人体制，按照现代商业银行的模式运作，接受中国人民银行的领导、监督、协调和稽核。海南发展银行是我国《商业银行法》实施后诞生的全国第一家以股份有限公司形式组建的区域性商业银行。1998年6月21日，海南发展银行关闭，成为新中国金融史上第一家由于发生支付危机而关闭的银行。关闭前有员工2 800余人，资产规模达160多亿元。

24日　中国证监会就四川长虹电器股份有限公司（以下简称四川长虹）转配红股上市事件作出裁决：四川长虹转配红股上市属违规行为，上海证券交易所按自己的理解安排四川长虹转配红股上市是工作失误，予以通报批评，但为了稳定市场，仍维持上海证券交易所对四川长虹转配红股上市的安排。1995年6月12日，中国证监会同意四川长虹向全体股东配售5 945.460万股普通股，法人股股东可将其配股权有偿转让。中国证监会同时规定：四川长虹向法人股股东配售的股票和法人股股东转让给他人的配售股票，在国家有关规定公布之前暂不上市流通。在四川长虹实施配股的第二天，8月15日，四川长虹发布分红派息公告确定按配股后的股本（包括转配股部分）每10股送红股7股，派发现金红利1元。8月21日，四川长虹法人股转配红股违规上市流通，引起股市较大震动。中国证监会从当日起对有关情况进行调查，“四川长虹”股票分别于23日下午和24日停牌。

26日　八届全国人大常委会第十五次会议在北京召开。国家计委主任陈锦华报告了1995年国民经济和社会发展计划执行情况。其中提到，《中国人民银行法》和《商业银行法》等重要金融法律相继颁布实施，强化了中央银行的金融调控职能。货币投放和银行信贷规模调控较好，城乡居民储蓄存款增加。适度从紧的货币政策已收到一定的效果，减轻了通货膨胀的压力。今后要继续执行适度从紧的财政、货币政策，进一步优化贷款结构，提高资金使用效益。

30日　中国人民银行印发《关于清理房地产信贷业务有关问题的通知》。该通知规定：1. 中国工商银行、中国人民建设银行、中国农业银行等政策性住房信贷业务指定银行，要严格按照规定接受委托办理有关政策性住房信贷业务。其他银行和非银行金融机构一律于1995年9月底以前将有关政策性住房信贷业务移交有关指定银行。2. 各受托银行办理政策性住房信贷业务须在当年9月底以前单独设账进行核算，并与银行房地产信贷部自营信贷业务实行分账管理。3. 为住房资金管理机构开设账户只能开设住房公积金专用账户，并执行与职工个人住房公积金存款相同的利率和计算方法。4. 各类政策性住房贷款的风险由委托人自行承担。受托银行违反规定的贷款用途和程序发放的贷款，视同受托银行自营贷款，由该银行承担贷款风险和相应责任。5. 政策性住房资金存大于贷的部分，由委托人指定用于购买国家债券或转存受托银行。受托银行吸收的转存款，应按规定缴纳存款准备金，并作为银行信贷资金由该银行统一安排使用。6. 商业银行自营的各类房地产贷款业务要纳入中国人民银行下达的信贷计划考核，严禁超规模发放贷款。7. 各商业银行要在1995年第四季度完成自营房地产贷款业务的清理工作。各银行房地产信贷部设立的分支机构一律撤销，中国人民银行各分行原则上不再批准设立新的银行房地产信贷部。

9月

5日　中国证监会发布《关于对公开发行股票公司进行辅导的通知》。该通知规定：取得国家股票发行计划额度的公司，在其股票发行与上市的过程中，应聘请承销机构进行辅导工作，并在签订承销协议的同时签订辅导协议。辅导期是自公司与证券经营机构签订证券承销协议和辅导协议起，至公司股票上市后一年止。辅导期是包括承销过程的辅导和上市后的持续辅导两个阶段。在公司辅导结束后，各地方证券管理部门或中央企业主管部门要对辅导机构的辅导能力和辅导效果进行鉴定，并报中国证监会备案。对不称职的辅导机构，中国证监会将视情节轻重决定给予警告、暂停直至撤销承销和辅导资格的处罚。

6 日 中国人民银行发布《设立境外中国产业投资基金管理办法》。该办法规定，中资机构作为境外投资基金的发起人，其中，至少有一个发起人应当是非银行金融机构，且提出申请前一年年末资本金总额不少于 10 亿元人民币；境外投资基金发起人中的中资非金融机构，提出申请前一年的年末资本金总额不少于 5 亿元人民币。申请设立境外投资基金须向中国人民银行提交申请，人民银行于 90 日内会同国务院有关部门作出批复。境外投资基金应当为封闭式基金，发行总额不得少于 5 000 万美元。中资机构应当选择中方持股 25% 以上的基金管理公司作为基金管理人。发起人认购的基金份额不得超过基金拟发行总额的 10%。境内发起人认购基金份额的资金应当存入中国人民银行认可的中国境内银行，不得汇出境外。境外投资基金不得在中国境内募集，中资机构为了管理拟设立的境外投资基金，可以申请设立境外投资基金管理公司。境外投资基金须投资于中国境内国家产业政策支持的产业项目，其数额不得低于基金总额的 70%，不得以借贷形式在中国境内运用，不得用于购买公开发行的人民币普通股票和以人民币计值的政府债券，其凭证不得在中国境内用于借贷或者债券发行的质押或者担保。

7 日 国务院发布《关于组建城市合作商业银行的通知》。国务院决定，自 1995 年起在大中城市分期分批组建城市合作银行。该通知指出，城市合作银行是在城市信用合作社的基础上，由城市企业、居民和地方财政投资入股组成的股份制商业银行，其主要任务是：融通资金，为本地区经济的发展特别是城市中小企业的发展提供金融服务。城市合作银行的组建工作要分期分批进行，条件成熟一个，批准一个。1995 年先在北京、天津、上海等城市进行试点，在总结经验的基础上，在 35 个大中城市逐步推开。

城市合作银行的组建工作应遵循以下原则：1. 在组建城市合作银行的城市，凡不符合中国人民银行新发布的《城市信用合作社管理办法》规定的城市信用合作社，都必须加入城市合作银行。2. 城市合作银行实行全行统一核算的财务管理制度，加入城市合作银行的城市信用合作社，其独立法人地位相应被取消，其债权债务转为城市合作银行的债权债务。3. 对加入城市合作银行的城市信用合作社，要在清产核资的基础上进行股权评估，然后统一向城市合作银行入股，不得募集新的个人股份。4. 城市信用合作社原有的公共积累不得私分或转移。5. 城市信用合作社的人、财、物，由该市城市合作银行筹备小组统一管理。

10 日 中国人民银行下发《关于非银行金融机构重新登记的通知》。针对自 1993 年下半年以来，金融机构市场准入违规较多，有些金融机构超越范围经营比较严重的现象，该通知要求，自 1995 年 10 月 15 日到年底对全国非银行金融机构进行一次检查验收。需重新登记的非银行金融机构主要包括信托投资公司及其分支机构、证券公司及其分支机构、证券登记（结算）公司、投资基金管理公司、企业集团财务公司及其分支机构、金融租赁公司及其分支机构。检查验收的主要内容是检查金融机构的合法性、业务的合规性和经营的安全性。清理的范围主要是越权批设非银行金融机构和进城设立机构的农村合作基金会的情况，调查和了解财政信用、资信评估公司、证券交易中心、典当行、基金会，以及未经批准擅自设立金融机构和非金融机构擅自办理金融业务的基本情况。检查验收合格的非银行金融机构，中国人民银行将给予重新登记，并换发“金融机构法人许可证”或“金融机构营业许可证”，对违法违规者给予处罚并坚决取缔。

11 日 中国证监会发布《关于期货交易所进行会员制改造的意见》。该意见明确：期货交易所实行会员制。会员大会是期货交易所的权力机构，由全体会员组成；理事会由会员大会选举产生，对会员大会负责。理事会由 11 ~ 15 名理事组成，其中非会员理事不得少于 1/3，不得多于 1/2，交易所总裁作为当然理事参加理事会。该意见对正副理事长人选、会员席位、对地方政府或原股东会员的出资偿还情况、交易所的资产处置，以及实行会员制的期货交易所的预算、结算、分红等问题做了具体规定。

14 日 中国人民银行发布《国际收支统计申报办法》。该办法规定：国际收支统计申报的范围为中国居民与非中国居民之间发生的一切经济交易。国家外汇管理局负责组织实施国际收支统计申报，并进行监督、检查；统计、汇总并公布国际收支状况和国际投资状况；制定、修改本办法的实施细则；制发国际收支统计申报单及报表。国际收支统计申报实行交易主体申报的原则，采取间接申报与直接申报、逐笔申报与定期申报相结合的办法。11 月 23 日，国家外汇管理局发布了《国际收支统计申报办法实施细则》，对中国居民通过境内金融机构、邮政机构对外支付的款项和从境外收入的款项，涉外证券投资、对外期货、期权交易等各种收付的款项的申报办法以及对于违反规定的行为处罚做了规定。该申报办法和该实施细则均自 1996 年 1 月 1 日起施行。

14 ~ 18 日 北京 1995 国际邮票钱币博览会开幕。该博览会是经文化部、邮电部、中国人民银行批准，由中国金币总公司、中国集邮总公司联合举办的自新中国成立以来第一次以邮票钱币展览与销售为内容的大型国际博览会。中国人民银行为此发行“熊猫”加字银币一枚。博览会期间，中国金币总公司推出中国集币史上第一个集币护照。

15 日 中国人民银行印发《关于对金融机构重大经济犯罪案件负有领导责任人员行政处分的暂行规定》。该暂行规定所指的经济犯罪案件，包括贪污、贿赂、挪用公款、诈骗、盗窃、抢劫等案件。该暂行规定明确：金融机构发生重大经济犯罪案件，造成 10 万 ~50 万元损失（指经济案件发生后查实的实际经济损失）的，对其业务部门负责人、分管领导、主要领导负有下列责任之一的，分别给予警告直至降级处分；造成 50 万元以上损失的，分别给予降级直至开除公职处分。情节严重构成犯罪的，移交司法机关处理。虽未造成 10 万元以上的损失，但影响恶劣，后果严重，或连续发生重大经济犯罪案件的，其业务部门负责人、分管领导、主要领导应视情节轻重，给予相应的行政处分。该暂行规定自 1995 年 10 月 1 日起施行。

27 日 国务院发布《关于进一步加强借用国际商业贷款宏观管理的通知》。该通知明确，国际商业贷款包括：外国商业银行（机构）贷款、出口信贷，发行境外外币债券、可转换债券、大额可转让存单和中期票据等股票以外的有价证券，国际融资租赁、以现汇方式偿还的补偿贸易、项目融资、海外存款及其他形式的商业性筹融资。该通知规定：1. 国家对中长期国际商业贷款实行总量控制计划管理，借用的国际商业贷款不得用于外汇抵押人民币贷款，不得结汇。2. 国家对借用短期国际商业贷款实行余额管理。由中国人民银行核定指标并下达给各金融机构或企业，不得突破。短期对外借款（偿还期在 1 年以下）只能用于金融机构头寸周转或用做企业所需的短期流动资金，不得用于固定资产投资等国家规定不允许使用的范围。3. 建设项目借用国际商业贷款，要根据国家计委下达的年度计划，由国家外汇管理局负责审批对外借款的金融条件。境外投资借用国际商业贷款要从严控制，由国家计委负责审批。4. 国家计委、中国人民银行要加强对发债窗口的审核检查，国家外汇管理局负责做好进入国际金融市场发债的协调和管理工作，保证发债工作的顺利进行。财政部代表国家对外发债，须经国务院批准，并纳入国家借用国际商业贷款计划。境内机构借用的国际商业贷款资金，必须调入境内，并用于外资计划主管部门批准借用国际商业贷款的项目；未经国家外汇管理局批准，不得存放境外。该通知对加强债务偿还的监督管理、完善外债统计监测、加强国际金融市场的动态分析做了具体规定。

10 月

5 日 中国人民银行依法接管中国银行信托投资公司（以下简称中银信托公司）。人民银行的公告指出，鉴于中银信托公司存在违法经营、经营管理混乱、资产质量差等问题，严重影响存款人的利益，中国人民银行决定，对中银信托公司实行接管。接管期为 1995 年 10 月 6 日至 1996 年 10 月 5 日。1995 年 6 月 9 日，中国人民银行责令中银信托公司停业整顿。12 月 12 日，人民银行广东省分行接管组进驻中银信托公司广州办事处，行使该公司在粤机构为期一年的经营管理权，并着手落实和清理债权债务。

中国人民银行发布《关于进一步规范和发展再贴现业务的通知》。该通知指出，再贴现业务在发展过程中存在一些问题，主要表现在：一是有些企业和银行把贴现、再贴现视同一般的信用放款。有的银行单纯把再贴现作为一条资金供应渠道，用于弥补信贷收支和农副产品收购资金的缺口，甚至利用再贴现业务倒逼或套取中央银行的规模与资金，有的企业甚至利用假汇票套取银行信用。二是票据使用不广泛，银行承兑的商业汇票所占的比重偏低，贴现与再贴现的结构不合理。三是各地区开展贴现、再贴现业务很不平衡，跨省、区、系统的业务基本上没有开展起来。四是有的地区片面追求再贴现总量，忽视有关基础工作，业务操作不规范。

该通知要求：1. 中国人民银行各分行和各商业银行总行对已办理贴现、再贴现的票据进行一次检查。2. 中国人民银行各地分行和各商业银行办理票据承兑、贴现与再贴现业务时，必须严格执行《中华人民共和国票据法》和中国人民银行总行的有关规定，制定和完善票据承兑、贴现、再贴现的具体管理办法与操作规范。3. 中国人民银行各地分行对总行下达的再贴现限额要集中管理，统一调度，不要层层“切块”下达，更不许下放到县级行。再贴现限额不得与其他再贷款限额相互串用，中国人民银行总行对再贴现限额仍实行单独考核，并在严格控制再贴现总额的基础上，对再贴现限额分配实行区别对待的政策。4. 积极推动跨地区、跨系统贴现、再贴现和银行间转贴现业务。在实行贷款规模的情况下，商业银行不能向非银行金融机构办理转贴现。中国人民银行各分行对跨地区贴现和银行间转贴现的银行承兑汇票，应予以优先办理再贴现。5. 进一步加强宣传和培训工作。6. 中国人民银行从1996年开始在国家银行信贷计划中，单独安排一定数量的贴现规模专用于贴现放款。同时改革贴现利率管理办法，允许商业银行的贴现利率实行在再贴现率基础上按规定加一定点数，以鼓励商业银行扩大办理票据贴现。

从1994年开始，中国人民银行专门安排再贴现资金，用于煤炭、电力、冶金、化工、铁道等行业以及棉花、烟叶、生猪、食糖等农副产品已贴现票据的再贴现。到1995年9月底，全国再贴现余额为211亿元。

10日 深圳城市合作商业银行开业。经中国人民银行批准，成立于1995年6月22日的深圳城市合作商业银行是在对原有的城市信用社进行根本性改制的基础上，由165家股东单位共同发起而成立的我国第一家城市合作商业银行，也是一家地方性股份制商业银行。注册资本为18亿元人民币，其中，深圳市政府的持股比例为25%。深圳城市合作商业银行的组建工作采取股份制的现代企业组织形式，实行“一级法人、统一核算”的体制；城市信用社经过清产核资和股权评估，一步到位全部纳入城市合作银行体系；地方财政信用全部纳入城市合作银行。深圳城市合作商业银行于1998年6月更名为深圳市商业银行。

16日 经澳门、葡萄牙当局授权，中国银行在澳门发行澳门元钞票，成为除澳门大西洋银行之外的另一家发行当地法定货币的代理银行。1994年7月，中国和葡萄牙双方签署了《中葡联合联络小组关于澳门发钞问题的会谈纪要》。1995年2月6日，澳门政府发布法令，授权中国银行从1995年10月16日至2010年10月15日在澳门发行澳门元钞票。中国银行与大西洋银行各自承担50%的货币发行量，而硬币则由货币暨汇兑监理署代理政府发行。新澳门币的面额为10元、50元、100元、500元及1 000元，发行限额分别为1 000万张、75万张、725万张、175万张和75万张。钞票选用澳门具有代表性的景物作为主题图案，配以姿态各异、造型典雅的莲花水印，钞票设计体现了中国传统工艺美术和现代艺术风格相结合的特点。中国银行澳门元钞票从设计、雕刻、制版到印刷的全过程均由中国印钞造币总公司完成。

17日 中国人民银行决定发行联合国成立50周年纪念币一套（1枚）。该纪念币自1995年10月20日起在全国发行，数量为1 000万枚。该纪念币由钢芯镀镍材质制成，直径为25毫米，面值为1元。该纪念币与现行人民币的职能相同，并与1元人民币等值流通。

20日 中国证监会下发《关于股票发行与认购办法的意见》。该意见明确，股票发行必须选择有良好的通信和交通条件，有一定数量的金融分支机构（含证券经营机构），有上海证券交易所、深圳证券交易所会员机构的金融业相对发达的城市。股票发行方案经新股发行公司所在地政府证券管理部门批准后，至少于新股发行前10个工作日由主承销商报中国证监会，经审核同意后由地方证券管理部门和主承销商组织实施。股票发行可采用与储蓄存款挂钩发行方式和上网定价发行方式。同次发行的股票只能采取一种发行方式。该意见对与储蓄存款挂钩发行方式、上网定价发行方式、承销机构的有关职责作了具体规定。

内蒙古鄂尔多斯羊绒制品股份有限公司（以下简称鄂尔多斯公司）B股上市。股票类型为记名式普通股，共发行110 000 000股，每股面值为1元人民币，发行价格为3.9元人民币/股。股票发行为私募发行，承销采取包销方式，主承销商为南方证券有限公司。鄂尔多斯公司为我国少数民族地区第一家B股上市公司。

中国证监会发布《关于进一步控制期货市场风险、严厉打击操纵市场行为的通知》。该通知指出，近来，部分期货交易品种的交易异常活跃，出现了过度投机的态势。一些会员和客户为了牟取暴利，蓄意违规，联手操纵市场，进行疯狂的投机活动甚至金融犯罪活动。有的期货交易所为利益所驱动，不严格执行中国证监会三令五申的规定和章程规则，对此类现象视而不见、充耳不闻，甚至放松管理，变相放纵，屡屡造成市场风险难以控制的局面。这些蓄意违规行为严重扰乱了期货市场的正常秩序，危害期货市场的生存基础。为了进一步控制期货市场风险，严厉打击操纵市场的行为，该通知决定：各期货交易所必须严格控制市场持仓总量，对超过市场持仓总量控制线的新开仓部分，必须追加收取成交金额50%以上的交易保证金。禁止T+0结算，即各期货交易所不得允许会员单位用当日平仓后清退的保证金和平仓盈利于同一交易日开新仓。从新推出的合约月份起，除确需进行实物交割的套期保值头寸外，各交易所一律不得允许会员单位利用仓单抵押代为支付交易保证金。除中国证监会批准的期货经纪公司外，任何机构一律不得从事期货二级代理业务。各交易所要严肃查处超量持仓、垄断市场和联手操纵市场的行为。

中国证监会发布《关于对股票发行中若干问题处理意见的通知》。关于上市企业采取“同比例缩股”以满足上市条件，该通知规定：对确属国家重点支持的，发行规模又难以满足上市条件的极个别国有大型企业，作为特殊情况在报经中国证监会批准后，可缩股发行上市。凡采用同比例缩股的上市公司，上市后3年之内不得进行配股。关于职工内部股上市问题，该通知规定：凡各地、各部门在1995年新股发行中安排的定向募集公司，其职工内部股获得发行额度的，经审查通过后可随新股一起上市流通；没有发行额度的，从新股发行之日起，期满3年后方可上市流通。关于在上海、深圳两个证券交易所有节奏、均衡上市的问题，该通知规定：中国证监会每季度安排一次发行与上市计划，确定每个市场股票发行与上市企业的家数。企业可以自主选择上市地，但须按照所申请上市交易所的上市名额分别依次排队等候证监会审批。关于资产评估的问题，该通知规定：股份有限公司在筹建时已依法进行过资产评估的，在公开发行股票时，不再需要进行资产评估。如再次进行评估的，只能作为确定发行价的参考，不得调账。

27日 中国人民银行、财政部、中国证监会联合下发《关于认真清偿证券回购到期债务的通知》。该通知规定：从事新的证券回购业务必须是经国务院和中国人民银行批准的证券交易场所和融资中心，证券回购券种只能是国库券和经中国人民银行批准发行的金融债券，回购期限最长不得超过1年。对8月8日以前签订的，10月31日之前又补不足实券的回购协议，允许双方按原定回购协议的期限到期清偿债务。对8月

8 日以后开展的新回购业务，必须执行 100% 实物券托管的规定。该通知对证券回购业务到期债务的清偿办法和要求做了具体规定。

东南亚新澳中央银行组织第 21 届理事会活动由中国人民银行主办。活动内容之一是，东南亚新澳中央银行组织第 21 届理事会在北京举行。

中国证监会、国家工商总局联合发布《关于审核非期货经纪公司会员从事期货经纪业务的通知》。该通知规定：非期货经纪公司会员申请从事期货经纪业务，必须符合注册资本金不得低于3 000 万元人民币，从事期货（不含期货代理）业务 1 年以上，无严重违规行为，由所在期货交易所推荐等条件。非期货经纪公司会员申请从事期货经纪业务须经地方期货监管部门进行初审通过后，上报中国证监会进行复审。获准从事期货经纪业务的非期货经纪公司会员，只能从事其具有经纪会员资格的国内期货交易所的期货经纪业务。非期货经纪公司会员不得从事期货交易所的二级代理业务，不得以任何名义设立从事期货经纪业务的分支机构。未获期货交易所推荐的非期货经纪公司会员，须在 1995 年 12 月 31 日前停止期货经纪业务。经审核未获通过的非期货经纪公司会员，应在接到该通知后 30 日内停止期货经纪业务。

最高人民法院印发《关于审理期货纠纷案件座谈会纪要》。1995 年 4 月 18 ~ 21 日，最高人民法院在四川省成都市召开了 14 个省、市高级人民法院，以及 6 个中级人民法院审理期货纠纷案件有关审判人员座谈会并形成会议纪要。该纪要提出：处理期货纠纷案件须坚持正确适用法律、风险和利益相一致、过错和责任相一致以及尊重当事人的合法约定等四项原则。期货纠纷案件一般应由被告所在地或期货交易所、经纪公司所在地的中级人民法院管辖，案件比较集中且审判人员素质较高的地方，经高级人民法院批准，基层人民法院也可以管辖。涉外、涉港澳期货纠纷案件参照《中华人民共和国民事诉讼法》第四编第 25 章的规定确定管辖。该纪要对从事期货交易业务的资格问题、经纪人的法律地位及民事责任的承担问题、违约纠纷的处理问题、期货交易中侵权纠纷的处理问题、期货交易中的无效民事行为及其民事责任问题、外汇按金交易问题以及期货纠纷案件中的举证责任问题提出了具体意见。在我国的期货市场刚刚建立，有关期货交易的法律、法规、规章尚不完备的情况下，该纪要对配合国家对期货市场的治理整顿，指导人民法院审理当时出现的各类期货纠纷案件，统一裁判思路和标准起到了积极的指导作用。

11 月

28 日　中国人民银行试办融资券回购业务。中国人民银行与公开市场业务一级交易商签署《中国人民银行融资券回购主协议》，并发行了 118.9 亿元记账式中央银行融资券。该期票据期限为 3 年，年利率为 9.9%。《中国人民银行融资券回购主协议》规定：回购是交易的一方（卖方）卖出融资券给另一方（买方）的同时，买卖双方约定在将来某一指定日期以双方约定的价格由卖方向买方买回相等数量的同种融资券的交易。交易的参与者为中国人民银行、中国工商银行、中国农业银行、中国银行、中国人民建设银行、交通银行、中信实业银行、中国投资银行、中国光大银行、华夏银行、上海浦东发展银行、招商银行、广东发展银行、深圳发展银行和福建兴业银行。融资券采用全额债券回购交易原则。回购期限定为 7 天、14 天和 21 天三个档次，回购利率分别为 9.83%、10.15%、10.44%。1995 年 11 月 14 日，中国人民银行向上述 14 家商业银行招标发行 200 亿元中央银行融资券。

为了方便投资者，深圳证券交易所将股票交易单位由“手”调整为“股（张）”，并实现实时零股交易。

29 日　江苏无锡新兴实业总公司（以下简称新兴公司）非法集资案结案。最高人民法院判决被告人邓斌因犯受贿罪、贪污罪、投机倒把罪、挪用公款罪、行贿罪被判死刑，被剥夺政治权利终身。1991 年 8 月，邓斌在无锡注册成立新兴工贸公司，邓斌以“联营”为名，面向社会非法集资，两个月为一期，月利率一般为5%，年利率一般为60%，最高者达100%。新兴公司从成立之前至1994年7月被查处，共集资32亿元，涉及全国7个省（市）368个一级集资单位和31位个人，造成经济损失12亿元。

30日 中国人民银行印发《贷款证管理办法》。中国人民银行总行决定自1996年4月1日起，在部分大中城市国内金融机构中实行贷款证制度。该管理办法规定：贷款证是中国人民银行发给企业向国内各金融机构申请借款的资格证明书。在实行贷款证管理制度的城市内的企业，拟申请借款或已与金融机构有借还款关系者，必须申领贷款证。贷款证的内容包括发证记录和年审记录、企业概况、银行存款户开户记录（分人民币账户和外币账户）、贷款余额情况统计表、贷款发生情况和异地贷款情况登记表、企业提供经济保证情况登记表、企业资信等级记录等。中国人民银行总行及其分支机构是贷款证的发证机关和管理机关。

中国人民银行发布《关于撤销商业银行同业拆借中介机构的通知》。该通知规定：各商业银行的融资中心或资金市场等同业拆借中介机构立即停办新的跨年度拆出拆入资金业务。从1996年1月1日起，停办所有的拆借业务。所有金融机构办理拆借业务都必须进入全国统一的同业拆借网络，不能直接进入全国网络的，必须通过经中国人民银行当地分行改造过的融资中心办理。从1996年4月1日起，所有商业银行的同业拆借中介机构必须撤销，归并到原组建银行。各商业银行要用3个月的时间清理其融资中心或资金市场等同业拆借中介机构的债权债务，其债权债务由原组建银行承接，并按照有效合同确定的期限收回和归还拆借资金。

12月

1日 财政部在日本金融市场发行400亿日元公募债券签字仪式在东京举行。这是中国政府首次在日本金融市场发行20年期超长期债券，也是第一个进入日本超长期债券市场的亚洲国家政府。

3日 中国人民银行发布《金融统计管理规定》。该规定明确，金融统计是指金融机构统计部门对各项金融业务活动的情况和资料进行收集、整理和分析的活动。金融统计工作的基本任务是：根据党和国家的方针政策和国家管理经济的要求，及时、准确、全面地完成各项金融业务统计报表；收集、整理、积累金融和有关国民经济的统计资料；开展统计调查和统计分析，为金融部门和国家进行宏观经济决策，检查和监督经济、金融运行情况，加强金融监管和经营管理提供依据。金融统计工作遵循客观性、科学性、统一性、及时性和保密性的原则。金融统计实行统一领导、分级负责的管理体制。人民银行总行是组织、领导和协调全国金融统计工作的主管机关。

5日 中国证监会、国家经济贸易委员会、国内贸易部颁布《关于国有企业、事业单位参与期货交易的规定》。该规定指出，国有企业、事业单位参与期货交易要经主管部门或公司董事会批准。期货交易要以套期保值为主，经营亏损的国有企业、事业单位只能从事套期保值业务，不得进行投机性交易。要有健全的管理规章和完善的账目管理制度。持仓额超过其营运资金的5倍时，必须得到主管部门或公司董事会的批准。

5~7日 中共中央、国务院在北京召开中央经济工作会议。会议的主要任务是贯彻党的十四届五中全会精神，研究和部署1996年的经济工作。会议认为，1995年国民经济保持了持续、快速、健康的发展势头。通货膨胀得到了初步抑制，物价涨幅明显回落，财政金融形势保持平稳。当前社会经济生活中的一个突出问题是财经纪律松弛，经济秩序混乱。其表现是内外勾结骗汇骗税，走私逃税；弄虚作假，搞“两本账”；大量资金脱离正常运行轨道；执法监管不力等。1996年要把整顿和加强财经纪律，打击经济犯罪行为，作为一项重要任务。主要措施有：1. 财政、税务、银行、海关、外经贸、外汇管理和审计、监察等部门，要进一步改进、完善有关规章制度，加强监督管理。要特别加强对增值税发票、出口退税、资金拆借、结汇售汇、财政预算外资金和财政周转金的管理，加强财政、金融部门的内部监管。税务部门、银行、海关要逐步建立计算机监控系统。金融、海关、税务等机构要实行干部定期轮换制度和离职审计制度。2. 严格执行有关法律法规，严惩各类犯罪活动。要特别注意惩治骗税、逃税、套汇、走私，以及其他财税、金融领域的犯罪活动。3. 严肃处理违法违纪的直接责任人，并追究主要领导人的责任。4. 财政、税务、外经贸、海关、银行、外汇管理、审计和监察等部门，要开展一次财经纪律全面检查，重点是查“两本账”、骗税、套汇、走私等违法犯罪活动，以及公职人员的严重违法违纪行为。中国人民银行要做好对非银行金融机构的重新登记工作，对银行资金来源和运用进行全面稽核。财政部门要对预算外资金的使用进行全面审查。

6 日　中国进出口银行向苏丹石油开发项目提供 1 亿元人民币政府优惠贷款的签字仪式在北京举行。从 1995 年下半年开始，中国实行对外援助方式的改革。今后的对外援助主要采取提供政府贴息优惠贷款方式，同时推动援外项目实行合资合作等方式。由中国的银行提供具有政府援助性质的优惠贷款，其优惠利率与银行基准利率之间的利息差额由国家援外费补贴。中国进出口银行是我国政府指定的对外提供优惠贷款的承贷银行。实施优惠贷款方式的主要程序是：两国政府就贷款额度、主要贷款条件等签订意向性（或框架）协议；根据受援国提出的使用贷款的项目，经外贸部初步审核后，推荐给中国进出口银行；进出口银行对项目效益进行评估确认后，与受援国政府指定银行在意向性（或框架）协议范围内，签订贷款协议并组织实施；同时，外贸部与中国进出口银行就政府补贴利息事宜签订协议。苏丹石油开发项目是中国进出口银行作为承贷银行对外签署的第一个政府优惠贷款协议。

12 日　中国工商银行为“中星七号”卫星提供贷款。经国务院批准，邮电部直属中国通信广播卫星公司决定从美国休斯公司购买“中星七号”卫星，接替已处于超期服役状态的通信广播卫星“中星五号”。“中星五号”承担着中央三套电视节目、地方五套电视节目、5 000 余条长途电路和部分专业通信的传输任务及八个省市的声像传送任务。此项目总投资约 1.3 亿美元，需配套人民币资金约 500 万元。中国工商银行决定为其提供 1.3 亿美元的全额外汇贷款，采取分期付款方式，当年提供 5 100万美元，次年支付 7 900 万美元。

14 日　中国人民银行发布《关于规范银行卡网络服务机构的通知》。该通知指出，1993 年以来，“金卡工程”部分试点城市或地区的人民银行分行牵头组织各国有商业银行和有关部门建立了银行卡网络服务机构。此类机构是非营利性的信息服务机构，不是金融性机构，不准办理金融业务，只能从事跨行信用卡授权及清算信息转换和代理发卡行委托的授权业务。各地方此类机构的名称应统一为“×××市（地区）银行卡网络服务中心”（以下简称网络服务中心）。网络服务中心实行会员制。银行卡网络服务中心由人民银行组织各会员单位共同管理，在成立银行卡协会的地方也可委托银行卡协会管理。

18 日　国家外汇管理局发布《保税区外汇管理办法》。该管理办法规定：保税区是指在中国境内经国务院批准设立的、海关实施特殊监管的经济区域。该管理办法对区内机关、企事业单位及其他经济组织、区内个人的外汇收支的管理，区内企业向境外借款、投资，进出保税区的货物和日常生活用品的货币计价结算，进出保税区货物的收汇、付汇核销，区内金融机构经营外汇业务等做了具体规定，自 1996 年 1 月 1 日起施行。国家外汇管理局于 1991 年 6 月 29 日发布的《保税区外汇管理暂行办法》及配套的实施细则同时废止。

19 日　上海证券交易所开业 5 周年。中共中央政治局常委、国务院副总理朱镕基视察上海证券交易所，对证券市场当前工作和未来发展提出了“法制、监管、自律、规范”的八字方针。

上海证券交易所开业5年，从最初1个交易大厅、46个席位和25家会员的规模，发展为8个交易大厅、3 750个交易席位及554家会员。上海证券交易所证券挂牌品种达260个，其中股票220只，市价总值约3 000亿元，投资者扩大到近700万人，日成交金额最高达160亿元。1994年，上海证券交易所成交金额达25 482亿元，1995年1~11月达54 793亿元。

20日　中国人民银行发布《关于加强彩票市场管理的紧急通知》。该通知指出，近来一些地区出现未经国务院、中国人民银行批准，擅自发行彩票类凭证、溢价销售彩票、提高规定返奖比例等情况，个别地区还发生了因彩票销售导致大规模群众闹事的严重事件。该通知强调，中国人民银行是国务院授权主管彩票的国家行政机关，具体负责制定全国彩票市场管理政策和规章制度、负责商有关部门拟定全国彩票发行的年度规模和规模内各项指标、负责审批彩票新种类的开设及彩票游戏规则、审批印制厂商的彩票印制资格、审批彩票对外合作业务以及国务院授予的其他职责。该通知要求，自1996年起，中国福利彩票发行中心和中国体育彩票发行中心必须于上年年末向中国人民银行申报彩票年度发行计划，由中国人民银行综合平衡，报经国务院批准后，下达彩票发行机构执行。

25日　国务院颁布《关于股份有限公司境内上市外资股的规定》。该规定明确，经国务院证券委员会批准，股份有限公司可以发行境内上市外资股；发行总额超过3 000万美元的，须报国务院批准。境内上市外资股采取记名股票形式，以人民币标明面值，以外币认购、买卖，在境内证券交易所上市交易。境内上市外资股的投资人限于：外国的自然人、法人和其他组织；中国香港、澳门、台湾地区的自然人、法人和其他组织；定居在国外的中国公民；国务院证券委员会规定的境内上市外资股的其他投资人。该规定还明确了申请发行境内上市外资股的条件、申请发行境内上市外资股的程序等。中国人民银行、上海市人民政府于1991年11月22日发布的《上海市人民币特种股票管理办法》，中国人民银行、深圳市人民政府于1991年12月5日发布的《深圳市人民币特种股票管理暂行办法》同时废止。该规定于1995年11月2日经国务院第37次常务会议讨论并原则通过，是我国关于B股的第一部全国性法规。

长城证券有限责任公司成立。长城证券有限责任公司是1995年11月经中国人民银行总行批准、在原深圳长城证券部和海南汇通国际信托投资公司所属证券机构合并的基础上，设立的专业性证券公司。注册资本为8.25亿元，注册地为深圳。该公司是全国性综合类证券公司，从事证券经纪、证券承销和上市推荐、证券投资与咨询、资产管理和财务顾问等业务。1999年，长城证券有限责任公司经过增资扩股，资本金由1.57亿元增至8.25亿元，并成为国内第5家综合类证券公司。

26日　国务院发布《关于改革和调整进口税收政策的通知》。国务院决定，自1996年4月1日起，将我国进口关税总水平降至23%。近年来，国务院对一部分进口减免税规定进行了清理、调整，将进口关税总水平由42%降到35.9%。对进口设备和原材料等一律按法定税率征收关税和进口环节税。按照国际通行规则和我国实际情况，调整、保留部分进口税收减免规定。除本通知规定以外的其他减免关税和进口环节税规定，自1996年4月1日起，一律停止执行。

上海证券交易所发布《关于无纸化国债用于国债回购业务的通知》，决定从1996年1月2日起，把无纸化国债纳入市场回购业务的国债标准券账户进行统一核算控制。

29日　劳动部发布《关于建立企业补充养老保险制度的意见》。该意见提出，企业补充养老保险的实施范围限于城镇各类企业。企业补充养老保险所需的资金，主要由企业负担；也可以由企业和个人共同负担，但个人缴费部分不得超过供款总额的一半。补充养老保险费用中的企业供款，可以在企业工资储备金中列支；可以将企业基本养老保险缴费中超过职工平均工资300%

以上的部分，由社会保险经办机构返还企业作为补充养老保险供款；也可以经当地政府批准，将不超过本企业工资总额一定比例的部分计入企业相关成本费用。补充养老保险费用中的个人缴费，从个人工资收入中按一定比例或绝对额缴纳。补充养老保险基金可以用于投资，以期保值增值。

1996 年

1 月

1 日 《中华人民共和国票据法》正式施行。

国际收支统计申报制度正式实施。中国人民银行发布的《国际收支统计申报办法》开始生效。该办法共包括五个部分：1. 通过金融机构进行的国际收支统计间接逐笔申报；2. 金融机构对境外资产负债及损益统计申报；3. 直接投资统计申报；4. 证券投资统计申报；5. 汇兑业务统计申报。此次实施的是居民与非居民通过金融机构进行的间接申报统计，是国际收支统计体系的一部分。另外四项申报于 1997 年推出。

3 日 全国统一的银行间同业拆借交易系统在上海联网试运行。该系统由两级网络组成一级网络通过中国外汇交易中心的通信网络和计算机系统进行交易，由各类商业银行和各省、自治区、直辖市人民银行牵头的融资中心参加；二级网络由融资中心牵头，经各商业银行总行授权的地市以上商业银行分支机构和非银行金融机构共同参与，进行交易。一级网络会员直接在网上交易，统一报价，各自成交，各自清算；二级网络各会员之间的拆借活动通过当地的融资中心就地交易，差额部分由融资中心拿到一级网络平衡。两级网络同时运行，交易信息在网上同步公开，形成一个信息公开、统一报价、交易集中的半封闭的市场体系，结束了过去同业拆借市场条块分割的局面，标志着同业拆借市场的发展进入了一个新的阶段。当日，参与联网交易的商业银行总行和融资中心分别为 12 家和 15 家，到 3 月 29 日，参与联网交易的商业银行总行和融资中心分别增至 20 家和 35 家。

中国人民银行发布《关于公布全国银行间拆借市场利率的公告》，决定自 1 月 3 日起，对外公布每交易日的全国银行间拆借市场利率（China Inter-bank Offered Rate，CHIBOR）。

4 日 中国人民银行发布《关于印发〈在华外资银行设立分支机构暂行管理规定〉的通知》，决定允许上海、大连、天津和广州等 4 个城市符合条件的外国银行分行设立支行，允许符合标准的在华外资独资和中外合资银行设立分行。该暂行办法规定，申请设立分行的外资独资银行和中外合资银行，应具备下列条件：在中华人民共和国经营 5 年以上，无违法或不良记录，并在提出申请前连续 3 年盈利；实收资本在 2 亿元人民币以上；申请前 1 年月末平均贷款余额在 1 亿美元以上，资产质量良好。申请设立支行的外国银行分行，应具备下列条件：在中华人民共和国经营 3 年以上，无违法或不良记录，在提出申请前连续 2 年盈利；申请前 1 年月末平均贷款余额在 1 亿美元以上，资产质量良好。中国人民银行在受理上述申请时，还要考虑外国银行所在国家在相应问题上是否给中国的银行同等待遇。拟设分行的外资独资银行和中外合资银行应在原实收资本的基础上，增加不少于 1 亿元人民币的外汇资金，作为拟设分行的营运资金。外国银行申请开设一家支行，应无偿增拨给其在华分行不少于 5 000 万元人民币的等值外汇，作为支行的营运资金，并按《中华人民共和国外资金融机构管理条例》的规定将其中 30% 缴存中国人民银行当地分行。

中国证监会发布《关于严格限制期货交易所开设异地同步交易点的通知》。针对某些期货交易所在开展异地同步交易试验工作中的混乱情况，该通知指出，我国期货市场仍处在试点阶段，必须按照“规模起步，加强立法，一切经过试验和严格控制”的原则稳步发展，目前不宜盲目推广异地同步期货交易，自该通知下发之日起，各期货交易所一律不得再开新的异地同步交易点，违者将追究有关人员的责任。

6日 国务院发布《关于股份有限公司境内上市外资股的规定》。该规定指出，经国务院证券委员会批准，股份有限公司可以发行境内上市外资股；公司发行境内上市外资股，包括以募集方式设立公司发行境内上市外资股和公司增加资本发行境内上市外资股。国务院证券委员会批准发行境内上市外资股的总额应当控制在国家确定的总规模之内。发行境内上市外资股应委托境内机构作为发行主承销商；拟发行境内上市外资股面值超过3 000万美元的，应当报国务院批准。境内上市外资股投资人限于：外国的自然人、法人和其他组织；中国香港、澳门、台湾地区的自然人、法人和其他组织；定居在国外的中国公民；国务院证券委员会规定的境内上市外资股的其他投资人。

8日 1996年记账式贴现国债（一期）135亿元开始发行，期限1年，每百元售价89.20元。这是我国首次采用贴现方式发行公债及公开招标确定发行价格。

经中国人民银行批准，北京城市合作银行挂牌营业。该行是北京市第一家统一法人地方性股份制商业银行，是在原有北京市城市信用合作社联合社和90家城市信用社的基础上改建而成的，注册资金为15亿元。

12日 中国民生银行在北京成立。该行由全国工商联牵头组建，59家股东主要是全国工商联会员企业，募集股本金13.8亿元，其中，80%以上来自民营企业。这是我国首家主要由民营企业投资的全国性股份制商业银行。

14~18日 全国金融工作会议在北京召开。会议确定1996年金融工作的总体要求是：认真贯彻党的十四届五中全会和中央经济工作会议精神，把抑制通货膨胀作为金融宏观调控的首要任务，继续执行适度从紧的货币政策，积极推进金融体制和信贷资金经营方式的转变，改进金融调控手段，加强金融风险监管，提高金融服务水平，为“九五”期间我国金融业改革和发展创造良好开端，更好地促进国民经济持续、快速、健康地发展。根据这一总体要求，会议确定1996年金融工作的五项主要任务：1. 坚持适度从紧的货币政策，促使物价涨幅明显回落，支持国民经济健康发展；2. 加大金融监管力度，切实防范金融风险，维护金融业合法稳健运行；3. 继续深化金融改革，为“九五”金融发展打好基础；4. 改进金融服务，支持国有企业改革；5. 加强银行内部管理，努力提高信贷资金的流动性、安全性和盈利性。

16日 中国进出口银行印发《办理中国政府对外优惠贷款业务暂行办法》。该暂行办法规定：对外优惠贷款是指我国政府对外提供的具有援助性质的中长期低息贷款。对外贸易经济合作部是我国政府对外优惠贷款的归口管理部门，中国进出口银行是中国政府指定的优惠贷款承贷行。优惠贷款主要用于购买中国的产品、技术或支付专家服务费，以支持有偿还能力的发展中国家建设经济效益好、中小规模、回收期较短的生产型项目。优惠贷款的年利率最高不超过5%。贷款期限（含宽限期）最长不超过15年。

18~21日 中共中央政治局常委、国务院副总理朱镕基在广东省东莞市考察加工贸易情况，听取东莞、苏州和宁波三市实行加工贸易进口料件银行保证金台账试点情况汇报，到当地海关、银行和企业了解对加工贸易进口料件建立银行保证金台账的意见。朱镕基指出，建立银行保证金台账制度，有利于加工贸易的健康发展。

21日 国务院发布《关于坚决打击骗取出口退税严厉惩治金融和财税领域违法乱纪行为的决定》。主要内容有：1. 部署专项斗争，开展全面检查，重点查处一批大案要案。中国人民银行要对非银行金融机构进行全面清理，取缔非法设立的金融机构；要对商业银行资金来源和运用情况进行现场稽核，彻底清查账外经营、证券卖空、信用卡恶意透支和大额存款管理混乱等问题。2. 依照政纪和法纪从严查处、从严惩治违法乱纪活动。从严查处、惩治骗税活动，严厉打击金融违法犯罪行为。对外汇指定银行违反规定无证擅自售汇的，要对直接责任人予以行政处分。3. 加强管理，强化监督机制，堵塞犯罪漏洞。在进一步改进、完善出口退税政策的同时，税务、银行、海关、外经贸和外汇管理等部门要按照国务院有关规定，采取有效措施，建立经常和密切的工作联系制度，加强对出口退税凭证的审核和管理，严防不法分子造假骗税；中国人民银行各级机构要集中精力搞好金融监管，实行银行业与证券业、信托业、保险业的分业经营和依法管理，对非银行金融机构要进行重新审核、发证、登记；国有商业银行要认真做好与所属信托投资公司脱钩工作，并对银行附属的信托部、证券部、国际业务部、信用卡部和房地产信贷部进行全面稽核，严禁账外经营，建立中国人民银行系统对各类金融机构业务的电脑监控系统；各类金融机构要加强对其分支机构的检查稽核，实行干部交流制度、任期常规审计制度和离职审计制度；要采取有效的措施，彻底清理证券回购中的违章活动。外汇管理部门要进一步加强对外汇指定银行的监督、检查和管理，各外汇指定银行要严格执行有关结汇、售汇和开户、存贷等业务规定。外汇管理部门要与外汇指定银行、海关、税务等部门建立经常和密切的联系制度，严禁套购外汇行为。

23 日　财政部在美国发行两笔扬基债券，金额和期限分别为3亿美元7年期和1亿美元10年期。这两笔债券均为每半年付息一次，自1996年7月1日起开始。这是中国政府发行体首次进入美国资本市场。

25 日　中国证监会就四川广华化纤股份有限公司（以下简称广华公司）向美国凌龙公司转让部分国家股股权一事发文指出，广华公司的行为，既违反了上市公司信息披露的有关规定，也不符合国家有关暂不对外转让国家股和法人股的要求，造成了不良影响。对此，中国证监会将会同有关部门严肃查处。中国证监会重申：在国家有关上市公司国家股和法人股管理办法颁布之前，任何单位一律不准对外转让上市公司的国家股和法人股，对违反者将追究有关人员的责任。为了保证投资者充分消化这一重要信息，避免市场产生大的波动，中国证监会决定在1月25日、1月26日停止广华公司的流通股交易。

26 日　中国人民银行印发《信用卡业务管理办法》。该办法规定：各商业银行的信用卡部为内部业务部门，不得办成实行独立核算、自成体系的法人机构；信用卡透支限额为金卡10 000元、普通卡5 000元，发卡银行的透支业务必须纳入其贷款规模进行管理；各商业银行向特约单位收取信用卡交易手续费，人民币信用卡交易手续费不得低于交易金额的2%，境外机构发行、在中国境内使用的信用卡的交易手续费不得低于交易金额的4%；境内银行与境外机构签订信用卡代理收单协议，其利润分配比例按境内银行与境外机构分别占特约单位所交手续费的37.5%和62.5%执行。该办法自1996年4月1日起实行。

29 日　国务院发布《中华人民共和国外汇管理条例》。其中规定：境内机构的资本项目外汇收入，除国务院另有规定外，应当调回境内。境内机构的资本项目外汇收入，应当按照国家有关规定在外汇指定银行开立外汇账户；卖给外汇指定银行的，须经外汇管理机关批准。境内机构向境外投资，在向审批主管部门申请前，由外汇管理机关审查其外汇资金来源；经批准后，按照国务院关于境外投资外汇管理的规定办理有关资金汇出手续。国家对外债实行登记制度。境内机构应当按照国务院关于外债统计监测的规定办理外债登记。人民币汇率实行以市场供求为基础的、单一的、有管理的浮动汇率制度。中国人民银行根据银行间外汇市场形成的价格，公布人民币对主要外币的汇率。中国人民银行根据货币政策的要求和外汇市场的变化，依法对外汇市场进行调控。该条例自1996年4月1日起施行。

30 日 中国银行与日本输出入银行在北京和东京正式换签总金额为 9.35 亿美元的资金协力贷款协议。贷款主要用于广东飞来峡水电站等一批国家重点项目的建设。资金协力贷款是日本政府一项新的对外援助贷款，具有期限长、利率优惠、采购不受国别限制等优点，中国银行作为对外融资窗口负责此项贷款的对外融资和转贷工作。

2 月

1 日 全国银行卡办公室成立暨第一次工作会议在沈阳召开。会议明确全国银行卡办公室 1996 年的工作要点是制定全国银行卡信息交换及全国银行卡网络服务中心建设方案，做好业务规范、技术标准的制定和执行等工作。全国银行卡办公室由人民银行牵头，会同各商业银行成立，职能是协调各商业银行有关银行卡业务工作及工程实施建设，促进各发卡行的业务联营，加强对银行卡工作的协调领导力度，建立健全银行卡业务管理体制。

5 日 财政部、中国证监会发布《会计师事务所、注册会计师从事证券相关业务许可证管理暂行办法》。该暂行办法规定：申请从事证券相关业务的注册会计师应具备以下条件：取得执业注册会计师资格，并在事务所专职执业 3 年以上（含 3 年）；年龄不超过 60 岁；具有良好的职业道德记录，并由当地省级注册会计师协会出具近三年的年检合格证明；取得证券相关业务资格考试成绩合格证书。申请从事证券相关业务的会计师事务所应具备以下条件：依法成立 3 年以上（含 3 年），内部机构和管理制度比较健全；专职从业人员不少于 60 人，其中职龄以内业务人员应占 60% 以上，有 8 名以上（含 8 名）经考试取得证券相关业务资格成绩合格证书的注册会计师；具有良好的职业道德记录和声誉，没有发生过严重的工作失误和违反职业道德行为，没有发生过重大违法违规行为；注册资本不少于 200 万元，风险基金不少于 100 万元。

6 日 中国农业发展银行印发《粮棉油政策性贷款与库存值挂钩管理暂行办法》。该暂行办法规定：粮棉油政策性贷款与库存值挂钩管理是以粮棉油贷款与企业的商品库存变化为基础，通过提高商品库存值占贷款的比重，逐步达到粮棉油贷款与库存值的增减变化相适应，最终实现粮棉油政策性贷款的封闭运行，良性循环。贷款与库存值挂钩管理必须坚持以下原则：1. 进贷销还，周转使用、专款专用，物资保证、封闭运转，违章处罚。2. 粮棉油贷款增加，库存值相应增加；粮棉油库存值减少，贷款相应减少，并及时收回。3. 按企业粮棉油库存值增减计划安排贷款，按企业实际库存值占用调整贷款。贷款与库存值挂钩的方式是：粮棉油贷款余额与企业库存值存量挂钩；当年粮棉油贷款增减额与库存值的增减量挂钩。粮棉油贷款余额与库存值存量挂钩的主要内容：库存值占贷款余额的比例；政策性财务挂账消化比例；企业不合理资金占用的收回比例。粮棉油贷款的增减额与库存值增减量挂钩的主要内容：当年粮棉油库存值增减量占当年贷款增减额的比例；当年贷款增减额与当年粮棉油库存值增减量的差额。粮棉油贷款余额与库存值挂钩管理指标实行按季考核。当年粮棉油贷款增减量与库存值增减额挂钩管理指标实行按月考核。

中国证监会发布《关于禁止股票发行中不当行为的通知》。针对某些证券经营机构在开展代理发行业务、争取承销项目的过程中，存在着一些不正当竞争的行为，有碍于我国证券市场的健康发展的情况，为了进一步做好股票发行工作，制止股票发行过程中的不正当竞争，该通知要求：1. 证券经营机构在股票承销过程中应当加强自律，强化内部管理，特别要加强对公司内部有关人员的遵规守法教育，严格要求他们在业务活动中依法行事，公平竞争。2. 证券经营机构在争取承销项目的过程中，不得有以下行为：迎合或鼓动企业以不合理的高溢价发行股票；贬损同行；向企业允诺在其股票上市后维持其股票价格；进行行政干预；给有关当事人回扣；违反规定降低承销费用或免费承销；其他不正当的竞争行为。3. 中国证监会对有不正当行为的证券经营机构将暂停受理其股票承销业务资格申请。4. 发行股票的企业也应按照上述规定的精神加强自律，规范发行行为，不得在发行过程中提出不合理的高溢价要求。对上述不正当行为负有责任的发行股票企业，中国证监会将暂停受理其发行申请。

8 日 中国人民银行发布《关于严肃金融纪律，严禁非法提高利率的公告》。该公告的主要内容是：1. 国务院批准和授权中国人民银行制定的各项利率为法定利率，具有法律效力，其他任何单位和个人无权变动。法定利率的公布、实施由中国人民银行负责。2. 各金融机构必须严格执行法定的存款利率，一律不准上浮；对单位发行的大额可转让定期存单，利率不准上浮；对个人发行的大额可转让定期存单，利率是否上浮由中国人民银行省级分行决定，但最高浮动幅度不得超过同期限存款利率的5%。3. 各金融机构必须严格执行国家法定固定资产贷款利率，一律不准上浮。4. 金融机构对流动资金贷款实行浮动利率。各金融机构（不含城乡信用社、城市合作银行）可在现行流动资金贷款利率的基础上，按上浮 20%、下浮 10% 的浮动幅度，实行浮动利率。城市信用社、城市合作银行的流动资金贷款利率上浮幅度最高为 30%，农村信用社的流动资金贷款利率上浮幅度最高为 60%。超过以上幅度，须报中国人民银行省级分行批准。5. 委托贷款利率由委托双方协商确定，但最高限不得超过同期同档次贷款利率；租赁贷款利率比照固定资产贷款各档次利率执行；抵押（含质押）贷款利率在低于同期同档次流动资金贷款利率一个百分点内，由贷款银行自行确定。6. 企业债券和企业有偿筹集资金的利率按《企业债券管理条例》的有关规定执行。7. 金融机构对客户逾期和挤占挪用贷款实行罚息制度。金融机构（不含农村信用社）对所有逾期贷款在逾期期间按日利率万分之四至万分之六计收利息，挤占挪用贷款在挤占挪用期间按日利率万分之六至万分之八计收利息；农村信用社对所有逾期贷款在逾期期间按最高不超过日利率万分之七计收利息，挤占挪用贷款在挤占挪用期间按最高不超过日利率万分之九计收利息。具体罚息水平由贷款行根据实际情况掌握。若贷款既挪用又逾期，应择其重，不能并处。8. 严禁各金融机构擅自提高存贷款利率，或采取手续费、协储代办费、吸储奖、有奖储蓄以及贷款保证金、利息备付金、加收手续费、咨询费等名目变相提高存贷款利率。9. 各金融机构、各企业单位违反国家利率规定，擅自或变相提高存贷款利率和企业债券利率的行为是非法行为，不受法律保护。

14 日 中国人民银行印发《制止存款业务中不正当竞争行为的若干规则》。为了制止存款业务中的不正当竞争行为，维护正常金融秩序，在中国人民银行的组织下，由中国工商银行、中国农业银行、中国银行、中国建设银行、交通银行共同制定的该规则，要求各商业银行不断改善内部经营管理制度，建立健全科学合理的内部综合考核指标体系，废止存款单向考核和奖励办法，不得对非存款部门下达存款考核指标，不得把存款考核指标分解下达到职工个人并以此作为对个人奖励的依据。

15 日 国务院同意国务院反假币工作联席会议《关于进一步加强反假币工作的意见》。为了加大反假币工作力度，1994 年 11 月国务院批准成立了由有关部门负责人参加的“国务院反假币工作联席会议”，建立了联席会议制度，使反假币工作有了专门的组织领导机构。同时，1995 年 6 月 30 日《全国人民代表大会常务委员会关于惩治破坏金融秩序犯罪的决定》，也使打击制造、贩卖、使用假币的犯罪活动有了明确的法律依据。为了认真贯彻落实该决定的有关规定，加大打击力度，文件要求：统一思想认识，加大反假币工作力度；健全反假币组织体系，加强统一领导；加强公安、海关、工商行政管理、司法、新闻出版等部门的协作，共同做好反假币工作，中国人民银行要加强对各类金融机构反假币工作的指导，做好技能培训；加强宣传教育，普及人民币知识。

26日 国家计委、中国人民银行联合发出通知，要求对银行结算业务收费进行进一步规范，并从1996年3月1日起实行新的收费标准。新的银行结算手续费标准为：银行承兑汇票承兑手续费每笔由原来按票面金额的1‰降为0.5‰收取；银行汇票、委托收款和托收承付手续费每笔均为1元；汇兑、单位主动查询和退汇手续费每笔均为0.5元；本票、支票手续费每笔为0.6元，其中，使用清分机的地区手续费每笔为1元；未在银行开户的个人汇款手续费：5 000元以下的，按汇款金额的1%收取，5 000元以上（含5 000元）的，均按50元收取；挂失手续费按票面金额的1‰收取，不足5元的按5元收取。

27日 中国人民银行和中国工商银行、中国农业银行、中国银行、中国人民建设银行等四家国有商业银行联合发布《关于加强对银行会计凭证的管理的通知》。为了贯彻执行《中华人民共和国票据法》，实现银行会计凭证的统一和规范，严密会计操作规程，保证银行和客户的资金安全，该通知强调，银行会计凭证应由中国人民银行负责实行统一管理，银行会计凭证的种类、格式、基本内容、联数及印鉴要求等必须符合《全国银行统一会计制度》的规定，各种票据凭证必须符合《中华人民共和国票据法》的规定。

29日 国家开发银行在日本资本市场发行首笔300亿日元的武士债。此次武士债的发行是由日本野村证券株式会社和日本兴业银行证券株式会社作为联合主干事，发行期限为10年，到期一次偿还。发债所筹集的资金将主要用于广东岭澳核电工程、伊敏电厂、绥中电厂等国家重点建设项目。

中国银行利用北京电信局的WWW服务器在因特网上发布中国银行信息，中国银行成为全国第一家在国际互联网上发布信息的银行。

3月

1日 经国务院批准，中国人民银行授权国家外汇管理局在江苏省、上海市、大连市、深圳市进行外商投资企业银行结售汇试点。试点的目的是保证外商投资企业外汇买卖平稳纳入银行结售汇体系，检验和完善拟定的法规和操作规程，为在全国推行对外商投资企业实行银行结售汇作准备。

国务院批转国务院证券委员会、中国证监会《关于进一步加强期货市场监管工作的请示》，全面加强证券期货监管的六条措施出台。这六条措施是：国有企事业单位只能从事与其生产、经营有关的商品期货品种套期保值交易；金融机构不得从事期货自营和代理业务；期货经纪公司不能从事期货自营业务；中国证监会有权查询各炒作机构的账户；各期货交易所建立“市场禁止进入制度”；在适当时机选择大宗品种进行试点交易。

5日 中国证监会发布《关于各期货交易所建立“市场禁止进入制度”的通知》。该通知要求，各期货交易所要结合各自的具体情况建立“市场禁止进入制度”，并报中国证监会备案。“市场禁止进入制度”是指各期货交易所、期货经纪机构对被宣布为“市场禁入者”的机构和个人，3年内不得接受其从事期货交易的制度。主要包括以下内容：1. 对于有下列行为之一者，一经查实，期货交易所要宣布其为“市场禁入者”：被期货交易所认定有操纵市场行为或者其他涉及期货欺诈行为的机构和个人；严重违反国家有关金融、证券、期货等法律法规，蓄意违反期货交易所的有关规章，造成严重后果的机构和个人；采取造谣、诬告等手段散布虚假信息、扰乱市场秩序，造成严重后果的机构和个人。2. 各期货交易所要将认定的“市场禁入者”及时报中国证监会，由中国证监会通报其他各期货交易所。3. 被中国证监会通报的“市场禁入者”，各期货交易所、期货经纪机构3年内均不得为其办理期货交易开户手续；对已开户交易者，除清理原有持仓的交易指令外，要立即停止接受其新的交易指令。

5～17日 八届全国人大四次会议在北京举行。会议通过了《中华人民共和国国民经济和社会发展“九五”计划和2010年远景目标纲要》。该纲要提出了指导国民经济和社会发展的九条方针，即保持国民经济持续、快速、健康发展；积极推进经济增长方式的转变，把提高经济效益作为经济工作的中心；实施科教兴国战略，促进科技、教育与经济紧密结合；把加强农业放在发展国民经济的首位；把国有企业改革作为经济体制改革的中心环节；坚定不移地实行对外开放；实现市场机制和宏观调控的有机结合，把各方面的积极性引导好、保护好、发挥好；坚持区域经济协调发展，逐步缩小地区发展差距；坚持物质文明和精神文明共同进步，经济和社会协调发展。该纲要就金融改革和发展提出如下指导性意见：发展、完善以银行融资为主的金融市场；强化中央银行的地位和作用，完善政策性银行的经营机制，加快国家专业银行向商业银行转变的步伐，规范商业银行的行为，稳步发展城乡合作银行；进一步深化利率改革，初步建立以市场利率为基础的可调控的利率体系；完善结售汇体制，在2000年以前有步骤地实现人民币在经常项目下可兑换；积极稳妥地发展债券和股票融资，进一步完善和发展证券市场；形成有序、适度竞争的保险市场。

7日 中国人民银行公布《保险代理人管理暂行规定》。该暂行规定明确：保险代理人的监督管理部门是中国人民银行。除兼业代理外，保险代理人员必须参加保险代理人资格考试并获得“保险代理人资格证书”。年满18周岁、具有高中以上学历或同等学力的个人可报名参加保险代理人员资格考试。但有下列情形之一者，不得参加保险代理人员资格考试：曾触犯国家法律而受处罚者；曾被吊销“保险代理人资格证书”者；保险监督管理部门、保险公司和保险行业协会现职人员；中国人民银行认定其他不宜从事保险代理业务者。保险代理人资格考试由中国人民银行或其授权的机构组织实施。专业代理人是指专门从事保险代理业务的保险代理公司。保险代理公司的组织形式为有限责任公司。保险代理公司必须具备以下条件：公司的最低实收货币资本金为50万元人民币；有符合规定的章程；有至少30名持有“保险代理人资格证书”的代理人员；有符合任职资格的董事长和总经理；有符合要求的营业场所。在保险代理公司的资本中，个人资本之和不得超过资本金总额的30%，每一个人资本不得超过资本金总额的5%。该规定自1996年5月1日起实施。

国务院批转国家经济贸易委员会《关于1996年国有企业改革工作实施意见》。该意见提出：促进优胜劣汰，探索处理银行不良资产的办法为择优扶强，优胜劣汰，形成兼并破产、减员增效机制，加大国有企业兼并、破产力度，从1996年起，对国有企业兼并、破产中银行资产损失在呆账、坏账准备金中冲销的规模实行总量控制。1996年冲销的呆账、坏账准备金控制在200亿元以内，由国家经贸委和中国人民银行共同掌握。由中国人民银行牵头，会同国家经贸委、国家体改委等部门，在选择的几个试点城市中，探索处理银行不良资产的办法。将国务院确定的企业优化资本结构试点城市，由18个城市扩大到50个城市。

21日 中国证监会发布《关于授权地方证券、期货监管部门行使部分监管职责的决定》。该决定对地方监管部门对证券、期货市场行使部分监管职责作出了规定，具体监管职责范围和权限是：1. 负责对设立在本行政区域内的证券经营机构、证券经营机构的分支机构、证券登记公司、期货经纪公司、期货经纪公司的分支机构、从事期货经纪业务的非期货经纪公司会员、证券或者期货咨询机构的业务活动进行日常监管。2. 负责查处设立在本行政区域内的证券经营机构、证券经营机构的分支机构、证券登记公司、期货经纪公司、期货经纪公司的分支机构、从事期货经纪业务的非期货经纪公司会员、证券或者期货咨询机构以及前述机构的从业人员，证券、期货市场投资者（以下统称被监管者）的有关证券、期货违法、违规行为。3. 负责处理本行政区域内的有关证券、期货的信访投诉和举报，调解证券、期货纠纷和争议，涉及重大案情的，应当立即向中国证监会报告。4. 负责督促本行政区域内的上市公司依照国家有关法律、法规和公司章程的规定完善公司组织机构，规范公司股东大会，协调政府有关部门与上市公司的关系。

5. 地方监管部门查处违法、违规行为，需要对被监管者进行调查时，可以采取下列措施：询问当事单位或者个人，要求其提供与被调查事件有关的文件、证明材料和其他资料；检查当事单位或者个人与案件有关的交易记录、结算记录、登记过户记录、财务会计资料及其他相关文件和资料；向与被调查事件有关的单位或者个人了解情况。6. 经过调查，对证据充分、事实清楚的，地方监管部门应当依据国家有关法律、法规对违法、违规当事单位或者个人进行处罚，并报中国证监会备案。7. 被调查案件属于下列情况之一的，地方监管部门应当及时报告中国证监会，由中国证监会直接查处或者由中国证监会指定的地方监管部门查处。被调查案件所涉及金额在3 000万元以上的；需处以20万元以上罚款的；情节严重，需要限制、暂停业务资格或者撤销业务许可的；两个或者两个以上地方监管部门对被调查事件管辖权有争议的；在全国造成重大影响的其他案件。中国证监会认为不适合由地方监管部门查处的案件，由中国证监会直接查处。8. 被授权的省会城市地方监管部门不负责本通知涉及的期货监管工作。9. 地方监管部门应当按照中国证监会的要求报告有关证券、期货市场执法情况的信息和统计资料。10. 被处罚单位或者个人不服地方监管部门的处罚，可以向中国证监会申诉；中国证监会对地方监管部门不符合法律、法规、规章的处理决定，有权予以变更或者撤销。

26日 经国务院和中国人民银行批准，中国人民建设银行启用新行名——中国建设银行，与此同时启用新行徽。中国建设银行的英文名称为“CHINA CONSTRUCTION BANK”，缩略为“CCB”。行徽是以古铜钱造型为基础，由“中国”和“建设”的英文首字母“C”相重叠设计而成，表明银行属性，寓意积累为建设之本。

31日 中国人民银行发布《关于停止办理新的保值储蓄业务的紧急通知》。经国务院批准，中国人民银行决定从1996年4月1日起，不再办理新的保值储蓄业务，此公告公布前已存入的3年期以上人民币定期储蓄存款，继续给予保值，但保值贴补率为零的月份不再公布贴补率。

4月

1日 《中华人民共和国外汇管理条例》正式实施。

1~3日 国务院经济特区工作会议在珠海市召开。会议提出，经济特区必须把自己的思想和工作重点从主要依靠优惠政策转到依靠两个根本性转变上来，以二次创业的精神，充分利用现有基础，增创新优势，更上一层楼；在抓紧物质文明建设的同时，要把精神文明建设提到更加突出的地位。经济特区不仅应该是改革开放和经济发展的模范，也应该是精神文明建设的模范。会议重申了江泽民提出的对特区工作“三不变”的方针，即中央对发展经济特区的决心不变，对经济特区的基本政策不变，经济特区在全国改革开放和现代化建设中的历史地位和作用不变。

3日 中国人民银行在北京召开金融系统“讲改革、讲政治、讲法纪、讲效益、提高服务水平”大会。大会通过了《中国人民银行关于在金融系统讲改革、讲政治、讲法纪、讲效益、提高服务水平的决定》。中共中央政治局常委、国务院副总理朱镕基对中国人民银行作出“四讲一服务”的决定和金融系统“四讲一服务”大会的召开专门作出重要指示：在金融系统开展“四讲一服务”活动，是金融系统响应江泽民同志关于领导干部一定要“讲政治”的号召，认真落实党中央指示的具体措施。这对于金融系统在政治上和党中央保持一致，推进金融体制改革的深化，完善国民经济的宏观调控，促进经济的快速、持续、健康发展，加强金融系统的精神文明建设，提高金融队伍的政治、业务素质，厉行廉政，防腐拒变，转变作风，都具有十分重要的意义。

世界储蓄银行协会第五届理事会在北京开幕。这是世界储蓄银行协会第一次在中国召开重要会议。来自14个国家和地区的21个理事行及储协布鲁塞尔办公室代表共30多人出席会议。中国人民银行行长戴相龙出席并致辞，世界储蓄银行协会副主席、中国工商银行行长张肖出席了会议。

中国人民银行印发《典当行管理暂行办法》。该暂行办法规定：典当行是以实物占有权转移形式为非国有中小企业和个人提供临时性质押贷款的特殊金融企业。中国人民银行是典当业的主管部门，负责典当机构设立、变更、终止的审批以及对典当机构的监督管理；典当行比照有限责任公司形式组建，不得设立分支机构；典当行的实收货币股本金的最低限额为500万元人民币，招收股本金的对象限于其所在地的中小企业和个人。

国务院证券委员会第六次会议在北京召开。会议确定1996年证券工作的指导思想是：紧密围绕实现两个“根本转变”，认真贯彻“法制、监管、自律、规范”的方针，加大监管力度，规范市场行为，积极稳妥地发展债券和股票融资，进一步完善和发展证券市场，更好地为社会主义市场经济服务。会议要求继续组织好新股发行工作，继续做好以香港市场为主的境外上市工作，稳步开拓新的市场，年内着手选择第四批境外上市预选企业。认真贯彻执行国务院《关于股份有限公司境内上市外资股的规定》，选择一些大中型企业发行B股。选择有条件的股份有限公司进行可转换债券的试点。尽快颁布《中华人民共和国证券投资基金管理办法》。国务院证券委、中国证监会在对证券市场进行认真总结的基础上，制订证券市场发展的五年规划。1996年期货工作的首要任务是认真贯彻落实《国务院批转证券委、证监会关于进一步加强期货市场监管工作请示的通知》，采取有力的措施，切实清理整顿期货市场，强化监管力度，严格管理，进一步遏制过度投机，规范试点。

会议强调国务院证券委各组成部门要树立全局观念，密切协作，在制定与证券、期货市场有关的政策时，一定要做到多沟通，多协调，不断总结经验，创造条件，逐步理顺监管体制，促进证券市场的稳步发展和期货市场的规范试点。

8日 中国人民银行发布《关于进一步加强彩票市场管理的通知》。该通知重申中国人民银行《关于加强彩票市场管理的紧急通知》（银发〔1995〕330号）的各项要求；强调严格控制彩票发行，实行彩票发行年度规模管理办法；严禁任何地方、任何部门无额度、超额度发行彩票。今后，凡发生溢价、承包、转包发行彩票等违规现象或因发行彩票而影响社会稳定的事件，民政部中国福利彩票发行中心、国家体委体育彩票管理中心要扣减或取消出事地区的彩票发行指标，对情节严重的，中国人民银行有权暂停直至取消该地区的彩票发行资格。民政部中国福利彩票发行中心和国家体委体育彩票管理中心要认真监督下属机构及代理销售商，严格执行经中国人民银行批准的彩票发行方式、方法和游戏规则。未经中国福利彩票发行中心和体育彩票管理中心同意，以及中国人民银行批准，任何地方不得擅自变更彩票发行方式、方法和游戏规则。

9日 中国人民银行正式启动以国债为主要工具的公开市场业务。首批交易对象为工商银行、农业银行、中国银行、建设银行、交通银行等14家商业银行，当日共回购商业银行短期国债2.9亿元。

经中国人民银行批准，中国证券交易系统有限公司改组为中央国债登记结算有限责任公司。此前，中国证券交易系统有限公司是利用电子计算机网络系统为证券市场提供证券报价、交易、清算、交割、托管等服务的非银行金融机构。改组后，中央国债登记结算有限责任公司于1996年12月2日正式成立，是为全国债券市场提供国债、金融债券、企业债券和其他固定收益证券的登记、托管、交易结算等服务的国有独资非银行金融机构。业务范围包括：国债、金融债券、企业债券和其他固定收益证券的登记、托管、结算、代理还本付息；为中国人民银行公开市场业务系统和债券发行系统提供技术支持；担任债券基金及货币市场的托管人并办理基金单位的登记、托管、结算；提供债券市场与货币市场中介服务及信息服务；债券市场及货币市场的研究、咨询、培训与宣传；办理外币固定收益证券的托管、跨境结算并组织办理相关的资金结算和国际业务；根据管理部门授权对债券次级托管进行监督；经中国人民银行、财政部批准的其他业务。

中国人民银行作出《关于同意华夏银行变更注册资本并核准〈华夏银行股份有限公司章程〉的批复》，批准华夏银行改为股份制银行，同意注册资本增至25亿元，核准华夏银行股份有限公司章程。新改制的华夏银行股份有限公司由首钢总公司、山东电力工业局等43家股东组成。至此，华夏银行完成股份制改造工作。

16日 国家外汇管理局发布《经营外汇业务的中资银行海外分支机构境外融资管理规定》。该规定明确：对中资银行海外分行境外融资实行其总行负责制下的总量控制、风险分级管理的办法。各总行应加强对其海外分行境外融资的管理，应根据其海外分行的营运资金、资产负债比例及当年业务量等项指标，确定每个海外分行的境外融资总量，并于每年2月底之前报国家外汇管理局备案。各中资银行海外分行第一年的境外融资余额不得超过其营运资金的40%，以后每年余额的增加额不得超过上年度余额的30%。各中资银行海外分行在总行确定的境外融资余额内，以自身名义在境外发行商业票据（CP）、大额存单（CD）、中长期债券等有价证券或一次性筹借金额在5 000万美元以上（含5 000万美元）的商业贷款，须事先经其总行向国家外汇管理局申请审核批准。其他方式的境外融资按其总行的管理规定办理，事后由总行报国家外汇管理局备案。总行不得授权其海外分行以总行的名义在境外融资。中资银行海外分行在境外所筹的资金只能用于海外业务发展，未经国家外汇管理局批准，不得调入境内使用。上述规定同时适用于经营外汇业务的中资银行离岸业务中的对外筹资管理。

22日 国家计委、国家外汇管理局联合发布《关于借用国外贷款实行全口径计划管理的通知》。该通知规定：境内机构借用中长期国外贷款的规模均需纳入国家借入中长期国外贷款计划，在国家利用外资的统一指导下，根据不同的借用方式和偿还责任，分别实行指令性计划管理和指导性计划管理。其中，实行指令性计划管理的范围是：借用国际金融组织贷款，双边政府贷款，国际商业贷款中的外国银行及其他金融机构、企业、个人贷款和境内外资金融机构贷款，出口信贷，延期付款，现汇偿还的补偿贸易，国际融资租赁（不含飞机租赁），发行境外债券，海外在境内存款，发行大额可转让存单和中期票据等股票以外的有价证券等方式的对外借款。其贷款规模纳入国家中长期和年度借用国外贷款计划。实行指令性计划的借用国外贷款规模如有突破，须报请国务院批准。实行指导性计划管理的范围是：国际飞机融资租赁、可转股债券、项目融资和中方机构担保项下外商投资企业境外借款，以及进行利率、币种、期限调整的债务重组等对外筹融资。对上述方式的融资实行总量控制下的指导性计划管理。筹融资规模同样要纳入国家中长期和年度借用国外贷款计划，未经国家计委批准不得突破。

25日 经中国人民银行批准，上海申银证券有限公司、上海万国证券有限公司以新设合并方式组建申银万国证券股份公司，公司的注册资本为13.2亿元人民币，股东由中国光大（集团）总公司等200余家国内大中型企业组成，是国内第一家股份制证券公司。

29日 中国人民银行公布《外国金融机构驻华代表机构管理办法》。该办法规定：外国金融机构驻华代表机构（以下简称代表处）是指外国金融机构在中国境内获准设立并从事咨询、联络、市场调查等非经营性活动的派出机构。中国人民银行是代表处的审批和业务监督机关，中国人民银行分行对本辖区的代表处进行日常监督。申请设立代表处应当具备下列条件：申请者所在国家或地区有完善的金融监督管理制度；申请者是由其所在国或地区金融监管当局批准设立的金融机构，或者是金融性行业协会成员；申请者合法经营、享有良好信誉并在过去3年内连续盈利。经批准设立的代表处，由中国人民银行颁发批准证书，有效驻在期限为6年。代表处及其工作人员不得与任何法人或自然人签订可能给代表处或所代表的机构带来收入的协议或契约，也不得从事其他经营性活动。撤销代表处应提前向中国人民银行提交由其外国金融机构的董事长或总经理签署的申请，经批准后，向国家工商行政管理局申请注销登记，并到有关部门办理相关手续。本办法自发布之日起施行。

中国人民银行颁布《外资金融机构存款准备金缴存管理办法》。该办法规定：外资金融机构的各项存款除中国境内外同业存款外，都要缴纳存款准备金；存款准备金按美元和港元缴存；3 个月以下存款的缴存比率为 5%，3 个月以上（含 3 个月）存款的缴存比率为 3%，中国人民银行视情况需要随时调整存款准备金率。

5 月

1 日　中国人民银行调整金融机构存贷款利率。5 月 2 日，中国人民银行发布《关于降低金融机构存贷款利率的通知》，该通知指出，我国的宏观经济调控已取得显著成效，通货膨胀得到进一步抑制，市场物价明显回落，实际利率水平已经由负利率变成正利率。为了适当减轻企业利息负担，促进国民经济持续、快速、健康发展，经国务院批准，中国人民银行决定从 1996 年 5 月 1 日起，适当降低金融机构存贷款利率。其中，存款利率平均降低 0. 98 个百分点，贷款利率平均降低 0. 75 个百分点。人民银行与金融机构的存贷款利率也作相应调整，金融机构在人民银行的存款年利率在现行基础上平均下调 0. 48 个百分点；人民银行再贷款年利率在现行基础上平均下调 0. 48 个百分点；再贴现利率在调整后相应档次的再贷款利率基础上，仍按下浮 5% ~10% 执行；定期邮政储蓄转存款利率由现行年利率 12. 42% 下降到 10. 53%，定期邮政储蓄转存人民银行的比重由按 93% 计算，下调到按 80%。同时，缩小金融机构流动资金贷款利率的最高上浮幅度，各商业银行、非银行金融机构和城市信用社（含城市合作银行）为 10%，农村信用社为 40%。各金融机构贷款利率的下浮幅度仍为 10% 不变。此外，降低贷款罚息水平，金融机构对逾期贷款按日利率万分之四计收利息。这次降息是 1993 年以来的第一次降息。

3 日　中国人民银行发布公告，延期收兑外汇兑换券，收兑日期延长至 1996 年 6 月 30 日。此次延期是为了使持券人不蒙受损失，外汇兑换券持有者可到中国银行各机构办理兑换。从 1996 年 7 月 1 日起，中国银行各机构停止兑换外汇兑换券，且今后不再延期。

中国国际信托投资公司签署并设立了一项总金额为 1 亿美元的欧洲商业票据计划。这是中国在欧洲资本市场设立的第一个商业票据计划。

6 日　中国证监会发布《关于对操纵期货市场行为认定和处罚的规定》。该规定明确：操纵期货市场行为是指交易所会员或客户为了获得不正当利益，故意违反国家有关期货交易规定，违背期货市场公开、公平、公正的原则和大户报告制度，单独或者合谋使用不正当手段，严重扭曲期货市场价格，扰乱市场秩序的行为；对有操纵市场嫌疑的交易所会员和客户，各交易所有义务配合政府监管部门进行调查；对经调查证明确有操纵市场行为者，可根据情节轻重，单处或者并处警告、没收非法所得、罚款，以及暂停、中止直至取消资格、宣布其为“市场禁止进入者”，触犯刑律的，移交司法部门追究刑事责任；对不配合政府监管部门调查、隐瞒事实真相、拒不提供有关资料或提供假证的交易所、交易所会员和客户，政府监管部门依据有关规定对其进行处罚。

13 日　国家外汇管理局颁布《境内居民因私兑换外汇办法》和《境内居民外汇存款汇出境外的规定》。该办法和规定提高了境内居民因私兑换外汇的标准，扩大了因私用汇的兑换范围。其中规定：到澳门、香港及其他国家和地区探亲的标准由原来的 20 美元、40 美元、60 美元分别提高到 500 美元、500 美元和 1 000 美元；因私用汇范围增加了出境旅游用汇和其他用汇。该办法和规定自 1996 年 7 月 1 日起施行。

22 日 中国人民银行发布《关于修订〈机动车辆保险条款〉部分内容的通知》。该通知规定修订和增加的内容主要有：1. 车辆的保险价值根据新车购置价确定。车辆损失险的保险金额可以按投保时的保险价值或实际价值确定，也可以由被保险人与保险人协商确定，但保险金额不得超过保险价值，超过部分无效。2. 以保险价值确定保险金额的车辆，按实际修理费用计算赔偿；保险金额低于保险价值的车辆，按保险金额与保险价值的比例计算赔偿修理费用。3. 由于被保险人放弃对第三方请求赔偿的权利或过错致使保险人不能行使代位追偿权利的，保险人不承担赔偿责任或相应扣减保险赔偿金。4. 被保险人及其驾驶员应根据保险人提出的消除不安全因素和隐患的建议，及时采取相应的措施。5. 在保险合同有效期内，保险车辆转卖、转让、赠送他人、变更用途或增加危险程度，被保险人应当事先通知保险人并申请办理批改。6. 机动车辆保险附加盗抢保险责任中增加一项抢夺责任。修订后的内容自1996 年 7 月 1 日起生效。

23 日 中国证监会批准成都联合期货交易所为试点期货交易所。成都联合期货交易所符合“统一机构、统一结算、统一财务”的原则，被批准为我国试点期货交易所。试点期间的交易品种为高粱，试运行品种为玉米、籼米、小麦、桐油、菜籽粕。

30 日 中国人民银行印发《〈财产保险基本险〉和〈财产保险综合险〉条款、费率及条款解释的通知》。该通知要求，各保险公司要严格按时依照本条款、费率开展业务，未经人民银行总行批准，不得擅自对条款、费率和条款解释内容进行修改；人民银行各分行、各保险公司要将修订后的条款和费率在执行中出现的问题及时上报人民银行总行。《财产保险基本险》和《财产保险综合险》条款、费率及条款解释自 1996 年 7 月 1 日起执行，中国人民银行 1993 年制定的企业财产保险条款和费率同时废止。

6 月

1 日 我国银行间同业拆借市场实行市场化利率。为了加快发展同业拆借市场，中国人民银行决定，从 6 月 1 日起取消原按同档次再贷款利率加 2. 88 个百分点确定的同业拆借利率最高限，由拆借双方根据市场资金供求状况自主确定拆借利率水平，中央银行只间接调控市场利率。

17 日 国务院证券委员会发布《证券经营机构股票承销业务管理办法》。该办法规定：股票承销业务指证券经营机构依照协议包销或代销发行人发行的股票以及中国证监会核准的其他具有股票性质、功能的证券的行为。证券经营机构申请从事股票承销业务应当同时具备下列条件：证券专营机构具有不低于2 000万元人民币的净资产，证券兼营机构具有不低于2 000万元人民币的证券营运资金。证券专营机构具有不低于1 000万元人民币的净资本，证券兼营机构具有不低于1 000万元人民币的净证券营运资金。2/3以上的高级管理人员和主要业务人员获得证监会颁发的“证券业从业人员资格证书”。在未取得“证券从业人员资格证书”前，应当具备下列条件：高级管理人员具备必要的证券、金融、法律等有关知识，近两年内没有严重违法违规行为，其中 2/3 以上具有 3 年以上证券业务或 5 年以上金融业务工作经历；主要业务人员熟悉有关的业务规则及业务操作程序，近 2 年内没有严重违法违规行为，其中 2/3 以上具有 2 年以上证券业务或 3 年以上金融业务工作经历。证券经营机构在近 1 年内无严重的违法违规行为或在近 2 年内未受到本办法规定的取消股票承销业务资格的处罚。证券经营机构成立并且正式开业已超过半年，证券兼营机构的证券业务与其他业务分开经营、分账管理。具有能够保障正常营业的场所和设备。中国证监会要求的其他条件。

20 日 中国人民银行印发《城市信用合作社联合社管理规定》。该规定指出，城市信用合作社联合社（以下简称城市信用联社）是由市区内城市信用合作社出资组成的金融机构，是城市信用社的联合组织，为独立的企业法人。申请设立城市信用联社，应具备以下条件：当地市区城市信用社数量在 8 家以上；最低实收资本为 80 万元人民币，每家城市信用社的出资金额不得超过 10 万元人民币。所有城市信用社必须与原行政挂靠单位实行人、财、物完全脱钩。经中国人民银行授权，城市信用联社具有管理职能，是以管理为主的管理经营型金融机构。其具体职责如下：拟定行业自律制度；协调社员之间的关系；向中国人民银行反映城市信用社的要求；负责行业性的职工技术培训、年度评比工作；统一组织城市信用社职工的录用、教育；组织有关城市信用社的信息和经验交流；统一负责印制城市信用社的账表、凭证；对城市信用社主任的任职资格及变更事项进行初审；综合汇总城市信用社的会计、统计报表和财务报表，定期上报人民银行；督促城市信用社加强安全保卫工作；对城市信用社的大额贷款、重大财务支出进行监督管理；中国人民银行授权的其他管理工作。城市信用联社营业部可经营下列业务：办理城市集体企业、私营企业和个体工商户的存款、贷款和结算业务；组织管理城市信用社的联合贷款；组织城市信用社之间的资金调剂；办理城市信用社的结算业务；办理经中国人民银行批准的其他金融业务。城市信用联社在城市合作银行成立之后自动终止。

中国人民银行发布《关于对外商投资企业实行银行结售汇的公告》，宣布自 1996 年 7 月 1 日起，在保留外汇调剂中心的同时，在全国范围内对外商投资企业实行银行结售汇，外商投资企业可以在外汇指定银行办理结汇和售汇，也可以继续通过外汇调剂中心买卖外汇。国家外汇管理局同时发布《外商投资企业境内外汇账户管理办法》，规定外商投资企业可以根据需要在外汇指定银行开立用于经常项目收支的外汇结算账户和用于资本项目收支的外汇专用账户，并可在境内的外资银行、外国银行分行、合资银行办理结汇和售汇业务。这有利于进一步改善外商投资企业的经营环境，实现人民币经常项目下可兑换。

中国人民银行发布《结汇、售汇及付汇管理规定》。该规定共有 5 章 43 条，对经常项目下的结汇、售汇与付汇，资本项目下的结汇、售汇与付汇以及结汇、售汇与付汇的监管作出明确规定。该规定自 1996 年 7 月 1 日起施行。

21 日 中国人民银行印发《关于进一步改进对国有大中型企业金融服务的通知》，决定采取 10 条措施，进一步改进对国有大中型企业的服务，加强信贷资金的管理，更好地促进国有大中型企业改革和发展。10 条措施的具体内容是：1. 适当集中资金，支持重点企业的合理资金需要；2. 疏通商品流通渠道，支持企业扩大出口；3. 运用信贷杠杆，支持国有大中型企业提高技术水平；4. 支持企业优化资本结构，逐步降低负债水平；5. 逐步推行主办银行制度，密切银行和企业的关系；6. 做好结算工作，加快资金清算速度；7. 运用利率杠杆，促进企业改善经营管理；8. 帮助企业拓宽融资渠道，适当发展直接融资；9. 开拓新的服务项目，适应现代企业的多种需要；10. 加强信贷资金管理，提高信贷资产质量。

中国人民银行与邮电部正式签署联合建设“中国国家金融数据通信网”的协议，并决定为此组建中元金融数据网络有限责任公司。“中国国家金融数据通信网”是为中国金融系统各行（司）提供通信服务的金融数据骨干网，它将覆盖金融系统各总行及其省、地市级机构，并为各行（司）的总行与省、地市级机构区域广域网络提供接口，以形成覆盖全国的金融网络。中元金融数据网络有限责任公司的注册资本为 2 亿元人民币，金融系统承担 1 亿元，其中，中国人民银行出资 2 000 万元；工商银行、农业银行、中国银行、建设银行各出资 1 500 万元；交通银行和中国人民保险（集团）公司出资1 000 万元。

22 日 国家外汇管理局发布《资本项目外汇收入结汇暂行办法》。该暂行办法规定：境内机构收入的符合办法规定的各项资本项目外汇，可以向国家外汇管理局提供有效凭证申请结汇。境内机构、境外法人或自然人一次结汇 3 000 万美元以下的，到所在地国家外汇管理局分局办理“资本项目结汇核准件”；一次结汇 3 000 万美元以上的，由所在地国家外汇管理局分局报国家外汇管理局核准后发给“资本项目结汇核准件”。外汇指定银行凭核准件办理结汇。

25 日 国务院批转《中国人民银行关于进一步做好证券回购债务清偿工作请示》。国务院指出，清理证券回购业务，做好债务清偿工作，是整顿金融秩序的一项重要内容。目前，证券回购债务拖欠问题比较严重，清偿难度较大，各级人民政府和国务院有关部门必须予以高度重视。要采取有效的措施，加快清偿进度，以维护社会稳定。对债务清偿工作中出现的重大问题，各级人民政府的主要领导人要亲自过问，妥善处理。

《中国人民银行关于进一步做好证券回购债务清偿工作的请示》的主要内容是：1. 确保柜台兑付，防止挤兑。各国有商业银行、财政部门以及各信托投资公司、证券公司必须提前组织资金，保证所属机构按期兑付，维护社会稳定。非银行金融机构在兑付对居民个人开出的“国库券代保管单”等出现严重资金困难时，经中国人民银行批准，可动用法定存款准备金支付；对经营规范的非银行金融机构，各地融资中心可以接受其抵押融资或由商业银行担保的融资，也允许其自找融通资金单位，到融资中心办理中介手续。2. 积极组织内部冲抵，加快机构之间债务清欠，对于将回购资金用于长期投资，短期内无法收回，还债确有困难的金融机构，经中国人民银行批准，可适当发行一定数量的金融债券，用于偿还债务。3. 保护债权人的合法权益，减轻债务人的利息负担。鉴于证券回购实际上已演变为资金拆借，因此，机构之间签订的回购协议利率应比照同业拆借利率执行，回购协议利率超过同业拆借利率的部分不受法律保护。但是，任何机构以发售“国库券代保管单”等形式向居民个人筹集资金，必须按原定利率和期限保证向居民个人兑付。4. “联办 STAQ 系统”和天津、武汉证券交易中心，对在本交易场所内发生的大量违规证券回购交易及其巨额债务拖欠负有直接责任，要进行重点清理整顿。国家体改委和天津市、武汉市人民政府要分别组织专门小组，负责上述三个单位的清理整顿及债务清偿工作，同时核实这三个单位的资产，并对这三个单位和有关责任人进行严肃处理。在证券回购债务清偿完毕之前，各证券交易中心（系统）要暂停各种形式的证券回购业务，不得开展新业务，也不得扩大原有业务。5. 鉴于非银行金融机构的资产过多，资本金严重不足，为了降低其经营风险，建立内部约束机制，推动证券回购债务清偿工作，中国人民银行要制定统一标准，对非银行金融机构增资改制进行审批，但新增资本金必须优先用于清偿证券回购债务。中国人民银行要会同财政部、中国证监会等部门联合组成清欠办公室，指导、协调各地区、各部门的证券回购债务清偿工作。

26 日 国务院在北京召开金融系统“反腐败、防抢劫、防诈骗、防盗窃、保护金融资产安全”的会议。会议要求金融部门各级领导要从大局出发，与有关部门一起，继续深入开展反腐败斗争，狠狠打击金融犯罪活动，保证和促进我国金融改革和金融事业更快更好地发展。会议提出要抓好三个方面的工作：1. 加强廉政建设，深入开展反腐败斗争，做好金融保卫工作。金融系统要利用当前严厉打击刑事犯罪的有利时机，紧密配合政法部门，依法严厉惩治金融犯罪，要坚决把贪污腐败分子清除出金融系统。2. 加强金融监管，整饬金融秩序。金融系统必须靠铁的纪律来管理，对继续搞账外经营、违规售汇、炒外汇期货的，一定要严肃处理，绝不姑息。否则，银行就办不好，也办不下去。各级金融领导干部要运用手中的职权，真正为人民大众服务，为国家经济建设服务。要坚决反对那种不讲政治、不讲大局、一味追求部门和个人利益的行为，坚决同一切腐败行为作斗争。没有健康有序的金融秩序，就很难发展有中国特色的社会主义市场经济。3. 要认真加强“防抢劫、防诈骗、防盗窃、保护国家金融资产安全”的金融保卫工作。

经中国人民银行批准，青岛国际银行开业。这是中国工商银行与韩国第一银行合资成立的山东省境内第一家中外合资银行，也是韩国金融业在中国设立的第一家合资银行。注册资本为3 600万美元，实收资本为2 000万美元，双方各占50%。

28日 中国人民银行发布《贷款通则》。其中规定：贷款的发放和使用应当符合国家的法律、行政法规和中国人民银行发布的行政规章，应当遵循效益性、安全性和流动性的原则。借款人与贷款人的借贷活动应当遵循平等、自愿、公平和诚实信用的原则。贷款人开展贷款业务，应当遵循公平竞争、密切协作的原则，不得从事不正当竞争。中国人民银行及其分支机构是实施《贷款通则》的监管机关。贷款期限根据借款人的生产经营周期、还款能力和贷款人的资金供给能力由借贷双方共同商议后确定，并在借款合同中载明。自营贷款期限最长一般不得超过10年，超过10年应当报中国人民银行备案。票据贴现的贴现期限最长不得超过6个月，贴现期限为从贴现之日起到票据到期日止。不能按期归还贷款的，借款人应当在贷款到期日之前，向贷款人申请贷款展期。是否展期由贷款人决定。短期贷款展期期限累计不得超过原贷款期限；中期贷款展期期限累计不得超过原贷款期限的一半；长期贷款展期期限累计不得超过3年。国家另有规定者除外。借款人未申请展期或申请展期未得到批准，其贷款从到期日次日起，转入逾期贷款账户。贷款人应当按照中国人民银行规定的贷款利率的上下限，确定每笔贷款利率，并在借款合同中载明。贷款人和借款人应当按借款合同和中国人民银行有关计息规定按期计收和交付利息。贷款的展期期限加上原期限达到新的利率期限档次时，从展期之日起，贷款利息按新的期限档次利率计收。逾期贷款按规定计收罚息。借款人应当是经工商行政管理机关（或主管机关）核准登记的企（事）业法人、其他经济组织、个体工商户或具有中华人民共和国国籍的有完全民事行为能力的自然人。贷款人必须经中国人民银行批准经营贷款业务，持有中国人民银行颁发的"金融机构法人许可证"或"金融机构营业许可证"，并经工商行政管理部门核准登记。贷款人应当建立审贷分离、分级审批的贷款管理制度。审查人员应当对调查人员提供的资料进行核实、评定，复测贷款风险度，提出意见，按规定权限报批。贷款人应当建立和完善贷款的质量监管制度，对不良贷款进行分类、登记、考核和催收。《贷款通则》自1996年8月1日起施行。这是新中国成立以来中国第一部系统、全面的信贷管理的行政规章。

中国证监会发布《关于严格管理B股开户问题的通知》。针对市场上存在的不符合规定条件的投资人开B股账户的情况，中国证监会要求上海和深圳两个证券交易所严禁不符合条件的投资人开设B股账户，并对已有账户进行清理和规范。对不符合规定条件的B股账户，要按国务院的规定提出处理方案，并上报中国证监会和当地人民政府，以逐步妥善解决B股账户的遗留问题。对在B股账户规范过程中可能引发的各种问题，要认真防范，妥善处理，及时向中国证监会和当地人民政府报告。

29日 中国人民银行印发《主办银行管理暂行办法》。该暂行办法规定，主办银行是指为企业提供信贷、结算、现金收付、信息咨询等金融服务，并与其建立较为稳定的合作关系，签有《银企合作协议》的中资商业银行；建立主办银行关系应遵循自愿、平等、互利、守信的原则；在建立主办银行关系的同时，大力提倡银团贷款；为了发挥各家银行的优势，解决企业的合理资金需要，同时分散贷款风险，主办银行应会同企业牵头组织有关银行联合贷款，协调各家银行办理银团贷款中的有关事宜，并按贷款比例偿还其他银行贷款。该暂行办法自7月1日起，在国家经贸委提出的300户重点国有大中型企业和北京、天津、上海、武汉、沈阳、济南和四川德阳等7个城市的国有大中型企业中试行。

7月

1日 中国人民银行发行第二组香港回归祖国金银纪念币。其中金币2枚，面值分别为50元和500元，成色分别为99.9%和99.99%；银币1枚，面值为10元，成色为99.9%。为了纪念香港回归祖国这一重要历史事件，中国人民银行发行的有关香港特别行政区纪念币共三组，第一组香港回归祖国金银纪念币于1995年12月1日发行，第三组于1997年7月1日发行。

国务院作出关于《对加工贸易进口料件试行银行保证金台账制度的批复》。据此，海关总署、中国银行、国家计委、国家经贸委、财政部、外贸部、中国人民银行、国家税务总局8个部委联合在全国推行加工贸易进口料件银行保证金台账制度。保证金台账制度是指经营加工贸易的单位或企业凭海关核准的手续，按合同备案料件金额向指定银行申请设立加工贸易进口料件保证金台账，加工成品在规定的加工期限内全部出口，经海关核销后，由银行核销保证金台账。

上证30指数开始发布。上证30指数是上海证券交易所编制的一种成分股指数，是从上市的所有A股股票中抽取具有市场代表性的30种样本股票为计算对象，并以流通股数为权数计算得出的加权股价指数，综合反映上海证券交易所全部上市A股的价格走势。该指数以1996年1月至3月的平均流通市值为指数的基期，基期指数定为1 000点。上证30指数在选取样本股时，综合考虑以下几种因素：（1）行业代表性；（2）流通市值的规模；（3）交易活跃的程度；（4）财务状况和经营业绩；（5）地区代表性。在同等条件下，上证30指数优先考虑下述股票：（1）股本规模较大的股票；（2）成长性较好的股票；（3）已发行H股或B股的股票。2002年7月1日，上证30指数被上证180指数替代而终止发布。

2日　经中国人民银行批准，中国平安保险公司收购中国工商银行珠江三角洲金融信托联合公司的全部股权，更名为“平安信托投资公司”，平安信托投资公司正式成立。经中国人民银行批复，该公司于2001年重新登记和增资改制，更名为“平安信托投资有限责任公司”。

4日　《中国人民银行行员管理暂行办法》颁布实施。其中规定，中国人民银行行员应当履行下列义务：遵守国家法律、法规和本行规章制度；依照金融政策法规履行职责；服从命令，恪尽职守，勤奋工作；公正廉洁，努力为人民服务，接受社会监督；维护国家和中国人民银行的声誉和利益；保守国家秘密和工作秘密；学习和掌握工作所需的政治、业务知识和技能；宪法和法律规定的其他义务。中国人民银行行员享有下列权利：非因本办法和有关法律、法规规定的事由、程序不被免职、降职、辞退或者行政处分；获得履行职责所应有的权力和工作条件；依法履行职责，受法律保护，不受地方政府、各级政府部门、社会团体和个人的干涉；获得与所任职务相应的劳动报酬和享受规定的保险及其他福利待遇；对中国人民银行及其领导人员的工作提出批评和建议；参加与本职工作有关的业务知识和技能的培训；依照本办法规定提出辞职、申诉和控告；宪法和法律规定的其他权利。

5日　财政部发布《关于加强林业项目和治沙贴息贷款财政贴息资金管理的通知》。关于林业项目贴息贷款的贴息，该通知规定：对1992年（含1992年）以前发放的贷款未到期余额，中央财政和地方财政各按年利率3.17%给予贴息，对林业部直属单位的上述贷款余额，中央财政按年利率6.34%给予贴息，其余利息由借款单位承担；对1993年（含1993年）以后发放的贷款未到期余额以及新发放的贷款，中央财政和地方财政一律各按年利率2.64%给予贴息，林业部直属单位使用此项贷款的，中央财政按年利率5.28%给予贴息，其余利息由借款单位承担。关于治沙贴息贷款的贴息，该通知规定：中央财政和地方财政一律各按年利率3.17%给予贴息，林业部直属单位使用此项贷款的，中央财政按年利率6.34%给予贴息，其余利息由借款单位承担。

13～14日　全国农村金融体制改革工作会议在北京召开。会议的主要议题是深化农村信用社改革，促进农村经济全面发展。国务院副总理朱镕基、姜春云到会讲话。朱镕基指出，深化农村金融体制改革的目标是：建立和完善以合作金融为基础，商业性金融、政策性金融等各种金融机构分工协作的服务体系。会议决定，中国农业银行不再领导、管理农村信用社，农村信用社的业务管理改由县联社负责，对农村信用社的金融监管由中国人民银行直接承担。

中国人民银行发布《关于禁止金融机构进入期货市场的通知》。该通知要求各类金融机构不得从事商品期货的自营和代理业务；不得出具期货交易资金保函，不得以任何方式为期货交易担保；所有金融机构不得投资入股期货交易机构、经纪机构。已投资入股的金融机构必须在 1996 年 12 月 31 日之前将股份转让出去。

23 日 经国务院批准，中国人民保险（集团）公司宣告成立（以下简称中保集团）。中保集团总部设在北京，注册资本金为 200 亿元人民币，是国有独资保险公司，直接对国务院负责，依法接受中国人民银行的领导、管理、协调、监督和稽核。中保集团下设中保财产保险有限公司、中保人寿保险有限公司、中保再保险有限公司。中保集团及三个专业子公司均为企业法人。中保集团以控股投资公司的形式对其子公司投资并实施领导、管理、监督。

中国证监会发布《关于规范上市公司行为若干问题的通知》。该通知规定：1. 上市公司确须进行中期分红派息的，其分配方案必须在中期财务报告中经过具有从事证券会计业务资格的会计师事务所审计后制订；公布中期分配方案的日期不得先于上市公司中期报告的公布日期；中期分配方案经股东大会批准后，公司董事会应当在股东大会召开后两个月内完成股利（或股份）的派发事项。已发行境外上市外资股的上市公司，其中期分红派息事宜按其公司章程的规定办理。2. 上市公司董事会必须遵循《中华人民共和国公司法》的第一百三十条关于同股同权、同股同利和《股票发行与交易管理暂行条例》的第四条关于股票的发行与交易应当保障国有资产不受侵害的规定，制订公平的分配方案，不得向一部分股东派发现金红利而向其他股东派发股票红利。3. 上市公司制订配股方案的同时制订分红送股方案的，不得以配股作为分红送股的先决条件。4. 上市公司的送股方案必须将以利润派送红股和以公积金转为股本予以明确区分，并在股东大会上分别作出决议，分项披露，不得将二者均表述为送红股。5. 上市公司应当密切关注新闻媒介涉及本公司的报道，对已报道的属本公司确须履行信息披露义务的事项，应当及时报告并公告；对报道中与本公司发生的事项不完全相符的，应当及时澄清；对无中生有、捏造事实的报道，应当立即公告说明。证券交易所应督促上市公司履行上述义务。6. 上市公司涉及公司股份变动的行为，如上市公司与非上市公司合并以及上市公司进行股票面值拆分等，应按照“先立法、后试点”的原则进行，在国家有关管理办法出台前，不得擅自行动。

25 日 中国人民银行公布《保险管理暂行规定》。该规定明确：保险公司应具有与其业务规模相适应的最低偿付能力，保险公司的最低偿付能力为中国人民银行规定的其实际资产减去实际负债的差额。其中财产保险公司的最低偿付能力标准为：当上一年度的自留净保费收入小于或等于 2 亿元人民币，偿付能力不得低于 1 亿元人民币；当上一年度的自留净保费收入大于 2 亿元人民币，小于或等于 30 亿元人民币时，偿付能力不得低于 1 亿元人民币或自留保费的 1/3，两者以高者为限；当上一年度的自留净保费收入大于 30 亿元人民币时，偿付能力不得低于 10 亿元人民币或者自留净保费收入的 1/4，两者以高者为限。人寿保险公司的最低偿付能力的标准为：当实际负债小于或等于 3 亿元人民币时，偿付能力不得低于 1 亿元人民币；当实际负债大于 3 亿元人民币，小于或等于 10 亿元人民币时，偿付能力不得低于 1 亿元人民币或实际负债的 1/4，两者以高者为准；当实际负债大于 10 亿元人民币，小于或等于 30 亿元人民币时，偿付能力不得低于 2.5 亿元人民币或实际负债的 1/6，两者以高者为准；当实际负债大于 30 亿元人民币时，偿付能力不得低于 5 亿元人民币或实际负债的 1/8，两者以高者为准。这是我国第一次对财产保险公司和人寿保险公司的最低偿付能力标准作出明确规定。

以中国建设银行、中国工商银行、中信实业银行、交通银行上海分行为牵头行的“伊朗德黑兰地铁项目”银团贷款协议签字仪式在北京举行。该项目总金额为2.98亿美元，其中，约2.7亿美元将由中方组织银团向业主提供出口买方信贷。它是新中国成立以来金额最大的一宗成套机电产品出口项目，也是迄今为止中方采取组织国内银团形式，向国外提供出口买方信贷，推动机电产品出口金额最大的项目。

29日 中保财产保险有限公司与中国通信广播卫星公司在人民大会堂举行“中星七号”“东方红三号”卫星发射保险合同签字仪式。该笔承保合同保险总金额达2.8亿美元。

31日 国家外汇管理局发布《进口售付汇核销管理暂行办法》。该暂行办法根据《中华人民共和国外汇管理条例》及《结汇、售汇及付汇管理规定》，对1994年7月11日发布的《进口付汇核销暂行办法》进行了修订，进一步规范了进口付汇核销操作，完善了进口售付汇的监督管理，有利于防止外汇流失。该暂行办法自1996年8月1日起执行。

8月

1日 经国家外汇管理局批准，深圳发展银行、广东发展银行试办离岸金融业务。此前，国家外汇管理局于7月15日以（96）汇管复字第190号《关于对离岸金融业务七个暂行规定的批复》文件批复了国家外汇管理局深圳分局组织有关部门制定的关于离岸金融业务操作的7个暂行规定，即《离岸账户开户暂行规定》《离岸存款暂行规定》《离岸授信（含贷款）业务暂行规定》《离岸担保业务暂行规定》《离岸代客外汇买卖暂行规定》《离岸金融业务会计核算暂行规定》《离岸金融业务资金管理暂行规定》。国家外汇管理局要求上述两个试点银行在国家外汇管理局和深圳分局的直接指导下，严格按照暂行规定开办离岸金融业务，要符合离岸资金两头在外的方针，即存款来自境外，放款也面向境外，离岸金融业务与在岸金融业务严格分开，不得相互混淆。

5日 国务院办公厅发布《关于立即停止利用发行会员证进行非法集资等活动的通知》。一段时间以来，一些地方和企业违反国家金融管理的有关规定，利用发行会员证进行非法集资，并从事炒买炒卖活动，个别地方还设立了会员证交易所，效仿国内证券交易所的管理办法，为会员证提供上市交易服务。为此，该通知规定，会员证不是资本市场上的有价证券，利用会员证进行非法集资，炒买炒卖以致上市交易的行为，严重背离了发行会员证的目的，干扰了正常的金融秩序，妨碍了证券市场的健康发展。该通知要求，在国务院有关部门公布会员证管理办法之前，一律暂停各种形式会员证的发行和交易活动；禁止设立会员证交易所，已设立的会员证交易所必须立即停止业务活动；中国人民银行会同有关部门组成调查组，全面了解会员证的发行和交易情况，制定统一的管理办法。

20日 经中国人民银行批准，华泰财产保险股份有限公司在北京成立。该公司是全国性股份制财产保险公司，注册资本为13.33亿元人民币，由全国63家大型企业和企业集团共同发起设立，主要经营企业财产保险、产品责任保险、建筑工程及安装保险、能源保险、运输保险等业务。

21日 中国人民银行发布《境内机构对外担保管理办法》。该办法对担保人的对外担保能力、被担保人的财务状况以及对外担保合同和相关债务合同条款做了规定，扩大了对外担保范畴，规定允许提供三种类型的对外担保：对外保证、对外抵押和对外质押。将外商投资企业对外担保纳入了管理范畴。修改了对中资银行对外担保的管理范畴。对非金融法人的对外担保，原规定其担保余额不得超过其自有资金改为不得超过其净资产的50%，并不得超过其上一年的全部外汇收入，并增加了对被担保人的管理条款。该办法规范了境内机构对外担保行为，完善了我国资本项目的外汇管理。该办法自1996年10月1日起施行。

国务院证券管理委员会颁布《证券交易所管理办法》。其中规定：设立证券交易所，由国务院证券委员会（以下简称国务院证券委）审核，报国务院批准。证券交易所的职能包括：提供证券交易的场所和设施；制定证券交易所的业务规则；接受上市申请、安排证券上市；组织、监督证券交易；对会员进行监管；对上市公司进行监管；设立证券登记结算机构；管理和公布市场信息；国务院证券委许可的其他职能。该办法自发布之日起施行。

22日 国务院发布《关于农村金融体制改革的决定》，提出进一步深化农村金融体制改革五个方面的内容：1. 改革农村信用社管理体制；2. 办好国有商业银行，建立农村合作银行；3. 增设中国农业发展银行的分支机构，加强农产品收购资金管理；4. 逐步建立各类农业保险机构；5. 清理整顿农村合作基金会。关于农村金融体制改革的组织领导，该决定指出，在国务院、省、地、县四级设立农村金融改革协调机构，并相应设立办公室。国务院成立农村金融体制改革部际协调小组，由中国人民银行牵头，中国人民银行行长任组长，中央和国务院有关部门以及中国农业银行、中国农业发展银行的主管领导参加，办公室设在中国人民银行。省、地、县三级设立农村金融体制改革领导小组，由地方人民政府牵头，省、地、县人民政府主管金融的负责同志任组长，中国人民银行分支行行长任副组长，省、地、县农口主管部门，中国农业银行分支行，中国农业发展银行分支行等单位各选派一名主管领导参加，办公室可参照国务院农村金融体制改革部际协调小组的办法设置。10月18日，根据国务院《关于农村金融体制改革的决定》，中国农业银行总行发文，撤销总行信用合作管理部及中国农业银行各级行的信用合作管理机构。

中国证监会发布《关于坚决制止股票发行中透支等行为的通知》。针对一段时间以来在新股发行认购过程中出现的透支申购等不正常现象，该通知明确：各证券管理办公室、证券交易所和证券经营机构要加强对股票发行的领导和组织工作，切实履行对股票发行中申购资金专户的监督和管理，严肃发行纪律，维护股票发行的公正性；各证券经营机构不得透支申购股票，也不得为客户进行透支申购或融资申购股票；交易所要严格禁止透支行为，对于申购中出现的透支申购，一律视为无效申购。

经中国人民银行批准，泰康人寿保险股份有限公司在北京成立。该公司为全国性股份制保险公司，注册资本为6亿元人民币。主要发起单位是：中国国际旅行社、中国对外贸易运输总公司、中国石化北京燕山石油化工公司、中国嘉德国际拍卖有限公司、中国港湾建设总公司、广东粤才信托投资公司、重庆钢铁（集团）有限公司、兖州矿业（集团）有限公司等16家国有大中型企业。

23日 中国人民银行降低金融机构各项存贷款利率，其中，存款利率水平平均下调1.5个百分点，贷款利率水平平均下调1.2个百分点；人民银行与金融机构的存贷款利率也作适当调整。8月20日，中国人民银行发布《关于降低金融机构存贷款利率的通知》。该通知指出，我国宏观经济调控已取得明显成效，市场物价涨幅持续回落，1~7月全国商品零售价格比上年同期增长6.9%。为了适应物价的变化，进一步减轻企业利息负担，促进国民经济持续、快速、健康发展，经国务院批准，中国人民银行决定从1996年8月23日起，再次降低金融机构各项存贷款利率。

28日 国务院农村金融体制改革部际协调小组印发《中国农业发展银行增设分支机构实施方案》，要求中国农业发展银行在1997年5月底前完成所有应设机构的增设工作。

国务院农村金融体制改革部际协调小组下发《农村信用社与中国农业银行脱离行政隶属关系实施方案》，对农村信用社与中国农业银行脱离行政隶属关系工作应遵循的原则、脱钩的条件、组织和领导与时间安排，处理农村信用社与中国农业银行的人员关系、财务关系和资金关系，统计数据及会计报表报送以及“脱钩”中的其他业务问题作出了具体规定。

方案确定，农村信用社与中国农业银行脱离行政隶属关系（以下简称“脱钩”）应遵循的原则是：在国务院农村金融体制改革部际协调小组的领导下，积极稳妥地做好各项改革工作，确保农村信用社管理工作的连续性和农村信用合作管理队伍的稳定性。“脱钩”的条件是：省、地、县三级农村金融体制改革领导小组及办公室均已组建并开始工作。县农村信用合作社联合社的管理职能已得到加强，领导班子、内部职能机构和人员配备适应管理工作的需要。以省（自治区、直辖市）为单位，其所辖县（市）已基本完成农村信用社与中国农业银行之间人员、财产、资金的界定和划转，并登记造册清楚。对相互借用的人员和相互占用的财产已经清理、登记，并已确定归还时间或签署合法的借用合同。

29日 国务院农村金融体制改革部际协调小组发布《关于做好当前农村信用社改革和管理工作的通知》。该通知要求：1. 农村信用社与中国农业银行脱离行政隶属关系工作，要按《国务院关于农村金融体制改革的决定》及《农村信用社与农业银行脱离行政隶属关系实施方案》执行。全国大体上在1996年9月底完成“脱钩”工作，个别地方可推迟到10月底。2. 加强对改革过渡时期农村信用社的领导和管理。这个时期农村信用社的日常管理，包括“三防一保”、案件查处等工作，县以下由县联社负责，县以上由各级农村金融体制改革领导小组办公室负责。省、地两级领导小组办公室要设农村信用合作管理部门，县联社要接受地（市）领导小组办公室的领导和管理；对农村信用社的监管由中国人民银行承担。各级领导小组办公室和县联社要切实负起责任，加强对农村信用社日常工作的管理，确保各项管理工作的连续性和业务的健康发展。各级人民银行特别是县支行要加强对改革过渡时期农村信用社的监管。3. 稳定农村信用社合作管理干部队伍。4. 改革过渡时期，对农村信用社、县联社人员实行暂时冻结政策。5. 确保农村信用社财产和资产负债的完整。“脱钩”过程中农村信用社和县联社所有的财产，任何单位和个人不得随意平调、挪用和侵占，严禁借改革之机乱分集体钱财。行社之间资产、负债的相互划转以1996年6月30日为界限。6. 对各地在筹建城市合作银行的过程中涉及农村信用社的问题，要严格按照中国人民银行1996年261号文件精神执行。不得将郊区和城乡接合部的农村信用社、联社及城区联社（或联合营业部）纳入其组建范围。未经国务院农村金融改革部际协调小组办公室审核和中国人民银行总行批准，各地一律不得自行其是。7. 各地必须按照《国务院关于农村金融体制改革的决定》和《农村合作银行管理规定》，进行农村合作银行的试点。8. 确保农村信用社工作的连续性。

9月

2日 国务院办公厅转发国务院证券委员会《关于1996年全国证券期货工作安排意见》。主要内容是：1996年证券市场工作的指导思想是：紧紧围绕实现“两个根本性”转变，认真贯彻法制、监管、自律、规范的方针，加大监管力度，规范市场行为，积极稳妥地发展债券和股票融资，进一步完善和发展证券市场，更好地为社会主义市场经济服务。期货市场监管工作的指导思想是：采取有力的措施，继续清理整顿期货市场，强化监管力度，进一步遏制过度投机，坚决打击各种非法境外期货交易和外汇按金交易，维护市场正常交易秩序，规范市场行为，保持期货市场的稳定。证券、期货工作的具体安排是：1. 加快立法进度，强化执法工作。继续做好《中华人民共和国证券法（草案）》的修改工作，加快制定单项行政法规；有条件的地方证券、期货监管部门要建立稽查机构，充实稽查人员，完善执法手段，采取有效措施，切实加强执法工作。2. 改进新股发行管理办法，做好新股发行上市工作。3. 加强证券交易所的管理，清理证券交易中心。4. 继续做好对地方证券、期货监管部门的授权工作。5. 加大监管力度，进一步规范期货市场。6. 促进上市公司规范发展。建立上市公司的动态监管系统，强化上市公司的信息披露。积极帮助上市公司完善章程，健全法人治理结构。7. 加强对证券经营机构以及与证券业务有关的中介机构的管理，积极稳妥地开展证券投资基金业务。8. 进一步做好境外上市工作，扩大B股试点范围。9. 加强债券市场的监管，做好可转换债券的试点工作。10. 完成证券市场“九五”时期发展规划和2010年远景目标的制定工作。

5日 中国人民银行发布《关于撤销或转让商业银行、城市合作银行、信用社、保险公司、企业集团财务公司、租赁公司、典当行等金融机构及融资中心（金融市场）下设证券交易营业部有关问题的通知》。该通知要求，除证券公司、信托投资公司外，其他金融机构一律不得设立证券交易营业部，已设立的证券交易营业部及其在证券交易所和证券交易中心的交易会员席位一律在1996年12月31日前撤销或转让；中国人民银行分支行今后不得批准除证券公司和信托投资公司之外的任何金融机构设立证券交易营业部。

8日 中国证监会发布《关于加强证券市场稽查工作，严厉打击证券违规、违法行为的通知》。为了保障证券、期货市场参与者的合法权益，维护市场稳定，促进市场的健康发展，该通知要求全国各地证券交易所、期货交易所加强稽查工作，确定近期稽查工作重点，凡未设立稽查部门的交易所要在9月底之前设立。

9日 中国人民银行加入国际清算银行。国际清算银行召开董事会，会议通过决议，接纳中国、巴西、印度、韩国、墨西哥、俄罗斯、沙特阿拉伯、新加坡以及中国香港的中央银行和货币当局为该行的新成员。中国经济实力和金融改革开放取得的成就日益得到国际上的认可。11月，中国人民银行认缴了3 000股的股本，实缴金额为3 879万美元。

10日 国务院发布《关于固定资产投资项目试行资本金制度的通知》，决定从1996年开始，对各种经营性固定资产投资项目试行资本金制度，投资项目必须首先落实资本金才能进行建设。经营性项目试行资本金制度，目的是深化投资体制改革，建立投资风险约束机制，有效地控制投资规模，提高投资效益，促进国民经济持续、快速、健康发展。

13日 中国人民银行发布《金融机构高级管理人员任职资格管理暂行规定》，自发布之日起实行。该暂行规定对金融机构高级管理人员的任职资格、资格审查与管理、资格取消作出了明确规定。该暂行规定明确，有重大违规或经营管理有严重过失的高级管理人员将暂时或终身不得担任商业银行的高级管理人员，甚至终身不得从事金融工作。

16～20日 上海证券交易所、深圳证券交易所正式成为国际证监会组织的附属会员。中国证监会主席周道炯率团赴加拿大蒙特利尔出席国际证监会组织第21届年会，会议确定：上海证券交易所、深圳证券交易所成为国际证监会组织的附属会员；我国1997年将承办组织亚太地区委员会会议和亚太地区委员会执法会议。

21日 中国人民银行发布《关于按新的指标体系报送金融统计数据的通知》。

为了进一步加强金融统计工作，为中央银行宏观调控和金融监管提供及时、准确和完整的数据信息，实现中央银行对金融信息采集和加工的归口管理，中国人民银行决定，自1997年1月1日起中国人民银行和各金融机构按新的指标体系报送金融统计数据。中国人民银行总行负责中国人民银行省级分行、政策性银行、国有独资商业银行、其他商业银行、城市合作银行和邮政储汇总局按新指标体系报送金融统计数据的组织实施工作；中国人民银行省级分行负责辖内城市信用社、信托投资公司、财务公司、租赁公司、证券公司此项工作的组织实施。各金融机构负责本系统内此项工作的落实。

新统计指标报送的频度分为五日报、旬报、月报、季报和年报。五日报指标为现金、存放中央银行存款、存放中央银行清算汇票款、存放同业款项和各项存款，用来反映金融机构头寸情况。五日报报送的机构范围是国有独资商业银行、其他商业银行和城市合作银行。中国人民银行将根据中央银行宏观调控和金融监管的需要，适时扩大五日报报送机构的范围或改五日报为日报。旬报报送的机构范围是中国人民银行各省、自治区、直辖市、计划单列城市分行，政策性银行、国有独资商业银行、其他商业银行和城市合作银行。月报报送的机构范围：中国人民银行各省、自治区、直辖市、计划单列城市分行和金融机构。季报、年报报送的机构范围是金融机构。

26 日　中国人民银行发布公告，宣布由广东发展银行收购中国银行信托投资公司。同日，中国人民银行印发《关于结束对中国银行信托投资公司接管的通知》，决定从 1996 年 10 月 5 日起结束对中国银行信托投资公司的接管，并收回该公司的经营金融业务许可证。

27 日　中国人民银行印发《企业集团财务公司管理暂行办法》。该暂行办法规定，申请设立财务公司，应具备下列条件：1. 申请人必须是具备下列条件的企业集团：符合国家的产业政策，得到国家的重点扶持；成员单位的总资产净值不少于 15 亿元人民币或等值的自由兑换货币，其中，母公司的资产净值不少于 7 亿元人民币或等值的自由兑换货币。上述资产净值不得低于对应口径资产总额的 30%；成员单位在申请前连续三年每年总营业收入不低于 50 亿元人民币、利润总额不少于 2 亿元人民币或等值的自由兑换货币；母公司具有集团内部财务管理和资金管理经验。2. 有符合《中华人民共和国公司法》和本办法规定的章程。3. 有符合本办法规定的最低限额的注册资本。4. 有符合本办法规定的高级管理人员和其他从业人员。5. 有健全的组织机构和管理制度。6. 有与业务经营相适应的营业场所、安全防范措施和其他设施。7. 中国人民银行规定的其他条件。财务公司注册资本的最低限额为 1 亿元人民币。中资企业集团财务公司申请外汇业务，须增加最低限额为 1 000 万美元或等值的其他自由兑换货币。财务公司的注册资本应为实收货币资本。中国人民银行根据经济发展可以对注册资本的最低限额进行调整，但不得低于前款规定的限额。财务公司的注册资本须从企业集团的成员单位中募集。

财务公司可以经营下列业务：吸收成员单位的本、外币存款；经批准发行财务公司债券；对成员单位发放本、外币贷款；对成员单位产品的购买者提供买方信贷；对成员单位办理委托贷款业务；办理同业拆借业务；对成员单位办理票据承兑、票据贴现；买卖和代理成员单位买卖债券、外汇；办理成员单位产品的融资租赁业务；办理成员单位的委托投资业务；办理成员单位间的内部转账结算；承销及代理发行成员单位企业债券；为成员办理担保、信用鉴证、资信调查、经济咨询业务；经中国人民银行批准的其他业务。中国人民银行根据财务公司的具体条件，决定其经营上述部分或者全部业务。财务公司应当按照中国人民银行的规定确定其存款、贷款利率和各种手续费率。财务公司的业务经营遵循下列资产负债比例：资本总额与风险资产的比例不低于 8%；流动资产与资产总额的比例不低于 30%；高额贷款总额与贷款余额的比例不高于 40%。高额贷款指金额超过资本总额 15% 的单笔贷款；贷款余额与存款余额加发行债券余额之和的比例不得高于 75%；对同一承租人的融资租赁余额与资本总额的比例不得高于 15%；对成员单位产品购买者发放的贷款金额不得超过该产品金额的 70%；自有固定资产与资本总额的比例不得高于 30%；财务公司债券发行余额不得高于资本总额的 10 倍。

28 日　经中国人民银行批准，永安财产保险股份有限公司开业。该公司以国家电力、电子、邮电、有色金属、航空航天等行业的国有大型企业集团和骨干企业为主要股东。总部设在陕西西安，注册资本金为 6.8 亿元人民币。主要经营区域为重庆、四川、山西、陕西、新疆、甘肃、青海、宁夏，为区域性商业财产保险公司。主要经营财产保险、责任保险、信用保证保险等业务。

9 月 29 日至 10 月 2 日　中国人民银行行长戴相龙率团出席在美国华盛顿举行的国际货币基金组织和世界银行 1996 年年会。戴相龙行长在大会发言，中国从 1996 年 7 月 1 日开始对外商投资企业实行银行结售汇，取消了贸易项目和与贸易项目有关的非贸易经营性支付的汇兑限制。到1996年年底，可以做到人民币在经常项目下的可兑换，提前实现国际货币基金组织第八条款的要求。

10月

1日 经国务院批准，国家外汇管理局的英文译名更改为 the State Administration of Foreign Exchange（SAFE）。此前，国家外汇管理局的英文译名为 the State Administration of Exchange Control。

4日 中国人民银行发布《关于进一步加强境外中资金融机构管理的通知》。该通知规定：中国人民银行将进一步加强对境外中资金融机构现场检查和非现场检查的监督管理；各境外中资金融机构的境内投资单位应进一步完善境外中资金融机构的内部稽核工作制度，实施内部稽核监督；进一步完善报表保送制度；境外中资金融机构的股权变更、机构升格、撤并等变更事项要报中国人民银行批准后办理，境外中资金融机构营业地址的变更要报中国人民银行备案；境外中资金融机构的主要负责人任职要报中国人民银行审查。

20日 中国人民银行、财政部联合印发《粮棉油政策性收购资金供应和管理规定》。该规定明确：粮棉油政策性收购资金是指用于国家和地方专项储备的粮食、棉花、油料的收购、储备、调销资金和国家定购粮食、棉花收购资金，包括各级财政开支的直接用于粮棉油收购环节的价格补贴款、银行粮油政策性收购贷款和粮棉油政策性收购企业的粮棉油调销回笼款。粮棉油政策性收购资金由各级财政、中国农业发展银行、粮棉油政策性收购企业供应。各级财政部门必须根据规定和预算，将国家储备粮棉油补贴、地方储备粮油补贴、定购粮价外补贴等粮棉油政策性补贴款足额拨补到位，不得欠拨。各级财政部门安排的各项粮棉油拨补款要逐步通过在中国农业发展银行或其代理行开设财政拨补款专户的办法拨补到粮棉油政策性收购企业。财政部门不得截留上级财政部门拨补的粮棉油政策性补贴款。

23日 中国证监会发布《证券经营机构证券自营业务管理办法》。该办法从市场准入、禁止行为、风险控制、监督检查等几个方面规范了证券经营机构的证券自营业务行为，自发布之日起施行。其中规定：证券经营机构从事证券自营业务，应当取得中国证监会认定的证券自营业务资格并领取证监会颁发的《经营证券自营业务资格证书》。未取得证券自营业务资格的证券经营机构不得从事证券自营业务。证券经营机构申请从事证券自营业务，应当同时具备下列条件：1. 证券专营机构具有不低于2 000万元人民币的净资产，证券兼营机构具有不低于2 000万元人民币的证券营运资金。2. 证券专营机构具有不低于1 000万元人民币的净资本，证券兼营机构具有不低于1 000万元人民币的净证券营运资金。2/3以上的高级管理人员和主要业务人员获得中国证监会颁发的“证券业从业人员资格证书”，在取得“证券业从业人员资格证书”前，应当具备下列条件：高级管理人员具备必要的证券、金融、法律等有关知识，近两年内没有严重违法违规行为，其中2/3以上具有2年以上证券业务或3年以上金融业务工作经历；主要业务人员熟悉有关的业务规则及业务操作程序，近两年内没有严重违法违规行为，其中2/3以上具有2年以上证券业务或3年以上金融业务的工作经历。3. 证券经营机构在近1年内没有严重违法违规行为或在近2年内未受到本办法规定的取消证券自营业务资格的处罚。4. 证券经营机构成立并且正式开业已超过半年；证券兼营机构的证券业务与其他业务分开经营、分账管理。5. 设有证券自营业务专用的电脑申报终端和其他必要的设施。6. 中国证监会要求的其他条件。

中国证监会发布《境内及境外证券经营机构从事外资股业务资格管理暂行规定》。该暂行规定明确，境内证券经营机构申请从事外资股经纪业务，应当具备下列条件：1. 证券专营机构具有不少于5 000万元人民币的净资产，证券兼营机构具有不少于5 000万元人民币的证券营运资金；2. 具有国家外汇管理部门批准的外汇业务经营权；3. 具有能够保障涉外业务正常开展的通信设施、营业场所、设备等技术手段；4. 具有五名以上能够从事涉外证券业务的专业人员；5. 遵守国家有关法律、法规，最近两年内未受到吊销资格证书的处罚；6. 证券兼营机构的证券业务与其他业务分开经营、分账管理；7. 中国证监会要求的其他条件。境外证券经营机构通过与境内证券经营机构签订代理协议，或者证券交易所规定的其他方式申请从事境内上市外资股经纪业务，应当具备下列条件：1. 依照所在地法律可以经营证券经纪业务；2. 受到所在地证券监督部门的有效监管；3. 具有相当于5 000万元人民币以上的净资产或者由依照境外法律可提供担保并经中国证监会认可的机构出具相应的担保；4. 具有两年以上从事国际证券业务的经验；5. 最近两年财务状况的各项指标符合所在地监管部门的风险控制要求；6. 拥有广泛的营业网络；7. 执行董事及其他高级管理人员具有5年以上的证券业从业经验和良好的职业信誉；8. 最后两年中没有因严重违反有关法规受到境外证券监管部门的处罚；9. 遵守中华人民共和国有关法律、法规；10. 具有两名以上熟悉中国证券市场以及相关的政策、法规的专业人员；11. 中国证监会要求的其他条件。境内证券经营机构申请从事外资股承销业务，应当具备下列条件：1. 证券专营机构具有不少于8 000 万元人民币的净资产，证券兼营机构具有不少于8 000 万元人民币的证券营运资金；2. 依照《证券经营机构股票承销业务管理办法》已经取得股票承销业务资格；3. 具有国家外汇管理部门批准的外汇业务经营权；4. 具有能够保障涉外业务正常开展的通信设施、营业场所、设备等技术手段；5. 具有十名以上有证券承销经验的专业人员，其中熟悉国际金融业务、会计业务和相关法律的专业人员至少各一名；6. 具有一年以上从事证券承销业务或参与承销一只以上股票的经历；7. 中国证监会要求的其他条件。该暂行规定自1996年12月1日起实施。

24日 中国证监会发布《关于向证券、期货交易所派驻督察员的决定》。该决定明确，中国证监会是驻证券、期货交易所督察员（以下简称督察员）的委派机构，督察员属于中国证监会外派工作人员，直接对中国证监会负责，必须遵守国家的有关规定和《中国证券监督管理委员会工作人员守则》。督察员的主要职责是：了解和反映证券、期货交易所及证券登记结算机构的工作动态；监督检查交易所和登记结算机构的业务、财务状况；观察证券、期货市场行情；分析和研究证券、期货市场的运行状况；定期和不定期向中国证监会报送工作报告。遇有重大事件，督察员应及时向证监会报告。督察员列席证券交易所、期货交易所的总经理办公室、理事会及有关工作会议；有权要求证券交易所、期货交易所、证券登记结算机构、上市公司、证券经营机构、期货经纪公司和清算银行等及时准确地提供有关证券发行、上市、交易、清算、登记、托管及期货交易、结算、交割等方面的数据、资料和文件。督察员不得泄露其在公务活动中获知的国家秘密和商业秘密；不得干预证券、期货交易所的正常工作；对证券、期货市场运作不发表任何评论，不接受新闻媒介的采访。督察员实行任期制，每期一年。连续担任督察员，不能超过两个任期。

25日 《中国人民银行金银收购管理暂行办法》公布实施。该暂行办法主要规定：中国人民银行收购金银实行“统一管理、逐级考核”的原则；金银收购实行计划管理，黄金收购计划为指令性计划；中国人民银行各级分支机构及委托收购金银的单位应按照中国人民银行总行公布的收购牌价收购金银；收兑的金银应全部封包、装箱、入库保管；中国人民银行各级分支机构应建立金银对牌实物账，按规定纳入固定资产管理。

26日 中国进出口银行发布《外国政府贷款转贷业务管理暂行办法》。该暂行办法规定：本办法所称的外国政府贷款是指受中国政府有关部门的委托，由中国进出口银行（以下简称进出口银行）负责转贷的外国政府向我国政府提供的优惠贷款，以及外国政府提供的优惠贷款或赠款与外国银行或其他金融机构提供的出口信贷或商业贷款组成的混合贷款（以下简称政府贷款）。其中，日本政府贷款包括日本政府项目贷款和“黑字还流”贷款。政府贷款的转贷对象为中国境内的、经工商行政管理机关（或主管机关）核准登记的企（事）业法人或政府部门（以下简称借款人）。政府贷款通常限用于贷款项目商务合同项下的资本货物的采购和技术、服务的提供，如经中外双方协议约定，也可用于项目建设期内贷款利息及费用的支付。贷款项目必须纳入国家或地方的利用外资计划、基本建设计划和技术改造计划。根据贷款限额、项目单位隶属关系及项目性质，贷款项目必须按国家有关利用外国政府贷款的规定，报经地方及国家有关政府部门批准。贷款项目必须符合国家产业政策，有利于产业结构的调整和产品结构的优化；有利于提高行业技术水平，促进产品出口或替代进口；有利于改善公共基础设施状况；有利于国计民生和国民经济的发展；具有一定的经济效益或显著的社会效益。该办法自1996年11月1日起施行。

30日 中国人民保险（集团）公司作为中华人民共和国唯一代表以观察员身份加入伯尔尼协会。伯尔尼协会（国际信用与投资保险人协会）1934年成立于瑞士伯尔尼，现有43个正式会员，是各国出口信用保险机构交换国际经济和政治情报、协商发展计划、解决国际债务和协作追讨国际债务的重要国际组织，其影响仅次于世界银行和国际货币基金组织。1998年，中国人民保险公司作为该组织两年观察员后代表我国成为伯尔尼协会的正式会员。中国人民保险公司自1988年起根据国家授权开办的出口信用保险，截至1998年6月，共计承保短期出口信用保险业务20多万笔，中长期出口信用保险项目50余项，承保总金额达140亿美元，支付保险赔款近700万美元，向外贸出口企业提供出口信用保险项下的外汇融资50多亿元，承保外商在华投资保险金额10亿美元，追回境外商业欠款2亿多美元。2001年，中国出口信用保险公司取代中国人民保险公司成为该协会的正式会员。

31日 中国证监会发布《关于严禁操纵证券市场行为的通知》。针对一段时期以来证券市场上出现的制造和传播虚假信息、恶炒个别股票等操纵市场的现象，为了保护投资者的合法利益，促进证券市场健康发展，该通知强调，禁止任何单位和个人以获取利益或者减少损失为目的，利用其资金、信息等优势操纵市场，影响证券市场价格，诱导投资者在不了解事实真相的情况下作出证券投资决定，扰乱证券市场秩序。对操纵市场行为，一经查实，将依法从严惩处。对制造和传播虚假信息的媒体，中国证监会将会同国家有关部门严肃查处，直至吊销执照，并追究法律责任。

10月 中国人民银行完成对非银行金融机构的登记工作。自1995年10月以来，共对570个非银行金融机构及其3 161个分支机构进行了重新登记，已核准登记的有379个法人机构及其1 348个分支机构；暂缓登记的有58个法人机构及其940个分支机构；不予登记的有133个法人机构及其873个分支机构。

11月

1日 亚洲开发银行与中国光大银行(China Everbright Bank Co.，Ltd.）签订入股协议，金额为2 000万美元。中国光大银行成为国内第一家有国际金融组织参股的股份制商业银行。

7日 国家外汇管理局发布《关于免税商品业务外汇管理有关问题的通知》。海关监管下境内经营的免税商品以外币标价、外币结算。经国务院批准经营免税商品业务的公司，包括各总公司和地方分公司可持营业执照及海关总署批件的复印件向国家外汇管理局或当地分局申请开立外汇账户，并领取“现汇账户使用证”。经营免税商品业务的总公司的进口用汇，如从其外汇账户中支付，应持规定的有效凭证、有效商业单据及“现汇账户使用证”到外汇指定银行办理支付手续。经营免税商品业务的公司销售免税商品不得收取人民币。如购进的免税商品因损坏、积压等需转为人民币销售，事前须向外汇管理部门报批。

11 日 中国人民银行行长戴相龙出席国际清算银行在瑞士巴塞尔举行的中央银行行长例会。戴相龙行长在会上介绍了中国财政政策与货币政策的关系，强调要加强货币政策与财政政策的协调配合，并指出，中国近几年执行适度从紧的财政货币政策已经取得了显著成效。这是中国人民银行加入国际清算银行后，中国人民银行行长首次以成员国中央银行行长的身份出席例会。

中国人民银行印发《商业银行授权、授信管理暂行办法》。该暂行办法规定：商业银行实行一级法人体制，必须建立法人授权管理制度。商业银行应在法定经营范围内对有关业务职能部门、分支机构及关键业务岗位进行授权。商业银行的业务职能部门和分支机构以及关键业务岗位应在授予的权限范围内开展业务活动，严禁越权从事业务活动。商业银行应根据国家货币信贷政策、各地区金融风险及客户信用状况，规定对各地区及客户的最高授信额度。商业银行各级业务职能部门及分支机构必须在规定的授信额度内对各地区及客户进行授信。商业银行对其业务职能部门和分支机构授权应遵循以下原则：1. 应在法定经营范围内，对其业务职能部门和分支机构实行逐级有限授权。2. 应根据各业务职能部门和分支机构的经营管理水平、风险控制能力、主要负责人的业绩等，实行区别授权。3. 应根据各业务职能部门和分支机构的经营管理业绩、风险状况、授权制度执行情况及主要负责人任职情况，及时调整授权。4. 业务职能部门和分支机构超越授权，应视越权行为性质和所造成的经济损失，追究主要负责人及直接责任人相应的责任。要实现权责一致。主要负责人离开现职时，必须要有上级部门作出的离任审计报告。

商业银行对其业务职能部门和分支机构所辖服务区及其客户授信，应遵循以下原则：1. 应根据不同地区的经济发展水平、经济和金融管理能力、信贷资金占用和使用情况、金融风险状况等因素，实行区别授信。2. 应根据不同客户的经营管理水平、资产负债比例情况、贷款偿还能力等因素，确定不同的授信额度。3. 应根据各地区的金融风险和客户的信用变化情况，及时调整对各地区和客户的授信额度。4. 应在确定的授信额度内，根据当地及客户的实际资金需要、还款能力、信贷政策和银行提供贷款的能力，具体确定每笔贷款的额度和实际贷款总额。授信额度不是计划贷款额度，也不是分配的贷款规模，而是商业银行为控制地区和客户风险所实施的内部控制贷款额度。

中国人民银行印发《大额可转让定期存单管理办法》。该管理办法规定：大额可转让定期存单是一种固定面额、固定期限、可以转让的大额存款凭证。中国人民银行负责大额可转让定期存单业务的审批和监督管理工作。大额可转让定期存单的发行单位为各商业银行。其他金融机构不得发行大额可转让定期存单。大额可转让定期存单的发行对象为城乡居民个人和企业、事业单位。各商业银行的储蓄机构只能对个人发行大额可转让定期存单。中国人民银行根据全国经济发展状况和货币政策的需要，确定大额可转让定期存单的发行计划，并根据各商业银行总行的申请，核定各商业银行的发行额度。各商业银行在向中国人民银行申请发行计划时，必须附上与指定经营大额可转让定期存单业务的证券机构达成的转让协议。各商业银行发行大额可转让定期存单吸收的存款，应当向中国人民银行缴存存款准备金。对城乡居民个人发行的大额可转让定期存单，面额为 1 万元、2 万元、5 万元；对企业、事业单位发行的大额可转让定期存单，面额为 50 万元、100 万元、500 万元。大额可转让定期存单的期限为 3 个月、6 个月、12 个月（1 年）。大额可转让定期存单的利率由中国人民银行制定。大额可转让定期存单在存期内均按照存单开户日银行挂牌公布的利率水平和浮动幅度计付利息，不分段计息。存单到期后一次还本付息，逾期部分不计付利息。大额可转让定期存单采用记名方式发行。大额可转让定期存单不得提前支取。经中国人民银行批准，经营证券交易业务的金融机构可以办理大额可转让定期存单的转让业务。非金融机构和城乡居民个人不得办理大额可转让定期存单的转让业务。新的大额可转让定期存单将由人民银行统一设计和组织印制，存单的转让由与发行机构签约的指定证券公司承办。中国人民银行于 1989 年 5 月 22 日发布的《大额可转让定期存单管理办法》和于 1989 年 11 月 24 日发出的《关于大额可转让定期存单转让问题的通知》同时废止。

经中国人民银行批准，上海浦东发展银行与香港莲花国际有限公司（台资）签约合资组建华一银行。该行于 1997 年 6 月开业，注册资本为 1 亿美元，实收资本为 5 000 万美元；2001 年年末，股东追加投入资本 6 000 万美元，其中，实收资本 5 000 万美元，资本公积 1 000 万美元，上述增资已经中国人民银行批准，并于 2002 年年初完成验资工作。注册资本全部实缴到位后，香港莲花国际有限公司和上海浦东发展银行分别占股份的 90% 和 10%。这是国内首家由海峡两岸银行界和企业界合资组建的商业银行。

12 日 镇海炼油化工股份有限公司在伦敦和香港发行 2 亿美元的可转换为公司新 H 股的债券（CB），期限 7 年，票息 3%，换股价为每股 2.8 港元。此次发行可转换公司债券是中国历史上发行规模最大的一次，也是中国境外上市公司首次向境外发行可转换债券。镇海炼油化工股份有限公司是国家级重点企业，1994 年 12 月在香港上市，享受外商投资企业的待遇。在此之前，1993 年 11 月 30 日中国纺织机械股份有限公司发行过 3 500 万瑞士法郎的可转换债券，1995 年 7 月 7 日中国南玻集团股份有限公司发行 4 500 万美元的可转换债券。

15 日 中国工商银行和中信实业银行分别对所属两家分行，即工商银行合肥分行和中信实业银行济南分行在“古井贡酒”股票和“石油济柴”股票发行期间为证券经营机构申购股票拆借巨额资金的行为作出严肃处理。这两家机构分别在 9 月初“古井贡酒”股票和 9 月底“石油济柴”股票发行期间给证券经营机构拆借资金 117.59 亿元和 48 亿元，严重违反了金融、证券法规，产生了很坏的社会影响，同时也暴露出工商银行和中信实业银行在内部管理和资金调度中存在的漏洞。《人民日报》当日就此发表社论说，绝不允许银行信贷资金违规进入股市炒买炒卖。

16 日 中国人民银行发布《关于清理整顿商业银行联办、代办储蓄机构的通知》。为了加强商业银行储蓄业务管理，确保储蓄业务安全、健康发展，中国人民银行决定，对商业银行的联办储蓄所、储蓄代办所（点）进行清理整顿。该通知规定，商业银行今后不得设立联办储蓄所，现有的联办储蓄所符合自办储蓄所条件的，可以改建为自办储蓄所，不符合自办储蓄所条件的，可以改建为储蓄代办点或予以撤并；中国人民银行当地分行要根据当地经济发展水平，制定储蓄代办点管理办法，确定储蓄代办点的储蓄业务量；商业银行设立储蓄代办点，须经中国人民银行当地分行批准。该通知要求，对联办储蓄所和储蓄代办所（点）的清理整顿工作要于 1997 年 3 月底前完成。

中国证监会对中山证券公司、广东发展银行江门分行、海南港澳国际信托投资有限公司等 12 家机构严重违规透支申购行为处以警告和罚款。中国证监会查明，1996 年 8 月 30 日，在“青海明胶”股票上网定价发行的过程中，广东发展银行江门分行等 9 家机构存在严重透支申购行为，其中，广东发展银行江门分行的透支额为 56 894 万元；海南港澳国际信托投资公司的透支额为 34 350 万元；烟台证券公司的透支额为 6 483 万元；安徽省国际信托投资公司的透支额为 2 561 万元；中国农业银行湖南省信托投资公司的透支额为 1 206 万元；大鹏证券有限公司的透支额为 1 062 万元；南方证券公司的透支额为 857 万元；成都证券公司的透支额为 852 万元；黑龙江省证券公司的透支额为 541 万元。8 月 27 日，在“江苏索普”股票上网定价发行的过程中，中山证券公司等证券经营机构存在严重透支申购行为，其中，中山证券公司的透支额为 39 812 万元；甘肃省投资信托公司的透支额为 4 817 万元；大鹏证券有限责任公司的透支额为 1 711 万元；江西省证券公司的透支额为 680 万元。上述机构的行为严重干扰了证券市场的正常秩序，破坏了证券市场的“三公”（公开、公平、公正）原则，构成《股票发行与交易管理暂行条例》第七十四条第（十）项所述的“其他非法从事股票发行、交易及其相关活动”的行为。为了严肃证券法纪，维护证券市场秩序，中国证监会决定：依照《股票发行与交易管理暂行条例》第七十四条的规定，对上述机构分别处以警告和罚款，其中，对广东发展银行江门分行罚款113万元人民币；对中山证券公司罚款79万元人民币；对海南港澳国际信托投资公司罚款69万元人民币。

18日　国务院发布《国务院批转中国人民银行关于进一步整顿金融秩序严格控制货币投放报告的紧急通知》。该通知指出，当前宏观经济形势总的是好的，金融形势继续保持稳定。但是，经济运行中出现了一些新的问题，如非法设立金融机构、高息吸收存款、各种形式的乱集资、金融机构账外经营，导致银行储蓄存款增幅下降、货币投放明显增多，通货膨胀压力增大。如不及时制止，势必搞乱金融秩序。针对存在的问题，该通知规定：1. 坚决整顿和制止用银行资金买卖股票的行为。严禁银行买卖或参与买卖股票，银行也不得给企业和证券经营机构贷款买卖股票，如有发现，对经办银行负责人和有关人员将予以严肃处理。加强对同业拆借市场的管理。银行拆入的资金只能用于弥补票据结算、联行汇差头寸的不足和解决临时性周转资金的需要，不得用于固定资产贷款和其他投资，更不得以拆借方式给证券经营机构融资炒股票。2. 严格禁止各种乱集资和非法设立金融机构。3. 严禁金融机构擅自提高利率吸收存款。4. 控制货币投放，增加现金回笼，力争全年货币投放不超过1 000亿元。5. 严格执行国家信贷计划，切实加强信贷管理。6. 加强粮棉油收购资金管理，保证收购不“打白条”，切实防止挤占挪用。7. 加强监督检查。各金融机构要立即部署一次检查，重点检查本系统基层机构有无买卖股票、擅自提高利率吸收存款、账外经营以及突破货币发行（回笼）计划和信贷规模等情况。

21～24日　中央经济工作会议在北京召开。会议的主要任务是贯彻党的十四届五中、六中全会精神，总结1996年的经济工作，部署1997年的经济工作。会议确定，1997年的经济工作的总体要求是：坚持以邓小平建设有中国特色社会主义理论为指导，全面贯彻党的基本路线和基本方针，落实十四届五中、六中全会精神，切实推进两个根本性转变，继续实行适度从紧的财政货币政策，降低物价上涨幅度，加强农业基础地位，加快改革特别是国有企业改革步伐，加大结构调整力度，培育新的经济增长点，积极开拓市场，提高对外开放水平，促进国民经济持续、快速、健康发展和社会全面进步。会议提出，1997年的经济工作要做到四个结合，即把总量控制与结构调整更好地结合起来；把宏观调控与微观搞活更好地结合起来；把深化改革与促进发展更好地结合起来；把经济发展与社会发展更好地结合起来。会议强调，1997年要抓住宏观经济环境比较有利的时机，把经济工作的重点切实放在推进经济体制改革和转变经济增长方式上。

22日　第21届东南亚、新西兰、澳大利亚中央银行组织行长研讨会在北京举行，会议主题是“资本大量流入情况下宏观经济的协调”。中国人民银行行长戴相龙作为本届大会主席主持会议，中国人民银行副行长殷介炎向大会介绍了改革开放以来中国利用外资的情况。会前，国务院副总理朱镕基会见了前来参加本次会议的各国中央银行行长和金融管理局的总裁。

24日　国务院就浙江省兰溪市非法成立金融机构，发生储户挤兑事件问题发出通报，重申严禁非法金融活动，维护经济秩序稳定。1994年6月至1995年3月，兰溪市体改委未经中国人民银行批准，擅自批准设立了“兰溪市兰江民融资金服务部”“兰溪市兰嘉民融资金服务部”“兰溪市职工融资服务社”三家融资机构，兰溪市工商行政管理局为这三家机构颁发了营业执照，并擅自将其业务范围核定为人民币存贷款业务。三家融资机构通过支付比国家法定存款利率高50%的存款利率、比国家法定贷款利率高90%的贷款利率方式扩张业务规模。截至1996年3月底，三家非法金融机构贷款余额达9 700多万元，贷款逾期率达50%以上。由于违规经营，管理混乱，贷款出现严重风险，支付发生困难。从1996年5月20日开始，这三家融资机构先后出现储户挤兑，直至6月上旬才基本平息。

为了严肃法纪，维护正常的经济秩序和社会安定，国务院决定，对兰溪市非法成立金融机构给予通报批评，并责成浙江省人民政府和中国人民银行会同有关部门对在“兰溪事件”中负有责任的兰溪市体改委、工商行政管理局和中国人民银行兰溪市支行等有关部门的负责人进行严肃处理，构成犯罪的，依法追究其刑事责任。国务院同时要求，各级人民政府和有关部门要认真贯彻执行《中华人民共和国中国人民银行法》和《中华人民共和国商业银行法》等法律、法规，严格依法办事。未经中国人民银行批准，任何地方和部门都不得擅自批准设立金融机构。各级人民银行要严格依法履行监管职责，对非法设立的金融机构或非法从事金融业务的机构，要及时予以取缔和查处；对有可能危及金融秩序稳定、涉及重大金融风险的问题要及时报告；对玩忽职守造成损失的，要追究有关人员的责任。

26 日　经中国人民银行批准，中宏人寿保险有限公司在上海开业。该公司的注册资本为2亿元人民币，由加拿大宏利人寿保险（国际）有限公司和中国对外经济贸易信托投资公司（中国化工进出口公司的核心成员）合资组建，双方分别拥有51%和49%的股权。经营范围是开展为外国人和境内个人缴费的人身保险服务，以及上述业务的再保险业务。这是中国首家中外合资人寿保险公司。

《中国农业发展银行扶贫贷款管理暂行办法》公布实施。该暂行办法规定：扶贫贷款是专项用于支持解决农村贫困人口的温饱问题，是有偿有息的信贷资金。扶贫贷款应坚持“突出重点，兼顾一般”“到村到户，效益到户”“择优选择，自主审批”“有借有还，到期收回”的基本原则，依法管理，确保扶贫贷款周转、安全和获得效益。扶贫贷款投放范围是列入《国家八七扶贫攻坚计划》的贫困县，主要用于：重点支持投资少、见效快、覆盖面广、效益高，以及有助于直接解决群众温饱问题的种植业、养殖业和相关的加工服务业。支持发展能充分发挥贫困地区的资源优势、大量安排贫困户劳动力就业的资源开发型和劳动密集型的各类企业。支持加快荒地、荒山、荒坡、荒滩、荒水的开发利用，建设适度规模的农、林、牧、渔商品生产基地及支柱产业。适度支持极少数生存和发展条件特别困难的村庄和农户，实行开发式移民。扶贫贷款分扶贫贴息贷款和扶贫非贴息贷款两种，其中，扶贫贴息贷款全部用于贫困户以及覆盖贫困户面广、收益率较低的种养业和贫困乡村办企业，扶贫非贴息贷款重点用于周期短、收益率较高的产业和项目。贷款期限根据贷款项目的生产经营周期和借款者的综合还款能力合理确定，宜长则长，宜短则短。5 年期以上的贷款，宽限期为2～3年。扶贫贷款严格执行国家利率政策和规定，利率不上浮，除违约违规外，不加息，不罚息。企业贷款实行按季收息，贫困户贷款实行按年收息。贷款贴息方式有中央财政贴息、地方财政贴息和部门贴息三种。

29 日　中国人民银行印发《银行间外汇市场管理暂行规定》。该暂行规定明确，银行间外汇市场是经国家外汇管理局批准可以经营外汇业务的境内金融机构之间通过中国外汇交易中心进行人民币与外币之间的交易市场，任何境内机构之间不得在中国外汇交易中心之外进行人民币与外币之间的交易；中国外汇交易中心实行会员制，会员之间的外汇交易必须通过中国外汇交易中心进行，非会员的外汇交易必须通过有代理资格的会员进行；中国人民银行授权国家外汇管理局规定和调整每日外汇市场交易价格的最大浮动幅度；中国人民银行根据外汇市场形成的价格，公布当日人民币市场汇率，外汇交易应当根据当日市场汇率并在规定的每日最大价格浮动幅度内进行；中国人民银行根据货币政策的要求，在外汇市场内买卖外汇，调节供求，平抑价格。

12 月

1 日　我国实现人民币在经常项目下的可兑换。11 月 27 日，中国人民银行行长戴相龙正式致函国际货币基金组织，宣布中国不再适用国际货币基金组织协定第十四条第 2 款的过渡性安排，自 1996 年 12 月 1 日起，接受国际货币基金组织协定第八条第 2 款、第 3 款、第 4 款的义务，实现人民币经常项目下的可兑换。接受国际货币基金组织协定第八条第2款、第3款和第4款的义务，即避免限制经常性支付、避免实行歧视性货币措施（如多重汇率安排）、兑付外国在经常性国际交易中所得或需支付的本国货币。中国从此取消对企业商品进口和劳务支付、归还外债利息以及外商投资收益汇出等经常性国际交易支付和转移的所有限制，并且不实行歧视性的货币安排或多重货币制度，所有法规和规章都必须遵循这一原则。

中国人民银行印发《外汇存款准备金管理规定》。该规定明确，经国家外汇管理局批准，经营外汇业务的国内中资商业银行必须向中国人民银行缴存外汇存款准备金。外汇存款准备金的缴存比例按缴存存款范围的各项外汇存款当季月平均余额的2%计缴，中国人民银行可根据需要调整缴存比例。缴存外汇存款准备金的范围包括：个人外汇储蓄存款；机关、团体、企业、事业单位及外国驻华机构的外汇存款；发行外币信用卡的备用金存款；中国人民银行确定应缴纳外汇存款准备金的其他外汇存款。美元存款按原币种计缴，港元存款可按原币种或折成美元计缴，其他币种的外汇存款统一折算成美元计缴。各种货币之间的折算率均按各月国家外汇管理局公布的《各种货币对美元内部折算率》折算。中国人民银行对各行缴存的外汇准备金不计付利息。该规定自1997年1月1日起施行。

2日 中国人民银行发布《上海浦东外资金融机构经营人民币业务试点暂行管理办法》。该暂行管理办法规定：允许设在浦东的符合规定条件的外资金融机构经批准后从事人民币业务。外资金融机构经营人民币业务必须具备以下条件：在中华人民共和国开业3年以上，无违法或不良经营记录，且在提出申请前连续两年盈利；在申请前1年，外国银行分行的境内外汇贷款月末平均余额在1.5亿美元以上，合资银行、合资财务公司、独资银行和独资财务公司的境内外汇贷款月末平均余额在1亿美元以上；境内外汇贷款占其外汇总资产的50%以上。获准经营人民币业务的外资金融机构应增加不少于3 000万元人民币等值的外汇资金，并兑换成人民币，作为人民币业务的营运资金（资本金）。经中国人民银行总行批准，外资金融机构在上海市可经营下列人民币的全部或部分业务：存款；贷款；结算；担保；国债和金融债券投资；经批准的其他人民币业务。中国人民银行对外资金融机构的人民币业务实行资产负债比例管理。外资金融机构的人民币负债不得超过其外汇总负债的35%。

5日 中国证监会对华银国际信托投资公司等28家机构在“古井贡酒”股票和“石油济柴”股票发行过程中联手拆借资金违规申购行为进行查处。

经调查，1996年9月2日至11日，在“古井贡酒”股票发行过程中，华银国际信托投资公司、中国工商银行信托投资公司、中国工商银行安徽省信托投资公司、安徽省信托投资公司、华夏证券有限公司、中山集团财务公司、深圳国投证券有限公司、中国工商银行青岛分行、中煤信托投资有限责任公司、申银万国证券股份有限公司、合肥市兴达城市信用社、南京市国际信托投资公司、南京市信用联社、中国农业银行湖北省信托投资公司、烟台证券公司、中国农村发展信托投资公司、中国航天信托投资公司、中国银行杭州市信托咨询公司、中国工商银行山东省信托投资公司、江苏省证券公司、中国人民保险信托投资公司、西安市劳动城市信用社、中国华诚财务公司、中国农业银行湖南省信托投资公司等24家机构存在严重违规申购行为，其中，华银国际信托投资公司拆借资金22亿元；中国工商银行信托投资公司拆借资金15亿元；中国工商银行安徽省信托投资公司拆借资金10亿元。9月24日至26日，在“石油济柴”股票发行的过程中，中国工商银行山东省信托投资公司、华夏证券有限公司、山东证券公司、中国投资银行济南分行、国泰证券有限公司、山东省国际信托投资公司等6家机构存在严重违规申购行为，其中，中国工商银行山东省信托投资公司拆借资金17亿元；华夏证券有限公司拆借资金11亿元；山东证券公司拆借资金10亿元。

这28家机构的行为违反了国家金融管理规定，严重干扰了证券市场秩序，损害了广大投资者利益，构成了《股票发行与交易管理暂行条例》第七十四条第（10）项所述的“其他非法从事股票发行、交易及其相关活动”的行为。为了严肃证券法纪，维护证券市场秩序，中国证监会决定：依照《股票发行与交易管理暂行条例》第七十四条的规定，对28家机构分别处以警告和罚款。其中，对华银国际信托投资公司罚款110万元人民币；对中国工商银行山东省信托投资公司罚款85万元人民币；对中国工商银行信托投资公司罚款75万元人民币；对华夏证券有限公司罚款55万元人民币；对山东证券公司罚款50万元人民币；对中国工商银行安徽省信托投资公司罚款50万元人民币。另外，鉴于中国工商银行山东省信托投资公司、华夏证券有限公司、山东省国际信托投资公司、烟台证券公司、中国农业银行湖南省信托投资公司等5家机构在股票发行申购过程中屡次违规，决定责成上述机构进行为期一个月的内部整顿，整顿结束后，由证监会检查验收；验收不合格者，将依据《股票发行与交易管理暂行条例》采取限制或停止证券经营业务的措施。

国家计委、财政部印发《中央级拨改贷资金本息余额转为国家资本金的实施办法》。该办法规定：中央级“拨改贷”资金本息余额是指经国务院批准，从1979年至1988年由中央财政安排的国家预算内基本建设投资中有偿使用部分（扣除已经偿还、豁免和核转部分的本息），从使用贷款之日起至1996年12月20日止的本息余额。不包括特种拨改贷、煤代油基金和中央基本建设预算内经营性基金。中央级“拨改贷”资金转为国家资本金后，即作为中央对企业的投资。凡未改制的企业，中央级“拨改贷”资金本息余额转为国家资本金后，可暂由原下达中央级“拨改贷”投资计划的单位代行出资人的职能。其中，对原建设银行总行专用投资室代管的包干补助地方项目（以下简称专用投资室项目），暂由财政部专用投资室代行出资人的职能；已改制的企业，其中央级“拨改贷”资金本息余额的出资人，在审批时另行确定。

6日　美国穆迪公司在中国进出口银行召开评级调查会议，对中国进出口银行进行评级。经过穆迪公司主动评定，中国进出口银行的长期外币债务信用等级为A3，与中国国家主权级相同。同时穆迪公司将中国进出口银行1996年的第一笔武士债信用级别评为A3。

中国证监会发布《关于加强证券市场风险管理和教育的通知》。针对近一段时期，证券市场投资者数量大幅增加，新入市的投资者缺乏证券市场的基本知识，风险意识淡薄，入市盲目性较大等问题，该通知要求，各有关单位要加强风险管理和对投资者的风险教育，提高证券市场防御风险的能力。证券交易所要切实履行一线监管职责，加强对会员和上市公司的日常监管；证券经营机构要立即组织编写风险教育宣传材料，在营业大厅免费摆放供投资者查阅；各指定报刊加强对证券市场法律法规和投资风险的宣传报道，系统全面地介绍证券市场的风险以及国内外证券市场风险案例。

7日　瑞士丰太保险（亚洲）有限公司上海分公司成立。该公司的注册地在上海浦东新区，营运资金为1.2亿元人民币，主要经营普通财产保险，服务对象主要是“三资”企业和国际客户。这是中国人民银行批准在上海经营保险业务的第一家欧洲保险公司。

12日　中国人民银行印发《商业银行资产负债比例管理监控、监测指标和考核办法》。该办法规定：资产负债比例管理监控、监测暂行指标执行情况以法人为单位进行考核。中国人民银行总行是各商业银行总行的考核行，中国人民银行有关分行可根据总行的授权对辖区内的商业银行进行考核；中国人民银行省、自治区、直辖市、计划单列市分行是辖区内商业银行分支机构的考核行，根据各商业银行总行对其分支机构的分解指标进行考核。被考核的商业银行包括中国工商银行、中国农业银行、中国银行、中国建设银行、交通银行、中信实业银行、中国光大银行、华夏银行、中国投资银行、招商银行、广东发展银行、福建兴业银行、深圳发展银行、上海浦东发展银行、海南发展银行、中国民生银行。资产负债比例管理监控、监测指标体系分为监控性指标和监测性指标，监控性指标包括资本充足率指标、贷款质量指标、单个贷款比例指标、备付金比例指标、拆借资金比例指标、境外资金运用比例指标、国际商业借款指标、国际商业借款指标（仅对外汇考核）、存贷款比例指标、中长期贷款比例指标、资产流动性比例指标；监测性指标包括风险加权资产比例指标、股东贷款比例指标、外汇资产比例指标、利息回收率指标、资本利润率指标、资产利润率指标。监控性指标是要求各行必须达到的指令性指标；监测性指标是参考性指标，是监控性指标的必要补充。两类指标都必须真实、及时、准确、完整地上报。监控性指标中的资本充足率指标、国际商业借款指标、境外资金运用比例指标、单个贷款比例指标、贷款质量指标等按季考核；中长期贷款比例指标、资产流动性比例指标、存贷款比例指标、备付金比例指标、拆借资金比例指标等按月考核。监测性指标中的风险加权资产比例指标、外汇资产比例指标、资本利润率指标、资产利润率指标、股东贷款比例指标、利息回收率指标均按季上报。考核办法将外币业务和表外业务统一纳入考核体系，以期更真实、完整地反映商业银行经营中所面临的风险。该办法自 1997 年 7 月 1 日起执行。

13 日　中国证监会发布《关于上市公司发布澄清公告若干问题的通知》。该通知规定：上市公司在公共传播媒介中有下列传闻时，有义务立即作出澄清：上市公司从未发生，也未在拟议中的事项；上市公司正在拟议中，从未公开披露过的事项。上市公司发布澄清公告前，应事先报证券交易所审查。除报送公告全文外，还应同时报送有关传闻在公共传播媒介中传播的原始证据（书面资料或音像资料，提供音像资料的，还应有其他书面旁证），并将上述材料报中国证监会备案。证券交易所有权根据《关于证监会和证券交易所对上市公司的监管职责分工及建立上市公司动态监管体系的意见》的规定作出对上市公司的澄清公告准予公布、不予公布或暂缓公布的决定。各指定报刊在刊登上市公司澄清公告前，应取得该公司股票上市的证券交易所的书面同意。澄清公告应以董事会公告的形式发布，澄清公告在指定报刊上披露前，不得以任何方式在任何公共传播媒介上发布。澄清公告的内容可以涉及有关市场传闻的来源，但只能对其作出客观说明，不应作主观评价，不应使用恶意或挑衅性的语言。

上海证券交易所和深圳证券交易所开始实行涨跌停板制度。为了抑制过度投机行为，防止市场出现过分的暴涨暴跌，保护投资者的合法权益，防范市场风险，上海证券交易所和深圳证券交易所发出通知，规定除上市首日证券外，股票和基金类证券交易价格相对于上一交易日收市价格的涨跌幅度不得超过 10%。同时，对在一个交易日内收市价相对于上一交易日收市价的涨跌幅超过 7% 的前 5 只证券当日成交金额最大的若干家证券营业部或席位的名称、交易金额实行公开信息制度。

16 日　《人民日报》发表特约评论员文章《正确认识当前股票市场》。文章提出，对我国股票市场目前的状况，我们应有一个清醒的认识。1996 年 4 月以来，股票市场逐步回升，10 月以后出现暴涨。从 4 月 1 日到 12 月 9 日，上证综合指数涨幅达 120%，深证成分指数涨幅达 340%。这在国际证券市场上是罕见的。当前，炒股已成社会热门话题，各界人士争相入市，证券交易所几个月来新增投资者开户数 800 多万，总数超过 2 100 万，股民人数已占城市人口相当大的比例。文章分析，中国股市价格 1996 年快速上涨，有其合理的经济根据，即全球股市价格普遍上扬和国内经济形势明显好转。但是，最近一个时期的暴涨则是不正常的和非理性的。这种超常暴涨有几个方面的原因：一是机构大户操纵市场；二是银行违规资金入市；三是证券机构违规透支；四是新闻媒介推波助澜；五是误导误信股民跟风。文章指出，没有只涨不跌的股市，缓涨可能缓跌，暴涨必然暴跌，股市有涨必有落，这是各国股市的一条共同规律。但是，对于股市暴涨必然带来暴跌，不少机构和个人投资者都不以为然，他们认为1997年香港要回归，十五大要召开，政府一定要把经济搞好，绝对不会让股市跌下来。这种对股市的估计是十分糊涂的看法。政府要把经济搞好是真，但绝对不会在股市暴跌时去托市，也托不起市。投资者对此不能抱有任何幻想。投资股市，风险自负，赚钱自得，损失自担，这在任何国家都一样。目前，股市已到了很不正常的状况，孕育的市场风险越来越大，需要引起投资者足够的重视。对于目前证券市场的严重过度投机和可能造成的风险，我们要予以高度警惕。文章强调：规范是证券市场健康发展的前提，是证券市场健康发展的生命线。过度投机是市场不成熟的表现。在我国证券市场从不成熟走向成熟的过程中，抑制过度投机、保护投资者的利益是一项长期任务。针对目前情况，要本着加强监管、增加供给、正确引导、保持稳定的原则，做好八项工作：1. 进一步加强监管；2. 继续公开处理违规案件；3. 实行涨跌停板制度和完善市场信息公开制度；4. 建立证券行业禁入制度；5. 加强风险管理；6. 增加供给；7. 做好舆论导向工作；8. 实行集中统一的管理体制。文章最后指出：道路是曲折的，前途是光明的。尽管当前证券市场存在着种种弊端，我们的工作面临重重困难，但只要我们遵循邓小平建设有中国特色的社会主义理论，坚决贯彻执行党中央、国务院的方针、政策，不断总结经验教训，群策群力，坚持不懈，就一定能把我国证券市场逐步建设成一个规范化的、健康发展的市场。

该文章在股票市场中引起了强烈反响。当日上证综合指数比上一交易日下跌110点，深圳成分指数比上一交易日下跌419.45点，沪深两市一半左右的股票价格下降了10%。次日，中国证监会新闻发言人就《人民日报》特约评论员文章发表谈话，指出《正确认识当前股票市场》一文旨在规范市场行为，保护投资者的利益。

国务院发布《关于调整证券交易印花税中央与地方分享比例的通知》。为了进一步规范证券交易市场，妥善处理中央与地方的分配关系，增强中央宏观调控能力，国务院决定，自1997年1月1日起，将证券交易印花税分享比例由现行的中央与地方各50%，调整为中央80%，地方20%。该通知要求有关地区和部门要从全局出发，继续做好证券交易印花税的征收管理工作，进一步促进证券市场的健康发展。

17日 《中国人民银行“九五”时期金融工作规划》出台。该规划是根据《中共中央关于制定国民经济和社会发展“九五”计划和2010年远景目标的建议》和《中华人民共和国国民经济和社会发展“九五”计划和2010年远景目标纲要》，为了进一步提高中国人民银行工作的预见性、主动性和连续性，在认真总结金融改革开放17年的经验教训，并深入分析“九五”期间金融业面临的形势、任务和主要问题的基础上编制的。全文包括形势评价、货币政策、组织机构、金融市场、立法监管、对外开放、支付清算、基础工作八个部分，突出中央银行的货币政策和金融监管，将中央银行的工作与整个金融行业结合起来，对中国人民银行和整个金融业的改革和发展具有指导作用。

21日 中国证监会发布《上市公司检查制度实施办法》。该办法规定：为了加强对上市公司的监管，中国证监会将负责组织实施对上市公司的检查工作，检查主要采取抽查方式进行。对上市公司检查的主要内容包括：1. 公司信息披露是否符合法律、法规及中国证监会发布的规定和规范性文字的要求；信息披露的有关报告、公告、信息及文件是否真实、完整、准确；信息披露是否及时。2. 公司募集资金是否按照招股说明书、配股说明书披露的项目使用；若筹集资金的使用项目发生变更，是否经股东大会表决通过；股东大会通过决议后，公司是否就募集资金使用的变动情况及时向股东进行充分披露。3. 公司的章程是否符合法律、法规的规定，是否符合中国证监会发布的规定和规范性文件的要求；公司章程的执行情况。4. 公司股东大会是否按照法律、法规及公司章程的规定召开；股东大会讨论决议及表决情况；少数股东的权利是否得到保护。5. 公司董事会的召开情况，董事会、董事长、董事法定职权的行使情况和法定义务的履行情况；公司董事会的组成、董事候选人的提名方式、董事会议事规则、董事会议的执行情况及董事会对重大投资决策的讨论记录等。6. 公司监事会法定职权的行使情况，监事会的组成，监事会的议事规则及表决等程序，监事职责的履行情况等。7. 公司总经理（经理）及其他高级管理人员职权的行使情况，公司董事会对总经理（经理）及其他高级管理人员执行董事会的决议情况以及对公司职能部门和分公司、子公司的管理情况等。8. 公司董事会秘书职务的设置、秘书的职权范围和秘书对公司信息披露的组织与协调等情况。9. 中国证监会认为其他应予检查的事项。

26日 中国证监会发布《关于股票发行工作若干规定的通知》。该通知规定：1. 各地、各部门在执行1996年新股发行计划中，要优先考虑国家确定的1 000家特别是其中的300家重点企业，以及100家全国现代企业制度试点企业和56家企业集团；在产业政策方面，要重点支持农业、能源、交通、通信、重要原材料等基础产业和高新技术产业，从严控制一般加工工业及商业流通性企业，金融、房地产等行业暂不考虑。2. 各地、各部门在选择发行公司时，要注意审查公司募集资金投向和使用情况。公司投资项目要有可行性研究报告并按有关规定获得国家或政府主管部门的立项批文。公司所募资金不按招股说明书使用，而且又未经法定程序批准的或虽经法定程序批准，但有欺骗性质的，一经查实，中国证监会将按有关规定进行处罚。3. 1996年新股发行定价不再以盈利预测为依据，改为以过去3年已实现每股税后利润的算术平均值为依据。4. 原定向募集公司经批准转为社会公开募集公司的，其内部职工股，从新股发行之日起，期满3年方可上市流通。凡采取募集设立的股份公司，本公司职工可按不超过社会公众股10%的比例认购股票，但人均不得超过5 000股。5. 各地证券管理部门、证券交易所必须切实加强对股票发行的领导及组织工作，严格按照有关发行方式的要求进行操作。对于透支申购股票以及违规融资申购等违规行为，发行领导小组要采取措施坚决制止，并立即向中国证监会报告。对违规者，中国证监会将予以处罚。

中国证监会发布《关于股票发行与认购方式的暂行规定》。该暂行规定明确：股票发行工作应坚持公开、公平、公正、高效、经济的原则，维护金融秩序稳定和社会安定；股票发行可采取上网定价方式、全额预缴款方式，以及与储蓄存款挂钩方式。各地如有更好的方式，可将方案报中国证监会批准后试行。承销机构应当在承销及上市推荐过程中，结合承销业务对发行公司进行辅导工作，以达到发行和上市的要求。股票发行前，承销机构应根据《股票发行与交易管理暂行条例》的规定负责在指定报刊上刊登招股说明书概要和发行公告。在发售期内，承销机构应在所有发售网点张贴或以其他形式公告招股说明书和发行公告，同时，主承销商应将每天的发行进展情况报告中国证监会。承销活动中出现重大问题时，应立即向中国证监会报告。股票发行结束后，主承销商应立即公布发行结果，并于2个工作日内将发行情况反馈表传真至中国证监会发行部，于7个工作日内以正式文件将发行情况总结报告、验资报告、公证报告、申购配售磁盘报至中国证监会发行部，并抄报地方证券管理部门。承销机构在承销过程中如违反上述规定和有关法规，依情节轻重给予处罚直至取消股票承销资格。

31日 国家外汇管理局、海关总署联合发布《关于对携带外汇进出境管理的规定》。该规定明确，进出境人员携带下列数额的外币现钞进境应向海关申报：非居民携带外币现钞折合5 000美元以上者，居民携带外币现钞折合2 000美元以上者。当天多次及短期内多次往返者除外。有本次入境申报数额记录的出境人员携带外币现钞出境，凡不超过其数额的，无须申领“携带外汇出境许可证”（以下简称携带证），海关凭其本次入境时的外汇申报数额记录查验放行。无本次入境申报数额记录的出境人员携带外币现钞、外币支付凭证出境，按以下数额查验放行：1. 居民携出金额折合2 000美元以内（含2 000美元）、非居民携出金额折合5 000美元以内（含5 000美元）的，无须申领携带证，海关准予放行。当天多次往返及短期内多次往返者除外。2. 居民携出金额折合2 000～4 000美元

（含 4 000 美元）、非居民携出金额折合 5 000 ~ 10 000 美元（含 10 000 美元）的，应向银行申领携带证。出境时，海关凭携带证放行。3. 居民携出金额折合 4 000 美元以上、非居民携出金额折合 10 000 美元以上的，须向当地外汇局申请核准，银行凭核准文件签发携带证。出境时，海关凭携带证放行。当天多次往返旅客，携带外币入境须向海关申报，出境时海关凭本次入境时的申报数额记录或银行签发的携带证放行。短期内多次往返旅客携带外币现钞折合 1 000 美元以上者，入境时须向海关申报，出境时海关凭本次入境时的申报数额记录放行；如无申报记录或银行签发的携带证，可携带外币现钞折合 1 000 美元出境，超出 1 000 美元的，海关不予放行。银行在签发携带证的同时，应按照《国际收支统计申报办法》的规定要求其客户填报相应的国际收支统计申报单。该规定自 1997 年 2 月 10 日起施行。

英格兰银行正式批准中国银行国际（英国）有限公司为持牌银行，中国银行国际（英国）有限公司被英国证券期货管理局（SFA）批准为英国证券期货管理局授权机构并被授予会员资格。中国银行国际（英国）有限公司于 1997 年 1 月 2 日对外营业。

1997 年

1 月

1 日　我国全面推行国际收支统计申报制度。从即日起，国际收支统计申报制度的后续四项内容开始实施，即金融机构的自身资产负债和损益统计申报、汇兑业务统计申报、直接投资统计申报及证券投资统计申报。国际收支统计申报制度是 1996 年 1 月 1 日正式实施的，包括五个方面的内容，其中，第一个方面的内容“通过金融机构进行的国际收支交易统计申报”于 1996 年年初在全国范围内实行，后续四个内容是国际收支统计申报制度的重要组成部分，于 1997 年推出。这标志着我国国际收支统计申报制度建设的设计工作基本完成，也标志着我国国际收支统计申报体系的全面推行。

3 日　经中国人民银行批准，美国花旗银行、香港汇丰银行、日本东京三菱银行和日本兴业银行开始经营人民币业务。24 日，经中国人民银行批准，标准渣打银行上海分行、上海巴黎国际银行、日本第一劝业银行上海分行、日本三和银行上海分行从上海浦西迁址浦东，开始经营人民币业务。主要业务范围包括人民币存款、贷款、结算、担保、国债和金融债券投资，以及其他经批准的业务。其中，存款仅限于外商投资企业、外国人的存款和该外资金融机构对非外商投资企业人民币贷款的转存款。

4 日　中国人民银行依法关闭中国农村发展信托投资公司。由于中国农村发展信托投资公司严重违法违规经营，造成巨额亏损，中国人民银行发布《关于关闭中国农村发展信托投资公司的通知》和作出《关于中国建设银行托管中国农村发展信托投资公司的决定》，决定将其关闭，吊销其总公司及所属金融性分支机构的“金融机构法人许可证”“经营金融业务许可证”和“经营外汇业务许可证”，指定中国建设银行承接、管理中国农村发展信托投资公司的债权债务，对境内个人债务的本金和合法利息优先支付，其余债务待组织清算后偿付。6 日，中国建设银行发布公告，接管原中国农村发展信托投资公司（以下简称中农信公司）下属的证券经营机构，其正常的证券业务照常进行。5 月 14 日，中国人民银行发布《关于做好原中农信公司外债资产清理处置工作的通知》，该通知规定：原中农信公司的外债资产统一由中国建设银行进行清理和处置，中国银行应积极配合；中国银行香港分行已经控制的原中农信在香港的公司的存款，经中国银行和中国建设银行双方确认后，作为原中农信公司的有效外汇资产划转给中国银行；原中农信公司的其余资产由中国建设银行清理、处置后，其有效资产经中国银行确认后划转给中国建设银行。

6 日　中国农业银行、国家环境保护局联合发布了《关于加强乡镇企业污染防治和保证贷款安全的通知》。该通知要求，要把贯彻信贷政策与加强环境保护工作紧密地结合起来，促进经济、环境、社会协调发展，保证贷款安全。农业银行各分支机构要立即停止对污染严重企业的贷款，严格掌握乡镇工业污染控制的重点行业和重点区域信贷政策，做好被取缔、关闭、停产企业的贷款债务清收和落实工作。对国家环保限制的产业和行业，一定要加强对企业污染物排放是否符合国家环境保护标准的审查，严把贷款投放关；要把支持企业发展同自然资源的保护、生态环境的改善结合起来，支持企业采用先进适用的清洁生产技术和设备，加快技术改造步伐，发展无污染和少污染的产业和产品，促进经济建设和环境保护事业的协调发展。

中国工商银行、中国农业银行、中国银行、中国建设银行4家国有商业银行与信托投资公司脱钩基本完成。中国人民银行从1995年11月开始，相继批复了中国工商银行、中国农业银行、中国银行、中国建设银行4家国有商业银行与所办信托投资公司脱钩的方案。4家国有商业银行原所属的186家信托投资公司已撤销148家，其中，中国工商银行46家，中国农业银行36家，中国银行33家，中国建设银行33家；转让股份的有33家，其中，中国工商银行17家，中国农业银行8家，中国建设银行8家。

9日 中国证监会决定，正式受理境内及境外证券经营机构从事外资股业务的资格申请。境内与境外的证券经营机构可根据《境内及境外证券经营机构从事外资股业务资格管理暂行规定》中的有关条款，准备申报材料。境内证券经营机构的“经营外资股业务资格申请表”由当地证券管理办公室、证监会转发，境外证券经营机构可直接向证监会领取。

10日 国务院证券委员会公布33家发行境外上市外资股（B股）预选企业名单。这33家B股预选企业是国务院证券委员会在各地择优推荐的基础上会商有关部门确定的。预选企业涉及电力及能源开发、交通运输、电子及通信、冶金、机械、化工、农业、纺织、建材、轻工、医药11个行业，体现了向基础产业和重点企业倾斜的政策，积极支持了现代企业制度试点和中西部地区的经济发展。

12日 中国人民银行发布《对农村信用合作社贷款管理暂行规定》。中国人民银行对农村信用社贷款是指中国人民银行对经营管理型农村信用合作社联社（以下简称县联社）或农村信用社发放的贷款。中国人民银行对农村信用社贷款管理实行总量控制、限额管理、划分权限、余额监控的办法。贷款发放主要用于：满足贫困地区农业生产的资金需要，解决由于农业生产季节性原因所出现的先支后收的短期资金需要，支付清算中出现的临时头寸资金需要。中国人民银行对农村信用社贷款实行期限管理，贷款到期收回。贷款到期归还确有困难的，可申请展期一次，展期期限不得超过原借款期限。到期不办理还款或展期手续的，中国人民银行应将其贷款转入逾期贷款户，并按有关规定予以处罚。中国人民银行对农村信用社贷款利率执行中国人民银行对金融机构贷款利率。贷款由县联社统借统还的，县联社对农村信用社执行中国人民银行对金融机构贷款利率，不得赚取利差。

上海票据清理和分送系统正式运行。该系统每分钟可以清理和分送1 825张票据，大大提高了票据清算工作的效率。系统的运行标志着我国最早的票据交换所完成了电子化改造。

13日 全国金融工作会议在北京召开。会议指出，经过3年多的努力，以抑制通货膨胀为首要任务的宏观调控基本上达到预期目标，经济保持快速增长，物价涨幅明显回落。1997年金融工作将继续实行适度从紧的货币政策，促使物价涨幅低于1996年，切实防范和化解金融风险，深化金融体制改革，提高金融企业管理水平，巩固经济金融运行的良好形势。人民银行纪委书记王成铭做《进一步加大查处和防范经济案件力度，促进金融改革与金融业健康发展报告》，中国人民银行副行长兼国家外汇管理局局长周小川做《国际收支平衡，人民币经常项目可兑换以及外汇储备报告》，中国人民银行副行长尚福林做《加强支付结算工作，抑制企业贷款拖欠，改进支付结算手段，加快社会资金周转》的报告。

14日 国务院发布实施《关于修改〈中华人民共和国外汇管理条例〉的决定》，同时公布修订后的《中华人民共和国外汇管理条例》。新条例修改的主要内容为：增加“国家对经常性国际支付和转移不予限制”和“个人移居境外后，其境内资产产生的效益，可以持规定的证明材料和有效凭证向外汇指定银行购汇，汇出或者携带出境”。将原条例的第十三条第五款的内容修订为“超过规定限额的个人因私用汇，应当向外汇管理机关提出申请，外汇管理机关认为其申请属实的可以购汇”。将原条例的第十五条、

第十六条合并为“驻华机构和来华人员的合法人民币收入，需要汇出境外的，可以持有关证明材料和凭证到外汇指定银行兑付”。

16日 中国人民银行发布《关于归并地县级信托投资公司的通知》。为了实现信托机构的合理布局，促进信托业提高经营效益和抗风险能力，中国人民银行决定对地（市）、县（市）所设信托投资公司（不包括经济特区）进行归并。具体要求为：在已组建或筹建城市合作银行的地级市，地、县级信托投资公司可以并入城市合作银行，也可以并入省级信托投资公司。未列入城市合作银行组建范围的地、县级信托投资公司和不愿并入当地城市合作银行的信托投资公司，一律并入省级信托投资公司，取消法人地位，成为省级信托投资公司的分支机构。在省级分行辖区内有两个以上省级信托投资公司和较多地、县级信托投资公司，可以并入一家省级信托投资公司，也可以分别并入有关省级信托投资公司。归并期间，地、县级信托投资公司的主要负责人不得辞职或调离，归并后，其主要负责人辞职或调离的，要进行离任审计；凡不按上述要求并入城市合作银行或省级信托投资公司的地、县级信托投资公司一律予以撤销。

国家外汇管理局发布《关于加强对中资企业境外机构融资管理的通知》。该通知规定：1. 中资企业在境外设立的非企业法人性质的办事处或代表处等，不从事经营性活动，不得在境外融资。2. 中资企业在境外设立的非独立企业法人性质的分公司，其对外融资须经总（母）公司授权，视为总（母）公司的对外借债，其总（母）公司须按国际商业贷款管理规定在境内办理有关报批手续。境外分公司所筹集的资金如需调入境内使用，应事先经外汇管理部门批准。3. 中资企业在境外依法注册成立的子公司在境外融资不受国家外债规模的控制，境内总（母）公司不承担债务偿还责任。中资企业境外机构未按以上规定办理的借款和担保一律无效。

17日 国家外汇管理局发布《贸易进口付汇核销监管暂行办法》。为了完善贸易进口付汇核销监管制度，国家外汇管理局决定自1997年3月1日起实施新的核销监管办法，从即日起，进口付汇核销改由国家外汇管理局直接办理。该办法规定：经对外贸易经济合作部或其授权单位批准的经营进口业务的企业（包括外商投资企业）、事业单位（以下简称进口单位），通过银行购汇或从现汇账户支付的方式，向境外支付有关进口商品的货款、预付款、尾款等（以下简称进口付汇），应当按照本办法办理核销手续。国家外汇管理局及其分支局负责所有进口付汇的核销、核查和管理，并对进口单位和外汇指定银行进行监督、检查。外汇指定银行应当向所在地外汇局报送核销单及有关报表，对外付汇的进口单位应当向所在地外汇局分局办理进口付汇核销报审手续。

18日 中国证监会对张家界旅游开发股份有限公司、湖南证券交易中心违反证券法规行为作出处罚决定。

中国证监会查实，张家界旅游开发公司在1996年9月2日至11月18日，利用其长沙分公司开设的15个账户（其中，一个账户以其张家界长沙分公司的名义开设、14个账户以个人名义开设），先后买入本公司股票总计2 128 883股；总计动用资金4 150万元，并在公司1996年11月22日公布董事会送股决议前的11月18日、20日、21日抛出公司股票143.2万股，直接获利1 180.5万元。湖南证券交易中心于1996年10月10日为张家界公司买卖股票提供融资，融资金额为1 500万元。

为了严肃证券法纪，依据《股票发行与交易管理暂行条例》第七十条、第七十一条、第七十四条的规定，中国证监会研究决定：1. 对张家界公司处以警告并罚款200万元人民币；对公司董事长肖碧文、总经理杨泽忠、副总经理李建章分别处以警告并各罚款5万元人民币。2. 没收张家界公司买卖本公司股票所获盈利1 180.5万元人民币。3. 责成张家界公司将其目前仍持有的本公司股票706 400股在2个月内由深交所监督全部卖出，如有盈利，全部没收上交国库。4. 建议张家界公司立即召开董事会全体会议，依据《中华人民共和国公司法》第一百一十二条的规定，解聘公司本次违规行为的主要责任人杨泽忠的总经理职务和直接责任人李建章的副总经理职务。5. 责成张家界公司进行为期一个月的内部整顿，整顿结束后由中国证监会验收。如验收不合格，证监会将采取进一步的处罚措施。6. 对湖南证券交易中心处以警告并罚款人民币75万元，对交易中心总经理刘治初处以警告。

中国人民银行制定《中国人民银行远期结售汇业务暂行管理办法》，同时批准中国银行总行及12家分行试办远期结售汇业务。该办法规定：远期结售汇业务是指外汇指定银行与境内机构协商签订远期结售汇合同，约定将来办理结汇或售汇的外汇币种、金额、汇率和期限；到期外汇收入或支出发生时，即按照该远期结售汇合同规定的币种、金额、汇率办理结汇或售汇。远期结售汇实行实需原则。只有根据《结汇、售汇及付汇管理规定》应当办理结售汇的外汇收支可以办理远期结售汇。外汇指定银行开办远期结售汇业务，其总行应当向国家外汇管理局提出申请，其分支机构应当向当地外汇局分局提出申请，由外汇局分局报国家外汇管理局批准后方可开办。银行应当要求签订远期结售汇合同的境内机构提供按照《结汇、售汇及付汇管理规定》所需的全部有效凭证进行审核。境内机构不能按时提供全部有效凭证的，远期合同到期不得履行。远期结售汇的币种可以是人民币对各种可自由兑换货币。远期结售汇的汇率以市场供求为基础确定，以当日的外汇即期汇率加减升水、贴水的方式表示。远期结售汇的期限应当在120天以内。开办远期结售汇业务为企业提供了规避汇率风险、降低交易成本的保值手段。

21日　国家外汇管理局发布《边境贸易外汇管理暂行办法》。该办法规定：边境贸易包括边民互市贸易、边境小额贸易和边境地区对外经济技术合作。边境贸易企业经常项目下的外汇收入，可在外汇管理局核定的最高金额内保留外汇，经外汇局批准在当地外汇指定银行开立外汇账户，超额部分必须卖给外汇指定银行。边境贸易经常项目下对外支付用汇应当按照规定从其外汇账户中支付或者到银行购汇；外汇指定银行可以为毗邻国家中与我国边贸企业之间进行边境贸易的企业或者其他贸易机构开立可兑换货币结算账户或者人民币结算账户，办理边境贸易结算。

21～23日　国务院证券委员会、中国证监会在南京召开了第四批境外上市预选企业工作会议。会议的主要任务是总结经验，统一思想，明确企业境外上市的有关政策，介绍企业境外上市的基本程序与要求，认真做好境外股票发行上市准备工作，力争开创境外上市工作的新局面。会议指出，境外上市是我国吸引外资的一项重要政策；3年多的实践证明中国企业境外上市是成功的，对上市企业本身、国内其他企业和上市所在资本市场尤其是香港市场都具有促进作用。第四批境外上市预选企业有38家，相当于前三批境外上市预选企业数量的总和，与前三批相比，更具有地区和行业代表性，规模大、效益好、管理水平较高、发展潜力大，具有广泛的代表性。中国证监会主席周道炯对第四批预选企业提出三项要求：加强领导，扎扎实实做好基础准备工作；严格监管，不断提高信息披露水平；研究市场，抓住时机，圆满完成发行上市计划。1993年，我国开始进行国有大中型企业到境外上市的试点。到1996年年底，共选择了四批境外上市企业。前三批38家企业中已有26家在境外上市，其中，3家在香港和纽约同时上市，21家单独在香港上市，2家单独在纽约上市。据统计，26家已上市企业累计筹集外资49亿多美元。

23～25日　全国住房制度改革工作会议在成都召开。国务院副总理朱镕基在会上强调，住房问题是关系广大人民群众切身利益的大事。要从根本上解决我国城市居民的住房问题，根据我国的国情并借鉴一些国家的经验，必须坚决推行和完善住房公积金制度，采取相应的配套政策措施，引导并实行住房商品化。这是解决我国住房问题的正确道路。要充分利用当前国民经济持续保持较高发展速度，通货膨胀得到明显抑制这一有利时机，加快住房改革步伐。从全国来看，经济适用住房的建设将是长期带动国民经济发展的最重要的消费热点，建房资金由国家、企业、个人共同负担，要把普遍推行，不断完善住房公积金制度，作为1997年和今后时期房改工作的重点。为了保证住房建设资金的回收、运转以形成良性循环，必须保证经济适用住房的低造价、低售价，以促进住房商品化的推行。这就要求各级政府、城市建设部门为公积金建房提供政策支持，包括划拨土地、减免税费、减收配套设施费用、建筑单位合理负担等措施，银行要对经济适用住房用户采取抵押贷款和分期付款的方式，引导居民住房消费，推动住房商品化。

27日 财政部发布《关于个人投资者在交易所场内买卖记账式国债试点办法的通知》。为了促进国债向个人销售，方便群众在交易所场内购买记账式国债，财政部与上海证券交易所研究决定，选择若干家实力较强、经营较好的证券经营机构（以下简称试点单位），利用上海证券交易所登记系统在北京市进行“国债专用账户”试点，具体实施办法如下：1. 账户管理分为交易场所和试点单位两个层次。上海证券中央登记结算公司在电脑主机内，开立具有专门标识的国债专用账户。试点单位依据协议指定营业网点直接向投资者个人发放国债专用账户卡。2. 国债专用账户目前只用于记账式国债的发行认购及上市交易，不得用于股票及其他交易。3. 国债专用账户实行指定交易，投资者只能在开立国债专用账户的网点办理国债的申购和交易。4. 试点单位为个人投资者开立国债专用账户时，需同时开立资金账户。5. 国债专用账户的开立及新发行国债的申购可同时进行。6. 新发行国债的申购采取场内市价申购和柜台定价申购两种方式。7. 试点单位也可采取“上门服务”等多种方式，积极促进个人购买。8. 上海证券交易所在发行期内开设国债分销专场，方便个人投资者购买记账式国债。9. 国债发行期内的申购事宜，一律不收取购买手续费。10. 利用国债专用账户在二级市场上进行国债交易的手续费不超过交易金额的2‰。11. 投资者通过国债专用账户在二级市场买卖记账式国债的清算交割办法与证券账户的现行办法相同。12. 国债专用账户债权的到期兑付，统一由试点单位办理。13. 建立健全国债专用账户的监管制度，交易所、试点单位和财政部要定期对国债专用账户的实施情况进行检查。

29日 中国人民银行发布《关于建立境外中资金融机构重大事项报告制度的通知》，决定建立境外机构重大事项报告制度，以全面、及时地了解境外中资金融机构（以下简称境外机构）的经营情况，加强对境外机构的监管。重大事项包括：境外机构发生严重亏损或大额坏账；发现境外机构员工有舞弊、欺诈等行为，涉及较大金额，造成较大经济损失；境外机构所在地有关监管体制或法规发生重大变动；境外机构发生的、需向所在地监管当局报告的其他重大事项。该通知要求，各境外机构在日常经营中，发生重大事项时，应立即向其总管理机构报告，总管理机构应立即报告中国人民银行。

31日 上海证券业协会成立。上海证券业协会成立大会暨第一次会员大会在上海召开。会议通过了《上海市证券业协会章程》《上海市证券业协会经费管理办法》《上海市证券业协会会员管理办法》《上海市证券业协会会员自律公约》《上海市证券从业人员守则》等一系列文件，选举产生了第一届理事会，申银万国证券公司、国泰证券公司、海通证券公司、上海证券交易所等17家单位当选为理事单位。申银万国证券公司总裁阚治东当选为第一届理事会理事长，上海市证券管理办公室副主任张宁当选为秘书长。上海证券业协会将通过监督、检查会员贯彻执行管理规章的情况，对会员的经营行为进行监管，促进会员守法经营，维护市场“三公”原则。

2月

1日 国家外汇管理局对新中国成立以来的外汇管理法规、规章和其他规范性文件进行清理。根据修改后的《中华人民共和国外汇管理条例》《中华人民共和国行政处罚法》和国际货币基金协定第八条款的规定，对新中国成立以来的外汇管理法规、规章和其他规范性文件1 600多件进行了清理，对其中47个法规的部分条款进行了修改，基本建立起适应新形势的外汇法规新框架。

《中国建设银行法人授权制度（试行）》正式实施。这是中国人民银行颁布《商业银行授权、授信管理暂行办法》后由商业银行制定的第一部有关法人授权的规章。文件规定：中国建设银行实行一级法人的总分行制，全行具有统一的法人地位。总行是法人的本体，分行、支行、办事处（分理处）、储蓄所均为法人的分支机构。中国建设银行法人授权是指由中国建设银行的法定代表人代表中国建设银行向各分支机构授权，分支机构的负责人代表本分支机构接受授权，分支机构必须在总行授权范围内依法进行经营管理活动。建设银行法人授权分为基本授权和特别授权两种，基本授权实行逐级授权制，特别授权则采取总行直接向各级分支机构授权的方式。此前，中国人民银行于 1996 年 11 月 11 日发布了《中国人民银行关于印发〈商业银行授权、授信管理暂行办法〉的通知》，颁布、实施的《商业银行授权、授信管理暂行办法》要求商业银行实行一级法人体制，必须建立法人授权管理制度。商业银行应在法定经营范围内对有关业务职能部门、分支机构及关键业务岗位进行授权。商业银行的业务职能部门和分支机构以及关键业务岗位应在授予的权限范围内开展业务活动，严禁越权从事业务活动。

19 日　国务院发布《关于调整金融保险业税收政策有关问题的通知》。该通知规定，对执行 55% 所得税税率的金融、保险企业，其所得税税率统一降为 33%，将金融保险业的营业税税率由 5% 提高到 8%。提高营业税税率后，除各银行总行、保险总公司缴纳的营业税仍全部归中央财政收入外，其余金融、保险企业缴纳的营业税，按原 5% 的税率征收的部分，归地方财政收入，按提高 3% 的税率征收的部分，归中央财政收入；对国家政策性银行减按 5% 的税率征收，将政策性银行缴纳的营业税仍作为国家资本金投资返还给政策性银行；对农村信用社，在 1997 年 12 月 31 日前减按 5% 征收营业税，仍作为地方财政收入，自 1998 年 1 月 1 日起恢复按 8% 的税率征收。提高金融、保险业的营业税税率后，对随同营业税征收的城市维护建设税及教育费附加，仍按原税率 5% 计征，提高 3% 税率的部分予以免征。

20 日　中国人民银行发布《关于严禁将公款转为储蓄存款的通知》。该通知要求如下：1. 各金融机构督促企业将销货款通过转账结算，及时存入企业存款账户。拒绝办理以个人名义向储蓄账户转入公款；将大额公款私存的，各金融机构要认真清查，并转为对公存款；将公款私存的，应予以处罚。2. 各金融机构要坚决废止存款单项考核指标和奖励办法，不得对非存款部门下达存款考核指标，不得把存款考核指标分解下达到职工个人。3. 严格对私营企业的生产经营性资金单列账户统计。各经办存款业务的金融机构要在现行会计、统计报表中单独反映“私营企业生产经营性资金存款”。4. 中国人民银行各级行要加强对储蓄存款真实性的经常性监管。

21 日　全国国有企业兼并破产和职工再就业银行工作会议在北京召开。人民银行行长戴相龙主持会议，国家经贸委主任王忠禹出席会议并讲话，人民银行副行长陈耀先受人民银行总行党委委托做主题报告。陈耀先说，在推进国有企业兼并破产和职工再就业的过程中，银行处于十分重要的地位，在支持、配合有关部门搞好企业结构调整和企业转换机制方面做了大量工作，核销了一些坏账，消化了一部分不良资产，促进了企业的调整和发展，要求金融部门要有全局思想，适应新形势，把握法律、法规和政策要点，积极参与国有企业兼并破产和职工再就业工作具体实施过程。他指出，凡依法破产企业要关门走人，资产变现，安置好职工再就业。达到以上条件，银行贷款本息损失可以按规定从银行提取的呆账准备金中冲销；对国有优势企业兼并劣势企业，在免除银行利息时给予更加优惠的政策，鼓励企业兼并，享受优惠政策的范围也将有所扩大；对于那些产品有市场、企业管理好、只是由于债务负担较重而形成亏损的国家重点企业，在职工下岗分流、实施再就业工程后确能扭亏为盈的前提下，可给予利息优惠，优惠条件由银行按照

《贷款通则》有关规定自主确定，纳入计划后办理。戴相龙指出，金融部门要充分利用信贷、利率杠杆，促进国有企业结构调整，在克服企业“大而全”、“小而全”、低水平重复建设和解决产业趋同方面应当有所作为。他要求金融部门要从国民经济调整和发展的全局来支持国有企业兼并破产和职工再就业工作，同时依法维护金融债权不受侵犯，防止国有资产流失，为建立一个企业优胜劣汰的市场机制，使企业兼并、破产成为优化资源配置的重要手段作出积极努力。

24日 中国人民银行发布《关于金融系统要进一步做好支持机电产品出口工作的通知》。该通知明确，中国人民银行每年适当增加机电产品出口信贷规模；商业银行对机电产品出口所需的流动资金贷款，根据信贷原则优先安排；机电产品出口卖方信贷贷款利率，在同档次固定资产贷款利率的基础上，下浮10%～15%；适当扩大对外短期融资试点企业范围、增加对外短期融资指标，在不突破核定的短期外债余额监控指标的前提下，出口企业可在境内的外资银行开办信用证项下的票据贴现和抵押短期外汇贷款等短期贸易融资业务；对资信好的企业核定一定的授信额度，在授信额度内开具投标保函、履约保函和预付金保函不要资产抵押。

26日 上海证券交易所和深圳证券交易所发布《关于调整国债及其他债券现货交易佣金标准的通知》。自1997年3月3日起，各会员单位向投资者收取的国债现货交易佣金标准调整为按不超过成交金额的2‰收取。从同日起，其他债券现货交易佣金标准也一并调整为按不超过成交金额的2‰收取。

全国农村信用社管理体制改革会议召开。国务院副总理姜春云在会议上强调，推进农村信用社管理体制改革，健全农村金融体制，关系到农业的发展、农民的富裕、农村的繁荣。他强调，深化农村信用社管理体制改革，最重要的是按照合作制的原则，重新规范农村信用社，切实恢复农村信用社农民合作金融组织的性质。农村信用社必须坚持为社员服务的办社宗旨，要加强经营管理，提高经济效益。农村信用社的改革是农村经济体制改革的重要组成部分，事关整个农业、农民、农村问题，各级党委、政府要协调好各方面的关系，为农村信用社的改革和发展创造比较好的环境和条件。要切实保障农村信用社的经营自主权。中国人民银行要依法加强对农村信用社的金融监管，同时应充分考虑其农民合作金融组织的性质和特点，在工作和业务等方面给予必要的扶持。

3月

1～15日 八届全国人大五次会议在北京召开。国务院副总理朱镕基在会上指出，要切实加强对风险的防范。朱镕基指出，目前部分国有企业贷款逾期和拖欠利息严重，相当多的重点建设项目建成之日就是亏损或停产之时，使银行的不良资产比例增加；一些非银行金融机构违章经营，非法集资，高息放贷，资产质量很差，风险很大。1997年要大力开展“整顿金融秩序、防范金融风险年”活动，争取在今后几年里使银行的不良贷款率每年降低2%，对达不到要求的，要追究该行行长的责任。中央银行要把金融监管作为最重要的工作职责，对金融机构进入市场的条件、业务状况、资产负债情况和风险程度要实行全面的监管。各商业银行要按照国际惯例，建立自我约束机制和抵制风险的机制，要按照分业经营、分业管理的原则，彻底与所属的信托投资公司、证券公司、保险公司等脱钩。对国家商业银行拆借资金炒股票和搞账外经营的，一经发现，要撤销行长的职务。各地政府、各部门要严格按照《中华人民共和国商业银行法》的规定办事，不得干预银行的正常业务，不得擅自批设金融机构，广大人民群众要加强自我保护意识和投资风险意识。会议通过《政府工作报告》。该报告指出：要继续实行适度从紧的货币政策，保持货币供应适度增长；根据国家产业政策、区域政策、技术发展政策和信贷原则，调整信贷结构，提高贷款质量，支持生产与建设；国家银行要努力降低成本，提高效益。同时，要选择一批大企业、企业集团，通过发行股票、可转换债券筹集资金；规范证券、期货市场，增强风险意识；通货膨胀压力仍然存在，要控制物价涨幅，理顺价格关系；继续实行价格调控目标责任制，加强市场物价监管；整顿金融秩序，严处非法金融机构和违法违规经营活动，保障金融资产安全；严格结算纪律，维护信用制度。

2日 国务院发布《关于在若干城市试行国有企业兼并破产和职工再就业有关问题的补充通知》。该通知强调，《国务院关于在若干城市试行国有企业破产有关问题的通知》(国发〔1994〕59号）中有关破产方面的政策，只适用于国务院确定的企业“优化资本结构”试点城市范围内的国有工业企业。非试点城市和地区的国有企业破产，只能按照《中华人民共和国企业破产法》的规定实施，即破产企业的财产处置所得必须用于按比例清偿债务，安置破产企业职工的费用只能通过当地政府补贴、民政救济和社会保障等渠道解决。非国有企业的破产要严格按照《中华人民共和国民事诉讼法》实施。

3日 中国证监会发布《证券市场禁入暂行规定》。该暂行规定指出，上市公司的董事、监事、经理及其他高级管理人员，证券经营机构（包括分支机构）的高级管理人员及其内设业务部门负责人，证券登记、托管、清算机构的高级管理人员及其内设业务部门负责人，从事证券业务的律师、注册会计师以及资产评估人员，投资基金管理机构、投资基金托管机构的高级管理人员及其内设业务部门负责人，证券投资咨询机构的高级管理人员及其投资咨询人员，中国证监会认定的其他人员等，因进行证券欺诈活动或者有其他严重违反证券法律、法规、规章以及中国证券监督管理委员会发布的有关规定的行为，被中国证券监督管理委员会认定为市场禁入者，将在一定时期内或者永久性不得担任上市公司的高级管理人员或不得从事证券业务。该暂行规定同时对相关欺诈和违法行为作出了具体的界定和列示。

5日 中国人民银行对中国工商银行、中国农业银行、中国银行和中国建设银行的总行试办再贴现业务，并同时印发《中国人民银行对国有独资商业银行总行开办再贴现业务暂行办法》。该暂行办法规定：再贴现票据为银行承兑汇票；再贴现期限从再贴现之日起至汇票到期日止，最长不超过4个月；再贴现利率按同档次再贷款利率下浮10%执行；实付再贴现金额按汇票票面金额扣除再贴现日至汇票到期前一日的利息计算；按发生额计算，国有独资商业银行总行直接办理的贴现额与向中国人民银行申请的再贴现额的比例不低于2:1。对四家国有独资商业银行总行开办的再贴现业务，实行总量控制原则，即人民银行根据金融宏观调控的需要，在年度再贴现限额内，确定对各商业银行总行的再贴现总量，重点用于满足产、供、销关系较为稳定的国家重点产业、行业和企业的合理资金需要。再贴现到期，中国人民银行直接向再贴现申请人收取款项。中国人民银行总行对国有独资商业银行总行到期未归还的再贴现款项，每日按万分之五计收利息。

上海证券交易所和深圳证券交易所实施公开信息制度。为了保证证券市场的“公开、公平、公正”，提高市场透明度，保护投资者的利益，经中国证监会同意，深圳证券交易所和上海证券交易所分别向各会员单位发出通知，决定从3月3日起对股票（A股）、基金类证券（沪市包括联网交易的基金，深市包括受益凭证）的交易实行公开信息制度。需要公开交易信息的证券包括：在一个交易日内收市价格相对于上一个交易日收市价格的涨（跌）幅各超过7%的前5只证券，选取方式为以涨（跌）幅大小为序（达到涨、跌停板的为同一档）；如涨（跌）幅相同，则依次按成交量和成交金额的大小选取。需要公开的交易信息内容包括：上述每只证券的名称、代码、涨跌幅（%）、成交量（股数）、成交金额（万元）、每只证券当日交易金额最大的前5家证券营业部的名称及其席位（或席位分支）代码和当日交易金额。

7日 财政部发布《关于调整金融保险企业应收利息核算办法的通知》。该通知规定，将《金融保险企业财务制度》第四十一条改为：借款合同约定到期（含展期后到期）但未归还的放款，作为逾期放款，其中逾期（含展期后）

未满 2 年的，企业按规定计算应收利息，并纳入当期损益。逾期满 2 年及超过 2 年仍未归还的放款，作为呆滞放款，其应收利息不再计入当期损益，由金融保险企业设置科目专项反映，实际收到的利息计入当期损益；应收利息的核算年限调整后，各行（公司）应严格按权责发生制原则核算利息收入，不得将逾期未满 2 年的放款转为呆滞放款。本通知从 1997 年 1 月 1 日起执行。

8 日 中国证监会处罚浙江金马期货公司。1995 年 5 月至 6 月，浙江金马期货公司受中国华能浙江公司（以下简称浙江华能公司）和浙江华能工贸公司（以下简称华能工贸公司）的委托，在买入北京商品交易所 9507 绿豆合约的交易中，向客户提供的交易和持仓清单所载明的成交价格，与同期北京商品交易所的原始记录不符。浙江金马期货公司于 1995 年 5 月，提供给浙江华能公司的交易与持仓清单所载明的持仓量，与同期北京商品交易所的原始记录不符。1995 年 4 月至 6 月，浙江金马期货公司受华能工贸公司和浙江华能公司的委托，在郑州商品交易所从事 9507 绿豆合约的交易中，未如实执行客户的指令进行交易，并向客户提供了虚假成交回报。由于浙江金马期货公司在代理浙江华能公司及华能工贸公司的期货交易过程中，没有如实执行客户的指令，并向客户提供虚假成交回报和持仓回报，中国证券监督管理委员会决定对浙江金马期货公司处以警告，并责令浙江金马期货公司停业整顿半年。在停业整顿期间，禁止接受新客户，禁止接受新开仓交易指令，现有客户的未平仓合约要在交割日前平仓或在交割日进行实物交割。

13 日 中国银行首家境外全资附属商人银行公司——中国银行国际控股有限公司暨中国银行国际（英国）有限公司在英国伦敦成立。

14 日 全国人大颁布《中华人民共和国刑法（修正）（1979）》（以下简称《刑法》）。修正后的《刑法》自 1997 年 10 月 1 日起施行。《刑法》中第二编第三章的第四节和第五节分别对“破坏金融管理秩序罪”和“金融诈骗罪”进行了规定。其中，破坏金融管理秩序罪包括：伪造货币的；出售、购买伪造的货币或者明知是伪造的货币而运输，数额较大的；明知是伪造的货币而持有、使用，数额较大的；变造货币，数额较大的；未经中国人民银行批准，擅自设立商业银行或者其他金融机构的；以转贷牟利为目的，套取金融机构信贷资金，高利转贷他人，违法所得数额较大的；非法吸收公众存款或者变相吸收公众存款，扰乱金融秩序的；伪造有价证券的；未经国家有关主管部门批准，擅自发行股票或者公司、企业债券；涉及证券犯罪的条款包括擅自发行证券罪、内幕交易罪、编造并传播虚假信息罪、操纵证券交易价格罪、虚假出资罪等；涉及金融机构员工犯罪的包括索取他人财物或者非法收受他人财物、利用职务便利挪用本单位或者客户资金等七条及其他触犯《刑法》的金融犯罪。金融诈骗罪包括非法集资；诈骗银行或者其他金融机构的贷款；利用票据、信用证、信用卡、国库券等有价证券进行诈骗；保险诈骗等。

18 日 深圳证券交易所发布公告，从 1997 年 3 月 21 日起，凡利用深圳证券交易所交易系统以上网定价方式发行股票，其发行手续费由股票发行总金额的 4‰调整为 3. 5‰。

19 日 中国证监会和日本大藏省签订了谅解备忘录。中国证监会国际业务部与东京证券交易所就中国企业到日本上市的相关事宜在东京证券交易所举行了交换仪式，负责中国企业到日本上市的两个具体监管部门之间的成功换函，标志着中国企业到东京证券交易所上市合作的开始。《谅解备忘录》的签署，为中日两国证券监管机构之间的合作建立了渠道，也为中国企业到日本证券市场筹集资金奠定了基础，标志着中日两国证券市场的合作与交流进入了新的阶段。

24 日 国有资产管理局、国家体制改革委员会发布《股份有限公司国有股股东行使股权行为规范意见》。该规范意见明确，1. 国有股股东依法享有下列权利：依法持有公司股票，享有与其他股东同等的权利委派股东代表出席股东大会并行使表决权，享有公司选举权和被选举权；

按规定增购、受赠、转让或质押股份；查阅公司章程和股东大会会议记录及公司财务会议报告，监督公司生产、经营和财务管理，可对此提出建议和质询；依照所持股份份额领取股利及其他分配形式的利益；对股东大会、董事会违反法律、行政法规和侵犯国有股股东合法权益的决议，依法向人民法院提起要求停止该违法行为和侵害行为的诉讼；公司终止并依法清算时，按股份比例分得剩余财产；法规、行政法规以及公司章程赋予的其他权利。2. 国有股股东应委派国有股股东代表出席股东大会并行使股东权利。国有股股东代表应具备相应的条件，“国有股股东代表委托书”是股东代表在股东大会上行使表决权的证明。3. 国有股股东可以依法增购公司的股份，或依法将所持股份转让给境内外法人和自然人，转让收入必须用于国有资本再投入，转让股份的价格必须依据公司的每股净资产、净资产收益率、实际投资价格（投资回报率）、近期市场价格以及合理的市盈率等因素来确定，但不得低于每股净资产。4. 国有股股东必须按股东大会决议及持有的公司股份份额收取应得的股利。5. 国有股股东应对公司履行应尽的义务，承担相应的责任，应将文件规定情况报国有资产管理部门备案等。

北京大唐发电股份有限公司在伦敦证券交易所上市，成为首家在伦敦上市的中国公司。北京大唐发电股份有限公司共发行12.44亿股，发行价为2.52港元。1997年3月21日，北京大唐发电股份有限公司首先在香港联合交易所挂牌上市（量价），然后以普通股形式在伦敦交易所挂牌上市。

25日 国务院证券委员会发布《可转换公司债券管理暂行办法》。该暂行办法规定：1. 可转换公司债券的发行、上市、转换股份及其相关活动应当遵循公开、公平、公正和诚实信用的原则；在转换股份前，其持有人不具有股东的权利和义务；可以依法转让、质押和继承。2. 可转换债券的发行应当经省级人民政府或者国务院有关企业主管部门推荐，报中国证监会审批；重点国有企业发行可转换公司债券，应当由发行人提出申请，经省级人民政府或者国务院有关企业主管部门推荐，报中国证监会审批，并抄报国家计划委员会、国家经济贸易委员会、中国人民银行、国家国有资产管理局。3. 上市公司发行可转换公司债券，应当符合下列条件：A. 上市公司必须最近3年连续盈利，且最近3年净资产利润率平均在10%以上；属于能源、原材料、基础设施类的公司可略低，但不得低于7%。B. 可转换公司债券发行后，资产负债率不高于70%。C. 累计债券余额不超过公司净资产额的40%。D. 募集资金投向符合国家产业政策。E. 发行利率不超过银行同期存款利率水平。F. 发行额不少于1亿元人民币。重点国有企业发行可转换公司债券除应当符合上述C、D、E、F项条件外，还应当符合下列条件：最近3年连续盈利，且最近3年的财务报告已经具有从事证券业务资格的会计师事务所审计；有明确、可行的企业改制和上市计划；有可靠的偿债能力；有具有代为清偿债务能力的保证人的担保。4. 债券期限最短为3年，最长为5年。5. 上市公司发行可转换公司债券的，以发行可转换公司债券前1个月股票的平均价格为基准，上浮一定幅度作为转股价格。重点国有企业发行可转换公司债券的，以拟发行股票的价格为基准，以一定的比例折扣作为转股价格。6. 可转换公司债券在发行人股票上市或者拟上市的证券交易所上市。证券交易所应当与发行人订立上市协议，并报中国证监会备案。7. 上市公司发行的可转换公司债券，在发行结束6个月后，持有人可以依据约定的条件随时转换股份。重点国有企业发行可转换公司债券，在该企业改建为股份有限公司且其股票上市后，持有人可以依据约定的条件随时转换股份。可转换公司债券转换为股份后，发行人股票上市的证券交易所应当安排股票上市流通。

25～27日 中国人民银行召开第一次全国保险监管会议。会议总结了1996年的保险监管工作，布置了1997年的保险监管任务，分析了保险监管工作中存在的问题，研究了加强保险监管的措施，进一步明确了保险监管的有关政策和事项。会议指出，1997年保险监管工作的主要任务是：1. 深化保险体制改革。重点抓好以下四项工作，组建再保险公司，加快建立再保险市场；抓紧制定农业保险体制改革方案，解决政策性保险同商业性保险分别经营的问题；理顺出口信用保险体制；研究落实中国太平洋保险公司和中国平安保险公司的财产保险、人寿保险分业经营方案，并组织实施。2. 稳步发展保险机构。按照规定条件，适量批设保险公司。3. 加快保险法制建设。4. 整顿保险市场秩序。包括整顿保险机构；对各保险公司的分支公司自行制定的保险条款进行彻底清理；规范保险业务行为，对保险费率、保险赔付、异地出单、强行推销、代理手续费等违规行为进行严肃处理；清理保险资产；整顿财务纪律。5. 防范和化解保险风险。除明确了1997年的主要任务之外，会议还明确了有关政策和事项，包括：（1）关于《中华人民共和国保险法》执行中遇到的问题。（2）关于保险分支机构审批的问题。（3）关于保险监管责权划分的问题。（4）关于保险代理人的问题。（5）关于保险公司同有关部门联合发文的问题。（6）保险机构的违规处罚问题。（7）关于社会保险与商业保险的界定问题等。

29日 中国人民银行发布《公开市场业务暨一级交易商管理暂行规定》。其中规定：公开市场业务是指中国人民银行为实现货币政策目标而公开买卖债券的活动，债券包括政策性金融债、中央银行融资券、国债以及中国人民银行指定的其他债券；债券交易种类包括买卖和回购；回购期限的档次分为7天、14天、21天、28天、2个月、3个月和4个月共7种；债券交易一般采用招标方式进行，包括数量招标和利率招标（或价格招标）；债券登记、托管和交割统一在中央国债登记结算有限责任公司进行，按照其制定的有关办法办理。公开市场业务一级交易商，必须是经中国人民银行批准设立，具有独立法人资格的商业银行、证券公司和信托投资公司；城市合作银行、证券公司和信托投资公司的注册资本不低于2亿元人民币。该规定对一级交易商的权利和义务，以及变更和终止做了详细的说明。该规定发布的同时，第一批被批准的一级交易商名单也相应公布。第一批被批准的一级交易商共25家，包括15家商业银行和10家城市合作银行。证券公司和信托投资公司未被批准为一级交易商。

30日 中国人民银行发布《关于加强现金管理工作有关问题的通知》。全国金融工作会议召开以后，各金融机构认真贯彻适度从紧的货币政策，但当年春节后现金回笼速度明显偏慢，到3月25日，全国回笼现金2 512亿元，占春节前投放量的76%。如果到4月末完不成回笼任务，上半年就可能出现净投放的情况，势必影响全年控制目标的实现。因此，人民银行出台上述通知，要求采取切实有力的措施，促使现金管理工作逐步走向制度化、规范化，确保全年现金控制目标的实现。该通知指出：要提高对现金管理工作重要意义的认识；改进和完善现金管理办法，发挥商业银行总行和人民银行分行的作用；尽快配备专职人员，落实现金管理职责；严禁公款私存，控制不合理现金支出；规范信用卡管理，减少信用卡提现；认真执行账户管理规定，建立大额现金支付登记备案制度；合理核定开户单位的库存现金限额，加强对开户单位的库存现金管理；进一步改进金融服务，积极组织货币回笼；大力推广便捷的结算工具，引导企业减少现金使用；进一步规范人民银行现金发行库和业务库的管理，把好现金出库关；改进现金统计制度，加快数据上报速度；交流、推广现金管理经验，加大对违规支取现金案件的查处力度。

4月

1日 经中国人民银行、国家外汇管理局批准，中国银行总行及其上海、天津、深圳等12家分行同时推出人民币远期结售汇业务。这是国内银行首次开办这一业务。

2日 中国人民银行发布《关于暂停存单质押贷款业务和进一步加强定期存款管理的通知》。为了防止盗开或伪造银行存单进行诈骗犯罪活动，给银行资产造成巨额损失，该通知要求中国人民银行各省、自治区、直辖市、深圳经济特区分行，各国有商业银行，其他商业银行：1. 从1997年4月21日起，暂停办理存单质押贷款业务（10万元以下个人定期储蓄存款、小额抵押贷款业务除外），对尚未到期的存单质押贷款，要逐笔审查存单的真实性。2. 从4月30日起对单位定期存款实行账户管理。各金融机构不再给存款单位开具存单，改为出具“单位定期存款开户证实书”，证实书不得作为质押的权利凭证。3. 严禁使用储蓄存款单证办理单位存款业务。对文到之日前用定期储蓄存单代单位定期存单且尚未到期的，务必在5月30日前将原存单收回，更换为“单位定期存款开户证实书”。4. 切实加强储蓄定期存款业务管理。各行储蓄存款使用的特种存单不得超过中国人民银行《关于加强大额定期存款管理的通知》中的规定限额，各类存单还均须印有“未经确认质押无效”的字样。5. 城市合作银行、农村合作银行、信用合作社1997年一律不得发行大额可转让定期存单。

4日 中国人民银行发布《大额现金支付登记备案规定》。该规定要求：凡办理现金收付业务的商业银行、城市合作银行、城乡信用社都必须建立大额现金支付登记备案制度；实行登记备案的范围限于机关、团体、企业、事业单位、其他经济组织和个体工商户以及外国驻华机构的大额现金支付，工资性支出和农副产品采购现金支出除外；对居民个人提取储蓄存款暂不实行登记备案；大额现金的数量标准由中国人民银行各省、自治区、直辖市分行根据当地开户单位正常、零星的现金支出的实际确定，并报中国人民银行总行备案；开户单位在提取大额现金时，要填写有关大额现金支取登记表格，开户银行要建立台账，实行逐笔登记，并于季度后15日内报送中国人民银行当地分支行备案；开户银行对本行签发的超过大额现金标准、注明“现金”字样的银行汇票、银行本票，视同大额现金支付，实行登记备案制度。开户银行对大额提现情况要经常进行分析和检查，对重大涉嫌案件要报经中国人民银行处理。该规定自1997年7月1日起施行。

中国建设银行2亿美元浮息债券在香港发行。中国建设银行在香港举行了发行2亿美元浮动利率债券的签字仪式，这是境内商业银行1997年第一次在境外金融市场发行债券，内地首家国有银行在香港以发行港元债券的方式为内地建设项目筹措资金。此笔美元债券的期限为5年，票息为LIBOR+0.30%，发行总成本为LIBOR+0.375%，被穆迪投资者服务公司评为Baa1级，将于4月14日在香港联合交易所挂牌上市，所筹资金将用于广东茂名30万吨乙烯工程、山西阳城电厂等8个国家重点项目的建设。

7日 中国人民银行发布《关于对商业银行贷款质量进行稽核调查的通知》。商业银行的贷款质量低、包袱重的问题，已严重地制约了商业银行的稳健经营，为了进一步摸清各商业银行的贷款质量，研究贷款风险分类管理标准，化解信贷风险，中国人民银行发出通知，要求对商业银行的贷款质量进行稽核调查。稽核调查的范围为各商业银行的分支机构（包括各商业银行总行直接发放贷款的职能部门）。稽核调查的内容为1996年12月末本外币贷款余额中正常贷款、逾期贷款、呆滞贷款和呆账贷款的真实结构；着重调查在正常贷款中实际逾期贷款、实际呆滞贷款和实际呆账贷款所占的比重，调查在呆滞贷款中实际呆账贷款所占的比重。此次稽核调查先由各商业银行分支机构自查，在此基础上，人民银行进行重点调查。

国务院证券委员会决定进行可转换公司债券发行试点。根据国务院证券委发布的《可转换公司债券管理暂行办法》，中国证监会负责组织可转换公司债券的试点工作。试点对象从500家重点国有企业中的未上市公司中选取，发行总规模为40亿元，上市公司暂不列入试点。发行可转换公司债券是为了促进国有企业的改革和发展，解决其资本金不足的困难。

10日 财政部发布《关于印发〈中华人民共和国国债托管管理暂行办法〉的通知》。该通知的发布旨在规范国债托管行为，保护广大国债投资者的合法权益，促进国债市场的进一步发展。该暂行办法规定：1. 国债托管是指国债投资人基于对国债托管机构（以下简称托管人）的信任，将其所拥有的国债委托托管人进行债权管理、实物券面保管与权益监护的行为。国债托管实行全国集中、统一管理的体制，中央国债登记结算有限责任公司（以下简称中央公司）依本办法按照不以盈利为目的的原则主持建立和运营全国国债托管系统，并实行自律性管理。记账式国债的托管关系在办理债权登记手续后即产生。2. 实物国债的托管关系在托管客户按本办法和有关业务规则办理存券手续后产生。3. 托管人包括中央公司及其认可的成员单位，包括除政策性银行以外的各类银行、各证券公司、可以从事有价证券经营业务的信托投资公司。申请成为托管人的金融机构须具有法定最低限额以上的实收货币资本；有能力且自愿履行本办法规定的有关托管人的各项义务；在中国人民银行批准的经营范围内依法开展业务活动，在前3年中无违法和违章经营记录，具有良好的信誉；在申请成为国债托管人之前，有参与国债一级市场和二级市场业务1年以上的良好经验。4. 成员单位直接在中央公司开立托管账户；经中央公司同意的机构客户，也可在中央公司开立托管账户；其他客户在中央公司的成员单位开立托管账户。办法还对托管账务管理、实物国债保管库管理及各责任方的法律责任作出了详细规定。

中国人民银行发布《关于进一步加快证券回购债务清欠工作的通知》。该通知要求人民银行各省、自治区、直辖市、深圳经济特区分行，要力争在1997年上半年基本结束证券回购清欠工作。要坚持以偿还债务为中心，凡有债务的单位，无论其债权的多少，都要积极筹措资金，首先归还债务，自觉维护自身的对外信誉；坚持法人负全责的原则；凡因出租、出借席位引发的证券回购债务，应先由出租、出借单位的机构负责偿还，确保清欠工作的顺利进行。要建立省级分行主管行长证券回购债务清欠负责制；督促债务机构积极筹措偿债资金；加强对债务大户的重点监管；认真做好特种金融债券的发行工作；允许净债权机构在融资中心内适当融资；严格清欠纪律，维护各方的正当权益；做好清欠过程中的账务和资金的管理工作；三个证券交易场所要认真做好交易账务的管理工作；加快清欠步伐，落实清欠进度。

4月21日，财政部发布《关于进一步加快财政系统国债中介机构证券回购债务清欠工作的通知》，要求各省、自治区、直辖市、计划单列市财政厅（局）认真抓好本省（市）范围内的财政机构证券回购债务清欠工作，要求建立财政厅（局）主管厅（局）长证券回购债务清欠工作负责制；督促债务机构积极筹措偿债资金；加强对债务大户的重点监管；组织财政系统清欠专场；建立旬报制度，定期公布清欠进度情况。4月28日，中国人民银行、财政部、中国证券监督管理委员会联合发布《关于暂停29家证券回购债务拖欠机构部分业务经营资格的通知》，该通知指出，经查，仍有一些证券回购债务巨大的金融机构对证券回购债务清欠工作不够重视，清欠进展缓慢，影响了全国证券回购债务清欠任务的完成。该通知规定，自此文下达之日起，暂停或不予批准29家金融机构的国债一级自营商资格和股票主承销商、副主承销商的资格（已同发行企业签订承销协议的承销项目除外），直至这些金融机构的证券回购债务清偿金额在现有的基础上下降80%后，方可恢复上述资格。

中国人民银行深圳经济特区分行、深圳市证券管理办公室、深圳市期货管理办公室分别发出紧急通知，严禁各证券经营机构开设远程交易室从事证券经纪业务，同时禁止期货经营机构从事证券业务。

中国银行发行7年期3亿美元亚欧浮息债券签字仪式在香港举行。这是我国第一次在国际市场发行这种债券。债券已于本月9日在亚洲和欧洲同时定价销售，并在香港、卢森堡股票交易所挂牌上市。发行债券筹集的资金主要用于我国的能源建设项目。

15日 《中国人民银行货币政策委员会条例》颁布实施。该条例规定，货币政策委员会是中国人民银行制定货币政策的咨询议事机构，其职责是在综合分析宏观经济形势的基础上，依据国家的宏观经济调控目标，讨论货币政策的制定和调整、一定时期内的货币政策控制目标、货币政策工具的运用、有关货币政策的重要措施、货币政策与其他宏观经济政策的协调事项，并提出建议。该条例同时规定，货币政策委员会由中国人民银行、国家计划委员会、国家经济贸易委员会、财政部、中国证券监督管理委员会等部门的有关负责人组成，其中，中国人民银行行长、国家外汇管理局局长、中国证券监督管理委员会主席是货币政策委员会的当然委员。

中国人民银行向中共中央政法委员会（以下简称中央政法委）作出《关于企业非法借贷造成巨额金融风险有关问题的报告》。该报告指出，近年来，一些企业为了牟取非法利益，利用社会资金短缺的机会，串通银行内部工作人员，骗取银行存单，套取银行信用，涉案金额巨大，严重扰乱了金融秩序。这类案件的处理主要涉及刑事责任和民事责任两方面，人民银行认为这类案件的性质不是存款纠纷，而是非法借贷；对于出资方的资金损失，应由借贷企业自己承担，不能转嫁到银行身上。为此，人民银行建议：1. 由中央政法委、最高人民法院、最高人民检察院、公安部、人民银行联合发出通知，强调严厉打击企业间非法借贷的违规行为。2. 成立金融风险防范法律协调小组，保障对重大案件的查处，从而防范和化解金融风险和经济风险。

16 日 中国人民银行发布《关于进一步加强银行结算管理的通知》。该通知要求中国人民银行各省、自治区、直辖市、深圳经济特区分行，各国有商业银行，其他商业银行：1. 加强商业汇票承兑贴现的管理，建立汇票贴现、再贴现的监控机制，改革银行承兑汇票付款方式。2. 严格银行汇票的签发和兑付，严禁签发空头银行汇票，加强对银行汇票退汇的管理。3. 严格结算纪律，强化结算监管。具体内容为：严格执行结算纪律的“三不准”，即不准以任何理由压票、随意退票、截留挪用客户和他行资金，受理无理拒付、自行拒付退票，不扣或少扣滞纳金；不准在结算制度之外规定附加条件，影响汇路畅通；不准违反规定开立和使用账户。强化银行结算的管理，中国人民银行分支行要加大结算监管的力度。开展结算纪律大检查。4. 改进银行结算服务，加快社会资金周转。即要按照规定的时间及时办理结算；准确安全办理结算；密切银企关系，加强对企业单位结算工作的宣传和辅导。

中国人民银行发布公告，公布 1997 年 5 月人民币长期储蓄存款的保值贴补率为年利率 0。公告明确，今后保值贴补率为零时，不再公布；保值储蓄存款在保值期内如有保值贴补率，仍在上月 15 日以前公布。

国家计划委员会、国家外汇管理局发布《境外进行项目融资管理暂行办法》。该暂行办法规定：项目融资是指以境内建设项目的名义在境外筹措外汇资金，并仅以项目自身的预期收入和资产对外承担债务偿还责任的融资方式。项目融资主要适用于发电设施、高等级公路、桥梁、隧道、城市供水厂及污水处理厂等基础设施建设项目，以及其他投资规模大且具有长期稳定预期收入的建设项目。经国家计委批准的项目融资，其对外融资规模纳入国家借用国际商业贷款指导性计划；项目融资须经国家外汇管理局审批或审核，其中，地方上报的项目融资条件由当地外汇局分局初审后，报国家外汇管理局审批或审核。项目融资协议正式签署后，项目公司应向外汇管理部门办理外债登记。项目公司以项目融资方式筹措的外汇资金，应及时调入境内，按照规定用途使用或根据国家外汇管理规定保留或结汇；未经国家外汇管理局批准，不得存放境外。偿还对外债务本金不足部分外汇，项目公司可凭国家计委和国家外汇管理局批准的有关文件，经当地外汇管理部门核准，向外汇指定银行购买，存入专项账户。

19 日 根据八届全国人大五次会议关于批准设立重庆直辖市的决定，中国人民银行批准中国人民银行重庆市分行升格为直辖市分行，行使省级分行职能和权限，管辖重庆市分行所辖的 5 个县（市、区）支行和万县市、涪陵市、黔江地区分行及其所辖的 17 个县（区）支行。

24 日 中国人民银行向国务院提交 1996 年度金融监管工作报告。该报告对 1996 年人民银行的金融监管工作的基本情况进行总结，强调今后在金融风险的防范、化解中应采取如下措施：

1. 坚决、彻底取缔非法金融机构，研究、规范、制止非法金融活动。2. 在改革中逐步化解农村信用社的金融风险。3. 规范、引导城市信用社的发展。4. 逐步降低商业银行的不良贷款比例。5. 防范和化解信托投资公司和证券机构的金融风险。6. 规范和引导财务公司健康发展。7. 加强对企业债券的管理。8. 逐步化解农村合作基金会的金融风险。9. 认真防范和严厉查处金融诈骗活动。10. 加强对金融机构高级经营管理人员的资格审查。

25 日 中国人民银行发布《关于对金融系统工作人员违反金融规章制度行为处理的暂行规定》。该暂行规定要求金融系统工作人员必须严格遵守有关规章制度，对初次违规且情节轻微的，给予批评教育，并给予适当的经济处罚；违规两次或情节、后果较重的，除给予经济处罚外，还要进行通报批评或给予行政警告处分；连续三次以上违规或情节、后果严重的，给予记过以上的行政处分，并调离原工作岗位。对监督检查人员不按监督检查的规定和程序办事，情节轻微，未造成后果的，给予批评教育，并给予一定的经济处罚；造成一般差错的，除给予经济处罚外，还要进行通报批评；造成差错、事故的，给予行政警告处分；造成重大事故或经济损失的，给予记过以上的行政处分，并调离原工作岗位。业务部门负责人对本部门发生的违反规章制度的行为不作认真处理的，给予通报批评或行政处分；发生差错、事故造成损失的，按有关规定追究领导的责任；本人违反规章制度的，给予通报批评或行政处分。金融系统各级机构的负责人对有关规章制度不认真传达贯彻、组织实施，造成严重差错、事故的，要通报批评；造成严重后果和重大经济损失的，要依据有关规定给予严肃处理；金融机构负责人本身违反规章制度的，要从严处理。该规定自发布之日起执行。

28 日 中国人民银行颁布实施《个人住房担保贷款管理试行办法》。该试行办法适用于经中国人民银行批准设立的商业银行和住房储蓄银行。主要内容如下：1. 具有城镇常住户口，有稳定的职业和收入，有偿还贷款本息的能力；有资产作为贷款抵押或质押，或有单位或个人能承担连带责任，可向银行提出借款申请。2. 贷款期限由银行自行确定，但最长不得超过 20 年。借款人应在双方约定的贷款期限内，按月归还贷款本息。贷款的最高额为购买自用普通住房价格的 70%；用住房公积金发放的贷款，利率不分期限档次。使用当年归集的住房公积金发放的贷款，贷款利率在活期存款利率的基础上加 2 个百分点执行；使用上年结转的住房公积金发放的贷款，贷款利率在 3 个月整存整取存款利率的基础上加 2 个百分点执行。用信贷资金发放的贷款，在合同期内，期限为 5 年的，执行 3 年期固定资产贷款利率；期限为 5 年以上至 10 年的，执行 5 年期固定资产贷款利率；期限为 10 年以上的，在 5 年期固定资产贷款利率的基础上适当上浮，上浮幅度不超过 5%。3. 贷款可以抵押和质押作为担保。作为贷款抵押物的财产，应当符合《中华人民共和国担保法》的规定。借款人以所购的自用住房作为贷款抵押物的，必须将住房价值全额用于贷款抵押，借款人还须在合同签订前办理房屋保险或委托贷款人代办有关保险手续。4. 银行不对购买高档豪华商品房发放个人住房担保贷款。该试行办法首先在国务院确定的实施安居工程的 223 个城市中试行，由中国人民银行安排国有商业银行 100 亿元贷款规模，专项用于发放个人住房担保贷款。

29 日 国务院发布《国务院批转国家计委、国家经贸委、国家体改委关于深化大型企业集团试点工作意见的通知》。该通知指出，要按照建立现代企业制度和搞好整个国有经济的要求，重点抓好一批大型企业集团，带动一批企业的改组和发展，促进结构调整，形成规模经济，提高国有资产的营运效率和效益，积极发挥大型企业集团在国民经济中的骨干作用。《关于深化大型企业集团试点工作的意见》就试点工作和选择第二批试点企业集团名单的有关问题提出如下意见：要建立以资本为主要联结纽带的母子公司体制；进一步增强试点企业集团母公司的功能；多渠道增补试点企业集团的资本金，发挥其在结构调整中的作用；加强对试点企业集团的监督、考核；扩大大型企业集团试点的范围和条件；并要求国家计委、国家经贸委和国家体改委做好企业集团试点的组织和领导工作。

5 月

8 日 中国人民银行印发《关于规范华夏、国泰、南方证券公司管理体制的通知》。该通知指出，随着证券市场的发展，国务院及中国人民银行有关证券市场及证券机构监管的法律法规日趋完善。为了独立行使中央银行的监管职能，三大证券公司不再挂靠中国人民银行总行，自文到之日起，停止执行《关于对中国证券交易系统有限公司，华夏、国泰、南方证券有限公司董事长、总经理、监事长管理的暂行办法》（银发〔1993〕294 号）和《关于华夏、国泰、南方证券有限公司挂靠人民银行总行的管理办法》（银发〔1993〕348 号），对三大证券公司的监管依照统一的政策法规执行，三大证券公司党的关系按照属地管理的原则办理。

9 日 国务院发布《关于调整证券（股票）交易印花税税率的通知》。决定从 1997 年 5 月 10 日起，将买卖、继承、赠与所书立的股权转让书据等证券交易印花税从 0.3% 上调至 0.5%，调整税率新增加的收入，全部作为中央财政收入。这次调整增加了资金短出短进的交易成本，是管理层运用税率杠杆调节股市交易，抑制股市过度投机，保证证券市场稳步健康发展的重大措施。

12 日 《中国人民银行科技发展和电子化建设“九五”计划大纲》发布。主要内容有：1. 中国人民银行的科技发展和电子化建设存在以下不足：科技工作归口管理关系还未完全理顺，贯彻执行电子化建设总体规划力度不够；建设资金投入不足，来源不稳定；应用系统软件开发工作缺乏总体规划和设计。2. 科技发展和电子化建设的目标为在 20 世纪末，在总行和各级分支机构基本实现信息传输网络化、业务处理电子化、决策管理科学化、办公管理自动化，进一步缩小与发达国家中央银行的电子化整体水平的差距。3. 科技发展和电子化建设的工作重点是建成中国金融数据通信网；改进并完善全国电子联行系统；完成中国国家现代化支付系统的试点工程并向全国其他城市推广；完成主要业务应用系统的开发与推广；完成金融管理信息系统的建设，建立总行和各级分支机构的办公自动化系统；完善并推广综合处理同城清算、票据清分、会计核算等业务的城市资金清算系统；建立全国统一的货币市场、外汇市场、证券登记和交易结算系统，以及国际收支统计和监测等金融市场电子化系统；进行银行卡工程的试点和推广，建立全国银行信息交换中心。

15 日 中国人民银行发布《外资金融机构中、高级管理人员任职资格管理暂行规定》。该规定明确：1. 中国人民银行负责对外资金融机构中、高级管理人员任职资格的审查与管理。2. 外资金融机构的中、高级管理人员是指：外资独资、中外合资金融机构的董事长、副董事长、总经理、副总经理、行长、副行长；外国金融机构在华分支机构的总经理、副总经理、行长、副行长、支行行长；上述机构的会计主管、首席精算师等参与日常管理的主要管理人员；外国金融机构代表机构的总代表、首席代表、代表。3. 外资金融机构的中、高级管理人员具有经济、金融相关专业大学专科以上的学历，熟悉中国的金融管理法规，具有经营管理能力。有 10 年以上的金融工作经历或 15 年以上的相关经济工作经历，其中，有 5 年以上担任分行部门经理或相当于部门经理以上职位的经历。担任会计主管和首席精算师职务，还必须取得相应的资格证书。担任外国金融机构的首席代表，应具有 5 年以上从事金融或相关工作的经历；外资金融机构中、高级管理人员的任职期限至少为两年。本规定自发布之日起执行。4. 外资金融机构中、高级管理人员的变更须经中国人民银行核准；中国人民银行对外资金融机构中、高级管理人员的任职资格审查实行分级管理制度。

《中国人民银行关于金融诈骗案件协查管理办法》发布。该办法规定：1. 各金融机构由保卫部门办理金融诈骗案件，并建立和完善金融诈骗案件的受理、承办、协查和建立档案等管理制度。在案件查处中，涉及金融机构内部多个部门承办的，要按照各自的职责范围，分工协作，积极查办。2. 诈骗案件主要指以非法占有为目的，诈骗银行或者其他金融机构的资金；进行金融票据诈骗；利用信用卡、电脑等工具诈骗金融机构的资金；进行保险诈骗活动；以引资、开发项目为由骗取金融机构出具资信证明；其他金融诈骗犯罪活动。3. 各级金融机构的保卫部门要将线索、可疑情况或正在实施的犯罪向公安机关、上级行和主管行领导报告，报告内容必须具有五个要素（时间、地点、事由、原因、结果）。4. 查处和打击金融诈骗犯罪活动，以属地管理为主，金融机构与公安机关办案相结合。各金融机构对发生金融诈骗案件的协查工作分别对上一级金融机构负责。5. 对金融单位被骗款项，凡是国家未发行的货币、国家拨给银行办理信贷业务的资金、客户存入银行的款项，以及被骗的金银等，应全部归还银行，不作财政收入。该办法还对金融机构员工在办案过程中的表现进行奖励与处罚等作出了具体规定。

16 日　中国人民银行颁布《加强金融机构内部控制的指导原则》，主要内容如下：1. 金融机构的内部控制要达到以下目标，确保国家法律、法规和中央银行监管规章的贯彻执行；确保将各种风险控制在规定的范围之内；确保自身发展战略和经营目标的全面实施；有利于查错防弊，堵塞漏洞，消除隐患，保证业务稳健运行。要遵循有效性、审慎性、全面性、及时性、独立性的原则。2. 金融机构的内部控制包括金融机构内部组织结构的控制、资金交易风险的控制、衍生工具交易的控制、信贷资金风险的控制、保险基金的风险控制、会计系统的控制、授权授信的控制和计算机业务系统的控制等，要按照决策系统、执行系统、监督反馈系统互相制衡的原则来设置。3. 为了加强内部控制，金融机构要设立顺序递进的三道监控防线；建立有效的预警预报系统和制定应急应变措施；要进一步加强和完善检查监督手段；按各自的业务经营范围和特点，制定全面、系统、具体的内部控制制度，并在辖属分支机构、各职能部门、各岗位人员之间，建立既有分工负责，又有相互制约的内部控制系统。内部控制制度的综合管理，由各金融机构稽核（审计）部门具体负责，中央银行负责对金融机构内部控制的监督和稽核。该指导原则自发布之日起由金融机构实行。

中国人民银行印发《关于金融机构经营本外币业务统一发放许可证的通知》。决定自 1997 年 7 月 1 日起，对金融机构经营人民币业务和外币业务统一发放许可证。国家外汇管理局负责审查各金融机构的外汇业务市场准入资格。审查合格后，由中国人民银行的相应职能部门根据国家外汇管理局的批准文件颁发或换发金融机构法人许可证、金融机构营业许可证或保险机构法人许可证、经营保险业务许可证。许可证上注明其经营本、外币的业务范围。统一本、外币许可证后，许可证中业务范围的格式，将根据外汇局批准文件中批准的业务范围，与人民币业务范围相对照进行统一。

20 日　中国人民银行发布《关于清理整顿基金会的通知》。为了贯彻执行《中共中央办公厅国务院办公厅关于加强社会团体和民办非企业单位管理工作的通知》和《国务院办公厅转发民政部关于清理整顿社会团体意见的通知》的精神，人民银行决定对现有基金会进行全面清理整顿。各分行要重点对辖内基金会的基金来源及运用情况进行检查，并根据基金会的不同情况提出保留、整改、合并、撤销的意见。清理整顿采取基金会自查、业务主管部门检查、人民银行审查和民政部门重新登记相结合的方法。各分行要借此次清理整顿的机会对辖内所有的社团基金会进行一次全面普查，摸清基金会的总体情况，基金会的总数及注册、捐赠、筹集基金的情况。

21 日　国务院证券委员会、中国人民银行、国家经济贸易委员会联合发布《关于严禁国有企业和上市公司炒作股票的规定》。该规定明确，国有企业不得炒作股票，不得提供资金给其他机构炒作股票，也不得动用国家银行信贷资金买卖股票；上市公司不得动用银行信贷资金买卖股票，不得用股票发行募集的资金炒作股票，也不得提供资金给其他机构炒作股票；国有企业和上市公司为长期投资而持有已上市流通的股票（在国务院主管部门规定的期限以上），应向证券交易所报告；国有企业和上市公司只能在交易所开设一个股票账户（A股），必须用本企业（法人）的名称，严禁国有企业和上市公司以个人名义开设股票账户或者为个人买卖股票提供资金。

22日 中国人民银行发布《商业汇票承兑、贴现与再贴现管理暂行办法》。该办法规定：1. 承兑、贴现、转贴现、再贴现等票据活动，应当遵循平等、自愿、公平和诚实信用的原则，应以真实、合法的商品交易为基础。承兑、贴现、转贴现、再贴现的商业汇票，应以真实、合法的商品交易为基础；承兑、贴现、转贴现的期限，最长不超过6个月；再贴现的期限最长不超过4个月；贴现利率在再贴现利率的基础上加百分点生成，加点幅度由中国人民银行确定；转贴现利率由交易双方自主商定；再贴现利率由中国人民银行制定和调整。2. 商业银行、政策性银行对其分支机构核定可承兑汇票的总量或比例，实行承兑授权管理并承担承兑风险。3. 中国人民银行对各授权窗口的再贴现实行总量控制，并根据金融宏观调控的需要适时调增或调减各授权窗口的再贴现限额，同时，对各授权窗口的再贴现操作效果实行量化考核。该办法同时对承兑、贴现、再贴现业务的具体操作程序做了详细规定。该办法自颁布之日起施行。

6月

2日 财政部、国家税务总局、中国人民银行下发《关于外资金融机构经营人民币业务有关税收问题的通知》。该通知对外资金融机构经营人民币业务的税收政策作出具体规定。主要内容为：1. 试办人民币业务的外资金融机构，要将人民币业务和外币业务实行分账管理，单独核算，分别计算税额。2. 对外资金融机构经营外币业务的所得，仍按《外商投资企业和外国企业所得税法》及实施细则的规定征收所得税；经营人民币业务的所得，从被批准之日起，一律按30%的税率征收企业所得税和按3%的税率征收地方所得税，不享受“一免两减”的税收优惠。外资金融机构缴纳企业所得税的归属按财政部的财预字〔1996〕200号文件规定执行。3. 对外资金融机构从被批准允许经营人民币业务之日起，其取得的经营人民币业务的收入，与内资金融企业一样，执行国家统一的营业税的有关规定。该通知从1997年1月1日起执行。

5日 中国人民银行发布《关于各商业银行停止在证券交易所证券回购及现券交易的通知》。该通知要求，各国有商业银行、其他商业银行、城市合作银行必须按中国人民银行规定的时间，停止在证券交易所的证券回购和现券交易，且不得再在证券交易所内发生任何新的证券回购业务和现券交易业务；从6月6日起，商业银行的证券回购业务按中国人民银行的规定，在全国统一的同业拆借网络中办理；禁止一切借券、租券等融券交易；禁止一切金融机构挪用代客户保管的证券进行回购、现券交易及其他交易；禁止一切挪用代客户保管的证券进行抵押的行为；各商业银行必须统一在中央国债登记结算有限责任公司开立证券集中托管账户。

中国人民银行发布《银行间债券回购业务暂行规定》。该规定明确交易品种限于可用于回购的流通国债品种；交易对象限于全国银行间同业拆借市场的成员；交易成员的债券回购业务必须通过全国统一同业拆借市场进行，不得在场外进行；交易采用询价方式逐笔成交；回购的期限分为7天、14天、21天、1个月、2个月、3个月、4个月7个品种，最长不得超过4个月；回购利率由买卖双方确定；回购到期时，必须按规定办理资金与债券的反向交割，不得展期。该规定发布的同时，银行间债券交易在中国外汇交易中心正式启动，这标志着中国国债市场被分成交易所交易市场和同业拆借中心市场两个部分。

中国人民银行、财政部下发《关于清理规范财政系统证券机构的通知》。对财政系统未经中国人民银行批准设立的证券机构，包括各地财政证券公司以及自营、代理股票交易的各类国债服务部等，一律在清理的基础上进行撤并。具体规定为：被授予国债一级自营商资格而未获得“金融机构法人许可证”的财政证券公司及部分其他财政证券公司，可以与经中国人民银行批准的证券公司或信托投资公司合并。各省个别已代理股票交易业务的国债服务部，经省财政厅（局）审查同意及中国人民银行总行批准后，可并入经中国人民银行总行批准的信托投资公司或证券公司作为其证券交易营业部，原则上每省保留1~2家。其余的财政证券机构及国债服务部或被撤销，或作为当地财政厅（局）的事业单位（统一取名为“××国债服务部”），只办理国债的发行及兑付业务，不得办理证券的交易业务。该通知发布之后，对未经中国人民银行批准，擅自设立财政证券机构者，将视同非法设立的金融机构。

国务院办公厅转发《中国人民银行关于进一步做好农村信用社管理体制改革工作意见》。该意见指出：目前，农村信用社改革和发展中还主要存在以下问题：农村信用社与中国农业银行脱钩后，如何把农村信用社真正办成合作金融组织，并按合作制改进农村信用社与各方面的关系等问题，还需要进一步统一认识；农村信用社的资产质量差、亏损严重、案件较多、风险突出；中国人民银行对农村信用社的监管亟须完善和加强；农村合作基金会违规经营金融业务，与农村信用社恶性竞争，给双方增加了严重的经营风险。针对上述问题的解决意见如下：坚定不移地把农村信用社办成合作金融组织。按合作制原则改革农村信用社管理体制，按中国人民银行制定、将很快颁布的《农村信用合作社管理规定》和《农村信用合作社示范章程》逐步规范农村信用社的股权设置、民主管理和服务方向。完善和加强农村信用社县（市）联社的建设。进一步加强中国人民银行对农村信用社的监督管理。防范和化解农村信用社的风险。进一步改进金融服务，坚持为农业、农民和农村经济服务的方向，其资金要取之于农，用之于农。为农村信用社的改革和发展创造良好的外部环境，有关部门要在资金、税收、利率、结算等方面给予必要的扶持。切实加强对农村信用社管理体制改革工作的领导。

6日 中国人民银行发布《关于禁止银行资金违规流入股票市场的通知》。该通知规定：1. 严禁各商业银行及其分支机构从事信托投资和股票投资业务。对以机构名称或自然人的名义开立的各种股票等权益类证券交易账户，必须在文到之日起10天内撤销；对所持有的股票等权益类证券，必须在文到之日起10天之内全部变现。2. 从1997年6月6日起，所有商业银行停止在证券交易所和各地证券交易中心的证券回购及现券交易。3. 中国人民银行各分行要严格管理商业银行与信托投资公司、证券公司以及非银行金融机构之间的拆借业务。各证券公司的拆入资金期限不得超过1天，拆入资金总额不得超过该机构实收资本金的80%，拆入资金只能用于头寸调剂，不得用于证券交易。任何商业银行与非银行金融机构之间的拆借行为必须通过全国统一同业拆借市场进行，禁止一切场外拆借行为。4. 严格禁止证券交易透支行为。上海证券交易所、深圳证券交易所及其下属的证券登记结算公司、所有商业银行和各地证券交易中心、证券登记公司在办理证券交易资金清算业务时，不得向任何证券经营机构提供清算透支，任何证券经营机构不得对客户的证券交易提供透支。5. 严格客户保证金管理。证券经营机构吸收客户的各类证券交易资金，必须全额存入商业银行。6. 企业不得占用贷款买卖股票。7. 中国人民银行将定期和不定期地组织全面检查，加大对违反各种规定的机构和责任人员的查处力度。

中国人民银行发布《关于进一步做好其他商业银行与所办经济实体脱钩的通知》。该通知要求中信实业银行、中国光大银行、华夏银行、中国投资银行、中国民生银行、招商银行、广东发展银行、福建兴业银行、深圳发展银行、上海浦东发展银行、海南发展银行按照国务院的指示，不折不扣地清理对非银行金融机构及企业的投资。具体规定如下：1. 关于向境内非银行金融机构投资的清理。各银行投资设立的全资附属证券公司、财务公司、租赁公司及其他非银行金融机构，经中国人民银行和国有资产管理部门批准，可进行整体转让，收回全部投资。整体转让确有困难的，可将其改造为相对应的银行参股的股份制非银行金融机构，银行与改制后的非银行金融机构在机构、资金、业务、人事及经营管理等方面彻底分开。2. 对境内企业投资的清理。商业银行对企业的投资，属于对企业参股的，采取转让股份的方式收回；属于独资兴办的，采取整体出售转让的方式收回；企业的经营状况很差，难以恢复和维持的，可通过兼并、破产等方式进行处理。3. 关于银行与其工会、行政后勤部门所办的“三产”和服务性公司脱钩问题。凡为银行业务服务的经济实体，可予以保留，但要与银行实行人、财、物的彻底脱钩。

11日 国务院证券委员会同中国人民银行、审计署、中国证监会等有关部门，依法对证券市场一批违规机构及其负责人作出严肃处理。违规机构包括深圳发展银行、中国工商银行上海分行、广深铁路股份有限公司、海通证券公司、申银万国证券公司和广发证券公司等。1. 1996年3月至1997年4月，深圳发展银行先后动用3.11亿元资金直接炒作本公司股票，非法获利9 034万元。直到1997年4月，深圳发展银行仍然继续炒作本公司股票。该银行的行为违反了《中华人民共和国商业银行法》关于商业银行不得从事股票投资业务的规定，也违反了国家关于上市公司不得买卖本公司股票的规定。决定给予深圳发展银行行长贺云撤职处分，认定贺云为金融、证券市场禁入者，5年内不得从事金融、证券业务；给予负有相关责任的原深圳发展银行证券营业部的负责人李卫记大过处分；对深圳发展银行处以罚款，没收非法所得，将其非法持有的“深发展”股票全部卖出，盈利全部上缴国库。2. 1996年9月至12月，中国工商银行上海分行给一些证券公司拆借和透支巨额资金用于炒股。其中，累计为海通证券公司拆借资金9.1亿元，为申银万国证券公司拆借资金63.1亿元。在1996年12月16日《人民日报》特约评论员文章发表之后，仍给有关证券经营机构透支，12月25日一天即达3.95亿元。该银行的行为严重违反了国家关于任何金融机构不得为股票交易拆借资金和透支的规定。决定给予中国工商银行上海分行行长沈若雷撤职处分。3. 广深铁路股份有限公司董事长葛闻安未经董事会决定，于1996年12月擅自将募股资金中的3亿元，委托不具备在境内从事金融业务资格的君安国际金融有限公司进行资产管理，后者将该笔资金转到君安证券公司炒作股票，非法获利4 000万元。该公司的行为严重违反了国家有关证券法规和会计制度。决定给予公司董事长葛闻安、总会计师曾宪钊免职和记大过处分，并责成公司收回违规使用的募股资金3亿元。4. 从1996年9月开始，海通证券公司、申银万国证券公司、广发证券公司违规获取银行巨额资金，采用连续买入卖出和大量对敲等方式，分别操纵“上海石化”“陆家嘴”“南油物业”等股票价格，造成上述公司股价的异常波动。决定对海通证券公司董事长兼总经理李惠珍、申银万国证券公司总裁阚治东、广发证券公司总经理马庆泉作出免职和记大过处分。对上述3家证券公司分别处以罚款，并暂停股票自营业务1年。君安证券公司也因违规被暂停股票自营业务半年，并没收其非法所得。

中国人民银行发布《关于对1996年国债兑付工作中发生的违规事件的通报》。该通报指出，在1996年国债兑付工作中，有个别银行出现无券办理兑付、按估计数向人民银行清算本息款项、重复兑付以及将已兑付国债券误作空白凭证自行销毁等重大事故。造成个别证券机构和商业银行长时间占有国家资金，给国家带来了较大的经济损失。违规行为包括：1. 擅自改变国债兑付的划款方法，按估计数结算国债本息款。2. 没有实物券，却向当地人民银行结算国债兑付本息款，事后交不出券，退回国债兑付本息款项。3. 弄虚作假，先按利息高的券种办理兑付，然后再调账，以此套取国债利息差额。4. 责任心不强，造成已兑付过的国债重复兑付。5. 违反操作规程，误将已兑付的国库券视同空白凭证销毁。为了严防类似事件的再度发生，人民银行对相应责任人给予处分和通报，督促商业银行严格按章办事，消灭事故隐患。

中国人民银行首次向社会公布生产资料价格指数。中国人民银行根据制定货币政策的需要，从1987年1月开始按月编制企业生产资料购进价格指数。该指数按月编制，包括总指数、大类指数、小类指数和个体指数，编制月度环比指数、月度同期比指数和月度定基比指数。

18日 重庆直辖市正式挂牌。1997年3月14日，八届全国人大五次会议通过《关于批准设立重庆直辖市的决定》。该决定批准设立重庆直辖市，撤销原重庆市。重庆直辖市辖原重庆市、万县市、涪陵市和黔江地区，共43个区市县，8.24万平方千米土地，3 002万人。

20日 中国人民银行发布《城市合作银行管理规定》。该规定明确，城市合作银行是独立的企业法人，采取股份有限公司的形式，依法自主经营，自负盈亏；接受中国人民银行的管理、监督、稽核；城市合作银行在符合条件的地级以上（含地级）城市设立，并以所在城市的名称命名，一个城市只能设立一家城市合作银行，可根据业务发展需要，在所在城市市区内设立分支机构；权力机构是股东大会，同时设立董事会和监事会；最低注册资本金为1亿元人民币，股本由当地企业、个体工商户、城市居民和地方财政部门的入股资金构成。其中，地方财政部门为最大股东，其入股比例不超过城市合作银行股本总额的30%。根据资本金来源和归属设置国家股、法人股、个人股。城市合作银行经营的业务包括：吸收公众存款；发放短期、中期和长期贷款；办理国内外结算、票据贴现；代理发行、代理兑付、承销政府债券、买卖政府债券；从事同业拆借；发行金融债券；提供信用证服务及担保；代理收付款项及代理保险业务；提供保管箱服务；办理地方财政信用周转使用资金的委托存贷款业务；经营外汇业务。贷款及其他金融服务在其所在市范围内开展，并优先考虑满足中小企业、个体工商户的需要，促进地方经济的发展。该规定自颁布之日起施行。

国务院发布《关于进一步加强在境外发行股票和上市管理的通知》。该通知规定：1. 在境外注册的中资非上市公司和中资控股的上市公司，以其拥有的境外资产和由其境外资产在境内投资形成并实际拥有3年以上的境内资产，在境外申请发行股票和上市，其境内股权持有单位应当按照隶属关系事先征得省级人民政府或者国务院有关主管部门同意；其不满3年的境内资产，不得在境外申请发行股票和上市。2. 将境内企业资产通过收购、换股、划转以及其他形式转移到境外中资非上市公司或者境外中资控股上市公司在境外上市，以及将境内资产通过先转移到境外中资非上市公司，再注入境外中资控股上市公司在境外上市，境内企业或者中资控股股东的境内股权持有单位应按照隶属关系事先经省级人民政府或者国务院有关主管部门同意，并报中国证监会审核后，由国务院证券委员会按国家产业政策、国务院有关规定和年度总规模审批。3. 禁止境内机构和企业通过购买境外上市公司控股股权的方式，进行买壳上市。

27日 天津中新药业集团股份有限公司在新加坡股票交易所挂牌上市。本次上市共发行1亿股S股，每股0.68美元，筹集资金6 800万美元。这是中国第一家在新加坡发售S股票的公司。天津中新药业集团股份有限公司S股票的成功发售，标志着新加坡已成为继中国香港、纽约、伦敦之后，中国企业境外上市的第四个地点。

7月

1日 中国人民银行发行中华人民共和国香港特别行政区成立纪念币。经国务院批准，此次发行的纪念币分为金银纪念币（第3组）和流通纪念币两种。金银纪念币共4枚，其中，金币2枚，银币2枚；流通纪念币共2枚，面额10元，与10元人民币等值流通。

3日 中国人民银行发布《特种金融债券托管回购办法》。该办法规定，特种金融债券发行结束后统一在中央国债登记结算有限责任公司托管结算。参与特种金融债券回购的机构为具有独立法人资格的非银行金融机构。商业银行、非金融机构和个人不得参与特种金融债券回购业务。特种金融债券不得用作银行间债券回购。全国统一的特种金融债券回购采用询价谈判、逐笔成交的方式进行。特种金融债券回购期限分为7天、20天、30天、60天和90天五档。回购利率由买卖双方根据市场资金供求情况自行确定。特种金融债券的回购实行超额质押制度，由回购交易双方根据发债机构或发债机构担保人的资产价值状况，平等协商确定特种金融债券与融入资金的质押比例。非银行金融机构在特种金融债券回购业务中不得进行租券或借券等融券行为。有关中介机构不得向回购交易者提供透支、融券。特种金融债券发债机构必须交纳偿债基金，偿债基金根据该发债机构的特种金融债券发行量的一定比例提取。发债机构所有的重要信息均须报中国人民银行并提交中央国债登记结算有限责任公司后，在中国人民银行指定的报刊上公布。特种金融债券可以选择以下方式兑付：以其持有的国债、政策性金融债券、中央银行融资券对其发行的特种金融债券进行置换；分期赎回特种金融债券；在债券到期前30天将债券本息一次性划至中央国债登记结算有限责任公司；以所抵押的资产抵债。

中国证监会宣布第一批不予通过1996年度年检的11家期货经纪公司名单。这11家公司是：鑫远期货经纪有限公司、大连中福期货经纪有限公司、大连万发期货经纪有限公司、辽宁海湾期货经纪有限公司、辽宁经协期货经纪有限公司、海南新丰期货经纪有限公司、海南富特利期货经纪有限公司、海南顺丰期货经纪有限公司、海南省海航期货经纪有限公司、商鼎期货经纪有限公司、广州市新世界期货经纪有限公司。这11家期货经纪公司分别存在资不抵债、连续停业6个月以上、非法从事境外期货和外汇按金交易等问题，并逾期未参加1996年度年检。中国证监会决定对这11家期货经纪公司不予通过年检，注销这11家公司的期货经纪业务许可证，并取消其从事期货经纪业务的资格。25日，中国证券监督管理委员会公布第二批不予通过1996年度年检的7家期货经纪公司名单，取消其从事期货经纪业务的资格。这7家公司是：广东金叶期货经纪有限公司、广州珠江期货经纪有限公司、佛山保利期货经纪有限公司、阳江市兴龙期货经纪有限公司、广州全发期货经纪有限公司、宁波金盆期货经纪有限公司、宁波物资期货经纪有限公司。9月13日，中国证监会公布了6家未通过年检的期货经纪公司名单，取消其从事期货经纪业务的资格。这6家公司是：云南云生期货经纪有限公司、云南商交期货经纪有限公司、大地期货经纪有限公司、湖北华泰期货经纪有限公司、上海太平洋期货经纪有限公司和湖南省恒通期货经纪有限公司。

4日　国务院办公厅发布《关于禁止非法买卖人民币的通知》。该通知规定，禁止非法买卖、流通人民币（包括纪念币），经营已退出流通的人民币必须经中国人民银行批准。未经批准，任何单位和个人不得装帧和经营装帧的流通人民币。违反以上规定的，视情节轻重，由工商行政管理部门没收实物及非法所得，并按有关规定予以处罚。各金融机构及其从业人员不得利用职务之便支持、参与人民币的非法买卖活动，对违反规定的要从严惩处。

7日　根据国务院信息化工作领导小组的统一部署，中国人民银行成立金融信息化工作领导小组和办公室。

9日　中国人民银行向国务院作出《关于查处商业银行私设账外账情况的报告》。该报告指出，中国人民银行从1995年5月开始清查商业银行私设账外账的问题。已查实，到1995年年底，商业银行的账外存款为270亿元，账外贷款为430亿元。1996年又查出新的账外存款10亿元、账外贷款4.7亿元。由于清理账外账和各种违规经营的任务十分艰巨，有些问题还没有暴露出来，已经暴露的问题如何减少损失还要做大量的工作。人民银行将继续清查金融机构的账外账，并对外公布，再发现有私设账外账者，一律开除银行系统，对触犯法律者，要依法追究法律责任。

中国人民银行发布《关于进一步做好金融债权管理工作的通知》。为了贯彻吴邦国副总理主持召开的全国国有企业改革联席会议第二次会议的精神，该通知要求：1. 各级金融债权管理行长联席会议一定要积极参与《企业兼并破产和职工再就业工作计划》实施的全过程，与当地协调小组和债权银行沟通，了解有关工作进展情况，做好协调工作，保证当年各地上报核销的呆坏账损失严格控制在国家经贸委和中国人民银行联合下达的呆坏账准备金预分配规模内。对于突破当地呆坏账准备金预分配规模的部分，一律不得实施，将其列入次年工作计划，以确保当年全国核销呆坏账准备金300亿元的总量规模不被突破。2. 对于总量未超过当地总规模的，中国人民银行分行应告知债权银行及时上报其上级行；对于总量已超过当地总规模的，中国人民银行分行应告知债权银行停止办理审核手续。该通知还对各债权银行总行批准核销手续、责任追究进行了规定。

12日 中国证监会发出通知，重申严禁非法境外期货、外汇按金交易。中国证监会的通知要求，各地证券管理办公室要组织力量，联合外汇管理、工商和公安部门，对非法从事境外期货和外汇按金交易活动进行一次彻底的清查。对于非法从事境外期货和外汇按金交易的各类非法公司，一经查实，立即取缔并没收其非法所得，构成犯罪的，追究相关人员的刑事责任，对于从事这类非法活动的期货经纪公司，一经发现，上报中国证监会后，一律取消其从事期货经纪业务的资格。

15日 国务院办公厅发布《国家扶贫资金管理办法》。国家扶贫资金是指中央为了解决农村贫困人口的温饱问题、支持贫困地区社会经济发展而专项安排的资金，包括支援经济不发达地区发展资金、“三西”农业建设专项补助资金、新增财政扶贫资金、以工代赈资金和扶贫专项贷款。该办法规定：年度扶贫专项贷款的具体计划，由中国农业发展银行在当年年初下达到省、自治区、直辖市分行，3月底前将计划全部落实到项目，并根据项目进度及时拨付资金。使用扶贫专项贷款的项目，应当经有关银行事前审查论证。各级扶贫开发办事机构应当积极支持、协助有关银行完成核定的催收贷款最高比例和到期贷款回收率的指标，努力盘活贷款存量。该办法自1997年8月1日起施行。

16日 国务院公布《建立统一的企业职工基本养老保险制度的决定》。随着我国改革开放和社会主义市场经济体制的逐步建立，企业成为自主经营、自负盈亏的经济实体，为了解决企业的负担，扩大基本养老保险的互济功能，变企业保险为社会保险，中国人民银行转发了国务院的决定。该决定要求：1. 到20世纪末，要基本建立起适应社会主义市场经济体制要求的养老保险体系。2. 企业职工养老保险要贯彻社会互济与自我保障相结合、公平与效率相结合、行政管理与基金管理分开等原则。3. 各级人民政府要把社会保险事业纳入本地区国民经济与社会发展计划，贯彻基本养老保险只能保障退休人员的基本生活的原则。4. 企业缴纳基本养老保险费的比例，一般不得超过企业工资总额的20%。个人缴纳基本养老保险费的比例，1997年不得低于本人缴费工资的4%，从1998年起每两年提高1个百分点，最终达到本人缴费工资的8%。5. 企业按本人缴费工资11%的数额为职工建立基本养老保险个人账户。6. 本决定实施后参加工作的职工，个人缴费年限累计满15年的，退休后按月发给基本养老金。该决定实施前已经离退休的人员，仍按国家原来的规定发给养老金，同时执行养老金调整办法。该决定实施前参加工作、实施后退休且个人缴费和视同缴费年限累计满15年的人员，按照新老办法平稳衔接、待遇水平基本平衡，在发给基础养老金和个人账户养老金的基础上再确定过渡性养老金，过渡性养老金从养老保险基金中解决。7. 基本养老保险制度要逐步扩大到城镇所有的企业及其职工。8. 实行企业化管理的事业单位，原则上按照企业养老保险制度执行。

中国人民银行颁布《国内信用证结算办法》。该办法规定：开办国内信用证结算业务必须经中国人民银行批准。信用证结算的当事人应当遵守法律、法规，不得损害社会公共利益。信用证只限于转账结算，不得支取现金；信用证与作为其依据的购销合同相互独立，银行处理信用证业务时，不受合同的约束；开证申请人使用信用证时，应委托其开户银行办理开证业务；开证行根据提交的申请书等有关材料受理开证业务。

该办法还就业务的具体操作程序做了详细说明。该办法自 1997 年 8 月 1 日起施行。

18 日 中国人民银行颁布《金融监管工作规程》。该规程第一次按照系统化管理和流程式运作的模式，将人民银行的金融监管工作分为监管规划、监管运作和监管报告三个阶段，对包括市场准入监管、市场营运监管和市场退出监管在内的整个监管过程中的各个主要环节的工作目标、任务、程序、分工、协调等方面作出了明确的规定，对各项工作的决策、执行和报告程序提出了具体要求。

中国人民银行发布《关于房地产开发企业贷款有关问题的通知》。根据国家计委下达的 1997 年第一批房地产开发建设计划，房地产公司可以向商业银行申请贷款，为此，该通知向商业银行重申，房地产开发企业贷款列入固定资产贷款规模，实行指令性计划管理。各商业银行在没有接到人民银行下达的贷款规模前，不得发放房地产开发企业贷款。

25 日 国家外汇管理局发布《经常项目外汇结汇管理办法》。该办法规定：1. 凡没有规定或未经核准可以保留现汇的经常项目项下的外汇收入必须办理结汇；凡没有规定或未经核准结汇的资本项目项下的外汇收入不得办理结汇。2. 境内机构必须对其外汇收入区分经常项目与资本项目，银行应按外汇收入的不同性质，按规定分别办理结汇或入账手续。凡无法证明属于经常项目的外汇收入，均按资本项目外汇结汇的有关规定办理。3. 银行按照不同的经常项目类别、企业信誉、款项结算方式、金额、贸易方式，以不同方式为企业办理结汇业务。4. 外币现钞结汇按照境内机构外币现钞收付管理办法办理。该办法自 1997 年 9 月 1 日起施行。

28 日 中国人民银行印发《对利率违规问题的调查与分析报告》。该报告指出：1995 年以来，一些地方出现了种种利率违规现象，如变相提高利率的手法：在存款方面主要有公开提高利率、赠送礼品或现金、暗计高息、储蓄“贴水”、虚增存款计息积数、买空债券等 11 种现象；在贷款方面有直接提高贷款利率、扣收利息联营分红、加收利息等 9 种做法。上述违规现象主要是由于金融法规不健全，金融业开展全员性吸储，金融业搞粗放型经营，以及体制不健全等原因所致。为此，人民银行要求各分行制定措施，堵塞漏洞，加强检查，彻底解决利率违规问题。同时建议深化商业银行体制改革，完善激励机制，加快向集约化经营的转变，加强对利率违规的查处力度。

中国证监会严厉查处天津红小豆期货操纵案。中国证监会查实：1. 天津市金属材料物产公司及其经理王雅军、新信行（天津）国际贸易有限公司及其经理张家贵和天津天利粮油土产制品有限公司及其经理马健在天津红小豆 9609 合约的交易中，集中资金 2.8 亿元，统一调度，利用天津金谷期货经纪有限公司、上海中诚期货经纪有限公司、中国鸭鸭集团公司及北京良信谷物贸易公司等机构在天津联合期货交易所的席位，违规分仓，超量买入 9609 红小豆合约，通过接收实货，操纵价格；并将代表实货的仓单通过大连中农信期货经纪有限公司、中国国际期货经纪有限公司、天津市房地产发展（集团）股份有限公司、天津金震期货经纪有限公司、黑龙江哈尔滨市第二运输总公司、中粮天津粮油进出口公司等违规抵押筹得资金 2.3 亿元，继续以种种手段操纵天津红小豆其他月份合约的交易，牟取暴利。2. 天津市物资集团总公司、天津市金属材料总公司在中国证监会取消其经纪业务资格后，仍然违规将席位交给其他公司管理，并且为操纵市场者提供资金中转的方便，参与操纵市场。3. 天津市房地产发展（集团）股份有限公司、上海中诚期货经纪有限公司和黑龙江哈尔滨市第二运输总公司违规向操纵市场者出借仓位，参与操纵市场。中国证监会决定将王雅军、张家贵、马健列为“市场禁入者”。各期货交易所和期货经纪机构要立即停止接受其新的开仓指令，并在 20 个交易日内清理其法人、个人客户的全部持仓。对天津市金属材料物产公司罚款 400 万元人民币，对新信行（天津）国际贸易有限公司罚款 200 万元人民币，对天津天利粮油土产制品有限公司罚款200万元人民币。责成天津联合期货交易所取消上海中诚期货经纪有限公司、黑龙江哈尔滨市第二运输总公司、天津市物资集团总公司、天津市金属材料总公司和天津市房地产发展（集团）股份有限公司的会员资格。

30日 中国人民银行发布《进一步加强银行会计内部控制和管理的若干规定》。该规定要求：1. 银行要建立会计内部控制和风险防范责任制，层层抓落实。2. 银行的会计工作必须实行统一管理，会计核算业务部门必须接受和服从同级和上级会计部门的业务指导、监督和检查。3. 银行要严格贯彻执行会计工作的“约法三章”，严禁设置账外账，不准乱用会计科目，不得编制和报送虚假会计数据。4. 严格实行会计人员任职资格审查和离任交接管理制度。5. 严格执行会计业务操作规程。6. 严格实行岗位责任制，账务核算必须与业务经营相分离。7. 实行重要岗位的定期轮换制。8. 实行会计业务事后监督制度和会计制度执行情况检查报告制度。

中国人民银行发布《关于严肃处理违规支付现金情况的通报》。中国人民银行曾三令五申要依法加强现金管理，控制货币投放，防范和打击经济犯罪，但仍有部分商业银行的分支机构置若罔闻。为此，人民银行对四起较严重的违规行为进行通报：1. 1996年9月2日至11月15日，中国工商银行中山分行东升办事处违规签发现金汇票到中国工商银行上海市静安支行提取大额现金共20笔，累计金额2 947万元。2. 1997年1月3日至3月13日，中国建设银行南京分行下关支行会计交换员潘小欣利用职务之便，虚开建设银行汇票进账单，先后7次将1 440.3万元资金从建设银行南京分行下关支行、中信实业银行南京分行（先从建设银行南京分行转入）转出，以“吴江春商贸”“商贸”和潘小欣丈夫的个人账户为付款人，将资金转入其本人及其丈夫在招商银行南京分行开立的“一卡通”账户上（含二人间转账50万元）。利用“一卡通”全国通存通兑的特点，在南京、北京、上海、广州、深圳、武汉、成都等地提取现金1 424.4万元，同时个人消费掉15.9万元。3. 辽宁省鞍山市第九建筑集团公司（以下简称九建公司）是中国建设银行鞍山市腾鳌支行的基本客户，1996年8月其与外商（案犯）达成协议，双方各投资50万美元（约折合人民币416万元），到澳大利亚悉尼承包工程，九建公司须将款项汇到北京进行验资。1996年9月23日，腾鳌支行用银行汇票汇款416万元到建设银行北京东四支行，收款人为九建公司的工作人员李伟，外商要求以个人名义转存到储蓄存折上，遭到北京东四支行的拒绝。10月7日，九建公司又在腾鳌支行办理现金汇票，试图在北京变为个人储蓄存款，东四支行以工程款不能支取现金为由再次拒绝。在仍不能变现的情况下，九建公司又要求在腾鳌支行直接提取现金。10月10日，行长助理佟学权经请示行长吴成梅后签批，为九建公司一次性提取现金416万元，从而为犯罪分子诈骗资金提供了条件，并引发了10月15日在北京发生的麻醉抢劫400多万元的要案。4. 在天津城市合作银行国华支行十七号桥营业网点开户的企业有109户，基本账户有23户，一般账户有86户，其中，54户有现金支付情况。1996年该分理处通过一般账户支付现金803笔，共计1 241万元。其中，10万元以上8笔，30万元以上1笔，共计190万元，均未报经上级行审批。中国人民银行要求各商业银行要以此为鉴，总结经验教训，建立健全规章制度，进一步加强现金支付特别是大额现金支付的管理。中国人民银行各分行要进一步加大对违规支付现金情况的查处力度，加大对违规现金的查处力度。

31日 中国人民银行印发《货币政策委员会议事制度》。该议事制度明确，1. 货币政策委员会委员通过提出货币政策问题议案、参加货币政策委员会例会履行咨询议事职责；货币政策委员会秘书处作为常设办事机构，设在中国人民银行货币政策司；货币政策委员会实行例会制度，在每季度的第一个月中旬召开例会；货币政策委员会主席或者1/3以上的委员联名，可以提议召开临时会议；货币政策委员会例会有2/3以上的委员出席，方可举行。2. 货币政策委员会委员议案及货币政策委员会例会的议题包括一定时期内的货币政策执行情况、货币政策的制定和调整、货币政策控制目标、货币政策工具的运用、有关货币政策的重要措施、货币政策与其他宏观经济政策的协调。3. 货币政策委员会例会的会议程序一般为：货币政策委员会主席主持会议，宣布委员出席情况和会议议题；会议议题报告；讨论议题；货币政策委员会主席总结发言；就有关事项进行投票表决；公布表决结果。货币政策委员会委员提出的议案，经出席例会的2/3以上的委员表决通过后，形成货币政策委员会的建议书。中国人民银行报送国务院批准的有关年度货币供应量、利率、汇率或者其他货币政策重要事项的决定方案时，应当将货币政策委员会建议书或者例会会议纪要作为附件，一并报上。

中国人民银行货币政策委员会召开第一次会议。会议由中国人民银行行长戴相龙主持。会议通过了货币政策委员会议事制度。货币政策委员会委员尚福林向全体委员介绍了当时的金融形势，认为应当继续认真执行适度从紧的货币政策。此次会议是我国货币政策委员会第一届委员会的首次会议。货币政策委员会的成立及运行，对于正确制定国家货币政策，提高金融宏观决策水平，促进国民经济持续、快速、健康发展具有重大意义。

7～10月 国际投机者对港元发动三次大规模进攻。中华人民共和国香港特别行政区政府击退国际炒家，成功捍卫了联系汇率制，港元企稳，港股强力反弹。特区政府捍卫港元的决心和能力，进一步增强了香港民众对香港前景的信心。

8月

8日 中国人民银行发布《〈中央银行会计核算系统〉管理规定》。该规定明确，中央银行会计核算系统是指由中国人民银行会计司和中国金融电子化公司联合开发的在中国人民银行系统统一应用的会计核算系统；会计核算系统管理的主要任务是确保会计核算真实、准确、完整、高效，防范风险，保障资金安全，为中央银行制定和实施货币政策提供会计信息；核算系统软件的开发、优化和升级以人民银行会计司的业务需求书为依据，由人民银行总行负责统一修改、优化和升级，各级分支行不得修改其源程序；应用核算系统进行会计核算，必须加强内部控制，确保账务的准确和资金的安全，防范利用计算机犯罪。该规定还对操作管理、计算机硬件和运行环境、会计档案管理等内容都做了详细规定。

9日 根据国务院规定，财政部退出三大证券公司。将持有的国泰证券有限公司、南方证券有限公司各5%的股权转让给华侨城经济发展总公司，将持有的华夏证券有限公司5%的股权转让给中国中旅集团有限公司。

15日 中国政府决定参加国际货币基金组织的一揽子援泰融资方案，向泰国提供10亿美元的贷款，以帮助泰国政府摆脱遇到的经济困难。此次向泰国提供的10亿美元贷款为3～5年期的中期贷款，贷款利率按市场利率计算。

中国人民银行发布《关于大额现金支付管理的通知》。该通知规定：1. 切实加强企业账户开立及其现金支付的管理。凡在国家工商行政管理机关登记注册的企业，只能选择一家银行开立一个基本存款账户，办理现金收付业务。2. 加强企事业单位的现金管理。各银行对开户企业进行一次全面的库存现金限额核定工作，允许开户企业保留3～5天日常零星开支所需要的现金数量，边远地区的开户企业可以保留15天以下的日常零星开支。3. 改进储蓄账户现金支付管理。储户一次性从储蓄账户（包括银行卡）提取现金5万元以上（不含5万元）的，即为大额现金。在提取大额现金时，除按原有规定填写支取凭条等手续外，还必须向储蓄机构的柜台人员提供有效身份证件，对一次性提取20万元以上（含20万元）的，储户还应至少提前1天以电话等方式向储蓄机构预约，以便储蓄机构准备现金。4. 严格禁止公款私存。任何单位和个人不得将企业的资金以个人名义开立私人账户存储，套取现金。5. 加强对银行卡的管理。对未设置个人密码的账户，不得通过银行卡办理账户之间的转账业务，单位卡一律不得支付现金。

6. 加强非银行金融机构的现金管理。信托投资公司、财务公司、金融租赁公司不得吸收城乡居民储蓄存款。7. 改进服务，促进现金回笼。银行和信用社对农民出售农副产品，除代扣农业税外，不得代扣其他款项，同时要提供转账结算服务。

经国务院批准，上海证券交易所和深圳证券交易所划归中国证监会直接管理，证券交易所的总经理和副总经理由中国证监会任命，理事长和副理事长由中国证监会提名，理事会选举产生。

16日 朱镕基副总理对刘春芳致信反映的贷款呆账核销问题作出批示。中国人民银行辽宁省东港市支行刘春芳致信朱镕基副总理，反映一些专业银行在处理贷款呆账核销工作中存在的问题，如自愿放弃追偿权；既未严格执行人民法院判决，也不履行中止和终结；借款自然人仍健在，其贷款被列入贷款呆账予以核销；银行工作人员违法发放贷款，逾期未偿还，却列入贷款呆账核销。并建议采取有效的措施，纠正、制止该项工作中的违规行为，对已核销的贷款呆账予以审计；依法追偿债务；建立和完善贷款呆账核销审批管理制度；建立贷款呆账管理档案。朱镕基副总理批示："请印发中国人民银行、中、农、工、建、交等国家商业银行党组负责同志阅并采取措施。"

20日 中国人民银行、财政部联合发布《关于加强机动车辆保险业务管理的通知》。该通知规定：1. 各保险公司必须严格按照中国人民银行批准的机动车辆保险及其附加险的条款和费率开展保险业务，未经中国人民银行批准，不得变更条款内容，不得直接或变相降低保险费率。2. 机动车辆保险代理手续费标准最高为5%，各保险公司必须严格执行。3. 各保险公司必须将承保机动车辆的毛保费记入"保费收入"科目；按规定支付的代办保险业务手续费在"手续费支出"科目列支，不得在保费收入中直接抵扣。4. 各保险公司支付给保险代理机构的代理手续费一律使用转账支票，不得以现金或现金支票支付。5. 机动车辆保险单必须由保险公司出具，各保险公司不得委托保险代理机构代出保单。6. 各保险公司及其分支机构必须在人民银行批准的区域内开办机动车辆保险业务，不得异地展业、异地出单。7. 从文到之日起至1997年9月30日止，各保险公司要对自身开办机动车辆保险业务组织清查，主动纠正违规行为。该通知自下发之日起执行。

21日 中国人民银行发布《票据管理实施办法》。为了加强票据管理，维护金融秩序，该办法规定：1. 中国人民银行是票据的管理部门。2. 票据当事人应当依法从事票据活动，行使票据权利，履行票据义务。3. 银行汇票的出票人和银行本票的出票人为经中国人民银行批准办理银行汇票和银行本票业务的银行。4. 商业汇票的出票人为银行以外的企业和其他组织。承兑商业汇票的银行必须与出票人具有真实的委托付款关系和有支付汇票金额的可靠资金。5. 向银行申请办理票据贴现的商业汇票的持票人必须与出票人、前手之间具有真实的交易关系和债权债务关系。6. 支票的出票人为在经中国人民银行批准办理支票存款业务的银行、城市信用合作社和农村信用合作社，开立支票存款账户的企业、其他组织和个人。7. 银行汇票上的出票人的签章、银行承兑商业汇票的签章为该银行的汇票专用章加其法定代表人或者授权的代理人的签名或者盖章。8. 申请人申请开立支票存款账户的银行、城市信用合作社和农村信用合作社可以与申请人约定在支票上使用支付密码，作为支付支票金额的条件。9. 依法背书转让的票据，任何单位和个人不得冻结票据款项。10. 签发空头支票或者签发与其预留的签章不符的支票，不以骗取财物为目的的，由中国人民银行处以票面金额的5%但不低于1 000元的罚款；持票人有权要求出票人赔偿支票金额2%的赔偿金。11. 票据的付款人对见票即付或者到期的票据故意压票、拖延支付的，由中国人民银行处以压票、拖延支付期间内每日票据金额0.7‰的罚款；对直接负责的业务主管和其他责任人给予警告、记过、撤职或者开除的处分。该办法自1997年10月1日起施行。

28 日 中国人民银行下发《关于进一步贯彻全国保险监管会议精神、全面整顿保险市场秩序的通知》。并部署全面整顿保险市场的工作，专项整顿航空人身意外保险市场和机动车辆保险市场。该通知指出，一段时间以来，一些保险公司不执行人民银行和财政部的有关规定，采取大幅度降低保险费率、超标准支付代理手续费、支付高额退费、提前给予无赔款优待等非正常手段进行恶性竞争，造成机动车辆保险业务赔付率大幅上升，严重影响了保险市场秩序的稳定。

中国人民银行发布《关于加强信用卡业务透支风险管理的通知》，加强对商业银行信用卡业务透支风险的管理，防范和化解透支风险。该通知要求：1. 凡开办信用卡业务的各商业银行必须尽快制定和完善信用卡业务透支风险控制办法及控制指标。2. 各商业银行信用卡业务的发卡审批权和授权权限，一律由地市以上分行掌握。3. 各商业银行发行的用于代理收付业务的专用卡、ATM 卡一律不得具有透支功能，不得为持卡人垫付资金。4. 要对信用卡申请人的资信进行严格审查，严防用假身份证骗领信用卡的现象。5. 各行计算机系统内设置的信用卡风险控制参数，包括授权、授信限额、提取现金限额等，必须符合中国人民银行的有关规定，对单位卡必须设置不得取现的参数。6. 人民银行各级分支行要加强对信用卡业务风险的监管。

中国人民银行发布《关于加强银行卡品种管理的通知》。该通知规定：商业银行开办银行卡业务，发行任何品种的银行卡，必须制定统一的章程和内部管理制度，并经中国人民银行总行批准；各商业银行要加强对银行卡品种的规范化管理，统一规划，严格内部授权制度；相同功能和性质的银行卡，在行内各分支机构间必须统一名称和版面。报批规定如下：发行不许透支的转账卡（包括储蓄卡、取款卡等），须报经中国人民银行总行批准；发行联名卡（包括联名信用卡、联名转账卡、联名专用卡等），在特定区域、特定行业使用，具有专门用途的专用卡，由商业银行发卡的分支机构报其总行审查同意后，报中国人民银行当地省级分行审批并报中国人民银行总行备案；发行一次性储值卡（含磁条卡、IC 卡），按不同用途分别向中国人民银行总行申报；发行 IC 卡（专用 IC 卡除外）、外币卡按《信用卡业务管理办法》的规定另行报批。

9 月

1 日 中国人民银行发布《关于加强金融机构个人存取款业务管理的通知》。该通知要求：储户开立具有通存通兑功能的账户（包括存折户、银行卡户）或基于已有账户申领银行卡时，必须出具有效身份证明和设置个人密码；接受个人定期存款单笔金额超过 10 万元（含 10 万元），必须按银发〔1996〕447 号文的要求使用相应的特种存单；个人储蓄账户（含银行卡，下同），除代发工资和小额个人劳务报酬外，不得接受单位开出的各类转账支票；个人定期或活期存款的单笔金额超过 20 万元（含 20 万元）或同一存款人的存款超过 100 万元（含 100 万元）的，实行向金融机构省级分行和省级人民银行备案报告制度，一日一次性从储蓄账户大额提现审批、预约、备案制度，可疑存款业务及时报告制度。

3 日 中国人民银行发布《关于加强企业集团财务公司资金管理等问题的通知》。该通知明确，财务公司的自营存贷款比例不得高于 75%；财务公司拆入资金余额不得超过其资本总额，拆入资金只能用于弥补头寸，严禁用拆入资金发放贷款；财务公司的内部转账结算严格限定在企业集团内部成员单位之间资金往来范围之内，财务公司不得直接参加人民银行组织的联行清算及同城票据交换；财务公司不得吸收 3 个月以下的短期存款；财务公司的中长期资金运用限于集团内企业的技术改造贷款及设备的融资租赁，不得将短期资金长期使用。

4 日 中国人民银行发布《城市信用合作社管理办法》。该办法规定，城市信用合作社（以下简称城市信用社）是在城市市区内由城市居民、个体工商户和中小企业法人出资设立的，主要为社员提供服务，具有独立企业法人资格的合作金融组织。城市信用社的设立必须经中国人民银行审查批准。城市信用合作社联合社根据中国人民银行的授权，对城市信用社实行行业归口管理。城市信用社的社员以其出资额为限对城市信用社承担责任。城市信用社以其全部资产对城市信用社的债务承担责任。设立城市信用社，必须有50个以上的社员，其中，企业法人社员不少于10个，社员缴纳的股金的最低限额为5 000元人民币。城市信用社的注册资本的最低限额为100万元人民币。申请筹建城市信用社的发起人不得少于20人，其中，企业法人不得少于5人。发起人认购的股金额不得低于城市信用社股金总额的40%，其余的股金应当由城市居民、个体工商户和企业法人认购。城市信用社的权力机构是社员大会，同时，设立理事会和监事会。城市信用社遵循自主经营、自负盈亏、互利互助、自我约束、自我积累的原则开展各项业务活动。城市信用社主要经营人民币业务，包括吸收社员存款和非社员的公众存款、发放贷款、办理结算业务和票据贴现业务、代收代付款项及受托代办保险业务等内容。城市信用社吸收的非社员存款不超过存款余额的40%，吸收单个非社员储户的储蓄存款不超过15万元。城市信用社对同一借款人发放的贷款余额不超过50万元，对非社员的贷款余额不超过信用社贷款余额的40%。城市信用社已经或者可能发生信用危机，严重影响债权人的利益时，中国人民银行可以对其实行接管。城市信用社实行资产负债比例管理和资产风险管理制度。严重资不抵债的城市信用社，中国人民银行责令其关闭：已经发生严重的支付危机，不能清偿到期债务的城市信用社，经中国人民银行同意，由人民法院依法宣告其破产。

5日　中国人民银行、国家工商行政管理局联合发布《关于贯彻落实〈国务院办公厅关于禁止非法买卖人民币的通知〉的通知》。该通知规定：1. 禁止任何单位和个人非法买卖流通人民币（含纪念币）。2. 退出流通的人民币允许上市经营。3. 纪念币分为普通纪念币和贵金属纪念币。普通纪念币自发行之日起一年内只准等值交换，贵金属纪念币自发行之日起即可上市经营。4. 因钱币文化交流及其他特殊用途需要，经中国人民银行总行批准，可装帧少量流通人民币。装帧的流通人民币可上市经营。5. 凡设立经营人民币的经销部门和经销点，必须经中国人民银行各省、自治区、直辖市分行批准，并经工商行政管理机关登记注册。6. 经营装帧流通人民币，原则上每个省、自治区、直辖市可设置一个经销部。贵金属纪念币由中国金币总公司总经销。原则上各省、自治区、直辖市可设置一个经销部。经营零售业务的经销点必须严格控制。7. 各地现有的钱币市场由各省、自治区、直辖市工商行政管理机关会同中国人民银行各省、自治区、直辖市分行进行清理整顿，符合条件的，由中国人民银行各省、自治区、直辖市分行审批，并由工商行政管理部门对其重新登记，依法进行管理。8. 经销现行流通的外国货币和港、澳、台等地区货币，按国家外汇管理局关于外汇管理的有关规定办理。9. 对违反国务院办公厅的通知精神和本通知规定，非法经营人民币的单位和个人，按倒卖专营物品处理，由工商行政管理部门没收实物及非法所得，按有关规定给予处罚。所收缴的实物由当地中国人民银行收兑。

8日　中国人民银行、国家工商行政管理局共同发布《关于严禁擅自批设金融机构、非法办理金融业务的紧急通知》。经查，一些地方和部门擅自批设金融机构，擅自办理金融业务，非法从事金融活动，严重扰乱了金融秩序，多次发生挤兑风波。为此，该通知规定，中国人民银行是审批金融机构的主管机关，任何地方政府、部门或个人均无权批准设立金融机构或金融机构筹备组织。凡未经中国人民银行批准设立的金融机构，均属非法金融机构。工商行政管理部门在登记注册时，对没有中国人民银行批准文件的不予登记注册，不予核发营业执照。凡未经中国人民银行批准已经设立的从事保险经纪、代理业务的保险等金融经纪人、代理人公司，各地工商行政管理部门应立即取消保险经纪、代理业务。个人不得从事金融经纪活动。1997年10月1日以后再发生擅自设立金融机构和非法从事金融业务的，按1997年3月14日第八届全国人民代表大会第五次会议修订的《中华人民共和国刑法》的有关规定，提请司法机关查处。

9日 13家中资保险公司共同签署了我国第一份《全国保险行业公约》。该公约内容包括：1. 各签约公司应当加强联系、相互支持、友好协商、团结合作。在宣传及展业过程中，杜绝不尊重甚至诋毁其他保险公司的行为。2. 各签约公司严格按照中国人民银行批准的业务范围和地域经营保险业务，并遵守各签约公司之间共同达成的业务协议、约定，不得用不正当手段争抢业务。3. 各签约公司要遵循公平竞争原则，反对不正当竞争。4. 各签约公司在与保险代理人签订保险代理协议时，都应当按照中国人民银行的规定办理，严格执行有关代理人手续费标准的规定，并对保险代理人实行登记造册，建立手续费签收制度，不得以扣除手续费以后的保险费入账。各签约公司不得接受未经中国人民银行总行批准营业的中、外保险经纪人的境内直接业务。5. 各签约公司应当严格执行《中华人民共和国保险法》中关于"优先在中国境内的保险公司办理再保险"的规定。这是保险业自我约束、自我规范的重要举措，也是保险业迈向成熟的第一步。13家保险公司是中保财产保险有限公司、中保人寿保险有限公司、中国太平洋保险股份有限公司、中国平安保险股份有限公司、华泰财产保险股份有限公司、新华人寿保险股份有限公司、泰康人寿保险股份有限公司、天安保险股份有限公司、大众保险股份有限公司、新疆兵团保险公司、华安财产保险股份有限公司、永安财产保险股份有限公司和中保再保险有限公司。该公约自1997年10月1日起实施。

10日 国家外汇管理局决定提高境内居民个人因私兑换外汇由银行审核真实性的标准。根据新的标准，凡原规定可以兑换500美元标准的，如赴中国香港、澳门等地区用汇，一律提高到1 000美元；凡原规定可以兑换1 000美元标准的，如赴除中国香港、澳门以外的其他地区用汇，一律提高到可兑换2 000美元；凡原规定中未列入的其他用汇，可将银行兑换的标准由300美元提高到500美元。

15日 中国人民银行发布《农村信用合作社管理规定》和《农村信用合作社县级联合社管理规定》。

《农村信用合作社管理规定》明确，农村信用社是指经中国人民银行批准设立，由社员入股组成，实行社员民主管理，主要为社员提供金融服务的农村合作金融机构。农村信用社是独立的企业法人，以其全部资产对农村信用社的债务承担责任。农村信用社的社员包括向农村信用社入股的农户以及农村各类具有法人资格的经济组织。设立农村信用社，社员一般不少于500个；注册资本金一般不少于100万元人民币；农村信用社所有的社员必须用货币资金入股，单个社员的最高持股比例不超过该农村信用社股本金总额的2%。社员代表大会是农村信用社的权力机构，理事会是社员代表大会的常设执行机构，监事会是农村信用社的监督机构。农村信用社对本社社员的贷款不得低于贷款总额的50%，其贷款优先满足种养业和农户的生产资金需要。农村信用社在已经或可能出现信用危机、严重影响存款人的利益时，中国人民银行可以按有关规定对该信用社实行接管，对其进行整顿，改善资产负债状况，恢复正常经营能力。

《农村信用合作社县级联合社管理规定》明确，农村信用社县联社（以下简称县联社）是指经中国人民银行批准设立、由所在县（市）农村信用合作社入股组成、实行民主管理、主要为农村信用社服务的联合经济组织，是企业法人。县联社以其全部资产对县联社的债务承担责任。县联社的社员包括向县联社入股的辖内农村信用社和县联社的职工。申请设立联社，其所在县（市）内的农村信用社必须达到8家以上；县联社的注册资本金一般不低于100万元人民币；县联社吸纳所在地农村信用社的入股资金，每个社员的入股金额不低于5万元，不高于县联社股本金总额的20%。县联社的权力机构是社员大会，同时，设立理事会和监事会。县联社实行理事会领导下的主任负责制。县联社已经或可能出现信用危机，严重影响存款人的利益时，中国人民银行可以按有关规定对该联社实行接管，对其进行整顿，改善资产负债状况，恢复正常经营能力。

19 日 中国人民银行发布《关于印发〈支付结算办法〉的通知》。《支付结算办法》规定：银行是支付结算和资金清算的中介机构。单位、个人和银行应当按照《银行账户管理办法》的规定开立、使用账户。在银行开立存款账户的单位和个人办理支付结算，账户内须有足够的资金保证支付，《银行账户管理办法》另有规定的除外。票据和结算凭证是办理支付结算的工具。单位、个人和银行签发票据，填写结算凭证，应按照《支付结算办法》记载。银行依法为单位、个人在银行开立的基本存款账户、一般存款账户、专用存款账户和临时存款账户的存款保密，维护其资金的自主支配权。支付结算实行集中统一和分级管理相结合的管理体制。本办法所称的结算方式是指汇兑、托收承付和委托收款。《支付结算办法》还对票据、信用卡、结算方式、结算纪律和责任做了详尽而明确的规定。

23～25 日 巴塞尔银行监管委员会在中国香港举办的世界银行、国际货币基金组织年会上对外公布《有效银行监管的核心原则》（以下简称《核心原则》）。国际上许多国家，包括发展中国家和发达国家，越来越关注金融稳定问题，要求采取措施强化各国的金融体系，保持金融稳定与发展。巴塞尔银行监管委员会在研究如何加强世界各国的金融稳定的基础上，提出《核心原则》（我国也参与了《核心原则》的制定）。《核心原则》汇集了有效银行监管的核心原则二十五条内容，其中包括：有效银行监管要求、发照、审慎法规和要求、持续银行监管手段、信息要求、正式监管权力、跨国银行业等项原则。《核心原则》为各国和国际监管机构监督和管理金融机构，防范金融风险提供了一个基本的参考标准。巴塞尔委员会与各国的有关组织机构共同监督实施核心原则的进程。《核心原则》成为了加强世界各国金融稳定的有效手段。

24 日 国家外汇管理局公布《境内机构借用国际商业贷款管理办法》《境内机构发行外币债券管理办法》《银行外汇业务管理规定》《外债统计监测实施细则》。

《境内机构借用国际商业贷款管理办法》完善了国际商业贷款的管理口径，即在原有的买方信贷、国际融资租赁项下的外汇贷款、一般的外汇商业贷款等基础上，进一步明确了以外汇方式偿还的补偿贸易、境外机构和个人外汇存款、项目融资、90 天以上的贸易项下融资等筹资方式，也视同国际商业贷款进行管理，对上述国际商业贷款的审批、监督和管理进行了明确规范。《境内机构借用国际商业贷款管理办法》规定：1. 中国人民银行是境内机构借用国际商业贷款的审批机关，授权国家外汇管理局及其分局具体负责对境内机构借用国际商业贷款的审批、监督和管理。2. 境内机构借用国际商业贷款应当经外汇局批准，对外借用国际商业贷款的境内机构仅限于经国家外汇管理局批准经营外汇借款业务的中资金融机构、经国务院授权部门批准的非金融企业法人。对外直接借用国际商业贷款的非金融企业法人应当具备以下条件：最近三年连续盈利，有进出口业务许可，并属国家鼓励的行业；具有完善的财务管理制度；贸易型非金融企业法人的净资产与总资产的比例不得低于 15%；非贸易型非金融企业法人的净资产与总资产的比例不得低于 30%；借用国际商业贷款与对外担保余额之和不得超过其净资产等值外汇的 50%；外汇借款与外汇担保余额之和不超过其上年度的创汇额。金融机构借用国际商业贷款应当符合中国人民银行关于金融机构外汇资产负债比例管理的规定。3. 境内机构应当凭自身资信对外借用国际商业贷款，并自行承担对外偿还责任。4. 中资金融机构应当根据其海外分行的营运资金、资产负债比例及当年业务量等项指标，确定每个海外分行的境外融资总量；海外分行在境外融资应当纳入其总行（总公司）的资产负债比例管理。5. 海外分行在境外所筹集的资金只能用于海外业务发展。未经国家外汇管理局批准，不得调入境内使用。6. 中资企业在境外设立的非经营性质的办事处或者代表处等机构不得在境外融资。中资企业在境外设立的分公司及其他经营机构，经总（母）公司授权，以总（母）公司的名义对外借款，视为总（母）公司的对外借款。境内机构向中资金融机构海外分支机构借用外汇贷款，适用本办法。中资银行从事离岸业务借用的国际商业贷款，按照本办法对海外分行的管理规定执行。境内机构向中资银行离岸业务部门借用的外汇贷款，视同国际商业贷款管理。

《境内机构发行外币债券管理办法》对境内机构发行外币债券管理作出明确规范。其中规定，外币债券是指以外币表示的、构成债权债务关系的有价证券。外币的可转换债券、大额可转让存单、商业票据被视为外币债券进行管理。外币债券分为短期外币债券和中长期外币债券。中资机构发行中长期外币债券实行定期资信评审制。境内机构在境外发行外币债券后，未经外汇局批准不得将发债所筹集的资金存放境外或者在境外直接支付，不得转换为人民币使用。

《银行外汇业务管理规定》对境内中资银行及其分支机构经营业务的范围和经营外汇业务的审批、管理、监督和检查做了具体规定。其中明确，中资银行及其分支机构可以经营的外汇业务是外汇存、贷款，外汇汇款，外币兑换，国际结算，同业外汇拆借，外汇票据的承兑和贴现，外汇借款，外汇担保，结、售汇，发行或者代理发行股票以外的外币有价证券，买卖或者代理买卖股票以外的外币有价证券，自营外汇买卖或者代客外汇买卖，外汇信用卡的发行和代理国外信用卡的发行及付款，资信调查、咨询、见证等业务。银行经营外汇业务是以效益性、安全性、流动性为经营原则。银行实行自主经营、自担风险、自负盈亏、自我约束的自律机制。国家外汇管理局对银行外汇业务实行风险监控。

《外债统计监测实施细则》规定：国家外汇管理局及其分支局履行外债统计监测的职能，定期公布全国外债情况。国家对外债实行登记管理制度，债务人按照规定办理登记手续。国家对外债资金的流入流出实行专户管理。国家对外债的偿还实行审核制度。

30日 中国人民银行、财政部、国家经贸委联合发布《实施〈全国企业兼并破产和职工再就业工作计划〉银行呆、坏账准备金核销办法》。该办法规定，国务院确定的企业“优化资本结构”试点城市、国有大中型重点企业和有关行业因实施《全国企业兼并破产和职工再就业工作计划》而形成的国家开发银行、中国进出口银行、中国农业发展银行、中国工商银行、中国农业银行、中国银行、中国建设银行、交通银行的人民币和外汇贷款呆账、坏账准备金可调剂使用，坏账准备金不足以核销坏账损失的，可从呆账准备金中核销。呆账、坏账损失的核销，实行由分行上报、总行统一批准的办法。该办法同时对呆账、坏账准备金的使用以及呆账、坏账的核销程序做了具体规定。

中国人民银行发布《关于允许中资企业保留一定限额外汇收入的通知》。该通知规定，自1997年10月15日起，逐步允许中资企业开立外汇账户，保留一定限额的外汇收入。外经贸公司的年进出口额在3 000万美元以上、资本金在1 000万元人民币以上和有进出口权的生产型企业的年进出口额在1 000万美元以上、资本金在3 000万元人民币以上的，可以先被允许设立外汇账户，保留一定限额的外汇收入。但该账户允许保留外汇的最高金额限定为年进出口额的15%。其账户余额不得超过核定的最高限额，超过部分必须结汇。外汇账户资金来源只能是经常项目下的收入，用途为经常项目下和经外汇局批准的资本项目下的外汇支付。

10月

6日 中国人民银行发布《关于合理确定流动资金贷款期限的通知》。该通知明确，流动资金贷款按期限分为临时贷款、短期贷款和中期贷款三类。临时贷款是3个月以内的贷款，短期贷款是3个月以上1年以内的贷款，中期贷款是1～3年的贷款。对生产经营正常、生产规模较大，产品有市场、有效益，归还银行贷款本息有保证的企业，特别是国有大中型企业均可发放1～3年的中期流动资金贷款。各商业银行要从严掌握中期流动资金贷款的审批权限，审批权限一般应控制在二级及二级以上分行，要严格按要求掌握流动资金贷款期限，防止出现因人为缩短贷款期限，导致贷款逾期而加息、罚息的现象。

7 日 中国人民银行颁布《银团贷款暂行办法》。该办法规定：1. 银团贷款是由获准经营贷款业务的多家银行或非银行金融机构，采用同一贷款协议，按商定的期限和条件向同一借款人提供资金的贷款方式。银团贷款的主要对象是国有大中型企业、企业集团和列入国家计划的重点建设项目。2. 银团贷款的组织者或安排者称为牵头行，原则上由借款人的主要贷款行或基本账户行担任。代理行是银团贷款协议签订后的贷款管理人，一般由借款人的牵头行担任，也可由银团各成员行共同协商产生。参与银团贷款的金融机构均为银团贷款的成员行。银团贷款项目由牵头行评审，也可由银团各成员行自行评审。银团贷款成员共同与借款人、保证人签订银团贷款协议。银团贷款必须实行担保。3. 银团贷款的发放和收回采用“认定总额、各成员分担”的方式办理，各成员行对银团贷款的分担金额，按“自愿认贷，协商确定”的原则进行。4. 当借款人不能按期归还本金时，银团有权以抵押物或质押物折价或者以拍卖、变卖该抵押物或质押物的价款优先受偿，或由保证人履行债务或者承担责任。5. 对借款人有违约行为的情况，代理行负责召开银团会议对其作出处罚。该办法自公布之日起实行。

中国人民银行发布《境内外汇账户管理规定》。该规定明确，境内机构开立经常项目外汇账户必须经外汇局批准。外商投资企业的经常项目外汇收入进入外汇结算账户的，在外汇局核定的最高金额内保留外汇；超过最高金额的外汇，应卖给外汇指定银行或者通过外汇调剂中心卖出。外汇局根据外商投资企业的实投资本和经常项目外汇资金周转的需要，调整核定外汇结算账户的最高金额。境内机构申请开立资本项目外汇账户时，外汇局规定外汇账户的收支范围、使用期限和核定账户的最高金额。境内机构资本项目外汇账户内的资金转换为人民币，应当报外汇局批准；境外法人或者自然人开立的外汇账户内的资金，不得转换为人民币使用。外汇局对境内机构及驻华机构的外汇账户实行年检制度。境内机构、驻华机构、个人及来华人员有违反外汇账户管理规定行为的，由外汇局责令改正，撤销外汇账户，通报批评，并处 5 万元以上 30 万元以下的罚款。开户金融机构擅自为境内机构、驻华机构、个人及来华人员开立外汇账户，擅自超过外汇局核定内容办理账户收付或者违反其他外汇账户管理规定，由外汇局责令改正，通报批评，并处 10 万元以上 30 万元以下的罚款。该规定自 1997 年 10 月 15 日起施行。

8 日 中国人民银行颁布《关于清收融资中心逾期拆借资金有关问题的通知》。该通知规定，人民银行各分行成立清收工作小组，专门负责清收逾期拆借资金工作。清收的范围包括融资中心、办事处及原金融市场截至 1997 年 9 月末尚未归还和收回的逾期拆借资金。对发生在辖区内的逾期拆借资金，由当地人民银行省分行牵头负责组织清收；对跨地区的逾期拆借资金，拆借双方均为融资中心的，由拆入方人民银行分行主动配合清收；拆借的一方为商业银行分支机构或非银行金融机构的，由商业银行或非银行金融机构以法人为单位负责清收；对涉及其他非金融机构的逾期资金，由债务方所在地的人民银行协助债权方清收。除 1 个营业日的票据交换头寸外，所有同业拆借业务必须通过同业拆借市场网络办理，严禁网外拆借，没有进入同业拆借市场网络的金融机构，一律通过当地人民银行的融资中心办理业务。

14 日 中国人民银行发布《农村信用社改进和加强支农服务十条意见》。为了落实党中央、国务院关于大力发展农业以及把农村信用社真正办成合作金融组织的要求，中国人民银行提出改进和加强支农服务的十条意见：1. 农村信用社要进一步明确办社宗旨，大力改进支农服务工作。2. 合理安排信贷资金，在信贷资金投向上实行农户贷款优先、社员贷款优先、农业贷款优先的政策。3. 改进贷款管理的方式，对信誉良好的农户可采取信用贷款的方式。4. 推行农户贷款公开制度，增强透明度，接受群众监督。5. 进一步拓宽服务领域，为广大农民提供多样化、综合性的服务。6. 严格执行国家利率政策，发挥利率杠杆作用。7. 继续发挥信用站贴近农民、服务农业的作用，适当增设代办点。8. 大力推行优质服务文明办社的活动。9. 大力表彰先进典型，提高支农服务工作水平。10. 认真抓好农村信用社改进和加强支农服务的组织领导工作，使农村信用社的支农服务工作真正收到实效。

16 日 中国人民银行、中国农业发展银行、中国农业银行联合发布《关于改进秋季农副产品购销资金供应与管理的通知》（以下简称《通知》）。根据国务院《关于做好秋粮收购工作的通知》精神，中国人民银行要求各地要切实改进金融服务，确保粮、棉、油收购资金供应，合理控制现金投放。《通知》要求：1. 各单位要按照筹措收购资金责任制，及时安排收购贷款，确保粮、棉、油收购资金的供应。2. 在粮、棉、油调销环节上，推广使用银行承兑汇票，减少资金占用，加速资金周转。3. 要加大粮、棉、油调销环节的信贷投入，加强对调销回笼款的管理。4. 在确保粮、棉、油收购现金供应的同时，积极开展储蓄业务，增加现金回笼。5. 各地人民银行要加强组织领导，及时协调解决工作中出现的矛盾和问题。

23 日 中国人民银行发布《关于降低金融机构存、贷款利率的通知》。为了使我国宏观经济形势继续保持稳步、健康发展的态势，进一步减轻企业的利息负担，支持国有企业改革，中国人民银行决定从 1997 年 10 月 23 日起，降低金融机构的各项存贷款利率，各项存款年利率在现行基础上平均下调 1. 1 个百分点，各项贷款年利率在现行基础上平均下调 1. 5 个百分点。要适当下调中国人民银行与金融机构的存贷款利率，下调各项优惠贷款利率。政策性金融债券 5 年期债券利率由现行的 8. 8% 调整为 6. 84%，8 年期债券利率由现行的 9. 05% 调整为 7. 38%。

中国人民银行发布《离岸银行业务管理办法》。该办法规定：离岸银行业务是指银行吸收非居民的资金，服务于非居民的金融活动。经营业务的币种限于可自由兑换货币。银行从事的离岸银行业务包括外汇存贷款、同业外汇拆借、国际结算、发行大额可转让存款证、外汇担保、咨询、见证等。离岸银行业务的外汇存款、外汇贷款利率可以参照国际金融市场利率制定。该办法对银行经营离岸金融业务的申请、经营范围和管理做了规定，自 1998 年 1 月 1 日起施行。

财政部出台《国家政策性银行财务管理规定》。该规定要求：1. 国家开发银行、中国农业发展银行、中国进出口银行实行“计划管理，分级核算，统负盈亏，利差补贴，保本经营”的财务管理体制，应当遵循权责发生制的会计核算原则，财务管理实行行长负责制。政策性银行的财务收支和费用管理要相对集中，实行集体讨论、“一支笔审批”制度。2. 政策性银行的注册资本总额由国务院确定或调整，并由国家财政全额持有。政策性银行必须在国务院规定的范围内运用资金，开展业务。财政部对政策性银行的财务实行计划管理，财政部主要批复业务管理费用率（或费用额）、实现利润（或亏损）、利差补贴、固定资产购建资金、呆账准备金提取和坏账核销计划等 6 个指标。财政部批复的政策性银行的年度财务计划为指令性计划，一般不得调整。3. 政策性银行设立分支机构或办事机构、发行债券和有价证券及其他重大事项，须报中国人民银行、财政部会同国务院有关部门审批。本规定自 1998 年 1 月 1 日起开始实施。

24 日 中国人民银行发布《关于民族贸易和民族用品生产贷款继续实行优惠利率的通知》。根据《国务院关于“九五”期间民族贸易和民族用品生产有关问题的批复》的精神，中国人民银行决定对民族贸易和民族用品生产贷款继续实行优惠利率政策，由中国工商银行和中国农业银行执行比正常的 1 年期流动资金贷款利率低 2. 88 个百分点的利率政策。享受优惠利率政策的民族贸易和民族用品生产企业，其利息优惠部分的 70% 以上必须用于补充企业的自有流动资金。中国人民银行对中国农业银行发放的优惠贷款按年利率 2. 88% 给予补贴，对中国工商银行 1998 年 1 月 1 日后新发放的优惠贷款，也给予年利率 2. 88% 的利息补贴。

29 日　中国人民银行总行发布新的《现金收支统计制度》，从 1998 年 1 月 1 日起实行。随着改革开放的深化和市场经济的发展，经济活动日趋复杂多样，原有的现金统计制度已逐渐滞后于经济金融形势的发展，因此，中国人民银行重新修订了《现金收支统计制度》。新修订的《现金收支统计制度》的整体思路是：统一项目设置、报表表式，建立统一的现金收支统计指标体系，实现全部金融机构的现金统计并表，建立"金融机构现金统计月报表"，全面准确地反映全社会的现金收支总量及其构成情况；以现金来源和用途为主要标准，调整现金收支统计项目归属内容，体现市场经济条件下现金收支活动的特征；明确统计程序，约束统计行为，制定《现金统计操作规程》，实行统一、规范的现金统计操作方法。修订后的《现金收支统计制度》从框架上看包括四个组成部分：统一的现金收支统计指标体系、现金收支统计项目归属内容、现金收支统计操作规程、现金收支统计报表表式。

11 月

6 日　国家计划委员会、财政部联合发布《关于降低证券、期货市场监管费标准的通知》，决定从 1998 年 1 月 1 日起，将对深圳、上海两个证券交易所收取的证券期货市场监管费标准降低 20%，即由原来按股票年交易额的 0.025‰收取，降为按 0.02‰收取；将对各期货交易所收取的期货市场监管费标准降低 50%，即由原来按年交易额的 0.004‰收取，降为按 0.002‰收取。

7 日　中国人民银行发布《关于调整保险公司保费预定利率的紧急通知》，将人寿保险业务的保费预定利率上下限调整为年复利 4% ~ 6.5%。该通知要求，自 1997 年 12 月 1 日起，新签发的保单必须符合以上规定，但对已经签发的保单继续按照原条款和费率执行，不得更改。这是中国人民银行在 10 月 23 日降低利率的基础上，对寿险保费预定利率作出的适时调整。

12 日　中国人民银行发布《国有独资商业银行监事会暂行规定》。该规定为深化金融体制改革，健全国有独资商业银行的监督机制而制定。该规定明确，国有独资商业银行的监事会是国务院授权中国人民银行向国有独资商业银行派出的、对国有独资商业银行的资产质量及国有资产保值增值状况进行监督的组织。监事会对中国人民银行负责，并定期向中国人民银行报告工作，中国人民银行定期就监事会的工作向国务院报告。监事会的主要职责是：审查国有独资商业银行的财务报告，监督、评价国有独资商业银行的信贷资产质量、资产负债比例管理、国有资产保值增值状况；对国有独资商业银行的董事长、行长的经营业绩进行监督和评价，并提出任免及奖惩建议；对国有独资商业银行的董事长、行长执行本行职务的行为进行监督等。监事会组成人员由中国人民银行、财政部、国家经贸委、审计署、国有资产管理局、国有独资商业银行的代表和经济、法律方面的专家组成。监事的任期每届为 3 年。监事任期届满，可以连任但不超过两届。该规定自发布之日起施行。

13 日　中国证监会与巴西证券委员会在北京签署《中巴证券监管合作谅解备忘录》（以下简称《备忘录》）。《备忘录》的签署，为两国监管机构在监管信息共享、相互提供协助和人员交流培训等方面进行合作建立了正常渠道，同时标志着中巴两国证券市场的合作与交流进入了一个新的阶段，有利于双方证券市场的完善和发展。

14 日　国务院证券委员会颁布实施《证券投资基金管理暂行办法》。该暂行办法从基金的设立、募集与交易，基金托管人和基金管理人，基金持有人的权利和义务，投资运作与监督管理等几方面对证券投资基金进行了规范。该暂行办法明确：1. 证券投资基金（以下简称基金）是指一种利益共享、风险共担的集合证券投资方式，即通过发行基金单位，集中投资者的资金，由基金托管人托管，由基金管理人管理和运用资金，从事股票、债券等金融工具投资。基金资产独立于基金托管人和基金管理人的资产。2. 基金发起人可以申请设立开放式基金，也可以申请设立封闭式基金。基金托管人必须是经中国证监会和中国人民银行审查批准的商业银行，实收资本不少于80亿元。设立基金管理公司必须经中国证监会审查批准。基金管理公司的主要发起人为按照国家有关规定设立的证券公司、信托投资公司，每个发起人的实收资本不少于3亿元，拟设立的基金管理公司的最低实收资本为1 000万元。基金持有人享有如下权利：出席或者委派代表出席基金持有人大会；取得基金收益；监督基金经营情况；获取基金业务及财务状况的资料；申购、赎回或者转让基金单位；取得基金清算后的剩余资产。3. 1只基金投资于股票、债券的比例不低于该基金资产总值的80%；1只基金持有1家上市公司的股票市值不超过该基金资产净值的10%；同一基金管理人管理的全部基金持有1家公司发行的证券市值不超过该证券市值的10%；1只基金投资于国家债券的金额不低于该基金资产净值的20%。4. 基金收益分配应当采用现金形式，每年至少1次。基金收益分配金额不得低于基金净收益的90%。5. 基金封闭期满未被批准续期、基金经批准提前终止或因重大违法、违规行为被中国证监会责令终止的，基金应当终止。基金终止时，必须组成清算小组对基金资产进行清算，中国证监会监督基金清算过程。

15日 中国人民银行发布《人民币单位存款管理办法》。该办法规定：1. 中国人民银行负责金融机构单位存款业务的管理、监督和稽核工作，协调存款单位与金融机构的争议。2. 财政拨款、预算内资金及银行贷款不得作为单位定期存款存入金融机构。3. 任何单位和个人不得将公款以个人名义转为储蓄存款。4. 单位定期存款的期限分为3个月、半年、1年三个档次。起存金额为1万元。5. 金融机构对单位定期存款实行账户管理。6. 存款单位支取定期存款只能以转账方式将存款转入其基本存款账户，不得将定期存款用于结算或从定期存款账户中提取现金。7. 单位定期存款在存期内按存款存入日挂牌公告的定期存款利率计付利息，遇利率调整，不分段计息。银行金融机构违反本办法规定的，按有关法律、法规及金融管理规定予以处罚。

17～19日 全国金融工作会议在北京召开。江泽民、李鹏、朱镕基到会并讲话。会议正确估量了当时的经济、金融形势，充分认识进一步深化金融改革和整顿金融秩序、防范和化解金融风险的重要性和紧迫性，明确做好这项工作的总体要求、指导原则、主要任务和重要措施。会议提出，要按照社会主义市场经济体制的要求，建立和完善现代金融体系和金融制度，把一切金融活动纳入规范化、法制化轨道，显著提高金融业经营和监管水平，有效防范和化解金融风险，引导金融业健康发展，使金融业更好地为改革开放和现代化建设服务。会议要求，力争用3年左右的时间，大体建立与社会主义市场经济发展相适应的金融机构体系、金融市场体系和金融调控监管体系，显著提高金融业的经营和管理水平，基本实现全国金融秩序的明显好转。会后，中共中央、国务院发布了《关于深化金融改革、整顿金融秩序、防范金融风险的通知》，并采取了一系列措施，整顿和规范金融秩序，防范和化解金融风险，使我国在影响全球的亚洲金融风暴袭来时，没有发生大的金融波动，成功地经受了国际金融风险的考验。保证了国民经济持续、快速、健康发展，对于提高全国人民防范金融风险的意识，开创我国金融改革和发展的新局面，全面推进改革开放和社会主义现代化建设，实现跨世纪的宏伟目标，产生了重大而深远的影响。

24日 中国人民银行发布《农村信用合作社资产负债比例管理暂行办法》。该暂行办法对农村信用社实行资产负债比例管理所达到的目的是保持资产负债质量优化和结构合理，防范和降低信贷资产风险。考核指标为：1. 资本充足率指标，即资本净额与加权风险资产总额的比率不得低于8%。2. 贷款质量指标：逾期贷款比例不得超过8%，呆滞贷款比例不得超过5%，呆账贷款比例不得超过2%。3. 单户贷款指标：对最大的一家客户的贷款余额不得超过本社资本总额的30%。对最大的十家客户的贷款余额不得超过本社资本总额的1.5倍。4. 备付金比例指标：备付金余额与各项存款余额的比例不得低于3%。5. 拆借资金比例指标：拆入资金余额与各项存款余额的比例不得高于4%，拆出资金余额与各项存款余额的比例不得高于8%。6. 存贷款比例指标：各项贷款余额与各项存款余额的比例，年末比例不得高于80%，年度中间比例由各省级分行根据本地农村信用社的情况核定。7. 中长期贷款比例指标：1年期以上中长期贷款余额与1年期以上存款余额的比例不得高于120%。8. 贷款利息收回率指标：贷款实收利息占贷款利息收入的比例不低于90%。9. 资产利润率指标：利润总额与全部资产的比例不低于0.5‰。农村信用社执行资产负债比例管理指标的情况以农村信用社为单位进行考核，其中，贷款质量指标、备付金比例指标、拆借资金比例指标、存贷款比例指标按月考核；核心资本充足率、单户贷款比例指标、中长期贷款比例指标按季考核；贷款利息收回率、资产利润率指标每半年监测一次。该办法自1998年1月1日起执行。

30日 中国人民银行发布《保险代理人管理规定（试行）》。1. 保险代理人包括专业代理人、兼业代理人和个人代理人。保险代理人在保险人授权的范围内代理保险业务的行为所产生的法律责任，由保险人承担。2. 从事保险代理业务的人员必须参加保险代理人资格考试，并获得中国人民银行颁发的保险代理人资格证书（以下简称资格证书）。3. 专业代理人是指专门从事保险代理业务的保险代理公司。可以代理财产险公司和一家人寿险公司的业务。保险代理公司的业务范围包括代理推销保险产品，代理收取保险费，协助保险公司进行损失的勘察和理赔，中国人民银行批准的其他业务。4. 兼业代理人是指受保险人委托，在从事自身业务的同时，指定专人为保险人代办保险业务的单位。兼业代理人必须持有“经营保险代理业务许可证（兼业）”，只能代理与本行业直接相关，且能为投保人提供便利的保险业务。业务范围包括代理推销保险产品、代理收取保险费。5. 个人代理人是指根据保险人的委托，向保险人收取代理手续费，并在保险人授权的范围内代为办理保险业务的个人。任何个人不得兼职从事个人保险代理业务。个人代理人的业务范围包括代理推销保险产品、代理收取保险费。不得办理企业财产保险业务和团体人身保险业务。不得签发保险单。该规定自发布之日起实施，1996年2月2日中国人民银行发布的《保险代理人管理暂行规定》同时废止。

12月

2日 中国人民银行发布公告，鉴于永安财产保险股份有限公司存在严重违法、违规等问题，中国人民银行决定对其依法进行接管，并责成中国人民银行陕西省分行负责实施。这是我国首家因违法违规被接管的保险公司。

6日 中共中央、国务院发布《关于深化金融改革，整顿金融秩序，防范金融风险的通知》。该通知指出：在当前好的经济形势下，存在着不少矛盾和问题，特别是金融领域的风险因素增加。防范和化解金融风险，保证金融安全、高效、稳健运行，是我国经济工作面临的一项重要而紧迫的任务。中央要求，力争用3年左右的时间大体建立与社会主义市场经济发展相适应的金融机构体系、金融市场体系和金融调控监管体系，显著提高金融业的经营和管理水平，基本实现全国金融秩序的明显好转，化解金融风险，增强防范和抵御金融风险的能力。这项工作的指导原则是深化改革，标本兼治；依法规范，强化监管；积极稳妥，分步实施。具体措施：1. 改革中国人民银行管理体制，强化金融监管职能。2. 成立中共中央金融工委和金融机构系统党委，完善金融系统党的领导体制。3. 加快国有商业银行和中国人民保险（集团）公司的商业化改革步伐，完善政策性金融体制。4. 建立多层次、多类型的金融机构体系，加快地方性金融机构建设。5. 积极稳步地发展资本市场，适当扩大直接融资。6. 彻底取缔一切非法金融机构，严禁任何非法金融活动。7. 全面清理农村合作基金会。8. 严格规范各类金融机构的业务范围，坚决改变混业经营状况。9. 继续清理、查处金融机构的账外活动和其他违法违规经营活动。10. 健全现代金融监管体系，切实加强金融机构的内控制度建设。11. 建立规范化的信贷资产质量风险管理制度，努力降低不良资产比例。12. 理顺和完善证券监管体系，进一步整顿和规范证券市场秩序。13. 高度重视和防范涉外金融风险。14. 加大金融执法力度，严厉惩治金融犯罪和违法违规活动。15. 在全社会进行防范金融风险教育，建设高素质的金融从业人员队伍。该通知指出：进一步深化金融改革，整顿金融秩序，防范金融风险是中央从全局和战略上考虑，保证我国改革开放和现代化建设顺利进行作出的重大决策。其中要求中国人民银行和中国证监会切实依法履行监管职责。

1997 年金融危机在亚洲迅速蔓延，在这种情况下，1997 年 11 月 17～19 日，中央召开了专门讨论金融工作的全国性会议。会议提出，用 3 年左右的时间，建立适应社会主义市场经济的现代金融组织体系、金融市场体系和金融调控监管体系。这次会议形成的《中共中央　国务院关于深化金融改革，整顿金融秩序，防范金融风险的通知》，是指导中国金融业改革发展的纲领性文件。中国的金融体系从 1998 年起进行了结构性调整。

9～11 日　中央经济工作会议在北京召开。会议确定，1998 年经济工作的总体要求是高举邓小平理论的伟大旗帜，全面贯彻落实党的十五大精神，继续推进经济体制和经济增长方式的根本转变，进一步加强农业基础地位，加快国有企业改革步伐，加大经济结构调整力度，加强和改善宏观调控，提高对外开放水平，安排好群众生活，实现国民经济持续、快速、健康发展和社会全面进步。会议同时指出，要坚持适度从紧的财政货币政策，保证财政增收和金融稳定；加快和深化金融改革，建立现代金融体系；加强中央银行监管，把国有商业银行办成真正的商业银行；加强金融法治，依法治理金融，规范和维护金融秩序，强化金融业和证券业监管，防范和化解金融风险，保证金融业安全、高效、稳健运行，引导金融业健康发展。有步骤、有控制地开放金融服务业领域。

10 日　国务院证券委员会发布《证券交易所管理办法》。该办法明确，证券交易所是不以营利为目的，为证券的集中和有组织的交易提供场所、设施，履行国家有关法律、法规、规章、政策规定的职责，实行自律性管理的会员制事业法人。证券交易所由中国证券监督管理委员会监督管理。证券交易所的职能包括：提供证券交易的场所和措施；制定证券交易所的业务规则；接受上市申请，安排证券上市；组织、监督证券交易；对会员进行监管；对上市公司进行监管；设立证券登记结算机构；管理和公布市场信息等。证券交易所设会员大会、理事会和专门委员会。会员大会为证券交易所的最高权力机构，理事会是证券交易所的决策机构。

在我国注册的第一家中外合资产业投资基金——中瑞合作基金举行签字仪式。该基金由国家开发银行代表我国政府与瑞士联邦政府联合投资。首批资金为 3 125 万瑞士法郎，约合 1.8 亿元人民币，其中，国家开发银行占总投资的 20%。这笔资金将按照中瑞双方制定的投资指导原则，以股本、债券、贷款、担保等方式，为符合条件的企业提供各类人民币和外汇金融服务及其他非金融服务，支持两国合资企业的发展，促进瑞士企业在华投资。

11 日　国家外汇管理局发布《境内机构对外担保管理办法实施细则》，以规范对外担保行为，完善对外担保管理。该实施细则规定：1. 国家外汇管理局（以下简称外汇局）及其分、支局是对外担保的管理机关。对外担保应当经外汇局批准。2. 对外担保的审批权限如下：担保人（不含外商独资企业）为境内内资企业提供的对外担保和为外商投资企业提供 1 年期以内（含）的对外担保，由担保人报其所在地的省、自治区、直辖市外汇局分局审批；担保人（不含外商独资企业）为外商投资企业提供 1 年期以上（不含）的对外担保和为境外机构提供的对外担保，由担保人报经其所在地的省、自治区、直辖市外汇局分局初审后，由该分局报国家外汇管理局审批；担保人为在京全国性中资金融机构、中央直属内资企业和在国家工商行政管理局领取营业执照的外商投资企业（不含外商独资企业）的，担保人提供的对外担保由国家外汇管理局审批。3. 内资企业只能为其直属子公司或者其参股企业中中方投资比例部分的对外债务提供对外担保，但被担保人为以发行 B 股或者H股等方式在境外上市的外商投资企业除外。该实施细则还对担保人办理担保批准手续、中资金融机构的担保资格的审查标准、保证人按照约定应承担的偿还责任和履行的义务、对外抵押和对外质押的有关事项以及违反对外担保办法的罚则都作出了严格规定，该实施细则自1998年1月1日起施行。

国家外汇管理局发布《境外外汇账户管理规定》。该规定对境内机构的境外外汇账户的开立、使用及撤销作出具体规定。该规定明确，境内机构开立外汇账户的条件是：境内机构在境外有经常性的零星收入或支出；从事境外承包工程项目；在境外发行外币有价证券等事项或因业务上的特殊需要必须在境外开立外汇账户的境内机构可以在境外开立外汇账户。境内机构应当按照外汇局批准的账户收支范围、账户的最高金额和使用期限使用境外外汇账户。境内机构在境外外汇账户使用期限到期后的30个工作日内，将境外外汇账户的银行销户通知书报外汇局备案。未经批准擅自开立或者延期使用境外外汇账户的，由外汇局责令改正，撤销境外外汇账户，通报批评，并处以5万元以上30万元以下的罚款。该规定自1998年1月1日起施行。

15日 “10+3”财长会议在马来西亚首都吉隆坡召开。国家主席江泽民出席了会议。在中国的提议下，“10+3”领导人非正式会议设立了财长会议机制，参加者为“10+3”国家的财政官员和中央银行官员。国家主席江泽民在中国—东盟首脑非正式会晤中表示，人民币汇率不会贬值。“10+3”财长会议是指东盟10国（文莱、柬埔寨、印度尼西亚、老挝、马来西亚、缅甸、菲律宾、新加坡、泰国、越南）与中国、日本、韩国3国的财长会议，它是“10+3”领导人非正式会议框架下的一个专业部长会议。

16日 中国证监会颁布《上市公司章程指引》（以下简称《指引》）。《指引》的内容由正文和注释两部分组成，包括总则，经营宗旨和范围，股份，股东和股东大会，董事会，经理，监事会，财务会计制度、利润分配和审计，通知和公告，合并、分立、解散和清算，修改章程，附则，共12章194条。中国证监会同时发出通知，要求发行内资股（A股）或者境内上市外资股（B股），以及既发行内资股，又发行境内上市外资股的上市公司，应当按照《指引》注释部分的解释和说明，参考《指引》正文部分的规定和要求，在其公司章程中载明《指引》正文部分所包含的内容；上市公司可以根据具体情况，在其章程中规定《指引》包含内容以外的、适合本公司实际需要的其他内容，也可以在不改变《指引》正文部分内容含义的前提下，对《指引》规定的内容作文字和顺序的调整或变动；上市公司根据需要，对《指引》的内容进行删除或者修改的，应当在其向中国证监会申报的股票发行和上市及其他有关报批事项的申请材料中进行说明；各上市公司在《指引》颁布后的第一次年度股东大会上，依据《指引》修订公司章程。

20日 经国务院批准，中国人民银行发行澳门回归祖国金银纪念币一套。纪念币共3组，连续发行3年。本次发行第一组，金币1枚，面额500元。

24日 中国人民银行颁布《关于改进国有商业银行贷款规模管理的通知》，决定从1998年1月1日起，取消对国有商业银行贷款限额的控制，在推行资产负债比例管理和风险管理的基础上，实行“计划指导、自求平衡、比例管理、间接调控”的新的管理体制。具体规定为：对商业银行贷款增加量实行指导性计划管理；商业银行以法人为单位对资金来源与资金运用实行自求平衡；商业银行以法人为单位逐步实行资产负债比例管理；中国人民银行负责及时、有效地调控全国信贷总量与结构。商业银行既要加强信贷管理，又要不断改进金融服务，更好地支持经济发展。这次取消对国有商业银行贷款限额的控制，是中央银行金融宏观调控方式的重大改革。取消对国有商业银行贷款限额控制后，中国人民银行从过去依靠贷款规模指令性计划控制，转变为根据国家确定的经济增长、物价控制目标和影响货币流通的各种因素，综合运用利率、公开市场业务、存款准备金、再贷款、再贴现等货币政策工具，间接调控货币供应量，保持币值稳定，促进经济发展。

25 日 国务院证券委员会发布《证券、期货投资咨询管理暂行办法》。该办法规定：从事证券、期货投资咨询业务，必须取得中国证监会的业务许可。中国证监会及其授权的地方证券、期货监管部门负责对证券、期货投资咨询业务的监督管理。该办法主要从三个方面体现了对投资者利益的严格保护。一是从业人员必须取得证券、期货投资咨询从业资格，并加入一家有从业资格的证券、期货投资咨询机构；二是咨询机构必须具有100万元人民币以上的注册资本，并具备足够的研究能力和健全的内部管理制度；三是在咨询的过程中，从业人员应当以行业公认的谨慎、诚实和勤勉尽责的态度，为投资人或者客户提供证券、期货投资咨询服务，不得以虚假信息、市场传言或者内幕信息为依据向投资人或者客户提供投资分析、预测或建议。

26 日 经中国证监会批准，上海证券交易所和深圳证券交易所发布《上海证券交易所股票上市规则》和《深圳证券交易所股票上市规则》，自1998年1月1日起正式实施。该规则的内容涉及上市协议、上市推荐人、股票上市的申请、审查和信息披露要求、股权事务管理与信息披露事务、定期报告、临时报告、停牌及复牌、上市公司状况异常期间的特别处理、暂停上市及终止上市、境内外上市事务的协调、罚则等，规范对象涉及上市公司及其董事、监事、董事会秘书、董事会授权代表、其他高级管理人员，以及上市推荐人、会计师事务所、律师事务所、资产评估机构、上市公司股东等。

27 日 金融清算总中心在北京成立。该中心由中国人民银行、各政策性银行和国内各商业银行等20个单位共同发起组建，主要负责全国电子联行的建设和运行。

29 日 中国证监会发布《关于禁止证券经营机构申购自己承销股票的通知》。该通知规定：包括主承销商、副主承销商和分销商在内的所有证券承销机构，在其承销股票的发行过程中不得直接或变相以其他认购人的名义申购自己所承销的股票，只能按规定在发行结束后包销剩余的股票。中国证监会对有申购自己所承销股票行为的证券经营机构，将视情节轻重，给予罚款直至暂停受理其股票承销业务资格申请的处罚。

中国金融数据通信骨干网建成开通。该网络是面向金融部门、金融增值和应用服务，跨行、跨地区的全国性专业通信网络。

1998 年

1 月

1 日 中国人民银行取消对国有商业银行贷款限额的控制，在推行资产负债比例管理和风险管理的基础上，实行“计划指导、自求平衡、比例管理、间接调控”的新的管理体制。

中国人民银行印发《城市信用合作社联合社管理办法》。该办法是对 1996 年下发的《城市信用合作社联合社管理规定》的修订。该办法共有 8 章 57 条，其中规定，设立城市信用合作联合社（以下简称城市信用联社），应当具备下列条件：市区城市信用社机构的数量在 4 家以上；有符合本办法规定注册资本的最低限额；有具备任职资格的主任、副主任及其他管理人员；有健全的组织机构和管理制度；有符合中国人民银行和公安部门要求的办公场所、营业场所和与业务有关的其他设施；城市信用社必须与原行政挂靠单位实行人、财、物完全脱钩。城市信用联社注册资本的最低限额为人民币 80 万元，由城市信用社实际缴纳的股金构成。每个城市信用社的出资额最高不得超过其自身注册资本的 20%。城市信用联社实行社员民主管理，一人一票的原则。社员具有平等的表决权、选举权和被选举权。

5 日 中国人民银行颁布《关于进一步完善和加强金融机构内部控制建设的若干意见》。该意见提出，各金融机构要用一到两年的时间，形成一套责权分明、平衡制约、规章健全、运作有序的内部控制机制，把经营风险降到最低限度，使违规经营和大案要案数量明显下降。争取在 20 世纪末 21 世纪初，建立起与社会主义市场经济相适应的现代金融企业制度，使我国金融机构在经营管理和内部控制方面基本与国际接轨。各金融机构要坚持稳健经营的发展方针，强化统一法人制度。各金融机构都要制定经营管理责任制，明确各金融机构总部在系统经营管理中所担负的责任和承担的义务，实行集约化经营，端正经营思想，优化资产负债结构，提高资产质量，增强资本实力。要建立健全以安全性、流动性、效益性为中心的内部管理考核指标。各金融机构要实行内部控制责任制，由“一把手”负全责，建立独立和超脱于业务经营之外的内部控制委员会，充分发挥监督职能。要科学地设置内部组织结构，按照相互协调和平衡制约的原则，合理配置业务部门、管理部门和监督监控部门，特别要保证对要害部位和重要岗位进行充分的制约和监督。必须实行重要业务岗位的干部异地交流、岗位轮换和离任稽核制度。建立内部风险评估和监测制度。依法合规经营，严格照章操作。各金融机构要建立健全内部稽核制度，必须设立专门的内部稽核部门。争取用两年的时间，使内部稽核审计人员占机构总人数的比例达到 2% 以上。

8 日 中国人民银行颁布《关于认真落实国务院领导关于立即切断银行资金流向期货市场的重要指示的紧急通知》。该通知明确规定：商业银行要对客户的贷款申请文件、贷款用途、国际贸易远期信用证、资金保函等业务进行严格审查，不得为企业的期货交易提供任何形式的资金支持。各商业银行为期货交易所开设的会员保证金账户以及为期货经纪机构开设的客户保证金账户，必须做到一个会员（或一个客户）一个账户，或者在开设保证金账户的同时，按每个会员（或客户）开设明细账户，企业存入期货交易所或期货经纪机构的保证金，与期货经纪机构或期货交易所之间的资金结算，必须单独核算，并一律通过开户银行转账结算。各类金融机构严禁以各种方式从事商品期货交易或代理客户交易，不得参股期货交易所或期货经纪机构。商业银行与其所办的各类经济实体脱钩后，在债权、股权尚未收回或转让时，必须确保各类实体不得从事期货交易。

12 日 全国银行分行行长、保险公司分公司经理会议在北京召开。会议提出取消对国有商业银行的贷款限额控制后，要在逐步实行资产负债比例管理和风险管理的基础上，实行“计划指导、自求平衡、比例管理、间接调控”的新的信贷管理体制；为了适应取消贷款限额控制的变化，中国人民银行要加强对基础货币的调控，及时监测各层次货币供应量以及商业银行贷款的变化，综合运用各种货币政策工具，调控基础货币，保持贷款的适度增长，维护币值稳定。

中国人民银行发布《关于进一步加强贷款管理有关问题的通知》。该通知指出，一段时间以来，以借款为名非法骗取金融机构的巨额贷款资金的大案要案问题比较突出。一些不法分子采用各种手段骗取贷款后，或挥霍浪费，或携款潜逃，使金融机构蒙受巨大损失。造成这些问题的重要原因在于，一些金融机构的贷款对象从过去比较单一的国营、集体经济扩展到个体私营经济，信贷从业人员大量增加而其基本素质不适应要求，贷款风险因素增多等。因此，各金融机构在严格执行信贷管理规章制度，认真总结防范信贷风险经验的同时，要进一步提高防范贷款风险的警觉性，针对新形势下贷款风险的特点，采取更加科学、严密的防范措施。该通知规定：金融机构审查贷款时，必须以借款人的资格、条件、经营状况、还款能力、企业主要负责人的品质等为依据。对家族式的集团或公司的贷款必须从严控制。对法人代表持有外国护照或拥有外国永久居住权的，其企业、公司在国外有分支机构的，其家庭主要成员在国外定居或者在国外开办公司的企业的贷款要从严控制，对其法人代表出国及企业的资金往来要密切关注。特别是对将资金转移到国外或资金用途不明的转账行为，要进行严格的审查、监督，发现问题及时制止。对那些通过或利用领导、亲属、朋友、同学、战友等关系打招呼、写条子介绍的贷款，不得放松对贷款条件的审查。对不符合贷款条件的，坚决不予贷款。对借款人与担保人属同一集团公司的企业，贷款要从严审查。非独立法人的分公司提供的担保无效。对实行总分公司制的企业集团，其贷款由总公司统借统还。实行母子公司制的企业集团及所属企业，申请贷款时，除提供本公司的财务报表外，还要提供集团公司的合并财务报表。不提供者，金融机构可以拒绝贷款。各金融机构要与借款人的法人代表及其主要管理人员建立定期约见制度，根据贷款额度的大小、借款人的生产经营变化状况等确定约见周期。各金融机构要加强对信贷人员的思想教育和品行的约束与监督，并进一步完善内部控制制度，严格执行审贷分离和集体审贷制度。

13 日 中国人民银行发布《1998 年农村合作金融工作意见》。该意见提出，1998 年农村合作金融工作的指导思想是坚持农村信用社合作金融改革方向，以提高农村信用社的经营管理水平，促进稳定、健康发展为主线，加强对农村合作金融的监督管理，完善内控机制；继续深化农村合作金融体制改革，改善农村金融秩序；进一步加强县农村信用联社建设，提高行业指导和管理水平；发展业务，改善经营，进一步改进和加强支农服务。1998 年要做好以下几方面的工作：1. 坚持按合作金融方向推进农村信用社管理体制改革。2. 对资不抵债的高风险农村信用社实行跟踪监控，综合整治。切实加大机构网点调整的力度。3. 1998 年全国农村信用社的各项存款计划增加 1 800 亿元，各项贷款计划增加 1 200 亿元，在新增贷款中，农业贷款所占的比重不低于 40%。4. 为了加强对农村信用社改革和发展工作的领导，国务院决定由中国人民银行牵头成立整顿农村信用社工作小组，各地要在工作小组的统一部署下，有计划、有步骤地做好农村信用社的改革和整顿工作。

13～16 日 全国证券监管工作会议在北京召开。会议提出，1998 年证券监管工作将继续贯彻“法制、监管、自律、规范”的八字方针，紧紧围绕服务国有企业改革，积极稳妥发展证券市场，深化证券管理体制改革，整顿证券市场秩序，提高市场监管水平，防范市场风险，更好地促进国民经济持续、快速、健康发展。积极做好股票发行工作，对1997年下达的300亿A股发行计划，继续分步实施，跨年使用。要在充分考虑市场承受能力的前提下，循序渐进地安排；要加强上市审核，切实把好质量关；要强化监管，维护投资者的利益，促进证券市场持续、快速、健康发展。

15日 国务院副总理朱镕基在全国银行、保险、证券系统行长（经理）会议上，就当时国内外经济金融形势和1998年经济金融改革问题做了重要讲话。讲话中强调：1998年的金融工作要以邓小平理论和党的十五大精神为指导，狠抓全国金融工作的落实，按照建立社会主义市场经济体制的要求，加快和深化金融改革，加强中央银行的监管，建立现代金融体系；各家银行和其他金融机构要进一步从严管理，树立银行“铁账本、铁算盘、铁规章”的良好形象。1998年，人民币将保持稳定，不会贬值，中国政府支持香港保持港元的联系汇率制度。

2月

4日 中国人民银行颁布《关于加大信贷投入 强化信贷管理 促进农业与农村经济发展的通知》，提出要确保支农信贷资金来源，加大农业信贷投入。该通知规定：国家银行新增支持农业发展的贷款不低于新增全部贷款的10%。其中，中国农业银行应坚持“三性”原则，把贷款主要用于支持种养业、以农副产品加工为主的龙头企业、农产品生产基地、农村市场体系、农业基本建设和农业社会化服务体系的建设。中国农业发展银行要按其职能做好粮、棉、油收购资金供应和管理工作。农村信用社应坚持“多存多贷、少存少贷、瞻前顾后、合理调剂”的原则，主要支持“三农”（农民、农业、农村）的发展，农村信用社用于种植业的贷款不低于全部新增贷款的40%，对农村信用社社员的贷款不低于贷款总额的50%。财政支农资金要通过有关银行拨付，并积极开辟其他筹资渠道，争取从国际金融组织和外国政府获得低息贷款。中国人民银行要加强对支农信贷资金落实的监管，加强对扶贫贷款的管理，提高扶贫贷款的使用效益，为力争到20世纪末基本解决我国贫困人口的温饱问题提供资金支持。各金融机构应把信贷支持与其他金融服务结合起来，从单一的资金支持向综合性金融服务转变。

10日 中国人民银行颁布《防范和处置金融机构支付风险暂行办法》。该暂行办法中规定：各金融机构必须严格执行中国人民银行颁布的资产负债比例管理规定，确保负债与资产在期限上的合理配置。金融机构发现存在支付风险苗头时，应及时调整资产和负债结构，包括降低存贷款比例、卖出持有的国债（或股权）、变卖固定资产、要求股东补足资本金，同时积极组织资金，从而提高资产的流动性和偿还到期债务的能力。金融机构出现暂时支付风险时，必须切实改进服务质量，与到期债务的债权人妥善协商，如实向债权人披露解决支付风险的措施，力求达成延期或分期支付的协议。允许债权人将部分或全部债权转为股权。对于支付危机风险严重、资不抵债、有严重违规违法经营行为、股东无力承担损失或无力注入资金的金融机构，由人民银行省级分行商地方政府同意后，依法实施行政关闭，并指定金融机构托管、清算。实施行政关闭的具体方案由人民银行省级分行和地方政府共同提出，报总行核准。该办法自1998年3月1日起施行。

16日 中国人民银行发布《保险经纪人管理规定（试行）》。该规定明确：保险经纪人是指基于投保人的利益，为投保人与保险人订立保险合同、提供中介服务，并依法收取佣金的有限责任公司。再保险经纪人是指基于原保险人的利益，为原保险人与再保险人安排分出、分入业务提供中介服务，并依法收取佣金的有限责任公司。该规定对保险经纪人的从业资格，保险经纪公司的设立、变更、终止，执业管理，惩罚等方面作出了具体规定，适用于中国境内依法成立的中资保险经纪有限责任公司、外资保险经纪有限责任公司、中外合资保险经纪有限责任公司。这是中国第一部专门对保险经纪人进行管理的部门法规。

16～17日 国家外汇管理局全国分局局长会议在北京召开。会议分析了亚洲金融危机的形势和教训，总结了1997年的工作。会议确定1998年外汇管理工作的重点是：完善经常项目汇兑监督和资本项目管理，防止非法资本通过个人和非贸易渠道流出、流入；从严控制国际商业贷款增长，特别要控制短期外债总额及其所占的比重；适当扩大企业直接筹措短期外债的范围，扩大保留外汇收入的中资企业范围；完善人民币汇率生成和监测体系，研究推广银行远期结售汇业务。

17日 中国人民银行建立房地产信贷统计月报制度。为了适应房地产信贷业务发展的需要，及时、准确地掌握房地产信贷的发放和回收情况，中国人民银行发布《关于建立房地产信贷统计报表制度的通知》，规定从1998年1月1日起，各商业银行总行和中国人民银行分行按月向中国人民银行总行信贷管理司报送房地产信贷报表，报送时间为月后15日内。1998年1月和2月报表可与3月报表同时报送。房地产信贷报表包括：房地产信贷月报表、房地产贷款累收累放统计表、个人住房贷款情况统计表和国家安居工程相关数据月报表（银统107号）。

24日 经中国证监会、中国人民银行核准，中国工商银行成为国内第一家证券投资基金托管银行。按照《证券投资基金管理暂行办法》的规定，中国工商银行遵循“诚实信用、勤勉尽责”的原则，履行以下基金托管人的权利和义务：1. 安全保管基金资产，维护基金及基金持有人的利益；2. 监督基金资产的投资运作是否符合法规和《基金契约》或《委托合同》的规定；3. 为基金的投资运作提供资金清算；4. 对基金资产提供会计核算、资产估值；5. 保存会计账册和实物证券。

工商东亚金融控股有限公司成立。该公司是中国工商银行出资1 200万美元收购西敏证券亚洲公司，与西敏证券亚洲公司合资组建的，在英属维尔京群岛注册，管理总部设在中国香港。中国工商银行持有60%的股份。公司以中国大陆和香港地区为主要业务地域，从事企业融资、财务顾问、上市保荐、直接投资、证券包销、证券调研、证券买卖、证券托管、证券交收、客户资金托管等业务。这是中国第一家以收购形式合资组建的金融公司。

经国务院批准，中国人民银行宣布中国农村信托投资公司解散。公司解散后，其法律主体已不存在，公司的股东权益全部冲销，或有负债和欠缴税费一律免除，或有资产由中国建设银行予以追索。

国家外汇管理局颁布《关于对各级银行外汇业务范围的规定》。该规定明确指出，政策性银行的外汇业务范围由国家外汇管理局商中国人民银行共同确定，并对各级银行（总行、一级分行、二级分行及其他银行分支行及以下机构）可经营的外汇业务范围做了规定。

国务院证券委员会发布《境内上市外资股（B股）公司增资发行B股暂行办法》，提出符合一定条件的B股公司，可以增资发行股票。该暂行办法规定的公司增资发行B股应当符合的条件是：本次增发所筹资金的用途符合国家产业政策、固定资产投资立项和利用外资的有关规定；公司前一次股票发行（包括增资或配股，下同）已经募足，募集资金的使用与“招股说明书”或“配股说明书”披露的内容相符，或其变动已经法定程序批准，并且资金使用效益良好；公司前一次发行B股的招股说明书公布日至本次增资发行B股的招股说明书公布日，其间隔时间不应少于12个月，但增资发行B股与前一次发行A股之间的间隔时间可以少于12个月；近3年内无重大违法行为；公司章程的内容符合《中华人民共和国公司法》和其他有关规定的要求；股东大会的召集方式、召开方式、表决方式和决议内容符合有关法规、政策和公司章程的规定；按照有关法律、法规的规定履行了信息披露义务；公司近3年连续盈利，并可向股东支付股利；公司近3年内财务会计文件无虚假记载或重大遗漏；公司预期的B股增资发行价格或发行价格区间下限不低于该公司发行前每股净资产值；本次B股增资发行后，外资股在总股本中所占的比例未超过企业主管部门、行业管理部门及其他有关部门限定的比例；国务院证券委员会规定的其他条件。

25日 中国证监会发布《关于上市公司置换资产变更主营业务若干问题的通知》。该通知规定，上市公司通过置换资产变更主营业务，导致上市公司的上市主体资格发生变化的，必须报中国证监会按新股发行程序重新审批。未经批准，上市公司不得擅自行动。1998年，原则上只在纺织行业和根据《股票上市规则》确定为状况异常的公司中有选择地进行试点。上市公司不得擅自发布有关变更主营业务的信息。如果市场出现有关传闻，上市公司应当根据中国证监会和证券交易所的要求及时澄清。在上市公司申请成为试点企业期间，上市公司及各有关单位的内幕人员，必须严格保守内幕信息，防止利用该信息进行内幕交易、操纵市场等证券欺诈行为。

28日 八届全国人大常委会第三十次会议审议通过了《国务院关于提请审议财政部发行特别国债补充国有独资商业银行资本金》的议案。根据该议案，财政部将定向发行特别国债2 700亿元，所筹集的资金拨补我国国有独资商业银行的资本金。实行这项措施后，国有独资商业银行的资本充足率将达到《中华人民共和国商业银行法》和国际有关协议规定的8%。8月19日，财政部发布《关于发行特别国债补充国有独资商业银行资本金有关问题的通知》，该通知规定：这次发行2 700亿元特别国债补充国有独资商业银行的资本金，综合考虑各行的风险资产、现有资本净额和贷款呆账等因素，将补充的2 700亿元资本金分配如下：中国工商银行850亿元、中国农业银行933亿元、中国银行425亿元、中国建设银行492亿元。发行特别国债补充国有独资商业银行的资本金的办法，只是作为一次特殊性措施。今后，各国有独资商业银行要按照稳健经营的原则，通过深化改革、改善资产质量和结构、严格控制和压缩风险资产规模、提高经营效益等办法，逐步增加资本金，从而在信贷资产规模适度增加的同时，保持法定的资本充足率。8月18日，财政部发行了2 700亿元的特别国债，该期国债确定为记账式附息国债，期限为30年，年利率为7.2%，从发行之日起开始计息，利息按年支付。

3月

5日 国务院总理李鹏在第九届全国人民代表大会第一次会议上做《政府工作报告》。该报告提出，1998年政府工作的总体要求是：高举邓小平理论伟大旗帜，全面贯彻中国共产党第十五次全国代表大会精神，加强农业基础地位，加快以国有企业为重点的各项改革，加大经济结构调整力度，提高对外开放水平，继续推进经济体制和经济增长方式的根本转变，保持国民经济持续、快速、健康发展；加强民主法制建设，推进依法治国，坚持不懈地开展反腐败斗争，维护社会稳定；加强精神文明建设，促进教育、科学、文化发展和社会全面进步；加强全国各族人民的团结，为建设有中国特色社会主义事业齐心奋斗。其中，有关金融工作的要求是继续实行适度从紧的货币政策，改善金融调控方式，注意适时、适度微调；优化贷款结构，支持国有大中型企业的改革和发展，适当增加对国有小企业和其他所有制企业的贷款，促进经济结构调整。1998年金融体制改革的重点是完善和强化中国人民银行的金融调控和监管体系，加强国有商业银行的集中统一管理，有步骤地发展区域性商业银行和城市商业银行，深化城乡信用合作社的改革，理顺和完善证券监管体系。企业发行股票和债券是优化资产配置、转换经营机制的重要方式，也是筹集资金的重要渠道，必须严格按规范进行，并向大中型国有企业倾斜，防止不符合条件的企业滥竽充数，以保护投资者的利益。健全金融法规，整顿和规范金融秩序，严格结算纪律，加强金融机构内部管理，严禁非法金融活动。吸取东南亚金融危机的经验教训，采取积极措施，努力防范和化解可能出现的消极影响。努力增加外汇收入，合理有效地使用外汇，依法管理资本项目下的国际收支和汇兑。加强对外债的统一管理，到境外金融市场融资和提供担保必须经过国家批准。对擅自到境外融资的违规行为要坚决查处。各类金融机构都要加强队伍建设，提高从业人员的政治和业务素质。

经中国证监会批准，国泰基金管理有限公司、南方基金管理有限公司成立。两家公司的注册资本分别为1.1亿元和1亿元，是独立运作、从事基金发起设立和管理的专业公司，成为中国新基金业的起始标志。23日，开元证券投资基金和金泰证券投资基金在深圳证券交易所和上海证券交易所公开上网发行。这两只基金为封闭式基金，存续期为15年，规模为20亿元，托管行为中国工商银行。按照要求，基金将20%的资产投资于国债，将80%的资产投资于公开交易的流通股股票。27日，两只基金成功设立，并于当年4月7日分别在上海证券交易所、深圳证券交易所上市。

12日　中国人民银行颁布《关于城市合作银行变更名称有关问题的通知》。鉴于城市合作银行是股份制商业银行，不具有“合作”性质，经国务院同意，将“××城市合作银行”的名称变更为“××市商业银行股份有限公司”，银行在牌匾及广告宣传中可以使用简化名称“××市商业银行”，该通知要求此项工作于1998年5月底前结束。

16日　经中国人民银行和香港金融监管机构批准，交通银行和中国银行达成协议，从1998年4月14日开始，交通银行香港分行脱离中国银行港澳中银集团，由交通银行对其实行全面管理。交通银行香港分行成立于1934年，1958年，交通银行的国内业务分别并入当地中国人民银行和在交通银行的基础上组建起来的中国人民建设银行后，当时的中国银行香港及澳门分区办事处接管了交通银行香港分行的业务，并延续至今。

中国证监会批准发布上海证券交易所、深圳证券交易所的《证券投资基金上市规则》，对证券投资基金上市的有关事宜作出具体规定。

17日　中国人民银行发布《关于防止利用银行卡进行资金传销活动的通知》。该通知指出，最近，在北京、新疆、昆明、大连等地先后发现了社会上的一些人员利用商业银行的银行卡进行不正当的“资金传销”活动。这类传销活动的共同做法是利用银行卡发展下线会员，通过无卡存款收取下线会员的资金。其实质是利用银行账户，以信用卡、储蓄卡等银行卡的存款形式，诱导和欺骗居民存款，取得资金。这类活动既影响了银行正常结算业务的开展，又利用了银行的信誉，使银行无形中成为传销的媒介，影响了银行的形象。由于此类活动具有诱惑力，如果任其蔓延下去，势必严重扰乱正常的金融秩序，危害居民资金的安全。鉴于此，该通知要求：各商业银行应严格按照1997年9月1日中国人民银行《关于加强金融机构个人存取款业务管理的通知》的规定为储户办理存款业务；各商业银行在办理银行卡存款业务时，必须要求其提供银行卡及密码，不得在储户未提供银行卡及密码的情况下，为其办理存款业务；各商业银行对储户在使用银行卡办理存取款业务时所出现的异常现象（尤其是类似上面提到的情况）应提高警惕，尽可能做到不为其利用银行卡进行资金传销活动提供方便，发现确属利用银行卡进行资金传销的客户，可以拒绝为其办理存取款业务；各商业银行应加强柜台业务咨询服务，向客户做好金融知识宣传，帮助他们提高金融风险意识；对欲参加活动的客户进行耐心解释和劝阻，对于在银行机构内进行宣传鼓动传销活动的行为要坚决予以制止。

18日　中国人民银行颁布《关于坚决制止和严肃查处高息揽存的紧急通知》。该通知要求：各商业银行、城乡信用社、信托投资公司等金融机构和邮政储蓄部门对1998年2月以前吸收的存款，对照中国人民银行公布的各档次存款利率标准进行自查，坚决制止通过提高存款利率、贴水、支付手续费、协储代办费、吸储奖、有奖储蓄等形式进行高息揽存的行为，以巩固整顿金融秩序的成果，维护法定存款利率的严肃性。

24日 中国人民银行发布《关于改革存款准备金制度的通知》，决定从1998年3月21日起对现行的存款准备金制度实施改革。改革的主要内容是：调整金融机构的一般存款范围。将金融机构代理人民银行财政性存款中的机关团体存款、财政预算外存款，划为金融机构的一般存款，金融机构按规定比例将一般存款的一部分作为法定存款准备金存入人民银行。将现行各金融机构在人民银行的“缴来一般存款”和“备付金存款”两个账户合并，称为“准备金存款”账户。法定存款准备金率从现行的13%下调到8%。准备金存款账户超额部分的总量及分布由各金融机构自行确定。对各金融机构的法定存款准备金按法人统一按旬考核。同日，中国人民银行发布《关于降低存、贷款利率的通知》，其中规定金融机构的存款准备金年利率由7.56%和备付金存款年利率7.02%统一下调为5.22%，同业存款利率不得高于准备金存款利率；中央银行对金融机构的贷款年利率，20天期由8.55%下调为6.39%；3个月期由8.82%下调为6.84%；6个月期由9.09%下调为7.02%；1年期由9.36%下调为7.92%。

中国人民银行在北京召开保险监管工作会议。会议提出1998年保险监管工作的重点是深入整顿保险市场秩序，强化保险监管，加大查处力度，切实防范和化解保险风险，完善保险监管体系，健全保险企业制度。

25日 中国人民银行发布《关于印发〈有效银行监管的核心原则〉的通知》。该通知要求：1. 人民银行各级分行、各国有商业银行、其他商业银行、保险公司、全国性非银行金融机构，组织金融从业人员认真学习和研究，为全面实施巴塞尔核心原则奠定基础。2. 中国人民银行各级领导和监管人员切实把握巴塞尔核心原则的基本精神，并在实际工作中加以贯彻，逐步缩小我国的金融观念、标准和手段等方面与“巴塞尔核心原则”的差距，尽快提高我国中央银行的金融监管水平。3. 各金融机构管理层和业务部门负责人要按审慎监管的要求，进一步强化管理，稳健经营，增强抵御金融风险和参与国际竞争的能力。

国务院办公厅发布《转发中国证监会关于〈清理整顿场外非法股票交易方案〉的通知》。该通知指出：一段时间以来，一些地区未经国务院批准，擅自设立产权交易所（中心）、证券交易中心和证券交易自动报价系统等机构，从事非上市公司股票、股权证等股权类证券（以下简称股票）的场外非法交易活动。这种行为严重违反了《中华人民共和国公司法》《股票发行与交易管理暂行条例》和国务院的有关规定，扰乱了证券市场的正常秩序，隐藏着很大的金融风险，极易诱发影响社会稳定的事端。为了整顿金融秩序，防范金融风险，保持社会安定，促进证券市场健康发展，党中央、国务院决定，彻底清理和纠正各类证券交易中心和报价系统非法进行的股票、基金等上市交易活动，严禁各地产权交易机构变相进行股票上市交易。

26日 国家主席江泽民会见美国纽约股票交易所主席兼首席执行官理查德·格拉索。江泽民主席在会见时表示：中国的金融改革开放不会受亚洲金融危机的影响。中国政府将采取有效措施保持国民经济高成长、低通货膨胀的良好态势。希望纽约股票交易所继续为促进中美经济和金融合作作贡献。

4月

1日 中国人民银行印发《企业债券发行与转让管理办法》。该办法共有9章78条，其中规定：1. 企业发行债券，由中国人民银行在经国务院批准的，国家计委会同中国人民银行、财政部、国务院证券委员会下达的企业债券发行计划内审批。中央企业发行企业债券，由中国人民银行会同国家计委审批；地方企业发行企业债券由中国人民银行省、自治区、直辖市分行会同同级计委审批。2. 企业申请发行债券，应向人民银行报送项目可行性及风险分析报告、经审计的发行人及保证人近3年的财务报表、担保函、企业债券发行章程、人民银行认可的企业债券信用评级机构出具的企业债券信用评级报告、律师事务所出具的法律意见书等申报文件。3. 除符合一定条件，并经人民银行批准可免予担保的外，发行人在发行企业债券前必须提供保证担保，人民银行认可担保后，企业方可发行债券。4. 证券经营机构从事企业债券承销业务，应取得人民银行的资格认定；未取得人民银行的资格认定或承销资格已失效的证券经营机构，不得从事债券承销业务。人民银行对企业债券承销商的资格实行年检制度。5. 发行结束后，认购人如需将债券转移到证券交易所进行交易，应按中央登记公司和证券交易所的有关规定办理转托管手续，同时中央登记公司应为证券交易所的证券登记公司建立二级托管总账户。经中国人民银行批准，已办妥登记托管手续并符合规定条件的债券可用于回购交易。6. 人民银行对债券发行申请作出批复后，企业债券主承销商至少在发行前10日将发行公告刊登于人民银行指定的报纸上，公告前须先向人民银行报告，公告的信息必须与经人民银行审定的内容一致。发行人须按照人民银行指定的方式向投资人披露中期报告、年度报告和重大事件。

中国人民银行印发《关于严禁利用信用卡、银行卡、支付卡违规套取现金的通知》。为了进一步整顿金融秩序，打击经济犯罪，保障国有资产安全，该通知就关于严禁利用信用卡、银行卡、支付卡等新的结算工具违规套取现金的问题作出如下规定：凡在工商行政管理部门登记注册的单位必须在银行开立基本存款账户，单位的信用卡、银行卡、支付卡在使用过程中需要存入资金的，必须从其基本存款账户转入，不得交存现金，不得将销货款存入。各开户银行对客户持有的单位信用卡、银行卡、支付卡一律不得支付现金。对于存入单位信用卡、银行卡、支付卡的转账支票，必须将收款单位的账户户名写清楚，不得将其信用卡、银行卡、支付卡的开户银行作为收款人。任何部门、企业和单位不得将公款转入个人信用卡、银行卡、支付卡账户内。个人信用卡、银行卡、支付卡的持卡人提取现金时，支取现金额必须符合发卡银行规定的限额，超过规定限额的，必须取得发卡银行的授权。授权的最高限额不得超过个人信用卡、银行卡、支付卡账户的备用金存款金额。开户银行一律不得对个人信用卡、银行卡、支付卡透支支付现金。中国人民银行各级分支行要切实加强监督，对金融机构支持单位或个人利用信用卡、银行卡、支付卡违规套取现金的行为，要严加处罚，并责令金融机构对有关人员给予纪律处分。

中国人民银行颁布《关于商业银行授权分行进入全国同业拆借市场有关问题的通知》。该通知规定：各商业银行总行可以根据本行资金管理的实际情况，决定授权省级分行加入全国一级拆借市场，从事信用拆借、债券回购和现券交易。在中国人民银行核定的最高信用拆借资金余额内，由各行自行决定其授权分行的最高信用拆借资金余额。人民银行仍对各商业银行以法人为单位考核最高信用拆借资金余额。加入全国同业拆借市场的商业银行分行进行信用拆借、债券回购和现券交易的民事责任由各商业银行总行承担，商业银行法人内部机构之间不得进行信用拆借、债券回购与现券交易。准备进行授权的商业银行总行要将授权分行的名单、授予的最高信用拆借资金余额、债券回购与现券交易权限报送中国人民银行总行。各商业银行要加强对授权分行的管理，建立严格的内部授权和外部授信制度，有效控制拆借风险。

《上海证券交易所全面指定交易制度试行办法》正式生效，上海证券交易所对股票等记名证券的委托买卖由原来的选择指定交易改为全面指定交易。该办法规定，凡在该交易所交易市场从事证券交易的投资者，均应事先明确指定一家证券营业部作为其委托交易、清算的代理机构，并将本人所属的证券账户指定于该机构所属的席位号后，方能进行交易。该办法由上海证券交易所于1月1日颁布，从3月2日开始试行。

7日　中国人民银行发布《关于加大住房信贷投入，支持住房建设与消费的通知》。该通知规定：从1998年开始，人民银行对各商业银行住房（包括建房与购房）自营贷款实行指导性计划管理。为了保证贷款规模取消后的住房信贷投入，1998 年新增住房贷款按各行当年新增贷款的15%掌握。扩大住房信贷业务范围，将原来只能由工商银行、农业银行、建设银行三家银行办理的住房委托存贷款业务扩大到所有国有独资商业银行和交通银行，烟台、蚌埠两城市（含所辖县和县级市），继续由住房储蓄银行办理。允许所有商业银行在所有城镇对所有普通商品住房办理个人住房贷款。大力促进住房消费，调整住房贷款支持的重点，由过去主要支持普通住房的开发建设转变为主要支持普通住房的消费及配套设施建设，逐年扩大住房消费贷款在住房贷款中所占的比例。1998 年，各银行的住房消费贷款增加额原则上不少于住房建设贷款增加额。积极支持普通住房建设。对新开工的普通住房项目，只要开发商的自有资金达到30%，住房确有销路，商业银行均可发放住房建设贷款。改进安居工程贷款管理，只要住房建设项目符合安居工程条件且销售率（含预售）达到75%，银行可根据工程进度按自筹资金与贷款6:4 的比例发放安居工程贷款。各商业银行和人民银行各地分行要加强对住房信贷业务的监督和管理，确保住房信贷资金用于普通住房建设和消费，严禁将其用于楼堂馆所、度假村、高级公寓、别墅等高档商品房的开发建设。

9 日 经中国证监会批准，华夏基金管理有限公司在北京成立。该公司由华夏证券有限公司、北京证券有限责任公司、中国科技国际信托投资有限责任公司共同发起成立，注册资本为7 000万元人民币，经营范围为发起设立基金和基金管理业务。这是继南方基金管理有限公司和国泰基金管理有限公司之后又一家全国性的基金管理公司。

13 日 中国证监会发布公告，严肃查处 33 家违规申购开元、金泰证券投资基金的法人和相关个人。经中国证监会、各地证券管理办公室和证券交易所检查，发现一些机构在开元、金泰基金发行时存在违规申购情况，部分券商通过自查也发现了部分法人申购的情况。为了保护广大投资者的利益，严格规范基金市场，中国证监会对违规申购的法人和个人作出了处罚决定。中国证监会重申，基金市场必须从一开始就从严规范，有关单位和个人要严格遵守有关法规和中国证监会的有关规定。对在今后基金的发行和运作过程中发现的违规行为，中国证监会将严格依照有关规定进行处罚。

14 日 中共中央、国务院发布《关于进一步扩大对外开放，提高利用外资水平的若干意见》。该意见指出，利用外资总的指导思想是，坚持以邓小平理论为指导，认真贯彻党的十五大精神，围绕推进经济体制和经济增长方式两个根本转变，提高国民经济素质和效益，增强综合国力和国际竞争力，进一步推进全方位、多层次、宽领域的对外开放，充分利用国内国外两个市场、两种资源，更多更好地利用外资，促进国民经济持续、快速、健康发展和社会全面进步。积极、合理、有效地利用外资是必须长期坚持的指导方针。根据上述指导思想和方针，进一步做好利用外资工作的基本要求是，适应经济持续增长的需要，保持利用外资的一定规模，使吸收外商直接投资继续位于发展中国家的前列。引导外资投向，调整引进外资结构，为提高国民经济素质和效益服务。坚持以市场换技术的方针，加大引进高新技术产业和先进适用技术的力度，推动产业升级。促进解决经济和社会发展的突出矛盾，创造更多的就业机会，弥补资源的不足。坚持国际收支基本平衡，保持必要的外汇储备。正确处理扩大对外开放与独立自主、自力更生的关系，维护国家经济安全。

其中，有关金融方面的要求主要有：1. 稳步地利用国际证券市场引进外资。按照国家产业政策和利用外资政策，选择质量好的国有大中型企业到国际证券市场上市。在进一步做好在中国香港上市的同时，稳妥地开辟其他国际证券市场。继续做好境内上市外资股企业的试点，改进和完善发行与交易工作。要提高上市企业的质量，强化机制转换，依法规范运作，注重资金使用效益。积极探索可转换公司债券等融资形式。进一步加强国际间证券监管合作与交流。2. 适度筹借和切实用好国外贷款。严格控制外债规模，保持合理结构。要根据经济发展需要、国际收支状况、资金配套和偿还能力，合理确定借用国外贷款的规模和结构，有效控制外债总量，将主要外债指标保持在安全线以内。继续借用国际金融组织和外国政策提供的优惠贷款。适度借用长期的国外出口信贷和发行境外债券。从严控制借用其他国外商业贷款和短期债务。规范和加强对外债总量和结构的统一监管，切实防范金融风险和外债风险。改进和规范对外借款管理。加强对借用国外贷款项目的统筹协调和管理，严格审查和清理对外借款窗口。

16 日 国家发展计划委员会、国家统计局发布了1998 年第一季度全国35 个大中城市的房地产价格指数。此次发布的第一季度价格指数分为土地出让价格指数、房屋销售价格指数和房屋租赁价格指数三类。土地出让价格指数为101.7，其中，南宁市最高，为115.7，上海市最低，为95.3；房屋销售价格指数为101.3，其中，重庆市最高，为110.6，兰州市最低，为97.1；房屋租赁价格指数为103.7，其中，西宁市最高，为130.6，上海市和宁波市最低，为93.8。这是中国首次编制并向社会发布房地产价格指数。

20 日 中国人民银行颁布《贷款风险分类指导原则（试行)》，在商业银行中试行“贷款风险分类办法”。该指导原则规定：按照风险程度将贷款划分为五个档次，即正常、关注、次级、可疑和损失五类。正常类贷款是指借款人能够履行合同，有充分把握按时足额偿还本息的贷款；关注类贷款是指尽管借款人目前有能力偿还贷款本息，但存在一些可能对偿还产生不利影响的因素的贷款；次级类贷款是指借款人的还款能力出现明显问题，依靠其正常经营收入已无法保证足额偿还本息的贷款；可疑类贷款是指借款人无法足额偿还本息，即使执行抵押或担保，也肯定要造成一部分损失的贷款；损失类贷款是指在采取所有可能的措施和一切必要的法律程序之后，本息仍然无法收回，或只能收回极少部分的贷款。次级、可疑和损失类贷款合称为不良贷款。此前，我国实行的是以期限管理为主的贷款分类方法，将贷款分为正常、逾期、呆滞、呆账四类。

同日，中国人民银行印发《关于开展清理信贷资产、改进贷款分类工作的通知》，决定从1998 年下半年开始，在政策性银行、国有独资商业银行、其他商业银行和城市商业银行中开展清理信贷资产、改进贷款分类工作（以下简称清分工作)，摸清各银行信贷资产的底数，分析不良资产形成的原因，建立健全银行信贷资产管理制度和中央银行对银行贷款质量监管制度，从根本上提高我国银行业的信贷资产质量。该通知规定，清分工作大体分为培训、试点和全面铺开三个阶段，5 月至7 月为试点阶段，8 月开始在全国铺开，年底前基本完成。清理资产，重点是清理信贷资产，对1997 年年末本、外币贷款及其表内外应收、未收贷款利息逐笔进行清理，按照五级分类法进行贷款分类。将清分工作与催收银行的不良债权紧密结合起来，依法维护银行的经营自主权和债权。加大依法清收不良债权的力度，不能简单地用增加存款的方法去掩盖贷款损失的窟窿。1998 年年底前，各银行要将新、老贷款分开，建立健全完善的贷款管理制度。以后，各银行每半年要进行一次清分工作。要将这次清分工作所建立起来的银行信贷管理制度和中央银行对银行贷款监管制度作为提高贷款质量的保证，并长期坚持下去。

中国农业发展银行颁布《关于加强粮棉油收购资金管理，坚决制止收购资金被挤占挪用的通知》，提出对有八种严重违反收购资金管理规定行为之一的企业，采取停贷措施。这八种严重违反收购资金管理规定的行为是虚报收购数量或库存套取收购贷款并挪用；粮、棉、油赊销直接造成亏损挂账；粮、棉、油销售收入不入账和坐支现金；利用多头开户等方式转移挪用粮、棉、油调销货款；违反国家规定降价销售粮棉造成亏损，无弥补来源，致使粮棉贷款不能足额归还；挤占挪用收购贷款购置固定资产、从事附营业务、投资有价证券、转借他人及用于有关部门集资摊派等；不按国家规定将粮、棉、油调销货款存入中国农业发展银行专户，多头开户，挤占挪用收购贷款；利用兼并、改制、破产等名义悬空、逃废银行债务以及带粮分流人员等直接挤占挪用收购贷款。

21日 中国人民银行印发《农村信用合作社机构管理暂行办法》。该暂行办法对农村信用合作机构的审批权限、程序、接管和终止等方面作出了规定，其中明确：设立农村信用社，入股社员一般不少于500个，注册资本金一般不少于100万元人民币，法定代表人和其他主要负责人符合中国人民银行规定的任职资格条件，从业人员中必须有60%以上的人员从事过一年以上的金融工作或具有金融及相关专业的大中专学历，从业人员一般不少于5人，并且有健全的组织机构和规章制度；设立联合社，辖区内农村信用社达到8家以上，注册资本金一般不少于100万元人民币，法定代表人和其他主要负责人符合中国人民银行规定的任职资格条件，从业人员中必须有80%以上的人员从事过一年以上的金融工作或具有金融及相关专业的大中专学历，有健全的组织机构和管理制度。

中国证监会对海南橡胶期货R708合约交易中违规的单位和个人作出处罚。这些单位和个人的行为违反了国家有关期货交易的规定，造成了严重的市场后果和恶劣的社会影响。为了严肃期货市场法纪，保护投资者的利益，维护期货市场的“公开、公平、公正”原则，根据国家有关期货交易的规定，中国证监会作出了相应的处罚决定。

22日 中国人民银行、中国农业银行、中国农业发展银行、财政部联合发布《关于把农业发展银行扶贫、开发等专项贷款业务划归农业银行的通知》。主要内容为：为了适应粮食流通体制改革，中国农业发展银行要集中精力管好粮、棉、油收购资金，决定将中国农业发展银行承担的扶贫和开发性贷款等专项贷款划归中国农业银行管理，将粮、棉、油附营业务和粮食加工业务等划归有关商业银行管理。11月5日，中国人民银行、中国农业发展银行、中国农业银行、中国工商银行发出的《关于粮棉油附营企业占用信贷资金划转及清算的通知》（银传〔1998〕68号），进一步明确了划转范围、原则、时间等，明确从中国农业发展银行划出的专项贷款包括扶贫贷款、农业基建贷款、技术改造贷款、农业综合开发贷款、林业贴息贷款、治沙贴息贷款、人民银行已划转到中国农业发展银行的专项贷款和尚未划转的专项贷款等，并指出，划转后，与划转贷款相关的贷款担保、抵押合同继续生效。此次贷款业务划转，中国农业发展银行共向中国农业银行划转专项贷款1 300.9亿元，划转从事专项贷款管理的人员1 309名，同时中国农业发展银行撤销了在国家贫困县设立的149个信贷组。

上海证券交易所对“财务状况异常”和“其他状况异常”的上市公司的股票交易实施特别处理。“财务状况异常”是指最近两个会计年度的审计结果显示的净利润均为负值，最近一个会计年度的审计结果显示其股东权益低于注册资本。“其他状况异常”是指自然灾害、重大事故等导致公司的生产经营活动基本中止。公司涉及可能赔偿的金额超过本公司净资产的诉讼等情况，在股票上市规则中也有具体规定。“特别处理”的内容包括：公司股票的日涨跌幅限制为5%，中期报告必须经审计，股票的行情显示有特别提示，特别处理的股票的简称前用“ST”标记。如果受特别处理的公司下一年度财务报表的审计结果表明财务状况已恢复正常，则可以向交易所申请取消特别处理。交易所将依据最大限度地保护投资者的权益，严格控制股票市场风险的原则，根据该公司的实际改善程度，决定是否取消特别处理。如果一家公司因连续两年亏损被予以特别处理后，第三年仍然亏损，交易所将暂停其股票的交易，并向中国证监会提出暂停上市的建议。28日和29日，沪市挂牌公司“粤海发展”“黄河科技”和“金泰B股”，与深市挂牌公司“辽房天”“湘中意”，成为中国证券市场上第一批实行股票交易特别处理的上市公司，其中，“粤海发展”自28日起实行特别处理，后四家公司自29日起实行特别处理。

经中国证监会批准，兴华证券投资基金在上海证券交易所上网定价发行，总份额为20亿基金单位，发行价为1.01元，简称“基金兴华”，申购代码为735008。兴华基金为封闭式契约型基金，存续期为15年，由华夏基金管理公司管理，托管人为中国建设银行。该基金只向个人投资者发行，体现证券投资基金主要面向中小投资者的原则。这是继基金金泰、基金开元之后发行的第三只新基金。

28日 中国人民银行颁布《关于批准部分外资银行加入全国同业拆借市场的通知》，批准8家在上海浦东经营人民币业务的外资银行进入全国同业拆借市场，进行人民币的同业拆借、债券买卖和债券回购。这8家外资银行是日本兴业银行、第一劝业银行、花旗银行、渣打银行、香港上海汇丰银行、东方汇理银行、三和银行、东京三菱银行的上海分行。

29日 中国证监会对海南民源现代农业发展股份有限公司（以下简称琼民源公司）违反国家有关法律、法规的行为作出严肃处理。

琼民源公司为上市公司，股票代码为0508，经过国务院证券委、审计署、中国人民银行、中国证监会的调查，查实如下违法违规问题：1. 琼民源公司1996年的年度报告和补充公告所称的1996年“实现利润5.7亿元，资本公积增加6.57亿元”的内容严重失实，虚构利润5.4亿元，虚增资本公积6.57亿元。上述5.4亿元的虚构利润是琼民源公司在未取得土地使用权的情况下，通过与关联公司及他人签订未经国家有关部门批准的合作建房、权益转让等无效合同编造的。所谓6.57亿元的资本公积，是琼民源公司在未取得土地使用权、未经国家有关部门批准立项和确认的情况下，对四个投资项目的资产评估而编造的。琼民源公司的上述行为违反了《中外合作经营企业法》《城市房地产管理法》《企业会计准则》《企业所得税暂行条例实施细则》及有关证券法规的规定，构成了严重虚假陈述行为。2. 琼民源公司的控股股东民源海南公司与深圳有色金属财务公司（以下简称深圳有色公司）联手，于琼民源公司公布1996年中期报告“利好消息”之前，大量买进琼民源公司股票，在1997年3月前大量抛出，获取暴利。1996年8月以来，民源海南公司先后从深圳有色公司贷款3 000万元，透支1 000万元，非法获利6 651万元。深圳有色公司共投入资金4 420万元，非法获利6 630万元。民源海南公司和深圳有色公司的行为严重违反了有关金融、证券法规，构成了操纵市场行为。3. 中华会计师事务所为琼民源公司出具的1996年年度财务审计报告、海南大正会计师事务所为琼民源公司出具的资产评估报告，均含有虚假、严重误导性内容，违反了会计、审计、证券等法规的有关规定。

为了严肃金融、证券法纪，维护金融、证券市场秩序，中国证监会决定：1. 鉴于琼民源公司的原董事长兼总经理马玉和等人制造虚假财务数据的行为涉嫌犯罪，中国证监会已将有关材料移交司法机关，依法追究其刑事责任并建议其所在公司依照法定程序撤销其各项职务。对琼民源公司处以警告。对琼民源公司的其他董事待履行法定送达程序后予以处罚。2. 鉴于琼民源公司1997年3月3日的股东大会已决定申请其股票停牌、公司的全部董事集体辞职的实际情况，建议由琼民源公司的控股股东民源海南公司的主管部门组成清理整顿小组，负责处理琼民源公司的日常工作，并依法召开琼民源公司的临时股东大会，选举新的董事会。在新的董事会对已公布的虚假财务报告进行更正并重新披露后，依照有关规定向深圳证券交易所申请复牌。3. 建议有关主管部门撤销直接为琼民源公司进行审计的海南中华会计师事务所，吊销其主要负责人的注册会计师资格证书。对中华会计师事务所处以警告，暂停其从事证券业务资格6个月，对该事务所在琼民源公司的财务审计报告上签字的注册会计师，暂停其从事证券业务资格3年。对海南大正会计师事务所罚款30万元，暂停其从事证券相关资产评估业务资格6个月，对负有直接责任的注册会计师，暂停其从事证券业务资格3年。4. 对民源海南公司和深圳有色公司分别处以警告、没收非法所得6 651万元和6 630万元，并各罚款200万元。建议有关部门对深圳有色公司的主要负责人和直接责任人给予行政处分。

1998年11月12日，北京市第一中级人民法院对“琼民源案”进行公开宣判：原琼民源公司董事长、北京民源大厦董事长、北京凯奇通信总公司董事长马玉和因犯提供虚假财务会计报告罪，被判处有期徒刑3年。原广西壮族自治区北海市会计师事务所的退休干部，琼民源公司聘用的会计班文绍因提供虚假财务会计报告罪，被判处有期徒刑2年，缓刑2年。

5月

5日 中国人民银行“清理信贷资产、改进贷款分类”工作在广东省开始试点。我国现行的“一逾两呆”贷款质量分类办法，不能客观反映贷款质量，不利于识别和化解信贷风险，而且也不利于与国际惯例接轨，已不能适应当前加强银行信贷管理和中央银行金融监管的需要。实行“五级贷款”分类法，是以借款人的最终偿还能力，确定贷款风险，划分贷款质量等级，有利于更好地揭示贷款的风险程度和实际价值，真实、全面、动态地反映贷款质量，鉴别各家银行的经营管理水平；有利于及时发现贷款发放和使用中的问题，促使银行管理人员主动防范和化解信贷风险，维护银行债权，提高贷款质量；有利于判断呆账准备金是否充足，为中央银行实施监管提供条件。推行“五级贷款”分类法，是我国商业银行信贷管理制度和中央银行金融监管的一项重大变革。

7日 中国人民银行发布《关于加强对外资金融机构存款准备金管理的通知》。该通知规定：各分行应对存款准备金的收缴和管理分别指定专门的部门负责，建立相应的内部控制制度，并将有关分工管理情况报总行备案。对这部分资金的管理应遵循安全性和流动性的原则。各分行应开立专用账户存放外资金融机构的存款准备金，不得将该账户与其他账户混用。开户银行向中国人民银行支付利息，利率水平根据市场利率水平确定，利息所得仍应存入原账户。未经总行批准，外资金融机构的存款准备金一律不得动用。

9日 中国人民银行颁布《个人住房贷款管理办法》。该办法规定：1. 个人住房贷款的对象是具有完全民事行为能力的自然人，条件是城镇居民用于购买自用普通住房且有购房合同或协议，有还本付息的能力，信用良好，有购房所需资金30%的购房首付款，有银行认可的贷款担保等。2. 贷款期限由银行根据实际情况合理确定，但最长不得超过20年。贷款利率按法定贷款利率（不含浮动）减档执行：贷款期限为1年期以下（含）的，执行半年以下（含）的法定贷款利率；期限为1～3年（含）的，执行6个月至1年期（含）法定贷款利率；期限为3～5年（含）的，执行1～3年期（含）法定贷款利率；期限为5～10年（含）的，执行3～5年期（含）法定贷款利率；期限为10年以上的，在3～5年（含）法定贷款利率的基础上适当上浮，上浮幅度最高不得超过5%。3. 个人住房贷款均采用担保贷款方式，银行不得对个人发放住房信用贷款。以房产作为抵押的，必须办理房屋保险，如发生保险责任范围以外的房屋毁损，借款人须负全部责任。4. 经中国人民银行批准设立的所有商业银行和住房储蓄银行，均可办理个人住房贷款。

12日 中共中央举办题为“金融安全与法制建设”的法制讲座。江泽民强调，要把依法治理金融作为贯彻依法治国方略的重要内容，从完善立法、严格执法、加强监督和广泛宣传金融法律知识、严厉打击各种金融违法犯罪活动等方面切实加强金融法制建设。

14日 财政部发布《关于执行证券期货相关业务的会计师事务所与挂靠单位脱钩的通知》。该通知要求执行证券、期货业务的会计师事务所必须在1998年12月31日前，在人员、财务、业务、名称四个方面，按规定与挂靠单位实行彻底脱钩。有关部门以1997年12月31日或1998年6月30日为基准日，开始对事务所进行清产核资。此后，事务所的名称不应保留原挂靠单位名称的痕迹，不允许冠以地名、单位、部门等称谓。

19日 中共中央发布《关于完善金融系统党的领导体制，加强和改进金融系统党的工作有关问题的通知》。为了加强党对金融工作的集中统一领导，中央决定成立中共中央金融工作委员会和金融机构系统党委，对金融机构党的组织实行垂直领导，对干部实行垂直管理。

该通知规定：1. 中共中央金融工作委员会（以下简称中央金融工委）是中央的派出机关。中央金融工委书记由国务院副总理兼任，设副书记两名，其中，一名副书记主持日常工作。中国人民银行、中国证券监督管理委员会、各国有商业银行、政策性银行、交通银行和中国人民保险（集团）公司党委分管党的工作的副书记及中央金融纪律检查工作委员会书记担任工委委员。中央金融工委书记、副书记和委员列入中央管理。根据工作需要，中央金融工委设置精干、高效的工作机构。中央金融工委的工作机构设在中国人民银行。2. 成立中央金融纪律检查工作委员会（以下简称中央金融纪工委）。中央金融纪工委是中共中央纪律检查委员会（以下简称中央纪委）的派出机关，接受中央纪委和中央金融工委的双重领导。中国人民银行、中国证券监督管理委员会、各国有商业银行、政策性银行、交通银行和中国人民保险（集团）公司的纪委书记担任中央金融纪工委委员，另设若干名专职委员。中央金融纪工委书记列入中央管理。中央金融纪工委与人民银行纪委、监察部驻金融系统监察局合署办公，设置精干、高效的工作机构。中央纪委派驻金融系统纪检组被撤销。3. 中国人民银行、中国证券监督管理委员会、各国有商业银行、政策性银行、交通银行和中国人民保险（集团）公司的党组改为党委。各金融机构的党委书记、副书记和委员列入中央管理。各金融机构随着党组改为党委，成立党的纪律检查委员会，党组纪检组被撤销。各金融机构纪委接受同级党委和中央金融纪工委的双重领导。各金融机构的纪委书记列入中央管理。4. 地方党委对本地区的各金融机构党组织实行指导。金融机构党组织要接受所在地方党委的指导。地方党委要关心和支持本地区的金融机构的党的建设工作，召开有关重要会议和举办重要活动时，应请金融机构的负责人参加或选派代表参加。地方党委和金融机构的党组织要互相支持、密切配合。5. 对中国人民银行、中国证券监督管理委员会、各国有商业银行、政策性银行、交通银行和中国人民保险（集团）公司的干部实行垂直管理。上述各金融机构的省级分支机构、派出机构和直属单位主要负责人的任免，各金融机构党委决定前应征得中央金融工委的同意。其中，中国人民银行跨省（自治区、直辖市）一级分行，中国证监会地方证券管理部门，各国有商业银行、政策性银行和交通银行省级分行及中国人民保险（集团）公司省级分公司的主要负责人的任免，各金融机构党委决定前还应听取所在省（自治区、直辖市）委的意见，如有不同的意见，由中央金融工委进行协调。6. 地方性金融机构的党组织设置、领导关系和工作职责，由地方党委参照本通知精神并根据实际情况作出规定。城乡信用合作社的党组织由所在地的市、县委领导。地方性金融机构的跨地区分支机构的党组织，一般实行属地领导。

中国人民银行下发《关于统一调整人民银行对农村信用社再贷款利率的通知》。该通知规定：中国人民银行对农村信用社的再贷款年利率从1998年6月20日起统一调整为：20天以内为5.40%；3个月以内为5.85%；6个月以内为6.03%；1年为6.93%。农村信用社再贷款利率低于其他金融机构再贷款利率0.99个百分点。

21日 中国人民银行颁布《关于调整部分非银行金融机构缴存款范围的通知》。该通知规定：信托投资公司、财务公司、金融租赁公司的保证金存款和信托投资公司所属证券营业部吸收的客户证券交易资金，不列入缴存款范围；证券公司不纳入缴存款机构范围；证券公司和信托投资公司所属的证券营业部吸收客户的各类证券交易资金，必须全额存入商业银行，严禁挪用，切实保证客户合法证券交易活动的资金清算和支付要求；信托投资公司、财务公司、金融租赁公司的保证金存款，必须全额存入商业银行，不得挪用。上述规定从1998年6月1日起执行。

25 日 第二套人民币（纸分币、硬分币除外）在市场上停止流通。中国人民银行印发《关于停止第二套人民币在市场上流通的通知》，决定自 1999 年 1 月 1 日起停止第二套人民币（纸分币、硬分币除外）在市场上流通。第二套人民币（纸分币、硬分币除外）停止在市场上流通的具体券别为：1. 1953 年版正面图案为“拖拉机”的棕色 1 角券；2. 1953 年版正面图案为“火车”的黑绿色 2 角券；3. 1953 年版正面图案为“水电站”的紫色 5 角券；4. 1953 年版正面图案为“天安门”的红色 1 元券；5. 1956 年版正面图案为“天安门”的蓝黑色 1 元券；6. 1953 年版正面图案为“延安宝塔山”的深蓝 2 元券；7. 1956 年版正面图案为“各民族大团结”的深棕色 5 元券。

26 日 中国人民银行下发《关于改进金融服务、支持国民经济发展的指导意见》。该指导意见包括以下十个方面：1. 加大对农林水利的信贷投入。国家银行新增农业贷款力争达到全部新增贷款的 10% 左右。2. 支持国有大中型企业在改革中发展。3. 积极支持中小企业发展，促进再就业工作。4. 积极支持基础设施建设。5. 完善住房信贷体系，促进住房建设和消费。6. 加大科技贷款的投入总量，积极支持科技进步和技术改造。7. 积极支持开拓国内市场，扩大消费需求。8. 努力支持对外贸易，积极合理利用外资。9. 改进对企业的综合配套金融服务。10. 坚持信贷原则，防范金融风险。

中国人民银行恢复债券回购业务。为了更灵活、有效地管理基础货币，保证商业银行的资金需求，人民银行发布《关于恢复人民银行债券回购业务的通知》，该通知规定：回购交易对象为 25 家公开市场业务一级交易商，操作工具为国债（含专项国债）、政策性金融债和中央银行融资券，公开市场业务操作室每周二开展回购交易。其他时间如一级交易商临时有大额头寸调剂的需要，需提前向操作室报告情况，经批准后进行交易；人民银行视货币政策需要，采用正回购与逆回购两种类型，对商业银行的流动性进行双向、灵活调节。

28 日 中国人民银行印发《关于严禁保险公司支付“无赔款退费”的紧急通知》。针对一些保险公司以“无赔款退费”为手段搞恶性竞争，造成了保费收入的流失，加大了保险公司的经营风险，扰乱了保险市场秩序，滋生了贪污腐败的现象，中国人民银行要求：各保险公司对所有险种无论无赔款期限多长，一律不得支付“无赔款退费”；各保险总公司在本通知下发前发生的“无赔款退费”行为，要抓紧清理，彻底纠正；该通知下发后继续搞“无赔款退费”的，中国人民银行视情节轻重给予下列行政处分和处罚：责成保险公司对直接责任人员给予警告、记过、直至开除处分；责成其上级保险公司对违规机构负主要责任的领导给予降职、撤职处分；对违规机构的主要负责人取消 1 ~ 2 年的金融高级管理人员任职资格；对违规机构暂停该项业务 1 ~ 6 个月的经营权。上述规定自 1998 年 6 月 1 日起执行。

中国证监会对外公布改进工作的五项措施，增加股票发行透明度，强化社会监督机制。这五项措施是：1. 将现有涉及股票发行审核程序的各项规定对外公布，使各方面对中国证监会的工作依据、程序、时限规定和相关要求有一个全面直观的了解，便于社会监督。2. 将中国证监会的八条内部工作纪律对外公布，接受社会各界的监督检查。3. 设立中国证监会主席热线电话和主席信箱，为有关方面投诉和举报股票发行审核工作中可能出现的各类问题开通了便捷的渠道。4. 中国证监会的全体工作人员实行挂牌上岗制度，促进每个人都自觉转变和改进工作作风。5. 在现有条件允许的范围内，尽力改善中国证监会的接待环境，为来中国证监会的公务人员提供较为便利的会谈场所。

29 日 国家发展计划委员会、国家经济贸易委员会、中国人民银行联合发布《关于加强资本项目结汇管理有关问题的通知》。该通知指出：近几年，我国的政策措施得力和新的投融资方式出现，使投向基础设施领域的外资数量增加，海外上市的 H 股和境内 B 股的发行也有较大的进展，相应地使资本项目结汇金额增长较快，对人民币供应造成了一定的压力。为了加强对资本项目结汇的监管，经报国务院同意，该通知要求：1. 在坚持实行适度从紧的货币政策的前提下，鼓励国内的金融机构利用新的融资方式参与内外资项目所需的人民币融资活动。2. 在现行的审批权限下，任何地方或部门都不得将限额以上的外资项目拆成限额以下项目或人为压低总投资额自行审批；对于采用 BOT、境外项目融资、证券融资（ABS）等方式的外资项目，一律报国家发展计划委员会或由国家发展计划委员会报国务院审批。3. 需要结汇的各类利用外资项目，在上报的可行性研究报告中要增加结汇资金分年度计划。4. 建立资本项目结汇备案登记制度。5. 境内发行 B 股和境外发行股票要优先选择有直接用汇需求的上市公司。6. 对各类企业借用的国外商业性贷款，如发现通过结汇进行套利的，要按有关规定进行处理。

中国人民银行印发《关于对金融机构违法违规经营责任人的行政处分规定》。为了维护金融秩序，严肃金融纪律，惩处、制止严重违法违规经营行为，该规定明确，根据违法违规经营行为的不同性质和责任，对金融机构的违法违规经营责任人分别给予行政开除、行政撤职、行政降级、行政记大过、行政记过、行政警告等处分。金融机构违法违规经营，造成资金损失，后果严重，影响恶劣的，对主要负责人、分管领导和业务部门负责人要从重处分。金融机构及其工作人员违法经营，触犯刑律的要移送司法机关处理。

6 月

1 日 国家外汇管理局按照国际货币基金组织编制的《国际收支手册》（第五版）的原则和要求，编制完成并公布了 1997 年中国国际收支平衡表。

2 日 中国人民银行发布《关于调整邮政储蓄转存款利率的通知》。该通知规定：从 1998 年 3 月 25 日起，邮政储蓄部门在人民银行的转存款利率由现行的年利率 7.452% 下调到 7.218%。邮政储蓄转存款实行分段计息，按季结息，每季末月的 20 日为结息日。邮政储蓄资金清算中心及各联网省、市的二级清算中心，在同级人民银行的“0287 邮政储蓄转存款”科目下设立的“邮政储蓄清算户”资金利率，从 1998 年 3 月 25 日起，也按邮政储蓄转存款利率 7.218% 的水平执行。

中国人民银行发布《关于加强商业汇票管理促进商业汇票发展的通知》。该通知指出，自《中华人民共和国票据法》施行以来，商业汇票的使用和管理中存在许多问题。这些问题既影响商业汇票的发展，也造成商业汇票风险。为此，该通知要求：严肃商业汇票结算纪律，保证商业汇票按期付款；完善承兑授权管理，推动票据承兑授信业务的发展；适度加快发展中心城市的商业汇票业务，大力推动票据流通转让；集中再贴现业务管理，合理引导信贷资金流向，加强商业汇票的管理。

5 日 国务院发布《关于在国有中小型企业和集体企业改制过程中加强金融债权管理的通知》。该通知要求：各地区、各部门要从大局出发，认真贯彻落实国家关于企业改制的有关政策、措施，切实加强对国有中小企业和集体企业改制工作的指导和监督，规范企业改制行为，坚决制止各种逃废金融债务行为。各地人民政府要高度重视本地区企业改制中的金融债权保全工作，积极支持金融机构做好金融债权管理工作，严禁包庇和纵容改制企业的逃废金融债务行为。企业在改制的过程中，无论采取何种方式进行改制，都必须充分尊重金融机构保全金融债权的意见，依法落实金融债务。金融机构要积极参与企业改制工作，依法维护金融债权安全。国有中小企业和集体企业的改制工作涉及金融机构债权时，必须有债权金融机构参加，金融机构要严格监督改制企业的清产核资和资产评估等工作。各金融机构要认真落实金融债权保全责任制，加大债权清收力度，制定相应的措施，切实维护金融债权的安全，并将金融债权保全情况定期向中国人民银行报告。对悬空、逃废金融债务严重的地区，各债权金融机构应降低对该地区分支机构的授信等级。国有中小企业和集体企业改制，必须经过严格的资产评估和审核，国有中小企业改制的资产评估结果要经承担国有资产管理职能的部门确认。国务院承担国有资产管理职能的部门要加强对资产评估机构的管理和监督，认真做好改制企业的资产确认和评估工作，严禁将改制企业的国有资产人为低估和无偿量化分配给个人。资产评估机构必须有合法的资格认证和开业证明，要真正办成公平、公正的社会中介组织，依法评估、严格自律，并承担相应的法律责任。中国人民银行各分支行发现辖区内逃废金融债务行为，要立即予以制止并及时向当地人民政府和上级行报告。中国人民银行要组织有关金融机构对企业多头开户进行专项清理。各金融机构要严格执行中国人民银行有关账户管理的规定，坚决执行基本存款账户制度，防止改制企业利用“多头开户”逃废金融债务。对中国人民银行认定为逃废金融债务的改制企业，各金融机构一律不予开立存款账户，更不得为其提供贷款、结算等服务。加强金融法制宣传，强化社会信用观念，各地区、各部门要加大金融法制宣传的力度，提高全社会的金融安全意识，维护正常的社会信用关系。9 日，中国人民银行转发了该通知，要求各金融机构要切实加强对企业改制工作的指导与监督，努力提高改制的效果，要主动参与企业改制工作，依法维护金融债权的安全。

上海证券交易所发布公告，对股票出现交易异常波动作出规定。具体内容是：股票出现交易异常波动时，上海证券交易所有权对其实施临时停牌，直至有关当事人作出公告后的当天下午开市时复牌。某只股票出现下列情况之一时，将认定为交易异常波动：1. 某只股票的价格连续三个交易日达到涨幅限制或跌幅限制；2. 某只股票连续五个交易日列入“股票、基金公开信息”；3. 某只股票价格的振幅连续三个交易日达到15%；4. 某只股票的日成交量与上月日均成交量相比，连续五个交易日放大 10 倍；5. 上海证券交易所或中国证监会认为属于异常波动的其他情况。

6 日　中国人民银行颁布《关于加强城市商业银行监管工作有关问题的通知》。该通知规定：1. 城市商业银行必须按照《中华人民共和国商业银行法》和《贷款通则》的要求，实行审贷分离、分级审批，落实贷款“三查”制度。贷款要优先支持地方中小企业发展，支持再就业工程建设。2. 城市商业银行的资金必须实行总部集中管理，统一调度。3. 城市商业银行必须建立高度集中的财务管理体制。4. 各城市商业银行必须严格控制从业人员的规模，贯彻落实下岗分流、实施再就业的方针政策，实现员工的零增长或负增长，切实控制人员膨胀。原则上保持不少于 10% 的工作人员下岗培训，争取用 3 ~ 5 年的时间，显著提高从业人员的素质。5. 必须按照《中华人民共和国商业银行法》《中华人民共和国公司法》《城市合作银行管理规定》以及章程规定，明确界定董事会、监事会及行长的职权与责任。城市商业银行实行总部和支行两级经营模式，对各支行在信用社体制下形成的“营业部”“办事处”“代办处”等网点应予以撤并。6. 各城市商业银行的资本充足率不足 8%，或不良资产比例超过 30%，不应向股东分配现金红利，当年利润采取送配股方式直接转为新增股本金或用于提留各种风险基金。7. 城市商业银行必须将保证支付作为经营中的首要任务，凡出现支付缺口，存贷比超过 85% 的城市商业银行必须将工作重点集中在增加存款和大力清收贷款上来，原则上不再增加贷款总量。该通知要求中国人民银行各省级分行按照上述各项要求，及时指导和督促辖内各城市商业银行限期完成各项体制改革任务。

7 日　中国人民银行颁布《关于调整国有独资商业银行 1998 年余额存贷比和全年人民币贷款指导性计划的通知》，明确 1998 年国有独资商业银行的年末余额存贷比按 1997 年的实际数掌握，全年贷款指导性计划由年初的 5 330 亿元调整为 6 030 亿元。

12 日　经国务院批准，国家税务总局决定降低证券（股票）交易印花税，印花税税率由 5‰降至 4‰。证券（股票）交易印花税税率调整后，中央财政与地方财政对这项税收的分享比例不变，仍为中央 88%，地方 12%。

16 日 经中共中央批准，中共中央金融工作委员会（以下简称中央金融工委）成立。中央金融工委是中央的派出机关，主要职责是：领导金融系统党的建设工作；保证党的路线、方针、政策和党中央、国务院的有关指示、决定在金融系统贯彻落实；协助中央组织部负责做好金融系统中央管理干部的管理工作；监督金融系统的领导干部贯彻执行党的路线、方针、政策和遵纪守法、清正廉洁的情况；协调各金融机构党委之间和各金融机构党委与地方党委的关系；完成中央交办的其他工作。中共中央政治局委员、书记处书记、国务院副总理温家宝任工委书记，阎海旺任副书记。

20 日 中国人民银行颁布《关于进一步改善对中小企业金融服务的意见》。该意见指出：中小企业（包括国有中小企业、城镇集体企业、乡镇企业、私营企业和个体企业等）是我国国民经济的有机组成部分。要在以下几个方面进一步改善对中小企业的金融服务：1. 完善对中小企业的金融服务体系。2. 增加信贷投入，积极满足中小企业的合理资金需要。3. 调整信贷投向，突出支持重点。4. 积极支持再就业工程。5. 加强配套服务。6. 努力提高工作效率。7. 切实解决中小企业抵押、担保难的问题。8. 注意防范和化解金融风险。

21 日 中国人民银行发布《关于立即停办有奖储蓄的通知》。为了维护良好的存款秩序，规范商业银行的经营行为，消除高息揽存现象，维护储户的合法权益，体现公平合理的利息分配原则，促进商业银行及城乡信用社（以下简称金融机构）提高服务质量和水平，中国人民银行决定停办有奖储蓄业务。该通知要求：各金融机构从文到之日起，一律停办新的有奖储蓄。正在开办并已开奖的，按原有奖储蓄办法执行；未开奖的须在 1998 年年底前停止执行有奖储蓄办法。

中国人民银行发布公告，由于海南发展银行不能及时清偿到期债务，根据《中华人民共和国中国人民银行法》《中华人民共和国公司法》和《金融机构管理条例》，中国人民银行决定关闭海南发展银行，停止其一切业务经营活动，由中国人民银行依法组织成立清算组进行关闭清算。中国人民银行指定中国工商银行托管海南发展银行的债权债务，对境外债务和境内居民储蓄存款本金及合法利息保证支付，其余债务待组织清算后偿付。这是我国改革开放后第一家因经营管理不善出现支付危机而关闭的银行。

22 日 中国人民银行发布公告，鉴于中国新技术创业投资公司严重违规经营，不能支付到期债务，中国人民银行决定关闭中国新技术创业投资公司，该公司所属办事处和代理处同时关闭。

中国人民银行转发财政部《关于修改金融机构应收利息核算年限及呆账准备金提取办法的通知》。修改的内容是：将应收未收利息核算年限由两年缩短到一年；呆账准备金由按年初贷款余额 1% 的差额提取改为按本年末贷款余额 1% 的差额提取，并从成本中列支，当年核销的呆账准备金在下年予以补提；对金融企业的实际呆账比例超过 1% 的部分，当年应全额补提呆账准备金，但缴纳所得税时应做纳税调整，统一计算本年应纳税所得额并依法缴纳所得税。

24 日 中国人民银行颁布《关于清理撤销融资中心有关问题的通知》。该通知规定：1. 加大清收资金力度，实行边清边撤。对已经完成拆借资金清收工作的各省市融资中心和办事处予以撤销。2. 组织拖欠资金的金融机构发行专项金融债券，主要用于清收非银行金融机构拖欠的逾期拆借资金，同时，通过发行债券，把融资中心对金融机构的一部分债权转为金融机构之间的债权债务，使融资中心从债务链条中退出。3. 将融资中心用人民银行再贷款拆出的资金，转为当地人民银行对金融机构的再贷款。4. 融资中心吸收的当地金融机构的会员基金，全部用于抵偿拆借中的债务。人民银行要求各省、市分行清收工作小组抓紧做好本省融资中心及地市办事处的债权债务清收工作，切实做到“一把手”负责抓，1998 年上半年完成清收任务的 50%，全年完成80%，年末之前，除极少数重点外，融资中心机构要全部撤销完毕。

25日 国务院办公厅印发《中国人民银行职能配置内设机构和人员编制的规定》，决定成立中共中国人民银行党委，戴相龙任书记，阎海旺任副书记，成立中共中国人民银行纪律检查委员会，王成铭任书记。

该规定明确：中国人民银行为国务院组成部门。中国人民银行是中华人民共和国的中央银行，是在国务院的领导下制定和实施货币政策，对金融业实施监督管理的宏观调控部门。中国人民银行的主要职责是：1. 依法制定和执行货币政策。2. 发行人民币，管理人民币流通。3. 按照规定审批、监督管理金融机构。4. 按照规定监督管理金融市场。5. 发布有关金融监督管理和业务的命令和规章。6. 持有、管理、经营国家外汇储备、黄金储备。7. 经理国库。8. 维护支付、清算系统的正常运行。9. 负责金融业的统计、调查、分析和预测。10. 依法从事有关的金融业务活动。11. 作为国家的中央银行，从事有关的国际金融活动。12. 承办国务院交办的其他事项。根据国务院规定，管理国家外汇管理局。根据上述职责，中国人民银行设13个职能司（厅）：办公厅、条法司、货币政策司、银行监管一司、银行监管二司、非银行金融机构监管司、合作金融机构监管司、统计司、会计财务司、支付科技司、国际司、内审司、人事教育司。中国人民银行总行机关的行政编制为500名，其中，行长1名，副行长4名，司局级领导职数49名（含行长助理3名和机关党委专职副书记）。离退休干部工作机构、后勤服务机构及编制，按有关规定另行核定。为了履行《中华人民共和国中国人民银行法》规定的职责，保证科学制定和实施货币政策，有效实行金融监管，中国人民银行设立研究局、货币金银局、国库局、保卫局、培训中心，作为支持服务体系。人员参照国家公务员的办法管理，编制共260名，其中，正副局长（主任）16名。保留中国人民银行参事室，负责统战和金融咨询等工作。驻外机构和人员编制按有关规定核定。国家保险监管机构设立之前，原保险司继续保留并履行相应的职责。到8月10日，按照国务院的统一部署和《中国人民银行职能配置内设机构和人员编制的规定》，中国人民银行完成机构改革，开始按照新的职能运转。

30日 经国务院批准，中国人民银行再次降低金融机构存贷款利率，并同时降低中央银行的存款准备金利率和再贷款利率。金融机构的存款利率平均下调0.49个百分点，贷款利率平均下调1.12个百分点。中国人民银行将金融机构的准备金存款利率由5.22%下调为3.51%，下调1.71个百分点；将金融机构贷款的平均利率由现行的7.43%下调为5.61%，下调1.82个百分点；再贴现利率由现行的6.03%下调为4.32%，下调1.71个百分点。这是中央银行自1996年以来第五次降低金融机构的存贷款利率，也是自1998年3月21日调整存款准备金利率以来再一次调低存款准备金利率。

中国人民银行颁布《关于加强进口售付汇监管有关问题的通知》。该通知要求：各外汇指定银行应按周向所在地外汇局报送贸易进口付汇核销单（外汇局留存联），进口单位以货到付款结算方式购付汇，一次购汇3笔以上或一周连续多次购汇的，银行应在办理售汇前向所在地外汇局报告。外汇指定银行在办理售付汇时，应当严格审核所需的商业单据和有关凭证，有骗汇疑点的，应要求进口单位持单证到外汇局进行贸易真实性审核。

7月

1日 中国人民银行、对外贸易经济合作部、国家外汇管理局发布《关于打击套购外汇行为有关问题的通知》。针对使用假单证通过代理进口形式套购外汇和转移资金活动又有所抬头，大案、要案不断发生，严重影响了国家正常的经济、金融秩序的现象，该通知要求：中国人民银行各省、自治区、直辖市分行，深圳分行，国家外汇管理局各省、自治区、直辖市分局，深圳分局，各外（工）贸总公司，各省、自治区、直辖市、经济特区外贸（厅）局，各中资外汇指定银行，要加强对进出口业务，特别是对代理进口业务的管理，要建立、健全对代理进口购汇、付汇的内部审核制度。

2日 财政部发布公告，调整1998年凭证式国债发行利率和提前兑取利率。1998年3年期凭证式国债发行利率由原来的7.11%调整为5.85%，1998年5年期凭证式国债发行利率由原来的7.86%调整为6.42%。3年期凭证式国债，持有时间不满1年的，年利率由原来的1.71%调整为1.44%；持有时间满1年（含1年）、不满2年的，年利率由原来的5.22%调整为4.77%；持有时间满2年（含2年）、不满3年的，年利率由原来的5.76%调整为5.04%。5年期凭证式国债，除按上述分档利率执行外，持有时间满3年（含3年）、不满4年的，年利率由原来的7.20%调整为5.94%；持有时间满4年（含4年）、不满5年的，年利率由原来的7.47%调整为6.12%。

3日 国务院发布《关于进一步深化城镇住房制度改革，加快住房建设的通知》。该通知规定：从1998年下半年开始停止住房实物分配，逐步实行住房分配货币化，具体时间、步骤由各省、自治区、直辖市人民政府根据本地实际确定。停止住房实物分配后，新建经济适用住房原则上只售不租。职工购房的资金来源主要有职工工资、住房公积金、个人住房贷款，以及有的地方由财政、单位的原有住房建设资金转化的住房补贴等。全面推行和不断完善住房公积金制度，到1999年年底，职工个人和单位住房公积金的缴交率应不低于5%，有条件的地区可适当提高。要建立健全职工个人住房公积金账户，进一步提高住房公积金的归集率，继续按照“房委会决策、中心运作、银行专户、财政监督”的原则，加强住房公积金管理工作。发展住房金融，扩大个人住房贷款的发放范围，所有商业银行在所有城镇均可发放个人住房贷款。取消对个人住房贷款的规模限制，适当放宽个人住房贷款的贷款期限。对经济适用住房开发建设贷款，实行指导性计划管理。商业银行在资产负债比例管理要求内，优先发放经济适用住房开发建设贷款。完善住房产权抵押登记制度，发展住房贷款保险，防范贷款风险，保证贷款安全。调整住房公积金贷款方向，主要用于职工个人购买、建造、大修理自住住房贷款。发展住房公积金贷款与商业银行贷款相结合的组合住房贷款业务。住房资金管理机构和商业银行要简化手续，提高服务效率。

6日 中国证券业协会第一届第八次常务理事扩大会议通过《中国证券业协会会员公约（试行）》和《证券从业人员行为守则（试行）》，要求证券经营机构加强自律，规范经营，不断提高管理水平，把推进证券市场稳定、健康发展作为自己的重要职责。

《中国证券业协会会员公约（试行）》规定：1. 严格遵守国家的法律、法规，以及证券市场的各项方针、政策。2. 严格自律管理，规范经营行为，建立、健全内部管理制度和风险控制。3. 加强从业人员培训，提高从业队伍的业务水平。4. 规范经营，文明服务，为客户提供高水平、高质量的服务，树立行业新风。5. 坚持“公平、公正、公开”的原则，维护投资者的合法权益。6. 会员间倡导团结协作，相互促进，共同发展。7. 自觉维护本行业形象，不从事危害本行业的活动。8. 提倡公平竞争，维护本行业的声誉，禁止下列不正当竞争行为：（1）利用各种手段操纵市场，扰乱市场秩序；（2）以任何方式贬损同行以抬高自己；（3）利用权力机构的影响对企业施加压力，或采取行贿手段，以争取主承销、上市推荐及其他中介业务；（4）为了争取项目，向企业提供虚假的文件、材料或许诺，或迎合企业的不合理要求；（5）以大幅降低佣金等手段拉拢客户；（6）以不正当手段聘用其他公司的在职人员。

《证券从业人员行为守则（试行）》明确规定了证券从业人员职业操守的“十六字”，以及行为准则“八要十不准”，供证券从业人员严格自律，自觉遵守。证券从业人员的职业操守（十六字）为遵纪守法、勤勉尽责、廉洁自律、文明服务。证券从业行为准则（八要十不准）中的“八要”：1. 要遵守国家法律、法规，以及证券市场有关规章制度；2. 要热爱本职工作，努力钻研业务，不断提高业务水平和工作能力；3. 要坚持“公平、公正、公开”的原则，保护投资者的合法权益；4. 要严格遵守操作规程，准确执行客户的有效指令，保守客户秘密；5. 要热情诚恳，文明礼貌，树立“客户至上”的职业道德风尚；6. 要服从管理，规范服务，忠于职守，维持证券交易的正常秩序；7. 要团结同事，协调合作，妥善处理业务活动中出现的各种矛盾；8. 要珍惜证券业的职业荣誉，自觉维护本行业及本单位的声誉。“十不准”：1. 不准向客户提供虚假及不负责任的信息，以诱导客户买卖证券；2. 不准与客户、发行公司或相关人员约定获取不正当利益；3. 不准为自己或亲属买卖股票；4. 不准对客户的交易记录擅作更改；5. 不准挪用客户的证券或资金、以客户的名义或账户买卖证券；6. 不准向他人泄露客户的委托事项及有关交易情况；7. 不准接受客户买卖证券的全权委托；8. 不准为客户透支；9. 不准因本人或本单位的利益而影响或试图影响客户的交易行为；10. 不准有任何操纵市场的行为。

上海证券交易所对上证 30 指数样本股实行调整。上证 30 指数的样本股总数仍维持 30 只不变，其中 15 只样本股因代表性降低而被更换。

11 日 国际清算银行亚太地区办事处在中国香港成立，这是国际清算银行首次在其总部巴塞尔以外的地区开设办事处。

13 日 国务院颁布《非法金融机构和非法金融业务活动取缔办法》。该办法规定：未经中国人民银行依法批准，任何单位和个人不得擅自设立金融机构或者擅自从事金融业务活动。中国人民银行依法取缔非法金融机构和非法金融业务活动，任何单位和个人不得干涉，不得拒绝、阻挠。非法金融机构设立地或者非法金融业务活动发生地的地方人民政府，负责组织、协调、监督与取缔有关的工作。非法金融机构一经中国人民银行宣布取缔，有批准部门、主管单位或者组建单位的，由批准部门、主管单位或者组建单位负责组织清理、清退债权债务；没有批准部门、主管单位或者组建单位的，由所在地的地方人民政府负责组织清理、清退债权债务。因参与非法金融业务活动受到的损失，由参与者自行承担。债权债务清理、清退后，有剩余非法财物的，予以没收，就地上缴中央金库。设立非法金融机构或者从事非法金融业务活动，构成犯罪的，依法追究刑事责任；尚不构成犯罪的，由中国人民银行没收非法所得，并处非法所得 1 倍以上、5 倍以下的罚款；没有非法所得的，处 10 万元以上、50 万元以下的罚款。擅自批准设立非法金融机构或者擅自批准从事非法金融业务活动的，对直接负责的主管人员和其他直接责任人员依法给予行政处分；构成犯罪的，依法追究刑事责任。金融机构违反规定，为非法金融机构或者非法金融业务活动开立账户、办理结算或者提供贷款的，由中国人民银行责令改正，没收违法所得，并处违法所得 1 倍以上、5 倍以下的罚款；没有违法所得的，处 10 万元以上、50 万元以下的罚款；对直接负责的主管人员和其他直接责任人员依法给予纪律处分；构成犯罪的，依法追究刑事责任。

26 日，为了全面、准确地理解和执行《非法金融机构和非法金融业务活动取缔办法》（以下简称《办法》），国务院发布《关于〈非法金融机构和非法金融业务活动取缔办法〉第二十九条有关问题的紧急通知》。该紧急通知指出，鉴于《办法》第二十九条所列的各类基金会、互助会、储金会、资金服务部、股金服务部、结算中心、投资公司等机构，一般是在《办法》颁布前由当地人民政府或者有关部门批准设立的，其超越国家政策范围从事金融业务活动的情况比较复杂，需要按照国务院规定的政策和期限，有领导、有计划、有步骤地进行清理整顿，加以规范，在清理整顿期间，暂不按《办法》予以取缔。超过规定期限继续从事非法金融业务活动的，要严格按照《办法》规定，予以取缔并给予处罚。

16 日 中国人民银行颁布《关于要求各中资外汇指定银行加强对所属海外分支机构管理的通知》。针对一些中资外汇指定银行的海外分支机构（以下简称海外分行）接受境内机构违反国家外债和对外担保管理法规的借款与担保申请，向境内机构放款，接受境内机构提供的未经外汇局批准的对外担保行为，该通知规定：1. 海外分行在向境内机构提供贷款或拆放资金时，须在贷款协议或合同中要求境内机构在国内办理相应的外债审批和登记手续。2. 境内机构为海外中资企业提供对外担保，作为境内机构的或有负债，纳入对外担保管理。除外商独资企业外，境内机构为海外中资企业提供对外担保，须经国家外汇管理局批准。国家机关和事业单位不得为海外中资企业提供任何形式的对外担保。海外分行接受境内机构提供的对外担保时，须在对外担保合同或协议中要求境内机构在国内办理相应的对外担保审批和登记手续。3. 海外分行一次性筹借等值5 000万美元以上（含5 000万美元）的国际商业贷款，应当事先通过其总行报国家外汇管理局批准。海外分行违规向境内机构提供贷款、接受境内机构提供的未经国家外汇管理局批准的对外担保，其权益不受国内法律法规的保护。

19日 中国人民银行发布《关于进一步支持对外经济贸易发展的意见》，提出金融机构进一步支持对外经济贸易发展的12条意见。这12条意见是：1. 完善支持对外经贸发展的金融服务体系。2. 适当增加对外经贸企业的贷款。3. 对资信良好的企业适当发放信用贷款，增加授信额度。4. 支持企业多渠道筹集资本金。积极支持外经贸企业通过资本市场筹集资金，拓宽资本金来源。5. 运用利率手段支持外经贸发展。商业银行要认真执行中国人民银行的利率政策，对风险小、效益好、守信用、贷款额度大的外经贸企业，利率可以不上浮或少上浮，严禁乱提高存贷款利率。6. 积极为外经贸企业的发展提供保险服务。7. 继续加大对机电产品出口的支持力度。8. 积极支持企业境外工程承包和到境外投资设厂。9. 积极支持外商和中国台湾、香港、澳门、侨商投资企业的发展。10. 支持合理的外贸进口。11. 运用“封闭贷款”支持外经贸企业。对暂时亏损，但有订单、还款有保证的外经贸企业，可参照国有工业企业的办法对其发放封闭贷款，经贷款行严格审查后，通过开证、发放打包贷款、押汇、贷款回收等一条龙服务的方式支持其发展。12. 防范外经贸贷款中的金融风险。要加快中央银行贷款登记系统的建设，为商业银行提供贷款信息查询服务，防止企业利用多头开户、多头贷款等手段逃避银行债务。

24日 中国证监会颁布《关于加强律师从事证券法律业务管理的通知》。该通知规定：股票发行人、可转换债券发行人和证券投资基金发起人，必须聘请具有从事证券法律业务资格的律师事务所和律师出具法律意见书；证券承销机构从事证券承销业务，主承销商必须聘请律师出具验证笔录；证券投资基金和基金管理公司发起人必须聘请律师，对所申请设立的基金是否具备发行与上市的法定条件进行审查。

30日 《上海证券交易所可转换公司债券上市交易规则》颁布。该规则规定，1. 申请上市的可转换公司债券必须符合下列条件：经证券主管部门批准并公开发行；可转换公司债券的实际发行额（以面值计算）在1亿元以上；可转换公司债券的期限在3年以上，但不超过5年；可转换公司债券的利率不超过国家限定的利率水平；国家法律、法规及上海证券交易所规定的其他条件。获准可转换公司债券上市的发行人须按规定交纳上市初费和上市月费，交费标准是：可转换公司债券上市初费按上市可转换公司债券总额的0.01%交纳，起点为10 000元，最高不超过30 000元。上市月费按年计收，每月500元。2. 可转换公司债券采用记名式无纸化方式发行，投资者持有的可转换公司债券份额在上市前由上海证券交易所登记公司记入其股票账户内，实行无纸化交易，以1 000元面值为一个交易单位，简称“一手”，实行整手倍数交易，计价单位为每百元面额，申报价格的升降价位为0.01元，每次申报最低不少于一个价位。可转换公司债券交易实行T+1交收，投资者与券商在成交后的第二个交易日办理交割手续。3. 投资者委托券商买卖可转换公司债券须交纳手续费，上海每笔为人民币1元，异地每笔为人民币3元。成交后在办理交割时，投资者应向券商交纳佣金，标准为总成交金额的0.2%，佣金不足5元的，按5

元收取。券商从事可转换公司债券交易，须向上海证券交易所交纳交易经手费，标准为成交金额的0.01%。4. 可转换公司债券上市交易期间出现下列情况之一时，将停止交易：可转换公司债券的流通面值少于3 000万元时，在发行人公布公告3个交易日后停止交易；可转换公司债券转换期结束前的10个交易日停止其交易；中国证监会和上海证券交易所认为必须停止交易的情况。5. 可转换公司债券依据招募说明书的约定条件和有关规定，在发行人的普通股股票上市后，可随时转换成发行人的股份。投资者根据持有的可转换公司债券的面值，按照当时的转换价格，向其指定交易的证券经营机构申报转换成公司股票的数量。可转换公司债券申请转换公司股票，投资者在申请的第二个交易日办理交割并确认后，其债券转换成功的股票便可上市流通。

经中国证监会批准，南宁化工股份有限公司向社会发行可转换公司债券。该债券发行采用上网定价方式，债券每张面值为100元，发行价格为100元，共150万张，总额为15 000万元人民币。主承销商和上市推荐人为光大证券有限责任公司。这是国内首只可转换公司债券。

8月

1日 国务院发布《关于进一步整顿和规范期货市场的通知》，要求各期货交易所立即停止推出新合约，已上市合约可以交易到最后交易日，从1999年1月1日起，正式按新的期货商品品种和交易保证金比例开始运作。

该通知规定：1. 按照“继续试点、加强监管、依法规范、防范风险”的原则，对现有14家期货交易所进行整顿和撤并，只在上海、郑州和大连保留3家期货交易所。对保留的期货交易所实行集中统一管理，比照证券交易所管理体制，将期货交易所划归中国证监会直接管理。2. 取消部分商品期货交易品种，提高部分商品品种的期货交易保证金。3. 取缔非法期货经纪活动，清理整顿期货经纪机构。4. 严格控制境外期货交易。5. 加快法规建设，进一步加强对期货市场的监管。

3日 中国人民银行印发《关于国家外汇管理局金融机构外汇业务监管职能划入中国人民银行的通知》。该通知规定，从即日起，由国家外汇管理局管检司承担的对金融机构外汇业务市场准入的审批、对金融机构的外币资产质量和风险监管业务，按金融机构的类别分别移交中国人民银行的有关司局。对保险公司、证券公司的外汇业务市场准入审批及外币资产质量和风险监管业务仍由国家外汇管理局办理。

6日 中国人民银行印发《关于国家开发银行市场化发行国开行金融债券的批复》。主要内容是：批准国家开发银行首次市场化发行1998年第1期“国开行金融债券”50亿元，期限为1年；发行对象是商业银行和商业保险公司；同意此次债券发行以组织承销团的方式进行，承销团成员由中国人民银行公开市场业务一级交易商和注册资本在10亿元以上的商业保险公司组成。中央国债登记结算公司负责“国开行金融债券”的登记、托管、结算。债券发行结束后，经中国人民银行批准，即可在全国银行间同业拆借市场上市流通。债券利率水平、招投标方式由国家开发银行自主决定。9月2日，国家开发银行与中国工商银行、中国农业银行、中国银行、中国建设银行、交通银行及中国保险（集团）公司、华泰保险公司等24家商业银行、6家保险（集团）公司签订《国家开发银行金融债券承销主协议》，组成国家开发银行1998年度金融债券市场化发行承销团，以利率招标承销方式，发行1998年第一期金融债券。9月3日，该笔债券在国债交易中心上网发行，年利率为5.19%。这是国家开发银行成立以来首次通过承销竞价投标方式发行政策性金融债券，30家中标承销商在签字仪式上签字。

财政部、国家税务总局发布《关于证券投资基金税收问题的通知》。该通知对中国证监会新批准设立的封闭式证券投资基金（以下简称基金）的税收问题作出规定。主要内容有：1. 以发行基金方式募集资金不属于营业税的征收范围，不征收营业税。2. 基金管理人运用基金买卖股票按照4‰的税率征收印花税。3. 对基金从证券市场中取得的收入，包括买卖股票、债券的差价收入，股票的股息、红利收入，债券的利息收入及其他收入，暂不征收企业所得税。对个人投资者买卖基金单位获得的差价收入，在对个人买卖股票的差价收入未恢复征收个人所得税以前，暂不征收个人所得税；对企业投资者买卖基金单位获得的差价收入，应并入企业的应纳税所得额，征收企业所得税。对投资者从基金分配中获得的股票的股息、红利收入以及企业债券的利息收入，由上市公司和发行债券的企业在向基金派发股息、红利、利息时代扣代缴20%的个人所得税，基金向个人投资者分配股息、红利、利息时，不再代扣代缴个人所得税。对投资者从基金分配中获得的国债利息、储蓄存款利息以及买卖股票差价收入，在国债利息收入、个人储蓄存款利息收入以及个人买卖股票差价收入未恢复征收所得税以前，暂不征收所得税。对个人投资者从基金分配中获得的企业债券差价收入，应按税法规定对个人投资者征收个人所得税，税款由基金在分配时依法代扣代缴；对企业投资者从基金分配中获得的债券差价收入，暂不征收企业所得税。4. 对基金管理人、基金托管人从事基金管理活动取得的收入，依照税法的规定征收营业税、企业所得税以及其他相关税收。上述规定从1998年3月1日起实施。

10日 国务院办公厅转发《中国人民银行整顿银行账外账及违规经营工作实施方案》。本次整顿的内容为银行账外账和违规经营活动，包括本币、外币业务。中国人民银行、国有商业银行、其他商业银行、住房储蓄银行、城市商业银行和邮政储汇局要按照本方案的要求，部署本系统、本单位的全面自查工作。首先由本系统、本单位各级机构自查，自查面要达到100%（包括机构数和业务量），然后按照“下查一级”的原则进行复查，复查报告必须由复查单位负责人签字。抽查工作由中国人民银行负责，并请审计部门参加，抽查面要达到县级以上（含县）机构数的30%。自查、抽查结束后，中国人民银行会同有关部门，对查清核实的问题进行严肃处理，并于1999年3月底解决问题，6月底完成汇总报告。针对产生账外账及违规经营活动的体制、政策、制度等方面的原因，中国人民银行、财政部、国有商业银行要研究防止发生新的账外账及违规经营问题的政策措施，完善会计管理制度，加强稽核监察，实行防止账外账及违规经营责任制。这项工作要在1999年年底前完成。

11日 国务院转发中国人民银行《关于国有独资商业银行分支机构改革方案》。该方案确定：合并商业银行省（自治区）分行与所在地城市分行，精简地（市）分行在同一地点重复设立机构。按照银行的工作人员数量和吸收存款额，将人均存款额在50万元以下的营业网点全部撤销，将部分50万~100万元的营业网点撤销，100万~150万元的营业网点合并。在裁减机构的比例上，除中国农业银行尽量保留其县级支行外，中国工商银行、中国建设银行、中国银行都要精简，裁减机构的比例分别为20%、30%、10%。

国务院办公厅发布《关于转发中国人民银行〈整顿乱集资乱批设金融机构和乱办金融业务实施方案〉的通知》。该通知指出，近年来，一些地方、部门、企事业单位和个人乱集资乱批设金融机构和乱办金融业务（以下简称金融“三乱”）的问题相当严重，严重违反了《中华人民共和国中国人民银行法》《中华人民共和国商业银行法》和国务院的有关规定，扰乱了金融秩序，损害群众利益，影响社会安定。为了整顿金融秩序，防范金融风险，保持金融市场和社会稳定，党中央、国务院决定彻底整顿金融“三乱”。

《整顿乱集资、乱批设金融机构和乱办金融业务实施方案》确定：凡未经依法批准，以任何名义向社会不特定对象进行的集资活动，均为乱集资。主要打击以非法占有为目的、使用诈骗方法从事的非法集资活动；整顿未经批准，擅自从事以还本付息或者支付股息、红利等形式向出资人（单位和个人）进行的有偿集资活动；整顿以发起设立股份公司为名，变相募集股份的集资活动。凡未经中国人民银行批准，擅自设立从事或者主要从事吸收存款、发放贷款、结算、票据贴现、资金拆借、信托投资、金融租赁、融资担保、外汇买卖等金融业务活动的机构，均属非法金融机构，包括冠以银行、信用社、信托投资公司、财务公司、融资租赁公司、典当行等名称的机构，也包括虽未冠以上述名称，但实际是从事或变相从事金融业务的机构。非法成立的金融机构筹备组织也被视为非法金融机构。凡未经中国人民银行批准，从事或者变相从事非法吸收公众存款、发放贷款、结算、票据贴现、资金拆借、信托投资、金融租赁、融资担保、外汇买卖等金融业务活动的行为，均属乱办金融业务。清理、整顿金融“三乱”工作，要按照“谁主管，谁整顿；谁批准，谁负责；谁用钱，谁还债；谁担保，谁负相应责任”的原则进行处理。整顿工作从1998年下半年开始，大体分自查自纠、清偿债务、总结验收三个阶段进行，全部整顿工作于2000年年底以前完成。

中国证监会发布《关于证券投资基金配售新股有关问题的通知》。该通知规定：公开发行量在5 000万股（含5 000万股，下同）以上的新股均可向基金配售，公开发行量在5 000万股以下的新股，不向基金配售。具体配售比例按如下方式确定：1. 根据配售新股的公开发行量确定。公开发行量为5 000万~1亿股的新股，配售比例为10%；公开发行量为1亿~2亿股的新股，配售比例为15%；公开发行量在2亿股以上的新股，配售比例为20%。2. 如果各基金对某只新股申请配售的总量超过按上述配售比例计算的配售数量，则进行比例配售。否则，按实际申请量配售。3. 每只基金申请配售新股的数量不得超过该只新股公开发行量的5%。4. 每只基金一年内用于配售新股的资金，累计不得超过该基金募集资金总额的15%。基金获配新股，自该新股上市两个月后方可流通，在流通之前由证券交易所实施冻结。基金除申请配售新股外，不得参与新股的公开申购。

中国人民银行继续扩大外资银行经营人民币业务的试点。主要包括三方面内容：1. 增加部分外资银行在上海浦东试点经营人民币业务；2. 批准深圳为第二个允许外资银行试点经营人民币业务的城市；3. 完善外资银行在上海浦东、深圳试点经营人民币业务的有关规定，其具体内容包括：（1）如果外资银行的人民币资金不足，人民银行允许个案报批增加外资银行的人民币营运资金，每家最高限额可增至1亿元人民币。（2）外资银行作为全国同业拆借市场的交易成员，与其他中资银行的交易成员享有同等待遇，可以在全国同业拆借市场上自行选择交易对手，进行债券买卖和债券回购。（3）允许外资银行参与发放人民币银团贷款，在境内进行固定资产投资的项目贷款，外资银行可作为牵头行、联合牵头行或副牵头行出现，外资银行参与银团贷款的资金来源部分可以通过筹措营运资金解决，部分可以向参与银团贷款的中资银行借款。（4）允许外资金融机构在适当时候发行大额可转让定期存单筹措资本。

18日 中国人民银行下调黄金收售价格。自8月18日起，含金量不足99.9%的黄金收购价和配售价由原来的每克80.50元和82.10元分别调整为每克78.15元和79.70元；含金量达99.9%及以上的，收购价和配售价由原来的每克81.20元和82.80元分别调整为79.15元和80.70元。

国务院办公厅发布《关于解决计算机2000年问题的通知》。该通知规定：各地区、各部门要力争在1998年年底以前，最迟在1999年3月底以前，完成本地区、本部门计算机系统的修改工作，并在1999年9月底前完成计算机系统修改后的测试与调试工作。解决计算机2000年问题所需的经费，原则上由各地区、各部门及各单位自行解决。有收益的单位从成本费用中列支，行政事业单位按现行渠道申请解决。财政部、科技部对信息产业部等部门在开发软件产品、研究制定技术标准和安全规范等方面的经费要给予支持。商业银行对企事业单位解决计算机2000年问题所需的贷款应积极予以支持。要强制解决计算机2000年问题。对因玩忽职守，未及时解决计算机2000年问题而造成重大损失或不良后果的部门和单位，要追究其主要负责人的责任。由于不可克服的原因，届时不能完全解决计算机2000年问题的部门和单位，要从现在开始就制定切实可行的应急方案和措施，并报有关主管部门审定，确保不影响正常的生产和工作。军队系统的计算机2000年问题，请中国人民解放军总参谋部组织统筹解决，信息产业部门可根据其要求提供技术支持。

23日 中国人民银行颁布《关于境内居民个人因私用汇有关问题的通知》。该通知规定：无论居民在何地办理的护照及签证，必须凭户口所在地的户籍证明到户口所在地中国银行分支机构购汇；凡持因私护照出境的，均按年度、按因私用汇标准只供汇一次；一次签证多次往返的或一本护照一年内多次签证的，按年度、按标准只供汇一次；凡因私出境购汇的，均需在出境前办理，事后不予补办；外籍来华工作人员的合法人民币收入需兑换外汇的，除需单位出具证明文件外，还必须提供完税证明、就业证及聘用合同；14岁以下儿童出境的，供汇标准减半；对于在边境地区办理出境旅游、持公安部门签发的允许出境旅游护照的人员，暂不予供汇；同一城市（地区）原则上只指定一家中国银行分支机构办理个人因私兑换业务。

国泰君安证券股份有限公司成立。该公司由原国泰证券有限公司和原君安证券有限责任公司通过新设合并、增资扩股组建，注册资本为37亿元。

28日 中国人民银行颁布《关于调整国家银行全年贷款指导性计划的通知》。该通知明确：1998年国家银行全年贷款指导性计划由9 000亿元调整到10 000亿元，其中，固定资产贷款由2 700亿元调整到3 700亿元。该通知要求各行在防范金融风险的同时，加大固定资产贷款的投入，加快贷款评估进度，适当简化评估手续；按照“集中要有度，审批要及时”的原则，合理调整基层行的贷款审批权限，争取贷款早落实、早见效，努力实现全年贷款指导性计划。

中国银行完成对海外投资银行业务的重组。中国银行国际控股有限公司（以下简称中银国际公司）从伦敦迁回香港，在香港开业。公司的注册资本为10亿美元。此次进行重组，重点由中银国际公司全面接管中国银行的海外投资银行业务，通过重组形成以业务为主线的专业运作模式。在中银国际公司下面，分别组建了中银国际亚洲、中银国际证券、中银国际研究、中银国际资产管理、中银国际融资、中银集团信托、中银国际投资、中银国际直接投资管理及中银国际（英国）9家有限公司，分别经营一、二级市场证券业务，财务顾问、公司购并业务，资产管理、项目融资/银团贷款、直接投资等业务。

31日 中国证监会召开全国证券期货工作会议。中央金融工委副书记阎海旺出席会议，强调加强法律、法规建设，以及强化中国证监会的监管职能、防范金融证券风险的必要性和重要性，要求证券系统进一步加强党的领导、加强领导班子和队伍建设，充分发挥政治优势，贯彻落实党中央、国务院的部署，全力以赴做好各项工作。

8月 国务院批转中国证监会《证券监管机构体制改革方案》。该方案决定完善证券监管体系，实行垂直领导，加强对全国证券、期货业的集中统一监管。

该方案确定，证券市场监管体系由中国证监会和派出机构——证券监管办公室组成。中国证监会为国务院直属事业单位，是全国证券、期货市场的主管机关，按照国务院授权履行行政管理职能，依照法律、法规对全国证券、期货业进行集中统一监管。强化以下职能：1. 建立统一的证券期货监管体系，按规定对证券期货监管机构实行垂直管理；2. 加强对证券期货业的监管，强化对证券期货交易所、上市公司、证券期货经营机构、证券投资基金管理公司、证券期货投资咨询机构和从事证券期货中介业务的其他机构的监管，提高信息披露质量；3. 加强对证券期货市场金融风险的防范和化解工作。同时将原国务院证券委员会的职能、中国人民银行履行的证券公司监管职能划入中国证监会。证券监管办公室作为中国证监会的派出机构，主要职责是：认真贯彻执行国家有关法律、法规和方针、政策，依据中国证监会的授权对辖区内的上市公司，证券、期货经营机构，证券、期货投资咨询机构和从事证券业务的律师事务所、会计师事务所、资产评估机构等中介机构的证券业务活动进行监督管理；依法查处辖区内前述监管范围的违法、违规案件，调解证券、期货业务纠纷和争议等。

9月

1日 国家外汇管理局印发《境内居民个人外汇管理暂行办法》。该办法规定：境内居民个人因私兑换外汇业务授权中国银行负责办理，同一城市（地区）原则上只指定一家中国银行分支机构办理个人因私兑换业务。对于居民个人只有在汇出或在境内银行交存一定比例的保证金后才能取得有效入境签证的特殊情况，外汇指定银行和外汇局可在售付汇行为发生时，要求居民个人向所在地外汇局分局交存一定比例的人民币保证金，外汇局在查验已办妥前往国家和地区有效入境签证的护照后予以退还。对于居民个人出境旅游、探亲、会亲、自费朝觐的因私兑换外汇，属于个人出国零用费，不得超标准供汇。一次签证多次往返的及一个护照一年内多次签证的，也按年度、按标准只供汇一次。上述规定自1998年9月15日起施行。在此之前国家外汇管理局发布的境内居民个人外汇有关办法同时废止。

中国人民银行发布公告，结束对永安财产保险股份有限公司的接管。永安财产保险股份有限公司经过资本金和领导班子的重组，开始正式运营。该公司于1996年8月5日经中国人民银行总行批准设立，于同年9月28日开业。1997年12月1日由中国人民银行接管，进行资本金和公司领导班子重组。

4日 财政部增发国债1 000亿元。该期国债年利率为5.5%、期限为10年，将在1998年和1999年列入国家预算，作为国家预算内基础设施建设投资，用于国民经济和社会发展急需的基础设施建设投入，以政府直接投资为主拉动总需求。当日，财政部分别与中国工商银行、中国农业银行、中国银行、中国建设银行四家国有商业银行签订了承销合同，承销金额分别为500亿元、200亿元、100亿元、200亿元。8月，九届全国人大常委会第四次会议审议通过财政部的中央预算调整方案，决定增发1 000亿元国债。同时配套增加1 000亿元银行贷款，全部用作基础设施专项建设资金。至此，中国的积极财政政策正式启动。

11日 中国人民银行印发《保险业监管指标》。保险业监管指标按反映对象分为非寿险业务指标、寿险业务指标、资金运用指标、财务状况指标四类；按性质分为约束性指标与关注性指标。非寿险业务指标主要用于监测财产保险、意外伤害保险和短期健康保险业务，主要有自留保费率、保费增长率、应收保费率、综合费用率、赔付率、保险业务成本率、两年经营状况率。寿险业务指标主要用于监测长期寿险业务和长期健康险业务，主要有保费收入增长率、新契约保费收入率、准备金变化率、主要险种保费收入率、退保率、承保费用率。资金运用指标主要用于监测各类保险公司的资金运用状况，主要有资金运用率、单类资金运用率、资金运用收益率、资金运用收益充足率。财务状况指标主要用于监测各类保险公司的偿付能力和保险公司的财务状况，主要有最低偿付能力指标、资产负债率、固定资产率、流动比率、所有者权益增长率、所有者权益利润率、保费收入利润率、所有者权益风险率、不良资产率。约束性指标是指保险公司的指标值必须在规定的指标值以内，否则，即违反有关法律法规，监管部门将视其情节轻重及造成的影响给予处罚并责令其纠正。关注性指标是指保险公司的指标值以在设定的范围内为宜，如果超过设定的范围，并不一定表示保险公司有违规行为或财务状况恶化，但监管部门要对该公司进行跟踪调查，结合其他相关指标综合分析，必要时可要求该公司作出合理的解释。该监管指标适用于中资保险公司和中外合资保险公司，外资保险公司分公司和再保险公司可参照适用。

中国人民银行印发《汽车消费贷款管理办法（试点办法）》。该办法规定：汽车消费贷款的试点行仅限于四家国有商业银行，具体试点地区由各国有商业银行确定，并报中国人民银行审批。消费贷款购买的汽车仅限于国产汽车。汽车消费贷款期限最长不超过5年（含5年）。汽车消费贷款利率按照中国人民银行规定的同期贷款利率执行。以质押方式申请贷款的，或银行、保险公司提供连带责任保证的，借款人的首期付款额不得少于购车款的20%，借款额最高不得超过购车款的80%。以所购车辆或其他不动产抵押申请贷款的，首期付款额不得少于购车款的30%，借款额最高不得超过购车款的70%。以第三方保证方式申请贷款的（银行、保险公司除外），首期付款额不得少于购车款的40%，借款额最高不得超过购车款的60%。

14日　国务院发布《关于加强外汇外债管理开展外汇外债检查的通知》。该通知指出：一段时期以来，以多种手段非法逃套国家外汇的案件增多，一些地方和单位未经批准擅自到境外发行债券和对外提供担保，或以保证外方固定回报等形式变相对外举债。为了保持我国国际收支平衡和人民币汇率的稳定，有效地防范涉外金融风险，确保经济增长目标的实现，国务院决定，进一步加强外汇外债管理，并开展全国外汇外债检查。该通知规定：1. 严厉打击逃套汇行为和外汇黑市，加强反骗汇工作。2. 从严控制外债规模，加强资本项目外汇管理。3. 开展外汇外债检查，纠正各类违规违法行为。

昆山三山实业股份有限公司（公司简称："苏三山"，证券代码：0518）暂停上市。江苏三山实业股份有限公司的董事会和深圳证券交易所发布公告，因连续3年亏损，"ST苏三山"股票自9月14日起暂停上市。该公司是我国证券市场首家因连续3年亏损而暂停上市的公司。

15日　中国证监会当选为国际证监会组织（International Organization of Securities Commissions，IOSCO）执行委员会成员。国际证监会组织是由国际间各证券暨期货管理机构所组成的国际合作组织。总部设在加拿大的蒙特利尔市，正式成立于1983年，其前身是成立于1974年的证监会美洲协会。国际证监会组织执行委员会是该组织的核心决策机构，共有19名执行委员会成员，每届任期两年，其中的9名是由全体正式成员直接选举产生。本年直接选举产生的9名执行委员会成员是中国、日本、澳大利亚、法国、意大利、加拿大、南非、英国和美国的监管机构。

19日　中国证监会、国家工商行政管理总局联合发布《关于进一步明确在查处非法期货交易中职责分工的通知》。该通知规定：凡涉及证券公司、期货经纪公司非法从事境外期货交易（含外汇按金交易，下同）的案件，以证券监督管理部门为主进行查处；除此以外的机构非法从事境外期货交易的案件，由工商行政管理部门牵头查处，证券监督管理部门配合。对在国内期货市场中以各种名义从事非法期货经纪业务的机构和个人，各地工商行政管理部门要会同证券监督管理部门严肃查处，坚决取缔。

21日　国家外汇管理局颁布《关于境内居民个人因私用汇有关问题的通知》。为了规范境内居民个人因私用汇的管理，该通知规定：无论居民在何地办理的护照及签证，必须凭户口所在地的户籍证明到户口所在地中国银行分支机构购汇；凡持因私护照出境的，均按年度、按因私用汇标准只供汇一次，一次签证多次往返的或一本护照一年内多次签证的，按年度、按标准只供汇一次；凡因私出境购汇的均需在出境前办理，事后不予补办；外籍来华工作人员的合法人民币收入需兑换外汇的，除需单位出具证明文件外，还必须提供完税证明、就业证及聘用合同；14岁以下儿童出境的，供汇标准减半；对于在边境地区办理出境旅游、持公安部门签发的允许出境旅游护照的人员，暂不予供汇；同一城市（地区）原则上只指定一家中国银行分支机构办理个人因私兑换业务。

23日　中国证监会发布《关于加强证券投资基金监管有关问题的通知》。该通知规定：除发起人或另有规定外，一个投资者直接或间接持有某只基金的份额不得超过3%；现已超过的，须在该通知公布后10个交易日内报基金管理公司，超过部分须在6个月内卖出；每只基金通过一个证券经营机构买卖证券的年成交量，不得超过该基金买卖证券年成交量的30%；在中国证监会有关基金从业人员资格管理规定颁布实施后，目前已在管理公司、基金托管部的从业人员，须取得基金从业人员资格方可被正式聘任；管理公司和基金托管部的从业人员不得在其他经营性机构兼职，管理公司的董事长不得在其他经营性机构兼任董事长及其他高级管理职务（董事、监事除外）。

10月

6日　经国务院批准，中国人民银行决定关闭广东国际信托投资公司，由中国银行托管广东国际信托投资公司的金融债权债务；由广发证券有限公司接管原广东国际信托投资公司所属的广信基金。

广东国际信托投资公司于1980年7月经广东省政府批准成立，1983年经中国人民银行批准为非银行金融机构并享有外汇经营权，1989年确定为全国对外借款窗口，从单一经营信托业务发展成为以金融投资和实业投资为主的企业集团。1997年下半年亚洲金融危机爆发以后，由于经营管理混乱，出现了严重的外债支付危机，中国人民银行决定对其实行关闭清算。1999年1月16日，广东国际信托投资公司进入破产程序。2003年2月27日，广东省高级人民法院审结破产程序。广东国际信托投资公司本部和境内三家全资子公司破产案的破产清偿率分别为12.52%、11.5%、28%和19.48%，均超过了国内破产债权清偿率8%的纪录。

国家外汇管理局、外经贸部、海关总署发布《规范进出口代理业务的若干规定》。该规定明确：从事进出口代理业务的外贸企业，必须经对外贸易经济合作部或其授权的地方外经贸主管部门批准符合进出口代理经营范围。对国家实行核定公司经营的进口商品和国家组织统一联合经营的出口商品，无该项商品进口或出口经营权的外贸企业不得以任何方式从事代理业务。自营进出口生产企业和科研院所、外商投资企业（经批准允许从事进出口代理业务的投资性公司和合资外贸公司除外）等均不得以任何方式从事进出口代理业务。进口代理业务一律由代理人负责对外付汇，不得由委托人对外付汇。进口货款由委托人及时向代理人支付。出口代理业务一律由代理人负责收汇。委托人为经批准允许保留现汇的企业，代理人凭有关外汇管理法规规定的有效凭证和商业单据将原币划转给委托人；委托人为不允许保留现汇的企业，代理人结汇后将货款按有关规定支付给委托人。代理人要全过程参与和跟踪进出口代理业务和合同执行。该规定自1998年12月1日起施行。

7日　国家外汇管理局发布公告，敦促有骗汇行为的企业主动交代问题，并决定对累计骗购外汇金额在500万美元以下、能主动交代问题、追回骗汇资金的企业，予以从轻处罚。上述规定适用于1998年10月1日前发生骗购外汇行为，并于公告发布后48小时内主动交代骗购外汇的企业。此前，1998年7月初，根据国务院领导的指示，国家外汇管理局与有关部门开展了全国外汇大检查工作，针对“假进口、真骗汇”“假出口、真骗税”案件呈现上升势头，对1998年上半年购付汇的货到付款、信用证及托收项下20万美元以上的报关单逐笔进行贸易真实性审核，到10月初，已查出几十亿美元的假报关单。

经国务院批准，中国保监会宣布撤销中国人民保险（集团）公司。原中保财产保险有限公司变为一级法人，继承中国人民保险公司的品牌，更名为中国人民保险公司。

当日，中国保监会发布《关于撤销中国人民保险（集团）公司的公告》。主要内容是：中国人民保险公司于1996年8月21日改建为中国人民保险（集团）公司，下设中保财产保险有限公司、中保人寿保险有限公司和中保再保险有限公司三个具有法人资格的保险专业子公司。中国人民保险（集团）公司被撤销后，三家公司分别更名为中国人民保险公司、中国人寿保险公司和中国再保险公司。原中国人民保险公司和中保财产保险有限公司受理的财产保险业务形成的债权债务，由更名后的中国人民保险公司继承；原中国人民保险公司和中保人寿保险有限公司受理的人身保险业务形成的债权债务，由中国人寿保险公司继承；原中国人民保险公司和中保再保险有限公司受理的再保险分出、分入业务形成的债权债务，由中国再保险公司继承。中国人民保险（集团）公司将其海外资产转给中国保险股份有限公司，有关事宜由香港中国保险（集团）有限公司代办。国内外各有关单位及个人，凡涉及中国人民保险（集团）公司的相关事宜，请分别与上述有关公司联系办理。

8 日　英国皇家太阳联合保险公司上海分公司成立。这是在中国开业的首家英国保险公司，英国首相布莱尔出席开业典礼。

10 日　经中国人民银行批准，中国建设银行在北京、上海、广州等分行试点开展汽车消费贷款业务。这是国内首家国有商业银行开办汽车消费贷款业务。

12 日　经中国人民银行批准，保险公司加入全国同业拆借市场，从事全国同业拆借市场上市交易的各种债券买卖业务。这是中国人民银行建设统一的货币市场的一项重要举措。

14 日　300 亿元凭证式国债发行。财政部发布《在 1998 年国债发行总额内继续安排发行凭证式国债 300 亿元》的公告，规定本次发行的凭证式国债分为 3 年期和 5 年期两种，其中，3 年期 180 亿元，年利率为 5. 85%；5 年期 120 亿元，年利率为 6. 42%。从购买之日开始计息，到期一次还本付息，不计复利，逾期不加计利息。凭证式国债发行期内如遇银行储蓄存款利率调整，尚未发行的凭证式国债票面利率，也在同一天按银行 3 年期和 5 年期储蓄存款利率调整的相同百分点相应调整。凭证式国债为记名国债，可以挂失，但不能更名，不上市流通，不得用于抵押贷款。投资者购买后如需变现，可到原购买银行办理提前兑取手续，提前兑取时按实际持有时间及相应的利率档次计付利息（发行期内提前兑取不计付利息），并按兑取本金的 2‰收取手续费。

15 日　国际信用与投资保险人协会（又称伯尔尼协会）年会在南非开普敦召开，经各会员国表决通过，中国人民保险公司成为该协会的正式成员。

17 日　国务院发布《关于批转人民银行省级机构改革实施方案的通知》，决定撤销中国人民银行省级分行，在 9 个中心城市设立跨省（自治区、直辖市）分行，作为中国人民银行的派出机构，从 1999 年 1 月 1 日起开始履行中央银行职责。

《人民银行省级机构改革实施方案》包括撤销省级分行，在 9 个中心城市设立分行；设立金融监管办事处；充实省会城市中心支行的职能；组织实施四个部分。其中规定：1. 根据地域关联性、经济金融总量和金融监管的要求，在 9 个中心城市设立分行（正局级），作为人民银行的派出机构，并划定其所辖监管区域（以下简称辖区，具体范围见附表）。9 个分行是天津分行、沈阳分行、上海分行、南京分行、济南分行、武汉分行、广州分行、成都分行、西安分行。人民银行省级分行撤销后，其原有的职责分别由所在辖区分行和省会城市中心支行承担。人民银行北京市分行和重庆市分行撤销后，其相应职责由人民银行总行承担。分行所在地城市原市分行撤销，其职责和原省级分行营业部的业务，均由分行营业管理部承担。2. 设立金融监管办事处。为了协助分行独立、公正、有效地实施金融监管，在不设分行的省、自治区、直辖市人民政府所在地城市（以下简称省会城市），设立金融监管办事处（副局级），每个金融监管办事处的编制有 30 ~ 35 人。金融监管办事处是分行的派出机构（以城市地名命名为“中国人民银行 × ×分行 × × 金融监管办事处”），其人事、财务和业务受分行领导。3. 充实省会城市中心支行的职能。在分行所在地以外的省会城市以及深圳经济特区设立中心支行（副局级）。上述中心支行除继续履行原分行承担的职责外，增加承担原省级分行在国库经理、支付清算、现金发行和金融统计等业务中的管理汇总工作。4. 组织实施。人民银行按照积极稳妥、分步实施的原则，统一组织实施。人民银行要尽快制定配套管理办法和具体实施步骤，必要时可先进行试点，待取得经验后再全面展开。1998 年年底以前，人民银行撤销所有省级分行，新设跨省（自治区、直辖市）分行正式挂牌运行。1999 年 2 月底以前，人民银行要就本方案实施情况进行总结，并书面报告国务院。

中国人民银行分行及管辖范围

序号	分行名称	管辖范围
1	天津分行	天津、河北、山西、内蒙古
2	沈阳分行	辽宁、吉林、黑龙江
3	上海分行	上海、浙江、福建
4	南京分行	江苏、安徽
5	济南分行	山东、河南
6	武汉分行	江西、湖北、湖南
7	广州分行	广东、广西、海南
8	成都分行	四川、贵州、云南、西藏
9	西安分行	陕西、甘肃、青海、宁夏、新疆

19 日 中国人民银行发布《关于保险公司加入全国同业拆借市场有关问题的通知》，同意保险公司（总公司）加入全国同业拆借市场，从事债券现券买卖业务。这是自《中华人民共和国保险法》实施后第一次对保险公司的资金运用渠道进行开放。经各保险公司提交加入同业市场的申请后，中国人民银行于 1998 年 11 月正式批准第一批保险公司（共 6 家）加入同业市场，包括原中国人民保险公司、中国太平洋保险公司、中国平安保险公司、新华人寿保险公司、泰康人寿保险公司和华泰财产保险公司，并规定加入该市场的业务范围为现券交易。

中国人民银行颁布《关于扩大对小企业贷款利率浮动幅度的通知》。该通知规定：自 1998 年 10 月 31 日起，各商业银行、城市信用社对小型企业贷款利率的最高上浮幅度由现行的 10% 扩大为 20%，最低下浮幅度为 10% 不变；农村信用社贷款利率的最高上浮幅度由现行的 40% 扩大为 50%。贴现贷款利率可适当上浮，但不得超过同期同档次贷款利率（含浮动）；大中型企业贷款利率的最高上浮幅度为 10% 不变。个人住房贷款、优惠利率贷款、政策性银行贷款以及国务院另有规定的贷款利率不上浮。

中国人民银行颁布《关于商业银行国际结算远期信用证业务经营风险管理的通知》。该通知规定：商业银行要严格审查开证申请人的资格，开证申请人必须是“对外付汇进口单位名录”上的在册单位；不在册单位申请开证，必须由外汇管理部门审核其进口的真实性。商业银行对外开立 1 年期以上的远期信用证属资本项目；1 年以下 3 个月以上的远期信用证余额纳入外债统计之内，但不占用外汇短期贷款指标。商业银行办理远期信用证业务，要建立完善的内部管理和控制机制，严格审查分支机构的管理水平，制定明确的授权制度。开立 360 天以上（含 360 天）的远期信用证和单笔金额在 500 万美元（含 500 万美元）以上的远期信用证，必须由商业银行总行直接办理或审查批准后授予分支机构经办。

国务院批准《中国证监会职能、内设机构、人员三定方案》。方案确定中国证监会为国务院直属机构，是全国证券期货市场的主管部门。中国证监会内设 13 个职能部门，机关事业编制有 248 名。

中国证监会的主要职责是：研究和拟定证券期货市场的方针政策、发展规划；起草证券期货市场的有关法律、法规；制定证券期货市场的有关规章；统一管理证券期货市场，按规定对证券期货监管机构实行垂直领导；监管股票、可转换债券、证券投资基金的发行、交易、托管和清算；批准企业债券的上市；监管上市国债和企业债券的交易活动；监管境内期货合约的上市、交易和清算；按规定监督境内机构从事境外期货业务；监管上市公司及其有信息披露义务股东的证券市场行为；管理证券期货交易所；按规定管理证券期货交易所的高级管理人员；归口管理证券业协会；监管证券期货经营机构，证券投资基金管理公司，证券登记清算公司，期货清算机构，证券期货投资咨询机构；与中国人民银行共同审批基金托管机构的资格并监管其基金托管业务；制定上述机构高级管理人员任职资格的管理办法并组织实施；负责证券期货从业人员的资格管理；监管境内企业直接或间接到境外发行股票、上市；监管境内机构到境外设立证券机构；监管境外机构到境内设立证券机构、从事证券业务；监管证券期货信息传播活动，负责证券期货市场的统计与信息资源管理；会同有关部门审批律师事务所、会计师事务所、资产评估机构及其成员从事证券期货中介业务的资格并监管其相关的业务活动；依法对证券期货违法违规行为进行调查、处罚；归口管理证券期货行业的对外交往和国际合作事务等。

华宝信托投资有限责任公司在上海浦东金融贸易区开业。该公司由宝山钢铁（集团）公司为主发起组建，注册资本金为 10 亿元人民币。公司的业务范围是投资银行、基金管理、参与企业股份制改造、股票发行、证券承销、资产重组、兼并收购、股权转让及投资顾问。

20 日 中国人民银行发布《关于对金融机构外汇业务监管职责划分的通知》。按照国务院关于机构改革的精神，国家外汇管理局将金融机构外汇业务市场准入审批职能以及对金融机构的外币资产质量和风险监管职能移交给中国人民银行。以上职能移交后，外汇局仍保留对金融机构外汇业务的监管职责。

25 日 中国人民银行、国家外汇管理局颁布《关于停办外汇调剂业务的通知》。该通知指出：由于银行结售汇体系运行已基本成熟，可以满足市场主体及结售汇企业的业务需求，为了进一步统一和规范外汇市场，中国人民银行、国家外汇管理局决定从 1998 年 12 月 1 日起，在全国范围内取消外商投资企业的外汇调剂业务，外商投资企业的外汇买卖均纳入银行结售汇体系；已同中国外汇交易中心联网的 36 家外汇调剂中心更名为中国外汇交易中心当地分中心，负责银行间、外汇市场和金融机构人民币同业拆借市场运作，保证银行间外汇市场和人民币同业拆借市场的正常运转；其余各地外汇调剂中心一律关闭。

国务院办公厅转发《中国人民银行整顿城市信用合作社工作方案》。该方案指出：近几年来，城市信用合作社在促进城乡经济发展，服务中小企业方面起到了积极的作用。但是，城市信用社还存在不少问题，相当一部分城市信用社在经营活动中，背离了合作制原则和为广大中小企业及居民服务的宗旨，擅自从事商业银行业务，管理不规范，经营水平低下，不良资产比例高，抗御风险能力差，形成了相当大的金融风险。因此，必须对城市信用社进行彻底的整顿和规范。

整顿工作的主要内容包括：清产核资，全面查清城市信用社的资产、负债、所有者权益及财务的真实情况，核实各项资产损失，确定城市信用社的总体风险状况；化解风险，城市信用社出现支付风险，应本着“谁组建，谁负责组织清偿”的原则，由当地人民政府组织组建单位或股东单位采取有效措施化解风险，属地方政府违法违规干预城市信用社经营管理而造成支付风险的，由当地政府负责组织清偿有关债务；规范改造，逐步将仍然带有商业银行性质的城市信用社，规范改造为真正的合作金融机构，使其成为社区内居民个人、企业单位入股，实行民主管理、社员监督，主要为社员提供金融服务，依法经营、自负盈亏、自我积累、自我约束、互助互利的合作金融组织，在城市信用社规范改造的基础上，完善城市信用社的行业管理机制；加强监管，督促城市信用社建立健全社员代表大会、理事会、监事会“三会”制度，真正落实民主管理和民主监督机制。要严格审查城市信用社主要负责人的任职资格。该方案确定，城市信用社的清产核资工作要在 1998 年年底前完成。规范改造工作要在 1999 年年底前完成。到 1999 年年底前，要建立健全城市信用社行业管理机制。已设立的城市信用社联合社，要于 1998 年年底前完成规范改造工作。已经批准列入组建城市商业银行范围的城市，应加快组建城市商业银行的工作步伐，力争在 1998 年年底前进入筹建或开业阶段。设在县（市）及县以下地区的城市信用社于 1999 年年底前，划归农村信用社县联社管理。整顿城市信用社的全部工作于 1999 年年底前完成。

27 日 经中国人民银行批准，8 家外资银行上海分行可在浦东试点经营人民币业务。这些试点外资银行是日本樱花银行上海分行、住友银行上海分行，新加坡华侨银行上海分行、新加坡发展银行上海分行，中国香港东亚银行上海分行，法国里昂信贷银行上海分行，瑞士信贷第一波士顿银行上海分行，美国的美国银行上海分行。至此，上海经批准获得经营人民币业务试点资格的外资银行已有17家。

30日 国家外汇管理局发布《关于关闭外币清算业务的通知》。为了进一步深化金融体制改革，防范和化解金融风险，中国人民银行、国家外汇管理局决定关闭国家外汇管理局各分局开办的外币清算业务。外币清算业务关闭分两步进行，广东、青岛、河南、福建、宁波、大连、云南、山东、陕西、山西、安徽、汕头、青海、内蒙古、重庆、甘肃、广西、湖南等18家分局作为第一批先行关闭，深圳、江苏、湖北、上海、北京、厦门、天津等7家分局暂且保留，待国家外汇管理局调查后再确定业务关闭的具体步骤。但在此期间，这7家分局只能从事同城外币清算业务，不再办理异地清算。

中国人民银行下发《关于增加全国同业拆借市场债券回购交易品种的通知》。为了进一步发展货币市场，中国人民银行决定自1998年11月15日起，在全国同业拆借市场增加6个月、9个月和1年的债券回购交易品种。

中国建设银行正式行使对香港建新银行30%的期权，中国建设银行的控股比例达到了70%。此前，1994年中国建设银行收购香港工商银行40%的股份，并将其更名为香港建新银行。香港建新银行以零售业务为主，中国建设银行香港分行以批发业务为主。

11月

3日 经中国人民银行批准，中央国债登记结算有限责任公司印发《银行间债券交易结算规则（试行）》《银行间债券交易规则（试行）》。这两个规则对银行间债券市场交易的营业日、交割日、运行时间、交易结算和违规处罚作出了规定，要求全国同业拆借市场结算成员执行。

4日 中国人民银行发布《关于进一步做好农村信用合作社改革整顿规范管理工作的意见》。该意见指出，农村信用社改革、整顿、规范管理工作的总体要求是：坚持按合作制原则改革农村信用社管理体制，强化对农村信用社的监管，改善内部经营管理，建立防范和化解风险的机制。经过2~3年的努力，使农村信用社真正恢复合作制的性质，经营状况明显改善，金融风险得到了基本控制和有效化解，进一步改进和加强支农服务，逐步建立起与社会主义市场经济相适应、符合农村经济发展需要的农村信用社管理新体制。该意见提出改革、整顿、规范管理工作六个方面的主要内容和措施：清产核资、规范改造、化解风险、加强监管、强化内部经营管理、组建行业自律组织。农村信用社改革、整顿、规范管理工作由中国人民银行统一负责。农村信用社改革、整顿、规范管理工作到2000年年末基本完成。1998年和1999年上半年主要抓好清产核资、化解风险以及规范改造工作。在工作中，要抓住重点，解决实际问题，为农村信用社的健康发展奠定坚实基础。

11日 财政部向中保人寿保险有限公司、中国太平洋保险有限公司、中保再保险有限公司、中国平安保险有限公司、泰康人寿保险有限公司等商业保险公司发行60亿元定向债券，该债券为附息国债，期限为5年，年利率为5.68%，利息按年支付。

15日 经国家外汇管理局批准，中国银行停止使用人民币办理国际结算业务。1968年开始实行的人民币对外计价结算业务终止。

中国人民银行、中国农业发展银行、中国农业银行和中国工商银行联合发布《关于粮棉油附营企业占用信贷资金划转及清算的通知》。该通知要求，截至1998年12月29日，中国农业发展银行向中国农业银行和中国工商银行划转附营业务占用信贷资产958.6亿元。

18日 中国保险监督管理委员会（以下简称中国保监会）成立。马永伟担任中国保监会主席，吴定富、吴小平、唐运祥、冯晓增担任副主席，下设办公室、政策法规部、财务会计部、财产保险监管部、人身保险监管部、保险中介业务部、国际部、人事部、机关党委9个职能部门。此前，14日，国务院发布《关于成立中国保险监督管理委员会的通知》。该通知指出，为了深化金融保险体制改革，切实加强保险业监管，防范和化解保险业风险，经党中央、国务院批准，决定成立中国保监会。该通知规定：中国保监会是全国商业保险的主管部门，为国务院直属事业单位，根据国务院授权履行行政管理职能，依照法律、法规统一监督、管理保险市场。主要任务是：拟定有关商业保险的政策法规和行业发展规划；依法对保险企业的经营活动进行监督管理和业务指导，维护保险市场秩序，依法查处保险企业的违法违规行为，保护被保险人的利益；培育和发展保险市场，推进保险业改革，完善保险市场体系，促进保险企业公平竞争；建立保险业风险的评价与预警系统，防范和化解保险业风险，促进保险企业稳健经营与业务的健康发展。

中国人民银行上海分行成立。新组建的人民银行上海分行将在上海市、浙江省、福建省履行中央银行职责。原人民银行上海市分行、浙江省分行和福建省分行还要继续履行其职责至1998年12月31日。这是中国第一家跨行政区分行。此后，天津、沈阳、南京、济南、武汉、广州、成都、西安8家分行于1998年年底前相继成立。

20日 中国证监会发布《关于成都红光实业股份有限公司严重违法违规案件的通报》，依法查处成都红光实业股份有限公司（以下简称红光公司）编造虚假利润、骗取上市资格、隐瞒重大事项、挪用募集资金买卖股票等严重违法、违规行为。

经中国证监会调查，红光公司在股票发行上市申报材料中，采取虚构产品销售、虚增产品库存和违规账务处理等手段，将1996年年度实际亏损10 300万元，虚报为盈利5 400万元，骗取上市资格。红光公司上市后，继续编造虚假利润，将1997年上半年亏损6 500万元，披露为盈利1 674万元，虚构利润8 174万元；1998年4月该公司在公布1997年年度报告时，将实际亏损22 952万元（相当于募集资金的55.9%）披露为亏损19 800万元，少报亏损3 152万元。自1996年下半年起，红光公司的关键生产设备彩玻池炉就已出现废品率上升、不能维持正常生产等严重问题，对此红光公司在申请股票发行上市时故意隐瞒，未予披露，未履行重大事件的披露义务。查实，红光公司仅将41 020万元募集资金中的6 770万元（占募集资金的16.5%）投入招股说明书中所承诺的项目，其余大部分资金改变投向，用于偿还境内外银行贷款和弥补公司的亏损。改变募集资金用途属于重大事件，但红光公司对此未按规定进行披露。1997年6月，红光公司将募集资金中的14 086万元（占募集资金的34.3%）投入股市买卖股票，其中，红光公司通过开立217个个人股票账户自行买卖股票，动用9 086万元；以委托投资的名义，将其余5 000万元交由其财务顾问中兴发企业托管有限公司，利用11个个人股票账户买卖股票。红光公司在上述股票交易中共获利450万元。红光公司在股票发行与上市过程中按协议应支付发行上市费用1 496万元，占募集资金总额的3.53%，比公开披露需支付的发行上市费用1 330万元多166万元，其中，白条入账等非正常开支达13万元，从账外支付100万元，有涉嫌犯罪问题。

主要处理结果是：没收红光公司的非法所得450万元并罚款100万元；认定红光公司的原董事长、总经理、财务部副部长为证券市场禁入者，永久性不得担任任何上市公司和从事证券业务机构的高级管理人员职务；对直接责任人分别处以警告。对红光公司的股票发行主承销商中兴信托投资有限责任公司和红光公司的财务顾问中兴发企业托管有限公司，分别没收非法所得800万元和100万元，并分别罚款200万元和50万元；认定两公司的主要负责人和直接责任人为证券市场禁入者，永久性不得从事任何证券业务；撤销中兴信托投资有限责任公司股票承销和证券自营业务许可。对为红光公司出具有严重虚假内容的财务审计报告和含有严重误导性内容的盈利预测审核意见书的成都蜀都会计师事务所，没收其非法所得30万元并处罚款60万元；暂停该所从事证券业务3年；认定该所在为红光公司出具的审计报告上签字的注册会计师为证券市场禁入者，永久性不得从事任何证券业务。对承担红光公司股票发行相关中介业务的成都资产评估事务所和四川省经济律师事务所，分别没收非法所得10万元和23万元，并分别罚款20万元和46万元；暂停上述机构从事证券业务3年；认定有关直接责任人为证券市场禁入者，3年内不得从事任何证券业务和担任上市公司的高级管理人员。对担任红光公司股票发行主承销商中兴信托投资有限责任公司法律顾问的北京市国方律师事务所，没收非法所得20万元并罚款40万元；暂停该所和有关直接责任人从事证券业务1年。对红光公司的上市推荐人国泰证券有限公司和成都证券公司，分别处以罚款132万元和50万元，建议主管部门对有关责任人给予撤销行政职务的处分。对红光公司、有关单位和个人除给予处罚外，其中涉嫌犯罪的，将移交司法机关依法查处。

25日　中国证监会发布《关于停止发行公司职工股的通知》。为了进一步推进证券市场的规范化建设，维护证券市场公开、公平、公正的原则，经国务院批准，停止发行公司职工股。自本通知下发之日起，股份有限公司公开发行股票一律不再发行公司职工股。目前尚未发行的，一律停止发行。定向募集公司原已发行的内部职工股以及股份有限公司经批准已经发行的公司职工股，仍然按现行政策执行。

28日　中国人民银行印发《政策性银行金融债券市场发行管理暂行规定》。该暂行规定共有7章40条，其中规定：中国人民银行是金融债券市场发行的管理机关；金融债券发行人是国家政策性银行；金融债券的发行对象是经中国人民银行批准的金融机构和其他认购人；中央国债登记结算有限责任公司是金融债券的托管人，负责金融债券发行的登记、托管和结算。金融债券的交易必须通过全国银行间拆借市场进行；金融债券市场发行的利率或收益率由供求双方自行确定；发行人应在每年的首期发行前公布发行债券说明书，发行债券说明书应载明发行人的基本情况、发行人最近3年的主要财务状况，其中应包含债券信用情况及偿债记录等与偿还本息有关的情况、金融债券市场发行的年度计划等内容；金融债券到期后，发行人必须按时、足额向持有人兑付金融债券本金，不得单方面提前或推迟兑付。

30日　中国人民银行下发《关于中国人民银行省级分行机构改革中外汇分支机构设置有关问题的通知》。

该通知规定：1. 外汇管理系统在人民银行机构改革中只能加强，不能削弱。2. 在中国人民银行跨省（自治区、直辖市）设立的分行所在城市设国家外汇管理局分局，名称为国家外汇管理局××（所在城市名）分局。分局直接管理所在省、市外汇管理工作（含分行营业管理部的外汇业务），同时负责对辖区内外汇管理工作的协调和督办。3. 在中国人民银行省会城市中心支行所在城市设国家外汇管理局分局，名称为国家外汇管理局××（所在城市名）分局。分局直接管理所在省（区）、市的外汇管理工作（含省会城市中心支行营业管理部的外汇业务）。4. 在中国人民银行非省会的副省级城市中心支行、外汇业务量比较大的地（市）中心支行和县（市）支行所在地设国家外汇管理局支局，名称分别为国家外汇管理局××（所在地城市名）支局、国家外汇管理局××（所在地名）地（市）支局和国家外汇管理局××（所在地名）县（市）支局，未设立支局的地方，不再新设支局。5. 撤销国家外汇管理局北京、重庆分局，在北京、重庆分别设立国家外汇管理局北京外汇管理部、重庆外汇管理部。国家外汇管理局北京外汇管理部、重庆外汇管理部的外汇业务由国家外汇管理局直接领导并授权办理。6. 国家外汇管理局地（市）、县（市）支局的设立，须事先征求国家外汇管理局的意见，国家外汇管理局根据其业务量的大小，商中国人民银行审批。7. 中国人民银行跨省（直辖市、自治区）设立的分行行长兼任国家外汇管理局分局局长，一名副行长兼任副局长；中国人民银行省会城市中心支行行长兼任国家外汇管理局分局局长，一名副行长（不占职数）任专职副局长；中国人民银行中心支行行长兼任国家外汇管理局支局局长，由一名副行长兼任副局长；中国人民银行营业管理部、重庆营业管理部主任分别兼任国家外汇管理局北京外汇管理部、重庆外汇管理部主任，中国人民银行营业管理部、重庆营业管理部的一名副主任分别兼任国家外汇管理局北京外汇管理部、重庆外汇管理部的专职副主任。中国人民银行省会城市中心支行专管外汇工作的专职副局长和中国人民银行营业管理部、重庆营业管理部专管外汇工作的专职副主任的任免，事先商国家外汇管理局。

12 月

1 日　国家外汇管理局在全国范围内取消外汇调剂业务，外商投资企业的外汇买卖全部纳入银行结售汇体系。这是 1994 年以来外汇体制改革的延续。1994 年以前，外商投资企业的外汇买卖在外汇调剂中心办理；1996 年将外商投资企业的外汇买卖纳入银行结售汇体系时，外商投资企业的外汇买卖既可以选择在银行办理，也可以选择在外汇调剂中心办理；从 1998 年 12 月 1 日起，外汇调剂中心全部关闭后，外商投资企业的外汇买卖统一进入了银行结售汇体系，进一步统一和规范了我国外汇市场，同时也便于外商投资企业进行外汇买卖，加快其资金周转速度。

4 日　中国人民银行印发《银行卡异地跨行业务资金清算规则》。该规则共有 5 章 26 条，其中规定：银行卡异地跨行业务资金清算要有利于控制资金清算风险，保证银行间资金清算的顺利完成；要符合现行联行清算制度的规定，有利于加速资金周转；既要适应银行卡信息交换中心的特定做法，又要充分考虑与现代化支付系统的衔接。

5 日　中国人民银行降低金融机构存贷款利率，并同时降低中央银行准备金存款利率和再贷款利率。存贷款利率的平均下调幅度均为 0.5 个百分点。其中，金融机构存款中，活期存款利率、3 个月定期存款利率不变，1 年期定期存款利率由 4.77% 降为 3.78%，其他各档次存款利率作了相应调整；金融机构贷款中，1 年期贷款利率由 6.93% 降为 6.39%，其他各档次贷款利率作相应调整。人民银行对金融机构的准备金存款利率，由现行的 3.51% 下调为 3.24%；再贷款平均利率由现行的 5.61% 下调到 5.06%；再贴现利率由现行的 4.32% 下调为 3.96%。这是人民银行 1998 年继 3 月 25 日和 6 月 30 日之后的第三次降息。

7～9 日　中央经济工作会议在北京召开。中共中央总书记江泽民在会上发表重要讲话，讲话回顾了 1998 年的经济工作，分析了当前经济形势，提出了 1999 年经济工作的总体要求、重点工作和需要把握的重大问题。中共中央政治局常委、国务院总理朱镕基就 1999 年经济工作部署做了重要讲话。会议确定 1999 年经济工作的总体要求是：高举邓小平理论伟大旗帜，深入贯彻落实党的十五大和十五届三中全会精神，继续推进改革开放，把扩大国内需求作为促进经济增长的主要措施，稳定和加强农业，深化国有企业改革，调整经济结构，努力开拓城乡市场，千方百计扩大出口，防范和化解金融风险，整顿经济秩序，保持国民经济持续、快速、健康发展和社会全面进步，迎接新中国成立 50 周年。关于 1999 年的金融工作，会议提出：保持币值稳定，支持经济发展，防范和化解金融风险，是金融工作的主要任务。1999 年要继续贯彻落实中央关于金融工作的各项决定和部署，实行适当的货币政策，保持对经济增长必要的支持力度。稳步推进金融改革，特别是国有商业银行改革，加快建立与社会主义市场经济相适应的金融体制。大力整顿金融秩序，加强金融监管。保持人民币汇率稳定。加快制定金融管理的法律法规，建立和完善防范、化解金融风险的有效机制。依法严肃查处各种违规、违纪行为和金融犯罪活动，坚决打击骗汇、逃汇和套汇。

8 日　国务院办公厅发布《关于严禁违反规定强令企事业单位在指定金融机构存款的通知》。该通知指出，一段时间以来，一些地方人民政府和企业主管部门强行要求所属企事业单位将存款存入指定银行，这种做法严重违反了《中华人民共和国商业银行法》和中国人民银行《银行账户管理办法》等有关规定，极易引发金融机构支付风险，危及社会安定，必须立即纠正并严肃查处，防止此类问题再次发生。该通知要求：各级人民政府和企业主管部门要积极支持金融机构依法经营，维护金融机构的经营自主权，不得以行政手段干预金融机构的经营活动。各金融机构要切实加强对企事业单位存款账户的管理，严格执行《银行账户管理办法》的有关规定。各金融机构要进一步加强内部管理，努力改善金融服务，严禁以不正当方式搞恶性竞争，破坏正常的金融秩序。对违规高息揽存的金融机构，一经发现，必须立即制止和严厉惩处，对到期存款应按法定利率支付利息。人民银行要认真做好对金融机构的监管工作，确保金融体系的稳定。

财政部颁布《保险公司会计制度》。为了适应我国社会主义市场经济的发展，规范和加强保险公司的会计核算工作，满足保险监管的需要，根据《中华人民共和国会计法》《中华人民共和国保险法》《企业会计准则》以及国家其他有关法律、法规，财政部对1993年制定的《保险企业会计制度》（〔93〕财会字第07号）进行了系统的修订。新的《保险公司会计制度》自1999年1月1日起执行。保险公司原执行的会计制度同时废止。

9日　中国政府在纽约成功发行10亿美元全球债券。本次发行由美国瑞士信贷第一波士顿银行和高盛集团担任联合主干行，债券期限为10年，票面利率为7.3%，与美国同期国债的利差为280个基点，即2.8%。总成本为7.046%，低于1996年中国政府10年期美元全球债券总成本的0.5%。这是1997年亚洲金融危机发生以来，中国主权发行体首次在国际资本市场上发行主权债券。

11日　经中国人民银行批准，中国投资银行并入国家开发银行。这是中国首例银行界的机构重组。中国投资银行并入国家开发银行后，一切业务照常进行。

经中国人民银行批准，深圳、杭州、无锡和青岛4家城市商业银行成为第二批人民银行公开市场业务一级交易商。至此，一级交易商成员已增至29家。

中国证监会发布《证券经营机构高级管理人员任职资格管理暂行办法》。该暂行办法明确，证券经营机构的高级管理人员专指证券经营机构的董事长、副董事长、总经理和副总经理。证券经营机构的高级管理人员任职须具备以下条件：1. 取得两种"证券业从业人员资格证书"，并从事证券工作3年以上。2. 未取得"证券业从业人员资格证书"的，应具有硕士研究生以上学历，从事证券工作5年或金融工作8年以上；或具有大学本科学历，从事证券工作6年或金融工作10年以上；其他学历人员，须从事证券工作10年以上，或从事金融工作15年以上，或从事经济工作20年以上。

14日　国务院发布《关于建立城镇职工基本医疗保险制度的决定》，开始在全国范围内进行城镇职工医疗保险制度改革。该决定指出，基本医疗保险的水平要与社会主义初级阶段的生产力发展水平相适应；城镇所有用人单位及其职工都要参加基本医疗保险，实行属地管理；基本医疗保险费由用人单位和职工双方共同负担；基本医疗保险基金实行社会统筹和个人账户相结合。城镇所有用人单位，包括企业（国有企业、集体企业、外商投资企业、私营企业等）、机关、事业单位、社会团体、民办非企业单位及其职工，都要参加基本医疗保险。乡镇企业及其职工、城镇个体经济组织业主及其从业人员是否参加基本医疗保险，由各省、自治区、直辖市人民政府决定。基本医疗保险费由用人单位和职工共同缴纳。用人单位缴费率应控制在职工工资总额的6%左右，职工缴费率一般为本人工资收入的2%。随着经济的发展，用人单位和职工的缴费率可作相应调整。基本医疗保险基金由统筹基金和个人账户构成。职工个人缴纳的基本医疗保险费，全部计入个人账户。用人单位缴纳的基本医疗保险费分为两部分：一部分用于建立统筹基金，另一部分划入个人账户。划入个人账户的比例一般为用人单位缴费的30%左右，具体比例由统筹地区根据个人账户的支付范围和职工年龄等因素确定。建立城镇职工基本医疗保险制度工作从1999年年初开始启动，在1999年年底基本完成。

16日 国务院批准监察部、人事部、中国人民银行、海关总署、国家外汇管理局《关于骗购外汇、非法套汇、逃汇、非法买卖外汇等违反外汇管理规定行为的行政处分或者纪律处分暂行规定》，对国家公务员以及经批准经营外汇业务的金融机构、国有外经贸企业的工作人员违反外汇管理规定的行为和处罚办法作出详细规定。

18日 国家开发银行2亿美元国内银团贷款签字仪式在北京举行。此次外汇贷款银团由中国银行为牵头行，中国工商银行、中国农业银行为副牵头行，中国建设银行、交通银行、招商银行、上海浦东发展银行参加，中国银行为财务代理行。筹集的资金主要用于秦山核电站、黄河小浪底水电站等国家重点项目建设。这是国内银行首次组成银团为国家重点项目筹集外汇资金。

中国保监会发布成立后第一号公告，公布自1999年1月1日起，全国航空意外险销售点将统一销售由中国保监会制定的1999年版航空意外险保单，其他版本的旧航空意外险保单同时作废。航空意外险继续采用原人民银行统一颁发的条款。

21日 国家外汇管理局发布《关于欧元启动后外汇管理有关问题的通知》。为了适应欧元启动后可能带来的变化，保证境内机构顺利使用欧元开展业务，方便企业经营，该通知对欧元启动后涉及的有关外汇管理问题做了详细规定。该通知明确：经国家有关部门批准的借用外债项目，无论批准币别为何种可自由兑换货币，外汇局允许项目单位在批文有效期内筹措欧元。欧元启动后，外汇指定银行可自行决定增加欧元对人民币的挂牌汇价，取消原欧洲货币单位对人民币的挂牌汇价。在欧元过渡期内，为了方便境内机构使用牌价，外汇指定银行在增加欧元对人民币挂牌汇价的同时，建议加挂欧元区内各成员国货币对人民币的挂牌汇价。外汇指定银行在制定人民币对欧元的挂牌汇价时，其现汇买卖价的价差不得超过0.5%。欧元启动后，国家外汇管理局提供的国际外汇市场行情表中欧洲货币单位对美元的比价将被欧元对美元的比价取代；取消国际金融市场行情表中德国马克和欧洲货币单位的银行同业拆放利率，同时公布欧元同业拆放利率。该通知还对经常项目外汇账户管理、资本项目外汇账户管理 、统计报表等方面的内容作出了详细规定。上述规定自1999年1月1日起实行。

23日 上海轮胎橡胶（集团）股份有限公司与渣打银行、广东发展银行、华夏银行等6家中外金融机构在上海签订8 000万元人民币1年期银团贷款。该笔贷款由渣打银行上海分行担任安排行，上海轮胎橡胶（集团）股份有限公司的母公司上海华谊（集团）公司提供不可撤销的信用担保。这是国内第一笔由中外银行共同参与的人民币银团贷款。

鹏华基金管理有限公司成立。公司注册资本为8 000万元人民币，注册地在深圳市。发起人为国信证券有限公司、浙江证券有限责任公司、鞍山市信托投资股份有限公司、安徽省国际信托投资公司，四家发起人的出资比例分别为50%、16.66%、16.68%、16.66%。

25日 财政部、监察部、中国人民银行联合发布《关于开展中央单位预算外资金管理专项检查的通知》。该通知规定：此次专项检查，由财政部、监察部、审计署、中国人民银行组成检查组，对有预算外资金收支活动的中央部门和单位，包括国家行政机关、审判机关、检察机关、事业单位、社会团体、企业主管部门（集团）等，重点是对中央各部委及其在京所属行政事业单位进行专项检查。时间范围为1997年、1998年两个年度，重大问题可追溯到以前年度。检查的重点是中央单位预算外资金管理情况，包括行政事业性收费（基金）收支情况，有关账户的开设及使用情况，以及票据使用情况。检查工作从1999年1月11日开始，截至当年3月底结束。

29 日 九届全国人大常委会第六次会议通过《中华人民共和国证券法》，江泽民签署第 12 号中华人民共和国主席令予以公布，自 1999 年 7 月 1 日起施行。

《中华人民共和国证券法》（以下简称《证券法》）于 1992 年 8 月开始起草，其间历经第七届、第八届、第九届三届人大常委会，经过五次全国人大常委会审议，到第九届全国人民代表大会常务委员会第六次会议审议通过，并于 1999 年 7 月 1 日实施，历时 6 年。这部法律共有 12 章 214 条，分别是总则、证券发行、证券交易、上市公司收购、证券交易所、证券公司、证券登记结算机构、证券交易服务机构、证券业协会、证券监督管理机构、法律责任、附则。其中规定：证券的发行、交易活动，必须实行公开、公平、公正的原则；证券发行、交易活动的当事人具有平等的法律地位，应当遵守自愿、有偿、诚实信用的原则；证券发行、交易活动，必须遵守法律、行政法规；禁止欺诈、内幕交易和操纵证券交易市场的行为；证券业和银行业、信托业、保险业分业经营、分业管理；证券公司与银行、信托、保险业务机构分别设立；国务院证券监督管理机构依法对全国证券市场实行集中、统一监督管理；国务院证券监督管理机构根据需要可以设立派出机构，按照授权履行监督管理职责；在国家对证券发行、交易活动实行集中统一监督管理的前提下，依法设立证券业协会，实行自律性管理；国家审计机关对证券交易所、证券公司、证券登记结算机构、证券监督管理机构，依法进行审计监督。《证券法》确定了中国证券市场活动的基本规则，明确了发行证券实行核准或审批的制度，界定了证券交易的禁止行为，对于规范证券发行和交易行为，保护投资者的合法权益，维护社会经济秩序和社会公共利益，促进社会主义市场经济的发展，发挥着重大作用。在中国境内，股票、公司债券和国务院依法认定的其他证券的发行和交易，适用该法。该法未规定的，适用《公司法》和其他法律、行政法规的规定。政府债券的发行和交易，由法律、行政法规另行规定。

中华人民共和国第九届全国人民代表大会常务委员会第六次会议通过《关于惩治骗购外汇、逃汇和非法买卖外汇犯罪的决定》（以下简称《决定》），江泽民主席签署 1998 年第 14 号主席令予以公布。自公布之日起施行。

《决定》对《中华人民共和国刑法》（以下简称《刑法》）作出补充修改，增加了骗购外汇罪，扩大了逃汇罪主体，明确了超过一定数量的骗逃汇行为应受《刑法》处罚。主要内容有：1. 有下列情形之一，骗购外汇，数额较大的，处 5 年以下有期徒刑或者拘役，并处骗购外汇数额 5% 以上、30% 以下的罚金；数额巨大或者有其他严重情节的，处 5 年以上 10 年以下有期徒刑，并处骗购外汇数额 5% 以上 30% 以下的罚金；数额特别巨大或者有其他特别严重情节的，处 10 年以上有期徒刑或者无期徒刑，并处骗购外汇数额 5% 以上 30% 以下的罚金或者没收财产：（1）使用伪造、变造的海关签发的报关单、进口证明、外汇管理部门的核准件等凭证和单据的；（2）重复使用海关签发的报关单、进口证明、外汇管理部门的核准件等凭证和单据的；（3）以其他方式骗购外汇的。伪造、变造海关签发的报关单、进口证明、外汇管理部门的核准件等凭证和单据，并用于骗购外汇的，依照前款的规定从重处罚。明知用于骗购外汇而提供人民币资金的，以共犯论处。单位犯前三款罪的，对单位依照第一款的规定判处罚金，并对其直接负责的主管人员和其他直接责任人员，处 5 年以下有期徒刑或者拘役；数额巨大或者有其他严重情节的，处 5 年以上 10 年以下有期徒刑；数额特别巨大或者有其他特别严重情节的，处 10 年以上有期徒刑或者无期徒刑。2. 买卖伪造、变造的海关签发的报关单、进口证明、外汇管理部门的核准件等凭证和单据或者国家机关的其他公文、证件、印章的，依照《刑法》第二百八十条的规定定罪处罚。3. 将《刑法》第一百九十条修改为：公司、企业或者其他单位，违反国家规定，擅自将外汇存放境外，或者将境内的外汇非法转移到境外，数额较大的，对单位判处逃汇数额 5% 以上 30% 以下的罚金，并对其直接负责的主管人员和其他直接责任人员处5年以下有期徒刑或者拘役；数额巨大或者有其他严重情节的，对单位判处逃汇数额5%以上、30%以下的罚金，并对其直接负责的主管人员和其他直接责任人员处5年以上有期徒刑。4. 在国家规定的交易场所以外非法买卖外汇，扰乱市场秩序，情节严重的，依照《刑法》第二百二十五条的规定定罪处罚。单位犯前款罪的，依照《刑法》第二百三十一条的规定处罚。5. 海关、外汇管理部门以及金融机构、从事对外贸易经营活动的公司、企业或者其他单位的工作人员与骗购外汇或者逃汇的行为人通谋，为其提供购买外汇的有关凭证或者其他便利的，或者明知是伪造、变造的凭证和单据而售汇、付汇的，以共犯论，依照本决定从重处罚。6. 海关、外汇管理部门的工作人员严重不负责任，造成大量外汇被骗购或者逃汇，致使国家利益遭受重大损失的，依照《刑法》第三百九十七条的规定定罪处罚。7. 金融机构、从事对外贸易经营活动的公司、企业的工作人员严重不负责任，造成大量外汇被骗购或者逃汇，致使国家利益遭受重大损失的，依照《刑法》第一百六十七条的规定定罪处罚。8. 犯《决定》规定之罪，依法被追缴、没收的财物和罚金，一律上缴国库。

1999 年

1 月

1 日 欧洲 11 国统一货币——欧元(EURO)于零点启动。1 日零时，中国银行公布欧元兑人民币挂牌汇率和欧元存贷款利率，成为中国第一家欧元报价银行和中国第一家在国际市场中成交欧元外汇交易的银行；同时，中国建设银行成都市分行为四川四威电子进出口公司进口一批光学仪器向香港受益人开出一笔欧元即期付款信用证，这是中国开出的第一笔欧元信用证。

"全国进出口报关单联网核查系统" 正式启用。全国进出口报关单联网核查系统包括海关数据汇总和外汇指定银行、外汇管理局联网查询两部分。从即日起，全国的银行和外汇管理局在办理售付汇和进出口核销时全部实行电子底账方式核查进出口报关单，海关负责在签发进出口报关单证明联的次日，将相关电子数据提供上网核查。外汇管理局、银行须先将企业提交的进出口报关单证明联通过联网核查系统复核无误后，方可为企业办理进出口收付外汇业务，进出口企业须同时交验海关签发的进出口报关单证明联和本企业外汇核销 IC 卡。

2 日 中共中央办公厅、国务院办公厅印发《中央党政机关金融类企业脱钩的总体处理意见和具体实施方案》和《中央党政机关非金融类企业脱钩的总体处理意见和具体实施方案》。

据统计，应与金融类企业脱钩的中央党政机关和有关单位共 27 个，所办金融类企业 36 家，其中银行有 2 家，信托投资公司有 18 家，证券类机构有 6 家，保险公司有 5 家，其他类金融机构有 5 家。上述 36 家脱钩金融类企业资产总额为 4 723 亿元，负债总额为 4 342 亿元，实收资本为 278 亿元。账面亏损的有 5 家。另外，不在脱钩范围，但需要明确管理关系的金融机构 5 家。对 41 家金融类企业（名单参见下表）分别采取移交、改组、撤销、关闭和其他方式进行处理。《中央党政机关金融类企业脱钩的总体处理意见和具体实施方案》对金融类企业脱钩工作中关于管理关系的交接工作，关于投资股份的处理，关于金融类企业改组、撤销和关闭涉及的变更事项、时间安排做了具体部署。

采取移交、改组、撤销、关闭和其他方式处理的 41 家金融类企业名单

中国民生银行	招商银行	中国华融信托投资公司
中国长城信托投资公司	中国东方信托投资公司	中国信达信托投资公司
中保信托投资公司	中国电力信托投资有限公司	航空信托投资有限责任公司
航天信托投资有限责任公司	中国对外经济贸易信托投资公司	中工信托投资公司
中国信息信托投资公司	中国民族国际信托投资公司	中国经济开发信托投资公司
中煤信托投资有限责任公司	中国金谷国际信托投资有限责任公司	中国旅游国际信托投资有限公司
中国教育科技信托投资有限公司	中国科技国际信托投资有限责任公司	华夏证券公司
国泰证券公司	南方证券公司	海通证券公司
申银万国证券公司	全国证券交易自动报价系统	华泰财产保险公司

续表

泰康人寿保险公司	中国太平洋保险公司	中国平安保险公司
华泰保险咨询公司	中国经济技术投资担保公司	中央国债登记公司
中国租赁有限公司	华阳联合租赁公司	中国国际有色金属租赁公司
华夏银行	新华人寿保险公司	邮政储汇局
中国光大（集团）公司	中国国际信托投资公司	

非金融类企业属于脱钩范围的部门80个，其中，有脱钩企业的52个部门共上报脱钩的直属企业和企业集团公司530个，其直属的子公司为3 151个。530个脱钩企业资产总额为11 198.5亿元，负债总额为7 073.9亿元，所有者权益为4 124.6亿元，营业（销售）收入为6 328亿元，利税总额为27.5亿元，盈亏相抵后利润总额为105.2亿元，职工人数为285万人，离退休职工为106万人。上述企业进行了分类处理，包括合并重组、移交、调整或停产整顿、撤销、兼并、破产。《中央党政机关非金融类企业脱钩的总体处理意见和具体实施方案》对非金融类企业脱钩的审查原则和分类标准、总体处理意见、具体实施方案等做了具体部署。

3日 中国人民银行发布《通知存款管理办法》。该办法共有15条，内容主要有：存款无须在存入款项时约定期限，支取时需提前约定支取日期和金额。通知存款分为1天和7天两个品种，个人起存、支取最低金额均为5万元，单位起存、支取最低金额分别为50万元、10万元。

5日 中国人民银行发布《银行卡业务管理办法》（以下简称《管理办法》）。《管理办法》规定，银行卡分为信用卡（贷记卡）和借记卡。借记卡按功能分为转账卡（含储蓄卡）、专用卡和储值卡。借记卡不具有透支功能。《管理办法》共分9章67条，包括总则、分类和定义、银行卡业务审批、计息和收费标准、账户及交易管理、银行卡风险管理、银行卡当事人之间的职责、罚则和附则，自1999年3月1日起施行，1996年颁布的《信用卡业务管理办法》同时废止。

中国证监会、国家工商行政管理总局联合发布《关于期货经纪公司变更登记等有关问题的通知》。该通知规定：1. 期货经纪公司变更股东、住所、法定代表人及注册资本金，须先向中国证监会地方派出机构提出申请，经初审同意后报中国证监会，中国证监会对审核合格的期货经纪公司换发“期货经纪业务许可证”，企业持证和有关文件向国家工商行政管理局申请变更登记；期货经纪公司变更名称，须先向国家工商行政管理局申请核准，再向证监会申请换发“期货经纪业务许可证”。2. 期货经纪公司注册资本金的最低限额由1 000万元提高到3 000万元，其中货币资金应占一定比例；期货经纪公司股东投资比例原则上不受限制，但不得规避法律变相成为独资公司。

6日 《中国人民银行分行短期再贷款管理暂行办法》公布。该暂行办法共分7章25条，分别为总则，贷款限额管理和审批权限，贷款对象、条件和用途，贷款的操作程序和内控制度，罚则和附则。主要规定有：1. 中国人民银行分行短期再贷款指中国人民银行分行为解决辖区内商业银行的资金头寸不足而对其发放的期限不超过3个月的贷款，实行“限额控制、授权操作”的管理原则。2. 贷款限额由总行下达，分行（含营业管理部）可审批期限不超过20天的短期再贷款，超过20天的须逐笔报经总行批准；经分行授权，省会城市和副省级城市中心支行，可审批期限不超过20天的短期再贷款；其他中心支行，可审批期限不超过7天的短期再贷款；县（市）支行，不得审批短期再贷款。3. 短期再贷款划分为信用贷款和质押贷款，可作为质押贷款权利凭证的有价证券为：国库券、中国人民银行融资券、中国人民银行特种存款凭证、金融债券和银行承兑汇票。4. 短期再贷款执行总行发布的中国人民银行对金融机构贷款利率。5. 分行短期再贷款的对象仅限于辖区内商业银行和全国性或区域性商业银行设在辖区内的分支机构。

中国人民银行发布《关于采取有效措施防范金融计算机犯罪的通知》，以加强金融计算机安全，防范、遏制金融计算机犯罪。

7日 中国人民银行发布《关于加强金融债权管理，建立防范和制裁逃废金融债务行为制度的通知》。该通知要求各金融机构：建立健全各级金融债权管理行长联席会议（以下简称联席会议）制度，联席会议认定为有逃废债行为的企业及列入“逃废债企业名单”的企业，在债权金融机构限定的期限内不予纠正的，由联席会议组织辖区内金融机构以及政策性银行总行联合采取不开新户、不发放新贷款、不办理对外支付的制裁措施；对逃废金融债务现象严重的并拒不改正的地区、行业，各金融机构应宣布其为不守信用区、不守信用行业或无信用区、无信用行业，降低对该地区分支机构的授信等级，并可视情节对该地区、行业的企业（除特优企业外），在一定时期内暂缓或暂停贷款项目评审，停止发放新贷款；对上述企业的法定代表人重新担任主要负责人的新企业，各金融机构均不得对该企业发放贷款。清理企业多头开户，完善对客户开户和贷款等服务的信用审查制度；建立金融债权管理责任制，各银行和其他非银行金融机构要实行各级主管行长负责制下的金融债权管理部门、岗位责任制。

国家外汇管理局发布《关于完善资本项目外汇管理有关问题的通知》。该通知规定：1. 债务人偿还境内中资金融机构自营外汇贷款本金，由债务人向国家外汇管理局或其分支局申请，凭外汇局的核准件购汇支付或从其外汇账户中支付；债务人偿还贷款利息和费用，由债务人直接到外汇指定银行购汇支付或从其外汇账户中支付；债务人偿还逾期的贷款本金，下列资金可以购汇：债务人经法院判决或仲裁机构裁决获得或通过变卖各种资产、财产等形式获得的人民币收入，债务人通过改善经营和财务状况获得的除人民币贷款以外的人民币收入，债务人获得的其主办银行在总行批准的统一授信额度内发放的人民币贷款收入。2. 境内机构偿还境内中资外汇指定银行信用证项下垫款，向外汇局申请，凭外汇局的核准件办理偿还手续；对于具有国际结算资格的境内中资非银行金融机构1998年8月31日以前已经开立或者已经承兑的信用证，可按照规定办理对外支付或兑付，境内机构应当按照规定办理核销手续，1998年9月1日后境内任何中资非银行金融机构不得对外开立或承兑信用证。境内机构资本项目外汇一次结汇或累计结汇在等值1 000万美元以上（含1 000万美元）的，须经分局审核后报国家外汇管理局批准。3. 贷款专户、还贷专户、资本金专户、外币股票专户等资本项下外汇专用账户内的外汇资金，可以在同一外汇账户内转存为定期存款，但不得跨户或跨行转存；外商投资企业的外汇结算账户中的外汇资金，不得转存为定期存款。允许境内中资外汇指定银行总行用自有外汇资金购买境外金融债权并到外汇局备案，其分行不得办理此项业务。4. 以外汇租赁、使用出口信贷等形式形成的非现金流入的外债，其购付汇按偿还外债本息办理，不得按照一般进口购付汇办理；未经外汇局批准，境内机构不得进行资本项下提前购汇和提前购汇还贷。

8月23日，国家外汇管理局发布《关于调整外商投资企业结算账户管理有关规定的通知》，对本通知做了部分修改，外商投资企业外汇结算账户内的资金可以转为定期存款；定期存款纳入结算账户最高金额管理；如需将结算账户资金划转至结算账户开户行以外的银行作外汇质押人民币贷款，结算账户开户行应按质押外汇金额相应扣减结算账户最高限额，质押外汇到期并划回结算账户后，再恢复原结算账户最高限额。

11日 中国保监会发布《保险机构高级管理人员任职资格管理暂行规定》。其中规定：担任中资保险机构高级管理人员须符合以下条件：经济、金融或其他相关专业大学本科以上学历；具备高级专业技术职务任职资格；从事保险工作5年以上，或从事金融工作10年以上，或经济工作15年以上，其中从事保险工作3年以上，须具有在同等规模（或以上）保险机构或其他金融机构担任部门经理或分公司副经理以上领导职务2年以上任职经历；该暂行规定对担任分公司的高级管理人员任职条件、任职资格的审查与管理和任职资格的取消也做了具体规定。《保险机构高级管理人员任职资格管理暂行规定》共有5章32条。

13日 财政部发布《保险公司财务制度》。该制度明确：保险公司可以采取国家投资、各方集资或者发行股票等方式筹集资本；在公司成立后，应将其注册资本总额的20%作为法定保证金存入指定银行，除公司清算时用于清偿债务外，不得动用；公司的固定资产净值和在建工程余额之和占净资产的比重最高不得超过50%。公司的资金运用限于在银行存款、买卖政府债券、金融债券和国家法律、法规规定的其他资金运用形式。《保险公司财务制度》共分12章82条，自1999年1月1日起施行。

18日 中国人民银行发布《关于严禁扣划金融机构备付金存款用于其他金融机构存款支付的通知》。针对在地方政府的要求下，少数人民银行分支行从商业银行备付金账户中强行扣款，划拨、“拆借”给地方性金融机构用于应付存款支付的问题，该通知规定：1. 人民银行分支行要坚决执行有关金融法规，不得把地方性金融机构的支付风险转移给国家银行，更不得把非法金融机构的支付风险转嫁给合法设立的金融机构。2. 对辖区内发生的重大和突发性金融问题，在按职责和权限进行妥善处理的同时，应及时向上级行直至总行请示、汇报；对于有关个人或单位违法干预金融工作和金融业务的行为，必须予以坚决抵制，并立即上报。3. 对于以后擅自扣划金融机构备付金存款用于其他金融机构存款支付，或有其他类似行为的，一经发现，对有关分支行主要领导及有关责任人员，将按有关规定予以严肃处理。

财政部与香港联交所在香港就国债在香港上市签署协议。1998年，中国政府成功发行了10亿美元全球债券，这是亚洲金融危机爆发后，中国作为主权发行体，首次进入国际资本市场，依靠自身的资信发行外币债券。

19～22日 中国人民银行工作会议在北京召开。会议提出：中国人民银行1999年将突出加强金融监管，维护国际收支平衡，防范和化解金融风险，促进国民经济持续、快速、健康发展和社会政治稳定，到2000年年底，全面建立金融风险管理预警系统和金融监管责任制，促使国有商业银行不良贷款明显下降，基本化解中小金融机构的支付风险，实现金融秩序明显好转，维护我国金融安全。1999年监管工作主要内容归结为“抓降”“整顿”“取缔”和“严处”几个方面：“抓降”就是要进一步加强对国有独资商业银行的监管，降低不良贷款比例，根据有关法规，分别成立四家国有独资商业银行监事会，完成四家银行贷款质量五级分类工作，分别成立金融资产管理公司，收购和处理一部分不良资产；“整顿”就是清理整顿地方性金融机构，化解支付风险；“取缔”就是取缔非法金融机构和非法金融业务活动；“严处”就是严厉查处违法、违规案件，重点查处账外经营、高息揽储、违规开具无贸易背景的承兑汇票和信用证案件。

19日 全国证券期货监管工作会议在北京召开。会议指出，1998年证券市场稳步发展、平衡运行。共有120家企业在境内外发行股票，157家企业完成A股配股，2只可转换公司债券成功发行，市场筹资总额达到840.14亿元；6只证券投资基金发行上市。到1998年年底，我国境内上市公司已达851个，市价总值19 505亿元；投资者开户数已达3 900万户。会议要求，下一步将优先推荐高新技术企业上市；在解决证券机构违规挪用客户保证金的同时，为其提供规范的融资渠道；从制度上保证上市公司质量。

20日 中国人民银行发布《商业银行实施统一授信制度指引（试行）》。该指引规定：统一授信是指商业银行对单一法人客户或地区统一确定最高综合授信额度，并加以集中统一控制的信用风险管理制度，包括贷款、贸易融资（如打包放款、进出口押汇等)、贴现、承兑、信用证、保函、担保等表内外信用发放形式的本外币统一综合授信;最高综合授信额度指商业银行在对单一法人客户的风险和财务状况进行综合评估的基础上,确定的能够和愿意承担的风险总量,银行对该客户提供的各类信用余额之和不得超过该客户的最高综合授信额度。商业银行对每一个法人客户都应确定一个最高授信额度,并应根据风险程度获得相应的担保;对由多个法人组成的集团公司客户尤其是跨国集团公司客户,商业银行应确定一个对该集团客户的总体最高授信额度,银行全系统对该集团各个法人设定的最高授信额度之和不得超过总体最高授信额度。对没有实行统一授信管理方式的商业银行,人民银行将根据情况采取以下处理措施:停办部分现有业务、不予批准新的授信业务、根据风险状况对资本充足率相应调整。

中国证监会颁布《证券经营机构高级管理人员任职资格管理暂行办法》。该暂行办法共分3章18条,对境内依法设立的证券经营机构的高级管理人员任职资格的资格审查与确认、任职期间的考核、资格的暂停与撤销以及其他相关事宜等作出了明确规定。证券经营机构高级管理人员任职须具备:取得两种"证券业从业人员资格证书",并从事证券工作3年以上;未取得证券业从业人员资格证书的,应具有硕士研究生以上学历,从事证券工作5年或金融工作8年以上;或具有大学本科学历,从事证券工作6年或金融工作10年以上;其他学历人员,须从事证券工作10年,或金融工作15年,或经济工作20年以上。证券经营机构拟聘任高级管理人员须事先报证监会进行任职资格审查,未按规定的程序任免高级管理人员,视情节轻重给予不同处罚。

中国保监会召开首次全国保险工作会议。会议确定了"大力整顿保险市场秩序,防范寿险风险,健全保险法规体系,完善保险监管机构体系,深化保险体制改革,转换企业经营机制,提高保险企业市场竞争能力"的监管工作思路和工作重点。

22日 国务院颁布《社会保险费征缴暂行条例》。该暂行条例包括总则、征缴管理、监督检查、罚则和附则共5章31条,对基本养老保险费、基本医疗保险费、失业保险费的征收、缴纳作出规定。社会保险费的费基、费率依照有关法律、行政法规和国务院的规定执行。征缴的社会保险费纳入社会保险基金,专款专用,任何单位和个人不得挪用。

中国人民银行发布《关于农村信用社资金融通若干问题的通知》。该通知规定:农村信用社的资金融通以联社为单位进行。农村信用社联社拆入资金的最长期限为4个月,对商业银行和农村信用社联社拆出资金的最长期限为4个月,对其他金融机构拆借的最长期限按人民银行有关规定执行;农村信用社联社以联社全辖计算,拆入资金余额不得超过存款余额的4%,拆出资金余额不得超过存款余额的8%。农村信用社联社的同业拆借和债券交易业务可通过全国银行间同业拆借中心联网进行;也可由商业银行、其他农村信用社联社代理进行;或由交易双方直接签订合同进行。有一定规模、资产质量较好、经营管理和内控机制健全的农村信用社联社,可以向人民银行货币政策司申请加入全国同业拆借市场。

中国人民银行发布《关于加强彩票市场管理的通知》。该通知要求,1999年7月1日以后,500元以下的奖级兑奖要全部改为现金兑奖方式;500元以上奖级兑奖由中奖者任选现金兑奖或实物兑奖方式。彩票发行机构应按照"统一软件、统一标准、统一游戏规则、统一组织管理"的要求,在有条件的地区逐步推广电脑彩票,严禁不同种类彩票在发行过程中进行排他性、诋毁性宣传及其他恶性竞争行为。各级彩票发行机构应按要求向当地人民银行分支行报送有关材料,人民银行分支行要依法加强对当地彩票市场的监管和处罚力度。

27日 中国人民银行行长戴相龙对外宣布,1999年,我国取消外资银行在华设立营业性分支机构的地域限制,从上海、北京、天津、深圳等23个城市和海南省扩大到所有中心城市,中国人民银行并将继续完善外资银行试点经营人民币业务的有关规定。

中国人民银行发布《关于取缔非法金融机构和非法金融业务活动中有关问题的通知》。非法集资是指单位或个人未依照法定程序经有关部门批准，以发行股票、债券、彩票、投资基金证券或其他债权凭证的方式向社会公众筹集资金，并承诺在一定期限内以货币、实物及其他方式向出资人还本付息或给予回报的行为。该通知规定：对非法金融机构和非法金融业务活动，由当地人民银行认定和取缔，并及时报告当地政府。非法筹集的资金任何单位和个人都不得动用。因非法金融业务形成的债权债务，由从事非法金融业务活动的机构或批准、主管或组建部门负责清理清退；没有批准部门、主管单位或组建单位的，由所在地的地方人民政府负责组织清理清退债权债务。

2月

3日 中国人民银行公开市场业务一级交易商工作会议在北京举行。会议指出，中国人民银行将进一步扩大公开市场业务，增加交易品种，扩大公开市场业务一级交易商成员，适时增加交易频率，灵活运用各种交易方式，改进结算方式，充分发挥公开市场业务的作用，更好地实施适当的货币政策。1997年4月，中国人民银行批准第一批公开市场一级交易商25家，包括15家商业银行和10家城市合作银行。1998年12月，深圳、杭州、无锡和青岛4家城市商业银行成为第二批中国人民银行公开市场业务一级交易商。截至1999年1月底，一级交易商成员已增至29家。

4日 中国人民银行转发国家税务总局《城市商业银行财务管理实施办法》。主要内容包括：城市商业银行可以采取吸收现金或者发行股票等方式筹集资本，除原城市信用社股东可将其权益折股转入资本外，向新股东募集的资本和原城市信用社股东新增的资本，必须是货币资金（现金），不得以债权、实物资产、有价证券等折股入资，新投资入股的资金必须一次募足到位。城市商业银行发放的抵押、质押贷款，其抵押品、质押品的价值不得低于贷款本金的1.5倍。城市商业银行可以采用购买国债、金融债券等有价证券的形式开展投资业务，不得以国家授予的经营特许权对外投资。该办法自1999年1月1日起施行。

人民银行在转发该实施办法的通知中要求：人民银行各分行、中心支行应尽快地组织人员全面清查和评估城市商业银行的资产状况，对呆账、坏账进行确认。对不良贷款比例超标的城市商业银行，每年税后利润分配比例原则上不得超过人民银行规定的1年期存款利率，对资本充足率不足8%和实际不良贷款比例超过30%的城市商业银行，原则上不得对股东进行现金分红。城市商业银行可以在税后利润中提取呆账准备金，对实际应核销呆账超过呆账准备金余额部分，应在税后利润中提取呆账准备金补足，否则原则上不得对股东分红。

中国证监会发布《关于对拟公开发行股票公司改制运行情况进行调查的通知》。该通知规定：从1999年开始，国有企业和有限责任公司必须改制成规范化的股份有限公司，在运行一年以后方可申请公开发行股票，在报送预选材料前，公司和主承销商需向中国证监会驻当地派出机构报送改制运行情况的报告。

7日 国务院办公厅转发《中国人民银行整顿信托投资公司方案》。该方案规定：根据信托的基本属性以及我国资本市场发展的需要，把信托投资公司规范为真正从事受托理财业务的金融机构，即以受托人的身份接受他人（委托人）的财产委托，为了受益人的利益或者特定目的，对受托财产进行管理和处置，所得收益归属受益人，信托投资公司以手续费或佣金形式收取报酬。今后，信托投资公司不得吸收存款，不得自营期货和股票，不得用负债资金从事实业投资和贷款。经中国人民银行审核批准，信托投资公司可以办理以下业务：受托经营资金信托业务；受托经营动产、不动产及其他财产的信托业务；受托经营投资基金业务，作为基金管理公司发起人从事投资基金业务；受托经营企业资产的重组、购并及项目融资、公司理财等中介业务；受托经营国务院有关部门批准的国债承销业务；用自有资本进行投资，但包括自用固定资产在内的累计投资额不得超过本公司净资产的80%。整顿后的信托投资公司经中国人民银行确认，在核销自身呆账（坏账）和投资损失后，实收资本金不得低于3亿元人民币。整顿工作的主要内容和措施为：1. 分业经营，分业管理。2. 清理资产，核实损失。3. 分类处置，化解风险。在核实资产损失后，原有信托投资公司分别按关闭或破产、撤销与重组、合并、保留四种方式处置。4. 清偿债务，维护稳定。5. 查处案件，严格监管。中国人民银行负责全国信托投资公司整顿工作的组织、协调与监督工作，于1999年年底前完成。

11日 国家经贸委、财政部、中国人民银行联合发布《关于出售国有小型企业中若干问题意见的通知》。该通知要求：要采取多种有效的形式放开搞活国有小型企业。要抵制各种错误言论的误导，坚决制止出售企业之风，特别要制止名卖实送、半卖半送、逃废银行债务、拖欠税款和规避安置职工的错误做法。规范国有小型企业划分标准，严格控制出售企业的范围和数量。出售县、地级企业，由同级政府提出方案，报上一级人民政府审批。该通知对出售企业应遵循的程序、购买者应具备的条件及付款方式、出售企业的资产清查及原法定代表人的离任审计、对出售企业的产权界定和资产评估及出售价格的确认、严格保护债权人利益、确保企业职工合法权益不受侵犯、出售企业的净收入处理、对出售后的企业进行必要的监督和管理、加强对企业出售工作的检查和监督等问题做了具体规定。

12日 中国人民银行发布《关于严格执行支付结算业务收费标准的通知》。该通知要求：1. 各银行（包括已经批准经营人民币业务的外资银行）办理支付结算业务，要严格按照人民银行规定的收费项目和标准收取手续费和邮电费，一律不得自行增加收费项目，不得随意、变相提高或降低收费标准，不得为吸引客户和占领市场免收或少收。2. 通过人民银行电子联行和商业银行行内电子汇兑系统办理的支付结算业务，向客户收取支付结算手续费和邮电费必须执行统一标准，其中，邮电费按照电汇标准收取电报费；客户要求加急的，按照加急电汇标准收取电报费。未经国家发展计划委员会和中国人民银行批准，不得自行制定收费项目和标准。

14日 公安部、中国证监会联合发布《关于在查处证券期货违法犯罪案件中加强协调配合的通知》。该通知明确：1. 各级证券监管部门、公安机关应当按照法律、法规，各司其职，加强配合。2. 建立案件移送制度和信息通报交流制度。证券监管部门在查处证券期货违法违规案件中，发现有犯罪嫌疑的，应当及时向公安机关移送，公安机关在案件侦查中发现的证券期货违法违规案件，应当及时向证券监管部门移送，加强办案协调和配合。3. 要严格区分罪与非罪的界限，凡属于证券期货犯罪的案件，证券监管部门一定要移送公安机关，不得以罚代刑，凡属于证券期货违法违规行为，不涉及犯罪的，只能由证券监管部门进行行政处罚。

21日 财政部发布《关于农村信用社有关营业税问题的通知》。鉴于农村信用社经营中的实际困难，经国务院批准，1999年1月1日至2000年12月31日，对农村信用社继续按照6%的税率征收营业税。其中，5%由地方税务局征收，1%由国家税务局征收。

22日 国务院发布《金融违法行为处罚办法》。该处罚办法规定的纪律处分，包括警告、记过、记大过、降级、撤职、留用察看、开除，由所在金融机构或者上级金融机构决定。金融机构的工作人员受到开除的纪律处分的，终身不得在金融机构工作；金融机构的高级管理人员受到撤职的纪律处分的，由中国人民银行决定在一定期限内直至终身不得在任何金融机构担任高级管理职务或者与原职务相当的职务。未经中国人民银行批准，金融机构擅自设立、合并、撤销分支机构或者代表机构的，给予警告，并处5万元以上 30 万元以下的罚款；对该金融机构直接负责的高级管理人员，给予撤职直至开除的纪律处分。该处罚办法对金融机构擅自变更注册资本金，变更股东，转让股权或者调整股权结构，虚假出资或者抽逃出资，超出中国人民银行批准的业务范围从事金融业务活动，从事账外经营，提供虚假的或者隐瞒重要事实的财务会计报告、统计报告，出具与事实不符的信用证、保函、票据、存单、资信证明等金融票证，办理存、贷款业务和拆借活动中的违规行为等做了具体的处罚规定。《金融违法行为处罚办法》共有 32 条。

23 日 中国人民银行发布《关于开展个人消费信贷指导意见》。该指导意见明确：1. 自 1999 年起，允许所有中资商业银行开办消费信贷业务。2. 商业银行的个人住房贷款由普通住房贷款扩大到借款人自用的各类型住房贷款，同时降低消费贷款的首付比例，对购买住房、汽车的贷款的比例可在严格防范信贷风险的基础上按不高于全部价款的 80% 掌握，具体贷款比例由各商业银行根据情况自行掌握。3. 商业银行可在具备条件的地区试办耐用消费品贷款、教育助学贷款、旅游贷款等。4. 在人民银行有关利率政策规定的范围内，商业银行可按照不同的贷款品种、方式、期限等，为客户提供固定利率和浮动利率等多种选择方式；贷款期限方面，可以适当增加档次；还款方式方面，可以提供分期还款和到期一次还款等多种选择。

3 月

2 日 中国人民银行发布《关于做好当前农村信贷工作的指导意见》。主要内容如下：1. 农业银行和农村信用社对农村信贷服务对象实行基本分工、适当交叉，农村信用社主要对农户从事粮棉生产和多种经营、农业生产服务组织 、农户和乡（镇、村）办企业等提供信贷服务；农业银行主要对国有和集体农业企业、供销合作社、跨县乡的土地开发、农业和农村基础建设等提供信贷服务，办理扶贫专项贷款；农业银行、农村信用社对乡（镇、村）办企业和供销社贷款可适当交叉。2. 根据农户的合理需要扩大贷款范围，安排好农户从事农业生产和多种经营的贷款，积极支持农业生产服务组织，有步骤地提供建房等消费性贷款。3. 优先发放对农户从事种养业和工商业的贷款，支持农业产前产后服务组织做好对农户的服务，支持农业综合开发，继续发展粮棉等商品生产基地。4. 支持农产品加工和农业产业化经营，支持现有国有乡（镇、村）办企业按市场需求搞好农产品加工，选择一批市场开拓能力强、带动能力大的乡（镇、村）办农业产业化“龙头”企业，予以重点支持。5. 扩大农村市场，开办农村消费信贷业务，逐步增加农业贷款，提高农业贷款的比重。6. 努力提高贷款质量，防范和化解金融风险，并做好农村信贷的协调和指导工作。

中国人民银行发布《人民币利率管理规定》。该管理规定明确：1. 中国人民银行是经国务院授权的利率主管机关，代表国家依法行使利率管理权，其他任何单位和个人不得干预；中国人民银行制定的各种利率是法定利率，其他任何单位和个人均无权变动。2. 中国人民银行制定和调整对金融机构存贷款利率和再贴现利率、金融机构存贷款利率、优惠贷款利率、罚息利率、同业存款利率、利率浮动幅度；金融机构确定浮动利率、内部资金往来利率、同业拆借利率、贴现和转贴现利率。该管理规定对中国人民银行总行、分行以及金融机构各自履行的利率管理职责、存款的结息、贷款的结息、罚则等作了具体规定。《人民币利率管理规定》共有 6 章 38 条，自 1999 年 4 月 1 日起正式实施。

5 日 国务院总理朱镕基在第九届全国人民代表大会第二次会议上做《政府工作报告》。该报告指出：1998 年，中国国内生产总值比上年增长了 7.8%，虽然略低于 8% 的预定目标，但这是在抵御亚洲金融危机的冲击和战胜国内特大洪涝灾害的情况下取得的，来之不易。1999 年，世界金融市场和经济走势不确定的因素增加，国际竞争日益激烈，扩大出口的难度加大，国内也存在不少矛盾和隐忧。对此，我们必须保持清醒头脑，做好克服更大困难的准备。其中要求认真做好金融工作，防范和化解金融风险：要实行稳健的货币政策，适当增加货币供应量，把握好金融调控力度，保持人民币币值稳定。银行既要坚持商业信贷原则，保证贷款质量，防范金融风险；又要努力改进金融服务，拓宽服务领域，运用信贷杠杆，促进扩大内需和增加出口，积极支持经济增长。

8 日 中国人民银行发布《关于在西安等19个城市开展城市合作银行组建工作的通知》。该通知决定，将组建城市合作银行的城市扩大到西安、成都、贵阳、长春、大连、合肥、长沙、南昌、宁波、厦门、杭州、海口、太原、兰州、西宁、呼和浩特、银川、南宁、乌鲁木齐等城市。

9 日 中国人民银行发布《关于大力促进银行卡业务联合的通知》。该通知规定：1. 坚定银行卡业务联合的发展方向，因地制宜，采用多种方式促进业务联合。2. 要积极参加全国银行卡信息交换总中心的建设和联网，并支持所属分行充分利用已有投资，积极参加现有城市中心的业务联合；同时要搞好统一规划，严格新建城市中心的审批制度。3. 支持大型商场在建立商业MIS系统中使POS机与商业收银机合一，提倡特约商户自己投资安装POS机并对所有银行开放；人民银行各分支行应将解决POS机重复摆放，减少重复投资，实现设备共享作为推动银行卡业务联合工作的重点，协调各商业银行采用降低收单行手续费分配比率。4. 各商业银行不得采用压低扣率、以贷款换市场、签订排他性协议等违规手段竞争特约商户，发展特约商户不得重复布放POS机，新装POS机必须向所有银行开放；原有的排他性协议应立即废止，已有POS机网络要限期向其他银行开放。5. 要继续发挥人民银行对业务联合的指导、协调和监督作用。

中国证监会发布《股票发行定价分析报告指引（试行）》。该指引要求：申请公开发行股票的公司，在报送公开发行股票（A股）申报材料时，应提供由发行人和主承销商共同签署的定价分析报告。报告中应对影响发行价格的因素进行全面、客观地分析，详细说明商定股票发行价格的依据和方法；报告所引用的资料必须真实并注明来源，运用的价格测算方法应科学、合理。定价分析报告应至少包括以下基本内容：行业分析；公司现状与发展前景分析；二级市场分析；发行价格的确定方法和结果。

10 日 中国证监会发布《证券投资基金信息披露指引》。主要内容有：中国证监会对证券投资基金信息披露义务人的基金信息披露行为进行监督管理；基金信息披露义务人，应当按要求披露基金信息，对所披露的基金信息的合法性、真实性、完整性负连带责任；必须公开披露的基金信息包括：招募说明书、上市公告书、定期报告、临时报告。在公开披露基金信息时，不得就基金业绩进行预测；不得保证获利、保证分担亏损或承诺最低收益；不得通过促销方式，劝诱、利诱投资人购买基金；不得诋毁同行；不得刊登任何虚假或欺诈内容；不得有中国证监会禁止的其他行为。基金发生重大事件，信息披露义务人应当于第一时间报告中国证监会及基金上市的证券交易所，并编制临时报告书，经证券交易所核准后予以公告，同时报中国证监会。

中国建设银行中标成为成都水厂1亿美元BOT项目的抵押代理行。成都水厂是国家计委批准的第一个BOT（意为“建设—经营—转让”）自来水厂项目，总投资1.06亿美元，资本金占30%，信贷占70%，由法国通用水务公司和日本丸红公司作为发起人组成项目公司，其中，法国通用水务出资60%，丸红出资40%。信贷借款人为亚洲开发银行和欧洲投资银行，里昂信贷银行作为境外融资银行承担亚洲开发银行的附属贷款和欧洲投资银行的担保贷款，同时提供套期保值服务。中国建设银行作为贷款银行的境内代理行，将为项目提供抵押品监管、账户管理、外汇兑换等服务，除项目公司的账户须按协议开在中国建设银行外，法国承包商的账户也开在中国建设银行，从而实现资金体内循环。

16 日 中国投资银行的20家区域性分行正式更名为国家开发银行分行。成立于1981年的原中国投资银行是国家对外筹资的窗口。一直承担着世界银行、亚洲开发银行等国际金融组织对我国的转贷款业务，是我国首家引进世界银行工业项目评估技术的国内银行。1994 年，中国投资银行转制为建设银行附属的全国性商业银行。国家开发银行作为中国最大的一家政策性银行，其资金主要投向国家基础设施、重点产业和支柱产业，但由于开发银行只有武汉分行一家分支机构，它的具体业务主要是委托工商银行和建设银行代理进行。为了解决“缺腿”的问题，1998 年年末，国家开发银行决定整体收购中国投资银行。

国家开发银行 20 家分行的成立，虽然改变了国家开发银行原来只有一家分支机构的局面，但国家开发银行作为政策性银行，不涉及一般商业银行的个人零售业务，原投资银行的商业银行业务和分支行以下的同城营业网点还需要再次转让。3 月 18 日，中国光大银行收购原中国投资银行的债权、债务及中国投资银行设在北京、天津、沈阳、丹东、大连、哈尔滨、济南、青岛、合肥、郑州、西安、石家庄、吉林、上海、南京、杭州、宁波、福州、厦门、武汉、广州、珠海、汕头、深圳、长沙、成都、重庆、南宁和海南共 29 个分（支）行所属的 137 家同城营业网点。这是我国金融界首例两家金融机构按照商业原则进行转让、资产重组的并购行为。成立于 1992 年的中国光大银行，1998 年外币资产总额达 747 亿元。此次兼并，使原有 18 家分行 103 个机构网点和 2 600 多名员工的中国光大银行，资产总额达到近 15 000 亿元，员工接近 5 000 人。

中国证监会发布《关于证券营业部审批工作有关问题的通知》。主要内容是：1. 各省、自治区、直辖市和计划单列市辖区内平均每家证券营业部上一年度日均交易额超过 500 万元的（内蒙古、宁夏、甘肃、青海、新疆、西藏、云南、广西和贵州可予放宽），可适当新设证券营业部；在全国范围内，地级市所在地没有证券营业部的，可新设一家证券营业部；上海市和深圳市原则上不再新设证券营业部。2. 有下列情况之一的证券公司，不得申请新设证券营业部：对个人负债总额超过公司注册资本金 20%；对机构逾期债务总额超过公司注册资本金 50%；挪用客户保证金超过公司注册资本金 10%；拨付所属分公司和证券营业部的证券营运资金总额超过公司注册资本金 40%；近 3 年连续亏损；股权关系尚未理顺；尚未按有关法规和文件精神完成脱钩工作；近两年有重大违法、违规经营行为；有擅自设立证券营业部或其他非法网点行为；设在地级市所在地的证券公司。3. 信托投资公司在实施分业过程中单独或几家联合组建具有法人资格的证券公司，须符合 20 家以上（含 20 家）证券营业部的条件（其中内蒙古、宁夏、甘肃、青海、新疆、西藏、云南、广西和贵州的信托投资公司可从实际出发适当放宽），并在组建之前全部归还挪用的客户保证金。不能组建证券公司的信托投资公司，可按规定条件，通过变现、抵债或折股的方式向证券公司转让所属证券营业部。4. 商业银行、城市合作银行、保险公司、企业财务公司、租赁公司、典当行及融资中心（金融市场）所属的证券营业部尚未办理转让审批手续的，原则上应由证券公司收购，转让最后期限为 1999 年 6 月 30 日，对逾期未完成转让的证券营业部，在落实债权债务、就近向别的证券营业部妥善转移客户后，予以关闭。5. 期货交易所改组为证券经纪公司的、财政证券机构规范为证券经纪公司的，不得新设证券营业部，但可以以收购、兼并、合并的方式与规模较小的证券公司重组，也可以收购信托投资公司所属的证券营业部。6. 证券营业部不得以合资、合作方式设立；不得以承包、租赁方式经营；不得再下设营业性场所；不得拆借资金、给客户透支或从事证券自营与承销业务。

17 日　国家开发银行首次发行浮动利率附息债券。经中国人民银行批准，国家开发银行 1999 年第一期招标发行的 100 亿元 10 年期金融债券经过承销团公开竞标，确定发行利率为 4.945%。该笔债券为浮动利率附息债券，即减去现行 1 年期定期存款利率 3.78%，固定利差为 1.165%，次年付息日再根据届时人民银行 1 年期定期存款利率加固定利差来确定第二持有年度的利率，依此类推。该债券由中资商业银行、中资商业保险公司、城市合作银行、农村信用联社参与分销，分销后的金融债券在中央国债登记结算有限责任公司作一级托管，并可在中央国债登记结算有限责任公司银行间市场进行交易。

中国证监会发布《关于进一步加强证券公司监管的若干意见》。该意见包括有关证券公司的设立、变更、风险管理、日常监管四部分内容。主要内容是：证券公司由中国证监会批准设立，其变更、终止事项及业务活动由中国证监会负责监督管理。证券公司分为经纪类证券公司和综合类证券公司，注册资本最低限额分别为人民币5 000万元和5亿元。经纪类证券公司业务范围：证券的代理买卖，代理还本付息、分红派息，证券代保管、鉴证，代理登记开户；综合类证券公司除可从事经纪类证券公司业务外，还可以从事证券的自营买卖，证券的承销和上市推荐，证券投资咨询，资产管理，发起设立证券投资基金和基金管理公司。证券公司须将客户存入的交易结算资金全额存入指定的商业银行，单独立户管理。严禁任何单位和个人挪用客户的交易结算资金。开展资产管理业务，受托管理的资产应当是现金、国债或者上市证券，并存放于商业银行或者投资于有价证券，实行分账管理。经国务院授权部门批准，证券公司可以以适当方式进行融资，开展正常业务活动。但不得向客户融资融券，不得举办实业项目，不得投资于非自用不动产，不得互相投资参股，不得违反规定的收费标准，不得以交易佣金分成等不正当竞争方式吸引投资者，不得在法定会计账册外设立账册，不得以任何名义设立“小金库”。

中国证监会发布《关于上市公司配股工作有关问题的通知》。该通知规定上市公司配股必须符合以下条件：上市公司必须与控股股东在人员、资产、财务上严格分开；本次配股募集资金后，公司预测的净资产收益率应达到或超过同期银行存款利率水平；公司一次配股发行股份总数，不得超过该公司前一次发行并募足股份后其股份总数的30%，本次配股募集资金用于国家重点建设项目、技改项目的，可不受30%比例的限制；公司上市超过3个完整会计年度的，最近3个完整会计年度的净资产收益率平均在10%以上，上市不满3个完整会计年度的，按上市后所经历的完整会计年度平均计算，属于国家重点支持行业的公司，净资产收益率可以略低，但不得低于9%，上述指标计算期间内任何一年的净资产收益率不得低于6%。

18～20日 中国人民保险公司、中国人寿保险公司、中国再保险公司相继在北京挂牌。1949年10月，原中国人民保险公司成立，1996年8月21日，根据国务院决定，原中国人民保险公司改组为中国人民保险（集团）公司（以下简称中保集团公司），下辖中保财产保险有限公司、中保人寿保险有限公司、中保再保险公司三个专业子公司，三个子公司实行分业经营。1998年7月16日，国务院办公会议决定，撤销中保集团公司，1999年1月，子公司中保财产保险有限公司继承中国人民保险公司品牌，更名为中国人民保险公司，其他两个子公司中保人寿保险有限公司、中保再保险公司更名为中国人寿保险公司、中国再保险公司。

26日 国家经济贸易委员会、外经贸部、海关总署、财政部、国家税务总局、中国人民银行、国家外汇管理局发布《关于进一步完善加工贸易银行保证金台账制度的意见》。该意见的主要内容是：对加工贸易实行按商品分类管理，分别为禁止类、限制类和允许类。对加工贸易企业实行分类管理，将加工贸易企业分为A、B、C、D四类，其中C类企业是指依据外经贸部、海关总署有关规定，经海关认定有违规行为的企业，实行银行保证金台账“实转”管理。

中国证监会发布《关于境外上市公司进一步做好信息披露工作的若干意见》。该意见明确：1. 要严格按照境内及境外上市地的要求履行信息披露义务，保证公司发布的信息没有虚假、严重误导性陈述或重大遗漏，并对此承担相应的法律责任。2. 要重视对重大事件及关联交易的信息披露，审慎对待预测性的信息披露，适时披露公司重大风险及潜在风险。3. 要严格按照境内外上市要求继续做好定期报告的披露，协调好不同上市地的信息披露工作；建立健全公司信息披露的责任和内部协调制度。

27 日 中国农业发展银行发布《粮食收购资金贷款管理暂行办法》。该暂行办法规定：粮食贷款是指由中国农业发展银行办理的粮食收购贷款、中央粮食储备贷款、地方粮食储备贷款、粮食调销贷款。该暂行办法对粮食贷款管理的任务和基本原则、贷款对象和条件、账户管理、贷款程序、信贷监督管理、不合理占用贷款的管理、信贷风险防范与资产保全、贷款管理责任制、贷款管理的监督考核、罚则等内容做了具体规定，该暂行办法共有 12 章 81 条。

29 日 劳动和社会保障部、中国农业银行联合发布《关于社会保险经办机构委托中国农业银行代发养老金的通知》。该通知明确：各地社会保险经办机构与中国农业银行各分行，签订“社会保险经办机构委托中国农业银行代发养老金协议书”，在当地的农业银行开设“基本养老保险基金收入户”和“基本养老保险基金支出户”，用于养老保险费的收缴和养老金的发放。各地社会保险经办机构应在养老金发放日前两个工作日，将离退休人员名单、账号和发放金额等有关资料提供给当地的农业银行，并将足额的款项划入在农业银行的账号；中国农业银行会同当地社会保险经办机构，对异地领取养老金的离退休人员进行专门登记造册，相关异地的农业银行要采取约定、通知、上门办理等方式，提供便捷、周到的服务。

国家经济贸易委员会、中国证监会发布《关于进一步促进境外上市公司规范运作和深化改革的意见》。主要内容如下：1. 公司的经营机构与控股机构必须分开，必须各自独立核算，独立承担责任和风险。2. 进一步深化控股机构和公司的改组工作，国有控股机构的主要业务和资产已纳入公司的，控股机构的职能要逐步划转或合并到其他国有法人实体；除公司业务外还拥有其他资产和业务的控股机构，应减少与公司的关联交易，避免同业竞争；要逐步分离控股机构的办社会职能以及非经营性资产，通过拍卖、并购、移交地方政府、纳入当地社会保障体系等方式实现社会化经营。3. 明确公司决策程序，强化董事责任。4. 逐步建立健全外部董事和独立董事制度，增加外部董事的比重。5. 根据收入公开、提高透明度的原则，设计各具特色的分配和奖励办法。公司不得套用政府机关的行政级别，对管理人员要实行竞争上岗、淘汰下岗，自主决定年度工资总额和内部分配办法，实行住房制度改革，停止对职工福利分房。6. 解除公司与政府部门的行政隶属关系，公司与政府部门在资产、财务、人员管理等方面要彻底脱钩。

30 日 中国农业发展银行发布《棉花贷款管理暂行办法》。该暂行办法共有 9 章 39 条，包括总则、贷款对象和条件、贷款种类、期限、利率及贷款方式、贷款的发放与收回、贷款的监督检查、贷款的基础管理、贷款管理的责任与考核、罚则等内容。主要规定有：棉花贷款的对象是经省级政府有关部门审定的，具有专门从事棉花收购（含初加工）、储备、调销、进出口业务资格和能力的供销社棉花收储企业；贷款种类分为棉花收购贷款、中央储备棉贷款、地方储备棉贷款和棉花调销贷款；执行中国人民银行规定的贷款利率。各级行必须坚持“销售多少棉花，收回多少贷款本息和及时还欠”的原则，加强棉花贷款监督检查，并采取“分级负责、定期考核、按季公开、利益挂钩”的办法进行考核。

中国保监会发布《关于严禁境外保险机构非法从事保险及其中介活动的公告》。该公告内容如下：1. 未经中国保险监督管理部门批准，在中国境内设立营业性机构的外国及中国香港、中国澳门、中国台湾的保险公司和保险中介机构，一律不得在中国境内招聘业务人员或委托代理人、经纪人经营保险或直接承保业务。2. 境外保险公司在华代表机构不得从事与其业务范围不符的保险、再保险和保险中介业务活动，一经发现，将予以严肃处理，直至永远取消其在华设立代表机构的资格。3. 境内单位或居民如发现境外保险机构或其在华代表机构未经批准擅自在境内招聘业务人员或违法经营保险、保险中介业务活动的，可向中国保监会举报，中国保监会将会同有关部门依法对举报的违法活动予以严肃查处。

4 月

1 日 经国家外汇管理局批准，中国银行决定将远期结售汇业务种类由 9 个增至 13 个，最长期限由 4 个月增至 6 个月。远期结售汇业务是确定汇价在前而实际外汇收支发生在后的结售汇业务。凡在中国银行开立账户的境内企事业单位、国家机关、社会团体、部队、外商投资企业等均可申请办理。远期结售汇业务的币种共有 5 种：美元、日元、欧元、德国马克、港元；远期结售汇期限分为固定期限和择期，固定期限从 7 天至 6 个月共分为 13 种，择期交易期限由择期交易的起始日和终止日决定。

中国保监会发布《关于机动车辆保险监制单证的公告》。自 1999 年 4 月 1 日，全国车险市场实行统一监制、统一费率、统一条款的机动车辆保险新保单（深圳市条款除外）。原由中国人民银行及其分支行制定或备案的机动车辆保险及附加险保险条款和费率同时废止。

3 日 国务院颁布《住房公积金管理条例》。该条例适用于住房公积金的缴存、提取、使用、管理和监督。国务院建设行政主管部门会同财政部门、中国人民银行拟定住房公积金政策，并监督执行。省、自治区、直辖市人民政府建设行政主管部门负责对本行政区域内住房公积金管理工作的指导。该管理条例规定：职工个人和所在单位缴存的住房公积金属于职工个人所有；住房公积金的管理实行住房委员会决策、管理中心运作、银行专户存储、财政监督的原则；住房公积金应当用于职工购买、建造、翻修自住住房，任何单位和个人不得挪作他用；住房公积金的存贷款利率由中国人民银行提出，经征求国务院建设行政主管部门的意见后，报国务院批准。该管理条例共分 7 章 44 条，分别为总则、机构及其职责、缴存、提取和使用、监督、罚则和附则。该管理条例于 2002 年 3 月 24 日做了修改，其中规定：省、自治区、直辖市人民政府建设行政主管部门会同同级财政部门以及中国人民银行分支机构，负责本行政区域内住房公积金管理法规、政策执行情况的监督。

6 日 中国人民银行发布《经济适用住房开发贷款管理暂行规定》。该暂行规定明确：经济适用住房是指已列入国家计划，由城市政府组织房地产开发企业或集资建房单位建造，以微利价向城镇中低收入家庭出售的住房。经济适用住房开发贷款是指贷款人用信贷资金向借款人发放的用于支持经济适用住房开发建设的贷款，贷款人为国有独资商业银行和住房储蓄银行。贷款期限由借贷双方根据经济适用住房建设周期协商确定，最长不超过 3 年，贷款利率按中国人民银行规定的同档次法定贷款利率执行。该暂行规定对借款人条件、贷款程序、贷款担保和保险、贷款管理和罚则做了具体规定。该暂行规定共分 8 章 35 条。

9 日 全国农村信用社工作会议在北京召开。会议提出，根据需要逐步组建地（市）联社，承担行业管理和服务职能；在全国各省建立信用合作协会，主要职能是对信用社提供联络、指导、协调、咨询、培训等方面的服务。中国人民银行行长戴相龙在会上强调，必须继续深化农村信用社及其管理体制的改革，切实按合作制原则规范现有的农村信用社；农村信用社要强化内部经营管理，加强制度建设和职工培训，认真抓好减员增效和劳动用工制度改革，继续执行员工总数负增长政策，推行全员劳动合同制和岗位职务聘任制，改革分配制度，实行工效挂钩；严格财务管理，在经营管理上实行股金公开、贷款公开和账务公开；保全信用社的信贷资产，严禁任何单位和个人平调、挪用和挤占信用社资产或借企业改制逃废对信用社的债务。

从 1999 年 3 月开始，全国 2 万多家农村基金会陆续开始清理整顿，为解决被撤销金融机构支付个人合法债务和外债的资金缺口，26 个省（自治区、直辖市）以地方财政担保，向中国人民银行总行总共申请了 1 411 亿元的再贷款。中央银行作为最后贷款人，在全国陆续铺开实施“支农再贷款工程”，每年增加超过 200 亿元以上的投入额度为之培植“造血”再生功能。

16 日 中国人民银行发布《关于加强信用证管理的通知》。针对部分银行信用证管理松弛，对开证申请人资信条件审查不严，信用观念淡薄，延期偿付甚至拒付信用证的行为时有发生的问题，该通知要求：1. 人民银行各分行及营业管理部、国有独资商业银行、其他商业银行要将信用证业务尽快纳入统一授信管理之中，进一步健全风险内控制度。2. 严格审查开证申请人的资信条件，严格办理授信，切实防止企业信用风险转变为金融风险；严防利用开立无真实贸易背景的信用证进行融资。3. 各银行在处理与外方的信用证纠纷时，应严格遵循国际惯例，及时、妥善地处理，确保信用，无正当理由不得延付或拒付信用证。

20 日　中国信达资产管理公司在北京成立。中国信达资产管理公司是具有独立法人资格，独立承担民事责任的国有独资非银行金融机构，注册资本金 100 亿元人民币，由财政部全额划拨；公司营运资金除了注册资本以外，可以通过发行金融债券、向金融机构借款和向人民银行再贷款等手段获取运行资金。公司的主要任务是，利用国家给予的特殊法律地位和专业优势，管理、处置因收购中国建设银行、国家开发银行不良贷款形成的资产，最大限度地保全资产，减少损失。

组建金融资产管理公司是中国金融体制改革的一项重要举措，对于依法处置国有独资商业银行的不良资产，防范和化解金融风险，推动国有独资商业银行改革，促进国有企业扭亏脱困和改制发展，以及实现国有经济的战略重组具有重要意义。中国信达资产管理公司是中国第一家经营、管理、处置国有独资商业银行不良资产的公司。截至 1999 年年底，该公司与中国建设银行签订不良资产交接协议，完成了中国建设银行 2 500亿元不良贷款剥离和交接工作。

中国人民银行发布《关于简化境外带料加工装配业务外汇管理的通知》。该通知明确，境外带料加工装配项目涉及的外汇收付及汇兑，应按外汇管理有关规定办理，不涉及购汇或汇出外汇的，可不做外汇风险审查。除前期开办费和流动资金外，对机器、设备等固定资产投资及其他费用支出，原则上不予供汇，需购汇的项目，在向外汇管理部门提出外汇风险审查时，应同时提交用汇清单；上述项目申请的人民币贷款原则上不予供汇。

中国农业银行发布《“小额信贷”扶贫到户贷款管理办法（试行）》。该管理办法规定：“小额信贷”扶贫到户贷款是农业银行向贫困农户提供小额有偿扶贫资金而无须农户出具财产抵押的一种扶贫贷款方式，其基本运作模式是：小额短期、贷户联保、整贷零还。“小额信贷”的贷款对象为列入政府扶贫开发规划并建档立卡的农村贫困户，贷款额度一般为一户控制在 2 000 元以内，贷款期限一般为 1 年，贷款本息还完后可以续贷；贷款利率执行扶贫贷款利率，结息方式执行人民银行统一规定，也可实行利随本清，利率不上浮；贷款逾期按逾期贷款利率规定执行。该管理办法对贷款对象的条件、贷款程序、贷款管理、监测考核等做了明确规定，自发布之日起试行。

21 日　中国人民银行发布《外国银行撤销在华营业性分支机构操作指引》。主要内容有：外国银行撤销其在华营业性分支机构，必须报中国人民银行批准，并提交善后处理方案、申请机构母国监管当局的确认书等材料。自申请之日起停止吸收客户的定期存款并予公告；批准之前出售债权或者其他资产须经人民银行同意。清算结束，清算组应当出具清算报告并报送中国人民银行备案。未清偿全部债务之前，外国银行在华营业性分支机构不得将资产转移给其总公司（行）或境外分支机构管理，清算中涉及外汇问题的，须报国家外汇管理部门核准同意。

22 日　中国人民银行印发《关于走私犯罪侦查机关查询、冻结走私犯罪嫌疑人存款适用〈关于查询、冻结、扣划企事业单位、机关、团体银行存款的通知〉的通知》。该通知明确走私犯罪侦查机关可以按有关规定，到银行或其他金融机构查询、冻结与走私犯罪案件有关的存款；对海关走私犯罪侦查机关到银行或其他金融机关办理查询、冻结走私犯罪嫌疑人存款，出具了有关法律手续的，各金融机构应予以协助配合。

中国证监会发布《外国证券类机构驻华代表机构管理办法》。该管理办法包括总则、申请与设立、监督管理、撤销、罚则、附则共 6 章

32条。主要规定有：1. 代表机构是指外国证券类机构在中国境内获准设立并从事咨询、联络、市场调查等非经营性活动的派出机构；中国证监会是代表机构的审批和监管机关；中国证监会派出机构对本辖区的代表机构进行日常监管。2. 申请设立代表机构，应具备下列条件：申请者所在国家或地区有完善的金融监督管理法律、法规；申请者是由其所在国或地区金融监管当局批准设立的从事证券类业务的金融机构；申请者合法经营、享有良好信誉并在过去3年内连续盈利。3. 代表机构及其工作人员，不得与任何法人或自然人签订可能给代表处或所代表的机构带来收入的协议或契约，也不得从事其他经营性活动；首席代表不得由其总管理机构或地区总部有关部门负责人兼任，也不得在中国境内任何机构兼职。4. 设立代表机构的外国证券类机构发生重大事项，代表机构应当在其外国证券类机构公告后的一个工作日内向中国证监会报告，同时抄报所在地中国证监会派出机构。5. 撤销代表机构，应提前向所在地中国证监会派出机构提交由其外国证券类机构董事长或总经理签署的申请，并由所在地中国证监会派出机构转报中国证监会，经中国证监会批准后，向工商行政管理机关申请注销登记，并到有关部门办理相关手续。

24日 中国人民银行发布《金融监管责任制（暂行）》。该文件规定：中国人民银行依法对金融机构及业务按照审慎原则实施监管，金融机构包括：政策性银行、国有独资商业银行、股份制商业银行、城市商业银行、外资金融机构、非银行金融机构（证券、保险机构除外）、城市信用社、农村信用社及其联社等。中国人民银行对金融机构市场准入、营运、退出的全过程进行监管，取缔非法金融机构和非法金融业务活动。其中对金融机构市场准入的监管包括：法人机构和分支机构的筹建与开业；金融机构拟任高级管理人员资格的审查和管理；法人机构的资本金变动、股权变更和改制计划、修改章程、机构更名、延期、升格、降格、迁址、变更高级管理人员；机构分设与合并事项；业务范围的调整以及新业务的开办；“金融机构营业许可证”“金融机构法人许可证”的换发。中国人民银行通过非现场监管和现场监管的手段对金融机构营运进行监管，并建立金融监管责任考核制度。该文件对金融监管的组织体系；对上述金融机构的监管；对其他金融事项的监管，包括典当行、社团基金会、企业债券、彩票、会员卡、非法金融机构和非法金融业务活动、邮政储蓄；专职监管人员职责；重大问题的处理；金融监管信息和金融监管报告；金融监管责任制的考核和监督等内容做了具体规定。

30日 国家外汇管理局、对外贸易经济合作部联合制定《出口收汇考核试行办法》。该试行办法是为在扩大出口的同时提高出口质量，打击逃套汇行为，防止国家外汇流失，对进出口企业出口收汇进行考核而制定的，该试行办法共分5章22条。其中规定考核出口收汇的主要指标是出口收汇率，即在一个考核期内应当收汇核销的出口额中已经收汇核销的金额与该考核期内应当收汇核销的出口额之比。交单率达到规定标准是评定进出口企业出口收汇等级的基本条件。该试行办法对考核方法、奖惩等内容做了具体规定，自1999年5月1日起执行。

我国首次证券从业人员资格考试结束。报考人数达9 100人，实际参加考试的人数为8 800人，合格分数线为72分，合格率为44%。证券期货从业人员资格考试是中国证监会组织的国家级资格认证考试，是证券期货行业准入的必备条件。

5月

4日 上海期货交易所试营业。上海期货交易所是经国务院批准，由上海金属交易所、上海商品交易所和上海粮油交易所合并组建的我国第三家期货交易所（另两家为郑州期货交易所和大连期货交易所），上市交易的有铜、铝、天然橡胶、燃料油四个品种的标准合约，主营铜、铝橡胶和燃料油，拥有会员233家，设置341个交易席位，可容682位出市代表同时操作，配有先进的网络系统、卫星与DDN专线传输系统和信息行情传播系统。

5日 国务院反假货币工作联席会议在北京召开第二次会议。会议提出当前反假货币工作的总体要求是：以稳定币值，维护人民币信誉，保持正常的经济、社会秩序为目标，树立全局观念，实行标本兼治，完善反假法规，理顺反假体制，加强反假宣传，提高反假技能，加大打击力度，促进经济发展和社会稳定。1994 年 4 月，国务院建立反假货币工作联席会议制度，组织16 个有关部委共同参与反假货币工作，本次联席会议成员单位由第一次的中央 16 个部委发展到 26 个。

上海市小企业贷款信用担保工作会议宣布，上海市 1999 年将全面建立小企业贷款信用担保制度。上海建立的小企业贷款信用担保制度，主要指小企业在向银行融通资金中，根据合同约定，由依法设立的担保机构以法律保证的方式提供信用担保，以保障贷款银行债权的实现。《上海小企业贷款信用担保试行办法》规定，担保机构按照“风险共担，利益分享”的原则，与商业银行签约实行比例担保，为单个小企业提供担保的金额原则上不超过申请借款担保企业资产总额的 50%，最高不超过 300 万元，担保期限最长两年。

6日 国务院办公厅发布《关于加强土地转让管理严禁炒卖土地的通知》。该通知规定：严格控制城乡建设用地总量，坚决制止非农建设非法占用土地；加强对农民集体土地的转让管理，严禁非法占用农民集体土地进行房地产开发；加强对农林开发项目的土地管理，禁止征用农民集体土地进行“果园”“庄园”等农林开发；强化开发用地的监管，禁止利用土地开发进行非法集资；规范国有土地交易活动，制止炒卖土地；全面清理土地转让、炒卖土地情况，坚决查处土地使用权非法转让和农民集体土地非法交易的行为。该通知要求：人民银行要加强对农林开发项目的信贷管理，加大对以土地开发、土地转让为名进行非法集资行为的监管和查处力度。对未交清土地价款、未取得土地使用权的开发用地，各有关银行不得允许其进行抵押贷款。

7 月 22 日，中国人民银行发布《关于加强农林开发项目信贷管理，严禁利用土地开发和土地转让名义非法集资的通知》，要求金融机构要加强农林开发项目信贷管理，严禁借款人将贷款挪用于建商品住房、别墅、度假村、宾馆、饭店及其他娱乐设施等房地产开发项目。以土地作抵押的农林开发贷款项目，应依法进行抵押登记，未交清土地价款或未依法取得土地使用权的开发用地，不得作为贷款抵押物，以土地抵押的农林开发项目贷款，其贷款期限应不超过土地使用权剩余出让年限。申请农林开发贷款的项目应当符合土地利用总体规划和土地利用年度计划，否则，金融机构一律不予贷款。严禁金融机构对以下项目或用途发放贷款：非法炒卖土地，在土地利用总体规划确定的禁止开垦区内从事土地开发活动，未经合法批准，擅自改变土地用途。各金融机构要会同土地、林业等行政主管部门，对“果园”“庄园”等农林开发项目贷款进行一次认真清理，严禁利用土地开发和土地转让名义非法集资和非法从事金融活动。

中国证监会发布《关于上市公司总经理及高层管理人员不得在控股股东单位兼职的通知》。为保证上市公司与控股股东在人员、资产、财务上严格分开，该通知规定：上市公司的总经理必须专职，总经理在集团等控股股东单位不得担任除董事以外的其他行政职务；总经理及高层管理人员（副总经理、财务主管和董事会秘书）必须在上市公司领薪，不得由控股股东代发薪水。

11日 中国证监会发布《关于做好清理违规期货经纪公司有关工作的通知》。该通知要求，各证券监管办公室（直属办）、证券监管特派员办事处、各期货交易所对停业整顿和被取消期货经纪业务资格的公司做好善后工作，制定出切实可行的预案。对已发现挪用客户保证金的期货公司，应立即采取措施督促其归还；对问题严重或出现客户挤提保证金的期货公司，应及时向当地政府汇报，并申请司法机关查封、冻结公司的全部资产，以防止资金流失。客户保证金清退工作坚持先自然人后法人、先散户后大户的清退顺序；对于客户保证金无法清退的期货经纪公司，若股东单位挪用了客户保证金，其股东单位必须无条件地予以清退；股东单位对挪用的客户保证金无法清退时，必须同债权人达成债务和解协议，用其资产作担保，到债务清偿期届满时由法院执行。对涉嫌刑事犯罪的期货经纪公司和当事人，由各地证监会监管机构及时移交公安机关立案，证券监管机构应积极配合公安机关进行调查取证；并认真做好对客户的解释工作，保证不出现客户集体上访或聚众闹事事件的发生。

14 日　“中央银行政策——迈向稳健经济成长之路”国际研讨会在澳门举行。中国人民银行行长戴相龙在会上宣布了 1999 年 12 月 20 日澳门回归祖国后中央银行处理内地与澳门两地金融关系将遵循的四项原则：1. 实行两种货币和两种货币制度，澳门在回归以后将继续保持其单独的货币发行制度与管理制度，澳门元和人民币将作为澳门与内地的法定货币分别在两地流通，澳门特别行政区不实行外汇管制政策，澳门元自由兑换。2. 保持两个货币当局，在两个相对独立的货币制度下，两地的金融监管当局也将保持相对独立的关系，澳门特别行政区政府自行制定货币金融政策。3. 在审慎监管方面加强合作，澳门特别行政区政府将继续按照国际惯例负责对澳门金融机构，包括内地在澳门的金融机构的审慎监管；澳门金融机构在内地将继续享受等同外资的各种优惠，在澳门的内地金融机构必须遵守当地法律、法规，并接受澳门金融当局同一标准的监管。4. 按照国际金融惯例处理两地间的金融事务安排，两地银行间和企业间的债权债务关系将继续作为对外债权债务处理，两地银行间和企业间的合同争端将继续按照国际准则协调解决。

15 日　全国首次保险经纪人资格考试在北京等 6 个城市同时举行。此次考试在北京、上海、成都、西安、武汉、广州 6 个城市设置了考点，报考人数超过 7 000 人。考试之后，我国产生了第一批有正式资格的保险经纪人。

18 日　中国人民银行发布《对农村信用合作社贷款管理暂行办法》。该暂行办法对再贷款管理和审批权限，再贷款的种类、期限和利率，再贷款的对象、条件和用途，再贷款的管理和操作程序等进行了规定，共有 7 章 28 条。本办法自发布之日起施行。

中国人民银行、国家外汇管理局发布《关于国家外汇管理局分支局金融机构外汇业务监管职能划入人民银行分支行的通知》。按照国务院关于机构改革的精神，该通知决定从 1999 年 6 月 1 日起，国家外汇管理局各分支局原承担的对金融机构外汇业务市场准入审批、外币资产质量和风险监管职责，按金融机构类别分别移交到中国人民银行分支行相应监管部门。

20 日　中国保监会发布《保险公司购买中央企业债券管理办法》。该管理办法规定：中央企业债券是指经国家部委一级批准发行，债券信用评级达 AA + 级以上的铁路、三峡、电力等中央企业债券。中国保监会每年根据国家债券发行计划，向国务院报送申请购买比例，待国务院批复后，中国保监会根据债券发行计划，并参考保险公司的市场份额、偿付能力、可用资金量、购买意向、内控制度建设和遵守法律、法规等因素，分别下达每期新发行债券的购买额度。债券由各保险公司总公司统一买卖，不得超过保监会分配的额度，并于每期债券发行期结束后 10 日内将购买情况报中国保监会备案。保险公司通过一级市场和二级市场购买的各种债券余额不得超过本公司总资产的 10% 。

26 日　中国银行 1. 5 亿亚洲美元浮息债券发行签字仪式在北京举行。该亚洲美元债券期限五年，票面利率为 LIBOR + 1. 0% ，法国兴业银行（亚洲）和中国银行全资附属公司——中国银行国际（英国）有限公司担任发行主干事，这是亚洲金融危机以来中国商业银行首次在国际资本市场发行债券，也是中国银行第 4 次发行亚洲美元债，第 26 次成功地进入国际债券资本市场。

28 日　中国证监会发布《关于加强会员结算风险管理若干问题的通知》。该通知要求上海、深圳证券交易所建立、完善最低结算备付金

（结算头寸）制度，会员资金结算账户的余额不得低于最低结算备付金标准。

31 日 中国人民银行发布《外资银行外部审计指导意见》。该意见提出：外部审计是中央银行金融监管工作的重要补充。一家外国银行一般应聘请同一家会计师事务所，负责其在华全部业务的审计。独资银行、合资银行及其分支机构由其总行向所在城市人民银行分支机构提出申请，由该分支机构审批。在华有多家分行的外国银行，需选择一家分行作为报告行，代表所有在华分行向报告行所在城市人民银行分支机构提出申请，由该分支机构进行审批。在华只有一家分行的外国银行向所在城市人民银行分支机构提出申请，由该分支机构审批。在审计工作结束后，外资银行应在会计年度结束后 90 日内，将审计报告、管理建议书及其对有关事项的说明提交给所在城市人民银行分支机构进行评审。

6 月

1 日 国务院发布《关于调整 B 种股票交易印花税税率的通知》。该通知决定，从 1999 年 6 月 1 日起，对买卖、继承、赠与所书立的 B 种股票股权转让书据，均依照书立时证券市场当日实际成交价格计算的金额，由立据双方当事人分别按 3‰ 的税率缴纳证券交易印花税；在 B 种股票交易印花税税率调整后，中央财政与地方财政对该项税收的分享比例不变，仍为中央 88%，地方 12%。此前印花税税率为 4‰。

国家经济贸易委员会发布《关于建立中小企业信用担保体系试点的指导意见》。该指导意见明确：1. 中小企业信用担保是指经同级人民政府及政府指定部门审核批准设立并依法登记注册的中小企业信用担保专门机构与债权人（包括银行等金融机构）约定，当被担保人不履行或不能履行主合同约定债务时，担保机构承担约定的责任或履行债务的行为。各类中小企业信用担保机构均属非金融机构，一律不得从事财政信用业务和金融业务。2. 中小企业信用担保体系由城市、省、国家三级机构组成，其业务由担保与再担保两部分构成，担保以地市为基础，再担保以省为基础。中小企业信用担保机构的法律形式可以是企业法人、事业法人、社团法人。担保的对象为符合国家产业政策，有产品、有市场、有发展前景，有利于技术进步与创新的技术密集型和扩大城乡就业的劳动密集型的各类中小企业。3. 中小企业信用担保机构的主要职能是对被担保者进行资信评估，开展担保业务，实施债务追偿。担保种类主要包括中小企业短期银行贷款、中长期银行贷款、融资租赁以及其他经济合同的担保，试点阶段中小企业信用担保的重点为中小企业短期银行贷款。担保机构要将担保资金和会员交纳的风险保证金按约定比例上存再担保机构指定的银行专门账户。担保机构货币形态的担保资金可按国家规定购买国库券、国债；担保收费标准一般控制在同期银行贷款利率的 50% 以内，具体收费标准由同级政府有关部门审批。商业性担保机构和企业互助担保机构从事中小企业担保业务的收费标准经同级政府物价部门审批，可以在上述标准基础上适当浮动。

2 日 国务院颁布《期货交易管理暂行条例》。该暂行条例规定：1. 中国证监会对期货市场实行集中统一的监督管理。设立期货交易所由中国证监会审批。未经批准，任何单位或者个人不得设立或者变相设立期货交易所。2. 设立期货经纪公司注册资本最低限额为 3 000 万元人民币，经中国证监会批准。未经批准，任何单位或者个人不得从事期货经纪业务，不得在其名称中使用“期货经纪”“期货代理”或者其他类似字样。期货经纪公司除接受客户委托，从事期货交易所上市期货合约的买卖、结算、交割及相关服务业务外，不得从事其他业务，不得从事或者变相从事期货自营业务。3. 期货交易所应当按照国家有关规定建立健全下列风险管理制度：保证金制度；每日结算制度；涨跌停板制度；持仓限额和大户持仓报告制度；风险准备金制度；中国证监会规定的其他风险管理制度。该暂行条例共有 7 章 71 条，包括总则、期货交易所、期货经纪公司、期货交易基本规则、监督管理、罚则和附则，自 1999 年 9 月 1 日起施行。

3日 中国证监会发布《关于企业发行B股有关问题的通知》。该通知规定：申请发行B股的企业，原则上应为已经设立并规范运作的股份有限公司，必须符合《国务院关于股份有限公司境内上市外资股的规定》所列条件，能够适应国际投资者的要求；成熟一家，发行一家。申请发行B股的企业，经省级人民政府或国务院有关部门同意后，应按照规定向中国证监会报送B股发行申请材料。申请材料中的"承销协议"应在报送中国证监会前签署，在发行申请经中国证监会核准后生效；如有关证券经营机构在承销协议中规定的期限内未完成承销，应按照承销协议中的规定，承担相应的经济责任。

4日 国家外汇管理局发布《关于中资外汇指定银行外汇利润结汇的通知》。该通知要求各中资外汇指定银行：1. 各银行在1999年7月15日前，将1996年至1998年尚未结汇的外汇利润全额结汇，并将结汇情况于8月1日前报国家外汇局管理检查司备案；各银行如需增加或购买外汇资本金，应在外汇利润结汇后，向中国人民银行申请。2. 中资股份制银行的股东红利分配，必须将外汇利润结汇后以人民币进行；有外资股的股份制银行，允许外资股东的红利以外汇进行分配，其他股东必须以人民币进行分配。3. 实行集团统一核算的集团全资子公司（附属银行），应将外汇利润结汇成人民币上缴集团公司，不得直接以外汇上缴。

10日 中国人民银行降低金融机构存贷款利率。中国人民银行于6月9日发布《关于降低存贷款利率的通知》，决定：金融机构各项存款利率平均下降1个百分点，各项贷款利率平均下降0.75个百分点。

17日 国务院办公厅转发中国人民银行、教育部、财政部《关于国家助学贷款的管理规定（试行）》。该管理规定明确：国家助学贷款是以帮助学校中经济确实困难的学生支付在校期间的学费和日常生活费为目的，运用金融手段支持教育，是资助经济困难学生完成学业的重要形式。适用于高等学校中经济确实困难的全日制本、专科学生。中国工商银行为中国人民银行批准的国家助学贷款经办银行，并接受中国人民银行的监督。为保证国家助学贷款制度的顺利实行，由教育部、财政部、中国人民银行和中国工商银行组成全国助学贷款部际协调小组。国家助学贷款由学生每年申请、由经办银行审批，并负责确定国家助学贷款的具体发放金额。学生申请国家助学贷款必须具有经办银行认可的担保，确实无法提供担保、家庭经济特别困难的学生，可以申请特困生贷款。国家助学贷款的经办银行根据学生申请，具体确定每笔贷款的期限，其利率按中国人民银行公布的法定贷款利率和国家有关利率政策执行，学生所借贷款利息的50%由财政贴息，其余50%由学生个人负担，贷款本息须由学生在毕业后四年内还清；特困生贷款到期无法收回部分，由提出建议的学校和学生贷款管理中心分别偿还60%和40%。借款学生不能按期偿还贷款本息的，按中国人民银行有关规定计收罚息。

国务院办公厅在转发该管理规定的通知中规定：助学贷款工作先在北京、上海、天津、重庆、武汉、沈阳、西安、南京等市进行试点，待条件成熟后再逐步推行。

9月7日，教育部办公厅转发了经中国人民银行批准的《中国工商银行国家助学贷款试行办法》。其中对贷款的条件，贷款的规模、期限、利率和限额，贷款的申请与担保，贷款的审查、发放与归还，贷款业务的协调管理，贷后管理等方面内容做了具体规定。

25~27日 全国证券期货监管工作会议在北京召开。中共中央政治局委员、国务院副总理温家宝出席会议并强调：1. 证券市场是我国社会主义市场经济的重要组成部分，要充分认识证券市场在经济改革和发展中的作用，努力做好规范和发展证券市场的各项工作。2. 中国证监会及其派出机构，要认真贯彻《中华人民共和国证券法》，依法对证券市场进行监管，切实做到有法必依、执法必严、违法必究；要全面落实中央关于深化金融改革、整顿金融秩序、防范和化解金融风险的指示，突出抓好对上市公司、证券公司、其他专业性中介机构的监管和证券交易所的一线监管，切实保护好广大投资者利益。

3. 全面提高证券监管干部队伍素质，加强领导班子建设。会议宣布，中国证监会省一级派出机构于7月1日起正式挂牌，这标志着我国集中统一的证券监管体制已经形成。

28日 中国人民银行发布《关于组建农村信用合作社市（地）联合社的试点工作方案》（以下简称《试点工作方案》）、《农村信用合作社市（地）联合社管理规定（暂行）》（以下简称《管理规定（暂行）》）、《农村信用合作社市（地）联合社示范章程》（以下简称《示范章程》）等三个文件。

《试点工作方案》规定：1. 市（地）联社是由农村信用社县（市）联社（以下简称县联社）出资入股组成，主要从事行业管理，向县联社提供资金清算和调剂服务，不对居民和企业办理存贷款业务，不设立分支机构；组建市（地）联社应坚持自愿入股和严格审批的原则，县联社向市（地）联社自愿入股，市（地）联社注册资本金不得低于200万元，入股县联社不少于4个，市（地）联社筹建和开业必须报经人民银行总行批准。2. 市（地）联社的组建试点工作由人民银行各分行在每个省、自治区、直辖市选择3～5个市（地），报经人民银行总行同意后进行，试点条件包括：市（地）范围内县联社达到6家以上；县联社全部完成合作制规范任务；市（地）联社资本金筹集符合有关要求，县联社入股资金数额不超过其实有资本金数额的50%。

《管理规定（暂行）》对机构设立、变更及终止，股权设置，组织机构，基本职责等方面内容做了规定。

《示范章程》规定了注册资本、股金、社员社、组织机构、基本职责、财务会计、终止与清算等方面内容。

30日 国务院发布第268号令，决定自1999年10月1日起陆续发行第五套人民币。第五套人民币有100元、50元、20元、10元、5元、1元、5角和1角八种面额，与现行人民币的比率为1∶1，发行以后与现行人民币混合流通，具有同等的货币职能。第五套人民币印制精美，增加了固定水印、红蓝彩色纤维、全息磁性开窗安全线、磁性缩微文字安全线、白水印、隐性面额数字、光变油墨、阴阳互补对印图案等防伪特征，设计达到了国际先进水平。

中国人民银行、对外贸易经济合作部发布《关于支持境外带料加工装配业务的信贷指导意见》。该意见提出，信贷支持的重点是我国在设备、技术上有较强优势的轻工、纺织、家用电器等机械电子及服装加工等行业。银行发放中长期贷款主要用于境内采购建厂所需设备、技术以及设备安装等，期限在1年以上；短期贷款主要用于购买境外加工装配业务所需的原材料、零部件以及支付其生产经营费用等，以支持这些产品的出口和生产，期限在1年以内（含一年），贷款以人民币为主。贷款利率按照国家规定的同档次利率执行，对资信状况和经营状况良好的企业可在国家规定的范围内适当下浮；对人民币中长期贷款和外汇贷款，可由中央外贸发展基金给予贴息。对境外带料加工装配业务的贷款须以国内投资主体的资产作为抵押，或由国内第三方企业作担保，或有银行认可的其他担保；银行认为必要时，企业还应投保出口信用险。

7月

1日 中国人民银行发布《关于促进银行卡业务公平竞争联合发展的紧急通知》。该通知就商业银行与非银行机构发行联名卡或者为合作发卡提供结算服务等有关问题作出规定：各商业银行与非银行机构发行联名卡或者为合作发卡提供结算服务须报中国人民银行批准。提供结算服务时，不得以任何形式为联名机构或合作机构提供卡片和机具等相关投资（为特约单位安装POS机除外）；不得降低结算手续费标准；安装的POS机及读卡器不得具有排他性。

经国务院批准，从1999年7月1日起，财政部、国家税务总局提高部分商品的出口退税率。经过此次调整，我国出口商品的综合退税率平均提高了2.95个百分点，退税率档次由现行的17%、13%、11%、9%、5%五档简并为17%、15%、13%、5%四档。

3 日 《上海证券交易所关于股票暂停上市相关事项的处理规则》和《深圳证券交易所关于上市公司股票暂停上市处理规则》分别发布。其中首次提出对暂停上市公司股票制交易实行"PT"（Particular Transfer，特别转让）制。即对近三年连续亏损的上市公司暂停其股票上市；在公司股票暂停上市期间，为投资者提供"特别转让服务"。"特别转让服务"是指，公司股票简称前冠以"PT"字样；投资者在每周五（法定节假日除外）开市时间内申报转让委托，申报价格不得超过上一次转让价格上下5%；每周五收市后对有效申报按集合竞价方法进行撮合成交；转让信息不在交易行情中显示，由指定报刊设专门栏目在次日公告；公司股票不计入指数计算，成交数据不计入市场统计。

5 日 中国证监会发布《关于加强证券经营机构股票承销业务监管工作的通知》。该通知要求，中国证监会重新审查证券公司股票承销业务资格，并对证券公司申请取得股票承销商资格和申请取得股票主承销商资格做了详细规定。信托投资公司不再从事股票承销业务。但此前已签订股票承销协议的信托投资公司，具备条件的，允许其完成已签订股票承销协议的承销项目；不具备条件的，可将承销项目转让给具有承销资格的证券公司。

6 日 中国人民银行下发《关于改进外汇担保项下人民币贷款管理的通知》。该通知规定：外汇担保项下人民币贷款是指由境外金融机构或境内外资银行提供信用保证或由境内外商投资企业提供外汇质押，由境内中资外汇指定银行（人民币贷款行）向境内外商投资企业（借款人）发放的人民币贷款。借款人仅限于资本金已按期足额到位且未减资、撤资的外商投资企业，贷款行仅限于境内中资外汇指定银行总行，以及经其授权的分支行。外汇担保人民币贷款可用于满足固定资产投资和流动资金需求，但不得用于购汇，贷款期限最长不超过5年。该通知对外资银行保证项下人民币贷款和外汇质押人民币贷款的办理事宜做了规定，同时要求人民币贷款行总行在每月10日前向所在地人民银行报送上月全行发放、回收外汇担保项下人民币贷款的情况。该通知自1999年7月15日起生效。

7 日 中国人民银行发布《关于改进专项贷款管理的通知》。该通知规定：1. 国有独资商业银行今后不再承办政策性贷款，原则上不再保留"专项贷款"形式。2. 对个别近期难以取消，确实需要继续给予重点支持的扶贫贷款、农业综合开发贷款、林业贴息贷款、治沙贴息贷款、山区综合开发贷款、森工贴息贷款、劳改劳教贷款、民贸网点和生产贷款继续保留，并执行到2000年12月31日止；上述保留的专项贷款，由有关商业银行按照信贷原则自主选择项目、自主发放贷款，各行业主管部门可以提出项目建议，但不得干预银行贷款。3. 除上述保留的专项贷款外，其余的专项贷款一律取消；专项贷款取消后，国有独资商业银行对原有专项贷款中符合贷款条件的，由商业银行按照《中华人民共和国商业银行法》和《贷款通则》的有关规定给予贷款支持，主管部门可提出项目建议，由商业银行自主贷款；不符合商业贷款条件的，主管部门如能落实贴息或其他补贴形式，使之符合商业贷款条件，银行也可继续发放贷款。

8 日 世界银行披露，1999财年（1998年7月1日至1999年6月30日）共批准了19个中国项目，贷款总额为20.97亿美元，其中16.744亿美元为国际复兴开发银行（IBRD）贷款，4.226亿美元为国际开发协会（IDA）信贷。批准的19个项目里约有一半直接支持扶贫和社会发展目标，其他项目重点支持基础设施建设，以内地省区为主。自1982年以来，世界银行向中国提供的累计贷款额达到324.52亿美元，其中国际复兴开发银行累计贷款额为222.50亿美元，国际开发协会累计信贷额为102.02亿美元，贷款项目总数为218个。

9 日 中国人民银行、财政部颁布《凭证式国债质押贷款办法》。该办法规定：经中国人民银行批准，办理个人定期储蓄存款存单小额抵押贷款业务，并承担凭证式国债发行业务的商业银行，均可以办理1999年以后（含1999年）发行的凭证式国债质押贷款业务。

14日　中国证监会发布《关于企业申请境外上市有关问题的通知》。该通知规定：国有企业、集体企业及其他所有制形式的企业经重组改制为股份有限公司（以下简称公司），并符合境外上市条件的，均可自愿向中国证监会提出境外上市申请，中国证监会依法按程序审批，成熟一家，批准一家。公司申请境外上市的条件：符合我国有关境外上市的法律、法规和规则；筹资用途符合国家产业政策、利用外资政策及国家有关固定资产投资立项的规定；净资产不少于4亿元人民币，过去一年税后利润不少于6 000万元人民币，并有增长潜力，按合理预期市盈率计算，筹资额不少于5 000万美元；具有规范的法人治理结构及较完善的内部管理制度，有较稳定的高级管理层及较高的管理水平；上市后分红派息有可靠的外汇来源，符合国家外汇管理的有关规定。

15～16日　国家外汇管理局、对外经济贸易合作部在北京联合召开"共同促进进出口和利用外资协作会"。会议提出，加强汇贸协作，支持扩大出口和积极有效地利用外资，规范管理程序，简化外汇手续，为对外经济贸易的发展营造良好的外汇政策环境；同时，继续严厉打击骗汇、逃汇和非法买卖外汇行为，贯彻落实出口收汇考核办法，维护对外经济贸易发展的良好秩序，保护守法企业的正常经营。

19日　中国人民银行、国家外汇管理局联合发布《关于规范外币清算业务的通知》。该通知要求人民银行各分支行、国家外汇管理局各分局遵照执行人民银行和国家外汇管理局联合制定的《外币清算业务管理办法》《外币清算业务内控制度》《外币清算业务资金风险防范管理办法》《外币清算业务会计核算办法》，并要求各开办外币清算业务的分支行、分局必须保持不少于5名工作人员从事外币清算业务，并在外汇局的有关业务处室成立外币清算业务科，具体负责组织日常的外币清算业务运作。

《外币清算业务管理办法》规定：外币清算业务实行会员制，经营外汇业务的金融机构经所在地分局批准可成为当地外币清算会员。总局统一选择境外账户行及开立境外外汇账户，并为分局在总局的账户下分别开立分账户。总分账户的资金相对独立核算，即分账户当日贷方资金余额不得转入总账户，借方余额也不得自动从总账户提取资金。外币清算业务的清算币种由总局统一规定与调整。《外币清算业务管理办法》自1999年8月1日起实施。

《外币清算业务内控制度》规定：外币清算业务的内控应坚持"责任原则、复核原则、检查原则"。外汇资金头寸的摆布须指定专人操作，授权操作人员的名单须书面通知境外银行备案；境外付款指令的发送在独立的机房进行，并坚持双人操作，原始付款指令凭证当日送主管领导签批。

《外币清算业务资金风险防范管理办法》规定：外币清算资金包括清算头寸资金、清算保证金和清算风险基金，其他资金不得混入；外汇存款准备金和其他生息资产等应设专户进行管理。会员如发生清算头寸资金不足时，可从清算保证金中支付，但必须于下一个工作日将清算保证金补足。清算保证金仍不足支付时，分局可对该会员的部分提出票据进行退票，直至清算保证金能够满足支付的需要，由此产生的后果由会员自行承担。各分局清算资金头寸不足可向其他分局商调，期限不得超过1天。分局必须每年从外币清算业务的年终净盈利中提取金额为利息纯收入的40%的风险基金，用于在办理外币清算业务中有关成本费用的扣抵以及意外风险的抵补。

21日　中国人民银行发布《农村信用社农户小额信用贷款管理暂行办法》。该暂行办法规定：农户小额信用贷款是信用社以农户的信誉为保证，在核定的额度和期限内发放的小额信用贷款。农户小额信用贷款采取"一次核定、随用随贷、余额控制、周转使用"的管理办法，并使用农户贷款证。贷款证以农户为单位，一户一证，不得出租、出借或转让。农户小额信用贷款期限根据生产经营活动的周期确定，原则上不超过一年，按中国人民银行公布的贷款基准利率和浮动幅度适当优惠，结息方式与一般贷款相同。该暂行办法对借款人及借款用途、资信评定及信用额度、贷款的发放与管理等做了具体规定。

中国人民银行发布《关于扩大上海、深圳外资银行人民币业务范围的通知》。其中规定：1. 扩大外资银行经营人民币业务的地域范围，上海的外资银行可由上海市市内客户扩大到江苏、浙江两省客户，深圳的外资银行可由深圳市市内客户扩大到广东、广西和湖南三省客户；2. 放宽外资银行人民币业务的规模限制，人民币负债总额对其外汇负债总额的比例由目前的35%放宽到50%，超过7天的同业拆借与营运资金按1∶1比例挂钩的规定不再执行；3. 增加外资银行人民币同业借款业务，外资银行可向中资金融机构借入一年期以上的人民币资金，利率和期限由中外资金融机构双方参照市场条件协商确定；4. 允许外资银行组织银团贷款收取承担费和管理费，费率可参照国际惯例由借贷双方协商确定，但原则上承担费和管理费均不得高于贷款总额的0.3%；5. 允许在同一家外资银行已获准经营人民币业务的异地分行之间自由调拨人民币头寸。

8月24日，交通银行向花旗银行上海分行发放首笔同业借款5 000万元人民币，期限一年以上，这是该通知下发后，上海银行界向外资银行发放的第一笔中长期融资。

22日 国家外汇管理局发布《关于加强进口金银及其制品售付汇审核的通知》。该通知明确国家管理金银的机关为中国人民银行，未经中国人民银行总行批准，境内任何企业、单位不得擅自进口金银及其制品。

26日 中国人民银行、国家经济贸易委员会、国家计委、财政部、国家税务总局联合发布《封闭贷款管理暂行办法》。该暂行办法包括总则、贷款条件、贷款程序、贷款的运行与管理、贷款的监督与检查、附则共6章26条。主要规定有：封闭贷款是指贷款人对因资产负债率较高、亏损严重等原因，按照正常条件不能取得贷款，但政府已决定救助的国有工业企业发放的流动资金贷款。封闭贷款是商业性贷款，由商业银行自主审查发放。封闭贷款应遵循“封闭核算、购货鉴证、足额贷款、专户管理、保值分利”的原则。申请封闭贷款的企业须符合规定的条件并提出书面申请，由商业银行审查批准，根据企业产品的生产经营周期合理地确定贷款期限，贷款利率按人民银行规定的同档次流动资金贷款利率执行。封闭贷款须开立结算专户，专款专用、单独考核。封闭贷款及回笼贷款的使用必须实行“双签”制度，要有企业和贷款人双方的签字方能支付款项。贷款在封闭运行期间，贷款人不得从专户中扣取老的贷款和欠息；企业不能用其支付拖欠的工资，不得用专户上的资金支付企业的其他债务支出；有关部门不能从专户中扣收老的欠税及各种费用；司法部门不应以企业其他债务纠纷为由，冻结封闭贷款账户和扣收专户资金。企业应保证产品销售收入及时、足额划入专户，封闭运行，不得挪作他用。贷款人要建立封闭贷款统计报表制度，定期向当地人民银行和上级行报告，同时将企业执行封闭贷款的情况，向有关部门通报。

27日 中国人民银行发布《关于全面推行贷款五级分类工作的通知》（以下简称《通知》）及《贷款风险分类指导原则（试行）》（以下简称《指导原则（试行）》）。《通知》要求：从1999年7月末开始到1999年年底前，完成四家国有独资商业银行和三家政策性银行的贷款五级分类工作；从1999年开始到2000年年底前，完成10家其他商业银行的贷款五级分类工作；从2000年年初开始到2000年年底前，完成88家城市商业银行的贷款五级分类工作。

《指导原则（试行）》共6章31条，分别为贷款分类的目标、贷款分类的标准、贷款分类的基本要求、贷款分类的组织与实施、贷款分类的监督与管理、附则。主要规定有：评估银行贷款质量采用以风险为基础的分类方法，把贷款分为正常、关注、次级、可疑和损失五类，后三类合称为不良贷款。正常类指借款人能够履行合同，没有足够的理由怀疑贷款本息不能按时足额偿还；关注类指尽管借款人目前有能力偿还贷款本息，但存在一些可能对偿还产生不利影响的因素；次级类指借款人的还款能力出现明显问题，完全依靠其正常营业收入无法足额偿还贷款本息，即使执行担保，也可能会造成一定损失；可疑类指借款人无法足额偿还贷款本息，即使执行担保，也肯定要造成较大损失；损失类指在采取所有可能的措施或一切必要的法律程序之后，本息仍然无法收回，或只能收回极少部分。

28 日 由中国人民银行行长戴相龙主持的股份制商业银行负责人座谈会在北京召开。戴相龙在会上指出：股份制商业银行具有广阔的发展前景和市场空间，中央银行将进一步依法支持股份制商业银行在改革中发展，逐步扩大股份制商业银行的市场份额，采取多种方式，扩大股份制商业银行的资本金，允许股份制商业银行向市场融资，对其合理需要，中央银行可给予再贷款支持。进一步完善股份制商业银行法人治理结构，按有关法律规范股东大会、董事会、监事会、经营班子的职责、权利和义务，增强自我发展、自我约束能力。

中国证监会发布《关于进一步完善股票发行方式的通知》。该通知规定：公司股本总额在 4 亿元以下的公司采用上网定价、全额预缴款或与储蓄存款挂钩的方式发行股票；公司股本总额在 4 亿元以上的公司，可采用对一般投资者上网发行和对法人配售相结合的方式发行股票。采取对一般投资者上网发行和对法人配售相结合的方式发行股票的公司，须事先向证监会提出发行方案，经核准后方可实施。用于配售部分的股票，不得少于公开发行量的 25%、不得多于公开发行量的 75%，对每一个配售对象的配售股份不得超过发行公司发行在外的普通股总数的 5%，一般不应少于 50 万股。

2000 年 4 月 5 日，中国证监会对该通知的有关规定做了修改，取消了原规定中发行后总股本在 4 亿元以上的公司方可采用对一般投资者上网发行和对法人配售相结合的方式发行股票的限制；发行后总股本在 4 亿元以下的公司也可采用上述方式发行股票。同时取消了用于法人配售部分的股票不得少于公开发行量的 25%、不得多于公开发行量的 75% 的限制；发行人和主承销商在充分考虑上市后该股票流动性等因素的基础上，自主确定对法人配售和对一般投资者上网发行的比例。

30 日 国家经济贸易委员会、中国人民银行联合发布《关于实施债权转股权若干问题的意见》。选择债权转股权企业的范围是：“七五”“八五”期间和“九五”前两年主要依靠商业银行贷款（包括外币贷款）建成投产，因缺乏资本金和汇率变动等因素，负债过高导致亏损，难以归还贷款本息，通过债权转股权后可转亏为盈的工业企业；国家确定的 521 户重点企业中因改建、扩建致使负债过重，造成亏损或虚盈实亏，通过优化资产负债结构可转亏为盈的工业企业；被选企业同时应是 1995 年及以前年度向商业银行贷款形成不良债务的工业企业，有些地位重要、困难很大的企业，时限可以延至 1996 年、1997 年、1998 年；工业企业直接负债方，作为债权转股权的企业，必须具有独立企业法人资格；选择个别商贸企业，进行债权转股权企业的试点。被选企业（国内有需求、可替代进口、可批量出口），质量符合要求，有市场竞争力；工艺装备为国内、国际先进水平，生产符合环保要求；企业管理水平较高，债权债务清楚，财务行为规范；企业领导班子强，董事长、总经理善于经营管理；转换经营机制的方案符合现代企业制度的要求，各项改革措施有力，减员增效、下岗分流的任务落实并得到地方政府确认。2000 年 8 月 30 日中国人民银行向国务院呈交了《关于剥离不良贷款和债转股工作的报告》。

国家外汇管理局、对外贸易经济合作部发布《关于援外项目外汇管理有关问题的通知》。该通知规定：援外项目免缴境外投资汇回利润保证金，但项目单位应向外汇局出具承诺书，保证按规定汇回境外项目所得利润及收益。援外项目如需使用外汇，项目单位应首先申请援外合资合作基金外汇贷款或援外优惠外汇贷款，外汇贷款不足的，可列出用汇清单，经对外贸易经济合作部批准后，方可向外汇局申请购汇。购汇金额不得超过援外项目投资总额的 40%。

8 月

中国保监会发布《关于规范保险公司重要事项变更报批程序的通知》。该通知规定：保险公司变更下列重要事项之一的，须报经中国保监会批准：变更资本金、股份转让、股东更名、变更营业场所、调整业务范围、修改公司章程。

12 日 中国人民银行发布《关于批准保险公司在全国银行间同业市场办理债券回购业务的通知》。为发展货币市场，进一步拓宽保险公司的投资渠道，即日起保险公司可与其他全国银行间同业市场成员进行债券回购交易，交易券种为中国人民银行批准交易的国债、中央银行融资券、政策性银行金融债券等债券。

16 日 中国人民银行发布《银行信贷登记咨询管理办法（试行）》。银行信贷登记咨询是以银行信贷登记咨询系统为管理手段，通过对金融机构信贷业务和借款人信息登记，全面反映借款人资信情况，为金融机构提供借款人资信咨询服务，并对金融机构和借款人的信贷行为进行监控的金融监管服务制度。银行信贷登记咨询系统是以城市为单位，以贷款卡为借款人向金融机构办理信贷业务的媒介，使用现代化通信和计算机网络技术，联结各级金融机构，全国联网的信贷信息管理系统。该办法共有 6 章 37 条，分别对贷款卡发放及管理、信贷登记管理、信贷咨询管理、系统安全管理以及罚则做了具体规定。

18 日 国泰君安证券股份有限公司在上海注册成立。该公司是由国泰证券有限公司和君安证券有限责任公司采取新设合并、增资扩股的方式成立的大型综合类证券公司。公司注册资本为 37.27 亿元，共有上海市财政局、深圳市投资管理公司、国家电力公司等 136 家股东单位，其中包括大众出租、新锦江、陆家嘴、外高桥等 20 多家上市公司以及中信证券、北京证券等证券公司和信托投资公司、保险公司等；经营范围包括经纪业务、证券承销和自营、资产委托管理、投资咨询、基金业务以及中国证监会批准的其他业务。公司总资产 300 多亿元，在全国 27 个省、自治区、直辖市拥有 118 家营业部，5 200 多名员工。1999 年，公司股票、基金交易额占全国总成交金额的 5.86%，排名全国第一。

19 日 中国人民银行发布《基金管理公司进入银行间同业市场管理规定》。为进一步发展货币市场，拓宽基金管理公司的投资渠道，允许基金管理公司申请加入全国银行间同业市场，从事购买债券、债券现券交易和债券回购业务。基金管理公司须向中国人民银行提交申请材料，由人民银行审查批准。进入全国银行间同业市场的基金管理公司的债券回购最长期限为一年，其资金余额不得超过基金净资产的 40%。

中国人民银行发布《证券公司进入银行间同业市场管理规定》。为进一步发展货币市场，适当拓宽证券公司的融资渠道，允许证券公司进入银行间同业市场，但其分支机构不得进行交易。凡申请进入全国银行间同业市场的证券公司须经中国证监会推荐，资本充足率须达到法定标准。

20 日 国务院发布《关于加强技术创新发展高科技实现产业化的决定》。该决定提出要实施金融扶持政策。金融机构要充分发挥信贷的支持作用，积极探索多种行之有效的途径，改进对科技型企业的信贷服务；依据企业的不同特点建立相应的授权授信制度，完善资金管理办法，增加信贷品种，拓展担保方式，扩大科技信贷投入。尽快研究提出解决中小型科技企业贷款担保的办法，对符合条件、能提供合法担保的科技项目，要优先发放科技贷款与技改贷款；对于有市场发展前景、技术含量高、经济效益好、能替代进口的高新技术成果转化和技术改造项目，要提高贷款支持力度，国家对这类项目给予相应的贴息支持；国家对高新技术产品出口在信贷和贴息方面给予扶持。

要培育有利于高新技术产业发展的资本市场，逐步建立风险投资机制，发展风险投资公司和风险投资基金，建立风险投资撤出机制，加大对成长中的高新技术企业的支持力度；引进和培养风险投资管理人才，加速制定相关政策法规，规范风险投资的市场行为；优先支持有条件的高新技术企业进入国内和国际资本市场，在做好准备的基础上，适当时候在现有的上海证券交易所、深圳证券交易所专门设立高新技术企业板块。

30 日 九届全国人大常委会第十一次会议通过了《中华人民共和国个人所得税法》修正案，删去了免征储蓄存款利息个人所得税的规定，对储蓄存款利息所得税的开征时间和征收办法由国务院决定。据国家税务总局统计：1999 年 11 月至 2000 年 4 月全国累计入库利息所得税为 31.6 亿元。

31 日 中国证监会发布《期货交易所管理办法》《期货经纪公司管理办法》《期货从业人员资格管理办法》和《期货经纪公司高级管理人员任职资格管理办法》四个配套办法，并于 9 月 1 日起生效。《期货交易所管理办法》共分 8 章 90 条，对期货交易所的设立、变更与终止，组织机构，会员管理，基本业务规则，监督与管理，罚则等做了明确规定。《期货经纪公司管理办法》共分 6 章 123 条，对期货经纪公司的设立、变更与终止、解散与清算、期货经纪业务的基本规则、监督与管理、罚则做了明确规定。《期货从业人员资格管理办法》共分 6 章 37 条，对期货业从业人员资格取得、从业人员行为规范、从业资格的管理、罚则做了明确规定。《期货经纪公司高级管理人员任职资格管理办法》共分 5 章 30 条，对期货经纪公司高级管理人员任职资格、日常管理、罚则等方面内容做了明确规定。

9 月

3 日 中国人民银行发布《单位定期存单质押贷款管理规定》。该管理规定共有 6 章 37 条，对单位定期存单的开立与确认、质押合同、质权的实现、罚则等内容作出了明确规定。主要内容有：单位定期存单是指借款人为办理质押贷款而委托贷款人依据开户证实书向接受存款的金融机构（存款行）申请开具的人民币定期存款权利凭证，只能为质押贷款的目的而开立和使用。

中国核保险共同体（核共体）成立，成员有中国再保险公司、中国人民保险公司、中国太平洋保险公司、中国平安保险公司和华泰保险公司。核共体的业务范围为中国境内核电站、其他商业民用核设施的核物质损失险、责任险及成员公司一致认可的其他相关核保险业务，以及参与国际市场核物质损失险和责任险。作为一种承保高风险业务的合作保险形式，核共体集中国内保险公司核风险承保能力，共同承担风险，分摊损失，为核风险提供最大限度的保障，保证我国核电事业顺利发展。

6 日 中国人民银行发布《关于调整扶贫贴息贷款和再贷款利率的通知》。该通知规定：1. 中国人民银行不再对农业银行发放扶贫贴息再贷款，农业银行可根据办理扶贫业务后的本系统资金需求申请正常再贷款。2. 农业银行新发放的所有扶贫贷款，统一执行优惠利率 3%，中央财政按此优惠利率与同期同档次正常贷款利率的利差实行全额贴息。从 2000 年 1 月 1 日开始，农业银行发放的所有新老扶贫贷款统一执行优惠利率 3%，财政部根据国务院确定的年度扶贫贷款计划，在计划额度内按扶贫贷款优惠利率与同期同档次正常贷款利率的利差实行全额贴息，但对 1998 年年底前发放的未到期的扶贫贷款，中央财政一律不予贴息。3. 扶贫贷款期限一般为 1 年，最长不超过 3 年。

7 日 国家外汇管理局发布《关于部分项目免缴境外投资汇回利润保证金的通知》。为鼓励境外加工贸易和实物境外投资，支持援外项目的顺利进行，该通知规定，下列项目免缴境外投资汇回利润保证金：援外项目；不涉及购汇及汇出外汇的境外带料加工装配项目；中方全部以实物出资的境外投资项目。

8 日 中国证监会发布《关于法人配售股票有关问题的通知》。该通知规定：1. 国有企业、国有资产控股企业、上市公司所开立的股票账户，可用于配售股票，也可用于投资二级市场的股票；但在二级市场买入又卖出或卖出又买入同一种股票的时间间隔不得少于6个月。2. 国有企业、国有资产控股企业不得使用从银行及其他金融机构取得的各类长短期贷款、外国政府贷款、外国商业贷款和财政周转金购买配售的股票；上市公司不得使用募股资金和从银行及其他金融机构取得的各类长短期贷款、外国政府贷款、外国商业贷款购买配售的股票，不得非法利用他人账户或资金进行申购，也不得违规融资或帮助他人违规融资申购。3. 公司注册登记在半年以上的法人方具有参加配售的资格。

9日 经中国人民银行批准，上海银行与国际金融公司（IFC）在华盛顿签署协议并正式接受该公司参股投资。国际金融公司以每股2.12元，约2 400万美元认购上海银行1亿股，占上海银行股本总额的5%。这是世界银行集团投资中国银行业的第一个项目。上海银行是在1995年12月29日由上海的99家城市信用合作社改制而成的股份制商业银行，实行“一级法人、二级经营”的管理体制。

中国保监会发布《关于处理怡和保险顾问有限公司的公告》。该公告指出：近年来怡和保险顾问有限公司通过其在香港的机构及在我国境内的代表处，在我国境内非法从事保险经纪业务；该公司采取降低承保条件、扩大保险责任、强制分保等手段，炒作国内保险公司，加大了保险公司经营风险，扰乱了保险市场秩序；特别是自1999年3月开始清理整顿保险中介市场以来，该公司仍然非法从事保险经纪业务活动，并企图向保险监管机关隐瞒违规情节，拒不承认违规事实。中国保监会决定给予该公司撤销其北京代表处，取消其北京代表处首席代表任职资格的处理。

10日 国家经济贸易委员会、国家计委、财政部、中国人民银行联合发布《国家重点技术改造项目国债专项资金管理办法》。该管理办法规定：凡承担国家重点技术改造贷款项目的企业，均可享受国债专项资金的支持。国家重点技术改造贷款，原则上由国家主要商业银行和国家开发银行承贷。用国债专项资金支持重点技术改造项目，采取项目投资补助和贷款贴息两种方式实现。项目投资补助主要支持国家512户重点企业、120户试点企业集团的重点技术改造项目，以及其他企业社会效益好的重点技术改造项目，并适当向东北和中西部地区的企业倾斜。

16日 中国人民银行发布《关于助学贷款利率执行问题的通知》。该通知明确，各金融机构开办助学贷款业务，在人民银行利率政策规定的范围内，既可以实行期限档次贷款利率，也可以本着对客户优惠的原则执行1年期贷款利率。人民银行各分支行要按照有关利率政策的要求，加强本辖区助学贷款利率的管理、协调工作。

《中国证券监督管理委员会股票发行审核委员会条例》公布。该条例共有5章26条。具体规定为：1. 中国证监会设立股票发行审核委员会（发审委），依照法定条件审核股票发行申请，以投票方式对股票发行申请进行表决，提出审核意见；中国证监会根据发审委提出的审核意见，依照法定条件核准股票发行申请。2. 发审委由中国证监会的专业人员和所聘请的中国证监会以外的有关专家以及社会知名人士组成，并须符合规定条件。3. 发审委委员的职责是：审核申请公开发行股票的公司的资格、条件等，审核证券经营机构、会计师事务所、律师事务所、资产评估机构等证券中介机构及相关人员为股票发行所编制和出具的有关材料及意见书，审查证监会职能部门对股票发行申请的初审报告。

17日 中国人民银行、民政部联合发布《关于做好社团基金会监管职责交接工作的通知》。根据国务院有关社团基金会由民政部统一管理的决定，该通知规定中国人民银行将基金会的审批和监管职责全部移交民政部，具体交接内容包括：移交基金会管理有关文件；移交基金会档案；移交基金会管理工作档案。交接工作采取按监督责任分工、上下分别对口交接的方法，即中国人民银行总行向民政部移交，中国人民银行各分行、营业管理部及省会城市中心支行向各省、自治区、直辖市民政厅（局）移交，各地要在文到之日起20个工作日内完成移交工作。

18日 中国人民银行发布《关于改进和完善再贴现业务管理的通知》。该通知要求：各商业银行要选择并重点支持一些资信情况良好、产供销关系比较稳定的企业签发、使用商业承兑汇票，同时，人民银行各分行、营业管理部要通过再贴现适当增加基础货币投放，适当集中再贴现业务管理，扩大对辖内中心支行的再贴现转授权。各商业银行要适当扩大中心城市分行的票据承兑、贴现授信额度，并授权其开办商业承兑汇票贴现业务，大力推动系统内以及金融机构间的票据流通转让。适当扩大再贴现的对象和范围，改进再贴现操作方式。据中国人民银行统计，1999年累计办理再贴现业务1 200亿元，同比增加200亿元；年末再贴现余额达500亿元，创历史最高水平。

21日 经国务院批准，建设部、中国人民银行发布《关于调整个人住房公积金存贷款期限和利率等问题的通知》。该通知决定延长个人住房公积金贷款期限，最长期限由现行20年延长到30年。个人住房公积金贷款利率由现行按在3个月整存整取存款利率基础上加点执行改为：5年以下（含5年）按年利率4.14%执行；5年以上按年利率4.59%执行；个人住房公积金贷款利率仍实行一年一定，于每年1月1日，按相应档次利率确定下一年度利率水平。

中国证监会发布《境内企业申请到香港创业板上市审批与监管指引》。该指引规定：1. 凡符合指引条件的国有企业、集体企业及其他所有制形式的企业，在依法设立股份有限公司后，均可自愿由上市保荐人代表其向中国证监会提交申请，中国证监会依法按程序审批，成熟一家，批准一家。2. 境内企业申请到香港创业板上市，须在最近两年内没有重大违法、违规行为，并符合香港创业板上市规则规定的条件，同时，上市保荐人须为公司承担保荐责任。科技部认证的高新技术企业优先批准。3. 在向香港联交所提交上市申请3个月前，保荐人须代表公司向中国证监会提交所要求的文件，中国证监会就公司会商国家经贸委进行初步审核，并抄送财政部、外经贸部和外汇局。外经贸部、外汇局和财政部（如涉及国有股权）等部门未提出书面反对意见的，中国证监会在10个工作日内予以批准，公司正式向香港联交所提交创业板上市申请。在公司上市后，中国证监会将根据监管合作备忘录及与香港证监会签署的补充条款的要求进行监管。

中国证监会发布《关于对证券经营机构及其营业部从事证券咨询及证券信息传播业务加强管理的通知》。该通知规定：1. 在公众场所举办报告会、讲评会、沙龙、研讨会等涉及证券投资咨询业务的集会活动，或在媒体刊登广告均须经拟办活动所在地的中国证监会派出机构审批。2. 咨询机构及人员不得从投资者处直接或间接收取任何费用，也不得通过手续费分成、客户利润分成方式从证券经营机构及营业部获取咨询业务收入；不得对投资者作任何收益承诺，不得为投资者代理操作，不得强行要求投资者买卖股票，不得向投资者散布虚假信息、内幕信息、市场传言。3. 证券公司及其营业部必须加强内部信息资料的管理，不得刊载虚假信息、内幕信息、市场传言，不得变相传播谣言，不得在调研报告中传播上市公司未披露的业绩、发展计划、资本运作方案等内幕信息。

22日 中国共产党第十五届中央委员会第四次全体会议通过《中共中央关于国有企业改革和发展若干重大问题的决定》。该决定为改善国有企业资产负债结构和减轻企业社会负担，在涉及金融业的部分中明确：1. 增加银行核销呆坏账准备金，主要用于国有大中型企业的兼并破产和资源枯竭矿山的关闭，并向重点行业倾斜，国有企业和集体企业兼并国有企业可以享受有关鼓励政策。2. 结合国有银行集中处理不良资产的改革，通过金融资产管理公司等方式，对一部分产品有市场、发展有前景，由于负债过重而陷入困境的重点国有企业实行债转股，解决企业负债率过高的问题。3. 提高直接融资比重。4. 严格执行国家利率政策，切实减轻企业利息负担。

5. 具备偿债能力的国有大型企业，经过符合资质的中介机构评估，可在国家批准的额度内发行企业债券，有的经批准可在境外发债；严格禁止各种形式的非法集资。

中国人民银行批准首批国泰、南方、华夏、华安、博时、鹏华、嘉实、长盛、大成、富国共10家证券投资基金管理公司和国通、国信、湘财、大鹏、光大、中信、广发共7家证券公司参与银行间同业市场债券交易。

23日 上海浦东发展银行（以下简称浦发银行）4亿A股在上海证券交易所上网发行，发行价为每股10元。浦发银行是于1993年1月9日正式开业的国有控股股份制商业银行，上市前注册资本金为20.1亿元；该行在北京、南京、广州等十多个中心城市设立了分支机构；截至1999年6月30日，该行各项存款达730.96亿元，贷款余额达493.99亿元，总资产达872.03亿元，净资产为38.39亿元。浦发银行于11月10日在上海证券交易所正式挂牌上市（股票简称：浦发银行，股票代码：600000），成为国内首家进入资本市场的股份制商业银行。

30日 国务院发布《对储蓄存款利息所得征收个人所得税的实施办法》。该实施办法规定：1. 从国内储蓄机构取得人民币、外币储蓄存款利息所得的个人，应缴纳20%的个人所得税。2. 教育储蓄存款利息以及其他专项储蓄存款或者储蓄性专项基金存款的利息免征个人所得税。3. 个人所得税以结付利息的储蓄机构代为扣缴。该实施办法自1999年11月1日起施行。

10月8日，国家税务总局发布《关于储蓄存款利息所得征收个人所得税若干业务问题的通知》，进一步对储蓄存款利息所得的范围、外币储蓄的范围、教育储蓄问题、存本取息的征税问题、储蓄业务扣缴义务人的认定问题、活期储蓄存款和银行卡的扣税问题、自动转存储蓄存款的扣税问题以及税收协定国家居民的征税问题等进行了明确。

10月

8日 中国人民银行发布《关于加强和规范农村信用社代办业务管理的意见》。该意见提出：严格信用代办站设立条件和代办员的聘用条件。代办员只能在核定的地域和业务范围内为农村信用社代办业务，代办业务范围一般限于农村个人储蓄业务；农户小额生产、生活贷款原则上不能由代办员自行审批办理。对代办员擅自超范围经营、账外经营、擅自提高或降低利率以及贪污挪用等违法、违规行为要从严查处。

9日 财政部、中国人民银行、最高人民法院联合发布《关于人民法院诉讼费用收取和结算等事宜的通知》。该通知明确：各省、自治区、直辖市辖区内各级地方人民法院诉讼费用的收取、汇缴、划拨，以及各级财政部门从财政专户核拨给人民法院的经费等事宜，统一通过中国农业银行办理。各省级财政部门在当地农业银行省级分行开设省级财政专户，并在辖区内各级人民法院所在地农业银行分支机构开设诉讼费用收入汇缴专用存款账户，用于统一办理诉讼费用的收取和汇缴。各地省级财政部门、高级人民法院要与农业银行省级分行签订协议，明确规定农业银行应向地方各级财政部门和人民法院提供包括报表、对账、网上查询等服务事项，并保证资金安全和及时划转。

11日 国家开发银行发布《公路收费权质押贷款管理暂行办法》。该暂行办法规定：公路收费权是公路经营者依法收取车辆通行费的权利。公路项目法人以拟建或建成公路的收费权作担保申请公路收费权质押贷款的，在向国家开发银行申请贷款时，应提交省级人民政府及其职能部门批准的公路收费文件和公路收费权质押文件。国家开发银行有权要求出质人在公路建设期间投保工程建设险，在公路建成后投保财产险。

12 日 中国人民银行首次开展现券买断操作。一级交易商达到 33 家。

13 日 中国证监会转发西安证券监管办公室《关于制止在证券交易场所擅自进行募股活动的通知》。该通知规定：1. 各证券经营机构及营业部，一律不允许为未经批准，变相向社会发行股份的企业以任何方式代售股权凭证，代理发行股份，正在发售的必须立即停止；禁止任何企业在证券交易场所（包括在交易场所门前）张贴或散发募股宣传品，证券经营机构及营业部如发现此类情况，要坚决予以制止。2. 各证券经营机构要积极宣传证券发行和交易的有关法律、法规和政策，制止这种变相向社会公众募集股份的行为，正确指导投资者；证券监管部门对在证券交易场所张贴、散发募股宣传品或代理发售募股凭证的证券营业部要追究责任，并予以严肃处理。

15 日 中国证监会、国家经济贸易委员会、国家工商行政管理局、国家外汇管理局联合发布《关于申请境外期货业务有关问题的通知》。该通知规定：企业申请境外期货业务应具备规定条件并须同时向中国证监会和国家经贸委提出申请；中国证监会和国家经贸委提出审核意见后联合上报国务院批准。企业在国家工商行政管理局领取营业执照，并在国家外汇管理局开设专项外汇账户后，凭此证明到中国证监会领取"境外期货业务许可证"。未取得该证的企业一律不得从事境外期货交易。企业在境外期货市场只能进行套期保值，不得进行投机交易。

18～19 日 中国长城资产管理公司、中国东方资产管理公司、中国华融资产管理公司在北京成立。

三家资产管理公司注册资本金均为 100 亿元人民币，由财政部全额拨入。三家资产管理公司的主要任务是分别收购、管理、经营、处置、回收中国农业银行、中国银行和中国工商银行剥离的不良资产，最大限度地减少资产损失。资产管理公司营运资金来源包括注册资本、财政拨入的营运资金、发行公司债券、商业借款、向金融机构借款、人民银行再贷款、营业收入。经营和办理下列业务：收购并经营中国农业银行、中国银行和中国工商银行剥离的不良资产；债务追偿，资产置换、转让与销售；债务重组及企业重组；债权转股权及阶段性持股，资产证券化；资产管理范围内的上市推荐及债券、股票承销；直接投资；发行债券，商业借款；向金融机构借款和向中国人民银行申请再贷款；投资、财务及法律咨询与顾问；资产及项目评估；企业审计与破产清算；经金融监管部门批准的其他业务。

18 日 中国人民银行发布《关于白银管理改革有关问题的通知》。该通知规定：经国务院批准，取消白银统购统配的管理体制，放开白银市场，允许白银生产企业与用银单位产销直接见面。该通知指出，国家取消对白银制品加工、批发、零售业务的许多管理制度（银币除外），对白银生产经营活动按一般商品的有关规定进行管理，支持和鼓励白银生产企业有计划地向国外出口，可按照外经贸部制定的《白银出口管理暂行办法》办理。但是对进口白银及其制品，仍予以适当的限制。解除白银管理，放开白银市场，标志着在我国延续了 50 多年的白银统购统配管理体制宣告结束。1999 年 12 月 28 日，上海华通有色金属现货中心批发市场成为中国唯一的白银现货交易市场。白银上市交易品种为白银 1#、白银 2#、白银 3#和粗银。白银市场的放开被视为黄金市场开放的"预演"。

20 日 中国人民银行发布《关于对保险公司试办协议存款的通知》。该通知规定：1. 保险公司协议存款仅限于商业银行法人对中资保险公司法人办理，存款仅限于 5 年以上（不含 5 年）存款，5 年期以下（含 5 年）存款仍按同期同档次存款利率执行。2. 保险公司协议存款最低起存金额为 3 000 万元，利率水平、存款期限、结息和付息方式、违约处罚标准等由双方协商确定；保险公司协议存款凭证可用作融资质押物，按中国人民银行有关办法执行。

22 日 财政部发布《证券公司财务制度》。该制度共有 11 章 96 条，对证券公司资本、资产负债、成本费用、收入、利润分配等做了明确规定。

证券公司可以采取发行股票等方式筹集资本，采取发行股票方式筹集的资本，按照股票面值计价，公司不得吸收投资者已设立有担保物权及租赁资产的出资。该制度自2000年1月1日起施行。

25日 国家开发银行发布《贷款项目工程保险管理暂行规定（试行）》。该暂行规定明确：国家开发银行人民币贷款的国家大中型建设项目以及贷款额在3 000万元（含）以上的其他建设项目，借款人或工程承包方，原材料（设备）的制造方、运输方、供货方原则上应当根据风险情况投保相应险种，并可采用公开招标的方式聘请保险公司。借款人向国家开发银行申请贷款的同时，应当提交实行工程投保的"承诺函"，国家开发银行在评审贷款项目的概算时，应考虑将保险费用列入工程项目总投资。贷款项目工程的投保金额应为保险标的建筑或安装完成时的总价值，包括运费、安装费、关税等，但投保金额不得低于国家开发银行贷款总额的价值。

中国平安保险公司首家在上海推出投资连结保险。投资型保险是一种创新型的保险品种，是一种将投资与风险保障相结合的保险，兼具保障功能和投资理财功能；其保障的范围、程度等因具体产品而异，有的险种除了提供意外与疾病身故保险金、全残保险金等保障外，还有其他服务项目，如保证可保选择权和豁免保险费等；其投资部分的回报率是不固定的，未来投资收益具有一定的不确定性，保单价值将根据保险公司实际投资收益情况确定。

29日 中国保监会发布《保险公司投资证券投资基金管理暂行办法》。经国务院批准，保险公司可以开办投资证券投资基金业务。该暂行办法分别为总则、资格条件、申报及审批程序、风险控制和监督管理、罚则和附则共6章24条。

11月

1日 中国信达资产管理公司（以下简称信达公司）受让中国建设银行持有的香港银建国际实业公司12.1%的股权。这是信达公司首次持有香港上市公司股份并相对控股。香港银建国际实业公司是一家在香港交易所上市的地产公司，主要业务是物业及其他投资。

3日 中国人民银行、国家外汇管理局发布《关于外汇指定银行县级和县级以下支行恢复办理资本项目外汇业务有关事项的通知》。该通知规定：外汇指定银行县级和县级以下支行经中国人民银行批准可以恢复办理资本项目外汇业务，成熟一个，批准一个，不搞"一刀切"。恢复办理资本项目外汇业务的外汇指定银行县级和县级以下支行必须具备以下条件：已经中国人民银行批准相应的外汇业务范围；上级行按内部授权办法对其经营资本项目外汇业务有专门授权；经营情况良好，内部管理规范，业务人员具备必要的素质；在外汇大检查中无重大违规事件发生；资本项目外汇业务量大。该通知还对审批程序做了规定。

8日 中国银行业解决计算机2000年问题基本就绪。中国人民银行解决计算机2000年问题领导小组在新闻发布会上宣布：随着千禧年的临近，中国银行业解决计算机2000年问题工作进展顺利，国内各银行和有关金融机构在成功进行了三次停业测试后，其主要业务应用系统已经基本就绪，在2000年来临时能够支持各项业务顺利开展，保障广大客户的资金安全。据不完全统计，中国银行业为解决计算机2000年问题投入了100亿元左右的人民币，主要用于计算机系统的硬件、软件的升级换代等，其中还不包括银行从业人员培训、工资以及测试等费用。

11日 中国证监会发布《关于进一步做好证券投资基金配售新股工作的补充通知》。该通知规定：1. 公开发行量在5 000万股（含）以上的新股，按不低于公开发行量20%的比例供各基金申请配售，具体配售比例由主承销商和发行人商定。2. 每只基金在一年内用于配售新股的资金额，累计不得超过该基金募集资金的30%，但基金所配售的总股本在4亿股以上的公司发行的新股，所用资金不计入上述资金额。3. 每只基金一年内所配售的全部新股，占配售新股资金总额 50% 部分，自配售之日起 6 个月内不能流通，由托管银行监督执行；其余 50% 部分，自新股上市之日起即可流通。4. 基金认购上市公司新增发行的股票、上市公司配股剩余的股票，其配售数量、分配方式及冻结时间等具体事宜由主承销商和发行人协商决定，认购的程序可比照新股配售程序执行；所占用资金不计入配售新股的资金总额。

中国证监会、国家工商管理局联合发布《关于清理规范远程证券交易网点的通知》。该通知规定：1. 清理规范的范围是未经证券监管部门批准，证券经营机构擅自设立的远程证券交易网点。2. 清理规范的内容：与合法证券营业部设在同城区的各类远程证券交易网点，一律予以撤销，其客户就近向合法的证券营业部转移；符合新设证券营业部条件的城市，可按有关规定申请新设一家证券营业部；尚不具备设立证券营业部条件的县（市）城区和经济发达的乡镇政府所在地，可以将原有的远程证券交易网点规范为一家证券服务部，证券服务部由就近的证券公司所属证券营业部延伸设立，禁止跨地区设立证券服务部。3. 拟设立的证券服务部须具备中国证监会规定的条件，经营范围是提供证券交易行情；提供电话委托和自助委托；提供合法的信息咨询服务。证券公司对所设立的证券服务部负全部责任，中国证监会及其派出机构对证券服务部实施监管。

15～17 日　中央经济工作会议在北京举行。会议总结了 1999 年经济工作中的三条经验：坚持用发展的办法解决前进中的问题；适应形势变化适时调整宏观经济政策；重点抓好关系国民经济发展全局的大事。会议提出 2000 年经济工作的主要任务：1. 继续实施促进经济发展的一系列政策措施，扩大国内需求，继续实施积极的财政政策，进一步发挥货币政策的作用，适度地增加货币供应，金融要进一步支持基础设施建设和技术改造，做好债转股工作，帮助符合条件的大型国有企业减轻债务负担，制定促进不同所有制中小企业加快发展的信贷政策，增加直接融资比重，规范和发展资本市场；2. 大力调整经济结构，促进产业优化升级；3. 加快科技进步，提高技术创新能力；4. 深化以国有企业改革为中心环节的经济体制改革；5. 进一步改善人民生活。

17 日　中国人民银行发布《关于加强和改进对小企业金融服务的指导意见》。主要内容有：1. 进一步强化和完善对小企业的金融服务体系。国有商业银行要进一步完善对小企业的金融服务；城市商业银行要切实办成为小企业服务的主体；城市信用社、农村信用社要真正办成农民、个体工商户和小型企业入股，由入股人实行民主管理，主要为股东服务的合作组织，对股东贷款可不实行抵押和担保。对经营状况良好的中小金融机构，人民银行将在再贷款、再贴现和发行金融债券等方面予以支持。2. 改进小企业信贷工作方法。各金融机构要与小企业建立稳定的联系制度，设置小企业档案和项目储备，将小企业资信与小企业经营者个人信用相结合发放贷款。3. 完善信贷管理体制。对有市场发展前景、信誉良好、有还本付息能力的小企业，要适当扩大授信额度，并可试办非全额担保贷款。对信用等级连续 3 年在 2A 级以上的小企业的小额贷款，经严格的审批程序，可适当发放信用贷款。4. 积极支持科技型小企业的发展。该文件还就支持再就业安置，支持小企业为大中型企业提供配套服务及参与政府采购合同生产、支持商业、外贸及新兴领域企业的发展、支持建立小企业社会化中介服务体系、密切关注贷款投向，加强贷款管理、加强对金融机构改进小企业服务的引导和督促等方面内容提出了指导意见。

19 日　《中国人民银行分行货币信贷工作职责》公布。该文件规定：中国人民银行在国务院领导下，制定和实施货币政策。货币政策决策权集中在人民银行总行，货币政策实施由人民银行总行及其分支行共同负责。中国人民银行分行（含中国人民银行营业管理部、重庆营业管理部）作为中国人民银行总行的派出机构，负责货币信贷政策在辖区内的贯彻实施。分行货币信贷工作的基本职责是：监测货币供应量，分析货币信贷执行情况；贯彻实施信贷政策，加强信贷管理；运用部分货币政策工具，贯彻执行货币政策；做好货币信贷各项基础工作。该文件对监测货币供给总量、贯彻实施信贷政策、管理部分货币政策工具、做好货币信贷基础工作、建立货币信贷工作责任制等方面内容做了明确规定。该文件共有 7 章 37 条。

中国信达资产管理公司首场拍卖会在深圳市新王朝酒店举行。拍卖标的——深圳发展中心大厦第一层商铺最终由 8 号竞拍者深圳市云鸣股份公司以 707.6 万元购得，就此敲响了中国金融资产管理公司业内以拍卖方式处置资产的第一槌。

21 日 中国人民银行宣布，即日起下调金融机构法定存款准备金率 2 个百分点，即由 8% 下调到 6% 。

23 日 财政部发布《关于外国政府贷款转贷管理的暂行规定》。该暂行规定明确：外国政府贷款转贷业务，除贷款国另有规定外，由中国进出口银行等国家政策性银行、国有独资商业银行和交通银行承办。其他金融机构受委托需办理外国政府贷款的转贷业务，由金融机构向财政部提出申请，财政部进行审批。申报的项目必须符合国家产业政策和外国政府贷款支持的领域。

该暂行规定自 2000 年 1 月 1 日起执行。2000 年 3 月 29 日，财政部发布了《外国政府贷款转贷手续费收取办法》，根据项目的分类及转贷金额，转贷手续费年费率分档制定，自 2000 年 4 月 1 日起执行。

25 日 中国人民银行发布《对国有独资商业银行一级分行本部监管职责分工的意见》。其中提出明确了划分各级人民银行对一级分行本部监管职责分工的基本原则，并分别对人民银行分行职责和分行营业管理部、省会城市中心支行（含大连、青岛中心支行）职责做了具体规定。

中国证监会发布《关于清理“存折炒股”业务有关问题的通知》。针对部分证券经营机构违反《中华人民共和国证券法》规定，擅自与商业银行联合开办“存折炒股”业务，致使商业银行的储蓄网点大量从事证券经纪业务的问题，该通知规定，清理“存折炒股”业务的范围包括三个方面：证券经营机构委托商业银行代办投资者开立证券资金账户的行为；以商业银行的电话银行系统作为股票交易委托系统的行为；以商业银行的活期储蓄账户作为证券交易结算资金账户的行为。自收到本通知之日起，任何证券经营机构不得再开办“存折炒股”业务。中国证监会各派出机构要督促证券经营机构迅速制定切实可行的清理方案，经逐家审批后执行。全部清理工作必须在 2000 年 6 月 30 日前完成。

26 日 中国保监会发布《外资保险机构驻华代表机构管理办法》。该管理办法共有 5 章 37 条，包括总则、申请与设立、监督管理、罚则和附则。主要规定如下：中国保监会对代表机构进行监督管理。申请设立代表处的外资保险机构应当向中国保监会提交申请书，经其所在国家或地区公证机构公证的“营业执照”“合法开业证明”和“注册登记证明”等材料。在中国境内已设立两个及两个以上代表处的外资保险机构，可以申请设立总代表处。经中国保监会批准设立的代表机构，由中国保监会颁发批准书，有效驻在期限为 6 年。设立代表处的外资保险机构发生机构重组、分立、合并、收购或经营发生严重损失等重大事项，代表处应当在外资保险机构公告后的一个工作日内报中国保监会备案；代表处更换首席代表、变更名称和地址、展期、撤销等情况须报中国保监会批准。中国保监会对代表处实行日常和年度检查制度。违反本办法，未经批准擅自设立的代表处，中国保监会依法予以取缔。代表处违反中国有关保险法律、法规及本办法，中国保监会视情节轻重依法给予相应处罚。

28 日 第三次东盟与中国、日本、韩国“10 + 3”领导人会议在菲律宾首都马尼拉举行。会议发表的《东亚合作联合声明》标志着东亚国家采取全方位合作行动的开始。该声明确定了在经济、社会、政治和其他领域的合作重点。其中在经济方面，主要是加速贸易、投资和技术转让，鼓励技术和电子商务方面的技术合作，推动工农业合作，加强中小企业合作，启动东亚产业论坛，考虑建立“东亚经济委员会”等；在货币与金融合作方面，加强包括宏观经济风险管理、公司管理、资本流动的地区监控、强化银行和金融体系等方面的政策对话、协调与合作，通过“10+3”的框架加强地区的自救与自助机制等。

12 月

1 日　中国人民银行发布《金融资产管理公司金融统计制度（试行）》。为及时、准确地掌握金融资产管理公司的经营状况，更好地为中央银行货币政策与金融监管服务，中国人民银行决定将金融资产管理公司金融统计纳入人民银行统计范围之内。

2 日　国有股配售试点启动。中国证监会公布了首批进行国有股配售的 10 家预选上市公司，分别为：冀东水泥、华一投资、惠天热电、陆家嘴、中国嘉陵、天津港、富龙热力、成商集团、黔轮胎、太极实业。但最终仅有中国嘉陵（600877）和黔轮胎（0589）被确定为第一批进行配售试点的上市公司，并分别按 4.50 元/股和 4.80 元/股的价格进行了配售。中国嘉陵和黔轮胎首次通过配售方式进行国有股减持试点，因为配售价格过高而被停止。

中国证监会下发《关于成立证券发行内核小组的通知》。该通知要求，各有主承销业务资格的证券公司成立证券发行内核小组，并明确内核小组是公司参与证券发行市场的内控机构。其职责是：负责对拟向中国证监会报送的发行申请材料的核查，确保证券发行不存在重大法律和政策障碍；确保发行申请材料具有较高的质量；负责代表发行人和公司与中国证监会发行监管部进行工作联系，组织对有关反馈意见的处理等。

3 日　中国人民银行发布《紧急贷款管理暂行办法》。该暂行办法包括总则，贷款条件、贷款用途，期限和利率，贷款管理，罚则和附则，共 6 章 23 条。主要规定如下：1. 紧急贷款是指人民银行为帮助发生支付危机的上述金融机构缓解支付压力、恢复信誉，防止出现系统性或区域性金融风险而发放的人民币贷款。紧急贷款的审批权属人民银行总行，经总行授权，人民银行分行可依据本办法规定审批、发放紧急贷款。2. 城市商业银行、城市信用合作社和农村信用合作社（借款人）申请紧急贷款，应符合下列条件：在人民银行开户行设立“准备金存款”账户，且经批准已全额或部分动用法定存款准备金；当地政府及有关部门对处置借款人的支付已采取增加其资金来源以及其他切实有效的救助措施；借款人已采取了清收债权、组织存款、系统内调度资金、同业拆借、资产变现等自救措施；当地政府和组建单位或股东制定的救助方案已经人民银行总行或分行批准，并承诺在规定时限内实行增资扩股；提供担保；已实施现场监管。3. 紧急贷款仅限于兑付自然人存款的本金和合法利息，并优先用于兑付小额储蓄存款，紧急贷款最长期限为两年，贷款到期归还确有困难的，可批准展期一次，展期期限不得超过原贷款期限，执行人民银行对金融机构贷款利率。4. 借款人在借用紧急贷款期间，所筹资金除用于兑付储蓄存款外，应优先用于归还紧急贷款，不得增加新的资产运用，不得向股东分红派息；借款人应按时、足额归还紧急贷款本息，对逾期的紧急贷款，人民银行可从借款人准备金存款账户中扣收贷款本息，依法处置抵押物、质押物，用于归还贷款本息，依法要求保证人履行还款保证责任。该暂行办法适用于城市商业银行、城市信用合作社和农村信用合作社（含农村信用合作社县联社），地方政府兑付被撤销地方金融机构的债务向中央借款，不适用本办法。该暂行办法自 1999 年 12 月 3 日起实行。

第三套人民币停止流通。中国人民银行发布公告，即日起停止第三套人民币在市场上流通。第三套人民币从 1962 年 4 月 20 日发行 1960 年版枣红色 1 角券开始，到 1974 年 1 月 5 日发行最后一张 1972 年版 5 角券止，经过 12 年时间，共发行 7 种券别，即 10 元、5 元、2 元、1 元、5 角、2 角、1 角各 1 种；共计 24 种版别的纸币，即10元、5元、2元各2种，1元3种，5角、2角各3种，1角9种；共计22种版别的硬币，即1元、5角、1角各4种，2角3种，套装硬币7种。

10日 中国向社会公开发售“千禧金条”。“千禧金条”由中国金币总公司推出，在全国限额发售，总共16 600根，分为500克、200克、100克、50克四种规格，总计1.5吨，成色是99.99%。此次被授权销售的有北京、上海、南京、成都等11个城市。销售价格为：北京104元/克，上海110元/克，南京等112元/克。“千禧金条”不是传统的金条，而是一种以金条形式出现的黄金纪念品，也是新中国成立以来国家第一次发行的金条。

13日 国家外汇管理局发布《关于调整境内发行B股和境外上市股票外汇专用账户的开立和募股收入结汇审批权限的通知》。该通知规定：1. 在境内发行B股的企业开立B股专用账户，应向所在地外汇局申请，由所辖外汇局分局审核批准；在境外发行股票的企业在境外开立外汇账户，应向所在地外汇局申请，由所辖外汇局分局初审后，由国家外汇管理局审核批准；在境外发行股票的企业在境内开立外汇股票专用账户，应向所在地外汇局申请，由所辖外汇局分局审核批准；在境内发行B股和在境外发行股票企业，将发行股票所得外汇收入结汇的，应向所在地外汇局申请，由所辖外汇局分局审核批准。2. 企业调回的股票发行收入，如需在境内开立外汇账户，须向所在地外汇局申请，经所辖外汇局各分局批准后，方可开立外汇专用账户存储；境外发行股票，境内发行B股所筹外汇资金结汇，由外汇局各分局审批。3. 外汇局各分局应于每月8日内将上月境内发行B股和境外发行股票企业的开户和结汇情况上报国家外汇管理局备案。

14日 外经贸部、中国人民银行发布《对外承包工程项目投标（议标）许可暂行办法》。该暂行办法规定：对外承包工程项目投标（议标）许可（以下简称项目许可）是指由外经贸部根据项目所在国情况及有关业务管理规定，审理企业项目申请后所颁发的许可，企业凭本项目许可，向国内中资银行申请开具保函；项目是指企业在国（境）外以投标、议标方式参与的、且报价金额在500万美元以上（含500万美元）的工程项目。该暂行办法自2000年5月1日起实施。

16日 国家开发银行向中国信达资产管理公司转让部分信贷资产签字仪式在北京举行，国家开发银行一揽子向中国信达资产管理公司转让1 000亿元信贷资产。中国信达资产管理公司以向国家开发银行发行等额财政担保债券方式进行收购。

18日 国家外汇管理局发布《关于非贸易及部分资本项目项下售付汇提交税务凭证有关问题的通知》。该通知明确：我国境内机构（指公司、企业、机关团体及各种组织等）及个人在办理非贸易及部分资本项目项下购付汇手续时，凡个人对外支付500美元（含500美元）以上，境内机构对外支付1 000美元（含1 000美元）以上，除须向外汇指定银行（或国家外汇管理局及其分支局）提交原有关法规文件规定的相关凭证外，还须提交税务机关开具的该项收入的完税证明、税票或免税文件等税务凭证。该通知自2000年3月1日起执行。

21日 中国证监会发布《关于期货经纪公司营业部审批工作的通知》。该通知规定：1. 期货经纪公司申请设立营业部，必须具备以下条件：公司在最近一年内没有重大违法、违规行为，没有重大未决诉讼或纠纷；有符合要求的经理人员和三名以上其他从业人员；公司对营业部有完备的管理制度和内部控制制度（包括保证金管理制度、风险控制制度等）；有符合要求的经营场所和设备。2. 期货经纪公司申请设立营业部，须征得公司所在地证监会派出机构的同意，并提交设立申请和可行性报告，经营业部拟设立地证监会派出机构初审同意后，报中国证监会复审。3. 经批准的营业部，必须按以下要求进行管理和运作：营业部资金的调拨权和客户的风险控制权集中在公司总部，不得赋予营业部独立结算和资金调拨的权力；营业部的交易通过公司的席位和账户进行，交易所对公司实行统一结算；营业部应建立内部核算制度，原则上只留存一定比例的备付资金，日常费用开支实行报账制。

23 日 中国人民银行、教育部、财政部联合发布《关于助学贷款管理的若干意见》。其中规定：中国工商银行要继续探索国家助学贷款的多种担保形式；要简化贷款审批程序，合理确定贷款期限；要在中国人民银行规定的范围内，在利率水平上对借款人给予适当优惠；确实无法提供担保、家庭经济特别困难的学生以及其他学生均可申请信用方式的国家助学贷款。该文件还对进一步开办一般商业性助学贷款做了具体规定，包括信用助学贷款和担保助学贷款的申请与发放，助学贷款的金额、期限、贷款方式、还本付息方式，助学贷款利率和管理方式等内容。

财政部颁布《中国人民银行财务制度》。主要规定：财政部对人民银行实行独立的财务预算管理制度。人民银行各级机构每年编制财务预算逐级上报，由总行汇总报财政部审批。人民银行预算中各项收支相抵后，净额纳入国家预算。人民银行实行“统一领导、预算管理、分级核算、统负盈亏”的财务管理体制，遵循收付实现制会计核算原则。《中国人民银行财务制度》共有8章55条，自2000年1月1日起施行。

中国人民银行、财政部联合发布《关于移交彩票监管工作的通知》。为贯彻落实国务院关于由财政部负责统一监管彩票的指示精神，该通知规定：对彩票发行机构的监管职责和对彩票市场的监管职责移交给财政部。交接工作采取上下分别对口交接的方法。各地要在通知下发之日起30个工作日内完成交接工作。

24 日 中国保监会发布《向保险公司投资入股暂行规定》。其中明确规定：中国保监会负责对保险公司投资人进行资格审查，并批准其投资保险公司。符合经企业行政主管机关或董事会批准、净资产达到总资产30%以上，有盈利，所投资金为企业自有资金，且来源正当等条件的中外合资、合作经营企业，经中国保监会批准，可以向保险公司投资；外资股东向保险公司投资，还须同时符合单个外资股东股份不得超过保险公司总股本的5%、全部外资股东股份不得超过保险公司总股本的25%两个条件。各级地方财政部门经当地政府同意，由中国保监会核准，可以用财政结余资金向保险公司投资。党政机关、部队、团体以及国家拨给经费的事业单位，不得向保险公司投资。银行、证券机构不得向保险公司投资；银行、证券机构受让保险公司股权的，保险公司应报告中国保监会，并在6个月内转让。保险公司投资人应当用货币形式出资，禁止以实物或无形资产形式投资；禁止企业及其他投资人用银行贷款向保险公司投资；禁止参股的股东与保险公司之间以股权置换的形式相互投资。单个股东直接投资，或以其他股东名义投资，或通过关联公司投资，持有股份超过保险公司总股本10%的，应当报经中国保监会批准。境外企业、境内外商独资企业投资比例超过保险公司总股本25%的，依照外资保险公司管理的有关规定执行，不适用本规定；符合上市条件的保险股份有限公司，向公众募集股本不适用本规定。

中国证监会发布《〈期货经纪合同〉指引》。其中规定：1. 期货经纪公司制订或者修改《期货经纪合同》，应当将合同样本报送中国证监会派出机构审查。2. 期货经纪公司应当向客户说明《期货经纪合同》主要条款的含义，并向客户提示其所负的说明义务。3.《期货经纪合同》应当统一约定客户开户的保证金最低标准和风险控制条件；统一约定强行平仓、追加保证金的条件及有关事项；统一规定对交易结果的通知、确认和异议的程序和方式，并与客户约定采用的具体程序和方式。

29 日 国家经贸委、外经贸部、海关总署、中国人民银行、国家外汇管理局、中国银行联合发布《关于加工贸易企业以多种形式缴纳税款保证金实施办法》。该实施办法规定：企业开展加工贸易业务因故无法向海关缴纳税款保证金的，可凭中国银行出具的以海关为受益人的税款保付保函办理海关备案手续。

中信证券股份有限公司成立。中信证券股份有限公司的前身是中信证券有限责任公司，于1995年10月25日在北京成立。1999年10月27日经中国证监会批准，经国家工商行政管理局变更注册，增资改制为中信证券股份有限公司，注册资本为24.815亿元人民币，注册地为深圳市。2002年12月13日，经中国证监会核准，向社会公开发行4亿股普通A股股票，并于2003年1月6日在上海证券交易所挂牌上市交易，股票代码为600030。

30日 国务院办公厅转发科技部、国家计委、国家经贸委、财政部、中国人民银行、国家税务总局、中国证监会《关于建立风险投资机制的若干意见》。该意见包括建立风险投资机制的意义、基本原则、培育风险投资主体、建立风险投资撤出机制、完善中介服务体系、建立健全鼓励和引导风险投资的政策和法规体系六部分内容。其中规定：风险投资公司和风险投资基金是风险投资主体中的主导性机构，是以风险投资为主要经营活动的非金融性企业，其主营业务是向高新技术企业及科技型中小企业进行投资，转让由投资所形成的股权，为高新技术企业提供融资咨询，参与并鼓励非国有企业、个人、外商及其他机构投资入股。

2000 年

1 月

2 日 中国证券期货业 2000 年试交易成功。各证券期货交易所、通信公司、结算公司、证券期货经营机构及其营业部，以及基金管理公司共 4 000 多个单位、数万工作人员参加了本次试交易。在整个试交易过程中，交易、结算、行情和通信系统平稳运行，电力、电信等外围系统基本正常。本次试交易是各单位经过近两年的细致工作，在自测自改和六次全行业联网测试的基础上完成系统升级，标志着我国证券期货业解决计算机 2000 年问题工作初见成效。1 月 4 日，国内三家期货交易所——上海期货交易所、郑州商品交易所、大连商品交易所平稳度过 2000 年第一个交易日。

3 日 财政部发布《国际金融组织与日本协力银行贷款管理规定》。该规定明确，国家开发银行是国际金融组织贷款的主要转贷机构，中国银行是日本国际协力银行贷款的主要转贷机构，在财政部的统一安排下，分别承担国际金融组织与日本国际协力银行贷款项目的国内转贷及相关的项目执行管理工作。两种贷款中的基础性项目与竞争性项目的贷款主要由财政部分别转贷给国家开发银行或国有商业银行、非银行金融机构以及中国银行，再由银行或非银行金融机构转贷给具体项目单位；并由转贷银行向财政部偿还该项目贷款的全部本息费，承担全部的信贷风险和外汇风险。其中，国家开发银行可在原贷款的利率基础上加收一定幅度的转贷利差作为业务成本。该转贷利差的最高限额不得超过年利率 0.4%；中国银行转贷利差的最高限额不得超过年利率 0.6%。其他商业银行或非银行金融机构可根据商业原则确定其转贷利差，但利差水平应符合国际惯例、国外贷款机构的要求和国内相应标准。

中国保监会颁布《保险公司管理规定》。该规定分为 10 章 119 条，包括总则、保险机构、保险经营、保险条款和保险费率、保险资金管理及运用、保险公司偿付能力、再保险、监督检查、罚则和附则。该规定明确，在全国范围内经营保险业务的保险公司，实收货币资本金不得低于 5 亿元人民币，并可以申请设立三家分公司；在特定区域内经营业务的保险公司，实收货币资本金不得低于 2 亿元人民币，并可以设立两家分公司。保险股份有限公司单个股东（包括其关联公司或以其他人名义）持有保险公司股份总额超过保险公司资本金 10% 的，须经中国保监会批准。中国保监会制定和修订主要险种的基本保险条款和保险费率，也可以委托保险行业协会或保险公司拟订主要险种的基本保险条款和保险费率。保险资金运用限于银行存款，买卖政府债券、金融债券和中国保监会指定的中央企业债券。保险公司应具有与其业务规模相适应的最低偿付能力。除人寿保险业务外，保险公司必须将其承保的每笔保险业务的 20% 向中国保监会指定的再保险公司办理法定分保。中国保监会对保险业的监督管理遵循市场行为监管与偿付能力监管并重的原则。该规定自 2000 年 3 月 1 日起施行。

4 日 中国人民银行发布《关于加强银行计算机安全防范金融计算机犯罪若干问题的决定》。该决定明确计算机安全工作采取的主要措施是：建立健全银行计算机安全工作管理体系，加强银行计算机安全工作制度建设，充分利用高新技术提高技术防范水平，确保银行计算机安全的资金投入，严厉打击金融计算机犯罪。

10日 国家计委、财政部、国家经贸委、中国人民银行发布《关于整顿企业抵押贷款收费的通知》。该通知规定：在企业办理抵押贷款过程中，除为保证贷款资金安全所必须履行的法定登记外，任何部门、单位都不得强制实施服务及收费，不得强迫企业到指定的机构接受服务及收费；整顿行政性收费，对企业办理抵押贷款收费实行适当减收；适当降低中介机构收费标准；对抵押物进行评估，须以与贷款规模相适应的有效抵押物的评估金额为基数计取费用，不得采取扩大评估标的范围或虚高估价的方式多收费；抵押物的抵押权益登记有效期限应与贷款期限相一致；企业抵押权益登记期满，继续利用同一抵押物申请抵押贷款续期的，除工本费外，不再收取抵押物登记费；委托前次评估机构和公证机构再次进行评估和公证的，其收费标准应在不超过规定收费标准30%的幅度内计收；企业已办理的保险能够保证抵押物安全的，银行不得要求企业再次保险；各省、自治区、直辖市价格主管部门应会同有关部门于近期对本地区企业抵押贷款收费进行一次全面整顿。

11日 国家计委、中国人民银行、国家外汇管理局发布《关于国有商业银行实行中长期外债余额管理的通知》。该通知对中国工商银行、中国农业银行、中国银行、中国建设银行向境外筹借且尚未偿还的，借款使用期限1年以上的以外国货币承担契约性偿还的所有债务余额（中长期外债余额）由国家计委商中国人民银行及国家外汇管理局，核定各国有商业银行中长期外债余额总额报国务院审批。余额总额按5年期确定，每年一核。各国有商业银行在不突破余额和保证按期还债的前提下周转借用，多还多借，少还少借。

14日 中国保监会发布《保险公估人管理规定（试行）》。该规定明确：保险公估人是指专门从事保险标的的评估、勘验、鉴定、估损、理算等业务，并据此向保险当事人合理收取费用的公司。参加保险公估资格考试成绩合格者可以申请保险公估人从业资格。保险公估公司的组织形式为有限责任公司，必须具备最低实收货币资本金不低于人民币200万元且持有“资格证书”的公司员工人数不得低于公司员工总数的1/2等条件。该规定明确：保险公估公司单一法人资本不得超过其注册资本金总额的10%。个人资本之和不得超过资本金总额的30%，单一个人资本不得超过资本总额的5%。保险公估公司业务范围为：对保险标的承保前的检验、估价及风险评估；对保险标的出险后的查勘、检验、估损及理算；与境外同类机构进行评估、勘验、理算等方面的专业技术合作。保险公估公司不得从事保险代理或保险经纪活动。该规定还明确了相应的罚则。

中国人民银行向国家邮政局发布《关于邮政储蓄清理结果和整顿意见的通报》。邮政部门于1986年恢复开办储蓄业务。截至1999年8月31日，全国共有邮政储蓄营业机构2 583个，储蓄网点34 027个，全部邮政储蓄网点存款余额为3 640亿元。1999年12月，中国人民银行完成了对邮政储蓄机构、人员、业务、内部控制、安全防范等方面的全面清理。

24日 中国人民银行发布《农村信用合作社农户联保贷款管理指导意见》。农户联保贷款是指没有直系亲属关系的农户在自愿基础上组成联保小组，信用社对联保小组成员提供的贷款。联保小组由居住在信用社服务辖区内有借款需求的5～10户没有直系亲属关系的农户自愿组成。该指导意见明确：借款人应具备的条件是需要生产资金；具有完全民事行为能力；遵守联保协议；从事符合国家政策规定的经营活动；在得到贷款前，应在信用社存入不低于借款额5%的活期存款。贷款用途及安排次序为：种植业、养殖业等农业生产费用贷款；加工、手工、商业等个体工商户贷款；其他贷款。农户联保贷款实行分次偿还本息的方式，单次借款额度原则上不得超过当地农户的年平均收入，贷款期限根据借款人生产经营活动的周期确定，原则上不得超过1年。农户联保贷款利率和方式及结息的办法由信用社在适当优惠的前提下，根据小组成员的存款利率、费用成本和贷款风险等情况与借款人协商确定。信用社对小组成员的存款利率实行上下限管理；在最低为同期中国人民银行公告的法定活期存款利率，最高不超过法定活期存款利率加一个百分点的范围内，由信用社自行决定小组成员的各种存款利率。

25日 全国银行、证券、保险工作会议在北京召开。会议强调，必须清醒地看到当前金融改革、整顿、监管和防范风险的任务十分艰巨。必须继续大力推进金融改革和整顿，特别要“严”字当头，突出抓好金融管理和监督，又要健全内控机制，加快金融体制改革和制度建设。同时，要充分认识防范金融风险的极端重要性和长期性、艰巨性，继续推动金融改革和整顿，健全和强化金融法治，进一步做好防范和化解金融风险的各项工作。会议同时指出，金融系统要正确处理支持经济发展与防范金融风险的关系，使二者更好地结合起来，而不能对立起来。金融系统要在坚持稳健经营的原则下，从多方面加大对经济发展和改革的支持力度。要通过强化管理和监督，明显提高我国金融的整体素质和经营管理水平。要采取切实有效的措施，大力改进金融服务，为推进经济发展和国有企业改革提供有力的支持。

25~29日 全国证券期货工作会议在北京召开。会议指出，2000年，要认真贯彻十五届四中全会精神，继续扩大直接融资比重，推进高新技术企业发展和经济结构调整；全面贯彻实施《中华人民共和国证券法》，切实加强管理，严格依法治市，进一步搞好清理整顿和市场监管，努力防范市场风险；提高上市公司和证券公司质量，促进证券市场规范发展，更好地为国有企业改革和经济发展服务。并提出了2000年的主要工作：建立高新技术板，推进技术进步和产业升级；改革股票发行制度，提高审核质量和效率；提高直接融资比重，进一步推进国有企业改革和经济发展；促进上市公司购并重组，优化上市公司质量，调整企业结构；继续抓好证券市场清理整顿，进一步防范和化解市场风险；进一步加强证券期货法制建设，提高依法行政水平；继续规范期货市场试点，进一步完善期货市场功能；适应加入世界贸易组织的新情况，完善有关法规，全面提高证券业素质；进一步理顺三级监管的职责划分，充分发挥集中统一监管体制的优势；巩固“三讲”教育成果，进一步加强证券监管队伍建设。

2月

1日 国务院办公厅转发中国人民银行、教育部、财政部《关于助学贷款管理的若干意见》。其中规定：助学贷款包括国家助学贷款和一般商业性助学贷款两类。国家助学贷款是由中国工商银行开办的、国家财政贴息的，适用于中国内地高等学校中经济确实困难的全日制本、专科学生的助学贷款。一般商业性助学贷款是指金融机构对正在接受非义务教育学习的学生或其直系亲属，或法定监护人发放的商业性贷款；只能用于学生的学杂费、生活费以及其他与学习有关的费用，财政不予贴息，各商业银行、城市信用社、农村信用社等金融机构均可开办。该文件还提出：中国工商银行要继续探索国家助学贷款的多种担保形式；要简化贷款审批程序，合理确定贷款期限；在利率水平上对借款人给予适当优惠；确实无法提供担保、家庭经济特别困难的学生以及其他学生均可申请信用方式的国家助学贷款。同时，各金融机构要在信贷原则的指导下，积极开办一般商业性助学贷款业务，其中包括信用助学贷款和担保助学贷款。

2日 中国人民银行、中国证监会联合发布《证券公司股票质押贷款管理办法》。股票质押贷款是指证券公司以自营的股票和证券投资基金券作质押，向商业银行获得资金的一种贷款方式。该管理办法明确：商业银行开办股票质押贷款业务须经中国人民银行总行批准。股票质押贷款期限最长为6个月，其利率可参照中国人民银行规定的金融机构同期同档次商业贷款利率适当浮动，最高上浮幅度为30%，最低下浮幅度为10%。用于质押贷款的股票原则上应业绩优良、流通股本规模适度、流动性较好，股票质押率最高不能超过60%。对于贷款风险控制，该文件明确：贷款人发放的股票质押贷款余额，不得超过其资本金的15%；对一家证券公司发放的股票质押贷款余额，不得超过其资本金的5%。一家商业银行接受的、用于质押的一家上市公司股票，不得高于该上市公司全部流通股股票的10%。一家证券公司只能在一家商业银行办理股票质押贷款，且用于质押的一家上市公司股票不得高于该上市公司全部流通股股票的10%，并且不得高于该上市公司已发行股份的5%。被质押的一家上市公司股票不得高于该上市公司全部流通股股票的20%。为控制因股票价格波动带来的风险，特设立警戒线和平仓线。警戒线为质押股票市值与贷款本金的百分比，设定值是130%；平仓线为质押股票市值与贷款本金的百分比，设定值是120%。在质押股票市值与贷款本金之比降至警戒线时，贷款人应要求借款人及时补足因证券价格下跌造成的质押价值缺口。在质押股票市值与贷款本金之比降至平仓线时，贷款人应及时出售质押股票，所得款项用于还本付息，余款清退给借款人，不足部分由借款人清偿。3月31日，中国工商银行向广发证券有限责任公司发放首笔期限为半年的1 368万元人民币股票质押贷款。这是国内第一笔商业银行向证券公司发放的股票质押贷款，也是人民银行颁布《证券公司股票质押管理办法》以来国内第一笔商业银行向证券公司发放的股票质押贷款。

中国人民银行下发《关于新疆生产建设兵团建设性银行贷款停息挂账的通知》。为了维护新疆的长期稳定和支持新疆经济的长期发展，人民银行决定对新疆生产建设兵团边境团场1996年12月31日前建设性贷款本金63 994.5万元，从1999年12月21日起停息挂账5年。1999年12月21日前欠交的贷款利息一次核销，纳入2000年各行核销呆坏账规模内。1999年12月21日前已收回的1999年年底前发放的建设性贷款本息不返还。

3日 国务院发布《中华人民共和国人民币管理条例》。该条例规定：中华人民共和国的法定货币是人民币。人民币的单位为元，人民币辅币单位为角、分。中国人民银行是国家管理人民币的主管机关，负责本条例的组织实施。新版人民币由中国人民银行组织设计，报国务院批准，由中国人民银行指定的专门企业印刷。人民币由中国人民银行统一发行并予以公告。停止流通的人民币和残缺、污损的人民币，由中国人民银行负责回收、销毁。禁止非法买卖流通人民币和故意毁损，制作、仿制、买卖、在宣传品、出版物或者其他商品上使用人民币图样等损害人民币的行为。任何单位和个人不得印制、发售代币票券，以代替人民币在市场上流通。中国公民出入境、外国人出境携带人民币实行限额管理制度。该条例自2000年5月1日起施行。

4日 中国人民银行发布《关于重申严禁金融机构不正当存款竞争的通知》。该通知重申：各金融机构要对现有的制度、规定、办法进行一次认真清理，废除存款单项考核和奖励办法，不得对非存款部门下达存款考核指标，不得把存款考核指标分解下达到职工个人，不得将存款考核指标与职工个人工资、奖金、福利、行政职务安排等挂钩。金融机构办理各项存款业务，不得提高或变相提高利率，不得向经办人和关系人支付法定利息以外任何名目的费用和馈赠物品，严格遵守相关规定。加大对继续使用不正当手段进行存款竞争的处罚力度。

13日 中国证监会发布《关于向二级市场投资者配售新股有关问题的通知》。该通知规定：向二级市场投资者配售新股，是指在新股发行时，将一定比例的新股由上网公开发行改为向二级市场投资者配售。投资者每持有上市流通证券市值10 000元限申购新股1 000股，申购新股的数量应为1 000股的整数倍，投资者持有上市流通证券市值不足10 000元的部分，不赋予申购权；每一股票账户最高申购量不得超过发行公司公开发行总量的1‰；每一股票账户只能申购一次，重复的申购视为无效申购。证券投资基金按现行有关规定优先配售新股后，不再按其持有上市流通证券的市值配售新股。该通知自2000年2月22日起实施。

上述通知发布以后，由于技术原因，此发行方式一度暂停。2002年5月20日，中国证监会又发布了《关于向二级市场投资者配售新股有关问题的补充通知》，就恢复向二级市场投资者配售新股作出补充规定：发行公司及其主承销商采用向二级市场投资者配售方式发行新股的，其基本原则是优先满足市值申购部分，在此前提下，配售比例应在50%～100%确定。投资者可根据其持有的上市流通股股票的市值自愿申购新股。

15日 财政部组建全国银行间债券市场国债承销团，并与之签订2000年年度记账式国债主承销协议。此次参加2000年国债承销团的共有66家金融机构，包括46家商业银行、7家证券公司、5家保险公司和8家农村信用社联合社。组建国债承销团是中国国债发行的改革之举。

中国股市出现第一只百元股票。10点11分，深圳证券交易所的广东亿安科技股份有限公司股票（股票简称：亿安科技；股票代码：0008）升至100元。当日报收104.39元，成为我国股份拆细后第一只股价超过100元的股票。

亿安科技前身为深圳市锦兴实业股份有限公司（股票简称：深锦兴A；股票代码：0008；1992年5月7日在深圳证券交易所上市。1999年8月18日“深锦兴”正式更名为“亿安科技”）。亿安科技股价从1998年8月的5.60元开始上涨，2000年1月4日，是2000年第一个交易日，亿安科技为42.35元，2月17日创下了126.31元的最高价，涨幅高达21.50倍，被广大股民称为中国股票市场的神话。

18日 中国保监会发布《分红保险管理暂行办法》。该办法规定：保险公司每一会计年度向保单持有人实际分配盈余的比例不低于当年全部可分配盈余的70%。保险公司应当于每年4月1日前向中国保监会报送分红保险专题财务报告，包括资产负债表、利润表、收入分配和费用分摊报告等内容。该报告须由精算责任人签字，并经符合资格的会计师事务所审计。保险公司每一会计年度应当至少向保单持有人寄送一次分红业绩报告，说明投资收益、保单持有人应获红利金额等情况。

中国保监会制定发布《投资连结保险管理暂行办法》。该办法明确了保险公司申报投资连结保险产品应当满足的最低要求，保险公司应当每月至少评估一次投资账户中的单位价值，并向保单持有人公布。只连结一个投资账户的连结保险，其投资账户按成本价计算，其中国有商业银行存款、国债之和不得少于20%。投资账户与任何关联账户之间，不得发生买卖、交易和财产转移行为。

3月

2日 中国建设银行与湘财证券有限责任公司在北京签署股票质押贷款主办行协议，同时签订首笔股票质押贷款承诺书，承诺金额1.2亿元。这是国有商业银行与券商首次签署此类协议。

3日 中国人民银行宣布批准澳大利亚新银行上海分行、德国商业银行上海分行、日本旭日银行上海分行、韩国韩汇银行上海分行、韩国产业银行上海分行、日本三和银行深圳分行、日本富士银行深圳分行等7家符合条件的外资银行在上海和深圳经营人民币业务。至此，在我国获准经营人民币业务的外资银行已达32家。

中国人民银行发布《中外合资、合作经营企业中方投资人新增资本贷款管理办法》。主要规定如下：中外合资、合作经营企业中方投资人新增资本贷款是指境内中资商业银行对中外合资、合作经营企业（包括港澳台资）的中方投资人增加注册资本金时不足部分发放的人民币或外币中长期贷款，必须用于从事《外商投资企业产业指导目录》中鼓励类、允许类项目的企业。贷款金额最高不超过中方投资人所增注册资本金的50%，贷款币种为人民币或外币，贷款人应根据实际情况，合理确定贷款期限，贷款期限最长不得超过10年（含展期），贷款利率按中国人民银行规定的同档次中长期人民币贷款利率和中国人民银行授权中国银行公布的外汇贷款利率执行。

4日 中国人民银行发布《关于撤销中国信达资产管理公司跨地区业务部的通知》。中国信达资产管理公司未经人民银行审批，跨地区设立了业务部，违反了《金融机构管理规定》。该通知要求中国信达资产管理公司从文到之日起，一个月内撤销已设的跨地区业务部。

5日 第九届全国人民代表大会第三次会议在北京召开。国务院总理朱镕基做《政府工作报告》。该报告总结了1999年的各项工作，提出了2000年新的任务。其中要求：进一步发挥货币政策的作用。金融系统要正确处理支持经济增长与防范金融风险的关系，在坚持稳健经营的原则下，从多方面加大对经济发展的支持力度。中国人民银行要运用多种货币政策工具，及时调控货币供应总量。要切实改进金融服务。国有银行应加强内部资金调度，合理划分贷款审批权限，及时发放与国债投资项目配套的固定资产贷款，保证有市场、有效益、守信用企业的流动资金贷款需要。切实增加对各种所有制中小企业特别是科技型企业的贷款。努力解决农民贷款难问题。对重复建设、产品积压和需要压缩生产能力的企业，应当停止或压缩贷款。要大力发展住房贷款、助学贷款和大件商品的消费信贷，改进办法，简化手续，提高审贷效率。进一步规范和发展证券市场，增加企业直接融资比重。完善股票发行上市制度，支持国有大型企业和高新技术企业上市融资。依法严格审批保险企业，积极拓展保险业务。

7日 中国人民银行就1999年颁布的《银行卡业务管理办法》中跨行交易收费条款作出补充规定：1. 对于持卡人在他行ATM上发生的取款交易，发卡行应向代理行交纳代理费，同城每笔4.5元人民币，异地5.1元。2. 通过信息交换中心转接的跨行交易，代理行应向信息交换中心交纳网络服务费，同城每笔0.6元人民币，异地1.2元。3. 持卡人在他行ATM取款应向发卡行交纳手续费，每笔2元人民币。4. POS机跨行消费交易，不通过信息交换中心转接的从商户所得的结算手续费中按发卡行90%，收单行10%的比例分配等。该办法还对城市银行卡信息交换中心的收费做了系列规定。

10日 国务院办公厅转发国家计委、中国人民银行《关于进一步加强对外发债管理的意见》。该意见指出，对外发债实行资格审核批准制。除财政部外，境内机构对外发债资格，由国家计委会同人民银行和有关主管部门，借鉴国际惯例进行评审后报国务院批准。发债资格每两年评审一次。该意见规定，除财政部外，境内机构对外发债，经国家计委审核并会签国家外汇管理局后报国务院审批。国务院批准后，市场选择、入市时机等由国家外汇管理局审批。地方政府不得对外举债。境内机构对外发债后，要按规定到国家外汇管理局办理登记。发债资金要按照批准的用途专款专用。

13日 中国证监会发布《关于安排上市公司转配股分期、分批上市的通知》。该通知决定：从2000年4月开始，由证券交易所组织实施，用24个月左右的时间逐步安排转配股上市流通。上市的方式是按照产生转配股的时间先后，分期、分批陆续进入二级市场流通。公司有多次转配行为的，按首次发生转配股的时间确定上市顺序，并同时全部安排上市。在国务院作出新的规定前，国家拥有的股份和法人持有的未流通股份及其增量暂不上市流通。转配股是上市公司在配股时，国有股或法人股股东由于缺乏现金等原因将配股转让给社会公众，由社会公众股股东认购的股份。

转配股实施开始于1994年5月，首家发行转配股的上市公司是广东珠江实业（股票代码：600684）。但转配股发行主要集中于1995—1997年，1998年停止了转配股的做法。随着上市公司送股、转股和配股的实施，转配股的总数逐渐增大。据统计，截至2000年3月底，沪深两市共有169家上市公司含有历史遗留尚未流通的转配股，股份总额约为33.32亿股。2000年4月3日，珠江实业、东方明珠（股票代码：600832）、外高桥（股票代码：600648）、南京新百（股票代码：600682）、诚成文化（股票代码：600681）5家公司转配股首批上市流通，转配股上市工作正式启动。

15 日 国务院公布《国有重点金融机构监事会暂行条例》。该暂行条例规定，国有重点金融机构监事会（以下简称监事会）由国务院派出，对国务院负责，代表国家对国有金融机构的资产保值增值状况实施监督。监事会由主席一人、监事若干人组成，一般每年对国有金融机构定期检查两次，并可以根据实际需要不定期地对国有金融机构进行专项检查。监事会每次对国有金融机构进行检查后，应当及时作出检查报告。

2000 年 8 月 21 日，由国务院派出的 15 个国有重点金融机构监事会正式进驻 16 家国有重点金融机构，它们是：国家开发银行、中国进出口银行、中国农业发展银行、中国工商银行、中国农业银行、中国银行、中国建设银行、交通银行、中国华融资产管理公司、中国长城资产管理公司、中国东方资产管理公司、中国信达资产管理公司、中国人民保险公司、中国人寿保险公司、中国再保险公司、中国银河证券有限责任公司。

16 日 中国证监会发布《股票发行核准程序》。该核准程序取消了指标分配、行政推荐的办法，今后企业发行上市不再需要发行指标和地方或国务院有关部门推荐，只要符合法律、法规的要求，经省级政府或国务院有关部门同意，主承销商即可向中国证监会推荐并报送申请文件。同时，新股发行也不再经过预选。核准程序规定，主承销应对发行人进行为期一年的辅导，对企业的董事、监事和高级管理人员进行《中华人民共和国公司法》《中华人民共和国证券法》等考试。辅导结束后，主承销商须出具承诺函才能向中国证监会报送申请文件。该核准程序标志着我国股票发行体制开始由审批制向核准制转变。2001 年 3 月 17 日，我国股票发行核准制正式启动。经国务院批准，《股票发行核准程序》于 2006 年 5 月 18 日予以废止。

中国证监会发布《股票发行上市辅导工作暂行办法》。该暂行办法明确：拟公开发行股票（A 股、B 股）的股份有限公司应符合《中华人民共和国公司法》的各项规定，在向中国证监会提出股票发行申请前，均须具有主承销资格的证券公司辅导，辅导期限为 1 年。辅导有效期为 3 年，即本次辅导期满后 3 年内，拟发行公司可以由主承销机构提出股票发行上市申请；超过 3 年，则须按本办法规定的程序和要求重新聘请辅导机构进行辅导。该暂行办法自公布之日起执行，1995 年 9 月 5 日中国证监会发布的《关于对公开发行股票公司进行辅导的通知》同时废止。

17 日 中国进出口银行与中国船舶重工集团公司、中国船舶工业贸易公司在北京举行签字仪式，向伊朗出口 5 艘 30 万吨 VLCC 超大型油轮项目提供 17.9 亿元人民币和 1.1 亿美元的出口卖方信贷，以及 5 亿美元的出口信用保险。该船舶出口项目的合同金额约为 3.7 亿美元，这是我国首次承接超大型油轮的建造和出口，也是我国出口卖方信贷单笔金额最大的项目。

20 日 国务院发布《个人存款账户实名制规定》。该规定明确，个人在金融机构开立个人存款账户（指个人在金融机构开立的人民币、外币存款账户，包括活期存款账户、定期存款账户、定活两便存款账户、通知存款账户以及其他形式的个人存款账户）时，应当出示本人身份证件，使用实名。代理他人在金融机构开立个人存款账户的，代理人应当出示被代理人和代理人的身份证件。金融机构应当对证件进行核对，并登记证件上的姓名和号码，否则，由中国人民银行给予警告，可以处 1 000 元以上 5 000 元以下的罚款；情节严重的，可以并处责令停业整顿，对直接负责的主管人员和其他直接责任人员依法给予纪律处分；构成犯罪的，依法追究刑事责任。该规定自 2000 年 4 月 1 日起施行。实行个人存款账户实名制是规范金融活动、完善金融监管的基础性措施。

23 日 中国保监会批准，泰康人寿、华泰财产、平安人寿、新华人寿四家公司将其保险资金投资证券投资基金的限额由目前占公司总资产的 5% 提高到 10%。6 月 7 日，中国保监会又批准太平洋保险公司将其入市资金比例从 1999 年年底总资产的 5% 提高到 15%。据中国保监会统计，截至2000年上半年，中资保险公司投资证券基金的资金达96亿元。1999年，我国首次允许保险公司以购买证券投资基金的方式进入证券市场，当时的入市资金比例被规定在保险公司总资产的5%以内。

24日 中国人民银行发布《金融机构高级管理人员任职资格管理办法》。该管理办法主要规定：凡经中国人民银行批准在中国国内设立的银行、金融资产管理公司、信托投资公司、企业集团财务公司、金融租赁公司、城市信用合作社及其联合社、农村信用合作社及其联合社、其他金融机构的法定代表人和对经营管理具有决策权或对风险控制起重要作用的高级管理人员应接受和通过中国人民银行任职资格审核。中国人民银行对金融机构高级管理人员任职资格的审核，分核准制和备案制两种。适用核准制的高级管理人员任职，在任命前应获得中国人民银行任职资格核准文件；适用备案制的高级管理人员任职，在任命前应报中国人民银行备案。中国人民银行及其分支机构对金融机构高级管理人员任职资格实行分级审核、分级管理，并及时上报上级行备案。

经中国保监会核准备案，中国人民保险公司开始在全国范围内推广医疗责任保险。《中国人民保险公司医疗责任保险条款》规定：凡依法设立、有固定场所的医疗机构及经国家有关部门认定合格的医务人员，均可作为本保险的被保险人。在本保险单明细表中列明的保险期限或追溯期及承保区域范围内，被保险人在从事与其资格相符的诊疗护理工作中因过失发生医疗事故或医疗差错造成依法应由被保险人承担的经济赔偿责任，并由被保险人在本保险有效期限内首次提出索赔申请的，保险人负责赔偿。该文件还对责任免除、被保险人义务、赔偿处理、争议处理等作出了明确规定。

28日 中国人民银行发布《教育储蓄管理办法》。该管理办法指出，开办教育储蓄是为鼓励城乡居民以储蓄存款方式，为其子女接受非义务教育（指9年义务教育之外的全日制高中、大中专、大学本科、硕士和博士研究生）积蓄资金，促进教育事业发展。该管理办法明确，除邮政储蓄机构以外的可办理储蓄存款业务的金融机构均可开办教育储蓄。教育储蓄的对象（储户）为在校小学四年级（含四年级）以上学生。

中国人民银行发布《关于授权分行审批信托投资公司动用法定存款准备金的通知》。该通知规定：信托投资公司发生严重支付困难时，人民银行分行可批准其在一定期限内动用全部或部分法定存款准备金，用于兑付个人债务和合法外债。动用法定存款准备金最高限额不得超过其实际缴存的法定存款准备金余额。期限12个月，可展期一次。

30日 中国证监会公布《网上证券委托暂行管理办法》。该管理办法规定，网上委托是指证券公司通过互联网，向在本机构开户的投资者提供用于下达证券交易指令、获取成交结果的一种服务方式。网上委托的证券为上海证券交易所、深圳证券交易所挂牌的证券。获得中国证监会颁发的“经营证券业务许可证”的证券公司，可以向中国证监会申请开展网上委托业务。

4月

4日 中国证监会、财政部发布《证券交易所风险基金管理暂行办法》。该暂行办法规定：证券交易所风险基金是指用于弥补证券交易所重大经济损失，防范与证券交易所业务活动有关的重大风险事故，以保证证券交易活动正常进行而设立的专项基金。其来源为：按证券交易所收取交易经手费的20%提取；按证券交易所收取席位年费的10%提取；按证券交易所收取会员费10%的比例一次性提取；按本办法施行之日新股申购冻结资金利差账面余额的15%一次性提取；对违规会员的罚款、罚息收入。该基金由证券交易所理事会管理，并以专户方式全部存入国有商业银行，存款利息全部转入基金专户，最低支付限额2 000万元。

中国证监会、财政部发布《证券结算风险基金管理暂行办法》。该暂行办法规定：证券结算风险基金是指用于弥补证券登记结算公司因技术故障、操作失误、不可抗力导致的重大经济损失，以及防范与证券结算业务相关的重大风险事故而设立的专项基金。其来源为：按登记公司业务收入、收益的20%分别提取；结算会员按人民币普通股和基金成交金额的十万分之三、国债现货和回购成交金额的十万分之一逐日交纳；按本办法施行之日新股申购冻结资金利差账面余额的30%一次性提取；对违规结算会员的罚款、罚息收入；中国证监会和财政部规定的其他来源。中国证监会会同财政部可以根据市场风险情况，适当调整本基金规模、资金提取和交纳方式、比例。该基金以专户方式全部存入国有商业银行，存款利息全部转入基金专户，最低支付限额2 000万元。

6日 中国人民银行发布《关于推行贷款五级分类有关问题的通知》。该通知要求：2000年，各行要继续实行贷款分类的“双轨”运行制度，按“一逾两呆”和“五级分类”两个口径向人民银行报送贷款质量报表。人民银行将同时把五级分类作为贷款质量的监控指标进行监管。在进一步总结经验的基础上，力争在2001年年底正式推行贷款五级分类制度。城乡信用社目前暂不实行贷款五级分类办法。

6~7日 中国石油天然气股份有限公司分别在美国纽约、中国香港成功上市（香港交易所股票代码：0857；纽约证券交易所股票代码：PTR）。中国石油天然气股份有限公司（以下简称中石油）是在中国石油天然气集团公司重组改制的基础上，于1999年11月创立的，主要经营石油、天然气勘探、开发、生产、炼制、储运、销售等主营业务。中石油是中国在海外上市的最大的国有控股公司。2000年6月，中国联通分别在中国香港、美国纽约成功上市。

10日 世界储蓄银行协会亚太区第六届会议在上海召开。此次会议由中国工商银行和世界储蓄银行协会（以下简称世界储协）共同主办。会议就世界储协在亚太地区的工作计划、亚洲的经济现状和未来前景以及零售银行业务面临的挑战等议题展开讨论，并对中国的经济金融改革、银行的地区间合作以及如何在地区经济的进一步发展中发挥储蓄银行的作用等议题进行广泛的交流和探讨。世界储协于1994年正式成立，前身为成立于1924年的国际储蓄银行协会，现代表成员有107个，其中在中国的有3个，分别为中国工商银行、中国邮政储蓄局、澳门储蓄银行。

12日 《中国人民银行真实性检查实施方案》发布。中国人民银行决定：从2000年4月11日起至5月底，对被监管的金融机构1999年年末贷款质量、盈亏、内控制度、高级管理人员任职资格四个方面进行检查。2000年9月27日，中国人民银行对真实性检查工作进行总结：共抽查金融机构3.8万多家，占全部金融机构的37.9%；抽查贷款2 600万笔，占被查机构全部贷款的63.1%。通过这次真实性检查，基本摸清了被查金融机构的风险状况。1999年年底，被查机构谈话调整后的不良贷款率上升了2.6个百分点；抽查核实后的不良贷款率上升了5.6个百分点；被查机构盈亏总额谈话调整数比报表数增亏71.5亿元；抽查中盈亏总额增亏130亿元；应收利息数额巨大；应付利息呆坏账准备金严重不足。人民银行提出了下一步工作意见：加强整改、完善考核、深化改革。

19日 中国工商银行收购香港友联银行。中国工商银行与招商局集团签署正式协议，将以港元现金约18.05亿元的价格收购招商局集团持有的23 998万股友联银行股份，占友联银行总股份约53.24%，每股港元7.52元。在全面收购截止日（7月14日），收市价格达每股8.70港元。2000年7月，被中国工商银行收购的香港友联银行有限公司正式更名为中国工商银行（亚洲）有限公司，简称工银亚洲。

友联银行于1964年在香港注册成立，1973年在港上市，1999年年末总资产为214亿港元，有22家香港本地分行和1家海外分行。此次收购行动使中国工商银行成为首家在境外金融市场收购上市银行的国有商业银行。

22 日　中国人民银行发布《关于停止发行各种储值纪念卡的紧急通知》。该紧急通知指出，一些商业银行相继发行了储值纪念卡，该业务品种不仅功能单一、市场需求量小，而且容易导致不正当竞争和不正之风。中国人民银行要求各商业银行立即停止发行各类储值纪念卡。人民银行各分支行不再受理各商业银行及其分支机构发行储值纪念卡的申请。对于违反该通知要求，继续发行储值纪念卡的商业银行，要依法处罚。

25 日　上海保险监管办公室（以下简称上海保监办）在沪挂牌。上海保监办成立后，原中国人民银行上海市分行所承担的所有保险监管职能，全部移交给上海保监办。上海保监办是中国保监会设立的第一家派出机构。截至 1999 年年底，上海共有保险公司 16 家，外资保险驻沪机构 47 家，全市保险总资产为 175 亿元，保费收入超过 115 亿元，保险从业人员 6 000 余人，保险密度和深度分别为 878 元和 2.86%，居全国首位。

27 日　中国人寿保险公司与中国航天基金会就航天领域开展保险合作事宜在北京举行签字仪式。根据双方合作的有关规定，中国人寿保险公司将为我国从事航天领域的研制、生产和发射等方面的有关人员提供人身保险。这是我国寿险业与国防科研部门在人身保险方面的首次合作，弥补了航天领域人身保险的空白。

29 日　中国人民银行、财政部联合发布《地方政府向中央专项借款管理规定》。该管理规定明确：专项借款是指国务院批准、中国人民银行发放再贷款并通过指定的地方商业银行向省级政府的融资，专项用于解决地方要关闭的农村合作基金会、各类信托投资公司、城市商业银行、城市信用社的个人债务和合法外债。省级政府根据上述地方性金融机构和非金融性机构的资产和负债情况及政府借债的偿还能力，在多方筹措偿还资金仍难以解决支付风险的情况下，由省级政府向国务院报告地方金融风险及处理情况，请求国务院批准同意向中央专项借款。专项借款的使用期限一般为 6 ~ 8 年，一次落实借款合同，分年签订借款借据。专项借款利率按年利率 2.25% 计息。

中国人民银行、财政部在下发该管理规定的通知中要求：地方政府向中央专项借款，用于兑付农村合作基金会个人债务的，可直接向国务院申请。撤销金融机构用于兑付个人债务和合法外债的，均采取个案处理，按程序报批。个案处理是指“一事一报、严格审查、国务院特批”，即一省（自治区、直辖市）将撤销某个金融机构或在一段时间内要集中撤销某一类金融机构的处理方案，包括拟撤销机构的名单、资产负债，特别是个人债务和合法外债，以及地方政府自筹资金、兑付个人债务和合法外债的资金缺口等情况，请示国务院，经人民银行会同有关部门严格审查后，报国务院特批。国务院批准后，严格按规定程序办理。专项借款仅限用于兑付被撤销机构的个人债务和合法外债，不得挪作他用。人民银行须提前将有关省（自治区、直辖市）每年应偿还专项借款的本息数额抄送财政部，并报国务院备案。

30 日　中国人民银行发布《全国银行间债券市场债券交易管理办法》。该管理办法主要规定有：全国银行间债券市场债券交易是指以商业银行等金融机构为主的机构投资者之间以询价方式进行的债券交易行为。债券交易品种包括回购和现券买卖两种。商业银行及其授权分支机构、非银行金融机构和非金融机构，经中国人民银行批准经营人民币业务的外国银行分行可以成为全国银行间债券市场参与者，从事债券交易业务。债券交易以询价方式进行，自主谈判，逐笔成交。债券交易现券买卖价格或回购利率由交易双方自行确定。回购期限最长为 365 天，回购期间，交易双方不得动用质押的债券。进入银行间债券市场的机构参与者应签订《全国银行间债券市场债券回购主协议》，并在中央结算公司开立债券托管账户，并将持有的债券托管于其账户。

9 月 25 日，全国银行间债券市场成员的 40 余家代表在北京共同签署了中国人民银行货币政策司于 2000 年 7 月 28 日公布的《全国银行间债券市场债券回购主协议》。截至 2000 年 10 月 24

日，全国银行间债券市场年累计回购交易量达到10 053.14亿元，分别比1998年和1999年同期增长1 540.8%和224.3%，为1999年全年交易量3 956.9亿元的2.54倍。利用全国银行间同业拆借中心交易系统进行交易的金融机构达到444家，包括国有独资商业银行4家、政策性银行2家、股份制商业银行10家、城市商业银行86家、商业银行授权分行99家、外资银行32家、证券公司13家、保险公司15家、基金管理公司25家、农村信用联社140家和财务公司17家。银行间债券市场可流通债券达到77只，包括4种短期债、35种中期债和38种长期债。

中国证监会发布《上市公司向社会公开募集股份暂行办法》（以下简称《暂行办法》）。《暂行办法》规定：上市公司的发行申请及证券公司的推荐意见自报送中国证监会备案之日起20个工作日之后，中国证监会未提出异议的，董事会可就本次发行的有关事宜作出决议，发出召开股东大会的通知。申请公募增发的上市公司原则上必须是符合上市公司重大资产重组有关规定的公司，或者是具有自主开发核心技术能力、在行业中具有竞争优势、未来发展有潜力的公司，或者是向社会公开发行股份的比例小于总股本25%或15%（总股本为4亿股以上时）的公司或者是既发行境内上市内资股又发行境内或境外上市外资股的公司。同时，《暂行办法》对申请公募增发的上市公司公募增发必须具备的条件作出具体规定。

5月

6日 "10+3"财长会议通过"清迈倡议"。决定建立以双边协议为基础的区域货币互换机制，以帮助成员国应对国际收支方面出现的困难。"10+3"财长会议自1999年4月在菲律宾首都马尼拉举行首次会议。2000年8月下旬，东盟又决定扩大货币互换基金额和吸收其他5个东盟成员国参加。东盟原有的货币互换机制已经扩大到东盟所有成员，资金规模达到10亿美元。截至2005年8月，"10+3"共签署了17份双边货币互换协议，总规模325亿美元。其中，中国人民银行分别与日本、韩国、泰国、马来西亚、印度尼西亚和菲律宾六国的中央银行签署了双边货币互换协议，总规模为125亿美元。

9日 我国主承销商制度初步建立。经中国证监会正式批准的主承销商达到26家。主承销商是指牵头组织承销团或者独家承销某只股票的证券经营机构。只有取得主承销商资格的证券经营机构才能担任发行公司的发行辅导人和上市推荐人。主承销商在股票发行中起着较为关键的作用，为了规范证券经营机构股票承销业务活动，保护投资者和发行人的合法权益，中国证监会从1996年开始实行主承销商资格管理。

10日 全国首例以银行为被告的假币没收案在沪审结。上海市第一中级人民法院判令中国人民银行上海分行向原告出具没收证的具体行政行为违法。1999年4月28日，上海居民包某持5张百元面值人民币到上海邮电局老西门邮电所支付电话费。工作人员点验时，称其中一张为假币，并出具没收证予以没收。包某认为，该工作人员拒绝其复看的请求，并在脱离其视线的情况下开具没收证，故不能证明没收的假币就是其所缴的人民币。由于邮电所的行为是接受人民银行委托实施的，包某向某区人民法院提起行政诉讼。一审法院认定，邮电所工作人员未当面确认假币的版本、冠字号码，因此不能证明被没收的假币是包某所缴，且没收证第一联无经办人签名，程序上违反了有关规定，判令撤销该行此份假票变造币没收证。银行不服，提起上诉。上海市第一中级人民法院经审理终审认定，人民银行上海分行依法具有处理假人民币的权力，邮电所的行为应看作是人民银行的委托，故该银行为本案适格被告，且其行政执法程序违反了《关于加强假币实物管理的通知》（1993年12月1日发布）的规定，因此撤销一审判决，确认该行向包某出具没收证的行政行为违法。

11日 建设部、中国人民银行联合发布《住房置业担保管理试行办法》。该办法共有6章37条，分别为总则、担保公司、担保的设立、担保的解除、风险防范和附则。主要规定：借款人向担保公司申请提供住房置业担保的，应当将其本人或者第三者的合法房屋依法向担保公司进行抵押反担保。设立担保公司应当具备不少于1 000万元人民币的实有资本；有一定数量的周转住房；有适应工作需要的专业管理人员等条件。一个城市原则上只设一个担保公司，以行政区内的城镇个人为服务对象。县（区）一般不设立担保公司，个人住房贷款量大的县（区）可以设立担保公司的分支机构。担保公司只能从事住房置业担保和房地产经营业务（房地产开发除外），不得经营财政信用业务、金融业务等其他业务，也不得提供其他担保。担保公司担保贷款余额的总额，不得超过其实有资本的30倍；超过30倍的，应当追加实有资本。

中国银行业协会在北京成立，并召开了第一次会员大会。会议审议通过了《中国银行业协会章程》和《中国银行业同业自律公约》。中国银行业协会是由中华人民共和国境内注册的各商业银行、政策性银行自愿结成的非营利性社会团体，经中国人民银行批准并在民政部门登记注册，是我国银行业的自律组织。中国银行业协会将主要发挥三大职能作用：一是加强同业约束；二是为中央银行加强监管发挥补充作用；三是提供行业服务。在第一次会员大会上，中国工商银行行长姜建清被选举为会长。

18 日　中国证监会发布《关于调整证券投资基金认购新股事项的通知》。该通知明确：1. 新股发行时不再单独向基金配售新股。2. 基金可使用以基金名义开设的股票账户，比照个人投资者和一般法人、战略投资者参与新股认购。新股上网公开发行部分，基金可参与申购；新股向二级市场投资者配售部分，基金可按所持有股票的市值申请配售；新股网下预约配售部分，基金可作为战略投资者或一般法人投资者，申请预约配售。3. 基金账户申购新股，不设申购上限。

19 日　财政部发布《关于股份有限公司国有股权管理工作有关问题的通知》。该通知规定，国有股权管理工作的职能划分为：地方股东单位的国有股权管理事宜一般由省级财政国有资产管理部门审核批准；国务院有关部门或中央单位的国有股权管理事宜由财政部审核批准，但发行外资股（B股、H股等），国有股变现筹资，以及地方股东单位的国家股权、发起人国有法人股权发生转让、划转、质押担保等变动（或者或有变动）的有关国有股权管理事宜，须报财政部审核批准。该通知自2000年7月1日起实施，《关于规范股份有限公司国有股权管理有关问题的通知》（国资企发〔1996〕58号）同时废止。

25 日　中国人民银行颁布《反假人民币奖励办法》。其中规定：反假币的奖励办法实行一案一报一兑现。对破案单位的奖励标准参照解缴的假币数量确定，半成品假币按其面额的一半折算收缴量，具体标准为：1 000万元以上奖励10万元、500万元以上奖励7万元、100万元以上奖励5万元、50万元以上奖励4万元、10万元以上奖励2万元、5万元奖励5 000元。对破获或查缴新版假人民币的单位和个人，奖励标准适当提高但不超过一般奖励标准的15%。抓获印制假币窝点主犯、技术人员或百万元以上贩运假币案主犯的，单项奖励1万元至3万元。对侦破假人民币案件提供有效情况和线索的有功人员，经举报后查获假人民币1 000万元以上的奖励8万元、500万元以上奖励5万元、100万元以上奖励3万元、10万元以上奖励1万元、10万元以下按面额的5%奖励。

26 日　中国人民银行发布《残损人民币销毁管理办法》。该管理办法主要规定：残损人民币包括污损人民币和残缺人民币两大类。残损人民币的销毁权属于中国人民银行，中国人民银行的分支机构具体负责残损的人民币销毁任务。销毁方式可采取蒸煮喷浆、机械粉碎、钞票自动处理系统联机销毁以及火焚等。残损人民币销毁实行计划管理，各分行、省会城市中心支行将年度销毁计划于每年1月20日前报总行。销毁现场各环节应实行岗位责任制，并在销毁领导小组和销毁专职督察员的共同监督下进行。发行会计人员应根据销毁命令填制销毁出库凭证，办理残损人民币出库，待销毁命令执行完毕后，再进行会计核算。

中国人民银行发布《关于金融资产管理公司外汇业务经营范围的通知》。该通知规定：金融资产管理公司在其收购的不良资产范围之内，可经营以下外汇业务：收购各公司相对应的国有独资商业银行剥离的外汇不良资产；外汇债权追收，外汇资产置换、转让与销售；外汇债权重组；外汇债权转股权及阶段性持股；经金融监管部门批准的与所接收不良外汇资产管理相关的其他业务。未经中国人民银行批准，各公司不得擅自扩大外汇业务经营范围和对象。各金融资产管理公司所属办事处经总公司授权可办理相关外汇业务，总公司的授权要事前报监管部门备案。

29日 中国银行上调四种外币存贷款利率。经中国人民银行批准，自即日起，中国银行上调美元、英镑、欧元、港元的存贷款利率以及加拿大元、瑞士法郎的存款利率。调整后，美元、英镑、欧元、港元的1年期法定存款利率分别是5%、5.1875%、3%、5.5%，按月浮动的1年期贷款利率分别为8.125%、7.8125%、5.625%、9.25%；1年期加拿大元、瑞士法郎的存款利率分别达4%和1.625%。这次上调境内主要外币利率，主要是针对2000年美国、欧洲中央银行连续加息，特别是在2000年5月16日美联储加息后，国际金融市场利率持续升高的情况，是为协调境内外币利率与国际金融市场利率水平而采取的措施。

6月

1日 中国人民银行再次增加对农村信用社再贷款200亿元。截至2000年4月末，全国农村信用社各项存款余额为13 734.86亿元，占全国金融机构存款总额的12.11%。各项贷款余额为9 855.6亿元，占全国金融机构贷款总额的10.2%。其中，农业贷款余额为3 371.23亿元，占金融机构农业贷款总额的65.63%；农业贷款余额比年初增加344.28亿元，占全国金融机构农业贷款净增额的92.5%。

中国人民银行发布《支付结算业务代理办法》。该办法主要规定：银行办理银行汇票、汇兑、委托收款、托收承付等支付结算业务，均可以实行代理。经中国人民银行批准可以经营支付结算业务的银行，方可办理支付结算业务的代理。未经中国人民银行批准可以经营支付结算业务的非银行金融机构和单位，不得办理支付结算业务的代理。银行汇票业务的代理采取签发本行银行汇票，并委托他行代理兑付，或代理签发他行银行汇票，并由他行兑付两种形式。其他支付结算业务代理的方式分为规定代理和约定代理。城市商业银行、外资银行、城市信用合作社、农村信用合作社可以与建立行内异地联行系统的银行实行约定代理，并执行中国人民银行支付结算制度的规定，不需签订代理协议。支付结算业务代理实行有偿代理。该代理办法自2000年7月1日起施行。

中国人民银行发布《银行汇票业务准入、退出管理规定》。该管理规定明确：各银行、信用合作社等单位需要签发银行汇票的必须经中国人民银行批准。银行开展汇票业务的准入条件：有充足的准备金存款，能达到人民银行存款准备金比例的要求；农村信用合作社在县联社存有充足的资金，能够保证其签发的银行汇票资金的移存和清算；有一定的异地支付结算业务量；两呆贷款比例在15%以下；近两年连续盈余；资本充足率达4%以上。该管理规定自2000年7月1日起施行。

2日 金德琴因挪用公款被判无期徒刑。北京市第二中级人民法院对原中国国际信托投资公司副董事长、中信集团嘉华银行有限公司董事长金德琴挪用公款一案作出一审判决，并公开宣判，以挪用公款罪判处金德琴无期徒刑，剥夺政治权利终身。1990—1995年，金德琴利用职务之便，先后侵吞3 932万港元和159万美元。

3日 由中国人民银行、中国证监会和中国保监会首次联合主办的“中国金融发展战略研讨会”在上海举行。会议深入、系统地讨论中国金融业今后5年改革和发展战略的问题。会议指出，面对新世纪和新形势，中国金融业的改革和对外开放将进入新的阶段，同时也将面临新的机遇和挑战，承担着新的历史使命。我国银行业要加快转换经营机制，促进银行制度更新，开拓新的业务领域，全面提高经营管理水平，扩大金融对外开放，维护国家金融安全，促进国民经济结构战略性调整和经济增长方式的转变。我国证券业要积极开展网上交易，在规范中进一步发展，为我国经济建设发挥更重要的作用。我国保险业要按照社会主义市场经济发展的客观要求，培育、发展和完善保险市场；促进公平竞争，努力提高保险业的整体素质和竞争能力；建立健全保险法律、法规体系，以及保险监管体系和保险公司内控制度，防范化解经营风险，使保险业的改革创新、业务发展、对外开放再上一个新台阶，为经济发展和社会进步作出更大贡献。会议强调，目前我国对银行、证券、保险实行分业经营、分业监管的体制，符合我国国情。随着金融竞争的扩大和金融信息化的发展，银行业务、证券业务、保险业务的各种相互交叉正在扩大。为此，中国人民银行、中国证监会、中国保监会要加强金融监管的协调与合作，定期进行业务磋商，交流监管信息，解决分业监管中的问题，支持银行业、证券业、保险业拓宽业务。

6 日　中国证监会发布《关于上市公司为他人提供担保有关问题的通知》。该通知规定：上市公司不得以公司资产为本公司的股东、股东的控股子公司、股东的附属企业或者个人债务提供担保。上市公司为他人提供担保，应当采用反担保等必要措施防范风险，须经董事会或股东大会批准。未经公司股东大会或者董事会决议通过，董事、经理以及公司的分支机构不得擅自代表公司签订担保合同。当出现被担保人债务到期后15个工作日内未履行还款义务，或是被担保人破产、清算、债权人主张担保人履行担保义务等情况时，上市公司有义务及时了解被担保人的债务偿还情况；采取有效的措施向债务人追偿，并将追偿情况及时披露。

7 日　中国人民银行、国家经贸委联合发布《关于对淘汰的落后生产能力、工艺、产品和重复建设项目限制或禁止贷款的通知》。该通知规定：各商业银行应严格按照国家产业政策的要求，扶优限劣，对淘汰的落后生产能力、工艺、产品和重复建设项目限制或禁止贷款。银行限制或禁止贷款工作分为三种情况：对限期淘汰的生产能力、工艺和产品，要立即停止发放新的贷款，并抓紧催收已发放的贷款；对《淘汰落后生产能力、工艺和产品的目录》和《工商投资领域制止重复建设目录》中标明“新建”字样的项目，只限制对新建项目贷款，但允许对其改、扩建给予贷款；对目录中未标明“新建”字样的项目，无论是新建还是改、扩建，都不得予以信贷支持。各商业银行要对上述目录涉及的贷款企业进行清理分类、区别对待。对限期关停的企业，应加大力度清收本息，最大限度地减少银行的信贷资产损失；对需要整改的企业，必须停止增量贷款的投入。

9 日　中国证监会发布《关于涉及境内权益的境外公司在境外发行股票和上市有关问题的通知》。该通知指出：最近一个时期，一些境外公司在中国香港创业板、美国纳斯达克等境外市场发行股票和上市。针对境内律师就上述股票发行和上市事宜向中国证监会进行的查询或报送的法律意见书，该通知规定：如有关境外发行股票和上市事宜不属于《国务院关于进一步加强在境外发行股票和上市管理的通知》（1997年6月20日发布）规定的情形，律师就该境外发行股票和上市事宜出具的法律意见书，中国证监会发行监管部负责受理。对于出具虚假、误导性法律意见或有重大遗漏的法律意见书的律师和律师事务所，中国证监会将依照有关法律、法规予以查处。

10 日　国务院批转财政部、国家计委《关于进一步加强外国政府贷款管理工作的若干意见》。该意见提出：根据我国外债的结构特点，要多争取长期低息贷款，主要投向农业、水利、交通、能源、通信、环保以及城市基础设施建设等领域，进一步提高贷款用于中西部地区的比重。贷款项目严格按照国家基本建设程序和有关规定办理立项审批手续，重大项目由国家计委商财政部后报国务院审批。计划部门负责审核项目的资金使用规模及投向；财政部门负责审核项目的财务偿还能力，以及是否符合贷款国的有关规定。根据还款责任，外国政府贷款项目分为三类：由省级财政部门或中央部门作为借款人的项目为一类项目；由省级财政部门或中央部门出具还款担保的项目为二类项目；上述两类以外的其他项目为三类项目。一类项目和二类项目原则上由承担转贷的省级财政部门或转贷银行按原条件直接转贷；三类项目由转贷银行独立评估，自主决定是否转贷。转贷收费标准由财政部商有关部门确定。一类项目由作为借款人的省级财政部门和中央部门承担还款责任。二类项目由项目单位承担还款责任，由出具担保的机构承担担保还款责任。三类项目由项目单位承担还款责任；若发生项目单位拖欠情况，由转贷银行承担对外垫付还款责任。

15 日 中国人民银行发布《加强金融机构依法收贷、清收不良资产的法律指导意见》。该指导意见指出：针对企业贷款到期不还或采取各种方式逃废金融机构债务等违反市场规律、破坏社会信用的情况，金融机构应当采取包括适当法律措施，对逾期贷款进行有效催收。金融机构在实现债权时，首先应以货币形式受偿，严格控制以物抵债；债务人无货币清偿能力时，应当以拍卖、变卖抵押、质押财产或其他非货币财产所得的价款清偿金融机构债务；既无货币资金，财产又暂时难以变现的，债务人可以根据与金融机构之间的约定或司法机关、仲裁机构的生效法律文书，将非货币财产或事先抵押、质押给金融机构的财产折价归金融机构，实现以物抵债。以物抵债的金额应根据市场原则确定。金融机构工作人员有渎职行为或其他违法、违规行为造成贷款或资产无法收回的，应对直接责任人员和主要负责人给予行政处分、行政处罚和取消一定期限的高级管理人员的任职资格。构成犯罪的，移送司法机关追究其刑事责任。

16 日 江泰保险经纪有限公司在北京开业。该公司是经中国保监会批准开业的第一家全国性、综合性保险经纪公司，注册资金为3 000万元人民币。

19 日 中国人民银行发布《财务公司进入全国银行间同业拆借市场和债券市场管理规定》。该规定明确，财务公司以法人为单位申请成为全国银行间同业拆借市场和债券市场成员，其分支机构不得进行交易。申请进入全国银行间同业拆借市场的财务公司须符合以下基本标准：资产负债比例符合中国人民银行有关规定；前三个年度连续盈利；规范经营，内控制度健全；未因违规经营受中国人民银行及其他主管部门处罚；拆借资金余额不超过中国人民银行规定的比例。财务公司拆入资金最长期限为 7 天，拆出资金期限不得超过对手方的由中国人民银行规定的拆入资金最长期限。财务公司拆入、拆出资金余额均不得超过实收资本金的 100%。

《中国保监会派出机构监管职责暂行规定》发布。该暂行规定明确：中国保监会对派出机构实行垂直领导、统一管理；保险监管办公室、保险监管办事处、保险监管特派员办事处在中国保监会授权范围内行使职权，履行职责。该规定于 2001 年 4 月 30 日做了修改。

23 日 中国人民银行发布《全国银行 IC 卡密钥管理规则》。该规则明确：银行 IC 卡是指在中华人民共和国境内使用的由商业银行（含邮政金融机构）向社会公开发行的具有消费信用、转账结算、存取现金等全部或部分功能的集成电路卡；IC 卡密钥是指对银行 IC 卡信息进行加密变换的保密数据；PSAM 卡是指银行 IC 卡终端设备的安全存取模块。银行 IC 卡密钥采用三级管理体制，即全国密钥管理中心（一级中心）、试点城市或商业银行密钥管理中心（二级中心）及发卡银行密钥管理中心（三级中心）。全国密钥管理中心是负责全国银行 IC 卡密钥管理的专门机构，暂由上海分行代行其职责。该规则对全国消费密钥的管理、PSAM 卡管理、发卡母卡管理、支持与业务等做了具体规定，自 2000 年 7 月 1 日起实施。

26 日 中国工商银行与美国的美国银行（Bank of America）在北京签订代理签发人民币银行汇票业务协议书。美国银行成为人民银行颁布《支付结算业务代理办法》之后首家可以在中国直接办理人民币银行汇票业务的外资银行。同月28日，中国工商银行又与国家开发银行在北京签订《代理兑付银行汇票业务协议》。国家开发银行成为我国首家可以直接办理银行汇票业务的政策性银行。

中国证监会发布《关于规范上市公司重大购买或出售资产行为的通知》。该通知规定，上市公司重大购买或出售资产的行为是指上市公司购买、出售或置换资产达到下列标准之一的情形：收购或出售的资产总额占上市公司最近经审计后总资产的50%以上；收购或出售的资产净额占上市公司最近经审计后净资产的50%以上；收购或出售资产相关的利润占上市公司最近经审计后利润的50%以上。上市公司实施重大购买或出售资产的行为须经公司董事会对有关事宜进行可行性研究，并履行信息披露义务。在资产重组完成后6个月内，上市公司须向中国证监会及上市公司所在地派出机构报送规范运作情况的报告。如果上市公司购买或出售的资产占上市公司总资产的70%以上，应当聘请具有主承销商资格的证券公司进行辅导。上市公司重组效果良好，运作规范的可以在重组完成1年以后提出配股或增发新股的申请。经中国证监会同意，重组后申请增发或配股的期限也可以少于1年。对不符合本通知规定的，中国证监会将不受理其配股或增发新股的申请。上市公司重组后不符合上市条件的，暂停或终止上市。中国证监会于1998年2月25日发布的《关于上市公司置换资产变更主营业务若干问题的通知》同时废止。

28日 全国首家实施债转股的国有企业北京水泥厂有限责任公司挂牌。新公司的成立标志着北京水泥厂债转股工作程序的初步完成。1999年9月，北京水泥厂与中国信达资产管理公司签署债转股协议，中国信达资产管理公司出资6.88亿元，占其注册资本的71.4%，成为第一大股东。北京水泥厂于2000年5月31日按现代企业制度改制成新的有限责任公司，成为全国首家实施债转股的国有企业。

29日 中国金融认证中心（China Financial Certification Authority，CFCA）在北京运行。该中心由中国人民银行牵头，中国工商银行、中国农业银行、中国银行、中国建设银行、交通银行、招商银行、中信实业银行、华夏银行、广东发展银行、深圳发展银行、中国光大银行、中国民生银行12家商业银行联合共建。IBM公司以及德达、Sun、Entrust投标联合体分别参建认证中心的SETCA和Non－SETCA系统。在业务模式上，中国金融认证中心全面支持电子商务的两种主要业务模式（BtoB和BtoC），目前可发放SET（安全电子交易）证书和Non－SETPKI证书。SET证书用于支持基于信用卡、借记卡支付的SET交易（BtoC）；PKI证书可用于BtoC和BtoB交易，支持网上银行、网上证券交易、网上购物以及安全电子文件传递等应用。金融认证中心的建成和运行，奠定了我国发展电子商务最关键的网上安全支付的基础，标志着中国电子商务进入了可以提供跨银行安全支付的新阶段。

30日 中国人民银行发布《企业集团财务公司管理办法》。该管理办法主要规定：财务公司是为企业集团成员单位技术改造、新产品开发及产品销售提供金融服务，以中长期金融业务为主的非银行金融机构。财务公司的最低注册资本金为3亿元人民币，主要从成员单位（包括中外合资的成员单位）中募集，成员单位以外的股份不得高于40%。财务公司业务经营遵循的资产负债比例为：资本总额与风险资产的比例不低于10%；1年期以上的长期负债与总负债的比例不低于50%；拆入资金余额与注册资本的比例不高于100%；对集团外的全部负债余额不高于对集团成员单位的全部负债余额；长期投资与资本总额的比例不高于30%，且对单一企业的股权投资不得超过该企业注册资本的50%；消费信贷、买方信贷及产品融资租赁金额均不得超过相应产品售价的70%；自有固定资产与资本总额的比例不得高于20%。中国人民银行可以向财务公司的法定代表人和其他高级管理人员提出质询，对发现的问题拒不改正的，中国人民银行可以取消该公司法定代表人或有关高级管理人员的任职资格。本办法自发布之日起生效。中国人民银行1996年发布的《企业集团财务公司管理暂行办法》《关于加强企业集团财务公司资金管理有关问题的通知》及《关于外资企业集团财务公司设立及经营有关问题的通知》同时废止。

中国人民银行发布《金融租赁公司管理办法》。该管理办法包括总则、机构设立及管理、业务范围、监督管理、整顿接管及终止、附则共6章52条。主要规定：金融租赁公司是以经营融资租赁业务为主的非银行金融机构，其名称中须标明“金融租赁”的字样。申请设立金融租赁公司最低注册资本金为5亿元人民币，经营外汇业务的金融租赁公司应另有不低于5 000万美元（或等值可兑换货币）的外汇资本金。本管理办法中所称融资租赁业务是指出租人根据承租人对出卖人、租赁物的选择，向出卖人购买租赁物件，提供给承租人使用，向承租人收取租金的交易，它以出租人保留租赁物的所有权和收取租金为条件，使承租人在租赁合同期内对租赁物取得占有、使用和受益的权利。金融租赁公司经营租赁业务或提供其他服务收取租金或手续费。租金或手续费标准由金融租赁公司和承租人协商确定。金融租赁公司业务经营须遵循下列资产负债比例：资本总额不得低于风险资产总额的10%；对同一承租人的融资余额（租赁 + 贷款）最高不得超过金融租赁公司资本总额的15%；对承租人提供的流动资金贷款不得超过租赁合同金额的60%；长期投资总额不得高于资本总额的30%；租赁资产（含委托租赁、转租赁资产）比重不得低于总资产的60%；拆入资金余额不得超过资本总额的100%；对外担保余额不得超过资本总额的200%。

7月

3日　中国人民银行发布《关于恢复国有独资商业银行分支机构外汇业务审批工作的通知》。该通知决定，恢复对国有独资商业银行分支机构新开、增开外汇业务的审批工作。中国人民银行分行、营业管理部负责审批国有独资商业银行分支机构新开或增开外汇业务的申请。各分行、营业管理部可根据所属中心支行的监管能力，授权中心支行审批辖内国有独资商业银行分支机构新开或增开外汇业务的申请。国有独资商业银行各级分支机构外汇业务的经营范围，在中国人民银行未颁布新的办法之前，仍然按照1998年2月24日国家外汇管理局发布的《关于对各级银行外汇业务范围的规定》执行。

6日　太平洋万事顺联名卡首发仪式在上海举行。这是经中国人民银行批准，交通银行与中国太平洋保险公司联手，率先推出的中国首张保险联名借记卡。“太平洋万事顺联名卡”除具备太平洋借记卡的所有功能外，还可用于缴纳保险费和给付保险金（保险赔款），只要持卡人在“保险费缴付自动转账授权书”上签章同意，交通银行即向客户提供保险费缴付自动转账服务，太平洋保险公司则按约定按月、季、半年的方式发给保险费收款收据或按年发给收费记录卡并提供收费查询服务。在保险合同有效期间，交通银行免收持卡人联名卡年费，并通过联名卡向被保险人支付保险金。

7日　中国人民银行发布《对农村信用社现场检查操作程序（试行）》。该操作程序规定：派出行根据检查任务，确定检查人员，组成检查组，指定检查组组长和主查人。检查组可根据需要分为若干小组，每小组不少于两人。检查组组长的主要职责是：协调检查组与被检查信用社的工作时间安排，主持与被检查信用社的进场会谈和总结会谈。主查人的主要职责是：制定检查实施方案，负责检查工作的组织和实施、指导检查组的具体检查工作，起草“检查事实和评价”材料、检查报告和对被检查信用社的有关处理文件。检查人员在现场检查时，必须编制中国人民银行现场检查工作底稿。检查组核实情况后，在3个工作日内起草“中国人民银行稽核检查意见书”，对检查事实作出评价、提出整改或其他意见。被查单位收到意见书在30个工作日内将执行意见书的情况书面报告检查行。检查组如查出农村信用社有违法、违规行为，应出具“中国人民银行行政处罚决定书”报派出行审批。

14 日 中国人民银行、财政部联合发布《会计师事务所从事金融相关审计业务暂行办法》。该暂行办法规定：金融相关审计业务是指会计师事务所接受委托从事的业务，包括接受金融机构委托从事的年度会计报表审计；接受金融机构委托，根据中国人民银行规定进行的专项审计业务；接受中国人民银行委托进行的专项审计业务。中国注册会计师协会将符合条件的会计师事务所向中国人民银行推荐，经中国人民银行审核批准后，对符合条件的会计师事务所由中国人民银行向金融机构发文公布。中国人民银行和中国注册会计师协会根据各自职责，分别对金融机构的财务会计资料和会计师事务所的审计工作底稿进行检查，复核有关工作质量。12 月 5 日，中国人民银行和财政部公布了上海万隆众天会计师事务所等首批 68 家获准从事金融相关审计业务的会计师事务所名单。

21 日 中国人民银行货币政策委员会 2000 年第三季度例会在北京召开。会议认为，当前我国经济工作克服了亚洲金融危机带来的困难和影响，经济发展出现了重要转机。稳健的货币政策在促进国民经济回升中发挥了重要作用。会议分析了目前我国物价形势，对货币政策进行了深入讨论，认为当前要继续执行稳健的货币政策，重点是进一步落实已经出台的各项货币信贷措施。会议认为，根据对国际国内经济金融形势的分析，当前我国的存贷款利率水平是适当的。要有计划、有步骤地加快利率市场化改革的步伐，进一步扩大金融机构贷款利率的浮动幅度和范围，充分发挥利率杠杆的作用，保持币值稳定，保障金融体系的平稳运行与发展。

25 日 对外贸易经济合作部、国家工商行政管理局发布《关于外商投资企业境内投资的暂行规定》。该暂行规定明确，外国投资者与外商投资企业共同在中国境内投资，按照国家有关外商投资的法律、法规办理，其中外国投资者的出资比例一般不得低于被投资企业注册资本的 25%。被投资公司应为有限责任公司或股份有限公司。外商投资企业境内投资，其所累计投资额不得超过自身净资产的 50%；投资后，接受被投资公司以利润转增的资本，其增加额不包括在内。外商投资企业向中西部地区投资，被投资公司注册资本中外资比例不低于 25% 的，可享受外商投资企业待遇。该暂行规定自 2000 年 9 月 1 日起施行。

27 日 内地首家企业在香港创业板上市。北京北大青鸟环宇科技股份有限公司（股票简称：青鸟环宇；股票代码：8095. HK）在香港创业板上市。青鸟环宇此次发行 2 400 万股新股，占公司总股本的 25. 5%，发行价为 11 港元，获 4. 28 倍超额认购，集资约 2. 64 亿港元。集资所得将用作研究及发展科技及相关应用产品。青鸟环宇成立于 2000 年 3 月，由北京市北大青鸟软件系统公司、北京北大青鸟有限责任公司、北京市北大宇环微电子系统工程公司、北京天桥北大青鸟科技股份有限公司等 9 家企业和投资基金共同发起设立的一家高科技公司，注册资本为 11 848万元。创业板是香港联合交易所于 1999 年第四季度推出的一个新股票市场，其目的是为有发展潜质的企业提供一个筹集资金的渠道，以协助它们发展及扩张业务。

28 日 东北证券有限责任公司成立。东北证券是在吉林证券、吉林信托证券部合并的基础上，通过增资扩股而新组建的证券公司，注册资本金达 101 022 . 25 万元，其股东包括吉林信托、吉林亚泰、吉林炭素、通化金马等 10 家公司。

8 月

1 日 中国人民银行首次开展公开市场业务正回购操作。中国人民银行采用长、中、短的期限品种的不同组合，选择利率招标、数量招标的不同招标方式，收回商业银行流动性，引导市场利率上升。截至 2000 年 12 月 5 日，共操作 19 次，回笼基础货币总额 2 419. 9 亿元，投放基础货币总额 1 158. 5 亿元，净回笼基础货币 1 261. 4 亿元。净回笼基础货币额最高曾达到 3 290 亿元。全年通过公开市场业务操作累计投放基础货币 4 470 亿元，回笼基础货币 5 292 亿元，投放回笼货币额相抵，净回笼基础货币 822

亿元。

3日 中国华阳金融租赁有限责任公司被撤销。中国人民银行公告：鉴于中国华阳金融租赁有限责任公司严重违规经营，不能支付到期债务，为了维护金融秩序稳定，保护债权人的合法权益，决定撤销中国华阳金融租赁有限责任公司。公司撤销后，中国人民银行指定交通银行成立清算组，对原公司进行清算，原公司自然人债务的合法本息将予以全额偿付。这是《金融租赁公司管理办法》颁布实施后，第一家被撤销的金融租赁公司。

8日 中国银行与中国平安保险公司在深圳签署《电子商务合作协议》。按照协议，由中国平安保险公司建造电子商务网站，中国银行电脑系统将与平安电子商务网站 www. pa18. com 以专线方式连接。两公司的客户将可以在网上进行证券交易、保险交易、个人理财服务、购物等金融活动，并可以直接用“长城卡”进行网上支付，还能在网上实现各种账户查询、转账等银行功能。这是电子商务领域国内银行业和保险业之间的首次合作。

9日 中国人民银行发布《关于严格禁止高息揽存、利用不正当手段吸收存款的通知》。该通知要求：各金融机构（包括邮政储蓄机构）必须严格执行中国人民银行规定的存款利率，严禁擅自提高利率，或以手续费、协储代办费、吸储奖、有奖储蓄、介绍费、赠送实物等名目变相提高存款利率。各金融机构要废除存款单项考核和奖励办法，对企业发放贷款时，要根据企业的用款进度合理安排贷款，不得以发放贷款的形式增加存款。人民银行分支行要加强对辖内各金融机构存款业务的监督管理。

10日 四名假币大案主犯被枪决。根据最高人民法院签发的执行死刑命令，广东最大的三宗假币案件的主犯蔡雄、谢著新、庄添活、卓兵四人分别被押赴刑场，执行枪决。从1993年3月至1997年3月，有“香港假币大王”之称的蔡雄和广西桂平人谢著新等30人结伙私设工厂，大量伪造货币。其中，蔡雄、谢著新两名主犯参与伪造面额50元的台币硬币97 656枚，伪造面额10元的港元硬币成品14 308枚、半成品22 680枚。1998年7月23日下午，台湾渔船“天吉福”号船长庄添活受他人之托纠集庄镇泰、吴江寅，驾驶渔船从台湾出发，准备将藏于暗舱的假人民币交给内地船。该渔船驶至汕尾海域时被抓，搜出18箱100元面额的假人民币，共计6 264万元。1998年12月，陆丰市农民卓兵与蔡雄商议加工伪造人民币。1998年12月中旬，卓兵选定陆丰市东海镇龙潭村卓春治的棚寮为假币加工窝点后，纠集16名农民制造假币。1999年1月20日，卓兵等人被抓获，缴获假币两箱，金额达254万元。

14日 中国人民银行发布《关于促进城市商业银行健康发展有关问题的通知》。该通知要求人民银行各分行：1. 抓紧制订2002年年底前防范和化解城市商业银行风险的工作计划。确定对城市商业银行化解金融风险的工作目标是2001年年底扭转12家城市商业银行的资不抵债状况，消除支付风险。2002年年底，全国城市商业银行资本充足率达到8%以上，不良贷款比例控制在15%以内，基本消除亏损。2. 督促城市商业银行进一步完善法人治理结构，加强内部控制建设。3. 支持城市商业银行采取多种措施扩股增资，壮大资本实力。4. 督促城市商业银行落实不良资产的清收计划和责任，确保支付能力。5. 督促城市商业银行严格执行国家规定的财税制度，加强财务管理，增强盈利能力。6. 合理确定城市商业银行分支机构的设置。7. 支持城市商业银行巩固市场定位，拓展新业务，开发新产品，鼓励城市商业银行间的业务联合，提高对地方经济建设的服务水平。1995年以来，全国已设立了90家城市商业银行。

17日 国家外汇管理局发布《出口加工区外汇管理暂行办法》。该办法规定：出口加工区的企业、事业单位及其他经济组织应当持批准的文件、合同、章程、营业执照等到所在地的外汇局办理外汇登记手续，经外汇局批准在区内金融机构开立外汇账户，其所有外汇收入除批准者外，应当调回来，存入其外汇账户，外汇支出可以从外汇账户中支付，其发放工资、缴纳行政税费等所需人民币可以向外汇局申请，到银行办理结汇。区内机构可以根据实际需要向境内外借用外债，按规定向外汇局登记，偿还外债应当经外汇局核准。区内机构不得向境外或区外进行投资。外汇局应当定期或不定期对区内机构的外汇收支进行监督检查。该办法自2000年9月1日起施行。

18日 中保康联人寿保险有限公司在上海开业。该公司由中国人寿保险公司和澳大利亚联邦银行集团共同出资组建，注册资本2亿元人民币。这是在中国成立的第一家合资寿险公司，也是在上海获准经营的第10家寿险公司。

21日 中国证监会发布《法人股配售发行方式指引》。该指引规定，发行量在8 000万股以下的，在目前市场条件下，不建议使用该发行方式。如发行人和主承销商坚持使用该方式发行，应采取“回拨机制”，即根据一般投资者的超额认购倍数情况，最终确定对法人投资者和一般投资者的股票分配量。对法人投资者的配售量最低可调减至0股。发行量在8 000万股以上的，对法人的配售比例原则上不应超过发行量的50%。发行量在2亿股以上的，可根据市场情况适当提高对法人配售的比例。该指引还对发行人和主承销商在法人配售发行时的责任做了规定。明确发行人应保证使其股票发行1年后，可随时流通的股票不少于公司总股本的25%，总股本4亿股以上的不少于15%；发行人不应该参与对一般法人投资者的选择，在发行前应将可能成为其战略投资者的法人单位的具体情况，如与发行人的业务关系、申购价格范围、申购资金来源等，上报设于中国证券业协会的“法人配售审核小组”审查，并报中国证监会备案；战略投资者的家数原则上不超过两家，特大型公司可适当增加家数。主承销商根据公开募集文件中规定的原则和方法，确定一般法人投资者，其内部应有专人负责组织法人配售发行工作，并将法人投资者名单报“法人配售审核小组”及中国证监会备案。

22日 经国务院批准，中国人民银行和江苏省政府决定在江苏进行农村信用社改革试点工作。试点的主要内容是：在全面开展清产核资摸清农村信用社家底的基础上，将农村信用社以县（市）为单位合并为一个法人；在常熟、江阴、张家港三个县级市组建农村商业银行；在县（市）联社入股的基础上，组建江苏省联社。

8月28日，国家税务总局、中国人民银行发布《关于江苏省农村信用社改革试点中呆账贷款核销和税前扣除问题的通知》。该通知规定：对1999年年底以前形成的呆账贷款，可按规定进行核销和税前扣除。

到2003年6月末，江苏省全省农村信用社各项存款余额为1 873.1亿元，比2000年年末增长61.1%；各项贷款余额为1 309.6亿元，增长78.1%；全省农村信用社2000年净亏损8.8亿元，2002年实现盈余2.23亿元，2003年上半年实现盈余0.73亿元。不良贷款余额和比例分别比2000年年末下降了24.9亿元和16.3个百分点。截至2003年6月末，全省农村信用社农业贷款余额为406亿元，比2000年年末增长141.4%，高出贷款平均增幅67.8个百分点，农业贷款占全省金融机构农业贷款总量的比例由2000年的60%上升到87.4%。全省有391.49万户农户从农村信用社获得贷款，占全省农户总数的30.5%。

中国银河证券有限责任公司成立。中国银河证券有限公司是经国务院同意，由中国工商银行、中国农业银行、中国银行、中国建设银行，以及中国人寿保险公司全资的中国华融信托投资公司、中国长城信托投资公司、中国东方信托投资公司、中国信达信托投资公司、中国人保信托投资公司5家公司所属的证券业务部门及证券营业部合并的基础上组建的全国性综合类证券公司，注册资本为45亿元。公司总部设在北京，在全国28个省、自治区、直辖市的56个城市拥有174家证券营业部。

26日 中国人民银行发布《助学贷款管理办法》。该管理办法明确，助学贷款可采取无担保助学贷款和担保助学贷款两种方式。贷款人对高等学校的在读学生（包括专科、本科和研究生）发放无担保助学贷款；对其直系亲属、法定监护人发放无担保助学贷款和担保助学贷款。助学贷款的最高限额不超过学生在读期间所在学校的学费与生活费。助学贷款的期限一般不超过8年，是否展期由贷款人与借款人商定。助学贷款利率按中国人民银行规定的同期限贷款利率执行，利率不上浮。助学贷款采取灵活的还本付息方式。各级政府和社会各界为借款人提供担保或利息补贴的，其贴息比例、贴息时间由贷款人或借款人所在学校与贴息者共同商定。

30日 中国人民银行批准，中国农业发展银行开办粮棉油政策性贷款企业进出口贸易项下的国际结算业务以及与国际结算业务相配套的外汇存款、外汇汇款、同业外汇拆借、代客外汇买卖和结汇、售汇业务。

新华人寿保险公司向外资机构成功招募股份。经中国保监会批准，新华人寿保险公司向苏黎世保险公司、国际金融公司（IFC）、日本明治生命保险公司等外资机构招募股份的签字仪式在上海举行，至此，新华人寿保险公司成为国内第一家完成向外资招股的保险公司。新华人寿保险公司此次招募的股份占公司总股份的24.9%。

9月

1日 上海证券交易所、深圳证券交易所颁布《企业债券上市规则（2000年修订版）》。《企业债券上市规则（2000年修订版）》削减了原本对企业债券上市公司和股票上市公司监管力度的差距，要求发行人不但要保证上市文件内容的真实、准确和完整，上市文件不存在虚假、误导性陈述或重大遗漏，还要遵循九项信息披露的基本原则：1. 发行债券企业的董事会全体成员必须保证信息披露内容真实、准确、完整，没有虚假、误导性陈述或重大遗漏，并就其保证承担个别责任和连带责任。2. 发行人应该披露的信息包括定期报告和临时报告。3. 发行人的报告在披露前须向本所进行登记。4. 发行人信息在正式披露前，不得泄露其内容。5. 发行人公开披露的信息涉及财务会计、法律、资产评估等事项的，应当由具有从事证券业务资格的会计师事务所、律师事务所和资产评估机构等专业性中介机构审查验证，并出具书面意见。6. 本所根据各项法律、法规、规定对发行人披露的信息进行形式审查，对其内容不承担责任。7. 发行人公开披露的信息应在至少一种中国证监会指定的报刊上予以公告，其他公共传媒披露的信息不得先于指定报刊。发行人不能以新闻发布或答记者问等形式代替信息披露义务。8. 如发行人有充分理由认为披露有关的信息内容会损害企业的利益，且不公布也不会导致债券市场价格重大变动的，经本所同意，可以不予公布。9. 发行人认为根据国家有关法律、法规不得披露的事项，应当向上市的证券交易所报告，并陈述不宜披露的理由；经上市的证券交易所同意，可免于披露该内容。

4日 中国人民银行、中国证监会、中国保监会召开首次监管联席会议。会议讨论通过了三方监管联席会议制度有关规则。其中监管联席会议的主要职责是：研究银行监管、证券监管和保险监管中的有关重大问题；协调银行、证券、保险业务创新及其监管问题；协调银行、证券、保险对外开放及监管政策；交流有关监管信息等。会议确定，联席会议可根据某一监管方的提议不定期召开，三方联席会议成员轮流担任会议召集人。三方监管部门将按照会议议定的事项，协调有关监管政策。

最高人民法院、中国人民银行发布《关于依法规范人民法院执行和金融机构协助执行的通知》。该通知规定：人民法院查询被执行人在金融机构的存款时，执行人员应当出示本人工作证和执行公务证，并出具法院协助查询存款通知书。金融机构应当立即协助办理查询事宜，不需办理签字手续。对人民法院依法冻结、扣划被执行人在金融机构的存款，金融机构应当立即予以办理，在接到协助执行通知书后，不得再扣划应当协助执行的款项用以收贷收息；不得为被执行人隐匿、转移存款。人民法院依法可以对银行承兑汇票保证金采取冻结措施，但不得扣划。

7日 中国建设银行独家代理财政资金直拨业务。中国建设银行与财政部签订《委托拨款协议书》，财政部国库司将委托建设银行独家代理粮库建设资金等中央财政资金的直接拨付业务。首批新建100亿公斤粮库项目的直接拨付业务于2000年10月底开始试点代理。

财政部于2000年推行国库集中支付、单一银行账户制度。所谓国库集中支付，即财政部根据中央预算和中央主管部门的用款申请，将中央财政资金直接从国库支付给资金的最终使用者。截至2000年9月底，财政部累计拨存建设银行中央预算内基建、地勘资金380亿元，中央预算内基建、地勘资金在建设银行存款余额385亿元，比年初增加50亿元；建设银行代理进出口银行贷款项目42个，代理卖方信贷额42亿元，新增20亿元；建设银行完成社会审价咨询和保险代理业务量达到1 800多亿元。

8日 中国人民银行增加农村信用社再贷款。人民银行决定将邮政储蓄机构当年在县和县以下吸收并存入人民银行的居民储蓄存款333亿元，以再贷款方式借给农村信用社。这笔再贷款将主要用于增加对农民、农业和农村经济的信贷投放力度，而不得将该项再贷款用于资金拆借、投资有价债券和弥补经营亏损。据人民银行统计，到2000年8月末，全国农村信用社农业贷款余额已达3 594亿元，比年初增加567亿元，同比多增128亿元，占农村信用社全部新增贷款的55.5%，占金融机构农业贷款增加额的91%。

2000年年底，中国人民银行发布《关于将县及县以下邮政储蓄以再贷款方式返还农村信用社使用的通知》。该通知决定：从2000年下半年开始，人民银行将县及县以下新增的邮政储蓄存款以再贷款方式等额返还给当地农村信用社使用。该项再贷款集中用于支持农村信用社对农民、农村和农业的信贷投放，并重点用于农户贷款，及时满足农民从事种养业、农副产品加工、运输以及农村消费信贷等方面的合理资金需求。2000年中国邮政储蓄余额市场占有率达7.1%。截至2000年11月底，邮储余额约4 400亿元，县以下农村网点余额仅占其中的1/3，而这些网点的数量约占邮政储蓄网点数量的2/3。

11日 中国人民银行发布《关于坚持封闭贷款条件、从严控制封闭贷款发放的通知》。该通知要求：严格掌握封闭贷款的发放条件；对符合封闭贷款条件的企业，商业银行在贷前审查中，还要重点考察企业管理人员的管理水平和产品的科技含量及市场竞争力；对未能做到贷款资金在采购、生产、库存、销售各环节封闭运行的企业，贷款银行必须立即停止余款的拨付，其他商业银行也不得向其发放新的封闭贷款；合理确定封闭贷款的期限。

20日 宏源证券股份有限公司开业。宏源证券股份有限公司的前身是新疆宏源信托投资股份有限公司，1994年2月在深圳证券交易所上市，成为新疆第一家上市公司。1997年中国建设银行和中国信达资产管理公司入主宏源证券。2000年9月，中国证监会批准新疆宏源信托投资股份有限公司整体改组为宏源证券股份有限公司，宏源证券股份有限公司成为中国第一家上市证券公司。改组后的宏源证券注册资本金为518 745 150元人民币。

21日 中国人民银行实施外币利率市场化改革。8月24日，中国人民银行发布《关于改革外币存贷款利率管理体制的通知》。经国务院批准，从即日起，我国外币利率管理体制实行改革：各种外币贷款利率及其计结息方式由金融机构根据国际金融市场利率的变动情况以及资金成本、风险差异等因素自行确定。300万美元（含300万美元）以上或等值其他外币的大额外币存款，其利率水平由金融机构与客户协商确定。对300万美元（或等值其他外币）以下的小额存款，其利率水平由中国银行业协会统一制定，经中国人民银行核准后对外公布。各金融机构统一按中国银行业协会公布的利率水平执行。此次利率调整范围包括美元、英镑、日元、欧元、港元、加拿大元、瑞士法郎7种主要货币，包括7个存款期限共49个档次。

24日 中国人民银行行长戴相龙出席在捷克布拉格举行的国际货币与金融委员会会议。戴相龙在会上作书面发言时指出，全球经济发展存在不稳定因素和风险，发达国家应加强政策协调，降低货币波动的幅度，为全球经济发展创造良好的环境。他呼吁发达国家特别是主要发达国家，要彻底废除现有的贸易保护措施，特别是要取消在农产品、纺织品和服务部门的贸易保护主义措施。中国支持国际货币基金组织在对发达国家行使监督职能时，认真监督发达国家在减少贸易保护方面的进展情况。

国际货币基金组织与中国人民银行签署在香港设分处谅解备忘录。其中规定：新设立的香港分处是国际货币基金组织驻华代表处的下属机构，其职能是协助国际货币基金组织驻华代表处收集信息，分析和研究香港特别行政区经济和金融市场活动，研究亚洲及其他地区的经济、金融发展与变化对香港特别行政区的影响。分处与香港特别行政区政府及特别行政区其他机构的联系，只限于经济研究和信息分享等技术层面，分处工作人员在香港特别行政区只进行事务性工作。备忘录还明确规定，香港分处的设立不改变现行香港特别行政区与国际货币基金组织关系的安排。

25 日 中国人民银行发布《不良贷款认定暂行办法》。该暂行办法明确，不良贷款指《贷款通则》中规定的逾期贷款、呆滞贷款和呆账贷款（以下简称“一逾两呆”)。“一逾两呆”的划分标准是认定不良贷款的基本标准，商业银行必须严格遵守。逾期（含展期后逾期）90 天以内的不良贷款，列为催收贷款，在逾期贷款项下单独统计和上报。贷款虽未逾期，或逾期未满规定年限，但有下列情况之一者，应列入呆滞贷款：借款人被依法撤销、关闭、解散，并终止法人资格；借款人虽未依法终止法人资格，但生产经营活动已停止，借款人已名存实亡；借款人的经营活动虽未停止，但产品无市场，企业资不抵债，亏损严重并濒临倒闭。经确认已无法收回的贷款，列入呆账贷款。商业银行对不良贷款的认定应遵循“本级负责、分类认定、超限核准、归口管理、检查评价”的原则。

26 日 经党中央批准，国务院决定建立全国社会保障基金，并设立全国社会保障基金理事会。全国社会保障基金是中央政府专门用于社会保障支出的补充、调剂基金。理事会是国务院直属的正部级事业单位，经费实行财政全额预算拨款，受国务院委托管理中央集中的全国社会保障基金。投资范围包括银行存款、国债、证券投资基金、股票、信用等级在投资级以上的企业债、金融债等有价证券。全国社保基金的投资方式包括直接投资和委托投资。理事会直接运作全国社保基金的投资范围限于银行存款和在一级市场上购买国债，全国社保基金的其他投资，包括股票、企业债、金融债的投资以及在二级市场上买卖国债，需委托国内外专业性投资管理机构管理和运作。理事会的职责是：管理中央财政拨入的资金、通过变现部分国有资产所获得的资金以及其他形式筹集的资金；根据财政部和劳动保障部共同下达的指令和确定的方式拨出资金；挑选、委托专业性的资产管理公司对基金的资产进行运作，以实现其保值增值；向社会公布社会保障基金的资产、收益、现金流量等情况。

30 日 中国人民银行发布《关于调整撤并部分县级发行支库的通知》。调整撤并的原则是：在中心支库或邻近县支库有较大库容、有能力保证发行基金供应和安全的前提下，对行车里程 1 小时以内，发行业务量小，库房简陋，安全隐患较多，无保留价值的县支库进行适当调整、撤并。

10 月

1 日 国务院决定调整证券交易印花税中央与地方的分享比例。将证券交易印花税分享比例由现行的中央 88%、地方 12%，分 3 年调整到中央 97%、地方 3%，即 2000 年中央 91%、地方 9%；2001 年中央 94%、地方 6%；从 2002 年起中央 97%、地方 3%。国务院要求有关地区和部门要从全局出发，继续做好证券交易印花税的征收管理工作，进一步促进我国证券市场的健康发展。2000 年我国证券交易印花税收入完成 478 亿元，比上年增长 95.2%，增收 233 亿元。

8 日 中国人民银行货币政策委员会 2000 年第四季度例会在北京召开。会议认为，当前我国国民经济继续保持稳定回升的良好态势，实行积极的财政政策和稳健的货币政策等宏观决策是促进经济回升的重要原因。会议提出，要继续实行稳健的货币政策，进一步巩固国民经济健康发展的成果，货币政策既要促进经济进一步回升，促进国有企业改革和改组，加大对非国有经济的支持力度，彻底扭转通货紧缩的趋势，又要密切关注货币供应量与贷款增加较多对宏观经济的影响，超前预防今后可能出现的通货膨胀趋势。会议强调，要抓住当前经济全面回升的有利时机，加快金融体制改革，进一步发展金融市场。

中国证监会公布《开放式证券投资基金试点办法》。该试点办法明确，开放式基金可以在规定的场所和开放时间内，由投资人向基金管理人申请申购基金单位；或者应基金投资人的要求，由基金管理人赎回投资人持有的基金单位。开放式基金的设立募集期限不得超过 3 个月。在设立募集期限内，净销售额超过 2 亿元且最低认购户数达到 100 人，开放式基金方可成立。该试点办法规定，开放式基金成立初期，可以在基金契约和招募说明书规定的期限内只接受申购，不办理赎回，但该期限最长不得超过 3 个月。该试点办法允许基金管理人根据运营需要，按照中国人民银行规定的条件，向商业银行申请短期融资。允许开放式基金收取申购费，最高不得超过申购金额的 5%，还可以根据基金管理运作的实际需要，收取合理的赎回费，最高不得超过赎回金额的 3%。开放式基金还可以选用可调整的申购、赎回费率。开放式基金单位的认购、申购和赎回业务可以由基金管理人直接办理，也可以由基金管理人委托其他机构代为办理。商业银行以及经中国证监会认定的其他机构，可以接受基金管理人的委托，办理开放式基金单位的认购、申购和赎回业务。关于具体的申购、赎回办法，该试点办法规定，开放式基金每周至少有一天应为基金的开放日，办理基金投资人申购、赎回、变更登记、基金之间转换等业务申请，并于每个开放日的第二天公告开放日基金单位资产净值。投资人申购基金单位时，必须全额交付申购款项，基金管理人应当于收到基金投资人申购、赎回申请之日起 3 个工作日内，对该交易的有效性进行确认。基金管理人应当自接受基金投资人有效赎回申请之日起 7 个工作日内，支付赎回款项。在开放式基金单个开放日，基金净赎回申请超过基金总份额的 10% 时为巨额赎回。当巨额赎回发生时，基金管理人在当日接受赎回比例不低于基金总份额 10% 的前提下，可以对其余赎回申请延期办理。

《财经》杂志 2000 年 10 月号刊登上海证券交易所监察部赵瑜纲的《基金黑幕——关于基金行为的研究报告解析》。该报告由两份文件组成，主要内容是通过对国内 10 家基金管理公司旗下的 22 家证券投资基金在上海证券市场上大宗股票交易的汇总记录的跟踪，分析证券投资基金在市场上的操作行为。第一份报告题为《基金行为分析》，完成于 1999 年 12 月；第二份报告题为《基金风格及其评价》，完成于 2000 年 5 月。报告客观、翔实地记载并分析了 1999 年 8 月 9 日至 2000 年 4 月 28 日证券投资基金的操作行为。10 月 16 日，由大成、长盛、华安、华夏、国泰、南方、博时、富国、鹏华、嘉实 10 家基金管理公司联合在国内三大证券报上发表“严正声明”，对《财经》杂志的相关报道予以反驳，并表示对“基金黑幕”一文的作者及《财经》杂志社“给中国基金业及 10 家基金管理公司的声誉和经济上造成损失”的行为保留追究相应法律责任的权利。

13 日 信诚人寿保险公司在广州成立。该公司由中国国际信托投资有限公司和英国保诚集团出资组建，双方各占新公司的 50% 股份，注册资本为 2 亿元人民币，2005 年增至 7 亿元人民币。

16～20 日 中国农业发展银行承办的亚太农村及农业信贷协会（以下简称亚太农协）第 42 届执委会会议在北京召开。会议的主要任务是审议协会 1999—2000 年度工作情况，包括小额信贷扶贫项目的开展情况，亚太农协与日本农林渔业金融公库联合项目的开展情况，讨论协会2000—2001年度的工作方案。亚太农协是在联合国粮农组织支持下，于1977年在印度成立的一个区域性国际组织，总部设在泰国曼谷，共有来自22个国家的59家会员。

18～19日 中国石油化工股份有限公司（以下简称中国石化）分别于10月18日在纽约证券交易所、10月19日在香港联合交易所和伦敦证券交易所成功挂牌上市，共计筹资37.3亿美元，成为我国第一家在香港、纽约、伦敦三地同时上市的特大型国有企业。中国石化此次共计发售180.385亿股，占发行后总股本的21.21%。发行后，中国石化的母公司——中国石化集团公司持有该公司56.06%股份，国内资产管理公司和国家开发银行持有该公司22.73%的股份，境外股东合计持有该公司21.21%的股份。2000年2月28日中国石油化工股份有限公司在北京举行挂牌仪式，注册资本为688亿元。

20日 中国人民银行发布《关于开办债券结算代理业务有关问题的通知》。该通知规定：债券结算代理是指吸收公众存款的金融机构法人（以下简称金融机构法人）受市场其他参与者的委托，为其办理债券结算等业务的行为。债券结算代理业务是指：以委托人名义为委托人在中央国债登记结算有限责任公司办理债券托管账户开户、销户等手续；根据委托人的指令，为其办理有关结算手续；在债券利息支付和本金兑付中，为委托人办理相关事宜。代理费用包括托管账户维持费和债券结算代理佣金。托管账户维持费按中央结算公司有关业务规则制定的标准收取。债券结算代理佣金由结算代理人和委托人商定，但不得超过结算债券面值总额的0.1‰。非金融机构法人进入全国银行间债券市场只能与其结算代理人进行债券交易；金融机构法人可直接与其他市场参与者进行交易，也可逐笔委托其结算代理人与其他市场参与者进行交易。结算代理人应按季向中国人民银行总行和中国人民银行当地分行、营业管理部报告有关结算代理业务的情况。2002年10月24日，中国人民银行批准中国工商银行等39家商业银行开办债券结算代理业务。

24日 中国人民银行发布《关于加强农村信用社电子化建设和管理的指导意见》。其中提出：农村信用社电子化建设的基本目标，一是提高农村信用社电子化营业网点覆盖率，在有条件的地区发展网络建设；二是逐步建立农村信用社支付结算服务网络。农村信用社电子化建设的工作重点是：规范综合业务系统和网络建设管理；以农村信用社特约电子汇兑系统为基础，建立农村信用社支付结算服务网络；规范计算机硬件设备管理。

27日 中国证监会发布《关于〈证券经营机构高级管理人员任职资格管理暂行办法〉的补充通知》。该补充通知规定了证券公司高级管理人员任职人员四大必需条件：学历和从业经历符合《证券经营机构高级管理人员任职资格管理暂行办法》的规定；熟悉有关金融证券法律、法规，具备履行职责所必备的经营管理知识，有较强的管理能力和业务开拓能力；遵守法律、法规和中国证监会的有关规定；诚实信用，勤勉尽责，财政稳健，具有良好的职业道德。该补充通知还规定了十种人不得任职：《中华人民共和国公司法》《中华人民共和国证券法》及《证券经营机构高级管理人员任职资格管理暂行办法》所列不适宜担任证券公司高级管理人员的；近3年受过其他金融监管部门及其他主管部门处罚，不适宜担任证券公司高级管理人员的；因个人管理能力造成公司经营严重亏损或业务活动出现重大问题的；近5年内受过有关党纪政纪处分；有欺诈或不诚实行为的；因涉嫌重大投诉或违法、违规行为处于调查之中且没有定论的；近3年受过中国证券业协会纪律处分的；有赌博、吸毒、嫖娼等违反社会公德行为，造成不良影响的；利用职务便利为自己直接或间接牟取不正当利益的；个人负有数额较大的债务且到期未清偿的。

31日 财政部增发500亿元长期建设国债用于增加固定资产投入。增发的国债定名为记账式（九期）国债，总额500亿元，以10年期浮动利率形式发行，各年付息利率按还本付息期起息日当日1年期银行储蓄存款利率加0.3个百分点确定。发行对象为中国工商银行、中国农业银行、中国银行、中国建设银行四家国有独资商业银行，不向社会销售。

11 月

1 日 中国人民银行发布《关于改进和加强人民银行财务管理的意见》。该意见指出：自1994 年实行独立的财务预算管理制度以来，人民银行总行提出了财务工作的“四严”要求，即严格遵守财经纪律，严格执行财务制度，严格控制费用开支，严肃处理违纪行为。该意见要求：人民银行各分行要纠正违规、违纪问题，健全和完善财务规章制度；要加强各项收入管理，一切收入要入大账；严格执行基本建设管理规定，加强对基建工作的控制和监督；厉行节约，严格控制费用支出；增强法纪意识，杜绝乱集资、乱收费、乱摊派；加强固定资产管理，确保国有资产的安全完整；强化预算管理，严格自我约束，加强监督和检查。

7 日 中国人民银行颁布《企业集团财务公司内部转账结算业务审批规定》。该规定明确，实行资金一体化管理的企业集团所属财务公司，具备下列条件之一者可申请开办内部结算业务：1. 企业集团规模较大且结算业务量较大的财务公司。具体标准为：企业集团总资产 80 亿元以上；企业集团年营业总收入 60 亿元以上。2. 集团成员单位之间经济往来密切，企业集团资产在同城集中度高，且主导产品比重较大的集团所属财务公司。具体标准为：企业集团资产在同城集中度 80% 以上；企业集团年主导产品销售（主营业务）收入占集团总收入的 60% 以上。

8 日 财政部颁布《金融资产管理公司资产处置管理办法》。该管理办法规定：资产处置损失是指公司对从银行收购和接收的贷款及利息（包括表内利息、表外利息和孳生利息）、抵贷资产及享有所有权和处置权的其他资产进行处置后，回收的资产价值与上述资产收购和接收时价值的差额，以及对回收资产再次进行处置发生的损失。公司必须设置资产处置专门审核机构，负责对资产处置方案进行审查。公司资产处置专门审核机构，由公司资金财务、资产管理、资产评估、法律等部门至少 5 人以上的奇数人员组成，对公司总裁负责。公司应建立健全资产处置的项目台账，对每一个资产处置项目应实行项目预算制度，加强对回收资产、处置费用及处置损益的计划管理，并持续地跟踪、监测项目进展。公司以债权重组、债转股、出售、出租等方式处置资产时，原则上应先经合法、独立的评估机构评估，根据评估价值协商确定折股价或底价，并合法、合理地评估、认定回收资产的公允价值。公司转让不良资产时，原则上应采取竞标、竞价方式。公司在处置资产的过程中应及时取得有关评估、竞标、竞价、公证的法律文书。公司资产处置必须杜绝“暗箱操作”，严禁私下处置和内部交易。2004 年 4 月 30 日，财政部对该办法做了修订。

中国再保险公司迪拜代表处开业，成为中国保险、再保险业在海湾地区国家设立的第一家办事机构。

厦门特大走私案首批 25 起案件一审公开宣判。厦门海关原关长、福建省公安厅原副厅长、福州市公安局原局长、厦门市原副市长、中国工商银行厦门市分行原行长等 12 人，以及厦门市委原副书记、中国银行福建省分行原行长等 12 人一审被判处无期徒刑，剥夺政治权利终身，并处没收个人全部财产。之前，25 名涉案党员被开除党籍、解除公职，其中厅级干部 8 人。厦门特大走私案是新中国成立以来发生的涉案金额特别巨大、案情极为复杂、危害极其严重的走私犯罪案件。根据党中央、国务院的部署，1999 年 8 月中旬，中央纪委会同监察部、海关总署、公安部、最高人民检察院、最高人民法院、国家税务总局、中央金融工委等部门组成中央专案组，对厦门特大走私案展开全面调查。经侦查机关立案侦查，并由检察机关提起公诉和准备提起公诉的案件共 192 起。截至 2001 年 2 月 27 日，按照司法管辖的有关规定，有关地方的人民法院已依法受理案件 167 起，涉及被告人 273 人；已判决 119 起，涉及被告人 213 人，其中 21 起案件已二审判决。

9日 中国人民银行发布《商业银行表外业务风险管理指引》。该指引明确表外业务包括担保类、承诺类和金融衍生交易类三种类型的业务。商业银行应完善以企业信用评估为基础的授信方法，将表外业务纳入授信额度，实行统一授信管理。商业银行经营担保和承诺类业务应当有真实交易的背景，真实交易是指真实的贸易、借贷和履约及投标等行为。商业银行应建立表外业务内部审计制度，定期或不定期审计风险管理程序和内部控制，对风险的计量、限额和报告等情况进行再评估；在商业银行聘请外部审计师进行的年度审计中应包括对表外业务风险情况的审查和评估。

中国工商银行票据营业部在上海开业。中国工商银行票据营业部是全国首家经中国人民银行批准的全国性、专业性的票据经营机构，也是中国工商银行总行直属的一级分支机构。票据营业部在全国票据市场票据交易量的占比为4%，票据资产余额为100亿元，在全国票据市场票据融资规模占比为2.47%，票据营业部人均资产规模为9.3万元。

10日 国务院颁布《金融资产管理公司条例》。该条例主要规定：金融资产管理公司是指经国务院决定设立的收购国有银行不良贷款，管理和处置因收购国有银行不良贷款形成的资产的国有独资非银行金融机构。金融资产管理公司以最大限度地保全资产、减少损失为主要经营目标，依法独立承担民事责任。中国人民银行、财政部和中国证监会依据各自的法定职责对金融资产管理公司实施监督管理。金融资产管理公司的注册资本为100亿元人民币，由财政部核拨。在国务院确定的额度内，金融资产管理公司按照账面价值收购有关贷款本金和相对应的计入损益的应收未收利息；对未计入损益的应收未收利息，实行无偿划转。超出确定的范围或者额度收购的，须经国务院专项审批。金融资产管理公司收购不良贷款的资金来源包括划转中国人民银行发放给国有独资商业银行的部分再贷款；发行金融债券。金融资产管理公司可以将收购国有银行不良贷款取得的债权转为对借款企业的股权，其持有的股权不受本公司净资产额或者注册资本的比例限制。金融资产管理公司管理、处置因收购国有银行不良贷款形成的资产，应当按照公开、竞争、择优的原则运作；转让资产，主要采取招标、拍卖等方式。

14日 个人股票质押贷款小范围试点。中国银行广东省分行在广州宣布，该行将在广东证券股份有限公司的协助下对个人开办股票质押贷款业务。试办初期，第一，中国银行通过广东证券股份有限公司对质押股票账户的交易和转出进行实时监控，并设置了警戒线（贷款额的150%）和平仓线（贷款额的130%）；一旦发现账面余额（股票市值加现金）低于平仓线，立即进行强制平仓。第二，银行在对贷款申请人进行个人资信评估时，不仅要求其具有广州市常住户口，从业背景也将是一项非常重要的考察内容，纯粹的“职业股民”则基本不予考虑。第三，贷款额度为股票账户市值的50%，起点暂定为30万元以上，但最多不得超过100万元，贷款的期限最长不超过1年，而且将股票账户余额限定为60万~200万元。第四，可作为质押物的股票范围不包括：被证券交易所特别处理的、停牌或摘牌的、连续两年亏损的，以及半年内价格波动幅度超过200%等股票。第五，银行根据贷款的不同用途实行差别利率政策，如果贷款目的是用于个人消费，按照中央银行标准确定利率水平；若是用于其他经营性目的，则在中央银行标准利率之上最多将上浮30%。第六，由于尚处于试办阶段，中国银行没有授权支行以下的任何分支机构办理该项业务，个人必须亲自前往广东省分行零售业务处申请贷款。

最高人民法院发布《关于审理票据纠纷案件若干问题的规定》。该规定包括受理和管辖、票据保全、举证责任、票据权利及抗辩、失票救济、票据效力、票据背书、票据保证、法律适用、法律责任10个部分，共有76条。

16日 最高人民法院印发《关于对粮棉油政策性收购资金形成的粮棉油不宜采取财产保全措施和执行措施的通知》。该通知明确提出对粮棉油政策性收购资金形成的粮棉油不宜采取财产保全措施和执行措施。

中国证券业协会向各会员单位发出通知指出，我国证券市场目前还不具备佣金自由化的条件，各会员单位应继续执行原有的佣金标准，不得擅自改变。2000 年 10 月 30 日，青海证券有限责任公司在其互联网主页界面上公布网上交易手续费无条件五折返还；11 月 5 日，又以新闻发布形式，宣布其佣金折让活动。11 月 21 日，青海证券有限责任公司停止了佣金打折。

中国证监会发布《关于禁止非法公开发行或变相公开发行股票的公告》。针对有些企业，尤其是有些准备到创业板上市的企业，未经中国证监会核准，对外公开募集股份或公开招募发起人的违法行为，该公告重申，严禁任何企业未经中国证监会的核准，公开发行或变相公开发行股票，违者将依法追究有关企业、中介机构及有关人员的法律责任。

20 日　中国人民银行发布《政策性银行和商业性银行外汇转贷款业务指引》。该指引明确：转贷机构必须认真审查转贷项目，对于拖欠到期债务且催收无效的地区和部门或恶意拖欠还款的机构，应拒绝开展新的转贷业务。转贷机构与国外经办银行签订贷款项目的金融协议后，要承担对外按时付款的义务。转贷机构应对转贷业务的资产质量进行单独考核，制定相应的管理办法，明确规定相应的转贷条件、管理程序和管理责任，并报中国人民银行备案。

中国平安保险股份有限公司加入欧洲保险联盟。欧洲保险联盟执委会大会一致同意，中国平安保险股份有限公司正式加入该组织，也成为该组织在中国内地唯一的成员公司。加入联盟后，将可以通过其销售网络向跨国公司在我国的子公司提供团险保障服务，并有效获取国外公司的开发信息。创立于 1966 年的欧洲保险联盟（Insurope）是一个通过和联盟签订书面合作协议所组成的寿险公司的团体，定位是为跨国公司雇员提供团体保险保障服务。通常，欧洲保险联盟在一个国家只选择一家寿险公司作为其成员公司，选择的对象是经营规范并且经营管理符合国际惯例的公司。

21 日　中国铁路建设债券上市。经中国证监会核准，1998 年Ⅰ期、Ⅱ期中国铁路建设债券在上海证券交易所上市交易。Ⅰ期总额为 16 亿元人民币，期限为 5 年，利率为 6.95%。Ⅱ期总额为 34 亿元人民币，其中：5 年期 10 亿元，利率为 3.8%；10 年期 24 亿元，利率为 4.5%。本次债券上市总额为 50 亿元人民币，创国内企业债券上市总额之最。

泰康人寿保险公司完成海外募股。瑞士丰泰人寿保险公司、卢森堡洛易银行、新政泰达投资有限公司、日本软库银行等成为公司新的股东，公司净资产达到近 20 亿元人民币，总资产规模 45 亿元人民币。泰康人寿保险股份有限公司于 1996 年 8 月 22 日经中国人民银行总行批准，由中国对外贸易运输（集团）总公司、中国石化集团北京燕山石油化工有限公司和中国嘉德国际拍卖有限公司等 16 家国有大中型企业发起组建的全国性、股份制人寿保险公司。

22 日　韩国韩亚银行上海分行开业，这是自东南亚金融危机后，获中国人民银行批准在中国设立的第一家韩国银行。成立于 1991 年 7 月的韩亚银行是一家没有政府股份的合资私人银行，其前身是成立于 1971 年的韩国投资金融公司，总部设在汉城（即现在的首尔）。

28～30 日　中共中央、国务院在京召开中央经济工作会议。会议指出，2001 年经济工作的总体要求是：以邓小平理论为指导，按照“三个代表”重要思想的要求，贯彻落实党的十五大和十五届五中全会精神，抓住机遇，加快发展。坚持扩大国内需求的方针，继续实施积极的财政政策和稳健的货币政策，综合运用各种宏观调控手段，巩固和发展经济增长的好形势。依靠体制创新和科技创新，以信息化带动工业化，大力推进经济结构的战略性调整。强化农业的基础地位，加大对农业的支持和保护力度，努力增加农民收入。加快转变企业经营机制，加强企业管理，巩固和扩大国有企业改革和脱困成果。做好加入世界贸易组织的各项准备工作，提高对外开放水平，积极发展开放型经济。多渠道扩大就业，加快建立和完善社会保障体系，进一步改善人民生活。正确处理改革、发展、稳定的关系，促进国民经济持续、快速、健康发展和社会全面进步，努力实现“十五”计划的良好开局。会议提出了2001年经济工作需要把握的几个问题。其中提到：要继续实行稳健的货币政策，努力发挥金融对经济增长的促进作用。金融系统要切实加强监督，严格法纪，确保金融安全、高效、稳健运行。全面落实扩大内需、调整结构、促进消费的各项金融信贷措施。进一步加强货币政策与财政政策的协调配合，灵活运用货币政策手段，调控经济运行。

30日　郑州百文股份有限公司（以下简称郑百文）资产重组方案获得董事会通过。重组方案的原则是：中国信达资产管理公司拟向三联集团公司出售对公司的约15亿元的债权，三联集团公司取得信达的约15亿元债权的价格为3亿元人民币。三联集团公司向信达购买上述债权后将全部豁免。在三联集团公司豁免债权的同时，公司全体股东，包括非流通股股东和流通股股东须将所持公司股份的约50%过户给三联集团公司；不同意将自己所持股份中的约50%过户给三联集团公司的股东将由公司按公平价格回购，公平价格由下一次股东大会以《独立财务顾问报告》确定的价格为准。2000年12月31日，该方案获得股东大会通过。

1996年4月，经中国证监会批准，郑百文成为郑州市的第一家上市企业和河南省首家商业股票上市公司。1997年，郑百文主营规模和资产收益率等指标在深沪上市的所有商业公司中均排序第一，进入国内上市企业100强。1998年，郑百文在中国股市创下每股净亏2.54元的最高纪录。1999年，郑百文一年亏损9.8亿元，再创沪深股市亏损之最，同时，郑百文欠中国建设银行的20多亿元债务被转移到中国信达资产管理公司。2000年3月29日，ST郑百文发布停牌消息：其债权人中国信达资产管理公司已向郑州市中级人民法院提出申请，请求对ST郑百文实施破产清算。8月22日，经有关部门同意，郑百文股票从当日起到公司资产重组事项确定期间，暂停公司股票交易。按照2000年中期报告，ST郑百文每股净资产－9.31元，资产负债率216.95%，累计亏损高达18.2亿元。2000年10月30日，新华社《新华视点》专栏播发《假典型巨额亏空的背后——郑百文跌落发出的警示》，引起国家有关部门的高度重视，有关部门组成调查组开赴郑州，进驻郑百文。

12月

5日　中国人民银行发布《关于对农村信用社开办特种存款的通知》。该通知决定：为缓解部分农村信用社资金剩余、经营困难的状况，中国人民银行决定对农村信用社开办特种存款。本次开办特种存款额度为150亿元，期限为3个月，年利率为3.24%，计息方式为利随本清。特种存款由农村信用社县联社统一到中国人民银行当地支行办理缴款手续。未设立县联社地区的农村信用社，在中国人民银行当地支行开立账户的，可直接到开户行办理缴存手续；未在中国人民银行当地支行开立账户的，可凭开户行的划款凭证或开户行的银行汇票，到中国人民银行支行办理手续。人民银行各分行、营业管理部要根据辖内农村信用社资金情况，在总行下达的特种存款额度内进行分配。法定存款准备金没达到规定比例（6%）的农村信用社及借用再贷款尚未归还的农村信用社，不得认购特种存款。凡认购特种存款的农村信用社，在特种存款到期之前，人民银行不得向其发放再贷款。

12日　中国银行推出长城VISA白金卡。长城VISA白金卡将从中国银行优质客户中邀请产生。凡是中国银行长城VISA白金卡持卡人，均可享受全天候的贵宾专门热线服务，资深客户服务人员将为持卡人解答各种查询，并根据持卡人个人需要安排包括法律支援、翻译人员咨询、紧急文件递送、医疗支援等服务。中国银行自1985年发行了我国第一张信用卡以来，到目前为止，中国银行已经发行了2 500多万张长城卡。

中国证监会发布《证券公司检查办法》。该办法明确，中国证监会及其派出机构可随时对证券公司经营的合规性、正常性和安全性进行检查，以防范和化解金融风险。检查方式分为现场检查与非现场检查两种。该办法适用于经中国证监会批准设立的证券公司及其证券营业部、服务部，对信托投资公司证券营业部的检查可比照执行。

15～17日 我国举行首次精算师资格考试。由中国保监会组织的2000年度中国精算师资格考试（准精算师部分）分别在北京、天津、上海、武汉举行。

遵循国际惯例，中国精算师资格考试分为两个层次：第一个层次为准精算师考试，考试内容为精算人员必须掌握的精算理论和技能，以及基础的精算实务知识；第二个层次为精算师资格考试，内容以精算实务为主，涉及财务会计制度、社会保障制度、保险法规等。只有通过两个层次的学习和考试，才能获得精算师资格证书。

18日 北京市第一中级人民法院对“海南凯立状告中国证监会一案”作出一审判决。判定中国证监会退回海南凯立中部开发建设股份有限公司（以下简称凯立公司）A股预选申报材料的行为违法，责令中国证监会恢复对凯立公司股票发行的核准程序。

凯立公司是由海南长江旅业公司等6家企业发起成立的股份有限公司。1997年3月，海南证管办致函国家民委，同意推荐凯立公司公开发行股票。1998年2月，中国证监会通知海南证管办同意凯立公司上报股票发行申请材料，并要求列入省1997年的计划内。1998年6月，凯立公司向中国证监会上报了A股发行申请材料。1999年6月，凯立公司收到中国证监会报告：“凯立公司97%的利润虚假，严重违反《中华人民共和国公司法》，不符合发行上市的条件，决定取消其发行股票的资格。”2000年2月21日，凯立公司据此向北京市第一中级人民法院提起了行政诉讼，但该法院以中国证监会报告属于内部行政行为为由，裁定不予受理。2000年4月28日，中国证监会正式发函，认定“该公司发行预选申报材料前3年财务会计资料不实，不符合发行上市的有关规定”，决定退回凯立公司的预选申报材料。凯立公司以中国证监会又作出了新的行政行为为由申请撤回了上诉，并于2000年7月17日再次向北京市第一中级人民法院诉讼中国证监会，要求：撤销被告作出的原告申报材料前3年会计资料不实，97%利润虚假的错误结论；撤销被告作出的取消原告A股发行资格并进而退回预选申报材料的决定；判令被告恢复并依法履行对原告股票发行上市申请的审查和审批程序。8月16日，北京市第一中级人民法院受理了诉讼。

2001年1月，中国证监会向北京市高级人民法院提出上诉，强调自己是全国证券期货市场的主管部门，有权依据法规制定股票发行程序，并作出解释。同时，中国证监会回顾了股票发行程序形成的8年历程，强调一审法院让其恢复对凯立公司的审核“不切实际，无法执行”。2001年4月27日，北京市高级人民法院开庭审理此案，并于7月5日作出终审判决：驳回中国证监会的上诉，维持由北京市第一中级人民法院作出的一审判决。一审案件受理费80元和上诉的受理费80元由中国证监会承担。

19日 中国民生银行上市。中国民生银行股份有限公司（股票简称：民生银行；股票代码：600016）35 000万股在上海证券交易所上市。11月27日，民生银行通过上海证券交易所，以上网定价的方式向社会公开发行人民币普通股35 000万股，每股面值1.00元，每股发行价格为11.80元。募集资金40.9亿元，发行后，本行总股本为173 024.8万股。民生银行是由中华全国工商联负责组建，广州益通集团公司、中国乡镇企业投资开发有限公司、中国煤炭工业进出口总公司、中国船东互保协会、山东泛海集团公司等59家单位作为发起人，按照《中华人民共和国商业银行法》和《中华人民共和国公司法》设立的股份制商业银行。1996年2月7日登记成立，注册资本金为13.80248亿元。

23日 中国银行业协会报经中国人民银行批准，从即日起，降低美元、英镑、港元的小额外币存款利率。其中新的1年期美元、英镑、港元小额存款利率分别为 5.0000%、4.6875%、4.9375%，比原利率分别下降 0.5000%、0.5625%和0.3750%。

24日 中国人民银行发布《关于建立金融机构高级管理人员任职期间重大事项报告制度的通知》。该通知规定：出现以下情况之一的金融机构及其分支机构，应及时向中国人民银行报告：1. 金融机构高级管理人员任职期间发生叛逃、出走、非正常死亡等情况，或因司法、纪检监察机关依法行使职能，造成岗位空缺。2. 金融机构高级管理人员在未办理离岗请假手续的情况下，无故离开工作岗位 3 个工作日以上。3. 金融机构高级管理人员任职期间因辞职、撤职等原因造成岗位空缺，或因意外伤害、疾病、学习等原因造成岗位空缺 1 个月以上。对未及时报告的金融机构及其分支机构，人民银行将依据有关法规予以处罚；对金融机构及其分支机构主要负责人及有关责任人，将视情节轻重，依据有关法规予以警告、通报批评；取消金融机构高级管理人员任职资格等处分。

26日 国务院发布《关于实施西部大开发若干政策措施的通知》。该通知提出，力争用5~10年的时间，使西部地区基础设施和生态环境建设取得突破性进展，西部开发有一个良好的开局。到21世纪中叶，要将西部地区建成一个经济繁荣、社会进步、生活安定、民族团结、山川秀美的新西部。西部开发的政策适用范围包括重庆、四川、贵州、云南、西藏、陕西、甘肃、宁夏、青海、新疆、内蒙古、广西 12 个省、自治区、直辖市。国家政策性银行贷款、国际金融组织和外国政府优惠贷款，在按贷款原则投放的条件下，尽可能多地安排西部地区的项目。对国家新安排的西部地区重大基础设施建设项目，其投资主要由中央财政性建设资金、其他专项建设资金、银行贷款和利用外资解决，不留资金缺口。中央将采取多种方式，筹集西部开发的专项资金。中央有关部门在制定行业发展规划和政策、安排专项资金时，要充分体现对西部地区的支持。鼓励企业资金投入西部地区重大建设项目。关于金融信贷支持，该通知要求：银行根据商业信贷的自主原则，加大对西部地区基础产业建设的信贷投入，重点支持铁路、主干线公路、电力、石油、天然气等大中型能源项目建设。加快国债配套贷款项目的评估审贷，根据建设进度保证贷款及早到位。对投资大、建设期长的基础设施项目，根据项目建设周期和还贷能力，适当延长贷款期限。国家开发银行新增贷款逐年提高用于西部地区的比重。扩大以基础设施项目收费权或收益权为质押发放贷款的范围。增加对西部地区农业、生态环境保护建设、优势产业、小城镇建设、企业技术改造、高新技术企业和中小企业发展的信贷支持。在西部地区积极发放助学贷款及学生公寓贷款。农村电网改造贷款和优势产业贷款中金额较大的重点项目，由农业银行总行专项安排和各商业银行总行直贷解决。有步骤地引入股份制银行到西部设立分支机构。西部大开发若干政策于2001 年1 月1 日起开始实施。

29日 中国期货业协会（China Futures Association，CFA）成立大会暨第一届会员大会在北京召开。协会的注册地和常设机构设在北京。该协会为全国期货行业自律性组织，为非营利性的社会团体法人，接受中国证监会和国家社会团体登记管理机关的业务指导和管理。协会由以期货经纪机构为主的团体会员、期货交易所特别会员和在期货行业从业的个人会员组成。会员大会是协会的最高权力机构，每三年举行一次。这是继中国证券业协会、中国银行业协会和中国保险业协会之后成立的我国又一金融行业自律管理组织。截至2003 年9 月，中国期货业协会共有 189家会员单位，分布在全国32 个省、自治区、直辖市，以上海、北京、浙江、广东等地区最为集中。

财政部向中国进出口银行增拨资本金。中国进出口银行资本金达到50 亿元。中国进出口银行成立于1994 年4 月26 日，当时的注册资本为33.8 亿元人民币。1997 年，进出口银行的所有者权益达到34.89 亿元。

30日 国有独资商业银行的分支机构撤并工作基本完成。截至2000 年末，中国工商银行、中国农业银行、中国银行、中国建设银行四家国有商业银行共撤销县支行 1 586 家，其中中国工商银行撤并县级支行 541 家，撤并比例达 27.8%；中国银行撤并县级支行 204 家，撤并比例达 18.6%；中国建设银行撤并县级支行 464 家，撤并比例达 24.1%；中国农业银行按照适当撤并的原则，已撤并县级支行 377 家，撤并比例达到 15.4%。此外，结合国务院关于精简机构的要求，四家国有银行对低效、重复设置的营业网点进行了大量精简、合并。截至 2000 年年末，四家国有银行各级分支机构比 1997 年年末净减少 3.4 万家，机构下降比例达 22.6%。其中，中国工商银行减少 9 952 家，下降比例为 24.2%；中国农业银行减少 15 371 家，下降比例为 24.6%；中国银行减少 2 284 家，下降比例为 14.9%；中国建设银行减少 6 440 家，下降比例为 20.5%。同时，四家国有银行大量裁减冗员。截至 2000 年年末，四家国有银行在岗人员 187.8 万人，比 1997 年年末下降 12.7 万人。其中，中国工商银行 58.6 万人，下降 7.1 万人；中国农业银行 69.1 万人，下降 2.7 万人；中国银行 19.2 万人，下降 0.8 万人；中国建设银行 40.8 万人，下降 2.1 万人。

1998 年 6 月 30 日，由中国人民银行制定的《关于国有独资商业银行分支机构改革方案》得到国务院的批准。该方案对四家国有银行机构的撤并提出了非常具体的要求。比如：按照银行的工作人员数量和吸收存款额，人均存款额在 50 万元以下的营业网点全部撤销，50 万～100 万元的营业网点部分撤销，100 万～150 万元的营业网点合并。二级分行也要进行大量撤并。在裁减机构的比例上，除中国农业银行尽量保留其县级支行外，其他三家都要精简，精简比例为中国工商银行 20%、中国建设银行 30%、中国银行 10%。该方案还规定，在 2000 年年底前，这些银行要完成机构的撤并工作。因此，2000 年四大国有商业银行都进行了大规模的机构撤并工作。

2001 年

1 月

3 日　国家外汇管理局发布《关于旅行社旅游外汇收支管理有关问题的通知》。该通知针对一段时间以来中国旅游外汇收支活动出现的混乱状况，国家外汇管理局根据国家对出入境旅游的政策，对旅行社接待外联团组入境旅游和组织境内居民自费出境旅游有关外汇管理问题作出了相关规定。该通知自 2001 年 3 月 1 日起正式实施。

4～5 日　中央农村工作会议在北京举行。会议的主要任务是，贯彻落实党的十五届五中全会和中央经济工作会议精神，总结 2000 年农业和农村工作，分析农业和农村工作面临的形势，对 2001 年的工作作出部署。会议传达了中共中央总书记江泽民就做好农业和农村工作所作的重要指示。江泽民指出，2000 年在遇到严重干旱的情况下，我国农业和农村经济取得了新的成绩，是很不容易的。进入 21 世纪，巩固和加强农业基础的工作仍要坚持不懈地抓下去，一刻都不能放松。这是全面建设小康社会、加快推进社会主义现代化的必然要求。关键要通过改革开放和科技进步，依靠亿万农民的创造精神，大力推进农业和农村经济结构调整，努力增加农民收入，确保国家粮食安全，保持农村社会稳定。农业、农村、农民工作事关党和国家工作的全局，大家一定要发扬兢兢业业、扎扎实实的精神，切实把工作做好。

1 月 11 日，中共中央、国务院发布《关于做好 2001 年农业和农村工作的意见》。其中就金融工作，该意见指出：改革农村信用合作社，改善农村金融服务。要积极探索适应农村经济发展要求的农村金融体系、经营机制、管理体制和服务方式。首先要搞好农村信用社管理体制改革试点，完善方案，逐步推开。农村信用社必须坚持为农业、农村、农民服务的方向，努力增加信贷资金，改进贷款方式，提高服务水平，充分发挥农村金融主力军和联系农民的金融纽带作用。要加强对农村信用社的金融监管，防范金融风险，同时帮助信用社解决实际困难，增强为农服务的能力。农业银行在农业和农村经济发展中发挥着重要作用，要坚持和发扬支农传统，加强对农村的金融服务。要重点支持农业产业化经营和有效益、有潜力的乡镇企业发展和小城镇建设。适当增加中长期农业贷款的比重，支持农村水利、电力等基础设施建设。努力拓宽农业利用外资的渠道和投融资领域。

8 日　中国人民银行副行长肖钢出席国际清算银行在瑞士巴塞尔举行的特别股东会议。此次会议的主题是讨论修改国际清算银行章程，购回由于历史原因由私人机构持有的国际清算银行股份。肖钢副行长代表中国人民银行在会上投了赞成票。

9 日　中国人民银行颁布《商业银行、信用社代理国库业务管理办法》。该办法规定：人民银行可以按照机构分布情况委托商业银行代理国库支库（以下简称代理支库）业务。经收预算收入的商业银行分支机构和信用社均为国库经收处。人民银行依法对商业银行代理支库和商业银行、信用社国库经收处所办国库业务实施垂直管理。代理支库机构的设置与财政管理体制相适应，原则上一级财政设立一级国库。国库经收处必须准确、及时地办理各项预算收入的收纳，完整地将预算收入划转到指定收款国库。该办法自 2001 年 2 月 1 日起执行。1989 年 12 月 27 日中国人民银行与中国工商银行、中国农业银行、中国银行、中国建设银行联合发布的《专业银行办理国库业务管理办法》同时废止。

10日 中国人民银行颁布《信托投资公司管理办法》。该办法共有8章78条，其中规定：1. 信托投资公司的设立及经营应当具备如下条件：有符合《中华人民共和国公司法》和中国人民银行规定的公司章程；有具备中国人民银行规定的入股资格的股东；具有本办法规定的最低限额的注册资本；有具备中国人民银行规定任职资格的高级管理人员和与其业务相适应的信托从业人员；具有健全的组织机构、信托业务操作规则和风险控制制度；有符合要求的营业场所、安全防范措施和与业务有关的其他设施；中国人民银行规定的其他条件。2. 设立信托投资公司，应当采取有限责任公司或者股份有限公司的形式，注册资本不得低于3亿元人民币，经营外汇业务的信托投资公司，其注册资本中应包括不少于等值1 500万美元的外汇。3. 信托投资公司不得办理存款业务，不得发行债券，不得举借外债。4. 在该办法实施前设立的信托投资公司，应当依照国家有关规定进行清理整顿，整顿合格后确定保留的，中国人民银行对其予以重新登记；信托投资公司在该办法实施前已经办理的各项业务中符合本办法要求的，可以继续办理；凡不符合本办法要求的，应当在中国人民银行规定的期限内压缩、清理完毕，国务院另有规定的，按有关规定办理。5. 未经中国人民银行批准，擅自设立信托投资公司或者擅自经营信托业务的，按照《非法金融机构和非法金融业务活动取缔办法》予以取缔，并予以处罚。中国人民银行于1986年颁布的《金融信托投资机构管理暂行规定》同时废止。

中国证监会发布《关于新股发行公司通过互联网进行公司推介的通知》。该通知规定，新股发行公司在新股发行前，必须通过互联网采用网上直播（至少包括图像直播和文字直播）方式向投资者进行公司推介，也可辅以现场推介。网上直播推介活动的公告应与其招股说明书概要（或招股意向书）同日同报刊登，并在拟上市证券交易所指定网站同天发布。推介活动不少于4个小时。该规定自2001年3月1日起执行。

中国证监会立案稽查中科创业股价操纵事件。中科创业股票原名为康达尔，主营业务为饲料和养鸡，1994年在深圳证券交易所挂牌上市。1998年下半年，股价在17元左右，后开始上扬，到1999年7月，股价从36元跃至45元，到2000年2月，股价又一度上涨到80元以上，最高升至84元。2000年12月25日，中科创业股票下跌，并连续出现10个跌停板，严重影响到股票市场的正常秩序。因有关机构涉嫌操纵中科创业股价，中国证监会开始对其立案稽查。经查，股票价格操纵者吕新建（“庄家”吕梁）和朱焕良（大户）经合谋，用一系列手法，通过1 500多个股东账户，控制了中科创业股票流通盘55.36%的仓位，进行股价操纵交易。这起案件涉及违规金额达54亿元，涉及北京、上海、浙江等20多个省市的120家证券营业部。2003年4月1日，北京市第二中级人民法院对中科创业操纵证券交易价格案一审进行公开宣判，以操纵证券交易价格罪判处上海华亚实业发展公司罚金2 300万元人民币；以操纵证券交易价格罪分别判处丁福根、董沛霖、何宁一、李芸、边军勇、庞博6名被告人4年至2年零2个月有期徒刑，并对丁福根、边军勇、庞博分别判处罚金50万元至10万元。

11日 国际货币基金组织驻华代表处香港特别行政区分处成立。香港特别行政区分处是国际货币基金组织驻华代表处的下属机构，其职能是协助基金组织驻华代表处收集信息，分析和研究香港特别行政区经济和金融市场活动，研究亚洲及其他地区的经济、金融发展与变化对香港特别行政区的影响。

13～15日 中国人民银行2001年工作会议在北京召开。会议指出，2001年，中国人民银行将继续执行稳健的货币政策，保持货币政策的稳定性、连续性和前瞻性，支持巩固目前经济回升的良好态势；要密切关注经济运行特别是物价走势，适时运用多种货币政策工具，调节货币和信贷供给，保持人民币币值和汇率稳定；切实加强金融监管，督促国家银行明显提高经营管理水平，继续化解中小金融机构风险，迎接加入世界贸易组织的挑战，全面改进对金融机构的服务水平。

全国证券期货监管工作会议在北京召开。会议确定2001年证券期货监管工作的指导思想是：坚决贯彻党的十五届五中全会和中央经济工作会议精神，积极推进证券期货市场深化改革和规范化建设；进一步更新监管理念和监管方式，依法加强证券期货市场监管，及时查处违法、违规行为，切实防范和化解市场风险，保护投资者的合法权益；加快证券期货市场建设，努力完善市场结构，大力培育机构投资者，提高证券市场资源配置效率，促进经济改革和现代化建设。

14日 全国银行、证券、保险工作座谈会在北京召开。国务院总理朱镕基在座谈会上强调，金融系统要认真贯彻党的十五届五中全会和中央经济工作会议精神，真正把工作重点放在严格金融监管、加强内控机制上来，大力整顿金融秩序，进一步深化金融改革，努力建立现代金融管理制度。

朱镕基总理提出，2000年的经济形势是近几年来最好的，金融形势总体也是好的。银行、证券、保险系统认真贯彻中央的金融工作方针和部署，实行稳健的货币政策，有力地支持了产业结构的调整和国有企业的脱困和改革；金融改革、整顿和监管取得新的进展，化解了一些金融机构的风险，使整个金融保持平稳运行，人民币币值和汇率稳定。但是，必须清醒地看到，当前金融领域存在的问题不可低估，潜伏的金融风险不容忽视。在我国即将加入世界贸易组织，又要加快推进经济结构战略性调整的新形势下，金融系统面临新的挑战。金融系统的同志要进一步增强责任感和紧迫感，努力做好各项工作，确保金融安全、高效、稳健运行，为“十五”计划开好局，作出新的贡献。他强调，切实加强和改进金融监管，是2001年金融工作的重点，也是解决当前我国金融领域存在的问题、保证金融平稳运行的关键。2001年，银行、证券、保险系统的工作都要把主要精力放到加强和改进金融监管上，金融改革也要围绕加强监管的制度建设和机制创新来进行。各银行、证券机构、保险公司和其他金融机构，都要层层建立健全内控机制，强化内部管理。要实行严格的经营管理考核制度和责任追究制度，特别要抓紧制定对银行、证券机构、保险公司和其他金融机构高级管理人员的考核办法，并认真执行。全面整顿和规范市场经济秩序，是2001年经济工作的一项重要任务，继续整顿和规范金融秩序是其中的重要内容。要健全和强化金融法治，严格执法，进一步查处金融机构违法、违规经营活动，对多次违法、违规的金融机构必须加大监管力度和依法严厉惩罚，该关闭的一定关闭，该摘牌的一律摘牌，绝不姑息；坚决取缔各种非法金融机构和非法变相从事金融业务的活动；运用现代科技特别是信息手段，加强对资本、货币和外汇的监管；继续打击各种骗汇、逃汇和非法买卖外汇的犯罪行为；严格财经纪律，严肃查处金融渎职、失职和随意干预金融工作造成重大损失的责任人；对金融大案要案一查到底，依法严惩金融犯罪分子；进一步增强全社会的金融法治观念和金融风险意识。

16日 国家外汇管理局在北京召开全国分局局长座谈会。会议明确，2001年，外汇管理工作要以加强管理、改进服务为指导，认真做好加入世界贸易组织的准备工作，严肃查处外汇领域违法、违规经营行为，积极促进国际收支平衡和人民币汇率稳定。

第一次全国保险监管工作会议在北京召开。会议确定2001年监管工作任务是：进一步加大保险市场整顿力度，在继续清理整顿车险、航空意外险和兼业代理业务的同时，重点做好保险资金运用情况检查、剖析保险公司潜在风险、加强保险中介市场监管、规范外资保险经营行为等工作。会议提出，保监会系统要在强化市场行为监管的同时，加强对保险机构偿付能力的监管，2001年，中国保监会将在各保险机构试行“偿付能力监管指标体系”。

17日 财政部、中国人民银行、中国证监会印发《关于试行国债净价交易有关事宜的通知》。为促进国债二级市场发展，实现国债交易方式与国际通行做法的逐步接轨，该通知规定：在全国银行间债券市场、上海证券交易所、深圳证券交易所实行国债净价交易。净价交易是指在现券买卖时，以不含有自然增长应计利息的价格报价并成交的交易方式所进行的交易。在净价交易条件下，由于国债交易价格不含有应计利息，其价格形成及变动能够更加准确地体现国债的内在价值、供求关系及市场利率的变动趋势。国债净价交易是新的交易方式，试行国债净价交易应遵循积极稳妥的原则分步实施。具体为：第一步，继续按现行方式实行全额报价交易，但报价系统应同时实行全价价格、净价价格和应计利息额三项要素中的至少两项，并对交割单打印系统进行修改，交割单上须分别列明结算价、净价及应计利息额；第二步，试行净价报价，以成交价格和应计利息额之和作为结算价格。该通知要求，在2001年12月31日前，要实现完全的净价交易。

20日 国家外汇管理局、海关总署联合发布《关于进行"口岸电子执法系统"出口收汇核销联网核查试点的通知》，决定在北京、上海、天津、广州地区试点运行"口岸电子执法系统"出口收汇系统。该系统由国家外汇管理局与海关总署联合开发，其功能有助于防范和打击利用假冒、伪造出口收汇核销单逃汇等违法犯罪活动，提高外汇监管水平，降低企业贸易成本，提高贸易效率。5月29日，国家外汇管理局、海关总署联合发布《关于在全国范围内试运行"口岸电子执法系统"出口收汇系统的通知》，决定自2001年6月1日起，在全国范围内试运行出口收汇系统。

23日 中国保监会印发试行《保险公司最低偿付能力及监管指标管理规定》。该规定明确：实际偿付能力不达标的保险公司将被列为"特别监管对象"，监管指标综合评分不满60分者，将受到保监会的"重点关注"，保监会可以对上述公司的经营活动采取相应的限制措施。该规定在参照国际惯例的基础上完善了偿付能力预警指标体系、偿付能力报告制度。

31日 中国证监会颁布实施《证券公司内部控制指引》，对证券公司内部控制制度的建设作出具体规范。该指引明确，证券公司的内部控制包括内部控制机制和内部控制制度两个方面。内部控制机制是指公司的内部组织结构及其相互之间的运行制约关系；内部控制制度是指公司为防范金融风险，保护资产的安全与完整，促进各项经营活动的有效实施而制订的各种业务操作程序、管理方法与控制措施的总称。完善内控机制必须遵循健全性原则、独立性原则、相互制约原则、防火墙原则和成本效益原则；制订内部控制制度必须遵循全面性、审慎性、有效性和适时性原则。

31日 中国人民银行正式成立中国人民银行货币政策分析小组，从2001年第一季度开始按季撰写《中国货币政策执行报告》，并对外公布。

中国保监会天津、武汉、西安等18个省市派出机构成立。至此，加上2000年正式挂牌的北京、上海、广州等13个省市的派出机构，中国保险监管组织体系已在全国31个省、自治区、直辖市（西藏自治区除外）建立。

2月

1日 《中国人民银行行政处罚程序规定》发布施行。该规定明确：中国人民银行实施行政处罚，实行分级管理、分工负责。对违法行为给予行政处罚必须以法律、行政法规和金融规章为依据。中国人民银行实施行政处罚时，有权对金融违法行为负有直接责任的高级管理人员、主管人员和其他直接责任人员提出纪律处分建议。中国人民银行执法职能部门负责行政处罚案件的立案、调查，提出处罚意见。法律事务工作部门负责复核处罚意见的合法性和适当性，组织听证。中国人民银行总行负责查处总行直接监管的金融机构的违法行为；在全国范围内有重大影响的违法行为、总行认为应当由其直接查处的其他违法行为。中国人民银行分支机构负责查处辖区内所监管金融机构的违法行为、中国人民银行总行授权其监督管理的金融机构的违法行为。中国人民银行应当设立行政处罚委员会。行政处罚委员会履行对重大行政处罚作出决定、对重大行政处罚决定外的其他行政处罚决定进行监督检查的职责。

3 日 《中国人民银行行政复议办法》发布施行。该办法规定，金融机构、其他单位和个人认为中国人民银行及其依法授权的金融机构的具体行政行为侵犯其合法权益，有权向有管辖权的中国人民银行提出行政复议申请，中国人民银行应依照本办法，受理行政复议申请、作出行政复议决定。行政复议机关（包括中国人民银行总行、营业管理部、分行、分行营业管理部、中心支行、支行）的法律事务工作部门具体办理行政复议事项，履行下列职责：受理行政复议申请；向有关组织和人员调查取证，查阅文件和资料；审查申请行政复议的具体行政行为是否合法与适当，拟定行政复议决定；处理或者转送对本办法第八条规定的审查申请；对中国人民银行下级分支机构违反本办法规定的行为依照规定的权限和程序提出处理意见；办理因不服行政复议决定提起行政诉讼的应诉事项；法律、行政法规规定的其他职责。行政复议机关履行行政复议职责，应当遵循公正、公开、及时的原则，保障金融法律、行政法规和规章的正确实施。金融机构、其他单位和个人对中国人民银行各级行作出的行政复议决定不服的，可以依照行政诉讼法的规定向人民法院提起行政诉讼；对中国人民银行总行的行政复议决定不服的，可以在收到“中国人民银行行政复议决定书”之日起15日内向国务院申请裁决，国务院依法作出的裁决为最终裁决。该办法自发布之日起施行。1992年3月1日发布施行的《中国人民银行行政复议办法（试行）》同时废止。

5 日 国际货币基金组织理事会投票通过《关于中国特别增资的决议》。根据该决议，中国在国际货币基金组织的份额由原来的46.872亿元特别提款权（约合61亿美元）提高到63.692亿元特别提款权（约合83亿美元），占国际货币基金组织份额的3%，中国在国际货币基金组织的份额位次由原来的第11位提高到了第8位，与加拿大同一水平。位列前7位的分别是美国、日本、德国、英国、法国、意大利、沙特阿拉伯。

6 日 经中国人民银行批准，各商业银行自2001年2月7日起下调境内美元、英镑、港元和加拿大元小额存款利率。此次下调美元等小额外币存款利率，是适应国际市场上美元、英镑等利率变化而确定的。以后，将适应国际市场利率的变化，适时对境内小额外币存款利率进行调整，以协调本外币利率政策，保持币值稳定和国际收支平衡。

13 日 国务院任命史美伦女士出任中国证监会副主席。这是中国证监会首次委任非内地人士出任有正式官衔的职位，也是中国自1949年以来第一次委任港澳台专业人士为副部级官员。

16 日 中国人民银行在北京召开全国银行卡工作会议。会议提出，今后3年我国银行卡业务发展的基本目标是：全面贯彻实施统一业务规范、技术标准和品牌标识，在大中城市实现银行卡的全国联网通用；改革完善银行卡经营管理体制，基本建立银行卡“市场资源共享、业务联合发展、公平有序竞争、服务质量提高”的良性发展机制；全面改善银行卡受理环境，普及推广银行卡应用，为广大消费者提供方便、快捷、安全的金融服务。

19 日 经国务院批准，中国证监会发布境内居民可投资B股市场的决定，宣布允许境内居民以合法持有的外汇开立B股账户，交易B股股票。B股市场向境内自然人开放。此次B股政策的调整，主要基于中国外汇资本流动的宏观形势已发生变化，同时，B股市场已有10年的发展历史，有必要根据国民经济的发展要求对市场取向、定位、规则、功能等作出相应调整。次日，中国证监会和国家外汇管理局联合发布《关于境内居民个人投资境内上市外资股若干问题的通知》。该通知规定，境内居民个人从事B股交易，在2001年6月1日前，只允许使用在2001年2月19日（含2月19日，下同）前已经存入境内商业银行的现汇存款和外币现钞存款，不得使用外币现钞和其他外汇资金；境内居民个人2001年2月19日前已经存入境内商业银行，2001年2月19日后到期并转存的，可以作为从事B股交易的资金；2001年6月1日以后，取消对入市外汇资金存款时间的限制，但仍不允许使用外币现钞。同时，中国人民银行和国家外汇管理局将会同公安、工商、证监等部门，进一步联合加大对外汇非法交易的打击力度，维护外汇市场稳定和境内居民在B股市场合法交易。

26日 中国证监会发布《亏损上市公司暂停上市和终止上市实施办法》，上市公司退出机制正式建立。该办法规定：暂停上市的公司为连续3年亏损的公司；被暂停上市后，公司可在45天内向交易所申请12个月的宽限期，以延长暂停期限；暂停上市期间，公司仍要履行上市公司义务；在宽限期内第一个会计年度盈利的暂停上市公司，可向证监会提出恢复上市的申请，继续亏损的，由证监会作出终止上市决定。亏损公司在暂停、终止、恢复上市的各阶段，应在指定报刊和网站刊登相关公告；可能被终止上市的公司还应在披露年报前至少发布三次风险提示公告，提醒投资者注意风险。2001年11月30日，中国证监会对该办法作出修订，发布了关于《亏损上市公司暂停上市和终止上市实施办法（修订）》的通知，其中规定，按修订后的办法暂停上市的公司，在暂停上市期间，证券交易所不为其股票提供特别转让服务。新的办法自2002年1月1日起施行。

中国银行与日本JCB国际信用卡公司联合在北京举办JCB信用卡ATM取现业务开通仪式，JCB信用卡持卡人在中国境内中国银行提供的ATM上即日起可实现取现业务。中国银行当时是国内唯一一家获得VISA和Master Card组织GREEN级别的银行，同时也是当时全国唯一一家能在ATM上同时接受VISA、Master Card、美国运通、JCB卡取现业务的银行。

中国证监会印发《关于规范证券投资基金运作中证券交易行为的通知》。该通知规定：各基金管理公司及基金从业人员应当提高认识，转变观念，明确自身的法律主体性质；竭诚为基金投资人服务，在证券投资交易活动中应当与其他社会投资人履行相同的义务。各基金管理公司应当以取信于市场、取信于社会投资公众为宗旨，按照诚实信用原则，更新投资理念，调整和规范现有的投资决策制度。证券交易所在日常交易监控中，应当将一个基金视为单一的投资人，将一个基金管理公司视为持有不同账户的单一投资人，比照同一投资人进行监控。

3月

2日 中国人民银行印发《关于重点检查国有独资商业银行部分二级分行不良贷款工作的通知》，决定对不良贷款继续上升、余额占比过高的316个国有独资商业银行二级分行进行重点检查。该通知要求把降低商业银行不良资产作为人民银行监管的中心任务，并提出了今后3年国有独资商业银行每年平均降低不良贷款比率三个百分点的目标。6月末，中国人民银行完成了对工商银行、农业银行、中国银行、建设银行四家国有独资商业银行316个二级分行不良贷款的重点检查，对1 240名违规、违纪责任人进行了查处或提出处理意见。

5～15日 九届全国人大四次会议在北京举行。会议通过了关于国民经济和社会发展第十个五年计划纲要及关于纲要报告的决议、关于2000年国民经济和社会发展计划执行情况与2001年国民经济和社会发展计划的决议、关于2000年中央和地方预算执行情况及2001年中央和地方预算的决议、关于全国人大常委会工作报告的决议、关于最高人民法院工作报告的决议、关于最高人民检察院工作报告的决议、关于修改《中华人民共和国中外合资经营企业法》的决定。

国务院总理朱镕基做了《关于国民经济和社会发展第十个五年计划纲要的报告》。该报告指出，今后5年经济和社会发展的主要目标是：国民经济保持较快发展速度，经济结构战略性调整取得明显成效，经济增长质量和效益显著提高，为到2010年国内生产总值比2000年翻一番奠定坚实基础；国有企业建立现代企业制度取得重大进展，社会保障制度比较健全，社会主义市场经济体制逐步完善，对外开放和国际合作进一步开展；就业渠道拓宽，城乡居民收入持续增加，物质文化生活有较大改善，生态建设和环境保护得到加强；科技、教育加快发展，国民素质进一步提高，精神文明建设和民主法制建设取得明显进展。在深化金融改革和对外开放方面，该报告强调：继续实行稳健的货币政策，适时调节货币供应量，保持人民币币值稳定。按照现代银行制度对国有独资商业银行进行综合改革，发挥政策性银行功能，办好中小金融机构。规范和健全证券市场，保护投资者利益。进一步发展保险业。改善和强化金融监管，实行严格的经营管理考核制度和责任追究制度，改进金融服务，努力提高金融资产质量，防范和化解金融风险。适应经济全球化趋势，进一步提高对外开放水平。要抓紧做好加入世界贸易组织的准备和过渡期的各项工作。支持有条件的企业到境外上市。要继续办好经济特区、浦东新区。

7日 经国务院批准，财政部、国家税务总局发布《关于降低金融保险业营业税税率的通知》。该通知规定，自2001年起，金融保险业营业税税率每年下调一个百分点，分三年将金融保险业的营业税税率从8%降低到5%。即从2001年1月1日至12月31日，金融保险业营业税税率为7%；从2002年1月1日至12月31日，金融保险业营业税税率为6%；从2003年1月1日起，金融保险业的营业税税率降为5%。因营业税税率降低而减少的营业税收入，全部为各地国家税务局所属征收机构负责征收的中央财政收入。

8日 美国穆迪公司（Moodys）对国内银行的“财务实力等级”（FSR）进行评定，中国银行由前次评定的“E+”升至“D-”，位居四家国有独资商业银行之首。

14日 中国人民银行发布《关于做好当前农村信用社支农工作的指导意见》，决定上半年增加200亿元再贷款支持农村信用社加大支农力度，进一步启动和扩大农村消费市场，促进国民经济持续、快速、健康发展。

该文件指出：农村信用社和县、市联社进一步采取有效的措施，积极筹措资金，增加贷款投放总量，确保支农资金及时投放，要及时地做好农村信用社资金余缺调剂工作。农业贷款比重较大的地区，允许农村信用社年中存贷比例适当扩大。通过努力，力争使全国农村信用社上半年发放的贷款比年初增加1 000亿元。各级农村信用社要严格掌握贷款投向，确保支农重点。在保证农民种植粮棉油的生产费用需要的同时，支持农户开展多种经营，择优安排以公司带农户为主要形式的农业生产贷款和农业产前产后服务组织的贷款。有条件的农村信用社，可对家长发放助学贷款，并逐步开办农民住房贷款。在农业比重大的地区，农村信用社对农户、农业贷款占全部新增贷款比例应达到70%左右，其他地区也要相应增加对农户、农业的贷款比重。特别是在民间借贷利率较高的地方，要特别注意增加农民的贷款。

15日 中国证监会发布《关于做好上市公司新股发行工作的通知》。该通知规定：上市公司申请配股，除应当符合《上市公司新股发行管理办法》的规定外，还应当符合以下要求：公司最近三个会计年度加权平均净资产收益率平均不低于6%；扣除非经常性损益后的净利润与扣除前的净利润相比，以低者作为加权平均净资产收益率的计算依据；设立不满三个会计年度的，按设立后的会计年度计算；公司一次配股发行股份总数，原则上不超过前次发行并募足股份后股本总额的30%；如公司具有实际控制权的股东全额认购所配售的股份，可不受上述比例的限制；本次配股距前次发行的时间间隔不少于一个会计年度。上市公司申请增发，应当符合以下要求之一：公司最近三个会计年度加权平均净资产收益率平均不低于6%，且预测本次发行完成当年加权平均净资产收益率不低于6%。

16 日 中国人民银行、国家外汇管理局发布《关于加强和完善国家外汇管理局系统管理工作的通知》，决定建立与外汇管理工作需要相适应的领导体制，加强对分支机构干部的管理，进一步规范分支机构职能部门设置。2001 年 4 月 22 日，经中央机构编制委员会办公室批准，国家外汇管理局对内设机构进行调整，撤销政策法规司，有关职能并入综合司；设立经常项目管理司，承担从管理检查司中分离出来的经常项目管理职能；人事司从综合司中分离出来，单独设置，并加挂内审司的牌子。

19 日 中国证监会发布实施《上市公司检查办法》，1996 年 12 月 20 日发布的《上市公司检查制度实施办法》同时废止。《上市公司检查办法》规定，中国证监会派出机构按照中国证监会统一部署组织实施辖区内的公司检查工作。检查方式分为巡回检查和专项核查。巡回检查是例行的合规性检查，主要内容包括：1. 信息披露的真实性、准确性和完整性；2. 公司治理结构的规范性；3. 公司的独立性，主要检查上市公司与控股股东在人员、财务、资产等方面的分开情况；4. 财务管理和会计核算制度的合规性；5. 募集资金使用与招股说明书的一致性及变更的程序，资金管理的安全性；6. 中国证监会认为应予检查的其他事项。专项核查是针对公司存在的问题进行的调查核实，核查主要内容包括：1. 募集资金使用情况专项核查；2. 投资者投诉问题和舆论关注问题的专项核查；3. 重大资产重组情况的专项核查；4. 中国证监会认为应予核查的其他事项。

中国证监会发布实施《上市公司董事长谈话制度实施办法》。该办法规定，中国证监会主管业务部门认为必要时可直接约见上市公司董事长谈话，中国证监会派出机构具体实施辖区内上市公司董事长谈话工作；谈话对象在谈话中虚假陈述或故意隐瞒事实真相的，中国证监会将有权视情节轻重、依据有关规定对其进行处理。谈话对象应当根据谈话结果及时整改，纠正不当行为。在执行谈话制度中发现上市公司或高级管理人员有违法、违规行为的，中国证监会将依法查处。

20 日 中国证监会发布《关于对证券经营机构经纪业务进行调查的通知》，决定对各证券公司、未完成信证分业的信托投资公司有关证券经纪业务的收入、支出情况进行调查，为证券交易佣金制度改革提供参考依据。

28 日 中国证监会颁布《上市公司新股发行管理办法》。该办法共有 6 章 36 条，其中规定：上市公司发行新股，应当以现金认购方式进行，同股同价；除金融类上市公司外，上市公司发行新股所募集的资金，不得投资于商业银行、证券公司等金融机构；上市公司申请发行新股，应当由具有主承销商资格的证券公司担任发行推荐人和主承销商；中国证监会依法对上市公司新股发行活动进行监督管理。境内上市外资股（B 股）公司发行 B 股原则上按照本办法执行。

中小企业金融服务工作座谈会在北京召开。中国人民银行宣布，将采取八项措施加强对中小企业的金融服务，促进中小企业健康发展。这八项措施是：进一步完善《中小型企业金融服务指导意见》，促进商业银行提高对中小型企业的服务水平；进一步发挥国有独资商业银行分支机构支持中小企业的重要作用；规范和发展中小商业银行，引导和促进其重点作好对中小企业的金融服务；积极发挥再贷款、再贴现的作用，增强中小金融机构支持中小企业发展的资金能力；灵活运用利率手段，认真执行对中小企业贷款可以上浮 30% 的规定；加强和改进对中小企业金融服务的风险管理；要积极吸收国外行之有效的经验，稳步进行金融制度创新，加强对中小企业的金融服务；要建立中小企业金融服务联席会议制度。

29 日 中国人民银行发布《关于规范和支持银行间债券市场双边报价业务有关问题的通知》。该通知明确，债券双边报价业务是指金融机构在进行债券交易时同时连续报出现券买卖双边价格的行为。双边报价商是指经中国人民银行批准，在银行间债券市场开展双边报价业务，享受规定的权利并承担相应义务的金融机构。金融机构成为双边报价商须经中国人民银行总行批准。中国人民银行通过以下政策措施支持双边报价商开展双边报价业务：1. 中国人民银行经商有关发债人同意，双边报价商有在一级市场购买债券的便利；2. 中国人民银行根据货币政策的需要和双边报价商的头寸情况，通过公开市场业务支持双边报价商的融资需要；3. 中国人民银行根据货币政策的需要和双边报价商对债券的报价和交易情况，通过公开市场进行现券交易和融券业务；4. 中国人民银行要求全国银行间拆借中心根据双边报价商开展双边报价业务的需要，继续完善双边报价系统，提供技术支持。

中国人民银行发布《银行卡联网联合业务规范》《银行卡联网联合技术规范》和《银行磁条卡销售点终端规范行业标准》。这些标准和规范与之前颁布的《银行卡发卡行标识代码（BIN）及卡号》《银行卡磁条信息格式》《中国金融集成电路（IC）卡规范》等标准共同构成保证银行卡联网通用的标准规范体系。

30 日　中国证券登记结算有限责任公司在北京成立。中国集中统一的证券登记结算体制正式建立。该公司注册资本为 6 亿元人民币，由上海证券交易所、深圳证券交易所共同出资 50% 组建，原上海证券交易所、深圳证券交易所的登记结算公司从交易所分离出来，转变为中国证券登记结算有限责任公司的分公司。公司实行董事会领导下的总经理负责制。2001 年 10 月 1 日起，中国证券市场的证券登记结算业务全部由中国证券登记结算有限责任公司承接，这标志着全国集中统一的证券登记结算体制的组织架构已经基本形成。

4 月

2～4 日　国务院在北京召开全国整顿和规范市场经济秩序工作会议。会议明确了今后 5 年整顿和规范市场经济秩序的主要任务和 2001 年的工作重点，对如何开展这项工作做了具体部署。会议讨论了《国务院关于整顿和规范市场经济秩序的决定》《国务院关于禁止在市场经济活动中实行地区封锁的规定》和《国务院关于特大安全事故行政责任追究的规定》。会议确定，2001 年要紧紧抓住直接危害人民切身利益、社会反应强烈、群众可参与程度高的问题，进行集中整治。第一，以食品、药品、农资、棉花、拼装汽车等为重点，进一步打击制售假冒伪劣商品的行为；第二，以查处规避招标、假招标和转包为重点，整顿和规范建筑市场；第三，以查处骗税、偷税、非法减免税为重点，强化税收征管；第四，以查处地区封锁和部门行业垄断为重点，打击地方保护主义；第五，以清理压缩音像集中经营场所，查处非法经营的“网吧”“游戏机房”和非法出版物为重点，整顿文化市场。对未列入 2001 年整顿和规范重点的，有关主管部门也要按照职能分工，认真抓好主管领域市场经济秩序的整顿和规范工作；各地区也要根据自己的具体情况，确定其他重点。会议提出，要用 1 年左右时间，在上述五个方面取得阶段性成果，使严重破坏市场经济秩序违法犯罪活动蔓延的势头得到明显遏制，群众反应强烈、后果严重、影响恶劣的大案要案得到揭露和处理，触犯刑律的犯罪分子受到严厉惩处，人民群众对整治结果感到基本满意。在此基础上，将整顿和规范市场经济秩序工作纳入制度化轨道，长期不懈地开展下去。4 月 27 日，国务院下发了《国务院关于整顿和规范市场经济秩序的决定》，其中规定：“十五”时期整顿和规范金融秩序的主要内容包括：查处银行、证券、保险机构的违法、违规经营活动；取缔非法金融机构和非法变相从事金融业务的活动；打击和制止金融欺诈、操纵证券市场和内幕交易、恶意逃废债务等行为。该决定指出，经过全国范围内的集中整顿和打击，争取用 1 年左右的时间，使严重破坏市场经济秩序违法犯罪活动蔓延的势头得到明显遏制；后果严重、影响恶劣的大案要案得到揭露和处理；触犯刑律的犯罪分子移送司法机关得到严厉惩处；有关法律、法规得到进一步完善；执法队伍和执法力度得到加强；群众对市场经济秩序的满意程度明显提高，整顿和规范市场经济秩序的工作取得阶段性的成果。

中国人民银行下发《关于启用“银联”标识及其全息防伪标志的通知》。该通知要求我国境内各商业银行（含邮政储汇局、农村信用联社等）发行的具有人民币结算功能的银行卡统一采用“银联”标识；自2004年1月1日起，银行卡受理市场中的ATM、POS机等银行卡终端机具上必须张贴“银联”标识，不得再张贴地方性银行卡联网通用标识；2002年1月1日起，各类银行卡上均不得再印刷地方性联网通用标识。各地区自行设计制作的地区性银行卡联网通用标识应逐步废止。

经中国人民银行、中国保监会、香港特别行政区政府保险业监理处批准，中国交通保险有限公司在香港开业。该公司由交通银行投资，注册资本为1亿港元，经营范围包括火险、运输险、水险、汽车险、各类意外险、责任险和再保险等。

3~11日 国际货币基金组织统计部主任卡森访华，就中国加入数据公布通用系统（GDDS）问题与中国有关宏观经济统计部门举行会谈并召开了专题研讨会。这次访问对中国最终决定于2002年1月1日正式以书面形式承诺加入GDDS起到了重大的推动作用。

3日 中国证监会公布《上市公司行业分类指引》，规范上市公司行业分类标准。该指引是在1999年出台的《上市公司分类指引（试行）》的基础上，对上市公司的行业重新整合分类，突出了信息技术、生物制药等新经济特征，并增设了“信息技术产业”和“传播与文化业”等行业。该指引以上市公司营业收入为分类标准，由证券交易所根据上市公司经会计师事务所审计的合并报表数据对上市公司进行划分。作为指导性规范，主要用于证监会系统及证券交易所对上市公司行业类属相关信息的对外公告。

6日 财政部、国家税务总局发布《关于继续执行农村信用社有关营业税政策的通知》。为了扶持农村信用社的发展，经国务院批准，决定从2001年1月1日至2002年12月31日，对农村信用社继续按照6%的税率征收营业税。其中按照5%税率计征的部分由地方税务局征收，按照另外1%税率计征的部分由国家税务局征收。随同营业税附征的城市维护建设税和教育费附加，仍按营业税应交税额中按5%税率征收的部分计征，并由原征收机关负责征收。从2003年1月1日起，对农村信用社按照5%的税率征收营业税，由地方税务局负责征收。2001年10月8日，为缓解农村信用社的困难，支持农村信用社发展，经国务院批准，财政部、国家税务总局发布《关于降低农村信用社营业税税率的通知》，决定自2001年10月1日起，对农村信用社按5%的税率计征营业税，由地方税务局负责征收，营业税收入全部归属地方，《关于继续执行农村信用社有关营业税政策的通知》同时废止。

18日 中国人民银行发布《关于〈个人存款账户实名制规定〉施行中有关问题处理意见的补充通知》。该通知规定：1. 对于极少数尚未办理居民身份证又不能提供户口簿的边远农村居民要求开立储蓄账户或在原账户办理第一笔存款业务的，储蓄机构柜台经办人员应要求其提供所在村村民委员会开具的身份证明，经核实后，方可为其开立人民币储蓄账户或在原账户办理第一笔存款业务。该账户在补办实名登记之前，其存款余额不得超过1万元人民币。储蓄机构经办人办理业务时，应告知存款人在3个月内向该储蓄机构提供居民身份证，并补办实名登记。2. 对于离开户口所在地外出就读的16周岁以下学生要求开立储蓄账户的，储蓄机构应凭本人学生证连同就读学校出具的证明为其开立人民币储蓄账户，办理小额存款。该账户在办理实名登记之前，其存款余额不得超过1万元人民币。

23日 中国证监会决定，沪市的PT水仙（上海水仙电器股份有限公司）股票自2001年4月23日起终止上市。上海水仙电器股份有限公司原为上海洗衣机总厂，创建于1980年。1992年5月始进行股份制改组；1993年1月6日“水仙电器”（A股）在上海证券交易所挂牌交易；1994年11月10日，“水仙B股”上市。从1995年起，公司效益开始大幅度滑坡，1997年到1999年连续3年亏损。上海证券交易所在1999年5月4日对其公司股票实施“特别处理”，股票简称改为“ST 水仙”。2000 年，又因公司连续 3 年亏损，每股净资产低于面值，“ST 水仙”从 2000 年 5 月 12 日起暂停上市，实行“特别转让”，股票简称改为“PT 水仙”。由于 PT 水仙已经连续 4 年亏损，且未能就近期扭亏为盈作出具体安排并提出有效措施，其申请宽限期未获上海证券交易所批准。根据《中华人民共和国公司法》《中华人民共和国证券法》和《关于发布〈亏损上市公司暂停上市和终止上市实施办法〉的通知》，中国证监会作出了 PT 水仙终止上市的决定。这是中国证券市场的首家退市公司。

26 日 中国证监会发布《上市公司发行可转换公司债券实施办法》。其中规定，上市公司发行可转换公司债券，应当符合 1997 年颁布的《可转换公司债券管理暂行办法》规定的条件。如果上市公司在最近 3 年内存在重大违法、违规行为；最近一次募集资金被擅自改变用途而未按规定加以纠正；信息披露存在虚假记载、误导性陈述或重大遗漏；公司运作不规范并产生严重后果；成长性差，存在重大风险隐患；中国证监会认定的其他严重损害投资者利益的情形，中国证监会不予核准其发行申请。可转换公司债券按面值发行，每张面值 100 元，最小交易单位为面值 1 000 元；期限最短为 3 年，最长为 5 年。可转换公司债券自发行之日起 6 个月后方可转换为公司股票，具体转股期限应由发行人根据可转换公司债券的存续期及公司财务情况确定。

27 日 中国人民银行金融服务工作会议在北京召开。会议就完善金融服务提出七项任务：建立全国统一共享的金融信息系统；加快建设现代化支付清算系统；认真落实财政国库管理改革方案；加快实行中央会计的集中统一核算；做好现金发行和管理工作，保证人民币顺畅流通；改革黄金管理体制，建立黄金市场；贯彻落实全国社会治安工作会议精神，做好安全保卫工作。

中国保监会向太平洋保险（集团）股份有限公司、太平洋财产保险股份有限公司、太平洋人寿保险股份有限公司颁发“保险公司法人许可证”，中国太平洋保险公司改为中国太平洋保险（集团）股份有限公司，控股设立中国太平洋财产保险股份有限公司、中国太平洋人寿保险股份有限公司，完成财产险、人寿险分业经营和机构体制的改革。2001 年 10 月 31 日，3 家公司在国家工商行政管理总局登记注册。

28 日 九届全国人大常委会第二十一次会议通过并公布《中华人民共和国信托法》。这部法律共有 7 章 74 条，对信托的设立、信托财产、信托当事人、委托人、受托人、受益人、信托的变更与终止、公益信托等方面的内容作出规定，规范了信托关系，是中国确立信托法律制度的基本法律。《信托法》自 2001 年 10 月 1 日起施行。

国家外汇管理局发布《关于国际海运业外汇收支管理有关问题的通知》，对国际海运项下购付汇及外汇账户管理的有关问题作出进一步规范。

30 日 中国保监会在北京召开整顿和规范保险市场秩序动员大会。为促使中国保险业在尽可能短的时间内与国际保险水平接轨，尽快适应世界贸易组织的要求，会议提出，从十个方面重点整顿和规范保险市场秩序：整顿和规范保险机构高级管理人员的任职资格；开展保险资金运用检查；整顿和规范保险经营机构；整顿机动车辆保险市场；整顿团体保险业务；整顿误导保险消费行为；整顿规范保险代理市场；检查外资保险公司驻华代表处的活动情况；检查保险公司内控制度；对借助行政权力强制投保和干预保险经营的行为进行清理。此后，5 月下旬至 7 月底，中国保监会派出 60 余人、15 个检查组，分赴全国各地对保险公司 2000 年度资金运用情况进行了专项检查。这是中国保监会成立以来首次全面、系统的检查，目的是要全面清查保险公司的资金运用情况，规范保险公司的资金运用行为，在掌握真实情况的基础上，对保险公司的资产质量、资金运用管理水平、收益情况、存在的风险进行评价和分析，然后制定保险资金运用的下一步措施。这次检查共查出有问题的公司 16 家，涉及违规资金 25.9 亿元。

5 月

15 日 中国人民银行发布2001年第一季度《中国货币政策执行报告》。该报告指出，2001年第一季度中国人民银行继续实行稳健的货币政策，货币信贷继续保持健康、平稳的发展态势，货币供应量适度增长，金融机构存款稳步增加，贷款结构进一步改善，人民币汇率保持稳定。3月末，广义货币 M_2 余额为13.9万亿元，同比增长13.2%，比上年年末高0.9个百分点，与上年同期基本持平。货币供应量总体适度，企业合理资金需求基本得到满足。报告分析，当前我国存在实体经济与虚拟经济冷热不均，信贷资金违规进入股市的现象。协调实体经济与虚拟经济的关系，一方面要对股票市场上的资金和机构加强监管，严格查处违规行为，另一方面也要在规范的基础上继续发展资本市场，扩大直接融资渠道，促进企业融资结构和治理结构的改善。

国家经贸委、国家工商行政管理总局、公安部、财政部、中国人民银行等十部委联合发布《关于加强中小企业信用管理工作的若干意见》。

该文件的内容包括中小企业信用管理工作的重要性、指导思想和基本原则，以及工作的实施等。其中指出，加强中小企业信用管理工作的指导思想是：按照社会主义市场经济体制的要求，建立良好的信用制度。要面向市场，加强中小企业的信用管理，提高中小企业的信用等级；运用市场机制，强化信用管理的内部约束机制和利益激励机制；在法律框架内，按照规范、有序和不搞重复建设的原则，充分发挥人民银行信贷登记咨询系统、中小企业信用担保体系、工商登记年检等系统的作用，培育以中小企业为主要服务对象的社会化信用体系，有步骤地建立中小企业信用状况评价体系，建立信用风险的防范、信息披露和监督管理系统；制定相应的法规为中小企业的信用提升创造有利的条件。基本原则是：充分发挥政府部门和市场的作用，调动社会各界的积极性，加快中小企业信用工程的建设。按照“制定政策、创造环境、加强监管、提高信用”的原则，鼓励中小企业加强信用管理，推进中小企业信用体系建设；重视发挥行业协会等相关中介组织在为中小企业提供资信调查和信息咨询方面的作用。该文件还提出，要推进中小企业信用制度的建立和完善；加强组织协调，实现中小企业信用监督管理的社会化，各级经贸、财政、金融、税务、工商、质量技术监督、海关、外汇管理、公安等有关部门，要探索建立部门间联合的信用信息征集与信用评价体系。要制定措施支持社会信用服务中介机构收集和汇总中小企业的有关信用信息，充分利用计算机和网络等先进技术和现代化工具，在法律框架内，逐步建立信息发布、信息共享和网络化的信用体系，实现中小企业信用资料的查询、交流及共享的社会化。制定中小企业和中介机构信用评价标准，为开展中小企业信用担保体系等工作提供基础资料，同时将信用评价的结果及时提供给有关金融、税务、工商、海关等部门，以便对不同信用状况的中小企业采取不同的监控措施。规范中介组织行为，对蓄意出具虚假验资报告、资产评估报告及审计报告、质量认证等的中介机构要严格按照有关规定追究责任，直至取消其相关执业资格，严防中介机构与企业合谋欺诈的情况发生。各级经贸委、财政、金融、税务、工商、质量技术监督、海关、外汇管理、公安等有关部门，要制定有关政策，加大执法力度，做好中小企业信用监督管理工作。

16 日 中国证监会制定并发布《客户交易结算资金管理办法》。该办法规定：客户交易结算资金必须全额存入具有从事证券交易结算资金存管业务资格的商业银行，单独立户管理，严禁挪用客户交易结算资金；证券公司及其证券营业部必须将客户交易结算资金全额存放于客户交易结算资金专用存款账户和清算备付金账户；结算公司必须将证券公司存入的清算备付金全额存入清算备付金专用存款账户；证券公司根据业务需要可在多家存管银行存放客户交易结算资金，但必须确定一家存管银行为主办存管银行；综合类证券公司必须将客户交易结算资金和其证券自营资金分开办理，其业务人员、财务账户均应分开，不得混合操作。该办法自2002年1月1日起正式施行。

17 日 中国人民银行发布《关于调整银行卡跨行交易收费及分配办法的通知》。为了适应银行卡联网联合工作要求，给各商业银行创造平等竞争的环境，加快建立全国统一的受理市场，按照既有利于银行卡联网联合的顺利开展，又能充分调动各方面积极性的原则，中国人民银行对银行卡业务结算手续费的收取和跨行交易分配比例作出调整：1. ATM 跨行取款交易手续费采用固定代理行收益方式。2. 商户结算手续费设定统一的最低费率。

中国证监会制定并发布《中国证监会股票发行审核委员会关于首次公开发行股票审核工作的指导意见》和《中国证监会股票发行审核委员会关于上市公司新股发行审核工作的指导意见》，对股票发行审核委员会从事的首次公开发行股票和上市公司新股发行的审核工作作出了具体规定，根据《中国证券监督管理委员会股票发行审核委员会条例》，发审委每年至少召开一次全体会议，对本指导意见进行修改和补充。此前，2 月 8 日，中国证监会股票发行审核委员会在北京召开全体会议，讨论《中国证监会股票发行审核委员会关于首次公开发行股票审核工作的指导意见》和《中国证监会股票发行审核委员会关于上市公司新股发行审核工作的指导意见》，会议提出，股票发行审核工作的质量和透明度要不断提高。

《中国证监会股票发行审核委员会关于首次公开发行股票审核工作的指导意见》的具体内容主要有：首次申请公开发行股票公司（以下简称公司）必须符合《中华人民共和国公司法》《中华人民共和国证券法》《股票发行与交易管理暂行条例》及相关法律、法规和规范性文件的规定，符合首次公开发行上市条件和信息披露的要求。经审核，发审委委员认为公司不符合上述规定、不符合首次公开发行上市条件、信息披露严重不合规或作出公司不适宜发行上市的判断，可以对其发行申请投反对票，并应在发言中充分发表意见；发审委委员认为公司信息披露不合规、不充分或申请材料不完整导致发审委委员无法作出判断，可以对其发行申请投弃权票或提议暂缓表决，原则上应提出具体意见；发审委委员认为公司符合上述规定、符合发行上市条件、信息披露基本合规，可以对其发行申请投同意票，有必要时也可附加条件，附加条件的应作出说明。发审委委员审核公司申请时应特别关注下列问题，并根据这些问题存在与否及是否影响公司发行上市独立作出判断：公司在最近 3 年内是否存在重大违法行为；公司 3 年前是否存在对公司未来产生影响的违法、违规行为；公司在最近 3 年内是否连续盈利；公司预期利润率是否达到同期银行存款利率；公司累计投资额是否未超过公司净资产的 50%；发行前一年年末，净资产在总资产中所占比例不低于 30%，无形资产在净资产中所占比例不高于 20%；公司是否存在重大诉讼、仲裁、股权纠纷或潜在纠纷；公司设立后股权转让及增资、减资的行为是否合法，是否履行法定程序；公司的股东大会、董事会、监事会是否依法独立履行职责、行使权力，公司治理结构是否完善；公司与股东在业务、资产、人员、机构、财务等方面是否分开，是否独立运作；公司是否存在重大或频繁的关联交易，且关联交易显失公允，公司内部缺乏保障关联交易公允性的措施；公司是否与控股股东及其所属企业存在严重的同业竞争；公司生产经营是否较严重地存在风险因素；公司最近 3 年内财务会计文件是否存在虚假记载；所申报的财务资料是否合规，是否充分、完整、准确地反映公司的财务信息；公司是否存在重大的财务风险，是否存在其他问题。

《中国证监会股票发行审核委员会关于上市公司新股发行审核工作的指导意见》的具体内容主要有：申请发行新股的上市公司，必须符合《中华人民共和国公司法》《中华人民共和国证券法》《上市公司新股发行管理办法》及其他相关法律、行政法规的规定，符合上市公司发行新股的条件和有关信息披露的要求。经审核，发审委委员认为上市公司不符合上述规定、不符合上市公司发行新股条件和要求、信息披露严重不合规或作出公司不适宜发行新股的判断，可以对其发行申请投反对票，并应在发言中充分发表意见；发审委委员认为，公司信息披露不合规、不充分或申请材料不完整，导致发审委委员无法作出判断，可以对其发行申请投弃权票或提议暂缓表决，原则上应提出具体意见；发审委委员认为，上市公司符合上述规定、符合发行条件和要求、信息披露基本合规，可以对其发行申请投同意票；有必要时也可以附加条件，附加条件时应作出说明。发审委委员审核上市公司新股发行申请，应当特别关注下列问题，并根据这些问题存在与否及是否影响公司发行新股独立作出判断：上市公司与具有实际控制权的法人或其他组织及其关联企业（以下简称控制人）是否做到人员和财务独立以及资产完整；上市公司是否可能不具备可持续经营能力；上市公司募集资金使用情况及效果；关于上市公司的分配情况，上市以来最近3年历次分红派息情况，特别是现金分红占可分配利润的比例以及董事会对于不分配所陈述的理由；上市公司财务会计政策是否稳健；上市公司的资金管理；上市公司的或有风险；上市公司内部控制制度是否完整、合理和有效；上市公司未来是否具有可持续发展能力；关于上市公司履行信息披露义务的情况；上市公司董事会是否履行其向全体股东所作出的承诺；中国证监会及派出机构向上市公司发出限期整改的落实情况；上市公司最近3年所聘请的会计师事务所发生的变更情况；进行重大重组的上市公司重组工作情况；关于主承销商的信誉情况；发审委认为需要关注的其他问题。

我国首家采用核准制发行的股票——用友软件在上海证券交易所上市。该股票以76元的高价开盘，并持续上升，最高达到100元。这是股票市场规范以来，继亿安科技、清华紫光后，第三只股价达到百元的股票，也是第一只上市当日就达到100元的股票和开盘价最高的股票。

18日 财政部发布《关于印发〈金融企业呆账准备提取及呆账核销管理办法〉的通知》。该通知规定：《金融企业呆账准备提取及呆账核销管理办法》施行后，金融企业建立统一的呆账准备制度，不再提取坏账准备和投资风险准备，不再单独申报核销坏账损失和投资损失。截至2000年12月31日的呆账准备、坏账准备和投资风险准备余额一并转入统一的呆账准备账户管理。对截至2000年12月31日以前发生的符合本办法的呆账，各金融企业可以根据自身的经营情况分年逐步核销，逐步提足呆账准备，但原则上不超过5年。由中央管理的金融企业应将分年核销的呆账和提取呆账准备的情况于2001年8月底以前报财政部备案。

中国保险行业协会召开第一次办公会议，通过《关于建设和维护公平竞争、规范运作的保险市场秩序的决议》。这是中国保险业协会成立后制定的第一个行业自律公约。该决议要求各会员公司严格按照中国保监会的要求，公平竞争，规范运作，进一步加强对自身市场竞争行为的约束和管理，主要内容有：不得采取高手续费、高返还、低费率等恶性竞争行为；禁止违规支付无赔款优待、退费或提供其他形式的回扣；不得在大项目、统括保单和政府招标项目中，突破中国保监会核准的条款和浮动费率范围争抢业务；不得违规承诺代理人不合理的手续费要求，哄抬手续费，破坏代理市场秩序、争抢其他保险公司的代理业务；不得以“回佣”方式招揽客户或迎合投保人不合理要求团单散做；不得以公开或变相超标准支付寿险个人代理人佣金；不得在同等条件下在境外办理再保险业务。

24日 中国证监会、国家经贸委、对外贸易经济合作部、国家工商行政管理总局和国家外汇管理局联合发布《国有企业境外期货套期保值业务管理办法》。该办法明确，中国证监会对从事境外期货业务的企业实行许可证制度。企业从事境外期货业务必须经国务院批准，并取得中国证监会颁发的境外期货业务许可证。这是中国证监会对期货交易实施集中统一监管以来第一部关于境外期货管理的部门规章。

25日 中国证监会发布《关于申请设立基金管理公司若干问题的通知》。该通知规定：1. 基金管理公司的主要发起人应当是依法设立的证券公司或信托投资公司，其他市场信誉较好、运作规范的机构也可以作为发起人参与基金管理公司的设立。2. 基金管理公司可以采取有限责任公司也可以采取股份有限公司的组织形式；基金管理公司采用股份有限公司方式的，应当以发起方式设立。3. 申请人申请设立基金管理公司，除须按有关规定提交申请材料外，还应当做好规范证券投资行为、自觉接受监管等准备工作。4. 中国证监会派出机构应对辖区内申请人遵守自律承诺书的情况进行监督；证券交易所应对申请人证券投资与交易行为进行监控。5. 申请人提交自律承诺书的日期到其提出基金管理公司设立申请之日的时间间隔原则上应不少于 12 个月。6. 受理基金管理公司的设立申请前，中国证监会将向证券交易所、相关派出机构了解申请人提交、遵守自律承诺书的情况以及最近一年内证券投资行为是否符合规范要求的情况；经了解发现申请人有不遵守其自律承诺行为的，中国证监会将不受理其作为基金管理公司发起人的申请，涉嫌违反法律、法规的，另行调查处理。7. 承担原有投资基金清理规范工作的基金管理公司筹备组原则上比照以上要求办理相关事项，确有特殊情况的，视具体情况个别另行处理。

29 日　中国人民银行发布《关于实行黄金周报价制度有关问题的通知》，决定从 2001 年 6 月 11 日起，对企业收购、配售黄金原料的价格实行周报价制度。中国人民银行每周公布按照人民币兑美元汇率折算黄金收购、配售价格，实行挂牌收购、配售黄金，跟踪国际黄金市场价格波动，与国际金价接轨。

31 日　经中国保监会批准，天安保险股份有限公司、大众保险股份有限公司和华安财产保险股份有限公司加入中国核保险共同体。中国核保险共同体于 1999 年 9 月 3 日经中国保监会批准在北京成立，成员公司有中国再保险公司、中国人民保险公司、中国太平洋保险公司、中国平安保险公司、华泰财产保险股份有限公司。其保险业务范围是：中国境内核电站、其他商业民用核设施的核物质损失险、责任险及其他相关核保险业务；参与国际市场核物质损失险和责任险。

到 2004 年，中国核保险共同体发展到九个成员公司，即中国再保险（集团）公司、中国人民财产保险股份有限公司、中国太平洋财产保险股份有限公司、中国平安财产保险股份有限公司、华泰财产保险股份有限公司、天安保险股份有限公司、大众保险股份有限公司、华安财产保险股份有限公司和永安财产保险股份有限公司。2004 年实现保费收入 1 476.7 万美元，其中，境内业务保费收入 1 266.7 万美元，涉及大亚湾核电站、岭澳核电站、秦山二期核电站和秦山三期核电站等八个反应堆；境外业务保费收入 210 万美元，涉及 18 个国家和地区的 100 多座核电站。

6 月

5 日　中国人民银行发布《金融监管指南（试行）》。该文件对人民银行的金融监管工作进行了回顾与总结，阐述了国际金融监管的最新发展趋势，对金融监管的基本程序与主要环节，以及针对各类不同金融机构的监管重点和方法等进行了阐述。通过强化监管的规范性、系统性和连续性，使各种监管手段和监管信息得到充分的运用，以便及时识别、判断、预警金融风险，并及时采取措施，有效地防范和化解金融风险，从而确保我国金融体系的安全、稳健和高效运行。该文件在系统性方面，体现了对金融机构从市场准入、业务运作、风险监控、风险处置到市场退出实施全过程的系统性监管，对本外币、表内外、境内外、法人机构与分支机构的统一并表监管，以及运用非现场监测、现场检查和社会中介等多种手段的综合监管。为避免或减少监管的随意性和盲目性，规范各级监管部门和监管人员的行为，提高监管工作的透明度，该指南对监管的基本标准、程序和做法进行统一规范，使金融机构的市场准入与退出，业务经营风险分析、评价与处置，都能够有规可依、有章可循。

中国人民银行印发《关于进一步规范股份制商业银行分支机构准入管理的通知》。该通知指出：为促进股份制商业银行的健康发展，在股份制商业银行机构准入方面，人民银行将更加注重其发展的合理性和管理的审慎性。1. 审核股份制商业银行机构准入要加强综合评估。重点是其内部控制的有效性、信息管理系统的健全性，公司治理结构的合理性和业务经营发展的稳健性，并测算其资本充足率水平。依据评估和测算结果，实行区别对待的市场准入政策，对评估结果好的，鼓励发展；对评估结果差的，限制发展。人民银行要按照持续监管的原则，对股份制商业银行新设机构的经营管理、业务发展等情况进行跟踪评估，并将评估结果作为核准其新的机构发展规划和审批新设机构的重要参考依据。2. 审核股份制商业银行机构准入要考虑市场环境。今后一段时期，对于各项存款达到1 000亿元并且国内生产总值（GDP）达到300亿元的城市，一年之内最多新设两家股份制商业银行分行（两家机构的筹建时间至少间隔半年）；对于相关指标达不到上述规模的城市，一年之内只允许新设1家分行。3. 严格掌握股份制商业银行机构准入的条件。4. 股份制商业银行不得在县（含县级市，下同）及县以下设立机构，但因收购或兼并中小金融机构确需在县及县以下设立机构的除外。股份制商业银行因收购中小金融机构在县及县以下设立机构的，由人民银行各分行、营业管理部比照新设机构的条件进行审批，并事前向总行备案。5. 股份制商业银行不得在拟设立机构获准筹建之前开展招聘人员、租用场地等工作；不得在筹建机构获准开业之前，事先择定开业日期。一经发现，人民银行将给予相应的处理，直至停止批准机构筹建、开业。6. 股份制商业银行应按照“双人原则”配备高级管理人员，并配备正职行长。其分支行正职行长未经人民银行批准不得由上级行人员兼任；经批准兼任的，必须保证在正职岗位的实际工作时间。凡不符合上述要求的，人民银行应督促其在2001年年底前调整完毕。

6日 国务院发布《减持国有股筹集社会保障资金管理暂行办法》。其中规定：国有股减持主要采取国有股存量发行的方式。凡国家拥有股份的股份有限公司（包括在境外上市的公司）向公共投资者首次发行和增发股票时，均应按融资额的10%出售国有股；股份有限公司设立未满3年的，拟出售的国有股通过划拨方式转由全国社会保障基金理事会持有，并由其委托该公司在公开募股时一次或分次出售。国有股存量出售收入，全部上缴全国社会保障基金。减持国有股原则上采取市场定价方式。

11日 中国人民银行、财政部、国务院扶贫开发领导小组办公室、中国农业银行发布《扶贫贴息贷款管理实施办法》。其中规定：1. 扶贫贴息贷款主要用于国家扶贫开发工作重点县，支持能够带动低收入的贫困人口增加收入的种养业、劳动密集型企业、农产品加工企业和市场流通企业，以及基础设施建设项目；2. 扶贫贴息贷款的发放主体为中国农业银行，实行指导性计划管理，由中国农业银行按照放得出、收得回的原则自主发放；3. 扶贫贴息贷款的期限以一年为主，最长不超过三年；4. 扶贫贴息贷款统一执行年利率为3%的优惠利率，贷款超过贴息期和展期、逾期的不再享受贴息政策，并按中国人民银行的有关规定执行；5. 扶贫贴息贷款优惠利率与中国人民银行公布的同期同档次贷款利率之间的利差，由中央财政贴息。

经中国证监会批准，中国证券业协会发布《证券公司代办股份转让服务业务试点办法》，代办股份转让工作正式启动。该办法规定：代办股份转让服务业务是指证券公司以其自有或租用的业务设施，为非上市公司提供的股份转让服务业务。中国证券业协会依法履行自律性管理职责，对证券公司代办股份转让服务业务进行监督管理。证券公司代办股份转让服务业务，应当遵循公开、公平、公正的原则，不得损害投资者的合法权益。投资者参与股份转让，应当自行承担投资风险。证券公司从事代办股份转让服务业务，应当报经中国证券业协会批准，并报中国证监会备案。

15日 上海合作组织（俄文：Шанхайская Организация Сотрудничества，英文：Shanghai Cooperation Organization）在上海成立。成员国为中国、俄罗斯、哈萨克斯坦、吉尔吉斯斯坦、塔吉克斯坦和乌兹别克斯坦。六国总面积超过3 000万平方千米，占欧亚大陆的3/5。上海合作组织秘书处设在北京。上海合作组织的前身是“上海五国”，其机制是从20世纪80年代末中国与俄罗斯、哈萨克斯坦、吉尔吉斯斯坦、塔吉克斯坦四国加强边境地区信任和裁军开始发展起来的。上海合作组织的宗旨和任务主要是：加强成员国的相互信任与睦邻友好；维护和加强地区和平、安全与稳定，共同打击恐怖主义、分裂主义和极端主义、毒品走私、非法贩运武器和其他跨国犯罪；开展经贸、环保、文化、科技、教育、能源、交通、金融等领域的合作，促进地区经济、社会、文化的全面均衡发展，不断提高成员国人民的生活水平；推动建立民主、公正、合理的国际政治经济新秩序。

17 日 中国银行与海尔集团公司在青岛签署 3 亿美元全球授信额度协议。根据协议，中国银行将为海尔提供包括信贷、担保、贸易融资等多种境内外授信便利。全球授信额度是中国银行根据跨国公司全球业务拓展的实际需要，将企业授信额度的使用范围扩展到国外，使企业国内外业务的发展都能获得便捷的银行服务支持，以应对瞬息万变的国际市场。这是中国银行给予我国第一家企业全球性授信。

19 日 中国人民银行发布《关于规范住房金融业务的通知》。针对一段时间以来部分商业银行放松信贷条件，违规发放住房贷款，甚至出现“零首付”个人住房贷款的情况，为整顿住房金融市场秩序，规范住房金融业务，防范住房贷款风险，促进住房金融进一步发展，该通知重申和明确了商业银行开展住房金融业务应共同遵循的有关规定：1. 严格审查住房开发贷款发放条件，切实加强住房开发贷款管理；2. 强化个人住房贷款管理，严格发放“零首付”个人住房贷款；3. 规范个人商业用房贷款管理；4. 进一步改进住房金融服务；5. 加强住房金融业务监管。该通知要求中国人民银行各分支行要根据《中华人民共和国中国人民银行法》《中华人民共和国商业银行法》《贷款通则》和《个人住房贷款管理办法》等法律、规章和制度，加强对各商业银行住房金融业务的监督，维护正常的业务竞争秩序，对违反法规的行为要及时纠正，并予以处罚。

中国人民银行印发《关于规范银行业协会管理的若干意见》。该意见指出，按照民政部《社会团体登记管理条例》的规定，中国银行业协会不实行总分会制。各地凡经中国人民银行批准、民政部门登记注册的银行业协会具有独立的法人资格，与中国银行业协会无隶属关系，但可作为团体会员加入中国银行业协会。目前，不宜层层设立银行业协会。各地可根据当地经济和银行业发展的需要，在省级和部分副省级城市（包括青岛、宁波、大连、深圳、厦门）设立银行业协会（以下简称省级银行业协会）。条件不具备的，不能盲目设立。在省以下的地（市）和县级行政区域暂不设立银行业协会。正在申请设立的地（市）和县银行业协会，应停止筹建活动；已经设立的地（市）和县银行业协会，应予以撤销，由人民银行有关分行妥善做好撤销事宜。在地（市）、县级行政区域，可由人民银行当地分支行牵头组织成立商业银行联席会议协调解决银行间的有关问题。各地成立的银行业协会会费的收缴，应严格执行民政部、财政部的有关规定。中国人民银行和银行业协会的关系是行业指导和被指导的关系。各分行、营业管理部要加强对地方性银行业协会的指导，听取其反映的有关商业银行的建议，但不得干涉其日常活动。

中国光大银行推出对公结算“全国一柜通”业务。对公结算“全国一柜通”是基于光大银行全国集中式的综合柜台业务系统和资金实时收付清算系统上推出的一项针对企业客户同城或异地资金划拨的新业务品种。任何在光大银行开立活期存款账户的对公客户，可以在光大银行全国的任何一个对公营业机构办理转账支票结算、款项划转、代理现金收入业务，并且这一业务具有在一个网点开户，在任何网点均能办理业务并做到瞬时到账的功能。

21 日 中国人民银行颁布《商业银行中间业务暂行规定》。该暂行规定明确，中国人民银行根据商业银行开办中间业务的风险和复杂程度，分别实施审批制和备案制。关于中间业务收费，该暂行规定明确，对国家有统一收费或定价标准的中间业务，商业银行按国家统一标准收费；对国家没有制定统一收费或定价标准的中间业务，由中国人民银行授权中国银行业协会按商业与公平原则确定收费或定价标准，商业银行应按中国银行业协会确定的标准收费。

22日 中国人民银行发布《金融资产管理公司委托处置不良资产指导意见》。其中规定：金融资产管理公司对接收的不良资产应进行认真评估、分析，合理确定是否委托其他机构代为处置；金融资产管理公司应尽可能采取直接处置的方式，对“办事处所在城市的不良资产”和“单户1 000万元以上的不良资产”原则上不能委托处置；委托处置的方式包括打包委托处置和单项委托处置，对于单户金额较大或委托人认为需单项委托的资产，采取单项委托处置的方式；对于单户金额较小、地域分布集中的不良资产，采取打包委托处置的方式；原剥离银行或其他机构受托处置不良资产时采取的业务手段，限于其法定的经营范围之内；原剥离银行是不良贷款的发放者，且对借款人的情况比较熟悉，应积极帮助金融资产管理公司清收。

中国人寿保险公司在全国推出旅行社责任保险。旅行社责任保险是指旅行社根据保险合同的约定，向保险公司支付保险费，保险公司对旅行社在从事旅游业务经营活动中，致使旅游者人身、财产遭受损害应由旅行社承担的责任，承担赔偿保险金责任的行为。按照旅行社责任保险的条款规定，因旅行社的疏忽或过失造成旅行社接待境内外旅游者遭受的人身伤亡及财产损失，依法应由旅行社承担的经济赔偿责任，现由保险公司负责赔偿。

26日 中国证监会发布《证券公司代办股份转让服务业务试点办法》，部分证券公司开始试点开展原STAQ、NET系统流通股转让业务。该办法规定，中国证券业协会依法履行自律性管理职责，对代办股份转让服务业务进行监督管理；证券公司代办股份转让服务业务，应当遵循公开、公平、公正的原则，不得损害投资者的合法权益；投资者参与股份转让，应当自行承担投资风险；证券公司从事代办股份转让服务业务，应当报经中国证券业协会批准，并报中国证监会备案；未经中国证券业协会批准，任何证券公司不得从事代办股份转让服务业务。

28日 审计署审计长李金华在九届全国人大常委会第二十二次会议上做《关于2000年度中央预算执行和其他财政收支的审计工作报告》。关于金融方面的审计，报告指出：1. 审计人民银行总行及部分分支机构财务收支情况，查出违法、违纪金额6.77亿元，主要问题是：隐瞒少计收入1.67亿元，支出列报不实1.86亿元，转移收入等形成账外资产2.48亿元，以及下属机构违规经营、私分国家资金等。2. 审计中国农业银行总行及9个省分支机构的资产负债损益情况表明，农业银行系统认真执行国家金融政策，强化内部管理，加强稽核检查，取得了一定成效，但仍存在一些问题。这次审计除发现新增贷款质量有一定问题外，还查出违法、违纪金额343.87亿元。主要问题是：违规经营问题依然严重，金额271亿元；盈亏不实10.16亿元，违规购建固定资产16.51亿元；财务管理混乱，私设“小金库”237个，金额1.8亿元。审计还查出涉嫌骗取银行贷款和骗汇等违法犯罪案件41起，涉案金额122亿元，涉案人员153人。对上述问题，审计署已依法进行了处理。对违规经营的，交由金融工委和人民银行处理；对财务收支不真实的，要求农业银行调整账务，并补缴各种税金；对涉嫌违法犯罪的，已移交司法机关立案查处。

29日 中国人民银行发布实施《网上银行业务管理暂行办法》。该办法规定，银行机构在我国境内开办网上银行业务，应在开办前向人民银行提出申请，经审查同意后方可开办。人民银行对银行开办新的网上银行业务品种的申请，实行审批制和备案制两种制度。适用审批制的新业务品种是：1. 银行借助互联网开发的新的、与传统银行业务品种不同的、形成表内资产或负债的网上银行业务品种；2. 银行借助互联网办理贷记支付以外的支付结算业务；3. 银行通过互联网开办未获中国人民银行同意的表内资产类传统银行业务品种；4. 银行通过互联网开办与证券业、保险业直接相关的新的业务品种。银行通过互联网增加开办其他新业务品种，适用备案制。

6 月 台湾当局开放金融业务分行（OBU）可办理两岸直接通汇。此前，两岸的台商，如果要从事汇款业务，必须由台湾方面的 OBU 先汇到第三地银行，再由第三地银行汇入大陆台商所指定的大陆境内银行，当时汇款业务需时1～10天，每笔汇款费用需 50～60 美元。开放两岸直接通汇后，汇款的作业时间缩短为 1～3 天，汇款费用每笔减少为 20～40 美元。

7 月

2 日 中国太平洋财产保险股份有限公司武汉分公司与长江三峡工程开发总公司签署“三峡工程雇主责任险协议书”。长江三峡工程开发总公司为两万名参加三峡工程的建设者投保每人最高赔偿限额 25 万元的雇主责任保险，总投保最高赔偿限额为 50 亿元人民币。这是太平洋保险公司独家承保的最大的一笔雇主责任保险。

7 日 国务院第九十五次总理办公会议批准财政部、中国人民银行《财政国库管理制度改革方案》。改革的核心内容是：财政部门在中国人民银行开设国库单一账户，按收入和支出设置分类账，对财政部门、预算单位在商业银行的账户实行零余额管理；国库资金是财政政策和货币政策的结合点，为加强和发挥国库促进两大政策工具协调配合的职能作用。

10 日 中国人民银行宣布，从 2001 年 7 月起，将证券公司客户保证金计入广义货币供应量 M_2，以提高货币供应量统计的准确性。证券公司客户保证金主要来自居民储蓄和企业存款，由于认购新股时，大量的居民活期储蓄和企业活期存款转为客户保证金，新股发行结束后，未中签的资金又大量流回上述存款账户，造成货币供应量的统计数据被低估，影响对货币供应量的监测。因此，人民银行对现行的货币供应量统计口径进行修订。修订后的广义货币供应量 M_2 与现行的广义货币供应量 M_2 总体变化趋势是一致的。但现行的广义货币供应量统计指标比修订后的指标平均要低 1.5 个百分点左右。

12 日 中国人民银行银行监管工作会议在北京召开。会议强调了加强金融监管的重要意义，提出按照“坚持改革，合理分工，管监分离，集中监管”的原则，调整人民银行内设监管机构的职能与分工，提高监管的专业化水平；进一步完善金融监管责任制，实行监管责任追究制度；建立不良贷款电子登记系统，跟踪监管每一笔不良贷款情况；加大对违规贷款和违规授信人员的查处力度；加强监管干部队伍建设，提高监管人员素质。

中国石油化工有限公司向社会公开发行 28 亿股 A 股，发行价 4.22 元，成为首家一次募集资金过百亿元的境内上市公司。此次股票融资后，中石化总股本达到 687 亿股，是目前规模最大的国内上市公司。

全国社会保障基金理事会以战略投资者身份投资中国石化股票发行市场 12.66 亿元，获得中石化 A 股的股权 3 亿股。社保基金正式进入股票市场。

13 日 国家外汇管理局发布《关于调整我国外债口径及相关问题的通知》，决定按新的国际标准口径对我国原外债口径进行调整，具体调整内容是：1. 将境内外资金融机构对外负债纳入我国外债统计范围，同时扣除境内机构对境内外资金融机构负债；2. 将 3 个月以内贸易项下对外融资纳入我国外债统计；3. 将经营离岸业务的中资银行吸收的离岸存款纳入我国外债统计；4. 在期限结构方面，将未来一年内到期的中长期债务纳入短期债务。原外债口径是 1987 年在世界银行专家的帮助下、按当时的国际标准口径确定的，其含义是指居民欠非居民的具有契约性偿还义务的外汇负债，但不包括境内外资金融机构的对外借款，而把境内机构向境内外资金融机构借款计入外债。11 月 9 日，中国人民银行首次按照新的国际标准口径公布了我国外债数据，按照新口径统计，截至 2001 年 6 月底，中国外债余额为 1 704.1 亿美元。

中国人民银行发布《关于批准部分商业银行成为银行间债券市场双边报价商的通知》。根据《全国银行间债券市场债券交易管理办法》《中国人民银行关于规范和支持银行间债券市场双边报价业务有关问题的通知》，中国人民银行批准中国工商银行、中国农业银行、中国银行、中国建设银行、光大银行、烟台住房储蓄银行、北京市商业银行、南京市商业银行、武汉市商业银行成为银行间债券市场双边报价商。

20日　国家外汇管理局发布《关于提高国际收支涉外收入申报时效有关事项的通知》，决定从2001年9月1日起缩短国际收支涉外收入申报的期限，由原来的25个工作日缩短为10个工作日。

24日　中国人民银行发布《关于切实加强商业汇票承兑贴现和再贴现业务管理的通知》。该通知要求，严禁承兑、贴现不具有贸易背景的商业汇票。商业银行要进一步完善承兑授权制度和承兑授信业务管理。要在出票环节严格把关，切实加强承兑业务审查，在办理承兑业务时，必须审查承兑申请人与票据收款人是否具有真实的贸易关系，对不具有贸易背景的商业汇票或不能确认具有贸易背景的商业汇票，不得办理承兑。各金融机构必须严格按照规定条件办理贴现业务。人民银行将进一步改进再贴现业务管理，加强对再贴现票据的合规性检查，同时适度集中再贴现业务管理。

25日　中国人民银行货币政策委员会2001年第三季度例会在北京召开。会议认为，当前中国经济增长平稳，稳健的货币政策继续发挥重要作用；下半年货币政策要继续贯彻扩大内需为主的方针，保持连续性和稳定性，灵活运用多种货币政策工具，保持货币供应量的适度增长；当前人民币存贷款利率应继续保持稳定；进一步规范和协调货币市场与资本市场的发展，完善有关管理办法，增强工商企业、商业银行和证券公司的自我约束能力。

中国人民银行公开通报，严肃查处沈阳4家商业银行分支机构违规承兑贴现资金注入股市的行为和有关责任人。2000年4月至2001年1月，交通银行沈阳分行假日支行、中国银行沈阳分行、建设银行阜新分行、华夏银行沈阳分行五爱支行四家金融机构，擅自放宽条件，对一些企业签发的无真实贸易背景的23.77亿元商业汇票给予承兑与贴现，致使其中5.1亿元贴现资金违规流入股市。中国人民银行在通报中重申，各商业银行要切实加强管理，防止信贷资金违规流入股市，造成新的信贷风险。各行要认真吸取教训，在全系统范围内认真开展自查自纠活动，针对存在的问题，采取有效的措施，堵塞漏洞。要加强对客户的授信业务管理，严格审查授信用途，并有效地监控授信资金的使用情况，防止客户将授信资金违规投入股市。要加强商业汇票的承兑及贴现等业务的管理，严格票据审查，控制贴现款项的用途，严禁挪用。人民银行各分支机构要加强对商业银行承兑贴现业务的监督管理，并严格对再贴现业务的审查。

26日　烽火通信、北生药业、江气股份、华纺股份四只新股在上海证券交易所上网发行，并以发行价减持国有股。标志新股发行配合国有股减持方案正式启动。

27日　中国人民银行与财政部、教育部、国家税务总局联合下发《关于进一步推进国家助学贷款业务发展的通知》。针对借款学生毕业后流动性大，以及助学贷款成本高、后期管理困难，一些金融机构发放助学贷款的动力不足等问题，该通知对全面推进国家助学贷款业务提出了明确要求：1. 统一思想，提高认识，全面做好国家助学贷款工作。各银行、教育、财政、地方政府部门和有关高等学校一定要以“三个代表”重要思想为指导，从科教兴国战略的高度出发，进一步全面落实已出台的相关政策，重点抓好抓实国家助学贷款工作，努力使国家助学贷款工作取得决定性进展。2. 各经办银行要进一步改进金融服务，切实加强贷款管理，防范金融风险。国家助学贷款是无担保的贷款，为有效地防范助学贷款风险，各经办银行应以学校为单位，在公开报刊等信息媒体上公布助学贷款违约情况，对不讲信用的借款人姓名、身份证号及违约行为公开曝光。对不主动与见证人和贷款银行联系、提供工作单位和通信方式、不守信用的学生，也要记录在案，将来纳入全国个人信用信息系统。3. 各商业银行应认真执行国家助学贷款呆坏账核销和免征营业税的有关规定。经国务院批准，免征国家助学贷款利息收入营业税。为了具体落实该项政策，各经办银行要及时统计汇总国家助学贷款的有关信息，对国家助学贷款业务单立台账，单设科目，单独统计，单独核算和考核。4. 各级财政部门要足额安排国家助学贷款贴息资金。各级财政部门要按规定及时、足额地安排国家助学贷款贴息资金，按时办理拨付手续，绝不能因贴息资金不到位而影响国家助学贷款的发放。同时，要抓紧制订有关国家助学贷款贴息资金使用的管理办法，明确审批程序，加强贴息资金的使用监督，提高资金使用效益。5. 各地教育行政部门和高校要积极认真配合银行开展国家助学贷款工作取消“一校一行”的规定，允许“一校多行”开办国家助学贷款业务。各高校要建立校领导责任制，如发现哪所高校的此项工作不落实，要追究有关领导责任。各高校要在招生简章和录取通知中，加入有关国家助学贷款政策的内容。

28 日　中国人民银行发布 2001 年第二季度《中国货币政策执行报告》。该报告指出，2001 年上半年，中国货币信贷运行呈现出健康、平稳的态势。货币供应量适度增长，金融机构存贷款增加，贷款结构进一步优化，外汇储备继续增加，人民币汇率保持稳定。6 月末，广义货币 M_2 余额为 14.78 万亿元，同比增长 14.27%，增幅比上年同期低 0.1 个百分点；M_1 余额为 5.52 万亿元，同比增长 14.92%，增幅比上年同期低 8.8 个百分点。M_1、M_2 增长率超过国民经济增长速度与物价上涨之和 5 ~6 个百分点，货币供应量比较充足，增长速度适度，适应当前经济增长需要。该报告分析当时金融运行出现的一些新特点：金融机构贷款结构发生较大变化，企业存款增长与股票市场变化的相关性较大，利率政策对宏观经济的调控效果逐步显现，银行结售汇顺差大幅增加，外汇收支结构有所改变。下一阶段货币政策的具体措施是：1. 继续坚持稳健的货币政策，维持现有利率和法定存款准备金率水平；2. 继续发挥信贷政策的作用，促进经济结构的调整；3. 防止信贷资金违规进入股市，防范和化解信贷风险；4. 保持人民币汇率稳定，积极维护外汇收支平衡。

31 日　国家外汇管理局发布《关于正式运行“口岸电子执法系统”出口收汇系统的通知》，决定从 2001 年 8 月 1 日起在全国正式运行出口收汇系统。国家外汇管理局及其分支局、各地出口企业将可以使用该系统进行核销单申领、口岸备案、数据下载等操作。

8 月

2 日　中国太平洋保险公司与第 21 届世界大学生运动会组委会在北京签署保险协议书。协议规定，中国太平洋保险公司向参加本届世界大学生运动会的各国运动员、教练员、裁判员、特邀代表、媒介记者、大运村内和比赛场馆内的志愿者、医护、服务人员以及参加开闭幕式演出的演职人员及观众等共 17.83 万人提供总保险金额为 154.06 亿元人民币的人身意外伤害保险、医疗保险、随身财产保险及第三者责任保险等风险保障。这是我国保险公司首次承保世界性综合运动会保险。

3 日　《财经》杂志 2001 年 8 月号发表封面文章《银广夏陷阱》。文章揭露深圳股票交易所上市公司银广夏［广夏（银川）实业股份有限公司］1999 年度、2000 年度业绩绝大部分来自造假，银广夏从 1999 年开始在市场上散布的“利润神话”全是子虚乌有。文章刊出后，在市场引起强烈反响。随后，中国证监会开始对银广夏正式立案稽查。2001 年 9 月 3 日，中国证监会公布对银广夏造假立案稽查的结果：中国证监会已查明银广夏通过伪造供销合同、伪造出口报关单、虚开增值税发票、伪造免税文件和金融票据等手段，虚构利润 7.45 亿元；查明深圳中天勤会计师事务所及其签字注册会计师违反有关法律、法规，为银广夏公司出具了严重失实的审计报告。该公司部分高官和深圳中天勤会计师事务所有关涉嫌犯罪人员被移送公安机关追究其刑事责任。

2006 年 4 月 25 日，银广夏董事局公布非流通股股东与中小投资者诉讼原告的协商结果，截至 2006 年 4 月 12 日，银川市中级人民法院立案的中小投资者诉该公司证券民事赔偿案尚有 502 名原告未与公司非流通股股东达成和解，其诉讼请求金额合计 71 176 763.86 元。与公司非流通股股东达成调解协议且银川市中级人民法院制发的民事调解书已经生效的中小投资者诉讼原告共计 333 人；另有一人撤诉，其诉讼请求金额 26 005.81元。

7 日　中国人民银行发布《关于进一步整顿邮政储蓄的通知》。为加强对邮政储蓄的监管，维护正常的金融秩序，促进邮政储蓄业务的健康发展，中国人民银行决定对邮政储蓄机构进行整顿。该通知规定：1. 严格按照规定处理 1999 年和 2000 年清理整顿的遗留问题，撤并违规设立的邮政储蓄网点、邮政储蓄代办点；2. 邮储部门应自觉遵守各项金融法律、法规，进一步增强合规经营意识；3. 各级人民银行要加强对邮政储蓄机构的监管。

国家经贸委统一向社会发布已经关停和将要关停的“五小”企业名单。名单涉及钢铁、石化、制糖、糖精、水泥、玻璃等 6 个行业的 4 964 户企业。此次统一向社会发布“五小”企业名单，旨在形成有力的社会监督环境，综合运用经济、法律和必要的行政手段，坚决关闭产品质量低劣、浪费资源、污染环境、技术落后、不具备安全生产条件的“五小”企业，为中小企业创造良好的市场发展空间。

8 日　国家外汇管理局发布《关于对外商投资项下外汇资本金结汇管理方式进行改革试点的通知》。为进一步完善外商投资环境，提高投资项下外汇资本金结汇监管效率，便利企业投资资金运作，国家外汇管理局决定在符合条件的地区对外商投资企业外汇资本金结汇的管理方式进行改革试点，主要内容是：在结汇管理方式上，变目前对外商投资企业的直接管理为对银行的间接管理，即外汇局根据相关条件，将外汇资本金结汇核准权授予符合条件的银行，由银行在权限范围内履行审核、统计报告及报备责任，外汇局根据被授权银行报送的报表及其他资料对资本金结汇业务实行非现场检查，同时对被授权银行的资本金结汇合规性及内控制度的执行情况进行定期现场检查。此后，国家外汇管理局陆续批准上海、广东、浙江等 20 个省市进行试点，200 多家银行获得授权。经过近一年时间的试点，2002 年 6 月 17 日，国家外汇管理局发布《关于改革外商投资项下资本金结汇管理方式的通知》，决定在全国范围内正式实施外商投资项下资本金结汇管理方式改革。这一改革，在便利外商投资企业的同时，转变了外汇监管重点，从直接审批转变为通过银行进行间接、事后的监管，便于集中监管资源，提高监管效率。

9 日　中国人民银行发布《商业银行境外机构监管指引》。该指引对商业银行境外机构的经营行为进行了具体规范。其中规定：商业银行设立或收购境外机构，境外机构升格、撤销、合并或重组，增减资本金或营运资金，调整股权结构及股本方式、转让股权或修改章程，应事前向中国人民银行提出申请，经中国人民银行批准后，方可向东道国监管当局申请。商业银行境外机构中方派出的董事长等高级管理人员，由中国人民银行对其任职资格进行审查和管理。商业银行境外机构聘任外籍高级管理人员应报中国人民银行备案。商业银行应及时、全面、完整、真实地向中国人民银行报送境外机构的业务基本情况表、贷款质量监控表、资产负债表和损益表等有关资料。商业银行应建立健全境外机构的内部控制制度，并根据监管法规和业务发展变化情况及时更新，保证内部控制的充分和有效。商业银行应加强对境外机构的授权管理，完善请示报告制度，严厉查处越权行为，确保境外机构的各项业务活动在授权范围内进行。商业银行应建立包括境外机构在内的全系统的风险管理系统，对境外机构的信用风险、市场风险、流动性风险和操作风险等各类风险进行有效的监测、评价和管理，保证全系统的安全性。商业银行应完善境外机构高级管理人员的任用、管理制度，加强对管理层经营业绩的考核评价。商业银行应加强内部稽核，至少每3年对境外机构进行一次全面稽核，稽核报告应报送中国人民银行。同时，商业银行还应建立境外机构重大事项报告制度，当发生严重亏损或大额坏账以及受到东道国监管当局重大处罚措施时，及时向中国人民银行报告。中国人民银行参照巴塞尔银行监管委员会发布的有关跨境银行监管的要求，与东道国监管当局在划分监管责任的基础上加强合作，交流监管信息，确保商业银行境外机构得到充分的监管。中国人民银行在获知东道国监管当局发现商业银行境外机构存在严重问题时，可与对方沟通和协商，并采取积极有效的监管措施。

16日　中国证监会发布《关于在上市公司建立独立董事制度的指导意见》。为进一步完善上市公司治理结构，促进上市公司规范运作，该意见指出：上市公司应当建立独立董事制度。上市公司独立董事是指不在公司担任除董事外的其他职务，并与其所受聘的上市公司及其主要股东不存在可能妨碍其进行独立客观判断的关系的董事。独立董事对上市公司及全体股东负有诚信与勤勉义务。独立董事应当按照相关法律、法规，本指导意见，公司章程的要求，认真履行职责，维护公司整体利益，尤其要关注中小股东的合法权益不受损害。独立董事应当独立履行职责，不受上市公司主要股东、实际控制人，或者其他与上市公司存在利害关系的单位或个人的影响。独立董事原则上最多在五家上市公司兼任独立董事，并确保有足够的时间和精力有效地履行独立董事的职责。各境内上市公司应当按照本指导意见的要求修改公司章程，聘任适当人员担任独立董事，其中至少包括一名会计专业人士（会计专业人士是指具有高级职称或注册会计师资格的人士）。在2002年6月30日前，董事会成员中应当至少包括两名独立董事；在2003年6月30日前，上市公司董事会成员中独立董事比例应当至少占三分之一。

21日　中国人民银行开始进行公开市场逆回购操作。

经中国保监会批准，上海天安保险公司、西安永安财产保险公司、深圳华安财产保险公司和新疆兵团保险公司战略合作联席委员会在上海宣告成立，并签订了战略合作协议。根据协议，四家公司将在有互补优势的业务及管理领域，如业务分保、大项目异地展业、相互代理检验、查勘定损、理赔、再保险业务、保险电子商务及网络化经营以及人才技术交流等方面进行合作。这是我国第一个保险企业之间的战略性合作组织。

29日　国家外汇管理局、公安部联合发布《关于严厉打击非法买卖外汇违法犯罪活动的通知》。针对自2001年以来，特别是国家允许境内居民个人投资B股市场的政策公布以后，非法买卖外汇活动又有所抬头，在沿海及边境地区更为猖獗，为了切实贯彻落实全国整顿和规范市场经济秩序工作会议精神，国家外汇管理局、公安部决定在全国范围内联合开展严厉打击非法买卖外汇违法犯罪活动，取缔非法外汇市场，整顿外汇交易秩序。

30日　中国人民银行发布公告，从2001年9月1日起在全国发行第五套人民币50元、10元券。第五套人民币50元纸币主色调为绿色，正面主景为毛泽东头像，背面主景为“布达拉宫”图案；第五套人民币10元纸币主色调为蓝黑色，正面主景为毛泽东头像，背面主景为“长江三峡”图案。该套人民币应用光变油墨印刷图案、隐形面额数字、横竖双号码、双色横号码、阴阳互补对印图案、胶印缩微文字、红蓝彩色纤维、白水印等多项防伪技术及多项专家防伪技术。与第四套人民币相比，第五套人民币在防伪技术上增加了机读技术，便于现代化机具清分处理。第五套人民币在整体设计、印制质量、综合防伪技术等方面基本达到了国际先进水平。

中国人民银行、对外经济贸易合作部、国家税务总局发布《关于办理出口退税账户托管贷款业务的通知》。该通知要求，各金融机构对资信状况良好、有还款来源的外贸企业积极支持，扩大对出口企业的贷款利率浮动范围，运用多种信贷方式支持高新技术产品出口，允许商业银行在对出口企业出口退税账户进行托管的前提下，以出口退税应收款作为还款保证，向出口企业发放短期流动资金贷款，以解决出口企业资金周转困难。此项新创贷款业务是在世界经济不景气的情况下，为支持出口企业扩大出口，解决出口企业短期流动资金困难、防范贷款风险而开办的，对支持外贸企业的生产经营起到了积极的作用。

9 月

3 日 中国证监会发布《超额配售选择权试点意见》。超额配售选择权是指发行人授予主承销商的一项选择权，获此授权的主承销商按同一发行价格超额发售不超过包销数额 15% 的股份，即主承销商按不超过包销数额 115% 的股份向投资者发售。在本次增发包销部分的股票上市之日起 30 日内，主承销商有权根据市场情况选择从集中竞价交易市场购买发行人股票，或者要求发行人增发股票，分配给对此超额发售部分提出认购申请的投资者。该文件规定：在超额配售选择权行使期内，如果发行人股票的市场交易价格低于发行价格，主承销商用超额发售股票获得的资金，按不高于发行价的价格从集中竞价交易市场购买发行人的股票，分配给提出认购申请的投资者；如果发行人股票的市场交易价格高于发行价格，主承销商可以根据授权要求发行人增发股票，分配给提出认购申请的投资者，发行人获得发行此部分新股所募集的资金。超额配售选择权的行使限额，即主承销商从集中竞价交易市场购买的发行人股票与要求发行人增发的股票之和，应当不超过本次增发包销额的 15%。

6 日 中国保监会发布《关于在广东省进行机动车辆保险费率改革试点的通知》。该通知规定在广东省进行车险费率改革试点，自 2001 年 10 月 1 日起，允许广东省各有关保险机构参照现行的费率标准，依据市场因素和本机构具体情况，自主制订公平合理的车险费率，报当地保险监管部门备案后使用。

8 日 第七届亚太经合组织金融家小组（AFG）会议在苏州举行。来自亚太经合组织（APEC）17 个经济体和 4 个国际组织的 74 家金融机构的 140 多名代表参加会议。这是中国首次举办亚太经合组织金融家小组，是亚太经合组织金融家小组历次会议中规模最大、最受关注的一次。受中国财政部和中国人民银行委托，本届亚太经合组织金融家小组会议由交通银行承办。参加会议的中国代表团由股份制商业银行、证券公司、保险公司高层人士组成，共有 15 家金融机构的 38 位代表参加会议。会议重点讨论了全球及区域经济金融形势的变化与金融机构在新形势下作用的发挥；金融机构如何更好地适应和推动经济结构的调整；金融机构如何在风险管理方面加强交流与合作，为稳定区域金融市场作出努力；进一步增强亚太经合组织金融家小组会议有效性等问题。

9 日 交通银行、中信实业银行、招商银行、深圳发展银行、广东发展银行、福建兴业银行、中国光大银行、华夏银行、上海浦东发展银行、中国民生银行 10 家股份制商业银行在苏州联合签署全面合作协议，即《苏州协议》。该协议签署后，用户只需在其中一家银行开户，就可以在这十家中办理存取款、银行卡等业务；银团贷款业务、零售业务的连通，以及与四家国有独资商业银行之间的业务联合也将开展。

10 日 中国人民银行对外公布，中国居民储蓄首次突破 7 万亿元。储蓄存款的稳定增加增强了银行的实力，表明中国的银行机构的信用度和我国居民收入水平的提高。

江苏省农村信用社联合社成立。2000 年 7 月，经国务院批准，人民银行和江苏省政府在江苏全省进行了农村信用社改革试点，在江苏省农村信用社以县（市）为单位统一法人的基础上，由 1 家市联社和 82 家县（市）联社共同入股组成江苏省农村信用社联合社。

华安创新证券投资基金成立。经中国证监会批准，华安创新证券投资基金于 9 月 3 日发布招募说明书和发行公告，公布募集规模为 50 亿份基金单位。9 月 11 日，基金正式在北京等 13 个城市通过交通银行及其网点开始同时发售，19

日基金募满50亿份基金单位，正式宣告成立。华安创新证券投资基金（基金代码：040001）为契约型开放式基金，主要投资范围包括在产品、管理、科技和制度等方面进行创新的上市公司，在选择上市公司时主要考虑公司创新能力强、主营业务市场空间大、财务状况良好、产品和服务具有竞争优势等因素。这是我国第一家开放式基金。

21日 国家外汇管理局发布《关于将部分外汇业务移交北京外汇管理部的公告》，决定自2001年10月1日起，将原由国家外汇管理局直接办理的在京各有关单位外汇业务移交国家外汇管理局北京外汇管理部办理。

主要移交业务包括：1. 进出口收付汇核销业务移交给北京外汇管理部办理。2. 经常项目结汇、售汇、付汇等的日常审核和经常项目外汇账户管理移交给北京外汇管理部办理。3. 与资本项目有关的日常管理和审批业务移交北京外汇管理部办理。4. 对在京各有关单位外汇业务的检查、行政处罚，对举报的违反外汇管理法规的在京各有关单位的案件调查等外汇检查工作由北京外汇管理部承担。5. 对企业和个人通过在京银行总行进行国际收支间接申报数据的查复性申报和逾期未申报，在京有关单位的直接投资和证券投资统计申报和核查等工作由北京外汇管理部承担。6. 上述移交的业务中涉及以下情况的，仍由国家外汇管理局直接办理：国务院交办的事项和特殊业务。对大案要案的检查、特别的专项检查和行政处罚。2001年10月1日前已由国家外汇管理局受理，但尚未办理完毕的业务，由国家外汇管理局负责继续办理直至完毕。在京有关单位在此之前已经国家外汇管理局核准的各项外汇业务，在规定的期限内继续有效。

26日 中国证监会发布公告，对郑州百文股份有限公司（集团）及有关中介机构违反证券法规的行为作出行政处罚，并对涉嫌犯罪的主要责任人员依法移送公安机关追究其刑事责任。中国证监会查明，该公司上市前采取虚提返利、少计费用、费用跨期入账等手段，虚增利润1 908万元，并据此制作了虚假上市申报材料；上市后3年采取虚提返利、费用挂账、无依据冲减成本及费用、费用跨期入账等手段，累计虚增利润14 390万元。此外，该公司被发现的问题还有股本金不实、上市公告书重大遗漏、年报信息披露有虚假记载、误导性陈述或重大遗漏等。原郑州会计师事务所签字注册会计师违反有关法律、法规，为“郑百文公司”出具了严重失实的审计报告。根据有关证券法规，中国证监会对该公司作出了警告并罚款200万元的行政处罚；对该公司主要负责人和为该公司出具审计报告的注册会计师分别作出行政处罚，对涉嫌犯罪的主要责任人员，依法移送公安机关追究其刑事责任。2003年3月26日，中国证监会向法院提出强制执行的申请要求执行郑百文公司及其9名董事缴纳罚款。北京市西城区法院受理了此案。

30日 财政部发布《关于加强金融资产管理公司管理的通知》。该通知规定：资产公司要严格执行国务院及财政部关于资产处置和财务管理的有关规定，加强内部管理，强化约束机制。资产公司要对资产处置和财务管理建立定期检查制度，对检查出的问题要严肃处理。违反规章制度的，要追究相关人员的责任；违反法律的，要移交司法部门处理。财政部将加大对资产管理公司的监督检查力度，发现问题的要在系统内通报批评，并建议有关部门追究负责人和责任人的责任。资产管理公司的分支机构只设到办事处，不得以任何名义再向下设立分支机构。对资产金额大、处置价值高、地点比较集中的待处置资产，可组织力量集中进行处置，处置时要遵循成本效益原则。集中进行资产处置的方案，必须得到办事处以上（含办事处）资产处置审查部门的批准。集中处置资产发生的各项费用必须由办事处报销，不得单独设账列支。

9月 中国证监会宣布麦科特欺诈发行案调查结果：麦科特光电股份有限公司（股票代码：000150）通过伪造进口设备融资租赁合同，虚构固定资产9 074万港元；采用伪造材料和产品的购销合同、虚开进出口发票、伪造海关印章等手段，虚构收入30 118万港元，虚构成本20 798万港元，虚构利润9 320万港元；在麦科特发行上市过程中，深圳华鹏会计师事务所为其出具了严重失实的审计报告，广东大正联合资产评估有限责任公司为其出具了严重失实的资产评估报告，广东明大律师事务所为其出具了严重失实的法律意见书，南方证券有限公司参与编制了严重失实的发行申报文件。麦科特光电股份有限公司于2000年7月21日在深圳证券交易所发行股票，于8月7日上市，11月，中国证监会开始对麦科特利润虚假问题立案调查。

中国平安保险股份有限公司外籍总精算师斯蒂芬·迈尔（Stephen T. Meldrum）荣膺2001年度国家“友谊奖”，并受到国务院总理朱镕基的接见。这是金融保险业首次有外籍专家获得此项荣誉。国家“友谊奖”是我国政府为表彰在中国社会发展和经济、科技、教育、文化等领域以及人才培训中作出突出贡献的外国专家而设立的奖项，由国务院授权外国专家局于1991年正式设立的。“友谊奖”的评选范围包括了每年在华工作的70万～80万名外国专家。获奖者是经过聘请单位、当地政府和国务院有关部委的推荐，由外国专家局组织评审委员会，按照严格的程序评审、投票选出的。

10月

1日　中国银行（香港）有限公司（以下简称中银香港）成立。中银香港是在香港注册成立的持牌银行，为独立法人，是香港的发钞银行之一，为中国银行的全资附属企业。截至2001年6月底，中银香港（包括附属银行）总资产为8 200亿港元，存款为6 200亿港元，贷款为3 320亿港元，是仅次于汇丰银行的香港第二大银行。

8日　中国证监会发布《关于规范上市公司非流通股协议转让活动的通知》，要求加强对上市公司非流通股协议转让活动的规范管理，坚决制止各类场外非法股票交易活动。针对上市公司非流通股协议转让的复杂情况，特别是一段时间以来场外非法拍卖上市公司股份活动有所抬头的现象，该通知重申了《中华人民共和国公司法》关于“股东转让其股份，必须在依法设立的证券交易场所进行”的规定，指出：经国务院批准设立的证券交易所，是上市公司股份转让的唯一合法场所；上市公司非流通股的协议转让，必须在证券交易所的管理下有序地进行。

外经贸部、中国证监会印发《关于上市公司涉及外商投资有关问题的若干意见》，规范外商投资股份有限公司上市发行股票和外商投资企业进入股票市场的行为。其中规定：外商投资股份有限公司在境内发行股票（A股与B股）必须符合外商投资产业政策及上市发行股票的要求，首次公开发行股票并上市的外商投资股份有限公司，上市发行股票后，其外资股占总股本的比例不低于10%；外商投资股份有限公司境内上市发行股票后外资比例低于总股本25%的，应缴回外商投资企业批准证书，并按规定办理有关变更手续。外商投资企业受让上市公司的非流通股，导致上市公司（持有外商投资企业批准证书的公司）外资比例低于总股本25%的，该上市公司应缴回外商投资企业批准证书，并按规定办理有关变更手续。符合条件的外商投资企业可以在境外发行股票。

11日　中国证监会发布《国有企业境外期货套期保值业务管理制度指导意见》。该意见规定：获得境外期货业务许可证的企业在境外期货市场只能从事套期保值交易，不得进行投机交易；企业的境外期货业务组织机构及岗位设置应体现管理的垂直性、业务的相互制约性以及职责的分离性；企业应设置交易、结算、资金调拨、会计核算、风险管理、合规、档案管理等岗位，各岗位应职责明确，体现相互制约、相互监督的关系，除结算和资金调拨，其他各岗位不得相互兼任，交易、结算、会计核算和风险控制的报告路线应分开；期货业务操作应实行授权管理，期货业务授权包括交易授权、交易合同签约授权和交易资金调拨授权，应保持交易授权、交易合同签约授权和交易资金调拨授权相互独立，交易权必须与签约权、资金调拨权分离；企业在开展期货套期保值业务时，应该建立严格有效的风险管理制度，利用事前、事中及事后的风险控制措施，预防、发现和化解信用风险、市场风险、操作风险和法律风险。

12 日 中国人民银行调整黄金制品零售市场管理政策。中国人民银行发布《关于规范黄金制品零售市场有关问题的通知》，主要内容是：取消黄金制品零售业务审批管理制度（许可证），实行核准制（登记证）；扩大投资主体范围，经营黄金制品零售业务主体资格由“具有独立法人资格的全民、集体企业和全民、集体企业控股的股份制企业”调整为“依照中华人民共和国有关法律设立的企业法人单位”；提高对开办黄金制品零售业务所需自有资金的最低标准，专营店注册资本金不得少于100万元；兼营黄金制品零售业务的大中型综合商场注册资本金不得少于500万元；降低对开办黄金制品零售业务营业场所面积的要求，专营店营业场所面积不得少于60平方米，兼营黄金制品零售业务的大中型综合商场营业面积应不低于3 000平方米，其中经营黄金制品零售业务场所面积不得低于40平方米，民族地区专营或兼营黄金制品零售业务的资金和营业面积可根据上述原则适当放宽；明确黄金制品零售业务的基本原则，黄金制品零售业务实行定点管理，经营单位应按照核准的经营范围从事经营活动，不得采用承包、租赁、转让、试销、代销、传销等经营方式。

中国银行“10・12”案。为了规范行业系统管理，中国银行将全国1 000多处原来手工填写的网点由电脑中心统一联网为30多个中心。中国银行开平支行工作人员在核查电脑时发现账目出现4亿多美元的亏空，经过调查，亏空账目的范围缩小到广东开平。中国银行“10・12”案是新中国成立以来最大的银行监守自盗案。当日，中国银行开平支行行长余振东经香港逃往加拿大、美国。随后，广东省检察机关依法对余振东立案调查。在香港停留期间，余振东通过变卖股票等方式，套取现金，并将余下侵吞、挪用所得的资金转移到美国、加拿大其亲属的账户以及赌场账户中，用于外逃之用。2001年11月5日，根据《中美刑事司法协助协定》，中方要求美方就此案向中方提供刑事司法协助。2002年12月19日，余振东因使用欺骗手段获得签证在洛杉矶被捕。美方没收了余振东转往美国的部分赃款。2003年9月，美方将所没收的款项全部返还中方。2004年2月，余振东在美国因非法入境、非法移民及洗钱三项罪名被判处144个月监禁和3年监管。根据中美司法机关先期达成的协议，2004年4月16日下午，美方将余振东驱逐出境并押送至北京首都国际机场移交给中方。

16 日 中国证监会发布《首次公开发行股票辅导工作办法》。该办法规定：辅导工作的总体目标是促进辅导对象建立良好的公司治理；形成独立运营和持续发展的能力；督促公司的董事、监事、高级管理人员全面理解发行上市有关法律、法规，证券市场规范运作和信息披露的要求；树立进入证券市场的诚信意识、法制意识；具备进入证券市场的基本条件；同时促进辅导机构及参与辅导工作的其他中介机构履行勤勉尽责义务。辅导期限至少为一年。该办法自公布之日起执行。中国证监会下发的《股票发行上市辅导工作暂行办法》（证监发〔2000〕17号）、《关于公司公告拟公开发行股票并上市有关事宜的通知》（证监发行字〔2000〕141号）同时废止。

中国人民银行印发《关于固定资产贷款管理有关问题的通知》。为加强国有独资商业银行1998年以前按指令性计划发放的固定资产贷款的管理，统一贷款质量认定标准，该通知规定：贷款涉及的项目正常建设或投产，能够按期支付利息，同时原贷款到期能够归还本金30%以上的，对暂未归还的贷款，到期（含展期后到期）时可以转为中短期贷款，其中，短期贷款期限不超过1年，中期贷款期限不超过3年。贷款涉及的未建成项目继续建设，预计投产（使用）时不会发生停产和贷款损失，对这一类到期（含展期后到期）未归还的贷款，允许重新贷款归还部分或全部贷款，但重新贷款只能一次，而且期限不超过3年。根据上述条件重新贷款或者转为中短期贷款的固定资产贷款，符合中国人民银行《不良贷款认定暂行办法》第九条中的前三个条件的，列为正常贷款。

中国工商银行与俄罗斯外贸银行在上海签署全面合作协议。根据协议，双方将在各个业务领域全面开展合作，办理短期贸易融资，寻求两国中长期合作投资项目以及技术合作的最佳服务途径，推进边境经贸活动，在信贷、结算、信息等方面进行全方位的合作并实现人员定期互访，分析合作现状，交换相应信息，交流合作经验。此次协议是中俄两国商业银行的首次合作。

22 日 经报国务院批准，中国证监会决定暂时停止执行《减持国有股筹集社会保障资金管理办法》第五条关于“凡国家拥有股份的股份有限公司（包括在境外上市的公司）向公共投资者首次发行和增发股票时，均应按融资额的10%出售国有股”的规定。受此影响，10 月 23 日沪深股指大幅上涨，两市全天共成交 290.22 亿元，为年内最大成交量。

24 日 中国人民银行、国家外汇管理局联合发布《关于调整资本项下部分购汇管理措施的通知》。1998 年，中国人民银行和国家外汇管理局根据形势需要，在资本项目外汇管理方面采取了一些临时性的购汇限制措施。这些措施对稳定当时的外汇形势、防止逃套汇起到了积极作用。目前，我国宏观经济健康运行，外汇收支状况良好。为支持企业自主经营，促进银行提高资产质量，贯彻“走出去”的战略，该通知规定：1. 取消对购汇偿还逾期国内外汇贷款的限制。外汇局各分局在审批购汇时应坚持企业申请购汇原则，并通过分期分批核准等办法，避免大规模集中购汇。2. 放宽对购汇提前偿还国内外汇贷款、外债转贷款及外债的限制。一是贷款合同中有提前偿还条款的，经外汇局批准，可以自有外汇提前偿还；二是经外汇局批准，可以购汇提前还贷，包括经国务院批准的提前还贷；因国家政策调整引起的企业债务重组、关停并转等情况需要提前还贷的；法院判决需要提前偿还的。3. 放宽对购汇进行境外投资的限制。国家对外战略性投资项目（经国务院批准的项目）、境外带料加工项目及援外项目可以购汇投资，其他项目以自有外汇为主进行投资。

25 日 国家外汇管理局发布《关于做好欧元现钞流通准备工作的通知》。根据 1999 年 11 月欧盟财长会议决议，从 2002 年 1 月 1 日起，欧元现钞将正式流通。欧元区成员国货币的双币流通期限由原定的 6 个月缩短到 2 个月。2002 年 3 月 1 日起欧元将成为欧元区国家唯一的官方流通货币。为协助各家银行做好相应的准备，保障境内机构、个人及银行自身外汇业务的有序进行，该通知对外汇管理分局和各中资外汇指定银行总行提出指导性意见，主要内容有：做好欧元区原币账户的转换工作；所有以欧元区原币记录的债权债务关系，应于 2001 年 12 月 31 日之前转为欧元计值；做好现钞兑换工作，自 2002 年 1 月 1 日起，各银行原则上应向客户提供欧元区原币现钞与欧元现钞的兑换服务；做好欧元现钞提取和存储工作。

财政部发布《关于上市公司国有股质押有关问题的通知》。其中规定：国有股股东授权代表单位将其持有的国有股用于银行贷款和发行企业债券质押，应当遵守《中华人民共和国公司法》《中华人民共和国担保法》及有关国有股权管理等法律法规的规定，并制定严格的内部管理制度和责任追究制度。公司发起人持有的国有股，在法律限制转让期限内不得用于质押。国有股股东授权代表单位持有的国有股只限于为本单位及其全资或控股子公司提供质押。国有股股东授权代表单位用于质押的国有股数量不得超过其所持该上市公司国有股总额的 50%。国有股股东授权代表单位以国有股质押所获贷款资金，应当按照规定的用途使用，不得用于买卖股票。

26 日 外经贸部、财政部、中国人民银行联合发布《金融资产管理公司吸收外资参与资产重组与处置的暂行规定》。该文件明确，吸收外资参与资产重组与处置应从国民经济战略调整的高度出发，通过吸收外资盘活不良资产，引进先进管理经验、资金和技术，对企业进行技术改造，促进国有企业改革和现代企业制度的建立。要防止以炒作资产为唯一目的的短期交易及企业逃废债务。重组与处置的资产范围包括：资产管理公司拥有的企业股权，包括资产管理公司对企业实施债转股后取得的股权，资产管理公司对欠债企业进行重组后拥有的股权，资产管理公司以其他方式拥有的股权；资产管理公司有支配处置权的企业实物资产；资产管理公司拥有的企业债权。资产管理公司重组与处置的资产出售、转让前须由有资格的资产评估机构进行评估。资产评估时应充分考虑重组与处置资产的各种因素。

《金融时报》刊登中央财经大学刘姝威研究员的分析文章《应立即停止对蓝田股份有限公司发放贷款》。文章通过对蓝田股份有限公司的财务报告进行推理分析得出结论：蓝田股份有限公司的偿债能力越来越恶化；扣除各项成本和费用后，蓝田股份有限公司没有净收入来源；蓝田股份有限公司不能创造足够的现金流量以便维持正常经营活动和保证按时偿还银行贷款的本金和利息；银行应该立即停止对蓝田股份有限公司发放贷款。文章引起广泛关注，国家有关银行相继停止了对蓝田股份有限公司发放新的贷款，从而引发了“蓝田”风波。

11 月

2 日 中国人民银行发布《关于加强开办银行承兑汇票业务管理的通知》，明确开办银行承兑汇票业务的有关事项。该通知规定：政策性银行、国有独资商业银行、股份制商业银行、城市商业银行、外资银行、城市信用合作社、农村信用合作社县（市）联社（以下简称银行）需要开办银行承兑汇票业务的，必须符合《商业银行中间业务暂行规定》，比照《银行汇票准入、退出管理规定》中第三条的银行汇票业务的准入条件，其中城市商业银行、城市信用合作社、农村信用合作社县（市）联社，资产质量、流动性等主要资产负债指标必须符合规定（其中短期资产流动性比例达到25%以上，各项贷款与各项存款之比不超过75%，拆入资金比例不超过4%）并按时足额缴纳存款准备金，超额准备金（备付金）比例不低于3%。经批准开办银行承兑汇票业务的银行应按有关规定建立授权授信制度，进一步完善承兑授权管理，明确承兑汇票业务的受理条件、程序；承兑银行要按照信贷原则要求承兑申请人提供承兑担保，对承兑申请人申请的承兑额度必须纳入统一授信额度的范围内；办理银行承兑汇票业务实行总量控制，其承兑总量不得超过其上年年末各项存款余额的5%；农村信用合作社的开户单位需要办理银行承兑汇票的，通过其县（市）联社办理。开办银行承兑汇票业务的机构如严重违规，中国人民银行将取消其承兑商业汇票的资格。

5 日 中国人民银行发布《关于严禁发放无指定用途个人消费贷款的通知》，明令禁止商业银行发放无指定用途的个人消费贷款。

国家外汇管理局发布《关于调整出口收汇核销和外汇账户管理政策的通知》。该通知规定：放宽中资企业经常项目外汇账户开立标准，扩大开户范围；简化出口收汇核销手续，允许企业按月、集中办理出口收汇核销；取消出口收汇核销单的使用期限，在口岸电子执法系统网络上登记有电子底账的出口收汇核销单，将长期有效，不再受两个月有效期的限制；放宽出口收汇核销单的发放数量；实行差额核销制度，外汇局依据企业对出口收汇差额提供有效凭证所进行的出口收汇核销，外汇局差额核销的审批实行分级授权责任制。上述规定自 2001 年 12 月 1 日起施行。

国家外汇管理局发布《关于调整境内居民自费出国（境）留学售付汇政策有关问题的通知》，决定自 2001 年 12 月 1 日起调整境内居民个人自费出国（境）留学供汇政策。主要内容有：1. 对赴国（境）外攻读正规大学预科以上学位（含预科）的自费留学人员的学费和生活费予以供汇，自费留学人员按学年度购买外汇。2. 简化购汇审核程序。购汇金额在等值 2 万美元以下（含 2 万美元）的，自费留学人员可以持规定的有效凭证，直接到国家外汇管理局或其分支局（以下简称外汇局）授权的外汇指定银行办理；购汇金额在等值 2 万美元以上的，自费留学人员应当持规定的有效凭证向所在地外汇局申请，由所在地外汇局审核真实性后，凭外汇局的核准件及规定的有效凭证到外汇局授权的外汇指定银行办理购汇手续。3. 自费留学人员购买第一学年所需学费和生活费必须由其本人亲自办理，购买第一学年后其他年度所需学费和生活费可以委托境内的直系亲属到当地外汇局授权的银行代办购汇手续。4. 本通知施行前已购买第一学年所需学费和生活费且目前继续攻读的留学人员，在后续年度仍可以按照学年度购买外汇，但不得补购以前学年的外汇。

6日　海南赛格国际信托投资公司停业整顿。中国人民银行公告指出，由于海南赛格严重违规经营，决定自公告之日起，停止该公司有关金融业务活动，其下属独立法人实业公司的业务可照常经营。停业整顿期间，经商中国证监会同意，其所属证券交易营业部可照常营业，但交中信证券托管。

2002年8月21日，海南赛格国际信托投资公司原负责人擅自发行债券近7亿元人民币，被海口市新华区人民法院以擅自发行公司债券罪，一审分别判处该公司三位主要负责人有期徒刑3年、2年零6个月、2年零6个月，并处罚金2 069.9949万元。法院经审理查明：1996年9月，海南赛格公司为了清偿证券回购债务，向中国人民银行申请发行特种金融债券。中国人民银行11月批准赛格公司发行特种金融债券2.7亿元，期限为3年，年利率为12%。这批债券于当年12月底在人民银行海南省分行指定的海南金融印刷厂印制，并开始发行。由于赛格公司所欠的债务较多，许多公司逼赛格公司还债，为了维持公司的运转，1997年年初，公司原总经理李健民召集原负责人万善颐、阮庆生商议，决定印制超发的特种金融特种债券2.7亿元，由江西南昌证券印刷厂印制。1997年3月，赛格公司让南昌证券印刷厂再次印制特种金融债券2.7亿元。这两批债券由资金调度中心、信托部、各证券营业部等下属部门向外发行。从1997年9月至1998年5月，先后有西宁财政证券交易所等20家单位将其所持有的14 190.6万元赛格公司特种金融债券送交赛格公司办理托管，但赛格公司没有按照规定将全部托管债券送交中央国债登记结算有限公司，而是将上述托管债券中的9 319.7万元，由资金调度中心办理出库手续，再次用于发行。

8日　中国人民银行公布2001年第三季度《中国货币政策执行报告》。2001年第三季度，中国货币信贷运行总体健康平稳，货币供应量适度增长，外汇储备增加较多，贷款周转加快，居民储蓄继续大幅增加，但货币供应量增势趋缓较为明显。9月末，广义货币 M_2 余额为15.2万亿元，同比增长13.6%，比上年年末下降0.4个百分点，增长速度仍保持在年初预定的13%～14%调控目标内。货币增长与经济增长是基本相适应的。该报告对贷款集中和中小企业贷款难问题进行了分析，认为这种“集中”的实质是向效益好的大企业集中；目前中小企业贷款难，原因是多方面的，但在部分地区已经出现缓解苗头；将“贷款集中”与“中小企业贷款难”放在经济变化的大背景下考察，它是中国经济体制改革和经济结构调整过程中必然发生的现象，商业银行这一行为趋向有利于经济结构调整，其主流是健康的。解决中小企业贷款难，需要综合治理。该报告对“9·11”事件对世界经济和中国经济的现实影响、汽车行业与房地产行业的现状及未来发展趋势进行分析，指出，“9·11”事件所带来的不确定因素对中国的对外贸易、利用外资和汇率稳定等造成不可避免的影响；2001年，中国房地产业快速增长成为推动经济增长的重要力量，今后，特别是加入世界贸易组织后，国际经济的全球化和市场作用的增强，将促使房地产业加快制度创新和技术创新，中国房地产行业整体素质将不断提升，金融在物业市场上的作用被强化、个人住房抵押贷款将逐渐普遍化。报告提出，第四季度要继续实施稳健的货币政策，适时加大货币政策操作力度，增加货币供应，防止经济进一步减缓的趋势。

9日　中国人民银行公布截至2001年6月底的全国外债余额。这是我国首次按照新的国际标准口径公布外债数据。按照新口径统计，截至2001年6月底，中国外债余额为1 704.1亿美元。

此前，我国的外债口径是1987年按当时的国际标准口径确定的。为使我国登记外债口径与国际新外债统计标准接轨，增加外债统计数据的透明度和可比性，经国务院批准，国家外汇管理局按新的国际标准口径对我国原外债口径进行了调整，并开始按新的国际标准公布2001年上半年外债数据。按新的国际标准口径，我国外债口径调整如下：将境内外资金融机构对外负债纳入我国外债统计范围，同时扣除境内机构对境内外资金融机构负债；将3个月以内贸易项下对外融资纳入我国外债统计；将中资银行吸收的离岸存款纳入我国外债统计；在期限结构方面，将未来一年内到期的中长期债务纳入短期债务。

中国人民银行发布《关于进一步规范非银行金融机构业务经营的通知》。该通知规定：1. 非银行金融机构必须以法人为单位进行同业拆借，其分支机构不得以任何形式办理拆借业务。非银行金融机构必须严格按照中国人民银行规定的拆借期限和限额进行交易。信托投资公司、企业集团财务公司、金融租赁公司拆入拆出资金余额不得超过实收资本金的100%。信托投资公司、企业集团财务公司、金融租赁公司拆入资金的最长期限为7天，拆出资金期限不得超过对手方的由人民银行规定的拆入资金最长期限。2. 信托投资公司、企业集团财务公司、金融租赁公司应严格按照法人许可证标明的业务范围办理业务。在办理委托业务过程中，严禁承诺本金不受损失及最低收益保证。3. 从即日起，企业集团财务公司经批准办理的短期投资（不包括国债和政策性金融债券投资）实行余额比例监控，列入非现场监控指标体系监管。监控指标为：短期投资比例（≤50%）＝短期投资余额（不包括国债和政策性金融债券投资）/资本总额×100%。

11日　中国人民银行公布加入世界贸易组织后银行业对外开放的时间表。根据世界贸易组织有关协议，我国将逐步取消对外资银行的限制。正式加入时，取消外资银行办理外汇业务的地域和客户限制，外资银行可以对中资企业和中国居民开办外汇业务。时间表的内容包括：逐步取消外资银行经营人民币业务的地域限制。加入时，开放深圳、上海、大连、天津；加入后1年内，开放广州、青岛、南京、武汉；加入后2年内，开放济南、福州、成都、重庆；加入后3年内，开放昆明、珠海、北京、厦门；加入后4年内，开放汕头、宁波、沈阳、西安；加入后5年内，取消所有地域限制。逐步取消人民币业务客户对象限制。加入后2年内，允许外资银行对中国企业办理人民币业务；加入后5年内，允许外资银行对所有中国客户提供服务。允许外资银行设立同城营业网点，审批条件与中资银行相同。加入后5年内，取消所有现存的对外资银行所有权、经营和设立形式，包括对分支机构和许可证发放进行限制的非审慎性措施。允许设立外资非银行金融机构提供汽车消费信贷业务，享受中资同类金融机构的同等待遇；外资银行可在加入后5年内向中国居民个人提供汽车信贷业务。允许外资金融租赁公司与中国公司在相同的时间提供金融租赁服务。据人民银行统计，到2001年9月底，外资银行在华共有营业机构近190家，其中分行158家，下设支行6家，大部分集中在上海、深圳、北京、广州、天津等地。外资银行总资产为440亿美元，其中贷款为186亿美元，存款为65亿美元。

14日　中信实业银行加入国际保理商联合会（Factors Chain International，FCI）。FCI在阿根廷召开的年会上通过决议，同意中信实业银行加入该组织的申请，会员身份从2002年1月1日开始正式生效。至此，中信实业银行成为继中国银行、交通银行后加入FCI的第三家中国会员。

财政部调整证券（股票）交易印花税税率，对买卖、继承、赠与所书立的A股、B股股权转让书据，由立据双方当事人分别按2‰的税率缴纳证券（股票）交易印花税。此前，A股、B股的印花税税率分别为4‰和3‰。

16日　中国保监会发布《保险公估机构管理规定》《保险代理机构管理规定》和《保险经纪公司管理规定》，对各类中介机构的设立、变更和终止、从业资格、经营管理、监督检查、处罚等作了具体的规定。自2002年1月1日起施行。至此，中国保险中介市场法律框架基本形成。

《保险代理机构管理规定》共有8章84条，其中明确规定：保险代理机构是指依照《中华人民共和国保险法》等有关法律、行政法规以及本规定，经中国保监会批准设立的，根据保险人的委托，在保险人授权的范围内代为办理保险业务的单位。保险代理机构可以以合伙企业、有限责任公司或股份有限公司形式设立。保险代理机构从业人员应当通过中国保监会统一组织的保险代理从业人员资格考试，凡年满18周岁，具有高中以上学历或同等学力的人员均可报名参加考试。凡通过保险代理从业人员资格考试者，均可向中国保监会申请领取《保险代理从业人员资格证书》。保险代理机构的经营区域由中国保监会核定。保险代理机构应在核定的经营区域内开展保险代理业务。经中国保监会批准，保险代理机构可以经营下列业务：代理销售保险产品；代理收取保险费；根据保险公司的委托，代理相关业务的损失勘察和理赔。

《保险经纪公司管理规定》共有8章84条，其中规定：本规定所称保险经纪公司是指依照《中华人民共和国保险法》等有关法律、行政法规以及本规定，经中国保监会批准设立的经营保险经纪业务的单位。保险经纪包括直接保险经纪和再保险经纪。直接保险经纪是指保险经纪公司与投保人签订委托合同，基于投保人或被保险人的利益，为投保人与保险人订立保险合同提供中介服务，并按约定收取中介费用的经纪行为。再保险经纪是指保险经纪公司与原保险人签订委托合同，基于原保险人的利益，为原保险人与再保险人安排再保险业务提供中介服务，并按约定收取中介费用的经纪行为。

《保险公估机构管理规定》共有8章81条，其中规定：本规定所称保险公估机构是指依照《中华人民共和国保险法》等有关法律、行政法规以及本规定，经中国保监会批准设立的，接受保险当事人委托，专门从事保险标的的评估、勘验、鉴定、估损、理算等业务的单位。

19日 中国华融资产管理公司不良资产国际招标工作正式开始。这是中国首次按国际惯例批量处置金融不良资产，招标资产组合涉及账面金额156亿元人民币，356户企业。7家国际著名的投资银行和国内企业组成3个投标团提交对5个资产包的投标书。29日，中国华融资产管理公司宣布不良资产国际招标结果，把账面值为108亿元人民币的4个资产包，以现金加合作经营的方式出售给以摩根士丹利为首的投标团。12月21日，中国华融资产管理公司再次向另一国际投标人——高盛打包出售不良资产，高盛以现金加合作经营的方式购买账面值为19.72亿元人民币的资产包。

21日 海南4家非银行金融机构停业整顿。继海南赛格国际信托投资公司停业整顿之后，中国人民银行又发布公告，决定对海南华银国际信托投资公司、海南国际租赁有限公司、海南汇通国际信托投资公司、三亚中亚信托投资实施停业整顿。并自公告之日起，停止4家公司有关金融业务活动，4家公司下属的独立法人实业公司照常经营。在停业整顿期间，海南华银下属证券营业部由广发证券托管，照常营业；三亚中亚信托投资公司下属证券营业部由包头市信托投资公司托管，照常营业。2005年4月24日，根据海口市中级人民法院裁定，海南汇通国际信托投资公司宣布破产。

23日 中国黄金协会在北京成立。该协会是由黄金生产、加工和流通企业、事业单位和与黄金相关企业及事业单位、社团组织自愿组成的全国性、非营利性、自律性的社会组织，是依法成立的社会团体法人。协会设有理事会、常务理事会，有理事单位230余家，常务理事单位70余家。协会的宗旨是坚持党的基本路线，遵守宪法、法律、法规和国家政策，遵守社会道德风尚；坚持为政府、为企业、为企业经营者服务的宗旨，建立和完善行业自律机制，在国家宏观调控指导下，逐步实现行业自我管理；充分发挥政府的参谋助手作用，发挥在政府与企事业单位之间的桥梁和纽带作用，发挥为企事业单位提供中介服务的作用；开展国际合作与交流，促进对外经济技术的合作，推介黄金产品，培育民族品牌，扩大黄金应用领域，推动黄金消费。

中国证监会印发《关于证券公司增资扩股有关问题的通知》，调整证券公司增资扩股的现行政策。主要内容有：证券公司增资扩股属于企业行为。凡依法设立的证券公司均可自主决定是否增资扩股，中国证监会不再对证券公司增资扩股设置先决条件。证券公司增资扩股募集资金应优先用于归还被挪用的客户交易结算资金和处理不良资产。

23 日 国务院颁布《金融机构撤销条例》。该条例所称撤销是指中国人民银行对经其批准设立的具有法人资格的金融机构依法采取行政强制措施，终止其经营活动，并予以解散。该条例规定：金融机构有违法、违规经营，经营管理不善等情形，不予撤销将严重危害金融秩序、损害社会公众利益的，应当依法撤销。商业银行依法被撤销的，由中国人民银行组织成立清算组；非银行金融机构依法被撤销的，由中国人民银行或者中国人民银行委托的有关地方人民政府组织成立清算组。清算组自撤销决定生效之日起开始，负责向中国人民银行报告工作。在清算期间，清算组行使被撤销的金融机构的管理职权，清算组组长行使被撤销的金融机构法定代表人职权。被撤销的金融机构清算财产，应当先支付个人储蓄存款的本金和合法利息，此后的剩余财产，应当清偿法人和其他组织的债务。清偿债务后的剩余财产，经清算应当按照股东的出资比例或者持有的股份比例分配。清算结束后清算组应当制作清算报告等，报中国人民银行确认，并向工商行政管理机关办理注销登记手续。该条例自 2001 年 12 月 15 日起施行。

27～29 日 中央经济工作会议在北京召开。会议提出 2002 年经济工作的总体要求是：以邓小平理论和党的十五大精神为指导，进一步贯彻落实江泽民“七一”重要讲话和党的十五届五中全会、党的十五届六中全会的精神，按照“三个代表”重要思想的要求，正确把握复杂多变的国际政治经济形势，沉着应对，趋利避害，抵御和克服前进道路上的各种风险和困难，以保持经济和社会的稳定。坚持实施扩大国内需求的方针，继续深化改革，扩大开放，加快结构调整，整顿和规范市场经济秩序，提高经济增长质量和效益，促进国民经济持续、快速、健康发展和社会全面进步。切实加强党的作风建设，转变政府职能，坚定信心，扎实工作，团结奋斗，勤俭建国，以改革开放和现代化建设的新成就迎接党的十六大召开。

会议从八个方面具体部署了 2002 年的经济工作：1. 增加城乡居民收入，培育国内消费需求；2. 促进农业发展，扩大农村市场需求；3. 继续实施积极的财政政策和稳健的货币政策；4. 继续推进国有企业改革和其他各项改革；5. 标本兼治，整顿和规范市场经济秩序；6. 努力促进出口，扩大利用外资，做好加入世界贸易组织的应对工作；7. 坚持实施科教兴国战略；8. 转变政府职能，反对奢侈浪费。其中，就财政金融问题，必须着重抓好以下工作：继续实施积极的财政政策，继续发行长期建设国债，保持必要的投资拉动力度，实现国民经济持续较快增长。扩大就业和维护社会稳定。要选准投资项目，讲求投资效益，避免无效投资和不合理重复建设。要建立公共财政框架，优化财政支出结构，确保社会保障和农村税费改革的支出。要完善和稳定税制，强化税收征管。继续实行稳健的货币政策，进一步加大金融对经济发展的支持力度，增加对企业技术改造、中小企业特别是民营科技企业和农业结构调整的信贷支持。要加强信贷管理，降低不良贷款比例，防范和化解金融风险。

27 日 财政部发布《金融企业会计制度》。该制度共分 15 章 164 条，自 2002 年 1 月 1 日起暂时在上市的金融企业范围内实施，同时，也鼓励其他股份制金融企业实施《金融企业会计制度》。该制度的发布实施，有利于进一步规范金融企业的会计行为，夯实金融企业资产质量，提高金融企业会计信息的透明度，适应《巴塞尔资本协议》的有关要求，防范金融风险，保护广大投资者的合法权益，进一步提升我国会计标准的国际化水平。

28日 经中国人民银行批准，张家港市农村商业银行、常熟市农村商业银行正式对外营业。12月6日，江阴市农村商业银行正式成立。这三家农村商业银行是在农村信用社基础上改制组建的股份制商业银行，是中国首批股份制农村商业银行。

30日 经中国保监会批准，太平人寿保险有限公司在上海挂牌复业，全面恢复经营国内人身保险业务。该公司1929年始创于上海，1956年，根据国家政策调整，迁至香港专营海外业务。

中国证监会正式发布《亏损上市公司暂停上市和终止上市实施办法（修订）》。该实施办法对上市公司退市机制作出调整，其中规定：自2002年1月1日起，上市公司最近3年连续亏损，证券交易所应自公司公布年报之日起10个工作日内暂停其上市。暂停上市后第一个半年度公司仍未扭亏，交易所将直接作出终止其上市的决定。至此，中国上市公司只进不出的历史结束。

12月

1日 中国人民银行调整银行美元挂牌汇价的定价方式，适当放宽境内居民个人外币账户资金划转的限制，增加个人外币结汇网点。此前，在11月21日，中国人民银行发布了《关于外币现钞管理有关问题的通知》，该通知规定，各外汇指定银行在制定美元挂牌汇价时，现汇买卖价均不得超过中国人民银行公布的交易中间价的上下0.16%，现钞买入价不得超过其现汇买卖中间价，现钞卖出价与现汇卖出价相等。今后，各银行除了可办理境内居民个人本人不同境内外币账户资金划转外，还可办理境内居民个人与其直系亲属境内外币账户的资金划转。各银行在为客户办理境内外币账户之间的资金划转时，应建立大额外币划转备案制度，按月将单笔超过等值1万美元（含1万美元）以上的境内外币划转情况按月向国家外汇管理局分支局报告。

5日 "牡丹友邦万事达联名卡"在上海首发。该卡由中国工商银行、美国友邦保险公司（AIA）、万事达卡国际组织合作推出，集金融结算、保险理财等功能于一体，是国有商业银行与外资金融企业首次合作发行的银行卡，是国内首张采取保单质押方式办理的银行卡。该卡可用于存取现金、信用消费、转账结算，同时具有优先投保、代扣保费等功能，可在国内的10万家牡丹卡特约商户和2.8万家工商银行营业网点使用。国际卡可在世界210多个国家和地区的2 040多万家受理点和60多万台ATM上使用。申请人投保5份以上（含5份）友邦"红牡丹"或10份以上（含10份）友邦"红牡丹"7年期增值红利寿险附加意外险，并将保险合同质押在发卡银行，即可马上申请该联名卡，而无须向发卡机构提供担保人或保证金。国际卡采用了国际通行的循环信用消费方式，最长免息期为60天。

6日 中国人民银行与泰国银行在北京签署了规模为20亿美元的双边货币互换协议。根据该协议，中国人民银行可在必要时向泰国银行提供最多达20亿美元的信贷资金，作为对国际金融机构援助资金的补充，支持泰国解决国际收支问题和维护金融稳定。中泰双边货币互换协议是中国在《清迈倡议》下签署的第一份双边货币互换协议。

中国人民银行发布《关于加强对农村信用社监管有关问题的通知》。主要有以下八个方面的措施：1. 加强贷款管理，规范信贷支农服务。2. 加强对大额贷款的跟踪检查，严格控制大额贷款的发放。3. 加强对农村信用社不良贷款的监控，督促农村信用社降低不良资产。4. 明晰产权关系，充实资本金，增强农村信用社抵御风险能力。5. 督促农村信用社加强财务收支管理，扭亏增盈。6. 加强对农村信用社的债券投资管理，切实防范投资风险。7. 切实加强各级联社领导班子建设。8. 进一步明确监管责任，落实风险防范措施。

中国保监会发布《人身保险新型产品信息披露管理暂行办法》。该暂行办法规定，保险公司进行信息披露，应当采用非专业语言，通俗易懂，并对其客观性、真实性负责，无重大遗漏，不得对客户进行欺骗、误导和故意隐瞒。保险公司开办人身保险新型产品，产品说明书内容应当与保险条款相一致。保险公司在签发保单之前，应当让投保人认真阅读产品说明书。保险公司应当在投保单上显著位置用黑体字打印“本人已认真阅读并理解产品说明书”，并由投保人签名确认。该暂行办法自2002年1月1日起施行。

7日 中国人民银行发布《农村信用合作社农户小额信用贷款管理指导意见》，全面推广农村信用社发放农户小额信用贷款和推进信用社（镇）建设。

9日 中国人民银行发布《关于外资金融机构市场准入有关问题的公告》。中国在2001年12月11日正式加入世界贸易组织后，将按照承诺逐步开放银行业。自2001年12月11日起，取消对外资金融机构外汇业务服务对象的限制；允许设在上海、深圳的外资金融机构正式经营人民币业务，设在天津、大连的外资金融机构可以申请经营人民币业务；外资非银行金融机构可以按照中国人民银行即将公布的有关管理办法的规定，申请设立独资或合资汽车金融服务公司，办理汽车消费信贷业务；外国投资者可以按照中国人民银行公布的《金融租赁公司管理办法》的规定，申请设立独资或合资金融租赁公司，提供金融租赁服务；中国人民银行将根据修订后的《中华人民共和国外资金融机构管理条例》和《中华人民共和国外资金融机构管理条例实施细则》等有关管理办法，受理外资金融机构的各项申请；外资金融机构已向中国人民银行递交的设立机构等申请仍然有效，但申请者须按修订后法规的规定补充申请材料。

10日 中国证监会发布《关于上市公司重大购买、出售、置换资产若干问题的通知》。该通知规定：上市公司实施重大购买、出售、置换资产行为，应当遵循有利于上市公司可持续发展和全体股东利益的原则，与实际控制人及其关联人之间不存在同业竞争，保证上市公司与实际控制人及其关联人之间人员独立、资产完整、财务独立；上市公司具有独立经营能力，在采购、生产、销售、知识产权等方面能够保持独立。上市公司实施重大购买、出售、置换资产，应当符合以下要求：实施本次交易后，公司具备股票上市条件；实施本次交易后，公司具有持续经营能力；本次交易涉及的资产产权清晰，不存在债权债务纠纷的情况；不存在明显损害上市公司和全体股东利益的其他情形。上市公司实施本通知规定之外的其他购买、出售、置换资产的交易行为，应当按照证券交易所的有关规定执行。本通知自2002年1月1日起施行，原《关于规范上市公司重大购买或出售资产行为的通知》（2000年7月24日发布）同时废止。

11日 中国正式成为世界贸易组织（WTO）第143个成员。此前，11月11日中国外经贸部部长石广生在多哈受朱镕基总理委派，代表中华人民共和国在《中国加入世界贸易组织议定书》上签字，并向世界贸易组织秘书处递交中华人民共和国主席江泽民签署的中华人民共和国加入世界贸易组织批准书。至此，中华人民共和国加入世界贸易组织的所有法律程序履行完毕。《中国加入世界贸易组织议定书》规定了中国作为世界贸易组织成员的权利和义务。根据世界贸易组织的规定，在递交批准书30日后，即12月11日，中国正式成为世界贸易组织成员。

中国人民银行公布银行业加入世界贸易组织的承诺。根据世界贸易组织有关协议，我国将逐步取消外资银行经营人民币业务的地域限制。具体内容参见2001年11月11日，中国人民银行公布加入世界贸易组织后银行业对外开放的时间表。

中国证监会通过新华社公布证券业加入世界贸易组织的承诺，主要内容有：1. 外国证券机构可以（不通过中方中介）直接从事B股交易；2. 外国证券机构驻华代表处可以成为所有中国证券交易所特别会员；3. 允许外国机构设立合营公司，从事国内证券投资基金管理业务，外资比例不超过33%，加入后3年内，外资比例不超过49%；4. 加入后3年内，允许设立中外合资证券公司，从事 A 股承销、B 股和 H 股以及政府和公司债券的承销和交易，外资比例不超过 1/3。

中国保监会对外公布保险业加入世界贸易组织的承诺，主要内容有：1. 企业形式：(1) 加入时，允许外国非寿险公司在华设立分公司或合资公司，合资公司外资比例可以达到 51%。加入后 2 年内，允许外国非寿险公司设立独资子公司，即没有企业设立形式限制。(2) 加入时，允许外国寿险公司在华设立合资公司，外资比例不超过 50%，外方可以自由选择合资伙伴。(3) 允许所有保险公司按地域限制放开的时间表，设立国内分支机构。2. 开放地域：(1) 加入时，允许外国寿险公司和非寿险公司在上海、广州、大连、深圳、佛山提供服务。(2) 加入后 2 年内，允许外国寿险和非寿险公司在北京、成都、重庆、福州、苏州、厦门、宁波、沈阳、武汉和天津提供服务。(3) 加入后 3 年内，取消地域限制。3. 业务范围：(1) 加入时，允许外国非寿险公司向在华外商投资企业提供财产险以及与之相关的责任险和信用险服务；加入后 2 年内，允许外国非寿险公司向外国和中国客户提供所有商业和个人非寿险服务。(2) 加入时，允许外国保险公司向外国公民和中国公民提供个人（非团体）寿险服务。加入后 3 年内，允许外国保险公司向外国公民和中国公民提供健康险、团体险和养老金/年金险服务。

12 日 国务院发布《中华人民共和国外资保险公司管理条例》。该条例规定：设立外资保险公司，应当由中国保监会批准；外资保险公司按照中国保监会核定的业务范围进行经营，外资保险公司可以全部或者部分依法经营下列种类的保险业务：财产保险业务，包括财产损失保险、责任保险、信用保险等业务；人身保险业务，包括人寿保险、健康保险、意外伤害保险等保险业务，可以在核定的范围内经营大型商业风险保险业务、统括保单保险业务；同一外资保险公司不得同时兼营财产保险业务和人身保险业务；中国保监会有权检查外资保险公司的业务状况、财务状况及资金运用状况，有权要求外资保险公司在规定期限内提供有关文件、资料和书面报告，有权对违法、违规行为依法进行处罚处理。该条例自 2002 年 2 月 1 日起施行。

13 日 财政部、劳动和社会保障部发布《全国社会保障基金投资管理暂行办法》。该办法规定：全国社会保障基金（以下简称社保基金）是指全国社会保障基金理事会（以下简称理事会）负责管理的由国有股减持划入资金及股权资产、中央财政拨入资金、经国务院批准以其他方式筹集的资金及其投资收益形成的由中央政府集中的社会保障基金。社保基金投资运作的基本原则是：在保证基金资产安全性、流动性的前提下，实现基金资产的增值。财政部会同劳动和社会保障部拟订社保基金管理运作的有关政策，对社保基金的投资运作和托管情况进行监督。中国证监会和中国人民银行按照各自的职权对社保基金投资管理人和托管人的经营活动进行监督。社保基金投资的范围限于银行存款、买卖国债和其他具有良好流动性的金融工具，包括上市流通的证券投资基金、股票、信用等级在投资级以上的企业债、金融债等有价证券。划入社保基金的货币资产的投资，按成本计算，应符合下列规定：银行存款和国债投资的比例不得低于 50%。其中，银行存款的比例不得低于 10%。在一家银行的存款不得高于社保基金银行存款总额的 50%。企业债、金融债投资的比例不得高于 10%。证券投资基金、股票投资的比例不得高于 40%。单个投资管理人管理的社保基金资产投资于 1 家企业所发行的证券或单只证券投资基金，不得超过该企业所发行证券或该基金份额的 5%，按成本计算，不得超过其管理的社保基金资产总值的 10%。

17 日 经中国保监会正式批准，中银集团保险有限公司深圳分公司挂牌营业。中银集团保险有限公司于 1992 年在香港注册成立，1996 年在深圳设立代表处，2001 年获准成立分公司。深圳分公司是该公司的第一家分公司，主要在深圳经营当地的三资企业财产保险等业务。

18 日　中共中央政治局委员、国务院副总理温家宝视察中国人民银行，重点考察全国银行卡联网通用工作。温家宝副总理对 2002 年银行卡联网通用工作的目标和工作重点提出了明确要求：各商业银行系统内银行卡业务要在 300 个以上地市级城市实现本系统内银行卡的联网运行，跨地区使用，使网络运行质量和交易成功率明显提高；依靠现有的银行卡交换网络，进一步抓好联网通用工作，力争在 100 个以上城市实现各行各类银行卡的跨行通用；力争在 40 个以上城市推广普及全国统一的“银联”标识卡，全面实现跨地区、跨银行的联网通用。为贯彻落实温家宝副总理的讲话精神，推进银行卡“联网通用、联合发展”的各项目标顺利实现，经银行信息化领导小组（扩大）会议审议通过，中国人民银行正式提出了 2002 年银行卡联网通用工作“314”计划——300 个城市银行卡联网通用、100 个城市银行卡跨行通用、40 个城市推行异地跨行的“银联”标识卡。

中国出口信用保险公司开业。该公司为全资国有政策性保险公司，自成立之日起承担原中国人民保险公司和中国进出口银行的出口信用保险业务和相应的债权债务。注册资本为 40 亿元人民币，资本来源为出口信用保险风险基金，由国家财政预算安排。业务范围主要有短期出口信用保险、中长期出口信用保险、投资保险、担保、商账追收、资信评估、贸易融资服务等。这是中国首家专业出口信用保险机构。截至 2001 年 6 月，我国出口信用保险基金达 40 亿美元；截至 2001 年 10 月，我国出口信用保险累计为 180 亿美元的出口提供了收汇风险保障。唐若昕出任党委书记、总经理。

19 日　中国人民银行发布《关于全面推行贷款质量五级分类管理的通知》，决定从 2002 年 1 月 1 日起，在我国各类银行全面推行贷款风险分类管理。

中国人民银行颁布《贷款风险分类指导原则》。该指导原则是对中国人民银行 1998 年发布的《贷款风险分类指导原则（试行）》的个别条款进行了修订，与原指导原则相比，修订后的指导原则主要有两个调整：1. 为加强对逃废银行债务行为的约束，增加了一条，即“对利用企业兼并、重组、分立等形式恶意逃废银行债务的借款人的贷款，至少划分为关注类。并应在依法追偿后，按实际偿还能力进行分类”。2. 明确了坏账准备金的提取依据。原指导原则明确商业银行应该按照谨慎会计原则建立贷款损失准备金制度，但未明确依据。修订后的指导原则明确，商业银行应按照财政部的有关规定和人民银行有关贷款损失准备金计提的指引，提取贷款损失准备金，核销损失贷款。

20 日　国务院公布《中华人民共和国外资金融机构管理条例》。该条例包括总则、设立与登记、业务范围、监督管理、解散与清算、法律责任、附则，共 7 章 52 条，自 2002 年 2 月 1 日起施行。国务院于 1994 年 2 月 25 日发布的《中华人民共和国外资金融机构管理条例》同时废止。该条例遵循开放与保护并重的原则，一方面落实了中国加入世界贸易组织在银行业方面的减让承诺，进一步对外资开放金融业，放松或取消了原条例的限制性条件，使其与内资金融机构的管理政策趋于一致；另一方面充分考虑运用国际公认的审慎监管原则和其他有关国际惯例，对外资金融机构的市场准入和经营进行严格审批和监管，利用适用于 5 年过渡期的非审慎性措施对国内金融业作出必要的保护。

该条例规定：独资银行、合资银行的注册资本最低限额为 3 亿元人民币等值的自由兑换货币。独资财务公司、合资财务公司的注册资本最低限额为 2 亿元人民币等值的自由兑换货币。注册资本应当是实缴资本。外国银行分行应当由其总行无偿拨给不少于 1 亿元人民币等值的自由兑换货币的营运资金。独资银行、合资银行、独资财务公司、合资财务公司的资本充足率不得低于 8%。独资银行、合资银行、独资财务公司、合资财务公司对 1 个企业及其关联企业的授信余额，不得超过其资本的 25%，但是经中国人民银行批准的除外。独资银行、合资银行、独资财务公司、合资财务公司的固定资产不得超过其所有者权益的 40%。独资银行、合资银行、独资财务公司、合资财务公司资本中的人民币份额与其风险资产中的人民币份额的比例不得低于8%。外国银行分行营运资金加准备金等之和中的人民币份额与其风险资产中的人民币份额的比例不得低于8%。中国人民银行根据外资金融机构的业务范围和审慎监管的需要，可以提高其注册资本或者营运资金的最低限额，并规定其中的人民币份额。外资金融机构应当确保其资产的流动性。流动性资产余额与流动性负债余额的比例不得低于25%。外资金融机构从中国境内吸收的外汇存款不得超过其境内外汇总资产的70%。

25日 中国证监会发布《关于做好上市公司可转换公司债券发行工作的通知》。该通知规定：上市公司发行可转换公司债券，除应当符合《可转换公司债券管理暂行办法》第九条规定的条件外，还应当符合以下要求：公司最近三个会计年度加权平均净资产利润率平均在10%以上；属于能源、原材料、基础设施类的公司可以略低，但是不得低于7%。公司扣除非经常性损益后，最近三个会计年度的净资产利润率平均值原则上不得低于6%。公司最近三个会计年度净资产利润率平均低于6%的，公司应当具有良好的现金流量。上市公司发行可转换公司债券前，累计债券余额不得超过公司净资产额的40%；本次可转换公司债券发行后，累计债券余额不得高于公司净资产额的80%。要求按照能源、原材料、基础设施类公司的标准公司实际从事的主营业务属于能源、原材料、基础设施类业务；来自能源、原材料、基础设施类业务的业务收入占公司主营业务收入的50%以上；用于能源、原材料、基础设施类业务的资产占公司资产总额的50%以上。可转换公司债券保证人的净资产额不得低于本次可转换公司债券的发行金额；可转换公司债券保证人的净资产额应当经过具有证券从业资格的会计师事务所核验并出具验证报告；证券公司、上市公司不得为可转换公司债券发行提供担保。

28日 中国证监会公布《证券公司管理办法》。该办法规定：1. 中国证监会统一负责证券公司设立、变更、终止事项的审批，依法履行对证券公司的监督管理职责；2. 证监会对证券公司高级管理人员实行谈话提醒制度，对证券公司在经营管理中出现的问题，可以质询证券公司的高级管理人员，并责令其限期纠正；3. 证券公司应当按照现代企业制度的要求，建立并健全公司的治理结构；4. 经纪类证券公司可以从事证券的代理买卖，代理证券的还本付息、分红派息，证券代保管、鉴证，代理登记开户等业务；5. 综合类证券公司还可以从事证券的自营买卖、证券的承销、证券投资咨询（含财务顾问）、受托投资管理以及证监会所批准的其他业务；6. 证券公司不得兴办实业，不得购置非自用不动产，不得从事B股的自营买卖，但证监会另有规定的除外。该办法自2002年3月1日起正式实施。

福建国际信托投资公司被撤销。中国人民银行发布公告指出，根据中国人民银行的有关规定和福建省整顿信托投资公司的统一部署，经中国人民银行总行批准，决定撤销福建国际信托投资公司。公司撤销后将成立清算组协调有关问题。福建国际信托投资公司是汉博基金的管理人富国基金管理有限公司的股东。福建国际信托投资公司是1979年1月20日经国务院批准成立的全国第一家省级国际信托投资公司，注册资本10亿元人民币。

2002 年

1 月

5 日　中国保监会发布《关于购买人身保险新型产品注意事项的公告》。该公告要求保险公司在销售人身保险新型产品时，向客户出具经中国保监会备案、用非专业语言表述的产品说明书，使消费者充分了解新型产品的特性及其风险。消费者在购买前，一定要认真阅读产品说明书，详细了解产品的保险责任、不保障的内容等事项，理解保险合同双方的权利和义务。

中国证监会、国家经贸委联合公布实施《上市公司治理准则》。该准则突出强调公司治理结构要保护股东，特别是中小股东的利益；当股东权利受到侵害时，有权通过民事诉讼等法律手段求得赔偿；控股股东对上市公司及其他股东负有诚信义务；公司董事要履行诚信、勤勉的义务。该准则还强调上市公司要加强对公司治理内容的披露。

9 日　全国统一的“银联”标识卡率先在北京、上海、广州、杭州和深圳 5 个城市同时发行。即日起，“银联”标识卡在这 5 个城市的所有 ATM 或 POS 机等终端机具上实现跨地区、跨银行联网通用。

10 日　中共中央、国务院颁布《关于做好2002 年农业和农村工作的意见》。该意见指出，当前农业和农村经济发展中的突出问题，仍然是农民收入增长困难。新阶段增加农民收入，要有新的思路，采取综合措施。要适应加入世界贸易组织的新形势，切实加强国家对农业的支持和保护，为农业发展、农民增收创造条件；切实减轻农民负担，增强农民自我积累、自我发展的能力；不断完善农业管理体制，使农村经济更加活跃起来。就金融支持农业和农村工作，该意见指出：农村信用社要牢固树立为农业、农村和农民服务的宗旨，集中资金，扩大农业信贷投放，增加农户贷款，真正发挥农村金融主力军的作用。积极推行农户小额信用贷款和农户联保贷款方式的信用贷款，适当简化对农户贷款的业务手续，提高业务效率。对农户和农村个体工商户的生产、生活及投资等方面的合理资金需求，要给予贷款支持。各国有商业银行要适当提高对农村、农业及其相关行业的贷款比重，尤其要优先支持各类农产品经销、加工企业的收购资金贷款。农业银行要进一步加大对农业产业化龙头企业、农村中小企业和小城镇建设的支持力度。国家开发银行要扩大对农业基础设施和重大农业开发项目的贷款，提高对农业的信贷投入比重。人民银行要根据农村资金分流及其供求变化情况，支持农业信贷投放，改善农村金融服务。要进一步管好用好对农村信用社的支农再贷款，实行台账监控、定向使用、封闭运行、按期收回的管理办法，保障资金安全。

14 日　中国人民银行发布《关于规范联名卡管理的通知》。该通知明确，人民银行对商业银行发行联名卡进行事前备案管理；商业银行办理联名卡发行和申领业务，必须在经人民银行批准的营业网点内进行，不得委托任何单位或个人代理，并须遵守相应的银行卡章程；人民银行各级分支机构应严格按照有关规定加强对商业银行联名卡业务的监管。

经中国保监会批准，中意人寿保险有限公司在广州成立。该公司由中国石油天然气总公司和意大利忠利保险有限公司（ASSICURAZIONI GENERALI）共同出资组建，持股比例各为

50%，注册资本为2亿元人民币。公司主要保险产品有人寿保险、意外及健康保险、投资型保险以及家庭保险。这是中国加入世界贸易组织后首家获准成立的中外合资保险公司。

15日 最高人民法院发布《关于受理证券市场因虚假陈述引发的民事侵权纠纷案件有关问题的通知》。该通知决定：自本通知下发之日起，人民法院开始受理和审理证券市场由中国证监会及其派出机构作出生效处罚决定的因虚假陈述行为引发的民事侵权赔偿纠纷案件。

同年1月25日，北京、上海的3名投资者起诉大庆联谊虚假陈述案，被哈尔滨市中级人民法院正式受理，成为该通知出台后首例被法院受理的虚假陈述证券民事赔偿案，同时也是首例共同诉讼民事赔偿案。

18日 中国人民银行货币政策委员会第一季度例会在北京召开。会议认为，2002年是中国加入世界贸易组织的第一年，经济发展和货币政策调控面临一些新的不确定因素；要密切关注和正确分析形势的发展变化，继续实行稳健的货币政策，加大对经济发展的支持力度，防止经济增长速度进一步减缓，促进经济持续、快速、健康发展。

中国人民银行和美国财政部货币监理署（Office of Currency Comptroller，OCC）发布联合消息，对中国银行及其在美国的纽约分行由于其过去管理层在1991—1999年的违规经营行为分别采取处罚措施：中国银行纽约分行向OCC交纳1 000万美元的罚款，中国银行向中国人民银行交纳1 000万美元等值人民币的罚款，两项罚款总计2 000万美元。

中国证监会与美国商品期货交易委员会正式签署《中美期货监管合作谅解备忘录》。这是继1994年两国签署《证券合作、磋商及技术协助谅解备忘录》之后，中美两国在资本市场监管合作方面取得的又一个新的进展，双方将共同致力于维护期货期权市场公开、公平、有效和健康的运作。

23日 中国证监会发布《期货经纪公司高级管理人员任职资格管理办法（修订）》《期货从业人员资格管理办法（修订）》，自发布之日起施行，1999年8月31日发布的《期货经纪公司高级管理人员任职资格管理办法》《期货业从业人员资格管理办法》同时废止。

《期货经纪公司高级管理人员任职资格管理办法（修订）》共有5章42条，其中规定：办法所称期货经纪公司高级管理人员指期货经纪公司的董事长、总经理、副总经理。中国证监会负责期货经纪公司高级管理人员任职资格的审核与管理，包括任职资格的审核与确认、任职期间的考核、任职资格暂停与撤销以及其他相关事宜。

《期货从业人员资格管理办法（修订）》共有6章37条，其中规定：中国期货业协会负责期货从业人员资格的授予、管理及注销。中国期货业协会对从业人员的管理应当接受中国证监会的监督和指导。

24日 中国人民银行发布公告，决定于2002年1月25日撤销中国光大国际信托投资公司，收缴其“金融机构法人许可证”和“金融机构营业许可证”，并自公告之日起，停止该公司一切金融业务活动。公司撤销后，由中国人民银行组织成立清算组，对该公司进行清算。清算期间，清算组行使公司管理职权，清算组组长行使公司的法定代表人职权。在清算期间，该公司下属的独立法人实业公司的业务照常经营。

中国证监会召开“投资者教育座谈会”，会议主要围绕明确证券市场各方责任教育的意义、做法，以及如何把投资者教育与保护、服务有机结合，如何建立监管部门与投资者以及各市场主体的沟通机制，如何加强证券市场道德教育和诚信法则建设等问题进行了深入探讨。这是投资者第一次与监管层面对面地进行交流。

25日 中国人民银行公布《中华人民共和国外资金融机构管理条例实施细则》。该细则共有7章113条，分别就外资金融机构在设立与登记、业务范围、任职资格管理、监督管理、解散与清算等方面管理工作的实施进行详细规定。

该细则明确规定：“外国资本”是指在中华人民共和国境外注册机构缴付的资本；“外国银行”是指在中华人民共和国境外注册并经所在国家或地区金融监管当局批准或认可的银行；“外国的金融机构”是指在中华人民共和国境外注册并经所在国家或地区金融监管当局批准或认可的金融机构；“外资法人机构”是指独资银行、合资银行、独资财务公司和合资财务公司。该细则还规定，在中国境内设立两家及两家以上分行的外国银行，应指定主报告行，负责其在中国境内各分行的并表工作。中国人民银行根据外资法人机构的风险状况，可以对其资本充足率提出特别要求。该细则自2002年2月1日起施行。中国人民银行1996年4月30日发布的《中华人民共和国外资金融机构管理条例实施细则》、1996年1月4日发布的《在华外资银行设立分支机构暂行办法》、1996年12月2日发布的《上海浦东外资金融机构经营人民币业务试点暂行管理办法》、1997年5月15日发布的《外资金融机构中、高级管理人员任职资格管理暂行规定》和1999年4月21日发布的《外国银行撤销在华营业性分支机构操作指引》同时废止。

31日　中国人民银行发布实施《商业银行柜台记账式国债交易管理办法》。该办法规定，凡具备统一、安全、稳定的计算机业务处理系统；有健全的内部管理制度和风险防范机制；有专门负责柜台交易的业务部门和合格的专职人员；在全国银行间债券市场交易活跃，申请前两年债券业务量排名靠前；申请前连续三年为国债承销团成员；申请前两年在全国银行间债券市场无重大违规记录的商业银行都可以申请成为承办记账式国债交易的银行。

中国人民银行发布《关于取缔地下钱庄及打击高利贷行为的通知》。针对近年来在部分农村地区，民间信用活动活跃，高利借贷现象突出，甚至出现了专门从事高利借贷活动的地下钱庄，破坏了正常的金融秩序，影响了社会安定，中国人民银行要求人民银行各分行、营业管理部严格按照国务院《非法金融机构和非法金融业务活动取缔办法》（1998年7月13日发布）的规定，依法取缔辖区内的非法金融机构和非法金融业务活动；严格规范民间借贷行为，民间个人借贷利率由借贷双方协商确定，但双方协商的利率不得超过中国人民银行公布的金融机构同期、同档次贷款利率（不含浮动）的4倍。超过上述标准的，应界定为高利借贷行为；人民银行各分支行应督促有关金融机构不断改进金融服务，加大对农村、农业和农民的信贷支持力度，逐步解决农民贷款难的问题；人民银行各分支行要会同有关部门，采取各种有效方式向广大群众宣传国家金融法规和信贷政策。特别是在地下钱庄和高利贷比较活跃的地方，要选择典型案例，宣传地下钱庄非法高利融资的危害性，教育广大群众增强风险防范意识，自觉抵制高利借贷活动，防止上当受骗。

2月

1日　中国保监会、国家工商行政管理总局联合颁布《保险公司营销服务部管理办法》。该办法规定，保险公司设立营销服务部应当具备三个条件：主要负责人应当从事保险工作3年以上，并具备相应的组织管理能力；符合其职能的办公设备和人员；符合要求的固定场所。营销服务部的名称为××保险公司或者保险公司分支机构（全称）××营销服务部。各保险公司在本办法实施以前设立的农村代办站所和寿险营销部等服务网点均应当按本办法规范。该办法自2002年3月11日起施行。

5～7日　全国金融工作会议在北京召开。中共中央总书记江泽民在会上指出：金融在市场配置资源中起核心作用；金融是调节宏观经济的重要杠杆；金融安全是国家经济安全的核心。会议提出，在新的发展时期做好金融工作的指导方针是，坚持以邓小平理论和“三个代表”重要思想为指导，进一步加强金融监管，深化金融企业改革，改进金融服务，整顿金融秩序，防范和化解金融风险，维护国家金融安全，促进国民经济持续快速健康发展。会议确定“十五”期间金融工作的主要任务是：进一步完善现代金融机构体系、市场体系、监管体系和调控体系，努力实现金融监管和调控高效有力，金融企业经营机制健全、资产质量和经营效益显著改善，金融市场秩序根本好转，金融服务水平和金融队伍素质明显提高，全面增强我国金融业竞争力。

7~8日 中国人民银行2002年工作会议在北京召开。会议强调，中国人民银行要切实转变作风，继续执行稳健的货币政策，改进金融服务，进一步加大对经济发展的支持力度，把加强对银行业的监管作为中央银行工作的重中之重，切实防范和化解金融风险，加大金融对经济发展的支持力度，促进国民经济持续、快速、健康发展。

7日 中国人民银行、教育部、财政部联合发布《关于切实推进国家助学贷款工作有关问题的通知》。该通知指出，中国人民银行、教育部和财政部在总结前一段工作经验的基础上，研究了进一步广泛开展国家助学贷款工作的具体措施，经国务院同意，就有关问题进行明确：1. 统一思想，提高认识，全面推进国家助学贷款工作。各级人民政府和银行、教育、财政等有关部门一定要从实践“三个代表”重要思想的高度，提高认识，统一思想，协调配合，共同努力，采取切实可行的措施，全面落实国家助学贷款的各项政策，做到不让一个大学生因经济困难而辍学。2. 实行“四定”“三考核”，确保经济困难学生能够及时得到国家助学贷款。“四定”是指定学校、定范围、定额度、定银行；“三考核”是指中国人民银行及各分支行与教育行政部门要按月考核经办银行国家助学贷款的申请人数和申请金额、考核已审批贷款的人数和贷款合同金额、考核实际发放贷款的人数和发放金额，对考核情况要按月分析，发现问题，及时督促，协调解决。3. 完善现行国家助学贷款相关管理制度。调整财政贴息办法、实行灵活的还本付息方式、落实国家助学贷款免征营业税等政策，积极、主动地发放国家助学贷款。4. 加强国家助学贷款管理，建立风险防范机制。5. 进一步完善组织领导，通力协作，加强监督检查，落实国家助学贷款工作。同年8月20日，中国人民银行、教育部联合下发了《关于下达2002年度国家助学贷款指导性贷款计划的通知》，开始实施国家助学贷款指导性贷款计划，要求各级教育行政部门和高等学校积极配合经办银行做好国家助学贷款工作。

8日 全国证券期货监管工作会议在北京召开，会议确定2002年证券期货监管工作的主要任务是，继续坚持“法制、监管、自律、规范”的八字方针，在加强监管、防范市场风险的同时，要尊重市场规律，稳步推动改革，促进市场创新，实现证券市场的规范、健康发展，更好地为国民经济服务。会议要求，证券期货监管系统要按照“三个代表”重要思想和“勤学之、明察之、慎思之”的指示精神，全面贯彻落实全国金融工作会议精神，善于利用市场化的监管理念和方式解决实践中出现的问题，在保持市场稳定的前提下，稳步实施各项监管工作，在2001年奠定的坚实基础上，继续开创证券期货监管工作新局面，为实现市场可持续发展而努力奋斗，以优异成绩迎接党的十六大的胜利召开。

全国保险工作会议在北京召开。会议确定2002年保险业的总体要求和主要任务是：紧密结合保险业的实际，全面贯彻中央经济工作会议和全国金融工作会议精神，加快发展，深化改革，防范风险，强化监管，扩大开放，努力提高我国保险业的国际竞争力。会议确定保险业要着力做好以下几项工作：深化体制改革，加快保险业发展，防范经营风险，强化保险监管，扩大对外开放，培养引进人才。这是第一次有外资、合资保险公司参加的全国保险工作会议。

9日 全国保险监管工作会议在北京召开。会议确定，2002年保险监管要做好以下几项工作：切实转变工作作风，加强法规制度建设，突出市场整顿重点，加强偿付能力监管，增强监管工作透明度，进一步加强自身建设。马永伟指出，适应保险市场扩大开放和保险业加快发展的需要，保监会将转变监管思路和方式，突出监管重点，创造性地开展工作，并在继续坚持市场行为监管和偿付能力监管并重的前提下，逐步向以偿付能力监管为核心过渡。

10 日 国家外汇管理局发布《关于调整外币现钞管理有关政策及明确有关操作问题的通知》。该通知规定，自 2002 年 3 月 1 日起，各外汇指定银行在制定港元现钞挂牌价时，现钞买入价从不得超过现汇买卖中间价的 2.5% 调整为 1%，现钞卖出价与现汇卖出价相等；现汇买卖差价仍执行原有规定。同时，明确银行办理境内居民个人与其直系亲属之间外币账户资金划转的审核原则；要求银行在办理境内居民个人外汇资金存取划转超过 1 万美元的实行大额备案制度。

中国人民银行发布《商业银行设立同城营业网点管理办法》。该办法规定，商业银行设立同城支行的营运资金不得低于 1 000 万元人民币或等值的自由兑换货币；商业银行在一个城市一次只能申请设立一个同城支行，在该申请获得不同意筹建的批复或获得开业批准后，申请人方可申请设立另外的同城支行；商业银行设立具有独立营业场所的自助银行，应当向中国人民银行审批行提出申请，在一个城市一次只能申请设立三个自助银行，在该申请获得不同意筹建的批复或获得开业批准后，方可申请设立另外的同城支行；商业银行同城支行的名称统一冠以“银行名称” + “城市名称” + “支行名称” + “支行”；商业银行自助银行的名称统一冠以“银行名称” + “24 小时自助银行服务”。

11 日 国务院公布《指导外商投资方向规定》，自 2002 年 4 月 1 日起施行。1995 年 6 月 7 日国务院批准，1995 年 6 月 20 日国家计委、国家经贸委、外经贸部发布的《指导外商投资方向暂行规定》同时废止。

该规定将外商投资项目分为鼓励、允许、限制和禁止四类。其中，列为鼓励类外商投资项目有以下五类：属于农业新技术、农业综合开发和能源、交通、重要原材料工业的；属于高新技术、先进适用技术，能够改进产品性能、提高企业技术、经济效益或者生产国内生产能力不足的新设备、新材料的；适应市场需求，能够提高产品档次、开拓新兴市场或者增加产品国际竞争能力的：属于新技术、新设备，能够节约能源和原材料、综合利用资源和再生资源以及防治环境污染的；能够发挥中西部地区人力和资源优势，并符合国家产业政策的。产品全部出口的允许类外商投资项目，视为鼓励类外商投资项目。列为限制类外商投资项目有：技术水平落后的；不利于节约资源和改善生态环境的；从事国家规定实行保护性开采的特定矿种勘探、开采的；属于国家逐步开放的产业的。列为禁止类外商投资项目：危害国家安全或者损害社会公共利益的；对环境造成污染损害，破坏自然资源或者损害人体健康的；占用大量耕地，不利于保护、开发土地资源的；危害军事设施安全和使用效能的；运用我国特有工艺或者技术生产产品的。

20 日 中国人民银行发布《关于调整对中资银行外汇业务的审批办法的通知》。该通知规定，调整对中资银行外汇业务的审批办法，内容包括：1. 对新设分支机构的本外币业务合并审核。2. 对增开除结售汇以外的外汇业务，变逐级审批为一级审批。3. 对已开业但尚未批准开办外汇业务的分支机构，其开办外汇业务的申请不再受开业半年的限制。

21 日 中国人民银行决定即日起降低金融机构人民币存贷款利率。中国金融机构各项存款年利率在原基础上平均下调 0.25 个百分点。其中，活期存款利率由 0.99% 下调为 0.72%；1 年期定期存款利率由 2.25% 下调为 1.98%。各项贷款年利率平均下调 0.5 个百分点，其中 6 个月期贷款利率由 5.58% 下调为 5.04%；1 年期贷款利率由 5.85% 下调为 5.31%。金融机构在中国人民银行的准备金存款利率由 2.07% 下调为 1.89%。中国人民银行的各档次再贷款利率分别下调 0.54 个百分点，其中，1 年期再贷款利率由 3.78% 下调为 3.24%。这是中国改革开放 20 多年来总共第 8 次下调金融机构人民币存贷款利率。

22 日 国家外汇管理局发布《关于同意中国外汇交易中心开办外币拆借中介业务的批复》，同意中国外汇交易中心于 2002 年 6 月 1 日起为金融机构开办外币拆借中介业务。中国外汇交易中心作为外币拆借中介机构，负责提供拆入、拆出报价等信息咨询和服务，自身不得从事自营性外币拆借业务。

27日 国家外汇管理局与海关总署在北京签署《合作备忘录》。双方成立协调工作小组，建立多形式、多层次、多渠道的协调机制、联络机制和会议制度；充分利用电子网络系统等高科技手段，完善口岸电子执法系统和进出口报关单联网核查系统；实现监管信息、统计信息和政策信息的共享；加强系统内的授权和管理，统一监管政策等。此举是在新形势下提高监管水平，共同打击走私、逃骗汇等非法活动的具体行动。

3月

1日 中国人民银行决定降低个人住房公积金贷款利率。从2002年2月21日开始，个人住房公积金贷款利率水平，5年以下（含5年）由现行的4.14%下调为3.6%，5年以上由现行的4.59%下调为4.05%。个人住房公积金贷款利率的计息、结息规则不变。

中国保监会发布《保险公司高级管理人员任职资格管理规定》，自2002年4月1日起施行。1999年1月11日中国保监会公布的《保险机构高级管理人员任职资格管理暂行规定》同时废止。

该规定对保险公司高级管理人员任职资格条件、任职资格审核与管理、任职资格取消作出详细规定。其中明确：本规定所称保险公司高级管理人员是指保险公司法定代表人和其他对保险公司经营管理活动具有决策权的主要负责人，包括：总公司的董事长、总经理、副总经理；分公司（包括总公司营业部）、中心支公司（包括分公司营业部）和支公司的总经理、副总经理、经理、副经理；以及其他具有相同职权的负责人。中国保监会及其派出机构对保险公司高级管理人员任职资格实行分级审核、分级管理。中国保监会审核和管理保险公司总公司高级管理人员的任职资格；中国保监会派驻各地的办公室、办事处和特派员办事处（以下简称所在地派出机构）审核和管理辖区内保险公司分支机构高级管理人员的任职资格。任职资格的审核和管理，包括任职资格审核、任职资格取消和任职资格档案管理。分为核准制和备案制：保险公司总公司、分公司和中心支公司的高级管理人员适用核准制；保险公司支公司的高级管理人员适用备案制。

4日 中国人民银行发布公告，决定从2002年3月1日起统一境内中、外资金融机构的外币存贷款利率管理政策。境内外资金融机构对境内中国居民（含在中国境内依法成立的企业、事业法人、国家机关、团体、部队和在中国境内居住一年以上的自然人）的小额外币存款，纳入中国人民银行现行小额外币存款利率管理范围。非中国居民的小额外币存款利率，由中、外资金融机构自行确定。现行大额外币存款利率政策不变。外币贷款利率及其计、结息方式，由中、外资金融机构根据国际金融市场利率的变动情况以及资金成本、风险差异等因素自行确定。

全国农村信用社工作会议在北京召开。会议提出，2002年支农工作的目标是：存款增加2 000亿元左右，年末余额达到2万亿元左右；贷款增加1 800亿元，其中农业贷款增加1 200亿元；累放农业贷款达到5 400亿元左右，其中累放农户贷款4 500亿元左右；农户小额信用贷款的贷款面提高5～10个百分点，达到30%～35%，农业省份达到50%以上。会议强调，要多渠道增加农村信用社支农资金供应。加大组织吸收存款的力度，积极清收到期、逾期贷款，加强农村信用社系统内资金调剂；对中西部地区农村信用社支农资金不足的，继续安排支农再贷款给予支持，在前几年已安排支农再贷款的基础上，2002年再增加260亿元的支农再贷款额度；要全面推广农户小额信用贷款，在努力满足农户一般种植业和养殖业资金需要的前提下，支持农民扩大生产和经营规模，增加收入；要因地制宜地确定贷款投放重点，积极配合农村产业结构调整。西部地区的农村信用社，仍要以支持农户发展生产，改善生活为主。东部发达地区、大中城市郊区和中部地区的农村信用社，在满足农户一般贷款需要的前提下，可结合当地农村经济实际，有选择地支持高科技农业、高附加值农产品和出口创汇农业，支持农民扩大种养业规模，提高专业化水平，支持各类农业产前、产中和产后的农业社会化服务组织。

6日 中国人民银行发布2001年第四季度《中国货币政策执行报告》。该报告指出，2001年我国金融运行情况稳定，货币政策的调控目标基本实现，货币供应量增长与经济增长基本相适应。2001年年底，广义货币增长14.4%，略高于年初预定的13%～14%的调控目标，增幅比2000年高0.4个百分点；狭义货币增长12.7%，比上年低3.4个百分点；流通中现金增长7.1%。金融机构贷款结构得到改善，贷款周转速度加快，经济体系中资金总量充足，基本满足了经济发展的需要。2001年货币信贷运行中也存在一些问题，主要是货币政策传导机制不完善，对有市场、有效益、有信用的企业，特别是中小企业的信贷支持还有待加强，金融机构进一步加大支农力度还有许多工作要做。该报告对2001年农业结构调整和农村经济发展问题进行了分析，提出2002年货币信贷预期调控目标为：广义货币供应量（M_2）和狭义货币供应量（M_1）分别增长13%左右，现金（M_0）净投放不超过1 500亿元，全部金融机构贷款增加13 000亿元左右，贷款结构进一步改善。

7日 中国人民银行发布《关于增加对农村信用社再贷款的通知》。根据全国金融工作会议精神，为支持农村信用社发放农户贷款，扩大春耕旺季农村信贷投放，经请示国务院同意，中国人民银行决定，2002年春耕期间安排增加对农村信用社的再贷款260亿元。要求各分行（含重庆营业管理部）要将现有的再贷款限额和此次新增的再贷款限额，及时安排下达到省、地、县。下达给县（市）支行的再贷款限额不得低于辖区内再贷款限额总量的80%。

8日 经中国人民银行核准，厦门国际银行开展对境内居民在内的各类客户的外汇业务，品种包括境内居民个人外币储蓄存款、个人存单质押贷款、个人外汇买卖等。该行是自新修订的《中华人民共和国外资金融机构管理条例》及其《实施细则》开始实施后，我国第一家获得境内居民外汇业务经营许可的外资金融机构。

12日 中国证监会发布《关于证券投资基金参与股票发行申购有关问题的通知》。该通知规定：基金管理公司应当以取信于市场，取信于社会投资公众为宗旨，遵循诚实信用原则，按照基金契约的规定，运用基金资产参与股票发行申购。基金管理公司运用基金资产参与股票发行申购，单只基金所申报的金额不得超过该基金的总资产，单只基金所申报的股票数量不得超过拟发行股票公司本次的股票发售总量。基金管理公司应采取切实有效的措施，保证基金申购股票后，单只基金持有1家公司发行的股票不得超过该基金资产净值的10%；同一基金管理公司管理的全部基金持有1家公司发行的股票不得超过该公司总股本的10%。

15日 财政部、国家外汇管理局联合发布《关于进一步加强外商投资企业验资工作及健全外资外汇登记制度的通知》。该通知规定：会计师事务所在对外商投资企业出具验资报告前应向所在地外汇局或外汇账户开户银行发出外方出资情况询证函，以确定外方出资的真实性和合规性。各外汇指定银行应当积极配合注册会计师的工作，在收到询证函之后核对有关数据资料，明确签署意见，加盖对外具有法定证明效力的业务专用章，并在收到询证函之日起5个工作日内回函。外汇局在审核有关单据无误的基础上进行外资流入情况登记。各级财政部门和外汇局应当依各自职权，加强对会计师事务所及注册会计师验资工作和企业外汇登记工作的管理。对会计师事务所和注册会计师违反执业准则和有关规定，出具虚假验资报告，企业提交虚假证明文件或者采取其他欺诈手段取得登记的，应当依照国家有关法律、法规的规定予以处罚。上述规定自2002年5月1日起施行。

九届全国人大五次会议通过朱镕基总理代表国务院所做的《政府工作报告》。该报告提出，根据党中央部署，2002年工作的总体要求是：

以邓小平理论和党的十五大精神为指导，进一步贯彻落实江泽民同志“七一”重要讲话和党的十五届五中全会、党的十五届六中全会精神，按照“三个代表”重要思想的要求，正确把握复杂多变的国际政治经济形势，抵御和克服前进道路上的各种风险和困难，以保持经济和社会的稳定。坚持实施扩大国内需求的方针，继续深化改革，扩大开放，加快结构调整，整顿和规范市场经济秩序，提高经济增长质量和效益，促进国民经济持续、快速、健康发展和社会全面进步。切实加强精神文明建设、民主法制建设和党的建设，转变政府职能，团结奋斗，勤俭建国，以改革开放和现代化建设的新成就迎接党的十六大召开。按照这个总体要求，2002 年要着重做好八个方面的工作。其中，有关金融工作的要求是：继续实行稳健的货币政策，加强对金融机构的监管。金融机构要在切实防范和化解金融风险的同时，积极支持经济发展，努力改进服务。银行要调整信贷结构，重点支持国债投资项目、农业结构调整、企业技术改造、中小企业特别是科技型中小企业的发展，尽量满足有市场、有效益、有信用的企业流动资金贷款需求，发展个人住房、助学贷款等消费信贷业务。加快建立现代金融制度，深化金融企业改革，健全内部机制，强化经营管理。商业银行从 2002 年开始要全面实行贷款质量五级分类制度，改进信息披露。进一步规范和发展证券市场。继续促进保险业健康发展。加强金融法治和监管。加快信息化建设。密切关注国际金融市场变化，严防国际短期资本对我国金融市场的冲击，确保金融安全。

20 日　国家开发银行通过中国人民银行债券发行系统招标发行 2002 年第二期 30 年期固定利率（附息）金融债券 100 亿元，债券缴款日为 2002 年 3 月 25 日，起息日为 2002 年 1 月 12 日，兑付日为 2032 年 1 月 12 日。债券分销对象为中资商业银行、保险公司、农村信用社联社及中国人民银行所许可的其他机构。此次债券发行是国家开发银行 2001 年第 21 期 30 年期债券的增发债券，是国内债券市场首次采取价格招标方式发行债券。

国家外汇管理局发布《关于旅行社组织境内居民赴香港、澳门地区旅游有关外汇管理问题的通知》。该通知规定：银行只能为国家旅游局公布的“特许经营内地居民赴香港、澳门地区旅游业务的旅行社名单”内的旅行社办理港澳游的外汇兑换手续；旅行社组织港澳游的外汇兑换手续只能在经旅行社所在地外汇局授权的银行办理。旅行社为游客办理外汇兑换时，应根据旅游团费实需的原则购买外汇，代游客购买个人零用费现钞，应向游客收取人民币。代游客购汇数额不得超过国家对每位游客最高供汇额。上述规定自 2002 年 4 月 10 日起施行。

经中国人民银行批准，花旗银行增加上海分行外汇业务营运资金 5 000 万元人民币的等值美元，增加人民币业务营运资金 3.6 亿元人民币。增资后，花旗银行上海分行的营运资金增加到 5.9 亿元人民币。其中，外汇业务营运资金增至 2 亿元人民币等值美元；人民币业务营运资金增加到 3.9 亿元人民币。花旗银行上海分行成为上海外资银行中首家获准增加营运资金并全面开办外汇业务的外资银行分行。

26 日　中国银联股份有限公司在上海成立。该公司是经国务院同意、中国人民银行批准设立的由 85 家国内金融机构共同发起设立的股份制金融机构，其中包括四大国有独资商业银行，10 家股份制银行，45 家城市商业银行，12 家农村信用社，注册资本 16.5 亿元人民币。公司经营范围是：建设和运营全国统一的银行卡跨行信息交换网络；提供先进的电子化支付技术和与银行卡跨行信息交换相关的专业化服务；开展银行卡技术创新；管理和经营“银联”标识；制定银行卡跨行交易业务规范和技术标准，协调和仲裁银行间跨行交易业务纠纷；组织行业培训、业务研讨和开展国际交流，从事相关研究咨询服务；经中国人民银行批准的其他相关服务业务。

经中国保监会批准，光大永明人寿保险有限公司在天津成立。该公司由中国光大集团和加拿大永明人寿保险公司共同出资组建，持股比例各为 50%，注册资本为 2 亿元人民币，经营地域主要是天津地区，是第一家总部设在天津的合资寿险公司。

27 日 中国人民银行与日本银行在东京签署《人民币与日元之间的双边货币互换协议》。根据协议，中国人民银行和日本银行在必要时可向对方提供总额相当于30亿美元的货币互换安排，以帮助其维护金融市场的稳定。

28 日 经国务院批准，公安部设立证券犯罪侦查局，进驻中国证监会办公。证券犯罪侦查局的人事编制属于公安部，其职责是全面协助中国证监会调查证券市场犯罪行为，包括上市公司诈欺、内幕交易等。2003 年 12 月，公安部在上海、深圳、北京、成都、大连和武汉六地设立了证券犯罪侦查分局。表明我国司法已介入股票市场的监督与管理。

29 日 中银国际证券有限责任公司在上海开业。该公司是中国银行在海外全资附属的投资银行——中银国际控股有限公司联合中国石油天然气集团公司等大型企业合资在国内成立的，注册资本 5 亿元，中银国际控股有限公司持股49%。

30 日 中共中央、国务院发布《关于进一步加强金融监管，深化金融企业改革，促进金融业健康发展的若干意见》，提出农村信用社改革的重点是，明确产权关系和管理责任，强化内部管理和自我约束机制，进一步增强为“三农”服务的功能，充分发挥农村信用社支持农业和农村经济发展的金融主力军和联系农民的金融纽带作用。农村信用社改革要因地制宜、分类指导。在人口稠密地区和部分粮棉主产区，具备条件的可在清产核资的基础上，建立县一级法人体制。在沿海发达地区和大中城市郊区、少数符合条件的农村信用社可进行股份制改造。全国农村信用社的监管由银行监管机构统一负责。各省政府要按照国家有关法规指导本地区的农村信用社加强自律性管理，并统一组织有关部门防范和处置农村信用社金融风险。

3 月 南京爱立信熊猫移动设备有限公司提前偿还交通银行南京分行、工商银行、中国银行总共 19.9 亿元贷款，转而向花旗银行上海分行贷回同样规模的贷款。这一举动，引发了国内银行业的巨大震动，成为中国加入世界贸易组织以来中外银行激烈竞争的标志性事件。花旗银行是第一家全面参与江苏金融市场竞争，并发放巨额贷款的外资银行。

4 月

1 日 中国外汇交易中心在银行间外汇市场开设欧元对人民币交易。欧元对人民币交易的每一笔报价在最新成交价上下 1 000 点范围内波动，当日市场成交价在前一日市场加权平均汇率的 10% 的范围内波动。这是继美元、港元和日元之后，中国外汇交易中心开设的第四种外币对人民币交易。

2 日 中国人民银行发布《银行贷款损失准备计提指引》。该指引规定：银行应当按照谨慎会计原则，合理估计贷款可能发生的损失，及时计提贷款损失准备。贷款损失准备包括一般准备、专项准备和特种准备。银行应按季计提一般准备，一般准备年末余额应不低于年末贷款余额的 1%；银行可参照以下比例按季计提专项准备：对于关注类贷款，计提比例为 2%；对于次级类贷款，计提比例为 25%；对于可疑类贷款，计提比例为 50%；对于损失类贷款，计提比例为 100%。其中，次级和可疑类贷款的损失准备，计提比例可以上下浮动 20%。特种准备由银行根据不同类别（如国别、行业）贷款的特殊风险情况、风险损失概率及历史经验，自行确定按季计提比例。中国人民银行要求各银行根据该指引规定，及时、足额提取各类贷款损失准备，增强银行抵御风险的能力，逐步与国际通行的标准接轨。该指引自 2002 年 1 月 1 日起施行。

3 日 中国人民银行发布《金融机构加入全国银行间债券市场有关事宜的公告》，决定自 4 月 15 日起，金融机构加入全国银行间债券市场由目前的债市准入审批制改为准入备案制。金融机构向全国银行间拆借中心申请办理债券交易联网，向中央国债登记结算有限责任公司申请开立债券托管账户，经同意后，即成为全国银行间债券市场的市场参与者。同时在3日内向中国人民银行备案。金融机构进入全国银行间债券市场后，应自觉遵守《全国银行间债券市场债券交易管理办法》等有关管理规章。

中国人民银行、财政部发布《商业银行柜台记账式国债交易管理办法》，商业银行将正式开办柜台记账式国债交易业务。

该办法所称记账式国债（以下简称债券）是指由财政部指定、经中国人民银行批准可在商业银行柜台进行交易的国债。该办法所指商业银行柜台债券交易（以下简称柜台交易）是指商业银行通过其营业网点与投资人进行债券买卖，并办理托管与结算的行为。中国人民银行商财政部后，可批准具备条件的商业银行成为柜台交易承办银行（以下简称承办银行），办理柜台交易业务。

此前，从2000年第四季度开始，经国务院批准，中国人民银行和财政部开始组织四家国有独资商业银行和中央国债登记结算有限责任公司进行记账式国债柜台交易试点的准备工作。

4日 中国证监会、国家发展计划委员会、国家税务总局联合发布《关于调整证券交易佣金收取标准的通知》。该通知规定，自5月1日起，A股、B股、证券投资基金的交易佣金实行最高上限向下浮动制度，证券公司向客户收取的佣金（包括代收的证券交易监管费和证券交易所手续费等）不得高于证券交易金额的3‰，也不得低于代收的证券交易监管费和证券交易所手续费等。

8日 中国保监会下发《关于严厉制止寿险营销员误导欺诈行为的紧急通知》，针对《中国青年报》4月8日发表的题为《欺瞒是我们追求业绩的手段》的文章，该通知要求各寿险公司要大力加强营销员管理，严肃处理误导、欺诈行为，各保监办要把查处此种行为当作2002年整顿工作的重中之重来抓。

招商银行股份有限公司首批6亿股A股在上海证券交易所上市，该股开盘10.51元，终盘报收10.66元，较发行价升46.03%，全日成交4.14亿股，成交金额44.2亿元。本次网上发行的6亿股上市流通后，招商银行成为沪深两市第四家金融类上市公司。

9日 中国人民银行首次开展公开市场现券卖断操作。

11日 中国人民银行成立网上银行发展与监管工作组。同日“网上银行发展与监管工作组成立会议”在北京召开，中国人民银行副行长刘廷焕主持会议，并宣布工作组正式成立。会议指出，随着信息技术的发展，网上银行业务在全球范围内蓬勃发展，中央银行将适应新的形势，采取有力措施，积极推进网上银行健康、快速发展。工作组组长由刘廷焕担任，副组长由中国人民银行银行管理司和科技司负责人担任。据统计，自1996年网上银行业务开办以来，截至2001年年底，我国商业银行的网上银行业务客户达165.6万户，办理业务901万笔，交易金额23 446亿元。

中国人民银行发布《关于全国银行间债券市场实行准入备案制有关事宜的通知》。该通知要求，全国银行间同业拆借中心、中央国债登记结算有限责任公司要加强报告和监督制度，必须于每月10日前将上月的联网、开户和销户情况（包括申请情况），向中国人民银行报告。同时，要加强对银行间债券市场业务人员的培训和对债券交易业务的日常监测，发现问题及时向中国人民银行报告。

12日 江苏阳光集团有限公司在上海举行可转换公司债券发行推介会，成为中国证券市场实行核准制以来首家获准发行可转债券的上市公司。阳光可转换公司债期限3年，按年付息（年利率1%），到期还本，由中国银行提供全额担保，发行12个月后可随时转股，同时债券和股票全部上市流通。

14 日 中国人民银行发布《关于中资商业银行购汇补充外汇资本金的通知》。该通知规定：自 4 月 25 日起，凡具有外汇业务经营资格的商业银行，在具备健全的内控机制和有完善的操作规程的条件下，可根据自身外汇总资产规模向中国人民银行申请购汇以补充外汇资本金。人民银行会同国家外汇管理局根据外汇市场供求状况逐步安排银行购汇。

中国人民银行发布《关于中资商业银行市场准入管理有关问题的通知》。该通知规定：为适应加入世界贸易组织后中国商业银行发展和监管的需要，逐步统一和规范中资商业银行市场准入管理，中国人民银行决定逐步减少商业银行分支机构层次，提升分支机构功能；中国人民银行原则上不再受理各商业银行支行（不含支行）以下分支机构的增设申请；取消对商业银行分支机构升格的规划审批，人民银行将主要按照审慎监管要求，根据各商业银行上级行的批准文件，按金融监管责任制规定的权限，对商业银行分支机构升格申请进行审批；其人民币业务范围的变更，可在不超过其上级行业务范围的前提下，依据其上级行的授权文件一并核准；中国人民银行不再对商业银行分支机构营业部单独颁发“金融机构营业许可证”；适当调整中国人民银行对商业银行各级高级管理人员任职资格的审核权限，原由人民银行分行、营业管理部负责审核，但根据《金融机构高级管理人员任职资格管理办法》适用个案上报中国人民银行总行审批的，中国人民银行总行授权中国人民银行各分行、营业管理部个案审批，抄报总行即可。

15 日 中国正式加入国际货币基金组织（IMF）数据公布通用系统（GDDS）。当日，国际货币基金组织将中国的数据公布通用系统（GDDS）数据诠释（对数据特征及改进计划的文字描述）刊登在该系统的数据发布标准公告栏（DSBB）上，国家外汇管理局的 GDDS 模板同时在国家外汇管理局国际互联网站公布，标志中国宏观经济统计已开始实行国际通行的标准。当月 19 日，中国人民银行行长戴相龙出席了在美国华盛顿举行的中国正式加入国际货币基金组织数据公布通用系统开通仪式。

17 日 中国人民银行发布《关于农村信用社同业借款的指导意见》。农村信用社同业借款是指各省（自治区、直辖市）内农村信用社之间，以县（市）联社为单位进行的资金调剂行为。该指导意见中指出，各省（自治区、直辖市）内农村信用社同业借款工作由省级信用合作联社或信用合作协会负责组织。未成立省级信用合作联社或协会的地区，由所在地人民银行分行或省会（首府）城市中心支行负责组织（以下统称为组织方）。同业借款组织方负责为辖内农村信用社提供中介服务，并督促借入方及时、足额归还借入资金本息。组织方不得要求辖内农村信用社按比例缴存资金，不得办成融资中心。

中央国债登记结算有限责任公司颁布实施《债券柜台交易结算业务规则》。该规则根据中国人民银行颁布的《商业银行柜台记账式国债交易办法》和其他有关规定制定，其中规定，柜台交易的国债实行两级托管体制，中央国债登记结算有限责任公司是债券的一级托管人，经批准可办理记账式债券柜台交易的商业银行为二级托管人。中央结算公司对承办银行在其开立的一级托管自营账户和代理总账户记录的真实性、准确性、完整性和安全性负责；承办银行对账户持有人在其办理柜台交易的营业网点开立的二级托管账户记录的真实性、准确性、完整性和安全性负责。

22 日 中国人民银行发布《关于落实〈商业银行中间业务暂行规定〉有关问题的通知》。该通知规定：各商业银行应对已开办的中间业务进行清理和分类，在清理现有中间业务过程中，对未获得人民银行同意而开办的中间业务，各商业银行应适当归类，并根据《商业银行中间业务暂行规定》一次性汇总报人民银行总行、分行或营业管理部补办准入手续。严格控制商业银行开办代理证券业务，商业银行开办代理证券业务，属受托代理性质，应与委托方签订业务协议，明确义务与责任。商业银行既不是发行人，也不是有价证券的买卖人，只负责经办代理发行、收款、付息、资金转账等事务，从中收取手续费，不承担资金交易损失、还本付息等责任。

为防止银行资金违规流入股市，目前商业银行不能开办代理股票买卖业务。商业银行要加强风险管理，建立中间业务定期报告制度。

国家外汇管理局发布《关于调整购汇提前还贷管理措施的通知》，决定取消对购汇提前偿还国内外汇贷款、外债及外债转贷款的限制，购汇提前还贷的核准由债务人所在地外汇局办理。外汇局在审核购汇提前还贷申请时，应坚持以下原则：债务已按规定办理了审批和登记手续；贷款合同中有提前偿还条款，且债权人、债务人均同意提前还款；由债务人提出购汇提前还贷申请；先使用自有外汇，自有外汇不足时方可购汇。

25 日 中国证监会发布《关于进一步完善中国证券监督管理委员会行政处罚体制的通知》。该通知规定：中国证监会行政处罚工作改革的基本原则是，案件调查与处罚决定分开，建立调查权与处罚权相互配合、相互制约的机制。贯彻分工明确、职责清楚、程序规范、精简高效的办案原则，实行重大、复杂案件集体讨论制度。中国证监会设立行政处罚委员会，对重大、复杂案件进行集体讨论、研究。行政处罚委员会由中国证监会有关业务部门负责人、派出机构主要负责人及有关专业人员组成。行政处罚委员会的工作机构设在法律部。根据案件调查与处罚决定分开的原则，撤销稽查局审理处、执行处，在法律部增设审理执行处，负责行政处罚案件的审理、听证和行政处罚的监督执行工作，对证监会系统的行政处罚工作进行业务指导，承办中国证监会行政处罚委员会的日常工作等。中国证监会行政处罚工作在程序上可以分为两个阶段：第一阶段为案件调查阶段，第二阶段为案件审理、听证阶段。案件调查由稽查部门负责，案件审理和听证工作由法律部承担。

29 日 中国证券登记结算公司发布《证券账户管理规则》。该规则共 8 章 67 条，内容涵盖 A 股账户、B 股账户、基金账户等各类账户。对证券账户管理事项的业务规则，全面、系统地作出详细规定，基本上实现沪深市场证券管理业务从开立到注销各个环节的统一，实现了证券账户管理的规范化，强化了对开户代理机构的管理，完善证券账户管理内容。规则完善了对开户代理机构违规行为的相应处罚措施，并规定了执行时期和效力。该规则自 2002 年 6 月 1 日起施行。

5 月

9 日 中国人民银行颁布《信托投资公司管理办法》。为了加强和规范对信托投资公司的监督管理，规范信托投资公司的经营行为，促进信托业的健康发展，中国人民银行根据《中华人民共和国信托法》，对 2001 年 1 月 10 日颁布的《信托投资公司管理办法》进行了重新修订，为信托业的发展确立了法律地位。新办法将“原有业务的清理与规范”章节的内容删去，调整了信托公司自有资金运用中的有关内容以及对信托公司运用信托资金的有关管理规定。中国人民银行不再规定实行年检制度。按照修订后的办法，获准保留的信托投资公司进一步规范开办信托业务和其他有关业务，发挥“受人之托，代人理财”的功能。该办法自 2002 年 7 月 18 日起施行。

15 日 中国人民银行发布《商业银行信息披露暂行办法》。该暂行办法规定：为加强商业银行的市场约束，规范商业银行的信息披露行为，有效地维护存款人和相关利益人的合法权益，促进商业银行安全、稳健、高效经营，商业银行包括中资商业银行、外商独资银行、中外合资银行、外国银行分行等必须披露财务会计报告、各类风险管理状况、公司治理、年度重大事项等信息。资产总额低于 10 亿元人民币或存款余额低于 5 亿元人民币的商业银行，可免于披露信息。该暂行办法自公布之日起在除城市商业银行以外的商业银行范围内施行。城市商业银行自 2003 年 1 月 1 日起到 2006 年 1 月 1 日分步施行。

经中国保监会批准，民生人寿保险股份有限公司成立，总部设在北京，注册资本为 8.3 亿元人民币。民生人寿是中国首家民营保险公司，由全国工商联牵头成立，由 21 家股东组建，主要股东有：万向集团公司、中国泛海控股有限公司、中国有色金属建设股份有限公司、山西海鑫钢铁集团有限公司、江西汇仁集团医药科研营销有限公司、东方希望集团有限公司、四川新希望农业股份有限公司、北京电信经济技术开发公司等。

17日　中国证监会发布《期货交易所管理办法》和《期货经纪公司管理办法》，自2002年7月1日起施行，1999年8月31日发布的《期货交易所管理办法》和《期货经纪公司管理办法》同时废止。《期货交易所管理办法》共7章63条，对期货交易所的设立、变更与终止、组织机构、对会员的管理、基本业务规则、监督与管理以及期货交易所的职权和责任作出了明确规定。《期货经纪公司管理办法》共7章61条，对期货经纪公司的设立、变更与终止、期货经纪业务的基本规则、日常监管以及保证金退付危机的特别处理程序作出具体规定。

国内首家银行卡专业化经营机构——中国工商银行牡丹卡中心在北京成立。牡丹卡中心是中国工商银行的全资附属机构，注册资本10亿元。牡丹卡中心在全国主要的大中城市设立牡丹卡分中心，在业务考核、费用与人力资源调配等方面，实行统一调度、内部独立核算、垂直管理和专业化经营。牡丹卡中心和中国工商银行分支机构之间是一种相互代理、相互计价的关系。

20日　中国人民银行发布2002年第一季度《中国货币政策执行报告》。该报告指出，2002年第一季度，中国人民银行继续实行稳健的货币政策，在防范金融风险的同时，加大对经济增长的支持力度。3月末，广义货币 M_2 同比增长14.4%，增幅与上年年末基本持平，比上年同期提高1.2个百分点；狭义货币 M_1 同比增长10.1%（如计入股民保证金为13.1%）。全社会货币信贷总量与经济发展的合理资金需求基本相适应，货币政策达到了预期调控目标。报告指出，当前货币信贷运行中还存在诸如农民贷款难、商业银行信贷过度向大城市和大型企业集中，中小企业和县域经济资金结构性矛盾仍然存在，商业银行经营机制还有待改善等问题，须引起注意。

21日　中国证监会发布《关于向二级市场投资者配售新股有关问题的补充通知》，决定恢复向二级市场投资者配售新股的发行方式。该补充通知对中国证监会于2000年2月发布的《关于向二级市场投资者配售新股有关问题的通知》的内容进行了进一步完善，其中规定，向二级市场投资者配售新股的基本原则是优先满足市值申购部分，在此前提下，配售比例在50%～100%确定；发行公司及其主承销商在招股意向书刊登后，根据市场情况或累计投标结果确定股票发行价格，并以此价格向二级市场投资者配售；证券投资基金（包括开放式基金）可以参与申购和配售；投资者持有的基金暂不计入市值参与配售；投资者以其持有的股票市值申购新股应当按照上海证券交易所、深圳证券交易所和中国证券登记结算公司发布的相关规则和程序进行。

经中国保监会批准，美国友邦保险有限公司北京分公司成立。这是中国加入世界贸易组织后进入北京市场的第一家外资保险公司，也是美国友邦保险有限公司继上海、广州、深圳分公司后，在中国设立的第四家寿险分公司。

27日　国家经贸委、财政部、国家税务总局、海关总署、国家外汇管理局联合发布《关于调整钢材“以产顶进”工作有关问题的通知》。为适应我国加入世界贸易组织的新形势，规范钢材“以产顶进”监管工作，推进钢材“以产顶进”工作的深入开展，进一步提高钢铁行业的竞争力，该通知规定：将“以产顶进钢材”名称改为“加工出口专用钢材”；委托中国钢铁工业协会负责“加工出口专用钢材”日常管理工作；委托中国钢铁工业协会派出监管小组监督企业按有关规定和供货合同向出口企业销售钢材。

31日　中国人民银行分行行长会议在北京召开。中国人民银行行长戴相龙在会上做报告，指出要进一步改进金融服务，继续实行稳健的货币政策，加大金融对经济的支持力度；要把加强金融监管作为中央银行工作的重中之重，切实防范和化解金融风险，维护金融和社会稳定。进一步扩大贷款利率浮动幅度和范围；继续加大信贷支农力度；适当增加对股份制商业银行和城市商业银行再贷款；加强对中小企业特别是对小企业的信贷支持；督促商业银行健全贷款营销约束和激励机制；促进国家助学贷款、个人住房消费贷款和汽车消费贷款稳步发展。

5 月　国务院批准成立由公安部部长为召集人，最高人民法院、最高人民检察院及有关部委共 16 个单位参加的反洗钱工作部际联席会议。

6 月

1 日　经国家外汇管理局批准，中国外汇交易中心正式为金融机构办理外币拆借中介业务，统一的国内外币拆借市场正式启动。

中国证监会发布《外资参股证券公司设立规则》。该规则明确：外资参股证券公司可以经营下列业务：股票（包括人民币普通股、外资股）和债券（包括政府债券、公司债券）的承销；外资股的经纪；债券（包括政府债券、公司债券）的经纪和自营；中国证监会批准的其他业务。该规则规定：境内股东可以用现金、经营中必需的实物出资；境外股东应当以自由兑换货币出资。境外股东持股比例或者在外资参股证券公司中拥有的权益比例，累计（包括直接持有和间接持有）不得超过 1/3。境内股东中的内资证券公司，应当至少有一名的持股比例或在外资参股证券公司中拥有的权益比例不低于 1/3。内资证券公司变更为外资参股证券公司后，应当至少有一名内资股东的持股比例不低于 1/3。

4 日　中国人民银行发布《股份制商业银行公司治理指引》和《股份制商业银行独立董事和外部监事制度指引》。两个指引在坚持公司治理一般原则的同时，强调以保护存款人利益作为股份制商业银行公司治理的宗旨，体现出银行作为特殊的股份制公司的特性，为今后股份制商业银行的内部运作提供了依据，有助于改善商业银行的公司治理，促进商业银行防范风险、稳健高效运营与可持续发展。

《股份制商业银行公司治理指引》规定：1. 商业银行公司治理应当遵循以下基本准则：完善股东大会、董事会、监事会、高级管理层的议事制度和决策程序；明确股东、董事、监事和高级管理人员的权利、义务；建立健全以监事会为核心的监督机制；建立完善的信息报告和信息披露制度；建立合理的薪酬制度，强化激励约束机制。2. 商业银行应当建立独立董事制度和外部监事制度，独立董事、外部监事与商业银行及其主要股东之间不应存在可能影响其独立判断的关系。独立董事履行职责时尤其要关注存款人和中小股东的利益。外部监事在履行职责时尤其要关注存款人和商业银行的整体利益。3. 商业银行对股东贷款的条件不得优于其他借款人同类贷款的条件。同一股东在商业银行的借款余额不得超过商业银行资本净额的 10%。股东的关联企业的借款在计算比率时应与该股东在银行的借款合并计算。商业银行应当在章程中规定，股东在商业银行的借款逾期未还期间内，其表决权应当受到限制。4. 商业银行不得接受本行股票为质押权标的。股东需以本行股票为自己或他人担保的，应当事前告知董事会。股东在本商业银行的借款余额超过其持有的经审计的上一年度的股权净值，且未提供银行存单或国债质押担保的，不得将本行股票再行质押。商业银行不得为股东及其关联单位的债务提供融资性担保，但股东以银行存单或国债提供反担保的除外。

《股份制商业银行独立董事和外部监事制度指引》共分 5 章 34 条，对股份制商业银行独立董事、外部监事的人数、产生、任职资格及其任职期间的权利、义务和责任予以较全面、具体的规定，使得股份制商业银行能够拥有具有高度独立性的董事、监事，有效地发挥其监督作用，促进银行稳健经营。

5 日　中国人民银行发布公告，鉴于中国经济开发信托投资公司严重违规经营，为维护金融秩序稳定，根据《金融机构撤销条例》和中国人民银行有关规定，中国人民银行决定于2002年6月7日撤销该公司，收缴其“金融机构法人许可证”和“金融机构营业许可证”，并自公告之日起，停止该公司除证券经纪业务以外的其他一切金融活动。公司撤销后，由中国人民银行组织成立清算组，对该公司进行清算。中国经济开发信托投资公司成立于1988年4月26日，是财政部的全资子公司。公司注册资本金为5亿元人民币、外汇3 000万美元。

7日　国家外汇管理局发布《关于调整中国公民出境旅游购汇政策的通知》，决定调整中国公民出境旅游个人零用费的购汇手续，由旅行社统一代购调整为由旅游者个人到办理个人因私售付汇业务的银行自行购买，自2002年7月1日起执行。

中国银联股份有限公司（以下简称中国银联）正式成为VISA国际组织的主会员。VISA国际组织宣布，中国银联股份有限公司经VISA亚太区董事会通过，正式成为VISA国际组织的主会员（Principal Member）。这是中国银联与VISA国际组织开展合作的第一个重要步骤。中国银联成为VISA主会员后，可为中国银联会员金融机构和VISA持卡人带来便利，中国银联的会员金融机构如果从事国际业务，可以通过中国银联清算系统和VISA全球清算网络连接，快速完成交易，同时可以发挥中国银联整体的资源优势，拓展金融机构的业务范围，实现全球范围的资源共享。中国银联开通国际收单业务，国外VISA持卡人可以方便、快捷、安全地在中国进行消费，国内VISA国际卡持卡人同样可以在全世界2 400多万家VISA的特约商户和76万多台VISA自动柜员机上使用，享受VISA提供的便利服务。

11日　中国银行总行、中银香港和中国银行上海市分行在浦东中银大厦签署《中国银行上海市分行和中国银行香港有限公司合作备忘录》。以此次沪港业务全方位合作为开端，中国银行宣布正式启动其海内外业务联动计划。

13日　中国人民银行颁布《外资金融机构驻华代表机构管理办法》。该办法共有6章39条，适应对外开放和经济发展的需要，在代表机构的申请、设立、终止与监督等方面对外资金融机构驻华代表机构的管理作出明确规定。该办法自2002年7月18日起施行。中国人民银行1996年4月29日发布的《外国金融机构驻华代表机构管理办法》同时废止。

中国人民银行公布《信托投资公司资金信托管理暂行办法》。自2002年7月18日起施行。该暂行办法规定，信托投资公司办理资金信托业务取得的资金不属于信托投资公司的负债；信托投资公司因管理、运用和处分信托资金而形成的资产不属于信托投资公司的资产。信托投资公司集合管理、运用、处分信托资金时，接受委托人的资金信托合同不得超过200份（含200份），每份合同金额不得低于5万元人民币（含5万元）。信托投资公司办理资金信托业务时，不得以任何形式吸收或变相吸收存款；不得发行债券，不得以发行委托投资凭证、代理投资凭证、受益凭证、有价证券代保管单和其他方式筹集资金，办理负债业务；不得举借外债；不得承诺信托资金不受损失，也不得承诺信托资金的最低收益；不得通过报刊、电视、广播和其他公共媒体进行营销宣传。信托投资公司办理资金信托业务可以依据信托文件的约定，按照委托人的意愿，单独或者集合管理、运用、处分信托资金。

14～15日　中央金融系统党代表会议在北京召开。会议选举产生了由36名正式代表、1名特邀代表、1名列席代表组成的中央金融系统出席党的第十六次全国代表大会的代表团。这是中央金融系统第一次单独组团参加党的全国代表大会。

14日　银河基金管理有限公司成立。公司由中国银河证券有限责任公司作为主发起人，联合四家大型国有企业共同投资组建，注册地在上海，注册资本1亿元人民币。这是按照市场化机制和“好人举手”制度设立的第一家基金管理公司。

17 日 中国和尼泊尔在尼泊尔首都加德满都签署两国《中国人民银行与尼泊尔银行双边结算与合作协议》。根据该协议，从 17 日起两年内中国公民到尼泊尔观光旅游无须用美元兑换当地货币，可到当地所有商业银行用人民币直接兑换当地货币。中尼双方之间的贸易往来也可用人民币结算。

国家外汇管理局发布《关于改革外商投资项下资本金结汇管理方式的通知》，决定从 2002 年 7 月 1 日起，在全国范围内实施外商投资项下资本金结汇管理方式改革。国家外汇管理局对外商投资项下资本金结汇业务不再逐笔审批，而是通过授权符合条件的外汇指定银行直接审核办理，国家外汇管理局通过授权实施间接监管。外商投资项下资本金是指外汇局核定最高限额的外商投资企业资本金账户内的外汇资金，资本金账户以外的其他资本项下外汇资金结汇，仍须经外汇局核准。

23 日 国务院决定，中国证监会宣布，除企业海外发行上市外，对国内上市公司停止执行《减持国有股筹集社会保障资金管理暂行办法》中关于利用证券市场减持国有股的规定，并不再出台具体实施办法。受此利好消息影响，次日沪深两市 900 只 A 股涨停，股票指数涨幅超过 9%，成交量达 898 亿元，出现“井喷”行情。

24 日 中国人民银行与韩国银行在北京人民大会堂举行《人民币与韩圆货币互换协议》签字仪式。根据协议，中国人民银行及韩国银行可在必要时向对方提供相当于 20 亿美元的资金，作为对国际金融机构援助资金的补充，支持对方解决国际收支问题和维护金融稳定。

26 日 审计署审计长李金华在第九届全国人民代表大会常务委员会第二十八次会议上作《关于 2001 年度中央预算执行和其他财政收支的审计工作报告》。该报告指出：2001 年审计署审计人民银行总行及 140 家分支机构 2000 年预算执行情况，查出管理费和其他支出超支 8.51 亿元，账外资产 2.4 亿元等问题。这主要与人民银行现行的预算管理缺乏硬性约束有关。目前，财政部对人民银行实行“总额控制，分项核定”的预算管理办法，人民银行的业务经营收支与自身的费用支出没有分开，加之实际执行中约束力不强，很容易出现管理费超支现象，影响利润上缴。延伸审计人民银行再贷款和再贴现情况，发现的主要问题是审查监管不力，存在一定的风险隐患。

审计中国银行总行、7 家省级分行和 156 家支行，以及中国人民保险公司及其 3 108 个分支机构的资产负债损益情况，发现违规经营、财务收支核算不实等违法、违规问题比较突出。

7 月

1 日 中国证监会发布《关于证券公司办理开放式基金代销业务有关问题的通知》。该通知规定：各证券公司应当加强对开放式基金代销业务的管理，严格按照法律、法规的要求，从事基金销售活动。除基金契约或销售代理协议规定外，销售人员不得拒绝投资者的认购、申购或赎回申请。严禁向投资人进行有关基金投资风险和投资者收益的虚假陈述、欺骗性宣传，误导投资人买卖基金。宣传基金产品必须依据基金管理公司提供的产品介绍资料和基金的实际情况向投资人推介。销售人员必须严守基金持有人秘密，对投资人买卖基金的任何信息，必须严格保密，非经司法程序不得泄露。严禁在销售过程中从事损害基金投资人利益的活动。公司在开展基金销售业务时，应将开放式基金代销协议、基金管理公司对公司从事该项业务活动的评价意见及相关业务情况报中国证监会备案。

8 日 国家发展计划委员会、中国人民银行、国家外汇管理局联合发布《国有和国有控股企业外债风险管理及结构调整的指导意见》。该指导意见提出，为进一步鼓励国有大中型企业优化外债结构，对外债余额 1 亿美元以上或外债占全部债务 40% 以上的国有大中型企业，采取如下鼓励措施：1. 支持国有大中型企业通过“借低还高”调整外债结构。在企业不增加原有债务规模、外债成本，对用于外债结构调整的对外借款（不含对外发债）指标实行核准制，由企业按隶属关系向国家计委申请，国家计委在20个工作日内核准。企业持国家计委核准文件、新签约债务合同或原债务合同条款更改协议，到所在地外汇局办理外债登记变更手续。2. 在对现有外债成本和目前国内银行外汇贷款成本进行充分比较后，鼓励国有大中型企业利用国内银行低成本的现汇贷款置换高成本的外债，国内金融机构应给予积极支持。3. 资信较好且具备一定条件的国有大中型企业，经国家计委、人民银行报国务院批准后可在境内向商业银行等金融机构发行外币债券，用于外债结构调整（该外汇债券只限于金融机构之间进行交易，禁止居民个人和工商企业进入）。4. 允许符合条件的国有大中型企业发行人民币债券，用于调整外债结构，对外债比例较高的国家重点工程项目给予优先安排。5. 在还债规模和期限内，经所在地外汇局批准，国有大中型企业可向经批准的中资外汇指定银行办理以还债为目的的远期购汇，防范汇率风险。6. 有经常性外汇收入的国有大中型企业，经所在地外汇局批准，可开立外债还本付息专用账户。

中瑞创业投资基金管理有限公司在北京成立。该公司由国家开发银行和瑞士联邦对外经济部共同出资设立，注册资本为1 000万元人民币，其中国家开发银行持有67%的股份，瑞士联邦对外经济部持有33%的股份，经营范围包括管理中瑞合作基金及提供相关咨询服务。这是我国第一家中外合资产业投资基金管理公司。

经中国人民银行批准，中国银行成为国内首家全面开办外汇金融衍生产品的银行。中国银行推出了外汇期权交易和人民币不可交割远期交易业务等外汇金融衍生产品以及掉期交易、期权交易报价，并为客户量身定做外汇资产管理业务。

9日　中国工商银行全面受理公司客户和自然人与台湾地区的各类结算通汇业务。经中国人民银行批准，中国工商银行与合作金库银行等台湾地区的22家银行、12家外资银行在台湾地区的分行交换了结算控制文件，正式建立代理行关系，从而连通内地商业银行与台湾地区银行直接通汇的渠道。

11日　国家外汇管理局发布《境内居民个人购汇管理实施细则》，自2002年8月1日起施行。该实施细则规范了银行经营居民个人售汇业务的准入和退出、居民个人购汇行为等内容，在全国推广“境内居民个人购汇管理信息系统”，规定凡是符合条件的中外资银行都可以向外汇局申请开办居民个人售汇业务。居民个人出境旅游、朝觐、探亲、会亲、就医、留学，以及其他出境学习、商务考察，境外培训、被聘工作、缴纳国际组织会费、境外邮购、出境定居、境外直系亲属救助、国际交流、外派劳务等可以到银行购买外汇。外汇局对居民个人购汇实行指导性限额和核销管理。购汇金额在规定限额以内的，直接到银行办理，在规定限额以上的应向外汇局申请，凭外汇局核准件到银行办理。居民个人购汇后，应当按规定在银行办理核销手续。

16日　中国人民银行制定《银行间债券市场债券发行现场管理规则》。该规则规定：发行人可使用中国人民银行管理的发行系统进行债券发行；债券发行时，中国人民银行将派出观察员进行现场监督，债券发行结果须经发行人授权代表和中国人民银行观察员签字确认后方能生效；债券发行现场只允许发行人的工作人员、中国人民银行观察员和中央结算公司的系统操作人员进入。

24日　中国证监会发布《关于上市公司增发新股有关条件的通知》。为遏制上市公司盲目再融资现象，该通知对增发的条件作出补充规定，公司申请增发时，其门槛数据线应满足最近三个会计年度加权平均净资产收益率平均不低于10%，且最近一个年度不低于10%的要求；对涉及重大重组的公司重组后首次申请增发新股的，其收益率指标设为6%且募集资金量可超过公司上年度末经审计的净资产值。

25 日 国家外汇管理局发布新的《保税区外汇管理办法》，共分5章38条，规范了保税区内企业外汇登记及外汇年检、外汇账户、外汇收支和结售汇管理和外汇收支活动，调整了保税区外汇管理有关政策。主要内容有：放开三类购汇，即区内加工企业和货物分拨企业可以用产品内销所得人民币购汇；以人民币注册设立的区内企业可以用注册资本中实际到位的人民币投资资金购汇；区内外商投资企业外方股东的利润、股息和红利可以购汇汇出；放宽保税区内企业外汇账户管理，允许区内企业在注册地银行开立经常项目和资本项目外汇账户，经批准也可以在注册地以外开立资本项目外汇账户。该办法自2002年10月1日起施行。1996年1月1日实施的《保税区外汇管理办法》及有关规定同时废止。

中银香港（控股）有限公司在香港联交所以"中银香港"（编号为02388）挂牌上市。中银香港（控股）有限公司筹资金额28亿美元，成为香港第三大上市银行股。

8月

1 日 中国人民银行下发《关于进一步加强对有市场、有效益、有信用中小企业信贷支持的指导意见》，要求各大商业银行在坚持信贷原则的前提下，加大支持中小企业发展的力度，对有市场、有效益、有信用的中小企业，积极给予信贷支持，尽量满足这部分中小企业合理的流动资金需求。

中国人民银行发布2002年第二季度《中国货币政策执行报告》。该报告认为，2002年上半年，中国人民银行继续执行稳健的货币政策，在切实防范和化解金融风险的同时，加大了对经济发展的支持力度。6月末，广义货币 M_2 余额为17万亿元，增长14.7%。货币信贷总量增长较快，但资金结构性矛盾客观存在，主要表现为中小企业反映贷款难，商业银行反映难贷款。报告分析，产生这种现象的原因是多方面的，需要企业、银行、政府、社会共同配合，实行综合治理，采取多种渠道、多种方式，逐步解决中小企业资金紧张问题。关于房地产业发展及金融支持，该报告指出，1998年以来，房地产业的发展对中国经济保持持续增长起到了举足轻重的作用。金融支持了房地产业的发展，且支持住房销售力度大于开发力度。未来一段时间内，我国房地产业仍有较大的发展空间。货币政策既要支持房地产业的发展，又要防止引起房地产泡沫。2002年下半年，中国人民银行要更好地执行稳健的货币政策，在防范金融风险的同时，适度调节货币供应量，着力优化贷款结构，引导商业银行建立和完善经营货币的激励和约束机制，加大金融对经济发展的支持力度。

4 日 中国证券登记结算公司开放式基金登记结算系统正式投入运行。开放式基金登记结算系统是该中国证券登记结算公司自成立以来自主设计开发的第一套综合性业务系统。该系统依托中国证券登记结算公司沪、深分公司现有证券账户资源、资金交收系统和网络通信设施，为国内开放式基金交易、登记结算提供集中化、自动化和标准化服务。

5 日 国家外汇管理局与中国证监会联合发布《关于进一步完善境外上市外汇管理有关问题的通知》，明确境外上市外汇管理的基本原则和具体政策。主要内容是：境外上市外资股公司和境外中资控股上市公司的境内股权持有单位应在获得中国证监会关于境外发行股票及上市批准后，持有关材料到外汇局办理境外上市股票外汇登记手续。境外上市外资股公司发行股票所募集的外汇资金，应调回境内，经外汇局批准可以开立专户保留，也可以结汇，未经外汇局批准不得滞留境外。上述两类公司的境内股权持有单位通过减持上市公司股票或通过上市公司出售资产所得的外汇资金，应调回境内，并经外汇局批准结汇。该通知自2002年9月1日起施行。

15 日 中国人民银行下发《关于加强住房公积金信贷业务管理的通知》。该通知规定：1. 受委托办理住房公积金信贷业务的商业银行为中国工商银行、中国农业银行、中国银行、中国建设银行和交通银行（以下简称承办银行）。受委托办理住房公积金账户设立、缴存、归还等手续的承办银行，一个城市不得超过两家。其他金融机构一律不得办理住房公积金业务。2. 住房公积金的提取和使用，应严格按照《住房公积金管理条例》（1999 年 4 月 3 日中华人民共和国国务院令第 262 号发布，根据 2002 年 3 月 24 日《国务院关于修改〈住房公积金管理条例〉的决定》修订）的规定执行。若住房公积金管理中心违反《住房公积金管理条例》规定使用住房公积金，各承办银行应坚决拒绝，不予办理，并向当地住房公积金管理委员会和上级监管部门报告。凡未能拒绝的，要承担必要的责任。3. 受委托办理住房公积金信贷业务的承办银行，要为缴存住房公积金的职工建立个人账户，定期与当地住房公积金管理中心对账。对违反政策规定，不允许或阻挠承办银行为职工建立个人账户的，承办银行应向当地住房公积金管理委员会和上级监管部门报告。4. 住房公积金信贷业务的有关利率，应严格按照中国人民银行公布的利率水平执行。5. 中国人民银行各分支机构，应对承办银行的住房公积金信贷业务实施监管。6. 对违反国务院规定，违规委托非承办银行办理住房公积金信贷业务的住房公积金管理中心，中国人民银行各分支机构应向当地住房公积金管理委员会建议，并向上级监管部门报告，由当地住房公积会管理委员会责成其办理账户注销、停止委托等事宜。对已发生的住房公积金个人住房委托贷款的，可按借款合同的约定，按期向借款人收回委托贷款本息，并将收回的资金归还住房公积金管理中心。7. 各承办银行应积极配合住房公积金管理机构的调整，做好住房公积金资产清理交接的资金划转和撤并机构的账户注销等工作。

中国保监会下发《关于改革机动车辆保险条款费率管理制度的通知》，决定自 2003 年 1 月 1 日起，在全国范围内实施新的车辆条款费率管理制度，车险费率改由各保险公司自行制定，报保监会审批后执行。

16 日　国家外汇管理局印发《行政处罚听证程序》。其中规定：外汇局作出下列重大处罚决定前，有如下情况应当告知当事人有要求举行听证的权利：责令暂停或者停止经营结售汇业务；责令暂停经营外汇业务或者吊销经营外汇业务许可证；较大数额的罚没款，即对自然人的违法行为处以 5 万元人民币以上，对法人或者其他经济组织经营活动中的违法行为处以 100 万元人民币以上的罚没款；其他法律、行政法规规定应当举行听证的情况。《行政处罚听证程序》自 2002 年 8 月 16 日起施行。

国家外汇管理局印发《国家外汇管理局行政复议程序》。其中规定：公民、法人或者其他组织有下列情况之一的可以申请行政复议：对外汇局作出的警告、通报批评、罚款、没收违法所得、强制收兑、责令改正、暂停或者停止办理结汇、售汇业务、暂停或者停止经营外汇业务、撤销外汇账户等行政处罚决定不服的；认为符合规定的申请办理进口付汇核销和出口收汇核销，外汇局没有依法办理的；认为符合法定条件，向外汇局申请许可、核准、登记、备案，以及其他申请外汇局审批、登记事项，外汇局没有依法办理的；认为外汇局的具体行政行为侵犯其合法的经营自主权；认为外汇局其他具体行政行为侵犯其合法权益的。公民、法人或者其他组织认为外汇局的具体行政行为所依据的外汇管理规章以下的其他规范性文件规定不合法，可以在对具体行政行为申请行政复议的同时，一并向行政复议机关提出对该规定的审查申请。对外汇管理规章的审查依照法律、行政法规的规定办理。行政复议机关履行行政复议职责，应当遵循合法、公正、公开、及时、便民的原则，坚持有错必纠，保障法律、法规的正确实施。该程序自 2002 年 8 月 16 日起施行。

22 日　中国人民银行与俄罗斯联邦中央银行签署了《中国人民银行与俄罗斯联邦中央银行关于边境地区贸易的银行结算协定》，允许两国的商业银行在协定的框架下开展本币结算业务。该协定规定：作为试点，自 2003 年第一季度起，在中华人民共和国黑龙江省黑河市的中国的银行和在俄罗斯联邦阿穆尔州布拉格维申斯克市注册的俄罗斯的银行及俄罗斯的银行在该市注册的分行之间的边境贸易结算和支付，除使用自由兑换货币之外，也可使用中华人民共和国货币（人民币）和俄罗斯联邦货币（卢布）。双方商定，为使边境地区的居民之间的贸易和往来较为方便，位于边境地区的中国的银行和俄罗斯的银行在对等和相互尊重的基础上，在中华人民共和国法律和俄罗斯联邦法律允许的条件下，可以在各自地区办理人民币和卢布的现钞兑换业务。该协定自签字之日起生效，有效期为两年。在该协定执行 18 个月之后，双方将共同研究协定执行的结果，并在此基础上就是否有必要延长本协定的有效期，以及是否有必要将本协定适用范围扩大到中华人民共和国和俄罗斯联邦其他边境地区，作出协调一致的决定。

28 日 中国银行与澳门金融管理局在北京联合举行“澳门元存汇服务合作签字仪式暨新闻发布会”。中国银行将于 9 月 2 日起在广东省广州、珠海、中山等主要城市的分支营业机构开办澳门元存款及汇兑业务。

中国证监会发布《关于撤销鞍山证券公司的公告》。该公告宣布：“鉴于鞍山证券公司严重违规经营，为了维护金融市场秩序，保护债权人的合法权益，根据国家有关法规，中国证监会决定自即日起撤销该公司。”“鞍山证券公司撤销后，中国证监会委托中国人民银行组织成立清算组，对该公司进行清算。”“清算期间，鞍山证券公司下属的证券交易营业部由中国民族证券有限责任公司实施托管，并继续经营。”这是我国第一家退市的证券公司。鞍山证券于 1988 年经辽宁省人民银行批准，1991 年经人民银行总行审查验收准予重新登记，是由农业银行鞍山市分行、建设银行鞍山市分行、中国银行鞍山市分行，以及工商银行鞍山市分行共同出资组建的股份制非银行金融机构，当时的注册资本金为 3.2 亿元人民币。

29 日 中国证监会决定将退市公司纳入代办转让试点范围。中国证券业协会同日发布《关于改进代办股份转让工作的通知》，该通知规定：1. 退市公司列入代办股份转让试点范围，凡符合以下条件的退市公司，其股份可进行代办转让：（1）公司依法完成退市手续，向主办券商正式提出代办股份转让申请。主办券商与退市公司签订代办股份转让协议。（2）公司股东在主办券商营业机构开立非上市股份有限公司股份转让账户。（3）符合《证券公司代办股份转让服务业务试点办法》规定的其他条件。2. 加强对代办股份转让业务的自律管理。3. 强化主办券商督促股份转让公司履行信息披露义务的责任。4. 加强对投资者的风险提示。

9 月

5 日 中国金融认证中心通过国家权威机构测评认证。中国金融认证中心是由中国人民银行牵头，由中国工商银行、中国农业银行、中国银行、中国建设银行、交通银行等 14 家全国性金融机构联合组建，为保证网上交易和支付安全的国家级权威金融认证机构。该中心全面支持以互联网为基础的各种网上银行、网上支付、电子商务及电子政务信息安全传输的各种安全认证需求，提供各种数字证书，包括普通证书、高级证书、网点证书等，为参与网上交易的各种应用提供信息安全基础，建立彼此信任的机制，实现互联网外电子交易的保密性、真实性、完整性和不可否认性。

7 日 中国人民银行制定《商业银行内部控制指引》。该指引共有 10 章 141 条，分别对内部控制的基本要求以及授信的内部控制、资金业务的内部控制、存款及柜台业务的内部控制、中间业务的内部控制、会计的内部控制、计算机信息系统的内部控制、内部控制的监督与纠正作出了说明。

中国证监会发布《关于大连证券停业整顿的公告》。鉴于大连证券有限责任公司严重违规经营，为了维护证券市场及金融秩序稳定，保护投资者和债权人的合法权益，中国证监会根据《中华人民共和国证券法》和国家有关规定，决定会同辽宁省及大连市人民政府成立停业整顿工作组，自即日起对该公司实施停业整顿。停业整顿期间，该公司下属的证券营业部由大通证券股份有限公司托管，继续经营。该公司自然人债务登记确认后的合法本金及合法利息依法予以偿付。

9日 国家外汇管理局发布《关于进一步调整经常项目外汇账户管理政策有关问题的通知》及《境内机构经常项目外汇账户管理实施细则》。主要调整内容是进一步放宽中资企业的开户标准，统一中外资企业经常项目外汇账户开户条件，凡经有权管理部门核准或备案具有涉外经营权或有经常项目外汇收入的境内机构（含外商投资企业），均可以向所在地国家外汇管理局及其分支局申请开立经常项目外汇账户。将原有经常项目外汇结算账户和外汇专用账户合并为经常项目外汇账户，经常项目外汇账户的收入范围为经常项目外汇收入，支出范围为经常项目外汇支出和经外汇局核准的资本项目外汇支出。对经常项目外汇账户统一实行限额管理，境内机构经常项目外汇账户限额原则上为该境内机构上年度经常项目外汇收入的20%；上年度没有经常项目外汇收入的境内机构新开立经常项目外汇账户时，初始限额原则上不超过等值10万美元。上述规定自2002年10月15日起施行。

中国人民银行发布《关于调整外币现钞管理政策有关问题的通知》。该通知明确，各外汇指定银行在制定挂牌汇价时，美元和港元的现钞买入价从原来的不得低于其现汇买卖中间价的1%调整为0.75%，将欧元和日元现钞买入价从原来的不得低于其现汇买卖中间价的2.5%调整为1%，现钞卖出价仍与现汇卖出价相同。将美元现汇买卖价从原来的不得超过中国人民银行公布的交易中间价上下0.16%扩大到0.17%。各外汇指定银行分支行可以在黑龙江、内蒙古、新疆、西藏、云南、广西等边贸地区加挂人民币兑边贸国货币的汇价，买卖价差可自行确定，收兑的外币自行消化。上述政策自2002年10月1日起施行。

10日 国务院办公厅发布《关于妥善处理现有保证外方投资固定回报项目有关问题的通知》。为进一步规范吸引外资行为，妥善地解决历史遗留问题，促进我国吸引外资工作健康发展，就处理固定回报项目有关问题，该通知规定：1. 现有固定回报项目处理的基本原则是，按照《中外合资经营企业法》《中外合作经营企业法》及其他相关政策规定，坚持中外各方平等互利、利益共享、风险共担，从有利于项目正常经营和地方经济发展出发，各方充分协商，由有关地方政府及项目主管部门根据项目具体情况，采取有效的方式予以纠正，维护我国吸引外资的良好环境。2. 采取多种方式，妥善处理不同类型的固定回报项目。对于以项目自身收益支付外方投资固定回报的项目，中外各方应在充分协商的基础上修改合同或协议，以提前回收投资等合法的收益分配形式取代固定回报方式；对于项目亏损或收益不足，以项目外资金支付外方部分或大部分投资回报，或者未向外方支付原承诺的投资回报的项目，可以根据项目情况，分别采取“改”“购”“转”“撤”等方式进行处理。3. 密切配合，严格执法，维护我国吸引外资的良好环境。凡固定回报项目尚未得到妥善处理的地区，项目所在省（自治区、直辖市）人民政府应根据上述原则和意见，采取有效方式处理现有固定回报项目，并于2002年年底之前完成整改工作。同年10月24日，国家外汇管理局转发了《国务院办公厅关于妥善处理现有保证外方投资固定回报项目有关问题的通知》，国家外汇管理局要求各级外汇局必须积极配合所在地地方政府及主管部门做好固定回报项目的清理整改工作。固定回报项目清理整改过程中涉及购付汇的，由各分局、外汇管理部初审报国家外汇管理局批准。

中国银行纽约分行诉周强案一审胜诉。美国纽约南区联邦法院对中国银行纽约分行诉周强及其关联公司一案作出一审正式判决，要求被告偿还中国银行总金额为1.06亿美元的赔偿及360多万美元的律师费和有关费用的额外赔偿，同时驳回被告提出的全部反诉请求和第三方诉讼请求。2001年2月，中国银行纽约分行委托高特兄弟律师行，在纽约南区联邦法院提起民事诉讼，控告周强及其关联公司“违约、不当得利、欺诈”等，使中国银行纽约分行从 1992 年到 2000 年的 8 年间损失了 3 400 万美元。2002 年 6 月 17 日至 7 月 11 日，法庭和陪审团对此案进行了公开审理。7 月 11 日由 9 人组成的陪审团对该案作出一审裁决：中国银行纽约分行对被告提出的违约、不当得利、欺诈、违反信托义务及违反有组织欺诈法案等各项诉讼请求全部成立，被告提起的第三方诉讼请求均被驳回。被告除偿还违约贷款外，还应支付高额惩罚性赔偿。该裁决公布后，虽然被告立即提出了驳回陪审团裁决动议，但经过联邦法院的逐项审理，被告所提各项诉讼请求均被驳回。2004 年 2 月 13 日，涉嫌诈骗中国银行纽约分行巨额贷款的周强、刘平夫妇和纽约中国银行前雇员杨仲琦在美国被捕。

11 日　中国人民银行在北京召开银行业反洗钱工作会议。会议强调，银行业要不断完善和严格执行金融交易制度，依法维护客户的权益，堵塞可能被洗钱等犯罪活动利用的漏洞，认真执行金融交易监测执行制度，配合司法部门打击洗钱等犯罪活动。这是中国第一次银行业反洗钱工作会议。

13 日　中国证监会发布《主承销商执业质量考核暂行办法》。该办法规定：公开发行证券继续由具有主承销商业务资格的证券机构负责推荐，并履行推荐的责任，承担相应的风险。根据审核工作和市场的需要确定通道推荐的原则和总量，委托中国证券业协会对各证券机构的通道数量进行自律性管理。中国证监会及有关单位对证券机构主承销执业不良表现进行动态跟踪记录并进行记分，并统一归口委托协会对记分进行累积，记分情况由协会通告有关证券机构。该办法是核准制下的基础性制度，对主承销商的执业行为作出进一步规范，强调提高执业质量，增强诚信意识，建立证券发行推荐和承销业务的良性竞争和优胜劣汰机制。

16 日　国家外汇管理局发布《关于我国与俄罗斯等独联体国家边境小额贸易外汇管理有关问题的通知》。该通知规定：建立和完善边境地区银行结算机制，引导边境小额贸易结算纳入银行结算渠道；放开边境小额贸易出口项下以人民币或外币现钞进行出口核销的限额控制。各商业银行在边境地区有外币储蓄业务的分支机构要开办个人结汇业务，有结售汇业务或外币兑换业务的分支机构要开办个人售汇业务。边境地区外汇局要进一步加强所辖地区外币现钞管理，主动取得地方政府的支持，联合当地公安机关等部门，严厉打击非法外汇交易，规范外汇市场秩序。上述规定自 2002 年 10 月 1 日起开始执行。

17 日　中国保监会发布《再保险公司设立规定》。该规定明确，设立再保险公司应经中国保监会批准。依据业务经营范围，再保险公司可以分为人寿再保险公司、非人寿再保险公司和综合再保险公司。人寿再保险公司和非人寿再保险公司的实收货币资本金应不低于 2 亿元人民币或等值的可自由兑换货币；综合再保险公司的实收货币资本金应不低于 3 亿元人民币或等值的可自由兑换货币；外国保险公司的出资应当为可自由兑换货币。

24 日　中国人民银行发布《公开市场业务公告》。公告内容是：为增加公开市场业务操作工具，扩大银行间债券市场交易品种，经与有关公开市场业务一级交易商协商，中国人民银行决定，从即日起将 2002 年 6 月 25 日至 9 月 24 日进行的公开市场业务操作的 91 天、182 天、364 天的未到期正回购品种转换为相同期限的中央银行票据，相应的公开市场业务正回购合同终止执行，中国人民银行用于正回购交易的质押债券同时解押。中央银行票据是中国人民银行发行的短期债券，转换后的中央银行票据共 19 只，发行量合计为1 937.5亿元。中央国债登记结算有限公司办理中央银行票据的注册，并为有关公开市场业务一级交易商办理中央银行票据的托管手续。中央银行票据在银行间债券市场上市交易，同时作为公开市场业务交易工具。转换后的中央银行票据的具体上市时间另行通知。

国家外汇管理局、中国保监会联合发布《保险业务外汇管理暂行规定》。该暂行规定共有7章56条，对保险领域的外汇收支活动进行了基本规范，明确了中外资保险经营机构外汇业务的市场准入和退出管理规定；规范了保险项下外汇收支有关真实性审核的手续和程序；规定境内收取外汇保险费的条件，同时对保险代理机构和经纪公司的外汇收支管理作出了规定。该暂行规定自2002年11月1日起施行。1993年1月1日公布的《非银行金融机构外汇业务管理规定》及其他外汇管理规章中相关规定与该暂行规定相抵触的以该暂行规定为准。

28日 中国证监会发布《上市公司收购管理办法》及《上市公司股东持股变动信息披露管理办法》，自2002年12月1日起施行。中国以充分信息披露为基础，保障投资者权益与规范、促进上市公司收购并重的上市公司收购法律框架基本形成。

《上市公司收购管理办法》中规定：该办法所称上市公司收购是指收购人通过在证券交易所的股份转让活动持有一个上市公司的股份达到一定比例、通过证券交易所股份转让活动以外的其他合法途径控制一个上市公司的股份达到一定程度，导致其获得或者可能获得对该公司的实际控制权的行为。收购人可以通过协议收购、要约收购或者证券交易所的集中竞价交易方式进行上市公司收购，获得对一个上市公司的实际控制权。收购人不得利用对上市公司的收购损害被收购公司及其股东的合法权益。禁止不具备实际履约能力的收购人进行上市公司收购，被收购公司不得向收购人提供任何形式的财务资助。上市公司的控股股东和其他实际控制人对其所控制的上市公司及该公司其他股东负有诚信义务。上市公司的董事、监事和高级管理人员对其所任职的上市公司及其股东负有诚信义务。上市公司的收购活动应当遵循公开、公平、公正的原则，相关当事人应当诚实守信，自觉维护证券市场秩序。该办法明确，收购人有下列情形之一的，构成对一个上市公司的实际控制：在一个上市公司股东名册中持股数量最多的，但是有相反证据的除外；能够行使、控制一个上市公司的表决权超过该公司股东名册中持股数量最多的股东的；持有、控制一个上市公司股份、表决权的比例达到或者超过30%的，但是有相反证据的除外；通过行使表决权能够决定一个上市公司董事会半数以上成员当选的；中国证监会认定的其他情形。

《上市公司股东持股变动信息披露管理办法》中规定：上市公司股东持股变动是指通过在证券交易所的股份转让活动，投资者持有的一个上市公司股份数量发生或者可能发生变化的情形；或者持股数量虽未发生变化，但通过在证券交易所的股份转让活动以外的其他合法途径，投资者控制的一个上市公司股份数量发生或者可能发生变化的情形。持股变动信息披露义务人应当按照该办法规定严格履行信息披露义务，其所披露的信息应当真实、准确、完整，不得有虚假记载、误导性陈述或者重大遗漏。信息披露义务人及其他知情人员，在有关持股变动信息依法披露之前，不得以任何方式泄露相关信息。任何人不得利用持股变动损害上市公司及其股东的合法权益。任何人不得利用持股变动进行内幕交易、操纵市场或者其他欺诈活动。中国证监会依法对持股变动的信息披露行为实行监督管理。证券交易所和证券登记结算机构根据中国证监会赋予的职责及其业务规则，对持股变动信息披露行为实行日常监督管理。

10月

7日 上海证券交易所、深圳证券交易所加入国际交易所联合会（WFE）。国际交易所联合会（WFE）第42届年会在荷兰阿姆斯特丹举行，会议接纳上海证券交易所、深圳证券交易所为该组织正式会员。国际交易所联合会是全球交易所行业的组织，成立于1961年，现有正式会员58家。联合会的建立旨在促进交易所行业的专业人员之间业务经验和知识的交流；为交易所行业的业务流程建立统一的标准，尤其是在跨境革新领域；增强监管机构间合作的关系，尤其为了便利于交易所在整体监管框架下进行一线监管以及国际间的共同承认；强调为了确保全球经济增长，交易所在全球金融体系下应完成的重要工作以及金融的基本形式；为新的和小的交易所发展市场提供支持。

8日 中国人民银行发布《关于信托投资公司资金信托业务有关问题的通知》。该通知规定：《信托投资公司资金信托管理暂行办法》第六条规定："信托投资公司集合管理、运用、处分信托资金时，接受委托人的资金信托合同不得超过200份（含200份），每份合同金额不得低于人民币5万元（含5万元）。"根据这条规定，具有相同运用范围并被集合管理、运用、处分的信托资金，为一个集合信托计划。信托投资公司应当依信托资金运用范围的不同，为被集合管理、运用、处分的信托资金分别设立集合信托计划。对任意一个集合信托计划，在其存续期间的任一时点，接受委托人的资金信托合同总份数不得超过200份（含200份），每份信托合同金额不得低于人民币5万元（含5万元），一份信托合同只能够接受一名委托人的委托。集合信托计划的运用范围除存放（拆放）于其他金融机构外，只用于投资具有规范二级市场的国债、政策性金融债、企业债券、上市公司可流通股票、证券投资基金等有价证券的集合信托计划是有价证券投资集合信托计划。有价证券投资集合信托计划以外的集合信托计划应当符合以下要求：一个集合信托计划可以同时运用于多个法人或独立核算的其他组织；属于同一信托投资公司的两个或两个以上的集合信托计划不得同时运用于同一个法人或同一个独立核算的其他组织；不同信托投资公司的集合信托计划可以同时运用于同一个法人或同一个独立核算的其他组织，但一家信托投资公司只能有一个集合信托计划运用于该法人或该独立核算的其他组织。上述"运用"是指以贷款、股权投资和租赁等方式运用信托资金。

中国平安保险股份有限公司与汇丰集团在上海签署认购协议，按照协议，汇丰集团以6亿美元认购平安保险有限公司股份，持股比例为10%。这是继美国摩根士丹利和高盛于1993年参股之后的第三位国际投资者参股中国平安保险股份有限公司。此次增资后，中国平安保险股份有限公司的净资产达120亿元人民币。

9日 中国人民银行与马来西亚国家银行在北京举行美元/马来西亚林吉特互换协议签字仪式，中国人民银行行长戴相龙和马来西亚国家银行行长吉蒂分别代表本国中央银行在协议上签字。根据协议，中国人民银行可在必要时向马来西亚国家银行提供15亿美元的信贷资金，作为对国际金融机构援助资金的补充，以便在马来西亚面临国际收支问题时给予支持，维护金融稳定。

10日 北京市第一中级人民法院以受贿罪判处朱小华有期徒刑15年，并处没收个人全部财产。朱小华不服一审判决，提出上诉。北京市高级人民法院11月1日对朱小华受贿案作出终审裁定，驳回其上诉请求，维持一审判决。朱小华于1997—1999年在担任中国光大集团有限公司董事长、中国光大金融控股有限公司董事长期间，利用职务便利，为他人谋取利益，收受他人股票及现金折合人民币共计405.9万余元。

11日 中国人民银行印发《对农村信用合作社贷款管理办法》。该办法共有7章29条，对农村信用合作社贷款的期限、利率和方式、条件和用途、操作程序、监督管理作出了明确规定。该办法自8月5日起施行。

该办法规定：中国人民银行对农村信用社贷款（以下简称再贷款），是指中国人民银行为解决农村信用社或农村信用社联社（以下简称借款人）发放农户贷款的合理资金需要而对其发放的贷款。该再贷款不包括紧急贷款。中国人民银行对再贷款实行"限额控制、周转使用、规定用途、设立台账"的管理原则。

21日 中国人民银行货币政策委员会2002年第四季度例会在北京召开。会议提出，继续保持人民币利率和汇率基本稳定；进一步优化贷款结构，防止重复建设，密切关注一些地区房地产投资及贷款增长过快问题；继续执行稳健的货币政策，运用多种货币政策工具调节货币供应量。

23 日 第二届全国金融标准化技术委员会成立。中国人民银行副行长苏宁担任主任委员，委员来自中国人民银行、中国证监会、中国保监会及相关金融机构、科研机构、院校、学术团体、行业自律组织和其他标准化技术委员会。

24 日 中国人民银行首次发行的中央银行票据在全国银行间债券市场上市交易。这批票据共有 19 只，发行量为 1 937.5 亿元，平均票面利率为 2.121%，是由 2002 年 6 月 25 日至 9 月 24 日的公开市场业务正回购转化而来，交易方式为回购，同时作为公开市场业务回购交易工具。这是中央银行公开市场操作的金融创新，扩大了银行间市场交易品种，为回购、拆借利率以及其他短期利率产品提供了定价基础。

中国人民银行发布《关于中国工商银行等 39 家商业银行开办债券结算代理业务有关问题的通知》，批准商业银行债券结算代理的对象由中小金融机构扩大到非金融机构法人。经批准开办债券结算代理业务的商业银行，可与非金融机构委托人开展现券买卖和逆回购业务。该通知要求，开办债券结算代理业务的商业银行应严格按照中国人民银行的有关规定，制定债券结算代理业务的内部管理办法和操作规程，明确岗位职责，健全内控机制，切实加强债券结算代理业务的内部管理工作。

25 日 中国人民银行发布 2002 年第三季度《中国货币政策执行报告》。2002 年第一至第三季度，中国人民银行继续执行稳健的货币政策，商业银行逐步建立和完善贷款营销的激励和约束机制，对经济增长的支持力度加大。一是货币供应量增速不断加快。9 月末，广义货币 M_2 增长 16.5%，比上年年末高出 2.1 个百分点；狭义货币 M_1 增长 15.9%，比上年年末高出 3.3 个百分点；流通中现金同比增长 7.8%。二是金融机构贷款增加较多，贷款结构继续改善。1～9 月，中资金融机构本外币贷款同比多增 4 968 亿元，金融机构不良贷款率比年初下降 3.3 个百分点。消费信贷对汽车业和房地产业的拉动作用十分显著，9 月末汽车贷款余额比年初增加 501 亿元，同比多增 319 亿元，个人住房贷款和房地产开发贷款分别增加 1 835 亿元、501 亿元，同比多增 144 亿元和 319 亿元。三是居民储蓄大幅增加，企业存款增长平稳。9 月末，居民储蓄存款余额 8.4 万亿元，增加 10 462 亿元；企业存款余额 5.7 万亿元，增加 6 360 亿元。四是银行间市场交易活跃，利率市场继续走低。五是外汇储备大幅增加，人民币汇率保持稳定。9 月末，外汇储备达到 2 586 亿美元，比上年年末增加 465 亿美元；人民币汇率为 8.2771 元人民币/美元，与上年年末基本持平。该报告指出，商业银行在支持房地产业发展的同时，要切实加强信贷管理，警惕房地产泡沫的出现。第四季度中国人民银行要跟踪国内外经济金融形势的新变化，继续执行稳健的货币政策。

28 日 九届全国人大常委会第三十次会议通过《全国人民代表大会常务委员会关于修改〈中华人民共和国保险法〉的决定》，对涉及保险资金运用、保险中介执业、保险业监管等方面内容的 33 条规定进行了修改，并新增加了如下七条规定：1. 保险活动当事人行使权利、履行义务应当遵循诚实信用原则。2. 保险监督管理机构应当建立健全保险公司偿付能力监管指标体系，对保险公司的最低偿付能力实施监控。3. 保险监督管理机构有权查询保险公司在金融机构的存款。4. 保险公司的营业报告、财务会计报告、精算报告及其他有关报表、文件和资料必须如实记录保险业务事项，不得有虚假记载、误导性陈述和重大遗漏。5. 保险人委托保险代理人代为办理保险业务的，应当与保险代理人签订委托代理协议，依法约定双方的权利和义务及其他代理事项。6. 保险代理手续费和经纪人佣金，只限于向具有合法资格的保险代理人、保险经纪人支付，不得向其他人支付。7. 保险公司应当加强对保险代理人的培训和管理，提高保险代理人的职业道德和业务素质，不得唆使、误导保险代理人进行违背诚信义务的活动。修改后的《中华人民共和国保险法》从原来的 8 章 152 条改为 8 章 158 条，自 2003 年 1 月 1 日起施行。

经中国保监会批准，中国平安财产保险股份有限公司和中国平安人寿保险股份有限公司成立。中国平安财产保险股份有限公司在中国平安保险股份有限公司财产保险业务和人员的基础上组建，注册资本为16亿元人民币；中国平安人寿保险股份有限公司成立在中国平安保险股份有限公司人身保险业务和人员的基础上成立，注册资本为38亿元人民币。

30日 上海黄金交易所正式开业。中国由货币市场、证券市场、外汇市场、保险市场和黄金市场组成的主要金融产品的交易市场全部建成。上海黄金交易所是由中国人民银行组建，遵循公开、公平、公正和诚实信用原则组织黄金交易，不以营利为目的、实行自律性管理的法人。黄金交易所实行会员制，首批会员108家，会员通过黄金交易系统，对标准黄金主要采取集中竞价方式，按照“价格优先、时间优先”的原则，采取自主报价、撮合成交、集中清算的方式进行交易。会员可选择现场交易或远程交易。开业初期主要进行黄金现货交易，满足黄金生产和用金企业的实际需要，交易时间为每周一至周五（节假日除外）上午10：00至11：30，下午13：00至14：00。交易所的系统网络依托中国外汇交易中心，采用上海、北京双中心备份的体系结构和分布式数据库技术，国家公共数据分组交换网与金融卫星专用网互为备份，共同分流，形成全国范围的实时交易系统。会员通过这一系统，可实时接收和查询黄金交易所的行情、国内外黄金等贵金属的交易行情、评论和相关报道。

开业当天，上海黄金交易所共成交98笔交易，成交量为540公斤，成交金额为4 508.655万元。此前，2001年10月，上海黄金交易所经国务院批准正式成立，2001年11月28日，交易所模拟试运行，中金黄金股份公司与北京菜市口百货公司以每克83.5元的价格成交了3千克2号金。

经中国人民银行批准，全国城市商业银行资金清算中心在上海正式开业。该清算中心由上海银行牵头，联合国内主要城市商业银行组建，主要负责办理全国城市商业银行的异地资金清算及中国人民银行批准的其他业务，是一家不以盈利为目的、主要提供异地资金清算服务的会员制事业法人。该清算中心接受中国人民银行监督和管理，全国各城市商业银行按照自愿原则加入并成为其会员。

31日 对外贸易经济合作部、国家外汇管理局发布《境外投资联合年检暂行办法》。该暂行办法规定，年检每年定期进行，时间定在每年的4月1日至6月15日，年检的主要内容有：境外投资状况、我驻外经商机构对境外企业的评价、投资主体及其所办境外企业遵守中国有关境外投资规定的情况。此外不再对境外投资进行其他形式的集中检查活动。

10月 国家外汇管理局自10月1日起，先后批准了浙江、江苏、上海、山东、广东、福建、北京、天津、四川、黑龙江、重庆、广西、湖北、海南等14个省、自治区、直辖市进行境外投资外汇管理改革试点。试点内容主要包括以下几个方面：给予试点地区1年试点期内一个境外投资购汇的总额度，有效地解决“走出去”配套外汇资金不足的问题。统一不同所有制性质企业待遇，国有企业、民营企业和外商投资企业的境外投资适用统一的外汇管理政策。取消境外投资外汇风险审查，将投资风险交由企业与市场自主控制。简化境外投资外汇资金来源审查手续。取消境外投资汇回利润保证金制度。不再强制要求调回境外企业产生的利润，境外企业的利润或其他收益进行增资或者境外再投资，由事前审批制改为事后备案制，鼓励境外企业通过自身积累发展壮大。扩大试点地区外汇局分局的外汇资金来源审查权限。明确试点地区境外投资项目前期资金（开办费、履约保证金等）汇出核准与管理的具体规定。

11月

1日 中国人民银行制定并发布《金融统计管理规定》。该规定共8章45条，包括金融统计资料的管理与统计调查、金融统计资料的公布、金融统计部门的职责、统计监督与统计检查以及统计人员的配备与职责等内容，自2002年12月15日起施行。1995年12月3日发布的《金融统计管理规定》同时废止。

该规定明确，金融统计是指中国人民银行和各金融机构统计部门对各项金融业务活动的情况和资料进行调查收集、整理和分析，提供统计信息和统计咨询意见，实行信息交流与共享，进行金融统计管理和监督等活动的总称。它包括货币统计、本外币信贷收支统计、现金收支统计、贷款累放累收统计、金融监管统计、资金流量统计、金融市场统计、银行中间业务及各种专项统计等金融业务统计。中国人民银行是组织、领导、监督、管理和协调全国金融统计工作的主管机关。中国人民银行统计部门依法对各金融机构的统计工作以及统计法律、规定、制度的执行情况，统计质量、统计真实性情况和统计工作情况，定期或不定期地进行监督检查。检查的内容和重点应根据统计法律、规定和统计制度实施的情况具体确定。金融机构统计部门在中国人民银行同级统计部门的组织指导下，监督检查本系统统计工作，以及统计法律、规定、制度的执行情况。

中国证监会、财政部、国家经贸委联合发布《关于向外商转让上市公司国有股和法人股有关问题的通知》，决定允许上市公司向外商转让国有股和法人股。

该通知规定，向外商转让上市公司国有股和法人股应当遵循以下原则：1. 遵守国家法律、法规，维护国家经济安全和社会公共利益，防止国有资产流失，保持社会稳定；2. 符合国有经济布局战略性调整和国家产业政策的要求，促进国有资本优化配置和公平竞争；3. 坚持公开、公正、公平的原则，维护股东特别是中小股东的合法权益；4. 吸引中长期投资，防止短期炒作，维护证券市场秩序。该通知明确，向外商转让上市公司国有股和法人股，应当符合《外商投资产业指导目录》的要求。凡禁止外商投资的，其国有股和法人股不得向外商转让；必须由中方控股或相对控股的，转让后应保持中方控股或相对控股地位。

5日 中国证监会、中国人民银行发布《合格境外机构投资者境内证券投资管理暂行办法》。该暂行办法规定，经中国证监会批准，合格投资者申请人在取得证券投资业务许可证后，应当通过托管人向国家外汇管理局申请投资额度。合格投资者在经批准的投资额度内，可以投资下列人民币金融工具：在证券交易所挂牌交易的除境内上市外资股以外的股票，在证券交易所挂牌交易的国债，在证券交易所挂牌交易的可转换债券和企业债券及中国证监会批准的其他金融工具。合格投资者经国家外汇管理局批准，应当在托管人处开立一个人民币特殊账户。该暂行办法自2002年12月1日起施行。

6日 中国人民银行发布公告，宣布自2002年12月1日起，在广州、珠海、青岛、南京、武汉设立的外资金融机构可以根据《中华人民共和国外资金融机构管理条例》和《中华人民共和国外资金融机构管理条例实施细则》的有关规定，向中国人民银行申请经营人民币业务。此前，我国在2001年12月11日正式加入世界贸易组织时，已取消了外资银行办理外汇业务的客户限制，并允许其在上海、深圳、天津、大连经营人民币业务。据中国人民银行统计，到2002年9月底，外资银行在华共有营业机构181家，其中45家已获准经营人民币业务。外资银行人民币资产总额为477.97亿元，其中贷款总额为385亿元。

8日 国家经贸委、财政部、国家工商行政管理总局、国家外汇管理局发布《利用外资改组国有企业暂行规定》。该暂行规定明确，外国投资者应当以境外汇入的可自由兑换货币或其他合法财产权益支付转让价款或出资。经外汇管理部门批准，也可以用在中国境内投资获得的人民币净利润或其他合法财产权益支付转让价款或出资。外国投资者从改组后的企业分得的净利润、股权转让所得收入、企业经营期满或终止时分得的资金以及其他合法收入，可以依法汇出境外。经外汇管理部门批准，也可以用于境内再投资。该规定适用于利用外资将国有企业、含国有股权的公司制企业（金融企业和上市公司除外）改制或设立为公司制外商投资企业的行为。该暂行规定自2003年1月1日起施行。该暂行规定的出台对调整和优化国有经济布局产生重要影响，标志着我国国有企业改革和对外开放进入一个新的阶段。

12日 国家外汇管理局发布《关于清理境外投资汇回利润保证金有关问题的通知》。该通知规定：在全国范围取消境外投资外汇风险审查制度和汇回利润保证金制度，外汇局不再收取境外投资汇回利润保证金。该规定自2002年11月15日起施行。该改革措施是国家外汇管理局根据《国务院关于取消第一批行政审批项目的决定》而制定。《国务院关于取消第一批行政审批项目的决定》于11月1日发布，取消的第一批行政审批项目共有789项。

16日 中国人民银行发布《外汇指定银行办理结汇、售汇业务管理暂行办法》，自2002年12月1日起施行。该办法适应中国加入世界贸易组织后金融业扩大开放的新形势，统一了中外资银行结售汇管理政策。主要内容是：对中外资银行的结售汇业务实行统一的管理政策；银行结汇、售汇业务的市场准入和退出由中国人民银行会同国家外汇管理局审批；明确银行自身结售汇的管理原则，要求区分银行与客户之间的结售汇业务和自身结售汇业务，分别进行管理和统计；规范银行结售汇周转头寸管理、结售汇业务会计核算以及银行对与其签约的外币兑换点的管理责任等。该办法自2002年12月1日起施行。

20日 国家外汇管理局发布《关于做好因公出国售汇管理工作有关问题的通知》，决定自2003年1月1日起，因公临时出国（境）人员每一年度内，个人自费购汇标准由原来的200美元调整为400美元，每人每年只能购汇一次。因公出国人员个人自费购汇业务不纳入“境内居民个人购汇管理信息系统”操作。

21日 国家外汇管理局发布《关于对境内居民个人前往邻国边境地区旅游进行售汇业务试点的通知》，决定在黑龙江、内蒙古和新疆三省区的边境口岸，对个人前往俄罗斯等独联体国家的边境地区旅游进行售汇业务试点，其中规定：个人购汇应委托有权办理边境旅游的旅行社到银行办理；银行应通过“境内居民个人购汇管理信息系统”进行操作；个人每人每天的购汇标准为等值100美元（含100美元），每次边境旅游购汇总金额最高不得超过等值500美元（含500美元）。

中国人民银行发布《关于规范银行业市场竞争行为的通知》，针对一些银行机构盲目追求扩张业务规模和增加市场份额，进行不规范、不正当的竞争，扰乱了正常的金融秩序的现象，中国人民银行要求各银行机构合法、合规经营，杜绝竞争中的违法、违规和其他不正当竞争行为。该通知规定，各银行机构严格执行法定的存款利率，不得违反国家有关规定提高或变相提高利率，不得向储户、单位存款的经办人和关系人支付除利息以外任何名目的费用或馈赠物品；要坚决撤销各种对存款进行单项考核和奖励的办法，不得对非存款部门下达存款考核指标，不得把存款考核指标分解下达到职工个人，并以此作为对个人奖励的依据；要严格执行法定的贷款（含贴现）利率和业务收费标准，不得超出规定的贷款利率浮动范围发放贷款。

25日 《中国证券监督管理委员会行政复议办法》发布。该办法规定：公民、法人或其他组织认为中国证监会及其派出机构、授权组织的具体行政行为侵犯其合法权益，可以依法向行政复议机关申请行政复议。行政复议机关是中国证监会。中国证监会依法受理行政复议申请，对被申请行政复议的具体行政行为进行审查并作出决定。该办法自2003年1月1日起施行。

26日 中国华融资产管理公司同摩根士丹利投标团和高盛公司分别成立第一联合资产管理公司和融盛资产管理公司。2001年2月21日，中国华融资产管理公司与美国安永会计师事务所签署资产组合顾问及交易服务合同，开始按照国际通行的不良资产处置模式和国际规范的信息披露原则，批量处置金融不良资产。2001年11月

29日，中国华融资产管理公司通过公开招标，向摩根士丹利、雷曼兄弟、所罗门美邦、KTH基金管理有限公司等组成的投标团打包出售了4个资产包，其不良贷款账面价值约为108亿元人民币。同年12月21日，中国华融资产管理公司再次向另一个国际投标人高盛公司打包出售账面价值为19.7亿元人民币的不良贷款。2002年3月和4月中国华融资产管理公司分别与摩根士丹利投标团和高盛公司签署了合作经营合同和出资协议，合同规定分别组建两个中外合作公司，共同处置这一次国际招标资产组合中的资产。这两家合资公司是经中国政府批准成立的第一批中外合作的资产管理公司。以此为标志，中外合作处置不良资产的工作正式开始。

2003年6月16日，第一联合资产管理公司完成从中国华融资产管理公司购买总额108亿元人民币的一笔不良资产的交易。此次交易是国际与国内投资者首次合作收购并管理中国不良资产。108亿元的不良资产将由凯利资产服务有限公司管理。按照国际惯例，投资于不良贷款的投资者往往需要另外设立一家服务公司来执行处置资产的具体工作。凯利由摩根士丹利、KTH基金管理有限公司和中金丰德投资控股有限公司三方平均出资组成，是国内第一家中外合资资产服务公司。同时，融盛资产管理公司也成立了自己的服务公司——盛尔康咨询服务有限公司，地点设在上海。

28日 国家外汇管理局发布《合格境外机构投资者境内证券投资外汇管理暂行规定》，对中国证监会与中国人民银行联合下发的《合格境外机构投资者境内证券投资管理暂行办法》中的有关内容进行细化和补充。

主要内容是：托管人的资格条件由中国证监会、中国人民银行、国家外汇管理局三家联合审批。国家外汇管理局将重点关注托管人是否具有外汇指定银行资格，最近3年有没有重大违反外汇管理规定的记录。明确合格投资者投资额度以人民币计价；单个合格投资者申请的投资额度不得低于等值5 000万美元的人民币，不得高于等值8亿美元的人民币。每个合格投资者只能开立一个人民币特殊账户，对大额本金汇入（日汇入超过等值5 000万美元）实行报备制度等。国家外汇管理局对合格投资者的外汇登记证实行年检制度。该规定自2002年12月1日起实施。

中国工商银行对公异地通存通兑——“即时通”业务在湖南省分行正式推出，标志着中国工商银行成为首家推出此项服务的国有商业银行。“即时通”业务是中国工商银行依托强大的计算机集中作业处理模式和结算网络优势而开发的一项全新结算品种。该业务可以确保公司和机构客户异地资金实时到账，使省内或全国异地支付可以像同城结算一样方便、快捷。

12月

2日 中国人民银行与俄罗斯联邦中央银行签署《关于在反洗钱、打击向恐怖主义融资、外汇监管方面开展信息交流和人员培训的协定》，进一步加强两国在反洗钱、打击向恐怖主义融资、外汇监管方面的交流与合作。

3日 中国证监会发布《证券投资基金管理公司内部控制指导意见》。该指导意见规定：公司内部控制制度由内部控制大纲、基本管理制度、部门业务规章等部分组成。公司内部控制大纲是各项基本管理制度的纲要和总揽；基本管理制度包括风险控制制度、投资管理制度、基金会计制度、信息披露制度、监察稽核制度、信息技术管理制度、公司财务制度、资料档案管理制度、业绩评估考核制度和紧急应变制度等。部门业务规章是对各部门的主要职责、岗位设置、岗位责任、操作守则等的具体说明。公司董事会对公司建立内部控制系统和维持其有效性承担最终责任，公司经营层对内部控制制度的有效执行承担责任。公司内部控制应当遵循以下原则：1. 健全性原则；2. 有效性原则；3. 独立性原则；4. 相互制约原则；5. 成本效益原则。内部控制的基本要素包括控制环境、风险评估、控制活动、信息沟通和内部监控。内部控制的主要内容包括投资管理业务控制、信息披露控制、会计系统控制、监察稽核控制。该指导意见自2003年1月1日起施行。

4 日　中信控股有限责任公司在北京成立。王军任董事长，常振明任总裁。该公司是根据《中华人民共和国公司法》，由中国中信集团公司出资设立的国有独资有限责任公司，公司注册资本为 5 000 万元人民币，业务范围是负责投资和管理中国中信集团公司所属境内外金融企业，通过投资和接受中国中信集团公司委托，管理银行、证券、保险、信托、资产管理、期货、租赁、基金、信用卡等金融企业，强化风险管理，提供全面的金融服务。

6 日　中国保监会宣布取消 58 项行政审批项目。这是中国保监会根据《国务院关于取消第一批行政审批项目的决定》（国发〔2002〕24 号）取消的第一批行政审批项目，其中包括保险公司投资证券投资基金的投资比例核定、保险公司购买中央企业债券额度审批、保险公司在境外运用资金审批、保险公司投资证券投资基金资格审批、保险公司超比例的固定资产投资审批、境外保险代表机构升级为分支机构审批、保险公司以中国保监会认可的有价证券缴存资本保证金审批、保险经纪公司业务范围审批和经营区域的核定、保险代理机构业务范围审批和经营区域的核定、保险公估机构业务范围审批和经营区域的核定、律师事务所和会计师事务所以及审计事务所从事与保险相关业务资格审核、法定分保再保险公司指定、保险公司关联交易审批等。

国家外汇管理局发布《关于实施国内外汇贷款外汇管理方式改革的通知》。为方便企业使用国内外汇资金和金融机构进行债权管理，国家外汇管理局决定自 2003 年 1 月 1 日起，在全国范围内调整国内外汇贷款的登记及管理方式，由原来的国内外汇贷款债务人到国家外汇管理局逐笔登记，改为由债权人集中登记；由原来的国家外汇管理局审核债务人开立国内外汇贷款专用账户和还本付息，改为由债权人自行进行真实性和合规性审核。

中国东方资产管理公司与美国不良资产咨询公司及奇耐力公司在北京签署联合不良资产协议。根据协议，东方资产管理公司将其拥有的东北地区 60 个项目的债权，账面价值近 18 亿元的不良资产，采取资产组合方式，整体转让给国外中小投资者。

9～10 日　中央经济工作会议在北京召开。会议明确，2003 年经济工作的总体要求是以邓小平理论和“三个代表”重要思想为指导，认真贯彻党的十六大精神，积极应对国内外环境变化带来的困难和挑战，坚持扩大内需的方针，继续实施积极的财政政策和稳健的货币政策，进一步深化改革，全面提高对外开放水平，加快经济结构的战略性调整，积极发展农业和农村经济，大力推进新型工业化，促进国民经济持续快速发展，实现速度和结构、质量、效益相统一。正确处理改革、发展、稳定的关系，切实做好就业和再就业工作，完善社会保障体系，提高城乡居民生活水平，保持社会稳定。

16 日　中国证监会发布《证券业从业人员资格管理办法》。该管理办法规定，在证券公司、基金管理公司、基金托管及销售机构、证券投资咨询机构、证券资信评估机构以及中国证监会规定的其他从事证券业务的机构中，从事证券业务的专业人员都应当取得从业资格和执业证书。机构不得聘用未取得执业证书的人员对外开展证券业务。如果取得执业证书的人员，连续 3 年不在机构从业的，由中国证券业协会注销其执业证书；重新执业的，应当参加中国证券业协会组织的执业培训，并重新申请执业证书。在该办法实施前持有协会颁发的证券经纪资格证书、证券代理发行资格证书、证券投资咨询资格证书和基金从业人员资格证书的，可以直接申请取得执业证书。该办法自 2003 年 2 月 1 日起施行，1995 年发布的《证券业从业人员资格管理暂行规定》同时废止。

18 日　北京市商业银行签发第一张个人支票。个人支票是一种国际通行的支付手段，具有方便资金结算、减少现金流量、提高金融服务水平的作用。北京市商业银行签发的个人支票分为现金支票和转账支票两种。此前，1986 年我国开始试行个人支票，在上海、广州、深圳等 7 个城市进行试点，主要服务于个体工商户。

中国工商银行在香港推出首张人民币与港元集一卡的 ICBC 信用卡。此卡是香港第一张适用两种货币的信用卡，同时也是中国工商银行第一次在港发行信用卡。

19 日　中国人民银行发布公告，鉴于中国华诚集团财务有限责任公司严重违规经营，不能支付到期债务，撤销其下属江苏办事处、海南办事处，收缴其金融机构法人许可证和金融机构营业许可证，并自公告之日停止其全部金融业务活动。

中国人民银行驻德国法兰克福代表处开业。中国人民银行在法兰克福设立代表处将有利于中国及时了解欧元区国家经济和金融政策的变化，进一步促进中国人民银行与欧洲中央银行及欧盟各成员国中央银行和金融监管部门的交流与合作。

20 日　全国社会保险基金理事会发布公告，公布交通银行和中国银行为社保基金的托管银行，南方、博时、华夏、长盛、鹏华、嘉实 6 家基金管理有限公司为社保基金投资管理人。

华欧国际证券有限责任公司在上海成立。华欧国际证券有限责任公司由湘财证券和法国里昂证券（CLSA）合资组建，注册资本 5 亿元人民币，其中，湘财证券公司占 67% 的股份，法国里昂证券公司占 33% 的股份。这是中国首家合资证券公司。

外经贸部、国家税务总局、国家工商行政管理总局、国家外汇管理局发布《关于加强外商投资企业审批、登记、外汇及税收管理有关问题的通知》。该通知规定，中外合资、合作外商投资企业中外国投资者的出资比例低于 25% 的，均应按照现行外商投资企业的审批登记程序进行审批和登记；暂不允许境内中国自然人以新设或收购方式与外国公司、企业、其他经济组织或个人成立外商投资企业；外国投资者收购境内企业股权应自外商投资企业营业执照颁发之日起 3 个月内支付全部购买金，特殊情况不得超过 1 年，外国投资者按实际已缴付出资额所占比例分配收益，股权出让方所在地外汇管理部门出具的外资外汇登记证明是证明外国投资者购买金到位的有效文件。

21 日　国家统计局、国家发展计划委员会、国家经贸委、财政部、中国人民银行、国家外汇管理局、国家税务总局、国家工商行政管理总局联合发布《关于实施〈中国国民经济核算体系（2002）〉的通知》。为全面准确地反映我国国民经济运行状况，增强国民经济核算在总体框架、基本原则、计算方法上与国际标准的一致性以及指标的国际可比性，2000 年以来，上述 8 个部门对 1992 年颁布实施的《中国国民经济核算体系（试行方案）》做了重大修订，形成了《中国国民经济核算体系（2002）》。新体系充分反映了国民经济活动的内在联系，涵盖了市场经济条件下国民经济运行的主要环节和主要方面，能够更好地适应社会主义市场经济条件下宏观经济管理和对外交流工作的需要。《中国国民经济核算体系（2002）》于 2003 年开始逐步实施。

24 日　中国人民银行会同财政部、国家经贸委、劳动和社会保障部共同颁布《下岗失业人员小额担保贷款管理办法》，该办法明确，凡年龄在 60 岁以内、身体健康、诚实信用、具备一定劳动技能的下岗失业人员，自谋职业、自主创业或合伙经营与组织起来就业的，其自筹资金不足部分，在贷款担保机构承诺担保的前提下，可以持劳动保障部门核发的“再就业优惠证”向商业银行或其分支机构申请小额担保贷款。贷款金额一般掌握在 2 万元左右，贷款期限一般不超过 2 年。小额担保贷款利率按照中国人民银行公布的贷款利率水平确定，不得向上浮动。从事微利项目的小额担保贷款由中央财政据实全额贴息，展期不贴息。每年年底，国有独资商业银行各地市经办银行的贴息发生额度经当地财政部门审核同意后，经财政部专员办核后拨付；股份制商业银行的各地市经办银行向当地财政部门据实报告贴息发生额度，经当地财政部门审核，并报财政部专员核准后，由省级财政部门报财政部审核后拨付。

中国人民银行发布《关于执行〈国务院关于取消第一批行政审批项目的决定〉的通知》，决定停止执行25项行政审批项目（国务院决定取消的第一批行政审批项目目录中的第437项至第461项）。其中，第455项中的金融机构部分中间业务是指《商业银行中间业务暂行规定》（2001年6月21日发布）第八条中规定的下列适用备案制的中间业务品种：各类汇兑业务；出口托收及进口代收；代理发行、承销、兑付政府债券；代收代付业务，包括代发工资、代理社会保障基金发放、代理各项公用事业收费（如代收水电费）；委托贷款业务；各类代理销售业务，包括代售旅行支票业务；各类见证业务，包括存款证明业务；信息咨询业务，主要包括资信调查、企业信用等级评估、资产评估业务、金融信息咨询；企业、个人财务顾问业务；企业投融资顾问业务，包括融资顾问、国际银团贷款安排；保管箱业务。第456项中的适用审批制以外的网上银行业务品种是指银行依据《网上银行业务管理暂行办法》（2001年6月29日发布）第十条规定的适用备案制的新业务品种。按照国务院的要求，中国人民银行将逐步清理有关的规章及其他规范性文件。

中国证监会发布《关于第一批取消行政审批项目（32项）的通告》，公布了中国证监会第一批被取消的32项行政审批项目。32项行政审批项目涉及证券公司承销和自营业务、证券投资咨询公司设立和迁址、外国证券机构驻华代表处初审、境外中资证券类机构外资股业务、律师事务所证券法律业务资格审批以及中国企业境外发行股票和上市等环节。该通告明确，中国证监会今后将根据审慎监管的原则，通过制定管理规范和标准，完善监管手段，加大事中检查、事后稽查处罚力度等措施，进一步加强对投资者的保护和有关业务活动的监督和管理。

26日　最高人民法院审判委员会第1261次会议通过《关于审理证券市场因虚假陈述引发的民事赔偿案件的若干规定》，自2003年2月1日起施行。该若干规定共有8章37条，对案件的受理与管辖、诉讼方式、虚假陈述的认定、归责与免责事由、共同侵权责任、损失认定作出详细规定。这是最高人民法院就审理证券市场民事赔偿案件第一个具有系统性、综合性和可操作性的司法解释，填补了我国现行证券立法和商事审判适用法律的空白。

中国证监会发布《关于规范基金管理公司股东出资转让有关事项的通知》。该通知规定，基金管理公司股东出资转让的受让方应当符合以下条件：实收资本不少于3亿元；经营状况良好；无不良记录；中国证监会根据审慎监管原则规定的其他条件。受让方拟成为第一大股东的，还应当符合以下条件：属于依法设立的证券公司、信托投资公司；最近3年连续盈利；中国证监会根据审慎监管原则规定的其他条件。受让基金管理公司出资成为基金管理公司股东，受让方必须是实际出资人，不得通过股权托管、秘密协议等形式受让对基金管理公司的出资。基金管理公司的发起人自公司成立1年内不得转让出资，公司原有股东的新增出资、新增股东的出资1年内不得转让。中国证监会批准的特殊情形除外。

招商基金管理公司开业。公司由招商证券、荷兰国际集团、中国电力财务有限公司、中国华能财务有限责任公司、中远财务有限责任公司共同出资组建，注册资本为1亿元人民币，其中招商证券持有40%的股权，荷兰国际集团持有30%的股权，中国电力财务有限公司、中国华能财务有限责任公司、中远财务有限责任公司各持有10%的股权。公司注册地设在深圳。公司业务范围与境内基金公司相同。这是中国第一家正式营业的中外合资基金管理公司。

27日　中国保监会发布《关于加强航空意外保险规范管理有关问题的通知》，正式颁布航空意外险改革方案。该通知明确，今后，中国保监会将不再统颁航空意外险条款和统一厘定航意险费率，保险公司对自己的航空意外险条款和费率负责并事先到中国保监会备案；航空意外险保单必须电脑出单（最后期限为2003年3月1日），并实行单险种独立核算。

28 日　第九届全国人民代表大会常务委员会第三十一次会议决定，任命周小川同志为中国人民银行行长，尚福林同志为中国证券监督管理委员会主席、党委书记，免去戴相龙同志的中国人民银行行长职务。

29 日　国家开发银行与北京市政府签署 100 亿元小城镇建设金融合作协议和 100 亿元中关村科技园区建设金融合作补充协议，重点用于小城镇和科技园区基础设施的兴建。这是国内银行界签署的第一份关于小城镇建设的合作协议，也是国内银行界签署的最大一份关于科技园区的合作协议。此前，北京总体规划确定了 14 个卫星城、29 个中心镇和 140 多个一般建制镇，目标是到 2005 年郊区城市化率达到 45% 以上，全市城市化率达到 75% 左右。

31 日　外经贸部、财政部发布《出口信用保险扶持发展资金管理办法》。该办法所称“扶持发展资金”是指国家对出口企业投保出口信用保险给予的专项资助资金。扶持发展资金来源于中央外贸发展基金和扶持发展资金专户存款的利息。该办法自 2003 年 1 月 1 日起执行。